СЛОВАРИ
XXI
века

ПРОГРАММА «СЛОВАРИ XXI ВЕКА»

РУССКИЙ ОРФОГРАФИЧЕСКИЙ СЛОВАРЬ

свыше 180 000 слов

Издание 3-е, стереотипное

Москва · АСТ-ПРЕСС

УДК 811.161.1(038)
ББК 81.2Р-4
Р89

Утверждено к печати ученым советом
Института русского языка им. В. В. Виноградова РАН.

Ответственный редактор д-р. филол наук *В. В. Лопатин*

Рецензенты: д-р. филол. наук *Л. П. Крысин*, канд. филол. наук *И. К. Сазонова*

Редакционная коллегия 1-го издания словаря:
д-р. филол. наук *В. В. Лопатин*, канд. филол. наук *Б. З. Букчина*,
канд. филол. наук *Н. А. Еськова*, д-р. филол наук *С. М. Кузьмина*

Авторы 1-го издания:
канд. филол. наук *Б. З. Букчина*, канд. филол. наук *О. Е. Иванова*,
д-р. филол. наук *С. М. Кузьмина*, д-р. филол. наук *В. В. Лопатин*,
канд. филол. наук *Л. К. Чельцова*

Авторы 2-го и 3-го издания:
канд. филол. наук *О. Е. Иванова*, д-р. филол. наук *В. В. Лопатин*,
канд. филол. наук *И. В. Нечаева*, канд. филол. наук *Л. К. Чельцова*

Р89 **Русский орфографический словарь** / РАН. Ин-т рус. яз. им. В. В. Виноградова; О. Е. Иванова, В. В. Лопатин (отв. ред.), И. В. Нечаева, Л. К. Чельцова. — 3-е изд., стер. — М.: АСТ-ПРЕСС КНИГА, 2010. — 960 с. — (Настольные словари русского языка).

ISBN 978-5-462-01016-3

«Русский орфографический словарь» — самый большой по объему из существующих орфографических словарей русского языка. Это академический словарь, отражающий русскую лексику в том ее состоянии, которое сложилось к концу XX — началу XXI века. Словарные единицы даются в их нормативном написании с указанием ударений и необходимой грамматической информацией. Словарь имеет два приложения: «Основные общепринятые графические сокращения» и «Список личных имен».

Словарь предназначен широкому кругу пользователей, включая преподавателей русского языка, издательских и редакционных работников, а также всех тех, кто изучает русский язык.

УДК 811.161.1(038)
ББК 81.2Р-4

ISBN 978-5-462-01016-3

ПРЕДИСЛОВИЕ ко 2-му и 3-му ИЗДАНИЯМ

Институт русского языка им. В. В. Виноградова Российской академии наук подготовил второе, исправленное и дополненное, издание «Русского орфографического словаря», объем которого (около 180 тысяч слов) существенно превосходит все предшествующие издания орфографических словарей. Словарь является нормативным справочником, отражающим с возможной полнотой лексику русского языка начала третьего тысячелетия и регламентирующим ее правописание.

По сравнению с предшествующим изданием 1999 г. словарь увеличился в объеме примерно на 20 тысяч слов. Дополнительный материал представляет прежде всего новую лексику, закрепившуюся в словоупотреблении в последние годы. Таковы, например, ряды слов с новыми первыми частями *интернет-, веб-, пиар-, онлайн-* и др. Значительно пополнены ряды слов с первыми частями *бизнес-, видео..., медиа..., мини-, нарко..., рок-, поп-, ретро..., пост..., спец..., супер...* и др. Появились в словаре и такие слова, как *аквапарк, альтернативщик, баннер, бренд, мачо, сомелье, тренд, тьютор, фитнес, хай-тек, чат, чарт* и т. п., и производные от них. Словарь пополнен рядом ранее не включавшихся в общие словари терминов, относящихся к бизнесу и рынку, к политике, медицине, спорту и другим областям жизни. Поскольку употребление таких терминов активизировалось, их нормативный орфографический облик должен фиксироваться не только в специальных терминологических словарях.

Помимо этих групп слов, в словарь вошли старые слова, встречающиеся преимущественно в художественной литературе, в том числе некоторое количество устарелых и областных слов (в частности, отраженных в вышедших томах 2-го издания академического «Словаря современного русского литературного языка») и производные слова разных словообразовательных типов.

Значительно увеличено количество представленных в словаре дефисно и раздельно пишущихся составных образований — прилагательных, существительных, в том числе включающих в свой состав тире (например, *научный сотрудник — консультант, учебный комплекс — школа, судья — руководитель боя*), наречий, составных союзов. Гораздо больше стало словарных статей, посвященных повторяющимся первым компонентам сложных и сложносокращенных слов — таким, как *кибер..., погран..., фарм..., фин..., эвако..., эко..., экзо..., эндо...* и другие.

В необходимых случаях в соответствии с принципами, сформулированными в первом издании словаря, упорядочена и унифицирована словарная разработка однотипных слов (подача тех или иных необходимых форм, добавление подтолкований — прежде всего при столкновении омонимов, паронимов), расширен круг слов, которые могут писаться не только со строчной, но и с прописной буквы. Исправлены погрешности технического характера, замеченные в первом издании.

Второе издание словаря основывается на действующих «Правилах русской орфографии и пунктуации», утвержденных в 1956 году, — за исключением устаревших рекомендаций этих правил, которые расходятся с современной практикой письма (прежде всего это относится к употреблению прописных букв).

Результаты научной дискуссии, последовавшей за выпуском первого издания «Русского орфографического словаря», позволили существенно уточнить предлагавшиеся в этом издании изменения в написании некоторых слов, отказавшись от опережающих практику письма рекомендаций. Так, было сочтено целесообразным вернуться к дефисным написаниям слов типа *вальтер-скоттовский*, и по их образцу в настоящем издании нормализуются и однотипные новые (впервые появившиеся в первом издании) слова *жюль-верновский, марк-твеновский* и т. п. Точно так же возвращение к раздельному написанию сочетаний типа *дурак дураком* потребовало сходного написания в сочетаниях *бобыль бобылём, мужик мужиком, растяпа растяпой*.

В соответствии с традицией, написания музыкальных терминов типа *до мажор, ля минор, ре-бемоль мажор, ре-диез минор* даются в их привычной форме, т. е. с раздельным написанием компонентов *мажор* и *минор*, хотя в соответствии с той же традицией (лишенной, надо отметить, лингвистической логики) написания компонентов *-мажорный* и *-минорный* в соответствующих прилагательных остаются дефисными.

Отдельные немногочисленные инновации первого издания сохраняются и во втором — в тех случаях, когда написания, предлагавшиеся в словарях до 1999 г., оказываются не соответствующими господствующей орфографической практике и принципам орфографической нормализации. Так, например, юридический термин *трасология* пишется как с одним, так и с двумя *с*. И то, и другое написание возможно. Написание с одним *с* этимологически правильно (от фр. trace), а написание с двумя *сс* объединяет данное слово с другими, восходящими к тому же корню словами (ср. *трасса*). В старых орфографических словарях давалось написание с двумя *сс*. По нашим данным, в современной письменной практике написание с одним *с* преобладает, и поэтому в данном случае целесообразно в качестве унифицированной дать более распространенную и этимологически правильную орфограмму с одним *с*.

Приведем еще один пример. Слова *контрасигнация* и *контрасигнованный* — финансовые и юридические термины, которые пишутся в разных источниках по-разному. Словарь рекомендует написание с одним *с*, так как эти слова связаны не с *ассигнация*, *ассигновать*, а со словами *контрасигнатура*, *контрасигнировать* (от лат. signare 'подписывать').

Исходя из действующих правил и отражая современную практику письма, «Русский орфографический словарь» дает рекомендации по единообразному, унифицированному написанию новых слов — в этом одна из его важнейших задач. Для слов, орфографически не вполне еще устоявшихся, такие рекомендации опираются на орфографический прецедент. Например, сложные слова с первой частью *медиа*... (*медиахолдинг, медиаподдержка* и т. п.) предлагается писать слитно по образцу других рядов сложных слов с первыми частями на гласную: *авиа*..., *авто*..., *гидро*..., *видео*..., *метео*..., *радио*... и многими другими; в словах с приставками *пост*... и *супер*... писать перед йотированными гласными твердый знак *(постъядерный, постъельцинский, суперъяхта)*, как в словах со всеми другими приставками такого типа. Слово *риелтор* предлагается писать с буквой *е* по образцу слов типа *диета, диез, пациент, абитуриент* (везде после *и* — буква *е*); слово *офшор* — с одним *ф* по образцу таких англицизмов с той же начальной частью, как *офис, офсет, офсайд;* слово *карате* — с буквой *е* на конце, как в словах *кашне, пюре, шоссе, резюме, варьете* и т. п.

Авторы будут признательны всем, кто пришлет свои замечания и предложения по поводу второго издания словаря. Наш адрес: 119019, Москва, Волхонка, 18/2, Институт русского языка им. В. В. Виноградова РАН.

ПРЕДИСЛОВИЕ К 1-му ИЗДАНИЮ

ОБЪЕМ СЛОВАРЯ И ОБЩАЯ ХАРАКТЕРИСТИКА СЛОВНИКА

Новый «Русский орфографический словарь»[1], являясь нормативным справочником для самого широкого круга пользователей, отражает лексику русского литературного языка середины 90-х годов XX века. Наряду с активной общеупотребительной лексикой в словарь включаются просторечные, диалектные (областные), жаргонные, устарелые слова, историзмы — в той мере, в какой эти категории слов отражаются в художественной литературе, в газетно-публицистической и разговорной речи. Значительное место в словаре занимает специальная терминология различных областей научного знания и практической деятельности.

Словарь дает правильные написания слов и их форм, а также некоторых типов словесных соединений, так или иначе соотносительных со словами. К таким соединениям относятся, напр., раздельно и дефисно пишущиеся сочетания слов, сходные по структуре и значению со слитно пишущимися словами (*хлеб-соль*, *ракета-носитель*, *читаный-перечитаный*, *жизненно важный*), предложно-падежные сочетания, сходные с наречиями (*в принципе*, *в розницу*, *на ходу*, *по привычке*), составные наименования, в которых одно слово (или более) пишется с прописной буквы (*Государственная дума*, *Чёрное море*).

По сравнению с «Орфографическим словарем русского языка», выходившим в 1956–2000 гг. (издания 1–35), словник данного словаря значительно расширен (со 100 до 160 тыс. единиц). Особое внимание обращено на лексику тех понятийных сфер, которые актуализировались в последние годы: прежде всего, на церковно-религиозную лексику, терминологию рынка, бизнеса, банковского дела, программирования, вычислительной техники и др. Круг нарицательной лексики пополнен разнообразными новыми словами и выражениями, характерными для современной газетно-публицистической, разговорной речи и просторечия. Существенно увеличена представленность производных слов. Расширен круг помещаемых в словарь раздельно пишущихся (неоднословных) единиц, и в первую очередь — функциональных эквивалентов слова.

Принципиальным отличием нового словаря от «Орфографического словаря русского языка» является привлечение слов, пишущихся с прописной буквы (авторы предыдущего словаря не ставили целью отражение таких написаний).

В качестве самостоятельных словарных единиц в «Русском орфографическом словаре» представлены следующие категории пишущихся с прописной буквы слов и их сочетаний:

1) собственные имена (личные, литературные, мифологические, географические), употребляемые также в нарицательном смысле, напр.: *Гамлет*, *Гаргантюа*, *Плюшкин*, *Митрофанушка*, *Мюнхаузен*, *Аполлон*, *Немезида*, *Кассандра*, *Фемида*, *Ротшильд*, *Ювенал*, *Мекка*, *Вандея*, *Хиросима*, *Чернобыль*, *Черемушки*;

2) названия священных понятий религии, напр.: *Господь*, *Богородица*, *Библия*, *Евангелие*, *Коран*, *Священное Писание*, *Рождество*, *Сретение*, *Воздвижение*, *Бог Отец*, *Святые Дары*, *Матерь Божия*, *Воскресение Христово*, *Гроб Господень*;

3) названия исторических эпох, напр.: *Реформация*, *Рисорджименто*, *Кватроченто*, *Проторенессанс*;

4) географические и другие наименования, образованные по словообразовательным моделям нарицательных слов, напр.: *Подмосковье*, *Поволжье*, *Закавказье*, *Оренбуржье*, *Орловщина*, *Воло-*

---

[1] Словарь подготовлен в секторе орфографии и орфоэпии Института русского языка им. В. В. Виноградова РАН. В работе над словарем на разных этапах принимали участие Е. В. Бешенкова, С. Н. Борунова, Л. П. Калакуцкая, Н. В. Мамина, И. В. Нечаева.

годчина, *Подкаменная Тунгуска*, *Водовзводная башня*, (*Андрей*) *Первозванный*, (*Симеон*) *Богоприимец*;

5) собственные имена (личные, мифологические, географические), выступающие в составе устойчивых сочетаний — таких, как напр.: *закон Архимеда*, *закон Бойля-Мариотта*, *бином Ньютона*, *азбука Морзе*, *счетчик Гейгера*, *автомат Калашникова*, *суд Линча*, *клятва Гиппократа*, *болезнь Боткина*, *двуликий Янус*, *Фома неверный*; *между Сциллой и Харибдой*, *перейти Рубикон*, *кануть в Лету*; *куда Макар телят не гонял*; *Иваны, не помнящие родства*; *по Гринвичу*, *по Цельсию*, *по шкале Рихтера* (соответствующие сочетания можно найти в корпусе словаря на слова, пишущиеся в этих сочетаниях с прописной буквы);

6) составные наименования (географические, астрономические, названия исторических лиц, мифологических и литературных персонажей, исторических эпох и событий, календарных периодов и праздников, организаций и учреждений, государств и государственных объединений), включающие в свой состав нарицательные имена (в том числе слова, употребляемые не в собственном прямом значении), напр.: *Москва-река*, *Средиземное море*, *Сергиев Посад*, *Царское Село*, *Дальний Восток*, *Великая Китайская стена*, *Страна восходящего солнца*, *Вечный город*, *Золотая Орда*, *Поклонная гора*, *Млечный Путь*, *Петр Великий*, *Иван-царевич*, *Змей Горыныч*, *Средние века*, *Первая мировая война*, *Варфоломеевская ночь*, *Куликовская битва*, *Тайная вечеря*, *Страстная неделя*, *Великий пост*, *Ильин день*, *Троицын день*, *Новый год*, *Первое мая*, *Парижская коммуна*, *Организация Объединенных Наций*, *Российская Федерация*, *Содружество Независимых Государств*, *Федеральное собрание*, *Государственная дума*.

Приводимые в словаре составные наименования с повторяющимися первыми компонентами типа *Государственный*, *Международный*, *Всемирный*, *Всероссийский*, *Московский*, *Центральный*, *Дом*, *День*, *Музей*, а также *Северо-*, *Южно-* и т. п. следует рассматривать как примеры, указывающие на характер написания больших групп однотипных наименований. Составные наименования и другие устойчивые сочетания, не содержащие слов, пишущихся с прописной буквы (напр., *железная дорога*, *черная магия*, *злоба дня*), в словаре не приводятся, если входящие в них слова присутствуют на своих алфавитных местах как отдельные словарные единицы, а раздельное и со строчной буквы написание таких сочетаний не представляет проблемы.

Имена различных тематических групп (в том числе перечисленных выше), пишущиеся как с прописной, так и со строчной буквы, подаются в словаре в обоих орфографических вариантах с соответствующими необходимыми пояснениями. Таковы, напр., статьи: **водоле́й**, -я (*водолив*) и **Водоле́й**, -я (*созвездие и знак зодиака*; *о том, кто родился под этим знаком*); **просвеще́ние**, -я (*распространение знаний, образования*) и **Просвеще́ние**, -я (*ист. эпоха, идейное течение*); **Дульцине́я**, -и (*лит. персонаж*) и **дульцине́я**, -и (*обожаемая женщина, ирон.*); см. также *Север*, *Восток*, *Солнце*, *Луна*, *Земля*, *Дева*, *Стрелец*, *Бог*, *Творец*, *Божество*, *Божественный*, *Боже*, *Господи*, *Крещение*, *Троица*, *Голгофа*, *Содом и Гоморра*, *Олимп*, *Амур*, *Эрос*, *Геркулес*, *Геркулесовы столбы*, *Кремль*, *Черноземье*, *Октябрь*, *Февраль*, *Средневековье*, *Ренессанс*, *Камчатка*, *Хохлома*, *Палех*, *Дед Мороз*, *Дон Кихот*, *Робинзон*, *Арлекин*, *Жучка* и т. п.

Из аббревиатур, пишущихся прописными буквами, в качестве самостоятельных словарных единиц приводятся лишь те, которые имеют нарицательный смысл, напр.: *ГЭС*, *ЭВМ*, *СПИД*, *ДСП*, *УЗИ*, *ВТЭК*; то же относится к сложным словам и составным наименованиям с такими аббревиатурными компонентами: *микроГЭС*, *мини-ЭВМ*, *МГД-генератор*, *УВЧ-терапия*, *УКВ-передатчик*, *ДНК-содержащий* и т.п.

Широко представлены в словаре слова, производные от собственных имен — напр., прилагательные от географических и астрономических названий (*балхашский*, *венесуэльский*, *волоколамский*, *карагандинский*, *пензенский*, *окский*, *угандийский*, *юпитерианский*), от личных имен и фамилий (*петровский*, *шекспировский*, *вальтер-скоттовский*, *кирилло-мефодиевский*, *вердиевский*, *моцартовский*, *моцартианский*, *викторианский*; слова типа *Гомеров*, *Марксов*), от названий организаций, учреждений, обществ и т. п., в том числе аббревиатурных (*ооновский*, *гулаговский*, *тассовский*, *энкавэдэшный*, *уралмашевский*, *опоязовский*, *известинский*, *динамовский*), названия жителей населенных пунктов и стран (*ростовчане*, *екатеринбуржцы*, *туляки*, *лосанджелесцы*, *боливийцы*), членов организаций, группировок, обществ, последователей общественно-политических, философских и др. течений (*кагэбэшник*, *гэбист*, *цековец*, *мхатовец*, *спартаковец*, *голлист*, *штейнерианец*) и др. разряды образований от собственных имен (напр., *епиходовщина*, *смердяковщина*, *лермонтовед*, *цветаевед*).

При всех прилагательных, производных от собственных имен, так же как и при некоторых существительных, указывается в скобках производящее слово — собственное имя, напр.: **ри́жский** (*от* Ри́га), **цеэско́вский** (*от* ЦСКА), **мириску́сник** (*от* "Ми́р иску́сства"). Таким образом, многие разряды собственных имен (географических, личных и др.), хотя и не представлены в основном корпусе словаря в качестве самостоятельных единиц, присутствуют в нем при производных словах.

Фирменные наименования средств передвижения типа *боинг*, *жигули*, *мерседес*, *линкольн* приводятся в словаре в бытовом варианте их употребления — без кавычек и, как правило, со строчной буквы.

В качестве приложений к словарю выделены: 1) список личных имен, 2) список употребительных в современной письменной практике графических сокращений.

СТРУКТУРА СЛОВАРЯ И ОФОРМЛЕНИЕ СЛОВАРНЫХ ЕДИНИЦ

Весь материал словаря расположен в алфавитном порядке. Единицами словаря являются 1) собственно слова, 2) разного рода устойчивые сочетания слов (*без году неделя*, *в угоду*, *в частности*, *на поверку*, *не сегодня завтра*, *ни сват ни брат*, *по наущению*, *ахиллесова пята*), 3) некоторые приставки и первые части сложных слов (*вице-...*, *гипер...*, *ультра...*, *кардио...*, *нарко...*, *Мин...*, *поп-...*, *пресс-...*), 4) некоторые вторые части слов (*-либо*, *-нибудь*).

Как отдельные словарные единицы в словаре представлены: уменьшительные и увеличительные существительные, уменьшительные прилагательные, сравнительная и превосходная степень прилагательных и наречий, страдательные причастия прошедшего времени и, в необходимых случаях, другие причастия.

Фонетические и грамматические варианты слов, имеющие различия в написании, помещаются в составе одной словарной статьи и соединяются союзом «и», напр.: **бива́чный** и **бивуа́чный**; **козырно́й** и **козы́рный**; **кайла́** и **кайло́**; **макроцефа́лия** и **макрокефа́лия**, **циду́ла** и **циду́ля.** Варианты, занимающие различные места в общем алфавите, приводятся повторно.

Все иные варианты слов (различающиеся семантически, стилистически, а также устарелые) приводятся на своих алфавитных местах, как правило, без взаимных ссылок. Лишь в некоторых случаях авторы сочли полезным давать ссылку, сопровождаемую ограничительной пометой, напр.: **калифа́т** (*устар. к* халифа́т), **пуща́ть** (*прост. к* пуска́ть).

Звездочка при словах с приставкой *не-* означает, что при определенных условиях в соответствии с действующим правилом (см. с. XIV настоящего издания) вместо данного слова в целом или (если это оговорено) только в каком-либо его значении возможно раздельное написание частицы *не* с последующим компонентом. Таковы, напр., слова *неграмотный**, *нетрудный**, *неметалл**, *неодобрение**, *недалекий** (в значении «близкий»; но *недалекий* в значении «глуповатый» пишется всегда слитно). Звездочка при сложных прилагательных-терминах типа *быстродействующий**, *свободнопадающий** обозначает возможность раздельного написания соответствующих нетерминологических (свободных) сочетаний с первым компонентом — наречием. Если слитное или раздельное написание сопровождается другими орфографическими различиями, приводятся две словарных статьи, напр.: **легко́ ра́неный; легкора́неный**, *прил.*

Глаголы с постфиксом *-ся* (*-сь*) и без него объединяются в одной словарной единице. При этом постфикс дается в скобках при инфинитиве и в тех личных формах, где он употребляется, напр.: **вызыва́ть(ся)**, -а́ю(сь), -а́ет(ся); **запуска́ть(ся)**, -а́ю, -а́ет(ся); то же в причастиях, напр.: **се́ющий(ся).**

Грамматическая информация о слове. Формы слов

При именах существительных, прилагательных, числительных, при местоимениях и глаголах в соответствии со сложившейся лексикографической традицией приводятся в усеченном виде контрольные формы, которые указывают на тип склонения или спряжения и представляют парадигму слова в целом (о подаче слов разных частей речи см. ниже). Формы, не входящие в состав обязательной морфологической характеристики слова, приводятся лишь в случае отклонения от типовых парадигм, например, если они образуются от другого корня (**я**, меня́, мне, мной, обо мне́), если их образование связано с усечением или наращением основы, меной суффиксов (**граждани́н**, -а, *мн.* гра́ждане, -ан; **ягнёнок**, -нка, *мн.* ягня́та, -я́т), с особыми чередованиями (**друг**, -а, *мн.* друзья́, -зе́й), с отличиями в ударении (**ва́жный;** *кр. ф.* ва́жен, важна́, ва́жно, ва́жны́), необычными или вариантными окончаниями (**доми́шко**, -а и -и, дат. -у и -е, *тв.* -ом и -ой, *мн.* -шки, -шек, *м.*).

Помета, указывающая на часть речи, обычно дается в тех случаях, когда необходимо таким образом разграничить написание словарных единиц, напр.: **но́шеный**, *прил.*, **но́шенный**, *прич.*; **вмиг**, *нареч.* ..., но *сущ.* **в миг**; **поджо́г**, -а, но *глаг.* **поджёг.**

Помета части речи, как правило, дается при простых предлогах (**с** и **со**, *предлог*), союзах (**или** и **иль**, *союз*) и частицах (**-то**, *частица*; **таки**, *частица*).

Пометой *неизм.* снабжаются многие междометия (в том числе так называемые глагольные междометия) и звукоподражательные слова (*кыш*, *фуй*, *бац*, *мяу-мяу*), неизменяемые прилагательные (*беж*, *гофре*, *хаки*) и некоторые другие слова, не имеющие форм словоизменения (*воленс-ноленс*, *ин-фолио*).

Помета *нареч.* используется тогда, когда слитно пишущемуся наречию может быть противопоставлено пишущееся раздельно сочетание слов, напр.: **напока́з**, *нареч.* (*ср.* успеть на показ фильма); **вглуху́ю**, *нареч.* (*ср.* в глухую полночь). Кроме того, помета *нареч.* дается, если наречие совпадает с падежной формой существительного (**ве́чером**, *нареч.*; **зимо́й**, *нареч.*), если оно совпадает с краткой формой сред. рода прилагательного (**ка́чественно**, *нареч.*; **осо́знанно**, *нареч.*), а также в некоторых других случаях.

Ударение. Произношение

Все заглавные слова (за исключением односложных) и их формы имеют в словаре нормативное ударение. Отмечается также вариантное ударение в слове или форме, напр.: тво́рог, -а и -у и творо́г, -а́ и -у́; инду́стри́я, -и; и́на́че; ве́рный, *кр. ф.* ве́рен,... ве́рны́.

На односложных заглавных словах ударение по словарной традиции не ставится, напр.: *вгладь*, *крой*, *мим*, *петь*, *прыть*, *в тон*, *с глаз* (доло́й). Односложное слово снабжается ударением (если имеет его) в составе устойчивых неоднословных сочетаний (*де́нь в де́нь*, *зу́б на́ зуб*, *из го́да в го́д*, *ни на ша́г*, *во всю́ пры́ть*, *та́к и бы́ть*, *что́ попа́ло*, *кому́ ка́к*, *Вальпу́ргиева но́чь*, *ве́с не́тто*), а также в составных образованиях из двух слов (*зва́ть-велича́ть*, *пу́ть-доро́га*, *ли́ст-о́ттиск*). Ударение ставится также на последнем (обычно на втором) односложном компоненте дефисно пишущихся сложных слов (*би́знес-це́нтр*, *яхт-клу́б*, *зюйд-зюйд-ве́ст*).

Ударением снабжаются все слова, имеющие его, в том числе и односложные, в иллюстративных примерах, напр.: **что́ бы ни** (что́ бы ни случи́лось, да́й зна́ть), а также в той части устойчивого сочетания, которая помещена в скобках, напр.: **на испу́г** (бра́ть), **в до́ску** (пья́н; сво́й).

Буква ё в словаре одновременно обозначает и ударение, и произношение: **крёстная**, -ой.

Для буквенных аббревиатур в квадратных скобках указывается правильное произношение, и ударение ставится в этой транскрипционной части, напр.: **СКВ** [эскавэ́], **НЛО** [энэло́], **ЭКГ** [экагэ́].

Пояснение значений слов

Значения слов в словаре не даются; омонимы, если их различие не отражается на образовании тех или иных форм и на их написании, не разграничиваются. Пояснения и пометы разного рода, указывающие на значение слова или сферу его применения, приводятся лишь в тех случаях, когда их отсутствие может привести к ошибочному употреблению слова:

1) при словах, которые произносятся одинаково, а пишутся по-разному, напр.: **антоло́гия**, -и (*подборка лит. произведений*) — **онтоло́гия**, -и (*филос.*), **кампа́ния**, -и (*поход*; *деятельность*) — **компа́ния**, -и (*группа людей*, *объединение*);

2) при словах, близких по звучанию, в том числе и отличающихся грамматическим оформлением, напр.: **отени́ть**, -ню́, -ни́т (*покрыть тенью*, *создать тень вокруг чего-н.*) и **оттени́ть(ся)**, -ню́, ни́т(ся) (*выделить*(*ся*), *сделать* (*стать*) *заметнее*); **стек**, -а (*хлыст*; *инф.*) — **сте́ка**, -и (*инструмент скульптора*); если одно из этих слов широко употребительно, пояснение (или помета) при нем обычно не дается, напр.: **эконо́мия**, -и — **иконо́мия**, -и (*церк.*);

3) при разных значениях слова, различающихся морфологически, напр.: **пси́на**, -ы, *м.* и *ж.* (*пёс*), *ж.* (*собачье мясо*; *запах собаки*); **семиле́тка**, -и, ... *ж.* (*период в 7 лет*; *семилетняя школа*), *м.* и *ж.* (*ребенок семи лет*);

4) при словах, которые различаются употреблением строчной и прописной буквы, напр.: **Голго́фа**, -ы (*место распятия Христа*) и **голго́фа**, -ы (*место мучений, страданий*); **ду́шечка**, -и, *род. мн.* -чек, *м.* и *ж.* (*о милом, приятном человеке; ласковое обращение*) и **Ду́шечка**, -и, *ж.* (*лит. персонаж, женский тип*).

Отсылка к производящему слову (словам) при прилагательных, образованных от собственных имен, также является способом указания на значение: **ки́евский** (*от* Ки́ев), **башки́рский** (*к* башки́ры и Башки́рия), **берму́дский** (*к* Берму́дские острова́, Берму́ды), **викто́рийский** (*к* Викто́рия, *геогр.*), **викториа́нский** (*к* Викто́рия, *королева Великобритании*), **майн-ри́довский** (*от* Ма́йн Ри́д), **изве́стинский** (*от* “Изве́стия”), **гула́говский** (*от* ГУЛА́Г).

При прилагательных на *-ов, -ин* от собственных имен указание на производящее имя дается лишь в том случае, если их связь с собственным именем сохраняет признаки мотивации, напр.: **во́льтов**, -а, -о (*от* Вольт): **во́льтова дуга́**, **во́льтов сто́лб**; **геркуле́сов**, -а, -о (*от* Геркуле́с): **геркуле́сов по́двиг**, **геркуле́сова си́ла**; но: **ахи́ллов**, -а, -о: **ахи́ллово сухожи́лие**, **ахи́ллов рефле́кс**; **вене́рин**, -а, -о: **вене́рин башмачо́к**, **вене́рина мухоло́вка**, **вене́рины во́лосы** (*растения*), **вене́рин по́яс** (*животное*).

Отсылки к производящему слову, а также пояснения могут выборочно даваться в качестве дополнительной информации при названиях жителей и географических областей в случае неочевидной производности: **витебля́не**, -я́н, *ед.* -я́нин, -а (от Ви́тебск), **изборя́не**, -я́н, *ед.* -я́нин, -а (*от* Избо́рск), **Поо́чье**, -я (*к* Ока́); при собственных именах, которые могут быть употреблены и в нарицательном смысле: **Бе́лая кни́га** (*сборник документов*), **Большо́й теа́тр** (*в Москве*), **Со́лнечный Бе́рег** (*курорт в Болгарии*), а также в некоторых других случаях.

Подача буквенных и звуковых аббревиатур сопровождается полной расшифровкой, которая является одновременно указанием на значение: **АЭ́С**, *нескл., ж.* (*сокр.*: атомная электростанция); **ДСП** [дээспэ́], *нескл., ж.* (*сокр.*: древесно-стружечная плита).

Стилистическая характеристика

Стилистические пометы даются в словаре ограниченно. Они помещаются, как правило, при вариантах слов и форм для их различения и уточнения области применения, напр.: **жисть**, -и (*прост. к* жизнь); **шприц**, -а, *тв.* -ем, *мн.* -ы, -ев и (*в проф. речи*) -ы́, -о́в; **жураве́ль**, -вля́ (*обл. к* жура́вль); **по́мочь**, -и (*устар.* и *обл. к* по́мощь; Бо́г по́мочь); **ко́фей**, -я и -ю (*устар.* и *прост. к* ко́фе); **и́род**, -а (*бран.*); **судия́**, -и́, *мн.* судии́, су́дий, судия́м, *м.* (*устар.* и *высок. к* судья́); **хошь** (*прост. к* хо́чешь); **де́ло**, -а, *мн.* дела́, дел и (*нарочито сниженное и прост.*) дело́в. Сфера употребления орфографического варианта определяется ограничительными пометами и в таких случаях, как: **материа́л**, -а и (*при передаче произношения, в поэзии*) **матерья́л**, -а.

Примеры употребления

Примеры, иллюстрирующие употребление слов, приводятся (в скобках) лишь в тех случаях, когда необходимо показать зависимость написания слова от контекста, напр.: **на полдоро́ге** (останови́ться на полдоро́ге), но: **на полдоро́ги** (прови́зии хвати́ло то́лько на полдоро́ги); **ка́к не** (ка́к не хоте́ть!); **ка́к ни** (ка́к ни тру́дно, а жи́ть на́до; ка́к ни верти́, ка́к ни крути́, а...).

Кроме этого, примеры даются при некоторых словарных единицах, чтобы показать их в реальном употреблении — в типичной конструкции или в характерном для слова устойчивом сочетании, напр.: **кря́ду**, *нареч.* (два́ дня́ кря́ду), **ми́ро**, -а (*масло, церк.*; ма́заны одни́м ми́ром).

Подача слов различных частей речи

Имена существительные обычно приводятся в исходной форме — именительном падеже единственного числа с указанием формы родительного падежа ед. ч., напр.: **дра́ма**, -ы; **кора́бль**, -я́; **птене́ц**, -нца́; **чай**, ча́я и ча́ю. При несклоняемых существительных дается помета *нескл.* и указывается род: **ай**, *нескл., с.*; **маэ́стро**, *нескл., м.*

Регулярно приводятся формы так называемого второго предложного падежа с предлогами *в* и *на* (в местном значении), напр.: **лес**, -а, *предл.* в лесу́; **шкаф**, -а, *предл.* в (на) шкафу́.

Регулярно приводится также при существительных муж. и жен. рода I и II склонения с основой на шипящий и *ц* — форма творительного падежа ед. ч., напр.: **нож**, -а́, *тв.* -о́м; **сто́рож**, -а, *тв.* -ем; **ту́ча**,

-и, *тв.* -ей; **парча́**, -и́, *тв.* -о́й; **овца́**, -ы́, *тв.* -о́й; **у́мница**, -ы, *тв.* -ей; при существительных муж. рода с основой на *ц* — также форма родительного падежа мн. ч., напр.: **лжец**, -а́, *тв.* -о́м, *р. мн.* -о́в; **па́лец**, па́льца, *тв.* па́льцем, *р. мн.* па́льцев; при существительных на *-а* (*-я*) и *-о* (*-е*) — форма родительного падежа мн. ч. с беглым гласным, напр.: **тру́бка**, -и, *р. мн.* -бок; **кро́шка**, -и, *р. мн.* -шек; **жаро́вня**, -и, *р. мн.* -вен; **коле́чко**, -а, *мн.* -чки, -чек; **полоте́нце**, -а, *р. мн.* -нец; **уще́лье**, -я, *р. мн.* -лий; **го́стья**, -и, *р. мн.* -тий.

В исходной форме множественного числа даются 1) существительные, употребляющиеся только во множественном числе, при них указывается окончание родительного падежа мн. ч., напр.: **бели́ла**, -и́л; **са́ни**, -е́й; **обо́и**, обо́ев; 2) существительные, которые употребляются преимущественно во множественном числе; в этом случае формы ед. числа даются после мн. числа, напр.: **бо́тики**, -ов, *ед.* бо́тик, -а; **ра́спри**, -ей, *ед.* ра́спря, -и; **э́ллины**, -ов, *ед.* э́ллин, -а.

Если другие формы существительного, кроме формы, приведенной в качестве исходной, отсутствуют или неупотребительны, то это отмечается, напр.: **дрове́ц**, *р. мн., других форм нет*; **часо́к**, *другие формы не употр.*

Род имен существительных указывается только в тех случаях, когда окончания именительного и родительного падежей недостаточны для определения принадлежности слова к тому или иному роду, а также при словах общего рода и при несклоняемых словах, напр.: **муравьи́шка**, -и, ... *м.*; **ка́рла**, -ы, *м.* и **ка́рло**, -а, *м.*; **ветри́ще**, -а, *м.*; **боя́ка**, -и, *м.* и *ж.*; **зазна́йка**, -и, ... *м.* и *ж.*; **канапе́**, *нескл., с.*; **СКВ...**, *нескл., ж.*

Имена прилагательные на *-ый*, *-ий* и *-ой* даются в форме именительного падежа ед. ч. мужского рода без указания форм женского и среднего рода, напр.: **сере́бряный**, **техни́ческий**, **золото́й**, **бледноли́цый.**

При притяжательных именах прилагательных указываются формы женского и среднего рода, напр.: **ли́сий**, -ья, -ье; **ма́терин**, -а, -о; **отцо́в**, -а, -о.

Краткие формы прилагательных даются, если они характеризуются беглостью гласного, подвижностью ударения или другими трудностями в образовании и написании, напр.: **доста́точный;** *кр. ф.* -чен, -чна; **больно́й;** *кр. ф.* бо́лен, больна́; **совреме́нный;** *кр. ф.* -е́нен, -е́нна; **бессмы́сленный;** *кр. ф.* -ен, -енна. Формы среднего рода и мн. числа приводятся лишь в том случае, если они имеют отличие от формы женского рода по ударению: **коро́ткий;** *кр. ф.* ко́ро́ток, коротка́, ко́ро́тко́; **ва́жный;** *кр. ф.* ва́жен, важна́, ва́жно, ва́жны́.

Формы сравнительной степени даются главным образом в тех случаях, когда они образуются с суффиксами *-е* и *-ше* (а не с регулярным суффиксом *-ее*), а формы превосходной степени — когда они образуются с суффиксами *-айш-* и *-ш-* (а не *-ейш-*).

Из субстантивированных прилагательных приводятся в качестве отдельных словарных единиц только наиболее употребительные (одновременно с прилагательным), напр.: **бу́лочная**, -ой и **бу́лочный**; **часово́й**, -о́го и **часово́й**, *прил.*

Имена числительные и местоимения даются в именительном падеже с указанием формы родительного падежа, а также других косвенных падежей, если они могут вызвать затруднение в написании либо содержат какие-нибудь отличия в образовании или по месту ударения, напр.: **три**, трёх, трём, тремя́, о трёх; **пять**, пяти́, *тв.* пятью́; **пятьсо́т**, пятисо́т, пятиста́м, пятьюста́ми, о пятиста́х; **он 1**, **оно́**, его́, ему́, им, о нём, **она́**, её, ей и е́ю, о ней, *мн.* они́, их, им, и́ми, о ни́х.

Глаголы даются в неопределенной форме (форме инфинитива), за которой указываются окончания 1 и 3 лица ед. числа, напр.: **де́лать(ся)**, -аю(сь), -ает(ся); **напу́тствовать(ся)**, -твую(сь), -твует(ся); **терпе́ть(ся)**, терплю́, те́рпит(ся).

У безличных глаголов, а также у глаголов, форма 1 лица которых неупотребительна, указывается только форма 3 лица ед. числа, напр.: **света́ть**, -а́ет; **победи́ть**, -и́т.

Если формы настоящего времени неупотребительны, то это отмечается, напр.: **ха́живать**, *наст. вр. не употр.*

Формы прошедшего времени даются в тех случаях, когда они образуются нерегулярно или вариативно, а также при подвижном ударении, напр.: **прибе́гнуть...**, *прош.* -е́г и -е́гнул, -е́гла; **снизойти́...**, *прош.* -ошёл, -ошла́; **созда́ть(ся)...**, *прош.* со́зда́л, созда́лся, создала́(сь), со́зда́ло, создало́сь. Кроме того, формы прошедшего времени приводятся при всех глаголах с основой на согласную и с инфинитивом на *-сти*, *-чь* (типа *нести*, *грести*, *лезть*, *брести*, *стричь*).

В отдельных случаях приводятся личные формы глагола, которые хотя и правильны по образованию, но могут вызывать орфографические затруднения, напр.: **боро́ть(ся)**, борю́(сь), бо́рет(ся), бо́рют(ся).

Причастия даются в именительном падеже мужского рода и оформляются как имена прилагательные. При страдательных причастиях на *-нный* даются краткие формы.

Из наречий на *-о* и *-ски* в словаре приводятся лишь самые употребительные. Регулярно приводятся наречия на *-нно* и *-но*, образованные от страдательных причастий и прилагательных на *-нный*, *-ный*, напр.: *качественно*, *взволнованно*, *расстроенно*, *восхищенно*, *делано*, *учено*.

Неизменяемые слова типа *жаль*, *неохота*, *нужно*, выступающие в роли сказуемого, даются с пометой *в знач. сказ.*

Фразеологические единицы и устойчивые сочетания слов

Фразеологические единицы и составные наименования приводятся по алфавиту первого слова, а также на все те слова, которые не употребляются вне данного сочетания, напр.: **несо́лоно хлеба́вши; осо́бь статья́; е́ле можа́ху — можа́ху: е́ле можа́ху; во всеуслы́шание — всеуслы́шание: во всеуслы́шание; впроса́к: попа́сть впроса́к; до упа́ду — упа́д: до упа́ду**; **де́нно и но́щно — но́щно: де́нно и но́щно**; **се́мо и ова́мо — ова́мо: се́мо и ова́мо; ка́зус бе́лли**, *нескл.*, *м.* — **бе́лли**, *неизм.*: **ка́зус бе́лли**, *нескл.*, *м.*

Принцип повтора на соответствующих алфавитных местах соблюдается и для частей более сложных словарных единиц, напр.: **со́н в ру́ку — в ру́ку: со́н в ру́ку; не в слу́жбу, а в дру́жбу — в слу́жбу: не в слу́жбу, а в дру́жбу — в дру́жбу: не в слу́жбу, а в дру́жбу; Сци́лла...: ме́жду Сци́ллой и Хари́бдой — Хари́бда...: ме́жду Сци́ллой и Хари́бдой.**

При компоненте, общем для нескольких фразеологических единиц, даются все эти единицы, каждую из которых можно найти на своем алфавитном месте, напр.: **спуд, -а: из-под спу́да, под спу́д, под спу́дом.**

Пишущиеся с прописной буквы слова, находящиеся в составных наименованиях не на первом месте и при этом выступающие в составе нескольких сочетаний (наименований) и/или совпадающие с нарицательными словами, приводятся в одной словарной статье. Такая статья включает все сочетания с данным словом (или примеры их, если они составляют открытый ряд), а при наличии соответствующего нарицательного слова начинается с него, напр.: **Мо́рзе...: а́збука Мо́рзе**, **аппара́т Мо́рзе**, **ко́д Мо́рзе; Монома́х**, -а: **Влади́мир Монома́х**, **ша́пка Монома́ха; заве́т**, -а ... и **Заве́т**, -а (*библ.*: скрижа́ли Заве́та, Ве́тхий Заве́т, Но́вый Заве́т); **ассамбле́я**, -и, но: **Генера́льная Ассамбле́я ОО́Н**; **свет**[2], -а ..., но: **Но́вый Све́т** (*об Америке*), **Ста́рый Све́т** (*о Европе*); **поса́д**, -а, но: **Гаври́лов Поса́д**, **Марии́нский Поса́д**, **Па́вловский Поса́д**, **Се́ргиев Поса́д** (*города*); **вели́кий ...**, но (*как приложение при именах исторических лиц, названиях городов и др.*) **Вели́кий**, *напр.:* Васи́лий Вели́кий, Ка́рл Вели́кий, Константи́н Вели́кий, Пётр Вели́кий, Екатери́на Вели́кая, Но́вгород Вели́кий (*ист.*)... Однако составные наименования, начинающиеся одним и тем же пишущимся с прописной буквы словом, оформляются, как правило, в виде разных словарных статей, напр.: *Великая Китайская стена*, *Великая Отечественная война*, *Великая французская революция*, *Великие озера*, *Великий немой*, *Великий океан*, *Великое переселение народов*; *Страна Басков*, *Страна восходящего солнца*, *Страна утренней свежести*, *Страны согласия*.

Устойчивые сочетания предлога и имени существительного, не являющегося фразеологически связанным словом, даются только по алфавиту предлога, напр.: *без разбора и без разбору*, *без утайки*, *в горошек*, *в диковинку*, *в лоск*, *в меру*, *в розницу*, *на виду*, *на днях*, *на подбор*, *с виду*, *с голодухи*, *с ходу*.

При некоторых существительных, употребляющихся свободно, приводятся устойчивые сочетания с данным существительным, которые не образуют отдельной словарной статьи, напр.: **баклу́ши**, -у́ш, *ед.* -у́ша, -и, *тв.* -ей (*чурки*; би́ть баклу́ши); **баля́сы**, -я́с (*также:* баля́сы точи́ть, разводи́ть); **не́мочь**, -и (*прост. к* не́мощь; бле́дная не́мочь).

ПРАВОПИСАНИЕ *НЕ*

(извлечение из «Правил русской орфографии и пунктуации» 1956 г., §§ 88-89)

Не пишется слитно:

— с существительными, если отрицание придает слову новое, противоположное значение, например: *неприятель, несчастье*; если отрицание придает слову, не имеющему этой частицы, значение противопоставления, отрицания, например:*неспециалист, немарксист, нерусский*, например: разногласия между марксистами и *немарксистами*; всем *неспециалистам* доклад понравился; *нерусский* взглянет без любви на эту бледную, в крови, кнутом иссеченную музу (Некрасов);

— с полными и краткими прилагательными и с наречиями на *-о* (*-е*), если сочетание их с *не* служит не для отрицания какого-либо понятия, а для выражения нового, противоположного понятия, например: *нездоровый* вид (т. е. болезненный), *невозможный* характер (т. е. тяжелый), море *неспокойно* (т. е. волнуется), дело *нечисто* (т. е. подозрительно), приехать *немедленно* (т. е. сразу, безотлагательно), поступил *нехорошо* (т. е. плохо);

— с полными причастиями, при которых нет пояснительных слов, например: *неоконченный* (труд), *нераспустившийся* (цветок), *нержавеющая* (сталь), *нелюбимый* (ребенок), *нескрываемая* (злоба), *несжатая* (полоса) (в таких случаях причастие близко к прилагательному); но: *не оконченный вовремя* труд, *не распустившийся из-за холода* цветок, *не любимый матерью* ребенок, *еще не экзаменовавшиеся* студенты (в таких случаях причастие близко по значению к глаголу).

Примечание. При пояснительных словах, обозначающих степень качества, *не* с причастием пишется слитно (в этих случаях причастия с *не* близки к прилагательным), например: *крайне необдуманное* решение, *совершенно неподходящий* пример, но: *совершенно не подходящий к правилу* пример (*не* пишется раздельно ввиду наличия пояснительного слова *к правилу*).

Не пишется раздельно:

— при причастиях: а) в краткой форме, например: долг *не уплачен*, дом *не достроен*, пальто *не сшито*; б) в полной форме, когда при причастии есть пояснительные слова, а также тогда, когда при причастии есть или подразумевается противопоставление, например: он принес *не законченную* работу, а только отдельные наброски;

— при существительных, прилагательных и наречиях, если есть или подразумевается противопоставление, например: *не удача* привела нас к успеху, а выдержка и хладнокровие; *не казнь* страшна — страшна твоя немилость (Пушкин); утро настало *не ясное*, а туманное; поезд идет *не быстро и не медленно* (подразумевается: «с какой-то средней скоростью»); *не завтра* (здесь не может не быть противопоставления).

Примечание. Следует обратить внимание на некоторые случаи раздельного написания частицы *не*. Частица *не* пишется раздельно: а) если при прилагательном, причастии или наречии в качестве пояснительного слова стоит местоимение, начинающееся с *ни*, например: (*ни для кого и т. п.*) *не нужная вещь*, *никогда не встречающаяся ошибка*, *никому не выгодно за это браться*; б) если *не* входит в состав усилительных отрицаний *далеко не*, *отнюдь не*, *вовсе не*, *ничуть не*, *нисколько не* и т. п., предшествующих существительному, прилагательному или наречию, например: *он вовсе не приятель нам*, *далеко не единственное желание*, *отнюдь не справедливое решение*, *нисколько не лучший выход*, *далеко не достаточно*.

СПИСОК СОКРАЩЕНИЙ, ИСПОЛЬЗУЕМЫХ В СЛОВАРЕ

адм.-терр. — административно-территориальный
анат. — термин анатомии
археол. — термин археологии
архит. — термин архитектуры; архитектурный
астр. — термин астрономии; астрономический
библ. — библейское
биол. — термин биологии
богосл. — термин богословия
бот. — термин ботаники
бран. — бранное
буд. — будущее время (глагола)
вводн. сл. — вводное слово
в знач. сказ. — в значении сказуемого
вин. — винительный (падеж)
воен. — военный термин
вр. — время
высок. — высокое
геогр. — термин географии; географический
геол. — термин геологии
геом. — термин геометрии
глаг. — глагол
горн. — термин горного дела
дат. — дательный (падеж)
деепр. — деепричастие
ден. ед. — денежная единица
дополн. — дополнение
ед. — единственное число
ед. измер. — единица измерения
ж. — женский род
жарг. — жаргонное
жен. — женский (род)
зв. — звательная форма
знач. — значение
зоол. — термин зоологии
им. — именительный (падеж)
инф. — термин информатики
ирон. — ироническое
ист. — термин истории; историзм; исторический
книжн. — книжное
колич. — количественный
косв. п. — косвенный падеж
кр. ф. — краткая форма
кто-н. — кто-нибудь
кулин. — термин кулинарии
л. — лицо (глагола)
ласкат. — ласкательное
лингв. — термин лингвистики
лит. — термин литературоведения; литературный
лог. — термин логики
м. — мужской род
матем. — термин математики
мед. — термин медицины
межд. — междометие
местоим. — местоимение
мифол. — мифологическое
мн. — множественное число
мор. — морской термин
муж. — мужской (род)
муз. — музыкальный термин; музыкальный
назв. — название
накл. — наклонение (глагола)
напр. — например
нареч. — наречие
нар.-поэт. — народно-поэтическое
наст. — настоящее время (глагола)
нац. — национальный
неизм. — неизменяемое слово
нек-рый — некоторый
неопр. —неопределенная форма (глагола)
нескл. — несклоняемое (существительное)
несов. — несовершенный вид (глагола)
обл. — областное
отриц. — отрицание, отрицательный
офиц. — официальный
охот. — охотничий термин
п. — падеж
перен. — переносное (значение)
пов. — повелительное наклонение (глагола)
погов. — поговорка
полигр. — термин полиграфии
полит. — политический термин
посл. — пословица
поэт. — поэтическое

предл. — предложный (падеж)
прил. — прилагательное
притяж. — притяжательное (местоимение)
прич. — причастие
программ. — термин программирования
прост. — просторечное
противоп. — противоположное (по значению)
проф. — профессиональное
прош. — прошедшее время (глагола)
психол. — термин психологии
разг. — разговорное
религ.-филос. — религиозно-философский термин
р. мн. — родительный падеж множественного числа
род. — родительный (падеж)
с. — средний род
сказ. — сказуемое
собир. — собирательное
сов. — совершенный вид (глагола)
сокр. — сокращение
спорт. — спортивный термин
ср. — сравни
сравн. ст. — сравнительная степень
сред. — средний (род)
сущ. — существительное
с.-х. — сельскохозяйственный
счетн. ф. — счетная форма род. п. мн. ч.
тв. — творительный (падеж)
тех. — технический термин
увелич. — увеличительное
уменьш. — уменьшительное
употр. — употребляется
усилит. — усилительное
устар. — устарелое
физ. — термин физики
физиол. — термин физиологии
филос. — термин философии
фин. — финансовый термин
фото — термин фотографии
хим. — термин химии
худож. — художественный
церк. — церковное
ч. — число
числит. — числительное
что-н. — что-нибудь
шутл. — шутливое
электротех. — термин электротехники
юр. — юридический термин

АЛФАВИТ

А а	**И и**	**Р р**	**Ш ш**
Б б	**Й й**	**С с**	**Щ щ**
В в	**К к**	**Т т**	**Ъ ъ**
Г г	**Л л**	**У у**	**Ы ы**
Д д	**М м**	**Ф ф**	**Ь ь**
Е е Ё ё	**Н н**	**Х х**	**Э э**
Ж ж	**О о**	**Ц ц**	**Ю ю**
З з	**П п**	**Ч ч**	**Я я**

СЛОВАРЬ

А

а[1], *нескл., с.* (*название буквы*)
а[2], *союз, частица, межд.*
а-а-а, *межд.*
ааро́новский
ааро́новцы, -ев, *ед.* -вец, -вца, *тв.* -вцем
ааро́новщина, -ы
абажу́р, -а
абажу́рный
абажуродержа́тель, -я
абажу́рчик, -а
аба́з, -а
абази́нка, -и, *р. мн.* -нок
абази́нский
абази́нцы, -ев, *ед.* -нец, -нца, *тв.* -нцем
абази́ны, -зи́н, *ед.* -зи́н, -а
абази́я, -и
аба́к, -а и **аба́ка,** -и (*архит.*)
абака́, -и́ (*пенька*)
абака́нский (*от* Абака́н)
абака́нцы, -ев, *ед.* -нец, -нца, *тв.* -нцем
абандо́н, -а
Аббаси́ды, -ов (*династия*)
абба́т, -а
аббати́са, -ы
абба́тский
абба́тство, -а
аббревиату́ра, -ы
аббревиату́рный
аббревиа́ция, -и
аббромορфе́ма, -ы
а́бве́р, -а
абве́ровец, -вца, *тв.* -вцем, *р. мн.* -вцев
абве́ровский
абдика́ция, -и
абдо́мен, -а
абдомина́льный
абдоминопла́стика, -и
абду́ктор, -а (*отводящая мышца*)
абду́кторный
абду́кция, -и
а́белев, -а (*от* А́бель): **а́белева гру́ппа, а́белевы интегра́лы**
аберди́н-ангу́сский (*от* Аберди́н *и* Ангу́с; аберди́н-ангу́сская поро́да скота́)
аберди́нский (*от* Аберди́н)
аберрацио́нный
аберра́ция, -и
абза́ц, -а, *тв.* -ем, *р. мн.* -ев
абза́цный
а́бзе́тцер, -а
абиети́н, -а
абиети́новый
абиогене́з, -а
абиоге́нный
абиоти́ческий
абисса́ль, -и
абисса́льный
абисси́нка, -и, *р. мн.* -нок
абисси́нский (*к* Абисси́ния и абисси́нцы)
абисси́нцы, -ев, *ед.* -нец, -нца, *тв.* -нцем
абиту́ра, -ы (*собир.*)
абитурие́нт, -а
абитурие́нтка, -и, *р. мн.* -ток
абитурие́нтский
аблакти́рование, -я
аблакти́рованный; *кр. ф.* -ан, -ана
аблакти́ровать(ся), -рую, -рует(ся)
аблактиро́вка, -и, *р. мн.* -вок
аблати́в, -а и **абляти́в,** -а
абла́ут, -а и **абля́ут,** -а
абляцио́нный
абля́ция, -и
аболициони́зм, -а
аболициони́ст, -а
аболициони́стка, -и, *р. мн.* -ток
аболициони́стский
аболи́ция, -и
абонеме́нт, -а
абонеме́нтный
абонементодержа́тель, -я
абонеме́нтский
абоне́нт, -а
абоне́нтка, -и, *р. мн.* -ток
абоне́нтный
абоне́нтский
абони́рование, -я
абони́рованный; *кр. ф.* -ан, -ана
абони́ровать(ся), -рую(сь), -рует(ся)
абора́льный
аборда́ж, -а, *тв.* -ем
аборда́жный
аборди́рованный; *кр. ф.* -ан, -ана
аборди́ровать(ся), -рую, -рует(ся)
абориге́н, -а
абориге́нка, -и, *р. мн.* -нок
абориге́нный
абориге́нский
або́рт, -а
аборта́рий, -я
аборти́вность, -и
аборти́вный
аборти́рованный; *кр. ф.* -ан, -ана
аборти́ровать(ся), -рую, -рует(ся)
або́ртный
абрази́в, -а
абрази́вный
абразио́нный
абра́зия, -и
абракада́бра, -ы
абра́мцевский (*от* Абра́мцево)
абреже́, *нескл., с.*
абре́к, -а
абрико́с, -а, *р. мн.* -ов
абрико́сик, -а
абрико́сный
абрико́совый
абрикоти́н, -а
а́брис, -а
а́брисный
аброга́ция, -и
абру́ццкий (*от* Абру́цци)
абсе́нт, -а
абсентеи́зм, -а
абсентеи́ст, -а
абсентеи́стский
абсолье́нт, -а
абсолю́т, -а
абсолюти́вный; *кр. ф.* -вен, -вна
абсолютиза́ция, -и
абсолютизи́рование, -я
абсолютизи́рованный; *кр. ф.* -ан, -ана
абсолютизи́ровать(ся), -рую, -рует(ся)
абсолюти́зм, -а
абсолюти́ст, -а
абсолюти́стский
абсолю́тно безопа́сный
абсолю́тно гра́мотный
абсолю́тно необходи́мый
абсолю́тно прозра́чный
абсолю́тно чи́стый
абсолю́тность, -и
абсолю́тный; *кр. ф.* -тен, -тна
абсолю́ция, -и
абсорбе́нт, -а
абсорбе́нтный
абсо́рбер, -а
абсорби́рованный; *кр. ф.* -ан, -ана
абсорби́ровать(ся), -рую, -рует(ся)
абсорбцио́метр, -а
абсорбцио́нно-радиометри́ческий
абсорбцио́нный
абсо́рбция, -и
абстенциони́ст, -а
абстине́нт, -а
абстине́нтный

абстине́нция, -и
абстраги́рование, -я
абстраги́рованный; *кр. ф.* -ан, -ана
абстраги́ровать(ся), -рую(сь), -рует(ся)
абстра́кт, -а *(устар.)*
абстра́ктно-гуманисти́ческий
абстра́ктно-нра́вственный
абстра́ктность, -и
абстра́ктно-филосо́фский
абстра́ктный; *кр. ф.* -тен, -тна
абстракциони́зм, -а
абстракциони́ст, -а
абстракциони́стка, -и, *р. мн.* -ток
абстракциони́стский
абстра́кция, -и
абсу́рд, -а
абсурди́зм, -а
абсурди́ст, -а
абсурди́стский
абсу́рдность, -и
абсу́рдный; *кр. ф.* -ден, -дна
абсце́сс, -а
абсци́сса, -ы
абу-даби́йский (*от* Абу́-Да́би)
абули́я, -и
абха́зка, -и, *р. мн.* -зок
абха́зо-ады́гский
абха́зский (*к* Абха́зия и абха́зы, абха́зцы)
абха́зско-ады́гский
абха́зцы, -ев, *ед.* -зец, -зца, *тв.* -зцем
абха́зы, -ов, *ед.* абха́з, -а
а́бцуг, -а
а́бшид, -а
а́бштрих, -а
абъюра́ция, -и
а́бы́, *союз*
а́бы́ ка́к (како́й, кто́, куда́ *и т. п.*)
ава́кс, -а
авали́ст, -а
ава́ль, -я
авальма́н, -а (*спорт.*)
аванга́рд, -а
авангарди́зм, -а
авангарди́ст, -а
авангарди́стка, -и, *р. мн.* -ток
авангарди́стский
аванга́рдный
аванза́л, -а
аванка́мера, -ы
аванло́жа, -и, *тв.* -ей
аванпо́рт, -а
аванпо́ст, -а и -а́
аванпо́стный
аванпрое́кт, -а
аванре́йд, -а
ава́нс, -а
ава́нсик, -а
аванси́рование, -я
аванси́рованный; *кр. ф.* -ан, -ана
аванси́ровать(ся), -рую(сь), -рует(ся)
ава́нсовый
авансода́тель, -я
авансодержа́тель, -я
ава́нсом, *нареч.*
авансце́на, -ы
аванта́ж, -а, *тв.* -ем
аванта́жность, -и
аванта́жный; кр. ф. -жен, -жна
ава́нте, *неизм.* (*призыв*)
аванти́тул, -а
аванти́ра, -ы
авантюри́зм, -а
авантюри́н, -а
авантюри́новый
авантюри́ст, -а
авантюристи́ческий
авантюристи́чный; *кр. ф.* -чен, -чна
авантюри́стка, -и, *р. мн.* -ток
авантюри́стский
авантю́рно-приключе́нческий
авантю́рность, -и
авантю́рный; кр. ф. -рен, -рна
а́ва-пе́рец, -рца, тв. -рцем, *р. мн.* -рцев
авари́йка, -и, *р. мн.* -и́ек (*аварийная служба, машина*)
авари́йно-восстанови́тельный
авари́йно-диспе́тчерский
авари́йно-ремо́нтный
авари́йно-сигна́льный
авари́йно-спаса́тельный
авари́йность, -и
авари́йный
авари́йщик, -а
ава́рия, -и
ава́рка, -и, *р. мн.* -рок
ава́ро-анди́йский
ава́ро-а́ндо-це́зский
ава́рский
ава́рцы, -ев, *ед.* -рец, -рца, *тв.* -рцем
ава́ры, ава́р и -ов, *ед.* ава́р, -а
авата́ра, -ы
Ава́чинская со́пка
а́вва, -ы, *м.*
аввaку́мовский (*от* Авваку́м)
а́вгиевы коню́шни, а́вгиевых конюшен
авги́т, -а
авгу́ры, -ов, *ед.* авгу́р, -а
а́вгуст, -а (*месяц*)
августе́йший
августи́нский
августи́нцы, -ев, *ед.* -нец, -нца, *тв.* -нцем
а́вгусто́вский (*от* а́вгуст)
а́вгустовский (*от* А́вгуст, *римский император*)
авдо́тка, -и, *р. мн.* -ток (*птица*)
А́вель, -я: **Ка́ин и А́вель**
А́ве Мари́я, *нескл., с.* (*католическое песнопение*)
авени́да, -ы
авеню́, *нескл., ж.*
аве́рс, -а
аве́рсный
Аве́ста, -ы
авести́йский
аве́стский
авиа... – *первая часть сложных слов, пишется слитно*
а́виа, *нескл., с.* и *неизм.* (*о почтовом отправлении*)
авиааге́нтство, -а
авиаба́за, -ы
авиабензи́н, -а
авиабиле́т, -а
авиабоеприпа́сы, -ов
авиабо́й, -я, *предл.* в авиабою́, *мн.* -бои́, -боёв
авиабо́мба, -ы
авиабрига́да, -ы
авиагазотурби́на, -ы
авиагарнизо́н, -а
авиагоризо́нт, -а
авиагрузово́й
авиадвигателестрое́ние, -я
авиадвигателестрои́тельный
авиадви́гатель, -я
авиадеса́нт, -а
авиадеса́нтник, -а
авиадеса́нтный
авиадиспе́тчер, -а
авиадиспе́тчерский
авиадоста́вка, -и, *р. мн.* -вок
авиазаво́д, -а
авиа- и ракетостроéние, -я
авиака́сса, -ы
авиакатастро́фа, -ы
авиакероси́н, -а
авиакомпа́ния, -и
авиако́мпас, -а
авиако́мплекс, -а
авиаконве́рт, -а
авиаконво́й, -я
авиаконстру́ктор, -а
авиаконстру́кторский
авиакосми́ческий
авиала́йнер, -а
авиалесоохра́на, -ы
авиали́ния, -и
авиа́ль, -я
авиалюби́тель, -я
авиамагистра́ль, -и
авиамая́к, -а́
авиамедици́на, -ы
авиамедици́нский
авиаметеослу́жба, -ы
авиаметеоста́нция, -и
авиамеха́ник, -а
авиамодели́зм, -а
авиамодели́ст, -а
авиамоде́ль, -и
авиамоде́льный
авиамото́р, -а
авиамото́рный
авиамоторострое́ние, -я
авиамоторострои́тельный
авианавигацио́нный
авианавига́ция, -и
авиаҥалёт, -а
авианесу́щий
авиано́сец, -сца, *тв.* -сцем, *р. мн.* -сцев
авиано́сный

авиаопры́скивание, -я
авиаопыле́ние, -я
авиаотря́д, -а
авиаохра́на, -ы
авиапарашю́тный
авиапа́рк, -а
авиапассажи́р, -а
авиапатру́ль, -я́
авиаперево́зки, -зок, *ед.* -зка, -и
авиаперево́зчик, -а
авиаперелёт, -а
авиапира́т, -а
авиапира́тство, -а
авиаписьмо́, -а́, *мн.* -пи́сьма, -пи́сем, -пи́сьмам
авиаподко́рмка, -и
авиапо́лк, -а́, *предл.* в авиаполку́
авиапо́чта, -ы
авиапочто́вый
авиапредприя́тие, -я
авиаприбо́р, -а
авиапроисше́ствие, -я
авиапро́м, -а
авиапромы́шленность, -и
авиарабо́тник, -а
авиаразве́дка, -и
авиараке́тный
авиаракетострое́ние, -я
авиаракетострои́тельный
авиаре́йд, -а
авиаре́йс, -а
авиаремо́нтный
авиасало́н, -а
авиасвя́зь, -и
авиасекста́нт, -а
авиасигна́льный
авиаспо́рт, -а
авиаспорти́вный
авиастрое́ние, -я
авиастрои́тель, -я
авиастрои́тельный
авиастрои́тельство, -а
авиасъёмка, -и, *р. мн.* -мок
авиатари́ф, -а
авиатермина́л, -а
авиатеррори́зм, -а
авиатеррори́ст, -а
авиате́хник, -а
авиате́хника, -и
авиатехни́ческий
авиа́тика, -и
авиа́тор, -а
авиа́торский
авиатра́нспорт, -а
авиатра́нспортный
авиатра́сса, -ы
авиауго́н, -а
авиауго́нщик, -а
авиауда́р, -а
авиауслу́ги, -у́г
авиахими́ческий
авиахимрабо́ты, -о́т
авиацио́нник, -а
авиацио́нно-диспе́тчерский
авиацио́нно-косми́ческий
авиацио́нно-раке́тный
авиацио́нно-спаса́тельный
авиацио́нно-спорти́вный
авиацио́нно-техни́ческий
авиацио́нно-хими́ческий
авиацио́нный
авиацио́нщик, -а
авиа́ция, -и
авиача́сть, -и, *мн.* -и, -е́й
авиашко́ла, -ы
авиашо́у, *нескл., с.*
авива́ж, -а, *тв.* -ем
авие́тка, -и, *р. мн.* -ток
авизе́нт, -а
авизи́рование, -я
авизи́рованный; *кр. ф.* -ан, -ана
авизи́ровать(ся), -рую, -рует(ся)
ави́зный
ави́зо, *нескл., с.*
авизова́ние, -я
авизо́ванный; *кр. ф.* -ан, -ана
авизо́вка, -и, *р. мн.* -вок
авиньо́нский (*от* Авиньо́н)
авио́ника, -и
ави́ста, -ы
авитамино́з, -а
авитамино́зный
авителлино́з, -а
авителли́ны, -ов, *ед.* -лли́н, -а
авифа́уна, -ы
авици́ды, -ов, *ед.* -ци́д, -а
авло́с, -а
Авога́дро, *нескл., м.*: **зако́н Авога́дро, постоя́нная (число́) Авога́дро**
авока́до, *нескл., с.*
авоме́тр, -а
аво́ст, -а
аво́сь
аво́сь да небо́сь
аво́ська, -и, *р. мн.* -сек
аво́сь-ли́бо
авраа́мово де́рево, авраа́мова де́рева
авра́л, -а
авра́лить, -лю, -лит
авра́льный
авра́льщина, -ы
авра́н, -а
аври́кула, -ы
а́вровый (а́вровая тка́нь)
Авро́ра, -ы (*мифол.; имя*) и **авро́ра,** -ы (*заря; фигура синхронного плавания*)
австе́рия, -и и **аусте́рия,** -и
австрали́йка, -и, *р. мн.* -и́ек
австрали́йский (*от* Австра́лия)
австрали́йцы, -ев, *ед.* -и́ец, -и́йца, *тв.* -и́йцем
Австра́ло-Азиа́тское средизе́мное мо́ре
Австра́ло-Антаркти́ческая котлови́на (*в Южном океане*)
австрало́идный
австрало́иды, -ов, *ед.* -о́ид, -а
австралопите́к, -а
австрало́рп, -а
австри́йка, -и, *р. мн.* -и́ек
австри́йский (*от* А́встрия)
австри́йцы, -ев, *ед.* -и́ец, -и́йца, *тв.* -и́йцем
австри́ческий и **аустри́ческий** (*лингв.*)
австрия́ки, -ов, *ед.* -ия́к, -а
австрия́чка, -и, *р. мн.* -чек
австроазиа́тский и **аустроазиа́тский** (*лингв.*)
а́встро-венге́рский
А́встро-Ве́нгрия, -и
а́встро-герма́нский
а́встро-ита́ло-францу́зский
а́встро-италья́нский
австромаркси́зм, -а
австромаркси́ст, -а
австронези́йский
а́встро-неме́цкий
автаркия́ческий
авта́ркия, -и
авто... – *первая часть сложных слов, пишется слитно*
авто́, *нескл., с.*
автоава́рия, -и
автоаннота́ция, -и
автоаннота́ция, -и
автоаннотирова́ние, -я
автоба́за, -ы
автоба́н, -а
автоба́т, -а
автобиографи́зм, -а
автобиографи́ческий
автобиографи́чность, -и
автобиографи́чный; *кр. ф.* -чен, -чна
автобиогра́фия, -и
автоблокира́тор, -а
автоблокиро́вка, -и
автоблокиро́вочный
автобо́чка, -и, *р. мн.* -чек
автобронета́нковый
авто́бус, -а
авто́бусик, -а
авто́бусник, -а
авто́бусно-таксомото́рный
авто́бусный
автоваго́н, -а
автоведе́ние, -я
автовеломотого́нки, -нок
автовесы́, -о́в
автовключе́ние, -я
автовладе́лец, -льца, *тв.* -льцем, *р. мн.* -льцев
автоводи́тель, -я
автовокза́л, -а
автоволна́, -ы́, *мн.* -во́лны, -во́лн
автоволново́й
автовы́шка, -и, *р. мн.* -шек
автога́мия, -и и **аутога́мия,** -и
автоге́н, -а
автогене́з, -а
автогенера́тор, -а
автогенети́ческий
автоге́нно-сва́рочный
автоге́нный (*тех.*)
автоге́нщик, -а
автогига́нт, -а

автогидроподъёмник, -а
автого́л, -а, *мн.* -ы́, -о́в
автого́нки, -нок
автого́нщик, -а
автогородо́к, -дка́
автогравю́ра, -ы
автогра́д, -а
автогражда́нский (*юр.*)
авто́граф, -а
автографи́ческий
автогра́фия, -и
автогре́йдер, -а
автогрейдери́ст, -а
автогрузово́й
автогудрона́тор, -а
автогужево́й
автодекреме́нтный
автоде́ло, -а
автодида́кт, -а
автодида́ктика, -и
автодиза́йн, -а
автодиза́йнер, -а
автоди́н, -а
автодиспе́тчер, -а
автодое́ние, -я
автодозво́н, -а
автодо́илка, -и, *р. мн.* -лок
автодоро́га, -и
автодоро́жник, -а
автодоро́жный
автодрези́на, -ы
автодро́м, -а
автодро́мный
автожи́р, -а
автозаво́д, -а
автозаво́дец, -дца, *тв.* -дцем, *р. мн.* -дцев
автозаво́дский и **автозаводско́й**
автозагру́зка, -и, *р. мн.* -зок
автозагру́зчик, -а
автоза́к, -а
автозапра́вка, -и, *р. мн.* -вок
автозапра́вочный
автозапра́вщик, -а
автоза́пуск, -а
автозапча́сти, -е́й
автоинкреме́нтный
автоинспе́ктор, -а, *мн.* -а́, -о́в
автоинспе́кция, -и
автоинформа́тор, -а
автоио́нный
автоиро́ния, -и
автока́р, -а
автокаранда́ш, -а́, *тв.* -о́м
автока́рго, *нескл.*, *с.*
автока́рный
автокаскадёр, -а
автоката́лиз, -а и **аутоката́лиз**, -а
автокатастро́фа, -ы
автокефа́лия, -и
автокефа́льный
автокинопередви́жка, -и, *р. мн.* -жек
автокла́в, -а
автокла́вный
автоклу́б, -а
автоклу́бный
автоко́д, -а
автоколеба́ния, -ий
автоколеба́тельный
автоколлима́тор, -а
автоколлима́ция, -и
автоколо́нна, -ы
автокомбина́т, -а
автокоммента́рий, -я
автоконсерва́нт, -а
автоконтро́ль, -я
автоконце́рн, -а
автокооперати́в, -а
автокорму́шка, -и, *р. мн.* -шек
автокорре́ктор, -а
автокорре́кция, -и
автокосме́тика, -и
автокосмети́ческий
автокра́н, -а
автокрановщи́к, -а́
автокрановщи́ца, -ы, *тв.* -ей
автокра́т, -а
автократи́ческий
автокра́тия, -и
автокро́сс, -а
автокружо́к, -жка́
автоку́рсы, -ов
авто́л, -а
автола́вка, -и, *р. мн.* -вок
автола́йн, -а
автолесово́з, -а
автоли́дер, -а (*прибор*)
авто́лиз, -а и **ауто́лиз**, -а
автолиза́т, -а
авто́лизный и **ауто́лизный**
автолитографи́ческий
автолитогра́фия, -и
автолюби́тель, -я
автолюби́тельский
автомагази́н, -а
автомагистра́ль, -и
автомагнито́ла, -ы
автома́рка, -и, *р. мн.* -рок
автомаршру́т, -а
автомассажёр, -а
автома́т, -а
автоматиза́ция, -и
автоматизи́рование, -я
автоматизи́рованный; *кр. ф.* -ан, -ана
автоматизи́ровать(ся), -рую, -рует(ся)
автомати́зм, -а
автома́тика, -и
автомати́чески
автомати́ческий
автомати́чность, -и
автомати́чный; *кр. ф.* -чен, -чна
автома́тно-пулемётный
автома́тный
автома́том, *нареч.* (*автоматически*)
автома́т-пакетиро́вщик, автома́та-пакетиро́вщика
автома́т-упако́вщик, автома́та-упако́вщика
автома́тчик, -а
автома́тчица, -ы, *тв.* -ей
автомаши́на, -ы
автомашини́ст, -а
Автомедо́н, -а (*лит. персонаж*) и **автомедо́н**, -а (*возница*)
автометаморфи́зм, -а
автометри́ческий
автометри́я, -и
автомеха́ник, -а
автомехани́ческий
автоми́ксис, -а и **аутоми́ксис**, -а
автомикти́ческий и **аутомикти́ческий**
автоми́р, -а
автомобилево́з, -а
автомобилеопроки́дыватель, -я
автомобилеразгру́зчик, -а
автомобилестрое́ние, -я
автомобилестро́ительный
автомобилетракторострое́ние, -я
автомобилиза́ция, -и
автомобили́зм, -а
автомобили́ст, -а
автомобили́стка, -и, *р. мн.* -ток
автомоби́ль, -я
автомоби́ль-вы́шка, автомоби́ля-вы́шки, *м.*
автомоби́ль-мастерска́я, автомоби́ля-мастерско́й, *м.*
автомоби́льно-доро́жный
автомоби́льно-железнодоро́жный
автомоби́льно-тра́кторный
автомоби́льный
автомоби́ль-рефрижера́тор, автомоби́ля-рефрижера́тора
автомоби́льчик, -а
автомодели́зм, -а
автомоде́ль, -и
автомоде́льный
автомо́йка, -и, *р. мн.* -мо́ек
автоморфи́зм, -а
автомо́рфный (*матем.*)
автомотовелого́нки, -нок
автомотовладе́лец, -льца
автомотого́нки, -нок
автомотодро́м, -а
автомотоклу́б, -а
автомотокро́сс, -а
автомотолотере́я, -и
автомотолюби́тели, -ей, *ед.* -тель, -я
автомото́рный
автомотосе́кция, -и
автомотоспо́рт, -а
автомотоспорти́вный
автомотосре́дство, -а
автомототе́хника, -и
автомототра́нспорт, -а
автомототра́нспортный
автомототури́зм, -а
автомотошко́ла, -ы
автомотошо́у, *нескл.*, *с.*
автомотоэлектрооборудо́вание, -я
автомотри́са, -ы
автомутаге́н, -а

автонаруши́тель, -я
автони́м, -а
автономиза́ция, -и
автономи́зм, -а
автономи́ст, -а
автономи́стский
автономи́ческий
автоно́мия, -и
автоно́мность, -и
автоно́мный; *кр. ф.* -мен, -мна
автообслу́живание, -я
автооксида́ция, -и
автоопера́тор, -а
автоопредели́тель, -я
автоотве́тчик, -а
автоотря́д, -а
автопавильо́н, -а
автопансиона́т, -а
автопа́рк, -а
автопаро́дия, -и
автопассажи́р, -а
автопассажи́рский
автопатру́ль, -я́
автоперево́д, -а
автоперево́зки, -зок, *ед.* -зка, -и
автоперево́зчик, -а
автоперегру́зка, -и, *р. мн.* -зок
автоперегру́зчик, -а
автопередви́жка, -и, *р. мн.* -жек
автопередвижно́й
автопило́т, -а
автоплатфо́рма, -ы
автоплу́г, -а
автопогру́зка, -и, *р. мн.* -зок
автопогру́зчик, -а
автопода́тчик, -а
автопода́ча, -и, *тв.* -ей
автоподзаво́д, -а
автоподстро́йка, -и, *р. мн.* -о́ек
автоподъёмник, -а
автопо́езд, -а, *мн.* -а́, -о́в
автопои́лка, -и, *р. мн.* -лок
автопокры́шка, -и, *р. мн.* -шек
автополиплоиди́я, -и
автопортре́т, -а
автопортре́тный
автопреобразова́тель, -я
автоприце́п, -а
автоприце́пный
автопробе́г, -а
автопроду́кция, -и
автопрое́зд, -а
автопроизводи́тель, -я
автопрока́т, -а
автопрокла́дчик, -а
автопро́м, -а
автопромы́шленник, -а
автопромы́шленность, -и
автопромы́шленный
а́втор, -а
авторадиогра́мма, -ы
авторадиогра́фия, -и
авторазбра́сыватель, -я
авторазвя́зка, -и, *р. мн.* -зок
авторазгру́зка, -и
авторазгру́зчик, -а
авторазли́вочный
авторазморо́зка, -и
автора́лли, *нескл., с.*
авторегули́рование, -я
авторегулиро́вка, -и
авторегулиро́вщик, -а
авторегуля́тор, -а
авторези́на, -ы
авторе́йс, -а
авторемо́нтный
авторе́сса, -ы
авторессо́ра, -ы
авторефера́т, -а
авторефракто́метр, -а
авторефрижера́тор, -а
автореце́нзия, -и
авториза́ция, -и
авторизо́ванный; *кр. ф.* -ан, -ана
авторизова́ть(ся), -зу́ю, -зу́ет(ся)
автори́кша, -и, *тв.* -ей, *р. мн.* -ри́кш, *м.*
а́втор-исполни́тель, а́втора-исполни́теля
авторитари́зм, -а
авторитари́ст, -а
авторита́рно-бюрократи́ческий
авторита́рность, -и
авторита́рный; *кр. ф.* -рен, -рна
авторите́т, -а
авторите́тность, -и
авторите́тный; *кр. ф.* -тен, -тна
авторове́дение, -я
авторове́дческий
авторodéо, *нескл., с.*
авторо́ллер, -а
авторо́та, -ы
авторотацио́нный
авторота́ция, -и
а́втор-расска́зчик, а́втора-расска́зчика
а́вторский
а́вторско-правово́й
а́втор-состави́тель, а́втора-состави́теля
а́вторство, -а
авторулево́й, -о́го
автору́чка, -и, *р. мн.* -чек
а́вторша, -и, *тв.* -ей
авторы́нок, -нка
автосало́н, -а
автосамосва́л, -а
автосбо́рка, -и
автосбо́рочный
автосбо́рщик, -а
автосва́рка, -и
автосва́рочный
автосва́рщик, -а
автосе́рвис, -а
автосе́рвисный
автосигнализа́ция, -и
автоска́нер, -а
автосле́сарь, -я, *мн.* -и, -ей и -я́, -е́й
автосмеси́тель, -я
автосопровожде́ние, -я
автосохране́ние, -я
автоспо́рт, -а
автоспо́ры, -о́р, *ед.* -спо́ра, -ы (*биол.*)
автоспу́ск, -а
автоста́нция, -и
автоста́рт, -а
автоста́ртер, -а и **автостартёр**, -а
автостекло́, -а́, *мн.* -стёкла, -кол
автостери́льность, -и
автосто́п, -а
автосто́пом, *нареч.*
автостоя́нка, -и, *р. мн.* -нок
автостра́да, -ы
автострахова́ние, -я
автострахо́вщик, -а
автострое́ние, -я
автострои́тель, -я
автострои́тельный
автостро́п, -а
автосце́п, -а
автосце́пка, -и, *р. мн.* -пок
автотеле́жка, -и, *р. мн.* -жек
автотермоцисте́рна, -ы
автоте́хника, -и
автотехни́ческий
автотехобслу́живание, -я
автотехце́нтр, -а
автотипи́ческий
автоти́пия, -и
автоти́пный
автото́ми́я, -и и **аутото́ми́я**, -и
а́вто-то́нно-ча́с, -а, *мн.* -ы́, -о́в
автото́рмоз, -а, *мн.* -а́, -о́в
автотормозно́й
автотра́кторный
автотракторострое́ние, -я
автотра́нспорт, -а
автотра́нспортник, -а
автотра́нспортный
автотрансформа́тор, -а
автотра́сса, -ы
автотренажёр, -а
автотропи́зм, -а
автотро́фный и **аутотро́фный**
автотро́фы, -ов, *ед.* -тро́ф, -а и **аутотро́фы**, -ов, *ед.* -тро́ф, -а
автотури́зм, -а
автотури́ст, -а
автотури́стский
автотяга́ч, -а́, *тв.* -о́м
автоуго́нщик, -а
автоукла́дчик, -а
автоуправле́ние, -я
автоуправля́емый
автофазиро́вка, -и
автоферти́льность, -и
автофили́я, -и
автофо́кус, -а (*фото*)
автофурго́н, -а
автохарактери́стика, -и
автохозя́йство, -а
автохори́я, -и
автохо́ры, -хо́р, *ед.* -хо́ра, -ы (*биол.*)
автохро́мный
автохронометра́ж, -а, *тв.* -ем

автохто́н, -а
автохто́нный
автоцементово́з, -а
автоце́нтр, -а
автоцисте́рна, -ы
авточа́с, -а, *мн.* -ы́, -о́в
авточа́сть, -и, *мн.* -и, -е́й
автоша́рж, -а, *тв.* -ем
автоши́на, -ы
автошко́ла, -ы
автошо́у, *нескл., с.*
автошту́рман, -а
автощётка, -и, *р. мн.* -ток
автоэлектро́ника, -и
автоэлектро́нный
авуа́ры, -ов
авункула́т, -а
а́га, а́ги (*жаба*)
ага́[1], аги́, *м.* (*восточный титул*); *к предшествующему собственному имени присоединяется через дефис, напр.*: Кери́м-ага́
ага́[2], *неизм.*
ага́ва, -ы
ага́вный
ага́вовые, -ых
ага́вовый
ага́вский (ага́вские языки́)
агали́т, -а
агальматоли́т, -а
ага́ма, -ы (*ящерица*)
ага́ми, *нескл., ж.* (*птица*)
агами́я, -и
ага́мный
агамого́ния, -и
ага́р, -а
ага́р-ага́р, -а
ага́рный
ага́ровый
агаря́не, -я́н, *ед.* -я́нин, -а
агаря́нка, -и, *р. мн.* -нок
Агасфе́р, -а
ага́т, -а
ага́тис, -а
ага́товый
ага́у, *нескл., м.* и *неизм.* (*группа языков*)
ага́-ха́н, -а (*титул главы исмаилитов*)
а́ггел, -а (*устар. церк. к* а́нгел; *о злом духе*)
агглютинати́вность, -и
агглютинати́вно-флекти́вный
агглютинати́вный
агглютина́ция, -и
агглютини́н, -а
агглютини́рование, -я
агглютини́рованный; *кр. ф.* -ан, -ана
агглютини́ровать(ся), -рует(ся)
агглютини́рующий(ся)
аггрáва́ция, -и
агевзи́я, -и и **агевсти́я**, -и
аге́нда, -ы
агенези́я, -и
а́генс, -а (*лингв.*)
аге́нт, -а
аге́нт-ба́нк, -а
агенти́вный
агенти́рование, -я
агенти́рованный; *кр. ф.* -ан, -ана
агенти́ровать(ся), -рую, -рует(ся)
аге́нтка, -и, *р. мн.* -ток
аге́нтский
аге́нтство, -а
агенту́ра, -ы
агенту́рно-операти́вный
агенту́рно-осведоми́тельный
агенту́рный
агера́тум, -а
агиа́сма, -ы (*церк.*)
Аги́нский Буря́тский автоно́мный о́круг
агиографи́ческий
агиогра́фия, -и
агиоло́гия, -и
агит... *– первая часть сложных слов, пишется слитно*
агитавтомоби́ль, -я
агита́тор, -а
агита́торский
агита́торша, -и, *тв.* -ей
агитацио́нно-ло́зунговый
агитацио́нно-ма́ссовый
агитацио́нно-пропаганди́стский
агитацио́нность, -и
агитацио́нный
агита́ция, -и
агитбрига́да, -ы
агити́рование, -я
агити́ровать, -рую, -рует
агитиску́сство, -а
аги́тка, -и, *р. мн.* -ток
агиткампа́ния, -и
агитколлекти́в, -а
агитлубо́к, -бка́
агитма́ссовый
агитотря́д, -а
агитплака́т, -а
агитпо́езд, -а, *мн.* -а́, -о́в
агитпохо́д, -а
агитпробе́г, -а
агитпро́п, -а
агитпро́повский
агитпропотде́л, -а
агитпу́нкт, -а
агитсамолёт, -а
агитфи́льм, -а
а́глицкий (*устар. к* англи́йский)
агломера́т, -а
агломера́тный
агломера́тчик, -а
агломерацио́нный
агломера́ция, -и
агломери́ровать(ся), -рую, -рует(ся)
аглопори́т, -а
аглофа́брика, -и
агнати́ческий
агна́тный
агна́тство, -а
агна́ты[1], -ов, *ед.* агна́т, -а (*кровные родственники по мужской линии*)
агна́ты[2], -а́т (*зоол.*)
а́гнец, а́гнца, *тв.* а́гнцем, *р. мн.* а́гнцев
А́гнец Бо́жий (*об Иисусе Христе*)
А́гни, *нескл., м.* (*мифол.*)
а́гни-йо́га, -и
а́гница, -ы, *тв.* -ей
агнози́я, -и
агно́стик, -а
агностици́зм, -а
агности́ческий
аго́гика, -и
агонизи́ровать, -рую, -рует
агони́ческий
аго́ния, -и
агонома́л, -а (*рыба*)
аго́р, -а (*монета*)
аго́ра́, -ы и -ы́ (*площадь*)
агорафо́б, -а
агорафо́би́я, -и
аграма́нт, -а
аграма́нтный
аграма́нтовый
агранулоци́т, -а
агранулоцита́рный
агранулоцито́з, -а
агра́рий, -я
агра́рник, -а
агра́рно-индустриа́льный
агра́рно-промы́шленный
агра́рно-сырьево́й
агра́рный
агра́ф, -а
Аграфе́на-купа́льница, Аграфе́ны-купа́льницы (*день народного календаря*)
агра́фи́я, -и
агрега́т, -а
агрегати́рование, -я
агрегати́рованный; *кр. ф.* -ан, -ана
агрегати́ровать(ся), -рую, -рует(ся)
агрега́тно-пото́чный
агрега́тно-сбо́рочный
агрега́тный
агрега́ция, -и
агреги́рование, -я
агреги́рованный; *кр. ф.* -ан, -ана
агреги́ровать(ся), -рую, -рует(ся)
агреже́, *нескл., ж.* и *с.* (*ученая степень*), *м.* и *ж.* (*лицо*)
агрема́н, -а
агреме́нт, -а
агресси́вно-империалисти́ческий
агресси́вно-коррозио́нный
агресси́вно настро́енный
агресси́вно-послу́шный
агресси́вность, -и
агресси́вный; *кр. ф.* -вен, -вна
агресси́ны, -ов, *ед.* -сси́н, -а
агре́ссия, -и
агре́ссор, -а
агрикульту́ра, -ы (*земледелие, устар.*)

агрикульту́рный *(земледельческий, устар.)*
агро… – *первая часть сложных слов, пишется слитно*
агроба́за, -ы
агробио́лог, -а
агробиологи́ческий
агробиоло́гия, -и
агробиоцено́з, -а
агробота́ника, -и
агроботани́ческий
агрогородо́к, -дка́
агрозооте́хника, -и
агрозоотехни́ческий
агроклимати́ческий
агроклиматоло́гия, -и
агроко́мплекс, -а
агроконве́йер, -а
агроконса́лтинг, -а
агрокульту́ра, -ы
агрокульту́рный
агролесомелиорати́вный
агролесомелиора́тор, -а
агролесомелиора́ция, -и
агрома́ксимум, -а
агромелиорати́вный
агромелиора́тор, -а
агромелиора́ция, -и
агрометеоро́лог, -а
агрометеорологи́ческий
агрометеороло́гия, -и
агро́метр, -а
агроми́нимум, -а
агроно́м, -а
агрономи́ческий
агроно́мия, -и
агроно́мша, -и, *тв.* -ей
агрообъедине́ние, -я
агрополи́тика, -и
агропо́чвенный
агропочвове́дение, -я
агропочвове́дческий
агропредприя́тие, -я
агропроизво́дственный
агропроизво́дство, -а
агропро́м, -а
агропромобъедине́ние, -я
агропро́мовец, -вца, *тв.* -вцем, *р. мн.* -вцев
агропро́мовский
агропромы́шленный
агропу́нкт, -а
агрорайо́н, -а
агросе́ктор, -а
агросе́ть, -и, *мн.* -и, -е́й
агроте́хник, -а
агроте́хника, -и
агротехни́ческий
агроуча́сток, -тка
агрофи́зик, -а
агрофи́зика, -и
агрофизи́ческий
агрофи́рма, -ы
агрофитоцено́з, -а
агроформирова́ние, -я
агрохи́мик, -а
агрохими́ческий
агрохи́мия, -и
агрохимлаборато́рия, -и
агроце́х, -а, *мн.* -и, -ов и -а́, -о́в
агрошко́ла, -ы
агроэкологи́ческий
агроэколо́гия, -и
агроэкономи́ческий
агроэкосисте́ма, -ы
агу́, *неизм.*
агу́кать, -аю, -ает
агу́кнуть, -ну, -нет
агу́леньки, *неизм.*
агу́лечки, *неизм.*
агу́лка, -и, *р. мн.* -лок
агу́лы, -ов, *ед.* агу́л, -а
агу́льский
агу́льцы, -ев, *ед.* -лец, -льца, *тв.* -льцем
агу́нюшки, *неизм.*
агу́ти, *нескл., м.*
агу́шеньки, *неизм.*
ад, а́да, *предл.* в аду́
а́да, а́ды (*инф.*)
адажие́тто, *неизм.* и *нескл., с.*
ада́жио, *неизм.* и *нескл., с.*
адали́н, -а
Ада́м, -а (*также*: ве́тхий Ада́м, *о человеке*)
адама́нт, -а
адами́ты, -ов, *ед.* -ми́т, -а
Ада́мов, -а, -о (*от* Ада́м)
ада́мово я́блоко, ада́мова я́блока
адамси́т, -а
ада́мсия, -и
адапта́нт, -а
адаптацио́нно-трофи́ческий
адаптацио́нный
адапта́ция, -и (*приспосабливание*)
ада́птер, -а
адаптериза́ция, -и (*от* ада́птер)
адаптеризо́ванный; *кр. ф.* -ан, -ана
адапти́вность, -и
адапти́вный; *кр. ф.* -вен, -вна (*к* адапта́ция)
адапти́рованный; *кр. ф.* -ан, -ана (*от* адапти́ровать)
адапти́ровать(ся), -рую(сь), -рует(ся) (*к* адапта́ция)
адаптоге́н, -а
адаптоге́нный
адапто́метр, -а
ада́т, -а
а-да́то, *неизм.* (*фин.*)
адба́стер, -а
адва́йзер, -а
ад вало́рем, *неизм.*
адве́кция, -и
адве́нт, -а
адвенти́вный
адвенти́зм, -а
адвенти́стка, -и, *р. мн.* -ток
адвенти́стский
адвенти́сты, -ов, *ед.* -и́ст, -а
адвербиализа́ция, -и
адвербиализи́рованный; *кр. ф.* -ан, -ана
адвербиализи́роваться, -руется
адвербиализо́ванный; *кр. ф.* -ан, -ана
адвербиализова́ться, -зу́ется
адвербиа́льный
адверта́йзинг, -а (*реклама*)
адвока́т, -а
адвокате́сса, -ы
адвока́тский
адвока́тство, -а
адвока́тствовать, -твую, -твует
адвокату́ра, -ы
адвока́тша, -и, *тв.* -ей
адгези́вный
адгезио́нный
адге́зия, -и
адде́нда, -ы (*приложение, дополнение* (*в книге*))
адде́ндум, -а (*дополнение к договору; то же, что адденда*)
адде́нды, -ов, *ед.* -е́нд, -а (*хим.*)
адди́с-абе́бский (*от* Адди́с-Абе́ба)
аддисабе́бцы, -ев, *ед.* -бец, -бца, *тв.* -бцем
аддисо́нова боле́знь, аддисо́новой боле́зни
аддити́вность, -и
аддити́вный; *кр. ф.* -вен, -вна
адду́ктор, -а (*приводящая мышца*)
адду́кторный
адду́кция, -и
адеква́тность, -и
адеква́тный; *кр. ф.* -тен, -тна
адельфа́н, -а
адени́ловая кислота́
адени́н, -а
адени́т, -а
аденови́русный
аденови́русы, -ов, *ед.* -ви́рус, -а
аденози́н, -а
аденозиндифосфа́т, -а
аденозиндифо́сфорный
аденозинмонофосфа́т, -а
аденозинмонофо́сфорный
аденозинтрифосфа́т, -а
аденозинтрифосфата́зы, -а́з, *ед.* -а́за, -ы
аденозинтрифо́сфорный
аденозинфо́сфорный
адено́иды, -ов, *ед.* -о́ид, -а
аденокарцино́ма, -ы
адено́ма, -ы
а́денский (*от* А́ден)
а́денцы, -ев, *ед.* -нец, -нца, *тв.* -нцем
аде́пт, -а
адерми́н, -а
адеструкти́вный
аджа́рка, -и, *р. мн.* -рок
аджа́рский (*к* Аджа́рия и аджа́рцы)
аджа́рцы, -ев, *ед.* -рец, -рца, *тв.* -рцем
аджи́ка, -и
аджорнаме́нто, *нескл., с.*
а джо́рно, *неизм.*

адиаба́та, -ы
адиабати́ческий
адиаба́тный
адида́с, *неизм.*
адида́совский (*от* Адида́с, *фирма*)
адида́сы, -ов (*обувь*)
адинами́я, -и
адипи́новый
адипозогенита́льный
а́длерский (*от* А́длер)
а́длерцы, -ев, *ед.* -рец, -рца, *тв.* -рцем
администрати́вно-бюрократи́ческий
администрати́вно-волево́й
администрати́вно-директи́вный
администрати́вно-дисциплина́рный
администрати́вно-кома́ндный
администрати́вно-правово́й
администрати́вно-приказно́й
администрати́вно-произво́дственный
администрати́вно-ссы́льный
администрати́вно-территориа́льный
администрати́вно-управле́нческий
администрати́вно-фина́нсовый
администрати́вно-хозя́йственный
администрати́вный
администра́тор, -а
администра́торский
администра́торство, -а
администра́торша, -и, *тв.* -ей
администрату́ра, -ы
администра́ция, -и
Администра́ция Президе́нта РФ
администри́рование, -я
администри́ровать, -рую, -рует
адмира́л, -а
адмира́л-инжене́р, адмира́ла-инжене́ра
адмиралте́йский
Адмиралте́йств-колле́гия, -и (*ист.*)
адмиралте́йство, -а (*учреждение*) и **Адмиралте́йство,** -а (*архит. памятник в Петербурге*)
Адмиралте́йств-сове́т, -а (*ист.*)
адмира́льский
адмира́льство, -а
адмира́льша, -и, *тв.* -ей
адмони́ция, -и
адмотде́л, -а
адмтехперсона́л, -а
адмча́сть, -и, *мн.* -и, -е́й
аднекси́т, -а
адо́ба, -ы
а́дов, -а, -о
а́довый
адогмати́зм, -а
адогмати́ческий
адогмати́чный; *кр. ф.* -чен, -чна
адонизи́д, -а
адониле́н, -а
адо́нис, -а (*бот.*)
Адо́нис, -а (*мифол.*)
адопта́тор, -а
адопта́ция, -и (*усыновление*)
адопти́вный (*к* адопта́ция)
адопти́рованный; *кр. ф.* -ан, -ана (*от* адопти́ровать)
адопти́ровать(ся), -рую, -рует(ся) (*к* адопта́ция)
адора́нт, -а
адора́ция, -и
адренали́н, -а
адренали́новый
адрена́ловый
адренерги́ческий
адренокортикотро́пный
адренолити́ческий
а́дрес, -а, *мн.* -а́, -о́в
адреса́нт, -а (*тот, кто адресует что-н.*)
адреса́нтный
адреса́т, -а (*тот, кому адресовано что-н.*)
адреса́тный
адреса́ция, -и
а́дрес-календа́рь, -я́
а́дресно-спра́вочный
а́дресность, -и
а́дресный
адресова́ние, -я
адресо́ванный; *кр. ф.* -ан, -ана
адресова́ть(ся), -су́ю(сь), -су́ет(ся)
адресо́граф, -а
адресо́к, -ска́
адресо́чек, -чка
адресу́емость, -и
Адриа́тика, -и
адриати́ческий (*к* Адриати́ческое мо́ре, Адриа́тика)
Адриати́ческое мо́ре
адриту́ра, -ы
адро́нный
адро́ны, -ов, *ед.* адро́н, -а
адря́с, -а
а́дски
а́дский
адсорбе́нт, -а
адсорбе́нтный
адсо́рбер, -а
адсорби́рованный; *кр. ф.* -ан, -ана
адсорби́ровать(ся), -рую, -рует(ся)
адсорбцио́нно-ко́мплексный
адсорбцио́нный
адсо́рбция, -и
адстра́т, -а
адстра́тный
АДТ [адэтэ́], *нескл., ж.* (*сокр.*: аэродинамическая труба)
адуля́р, -а
АДФ [адээ́ф], *нескл., ж.* (*сокр.*: аденозиндифосфорная кислота)
адъективáция, -и
адъективи́рование, -я
адъективи́рованный; *кр. ф.* -ан, -ана
адъективи́роваться, -руется
адъекти́вный
адъю́нкт, -а (*лицо*)
адъю́нкта, -ы (*матем.*)
адъю́нкт-профе́ссор, -а, *мн.* -а́, -о́в
адъю́нктский
адъю́нктство, -а
адъюнкту́ра, -ы
адъюста́ж, -а, *тв.* -ем
адъюта́нт, -а
адъюта́нтский
адъюта́нтство, -а
адыге́, *нескл., мн., ед. м.* и *ж.*
адыге́йка, -и, *р. мн.* -е́ек
адыге́йский (*к* Адыге́я, Адыге́йск, адыге́йцы)
адыге́йцы, -ев, *ед.* -е́ец, -е́йца, *тв.* -е́йцем
ады́ги, -ов, *ед.* ады́г, -а
ады́гский
адье́, адьё и **адью́,** *неизм.* (*прост.*)
адюльте́р, -а
адюльте́рный
аеви́т, -а
аж, *частица*
ажа́н, -а
ажго́н, -а
а́жио, *нескл., с.*
а́жио-ко́нто, *нескл., с.* (*фин.*)
ажиота́ж, -а, *тв.* -ем
ажиота́жный; *кр. ф.* -жен, -жна
ажиоти́ровать, -рую, -рует
ажита́то, *неизм.* и *нескл., с.*
ажита́ция, -и
а́жно́, *частица* и *союз*
ажу́р, -а
ажу́рность, -и
ажу́рный; *кр. ф.* -рен, -рна
ажюсти́ровать, -рую, -рует
аз, аза́ (*название буквы*)
аза́лиевый
аза́лия, -и
аза́н, -а
азари́н, -а
аза́рт, -а
аза́ртничать, -аю, -ает
аза́ртность, -и
аза́ртный; *кр. ф.* -тен, -тна
аза́т, -а
а́збука, -и
азбуко́вник, -а
а́збучка, -и, *р. мн.* -чек
а́збучность, -и
а́збучный
азеотро́пный
азербайджа́нка, -и, *р. мн.* -нок
азербайджа́нский (*к* Азербайджа́н и азербайджа́нцы)
азербайджа́нско-росси́йский
азербайджа́нцы, -ев, *ед.* -нец, -нца, *тв.* -нцем
Азе́ф, -а
азе́фовский (*от* Азе́ф)
азе́фовщина, -ы
азиани́зм, -а
азиани́ческий
азиа́тка, -и, *р. мн.* -ток

азиа́тский (*от* А́зия и азиа́ты)
азиа́тско-тихоокеа́нский
Азиа́тско-Тихоокеа́нский регио́н
азиа́тчина, -ы
азиа́ты, -ов, *ед.* азиа́т, -а
ази́ды, -ов, *ед.* ази́д, -а
а́зимут, -а
азимута́льно сопряжённый
азимута́льный
а́зимутный
ази́ны, -ов, *ед.* ази́н, -а
АЗК [азэка́], *нескл., м.* (*сокр.:* автозаправочный комплекс)
азобензо́л, -а
азо́во-черномо́рский
Азо́вские похо́ды (*1695–1696*)
азо́вский (*от* Азо́в)
Азо́вское мо́ре
азогру́ппа, -ы
азо́йский
азокраси́тель, -я
азоксисоедине́ния, -ий, *ед.* -е́ние, -я
азомета́н, -а
азона́льность, -и
азона́льный
азоосперми́я, -и
азосоедине́ния, -ий, *ед.* -е́ние, -я
азосочета́ние, -я
азо́т, -а
азотеми́я, -и
азотиза́ция, -и
азоти́рование, -я
азоти́ровать(ся), -рую, -рует(ся)
азо́тисто-водоро́дный
азотистоки́слый
азо́тистый
азотнова́тистый
азотнова́тый
азо́тно-кали́йно-фо́сфорный
азо́тно-кали́йный
азотноки́слый
азо́тно-ту́ковый
азо́тно-фо́сфорный
азо́тный
азотоба́ктер, -а
азотобакте́рии, -ий, *ед.* -е́рия, -и
азотобактери́н, -а
азотоге́н, -а
азотоме́тр, -а
азотоотдающий и **азототдающий**
азотосодержа́щий и **азотсодержа́щий**
азотоусва́ивающий и **азотусва́ивающий**
азотофикси́рующий и **азотфикси́рующий**
азотсодержа́щий и **азотосодержа́щий**
азотури́я, -и
азотусва́ивающий и **азотоусва́ивающий**
азотфикса́торы, -ов, *ед.* -тор, -а
азотфикса́ция, -и
азотфикси́рующий и **азотофикси́рующий**

азофо́ска, -и
АЗС [азэ́эс], *нескл., ж.* (*сокр.*: автозаправочная станция)
азу́, *нескл., с.*
азу́р, -а
азури́т, -а
азы́, азо́в (*основы, начала*)
азя́м, -а
азя́мчик, -а
ай́, *нескл., с.*
Аи́д, -а
аи́л, -а
аи́льный
аи́р, -а
аи́рный ко́рень и **и́рный ко́рень**
а́ист, -а
аистёнок, -нка, *мн.* -тя́та, -тя́т
аисти́ный
аисти́ха, -и
а́истник, -а
а́истовый
аистообра́зные, -ых
аи́фовец, -вца, *тв.* -вцем, *р. мн.* -вцев
аи́фовский (*от* АиФ – *"Аргументы и факты"*)
ай, *неизм.*
ай-а́й, *неизм.*
ай-ай-а́й, *неизм.*
Айболи́т, -а
айва́, -ы́
айва́н, -а
айво́вый
а́й да (*выражение похвалы, одобрения*: а́й да моло́де́ц!)
айда́, *межд.* и *в знач. сказ.* (*пошли, поехали, побежали*)
а́йе-а́йе, *нескл., м.* (*животное*)
а́йканье, -я
а́йкать, -аю, -ает
айкидо́, *нескл., с.*
айкидои́ст, -а
а́йкнуть, -ну, -нет
ай-кью́, *нескл., с.*
айла́нт, -а
айла́нтовый
ай-люли́, *неизм.*
айма́к, -а́
аймако́вый
айма́чный
айова́нка, -и, *р. мн.* -нок
айова́нский (*от* А́йо́ва)
айова́нцы, -ев, *ед.* -нец, -нца, *тв.* -нцем
а́йо́вский (*от* А́йо́ва)
а́йо́вцы, -ев, *ед.* -вец, -вца, *тв.* -вцем
ай-пе́тринский (*от* Ай-Пе́три)
айра́н, -а
айро́л, -а
айрши́рский
айрши́ры, -ов, *ед.* -ши́р, -а (*порода скота*)
айсба́йль, -я (*орудие альпиниста*)
а́йсберг, -а
а́йсинг, -а
айсо́рка, -и, *р. мн.* -рок

айсо́рский
айсо́ры, -ов, *ед.* айсо́р, -а
айс-ревю́, *нескл., с.*
айс-фифи́, *нескл., м.* (*орудие альпиниста*)
айтма́товский (*от* Айтма́тов)
академгородо́к, -дка́
академи́зм, -а
акаде́мик, -а
акаде́мик-секрета́рь, акаде́мика-секретаря́
академи́ст, -а
академи́стка, -и, *р. мн.* -ток
академи́ческий
академи́чность, -и
академи́чный; *кр. ф.* -чен, -чна
акаде́мия, -и; но: **Акаде́мия,** -и (*философская школа Платона в Афинах*; *также как первое слово в названиях учреждений, напр.*: Акаде́мия Росси́йская, Акаде́мия наро́дного хозя́йства, Акаде́мия гражда́нской авиа́ции)
академо́тпуск, -а, *предл.* в академо́тпуске и в академотпуску́, *мн.* -а́, -о́в
акажу́, *нескл., с.* (*дерево*)
ака́н, *нескл., мн.* (*группа народов*) и *неизм.* (*группа языков*)
ака́нт, -а
ака́нтовый
аканто́ды, -о́д, *ед.* -о́да, -ы
акантопа́накс, -а
акантоцефалёз, -а
акантоцефа́лы, -ов, *ед.* -фа́л, -а
а́канье, -я
а капе́лла, *неизм.* (*муз.*)
акапе́льный (*муз.*)
акарапидо́з, -а
акариа́зис, -а
акари́ды, -и́д, *ед.* -и́да, -ы
акари́ны, -и́н, *ед.* -и́на, -ы
акарици́ды, -ов, *ед.* -ци́д, -а
акаро́з, -а
акароло́гия, -и
Акату́йская ка́торжная тюрьма́ (*ист.*)
а́кать, -аю, -ает
акаустобиоли́ты, -ов, *ед.* -ли́т, -а
ака́фист, -а
ака́фистник, -а
ака́фистный
ака́циевый
ака́цийка, -и, *р. мн.* -иек
ака́ция, -и
а́кающий
аква… – *первая часть сложных слов, пишется слитно*
аквааэро́бика, -и
аквабáйк, -а
аквабáйкер, -а
аквабилдинг, -а
аквада́г, -а
акваджо́ггинг, -а
аквадро́м, -а
аквакульту́ра, -ы

аквала́нг, -а
акваланги́ст, -а
акваланги́стка, -и, *р. мн.* -ток
аквала́нговый
аквамари́н, -а
аквамари́нный
аквамари́новый
акваме́три́я, -и
аквамоби́ль, -я
аквана́вт, -а
аквана́втика
аквана́втка, -и, *р. мн.* -ток
аквана́риум, -а
аквапа́рк, -а
акваплáн, -а
акваполисоедине́ния, -ий, *ед.* -е́ние, -я
акварели́ст, -а
акварели́стка, -и, *р. мн.* -ток
акваре́ль, -и
акваре́лька, -и, *р. мн.* -лек
акваре́льный
аква́риум, -а
аквариуми́ст, -а
аква́риумный
аквасоедине́ния, -ий, *ед.* -е́ние, -я
аквати́нта, -ы
аквати́пия, -и
акватло́н, -а
аквато́рия, -и
аквафи́тнес, -а
аквафо́рте, *нескл., с.*
аквафорти́ст, -а
акведу́к, -а
аквизи́тор, -а
аквизи́торский
аквизи́ция, -и
аквиле́гия, -и
Аквило́н, -а (*мифол.*) и **аквило́н,** -а (*северный ветер*)
Аквина́т, -а: **Фома́ Аквина́т**
Акви́нский: Фома́ Акви́нский
аквита́нский (*от* Аквита́ния, *ист.; геол.*)
акетоге́нный
а́ки, *союз*
акинези́я, -и
акка́дский (*от* Акка́д; акка́дский язы́к)
акка́унт, -а (*фин.*)
акклама́ция, -и
акклиматиза́тор, -а
акклиматизацио́нный
акклиматиза́ция, -и
акклиматизи́рование, -я
акклиматизи́рованный; *кр. ф.* -ан, -ана
акклиматизи́ровать(ся), -рую(сь), -рует(ся)
аккола́да, -ы
аккомода́нтный
аккомодацио́нный
аккомода́ция, -и
аккомоди́ровать(ся), -рую, -рует(ся)
аккомпанеме́нт, -а
аккомпанеме́нтный
аккомпаниа́тор, -а
аккомпаниа́торский
аккомпаниа́торша, -и, *тв.* -ей
аккомпани́рование, -я
аккомпани́ровать, -рую, -рует
акко́рд, -а
аккордео́н, -а
аккордеони́ст, -а
аккордеони́стка, -и, *р. мн.* -ток
аккордео́нный
акко́рдика, -и
акко́рдно-премиа́льный
акко́рдный
акко́рдово-гармони́ческий
акко́рдовый
аккредитацио́нный
аккредита́ция, -и
аккредити́в, -а
аккредити́вный
аккредитова́ние, -я
аккредито́ванный; *кр. ф.* -ан, -ана
аккредитова́ть(ся), -ту́ю(сь), -ту́ет(ся)
аккре́ция, -и
а́ккрский (*от* А́ккра)
а́ккрцы, -ев, *ед.* -рец, -рца, *тв.* -рцем
аккузати́в, -а
аккультура́ция, -и
аккумули́рование, -я
аккумули́рованный; *кр. ф.* -ан, -ана
аккумули́ровать(ся), -рую, -рует(ся)
аккумуляти́вный
аккумуля́тор, -а
аккумуля́торно-заря́дный
аккумуля́торный
аккумуляцио́нный
аккумуля́ция, -и
аккура́т, *нареч.*
аккурати́ст, -а
аккурати́стка, -и, *р. мн.* -ток
аккура́тненький
аккура́тно, *нареч.*
аккура́тность, -и
аккура́тный; *кр. ф.* -тен, -тна
акли́на, -ы
акмеи́зм, -а
акмеи́ст, -а
акмеисти́ческий
акмеи́стка, -и, *р. мн.* -ток
акмеи́стский
акмеологи́ческий
акмеоло́гия, -и
акмо́линский (*от* Акмо́ла, Акмо́линск)
акмо́линцы, -ев, *ед.* -нец, -нца, *тв.* -нцем
акони́т, -а
аконити́н, -а
акони́товый
аконта́ктность, -и
а-ко́нто, *неизм.*
акосми́зм, -а
акр, -а, *р. мн.* -ов
акратофо́р, -а
акри́бия, -и
акриди́н, -а
акриди́новый
акри́ды, -и́д
акри́л, -а
акрилами́д, -а
акрила́ты, -ов, *ед.* -ла́т, -а
акрилзамещённый и **акрилозамещённый**
акри́ловый
акрилонитри́л, -а
акрихи́н, -а
акроба́т, -а
акробати́зм, -а
акроба́тика, -и
акробати́ческий
акробати́чный; *кр. ф.* -чен, -чна
акроба́тка, -и, *р. мн.* -ток
акроба́тничанье, -я
акроба́тничать, -аю, -ает
акроба́тский
акроболи́ст, -а
акрокефа́л, -а и **акроцефа́л,** -а
акрокефа́лия, -и и **акроцефа́лия,** -и
акролеи́н, -а
акроли́т, -а
акромега́лия, -и
акромелани́зм, -а
акро́ним, -а
акропета́льный
акро́поль, -я (*крепость в древнегреческих городах*) и **Акро́поль,** -я (*в Афинах*)
акроски́инг, -а
акросо́ма, -ы
акро́сти́х, -а
акроте́рий, -я
акрофо́бия, -и
акроцефа́л, -а и **акрокефа́л,** -а
акроцефа́лия, -и и **акрокефа́лия,** -и
аксака́л, -а
акса́ковский (*от* Акса́ков)
аксами́т, -а
аксами́товый
акселера́т, -а
акселера́тка, -и, *р. мн.* -ток
акселера́тор, -а
акселера́тский
акселера́ция, -и
акселеро́граф, -а
акселеро́метр, -а
а́ксель, -я
аксельба́нты, -ов, *ед.* -ба́нт, -а
аксёновский (*от* Аксёнов)
аксерофто́л, -а
аксессуа́рный
аксессуа́ры, -ов, *ед.* -уа́р, -а
аксиа́льно-поршнево́й
аксиа́льный
аксиологи́ческий
аксиоло́гия, -и
аксио́ма, -ы
аксиома́тика, -и
аксиомати́ческий

аксиомати́чный; *кр. ф.* -чен, -чна
аксио́метр, -а
а́ксис, -а
аксоло́тль, -я
аксо́н, -а
аксонометри́ческий
аксономе́три́я, -и
аксо́н-рефле́кс, -а
акт, -а
акта́нт, -а (*лог., лингв.*)
акта́нтный (*от* акта́нт)
АКТГ [акатэгэ́], *нескл., м.* (*сокр.*: адренокортикотропный гормон)
актёр, -а
актёришка, -и, *р. мн.* -шек, *м.*
актёрка, -и, *р. мн.* -рок
актёр-люби́тель, актёра-люби́теля
актёрски
актёрский
актёрско-режиссёрский
актёрство, -а
актёрствовать, -твую, -твует
акти́в, -а
актива́тор, -а
актива́торный
активацио́нный
актива́ция, -и
активиза́ция, -и
активизи́рование, -я
активизи́рованный; *кр. ф.* -ан, -ана
активизи́ровать(ся), -рую(сь), -рует(ся)
активи́рование, -я
активи́рованный; *кр. ф.* -ан, -ана
активи́ровать(ся), -рую, -рует(ся)
активи́ст, -а
активи́стка, -и, *р. мн.* -ток
активи́стский
акти́вничанье, -я
акти́вничать, -аю, -ает
акти́вно-дви́гательный
акти́вно де́йствующий
акти́вно-индукти́вный
акти́вно-пасси́вный
акти́вно-реакти́вный
акти́вность, -и
акти́вный; *кр. ф.* -вен, -вна
акти́вы, -ов (*фин.*)
а́кт-извеще́ние, а́кта-извеще́ния, *м.*
акти́н, -а
актини́диевые, -ых
актини́дия, -и
актини́ды, -ов, *ед.* -ни́д, -а и **актино́иды,** -ов, *ед.* -о́ид, -а
акти́ниевый
акти́ний, -я (*хим.*)
акти́ния, -и (*животное*)
актино... – *первая часть сложных слов, пишется слитно*
актинобациллёз, -а
акти́новый
актино́граф, -а
актино́идный
актино́иды, -ов, *ед.* -о́ид, -а и **актини́ды,** -ов, *ед.* -ни́д, -а
актиноли́т, -а
актино́метр, -а
актинометри́ческий
актиноме́трия, -и
актиномико́з, -а
актиномице́ты, -ов, *ед.* -це́т, -а
актиномици́ны, -ов, *ед.* -ци́н, -а
актиномо́рфный
актино́н, -а
актиносте́ль, -я
актинотерапи́я, -и
актинофа́ги, -ов, *ед.* -фа́г, -а
актиноцератоиде́я, -и
акти́нула, -ы
акти́рование, -я
акти́рованный; *кр. ф.* -ан, -ана
акти́ровать(ся), -рую, -рует(ся)
а́ктовый
акто́граф, -а
актомиози́н, -а
актри́са, -ы
актри́ска, -и, *р. мн.* -сок
актри́сочка, -и, *р. мн.* -чек
актрису́ля, -и
актуализа́тор, -а
актуализа́ция, -и
актуализи́рование, -я
актуализи́рованный; *кр. ф.* -ан, -ана
актуализи́ровать(ся), -рую, -рует(ся)
актуали́зм, -а
актуализо́ванный; *кр. ф.* -ан, -ана
актуализова́ть(ся), -зу́ю, -зу́ет(ся)
актуалисти́ческий
актуа́льность, -и
актуа́льный; *кр. ф.* -лен, -льна
актуа́рий, -я
актуа́рный
актю́бинский (*от* Актю́бинск)
актю́бинцы, -ев, *ед.* -нец, -нца, *тв.* -нцем
аку́ла, -ы
акулёнок, -нка, *мн.* -ля́та, -ля́т
аку́лий, -ья, -ье
аку́ловые, -ых
акулообра́зный; *кр. ф.* -зен, -зна
акуме́трия, -и
акупрессу́ра, -ы
акупрессу́рный
акупункту́ра, -ы
акупункту́рный
аку́стик, -а
аку́стика, -и
аку́стико-артикуляцио́нный
аку́стико-пневмати́ческий
аку́стико-электри́ческий
акусти́чески одноро́дный
акусти́ческий
акустоо́птика, -и
акустоопти́ческий
акустоэлектро́ника, -и
акустоэлектро́нный
аку́т, -а
акути́рованный; *кр. ф.* -ан, -ана
аку́товый
акуше́р, -а и **акушёр,** -а
акуше́рка, -и, *р. мн.* -рок
акуше́рский
акуше́рско-гинекологи́ческий
акуше́рство, -а
акуше́рствовать, -твую, -твует
акце́нт, -а
акцента́тор, -а
акценти́рование, -я
акценти́рованно, *нареч.*
акценти́рованный; *кр. ф.* -ан, -ана
акценти́ровать(ся), -рую, -рует(ся)
акцентиро́вка, -и
акце́нтно вы́деленный
акце́нтно-интонацио́нный
акце́нтный
акценто́ванный; *кр. ф.* -ан, -ана
акцентова́ть(ся), -ту́ю, -ту́ет(ся)
акценто́лог, -а
акцентологи́ческий
акцентоло́гия, -и
акцентуацио́нный
акцентуа́ция, -и (*лингв.*)
акцентуи́рованный; *кр. ф.* -ан, -ана
акцентуи́ровать(ся), -рую, -рует(ся)
акце́пт, -а
акцепта́нт, -а
акцепта́тор, -а
акцепта́ция, -и
акце́птно-рамбу́рсный
акце́птный
акцептова́ние, -я
акцепто́ванный; *кр. ф.* -ан, -ана
акцептова́ть(ся), -ту́ю, -ту́ет(ся)
акце́птор, -а
акце́пция, -и
акцессио́нный
акце́ссия, -и
акце́ссорный
акциде́нтный
акциде́нция, -и
акци́з, -а
акци́зный
акциона́льность, -и (*лингв.*)
акциона́льный; *кр. ф.* -лен, -льна
акционе́р, -а
акционе́рка, -и, *р. мн.* -рок
акционе́рно-страхово́й
акционе́рный
акционе́рский
акциони́зм, -а
акциони́рование, -я
акциони́рованный; *кр. ф.* -ан, -ана
акциони́ровать(ся), -рую(сь), -рует(ся)
акцио́нный
а́кция, -и
акы́н, -а
а́кья, *нескл., мн.* (*сани*)
алаба́мский (*от* Алаба́ма)
алаба́мцы, -ев, *ед.* -мец, -мца, *тв.* -мцем
алава́стр, -а (*сосуд*)
алава́стровый
алаверды́, *нескл., с.* и *неизм.*
Аладди́н, -а

алаза́нский (*от* Алаза́нь, Алаза́ни)
алали́я, -и
алама́н-ба́йга, -и (*казахская и узбекская нац. игра*)
алани́н, -а
ала́нский
ала́ны, -ов (*племена*)
алапа́евский (*от* Алапа́евск)
алапа́евцы, -ев, *ед.* -вец, -вца, *тв.* -вцем
алармИ́зм, -а
аларми́ст, -а
аларми́стка, -и, *р. мн.* -ток
аларми́стский
алата́у, *нескл., м.* (*горная цепь, отрог*) и **Алата́у,** *нескл., м.* (*в названиях нек-рых горных цепей в Казахстане, Сибири, напр.*: Заили́йский Алата́у, Кузне́цкий Алата́у)
алата́уский
ала́тырский (*от* Ала́тырь, *город*)
ала́тырцы, -ев, *ед.* -рец, -рца, *тв.* -рцем
ала́тырь, -я (*чудодейственный камень*)
ала́тырь-ка́мень, -ка́мня
алба́нка, -и, *р. мн.* -нок
алба́но-югосла́вский
алба́нский (*к* Алба́ния и алба́нцы)
алба́нцы, -ев, *ед.* -нец, -нца, *тв.* -нцем
а́лгебра, -ы
алгебраи́ст, -а
алгебраи́ческий
алго́л, -а (*инф.*)
Алго́ль, -я (*астр.*)
алгонки́нский
алгонки́ны, -ов (*группа народов*)
алгори́тм, -а
алгоритмиза́ция, -и
алгоритмизи́рованный; *кр. ф.* -ан, -ана
алгоритмизи́ровать(ся), -рую, -рует(ся)
алгоритмизо́ванный; *кр. ф.* -ан, -ана
алгоритмизова́ть(ся), -зу́ю, -зу́ет(ся)
алгори́тмика, -и
алгоритми́ческий
алда́нский (*от* Алда́н)
алда́нцы, -ев, *ед.* -нец, -нца, *тв.* -нцем
алеа́тико, *нескл., с.*
алеато́рика, -и
алеба́рда, -ы
алеба́рдный
алеба́рдовый
алеба́стр, -а
алеба́стровый
аливри́т, -а
аливри́товый
алевроли́т, -а
алейкеми́ческий
алейкеми́я, -и
алейро́метр, -а
алейро́н, -а
алейро́новый
александреу́ли, *нескл., с.*
александри́йка, -и, *р. мн.* -и́ек
александри́йский (*от* Александри́я; александри́йский сти́х, александри́йский ли́ст)
Александри́йский мая́к
Александри́йский мусе́йон
александри́йцы, -ев, *ед.* -и́ец, -и́йца, *тв.* -и́йцем
Александри́нский теа́тр
александри́т, -а
Алекса́ндр Македо́нский
Алекса́ндр Не́вский
Алекса́ндров, -а, -о (*от* Алекса́ндр)
Алекса́ндров Га́й, Алекса́ндрова Га́я (*поселок*)
александровога́йский; но: **Алекса́ндрово-Га́йский райо́н**
Алекса́ндровская коло́нна (*в Петербурге*)
Алекса́ндровская слобода́ (*ист.*)
алекса́ндровский (*от* Алекса́ндр, Алекса́ндров, Алекса́ндровск)
Алекса́ндровский Заво́д (*населенный пункт*)
Алекса́ндровский са́д (*в Москве*)
Алекса́ндровск-Сахали́нский, Алекса́ндровска-Сахали́нского
алекса́ндровск-сахали́нский, *прил.*
алекса́ндровцы, -ев, *ед.* -вец, -вца, *тв.* -вцем
Алекса́ндро-Не́вская ла́вра
алексе́евский (*от* Алексе́й и Алексе́ев)
Алексе́евский равели́н
Алексе́й – Бо́жий челове́к
Алексе́й – с го́р вода́ (пото́ки), Алексе́я – с го́р вода́ (пото́ки) (*день народного календаря*)
алекси́н, -а
але́ксинский (*от* Але́ксин, *город*)
але́ксинцы, -ев, *ед.* -нец, -нца, *тв.* -нцем
алекси́я, -и
алема́ннский
алема́нны, -ов, *ед.* -ма́нн, -а
а́ленький
але́ть(ся), але́ю, але́ет(ся)
алеу́тка, -и, *р. мн.* -ток
Алеу́тские острова́
алеу́тский
алеу́ты, -ов, *ед.* алеу́т, -а
алёхинский (*от* Алёхин)
Алёша Попо́вич
алжи́рка, -и, *р. мн.* -рок
алжи́рский (*от* Алжи́р)
алжи́рцы, -ев, *ед.* -рец, -рца, *тв.* -рцем
а́ли и **аль,** *союз*
Али́-Баба́, -ы́, *м.* (*сказочный персонаж*)
а́либи, *нескл., с.*
алиготе́, *нескл., с.*
алида́да, -ы
алиена́ция, -и
ализари́н, -а
ализари́новый
алимента́рный
алимента́ция, -и
алименти́рование, -я
алиме́нтный
алиме́нтщик, -а
алиме́нтщица, -ы, *тв.* -ей
алиме́нты, -ов
алинеа́тор, -а
али́ссум, -а
алити́рование, -я
алити́рованный; *кр. ф.* -ан, -ана
алити́ровать(ся), -рую, -рует(ся)
алифати́ческий
алицикли́ческий
алия́, -и́, об алие́ (*еврейская реэмиграция*)
алкализа́ция, -и
алкалиме́три́я, -и
алкало́з, -а
алкало́иды, -ов, *ед.* -о́ид, -а
алка́на, -ы
алка́ние, -я
алка́ть, а́лчу, а́лчет и алка́ю, алка́ет
алка́ш, -а́, *тв.* -о́м
алка́шка, -и, *р. мн.* -шек
алка́я и **а́лча,** *деепр.*
алки́дный
алки́л, -а
алкили́рование, -я
алкили́рованный; *кр. ф.* -ан, -ана
алкили́ровать(ся), -рую, -рует(ся)
алки́льный
алкоголиза́ция, -и
алкоголизи́рованный; *кр. ф.* -ан, -ана
алкоголизи́ровать(ся), -рую, -рует(ся)
алкоголи́зм, -а
алкоголизо́ванный; *кр. ф.* -ан, -ана
алкоголизова́ть(ся), -зу́ю, -зу́ет(ся)
алкого́лик, -а
алкоголи́ческий
алкоголи́чка, -и, *р. мн.* -чек
алкого́ль, -я
алкого́льно-зави́симый
алкого́льный
алкоголя́ты, -ов, *ед.* -ля́т, -а
алкозави́симость, -и
алко́метр, -а
алконо́ст, -а
Алкора́н, -а (*устар. к* Кора́н)
алкоте́стер, -а
аллланто́ис, -а
Алла́х, -а; но: **алла́х с ни́м, ну́ его́ к алла́ху, алла́х его́ зна́ет (ве́дает)**
Алла́х акба́р (*возглас*)
алле́, *межд.*
алле́-го́п, *межд.*
аллегори́зм, -а
аллего́рика, -и
аллегори́чески-гроте́скный
аллегори́ческий
аллегори́чность, -и
аллегори́чный; *кр. ф.* -чен, -чна
аллего́рия, -и
аллегре́тто, *неизм.* и *нескл., с.*

алле́гри, *нескл., с.* (*лотерея*)
алле́гро, *неизм.* и *нескл., с.* (*муз.*)
алле́гро модера́то, *неизм.* и *нескл., с.*
алле́йка, -и, *р. мн.* -е́ек
аллели́зм, -а
аллеломо́рф, -а
аллеломорфи́зм, -а
аллелопа́тия, -и
алле́ль, -и
аллема́нда, -ы
аллемани́ст, -а
аллерге́н, -а
аллерге́нный
алле́ргик, -а
аллерги́ческий
аллерги́чка, -и, *р. мн.* -чек
аллерги́я, -и
аллергоана́лиз, -а
аллергодермато́з, -а
аллергодиагно́стика, -и
аллергодиагности́ческий
аллергоинфекцио́нный
аллерго́лог, -а
аллергологи́ческий
аллерголо́гия, -и
алле́я, -и
аллига́тор, -а
алли́ловый
аллилу́йный
аллилу́йщик, -а
аллилу́йщина, -ы
аллилу́йщица, -ы, *тв.* -ей
аллилу́йя, -и и *неизм.*
аллитерацио́нный
аллитера́ция, -и
аллитери́рование, -я
аллитери́рованный; *кр. ф.* -ан, -ана
аллитери́ровать(ся), -и́рую, -и́рует(ся)
алло́, *неизм.*
аллога́мия, -и
алло́д, -а
аллодиа́льный
аллоку́ция, -и
аллометри́я, -и
алломо́рф, -а и **алломо́рфа,** -ы
алломорфи́я, -и
алломо́рфный
алломорфо́з, -а
алло́нж, -а, *тв.* -ем
аллони́м, -а
аллопа́т, -а
аллопати́ческий
аллопа́тия, -и
аллопла́нт, -а
аллопла́стика, -и
аллопласти́ческий
аллоско́п, -а
аллосо́ма, -ы
аллотетраплóид, -а
аллотропи́ческий
аллотро́пи́я, -и
аллотро́пный
аллофо́н, -а
аллофони́я, -и
аллохо́л, -а
аллохо́ри́я, -и
аллохто́н, -а
аллохто́нный
аллювиа́льно-морско́й
аллювиа́льный
аллю́вий, -я
аллюзи́вный; *кр. ф.* -вен, -вна
аллюзио́нный
аллю́зия, -и
аллю́р, -а
алмаати́нка, -и, *р. мн.* -нок
алма-ати́нский (*от* Алма-Ата́)
алмаати́нцы, -ев, *ед.* -нец, -нца, *тв.* -нцем
алма́з, -а
алма́зик, -а
алма́зник, -а
алма́зно-золото́й
алма́зно-расто́чный
алма́зно-твёрдый
алма́зный
Алма́зный фо́нд (*в Московском Кремле*)
алмазограни́льный
алмазограни́льщик, -а
алмазодобыва́ющий
алмазодобы́тчик, -а
алмазодобы́ча, -и, *тв.* -ей
алмазозамени́тель, -я
алмазоно́сный; *кр. ф.* -сен, -сна
алмазосодержа́щий
а́лма при́ма, *нескл., с.* (*вид живописи*)
а́лни, *неизм.*: **а́лни спла́вы**
алоги́зм, -а
алоги́ческий
алоги́чность, -и
алоги́чный; *кр. ф.* -чен, -чна
ало́йный
а́ло-кирпи́чный
а́ло-кра́сный
алома́нтия, -и
алопе́ция, -и
а́лость, -и
ало́э, *нескл., с.*
алоэви́дный
алтаба́с, -а
алта́йка, -и, *р. мн.* -а́ек
Алта́й-Сая́нский экорегио́н
алта́йский (*от* Алта́й)
Алта́йский кра́й
алта́йцы, -ев, *ед.* алта́ец, -а́йца, *тв.* -а́йцем
алта́рник, -а
алта́рный
алта́рь, -я́
алте́й, -я
алте́йный
алты́н, -а, *р. мн.* -ов, *счетн. ф.* алты́н
алты́нник, -а
алты́нница, -ы, *тв.* -ей
алты́нничать, -аю, -ает
алты́нный
алуни́т, -а
алу́пкинский (*от* Алу́пка)
алу́штинский (*от* Алу́шта)
алу́штинцы, -ев, *ед.* -нец, -нца, *тв.* -нцем
алфави́т, -а
алфави́тно-слова́рный
алфави́тно упоря́доченный
алфави́тно-цифрово́й
алфави́тный
алхи́мик, -а
алхими́ческий
алхи́мия, -и
а́лча и **алка́я,** *деепр.* (*от* алка́ть)
алчба́, -ы́
а́лчность, -и
а́лчный; *кр. ф.* а́лчен, а́лчна
а́лчущий
а́лый; *кр. ф.* ал, а́ла́, а́ло
алыча́, -и́, *тв.* -о́й
алычо́вка, -и
алычо́вый
аль и **а́ли,** *союз*
а́льба, -ы (*род поэзии трубадуров*)
альбатро́с, -а
альбе́до, *нескл., с.*
альбедо́метр, -а
альбиго́йский
альбиго́йцы, -ев, *ед.* -о́ец, -о́йца, *тв.* -о́йцем
альби́дум, -а
альбини́зм, -а
альбино́с, -а
альбино́ска, -и, *р. мн.* -сок
Альбио́н, -а (*Британские острова*)
альби́т, -а
альби́ция, -и
альбо́м, -а
альбо́м-букле́т, альбо́ма-букле́та
альбо́мец, -мца, *тв.* -мцем, *р. мн.* -мцев
альбо́мный
альбо́мчик, -а
альбора́да, -ы
альбуми́нный
альбуми́новый
альбумино́ид, -а
альбуминури́я, -и
альбуми́ны, -ов, *ед.* -ми́н, -а
альбуци́д, -а
альвеоли́т, -а
альвео́лы, -о́л, *ед.* -о́ла, -ы
альвеоля́рный
альга́мбрский (*от* Альга́мбра)
альгвази́л, -а и **альгваси́л,** -а
альги́н, -а
альгици́ды, -ов, *ед.* -ци́д, -а
альго́лог, -а
альгологи́ческий
альголо́гия, -и
альгра́фия, -и
альдеги́дный
альдегидокисло́ты, -о́т, *ед.* -ота́, -ы́
альдеги́ды, -ов, *ед.* -ги́д, -а
альдими́ны, -ов, *ед.* -ми́н, -а
альдо́зы, -о́з, *ед.* -о́за, -ы
альдокорти́н, -а

альдола́за, -ы
альдо́ли, -ей, *ед.* -о́ль, -я
альдо́льный
альдо́новый
альдостеро́н, -а
альдрова́нда, -ы
алька́льд, -а
алькаса́р, -а
алько́в, -а
алько́вный
алькупри́нт, -а
альмави́ва, -ы (*плащ*)
а́льма-ма́тер, *нескл., ж.*
альмана́х, -а
альмана́шник, -а
альмана́шный
альманди́н, -а
альме́нда, -ы
альме́тьевский (*от* Альме́тьевск)
альме́тьевцы, -ев, *ед.* -вец, -вца, *тв.* -вцем
альмукантара́т, -а
альпака́, *нескл., м.* и *ж.* (*животное*) и *с.* (*шерсть, ткань*)
альпа́ри, *неизм.* и *нескл., с.*
альпеншто́к, -а
альпи́йский (*от* А́льпы; *высокогорный*)
альпи́йцы, -ев, *ед.* -и́ец, -и́йца, *тв.* -и́йцем
альпина́рий, -я
альпиниа́да, -ы
альпини́зм, -а
альпини́ст, -а
альпини́стка, -и, *р. мн.* -ток
альпини́стский
альпла́герь, -я, *мн.* -я́, -е́й
альсе́кко и **асе́кко**, *неизм.* и *нескл., с.*
альт, -а́ и -а, *мн.* -ы́, -о́в
альта́зимут, -а
альтерати́вный (*к* альтера́ция)
альтера́ция, -и (*муз., биол.*)
альтери́рованный; *кр. ф.* -ан, -ана
альтерна́нс, -а (*лит.*)
альтерна́нт, -а (*лингв.*)
альтернанте́ра, -ы
альтерна́т, -а (*юр.*)
альтернати́ва, -ы
альтернати́вник, -а
альтернати́вность, -и
альтернати́вный; *кр. ф.* -вен, -вна (*к* альтернати́ва)
альтернати́вщик, -а
альтерна́тор, -а
альтернацио́нный
альтерна́ция, -и (*чередование, лингв.*)
альтерни́рующий
а́льтер э́го, *нескл., с.*
альтигра́ф, -а
альтиме́тр, -а
а́льтинг, -а
альти́ст, -а
альти́стка, -и, *р. мн.* -ток
альтиту́да, -ы
альто́вый
альтруи́зм, -а
альтруи́ст, -а
альтруисти́ческий
альтруисти́чность, -и
альтруисти́чный; *кр. ф.* -чен, -чна
альтруи́стка, -и, *р. мн.* -ток
альтруи́стский
альт-саксофо́н, -а
а́льфа, -ы (*название буквы; растение*)
а́льфа-... – *первая часть сложных слов, пишется через дефис*, но: альфаме́тр, альфати́п, альфатро́н
а́льфа-, бе́та- и га́мма-излуче́ние, -я
а́льфа-верши́на, -ы
а́льфа-во́лны, -во́лн
а́льфа-желе́зо, -а
а́льфа-излуче́ние, -я
а́льфа и оме́га
а́льфа-лучи́, -е́й
альфаме́тр, -а
а́льфа-радиоакти́вность, -и
а́льфа-радиоакти́вный
а́льфа-радио́метр, -а
а́льфа-распа́д, -а
а́льфа-спе́ктр, -а
а́льфа-спектро́метр, -а
а́льфа-спектрометри́ческий
а́льфа-спектрометри́я, -и
а́льфа-спектроскопи́ческий
а́льфа-спектроскопи́я, -и
а́льфа-стабилиза́тор, -а
а́льфа-терапи́я, -и
альфати́п, -а
альфатро́н, -а
а́льфа164Цента́вра (*звезда*)
а́льфа-части́цы, -и́ц, *ед.* -и́ца, -ы, *тв.* -ей
а́льфовец, -вца, *тв.* -вцем, *р. мн.* -вцев
а́льфовский (*от* "А́льфа")
альфо́ль, -и
альфо́нс, -а (*любовник, находящийся на содержании женщины*)
альфре́йный (альфре́йная жи́вопись, альфре́йная ро́спись)
альфре́йщик, -а
альфре́ско и **афре́ско**, *неизм.* и *нескл., с.*
Альцге́ймер, -а: **боле́знь Альцге́ймера**
Альцио́на, -ы (*мифол.; звезда*)
алья́нс, -а
алюме́ль, -я
алюмина́ты, -ов, *ед.* -на́т, -а
алюми́ниево-ка́лиевый
алюми́ниево-ма́гниевый
алюми́ниевый
алюминиза́ция, -и
алюминизи́рованный; *кр. ф.* -ан, -ана
алюми́ний, -я
алюминийоргани́ческий
алюмино́з, -а
алюмино́н, -а
алюминотерми́я, -и
алюми́нщик, -а
алюмо... – *первая часть сложных слов, пишется слитно*
алюмоаммони́йный
алюмоге́ль, -я
алюмогидри́ды, -ов, *ед.* -ри́д, -а
алюмока́лиевый
алюмоме́дь, -и
алюмосилика́тный
алюмосилика́ты, -ов, *ед.* -ка́т, -а
алюмотерми́я, -и
алюмото́л, -а
алюмохроми́т, -а
а-ля́ (*кто-что*) (*вроде кого-чего-н., подобно кому-чему-н.*)
аляпова́тость, -и
аляпова́тый
аля́ска, -и (*куртка*)
аля́ски, -сок (*обувь*)
аля́скинский (*от* Аля́ска)
аля́скинцы, -ев, *ед.* -нец, -нца, *тв.* -нцем
аляски́т, -а
а-ля фурше́т, *неизм.* (за́втракать а-ля фурше́т, у́жин а-ля фурше́т)
аляфурше́т, -а (*то же, что фуршет*)
ам, *неизм.*
АМ [аэ́м], *нескл., ж.* (*сокр.*: амплитудная модуляция)
амavро́з, -а
амади́на, -ы (*птица*)
амазони́т, -а
Амазо́ния, -и
амазо́нка, -и, *р. мн.* -нок (*мифол.; всадница, одежда; птица*)
Амазо́нская ни́зменность
амазо́нский (*к* амазо́нка, Амазо́нка, *река*, и Амазо́ния; амазо́нский ка́мень)
амазо́нцы, -ев, *ед.* -нец, -нца, *тв.* -нцем (*к* Амазо́ния и Амазо́нка)
амальга́ма, -ы
амальгама́тор, -а
амальгамацио́нный
амальгама́ция, -и
амальгамирова́льный
амальгами́рование, -я
амальгами́рованный; *кр. ф.* -ан, -ана
амальгами́ровать(ся), -рую, -рует(ся)
амальгами́ческий
амальга́мный
ам-а́м, *неизм.*
ама́н, -а
амана́т, -а
амана́тский
амара́нт, -а
амара́нтовый
амари́ллис, -а
амари́ллисовые, -ых
амате́р, -а
амате́рка, -и, *р. мн.* -рок
Ама́ти, *нескл., м.* (*скрипичный мастер*) и **ама́ти**, *нескл., м.* (*скрипка*)
амато́рный
а́мба, *неизм.*
амба́л, -а

амбала́ж, -а, *тв.* -ем
амба́р, -а
амба́рик, -а
амба́ришко, -а и -и, *мн.* -шки, -шек, *м.*
амба́рище, -а, *мн.* -а и -и, -ищ, *м.*
амбарка́ция, -и
амба́рный
амбару́шка, -и, *р. мн.* -шек
амба́рчик, -а
амбивале́нтность, -и
амбивале́нтный; *кр. ф.* -тен, -тна
амбиде́кстр, -а
амбиде́кстри́я, -и
а́мбиент, -а
амбиофони́ческий
амбиполя́рный
амбисто́мы, -о́м, *ед.* -о́ма, -ы
амбицио́зность, -и
амбицио́зный; *кр. ф.* -зен, -зна
амбицио́нный
амби́ция, -и
амблиопи́я, -и
амбоце́птор, -а
а́мбра, -ы
амбразу́ра, -ы
амбразу́рный
амбре́, *нескл., с.*
а́мбровый
амбро́зия, -и
амбулато́рия, -и
амбулато́рно обсле́дованный
амбулато́рно-поликлини́ческий
амбулато́рный
амбушю́р, -а
амво́н, -а
амво́нный
амёба, -ы
амёбиа́з, -а
амёбный
амёбови́дный
амёбо́идный
амёбоноси́тель, -я
амёбообра́зный; *кр. ф.* -зен, -зна
амёбоци́ты, -ов, *ед.* -ци́т, -а
амели́я, -и
аме́ндмент, -а
аменоре́я, -и
аме́нция, -и
Аме́рика, -и (*также*: откры́ть Аме́рику, *перен.*)
американиза́ция, -и
американизи́рованный; *кр. ф.* -ан, -ана
американизи́ровать(ся), -рую(сь), -рует(ся)
американи́зм, -а
американи́ст, -а
американи́стика, -и
американи́стка, -и, *р. мн.* -ток
америка́нка, -и, *р. мн.* -нок
америка́но-азиа́тский
америка́но-англи́йский
американо́идный
американо́иды, -ов, *ед.* -о́ид, -а
америка́но-кана́дский
америка́но-кита́йский
америка́но-пана́мский
америка́но-росси́йский
америка́но-сове́тский
американофи́л, -а
американофи́лия, -и
американофо́б, -а
американофо́бия, -и
америка́нский (*от* Аме́рика)
америка́нцы, -ев, *ед.* -нец, -нца, *тв.* -нцем
амери́ций, -я
амети́ст, -а
амети́стовый
аметропи́я, -и
амиа́нт, -а
амиа́нтовый
амигдали́н, -а
амида́зы, -а́з, *ед.* -а́за, -ы
амиди́рование, -я
амиди́рованный; *кр. ф.* -ан, -ана
ами́дный
амидо́л, -а
амидопири́н, -а
ами́ды, -ов, *ед.* ами́д, -а
амикошо́нский
амикошо́нство, -а
амикошо́нствовать, -твую, -твует
амила́зы, -а́з, *ед.* -а́за, -ы
амила́н, -а
амилацета́т, -а
амиле́ны, -ов, *ед.* -ле́н, -а
амилнитри́ты, -ов, *ед.* -ри́т, -а
ами́ловый
амилодекстри́н, -а
амило́за, -ы
амило́ид, -а
амилоидо́з, -а
амилопекти́н, -а
амилопла́сты, -ов, *ед.* -а́ст, -а
амилофи́льный
амими́я, -и
аминази́н, -а
амини́рование, -я (*хим.*)
амини́рованный; *кр. ф.* -ан, -ана
амино... – *первая часть сложных слов, пишется слитно*
аминогру́ппа, -ы
аминодо́нт, -а
аминокисло́тный
аминокисло́ты, -о́т, *ед.* -ота́, -ы́
аминома́сляная кислота́
аминопла́сты, -ов, *ед.* -а́ст, -а
аминосоедине́ния, -ий, *ед.* -е́ние, -я
аминоспирты́, -о́в, *ед.* -спи́рт, -а
ами́ны, -ов, *ед.* ами́н, -а
ами́нь, *неизм.*
амиотрофи́ческий
амипало́н, -а
амита́л-на́трий, -я
амито́з, -а
а́мия, -и
амма́нский (*от* Амма́н)
амма́нцы, -ев, *ед.* -нец, -нца, *тв.* -нцем
аммато́лы, -ов, *ед.* -то́л, -а
а́мми, *нескл., ж.*
аммиа́к, -а
аммиака́ты, -ов, *ед.* -ка́т, -а
аммиакопрово́д, -а
аммиачноки́слый
аммиа́чно-ме́дный
аммиа́чно-фо́сфорный
аммиа́чный
аммона́л, -а
аммониа́к, -а
аммо́ниевый
аммониза́ция, -и
аммонизи́рованный; *кр. ф.* -ан, -ана
аммонизи́ровать(ся), -рую, -рует(ся)
аммо́ний, -я
аммони́йный
аммонийфосфа́т, -а
аммони́ты, -ов, *ед.* -ни́т, -а
аммонифика́ция, -и
аммоно́лиз, -а
аммото́л, -а
аммофи́ла, -ы
аммофо́с, -а
амнези́я, -и
амнио́н, -а
амнио́ты, -о́т, *ед.* -о́та, -ы
амниоценто́з, -а
амнисти́рование, -я
амнисти́рованный; *кр. ф.* -ан, -ана
амнисти́ровать(ся), -рую(сь), -рует(ся)
амни́стия, -и
а́мок, -а
Амо́н, -а (*мифол.*)
аморали́зм, -а
аморали́ст, -а
амора́лка, -и, *р. мн.* -лок
амора́льность, -и
амора́льный; *кр. ф.* -лен, -льна
амортиза́тор, -а
амортиза́торный
амортизацио́нный
амортиза́ция, -и
амортизи́рованный; *кр. ф.* -ан, -ана
амортизи́ровать(ся), -рую, -рует(ся)
амортифика́ция, -и
аморфи́зм, -а
амо́рфность, -и
амо́рфный; *кр. ф.* -фен, -фна
ампелогра́фия, -и
ампелоло́гия, -и
ампело́псис, -а
ампелотерапи́я, -и
а́мпельный
Ампе́р, -а: **зако́н Ампе́ра, теоре́ма Ампе́ра**
ампе́р, -а, *р. мн.* -ов, *счетн. ф.* ампе́р (*ед. измер.*)
ампе́р-весы́, -о́в
ампе́р-вито́к, -тка́
ампервольтваттме́тр, -а
ампервольтме́тр, -а
ампервольтомме́тр, -а
амперме́тр, -а

ампе́рный
амперометри́ческий
амперометри́я, -и
амперса́нд, -а
ампе́р-секу́нда, -ы
ампе́р-ча́с, -а, *мн.* -часы́, -о́в
ампи́р, -а
ампи́рный
ампицилли́н, -а
амплиа́ция, -и
амплиди́н, -а
амплитро́н, -а
амплиту́да, -ы
амплиту́дно-и́мпульсный
амплиту́дно-часто́тный
амплиту́дный
амплификати́вный
амплифика́ция, -и
амплуа́, *нескл., с.*
а́мпула, -ы
а́мпулка, -и, *р. мн.* -лок
а́мпульный
ампута́нт, -а
ампутацио́нный
ампута́ция, -и
ампути́рованный; *кр. ф.* -ан, -ана
ампути́ровать(ся), -рую, -рует(ся)
амри́та, -ы
АМС [аэмэ́с], *нескл., ж.* (*сокр.*: автоматическая межпланетная станция)
амстерда́мский (*от* Амстерда́м)
амстерда́мцы, -ев, *ед.* -мец, -мца, *тв.* -мцем
амт, -а
амударьи́нский (*от* Амударья́)
амуле́т, -а
амуле́тный
амунацио́нный
амуни́ция, -и
амуни́чник, -а
амуни́чный
Аму́р, -а (*мифол.*) и **аму́р**, -а (*изображение бога любви*; *красивый мальчик, юноша*; *рыба*)
аму́риться, -рюсь, -рится
аму́рничанье, -я
аму́рничать, -аю, -ает
аму́рный
аму́рский (*от* Аму́р, *река*, и Аму́рск)
аму́рцы, -ев, *ед.* -рец, -рца, *тв.* -рцем
аму́рчик, -а
аму́ры, -ов (*о любовных похождениях*)
аму́рящийся
АМФ [аэмэ́ф], *нескл., ж.* (*сокр.*: аденозинмонофосфорная кислота)
амфиби́йный
амфибио́нты, -ов, *ед.* -о́нт, -а
амфи́бия, -и
амфиболи́ты, -ов, *ед.* -ли́т, -а
амфиболи́я, -и
амфи́болы, -ов, *ед.* амфи́бол, -а
амфибра́хий, -я
амфибрахи́ческий
амфидиплои́д, -а
амфима́кр, -а
амфими́ксис, -а
амфимикти́ческий
амфипо́ды, -ов, *ед.* -по́д, -а
амфипро́стиль, -я
амфисбе́на, -ы
амфитеа́тр, -а
амфитеа́тровый
амфитеа́тром, *нареч.*
Амфитрио́н, -а (*мифол., лит. персонаж*) и **амфитрио́н**, -а (*гостеприимный хозяин, устар.*)
Амфитри́та, -ы
амфице́льный (*зоол.*)
амфодонто́з, -а
а́мфора, -ы
а́мфорный
амфоте́рность, -и
амфоте́рный
амха́ра, *нескл., мн., ед. м.* и *ж.*
амха́рский
ан, *частица, союз*
Ан, -а и *нескл., м.* (*самолет*)
анабази́н, -а
анаба́зис, -а (*растение*)
анабапти́зм, -а
анабапти́стка, -и, *р. мн.* -ток
анабапти́стский
анабапти́сты, -ов, *ед.* -и́ст, -а
анаба́с, -а (*рыба*)
анабио́з, -а
анабиоти́ческий
анаболи́зм, -а
анабо́лики, -ов, *ед.* -лик, -а
анаболи́ческий
анаболи́я, -и
анаво́лий, -я
анагалакти́ческий
анагене́з, -а
анаглифи́ческий
анагли́фия, -и
ана́глифы, -ов, *ед.* -глиф, -а
анагра́мма, -ы
анаграммати́ческий
анагра́ммный
анади́плосис, -а
анадро́мный
ана́дырский (*от* Ана́дырь)
ана́дырцы, -ев, *ед.* -рец, -рца, *тв.* -рцем
анака́рдиевые, -ых
анака́рдиум, -а
анаколу́ф, -а
анако́нда, -ы
анакрео́нтика, -и
анакреонти́ческий (*от* Анакрео́нт)
анакру́за, -ы и **анакру́са**, -ы
анала́в, -а
аналгези́я, -и и **анальгези́я**, -и
аналги́я, -и и **анальги́я**, -и
анале́кты, -е́кт
анале́птик, -а
аналепти́ческий
ана́лиз, -а
анализа́тор, -а
анализа́торный
анализа́торский
анализи́рование, -я
анализи́рованный; *кр. ф.* -ан, -ана
анализи́ровать(ся), -рую, -рует(ся)
аналити́зм, -а
анали́тик, -а
анали́тика, -и
анали́тико-синтети́ческий
аналити́ческий
ана́лог, -а
анало́гий, -я (*аналой*)
аналоги́ческий
аналоги́чность, -и
аналоги́чный; *кр. ф.* -чен, -чна
анало́гия, -и
ана́логовый
ана́лого-цифрово́й
анало́й, -я
анало́йный
анальгези́рующий
анальгези́я, -и и **аналгези́я**, -и
анальге́тики, -ов, *ед.* -е́тик, -а
анальгети́ческий
анальги́н, -а
анальги́я, -и и **аналги́я**, -и
ана́льный
анальци́м, -а
ана́мнез, -а
анамнести́ческий
ана́мнии, -ий, *ед.* -ния, -и
анаморфи́зм, -а
анаморфи́рование, -я
анаморфи́рованный; *кр. ф.* -ан, -ана
анаморфи́ровать(ся), -и́рую, -и́рует(ся)
анаморфи́ческий
анаморфо́з, -а
анаморфо́тный
анана́с, -а, *р. мн.* -ов
анана́сик, -а
анана́сный
анана́совый
анани́м, -а (*род псевдонима*)
ана́пест, -а
анапести́ческий
анаплази́я, -и
анаплазмо́з, -а
анапла́змы, -а́зм, *ед.* -а́зма, -ы
анаприли́н, -а
ана́пский (*от* Ана́па)
анапча́не, -а́н, *ед.* -а́нин, -а
анархиза́ция, -и
анархи́зм, -а
анархи́ст, -а
анархи́ствующий
анархи́стка, -и, *р. мн.* -ток
анархи́стский
анархи́ческий
анархи́чность, -и
анархи́чный; *кр. ф.* -чен, -чна
ана́рхия, -и
ана́рхо-синдикали́зм, -а
ана́рхо-синдикали́ст, -а
ана́рхо-синдикали́стский

ана́рхо-террори́зм, -а
ана́рхо-террористи́ческий
ана́спиды, -ов, *ед.* -пид, -а
анастати́ческий
анастигма́т, -а
анастигмати́зм, -а
анастигмати́ческий
анастомо́з, -а
анастро́фа, -ы
анастрофи́ческий
аната́з, -а
анате́ксис, -а
анатокси́н, -а
анатоли́йский (*от* Анато́лия)
анатоли́йцы, -ев, *ед.* -и́ец, -и́йца, *тв.* -и́йцем
анато́льевы стихи́ры, анато́льевых стихи́р
ана́том, -а
анатоми́рование, -я
анатоми́рованный; *кр. ф.* -ан, -ана
анатоми́ровать(ся), -рую, -рует(ся)
анатоми́ческий
анатоми́чка, -и, *р. мн.* -чек
анато́мия, -и
ана́томо-клини́ческий
ана́томо-патологи́ческий
ана́томо-физиологи́ческий
анатоци́зм, -а
анафа́за, -ы
ана́фема, -ы
анафема́тствованный; *кр. ф.* -ан, -ана
анафема́тствовать, -твую, -твует
ана́фемски
ана́фемский
анафилакси́я, -и
анафилакти́ческий
ана́фора, -ы
анафоре́з, -а
анафори́ческий
анафро́нт, -а
анахоре́т, -а
анахорети́зм, -а
анахоре́тский
анахоре́тство, -а
анахоре́тствовать, -твую, -твует
анахрони́зм, -а
анахрони́ческий
анахрони́чность, -и
анахрони́чный; *кр. ф.* -чен, -чна
анаша́, -и́, *тв.* -о́й
аназ́ист, -а
анаши́стка, -и, *р. мн.* -ток
анашо́вый
анаэробио́з, -а
анаэробио́нты, -ов, *ед.* -о́нт, -а
анаэро́бный
анаэро́бы, -ов, *ед.* -ро́б, -а
анаэроста́т, -а
анво́г, *неизм.*
ангажеме́нт, -а
ангажи́рование, -я
ангажи́рованность, -и
ангажи́рованный; *кр. ф.* -ан, -ана
ангажи́ровать(ся), -рую(сь), -рует(ся)
ангажиро́вка, -и, *р. мн.* -вок
анга́р, -а
ангари́дский (*от* Ангари́да; *геогр.*)
ангари́я, -и
ангармони́зм, -а
ангармони́ческий
анга́рный
ангароскладско́й
анга́рский (*от* Ангара́ и Анга́рск)
анга́рцы, -ев, *ед.* -рец, -рца, *тв.* -рцем
а́нгел, -а
ангели́ческий
ангело́к, -лка́
ангелоподо́бный; *кр. ф.* -бен, -бна
ангело́чек, -чка
а́нгел-храни́тель, а́нгела-храни́теля
а́нгельский
а́нгельчик, -а
ангидра́за, -ы
ангидри́д, -а (*хим.*)
ангидри́дный
ангидри́довый
ангидри́т, -а (*минерал*)
ангидри́товый
анги́на, -ы
анги́нный
ангино́зный
ангиогра́мма, -ы
ангиографи́ческий
ангиогра́фия, -и
ангиоло́гия, -и
ангио́ма, -ы
ангионевро́з, -а
ангиопла́стика, -и
ангиопроте́кторы, -ов, *ед.* -тор, -а (*группа лекарств*)
ангиоспа́зм, -а
ангиоспасти́ческий
ангиостоми́я, -и
ангиотензи́н, -а
ангиохирурги́я, -и
англе́з, -а
англези́т, -а
англете́р, -а и (*стиль*) *неизм.*
англизи́рованный; *кр. ф.* -ан, -ана
англизи́ровать(ся), -рую(сь), -рует(ся)
англи́йский (*от* А́нглия)
Англи́йский клу́б (*в Москве*)
англикани́зм, -а
англика́нка, -и, *р. мн.* -нок
англика́нский
англика́нство, -а
англика́нцы, -ев, *ед.* -нец, -нца, *тв.* -нцем
англици́зм, -а
англича́не, -а́н, *ед.* -а́нин, -а
англича́нка, -и, *р. мн.* -нок
англоавстрали́йцы, -ев, *ед.* -и́ец, -и́йца, *тв.* -и́йцем
англоамерикани́зм, -а
а́нгло-америка́нский
А́нгло-бу́рская война́ (*1899-1902*)
а́нгло-герма́нский
англоговоря́щий
а́нгло-еги́петский
англокана́дский (*к* англокана́дцы); но: **а́нгло-кана́дский** (*относящийся к связям между Англией и Канадой*)
англокана́дцы, -ев, *ед.* -дец, -дца, *тв.* -дцем
англома́н, -а
англома́ния, -и
англома́нка, -и, *р. мн.* -нок
англома́нский
англома́нство, -а
а́нгло-неме́цко-ру́сский
а́нгло-росси́йский
а́нгло-ру́сский
англоса́кский
англосаксо́нский
англосаксо́нцы, -ев, *ед.* -нец, -нца, *тв.* -нцем
англоса́ксы, -ов, *ед.* -са́кс, -а
а́нгло-сове́тский
англофи́л, -а
англофи́льский
англофи́льство, -а
англофо́б, -а
англофо́бия, -и
англофо́бский
англофо́бство, -а
англофо́ны, -ов, *ед.* -фо́н, -а
а́нгло-францу́зский
англоязы́чный
а́нглы, -ов (*племя*)
анго́б, -а
анго́ла́р, -а (*ден. ед.*)
анголе́зский (*от* Анго́ла)
анголе́зцы, -ев, *ед.* -зец, -зца, *тв.* -зцем
анго́лка, -и, *р. мн.* -лок
анго́льский (*от* Анго́ла)
анго́льцы, -ев, *ед.* -лец, -льца, *тв.* -льцем
анго́ра, -ы (*шерсть*)
анго́рский
а́нгстрем, -а, *р. мн.* -ов, *счетн. ф.* а́нгстрем (*ед. измер.*)
андакси́н, -а
андалузи́т, -а
андалузи́товый
андалу́зка, -и, *р. мн.* -зок
андалу́зский и **андалу́сский** (*от* Андалу́зия, Андалу́сия)
андалу́зцы, -ев, *ед.* -зец, -зца, *тв.* -зцем и **андалу́сцы,** -ев, *ед.* -сец, -сца, *тв.* -сцем
анда́нте, *неизм.* и *нескл., с.*
анданти́но, *неизм.* и *нескл., с.*
андези́н, -а
андези́т, -а
андергра́унд, -а и **андегра́унд,** -а
андергра́ундный и **андегра́ундный**
андерра́йтер, -а (*фин.*)
андерра́йтерский
андерра́йтинг, -а
а́ндерсе́новский (*от* А́ндерсен)

андижа́нка, -и, *р. мн.* -нок
андижа́нский (*от* Андижа́н)
андижа́нцы, -ев, *ед.* -нец, -нца, *тв.* -нцем
анди́йка, -и, *р. мн.* -и́ек
анди́йский (*к* анди́йцы и А́нды)
Анди́йский хребе́т (*на Кавказе*)
анди́йцы, -ев, *ед.* -и́ец, -и́йца, *тв.* -и́йцем (*народность в Дагестане; жители Анд*)
а́ндо-дидо́йский
андорра́нский (*от* Андо́рра)
андорра́нцы, -ев, *ед.* -нец, -нца, *тв.* -нцем
андо́ррский (*от* Андо́рра)
андо́ррцы, -ев, *ед.* -ррец, -ррца, *тв.* -ррцем
а́ндо-це́зский
андради́т, -а
андре́евский (*от* Андре́й и Андре́ев)
Андре́евский кре́ст
Андре́евский спу́ск (*улица в Киеве*)
Андре́евский фла́г
Андре́й Боголю́бский
Андре́й Первозва́нный
а́ндрия, -и *(ист.)*
андрогене́з, -а
андроге́ны, -ов, *ед.* -ге́н, -а
андроги́н, -а
андроги́ния, -и
андроги́нный
андро́ид, -а
андро́лог, -а
андрологи́ческий
андроло́гия, -и
Андрома́ха, -и
Андроме́да, -ы (*мифол.; созвездие*)
андроме́да, -ы (*растение*)
Андро́ников монасты́рь, Андро́никова монастыря́
андропа́уза, -ы
андро́повский (*от* Андро́пов)
андрофо́бия, -и
андроце́й, -я
а́ндский (*от* А́нды)
а́ндшпуг, -а и **а́ншпуг,** -а
аневри́зм, -а и **аневри́зма,** -ы
аневри́н, -а
анекдо́т, -а
анекдо́тец, -тца, *тв.* -тцем, *р. мн.* -тцев
анекдо́тик, -а
анекдоти́ст, -а
анекдоти́ческий
анекдоти́чность, -и
анекдоти́чный; *кр. ф.* -чен, -чна
анекдо́тчик, -а
анеми́ческий
анеми́чность, -и
анеми́чный; *кр. ф.* -чен, -чна
анеми́я, -и
анемо́граф, -а
анемоклино́граф, -а
анемо́метр, -а
анемоме́трия, -и
анемо́н, -а и **анемо́на,** -ы
анемоско́п, -а
анемофили́я, -и
анемофи́лы, -ов, *ед.* -фи́л, -а
анемохори́я, -и
анерги́я, -и
анеро́ид, -а
анеро́идный
анестези́н, -а
анестезио́лог, -а
анестезиологи́ческий
анестезиоло́гия, -и
анестези́рование, -я
анестези́рованный; *кр. ф.* -ан, -ана
анестези́ровать(ся), -рую, -рует(ся)
анестези́рующий
анестези́я, -и
анесте́тик, -а
анестети́ческий
а не то́, *союз*
анеуплоиди́я, -и
анжамбема́н, -а
анже́ро-су́дженский и **анже́рский** (*к* Анже́ро-Су́дженск)
анжеросу́дженцы, -ев, *ед.* -нец, -нца, *тв.* -нцем и **анже́рцы,** -ев, *ед.* -рец, -рца, *тв.* -рцем
анжу́йский (*от* Анжу́)
анзери́н, -а
ани́д, -а
ани́дный
анизога́мия, -и
анизокори́я, -и
анизо́л, -а
анизомери́я, -и
анизоме́тр, -а
анизотропи́я, -и
анизотро́пный
анизофилли́я, -и
Ани́ка-во́ин, Ани́ки-во́ина
анили́ды, -ов, *ед.* -ли́д, -а
анили́н, -а
анили́ново-я́ркий
анили́новый
анилинокра́сочный
анилокраси́тель, -я
анимализа́ция, -и
анимали́зм, -а
анимали́ст, -а
анималисти́ческий
анималькули́ст, -а
анима́льный
анимати́зм, -а
анима́то, *неизм.* и *нескл., с.*
анима́тор, -а
анимацио́нный
анима́ция, -и
аними́зм, -а
аними́ст, -а
анимисти́ческий
анио́н, -а
аниони́ты, -ов, *ед.* -ни́т, -а
анио́нный
анионоакти́вный; *кр. ф.* -вен, -вна
анионообме́нный
ани́с, -а
ани́совка, -и, *р. мн.* -вок
ани́совый
анка́рский (*от* Анкара́)
анка́рцы, -ев, *ед.* -рец, -рца
а́нкер, -а
анкери́т, -а
а́нкерный
анкеро́к, -рка́
анке́та, -ы
анкетёр, -а
анкети́рование, -я
анкети́рованный; *кр. ф.* -ан, -ана
анкети́ровать(ся), -рую(сь), -рует(ся)
анке́тка, -и, *р. мн.* -ток
анке́тный
анкетома́ния, -и
анкило́з, -а
анкилоза́вр, -а
анкилосто́ма, -ы
анкилостомидо́з, -а
анкилостоми́ды, -и́д, *ед.* -ми́да, -ы
анкилостомо́з, -а
анкла́в, -а
анкла́вный
анксиолити́ческий
А́нна, -ы (*имя; орден*)
аннали́ст, -а
анна́лы, -ов
аннами́тка, -и, *р. мн.* -ток
аннами́тский
аннами́ты, -ов, *ед.* -ми́т, -а
анна́мский (*от* Анна́м)
анна́мцы, -ев, *ед.* -мец, -мца, *тв.* -мцем
анна́ты, -а́т
аннексиони́зм, -а
аннексиони́ст, -а
аннексиони́стский
аннексио́нный
аннекси́рование, -я
аннекси́рованный; *кр. ф.* -ан, -ана
аннекси́ровать(ся), -рую, -рует(ся)
анне́ксия, -и
аннели́ды, -и́д, *ед.* -ли́да, -ы
а́н не́т, *частица*
аннииба́лова кля́тва, аннииба́ловой кля́твы
аннигили́рование, -я
аннигили́ровать, -рует
аннигиляцио́нный
аннигиля́ция, -и
а́ннинский (*от* А́нна)
анно́на, -ы (*в Древнем Риме: годовой урожай; натуральная повинность*)
аннота́ция, -и
аннoти́рование, -я
аннoти́рованный; *кр. ф.* -ан, -ана
аннoти́ровать(ся), -рую, -рует(ся)
аннуите́т, -а
аннули́рование, -я
аннули́рованный; *кр. ф.* -ан, -ана
аннули́ровать(ся), -рую, -рует(ся)
аннуля́рии, -ий, *ед.* -рия, -и
аннуля́ция, -и
А́ннушка, -и (*имя; самолет Ан*)

ано́а, *нескл., м.*
ано́д, -а
аноди́рование, -я
аноди́рованный; *кр. ф.* -ан, -ана
аноди́ровать(ся), -рую, -рует(ся)
ано́дно-гидравли́ческий
ано́дно-и́мпульсный
ано́дно-механи́ческий
ано́дно-хими́ческий
ано́дный
аноксеми́я, -и
аноксибио́з, -а
аноксибио́нты, -ов, *ед.* -о́нт, -а
аноксия́, -и
ано́лис, -а (*ящерица*)
анома́л, -а
аномалисти́ческий (*астр.*)
анома́лия, -и
анома́льно высо́кий
анома́льность, -и
анома́льный
анома́льщик, -а
аноми́я, -и
ано́на, -ы (*растение*)
анони́м, -а (*автор, скрывший свое имя*)
анони́мка, -и, *р. мн.* -мок
анони́мность, -и
анони́мный
анони́мщик, -а
анони́мщица, -ы, *тв.* -ей
ано́новые, -ых
ано́нс, -а
анонси́рование, -я
анонси́рованный; *кр. ф.* -ан, -ана
анонси́ровать(ся), -рую, -рует(ся)
ано́нсный
аноплоцефалидо́з, -а
анора́к, -а
аноргазми́я, -и
анорексиге́нный
анорекси́ческий
анорекси́я, -и
анорма́льность, -и
анорма́льный; *кр. ф.* -лен, -льна
анорти́т, -а
анортози́т, -а
анортокла́з, -а
анорхи́зм, -а (*анат.*)
аносми́я, -и
ано́фелес, -а
анофта́льм, -а
анса́мблевость, -и
анса́мблевый
ансамбли́ст, -а
анса́мбль, -я
анса́мбльный
ант, -а (*архит.*)
анта́бка, -и, *р. мн.* -бок
антабле́мент, -а
антабле́ментный
анта́бус, -а
антагони́зм, -а
антагони́ст, -а
антагонисти́ческий
антагонисти́чность, -и
антагонисти́чный; *кр. ф.* -чен, -чна
антагони́стка, -и, *р. мн.* -ток
анта́льский (*от* Анта́лья)
Анта́нта, -ы
анта́нтовский
Антаркти́да, -ы
Анта́рктика, -и
антаркти́ческий (*от* Анта́рктика)
антарктоза́вр, -а
антаци́дный
антве́рпенский (*от* Антве́рпен)
антве́рпенцы, -ев, *ед.* -нец, -нца, *тв.* -нцем
антегми́т, -а
Анте́й, -я (*мифол.*)
анте́й, -я (*самолет*)
антекли́за, -ы
антената́льный
анте́нка, -и, *р. мн.* -нок
анте́нна, -ы
анте́нна-зо́нд, анте́нны-зо́нда, *ж.*
анте́нна-ма́чта, анте́нны-ма́чты
анте́нно-фи́дерный
анте́нночка, -и, *р. мн.* -чек
анте́ннулы, -ул, *ед.* -ула, -ы
анте́нщик, -а
анте́нный
антери́дий, -я
антерозо́ид, -а
антефи́кс, -а
антецеде́нт, -а
антецеде́нтный
анти... – *приставка, пишется слитно*
антиабсорбе́нт, -а
антиалкого́льный
антиаллерги́ческий
антиамерикани́зм, -а
антиамерикани́ст, -а
антиамерика́нский
антиангина́льный
антиАО́Н, -а
антиа́пекс, -а
антиаритми́ческий
антиарме́йский
антибактериа́льный
антиба́кхий, -я
антибарио́ны, -ов, *ед.* -ио́н, -а
антибио́тики, -ов, *ед.* -о́тик, -а
антибиотикотерапи́я, -и
антибиотикоусто́йчивость, -и
антибиотикоусто́йчивый
антибиоти́ческий
антибли́ковый
антибольшеви́зм, -а
антибольшеви́стский
Антибу́керовская пре́мия
антибюрократи́ческий
антиванда́льный
антивещество́, -а́
антивибра́тор, -а
антивибрацио́нный
антиви́рус, -а
антиви́русный
антивитами́ны, -ов, *ед.* -ми́н, -а
антивое́нный
антивоспламени́тель, -я
антиге́нный
антиге́ны, -ов, *ед.* -ге́н, -а
антигеро́й, -я
антигигиени́ческий
антигиперо́н, -а
антигистами́нный
антиги́тлеровский
антиглобали́зм, -а
антиглобали́ст, -а
антиглобали́стский
антигололёдный
Антиго́на, -ы
антигормо́ны, -ов, *ед.* -мо́н, -а
антигосуда́рственный
антигризу́тный
антигриппи́н, -а
антигуманисти́ческий
антигума́нность, -и
антигума́нный; *кр. ф.* -а́нен, -а́нна
антидарвини́зм, -а
антидарвини́ст, -а
антидати́рованный; *кр. ф.* -ан, -ана (*помеченный задним числом*)
антидати́ровать(ся), -рую, -рует(ся)
антидемократи́зм, -а
антидемократи́ческий
антидемократи́чность, -и
антидемократи́чный; *кр. ф.* -чен, -чна
антиде́мпинг, -а
антиде́мпинговый
антидепресса́нты, -ов, *ед.* -а́нт, -а
антидепресси́вный
антидетона́тор, -а
антидетонацио́нный
антидиабети́ческий
антидиалекти́ческий
антидикта́торский
антидискриминацио́нный
антидиурети́ческий
антидо́пинговый
антидо́р, -а
антидо́т, -а
антидоти́рованный; *кр. ф.* -ан, -ана (*от* антидо́т)
антизако́нный
антиза́падник, -а
антиза́паднический
антиза́падничество, -а
антиза́падный
антизапотева́тель, -я
антизатра́тный
антиизра́ильский
антиимпериалисти́ческий
антиинтеллектуали́зм, -а
антиинтеллиге́нтский
антиинфляцио́нный
антиира́кский
антииску́сство, -а
антиистори́зм, -а
антиистори́ческий
антиистори́чность, -и
антиистори́чный; *кр. ф.* -чен, -чна

анти́к, -а
антиканцероге́нный
антикатализа́тор, -а
антикато́д, -а
анти́ква, -ы
антиква́р, -а
антиквариа́т, -а
антиква́рий, -я
антиква́рки, -ов, *ед.* -ква́рк, -а
антиква́рно-аукцио́нный
антиква́рно-букинисти́ческий
антиква́рный
антиклерика́л, -а
антиклерикали́зм, -а
антиклерика́льный
антиклина́ль, -и
антиклина́льный
антиклино́рий, -я
антиклопи́н, -а
антикоагуля́нты, -ов, *ед.* -я́нт, -а
антикове́д, -а
антикове́дение, -я
антикодо́н, -а
антиколониали́зм, -а
антиколониа́льный
антикомари́н, -а
антикоммуни́зм, -а
антикоммуни́ст, -а
антикоммунисти́ческий
антикоммуни́стка, -и, *р. мн.* -ток
антиконкуре́нтный
антиконституцио́нный; *кр. ф.* -о́нен, -о́нна
антико́р, -а
антикоррози́йный
антикоррозио́нный
антикоррупцио́нный
антикрепостни́ческий
антикрестья́нский
антикри́зисный
антикримина́льный
антикри́тика, -и
антику́льтовый
антикульту́рный; *кр. ф.* -рен, -рна
антилогари́фм, -а
антило́па, -ы
антило́па-вилоро́г, антило́пы-вилоро́га, *ж.*
антило́па гну́, антило́пы гну́
антило́пий, -ья, -ье
Анти́льские острова́
анти́льский (*к* Анти́льские острова́, Анти́лы)
анти́льцы, -ев, *ед.* -лец, -льца, *тв.* -льцем
антимагни́тный
антимаркси́стский
антиматериалисти́ческий
антимате́рия, -и
антимели́тель, -я
антиме́ры, -ов, *ед.* -ме́р, -а (*зоол.*)
антиметаболи́ты, -ов, *ед.* -ли́т, -а
антиметаболи́ческий
антимикро́бный
антимилитари́зм, -а
антимилитари́ст, -а
антимилитаристи́ческий
антимилитари́стский
антимими́нс, -а
антими́р, -а, *мн.* -ы́, -о́в
антимо́ль, -я
антимонархи́ческий
антимони́ды, -ов, *ед.* -ни́д, -а (*соединения сурьмы с металлами*)
антимо́ний, -я (*сурьма*)
антимони́т, -а (*минерал; соль сурьмянистой кислоты*)
антимо́ния: разводи́ть антимо́нии
антимонополи́зм, -а
антимонополисти́ческий
антимонопо́льный
антимора́льный; *кр. ф.* -лен, -льна
антимоски́тный
антимутаге́н, -а
антимутаге́нный
антинакипи́н, -а
антинаркоти́ческий
антинаро́дность, -и
антинаро́дный; *кр. ф.* -ден, -дна
антинау́чность, -и
антинау́чный; *кр. ф.* -чен, -чна
антинациона́льный; *кр. ф.* -лен, -льна
антинаци́стский
антинейтри́но, *нескл., с.*
антинейтро́н, -а
антинейтро́нный
антинигилисти́ческий
антиникоти́нный
антиникоти́новый
Антино́й, -я
антиноми́зм, -а
антиноми́ческий
антиноми́чность, -и
антиноми́чный; *кр. ф.* -чен, -чна
антино́мия, -и
антиобледени́тель, -я
антиобледени́тельный
антиобще́ственно, *нареч.*
антиобще́ственный; *кр. ф.* -вен и -венен, -венна
антиокисли́тель, -я
антиокисли́тельный
антиоксида́нт, -а
антиоксида́нтный
антиохи́йский (*от* Антиохи́я)
антипа́па, -ы, *м.*
антипаразита́рный
антипаралле́льный
антиparти́йный; *кр. ф.* -и́ен, -и́йна
антипасса́т, -а
Антипа́сха, -и
антипати́ческий
антипати́чность, -и
антипати́чный; *кр. ф.* -чен, -чна
антипа́тия, -и
антипатриоти́зм, -а
антипатриоти́ческий
антипатриоти́чность, -и
антипатриоти́чный; *кр. ф.* -чен, -чна
Анти́п-водопо́л, Анти́па-водопо́ла (*день народного календаря*)
антипедагоги́ческий
антипедагоги́чный; *кр. ф.* -чен, -чна
антиперестро́ечник, -а
антиперестро́ечный
антиперistáльтика, -и
антиперспира́нт, -а
антипира́тский
антипире́ны, -ов, *ед.* -ре́н, -а
антипире́тики, -ов, *ед.* -е́тик, -а
антипири́н, -а
антипироге́ны, -ов, *ед.* -ге́н, -а
анти́пка, -и, *р. мн.* -пок (*вишня*)
антипо́д, -а
антиподе́ра, -ы
антипо́дный
антипорнографи́ческий
антиправи́тельственный
антипра́во, -а (*юр.*)
антиправово́й
антиприга́рный
антипротозо́йный
антипрото́н, -а
антипятни́н, -а
антираби́ческий
антирабо́чий
антирада́р, -а
антирада́рный
антира́ды, -ов, *ед.* -ра́д, -а
антираке́та, -ы
антираке́тный
антирастwори́тель, -я
антиреалисти́ческий
антиревмати́ческий
антирекла́ма, -ы
антиреко́рд, -а
антирелигио́зный; *кр. ф.* -зен, -зна
антиреформа́тор, -а
антиреформа́торский
антирома́н, -а
антиросси́йский
антирри́нум, -а
антиру́сский
антиры́ночник, -а
антиры́ночный
антисайенти́зм, -а
антисайенти́стский
антисанитари́я, -и
антисанита́рный; *кр. ф.* -рен, -рна
антисвёртывающий
антисейсми́ческий
антиселево́й и **антисе́левый**
антисеми́т, -а
антисемити́зм, -а
антисемити́ческий
антисеми́тка, -и, *р. мн.* -ток
антисеми́тский
антисе́птик, -а
антисе́птика, -и
антисепти́рование, -я
антисепти́рованный; *кр. ф.* -ан, -ана
антисепти́ческий
антисиони́зм, -а
антисиони́ст, -а

антисиони́стский
антиска́нер, -а
антисклерози́н, -а
антисклероти́ческий
антисовети́зм, -а
антисове́тский
антисове́тчик, -а
антисове́тчина, -ы
антисове́тчица, -ы, *тв.* -ей
антисовпаде́ние, -я
а́нти-социа́л-демократи́ческий
антисоциалисти́ческий
антисоциа́льный; *кр. ф.* -лен, -льна
антиспазми́н, -а
антиспа́ст, -а
антиспасти́ческий
антиспи́довый
антисталини́зм, -а
антисталини́ст, -а
антисталини́стка, -и, *р. мн.* -ток
антисталини́стский
антиста́линский
антистари́тель, -я
антиста́тик, -а
антистати́ческий
антистати́чность, -и
антистати́чный; *кр. ф.* -чен, -чна
антисте́плер, -а
антистре́ссовый
антистре́ссорный
антистрофа́, -ы́, *мн.* -стро́фы, -стро́ф
антите́за, -ы
антите́зис, -а
антитела́, -е́л, *ед.* -те́ло, -а
антитерро́р, -а
антитеррористи́ческий
антитети́ческий
антитети́чный; *кр. ф.* -чен, -чна
антитокси́ны, -ов, *ед.* -си́н, -а
антитокси́ческий
антитокси́чность, -и
антитокси́чный; *кр. ф.* -чен, -чна
антитоталитари́зм, -а
антитоталитари́ст, -а
антитоталитари́стский
антитоталита́рный
антитранспира́нты, -ов, *ед.* -а́нт, -а
антитре́стовский
антитринитариа́нский
антитринита́рии, -ев, *ед.* -а́рий, -я
антитромби́н, -а
антиука́чиватель, -я
антиутопи́ческий
антиуто́пия, -и
антифаши́ст, -а
антифаши́стка, -и, *р. мн.* -ток
антифаши́стский
антифебри́н, -а
антифеода́льный
антиферме́нты, -ов, *ед.* -е́нт, -а
антиферромагнети́зм, -а
антиферромагне́тик, -а
антиферромагни́тный
антифи́динги, -ов, *ед.* -инг, -а
антифильтрацио́нный
антифоби́ческий
антифо́н, -а (*песнопение*)
антифона́рий, -я
антифо́нный
антифо́ны, -ов (*наушники*)
антифра́з, -а и **антифра́зис,** -а
антифри́з, -а
антифри́зный
антифрикцио́нный
антифунги́н, -а
антихолинэстера́зный
Анти́христ, -а (*в христианском вероучении: главный противник Христа*) и **анти́христ,** -а (*бран.*)
анти́христов, -а, -о
антихудо́жественность, -и
антихудо́жественный; *кр. ф.* -вен и -венен, -венна
антицеллюли́тный
антицентри́ст, -а
антицентри́стский
антицерко́вный
антицикло́н, -а
антициклона́льный
антициклони́ческий
антицикло́нный
антицинго́тный
антиципацио́нный
антиципа́ция, -и
антиципи́рованный; *кр. ф.* -ан, -ана
антиципи́ровать(ся), -рую, -рует(ся)
античасти́ца, -ы, *тв.* -ей
анти́чник, -а
анти́чница, -ы, *тв.* -ей
Анти́чность, -и (*ист. эпоха*) и **анти́чность,** -и (*то, что относится к этой эпохе, собир.*; *свойство по прил.* анти́чный)
анти́чный
антишо́ковый
антиэлектро́н, -а
антиэмиссио́нный
антиэсе́ровский
антиэстети́зм, -а
антиэстети́чность, -и
антиэстети́чный; *кр. ф.* -чен, -чна
антия́дерный
антиядро́, -а́, *мн.* -я́дра, -я́дер
антологи́ческий (*к* антоло́гия; *относящийся к античной традиции*)
антологи́чный; *кр. ф.* -чен, -чна (*антологический*)
антоло́гия, -и (*подборка лит. произведений*)
анто́ним, -а
антоними́ческий
антоними́чность, -и
антоними́чный; *кр. ф.* -чен, -чна
антоними́я, -и
анто́новка, -и, *р. мн.* -вок
анто́нов ого́нь, анто́нова огня́
анто́новский (*от* Анто́н и Анто́нов; анто́новские я́блоки)
анто́новцы, -ев, *ед.* -вец, -вца, *тв.* -вцем
анто́новщина, -ы
антонома́зия, -и
антофеи́н, -а
антофилли́т, -а
антохло́р, -а
антоциа́ны, -ов, *ед.* -иа́н, -а
антракно́з, -а
антрако́з, -а
антра́кт, -а
антра́ктный
антра́ктовый
антрахино́н, -а
антраце́н, -а
антраце́новый
антраци́т, -а
антраци́тный
антраци́товый
антраша́, *нескл., с.*
антре́, *нескл., с.*
антреко́т, -а
антреко́тный
антрепренёр, -а
антрепренёрский
антрепренёрство, -а
антрепренёрствовать, -твую, -твует
антрепренёрша, -и, *тв.* -ей
антрепри́за, -ы
антрепри́зный
антресо́ли, -ей и **антресо́ль,** -и
антресо́льный
антро́пный
антропо... – *первая часть сложных слов, пишется слитно*
антропоге́н, -а
антропогене́з, -а
антропогене́тика, -и
антропоге́нный
антропоге́новый
антропогеогра́фия, -и
антроподице́я, -и
антропо́иды, -ов, *ед.* -о́ид, -а
антропо́лог, -а
антропологи́зм, -а
антропологи́ческий
антрополо́гия, -и
антропомаксимоло́гия, -и
антропоме́тр, -а
антропометри́ческий
антропоме́три́я, -и
антропоморфи́зм, -а
антропоморфи́ческий
антропомо́рфность, -и
антропомо́рфный
антропоморфоло́гия, -и
антропо́ним, -а
антропони́мика, -и
антропоними́ческий
антропони́мия, -и
антропоно́зный
антропоно́зы, -ов, *ед.* -но́з, -а
антропосо́ф, -а
антропософи́ческий
антропосо́фия, -и
антропосо́фка, -и, *р. мн.* -фок
антропосо́фский

антропосоциогене́з, -а
антропосфе́ра, -ы
антропофа́г, -а
антропофа́гия, -и
антропофо́бия, -и
антропохори́я, -и
антропоцентри́зм, -а
антропоцентри́ческий
антропоцентри́чность, -и
антропоцентри́чный; *кр. ф.* -чен, -чна
антропоэколо́гия, -и
антура́ж, -а, *тв.* -ем
анту́риум, -а
а́нты, -ов (*племена*; *архит.*)
Ану́бис, -а (*мифол.*)
ануре́з, -а
анури́я, -и
а́нус, -а (*мед.*)
анфа́с, -а и *нареч.*
анфе́льция, -и
анфила́да, -ы
анфила́дный
анфоло́гий, -я (*церк.*)
анхите́рий, -я
анцестра́льный
анча́р, -а
анчо́ус, -а
анчо́усный
анчо́усовые, -ых
анше́ф, -а
аншла́г, -а
аншла́говый
а́ншлиф, -а
а́ншлюс, -а
а́ншпуг, -а и **а́ндшпуг**, -а
анэлектрото́н, -а
анэнцефали́я, -и
аню́тины гла́зки, аню́тиных гла́зок
АО́, *нескл.*, *с.* (*сокр.*: акционерное общество) и *м.* (*сокр.*: агрегатный отсек)
АОЗТ [аозэтэ́], *нескл.*, *с.* (*сокр.*: акционерное общество закрытого типа)
АО́Н, -а (*сокр.*: автоматический определитель номера)
аони́ды, -и́д
ао́рист, -а
аористи́ческий
ао́рта, -ы
аорта́льный
аорти́т, -а
ао́ртный
ао́ртовый
аортокорона́рный
аортосклеро́з, -а
апагоги́ческий
апана́ж, -а, *тв.* -ем
апа́рт, -а
апарта́ме́нты, -ов, *ед.* -а́ме́нт, -а
апарте́, *нескл.*, *ж.* и *неизм.*
апартеи́д, -а
апа́рт-оте́ль, -я
апати́т, -а
апати́товый
апатитонефели́новый
апатитоно́сный; *кр. ф.* -сен, -сна
апати́ческий
апати́чность, -и
апати́чный; *кр. ф.* -чен, -чна
апа́тия, -и
апатоза́вр, -а
апатриди́зм, -а
апатри́ды, -ов, *ед.* -ри́д, -а
апа́ч, -а, *тв.* -ем (*прием у клоунов*)
апа́чи, -ей (*племя*)
апа́ш, *неизм.* и -а, *тв.* -ем
апве́ллинг, -а
апгре́йд, -а
а́пекс, -а
апе́лла, -ы
апелле́нт, -а
апелле́сова черта́, апелле́совой черты́
апелли́рование, -я
апелли́ровать, -рую, -рует
апелля́нт, -а
апелляти́в, -а
апелляти́вный
апелляцио́нный
апелля́ция, -и
апельси́н, -а, *р. мн.* -ов
апельси́нный
апельси́новый
апельси́нчик, -а
апенни́нский (*от* Апенни́ны)
Апенни́нский полуо́стров
апериоди́ческий
апериті́в, -а
аперто́метр, -а
аперту́ра, -ы
апика́льный
апила́к, -а
апилакто́за, -ы
апио́ид, -а
а́пис, -а (*лекарство*)
А́пис, -а (*мифол.*)
апитерапевти́ческий
апитерапи́я, -и
апитокси́н, -а
АПК [апэка́], *нескл.*, *м.* (*сокр.*: аграрно-промышленный комплекс)
аплази́я, -и
аплана́т, -а
апланати́зм, -а
апланоспо́ры, -спо́р, *ед.* -спо́ра, -ы
аплацента́рные, -ых
апли́т, -а
аплоди́рование, -я
аплоди́ровать, -рую, -рует
аплодисме́нты, -ов
апло́мб, -а
апно́э, *нескл.*, *с.*
апоа́стр, -а
апога́мия, -и
апоге́й, -я
аподикти́ческий
апозиопе́за, -ы и **апозиопе́зис**, -а (*термин риторики*)
Апока́липсис, -а (*часть Нового Завета*) и **апока́липсис**, -а (*конец света*)
апокали́птика, -и
апокалипти́ческий и **апокалипси́ческий**
апокарпи́я, -и
апока́рпный
апо́копа, -ы
апокри́нный
апокри́новый
апо́криф, -а
апокрифи́ческий
апокрифи́чный; *кр. ф.* -чен, -чна
аполиди́зм, -а
аполи́ды, -ов, *ед.* -ли́д, -а
аполити́зм, -а
аполити́чность, -и
аполити́чный; *кр. ф.* -чен, -чна
аполлине́ровский (*от* Аполлине́р)
Аполло́н, -а (*мифол.*; *о красивом мужчине*)
аполло́н, -а (*бабочка*)
Аполло́н Бельведе́рский
Аполло́н Мусаге́т
аполо́г, -а
аполо́гет, -а
апологе́тика, -и
апологети́ческий
апологи́ст, -а
апологи́ческий
аполо́гия, -и
апоми́ксис, -а
апоморфи́н, -а
апоневро́з, -а
апоневроти́ческий
апоплекси́ческий
апопле́кси́я, -и
апопле́ктик, -а
апоре́тика, -и
апо́ри́я, -и
апо́рт[1], -а (*сорт яблок*)
апо́рт[2], *неизм.* (*команда*)
апо́ртовый
апоселе́ний, -я
апоспори́я, -и
апостерио́ри, *неизм.*
апостерио́рность, -и
апостерио́рный
апо́стиль, -я (*юр.*)
апости́льб, -а, *р. мн.* -ов, *счетн. ф.* -и́льб (*ед. измер.*)
апо́стол, -а (*ученик Христа*; *последователь какой-н. идеи*)
Апо́стол, -а (*книга*)
апостола́т, -а
апосто́лики, -ов, *ед.* -лик, -а
апостоли́ческий
апо́стольник, -а
апо́стольский
апо́стольство, -а
апо́стольствовать, -твую, -твует
апостро́ф, -а (*надстрочный знак*)
апостро́фа, -ы (*риторическая фигура*)
апоте́ций, -я
апофа́тика, -и
апофати́ческий
апофе́гма, -ы (*изречение*)

апофегмати́ческий
апофегма́ты, -а́т (*лит.*)
апофе́ма, -ы (*матем.*)
апофео́з, -а
апофео́зный
апоферме́нт, -а
апо́физ, -а (*анат.*, *зоол.*)
апофи́за, -ы (*бот.*; *геол.*)
апофони́я, -и
апохрома́т, -а
апоце́нтр, -а
аппала́чский (*от* Аппала́чи)
аппара́т, -а
аппара́тик, -а
аппара́тная, -ой
аппара́тно-бюрократи́ческий
аппара́тно-совмести́мый
аппара́тно-студи́йный
аппара́тный
аппаратострое́ние, -я
аппарату́ра, -ы
аппарату́рный
аппара́тчик, -а
аппара́тчица, -ы, *тв.* -ей
аппаре́ль, -и
Аппассиона́та, -ы (*соната Бетховена*)
аппассиона́то, *неизм.* и *нескл.*, *с.* (*муз.*)
аппе́ндикс, -а
аппендикуля́рии, -ий, *ед.* -рия, -и
аппендикуля́рный
аппендици́т, -а
аппендици́тный
апперко́т, -а
апперцепти́вный
апперцепцио́нный
апперце́пция, -и
апперципа́ция, -и
апперципи́рованный; *кр. ф.* -ан, -ана
апперципи́ровать(ся), -рую, -рует(ся)
аппети́т, -а
аппети́тец, -тца, *тв.* -тцем
аппети́тик, -а
аппети́тненький
аппети́тность, -и
аппети́тный; *кр. ф.* -тен, -тна
А́ппиева доро́га, А́ппиевой доро́ги (*под Римом*)
апплика́та, -ы
аппликати́вный
апплика́тор, -а
аппликату́ра, -ы
аппликацио́нный
аппли́ка́ция, -и
апплике́, *неизм.* и *нескл.*, *с.*
аппозити́вный; *кр. ф.* -вен, -вна
аппозицио́нный; *кр. ф.* -о́нен, -о́нна (*к* аппози́ция)
аппози́ция, -и (*биол.*, *лингв.*)
аппре́т, -а
аппрети́рование, -я
аппрети́рованный; *кр. ф.* -ан, -ана
аппрети́ровать(ся), -рую, -рует(ся)
аппрету́ра, -ы
аппрету́рный
аппрету́рщик, -а
аппроксимати́вный
аппроксима́ция, -и
аппроксими́рование, -я
аппроксими́рованный; *кр. ф.* -ан, -ана
аппроксими́ровать(ся), -и́рую, -и́рует(ся)
а́пракос, -а и *неизм.*
а́пракосный
апра́кси́я, -и
апре́йзор, -а
апре́левский (*от* Апре́левка)
апре́ль, -я
апре́льский (*от* апре́ль)
апре́ски, -ов и -сок (*сапоги*)
апресси́н, -а
априо́ри, *неизм.*
априори́зм, -а
априористи́ческий
априо́рность, -и
априо́рный; *кр. ф.* -рен, -рна
апроба́ция, -и
апроби́рование, -я
апроби́рованный; *кр. ф.* -ан, -ана
апроби́ровать(ся), -рую, -рует(ся)
апроприа́ция, -и
апро́ш, -а, *тв.* -ем
а́псель, -я
апси́да, -ы
апте́ка, -и
апте́карский
апте́карша, -и, *тв.* -ей
апте́карь, -я
аптекоуправле́ние, -я
аптериго́ты, -го́т, *ед.* -го́та, -ы
апте́рии, -ий, *ед.* -рия, -и
апте́чка, -и, *р. мн.* -чек
апте́чный
а́птский (*геол.*)
апули́йский (*от* Апу́лия)
апули́йцы, -ев, *ед.* -и́ец, -и́йца, *тв.* -и́йцем
апчхи́, *неизм.*
апшеро́нский (*от* Апшеро́н и Апшеро́нск)
Апшеро́нский полуо́стров
апшеро́нцы, -ев, *ед.* -нец, -нца, *тв.* -нцем
ар, а́ра, *р. мн.* а́ров (*ед. измер.*)
а́ра, *нескл.*, *м.* (*попугай*)
Араба́тская стре́лка
арабе́ск, -а (*в балете*)
арабе́ски, -сок и -сков, *ед.* -бе́ска, -и и -бе́ск, -а (*архит.*, *муз.*)
арабе́сковый
арабе́сочный
араби́зм, -а
ара́бика, -и
араби́ст, -а
араби́стика, -и
араби́стка, -и, *р. мн.* -ток
ара́бка, -и, *р. мн.* -бок (*к* ара́бы)
ара́бо-изра́ильский
арабоязы́чный
ара́бский (*к* ара́бы); но (*в официальных названиях государств*) **Ара́бский**, *напр.*: Сири́йская Ара́бская Респу́блика, Ливи́йская Ара́бская Джамахири́я, Ара́бская Респу́блика Еги́пет, Объединённые Ара́бские Эмира́ты
Ара́бский Восто́к
ара́бы, -ов, *ед.* ара́б, -а
арави́йский (*от* Ара́вия)
аравитя́не, -я́н, *ед.* -я́нин, -а
аравитя́нка, -и, *р. мн.* -нок
а равно́ и …, *союз*
ара́гвинский (*от* Ара́гва, Ара́гви)
арагони́т, -а
араго́нский (*от* Араго́н, *геогр.*)
араго́нцы, -ев, *ед.* -нец, -нца, *тв.* -нцем
ара́к, -а
ара́ксский и **ара́ксинский** (*от* Ара́кс)
аракче́евец, -вца, *тв.* -вцем, *р. мн.* -вцев
аракче́евский (*от* Аракче́ев)
аракче́евщина, -ы
ара́лиевые, -ых
ара́лия, -и
ара́льский (*к* Ара́льское мо́ре, Ара́л, Ара́льск)
Ара́льское мо́ре
ара́льцы, -ев, *ед.* -лец, -льца, *тв.* -льцем
араме́йка, -и, *р. мн.* -е́ек
араме́йский
араме́йцы, -ев, *ед.* -е́ец, -е́йца, *тв.* -е́йцем
аранжи́рованный; *кр. ф.* -ан, -ана
аранжи́ровать(ся), -рую, -рует(ся)
аранжиро́вка, -и, *р. мн.* -вок
аранжиро́вщик, -а
ара́п, -а (*темнокожий человек*)
арапа́йма, -ы
ара́пистый
ара́пка, -и, *р. мн.* -пок (*к* ара́п)
ара́пник, -а
ара́пский (*к* ара́п)
арапчо́нок, -нка, *мн.* -ча́та, -ча́т
ара́ра, *нескл.*, *м.* (*попугай*)
Арара́тская доли́на
арара́тский (*от* Арара́т)
ара́т, -а
ара́тский
ара́тство, -а
араука́нский
араука́ны, -ов, *ед.* -ка́н, -а
араука́риевые, -ых
араукари́ты, -ов, *ед.* -ри́т, -а
араука́рия, -и
арахи́дный
ара́хис, -а
ара́хисовый
арахисоубо́рочный
арахни́ды, -и́д, *ед.* -и́да, -ы
арахно́з, -а
арахноиди́т, -а
арахноло́гия, -и

арба́, -ы́, *мн.* а́рбы, арб, а́рбам
арбале́т, -а
арбале́тный
арбале́тчик, -а
арба́тский (*от* Арба́т)
арби́тр, -а
арбитра́ж, -а, *тв.* -ем
арбитра́жер, -а
арбитра́жно-процессуа́льный
арбитра́жный
арбитра́льный
арбитро́н, -а
арбови́русный
арбови́русы, -ов, *ед.* -ви́рус, -а
арболи́т, -а
арболи́товый
арборе́тум, -а
арборици́ды, -ов, *ед.* -ци́д, -а
ар-брю́т, -а, *нескл., с.* и *неизм.*
арбу́з, -а
арбу́зик, -а
арбу́зище, -а, *мн.* -а и -и, -ищ, *м.*
арбу́зный
арбути́н, -а
арга́л, -а (*сухой помет*)
аргали́, *нескл., м.* (*дикий баран*)
аргама́к, -а
аргенти́на, -ы (*рыба*)
аргенти́нка, -и, *р. мн.* -нок
аргенти́нский (*от* Аргенти́на)
аргенти́нцы, -ев, *ед.* -нец, -нца, *тв.* -нцем
аргенти́т, -а
аргентоме́три́я, -и
аргилли́т, -а
аргиллофи́лы, -ов, *ед.* -фи́л, -а
аргина́за, -ы
аргини́н, -а
аргиро́ид, -а
аргирофа́н, -а
арго́, *нескл., с.*
арго́н, -а
аргона́вты, -ов, *ед.* -на́вт, -а
арго́нный
арго́новый
арготи́зм, -а
арготи́ческий
арготи́чность, -и
арготи́чный; *кр. ф.* -чен, -чна
аргуме́нт, -а
аргумента́ция, -и
аргументи́рование, -я
аргументи́рованно, *нареч.*
аргументи́рованный; *кр. ф. прич.* -ан, -ана; *кр. ф. прил.* (*доказательный, убедительный*) -ан, -анна
аргументи́ровать(ся), -рую, -рует(ся)
аргуме́нтный
аргу́нский (*от* Аргу́нь *и* Аргу́н)
А́ргус, -а (*мифол.*) и **а́ргус**, -а (*бдительный страж; птица*)
ар-деко́, *нескл., с.* и *неизм.*
арде́ннский (*от* Арде́нны); но: **арде́нская поро́да лошаде́й**
арде́ны, -ов, *ед.* арде́н, -а (*порода лошадей*)
ардо́метр, -а
ареа́л, -а
ареало́гия, -и
ареа́льный
а́редовы ве́ки, а́редовых веко́в
Аре́й, -я и **Аре́с**, -а (*мифол.*)
а́река, -и
а́рековый
аре́на, -ы
аре́нда, -ы
аренда́тор, -а
аренда́торский
аренда́торство, -а
аренда́торша, -и, *тв.* -ей
арендиза́ция, -и
аре́ндный
арендова́ние, -я
арендо́ванный; *кр. ф.* -ан, -ана
арендова́ть(ся), -ду́ю, -ду́ет(ся)
арендода́тель, -я
ареогра́фия, -и
арео́ла, -ы
ареоло́гия, -и
арео́метр, -а
ареоме́трия, -и
ареопа́г, -а
Ареопаги́т, -а: **Диони́сий Ареопаги́т**
Ареопаги́тики, -ик
ареоцентри́ческий
Аре́с, -а и **Аре́й**, -я (*мифол.*)
аре́ст, -а
ареста́нт, -а
areста́нтка, -и, *р. мн.* -ток
areста́нтский
аре́стный
aresто́ванный; *кр. ф.* -ан, -ана
арестова́ть, -ту́ю, -ту́ет
aresто́вывать(ся), -аю(сь), -ает(ся)
аретоло́гия, -и
арефлекси́я, -и
аржа́нец, -нца, *тв.* -нцем, *р. мн.* -нцев
арзама́сский (*от* Арзама́с)
арзама́сцы, -ев, *ед.* -сец, -сца, *тв.* -сцем
Ариа́дна, -ы
ариа́днина ни́ть, ариа́дниной ни́ти
ариа́не, -а́н, *ед.* -а́нин, -а
ариа́нский
ариа́нство, -а
ариба́лл, -а (*сосуд*)
ариведе́рчи, *неизм.*
ари́дный
ари́ды, -ов, *ед.* ари́д, -а
арие́тта, -ы
аризо́нский (*от* Аризо́на)
аризо́нцы, -ев, *ед.* -нец, -нца, *тв.* -нцем
а́рии, -ев (*арийцы*)
ари́йка, -и, *р. мн.* ари́ек (*к* ари́йцы)
а́рийка, -и, *р. мн.* а́риек (*к* а́рия)
ари́йский (*к* ари́йцы)
ари́йцы, -ев, *ед.* ари́ец, ари́йца, *тв.* ари́йцем
ари́л, -а
арилзамещённый
арили́рование, -я
арили́рованный; *кр. ф.* -ан, -ана
арилло́ид, -а
ари́ллус, -а
арилмета́новый
ари́льный
Арима́н, -а
ари́озный
арио́зо, *нескл., с.*
Арио́н, -а (*древнегреческий поэт и певец*)
Ариста́рх, -а (*имя; древнегреческий ученый*) и **ариста́рх**, -а (*строгий критик, педант, устар.*)
аристи́да, -ы
а́ристовщина, -ы
аристогене́з, -а
аристоге́ны, -ов, *ед.* -ге́н, -а
аристокра́т, -а
аристократи́зм, -а
аристократи́ческий
аристократи́чность, -и
аристократи́чный; *кр. ф.* -чен, -чна
аристокра́тишка, -и, *р. мн.* -шек, *м.*
аристокра́тия, -и
аристокра́тка, -и, *р. мн.* -ток
аристокра́тничать, -аю, -ает
аристокра́тство, -а
аристо́н, -а
Аристо́телев, -а, -о и **аристо́телевский** (*от* Аристо́тель)
аристотели́зм, -а
аристофа́новский (*от* Аристофа́н)
аритми́ческий
аритми́чность, -и
аритми́чный; *кр. ф.* -чен, -чна
аритми́я, -и
арифме́тик, -а
арифме́тика, -и
арифме́тико-логи́ческий
арифмети́ческий
арифмо́граф, -а
арифмо́метр, -а
арифмоморфо́з, -а
ари́элева невесо́мость, ари́элевой невесо́мости
Ари́эль, -я (*лит. персонаж; астр.*)
а́рия, -и
арк, -а (*крепость в древних городах Средней Азии*)
а́рка, -и, *р. мн.* а́рок
арка́да, -ы
Арка́дия, -и (*область в Древней Греции; идиллическая страна пастухов и пастушек*) и **арка́дия**, -и (*о беззаботной, благодатной жизни*)
арка́дная игра́ (*компьютерная*)
арка́дный
арка́дский (*от* Арка́дия)
аркалы́кский (*от* Аркалы́к)
аркалы́кцы, -ев, *ед.* -кец, -кца, *тв.* -кцем

арка́н, -а
арканза́с, -а (*минерал*)
арканза́сский (*от* Арканза́с, *штат*)
арканза́сцы, -ев, *ед.* -сец, -сца, *тв.* -сцем
арка́нить, -ню, -нит
арка́нный
аркату́ра, -ы
аркату́рный
аркбута́н, -а
аркебу́з, -а и **аркебу́за**, -ы
арккосе́канс, -а
арккó синус, -а
арккота́нгенс, -а
аркосо́лий, -я
аркотро́н, -а
арксе́канс, -а
аркси́нус, -а
аркта́нгенс, -а
А́рктика, -и
аркти́ческий (*от* А́рктика)
Арктоге́я, -и
арлезиа́нка, -и, *р. мн.* -нок
арлезиа́нский (*от* Арль)
арлезиа́нцы, -ев, *ед.* -нец, -нца, *тв.* -нцем
Арлеки́н, -а (*персонаж комедии масок; человек в такой маске*) и **арлеки́н**, -а (*шут, паяц; собака; род занавеса*)
арлекина́да, -ы
арлеки́нский
АРМ [аэрэ́м], *нескл., с.* (*сокр.*: автоматизированное рабочее место)
армави́рский (*от* Армави́р)
армави́рцы, -ев, *ед.* -рец, -рца, *тв.* -рцем
Армагеддо́н, -а (*библ.*)
арма́да, -ы
армади́лл, -а
арманья́к, -а и -у
арма́та, -ы
арма́тор, -а
армату́ра, -ы
армату́рно-сва́рочный
армату́рный
армату́рщик, -а
армату́рщица, -ы, *тв.* -ей
арме́ец, -е́йца, *тв.* -е́йцем, *р. мн.* -е́йцев
арме́йский
армени́ст, -а
армени́стика, -и
армено́идный
Арми́да, -ы
арми́лла, -ы
армилля́рный
арми́рование, -я
арми́рованный; *кр. ф.* -ан, -ана
арми́ровать(ся), -рую, -рует(ся)
армиро́вка, -и, *р. мн.* -вок
а́рмия, -и
А́рмия спасе́ния (*религиозная организация*)
армоби́т, -а
армобло́к, -а
армока́менный
армоконстру́кция, -и
армоплита́, -ы́, *мн.* -пли́ты, -пли́т
армоцеме́нт, -а
армоцеме́нтный
армре́стлинг, -а
армю́р, -а
армя́к, -а́
армя́не, -я́н, *ед.* армяни́н, -а
армя́нка, -и, *р. мн.* -нок
армя́но-азербайджа́нский
армя́но-григориа́нский
армя́но-росси́йский
армя́но-туре́цкий
армя́ночка, -и, *р. мн.* -чек
армя́нский (*к* армя́не и Арме́ния)
армя́нско-ру́сский
армячи́шко, -а и -и, *мн.* -шки, -шек, *м.*
армя́чный
армячо́к, -чка́
армя́шка, -и, *р. мн.* -шек, *м.*
арнау́тка, -и, *р. мн.* -ток
арнау́ты, -ов, *ед.* арнау́т, -а
а́рника, -и
а́рниковый
ар-нуво́, *нескл., с.* и *неизм.*
аромакури́тельница, -ы, *тв.* -ей
аромамедальо́н, -а
арома́т, -а
ароматерапи́я, -и
ароматиза́тор, -а
ароматиза́ция, -и
ароматизи́рованный; *кр. ф.* -ан, -ана
ароматизи́ровать(ся), -рую, -рует(ся)
аромати́ческий
аромати́чный; *кр. ф.* -чен, -чна
арома́тность, -и
арома́тный; *кр. ф.* -тен, -тна
ароматобразу́ющий и **ароматообразу́ющий**
ароматотерапи́я, -и
ароморфо́з, -а
аро́ния, -и (*растение*)
аро́нник, -а
аро́нниковые, -ых
а́рочка, -и, *р. мн.* -чек
а́рочный
арпе́джио и **арпе́джо**, *неизм.* и *нескл., с.*
арпеджио́не и **арпеджо́не**, *нескл., с.*
арпеджи́рование, -я
арпеджи́рованный; *кр. ф.* -ан, -ана
арпеджи́ровать(ся), -рую, -рует(ся)
арренотоки́я, -и
аррети́р, -а
аррети́рование, -я
аррети́рованный; *кр. ф.* -ан, -ана
арро́ба, -ы
арро́зия, -и (*мед.*)
арроу́т, -а
арсена́л, -а
арсена́льный
арсена́ты, -ов, *ед.* -на́т, -а
арсени́ды, -ов, *ед.* -ни́д, -а (*соединения мышьяка с металлом*)
арсени́ты, -ов, *ед.* -ни́т, -а (*соли мышьяковой кислоты*)
арсенопири́т, -а
арсе́ньевский (*от* Арсе́ньев)
арсе́ньевцы, -ев, *ед.* -вец, -вца, *тв.* -вцем (*от* Арсе́ньев, *город*)
арсинойте́рий, -я
арси́ны, -ов, *ед.* арси́н, -а
арт... – *первая часть сложных слов* (*сокр.*: артиллерийский), *пишется слитно*
арт-... – *первая часть сложных слов в знач. "художественный, относящийся к искусству", пишется через дефис*
арта́чащийся
арта́читься, -чусь, -чится
арт-би́знес, -а
артгру́ппа, -ы
артдивизио́н, -а
арт-диза́йн, -а
арт-ди́лер, -а
арт-дире́ктор, -а
артезиа́нский
арте́кский (*от* Арте́к)
арте́ль, -и
арте́льный
арте́льский
арте́льщик, -а
арте́льщица, -ы, *тв.* -ей
Артеми́да, -ы
артёмовский (*от* Артём и Артёмовск)
артёмовцы, -ев, *ед.* -вец, -вца, *тв.* -вцем
а́рте по́вера, *нескл., с.* (*направление в искусстве*)
артериа́льный
артери́ит, -а
артериовено́зный
артериокапилля́рный
артерио́лы, -о́л, *ед.* -о́ла, -ы
артериосклеро́з, -а
артериосклероти́ческий
арте́рия, -и
артефа́кт, -а
а́рт- и авиауда́ры, -ов
арти́клевый
арти́кль, -я
арти́кул, -а (*тип товара*)
артику́л, -а (*ружейный прием*)
артикули́рованный; *кр. ф.* -ан, -ана
артикули́ровать(ся), -рую, -рует(ся)
артикуляцио́нный
артикуля́ция, -и
артиллери́йский
артиллери́йско-противота́нковый
артиллери́йско-техни́ческий
артиллери́ст, -а
артилле́рия, -и
арти́ст, -а
артисти́зм, -а
арти́стик-ске́йтинг, -а

артисти́чески
артисти́ческий
артисти́чность, -и
артисти́чный; *кр. ф.* -чен, -чна
арти́стка, -и, *р. мн.* -ток
артишо́к, -а
артишо́ковый
артканона́да, -ы
арт-клу́б, -а
артналёт, -а
артобстре́л, -а
артого́нь, -огня́
а́ртос, -а
артподгото́вка, -и
артпо́лк, -а́
арт-прое́кт, -а
артралги́я, -и
артри́т, -а
артрити́зм, -а
артри́тик, -а
артрити́ческий
артрити́чка, -и, *р. мн.* -чек
артри́тный
артроде́з, -а
артроди́р, -а
артро́з, -а
артро́зный
артрозоартри́т, -а
арт-ро́к, -а
артро́лог, -а
артроло́гия, -и
артропла́стика, -и
артропо́ды, -ов, *ед.* -по́д, -а
артроскопи́ческий
артроскопи́я, -и
артротоми́я, -и
арт-ры́нок, -нка
арт-сало́н, -а
артсопровожде́ние, -я
арт-терапи́я, -и
арт-тусо́вка, -и, *р. мн.* -вок
артуда́р, -а
арту́ровский (*от* Арту́р; арту́ровские леге́нды, *лит.*)
артустано́вка, -и, *р. мн.* -вок
артучи́лище, -а
арт-шо́у, *нескл., с.*
арт-я́рмарка, -и, *р. мн.* -рок
АРУ́, *нескл., ж.* (*сокр.*: автоматическая регулировка усиления)
а́рфа, -ы
арфи́ст, -а
арфи́стка, -и, *р. мн.* -ток
а́рфовый
архаиза́ция, -и
архаизи́рование, -я
архаизи́рованный; *кр. ф.* -ан, -ана
архаизи́ровать(ся), -рую, -рует(ся)
архаи́зм, -а
арха́ика, -и
архаи́ст, -а
архаи́стика, -и
архаисти́ческий
архаи́ческий
архаи́чность, -и
архаи́чный; *кр. ф.* -чен, -чна
архалла́ксис, -а
архалу́к, -а
арха́нгел, -а
архангелогоро́дка, -и, *р. мн.* -док
архангелогоро́дский (*к* Арха́нгельск)
архангелогоро́дцы, -ев, *ед.* -дец, -дца, *тв.* -дцем
Архангелогоро́дчина, -ы (*к* Арха́нгельск)
арха́нгельский (*от* арха́нгел и Арха́нгельск)
Арха́нгельский Се́вер
Арха́нгельский собо́р
арха́нгельцы, -ев, *ед.* -лец, -льца, *тв.* -льцем (*к* Арха́нгельск)
Арха́нгельщина, -ы (*к* Арха́нгельск)
арха́нтроп, -а
арха́р, -а
арха́ровец, -вца, *тв.* -вцем, *р. мн.* -вцев
архаромерино́с, -а
арха́т, -а
архегониа́льный
архегониа́ты, -ов, *ед.* -иа́т, -а
архего́ний, -я
архе́й, -я
архе́йский
археоастроно́мия, -и
археóграф, -а
археографи́ческий
археогра́фия, -и
археозо́й, -я
археозо́йский
архео́лог, -а
археологи́ческий
археологи́чка, -и, *р. мн.* -чек
археоло́гия, -и
археоме́рикс, -а
археопте́рикс, -а (*древнейшая птица*)
археопте́рис, -а (*растение*)
архео́рнис, -а
археоциа́ты, -ов, *ед.* -иа́т, -а
археспо́ра, -ы
археспо́рий, -я
архети́п, -а
архетипи́ческий (*от* архети́п)
архи... – *приставка, пишется слитно*
архибе́стия, -и
архи́в, -а
архива́жный; *кр. ф.* -жен, -жна́, -жно, -ва́жны́
архива́риус, -а
архива́тор, -а
архива́ция, -и
архиви́рование, -я
архиви́рованный; *кр. ф.* -ан, -ана
архиви́ровать(ся), -рую, -рует(ся)
архиви́ст, -а
архиви́стка, -и, *р. мн.* -ток
архи́в-музе́й, архи́ва-музе́я
архи́вно-документа́льный
архи́вно-сле́дственный
архи́вный
архиве́д, -а
архивове́дение, -я
архивове́дческий
архиво́льт, -а
архивохрани́лище, -а
архи́вщик, -а
архи́вщица, -ы, *тв.* -ей
архигениа́льный; *кр. ф.* -лен, -льна
архиглу́пый; *кр. ф.* -у́п, -упа́, -у́по, -у́пы́
архидья́кон, -а и **архидиа́кон**, -а
архидья́конский и **архидиа́конский**
архидья́конство, -а и **архидиа́конство**, -а
архиепи́скоп, -а
архиепископи́я, -и
архиепи́скопский
архиепи́скопство, -а
архиере́ев, -а, -о
архиере́й, -я
архиере́йский
Архиере́йский собо́р РПЦ
архиере́йство, -а
архика́рп, -а
архиконсервати́вный; *кр. ф.* -вен, -вна
архимандри́т, -а
архимандри́тский
Архиме́д, -а: **аксио́ма Архиме́да, зако́н Архиме́да, тела́ Архиме́да**
архиме́дов, -а, -о (*от* Архиме́д): **архиме́дов ви́нт, архиме́дов рыча́г, архиме́дова спира́ль, архиме́дово число́**
архиме́довский (*от* Архиме́д)
архимиллионе́р, -а
архимице́ты, -ов, *ед.* -це́т, -а
архинеле́пый
архиопа́сный; *кр. ф.* -сен, -сна
архипа́стырский
архипа́стырство, -а
архипа́стырь, -я
архипела́г, -а
архипела́гский
архиплу́т, -а
архиреакционный; *кр. ф.* -онен, -онна
архисерьёзный; *кр. ф.* -зен, -зна
архисло́жный; *кр. ф.* -жен, -жна́, -жно, -сло́жны́
архисовреме́нный; *кр. ф.* -е́нен, -е́нна
архистрати́г, -а
архистро́гий; *кр. ф.* -о́г, -ога́, -о́го, -о́ги́
архитекто́ника, -и
архитектони́ческий
архите́ктор, -а
архите́кторский
архитекту́ра, -ы
архитекту́рно-декорати́вный
архитекту́рно-мемориа́льный
архитекту́рно-отде́лочный
архитекту́рно-планиро́вочный
архитекту́рно-строи́тельный
архитекту́рно-худо́жественный
архитекту́рный

архитра́в, -а
архитра́вный
архифоне́ма, -ы
архоза́вр, -а
архо́нт, -а
арча́, -и́, *тв.* -о́й
арча́к, -а
арчи́нка, -и, *р. мн.* -нок
арчи́нский
арчи́нцы, -ев, *ед.* -нец, -нца, *тв.* -нцем
арчо́вник, -а
арчо́вый
арши́н, -а, *р. мн.* -ов, *счетн. ф.* арши́н (*ед. измер.*), -ов (*мерная линейка*)
арши́нник, -а
арши́нный
ары́к, -а
ары́чный
арьерга́рд, -а
арьерга́рдный
арьерсце́на, -ы
ас, а́са (*летчик; мастер своего дела*)
аса́на, -ы (*позиция йоги*)
асафе́тида, -ы
асбе́ст, -а
асбести́т, -а
асбестобето́н, -а
асбестобето́нный
асбестобиту́м, -а
асбестобиту́мный
асбе́стовский (*от* Асбе́ст, *город*)
асбе́стовый
асбестографи́товый
асбестообогати́тельный
асбестосодержа́щий и **асбестсодержа́щий**
асбестотеплоизоляцио́нный
асбестотерми́т, -а
асбестотехни́ческий
асбестофане́ра, -ы
асбестоцеме́нт, -а
асбестоцеме́нтный
асбестсодержа́щий и **асбестосодержа́щий**
асбо... – *первая часть сложных слов, пишется слитно*
асбоволокни́т, -а
асбогетина́кс, -а
асбола́н, -а
асболи́т, -а
асбопеколи́т, -а
асбопла́стики, -ов, *ед.* -тик, -а
асборези́новый
асбостально́й
асботекстоли́т, -а
асбофане́ра, -ы
асбоцеме́нт, -а
асбоцеме́нтный
асбоши́фер, -а
асбоши́ферный
асбошла́к, -а
асбошла́ковый
асеа́новский (*от* АСЕА́Н)
асе́бия, -и
асейсми́ческий
асейсми́чность, -и
асейсми́чный; *кр. ф.* -чен, -чна
асе́кко и **альсе́кко**, *неизм.* и *нескл., с.*
асексуа́льность, -и
асексуа́льный; *кр. ф.* -лен, -льна
асеманти́ческий
асеманти́чность, -и
асеманти́чный; *кр. ф.* -чен, -чна
а́сеньки, *неизм.*
асе́птика, -и
асепти́ческий
асе́ссор, -а
асе́ссорский
асе́ссорша, -и, *тв.* -ей
асидо́л, -а
асимметри́ческий
асимметри́чность, -и
асимметри́чный; *кр. ф.* -чен, -чна
асимметри́я, -и
аси́мптота, -ы
асимпто́тика, -и
асимптоти́ческий
аси́ндетон, -а
асинерги́я, -и
асинхро́нно, *нареч.*
асинхро́нность, -и
асинхро́нный; *кр. ф.* -о́нен, -о́нна
асисте́мность, -и
асисте́мный; *кр. ф.* -мен, -мна
асистоли́я, -и
аск, -а (*биол.*)
аскани́йский (*к* Аска́ния-Но́ва, Аска́ния)
аскани́т, -а
Аска́ния-Но́ва, *другие формы не употр.*
аскаридио́з, -а (*болезнь птиц*)
аскаридо́з, -а (*болезнь человека, свиней*)
аскари́ды, -и́д, *ед.* -и́да, -ы
аска́фус, -а (*земноводное*)
аске́за, -ы
а́скер, -а (*мошенник*)
аске́р, -а (*турецкий солдат*)
аске́т, -а
аскети́зм, -а
аске́тика, -и
аскети́ческий
аскети́чность, -и
аскети́чный; *кр. ф.* -чен, -чна
Асклепи́й, -я (*мифол.*)
Аско́льдова моги́ла, Аско́льдовой моги́лы (*в Киеве*)
аскомице́ты, -ов, *ед.* -це́т, -а
аскорбина́за, -ы
аскорби́нка, -и
аскорби́новая кислота́
аскорути́н, -а
аско́с, -а (*сосуд*)
аскофи́ллум, -а (*растение*)
Асмоде́й, -я
АСО́Ж, *нескл., ж.* (*сокр.*: автоматическая система обеспечения жизнедеятельности)
асоциа́льный; *кр. ф.* -лен, -льна
аспараги́н, -а
аспараги́новый
аспара́гус, -а
аспарка́м, -а
аспе́кт, -а
аспекта́ция, -и
аспекти́вный
аспе́ктный
аспекто́лог, -а
аспектологи́ческий
аспектоло́гия, -и
аспектуа́льный
асперги́лл, -а
аспергиллёз, -а
аспергилли́н, -а
аспергиллотоксико́з, -а
асперматизм, -а
аспермия, -и
а́спид, -а
аспи́диум, -а
а́спидно-се́рый
а́спидно-чёрный
а́спидный
а́спидский
аспира́нт, -а
аспира́нтка, -и, *р. мн.* -ток
аспира́нтский
аспиранту́ра, -ы
аспира́т, -а (*согласный звук*)
аспира́тор, -а
аспира́торный
аспирацио́нный
аспира́ция, -и
аспири́н, -а и -у
аспири́нчик, -а и -у
асс, -а (*монета*)
а́сса (*восклицание*)
ассамбле́я, -и; но: **Генера́льная Ассамбле́я ОО́Н**
ассамбля́ж, -а, *тв.* -ем
асса́мка, -и, *р. мн.* -мок
асса́мский (*от* Асса́м)
асса́мцы, -ев, *ед.* -мец, -мца, *тв.* -мцем
ассекта́тор, -а (*биол.*)
ассекура́ция, -и
ассе́льский
ассе́мблер, -а
ассениза́тор, -а
ассенизацио́нный
ассениза́ция, -и
ассенизи́рованный; *кр. ф.* -ан, -ана
ассенизи́ровать(ся), -рую, -рует(ся)
ассерти́вность, -и
ассерти́вный
ассертори́ческий
ассе́смент, -а
ассигна́ты, -ов
ассигнацио́нный
ассигна́ция, -и
ассигнова́ние, -я
ассигно́ванный; *кр. ф.* -ан, -ана
ассигнова́ть(ся), -ну́ю, -ну́ет(ся)
ассигно́вка, -и, *р. мн.* -вок
ассигно́вывать(ся), -аю, -ает(ся)
асси́за, -ы (*юр.*)

Асси́зский: Франци́ск Асси́зский
ассимили́рование, -я
ассимили́рованный; *кр. ф.* -ан, -ана
ассимили́ровать(ся), -рую(сь), -рует(ся)
ассимиляти́вный
ассимиля́тор, -а
ассимиля́торный
ассимиля́торский
ассимиля́торство, -а
ассимиляцио́нный
ассимиля́ция, -и
ассири́йка, -и, *р. мн.* -и́ек
ассири́йский (*от* Асси́рия)
ассири́йцы, -ев, *ед.* -и́ец, -и́йца, *тв.* -и́йцем
ассирио́лог, -а
ассириологи́ческий
ассириоло́гия, -и
ассири́яне, -ян, *ед.* -янин, -а
ассири́янка, -и, *р. мн.* -нок
асси́ро-вавило́нский
а́ссист, -а
ассисте́нт, -а
ассисте́нтка, -и, *р. мн.* -ток
ассисте́нтский
ассисте́нтство, -а
ассистенту́ра, -ы
ассисти́рование, -я
ассисти́ровать, -рую, -рует
ассона́нс, -а
ассона́нсный
ассорти́, *неизм.* и *нескл., с.*
ассортиме́нт, -а
ассортиме́нтный
ассоциани́зм, -а
ассоциати́вно-верба́льный
ассоциати́вно-коммуникати́вный
ассоциати́вно-сло́жный
ассоциати́вность, -и
ассоциати́вный; *кр. ф.* -вен, -вна
ассоциацио́нный
ассоциа́ция, -и
Ассоциа́ция росси́йских ба́нков
Ассоциа́ция теннис́истов-профессиона́лов (АТП)
ассоции́рованный; *кр. ф.* -ан, -ана
ассоции́ровать(ся), -рую(сь), -рует(ся)
ассюре́, *нескл., с.*
астази́я, -и
аста́нский (*от* Астана́)
Аста́рта, -ы
аста́т, -а
астати́зм, -а
астати́н, -а
астати́ческий
аста́товый
аста́фьевский (*от* Аста́фьев)
астеи́зм, -а
асте́ник, -а
астени́ческий
астени́чный; *кр. ф.* -чен, -чна
астени́я, -и
астенопи́я, -и
астеносфе́ра, -ы
астеносфе́рный
астереогно́з, -а
астери́зм, -а
астери́ск, -а
асте́рия, -и
астеро́ид, -а
астеро́идный
астероксило́н, -а
астеро́метр, -а
астигма́т, -а
астигмати́зм, -а
астигмати́ческий
асти́льбе, *нескл., с.*
а́стма, -ы
астма́тик, -а
астмати́ческий
астмати́чка, -и, *р. мн.* -чек
астмати́чный; *кр. ф.* -чен, -чна
астмато́л, -а
астмоподо́бный
а́стра, -ы
астрага́л, -а
астра́л, -а
астрали́н, -а
астрали́т, -а
астра́льность, -и
астра́льный
астраха́нка, -и, *р. мн.* -нок
астраха́нский (*от* А́страхань)
астраха́нцы, -ев, *ед.* -нец, -нца, *тв.* -нцем
астро... – *первая часть сложных слов, пишется слитно*
астробио́лог, -а
астробиологи́ческий
астробиоло́гия, -и
астробле́ма, -ы
астробота́ника, -и
астроботани́ческий
а́стровый
астрогеографи́ческий
астрогеогра́фия, -и
астрогео́лог, -а
астрогеологи́ческий
астрогеоло́гия, -и
астрогеофи́зика, -и
астрогеофизи́ческий
астроглия́, -и
астрогно́зия, -и
астро́граф, -а
астрода́тчик, -а
астродина́мика, -и
астро́ида, -ы
астроинжене́р, -а
астрокли́мат, -а
астроколориметри́я, -и
астроко́мпас, -а
астрокорре́кция, -и
астрола́трия, -и
астролётчик, -а
астро́лог, -а
астрологи́ческий
астроло́гия, -и
астролябиче́ский
астроля́бия, -и
астрометри́ческий
астроме́трия́, -и
астронавигацио́нный
астронавига́ция, -и
астрона́вт, -а
астрона́втика, -и
астронавти́ческий
астрона́втка, -и, *р. мн.* -ток
астро́ним, -а
астрони́мика, -и
астроно́м, -а
астрономи́ческий
астрономи́чка, -и, *р. мн.* -чек
астроно́мия, -и
астро́номо-геодези́ческий
астро́номо-гравиметри́ческий
астроориента́ция, -и
астрополяриме́трия́, -и
астроприборострое́ние, -я
астропрогно́з, -а
астропу́нкт, -а
астроспектро́граф, -а
астроспектрографи́ческий
астроспектроскопи́ческий
астроспектроскопи́я, -и
астроспектрофотоме́трия́, -и
астросфе́ра, -ы
астротелефото́метр, -а
астрофи́зик, -а
астрофи́зика, -и
астрофизи́ческий
астрофи́ческий (*к* строфа́)
астрофотографи́ческий
астрофотогра́фия, -и
астрофото́метр, -а
астрофотометри́ческий
астрофотоме́трия́, -и
астроци́т, -а
астроцито́ма, -ы
астури́йский (*от* Асту́рия)
астури́йцы, -ев, *ед.* -и́ец, -и́йца, *тв.* -и́йцем
АСУ́, *нескл., ж.* (*сокр.*: автоматизированная система управления)
а́суры, а́сур, *ед.* а́сура, -ы, *м.* (*мифол.*)
асфа́лия, -и
асфа́льт, -а
асфальти́рование, -я
асфальти́рованный; *кр. ф.* -ан, -ана
асфальти́ровать(ся), -рую, -рует(ся)
асфальтиро́вка, -и
асфальтиро́вочный
асфальтиро́вщик, -а
асфальтиро́вщица, -ы, *тв.* -ей
асфальти́ты, -ов, *ед.* -ти́т, -а
асфа́льтный
асфальтобето́н, -а
асфальтобето́нный
асфальтобетоноукла́дчик, -а
асфальтоби́тумный
асфальтово́з, -а
асфа́льтовый
асфальтоглинобето́н, -а
асфальтозаво́д, -а

асфальтоподо́бный; *кр. ф.* -бен, -бна
асфальтосмеси́тель, -я
асфальтоукла́дчик, -а
асфи́кси́я, -и
асфикти́ческий
асфоде́ль, -и
асци́дия, -и
асци́т, -а
ась, *неизм.*
асье́нда, -ы
асье́нто, *нескл., с.*
ат, а́та (*монета*)
атабе́к, -а (*ист.*)
атави́зм, -а
атависти́ческий
ата́ка, -и
а та́кже, *союз*
атако́ванный; *кр. ф.* -ан, -ана
атакова́ть(ся), -ку́ю(сь), -ку́ет(ся)
атако́вывать(ся), -аю(сь), -ает(ся)
ата́ковый (*спорт.*)
атакси́т, -а
атакси́я, -и
атакти́ческий
атама́н, -а
атама́нец, -нца, *тв.* -нцем, *р. мн.* -нцев
атама́нить, -ню, -нит
атама́новец, -вца, *тв.* -вцем, *р. мн.* -вцев
атама́нский
атама́нство, -а
атама́нствовать, -твую, -твует
атама́нша, -и, *тв.* -ей
атама́нщина, -ы
атанаси́зм, -а
ата́нде, *неизм.*
атара́кси́я, -и
атара́ктик, -а
ата́с, -а (стоя́ть на ата́се) и *межд.* (*жарг.*)
ата́сный (*жарг.*)
а-та-та́, *неизм.*
атеиза́ция, -и
атеи́зм, -а
атеи́ст, -а
атеисти́ческий
атеи́стка, -и, *р. мн.* -ток
ателекта́з, -а
ателла́на, -ы
ателóп, -а (*земноводное*)
ателье́, *нескл., с.*
а те́мпо, *неизм.*
Атене́й, -я (*храм Афины*)
aтерма́льный
атеро́ма, -ы
атеромато́з, -а
атеросклеро́з, -а
атеросклероти́ческий
атеротромбо́з, -а
атето́з, -а
атипи́ческий
атипи́чность, -и
атипи́чный; *кр. ф.* -чен, -чна
Атла́нт, -а (*мифол.*) и **атла́нт**, -а (*статуя; шейный позвонок*)
Атланти́да, -ы
атланти́зм, -а
Атла́нтика, -и
атла́нтико-средиземномо́рский
атланти́ческий (*к* Атланти́ческий океа́н, Атла́нтика)
Атланти́ческий океа́н
атлантоза́вр, -а
атлантозаты́лочный
атла́нтроп, -а
атла́нтский (*от* Атла́нта, *город*)
атла́нтцы, -ев, *ед.* -тец, -тца, *тв.* -тцем
а́тлас, -а (*альбом*)
атла́с, -а и -у (*ткань*)
атла́сец, -а́сца и -а́сцу
атла́систый (*от* атла́с)
атла́сно-ро́зовый
а́тласный (*от* а́тлас)
атла́сный (*от* атла́с)
атла́сский (*от* А́тла́с, *горы*)
атле́т, -а
атлети́зм, -а
атле́тика, -и
атлети́чески сложённый
атлети́ческий
атлети́чность, -и
атлети́чный; *кр. ф.* -чен, -чна
атле́тка, -и, *р. мн.* -ток
а́тман, -а (*понятие индуизма*)
атмо́метр, -а
атмосфе́ра, -ы
атмосфери́ческий
атмосфе́рный
атмосферосто́йкий; *кр. ф.* -о́ек, -о́йка
атмосфероусто́йчивый
а то́, *союз* и *частица*
ато́лл, -а
ато́лловый
а́том, -а
атома́рный
атомиза́тор, -а
атомиза́ция, -и
атоми́зм, -а
атоми́ст, -а
атоми́стика, -и
атомисти́ческий
атомифика́ция, -и
атоми́ческий
а́томник, -а
а́томно-абсорбцио́нный
а́томно-молекуля́рный
а́томно-структу́рный
а́томный
атомохо́д, -а
а́томщик, -а
атона́льность, -и
атона́льный
атони́ческий
атони́я, -и
атофа́н, -а
атравмати́ческий
атраментáрный (*свойство вина*)
атрези́я, -и
атрениро́ванность, -и
атрениро́ванный; *кр. ф.* -ан, -ана
атрепси́я, -и
атрибу́т, -а
атрибути́вно-предикати́вный
атрибути́вность, -и
атрибути́вный
атрибу́тика, -и
атрибути́рование, -я
атрибути́рованный; *кр. ф.* -ан, -ана
атрибути́ровать(ся), -рую, -рует(ся)
атрибу́тный
атрибуцио́нный
атрибу́ция, -и
а́трий, -я и **а́триум**, -а
атропи́н, -а
атрофи́рованность, -и
атрофи́рованный; *кр. ф.* -ан, -ана
атрофи́роваться, -руется
атрофи́ческий
атрофи́я, -и
АТС [атэ́э́с], *нескл., ж.* (*сокр.*: автоматическая телефонная станция)
а́тта, -ы (*насекомое*)
атта́ле́я, -и
атташа́т, -а
атташе́, *нескл., м.*
атташе́-ке́йс, -а
аттента́т, -а
аттенуа́ция, -и (*биол.*)
аттенюа́тор, -а (*тех.*)
аттеста́т, -а
аттеста́тный
аттестацио́нный
аттеста́ция, -и
аттесто́ванный; *кр. ф.* -ан, -ана
аттестова́ть(ся), -ту́ю(сь), -ту́ет(ся)
а́ттик, -а
а́ттиковый
Атти́ла, -ы
аттитю́д, -а
аттици́зм, -а
атти́ческий
атто... – *первая часть сложных слов, пишется слитно*
аттогра́мм, -а, *р. мн.* -ов, *счетн. ф.* -грамм *и* -ов
аттоме́тр, -а
атто́рней, -я
атто́рней-генера́л, -а
аттосеку́нда, -ы
аттракта́нты, -ов, *ед.* -а́нт, -а
аттракти́вный; *кр. ф.* -вен, -вна
аттракцио́н, -а
аттракцио́нный
аттра́кция, -и
ату́, *неизм.*
ату́канье, -я
ату́кать, -аю, -ает
ату́кнуть, -ну, -нет
АТФ [атэ́э́ф], *нескл., ж.* (*сокр.*: аденозинтрифосфорная кислота)
а́ты-ба́ты, *неизм.* (*из считалки*)
а́ть-два́, *неизм.*
аý, *неизм.*
аугментати́вный
аугмента́ция, -и

аугсбу́ргский (*от* А́угсбу́рг)
а́уди, *нескл., м.* (*автомобиль*)
аудие́нц-за́л, -а
аудие́нция, -и
ауди́метр, -а
аудио... – *первая часть сложных слов, пишется слитно*
а́удио, *нескл.,* с.
аудиоальбо́м, -а
аудиоаппарату́ра, -ы
аудиовидеоаппарату́ра, -ы
а́удио-, ви́део- и бытова́я те́хника
аудиовидеоры́нок, -нка
аудиовидеоспо́нсор, -а
аудиовидеосту́дия, -и
аудиовизуа́льный
аудиогра́мма, -ы
аудиоза́пись, -и
а́удио- и видеоаппарату́ра, -ы
а́удио- и ви́део-конфере́нц-свя́зь, -и
а́удио- и видеопроду́кция
а́удио- или видеоза́пись
аудиокассе́та, -ы
аудиоко́мплекс, -а
а́удио-конфере́нц-свя́зь, -и
аудиоку́рс, -а
аудиоло́гия, -и
аудио́метр, -а
аудиоме́трия, -и
аудиопла́та, -ы
аудиопле́ер, -а
аудиопроду́кция, -и
аудиосало́н, -а
аудиосе́рвис, -а
аудиосисте́ма, -ы
аудиостеногра́мма, -ы
аудиостеногра́фия, -и
аудиоте́кст, -а
аудиоте́кстовый
аудиоте́хника, -и
аудиофа́йл, -а
ауди́рование, -я
ауди́ровать, -рую, -рует
ауди́т, -а
ауди́т-конса́лтинг, -а и ауди́та-конса́лтинга
ауди́т-контро́ль, -я
ауди́тор, -а
аудитори́ат, -а
аудито́рия, -и
аудито́рный
ауди́торский
ауди́торско-консультацио́нный
ауди́торство, -а
а́уканье, -я
а́укать(ся), -аю(сь), -ает(ся)
а́укнуть(ся), -ну(сь), -нет(ся)
ауксано́граф, -а
ауксано́метр, -а
аукси́ны, -ов, *ед.* аукси́н, -а
ауксоспо́ра, -ы
ауксотони́ческий
ауксотро́фный
ауксотро́фы, -ов, *ед.* -тро́ф, -а
ауку́ба, -ы
аукцио́н, -а
аукциона́тор, -а
аукциона́торский
аукциона́торство, -а
аукционе́р, -а
аукциони́ст, -а
аукцио́нный
ау́л, -а
ау́льный
ау́льский
а́ура, -ы
аура́льный
ауре́лия, -и
ауреомици́н, -а
аурикулодиагно́стика, -и
аурикулотерапи́я, -и
аурикуля́рия, -и
аурипигме́нт, -а
ауротро́ника, -и
аускульта́ция, -и
ауспи́ции, -ий
аустени́т, -а
аусте́рия, -и и **австе́рия,** -и
а́устерли́цкий (*от* А́устерли́ц)
аустра́ль, -я
аустри́ческий и **австри́ческий** (*лингв.*)
аустроазиа́тский и **австроазиа́тский** (*лингв.*)
а́ут, -а и *межд.*
аутбри́динг, -а
аутве́ллинг, -а
аутентифика́ция, -и
аутенти́ческий
аутенти́чность, -и
аутенти́чный; *кр. ф.* -чен, -чна
аутиге́нный (*геол.*)
аути́зм, -а
аути́ст, -а
аути́стка, -и, *р. мн.* -ток
аути́ческий
аути́чность, -и
аути́чный; *кр. ф.* -чен, -чна
ауто... – *первая часть сложных слов, пишется слитно*
а́уто, *нескл., с.*
аутовакци́на, -ы
аутога́мия, -и и **автога́мия,** -и
аутогемотерапи́я, -и
аутогемотрансфу́зия, -и
аутоге́нный (*мед.*)
аутодафе́, *нескл., с.*
аутодермопла́стика, -и
аутоиммуните́т, -а
аутоимму́нный
аутоинтоксика́ция, -и
аутоинфе́кция, -и
аутоката́лиз, -а и **автоката́лиз,** -а
ауто́лиз, -а и **авто́лиз,** -а
ауто́лизный и **авто́лизный**
аутоми́ксис, -а и **автоми́ксис,** -а
аутомикти́ческий и **автомикти́ческий**
аутопла́стика, -и
аутопси́я, -и
ауторелакса́ция, -и
ауторепроду́кция, -и
аутосеманти́ческий
аутосеротерапи́я, -и
аутоскопи́я, -и
аутосугге́стия, -и
аутото́ми́я, -и и **автото́ми́я,** -и
аутотрансплanта́ция, -и
аутотрансфу́зия, -и
аутотре́нинг, -а
аутотре́нинговый
аутотро́фный и **автотро́фный**
аутотро́фы, -ов, *ед.* -тро́ф, -а и **автотро́фы,** -ов, *ед.* -тро́ф, -а
аутофетиши́зм, -а
аутофо́бия, -и
аутоэколо́гия, -и и **аутэколо́гия,** -и
аутоэроти́зм, -а
аутпо́рт, -а
а́утпут, -а (*инф.*)
а́утра́йт, -а
аутри́гер, -а
аутса́йдер, -а
аутса́йдерский
аутса́йдерство, -а
аутсо́рсинг, -а
ауттре́йд, -а
а́утфи́лд, -а
аутэколо́гия, -и и **аутоэколо́гия,** -и
а́уф-ви́дерзе́йн, *неизм.*
афази́я, -и
афаки́я, -и
афали́на, -ы
афана́сьевский (*от* Афана́сий и Афана́сьев; афана́сьевская культу́ра, *археол.*)
афа́тик, -а
афати́ческий
афга́н, -а (*порода собак*)
Афга́н, -а (*прост. к* Афганиста́н; *о войне 1979–1989 в Афганистане*)
афга́нец, -нца (*ветер*)
афгани́, *нескл., ж.* и *с.* (*ден. ед.*)
афга́нка, -и, *р. мн.* -нок
афга́но-пакиста́нский
афга́нский (*к* афга́нцы и Афганиста́н)
афга́нско-росси́йский
афга́нско-сове́тский
афга́нцы, -ев, *ед.* -нец, -нца, *тв.* -нцем
афе́лий, -я
афели́нус, -а
афе́ра, -ы
афери́ст, -а
афери́стка, -и, *р. мн.* -ток
афери́стский
Афи́на, -ы (*мифол.*)
Афи́на Палла́да, Афи́ны Палла́ды
афи́нский (*от* Афи́ны)
афи́няне, -ян, *ед.* -янин, -а
афи́нянка, -и, *р. мн.* -нок
афици́ды, -ов, *ед.* -ци́д, -а
афи́ша, -и, *тв.* -ей
афиши́рование, -я
афиши́рованный; *кр. ф.* -ан, -ана
афиши́ровать(ся), -рую, -рует(ся)

афи́шка, -и, *р. мн.* -шек
афи́шный
афлатокси́н, -а
афо́дий, -я (*жук*)
афони́ческий
афони́я, -и
афо́нский (*от* Афо́н)
афо́нцы, -ев, *ед.* -нец, -нца, *тв.* -нцем
афори́зм, -а
афори́ст, -а
афори́стика, -и
афористи́ческий
афористи́чность, -и
афористи́чный; *кр. ф.* -чен, -чна
а-форфе́, *нескл., с. (фин.)*
афрази́йский
афре́ско и **альфре́ско,** *неизм.* и *нескл., с.*
африка́анс, -а
африка́нерский
африка́неры, -ов, *ед.* -нер, -а
африкани́ст, -а
африкани́стика, -и
африкани́стка, -и, *р. мн.* -ток
африка́нка, -и, *р. мн.* -нок
африка́нский (*от* А́фрика); но: **Сципио́н Африка́нский**
Африка́нский Ро́г (*геогр.*)
африка́нтроп, -а
африка́нцы, -ев, *ед.* -нец, -нца, *тв.* -нцем
а́фро-азиа́тский
а́фро-американский (*относящийся к связям между Африкой и Америкой*); но: **афроамерика́нский** (*к* афроамерика́нцы)
афроамерика́нцы, -ев, *ед.* -нец, -нца, *тв.* -нцем
афродизиа́к, -а
Афроди́та, -ы
Афроди́та Кни́дская
афрокоси́чка, -и, *р. мн.* -чек *(прическа)*
афро́нт, -а
афто́зный
а́фты, афт, *ед.* а́фта, -ы
аффе́кт, -а
аффекта́ция, -и
аффекти́вный; *кр. ф.* -вен, -вна
аффекти́рованность, -и
аффекти́рованный; *кр. ф.* -ан, -анна
аффекти́ровать, -рую, -рует
аффе́ктный
аффере́нтный
аффиде́вит, -а
а́ффикс, -а
аффикса́льный
аффикса́ция, -и
аффиксо́ид, -а
аффиксо́идный
аффилиацио́нный
аффилиа́ция, -и
аффили́рованный; *кр. ф.* -ан, -ана
аффили́ровать(ся), -рую, -рует(ся)
аффина́ж, -а, *тв.* -ем
аффина́жный
аффина́ция, -и
аффине́рный
аффини́рование, -я
аффини́рованный; *кр. ф.* -ан, -ана
аффини́ровать(ся), -рую, -рует(ся)
аффи́нный
аффино́граф, -а
аффирмати́вный
аффирма́ция, -и
аффрика́та, -ы
аффрика́тный
ах, *неизм.*
ахалтеки́нец, -нца, *тв.* -нцем, *р. мн.* -нцев (*лошадь*)
ахалтеки́нский
а́ханье, -я
а́хать, а́хаю, а́хает
ах-ах-а́х, *неизм.*
ахаше́ни, *нескл., с.*
ахва́хский
ахва́хцы, -ев, *ед.* -хец, -хца, *тв.* -хцем
ах да́, *межд.*
ахе́йский
ахе́йцы, -ев, *ед.* ахе́ец, ахе́йца, *тв.* ахе́йцем
Ахемени́ды, -ов (*династия*)
а́хенский (*от* А́хен)
а́хенцы, -ев, *ед.* -нец, -нца, *тв.* -нцем
Ахеро́нт, -а (*мифол.*)
а́хи, а́хов
ахили́я, -и
Ахи́лл, -а и **Ахилле́с,** -а (*мифол.*)
ахи́лл, -а (*ахиллово сухожилие, в проф. речи*)
ахилле́сова пята́, ахилле́совой пяты́
ахи́ллов, -а, -о: **ахи́ллово сухожи́лие, ахи́ллов рефле́кс**
ахи́мса, -ы и **ахи́нса,** -ы
ахине́я, -и
ахматове́д, -а (*от* Ахма́това)
ахма́товский (*от* Ахма́това)
а́хнуть, -ну, -нет
а́ховый
ахоли́я, -и
ахондри́т, -а
ахондропла́зи́я, -и
а́хоньки, -нек (а́хоньки да о́хоньки)
ахрома́т, -а
ахромати́зм, -а
ахромати́н, -а
ахромати́ческий
ахроматопси́я, -и
ахроми́я, -и
ахтерлю́к, -а
ахтерпи́к, -а
ахтершта́г, -а
ахтерште́вень, -вня
ахти́, *неизм.* (*межд., устар.*); не ахти́ (како́й, ка́к)
а́хту́бинский (*от* А́хту́ба)
а́х ты, *межд.* (а́х ты, кака́я доса́да!); а́х ты бо́же мо́й; а́х ты го́споди
ахты́рский (*от* Ахты́рка)
ацерате́рий, -я (*животное*)
ацетабуля́рия, -и (*водоросль*)
ацета́ли, -ей, *ед.* -та́ль, -я
ацетальдеги́д, -а
ацетами́д, -а
ацета́т, -а
ацета́тно-виско́зный
ацета́тный
ацети́л, -а
ацетиле́н, -а
ацетиле́новый
ацетиленокислоро́дный
ацетили́рование, -я
ацетили́рованный; *кр. ф.* -ан, -ана
ацетилсалици́ловый
ацетилхлори́д, -а
ацетилхоли́н, -а
ацетилцеллюло́за, -ы
ацети́льный
ацето́метр, -а
ацето́н, -а
ацето́новый
ацидиме́три́я, -и
ацидо́з, -а
ацидофили́н, -а
ацидофили́новый
ацидофили́я, -и
ацидофи́льность, -и
ацидофи́льный
ацидофо́бность, -и
ацидофо́бный
ацикли́ческий
ацили́рование, -я
ацили́рованный; *кр. ф.* -ан, -ана
аци́льный
а́цинус, -а *(анат., биол.)*
ацте́ки, -ов, *ед.* ацте́к, -а
ацте́кский
а́чинский (*от* А́чинск)
а́чинцы, -ев, *ед.* -нец, -нца, *тв.* -цем
АЧХ [ачеха́], *нескл., ж.* (*сокр.*: амплитудно-частотная характеристика)
аш, *нескл., с.* (*название буквы*)
аша́р, -а и **ушр,** -а
аше́льский
ашиха́ра-карате́, *нескл., с.*
ашкена́зи, *нескл., мн., ед. м.* и *ж.*, и **ашкена́зы,** -ов, *ед.* -на́з, -а
ашкена́зский
аш-кислота́, -ы́ (Н-кислота́)
ашра́м, -а
ашу́г, -а
ашхаба́дский (*от* Ашхаба́д)
ашхаба́дцы, -ев, *ед.* -дец, -дца, *тв.* -дцем
аэ́д, -а
аэмоциона́льность, -и
аэмоциона́льный; *кр. ф.* -лен, -льна
аэра́рий, -я
аэра́тор, -а
аэра́ция, -и
аэренхи́ма, -ы
аэри́рованный; *кр. ф.* -ан, -ана
аэри́ровать(ся), -рую, -рует(ся)
аэро... – *первая часть сложных слов, пишется слитно*

аэробаллисти́ческий
аэроба́тика, -и (*спорт.*)
аэро́бика, -и
аэробио́з, -а (*форма жизни*)
аэробиоло́гия, -и
аэробио́нты, -ов, *ед.* -о́нт, -а
аэроби́ос, -а (*собир.*)
аэроби́ческий
аэро́бный
аэробо́ксинг, -а
аэро́бус, -а
аэро́бы, -ов, *ед.* аэро́б, -а
аэровизуа́льный
аэровокза́л, -а
аэрогаммаме́тод, -а
аэрогаммаспектрометри́ческий
аэрогаммаспектрометри́я, -и
аэрогаммасъёмка, -и, *р. мн.* -мок
аэроге́нный
аэрогеологи́ческий
аэрогеоло́гия, -и
аэрогеосъёмка, -и, *род. мн.* -мок
аэрогеофи́зика, -и
аэрогеофизи́ческий
аэрогидродина́мика, -и
аэрогидродинами́ческий
аэрогравиметри́ческий
аэро́граф, -а
аэрографи́ческий
аэрогра́фия, -и
аэрогри́ль, -я
аэродеса́нтный
аэродина́мика, -и
аэродинами́ческий
аэродро́м, -а
аэродро́мно-строи́тельный
аэродро́мно-техни́ческий
аэродро́мный
аэрожёлоб, -а, *мн.* -желоба́, -о́в
аэрозо́ль, -я
аэрозо́льный
аэрозольтерапи́я, -и
аэроионизá́тор, -а
аэроионифика́ция, -и
аэроионотерапи́я, -и
аэроклиматологи́ческий
аэроклиматоло́гия, -и
аэроклу́б, -а
аэроклу́бный
аэроклу́бовский
аэроко́мплекс, -а
аэрокосми́ческий
аэроли́т, -а
аэроли́фт, -а
аэро́лог, -а
аэрологи́ческий
аэроло́гия, -и
аэроло́ция, -и
аэромагни́тный
аэромагнито́метр, -а
аэромая́к, -а́
аэроме́тоды, -ов, *ед.* -тод, -а
аэро́метр, -а
аэрометри́ческий
аэроме́трия, -и
аэромеха́ника, -и
аэромехани́ческий
аэромоби́ль, -я
аэромоби́льный
аэромо́ст, -а и -а́, *мн.* -ы́, -о́в
аэро́н, -а
аэронавигацио́нный
аэронавига́ция, -и
аэрона́вт, -а
аэрона́втика, -и
аэроно́мия, -и
аэрооти́т, -а
аэропа́ртия, -и (*геофизическая и т. п.*)
аэропатрули́рование, -я
аэропла́н, -а
аэропла́нный
аэропо́езд, -а, *мн.* -а́, -о́в
аэропо́иск, -а
аэропо́ника, -и
аэропо́нный
аэропо́рт, -а, *предл.* в аэропорту́, *мн.* -ы, -ов
аэропо́ртовский
аэропо́ртовый
аэропрофила́ктика, -и
аэрорадиометри́ческий
аэрорадиоме́три́я, -и
аэрорадионивели́рование, -я
аэросало́н, -а
аэроса́ни, -е́й
аэроса́нный
аэросе́в, -а
аэросино́птик, -а
аэросиноптиче́ский
аэросинуси́т, -а
аэросни́мок, -мка
аэросоля́рий, -я
аэроста́нция, -и
аэроста́т, -а
аэроста́тика, -и
аэростати́ческий
аэроста́тный
аэросъёмка, -и, *р. мн.* -мок
аэросъёмочный
аэрота́ксис, -а
аэрота́нк, -а и **аэроте́нк,** -а
аэротерапи́я, -и
аэротермо́метр, -а
аэрото́рия, -и
аэротра́нспорт, -а
аэротропи́зм, -а
аэроу́зел, -узла́
аэроупру́гость, -и
аэрофи́лы, -ов, *ед.* -фи́л, -а
аэрофи́льтр, -а
аэрофинишёр, -а
аэрофи́тнес, -а
аэрофи́тный
аэрофи́ты, -ов, *ед.* -фи́т, -а
аэрофло́т, -а (*воздушный флот, устар.*) и **"Аэрофло́т"**, -а (*АО*)
аэрофло́товский (*от* "Аэрофло́т")
аэрофо́б, -а
аэрофо́бия, -и
аэрофо́ны, -ов, *ед.* -фо́н, -а
аэрофо́р, -а
аэрофотоаппара́т, -а
аэрофотоаппарату́ра, -ы
аэрофотогеоде́зия, -и
аэрофотограмметри́ческий
аэрофотограмме́три́я, -и
аэрофотографи́ческий
аэрофотогра́фия, -и
аэрофотометри́ческий
аэрофотоме́три́я, -и
аэрофоторазве́дка, -и, *р. мн.* -док
аэрофотосни́мок, -мка
аэрофотосъёмка, -и, *р. мн.* -мок
аэрофототопогра́фия, -и
аэрофра́хт, -а
аэроцисти́т, -а
аэроэлектроразве́дка, -и, *р. мн.* -док
АЭ́С, *нескл., ж.* (*сокр.*: атомная электростанция)
аэ́та, *нескл., мн., ед. м.* и *ж.* (*группа племен*)
аюрве́да, -ы
аюрведи́ческий
Ая́кс, -а: **два́ Ая́кса**
ая́нская е́ль
ая́т, -а
аятолла́, -ы́, *м.*
аятолли́зм, -а

Б

б и **бы,** *частица* (*см.* бы)
ба, *межд.*
баба́ (*обращение у тюркских народов*)
ба́ба, -ы
ба-ба-ба́, *межд.*
Бабари́ха, -и и **сва́тья ба́ба Бабари́ха** (*сказочный персонаж*)
баба́х, *неизм.*
баба́ханье, -я
баба́хать(ся), -аю(сь), -ает(ся)
баба́хнуть(ся), -ну(сь), -нет(ся)
баба́шка, -и, *р. мн.* -шек
Ба́ба-яга́, Ба́бы-яги́ (*сказочный персонаж*) и **ба́ба-яга́,** ба́бы-яги́ (*безобразная злая старуха*)
бабби́т, -а
бабби́тный
бабби́товый
бабе́зия, -и
ба́белевский (*от* Ба́бель)
бабёнка, -и, *р. мн.* -нок
бабёночка, -и, *р. мн.* -чек
бабе́нция, -и
ба́бенька, -и, *р. мн.* -нек
ба́бенькин, -а, -о
бабе́тта, -ы (*стрижка*)

бабёха, -и
бабе́ц, *др. формы не употр., м.*
бабёшка, -и, *р. мн.* -шек
баби́дский
баби́ды, -ов, *ед.* -и́д, -а (*секта*)
баби́зм, -а
ба́бий, -ья, -ье
Ба́бий Я́р
ба́бин, -а, -о
бабиру́сса, -ы
ба́биться, ба́блюсь, ба́бится
ба́бища, -и, *тв.* -ей
ба́бка, -и, *р. мн.* ба́бок
ба́бка-ёжка, ба́бки-ёжки
ба́бки, ба́бок (*игра; деньги*)
ба́бкин, -а, -о
бабл-га́м, -а
бабл-га́м-ро́к, -а
ба́бник, -а
ба́бничать, -аю, -ает
ба́бонька, -и, *р. мн.* -нек
ба́бочка, -и, *р. мн.* -чек
ба́бочка-адмира́л, ба́бочки-адмира́ла, *ж.*
ба́бочка-беля́нка, ба́бочки-беля́нки
ба́бочка-капу́стница, ба́бочки-капу́стницы
ба́бочка-листовёртка, ба́бочки-листовёртки
ба́бочка-махао́н, ба́бочки-махао́на, *ж.*
ба́бочка-огнёвка, ба́бочки-огнёвки
ба́бочка павли́ний гла́з, ба́бочки павли́ний гла́з, *ж.*
ба́бочка-па́русник, ба́бочки-па́русника, *ж.*
ба́бочка-шелкопря́д, ба́бочки-шелкопря́да, *ж.*
ба́бочница, -ы, *тв.* -ей
бабр, -а
ба́бский
бабуви́зм, -а (*к* Бабёф)
бабуви́ст, -а
бабуви́стский
бабуи́н, -а
бабу́ленька, -и, *р. мн.* -нек
бабу́лин, -а, -о
бабу́лька, -и, *р. мн.* -лек
бабу́ля, -и
бабу́сенька, -и, *р. мн.* -нек
бабу́син, -а, -о
бабу́ся, -и
бабу́ши, -у́ш, *ед.* -у́ша, -и, *тв.* -ей (*туфли*)
ба́бушка, -и, *р. мн.* -шек
ба́бушкин, -а, -о
ба́бы-На́стин, -а, -о (*от* ба́ба На́стя)
бабьё, -я́
Баб-эль-Мандébский проли́в
бава́рка, -и, *р. мн.* -рок
бава́рский (*от* Бава́рия)
бава́рцы, -ев, *ед.* -рец, -рца, *тв.* -рцем
бага́ж, -а́, *тв.* -о́м
бага́жник, -а
бага́жный
бага́мка, -и, *р. мн.* -мок
бага́мский (*к* Бага́мские острова́, Бага́мы)
бага́мцы, -ев, *ед.* -мец, -мца, *тв.* -мцем
бага́со, *нескл., с.*
багате́ль, -и
багау́ды, -ов, *ед.* -у́д, -а (*ист.*)
ба́гги, *нескл., м.*
ба́ггинг, -а
багги́ст, -а
багда́дский (*от* Багда́д)
багда́дцы, -ев, *ед.* -дец, -дца, *тв.* -дцем
ба́гер, -а
багерме́йстер, -а
ба́герный насо́с
баге́т, -а
баге́тный
баге́товый
баге́тчик, -а
баго́вник, -а
баго́р, багра́
баго́рик, -а
баго́рный
багоро́к, -рка́
баго́рчик, -а
баго́рщик, -а
багратио́новский (*от* Багратио́н и Багратио́новск)
багре́ние, -я (*от* багри́ть(ся) и багре́ть)
ба́гренный; *кр. ф.* -ен, -ена, *прич.* (*от* ба́грить)
багрённый; *кр. ф.* -ён, -ена́, *прич.* (*от* багри́ть)
ба́греный, *прил.* (*от* ба́грить)
ба́гренье, -я (*от* ба́грить)
багре́ть, -е́ет (*становиться багровым*)
багре́ц, -а́, *тв.* -о́м
багрецо́вый
багри́льщик, -а
багри́ть(ся), -рю́, -ри́т(ся) (*окрашивать(ся) в багровый цвет*)
ба́грить, -рю, -рит (*вытаскивать багром*)
багри́ще, -а, *мн.* -а и -и, -и́щ, *м.* (*увелич. к* баго́р)
багрове́ть, -е́ю, -е́ет
багрови́ще, -а (*древко багра*)
багро́во-кра́сный
багроволи́цый
багро́во-си́ний
багро́вость, -и
багро́вый
багряне́ть, -е́ет
багря́нец, -нца, *тв.* -нцем
багряни́стый
багряни́ть(ся), -ню́, -ни́т(ся) и **багря́нить(ся),** -ню, -нит(ся)
багряни́ца, -ы, *тв.* -ей
багря́нка, -и, *р. мн.* -нок
Багрянoро́дный: Константи́н Багряноро́дный
багря́ный
багря́ня́щий(ся)
ба́грящий (*от* ба́грить)
багря́щий(ся) (*от* багри́ть(ся)
багу́льник, -а
багу́льниковый
БАД, *нескл., ж.* (*сокр.*: биологически активная добавка)
бада́н, -а
бадделеи́т, -а
бадделеи́товый
баде́ечка, -и, *р. мн.* -чек
баде́ечный
баде́йка, -и, *р. мн.* -е́ек
баде́йный
ба́ден-ба́денский (*от* Ба́ден-Ба́ден)
ба́ден-вюртембе́ргский (*от* Ба́ден-Вю́ртембе́рг)
ба́денский (*от* Ба́ден)
ба́денцы, -ев, *ед.* -нец, -нца, *тв.* -нцем
ба́дик, -а (*бадминтон, прост.*)
бадминто́н, -а
бадминтони́ст, -а
бадминтони́стка, -и, *р. мн.* -ток
бадминто́нный
бадьево́й
бадья́, -и́, *р. мн.* баде́й
бадья́н, -а
баз, -а, *предл.* на базу́, *мн.* -ы́, -о́в (*двор*)
ба́за, -ы
база́льный
база́льт, -а
базальти́ческий
базальтобето́н, -а
база́льтовый
базальтофибробето́н, -а
базаме́нт, -а
базани́т, -а
база́р, -а
база́рить, -рю, -рит
база́рный
база́ровский (*от* База́ров)
база́ровщина, -ы
база́рчик, -а
база́рящий
ба́за-смеще́ние, ба́зы-смеще́ния, *ж.*
базе́дова боле́знь, базе́довой боле́зни
базедови́зм, -а
ба́зельский (*от* Ба́зель)
ба́зельцы, -ев, *ед.* -лец, -льца, *тв.* -льцем
базидиа́льный
базидиомице́ты, -ов, *ед.* -це́т, -а
бази́дия, -и
базиле́вс, -а
базилиа́не, -а́н, *ед.* -а́нин, -а
базилиа́нский
базили́к, -а (*растение*)
бази́лика, -и (*архит.*)
базили́ковый (*от* базили́к)
бази́ликовый (*от* бази́лика)
базипета́льный
бази́рование, -я
бази́рованный; *кр. ф.* -ан, -ана
бази́ровать(ся), -рую(сь), -рует(ся)
базиро́вка, -и

ба́зис, -а
ба́зисный
базифика́ция, -и
ба́зовый
базофили́я, -и
базофи́лы, -ов, *ед.* -фи́л, -а
базофи́льный
базу́ка, -и
ба́иньки, *неизм.*
ба́иньки-баю́, *неизм.*
бай, ба́я
бай-ба́й, *неизм.*
байба́к, -а́
байба́чество, -а
байба́чий, -ья, -ье
байбачи́на, -ы
бай-бэ́к, -а и *нескл., с.* (*фин.*)
байга́, -и́
байда́к, -а́
байда́ра, -ы
байда́рка, -и, *р. мн.* -рок
байда́рка-дво́йка, байда́рки-дво́йки
байда́рка-одино́чка, байда́рки-одино́чки
байда́рка-четвёрка, байда́рки-четвёрки
байда́рный (*от* байда́ра)
байда́рочник, -а
байда́рочница, -ы, *тв.* -ей
байда́рочный (*от* байда́рка)
Байда́рские Воро́та (*перевал*)
ба́йеровский (*от* Ба́йер; ба́йеровский аспири́н)
байк, -а (*велосипед, мотоцикл*)
байк-... – *первая часть сложных слов, пишется через дефис*
ба́йка, -и, *р. мн.* ба́ек
байкали́ды, -и́д, *ед.* -и́да, -ы (*геол.*)
Байка́ло-Аму́рская магистра́ль (БАМ)
байка́льский (*от* Байка́л)
ба́йкер, -а
ба́йкерский
ба́йкерство, -а
байк-клу́б, -а
ба́йковый
байкону́рский (*от* Байкону́р)
байкону́рцы, -ев, *ед.* -рец, -рца, *тв.* -рцем
байк-це́нтр, -а
байк-шо́у, *нескл., с.*
байоне́т, -а
байо́сский
байпа́с, -а
байра́к, -а (*балка, буерак*)
Байра́м, -а
байра́чный (байра́чные леса́)
байре́йтский (*от* Ба́йре́йт)
байрони́зм, -а
байрони́ст, -а
байрони́ческий
ба́йроновский (*от* Ба́йрон)
ба́йский
ба́йство, -а
байстрю́к, -а́
байт, -а, *р. мн.* -ов, *счетн. ф.* байт
байт-мультипле́ксный
ба́йтовый
ба́йховый
бак, -а
бакала́вр, -а
бакалавриа́т, -а
бакала́врский
бакала́врство, -а
бакале́йный
бакале́йщик, -а
бакале́йщица, -ы, *тв.* -ей
бакале́я, -и
ба́кан, -а (*устар. к* ба́кен)
бака́н, -а (*краска*)
бака́нный
бака́новый
бакау́т, -а
бакау́тный
бакау́товый
ба́кбо́рт, -а
бакелиза́ция, -и
бакели́т, -а
бакели́товый
ба́кен, -а (*буй*)
бакенбарди́ст, -а
бакенба́рдный
бакенба́рды, -а́рд и -ов, *ед.* -ба́рда, -ы и -ба́рд, -а
ба́кенный
ба́кенщик, -а
ба́кены, -ов, *ед.* ба́кен, -а (*бакенбарды*)
ба́ки, бак (*бакенбарды*)
баки́нка, -и, *р. мн.* -нок
баки́нский (*от* Баку́)
баки́нцы, -ев, *ед.* -нец, -нца, *тв.* -нцем
баккара́, *нескл., с.*
бакла́га, -и
баклажа́н, -а, *р. мн.* -ов и -жа́н
баклажа́нный
баклажа́новый
бакла́жка, -и, *р. мн.* -жек
бакла́жный
бакла́н, -а
бакла́ний, -ья, -ье
бакла́новый
баклу́ша, -и, *тв.* -ей (*мелкое озеро*)
баклу́ши, -у́ш, *ед.* -у́ша, -и, *тв.* -ей (*чурки*; би́ть баклу́ши)
баклу́шничать, -аю, -ает
ба́ковый
librа́нский
Librа́нское уще́лье
ба́ксы, -ов, *ед.* бакс, -а
бактериа́льный
бактериеми́я, -и
бактериза́ция, -и
бактеризо́ванный; *кр. ф.* -ан, -ана
бактеризова́ть(ся), -зу́ю, -зу́ет(ся)
бакте́рии, -ий, *ед.* -е́рия, -и
бактери́йный
бактерио́з, -а
бактерио́лиз, -а
бактериолизи́ны, -ов, *ед.* -зи́н, -а
бактерио́лог, -а
бактериологи́ческий
бактериоло́гия, -и
бактерионоси́тель, -я
бактерионоси́тельство, -а
бактериоскопи́я, -и
бактериоста́з, -а
бактериостати́ческий
бактериотропи́ны, -ов, *ед.* -пи́н, -а
бактериоулови́тель, -я
бактериофа́ги, -ов, *ед.* -фа́г, -а
бактериофа́гия, -и
бактериофо́бия, -и
бактериохлорофи́ллы, -ов, *ед.* -фи́лл, -а
бактериоци́ны, -ов, *ед.* -ци́н, -а
бактериури́я, -и
бактерици́дность, -и
бактерици́дный
бактерици́ды, -ов, *ед.* -ци́д, -а
бактеро́иды, -ов, *ед.* -о́ид, -а
бакто́метр, -а
бактриа́н, -а
бактри́йский (*от* Ба́ктрия)
бактри́йцы, -ев, *ед.* -и́ец, -и́йца, *тв.* -и́йцем
баку́н, -а и -у
бакуни́зм, -а
баку́нинский (*от* Баку́нин)
бакуни́ст, -а
ба́кхий, -я
бакши́ш, -а, *тв.* -ем
ба́кшта́г, -а
бакште́йн, -а
бакшто́в, -а
бакшто́вный
бал, -а, *предл.* на балу́, *мн.* -ы́, -о́в (*танцевальный вечер*)
балаба́н, -а (*муз.*)
балабо́л, -а
балабо́лить, -лю, -лит
балабо́лка, -и, *р. мн.* -лок, *м.* и *ж.*
балабо́лящий
балабо́н, -а (*болтун*)
балабо́нить, -ню, -нит
балабо́нящий
балабо́шка, -и, *р. мн.* -шек, *м.* и *ж.*
балага́н, -а
балага́нить, -ню, -нит
балага́нничать, -аю, -ает
балага́нный
балага́нчик, -а
балага́нщик, -а
балага́нщина, -ы
балага́нящий
балагу́р, -а
балагу́рить, -рю, -рит
балагу́рка, -и, *р. мн.* -рок
балагу́рный
балагу́рство, -а
балагу́рящий
бала́канье, -я
бала́кать, -аю, -ает
бала́киревский (*от* Бала́кирев)
Бала́киревский кружо́к

балала́ечка, -и, *р. мн.* -чек
балала́ечник, -а
балала́ечный
балала́йка, -и, *р. мн.* -а́ек
Балала́йкин, -а, *тв.* -ым
баламу́т, -а
баламу́тить(ся), -у́чу(сь), -у́тит(ся)
баламу́тка, -и, *р. мн.* -ток
баламу́тный
баламу́тящий(ся)
баламу́ченный; *кр. ф.* -ен, -ена, *прич.*
бала́нда, -ы
бала́ндный
бала́нс, -а
балансёр, -а (*акробат*)
балансёрка, -и, *р. мн.* -рок
баланси́р, -а (*рычаг*)
баланси́рный
баланси́рование, -я
баланси́ровать(ся), -рую, -рует(ся)
балансиро́вка, -и
балансиро́вочный
балансиро́вщик, -а
бала́нс не́тто, бала́нса не́тто
бала́нсный
бала́нсовый
балансоме́р, -а
балантидиа́з, -а
баланти́дий, -я
бала́та, -ы
балато́нский (*от* Балато́н)
балахни́нский (*от* Балахна́)
балахни́нцы, -ев, *ед.* -нец, -нца, *тв.* -нцем
балахо́н, -а
балахо́нистый
балахо́нник, -а
балахо́нчик, -а
балаши́хинский (*от* Балаши́ха)
балаши́хинцы, -ев, *ед.* -нец, -нца, *тв.* -нцем
балбе́ра, -ы
балбе́с, -а
балбе́сничать, -аю, -ает
балда́, -ы́, *м.* и *ж.*
балда́ балдо́й
балдахи́н, -а
балдахи́нный
балдёж, -ежа́, *тв.* -о́м
балдёжник, -а
балдёжный
балде́ть, -е́ю, -е́ет
балеа́рка, -и, *р. мн.* -рок
балеа́рский (*к* Балеа́рские острова́, Балеа́ры)
балеа́рцы, -ев, *ед.* -рец, -рца, *тв.* -рцем
балери́на, -ы
балери́нка, -и, *р. мн.* -нок
балери́нский
балеру́н, -а́
бале́т, -а
бале́тки, -ток, *ед.* -е́тка, -и
балетме́йстер, -а
балетме́йстерский
бале́тный
балетове́д, -а
балетове́дение, -я
балетома́н, -а
балетома́ния, -и
балетома́нка, -и, *р. мн.* -нок
балетома́нский
бале́т-орато́рия, -и
бале́т-ревю́, бале́та-ревю́
бале́т-фее́рия, бале́та-фее́рии, *м.*
ба́ливать, *наст. вр. не употр.*
ба́лка, -и, *р. мн.* ба́лок; но (*в названиях населенных пунктов*) **Ба́лка,** -и, *напр.*: Холо́дная Ба́лка (*курорт*), Суха́я Ба́лка, Широ́кая Ба́лка (*поселки*)
балкани́ст, -а
балкани́стика, -и
балкани́стка, -и, *р. мн.* -ток
балка́но-кавка́зский (балка́но-кавка́зская ра́са)
Балка́нские во́йны (*ист.*)
Балка́нские стра́ны
балка́нский (*от* Балка́ны)
Балка́нский полуо́стров
балка́нцы, -ев, *ед.* -нец, -нца, *тв.* -нцем
балка́рка, -и, *р. мн.* -рок
балка́рский
балка́рцы, -ев, *ед.* -рец, -рца, *тв.* -рцем
балка́ры, -а́р, *ед.* -ка́р, -а
ба́лка-сте́нка, ба́лки-сте́нки
ба́лкер, -а
балко́н, -а
балко́нный
балконоподо́бный (вы́ступ)
балко́нчик, -а
балл, -а (*оценка*; *ед. измер.*)
балла́да, -ы
балла́дник, -а
балла́дный
балла́ст, -а
балла́стер, -а
балласти́рованный; *кр. ф.* -ан, -ана
балласти́ровать(ся), -рую, -рует(ся)
балластиро́вка, -и
балла́стный
балла́стовый
балластоочисти́тельный
ба́ллер, -а
балли́ста, -ы
балли́стик, -а
балли́стика, -и
баллисти́т, -а
баллисти́ческий
баллистокардиогра́мма, -ы
баллистокардиогра́фия, -и
ба́лловый
ба́лло-гекта́р, -а
балло́н, -а
баллоне́т, -а
балло́нный
балло́нчик, -а
баллоти́рование, -я
баллоти́рованный; *кр. ф.* -ан, -ана
баллоти́ровать(ся), -рую(сь), -рует(ся)
баллотиро́вка, -и
баллотиро́вочный
ба́лльник, -а
ба́лльность, -и
ба́лльный (*от* балл)
ба́л-маскара́д, ба́ла-маскара́да
балоба́н, -а (*сокол*)
бало́ванный; *кр. ф.* -ан, -ана
балова́ть(ся), балу́ю(сь), балу́ет(ся)
ба́ловень, -вня
баловли́вый
баловни́к, -а́
баловни́ца, -ы, *тв.* -ей
баловно́й
баловство́, -а́
бало́к, балка́
ба́лочно-консо́льный
ба́лочный
Балти́йская гряда́ (*возвышенность*)
балти́йский (*к* Балти́йское мо́ре, Ба́лтия, Ба́лтика, Балти́йск)
Балти́йский регио́н
Балти́йский фло́т
Балти́йское мо́ре
балти́йцы, -ев, *ед.* -и́ец, -и́йца, *тв.* -и́йцем
Ба́лтика, -и
балтимо́рский (*от* Балтимо́р)
балтимо́рцы, -ев, *ед.* -рец, -рца, *тв.* -рцем
балти́стика, -и
балти́ческий (*устар. к* балти́йский)
Ба́лтия, -и (стра́ны Ба́лтии)
балтославя́не, -я́н
балтославя́нский
ба́лтский (*к* ба́лты)
ба́лты, -ов
балу́ба, *нескл., мн., ед., м.* и *ж.* (*народ*)
балу́н, -а
балхаши́т, -а
балха́шский (*от* Балха́ш)
Ба́лчуг, -а (*место в Москве*)
балы́к, -а́
балыко́вый
балы́чный
балычо́к, -чка́
бальбо́а, *нескл., м.* (*ден. ед.*)
ба́льза, -ы
бальза́ковский (*от* Бальза́к; бальза́ковский во́зраст)
бальза́м, -а
бальзами́н, -а
бальзами́нный
бальзами́новый
бальзами́рование, -я
бальзами́рованный; *кр. ф.* -ан, -ана
бальзами́ровать(ся), -рую, -рует(ся)
бальзамиро́вка, -и, *р. мн.* -вок
бальзамиро́вочный
бальзамиро́вщик, -а
бальзами́ческий
бальза́мный

бальза́мовый
бальза́м-ополаскиватель, бальза́ма-ополаскивателя
ба́льзовый
бальи́, *нескл., м.*
бальнеогрязево́й
бальнеогрязелече́бница, -ы, *тв.* -ей
бальнеоклимати́ческий
бальнеоклимато́лог, -а
бальнеоклиматологи́ческий
бальнеоклиматоло́гия, -и
бальнео́лог, -а
бальнеологи́ческий
бальнеоло́гия, -и
бальнеопроцеду́ра, -ы
бальнеотерапе́вт, -а
бальнеотерапевти́ческий
бальнеотерапи́я, -и
бальнеофизиотерапевти́ческий
бальнеофизиотерапи́я, -и
ба́льный (*от* бал)
балюстра́да, -ы
балюстра́дка, -и, *р. мн.* -док
балюстра́дный
баля́сина, -ы
баля́синка, -и, *р. мн.* -нок
баля́сник, -а
баля́сниковый
баля́сница, -ы, *тв.* -ей
баля́сничать, -аю, -ает
баля́сы, -я́с (*также*: баля́сыточи́ть, разводи́ть)
бамана́, *неизм.* и *нескл., м.* (*язык*), *нескл., мн., ед. м.* и *ж.* (*народ*)
бамбара́, *нескл., мн., ед. м.* и *ж.* (*народ*)
бамби́но, *нескл., м.*
бамбу́к, -а
бамбу́ковый
бамбу́чина, -ы
ба́мия, -и
ба́мовец, -вца, *тв.* -вцем, *р. мн.* -вцев
ба́мовский (*от* БАМ)
ба́мпер, -а
ба́мперный
баналите́т, -а
бана́льность, -и
бана́льный; *кр. ф.* -лен, -льна
бана́льщина, -ы
бана́н, -а, *р. мн.* -ов
бана́нник, -а
бананово́з, -а
бана́новый
бананое́д, -а
бана́нчик, -а
бана́ны, -ов (*брюки*)
ба́нги, *нескл., мн., ед. м.* и *ж.* (*группа народов*)
бангко́кский (*от* Бангко́к)
бангко́кцы, -ев, *ед.* -кец, -кца, *тв.* -кцем
бангладе́шский (*от* Бангладе́ш)
бангладе́шцы, -ев, *ед.* -шец, -шца, *тв.* -шцем
ба́нда, -ы
банда́ж, -а́, *тв.* -о́м
бандажи́ст, -а
бандажи́стка, -и, *р. мн.* -ток
банда́жник, -а
банда́жный
банда́на, -ы
бандгру́ппа, -ы
бандгруппиро́вка, -и, *р. мн.* -вок
бандерилье́ро, *нескл., м.*
бандери́лья, -и, *р. мн.* -лий
банде́ровец, -вца, *тв.* -вцем, *р. мн.* -вцев
банде́ровский (*от* Банде́ра)
бандероли́рование, -я
бандероли́рованный; *кр. ф.* -ан, -ана
бандероли́ровать(ся), -рую, -рует(ся)
бандеро́ль, -и
бандеро́лька, -и, *р. мн.* -лек
бандеро́льный
ба́нджо, *нескл., с.*
банджои́ст, -а
бандику́т, -а (*животное*)
банди́т, -а
бандити́зм, -а
банди́тка, -и, *р. мн.* -ток
банди́тский
банди́тствовать, -ствую, -ствует
бандо́, *нескл., с.*
банду́нгский (*от* Банду́нг)
банду́нгцы, -ев, *ед.* -гец, -гца, *тв.* -гцем
банду́ра, -ы
бандури́ст, -а
бандури́стка, -и, *р. мн.* -ток
банду́ррия, -и (*испанский муз. инструмент*)
бандформирова́ние, -я
бандю́га, -и, *м.* и *ж.*
банза́й, *межд.*
баниа́н, -а и **банья́н,** -а
баниа́новый и **банья́новый**
ба́нить(ся), ба́ню(сь), ба́нит(ся)
банк, -а
ба́нка, -и, *р. мн.* ба́нок
банкабро́ш, -а, *тв.* -ем
банкабро́шница, -ы, *тв.* -ей
банкабро́шный
ба́нк-аге́нт, ба́нка-аге́нта
ба́нк-акционе́р, ба́нка-акционе́ра
ба́нк-гара́нт, ба́нка-гара́нта
банке́т, -а
банке́тка, -и, *р. мн.* -ток
банке́т-builder
банке́тный
банке́т-фурше́т, -а
банки́вский пету́х
банки́р, -а
банки́рский
банки́рша, -и, *тв.* -ей
ба́нки-скля́нки, ба́нок-скля́нок
ба́нк-консо́рциум, ба́нка-консо́рциума
ба́нк-корреспонде́нт, ба́нка-корреспонде́нта
ба́нк-кредито́р, ба́нка-кредито́ра
банкно́ты, -о́т и -о́тов, *ед.* -но́та, -ы и -но́т, -а
банкова́ть, -ку́ю, -ку́ет
ба́нковский
ба́нковско-промы́шленный
ба́нковско-фина́нсовый
ба́нковый
банкома́т, -а
банкома́тный
банкомёт, -а
ба́нк-посре́дник, ба́нка-посре́дника
банкро́т, -а
банкро́тить(ся), -о́чу(сь), -о́тит(ся)
банкро́тский
банкро́тство, -а
банкро́тящий(ся)
банкро́ченный; *кр. ф.* -ен, -ена, *прич.*
ба́нк-учреди́тель, ба́нка-учреди́теля
ба́нк-эмите́нт, ба́нка-эмите́нта
банло́н, -а
банло́новый
ба́ннер, -а
ба́ннерный
ба́нник, -а
ба́нно-дезинфекцио́нный
ба́нно-пра́чечный
ба́нный
ба́ночка, -и, *р. мн.* -чек
ба́ночный
бант, -а
банте́нг, -а
ба́нтик, -а
бантово́й
банто́идный (*от* ба́нту)
ба́нту, *неизм.* и *нескл., м.* (*группа языков*) и *нескл., мн., ед. м.* и *ж.* (*группа народов*)
бантуста́н, -а
бантуязы́чный
ба́нчик, -а
банчи́шко, -а и -и, *мн.* -шки, -шек, *м.*
банчо́к, *др. формы не употр., м.*
ба́нщик, -а
ба́нщица, -ы, *тв.* -ей
бань, -я (*ден. ед.*)
ба́нька, -и, *р. мн.* ба́нек
банья́н, -а и **баниа́н,** -а
банья́новый и **баниа́новый**
ба́ня, -и, *р. мн.* бань
ба́ня-пра́чечная, ба́ни-пра́чечной
баоба́б, -а
баоба́бовый
бапти́зм, -а
бапти́ст, -а
баптисте́рий, -я
бапти́стка, -и, *р. мн.* -ток
бапти́стский
бар[1], -а (*ресторан, закусочная; отмель; тех.*)
бар[2], -а, *р. мн.* -ов, *счетн. ф.* бар (*ед. измер.*)
бараба́н, -а
бараба́нить, -ню, -нит
бараба́нно-шарово́й
бараба́нный

бараба́н-сепара́тор, бараба́на-сепара́тора
бараба́нчик, -а
бараба́нщик, -а
бараба́нщица, -ы, *тв.* -ей
бараба́нящий
бараба́шка, -и, *р. мн.* -шек, *м.* (*домовой*)
Бара́бинская сте́пь
бара́бинский (*от* Бара́ба и Бара́бинск)
бара́бинцы, -ев, *ед.* -нец, -нца, *тв.* -нцем
барабо́шка, -и, *р. мн.* -шек, *м.* и *ж.* (*бестолковый человек*)
барабу́лька, -и, *р. мн.* -лек
бара́к, -а
барако́ни, *нескл., с.*
баралги́н, -а
бара́н, -а
бара́нец, -нца, *тв.* -нцем, *р. мн.* -нцев
Ба́рани, *нескл., м.*: **кре́сло Ба́рани, трещо́тка Ба́рани** (*мед.*)
бара́ний, -ья, -ье
бара́нина, -ы
бара́нинка, -и
бара́нка, -и, *р. мн.* -нок
бара́ночка, -и, *р. мн.* -чек
бара́ночник, -а
бара́ночница, -ы, *тв.* -ей
бара́ночный
баранта́, -ы́
бара́нчик, -а
бара́трия, -и
барахли́ть, -и́т
барахли́шко, -а
барахло́, -а́
барахля́ный
барахо́лка, -и, *р. мн.* -лок
барахо́льный
барахо́льщик, -а
барахо́льщица, -ы, *тв.* -ей
бара́хтанье, -я
бара́хтаться, -аюсь, -ается
бара́чный
бара́шек, -шка
бара́шки, -ов (*облака*; *пена на гребнях волн*)
бара́шковый
барбадо́ска, -и, *р. мн.* -сок
барбадо́сский (*от* Барбадо́с)
барбадо́сцы, -ев, *ед.* -сец, -сца, *тв.* -сцем
барбами́л, -а
барбари́с, -а
барбари́ска, -и, *р. мн.* -сок
барбари́сник, -а
барбари́сный
барбари́совый
Барбаро́сса, -ы, *м.*: **Фри́дрих Барбаро́сса, пла́н "Барбаро́сса"**
барбекю́, *нескл., с.*
Ба́рби, *нескл., ж.* (*кукла*)
барбизо́нский (*от* Барбизо́н; барбизо́нская шко́ла)
барбизо́нцы, -ев, *ед.* -нец, -нца, *тв.* -нцем
барбита́л, -а
барбитура́ты, -ов, *ед.* -ра́т, -а
барбиту́ровый
Барбо́с, -а (*кличка собаки*) и **барбо́с,** -а (*о собаке*; *о свирепом человеке*)
барбота́жный
барботе́р, -а
барботи́н, -а
барботи́рование, -я
барботи́рованный; *кр. ф.* -ан, -ана
барботи́ровать(ся), -рую, -рует(ся)
ба́рбус, -а
ба́рбусовый
барви́нковый
барви́нок, -нка
барви́ночек, -чка
барви́хинский (*от* Барви́ха)
баргузи́н, -а (*ветер*)
баргузи́нский (*от* Баргузи́н, *поселок*)
Баргузи́нский запове́дник
бард, -а
барда́, -ы́
барда́к, -а́
бардачо́к, -чка́
барде́сса, -ы
ба́рдовский (*от* бард)
ба́рдовый (*от* барда́)
бардоти́зм, -а (*к* Брижи́т Бардо́)
бард-ро́к, -а
бардяно́й
баре́ж, -а, *тв.* -ем
баре́жевый
барелье́ф, -а
барелье́фный
барелье́фчик, -а
Ба́ренцево мо́ре, Ба́ренцева мо́ря
баренцевомо́рский (*от* Ба́ренцево мо́ре)
ба́ренцевский (*от* Ба́ренц)
баре́тки, -ток, *ед.* -е́тка, -и
баре́ттер, -а
ба́ржа, -и, *тв.* -ей, *р. мн.* барж и **баржа́,** -и́, *тв.* -о́й, *р. мн.* -е́й
ба́ржа́-дебарка́дер, ба́ржи́-дебарка́дера, *ж.*
ба́ржа́-паро́м, ба́ржи́-паро́ма, *ж.*
ба́ржевый и **баржево́й**
баржестрое́ние, -я
баржо́нка, -и, *р. мн.* -нок
бариба́л, -а
ба́риевый
ба́рий, -я
бари́йский (*от* Ба́ри)
ба́рин, -а, *мн.* ба́ре и ба́ры, бар
ба́ринов, -а, -о
барино́к, -нка́
барио́нный
барио́ны, -ов, *ед.* -ио́н, -а
барисфе́ра, -ы
бари́т, -а
бари́товый
барито́н, -а
баритона́льный
баритони́ст, -а
барито́нный
барито́новый
барито́нчик, -а
барице́нтр, -а
барицентри́ческий
ба́рич, -а, *тв.* -ем
бари́ческий
барк, -а (*парусный корабль*)
ба́рка, -и, *р. мн.* ба́рок (*речное судно*)
барка́н, -а
барка́новый
баркаро́ла, -ы
барка́с, -а
барка́сик, -а
барка́сный
баркенти́на, -ы
барко́вщина, -ы (*от* Барко́в)
Бармале́й, -я
ба́рмен, -а
ба́рменский
ба́рменша, -и, *тв.* -ей
ба́рмица, -ы, *тв.* -ей (*ист.*)
ба́рмы, барм
барн, -а, *р. мн.* -ов, *счетн. ф.* барн
барнау́лка, -и, *р. мн.* -лок
барнау́льский (*от* Барнау́л)
барнау́льцы, -ев, *ед.* -лец, -льца, *тв.* -льцем
ба́рный
баро… – *первая часть сложных слов, пишется слитно*
бароаппара́т, -а
барого́спиталь, -я, *мн.* -и, -ей и -е́й
барогра́мма, -ы
баро́граф, -а
барока́мера, -ы
баро́кко, *неизм.* и *нескл., с.*
баро́кко-ро́к, -а
бароклі́нность, -и
барокли́нный
бароле́че́ние, -я
баро́метр, -а
барометри́ческий
баро́н, -а
бароне́сса, -ы
бароне́ссин, -а, -о
бароне́т, -а
бароне́тский
бароне́тство, -а
баро́н Мюнха́узен
баро́нов, -а, -о
баро́нский
баро́нство, -а
баро́нша, -и, *тв.* -ей
бароотделе́ние, -я
барореанима́ция, -и
барореце́пторы, -ов, *ед.* -тор, -а
бароско́п, -а
бароста́т, -а
баротерапи́я, -и
баротермо́метр, -а
баротра́вма, -ы
баротро́пность, -и
баротро́пный

барохирурги́я, -и
барохори́я, -и
бароце́нтр, -а
ба́рочка, -и, *р. мн.* -чек
ба́рочник, -а
ба́рочный (*от* ба́рка)
баро́чный (*от* баро́кко)
барра́ж, -а, *тв.* -ем
барражи́рование, -я
барражи́ровать, -рую, -рует
барраку́да, -ы
барра́нкосы, -ов, *ед.* -кос, -а
ба́ррель, -я (*единица вместимости и объема в США, Англии и др. странах*)
барре́мский
баррикади́рованный; *кр. ф.* -ан, -ана
баррикади́ровать(ся), -рую(сь), -рует(ся)
баррика́дный
баррика́ды, -а́д, *ед.* -ка́да, -ы
ба́рриль, -я (*единица объема жидкостей в ряде стран Латинской Америки*; *единица массы в Испании*)
ба́рристер, -а
барс, -а
барсело́нка, -и, *р. мн.* -нок
барсело́нский (*от* Барсело́на)
барсело́нцы, -ев, *ед.* -нец, -нца, *тв.* -нцем
барсёнок, -нка, *мн.* -ся́та, -ся́т
Ба́рсик, -а (*кличка*)
ба́рски пренебрежи́тельный
ба́рский
ба́рсовый
ба́рственность, -и
ба́рственный; *кр. ф.* -вен и -венен, -венна
ба́рство, -а
ба́рствовать, -твую, -твует
ба́рстеры, -ов, *ед.* -тер, -а
барсу́к, -а́
барсуко́вый
барсу́чий, -ья, -ье
барсучи́ха, -и
барсучо́к, -чка́
барсучо́нок, -нка, *мн.* -ча́та, -ча́т
ба́ртер, -а
бартериза́ция, -и
ба́ртерный
барха́н, -а
барха́нный
ба́рхат, -а и -у
ба́рхатец, -тца и -тцу, *тв.* -тцем (*уменьш.-ласкат. к* ба́рхат)
бархати́сто-кори́чневый
бархати́стость, -и
бархати́стый
бархати́ться, -и́тся
ба́рхатка, -и, *р. мн.* -ток и **бархо́тка,** -и, *р. мн.* -ток
ба́рхатность, -и
ба́рхатно-чёрный
ба́рхатный
ба́рхатцы, -ев, *ед.* -тец, -тца, *тв.* -тцем (*растение*)
бархо́тка, -и, *р. мн.* -ток и **ба́рхатка,** -и, *р. мн.* -ток
бархо́ут, -а
барчо́нок, -нка, *мн.* -ча́та, -ча́т
барчу́к, -а́
ба́рщина, -ы
ба́рщинник, -а
ба́рщинный
ба́рщинский
бары́га, -и, *м.* и *ж.*
бары́жный
ба́рынин, -а, -о
ба́рынька, -и, *р. мн.* -нек
ба́рыня, -и, *р. мн.* -ынь
бары́ш, -а́, *тв.* -о́м
бары́шник, -а
бары́шничать, -аю, -ает
бары́шнический
бары́шничество, -а
бары́шный
ба́рышня, -и, *р. мн.* -шень
барье́р, -а
барьери́ст, -а
барьери́стка, -и, *р. мн.* -ток
барье́рный
барье́рчик, -а
бас, -а, *мн.* -ы́, -о́в
ба́с-барито́н, ба́са-барито́на
ба́с-бу́фф, ба́са-бу́фф и **ба́ссо бу́ффо,** *нескл., м.*
бас-гита́ра, -ы
бас-гитари́ст, -а
ба́сенка, -и, *р. мн.* -нок
ба́сенник, -а
ба́сенный
басиле́вс, -а и **басиле́й,** -я
баси́ст, -а
баси́стый
баси́ть, башу́, баси́т
баси́ще, -а, *мн.* -а и -и, -и́щ, *м.*
ба́ска, -и, *р. мн.* ба́сок (*оборка*)
баска́к, -а
ба́скет, -а
баскетбо́л, -а
баскетболи́ст, -а
баскетболи́стка, -и, *р. мн.* -ток
баскетбо́льный
ба́ски, -ов, *ед.* баск, -а; но: **Страна́ Ба́сков**
бас-кларне́т, -а
баско́нка, -и, *р. мн.* -нок (*к* ба́ски)
баско́нский (*от* Баско́ния)
ба́скский
баскунча́кский (*от* Баскунча́к)
баскю́ль, -я
ба́сма, -ы (*краска*)
басма́, -ы́, *мн.* ба́смы́, басм, ба́сма́м (*пластинка с изображением*)
Басма́нная: Но́вая Басма́нная, Ста́рая Басма́нная (*улицы*)
басма́ч, -а́, *тв.* -о́м
басма́ческий
басма́чество, -а
ба́сменный
баснопи́сец, -сца, *тв.* -сцем, *р. мн.* -сцев
баснослó́вие, -я
баснослó́вность, -и
баснослó́вный; *кр. ф.* -вен, -вна
ба́сня, -и, *р. мн.* ба́сен
ба́сня-при́тча, ба́сни-при́тчи
басови́тость, -и
басови́тый
басо́вый
басо́к, баска́
ба́с-октави́ст, ба́са-октави́ста
басо́н, -а
басо́нный
басора́ма, -ы
ба́сочка, -и, *р. мн.* -чек
ба́с-профу́ндо, ба́са-профу́ндо и **ба́ссо профу́ндо,** *нескл., м.*
бассе́йн, -а
Бассе́йная, -ой (*улица*)
бассе́йновый
ба́ссет, -а
бассетго́рн, -а
ба́ссет-ха́унд, -а
ба́ссо бу́ффо, *нескл., м.* и **ба́с-бу́фф,** ба́са-бу́фф
ба́ссо конти́нуо, *нескл., м.*
ба́ссо остина́то, *нескл., м.*
ба́ссо профу́ндо, *нескл., м.* и **ба́с-профу́ндо,** ба́са-профу́ндо
ба́ста, *неизм.*
баста́рд, -а (*биол.*; *о человеке*)
баста́рда, -ы (*муз. инструмент*)
Басти́лия, -и
бастио́н, -а
бастио́нный
бастова́ть, -ту́ю, -ту́ет
бастона́да, -ы
бастр, -а
бастурма́, -ы́
басту́ющий
басурма́н, -а
басурма́нка, -и, *р. мн.* -нок
басурма́нский
бат, -а
батазо́н, -а (*насекомое*)
баталёр, -а
батали́ст, -а
бата́лия, -и
бата́льный
батальо́н, -а
батальо́нный
бата́н, -а
батаре́ец, -е́йца, *тв.* -е́йцем, *р. мн.* -е́йцев
батаре́йка, -и, *р. мн.* -е́ек
батаре́йный
батаре́я, -и
бата́т, -а
ба́тенсы, -ов, *ед.* -енс, -а
ба́тенька, -и, *р. мн.* -нек, *м.*
батиа́ль, -и
батиа́льный
батибио́нты, -ов, *ед.* -о́нт, -а

батигра́мма, -ы
ба́тик, -а
ба́тиковый
батиметри́ческий
батиме́трия, -и
ба́тин, -а, -о
батипла́н, -а
батиска́ф, -а
бати́ст, -а
бати́стовый
батисфе́ра, -ы
батитермо́граф, -а
батлачо́к, -чка́
батле́йка, -и, *р. мн.* -е́ек
батма́н, -а
ба́тник, -а
бато́г, -а́
батожо́к, -жка́
батожьё, -я́
бато́кс, -а
батоли́т, -а
бато́метр, -а
бато́н, -а
бато́нница, -ы, *тв.* -ей
бато́нный
бато́но, *нескл., м.*
бато́нчик, -а
батопо́рт, -а
батохро́мный
батра́к, -а́
батрахоза́вры, -ов, *ед.* -за́вр, -а
батрахоло́гия, -и
батра́цкий
батра́чащий
батра́ческий
батра́чество, -а
батра́чий, -ья, -ье
батра́чить, -чу, -чит
батра́чка, -и, *р. мн.* -чек
батра́чный
батрачо́нок, -нка, *мн.* -ча́та, -ча́т
баттерфляи́ст, -а
баттерфляи́стка, -и, *р. мн.* -ток
баттерфля́й, -я (*способ плавания*)
бату́мский (*от* Бату́ми, Бату́м)
бату́мцы, -ев, *ед.* -мец, -мца, *тв.* -мцем
бату́н, -а
бату́н-лу́к, -а
бату́т, -а
батути́ст, -а
бату́тный
Баты́ево наше́ствие, Баты́ева наше́ствия (*ист.*)
баты́р, -а и **баты́рь,** -я́
ба́тька, -и, *р. мн.* ба́тек, *м.*
ба́тькин, -а, -о
Ба́тькович, -а, *тв.* -ем (*вместо отчества, шутл.*)
Ба́тьковна, -ы (*вместо отчества, шутл.*)
ба́тюшка, -и, *р. мн.* -шек, *м.*
ба́тюшки, *межд.*
ба́тюшкин, -а, -о
ба́тюшки-све́тоньки, *межд.*
ба́тюшки-све́ты, *межд.*
ба́тя, -и, *р. мн.* -ей, *м.*
батя́ня, -и, *р. мн.* -ей, *м.*
бау́л, -а
бау́льчик, -а
ба́усский (*от* Ба́уска)
ба́фия, -и
Ба́ффинова Земля́, Ба́ффиновой Земли́ (*остров*)
бах, *неизм.*
ба́ханье, -я
ба́харь, -я
ба́хать(ся), -аю(сь), -ает(ся)
бахва́л, -а
бахва́литься, -люсь, -лится
бахва́лка, -и, *р. мн.* -лок
бахва́льство, -а
бахва́лящийся
бахиа́на, -ы (*от* Бах)
бахи́лы, -и́л, *ед.* -и́ла, -ы
ба́хнуть(ся), -ну(сь), -нет(ся)
ба́ховский (*от* Бах)
бахре́йнский (*от* Бахре́йн)
бахре́йнцы, -ев, *ед.* -нец, -нца, *тв.* -нцем
бахрома́, -ы́
бахро́мка, -и, *р. мн.* -мок
бахро́мный
бахромокрути́льный
бахро́мчатый
Бахру́шинский музе́й
бахтарма́, -ы́
бахтрио́ни, *нескл., с.*
Ба́хус, -а
бахча́, -и́, *тв.* -о́й, *р. мн.* -е́й
бахче́вник, -а
бахчево́д, -а
бахчево́дство, -а
бахчево́дческий
бахчево́й
бахчисара́йский (*от* Бахчисара́й)
бахчисара́йцы, -ев, *ед.* -а́ец, -а́йца, *тв.* -а́йцем
бахши́, *нескл., м.*
бац, *неизм.*
ба́цанье, -я
ба́цать(ся), -аю(сь), -ает(ся)
бацби́йка, -и, *р. мн.* -и́ек
бацби́йский
бацби́йцы, -ев, *ед.* -и́ец, -и́йца, *тв.* -и́йцем
бацилли́н, -а
баци́лловый
бациллоноси́тель, -я
бациллоноси́тельство, -а
баци́ллы, -и́лл, *ед.* -и́лла, -ы
бацилля́рный
ба́цнуть(ся), -ну(сь), -нет(ся)
ба́чки, ба́чек (*от* ба́ки)
бачо́к, бачка́ (*от* бак)
ба́шенка, -и, *р. мн.* -нок
ба́шенный
башибузу́к, -а
башибузу́кский
башка́, -и́
башки́рка, -и, *р. мн.* -рок
башки́рский (*к* башки́ры и Башки́рия)
башки́рцы, -ев, *ед.* -рец, -рца, *тв.* -рцем (*устар. к* башки́ры)
башки́ры, -и́р, *ед.* башки́р, -а
башкови́тость, -и
башкови́тый
башлёвый *(жарг.)*
ба́шли, -ей *(жарг.)*
башлы́к, -а́
башлы́чный
башлычо́к, -чка́
башля́ть, -ля́ю, -ля́ет *(жарг.)*
башмаки́, -о́в, *ед.* башма́к, -а́
башмачки́, -о́в, *ед.* -чо́к, -чка́
башма́чник, -а
башма́чный
ба́ш на ба́ш
башнеобра́зный; *кр. ф.* -зен, -зна
башнёр, -а
ба́шня, -и, *р. мн.* ба́шен
башта́н, -а
башта́нный
ба́ю-ба́й, *неизм.*
ба́ю-ба́юшки-баю́, *неизм.*
баю́канье, -я
баю́кать, -аю, -ает
ба́юшки-баю́, *неизм.*
ба́ющий
баяде́ра, -ы
баяде́рка, -и, *р. мн.* -рок
бая́н, -а
Бая́н, -а и **Боя́н,** -а (*древнерусский певец-сказитель*)
баяни́ст, -а
баяни́стка, -и, *р. мн.* -ток
бая́нный
ба́ять, ба́ю, ба́ет
бде́ние, -я
бдеть, бдит
бди́тельность, -и
бди́тельный; *кр. ф.* -лен, -льна
бе, *межд.*; ни бе́ ни ме́
беатифика́ция, -и
Беатри́че, *нескл., ж.*
бебе́, *нескл., с.*
бе́белевский (*от* Бе́бель)
бебе́шка, -и, *р. мн.* -шек
бе́би, *нескл., м.*
бебиси́ттер, *нескл., ж.*
бе́бут, -а
бег, -а, *предл.* на бегу́
бега́, -о́в (*состязание*)
бе́ганье, -я
бе́гательный (*зоол.*)
бе́гать(ся), -аю, -ает(ся)
бегаши́, -е́й, *ед.* бега́ш, -а́, *тв.* -о́м
бегемо́т, -а
бегемо́тик, -а
бегемо́тник, -а
бегемо́товый
бегле́ц, -а́, *тв.* -о́м, *р. мн.* -о́в
беглопопо́вский
беглопопо́вцы, -ев, *ед.* -вец, -вца, *тв.* -вцем

беглопопо́вщина, -ы
бе́глость, -и
бе́глый
бегля́нка, -и, *р. мн.* -нок
Бегова́я, -о́й (*улица*)
бегово́й
бего́м, *нареч.*
бего́ниевый
бего́ния, -и
беготня́, -и́
бе́гство, -а
бегу́н, -а́
бегунки́, -о́в (*сани*)
бегуно́к, -нка́
бегу́нья, -и, *р. мн.* -ний
бегу́чий, *прил.*
бегу́щий, *прич.*
беда́, -ы́, *мн.* бе́ды, бед
бе́де́кер, -а (*путеводитель*)
бе́де́керовский
бе́дерный (*от* бедро́)
бедж, -а, *тв.* -ем
бе́дка, -и, *р. мн.* бе́док (*от* беда́)
бедла́м, -а
бе́дленд, -а
бедлингто́н-терье́р, -а
Бе́дная Ли́за (*лит. персонаж*)
бедне́йший
бе́дненький
бедне́ть, -е́ю, -е́ет
бе́дность, -и
беднота́, -ы́
бе́дный; *кр. ф.* бе́ден, бедна́, бе́дно, бе́дны́
бедня́га, -и, *м.* и *ж.*
бедня́жечка, -и, *р. мн.* -чек, *м.* и *ж.*
бедня́жка, -и, *р. мн.* -жек, *м.* и *ж.*
бедня́к, -а́
бедня́цкий
бедня́цко-середня́цкий
бедня́чка, -и, *р. мн.* -чек
бедова́ть, беду́ю, беду́ет
бедо́вый
бедоку́р, -а
бедоку́рить, -рю, -рит
бедоку́рка, -и, *р. мн.* -рок
бедоку́рящий
бедола́га, -и, *м.* и *ж.*
бедрене́ц, -нца́, *тв.* -нцо́м, *р. мн.* -нцо́в
бе́дренный
бедро́, -а́, *мн.* бёдра, бёдер, бёдрам
бе́дственно, *нареч.*
бе́дственность, -и
бе́дственный; *кр. ф.* -вен и -венен, -венна
бе́дствие, -я
бе́дствование, -я
бе́дствовать, -твую, -твует
бедуи́н, -а
бедуи́нка, -и, *р. мн.* -нок
бедуи́нский
бе́ечка, -и, *р. мн.* -чек
беж, *неизм.*
бежа́вший
бежа́ть(ся), бегу́, бежи́т(ся), бегу́т
бежева́тый
бе́жево-жёлтый
бе́жевый
бе́женец, -нца, *тв.* -нцем, *р. мн.* -нцев
бе́женка, -и, *р. мн.* -нок
бе́женский
бе́женство, -а
бе́жецкий (*от* Бе́жецк)
бежеча́не, -а́н, *ед.* -а́нин, -а
бежеча́нка, -и, *р. мн.* -нок
без и **безо,** *предлог*
безабза́цный
безавари́йность, -и
безавари́йный
беза́дресность, -и
беза́дресный
безазо́тистый
безакце́птный
безакци́зный
безала́берность, -и
безала́берный; *кр. ф.* -рен, -рна
безала́берщина, -ы
безалкало́идный
безалкого́льный
безалма́зный
безальтернати́вность, -и
безальтернати́вный; *кр. ф.* -вен, -вна
безапелляцио́нно, *нареч.*
безапелляцио́нность, -и
безапелляцио́нный; *кр. ф.* -о́нен, -о́нна
безаре́ндный
беза́томный
беза́ффиксный
безбанда́жный
безбандеро́льный
безба́шенный
безбе́дный; *кр. ф.* -ден, -дна
безбиле́тник, -а
безбиле́тница, -ы, *тв.* -ей
безбиле́тный
безбо́жие, -я
безбо́жник, -а
безбо́жница, -ы, *тв.* -ей
безбо́жный; *кр. ф.* -жен, -жна
безболе́зненно, *нареч.*
безболе́зненность, -и
безболе́зненный; *кр. ф.* -нен, -ненна
безборо́дый
безбоя́зненно, *нареч.*
безбоя́зненность, -и
безбоя́зненный; *кр. ф.* -нен, -ненна
безбра́чие, -я
безбра́чный
безбре́жие, -я
безбре́жность, -и
безбре́жный; *кр. ф.* -жен, -жна
безбро́вость, -и
безбро́вый
безбума́жный
безбу́рность, -и
безбу́рный; *кр. ф.* -рен, -рна
безва́льный
безвалю́тный
безва́хтенный
без ве́дома
безве́дренный; *кр. ф.* -рен, -ренна
безве́дрие, -я
безверетённый
безве́рие, -я
безве́рный; *кр. ф.* -рен, -рна
безве́рхий
безверши́нник, -а
безверши́нный
бе́з вести (пропа́сть)
безве́стность, -и
безве́стный; *кр. ф.* -тен, -тна
безве́тренно, *в знач. сказ.*
безве́тренность, -и
безве́тренный; *кр. ф.* -рен, -ренна
безве́трие, -я
безви́зовый
безви́нно, *нареч.*
безви́нно пострада́вший
безви́нность, -и
безви́нный; *кр. ф.* -и́нен, -и́нна
безвку́сие, -я
безвку́сица, -ы, *тв.* -ей
безвку́сный; *кр. ф.* -сен, -сна
безвла́стие, -я
безвла́стный; *кр. ф.* -тен, -тна
безво́дица, -ы, *тв.* -ей
безво́дность, -и
безво́дный; *кр. ф.* -ден, -дна
безво́дье, -я
безвозбра́нно, *нареч.*
безвозбра́нный; *кр. ф.* -а́нен, -а́нна
безвозвра́тность, -и
безвозвра́тный; *кр. ф.* -тен, -тна
безвозду́шный
безвозме́здность, -и
безвозме́здный; *кр. ф.* -ден, -дна
безво́лие, -я
безволо́сый
безво́льный; *кр. ф.* -лен, -льна
безво́рсовый
безвре́дность, -и
безвре́дный; *кр. ф.* -ден, -дна
безвре́менник, -а
безвре́менно, *нареч.*
безвре́менность, -и
безвре́менный; *кр. ф.* -менен, -менна
безвреме́нщина, -ы
безвре́менье, -я
безвы́бросный
безвы́годный; *кр. ф.* -ден, -дна
безвы́ездный
безвы́игрышный
безвы́лазный
безвы́ходность, -и
безвы́ходный; *кр. ф.* -ден, -дна
безгара́жный
безгербици́дный
безгеро́йный
безгла́вый
безглаго́льность, -и
безглаго́льный; *кр. ф.* -лен, -льна
безгла́зый
безгла́сие, -я
безгла́сность, -и

безгла́сный; *кр. ф.* -сен, -сна
безгне́вие, -я
безгне́вный; *кр. ф.* -вен, -вна
безгнёздный и **безгнёздый**
бе́з году неде́ля
безголово́й
безголо́вость, -и
безголо́вый
безголо́сица, -ы, *тв.* -ей
безголо́сный
безголо́сость, -и
безголо́сый
безголо́сье, -я
безгонора́рный
безгражда́нство, -а
безгра́мотность, -и
безгра́мотный; *кр. ф.* -тен, -тна
безграни́чно пре́данный
безграни́чность, -и
безграни́чный; *кр. ф.* -чен, -чна
безгра́нный; *кр. ф.* -а́нен, -а́нна
безгра́ночный
безгрехо́вный; *кр. ф.* -вен, -вна
безгре́шность, -и
безгре́шный; *кр. ф.* -шен, -шна
безгро́зный; *кр. ф.* -зен, -зна
безгу́бый
безда́нно-беспо́шлинно
безда́рность, -и
безда́рный; *кр. ф.* -рен, -рна
бе́здарь, -и
безде́йственность, -и
безде́йственный; *кр. ф.* -вен и -венен, -венна
безде́йствие, -я
безде́йствовать, -твую, -твует
безде́лица, -ы, *тв.* -ей
безде́лка, -и, *р. мн.* -лок
безделу́шечка, -и, *р. мн.* -чек
безделу́шка, -и, *р. мн.* -шек
безде́лье, -я
безде́льник, -а
безде́льница, -ы, *тв.* -ей
безде́льничанье, -я
безде́льничать, -аю, -ает
безде́льничество, -а
безде́льный; *кр. ф.* -лен, -льна
безде́нежность, -и
безде́нежный; *кр. ф.* -жен, -жна
безде́нежье, -я
безде́тность, -и
безде́тный; *кр. ф.* -тен, -тна
бездефе́ктный; *кр. ф.* -тен, -тна
бездефици́тность, -и
бездефици́тный; *кр. ф.* -тен, -тна
безде́ятельность, -и
безде́ятельный; *кр. ф.* -лен, -льна
бе́здна, -ы
бездо́ждный
бездо́ждье, -я
бездоказа́тельность, -и
бездоказа́тельный; *кр. ф.* -лен, -льна
бездокумента́рный
бездо́лье, -я
бездо́льный; *кр. ф.* -лен, -льна
бездо́мник, -а
бездо́мница, -ы, *тв.* -ей
бездо́мничать, -аю, -ает
бездо́мничество, -а
бездо́мность, -и
бездо́мный; *кр. ф.* -мен, -мна
бездомо́вник, -а
бездомо́вница, -ы, *тв.* -ей
бездомо́вный
бездо́нность, -и
бездо́нный; *кр. ф.* -о́нен, -о́нна
бездоро́жный
бездоро́жье, -я
бездотацио́нный; *кр. ф.* -о́нен, -о́нна
бездохо́дный; *кр. ф.* -ден, -дна
бездрена́жный
безду́мность, -и
безду́мный; *кр. ф.* -мен, -мна
безду́мье, -я
без дурако́в
бездухо́вность, -и
бездухо́вный; *кр. ф.* -вен, -вна
без души́
безду́шие, -я
безду́шность, -и
безду́шный; *кр. ф.* -шен, -шна
безды́мность, -и
безды́мный
бездыха́нный; *кр. ф.* -а́нен, -а́нна
безе́, *нескл., с.*
безжа́лостность, -и
безжа́лостный; *кр. ф.* -тен, -тна
безжгу́тиковый
безжеле́зный
безжелту́шный
безжи́зненно, *нареч.*
безжи́зненность, -и
безжи́зненный; *кр. ф.* -знен, -зненна
безжирово́й
беззабо́тливый
беззабо́тность, -и
беззабо́тный; *кр. ф.* -тен, -тна
беззаве́тно пре́данный
беззаве́тность, -и
беззаве́тный; *кр. ф.* -тен, -тна
беззазо́рный
без зазре́ния со́вести
беззако́ние, -я
беззако́нник, -а
беззако́нница, -ы, *тв.* -ей
беззако́нничать, -аю, -ает
беззако́нно, *нареч.*
беззако́нность, -и
беззако́нный; *кр. ф.* -о́нен, -о́нна
без запи́нки
беззапре́тный
беззасте́нчивость, -и
беззасте́нчивый
беззащи́тность, -и
беззащи́тный; *кр. ф.* -тен, -тна
беззвёздный; *кр. ф.* -ден, -дна
беззву́чие, -я
беззву́чность, -и
беззву́чный; *кр. ф.* -чен, -чна
безземе́лье, -я
безземе́льный
беззло́бие, -я
беззло́бность, -и
беззло́бный; *кр. ф.* -бен, -бна
беззо́льный
беззу́бка, -и, *р. мн.* -бок
беззу́бость, -и
беззу́бый
бези́к, -а
безйо́довый
безйо́товый
без конца́
безлафе́тный
безлёгочный
безлека́рственный; *кр. ф.* -вен и -венен, -венна
безлепестно́й
безле́сный; *кр. ф.* -сен, -сна
безле́сье, -я
безли́кий
безли́кость, -и
безлими́тный
безли́нзовый
безли́ственный; *кр. ф.* -вен и -венен, -венна
безли́стный и **безли́стый**
безлицензио́нный
безли́чие, -я
безли́чно-предикати́вный
безли́чностный
безли́чность, -и
безли́чный; *кр. ф.* -чен, -чна
безло́пастный
безлоша́дник, -а
безлоша́дный
безлу́ние, -я
безлу́нный; *кр. ф.* -у́нен, -у́нна
безлю́бие, -я
безлю́девший
безлю́деть, -еет
безлю́дно, *в знач. сказ.*
безлю́дность, -и
безлю́дный; *кр. ф.* -ден, -дна
безлю́дье, -я
без ма́лого и (устар.) **без ма́ла**
безма́терний
безма́ток, -тка
безма́точный
безмаши́нный
безмедикаменто́зный; *кр. ф.* -зен, -зна
безме́здный; *кр. ф.* -ден, -дна
безме́н, -а
безме́нный
безме́рность, -и
безме́рный; *кр. ф.* -рен, -рна
безмета́лловый
безмикро́бный
безмо́зглость, -и
безмо́зглый
безмо́лвие, -я
безмо́лвность, -и
безмо́лвный; *кр. ф.* -вен, -вна
безмо́лвствование, -я
безмо́лвствовать, -твую, -твует

безмоло́чный
безморо́зный
безмоти́вность, -и
безмоти́вный; *кр. ф.* -вен, -вна
безмото́рный
безму́жний
безмы́слие, -я
безмяте́жность, -и
безмяте́жный; *кр. ф.* -жен, -жна
безнабо́рный
безнадёга, -и
безнадёжность, -и
безнадёжный; *кр. ф.* -жен, -жна
безнадзо́рность, -и
безнадзо́рный; *кр. ф.* -рен, -рна
безнака́занно, *нареч.*
безнака́занность, -и
безнака́занный; *кр. ф.* -ан, -анна
безна́л, -а (*безналичный расчет*)
безнали́чка, -и
безнали́чник, -а
безнали́чный
безнало́говый
безнапо́рный
без напря́га
безнаря́дный
безнача́лие, -я
безнача́льный; *кр. ф.* -лен, -льна
безникоти́новый
безни́точный
безнитра́тный
безно́гий
безно́сый
безнра́вственно, *нареч.*
безнра́вственность, -и
безнра́вственный; *кр. ф.* -вен и -венен, -венна
безо и **без**, *предлог*
безоа́р, -а
безоа́рный
безоа́ровый
безо́бжигный
безо́бжиговый
безоби́дность, -и
безоби́дный; *кр. ф.* -ден, -дна
без обиняко́в
безо́блачность, -и
безо́блачный; *кр. ф.* -чен, -чна
безобма́нный
безобмоло́тный
безоболо́чный
безоборо́тный
безобра́зие, -я
безобра́зить, -а́жу, -а́зит
безобра́зник, -а
безобра́зница, -ы, *тв.* -ей
безобра́зничать, -аю, -ает
безобра́зность, -и
безо́бразный (*не содержащий образа*)
безобра́зный; *кр. ф.* -зен, -зна (*к* безобра́зие)
безобра́зящий
безобро́чный
без огля́дки
безогля́дность, -и
безогля́дный; *кр. ф.* -ден, -дна
безоговóрочность, -и
безоговóрочный; *кр. ф.* -чен, -чна
безокисли́тельный
без околи́чностей
безоко́нный
безопа́ска, -и, *р. мн.* -сок
без опа́ски
безопа́сность, -и; но: **Сове́т Безопа́сности ОО́Н**
безопа́сный; *кр. ф.* -сен, -сна
безоперацио́нный
безопи́лочный
безопо́рный
безо́пытный
безору́жность, -и
безору́жный; *кр. ф.* -жен, -жна
безосево́й
безоско́лочный
безоснова́тельность, -и
безоснова́тельный; *кр. ф.* -лен, -льна
безо́сный (*от* ось)
безостано́вочность, -и
безостано́вочный; *кр. ф.* -чен, -чна
без оста́тка
безо́стый (*от* ость)
безотва́льный
безотве́тно
безотве́тность, -и
безотве́тный; *кр. ф.* -тен, -тна
безотве́тственно, *нареч.*
безотве́тственность, -и
безотве́тственный; *кр. ф.* -вен и -венен, -венна
безотвя́зность, -и
безотвя́зный; *кр. ф.* -зен, -зна
безотговóрочный
безотзы́вный (*фин.*)
без отка́за
безотка́зность, -и
безотка́зный; *кр. ф.* -зен, -зна
безотка́тка, -и, *р. мн.* -ток
безотка́тный
безотлага́тельность, -и
безотлага́тельный; *кр. ф.* -лен, -льна
безотло́жный
безотлу́чный; *кр. ф.* -чен, -чна
безотноси́тельно, *нареч.*; безотноси́тельно к (*чему*)
безотноси́тельность, -и
безотноси́тельный; *кр. ф.* -лен, -льна
безотра́дность, -и
безотра́дный; *кр. ф.* -ден, -дна
безотры́вный; *кр. ф.* -вен, -вна
безотхо́дный
безотцо́вщина, -ы
безотчётность, -и
безотчётный; *кр. ф.* -тен, -тна
безоши́бочность, -и
безоши́бочный; *кр. ф.* -чен, -чна
без па́мяти
без переды́ху
без призо́ра и **без призо́ру**
без прикра́с
без про́дыху
без про́маха и **без про́маху**
без просве́та
без про́сыпа и **без про́сыпу**
безрабо́тица, -ы, *тв.* -ей
безрабо́тный
безра́достность, -и
безра́достный; *кр. ф.* -тен, -тна
без разбо́ра и **без разбо́ру**
безразбо́рный (*тех.*)
безразде́льно госпо́дствующий
безразде́льность, -и
безразде́льный; *кр. ф.* -лен, -льна
безразду́мный
безразли́чие, -я
без разли́чия
безразли́чно кто́ (что́, где́, когда́ и т. п.)
безразли́чно, *нареч.* и *в знач. сказ.*
безразли́чный; *кр. ф.* -чен, -чна
безразме́рный; *кр. ф.* -рен, -рна
без ра́зницы, *в знач. сказ.*
безра́мный
безраспо́рный
безрассве́тный
безрассу́дность, -и
безрассу́дный; *кр. ф.* -ден, -дна
безрассу́дство, -а
безрасчётливый
безрасчётный; *кр. ф.* -тен, -тна
безреги́стровый
безрезульта́тность, -и
безрезульта́тный; *кр. ф.* -тен, -тна
безрелигио́зный; *кр. ф.* -зен, -зна
безре́льсовый
безремо́нтный
безрессо́рный
безрецепту́рный
безри́сковый
безро́гий
безро́дный; *кр. ф.* -ден, -дна
без ро́ду без пле́мени
без ро́ду-пле́мени
безро́потность, -и
безро́потный; *кр. ф.* -тен, -тна
безрука́вка, -и, *р. мн.* -вок
безрука́вный
безру́кий
безру́льный
безры́бица, -ы, *тв.* -ей
безры́бный
безры́бье, -я
безры́ночный
без созна́ния
без спро́са и **без спро́су**
без стра́ха и упрёка
без сучка́ без задо́ринки
бе́з толку и **без то́лку**
безубы́точность, -и
безубы́точный; *кр. ф.* -чен, -чна
безуга́рный
безуглеро́дистый
безугомо́нный
безуда́рность, -и
безуда́рный; *кр. ф.* -рен, -рна

безу́держ, -а, *тв.* -ем (*безудержность*)
безу́держность, -и
безу́держный; *кр. ф.* -жен, -жна
без у́держу
безуе́здный
безуё́мный; *кр. ф.* -мен, -мна
безузлово́й
безуклю́чинный (безуклю́чинная ло́дка, гре́бля)
безукори́зненно, *нареч.*
безукори́зненность, -и
безукори́зненный; *кр. ф.* -нен, -ненна
безулы́бчивый
без ума́
безу́мевший
безу́меть, -ею, -еет
безу́мец, -мца, *тв.* -мцем, *р. мн.* -мцев
безу́мие, -я
безу́мность, -и
безу́мный; *кр. ф.* -мен, -мна
без у́молку
безумо́лчный; *кр. ф.* -чен, -чна
безу́мство, -а
безу́мствовать, -твую, -твует
безупо́рный
безупре́чность, -и
безупре́чный; *кр. ф.* -чен, -чна
безуро́чный
безуря́дица, -ы, *тв.* -ей
безуса́дочность, -и
безуса́дочный
безусло́вно, *нареч.* и *вводн. сл.*
безусло́вно-рефлекто́рный
безусло́вность, -и
безусло́вный; *кр. ф.* -вен, -вна
безуспе́шность, -и
безуспе́шный; *кр. ф.* -шен, -шна
без у́стали
безуста́нно, *нареч.*
безуста́нность, -и
безуста́нный; *кр. ф.* -а́нен, -а́нна
безу́сый
без ута́йки
безуте́шность, -и
безуте́шный; *кр. ф.* -шен, -шна
безуха́нный; *кр. ф.* -а́нен, -а́нна
безу́хий
безуча́стие, -я
безуча́стность, -и
безуча́стный; *кр. ф.* -тен, -тна
безъё́мкостный
безъе́ровый (*от* ер)
безъю́морный
безъя́дерный
безъязы́кий
безъязы́кость, -и
безъязы́чие, -я
безъязы́чный; *кр. ф.* -чен, -чна
безъя́корный
безъя́тевый (*от* ять)
безъяче́йковый
безы́глый
безыго́льный
безыгрово́й
безыдеа́льный
безыде́йность, -и
безыде́йный; *кр. ф.* -е́ен, -е́йна
безызве́стный
безызлуча́тельный
безызно́сность, -и
безызно́сный
безызъя́нный
безыллюзо́рность, -и
безыллюзо́рный; *кр. ф.* -рен, -рна
безымё́нность, -и
безымё́нный
безыммуните́тный
безымя́нка, -и, *р. мн.* -нок
безымя́нность, -и
безымя́нный; *кр. ф.* -я́нен, -я́нна
безынвента́рный
безындика́торный
безындукцио́нный
безынерцио́нность, -и
безынерцио́нный
безынициати́вность, -и
безынициати́вный; *кр. ф.* -вен, -вна
безынструмента́льный
безынтегра́льный
безынтере́сность, -и
безынтере́сный; *кр. ф.* -сен, -сна
безынфляцио́нный
безынформати́вность, -и
безынформати́вный; *кр. ф.* -вен, -вна
безынформацио́нный
безынъекцио́нный
безыскажё́нный
безысключи́тельность, -и
безысключи́тельный; *кр. ф.* -лен, -льна
безы́скровый
безыску́сность, -и
безыску́сный; *кр. ф.* -сен, -сна
безыску́сственно, *нареч.*
безыску́сственность, -и
безыску́сственный; *кр. ф.* -вен и -венен, -венна
безысхо́дность, -и
безысхо́дный; *кр. ф.* -ден, -дна
безыто́говый
безэквивале́нтный
безэлектро́дный
безэмоциона́льный; *кр. ф.* -лен, -льна
бей, бе́я; *к предшествующему собственному имени присоединяется через дефис, напр.*: Гаса́н-бе́й, Изма́йл-бе́й
бейдеви́нд, -а
бейделли́т, -а
бе́йза, -ы (*антилопа*)
бе́йка, -и, *р. мн.* бе́ек
бе́йлиф, -а
бейру́тский (*от* Бейру́т)
бейру́тцы, -ев, *ед.* -тец, -тца, *тв.* -тцем
бейсбо́л, -а
бейсболи́ст, -а
бейсболи́стка, -и, *р. мн.* -ток
бейсбо́лка, -и, *р. мн.* -лок
бейсбо́льный
бейсджа́мпинг, -а (*спорт.*)
бе́йсер, -а
бе́йсик, -а
бе́йсмен, -а
бейт, -а
бе́йфут, -а
бе́йфут-та́ли, -ей
бек[1], -а (титул); *к предшествующему собственному имени присоединяется через дефис, напр.*: Ибраги́м-бе́к
бек[2], -а (*спорт.*)
бе́канье, -я
бека́р, -а
бека́с, -а
бекаси́нник, -а
бекаси́ный
бека́сница, -ы, *тв.* -ей
бе́кать, -аю, -ает (*блеять*)
беке́ша, -и, *тв.* -ей
беке́шка, -и, *р. мн.* -шек
беке́шный
беккере́ль, -я
беккро́сс, -а
бекма́ния, -и
бекме́с, -а
беко́н, -а
бекониза́ция, -и
беко́нный
бел, -а, *р. мн.* -ов, *счетн. ф.* бел (*ед. измер.*)
БелА́З, -а (*завод и автомобиль*)
Бе́лая, -ой (*река*)
бе́лая а́рмия (*в России в Гражданскую войну*)
Бе́лая гва́рдия
Бе́лая Гли́на (*поселок*)
Бе́лая кни́га (*собрание документов*)
Бе́лая олимпиа́да
Бе́лая Ре́чка (*поселок*)
Бе́лая Це́рковь (*город*)
бе́лги, -ов (*племя*)
Бе́лгород-Днестро́вский, Бе́лгорода-Днестро́вского
бе́лгород-днестро́вский, *прил.*
белгоро́дский (*от* Бе́лгород)
белгоро́дцы, -ев, *ед.* -дец, -дца, *тв.* -дцем
Белгоро́дчина, -ы (*к* Бе́лгород)
бе́л-горю́ч ка́мень, *др. формы не употр.*
белгра́дский (*от* Белгра́д)
белгра́дцы, -ев, *ед.* -дец, -дца, *тв.* -дцем
белебе́евский (*от* Белебе́й)
белебе́евцы, -ев, *ед.* -вец, -вца, *тв.* -вцем
белево́й (*от* бе́ли и бель)
белё́вский (*от* Белё́в)
белё́вцы, -ев, *ед.* -вец, -вца, *тв.* -вцем
беле́йший
белё́к, белька́ (*детеныш тюленя*)
белемни́т, -а
белена́, -ы́
белендря́сы, -ов
беле́ние, -я
белени́ться, -ню́сь, -ни́тся
беленно́й (*от* белена́)

белённый; *кр. ф.* -ён, -ена́, *прич.*
белёный, *прил.*
бе́ленький
белесова́тость, -и
белесова́тый
белёсо-голубо́й
белёсость, -и
белёсый
беле́ть(ся), -е́ю, -е́ет(ся)
белёхонький; *кр. ф.* -нек, -нька
беле́ц, бельца́, *тв.* бельцо́м, *р. мн.* бельцо́в
беле́цкий
белёшенький; *кр. ф.* -нек, -нька
бе́ли, бе́лей (*выделения*)
белиберда́, -ы́
белизна́, -ы́
бели́ла, -и́л
бели́льный
бели́льня, -и, *р. мн.* -лен
бели́тель, -я
бели́ть(ся), белю́(сь), бе́ли́т(ся)
бели́ца, -ы, *тв.* -ей
бе́личий, -ья, -ье
бе́лка, -и, *р. мн.* бе́лок
белки́, -о́в, *ед.* бело́к, белка́ (*горные вершины*)
бе́лкин, -а, -о
белкова́ние, -я
белкова́ть, -ку́ю, -ку́ет
белкови́на, -ы
белковови́дный
белко́во-витами́нный
белко́во-клёточный
белковомоло́чность, -и
белко́во-моло́чный
белковоподо́бный
белко́во-пшени́чный
белковосодержа́щий
белко́вость, -и
белко́вый
Белл, -а: **зако́н Бе́лла – Мажанди́**
беллладо́нна, -ы
белласпо́н, -а
беллетриза́ция, -и
беллетризи́рованный; *кр. ф.* -ан, -ана
беллетризи́ровать(ся), -рую, -рует(ся)
беллетри́зм, -а
беллетризо́ванный; *кр. ф.* -ан, -ана
беллетризова́ть(ся), -зу́ю, -зу́ет(ся)
беллетри́ст, -а
беллетри́стика, -и
беллетристи́ческий
беллетристи́чность, -и
беллетристи́чный; *кр. ф.* -чен, -чна
беллетри́стка, -и, *р. мн.* -ток
бе́лли, *неизм.*: **ка́зус бе́лли**
белли́ниевский (*от* Белли́ни)
бе́лл-ланка́стерская систе́ма обуче́ния
белло́ид, -а
белоатла́сный
белобанди́т, -а
белоба́шенный
белоберёзовый
белобиле́тник, -а
белобо́кий
белоборо́дый
белобо́чка, -и, *р. мн.* -чек
белобро́вый
белобры́сенький
белобры́сость, -и
белобры́сый
белобрю́хий
белова́то-голубо́й
белова́то-ро́зовый
белова́тый
Белове́жская Пу́ща
белове́жский (*к* Белове́жская Пу́ща)
Белове́жье, -я
белови́к, -а́
белово́й
белово́йлочный
беловоло́сый
беловоротничко́вый
бе́ловский (*к* Андре́й Бе́лый)
бело́вский (*от* Бело́в и Бело́во, *город*)
бело́вцы, -ев, *ед.* -вец, -вца, *тв.* -вцем (*от* Бело́во)
беловча́не, -а́н, *ед.* -а́нин, -а (*от* Бело́во)
белогварде́ец, -е́йца, *тв.* -е́йцем, *р. мн.* -е́йцев
белогварде́йка, -и, *р. мн.* -е́ек
белогварде́йский
белогварде́йщина, -ы
белогла́зка, -и, *р. мн.* -зок
белоголо́вый
бе́ло-голубо́й
белого́рский (*к* Белого́рск и Белого́рье)
Белого́рье, -я (*горные хребты в системе Саян*)
белогоря́чечный
белогри́вый
белогру́дый
белогу́зка, -и, *р. мн.* -зок
белодере́вец, -вца, *тв.* -вцем, *р. мн.* -вцев
белодере́вщик, -а
белодо́мовец, -вца, *тв.* -вцем, *р. мн.* -вцев
белодо́мовский
белоду́шка, -и, *р. мн.* -шек
Бе́лое движе́ние
Бе́лое де́ло
бе́лое духове́нство
Бе́лое мо́ре
Бе́лое о́зеро
бе́ло-зелёный
белозёрный (*с белым зерном*)
белозе́рский (*от* Бе́лое о́зеро и Белозе́рск)
белозе́рцы, -ев, *ед.* -рец, -рца, *тв.* -рцем
белозо́р, -а
белозу́бка, -и, *р. мн.* -бок
белозу́бый
бело́к, белка́
белоказа́ки, -ов, *ед.* -за́к, -а
белокали́льный
Белока́менная, -ой (*о Москве*)
белока́менный
белоки́пенный
белоко́жий
белоколо́нный
белоколо́сица, -ы, *тв.* -ей
белокопы́тник, -а
белоко́рый
белокоча́нный
бе́ло-кра́сный
Белокрини́цкая иера́рхия (*церковь у поповцев*)
белокро́вие, -я
белокры́лка, -и, *р. мн.* -лок
белокры́лый
белокры́льник, -а
белоксинтези́рующий
белоксодержа́щий
белоку́польный
белоку́рость, -и
белоку́рый
белоли́кий
белоли́ственник, -а
белоли́ственный
белоли́цый
белоли́чка, -и, *р. мн.* -чек, *м.* и *ж.*
белоло́бый
беломе́стный *(ист.)*
беломе́стцы, -ев, *ед.* -тец, -тца, *тв.* -тцем (*ист.*)
беломо́р, -а (*папиросы*)
беломо́рдый
Беломорка́на́л, -а
беломо́рский (*от* Бе́лое мо́ре и Беломо́рск)
беломо́рско-балти́йский
Беломо́рско-Балти́йский кана́л
Беломо́рско-Обоне́жский регио́н
беломо́рцы, -ев, *ед.* -рец, -рца, *тв.* -рцем
Беломо́рье, -я (*от* Бе́лое мо́ре)
беломо́шник, -а
беломра́морный
беломы́шечная боле́знь
белоно́г, -а (*птица*)
белоно́гий
белопе́нный
белопёрый
белопеса́ный
белопле́чий
белопого́нник, -а
белоподкла́дочник, -а
белоподкла́дочный
белопо́льный
белопо́ляки, -ов
белоре́цкий (*к* Бе́лая, *река*, и Белоре́цк)
белореча́не, -а́н, *ед.* -а́нин, -а (*от* Белоре́цк)
белоре́ченский (*от* Белоре́ченск)
белоре́ченцы, -ев, *ед.* -нец, -нца, *тв.* -нцем (*от* Белоре́ченск)
бе́ло-ро́зовый
белору́кий

белору́нный
белору́ска, -и, *р. мн.* -сок
белору́сский (*к* белору́сы и Белору́ссия)
Белору́сское Поле́сье
белору́сско-лито́вский
белору́сско-по́льский
белору́сско-росси́йский
белору́сско-ру́сский
белору́сско-украи́нский
белору́сы, -ов, *ед.* -ру́с, -а
белору́чка, -и, *р. мн.* -чек, *м.* и *ж.*
белоры́бий, -ья, -ье
белоры́бица, -ы, *тв.* -ей
бе́ло-си́не-кра́сный
бе́ло-си́ний
Белосне́жка, -и (*сказочный персонаж*)
белосне́жность, -и
белосне́жный; *кр. ф.* -жен, -жна
белоспи́нный
белостволь́ный
белосте́нный
белосто́кский (*от* Белосто́к)
белосто́кцы, -ев, *ед.* -кец, -кца, *тв.* -кцем
белота́л, -а
белоте́лый
белоу́с, -а (*растение*)
белоу́совые, -ых
белофи́нны, -ов
белофи́нский
белохала́тный
белохво́стый
белоцве́тник, -а
белоцерко́вский (*от* Бе́лая Це́рковь)
бе́ло-чёрный
белоче́хи, -ов, *ед.* -че́х, -а
бе́лочка, -и, *р. мн.* -чек
бело́чный (*от* бело́к)
белошве́йка, -и, *р. мн.* -е́ек
белошве́йный
белоше́й, -я (*гусь*)
белошёрстный и **белошёрстый**
белощёкий
белоэмигра́нт, -а
белоэмигра́нтка, -и, *р. мн.* -ток
белоэмигра́нтский
белоя́ровый
Белоя́рская АЭ́С
белоя́рый
белу́га, -и
белу́джи, -ей, *ед.* белу́дж, -а, *тв.* -ем
белу́джский
белу́жий, -ья, -ье (*от* белу́га)
белу́жина, -ы
белу́жинка, -и
белу́жка, -и, *р. мн.* -жек
белу́ха, -и
белу́ший, -ья, -ье (*от* белу́ха)
бе́лфа́стский (*от* Бе́лфа́ст)
бе́лфа́стцы, -ев, *ед.* -тец, -тца, *тв.* -тцем
Бе́лые Берега́ (*поселок*)
Бе́лые Столбы́ (*поселок*)
Бе́лый го́род (*в старину – часть Москвы*)
Бе́лый до́м (*в Вашингтоне, Москве*)
Бе́лый Ни́л (*река*)
Бе́лый Я́р (*поселок*)
бе́лый; *кр. ф.* бел, бела́, бе́ло́
белы́м-бело́, *в знач. сказ.*
бель, -и (*собир.; болезнь злаков*)
бельбе́к, -а (*пояс борца*)
бельведе́р, -а (*архит.*) и **Бельведе́р,** -а (*название некоторых дворцовых сооружений*)
бельведе́рский (*от* Бельведе́р); но: **Аполло́н Бельведе́рский**
бельги́йка, -и, *р. мн.* -и́ек
бельги́йский (*от* Бе́льгия)
бельги́йцы, -ев, *ед.* -и́ец, -и́йца, *тв.* -и́йцем
бельдю́га, -и
бельдю́говые, -ых
бельё, -я́
бельева́я, -о́й
бельево́й (*от* бельё)
бельевщи́ца, -ы, *тв.* -ей
бельецо́, -а́
бельи́шко, -а
бельи́ще, -а
белька́нто, *нескл., с.*
бельково́й (*от* белёк)
бельма́стый
бельме́с: ни бельме́са
бельмо́, -а́, *мн.* бе́льма, бельм
бельмово́й
бельморе́з, -а
бе́льский (*от* Бе́лая, *река*)
бельт, -а (*геол.*)
бе́льтинг, -а
бе́льтский
бельфлёр, -а
бельфлёр-китáйка, -и
бе́льцкий (*от* Бе́льцы)
бельча́не, -а́н, *ед.* -а́нин, -а (*от* Бе́льцы)
бельча́нка, -и, *р. мн.* -нок (*к* бельча́не)
бельча́тник, -а
бельчо́нок, -нка, *мн.* -ча́та, -ча́т
бельэта́ж, -а, *тв.* -ем
бельэта́жный
беля́венький
беля́вый
беля́к, -а́
беля́на, -ы
беля́нка, -и, *р. мн.* -нок
беля́ночка, -и, *р. мн.* -чек
беляши́, -е́й, *ед.* беля́ш, -а́, *тв.* -о́м
бе́ля́щий
беля́щийся
бемо́ль, -я
бемо́льный
бе́мский (*устар. к* боге́мский: бе́мское стекло́)
бенга́ли, *неизм.* и *нескл., м.*
бенга́лка, -и, *р. мн.* -лок
бенга́льский (*к* Бенга́лия и бенга́льцы; бенга́льский ого́нь)
бенга́льцы, -ев, *ед.* -лец, -льца, *тв.* -льцем
бе́ндеровский (*к* Оста́п Бе́ндер)
бенде́рский (*от* Бенде́ры)
бенде́рцы, -ев, *ед.* -рец, -рца, *тв.* -рцем
бендерча́не, -а́н, *ед.* -а́нин, -а
бендерча́нка, -и, *р. мн.* -нок
бе́нди, *нескл., м.*
бенедикти́н, -а
бенедикти́новый (*от* бенедикти́н)
бенедикти́нский (*к* бенедикти́нцы)
бенедикти́нцы, -ев, *ед.* -нец, -нца, *тв.* -нцем
бенеди́кция, -и
бенефи́с, -а
бенефи́сный
бенефициа́нт, -а
бенефициа́нтка, -и, *р. мн.* -ток
бенефициа́р, -а и **бенефициа́рий,** -я (*фин.*)
бенефи́ций, -я
бе́нзель, -я (*мор.*)
бензиди́н, -а
бензиди́новый
бензи́ловый
бензилхлори́д, -а
бензилцеллюло́за, -ы
бензи́н, -а и -у
бензи́нец, -нца и -нцу, *тв.* -нцем
бензи́нистый
бензи́нка, -и, *р. мн.* -нок
бензи́нный
бензи́новый
бензиноналивно́й
бензиноулови́тель, -я
бензинохрани́лище, -а
бензи́нчик, -а и -у
бензо… – *первая часть сложных слов, пишется слитно*
бензоа́т, -а
бензоба́к, -а
бензова́куумный
бензово́з, -а
бензогенера́тор, -а
бензозапра́вка, -и, *р. мн.* -вок
бензозапра́вочный
бензозапра́вщик, -а
бензои́л, -а
бензоилхлори́д, -а
бензо- и маслосто́йкость, -и
бензои́н, -а
бензои́новый
бензо́йный
бензоколо́нка, -и, *р. мн.* -нок
бензокоса́, -ы́, *мн.* -ко́сы, -ко́с
бензо́л, -а
бензо́ловый
бензолсодержа́щий и **бензолосодержа́щий**
бензо́льный
бензоме́р, -а
бензомото́рный
бензонасо́с, -а
бензонафто́л, -а
бензоперека́чивающий

бензопила́, -ы́, *мн.* -и́лы, -и́л
бензопире́н, -а и **бензпире́н,** -а
бензопрово́д, -а
бензораздаточный
бензоре́з, -а
бензоре́зчик, -а
бензоснабже́ние, -я
бензосучкоре́зка, -и, *р. мн.* -зок
бензоуказа́тель, -я
бензофи́льтр, -а
бензохрани́лище, -а
бензоцисте́рна, -ы
бензоэлектри́ческий
бензпире́н, -а и **бензопире́н,** -а
Бенилю́кс, -а (стра́ны Бенилю́кса)
бени́нский (*от* Бени́н)
бени́нцы, -ев, *ед.* -и́нец, -и́нца, *тв.* -и́нцем
беннетти́товые, -ых
беннетти́ты, -ов, *ед.* -и́т, -а
бента́ль, -и
бентозу́х, -а
бентони́т, -а
бентони́товый
бе́нтос, -а
бенуа́р, -а
бенц: сде́лать (устро́ить) бе́нц
бенч, -а, *тв.* -ем
беоти́йка, -и, *р. мн.* -и́ек
беоти́йский (*от* Бео́тия)
беоти́йцы, -ев, *ед.* -и́ец, -и́йца, *тв.* -и́йцем
берберин, -а
берб́ерка, -и, *р. мн.* -рок
берб́еро-ара́бский
берб́еро-ливи́йский
берб́ерский
берб́еры, -ов, *ед.* бербе́р, -а
бергамо́т, -а
бергамо́тный
бергамо́товый
берга́мский (*от* Берга́мо)
берг-инспе́ктор, -а
Берг-колле́гия, -и (*ист.*)
Берг-привиле́гия, -и (*ист.*)
Берг-регла́мент, -а (*ист.*)
бергшру́нд, -а
берда́н, -а и **берда́на,** -ы
берда́нка, -и, *р. мн.* -нок
берда́ночный
бёрдо, -а
бёрдовый
бе́рдский (*от* Бердь, *река*, и Бердск)
берды́ш, -а́, *тв.* -о́м
бердя́евский (*от* Бердя́ев)
бе́ре, *неизм.*
бе́рег, -а, *предл.* на берегу́, *мн.* -а́, -о́в; но (*в наименованиях природных и курортных зон, административных территорий*) **Бе́рег,** -а, *предл.* на ... Берегу́, *напр.*: Лазу́рный Бе́рег (*во Франции*), Со́лнечный Бе́рег (*в Болгарии*), Золото́й Бе́рег (*в Африке*), Бе́рег Слоно́вой Ко́сти (*государство*)

Берега́, -о́в: **Бе́лые Берега́** (*поселок*)
береги́ня, -и, *р. мн.* -и́нь
берегови́к, -а́
берегово́й
берегову́шка, -и, *р. мн.* -шек
берегозащи́тный
берегоукрепи́тельный
берегоукрепле́ние, -я
берёгший
береди́ть, бережу́, береди́т
бережённый; *кр. ф.* -ён, -ена́, *прич.*
бережёный, *прил.*
бережли́вость, -и
бережли́вый
бе́режность, -и
бе́режный; *кр. ф.* -жен, -жна
бережо́к, -жка́, *предл.* на бережку́
бе́режь, -и
берёза, -ы
берёзина, -ы
берези́т, -а
берёзка, -и, *р. мн.* -зок
бере́зник, -а
березнико́вский (*от* Березники́)
березнико́вцы, -ев, *ед.* -вец, -вца, *тв.* -вцем
бере́зничек, -чка
березня́к, -а́
березнячо́к, -чка́
берёзовик, -а
берёзовица, -ы, *тв.* -ей
берёзовка, -и
берёзовый
берёзонька, -и, *р. мн.* -нек
бере́йтор, -а
бере́йторский
бере́ка, -и
бере́меневшая
бере́менеть, -ею, -еет
бере́менная, -ой
бере́менность, -и
бере́менный; *кр. ф.* -енен, -енна
бере́мечко, -а, *мн.* -чки, -чек
бере́мя, -мени, *тв.* -менем
беренде́ев, -а, -о (беренде́ево ца́рство)
беренде́и, -ев, *ед.* -де́й, -я
беренде́йка, -и, *р. мн.* -е́ек
берескле́т, -а
бересклетовый
бе́рест, -а (*дерево*)
берёста, -ы и **береста́,** -ы́
берести́на, -ы
берести́нка, -и, *р. мн.* -нок
берёстка, -и
бе́рестовый (*к* бе́рест)
берёстовый и **бересто́вый** (*к* берёста и береста́)
берестя́ник, -а
берестя́нка, -и, *р. мн.* -нок
берестяно́й
бере́т, -а
бере́тик, -а
бере́тка, -и, *р. мн.* -ток
бере́тный

бере́чь(ся), берегу́(сь), бережёт(ся), берегу́т(ся); *прош.* берёг(ся), берегла́(сь)
бержере́тта, -ы
бери́ – не хочу́ (*очень много*)
бе́ри-бе́ри, *нескл., ж.*
бе́риевский (*от* Бе́рия)
бе́риевщина, -ы
бе́рикс, -а (*рыба*)
бери́лл, -а (*минерал*)
бери́ллиевый (*от* бери́ллий)
бериллиза́ция, -и
бери́ллий, -я (*хим. элемент*)
бери́лловый (*от* бери́лл)
Бе́рингово мо́ре, Бе́рингова мо́ря
беринговомо́рский и **берингомо́рский** (*от* Бе́рингово мо́ре)
бе́ринговский (*от* Бе́ринг)
берке́лий, -я и **бе́рклий,** -я
беркли́анский
беркли́анство, -а
бе́рклиевский (*от* Бе́ркли)
бе́рклий, -я и **берке́лий,** -я
бе́рковец, -вца, *тв.* -вцем, *р. мн.* -вцев
бе́ркут, -а
беркути́ный
беркути́ца, -ы, *тв.* -ей
беркутчи́, *нескл., м.*
беркши́рский
беркши́ры, -ов, *ед.* -ши́р, -а
берли́н, -а (*экипаж*)
берли́на, -ы (*баржа*)
берли́нка, -и, *р. мн.* -нок
Берли́нская стена́
берли́нский (*от* Берли́н)
берли́нцы, -ев, *ед.* -нец, -нца, *тв.* -нцем
берлио́зовский (*от* Берлио́з)
берло́га, -и
берло́жный
бе́рма, -ы
берму́дский (*к* Берму́дские острова́, Берму́ды; берму́дский гро́т, *на яхте*)
Берму́дский треуго́льник
берму́дцы, -ев, *ед.* -дец, -дца, *тв.* -дцем
берму́ды, -ов (*штаны*)
Берна́р, -а: **то́ки Берна́ра**
бернарди́нский
бернарди́нцы, -ев, *ед.* -нец, -нца, *тв.* -нцем
бе́рнский (*от* Берн)
бёрнсовский (*от* Бёрнс)
Берну́лли, *нескл., м.*: **схе́ма Берну́лли, теоре́ма Берну́лли, уравне́ние Берну́лли, чи́сла Берну́лли**
бе́рнцы, -ев, *ед.* -нец, -нца, *тв.* -нцем
бернштейниа́нец, -нца, *тв.* -нцем, *р. мн.* -нцев
бернштейниа́нский (*от* Бернште́йн)
бернштейниа́нство, -а
берсалье́р, -а
берсе́з, -а
бертоле́това со́ль, бертоле́товой со́ли
бертолли́ды, -ов, *ед.* -лли́д, -а

беру́ши, -ей
берцо́, -а́ и **бёрце**, -а, *мн.* бёрца, бёрец
берцо́вый
берчи́зм, -а
берчи́ст, -а
берчи́стский
бес, -а
бесало́л, -а
бесе́да, -ы
бесе́дка, -и, *р. мн.* -док
бесе́дковые, -ых
бесе́дливый
бесе́довать, -дую, -дует
бесе́дочка, -и, *р. мн.* -чек
бесе́дочный
бесе́дчик, -а
бесёнок, -нка, *мн.* бесеня́та, -я́т
бесерме́н, -а (*мусульманский купец*)
бесермя́не, -я́н, *ед.* бесермя́нин, -а (*потомки волжско-камских булгар*)
бе́с-искуси́тель, бе́са-искуси́теля
беси́ть(ся), бешу́(сь), бе́сит(ся)
бескавы́чный
бескалори́йный
беска́мерный
бескана́льный
бескапите́льный
беска́псюльный
бескарка́сный
беска́рточный
беска́ссовый
бескварти́рный
бескилево́й
бескингсто́нный
бескислоро́дный
бескисло́тный
бескла́панный
бескла́ссовость, -и
бескла́ссовый
бесклю́вый
бескозы́рка, -и, *р. мн.* -рок
бескозы́рный
бесколёсный
бескомпре́ссорный
бескомпроми́ссность, -и
бескомпроми́ссный; *кр. ф.* -ссен, -ссна
бесконду́кторный
бесконе́чно большо́й
бесконе́чно ма́лый
бесконе́чность, -и
бесконе́чно удалённый
бесконе́чный; *кр. ф.* -чен, -чна
бесконта́ктный
бесконте́кстный
бесконтро́льность, -и
бесконтро́льный; *кр. ф.* -лен, -льна
бесконфли́ктность, -и
бесконфли́ктный; *кр. ф.* -тен, -тна
беско́рмица, -ы, *тв.* -ей
бескоро́вный
беско́рпусный
бескоры́стие, -я
бескоры́стность, -и
бескоры́стный; *кр. ф.* -тен, -тна
беско́стный
беско́сточковые, -ых
бескотлова́нный
бескра́йний; *кр. ф.* -а́ен, -а́йня
бескра́йность, -и
бескра́новый
бескра́сочный; *кр. ф.* -чен, -чна
бескрейцко́пфный
бескри́зисный
бескро́вность, -и
бескро́вный; *кр. ф.* -вен, -вна
бескры́лость, -и
бескры́лый
бескульту́рный; *кр. ф.* -рен, -рна
бескульту́рье, -я
бескупо́нный
бескурко́вый
бесновáние, -я
беснова́тый
беснова́ться, -ну́юсь, -ну́ется
бе́сов, -а, -о
бесови́дение, -я
бесо́вка, -и, *р. мн.* -вок
бесо́вский
бесо́вство, -а
бесо́вщи́на, -ы
бесоодержи́мость, -и
бесоодержи́мый
беспа́лубный
беспа́лый
беспа́мятность, -и
беспа́мятный; *кр. ф.* -тен, -тна
беспа́мятство, -а
беспа́нцирный
беспардо́нно, *нареч.*
беспардо́нность, -и
беспардо́нный; *кр. ф.* -о́нен, -о́нна
беспарти́йность, -и
беспарти́йный; *кр. ф.* -и́ен, -и́йна
беспа́русный
беспа́спортность, -и
беспа́спортный
беспа́стбищный
беспате́нтный
беспатро́нный
беспа́чпортный (*прост. шутл. к* беспа́спортный: беспа́чпортный бродя́га)
бесперебо́йность, -и
бесперебо́йный; *кр. ф.* -о́ен, -о́йна
беспереме́нный
беспереса́дочный
бе́сперечь, *нареч.*
бесперспекти́вность, -и
бесперспекти́вный; *кр. ф.* -вен, -вна
беспёрый
беспеча́лие, -я
беспеча́льный; *кр. ф.* -лен, -льна
беспе́чность, -и
беспе́чный; *кр. ф.* -чен, -чна
беспило́тный
беспи́сьменность, -и
беспи́сьменный
беспла́менный
беспла́новость, -и
беспла́новый
беспла́тность, -и
беспла́тный
бесплацка́ртный
беспло́дие, -я
беспло́дность, -и
беспло́дный; *кр. ф.* -ден, -дна (*от* плод)
беспло́тность, -и
беспло́тный; *кр. ф.* -тен, -тна (*от* плоть)
бесповоро́тность, -и
бесповоро́тный; *кр. ф.* -тен, -тна
бесподва́льный
бесподкла́дочный
бесподлежа́щный
бесподо́бность, -и
бесподо́бный; *кр. ф.* -бен, -бна
беспозвоно́чные, -ых, *ед.* -ное, -ого
беспо́иско́вый
беспоко́ить(ся), -ко́ю(сь), -ко́ит(ся)
беспоко́йный; *кр. ф.* -ко́ен, -ко́йна
беспоко́йство, -а
беспоко́ящий(ся)
беспокро́вный
бесполе́зность, -и
бесполе́зный; *кр. ф.* -зен, -зна
бесполезня́к, *в знач. сказ. (жарг.)*
бесполётный (бесполётная зо́на)
беспо́лозный
бесполо́сный
беспо́лость, -и
беспо́лый
беспоме́стный
беспо́мощность, -и
беспо́мощный; *кр. ф.* -щен, -щна
беспопо́вский
беспопо́вцы, -ев, *ед.* -вец, -вца, *тв.* -вцем
беспопо́вщина, -ы
беспоро́дность, -и
беспоро́дный; *кр. ф.* -ден, -дна
беспоро́чность, -и
беспоро́чный; *кр. ф.* -чен, -чна
беспорто́чный
беспоря́дки, -ов (*народные волнения*)
беспоря́док, -дка
беспоря́дочность, -и
беспоря́дочный; *кр. ф.* -чен, -чна
беспоса́дочный
беспо́чвенно, *нареч.*
беспо́чвенность, -и
беспо́чвенный; *кр. ф.* -вен и -венен, -венна
беспо́шлинно, *нареч.*
беспо́шлинный
беспоща́дно-жесто́кий
беспоща́дность, -и
беспоща́дный; *кр. ф.* -ден, -дна
беспра́вие, -я
беспра́вность, -и
беспра́вный; *кр. ф.* -вен, -вна
беспреде́л, -а
беспреде́льность, -и
беспреде́льный; *кр. ф.* -лен, -льна

беспреде́льщик, -а
беспредло́жный
беспредме́тность, -и
беспредме́тный; *кр. ф.* -тен, -тна
беспрекосло́вие, -я
беспрекосло́вно подчиня́ющийся
беспрекосло́вность, -и
беспрекосло́вный; *кр. ф.* -вен, -вна
беспреме́нно, *нареч.* (*устар. к* непреме́нно)
беспреме́нный (*устар. к* непреме́нный)
беспрепя́тственно, *нареч.*
беспрепя́тственность, -и
беспрепя́тственный; *кр. ф.* -вен и -венен, -венна
беспреры́вность, -и
беспреры́вный; *кр. ф.* -вен, -вна
беспреста́нно, *нареч.*
беспреста́нность, -и
беспреста́нный; *кр. ф.* -а́нен, -а́нна
беспрефикса́льный
беспрецеде́нтность, -и
беспрецеде́нтный; *кр. ф.* -тен, -тна
беспри́быльный
бесприве́тный; *кр. ф.* -тен, -тна
беспривязно́й и **беспри́вязный**
бесприда́нная
бесприда́нница, -ы, *тв.* -ей
беспризо́рник, -а
беспризо́рница, -ы, *тв.* -ей
беспризо́рничать, -аю, -ает
беспризо́рничество, -а
беспризо́рность, -и
беспризо́рный; *кр. ф.* -рен, -рна
беспривкра́сный (*от* без прикра́с)
беспрела́вочный
бесприме́рность, -и
бесприме́рный; *кр. ф.* -рен, -рна
беспри́месный
беспринци́пность, -и
беспринци́пный; *кр. ф.* -пен, -пна
беспристра́стие, -я
беспристра́стность, -и
беспристра́стный; *кр. ф.* -тен, -тна
беспритяза́тельность, -и
беспритяза́тельный; *кр. ф.* -лен, -льна
беспри́це́льный
беспричи́нно, *нареч.*
беспричи́нность, -и
беспричи́нный; *кр. ф.* -и́нен, -и́нна
беспри́ютность, -и
беспри́ютный; *кр. ф.* -тен, -тна
беспробле́мный
беспробу́дный; *кр. ф.* -ден, -дна
беспроводно́й
беспро́волочный
беспрогля́дный; *кр. ф.* -ден, -дна
беспрого́нный
беспрогра́ммный
беспрогу́льный
беспро́игрышный; *кр. ф.* -шен, -шна
беспромедли́тельный; *кр. ф.* -лен, -льна
беспросве́тность, -и
беспросве́тный; *кр. ф.* -тен, -тна
беспросы́пный
беспроце́нтно-вы́игрышный
беспроце́нтный
беспу́тица, -ы, *тв.* -ей
беспу́тник, -а
беспу́тница, -ы, *тв.* -ей
беспу́тничать, -аю, -ает
беспу́тность, -и
беспу́тный; *кр. ф.* -тен, -тна
беспу́тство, -а
беспу́тствовать, -твую, -твует
беспу́тье, -я
бе́сса, -ы
бесса́льниковый
бессара́бский (*от* Бессара́бия)
бессбро́совый
бессвя́зица, -ы, *тв.* -ей
бессвя́зность, -и
бессвя́зный; *кр. ф.* -зен, -зна
бессезо́нье, -я, *р. мн.* -ний
бе́сселев го́д, бе́сселева го́да (*астр.*)
Бе́ссель, -я: **нера́венство Бе́сселя, уравне́ние Бе́сселя, фу́нкции Бе́сселя**
бессеме́йный
бессеменно́й и **бессемя́нный**
бессемерова́ние, -я
бессеме́ровский (*от* Бессеме́р; бессеме́ровский проце́сс, конве́ртер, чугу́н, бессеме́ровская ста́ль)
бессеме́ровско-марте́новский
бессеме́ровско-тома́совский
бессемядо́льный
бессемя́нка, -и, *р. мн.* -нок
бессемя́нный и **бессеменно́й**
бессерде́чие, -я
бессерде́чность, -и
бессерде́чный; *кр. ф.* -чен, -чна
бессере́бряный
бессетево́й
бессе́я, -и (*вишня*)
бесси́левший (*от* бесси́леть)
бесси́леть, -ею, -еет (*лишаться силы*)
бесси́ливший (*от* бесси́лить)
бесси́лие, -я
бесси́лить, -лю, -лит (*кого, что*)
бесси́льный; *кр. ф.* -лен, -льна
бессимпто́мный
бессисте́мность, -и
бессисте́мный; *кр. ф.* -мен, -мна
бессépбочный
бессла́вие, -я
бессла́вить(ся), -влю(сь), -вит(ся)
бессла́вность, -и
бессла́вный; *кр. ф.* -вен, -вна
бессле́дность, -и
бессле́дный
бесслёзный
бессли́тковый
бессслове́сность, -и
бессслове́сный; *кр. ф.* -сен, -сна
бессме́нно, *нареч.*
бессме́нность, -и
бессме́нный; *кр. ф.* -е́нен, -е́нна
бессме́ртие, -я
бессме́ртник, -а
бессме́ртность, -и
бессме́ртный; *кр. ф.* -тен, -тна; но: **Коще́й Бессме́ртный**
бессме́тный
бессмы́сленно, *нареч.* и *в знач. сказ.*
бессмы́сленность, -и
бессмы́сленный; *кр. ф.* -ен, -енна
бессмы́слие, -я
бессмы́слица, -ы, *тв.* -ей
бессне́жность, -и
бессне́жный; *кр. ф.* -жен, -жна
бессне́жье, -я
бессобы́тийный; *кр. ф.* -и́ен, -и́йна
бессо́вестность, -и
бессо́вестный; *кр. ф.* -тен, -тна
бессодержа́тельность, -и
бессодержа́тельный; *кр. ф.* -лен, -льна
бессозна́тельность, -и
бессозна́тельный; *кр. ф.* -лен, -льна
бессолево́й
бессо́лнечный; *кр. ф.* -чен, -чна
бессо́нница, -ы, *тв.* -ей
бессо́нный
бессо́нье, -я
бессло́вность, -и
бессло́вный
бессою́зие, -я (*лингв.*)
бессою́зный
бесспиртово́й
бесспо́рно, *нареч.* и *вводн. сл.*
бесспо́рность, -и
бесспо́рный; *кр. ф.* -рен, -рна
бессре́бреник, -а
бессре́бреница, -ы, *тв.* -ей
бессре́бренический
бессре́бреничество, -а
бессрочноотпускно́й
бессро́чность, -и
бессро́чный; *кр. ф.* -чен, -чна
бессте́бельный
бессте́ндовый
бессти́лье, -я
бессто́лпный
бессто́чный
бесстра́стие, -я
бесстра́стность, -и
бесстра́стный; *кр. ф.* -тен, -тна
бесстра́шие, -я
бесстра́шность, -и
бесстра́шный; *кр. ф.* -шен, -шна
бесстре́ссовый
бесстру́жковый
бесструкту́рный
бесстру́нный
бесступе́нчатый
бессты́дник, -а
бессты́дница, -ы, *тв.* -ей
бессты́дничать, -аю, -ает
бессты́дность, -и
бессты́дный; *кр. ф.* -ден, -дна
бессты́дство, -а

бессты́жий
бесстыково́й
бессубъе́ктность, -и
бессубъе́ктный
бессу́дный
бессуффикса́льный
бессучко́вый
бессце́почный
бессча́стный; *кр. ф.* -тен, -тна
бессчётный; *кр. ф.* -тен, -тна
бессюже́тность, -и
бессюже́тный; *кр. ф.* -тен, -тна
бессяжко́вые, -ых
бест, -а
беста́ктность, -и
беста́ктный; *кр. ф.* -тен, -тна
бестала́нность, -и
бестала́нный; *кр. ф.* -а́нен, -а́нна
бестало́нный
бестамо́женный
бестари́фный
беста́рка, -и, *р. мн.* -рок
беста́рный
бесте́кстовый
бестеле́сность, -и
бестеле́сный; *кр. ф.* -сен, -сна
бестенево́й
бе́стер, -а
бе́стеровый
бестиали́зм, -а
бестиа́льный
бестиа́рий, -я
бе́стия, -и
бестка́невый
бестова́рный
бестова́рье, -я
бестолко́вость, -и
бестолко́вщина, -ы
бестолко́вый
бе́столочь, -и
бестра́нспортный
бестранше́йный
бестрево́жный; *кр. ф.* -жен, -жна
бестре́петность, -и
бестре́петный; *кр. ф.* -тен, -тна
бестсе́ллер, -а
бесту́жевка, -и, *р. мн.* -вок
Бесту́жевские ку́рсы
бесту́жевский (*от* Бесту́жев; бесту́жевская поро́да скота́)
бестя́глый
бестя́гольный
бесфа́бульный
бесфами́льный
бесфо́ндовый
бесформа́тный; *кр. ф.* -тен, -тна
бесфо́рменность, -и
бесфо́рменный; *кр. ф.* -ен, -енна
бесхара́ктерность, -и
бесхара́ктерный; *кр. ф.* -рен, -рна
бесхво́стый
бесхи́тростность, -и
бесхи́тростный; *кр. ф.* -тен, -тна
бесхле́бица, -ы, *тв.* -ей
бесхле́бный
бесхле́бье, -я
бесхло́потный
бесхо́зность, -и
бесхо́зный; *кр. ф.* -зен, -зна
бесхозя́йный
бесхозя́йственно, *нареч.*
бесхозя́йственно-содержи́мый (*юр.*)
бесхозя́йственность, -и
бесхозя́йственный; *кр. ф.* -вен и -венен, -венна
бесхребе́тность, -и
бесхребе́тный; *кр. ф.* -тен, -тна
бесцветко́вый
бесцве́тность, -и
бесцве́тный; *кр. ф.* -тен, -тна
бесце́льность, -и
бесце́льный; *кр. ф.* -лен, -льна
бесцеме́нтный
бесцензу́рность, -и
бесцензу́рный
бесце́нность, -и
бесце́нный; *кр. ф.* -е́нен, -е́нна
бесце́нок: за бесце́нок
бесце́нтрово-тока́рный
бесце́нтрово-шлифова́льный
бесце́нтровый
бесцеремо́нно, *нареч.*
бесцеремо́нность, -и
бесцеремо́нный; *кр. ф.* -о́нен, -о́нна
бесцехово́й
бесчелно́чный
бесчелове́чие, -я
бесчелове́чность, -и
бесчелове́чный; *кр. ф.* -чен, -чна
бесчелюстны́е, -ы́х
бесчерепны́е, -ы́х
бесчерешко́вые, -ых
бесче́стить(ся), -е́щу(сь), -е́стит(ся)
бесче́стность, -и
бесче́стный; *кр. ф.* -тен, -тна
бесче́стье, -я
бесче́стящий(ся)
бесче́щенный; *кр. ф.* -ен, -ена
бесчи́ние, -я
бесчи́нник, -а
бесчи́нница, -ы, *тв.* -ей
бесчи́нничать, -аю, -ает
бесчи́нно, *нареч.*
бесчи́нный; *кр. ф.* -и́нен, -и́нна
бесчи́нство, -а
бесчи́нствовать, -твую, -твует
бесчи́сленно, *нареч.* и *в знач. сказ.*
бесчи́сленность, -и
бесчи́сленный; *кр. ф.* -ен, -енна
бесчле́нный
бесчо́керный
бесчу́вственно, *нареч.*
бесчу́вственность, -и
бесчу́вственный; *кр. ф.* -вен и -венен, -венна
бесчу́вствие, -я
бесшаба́шность, -и
бесшаба́шный; *кр. ф.* -шен, -шна
бесша́жный
бесшарни́рный
бесшату́нный
бесшве́йный
бесшёрстный и **бесшёрстый**
бесшнурово́й
бесшо́вный
бесшпо́ночный
бесшта́нговый
бесшта́нный
бесшу́мность, -и
бесшу́мный; *кр. ф.* -мен, -мна
бесщелево́й
бесщитко́вый
бесщу́пальцевый
бе́ся́щий
беся́щийся
бе́та, -ы (*название буквы*)
бе́та-... – *первая часть сложных слов, пишется через дефис*, но: бетатро́н
бе́та-акти́вность, -и
бе́та-верши́на, -ы
бе́та-глобули́н, -а
бе́та-дефектоскопи́я, -и
бе́та-желе́зо, -а
бе́та-излуче́ние, -я
бетаи́н, -а
бе́та-кароти́н, -а
бе́та-лучи́, -е́й
бе́та-радиоакти́вность, -и
бе́та-радиоакти́вный
бе́та-распа́д, -а
бе́та-спектро́метр, -а
бе́та-спектрометри́ческий
бе́та-спектрометри́я, -и
бе́та-спектроскопи́ческий
бе́та-спектроскопи́я, -и
бе́та-терапи́я, -и
бе́та-тести́рование, -я
бетатро́н, -а
бетатро́нный
бетатро́нщик, -а
бе́та-фи́льтр, -а
бе́та-фу́нкция, -и
бе́та Цента́вра (*звезда*)
бе́та-части́цы, -и́ц, *ед.* -и́ца, -ы, *тв.* -ей
бе́те́ль, -я
бето́н, -а
бетони́рование, -я
бетони́рованный; *кр. ф.* -ан, -ана
бетони́ровать(ся), -рую, -рует(ся)
бетониро́вка, -и
бетони́т, -а
бето́нка, -и, *р. мн.* -нок
бето́нно-раство́рный
бето́нный
бетоново́з, -а
бетоново́зный
бетоноло́м, -а
бетономеша́лка, -и, *р. мн.* -лок
бетононасо́с, -а
бетонораздáточный
бетонорaзда́тчик, -а
бетоносмеси́тель, -я
бетоноукла́дка, -и
бетоноукла́дочный

бетоноукла́дчик, -а
бето́нщик, -а
бето́нщица, -ы, *тв.* -ей
бетули́н, -а
бетховениа́на, -ы
бетхо́венский (*от* Бетхо́вен)
беф-брезе́, *нескл., с.*
бефстро́ганов, -а, *тв.* -ом
Бе́хтерев, -а: **боле́знь Бе́хтерева, миксту́ра Бе́хтерева**
бе́хтеревский (*от* Бе́хтерев)
бечева́, -ы́
бечёвка, -и, *р. мн.* -вок
бечевни́к, -а́ и **бече́вник,** -а
бечево́й
бечёвочка, -и, *р. мн.* -чек
бечёвочный
бешаме́ль, -и
бешбарма́к, -а
бе́шено, *нареч.*
бе́шенство, -а
бе́шенствовать, -твую, -твует
бе́шеный
бешме́т, -а
бештауни́т, -а
бзик, -а
биа́кс, -а
биа́ндрия, -и
биарри́цкий (*от* Биарри́ц)
биатло́н, -а
биатлони́ст, -а
биатлони́стка, -и, *р. мн.* -ток
биатло́нный
бибабо́, *нескл., м.* и *ж.*
би-би́, *неизм.*
биби́канье, -я
биби́кать, -аю, -ает
биби́кнуть, -ну, -нет
Би-би-си́, *нескл., ж.*
бибколле́ктор, -а
библеи́зм, -а
библеи́ст, -а
библеи́стика, -и
библе́йский
библе́йско-богосло́вский
библио... – *первая часть сложных слов, пишется слитно*
библиогно́зия, -и
библио́граф, -а
библиографи́рование, -я
библиографи́рованный; *кр. ф.* -ан, -ана
библиографи́ровать(ся), -рую, -рует(ся)
библиографи́ческий
библиогра́фия, -и
библиоколле́ктор, -а
библио́лог, -а
библиологи́ческий
библиоло́гия, -и
библиома́н, -а
библиома́ния, -и
библиометри́ческий
библиоме́трия, -и
библиота́ф, -а
библиоте́ка, -и
библиоте́ка-передви́жка, библиоте́ки-передви́жки
библиоте́карский
библиоте́карша, -и, *тв.* -ей
библиоте́карь, -я
библиоте́ка-чита́льня, библиоте́ки-чита́льни
библиотекове́д, -а
библиотекове́дение, -я
библиотекове́дческий
библиотерапи́я, -и
библиоте́чка, -и, *р. мн.* -чек
библиоте́чно-библиографи́ческий
библиоте́чный
библиофи́л, -а
библиофи́лка, -и, *р. мн.* -лок
библиофилосо́фия, -и
библиофи́льский
библиофи́льство, -а
Би́блия, -и (*собрание священных книг иудейской и христианской религий*) и **би́блия,** -и (*перен.: главная книга для кого-н.*)
би́бльдру́к, -а
би́бо́п, -а и *неизм.* (*муз.*)
бива́к, -а и **бивуа́к,** -а
бивале́нтный
бивале́нты, -ов, *ед.* -ле́нт, -а
бива́ть, *наст. вр. не употр.*
бива́чный и **бивуа́чный**
би́вни, -ей, *ед.* би́вень, -вня
бивуа́к, -а и **бива́к,** -а
бивуа́чный и **бива́чный**
биг, -а (*полигр.*)
бига́мия, -и
бига́мность, -и
бига́мный
бигара́дия, -и
Биг-Бе́н, -а (*в Лондоне*)
биг-бе́нд, -а
биг-би́т, -а
биг-би́товый
бигль, -я
бигма́к, -а
би́гос, -а
бигуди́, *нескл., мн.* и -е́й
бид, -а (*фин.*)
биде́, *нескл., с.*
бидо́н, -а
бидонви́ль, -я
бидо́нный
бидо́нчик, -а
бие́ние, -я
бienна́ле и **бьенна́ле,** *нескл., м.* (*фестиваль*) и *ж.* (*выставка*)
бижутери́я, -и
биза́нь, -и
биза́нь-ва́нты, -ва́нт
биза́нь-га́лс, -а
биза́нь-ги́к, -а
биза́нь-ги́ка-шко́т, -а
биза́нь-ма́чта, -ы
биза́нь-ре́й, -я
би́знес, -а
би́знес-... – *первая часть сложных слов, пишется через дефис, но:* бизнесме́н, бизнесву́мен
би́знес-авиали́ния, -и
би́знес-адапта́ция, -и
би́знес-ба́нк, -а
би́знес-брок-семина́р, -а
би́знес-ви́за, -ы
бизнесву́мен, *нескл., ж.*
би́знес-газе́та, -ы
би́знес-гру́ппа, -ы
би́знес-да́нные, -ых
би́знес-игра́, -ы́, *мн.* -и́гры, -и́гр
би́знес-инкуба́тор, -а
би́знес-информа́ция, -и
би́знес-ка́рта, -ы
би́знес-катало́г, -а
би́знес-кла́сс, -а
би́знес-кли́мат, -а
би́знес-клу́б, -а
би́знес-конса́лтинг, -а
би́знес-конса́лтинговый
би́знес-конта́кт, -а
би́знес-конто́ра, -ы
би́знес-конфере́нция, -и
би́знес-корпора́ция, -и
би́знес-круи́з, -а
би́знес-ку́рс, -а
би́знес-ландша́фт, -а
би́знес-ле́ди, *нескл., ж.*
бизнесме́н, -а
бизнесме́нка, -и, *р. мн.* -нок
бизнесме́нский
бизнесме́нша, -и, *тв.* -ей
би́знес-но́вости, -е́й
би́знес-образова́ние, -я
би́знес-па́пка, -и, *р. мн.* -па́пок
би́знес-партнёр, -а
би́знес-партнёрство, -а
би́знес-пла́н, -а
би́знес-пра́во, -а
би́знес-прогно́з, -а
би́знес-програ́мма, -ы
би́знес-прое́кт, -а
би́знес-семина́р, -а
би́знес-соо́бщество, -а
би́знес-спра́вочник, -а
би́знес-ту́р, -а
би́знес-фо́рум, -а
би́знес-це́нтр, -а
би́знес-шко́ла, -ы
би́знес-эли́та, -ы
бизо́н, -а
бизо́ний, -ья, -ье
бизо́новый
би́йский (*от* Би́я и Бийск)
бийча́не, -а́н, *ед.* -а́нин, -а (*от* Бийск)
бийча́нка, -и, *р. мн.* -нок
бикамерали́зм, -а
бикарби́д, -а
бикарбона́ты, -ов, *ед.* -на́т, -а
бикарми́нт, -а
биквадра́т, -а
биквадра́тный
бики́ни, *нескл., с.*

бикли́ний, -я
биколлатера́льный
бикс, -а
бикфо́рдов шну́р, бикфо́рдова шнура́
билабиа́льность, -и
билабиа́льный
билатера́льность, -и
билатера́льный
билбо́рд, -а
биле́т, -а
билетёр, -а
билетёрша, -и, *тв.* -ей
биле́тик, -а
биле́тно-ка́ссовый
биле́тный
билетопеча́тающий
биливерди́н, -а
били́нгв, -а (*о человеке*)
били́нгва, -ы (*способ печатания переводной литературы*)
билингви́зм, -а
билингвисти́ческий
билинеа́рный
билине́йный
билируби́н, -а
билирубинеми́я, -и
билирубинури́я, -и
биллио́н, -а
биллио́нный
билло́н, -а
билло́нный
билль, -я
билль-бро́кер, -а
билль-бро́керский
Би́лль о права́х (*в Англии, США*)
би́ло, -а
бильбоке́, *нескл., с.*
бильгарцио́з, -а
бильдаппара́т, -а
бильдреда́ктор, -а
билья́рд, -а
бильярди́ст, -а
билья́рдная, -ой
билья́рдный
биману́альный (*мед.*)
бимета́лл, -а
биметалли́зм, -а
биметалли́ческий
бимолекуля́рный
бимс, -а
бина́рность, -и
бина́рный
бинаура́льный
би́нго, *нескл., с.*
би́нго-за́л, -а
би́нго-клу́б, -а
би́нди, *нескл., ж.* и *с.*
биндю́жник, -а
биндю́жный
бино́клевый
бино́кль, -я
бинокуля́рный
бино́м, -а
биномиа́льный
бинорма́ль, -и
бинт, -а́
би́нтик, -а
бинтова́ние, -я
бинто́ванный; *кр. ф.* -ан, -ана
бинтова́ть(ся), -ту́ю(сь), -ту́ет(ся)
бинто́вка, -и, *р. мн.* -вок
бинтово́й
био... – *первая часть сложных слов, пишется слитно*
био́, *нескл., м.* и *с.* (*ед. измер.*)
биоакти́вный; *кр. ф.* -вен, -вна
биоаку́стика, -и
биоархитекту́ра, -ы
биоастрона́втика, -и
биобиблиографи́ческий
биобиблиогра́фия, -и
биога́з, -а
биога́зовый
биоге́ль, -я
биогельми́нты, -ов, *ед.* -ми́нт, -а
биоге́н, -а
биогене́з, -а
биогенети́ческий
биоге́нный
биогеографи́ческий
биогеогра́фия, -и
биогеосфе́ра, -ы
биогеохими́ческий
биогеохи́мия, -и
биогеоцено́з, -а
биогеоценоло́гия, -и
биоге́рм, -а
биогидроаку́стика, -и
био́граф, -а
биографи́ческий
биогра́фия, -и
биогу́мус, -а
биода́тчик, -а
биодиагно́стика, -и
биодина́мика, -и
биодинами́ческий
биодоба́вка, -и, *р. мн.* -вок
биодо́за, -ы
биозащи́та, -ы
биозащи́тный
биозо́на, -ы
биоимпланта́т, -а
биои́мпульс, -а
биои́мпульсный
биоиндика́торы, -ов, *ед.* -тор, -а
биоинжене́рия, -и
биоинжене́рный
биоинформа́ция, -и
биойо́гурт, -а
биоката́лиз, -а
биокатализа́тор, -а
биокера́мика, -и
биокерами́ческий
биокефи́р, -а
биокиберне́тик, -а
биокиберне́тика, -и
биокибернети́ческий
биокине́з, -а
биокли́мат, -а
биоклимати́ческий
биоклиматоло́гия, -и
биоко́л, -а
биокоммуникацио́нный
биокоммуника́ция, -и
биоко́мплекс, -а
биоконтро́ль, -я
биокорре́ктор, -а
биокорре́кция, -и
биокосми́ческий
биокре́м, -а
биокриминоло́гия, -и
биолаборато́рия, -и
биоли́ты, -ов, *ед.* -ли́т, -а
био́лог, -а
биологи́зм, -а
биологи́ня, -и, *р. мн.* -и́нь
биологи́чески
биологи́чески акти́вный
биологи́ческий
биологи́чка, -и, *р. мн.* -чек
биоло́гия, -и
био́лого-медици́нский
биологопо́чвенник, -а
био́лого-по́чвенный
биолока́тор, -а
биолока́торщик, -а
биолокацио́нный
биолока́ция, -и
биолюминесце́нтный
биолюминесце́нция, -и
био́м, -а
биомагнитогидродина́мика, -и
биома́сса, -ы
биоматериа́л, -а
биомедици́на, -ы
биомедици́нский
биометеороло́гия, -и
биометри́ческий
биоме́три́я, -и
биомеха́ника, -и
биомехани́чески
биомехани́ческий
биомици́н, -а
биомоле́кула, -ы
биомура́ция, -и
бионавига́ция, -и
био́ник, -а
био́ника, -и
биони́ческий
бионо́мия, -и
био́нт, -а
биооболо́чка, -и
биообъе́кт, -а
биоо́птика, -и
биоопти́ческий
биоорга́ник, -а
биооргани́ческий
биоориента́ция, -и
биоочи́стка, -и
биопаро́кс, -а
биопатоге́нный
биоповрежде́ние, -я
биопо́ле, -я, *мн.* -я́, -е́й
биополево́й
биополиме́рный

биополимéры, -ов, *ед.* -мéр, -а
биопотéнцер, -а
биопотенциáл, -а
биопрепарáт, -а
биопрóба, -ы
биопси́ческий
биопси́я, -и
биорадиотелеметри́я, -и
биоразруши́тели, -ей, *ед.* -тель, -я
биореáктор, -а
биорегуля́торы, -ов, *ед.* -тор, -а
биоресýрсы, -ов
биори́тм, -а
биоритми́ческий
биоритмологи́ческий
биоритмолóгия, -и
биорóбот, -а
биосвя́зь, -и
биосéнсор, -а
биосенсóрный
биосигнáл, -а
биоси́нтез, -а
биосинтети́ческий
биосистéма, -ы
биосистемáтика, -и
биосоциáльный
биостáнция, -и
биостимули́рующий
биостимуля́тор, -а
биостимуля́ция, -и
биостратиграфи́ческий
биостратигрáфия, -и
биостратонóмия, -и
биострóм, -а
биосфéра, -ы
биосфéрно-планетáрный
биосфéрный
биóта, -ы
биотелеви́зор, -а
биотелеметри́ческий
биотелеметри́я, -и
биотерми́ческий
биотерми́я, -и
биотеррори́зм, -а
биотехни́ческий
биотéхния, -и
биотехнóлог, -а
биотехнологи́ческий
биотехнолóгия, -и
биотехносфéра, -ы
биоти́н, -а
биоти́п, -а
биоти́т, -а
биоти́ческий
биоткáнь, -и
биотóки, -ов, *ед.* -тóк, -а
биотóп, -а
биотóпливо, -а
биотрóн, -а
биотуалéт, -а
биоудобрéние, -я
биоуправлéние, -я
биоуправля́емый
биофáбрика, -и
биофáк, -а
биофармаколóгия, -и
биофармацевти́ческий
биофармаци́я, -и
биофи́зик, -а
биофи́зика, -и
биофизи́ческий
биофи́льтр, -а
биохи́мик, -а
биохими́ческий
биохи́мия, -и
биохóр, -а
биохрóн, -а
биохрóника, -и
биоценóз, -а
биоценологи́ческий
биоценолóгия, -и
биоценóметр, -а
биоцентри́ческий
биоци́д, -а
биоци́кл, -а
биоэкологи́ческий
биоэконóмика, -и
биоэкономи́ческий
биоэлектри́ческий
биоэлемéнт, -а
биоэнергéтик, -а
биоэнергéтика, -и
биоэнергети́ческий
биоэнéргия, -и
биоэнергоинформáтика, -и
биоэнерготерапéвт, -а
биоэнерготерапи́я, -и
биоэпиля́ция, -и
биоэ́тика, -и
бипатри́ды, -ов, *ед.* -ри́д, -а
бип-би́п, *неизм.*
бипедали́зм, -а
бипéдия, -и
бипиннáрия, -и
биплáн, -а
биплáнный
биплáновый
биполи́ды, -ов, *ед.* -ли́д, -а
биполя́рный
би́ржа, -и, *тв.* -ей
биржеви́к, -á
биржевóй
би́рка, -и, *р. мн.* би́рок
бирковáние, -я
бирмáнка, -и, *р. мн.* -нок
бирмáнский (*от* Би́рма)
бирмáнцы, -ев, *ед.* -нец, -нца, *тв.* -нцем
бирмингéмский (*от* Бирмингéм)
бирмингéмцы, -ев, *ед.* -мец, -мца, *тв.* -мцем
биробиджáнка, -и, *р. мн.* -нок
биробиджáнский (*от* Биробиджáн)
биробиджáнцы, -ев, *ед.* -нец, -нца, *тв.* -нцем
бирóновский (*от* Бирóн)
бирóновщина, -ы
би́рочка, -и, *р. мн.* -чек
би́рочный
бирюзá, -ы́
бирюзóвый
бирю́к, -á
бирюковáтый
бирю́лечный
бирю́льки, -лек, *ед.* -лька, -и
бирюси́нский (*от* Бирюсá)
бирю́ч, -á, *тв.* -óм
бирю́чий, -ья, -ье
бирючи́на, -ы
бирючóк, -чкá
бис, *межд.*
-бис – *после цифровых обозначений пишется через дефис, напр.*: шáхта № 2-би́с
БИС, *нескл., ж.* (*сокр.*: большая интегральная схема)
бисексуáл, -а
бисексуали́зм, -а
бисексуáлка, -и, *р. мн.* -лок
бисексуáльность, -и
бисексуáльный; *кр. ф.* -лен, -льна
бисептóл, -а
би́сер, -а и -у
би́серина, -ы
би́серинка, -и, *р. мн.* -нок
би́серник, -а
би́серный
бисероплетéние, -я
биси́рованный; *кр. ф.* -ан, -ана
биси́ровать(ся), -рую, -рует(ся)
бискáйский (*от* Бискáйя)
Бискáйский зали́в
бискви́т, -а
бискви́тный
би́смарковский (*от* Би́смарк)
бисмути́т, -а и **висмути́т**, -а
би́сса, -ы (*черепаха*)
биссектри́са, -ы
биссинóз, -а
бистр, -а
бистрó, *нескл., с.*
бисульфáты, -ов, *ед.* -фáт, -а (*соли серной кислоты*)
бисульфи́ты, -ов, *ед.* -фи́т, -а (*соли сернистой кислоты*)
бисы́, -óв (*повторяемые или исполняемые дополнительно по просьбе публики номера*)
бит, -а, *р. мн.* -ов, *счетн. ф.* бит (*ед. измер.*)
бит-... – *первая часть сложных слов, пишется через дефис*
бит́а, -ы́, *мн.* биты́, бит и **би́та**, -ы, *мн.* би́ты, бит
бит-ансáмбль, -я
би́тва, -ы
Би́тва нарóдов (*под Лейпцигом, 1814*)
бит-грýппа, -ы
би́тенг, -а
бити́ния, -и
би́тка, -и, *р. мн.* би́ток и **биткá**, -и́, *р. мн.* битóк (*от* би́тá)
бит-квартéт, -а
битки́, -óв, *ед.* битóк, биткá (*кушанье*)
биткóвый

биткóм, *нареч.*
бит-культýра, -ы
Битлз, *нескл., мн.* и (*разг.*) **Битлы́,** -óв, *ед.* Битл, -а и -á
битлóвский (*от* Битлы́)
битломáн, -а
битломáния, -и
бит-мýзыка, -и
би́тник, -а
би́тнический
би́тничество, -а
би́товый
битóк, биткá (*от* би́тá)
битóчки, -ов, *ед.* -чек, -чка
бит-ри́тм, -а
би́тум, -а
битумизáция, -и
битуминизáция, -и
битумини́рованный; *кр. ф.* -ан, -ана
битумини́ровать(ся), -рую, -рует(ся)
битуминóзный
би́тумно-грунтовóй
би́тумный
битумовáрочный
битумовóз, -а
битумсодержáщий и **битумосодержáщий**
би́тый
бить, бью, бьёт
битьё, -я́
би́ться, бьюсь, бьётся
битю́г, -á
битюгóвый
бифидобактéрии, -ий
бифидóк, -а
бифидокефи́р, -а
бифидокультýры, -ýр
бифидумбактери́н, -а
бифиля́рный
бифокáльный
бифуркáция, -и
бифштéкс, -а
бифштéксный
бихевиори́зм, -а
бихевиори́ст, -а
бихевиори́стский
бихромáты, -ов, *ед.* -áт, -а
бицентри́зм, -а
бицентри́ческий
бицентри́чный; *кр. ф.* -чен, -чна
би́цепсный
би́цепсы, -ов, *ед.* би́цепс, -а
бицилли́н, -а
бич, -á, *тв.* -óм
бичбóл, -а
бичбóльный
бич-вóлей, -я
бичевáние, -я
бичёванный; *кр. ф.* -ан, -ана
бичевáть(ся), бичýю, бичýет(ся)
биченóсец, -сца, *тв.* -сцем, *р. мн.* -сцев
бишкéкский (*от* Бишкéк)
бишкéкцы, -ев, *ед.* -éкец, -éкца, *тв.* -éкцем
бишь, *частица* (кáк бишь, тó бишь)
бия́, *деепр.*
блáго[1], -а
блáго[2], *союз*
благовéрная, -ой *(супруга)*
благовéрный[1], *прил.*
благовéрный[2], -ого *(супруг)*
блáговест, -а
благовествовáние, -я
благовествовáть(ся), -твýю, -твýет(ся)
благовéстие, -я
блáговестить, -ещу, -естит (*звонить благовест; разносить слухи*)
благовести́ть, -ещý, -ести́т (*приносить благую весть*)
благовéстник, -а
благовéстнический
блáговестный (*от* блáговест)
Благовéщение, -я
благовéщенка, -и, *р. мн.* -нок (*к* благовéщенцы)
благовéщенский (*от* Благовéщение и Благовéщенск)
Благовéщенский (собóр, монасты́рь)
благовéщенцы, -ев, *ед.* -нец, -нца, *тв.* -нцем (*от* Благовéщенск)
благови́дность, -и
благови́дный; *кр. ф.* -ден, -дна
благоволéние, -я
благоволи́ть, -лю́, -ли́т
благовóние, -я
благовóнный; *кр. ф.* -óнен, -óнна
благовоспи́танно, *нареч.*
благовоспи́танность, -и
благовоспи́танный; *кр. ф.* -ан, -анна
благоврéмение: во благоврéмение
благоврéменный
благоглýпость, -и
благоговéйный; *кр. ф.* -éен, -éйна
благоговéние, -я
благоговéть, -éю, -éет
благодарéние, -я
благодари́ть, -рю́, -ри́т
благодáрненский (*от* Благодáрный)
благодáрненцы, -ев, *ед.* -ненец, -ненца, *тв.* -ненцем
благодáрность, -и
благодáрный; *кр. ф.* -рен, -рна
благодáрственный
благодáрствовать, -твую, -твует
благодáрствуй(те) (*благодарю, спасибо*)
благодаря́, *деепр.* и (*кому, чему*) *предлог*
благодáтный; *кр. ф.* -тен, -тна
благодáтский (*от* Благодáть, *гора*)
благодáть, -и
благодéнственный
благодéнствие, -я
благодéнствовать, -твую, -твует
благодéтель, -я
благодéтельница, -ы, *тв.* -ей
благодéтельность, -и
благодéтельный; *кр. ф.* -лен, -льна
благодéтельствовать, -твую, -твует
благодея́ние, -я
благодýшествовать, -твую, -твует
благодýшие, -я
благодýшный; *кр. ф.* -шен, -шна
благожелáтель, -я
благожелáтельница, -ы, *тв.* -ей
благожелáтельность, -и
благожелáтельный; *кр. ф.* -лен, -льна
благожелáтельствовать, -твую, -твует
благозвýчие, -я
благозвýчность, -и
благозвýчный; *кр. ф.* -чен, -чна
благóй
благолéпие, -я
благолéпный; *кр. ф.* -пен, -пна
благомы́слящий
благонадёжность, -и
благонадёжный; *кр. ф.* -жен, -жна
благонамéренно, *нареч.*
благонамéренность, -и
благонамéренный; *кр. ф.* -рен, -ренна
благонрáвие, -я
благонрáвность, -и
благонрáвный; *кр. ф.* -вен, -вна
благообрáзие, -я
благообрáзность, -и
благообрáзный; *кр. ф.* -зен, -зна
благопожелáние, -я
благополýчие, -я
благополýчный; *кр. ф.* -чен, -чна
благопоспешéние, -я
благопоспéшествовать, -твую, -твует
благопотрéбный; *кр. ф.* -бен, -бна
благоприли́чный; *кр. ф.* -чен, -чна
благоприобретéние, -я
благоприобрéтенный; *кр. ф.* -ен, -ена и **благоприобретённый;** *кр. ф.* -ён, -енá
благопристóйность, -и
благопристóйный; *кр. ф.* -óен, -óйна
благоприя́тность, -и
благоприя́тный; *кр. ф.* -тен, -тна
благоприя́тствование, -я
благоприя́тствовать, -твую, -твует
благоразýмие, -я
благоразýмничать, -аю, -ает
благоразýмность, -и
благоразýмный; *кр. ф.* -мен, -мна
благорасположéние, -я
благорасполóженность, -и
благорасполóженный; *кр. ф.* -ен, -ена
благорастворéние, -я
благорастворённый
благорóдие, -я
благорóдить, -óжу, -óдит
благорóдность, -и
благорóдный; *кр. ф.* -ден, -дна
благорóдство, -а
благосклóнность, -и
благосклóнный; *кр. ф.* -óнен, -óнна
благословéние, -я
благословéнный; *кр. ф.* -вéн и -вéнен, -вéнна, *прил.*

благослови́ть(ся), -влю́(сь), -ви́т(ся)
благословлённый; *кр. ф.* -ён, -ена́, *прич.*
благословля́ть(ся), -я́ю(сь), -я́ет(ся)
благосостоя́ние, -я
бла́гостность, -и
бла́гостный; *кр. ф.* -тен, -тна
благосты́ня, -и, *р. мн.* -ы́нь
бла́гость, -и
благотворе́ние, -я
благотвори́тель, -я
благотвори́тельница, -ы, *тв.* -ей
благотвори́тельность, -и
благотвори́тельный
благотвори́тельство, -а
благотвори́тельствовать, -твую, -твует
благотвори́ть, -рю́, -ри́т
благотво́рность, -и
благотво́рный; *кр. ф.* -рен, -рна
благоуго́дно, *в знач. сказ.*
благоусмотре́ние, -я
благоустра́ивать(ся), -аю(сь), -ает(ся)
благоустрое́ние, -я
благоустро́енность, -и
благоустро́енный; *кр. ф. прич.* -о́ен, -о́ена; *кр. ф. прил.* (*имеющий все необходимое для удобной жизни*) -о́ен, -о́енна
благоустрои́тельный
благоустро́ить(ся), -о́ю(сь), -о́ит(ся)
благоустро́йство, -а
благоуха́ние, -я
благоуха́нный; *кр. ф.* -а́нен, -а́нна
благоуха́ть, -а́ю, -а́ет
благочести́вость, -и
благочести́вый
благоче́стие, -я
благочи́ние, -я
благочи́ннический (*от* благочи́нный[2])
благочи́нный[1]; *кр. ф.* -и́нен, -и́нна (*приличный, благопристойный*)
благочи́нный[2], -ого (*церк.*)
бладха́унд, -а
блаже́ннейший
блаже́нненький
блаже́нны, -ых, *ед.* -же́н, -е́нна, *м.* (*церк. песнопения*)
блаже́нный; *кр. ф.* -е́н и -е́нен, -е́нна, но: **Блаже́нный Августи́н, Васи́лий Блаже́нный**
блаже́нство, -а
блаже́нствовать, -твую, -твует
блажи́ть, -жу́, -жи́т
блажно́й
блажь, -и
бла́нжевый (*цвет*)
бланк, -а
бланке́тный
бланки́зм, -а (*от* Бланки́)
бланки́рующий сигна́л
бланки́ст, -а
бланки́стский
бланко́вка, -и, *р. мн.* -вок
бла́нковый
бланкоче́к, -а (*фин.*)
бланманже́, *нескл., с.*
бла́ночно-этике́точный
бла́ночный
бланфи́кс, -а
бланширова́ние, -я
бланширо́ванный; *кр. ф.* -ан, -ана
бланширова́ть(ся), -ру́ю, -ру́ет(ся)
бланширо́вка, -и
бласте́ма, -ы
бласте́я, -и
бластоде́рма, -ы
бластодерми́ческий
бластоди́ск, -а
бластоиде́я, -и
бластокине́з, -а
бласто́ма, -ы
бластоме́ры, -ов, *ед.* -ме́р, -а
бластомико́з, -а
бластомице́ты, -ов, *ед.* -це́т, -а
бластомоге́нный
бластопо́р, -а
бластоце́ль, -я
бластоци́ста, -ы
бла́стула, -ы
бластуля́ция, -и
блат, -а
блата́рка, -и, *р. мн.* **-**рок
блата́рь, -я́
блатме́йстер, -а
блатно́й
блатня́га, -и, *м.* и *ж.*
блатня́к, -а́
бла́то, -а
блева́ть, блюю́, блюёт
блево́та, -ы
блево́тина, -ы
блево́тный
бле́дненький
бледне́ть, -е́ю, -е́ет
бледнёхонький; *кр. ф.* -нек, -нька
бледнёшенький; *кр. ф.* -нек, -нька
бледни́ть, -ню́, -ни́т
бле́дно-бе́ло-ро́зовый
бле́дно-бирюзо́вый
бледнова́то-ро́зовый
бледнова́тый
бле́дно-голубо́й
бле́дно-жёлтый
бле́дно-зелёный
бле́дно-кори́чневый
бле́дно-лило́вый
бледноли́цый
бле́дно-ро́зовый
бле́дно-сире́невый
бле́дность, -и
бледнота́, -ы́
бледноте́лый
бледното́нный
бле́дный; *кр. ф.* -ден, -дна́, -дно, бле́дны́
блези́р: для блези́ра и **для блези́ру**
блейве́йс, -а
бле́йзер, -а
блек-дже́к, -а (*карточная игра*)
блёкло-голубо́й и **бле́кло-голубо́й**
блёкло-зелёный и **бле́кло-зелёный**
блёкло-лило́вый и **бле́кло-лило́вый**
блёкло-си́ний и **бле́кло-си́ний**
блёклость, -и и **бле́клость,** -и
блёклый и **бле́клый**
блёкнувший и **бле́кнувший**
блёкнуть, -ну, -нет; *прош.* блёкнул, блёкла и **бле́кнуть,** -ну, -нет; *прош.* бле́кнул, бле́кла
блекота́нье, -я
блекота́ть, -очу́, -о́чет
блеко́чущий
блек-ро́т, -а (*бот.*)
бле́нда, -ы
бле́нкер, -а
бле́нкерный
бленноре́йный
бленноре́я, -и
блеск, -а и -у
блеску́чий
блесна́, -ы́
блесни́ть, -ню́, -ни́т (*от* блесна́)
блесну́ть, -ну́, -нёт
блесте́ть, блещу́, блести́т
блёстки, -ток, *ед.* -тка, -и
блёсткий
блёсточки, -чек, *ед.* -чка, -и
блестя́нка, -и, *р. мн.* -нок
блестя́ще, *нареч.*
блестя́ще-бе́лый
блестя́ще вы́полненный
блестя́ще-жёлтый
блестя́ще-си́ний
блестя́ще-тёмно-зелёный
блестя́ще-чёрный
блестя́щий
блеф, -а
блефану́ть, -ну́, -нёт
блефари́т, -а
блефаропла́ст, -а
блефароспа́зм, -а
блефова́ть, -фу́ю, -фу́ет
бле́фовый
бле́щущий
бле́ющий
бле́яние, -я
бле́ять, бле́ю, бле́ет
ближа́йший
бли́же, *сравн. ст.*
ближневосто́чный (*от* Бли́жний Восто́к)
бли́жнее зарубе́жье
ближнезарубе́жный
ближнемагистра́льный
бли́жний
Бли́жний Восто́к
близ, *предлог*
близе́нько
близёхонько
близёшенько
бли́зиться, -итсся
бли́зкий; *кр. ф.* -зок, -зка́, -зко, бли́зки́

бли́зко, *нареч.*
бли́зко располо́женный
близкоро́дственный
близкостоя́щий*
близлежа́щий
близнецо́вый
близнецы́, -о́в, *ед.* -не́ц, -а́, *тв.* -о́м
Близнецы́, -о́в (*созвездие и знак зодиака*); **Близне́ц,** -а́, *тв.* -о́м (*о том, кто родился под этим знаком*)
близнецы́-бра́тья, близнецо́в-бра́тьев
близне́чный
близня́та, -я́т
близня́чка, -и, *р. мн.* -чек
близня́шки, -шек, *ед.* -шка, -и, *м.* и *ж.*
близору́кий
близору́кость, -и
бли́зость, -и
близпове́рхностный
близрасту́щий
близсидя́щий
близстоя́щий
близь, -и
бли́зящийся
бли́ки, -ов, *ед.* блик, -а
бликова́ть, -ку́ет
бли́ковый
блин[1], -а́
блин[2], *межд.* (*жарг.*)
блинда́ж, -а́, *тв.* -о́м
блинда́жик, -а
блинда́жный
блинди́рование, -я
блинди́ро́ванный; *кр. ф.* -ан, -ана
блиндирова́ть(ся), -ру́ю, -ру́ет(ся) и **блинди́ровать(ся),** -рую, -рует(ся)
блинк-компара́тор, -а
блинк-микроско́п, -а
блинкова́ние, -я
блинкова́ть, -ку́ю, -ку́ет
бли́нная, -ой
бли́нник, -а
бли́нница, -ы, *тв.* -ей
бли́нный
блино́к, -нка́
блинообра́зный; *кр. ф.* -зен, -зна
блино́чек, -чка
блинт, -а́
блинтова́ние, -я
блинто́ванный; *кр. ф.* -ан, -ана
блинтова́ть(ся), -ту́ю, -ту́ет(ся)
блинтово́й
блинцы́, -о́в, *ед.* -не́ц, -нца́, *тв.* -нцо́м
бли́нчатый
бли́нчики, -ов, *ед.* -чик, -а
блиста́ние, -я
блиста́тельность, -и
блиста́тельный; *кр. ф.* -лен, -льна
блиста́ть, -а́ю, -а́ет и блещу́, бле́щет
бли́стер, -а (*тех.*)
бли́стерный (*от* бли́стер)
блистр, -а (*вещество*)
блиц, -а, *тв.* -ем
блиц... – *первая часть сложных слов, пишется слитно*
блицана́лиз, -а
блицанке́та, -ы
блицвизи́т, -а
блицвиктори́на, -ы
блицвспы́шка, -и, *р. мн.* -шек
блицинтервью́, *нескл., с.*
блицко́нкурс, -а
бли́цкри́г, -а
блицку́рс, -а
блицма́тч, -а, *тв.* -ем
блицопера́ция, -и
блицопро́с, -а
блицпа́ртия, -и
блицреше́ние, -я
блицтурне́, *нескл., с.*
блицтурни́р, -а
блицэми́ссия, -и
блок, -а
блок-... – *первая часть сложных слов, пишется через дефис, но*: блокпо́ст
блока́да, -ы
блока́дник, -а
блока́дница, -ы, *тв.* -ей
блока́дный
блокадотерапи́я, -и
блок-аппара́т, -а
блока́тор, -а (*мед.*)
блокба́стер, -а
блокба́стерный
блок-бо́кс, -а
блок-гара́ж, -а́, *тв.* -о́м
блокга́уз, -а
блок-диагра́мма, -ы
бло́кинг-генера́тор, -а
блокира́тор, -а (*тех.*)
блокира́торный
блокира́торщик, -а
блоки́рование, -я
блоки́рованный; *кр. ф.* -ан, -ана
блоки́ровать(ся), -рую(сь), -рует(ся)
блокиро́вка, -и, *р. мн.* -вок
блокиро́вочный
блоки́рующий(ся)
блок-ко́мната, -ы
блок-компле́кт, -а
блок-конта́кт, -а
блок-конта́ктор, -а
блок-конте́йнер, -а
блок-ко́рпус, -а, *мн.* -а́, -о́в
блок-ма́ркер, -а
блок-механи́зм, -а
блок-мо́дуль, -я
блок-мультипле́ксный
блокно́т, -а
блокно́т-ежедне́вник, блокно́та-ежедне́вника
блокно́тик, -а
блокно́тный
блокове́д, -а (*от* Блок)
бло́ковский (*от* Блок)
бло́ковый
блокообжи́мный
блокообраба́тывающий
блок-паке́т, -а
блок-по́лис, -а
блокпо́ст, -а и -а́, *предл.* на блокпо́сте и на блокпосту́, *мн.* -ы, -ов и -ы́, -о́в
блокпо́стный
блок-пу́нкт, -а
блок-се́кция, -и
блок-сигна́л, -а
блок-сополиме́ры, -ов, *ед.* -ме́р, -а
блок-схе́ма, -ы
блок-то́рмоз, -а, *мн.* -а́, -о́в
блок-уча́сток, -тка
блок-фе́рма, -ы
бло́кшив, -а и **бло́кшип,** -а
блок-шо́т, -а
блонди́н, -а
блонди́нистый
блонди́нка, -и, *р. мн.* -нок
блонди́ночка, -и, *р. мн.* -чек
блонди́нчик, -а
блонди́рование, -я (воло́с)
бло́ндовый
бло́нды, блонд
блоха́, -и́, *мн.* бло́хи, блох, бло́ха́м
блоха́стый
бло́чно-мо́дульный
бло́чно-секцио́нный
бло́чный
блочо́к, -чка́ (*от* блок)
блоши́ный
блоши́стый
бло́шка, -и, *р. мн.* -шек
бло́шки, бло́шек (*игра*)
блошли́вый
блошни́ца, -ы, *тв.* -ей
бло́шный (*бот.*)
блу́грас, -а и *неизм.* (*муз.*)
блуд, -а
блуди́ть[1], блужу́, блу́дит (*бродить, блуждать*)
блуди́ть[2], блужу́, блуди́т (*распутничать*)
блудли́вость, -и
блудли́вый
блу́дни, -ей (*распутные похождения*)
блудни́к, -а́
блудни́ца, -ы, *тв.* -ей
блу́дный
блу́дня, -и, *р. мн.* -ей, *м.* и *ж.* (*тот, кто блуди́т*)
блудоде́й, -я
блудоде́йство, -а
блудоде́йствовать, -твую, -твует
блудодея́ние, -я
блужда́ние, -я
блужда́ть, -а́ю, -а́ет
блужда́ющий
блу́за, -ы
блу́зка, -и, *р. мн.* -зок
блу́зник, -а
блузо́н, -а
блузо́нчик, -а
блу́зочка, -и, *р. мн.* -чек
блу́зочный
блэка́ут, -а
блюва́л, -а
блю́дечко, -а, *мн.* -чки, -чек

блю́до, -а
блюдоли́з, -а
блюдо́мый
блюду́щий
блю́дце, -а, *р. мн.* -дец
блюдцеобра́зный; *кр. ф.* -зен, -зна
блю́дший
блюз, -а
блюзме́н, -а
блю́зовый
блюз-ро́к, -а
блюм, -а (*тех.*)
блю́минг, -а
блю́минговый
блюмингострое́ние, -я
блю́минг-сля́бинг, -а
блюсти́(сь), блюду́, блюдёт(ся); *прош.* блю́л(ся), блюла́(сь)
блюсти́тель, -я
блюсти́тельница, -ы, *тв.* -ей
бля́мба, -ы
бля́ха, -и
бля́шка, -и, *р. мн.* -шек
бля́шный
БМВ [бээмвэ́], *нескл., м.* (*автомобиль*)
БМД [бээмдэ́], *нескл., ж.* (*сокр.*: боевая машина десанта)
БМП [бээмпэ́], *нескл., ж.* (*сокр.*: боевая машина пехоты)
боа́, *нескл., с.* (*меховой шарф*) и *м.* (*удав*)
боб[1], -а́ (*растение и его плод*)
боб[2], -а (*сани*)
бо́бби, *нескл., м.* (*в Англии*: *полисмен*)
бобёр, бобра́ (*животное*; *мех*)
Бо́бик, -а (*кличка собаки*) и **бо́бик,** -а (*о дворняжке*)
боби́на, -ы
боби́нный
бобко́вый
бо-бо́, *неизм.*
бобови́дный; *кр. ф.* -ден, -дна
бобо́вник, -а
бобо́во-зла́ковый
бобо́вый
бобо́к, бобка́
бо́бочка, -и, *р. мн.* -чек
бобр, -а́ (*животное*)
бобрёнок, -нка, *мн.* -ря́та, -ря́т
бо́брик, -а
бо́бриковый
бо́брико́м, *нареч.*
бобри́ный
бобри́ха, -и
бобро́вина, -ы
бобро́вник, -а
бобро́вый
бобру́йский (*от* Бобру́йск)
бобруйча́не, -а́н, *ед.* -а́нин, -а
бобруйча́нка, -и, *р. мн.* -нок
бобслеи́ст, -а
бобслеи́стка, -и, *р. мн.* -ток
бо́бсле́й, -я
бобсле́йный
бобте́йл, -а

бобы́лий, -ья, -ье
бобыли́ха, -и
бобы́лка, -и, *р. мн.* -лок
бобы́ль, -я́
бобы́ль бобылём
бобы́льский
бобы́шка, -и, *р. мн.* -шек
Бова́-короле́вич, Бовы́-короле́вича
бог, -а, *мн.* -и, -о́в и (*в христианстве и нек-рых др. религиях*: *единое верховное существо*) **Бог,** -а
богаде́ленка, -и, *р. мн.* -нок
богаде́ленный
богаде́лка, -и, *р. мн.* -лок
богаде́льный
богаде́льня, -и, *р. мн.* -лен
Бо́га жива́го (сы́н Бо́га жива́го, хра́м Бо́га жива́го, *в церк. проповеди*)
богара́, -ы́
бо́га ра́ди (*пожалуйста, очень прошу*)
бога́рный
богате́й, -я
богате́йка, -и, *р. мн.* -е́ек
богате́йший
богатёнек, -нька
бога́тенький
богате́ть, -е́ю, -е́ет
бога́то насы́щенный
бога́тство, -а
бога́тый
богаты́рка, -и, *р. мн.* -рок
богаты́рский
богаты́рство, -а
богаты́рь, -я́
бога́ч, -а́, *тв.* -о́м
бога́че, *сравн. ст.*
бога́чество, -а
бога́чка, -и, *р. мн.* -чек
бо́г ве́сть
Бо́г да́ст, *вводн. сл.* (*выражение надежды, желательности*)
Бо́г Ду́х Свято́й, Бо́га Ду́ха Свято́го
богдыха́н, -а
богдыха́нский
бо́г его́ (её, и́х) зна́ет (*неизвестно, не знаю*)
боге́ма, -ы
богеми́зм, -а
богеми́ст, -а
богеми́стика, -и
богеми́стка, -и, *р. мн.* -ток
боге́мистый
боге́мничать, -аю, -ает
боге́мный
боге́мский (боге́мский хруста́ль, боге́мское стекло́)
Боге́мский Ле́с (*горы*)
боге́мствующий
бо́г зна́ет что́ (кто́, какой, где́, ка́к, когда́, куда́ и т. п., *выражение незнания или осуждения, возмущения*)
боги́ня, -и, *р. мн.* -и́нь
бо́ги-олимпи́йцы, бого́в-олимпи́йцев
богобо́рец, -рца, *тв.* -рцем, *р. мн.* -рцев

богобо́рческий
богобо́рчество, -а
богобоя́зливый
богобоя́зненность, -и
богобоя́зненный; *кр. ф.* -ен, -енна
бо́гов, -а, -о и (*к* Бог) **Бо́гов,** -а, -о
богодохнове́нный; *кр. ф.* -ве́н, -ве́нна
Бо́гово: ке́сарю ке́сарево, а Бо́гу Бо́гово
Боговоплоще́ние, -я
богогла́сник, -а
богогла́сный
богода́нность, -и
богода́нный
богодухнове́нность, -и
богодухнове́нный; *кр. ф.* -ве́н, -ве́нна
богоизбра́нник, -а
богоизбра́нничество, -а
богои́збра́нность, -и
богои́збра́нный
богоиска́тель, -я
богоиска́тельский
богоиска́тельство, -а
боголю́бец, -бца, *тв.* -бцем, *р. мн.* -бцев
боголюби́вый
боголю́бие, -я
Боголю́бская Бо́жия Ма́терь (*икона*)
Боголю́бский: Андре́й Боголю́бский
богома́з, -а
Богома́терь, -и
богоме́рзкий
богоми́лы, -ов, *ед.* -ми́л, -а
богоми́льский
богоми́льство, -а
Богомладе́нец, -нца (*о родившемся Христе*)
богомо́л, -а (*насекомое*)
богомо́лец, -льца, *тв.* -льцем, *р. мн.* -льцев
богомо́лка, -и, *р. мн.* -лок
богомо́ловые, -ых (*зоол.*)
богомо́лье, -я
богомо́льный; *кр. ф.* -лен, -льна
богому́дрый
богоненави́стник, -а
богоненави́стница, -ы, *тв.* -ей
богоненави́стнический
богоно́сец, -сца, *тв.* -сцем, *р. мн.* -сцев
богоно́сность, -и
богоно́сный; *кр. ф.* -сен, -сна
богообще́ние, -я
богооста́вленность, -и
богооста́вленный
Богооткрове́ние, -я
богоотрица́ние, -я
богоотсту́пник, -а
богоотсту́пница, -ы, *тв.* -ей
богоотсту́пнический
богоотсту́пничество, -а
богоподо́бие, -я
богоподо́бный; *кр. ф.* -бен, -бна
богопозна́ние, -я

богопочита́ние, -я
Богоприи́мец, -мца: **Симео́н Богоприи́мец**
богопроти́вный; *кр. ф.* -вен, -вна
богора́вный; *кр. ф.* -вен, -вна
Богоро́дица, -ы, *тв.* -ей
богоро́дица, -ы, *тв.* -ей (*у хлыстов*)
Богоро́дице-Рожде́ственский (хра́м, монасты́рь)
Богоро́дицкий (хра́м, монасты́рь)
Богоро́дицын, -а, -о
богоро́дичны, -ых, *ед.* -чен, -чна, *м.* (*церк. песнопения*)
Богоро́дичные пра́здники
богоро́дичный
богоро́дский (*к* Богоро́дск и Богоро́дское, *село*; богоро́дская резьба́)
богородча́не, -а́н, *ед.* -а́нин, -а
богородча́нка, -и, *р. мн.* -нок
богосло́в, -а; но: **Иоа́нн Богосло́в, Григо́рий Богосло́в**
богосло́вие, -я
богосло́вский
богосло́вско-мисти́ческий
богосло́вско-филосо́фский
богослужéбно-пе́вческий
богослужéбный
богослужéние, -я
богоспаса́емый
богострои́тель, -я
богострои́тельский
богострои́тельство, -а
богосыно́вство, -а
боготворе́ние, -я
боготворённый; *кр. ф.* -ён, -ена́
боготвори́ть, -рю́, -ри́т
Бо́г Оте́ц, Бо́га Отца́
боготи́нский (*от* Богота́)
боготи́нцы, -ев, *ед.* -нец, -нца, *тв.* -нцем
богоуго́дный; *кр. ф.* -ден, -дна
богоугожде́ние, -я
богоустано́вленный
богоучреждённый
богохрани́мый
богохуле́ние, -я
богоху́льник, -а
богоху́льница, -ы, *тв.* -ей
богоху́льничать, -аю, -ает
богоху́льный
богоху́льственный; *кр. ф.* -вен, -венна
богоху́льство, -а
богоху́льствовать, -твую, -твует
Богочелове́к, -а
Богочелове́ческий
Богочелове́чество, -а
Богоявле́ние, -я
богоявле́нный
богоявле́нский (*от* Богоявле́ние)
Богоявле́нский (собо́р, монасты́рь)
Бо́г по́мочь (по́мощь)
бо́г с ни́м (не́й, тобо́й, ва́ми) (*пусть будет так, ладно, согласен* (*хотя мне это и не нравится*)
бо́г с тобо́й (ва́ми) (*выражение несогласия*)
Бо́г Сы́н, Бо́га Сы́на
бо́г (ты) мо́й, *в знач. межд.*
бо́гхед, -а
бод, -а, *р. мн.* -ов, *счетн. ф.* бод
бодайби́нский (*от* Бодайбо́)
бодайби́нцы, -ев, *ед.* -нец, -нца, *тв.* -нцем
бода́ние, -я
бодану́ть, -ну́, -нёт
бода́стый
бода́ть(ся), -а́ю(сь), -а́ет(ся)
бо́ди, *нескл., с.* и *неизм.*
бо́ди-а́рт, -а
бодиби́лдер, -а
бодиби́лдинг, -а
бодиби́лдинговый
бодига́рд, -а
бодле́ровский (*от* Бодле́р)
бодли́вость, -и
бодли́вый
бодмере́йный
бодмере́я, -и
бодну́ть, -ну́, -нёт
Бодо́, *нескл., м.*: **аппара́т Бодо́**
бодо́ни, *нескл., м.*
бо́дренький
бодрёхонький; *кр. ф.* -нек, -нька
бодрёшенький; *кр. ф.* -нек, -нька
бодри́ть(ся), -рю́(сь), -ри́т(ся)
бо́дрость, -и
бо́дрствование, -я
бо́дрствовать, -твую, -твует
бо́дрый; *кр. ф.* бодр, бодра́, бо́дро, бо́дры́
бодря́к, -а́
бодря́ческий
бодря́чество, -а
бодря́чка, -и, *р. мн.* -чек
бодрячо́к, -чка́
бодря́щий(ся)
боду́н, -а́
боду́нья, -и, *р. мн.* -ний
боду́чий
бодуэ́новский (*к* Бодуэ́н де Куртенэ́)
бодхиса́тва, -ы, *м.* (*в буддизме: тот, кто достиг духовного совершенства*) и *ж.* (*духовное совершенство*)
бодя́га, -и
бодя́к, -а́
боe... – *первая часть сложных слов, пишется слитно*
боеви́к, -а́
боеви́тость, -и
боеви́тый
боеви́чка, -и, *р. мн.* -чек
боёвка, -и, *р. мн.* -вок
боево́й
боеголо́вка, -и, *р. мн.* -вок
боеното́вность, -и
боеото́вый и **боегото́вный**
боезапа́с, -а
боезаря́д, -а
боёк, бойка́
боекомпле́кт, -а
боемаши́на, -ы
бо́енский (*от* бо́йня)
боепита́ние, -я
боеподгото́вка, -и
боеприпа́сы, -ов
боеспосо́бность, -и
боеспосо́бный; *кр. ф.* -бен, -бна
боестолкнове́ние, -я
бое́ц, бойца́, *тв.* бойцо́м, *р. мн.* бойцо́в
божба́, -ы́
Бо́же (*обращение к Богу*) и **бо́же**, *межд.*
бо́же изба́ви, *в знач. межд.*
Бо́же мо́й (*обращение к Богу*) и **бо́же мо́й**, *межд.*
Бо́женька, -и, *м.* (*Бог, преимущ. в разговоре с детьми*)
бо́жески
Бо́жеский (*к* Бог) и **бо́жеский** (бо́жеская цена́; привести́ в бо́жеский ви́д; сде́лай бо́жескую ми́лость)
бо́же сохрани́, *в знач. межд.*
боже́ственно, *нареч.*
боже́ственный; *кр. ф.* -вен и -венен, -венна (*к* божество́; *изумительный*) и **Боже́ственный**; *кр. ф.* -вен и -венен, -венна (*к* Бог, Божество́; Боже́ственная литурги́я)
божество́, -а́ (*бог; предмет поклонения*) и **Божество́**, -а́ (*Бог*)
бо́же упаси́, *в знач. межд.*
бо́жий, -ья, -ье и (*к* Бог) **Бо́жий**, *род.* Бо́жьего и Бо́жия, *дат.* Бо́жьему и Бо́жию, *ж.* Бо́жья и Бо́жия, *с.* Бо́жье и Бо́жие, *мн.* Бо́жьи и Бо́жии
бо́жий де́нь (ка́ждый бо́жий де́нь, я́сно как бо́жий де́нь)
бо́жий одува́нчик
божи́ться, божу́сь, божи́тся
Бо́жия (Бо́жья) Ма́терь
божни́ца, -ы, *тв.* -ей
божо́к, божка́
Бо́жьей ми́лостью (*от Бога*)
бо́жья коро́вка
Бо́зе, *нескл., м.*: **га́з Бо́зе, статистика Бо́зе – Эйнште́йна, конденса́ция Бо́зе – Эйнште́йна**
бо́зе-жи́дкость, -и
бо́зе-части́ца, -ы, *тв.* -ей
бо́зе-эйнште́йновский (*от* Бо́зе и Эйнште́йн)
бозо́н, -а
бозо́нный
бо́инг, -а (*самолет*)
бой[1], бо́я, *предл.* в бою́, *мн.* бои́, боёв (*сражение*)
бой[2], бо́я, *мн.* бо́и, бо́ев (*мальчик-слуга*)
бой-ба́ба, -ы
бой-де́вка, -и, *р. мн.* -вок
бо́йкий; *кр. ф.* бо́ек, бойка́, бо́йко
бо́йкость, -и
бойко́т, -а

бойкоти́рованный; *кр. ф.* -ан, -ана
бойкоти́ровать(ся), -рую(сь), -рует(ся)
бойкоти́ст, -а
бо́йлер, -а
бо́йлерная, -ой
бо́йлерный
Бойль, -я: **зако́н Бо́йля – Марио́тта**
Бо́йль-Марио́ттовский зако́н
бойни́ца, -ы, *тв.* -ей
бойни́чный
бо́йня, -и, *р. мн.* бо́ен
бойска́ут, -а
бойскаути́зм, -а
бойска́утский
бойфре́нд, -а
бойцо́вский
бойцо́вый
бо́йче и **бойче́е,** *сравн. ст.*
бок, -а, *предл.* в (на) боку́, *мн.* -а́, -о́в
бока́ж, -а, *тв.* -ем
бока́л, -а
бокалови́дный; *кр. ф.* -ден, -дна
бока́льный
бока́льчик, -а
бока́стый
бо́кка, -и
бо́к о́ бок
бокови́на, -ы
бокови́нка, -и, *р. мн.* -нок
боково́й
боковý́ша, -и, *тв.* -ей
боковý́шка, -и, *р. мн.* -шек
бокогре́й, -я
бо́ком, *нареч.*
боконе́рвный
бокопла́в, -а
бокохо́д, -а
бокоше́йный
бокс, -а
бо́кс-гара́ж, бо́кса-гаража́
боксёр, -а
боксёрки, -рок, *ед.* -рка, -и
боксёрский
бокси́рование, -я
бокси́ровать, -рую, -рует
бокси́т, -а
бокси́товый
бокситоно́сный
бо́кс-конве́ртер, бо́кса-конве́ртера
бо́ксовый
бокфли́нт, -а
болбота́ть, -бочу́, -бо́чет
болва́н, -а
болва́нистый
болва́нка, -и, *р. мн.* -нок
болва́ночный
болва́нчик, -а
болва́шка, -и, *р. мн.* -шек
болга́рка, -и, *р. мн.* -рок
болга́ро-росси́йский
болга́ро-туре́цкий
болга́рский (*к* болга́ры и Болга́рия)
болга́рско-ру́сский
болга́ры, -а́р, *ед.* -а́рин, -а

Бо́лдинская о́сень (*также*: *период особого творческого подъема*)
бо́лдинский (*от* Бо́лдино)
бо́ле (*устар. к* бо́лее)
болево́й
бо́лее, *сравн. ст.*
бо́лее или ме́нее
бо́лее-ме́нее
бо́лее того́
болéзненно, *нареч.* и *в знач. сказ.*
боле́зненно не́рвный
боле́зненно самолюби́вый
боле́зненность, -и
боле́зненный; *кр. ф.* -нен, -ненна
болезнетво́рный
болезнеусто́йчивый
боле́зный
боле́знь, -и
боле́льщик, -а
боле́льщица, -ы, *тв.* -ей
боле́льщицкий
боле́ние, -я
боле́ро́, *нескл., с.* (*танец, ритм*) и **болеро́,** *нескл., с.* (*жилетка*)
Болесла́в Хра́брый
бо́лесть, -и (*обл. к* боле́знь)
боле́ть[1], -е́ю, -е́ет (*быть больным*)
боле́ть[2], боли́т (*о боли*)
болеутоля́ющий
боле́ющий
боли́вар, -а (*ден. ед.*)
болива́р, -а (*шляпа*)
боливиа́но, *нескл., с.*
боливи́йка, -и, *р. мн.* -и́ек
боливи́йский (*от* Боли́вия)
боливи́йцы, -ев, *ед.* -и́ец, -и́йца, *тв.* -и́йцем
болиголо́в, -а
боли́д, -а
бологóвский (*от* Бологóе)
бологóвцы, -ев, *ед.* -вец, -вца, *тв.* -вцем
боло́метр, -а
болометри́ческий
болона́, -ы́, *вин.* бо́лону, *мн.* бо́лоны, боло́н, болона́м
боло́нка, -и, *р. мн.* -нок
боло́нский (*от* Боло́нья, *город*)
боло́нцы, -ев, *ед.* -нец, -нца, *тв.* -нцем
боло́ньевый
боло́нья, -и, *р. мн.* -ний (*ткань, одежда из нее*)
боло́тина, -ы
боло́тинка, -и, *р. мн.* -нок
боло́тистость, -и
боло́тистый
боло́тище, -а
боло́тник, -а
боло́тница, -ы, *тв.* -ей
боло́тно-лесно́й
боло́тно-лугово́й
болотнотра́вный
боло́тный
боло́то, -а
болотове́д, -а

болотове́дение, -я
болотове́дческий
болотохо́д, -а
болотохо́дный
боло́тце, -а, *р. мн.* -ев
болт, -а́
болта́ние, -я
болта́нка, -и, *р. мн.* -нок
бо́лтанный; *кр. ф.* -ан, -ана, *прич.*
бо́лтаный, *прил.*
болта́ть(ся), -а́ю(сь), -а́ет(ся)
бо́лтик, -а
болтли́вость, -и
болтли́вый
болтну́ть(ся), -ну́(сь), -нёт(ся)
болтовня́, -и́
болтово́й
болтоло́гия, -и
болторе́зный
болторе́зчик, -а
болту́н, -а́
болтуни́шка, -и, *р. мн.* -шек, *м.* и *ж.*
болту́нья, -и, *р. мн.* -ний
болту́шка, -и, *р. мн.* -шек
бо́лховский (*от* Бо́лхов)
болховча́не, -а́н, *ед.* -а́нин, -а
болховча́нка, -и, *р. мн.* -нок
бо́лшевский (*от* Бо́лшево)
боль, -и
бо́льверк, -а
больна́я, -о́й
больнёхонький; *кр. ф.* -нек, -нька
больнёшенький; *кр. ф.* -нек, -нька
больни́ца, -ы, *тв.* -ей
больни́чка, -и, *р. мн.* -чек
больни́чно-поликлини́ческий
больни́чный
бо́льно, *в знач. сказ.* (*к* боль) и *нареч.* (*очень*)
больно́й[1]**;** *кр. ф.* бо́лен, больна́
больно́й[2], -о́го
Бо́льцман, -а: **постоя́нная Бо́льцмана, при́нцип Бо́льцмана, стати́стика Бо́льцмана**
больша́к, -а́
“Больша́я восьмёрка” (*группа ведущих индустриальных стран*)
Больша́я земля́ (*о материке*)
Больша́я Медве́дица (*созвездие*)
бо́льше, *сравн. ст.*
большеберцо́вый
большеборо́дый
большевиза́ция, -и
большевизи́рованный; *кр. ф.* -ан, -ана
большевизи́ровать(ся), -рую, -рует(ся)
большеви́зм, -а
большеви́к, -а́
большеви́стский (*от* большеви́зм)
большеви́цкий (*от* большеви́к; *то же, что* большеви́стский)
большеви́чка, -и, *р. мн.* -чек
большегла́зый
большеголо́вый

большегру́дый
большегру́з, -а
большегру́зный
большекры́лый
большело́бый
большеме́рный
большённый
большено́гий
большено́сый
большепролётный
большеро́гий
большеро́т, -а
большеро́тый
большеру́кий
бо́льше того́
большеформа́тный; *кр. ф.* -тен, -тна
Больши́е Анти́льские острова́
Больши́е бульва́ры (*в Париже*)
Больши́е Дворы́ (*поселок*)
Больши́е Зо́ндские острова́
бо́льший
большинство́, -а́
Большо́е Магелла́ново О́блако (*галактика*)
большо́й
Большо́й бассе́йн (*плоскогорье в США*)
Большо́й Бе́льт (*пролив*)
Большо́й взры́в (*физ.*)
Большо́й за́л Моско́вской консерва́тории
Большо́й Ка́мень (*город*)
Большо́й Кремлёвский дворе́ц
Большо́й Пёс (*созвездие*)
большо́й-пребольшо́й
Большо́й проспе́кт (*в Петербурге*)
Большо́й теа́тр (*в Москве*)
Большо́й терро́р (*в СССР в 30-х годах*)
Большо́й Усту́п (*в Южной Африке, геогр.*)
Большо́й Фонта́н (*район в Одессе*)
Большо́й Хинга́н (*горы*)
Большо́й шле́м: турни́р(ы) Большо́го шле́ма
большу́ха, -и
большу́щий
боля́рин, -а, *мн.* боля́ре, -я́р, -я́рам (*устар. к* боя́рин)
боля́рыня, -и, *р. мн.* -ынь (*устар. к* боя́рыня)
боля́чка, -и, *р. мн.* -чек
боля́щий
бом, *неизм.*
бо́мба, -ы
бомба́ж, -а, *тв.* -ем
бомба́рда, -ы
бомбарди́р, -а
бомбардирова́ние, -я
бомбардиро́ванный; *кр. ф.* -ан, -ана
бомбардирова́ть(ся), -ру́ю, -ру́ет(ся)
бомбардиро́вка, -и, *р. мн.* -вок
бомбардиро́вочно-штурмово́й
бомбардиро́вочный
бомбардиро́вщик, -а
бомбардиро́вщик-истреби́тель-неви́димка, бомбардиро́вщика-истреби́теля-невиди́мки, *м.*
бомбардиро́вщик-торпедоно́сец, бомбардиро́вщика-торпедоно́сца
бомбарди́рский
бомбардо́н, -а
бомбёжка, -и, *р. мн.* -жек
бомбе́й, -я *(порода кошек)*
бомбе́йский (*от* Бомбе́й)
бомбе́йцы, -ев, *ед.* -е́ец, -е́йца, *тв.* -е́йцем
бомби́ст, -а
бомби́стка, -и, *р. мн.* -ток
бомби́ть(ся), -блю́, -би́т(ся)
бомбово́з, -а
бо́мбовый
бомбодержа́тель, -я
бомболю́к, -а
бом-бо́м, *неизм.*
бомбомёт, -а
бомбомета́ние, -я
бомбомета́тель, -я
бомбомётчик, -а
бомбосбра́сыватель, -я
бомбоубе́жище, -а
бо́мбочка, -и, *р. мн.* -чек
бом-брам-ре́й, -я
бом-бра́мсель, -я
бом-брам-сте́ньга, -и
бомж, -а и -а́, *тв.* -ем и -о́м
бомжа́тник, -а
бомжева́ние, -я
бомжева́ть, -жу́ю, -жу́ет
бо́мжеский
бомжи́ха, -и
бомжо́вый
бомжо́нок, -нка, *мн.* -жа́та, -а́т
бомоло́х, -а
бомо́нд, -а
бон, -а (*плавучее заграждение*)
бонапарти́зм, -а
бонaпарти́ст, -а
бонапарти́стский
Бонапа́ртов, -а, -о и **бонапа́ртовский** (*от* Бонапа́рт)
бонбонье́рка, -и, *р. мн.* -рок
бонбонье́рочный
бонвива́н, -а
бонд, -а
бонда́рить, -рю, -рит
бонда́рный
бонда́рня, -и, *р. мн.* -рен
бо́нда́рский
бо́нда́рство, -а
бо́ндарь, -я и **бонда́рь,** -я́
бонда́рящий
бондиа́на, -ы (*к* Дже́ймс Бо́нд)
бо́ндовый
бо́нза, -ы, *м.*
бони́ст, -а
бони́стика, -и
бonите́т, -а
бонитиро́вка, -и
бонитиро́вочный
бонификацио́нный
бонифика́ция, -и
бонмо́, *нескл., с.*
бо́нна, -ы (*гувернантка*)
бо́ннский (*от* Бонн)
бо́ннцы, -ев, *ед.* бо́ннец, бо́ннца, *тв.* бо́ннцем
бонса́й, -я и *неизм.* (*карликовые деревья, их выращивание*)
бонто́н, -а
бонто́нный
бо́нус, -а
бо́нусный
бо́ны, бон, *ед.* бо́на, -ы (*денежные документы*)
боп, -а и *неизм.* (*муз.*)
бор[1], -а, *предл.* в бору́, *мн.* -ы́, -о́в (*лес*); но (*в названиях населенных пунктов*) **Бор,** -а, *предл.* в ... Бору́, *напр.*: Бор (*город*), Сосно́вый Бо́р (*город*), Сере́бряный Бо́р (*район в Москве*), Кра́сный Бо́р (*поселок*)
бор[2], -а (*хим. элемент*; *сверло*; *растение*)
Бор, -а: **постула́ты Бо́ра, магнето́н Бо́ра, ра́диус Бо́ра**
бо́ра, -ы и **бора́,** -ы́ (*ветер*)
борaзо́н, -а
бора́ты, -ов, *ед.* бора́т, -а
бораци́т, -а
бо́р-беломо́шник, бо́ра-беломо́шника
бо́ргес, -а
бо́ргесный
борде́ль, -я
борде́льный
бордеро́, *нескл., с.*
борд-кро́сс, -а (*спорт.*)
бордо́[1], *нескл., с.* (*вино*)
бордо́[2], *неизм.* (*цвет*)
бордо́вый
бордо́ский (*от* Бордо́, *город*)
бордо́сцы, -ев, *ед.* -сец, -сца, *тв.* -сцем
бордю́р, -а
бордю́рный
бордю́рчик, -а
Бореа́л, -а (*Бореальная область*)
бореа́л, -а (*бореальное время, геол.*)
Бореа́льная о́бласть (*зоогеографическая*)
бореа́льный (бореа́льное вре́мя, *геол. период*)
Боре́й, -я (*мифол.*) и **боре́й,** -я (*северный ветер*)
боре́ние, -я
Бореоатланти́ческая подо́бласть (*зоогеографическая*)
Бореопацифи́ческая подо́бласть (*зоогеографическая*)
боре́ц, борца́, *тв.* борцо́м, *р. мн.* борцо́в
боржо́м, -а и -у и **боржо́ми,** *нескл., ж.* и *с.* (*вода*)
боржо́мный (*от* боржо́м, боржо́ми)
боржо́мский (*от* Боржо́ми, *город*)

боржо́мцы, -ев, *ед.* -мец, -мца, *тв.* -мцем
борза́я, -о́й
борзе́ть, -е́ю, -е́ет
борзовщи́к, -а́
борзо́й (*о собаке*)
борзообра́зный; *кр. ф.* -зен, -зна
борзописа́ние, -я
борзопи́сец, -сца, *тв.* -сцем, *р. мн.* -сцев
бо́рзый (*быстрый*)
борзя́тник, -а
бори́ды, -ов, *ед.* бори́д, -а
бори́рование, -я
бори́рованный; *кр. ф.* -ан, -ана
бори́ровать(ся), -и́рую, -и́рует(ся)
борисогле́бский (*от* Борисогле́бск)
Борисогле́бский (монасты́рь, собо́р) (*к* Бори́с и Гле́б)
борисогле́бцы, -ев, *ед.* -бец, -бца, *тв.* -бцем (*от* Борисогле́бск)
борма́гниевый
бормаши́на, -ы
бормота́ние, -я
бормота́ть, -очу́, -о́чет
бормоту́н, -а́
бормоту́нья, -и, *р. мн.* -ний
бормоту́ха, -и
бормоту́шка, -и
бормо́чущий
борнео́л, -а
борни́т, -а
бо́рный
бо́ров[1], -а, *мн.* -ы, -ов (*кабан*)
бо́ров[2], -а, *мн.* -а́, -о́в (*часть дымохода*)
борови́к, -а́
борови́нка, -и, *р. мн.* -нок
Борови́цкая ба́шня (*в Московском Кремле*)
Борови́цкие воро́та (*в Московском Кремле*)
Борови́цкий хо́лм (*в Москве*)
боровича́не, -а́н, *ед.* -а́нин, -а (*от* Боровичи́)
боровича́нка, -и, *р. мн.* -нок
боровичо́к, -чка́
борови́чский (*от* Боровичи́)
бороводоро́ды, -ов, *ед.* -ро́д, -а
борово́й (*от* бор[1])
борово́к, -вка́
бо́ровский[1] (*от* Бо́ровск)
бо́ровский[2] (*от* Бор): **бо́ровский ра́диус**
боровча́не, -а́н, *ед.* -а́нин, -а (*от* Бо́ровск)
боровча́нка, -и, *р. мн.* -нок
борода́, -ы́, *вин.* бо́роду, *мн.* бо́роды, боро́д, борода́м
борода́вка, -и, *р. мн.* -вок
борода́вник, -а
борода́вочка, -и, *р. мн.* -чек
борода́вочник, -а
борода́вочный
борода́вчатка, -и, *р. мн.* -ток
борода́вчатый
борода́стый
борода́тевший
борода́тенький
борода́теть, -ею, -еет (*становиться бородатым*)
борода́тый
борода́ч, -а́, *тв.* -о́м
бородёнка, -и, *р. мн.* -нок
Бороди́нская би́тва
бороди́нский (*от* Бородино́ и Бороди́н)
бороди́нцы, -ев, *ед.* -нец, -нца, *тв.* -нцем (*от* Бородино́, *город и поселок*)
бороди́шка, -и, *р. мн.* -шек
бороди́ща, -и, *тв.* -ей
боро́дка, -и, *р. мн.* -док
боро́душка, -и, *р. мн.* -шек
борозда́, -ы́, *мн.* бо́розды, боро́зд, борозда́м
борозди́ть(ся), -зжу́, -зди́т(ся)
боро́здка, -и, *р. мн.* -док
боро́здко́вый
борозднúк, -а́
бороздно́й
бороздова́ние, -я
бороздово́й
бороздоде́л, -а
бороздоде́латель, -я
бороздоме́р, -а
боро́здочка, -и, *р. мн.* -чек
боро́здчато-зу́бчатый
боро́здчатый
боро́к, борка́
борокальци́т, -а
борома́рганец, -нца
бороменто́л, -а
борона́, -ы́, *вин.* бо́рону, *мн.* бо́роны, боро́н, борона́м
боронённый; *кр. ф.* -ён, -ена́
борони́ть, -ню́, -ни́т
боро́нка, -и, *р. мн.* -нок
боро́нный
боронова́льный
боронова́льщик, -а
боронова́льщица, -ы, *тв.* -ей
боронова́ние, -я
бороно́ванный; *кр. ф.* -ан, -ана
боронова́ть(ся), -ну́ю, -ну́ет(ся)
бороньба́, -ы́
бороргани́ческий
боросилика́ты, -ов, *ед.* -ка́т, -а
боросодержа́щий и **борсодержа́щий**
боро́ть(ся), борю́(сь), бо́рет(ся), бо́рют(ся)
борсе́тка, -и, *р. мн.* -ток
бо́рский (*от* Бор, *город*)
борт, -а, *предл.* на борту́, *мн.* -а́, -о́в
борт... – *первая часть сложных слов, пишется слитно*
бортану́ть(ся), -ну́(сь), -нёт(ся)
бортвра́ч, -а́, *тв.* -о́м
бортдокумента́ция, -и
бортево́й (*от* борть)
бортжурна́л, -а
бо́ртик, -а
бортинжене́р, -а
бортко́мпле́кт, -а
борткомпью́тер, -а
бортмеха́ник, -а
бортнаблюда́тель, -я
бо́ртник, -а
бо́ртничанье, -я
бо́ртничать, -аю, -ает
бо́ртничество, -а
бортно́мер, -а
бо́ртный
бо́рт о́ борт
борто́вка, -и
бортово́й (*от* борт)
бортовщи́к, -а́
бортпаёк, -пайка́
бортпита́ние, -я
бортприбо́ры, -ов
бортпроводни́к, -а́
бортпроводни́ца, -ы, *тв.* -ей
бортради́ст, -а
бортте́хник, -а
бортте́хника, -и
борть, -и, *мн.* -и, -е́й
борцо́вки, -вок, *ед.* -вка, -и
борцо́вский
борцо́вый
боршта́нга, -и
борщ, -а́, *тв.* -о́м
борщеви́к, -а́
бо́рщик, -а
борщо́вник, -а
борщо́вый
борщо́к, *др. формы не употр., м.*
боры́, -о́в (*складки*)
борьба́, -ы́
бо́рющий(ся)
босано́ва, -ы и *неизм.* (*муз.*)
босико́м, *нареч.*
босичко́м, *нареч.*
боске́т, -а
боске́тная, -ой
боске́тный
босни́йка, -и, *р. мн.* -и́ек
босни́йский (*от* Бо́сния)
босни́йцы, -ев, *ед.* -и́ец, -и́йца, *тв.* -и́йцем
босняки́, -о́в, *ед.* -ня́к, -а́ (*устар. к* босни́йцы)
босня́чка, -и, *р. мн.* -чек
босовики́, -о́в, *ед.* -ви́к, -а́
босо́й; *кр. ф.* бос, боса́, бо́со
босоно́гий
босоно́жка, -и, *р. мн.* -жек (*босая девочка, женщина*)
босоно́жки, -жек, *ед.* -но́жка, -и (*обувь*)
босота́, -ы́
босохожде́ние, -я
Боспо́рское ца́рство (*ист.*)
босс, -а
босто́н, -а
босто́нный

бостóновый
бóстонский (*от* Бóстон, *город*)
бóстонцы, -ев, *ед.* -нец, -нца, *тв.* -нцем
босфóрский (*от* Босфóр)
бося́к, -á
бося́цкий
бося́ческий
бося́чество, -а
бося́чка, -и, *р. мн.* -чек
бот, -а
ботáллов протóк, ботáллова протóка (*анат.*)
бóтало, -а
ботанизи́рка, -и, *р. мн.* -рок
ботанизи́ровать, -рую, -рует
ботáник, -а
ботáника, -и
ботáнико-географи́ческий
ботани́ческий
ботани́чка, -и, *р. мн.* -чек
бóтать, -аю, -ает
ботвá, -ы́
ботви́нник, -а
ботви́нья, -и
ботворéз, -а
ботвоубóрочный
ботвоудаля́ющий
бóтдéк, -а
бóтик, -а (*судно*)
бóтики, -ов, *ед.* бóтик, -а
ботильóны, -ов, *ед.* -льóн, -а
боти́нки, -нок, *ед.* -нок, -нка
боти́ночки, -чек, *ед.* -чек, -чка
боти́ночный
Бóткин, -а: **болéзнь Бóткина**
Бóткинская больни́ца
бóтник, -а и **ботни́к,** -á
бóтовый
ботрибиóнты, -ов, *ед.* -óнт, -а
ботриомикóз, -а
ботсвáнский (*от* Ботсвáна)
ботсвáнцы, -ев, *ед.* -нец, -нца, *тв.* -нцем
боттичéллиевский (*от* Боттичéлли)
ботули́зм, -а
ботули́н, -а
ботфóрты, -ов, *ед.* -фóрт, -а
бóты, -ов и бот, *ед.* бот, -а
бóулинг, -а
бóулинг-клу́б, -а
бóулинговый
бóулинг-цéнтр, -а
Бофóрт, -а: **шкалá Бофóрта**
бóцман, -а
боцманмáт, -а
бóцманский
бочáг, -á
бочáжина, -ы
бочáжный
бочажóк, -жкá
бочáр, -á
бочáрить, -рю, -рит
бочáрничать, -аю, -ает
бочáрный
бочáрня, -и, *р. мн.* -рен
бочéние, -я (лóшади, *при езде*)
бóчечка, -и, *р. мн.* бóчечек
бóчечный
бочи́ть(ся), бочу́(сь), бочи́т(ся)
бóчка, -и, *р. мн.* бóчек
бочковáтость, -и
бочковáтый
бочкови́дный; *кр. ф.* -ден, -дна
бóчковый и **бочковóй**
бочкóм, *нареч.*
бочкообрáзный; *кр. ф.* -зен, -зна
бочкопогру́зчик, -а
бочкотáра, -ы
бочóк, бочкá, *предл.* на бочку́ (*от* бок)
бочонкови́дный
бочóнок, -нка
бочóночек, -чка
бочóночный
бóчче, *нескл., с.* (*спорт.*)
бош, -а, *тв.* -ем
боязли́вость, -и
боязли́вый
бóязно
боя́знь, -и
боя́ка, -и, *м.* и *ж.*
Боя́н, -а и **Бая́н,** -а (*древнерусский певец-сказитель*)
боя́рин, -а, *мн.* бoя́ре, боя́р, боя́рам
боя́рка, -и, *р. мн.* -рок
Боя́рская ду́ма (*ист.*)
боя́рский
боя́рство, -а
боя́рщина, -ы
боя́рыня, -и, *р. мн.* -ынь
боя́рышник, -а
боя́рышниковый
боя́рышница, -ы, *тв.* -ей
боя́рышня, -и, *р. мн.* -шень
боя́ться, боюсь, бои́тся
бра, *нескл., с.*
брабансóн, -а
брабáнтский (*от* Брабáнт)
бравáда, -ы
брави́рование, -я
брави́ровать, -рую, -рует
брави́ссимо, *неизм.*
брáво[1], *неизм.* (*возглас*)
брáво[2], *нескл., м.* (*наемный убийца в Италии*)
брáвость, -и
браву́рность, -и
браву́рный; *кр. ф.* -рен, -рна
брáвый
брáга, -и
брадá, -ы́
брадáтый
брадзóт, -а
брадикарди́я, -и
брадителия́, -и
брадобрéй, -я
брáжка, -и
брáжник, -а
брáжничанье, -я
брáжничать, -аю, -ает
брáжнический
брáжничество, -а
брáжный
браздá, -ы́ (*устар. к* бороздá)
брaзды́, -áм (*удила*)
браззави́льский (*от* Браззави́ль)
браззави́льцы, -ев, *ед.* -лец, -льца, *тв.* -льцем
брази́льский (*к* Брази́лия и брази́льцы)
брази́льско-росси́йский
брази́льцы, -ев, *ед.* -лец, -льца, *тв.* -льцем
бразилья́нка, -и, *р. мн.* -нок
Брайль, -я: **систéма Брáйля** (*система чтения и письма для слепых*)
брак, -а
бракáж, -а, *тв.* -ем
бракёр, -а
бракерáж, -а, *тв.* -ем (*от* бракёр)
бракерáжный
браковáние, -я
бракóванный; *кр. ф. прич.* -ан, -ана
браковáть(ся), -ку́ю, -ку́ет(ся)
бракóвка, -и
бракóвочный
бракóвщик, -а
бракóвщица, -ы, *тв.* -ей
бракодéл, -а
бракодéльский
бракодéльство, -а
браконьéр, -а
браконьéрить, -рю, -рит
браконьéрский
браконьéрство, -а
браконьéрствовать, -твую, -твует
бракопосрéднический
бракоразвóдный
бракосочетáние, -я
бракосочетáться, -áюсь, -áется
Брáма, -ы (*устар. к* Брáхма)
брамáн, -а (*устар. к* брахмáн)
браманизм, -а (*устар. к* брахмани́зм)
брами́н, -а (*устар. к* брахмáн)
брами́нский (*устар. к* брахмáнский)
брам-рéй, -я
брáмсель, -я
брáмсельный
брам-стéньга, -и
брамшкóтовый
брандахлы́ст, -а
брандвáхта, -ы
брандвáхтенный
бранденбу́ргский (*от* Брáнденбу́рг)
бранденбу́ржцы, -ев, *ед.* -жец, -жца, *тв.* -жцем
брáндер, -а
брáндерный
брандéум, -а
брандмайóр, -а
брандмайóрский
брандмáуэр, -а
брандмáуэрный
брандмéйстер, -а

брандме́йстерский
брандску́гель, -я
брандспо́йт, -а
бра́нивать(ся), *наст. вр. не употр.*
брани́ть(ся), -ню́(сь), -ни́т(ся)
бранли́вый
бранль, -я
браннери́т, -а
бра́нно, *нареч.*
бра́нный (*к* брань)
бранч, -а, *тв.* -ем
бранчли́вый
бра́ный (*вытканный узорами*)
брань, -и
брас, -а (*корабельная снасть*)
бра́са, -ы (*ед. измер.*)
брасле́т, -а
брасле́тик, -а
брасле́тка, -и, *р. мн.* -ток
брасле́тный
брасс, -а (*способ плавания*)
брасси́ст, -а
брасси́стка, -и, *р. мн.* -ток
брат, -а, *мн.* бра́тья, -ьев
брата́н, -а
брата́ние, -я
брата́ться, -а́юсь, -а́ется
братва́, -ы́
брате́льник, -а
бра́тец, -тца, *тв.* -тцем, *р. мн.* -тцев
бра́тик, -а
бра́тина, -ы (*сосуд*)
братисла́вка, -и, *р. мн.* -вок
братисла́вский (*от* Братисла́ва)
братисла́вцы, -ев, *ед.* -вец, -вца, *тв.* -вцем
брати́шка, -и, *р. мн.* -шек, *м.*
бра́тия, -и
бра́тний
бра́тнин, -а, -о
бра́тов, -а, -о
брато́к, -тка́
братолюби́вый
братолю́бие, -я
братоненави́стник, -а
братоненави́стнический
братоубий́ственный
братоубий́ство, -а
братоубий́ца, -ы, *тв.* -ей, *м.* и *ж.*
бра́тски
бра́тский (*от* брат и Братск)
бра́тство, -а
брату́ха, -и, *м.*
брату́шка, -и, *р. мн.* -шек, *м.*
братча́не, -а́н, *ед.* -а́нин, -а (*от* Братск)
братча́нка, -и, *р. мн.* -нок
бра́тчик, -а
бра́тчина, -ы
бра́ть(ся), беру́(сь), берёт(ся); *прош.* бра́л(ся), брала́(сь), бра́ло, бра́ло́сь
бра́тья Гри́мм, бра́тьев Гри́мм
бра́тья-сёстры, бра́тьев-сестёр
бра́тья-славя́не, бра́тьев-славя́н
бра́узер, -а
бра́узерный
бра́унинг, -а
брауншве́йгский (*от* Бра́уншве́йг)
брауншве́йгцы, -ев, *ед.* -гец, -гца, *тв.* -гцем
брахикефа́л, -а и **брахицефа́л,** -а
брахикефа́лия, -и и **брахицефа́лия,** -и
брахимо́рфность, -и
брахимо́рфный
брахиоза́вр, -а
брахиоля́рия, -и
брахистохро́на, -ы
брахицефа́л, -а и **брахикефа́л,** -а
брахицефа́лия, -и и **брахикефа́лия,** -и
Бра́хма, -ы, *м.*
брахма́н, -а
брахмани́зм, -а
брахмани́стский
брахмани́ческий
брахма́нский
бра́чащиеся, -ихся
бра́чно-правово́й
бра́чно-семе́йный
бра́чный
брачо́к, -чка́
брачу́ющиеся, -ихся
бра́шно, -а
бра́шпилевый
бра́шпиль, -я
бре́ве, *нескл., с.*
бреве́нчатый
бреве́шко, -а и **бревёшко,** -а, *мн.* -шки, -шек
бревиа́рий, -я
бревно́, -а́, *мн.* брёвна, брёвен
бревно́ бревно́м
бревноме́р, -а
бревноспу́ск, -а
бревнота́ска, -и, *р. мн.* -сок
бревноукла́дчик, -а
брёвнышко, -а, *мн.* -шки, -шек
брег, -а, *мн.* -а́, -о́в
брегет, -а
бред, -а, *предл.* в бреду́
бре́день, -дня
бреди́на, -ы
бре́дить(ся), бре́жу, бре́дит(ся)
бре́дни, -ей
бредово́й и **бредо́вый**
бреду́щий
бре́дший
бредя́тина, -ы
бре́жневский (*от* Бре́жнев)
бре́жневщина, -ы
брезг: на брезгу́
бре́згать, -аю, -ает и **бре́зговать,** -гую, -гует
бре́згающий и **бре́згующий**
брезгли́вец, -вца, *тв.* -вцем, *р. мн.* -вцев
брезгли́вица, -ы, *тв.* -ей
брезгли́вость, -и
брезгли́вый
бре́зговать, -гую, -гует и **бре́згать,** -аю, -ает
брезгу́н, -а́
брезгу́нья, -и, *р. мн.* -ний
брезгу́ша, -и, *тв.* -ей, *м.* и *ж.*
бре́згующий и **бре́згающий**
брезе́нт, -а
брезе́нтовка, -и, *р. мн.* -вок
брезе́нтовый
бре́зжить(ся), -ит(ся), *мн.* -ат(ся)
бре́зжущий
брейд-вы́мпел, -а
брейк[1], -а (*танец; прекращение игры, боя, спорт.*)
брейк[2] и **брек,** *межд.* (*спорт.*)
брейк-... – *первая часть сложных слов, пишется через дефис*
брейк-анса́мбль, -я
брейк-гру́ппа, -ы
брейк-да́нс, -а
брейк-да́нсер, -а
бре́йкер, -а
брейки́ст, -а
брейк-кварте́т, -а
брейк-культу́ра, -ы
брейк-му́зыка, -и
бре́йковый
брейк-по́йнт, -а
брейк-ри́тм, -а
брейк-фестива́ль, -я
брейн-ри́нг, -а
брек и **брейк,** *межд.* (*спорт.*)
бреква́тер, -а
бре́кчия, -и
брело́к, -ло́ка и -лка́
брело́чек, -чка
брело́чный
бремени́ть, -ню́, -ни́т
бре́менский (*от* Бре́мен)
бре́менцы, -ев, *ед.* -нец, -нца, *тв.* -нцем
бре́мовский (*от* Брем)
бре́мсберг, -а
бре́мсберговый
бре́мя, -мени, *тв.* -менем
бренд, -а
бре́нди, *нескл., м.* и *с.*
бре́ндинг, -а
бренд-ме́неджер, -а
бре́ндовый
бре́нность, -и
бре́нный; *кр. ф.* бре́нен, бре́нна
бренча́ние, -я
бренча́ть, -чу́, -чи́т
бре́ньканье, -я
бре́нькать, -аю, -ает
бре́нькнуть, -ну, -нет
брести́, бреду́, бредёт; *прош.* брёл, брела́
Бре́стская кре́пость
бре́стский (*от* Брест)
Бре́стский ми́р
брестча́не, -а́н, *ед.* -а́нин, -а
брестча́нка, -и, *р. мн.* -нок
Бре́стчина, -ы (*к* Брест)

брет-га́ртовский (*от* Бре́т Га́рт)
брете́ли, -ей, *ед.* -те́ль, -и
брете́льки, -лек, *ед.* -лька, -и
бретёр, -а
бретёрский
бретёрство, -а
брето́нка, -и, *р. мн.* -нок
брето́нский
брето́нцы, -ев, *ед.* -нец, -нца, *тв.* -нцем
брёх, -а
бреха́ловка, -и
бреха́ть, брешу́, бре́шет
брехли́вый
брехну́ть, -ну́, -нёт
брехня́, -и́
бре́хтовский (*от* Брехт)
бреху́н, -а́
брехуу́нья, -и, *р. мн.* -ний
брешту́к, -а
бре́шущий
брешь, -и
бре́ющий полёт
бре́ющий(ся)
бриа́р, -а
бриг, -а
брига́да, -ы
бригаденфю́рер, -а
бригади́р, -а
бригади́рить, -рю, -рит
бригади́ров, -а, -о
бригади́рский
бригади́рство, -а
бригади́рствовать, -твую, -твует
бригади́рша, -и, *тв.* -ей
бригадми́лец, -льца, *тв.* -льцем, *р. мн.* -льцев
бригадми́льский
брига́дник, -а
брига́дница, -ы, *тв.* -ей
брига́дно-звеньево́й
брига́дный
бриганти́на, -ы
бри́дель, -я
бридж, -а, *тв.* -ем (*игра*)
бри́джде́к, -а
бри́джи, -ей (*брюки*)
бриз, -а
briза́нтность, -и
бриза́нтный
бризо́л, -а
брике́т, -а
брике́тик, -а
брикети́рование, -я
брикети́рованный; *кр. ф.* -ан, -ана
брикети́ровать(ся), -рую, -рует(ся)
брике́тный
брике́тчик, -а
бриллиа́нт[1], -а и **брилья́нт,** -а
бриллиа́нт[2], -а (*полигр.*)
бриллиа́нтик, -а и **брилья́нтик,** -а
бриллианти́н, -а и **брильянти́н,** -а
бриллиа́нтовый и **брилья́нтовый**
бриллиа́нтщик, -а и **брилья́нтщик,** -а

бринди́зи, *нескл., ж.* (*муз.*)
бриоли́н, -а
бриоло́гия, -и
брио́ния, -и
брио́шь, -и
бри́сбенский (*от* Бри́сбен)
бри́сбенцы, -ев, *ед.* -нец, -нца, *тв.* -нцем
бристо́ль, -я (*картон*)
бристо́льский (*от* Бристо́ль, *город*)
брита́нка, -и, *р. мн.* -нок
Брита́нская импе́рия
брита́нский (*к* Брита́ния, Великобрита́ния)
Брита́нский музе́й
Брита́нское Содру́жество
брита́нско-росси́йский
брита́нцы, -ев, *ед.* -нец, -нца, *тв.* -нцем
бри́тва, -ы
бри́твенница, -ы, *тв.* -ей
бри́твенный
бри́твочка, -и, *р. мн.* -чек
бритоголо́вый
брит-по́п, -а
брит-поп-му́зыка, -и
бри́тты, -ов, *ед.* бритт, -а
бри́тый
брить, бре́ю, бре́ет
бритьё, -я́
бри́ться, бре́юсь, бре́ется
бри́финг, -а
бри́финговый
бри́чечный
бри́чка, -и, *р. мн.* -чек
брне́нский (*от* Брно)
брне́нцы, -ев, *ед.* брне́нец, -е́нца, *тв.* -е́нцем
брова́стый
бро́вка, -и, *р. мн.* -вок
бро́вный
бровь, -и, *предл.* на бро́ви́, *мн.* -и, -е́й
брод, -а и -у
Бродве́й, -я (*улица в Нью-Йорке*) и **бродве́й,** -я (*центральная улица города*)
бродве́йский
броди́ло, -а
броди́льный
броди́льня, -и, *р. мн.* -лен
броди́ть, брожу́, бро́дит
бро́дни, -ей, *ед.* -день, -дня (*обувь*)
Бро́ды, -ов (*город*)
бродя́га, -и, *м.* и *ж.*
бродя́жащий
бродя́жество, -а
бродя́жий, -ья, -ье
бродя́жить, -жу, -жит
бродя́жка, -и, *р. мн.* -жек, *м.* и *ж.*
бродя́жничанье, -я
бродя́жничать, -аю, -ает
бродя́жнический
бродя́жничество, -а
бродя́жный
бродя́чий, *прил.*

бродя́щий, *прич.*
броже́ние, -я
бро́йлер, -а
бро́йлерная, -ой
бро́йлерный
брока́т, -а
бро́кер, -а
брокера́ж, -а, *тв.* -ем (*от* бро́кер)
бро́керный
бро́керский
бро́керство, -а
бро́кколи, *нескл., ж.*
бром, -а и -у
бромацето́н, -а
бромгекси́н, -а
бромзамещённый
броми́ды, -ов, *ед.* -ми́д, -а
бромизова́л, -а
броминди́го, *нескл., с.*
бро́мисто-водоро́дный
бро́мистый
бромка́мфора, -ы и **бромкамфара́,** -ы́
бро́мный
бро́мовый
броможелати́на, -ы
бромосере́бряный
бромофо́с, -а
бромура́л, -а
бромэта́н, -а
броне... – *первая часть сложных слов, пишется слитно*
бронеавтомоби́ль, -я
бронеба́шня, -и, *р. мн.* -шен
бронебо́йка, -и, *р. мн.* -о́ек
бронебо́йно-зажига́тельно-тресси́рующий
бронебо́йно-зажига́тельный
бронебо́йно-трасси́рующий
бронебо́йный
бронебо́йщик, -а
броневи́к, -а́
бронево́й
бронегру́ппа, -ы
бронедивизио́н, -а
бронедрези́на, -ы
бронежиле́т, -а
бронека́тер, -а, *мн.* -а́, -о́в
бронеколпа́к, -а́
бронелокомоти́в, -а
бронемаши́на, -ы
бронено́сец, -сца, *тв.* -сцем, *р. мн.* -сцев
бронено́сный
бронепо́езд, -а, *мн.* -а́, -о́в
бронеси́лы, -си́л
бронеспи́нка, -и, *р. мн.* -нок
бронестекло́, -а́
бронета́нковый
бронете́хника, -и
бронетранспортёр, -а
бронетранспортёрный
бронеча́сть, -и, *мн.* -и, -е́й
бро́нза, -ы
бронзи́рова́ние, -я
бронзи́ро́ванный; *кр. ф.* -ан, -ана

бронзи́рова́ть(ся), -и́ру́ю, -и́ру́ет(ся)
бронзиро́вка, -и
бронзиро́вщик, -а
бронзи́т, -а
бронзове́ть, -е́ет
бро́нзовка, -и, *р. мн.* -вок (*жук*)
бронзо́вка, -и (*бронзирование*)
бронзоволи́цый
бронзовщи́к, -а́
бро́нзовый
бро́нзовый ве́к
бронзографи́т, -а
бро́нзо-лату́нный
бронзолите́йный
бронзолите́йщик, -а
брони́рование, -я (*от* брони́ровать)
бронирова́ние, -я (*от* бронирова́ть)
брони́рованный; *кр. ф.* -ан, -ана (*от* брони́ровать)
брониро́ванный; *кр. ф.* -ан, -ана (*от* бронирова́ть)
брони́ровать(ся), -рую(сь), -рует(ся) (*закреплять(ся)*)
бронирова́ть(ся), -ру́ю, -ру́ет(ся) (*покрывать(ся) бронёй*)
брониро́вка, -и
бро́нник, -а
бро́нницкий (*от* Бро́нницы)
бронница́не, -а́н, *ед.* -а́нин, -а
бронница́нка, -и, *р. мн.* -нок
бронти́ды, -ов
бронтоза́вр, -а
бронтоте́рий, -я
бро́нхи, -ов, *ед.* бронх, -а
бронхиа́льный
бро́нхикум, -а
бронхио́лы, -о́л, *ед.* -о́ла, -ы
бронхи́т, -а
бронхи́тный
бронхоадени́т, -а
бронхографи́ческий
бронхогра́фия, -и
бронхолёгочный
бронхоли́тики, -ов, *ед.* -ик, -а
бронхолити́н, -а
бронхолити́ческий
бронхопневмони́я, -и
бронхоскопи́ческий
бронхоскопи́я, -и
бронхофиброскопи́я, -и
бронхоэкта́з, -а
бронхоэктази́я, -и
бронхоэктати́ческий
бронь, -и и **бро́ня**, -и (*закрепление*)
броня́, -и́ (*защитная обшивка*)
броса́ние, -я
броса́тельный
броса́ть(ся), -а́ю(сь), -а́ет(ся)
бро́сить(ся), бро́шу(сь), бро́сит(ся)
бро́ский; *кр. ф.* бро́сок, броска́, бро́ско
броско́вый
броско́м, *нареч.*
бро́скость, -и
бро́совый
бросо́к, -ска́
бро́сче, *сравн. ст.* (*от* бро́ский, бро́ско)
броtка́мера, -ы
бро́уновское движе́ние
бро́шенка, -и, *р. мн.* -нок
бро́шенный; *кр. ф.* -ен, -ена
бро́шечка, -и, *р. мн.* -чек
бро́шка, -и, *р. мн.* -шек
брошь, -и
брошю́ра, -ы
брошю́рка, -и, *р. мн.* -рок
брошю́рный
брошюрова́льный
брошюрова́ние, -я
брошюро́ванный; *кр. ф.* -ан, -ана
брошюрова́ть(ся), -ру́ю, -ру́ет(ся)
брошюро́вка, -и
брошюро́вочный
брошюро́вщик, -а
брошюро́вщица, -ы, *тв.* -ей
брошю́рочный
брр, *неизм.*
бруда́стый
бру́дер, -а
брудера́ция, -и
брудерга́уз, -а
брудерша́фт, -а (пи́ть на брудерша́фт)
бру́клинский (*от* Бру́клин)
бру́клинцы, -ев, *ед.* -нец, -нца, *тв.* -нцем
брульо́н, -а
бруне́йский (*от* Бруне́й)
бруне́йцы, -ев, *ед.* -е́ец, -е́йца, *тв.* -е́йцем
брункре́сс, -а
брус, -а, *мн.* бру́сья, -сьев
Бруси́ловский проры́в (*ист.*)
брускова́тый
бруско́вый
брусни́ка, -и
брусни́ца, -ы, *тв.* -ей
брусни́чка, -и, *р. мн.* -чек
брусни́чник, -а
брусни́чно-кра́сный
брусни́чно-черни́чный
брусни́чный
брусова́л, -а
брусо́вка, -и, *р. мн.* -вок
бру́совый и **брусово́й**
брусо́к, -ска́
брусо́чек, -чка
брусо́чник, -а
брусо́чный
бру́ствер, -а
бру́стверный
брусча́тка, -и
брусча́тник, -а
брусча́тый
брусяно́й
Брут, -а
брутали́зм, -а
брутали́ст, -а
брута́льность, -и
брута́льный; *кр. ф.* -лен, -льна
бру́тто, *неизм.*
бру́тто-ве́с, -а
бру́тто-до́лг, -а
бру́тто-задо́лженность, -и
бру́тто-ма́сса, -ы
бру́тто-объём, -а
бру́тто-региі́стровый
бру́тто-то́нна, -ы
бруцеллёз, -а
бруцеллёзный
брыже́ечный
брыже́йка, -и, *р. мн.* -е́ек
брыже́йный
бры́жи, -ей
бры́згалка, -и, *р. мн.* -лок
бры́згало, -а
бры́згальный
бры́згальце, -а, *р. мн.* -лец
бры́зганье, -я
бры́згать(ся), -аю(сь), -ает(ся) и -зжу(сь), -зжет(ся)
бры́згающий(ся) и **бры́зжущий(ся)**
бры́зги, брызг
брызгови́к, -а́
брызгово́й
брызгозащи́тный
брызгоотража́тель, -я
брызгоотража́ющий
брызгопыленепроница́емый
брызгу́н, -а́
бры́зжущий(ся) и **бры́згающий(ся)**
бры́знуть, -ну, -нет
брык, *неизм.*
брыка́ние, -я
брыка́ть(ся), -а́ю(сь), -а́ет(ся)
брыкли́вость, -и
брыкли́вый
брыкну́ть(ся), -ну́(сь), -нёт(ся)
брыку́н, -а́
брыку́нья, -и, *р. мн.* -ний
брыла́стый
брылы́, брыл, *ед.* брыла́, -ы́
бры́нза, -ы
бры́нзовый
брысь, *неизм.*
брюзга́, -и́, *м.* и *ж.*
брюзгли́вец, -вца, *тв.* -вцем, *р. мн.* -вцев
брюзгли́вость, -и
брюзгли́вый
брю́зглость, -и
брю́зглый
брю́згнуть, -ну, -нет; *прош.* брю́згнул, брю́згла
брюзжа́ние, -я
брюзжа́ть, -жу́, -жи́т
брюка́нец, -нца, *тв.* -нцем, *р. мн.* -нцев (*мор.*)
брю́ква, -ы
брю́квенница, -ы, *тв.* -ей
брю́квенный
брю́квина, -ы
брю́ки, брюк
брю́ки галифе́, брю́к галифе́
брю́ки го́льф, брю́к го́льф
брю́ки-ду́дочки, брю́к-ду́дочек

брю́ки клёш, брю́к клёш
брю́ки-сла́ксы, брю́к-сла́ксов
брю́ки стре́тч, брю́к стре́тч
брю́ковка, -и, *р. мн.* -вок
брюкодержа́тель, -я
брюлло́вский (*от* Брюлло́в)
брюме́р, -а
брюне́т, -а
брюне́тик, -а
брюне́тистый
брюне́тка, -и, *р. мн.* -ток
брюне́точка, -и, *р. мн.* -чек
брю́совский (*от* Брю́сов)
брюссе́льский (*от* Брюссе́ль; брюссе́льская капу́ста, брюссе́льские кружева́)
брюссе́льцы, -ев, *ед.* -лец, -льца, *тв.* -льцем
брют, -а
брюха́н, -а
брюха́стый
брюха́тевший (*от* брюха́теть)
брюха́теть, -ею, -еет (*становиться брюхатым, брюхатой*)
брюха́тивший (*от* брюха́тить)
брюха́тить, -а́чу, -а́тит (*кого*)
брюха́тый
брюха́ч, -а́, *тв.* -о́м
брю́хо, -а, *мн.* брю́хи, брюх
брюхови́на, -ы
брюхого́рлые, -ых
брюхоно́гие, -их
брюхоресни́чные, -ых
брю́чина, -ы
брючи́шки, -шек
брю́чки, -чек
брю́чник, -а
брю́чница, -ы, *тв.* -ей
брю́чный
брючо́нки, -нок
брюши́на, -ы
брюши́нный
брюшко́, -а́, *мн.* -и́, -о́в
брюшно́й
брюшнотифо́зный
брюшня́к, -а́
бряк[1], -а (*бряканье*)
бряк[2], *неизм.*
бря́канье, -я
бря́кать(ся), -аю(сь), -ает(ся)
бря́кнуть(ся), -ну(сь), -нет(ся)
бря́нский (*от* Брянск)
Бря́нско-Жи́здринское Поле́сье
бря́нцы, -ев, *ед.* -нец, -нца, *тв.* -нцем
Бря́нщина, -ы (*к* Брянск)
бряца́ние, -я
бряца́тельный
бряца́ть, -а́ю, -а́ет
БТИ [бэтэи́], *нескл., с.* (*сокр.*: бюро технической инвентаризации)
БТР, *нескл., м.* и **бэтээ́р,** -а (*сокр.*: бронетранспортёр)
буайе́с, *неизм.* (су́п буайе́с)
буба́л, -а
бу́бен, бу́бна
бубенцо́вый
бубенцы́, -о́в, *ед.* -не́ц, -нца́, *тв.* -нцо́м
бубе́нчики, -ов, *ед.* -чик, -а
бу́би, -е́й (*прост. к* бу́бны)
бу́блик, -а
бу́бликовый
бу́бличек, -чка
бу́бличник, -а
бу́бличница, -ы, *тв.* -ей
бу́бличный
бу́бна, -ы (*прост. к* бу́бны)
бубни́ст, -а
бубни́ть, -ню́, -ни́т
бубно́вка, -и, *р. мн.* -вок
бубно́вый
бу́бны, бу́бен и бубён, бу́бна́м (*карточная масть*)
бубо́н, -а
бубо́нный
бубу́, *нескл., с.* (*одежда*)
бува́рдия, -и
бугаи́на, -ы, *м.*
буга́й, -я́ и -я
бу́гель, -я, *мн.* -и, -ей и -я́, -е́й (*тех., мор.*)
бу́гельно-буксиро́вочный
бу́гельный (*от* бу́гель)
бугенвилле́я, -и
бу́ги-ву́ги, *нескл., м.* и *мн.*
буго́р, бугра́
бугорко́вый
буго́рный
бугоро́к, -рка́
бугоро́чек, -чка
бугорча́тка, -и
буго́рчатость, -и
буго́рчатый
бугри́стость, -и
бугри́стый
бугри́ть(ся), -рю́, -ри́т(ся)
бу́гский (*от* Буг)
бугульми́нка, -и, *р. мн.* -нок
бугульми́нский (*от* Бугульма́)
бугульми́нцы, -ев, *ед.* -нец, -нца, *тв.* -нцем
бугуruсла́нский (*от* Бугурусла́н)
бугурусла́нцы, -ев, *ед.* -нец, -нца, *тв.* -нцем
бу́гшпри́т, -а и **бу́шпри́т,** -а
будапе́штский (*от* Будапе́шт)
будапе́штцы, -ев, *ед.* -тец, -тца, *тв.* -тцем
буда́ра, -ы
буда́рка, -и, *р. мн.* -рок
Бу́дда, -ы, *м.* (*имя основателя буддизма Сиддхартхи Гаутамы*) и **бу́дда,** -ы, *м.* (*в буддизме*: *вероучитель; лицо, достигшее духовного просветления*)
будди́зм, -а
будди́йский
будди́ст, -а
будди́стка, -и, *р. мн.* -ток
будди́стский
буддле́евые, -ых
буддле́я, -и
будди́олог, -а
буддологи́ческий
буддоло́гия, -и
бу́де, *союз*
будённовец, -вца, *тв.* -вцем, *р. мн.* -вцев (*к* Будённый и Будённовск)
будённовка, -и, *р. мн.* -вок (*ж. к* будённовец)
будённовский (*от* Будённый и Будённовск)
будёновка, -и, *р. мн.* -вок (*головной убор*)
бу́дет тебе́ (ва́м)
будзю́, *нескл., с.*
буди́льник, -а
буди́рование, -я
буди́ровать, -рую, -рует
буди́ть, бужу́, бу́дит
бу́дка, -и, *р. мн.* бу́док
бу́дни, -ей и бу́ден
бу́дний
бу́дничность, -и
бу́дничный и **бу́днишний**
будора́жащий(ся)
будора́женный; *кр. ф.* -ен, -ена, *прич.*
будора́жить(ся), -жу(сь), -жит(ся)
будора́жный; *кр. ф.* -жен, -жна, *прил.*
бу́дочка, -и, *р. мн.* -чек
бу́дочник, -а
бу́дочный
бу́дра, -ы
бу́дто, *союз* и *частица*
бу́дто бы
будуа́р, -а
будуа́рный
бу́дучи
бу́дущее, -его
бу́дущий
бу́дущность, -и
буды́ль, -я, *мн.* -и́, -е́й и -ы́лья, -ы́льев
бу́дь то́… или… (*будет ли это тем или другим*)
бу́дь что бу́дет
будя́к, -а́
будя́щий
буевля́не, -я́н, *ед.* -я́нин, -а (*от* Буй)
буёк, буйка́
бу́ер, -а, *мн.* -а́, -о́в
буера́к, -а
буера́чина, -ы
буера́чный
буери́ст, -а
бу́ерный
буж, -а́, *тв.* -о́м
бужа́не, -а́н, *ед.* -а́нин, -а (*от* Буг)
бужени́на, -ы
бужени́нка, -и
бужени́нный
бужи́рованный; *кр. ф.* -ан, -ана
бужи́ровать(ся), -рую, -рует(ся)
буза́, -ы́
бузи́ла, -ы, *м.* и *ж.*
бузина́, -ы́
бузи́нник, -а

бузи́нный
бузи́новый
бузи́ть, -и́т
бузова́ть, бузу́ю, бузу́ет
бузотёр, -а
бузотёрка, -и, *р. мн.* -рок
бузотёрничать, -аю, -ает
бузотёрский
бузотёрство, -а
бузотёрствовать, -ствую, -ствует
бузотёрщик, -а
бузулу́кский (*от* Бузулу́к)
бузулукча́не, -а́н, *ед.* -а́нин, -а
бузулукча́нка, -и, *р. мн.* -нок
бузу́н, -а́
буй, бу́я, *мн.* буи́, буёв
бу́йвол, -а
буйволёнок, -нка, *мн.* -ля́та, -ля́т
буйволи́ный
бу́йволица, -ы, *тв.* -ей
бу́йволовый
буйко́вый
буйнопоме́шанный, -ого
бу́йный; *кр. ф.* бу́ен, буйна́, бу́йно
бу́йреп, -а
бу́йский (*от* Буй, *город*)
бу́йственный
бу́йство, -а
бу́йствовать, -твую, -твует
бук, -а
бу́ка, -и, *м.* и *ж.*
бука́н, -а
бука́шечка, -и, *р. мн.* -чек
бука́шка, -и, *р. мн.* -шек
бу́ква, -ы
бу́ква в бу́кву
буквализа́ция, -и
буквали́зм, -а
буквали́ст, -а
буквали́стика, -и
буквали́стский
буква́льность, -и
буква́льный; *кр. ф.* -лен, -льна
буква́рик, -а
буква́рный
буква́рь, -я́
бу́квенно-звуково́й
бу́квенно-цифрово́й
бу́квенный
бу́квица, -ы, *тв.* -ей
буквое́д, -а
буквое́дка, -и, *р. мн.* -док
буквое́дский
буквое́дство, -а
буквоотливно́й *(типогр.)*
буквопеча́тающий
буквосочета́ние, -я
буквофотонабо́рный
бу́квочка, -и, *р. мн.* -чек
бу́кер, -а (*лицо*)
Бу́керовская пре́мия
буке́т, -а
буке́тец, -тца, *тв.* -тцем, *р. мн.* -тцев
буке́тик, -а
букети́рованный; *кр. ф.* -ан, -ана
букети́ровать(ся), -рую, -рует(ся)
букетиро́вка, -и
буке́тище, -а, *мн.* -а и -и, -ищ, *м.*
буке́тный
бу́ки, *нескл., с.* (*название буквы*)
Букинге́мский дворе́ц (*в Лондоне*)
бу́кинг-но́та, -ы
букини́ст, -а
букини́ст-антиква́р, букини́ста-антиква́ра
букини́стика, -и
букинисти́ческий
буки́рование, -я
бу́ккер, -а (*орудие*)
букле́, *неизм.* и *нескл., с.*
букле́т, -а
букле́тный
букле́шный (*от* букле́)
бу́кли, -ей, *ед.* бу́кля, -и
букли́рованный; *кр. ф.* -ан, -ана
букме́кер, -а
букме́керский
букме́керство, -а
букови́нский (*от* Букови́на)
букови́нцы, -ев, *ед.* -нец, -нца, *тв.* -нцем
бу́ковка, -и, *р. мн.* -вок
бу́ково-гра́бовый
бу́ковый
буко́лика, -и
буколи́ческий
буко́лы, -ов, ед. буко́л, -а (*ист.*)
бу́кольки, -лек, *ед.* -лька, -и
букс, -а (*дерево*)
бу́кса, -ы (*тех.*)
букси́р, -а
букси́рно-грузово́й
букси́рно-грузопассажи́рский
букси́рно-пассажи́рский
букси́рный
букси́рование, -я
букси́рованный; *кр. ф.* -ан, -ана
букси́ровать(ся), -рую, -рует(ся)
буксиро́вка, -и
буксиро́вочный
буксиро́вщик, -а
букси́р-толка́ч, букси́ра-толка́ча
букси́рчик, -а
буксова́ние, -я
буксова́ть, -су́ю, -су́ет
буксо́вка, -и
бу́ксовый
булава́, -ы́
була́вка, -и, *р. мн.* -вок
була́вница, -ы, *тв.* -ей
була́вный
булавови́дный; *кр. ф.* -ден, -дна
була́вочка, -и, *р. мн.* -чек
була́вочник, -а
була́вочница, -ы, *тв.* -ей
була́вочный
була́вчатый
була́нка, -и, *р. мн.* -нок
була́но-ча́лый
була́ный
була́т, -а (*сталь*)
була́тный
булгакове́д, -а (*от* Булга́ков)
булгакове́дческий
булга́ковский (*от* Булга́ков)
булга́рский (*к* булга́ры и Булга́рия, *ист.*)
булга́ры, -а́р
булга́чить, -чу, -чит
буле́, *нескл., м.*
бу́лев, -а, -о (*от* Буль): **бу́лева а́лгебра, бу́лева опера́ция, бу́лево выраже́ние, бу́лево значе́ние**
булими́я, -и
були́нь, -я
бу́лка, -и, *р. мн.* бу́лок
бу́лла, -ы
булли́т, -а
Було́нский ле́с (*в Париже*)
бу́лочка, -и, *р. мн.* -чек
бу́лочная, -ой
бу́лочная-конди́терская, бу́лочной-конди́терской
бу́лочник, -а
бу́лочница, -ы, *тв.* -ей
бу́лочный
бульты́х, *неизм.*
бултыха́ние, -я
бултыха́ть(ся), -а́ю(сь), -а́ет(ся)
бульты́хну́ть(ся), -ы́хну́(сь), -ы́хнет(ся) и -ыхнёт(ся)
булы́га, -и
булы́жина, -ы
булы́жник, -а
булы́жный
буль, -я (*стиль мебели*)
бу́льба, -ы
бульбки́ль, -я
буль-бу́ль, *неизм.*
бульва́р, -а
бульва́ришко, -а и -и, *мн.* -шки, -шек, *м.*
Бульва́рное кольцо́ (*в Москве*)
бульва́рный
бульва́рчик, -а
бульва́рщина, -ы
бульдене́ж, -а, *тв.* -ем
бульдо́г, -а
бульдо́жий, -ья, -ье
бульдо́жка, -и, *р. мн.* -жек, *м.* и *ж.*
бульдо́зер, -а
бульдозери́ст, -а
бульдо́зерный
бульдо́зер-трубоукла́дчик, бульдо́зера-трубоукла́дчика
бульк, *неизм.*
бу́льканье, -я
бу́лькать, -аю, -ает
бу́лькнуть, -ну, -нет
бульмасти́ф, -а
бульо́н, -а
бульо́нный
бульо́нчик, -а
бультерье́р, -а
буль-фи́ниш, -а, *тв.* -ем

бум, -а
бума́га, -и
бума́га верже́, бума́ги верже́
бума́га-сыре́ц, бума́ги-сырца́, *ж.*
бумагоде́лательный
бумагодержа́тель, -я
бумагома́ния, -и
бумагомара́ка, -и, *м.* и *ж.*
бумагомара́ние, -я
бумагомара́тель, -я
бумагооборо́т, -а
бумагопряде́ние, -я
бумагопряди́льный
бумагопряди́льня, -и, *р. мн.* -лен
бумагопряди́льщик, -а
бумагопряди́льщица, -ы, *тв.* -ей
бумагоре́зальный
бумагоре́зательный
бумагоре́зка, -и, *р. мн.* -зок
бумаготво́рчество, -а
бумаготка́цкий
бумаже́нция, -и
бума́жечка, -и, *р. мн.* -чек
бума́жка, -и, *р. мн.* -жек
бума́жник, -а
бума́жно-де́нежный
бума́жно-карто́нный
бума́жно-слои́стый
бума́жный
бумажо́нка, -и, *р. мн.* -нок
бумазе́йка, -и
бумазе́йный
бумазе́я, -и
бум-бу́м, *неизм.*
бумвини́л, -а
бумвини́ловый
бумера́нг, -а
бумкомбина́т, -а
бу́на, -ы
бу́нга́ло, *нескл., с.*
Бунд, -а
бундесба́нк, -а
бундесве́р, -а
бундесве́ровский
бундесгери́хт, -а
бундеска́нцлер, -а
бундесма́рка, -и, *р. мн.* -рок
бундесра́т, -а
бундеста́г, -а
бундеста́говский
бу́ндовец, -вца, *тв.* -вцем, *р. мн.* -вцев
бу́ндовский (*от* Бунд)
бунинове́д, -а (*от* Бу́нин)
бу́нинский (*от* Бу́нин)
бу́нкер, -а, *мн.* -а́, -о́в и -ы, -ов
бу́нкер-накопи́тель, бу́нкера-накопи́теля
бу́нкерный
бункеро́ванный; *кр. ф.* -ан, -ана
бункерова́ть(ся), -ру́ю, -ру́ет(ся)
бункеро́вка, -и
бункеро́вочный
бункеро́вщик, -а
бунт[1], -а (*восстание*)
бунт[2], -а́ (*связка; штабель*)
бунта́рка, -и, *р. мн.* -рок
бунта́рский
бунта́рство, -а
бунта́рь, -я́
бунта́шный
бунтова́ть(ся), -ту́ю(сь), -ту́ет(ся)
бунтово́й (*к* бунт[2])
бунтовско́й (*к* бунт[1])
бунтовщи́к, -а́
бунтовщи́ца, -ы, *тв.* -ей
бунтовщи́ческий
бунчу́жный
бунчу́к, -а́
бунчуко́вый
буонфре́ско, *нескл., с.*
бур, -а (*тех.*)
бура́, -ы́ (*хим.*)
бура́в, -а́
бура́вить(ся), -влю, -вит(ся)
бура́вленный; *кр. ф.* -ен, -ена
бура́вчатый
бура́вчик, -а
бура́вящий(ся)
бура́к, -а́
бура́н, -а
бура́нить, -ит
бура́нный
бура́т, -а (*тех.*)
Бурати́но, *нескл., м.* (*сказочный персонаж*) и **бурати́но,** *нескл., м.* (*игрушка*)
бура́чник, -а
бура́чниковые, -ых
бура́чный
бурачо́к, -чка́
бурбо́н, -а (*грубый, невежественный человек; водка*)
Бурбо́ны, -ов (*династия*)
бург, -а
бурга́сский (*от* Бурга́с)
бурга́сцы, -ев, *ед.* -сец, -сца, *тв.* -сцем
бурггра́ф, -а
бургоми́стерский
бургоми́стр, -а
бурго́нское, -ого
бу́ргосский (*от* Бу́ргос)
бургу́ндка, -и, *р. мн.* -док
бургу́ндский (*к* бургу́нды и Бургу́ндия)
бургу́ндцы, -ев, *ед.* -дец, -дца, *тв.* -дцем (*от* Бургу́ндия)
бургу́нды, -ов (*племя*)
бурда́, -ы́
бурдо́н, -а
бурдю́к, -а́
бурдю́чный
бурдючо́к, -чка́
бурева́л, -а
буреве́стник, -а
бурево́й
бурело́м, -а
бурело́мный
буре́ние, -я
burё́нка -и, *р. мн.* -нок (*о корове*) и **Бурё́нка,** -и (*кличка коровы*)
бурё́нный; *кр. ф.* -ён, -ена́
бурё́нушка, -и, *р. мн.* -шек (*ласкат. к* бурёнка) и **Бурё́нушка,** -и (*ласкат. к* Бурёнка)
буре́ть, -е́ю, -е́ет
буржуа́, *нескл., м.*
буржуази́я, -и
буржуа́зка, -и, *р. мн.* -зок
буржуа́зно-дворя́нский
буржуа́зно-демократи́ческий
буржуа́зно-либера́льный
буржуа́зно-монархи́ческий
буржуа́зно-парла́ментский
буржуа́зно-поме́щичий, -ья, -ье
буржуа́зно-республика́нский
буржуа́зно-реформи́стский
буржуа́зность, -и
буржуа́зный
буржуи́н, -а
буржу́й, -я
буржу́йка, -и, *р. мн.* -у́ек
буржу́йский
бурида́нов осёл, бурида́нова осла́
бури́льный
бури́льщик, -а
букриме́, *нескл., с.*
бури́ть(ся), бурю́, бури́т(ся)
бу́рка, -и, *р. мн.* бу́рок (*накидка*)
бу́ркалы, -ал
бу́рканье, -я
бу́ркать, -аю, -ает
бу́рки, -рок, *ед.* бу́рка, -и (*обувь*)
буркини́йский (*к* Буркина́-Фасо́)
буркини́йцы, -ев, *ед.* -и́ец, -и́йца, *тв.* -и́йцем
бу́ркнуть, -ну, -нет
бурла́к, -а́
бурла́цкий
бурла́чащий
бурла́чество, -а
бурла́чить, -чу, -чит
бурле́ние, -я
бурле́ск, -а и **бурле́ска,** -и
бурле́скный
бурли́вость, -и
бурли́вый
бурли́ть, -лю́, -ли́т
бурма́стер, -а (*буровой мастер*)
Бурми́стерская пала́та (*ист.*)
бурми́стр, -а
бурми́стрский
бурми́тский (же́мчуг)
бу́рность, -и
бурну́с, -а
бурну́сик, -а
бу́рный; *кр. ф.* бу́рен, бу́рна́, бу́рно
бу́рова жи́дкость, бу́ровой жи́дкости (*мед., от* Бу́ров)
бурова́то-кори́чневый
бурова́тый
бурова́я, -о́й
буровзрывни́к, -а́
буровзрывно́й
бурови́к, -а́
буро́вить, -влю, -вит

буровóй
бурóвящий
бýро-жёлтый
бýро-зелёный
бурозём, -а
бурозýбка, -и, *р. мн.* -бок
бýро-крáсный
буронабивнóй
буросбóечный
бурошнéковый
буррé, *нескл., с.*
бýрса, -ы
бурсáк, -á
бурсáцкий
бурсúт, -а
бýрский
бурт, -а и -á, *мн.* -ы́, -óв
бýртик, -а
буртовáние, -я
буртóванный; *кр. ф.* -ан, -ана
буртовáть(ся), -тýю, -тýет(ся)
буртовóй
буртоуклáдчик, -а
бурýн, -а и -á
бурундúйский (*от* Бурýнди)
бурундúйцы, -ев, *ед.* -úец, -úйца, *тв.* -úйцем
бурундýк, -á
бурундукóвый
бурундýчий, -ья, -ье
бурундучóк, -чкá
бурýнный
бурхáн, -а
бурчáние, -я
бурчáть, -чý, -чúт
бурш, -а, *тв.* -ем
бýрщик, -а
бýры, -ов, *ед.* бур, -а (*народ*)
бýрый; *кр. ф.* бур, бýрá, бýро
бурьян, -а
бурьянистый
бурьянный
бýря, -и
бурятка, -и, *р. мн.* -ток
бурят-монгóлы, -ов
бурят-монгóльский
бурятский (*к* буряты и Бурятия); но: **Агúнский Бурятский автонóмный óкруг, Усть-Ордынский Бурятский автонóмный óкруг**
буряты, бурят и -ов, *ед.* бурят, -а
бус, -а (*мелкий дождь или снег; мучная пыль*)
бýса, -ы (*устар.* и *спец. к* бýсина)
бусидó, *нескл., с.*
бýсики, -ов
бýсина, -ы
бýсинка, -и, *р. мн.* -нок
буссóль, -и
буссóльный
бýстер, -а
бýстер-насóс, -а
бýстерный
бустилáт, -а
бустрофедóн, -а
бýсы, бус
бут, -а
бутáда, -ы
бутадиéн, -а (*газ*)
бутадиéновый
бутадиóн, -а (*лекарство*)
бутáн, -а
бутáновый
бутанóл, -а
бутáнский (*от* Бутáн)
бутáнцы, -ев, *ед.* -нец, -нца, *тв.* -нцем
бутáра, -ы
бутафóр, -а
бутафóрия, -и
бутафóрный
бутафóрский
бутéны, -ов, *ед.* бутéн, -а
бýтень, бýтня
бутербрóд, -а
бутербрóдец, -дца, *тв.* -дцем, *р. мн.* -дцев
бутербрóдик, -а
бутербрóдница, -ы, *тв.* -ей
бутербрóдный
бутúк, -а
бутúл, -а
бутилацетáт, -а
бутилéны, -ов, *ед.* -лéн, -а
бутилúрование, я
бутилúрованный; *кр. ф.* -ан, -ана
бутилúровать(ся), -рую, -рует(ся)
бутилкаучýк, -а
бутúловый
бутирáты, -ов, *ед.* -рáт, -а
бутирóметр, -а
бутúть(ся), бучý, бутúт(ся)
бутифóс, -а
бутлéгер, -а
бутлéгерский
бутобетóн, -а
бутобетóнный
бутовщúк, -á
бýтовый
бутóн, -а
бутонизáция, -и
бутóнный
бутóнчик, -а
бутоньéрка, -и, *р. мн.* -рок
бýтсы, бутс, *ед.* бýтса, -ы
бутýз, -а
бутýзик, -а
бутýзить, -ýжу, -ýзит
бутылёк, -лькá
бутылéц, -льцá, *тв.* -льцóм
бутылка, -и, *р. мн.* -лок
бутылконóс, -а
бутылкообрáзный; *кр. ф.* -зен, -зна
бутыломóечный
бутылочка, -и, *р. мн.* -чек
бутылочно-бáночный
бутылочно-зелёный
бутылочный
бутыль, -и
бутыльный
бутырский (*к* Бутырки)
бýфер, -а, *мн.* -á, -óв
буферизáция, -и
бýферность, -и
бýферный
буфéт, -а
буфéтец, -тца, *тв.* -тцем, *р. мн.* -тцев
буфéтик, -а
буфéтная, -ой
буфéтный
буфéтчик, -а
буфéтчица, -ы, *тв.* -ей
буфф, -а (*актер-комик*) и *неизм.* (*комический*)
бýффало, *нескл., м.* (*животное*)
бýффальский (*от* Бýффало, *город*)
буффóн, -а
буффонáда, -ы
буффонáдный
буффóнить, -ню, -нит
буффóнный
буффóнский
буффóнство, -а
бýфы, буф (*сборки*)
бух, *неизм.*
бухáло, -а и **бухлó,** -á *(спиртное, жарг.)*
бухáнка, -и, *р. мн.* -нок
бухáночка, -и, *р. мн.* -чек
бухáночный
бýханье, -я
бухарéстский (*от* Бухарéст)
бухарéстцы, -ев, *ед.* -тец, -тца, *тв.* -тцем
бухáрик, -а (*от* бухáрь)
бухáринский (*от* Бухáрин)
бухáрка, -и, *р. мн.* -рок
бухáрник, -а (*растение*)
бухáрский (*от* Бухарá)
Бухáрское хáнство (*ист.*)
бухáрцы, -ев, *ед.* -рец, -рца, *тв.* -рцем
бухáрь, -я́ *(пьяница, жарг.)*
бухáть, -áю, -áет *(пьянствовать, жарг.)*
бýхать(ся), -аю(сь), -ает(ся)
бухвóстить, -óщу, -óстит
бухгáлтер, -а
бухгáлтер-аудúтор, бухгáлтера-аудúтора
бухгалтéрия, -и
бухгáлтер-ревизóр, бухгáлтера-ревизóра
бухгáлтерский
бухгáлтерша, -и, *тв.* -ей
бухенвáльдский (*от* Бухенвáльд)
бухлó, -á и **бухáло,** -а *(спиртное, жарг.)*
бýхнувший(ся)
бýхнуть, -нет; *прош.* бýхнул, бýхла, *несов.* (*набухáть, разбухать*)
бухнýть, -нý, -нёт (*от* бухáть)
бýхнуть(ся), -ну(сь), -нет(ся), *сов.* (*к* бýхать(ся)
бухóй *(пьяный, жарг.)*
бýхта, -ы
бýхтовый

бу́хточка, -и, *р. мн.* -чек
бу́хты-бара́хты: с бу́хты-бара́хты
бухучёт, -а
Буцефа́л, -а (*конь Александра Македонского*) и **буцефа́л,** -а (*о коне, шутл. и ирон.*)
бу́ча, -и, *тв.* -ей
бу́чение, -я (*от* бу́чить)
буче́ние, -я (*от* бути́ть)
бу́ченный; *кр. ф.* -ен, -ена
бучи́ло, -а
бучи́льник, -а
бучи́льный
бу́чить(ся), бу́чу, бу́чит(ся)
бушева́ние, -я
бушева́ть, бушу́ю, бушу́ет
бу́шель, -я
бушла́т, -а
бушла́тный
бушме́нка, -и, *р. мн.* -нок
бушме́нский
бушме́ны, -ов, *ед.* -ме́н, -а
бу́шпри́т, -а и **бу́гшпри́т,** -а
буэ́нос-а́йресский (*от* Буэ́нос-А́йрес)
буэноса́йресцы, -ев, *ед.* -сец, -сца, *тв.* -сцем
буя́н, -а
буя́нить, -ню, -нит
буя́нство, -а
буя́нящий
бха́кти, *нескл., с.*
БХСС [бэхаэ́с и бэхаэсэ́с], *нескл., ж.* (*сокр.*: борьба с хищениями социалистической собственности)
бы и **б,** *частица – пишется раздельно с предшествующим словом, но в словах* что́бы (чтоб), да́бы́, ка́бы́ – *слитно*
быва́ет, *вводн. сл.*
быва́й(те), *в знач. сказ.*
быва́лец, -льца
быва́ло, *вводн. сл.*
быва́лость, -и
быва́лоча (*прост. к* быва́ло)
быва́лый
быва́льщина, -ы
быва́ть, -а́ю, -а́ет
бы́вший
бы́дло, -а
бык, -а́; но: **го́д Быка́** (*по восточному календарю*), **Бык,** -а́ (*о том, кто родился в этот год*)
быки́, -о́в, *ед.* бык, быка́ (*устои моста*)
быкова́тый
бы́к-производи́тель, быка́-производи́теля
была́ не была́
былево́й
были́на, -ы
были́нка, -и, *р. мн.* -нок
были́нно-эпи́ческий
были́нный
были́ночка, -и, *р. мн.* -чек
были́нушка, -и, *р. мн.* -шек
были́нщик, -а
были́чка, -и, *р. мн.* -чек
бы́лка, -и, *р. мн.* бы́лок
было, *частица* (а я́ было реши́л, что вы́ ушли́)
было́е, -о́го
было́й
быль, -и
быльё, -я́ (быльём поросло́)
бы́льник, -а
быстре́йший
бы́стренький
бы́стренько
быстрёхонький; *кр. ф.* -нек, -нька
быстрёшенький; *кр. ф.* -нек, -нька
быстрина́, -ы́
бы́стро, *нареч.*
бы́стро-бы́стро
быстровозводи́мый*
быстрогла́зый
быстрогоря́щий*
быстрогусте́ющий*
быстроде́йствие, -я
быстроде́йствующий*
быстрозаморо́женный*
быстроизна́шиваемый*
быстроизна́шивающийся*
быстроиспаря́ющийся*
быстрокры́лый
быстролётность, -и
быстролётный; *кр. ф.* -тен, -тна
быстролетя́щий*
быстромобилизу́емый* (*о веществах, возможностях организма*)
быстроно́гий
быстропа́дающий*
быстроперенала́живаемый*
быстропо́ртящийся*
быстроразвива́ющийся*
быстроразмора́живающийся*
быстроразъёмный
быстрораствори́мый
быстрорасту́щий*
быстрореализу́емый*
быстроре́жущий*
быстросме́нный
быстросо́хнущий*
быстросъёмный
быстрота́, -ы́
быстротверде́ющий*
быстротеку́щий*
быстроте́чность, -и
быстроте́чный; *кр. ф.* -чен, -чна
быстрото́к, -а
быстроусвоя́емый*
быстрохо́дность, -и
быстрохо́дный; *кр. ф.* -ден, -дна
бы́стрый; *кр. ф.* быстр, быстра́, бы́стро, бы́стры́
Бы́стрый Исто́к (*поселок*)
быстря́к, -а́
быстря́нка, -и, *р. мн.* -нок
быт, -а, *предл.* в быту́
бытие́, -я́, *тв.* -е́м, *предл.* о бытии́ и **Бытие́,** -я́ (*первая книга Библии*)
быти́йность, -и
быти́йный
быти́йственность, -и
быти́йственный; *кр. ф.* -вен и -венен, -венна
быткомбина́т, -а
бы́тность, -и
бытова́ние, -я
бытова́ть, быту́ет
бытови́зм, -а
бытови́к, -а́
бытови́ст, -а
бытови́стский
быто́вка, -и, *р. мн.* -вок
бытово́й
бытову́ха, -и
бытовщи́на, -ы
бытописа́ние, -я
бытописа́тель, -я
бытописа́тельный
бытописа́тельство, -а
быть, есть, суть; *прош.* был, была́, бы́ло; *буд.* бу́ду, бу́дет
бытьё, -я́ (житьё-бытьё)
быть мо́жет, *вводн. сл.*
быча́тина, -ы
быча́чий, -ья, -ье
бы́чий, -ья, -ье
бычи́на, -ы, *м.* (*увелич.*) и *ж.* (*шкура*)
бычи́ный
бычи́ться, бычу́сь, бычи́тся
бычи́ще, -а и -и, *мн.* -и, -и́щ, *м.*
бычко́вый
бычо́к, бычка́
бьенна́ле и **биенна́ле,** *нескл., м.* (*фестиваль*) и *ж.* (*выставка*)
бьеф, -а
бью́ик, -а
бью́ти-ке́йс, -а
бью́щий(ся)
бэ, *нескл., с.* (*название буквы*)
бэк-вока́л, -а
бэк-вокали́ст, -а
бэк-вокали́стка, -и, *р. мн.* -ток
бэкгра́унд, -а
бэк-о́фис, -а
бэксле́ш, -а, *тв.* -ем
бэкхе́нд, -а (*спорт.*)
бэр, -а, *р. мн.* -ов, *счетн. ф.* бэр
бэ́рбоут-ча́ртер, -а
бэтээ́р, -а и **БТР,** *нескл., м.* (*сокр.*: бронетранспортёр)
бэтээ́ровский
бээмпэ́шка, -и, *р. мн.* -шек (*БМП, прост.*)
бюва́р, -а
бюва́рный
бюва́рчик, -а
бюве́т, -а
бю́гель, -я (*в зубопротезировании*)
бю́гельный (*от* бю́гель)
бюдже́т, -а
бюджети́рование, -я
бюджети́рованный; *кр. ф.* -ан, -ана

бюджети́ровать(ся), -рую(сь), -рует(ся)

бюдже́тник, -а

бюдже́тница, -ы, *тв.* -ей

бюдже́тно-фина́нсовый

бюдже́тный

бюджетозамеща́ющий

бюджетообразу́ющий

бюджетополуча́тель, -я

бю́кса, -ы (*стаканчик*)

бюллете́нить, -ню, -нит

бюллете́нщик, -а

бюллете́нщица, -ы, *тв.* -ей

бюллете́нь, -я

бюльбю́ль, -я (*птица*)

бю́ргер, -а

бю́ргерский

бю́ргерство, -а

бю́ргерша, -и, *тв.* -ей

бюре́тка, -и, *р. мн.* -ток

бюро́, *нескл., с.*

бюрокра́т, -а

бюрократиза́ция, -и

бюрократизи́рованный; *кр. ф.* -ан, -ана

бюрократизи́ровать(ся), -рую, -рует(ся)

бюрократи́зм, -а

бюрократи́ческий

бюрократи́ческо-чино́вничий, -ья, -ье

бюрократи́чный; *кр. ф.* -чен, -чна

бюрокра́тия, -и

бюрокра́тка, -и, *р. мн.* -ток

бюрокра́тствовать, -твую, -твует

бюст, -а

бюстга́льтер, -а

бю́стик, -а

бю́стовый

бюстье́, *нескл., с.*

бя́зевый

бязь, -и

бя́ка, -и, *м.* и *ж.*

бя́кать, -аю, -ает

бя́кнуть, -ну, -нет

бя́ша, *межд.*

бя́шка, -и, *р. мн.* бя́шек

В

в и **во,** *предлог*

Ваа́л, -а

ва-ба́нк, *нареч.*

ва́бик, -а

ва́бильщик, -а

ва́бить, ва́блю, ва́бит

вава́кать, -аю, -ает и -а́чу, -а́чет

вава́кнуть, -ну, -нет

вави́ловский (*от* Вави́лов)

Вавило́н, -а (*ист.*; *о большом городе*) и **вавило́н,** -а (*о суматохе, беспорядке, шуме*)

Вавило́нская ба́шня (*библ.*)

вавило́нский (*от* Вавило́н и Вавило́ния)

Вавило́нское столпотворе́ние (*библ.*) и **вавило́нское столпотворе́ние** (*о суматохе, беспорядке*)

вавило́ны, -ов (*вычурный узор*; выводи́ть, разводи́ть, писа́ть вавило́ны)

вавило́няне, -ян, *ед.* -янин, -а

вавило́нянка, -и, *р. мн.* -нок

ва́га, -и

вага́нт, -а

Вага́ньковское кла́дбище

ваги́на, -ы (*мед.*)

вагина́льный

вагини́зм, -а

вагини́т, -а

вагнериа́нец, -нца, *тв.* -нцем, *р. мн.* -нцев

вагнериа́нский

ва́гнеровский (*от* Ва́гнер)

ваго́н, -а

вагоне́тка, -и, *р. мн.* -ток

вагоне́точный

вагоне́тчик, -а

вагоне́тчица, -ы, *тв.* -ей

вагонза́к, -а

ваго́нка, -и

ваго́н-конте́йнер, ваго́на-конте́йнера

ваго́н-ле́дник, ваго́на-ле́дника

ваго́н лю́кс, ваго́на лю́кс

ваго́нник, -а

ваго́нный

вагоновожа́тая, -ой

вагоновожа́тый, -ого

вагономо́ечный

вагонооборо́т, -а

вагоноопроки́дыватель, -я

вагонопото́к, -а

вагоноремо́нтный

вагоносбо́рочный

вагонострое́ние, -я

вагоностро́ительный

ваго́но-ча́с, -а, *мн.* -ы́, -о́в

ваго́н-рестора́н, -а и ваго́на-рестора́на

ваго́н-рефрижера́тор, ваго́на-рефрижера́тора

ваго́н-сало́н, -а и ваго́на-сало́на

ваго́н-самосва́л, ваго́на-самосва́ла

ваго́нчик, -а

ваго́нчик-быто́вка, ваго́нчика-быто́вки, *м.*

ваго́нщик, -а

ваготони́н, -а

вагра́нка, -и, *р. мн.* -нок

вагра́нковый

вагра́ночный

вагра́нщик, -а

вад, -а

ваде́мекум, -а

ваджра́яна, -ы

ва́ди, *нескл., мн.*

в а́дрес (*кого, чего*)

ва́ер, -а

ва́женка, -и, *р. мн.* -нок

ва́жи, -ей, *ед.* важ, -а, *тв.* -ем

ва́живать, *наст. вр. не употр.*

важне́йший

важне́цкий

важне́ющий

ва́жничанье, -я

ва́жничать, -аю, -ает

ва́жность, -и

ва́жный; *кр. ф.* ва́жен, важна́, ва́жно, ва́жны́

ва́жный-прева́жный

в ажу́ре

ВАЗ, -а (*завод и автомобиль*)

ва́за, -ы

ва́за-а́ри, *нескл., с.* и *неизм.* (*оценка приема в дзюдо*)

вазели́н, -а

вазели́новый

вазисуба́ни, *нескл., с.*

ва́зовец, -вца, *тв.* -вцем, *р. мн.* -вцев

ва́зовский (*от* ВАЗ)

ва́зовый (*от* ва́за, *спец.*)

вазодилата́торы, -ов, *ед.* -тор, -а

вазоконстри́кторы, -ов, *ед.* -тор, -а

вазомото́рный

вазомото́ры, -ов, *ед.* -то́р, -а

вазо́н, -а

вазо́нный

ва́зопись, -и

вазопресси́н, -а

ва́зочка, -и, *р. мн.* -чек

вазу́зский (*от* Вазу́за)

ва́ия, -и и **ва́йя,** -и, *р. мн.* ва́ий

вайна́хи, -ов, *ед.* -на́х, -а

вайна́хский

ва́йшии, -ий, *ед.* -шия, -и, *м.*

ва́йя, -и и **ва́ия,** -и, *р. мн.* ва́ий

вака́нсия, -и

вака́нтность, -и

вака́нтный; *кр. ф.* -тен, -тна

вака́т, -а

вака́ции, -ий

вакацио́нный

в аккура́т

в аккура́те

ва́ковский (*от* ВАК)

ва́кса, -ы

ва́ксенный

ва́ксить(ся), ва́кшу, ва́ксит(ся)

ва́ксовый

ва́ксящий(ся)

вакуо́ли, -ей, *ед.* -о́ль, -и

вакуолиза́ция, -и

вакуо́льный

ва́куум, -а

ва́куум-... – *первая часть сложных слов, пишется через дефис*; но: вакуумме́тр, вакуумметри́я

ва́куум-аппара́т, -а

ва́куум-измери́тельный

вакууми́рование, -я

вакууми́рованный; *кр. ф.* -ан, -ана
вакууми́ровать(ся), -рую, -рует(ся)
ва́куум-ка́мера, -ы
ва́куум-ко́вш, -а́, *тв.* -о́м
ва́куум-костю́м, -а
вакуумме́тр, -а
вакуумметри́ческий
вакуумме́три́я, -и
ва́куум-насо́с, -а
ва́куумно-герметич́еский
ва́куумно-терми́ческий
ва́куумный
ва́куум-пре́сс, -а
ва́куум-прессова́ние, -я
ва́куум-проце́сс, -а
ва́куум-суши́лка, -и, *р. мн.* -лок
ва́куум-устано́вка, -и, *р. мн.* -вок
ва́куум-фа́ктор, -а
ва́куум-фи́льтр, -а
ва́куум-фильтра́ция, -и
ва́куум-формова́ние, -я
ва́куум-формо́вочный
ва́куумщик, -а
ва́куум-щи́т, -а́
ва́куумщица, -ы, *тв.* -ей
ва́куум-экстра́ктор, -а
ва́куум-экстра́кция, -и
ва́куф, -а и **вакф,** -а
Вакх, -а
вакха́льный
вакхана́лия, -и
вакхана́льный
вакха́нка, -и, *р. мн.* -нок
вакхи́ческий
вакци́на, -ы
вакцина́ция, -и
вакцини́рованный; *кр. ф.* -ан, -ана
вакцини́ровать(ся), -рую(сь), -рует(ся)
вакци́нный
вакцинопрофила́ктика, -и
вакцинотерапи́я, -и
вал, -а, *предл.* на валу́, *мн.* -ы́, -о́в; но (*в названиях улиц*) **Вал,** -а, *предл.* на… Валу́, *напр.*: Земляно́й Ва́л, Коро́вий Ва́л, Сущёвский Ва́л (*в Москве*)
валаа́мка, -и, *р. мн.* -мок (*рыба*)
валаа́мова осли́ца, валаа́мовой осли́цы
валаа́мский (*от* Валаа́м)
вала́ндаться, -аюсь, -ается
валансье́н, *неизм.* (*кружево*)
валансье́нский
вала́хи, -ов, *ед.* вала́х, -а
Вала́хская ни́зменность
вала́шка, -и, *р. мн.* -шек
вала́шский
Валга́лла, -ы и **Вальха́лла,** -ы (*мифол.*)
валда́йский (*от* Валда́й)
валда́йцы, -ев, *ед.* -а́ец, -а́йца, *тв.* -а́йцем
вале́ж, -а, *тв.* -ем
вале́жина, -ы
вале́жник, -а
валёк, валька́
ва́ленки, -нок, *ед.* -нок, -нка
ва́леночки, -чек, *ед.* -чек, -чка
ва́леночный
валенсиа́нка, -и, *р. мн.* -нок
валенсиа́нский (*от* Вале́нсия)
валенсиа́нцы, -ев, *ед.* -а́нец, -а́нца, *тв.* -а́нцем
валенси́йский (*от* Вале́нсия)
валенси́йцы, -ев, *ед.* -и́ец, -и́йца, *тв.* -и́йцем
валентиниа́не, -а́н, *ед.* -а́нин, -а
валенти́нка, -и, *р. мн.* -нок (*письмо*)
Валенти́нов де́нь, Валенти́нова дня́
вале́нтно-свя́занный
вале́нтность, -и
вале́нтный
ва́ленцы, -ев, *ед.* -нец, -нца (*обл. к* ва́ленки)
валеологи́ческий
валеоло́гия, -и
валёр, -а
валериа́на, -ы и **валерья́на,** -ы
валериа́новый и **валерья́новый**
валерья́нка, -и
вале́т, -а и (*прост.*) вальта́
вале́том (спа́ть, лежа́ть), *нареч.*
вали́, *нескл., м.* (*правитель вилайета*)
ва́ливать, *наст. вр. не употр.*
вали́дность, -и
вали́дный
валидо́л, -а и -у
вали́за, -ы
ва́лик, -а
вали́н, -а (*хим.*)
вали́ть[1], ва́лит (*о снеге, толпе*)
вали́ть[2], валю́, ва́лит (*заставлять падать*)
вали́ться, валю́сь, ва́лится
вали́ще, -а, *мн.* -а и -и, -и́щ, *м.*
ва́лка, -и
ва́лкий; *кр. ф.* ва́лок, ва́лка́, ва́лко
валкова́ние, -я
валкова́тель, -я
валко́вый (*от* вало́к)
ва́лкость, -и
валкоукла́дчик, -а
ва́ллей, -я (*спорт.*)
валли́йка, -и, *р. мн.* -и́ек
валли́йский
валли́йцы, -ев, *ед.* -и́ец, -и́йца, *тв.* -и́йцем
валлисне́рия, -и
валло́нка, -и, *р. мн.* -нок
валло́нский
валло́ны, -ов, *ед.* валло́н, -а
валово́й и **ва́ловый**
вало́к, валка́
валокорди́н, -а и -у
957о́м вали́ть
валопрово́д, -а
валориза́ция, -и
ва́лочно-погру́зочный
ва́лочно-трелёвочный
валтаса́ров пи́р, валтаса́рова пи́ра
валто́рна, -ы
валторни́ст, -а
валто́рновый
валту́зить, -у́жу, -у́зит
валу́й, -я́
валу́н, -а́
валу́нный
ва́лух, -а и **валу́х,** -а́
валушо́к, -шка́
вальва́ция, -и
вальде́нсы, -ов, *ед.* -де́нс, -а
вальдо́рфский (вальдо́рфские шко́лы, вальдо́рфская педаго́гика)
ва́льдшнеп, -а
вальдшнепи́ный
вальки́рии, -ий, *ед.* -рия, -и
вальковáтый
вальково́й (*от* валёк)
ва́льма, -ы
ва́льмовый
Вальпу́ргиева но́чь, Вальпу́ргиевой но́чи
вальс, -а
ва́льс-босто́н, ва́льса-босто́на
вальсе́т, -а (*спорт.*)
ва́льсик, -а
вальси́ровать, -рую, -рует
ва́льсовый
вальсо́к, *др. формы не употр., м.*
вальс-фанта́зия, -и
ва́льтер, -а (*пистолет*)
ва́льтер-ско́ттовский (*от* Ва́льтер Ско́тт)
вальтра́п, -а
Вальха́лла, -ы и **Валга́лла,** -ы (*мифол.*)
вальцева́ние, -я
вальцева́ть(ся), -цу́ю, -цу́ет(ся)
вальцево́й[1] и **вальцо́вый**
вальцево́й[2], -о́го (*рабочий на вальцах*)
вальцеде́ковый
вальцетока́рный
вальцо́ванный; *кр. ф.* -ан, -ана
вальцо́вка, -и, *р. мн.* -вок
вальцо́вочный
вальцо́вщик, -а
вальцо́вщица, -ы, *тв.* -ей
вальцо́вый и **вальцево́й**
вальцы́, -о́в, *ед.* вале́ц, вальца́, *тв.* вальцо́м
ва́льщик, -а
валья́жность, -и
валья́жный; *кр. ф.* -жен, -жна
валья́н, -а
валюати́вный
валю́та, -ы (*фин.*)
валюти́рование, -я
валюти́рованный; *кр. ф.* -ан, -ана
валюти́ровать(ся), -рую, -рует(ся)
валю́тник, -а (*бар, магазин, отель*)
валю́тница, -ы, *тв.* -ей
валю́тно-биржево́й
валю́тно-креди́тный
валю́тно-лицензио́нный

валю́тно-обме́нный
валю́тно-фина́нсовый
валю́тно-фо́ндовый
валю́тно-э́кспортный
валю́тный
валютообме́нный
валю́тчик, -а
валю́тчица, -ы, *тв.* -ей
валя́льно-во́йлочный
валя́льный
валя́льня, -и, *р. мн.* -лен
валя́льщик, -а
валя́льщица, -ы, *тв.* -ей
валя́ние, -я
ва́лянный; *кр. ф.* -ян, -яна, *прич.* (*от* валя́ть)
ва́ляный, *прил.*
валя́ть(ся), -я́ю(сь), -я́ет(ся)
валя́щий (*от* вали́ть[1])
ва́лящий (*от* вали́ть[2])
валя́щийся
вам и **Вам,** *местоим.* (*см.* **вы**)
ва́ми и **Ва́ми,** *местоим.* (*см.* **вы**)
вамп, *неизм.*
вампи́р, -а
вампири́зм, -а
вампири́ческий
вампи́рный
вампи́рский
вампи́рша, -и, *тв.* -ей
вампу́ка, -и
ва́мпум, -а
ванадатоме́три́я, -и
ванада́ты, -ов, *ед.* -да́т, -а
вана́диевый
вана́дий, -я
вана́дийсодержа́щий
ванадини́т, -а
вана́дистый
ванго́говский (*от* Ван Го́г)
ва́нда, -ы (*растение*)
ванда́л, -а
вандали́зм, -а
вандали́стский
ванда́льский
ванде́йковский (*от* Ван Де́йк)
ванде́йский (*от* Ванде́я)
ванде́йцы, -ев, *ед.* -е́ец, -е́йца, *тв.* -е́йцем
вандемье́р, -а
Ван-дер-Ва́альс, -а: **уравне́ние Ван-дер-Ва́альса**
вандерва́альсов, -а, -о: **вандерва́альсовы си́лы, вандерва́альсовы ра́диусы**
Ванде́я, -и (*также перен.*: *очаг контрреволюции*)
ванёк, ванька́ (*простак, недалекий человек, жарг.*)
ване́сса, -ы (*бабочка*)
вани́левый
ванили́н, -а
ванили́новый
вани́ль, -и
вани́льный
ванку́верский (*от* Ванку́вер)
ванку́верцы, -ев, *ед.* -рец, -рца, *тв.* -рцем
ва́нна, -ы
ва́нная, -ой (*комната*)
ва́нночка, -и, *р. мн.* -чек
ва́нщица, -ы, *тв.* -ей
ва́нны, ванн (*лечение*; *лечебное заведение*)
ва́нный
Вант-Го́фф, -а: **зако́н (пра́вило) Вант-Го́ффа**
ва́нтовый
вантóз, -а (*месяц французского республиканского календаря*)
вант-пу́тенс, -а (*мор.*)
вант-тро́с, -а
ванту́з, -а и (*в проф. речи*) **ва́нтуз,** -а (*тех.*)
ва́нты, вант, *ед.* ва́нта, -ы
Ва́нька, -и, *м.* (*имя*) и **ва́нька,** -и, *р. мн.* ва́нек, *м.* (*извозчик*; ломáть, валя́ть ва́ньку)
ва́нька-вста́нька, ва́ньки-вста́ньки, *р. мн.* ва́нек-вста́нек, *м.*
Ва́нька-Ка́ин, Ва́ньки-Ка́ина
ва́пи́ти, *нескл., м.*
ва́пор, -а
вапориза́ция, -и
вапори́метр, -а
вар, -а
ва́ра, -ы (*ед. измер.*)
Вара́вва, -ы, *м.* (*библ.*)
вара́ктор, -а
вара́кушка, -и, *р. мн.* -шек
вара́н, -а
вара́новый
ва́рвар, -а
варвари́зм, -а
ва́рварка, -и, *р. мн.* -рок
Варва́рка, -и (*улица*)
ва́рварски
ва́рварский
ва́рварство, -а
варга́н, -а
варга́нить, -ню, -нит
ва́рево, -а
ва́реги, -ег, *ед.* -а, -и (*устар. и обл. к* ва́режки)
ва́режки, -жек, *ед.* -жка, -и
варене́ц, -нца́, *тв.* -нцо́м
варе́ние, -я (*действие*)
варе́ники, -ов, *ед.* -ник, -а
варе́ничная, -ой
варёнка, -и, *р. мн.* -нок (*ткань и изделие из нее*)
варёнки, -нок (*штаны, брюки*)
ва́ренный; *кр. ф.* -ен, -ена, *прич.*
варёно-копчёный
варёный, *прил.*
варе́нье, -я, *р. мн.* -ний (*кушанье*)
варе́ньице, -а
вариа́бельность, -и
вариа́бельный; *кр. ф.* -лен, -льна
вариа́нт, -а
вариа́нта, -ы (*в статистике*)
вариа́нтик, -а
вариа́нтность, -и
вариа́нтный; *кр. ф.* -тен, -тна
вариати́вно-полифони́ческий
вариати́вность, -и
вариати́вный; *кр. ф.* -вен, -вна
вариа́тор, -а
вариацио́нность, -и
вариацио́нный
вариа́ция, -и
ва́ривать, *наст. вр. не употр.*
варието́т, -а
варика́п, -а
варико́з, -а
варико́зный
варико́нд, -а
вари́льщик, -а
вари́льщица, -ы, *тв.* -ей
вариокино́, *нескл., с.*
варноли́т, -а
вариоло́ид, -а
вариоля́ция, -и
варио́метр, -а
вариообъекти́в, -а
вариопрое́ктор, -а
вариоскопи́ческий
вариоскопи́я, -и
вариофи́льм, -а
вариоэкра́н, -а
вариоэкра́нный
вари́стор, -а
вари́ть(ся), варю́(сь), ва́рит(ся)
ва́рка, -и
ва́ркий; *кр. ф.* ва́рок, ва́рка́, ва́рко
ва́рна, -ы (*сословная группа в Древней Индии*)
варна́к, -а́
варна́цкий
варна́чий, -ья, -ье
варна́чка, -и, *р. мн.* -чек
ва́рненский (*от* Ва́рна, *город*)
ва́рненцы, -ев, *ед.* ва́рненец, -ненца, *тв.* -ненцем
ва́рница, -ы, *тв.* -ей
ва́рничный
ва́рочный
варра́нт, -а
варра́нтный
Варфоломе́евская но́чь
варша́вский (*от* Варша́ва)
варшавя́не, -я́н, *ед.* -я́нин, -а
варшавя́нка, -и, *р. мн.* -нок (*жительница Варшавы*)
Варшавя́нка, -и (*песня*)
ва́рщик, -а
ва́рщица, -ы, *тв.* -ей
варьете́, *нескл., с.*
варьи́рование, -я
варьи́рованный; *кр. ф.* -ан, -ана
варьи́ровать(ся), -рую, -рует(ся)
варя́ги, -ов, *ед.* варя́г, -а
варя́жский
варя́щий
варя́щийся

вас, о ва́с и **Вас,** о Ва́с, *местоим.* (*см.* **вы**)
василёк, -лька́ (*растение*)
василеостро́вский (*от* Васи́льевский о́стров)
василеостро́вцы, -ев, *ед.* -вец, -вца, *тв.* -вцем
василёчек, -чка (*от* василёк)
Васи́лий Блаже́нный
Васи́лий Вели́кий
Васи́лий Кесари́йский
Васи́лий Тёмный
Васили́са Прему́драя (*сказочный персонаж*)
васили́ск, -а
васили́стник, -а
васи́льевский (*от* Васи́лий, Васи́льев, Васи́льево, Васи́льевка)
Васи́льевский о́стров (*в Петербурге*)
Васи́льевский спу́ск (*в Москве, Пскове*)
василько́вский (*от* Василько́в)
василько́вый
васисда́с, -а (*форточка*)
васкули́т, -а
васнецо́вский (*от* Васнецо́в)
species
вассалитéт, -а
васса́льный
васса́льский
васса́льство, -а
Вассерма́н, -а: **реа́кция Вассерма́на**
вась-ва́сь, *в знач. сказ. (прост.)*
Ва́ська, -и (*имя*; *кличка*; а Ва́ська слу́шает да е́ст)
ва́та, -ы
вата́га, -и
вата́жка, -и, *р. мн.* -жек
вата́жник, -а
вата́жный
ватажо́к, -жка́
ва́тер, -а
ватерве́йс, -а
ватержаке́т, -а
ватержаке́тный
ватерклозе́т, -а
ватерклозе́тный
ватерли́ния, -и
ватерло́оский (*от* Ватерло́о)
ватермаши́на, -ы
ва́терный
ватерпа́с, -а
ватерпа́сный
ватерполи́ст, -а
ватерполи́стка, -и, *р. мн.* -ток
ватерпо́ло, *нескл., с.*
ватерпо́льный
ватерпру́ф, -а
ва́терщик, -а
ва́терщица, -ы, *тв.* -ей
Ватика́н, -а
ватика́нский (*от* Ватика́н)
вати́н, -а
вати́нный
вати́новый
ва́тка, -и, *р. мн.* ва́ток
ва́тман, -а
ва́тманский
ва́тник, -а
ва́тный (*от* ва́та)
ва́точник, -а
ва́точный
ватру́шечка, -и, *р. мн.* -чек
ватру́шечный
ватру́шка, -и, *р. мн.* -шек
ватт, -а, *р. мн.* -ов, *счетн. ф.* ватт (*ед. измер.*)
ваттмéтр, -а
ва́ттный (*от* ватт)
ватт-секу́нда, -ы
ватт-ча́с, -а, *мн.* -ы́, -о́в
ва́тты, -ов (*приморье*)
ва́у, *межд.*
ва́учер, -а
ваучериза́ция, -и
ва́учерный
ваучеродержа́тель, -я
ва́фельки, -лек, *ед.* -лька, -и
ва́фельница, -ы, *тв.* -ей
ва́фельный
ва́фельщик, -а
ва́фельщица, -ы, *тв.* -ей
ва́фли, ва́фель, *ед.* ва́фля, -и
вахла́к, -а́
вахла́тчина, -ы
вахла́цкий
вахла́чка, -и, *р. мн.* -чек
ва́хмистерский и **ва́хмистрский**
ва́хмистр, -а
вахня́, -и́
ва́хта, -ы
вахта́нговец, -вца, *тв.* -вцем, *р. мн.* -вцев
вахта́нговский (*от* Вахта́нгов)
ва́хтенный
ва́хтер, -а (*мор.*)
вахтёр, -а (*дежурный сторож*)
вахтёрка, -и, *р. мн.* -рок (*помещение*)
вахтёрский
вахтёрша, -и, *тв.* -ей
вахтови́к, -а́
ва́хтовый
вахтпара́д, -а
ваххаби́зм, -а
ваххаби́тский
ваххаби́ты, -ов, *ед.* -би́т, -а
вачка́сы, -ов, *ед.* -ка́с, -а
ва́чский (*от* **Ва́ча**)
ваш, ва́ше, ва́шего, **ва́ша,** ва́шей, *мн.* **ва́ши,** ва́ших и (*как выражение уважения к адресату речи – одному лицу*) **Ваш, Ва́ше,** Ва́шего, **Ва́ша,** Ва́шей, *мн.* **Ва́ши,** Ва́ших
ва́шгерд, -а
ва́шество, -а (*разг. к* ва́ше превосходи́тельство)
вашингто́новский (*от* Вашингто́н, *фамилия*)
вашингто́нский (*от* Вашингто́н, *город*)
вашингто́нцы, -ев, *ед.* -нец, -нца, *тв.* -нцем
вая́льный
вая́ние, -я
вая́нный; *кр. ф.* -ян, -яна, *прич.*
вая́тель, -я
вая́тельный
вая́ть, ваяю, ваяет
вбега́ть, -а́ю, -а́ет
в бега́х
вбежа́ть, вбегу́, вбежи́т, вбегу́т
в беспоря́дке
вбива́ние, -я
вбива́ть(ся), -а́ю, -а́ет(ся)
вби́вка, -и
вбира́ние, -я
вбира́ть(ся), -а́ю, -а́ет(ся)
вби́тый
вбить(ся), вобью, вобьёт(ся)
вблизи́
в Бо́зе почи́ть (*офиц. формула кончины царствующей особы*) и **в бо́зе почи́ть** (*ирон., о чем-н. прекратившем свое существование*)
вбок, *нареч.* (смотре́л вбо́к), но *сущ.* **в бок** (толкну́ть в бо́к)
в бо́ки: ру́ки в бо́ки
вбра́сывание, -я
вбра́сывать(ся), -аю, -ает(ся)
вброд, *нареч.*
вброс, -а
вбро́санный; *кр. ф.* -ан, -ана
вброса́ть, -а́ю, -а́ет
вбро́сить, -о́шу, -о́сит
вбро́шенный; *кр. ф.* -ен, -ена
в бу́дущем
вбу́ханный; *кр. ф.* -ан, -ана
вбу́хать(ся), -аю(сь), -ает(ся)
вбу́хивать(ся), -аю(сь), -ает(ся)
вбу́хнуть(ся), -ну(сь), -нет(ся)
в бы́тность (*кем, где*)
ВВ [вэвэ́], *нескл., с.* (*сокр.*: взрывчатое вещество)
вва́ленный; *кр. ф.* -ен, -ена (*от* ввали́ть)
вва́ливать(ся), -аю(сь), -ает(ся)
ввали́ть(ся), ввалю́(сь), вва́лит(ся) (*внутрь, во что-н.*), *сов.*
Введе́ние во хра́м (*праздник*)
введе́ние, -я (*от* ввести́(сь); *вступительная, вводная часть*)
введённый; *кр. ф.* -ён, -ена́ (*от* ввести́)
введе́нский (*к* Введе́ние во хра́м)
Введе́нский (хра́м, монасты́рь)
вве́дший(ся) (*от* ввести́(сь)
ввезённый; *кр. ф.* -ён, -ена́
ввезти́, -зу́, -зёт; *прош.* ввёз, ввезла́ (*внутрь, во что-н.*), *сов.*
ввёзший (*от* ввезти́)
ввек, *нареч.* (*вовек*)
в века́х
вверга́ть(ся), -а́ю(сь), -а́ет(ся)
вве́ргнувший(ся)
вве́ргнутый

вве́ргнуть(ся), -ну(сь), -нет(ся); *прош.* вве́рг(ся) и вве́ргнул(ся), вве́ргла(сь)
вве́ргший(ся)
вве́ренный; *кр. ф.* -ен, -ена
вверже́ние, -я
вве́рженный; *кр. ф.* -ен, -ена
вве́рзить(ся), -ржу(сь), -рзит(ся)
вве́рить(ся), -рю(сь), -рит(ся), *сов. доверить(ся)*
ввёрнутый
ввернýть(ся), -нý, -нёт(ся) (*ввинтить(ся); вставить слово, замечание*)
ввёрстанный; *кр. ф.* -ан, -ана (*от* вверста́ть)
вверста́ть(ся), -а́ю, -а́ет(ся) (*внутрь, во что-н.*), *сов.*
ввёрстка, -и (*от* вверста́ть)
ввёрстывать(ся), -аю, -ает(ся)
вверте́ть, ввверчý, вве́ртит (*внутрь, во что-н.*), *сов.*
ввёртка, -и
ввёртывание, -я
ввёртывать(ся), -аю, -ает(ся)
вверх, *нареч.* (поднима́ться вве́рх; вве́рх дно́м, вве́рх нога́ми, вве́рх торма́шками), но *сущ.* **в верх** (снаря́д попа́л в ве́рх ста́рой ба́шни)
в верха́х (реше́ние, при́нятое в верха́х)
вве́рх-вни́з
вве́рх-вперёд (движе́ние, *спорт.*)
вве́рх дно́м
вве́рх-наза́д (движе́ние, *спорт.*)
вве́рх-нару́жу (движе́ние, *спорт.*)
вве́рх нога́ми
вве́рх торма́шками
вверхý, *нареч.* и *предлог* (вверхý блесте́ли звёзды; поме́та вверхý страни́цы), но *сущ.* **в верхý** (*верх – "подъемный навес, крыша"*: проде́лать отве́рстие в верхý киби́тки)
вве́рченный; *кр. ф.* -ен, -ена (*от* вверте́ть)
вве́рчивать(ся), -аю, -ает(ся)
вверя́ть(ся), -я́ю(сь), -я́ет(ся)
в ве́се (потеря́ть)
ввести́(сь), введý, введёт(ся); *прош.* ввёл(ся), ввела́(сь) (*внутрь, во что-н.*), *сов.*
ввечерý
ввива́ть(ся), -а́ю, -а́ет(ся)
в ви́де (*чего*)
ввидý, *предлог* (ввидý того́ что…; ввидý предстоя́щих расхо́дов), но *сущ.* **в видý** (име́ть в видý; бро́сить я́корь в видý бе́рега)
ввинти́ть(ся), -нчý, вви́нти́т(ся) (*внутрь, во что-н.*), *сов.*
вви́нченный; *кр. ф.* -ен, -ена (*от* ввинти́ть)
вви́нчивание, -я
вви́нчивать(ся), -аю, -ает(ся)
вви́тый; *кр. ф.* ввит, ввита́, вви́то (*от* ввить)
вви́ть(ся), вовью́, вовьёт(ся); *прош.* вви́л(ся), ввила́(сь), *сов.* (*вплести(сь)*)
ввод, -а
вво́д-вы́вод, вво́да-вы́вода
вводи́ть(ся), ввожý, вво́дит(ся) (*к* ввести́(сь)
вво́дка, -и, *р. мн.* -док
вводно́й *(тех.)*
вво́дный (*к* вводи́ть(ся)
ввоз, -а (*к* ввезти́)
вво́з-вы́воз, вво́за-вы́воза
ввози́ть(ся), ввожý, вво́зит(ся) (*к* ввезти́)
вво́зка, -и (*к* ввезти́)
ввозно́й и **вво́зный**
ввола́кивание, -я
ввола́кивать(ся), -аю, -ает(ся)
вволо́кший (*от* вволо́чь)
вволочённый; *кр. ф.* -ён, -ена́ (*от* вволо́чь)
вволо́чь, -локý, -лочёт, -локýт; *прош.* -ло́к, -локла́ (*внутрь, во что-н.*), *сов.*
вво́лю, *нареч.*
вво́люшку, *нареч.*
ввора́чивание, -я
ввора́чивать(ся), -аю, -ает(ся)
вворoти́ть, -рочý, -ро́тит (*вдвинуть, втащить что-н. тяжелое, громоздкое*)
вворо́ченный; *кр. ф.* -ен, -ена (*от* вворoти́ть)
вво́сьмеро
ввосьмеро́м
в-восьмы́х
ВВП [вэвэпэ́], *нескл., м.* (*сокр.*: валовой внутренний продукт)
ВВС [вэвээ́с], *нескл., мн.* (*сокр.*: военно-воздушные силы)
ввысь, *нареч.* (взлете́ть ввы́сь), но *сущ.* **в высь** (жа́воронок подня́лся в вы́сь не́ба)
ввя́занный; *кр. ф.* -ан, -ана (*от* ввяза́ть)
ввяза́ть(ся), ввяжý(сь), ввя́жет(ся), *сов.* (*вплести(сь); вовлечь(ся), впутать(ся)*)
ввя́зка, -и, *р. мн.* -зок (*от* ввяза́ть)
ввя́знувший (*от* ввя́знуть)
ввя́знуть, -ну, -нет; *прош.* ввяз и ввя́знул, ввя́зла (*во что-н.*), *сов.*
ввя́зший
ввя́зывание, -я
ввя́зывать(ся), -аю(сь), -ает(ся) (*к* ввяза́ть(ся)
в гармо́шку (*складками*)
вгиб, -а
вгиба́ние, -я
вгиба́ть(ся), -а́ю, -а́ет(ся)
вги́ковец, -вца, *тв.* -вцем, *р. мн.* -вцев
вги́ковский (*от* ВГИК)
вгладь, *нареч.*
в глаза́
в глаза́х (кого-чего)
вглубь, *нареч.* и *предлог* (распространи́ться вглýбь и вши́рь; зве́рь заби́лся вглýбь норы́), но *сущ.* **в глубь** (в глýбь океа́на; в глýбь веко́в; в глýбь души́; вника́ть в глýбь, в сýть пробле́мы)
в глýбь веко́в
в глýбь времён
вглухýю, *нареч.*
вгляде́ться, -яжýсь, -яди́тся
вгля́дывание, -я
вгля́дываться, -аюсь, -ается
вгнезди́ться, -и́тся
в голова́х
в го́лос (пла́кать, рыда́ть)
в го́лосе (бы́ть)
вгон, -а
вго́нка, -и
вгоня́ть(ся), -я́ю, -я́ет(ся)
в горо́шек
в го́ру
вгоряча́х
вгоря́чую, *нареч.*
в го́сти
в гостя́х
в грани́цах *(чего)*
вгреба́ние, -я
вгреба́ть(ся), -а́ю(сь), -а́ет(ся)
вгрыза́ние, -я
вгрыза́ться, -а́юсь, -а́ется
вгры́зться, -зýсь, -зётся
вгры́зшийся
вгустýю, *нареч.*
вдава́ться, вдаю́сь, вдаётся
вдави́ть(ся), вдавлю́, вда́вит(ся)
вдавле́ние, -я
вда́вленность, -и
вда́вленный; *кр. ф.* -ен, -ена
вда́вливание, -я
вда́вливать(ся), -аю, -ает(ся)
вда́влина, -ы
вда́влинка, -и, *р. мн.* -нок
вда́лбливание, -я
вда́лбливать(ся), -аю, -ает(ся)
вдалеке́, *нареч.* (вдалеке́ слы́шен гро́м), но *сущ.* **в далеке́** (в далеке́, прекра́сном и недостижи́мом)
вдали́, *нареч.* (вдали́ ви́ден ле́с; жи́ть вдали́ от мо́ря), но *сущ.* **в да́ли́** (в да́ли степе́й дрожи́т ма́рево; в дали́, скры́той тума́ном, ни звýка)
вдаль, *нареч.* (гляде́ть вда́ль), но *сущ.* **в даль** (в да́ль мо́ря; в да́ль веко́в; в да́ль про́житых ле́т; вгля́дываться, всма́триваться в да́ль)
в да́ль времён
в дальне́йшем
вда́рить, -рю, -рит
вда́ться, вдамся, вда́шься, вда́стся, вдади́мся, вдади́тесь, вдадýтся; *прош.* вда́лся, вдала́сь, вдало́сь
ВДВ [вэдэвэ́], *нескл., мн.* (*сокр.*: воздушно-десантные войска)
вдвига́ние, -я
вдвига́ть(ся), -а́ю(сь), -а́ет(ся)
вдвижно́й
вдви́нутый

вдви́нуть(ся), -ну(сь), -нет(ся)
вдво́е
вдвоём
вдвоём-втроём
вдвойне́
вдева́льный
вдева́ние, -я
вдева́ть(ся), -а́ю, -а́ет(ся)
вде́вятеро
вдевятеро́м
в-девя́тых
вдёжка, -и, *р. мн.* -жек
вде́ланный; *кр. ф.* -ан, -ана
вде́лать(ся), -аю, -ает(ся)
в де́ле *(чего)*
вде́лка, -и, *р. мн.* -лок
вде́лывание, -я
вде́лывать(ся), -аю, -ает(ся)
вдёргивание, -я
вдёргивать(ся), -аю, -ает(ся)
вдёржка, -и, *р. мн.* -жек
вдёрнутый
вдёрнуть(ся), -ну, -нет(ся)
вде́сятеро
вдесятеро́м
в-деся́тых
вде́тый
вде́ть(ся), вде́ну, вде́нет(ся)
в дико́винку
в добавле́ние *(к чему)* *(в качестве добавления)*
вдоба́вок, *нареч.*
вдова́, -ы́, *мн.* вдо́вы, вдов
в доверше́ние *(чего)* *(довершая)*
в дове́сок *(к чему)*
вдове́ть, -е́ю, -е́ет
вдове́ц, -вца́, *тв.* -вцо́м, *р. мн.* -вцо́в
вдо́вий, -ья, -ье
вдови́ца, -ы, *тв.* -ей
вдови́цын, -а, -о
вдо́вка, -и, *р. мн.* -вок
вдо́воль
вдовство́, -а́
вдо́вствование, -я
вдо́вствовать, -твую, -твует
вдову́ха, -и
вдо́вушка, -и, *р. мн.* -шек
вдо́вый
вдога́д
вдого́н
вдого́нку
вдолбёжку, *нареч.*
вдолби́ть(ся), -блю́, -би́т(ся)
вдолблённый; *кр. ф.* -ён, -ена́
в долг (да́ть, взя́ть)
в долга́х
в долгу́ *(перед кем, чем-н.)*
вдо́лгую (игра́ть на би́рже)
вдоль
вдольберегово́й
вдо́ль и поперёк
вдольря́дный
вдомёк
в дополне́ние *(к чему)* *(в качестве дополнения)*
в до́ску (пья́н; сво́й)
вдо́сталь
вдо́сыть
вдох, -а
вдо́х-вы́дох, вдо́ха-вы́доха
вдохнове́ние, -я
вдохнове́нно, *нареч.*
вдохнове́нность, -и
вдохнове́нный; *кр. ф.* -ве́н и -ве́нен, -ве́нна, *прил.*
вдохнови́тель, -я
вдохнови́тельница, -ы, *тв.* -ей
вдохнови́тельный; *кр. ф.* -лен, -льна
вдохнови́ть(ся), -влю́(сь), -ви́т(ся)
вдохновле́ние, -я *(действие по глаг.* вдохнови́ть)
вдохновлённый; *кр. ф.* -ён, -ена́, *прич.*
вдохновля́ть(ся), -я́ю(сь), -я́ет(ся)
вдохновля́ющий(ся)
вдохну́ть(ся), -ну́, -нёт(ся)
вдрабада́н (пья́н)
вдре́безги
в дре́вности
в дрейф (ле́чь)
вдруг
вдруго́рядь
в дру́жбу: не в слу́жбу, а в дру́жбу
вдрызг
вдува́ние, -я
вдува́тель, -я
вдува́ть(ся), -а́ю, -а́ет(ся)
вдувно́й
вдугаря́
в дугу́ (пья́н; согну́ть)
вду́маться, -аюсь, -ается
вду́мчивость, -и
вду́мчивый
вду́мываться, -аюсь, -ается
вду́нуть, -ну, -нет
вду́пель (пья́н)
в дурака́х (оста́ться)
вдуть, вду́ю, вду́ет
в ду́хе *(чего)*
в дым (пья́н)
в дыми́ну (пья́н)
вдыха́ние, -я
вдыха́тельный
вдыха́ть(ся), -а́ю, -а́ет(ся)
веб-... – *первая часть сложных слов, пишется через дефис*
веб-а́дрес, -а, *мн.* -а́, -о́в
веб-бра́узер, -а
веб-диза́йн, -а
веб-диза́йнер, -а
ве́бер, -а, *р. мн.* -ов, *счетн. ф.* ве́бер *(ед. измер.)*
веберме́тр, -а
ве́беровский *(от* Ве́бер)
веб-ка́мера, -ы
веб-ма́стер, -а
веб-навига́тор, -а
веб-ресу́рс, -а
веб-ры́нок, -нка
веб-са́йт, -а
веб-се́рвер, -а
веб-се́рвис, -а
веб-страни́ца, -ы, *тв.* -ей
веб-телефо́н, -а
веб-телефо́нный
веб-тра́фик, -а
веб-у́зел, -узла́
веб-фо́рум, -а
веб-цензу́ра, -ы
ве́верица, -ы, *тв.* -ей
Ве́га, -и *(астр.)*
веге́та, -ы *(приправа)*
вегетариа́нец, -нца, *тв.* -нцем, *р. мн.* -нцев
вегетариа́нка, -и, *р. мн.* -нок
вегетариа́нский
вегетариа́нство, -а
вегетариа́нствовать, -твую, -твует
вегетати́вно-сосу́дистый
вегетати́вно-трофи́ческий
вегетати́вный
вегетацио́нный
вегета́ция, -и
вегетодистони́я, -и
вегетоневро́з, -а
вегетооце́нка, -и, *р. мн.* -нок
вегетососу́дистый
ве́дание, -я
веда́нта, -ы
ве́дать, -аю, -ает
ве́дать не ве́даю (**не ве́дает** и т. п.): **зна́ть не зна́ю, ве́дать не ве́даю**
ве́дающий
ве́дение, -я (бы́ть в чьём-н. ве́дении; входи́ть, поступа́ть в чьё-н. ве́дение)
веде́ние, -я *(от* вести́)
ведённый; *кр. ф.* -ён, -ена́, *прич.* *(от* вести́)
ведёрко, -а, *мн.* -рки, -рок
ведёрница, -ы, *тв.* -ей
ведёрный
ведёрочко, -а, *мн.* -чки, -чек
ведёрочный
ведёрце, -а, *р. мн.* -рец *и* -рцев
ведёрышко, -а, *мн.* -шки, -шек
ве́джвуд, -а
ве́ди, *нескл., с.* *(название буквы)*
веди́зм, -а
веди́йский *(от* Ве́ды)
веди́стский
веди́ческий *(от* Ве́ды)
ведовско́й
ведовство́, -а́
ве́домо, *в знач. сказ.*
ведомости́чка, -и, *р. мн.* -чек
ве́домость, -и, *мн.* -и, -е́й и -ей
ве́домственно-бюрократи́ческий
ве́домственно-отраслево́й
ве́домственность, -и
ве́домственный
ве́домство, -а
ве́домый *(известный)*
ведо́мый *(от* вести́)
ведрене́ть, -е́ет
ве́дренно, *в знач. сказ.*
ве́дренный

ведро́, -а́, *мн.* вёдра, вёдер
вёдро, -а (*ясная погода*)
вёдрышко, -а, *мн.* -шки, -шек
веду́н, -а́
веду́нья, -и, *р. мн.* -ний
веду́та, -ы
веду́щая, -ей
веду́щий[1], *прич.* и *прил.*
веду́щий[2], -его
веду́щийся, *прич.*
ве́дший(ся), *прич.*
Ве́ды, Вед
ве́дывать, *наст. вр. не употр.*
ведь
ве́дьма, -ы
ведьма́к, -а́
ведьма́ческий
ведьма́чить, -чу, -чит
ве́дьмин, -а, -о
ве́дьминский
ве́дьмовский и **ведьмовско́й**
ведьмовство́, -а́
ве́дьмочка, -и, *р. мн.* -чек
ве́ер, -а, *мн.* -а́, -о́в
ве́ерник, -а (*жук*)
ве́ерница, -ы, *тв.* -ей (*бабочка*)
ве́ерный
веерови́дный; *кр. ф.* -ден, -дна
веерóк, -рка́
веерокры́л, -а
веерокры́лые, -ых
вееро́листный
ве́ером, *нареч.*
вееронóсец, -сца, *тв.* -сцем, *р. мн.* -сцев (*жук*)
веерообра́зный; *кр. ф.* -зен, -зна
вееро́ус, -а (*жук*)
вееро́усый (вееро́усые жуки́)
веерóчек, -чка
ве́жа, -и, *тв.* -ей
ве́жды, вежд, *ед.* ве́жда, -ы
вежета́ль, -я
ве́жливенький
ве́жливость, -и
ве́жливый
везде́
вездесу́щие, -я, *сущ.* (*церк.*)
вездесу́щий
вездесу́щность, -и
вездехо́д, -а
вездехо́д-амфи́бия, вездехо́да-амфи́бии, *м.*
вездехо́дка, -и, *р. мн.* -док
вездехо́дный
вездехо́дчик, -а
везе́ние, -я
везённый; *кр. ф.* -ён, -ена́
везикули́т, -а
вези́кулы, -ул, *ед.* -ула, -ы
везикуля́рный
вези́р, -а (*визирь, сановник*)
везти́(сь), везу́, везёт(ся); *прош.* вёз(ся), везла́(сь)
везувиа́н, -а
Везу́вий, -я
везу́н, -а́
везу́нчик, -а
везу́ха, -и
везу́честь, -и
везу́чий
вёзший(ся) (*от* везти́(сь)
ве́йка, -и, *р. мн.* ве́ек
Ве́ймарская респу́блика (*в Германии 1919–1932*)
ве́ймарский (*от* Ве́ймар)
ве́ймарцы, -ев, *ед.* -рец, -рца, *тв.* -рцем
ве́йник, -а
вейсмани́зм, -а
вейсмани́ст, -а
вейсмани́стский
ве́йсмановский (*от* Ве́йсман)
век, -а, *предл.* на веку́, *мн.* -а́, -о́в
ве́к векова́ть
ве́ки, век, *ед.* ве́ко, -а
векова́ть, веку́ю, веку́ет
векове́чный; *кр. ф.* -чен, -чна
векової
векову́ха, -и
векову́ша, -и, *тв.* -ей
векову́шка, -и, *р. мн.* -шек
ве́ковый (*от* ве́ко)
векселеда́тель, -я
векселедержа́тель, -я
векселёк, -лька́
векселиза́ция, -и
ве́ксель, -я, *мн.* -я́, -е́й и -и, -ей
ве́ксельный
ве́ктор, -а
векториа́льный
векторме́тр, -а
ве́кторный
ве́ктор-потенциа́л, -а
ве́ктор-фу́нкция, -и
ве́кша, -и, *тв.* -ей, *р. мн.* векш
велая́т, -а (*в Туркменистане*)
велегла́сный; *кр. ф.* -сен, -сна
велеле́пный; *кр. ф.* -пен, -пна
велему́дрый
веле́невый
веле́ние, -я
ве́лено (*кому*), *в знач. сказ.*
веле́нь, -и
велеречи́вость, -и
велеречи́вый
веле́речие, -я
Веле́с, -а
веле́ть, велю́, вели́т
вели́, *нескл., м.* (*в исламе*)
ве́лигер, -а (*зоол.*)
ве́лий, -ия, -ие (*книжн. устар. к* вели́кий)
ве́лик, -а (*велосипед*)
вели́к, -а́, -о́ (*кр. ф. к* большо́й)
велика́н, -а
велика́ний, -ья, -ье
велика́нский
велика́нша, -и, *тв.* -ей
Вели́кая, -ой (*река*)
Вели́кая депре́ссия (*1929–1933*)
Вели́кая Кита́йская равни́на
Вели́кая Кита́йская стена́
Вели́кая княги́ня (*при офиц. титуловании*)
Вели́кая Оте́чественная война́ (*1941–1945*)
Вели́кая пя́тница
Вели́кая седми́ца
Вели́кая суббо́та
Вели́кая францу́зская револю́ция
Вели́кая ха́ртия во́льностей (*в Англии, ист.*)
Вели́кие географи́ческие откры́тия
Вели́кие Лу́ки (*город*)
Вели́кие Мого́лы (*династия*)
Вели́кие озёра (*в Северной Америке*)
Вели́кие Равни́ны (*плато в США и Канаде*)
Вели́кие рефо́рмы (*в России в 60-х гг. XIX в.*)
вели́кий; *кр. ф.* -и́к, -и́ка; но (*как приложение при именах исторических лиц, названиях городов и др.*)
Вели́кий, *напр.*: Васи́лий Вели́кий, Ка́рл Вели́кий, Константи́н Вели́кий, Пётр Вели́кий, Екатери́на Вели́кая, Но́вгород Вели́кий (*ист.*), Росто́в Вели́кий (*ист.*), Ива́н Вели́кий (*колокольня*)
Вели́кий инквизи́тор (*ист.*; *лит. персонаж*)
Вели́кий кня́зь (*при офиц. титуловании*)
Вели́кий комбина́тор (*об Остапе Бендере*)
Вели́кий немо́й (*о дозвуковом кино*)
Вели́кий Но́вгород
Вели́кий океа́н (*Тихий океан*)
Вели́кий по́ст
Вели́кий пято́к
Вели́кий У́стюг (*город*)
Вели́кий четве́рг (четверто́к)
Вели́кий шёлковый пу́ть
великобрита́нский (*от* Великобрита́ния)
великобрита́нцы, -ев, *ед.* -нец, -нца, *тв.* -нцем
великова́тый
великовозра́стие, -я
великово́зрастный
великодержа́вник, -а
великодержа́вность, -и
великодержа́вный
великоду́шествовать, -твую, -твует
великоду́шие, -я
великоду́шничанье, -я
великоду́шничать, -аю, -ает
великоду́шный; *кр. ф.* -шен, -шна
Вели́кое кня́жество Лито́вское (*ист.*)
Вели́кое объедине́ние (*физ.*)
Вели́кое переселе́ние наро́дов
Вели́кое посо́льство (*при Петре I в Голландию*)
великокня́жеский

великокня́жий, -ья, -ье
великоле́пие, -я
великоле́пный; *кр. ф.* -пен, -пна; но: **Лоре́нцо Великоле́пный**
великолу́кский (*от* Вели́кие Лу́ки)
великолуча́не, -а́н, *ед.* -а́нин, -а
великолуча́нка, -и, *р. мн.* -нок
Великомора́вская держа́ва (*ист.*)
великому́ченик, -а
великому́ченица, -ы, *тв.* -ей
великому́ченический
велико́нек, -о́нька
великопо́льский
великопо́стный
великоре́цкий (*к* Вели́кая, *река*)
великоро́дный; *кр. ф.* -ден, -дна
великоро́слый
великоросси́йский (*от* Великоро́ссия)
Великоро́ссия, -и
великоро́ссы, -ов, *ед.* -ро́сс, -а
великору́ска, -и, *р. мн.* -сок
великору́сский
великору́сы, -ов, *ед.* -ру́с, -а
великосве́тский
великосве́тскость, -и
вели́кость, -и
великосхи́мник, -а
вели́ко-ты́рновский (*от* Вели́ко-Ты́рново)
великоу́стюгский и **великоу́стюжский** (*от* Вели́кий У́стюг)
великоха́ньский
вели́т, -а (*древнеримский пехотинец*)
велича́вость, -и
велича́вый
велича́йший
велича́льный
велича́ние, -я
велича́ть(ся), -а́ю(сь), -а́ет(ся)
вели́чественно, *нареч.*
вели́чественность, -и
вели́чественный; *кр. ф.* -вен и -венен, -венна
вели́чество, -а; *при офиц. титуловании*: **Ва́ше (Его́, Её) Вели́чество**
вели́чие, -я
величина́, -ы́, *мн.* -и́ны, -и́н
велкро́, *нескл., с.*
веллингто́ния, -и (*дерево*)
веллингто́нский (*от* Ве́ллингто́н)
веллингто́нцы, -ев, *ед.* -нец, -нца, *тв.* -нцем
вело... – *первая часть сложных слов, пишется слитно*
велоаттракцио́н, -а
велоба́за, -ы
велобо́л, -а
велого́нка, -и, *р. мн.* -нок и **велого́нки**, -нок
велого́нщик, -а
велого́нщица, -ы, *тв.* -ей
велодоро́га, -и
велодоро́жка, -и, *р. мн.* -жек
велодро́м, -а
велодро́мный
велозаво́д, -а
велока́мера, -ы
велока́рт, -а
велокарти́ст, -а
велоколя́ска, -и, *р. мн.* -сок
велокро́сс, -а
велокроссме́н, -а
велолы́жи, -лы́ж
велолюби́тель, -я
веломагистра́ль, -и
веломарафо́н, -а
веломеха́ник, -а
веломногодне́вка, -и, *р. мн.* -вок
веломоби́ль, -я
веломопе́д, -а
веломотого́нки, -нок
велоперча́тки, -ток, *ед.* -тка, -и
велопо́ло, *нескл., с.* (*спорт.*)
велопохо́д, -а
велопробе́г, -а
велопрогу́лка, -и, *р. мн.* -лок
велопутеше́ственник, -а
велопутеше́ствие, -я
велора́лли, *нескл., с.*
велори́кша, -и, *тв.* -ей, *р. мн.* -ри́кш, *м.*
веловруба́шка, -и, *р. мн.* -шек
велосиме́тр, -а
велосипе́д, -а
велосипеди́ст, -а
велосипеди́стка, -и, *р. мн.* -ток
велосипе́дки, -док (*шорты*)
велосипе́дный
велоси́т, -а
велоспо́рт, -а
велостоя́нка, -и, *р. мн.* -нок
велотра́сса, -ы
велотре́к, -а
велотренажёр, -а
велотриа́л, -а (*вид гонок*)
велоту́р, -а
велотури́зм, -а
велотури́ст, -а
велофигури́ст, -а
велофигури́стка, -и, *р. мн.* -ток
велошко́ла, -ы
велоэрго́метр, -а
велоэргометри́ческий
велоэргоме́три́я, -и
ве́лум, -а (*зоол.*)
ве́лфер, -а
вельбо́т, -а
вельбо́тный
вельве́т, -а
вельвети́н, -а
вельвети́новый
вельве́тки, -ток, *мн. (брюки)* и *мн., ед.* -тка, -и (*обувь*)
вельве́товый
вельвето́н, -а
вельветоподо́бный; *кр. ф.* -бен, -бна
вельве́ты, -ов (*брюки, обувь*)
вельви́чия, -и
Вельзеву́л, -а
вельми́
вельмо́жа, -и, *тв.* -ей, *м.*
вельмо́жеский
вельмо́жество, -а
вельмо́жность, -и
вельмо́жный; *кр. ф.* -жен, -жна
ве́льсы, -ов
вельцева́ние, -я
вельцо́ванный; *кр. ф.* -ан, -ана
вельц-пе́чь, -и, *мн.* -и, -е́й
вельштерье́р, -а
велю́р, -а
велю́ровый
веляриза́ция, -и
веляризо́ванный; *кр. ф.* -ан, -ана
веля́рный
ве́на, -ы (*кровеносный сосуд*)
венболе́знь, -и
венге́рка, -и, *р. мн.* -рок
венге́ро-болга́рский
венге́ро-росси́йский
венге́ро-румы́нский
венге́рский (*к* ве́нгры и Ве́нгрия)
венге́рско-ру́сский
венге́рцы, -ев, *ед.* -рец, -рца, *тв.* -рцем (*устар. к* ве́нгры)
ве́нгры, -ов, *ед.* венгр, -а
венд, -а (*геол.*)
венде́тта, -ы (*месть*)
ве́ндита, -ы (*организация карбонариев*)
ве́ндский (*от* ве́нды; *геол.*)
ве́нды, -ов и **вене́ды**, -ов (*племенная группа древних славян*)
венепу́нкция, -и
Вене́ра, -ы
Вене́ра Мило́сская
венериа́нский (*от* Вене́ра, *планета*)
вене́рик, -а
вене́рин, -а, -о: **вене́рин башмачо́к**, **вене́рина мухоло́вка**, **вене́рины во́лосы** (*растения*), **вене́рин по́яс** (*животное*)
венери́ческий
венеро́лог, -а
венерологи́ческий
венероло́гия, -и
венесе́кция, -и
венесу́элка, -и, *р. мн.* -лок
венесу́эльский (*от* Венесу́эла)
венесу́эльцы, -ев, *ед.* -лец, -льца, *тв.* -льцем
вене́тский (*от* вене́ты; вене́тский язы́к)
вене́ты, -ов (*группа древних племен Западной Европы*; *то же, что венды и венеды*)
вене́ц, венца́, *тв.* венцо́м, *р. мн.* венцо́в
венециа́нка, -и, *р. мн.* -нок
венециа́новский (*от* Венециа́нов)
венециа́но-туре́цкий
венециа́нский (*от* Вене́ция; венециа́нское окно́, стекло́, зе́ркало)
Венециа́нский карнава́л

Венециа́нский кинофестива́ль
венециа́нцы, -ев, *ед.* -нец, -нца, *тв.* -нцем
вене́чный
ве́нзелевый
вензелёк, -лька́
ве́нзель, -я, *мн.* -я́, -е́й
ве́ник, -а
ве́ничек, -чка
ве́ничный
ве́нка, -и, *р. мн.* ве́нок
ве́нный
ве́но, -а (*выкуп*)
вено́зный
вено́к, венка́
венотонизи́рующий
веното́ники, -ов, *ед.* -ник, -а (*группа лекарств*)
вено́чек, -чка
вено́чный
ве́нский (*от* Ве́на)
Ве́нский конгре́сс (*1814–1815*)
ве́нта, -ы
ве́нтерный
ве́нтерщик, -а
ве́нтерь, -я, *мн.* -и, -ей и -я́, -е́й
вентили́рование, -я
вентили́рованный; *кр. ф.* -ан, -ана
вентили́ровать(ся), -рую, -рует(ся)
ве́нтиль, -я
ве́нтильный
вентиля́тор, -а
вентиля́торный
вентиля́торщик, -а
вентиляцио́нно-вытяжно́й
вентиляцио́нный
вентиляцио́нщик, -а
вентиля́ция, -и
вентра́льный
вентро́лог, -а
вентспи́лсский (*от* Ве́нтспилс)
вентспи́лсцы, -ев, *ед.* -сец, -сца, *тв.* -сцем
вентша́хта, -ы
ве́нулы, -ул, *ед.* -ула, -ы
венцено́сец, -сца, *тв.* -сцем, *р. мн.* -сцев
венцено́сный
ве́нцы, -ев, *ед.* ве́нец, ве́нца, *тв.* ве́нцем (*от* Ве́на)
венча́льный
венча́ние, -я
ве́нчанный; *кр. ф.* -ан, -ана
венча́ть(ся), -а́ю(сь), -а́ет(ся)
ве́нчик, -а
венчикови́дный; *кр. ф.* -ден, -дна
ве́нчиковый
венчикообра́зный; *кр. ф.* -зен, -зна
ве́нчур, -а
ве́нчурный
ве́превый
вепрь, -я
ве́псский
ве́псы, -ов, *ед.* вепс, -а
ве́ра, -ы
вера́нда, -ы
вера́ндный
вера́ндочка, -и, *р. мн.* -чек
верапами́л, -а
ве́рба, -ы
вербализа́ция, -и
вербали́зм, -а
вербализо́ванный; *кр. ф.* -ан, -ана
вербализова́ть(ся), -зу́ю, -зу́ет(ся)
верба́льность, -и
верба́льный
вербе́йник, -а
вербе́на, -ы
вербе́новый
верблю́д, -а
верблю́дица, -ы, *тв.* -ей
верблю́дка, -и, *р. мн.* -док (*насекомое*)
верблюдово́дство, -а
верблюдово́дческий
верблю́довые, -ых
верблюжа́тина, -ы
верблюжа́тник, -а
верблю́жий, -ья, -ье
верблю́жина, -ы
верблюжо́нок, -нка, *мн.* -жа́та, -жа́т
Ве́рбное воскресе́нье
ве́рбный
вербня́к, -а́
вербова́ние, -я
вербо́ванный; *кр. ф.* -ан, -ана
вербова́ть(ся), -бу́ю(сь), -бу́ет(ся)
вербо́вка, -и, *р. мн.* -вок
вербо́вочный
вербо́вщик, -а
вербо́вщица, -ы, *тв.* -ей
ве́рбовый
ве́рбочка, -и, *р. мн.* -чек
ве́рбункош, -а, *тв.* -ем
ве́рвие, -я
ве́рвица, -ы, *тв.* -ей
вервь, -и
ве́ргельд, -а
Верги́лиев, -а, -о и **верги́лиевский** (*от* Верги́лий)
Верги́лий, -я
Верде́н, -а (*также перен.*: *о месте ожесточенного сражения*)
вердепе́шевый (*цвет*)
вё́рджинел, -а
ве́рдиевский (*от* Ве́рди)
верди́кт, -а
верди́ктный
верёвка, -и, *р. мн.* -вок
верёвочка, -и, *р. мн.* -чек
верёвочный
ве́ред, -а
верди́ть, -ежу́, -еди́т
ве́резг, -а
верезжа́ние, -я
верезжа́ть, -жу́, -жи́т
вере́йка, -и, *р. мн.* -е́ек
вере́йный
вере́йский (*от* Верея́, *город*)
вере́йцы, -ев, *ед.* -е́ец, -е́йца, *тв.* -е́йцем
верени́ца, -ы, *тв.* -ей
ве́рес, -а (*можжевельник, обл.*)
вереса́евский (*от* Вереса́ев)
ве́реск, -а
ве́ресковый
верете́ни́ца, -ы, *тв.* -ей
верете́нник, -а
веретённый
веретено́, -а́, *мн.* -тёна, -тён
веретенови́дный; *кр. ф.* -ден, -дна
веретенообра́зный; *кр. ф.* -зен, -зна
веретёнце, -а, *р. мн.* -нец и -нцев
веретёнщик, -а
вере́тье, -я
вереща́гинский (*от* Вереща́гин)
вереща́ние, -я
вереща́тник, -а
вереща́ть, -щу́, -щи́т
верея́, -и́ (*столб для ворот*; *лодка*)
верже́, *нескл., с.* и *неизм.*
верзи́ла, -ы, *м.* и *ж.*
вери́ги, -и́г
вери́жный
вери́зм, -а
вери́ст, -а
вери́стский
вери́тель, -я
вери́тельный
ве́рить(ся), ве́рю, ве́рит(ся)
верифика́тор, -а
верификацио́нный
верифика́ция, -и
верифици́рованный; *кр. ф.* -ан, -ана
верифици́ровать(ся), -рую, -рует(ся)
ве́ришь-не-ве́ришь (игра́ть в ве́ришь-не-ве́ришь); но: **ве́ришь не ве́ришь, а...**
ве́ркблей, -я
ве́рки, -ов, *ед.* верк, -а
верле́новский (*от* Верле́н)
верли́бр, -а
верли́бровый
ве́рмахт, -а
вермикули́т, -а
вермикулитобето́н, -а
вермикульту́ра, -ы
вермильо́н, -а
вермише́левый
вермише́ль, -и
вермише́льный
вермо́нтский (*от* Вермо́нт)
вермо́нтцы, -ев, *ед.* -тец, -тца, *тв.* -тцем
ве́рмут, -а
ве́рмутовый
верне́е, *сравн. ст.* и *вводн. сл.*
верне́йший
вернёхонько
вернисáж, -а, *тв.* -ем
верниса́жный
ве́рно, *нареч.* и *вводн. сл.*
верноп́о́дданнейше, *нареч.*
верноп́о́дданнейший

вернопо́дданнический
вернопо́дданничество, -а
вернопо́дданность, -и
вернопо́дданный
вернопо́дданство, -а
ве́рность, -и
верну́ть(ся), -ну́(сь), -нёт(ся)
ве́рный; *кр. ф.* ве́рен, верна́, ве́рно, ве́рны́
верньéр, -а
верньéрный
верня́к, -а́
верняко́вый
верняко́м, *нареч.*
ве́рования, -ий, *ед.* -ние, -я
ве́ровать, ве́рую, ве́рует
вероисповеда́льный
вероиспове́дание, -я
вероиспове́дный
ве́рой-пра́вдой (служи́ть)
вероло́мец, -мца, *тв.* -мцем, *р. мн.* -мцев
вероло́мность, -и
вероло́мный; *кр. ф.* -мен, -мна
вероло́мство, -а
верона́л, -а
веро́ни́ка, -и (*растение*)
веро́нка, -и, *р. мн.* -нок
веро́нский (*от* Веро́на)
веро́нцы, -ев, *ед.* -нец, -нца, *тв.* -нцем
вероотсту́пник, -а
вероотсту́пница, -ы, *тв.* -ей
вероотсту́пнический
вероотсту́пничество, -а
вероподо́бие, -я
вероподо́бный; *кр. ф.* -бен, -бна
веротерпи́мость, -и
веротерпи́мый
вероуче́ние, -я
вероучи́тель, -я, *мн.* -и, -ей
вероучи́тельный
верошпиро́н, -а
вероя́тие, -я
вероя́тно, *вводн. сл.*
вероя́тностно-статисти́ческий
вероя́тностный; *кр. ф.* -тен, -тна
вероя́тность, -и
вероя́тный; *кр. ф.* -тен, -тна
верп, -а
Верса́ль, -я (*также перен.*)
верса́льский (*от* Верса́ль)
Верса́льский ми́р (*1919*)
верса́льцы, -ев, *ед.* -лец, -льца, *тв.* -льцем
версифика́тор, -а
версифика́торский
версифика́торство, -а
версификацио́нный
версифика́ция, -и
ве́рсия, -и
верста́, -ы́, *мн.* вёрсты, вёрст
верста́к, -а́
верста́льный
верста́льщик, -а
верста́льщица, -ы, *тв.* -ей
верста́ние, -я
вёрстанный; *кр. ф.* -ан, -ана, *прич.* (*от* верста́ть)
верста́тка, -и, *р. мн.* -ток
верста́ть(ся), -а́ю, -а́ет(ся)
верста́чный
верстачо́к, -чка́
вёрстка, -и, *р. мн.* -ток
вёрстный
верстово́й
верстоме́р, -а
вертану́ть(ся), -ну́(сь), -нёт(ся)
верта́ть(ся), -а́ю(сь), -а́ет(ся) (*прост. к* возвраща́ться)
вертебра́льный
вертебро́лог, -а
вертебрологи́ческий
вертеброло́гия, -и
вертеброневроло́гия, -и
ве́ртекс, -а
ве́ртел, -а, *мн.* -а́, -о́в
ве́ртельный (*от* ве́ртел)
верте́льный (*от* верте́ть)
верте́п, -а
верте́пный
Ве́ртер, -а
ве́ртеровский (*от* Ве́ртер)
верте́ть(ся), верчу́(сь), ве́ртит(ся)
вертиго́ловка, -и, *р. мн.* -вок
вертика́л, -а (*астр.*)
вертика́ль, -и (*линия*)
вертика́льно взлета́ющий
вертика́льно-водотру́бный
вертика́льно-горизонта́льный
вертика́льно залега́ющий
вертика́льно опу́щенный
вертика́льно-подъёмный
вертика́льно-сверли́льный
вертика́льность, -и
вертика́льно-фре́зерный
вертика́льно-шпи́ндельный
вертика́льный; *кр. ф.* -лен, -льна
вертихво́стка, -и, *р. мн.* -ток
вертише́йка, -и, *р. мн.* -е́ек
вёрткий; *кр. ф.* вёрток, вертка́ и вёртка, вёртко
вёрткость, -и
вертлу́г, -а́ (*анат.*)
вертлу́жный
вертлю́г, -а́ (*тех.*)
вертлю́жный
вертлюжо́к, -жка́
вертля́вость, -и
вертля́вый
вертогра́д, -а
вертогра́дарь, -я
вертогра́дный
вертодро́м, -а
вертолёт, -а
вертолёт-амфи́бия, вертолёта-амфи́бии, *м.*
вертолёт-кра́н, вертолёта-кра́на
вертолётно-деса́нтный
вертолётный
вертолёто-вы́лет, -а
вертолётоно́сец, -сца, *тв.* -сцем, *р. мн.* -сцев
вертолётоно́сный
вертолётострое́ние, -я
вертолётострои́тель, -я
вертолётострои́тельный
вертолётчик, -а
вертолётчица, -ы, *тв.* -ей
вертопра́х, -а
вертопра́шество, -а
вертопра́шка, -и, *р. мн.* -шек
вертопра́шничать, -аю, -ает
вертопра́шный; *кр. ф.* -шен, -шна
верту́н, -а́
верту́нья, -и, *р. мн.* -ний
вертуха́й, -я
вертуха́йский
верту́шка, -и, *р. мн.* -шек
верть, *неизм.*
вертя́чка, -и, *р. мн.* -чек
вертя́щий(ся)
Ве́рую, *нескл., с.* (*священный текст – Символ веры*)
ве́рующий
ве́рфенный
ве́рфный
верфь, -и
верфяно́й
верх, -а, *предл.* на верху́, *мн.* -и́, -о́в и (*подъемная складная крыша экипажа*) -а́, -о́в
верха́ми, *нареч.* (е́хали верха́ми)
верхи́, -о́в (реше́ние, при́нятое в верха́х; скользи́ть по верха́м)
Верх-Исе́тский заво́д
ве́рхне-боково́й
верхнево́лжский
Верхнево́лжье, -я
верхнегорта́нный
верхнедево́нский (*геол.*)
верхнеднепро́вский
верхнедонско́й
Ве́рхнее, -его (*одно из Великих озер*)
Ве́рхнее Пово́лжье
Ве́рхнее Поднепро́вье
верхнекаменноу́гольный
верхнека́мский
верхнекла́панный
верхнелу́жицкий
верхнемелово́й (*геол.*)
верхненеме́цкий
верхнео́бский
верхнепалеолити́ческий
верхнере́йнский
Верхнесиле́зский у́гольный бассе́йн
верхнетриа́совый (*геол.*)
верхнетури́нский (*от* Ве́рхняя Тура́)
верхнеура́льский (*от* Ве́рхний Ура́л и Верхнеура́льск)
верхнеура́льцы, -ев, *ед.* -лец, -льца, *тв.* -льцем
верхнечелюстно́й
верхнечетверти́чный (*геол.*)
верхнею́рский (*геол.*)
Ве́рхние А́льпы (*департамент*)

Ве́рхние Пирене́и (*департамент*)
ве́рхний
Ве́рхний Таги́л (*город*)
Ве́рхний Уфале́й (*город*)
Ве́рхняя Во́лга
Ве́рхняя Во́льта (*государство*)
Ве́рхняя Тура́ (*город*)
верхове́нство, -а
верхове́нствовать, -твую, -твует
верхови́к, -а́
верхови́нский (*от* Верхови́на, *геогр.*)
Верхо́вная ра́да (*на Украине*)
верхо́вники, -ов, *ед.* -ник, -а (*ист.*)
Верхо́вное главнокома́ндование
верхо́вный
Верхо́вный главнокома́ндующий
Верхо́вный и́нка (*ист.*)
Верхо́вный Сове́т (*в СССР*)
Верхо́вный су́д РФ
Верхо́вный та́йный сове́т (*в России 1726–1730*)
верхо́во-вью́чный (*о лошади*)
верхово́д, -а
верхово́дец, -дца, *тв.* -дцем, *р. мн.* -дцев (*устар. к* верхово́д)
верхово́дить, -во́жу, -во́дит
верхово́дка, -и, *р. мн.* -док
верхово́дство, -а
верхово́дящий
верхово́й[1] (*к* верх и верхо́вье)
верхово́й[2], -о́го (*всадник*)
Верхо́вские кня́жества (*ист.*)
верхо́вый (*устар. к* верхо́вье)
верхо́вье, -я, *р. мн.* -вьев и -вий
верхогля́д, -а
верхогля́дка, -и, *р. мн.* -док
верхогля́дничать, -аю, -ает
верхогля́дский
верхогля́дство, -а
верхоко́нный
верхола́з, -а
верхола́зный
верхоле́нский (*к* Ле́на, *река*)
ве́рхом, *нареч.* (*поверху*)
верхо́м, *нареч.* (е́хать верхо́м)
верхо́нки, -нок, *ед.* -нка, -и
верхоту́ра, -ы
верхоту́рский (*от* Верхоту́рье, *город*)
верхоцве́тник, -а
верхоя́нский (*от* Верхоя́нск)
верхоя́нцы, -ев, *ед.* -нец, -нца, *тв.* -нцем
верху́шечка, -и, *р. мн.* -чек
верху́шечный
верху́шка, -и, *р. мн.* -шек
верче́ние, -я
ве́рченный; *кр. ф.* -ен, -ена, *прич.* (*от* верте́ть)
ве́рченый, *прил.*
ве́рша, -и, *тв.* -ей
верше́ние, -я
верши́на, -ы
верши́нник, -а
верши́нный
верши́тель, -я
верши́тельница, -ы, *тв.* -ей
верши́ть(ся), -шу́, -ши́т(ся)
ве́ршица, -ы, *тв.* -ей
вершки́, -о́в
вершкова́ние, -я
вершко́вый
ве́ршник, -а
вершо́к, -шка́
вершо́чек, -чка
ве́рящий
вес, -а и -у, *мн.* -а́, -о́в
ве́с бру́тто, ве́са бру́тто
ве́с бру́тто за не́тто, ве́са бру́тто за не́тто
веселе́нек, -нька
весёленький
веселе́ть, -е́ю, -е́ет
веселёхонький; *кр. ф.* -нек, -нька
веселёшенький; *кр. ф.* -нек, -нька
весели́ть(ся), -лю́(сь), -ли́т(ся)
весёлка, -и, *р. мн.* -лок
весёлко, -а (*от* весло́)
ве́село, *нареч.* и *в знач. сказ.*
весёлость, -и
веселу́ха, -и
весёлый; *кр. ф.* ве́сел, весела́, ве́село, ве́селы́
весе́лье, -я
весе́льный и **вёсельный**
весе́льце, -а, *р. мн.* -лец и -льцев
весельча́к, -а́
веселя́щий(ся)
весе́нне-ле́тний
весе́нне-полево́й
весе́нне-посевно́й
весе́нний
весе́нник, -а
ве́сить, ве́шу, ве́сит
вески́, -о́в (*небольшие весы*)
ве́ский; *кр. ф.* ве́сок, ве́ска́, ве́ско
ве́скость, -и
весли́ще, -а
весло́, -а́, *мн.* вёсла, вёсел
веслоно́гий
веслоно́с, -а
весна́, -ы́, *мн.* вёсны, вёсен
весна́-красна́, весны́-красны́
ве́с не́тто, ве́са не́тто
веснова́тый
весновспа́шка, -и
весно́й и **весно́ю,** *нареч.*
весну́шечки, -чек, *ед.* -чка, -и
весну́шки, -шек, *ед.* -шка, -и
весну́шчатость, -и
весну́шчатый
весня́нка, -и, *р. мн.* -нок
весово́й
весовщи́к, -а́
весовщи́ца, -ы, *тв.* -ей
весоизмери́тельный
весо́к, веска́ (*отвес*)
весо́мость, -и
весо́мый
весо́чки, -ов (*к* весы́)
Ве́спер, -а (*устар. поэт.*)
вест, -а
Ве́ста, -ы (*мифол.*)
веста́лка, -и, *р. мн.* -лок
вестго́тский
вестго́ты, -ов, *ед.* -го́т, -а
ве́стерн, -а
вестерниза́ция, -и
ве́стерновский
ве́сти, *нескл., м.* и *ж.* и **ве́стик,** -а (*разг. к* вестха́йленд-терье́р)
вести́(сь), веду́, ведёт(ся); *прош.* вёл(ся), вела́(сь)
вестибулометри́я, -и
вестибулореце́пторы, -ов, *ед.* -тор, -а
вестибуля́рный
вестибю́ль, -я
вестибю́льный
вестибю́ль-фойе́, вестибю́ля-фойе́, *м.*
вести́мо
вести́мый (вести́мое де́ло)
вест-и́ндский (*от* Вест-И́ндия)
ве́стка, -и, *р. мн.* -ток
вестми́нстерский (*от* Ве́стми́нстер)
Вестми́нстерское абба́тство
ве́стник, -а
ве́стница, -ы, *тв.* -ей
вестово́й, -о́го
вестовщи́к, -а́
вестовщи́ца, -ы, *тв.* -ей
ве́стовый (*от* вест)
ве́сточка, -и, *р. мн.* -чек
вестфа́льский (*от* Вестфа́лия)
вестфа́льцы, -ев, *ед.* -лец, -льца, *тв.* -льцем
вестха́йленд-терье́р, -а
весть[1], -и, *мн.* -и, -е́й
весть[2]: **(не) бо́г ве́сть**
весы́, -о́в (*прибор*) и **Весы́,** -о́в (*созвездие и знак зодиака*; *о том, кто родился под этим знаком*)
весь [1], **всё,** всего́, всему́, всем, обо всём, **вся,** всей, всю, *мн.* **все,** всех, всем, все́ми
весь[2], -и (*село*; *племя*)
весьего́нский (*от* Весьего́нск)
весьма́
ве́сящий
вет... – *первая часть сложных слов, пишется слитно*
ветбольни́ца, -ы
ветви́стость, -и
ветвистоу́сый
ветви́стый
ветви́ться, -и́тся
ветвле́ние, -я
ветвра́ч, -а́, *тв.* -о́м
ветвь, -и, *мн.* -и, -е́й
ветвяно́й
ве́тер, ве́тра, *предл.* на ветру́, *мн.* -ы, -ов и -а́, -о́в
ветера́н, -а
ветера́нка, -и, *р. мн.* -нок
ветера́нский
ветера́нство, -а

ветерина́р, -а
ветерина́рия, -и
ветерина́рно-зоотехни́ческий
ветерина́рно-профилакти́ческий
ветерина́рно-санита́рный
ветерина́рный
ветерина́рский
ветеро́к, -рка́
ветеро́чек, -чка
ветиве́рия, -и
ве́тка, -и, *р. мн.* -ток
ветла́, -ы́, *мн.* вётлы, вётел
ветлече́бница, -ы, *тв.* -ей
ветло́вый
ветлужа́не, -а́н, *ед.* -а́нин, -а
ветлужа́нка, -и, *р. мн.* -нок
ветлу́жский (*от* Ветлу́га)
ветнадзо́р, -а
ве́то, *нескл., с.*
ветоборудование, -я
ве́точка, -и, *р. мн.* -чек
ве́точный
вето́шка, -и, *р. мн.* -шек
вето́шник, -а
вето́шница, -ы, *тв.* -ей
вето́шничество, -а
вето́шный
ве́тошь, -и
ветперсона́л, -а
ветпо́мощь, -и
ветпу́нкт, -а
ветр (*устар., книжн. и поэт., формы им. и вин. п. слова* ве́тер)
ветреанима́ция, -и
ветрене́ть, -е́ет
ве́треник, -а
ве́треница, -ы, *тв.* -ей
ве́треничать, -аю, -ает
ве́трено, *нареч.* и *в знач. сказ.*
ве́треность, -и
ве́треный (де́нь, челове́к); *кр. ф.* -ен, -ена
ветре́ть, -е́ет
ветри́ло, -а
ветри́ще, -а, *мн.* -а и -и, -и́щ, *м.*
ветроагрега́т, -а
ветробо́й, -я
ветрова́л, -а
ветрова́льный
ветро́вка, -и, *р. мн.* -вок
ветрово́й
ветрого́н, -а
ветрого́нка, -и, *р. мн.* -нок
ветрого́нный
ветродви́гатель, -я
ветроду́й, -я
ветрозащи́тный
ветроиспо́льзование, -я
ветроколесо́, -а́, *мн.* -лёса, -лёс
ветроло́м, -а
ветроло́мный
ветроме́льница, -ы, *тв.* -ей
ветроме́р, -а
ветронепроница́емый
ветроопыле́ние, -я
ветроотбо́йник, -а
ветроотража́тель, -я
ветропа́рк, -а
ветросилово́й
ветроста́нция, -и
ветроте́хника, -и
ветроуказа́тель, -я
ветроула́вливатель, -я
ветроупо́рный; *кр. ф.* -рен, -рна
ветроустано́вка, -и, *р. мн.* -вок
ветроусто́йчивость, -и
ветроусто́йчивый
ветроэлектри́ческий
ветроэлектроста́нция, -и
ветроэнерге́тика, -и
ветроэнергети́ческий
ветроэне́ргия, -и
ветрю́га, -и, *м.*
ветря́га, -и, *м.*
ветря́к, -а́
ветря́нка, -и, *р. мн.* -нок
ветряно́й (дви́гатель, ме́льница)
ве́тряный: ве́тряная о́спа
ветсаннадзо́р, -а
ветсанучáсток, -тка
ветсанэкспе́рт, -а
ветсанэксперти́за, -ы
ветслу́жба, -ы
ветста́нция, -и
ветфе́льдшер, -а
ве́тхенький и **ве́тхонький**
ве́тхий; *кр. ф.* ветх, ветха́, ве́тхо
Ве́тхий Заве́т
Ветхозаве́тная Тро́ица (*иконографический тип Троицы*)
ветхозаве́тность, -и
ветхозаве́тный; *кр. ф.* -тен, -тна
ве́тхонький и **ве́тхенький**
ве́тхость, -и
ветчина́, -ы́
ветчи́нка, -и
ветчи́нно-ру́бленый
ветчи́нный
ветша́ть, -а́ю, -а́ет
вех, -а (*растение*)
ве́ха, -и
вехи́ст, -а
ве́ховец, -вца, *тв.* -вцем, *р. мн.* -вцев
ве́ховский (*от* “Ве́хи”)
ве́ховство, -а
ве́че, -а
вечево́й
ве́чер, -а, *мн.* -а́, -о́в
вечера́ми, *нареч.*
ве́чер-встре́ча, ве́чера-встре́чи, *м.*
вече́ренка, -и, *р. мн.* -нок (*от* вече́рня)
вечере́ть, -е́ет
вечери́нка, -и, *р. мн.* -нок
вечёрка, -и, *р. мн.* -рок
вечерко́м, *нареч.*
вече́рний
вече́рник, -а
вече́рница, -ы, *тв.* -ей (*к* вече́рник; *растение*; *животное*)
вечерни́ца, -ы, *тв.* -ей (*вечеринка, обл.*)
вече́рня, -и, *р. мн.* -рен
вечерова́ть, -ру́ю, -ру́ет
вечеро́к, -рка́
ве́чером, *нареч.*
вечеро́чек, -чка
ве́черя, -и
вече́рять, -яю, -яет и **вечеря́ть**, -я́ю, -я́ет (*ужинать*)
ве́чно, *нареч.*
вечнозелёный
вечномёрзлый
ве́чно сомнева́ющийся
ве́чность, -и
вечноцвету́щий*
ве́чный; *кр. ф.* -чен, -чна
Ве́чный го́род (*о Риме*)
Ве́чный жи́д (*лит. персонаж*)
Ве́чный ого́нь (*у памятника, могилы*)
вечо́р, *нареч.*
вечо́рошний
ве́шала, ве́шал (*устройство для развешивания*)
ве́шалка, -и, *р. мн.* -лок
ве́шалочный
ве́шальщик, -а
ве́шальщица, -ы, *тв.* -ей
ве́шание, -я (*от* ве́шать)
ве́шанный; *кр. ф.* -ан, -ана, *прич.* (*от* ве́шать)
ве́шатель, -я
ве́шать(ся), -аю(сь), -ает(ся)
веше́ние, -я (*от* веши́ть)
вёшенка, -и, *р. мн.* -нок (*гриб*)
вешённый; *кр. ф.* -ён, -ена́, *прич.* (*от* веши́ть)
веши́ть, вешу́, веши́т (*ставить вехи*)
ве́шка, -и, *р. мн.* ве́шек
ве́шний
вешня́к, -а́ (*от* ве́шний)
веща́ние, -я
веща́тель, -я
веща́тельница, -ы, *тв.* -ей
веща́тельный
веща́ть(ся), -а́ю, -а́ет(ся)
вещдо́к, -а (*вещественное доказательство*)
вещево́й
веще́ственность, -и
веще́ственный; *кр. ф.* -вен и -венен, -венна
вещество́, -а́
вещи́зм, -а
ве́щий
вещи́ца, -ы, *тв.* -ей
вещи́чка, -и, *р. мн.* -чек
вещмешо́к, -шка́
ве́щность, -и
ве́щный
веще́н, -а́
вещу́ньин, -а, -о
вещу́нья, -и, *р. мн.* -ний
вещь, -и, *мн.* -и, -е́й
ве́ющий

ве́ялка, -и, *р. мн.* -лок
ве́яльщик, -а
ве́яльщица, -ы, *тв.* -ей
ве́яние, -я
ве́янный; *кр. ф.* ве́ян, ве́яна, *прич.*
ве́яный, *прил.*
ве́ятель, -я
ве́ять(ся), ве́ю, ве́ет(ся)
вжа́тие, -я
вжа́тый
вжа́ть(ся), вожму́(сь), вожмёт(ся)
вжива́ние, -я
вжива́ться, -а́юсь, -а́ется
вжи́ве
вживи́ть, -влю́, -ви́т
вживле́ние, -я
вживлённый; *кр. ф.* -ён, -ена́
вживля́ть(ся), -я́ю, -я́ет(ся)
вживу́ю, *нареч.*
в живы́х (не́т *кого-н.*; оста́ться)
вжик, *неизм.*
вжи́канье, -я
вжи́кать, -ает
вжи́кнуть, -нет
в жи́лу (попа́сть, рабо́тать)
вжима́ние, -я
вжима́ть(ся), -а́ю(сь), -а́ет(ся)
вжи́ться, вживу́сь, вживётся; *прош.* вжи́лся, вжила́сь
в жму́рки (игра́ть)
в забро́се
в за́быть (пойти́)
в забытьи́
в заверше́ние (*чего*) (*под конец, в качестве завершения*)
в зави́симости (*от чего*)
в заво́де (не́ было и в заво́де *чего*) (*совсем не было*)
взагло́т
взагрёб
в загу́л (уда́риться, пусти́ться)
взад, *нареч.* (вза́д и вперёд), но *сущ.* **в зад** (получи́л пино́к в за́д)
вза́д-вперёд
взаём, *нареч.* (*устар.* к взаймы́)
взаи́мно-возвра́тный
взаи́мно отта́лкивающийся
взаи́мно перетя́гивающийся
взаи́мно перпендикуля́рный
взаи́мно свя́занный
взаи́мность, -и
взаи́мный; *кр. ф.* -мен, -мна
взаимо... – *первая часть сложных слов, пишется слитно*
взаимовлия́ние, -я
взаимовосхвале́ние, -я
взаимовы́годность, -и
взаимовы́годный; *кр. ф.* -ден, -дна
взаимовы́ручка, -и
взаимоде́йствие, -я
взаимоде́йствовать, -твую, -твует
взаимоде́йствующий
взаимодове́рие, -я
взаимодополня́емость, -и
взаимодополня́ющий
взаимозави́симость, -и
взаимозави́симый
взаимозадо́лженность, -и
взаимозаме́на, -ы
взаимозамени́мость, -и
взаимозамени́мый
взаимозаменя́емость, -и
взаимозаменя́емый
взаимозамести́мость, -и
взаимозамести́мый
взаимозамеща́ющий
взаимоза́мкнутый
взаимозачёт, -а
взаимоинду́кция, -и
взаимоисключа́емость, -и
взаимоисключа́ющий
взаимоистребле́ние, -я
взаимоконтро́ль, -я
взаимонепонима́ние, -я
взаимообогаща́ющий
взаимообогаще́ние, -я
взаимообусло́вленность, -и
взаимообусло́вленный; *кр. ф.* -ен, -ена
взаимообя́занность, -и
взаимоотве́тственность, -и
взаимоотноше́ние, -я
взаимоперпендикуля́рный
взаимоподде́ржка, -и
взаимополе́зный; *кр. ф.* -зен, -зна
взаимопо́мощь, -и
взаимопонима́ние, -я
взаимопревраще́ние, -я
взаимоприве́тствия, -ий
взаимоприе́млемость, -и
взаимоприе́млемый
взаимопритяже́ние, -я
взаимопрове́рка, -и, *р. мн.* -рок
взаимопроника́ть, -а́ет
взаимопроника́ющий
взаимопроникнове́ние, -я
взаимопроще́ние, -я
взаиморасположе́ние, -я
взаиморасчёты, -ов
взаимосвя́занность, -и
взаимосвя́занный; *кр. ф.* -ан, -ана
взаимосвя́зь, -и
взаимотерпи́мость, -и
взаимотре́бовательный
взаимоуваже́ние, -я
взаимоуважи́тельный; *кр. ф.* -лен, -льна
взаимоувя́зка, -и, *р. мн.* -зок
взаймы́
в заключе́ние (*чего*) (*под конец, заканчивая*); но: **в заключе́нии** (*в заключительной части; в тюрьме*)
взакру́т
взалка́ть, -а́ю, -а́ет
в зало́г (да́ть, взя́ть)
взаме́н
в заме́ну
в замо́к (*сварка*)
в зана́чке
взаперти́
взапо́й, *нареч.*
взапра́вдашний и **взапра́вдашный**
взапра́вду
вза́пуски, *нареч.*
в заро́дыше (*в самом начале*)
взасо́с, *нареч.*
взатя́жку, *нареч.*
вза́хаться, -аюсь, -ается
взахлёб
взахлёст
в зачёт
вза́шей и (*устар.*) **вза́шеи**
взба́дривание, -я
взба́дривать(ся), -аю(сь), -ает(ся)
взбаламу́тить(ся), -у́чу(сь), -у́тит(ся)
взбаламу́ченный; *кр. ф.* -ен, -ена
взбаламу́чивать(ся), -аю(сь), -ает(ся)
взба́лмошность, -и
взба́лмошный; *кр. ф.* -шен, -шна
взба́лтывание, -я
взба́лтывать(ся), -аю, -ает(ся)
взбег, -а
взбега́ние, -я
взбега́ть, -а́ю, -а́ет
взбежа́ть, -егу́, -ежи́т, -егу́т
взбеленённый; *кр. ф.* -ён, -ена́
взбелени́ть(ся), -ню́(сь), -ни́т(ся)
взбеси́ть(ся), -ешу́(сь), -е́сит(ся)
взбешённость, -и
взбешённый; *кр. ф.* -ён, -ена́
взбива́лка, -и, *р. мн.* -лок
взбива́льный
взбива́ние, -я
взбива́ть(ся), -а́ю, -а́ет(ся)
взби́вка, -и
взбира́ться, -а́юсь, -а́ется
взби́тый
взби́ть(ся), взобью́, взобьёт(ся)
взблеск, -а
взбле́скивание, -я
взбле́скивать, -аю, -ает
взблесну́ть, -ну́, -нёт
взбодрённость, -и
взбодрённый; *кр. ф.* -ён, -ена́
взбодри́ть(ся), -рю́(сь), -ри́т(ся)
взбо́лтанный; *кр. ф.* -ан, -ана
взболта́ть(ся), -а́ю, -а́ет(ся)
взболтну́ть, -ну́, -нёт
взбора́нивать, -аю, -ает
взборождённый; *кр. ф.* -ён, -ена́
взборозди́ть, -зжу́, -зди́т
взборонённый; *кр. ф.* -ён, -ена́
взборони́ть, -ню́, -ни́т
взбороно́ванный; *кр. ф.* -ан, -ана
взборонова́ть, -ну́ю, -ну́ет
взбра́сывание, -я
взбра́сывать(ся), -аю, -ает(ся)
взбреда́ть, -а́ю, -а́ет
взбре́дший
взбрести́, -еду́, -едёт; *прош.* -ёл, -ела́
взброс, -а
взбро́сить, -о́шу, -о́сит
взбро́шенный; *кр. ф.* -ен, -ена
взбры́згивание, -я
взбры́згивать(ся), -аю(сь), -ает(ся)

взбры́знутый
взбры́знуть(ся), -ну(сь), -нет(ся)
взбрык, -а
взбры́кивание, -я
взбры́кивать(ся), -аю(сь), -ает(ся)
взбрыкну́ть(ся), -ну́(сь), -нёт(ся)
взбугрённый; *кр. ф.* -ён, -ена́
взбугри́ть(ся), -рю́, -ри́т(ся)
взбуди́ть, -ужу́, -у́дит
взбудора́женный; *кр. ф.* -ен, -ена
взбудора́живать(ся), -аю(сь), -ает(ся)
взбудора́жить(ся), -жу(сь), -жит(ся)
взбулга́ченный; *кр. ф.* -ен, -ена
взбулга́чить(ся), -чу(сь), -чит(ся)
взбунто́ванный; *кр. ф.* -ан, -ана
взбунтова́ть(ся), -ту́ю(сь), -ту́ет(ся)
взбура́вить, -влю, -вит
взбура́вленный; *кр. ф.* -ен, -ена
взбурлённый; *кр. ф.* -ён, -ена́
взбурли́ть(ся), -лю́, -ли́т(ся)
взбутете́нивать, -аю, -ает
взбутете́нить, -ню, -нит
взбуха́ние, -я
взбуха́ть, -а́ет
взбу́хнуть, -нет; *прош.* -ух, -у́хла
взбу́хший
взбу́ченный; *кр. ф.* -ен, -ена
взбу́чить, -чу, -чит
взбу́чка, -и, *р. мн.* -чек
взбушева́ть(ся), -шу́ю(сь), -шу́ет(ся)
взва́ленный; *кр. ф.* -ен, -ена
взва́ливание, -я
взва́ливать(ся), -аю(сь), -ает(ся)
взвали́ть(ся), -алю́(сь), -а́лит(ся)
взвар, -а и -у
взва́рец, -рца и -рцу, *тв.* -рцем, *р. мн.* -рцев
взвева́ние, -я (*к* взве́ять)
взвева́ть(ся), -а́ю, -а́ет(ся) (*к* взве́ять(ся)
взведе́ние, -я
взведённый; *кр. ф.* -ён, -ена́
взве́дший(ся)
взвезённый; *кр. ф.* -ён, -ена́
взвезти́, -зу́, -зёт; *прош.* -ёз, -езла́
взвёзший
взвеселённый; *кр. ф.* -ён, -ена́
взвесели́ть(ся), -лю́(сь), -ли́т(ся)
взвеселя́ть(ся), -я́ю(сь), -я́ет(ся)
взве́сить(ся), -е́шу(сь), -е́сит(ся)
взвести́(сь), -еду́, -едёт(ся); *прош.* -ёл(ся), -ела́(сь)
взвесь, -и
взве́шенно, *нареч.*
взве́шенность, -и
взве́шенный; *кр. ф. прич.* -ен, -ена; *кр. ф. прил.* (*хорошо продуманный*) -ен, -енна (реше́ния взве́шенны)
взве́шивание, -я
взве́шивать(ся), -аю(сь), -ает(ся)
взве́янный; *кр. ф.* -ян, -яна
взве́ять(ся), -е́ю, -е́ет(ся)
взвива́ние, -я (*к* взви́ть(ся)
взвива́ть(ся), -а́ю(сь), -а́ет(ся) (*к* взви́ть(ся)
взвизг, -а
взви́згивание, -я
взви́згивать, -аю, -ает
взви́згнуть, -ну, -нет
взвинти́ть(ся), -нчу́(сь), взви́нти́т(ся)
взви́нченность, -и
взви́нченный; *кр. ф.* -ен, -ена
взви́нчивание, -я
взви́нчивать(ся), -аю(сь), -ает(ся)
взви́тый; *кр. ф.* взвит, взвита́, взви́то
взви́ть(ся), взовью́(сь), взовьёт(ся); *прош.* -и́л(ся), -ила́(сь), -и́ло, -и́ло́(сь)
взви́хренный; *кр. ф.* -ен, -ена и **взвихрённый;** *кр. ф.* -ён, -ена́
взви́хривать(ся), -аю, -ает(ся)
взви́хри́ть(ся), взви́хрю, взви́хри́т(ся)
взвод, -а
взводи́ть(ся), -ожу́, -о́дит(ся)
взводно́й (*взводящий(ся)*)
взво́дный (*от* взвод, *воен.*)
взвоз, -а
взвози́ть(ся), -ожу́, -о́зит(ся)
взвола́кивание, -я
взвола́кивать(ся), -аю(сь), -ает(ся)
взволно́ванно, *нареч.*
взволно́ванность, -и
взволно́ванный; *кр. ф.* -ан, -ана (че́м вы́ та́к взволно́ваны?) и (*выражающий волнение*) -ан, -анна (её ре́чь взволно́ванна)
взволнова́ть(ся), -ну́ю(сь), -ну́ет(ся)
взволо́к, -а
взволо́кший(ся)
взволочённый; *кр. ф.* -ён, -ена́
взволо́чь(ся), -локу́(сь), -лочёт(ся), -loку́т(ся); *прош.* -ло́к(ся), -локла́(сь)
взвора́чивать(ся), -аю(сь), -ает(ся)
взвороти́ть(ся), -очу́(сь), -о́тит(ся)
взворо́ченный; *кр. ф.* -ен, -ена
взворошённый; *кр. ф.* -ён, -ена́
взвороши́ть(ся), -шу́, -ши́т(ся)
взвыва́ть, -а́ю, -а́ет
взвыть, взво́ю, взво́ет
взгада́ть: ни вздýмать ни взгада́ть
взгляд, -а
взгля́дывать, -аю, -ает
взгляну́ть(ся), -яну́, -я́нет(ся)
взговори́ть, -рю́, -ри́т
взгомози́ть(ся), -можу́(сь), -мози́т(ся)
взгомони́ть(ся), -ню́(сь), -ни́т(ся)
взго́рбить(ся), -блю(сь), -бит(ся)
взго́рбленный; *кр. ф.* -ен, -ена
взго́рбок, -бка
взго́рок, -рка
взго́рочек, -чка
взго́рье, -я, *р. мн.* -рий
взгорячённый; *кр. ф.* -ён, -ена́
взгорячи́ть(ся), -чу́(сь), -чи́т(ся)
взгреба́ть(ся), -а́ю, -а́ет(ся)
взгребённый; *кр. ф.* -ён, -ена́
взгрева́ть, -а́ю, -а́ет
взгреме́ть, -млю, -ми́т
взгрести́, -ребу́, -бёт
взгре́тый
взгреть, -е́ю, -е́ет
взгроможда́ть(ся), -а́ю(сь), -а́ет(ся)
взгромождённый; *кр. ф.* -ён, -ена́
взгромозди́ть(ся), -зжу́(сь), -зди́т(ся)
взгрусти́ть, -ущу́, -усти́т
взгрустну́ть(ся), -ну́, -нёт(ся)
вздва́ивание, -я
вздва́ивать(ся), -аю, -ает(ся)
вздвига́ть, -а́ю, -а́ет
вздви́нуть, -ну, -нет
вздво́енный; *кр. ф.* -ен, -ена (*от* вздво́ить)
вздвоённый; *кр. ф.* -ён, -ена́ (*от* вздвои́ть)
вздво́ить, -о́ю, -о́ит (*удвоить*)
вздвои́ть, -ою́, -ои́т (*вторично вспахать*)
вздева́ние, -я
вздева́ть(ся), -а́ю, -а́ет(ся)
вздёвка, -и
вздёргивание, -я
вздёргивать(ся), -аю, -ает(ся)
вздёржка, -и, *р. мн.* -жек
вздёрнутый
вздёрнуть(ся), -ну, -нет(ся)
взде́тый
взде́ть(ся), -е́ну, -е́нет(ся)
вздира́ние, -я
вздира́ть(ся), -а́ю, -а́ет(ся)
вздор, -а
вздо́рить, -рю, -рит
вздо́рность, -и
вздо́рный; *кр. ф.* -рен, -рна
вздорожа́ние, -я
вздорожа́ть, -а́ет
вздо́рщик, -а
вздо́рщица, -ы, *тв.* -ей
вздо́рящий
вздох, -а
вздохну́ть(ся), -ну́, -нёт(ся)
вздра́гивание, -я
вздра́гивать, -аю, -ает
вздрема́ть, -емлю́, -е́млет
вздремну́ть(ся), -ну́, -нёт(ся)
вздрог, -а
вздро́гнуть, -ну, -нет
вздрю́ченный; *кр. ф.* -ен, -ена
вздрю́чивание, -я
вздрю́чивать(ся), -аю, -ает(ся)
вздрю́чить, -чу, -чит
вздрю́чка, -и, *р. мн.* -чек
вздува́ние, -я
вздува́ть(ся), -а́ю, -а́ет(ся)
вздýмать(ся), -аю, -ает(ся)
вздури́ть(ся), -рю́(сь), -ри́т(ся)
взду́тие, -я
взду́тость, -и
взду́тый
взду́ть(ся), взду́ю, взду́ет(ся)
взды́бить(ся), -блю, -бит(ся)
взды́бленный; *кр. ф.* -ен, -ена
взды́бливать(ся), -аю, -ает(ся)
вздыма́ть(ся), -а́ю, -а́ет(ся)
вздыха́ние, -я
вздыха́тель, -я
вздыха́тельница, -ы, *тв.* -ей

вздыха́ть(ся), -а́ю, -а́ет(ся)
взима́ние, -я
взима́ть(ся), -а́ю, -а́ет(ся)
взира́ние, -я
взира́ть, -а́ю, -а́ет
взла́ивать, -ает
взла́мывание, -я
взла́мывать(ся), -аю, -ает(ся)
взла́ять, -а́ет
взleза́ние, -я
взлеза́ть, -а́ю, -а́ет
взлезть, -зу, -зет; *прош.* взлез, взле́зла
взле́зший
взлеле́янный; *кр. ф.* -ян, -яна
взлеле́ять, -е́ю, -е́ет
взлёт, -а
взлета́ние, -я
взлета́ть, -а́ю, -а́ет
взлете́ть, взлечу́, взлети́т
взлётно-поса́дочный
взлётный
взлёт-поса́дка, взлёта-поса́дки, *м.*
взли́за, -ы
взли́зина, -ы
взло́бок, -бка
взлом, -а
взло́манный; *кр. ф.* -ан, -ана
взлома́ть(ся), -а́ю, -а́ет(ся)
взло́мщик, -а
взлохма́тить(ся), -а́чу(сь), -а́тит(ся)
взлохма́ченный; *кр. ф.* -ен, -ена
взлохма́чивание, -я
взлохма́чивать(ся), -аю(сь), -ает(ся)
взлупи́ть, -уплю́, -у́пит
взлу́пленный; *кр. ф.* -ен, -ена
взлупцева́ть, -цу́ю, -цу́ет
взлупцо́ванный; *кр. ф.* -ан, -ана
взлущённый; *кр. ф.* -ён, -ена́
взлущи́ть, -щу́, -щи́т
взля́гивать, -аю, -ает
взлягну́ть, -ну́, -нёт
взма́ливаться, -аюсь, -ается
взма́нивать(ся), -аю(сь), -ает(ся)
взмани́ть, -аню́, -а́ни́т
взма́тывать, -аю, -ает
взмах, -а
взма́хивание, -я
взма́хивать(ся), -аю, -ает(ся)
взмахну́ть, -ну́, -нёт
взма́чивать(ся), -аю, -ает(ся)
взма́щивать(ся), -аю(сь), -ает(ся)
взмести́, взмету́, взметёт; *прош.* взмёл, взмела́
взмёт, -а
взмётанный; *кр. ф.* -ан, -ана (*от* взмета́ть[2])
взмета́ть[1], -а́ю, -а́ет, *несов.* (*к* взмести́)
взмета́ть[2], -ечу́, -е́чет, *сов.* (*к* взмётывать)
взметённый; *кр. ф.* -ён, -ена́ (*от* взмести́)
взметну́ть(ся), -ну́(сь), -нёт(ся)
взмётший
взмётывание, -я
взмётывать(ся), -аю(сь), -ает(ся)
взмока́ть, -а́ю, -а́ет
взмо́кнуть, -ну, -нет; *прош.* -о́к, -о́кла
взмокре́ть, -е́ю, -е́ет
взмо́кший
взмоли́ться, -олю́сь, -о́лится
взмо́рник, -а
взмо́рниковые, -ых
взмо́рье, -я, *р. мн.* -рий
взмости́ть(ся), -ощу́(сь), -ости́т(ся)
взмотну́ть, -ну́, -нёт
взмочи́ть(ся), -очу́, -о́чит(ся)
взмути́ть(ся), -учу́, -у́ти́т(ся)
взму́ченный; *кр. ф.* -ен, -ена
взму́чивание, -я
взму́чивать(ся), -аю, -ает(ся)
взмыв, -а
взмыва́ть, -а́ю, -а́ет
взмы́ленный; *кр. ф.* -ен, -ена
взмы́ливать(ся), -аю(сь), -ает(ся)
взмы́лить(ся), -лю(сь), -лит(ся)
взмыть, взмо́ю, взмо́ет
взнесённый; *кр. ф.* -ён, -ена́
взнести́(сь), -су́(сь), -сёт(ся); *прош.* взнёс(ся), взнесла́(сь)
взнёсший(ся)
взнос, -а
взноси́ть(ся), взношу́(сь), взно́сит(ся)
взну́зданный; *кр. ф.* -ан, -ана
взнузда́ть, -а́ю, -а́ет
взну́здывание, -я
взну́здывать(ся), -аю, -ает(ся)
взныть, взно́ю, взно́ет
взобра́ться, взберу́сь, взберётся; *прош.* -а́лся, -ала́сь, -а́ло́сь
взодра́ть, вздеру́, вздерёт; *прош.* -а́л, -ала́, -а́ло
взойти́, взойду́, взойдёт; *прош.* взошёл, взошла́
взопре́ть, -е́ю, -е́ет
взор, -а
взо́рванный; *кр. ф.* -ан, -ана
взорва́ть(ся), -ву́(сь), -вёт(ся); *прош.* -а́л(ся), -ала́(сь), -а́ло, -а́ло́сь
взоше́дший
взраста́ть, -а́ю, -а́ет
взрасти́, -ту́, -тёт; *прош.* взрос, взросла́
взрасти́ть, взращу́, взрасти́т
взра́чный; *кр. ф.* -чен, -чна (не о́чень взра́чный)
взращённый; *кр. ф.* -ён, -ена́
взра́щивание, -я
взра́щивать(ся), -аю, -ает(ся)
взреве́ть, -ву́, -вёт
взревнова́ть, -ну́ю, -ну́ет
взрёвывать, -аю, -ает
взрез, -а
взреза́ние, -я
взре́занный; *кр. ф.* -ан, -ана
взре́зать, -е́жу, -е́жет, *сов.*
взреза́ть(ся), -а́ю, -а́ет(ся), *несов.*
взре́зывание, -я
взре́зывать(ся), -аю, -ает(ся)
взрои́ться, -и́тся
взросле́ние, -я
взросле́ть, -е́ю, -е́ет
взросли́ть, -и́т
взро́слость, -и
взро́слый
взро́сший
взрыв, -а
взрыва́емость, -и
взрыва́ние, -я
взрыва́тель, -я
взрыва́ть(ся), -а́ю(сь), -а́ет(ся)
взрывни́к, -а́
взрывно́й
взры́во- и пожаробезопа́сность, -и
взры́во- и пожаробезопа́сный
взрывобезопа́сность, -и
взрывобезопа́сный; *кр. ф.* -сен, -сна
взрывобу́р, -а
взрывогидравли́ческий
взрывозащи́та, -ы
взрывозащи́тный
взрывозащищённый
взрывообра́зный; *кр. ф.* -зен, -зна
взрывоопа́сность, -и
взрывоопа́сный; *кр. ф.* -сен, -сна
взрывоподо́бный; *кр. ф.* -бен, -бна
взрывосто́йкий; *кр. ф.* -о́ек, -о́йка
взрывосто́йкость, -и
взрывоте́хник, -а
взрывоте́хника, -и
взрывотехни́ческий
взрывоуда́рный
взрывоусто́йчивость, -и
взрывоусто́йчивый
взрывпаке́т, -а
взрывснаря́д, -а
взрывча́тка, -и, *р. мн.* -ток
взры́вчатость, -и
взры́вчатый
взрыд, -а
взрыда́ть, -а́ю, -а́ет
взры́дывать, -аю, -ает
взры́кивать, -аю, -ает
взрыкну́ть, -ну́, -нёт и **взры́кнуть,** -ну, -нет
взры́тие, -я
взры́тый
взрыть, взро́ю, взро́ет
взрыхле́ние, -я
взрыхлённый; *кр. ф.* -ён, -ена́
взрыхли́ть, -лю́, -ли́т
взрыхля́ть(ся), -я́ю, -я́ет(ся)
взряби́ть(ся), -и́т(ся)
взряблённый; *кр. ф.* -ён, -ена́
взъеда́ться, -а́юсь, -а́ется
взъезд, -а
взъезжа́ть, -а́ю, -а́ет
взъём, -а
взъерепе́ненный; *кр. ф.* -е́нен, -е́нена
взъерепе́нить(ся), -ню(сь), -нит(ся)
взъеро́шенный; *кр. ф.* -ен, -ена
взъеро́шивать(ся), -аю(сь), -ает(ся)
взъеро́шить(ся), -шу(сь), -шит(ся)
взъерши́ть(ся), -шу́(сь), -ши́т(ся)
взъе́сться, -е́мся, -е́шься, -е́стся, -еди́мся, -еди́тесь, -едя́тся; *прош.* -е́лся, -е́лась

взъе́хать, -е́ду, -е́дет
взъярённый; *кр. ф.* -ён, -ена́
взъяри́ть(ся), -рю́(сь), -ри́т(ся)
взыва́ние, -я
взыва́ть, -а́ю, -а́ет
взыгра́ть(ся), -а́ю(сь), -а́ет(ся)
взы́грывать, -аю, -ает
взыск, -а
взыска́ние, -я
Взыска́ние поги́бших (*иконографический тип Божией Матери*)
взы́сканный; *кр. ф.* -ан, -ана
взыска́тель, -я
взыска́тельность, -и
взыска́тельный; *кр. ф.* -лен, -льна
взыска́ть(ся), взыщу́(сь), взы́щет(ся)
взы́скивание, -я
взы́скивать(ся), -аю, -ает(ся)
взыскно́й
взыску́ю, -у́ет, *неопр. ф. и прош. вр. не употр.*
взыску́ющий
взя́тие, -я
взя́тка, -и, *р. мн.* -ток
взяткода́тель, -я
взяткода́тельство, -а
взяткополуча́тель, -я
взя́ток, -тка, *р. мн.* -тков (*в пчеловодстве*)
взя́точник, -а
взя́точница, -ы, *тв.* -ей
взя́точничать, -аю, -ает
взя́точнический
взя́точничество, -а
взя́тый; *кр. ф.* взят, взята́, взя́то
взя́ть(ся), возьму́(сь), возьмёт(ся); *прош.* взя́л(ся), взяла́(сь), взя́ло́(сь), взя́ли, взя́ли́сь
ВИА́, *нескл., м.* (*сокр.*: вокально-инструментальный ансамбль)
виа́гра, -ы
виаду́к, -а
виаду́чный
виандо́т, -а
вибра́м, -а (*спорт.*)
вибра́нт, -а
вибра́то, *неизм.* и *нескл., с.*
вибра́тор, -а
вибра́торный
вибрафо́н, -а
вибрафони́ст, -а
вибрафо́нный
вибрацио́нно-ва́куумный
вибрацио́нно-суши́льный
вибрацио́нный
вибра́ция, -и
вибрио́з, -а
вибрио́н, -а
вибрио́нный
вибриононоси́тель, -я
вибри́рование, -я
вибри́ровать, -и́рую, -и́рует
вибри́рующий
вибри́ссы, -и́сс, *ед.* -и́сса, -ы
вибро... – *первая часть сложных слов, пишется слитно*
виброабрази́вный
виброакти́вность, -и
вибробезопа́сность, -и
вибробезопа́сный; *кр. ф.* -сен, -сна
виброболе́знь, -и
виброгалто́вка, -и, *р. мн.* -вок
виброгаси́тель, -я
виброгася́щий
виброгидропрессова́ние, -я
виброгимна́стика, -и
виброгра́мма, -ы
вибро́граф, -а
виброгро́хот, -а
виброда́тчик, -а
виброзащи́та, -ы
виброзащи́тный
виброзащищённый
виброзо́нд, -а
виброизмери́тельный
виброизоля́тор, -а
виброизоля́ция, -и
виброинструме́нт, -а
виброкато́к, -тка́
вибролока́тор, -а
вибромасса́ж, -а, *тв.* -ем
вибромассажёр, -а
вибромасса́жный
виброма́шина, -ы
вибро́метр, -а
виброме́трия, -и
вибромо́лот, -а
вибромолото́к, -тка́
вибронóжницы, -иц
виброопа́сность, -и
виброопа́сный; *кр. ф.* -сен, -сна
виброплатфо́рма, -ы
виброплита́, -ы́, *мн.* -пли́ты, -пли́т
виброплоща́дка, -и, *р. мн.* -док
виброгпоглоща́ющий
виброгпогружа́тель, -я
вибропреобразова́тель, -я
вибропре́сс, -а
вибропрессова́льный
вибропрессова́ние, -я
вибропрока́т, -а
вибропрока́тный
вибропро́чность, -и
вибропро́чный; *кр. ф.* -чен, -чна
вибросе́йс, -а
виброси́то, -а
виброско́п, -а
виброскопи́я, -и
вибросте́нд, -а
вибросто́йкий; *кр. ф.* -о́ек, -о́йка
вибросто́йкость, -и
вибротерапи́я, -и
вибротехника, -и
вибротехни́ческий
виброгтра́вма, -ы
вибротро́н, -а
виброуда́рный
виброустано́вка, -и, *р. мн.* -вок
виброусто́йчивость, -и
виброусто́йчивый
виброчувстви́тельный; *кр. ф.* -лен, -льна
виброшта́мп, -а
виброштампова́ние, -я
виброштампо́вка, -и
виброштампо́вочный
viва́льдиевский (*от* Віва́льди)
вива́рий, -я
вива́т, *неизм.*
вива́тный (вива́тный ка́нт, *муз.*)
вива́че, *неизм.* и *нескл., с.*
виве́нди, *неизм.*: **мо́дус виве́нди**
вивёр, -а
виве́рра, -ы
виве́рровые, -ых
виве́рровый
вивёрство, -а
вивиани́т, -а
вивиани́товый
вивипа́рия, -и
вивисе́ктор, -а
вивисекцио́нный
вивисе́кция, -и
вигва́м, -а
ви́ги, -ов, *ед.* виг, -а
виги́льность, -и
виги́льный
виго́невый
виго́нь, -и
вид, -а и -у, *предл.* на виду́
вида́к, -а́ (*прост. к* видеомагнитофо́н)
вида́л минда́л? (*прост.*)
ви́данный; *кр. ф.* -ан, -ана, *прич.* (*от* вида́ть; ви́данное ли де́ло?; где́ э́то ви́дано?; ви́дано ли э́то?)
ви́данный-переви́данный
ви́дано-переви́дано
вида́ть, *вводн. сл.*
вида́ть(ся), -а́ю(сь), -а́ет(ся)
видачо́к, -чка́
ви́дение, -я (*действие*)
виде́ние, -я (*призрак*)
ви́денный; *кр. ф.* -ен, -ена (*от* ви́деть)
ви́денный-переви́денный
ви́дено-переви́дено
видео... – *первая часть сложных слов, пишется слитно*
ви́део, *нескл., с.* и *неизм.*
видеоада́птер, -а
видеоаппарату́ра, -ы
видеоа́рт, -а
видеоархи́в, -а
видеоба́р, -а
видеоби́знес, -а
видеобу́м, -а
видеове́рсия, -и
видеоголо́вка, -и, *р. мн.* -вок
видеода́нные, -ых
видеодво́йка, -и, *р. мн.* -о́ек
видеоди́ск, -а
видеодискоте́ка, -и
видеодокуме́нт, -а
видеодомофо́н, -а
видеодосье́, *нескл., с.*

видеожурнали́ст, -а
видеожурнали́стика, -и
видеоза́л, -а
видеозапи́сывающий
видеоза́пись, -и
видеозаста́вка, -и, *р. мн.* -вок
ви́део- и аудиоза́пись, -и
видеоигра́, -ы́, *мн.* -и́гры, -и́гр
видеоигрово́й
видеоизображе́ние, -я
видеои́мпульс, -а
видеоинду́стри́я, -и
видеоинжене́р, -а
видеоинсталля́ция, -и
видеоинформацио́нный
видеоинформа́ция, -и
видеоиску́сство, -а
видеока́др, -а
видеока́мера, -ы
видеокана́л, -а
видеока́рта, -ы
видеокассе́та, -ы
видеокассе́тник, -а
видеокассе́тный
видеокафе́, *нескл., с.*
видеокино́, *нескл., с.*
видеокли́п, -а
видеокли́повый
видеоклу́б, -а
видеоколле́кция, -и
видеоко́мплекс, -а
видеоконтраба́нда, -ы
видеоконтро́ллер, -а
видеоконтро́ль, -я
видеоконтро́льный
видеоконфере́нция, -и
ви́део-конфере́нц-свя́зь, -и
видеоко́пия, -и
видеокульту́ра, -ы
видеоле́нта, -ы
видеолюби́тель, -я
видеомагнитофо́н, -а
видеомагнитофо́нный
видеома́н, -а
видеома́ния, -и
видеоматериа́л, -а
видеомонито́р, -а
видеомузыка́льный
видеонаблюде́ние, -я
видеонови́нка, -и, *р. мн.* -нок
видеоно́вости, -е́й
видеоноси́тель, -я
видеообзо́р, -а
видеообору́дование, -я
видеоопера́тор, -а
видеопа́мять, -и
видеопира́т, -а
видеопира́тство, -а
видеопла́та, -ы
видеопле́ер, -а
видеоплёнка, -и, *р. мн.* -нок
видеоповто́р, -а
видеопосо́бие, -я
ви́део-пресс-конфере́нция, -и
видеоприложе́ние, -я
видеоприста́вка, -и, *р. мн.* -вок
видеопро́ба, -ы
видеопроду́кция, -и
видеопрои́грыватель, -я
видеопроизво́дство, -а
видеопрока́т, -а
видеопрока́тный
видеопросмо́тр, -а
видеорежиссёр, -а
видеорежиссёрский
видеореклама, -ы
видеоро́лик, -а
видеоры́нок, -нка
видеоры́ночный
видеоря́д, -а, *мн.* -ы́, -о́в
видеосало́н, -а
видеосвя́зь, -и
видеосе́рвер, -а
видеосигна́л, -а
видеосигна́льный
видеосисте́ма, -ы
видеосообще́ние, -я
видеосре́дство, -а
видеосту́дия, -и
видеосъёмка, -и, *р. мн.* -мок
видеосюже́т, -а
видеоте́ка, -и
видеоте́кст, -а
видеоте́кстовый
видеотелефо́н, -а
видеотелефони́я, -и
видеотелефо́нный
видеотермина́л, -а
видеотермина́льный
видеоте́хника, -и
видеотехни́ческий
видеотехноло́гия, -и
видеотро́йка, -и, *р. мн.* -о́ек
видеоусили́тель, -я
видеоустро́йство, -а
видеоучёбник, -а
видеофи́льм, -а
видеофо́н, -а
видеофрагме́нт, -а
видеохи́т, -а́
видеохрестома́тия, -и
видеоце́нтр, -а
видеоэквала́йзер, -а
видеоэколо́гия, -и
видеоэкра́н, -а
ви́деть(ся), ви́жу(сь), ви́дит(ся)
ви́дик, -а
видико́н, -а
ви́димо, *вводн. сл.*
ви́димо-неви́димо
ви́димость, -и
ви́димый
видне́йший
видне́ться, -е́ется
виднёхонек, -нька
виднёшенек, -нька
ви́дно, *в знач. сказ.* и *вводн. сл.*
ви́дновский (*от* Ви́дное, *город*)
ви́дновцы, -ев, *ед.* -вец, -вца
ви́дность, -и
ви́дный; *кр. ф.* ви́ден, видна́, ви́дно, видны́
видны́м-виднёшенько
видово́й
ви́до-временно́й
видоизмене́ние, -я
видоизменённый; *кр. ф.* -ён, -ена́
видоизмени́ть(ся), -ню́(сь), -ни́т(ся)
видоизменя́емость, -и
видоизменя́ть(ся), -я́ю(сь), -я́ет(ся)
видоиска́тель, -я
видо́к, -а (*свидетель, ист.*)
видо́к, видка́ (*от* вид)
ви́дом не вида́ть
видообразова́ние, -я
видообразу́ющий
ви́дывать, *наст. вр. не употр.*
ви́дящий(ся)
ви́за, -ы
визави́, *неизм.* и *нескл., м.* и *ж.*
визажи́ст, -а
визажи́стка, -и, *р. мн.* -ток
византи́йский (*от* Византи́я)
византи́йско-правосла́вный
византи́йцы, -ев, *ед.* -и́ец, -и́йца, *тв.* -и́йцем
византи́н, -а (*монета*)
византини́зм, -а
византини́ст, -а
византини́стика, -и
византинове́дение, -я
византо́лог, -а
визг, -а
визгли́вость, -и
визгли́вый
ви́згнуть, -ну, -нет
визготня́, -и́
визгу́н, -а́
визгу́нья, -и, *р. мн.* -ний
визгу́ха, -и
визжа́ние, -я
визжа́ть, -жу́, -жи́т
визионе́р, -а
визионе́рский
визионе́рство, -а
визи́р, -а (*прибор*)
визи́рный
визи́рование, -я
визи́рованный; *кр. ф.* -ан, -ана
визи́ровать(ся), -рую, -рует(ся)
визиро́вка, -и, *р. мн.* -вок
визиро́вочный
визиро́вщик, -а
визиро́вщица, -ы, *тв.* -ей
визи́рь, -я (*сановник*)
визи́т, -а
визита́ция, -и
визитёр, -а
визитёрка, -и, *р. мн.* -рок
визитёрский
визитёрша, -и, *тв.* -ей
визити́ровать, -рую, -рует
визи́тка, -и, *р. мн.* -ток
визи́тница, -ы, *тв.*-ей
визи́тный

в изнеможе́нии (*изнемогая*)
ви́зовый
визуализа́ция, -и
визуализи́рованный; *кр. ф.* -ан, -ана
визуализи́ровать, -рую, -рует
визуали́стика, -и
визуа́льно-антропологи́ческий
визуа́льно-двойно́й
визуа́льно-инструмента́льный
визуа́льно наблюда́емый
визуа́льно сопряжённый
визуа́льность, -и
визуа́льный; *кр. ф.* -лен, -льна
Вий, Ви́я, *предл.* о Ви́е (*мифол.*), в "Ви́е" (*повести Гоголя*)
ви́ка, -и
викалло́й, -я
викариа́т, -а
вика́рий, -я
викари́рующий
вика́рный
ви́кинг, -а
ви́кингский
ви́ковый
ви́ко-горо́хово-овся́ный
ви́ко-горо́ховый
вико́нт, -а
виконте́сса, -ы
ви́ко-овся́ный
виктимо́лог, -а
виктимологи́ческий
виктимоло́гия, -и
викториа́льный (*церк.*)
викториа́нец, -нца, *тв.* -нцем, *р. мн.* -нцев
Викториа́нская эпо́ха (*в истории Англии*)
викториа́нский (*к* Викто́рия, *королева Великобритании*)
виктори́йский (*к* Викто́рия, *геогр.*)
виктори́на, -ы (*игра*)
викто́рия, -и (*победа*)
викто́рия-ре́гия, викто́рии-ре́гии
вику́ний, -ья, -ье
вику́нья, -и, *р. мн.* -ний
ви́ла, -ы (*мифол.*)
вилайе́т, -а (*в средневековой Средней Азии, Турции, Тунисе*)
вила́йя, -и и *нескл., ж.* (*в Алжире*)
ви́ленский (*от* Ви́льно, Ви́льна)
ви́ленцы, -ев, *ед.* -нец, -нца, *тв.* -нцем
виленча́нка, -и, *р. мн.* -нок
ви́лка, -и, *р. мн.* ви́лок
ви́лки-ло́жки, ви́лок-ло́жек
вилко́вый (*от* вило́к)
ви́лла, -ы
вилла́н, -а
вилланéлла, -ы
виллеми́т, -а
ви́ллис, -а (*автомобиль*)
вилли́сы, -и́с, *ед.* -и́са, -ы (*мифол.*)
вило́к, вилка́
вилоно́с, -а (*жук*)
вилообра́зный; *кр. ф.* -зен, -зна
вилоро́г, -а
вилохво́ст, -а (*бабочка*)
вилохво́стка, -и, *р. мн.* -ток (*насекомое*)
вило́чек, -чка
ви́лочка, -и, *р. мн.* -чек
ви́лочковая железа́
ви́лочный
вилт, -а
вилтоусто́йчивый
ви́лы, вил
ви́лы-двойча́тки, ви́л-двойча́ток
Вильге́льм Завоева́тель
вильну́ть, -ну́, -нёт
ви́льнюсский (*от* Ви́льнюс)
ви́льнюсцы, -ев, *ед.* -сец, -сца, *тв.* -сцем
вилю́йский (*от* Вилю́й и Вилю́йск)
вилюйча́не, -а́н, *ед.* -а́нин, -а
вилюйча́нка, -и, *р. мн.* -нок
вилю́чий
виля́ние, -я
виля́ть, -я́ю, -я́ет
вима́на, -ы
ви́мперг, -а
ви́на, -ы (*муз. инструмент*)
вина́, -ы́, *мн.* ви́ны, вин
винало́н, -а
виндгла́йдер, -а
винджа́ммер, -а
ви́ндзе́йль, -я
ви́ндзо́рский (*от* Ви́ндзо́р и Ви́ндзо́ры)
Ви́ндзо́рский дворе́ц
Ви́ндзо́ры, -ов (*династия*)
виндикацио́нный
виндика́ция, -и
виндро́за, -ы
виндро́тор, -а
виндро́уэр, -а
виндсёрфер, -а
виндсёрфинг, -а
виндсёрфинги́ст, -а
виндсёрфинговый
винегре́т, -а и -у
винегре́тик, -а и -у
винегре́тный
ви́ни, -е́й
вини́л, -а
винилацета́т, -а
винилацета́тный
винилацетиле́н, -а
винилбензо́л, -а
винилиденхлори́д, -а
винили́рование, -я
винили́т, -а
вини́ловый
винилхлори́д, -а
винипла́ст, -а
винипла́стовый
вини́тельный паде́ж
вини́ть(ся), виню́(сь), вини́т(ся)
вини́шко, -а, *мн.* -шки, -шек
вини́ще, -а
ви́нкель, -я
винкуля́ция, -и
Ви́нни Пу́х, -а (*сказочный персонаж*)
виннипе́гский (*от* Ви́ннипе́г)
виннипе́гцы, -ев, *ед.* -гец, -гца, *тв.* -гцем
Ви́ннитчина, -ы (*к* Ви́нница, *город*)
ви́нница, -ы, *тв.* -ей (*винокурня*)
ви́нницкий (*от* Ви́нница, *город*)
винница́не, -а́н, *ед.* -а́нин, -а
винница́нка, -и, *р. мн.* -нок
винно́вка, -и, *р. мн.* -вок
ви́нно-во́дочный
винно́вый (*от* ви́ни)
ви́нно-ка́менный
виннoки́слый
ви́нно-конья́чный
ви́нно-ликёрный
ви́нно-сла́дкий
ви́нный
вино́, -а́, *мн.* ви́на, вин
винова́тить(ся), -а́чу(сь), -а́тит(ся)
винова́тость, -и
винова́тый
винова́тящий(ся)
вино́вник, -а
вино́вница, -ы, *тв.* -ей
вино́вность, -и
вино́вный; *кр. ф.* -вен, -вна
виногра́д, -а
виногра́дарский
виногра́дарство, -а
виногра́дарь, -я
виногра́дина, -ы
виногра́динка, -и, *р. мн.* -нок
виногра́дник, -а
виногра́дниковый
виногра́дный
виноградови́т, -а
виногра́довский (*от* Виногра́дов)
виногра́довые, -ых
виноградолече́ние, -я
виноградоли́стный
виноде́л, -а
виноде́лие, -я
виноде́льный
виноде́льня, -и, *р. мн.* -лен
виноде́льческий
виноку́р, -а
винокуре́ние, -я
виноку́ренный
виноку́рный
виноку́рня, -и, *р. мн.* -рен
вино́л, -а
винопи́тие, -я
винопрово́д, -а
виноразли́вочный
виноте́ка, -и
виноторго́вец, -вца, *тв.* -вцем, *р. мн.* -вцев
виноторго́вля, -и
виноторго́вый
виноче́рпий, -я
винпоцети́н, -а
винт, -а́
винта́ж, -а, *тв.* -ем
винтёр, -а

ви́нтик, -а
ви́нтик-шпу́нтик, ви́нтика-шпу́нтика
винти́ть[1], винчу́, ви́нтит
винти́ть[2], винчу́, винти́т (*от* винт – *карточная игра*)
винтова́льный
винтова́льня, -и, *р. мн.* -лен
винто́ванный; *кр. ф.* -ан, -ана
винтова́ть, -ту́ю, -ту́ет
винто́вка, -и, *р. мн.* -вок
винтово́й
винто́вочка, -и, *р. мн.* -чек
винто́вочный
винтокры́л, -а
винтокры́лый
винтомото́рный
винтонака́тный
винтонарезно́й
винтообра́зный; *кр. ф.* -зен, -зна
винтообразу́ющий
винтореакти́вный
винторе́з, -а
винторе́зный
винторо́гий
винтотурби́нный
винтоуглово́й
винтя́щий
винцо́, -а́
ви́нченный; *кр. ф.* -ен, -ена, *прич.* (*от* винти́ть)
винче́стер, -а (*винтовка*; *компьютерный диск*)
винче́стерный
винче́стерский
виньети́рование, -я
виньети́рованный; *кр. ф.* -ан, -ана
вине́тка, -и, *р. мн.* -ток
виньéточка, -и, *р. мн.* -чек
виньéточный
вио́ла, -ы
вио́ла-баста́рда, вио́лы-баста́рды
вио́ла да га́мба, вио́лы да га́мба
вио́ла д'амур, вио́лы д'амур
виоле́тта, -ы (*муз. инструмент*)
виолончели́ст, -а
виолончели́стка, -и, *р. мн.* -ток
виолонче́ль, -и
виолонче́ль конти́нуо, виолонче́ли конти́нуо
виолонче́льный
вио́ль д'аму́р, вио́ли д'аму́р
ВИП, -а
ВИП-го́сть, -я, *мн.* -и, -е́й
ВИП-за́л, -а
ви́пий, -я (*насекомое*)
ВИП-контра́кт, -а
ВИП-ло́жа, -и, *тв.* -ей
ви́повский (*от* ВИП)
ВИП-персо́на, -ы
випрато́кс, -а
ВИП-трибу́на, -ы
ви́ра[1], -ы (*штраф*)
ви́ра[2], *неизм.* (*команда*)
вира́ж[1], -а́, *тв.* -о́м (*поворот*)
вира́ж[2], -а, *тв.* -ем (*хим.*)
виражи́ровать, -рую, -рует
вира́жный
вира́ж-фикса́ж, -а, *тв.* -ем
вирга́ция, -и
вирги́нский (*от* Вирги́ния)
вирги́нцы, -ев, *ед.* -нец, -нца, *тв.* -нцем
вириа́льный
вирили́зм, -а
ви́рильный
вирио́н, -а
вири́рование, -я
вири́ровать(ся), -рую, -рует(ся)
виртуализа́ция, -и
виртуализо́ванный; *кр. ф.* -ан, -ана
виртуали́ст, -а
виртуали́стика, -и
виртуалисти́ческий
виртуа́льность, -и
виртуа́льный; *кр. ф.* -лен, -льна
виртуо́з, -а
виртуо́зка, -и, *р. мн.* -зок
виртуо́зничанье, -я
виртуо́зничать, -аю, -ает
виртуо́зность, -и
виртуо́зный; *кр. ф.* -зен, -зна
вируле́нтность, -и
вируле́нтный; *кр. ф.* -тен, -тна
ви́рус, -а
ви́русный
вирусо́ванный; *кр. ф.* -ан, -ана
вирусогенети́ческий
вирусо́лог, -а
вирусологи́ческий
вирусоло́гия, -и
вирусоноси́тель, -я
вирусоноси́тельство, -а
вирусоподо́бный; *кр. ф.* -бен, -бна
вирусоскопи́я, -и
вирусосодержа́щий и **вируссодержа́щий**
вирховиа́нский (*от* Ви́рхов)
вирховиа́нство, -а
ви́ршевый
виршепи́сец, -сца, *тв.* -сцем, *р. мн.* -сцев
виршеплёт, -а
виршеплётство, -а
ви́рши, -ей
вис, -а
виса́йя, *неизм.* и *нескл., м.* (*язык*) и *нескл., мн., ед. м.* и *ж.* (*народ*)
ви́селица, -ы, *тв.* -ей
ви́селичный
ви́сельник, -а
висе́ние, -я
висе́ть, вишу́, виси́т
ви́ска, -и, *р. мн.* ви́сок (*пытка*)
ви́ски, *нескл., м.* и *с.*
виско́за, -ы
вискозиме́тр, -а
вискозиме́трия, -и
вискози́н, -и
виско́зный
виско́нсинский (*от* Виско́нсин)
виско́нсинцы, -ев, *ед.* -нец, -нца, *тв.* -нцем
ви́слинский (*от* Ви́сла)
вислобрю́хий
вислоза́дый
вислокры́лка, -и, *р. мн.* -лок
ви́сло-о́дерский
вислопле́чий
вислопло́дник, -а
вислоу́сый
вислоу́хий
ви́слый
висля́не, -я́н (*племя*)
ви́смут, -а
висмути́д, -а (*хим.*)
висмути́н, -а
висмути́т, -а и **бисмути́т,** -а (*минерал*)
ви́смутный
ви́смутовый
висмутосодержа́щий и **висмутсодержа́щий**
висмя́ висе́ть
ви́снувший
ви́снуть, -ну, -нет; *прош.* ви́снул и вис, ви́сла
висо́к, виска́
високо́с, -а (*устар.*)
високо́сный го́д
висо́чек, -чка
висо́чно-заты́лочный
висо́чно-ло́бный
висо́чно-теменно́й
висо́чный
виссо́н, -а
виссо́нный
вист, -а
вистова́ть, -ту́ю, -ту́ет
ви́стовый
висцера́льный
висцерокортика́льный
висцеромото́рный
висцеропто́з, -а
висци́н, -а
висци́новый
вистю́лечка, -и, *р. мн.* -чек
висю́лька, -и, *р. мн.* -лек
вися́к, -а́ (*жарг.*)
вися́чий
вися́чка, -и, *р. мн.* -чек
витали́зм, -а
витали́ст, -а
виталисти́ческий
вита́ллий, -я и **вита́ллиум,** -а (*сплав*)
вита́льность, -и
вита́льный
витами́н, -а
витаминиза́ция, -и
витаминизи́рование, -я
витаминизи́рованный; *кр. ф.* -ан, -ана
витаминизи́ровать(ся), -рую, -рует(ся)
витами́нка,-и, *р. мн.* -нок
витами́нность, -и

витами́нно-травяно́й
витами́нный
витаминоакти́вный
витами́новый
витамино́зность, -и
витамино́зный
витамино́лог, -а
витаминоло́гия, -и
витаминоноси́тель, -я
витаминоно́сный
витаминоподо́бный; *кр. ф.* -бен, -бна
витаминопрофила́ктика, -и
витаминосодержа́щий и **витаминсодержа́щий**
витаминотерапи́я, -и
витами́нчик, -а
вита́ние, -я
витао́н, -а
вита́ть, -а́ю, -а́ет
витебля́не, -я́н, *ед.* -я́нин, -а (*от* Ви́тебск)
ви́тебский (*от* Ви́тебск)
Ви́тебщина, -ы (*к* Ви́тебск)
вите́кс, -а
вителли́н, -а
вителлогене́з, -а
вителлофа́ги, -ов, *ед.* -фа́г, -а
витери́т, -а
витери́товый
витиева́тость, -и
витиева́тый
вити́йственный
вити́йство, -а
вити́йствовать, -твую, -твует
вити́я, -и, *р. мн.* -и́й, *м.*
вито́й, *прил.*
вито́к, витка́
вито́чек, -чка
витра́ж, -а́ и -а, *тв.* -о́м и -ем
витражи́ст, -а
витра́жный
витре́н, -а
витри́на, -ы
витри́нка, -и, *р. мн.* -нок
витри́нный
витрифика́ция, -и
витрофи́р, -а
ви́трум, -а
Ви́тстон, -а: **аппара́т Ви́тстона, мо́ст Ви́тстона**
Витт, -а: **пля́ска свято́го Ви́тта**
ви́ттова пля́ска, ви́ттовой пля́ски
виту́шка, -и, *р. мн.* -шек
ви́тый; *кр. ф.* вит, вита́, ви́то, *прич.* (*от* вить)
вить, вью, вьёт; *прош.* вил, вила́, ви́ло
витьё, -я́
ви́ться, вьюсь, вьётся; *прош.* ви́лся, вила́сь, ви́ло́сь
ви́тютень, -тня
ви́тязь, -я
виуэ́ла, -ы
вифлее́мка, -и, *р. мн.* -мок
вифлее́мский (*от* Вифлее́м)
вифлее́мцы, -ев, *ед.* -мец, -мца, *тв.* -мцем
виха́ра, -ы
вихля́вость, -и
вихля́вый
вихля́й, -я
вихля́ние, -я
вихля́стый
вихля́ть(ся), -я́ю(сь), -я́ет(ся)
вихо́р, вихра́
вихо́рить(ся), -рю, -рит(ся)
вихоро́к, -рка́
вихо́рчик, -а
вихра́стый
вихрева́тость, -и
вихрева́тый
вихрево́й
вихрека́мерный
вихрекопирова́льный
ви́хрем, *нареч.*
вихреобра́зный; *кр. ф.* -зен, -зна
вихреобразова́ние, -я
вихреподо́бный; *кр. ф.* -бен, -бна
ви́хрить(ся), -рю, -рит(ся) и **вихри́ть(ся),** -рю́, -ри́т(ся)
вихру́н, -а́
вихрь, ви́хря
ви́ца, -ы, *тв.* -ей
ви́це-... – *приставка, пишется через дефис*
ви́це-адмира́л, -а
ви́це-адмира́л-инжене́р, ви́це-адмира́ла-инжене́ра
ви́це-адмира́льский
ви́це-адмира́льство, -а
ви́це-губерна́тор, -а
ви́це-губерна́торский
ви́це-губерна́торство, -а
ви́це-губерна́торша, -и, *тв.* -ей
ви́це-дире́ктор, -а
ви́це-ка́нцлер, -а
ви́це-ка́нцлерский
ви́це-ко́нсул, -а
ви́це-ко́нсульский
ви́це-короле́вство, -а
ви́це-коро́ль, -я́
ви́це-ма́ршал, -а
ви́це-ми́сс, *нескл., ж.*
ви́це-мэ́р, -а
ви́це-предводи́тель, -я
ви́це-председа́тель, -я
ви́це-президе́нт, -а
ви́це-президе́нтский
ви́це-президе́нтство, -а
ви́це-премье́р, -а
ви́це-премье́р-мини́стр, -а
ви́це-премье́рский
ви́це-премье́рство, -а
ви́це-ски́п, -а (*спорт.*)
ви́це-спи́кер, -а
ви́це-спи́керский
ви́це-у́нтер-офице́р, -а
ви́це-чемпио́н, -а
ви́це-чемпио́нка, -и, *р. мн.* -нок
ви́це-чемпио́нский
вицмунди́р, -а
вицмунди́рный
ВИЧ, *нескл., м.* (*сокр.*: вирус иммунодефицита человека)
ВИЧ-ана́лиз, -а
ВИЧ-диагно́стика, -и
ВИЧ-инфе́кция, -и
ВИЧ-инфици́рованный; *кр. ф.* -ан, -ана
ви́чугский и **ви́чужский** (*от* Ви́чуга)
вичужа́не, -а́н, *ед.* -а́нин, -а
вичужа́нка, -и, *р. мн.* -нок
ви́чужский и **ви́чугский** (*от* Ви́чуга)
ви́шенка, -и, *р. мн.* -нок
ви́шенник, -а
ви́шенный
ви́шенье, -я
ви́шерский (*от* Ви́шера)
виши́, *нескл., с.* (*минеральная вода*)
вишнёвка, -и, *р. мн.* -вок
вишнёвочка, -и, *р. мн.* -чек
Вишне́вский, -ого: **ма́зь Вишне́вского**
вишнёвый
вишнесли́ва, -ы
Ви́шну, *нескл., м.*
вишнуи́зм, -а
вишнуи́тка, -и, *р. мн.* -ток
вишнуи́тский
вишнуи́ты, -ов, *ед.* -и́т, -а
ви́шня, -и, *р. мн.* ви́шен
вишня́к, -а́ (*от* ви́шня)
вишь, *частица*
ви́шь ты
в кайф (*жарг.*)
вка́лывание, -я
вка́лывать(ся), -аю, -ает(ся)
вка́панный; *кр. ф.* -ан, -ана
вка́пать, -аю, -ает
вка́пнуть, -ну, -нет
вка́пывание, -я
вка́пывать(ся), -аю(сь), -ает(ся)
вкара́бкаться, -аюсь, -ается
вкара́бкиваться, -аюсь, -ается
в карье́р (скака́ть)
вка́танность, -и
вка́танный; *кр. ф.* -ан, -ана
вката́ть(ся), -а́ю(сь), -а́ет(ся)
вкати́ть(ся), вкачу́(сь), вка́тит(ся)
вка́тка, -и
вкатну́ть, -ну́, -нёт
вка́тывание, -я
вка́тывать(ся), -аю(сь), -ает(ся)
вка́чанный; *кр. ф.* -ан, -ана (*от* вкача́ть)
вкача́ть(ся), -а́ю, -а́ет(ся)
вка́ченный; *кр. ф.* -ен, -ена (*от* вкати́ть)
в ка́честве (*кого, чего*)
вка́чивание, -я
вка́чивать(ся), -аю, -ает(ся)
вка́шивание, -я
вка́шиваться, -аюсь, -ается
вкида́ть, -а́ю, -а́ет
вки́дывание, -я

вки́дывать(ся), -аю, -ает(ся)
вки́нуть(ся), -ну, -нет(ся)
ВКК [вэкака́], *нескл., ж.* (*сокр.*: врачебно-консультационная комиссия)
вклад, -а
вкла́дка, -и, *р. мн.* -док
вкладно́й
вкла́дочный
вкла́дчик, -а
вкла́дчица, -ы, *тв.* -ей
вкла́дывание, -я
вкла́дывать(ся), -аю(сь), -ает(ся)
вкла́дыш, -а, *тв.* -ем
вкла́дышевый
вкле́енный; *кр. ф.* -ен, -ена
вкле́ивание, -я
вкле́ивать(ся), -аю, -ает(ся)
вкле́ить(ся), -е́ю, -е́ит(ся)
вкле́йка, -и, *р. мн.* -е́ек
вклёпанный; *кр. ф.* -ан, -ана
вклепа́ть(ся), -а́ю(сь), -а́ет(ся)
вклёпка, -и, *р. мн.* -пок
вклёпывание, -я
вклёпывать(ся), -аю(сь), -ает(ся)
в клетку
в клеточку
вклине́ние, -я
вкли́ненный; *кр. ф.* -ен, -ена и **вклинённый;** *кр. ф.* -ён, -ена́
вкли́нивание, -я
вкли́нивать(ся), -аю(сь), -ает(ся)
вкли́нить(ся), -ню(сь), -нит(ся) и **вклини́ть(ся),** -ню́(сь), -ни́т(ся)
включа́тель, -я
включа́ть(ся), -а́ю(сь), -а́ет(ся)
включа́я, *деепр.* и *(кого-что) предлог*
включе́ние, -я
включённость, -и
включённый; *кр. ф.* -ён, -ена́
включи́тельно
включи́ть(ся), -чу́(сь), -чи́т(ся)
вко́ванный; *кр. ф.* -ан, -ана
вкова́ть(ся), вкую́, вкуёт(ся)
вко́вка, -и
вко́вывание, -я
вко́вывать(ся), -аю, -ает(ся)
вкогти́ться, -и́тся
в ко́и ве́ки
в ко́и-то ве́ки
вко́л, -а (*от* вколо́ть)
вкола́чивание, -я
вкола́чивать(ся), -аю, -ает(ся)
вколоти́ть(ся), -лочу́, -ло́тит(ся)
вколотно́й
вко́лотый
вколо́ть(ся), вколю́, вко́лет(ся)
вколо́ченный; *кр. ф.* -ен, -ена
в ко́м в ко́м (уж в ко́м в ко́м, а в нём я́ уве́рен; *также при переспросе*)
в ко́мплексе (*комплексно*)
вкомпоно́ванный; *кр. ф.* -ан, -ана
вкомпонова́ть(ся), -ну́ю, -ну́ет(ся)
вкомпоно́вывать(ся), -аю, -ает(ся)
вконе́ц, *нареч.* (*совершенно, совсем*)
в конте́ксте (*чего*)
в конце́ концо́в
вко́панный; *кр. ф.* -ан, -ана
вкопа́ть(ся), -а́ю(сь), -а́ет(ся)
в копе́ечку (ста́ть, влете́ть)
вкорене́ние, -я
вкоренённый; *кр. ф.* -ён, -ена́
вкорени́ть(ся), -ню́(сь), -ни́т(ся)
в ко́рень (запря́чь; смотре́ть)
вкореня́ть(ся), -я́ю(сь), -я́ет(ся)
в ко́рне (*совсем, совершенно*; пресе́чь)
вкоротке́
вкоси́ться, вкошу́сь, вко́сится
вкосу́ю, *нареч.*
вкось
вкра́вшийся
вкра́дчивость, -и
вкра́дчивый
вкра́дываться, -аюсь, -ается
вкра́ивание, -я
вкра́ивать(ся), -аю, -ает(ся)
в край (*шитье*)
вкра́пина, -ы
в кра́пинку
вкра́пить(ся), -плю, -пит(ся)
вкрапле́ние, -я
вкра́пленник, -а
вкра́пленно-прожи́лковый
вкра́пленный; *кр. ф.* -ен, -ена
вкра́пливание, -я
вкра́пливать(ся), -аю, -ает(ся)
вкрапля́ть(ся), -я́ю, -я́ет(ся)
вкра́сться, -аду́сь, -адётся; *прош.* -а́лся, -а́лась
вкра́тце
в креди́т
вкрепи́ть(ся), -плю́, -пи́т(ся)
в кре́пки (игра́ть)
вкрепле́ние, -я
вкреплённый; *кр. ф.* -ён, -ена́
вкрепля́ть(ся), -я́ю, -я́ет(ся)
в кре́ст (кла́сть брёвна)
вкривь
вкри́вь и вко́сь
в кро́вь (разби́ть *что*)
вкро́енный; *кр. ф.* -ен, -ена
вкрои́ть(ся), вкрою́, вкрои́т(ся)
вкро́йка, -и, *р. мн.* -о́ек
вкруг, *нареч.* (*устар. к* вокру́г)
вкругову́ю, *нареч.*
вкрути́ть(ся), вкручу́, вкру́тит(ся)
вкруту́ю, *нареч.*
вкру́ченный; *кр. ф.* -ен, -ена
вкру́чивание, -я
вкру́чивать(ся), -аю, -ает(ся)
вку́пе, *нареч.*
вку́риваться, -аюсь, -ается
вкури́ться, вкурю́сь, вку́рится
вкус, -а
вкуси́ть, вкушу́, вку́си́т
вкусне́йший
вку́сненький
вку́сно, *нареч.*
вку́сности, -ей
вкуснота́, -ы́
вкусноти́ща, -и, *тв.* -ей
вку́сный; *кр. ф.* -сен, -сна́, -сно, вку́сны́
вкусня́тина, -ы
вкусоаромати́ческий
вкусово́й
вкусовщи́на, -ы
вкуша́ть(ся), -а́ю, -а́ет(ся)
вкуше́ние, -я
вкушённый; *кр. ф.* -ён, -ена́
вла́га, -и
влага́лище, -а
влага́лищный
влага́ть(ся), -а́ю, -а́ет(ся)
влаговоздухонепроница́емый
влаговпи́тывающий
влагоёмкий
влагоёмкость, -и
влагозадержа́ние, -я
влагозапа́сы, -ов
влагозаря́дка, -и
влагозаря́дковый
влагозащи́та, -ы
влагозащи́тный
влагозащищённый
влагоизоляцио́нный
влагоизоля́ция, -и
влаголюби́вый
влагомаслоотдели́тель, -я
влагоме́р, -а
влагонакопи́тель, -я
влагонакопи́тельный
влагонакопле́ние, -я
влагонепроница́емость, -и
влагонепроница́емый
влагообеспе́ченность, -и
влагообеспе́ченный
влагооборо́т, -а
влагоотда́ча, -и, *тв.* -ей
влагоотдели́тель, -я
влагоотта́лкивание, -я
влагоотта́лкивающий
влагопоглоти́тель, -я
влагопоглоща́емость, -и
влагопоглоще́ние, -я
влагосберега́ющий
влагосодержа́щий
влагосто́йкий; *кр. ф.* -о́ек, -о́йка
влагосто́йкость, -и
в лад
влада́ть, -а́ю, -а́ет (*устар. к* владе́ть)
в лада́х
владе́лец, -льца, *тв.* -льцем, *р. мн.* -льцев
владе́лица, -ы, *тв.* -ей
владе́льческий
владе́ние, -я
владе́нная гра́мота
владе́тель, -я
владе́тельница, -ы, *тв.* -ей
владе́тельный
владе́ть, -е́ю, -е́ет
владе́ющий
владивосто́кский (*от* Владивосто́к)
владивосто́кцы, -ев, *ед.* -кец, -кца, *тв.* -кцем

владикавка́зский (*от* Владикавка́з)
владикавка́зцы, -ев, *ед.* -зец, -зца, *тв.* -зцем
Влади́мир, -а (*имя*; *город*; *орден*)
Влади́мир-Волы́нский, Влади́мира-Волы́нского (*город*)
влади́мирка, -и, *р. мн.* -рок (*жительница Владимира*; *сорт вишни*)
Влади́мирка, -и (*тракт*)
Влади́мир Кра́сное Со́лнышко
Влади́мир Монома́х
влади́миро-су́здальский
Влади́миро-Су́здальское кня́жество
Влади́мир Свято́й
Влади́мирская Бо́жия Ма́терь (*икона*)
влади́мирский (*от* Влади́мир, *город*)
Влади́мирский собо́р (*в Киеве*)
Влади́мирское опо́лье (*геогр.*)
влади́мирцы, -ев, *ед.* -рец, -рца, *тв.* -рцем
Влади́мирщина, -ы (*к* Влади́мир, *город*)
в ладу́
влады́ка, -и, *зв. форма* (*при обращении к духовному лицу*) влады́ко, *м.*
влады́чество, -а
влады́чествовать, -твую, -твует
влады́чица, -ы, *тв.* -ей (*ж. к* влады́ка) и **Влады́чица,** -ы, *тв.* -ей (*о Богородице*)
влады́чный
влажне́ть, -е́ю, -е́ет
вла́жно, *нареч.* и *в знач. сказ.*
влажнова́тый
вла́жностный
вла́жность, -и
вла́жно-теплово́й
вла́жно-тропи́ческий
вла́жно-экваториа́льный
вла́жный; *кр. ф.* -жен, -жна́, -жно, вла́жны́
вла́мываться, -аюсь, -ается
в ла́пу (руби́ть избу́)
вла́совец, -вца, *тв.* -вцем, *р. мн.* -вцев
вла́совский (*от* Вла́сов)
власогла́в, -а
власое́ды, -ов, *ед.* -е́д, -а
власокры́лые, -ых
вла́ствование, -я
вла́ствовать, -твую, -твует
властели́н, -а
вла́сти предержа́щие, власте́й предержа́щих
власти́тель, -я
власти́тельница, -ы, *тв.* -ей
власти́тельный; *кр. ф.* -лен, -льна
власти́тельский
вла́стность, -и
вла́стный; *кр. ф.* -тен, властна́, -тно
властолю́бец, -бца, *тв.* -бцем, *р. мн.* -бцев
властолюби́вый
властолю́бие, -я
власть, -и, *мн.* -и, -е́й
вла́сть иму́щие, вла́сть иму́щих
вла́сть предержа́щая, вла́сти предержа́щей
власы́, -о́в (*устар. к* во́лосы)
власяни́ца, -ы, *тв.* -ей
власяно́й
влачи́ть(ся), -чу́(сь), -чи́т(ся)
вле́ве (*слева, устар.*)
вле́во
вле́во-вперёд (движе́ние, *спорт.*)
вле́во-впра́во
вле́во-наза́д (движе́ние, *спорт.*)
влега́ть, -а́ю, -а́ет
в лёжку
влеза́ние, -я
влеза́ть, -а́ю, -а́ет
влезть, вле́зу, -зет; *прош.* влез, вле́зла
вле́зший
влей, -я (*геол.*)
влеко́мый
влеку́щий(ся)
влёкший(ся)
влепи́ть(ся), влеплю́, вле́пит(ся)
вле́пленный; *кр. ф.* -ен, -ена
влепля́ть(ся), -я́ю, -я́ет(ся)
влёт[1], -а
влёт[2], *нареч.* (стреля́ть, би́ть влёт)
влета́ние, -я
влета́ть, -а́ю, -а́ет
в лета́х
влете́ть, влечу́, влети́т
влече́ние, -я
влечь, вля́гу, вля́жет, вля́гут; *прош.* влёг, влегла́, *сов.* (*к* влега́ть)
вле́чь(ся), влеку́(сь), влечёт(ся), влеку́т(ся); *прош.* влёк(ся), влекла́(сь), *несов.*
влива́ние, -я
влива́ть(ся), -а́ю(сь), -а́ет(ся)
в лине́ечку
в лине́йку
влипа́ть, -а́ю, -а́ет
вли́пнуть, -ну, -нет; *прош.* влип, вли́пла
вли́пший
вли́тие, -я
влито́й, *прил.*
вли́тый; *кр. ф.* влит, влита́, вли́то, *прич.*
вли́ть(ся), волью́(сь), вольёт(ся); *прош.* вли́л(ся), влила́(сь), вли́ло, вли́ло́сь
в ли́цах (расска́зывать, изобража́ть)
в лице́ (*кого*, *чего*)
в лицо́ (говори́ть *кому*; зна́ть, узна́ть *кого*; смотре́ть *чему*)
влия́ние, -я
влия́тельность, -и
влия́тельный; *кр. ф.* -лен, -льна
влия́ть, -я́ю, -я́ет
в лоб
вложе́ние, -я
вло́женность, -и
вло́женный; *кр. ф.* -ен, -ена
вложи́ть(ся), вложу́(сь), вло́жит(ся)
вломи́ть(ся), вломлю́(сь), вло́мит(ся)
вло́паться, -аюсь, -ается
вло́пываться, -аюсь, -ается
в лоск
в ло́скут и в лоскуты́ (пья́н)
влта́вский (*от* Влта́ва)
влюбе: вку́пе и (да) влюбе
влюби́ть(ся), влюблю́(сь), влю́бит(ся)
влюбле́ние, -я
влюблённо, *нареч.*
влюблённость, -и
влюблённый; *кр. ф.* -ён, -ена́ и (*выражающий влюблённость*) -ён, -ённа (её взгля́ды влюблённы)
влюбля́ть(ся), -я́ю(сь), -я́ет(ся)
влю́бчивость, -и
влю́бчивый
вля́панный; *кр. ф.* -ан, -ана
вля́пать(ся), -аю(сь), -ает(ся)
вля́пывать(ся), -аю(сь), -ает(ся)
вма́занный; *кр. ф.* -ан, -ана
вма́зать(ся), вма́жу(сь), вма́жет(ся)
вма́зка, -и, *р. мн.* -зок
вма́зывание, -я
вма́зывать(ся), -аю(сь), -ает(ся)
вма́ле
в ма́ссе
вмасти́ть, вмащу́, вмасти́т
в масть
вма́тывание, -я
вма́тывать(ся), -аю, -ает(ся)
вмене́ние, -я
вменённый; *кр. ф.* -ён, -ена́
вмени́ть(ся), -ню́, -ни́т(ся)
вменя́емость, -и
вменя́емый
вменя́ть(ся), -я́ю, -я́ет(ся)
вмерза́ние, -я
вмерза́ть, -а́ю, -а́ет
вмёрзнуть, -ну, -нет; *прош.* вмёрз, вмёрзла
вмёрзший
вмёртвую, *нареч.*
в ме́ру
вмеси́ть(ся), вмешу́, вме́сит(ся)
вме́сте, *нареч.* (*с кем-чем-н.*, *не в одиночку*)
вме́сте с те́м
вмести́, вмету́, вметёт; *прош.* вмёл, вмела́
вмести́лище, -а
вмести́мость, -и
вмести́мый
вмести́тельность, -и
вмести́тельный; *кр. ф.* -лен, -льна
вмести́ть(ся), вмещу́(сь), вмести́т(ся)
вме́сто, *предлог* (*заменяя, замещая кого-что-н.*)
вместопресто́льник, -а
вме́сто того́ чтобы, *союз*
вмётанный; *кр. ф.* -ан, -ана (*от* вмета́ть)
вмета́ть(ся), -а́ю, -а́ет(ся)

вметённый; *кр. ф.* -ён, -ена́ (*от* вмести́)
вмётка, -и, *р. мн.* -ток
вметну́ть(ся), -ну́, -нёт(ся)
вмётший
вмётывание, -я
вмётывать(ся), -аю, -ает(ся)
вме́шанный; *кр. ф.* -ан, -ана (*от* вмеша́ть)
вмеша́тельство, -а
вмеша́ть(ся), -а́ю(сь), -а́ет(ся)
вме́шенный; *кр. ф.* -ен, -ена (*от* вмеси́ть)
вме́шивание, -я
вме́шивать(ся), -аю(сь), -ает(ся)
в мешо́чек (*о сваренном яйце*)
вмеща́ть(ся), -а́ю(сь), -а́ет(ся)
вмещённый; *кр. ф.* -ён, -ена́
вмиг, *нареч.* (вми́г исче́з), но *сущ.* **в миг** (в ми́г побе́ды все́ бы́ли сча́стливы)
вмина́ние, -я
вмина́ть(ся), -а́ю, -а́ет(ся)
в миру́
вмоготу́
в мо́де
в молча́нку (игра́ть)
вмонти́рованный; *кр. ф.* -ан, -ана
вмонти́ровать(ся), -рую, -рует(ся)
вмора́живать(ся), -аю, -ает(ся)
вморо́женный; *кр. ф.* -ен, -ена
вморо́зить, -о́жу, -о́зит
вмо́танный; *кр. ф.* -ан, -ана
вмота́ть(ся), -а́ю, -а́ет(ся)
ВМС [вэмээ́с], *нескл.*, *мн.* (*сокр.*: военно-морские силы)
в мунди́ре (*о сваренном картофеле*)
вмуро́ванный; *кр. ф.* -ан, -ана
вмурова́ть(ся), -ру́ю, -ру́ет(ся)
вмуро́вывать(ся), -аю, -ает(ся)
ВМФ [вэмээ́ф], *нескл.*, *м.* (*сокр.*: военно-морской флот)
вмыва́ние, -я
вмыва́ться, -а́ется
вмя́тина, -ы
вмя́тинка, -и, *р. мн.* -нок
вмя́тость, -и
вмя́тый
вмя́ть(ся), вомну́, вомнёт(ся)
вначале
внабро́с
внабро́ску, *нареч.*
внава́л, *нареч.*
внава́лку, *нареч.*
в награ́ду
внаём, *нареч.*
в назида́ние (*для назидания*)
внаймы́
внаки́дку, *нареч.*
внакла́де, *нареч.*
внакла́дку, *нареч.*
в накло́н
внакло́нку
внакро́й
внапа́шку
внапря́г, нареч.
внаре́зку, *нареч.*
в наруше́ние (*чего*) (*нарушая*)
в насме́шку
внатру́ску, *нареч.*
внатя́жку, *нареч.*
внахлёст
внахлёстку, *нареч.*
внача́ле, *нареч.* (внача́ле рабо́та шла́ тру́дно), но *сущ.* **в нача́ле** (в нача́ле го́да, расска́за; в нача́ле бы́ло Сло́во)
вне, *предлог*
вне... – *приставка, пишется слитно*
внеавари́йный
внеатмосфе́рный
внебала́нсовый
внебиржево́й
внебло́ковый
внебра́чный
внебытово́й
внебюдже́тный
вневаги́на́льный
вневе́домственный
вневойскови́к, -а́
вневойсково́й
вневре́менность, -и
вневре́менный и **вневременно́й**
внегабари́тный
внегалакти́ческий
внегородско́й
внедогово́рный
внедо́менный
внедоро́жник, -а
внедоро́жный
вне досяга́емости
внедре́ние, -я
внедрённый; *кр. ф.* -ён, -ена́
внедре́нческий
внедри́ть(ся), -рю́(сь), -ри́т(ся)
внедря́ть(ся), -я́ю(сь), -я́ет(ся)
внеевропе́йский
вне́ зави́симости от...
вне́ зако́на
внеза́пно, *нареч.*
внеза́пность, -и
внеза́пный; *кр. ф.* -пен, -пна
внезатме́нный
внеземно́й
внеистори́ческий
внеистори́чность, -и
внеистори́чный; *кр. ф.* -чен, -чна
внекатегори́йный
внекла́ссный
внекла́ссовый
внекле́точный
внеко́нкурсный
внеконте́кстный
внеконфессиона́льный
внекорнево́й
внекульту́рный
внелими́тный
внелитерату́рный
внели́чностный
внелоги́ческий
внемасшта́бный
внематериа́льный
внема́точный
в неме́ньшей ме́ре (сте́пени)
вне́млю, вне́млет, *пов.* вне́мли́ (*формы глаг.* внима́ть)
вне́млющий
вне́мля́, *деепр.*
вненадпо́чечниковый
вненау́чность, -и
вненау́чный; *кр. ф.* -чен, -чна
вненациона́льность, -и
вненациона́льный; *кр. ф.* -лен, -льна
вненра́вственный; *кр. ф.* -вен и -венен, -венна
внеочередни́к, -а́
внеочередно́й
внеочерёдность, -и
внепарла́ментский
внеparти́йный
внепечёночный
внепла́новость, -и
внепла́новый
внепло́дник, -а
внеполо́жность, -и
внеполо́жный; *кр. ф.* -жен, -жна
внепроизво́дственный
внерабо́чий
внерациона́льность, -и (*филос.*)
внерациона́льный; *кр. ф.* -лен, -льна
внерегиона́льный
внере́йсовый
внеры́ночный
вне́ себя́
внесезо́нный
внесели́тебный
внесеме́йный
внесе́ние, -я
внесённый; *кр. ф.* -ён, -ена́
внесери́йный
внесисте́мный; *кр. ф.* -мен, -мна
внеслужéбный
внесме́тный
внесоревнова́тельный
внесоциа́льный; *кр. ф.* -лен, -льна
внести́(сь), -су́(сь), -сёт(ся); *прош.* внёс(ся), внесла́(сь)
внестуди́йный
внесуде́бный
внесуставно́й и **внесуста́вный**
внесцени́ческий
внёсший(ся)
внесюже́тный; *кр. ф.* -тен, -тна
внете́кстовый
внетропи́ческий
в не́тях
внеу́личный
внеуро́чный
внеуставно́й и **внеуста́вный**
внецéнтренный
внецерко́вный
внешко́льник, -а (*педагог*)
внешко́льный
вне́шне, *нареч.*
внешнекольцево́й
внешнеполити́ческий
внешнеторго́вый

внешнеэкономи́ческий
вне́шне эффе́ктный
вне́шний
вне́шность, -и
внешта́тник, -а
внешта́тница, -ы, *тв.* -ей
внешта́тный
внешто́рг, -а
Внешторгба́нк, -а
Внешэкономба́нк, -а
внеэкономи́ческий
внея́русный
вниз, *нареч.* (спуска́ться вни́з), но *сущ.* **в низ** (ране́ние в ни́з живота́; снаря́д попа́л в ни́з зда́ния; начинка кладётся в ни́з пирога́)
вни́з-вве́рх
вни́з-вну́трь (движе́ние, *спорт.*)
вни́з-вперёд (движе́ние, *спорт.*)
внизу́, *нареч.* и *предлог* (жда́ть внизу́; сно́ска внизу́ страни́цы)
вника́ние, -я
вника́ть, -а́ю, -а́ет
вни́кнуть, -ну, -нет; *прош.* вник, вни́кла
в никуда́ (идти́, уйти́, привести́; доро́га)
вни́кший
внима́ние, -я
внима́тельность, -и
внима́тельный; *кр. ф.* -лен, -льна
внима́ть, -а́ю, -а́ет и вне́млю, вне́млет, *пов.* внима́й и вне́мли́
внима́ющий
вничью́, *нареч.*
вно́ве
в нови́нку
в но́вость (*в новинку*)
вновь, *нареч.*
вно́вь вступи́вший
вно́вь и́збранный
вно́вь и́зданный
вно́вь организо́ванный
вно́вь переведённый
вно́вь подключённый
вно́вь прибы́вший
вно́вь со́зданный
в нога́х
в но́гу
внос, -а
в нос (говори́ть)
вноси́ть(ся), вношу́(сь), вно́сит(ся)
вно́ска, -и, *р. мн.* -сок
вносно́й
ВНП [вэзнпэ́], *нескл., м.* (*сокр.*: валовой национальный продукт)
внук, -а
вну́ка, -и (*устар. к* вну́чка)
вну́ки-пра́внуки, вну́ков-пра́внуков
вну́ков, -а, -о
вну́ковский (*от* Вну́ково)
вну́тренне и **вну́тренно,** *нареч.*
вну́тренне закономе́рный
внутреннеполити́ческий
вну́тренне противоречи́вый
внутреннера́ковинный (*зоол.*)
вну́тренний
вну́тренности, -ей
вну́тренностный
вну́тренность, -и
Вну́тренняя Монго́лия (*район Китая*)
внутри́, *нареч.* и *предлог*
внутри... – *приставка, пишется слитно*
внутриа́томный
внутрибиблиоте́чный
внутрибрига́дный
внутрибрюшно́й
внутриве́домственный
внутриве́нный
внутривидово́й
внутриво́дный
внутриглаго́льный
внутригородско́й
внутригосуда́рственный
внутригрудно́й
внутригруппово́й
внутридворцо́вый
внутридне́вный
внутридомо́вый
внутризаводско́й
внутризёренный
внутризона́льный
внутри- и межотраслево́й
внутриинститу́тский
внутрика́дровый
внутриквартáльный
внутрикварти́рный
внутрикла́ссовый
внутрикле́точный
внутрико́жный
внутрико́мнатный
внутрико́мплексный
внутриконтинента́льный
внутрико́нтурный
внутрикристалли́ческий
внутриматерико́вый
внутрима́точный
внутриминисте́рский
внутримолекуля́рный
внутримы́шечный
внутриобластно́й
внутриотде́льский
внутриотраслево́й
внутрипарла́ментский
внутрипарти́йный
внутрипечёночный
внутрипластово́й
внутриплеменно́й
внутрипло́дник, -а
внутриполити́ческий
внутрипопуляцио́нный
внутрипоро́дный
внутрипорто́вый
внутриприхо́дский и **внутриприходско́й**
внутрипроизво́дственный
внутрира́йонный
внутриредакцио́нный
внутриросси́йский
внутрисеме́йный
внутрисисте́мный
внутрисква́жинный
внутрисло́вный
внутрисою́зный
внутристуди́йный
внутрисуставно́й и **внутрисуста́вный**
внутрисфе́рный
внутрисхе́мный
внутрите́кстовый
внутритропи́ческий
внутриутро́бный
внутрифабри́чный
внутрифакульте́тский
внутрифи́рменный
внутрихозя́йственный
внутрицерко́вный
внутрицехово́й
внутрициклово́й
внутрицили́ндровый
внутричерепно́й
внутриша́хтный
внутриэкономи́ческий
внутриэкра́нный
внутриэтни́ческий
внутрия́дерный
внутриязыково́й
внутрь, *нареч.* и *предлог*
вну́трь-вперёд (движе́ние, *спорт.*)
внуча́та, -а́т
внуча́тный
внуча́тый
вну́чек, -чка и **внучо́к,** -чка́, *мн.* -чки́, -чко́в
вну́ченька, -и, *р. мн.* -нек
вну́чка, -и, *р. мн.* -чек
вну́чкин, -а, -о
внучо́нок, -нка
внуша́емость, -и
внуша́емый
внуша́ть(ся), -а́ю, -а́ет(ся)
внуше́ние, -я
внушённый; *кр. ф.* -ён, -ена́
внуши́тельность, -и
внуши́тельный; *кр. ф.* -лен, -льна
внуши́ть, -шу́, -ши́т
вню́хаться, -аюсь, -ается
вню́хиваться, -аюсь, -ается
вня́тность, -и
вня́тный; *кр. ф.* -тен, -тна
внять, *прош.* внял, вняла́, вня́ло
во[1] и **в,** *предлог*
во[2], *частица* и *межд.* (во́ како́й большо́й!)
в обво́д
в обизо́р (*мало, едва достаточно*)
во́бла, -ы
во благовре́мение
в о́бло (руби́ть избу́)
в обме́н
в обни́мку
в обни́мочку
в обо́рку (*об одежде*)

в оборо́т
в обо́рочку (*об одежде*)
во́бранный; *кр. ф.* -ан, -ана
вобра́ть(ся), вберу́, вберёт(ся); *прош.* вобра́л(ся), -ала́(сь), -а́ло, -а́ло́сь
в обре́з
в обстано́вке *(чего)*
в обтя́жечку
в обтя́жку
в обхва́т
в обхо́д
в о́бщем
в о́бщем и це́лом
в объе́зд
вове́к, *нареч.*
вове́ки, *нареч.* (*вовек, всегда*)
во ве́ки веко́в
во ве́ки ве́чные
во ве́сь ду́х
во ве́сь опо́р
во ве́сь ро́ст
во вку́с (входи́ть)
вовлека́ние, -я
вовлека́ть(ся), -а́ю(сь), -а́ет(ся)
вовлёкший(ся)
вовлече́ние, -я
вовлечённый; *кр. ф.* -ён, -ена́
вовле́чь(ся), -еку́(сь), -ечёт(ся), -еку́т(ся); *прош.* -ёк(ся), -екла́(сь)
вовне́
вовну́трь
во-во́, *межд.* (*выражение согласия, подтверждения*)
во вре́д
во времена́ о́ны
во́время
во вре́мя (*чего*)
во вре́мя о́но
во́все
во все́ глаза́
во всё го́рло
во всеору́жии
во все́ тя́жкие и (*устар.*) **во вся́ тя́жкая** (пусти́ться)
во всеуслы́шание
вовсю́, *нареч.* (*очень сильно, изо всех сил*)
во всю́ ива́новскую
во всю́ мо́чь
во всю́ мо́щь
во всю́ пры́ть
во вся́ тя́жкая (*устар. к* во все́ тя́жкие)
во-вторы́х
вог, -а
воге́зский (*от* Воге́зы)
во главе́
во́гнанный; *кр. ф.* -ан, -ана
вогна́ть(ся), вгоню́, вго́нит(ся); *прош.* -а́л(ся), -ала́(сь), -а́ло(сь)
во́гнутость, -и
во́гнутый
вогну́ть(ся), -ну́, -нёт(ся)
вогу́лка, -и, *р. мн.* -лок
вогу́лы, -ов, *ед.* вогу́л, -а
вогу́льский
вода́, -ы́, *мн.* во́ды, вод, во́дам
водворе́ние, -я
водворённый; *кр. ф.* -ён, -ена́
водвори́ть(ся), -рю́(сь), -ри́т(ся)
водворя́ть(ся), -я́ю(сь), -я́ет(ся)
водевили́ст, -а
водеви́ль, -я
водеви́льный
водеви́льчик, -а
води́ла, -ы, *м.* (*водитель, жарг.*)
в одино́чку
води́тель, -я
води́тель-испыта́тель, води́теля-испыта́теля
води́тель-меха́ник, води́теля-меха́ника
води́тельский
води́тельство, -а
води́тель-телохрани́тель, води́теля-телохрани́теля
води́ть(ся), вожу́(сь), во́дит(ся)
води́ца, -ы, *тв.* -ей
води́чка, -и
во́дка, -и, *р. мн.* во́док
во́дник, -а
во́дно-возду́шный
во́дно-дисперсио́нный
водноль́ıжник, -а
водноль́ıжница, -ы, *тв.* -ей
водноль́ıжный
во́дно-мелиорати́вный
водномото́рник, -а
во́дно-мото́рный
во́дно-солево́й
во́дно-спаса́тельный
во́дно-спиртово́й
водноспорти́вный
во́дность, -и
воднотра́нспортный
в одноча́сье
водноэнергети́ческий
во́дный
водо... – *первая часть сложных слов, пишется слитно, но*: во́до-водяно́й
водобо́й, -я
водобо́йный
водобоя́знь, -и
водове́рть, -и
Водовзво́дная ба́шня (*в Московском Кремле*)
водовмести́лище, -а
водово́д, -а
во́до-водяно́й
водово́з, -а
водовозду́шный
водово́зка, -и, *р. мн.* -зок
водово́зничать, -аю, -ает
водово́зный
водоворо́т, -а
водовыводя́щий
водовы́пуск, -а
водовыпускно́й
водогазоёмкий
водогазонепроница́емый
водогазопарово́й
водогазопрово́дный
водого́н, -а
водого́нный
водогре́й, -я
водогре́йка, -и, *р. мн.* -е́ек
водогре́йный
водогре́йня, -и, *р. мн.* -е́ен
водогре́льня, -и, *р. мн.* -лен
водогрязелече́бница, -ы, *тв.* -ей
водогрязелече́ние, -я
водогрязеторфопарафинолече́ние, -я
водоём, -а
водоёмкий
водоёмкость, -и
водоёмный
водозабо́р, -а
водозабо́рник, -а
водозабо́рный
водозадержа́ние, -я
водозаде́рживающий
водозащи́тный
водозащищённость, -и
водозащищённый
во́до- и грязелече́ние, -я
водоизмери́тель, -я
водоизмери́тельный
водоизмеще́ние, -я
водокана́л, -а
водокапта́жный
водока́чка, -и, *р. мн.* -чек
водокольцево́й
водокра́с, -а
водокра́совые, -ых
водокре́стие, -я
водокре́щи, -ей
водола́з, -а
водола́з-глубоково́дник, водола́за-глубоково́дника
водола́зка, -и, *р. мн.* -зок
водола́зный
водола́зочка, -и, *р. мн.* -чек
водоле́й, -я (*водолив*) и **Водоле́й,** -я (*созвездие и знак зодиака; о том, кто родился под этим знаком*)
водоле́йство, -а
водолече́бница, -ы, *тв.* -ей
водолече́бный
водолече́ние, -я
водоли́в, -а
водоли́вный
водолю́б, -а
водолюби́вый
водомаслогре́йка, -и, *р. мн.* -е́ек
водомаслозапра́вщик, -а
водома́сляный
водомелиорати́вный
водоме́р, -а
водоме́рка, -и, *р. мн.* -рок
водоме́рный
водомёт, -а
водомётный
водомо́ина, -ы
водомо́йный
водонагрева́тель, -я

водонагрева́тельный
водонали́в, -а
водоналивно́й
водонапо́лненный
водонапо́рный
водонасо́сный
водонепроница́емость, -и
водонепроница́емый
водоно́с, -а
водоно́ска, -и, *р. мн.* -сок
водоно́сность, -и
водоно́сный; *кр. ф.* -сен, -сна
водообеспе́че́ние, -я
водообеспе́ченность, -и
водообеспе́ченный
водообме́н, -а
водообме́нный
водооборо́т, -а
водооборо́тный
водоопресне́ние, -я
водоопресни́тель, -я
водоопресни́тельный
водоосвяще́ние, -я и **водосвяще́ние,** -я
водоотведе́ние, -я
водоотво́д, -а
водоотво́дный
Водоотво́дный кана́л (*в Москве*)
водоотда́ча, -и, *тв.* -ей
водоотделе́ние, -я
водоотдели́тель, -я
водоотдели́тельный
водоотли́в, -а
водоотливно́й и **водоотли́вный**
водоотсо́с, -а
водоотсто́йник, -а
водоотта́лкивающий
водоохлади́тель, -я
водоохлажда́емый
водоохлажде́ние, -я
водоохра́на, -ы
водоохра́нный
водоочисти́тель, -я
водоочисти́тельный
водоочи́стка, -и, *р. мн.* -ток
водоочистно́й и **водоочи́стный**
водопа́д, -а
водопа́дный
водопарово́й
водопла́вающий
водопла́вка, -и, *р. мн.* -вок
водопла́вный
водопоглоща́ющий
водоподводя́щий
водоподгото́вка, -и
водоподогрева́тель, -я
водоподпо́рный
водоподъём, -а
водоподъёмник, -а
водоподъёмный
водопо́й, -я
водопо́йка, -и, *р. мн.* -о́ек
водопо́йный
водополивно́й
водопо́лица, -ы, *тв.* -ей
во́дополь, -и
водопо́лье, -я
водопо́льзование, -я
водопо́льзователь, -я
водопо́льный
водопониже́ние, -я
водопотреби́тель, -я
водопотребле́ние, -я
водоприёмник, -а
водоприёмный
водопрово́д, -а
водопрово́дно-канализацио́нный
водопрово́дный
водопрово́дчик, -а
водопроводя́щий
водопроница́емость, -и
водопроница́емый
водопропускно́й
водопрото́к, -а
водопрото́чный
водопро́чный
водоразбо́р, -а
водоразбо́рный
водоразде́л, -а
водоразде́льный
водораспределе́ние, -я
водораспредели́тель, -я
водораспредели́тельный
водораспыле́ние, -я
водораспыли́тель, -я
водораспыли́тельный
водораствори́мость, -и
водораствори́мый
водорегули́рование, -я
водорегули́рующий
водоре́з, -а
водоро́д, -а
водороддобыва́ющий
водоро́дистый
водоро́дный
водородоподо́бный
водородосодержа́щий и **водородсодержа́щий**
водоро́ина, -ы
во́дорослевый
во́доросль, -и
водосберега́ющий
водосбо́р, -а
водосбо́рник, -а
водосбо́рный
водосбро́с, -а
водосбро́сный
водосви́нка, -и, *р. мн.* -нок
водосвя́тие, -я
водосвя́тный
водосвяще́ние, -я и **водоосвяще́ние,** -я
водосвяще́нный
водоска́т, -а
водоска́тный
водосли́в, -а
водосли́вный
водосло́й, -я
водоснабже́ние, -я
водосодержа́щий
водоспу́ск, -а
водоспу́скный и **водоспускно́й**
водосто́йкий; *кр. ф.* -о́ек, -о́йка
водосто́йкость, -и
водосто́к, -а
водостолбово́й
водосто́чный
водостру́йный
водотерапи́я, -и
водото́к, -а
водотолче́ние, -я
водотру́бный
водоуде́рживающий
водоуказа́тель, -я
водоуказа́тельный
водоупо́рность, -и
водоупо́рный; *кр. ф.* -рен, -рна
водоусто́йчивость, -и
водоусто́йчивый
водоустро́йство, -а
водохлёб, -а
водохозя́йственник, -а
водохозя́йственный
водохрани́лище, -а
водохрани́лищный
водочерпа́лка, -и, *р. мн.* -лок
водочерпа́льный
водочерпа́тельный
во́дочка, -и, *р. мн.* -чек
во́дочный
водоэмульсио́нный
водружа́льный кре́ст
водружа́ть(ся), -а́ю(сь), -а́ет(ся)
водруже́ние, -я
водружённый; *кр. ф.* -ён, -ена́
водрузи́ть(ся), -ужу́(сь), -узи́т(ся)
во́дский (*от* водь, *племя*)
водчо́нка, -и, *р. мн.* -нок
Во́ды, Вод, *употр. в геогр. названиях, напр.*: Кавка́зские Минера́льные Во́ды (*курортный район*), Минера́льные Во́ды (*город*), Жёлтые Во́ды (*город*)
водь, -и
водяне́ть, -е́ю, -е́ет
водяни́к, -а́
водяни́ка, -и
водяни́сто-зелёный
водяни́сто-се́рый
водяни́стость, -и
водяни́стый
водяни́ца, -ы, *тв.* -ей
водя́нка, -и
водяно́й
водя́ночный
водя́ра, -ы
водя́щий(ся)
воева́ть, вою́ю, вою́ет
воево́да, -ы, *м.*
воево́динский (*от* Воево́дина)
воево́динцы, -ев, *ед.* -нец, -нца, *тв.* -нцем
воево́дский
воево́дство, -а
воево́дствовать, -твую, -твует

воеди́но
военача́льник, -а
военвра́ч, -а́, *тв.* -о́м
военииза́ция, -и
военизи́рованный; *кр. ф.* -ан, -ана
военизи́ровать(ся), -рую(сь), -рует(ся)
военинжене́р, -а
вое́нка, -и
военко́м, -а
военкома́т, -а
военкома́тский и **военкома́товский**
военко́мовский
военко́р, -а
военко́ровский
военмо́р, -а
Вое́нная акаде́мия им. М. В. Фру́нзе
Вое́нная галере́я Зи́мнего дворца́
Вое́нная колле́гия Верхо́вного суда́
военно-... – *первая часть сложных слов, пишется через дефис, но*: военнообя́занный, военнопле́нный, военнослу́жащий
вое́нно-авиацио́нный
вое́нно-администрати́вный
Вое́нно-возду́шная акаде́мия им. Ю. А. Гага́рина
Вое́нно-возду́шные си́лы РФ
вое́нно-возду́шный
вое́нно-враче́бный
вое́нно-геодези́ческий
вое́нно-гражда́нский
Вое́нно-Грузи́нская доро́га
вое́нно-диктато́рский
вое́нно-дипломати́ческий
вое́нно-документа́льный
вое́нно-землевладе́льческий
Вое́нно-инжене́рная акаде́мия
вое́нно-инжене́рный
вое́нно-истори́ческий
вое́нно-коммунисти́ческий
вое́нно-косми́ческий
вое́нно-медици́нский
вое́нно-морско́й
Вое́нно-морско́й фло́т РФ
вое́нно-нау́чный
военнообя́занный
вое́нно-окружно́й
вое́нно-охо́тничий, -ья, -ье
вое́нно-патриоти́ческий
военнопле́нный, -ого
вое́нно-полево́й
вое́нно-полити́ческий
вое́нно-полице́йский
вое́нно-почто́вый
вое́нно-прикладно́й
вое́нно-промы́шленный
вое́нно-революцио́нный
вое́нно-санита́рный
вое́нно-силово́й
военнослу́жащий, -его
вое́нно-спорти́вный
вое́нно-стратеги́ческий
вое́нно-строи́тельный
вое́нно-суде́бный
вое́нно-су́дный (*устар.*)
вое́нно-сухопу́тный
вое́нно-техни́ческий
вое́нно-топографи́ческий
вое́нно-тра́нспортный
вое́нно-уче́бный
вое́нно-хирурги́ческий
вое́нно-хозя́йственный
вое́нно-ше́фский
вое́нно-экономи́ческий
вое́нно-юриди́ческий
вое́нно-я́дерный
вое́нный[1], *прил.*
вое́нный[2], -ого
военпре́д, -а
военпре́довский
военру́к, -а и -а́
военспе́ц, -а и -а́, *тв.* -ем и -о́м, *р. мн.* -ев и -о́в
военте́хник, -а
военто́рг, -а
военто́рговский
военфе́льдшер, -а
вое́нщина, -ы
военюри́ст [нъю], -а
вожа́к, -а́
вожа́тая, -ой
вожа́тский
вожа́тый, -ого
вожделе́ние, -я
вожделе́нно, *нареч.*
вожделе́нность, -и
вожделе́нный; *кр. ф.* -е́н и -е́нен, -е́нна
вожделе́ть, -е́ю, -е́ет
вожде́ние, -я
вожди́зм, -а
вожди́стский
вождь, -я́
вожжа́ться, -а́юсь, -а́ется
вожжево́й
во́жжи, -е́й, *ед.* вожжа́, -и́
вожжи́щи, -и́щ, *ед.* -и́ща, -и
в ожида́нии (*чего*) (*ожидая*)
воз, -а, *предл.* на возу́, *мн.* -ы́, -о́в
возблагодарённый; *кр. ф.* -ён, -ена́
возблагодари́ть, -рю́, -ри́т
возблесте́ть, -ещу́, -ести́т
возблиста́ть, -а́ю, -а́ет и -лещу́, -ле́щет
возбранённый; *кр. ф.* -ён, -ена́
возбрани́ть, -ню́, -ни́т
возбраня́ть(ся), -я́ю, -я́ет(ся)
возбуди́мость, -и
возбуди́мый
возбуди́тель, -я
возбуди́тельница, -ы, *тв.* -ей
возбуди́тельный; *кр. ф.* -лен, -льна
возбуди́ть(ся), -ужу́(сь), -уди́т(ся)
возбужда́емость, -и
возбужда́ть(ся), -а́ю(сь), -а́ет(ся)
возбужда́ющий(ся)
возбужде́ние, -я
возбуждённо, *нареч.*
возбуждённость, -и
возбуждённый; *кр. ф.* -ён, -ена́ и (*выражающий возбуждение*) -ён, -ённа (её ре́чь возбуждённа)
возведе́ние, -я
возведённый; *кр. ф.* -ён, -ена́
возве́дший(ся)
возвели́чение, -я
возвели́ченный; *кр. ф.* -ен, -ена
возвели́чивание, -я
возвели́чивать(ся), -аю(сь), -ает(ся)
возвели́чить(ся), -чу(сь), -чит(ся)
возверну́ть(ся), -ну́(сь), -нёт(ся)
возвеселённый; *кр. ф.* -ён, -ена́
возвесели́ть(ся), -лю́(сь), -ли́т(ся)
возвеселя́ть(ся), -я́ю(сь), -я́ет(ся)
возвести́(сь), -еду́, -едёт(ся); *прош.* -ёл(ся), -ела́(сь)
возвести́ть, -ещу́, -ести́т
возвеща́ть(ся), -а́ю, -а́ет(ся)
возвеще́ние, -я
возвещённый; *кр. ф.* -ён, -ена́
возводи́ть(ся), -ожу́, -о́дит(ся)
возвра́т, -а
возврати́ть(ся), -ащу́(сь), -ати́т(ся)
возвра́тно-враща́тельный
возвра́тно-поступа́тельный
возвра́тно-сре́дний
возвра́тность, -и
возвра́тный
возвраща́ть(ся), -а́ю(сь), -а́ет(ся)
возвраще́нец, -нца, *тв.* -нцем, *р. мн.* -нцев
возвраще́ние, -я
возвращённый; *кр. ф.* -ён, -ена́
возвы́сить(ся), -ы́шу(сь), -ы́сит(ся)
возвыша́ть(ся), -а́ю(сь), -а́ет(ся)
возвыше́ние, -я
возвы́шенно, *нареч.*
возвы́шенность, -и
возвы́шенный; *кр. ф. прич.* -ен, -ена; *кр. ф. прил.* (*полный высокого содержания*) -ен, -енна
возвыше́ньице, -а
возгла́вие, -я
возгла́вить, -влю, -вит
возгла́вленный; *кр. ф.* -ен, -ена
возглавля́ть(ся), -я́ю, -я́ет(ся)
во́зглас, -а
возгласи́ть, -ашу́, -аси́т
возглаша́ть(ся), -а́ю, -а́ет(ся)
возглаше́ние, -я
возглашённый; *кр. ф.* -ён, -ена́
во́згнанный; *кр. ф.* -ан, -ана
возгна́ть, -гоню́, -го́нит
возгнуша́ться, -а́юсь, -а́ется
возговори́ть, -рю́, -ри́т
возго́н, -а
возго́нка, -и, *р. мн.* -нок
возго́нный
возгоня́ть(ся), -я́ю, -я́ет(ся)
возгора́емость, -и
возгора́емый
возгора́ние, -я
возгора́ть(ся), -а́ю(сь), -а́ет(ся)
возгорди́ться, -ржу́сь, -рди́тся

возгоре́ть(ся), -рю́(сь), -ри́т(ся)
возгреме́ть, -млю́, -ми́т
воздава́ть(ся), -даю́, -даёт(ся)
во́зданный; *кр. ф.* -ан, -ана́, -ано
возда́ть(ся), -а́м, -а́шь, -а́ст(ся), -ади́м, -ади́те, -аду́т(ся); *прош.* -а́л(ся), -ала́(сь), -а́ло, -а́ло́сь
воздая́ние, -я
воздвига́ть(ся), -а́ю, -а́ет(ся)
воздви́гнувший(ся)
воздви́гнутый
воздви́гнуть(ся), -ну, -нет(ся); *прош.* -и́г(ся) и -и́гнул(ся), -и́гла(сь)
воздви́гший(ся)
Воздви́жение Креста́ Госпо́дня и **Воздви́жение,** -я
воздвиже́ние, -я (*действие*)
воздви́женский (*от* Воздви́жение)
воздева́ние, -я
воздева́ть(ся), -а́ю, -а́ет(ся)
возде́йствие, -я
возде́йствовать, -твую, -твует
возде́ланный; *кр. ф.* -ан, -ана
возде́лать(ся), -аю, -ает(ся)
возде́лывание, -я
возде́лыватель, -я
возде́лывать(ся), -аю, -ает(ся)
воздержа́вший(ся)
воздержа́ние, -я
возде́ржанно, *нареч.*
возде́ржанность, -и
возде́ржанный; *кр. ф. прич.* (*от* воздержа́ть, *устар.*) -ан, -ана; *кр. ф. прил.* (*то же, что воздержный*) -ан, -анна
воздержа́ть(ся), -ержу́(сь), -е́ржит(ся)
возде́рживать(ся), -аю(сь), -ает(ся)
возде́ржность, -и
возде́ржный; *кр. ф.* -жен, -жна
возде́тый
возде́ть, -е́ну, -е́нет
во здра́вие
возду́си: на возду́сях
во́здух, -а
возду́х, -а (*церк.*; благорастворе́ние возду́хов)
во́здух – во́здух, *неизм.* (*класс ракет*)
во́здух – земля́, *неизм.* (*класс ракет*)
воздухо... – *первая часть сложных слов, пишется слитно, но*: во́здухо-возду́шный
воздухобо́йный
воздухово́д, -а
воздухово́дный
воздухово́з, -а
во́здухо-возду́шный
воздуховса́сыватель, -я
воздуховса́сывающий
воздуходу́в, -а
воздуходу́вка, -и, *р. мн.* -вок
воздуходу́вный
воздухозабо́рник, -а
воздухозабо́рный
во́здухо- и водонепроница́емость, -и
во́здухо- и водонепроница́емый
воздухолече́ние, -я
воздухоме́р, -а
воздухоме́рный
воздухонагнета́тельный
воздухонагрева́тель, -я
воздухонагрева́тельный
воздухонепроница́емость, -и
воздухонепроница́емый
воздухоно́сный
воздухообме́н, -а
воздухообме́нный
воздухоопо́рный
воздухоотво́дный
воздухоотво́дчик, -а
воздухоотводя́щий
воздухоохлади́тель, -я
воздухоохлади́тельный
воздухоохлажда́емый
воздухоохра́нный
воздухоочисти́тель, -я
воздухоочисти́тельный
воздухопла́вание, -я
воздухопла́ватель, -я
воздухопла́вательный
воздухоподающий
воздухоподгото́вка, -и
воздухоподогре́в, -а
воздухоподогрева́тель, -я
воздухопрово́д, -а
воздухопрово́дный
воздухопроница́емость, -и
воздухопроница́емый
воздухоразда́точный
воздухораспределе́ние, -я
воздухораспредели́тель, -я
воздухораспредели́тельный
воздухоснабже́ние, -я
возду́шка, -и, *р. мн.* -шек
возду́шник, -а
возду́шно-деса́нтный
возду́шно-ка́пельный
возду́шно-конденсацио́нный
возду́шно-косми́ческий
возду́шно-ма́сляный
возду́шно-морско́й
возду́шно-назе́мный
возду́шно-пла́зменный
возду́шно-пузырько́вый
возду́шно-раке́тный
возду́шно-реакти́вный
возду́шность, -и
возду́шно-теплово́й
возду́шно-тра́нспортный
Возду́шный ко́декс РФ
возду́шный; *кр. ф.* -шен, -шна
воздыма́ть(ся), -а́ю, -а́ет(ся)
воздыха́ние, -я
воздыха́тель, -я
воздыха́тельница, -ы, *тв.* -ей
воздыха́ть, -а́ю, -а́ет
возжа́ждать, -ду, -дет
возжёгший(ся)
возжела́ние, -я
возжела́ть, -а́ю, -а́ет
возже́чь(ся), -жгу́, -жжёт(ся), -жгу́т(ся); *прош.* -жёг(ся), -жгла́(сь)
возжже́ние, -я
возжжённый; *кр. ф.* -ён, -ена́
возжига́ние, -я
возжига́ть(ся), -а́ю, -а́ет(ся)
воззва́ние, -я
во́ззванный; *кр. ф.* -ан, -ана
воззва́ть, -зову́, -зовёт; *прош.* -а́л, -а́ла
воззре́ние, -я
воззре́ть, -рю́, -ри́т
воззри́ться, -рю́сь, -ри́тся
во́зик, -а
вози́ть(ся), вожу́(сь), во́зит(ся)
вози́шко, -а и -и, *мн.* -шки, -шек, *м.*
вози́ще, -а, *мн.* -а и -и, -и́щ, *м.*
во́зка, -и, *р. мн.* во́зок (*от* вози́ть)
возлага́ть(ся), -а́ю, -а́ет(ся)
во́зле, *нареч.* и *предлог*
возлега́ть, -а́ю, -а́ет
возлёгший
возлежа́ние, -я
возлежа́ть, -жу́, -жи́т
возле́чь, -ля́гу, -ля́жет, -ля́гут; *прош.* -лёг, -легла́
возлива́ть(ся), -а́ю, -а́ет(ся)
возликова́ть, -ку́ю, -ку́ет
возли́тый; *кр. ф.* -и́т, -ита́, -и́то
возли́ть, возолью́, возольёт; *прош.* -и́л, -ила́, -и́ло
возлия́ние, -я
возложе́ние, -я
возло́женный; *кр. ф.* -ен, -ена
возложи́ть, -ожу́, -о́жит
возлюби́ть, -люблю́, -лю́бит
возлю́бленная, -ой
возлю́бленный [1]**;** *кр. ф.* -ен, -ена, *прич.*
возлю́бленный[2], -ого
возме́здие, -я
возме́здность, -и
возме́здный
возмести́тель, -я
возмести́тельница, -ы, *тв.* -ей
возмести́тельный
возмести́ть(ся), -ещу́, -ести́т(ся)
возмечта́ть, -а́ю, -а́ет
возмеща́ть(ся), -а́ю, -а́ет(ся)
возмеще́ние, -я
возмещённый; *кр. ф.* -ён, -ена́
возмо́гший
возмо́жно, *вводн. сл.*
возмо́жность, -и
возмо́жный; *кр. ф.* -жен, -жна
возмо́чь, -могу́, -мо́жет, -мо́гут; *прош.* -мо́г, -могла́
возмужа́лость, -и
возмужа́лый
возмужа́ние, -я
возмужа́ть, -а́ю, -а́ет
возмути́тель, -я
возмути́тельница, -ы, *тв.* -ей
возмути́тельность, -и
возмути́тельный; *кр. ф.* -лен, -льна
возмути́ть(ся), -ущу́(сь), -ути́т(ся)

возмуща́ть(ся), -а́ю(сь), -а́ет(ся)
возмуще́ние, -я
возмущённо, *нареч.*
возмущённость, -и
возмущённый; *кр. ф.* -ён, -ена́ и (*выражающий возмущение*) -ён, -ённа (и́х во́згласы возмущённы)
вознагради́ть(ся), -ажу́(сь), -ади́т(ся)
вознагражда́ть(ся), -а́ю(сь), -а́ет(ся)
вознагражде́ние, -я
вознаграждённый; *кр. ф.* -ён, -ена́
в ознаменова́ние (*чего*) (*для ознаменования*)
вознаме́риваться, -аюсь, -ается
вознаме́риться, -рюсь, -рится
вознегодова́ть, -ду́ю, -ду́ет
возненави́денный; *кр. ф.* -ен, -ена
возненави́деть, -и́жу, -и́дит
вознесе́ние, -я (*действие к* вознести́(сь) и **Вознесе́ние,** -я (*праздник; евангельский и иконографический сюжет*)
вознесённый; *кр. ф.* -ён, -ена́
вознесе́нский (*от* Вознесе́ние)
Вознесе́нский (хра́м, монасты́рь)
вознести́(сь), -су́(сь), -сёт(ся); *прош.* -ёс(ся), -есла́(сь)
вознёсший(ся)
возника́ть, -а́ю, -а́ет
возникнове́ние, -я
возни́кнуть, -ну, -нет; *прош.* -ни́к, -ни́кла
возни́кший
возни́ца, -ы, *тв.* -ей, *м.*
возни́чий, -его (*возница*) и **Возни́чий,** -его (*созвездие*)
возноси́ть(ся), -ошу́(сь), -о́сит(ся)
возноше́ние, -я
возня́, -и́
возоблада́ние, -я
возоблада́ть, -а́ю, -а́ет
возобнови́мость, -и
возобнови́мый
возобнови́ть(ся), -влю́, -ви́т(ся)
возобновле́ние, -я
возобновлённый; *кр. ф.* -ён, -ена́
возобновля́емость, -и
возобновля́емый
возобновля́ть(ся), -я́ю, -я́ет(ся)
возово́й
возо́к, возка́
возомни́ть, -ню́, -ни́т
возопи́ть, -плю́, -пи́т
возопия́ть, -ию́, -ие́т (*устар. к* возопи́ть)
возра́доваться, -дуюсь, -дуется
возража́тель, -я
возража́ть, -а́ю, -а́ет
возраже́ние, -я
возрази́ть, -ажу́, -ази́т
во́зраст, -а
возраста́ние, -я
возраста́ть, -а́ю, -а́ет
возраста́ющий
возрасти́, -расту́, -растёт; *прош.* -ро́с, -росла́
возрасти́ть, -ащу́, -асти́т
возрастно́й
во́зрастно-полово́й
возревнова́ть, -ну́ю, -ну́ет
возроди́ть(ся), -ожу́(сь), -оди́т(ся)
возрожда́ть(ся), -а́ю(сь), -а́ет(ся)
возрожде́нец, -нца, *тв.* -нцем, *р. мн.* -нцев (*от* Возрожде́ние)
возрожде́ние, -я (*восстановление*) и **Возрожде́ние,** -я (*ист. эпоха расцвета культуры в Западной Европе*)
возрождённый; *кр. ф.* -ён, -ена́
возрожде́нческий (*от* Возрожде́ние)
возропта́ть, -опщу́, -о́пщет
возро́сший
возрыда́ть, -а́ю, -а́ет
во́зчик, -а
возыме́ть, -е́ю, -е́ет
возя́щий(ся)
во избежа́ние (*чего*)
во измене́ние (*чего*)
во и́мя (*кого, чего*)
во́ин, -а; но: **Иоа́нн (Ива́н) Во́ин**
во́ин-афга́нец, во́ина-афга́нца
во́ин-интернационали́ст, во́ина-интернационали́ста
во́инский
во́инственно, *нареч.*
во́инственность, -и
во́инственный; *кр. ф.* -вен и -венен, -венна
во́инство, -а
во́инствовать, -твую, -твует
во́инствующий
во исполне́ние (*чего*)
вои́стину, *нареч.*
вои́тель, -я
вои́тельница, -ы, *тв.* -ей
вои́тельский
вой, во́я
во́йлок, -а
во́йлочек, -чка
во́йлочный
война́, -ы́, *мн.* во́йны, войн
Война́ А́лой и Бе́лой ро́зы
Война́ за испа́нское насле́дство (*1701–1714*)
Война́ за незави́симость (*в США, 1775–1783*)
Война́ Се́вера и Ю́га (*в США, 1861–1865*)
войну́шка, -и, *р. мн.* -шек
во́йско, -а, *мн.* войска́, войск, -а́м
войскови́к, -а́
войсково́й
Во́йско Донско́е: о́бласть Во́йска Донско́го (*ист.*)
Во́йско по́льское (*ист.*)
войт, -а
войти́, войду́, войдёт; *прош.* вошёл, вошла́
вока́була, -ы
вокабуля́рий, -я
вока́л, -а
вокалигра́мма, -ы
вокали́з, -а
вокализа́ция, -и
вокализи́ровать, -рую, -рует
вокали́зм, -а
вокалископи́я, -и
вокали́ст, -а
вокали́стка, -и, *р. мн.* -ток
вока́льно-инструмента́льный
вока́льно-симфони́ческий
вока́льно-сцени́ческий
вока́льно-танцева́льный
вока́льно-хореографи́ческий
вока́льно-эстра́дный
вока́льный
вокати́в, -а
вокати́вный
вокза́л, -а
вокза́льный
вокза́льчик, -а
во́ки-то́ки и **у́оки-то́ки,** *нескл., с.* и *мн.*
воклю́зы, -ов
во́кмен, -а и **у́окмен,** -а
вокня́жение, -я
воко́дер, -а
вокру́г
вокру́г да о́коло
вол, -а́
вола́н, -а
Во́ланд, -а
во́ландовский
вола́нный
вола́нчик, -а
волапю́к, -а и **воляпю́к,** -а
Во́лга, -и (*река; автомобиль*)
Во́лга-ма́тушка, Во́лги-ма́тушки
волга́рь, -я́
во́лглость, -и
во́лглый
во́лгнувший
во́лгнуть, -нет; *прош.* во́лгнул, во́лгла
Волгоба́лт, -а
Во́лго-Балти́йский во́дный пу́ть
Во́лго-Вя́тский регио́н
волгогра́дка, -и, *р. мн.* -док
волгогра́дский (*от* Волгогра́д)
волгогра́дцы, -ев, *ед.* -дец, -дца, *тв.* -дцем
волгодо́нский (*от* Волгодо́нск)
во́лго-донско́й
Во́лго-Донско́й кана́л
волгодо́нцы, -ев, *ед.* -нец, -нца, *тв.* -нцем
во́лго-ка́мский
Во́лго-Ка́мье, -я
во́лго-о́кский
Во́лго-О́кское междуре́чье
Во́лго-Ура́льская нефтегазоно́сная о́бласть
во́лго-ура́льский
волды́рик, -а
волдыри́ще, -а, *мн.* -а и -и, -и́щ, *м.*

волды́рник, -а
волды́рь, -я́
волево́й
волеизъявле́ние, -я
волейбо́л, -а
волейболи́ст, -а
волейболи́стка, -и, *р. мн.* -ток
волейбо́льный
во́лей-нево́лей
во́ленс-но́ленс, *неизм.*
волжа́не, -а́н, *ед.* -а́нин, -а
волжа́нка, -и, *р. мн.* -нок
во́лжский (*от* Во́лга и Волжск)
Во́лжский, -ого (*город, поселок*)
Во́лжское каза́чье во́йско
волисполко́м, -а
волк, -а, *мн.* -и, -о́в
во́лк-волчи́ще, *др. формы не употр., м.*
волк-маши́на, -ы
Во́лково кла́дбище, Во́лкова кла́дбища
волкода́в, -а
волкозу́б, -а
волколи́с, -а
волластони́т, -а
волна́, -ы́, *мн.* во́лны, волн, во́лна́м
волне́ние, -я
волни́стость, -и
волни́стый
волни́тельность, -и
волни́тельный; *кр. ф.* -лен, -льна
волнова́ть(ся), -ну́ю(сь), -ну́ет(ся)
волново́д, -а
волново́дный
волново́й
волногаси́тель, -я
волногася́щий
волногра́мма, -ы
волно́граф, -а
волнозащи́тный
волноло́м, -а
волноме́р, -а
волнообра́зность, -и
волнообра́зный; *кр. ф.* -зен, -зна
волнообразова́ние, -я
волнообразова́тель, -я
волноприбо́йный
волнопроду́ктор, -а
волноре́з, -а
во́лночка, -и, *р. мн.* -чек
волну́ха, -и
волну́шка, -и, *р. мн.* -шек
волну́ющий(ся)
волня́нка, -и, *р. мн.* -нок
воло́вий, -ья, -ье
волови́к, -а́
воло́вина, -ы
воло́вня, -и, *р. мн.* -вен
вологжа́не, -а́н, *ед.* -а́нин, -а (*от* Во́логда)
вологжа́нка, -и, *р. мн.* -нок
волого́дский (*от* Во́логда)
волого́дцы, -ев, *ед.* -дец, -дца, *тв.* -дцем
Волого́дчина, -ы (*к* Во́логда)
володу́шка, -и, *р. мн.* -шек
во́ложка, -и, *р. мн.* -жек
во́лок, -а
воло́ка, -и (*матрица*)
волоки́та, -ы, *ж.* (*затяжка, проволо́чка*) и *м.* (*тот, кто волочится за женщинами*)
волоки́тить(ся), -и́чу(сь), -и́тит(ся)
волоки́тный
волоки́тство, -а
волоки́тчик, -а
волоки́тчица, -ы, *тв.* -ей
волоклю́й, -я
волокни́стость, -и
волокни́стый
волокни́т, -а
волокно́, -а́, *мн.* воло́кна, -кон, -кнам
волокноотдели́тель, -я
волокно́-сыре́ц, волокна́-сырца́, *с.*
волоково́й
волокола́мский (*от* Волокола́мск)
волокола́мцы, -ев, *ед.* -мец, -мца, *тв.* -мцем
во́локом, *нареч.*
волоко́нно-опти́ческий
волоко́нный
волоко́нце, -а, *р. мн.* -нцев и -нец
волоку́ша, -и, *тв.* -ей
волоку́щий(ся)
воло́кший(ся)
волонтёр, -а
волонтёрка, -и, *р. мн.* -рок
волонтёрный
волонтёрский
волоо́кий
волопа́с, -а (*пастух*) и **Волопа́с,** -а (*созвездие*)
во́лос, -а, *мн.* во́лосы, воло́с, волоса́м
волоса́стый
волоса́тевший
волоса́теть, -ею, -еет
волоса́тик, -а
волоса́тость, -и
волоса́тый
волоса́ч, -а́, *тв.* -о́м
волосёнки, -нок
воло́сики, -ов, *ед.* -сик, -а
волоси́на, -ы
волоси́нка, -и, *р. мн.* -нок
волосистопло́дный
волоси́стый
волоси́шки, -шек, *ед.* волоси́шко, -а и -и, *м.*
волоси́ща, -и́щ и **волоси́щи,** -и́щ, *ед.* волоси́ще, -а, *м.*
волосне́ц, -а́, *тв.* -о́м
волосно́й (*от* во́лос)
воло́сность, -и
волосня́, -и́
волосови́дный; *кр. ф.* -ден, -дна
волосови́на, -ы
волосо́к, -ска́
воло́соньки, -нек
волосообра́зный; *кр. ф.* -зен, -зна
волосохво́ст, -а
волосо́чек, -чка
волосте́ль, -я
волостно́й (*от* во́лость)
во́лость, -и, *мн.* -и, -е́й
воло́сья, -ьев (*прост. к* во́лосы)
волосяни́к, -а́
волося́нка, -и, *р. мн.* -нок
волосяно́й
Во́лоцкий: Ио́сиф Во́лоцкий
волоча́евский (*от* Волоча́евка)
волоча́щий(ся)
Волочёк, -чка́: **Вы́шний Волочёк** (*город*)
волоче́ние, -я
воло́ченный; *кр. ф.* -ен, -ена и **волочённый;** *кр. ф.* -ён, -ена́, *прич.* (*от* волочи́ть и воло́чь)
волочёный, *прил.*
волочи́льный
волочи́льня, -и, *р. мн.* -лен
волочи́льщик, -а
волочи́ть(ся), -очу́(сь), -о́чи́т(ся)
волочо́к, -чка́ (*уменьш. к* во́лок)
воло́чь(ся), волоку́(сь), волочёт(ся), волоку́т(ся); *прош.* воло́к(ся), волокла́(сь)
воло́шинский (*от* Воло́шин)
воло́шский (воло́шские о́вцы, воло́шский оре́х)
волту́зить, -у́жу, -у́зит
волхв, -а́
волхвова́ние, -я
волхвова́ть, -хву́ю, -хву́ет
во́лховский (*от* Во́лхов)
Волхо́нка, -и (*улица*)
волча́нка, -и
волча́тник, -а
волче́ц, -чца́, *тв.* -чцо́м, *р. мн.* -чцо́в
волчея́годник, -а
во́лчий, -ья, -ье
волчи́на, -ы, *м.*
волчи́ный
волчи́ха, -и
волчи́ца, -ы, *тв.* -ей
волчи́шка, -и, *р. мн.* -шек, *м.*
волчи́ще, -а и -и, *мн.* -и, -и́щ, *м.*
волчко́м, *нареч.*
волчо́к, -чка́
волчо́нок, -нка, *мн.* -ча́та, -ча́т
волшба́, -ы́
волше́бник, -а
волше́бница, -ы, *тв.* -ей
волше́бность, -и
волше́бный; *кр. ф.* -бен, -бна
волшебство́, -а́
волы́нить(ся), -ню(сь), -нит(ся)
волы́нка, -и, *р. мн.* -нок
волы́нский (*от* Волы́нь)
волы́нщик, -а
волы́нщица, -ы, *тв.* -ей
волы́няне, -ян, *ед.* -янин, -а
волы́нянка, -и, *р. мн.* -нок
волы́нящий(ся)
во́льво, *нескл., м.* (*автомобиль*)

вольво́кс, -а
вольво́ксовые, -ых
вольго́тно, *нареч.* и *в знач. сказ.*
вольго́тность, -и
вольго́тный; *кр. ф.* -тен, -тна
вольéр, -а и **вольéра,** -ы
вольéрный
волькамéрия, -и
во́льная и нево́льная, *нескл., мн.* (*о грехах, в формуле покаяния*)
во́льник, -а
во́льница, -ы, *тв.* -ей
во́льничанье, -я
во́льничать, -аю, -ает
во́льно, *нареч.*
вольно́ (*кому*), *в знач. сказ.*
вольноду́м, -а
вольноду́мец, -мца, *тв.* -мцем, *р. мн.* -мцев
вольноду́мие, -я
вольноду́мка, -и, *р. мн.* -мок
вольноду́мничать, -аю, -ает
вольноду́мный; *кр. ф.* -мен, -мна
вольноду́мство, -а
вольноду́мствовать, -твую, -твует
вольноду́мщица, -ы, *тв.* -ей
вольнолюби́вый
вольнолю́бие, -я
вольномы́слие, -я
вольномы́слящий
вольнонаёмный
вольноопределя́ющийся, -егося
вольноотпу́щенник, -а
вольноотпу́щенница, -ы, *тв.* -ей
вольноотпу́щенный
вольнопрактику́ющий
вольнослу́шатель, -я
вольнослу́шательница, -ы, *тв.* -ей
во́льность, -и
во́льный; *кр. ф.* во́лен, вольна́, во́льно, во́льны́
вольня́шка, -и, *р. мн.* -шек, *м.* и *ж.* (*о вольнонаемном работнике, жарг.*)
во́льски, -ов (*племя*)
вольт[1], -а, *р. мн.* -ов, *счетн. ф.* вольт (*ед. измер.*)
вольт[2], -а (*спорт.*; *ловкий прием*)
во́льта, -ы (*ткань*; *танец*; *муз.*)
вольта́ж, -а́, *тв.* -о́м
вольта́жный
вольта́метр, -а
вольт-ампéр, -а, *р. мн.* -ов, *счетн. ф.* -ампéр
вольтамперме́тр, -а
вольт-ампéрный
вольтамперометри́ческий
вольтамперомéтри́я, -и
вольтамперомме́тр, -а
вольтéровский (*от* Вольтéр; вольтéровское крéсло)
вольтерья́нец, -нца, *тв.* -нцем, *р. мн.* -нцев
вольтерья́нский
вольтерья́нство, -а
вольти́ж, -а, *тв.* -ем
вольтижёр, -а
вольтижёрка, -и, *р. мн.* -рок
вольтижи́рование, -я
вольтижи́ровать, -рую, -рует
вольтижиро́вка, -и, *р. мн.* -вок
вольтижиро́вочный
вольти́жный
вольтме́тр, -а
во́льтов, -а, -о (*от* Вольт): **во́льтова дуга́, во́льтов сто́лб**
во́льтовый
вольтодоба́вочный
вольтомме́тр, -а
вольт-секу́нда, -ы
вольфартио́з, -а
вольфа́ртова му́ха, вольфа́ртовой му́хи
во́льфия, -и
во́льфов, -а, -о (*от* Вольф): **во́льфов кана́л, во́льфово тéло** (*зоол.*)
вольфра́м, -а
вольфрама́ты, -ов, *ед.* -а́т, -а
вольфрами́т, -а
вольфра́мовый
вольфрамосодержа́щий и **вольфрамсодержа́щий**
волю́м, -а
волюморецéпторы, -ов, *ед.* -тор, -а
волюнтари́зм, -а
волюнтари́ст, -а
волюнтаристи́ческий
волюнтари́стский
волю́та, -ы (*архит.*)
волюти́н, -а
во́люшка, -и
во́ля, -и
во́ля во́льная
воляпю́к, -а и **волапю́к,** -а
во́мбат, -а (*животное*)
во мно́го кра́т
во мно́гом
вомча́ть(ся), -чу́(сь), -чи́т(ся)
вон
во́на[1], -ы (*ден. ед.*)
во́на[2], *частица* (*прост. и обл. к* вон)
вонза́ть(ся), -а́ю(сь), -а́ет(ся)
вонзённый; *кр. ф.* -ён, -ена́
вонзи́ть(ся), вонжу́(сь), вонзи́т(ся)
вони́ща, -и, *тв.* -ей
вонмéм (*возглас, церк.*)
вонь, -и
воню́чий
вонючка, -и, *р. мн.* -чек
воня́ть, -я́ю, -я́ет
во о́блацех: темна́ вода́ во о́блацех
вообража́емый
вообража́ла, -ы, *м.* и *ж.*
вообража́ть(ся), -а́ю, -а́ет(ся)
воображéние, -я
воображённый; *кр. ф.* -ён, -ена́
вообразу́ля, -и, *р. мн.* -жу́ль и -жу́лей, *м.* и *ж.*
вообрази́мый
вообрази́ть(ся), -ажу́, -ази́т(ся)
вообщé
вообщé-то
воодушеви́ть(ся), -влю́(сь), -ви́т(ся)
воодушевлéние, -я
воодушевлённо, *нареч.*
воодушевлённость, -и
воодушевлённый; *кр. ф.* -ён, -ена́ и (*выражающий воодушевление*) -ён, -ённа (его́ рéчь воодушевлённа)
воодушевля́ть(ся), -я́ю(сь), -я́ет(ся)
вооружа́ть(ся), -а́ю(сь), -а́ет(ся)
вооружéнец, -нца, *тв.* -нцем, *р. мн.* -нцев
вооружéние, -я
вооружённость, -и
Вооружённые си́лы РФ
вооружённый; *кр. ф.* -ён, -ена́
вооружи́ть(ся), -жу́(сь), -жи́т(ся)
во́очию
вопёж, -ежа́, *тв.* -о́м
во-пéрвых
вопи́ть, воплю́, вопи́т
вопию́щий (*от* вопия́ть)
вопия́ть, -ию́, -иéт (*устар. к* вопи́ть; *взывать*)
во́пленица, -ы, *тв.* -ей
во плоти́ (а́нгел во плоти́)
воплоти́тель, -я
воплоти́тельница, -ы, *тв.* -ей
воплоти́ть(ся), -ощу́(сь), -оти́т(ся)
воплоща́ть(ся), -а́ю(сь), -а́ет(ся)
воплощéние, -я
воплощённость, -и
воплощённый; *кр. ф.* -ён, -ена́
вопль, -я
вопну́ть, -ну́, -нёт
в оправда́ние (*чтобы оправдать(ся)*)
вопреки́ (*чему*)
вопро́с, -а
вопро́сец, -сца, *тв.* -сцем, *р. мн.* -сцев
вопро́сик, -а
вопроси́тельность, -и
вопроси́тельный; *кр. ф.* -лен, -льна
вопроси́ть, -ошу́, -оси́т
вопро́сник, -а
вопро́сный
вопро́со-ответ́ный
вопроша́ние, -я
вопроша́тель, -я
вопроша́тельница, -ы, *тв.* -ей
вопроша́ть, -а́ю, -а́ет
вопроша́юще, *нареч.*
вопроша́ющий
вопрошéние, -я (фигу́ра вопрошéния)
вопрошённый; *кр. ф.* -ён, -ена́
вор, -а, *мн.* -ы, -о́в
во́рванный (*от* во́рвань)
во́рвань, -и
ворва́ться, ворву́сь, ворвётся; *прош.* -а́лся, -ала́сь, -а́ло́сь
во́рдовский (*от* "Ворд", *инф.*)
ворд-процéссор, -а
ворёнок, -нка, *мн.* воря́та, -я́т
вори́шка, -и, *р. мн.* -шек, *м.*
вори́ще, -а и -и, *мн.* -и, -и́щ, *м.*
ворки́вый

воркова́ние, -я
воркова́ть, -ку́ю, -ку́ет
воркота́ние, -я
воркота́ть, -кочу́, -ко́чет
воркотня́, -и́
воркоту́н, -а́
воркоту́нья, -и, *р. мн.* -ний
ворко́чущий
ворку́н, -а́
ворку́нья, -и, *р. мн.* -ний
воркути́нский (*от* Воркута́)
воркути́нцы, -ев, *ед.* -нец, -нца, *тв.* -нцем
воркутя́не, -я́н, *ед.* -я́нин, -а
воркутя́нка, -и, *р. мн.* -нок
во́рмиева ко́сточка, во́рмиевой ко́сточки (*анат.*)
во́рмсский (*от* Вормс)
Во́рмсский конкорда́т (*ист.*)
вороб́ей, -бья́
воробе́йник, -а
воробе́йчик, -а
воро́бка, -и, *р. мн.* -бок
воро́бушек, -шка и **воро́бышек,** -шка
воробьеви́т, -а
Воробьёвы го́ры, Воробьёвых го́р (*в Москве*)
воробьёнок, -нка, *мн.* -бья́та, -бья́т
воробьи́ный
воробьи́ха, -и
воробьи́шка, -и, *р. мн.* -шек, *м.*
воробья́тник, -а
воро́ванный; *кр. ф.* -ан, -ана
ворова́тость, -и
ворова́тый
ворова́ть(ся), ворую, вору́ет(ся)
воро́вка, -и, *р. мн.* -вок
воровски́
воровско́й
воровство́, -а́
во́рог, -а
ворожба́, -ы́
вороже́й, -я
вороже́йка, -и, *р. мн.* -е́ек
вороже́ние, -я
ворожея́, -и́, *р. мн.* -же́й
ворожи́ть, -жу́, -жи́т
воро́жка, -и, *р. мн.* -жек
во́рон, -а
воро́на, -ы
воро́нежский (*от* Воро́неж)
воро́нежцы, -ев, *ед.* -жец, -жца, *тв.* -жцем
Воро́нежчина, -ы (*к* Воро́неж)
вороне́ние, -я
воронённый; *кр. ф.* -ён, -ена́, *прич.*
воронёнок, -нка, *мн.* -ня́та, -ня́т
воронёночек, -чка, *мн.* вороня́тки, -ток
воронёный, *прил.*
воро́ненький
вороне́ц, -нца́, *тв.* -нцо́м, *р. мн.* -нцо́в
воро́ний, -ья, -ье
ворони́ка, -и
ворони́льщик, -а
воро́нить, -ню, -нит (*ротозейничать*)
ворони́ть(ся), -ню́, -ни́т(ся) (*чернить металл, подвергаться воронению*)
ворони́ха, -и
воро́нка, -и, *р. мн.* -нок
воронко́, -а́, *мн.* -и́, -о́в, *м.* (*о лошади*) и **Воронко́,** -а́, *м.* (*кличка*)
воронкови́дный; *кр. ф.* -ден, -дна
воронкообра́зный; *кр. ф.* -зен, -зна
во́ронов, -а, -о (как во́роново крыло́)
во́роновые, -ых
вороно́й
вороно́к, -нка́
во́роно-пе́гий
во́роно-ча́лый
воро́ночка, -и, *р. мн.* -чек
Воронцо́во По́ле, Воронцо́ва По́ля (*улица в Москве*)
Воронцо́вские Пруды́ (*улица в Москве*)
воронцо́вский (*от* Воронцо́в)
во́ронь, -и
воронье́, -я́
воро́нящий (*от* воро́нить)
вороня́щий(ся) (*от* ворони́ть(ся)
во́рот, -а, *мн.* -ы, -ов
воро́та, -о́т, -о́там; но (*в названиях площадей, перевалов, проливов*) **Воро́та, -о́т,** *напр.*: Кра́сные Воро́та, Ники́тские Воро́та, Покро́вские Воро́та (*в Москве*), Байда́рские Воро́та (*перевал*), Золоты́е Воро́та, Ка́рские Воро́та (*проливы*)
ворота́, -о́т, -ота́м (*устар. и нар.-поэт. к* воро́та)
вороти́ла, -ы, *м.* (*делец*)
вороти́ло, -а (*рычаг*)
воро́тина, -ы
вороти́ть(ся), -очу́(сь), -о́тит(ся)
воро́тища, -ищ (*увелич. к* воро́та)
воро́тище, -а (*створ ворот*)
воротни́к, -а́
воротнико́вый
воротничко́вый
воротничо́к, -чка́
во́ротный (*от* во́рот)
воро́тный (*от* воро́та)
вороток, -тка́
воро́тца, -тец, -тцам
во́рох, -а, *мн.* -а́, -о́в и -и, -ов
ворохну́ть(ся), -ну́(сь), -нёт(ся)
ворохоочисти́тель, -я
воро́чание, -я
воро́чанный; *кр. ф.* -ан, -ана (*от* воро́чать)
воро́чать(ся), -аю(сь), -ает(ся)
воро́ченный; *кр. ф.* -ен, -ена (*от* вороти́ть)
вороше́ние, -я
ворошённый; *кр. ф.* -ён, -ена́, *прич.*
ворошёный, *прил.*
вороши́лка, -и, *р. мн.* -лок
вороши́ловский (*от* Вороши́лов)
вороши́тель, я
вороши́ть(ся), -шу́(сь), -ши́т(ся)
ворошо́к, -шка́
во́р-рецидиви́ст, во́ра-рецидиви́ста
ворс, -а
ворси́льный
ворси́льня, -и, *р. мн.* -лен
ворси́льщик, -а
ворси́на, -ы
ворси́нка, -и, *р. мн.* -нок
ворси́нковый
ворси́нчатый
ворси́стость, -и
ворси́стый
ворси́т, -а
ворси́ть(ся), воршу́, ворси́т(ся)
ворсова́льный
ворсова́льня, -и, *р. мн.* -лен
ворсова́ние, -я
ворсо́ванный; *кр. ф.* -ан, -ана
ворсова́ть(ся), -су́ю, -су́ет(ся)
ворсо́вка, -и
ворсово́й и **во́рсовый**
ворсо́вщик, -а
ворся́нка, -и, *р. мн.* -нок
ворся́нковый
ворсяно́й
воруйгородо́к, -дка́
ворча́нье, -я
ворча́ть, -чу́, -чи́т
ворчли́вость, -и
ворчли́вый
ворчу́н, -а́
ворчу́нья, -и, *р. мн.* -ний
ворьё, -я́
ворю́га, -и, *м.* и *ж.*
восвоя́си
восемнадцатигра́дусный (18-гра́дусный)
восемнадцатиле́тний (18-ле́тний)
восемнадцатиметро́вый (18-метро́вый)
восемна́дцатый
восемна́дцать, -и
во́семь, восьми́, *тв.* восьмью́ и восемью́
во́семьдесят, восьми́десяти, *тв.* восьмью́десятью и восемью́десятью
во́семь-де́сять, восьми́-десяти́ (*приблизительно*)
восемьсо́т, восьмисо́т, восьмиста́м, восьмьюста́ми и восемьюста́ми, о восьмиста́х
во́семью (*при умножении*)
во́семью во́семь
воск, -а и -у
воска́рмливать(ся), -аю(сь), -ает(ся)
воскипа́ние, -я
воскипа́ть, -а́ю, -а́ет
воскипе́ть, -плю́, -пи́т
воскли́кнуть, -ну, -нет
восклица́ние, -я
восклица́тельный
восклица́ть, -а́ю, -а́ет
воскобо́й, -я
воскобо́йный
воскобо́йня, -и, *р. мн.* -о́ен

восковúк, -á (*жук*)
восковúца, -ы, *тв.* -ей
воскóвка, -и, *р. мн.* -вок
воскóвниковые, -ых
воскóвница, -ы, *тв.* -ей
восковóй
восколéй, -я
воскообрáзный; *кр. ф.* -зен, -зна
воскоподóбный
воскормúть, -млю́, -óрмит
воскормлéнец, -нца, *тв.* -нцем, *р. мн.* -нцев
воскормлéние, -я
воскóрмленник, -а
воскóрмленница, -ы, *тв.* -ей
воскóрмленный; *кр. ф.* -ен, -ена
воскресáть, -áю, -áет
воскрéсе: Христóс воскрéсе
воскресéние, -я (*от* воскрéснуть)
Воскресéние Христóво
Воскресéнские ворóта (*в Москве*)
воскресéнский (*к* Воскресéние Христóво и Воскресéнск)
Воскресéнский (собóр, монасты́рь)
воскресéнцы, -ев, *ед.* -нец, -нца, *тв.* -нцем (*от* Воскресéнск)
воскресéнье, -я, *р. мн.* -ний (*день недели*)
воскресúтель,-я
воскресúтельница, -ы, *тв.* -ей
воскресúть, -ешу́, -есúт
воскрéсник, -а
воскрéснувший
воскрéснуть, -ну, -нет; *прош.* -éс, -éсла
воскрéсны, -ых, *ед.* -сен, -сна (*церк. песнопения*)
воскрéсный (*к* воскресéнье)
воскрéсший
воскрешáть(ся), -áю(сь), -áет(ся)
воскрешéние, -я (*от* воскресúть)
воскрешённый; *кр. ф.* -ён, -енá
воскрúкнуть, -ну, -нет
воскрылённый; *кр. ф.* -ён, -енá
воскры́лие, -я
воскрылúть(ся), -лю́(сь), -лúт(ся)
воскрыля́ть(ся), -я́ю(сь), -я́ет(ся)
воскурéние, -я
воску́ренный; *кр. ф.* -ен, -ена
воску́ривать(ся), -аю, -ает(ся)
воскурúть(ся), -урю́, -у́рит(ся)
воскуря́ть(ся), -я́ю, -я́ет(ся)
во слáву
вослéд, *нареч.* и *предлог*
в основнóм
в осóбинку
в осóбину
в осóбицу
воспалéние, -я
воспалённо-крáсный
воспалённость, -и
воспалённый; *кр. ф.* -ён, -енá
воспалúтельный
воспалúть(ся), -лю́(сь), -лúт(ся)
воспаля́ть(ся), -я́ю(сь), -я́ет(ся)

воспарéние, -я
воспарúть, -рю́, -рúт
воспаря́ть, -я́ю, -я́ет
воспевáние, -я
воспевáтель, -я
воспевáть(ся), -áю, -áет(ся)
воспéтый
воспéть(ся), -пою́, -поёт(ся)
воспитáние, -я
воспúтанник, -а
воспúтанница, -ы, *тв.* -ей
воспúтанно, *нареч.*
воспúтанность, -и
воспúтанный; *кр. ф. прич.* -ан, -ана; *кр. ф. прил.* (*обнаруживающий результаты хорошего воспитания*) -ан, -анна
воспитáтель, -я
воспитáтельница, -ы, *тв.* -ей
воспитáтельно-исправúтельный
воспитáтельно-профилактúческий
воспитáтельно-трудовóй
воспитáтельный
воспитáтельский
воспитáть(ся), -áю(сь), -áет(ся)
воспúтывать(ся), -аю(сь), -ает(ся)
воспламенéние, -я
воспламенённый; *кр. ф.* -ён, -енá
воспламенúтель, -я
воспламенúтельный
воспламенúть(ся), -ню́(сь), -нúт(ся)
воспламеня́емость, -и
воспламеня́ть(ся), -я́ю(сь), -я́ет(ся)
воспоённый; *кр. ф.* -ён, -енá
воспоúть, -пою́, -поúт
восполнéние, -я
воспóлненный; *кр. ф.* -ен, -ена
восполнúмость, -и
восполнúмый
воспóлнить(ся), -ню, -нит(ся)
восполня́ть(ся), -я́ю, -я́ет(ся)
воспóльзоваться, -зуюсь, -зуется
воспоминáние, -я
воспоминáть(ся), -áю, -áет(ся)
воспомяну́ть, -ну́, -я́нет
воспослéдовать, -дую, -дует
воспрепя́тствование, -я
воспрепя́тствовать, -твую, -твует
воспретúтельный
воспретúть, -рещу́, -ретúт
воспрещáть(ся), -áю, -áет(ся)
воспрещéние, -я
воспрещённый; *кр. ф.* -ён, -енá
восприéмник, -а
восприéмница, -ы, *тв.* -ей
восприéмнический
восприéмничество, -а
восприúмчивость, -и
восприúмчивый
воспринимáемость, -и
воспринимáть(ся), -áю(сь), -áет(ся)
воспринимáющий(ся)
восприня́тие, -я
восприня́тый; *кр. ф.* -úнят, -úнятá, -úнято

восприня́ть(ся), -иму́, -úмет(ся); *прош.* -úнял, -иня́лся́, -инялá(сь), -úняло, -инялóсь
восприя́тие, -я
восприя́ть, *буд. вр. не употр.*; *прош.* -я́л, -я́ла
воспроизведéние, -я
воспроизведённый; *кр. ф.* -ён, -енá
воспроизвéдший(ся)
воспроизвестú(сь), -веду́, -ведёт(ся); *прош.* -вёл(ся), -велá(сь)
воспроизводúмость, -и
воспроизводúтель, -я
воспроизводúтельница, -ы, *тв.* -ей
воспроизводúтельный
воспроизводúть(ся), -ожу́, -óдит(ся)
воспроизвóдственный
воспроизвóдство, -а
воспроизводя́щий(ся)
воспротúвиться, -влюсь, -вится
воспря́нувший
воспря́нуть, -ну, -нет; *прош.* -я́нул, -я́нула
воспылáть, -áю, -áет
восседáть, -áю, -áет
воссéсть, -ся́ду, -ся́дет; *прош.* -сéл, -сéла
восся́ть, -я́ю, -я́ет
воcслáвить(ся), -влю(сь), -вит(ся)
восславлéние, -я
воcслáвленный; *кр. ф.* -ен, -ена
восславля́ть(ся), -я́ю(сь), -я́ет(ся)
восслéдование, -я
воссоединéние, -я
воссоединённый; *кр. ф.* -ён, -енá
воссоединúтельный
воссоединúть(ся), -ню́(сь), -нúт(ся)
воссоединя́ть(ся), -я́ю(сь), -я́ет(ся)
воссоздавáть(ся), -даю, -даёт(ся)
воссоздáние, -я
воссóзданный; *кр. ф.* -сóздан, -сóзданá, -сóздано
воссоздáть(ся), -áм, -áшь, -áст(ся), -адúм, -адúте, -аду́т(ся); *прош.* -áл(ся), -алá(сь), -áло, -áлóсь
воссозидáть, -áю, -áет
восставáть, -таю, -таёт
восстáвить, -влю, -вит
восстáвленный; *кр. ф.* -ен, -ена
восставля́ть(ся), -я́ю, -я́ет(ся)
восстанáвливаемость, -и
восстанáвливать(ся), -аю(сь), -ает(ся)
восстáние, -я; но: **плóщадь Восстáния** (*в нек-рых городах*)
восстановúмость, -и
восстановúмый
восстановúтель, -я
восстановúтельный
восстановúть(ся), -овлю́(сь), -óвит(ся)
восстановлéние, -я
восстанóвленный; *кр. ф.* -ен, -ена
восстановля́ть(ся), -я́ю(сь), -я́ет(ся)
восстáть, -áну, -áнет
восстаю́щий
воссылáть(ся), -áю, -áет(ся)

востека́ть, -а́ю, -а́ет
восте́чь, -теку́, -течёт
восто́к, -а и (*страны Азии*) **Восто́к**, -а; Да́льний Восто́к, Бли́жний Восто́к, Сре́дний Восто́к (территории в Азии)
востокове́д, -а
востокове́дение, -я
востокове́дный
востокове́дческий
восто́ко-се́веро-восто́к, -а
восто́ко-се́веро-восто́чный
восто́ко-ю́го-восто́к, -а
восто́ко-ю́го-восто́чный
во́ сто кра́т и **в сто́ кра́т**
восто́рг, -а
восторга́ть(ся), -а́ю(сь), -а́ет(ся)
восто́рженно, *нареч.*
восто́рженность, -и
восто́рженный; *кр. ф.* -ен, -енна
восторжествова́ть, -тву́ю, -тву́ет
Восто́чная Герма́ния
Восто́чная Евро́па
Восто́чная Пру́ссия
Восто́чная Ри́мская импе́рия
Восто́чная Сиби́рь
Восто́чная Славо́ния
восто́чнее, *нареч.*
восто́чник, -а
Восто́чно-Австрали́йские го́ры
восточноавстрали́йский
Восто́чно-Австрали́йское тече́ние
восточноазиа́тский
восточноамерика́нский
восточноафрика́нский
Восто́чно-Африка́нское наго́рье
восточногерма́нский
Восто́чно-Гренла́ндское тече́ние
Восто́чно-Европе́йская равни́на
восточноевропе́йский
восточноевропе́йцы, -ев, *ед.* -е́ец, -е́йца, *тв.* -е́йцем
Восто́чное вулкани́ческое плато́ (*на Камчатке*)
Восто́чное Забайка́лье
Восто́чное полуша́рие
Восто́чное Средиземномо́рье
восточнозабайка́льский
Восто́чно-Ира́нские го́ры
восточноказахста́нский
восточноказахста́нцы, -ев, *ед.* -нец, -нца, *тв.* -нцем
восточнокафоли́ческий
восточнокита́йский
Восто́чно-Кита́йское мо́ре
восточномонго́льский
восточноприокеани́ческий
восточнопру́сский
Восто́чно-Сахали́нские го́ры
восточносиби́рский
Восто́чно-Сиби́рское мо́ре
восточнославя́нский
восточнославя́нско-по́льский
восточносредиземномо́рский
восточнотихоокеа́нский
восточнохристиа́нский
восто́чны, -ых, *ед.* -чен, -чна (*церк. песнопения*)
восто́чный
Восто́чный Пами́р
Восто́чный хребе́т (*на Камчатке*)
Восто́чный экспре́сс
востре́бование, -я
востре́бованность, -и
востре́бованный; *кр. ф.* -ан, -ана
востре́бовать(ся), -бую(сь), -бует(ся)
востре́нек, -нька
во́стренький
вострепета́ть, -пещу́, -пе́щет
востре́ц, -а́, *тв.* -о́м и **остре́ц**, -а́, *тв.* -о́м
востри́ть, -рю́, -ри́т
востро́: держа́ть у́хо востро́
вострobрю́шка, -и, *р. мн.* -шек
востроглáзенький
востроглáзый
востроно́гий
востроно́сенький
востроно́сый
востроу́хий
воструби́ть, -ублю́, -у́би́т
востру́ха, -и
востру́шка, -и, *р. мн.* -шек
во́стрый; *кр. ф.* востёр, востра́, востро́
восхвале́ние, -я
восхвалённый; *кр. ф.* -ён, -ена́
восхвали́ть, -алю́, -а́лит
восхваля́ть(ся), -я́ю(сь), -я́ет(ся)
восхити́тельно, *нареч.*
восхити́тельность, -и
восхити́тельный; *кр. ф.* -лен, -льна
восхити́ть(ся), -ищу́(сь), -ити́т(ся)
восхища́ть(ся), -а́ю(сь), -а́ет(ся)
восхище́ние, -я
восхищённо, *нареч.*
восхищённый; *кр. ф.* -ён, -ена́ и (*выражающий восхищение*) -ён, -ённа (и́х взгля́ды восхищённы)
восхо́д, -а
восходи́тель, -я
восходи́тельница, -ы, *тв.* -ей
восходи́ть, -ожу́, -о́дит
восходя́щий
восхожде́ние, -я
восхоте́ть, -хочу́, -хо́чешь, -хо́чет, -хоти́м, -хоти́те, -хотя́т
восчу́вствовать, -твую, -твует
восше́ствие, -я
восшуме́ть, -млю́, -ми́т
восьмери́к, -а́
восьмерико́вый
восьмери́чный
восьмёрка, -и, *р. мн.* -рок
восьмерно́й
во́сьмеро, -ы́х
восьмёрочка, -и, *р. мн.* -чек
восьмиба́лльный (8-ба́лльный)
восьмибо́рье, -я
восьмиведёрный и **восьмивёдерный**
восьмивесе́льный и **восьмивёсельный**
восьмигра́нник, -а
восьмигра́нный
восьмидесятикопе́ечный (80-копе́ечный)
восьмидесятиле́тие (80-ле́тие), -я
восьмидесятиле́тний (80-ле́тний)
восьмидесятипятиле́тие (85-ле́тие), -я
восьмидесятипятиле́тний (85-ле́тний)
восьмидесятирублёвый (80-рублёвый)
восьмидеся́тник, -а
восьмидеся́тый
восьмидне́вный (8-дне́вный)
восьмидо́льный
восьмизаря́дный
восьмизна́чный
восьмикла́ссник, -а
восьмикла́ссница, -ы, *тв.* -ей
восьмикла́ссный (8-кла́ссный)
восьмикли́нка, -и, *р. мн.* -нок
восьмиколо́нный
восьмиконе́чный
восьмикра́тный
восьмиле́тие, -я
восьмиле́тка, -и, *р. мн.* -ток, *ж.* (*восьмилетняя школа*), *м.* и *ж.* (*ребенок восьми лет*)
восьмиле́тний (8-ле́тний)
восьмиле́ток, -тка
восьмилучево́й
восьмиме́сячный (8-ме́сячный)
восьмиметро́вый (8-метро́вый)
восьмимото́рный (8-мото́рный)
восьминеде́льный (8-неде́льный)
восьмино́г, -а
восьмио́сный
восьмирублёвый
восьмисло́жный
восьмисотле́тие (800-ле́тие), -я
восьмисотле́тний (800-ле́тний)
восьмисотпятидесятиле́тие (850-ле́тие), -я
восьмисотпятидесятиле́тний (850-ле́тний)
восьмисо́тый
восьмисти́шие, -я
восьмисто́пный
восьмистру́нный
восьмито́мник, -а
восьмито́мный (8-то́мный)
восьмито́нный (8-то́нный)
восьмито́чечный жу́к
восьмиты́сячник, -а
восьмиты́сячный (8-ты́сячный)
восьмиуго́льник, -а
восьмиуго́льный
восьмичасово́й (8-часово́й)
восьмиэта́жный (8-эта́жный)
Восьмо́е ма́рта (8-е Ма́рта) (*праздник*)
восьмо́й

восьмома́ртовский
восьму́ха, -и
восьму́шечка, -и, *р. мн.* -чек
восьму́шка, -и, *р. мн.* -шек
вот
во́т бы
в отве́т
вот-во́т
в отдале́нии
в отде́льности
во́т ещё
воти́вный
воти́рование, -я
воти́рованный; *кр. ф.* -ан, -ана
воти́ровать(ся), -рую, -рует(ся)
votиро́вка, -и, *р. мн.* -вок
во́тканный; *кр. ф.* -ан, -ана
votка́ть(ся), -ку́, -кёт(ся); *прош.* -а́л(ся), -а́ла́(сь), -а́ло(сь)
во́ткинский (*от* Во́ткинск)
во́ткинцы, -ев, *ед.* -нец, -нца, *тв.* -нцем
в отклю́чке (бы́ть, *жарг.*)
во́ткнутый
воткну́ть(ся), -ну́, -нёт(ся)
в откры́тую
в отли́чие (*от кого, чего*) (*в противоположность кому, чему*)
в отме́стку
в отноше́нии (*кого, чего*) (*относительно*)
в отпа́де (бы́ть, *жарг.*)
в отры́в (уйти́)
в отры́ве (*от кого, чего*)
во́тский (*к* вотяки́)
в отступле́ние (*от чего*) (*отступая*)
в отсу́тствие (*кого*) (*при отсутствии*)
во́т так клю́ква! и **во́т те клю́ква!**
во́т так та́к!
во́т тебе́ (те, ва́м) бо́г, а во́т поро́г
во́т те (и) на́ и **во́т тебе́ (и) на́**
во́т те кре́ст и **во́т тебе́ кре́ст** (*клятвенное уверение*)
во́т те ра́з и **во́т тебе́ ра́з**
во́т те Христо́с (*клятвенное уверение*)
в оття́жку
во́тум, -а
Во́тчал, -а: **ка́пли Во́тчала**
во́тчина, -ы
во́тчинник, -а
во́тчинный
вотще́
вотяки́, -о́в, *ед.* вотя́к, -а́
вотя́цкий
вотя́чка, -и, *р. мн.* -чек
во́утинг-тре́ст, -а
во фро́нт и **во фру́нт** (вста́ть, постро́ить)
в оха́пку
во хмелю́
в охо́тку
ВОХР, -а (*сокр.*: военизированная охрана)
во́хровский (*от* ВОХР)
воцаре́ние, -я
воцари́ться, -рю́сь, -ри́тся
воцаря́ться, -я́юсь, -я́ется
воцерковле́ние, -я
воцерко́вленный; *кр. ф.* -ен, -ена
воцерковля́ться, -я́юсь, -я́ется
во челове́цех (на земле́ ми́р, во челове́цех благоволе́ние)
вочелове́чение, -я
вочелове́ченный; *кр. ф.* -ен, -ена
вочелове́читься, -чусь, -чится
в о́чередь
во что́ бы то ни ста́ло
вошебо́йка, -и, *р. мн.* -бо́ек
воше́дший
во́шка, -и, *р. мн.* во́шек
вошь, вши, *тв.* во́шью, *мн.* вши, вшей
воща́нка, -и, *р. мн.* -нок
вощано́й
воще́ние, -я
вощённый; *кр. ф.* -ён, -ена́, *прич.*
вощёный, *прил.*
вощи́на, -ы
вощи́нный
вощи́ть(ся), вощу́, вощи́т(ся)
во́ющий
вою́ющий
воя́ж, -а, *тв.* -ем
вояжёр, -а
вояжи́рование, -я
вояжи́ровать, -рую, -рует
вояжиро́вка, -и, *р. мн.* -вок
во язы́цех: при́тча во язы́цех
воя́ка, -и, *м.*
впа́вший
впада́ть, -а́ю, -а́ет
впаде́ние, -я
впа́дина, -ы
впа́динка, -и, *р. мн.* -нок
впа́ивание, -я
впа́ивать(ся), -аю, -ает(ся)
впа́йка, -и, *р. мн.* впа́ек
впа́йщик, -а
впа́лзывать, -аю, -ает
впалогла́зый
впалогру́дый
впа́лость, -и
впалощёкий
впа́лый
в па́мять *(о чем)*
в панда́н
впа́рхивать, -аю, -ает
впасть, впаду́, впадёт; *прош.* впал, впа́ла
впа́янный; *кр. ф.* -ян, -яна
впая́ть, -я́ю, -я́ет
вpева́ние, -я (*от* впева́ться)
впева́ться, -а́юсь, -а́ется (*к* впе́ться)
впека́ть(ся), -а́ю, -а́ет(ся)
вперви́нку
впервы́е
впервой
вперебе́жку, *нареч.*
вперееби́в, *нареч.*
вперееби́вку, *нареч.*
вперебо́й, *нареч.*
вперебо́рку, *нареч.*
вперева́л, *нареч.*
вперева́лку, *нареч.*
вперева́лочку, *нареч.*
вперевёрт, *нареч.*
вперевёртку, *нареч.*
вперевoро́т, *нареч.*
вперееги́б, *нареч.*
вперего́н, *нареч.*
вперего́нки́, *нареч.*
вперего́нку, *нареч.*
вперёд
вперёд-ввёрх (движе́ние, *спорт.*)
вперёд-вни́з (движе́ние, *спорт.*)
вперёд-вни́з-наза́д (движе́ние, *спорт.*)
вперёд-вну́трь (движе́ние, *спорт.*)
вперёд – в сто́роны (движе́ние, *спорт.*)
впереди́
впередиид́ущий*
впередилетя́щий*
впередисидя́щий*
впередистоя́щий*
вперёд-наза́д
вперёд-нару́жу (движе́ние, *спорт.*)
вперёдсмотря́щий, -его
вперека́т, *нареч.*
впереки́дку, *нареч.*
впереко́р, *нареч.*
впереко́с, *нареч.*
вперекре́ст, *нареч.*
впереме́жку (*перемежаясь*)
впереме́нку, *нареч.*
впeремёт, *нареч.*
впереме́шку (*перемешиваясь*)
впере́ние, -я
вперённый; *кр. ф.* -ён, -ена́
вперепля́с, *нареч.*
вперере́з, *нареч.*
вперерыв, *нареч.* (*наперебой*)
впере́ть(ся), вопру́(сь), вопрёт(ся); *прош.* впёр(ся), впёрла(сь)
вперехва́т, *нареч.*
вперехлёст, *нареч.*
впери́ть(ся), -рю́(сь), -ри́т(ся)
впёртый
впёрший(ся)
вперя́ть(ся), -я́ю(сь), -я́ет(ся)
впе́тость, -и
впе́ться, впою́сь, впоётся
впеча́танный; *кр. ф.* -ан, -ана
впеча́тать(ся), -таю, -тает(ся)
впечатлева́ть(ся), -а́ю, -а́ет(ся)
впечатле́ние, -я
впечатлённый; *кр. ф.* -ён, -ена́
впечатле́ньице, -а
впечатле́ть(ся), -е́ю, -е́ет(ся)
впечатли́тельность, -и
впечатли́тельный; *кр. ф.* -лен, -льна
впечатли́ть, -и́т
впечатля́емость, -и
впечатля́ть, -я́ю, -я́ет
впечатля́ющий
впеча́тывание, -я

впеча́тывать(ся), -аю, -ает(ся)
впечь, впеку́, впечёт, впеку́т; *прош.* впёк, впекла́
впива́ние, -я (*от* впива́ть(ся)
впива́ть(ся), -а́ю(сь), -а́ет(ся) (*к* впи́ть(ся)
в пи́ку (*кому, чему*)
впира́ть(ся), -а́ю(сь), -а́ет(ся)
впи́санный; *кр. ф.* -ан, -ана
вписа́ть(ся), впишу́(сь), впи́шет(ся)
впи́ска, -и, *р. мн.* -сок
впи́сывание, -я
впи́сывать(ся), -аю(сь), -ает(ся)
впи́танный; *кр. ф.* -ан, -ана
впита́ть(ся), -а́ю, -а́ет(ся)
впи́тывание, -я
впи́тывать(ся), -аю, -ает(ся)
впи́ть(ся), вопью́(сь), вопьёт(ся); *прош.* впи́л(ся), впила́(сь), впи́ло, впило́сь
впи́ханный; *кр. ф.* -ан, -ана
впиха́ть(ся), -а́ю, -а́ет(ся)
впи́хивание, -я
впи́хивать(ся), -аю(сь), -ает(ся)
впи́хнутый
впихну́ть(ся), -ну́(сь), -нёт(ся)
ВПК [вэпэка́], *нескл., м.* (*сокр.*: военно-промышленный комплекс)
впла́вить(ся), -влю, -вит(ся)
впла́вленный; *кр. ф.* -ен, -ена
вплавля́ть(ся), -я́ю, -я́ет(ся)
вплавь
в пла́не (*чего*)
вплёскивать(ся), -аю, -ает(ся)
вплёснутый
вплесну́ть(ся), -ну́, -нёт(ся)
вплести́(сь), вплету́, вплетёт(ся); *прош.* вплёл(ся), вплела́(сь)
вплета́ние, -я
вплета́ть(ся), -а́ю, -а́ет(ся)
вплете́ние, -я
вплетённый; *кр. ф.* -ён, -ена́
вплётший(ся)
вплотну́ю
вплоть (*устар. к* вплотну́ю)
в плоть (войти́, обле́чь(ся) в пло́ть (и кро́вь)
впло́ть до
в пло́ть и кро́вь
вплыва́ние, -я
вплыва́ть, -а́ю, -а́ет
вплы́тие, -я
вплыть, -ыву́, -ывёт; *прош.* -ыл, -ыла́, -ы́ло
в пляс (пойти́)
впова́л, *нареч.*
впова́лку
в пода́рок
в подбо́р
вподвёрстку, *нареч.*
в поддавки́ (игра́ть)
в подмётки (не годи́тся)
в подпи́тии
в подтвержде́ние (*чего*) (*для подтверждения*)
в подъём
впока́т, *нареч.*
впол... – *первая часть сложных слов* (*наречий*), *пишется слитно*
вполбревна́
вполводы́
вполгла́за (смотре́ть)
вполго́лоса
вполза́ние, -я
вполза́ть, -а́ю, -а́ет
вползти́, -зу́, -зёт; *прош.* вполз, вползла́
вползший
вполикры́
вполлица́
вполнака́ла
вполне́
вполне́ба
вполне́ реа́льный
вполноги́ (игра́ть, ката́ться, танцева́ть)
вполоборо́та
вполобхва́та
вполови́ну, *нареч.* (о́н и вполови́ну та́к не за́нят, ка́к я́); но: **в полови́ну листа́** (*формат*)
в поло́ску
в поло́сочку
вполоткры́та
вполпряма́
вполпьяна́
вполро́ста
вполруки́ (игра́ть)
вполси́лы
вполслу́ха
вполсыта́
в полубреду́
в полуверсте́
в полузабытьи́
в полукиломе́тре
в полуме́тре
в полуми́ле
вполуоборо́т
в полупро́филь
вполу́ха (слу́шать)
в полуша́ге
вполцены́
вполша́га
в по́льзу (*кого, чего*)
в поми́не (не́т)
впопа́д
впопыха́х
в поре́
впо́ру, *нареч.* (пла́тье впо́ру; впо́ру карау́л крича́ть); но *сущ.* **в по́ру** (в по́ру безвре́менья)
впорхну́ть, -ну́, -нёт
в поря́дке
в поря́док
впосле́дние и **впосле́днее,** *нареч.*(*в последний раз, устар.*)
в-после́дних, *вводн. сл.*
впосле́дствии, *нареч.*
впота́й
в по́те лица́
в потёмках
впотьма́х
в почёте
ВПП [вэпэпэ́], *нескл., ж.* (*сокр.*: взлетно-посадочная полоса)
впра́вду, *нареч.* (*действительно*)
впра́ве, *в знач. сказ.* (*имею, имеет право*) и *нареч.* (*справа, устар.*)
впра́вить(ся), -влю, -вит(ся)
впра́вка, -и
вправле́ние, -я
впра́вленный; *кр. ф.* -ен, -ена
вправля́ть(ся), -я́ю, -я́ет(ся)
впра́во
впра́во-вле́во
впра́во-вперёд (движе́ние, *спорт.*)
впра́во-наза́д (движе́ние, *спорт.*)
в прах (рассы́паться)
в предви́дении (*чего*) (*предвидя*)
в предвкуше́нии (*чего*) (*предвкушая*)
в преддве́рии (*чего*) (*непосредственно перед чем-н.*)
в преде́лах (*чего*)
в предше́ствии (*кого, чего*)
впредь
впре́дь до (*чего*)
впрессо́ванный; *кр. ф.* -ан, -ана
впрессова́ть, -ссу́ю, -ссу́ет
впрессо́вка, -и
впрессо́вывание, -я
впрессо́вывать(ся), -аю, -ает(ся)
в приба́вку
в привы́чку
впригля́дку, *нареч.*
в прида́чу
вприкре́п
вприку́ску, *нареч.*
в при́нципе
вприпры́жку, *нареч.*
вприско́к, *нареч.*
вприско́чку, *нареч.*
в прису́тствии (*кого*) (*при ком-н.*)
вприся́дку, *нареч.*
впритирку, *нареч.*
впритру́ску
впритык
вприти́чку, *нареч.*
вприхва́тку, *нареч.*
вприщу́р, *нареч.*
вприщу́рку, *нареч.*
впробро́с, *нареч.*
впрово́дку, *нареч.*
впро́голодь
в продолже́ние (*чего*) (*во время чего-н., пока что-н. продолжается*)
впро́желть, *нареч.*
впро́зелень, *нареч.*
впрок, *нареч.*
в прока́т (сдава́ть)
впро́резь, *нареч.*
впроса́к: попа́сть впроса́к
впро́синь, *нареч.*
впросо́нках
впросо́нье
впро́сте (*церк.*)

в противове́с (*кому, чему*)
в про́филь
впро́холодь
в проце́ссе *(чего)*
впро́чем, *союз*
впро́чернь, *нареч.*
в про́шлом
впры́гивание, -я
впры́гивать, -аю, -ает
впры́гнуть, -ну, -нет
впрыск, -а
впры́скивание, -я
впры́скивать(ся), -аю, -ает(ся)
впры́снутый
впры́снуть, -ну, -нет
впряга́ние, -я
впряга́ть(ся), -а́ю(сь), -а́ет(ся)
впря́гший(ся)
впряда́ть(ся), -а́ю, -а́ет(ся)
впрядённый; *кр. ф.* -ён, -ена́
впря́дывание, -я
впря́дывать(ся), -аю, -ает(ся)
впряжённый; *кр. ф.* -ён, -ена́
впря́жка, -и
впряму́ю, *нареч.*
впрямь
впря́сть(ся), -яду́, -ядёт(ся); *прош.* -я́л(ся), -я́ла́(сь)
в пря́тки (игра́ть)
впря́чь(ся), -ягу́(сь), -яжёт(ся), -ягу́т(ся); *прош.* -я́г(ся), -ягла́(сь)
впуск, -а
впуска́ние, -я
впуска́ть(ся), -а́ю, -а́ет(ся)
впускно́й
впу́сте
впусти́ть, впущу́, впу́стит
впусту́ю, *нареч.*
впу́танный; *кр. ф.* -ан, -ана
впу́тать(ся), -аю(сь), -ает(ся)
впу́тывание, -я
впу́тывать(ся), -аю(сь), -ает(ся)
в пух (*совершенно, окончательно*)
в пу́х и пра́х
впу́щенный; *кр. ф.* -ен, -ена
впя́ленный; *кр. ф.* -ен, -ена
впя́ливание, -я
впя́ливать(ся), -аю(сь), -ает(ся)
впя́лить(ся), -лю(сь), -лит(ся)
впя́теро
впятеро́м
впя́тить(ся), впя́чу, впя́тит(ся)
в-пя́тых
впя́ченный; *кр. ф.* -ен, -ена
впя́чивание, -я
впя́чивать(ся), -аю, -ает(ся)
враба́тываемость, -и
враба́тывание, -я
враба́тываться, -аюсь, -ается
врабо́танность, -и
врабо́таться, -аюсь, -ается
враг, -а́
враги́ня, -и, *р. мн.* -и́нь
в ра́дость
в раж (войти́)
вражда́, -ы́
вражде́бно настро́енный
вражде́бно-недове́рчивый
вражде́бность, -и
вражде́бный; *кр. ф.* -бен, -бна
враждова́ть, -ду́ю, -ду́ет
вра́жек, -жка (*устар.* к овра́г, овра́жек); но: **Си́вцев Вра́жек** (*переулок в Москве*)
вра́жеский
вра́жий, -ья, -ье
вражи́на, -ы, *м.* и *ж.*
вражо́нок, -нка, *мн.* враженя́та, -я́т
враз, *нареч.*
вразбе́жку, *нареч.*
вразби́вку, *нареч.*
вразбро́д, *нареч.*
вразбро́с, *нареч.*
вразбро́ску, *нареч.*
вразва́л, *нареч.*
вразва́лку, *нареч.*
вразва́лочку, *нареч.*
вразве́с, *нареч.*
вразво́з, *нареч.*
в разга́р (*чего*)
враздра́й, *нареч.*
враздро́бь
вразла́д, *нареч.* (*нестройно, не в лад*)
вразлёт, *нареч.*
в разли́в и **в ро́злив**
вразма́х, *нареч.* (*с размаху*)
вразма́шку, *нареч.*
вразмёт, *нареч.*
вразнобо́й, *нареч.*
вразноголо́сицу, *нареч.*
вразно́с, *нареч.*
вразно́ску, *нареч.*
вразноты́к
вразре́з (*с чем*)
вразря́дку, *нареч.*
вразуми́тельность, -и
вразуми́тельный; *кр. ф.* -лен, -льна
вразуми́ть(ся), -млю́(сь), -ми́т(ся)
вразумле́ние, -я
вразумлённый; *кр. ф.* -ён, -ена́
вразумля́ть(ся), -я́ю(сь), -я́ет(ся)
вра́ки, врак
врали́ха, -и
враль, -я́
вра́льман, -а (*враль*)
в ра́мках (*чего*)
вран, -а *(устар., в поэзии)*
вра́нгелевец, -вца, *тв.* -вцем, *р. мн.* -вцев
вра́нгелевский (*от* Вра́нгель)
вра́нгелевщина, -ы
вра́новые, -ых (*то же, что* вороновые)
враньё, -я́
враска́чку, *нареч.*
враски́д
враски́дку, *нареч.*
враскоря́ку, *нареч.*
враскоря́чку, *нареч.*
враско́с
враспа́шку, *нареч.* (*нараспашку*)
враспе́в, *нареч.*
врасплo̍х
враспо́р, *нареч.*
враспоя́ску
в распы́л (пойти́, пусти́ть)
в рассро́чку
в рассужде́нии (*кого-чего*) (*относительно*)
врассы́пку, *нареч.*
врассыпну́ю, *нареч.*
враста́ние, -я
враста́ть, -а́ю, -а́ет
врасти́, -ту́, -тёт; *прош.* врос, вросла́
врастопы́рку
врастру́ску, *нареч.*
врастя́жку, *нареч.*
в расхо́д (пойти́, пусти́ть)
в расчёте (*на что, на кого*)
врата́, врат, врата́м
Врата́рница, -ы, *тв.* -ей (*икона Божией Матери*)
врата́рский
вра́тарь, -я (*церк.*)
врата́рь, -я́
вра́ть(ся), вру, врёт(ся); *прош.* врал, врала́, вра́ло, врало́сь
врач, -а́, *тв.* -о́м
вра́ч-дието́лог, врача́-дието́лога
враче́бно-консультацио́нный
враче́бно-контро́льный
враче́бно-педагоги́ческий
враче́бно-санита́рный
враче́бно-се́стринский
враче́бно-трудово́й
враче́бно-физкульту́рный
враче́бный
врачева́ние, -я
врачева́тель, -я
врачева́тельница, -ы, *тв.* -ей
врачева́ть(ся), -чу́ю(сь), -чу́ет(ся)
врачи́ха, -и
вра́ч-консульта́нт, врача́-консульта́нта
вра́ч-космето́лог, врача́-космето́лога
вра́ч-педиа́тр, врача́-педиа́тра
вра́ч-рентгено́лог, врача́-рентгено́лога
вра́ч-терапе́вт, врача́-терапе́вта
вра́ч-травмато́лог, врача́-травмато́лога
врачу́ющий
враща́тельно-колеба́тельный
враща́тельный
враща́ть(ся), -а́ю(сь), -а́ет(ся)
враща́ющий(ся)
враще́ние, -я
ВРД [вээрдэ́], *нескл., м.* (*сокр.*: воздушно-реактивный двигатель)
вред, -а́
вре́дина, -ы, *м.* и *ж.*
вреди́тель, -я
вреди́тельница, -ы, *тв.* -ей
вреди́тельский
вреди́тельство, -а

вреди́тельствовать, -твую, -твует
вреди́ть, врежу́, вреди́т
в ре́дкость
вредне́йший
вре́дничать, -аю, -ает
вре́дно, *в знач. сказ.*
вре́дность, -и
вре́дный; *кр. ф.* -ден, -дна́, -дно, вре́дны́
вредню́га, -и, *м.* и *ж.*
вредню́щий
вредоно́сность, -и
вредоно́сный; *кр. ф.* -сен, -сна
врез, -а
вреза́ние, -я
вре́занный; *кр. ф.* -ан, -ана
вре́зать(ся), вре́жу(сь), вре́жет(ся), *сов.*
вреза́ть(ся), -а́ю(сь), -а́ет(ся), *несов.*
в рези́нку
в рези́ночку
вре́зка, -и, *р. мн.* -зок
врезно́й
в результа́те
вре́зчик, -а
вре́зывание, -я
вре́зывать(ся), -аю(сь), -ает(ся)
времена́ми, *нареч.*
вре́менем, *нареч. (устар.)*
времени́ть, -ню́, -ни́т
временни́к, -а́
вре́менно, *нареч.*
Вре́менное прави́тельство (*в России, 1917*)
вре́менно замеща́ющий
вре́менно исполня́ющий
временно́й (*относящийся ко времени*)
временнообя́занный
вре́менно оккупи́рованный
вре́менно-простра́нственный
вре́менность, -и
вре́менный; *кр. ф.* -менен, -менна (*непостоянный*)
Вре́менный пове́ренный в дела́х
вре́менщик, -а (*временный житель, работник*)
временщи́к, -а́ (*властитель-фаворит*)
вре́мечко, -а
вре́мя, -мени, *тв.* -менем, *мн.* времена́, -мён, -мена́м
времязада́ющий
времяизмери́тельный
времяи́мпульсный
времяисчисле́ние, -я
времянка, -и, *р. мн.* -нок
вре́мя от вре́мени
времяощуще́ние, -я
времяпрепровожде́ние, -я
времяпровожде́ние, -я
времясчисле́ние, -я (*устар. к* времяисчисле́ние)
вре́тище, -а
врид, -а (*сокр.*: временно исполняющий должность, *устар.*)
ври́о, *нескл., м.* и *ж.* (*сокр.*: временно исполняющий обязанности)
врисо́ванный; *кр. ф.* -ан, -ана
врисова́ть, -су́ю, -су́ет
врисо́вывать(ся), -аю, -ает(ся)
вро́вень
вро́де, *предлог* (*в виде, как*) и *частица* (*как будто, кажется*)
вро́де бы
вро́де как
врождённость, -и
врождённый; *кр. ф.* -ён, -ена́ и -ённа
в ро́злив и **в разли́в**
в ро́зницу
врозь, *нареч.*
врозь
вро́ссыпь, *нареч.*
в рост (*кого;* идти́; дава́ть)
вро́сший
вро́цлавский (*от* Вро́цлав)
вро́цлавцы, -ев, *ед.* -вец, -вца, *тв.* -вцем
вроцлавя́не, -я́н, *ед.* -я́нин, -а
вроцлавя́нка, -и, *р. мн.* -нок
вруб, -а
вруба́ние, -я
вруба́ть(ся), -а́ю(сь), -а́ет(ся)
вру́белевский (*от* Вру́бель)
вруби́ть(ся), врублю́(сь), вру́бит(ся)
вру́бка, -и, *р. мн.* -бок
вру́бленный; *кр. ф.* -ен, -ена
врубмаши́на, -ы
врубмашини́ст, -а
вру́бовка, -и, *р. мн.* -вок
вру́бово-отбо́йный
врубовщи́к, -а́
вру́бовый
вру́бок, -бка
в ружьё (ста́ть, поста́вить)
врукопа́шную, *нареч.*
в ру́ку: со́н в ру́ку
врун, -а́
вруни́шка, -и, *р. мн.* -шек, *м.* и *ж.*
вру́нья, -и, *р. мн.* -ний
в ру́це Бо́жией
вруча́ть(ся), -а́ю, -а́ет(ся)
вруче́ние, -я
вручённый; *кр. ф.* -ён, -ена́
вручи́тель, -я
вручи́тельница, -ы, *тв.* -ей
вручи́ть, -чу́, -чи́т
вручну́ю, *нареч.*
вру́ша, -и, *тв.* -ей, *м.* и *ж.*
вру́шка, -и, *р. мн.* -шек, *м.* и *ж.*
врыва́ть(ся), -а́ю(сь), -а́ет(ся)
вры́тие, -я
вры́ть(ся), вро́ю(сь), вро́ет(ся)
в ряд (вы́строиться)
вряд, *частица* (*устар. к* вря́д ли)
вря́д ли
всади́ть(ся), всажу́, вса́дит(ся)
вса́дник, -а
вса́дница, -ы, *тв.* -ей
вса́днический
вса́женный; *кр. ф.* -ен, -ена
вса́живание, -я
вса́живать(ся), -аю, -ает(ся)
всамде́лишный
в са́мом де́ле
вса́сываемость, -и
вса́сывание, -я
вса́сывательный
вса́сывать(ся), -аю, -ает(ся)
вса́чивание, -я
вса́чиваться, -ается
в сбо́ре (*собрались*)
в сбо́рку (*об одежде*)
в сбо́рочку (*об одежде*)
всвал, *нареч.*
всверлённый; *кр. ф.* -ён, -ена́
всве́рливание, -я
всве́рливать(ся), -аю(сь), -ает(ся)
всверли́ть(ся), -лю́(сь), -ли́т(ся)
в связи́ с (*чем*)
всё, *нареч.* и *частица*
все… – *первая часть сложных слов, пишется слитно*
всеазиа́тский
всеамерика́нский
Всеангли́йский те́ннисный клу́б
всеарме́йский
всеафрика́нский
в себе́ (*также*: не в себе́, ве́щь в себе́)
всеблаго́й
Всеблаго́й и **Всеблаги́й,** -о́го (*о Боге*)
всеблаже́нный
всё бо́жья роса́ (*кому*) (*всё безразлично*)
всебра́тство, -а
всева́ние, -я
всева́ть(ся), -а́ю, -а́ет(ся)
всеве́дение, -я
всеве́дущий
Всевели́кое во́йско донско́е
всеви́дец, -дца, *тв.* -дцем, *р. мн.* -дцев
всеви́дящий и **всё ви́дящий**
всевла́стие, -я
всевла́стность, -и
всевла́стный; *кр. ф.* -тен, -тна
всево́буч, -а, *тв.* -ем (*всеобщее военное обучение*)
всевозмо́жный, *мн.* всевозмо́жные (*всякие, самые разнообразные*: всевозмо́жные това́ры), но: **всё возмо́жные** (испро́бовать всё возмо́жные вариа́нты, ме́ры)
всевозраста́ющий и **всё возраста́ющий**
всевозрастно́й
всево́лно́вый
Все́волод Большо́е Гнездо́
все́-все́
всё-всё
всевы́шний
Всевы́шний, -его (*Бог*)
всегда́
всегда́шний
всегла́сно, *нареч.*
всего́, *частица*
всего́ лишь

всего́-на́все (*устар. к* всего́-на́всего)
всего́-на́всего
всего́ ничего́
всего́-то
всего́ то́лько
всего́-то-на́всего
всего́-то ничего́
Вседержи́тель, -я
вседне́вность, -и
вседне́вный
вседозво́ленность, -и
вседоро́жник, -а
вседоро́жный
в-седьмы́х
всеевропе́йский
всё еди́но
всееди́нство, -а
всее́дный (*церк.*)
всё ж(е)
всё ж таки
всезна́й, -я
всезна́йка, -и, *р. мн.* -а́ек, *м.* и *ж.*
всезна́йство, -а
всезна́ние, -я
всезна́ющий и **всё зна́ющий**
всезря́щий
все́ивание, -я
все́ивать(ся), -аю, -ает(ся)
все́ и вся́, все́х и вся́
всё и вся́, всего́ и вся́
всеизве́стный
всеисцеля́ющий
всеисче́рпывающий
всекита́йский
Всекита́йское собра́ние наро́дных представи́телей
всекон́ечно, *нареч.*
всекон́ечный (*устар. книжн.*)
Всекуба́нское каза́чье во́йско
всекузба́сский
всел́енец, -нца, *тв.* -нцем, *р. мн.* -нцев
всел́ение, -я
всел́енная, -ой (*земля*) и **Всел́енная,** -ой (*космос*)
вселённый; *кр. ф.* -ён, -ена́
Всел́енская роди́тельская суббо́та
всел́енский
Всел́енский собо́р (*церк.*)
всели́ть(ся), -лю́(сь), все́ли́т(ся)
вселюбе́зный
вселю́бящий
вселю́дный
вселя́ть(ся), -я́ю(сь), -я́ет(ся)
всеме́рно, *нареч.*
всеме́рный
все́меро
всемеро́м
всеме́стный
всеми́лостивейший
всеми́лостивый
всемину́тный
Всеми́рная информацио́нная се́ть (*об Интернете*)
Всеми́рная организа́ция здравоохране́ния
Всеми́рная паути́на (*об Интернете*)
Всеми́рная се́ть (*об Интернете*)
Всеми́рная торго́вая организа́ция
Всеми́рная ша́хматная олимпиа́да
всеми́рно изве́стный
всеми́рно-истори́ческий
всеми́рность, -и
Всеми́рные ю́ношеские и́гры
всеми́рный
Всеми́рный ба́нк
Всеми́рный де́нь защи́ты дете́й
Всеми́рный де́нь здоро́вья
Всеми́рный де́нь окружа́ющей среды́
Всеми́рный пото́п (*библ.*)
Всеми́рный почто́вый сою́з
Всеми́рный сове́т церкве́й
Всеми́рный фестива́ль молодёжи и студе́нтов
всемогу́щество, -а
всемогу́щий
всемо́щный
всенаро́дно, *нареч.*
всенаро́дность, -и
всенаро́дный; *кр. ф.* -ден, -дна
всенациона́льный; *кр. ф.* -лен, -льна
всенепреме́нно
всенижа́йше, *нареч.*
всенижа́йший
все́нощная, -ой
всено́щно, *нареч.*
все́нощное бде́ние (*церк. служба*)
всено́щный
всеобнима́ющий
всео́буч, -а, *тв.* -ем (*всеобщее обучение*)
Всео́бщая деклара́ция пра́в челове́ка
Всео́бщая конфедера́ция труда́
всео́бщий
всео́бщность, -и
всеобъе́млемость, -и
всеобъе́млющий и **всё объе́млющий**
всё одно́
всеору́жие: во всеору́жии
всеотзы́вчивый
всеохва́тность, -и
всеохва́тный; *кр. ф.* -тен, -тна
всеохва́тывающий и **всё охва́тывающий**
всеплането́рный
всеплане́тный
всепобежда́ющий
всепоглоща́ющий
всепого́дность, -и
всепого́дный; *кр. ф.* -ден, -дна
всеподавля́ющий
всепо́дданнейше, *нареч.*
всепо́дданнейший
всепожира́ющий
всепоко́рнейше, *нареч.*
всепоко́рнейший
всепоко́рный
всепокоря́ющий
всепонима́ние, -я
всепонима́ющий и **всё понима́ющий**
всеправосла́вный
всепри́го́дность, -и
всепроника́ющий
всепроща́ющий и **всё проща́ющий**
всепроще́нец, -нца, *тв.* -нцем, *р. мн.* -нцев
всепроще́ние, -я
всепроще́нческий
всепроще́нчество, -а
всё равно́
в сердца́х
в середи́не и **в среди́не**
в середи́нке и **в среди́нке**
в середи́нку и **в среди́нку**
в середи́ну и **в среди́ну**
в серёдке
в серёдку
всережи́мный
Всеросси́йская госуда́рственная телерадиовеща́тельная компа́ния (ВГТРК)
Всеросси́йская пе́репись населе́ния
Всеросси́йская федера́ция волейбо́ла
Всеросси́йская чрезвыча́йная коми́ссия (ВЧК)
всеросси́йский
Всеросси́йский вы́ставочный це́нтр (ВВЦ)
всерьёз
всесве́тный
Всесвя́тская неде́ля
всесвя́тский (*относящийся к празднованию памяти всех святых*)
всесезо́нный
всеси́лие, -я
всеси́льность, -и
всеси́льный; *кр. ф.* -лен, -льна
всеславя́нский
всесоверше́нный
всесожже́ние, -я
всесокруша́ющий и **всё сокруша́ющий**
всесосло́вный
всесою́зный
всеспаси́тельный
всесторо́нне, *нареч.*
всесторо́нний; *кр. ф.* -о́нен, -о́ння
всесторо́нность, -и
всё-таки
всё-то, *нареч.*
всеукраи́нский
всеусе́рдие, -я
всеусе́рдный
всеуслы́шание: во всеуслы́шание
всехва́льный
все́хний и **все́хный** (*прост.*)
Всехсвя́тский (хра́м, монасты́рь; мо́ст, прое́зд)
Все́х Святы́х (хра́м, монасты́рь; Неде́ля, Де́нь Все́х Святы́х)

Все́х Скорбя́щих Ра́дость (*иконографический тип Божией Матери*)
Всецари́ца, -ы, *тв.* -ей (*икона Божией Матери*)
всеце́ло
всецерко́вный
всеча́сный
всечелове́к, -а
всечелове́ческий
всечестне́йший
всечестно́й
всеширо́тный
всешуте́йший
всея́ Руси́ (госуда́рь, патриа́рх)
всея́дность, -и
всея́дный; *кр. ф.* -ден, -дна
все́янный; *кр. ф.* -ян, -яна
все́ять, все́ю, все́ет
в си́лах
в си́ле
в си́лу (*чего*)
вскака́ть, вскачу́, вска́чет
вска́кивание, -я
вска́кивать, -аю, -ает
вска́пывание, -я
вска́пывать(ся), -аю, -ает(ся)
вскара́бкаться, -аюсь, -ается
вскара́бкиваться, -аюсь, -ается
вска́рмливание, -я
вска́рмливать(ся), -аю, -ает(ся)
вскати́ть(ся), -ачу́(сь), -а́тит(ся)
вска́тывание, -я
вска́тывать(ся), -аю(сь), -ает(ся)
вскачь
вски́дка, -и
вски́дывание, -я
вски́дывать(ся), -аю(сь), -ает(ся)
вски́нутый
вски́нуть(ся), -ну(сь), -нет(ся)
вскипа́ние, -я
вскипа́ть, -а́ю, -а́ет
вскипе́ть, -плю́, -пи́т
вскипяти́ть(ся), -ячу́(сь), -яти́т(ся)
вскипячённый; *кр. ф.* -ён, -ена́
вскиса́ть, -а́ет
вски́снуть, -нет
в скла́дку
в скла́дочку
в скла́дчину
всклень и **вскля́нь**, *нареч.*
вскле́пать, -еплю́, -е́плет
всклёпывать, -аю, -ает
вскли́кнуть, -ну, -нет
всклокота́ть(ся), -очу́, -о́чет(ся)
всклоко́ченный; *кр. ф.* -ен, -ена
всклоко́чивать(ся), -аю, -ает(ся)
всклоко́чить(ся), -чу, -чит(ся)
вскло́ченный; *кр. ф.* -ен, -ена
вскло́чивание, -я
вскло́чивать(ся), -аю, -ает(ся)
вскло́чить(ся), -чу, -чит(ся)
вскло́чка, -и, *р. мн.* -чек
вsклуби́ть(ся), -и́т(ся)
всклянь и **всклень**, *нареч.*
в ско́бках
в ско́бки (взя́ть)
в ско́бку (подстри́чь)
в ско́бочку
вскок[1], -а (*спорт*)
вскок[2], *нареч.*
всколеба́ть(ся), -ле́блю(сь), -ле́блет(ся)
всколошма́тить, -а́чу, -а́тит
всколупну́ть, -ну́, -нёт
всколу́пывать, -аю, -ает
всколыха́ть(ся), -ы́шу(сь), -ы́шет(ся) и -а́ю(сь), -а́ет(ся)
всколы́хивать(ся), -аю(сь), -ает(ся)
всколыхну́ть(ся), -ну́(сь), -нёт(ся)
всколызну́ть, -ну́, -нёт
вско́льзь, *нареч.*
вско́панный; *кр. ф.* -ан, -ана
вскопа́ть(ся), -а́ю, -а́ет(ся)
вско́ре
вскорми́ть(ся), -ормлю́, -о́рмит(ся)
вско́рмленник, -а
вско́рмленница, -ы, *тв.* -ей
вско́рмленный; *кр. ф.* -ен, -ена
вскоро́бить(ся), -блю, -бит(ся)
вско́рости, *нареч.* (*прост. к* вско́ре)
вскосма́тить(ся), -а́чу, -а́тит(ся)
вскосма́ченный; *кр. ф.* -ен, -ена
вскосма́чивать(ся), -аю, -ает(ся)
вскочи́ть, -очу́, -о́чит
вскрик, -а
вскри́кивание, -я
вскри́кивать, -аю, -ает
вскри́кнуть, -ну, -нет
вскрича́ть, -чу́, -чи́т
вскружи́ть(ся), -ужу́, -у́жи́т(ся)
вскручи́ниться, -нюсь, -нится
вскрыва́ние, -я
вскрыва́ть(ся), -а́ю, -а́ет(ся)
вскры́тие, -я
вскры́тый
вскры́ть(ся), вскро́ю, вскро́ет(ся)
вскры́ша, -и, *тв.* -ей
вскрышно́й
вскря́кивать, -аю, -ает
вскря́кнуть, -ну, -нет
всласть, *нареч.*
вслед, *нареч.* и *предлог*
всле́д за (*чем*), *предлог*
всле́д за те́м
вслед за тем как, *союз*
всле́дствие (*чего*) (*из-за, по причине*)
вслепу́ю, *нареч.*
в слу́жбу: не в слу́жбу, а в дру́жбу
вслух, *нареч.* (*так, что слышно другим*)
в слу́чае
вслу́шаться, -аюсь, -ается
вслу́шивание, -я
вслу́шиваться, -аюсь, -ается
вsма́тривание, -я
всма́триваться, -аюсь, -ается
всмотре́ться, -отрю́сь, -о́трится
в смы́сле (*чего*)
всмя́тку
всоба́чить, -чу, -чит
всо́ванный; *кр. ф.* -ан, -ана
всова́ть, всую́, всуёт
всо́вывание, -я
всо́вывать(ся), -аю(сь), -ает(ся)
в согла́сии (*с кем: дружно, в единомыслии; с чем: в соответствии*)
в соку́
в соотве́тствии (*с чем*) (*соответственно, согласно чему-н.*), но: **привести́ в соотве́тствие**
в сопоставле́нии (*с кем, чем*) (*по сравнению*)
в сопровожде́нии (*кого, чего*) (*вместе с кем, чем-н.*)
всо́санный; *кр. ф.* -ан, -ана
всоса́ть(ся), всосу́, всосёт(ся)
в состоя́нии, *в знач. сказ.*
всочи́ться, -и́тся
вспада́ть, -да́ет
вспа́ивание, -я
вспа́ивать(ся), -аю, -ает(ся)
вспа́лзывать, -аю, -ает
вспа́ренный; *кр. ф.* -ен, -ена
вспа́ривание, -я
вспа́ривать(ся), -аю(сь), -ает(ся)
вспа́рить(ся), -рю(сь), -рит(ся)
вспа́рхивание, -я
вспа́рхивать, -аю, -ает
вспа́рывание, -я
вспа́рывать(ся), -аю, -ает(ся)
вспасть, -адёт
вспа́ханный; *кр. ф.* -ан, -ана
вспаха́ть, вспашу́, вспа́шет
вспа́хивание, -я
вспа́хивать(ся), -аю, -ает(ся)
вспа́шка, -и, *р. мн.* -шек
вспева́ть, -а́ю, -а́ет (*от* вспеть)
вспе́ненный; *кр. ф.* -ен, -ена
вспе́нивание, -я
вспе́нивать(ся), -аю, -ает(ся)
вспе́нить(ся), -ню, -нит(ся)
вспетуши́ться, -шу́сь, -ши́тся
вспеть, вспою́, вспоёт
в спе́шке
вспла́кать(ся), -а́чу(сь), -а́чет(ся)
всплакну́ть(ся), -ну́, -нёт(ся)
всплеск, -а
всплёскивание, -я
всплёскивать(ся), -аю, -ает(ся)
всплесну́ть(ся), -ну́, -нёт(ся)
всплошну́ю, *нареч.*
всплошь
всплыва́ние, -я
всплыва́ть, -а́ю, -а́ет
всплы́тие, -я
всплыть, -ыву́, -ывёт; *прош.* -ыл, -ыла́, -ы́ло
вспоённый; *кр. ф.* -ён, -ена́ и **вспо́енный**; *кр. ф.* -ен, -ена
вспои́ть, -ою́, -о́ит
вспола́скивать(ся), -аю, -ает(ся)
всполза́ние, -я
всполза́ть, -а́ю, -а́ет
всползти́, -зу́, -зёт; *прош.* -о́лз, -олзла́
вспо́лзший

всполо́снутый
всполосну́ть, -ну́, -нёт
вспо́ло́х, -а
всполохну́ть(ся), -ну́(сь), -нёт(ся) (*всполошить(ся)*)
всполошённый; *кр. ф.* -ён, -ена́
всполоши́ть(ся), -шу́(сь), -ши́т(ся)
всполо́шный
всполыхну́ть, -нёт (*к* полыха́ть)
вспо́лье, -я, *р. мн.* -ьев и -лий (*окраина поля*)
вспо́льный (*к* вспо́лье)
вспомина́ние, -я
вспомина́ть(ся), -а́ю(сь), -а́ет(ся)
вспо́мнить(ся), -ню(сь), -нит(ся)
вспомога́тельный; *кр. ф.* -лен, -льна
вспоможе́ние, -я
вспомоществова́ние, -я
вспомоществова́ть, -тву́ю, -тву́ет
вспомя́нутый
вспомяну́ть(ся), -яну́(сь), -я́нет(ся)
вспо́ротый
вспоро́ть(ся), -орю́, -о́рет(ся)
вспорхну́ть, -ну́, -нёт
вспоте́лый
вспоте́ть, -е́ю, -е́ет
вспры́гивание, -я
вспры́гивать, -аю, -ает
вспры́гнуть, -ну, -нет
вспрыск, -а
вспры́ски, -ов (*пирушка*)
вспры́скивание, -я
вспры́скивать(ся), -аю(сь), -ает(ся)
вспры́снутый
вспры́снуть(ся), -ну(сь), -нет(ся)
вспря́нуть, -ну, -нет
вспу́гивание, -я
вспу́гивать(ся), -аю, -ает(ся)
вспу́гнутый
вспугну́ть, -ну́, -нёт
вспузы́ривать(ся), -аю, -ает(ся)
вспузы́рить(ся), -рю, -рит(ся)
вспу́танный; *кр. ф.* -ан, -ана
вспу́тать(ся), -аю, -ает(ся) (*взъерошить(ся), устар.*)
вспу́тывать(ся), -аю, -ает(ся)
вспуха́ние, -я
вспуха́ть, -а́ю, -а́ет
вспу́хлина, -ы
вспу́хлость, -и
вспу́хлый
вспу́хнуть, -ну, -нет; *прош.* -ух, -у́хла
вспу́хший
вспу́ченный; *кр. ф.* -ен, -ена
вспу́чиваемость, -и
вспу́чивание, -я
вспу́чивать(ся), -аю, -ает(ся)
вспу́чить(ся), -чу, -чит(ся)
вспуше́ние, -я
вспушённый; *кр. ф.* -ён, -ена́
вспуши́ть(ся), -шу́, -ши́т(ся)
вспы́ливать(ся), -аю, -ает(ся)
вспыли́ть, -лю́, -ли́т
вспы́льчивость, -и
вспы́льчивый
вспых, -а
вспы́хивание, -я
вспы́хивать, -аю, -ает
вспы́хнуть, -ну, -нет
вспы́шечный
вспы́шка, -и, *р. мн.* -шек
вспять
в сравне́нии (*с кем, чем*) (*по сравнению*), но: **не идёт в сравне́ние**
в среди́не и **в середи́не**
в среди́нке и **в середи́нке**
в среди́нку и **в середи́нку**
в среди́ну и **в середи́ну**
в срок
встава́ние, -я
встава́ть, встаю, встаёт
вста́вить(ся), -влю, -вит(ся)
вста́вка, -и, *р. мн.* -вок
вставле́ние, -я
вста́вленный; *кр. ф.* -ен, -ена
вставля́ть(ся), -я́ю, -я́ет(ся)
вставно́й
вста́вочка, -и, *р. мн.* -чек
вста́вочный
в старину́
встарь
вста́скивание, -я
вста́скивать(ся), -аю(сь), -ает(ся)
встать, -а́ну, -а́нет
вста́щенный; *кр. ф.* -ен, -ена
вставщи́ть(ся), -ащу́(сь), -а́щит(ся)
встаю́щий
в сте́льку (пья́н)
в сто́ кра́т и **во́ сто кра́т**
встопо́рщенный; *кр. ф.* -ен, -ена
встопо́рщивание, -я
встопо́рщивать(ся), -аю, -ает(ся)
встопо́рщить(ся), -щу, -щит(ся)
встормоши́ть(ся), -шу́(сь), -ши́т(ся)
в стороне́
в сто́рону
встоскова́ться, -ку́юсь, -ку́ется
встоя́чку, *нареч.*
встра́ивание, -я
встра́ивать(ся), -аю, -ает(ся)
встрева́ние, -я
встрева́ть, -а́ю, -а́ет
встрево́женно, *нареч.*
встрево́женность, -и
встрево́женный; *кр. ф.* -ен, -ена и (*выражающий тревогу*) -ен, -енна (и́х ли́ца встрево́женны)
встрево́живать(ся), -аю(сь), -ает(ся)
встрево́жить(ся), -жу(сь), -жит(ся)
встрёпанный; *кр. ф.* -ан, -ана
встрепа́ть(ся), -еплю́, -е́плет(ся), -е́плют(ся) и -е́пет(ся), -е́пят(ся)
встрепену́ться, -ну́сь, -нётся
встрёпка, -и, *р. мн.* -пок
встрёпывание, -я
встрёпывать(ся), -аю, -ает(ся)
встрепыхну́ться, -ну́сь, -нётся
встре́тить(ся), -ре́чу(сь), -ре́тит(ся)
встре́ча, -и, *тв.* -ей
встреча́ть(ся), -а́ю(сь), -а́ет(ся)
встре́ченный; *кр. ф.* -ен, -ена
встре́чно, *нареч.*
встре́чно-паралле́льный
встре́чно-после́довательный
встре́чно-штырево́й
встре́чный
встре́чный-попере́чный, встре́чного-попере́чного
встре́чу, *нареч.* и *предлог* (*устар.* и *прост. к* навстре́чу)
встречь, *нареч.* и *предлог* (*обл. к* навстре́чу)
встро́енный; *кр. ф.* -ен, -ена
встро́ить(ся), -о́ю, -о́ит(ся)
встро́йка, -и, *р. мн.* -о́ек
в стро́ку: (не) вся́кое лы́ко в стро́ку
в стру́нку (вы́тянуться)
вструхну́ть, -ну́, -нёт
встря́вший
встря́ска, -и, *р. мн.* -сок
встрять, -я́ну, -я́нет
встря́хивание, -я
встря́хивать(ся), -аю(сь), -ает(ся)
встря́хнутый
встряхну́ть(ся), -ну́(сь), -нёт(ся)
вступа́ть(ся), -а́ю(сь), -а́ет(ся)
вступи́тельный
вступи́ть(ся), -уплю́(сь), -у́пит(ся)
вступле́ние, -я
встык, *нареч.*
втя́гивать(ся), -аю(сь), -ает(ся)
встя́нутый
встяну́ть(ся), -ну́(сь), -я́нет(ся) (*поднять(ся) наверх, устар.*)
всу́е
всу́нутый
всу́нуть(ся), -ну(сь), -нет(ся)
всухомя́тку, *нареч.*
всуху́ю, *нареч.*
всуча́ть(ся), -а́ю, -а́ет(ся)
всу́ченный; *кр. ф.* -ен, -ена
всу́чивание, -я
всу́чивать(ся), -аю, -ает(ся)
всучи́ть, всучу́, всу́чи́т
в схва́тку (борьба́)
всхлип, -а
всхли́пнуть, -ну, -нет
всхли́пывание, -я
всхли́пывать, -аю, -ает
всход, -а
всходи́ть, всхожу́, всхо́дит
всхо́дня, -и, *р. мн.* -ден (*устар. к* схо́дня)
всхо́дчивый
всхо́ды, -ов (*ростки семян*)
всходя́щий
всхо́жесть, -и
всхо́жий
всхолмле́ние, -я
всхолмлённость, -и
всхолмлённый; *кр. ф.* -ён, -ена́
всхо́лмье, -я, *р. мн.* -мий
всхоха́тывать, -аю, -ает
всхохотну́ть, -ну́, -нёт
всхрап, -а

всхрапе́ть, -плю́, -пи́т
всхрапну́ть, -ну́, -нёт
всхра́пывание, -я
всхра́пывать, -аю, -ает
всхрип, -а
в счёт (*чего*)
всыпа́ние, -я
всы́панный; *кр. ф.* -ан, -ана
всы́пать(ся), -плю, -плет(ся), -плют(ся) и -пет(ся), -пят(ся), *сов.*
всыпа́ть(ся), -а́ю, -а́ет(ся), *несов.*
всы́пка, -и, *р. мн.* -пок
всю́ду
всяк, *другие формы не употр.* (*всякий*)
вся́кая вся́чина
вся́кие-ра́зные, вся́ких-ра́зных
вся́кий
вся́ко, *нареч.*
вся́кое-ра́зное, вся́кого-ра́зного
вся́чески
вся́ческий
вся́чина, -ы (вся́кая вся́чина; со вся́чиной)
вся́чинка, -и (со вся́чинкой)
вта́йне, *нареч.* (вта́йне жела́ть чего́-н., де́йствовать вта́йне от все́х), но *сущ.* **в та́йне** (сохрани́ть в та́йне)
в такт
вта́лкивание, -я
вта́лкивать(ся), -аю(сь), -ает(ся)
вта́птывание, -я
вта́птывать(ся), -аю(сь), -ает(ся)
в тартары́ (провали́ться)
вта́сканный; *кр. ф.* -ан, -ана
втаска́ть, -а́ю, -а́ет
вта́скивание, -я
вта́скивать(ся), -аю(сь), -ает(ся)
втасо́ванный; *кр. ф.* -ан, -ана
втасова́ть, -су́ю, -су́ет
втасо́вывание, -я
втасо́вывать(ся), -аю, -ает(ся)
вта́чанный; *кр. ф.* -ан, -ана
втача́ть(ся), -а́ю, -а́ет(ся)
вта́чивание, -я
вта́чивать(ся), -аю, -ает(ся)
вта́чка, -и, *р. мн.* -чек
втачно́й
вта́щенный; *кр. ф.* -ен, -ена
втащи́ть(ся), втащу́(сь), вта́щит(ся)
втека́ние, -я
втека́ть, -а́ю, -а́ет
втёкший
в те́ле (*упитанный*)
втёмную, *нареч.*
в те́мпе
втемя́шенный; *кр. ф.* -ен, -ена
втемя́шивать(ся), -аю, -ает(ся)
втемя́шить(ся), -шу, -шит(ся)
втеневу́ю, *нареч.*
в те́ поры́
втере́ть(ся), вотру́(сь), вотрёт(ся); *прош.* втёр(ся), втёрла(сь)
втёртый
втёрший(ся)
втеса́ться, втешу́сь, вте́шется
втеснённый; *кр. ф.* -ён, -ена́
втесни́ть(ся), -ню́(сь), -ни́т(ся)
втесня́ть(ся), -я́ю(сь), -я́ет(ся)
втёсываться, -аюсь, -ается
в тече́ние (*чего*) (*во время чего-н., в продолжение*)
втечь, втечёт, втеку́т; *прош.* втёк, втекла́
втира́ние, -я
втира́ть(ся), -а́ю(сь), -а́ет(ся)
втиру́ша, -и, *тв.* -ей, *м.* и *ж.*
вти́сканный; *кр. ф.* -ан, -ана
вти́скать(ся), -аю(сь), -ает(ся)
вти́скивание, -я
вти́скивать(ся), -аю(сь), -ает(ся)
вти́снутый
вти́снуть(ся), -ну(сь), -нет(ся)
втихаря́
втихомо́лку
втихомо́лочку
втиху́ю
в тиши́
ВТК [вэтэка́], *нескл., ж.* (*сокр.*: воспитательно-трудовая колония) и *м.* (*сокр.*: временный трудовой коллектив)
в то́ же вре́мя
в толк (взя́ть)
вто́лканный; *кр. ф.* -ан, -ана
втолка́ть(ся), -а́ю(сь), -а́ет(ся)
вто́лкнутый
втолкну́ть(ся), -ну́(сь), -нёт(ся)
втолко́ванный; *кр. ф.* -ан, -ана
втолкова́ть, -ку́ю, -ку́ет
втолко́вывание, -я
втолко́вывать(ся), -аю, -ает(ся)
втоло́кший
втоло́чь, -лку́, -лчёт, -лку́т; *прош.* -ло́к, -лкла́
в то́м-то и де́ло
в тон
вто́птанный; *кр. ф.* -ан, -ана
втопта́ть(ся), втопчу́, вто́пчет(ся)
вто́ра, -ы
втора́чивание, -я
втора́чивать(ся), -аю, -ает(ся)
Втора́я импе́рия (*во Франции, ист.*)
Втора́я мирова́я война́
вторга́ться, -а́юсь, -а́ется
вто́ргнувшийся
вто́ргнуться, -нусь, -нется; *прош.* вто́ргся и вто́ргнулся, вто́рглась
вто́ргшийся
вторже́ние, -я
вто́рить(ся), -рю, -рит(ся)
втори́чно, *нареч.*
вторичноро́тые, -ых
втори́чность, -и
втори́чно-электро́нный
втори́чно-эмиссио́нный
втори́чный; *кр. ф.* -чен, -чна
вто́рник, -а
вто́рничный
второбра́чие, -я
второбра́чный
второго́дник, -а
второго́дница, -ы, *тв.* -ей
второго́дничество, -а
второ́е, -о́го
Второзако́ние, -я
второ́й
Второ́й интернациона́л
Второ́й Спа́с (*Яблочный*)
второ́й-тре́тий, второ́го-тре́тьего
второкла́ссник, -а
второкла́ссница, -ы, *тв.* -ей
второкла́ссный
второкла́шка, -и, *р. мн.* -шек, *м.* и *ж.*
второку́рсник, -а
второку́рсница, -ы, *тв.* -ей
второку́рсный
второочередни́к, -а́
второочередно́й
второпла́новый
второпя́х
второразря́дник, -а
второразря́дница, -ы, *тв.* -ей
второразря́дный; *кр. ф.* -ден, -дна
второсо́ртность, -и
второсо́ртный; *кр. ф.* -тен, -тна
второстепе́нность, -и
второстепе́нный; *кр. ф.* -е́нен, -е́нна
второ́ченный; *кр. ф.* -ен, -ена
второчи́ть(ся), -чу́, -чи́т(ся)
вторсырьё, -я́
вто́рящий
в то́чку
в то́чности
втрави́ть(ся), -авлю́(сь), -а́вит(ся)
втра́вленный; *кр. ф.* -ен, -ена
втра́вливание, -я
втра́вливать(ся), -аю(сь), -ает(ся)
втравля́ть(ся), -я́ю(сь), -я́ет(ся)
втрамбо́ванный; *кр. ф.* -ан, -ана
втрамбова́ть(ся), -бу́ю, -бу́ет(ся)
втрамбо́вывание, -я
втрамбо́вывать(ся), -аю, -ает(ся)
в транс
в тра́нсе
втре́скаться, -аюсь, -ается
втре́скиваться, -аюсь, -ается
в-тре́тьих
втри́дешева
втри́дорога
в три́ поги́бели (согну́ться)
в три́ че́тверти (сни́мок, портре́т *и т. п.*)
в три́ ше́и (гна́ть)
втро́е
втроём
втроём-вчетверо́м
втройне́
втугу́ю, *нареч.*
втуз, -а (*сокр.*: высшее техническое учебное заведение)
вту́зовец, -вца, *тв.* -вцем, *р. мн.* -вцев
вту́зовка, -и, *р. мн.* -вок
вту́зовский
вту́лка, -и, *р. мн.* -лок
вту́лочка, -и, *р. мн.* -чек

вту́лочный
вту́не
в тупи́к
в тупике́
втык, -а
втыка́ние, -я
втыка́ть(ся), -а́ю, -а́ет(ся)
вты́чка, -и, *р. мн.* -чек
в тычки́ (гна́ть)
ВТЭК, -а и *нескл., ж.* (*сокр.*: врачебно-трудовая экспертная комиссия)
втэ́ковский (*от* ВТЭК)
втю́риваться, -аюсь, -ается
втю́риться, -рюсь, -рится
втя́гивание, -я
втя́гивать(ся), -аю(сь), -ает(ся)
в тя́гость
втя́жка, -и, *р. мн.* -жек
втяжно́й
втя́нутость, -и
втя́нутый
втяну́ть(ся), втяну́(сь), втя́нет(ся)
втя́пать(ся), -аю(сь), -ает(ся)
втя́пывать(ся), -аю(сь), -ает(ся)
вуайери́зм, -а
вуайери́ст, -а
вуайери́стский
вуа́лево-серебри́стый
вуа́левый
вуале́тка, -и, *р. мн.* -ток
вуалехво́ст, -а
вуали́рование, -я
вуали́ровать(ся), -рую(сь), -рует(ся)
вуа́ль, -и
вуа́лька, -и, *р. мн.* -лек
вуа́льный
в убы́ток
в уго́ду
в у́гол
в уда́ре
в уде́л (доста́ться, получи́ть)
вуду́, *нескл., с.* (*в исламе*)
вуз, -а (*сокр.*: высшее учебное заведение)
вузко́м, -а
ву́зовец, -вца, *тв.* -вцем, *р. мн.* -вцев
ву́зовка, -и, *р. мн.* -вок
ву́зовский
в уко́р
вулка́н, -а и (*мифол.*) **Вулка́н,** -а
вулканиза́т, -а
вулканиза́тор, -а
вулканиза́торщик, -а
вулканизацио́нный
вулканиза́ция, -и
вулканизи́рование, -я
вулканизи́рованный; *кр. ф.* -ан, -ана
вулканизи́ровать(ся), -рую, -рует(ся)
вулкани́зм, -а
вулканизо́ванный; *кр. ф.* -ан, -ана
вулканизова́ть(ся), -зу́ю, -зу́ет(ся)
вулкани́т, -а
вулкани́чески акти́вный
вулкани́ческий
вулка́нный
вулканоге́нно-оса́дочный
вулканоге́нный
вулканокла́сты, -ов, *ед.* -кла́ст, -а
вулкано́лог, -а
вулканологи́ческий
вулканоло́гия, -и
вулканоста́нция, -и
вулка́нчик, -а
ву́льва, -ы (*мед.*)
вульви́т, -а
вульвовагини́т, -а
вульгариза́тор, -а
вульгариза́торский
вульгариза́торство, -а
вульгариза́ция, -и
вульгаризи́рованный; *кр. ф.* -ан, -ана
вульгаризи́ровать(ся), -рую, -рует(ся)
вульгари́зм, -а
вульгаризо́ванный; *кр. ф.* -ан, -ана
вульгарнова́тый
вульга́рно-истори́ческий
вульга́рно-материалисти́ческий
вульга́рно-социологи́ческий
вульга́рность, -и
вульга́рный; *кр. ф.* -рен, -рна
вульга́рщина, -ы
Вульга́та, -ы
вульфени́т, -а
вундерки́нд, -а
вундерки́ндистый
в унисо́н
в упа́док (прийти́)
в упла́ту
в упо́р
в упрёк (ста́вить, говори́ть)
вурдала́к, -а
вурдала́чный
в у́ровень (*с кем, чем*)
ву́смерть, *нареч.* (*очень сильно, прост.*)
в уще́рб *(кому, чему)*
в фас (*противоп.* в про́филь)
в фо́рме (быть)
вха́живать, *наст. вр. не употр.*
вход, -а
вхо́д-вы́ход, вхо́да-вы́хода
Вхо́д Господе́нь в Иерусали́м
в хо́де (*чего*)
входи́ть, вхожу́, вхо́дит
вхо́дная, -ой (*церк.*)
входно́й
вхо́дный сти́х (*церк.*)
в ходу́
входя́щий
вхожде́ние, -я
вхо́жий
вхоло́дную, *нареч.*
вхолосту́ю, *нареч.*
вхутема́совский (*от* Вхутема́с)
ВЦ [вэцэ́], *нескл., м.* (*сокр.*: вычислительный центр)
в цвето́чек
в це́лом
в це́лости
в це́лости и сохра́нности
в це́лости-сохра́нности
в це́лях (*чего*)
вцементи́рованный; *кр. ф.* -ан, -ана
вцементи́ровать(ся), -рую, -рует(ся)
в цене́
вцепи́ть(ся), вцеплю́(сь), вце́пит(ся)
вцепле́ние, -я
вце́пленный; *кр. ф.* -ен, -ена
вцепля́ть(ся), -я́ю(сь), -я́ет(ся)
вци́ковский (*от* ВЦИК)
ВЧ [вэче́], *нескл., ж.* и *неизм.* (*сокр.*: высокая частота, высокочасто́тный)
в ча́стности
в чём в чём (уж в чём в чём, а в э́том де́ле я́ разберу́сь; *также при переспросе*)
в чём де́ло?
вчера́, *нареч.* и *нескл., с.*
вчера́сь (*прост. к* вчера́)
вчера́шний
вчерне́
вчерти́ть(ся), вчерчу́, вче́ртит(ся)
вче́рченный; *кр. ф.* -ен, -ена
вче́рчивание, -я
вче́рчивать(ся), -аю, -ает(ся)
в чести́
вче́тверо
вчетверо́м
в-четвёртых
в че́тверть си́лы
в че́тверть цены́
ВЧ-излуче́ние, -я
вчине́ние, -я
вчинённый; *кр. ф.* -ён, -ена́
вчини́ть(ся), -ню́(сь), -ни́т(ся)
вчиня́ть(ся), -я́ю(сь), -я́ет(ся)
вчисту́ю
вчита́ться, -а́юсь, -а́ется
вчи́тывание, -я
вчи́тываться, -аюсь, -ается
ВЧ-свя́зь, -и
вчу́вствование, -я
вчу́вствоваться, -твуюсь, -твуется
вчу́же
в шагу́
вше́стеро
вшестеро́м
в-шесты́х
в ше́ю (гна́ть)
вшиба́ть, -а́ю, -а́ет
вшиби́ть, вшибу́, вшибёт
вши́бленный; *кр. ф.* -ен, -ена
вшива́ние, -я
вшива́ть(ся), -а́ю, -а́ет(ся)
вши́вевший
вши́веть, -ею, -еет
вши́вка, -и, *р. мн.* -вок
вшивно́й
вши́вок, -вка
вши́вость, -и
вши́вочный
вши́вый
вширь, *нареч.* (разда́ться вши́рь), но *сущ.* **в ширь** (в ши́рь поле́й)

вши́тый
вши́ть(ся), вошью́, вошьёт(ся)
в штыки́ (приня́ть, встре́тить)
в штыкову́ю (*в атаку*)
в шу́тку
въеда́ние, -я
въеда́ться, -а́юсь, -а́ется
въе́дливость, -и
въе́дливый
въе́дчивость, -и
въе́дчивый
въезд, -а
въе́зд-вы́езд, въе́зда-вы́езда
въездно́й
въездно́й-выездно́й
въезжа́ние, -я
въезжа́ть, -а́ю, -а́ет
въе́зжий
въе́сться, въе́мся, въе́шься, въе́стся, въеди́мся, въеди́тесь, въедя́тся; *прош.* въе́лся, въе́лась
въе́хать, въе́ду, въе́дет
въя́ве
въявь
вы, вас, вам, ва́ми, о ва́с и (*как выражение уважения к адресату речи – одному лицу*) **Вы,** Вас, Вам, Ва́ми, о Ва́с
выба́лтывание, -я
выба́лтывать(ся), -аю(сь), -ает(ся)
вы́бег, -а
выбега́ние, -я
выбега́ть, -а́ю, -а́ет, *несов.* (*к* вы́бежать)
вы́бегать(ся), -аю(сь), -ает(ся), *сов.*
вы́бежать, -егу, -ежит, -егут
вы́беленный; *кр. ф.* -ен, -ена
выбе́ливание, -я
выбе́ливать(ся), -аю(сь), -ает(ся)
вы́белить(ся), -лю(сь), -лит(ся)
вы́белка, -и
выбива́ла, -ы, *м.* и *ж.*
выбива́лка, -и, *р. мн.* -лок
выбива́льный
выбива́ние, -я
выбива́ть(ся), -а́ю(сь), -а́ет(ся)
вы́бивка, -и
выбивно́й
выбира́ние, -я
выбира́ть(ся), -а́ю(сь), -а́ет(ся)
вы́битый
вы́бить(ся), вы́бью(сь), вы́бьет(ся)
вы́блевать, -люю, -люет
выблёвывать, -аю, -ает
вы́бленки, -нок, *ед.* -енка, -и
вы́бленочный
вы́боина, -ы
вы́боинка, -и, *р. мн.* -нок
вы́бой, -я
вы́бойка, -и, *р. мн.* -оек
вы́бойчатый
вы́бойщик, -а
вы́болеть, -ею, -еет
вы́болтанный; *кр. ф.* -ан, -ана
вы́болтать(ся), -аю(сь), -ает(ся)
вы́болтнуть, -ну, -нет
вы́бор, -а
Вы́боргская сторона́ (*в Петербурге*)
вы́боргский (*к* Вы́борг и Вы́боргская сторона́)
выборжа́не, -а́н, *ед.* -а́нин, -а
выборжа́нка, -и, *р. мн.* -нок
вы́боржцы, -ев, *ед.* -жец, -жца, *тв.* -жцем
вы́борзок, -зка
вы́борка, -и, *р. мн.* -рок
выборма́тывать, -аю, -ает
вы́борность, -и
вы́борный
вы́бороненный; *кр. ф.* -ен, -ена
вы́боронить, -ню, -нит
вы́борочный
вы́борщик, -а
вы́борщица, -ы, *тв.* -ей
вы́боры, -ов
выбра́живать(ся), -аю, -ает(ся)
вы́бракованный; *кр. ф.* -ан, -ана
вы́браковать(ся), -кую, -кует(ся)
выбрако́вка, -и, *р. мн.* -вок
выбрако́вывание, -я
выбрако́вывать(ся), -аю, -ает(ся)
вы́браненный; *кр. ф.* -ен, -ена
вы́бранить(ся), -ню(сь), -нит(ся)
вы́бранный; *кр. ф.* -ан, -ана
выбра́сывание, -я
выбра́сыватель, -я
выбра́сывать(ся), -аю(сь), -ает(ся)
вы́брать(ся), вы́беру(сь), вы́берет(ся)
выбреда́ть, -а́ю, -а́ет
вы́бредший
вы́брести, -еду, -едет; *прош.* -ел, -ела
выбрива́ние, -я
выбрива́ть(ся), -а́ю(сь), -а́ет(ся)
вы́бритый
вы́брить(ся), -рею(сь), -реет(ся)
вы́бродить(ся), -ожу(сь), -одит(ся)
вы́бродки, -ов
вы́бронзировать, -рую, -рует
вы́брос, -а
вы́бросить(ся), -ошу(сь), -осит(ся); *пов.* вы́броси(сь) и вы́брось(ся), *мн.* -сите(сь) и -сьте(сь)
вы́броска, -и
выбросно́й
вы́брошенный; *кр. ф.* -ен, -ена
выбры́згивать(ся), -аю, -ает(ся)
вы́брызнутый
вы́брызнуть(ся), -ну, -нет(ся)
вы́буксированный; кр. ф. -ан, -ана
вы́буксировать(ся), -рую(сь), -рует(ся)
выбуксиро́вывание, -я
выбуксиро́вывать(ся), -аю(сь), -ает(ся)
вы́буравить, -влю, -вит
вы́буравленный; *кр. ф.* -ен, -ена
выбура́вливание, -я
выбура́вливать(ся), -аю, -ает(ся)
вы́буренный; *кр. ф.* -ен, -ена
выбу́ривание, -я
выбу́ривать(ся), -аю, -ает(ся)
вы́бурить, -рю, -рит
вы́бутить, -учу, -утит
вы́бученный; *кр. ф.* -ен, -ена
выбу́чивать(ся), -аю, -ает(ся)
вы́бучить, -учу, -учит
выбыва́ние, -я
выбыва́ть, -а́ю, -а́ет
выбы́тие, -я
вы́быть, вы́буду, вы́будет
выва́живание, -я
выва́живать(ся), -аю, -ает(ся) (*к* вы́водить)
вы́вал, -а
вы́валенный; *кр. ф.* -ен, -ена (*от* вы́валить)
выва́ливание, -я
выва́ливать(ся), -аю(сь), -ает(ся)
вы́валить(ся), -лю(сь), -лит(ся)
вы́валка, -и
вы́валянный; *кр. ф.* -ян, -яна (*от* вы́валять)
вы́валять(ся), -яю(сь), -яет(ся)
вы́варенный; *кр. ф.* -ен, -ена
выва́ривание, -я
выва́ривать(ся), -аю, -ает(ся)
вы́варить(ся), -рю, -рит(ся)
вы́варка, -и, *р. мн.* -рок
вы́варки, -рок и -рков
выварно́й
вы́варочный
выва́щивание, -я
выва́щивать(ся), -аю, -ает(ся)
вывева́ние, -я
вывева́ть(ся), -а́ю, -а́ет(ся) (*к* ве́ять)
вы́вевки, -вок
вы́веданный; *кр. ф.* -ан, -ана
вы́ведать, -аю, -ает
вы́веденец, -нца, *тв.* -нцем, *р. мн.* -нцев
выведе́ние, -я
вы́веденка, -и, *р. мн.* -нок
вы́веденный; *кр. ф.* -ен, -ена
вы́веденыш, -а, *тв.* -ем
выве́дривать(ся), -ает(ся)
вы́ведрить(ся), -ит(ся)
вы́ведший(ся)
выве́дывание, -я
выве́дывать(ся), -аю, -ает(ся)
вы́везенный; *кр. ф.* -ен, -ена
вы́везти, -зу, -зет
вы́везший
выве́ивание, -я
выве́ивать(ся), -аю, -ает(ся)
вывере́ние, -я
вы́веренно, *нареч.*
вы́веренность, -и
вы́веренный; *кр. ф.* -ен, -ена
вы́верить, -рю, -рит
вы́верка, -и, *р. мн.* -рок
вы́вернутый
вы́вернуть(ся), -ну(сь), -нет(ся)
вы́верт, -а
вы́вертеть, -рчу, -ртит
вывёртывание, -я

вывё**ртывать(ся),** -аю(сь), -ает(ся) (*к* вы́вернуть(ся)
вы́верченный; *кр. ф.* -ен, -ена
вывéрчивание, -я
вывéрчивать(ся), -аю, -ает(ся) (*к* вы́вертеть)
выверя́ть(ся), -я́ю, -я́ет(ся)
вы́вес, -а
вы́весить, -ешу, -есит
вы́веска, -и, *р. мн.* -сок
вывесно́й
вы́весочный
вы́вести(сь), -еду, -едет(ся)
вы́ветревший (*от* вы́ветреть)
вы́ветрелый
вы́ветренность, -и
вы́ветренный; *кр. ф.* -ен, -ена
вы́ветреть, -еет (*измениться под действием ветра*)
вывéтривание, -я
вывéтривать(ся), -аю, -ает(ся)
вы́ветривший(ся) (*от* вы́ветрить(ся)
вы́ветрить, -рю, -рит (*что*)
вы́ветриться, -ится
вы́вешенный; *кр. ф.* -ен, -ена
вывéшивание, -я
вывéшивать(ся), -аю, -ает(ся)
вы́вешить, -шу, -шит (*от* вéха)
вы́веянный; *кр. ф.* -ян, -яна
вы́веять(ся), -ею, -еет(ся)
вывива́ть(ся), -а́ю, -а́ет(ся) (*к* вить)
вы́винтить(ся), -нчу, -нтит(ся)
вы́винченный; *кр. ф.* -ен, -ена
вывúнчивание, -я
вывúнчивать(ся), -аю, -ает(ся)
вы́витый
вы́вить, вы́вью, вы́вьет
вы́вих, -а
вывúхивать(ся), -аю, -ает(ся)
вы́вихнутость, -и
вы́вихнутый
вы́вихнуть(ся), -ну, -нет(ся)
вы́вод, -а
выводúловка, -и
вы́водить, -ожу, -одит, *сов.*
выводúть(ся), -ожу́, -óдит(ся), *несов.* (*к* вы́вести)
вы́водка, -и, *р. мн.* -док
вы́водковый
выводно́й
вы́водок, -дка
выводя́щий(ся)
вы́воженный; *кр. ф.* -ен, -ена
вы́воз, -а
вы́возить(ся), -ожу(сь), -озит(ся), *сов.* (*вымазать(ся)*)
вывозúть(ся), -ожу́, -óзит(ся), *несов.* (*к* вы́везти)
вы́возка, -и, *р. мн.* -зок
вывозно́й
выволáкивание, -я
выволáкивать(ся), -аю, -ает(ся)
вы́волокший
вы́волоченный; *кр. ф.* -ен, -ена
вы́волочить, -чу, -чит
вы́волочка, -и, *р. мн.* -чек
вы́волочный
вы́волочь, -локу, -лочет, -локут; *прош.* -лок, -локла
выворáчивание, -я
выворáчивать(ся), -аю(сь), -ает(ся)
вы́ворот, -а
вы́воротень, -тня
вы́воротить(ся), -рочу(сь), -ротит(ся)
вы́воротка, -и, *р. мн.* -ток
вы́воротность, -и
вы́воротный
вы́вороченный; *кр. ф.* -ен, -ена
вы́востренный; *кр. ф.* -ен, -ена
вы́вострить(ся), -рю, -рит(ся) (*прост. к* вы́острить(ся)
вы́вощенный; *кр. ф.* -ен, -ена
вы́вощить(ся), -щу, -щит(ся)
вы́вязанный; *кр. ф.* -ан, -ана
вы́вязать, -яжу, -яжет
вы́вязить, -ит
вы́вязка, -и
вывя́зывание, -я
вывя́зывать(ся), -аю, -ает(ся)
вы́вяленный; *кр. ф.* -ен, -ена
вывя́ливание, -я
вывя́ливать(ся), -аю, -ает(ся)
вы́вялить(ся), -лю, -лит(ся)
вы́гаданный; *кр. ф.* -ан, -ана
вы́гадать, -аю, -ает
вытáдывание, -я
выгáдывать(ся), -аю, -ает(ся)
вы́гар, -а
вы́гарки, -рок и -рков
вы́гарь, -и
вы́гатить, -ачу, -атит
вы́гаченный; *кр. ф.* -ен, -ена
выгáчивать(ся), -аю, -ает(ся)
вы́гвазданный; *кр. ф.* -ан, -ана
вы́гваздать(ся), -аю(сь), -ает(ся)
вы́гиб, -а
выгибáние, -я
выгибáть(ся), -áю(сь), -áет(ся)
вы́гибка, -и
вы́гладить(ся), -ажу, -адит(ся)
выглáдывать(ся), -аю, -ает(ся)
вы́глаженный; *кр. ф.* -ен, -ена
выглáживание, -я
выглáживать(ся), -аю, -ает(ся)
вы́глоданный; *кр. ф.* -ан, -ана
вы́глодать, -ожу, -ожет и -аю, -ает
вы́глядеть, -яжу, -ядит
выгля́дывание, -я
выгля́дывать, -аю, -ает
вы́глянуть, -ну, -нет
вы́гнанный; *кр. ф.* -ан, -ана
вы́гнать, вы́гоню, вы́гонит
вы́гнести, -нету, -нетет
выгнетáние, -я
выгнетáть(ся), -áю, -áет(ся)
выгнивáние, -я
выгнивáть, -áет
вы́гнить, -иет
вы́гнутый
вы́гнуть(ся), -ну(сь), -нет(ся)
выговáривание, -я
выговáривать(ся), -аю(сь), -ает(ся)
вы́говор, -а
вы́говоренный; *кр. ф.* -ен, -ена
выговорéшник, -а
вы́говорить(ся), -рю(сь), -рит(ся)
вы́года, -ы
вы́годно, *нареч.*
вы́годность, -и
вы́годный; *кр. ф.* -ден, -дна
вы́гон, -а
вы́гонка, -и
вы́гонный
вы́гоночный
вы́гонщик, -а
выгоня́ть(ся), -я́ю, -я́ет(ся)
выгорáживание, -я
выгорáживать(ся), -аю(сь), -ает(ся)
выгорáние, -я
выгорáть, -áет
вы́горевший
вы́горелый
вы́гореть, -рю, -рит
вы́городить(ся), -ожу(сь), -одит(ся)
вы́городка, -и, *р. мн.* -док
вы́гороженный; *кр. ф.* -ен, -ена
вы́гравирование, -я
вы́гравированный; *кр. ф.* -ан, -ана
вы́гравировать, -рую, -рует
вы́граненный; *кр. ф.* -ен, -ена
выгрáнивание, -я
выгрáнивать(ся), -аю, -ает(ся)
вы́гранить, -ню, -нит
выгрáться, -áюсь, -áется
вы́греб, -а
выгребáние, -я
выгребáть(ся), -áю(сь), -áет(ся)
вы́гребенный; *кр. ф.* -ен, -ена
вы́гребка, -и
вы́гребки, -ов
выгребно́й
вы́гребший(ся)
вы́грести(сь), вы́гребу(сь), вы́гребет(ся); *прош.* вы́греб(ся), вы́гребла(сь)
выгружáтель, -я
выгружáть(ся), -áю(сь), -áет(ся)
вы́груженный; *кр. ф.* -ен, -ена
вы́грузить(ся), -ужу(сь), -узит(ся)
вы́грузка, -и, *р. мн.* -зок
выгрузно́й
вы́грузочный
вы́грузчик, -а
выгрызáние, -я
выгрызáть(ся), -áю, -áет(ся)
вы́грызенный; *кр. ф.* -ен, -ена
вы́грызть, -зу, -зет; *прош.* -ыз, -ызла
вы́грызший
вы́грязнить(ся), -ню(сь), -нит(ся)
вы́гул, -а
выгу́ливание, -я
выгу́ливать(ся), -аю, -ает(ся)
вы́гульный
вы́гулянный; *кр. ф.* -ян, -яна
вы́гулять(ся), -яю, -яет(ся)

выдава́ть(ся), выдаю(сь), выдаёт(ся)
вы́давить(ся), -влю, -вит(ся)
вы́давленный; *кр. ф.* -ен, -ена
выда́вливание, -я
выда́вливать(ся), -аю, -ает(ся)
выда́ивание, -я
выда́ивать(ся), -аю, -ает(ся)
выда́лбливание, -я
выда́лбливать(ся), -аю, -ает(ся)
вы́данный; *кр. ф.* -ан, -ана
вы́данье: на вы́данье
вы́дать(ся), -ам(ся), -ашь(ся), -аст(ся), -адим(ся), -адите(сь), -адут(ся)
вы́дача, -и, *тв.* -ей
выдаю́щий(ся)
выдвига́ние, -я
выдвига́ть(ся), -а́ю(сь), -а́ет(ся)
выдвиже́нец, -нца, *тв.* -нцем, *р. мн.* -нцев
выдвиже́ние, -я
выдвиже́нка, -и, *р. мн.* -нок
выдвиже́нческий
выдвиже́нчество, -а
выдвижно́й
вы́двинутый
вы́двинуть(ся), -ну(сь), -нет(ся)
выдворе́ние, -я
вы́дворенный; *кр. ф.* -ен, -ена
вы́дворить(ся), -рю(сь), -рит(ся)
выдворя́ть(ся), -я́ю(сь), -я́ет(ся)
вы́дел, -а
вы́деланный; *кр. ф.* -ан, -ана
вы́делать(ся), -аю, -ает(ся)
выделе́ние, -я
вы́деленный; *кр. ф.* -ен, -ена
выдели́тельный
вы́делить(ся), -лю(сь), -лит(ся)
вы́делка, -и
выде́лывание, -я
выде́лывать(ся), -аю, -ает(ся)
выделя́ть(ся), -я́ю(сь), -я́ет(ся)
вы́дерганный; *кр. ф.* -ан, -ана
вы́дергать(ся), -аю, -ает(ся)
выдёргивание, -я
выдёргивать(ся), -аю, -ает(ся)
вы́держ, -а, *тв.* -ем (*спорт.*)
вы́держанно, *нареч.*
вы́держанность, -и
вы́держанный; *кр. ф. прич.* -ан, -ана; *кр. ф. прил.* (*умеющий владеть собой; последовательный*) -ан, -анна
вы́держать(ся), -жу(сь), -жит(ся)
выде́рживание, -я
выде́рживать(ся), -аю(сь), -ает(ся)
вы́держка, -и, *р. мн.* -жек
вы́дернутый
вы́дернуть(ся), -ну, -нет(ся)
выдира́ние, -я
выдира́ть(ся), -а́ю(сь), -а́ет(ся)
вы́дирка, -и, *р. мн.* -рок
вы́доенный; *кр. ф.* -ен, -ена
вы́доить(ся), -ою, -оит(ся)
вы́дойка, -и
вы́долбить(ся), -блю, -бит(ся)
вы́долбленный; *кр. ф.* -ен, -ена

вы́дох, -а
вы́дохнувший(ся) (*от* вы́дохнуть(ся)
вы́дохнутый
вы́дохнуть(ся), -ну, -нет(ся); *прош.* вы́дохнул(ся), вы́дохнула(сь) (*к* вы́дох)
вы́дохнуться, -нусь, -нется; *прош.* вы́дохся, -хлась (*потерять силу, крепость, энергию*)
вы́дохшийся (*от* вы́дохнуться)
вы́дра, -ы
вы́драенный; *кр. ф.* -ен, -ена
выдра́ивание, -я
выдра́ивать(ся), -аю, -ает(ся)
вы́драить(ся), -аю, -аит(ся)
вы́дранный; *кр. ф.* -ан, -ана
вы́драть(ся), вы́деру(сь), вы́дерет(ся)
выдрёнок, -нка, *мн.* -ря́та, -ря́т
вы́дрессированный; *кр. ф.* -ан, -ана
вы́дрессировать(ся), -рую(сь), -рует(ся)
вы́дрий, -яя, -ее
вы́дровый
выдрю́чивание, -я
выдрю́чивать(ся), -аю(сь), -ает(ся)
вы́дубить(ся), -блю, -бит(ся)
вы́дубленный; *кр. ф.* -ен, -ена
выдува́льщик, -а
выдува́льщица, -ы, *тв.* -ей
выдува́ние, -я
выдува́ть(ся), -а́ю, -а́ет(ся)
вы́дувка, -и
выдувно́й
вы́думанность, -и
вы́думанный; *кр. ф.* -ан, -ана
вы́думать(ся), -аю, -ает(ся)
вы́думка, -и, *р. мн.* -мок
вы́думщик, -а
вы́думщица, -ы, *тв.* -ей
выду́мывание, -я
выду́мывать(ся), -аю, -ает(ся)
вы́дутый
вы́дуть(ся), вы́дую, вы́дует(ся)
выдыха́ние, -я
выдыха́тельный
выдыха́ть(ся), -а́ю(сь), -а́ет(ся)
вы́дюжить, -жу, -жит
выеда́ть(ся), -а́ю, -а́ет(ся)
вы́еденный; *кр. ф.* -ен, -ена
вы́езд, -а
вы́ездить(ся), -зжу, -здит(ся)
вы́ездка, -и
вы́ездковый и (*в проф. речи*) **выездко́вый**
выездно́й
выезжа́ть(ся), -а́ю, -а́ет(ся)
вы́езженность, -и
вы́езженный; *кр. ф.* -ен, -ена
вые́зживание, -я
вые́зживать(ся), -аю, -ает(ся)
вы́ем, -а
вы́емка, -и, *р. мн.* -мок
выемно́й и **вы́емный**
вы́емочный
вы́емчато-заострённо-зу́бчатый

вы́емчато-зу́бчатый
выемчатокры́лый
вы́емчатость, -и
вы́емчатый
вы́есть(ся), вы́ем, вы́ешь, вы́ест(ся), вы́едим, вы́едите, вы́едят(ся)
вы́ехать, вы́еду, вы́едет
вы́жаренный; *кр. ф.* -ен, -ена
выжа́ривание, -я
выжа́ривать(ся), -аю, -ает(ся)
вы́жарить(ся), -рю, -рит(ся)
вы́жарки, -рок и -рков
вы́жатый
вы́жать[1]**,** вы́жму, вы́жмет
вы́жать[2]**,** вы́жну, вы́жнет
вы́жаться, вы́жмусь, вы́жмется
вы́ждать, вы́жду, вы́ждет
вы́жегший
вы́желтеть, -еет
вы́желтить(ся), -лчу, -лтит(ся)
вы́желченный; *кр. ф.* -ен, -ена
вы́жереб, -а
вы́жеребка, -и, *р. мн.* -бок
вы́жечь, вы́жгу, вы́жжет, вы́жгут; *прош.* вы́жег, вы́жгла
вы́жженный; *кр. ф.* -ен, -ена
выжива́емость, -и
выжива́ние, -я
выжива́ть, -а́ю, -а́ет
вы́жиг, -а (*к* выжига́ть)
вы́жига, -и, *м.* и *ж.* (*пройдоха*)
выжига́льщик, -а
выжига́льщица, -ы, *тв.* -ей
выжига́ние, -я
выжига́тельный
выжига́ть(ся), -а́ю, -а́ет(ся)
выжида́ние, -я
выжида́тельность, -и
выжида́тельный; *кр. ф.* -лен, -льна
выжида́ть, -а́ю, -а́ет
выжида́юще, *нареч.*
выжида́ющий
вы́жим, -а
выжима́ние, -я
выжима́ть(ся), -а́ю(сь), -а́ет(ся)
вы́жимка, -и, *р. мн.* -мок
вы́жимки, -мок и -мков (*остатки после выжимания*)
выжимно́й
вы́жимочный
выжина́ть(ся), -а́ю, -а́ет(ся)
выжира́ть, -а́ю, -а́ет
вы́жить, -иву, -ивет
выжлёнок, -нка, *мн.* -ля́та, -ля́т
вы́жлец, -а, *тв.* -ем, *р. мн.* -ев
вы́жлица, -ы, *тв.* -ей
вы́жловка, -и, *р. мн.* -вок
выжля́тник, -а
вы́жранный; *кр. ф.* -ан, -ана
вы́жрать, -ру, -рет
вызва́нивание, -я
вызва́нивать(ся), -аю, -ает(ся)
вы́званный; *кр. ф.* -ан, -ана
вы́звать(ся), вы́зову(сь), вы́зовет(ся)
вы́звездить(ся), -ит(ся)

вы́звериться, -рюсь, -рится
вызволе́ние, -я
вы́зволенный; *кр. ф.* -ен, -ена
вызволи́тель, -я
вы́зволить(ся), -лю(сь), -лит(ся)
вызволя́ть(ся), -я́ю(сь), -я́ет(ся)
вы́звонить(ся), -ню, -нит(ся)
вызвя́кивать, -ает
выздора́вливание, -я
выздора́вливать, -аю, -ает
вы́здоровевший
вы́здороветь, -ею, -еет и (*разг.*) -влю, -вит
выздоровле́ние, -я
вы́зелененный; *кр. ф.* -ен, -ена
вы́зеленить(ся), -ню(сь), -нит(ся)
вы́зимовать, -мую, -мует
вызнава́ть, -наю́, -наёт
вы́знать, -аю, -ает
вы́знобить, -блю, -бит
вы́зов, -а
вы́зол, -а
вызола́чивание, -я
вызола́чивать(ся), -аю, -ает(ся)
вы́золенный; *кр. ф.* -ен, -ена
вы́золить(ся), -лю, -лит(ся)
вы́золотить(ся), -очу, -отит(ся)
вы́золоченный; *кр. ф.* -ен, -ена
вызрева́ние, -я
вызрева́ть, -а́ю, -а́ет
вы́зреть, -ею, -еет
вы́зубренный; *кр. ф.* -ен, -ена
вызу́бривание, -я
вызу́бривать(ся), -аю, -ает(ся)
вы́зубрина, -ы
вы́зубрить(ся), -рю, -рит(ся)
вызыва́ние, -я
вызыва́ть(ся), -а́ю(сь), -а́ет(ся)
вызыва́юще, *нареч.*
вызыва́ющий(ся)
вызывно́й
вызяба́ть, -а́ет
вы́зябнуть, -нет; *прош.* вы́зяб, вы́зябла
вы́зябший
вы́игранный; *кр. ф.* -ан, -ана
вы́играть, -аю, -ает
выи́грывание, -я
выи́грывать(ся), -аю, -ает(ся)
вы́игрыш, -а, *тв.* -ем
вы́игрышный
вы́исканный; *кр. ф.* -ан, -ана
вы́искать(ся), вы́ищу, вы́ищет(ся)
вы́искивание, -я
вы́искивать(ся), -аю, -ает(ся)
вы́йти, вы́йду, вы́йдет; *прош.* вы́шел, вы́шла
выкаблу́чивание, -я
выкаблу́чивать(ся), -аю(сь), -ает(ся)
вы́казанный; *кр. ф.* -ан, -ана
вы́казать(ся), -ажу(сь), -ажет(ся)
выка́зывание, -я
выка́зывать(ся), -аю(сь), -ает(ся)
вы́каленный; *кр. ф.* -ен, -ена
выка́ливание, -я
выка́ливать(ся), -аю, -ает(ся)
вы́калить(ся), -лю, -лит(ся)
вы́калка, -и (*от* вы́калить)
выка́лывание, -я
выка́лывать(ся), -аю, -ает(ся)
выкама́ривать(ся), -аю(сь), -ает(ся)
вы́канье, -я
вы́канюченный; *кр. ф.* -ен, -ена
выканю́чивание, -я
выканю́чивать(ся), -аю, -ает(ся)
вы́канючить, -чу, -чит
выка́пчивание, -я
выка́пчивать(ся), -аю(сь), -ает(ся)
выка́пывание, -я
выка́пывать(ся), -аю, -ает(ся)
вы́карабкаться, -аюсь, -ается
выкара́бкиваться, -аюсь, -ается
выка́рмливание, -я
выка́рмливать(ся), -аю(сь), -ает(ся)
вы́кат, -а
вы́катанный; *кр. ф.* -ан, -ана
вы́катать(ся), -аю, -ает(ся)
вы́катить(ся), -ачу(сь), -атит(ся)
вы́катка, -и
выкатно́й
вы́катчик, -а
выка́тывание, -я
выка́тывать(ся), -аю(сь), -ает(ся)
вы́кать, -аю, -ает
вы́качанный; *кр. ф.* -ан, -ана (*от* вы́качать)
вы́качать(ся), -аю, -ает(ся)
вы́каченный; *кр. ф.* -ен, -ена (*от* вы́катить)
выка́чивание, -я
выка́чивать(ся), -аю, -ает(ся)
вы́качка, -и
выка́шивание, -я
выка́шивать(ся), -аю(сь), -ает(ся)
выка́шливание, -я
выка́шливать(ся), -аю(сь), -ает(ся)
вы́кашлянный; *кр. ф.* -ян, -яна
вы́кашлянуть, -ну, -нет
вы́кашлять(ся), -яю(сь), -яет(ся)
вы́квасить(ся), -ашу, -асит(ся)
вы́кваска, -и
вы́квашенный; *кр. ф.* -ен, -ена
выква́шивать(ся), -аю, -ает(ся)
вы́киданный; *кр. ф.* -ан, -ана
вы́кидать, -аю, -ает
вы́кидка, -и, *р. мн.* -док
выкидно́й
выки́дывание, -я
выки́дывать(ся), -аю(сь), -ает(ся)
вы́кидыш, -а, *тв.* -ем
вы́кинутый
вы́кинуть(ся), -ну(сь), -нет(ся)
выкипа́ние, -я
выкипа́ть, -а́ет
вы́кипеть, -пит
вы́кипятить(ся), -ячу, -ятит(ся)
вы́кипяченный; *кр. ф.* -ен, -ена
выкиса́ние, -я
выкиса́ть, -а́ет
вы́киснуть, -нет; *прош.* -ис, -исла
вы́кисший
вы́кладка, -и, *р. мн.* -док
выкладно́й
выкла́дывание, -я
выкла́дывать(ся), -аю(сь), -ает(ся)
вы́клев, -а
вы́клеванный; *кр. ф.* -ан, -ана
вы́клевать(ся), -клюю, -клюет(ся)
выклёвывание, -я
выклёвывать(ся), -аю, -ает(ся)
вы́клеенный; *кр. ф.* -ен, -ена
выкле́ивание, -я
выкле́ивать(ся), -аю, -ает(ся)
вы́клеить(ся), -ею, -еит(ся)
вы́клейка, -и, *р. мн.* -леек
вы́клеймить, -млю, -мит
вы́клепанный; *кр. ф.* -ан, -ана
вы́клепать(ся), -аю, -ает(ся)
вы́клепка, -и
выклёпывание, -я
выклёпывать(ся), -аю, -ает(ся)
вы́клик, -а
выклика́ние, -я
вы́кликанный; *кр. ф.* -ан, -ана
вы́кликать, -аю, -ает, *сов.*
выклика́ть(ся), -а́ю(сь), -а́ет(ся), *несов.*
выкли́кивание, -я
выкли́кивать(ся), -аю(сь), -ает(ся)
вы́кликнутый
вы́кликнуть, -ну, -нет
вы́клиненный; *кр. ф.* -ен, -ена
выкли́нивать(ся), -аю, -ает(ся)
вы́клинить(ся), -ню, -нит(ся),
вы́кличка, -и, *р. мн.* -чек (*церк.*)
вы́клюнутый
вы́клюнуть(ся), -ну, -нет(ся)
выключа́тель, -я
выключа́ть(ся), -а́ю(сь), -а́ет(ся)
выключе́ние, -я
вы́ключенный; *кр. ф.* -ен, -ена
вы́ключить(ся), -чу(сь), -чит(ся)
вы́ключка, -и, *р. мн.* чек
вы́клянченный; *кр. ф.* -ен, -ена
выкля́нчивание, -я
выкля́нчивать(ся), -аю, -ает(ся)
вы́клянчить, -чу, -чит
выкобе́ниваться, -аюсь, -ается
вы́кованный; *кр. ф.* -ан, -ана
вы́ковать(ся), вы́кую, вы́кует(ся)
вы́ковка, -и
выко́вывание, -я
выко́вывать(ся), -аю, -ает(ся)
выковы́ривание, -я
выковы́ривать(ся), -аю, -ает(ся)
вы́ковырнутый
вы́ковырнуть(ся), -ну, -нет(ся)
вы́ковырянный; *кр. ф.* -ян, -яна
вы́ковырять(ся), -яю, -яет(ся) и -рю, -рит(ся)
вы́кол, -а
выкола́чивание, -я
выкола́чивать(ся), -аю, -ает(ся)
выкола́шивание, -я
выкола́шиваться, -ается

вы́колка, -и (*от* вы́колоть)
вы́колоситься, -ится
вы́колотить(ся), -очу, -отит(ся)
вы́колотка, -и, *р. мн.* -ток
вы́колотчик, -а
вы́колотый
вы́колоть(ся), -лю, -лет(ся)
вы́колоченный; *кр. ф.* -ен, -ена
вы́колупанный; *кр. ф.* -ан, -ана
вы́колупать(ся), -аю, -ает(ся)
вы́колупнуть(ся), -ну, -нет(ся)
выколу́пывание, -я
выколу́пывать(ся), -аю, -ает(ся)
выкому́ривать, -аю, -ает
выкому́ры, -му́р
вы́конопатить, -ачу, -атит
выконопа́чивание, -я
выконопа́чивать(ся), -аю, -ает(ся)
вы́копанный; *кр. ф.* -ан, -ана
вы́копать(ся), -аю, -ает(ся)
вы́копка, -и
вы́копочный
вы́коптить(ся), -пчу(сь), -птит(ся)
вы́копченный; *кр. ф.* -ен, -ена
вы́корм, -а
вы́кормить(ся), -млю(сь), -мит(ся)
вы́кормка, -и
вы́кормленный; *кр. ф.* -ен, -ена
вы́кормок, -мка
вы́кормыш, -а, *тв.* -ем
вы́корпеть, -плю, -пит
вы́корчеванный; *кр. ф.* -ан, -ана
вы́корчевать(ся), -чую, -чует(ся)
выкорчёвка, -и
выкорчёвывание, -я
выкорчёвывать(ся), -аю, -ает(ся)
вы́кос, -а
вы́косить(ся), -ошу(сь), -осит(ся)
вы́кошенный; *кр. ф.* -ен, -ена
вы́краденный; *кр. ф.* -ен, -ена
выкра́дывание, -я
выкра́дывать(ся), -аю(сь), -ает(ся)
выкра́ивание, -я
выкра́ивать(ся), -аю, -ает(ся)
вы́красить(ся), -ашу(сь), -асит(ся)
вы́краска, -и
вы́красть(ся), -аду(сь), -адет(ся); *прош.* -ал(ся), -ала(сь)
выкрахма́ливание, -я
выкрахма́ливать(ся), -аю, -ает(ся)
вы́крахмалить, -лю, -лит
вы́крашенный; *кр. ф.* -ен, -ена
выкра́шивание, -я
выкра́шивать(ся), -аю(сь), -ает(ся)
вы́крест, -а
вы́крестить(ся), -ещу(сь), -естит(ся)
вы́крестка, -и, *р. мн.* -ток
вы́крещенный; *кр. ф.* -ен, -ена
выкре́щивать(ся), -аю(сь), -ает(ся)
вы́кривить(ся), -влю, -вит(ся)
выкривле́ние, -я
вы́кривленный; *кр. ф.* -ен, -ена
выкривля́ть(ся), -я́ю, -я́ет(ся)
вы́крик, -а
выкри́кивание, -я
выкри́кивать(ся), -аю, -ает(ся)
вы́крикнутый
вы́крикнуть, -ну, -нет
вы́кристаллизованный; *кр. ф.* -ан, -ана
вы́кристаллизовать(ся), -зую, -зует(ся)
выкристаллизо́вывать(ся), -аю, -ает(ся)
вы́кричать(ся), -чу(сь), -чит(ся)
вы́кроенный; *кр. ф.* -ен, -ена
вы́кроечка, -и, *р. мн.* -чек
вы́кроить(ся), -ою, -оит(ся)
вы́кройка, -и, *р. мн.* -оек
вы́крошенный; *кр. ф.* -ен, -ена
вы́крошить(ся), -шу, -шит(ся)
вы́кругленный; *кр. ф.* -ен, -ена
вы́круглить(ся), -лю, -лит(ся)
выкругля́ть(ся), -я́ю, -я́ет(ся)
выкружа́льник, -а
вы́круженный; *кр. ф.* -ен, -ена
выкру́живание, -я
выкру́живать(ся), -аю, -ает(ся)
вы́кружить, -жу, -жит
вы́кружка, -и, *р. мн.* -жек
вы́крут, -а (*спорт.*)
выкрута́сы, -ов
вы́крутить(ся), -учу(сь), -утит(ся)
вы́крутка, -и
вы́крученный; *кр. ф.* -ен, -ена
выкру́чивание, -я
выкру́чивать(ся), -аю(сь), -ает(ся)
выкрыва́ние, -я
выкрыва́ть(ся), -а́ю, -а́ет(ся)
вы́крыть, -рою, -роет
вы́крюк, -а (*спорт.*)
вы́ксунский (*от* Вы́кса)
вы́ксунцы, -ев, *ед.* -нец, -нца, *тв.* -нцем
выкувы́ркивать(ся), -аю(сь), -ает(ся)
вы́кувырнуть(ся), -ну(сь), -нет(ся)
вы́кунеть, -еет
вы́куп, -а
выкупа́ние, -я
вы́купанный; *кр. ф.* -ан, -ана
вы́купать(ся), -аю(сь), -ает(ся), *сов.* (*искупать(ся)*)
выкупа́ть(ся), -а́ю(сь), -а́ет(ся), *несов.* (*к* вы́купить(ся)
вы́купить(ся), -плю(сь), -пит(ся)
вы́купленный; *кр. ф.* -ен, -ена
выкупно́й
вы́купщик, -а
вы́купщица, -ы, *тв.* -ей
вы́куренный; *кр. ф.* -ен, -ена
выку́ривание, -я
выку́ривать(ся), -аю, -ает(ся)
вы́курить(ся), -рю, -рит(ся)
вы́курка, -и (*получение смолы перегонкой*)
вы́кус, -а
вы́кусанный; *кр. ф.* -ан, -ана
вы́кусать, -ает
вы́кусить, -ушу, -усит
вы́куститься, -тится
выку́сывание, -я
выку́сывать(ся), -аю, -ает(ся)
вы́кушанный; *кр. ф.* -ан, -ана (*от* вы́кушать)
вы́кушать, -аю, -ает
вы́кушенный; *кр. ф.* -ен, -ена (*от* вы́кусить)
выла́вливание, -я
выла́вливать(ся), -аю, -ает(ся)
вы́лаз, -а
вы́лазить, -ажу, -азит, *сов.*
выла́зить, -а́жу, -а́зит, *несов.* (*прост. к* вылеза́ть)
вы́лазка, -и, *р. мн.* -зок
вы́лаканный; *кр. ф.* -ан, -ана
вы́лакать, -аю, -ает
выла́мывание, -я
выла́мывать(ся), -аю(сь), -ает(ся)
выла́щивание, -я
выла́щивать(ся), -аю, -ает(ся)
вы́лежалый
вы́лежать(ся), -жу(сь), -жит(ся)
вылёживание, -я
вылёживать(ся), -аю(сь), -ает(ся)
вы́лежка, -и
вылеза́ние, -я
вылеза́ть, -а́ю, -а́ет
вы́лезти и **вы́лезть,** -зу, -зет; *прош.* вы́лез, вы́лезла
вы́лезший
вы́лепить(ся), -плю, -пит(ся)
вы́лепка, -и
вы́лепленный; *кр. ф.* -ен, -ена
выле́пливание, -я
выле́пливать(ся), -аю, -ает(ся)
вылепля́ть(ся), -я́ю, -я́ет(ся)
вы́лет, -а
вылета́ние, -я
вылета́ть, -а́ю, -а́ет
вы́летаться, -аюсь, -ается
вы́лететь, вы́лечу, вы́летит
вы́леченный; *кр. ф.* -ен, -ена
выле́чивание, -я
выле́чивать(ся), -аю(сь), -ает(ся)
вы́лечить(ся), -чу(сь), -чит(ся)
вы́лив, -а
вылива́ние, -я
вылива́ть(ся), -а́ю, -а́ет(ся)
вы́ливка, -и
выливно́й
вы́лизанный; *кр. ф.* -ан, -ана
вы́лизать(ся), -ижу, -ижет(ся)
вылі́зывание, -я
вылі́зывать(ся), -аю, -ает(ся)
вы́линявший
вы́линялый
вы́линять, -яю, -яет
вы́литый
вы́лить(ся), вы́лью, вы́льет(ся)
вы́лов, -а
вы́ловить(ся), -влю, -вит(ся)
вы́ловленный; *кр. ф.* -ен, -ена
вы́ложенный; *кр. ф.* -ен, -ена
вы́ложить(ся), -жу(сь), -жит(ся)
вы́лом, -а

вы́ломанный; *кр. ф.* -ан, -ана (*от* вы́ломать)
вы́ломать(ся), -аю(сь), -ает(ся)
вы́ломить(ся), -млю, -мит(ся)
вы́ломка, -и
вы́ломленный; *кр. ф.* -ен, -ена (*от* вы́ломить)
вы́лощенный; *кр. ф.* -ен, -ена
вы́лощить(ся), -ощу, -ощит(ся)
вы́лудить(ся), -ужу, -удит(ся)
вы́луженный; *кр. ф.* -ен, -ена
вылу́живание, -я
вылу́живать(ся), -аю, -ает(ся)
вы́лупить(ся), -плю(сь), -пит(ся)
вылупле́ние, -я
вы́лупленный; *кр. ф.* -ен, -ена
вылу́пливание, -я
вылу́пливать(ся), -аю(сь), -ает(ся)
вылупля́ть(ся), -я́ю(сь), -я́ет(ся)
вы́лущенный; *кр. ф.* -ен, -ена
вылу́щивание, -я
вылу́щивать(ся), -аю, -ает(ся)
вы́лущить(ся), -щу, -щит(ся)
вы́мазанный; *кр. ф.* -ан, -ана
вы́мазать(ся), -ажу(сь), -ажет(ся)
вы́мазка, -и
вырма́зывание, -я
выма́зывать(ся), -аю(сь), -ает(ся)
вы́маканный; *кр. ф.* -ан, -ана
вы́макать, -аю, -ает
вы́малеванный; *кр. ф.* -ан, -ана
вы́малевать(ся), -люю, -люет(ся)
вымалёвывать(ся), -аю, -ает(ся)
выма́ливание, -я
выма́ливать(ся), -аю, -ает(ся)
выма́лывание, -я
выма́лывать(ся), -аю, -ает(ся)
вы́маненный; *кр. ф.* -ен, -ена
выма́нивание, -я
выма́нивать(ся), -аю(сь), -ает(ся)
вы́манить, -ню, -нит
вы́маранный; *кр. ф.* -ан, -ана
вы́марать(ся), -аю(сь), -ает(ся)
выма́ривание, -я
выма́ривать(ся), -аю, -ает(ся) (*к* мори́ть)
вы́марка, -и, *р. мн.* -рок
выма́рывание, -я
выма́рывать(ся), -аю(сь), -ает(ся) (*к* мара́ть)
вы́масленный; *кр. ф.* -ен, -ена
выма́сливать(ся), -аю(сь), -ает(ся)
вы́маслить(ся), -лю(сь), -лит(ся)
вы́матеренный; *кр. ф.* -рен, -рена
вы́материть(ся), -рю(сь), -рит(ся)
выма́тывание, -я
выма́тывать(ся), -аю(сь), -ает(ся)
вы́махать, -аю, -ает
выма́хивать(ся), -аю, -ает(ся)
вы́махнуть, -ну, -нет
выма́чивание, -я
выма́чивать(ся), -аю(сь), -ает(ся)
выма́щивание, -я
выма́щивать(ся), -аю, -ает(ся)
вымбо́вка, -и, *р. мн.* -вок

вы́межеванный; *кр. ф.* -ан, -ана
вы́межевать(ся), -жую(сь), -жует(ся)
вымежёвывание, -я
вымежёвывать(ся), -аю(сь), -ает(ся)
вы́меленный; *кр. ф.* -ен, -ена
вы́мелить(ся), -лю(сь), -лит(ся)
выме́нивание, -я
выме́нивать(ся), -аю, -ает(ся)
вы́менянный; *кр. ф.* -ян, -яна
вы́менять, -яю, -яет
вы́меренный; *кр. ф.* -ен, -ена
вы́мереть, вы́мрет; *прош.* вы́мер, вы́мерла
вымерза́ние, -я
вымерза́ть, -а́ю, -а́ет
вы́мерзнувший
вы́мерзнуть, -ну, -нет; *прош.* -ерз, -ерзла
вы́мерзший
выме́ривание, -я
выме́ривать(ся), -аю, -ает(ся)
вы́меривший
вы́мерить, -рю, -рит и -ряю, -ряет; *прош.* -рил, -рила
вы́мерок, -рка
вы́мерший
вымеря́ть(ся), -я́ю, -я́ет(ся)
вы́месить(ся), -ешу, -есит(ся)
вы́мести(сь), вы́мету(сь), вы́метет(ся); *прош.* вы́мел(ся), вы́мела(сь)
вы́местить(ся), -ещу, -естит(ся)
вымета́ние, -я
вы́метанный; *кр. ф.* -ан, -ана (*от* вы́метать)
вы́метать[1], -аю, -ает, *сов.* (*от* мета́ть[1])
вы́метать[2], вы́мечу, вы́мечет, *сов.* (*от* мета́ть[2])
вымета́ть(ся), -а́ю(сь), -а́ет(ся), *несов.* (*к* вы́мести(сь)
вы́метенный; *кр. ф.* -ен, -ена (*от* вы́мести)
вы́метить, вы́мечу, вы́метит
выметно́й
вы́метнуть(ся), -ну(сь), -нет(ся)
вы́метший(ся)
вымётывание, -я
вымётывать(ся), -аю, -ает(ся)
вымеча́ть(ся), -а́ю, -а́ет(ся)
вы́меченный; *кр. ф.* -ен, -ена (*от* вы́метить)
вы́мечко, -а, *мн.* -чки, -чек
вы́мечтанный; *кр. ф.* -ан, -ана
вы́мечтать, -аю, -ает
вы́мешанный; *кр. ф.* -ан, -ана (*от* вы́мешать)
вы́мешать(ся), -аю, -ает(ся)
вы́мешенный; *кр. ф.* -ен, -ена (*от* вы́месить)
выме́шивание, -я
выме́шивать(ся), -аю, -ает(ся)
вымеща́ть(ся), -а́ю, -а́ет(ся)
вымеще́ние, -я
вы́мещенный; *кр. ф.* -ен, -ена (*от* вы́местить)

вымина́ть(ся), -а́ю, -а́ет(ся)
вымира́ние, -я
вымира́ть, -а́ет
вы́мистый
вымога́ние, -я
вымога́тель, -я
вымога́тельница, -ы, *тв.* -ей
вымога́тельский
вымога́тельство, -а
вымога́ть(ся), -а́ю(сь), -а́ет(ся)
вы́моина, -ы
вымока́ние, -я
вымока́ть, -а́ю, -а́ет
вы́мокнуть, -ну, -нет; *прош.* вы́мок, вы́мокла
вы́мокший
вы́мол, -а (*к* моло́ть)
вымола́чивание, -я
вымола́чивать(ся), -аю, -ает(ся)
вы́молвить, -влю, -вит
вы́молвленный; *кр. ф.* -ен, -ена
вы́моленный; *кр. ф.* -ен, -ена
вы́молить, -лю, -лит
вы́молот, -а (*к* молоти́ть)
вы́молотить(ся), -лочу, -лотит(ся)
вы́молотки, -ток и -тков (*остатки после молотьбы*)
вы́молотый (*от* вы́молоть)
вы́молоть(ся), вы́мелю, вы́мелет(ся)
вы́молоченный; *кр. ф.* -ен, -ена (*от* вы́молотить)
вы́мор, -а
вымора́живание, -я
вымора́живать(ся), -аю, -ает(ся)
вы́моренный; *кр. ф.* -ен, -ена
вы́морить(ся), -рю, -рит(ся)
вы́мороженный; *кр. ф.* -ен, -ена
вы́морозить(ся), -ожу, -озит(ся)
вы́морозка, -и (*действие*)
вы́морозки, -ов (*алкогольные напитки*)
вы́морочность, -и
вы́морочный
вы́морщить, -щу, -щит
вы́мостить(ся), -ощу, -остит(ся)
вы́мотанный; *кр. ф.* -ан, -ана
вы́мотать(ся), -аю(сь), -ает(ся)
вы́моченный; *кр. ф.* -ен, -ена
вы́мочить(ся), -чу(сь), -чит(ся)
вы́мочка, -и, *р. мн.* -чек
вы́мощенный; *кр. ф.* -ен, -ена
вы́мпел, -а, *мн.* -ы, -ов и -а́, -о́в
вымпелфа́л, -а
вы́мпельный
вы́мский (*от* Вымь, *река*)
вы́мудрить, -рю, -рит
вы́муравить, -влю, -вит
вы́муравленный; *кр. ф.* -ен, -ена
вымура́вливать(ся), -аю, -ает(ся)
вы́мусленный; *кр. ф.* -ен, -ена
выму́сливать(ся), -аю(сь), -ает(ся)
вы́муслить(ся), -лю(сь), -лит(ся)
вы́мученно, *нареч.*
вы́мученность, -и

вы́мученный; *кр. ф. прич.* -ен, -ена; *кр. ф. прил.* -ен, -енна (его́ остро́ты неесте́ственны, вы́мученны)
выму́чивание, -я
выму́чивать(ся), -аю, -ает(ся)
вы́мучивший(ся)
вы́мучить(ся), -чу, -чит(ся) и -чаю, -чает(ся); *прош.* -чил(ся), -чила(сь);
вы́муштрованность, -и
вы́муштрованный; *кр. ф.* -ан, -ана
вы́муштровать(ся), -рую(сь), -рует(ся)
вы́мчать(ся), -чу(сь), -чит(ся)
вымыва́ние, -я
вымыва́ть(ся), -а́ю, -а́ет(ся)
вымывно́й
вы́мыленный; *кр. ф.* -ен, -ена
вымы́ливать(ся), -аю(сь), -ает(ся)
вы́мылить(ся), -лю(сь), -лит(ся)
вы́мылки, -лок и -лков
вы́мысел, -сла
вы́мыслить, -лю, -лит
вы́мытый
вы́мыть(ся), вы́мою(сь), вы́моет(ся)
вы́мышленность, -и
вы́мышленный; *кр. ф.* -ен, -ена
вымышля́ть(ся), -я́ю, -я́ет(ся)
вы́мя, вы́мени, *тв.* вы́менем, *мн.* вымена́, вымён, вымена́м
вы́мятый
вы́мять, вы́мну, вы́мнет
вына́шивание, -я
вына́шивать(ся), -аю, -ает(ся)
вынесе́ние, -я
вы́несенный; *кр. ф.* -ен, -ена
вы́нести(сь), -су(сь), -сет(ся); *прош.* -ес(ся), -есла(сь)
вы́несший(ся)
вы́низанный; *кр. ф.* -ан, -ана
вы́низать, -ижу, -ижет
вы́низка, -и, *р. мн.* -зок
выни́зывание, -я
выни́зывать(ся), -аю, -ает(ся)
выника́ть, -а́ю, -а́ет
вы́никнуть, -ну, -нет
вынима́ние, -я
вынима́ть(ся), -а́ю, -а́ет(ся)
вы́нос, -а
вы́носить(ся), -ошу, -осит(ся), *сов.*
выноси́ть(ся), -ошу́(сь), -о́сит(ся), *несов.* (*к* вы́нести(сь)
вы́носка, -и, *р. мн.* -сок
выно́сливость, -и
выно́сливый
выносно́й
вы́ношенный; *кр. ф.* -ен, -ена
вы́нудить(ся), -ужу, -удит(ся)
вынужда́ть(ся), -а́ю(сь), -а́ет(ся)
вынужде́ние, -я
вы́нужденно, *нареч.*
вы́нужденность, -и
вы́нужденный; *кр. ф. прич.* -ен, -ена; *кр. ф. прил.* -ен, -ена (*с неопр.*: она́ вы́нуждена лга́ть) и -ен, -енна (*без неопр.*: её молча́ние вы́нужденно)
вы́нутый
вы́нуть(ся), вы́ну, вы́нет(ся)
выны́ривание, -я
выны́ривать, -аю, -ает
вы́нырнуть, -ну, -нет
вы́нь да поло́жь
вы́нюханный; *кр. ф.* -ан, -ана
вы́нюхать(ся), -аю, -ает(ся)
выню́хивание, -я
выню́хивать(ся), -аю, -ает(ся)
вы́нянченный; *кр. ф.* -ен, -ена
выня́нчивание, -я
выня́нчивать(ся), -аю, -ает(ся)
вы́нянчить, -чу, -чит
вы́остренный; *кр. ф.* -ен, -ена
вы́острить(ся), -рю, -рит(ся)
вы́павший
вы́пад, -а
выпада́ние, -я
выпада́ть, -а́ю, -а́ет
выпаде́ние, -я
выпа́ивание, -я
выпа́ивать(ся), -аю, -ает(ся)
вы́пайка, -и (*к* пая́ть)
вы́пал, -а (*выстрел, взрыв*)
вы́паленный; *кр. ф.* -ен, -ена
выпа́ливание, -я
выпа́ливать(ся), -аю, -ает(ся)
вы́палить, -лю, -лит
вы́палка, -и
выпа́лывание, -я
выпа́лывать(ся), -аю, -ает(ся)
вы́пар, -а
вы́паренный; *кр. ф.* -ен, -ена
выпа́ривание, -я
выпа́ривать(ся), -аю(сь), -ает(ся)
выпари́тельный
вы́парить(ся), -рю(сь), -рит(ся)
вы́парка, -и, *р. мн.* -рок (*от* вы́парить)
вы́парки, -рок и -рков (*остатки после выпаривания*)
выпарно́й
выпа́рхивание, -я
выпа́рхивать, -аю, -ает
вы́парщик, -а
вы́парщица, -ы, *тв.* -ей
выпа́рывание, -я
выпа́рывать(ся), -аю, -ает(ся)
вы́пас, -а
выпаса́ть(ся), -а́ю, -а́ет(ся)
вы́пасенный; *кр. ф.* -ен, -ена
вы́паска, -и
выпасно́й
вы́пасти, -су, -сет; *прош.* -ас, -асла
вы́пасть, -аду, -адет; *прош.* -ал, -ала
вы́пасший
вы́паханный; *кр. ф.* -ан, -ана
вы́пахать(ся), вы́пашу, вы́пашет(ся)
выпа́хивание, -я
выпа́хивать(ся), -аю, -ает(ся)
вы́пачканный; *кр. ф.* -ан, -ана
вы́пачкать(ся), -аю(сь), -ает(ся)
вы́пашка, -и
вы́паянный; *кр. ф.* -ян, -яна
вы́паять, -яю, -яет
выпева́ние, -я (*к* петь)
выпева́ть(ся), -а́ю, -а́ет(ся) (*к* петь)
вы́пек, -а
выпека́ние, -я
выпека́ть(ся), -а́ю, -а́ет(ся)
вы́пекший(ся)
выпендрёж, -а, *тв.* -ем
выпендрёжник, -а
выпендрёжница, -ы, *тв.* -ей
выпендрёжный
выпе́ндривание, -я
выпе́ндриваться, -аюсь, -ается
вы́пендриться, -рюсь, -рится
вы́передить, -режу, -редит
выпере́живать(ся), -аю, -ает(ся)
вы́переть(ся), вы́пру(сь), вы́прет(ся); *прош.* вы́пер(ся), вы́перла(сь)
вы́пертый
вы́перхнуть, -ну, -нет
вы́перший(ся)
вы́пестованный; *кр. ф.* -ан, -ана
вы́пестовать(ся), -тую(сь), -тует(ся)
вы́пестренный; *кр. ф.* -ен, -ена
вы́пестрить(ся), -рю, -рит(ся)
выпестря́ть(ся), -я́ю, -я́ет(ся)
вы́петый
вы́петь, вы́пою, вы́поет (*от* петь)
вы́печатанный; *кр. ф.* -ан, -ана
вы́печатать(ся), -таю, -тает(ся)
выпеча́тывание, -я
выпеча́тывать(ся), -аю, -ает(ся)
вы́печенный; *кр. ф.* -ен, -ена
вы́печка, -и, *р. мн.* -чек
выпечно́й
вы́печь(ся), -еку, -ечет(ся), -екут(ся); *прош.* -ек(ся), -екла(сь)
выпива́ла, -ы, *м.* и *ж.*
выпива́ние, -я (*к* пить)
выпива́ть(ся), -а́ю, -а́ет(ся) (*к* пить)
вы́пивка, -и, *р. мн.* -вок
выпиво́н, -а
выпиво́нчик, -а
выпиво́ха, -и, *м. и ж.*
вы́пивши
вы́пил, -а (*от* вы́пилить)
вы́пиленный; *кр. ф.* -ен, -ена
выпи́ливание, -я
выпи́ливать(ся), -аю, -ает(ся)
вы́пилить(ся), -лю, -лит(ся)
вы́пилка, -и, *р. мн.* -лок
выпило́вка, -и
выпило́вочный
вы́пильщик, -а
выпира́ние, -я
выпира́ть(ся), -а́ю(сь), -а́ет(ся)
вы́писанность, -и
вы́писанный; *кр. ф.* -ан, -ана
вы́писать(ся), -ишу(сь), -ишет(ся)
вы́писка, -и, *р. мн.* -сок
выписно́й
вы́писчик, -а
вы́писчица, -ы, *тв.* -ей
выпи́сывание, -я
выпи́сывать(ся), -аю(сь), -ает(ся)

вы́пись, -и
вы́питие, -я
вы́питый
вы́пить, вы́пью, вы́пьет (*от* пить)
вы́пиханный; *кр. ф.* -ан, -ана
вы́пихать, -аю, -ает
выпи́хивание, -я
выпи́хивать(ся), -аю(сь), -ает(ся)
вы́пихнутый
вы́пихнуть(ся), -ну(сь), -нет(ся)
вы́плав, -а (*выплавка*)
вы́плавить(ся), -влю, -вит(ся)
вы́плавка, -и, *р. мн.* -вок
вы́плавленный; *кр. ф.* -ен, -ена
выпла́вливание, -я
выпла́вливать(ся), -аю, -ает(ся)
выплавля́ть(ся), -я́ю, -я́ет(ся)
выплавно́й
вы́плавок, -вка, *р. мн.* -вков
вы́плаканный; *кр. ф.* -ан, -ана
вы́плакать(ся), -лачу(сь), -лачет(ся)
выпла́кивание, -я
выпла́кивать(ся), -аю(сь), -ает(ся)
вы́пластанный; *кр. ф.* -ан, -ана
вы́пластать, -таю, -тает
выпла́стывание, -я
выпла́стывать(ся), -аю, -ает(ся)
вы́плата, -ы
вы́платить, -ачу, -атит
выплатно́й
вы́плаченный; *кр. ф.* -ен, -ена
выпла́чивание, -я
выпла́чивать(ся), -аю, -ает(ся)
вы́плевать, -люю, -люет
выплёвывание, -я
выплёвывать(ся), -аю, -ает(ся)
вы́плеск, -а
вы́плесканный; *кр. ф.* -ан, -ана
вы́плескать(ся), -ещу, -ещет(ся) и -аю, -ает(ся)
выплёскивание, -я
выплёскивать(ся), -аю, -ает(ся)
вы́плеснутый
вы́плеснуть(ся), -ну, -нет(ся)
вы́плести(сь), -лету, -летет(ся)
выплета́ние, -я
выплета́ть(ся), -а́ю, -а́ет(ся)
вы́плетенный; *кр. ф.* -ен, -ена
вы́плетший(ся)
вы́плод, -а
вы́плодить(ся), -ожу, -одит(ся)
вы́пложенный; *кр. ф.* -ен, -ена
вы́плыв, -а (*нарост на стволе дерева*)
выплыва́ние, -я
выплыва́ть, -а́ю, -а́ет
вы́плывок, -вка
вы́плыть, -ыву, -ывет
вы́плюнутый
вы́плюнуть(ся), -ну, -нет(ся)
вы́плясать(ся), -яшу(сь), -яшет(ся)
выпля́сывать(ся), -аю(сь), -ает(ся)
вы́поенный; *кр. ф.* -ен, -ена
вы́поить(ся), -ою, -оит(ся)
вы́пойка, -и (*к* пои́ть)
выпола́скивание, -я
выпола́скивать(ся), -аю, -ает(ся)
выполза́ние, -я
вы́ползать, -аю, -ает, *сов.* (*выпросить унижаясь*)
выполза́ть, -а́ю, -а́ет, *несов.*
вы́ползень, -зня
вы́ползина, -ы
вы́ползок, -зка
вы́ползти, -зу, -зет; *прош.* -олз, -олзла
вы́ползший
вы́полированный; *кр. ф.* -ан, -ана
вы́полировать(ся), -рую, -рует(ся)
выполиро́вка, -и
выполиро́вывание, -я
выполиро́вывать(ся), -аю, -ает(ся)
выполне́ние, -я
вы́полненный; *кр. ф.* -ен, -ена
выполни́мость, -и
выполни́мый
вы́полнить(ся), -ню, -нит(ся)
выполня́ть(ся), -я́ю, -я́ет(ся)
вы́полосканный; *кр. ф.* -ан, -ана
вы́полоскать(ся), -лощу, -лощет(ся) и -аю, -ает(ся)
вы́полоснутый
вы́полоснуть, -ну, -нет
вы́полотый
вы́полоть, -лю, -лет
вы́пользовать(ся), -зую(сь), -зует(ся) (*вылечить(ся)*, *устар.*)
вы́понтировать, -рую, -рует
вы́пор, -а (*тех.*)
выпора́жнивание, -я
выпора́жнивать(ся), -аю, -ает(ся)
вы́порка, -и (*от* вы́пороть)
вы́порожненный; *кр. ф.* -ен, -ена
вы́порожнить(ся), -ню, -нит(ся)
вы́порок, -рка
вы́поротковый
вы́пороток, -тка
вы́поротый
вы́пороть(ся), -рю, -рет(ся)
вы́порхнуть, -ну, -нет
вы́пот, -а
выпотева́ние, -я
выпотева́ть, -а́ю, -а́ет
вы́потеть, -ею, -еет
выпотра́шивание, -я
выпотра́шивать(ся), -аю, -ает(ся)
вы́потрошенный; *кр. ф.* -ен, -ена
вы́потрошить(ся), -шу, -шит(ся)
выправи́тельный
вы́править(ся), -влю(сь), -вит(ся)
вы́правка, -и, *р. мн.* -вок
выправле́ние, -я
вы́правленный; *кр. ф.* -ен, -ена
выправля́ть(ся), -я́ю(сь), -я́ет(ся)
выпра́стывание, -я
выпра́стывать(ся), -аю(сь), -ает(ся)
выпра́шивание, -я
выпра́шивать(ся), -аю(сь), -ает(ся)
выпрева́ние, -я
выпрева́ть, -а́ет
вы́прелый
вы́прессованный; *кр. ф.* -ан, -ана
вы́прессовать, -ссую, -ссует
выпрессо́вка, -и
выпрессо́вывать(ся), -аю, -ает(ся)
вы́преть, -еет
выпрова́живание, -я
выпрова́живать(ся), -аю(сь), -ает(ся)
вы́проводить, -вожу, -водит
вы́провоженный; *кр. ф.* -ен, -ена
выпроки́дывание, -я
выпроки́дывать(ся), -аю(сь), -ает(ся)
вы́прокинутый
вы́прокинуть(ся), -ну(сь), -нет(ся)
вы́просить(ся), -ошу(сь), -осит(ся)
вы́простанный; *кр. ф.* -ан, -ана
вы́простать(ся), -аю(сь), -ает(ся)
вы́прошенный; *кр. ф.* -ен, -ена
вы́прудить, -ужу, -удит
выпры́гивание, -я
выпры́гивать, -аю, -ает
вы́прыгнуть, -ну, -нет
вы́прыск, -а
вы́прыскать(ся), -аю, -ает(ся)
выпры́скивание, -я
выпры́скивать(ся), -аю, -ает(ся)
вы́прыснуть(ся), -ну, -нет(ся)
выпряга́ние, -я
выпряга́ть(ся), -а́ю, -а́ет(ся)
вы́прягший(ся)
выпряда́ние, -я
выпряда́ть(ся), -а́ю, -а́ет(ся)
вы́пряденный; *кр. ф.* -ен, -ена
вы́прядка, -и, *р. мн.* -док
выпря́дывание, -я
выпря́дывать(ся), -аю, -ает(ся)
вы́пряженный; *кр. ф.* -ен, -ена
вы́пряжка, -и
выпрями́тель, -я
выпрями́тельный
вы́прямить(ся), -млю(сь), -мит(ся)
выпрямле́ние, -я
вы́прямленный; *кр. ф.* -ен, -ена
выпрямля́ть(ся), -я́ю(сь), -я́ет(ся)
вы́прясть(ся), -яду, -ядет(ся)
вы́прячь(ся), -ягу, -яжет(ся), -ягут(ся); *прош.* -яг(ся), -ягла(сь)
выпу́гивание, -я
выпу́гивать(ся), -аю, -ает(ся)
вы́пугнуть, -ну, -нет
вы́пуклина, -ы
вы́пукло-во́гнутый
вы́пуклость, -и
вы́пуклый
вы́пуск, -а
выпуска́ние, -я
выпуска́ть(ся), -а́ю(сь), -а́ет(ся)
выпуска́ющий(ся)
выпускни́к, -а́
выпускни́ца, -ы, *тв.* -ей
выпускно́й
вы́пустить(ся), -ущу(сь), -устит(ся)
вы́путанный; *кр. ф.* -ан, -ана
вы́путать(ся), -аю(сь), -ает(ся)
выпу́тывание, -я
выпу́тывать(ся), -аю(сь), -ает(ся)

вы́пученный; *кр. ф.* -ен, -ена
выпу́чивание, -я
выпу́чивать(ся), -аю, -ает(ся)
вы́пучина, -ы
вы́пучить(ся), -чу, -чит(ся)
вы́пушенный; *кр. ф.* -ен, -ена
вы́пушить, -шу, -шит
вы́пушка, -и, *р. мн.* -шек
выпушно́й
выпуща́ть, -а́ю, -а́ет (*прост. к* выпуска́ть)
вы́пущенный; *кр. ф.* -ен, -ена
вы́пытанный; *кр. ф.* -ан, -ана
вы́пытать, -аю, -ает
выпы́тывание, -я
выпы́тывать(ся), -аю, -ает(ся)
выпы́хивать, -ает
вы́пыхнуть, -нет
вы́пь, -и
вы́пяленный; *кр. ф.* -ен, -ена
выпя́ливание, -я
выпя́ливать(ся), -аю(сь), -ает(ся)
вы́пялить(ся), -лю(сь), -лит(ся)
вы́пятить(ся), -ячу(сь), -ятит(ся)
вы́пяченный; *кр. ф.* -ен, -ена
выпя́чивание, -я
выпя́чивать(ся), -аю(сь), -ает(ся)
вырабá́тывание, -я
выраба́тывать(ся), -аю(сь), -ает(ся)
вы́работанность, -и
вы́работанный; *кр. ф.* -ан, -ана
вы́работать(ся), -аю(сь), -ает(ся)
вы́работка, -и, *р. мн.* -ток
вы́равненность, -и (*к* вы́равнять)
вы́равненный; *кр. ф.* -ен, -ена (*от* вы́равнять)
выра́внивание, -я
выра́вниватель, -я
выра́вниватель-измельчи́тель, выра́внивателя-измельчи́теля
выра́внивать(ся), -аю(сь), -ает(ся)
вы́равнять(ся), -яю(сь), -яет(ся) (*к* ра́вный)
выража́ть(ся), -а́ю(сь), -а́ет(ся)
выраже́ние, -я
вы́раженно-попули́стский
вы́раженность, -и
вы́раженный; *кр. ф.* -ен, -ена
выраже́ньице, -а
вырази́тель, -я
вырази́тельница, -ы, *тв.* -ей
вырази́тельность, -и
вырази́тельный; *кр. ф.* -лен, -льна
вы́разить(ся), -ажу(сь), -азит(ся)
выраста́ние, -я
выраста́ть, -а́ю, -а́ет
вы́расти, -ту, -тет; *прош.* вы́рос, вы́росла
вы́растить, -ащу, -астит
вы́ращенный; *кр. ф.* -ен, -ена
выра́щивание, -я
выра́щивать(ся), -аю, -ает(ся)
вы́рванный; *кр. ф.* -ан, -ана
вы́рвать(ся), вы́рву(сь), вы́рвет(ся)
вырвигла́з, *другие формы не употр.*
вы́реветься, -вусь, -вется
вы́рез, -а
выреза́лка, -и, *р. мн.* -лок
выреза́ние, -я
вы́резанный; *кр. ф.* -ан, -ана
вы́резать(ся), -ежу, -ежет(ся), *сов.*
выреза́ть(ся), -а́ю, -а́ет(ся), *несов.*
вы́резка, -и, *р. мн.* -зок
вырезно́й
вырезу́б, -а
выре́зывание, -я
выре́зывать(ся), -аю, -ает(ся)
вырешá́ть(ся), -а́ю, -а́ет(ся)
вы́решенный; *кр. ф.* -ен, -ена
вы́решить(ся), -шу, -шит(ся)
вы́рисованный; *кр. ф.* -ан, -ана
вы́рисовать(ся), -сую, -сует(ся)
вырисо́вка, -и
вырисо́вывание, -я
вырисо́вывать(ся), -аю, -ает(ся)
вы́ровненность, -и (*к* вы́ровнять)
вы́ровненный; *кр. ф.* -ен, -ена (*от* вы́ровнять)
вы́ровнять(ся), -яю(сь), -яет(ся) (*к* ро́вный)
вы́родить(ся), -ожу, -одит(ся)
вы́родок, -дка
вырожда́емость, -и
вырожда́ться, -а́юсь, -а́ется
вырожде́нец, -нца, *тв.* -нцем, *р. мн.* -нцев
вырожде́ние, -я
вырожде́нка, -и, *р. мн.* -нок
вы́рожденный; *кр. ф.* -ен, -ена
вырожде́нческий
вы́роиться, -ится
вы́роненный; *кр. ф.* -ен, -ена
вы́ронить, -ню, -нит
вы́рост, -а
вы́ростковый
выростно́й
вы́росток, -тка
вы́росточек, -чка
вы́росший
вы́руб, -а
выруба́ние, -я
выруба́ть(ся), -а́ю(сь), -а́ет(ся)
вы́рубить(ся), -блю(сь), -бит(ся)
вы́рубка, -и, *р. мн.* -бок
вы́рубленный; *кр. ф.* -ен, -ена
вырубно́й
вы́рубок, -бка
вы́рубщик, -а
вы́руганный; *кр. ф.* -ан, -ана
вы́ругать(ся), -аю(сь), -ает(ся)
вы́руленный; *кр. ф.* -ен, -ена
выру́ливание, -я
выру́ливать(ся), -аю, -ает(ся)
вы́рулить, -лю, -лит
выруча́лочка, -и, *р. мн.* -чек
выруча́тель, -я
выруча́ть(ся), -а́ю(сь), -а́ет(ся)
выруче́ние, -я
вы́рученный; *кр. ф.* -ен, -ена
вы́ручить(ся), -чу(сь), -чит(ся)
вы́ручка, -и, *р. мн.* -чек
вырыва́ние, -я
вырыва́ть(ся), -а́ю(сь), -а́ет(ся)
вы́рытый
вы́рыть(ся), вы́рою(сь), вы́роет(ся)
вы́рядить(ся), -яжу(сь), -ядит(ся)
выряжа́ние, -я
выряжа́ть(ся), -а́ю(сь), -а́ет(ся)
вы́ряженный; *кр. ф.* -ен, -ена
выря́живать(ся), -аю(сь), -ает(ся)
вы́садить(ся), -ажу(сь), -адит(ся)
вы́садка, -и, *р. мн.* -док
высадкопоса́дочный
вы́садок, -дка, *р. мн.* -дков
вы́садочный
вы́саженный; *кр. ф.* -ен, -ена
выса́живание, -я
выса́живать(ся), -аю(сь), -ает(ся)
вы́саленный; *кр. ф.* -ен, -ена (*от* вы́салить)
выса́ливание, -я
выса́ливать(ся), -аю, -ает(ся)
вы́салить(ся), -лю, -лит(ся) (*к* са́ло)
выса́сывание, -я
выса́сыватель, -я
выса́сывать(ся), -аю, -ает(ся)
вы́саченный; *кр. ф.* -ен, -ена (*от* вы́сачить)
выса́чивание, -я
выса́чивать(ся), -аю, -ает(ся)
вы́сачить(ся), -чу, -чит(ся) (*к* сак, сачо́к)
вы́сватанный; *кр. ф.* -ан, -ана
вы́сватать, -аю, -ает
высва́тывание, -я
высва́тывать(ся), -аю(сь), -ает(ся)
вы́сверк, -а
высве́ркивать, -ает
вы́сверкнуть, -нет
вы́сверленный; *кр. ф.* -ен, -ена
высве́рливание, -я
высве́рливать(ся), -аю, -ает(ся)
вы́сверлить(ся), -лю, -лит(ся)
вы́свет, -а
вы́светить(ся), -ечу(сь), -етит(ся)
высветле́ние, -я
вы́светленный; *кр. ф.* -ен, -ена
вы́светлить(ся), -лю(сь), -лит(ся)
высветля́ть(ся), -я́ю(сь), -я́ет(ся)
вы́свеченный; *кр. ф.* -ен, -ена
высве́чивание, -я
высве́чивать(ся), -аю(сь), -ает(ся)
вы́свист, -а
вы́свистать(ся), -ищу(сь), -ищет(ся)
вы́свистеть(ся), -ищу(сь), -истит(ся)
высви́стывание, -я
высви́стывать(ся), -аю(сь), -ает(ся)
вы́свободить(ся), -ожу(сь), -одит(ся)
высвобожда́ть(ся), -а́ю(сь), -а́ет(ся)
высвобожде́ние, -я
вы́свобожденный; *кр. ф.* -ен, -ена
вы́сев, -а
высева́ние, -я
высева́ть(ся), -а́ю, -а́ет(ся)
вы́севка, -и, *р. мн.* -вок (*действие*)

вы́севки, -вок и -вков (*остатки от просеивания*)
высевно́й
вы́сед, -а (*спорт.*)
высе́ивание, -я
высе́ивать(ся), -аю, -ает(ся)
высека́ние, -я
высека́ть(ся), -а́ю, -а́ет(ся)
вы́секший(ся)
выселе́нец, -нца, *тв.* -нцем, *р. мн.* -нцев
выселе́ние, -я
выселе́нка, -и, *р. мн.* -нок
вы́селенный; *кр. ф.* -ен, -ена
вы́селить(ся), -лю(сь), -лит(ся)
вы́селки, -ов и **вы́селок,** -лка
выселя́ть(ся), -я́ю(сь), -я́ет(ся)
высемене́ние, -я
вы́семениться, -ится
высеменя́ться, -я́ется
вы́серебренный; *кр. ф.* -ен, -ена
вы́серебрить(ся), -рю, -рит(ся)
высече́ние, -я
вы́сеченный; *кр. ф.* -ен, -ена
вы́сечка, -и, *р. мн.* -чек
вы́сечь(ся), -еку, -ечет(ся), -екут(ся); *прош.* -ек(ся), -екла(сь)
вы́сеянный; *кр. ф.* -ян, -яна
вы́сеять(ся), -ею, -еет(ся)
вы́сидеть(ся), -ижу(сь), -идит(ся)
вы́сидка, -и
высидно́й
вы́сидочный
вы́сиженный; *кр. ф.* -ен, -ена
выси́живание, -я
выси́живать(ся), -аю(сь), -ает(ся)
вы́синенный; *кр. ф.* -ен, -ена
выси́нивать(ся), -аю(сь), -ает(ся)
вы́синить(ся), -ню(сь), -нит(ся)
вы́сить(ся), -ит(ся)
выска́бливание, -я
выска́бливать(ся), -аю, -ает(ся)
вы́сказанный; *кр. ф.* -ан, -ана
вы́сказать(ся), -ажу(сь), -ажет(ся)
выска́зывание, -я
выска́зывать(ся), -аю(сь), -ает(ся)
вы́скакать, вы́скачу, вы́скачет
выска́кивание, -я
выска́кивать, -аю, -ает
вы́скакнуть, -ну, -нет
выска́льзывание, -я
выска́льзывать, -аю, -ает
вы́скобелить, -лю, -лит (*от* ско́бель)
вы́скобленный; *кр. ф.* -ен, -ена
вы́скоблить(ся), -лю, -лит(ся)
выскольза́ние, -я
выскольза́ть, -а́ю, -а́ет
вы́скользнуть, -ну, -нет
вы́скочить, -чу, -чит
вы́скочка, -и, *р. мн.* -чек, *м.* и *ж.*
выскреба́ние, -я
выскреба́ть(ся), -а́ю, -а́ет(ся)
вы́скребенный; *кр. ф.* -ен, -ена
вы́скребки, -ов
вы́скребший
выскрёбывать(ся), -аю, -ает(ся)
вы́скрести(сь), -ребу, -ребет(ся); *прош.* -реб(ся), -ребла(сь)
вы́сланный; *кр. ф.* -ана (*от* вы́слать)
вы́слать, вы́шлю, вы́шлет; *прош.* вы́слал, -а (*к* слать)
вы́следить, -ежу, -едит
вы́слеженный; *кр. ф.* -ен, -ена
высле́живание, -я
высле́живать(ся), -аю(сь), -ает(ся)
вы́слуга, -и
вы́служенный; *кр. ф.* -ен, -ена
выслу́живание, -я
выслу́живать(ся), -аю(сь), -ает(ся)
вы́служить(ся), -жу(сь), -жит(ся)
вы́слушанный; *кр. ф.* -ан, -ана
вы́слушать, -аю, -ает
выслу́шивание, -я
выслу́шивать(ся), -аю(сь), -ает(ся)
высма́ливание, -я
высма́ливать(ся), -аю, -ает(ся)
высма́ркивание, -я
высма́ркивать(ся), -аю(сь), -ает(ся)
высма́тривание, -я
высма́тривать(ся), -аю, -ает(ся)
высме́ивание, -я
высме́ивать(ся), -аю(сь), -ает(ся)
вы́смеянный; *кр. ф.* -ян, -яна
вы́смеять(ся), -ею(сь), -еет(ся)
вы́смоленный; *кр. ф.* -ен, -ена
вы́смолить(ся), -лю, -лит(ся)
вы́сморканный; *кр. ф.* -ан, -ана
вы́сморкать(ся), -аю(сь), -ает(ся)
вы́сморкнуть(ся), -ну(сь), -нет(ся)
вы́смотренный; *кр. ф.* -ен, -ена
вы́смотреть, -рю, -рит
высо́вывание, -я
высо́вывать(ся), -аю(сь), -ает(ся)
Высо́кие Догова́ривающиеся Сто́роны (*в текстах нек-рых дипломатических документов*)
высо́кий; *кр. ф.* -о́к, -ока́, -о́ко́
высо́ко́, *нареч.* и *в знач. сказ.*
высоко… – *первая часть сложных слов, пишется слитно*
высокоавтоматизи́рованный
высокоавторите́тный; *кр. ф.* -тен, -тна
высокоакти́вный; *кр. ф.* -вен, -вна
высокоампе́рный
высокобелко́вый
высокоблагоро́дие, -я
высокобо́ртный
высокова́куумный
высокова́тый
высоковзры́вчатый
высоковируле́нтный
высоковитами́нный
высоковла́жный
высоковолокни́стый
высоково́льтка, -и, *р. мн.* -ток
высоково́льтник, -а
высоково́льтный
высоковя́зкий
высокогабари́тный; *кр. ф.* -тен, -тна
высокоглинозёмистый
высокого́рный
высокого́рье, -я
высокогру́дый
высокогума́нный; *кр. ф.* -а́нен, -а́нна
высокодинами́ческий
высокодинами́чный; *кр. ф.* -чен, -чна
высокодохо́дный; *кр. ф.* -ден, -дна
Высо́кое Возрожде́ние
высокозатра́тный; *кр. ф.* -тен, -тна
высокоиде́йный; *кр. ф.* -е́ен, -е́йна
высокоинтеллектуа́льный; *кр. ф.* -лен, -льна
высокоинтеллиге́нтный; *кр. ф.* -тен, -тна
высокоинтенси́вный; *кр. ф.* -вен, -вна
высококалори́йный; *кр. ф.* -и́ен, -и́йна
высокока́чественный; *кр. ф.* -вен и -венен, -венна
высококвалифици́рованный; *кр. ф.* -ан, -анна
высококла́ссный
высококомфорта́бельный; *кр. ф.* -лен, -льна
высококонкуре́нтный; *кр. ф.* -тен, -тна
высококонцентри́рованный
высококрахма́листый
высококульту́рный; *кр. ф.* -рен, -рна
высоколеги́рованный
высоколетя́щий*
высоколикви́дный; *кр. ф.* -ден, -дна
высоколо́бый
высокоманёвренный и **высокомане́вренный;** *кр. ф.* -рен, -ренна
высокома́сличный
высокоме́рие, -я
высокоме́рничать, -аю, -ает
высокоме́рность, -и
высокоме́рный; *кр. ф.* -рен, -рна
высокомеханизи́рованный
высокоминерализо́ванный
высокомолекуля́рный
высокомора́льный; *кр. ф.* -лен, -льна
высоконадёжный; *кр. ф.* -жен, -жна
высоконапо́рный
высоконау́чный; *кр. ф.* -чен, -чна
высоко́нек, -нька
высоконра́вственный; *кр. ф.* -вен и -венен, -венна
высо́конький
высокообеспе́ченный
высокообогащённый
высокообразо́ванный; *кр. ф.* -ан, -анна
высокообъёмный; *кр. ф.* -мен, -мна
высокоогнеупо́рный; *кр. ф.* -рен, -рна
высокоодарённый; *кр. ф.* -ён, -ённа
высокоокта́новый
высокоопла́чиваемый
высокоорбита́льный

высокоорганизо́ванный; *кр. ф.* -ан, -ана
высокооснащённый
высокопа́рность, -и
высокопа́рный; *кр. ф.* -рен, -рна
высокопатриоти́ческий
высокопатриоти́чный; *кр. ф.* -чен, -чна
высокоперспекти́вный; *кр. ф.* -вен, -вна
высокопита́тельный; *кр. ф.* -лен, -льна
высокопла́н, -а
высокоподви́жный; *кр. ф.* -жен, -жна
высокополиме́рный
высокополиме́ры, -ов, *ед.* -ме́р, -а
высокопоро́дный; *кр. ф.* -ден, -дна
высокопоста́вленный (*о человеке, должностном лице*)
высокопревосходи́тельство, -а
высокопредстави́тельный; *кр. ф.* -лен, -льна
высокопреосвяще́ннейший
высокопреосвяще́нный
высокопреосвяще́нство, -а
высокопреподо́бие, -я
высокопрести́жный; *кр. ф.* -жен, -жна
высокопри́быльный; *кр. ф.* -лен, -льна
высокопринципиа́льный; *кр. ф.* -лен, -льна
высокопро́бный
высокопродукти́вный; *кр. ф.* -вен, -вна
высокопроизводи́тельный; *кр. ф.* -лен, -льна
высокопрофессиона́льный; *кр. ф.* -лен, -льна
высокопроходи́мый
высокопроце́нтный
высокопро́чный; *кр. ф.* -чен, -чна
высокорадиоакти́вный; *кр. ф.* -вен, -вна
высокора́звитый
высокоразре́женный
высокоранги́рованный
высокорасту́щий*
высокоре́йтинговый
высокорента́бельный; *кр. ф.* -лен, -льна
высокоро́дие, -я
высокоро́дный; *кр. ф.* -ден, -дна
высокоро́слый
высокосейсми́чный; *кр. ф.* -чен, -чна
высокосерни́стый
высокоскоростно́й
высокосо́ртность, -и
высокосо́ртный; *кр. ф.* -тен, -тна
высокостаби́льный; *кр. ф.* -лен, -льна
высокоство́льный
высо́кость, -и
высокотала́нтливый
высокотемперату́рный
высокотехни́чный; *кр. ф.* -чен, -чна
высокотехнологи́ческий
высокотехнологи́чный; *кр. ф.* -чен, -чна
высокотова́рный
высокотокси́чный; *кр. ф.* -чен, -чна
высокоторже́ственный; *кр. ф.* -вен и -венен, -венна
высокото́чный
высокотравмати́чный; *кр. ф.* -чен, -чна
высокотра́вный
высокотра́вье, -я
высокоуважа́емый
высокоу́мие, -я
высокоу́мный; *кр. ф.* -мен, -мна
высокоурожа́йный; *кр. ф.* -а́ен, -а́йна
высокоусто́йчивый
высокохудо́жественный; *кр. ф.* -вен и -венен, -венна
высокоце́нный; *кр. ф.* -е́нен, -е́нна
высокочасто́тный; *кр. ф.* -тен, -тна
высокочино́вный
высокочи́стый
высокочти́мый
высокочувстви́тельный; *кр. ф.* -лен, -льна
высокоширо́тный
высокоэкономи́чный; *кр. ф.* -чен, -чна
высокоэласти́ческий
высокоэласти́чный; *кр. ф.* -чен, -чна
высокоэллипти́ческий
высокоэмоциона́льный; *кр. ф.* -лен, -льна
высокоэнергети́ческий
высокоэрги́ческий
высокоэруди́рованный
высокоэффекти́вный; *кр. ф.* -вен, -вна
вы́соленный; *кр. ф.* -ен, -ена (*от* вы́солить)
вы́солить(ся), -лю, -лит(ся) (*к* соль)
вы́солодить, -ожу, -одит
вы́соложенный; *кр. ф.* -ен, -ена
вы́сосанный; *кр. ф.* -ан, -ана
вы́сосать, -осу, -осет
высота́, -ы́, *мн.* -о́ты, -о́т
высо́тка, -и, *р. мн.* -ток
высо́тник, -а
высо́тница, -ы, *тв.* -ей
высо́тно-компенси́рующий
высо́тно-спаса́тельный
высо́тно-техни́ческий
высо́тно-широ́тный
высо́тный
высотоме́р, -а
высотопи́сец, -сца, *тв.* -сцем, *р. мн.* -сцев
вы́сохнуть, -ну, -нет; *прош.* -ох, -охла
вы́сохший
высоцкиа́на, -ы (*от* Высо́цкий)
высоча́йший
вы́соченный; *кр. ф.* -ен, -ена (*от* вы́сочить)
высоче́нный (*от* высо́кий)
высо́чество, -а; *при офиц. титуловании*: **Ва́ше (Его́, Её) Высо́чество**
вы́сочить(ся), -чу, -чит(ся) (*к* сок)
выспа́ривать, -аю, -ает
вы́спаться, -плюсь, -пится
выспева́ние, -я
выспева́ть, -а́ет
вы́спеть, -еет
вы́споренный; *кр. ф.* -ен, -ена
вы́спорить, -рю, -рит
выспра́шивание, -я
выспра́шивать(ся), -аю, -ает(ся)
вы́спренний; *кр. ф.* -ен, -енняя
вы́спренно и **вы́спренне,** *нареч.*
вы́спренность, -и
вы́спросить, -ошу, -осит
вы́спрошенный; *кр. ф.* -ен, -ена
выспрь, *нареч.*
вы́ставить(ся), -влю(сь), -вит(ся)
вы́ставка, -и, *р. мн.* -вок
вы́ставка-прода́жа, вы́ставки-прода́жи
вы́ставка-я́рмарка, вы́ставки-я́рмарки
выставко́м, -а
выставле́ние, -я
вы́ставленный; *кр. ф.* -ен, -ена
выставля́ть(ся), -я́ю(сь), -я́ет(ся)
выставно́й
вы́ставочно-демонстрацио́нный
вы́ставочный
выста́ивание, -я
выста́ивать(ся), -аю, -ает(ся)
вы́стеганный; *кр. ф.* -ан, -ана
вы́стегать, -аю, -ает
выстёгивание, -я
выстёгивать(ся), -аю, -ает(ся)
вы́стегнуть(ся), -ну, -нет(ся)
вы́стеленный; *кр. ф.* -ен, -ена
вы́стелить, -лю, -лет; *прош.* -ил, -ила
выстила́ние, -я
выстила́ть(ся), -а́ю, -а́ет(ся)
вы́стилка, -и, *р. мн.* -лок
вы́стилочный
вы́стиранный; *кр. ф.* -ан, -ана
вы́стирать(ся), -аю, -ает(ся)
высти́рывать(ся), -аю, -ает(ся)
вы́стланный; *кр. ф.* -ан, -ана (*от* вы́стлать)
вы́стлать(ся), вы́стелю, вы́стелет(ся); *прош.* -ал(ся), -ала(сь) (*к* стлать)
вы́стойка, -и
вы́стоянный; *кр. ф.* -ян, -яна
вы́стоять(ся), -ою, -оит(ся)
выстра́гивание, -я и **выстру́гивание,** -я
выстра́гивать(ся), -аю, -ает(ся) и **выстру́гивать(ся),** -аю, -ает(ся)
вы́страданность, -и
вы́страданный; *кр. ф.* -ан, -ана
вы́страдать(ся), -аю(сь), -ает(ся)
выстра́ивание, -я
выстра́ивать(ся), -аю(сь), -ает(ся)
выстра́чивание, -я
выстра́чивать(ся), -аю, -ает(ся)

вы́стрел, -а
вы́стреленный; *кр. ф.* -ен, -ена (*от* вы́стрелить)
выстре́ливание, -я
выстре́ливать(ся), -аю, -ает(ся)
вы́стрелить, -лю, -лит (*произвести выстрел*)
вы́стрелянный; *кр. ф.* -ян, -яна (*от* вы́стрелять)
вы́стрелять, -яю, -яет (*израсходовать стреляя*)
выстрига́ние, -я
выстрига́ть(ся), -а́ю, -а́ет(ся)
вы́стригший(ся)
вы́стриженный; *кр. ф.* -ен, -ена
вы́стрижка, -и
вы́стричь(ся), -игу, -ижет(ся), -игут(ся); *прош.* -иг(ся), -игла(сь)
вы́строганный; *кр. ф.* -ан, -ана и **вы́струганный;** *кр. ф.* -ан, -ана
вы́строгать(ся), -аю, -ает(ся) и **вы́стругать(ся),** -аю, -ает(ся)
вы́строенный; *кр. ф.* -ен, -ена
вы́строить(ся), -ою(сь), -оит(ся)
вы́строченный; *кр. ф.* -ен, -ена
вы́строчить(ся), -чу, -чит(ся)
вы́строчка, -и, *р. мн.* -чек
вы́струганный; *кр. ф.* -ан, -ана и **вы́строганный;** *кр. ф.* -ан, -ана
вы́стругать(ся), -аю, -ает(ся) и **вы́строгать(ся),** -аю, -ает(ся)
выстру́гивание, -я и **выстра́гивание,** -я
выстру́гивать(ся), -аю, -ает(ся) и **выстра́гивать(ся),** -аю, -ает(ся)
вы́студить(ся), -ужу, -удит(ся)
выстужа́ть(ся), -а́ю, -а́ет(ся)
вы́стуженный; *кр. ф.* -ен, -ена
высту́живание, -я
высту́живать(ся), -аю, -ает(ся)
вы́стуканный; *кр. ф.* -ан, -ана
вы́стукать, -аю, -ает
высту́кивание, -я
высту́кивать(ся), -аю(сь), -ает(ся)
вы́ступ, -а
выступа́ть, -а́ю, -а́ет
вы́ступить, -плю, -пит
вы́ступка, -и, *р. мн.* -пок
выступле́ние, -я
вы́стучать, -чу, -чит
выстыва́ние, -я
выстыва́ть, -а́ет
вы́стывший
вы́стыть, -ынет
вы́судить, -ужу, -удит
вы́суженный; *кр. ф.* -ен, -ена
высу́живать(ся), -аю, -ает(ся)
вы́сунутый
вы́сунуть(ся), -ну(сь), -нет(ся)
вы́сученный; *кр. ф.* -ен, -ена
высу́чивание, -я
высу́чивать(ся), -аю, -ает(ся)
вы́сучить(ся), -чу, -чит(ся)
вы́сушенный; *кр. ф.* -ен, -ена
высу́шивание, -я
высу́шивать(ся), -аю(сь), -ает(ся)
вы́сушить(ся), -шу(сь), -шит(ся)
вы́сушка, -и
вы́считанный; *кр. ф.* -ан, -ана
вы́считать, -аю, -ает
высчи́тывание, -я
высчи́тывать(ся), -аю, -ает(ся)
Вы́сшая шко́ла эконо́мики
Вы́сшие же́нские ку́рсы (*ист.*)
вы́сший
Вы́сший арбитра́жный су́д РФ
Вы́сший аттестацио́нный комите́т РФ (ВАК)
высыла́ть(ся), -а́ю(сь), -а́ет(ся)
вы́сылка, -и, *р. мн.* -лок
высыпа́ние, -я
вы́сыпанный; *кр. ф.* -ан, -ана
вы́сыпать(ся), -плю, -плет(ся), -плют(ся) и -пет(ся), -пят(ся), *сов.*
высыпа́ть(ся), -а́ю, -а́ет(ся), *несов.* (*к* вы́сыпать(ся)
высыпа́ться, -а́юсь, -а́ется (*к* вы́спаться)
вы́сыпка, -и, *р. мн.* -пок
высыпно́й
высыха́ние, -я
высыха́ть, -а́ю, -а́ет
высь, -и
вы́сящийся
выта́ивание, -я
выта́ивать, -ает
выта́лкивание, -я
выта́лкиватель, -я
выта́лкивать(ся), -аю(сь), -ает(ся)
вы́танцеванный; *кр. ф.* -ан, -ана
вы́танцевать(ся), -цую, -цует(ся)
вытанцо́вывание, -я
вытанцо́вывать(ся), -аю, -ает(ся)
выта́пливание, -я
выта́пливать(ся), -аю, -ает(ся)
выта́птывание, -я
выта́птывать(ся), -аю, -ает(ся)
вы́таращенный; *кр. ф.* -ен, -ена
вытара́щивание, -я
вытара́щивать(ся), -аю(сь), -ает(ся)
вы́таращить(ся), -щу(сь), -щит(ся)
вы́тасканный; *кр. ф.* -ан, -ана
вы́таскать, -аю, -ает
выта́скивание, -я
выта́скивать(ся), -аю, -ает(ся)
вы́татуированный; *кр. ф.* -ан, -ана
вы́татуировать, -рую, -рует
вы́тачанный; *кр. ф.* -ан, -ана (*от* вы́тачать)
вы́тачать, -аю, -ает
выта́чивание, -я
выта́чивать(ся), -аю, -ает(ся)
вы́тачка, -и, *р. мн.* -чек (*от* вы́тачать)
вы́тащенный; *кр. ф.* -ен, -ена
вы́тащить(ся), -щу, -щит(ся)
вы́таять, -ает
вы́твердить(ся), -ржу, -рдит(ся)
вы́тверженный; *кр. ф.* -ен, -ена
вытве́рживание, -я
вытве́рживать(ся), -аю, -ает(ся)
вы́творенный; *кр. ф.* -ен, -ена
вы́творить, -рю, -рит
вытворя́ть(ся), -я́ю, -я́ет(ся)
вытего́рский (*от* Вы́тегра)
вытего́рцы, -ев, *ед.* -рец, -рца, *тв.* -рцем
вытека́ние, -я
вытека́ть, -а́ет
вы́текший
вы́теребить(ся), -блю, -бит(ся)
вы́теребленный; *кр. ф.* -ен, -ена
вы́тереть(ся), вы́тру(сь), вы́трет(ся); *прош.* вы́тер(ся), вы́терла(сь)
вы́терпеть, -плю, -пит
выте́рпливать, -аю, -ает
вы́тертость, -и
вы́тертый
вы́терший(ся)
вы́тесанный; *кр. ф.* -ан, -ана
вы́тесать(ся), -ешу, -ешет(ся)
вы́теска, -и
вытесне́ние, -я (*от* вы́теснить)
вы́тесненный; *кр. ф.* -ен, -ена (*от* вы́теснить)
вытесни́тель, -я
вы́теснить(ся), -ню(сь), -нит(ся) (*к* те́сный)
вытесня́ть(ся), -я́ю(сь), -я́ет(ся) (*к* вы́теснить(ся)
вытёсывание, -я
вытёсывать(ся), -аю, -ает(ся)
вы́течка, -и
вы́течь, -ечет, -екут; *прош.* -ек, -екла
вытира́ние, -я
вытира́ть(ся), -а́ю(сь), -а́ет(ся)
вы́тиск, -а
вы́тискать(ся), -аю, -ает(ся)
выти́скивание, -я
выти́скивать(ся), -аю, -ает(ся)
вытисне́ние, -я (*от* вы́тиснить)
вы́тисненный; *кр. ф.* -ен, -ена (*от* вы́тиснить)
вы́тиснить(ся), -ню, -нит(ся) (*получить(ся) тиснением*)
вы́тиснутый
вы́тиснуть(ся), -ну, -нет(ся)
вытисня́ть(ся), -я́ю, -я́ет(ся) (*к* вы́тиснить(ся)
вы́тканный; *кр. ф.* -ан, -ана
вы́ткать(ся), вы́тку, вы́ткет(ся)
вы́ткнутый
вы́ткнуть, -ну, -нет
вы́тный (*от* выть[2])
вы́толканный; *кр. ф.* -ан, -ана
вы́толкать, -аю, -ает
вы́толкнутый
вы́толкнуть(ся), -ну, -нет(ся)
вы́топить(ся), -плю, -пит(ся)
вы́топка, -и, *р. мн.* -пок (*действие*)
вы́топки, -пок и -пков (*то, что вытоплено*)
вы́топленный; *кр. ф.* -ен, -ена
вы́топтанный; *кр. ф.* -ан, -ана
вы́топтать(ся), -пчу, -пчет(ся)
вытора́чивание, -я

вытора́чивать(ся), -аю, -ает(ся)
вы́торгованный; *кр. ф.* -ан, -ана
вы́торговать, -гую, -гует
выторго́вывание, -я
выторго́вывать(ся), -аю, -ает(ся)
вы́тормошить, -шу, -шит
вы́тороченный; *кр. ф.* -ен, -ена
вы́торочить(ся), -чу, -чит(ся)
выторфо́вка, -и
вы́точенный; *кр. ф.* -ен, -ена (*от* вы́точить)
вы́точить(ся), -чу, -чит(ся)
вы́точка, -и, *р. мн.* -чек (*от* вы́точить)
вы́тошнить, -ит
вы́травить(ся), -влю, -вит(ся)
вы́травка, -и, *р. мн.* -вок
вытравле́ние, -я
вы́травленный; *кр. ф.* -ен, -ена
вытра́вливание, -я
вытра́вливать(ся), -аю, -ает(ся)
вытравля́ть(ся), -я́ю, -я́ет(ся)
вытравно́й
вы́травщик, -а
вы́траленный; *кр. ф.* -ен, -ена
вытра́ливание, -я
вытра́ливать(ся), -аю, -ает(ся)
вы́тралить(ся), -лю, -лит(ся)
вы́трамбованный; *кр. ф.* -ан, -ана
вы́трамбовать(ся), -бую, -бует(ся)
вытрамбо́вывание, -я
вытрамбо́вывать(ся), -аю, -ает(ся)
вы́требование, -я
вы́требованный; *кр. ф.* -ан, -ана
вы́требовать, -бую, -бует
вытрезви́ловка, -и, *р. мн.* -вок
вытрезви́тель, -я
вытрезви́тельный
вы́трезвить(ся), -влю(сь), -вит(ся)
вытрезвле́ние, -я
вы́трезвленный; *кр. ф.* -ен, -ена
вытрезвля́ть(ся), -я́ю(сь), -я́ет(ся)
вы́трепанный; *кр. ф.* -ан, -ана
вы́трепать(ся), -плю, -плет(ся), -плют(ся) и -пет(ся), -пят(ся)
вы́трепка, -и
вытрёпывание, -я
вытрёпывать(ся), -аю, -ает(ся)
вы́трусить(ся), -ушу, -усит(ся)
вы́труска, -и
вы́трушенный; *кр. ф.* -ен, -ена
вытру́шивание, -я
вытру́шивать(ся), -аю, -ает(ся)
вытряса́ние, -я
вытряса́ть(ся), -а́ю, -а́ет(ся)
вы́трясенный; *кр. ф.* -ен, -ена
вы́тряска, -и
вы́трясти(сь), -су, -сет(ся); *прош.* -яс(ся), -ясла(сь)
вы́трясший(ся)
вытряха́ть(ся), -а́ю, -а́ет(ся)
вытря́хивание, -я
вытря́хивать(ся), -аю, -ает(ся)
вы́тряхнутый
вы́тряхнуть(ся), -ну, -нет(ся)
вы́туренный; *кр. ф.* -ен, -ена
выту́ривание, -я
выту́ривать(ся), -аю(сь), -ает(ся)
вы́турить, -рю, -рит
вы́тушеванный; *кр. ф.* -ан, -ана
вы́тушевать, -шую, -шует
вытушёвывание, -я
вытушёвывать(ся), -аю, -ает(ся)
вы́тчик, -а
вытыка́ние, -я
вытыка́ть(ся), -а́ю, -а́ет(ся)
выть[1], во́ю, во́ет
выть[2], -и (*ист.*)
вытьё, -я́
вы́тягать, -аю, -ает
вытя́гивание, -я
вытя́гивать(ся), -аю(сь), -ает(ся)
вытяже́ние, -я
вы́тяжка, -и, *р. мн.* -жек
вытяжно́й
вы́тянутый
вы́тянуть(ся), -ну(сь), -нет(ся)
вы́удить, вы́ужу, вы́удит
вы́уженный; *кр. ф.* -ен, -ена
выу́живание, -я
выу́живать(ся), -аю, -ает(ся)
вы́утюженный; *кр. ф.* -ен, -ена
вы́утюжить(ся), -жу, -жит(ся)
вы́ученик, -а
вы́ученица, -ы, *тв.* -ей
вы́ученный; *кр. ф.* -ен, -ена
выу́чивание, -я
выу́чивать(ся), -аю(сь), -ает(ся)
вы́учить(ся), -чу(сь), -чит(ся)
вы́учка, -и
вы́франтиться, -нчусь, -нтится
выха́живание, -я
выха́живать(ся), -аю(сь), -ает(ся)
вы́харканный; *кр. ф.* -ан, -ана
вы́харкать(ся), -аю(сь), -ает(ся)
выха́ркивание, -я
выха́ркивать(ся), -аю(сь), -ает(ся)
вы́харкнуть(ся), -ну(сь), -нет(ся)
вы́хваленный; *кр. ф.* -ен, -ена
выхва́ливание, -я
выхва́ливать(ся), -аю(сь), -ает(ся)
вы́хвалить(ся), -лю(сь), -лит(ся)
выхваля́ть(ся), -я́ю(сь), -я́ет(ся)
вы́хватить, -ачу, -атит
выхва́тывание, -я
выхва́тывать(ся), -аю, -ает(ся)
вы́хваченный; *кр. ф.* -ен, -ена
вы́хлебанный; *кр. ф.* -ан, -ана
вы́хлебать, -аю, -ает
вы́хлебнуть, -ну, -нет
выхлёбывание, -я
выхлёбывать(ся), -аю, -ает(ся)
вы́хлестанный; *кр. ф.* -ан, -ана
вы́хлестать(ся), -ещу(сь), -ещет(ся)
вы́хлестнутый
вы́хлестнуть(ся), -ну, -нет(ся)
выхлёстывать(ся), -аю(сь), -ает(ся)
вы́хлоп, -а
выхлопа́тывание, -я
выхлопа́тывать(ся), -аю, -ает(ся)
вы́хлопать, -аю, -ает
выхлопно́й
вы́хлопнуть, -ну, -нет
вы́хлопотанный; *кр. ф.* -ан, -ана
вы́хлопотать, -почу, -почет
выхло́пывать(ся), -аю, -ает(ся)
вы́ход, -а
вы́ходец, -дца, *тв.* -дцем, *р. мн.* -дцев
выходи́ть, -ожу́, -о́дит, *несов.* (*к* вы́йти)
вы́ходить(ся), -ожу(сь), -одит(ся), *сов.* (*к* выха́живать(ся))
вы́ходка, -и, *р. мн.* -док
выходно́й
выходя́щий
выхожде́ние, -я
вы́хоженный; *кр. ф.* -ен, -ена
выхола́живание, -я
выхола́живать(ся), -аю, -ает(ся)
выхола́щивание, -я
выхола́щивать(ся), -аю, -ает(ся)
вы́холенный; *кр. ф.* -ен, -ена
выхо́ливание, -я
выхо́ливать(ся), -аю, -ает(ся)
вы́холить(ся), -лю, -лит(ся)
вы́холодить(ся), -ожу, -одит(ся)
вы́холоженный; *кр. ф.* -ен, -ена
вы́холостить(ся), -ощу, -остит(ся)
вы́холощенный; *кр. ф.* -ен, -ена
вы́хухолевый
вы́хухолий, -ья, -ье
вы́хухоль, -я и -и
вы́хухольный
вы́царапанный; *кр. ф.* -ан, -ана
вы́царапать(ся), -аю(сь), -ает(ся)
выцара́пывание, -я
выцара́пывать(ся), -аю(сь), -ает(ся)
вы́цвести, -ветет; *прош.* -вел, -вела
вы́цвет, -а
выцвета́ние, -я
выцвета́ть, -а́ет
вы́цветший
вы́цедить(ся), -ежу, -едит(ся)
вы́цеженный; *кр. ф.* -ен, -ена
выце́живание, -я
выце́живать(ся), -аю, -ает(ся)
вы́целенный; *кр. ф.* -ен, -ена
выце́ливание, -я
выце́ливать, -аю, -ает
вы́целить, -лю, -лит
вы́цыганенный; *кр. ф.* -ен, -ена
выцыга́нивание, -я
выцыга́нивать, -аю, -ает
вы́цыганить, -ню, -нит
вы́чаленный; *кр. ф.* -ен, -ена
выча́ливание, -я
выча́ливать(ся), -аю, -ает(ся)
вы́чалить(ся), -лю, -лит(ся)
вычегжа́не, -ан, *ед.* -а́нин, -а
вычего́дский (*от* Вы́чегда)
вы́чеканенный; *кр. ф.* -ен, -ена
вычека́нивание, -я
вычека́нивать(ся), -аю, -ает(ся)
вы́чеканить(ся), -ню, -нит(ся)
вы́черкать, -аю, -ает
вы́черки, -ов, *ед.* вы́черк, -а

вычёркивание, -я
вычёркивать(ся), -аю(сь), -ает(ся)
вы́черкнутый
вы́черкнуть(ся), -ну(сь), -нет(ся)
вы́черненный; *кр. ф.* -ен, -ена
вычéрнивание, -я
вычéрнивать(ся), -аю(сь), -ает(ся)
вы́чернить(ся), -ню(сь), -нит(ся)
вы́черпанный; *кр. ф.* -ан, -ана
вы́черпать(ся), -аю, -ает(ся)
вы́черпка, -и
вы́черпнуть(ся), -ну, -нет(ся)
вычéрпывание, -я
вычéрпывать(ся), -аю, -ает(ся)
вы́чертить(ся), -рчу, -ртит(ся)
вы́черченный; *кр. ф.* -ен, -ена
вычéрчивание, -я
вычéрчивать(ся), -аю, -ает(ся)
вы́чесанный; *кр. ф.* -ан, -ана
вы́чесать(ся), -ешу(сь), -ешет(ся)
вы́ческа, -и, *р. мн.* -сок (*действие*)
вы́чески, -сок и -сков (*то, что вычесано*)
вы́честь(ся), вы́чту, вы́чтет(ся); *прош.* вы́чел(ся), вы́чла(сь)
вычёсывание, -я
вычёсывать(ся), -аю(сь), -ает(ся)
вы́чет, -а
вы́чиненный; *кр. ф.* -ен, -ена
вычи́нивать(ся), -аю, -ает(ся)
вы́чинить, -ню, -нит
вы́чинка, -и
вычислéние, -я
вы́численный; *кр. ф.* -ен, -ена
вычисли́мый
вычисли́тель, -я
вычисли́тельный
вы́числить(ся), -лю, -лит(ся)
вычисля́ть(ся), -я́ю, -я́ет(ся)
вы́чистить(ся), -ищу(сь), -истит(ся)
вы́чистка, -и, *р. мн.* -ток (*действие*)
вы́чистки, -ток и -тков (*остатки после очистки*)
вычитáемое, -ого
вычитáние, -я
вы́читанный; *кр. ф.* -ан, -ана
вы́читать, -аю, -ает, *сов.* (*от* читáть)
вычитáть(ся), -áю, -áет(ся), *несов.* (*к* вы́честь(ся)
вы́читка, -и, *р. мн.* -ток
вычи́тывание, -я
вычи́тывать(ся), -аю, -ает(ся)
вы́чихать(ся), -аю(сь), -ает(ся)
вычи́хивать(ся), -аю(сь), -ает(ся)
вы́чихнуть(ся), -ну, -нет(ся)
вычищáлка, -и, *р. мн.* -лок
вычищáть(ся), -áю(сь), -áет(ся)
вычищéние, -я
вы́чищенный; *кр. ф.* -ен, -ена
вычленéние, -я
вычленённый; *кр. ф.* -ен, -ена
вы́членить(ся), -ню, -нит(ся)
вычленя́ть(ся), -я́ю, -я́ет(ся)
вы́чтенный; *кр. ф.* -ен, -ена
вы́чурность, -и
вы́чурный; *кр. ф.* -рен, -рна
вы́чуры, -ур, *ед.* -ура, -ы
вы́шагать, -аю, -ает
вышáгивание, -я
вышáгивать, -аю, -ает
вы́шагнуть, -ну, -нет
вышáк, -á (*жарг.*)
вышáривание, -я
вышáривать(ся), -аю, -ает(ся)
вы́шарить, -рю, -рит
вы́шарканный; *кр. ф.* -ан, -ана
вы́шаркать, -аю, -ает
вышáркивание, -я
вышáркивать(ся), -аю, -ает(ся)
вы́шатанный; *кр. ф.* -ан, -ана
вы́шатать(ся), -таю, -тает(ся)
вышáтывание, -я
вышáтывать(ся), -аю, -ает(ся)
вышвы́ривание, -я
вышвы́ривать(ся), -аю(сь), -ает(ся)
вы́швырнутый
вы́швырнуть, -ну, -нет
вы́швырять, -яю, -яет
Вы́шгород, -а (*город*; *древняя возвышенная часть в нек-рых городах*)
вы́ше, *сравн. ст.*
Вышегрáд, -а (*древняя возвышенная часть в нек-рых славянских городах*)
вы́шедший
вышеизлóженный
вышележáщий
вы́шелушенный; *кр. ф.* -ен, -ена
вышелу́шивание, -я
вышелу́шивать(ся), -аю, -ает(ся)
вы́шелушить(ся), -шу, -шит(ся)
вышенáзванный
вышеобъя́вленный
вышеознáченный
вышеопи́санный
вышеотмéченный
вышеперечи́сленный
вышепоименóванный
вышепокáзанный
вышеприведённый
вы́шептать, -пчу, -пчет
вышёптывание, -я
вышёптывать(ся), -аю, -ает(ся)
вышерасполóженный
вышеречéнный
вышескáзанный
вышестоя́щий
вышеукáзанный
вышеупомя́нутый
вышибáла, -ы, *м.*
вышибáние, -я
вышибáть(ся), -áю, -áет(ся)
вы́шибивший
вы́шибить, -бу, -бет; *прош.* вы́шиб, вы́шибла
вы́шибка, -и
вы́шибленный; *кр. ф.* -ен, -ена
вышивáльный
вышивáльщик, -а
вышивáльщица, -ы, *тв.* -ей
вышивáние, -я
вышивáть(ся), -áю, -áет(ся)
вы́шивка, -и, *р. мн.* -вок
вышивнóй
вы́шивочный
вышинá, -ы́
вы́шитый
вы́шить, вы́шью, вы́шьет
вы́шка, -и, *р. мн.* вы́шек
вы́школенность, -и
вы́школенный; *кр. ф.* -ен, -ена
вы́школить(ся), -лю(сь), -лит(ся)
вы́школка, -и
вышкомонтáжник, -а
вышкомонтáжный
вышкостроéние, -я
вышкострои́тель, -я
вы́шлифованный; *кр. ф.* -ан, -ана
вы́шлифовать(ся), -фую, -фует(ся)
вышлифóвывание, -я
вышлифóвывать(ся), -аю, -ает(ся)
вы́шмыгнуть, -ну, -нет
вышневолóцкий и **вышневолоцкóй** (*от* Вы́шний Волочёк)
вышневолочáне, -áн, *ед.* -áнин, -а
вышневолочáнка, -и, *р. мн.* -нок
вы́шний (*небесный*) и **Вы́шний** (*Господний, Божественный*)
Вы́шний Волочёк (*город*)
вышны́ривать, -аю, -ает
вы́шнырнуть, -ну, -нет
вы́шнырять, -яю, -яет
вы́шпаренный; *кр. ф.* -ен, -ена
вышпáривание, -я
вышпáривать(ся), -аю, -ает(ся)
вы́шпарить(ся), -рю, -рит(ся)
вы́штампованный; *кр. ф.* -ан, -ана
вы́штамповать, -пую, -пует
выштампóвывание, -я
выштампóвывать(ся), -аю, -ает(ся)
вы́штукатуренный; *кр. ф.* -ен, -ена
выштукату́ривание, -я
выштукату́ривать(ся), -аю, -ает(ся)
вы́штукатурить(ся), -рю, -рит(ся)
вы́шутить, -учу, -утит
вы́шученный; *кр. ф.* -ен, -ена
вышу́чивание, -я
вышу́чивать(ся), -аю(сь), -ает(ся)
выщелáчивание, -я
выщелáчивать(ся), -аю, -ает(ся)
вы́щелк, -а
вы́щелканный; *кр. ф.* -ан, -ана
вы́щелкать, -аю, -ает
выщёлкивание, -я
выщёлкивать(ся), -аю, -ает(ся)
вы́щелкнуть(ся), -ну, -нет(ся)
вы́щелоченный; *кр. ф.* -ен, -ена
вы́щелочить(ся), -чу, -чит(ся)
вы́щербина, -ы
вы́щербинка, -и, *р. мн.* -нок
вы́щербить(ся), -блю, -бит(ся)
выщерблéние, -я
вы́щербленный; *кр. ф.* -ен, -ена
выщербля́ть(ся), -я́ю, -я́ет(ся)
вы́щипанный; *кр. ф.* -ан, -ана

вы́щипать(ся), -плю, -плет(ся), -плют(ся) и -пет(ся), -пят(ся); *также* -аю, -ает(ся)
вы́щипнутый
вы́щипнуть, -ну, -нет
выщи́пывание, -я
выщи́пывать(ся), -аю, -ает(ся)
вы́щупанный; *кр. ф.* -ан, -ана
вы́щупать, -аю, -ает
выщу́пывание, -я
выщу́пывать(ся), -аю(сь), -ает(ся)
вы́я, вы́и
вы́явить(ся), -влю, -вит(ся)
выявле́ние, -я
вы́явленный; *кр. ф.* -ен, -ена
выявля́емость, -и
выявля́ть(ся), -я́ю, -я́ет(ся)
выясне́ние, -я
вы́ясненный; *кр. ф.* -ен, -ена
выя́сниваться, -ается (*о погоде*)
вы́яснить(ся), -ню, -нит(ся)
выясня́ть(ся), -я́ю, -я́ет(ся)
вьентья́нский (*от* Вьентья́н)
вьентья́нцы, -ев, *ед.* -нец, -нца, *тв.* -нцем
вьетко́нговский (*от* Вьетко́нг)
вьетко́нговцы, -ев, *ед.* -вец, -вца, *тв.* -вцем
вьетна́мка, -и, *р. мн.* -мок
вьетна́мки, -мок, *ед.* -мка, -и (*обувь*)
вьетна́мо-америка́нский
вьетна́мо-кита́йский
вьетна́мо-росси́йский
вьетна́мский (*от* Вьетна́м)
вьетна́мско-ру́сский
вьетна́мцы, -ев, *ед.* -мец, -мца, *тв.* -мцем
вьюга, -и
вьюгове́й, -я
вью́жистый
вью́жить(ся), -ит(ся)
вью́жливый
вью́жно, *нареч.* и *в знач. сказ.*
вью́жный; *кр. ф.* -жен, -жна
вьюк, -а и -а́
вьюковожа́тый, -ого
вьюн, -а́
вьюни́ть, -ни́т
вьюнко́вый
вьюно́вый
вьюно́к, -нка́
вьюно́чек, -чка
вью́ноша, -и, *тв.* -ей, *м.* (*шутл. и ирон. к* юноша)
вьюрко́вые, -ых
вьюро́к, -рка́
вью́чащий(ся)
вью́чение, -я
вью́чить(ся), -чу, -чит(ся)
вью́чка, -и (*действие*)
вью́чно-верхово́й
вью́чно-тра́нспортный
вью́чный
вьючо́к, -чка́
вью́шечка, -и, *р. мн.* -чек
вью́шечный
вью́шка, -и, *р. мн.* -шек
вью́щий(ся)
вэ, *нескл., с.* (*название буквы*)
в эмпире́ях (вита́ть, пребыва́ть)
вюрм, -а (*геол.*)
вю́рмский (*геол.*)
вюртембе́ргский (*от* Вю́ртембе́рг)
вюртембе́ржцы, -ев, *ед.* -жец, -жца, *тв.* -жцем
вя́жущий(ся)
вяз, -а
вяза́льно-трикота́жный
вяза́льный
вяза́льщик, -а
вяза́льщица, -ы, *тв.* -ей
вяза́ние, -я (*действие*)
вя́занка, -и, *р. мн.* -нок (*вязаная вещь*)
вяза́нка, -и, *р. мн.* -нок (*связка дров, хвороста*)
вя́занный; *кр. ф.* -ан, -ана, *прич.* (*от* вяза́ть)
вяза́ночка, -и, *р. мн.* -чек
вя́заный, *прил.*
вяза́нье, -я (*то, что вяжут*)
вяза́ть(ся), вяжу́, вя́жет(ся)
вя́зель, -я
вя́земский (*от* Вя́зьма; вя́земские пря́ники)
вязи́га, -и
вязи́говый
вя́зка, -и, *р. мн.* вя́зок (*от* вяза́ть)
вя́зкий; *кр. ф.* вя́зок, вязка́, вя́зко
вязкова́тый
вя́зкостный
вя́зкость, -и
вязкотеку́чий
вязкоупру́гий
вя́зник, -а (*лес*)
вя́зниковский (*от* Вя́зники, *город*)
вя́зниковцы, -ев, *ед.* -вец, -вца, *тв.* -вцем
вя́знувший (*от* вя́знуть)
вя́знуть, -ну, -нет; *прош.* вя́знул и вяз, вя́зла, *несов.*
вя́зовый
вязо́к, вязка́
вя́зче, *сравн. ст.*
вя́зывать, *наст. вр. не употр.* (*от* вяза́ть)
вязь, -и
вя́зьмичи, -ей, *ед.* -мич, -а, *тв.* -ем
вя́зьмичка, -и, *р. мн.* -чек
вя́канье, -я
вя́кать, -аю, -ает
вя́кнуть, -ну, -нет
вя́ление, -я
вя́ленный; *кр. ф.* -ен, -ена, *прич.*
вя́леный, *прил.*
вя́лить(ся), вя́лю, вя́лит(ся)
вялова́тость, -и
вялова́тый
вя́лость, -и
вялотеку́щий*
вя́лый
вя́лящий(ся)
вя́нувший
вя́нуть, вя́ну, вя́нет; *прош.* вя́нул и вял, вя́ла
вя́тичи, -ей, *ед.* вя́тич, -а, *тв.* -ем
вя́тичский (*от* вя́тичи, *племя*)
вя́тка, -и, *р. мн.* вя́ток (*лошадь; рожь*)
Вя́тские Поля́ны (*город*)
вя́тский (*от* Вя́тка, *город*; вя́тская поро́да лошаде́й)
вятскополя́нский (*от* Вя́тские Поля́ны); но: **Вя́тско-Поля́нский райо́н**
вя́тцы, -ев, *ед.* вя́тец, вя́тца, *тв.* -ем (*к* Вя́тский по́лк, *ист.; лошади вятской породы*)
вятча́не, -а́н, *ед.* -а́нин, -а
вятча́нка, -и, *р. мн.* -нок
вя́хирь, -я
вя́ще, *нареч.*
вя́щий

Г

га, *нескл., м.* и *с.*
гаа́гский (*от* Гаа́га)
гаа́гцы, -ев, *ед.* -гец, -гца, *тв.* -гцем
габарди́н, -а
габарди́новый
габари́т, -а
габари́тно-весово́й
габари́тный
га́ббро, *нескл., с.*
га́ббро-база́льт, -а
га́ббро-база́льтовый
га́ббровый
габио́н, -а
габио́нный
га́битус, -а и **ха́битус,** -а
габо́нский (*от* Габо́н)
габо́нцы, -ев, *ед.* -нец, -нца, *тв.* -нцем
га́бровский (*от* Га́брово)
га́бровцы, -ев, *ед.* -вец, -вца, *тв.* -вцем
Га́бсбурги, -ов (*династия*)
га́бсбургский
гав, *неизм.*
гава́йка, -и, *р. мн.* -а́ек
гава́йский (*к* Гава́йские острова́, Гава́йи; гава́йская гита́ра)
гава́йцы, -ев, *ед.* гава́ец, -а́йца, *тв.* -а́йцем
гава́на, -ы (*сорт сигар*)
га́ванский (*от* га́вань)
гава́нский (*от* Гава́на; гава́нские сига́ры)
гава́нцы, -ев, *ед.* -нец, -нца, *тв.* -нцем
га́вань, -и; но: **Сове́тская Га́вань** (*город и залив*), **Ру́сская Га́вань** (*фактория*)

гав-га́в, *неизм.*
гавиа́л, -а
гавиа́та, -ы (*спорт.*)
га́вканье, -я
га́вкать, -аю, -ает
га́вкнуть, -ну, -нет
гаво́т, -а
Га́врик, -а (*имя*) и **га́врик,** -а (*бездельник, несерьезный человек*)
Гаври́лов Поса́д, Гаври́лова Поса́да (*город*)
гавриловопоса́дский (*от* Гаври́лов Поса́д); но: **Гаври́лово-Поса́дский райо́н**
гавриловопоса́дцы, -ев, *ед.* -дец, -дца, *тв.* -дцем
Гаври́лов-Я́м, -а (*город*)
гаври́лов-я́мский (*от* Гаври́лов-Я́м)
Гавро́ш, -а, *тв.* -ем (*лит. персонаж*) и **гавро́ш,** -а, *тв.* -ем (*уличный мальчишка*; *женская прическа*)
га́врский (*от* Гавр)
га́врцы, -ев, *ед.* -рец, -рца, *тв.* -рцем
га́га, -и
га-га-га́, *неизм.*
гага́канье, -я
гага́кать, -ает
гага́кнуть, -ну, -нет
гага́ра, -ы
гага́рий, -ья, -ье
гагарини́т, -а
гага́ринский (*от* Гага́рин)
гага́ринцы, -ев, *ед.* -нец, -нца, *тв.* -нцем (*от* Гагарин, *город*)
гага́рка, -и, *р. мн.* -рок
гага́т, -а
гага́товый
гагау́зка, -и, *р. мн.* -зок
гагау́зский
гагау́зы, -ов, *ед.* гагау́з, -а
гага́чий, -ья, -ье
га́грский (*от* Га́гра)
гад, -а
гада́лка, -и, *р. мн.* -лок
гада́льный
гада́льщик, -а
гада́льщица, -ы, *тв.* -ей
гада́ние, -я
га́данный; *кр. ф.* -ан, -ана, *прич.*
га́даный, *прил.*
гада́тель, -я
гада́тельница, -ы, *тв.* -ей
гада́тельность, -и
гада́тельный; *кр. ф.* -лен, -льна
гада́ть(ся), -а́ю, -а́ет(ся)
гадёнок, -нка
гадёныш, -а, *тв.* -ем
га́денький
Гаде́с, -а (*мифол.*)
га́дина, -ы
га́дить(ся), га́жу, га́дит(ся)
га́дкий; *кр. ф.* га́док, гадка́, га́дко
га́дкий-прега́дкий
га́дко, *нареч.* и *в знач. сказ.*
гадли́вость, -и
гадли́вый
гадоли́ниевый
гадоли́ний, -я
га́достность, -и
га́достный; *кр. ф.* -тен, -тна
га́дость, -и
гадроза́вр, -а
га́дский
гадю́ка, -и
гадю́чий, -ья, -ье
гадю́чка, -и, *р. мн.* -чек
гадю́чник, -а
га́дящий
га́ер, -а
га́ерничать, -аю, -ает
га́ерский
га́ерство, -а
га́ерствовать, -твую, -твует
га́ечка, -и, *р. мн.* -чек (*от* га́йка)
га́ечный
га́же, *сравн. ст.*
газ, -а и -у, *предл.* на га́зе и на газу́
ГАЗ, -а (*завод и автомобиль*)
газава́т, -а
газану́ть, -ну́, -нёт
газа́ция, -и
газго́льдер, -а
газго́льдерный
газе́лий, -ья, -ье
газе́лла, -ы
газе́ль, -и
газе́та, -ы
газетёнка, -и, *р. мн.* -нок
газе́тина, -ы
газе́тка, -и, *р. мн.* -ток
газе́тно-журна́льный
газе́тно-публицисти́ческий
газе́тно-ротацио́нный
газе́тный
газе́тчик, -а
газе́тчица, -ы, *тв.* -ей
гази́, *нескл., м.*
га́зик, -а
гази́рование, -я
гази́ро́ванный; *кр. ф.* -ан, -ана, *прич.*
газиро́ванный, *прил.*
гази́ровать(ся), -рую, -рует(ся) и **газирова́ть(ся),** -ру́ю, -ру́ет(ся)
газиро́вка, -и
гази́ть, -и́т
газифика́тор, -а
газифика́ция, -и
газифици́рованный; *кр. ф.* -ан, -ана
газифици́ровать(ся), -рую, -рует(ся)
газли́йский и **газли́нский** (*от* Газли́)
газли́фт, -а
газли́фтный
газо… – *первая часть сложных слов, пишется слитно, но*: га́зо-га́зовый
газоана́лиз, -а
газоанализа́тор, -а
газоаппарату́ра, -ы
газобалла́стный
газобалло́н, -а
газобалло́нный
газобензи́новый
газобето́н, -а
газобето́нный
газова́ть, газу́ю, газу́ет
газови́к, -а́
газоводонефтенасыще́ние, -я
газово́з, -а
газовоздуходу́вка, -и, *р. мн.* -вок
газовозду́шный
га́зово-печно́й
га́зово-пылево́й
га́зовский (*от* ГАЗ)
газовщи́к, -а́
газовыделе́ние, -я
га́зовый
газовыхлопно́й
га́зо-га́зовый
газогенера́тор, -а
газогенера́торный
газогенери́рующий
газогидра́т, -а
газогидрохими́ческий
газоди́зель, -я
газоди́зельный
газодина́мика, -и
газодинами́ческий
газодобыва́ющий
газодобы́тчик, -а
газодобы́ча, -и, *тв.* -ей
газодымозащи́тный
газожи́дкий
газожи́дкостный
газозапра́вка, -и, *р. мн.* -вок
газозапра́вочный
газозапра́вщик, -а
газо- и энергообме́н, -а
газо́йль, -я
газо́к, газка́ и газку́
газокали́льный
газока́мера, -ы
газокарота́жный
газокислоро́дный
газоколо́нка, -и, *р. мн.* -нок
газоко́мплекс, -а
газокомпре́ссорный
газоконденса́т, -а
газоконденса́тный
газоли́н, -а
газоли́новый
газоме́р, -а
газоме́рный
газомёт, -а
газо́метр, -а
газомоби́ль, -я
газомото́р, -а
газо́н, -а
газонапо́лненный
газонаполни́тельный
газонапо́рный
газонасы́щенность, -и
газонасы́щенный
газонепроница́емость, -и
газонепроница́емый
газонефтепрово́дный
газонефтепромысло́вый

газонефтяно́й
газо́нный
газо́новый
газонокоси́лка, -и, *р. мн.* -лок
газонокоси́льщик, -а
газоно́сность, -и
газоно́сный; *кр. ф.* -сен, -сна
газо́нчик, -а
газообеспе́че́ние, -я
газооби́льность, -и
газооби́льный; *кр. ф.* -лен, -льна
газообме́н, -а
газообме́нный
газооборý́дование, -я
газообра́зность, -и
газообра́зный; *кр. ф.* -зен, -зна
газообразова́ние, -я
газообразу́ющий
газооку́ривание, -я
газоотво́дный
газоочисти́тель, -я
газоочисти́тельный
газоочи́стка, -и, *р. мн.* -ток
газоочистно́й и **газоочи́стный**
газопаровозду́шный
газопарово́й
газопароуловитель, -я
газоперека́чивающий
газоперераба́тывающий
газоперерабо́тка, -и
газоперерабо́тчик, -а
газопла́зменный
газопла́менный
газопоглоти́тель, -я
газопоглоти́тельный
газопо́лный
газопре́ссовый
газопрово́д, -а
газопрово́дный
газопрово́дчик, -а
газопро́мысел, -сла
газопромыслови́к, -а́
газопромысло́вый
газопроница́емость, -и
газопроница́емый
газопроявле́ние, -я
газопылево́й
газопылеула́вливающий
газопылеулови́тель, -я
газоразда́точный
газоразря́дник, -а
газоразря́дный
газораспределе́ние, -я
газораспредели́тельный
газорегуля́тор, -а
газорегуля́торный
газоре́з, -а
газоре́зательный
газоре́зка, -и, *р. мн.* -зок
газоре́зный
газоре́зчик, -а
газосбо́рный
газосва́рка, -и
газосва́рочный
газосва́рщик, -а
газосве́тный
газоселекти́вный
газосилика́т, -а
газосилика́тный
газоснабжа́ющий
газоснабже́ние, -я
газоспаса́тель, -я
газоспаса́тельный
газостру́йный
газотермозащи́та, -ы
газотермозащи́тный
газотра́нспортный
газотро́н, -а
газотро́нный
газотру́бный
газотурби́на, -ы
газотурби́нный
газотурбово́з, -а
газотурбово́зный
газотурбострое́ние, -я
газотурбострои́тельный
газотурбохо́д, -а
газотурбохо́дный
газоубе́жище, -а
газоула́вливающий
газоулови́тель, -я
газоулови́тельный
газоусто́йчивый
газофа́зный
газофракциони́рующий
газохими́ческий
газохо́д, -а
газохо́дный
газохрани́лище, -а
газоэ́кспорт, -а
газоэкспортёр, -а
газоэкспорти́рующий
газоэлектри́ческий
газоэлектросва́рка, -и
газоэлектросва́рочный
газоэлектросва́рщик, -а
Газпро́м, -а (*компания*)
газпро́мовский
газыри́, -е́й, *ед.* газы́рь, -я́
гаити́йский (*от* Гаи́ти)
гаитя́не, -я́н, *ед.* -я́нин, -а
гаитя́нка, -и, *р. мн.* -нок
гаитя́нский (*к* гаитя́не и Гаи́ти)
га́ичка, -и, *р. мн.* -чек (*синица*)
гаи́шник, -а
гаи́шный (*от* ГАИ́)
гай, га́я, *предл.* в гаю́, *мн.* гаи́, гаёв; но (*в названиях населенных пунктов*) **Гай,** Га́я, *предл.* в Га́е, *напр.*: Гай (*город*), Алекса́ндров Га́й (*поселок*)
гайа́нский (*от* Гайа́на)
гайа́нцы, -ев, *ед.* -нец, -нца, *тв.* -нцем
гайда́, *неизм.*
гайдама́к, -а
гайдама́тчина, -ы
гайдама́цкий
гайда́ровский (*от* Гайда́р)
га́йдновский (*от* Гайдн)
Гайд-па́рк, -а
гайдро́п, -а
гайду́к, -а́
гайду́цкий
гайду́чий, -ья, -ье
га́йка, -и, *р. мн.* га́ек
га́йканье, -я
га́йкать, -аю, -ает
га́йкнуть, -ну, -нет
гайковёрт, -а
гайконарезно́й
гаймори́т, -а
гаймори́тный
га́йморова по́лость, га́йморовой по́лости
гайно́, -а́ (*обл.*)
га́йский (*от* Гай, *город*)
гайта́н, -а
гайта́нный
гайя́рдия, -и (*растение*)
гак, -а
гакабо́рт, -а
гакабо́ртный
га́канье, -я
га́кать, -аю, -ает
гакбло́к, -а
га́кнуть, -ну, -нет
гал, -а, *р. мн.* -ов, *счетн. ф.* гал (*ед. измер.*)
гала́, *неизм.* и *нескл., с.*
галага́н, -а
галазоли́н, -а
гала́-конце́рт, -а
Гала́ктика, -и (*звездная система, к которой принадлежит Солнце*) и **гала́ктика,** -и (*о других звездных системах*)
галакти́ческий
галакто́за, -ы
галактозами́н, -а
галактоза́ны, -ов, *ед.* -за́н, -а
галакто́метр, -а
галактуро́новый
галали́т, -а
галали́товый
гала́-ма́тч, -а, *тв.* -ем
галантере́йно-парфюме́рный
галантере́йность, -и
галантере́йно-трикота́жный
галантере́йный
галантере́йщик, -а
галантере́йщица, -ы, *тв.* -ей
галантере́я, -и
галанти́р, -а
гала́нтность, -и
гала́нтный; *кр. ф.* -тен, -тна
гала́нтус, -а (*растение*)
галапаго́сский (*от* Галапаго́с)
галапаго́сцы, -ев, *ед.* -сец, -сца, *тв.* -сцем
гала́-пока́з, -а
гала́-пра́здник, -а
гала́-представле́ние, -я
гала́-премье́ра, -ы
гала́-приём, -а
гала́-спекта́кль, -я

Галате́я, -и
гала́ты, -ов (*племена*)
гала́-фестива́ль, -я
гала́-шо́у, *нескл., с.*
галда́, -ы́
галдёж, -ежа́, *тв.* -о́м
галдёжный
галде́ние, -я
галде́ть, -ди́т
гале́га, -и
галени́т, -а
гале́ново-фармацевти́ческий
гале́новы препара́ты, гале́новых препара́тов
галенофармацевти́ческий
галео́н, -а
гале́ра, -ы
галере́йка, -и, *р. мн.* -ре́ек
галере́йный
галере́йщик, -а
галере́я, -и
галере́я-сало́н, галере́и-сало́на, *ж.*
галери́ст, -а
галёрка, -и, *р. мн.* -рок
гале́рник, -а
гале́рный
галёрочник, -а
галёрочный
гале́тный
гале́ты, -е́т, *ед.* -е́та, -ы
га́лечник, -а
га́лечниковый
га́лечно-песча́ный
га́лечный
галиле́евский (*от* Галиле́й)
галиле́йский (*от* Галиле́я)
Галиле́йское о́зеро
галиле́яне, -ян, *ед.* -янин, -а
галиле́янка, -и, *р. мн.* -нок
галиматья́, -и́
галио́т, -а
галиси́йка, -и, *р. мн.* -и́ек
галиси́йский (*от* Гали́сия)
галиси́йцы, -ев, *ед.* -и́ец, -и́йца, *тв.* -и́йцем
гали́т, -а
гали́товый
га́литься, га́люсь, га́лится
галифе́, *неизм.* и *нескл., мн.*
галици́йский (*от* Гали́ция)
Га́лицко-Волы́нское кня́жество
Га́лицкое кня́жество
галича́не, -а́н, *ед.* -а́нин, -а (*от* Га́лич, *город*)
галича́нка, -и, *р. мн.* -нок
га́личский (*от* Га́лич)
га́лка, -и, *р. мн.* га́лок
га́лла, *неизм.* и *нескл., м.* (*язык*), *нескл., мн., ед. м.* и *ж.* (*народ*)
галле́, *нескл., с.* и *неизм.*
Галле́й, -я: **коме́та Галле́я**
га́ллиево-герма́ниевый
га́ллиевый
га́ллий, -я
галлика́нский
галлика́нство, -а
галлици́зм, -а
га́ллицы, -иц, *ед.* -ица, -ы, *тв.* -ей (*насекомые*)
га́лловая кислота́
га́лловый (*к* га́ллы[2])
галлогене́з, -а (*биол.*)
галлоге́нный (*биол.*)
галлоге́ны, -ов, *ед.* -ге́н, -а (*биол.*)
галлома́н, -а
галлома́ния, -и
галлома́нский
галло́н, -а
галло́нный
галлообразова́ние, -я
галлофо́б, -а (*к* галлофо́бия)
галлофо́бия, -и
галлуази́т, -а
га́ллы[1], -ов, *ед.* галл, -а (*племенная группа*)
га́ллы[2], -ов (*биол.*)
га́лльский (*к* га́ллы[1])
галлюцина́нт, -а
галлюцинато́рно-бредо́вый
галлюцинато́рный
галлюцина́ция, -и
галлюцини́ровать, -рую, -рует
галлюциноге́нный; *кр. ф.* -е́нен, -е́нна
галлюциноге́ны, -ов, *ед.* -ге́н, -а
галлюцино́з, -а
галме́й, -я
галме́йный
гало́, *нескл., с.*
галобио́нты, -ов, *ед.* -о́нт, -а
галогенангидри́ды, -ов, *ед.* -и́д, -а
галогене́з, -а (*геол.*)
галогензамещённый
галогени́ды, -ов, *ед.* -ни́д, -а
галогени́рование, -я
галоге́нный (*хим., геол.*)
галогеноводоро́д, -а
галогеноводоро́дный
галоге́новый (*хим.*)
галогенопроизво́дный
галогеносодержа́щий и **галогенсодержа́щий**
галоге́ны, -ов, *ед.* -ге́н, -а (*хим.*)
галоиди́рование, -я
гало́идный
гало́иды, -ов, *ед.* -о́ид, -а
гало́п, -а
галопа́д, -а и **галопа́да,** -ы
галопи́рование, -я
галопи́ровать, -рую, -рует
галопи́рующий
гало́пный
гало́пом, *нареч.*
галофи́льный
галофи́ты, -ов, *ед.* -фи́т, -а
галофо́бный (*биол.*)
галофо́бы, -ов, *ед.* -фо́б, -а (*биол.*)
га́лочий, -ья, -ье
га́лочка, -и, *р. мн.* -чек
га́лочный
гало́ши, -о́ш и **кало́ши,** -о́ш, *ед.* -о́ша, -и, *тв.* -ей
гало́шки, -шек и **кало́шки,** -шек, *ед.* -шка, -и
гало́шница, -ы и **кало́шница,** -ы, *тв.* -ей
гало́шный и **кало́шный**
галс, -а
га́лсовый
галс-оття́жка, -и, *р. мн.* -жек
га́лстук, -а
га́лстук-ба́бочка, га́лстука-ба́бочки, *м.*
га́лстук-ба́нт, га́лстука-ба́нта
га́лстучек, -чка
га́лстучный
га́лстушник, -а (*кулик*)
га́лтель, -я и **галте́ль,** -и
галто́вка, -и
галто́вочный
Галуа́, *нескл., м.*: **тео́рия Галуа́**
галу́н, -а́
галу́нный
галу́ргия, -и
галу́шки, -шек, *ед.* -шка, -и
га́лфвинд, -а
галча́чий, -ья, -ье
галчи́ный
галчо́нок, -нка, *мн.* -ча́та, -ча́т
гальванёр, -а
гальванизацио́нный
гальваниза́ция, -и
гальванизи́рование, -я
гальванизи́рованный; *кр. ф.* -ан, -ана
гальванизи́ровать(ся), -рую, -рует(ся)
гальвани́зм, -а
гальванизо́ванный; *кр. ф.* -ан, -ана
гальванизова́ть(ся), -зу́ю, -зу́ет(ся)
гальва́ник, -а
гальвани́ческий
гальвано... – *первая часть сложных слов, пишется слитно*
гальваноионотерапи́я, -и
гальванока́устика, -и
гальванока́утер, -а
гальваномагни́тный
гальвано́метр, -а
гальванометри́ческий
гальванометри́я, -и
гальванопла́стика, -и
гальванопласти́ческий
гальванопокры́тие, -я
гальваноско́п, -а
гальваноскопи́ческий
гальваноскопи́я, -и
гальваносте́гия, -и
гальваностереоти́п, -а
гальваностереоти́пия, -и
гальванота́ксис, -а
гальванотерапевти́ческий
гальванотерапи́я, -и
гальванотерми́ческий
гальванотерми́я, -и
гальваноте́хника, -и

гальванотехни́ческий
гальванотропи́зм, -а
гальваноуда́рный
гальва́нщик, -а
гальва́нщица, -ы, *тв.* -ей
га́лька, -и
га́льский (*от* Га́ли, *город*)
гальюн, -а
гальюнный
гальюнщик, -а
галья́рда, -ы
гам[1], -а и -у
гам[2], *неизм.*
гама́да, -ы и **хама́да,** -ы
гамадри́л, -а
гама́зовый кле́щ
гама́к, -а́
гама́чный
гамачо́к, -чка́
гама́ши, -а́ш, *ед.* -а́ша, -и
гама́шный
гамаю́н, -а (*мифол.*)
га́мба, -ы
гамби́йский (*от* Га́мбия)
гамби́йцы, -ев, *ед.* -и́ец, -и́йца, *тв.* -и́йцем
гамби́т, -а
гамби́тный
гамбу́зия, -и
га́мбургер, -а (*бутерброд*)
га́мбургский (*от* Га́мбург; га́мбургский счёт)
гамбуржа́нка, -и, *р. мн.* -нок
га́мбуржцы, -ев, *ед.* -жец, -жца, *тв.* -жцем
га́мела́н, -а
гамета́нгий, -я
гаме́тный
гаметогене́з, -а
гаметофи́т, -а
гаме́ты, -е́т, *ед.* -е́та, -ы
га́мканье, -я
га́мкать, -аю, -ает
га́мкнуть, -ну, -нет
Га́млет, -а
гамлети́зм, -а
га́млетовский
га́млетовщина, -ы
га́мма, -ы
га́мма-... – *первая часть сложных слов, пишется через дефис*, но: гаммагра́мма, гаммагра́фия, гаммаскопи́я, гамматро́н
га́мма-ана́лиз, -а
га́мма-аппара́т, -а
га́мма-астроно́мия, -и
га́мма-вспле́ск, -а
га́мма-вспы́шка, -и, *р. мн.* -шек
га́мма-глобули́н, -а
гаммагра́мма, -ы
гаммагра́фия, -и
га́мма-дефектоско́п, -а
га́мма-дефектоскопи́ческий
га́мма-дефектоскопи́я, -и
га́мма-диапазо́н, -а
га́мма-желе́зо, -а
га́мма-излуча́тель, -я
га́мма-излуче́ние, -я
га́мма-исто́чник, -а
га́мма-карота́ж, -а, *тв.* -ем
га́мма-ква́нт, -а
га́мма-ла́зер, -а
га́мма-лока́тор, -а
га́мма-лучи́, -е́й
га́мма-ме́тод, -а
га́мма-нейтро́нный
га́мма-плотноме́р, -а
га́мма-по́ле, -я, *мн.* -я́, -е́й
га́мма-радиоакти́вность, -и
га́мма-радиоакти́вный
га́мма-резона́нс, -а
га́мма-систе́ма, -ы
гаммаскопи́я, -и
га́мма-сни́мок, -мка
га́мма-спектро́метр, -а
га́мма-спектрометри́ческий
га́мма-спектроме́три́я, -и
га́мма-спектроскопи́ческий
га́мма-спектроскопи́я, -и
га́мма-съёмка, -и
га́мма-телеско́п, -а
га́мма-терапевти́ческий
га́мма-терапи́я, -и
га́мма-топо́граф, -а
гамматро́н, -а
гамматро́нный
га́мма-устано́вка, -и, *р. мн.* -вок
га́мма-фо́н, -а
га́мма-фу́нкция, -и
га́мма-эквивале́нт, -а
га́мма-эффере́нтный
га́ммельнский (*от* Га́ммельн)
гамоде́м, -а (*биол.*)
гамо́ны, -ов, *ед.* гамо́н, -а
га́музом, *нареч.*
ганаши́, -е́й, *ед.* гана́ш, -а́
га́нглиевый
га́нглии, -ев, *ед.* га́нглий, -я
ганглиобласто́ма, -ы
ганглиоблоки́рующий
ганглио́зный
гангре́на, -ы
гангрено́зный
га́нгский (*от* Ганг)
га́нгстер, -а
гангстери́зм, -а
га́нгстерский
га́нгстерство, -а
Гангу́тское сраже́ние (*1714*)
гандбо́л, -а
гандболи́ст, -а
гандболи́стка, -и, *р. мн.* -ток
гандбо́льный
ганди́зм, -а (*от* Га́нди)
гандика́п, -а
гандика́пный
ганди́стский
га́ндшпуг, -а
Га́нза, -ы (*ист.*)
ганзе́йский
Ганзе́йский сою́з
ганзе́йцы, -ев, *ед.* -е́ец, -е́йца, *тв.* -е́йцем
Ганиме́д, -а
га́нка, -и, *р. мн.* га́нок (*к* Га́на)
Ганниба́л, -а
ганниба́ловский
ганно́верский (*от* Ганно́вер)
ганно́верцы, -ев, *ед.* -рец, -рца, *тв.* -рцем
гано́идный
гано́иды, -ов, *ед.* -о́ид, -а
га́нсвурст, -а
га́нский (*от* Га́на)
ганте́ли, -ей, *ед.* -те́ль, -и
ганте́льный
ганти́рованный; *кр. ф.* -ан, -ана
га́нцы, -ев, *ед.* га́нец, га́нца, *тв.* га́нцем (*от* Га́на)
ганч, -а, *тв.* -ем
гаоля́н, -а
гаоля́новый
гапло́ид, -а
гаплоиди́я, -и
гапло́идность, -и
гапло́идный
гаплологи́ческий
гаплоло́гия, -и
гаплоспори́дии, -ев, *ед.* -дий, -я
гаплосте́ль, -и
гаплостемони́я, -и (*бот.*)
гаплофа́за, -ы
гапо́новский (*от* Гапо́н)
гапо́новщина, -ы
гаптотропи́зм, -а
гаптофо́бия, -и
гара́ж, -а́, *тв.* -о́м
гара́ж-автостоя́нка, гаража́-автостоя́нки, *м.*
гаражестрои́тельный
гара́жно-кооперати́вный
гара́жно-стоя́ночный
гара́жно-строи́тельный
гара́жный
гара́ж-раку́шка, гаража́-раку́шки, *м.*
гара́ж-стоя́нка, гаража́-стоя́нки, *м.*
гара́нт, -а
гаранти́йный
гаранти́рование, -я
гаранти́рованно, *нареч.*
гаранти́рованность, -и
гаранти́рованный; *кр. ф.* -ан, -ана
гаранти́ровать(ся), -рую, -рует(ся)
гара́нтия, -и
га́рвардский (*от* Га́рвард)
га́рвардцы, -ев, *ед.* -дец, -дца, *тв.* -дцем
гарви́зм, -а
Гаргантюа́, *нескл., м.*
га́рда, -ы
гардама́н, -а
гардемари́н, -а, *р. мн.* -ри́н и -ов
гардемари́нский
гардени́т, -а
гарде́ния, -и

гардеро́б, -а
гардеро́бная, -ой
гардеро́бный
гардеро́бщик, -а
гардеро́бщица, -ы, *тв.* -ей
гарди́на, -ы
гарди́нка, -и, *р. мн.* -нок
гарди́нно-кружевно́й
гарди́нно-тю́левый
гарди́нный
гарево́й и **га́ревый**
гаре́джи, *нескл., с.*
гаре́м, -а
гаре́мный
гарибальди́ец, -и́йца, *тв.* -и́йцем, *р. мн.* -и́йцев
гарибальди́йский (*от* Гариба́льди)
гари́га, -и
гарио́тта, -ы (*рыба*)
гари́ще, -а
га́рканье, -я
га́ркать, -аю, -ает
га́ркнуть, -ну, -нет
га́рлемский (*от* Га́рлем)
га́рлемцы, -ев, *ед.* -мец, -мца, *тв.* -мцем
га́рмала, -ы
гармата́н, -а
гармониза́тор, -а
гармониза́ция, -и
гармонизи́рованный; *кр. ф.* -ан, -ана
гармонизи́ровать(ся), -рую, -рует(ся)
гармонизо́ванный; *кр. ф.* -ан, -ана
гармонизова́ть(ся), -зу́ю, -зу́ет(ся)
гармо́ника, -и
гармо́ники, -ов, *ед.* -ник, -а (*физ.*)
гармони́ровать, -рую, -рует
гармони́ст, -а
гармо́ниум, -а
гармони́чески
гармони́ческий
гармони́чески ра́звитый
гармони́чность, -и
гармони́чный; *кр. ф.* -чен, -чна
Гармо́ния, -и (*мифол.*)
гармо́ния, -и (*благозвучие*; *согласие*)
гармо́нный (*от* гармо́нь)
гармо́нь, -и
гармо́шечный
гармо́шка, -и, *р. мн.* -шек
гармо́шкой, *нареч.*
гармси́ль, -я
га́рнец, -нца, *тв.* -нцем, *р. мн.* -нцев
гарниери́т, -а
гарниза́, -ы́
гарнизо́н, -а
гарнизо́нный
гарни́р, -а
гарни́рный
гарни́рованный; *кр. ф.* -ан, -ана
гарни́ровать(ся), -рую, -рует(ся)
гарниро́вка, -и, *р. мн.* -вок
гарниса́ж, -а, *тв.* -ем
гарниту́р, -а (*комплект*)
гарниту́ра, -ы (*шрифт*)
гарниту́рный
га́рнцевый
га́рный
гаро́ннский (*от* Гаро́нна)
Гарпаго́н, -а
гарпаксофо́бия, -и
га́рпии, -ий, *ед.* -пия, -и
га́рпиус, -а
гарпу́н, -а́
гарпунёр, -а
гарпунёрский
гарпу́нить, -ню, -нит
гарпу́нный
гарпу́нщик, -а
гарро́та, -ы (*орудие пытки*)
гарсо́н, -а
гарт, -а
гарти́гия, -и (*насекомое*)
га́ртовый
Гару́н аль-Раши́д, -а
га́рус, -а
га́русный
гару́спики, -ов, *ед.* -пик, -а
гарцева́ние, -я
гарцева́ть, -цу́ю, -цу́ет
гарци́ния, -и
га́рцский (*от* Гарц)
га́ршнеп, -а
га́ршнеповый
гарь, -и
гаси́льник, -а
гаси́льный
гаси́тель, -я
гаси́тельный
гаси́ть(ся), гашу́, га́сит(ся)
гаскона́да, -ы
гаско́нский (*от* Гаско́ния)
гаско́нцы, -ев, *ед.* -нец, -нца, *тв.* -нцем
га́снувший
га́снуть, -нет; *прош.* гас и га́снул, га́сла
гаста́рба́йтер, -а
гастарба́йтерский
гастеромице́ты, -ов, *ед.* -це́т, -а
гастеру́пций, -я (*насекомое*)
гастралги́я, -и
гастри́н, -а
гастри́т, -а
гастри́тный
гастри́ческий
гастро... – *первая часть сложных слов, пишется слитно*
гастроге́нный
гастролёр, -а
гастролёрство, -а
гастролёрша, -и, *тв.* -ей
гастро́ли, -ей и **гастро́ль,** -и
гастроли́ровать, -рую, -рует
гастро́льно-конце́ртный
гастро́льный
гастроно́м, -а
гастрономи́ческий
гастроно́мия, -и
гастропо́ды, -ов, *ед.* -по́д, -а
гастропо́р, -а
гастропто́з, -а
гастроско́п, -а
гастроскопи́ческий
гастроскопи́я, -и
гастростоми́я, -и
гастротри́хи, -ов, *ед.* -три́х, -а
гастроце́ль, -я
гастроэнтери́т, -а
гастроэнтероколи́т, -а
гастроэнтеро́лог, -а
гастроэнтерологи́ческий
гастроэнтероло́гия, -и
га́струла, -ы
гаструля́ция, -и
га́сший
гася́щий
гася́щийся
гати́ть(ся), гачу́, гати́т(ся)
гатте́рия, -и
га́тчинский (*от* Га́тчина)
га́тчинцы, -ев, *ед.* -нец, -нца, *тв.* -нцем
Га́ты, Гат
гать, -и
га́убица, -ы, *тв.* -ей
га́убица-пу́шка, га́убицы-пу́шки
га́убичный
Гаудеа́мус, -а и *нескл., м.*
гауле́йтер, -а и **гауля́йтер,** -а
гауптва́хта, -ы
гау́р, -а (*животное*)
га́усс, -а, *р. мн.* -ов, *счетн. ф.* га́усс (*ед. измер.*)
Га́усс, -а: **постоя́нная Га́усса, при́нцип Га́усса, распределе́ние Га́усса, теоре́ма Га́усса**
га́уссов, -а, -о (*от* Га́усс): **га́уссова кривизна́, га́уссова систе́ма едини́ц**
га́усс-эрсте́д, -а, *р. мн.* -ов, *счетн. ф.* -те́д
гаусто́рии, -ев, *ед.* -рий, -я
га́учо, *нескл., м.* и *ж.*
га́уч-пре́сс, -а
га́фель, -я
га́фель-га́рдель, -и (*мор.*)
га́фельный
га́фниевый
га́фний, -я
га́фы, -ов, *ед.* гаф, -а
га́чек, га́чка (*надстрочный знак*)
га́ченный; *кр. ф.* -ен, -ена (*от* га́тить)
га́чи, -ей, *ед.* га́ча, -и
га́чный (*от* гак, *мор.*)
гаше́ние, -я
га́шенный; *кр. ф.* -ен, -ена, *прич.*
гашёный, *прил.*
гаше́тка, -и, *р. мн.* -ток
гаши́ш, -а и -у, *тв.* -ем
гашиши́зм, -а
гашиши́ст, -а
гаши́шный
га́шник, -а
га́щивать, *наст. вр. не употр.*

ГАЭ́С, *нескл., ж.* (*сокр.:* гидроаккумулирующая электростанция)
гая́л, -а
гвадалаха́рский (*от* Гвадалаха́ра)
гвадалаха́рцы, -ев, *ед.* -рец, -рца, *тв.* -рцем
гваделу́пский (*от* Гваделу́па)
гваделу́пцы, -ев, *ед.* -пец, -пца, *тв.* -пцем
гва́здать(ся), -аю(сь), -ает(ся)
гвайфенези́н, -а
гвалт, -а
гварани́ и **гуарани́,** *нескл., м.* (*ден. ед.*)
гварде́ец, -е́йца, *тв.* -е́йцем, *р. мн.* -е́йцев
гварде́йский
гва́рдии полко́вник
гва́рдии пору́чик
гва́рдия, -и
Гварне́ри, *нескл., м.* (*скрипичный мастер*) и **гварне́ри,** *нескл., м.* и *ж.* (*скрипка*)
гватема́лка, -и, *р. мн.* -лок
гватема́льский (*от* Гватемала)
гватема́льцы, -ев, *ед.* -лец, -льца, *тв.* -льцем
гваю́ла, -ы
гваю́ловый
гвая́ковый
гваяко́л, -а
гве́льфы, -ов, *ед.* гвельф, -а
гвере́ца, -ы, *тв.* -ей (*обезьяна*)
гвери́лья, -и и **гери́лья,** -и
гверилья́сы, -ов, *ед.* -я́с, -а и **герилья́сы,** -ов, *ед.* -я́с, -а
гвиа́нка, -и, *р. мн.* -нок
гвиа́нский (*от* Гвиа́на)
гвиа́нцы, -ев, *ед.* -нец, -нца, *тв.* -нцем
гвизо́ция, -и
гвине́йка, -и, *р. мн.* -е́ек
гвине́йский (*от* Гвине́я)
гвине́йцы, -ев, *ед.* -е́ец, -е́йца, *тв.* -е́йцем
гвоздану́ть, -ну́, -нёт
гвозда́рный
гвозда́рня, -и, *р. мн.* -рен
гвозда́рь, -я́
гвоздёвка, -и, *р. мн.* -вок
гвоздево́й
гвоздезабивно́й
гвоздеобра́зный; *кр. ф.* -зен, -зна
гво́здик, -а
гвозди́ка, -и
гвозди́льный
гвозди́льня, -и, *р. мн.* -лен
гвозди́льщик, -а
гвозди́ть, гвозжу́, гвозди́т
гво́здичек, -чка
гвозди́чка, -и, *р. мн.* -чек
гвозди́чный
гвозди́ще, -а, *мн.* -а и -и, -и́щ, *м.*
гвоздодёр, -а
гвоздо́к, *другие формы не употр., м.*
гвоздо́чек, -чка
гвоздь, -я́, *мн.* -и, -е́й
гвоздьё, -я́
гвоздяно́й
гда́ньский (*от* Гданьск)
гданьча́не, -а́н, *ед.* -а́нин, -а
гданьча́нка, -и, *р. мн.* -нок
где
где́ бишь
где́ бы ни (где́ бы ни жи́ть…)
где́ бы (то) ни́ было
где́-где́
где́ ж(е)
где́-либо
где́-нибудь
где-нигде́
где ни е́сть
где́ попа́ло
где́-то
где́ уго́дно
гдовичи́, -е́й, *ед.* -ви́ч, -а́, *тв.* -о́м
гдови́чка, -и, *р. мн.* -чек
гдо́вский (*от* Гдов)
гдо́вцы, -ев, *ед.* -вец, -вца, *тв.* -вцем
Ге́ба, -ы
ге́ббельсовский (*от* Ге́ббельс)
гебефрени́я, -и
гебраи́зм, -а
гебраи́ст, -а
гебраи́стика, -и
гебри́дский (*к* Гебри́дские острова́, Гебри́ды)
гебри́дцы, -ев, *ед.* -дец, -дца, *тв.* -дцем
геве́я, -и
Ге́гелев, -а, -о и **ге́гелевский** (*от* Ге́гель)
гегелья́нец, -нца, *тв.* -нцем, *р. мн.* -нцев
гегелья́нский
гегелья́нство, -а
гегемо́н, -а
гегемони́зм, -а
гегемони́ст, -а
гегемони́стский
гегемо́ния, -и
гегемо́нный
Гедими́новичи, -ей (*от* Гедими́н; *династия, род*)
гедони́зм, -а
гедони́ст, -а
гедонисти́ческий
гедони́ческий
гее́нна, -ы (*ад*)
гее́ннский
гезе́нк, -а
гёзы, -ов, *ед.* гёз, -а
гей[1]**,** ге́я (*гомосексуалист*)
гей[2]**,** *межд.*
Ге́йгер, -а: **счётчик Ге́йгера** (или **Ге́йгера – Мю́ллера)**
гейдельбе́ргский (*от* Ге́йдельбе́рг)
гейдельбе́ржцы, -ев, *ед.* -жец, -жца, *тв.* -жцем
ге́йзер, -а
гейзери́т, -а
ге́йзерный
гей-клу́б, -а
Гей-Люсса́к, -а: **зако́ны Гей-Люсса́ка**
гей-люсса́ковский; но: **Гей-Люсса́ковские зако́ны**
гейм, -а
геймбо́л, -а
ге́йневский (*от* Ге́йне)
гейтоногами́я, -и
ге́йша, -и, *тв.* -ей
Гека́та, -ы
гекато́мба, -ы
гекза́метр, -а
гекзаметри́ческий
гекко́н, -а
гекса… – *первая часть сложных слов, пишется слитно*
гексаге́н, -а
гексаге́новый
гексагона́льный
гекса́н, -а
гексани́т, -а
гексаферри́т, -а
гексахлора́н, -а
гексахлора́новый
гексахлорбензо́л, -а
гексахлорэта́н, -а
гексахо́рд, -а
декса́эдр, -а
гексаэдри́т, -а
гекси́ты, -ов, *ед.* -и́т, -а
гексо́д, -а
гексо́зы, -оз, *ед.* -о́за, -ы
гекта́р, -а, *р. мн.* -ов
гекта́рный
гекто… – *первая часть сложных слов, пишется слитно*
гектоватт, -а, *р. мн.* -ов, *счетн. ф.* -ватт
гектова́тт-ча́с, -а, *мн.* -ы́, -о́в
гектогра́мм, -а, *р. мн.* -ов, *счетн. ф.* -гра́мм и -ов
гекто́граф, -а
гектографи́рование, -я
гектографи́рованный; *кр. ф.* -ан, -ана
гектографи́ровать(ся), -рую, -рует(ся)
гектографи́ческий
гектогра́фия, -и
гектогра́фский
гектокоти́ль, -я (*зоол.*)
гектоли́тр, -а
гектоме́тр, -а
гектопаска́ль, -я
гектопье́за, -ы
Ге́ктор, -а
Геку́ба, -ы
гела́да, -ы (*обезьяна*)
гела́ти, *нескл., с.*
ге́левый (*от* гель)
геленджи́кский (*от* Геленджи́к)
геленджикцы, -ев, *ед.* -кец, -кца, *тв.* -кцем
гелеобразова́ние, -я

гелепла́стика, -и
геле́ртер, -а
геле́ртерский
геле́ртерство, -а
гелиаки́ческий
гелианти́н, -а
ге́лиево-нео́новый
ге́лиевый
ге́лий, -я
ге́лий-нео́новый
гелийсодержа́щий
гелико́ид, -а
Гелико́н, -а (*гора*; *символ поэзии*) и **гелико́н,** -а (*муз. инструмент*)
геликони́да, -ы (*бабочка*)
гелико́прио́н, -а
гелико́пте́р, -а
гелио… – *первая часть сложных слов, пишется слитно*
гелиоаппара́т, -а
гелиоаппарату́ра, -ы
гелиобио́лог, -а
гелиобиологи́ческий
гелиобиоло́гия, -и
гелиоводонагрева́тель, -я
гелиоводоопресни́тель, -я
гелиогеофи́зик, -а
гелиогеофи́зика, -и
гелиогеофизи́ческий
гелиогравю́ра, -ы
гелио́граф, -а
гелиографи́ческий
гелиогра́фия, -и
гелиоконцентра́тор, -а
гелиометеоро́лог, -а
гелиометеорологи́ческий
гелио́метр, -а
гелиомоби́ль, -я
гелиопе́чь, -и, *мн.* -и, -е́й
гелиореа́ктор, -а
Ге́лиос, -а
гелиосва́рка, -и
гелиосейсмологи́ческий
гелиосейсмоло́гия, -и
гелиосисте́ма, -ы
гелиоско́п, -а
гелиоскопи́ческий
гелиоскопи́я, -и
гелиоста́нция, -и
гелиоста́т, -а
гелиосфе́ра, -ы
гелиота́ксис, -а
гелиотерапе́вт, -а
гелиотерапевти́ческий
гелиотерапи́я, -и
гелиоте́хник, -а
гелиоте́хника, -и
гелиотехни́ческий
гелиотро́п, -а
гелиотропи́зм, -а
гелиотропи́н, -а
гелиотро́пный
гелиоустано́вка, -и, *р. мн.* -вок
гелиофи́зик, -а
гелиофи́зика, -и
гелиофизи́ческий
гелиофи́льный
гелиофи́ты, -ов, *ед.* -фи́т, -а (*светолюбивые растения*)
гелиофо́бный
гелиохи́мик, -а
гелиохими́ческий
гелиохи́мия, -и
гелиохолоди́льный
гелиоце́нтр, -а
гелиоцентри́зм, -а
гелиоцентри́ческий
гелиоэлектри́ческий
гелиоэлектроста́нция, -и
гелиоэнерге́тика, -и
гелиоэнергети́ческий
ге́ллер, -а
гелофи́ты, -ов, *ед.* -фи́т, -а (*болотные растения*)
гель, -я
гельве́тика, -и
гельвети́ческий
гельве́тский
гельве́ты, -ов (*племя*)
Гельмго́льц, -а: **ма́ятник Гельмго́льца, резона́тор Гельмго́льца**
гельмго́льцев, -а, -о (*от* Гельмго́льц): **гельмго́льцева эне́ргия**
гельминто́з, -а
гельминто́лог, -а
гельминтологи́ческий
гельминтоло́гия, -и
гельминтоспорио́з, -а
гельми́нты, -ов, *ед.* -и́нт, -а
гельмпо́рт, -а
гельсингфо́рсский (*от* Гельсингфо́рс)
гем, -а
гемагглютина́ция, -и
гемагглютини́ны, -ов, *ед.* -ни́н, -а
гемангио́ма, -ы
гемартро́з, -а
гемати́н, -а
гемати́т, -а
гемати́товый
гематоге́н, -а
гематоге́нный
гематокри́т, -а
гематоксили́н, -а
гематоксили́новый
гемато́лог, -а
гематологи́ческий
гематоло́гия, -и
гемато́ма, -ы
гематомиели́я, -и
гемато́мный
гематофо́бия, -и и **гемофо́бия,** -и
гематоэнцефали́ческий
гематури́я, -и
гемеллологи́ческий
гемеллоло́гия, -и
гемерало́пи́я, -и
гемианестези́я, -и
гемианопси́я, -и
гемизиго́тность, -и
гемикрани́я, -и
гемикриптофи́ты, -ов, *ед.* -фи́т, -а
геми́н, -а
гемина́ты, -а́т, *ед.* -а́та, -ы
ге́мини, *нескл., мн.*
гемиопи́я, -и
гемипаре́з, -а
гемиплеги́я, -и
гемисфе́ра, -ы
гемисферало́гия, -и
гемихо́рдовые, -ых
гемицеллюло́зы, -ло́з, *ед.* -ло́за, -ы
гемицикли́ческий
ге́мма, -ы
геммологи́ческий
геммоло́гия, -и
ге́ммулы, -ул, *ед.* -ула, -ы
гемоглоби́н, -а
гемоглобинеми́я, -и
гемоглоби́нный
гемоглобино́ме́тр, -а
гемоглобинопа́тия, -и
гемоглобинури́я, -и
гемогра́мма, -ы
гемодиа́лиз, -а
гемодина́мика, -и
гемодинами́ческий
гемо́лиз, -а
гемолизи́ны, -ов, *ед.* -зи́н, -а
гемоли́мфа, -ы
гемолити́ческий
гемо́метр, -а
гемопарази́ты, -ов, *ед.* -зи́т, -а
гемопирро́л, -а
гемопоэ́з, -а
гемопоэти́ческий (*биол.*)
гемопротеи́ды, -ов, *ед.* -и́д, -а
гемопро́теус, -а
геморраги́ческий
геморраги́я, -и
геморроида́льный
геморро́й, -я
геморро́йный
гемосо́рбция, -и
гемоспори́дии, -ев, *ед.* -дий, -я
гемоста́з, -а
гемостати́ческий
гемотерапи́я, -и
гемотокси́ны, -ов, *ед.* -си́н, -а
гемото́ракс, -а
гемотрансфузиоло́гия, -и
гемотрансфу́зия, -и
гемофи́лик, -а
гемофили́ческий
гемофили́я, -и
гемофо́бия, -и и **гематофо́бия,** -и
гемоциани́н, -а
гемоцитобла́сты, -ов, *ед.* -а́ст, -а
гемпши́рский
гемпши́ры, -ов, *ед.* -ши́р, -а (*овцы*)
Генассамбле́я, -и
генацва́ле (*обращение*)
ге́нделевский (*от* Ге́ндель)
ге́ндер, -а
ге́ндер-лингви́стика, -и

ге́ндерный
гендире́ктор, -а
генеало́г, -а
генеалоги́ческий
генеало́гия, -и
гене́з, -а (*мед.*)
ге́не́зис, -а
генера́л, -а
генера́л-адмира́л, -а
генера́л-адъюта́нт, -а
генера́л-адъюта́нтский
генера́л-анше́ф, -а
генера́л-анше́фский
генера́л а́рмии, генера́ла а́рмии
генера́л-ауди́тор, -а
генера́л-аудитор иа́т, -а
генера́л-ба́с, -а
генера́л-ба́сный
генера́л-губерна́тор, -а
генера́л-губерна́торский
генера́л-губерна́торство, -а
генера́л-губерна́торша, -и, *тв.* -ей
генера́л-дире́ктор, -а
генерализа́ция, -и
генерализи́рованный; *кр. ф.* -ан, -ана
генерализи́ровать(ся), -рую, -рует(ся)
генерализо́ванный; *кр. ф.* -ан, -ана
генерализова́ть(ся), -зу́ю, -зу́ет(ся)
генера́л-инспе́ктор, -а
генерали́ссимус, -а
генералите́т, -а
генера́лка, -и, *р. мн.* -лок
генера́л-капита́н, -а (*ист.*)
генера́л-капита́нство, -а
генера́л-квартирме́йстер, -а
генера́л-лейтена́нт, -а
генера́л-лейтена́нт-инжене́р, генера́л-лейтена́нта-инжене́ра
генера́л-лейтена́нтский
генера́л-майо́р, -а
генера́л-майо́р-инжене́р, генера́л-майо́ра-инжене́ра
генера́л-майо́рский
генера́л-ма́рш, -а
генера́л от артилле́рии, генера́ла от артилле́рии
генера́л от инфанте́рии, генера́ла от инфанте́рии
генера́л от кавале́рии, генера́ла от кавале́рии
генера́л-полко́вник, -а
генера́л-полко́вник-инжене́р, генера́л-полко́вника-инжене́ра
генера́л-пору́чик, -а
генера́л-прокуро́р, -а
генера́л-фельдма́ршал, -а
генера́л-фельдцейхме́йстер, -а
Генера́льная Ассамбле́я ОО́Н
Генера́льная прокурату́ра РФ
Генера́льные шта́ты (*во Франции, ист.; в Нидерландах*)
генера́льный
Генера́льный ко́нсул
Генера́льный прокуро́р РФ
генера́льный секрета́рь (*партии, движения*); но: **Генера́льный секрета́рь ОО́Н**
Генера́льный шта́б
генера́льский
генера́льство, -а
генера́льствовать, -твую, -твует
генера́льша, -и, *тв.* -ей
генера́льшин, -а, -о
генерати́ви́ст, -а
генерати́вный
генера́тор, -а
генера́тор-дви́гатель, генера́тора-дви́гателя
генера́торный
генератри́са, -ы
генера́ция, -и
генери́рование, -я
генери́рованный; *кр. ф.* -ан, -ана
генери́ровать(ся), -и́рую, -и́рует(ся)
гене́тик, -а
гене́тика, -и
гене́тико-автомати́ческий
гене́тико-молекуля́рный
гене́тико-селекцио́нный
генети́чески
генети́чески за́данный
генети́ческий
гензави́симость, -и
гензави́симый
гениа́льничанье, -я
гениа́льничать, -аю, -ает
гениа́льно, *нареч.*
гениа́льность, -и
гениа́льный; *кр. ф.* -лен, -льна
ге́ний, -я
генита́лии, -ий
генита́льный
генити́в, -а
генити́вный
генко́нсул, -а
генко́нсульский
генко́нсульство, -а
геннисаре́тский (*от* Геннисаре́т, *библ.*)
Геннисаре́тское о́зеро
ге́нно-инжене́рно-модифици́рованный
ге́нно-инжене́рный
ге́нно-модифици́рованный
ге́нно-молекуля́рный
ге́нный
геногеогра́фия, -и
геноко́пия, -и
гено́м, -а
гено́мика, -и
геноми́ческий
гено́мный
гено́ссе, *нескл., м.* и *ж.*
генотеи́зм, -а
генотеи́ст, -а
генотеисти́ческий
генотерапи́я, -и
геноти́п, -а
генотипи́ческий
генофо́нд, -а
геноци́д, -а
генпла́н, -а
генподря́д, -а
генподря́дный
генподря́дчик, -а
генпродю́сер, -а
Генпрокурату́ра, -ы
генпрокуро́р, -а
ге́нри, *нескл., м.* (*ед. измер.*)
ге́нри-ге́рц, -а, *р. мн.* -ев, *счетн. ф.* -ге́рц
ге́нри-паска́ль, -я
Ге́нрих Нава́ррский
Ге́нрих Птицело́в
генсе́к, -а
генсе́ковский
генсове́т, -а
Ге́нтекс, -а
генуи́нный
генуэ́зка, -и, *р. мн.* -зок
генуэ́зский (*от* Ге́нуя)
генуэ́зцы, -ев, *ед.* -зец, -зца, *тв.* -зцем
генциа́на, -ы
Геншта́б, -а
генштаби́ст, -а
генштаби́стский
геншта́бовский
ге́ны, -ов, *ед.* ген, -а
генэкологи́ческий (*к* эколо́гия)
гео... – *первая часть сложных слов, пишется слитно*
геоаку́стик, -а
геоаку́стика, -и
геоакусти́ческий
геоантиклина́ль, -и
геоантиклина́льный
геоантрополо́гия, -и
геобио́лог, -а
геобиологи́ческий
геобиоло́гия, -и
геобио́нты, -ов, *ед.* -о́нт, -а
геобота́ник, -а
геобота́ника, -и
геоботани́ческий
геогельми́нты, -ов, *ед.* -ми́нт, -а
геоглобали́стика, -и
геогно́зия, -и (*геология, устар.*)
геогно́ст, -а
геогности́ческий
гео́граф, -а
географи́зм, -а
географи́ческий
географи́чка, -и, *р. мн.* -чек
геогра́фия, -и
гео́графо-картографи́ческий
гео́графо-морфологи́ческий
геодези́ст, -а
геодези́стка, -и, *р. мн.* -ток
геодези́ческий
геоде́зия, -и
геоди́метр, -а
гео́ид, -а
геокарпи́я, -и
геокоро́на, -ы

геоко́смос, -а
геокрио́лог, -а
геокриологи́ческий
геокриоло́гия, -и
гео́лог, -а
геологи́ня, -и, *р. мн.* -и́нь
геологи́ческий
геологи́чка, -и, *р. мн.* -чек
геоло́гия, -и
ге́олого-географи́ческий
ге́олого-изыска́тельский
ге́олого-морфологи́ческий
ге́олого-по́иско́вый
ге́олого-по́чвенный
геологоразве́дка, -и
ге́олого-разве́дочный
геологоразве́дчик, -а
геологоразве́дчица, -ы, *тв.* -ей
ге́олого-съёмочный
ге́олого-тектони́ческий
ге́олог-поискови́к, ге́олога-поисковика́
геолу́нный
геомагнети́зм, -а
геомагни́тный
геомагнитофо́н, -а
геомери́да, -ы
гео́метр, -а
геометриза́ция, -и
геометризо́ванный; *кр. ф.* -ан, -ана
геометри́ческий
геометри́чность, -и
геометри́чный; *кр. ф.* -чен, -чна
геоме́трия, -и
геомеха́ника, -и
геомехани́ческий
геомикробио́лог, -а
геомикробиологи́ческий
геомикробиоло́гия, -и
геоморфо́лог, -а
геоморфологи́ческий
геоморфоло́гия, -и
геомо́ры, -ов, *ед.* -мо́р, -а
геопатоге́нный
геополи́тика, -и
геополити́ческий
геопотенциа́л, -а
георада́р, -а
георгиа́нский (*к* Гео́рг, *король Великобритании*)
гео́ргиевский (*от* Гео́ргий, Гео́ргиев, Гео́ргиевск)
Гео́ргиевский за́л (*в Московском Кремле*)
гео́ргиевский кавале́р
Гео́ргиевский кре́ст
Гео́ргиевское зна́мя (*в воинских частях*)
Гео́ргий, -я (*имя; орден*)
Гео́ргий Победоно́сец
георги́н, -а и **георги́на,** -ы
геосинклина́ль, -и
геосинклина́льный
геосинхро́нный и **геосинхрона́льный**
геосисте́ма, -ы
геосисте́мный
геостациона́рный
геостратеги́ческий
геострате́гия, -и
геостратиграфи́ческий
геостратигра́фия, -и
геострофи́ческий
геосфе́рный
геосфе́ры, -е́р, *ед.* -сфе́ра, -ы
геотекто́ника, -и
геотектони́ческий
геотерма́льный
геоте́рмика, -и
геотерми́ческий
геотерми́я, -и
геотехно́лог, -а
геотехнологи́ческий
геотехноло́гия, -и
геотропи́зм, -а
геотро́пный
геофа́к, -а
геофи́зик, -а
геофи́зика, -и
геофизи́ческий
геофи́ты, -ов, *ед.* -фи́т, -а
геофо́н, -а
геохи́мик, -а
геохими́ческий
геохи́мия, -и
геохроно́лог, -а
геохронологи́ческий
геохроноло́гия, -и
геоцентри́зм, -а
геоцентри́ческий
геоэкологи́ческий
геоэколо́гия, -и
гепа́рд, -а
гепа́рдовый
гепари́н, -а
гепари́новый
гепати́т, -а
гепати́тка, -и, *р. мн.* -ток *(головной убор)*
гепати́тный
гепатоге́нный
гепато́лог, -а
гепатопроте́кторный
гепатопто́з, -а
гепатохолецисти́т, -а
гепа́то-церебра́льный
гепта́метр, -а
гепта́н, -а
гептафтори́д, -а
гептахло́р, -а
гептахо́рд, -а
гепта́эдр, -а
гепто́д, -а
Ге́ра, -ы
Гера́кл, -а
Геракли́тов, -а, -о и **геракли́товский** (*от* Геракли́т)
гера́льдика, -и
геральди́ст, -а
геральди́ческий
гера́невый и **гера́ниевый**
гераниол, -а
гера́нь, -и
гера́нька, -и, *р. мн.* -нек
Гера́сим-грачо́вник, Гера́сима-грачо́вника (*день народного календаря*)
герб, -а́
гербала́йф, -а
гербариза́ция, -и
гербаризи́рованный; *кр. ф.* -ан, -ана
гербаризи́ровать(ся), -рую, -рует(ся)
герба́рий, -я
герба́рный
гербе́ра, -ы
гербици́дно-аммиа́чный
гербици́дный
гербици́ды, -ов, *ед.* -ци́д, -а
гербове́д, -а
гербове́дение, -я
гербо́вник, -а
ге́рбовый
герефо́рдский
герефо́рды, -ов, *ед.* -фо́рд, -а
гериа́тр, -а
гериатри́ческий
гериатри́я, -и
гери́лья, -и и **гвери́лья,** -и
герилья́сы, -ов, *ед.* -я́с, -а и **гверилья́сы,** -ов, *ед.* -я́с, -а
гери́т, -а
герко́н, -а
Геркуле́с, -а (*мифол.*; *созвездие*) и **геркуле́с,** -а (*силач*; *жук*; *крупа*)
геркуле́сов, -а, -о (*от* Геркуле́с): **геркуле́сов по́двиг, геркуле́сова си́ла**
геркуле́совский (*от* Геркуле́с)
Геркуле́совы столбы́ (столпы́), Геркуле́совых столбо́в (столпо́в) (*скалы в Гибралтарском проливе*) и **геркуле́совы столбы́ (столпы́),** геркуле́совых столбо́в (столпо́в) (*граница, предел, крайняя степень проявления чего-н.*)
геркуле́совый (*от* геркуле́с – *крупа*)
герла́, -ы́ (*жарг.*)
гёрлс, *нескл., мн.*
гёрлска́ут, *нескл., ж.*
гёрлска́утский
гёрлфре́нд, *нескл., ж.*
герлы́га, -и
ге́рма, -ы
герма́ниевый
германиза́ция, -и
германизи́рованный; *кр. ф.* -ан, -ана
германизи́ровать(ся), -рую(сь), -рует(ся)
германи́зм, -а
герма́ний, -я
германийоргани́ческий
германи́ст, -а
германи́стика, -и
германи́стка, -и, *р. мн.* -ток
германи́т, -а
герма́нка, -и, *р. мн.* -нок

герма́но-росси́йский
герма́но-сове́тский
германофи́л, -а
германофи́льский
германофи́льство, -а
германофо́б, -а
германофо́бия, -и
германофо́бский
германофо́бство, -а
герма́но-францу́зский
германоязы́чный
герма́но-япо́нский
герма́нский (*к* Герма́ния и герма́нцы)
герма́нцы, -ев, *ед.* -нец, -нца, *тв.* -нцем
гермафроди́т, -а
гермафродити́зм, -а
гермафроди́тный
герменевтика, -и
герменевти́ческий
Герме́с, -а
герметиза́ция, -и
герметизи́рованный; *кр. ф.* -ан, -ана
герметизи́ровать(ся), -рую, -рует(ся)
герметизи́рующий(ся)
гермети́зм, -а
герме́тики, -ов, *ед.* -тик, -а
гермети́чески
гермети́чески закры́тый
гермети́ческий
гермети́чность, -и
гермети́чный; *кр. ф.* -чен, -чна
герминати́вный
гермо... – *первая часть сложных слов, пишется слитно*
гермодве́рь, -и, в (на) двери́, *мн.* -и, -е́й
гермокаби́на, -ы
гермока́мера, -ы
гермокла́пан, -а
гермоперча́тки, -ток, *ед.* -тка, -и
гермопла́та, -ы
гермопрое́ктор, -а
гермосты́к, -а
гермошле́м, -а
гернгу́терский
гернгу́теры, -ов, *ед.* -тер, -а
Ге́рника, -и
Геродо́т, -а
геродо́товский
героиза́ция, -и
героизи́рованный; *кр. ф.* -ан, -ана
героизи́ровать(ся), -рую(сь), -рует(ся)
герои́зм, -а
геро́ика, -и
геро́ико-патриоти́ческий
геро́ико-романти́ческий
герои́н, -а
героини́зм, -а
героини́ст, -а
герои́новый
героинома́ния, -и
герои́ня, -и, *р. мн.* -и́нь
герои́чески
герои́ческий
герои́чность, -и
герои́чный; *кр. ф.* -чен, -чна
геро́й, -я
Геро́й Росси́йской Федера́ции
геро́йски
геро́йский
Геро́й Сове́тского Сою́за
Геро́й Социалисти́ческого Труда́
геро́йство, -а
геро́йствовать, -твую, -твует
геро́льд, -а
геро́льдия, -и
герольдме́йстер, -а
герольдме́йстерский
геро́льдский
геро́нт, -а
геронтократи́ческий
геронтокра́тия, -и
геронто́лог, -а
геронтологи́ческий
геронтоло́гия, -и
геронтоморфо́з, -а
геронтопсихо́лог, -а
геронтопсихологи́ческий
геронтопсихоло́гия, -и
геронтофи́л, -а
геронтофи́ли́я, -и
Герostра́т, -а (*ист. лицо*; сла́ва Герostра́та) и **герostра́т,** -а (*честолюбец, добивающийся славы любой ценой*)
герostра́това сла́ва, герostра́товой сла́вы
герostра́товский
ге́рпес, -а
ге́рпес-ви́рус, -а
ге́рпес-ви́русный
герпети́ческий
герпето́лог, -а
герпетологи́ческий
герпетоло́гия, -и
герр, -а
герунди́в, -а
геру́ндий, -я
геру́си́я, -и
Герц, -а, *тв.* -ем: **при́нцип Ге́рца, дипо́ль Ге́рца**
герц, -а, *р. мн.* -ев, *счетн. ф.* герц (*ед. измер.*)
ге́рцевый
герцегови́нский (*от* Герцегови́на)
ге́рценовский (*от* Ге́рцен)
герцини́ды, -и́д, *ед.* -и́да, -ы (*геол.*)
герци́нский (*геол.*)
ге́рцог, -а
герцоги́ня, -и, *р. мн.* -и́нь
ге́рцогский
ге́рцогство, -а
ге́ршвиновский (*от* Ге́ршвин)
гесне́риевые, -ых
геспери́ды, -и́д
геспeróрнис, -а
Гесс, -а: **зако́н Ге́сса**
ге́ссенка, -и, *р. мн.* -нок
ге́ссенская му́ха
ге́ссенский (*от* Ге́ссен)
ге́ссенцы, -ев, *ед.* -нец, -нца, *тв.* -нцем
гест, -а
гестаге́ны, -ов, *ед.* -е́н, -а
геста́по, *нескл., с.*
геста́повец, -вца, *тв.* -вцем, *р. мн.* -вцев
геста́повский
гётеа́нец, -нца, *тв.* -нцем, *р. мн.* -нцев
гётеа́нский
гётебо́ргский (*от* Гётебо́рг)
гётебо́ргцы, -ев, *ед.* -гец, -гца, *тв.* -гцем
гётевский (*от* Гёте)
гете́ра, -ы
гетери́зм, -а
гетери́ст, -а
гете́рия, -и
гетеро... – *первая часть сложных слов, пишется слитно*
гетероаллели́зм, -а
гетероаукси́н, -а
гетерогали́нный
гетерогаме́тность, -и
гетерогаме́тный
гетерога́мия, -и
гетерога́мный
гетерогене́з, -а и **гетероге́незис,** -а
гетерогенера́тные во́доросли
гетерогениза́ция, -и
гетероге́нность, -и
гетероге́нный; *кр. ф.* -е́нен, -е́нна
гетерого́ния, -и
гетеро́ди́н, -а
гетероди́нный
гетеродо́нтный
гетерозиго́та, -ы
гетерозиго́тность, -и
гетерозиго́тный
гетеро́зис, -а
гетеро́зисный
гетеро́зистый
гетерока́рпия, -и
гетероморфи́зм, -а
гетероморфный
гетероморфо́з, -а
гетеро́ним, -а
гетерони́мия, -и
гетерони́мный
гетероно́мия, -и
гетероно́мный
гетеропереxо́д, -а
гетеропереxо́дный
гетеропла́стика, -и
гетерополисоедине́ния, -ий, *ед.* -е́ние, -я
гетерополя́рный
гетерорегуля́ция, -и
гетеросексуа́л, -а
гетеросексуали́зм, -а
гетеросексуа́льность, -и
гетеросексуа́льный; *кр. ф.* -лен, -льна
гетеросеманти́ческий
гетероспори́я, -и
гетеростили́я, -и

гетерострукту́ра, -ы
гетеросфе́ра, -ы
гетероталли́зм, -а
гетерото́пия, -и
гетеротрансплента́ция, -и
гетеротро́фный
гетеротро́фы, -ов, *ед.* -тро́ф, -а
гетерофилли́я, -и
гетерофо́ни́я, -и
гетерохро́мный
гетерохромосо́ма, -ы
гетерохро́ни́я, -и
гетероцепно́й
гетероцикли́ческий
гетина́кс, -а
гёти́т, -а
ге́тман, -а
ге́тманский
ге́тманство, -а
ге́тманщина, -ы (*период правления гетманов на Украине: XVI–XVIII вв., 1918*) и **Ге́тманщина,** -ы (*одно из названий Левобережной Украины в 1654–1764*)
ге́тровый
ге́тры, гетр, *ед.* ге́тра, -ы
ге́ттер, -а
ге́ттерный
гёттинге́нский (*от* Гёттинген)
гёттинге́нцы, -ев, *ед.* -нец, -нца, *тв.* -нцем
ге́тто, *нескл., с.*
ге́ты, -ов (*племена*)
геть (*вон, долой*)
Гефе́ст, -а
гефсима́нский (*от* Гефсима́ния, *библ.*)
Гефсима́нский са́д
геше́фт, -а
гешефтма́хер, -а
гешефтма́херский
гешефтма́херство, -а
гешта́льт, -а
гештальтпсихоло́гия, -и
гештальттео́рия, -и
гештальттерапи́я, -и
Ге́я, Ге́и
гжа́тский (*от* Гжатск)
гжа́тцы, -ев, *ед.* -тец, -тца, *тв.* -тцем
Гжель, -и (*населенный пункт*) и **гжель,** -и (*изделие; также собир.*)
гже́льский (*от* Гжель; гже́льская кера́мика)
гже́льцы, -ев, *ед.* -лец, -льца, *тв.* -льцем
Гиа́ды, Гиа́д (*мифол. и астр.*)
гиалино́з, -а
гиали́т, -а
гиалопла́зма, -ы
гиалуро́новый
Гиаци́нт, -а (*мифол.*)
гиаци́нт, -а (*растение*)
гиаци́нтовый
гибберелли́н, -а
гиббо́н, -а
Гиббс, -а: **распределе́ние Ги́ббса**
гиббси́т, -а
гибелли́ны, -ов, *ед.* -лли́н, -а
ги́бель, -и
ги́бельность, -и
ги́бельный; *кр. ф.* -лен, -льна
гиберна́ция, -и
ги́бка, -и
ги́бкий; *кр. ф.* ги́бок, гибка́, ги́бко
ги́бкость, -и
ги́блый
ги́бнувший
ги́бнуть, -ну, -нет; *прош.* ги́бнул и гиб, ги́бла
ги́бочно-профилиро́вочный
ги́бочно-штампо́вочный
ги́бочный
гибралта́рский (*от* Гибралта́р)
гибри́д, -а
гибридиза́тор, -а
гибридизацио́нный
гибридиза́ция, -и
гибри́дный
гибридологи́ческий
ги́бче, *сравн. ст.*
гибэдэдэ́шник, -а
гибэдэдэ́шный (*от* ГИБДД)
гиг, -а
гига… – *первая часть сложных слов, пишется слитно*
гигаба́йт, -а, *р. мн.* -ов, *счетн. ф.* -ба́йт
гигаба́йтный
гигаба́йтовый
гигаге́рц, -а, *тв.* -ем, *р. мн.* -ев, *счетн. ф.* -ге́рц
гигаге́рцевый
гигаджо́уль, -я
гигакало́рия, -и
гига́нт, -а
giganти́зм, -а
гигантоза́вр, -а
гигантома́ния, -и
гигантома́хия, -и (*мифол.*)
гигантопите́к, -а
гига́нтский
гигаэлектронво́льт, -а, *р. мн.* -ов, *счетн. ф.* -во́льт
гигие́на, -ы
гигиени́ст, -а
гигиени́ческий
гигиени́чность, -и
гигиени́чный; *кр. ф.* -чен, -чна
гигро… – *первая часть сложных слов, пишется слитно*
гигрова́та, -ы
гигро́граф, -а
гигрографи́ческий
гигрогра́фия, -и
гигро́метр, -а
гигрометри́ческий
гигроме́трия, -и
гигроморфи́зм, -а
гигромо́рфный
гигроскопи́ческий
гигроскопи́чность, -и
гигроскопи́чный; *кр. ф.* -чен, -чна
гигроста́т, -а
гигрофи́лы, -ов, *ед.* -фи́л, -а
гигрофи́льный
гигрофи́ты, -ов, *ед.* -фи́т, -а
гигрофо́бы, -ов, *ед.* -фо́б, -а
гид, -а
гида́льго, *нескл., м.* (*устар. к* ида́льго)
гидато́ды, -ов, *ед.* -то́д, -а
гидатофи́ты, -ов, *ед.* -фи́т, -а
гиде́сса, -ы
гиджа́к, -а
ги́джра, -ы (*устар. к* хи́джра)
гиди́рование, -я
ги́довский
гидофи́ты, -ов, *ед.* -фи́т, -а
ги́д-перево́дчик, ги́да-перево́дчика
ги́дра, -ы
гидра́влик, -а
гидра́влика, -и
гидравли́ческий
гидра́влос, -а
гидradени́т, -а
гидрази́н, -а
гидразосоедине́ния, -ий, *ед.* -е́ние, -я
гидра́нгиевые, -ых
гидра́нгия, -и
гидра́нт, -а (*водоразборная колонка*)
гидра́нты, -ов, *ед.* -а́нт, -а (*зоол.*)
гидраргилли́т, -а
гидрартро́з, -а
гидра́стис, -а
гидрата́ция, -и
гидрати́рованный; *кр. ф.* -ан, -ана
гидратообразова́ние, -я
гидратцеллюло́за, -ы
гидратцеллюло́зный
гидра́ты, -ов, *ед.* -а́т, -а
гидреми́я, -и
гидри́ды, -ов, *ед.* -и́д, -а
гидри́рование, -я
гидри́рованный; *кр. ф.* -ан, -ана
гидри́ровать(ся), -и́рую, -и́рует(ся)
ги́дрия, -и
гидро… – *первая часть сложных слов, пишется слитно*
гидроавиацио́нный
гидроавиа́ция, -и
гидроавтома́т, -а
гидроавтома́тика, -и
гидроагрега́т, -а
гидроаккумули́рующий
гидроаку́стик, -а
гидроаку́стика, -и
гидроакусти́ческий
гидроархео́лог, -а
гидроархеологи́ческий
гидроархеоло́гия, -и
гидроаэро́бика, -и
гидроаэродина́мика, -и
гидроаэродинами́ческий
гидроаэродро́м, -а
гидроаэроиониза́ция, -и
гидроаэрометеорологи́ческий
гидроаэромеха́ника, -и

гидроба́за, -ы
гидробарометри́ческий
гидробио́лог, -а
гидробиологи́ческий
гидробиоло́гия, -и
гидробио́ника, -и
гидробио́нты, -ов, *ед.* -о́нт, -а
гидроби́ос, -а
гидробиосфе́ра, -ы
гидробло́к, -а
гидробу́р, -а
гидровелосипе́д, -а
гидровзры́в, -а
гидровзрывно́й
гидровибра́тор, -а
гидровскры́ша, -и, *тв.* -ей
гидровскрышно́й
гидрогалто́вка, -и
гидрогенера́тор, -а
гидрогениза́ция, -и
гидрогенизи́рованный; *кр. ф.* -ан, -ана
гидрогенизи́ровать(ся), -и́рую, -и́рует(ся)
гидрогено́лиз, -а
гидрогео́лог, -а
гидрогеологи́ческий
гидрогеоло́гия, -и
гидрогеотерми́ческий
гидрогеохими́ческий
гидрогеохи́мия, -и
гидро́граф, -а
гидрографи́ческий
гидрогра́фия, -и
гидродикцио́н, -а
гидродина́мика, -и
гидродинами́ческий
гидродобы́тчик, -а
гидродобы́ча, -и, *тв.* -ей
гидрозатво́р, -а
гидрозахва́т, -а
гидрозолоудале́ние, -я
гидрозо́ль, -я
гидрозо́льный
гидро́идные, -ых
гидро́иды, -ов, *ед.* -о́ид, -а
гидроизоги́пса, -ы
гидроизо́л, -а
гидроизоляцио́нный
гидроизоля́ция, -и
гидроизопьёза, -ы
гидроинтегра́тор, -а
гидрокана́л, -а (*спорт.*)
гидрокарбона́ты, -ов, *ед.* -на́т, -а
гидрокаска́д, -а
гидрокефа́л, -а и **гидроцефа́л**, -а
гидрокефа́лия, -и и **гидроцефа́лия**, -и
гидрокли́н, -а
гидроколонотерапи́я, -и
гидрокомбинезо́н, -а
гидроко́мпас, -а
гидрокомпре́ссор, -а
гидрокопирова́льный
гидрокортизо́н, -а
гидрокосме́тика, -и
гидрокосмети́ческий
гидрокостю́м, -а
гидрокре́кинг, -а
гидро́кс, -а
гидрокси́ды, -ов, *ед.* -си́д, -а
гидрокси́л, -а
гидроксила́зы, -а́з, *ед.* -ла́за, -ы
гидрокси́льный
гидроксо́ний, -я
гидро́л, -а
гидрола́зы, -а́з, *ед.* -ла́за, -ы
гидролакколи́т, -а
гидролами́н, -а
гидролебёдка, -и, *р. мн.* -док
гидро́лиз, -а
гидро́лизер, -а
гидро́лизный
гидролизо́ванный; *кр. ф.* -ан, -ана
гидролизова́ть(ся), -зу́ю, -зу́ет(ся)
гидроли́мфа, -ы
гидролити́ческий
гидро́лог, -а
гидрологи́ческий
гидроло́гия, -и
гидролока́тор, -а
гидролокацио́нный
гидролока́ция, -и
гидромагни́тный
гидроманипуля́тор, -а
гидромасса́ж, -а, *тв.* -ем
гидромассажи́ст, -а
гидромасса́жный
гидромеду́за, -ы
гидромелиорати́вный
гидромелиора́тор, -а
гидромелиора́ция, -и
гидрометаллурги́ческий
гидрометаллу́рги́я, -и
гидрометеоро́лог, -а
гидрометеорологи́ческий
гидрометеороло́гия, -и
гидрометео́ры, -ов
гидрометеослу́жба, -ы
гидрометеоста́нция, -и
Гидрометеоце́нтр, -а
гидрометеоявле́ния, -ий
гидро́метр, -а
гидрометри́ст, -а
гидрометри́ческий
гидроме́три́я, -и
гидрометслу́жба, -ы
Гидрометце́нтр, -а
гидрометявле́ния [тья], -ий
гидромеханиза́тор, -а
гидромеханиза́ция, -и
гидромеха́ника, -и
гидромехани́ческий
гидромо́дуль, -я
гидромонито́р, -а
гидромонито́рный
гидромонито́рщик, -а
гидромонта́жник, -а
гидромото́р, -а
гидрому́фта, -ы
гидрона́вт, -а
гидрона́втика, -и
гидронамы́в, -а
гидронасо́с, -а
гидроневесо́мость, -и
гидронефро́з, -а
гидро́ний, -я
гидро́ним, -а
гидрони́мика, -и
гидроними́ческий
гидрони́мия, -и
гидроо́киси, -ей, *ед.* -о́кись, -и
гидроо́кислы, -ов, *ед.* -о́кисел, -сла
гидроо́кисный
гидроотва́л, -а
гидроочи́стка, -и
гидропа́рк, -а
гидропа́тия, -и
гидропереда́ча, -и, *тв.* -ей
гидропери́т, -а
гидропескостру́йный
гидропескостру́йщик, -а
гидропла́н, -а
гидропланиро́вание, -я
гидроплоти́на, -ы
гидроподъём, -а
гидропо́ника, -и
гидропони́ческий
гидропо́нный
гидропо́ст, -а́
гидропото́к, -а
гидропре́сс, -а
гидропрессова́ние, -я
гидроприво́д, -а, *мн.* -ы, -ов и -а́, -о́в
гидропу́льт, -а
гидропу́шка, -и, *р. мн.* -шек
гидроразбива́тель, -я
гидроразры́в, -а
гидрораспредели́тель, -я
гидрорежи́м, -а
гидрорежи́мный
гидроресу́рсы, -ов
гидроса́льпинкс, -а
гидросамолёт, -а
гидросепара́тор, -а
гидросилово́й
гидросисте́ма, -ы
гидрослюда́, -ы́
гидросме́сь, -и
гидросмы́в, -а
гидросооруже́ние, -я
гидроста́нция, -и
гидроста́т, -а
гидроста́тика, -и
гидростати́ческий
гидростеклоизо́л, -а
гидростро́ение, -я
гидростро́итель, -я
гидростро́ительство, -а
гидростро́й, -я
гидросульфа́ты, -ов, *ед.* -фа́т, -а
гидросульфи́ды, -ов, *ед.* -фи́д, -а (*соли сероводородной кислоты*)
гидросульфи́ты, -ов, *ед.* -фи́т, -а (*соли сернистой кислоты*)

гидросфе́ра, -ы
гидрота́ксис, -а
гидротеле́жка, -и, *р. мн.* -жек
гидротерапевти́ческий
гидротерапи́я, -и
гидротерма́льный
гидротерми́ческий
гидротермодина́мика, -и
гидротермообрабо́тка, -и
гидроте́хник, -а
гидроте́хника, -и
гидротехни́ческий
гидроти́пия, -и
гидрото́ракс, -а
гидрото́рмоз, -а, *мн.* -а́, -о́в
гидротормозно́й
гидрото́рф, -а
гидротра́нспорт, -а
гидротранспортиро́вка, -и
гидротрансформа́тор, -а
гидротропи́зм, -а
гидротро́пия, -и
гидротурби́на, -ы
гидротурби́нный
гидротурбострое́ние, -я
гидроуда́р, -а
гидроуда́рный
гидроу́зел, -зла́
гидроузлово́й
гидроусили́тель, -я
гидрофи́зик, -а
гидрофи́зика, -и
гидрофизи́ческий
гидрофили́я, -и
гидрофи́льность, -и
гидрофи́льный
гидрофи́ты, -ов, *ед.* -фи́т, -а
гидрофици́рованный; *кр. ф.* -ан, -ана
гидрофобиза́тор, -а
гидрофобиза́ция, -и
гидрофо́бия, -и
гидрофо́бность, -и
гидрофо́бный
гидрофо́бы, -ов, *ед.* -фо́б, -а
гидрофо́н, -а
гидрофо́рминг, -а
гидрофта́льм, -а
гидрохи́мик, -а
гидрохими́ческий
гидрохи́мия, -и
гидрохино́н, -а
гидрохино́новый
гидрохлори́д, -а
гидрохори́я, -и
гидроце́ле, *нескл., м.* и *с.*
гидроцентра́ль, -и
гидроцефа́л, -а и **гидрокефа́л,** -а
гидроцефа́лия, -и и **гидрокефа́лия,** -и
гидроци́кл, -а
гидроцикли́ст, -а
гидроцикло́н, -а
гидроцили́ндр, -а
гидроша́хта, -ы
гидроэкскава́тор, -а
гидроэкструзио́нный
гидроэкстру́зия, -и
гидроэлева́тор, -а
гидроэлектри́ческий
гидроэлектроста́нция, -и
гидроэлектротурби́на, -ы
гидроэнерге́тик, -а
гидроэнерге́тика, -и
гидроэнергети́ческий
гидроэне́ргия, -и
гидроэнергоресу́рсы, -ов
гие́на, -ы (*животное*)
гие́новый
гик, -а
ги́канье, -я
ги́кать, -аю, -ает
ги́ка-шко́т, -а
ги́кнуть, -ну, -нет
гико́ри, *нескл., с.*
гиле́я, -и
гилозои́зм, -а
гилозои́ст, -а
гилозоисти́ческий
гиль, -и
ги́льберт, -а, *р. мн.* -ов, *счетн. ф.* -ерт
ги́льбертово простра́нство, ги́льбертова простра́нства
гильде́йский
ги́льдия, -и
Ги́льдия росси́йских адвока́тов
ги́льза, -ы
ги́льзовый
гильзода́тчик, -а
гильзоте́ка, -и
гильоти́на, -ы
гильотини́рование, -я
гильотини́рованный; *кр. ф.* -ан, -ана
гильотини́ровать(ся), -рую, -рует(ся)
гильоти́нный
гильошировáльный
гильоши́рование, -я
гильоши́рованный; *кр. ф.* -ан, -ана
гильоши́ровать(ся), -рую, -рует(ся)
гиляки́, -о́в, *ед.* гиля́к, -а́
гиля́цкий
гиля́чка, -и, *р. мн.* -чек
Гимала́и, -ев (*геогр.*) и **гимала́и,** -ев (*о нагромождении чего-н.*)
гимала́йка, -и, *р. мн.* -а́ек (*альпинистская палатка*)
гимала́йский (*от* Гимала́и)
гима́тий, -я
Гимене́й, -я
гиме́ний, -я (*биол.*)
гименомице́ты, -ов, *ед.* -це́т, -а
гименопла́стика, -и
гименопте́ры, -ов, *ед.* -те́р, -а
ги́ммик, -а
ги́ммлеровский (*от* Ги́ммлер)
гимн, -а
гимнази́ст, -а
гимнази́стик, -а
гимнази́стка, -и, *р. мн.* -ток
гимнази́сточка, -и, *р. мн.* -чек
гимнази́ческий
гимна́зия, -и
гимна́зия-лаборато́рия, гимна́зии-лаборато́рии
гимна́сий, -я (*учебное заведение в Древней Греции*)
гимна́ст, -а
гимнастёрка, -и, *р. мн.* -рок
гимнастёрочка, -и, *р. мн.* -чек
гимна́стика, -и
гимнасти́ческий
гимна́стка, -и, *р. мн.* -ток
гимне́т, -а
гимни́ческий
гимнографи́ческий
гимногра́фия, -и
гимнотво́рец, -рца, *тв.* -рцем, *р. мн.* -рцев
гимну́ра, -ы
гингиви́т, -а
гиндуку́шский (*от* Гиндуку́ш)
гинеке́й, -я (*женская половина дома в Древней Греции*)
гинеко́лог, -а
гинекологи́ческий
гинеколо́гия, -и
гинекомасти́я, -и
гинеце́й, -я (*бот.*)
гине́я, -и
ги́нкго, *нескл., м.*
ги́нкговые, -ых
Ги́ннесс, -а: **Кни́га (реко́рдов) Ги́ннесса**
гиногене́з, -а
гинофо́р, -а (*бот.*)
ги́нуть, ги́ну, ги́нет
гину́хский
гину́хцы, -ев, *ед.* -хец, -хца, *тв.* -хцем
гинь-бло́к, -а
гиньо́ль, -я
гип-ги́п, *неизм.*
гип-ги́п-ура́, *неизм.*
гипер... – *приставка, пишется слитно*
гиперакти́вность, -и
гиперакти́вный; *кр. ф.* -вен, -вна
гипербази́т, -а
гипербари́ческий
гипербаротерапи́я, -и
гипе́рбатон, -а
гипе́рбола, -ы
гиперболиза́ция, -и
гиперболизи́рованный; *кр. ф.* -ан, -ана
гиперболизи́ровать(ся), -рую, -рует(ся)
гиперболи́зм, -а
гиперболи́ческий
гиперболи́чность, -и
гиперболи́чный; *кр. ф.* -чен, -чна
гиперболо́ид, -а
гиперболо́идный
гиперборе́и, -ев, *ед.* -ре́й, -я
гиперборе́йка, -и, *р. мн.* -е́ек
гиперборе́йский

гиперборе́йцы, -ев, *ед.* -е́ец, -е́йца, *тв.* -е́йцем
гипервентиля́ция, -и
гипервитамино́з, -а
гипергене́з, -а
гиперге́нный
гипергеометри́ческий
гипергидро́з, -а
гипергликеми́я, -и
гипердактили́ческий
гипердактили́я, -и
гипердиагно́стика, -и
гипереми́рованный; *кр. ф.* -ан, -ана
гипереми́я, -и
гиперерги́я, -и
гиперестези́я, -и
гиперзаря́д, -а
гиперзву́к, -а
гиперзвуково́й
гиперинфляцио́нный
гиперинфля́ция, -и
гиперкапни́я, -и
гиперкерато́з, -а
гиперкине́з, -а
гиперкинети́ческий
гиперко́мплексный
гиперкорре́ктный
гиперкорре́кция, -и
гиперло́гика, -и
гиперма́ркет, -а
гипермедиадокуме́нт, -а
гипермеди́йный
гиперметаморфо́з, -а
гиперметропи́я, -и
гипермнези́я, -и
гипермодерни́зм, -а
гипермодерни́стский
гиперморфо́з, -а
гипернефро́ма, -ы
гипероксия́, -и
гипeróн, -а
гиперо́ним, -а
гиперо́нный
гиперосми́я, -и
гиперпигмента́ция, -и
гиперплази́я, -и
гиперпло́скость, -и
гиперпове́рхность, -и
гиперполяриза́ция, -и
гиперпрессова́ние, -я
гиперреали́зм, -а
гиперсекре́ция, -и
гиперсексуа́льность, -и
гиперсексуа́льный; *кр. ф.* -лен, -льна
гиперсенсибилиза́ция, -и
гиперсомни́ческий
гиперсомни́я, -и
гиперсо́рбер, -а
гиперсо́рбция, -и
гиперсте́н, -а
гиперте́кст, -а
гиперте́кстовый
гипертензи́вный
гипертензи́н, -а
гипертензи́я, -и
гипертерми́ческий
гипертерми́я, -и
гипертирео́з, -а
гиперто́ник, -а
гипертони́ческий
гипертони́чка, -и, *р. мн.* -чек
гипертони́я, -и
гиперто́нус, -а
гипертрихо́з, -а
гипертрофи́рование, -я
гипертрофи́рованно, *нареч.*
гипертрофи́рованность, -и
гипертрофи́рованный; *кр. ф.* -ан, -анна
гипертрофи́роваться, -руется
гипертрофи́ческий
гипертрофи́я, -и
гиперурбаниза́ция, -и
гиперфаланги́я, -и
гиперфока́льный
гиперфу́нкция, -и
гиперхлореми́я, -и
гиперхолестеринеми́ческий
гиперхолестеринеми́я, -и
гиперчувстви́тельность, -и
гиперэллипти́ческий
гиперядро́ [ръя], -а́, *мн.* -я́дра, -я́дер
гипестези́я, -и
гипно́з, -а (*воздействие внушением*)
гипно́лог, -а
гипнологи́ческий
гипноло́гия, -и
гипнопеди́ческий
гипнопе́ди́я, -и
Ги́пно́с, -а (*мифол.*)
гипносуггести́вный
гипносугге́стия, -и
гипнота́бельный; *кр. ф.* -лен, -льна
гипнота́рий, -я
гипнотерапе́вт, -а
гипнотерапевти́ческий
гипнотерапи́я, -и
гипнотиза́ция, -и
гипнотизёр, -а
гипнотизёрский
гипнотизи́рование, -я
гипнотизи́рованный; *кр. ф.* -ан, -ана
гипнотизи́ровать(ся), -рую(сь), -рует(ся)
гипноти́зм, -а
гипно́тик, -а
гипноти́ческий
гипнотро́н, -а
ги́пнум, -а
гипо... – *первая часть сложных слов, пишется слитно*
гипоаллерге́нный
гипобио́з, -а
гипобла́ст, -а
гиповитамино́з, -а
гипогалакти́я, -и
гипоге́й, -я
гипоге́нный
гипогликеми́я, -и
гиподактили́я, -и
гиподе́рма, -ы
гиподермато́з, -а
гиподиагно́стика, -и
гиподинами́ческий
гиподинами́я, -и
гипо́идный
гипокапни́я, -и
гипока́уст, -а
гипокине́з, -а
гипокинези́я, -и
гипокинети́ческий
гипоко́тиль, -я
гипоксеми́я, -и
гипокси́ческий
гипокси́я, -и
гиполады́, -о́в (*муз.*)
гипоморфо́з, -а
гипонасти́я, -и
гипо́ним, -а
гипопаратирео́з, -а
гипоплази́я, -и
гипосекре́ция, -и
гипосенсибилиза́ция, -и
гипосми́я, -и
гипоспади́я, -и
гипоста́з, -а (*мед.*)
гипоста́за, -ы (*филос.*)
гипостази́рование, -я
гипостази́ровать(ся), -рую, -рует(ся)
гипостати́ческий
гипости́ль, -и
гипости́льный
гипосульфи́т, -а
гипосульфи́товый
гипота́ксис, -а
гипотакти́ческий
гипоталами́ческий
гипотала́мус, -а
гипо́теза, -ы
гипо́тезный
гипотензи́вность, -и
гипотензи́вный
гипотензи́я, -и
гипотену́за, -ы
гипотерма́льный
гипотерми́ческий
гипотерми́я, -и
гипотети́ческий
гипотети́чность, -и
гипотети́чный; *кр. ф.* -чен, -чна
гипотиази́д, -а
гипотирео́з, -а
гипото́ник, -а
гипотони́ческий
гипотони́я, -и
гипотрофи́я, -и
гипофаланги́я, -и
гипо́фи́з, -а
гипофиза́рный
гипо́физный
гипофосфа́ты, -ов, *ед.* -фа́т, -а (*соли фосфорноватой кислоты*)
гипофосфи́ты, -ов, *ед.* -фи́т, -а (*соли фосфорноватистой кислоты*)

гипофу́нкция, -и
гипохлореми́я, -и
гипохлори́ты, -ов, *ед.* -ри́т, -а
гипохолестеринеми́ческий
гипохолестеринеми́я, -и
гипохо́рда, -ы
гипоце́нтр, -а
гипоцентри́ческий
гипоциклои́да, -ы
гиппа́рио́н, -а
гиппа́рх, -а
Гиппокра́т, -а (кля́тва Гиппокра́та)
Гиппокре́на, -ы и **Иппокре́на,** -ы
гиппо́лог, -а
гиппологи́ческий
гиппо́ло́гия, -и
гиппопота́м, -а
гиппури́ты, -ов, *ед.* -ри́т, а
гиппу́ровый
Гипро... – *первая часть сложных слов* (*сокр.*: Государственный институт проектирования...), *пишется слитно, напр.*: Гипрохи́м, Гипроводхо́з, Гипросельма́ш
гипс, -а
гипсобето́н, -а
гипсобето́нный
гипсова́ние, -я
гипсо́ванный; *кр. ф.* -ан, -ана
гипсова́ть(ся), -су́ю, -су́ет(ся)
гипсоволокни́стый
ги́псовый
гипсографи́ческий
гипсокарто́н, -а
гипсокарто́нный
гипсоли́т, -а
гипсоли́товый
гипсолю́бка, -и, *р. мн.* -бок
гипсо́метр, -а
гипсометри́ческий
гипсоме́трия, -и
гипсопрока́тный
гипсотермо́метр, -а
гипсохро́мный
гипсошлакобето́н, -а
гипсошлакобето́нный
ги́пфель, -я
гипю́р, -а
гипю́ровый
гира́тор, -а
гиреви́к, -а́
гирево́й
ги́рло, -а
гирля́нда, -ы
гироа́зимут, -а
гиро́бус, -а
гировертика́ль, -и
гирово́з, -а
гирогоризо́нт, -а
гироди́ны, -ов, *ед.* -ди́н, -а (*тех.*)
гироинерциа́льный
гироко́мпас, -а
гирокотили́ды, -и́д, *ед.* -и́да, -ы
гиромагни́тный
гирома́ятник, -а
гироорбита́нт, -а
гироориента́тор, -а
гирополуко́мпас, -а
гирорулево́й, -о́го
гироско́п, -а
гироскопи́ческий
гиростабилиза́тор, -а
гиростабилизи́рованный
гиротахо́метр, -а
гиротеодоли́т, -а
гиротро́н, -а
гиротро́пный
гирсути́зм, -а
гируди́н, -а (*вещество*)
гирудотерапи́я, -и
ги́рька, -и, *р. мн.* ги́рек
ги́ря, -и, *р. мн.* гирь
Гисса́рская доли́на
гисса́рский (гисса́рская поро́да ове́ц; гисса́рская культу́ра, *археол.*)
Гисса́рский хребе́т
гистами́н, -а
гистамина́за, -ы
гистами́нный
гистами́новый
гистере́зис, -а
гистере́зисный
ги́стерон-про́терон, -а
гистероско́п, -а
гистероскопи́ческий
гистероскопи́я, -и
гистиди́н, -а
гистиоци́ты, -ов, *ед.* -ци́т, -а
гисто... – *первая часть сложных слов, пишется слитно*
гистогемати́ческий
гистогене́з, -а
гистоге́нный
гистогра́мма, -ы
гисто́лиз, -а
гисто́лизный
гисто́лог, -а
гистологи́ческий
гистоло́гия, -и
гистонесовмести́мость, -и
гисто́ны, -ов, *ед.* -то́н, -а
гистопатологи́ческий
гистопатоло́гия, -и
гистоплазмо́з, -а
гистофизио́лог, -а
гистофизиологи́ческий
гистофизиоло́гия, -и
гистохи́мик, -а
гистохими́ческий
гистохи́мия, -и
гистрио́н, -а
гит, -а
гита́на, -ы (*ж. к* гита́ны)
гита́ны, -ов и -а́н, *ед.* гита́н, -а (*испанские цыгане*)
гита́ра, -ы
гита́ра-ба́с, гита́ры-ба́с
гитари́ст, -а
гитари́стка, -и, *р. мн.* -ток
гита́рный
ги́тик: нау́ка уме́ет (име́ет) мно́го ги́тик (*шутл. погов.*)
гитлери́зм, -а
гитлеровец, -вца, *тв.* -вцем, *р. мн.* -вцев
ги́тлеровский (*от* Ги́тлер)
гитлерю́генд [ръю́], -а
ги́тов, -а
гифомице́ты, -ов, *ед.* -це́т, -а
ги́фы, гиф, *ед.* ги́фа, -ы
ги́чка, -и, *р. мн.* ги́чек
гишпа́нский (*устар. и шутл. к* испа́нский)
ГКО [гэкао́], *нескл., ж.* (*сокр.*: государственная краткосрочная облигация) и *с.* (*сокр.*: государственное казначейское обязательство)
глава́, -ы́, *мн.* гла́вы, глав, *ж.* (*голова, устар.*; *купол*; *раздел текста*), *м.* и *ж.* (*руководитель*)
глава́рь, -я́
главбу́х, -а
главвра́ч, -а́, *тв.* -о́м
главе́нство, -а
главе́нствовать, -твую, -твует
главе́нствующий
главк, -а
гла́вка, -и, *р. мн.* -вок
главкове́рх, -а
гла́вковский
главко́м, -а
главкома́т, -а
главкома́тский
главко́мовский
Главли́т, -а
главме́х, -а
главне́йший
Гла́вное архитекту́рно-планиро́вочное управле́ние (ГлавАПУ́)
Гла́вное разве́дывательное управле́ние Министе́рства оборо́ны (ГРУ)
Гла́вное управле́ние по борьбе́ с организо́ванной престу́пностью (ГУБОП)
главнокома́ндование, -я
главнокома́ндующий, -его
главнонача́льствующий, -его
главноуправля́ющий, -его
гла́вный
Гла́вный Кавка́зский хребе́т
Гла́вный шта́б
главпочта́мт, -а
главре́ж, -а, *тв.* -ем
главстаршина́, -ы́, *мн.*-и́ны, -и́н, *м.*
глаго́л, -а
глаго́лание, -я
глаго́лать, -лю, -лет, -лют, *прош.* -лал, -а
глаго́лица, -ы, *тв.* -ей
глаголи́ческий
глаго́ль, -я (*название буквы*)
глаго́льно-видово́й
глаго́льно-именно́й
глаго́льность, -и

глаго́льный
глад, -а
гла́денький
гладиа́тор, -а
гладиа́торский
глади́лка, -и, *р. мн.* -лок
глади́льно-прессу́ющий
глади́льно-суши́льный
глади́льный
глади́льня, -и, *р. мн.* -лен
глади́льщик, -а
глади́льщица, -ы, *тв.* -ей
гладио́лус, -а
гла́дить(ся), гла́жу, гла́дит(ся)
гла́дкий; *кр. ф.* -док, -дка́, -дко
гладковы́бритый*
гладкоко́жий
гладкокра́шеный
гладколи́цый
гладконогообра́зные, -ых
гладконо́сый
гла́дкопись, -и
гладкостволка, -и, *р. мн.* -лок
гладкостволо́льный
гладкостекля́нный
гладкостру́ганый и **гладкостро́ганый**
гла́дкость, -и
гладкошёрстный и **гладкошёрстый**
гладкощёкий
гладкоязы́чный (*зоол.*)
гла́дыш, -а, *тв.* -ем (*камень*; *гриб*)
гладь, -и
гла́дящий(ся)
гла́же, *сравн. ст.*
гла́женный; *кр. ф.* -ен, -ена, *прич.*
гла́жено-перегла́жено
гла́женый, *прил.*
гла́женый-перегла́женый
гла́женье, -я
гла́жка, -и
глаз, -а, *предл.* в (на) глазу́, *мн.* глаза́, глаз, -а́м
глаза́ в глаза́
глаза́стик, -а
глаза́стость, -и
глаза́стый
гла́зговский (*от* Гла́зго)
гла́з да гла́з (ну́жен)
глазена́пы, -ов
глазе́ние, -я
глазёнки, -нок
глазе́т, -а
глазе́товый
глазе́ть, -е́ю, -е́ет
гла́зик, -а
глазирова́ние, -я
глазиро́ванный; *кр. ф.* -ан, -ана (глазиро́ванные фру́кты, сырки́; глазиро́ванная бума́га)
глазирова́ть(ся), -ру́ю, -ру́ет(ся) (*в кондитерском и бумажном производстве*)
глазиро́вка, -и
глазиро́вщик, -а
глазиро́вщица, -ы, *тв.* -ей
глази́ща, -и́щ и **глази́щи,** -и́щ, *ед.* глази́ще, -а, *м.*
гла́зки, -зок, *ед.* глазо́к, -зка́ (*уменьш.-ласкат. к* глаза́, глаз)
глазни́к, -а́
глазни́ца, -ы, *тв.* -ей
глазни́чно-висо́чный
глазни́чный
глазно́й
глазодви́гательный
глазо́к, -зка́, *мн.* -зки́, -о́в (*отверстие*; *почка*; *пятно*)
глазоме́р, -а
глазоме́рный
гла́зоньки, -нек
глазосерде́чный рефле́кс
глазо́чек, -чка
глазу́н, -а́
глазу́нья, -и, *р. мн.* -ний
глазу́рный
глазурова́ние, -я
глазуро́ванный; *кр. ф.* -ан, -ана (глазуро́ванная кера́мика)
глазурова́ть(ся), -ру́ю, -ру́ет(ся) (*в керамическом производстве*)
глазуро́вка, -и
глазу́рь, -и
глазча́тый
глайд, -а
гламу́рность, -и
гламу́рный; *кр. ф.* -рен, -рна
гла́нды, гланд, *ед.* гла́нда, -ы
глас, -а (*устар. к* го́лос; *церк. муз.*)
гла́сис, -а
гласи́ть, глашу́, гласи́т
гла́сная, -ой (*буква*)
гла́сность, -и
гла́сный
гла́уберова со́ль, гла́уберовой со́ли
глауко́ма, -ы
глауко́мный
глаукони́т, -а
глаша́тай, -я
гледи́чия, -и
гле́зер, -а
глей, -я
глейко́метр, -а
глёт, -а
гле́тчер, -а
гле́тчерный
гле́чик, -а
гликеми́я, -и
гликоге́н, -а
гликози́ды, -ов, *ед.* -зи́д, -а
гликозури́я, -и
гликоко́л, -а
глико́левый
глико́ли, -ей, *ед.* -о́ль, -я
глико́лиз, -а
глико́лизный
гликолипи́ды, -ов, *ед.* -пи́д, -а
гликонеогене́з, -а
гликопротеи́ды, -ов, *ед.* -и́д, -а
гликофи́ты, -ов, *ед.* -фи́т, -а
гликохо́левая кислота́
гли́на, -ы; но: **Бе́лая Гли́на** (*поселок*)
гли́нисто-жёлтый
гли́нисто-камени́стый
гли́нисто-песча́никовый
гли́нистость, -и
гли́нисто-чернозёмный
гли́нистый
гли́нище, -а
гли́нкинский и **гли́нковский** (*от* Гли́нка)
глиноби́тный
глинозём, -а
глинозёмистый
глинозёмный
глинолече́ние, -я
глиномеша́лка, -и, *р. мн.* -лок
глиномя́лка, -и, *р. мн.* -лок
глиномя́тный
глиноочисти́тель, -я
глиноочисти́тельный
гли́но-песча́ный
глинопорошо́к, -шка́
глиносмеси́тель, -я
глиносоло́ма, -ы
глиносоло́менный
глинощебёночный
глинощё́бень, -бня
глинт, -а
глинтве́йн, -а
гли́няный
глиокса́ль, -я
глиоксила́тный
глио́ма, -ы
гли́птика, -и
глиптодо́нт, -а
глиптоте́ка, -и
глисса́д, -а (*в танцах*)
глисса́да, -ы (*в авиации*)
глисса́ндо, *неизм.* и *нескл., с.*
гли́ссер, -а, *мн.* -ы, -ов и -а́, -о́в
гли́ссерный
глиссирова́ние, -я
глисси́ровать, -рует
глисси́рующий
гли́стный
глисто́вый
глистого́нный
глистообра́зный; *кр. ф.* -зен, -зна
глисты́, -о́в, *ед.* глист, -а́ и глиста́, -ы́
гли́ттер-ро́к, -а
глифта́левый
глифта́ли, -ей
глицери́ды, -ов, *ед.* -ри́д, -а
глицери́н, -а
глицери́новый
глицеринофо́сфорный
глицерофосфа́т, -а
глици́н, -а
глици́ния, -и
гли́я, -и
глобализацио́нный
глобализа́ция, -и
глобализи́рованный; *кр. ф.* -ан, -ана
глобализи́ровать(ся), -рую, -рует(ся)

глобали́зм, -а
глобали́ст, -а
глобали́стика, -и
глобали́стский
глоба́льно-биосфе́рный
глоба́льно-стратеги́ческий
глоба́льность, -и
глоба́льный; *кр. ф.* -лен, -льна
глобигери́новый
глобигери́ны, -ов, *ед.* -ри́н, -а
глоби́н, -а
глобоида́льный
глобо́идный
глобо́иды, -ов, *ед.* -о́ид, -а
глобули́новый
глобули́ны, -ов, *ед.* -ли́н, -а
гло́булы, -ул, *ед.* -ула, -ы
глобуля́рный
гло́бус, -а
гло́бусный
глог, -а
глогови́на, -ы
глода́ние, -я
гло́данный; *кр. ф.* -ан, -ана, *прич.*
гло́даный, *прил.*
глода́ть, гложу́, гло́жет
гло́жущий
гло́кеншпиль, -я
глокси́ния, -и
глорифика́ция, -и
гло́рия, -и (*оптическое явление*)
гло́сса, -ы
глоссалги́я, -и
глосса́рий, -я
глосса́тор, -а
глоссема́тика, -и
глосси́т, -а
глоссола́лия, -и
глоссо́птерис, -а
глот, -а
глота́ние, -я
глота́тельный
глота́ть(ся), -а́ю, -а́ет(ся)
гло́тка, -и, *р. мн.* -ток
глотну́ть, -ну́, -нёт
глото́к, -тка́
глото́чек, -чка
гло́точно-нёбный
гло́точно-ротово́й
гло́точный
глоттализа́ция, -и
глоттализо́ванный; *кр. ф.* -ан, -ана
глоттогене́з, -а
глоттогони́ческий
глоттого́ния, -и
глоттологи́ческий
глоттоло́гия, -и
глоттохронологи́ческий
глоттохроноло́гия, -и
гло́хнувший
гло́хнуть, -ну, -нет; *прош.* глох и гло́хнул, гло́хла
глу́бже, *сравн. ст.*
глубина́, -ы́, *мн.* -и́ны, -и́н
глуби́нка, -и, *р. мн.* -нок
глуби́нно, *нареч.*
глуби́нно-насо́сный
глуби́нно-психологи́ческий
глуби́нность, -и
глуби́нный
глубиноме́р, -а
глубо́кий; *кр. ф.* -о́к, -ока́, -о́ко́
глубо́ко́, *нареч.* и *в знач. сказ.*
глубоко́ аргументи́рованный
глубоко́ безразли́чный
глубоко́ ве́рующий
глубоково́дник, -а
глубоково́дность, -и
глубоково́дный
глубоково́дье, -я, *р. мн.* -дий
глубоковы́емчатый
глубокозалега́ющий*
глубококонтинента́льный
глубоколежа́щий*
глубоко́ мора́льный
глубокомы́сленно, *нареч.*
глубокомы́сленность, -и
глубокомы́сленный; *кр. ф.* -ен, -енна
глубокомы́слие, -я
глубоко́нек, -нька
глубо́конький
глубоко́ образо́ванный
глубоко́ поря́дочный
глубоко́ религио́зный
глубокорыхли́тель, -я
глубокорыхли́тель-плоскоре́з, глубокорыхли́теля-плоскоре́за
глубокосидя́щий*
глубокосне́жье, -я
глубоко́ совреме́нный
глубокоуважа́емый
глубокофо́кусный
глубоко́ челове́чный
глубокочти́мый
глубокоэшелони́рованный*
глубоме́р, -а
глубоча́йший
глубоче́нный
глубь, -и, *предл.* в глуби́
глубьево́й
глум, -а
глуми́ться, -млю́сь, -ми́тся
глумле́ние, -я
глумли́вость, -и
глумли́вый
глупе́йший
глупе́нек, -нька
глу́пенький
глупе́ть, -е́ю, -е́ет
глупёхонький; *кр. ф.* -нек, -нька
глупе́ц, -пца́, *тв.* -пцо́м, *р. мн.* -пцо́в
глупёшенький; *кр. ф.* -нек, -нька
глупи́нка, -и
глупи́ть, -плю́, -пи́т
глупова́тенький
глупова́тость, -и
глупова́тый
глу́пость, -и
глу́пый; *кр. ф.* глуп, глупа́, глу́по, глу́пы́
глупы́ш, -а́, *тв.* -о́м
глупы́шка, -и, *р. мн.* -шек, *м.* и *ж.*
глутами́н, -а и **глютами́н, -**а
глутами́новый и **глютами́новый**
глухарёк, -рька́
глухарёнок, -нка, *мн.* -ря́та, -ря́т
глухари́ный
глуха́рка, -и, *р. мн.* -рок
глуха́рь, -я́
глухаря́тина, -ы
глухня́, -и́, *р. мн.* -е́й, *м.* и *ж.*
глухова́тость, -и
глухова́тый
глухозаземлённый
глухози́мье, -я
глухо́й; *кр. ф.* глух, глуха́, глу́хо, глу́хи́
глухоле́сье, -я
глухома́нный
глухома́нь, -и
глухонемо́й
глухонемота́, -ы́
глу́хость, -и
глу́хость-зво́нкость, глу́хости-зво́нкости
глухота́, -ы́
глухотца́, -ы́ (с глухотцо́й)
глу́ше, *сравн. ст.*
глуше́ние, -я
глуши́лка, -и, *р. мн.* -лок
глушина́, -ы́
глуши́нка, -и
глуши́тель, -я
глуши́ть(ся), глушу́, глуши́т(ся)
глушни́к, -а́
глушня́, -и́, *р. мн.* -е́й, *м.* и *ж.*
глушня́к, -а́
глушь, -и́
глы́ба, -ы
глыба́стый
глы́бина, -ы
глы́бистость, -и
глы́бистый
глы́биться, -ится
глы́бища, -и, *тв.* -ей
глы́бка, -и, *р. мн.* -бок
глыбови́дный; *кр. ф.* -ден, -дна
глы́бовый
глыбообра́зный; *кр. ф.* -зен, -зна
глыбь, -и
глюкаго́н, -а
глю́ки, -ов
глю́ковский (*от* Глюк)
глюко́за, -ы
глюкозами́н, -а
глюкози́ды, -ов, *ед.* -зи́д, -а (*гликозиды, содержащие глюкозу*)
глюко́зно-инсули́новый
глюко́зный
глюкозофосфа́ты, -ов, *ед.* -фа́т, -а
глюкокина́за, -ы
глюкокортико́иды, -ов, *ед.* -о́ид, -а
глюкона́т, -а
глюо́ны, -ов, *ед.* -о́н, -а
глютами́н, -а и **глутами́н, -**а

глютами́новый и **глутами́новый**
глюти́н, -а
глю́чный
гляде́лки, -лок
гляде́ние, -я
гляде́ть(ся), гляжу́(сь), гляди́т(ся)
гляди́-ка и **гляди́-кась**
гляди́-тка и **гляди́-тко**
гляди́т не нагляди́тся
глядь, *неизм.*
гля́дь-погля́дь
гля́дючи
гля́дя
гля́нец, -нца, *тв.* -нцем
гля́нуть(ся), -ну(сь), -нет(ся)
глянцева́ние, -я
глянцева́ть(ся), -цу́ю, -цу́ет(ся)
глянцеве́ть, -е́ет
глянцеви́тость, -и
глянцеви́тый
гля́нцево-бе́лый
гля́нцевый
глянцо́ванный; *кр. ф.* -ан, -ана
глянцо́вка, -и
глясе́, *нескл., с.* и *неизм.* (ко́фе глясе́)
гляциа́л, -а
гляциа́льный
гляциодислока́ция, -и
гляциоизостази́я, -и
гляцио́лог, -а
гляциологи́ческий
гляциоло́гия, -и
гляциометеорологи́ческий
гляциометеороло́гия, -и
гляциотекто́ника, -и
гм, *неизм.*
гми́на, -ы
гми́нный
гмы́кать, -аю, -ает
гмы́кнуть, -ну, -нет
гнатоне́м, -а (*рыба*)
гна́ть(ся), гоню́(сь), го́нит(ся); *прош.* гна́л(ся), гнала́(сь), гна́ло, гна́ло́сь
гнафа́лиум, -а
гнев, -а
гне́ваться, -аюсь, -ается
гневи́ть(ся), -влю́(сь), -ви́т(ся)
гневли́вость, -и
гневли́вый
гне́вность, -и
гне́вный; *кр. ф.* -вен, гне́вна́, -вно
гнедко́, -а́, *мн.* -и́, -о́в, *м.* (*о лошади*) и **Гнедко́,** -а́, *м.* (*кличка*)
гнедо́й
гне́до-пе́гий
гнеду́ха, -и
гнезда́рь, -я́
гнезди́лище, -а
гнезди́ться, -и́тся
гнездо́, -а́, *мн.* гнёзда, гнёзд
гнездова́ние, -я
гнездова́ть(ся), -ду́ю, -ду́ет(ся)
гнездови́ще, -а
гнездо́вка, -и
гнездово́й
гнездо́вье, -я, *р. мн.* -вий
гнёздышко, -а, *мн.* -шки, -шек
гнейс, -а
гне́йсовый
гнейсограни́т, -а
гне́синский (*от* Гне́сины)
гнести́, гнету́, гнетёт
гнёт, -а
гне́товые, -ых
гне́тум, -а
гнету́щий
гни́да, -ы
гни́дный
гние́ние, -я (*от* гнить)
гниле́ц, -льца́, *тв.* -льцо́м
гнилова́тость, -и
гнилова́тый
гнило́й; *кр. ф.* гнил, гнила́, гни́ло
гни́лостно-гангрено́зный
гни́лостность, -и
гни́лостный
гни́лость, -и
гнилу́ха, -и
гнилу́шечный
гнилу́шка, -и, *р. мн.* -шек
гниль, -и
гнильё, -я́
гнильца́, -ы́, *тв.* -о́й
гнильцо́, -а́
гнить, гнию́, гниёт; *прош.* гнил, гнила́, гни́ло
гнию́щий
гноби́ть, -блю́, -би́т
гноеви́дный
гноекро́вие, -я
гное́ние, -я (*от* гнои́ть(ся)
гноеотделе́ние, -я
гноеотдели́тельный
гноеро́дный; *кр. ф.* -ден, -дна
гноетече́ние, -я
гноеточи́вый
гно́зис, -а
гнои́ть(ся), гною́, гнои́т(ся)
гно́ище, -а
гной, -я и -ю, *предл.* в гно́е и в гною́
гнойни́к, -а́
гнойнико́вый
гнойничко́вый
гнойничо́к, -чка́
гно́йно-воспали́тельный
гно́йно-инфекцио́нный
гно́йный
гном, -а (*карлик*)
гно́ма, -ы (*изречение*)
гно́мик, -а
гноми́ческий
гно́мон, -а
гномони́ческий
гносеологи́ческий
гносеоло́гия, -и
гно́стик, -а
гностици́зм, -а
гности́ческий
гнотобиологи́ческий
гнотобиоло́гия, -и
гнотобио́тика, -и
гнотобиоти́ческий
гнотобио́тный
гнотобио́ты, -ов, *ед.* -био́т, -а
гну, *нескл., м.* и *ж.* (*антилопа*)
гнус, -а
гнуса́вить, -влю, -вит
гнуса́вость, -и
гнуса́вый
гнуса́вящий
гнуси́ть, гнушу́, гнуси́т
гнусли́вость, -и
гнусли́вый
гнусне́йший
гнусова́тый
гну́сность, -и
гну́сный; *кр. ф.* -сен, -сна́, -сно, гну́сны́
гнусь, -и
гнута́рный
гнута́рь, -я́
гну́ткий; *кр. ф.* -ток, -тка́, -тко
гнутоклеёный
гну́тый
гнуть, гну, гнёт
гнутьё, -я́
гну́ться, гнусь, гнётся
гнуша́ться, -а́юсь, -а́ется
ГО [гэо́], *нескл., ж.* (*сокр.*: гражданская оборона)
го, *нескл., с.* (*игра*)
гоа́нский (*от* Гоа́)
гоа́нцы, -ев, *ед.* -нец, -нца, *тв.* -нцем
гоаци́н, -а
гобеле́н, -а
гобеле́нный
гобеле́новый
го́бель, -я
гоби́йский (*от* Го́би)
гобои́ст, -а
гобои́стка, -и, *р. мн.* -ток
гобо́й, -я
гобо́й д'аму́р, гобо́я д'аму́р
гобо́йный
г-обра́зный [гэ-]; *кр. ф.* -зен, -зна
Гобсе́к, -а
го́вард-пла́н, -а
гова́ривать(ся), *наст. вр. не употр.*
гове́льный
гове́льщик, -а
гове́льщица, -ы, *тв.* -ей
гове́ние, -я (*к* гове́ть)
гове́ния, -и (*дерево*)
говённый
гове́ть, -е́ю, -е́ет
говно́, -а́
го́вор, -а
говоре́ние, -я
говорённый; *кр. ф.* -ён, -ена́
говоо́рено-перегово́рено
говори́льный
говори́льня, -и, *р. мн.* -лен
говори́ть(ся), -рю́, -ри́т(ся)
говорли́вость, -и
говорли́вый

говорно́й
говоро́к, -рка́
говору́н, -а́
говору́нья, -и, *р. мн.* -ний
говору́ха, -и
говору́ша, -и, *тв.* -ей
говору́шка, -и, *р. мн.* -шек
говоря́щий
говя́дина, -ы
говя́динка, -и
говя́жий, -ья, -ье
гог: го́г и маго́г и **гог-маго́г,** *другие формы не употр.*
го́га: го́га и маго́га и **го́га-маго́га,** *другие формы не употр.*
гоге́новский (*от* Гоге́н)
Гогенцо́ллерны, -ов (*династия*)
го-го-го́, *неизм.*
гоголеве́д, -а
гоголеве́дение, -я
гоголеве́дческий
го́голевский (*от* Го́голь)
гоголёк, -лька́
гоголёнок, -нка, *мн.* -ля́та, -ля́т
гого́лий, -ья, -ье
гоголи́ный
гоголи́ха, -и
го́голь, -я (*птица*)
го́голь-мо́голь, -я
го́гот, -а
гогота́нье, -я
гогота́ть, гогочу́, гого́чет
гоготну́ть, -ну́, -нёт
гогоу́н, -а́
гогоу́нья, -и, *р. мн.* -ний
гого́чущий
год, -а и -у, *предл.* в году́, *мн.* го́ды и года́, -о́в и (*счетн. ф.*) лет
года́ми, *нареч.*
го́д-два́
го́д-друго́й
годе́, *неизм.* и *нескл., с.* (юбка годе́)
годе́ция, -и
го́д за го́дом
го́дик, -а
го́дик-друго́й
годи́на, -ы
годи́ть, гожу́, годи́т
годи́ться, гожу́сь, годи́тся
годи́чный
го́д на́ год (не прихо́дится)
го́дность, -и
го́дный; *кр. ф.* го́ден, годна́, го́дно, го́дны́
годова́лый
годова́ть, году́ю, году́ет (го́д годова́ть)
годови́к, -а́
годовичо́к, -чка́
годово́й
годовщи́на, -ы
годо́граф, -а
годо́к, годка́
го́д от го́да и **го́д от го́ду**
годо́чек, -чка
го́д-полтора́
годя́щий (*гожий*)
го́жий
Гозна́к, -а (*типография*)
гои́ст, -а (*от* го)
гой[1], го́я (*у иудеев: иноверец*)
гой[2], *неизм.*
го́йевский (*от* Го́йя)
гой-еси́, *неизм.* (*нар.-поэт.*)
го́кко, *нескл., м.*
гол, -а (*с колич. числит. 2, 3, 4 – также* -а́), *мн.* -ы́, -о́в
гола́влевый и **голавлёвый**
гола́влик, -а
гола́вль, -я́
Гола́нские высо́ты (*на Ближнем Востоке*)
Гола́рктика, -и
Голаркти́ческая о́бласть (*флористическая и зоогеографическая*)
голаркти́ческий
го́лбец, -бца, *тв.* -бцем, *р. мн.* -бцев и **голбе́ц,** -бца́, *тв.* -бцо́м, *р. мн.* -бцо́в
го́лбчик, -а
Голго́фа, -ы (*место распятия Христа*) и **голго́фа,** -ы (*место мучений, страданий*)
голго́фский (*от* Голго́фа)
голево́й (*от* гол)
го́лем, -а
голена́стый
голени́ще, -а
голенно́й
голеносто́п, -а
голеносто́пник, -а
голеносто́пный
го́лень, -и
го́ленький
голёхонький; *кр. ф.* -нек, -нька
голе́ц, гольца́, *тв.* гольцо́м, *р. мн.* гольцо́в (*рыба*)
голёшенький; *кр. ф.* -нек, -нька
голиа́рд, -а
Голиа́ф, -а (*библ.*) и **голиа́ф,** -а (*гигант, великан; жук; лягушка*)
голизна́, -ы́
голи́к, -а́
голи́цы, -и́ц, *ед.* голи́ца, -ы, *тв.* -ей
голи́цынский (*от* Голи́цын и Голи́цыно)
голи́чки, -чек, *ед.* -и́чка, -и
голичо́к, -чка́ (*от* голи́к)
голки́пер, -а
голки́перский
голко́ндский (*от* Голко́нда)
голла́ндка, -и, *р. мн.* -док
голла́ндский (*к* Голла́ндия и голла́ндцы)
голла́ндцы, -ев, *ед.* -дец, -дца, *тв.* -дцем
Голливу́д, -а
голливу́дский
голли́зм, -а
голли́ст, -а
голли́стский (*к* Де Го́лль)
голобласти́ческий
голобрю́хий
голова́[1], -ы́, *вин.* го́лову, *мн.* го́ловы, голо́в, голова́м (*часть тела и др.*)
голова́[2], -ы́, *вин.* -у́, *мн.* го́ловы, голо́в, голова́м, *м.* (*должностное лицо*)
голова́н, -а
голова́стенький
голова́стик, -а
голова́стиковый
голова́стость, -и
голова́стый
голова́ч, -а́, *тв.* -о́м
голова́шки, -шек
головёнка, -и, *р. мн.* -нок
голове́шка, -и, *р. мн.* -шек
голови́зна, -ы
голови́ща, -и, *тв.* -ей
голо́вка, -и, *р. мн.* -вок
головнёвый
головни́чество, -а (*ист.*)
головно́й
головня́, -и́, *р. мн.* -не́й
головогру́дь, -и
головокруже́ние, -я
головокружи́тельность, -и
головокружи́тельный; *кр. ф.* -лен, -льна
головоло́мка, -и, *р. мн.* -мок
головоло́мность, -и
головоло́мный; *кр. ф.* -мен, -мна
головомо́йка, -и, *р. мн.* -мо́ек
головоно́гие, -их
голо́вонька, -и, *р. мн.* -нек
головоре́з, -а
головотя́п, -а
головотя́пский
головотя́пство, -а
головохо́рдовые, -ых
голо́вочка, -и, *р. мн.* -чек
голо́вушка, -и, *р. мн.* -шек
голо́вчатый
головщи́к, -а́
головщи́ца, -ы, *тв.* -ей
голога́мия, -и
гологене́з, -а
гологла́з, -а
гологра́мма, -ы
гологра́ммный
голо́граф, -а
голографи́рование, -я
голографи́рованный; *кр. ф.* -ан, -ана
голографи́ровать(ся), -рует, -рует(ся)
голографи́ческий
голографи́я, -и
го́лод, -а
голода́ние, -я
голода́ть, -а́ю, -а́ет
голода́ющий
Голо́дная сте́пь (*геогр.*)
голо́дненький
голоднёхонький; *кр. ф.* -нек, -нька
голоднёшенький; *кр. ф.* -нек, -нька
го́лодно, *в знач. сказ.*
голоднова́то, *в знач. сказ.*

голоднова́тый
голодносте́пский (*от* Голо́дная сте́пь)
голо́дный; *кр. ф.* го́лоден, голодна́, го́лодно, го́лодны́
голодова́ть, -ду́ю, -ду́ет (*прост. к* голода́ть)
голодо́вка, -и, *р. мн.* -вок
голодо́вщик, -а
голодомо́р, -а
голодра́нец, -нца, *тв.* -нцем, *р. мн.* -нцев
голодра́нка, -и, *р. мн.* -нок
голоду́ха, -и
голожа́берный
голоза́дый
голокри́новый
гололёд, -а
гололе́дица, -ы, *тв.* -ей
гололе́дичный
гололёдность, -и
гололёдный
гололе́дь, -и
гололо́бый
голоморфи́зм, -а
голомо́рфный
голомя́нка, -и, *р. мн.* -нок
голомя́нковый
голоно́гий
голоно́мный
голопу́зенький
голопу́зик, -а
голопу́зый
голопя́тый
голору́кий
го́лос, -а, *мн.* -а́, -о́в
голосеменны́е, -ы́х и **голосемя́нные,** -ых
голоси́на, -ы, *м.*
голоси́стость, -и
голоси́стый
голоси́ть, -ошу́, -оси́т
голоси́шко, -а и -и, *мн.* -шки, -шек, *м.*
голоси́ще, -а, *мн.* -а и -и, -и́щ, *м.*
голосло́вность, -и
голосло́вный; *кр. ф.* -вен, -вна
голосники́, -о́в, *ед.* -ни́к, -а́
го́лосно, *нареч.*
голосно́й
голосну́ть, -ну́, -нёт
голосова́ние, -я
голосова́ть(ся), -су́ю, -су́ет(ся)
голосоведе́ние, -я
голосово́й
голосо́к, -ска́
голосо́чек, -чка
голоство́льный
голосу́мчатые, -ых
голоту́рии, -ий, *ед.* -рия, -и
голофа́н, -а
голоце́н, -а
голоце́новый
голоше́ий, -ше́яя, -ше́ее
голоше́ние, -я
голошта́нник, -а
голошта́нный
голу́ба, -ы, *м.* и *ж.*
голубево́д, -а
голубево́дство, -а
голубево́дческий
голубёнок, -нка, *мн.* -бя́та, -бя́т
голубёночек, -чка, *мн.* -бя́тки, -бя́ток
голубе́нь, -и
голу́бенький
голубеобра́зные, -ых
голубе́ть, -е́ет
голубе́ц, -бца́, *тв.* -бцо́м, *р. мн.* -бцо́в (*краска*; *архит.*)
голубизна́, -ы́
голуби́ка, -и
голуби́нка, -и (с голуби́нкой)
голуби́ный
голу́бить, -блю, -бит
голуби́ца, -ы, *тв.* -ей
голуби́чник, -а
голуби́чный
голу́бка, -и, *р. мн.* -бок
голубова́тенький
голубова́то-бе́лый
голубова́то-се́рый
голубова́тость, -и
голубова́тый
голубогла́зый
голубо́й
Голубо́й Ни́л (*река*)
голубо́к, -бка́
голу́бонька, -и, *р. мн.* -нек
голубоо́кий
голубо́чек, -чка
голу́бочка, -и, *р. мн.* -чек
голу́бушка, -и, *р. мн.* -шек
голубцы́, -о́в, *ед.* -бе́ц, -бца́, *тв.* -бцо́м
голу́бчик, -а
го́лубь, -я, *мн.* -и, -е́й
го́лубь-вя́хирь, го́лубя-вя́хиря
голубя́нка, -и, *р. мн.* -нок (*бабочка*)
голубя́тина, -ы
голубя́тник, -а
голубя́тня, -и, *р. мн.* -тен
голшти́но-фри́зский (голшти́но-фри́зская поро́да скота́)
голшти́нский (*от* Голшти́ния, *ист.*)
голшти́нцы, -ев, *ед.* -нец, -нца, *тв.* -нцем
го́лый; *кр. ф.* гол, гола́, го́ло
голытьба́, -ы́
голы́ш, -а́, *тв.* -о́м
голы́шка, -и, *р. мн.* -шек
голышо́м, *нареч.*
голь, -и
го́льден, -а
го́льдка, -и, *р. мн.* -док
гольдо́ниевский (*от* Гольдо́ни)
го́льдский
го́льды, -ов, *ед.* гольд, -а
гольё, -я́
гольево́й
гольём, *нареч.*
го́льмий, -я
гольтепа́, -ы́
гольф[1], -а (*игра*)
гольф[2], *неизм.* (брю́ки го́льф, чулки́ го́льф)
гольфи́ст, -а
гольф-ка́рт, -а
гольф-клу́б, -а
го́льфовый
гольф-по́ле, -я
Гольфстри́м, -а
го́льфы[1], -ов, *ед.* гольф, -а (*короткие чулки*)
го́льфы[2], -ов (*брюки*)
гольцо́вый
гольцы́, -о́в, *ед.* голе́ц, гольца́, *тв.* гольцо́м (*горные вершины*)
голья́н, -а
го́лядь, -и
голя́к, -а́
голяко́м, *нареч.*
голячо́к, -чка́ (*от* голя́к)
голя́шка, -и, *р. мн.* -шек
го́мбо, *нескл., с.*
го́мельский (*от* Го́мель)
го́мельцы, -ев, *ед.* -лец, -льца, *тв.* -льцем
гомельча́не, -а́н, *ед.* -а́нин, -а
гомельча́нка, -и, *р. мн.* -нок
Го́мельщина, -ы (*к* Го́мель)
гомео́зис, -а
гомеоме́рия, -и
гомеоморфи́зм, -а
гомеомо́рфия, -и
гомеопа́т, -а
гомеопати́ческий
гомеопа́тия, -и
гомеополя́рный
гомеоста́з, -а и **гомеоста́зис,** -а
гомеоста́т, -а
гомеостати́ческий
гомери́ческий (сме́х, хо́хот)
Гоме́ров, -а, -о и **гоме́ровский** (*от* Гоме́р)
гомероло́гия, -и
го́ми, *нескл., с.* (*растение*)
го́мик, -а
гомиле́тика, -и
гомилети́ческий
гомили́я, -и
гомини́ды, -ов, *ед.* -ни́д, -а и **гомино́иды,** -ов, *ед.* -о́ид, -а
Гоминьда́н, -а
гоминьда́новец, -вца, *тв.* -вцем, *р. мн.* -вцев
гоминьда́новский (*от* Гоминьда́н)
гоммо́з, -а и **гуммо́з,** -а
гоммо́зный и **гуммо́зный** (*к* гоммо́з и гуммо́з)
гомо... – *первая часть сложных слов, пишется слитно*
гомоаллели́зм, -а
гомогали́нный
гомогаме́тность, -и
гомогаме́тный
гомога́мия, -и
гомога́мный

гомогена́т, -а
гомогениза́тор, -а
гомогениза́ция, -и
гомогенизи́рованный; *кр. ф.* -ан, -ана
гомогенизи́ровать(ся), -рую, -рует(ся)
гомоге́нность, -и
гомоге́нный; *кр. ф.* -е́нен, -е́нна
гомодинами́я, -и
гомозиго́та, -ы
гомозиго́тность, -и
гомозиго́тный
гомози́ть(ся), -ожу́(сь), -ози́т(ся)
гомойоло́гия, -и
гомойосмоти́ческий
гомойоте́рмный
гомолецита́льный
гомо́лог, -а
гомолога́тор, -а
гомологи́ческий
гомологи́чный; *кр. ф.* -чен, -чна
гомоло́гия, -и
гомолографи́ческий
гомоморфи́зм, -а
го́мон, -а
гомони́ть(ся), -и́т(ся)
гомонли́вый
гомоно́мия, -и
гомопа́уза, -ы
гомоперехо́д, -а
гомопла́стика, -и
гомопласти́ческий
гомополиме́ры, -ов, *ед.* -ме́р, -а
Гомо́рра, -ы и **гомо́рра,** -ы: **Содо́м и Гомо́рра** (*библ.*) и **содо́м и гомо́рра** (*то же, что содом*)
го́мо са́пиенс, *нескл., м.*
гомосе́к, -а (*прост.*)
гомосексуа́л, -а
гомосексуали́зм, -а
гомосексуали́ст, -а
гомосексуали́стка, -и, *р. мн.* -ток
гомосексуа́льность, -и
гомосексуа́льный; *кр. ф.* -лен, -льна
го́мо сове́тикус, *нескл., м.* (*ирон.*)
гомостили́я, -и
гомосфе́ра, -ы
гомоталли́зм, -а
гомотети́ческий
гомоте́тия, -и
гомотипи́чный; *кр. ф.* -чен, -чна
гомоти́пия, -и
гомотрансплanта́т, -а
гомотрансплanта́ция, -и
гомотрансплanти́рованный; *кр. ф.* -ан, -ана
гомофо́бия, -и
гомофони́ческий
гомофо́ния, -и (*муз.*)
гомофо́нный
гомоцентри́ческий
гомоцепно́й
гомоце́ркный и **гомоцерка́льный**
го́мруль, -я
го́мстед, -а
гому́нкул, -а и **гому́нкулус,** -а
гон, -а
гона́дный
гонадотропи́ны, -ов, *ед.* -пи́н, -а
гонадотро́пный
гона́ды, -а́д, *ед.* -а́да, -ы
гонве́д, -а
гонг, -а
гонга́л, -а
гондо́ла, -ы
гондолье́р, -а (*гребец*)
гондолье́ра, -ы (*песня*)
гондолье́рский
гондо́льный
гондо́н, -а (*прост. к* кондо́м)
гондура́сский (*от* Гондура́с)
гондура́сцы, -ев, *ед.* -сец, -сца, *тв.* -сцем
го́нды, -ов
гоне́ние, -я
гоне́ц, гонца́, *тв.* гонцо́м, *р. мн.* гонцо́в
гониати́ты, -ов, *ед.* -ти́т, -а
гонидиа́льный
гони́дии, -ий, *ед.* -дия, -и
гони́мость, -и
гони́мый
гонио́метр, -а
гониометри́ческий
гониоме́трия, -и
гонионе́ма, -ы
гони́т, -а
гони́тель, -я
гони́тельница, -ы, *тв.* -ей
го́нка, -и
го́нки, го́нок (*соревнования*)
го́нкий; *кр. ф.* го́нок, го́нка́, го́нко
гонко́нгский (*от* Гонко́нг)
гонко́нгцы, -ев, *ед.* -гец, -гца, *тв.* -гцем
Гонку́ровская пре́мия
гонку́ровский (*от* Гонку́ры)
го́нный
гонобо́бель, -я и **гонобо́ль,** -и
гоно́к, гонка́ (*тех.*)
гоноко́кки, -ов, *ед.* -ко́кк, -а
гоноко́кковый
го́нор, -а и -у
гонора́р, -а
гонора́рный
гоноре́йный
гоноре́я, -и
гоно́рис ка́уза, *неизм.*
го́нористый
го́ночный
гоноши́ть(ся), -шу́(сь), -ши́т(ся)
гонт, -а
гонти́на, -ы
гонтово́й
гонча́к, -а́
гонча́р, -а́
гонча́рничать, -аю, -ает
гонча́рный
гонча́рня, -и, *р. мн.* -рен
гончаро́вский (*от* Гончаро́в, Гончаро́ва)
гонча́рский
гонча́рство, -а
го́нчая, -ей
Го́нчие Псы́ (*созвездие*)
го́нчий
го́нщик, -а
го́нщица, -ы, *тв.* -ей
гоньба́, -ы́
гоня́ть(ся), -я́ю(сь), -я́ет(ся)
го́нящий
гоня́щий(ся)
гоп, *неизм.*
гопа́к, -а́
го́панье, -я
го́пать, -аю, -ает
гопкали́т, -а
гоп-компа́ния, -и
гопли́т, -а
гопля́, *неизм.*
го́пник, -а
го́пнический
го́пнуть, -ну, -нет
гоп-сто́п, -а
гопсто́пник, -а
гора́, -ы́, *вин.* го́ру, *мн.* го́ры, гор, гора́м; но (*в названиях населенных пунктов*) **Гора́,** -ы́, *вин.* Го́ру, *напр.*: Сколи́ная Гора́ (*район в Москве*), Аку́лова Гора́, Нико́лина Гора́, Коса́я Гора́ (*поселки*)
гора́зд, -а, -о
гора́здо, *нареч.*
гора́л, -а
Гора́циев, -а, -о и **гора́циевский** (*от* Гора́ций)
горб, -а́, *предл.* на горбу́
горба́тенький
горба́теть, -ею, -еет (*становиться горбатым*)
горба́тить, -а́чу, -а́тит (*что*)
горба́титься, -а́чусь, -а́тится
горба́тка, -и, *р. мн.* -ток
горба́тость, -и
горба́тый
горба́тящий(ся)
горба́ч, -а́, *тв.* -о́м
горбачёвский (*от* Горбачёв)
го́рбик, -а
горби́на, -ы
горби́нка, -и, *р. мн.* -нок
горби́нник, -а
горби́стый
го́рбить(ся), -блю(сь), -бит(ся)
горбова́тый
горбови́дный; *кр. ф.* -ден, -дна
горбови́на, -ы
горбо́к, -бка́
горбольни́ца, -ы, *тв.* -ей
горбоно́сость, -и
горбоно́сый
горбообра́зный; *кр. ф.* -зен, -зна
горбо́чек, -чка
горбу́н, -а́

горбуно́к, -нка́
горбу́нья, -и, *р. мн.* -ний
горбу́ша, -и, *тв.* -ей
горбу́шечий, -ья, -ье (*от* горбу́ша)
горбу́шечка, -и, *р. мн.* -чек
горбу́шка, -и, *р. мн.* -шек
горбы́ль, -я́
горбыткомбина́т, -а
го́рбящий(ся)
горводокана́л, -а
горга́з, -а
горго́на Меду́за
горго́ны, -о́н, *ед.* -го́на, -ы
гордеифо́рме, *нескл., ж.*
гордели́вость, -и
гордели́вый
горде́нек, -нька
го́рдень, -я
горде́ц, -а́, *тв.* -о́м, *р. мн.* -о́в
го́рдиев у́зел, го́рдиева узла́
горди́ться, горжу́сь, горди́тся
гордо́вина, -ы
гордо́н, -а
го́рдость, -и
горду́ма, -ы
го́рдый; *кр. ф.* горд, -а́, го́рдо, го́рды́; но: **Семён Го́рдый, Тарקви́ний Го́рдый**
горды́ня, -и
гордя́чка, -и, *р. мн.* -чек
го́ре, -я
горе́, *нареч.* (*кверху*)
го́ре-... *– первая часть сложных слов, пишется через дефис, напр.* го́ре-охо́тник, го́ре-учёный; но: го́ре го́рькое
горева́ние, -я
горева́ть, горю́ю, горю́ет
го́ре-води́тель, -я
горево́й
го́ре-горева́ньице, го́ря-горева́ньица
го́ре го́рькое
го́ре-го́рюшко, го́ря-го́рюшка
го́ре-злосча́стие, го́ря-злосча́стия
горе́лка, -и, *р. мн.* -лок (*прибор*)
горе́лки, -лок (*игра*)
горе́лый
горелье́ф, -а
горелье́фный
горе́льник, -а
горемы́ка, -и, *м.* и *ж.*
горемы́чный
горе́ние, -я
го́ренка, -и, *р. мн.* -нок
го́ре-охо́тник, -а
го́ре-руководи́тель, -я
го́ре-рыболо́в, -а
го́рестный; *кр. ф.* -тен, -тна
го́ресть, -и
горе́ть, горю́, гори́т
го́ре-учени́к, -а́
го́ре-хозя́йка, -и, *р. мн.* -я́ек
го́рец, го́рца, *тв.* го́рцем, *р. мн.* го́рцев
горе́ц, горца́, *тв.* горцо́м, *р. мн.* горцо́в (*растение*)
горча́вка, -и, *р. мн.* -вок
горча́вковые, -ых
го́речь, -и
горе́ш, -а, *тв.* -ем (*туркменская нац. борьба*)
го́ржа, -и, *тв.* -ей
горже́т, -а
горже́тка, -и, *р. мн.* -ток
горжилуправле́ние, -я
горздра́в, -а
горздравотде́л, -а
горизбирко́м, -а
горизо́нт, -а
горизонта́ль, -и
горизонта́льно-вертика́льный
горизонта́льно-водотру́бный
горизонта́льно-ко́вочный
горизонта́льно летя́щий
горизонта́льно-продо́льный
горизонта́льно-расто́чный
горизонта́льно-сверли́льный
горизонта́льность, -и
горизонта́льно-фре́зерный
горизонта́льный; *кр. ф.* -лен, -льна
гори́йка, -и, *р. мн.* -и́ек
гори́йский (*от* Го́ри)
гори́йцы, -ев, *ед.* -и́ец, -и́йца, *тв.* -и́йцем
гори́лка, -и, *р. мн.* -лок (*водка*)
гори́лла, -ы
гори́ллий, -ья, -ье
горисполко́м, -а
горисполко́мовский
гори́стость, -и
гори́стый
горихво́стка, -и, *р. мн.* -ток
горицве́т, -а
го́рка, -и, *р. мн.* го́рок
Го́рки, Го́рок, *употр. в названиях населенных пунктов, напр.*: Го́рки (*город*), Го́рки Ле́нинские, Но́вые Го́рки (*поселок*)
го́ркнувший
го́ркнуть, -нет; *прош.* го́ркнул, го́ркла
горко́м, -а
горко́мовский
горла́н, -а
горла́нить, -ню, -нит
горла́нящий
горла́стость, -и
горла́стый
горла́тка, -и, *р. мн.* -ток
горла́тный
горла́ч, -а́, *тв.* -о́м
горлёнок, -нка, *мн.* -ля́та, -ля́т (*к* го́рлица)
го́рлик, -а
го́рлинка, -и, *р. мн.* -нок
го́рлица, -ы, *тв.* -ей
го́рличий, -ья, -ье
го́рло, -а
горлови́к, -а́
горлови́на, -ы
горлови́нный
горлово́й
го́рловский (*от* Го́рловка)
горловча́не, -а́н, *ед.* -а́нин, -а (*от* Го́рловка)
горловча́нка, -и, *р. мн.* -нок
горлодёр, -а
горлопа́н, -а
горлопа́нить, -ню, -нит
горлопа́нство, -а
горлопа́нящий
горлохва́т, -а
горлохва́тство, -а
го́рлышко, -а, *мн.* -шки, -шек
горля́нка, -и, *р. мн.* -нок
гормо́н, -а
гормона́льно-медикаменто́зный
гормона́льный
гормо́нный (*от* гормо́н)
гормоно́иды, -ов, *ед.* -о́ид, -а
гормонопродукти́вность, -и
гормонотерапи́я, -и
гормя́ горе́ть
горн, -а
Го́рная Шо́рия
горнбленди́т, -а
го́рний
горни́ло, -а
горни́ст, -а
го́рница, -ы, *тв.* -ей
го́рничная, -ой
го́рничный
горно́, -а́ (*горнило, обл.*)
го́рно-алта́йский (*от* Го́рный Алта́й и Го́рно-Алта́йск)
горноалта́йцы, -ев, *ед.* -а́ец, -а́йца, *тв.* -а́йцем
горноартиллери́йский
го́рно-бурово́й
го́рно-взрывно́й
горново́й
горновщи́к, -а́
го́рно-геологи́ческий
горнодобыва́ющий
горнодобы́тчик, -а
го́рно-доли́нный
горнозаво́дский и **горнозаводско́й**
горнозаво́дчик, -а
горноклимати́ческий
горнолави́нный
го́рно-леси́стый
го́рно-лесно́й
горнолы́жник, -а
горнолы́жница, -ы, *тв.* -ей
горнолы́жный
го́рно-мари́йский (язы́к)
го́рно-металлурги́ческий
го́рно-морско́й
го́рно-обогати́тельный
го́рно-перераба́тывающий
горнопересечённый
го́рно-пешехо́дный
горнопромы́шленник, -а
горнопромы́шленность, -и
горнопромы́шленный
горнопрохо́дческий

горнопрохóдчик, -а
гóрно-пусты́нный
горнорабóчий, -его
горнорýдный
горноспасáтель, -я
горноспасáтельный
гóрно-спорти́вный
горностáевый
горностáй, -я
горнострелкóвый
горнотехни́ческий
горнотрáнспортный
гóрно-тýндровый
гóрно-хими́ческий
гóрно-шáхтный
горнýшка, -и, *р. мн.* -шек
Гóрные Ключи́ (*поселок*)
гóрный
Гóрный Алтáй
Гóрный Бадахшáн
горня́к, -á
горня́цкий
горня́чка, -и, *р. мн.* -чек (*от* горня́к)
горня́шка, -и, *р. мн.* -шек (*горничная*)
горовосходи́тель, -я
горовосходи́тельница, -ы, *тв.* -ей
гóрод, -а, *мн.* -á, -óв
гóрод-герóй, гóрода-герóя
гóрод-государство, гóрода-госудáрства, *м.*
городéцкий (*от* Городéц, *город*; городéцкая рóспись; городéцкая культýра, *археол.*)
гóрод-заповéдник, гóрода-заповéдника
городи́ть, -ожý, -óди́т
городи́шко, -а и -и, *дат.* -у и -е, *тв.* -ом и -ой, *мн.* -шки, -шек, *м.*
городи́ще[1], -а, *мн.* -а и -и, -и́щ, *м.* (*увелич. к* гóрод)
городи́ще[2], -а, *с.* (*место, где стоял город*)
городи́щенский
городки́, -óв (*игра*)
гóрод-коммýна, гóрода-коммýны, *м.*
гóрод-крéпость, гóрода-крéпости, *м.*
гóрод-курóрт, гóрода-курóрта
городни́ческий
городни́чество, -а
городни́чий, -его и (*лит. персонаж*) **Городни́чий,** -его
городни́чиха, -и
городови́к, -á
городовóй[1] (*городской*)
городовóй[2], -óго
городóк, -дкá
городóшник, -а
городóшница, -ы
городóшный
гóрод-пáмятник, гóрода-пáмятника
гóрод-побрати́м, гóрода-побрати́ма
гóрод-пóрт, гóрода-пóрта
гóрод-респýблика, гóрода-респýблики, *м.*
городскóй
гóрод-спýтник, гóрода-спýтника
городьбá, -ы́
городя́щий
горожáнин, -а, *мн.* -áне, -áн
горожáнка, -и, *р. мн.* -нок
горожéние, -я
горóженный; *кр. ф.* -ен, -ена, *прич.*
горонó, *нескл., м.* и *с.*
горообрáзный; *кр. ф.* -зен, -зна
горообразовáние, -я
горoскóп, -а
гороскопи́ческий
гороскóпный
горотдéл, -а
горотели́ческий
горотели́я, -и
горóх, -а и -у
Горóх: при царé Горóхе
гороховéцкий (*от* Гороховéц)
горохови́дный
горóховик, -а
горóховина, -ы
горóховица, -ы, *тв.* -ей
горóховище, -а
гороховчáне, -áн, *ед.* -áнин, -а (*от* Гороховéц)
горóховый
гóрочка, -и, *р. мн.* -чек
гóрочный
горóшек, -шка и -шку
горóшина, -ы
горóшинка, -и, *р. мн.* -нок
горóшница, -ы, *тв.* -ей
горсáд, -а, *предл.* в горсадý, *мн.* -ы́, -óв
горсанэпидстáнция, -и
гóрский
горсовéт, -а
горсовéтский и **горсовéтовский**
горспрáвка, -и, *р. мн.* -вок
горст, -а (*геол.*)
горстевóй
гóрстка, -и, *р. мн.* -ток
гóрсточка, -и, *р. мн.* -чек
горсть, -и, *предл.* в гóрсти́, *мн.* -и, -éй
горсýд, -á
гортáнно, *нареч.*
гортáнный
гортáнь, -и
гортéнзиевый
гортéнзия, -и
гортеплосéть, -и, *предл.* в гортеплосéти́, *мн.* -и, -éй
гортóрг, -а
горýшка, -и, *р. мн.* -шек
горчáйший
горчáк, -á
гóрче, *сравн. ст.* (*от* гóрький, гóрько – *о вкусе*)
горчи́нка, -и
горчи́ть, -и́т
горчи́ца, -ы, *тв.* -ей
горчи́чка, -и
горчи́чник, -а
горчи́чница, -ы, *тв.* -ей
горчи́чно-жёлтый
горчи́чный
гóрше, *сравн. ст.* (*от* гóрький, гóрько – *горестный*)
горшéня, -и, *р. мн.* -ей, *м.*
горшéчник, -а
горшéчно-пáрковый
горшéчный (горшéчный мáстер)
гóрший
горшóк, -шкá
горшóчек, -чка
горшочкодéлатель, -я
горшóчный (горшóчные растéния)
Гóры, Гор, -áм, *употр. в названиях населенных пунктов, напр.*: Святы́е Гóры, Пýшкинские Гóры (*поселок*), Лы́сые Гóры (*поселок*)
гóрькая, -ой (*водка*; пи́ть гóрькую)
гóрький; *кр. ф.* гóрек, горькá, гóрько, гóрьки́
гóрько, *нареч., в знач. сказ.* и *межд.*
горьковáто-вя́жущий
горьковáто-слáдкий
горьковáтость, -и
горьковáтый
горьковéд, -а (*от* Гóрький)
горьковéдение, -я
гóрьковский (*от* Гóрький)
горьковчáне, -áн, *ед.* -áнин, -а
горьковчáнка, -и, *р. мн.* -нок
гóрько-ирони́ческий
горькоминдáльный
горькóнек, -нька
гóрько-слáдкий
гóрько-солёный
гóрькость, -и
горькóхонький; *кр. ф.* -нек, -нька
горькýха, -и
горькýша, -и, *тв.* -ей
горькýшка, -и, *р. мн.* -шек
горю́н, -á
горю́ниться, -нюсь, -нится
горюнóк, -нкá
горю́нья, -и, *р. мн.* -ний
горю́ха, -и, *ж.*
горючевóз, -а
горю́чее, -его
горю́че-смáзочный
горю́честь, -и
горю́чий
горю́чка, -и
горю́ша, -и, *тв.* -ей, *м.* и *ж.*
гóрюшко, -а
горя́нка, -и, *р. мн.* -нок
горячевáтый
горячée, *сравн. ст.*
горячéйший
горячекáтаный
горячелóмкость, -и
горя́ченький
горячéнько, *в знач. сказ.*
горячеоцинкóванный
горячепрессóванный
горя́чечный
горячештампóвочный

горя́чий; *кр. ф.* горя́ч, горяча́
Горя́чий Клю́ч (*город*)
горячи́тельность, -и
горячи́тельный; *кр. ф.* -лен, -льна
горячи́ть(ся), -чу́(сь), -чи́т(ся)
горя́чка, -и
горя́чность, -и
горячо́, *нареч.* и *в знач. сказ.*
горя́щий
гос... и (*в названиях учреждений*) **Гос...** – *первая часть сложных слов, пишется слитно*
госавтоинспе́ктор, -а
Госавтоинспе́кция, -и
госаккредита́ция, -и
госа́кция, -и
госаппара́т, -а
госаппара́тный
госарби́тр, -а
госарбитра́ж, -а, *тв.* -ем
госарбитра́жный
госба́нк, -а
госба́нковский
госбезопа́сность, -и
госбюдже́т, -а
госбюдже́тный
госву́з, -а
госграни́ца, -ы, *тв.* -ей
госда́ча, -и, *тв.* -ей
Госде́п, -а
Госдепарта́мент, -а
госде́повский
госдота́ция, -и
Госду́ма, -ы
госду́мовский и **госду́мский**
госзаём, -за́йма
госзака́з, -а
госзака́зник, -а
госзаку́пки, -пок
госзаку́почный
госизда́т, -а
госиму́щество, -а
госинвести́ция, -и
госинспе́ктор, -а, *мн.* -а́, -о́в
госинспе́кция, -и
госиспыта́ния, -ий
госказна́, -ы́
госкана́л, -а
госкапитали́зм, -а
Госкино́, *нескл., с.*
госколле́кция, -и
Госком... – *первая часть сложных слов* (*сокр.*: Государственный комитет), *пишется слитно, напр.*: Госкомста́т, Госкомспо́рт, Госкомрыболо́вство
госкоми́ссия, -и
Госкомите́т, -а
госконтро́ль, -я
Госконце́рт, -а
госкреди́т, -а
67лицензия
госмонопо́лия, -и
госнагра́да, -ы
госнадзо́р, -а
Госналогслу́жба, -ы
госно́мер, -а
гособвини́тель, -я
гособеспе́че́ние, -я
го-сотерн, -а и -у
госохра́на, -ы
го́спел, -а и **го́спелс,** *нескл., мн.*
госпитализа́ция, -и
госпитализи́рованный; *кр. ф.* -ан, -ана
госпитализи́ровать(ся), -рую(сь), -рует(ся)
госпитали́зм, -а
го́спиталь, -я, *мн.* -и, -ей и -е́й
госпиталье́рский
госпитальеры, -ов, *ед.* -е́р, -а
госпита́льный
госпла́н, -а (*сокр.*: государственный план) и **Госпла́н,** -а (*правительственное учреждение в СССР*)
госпла́новский
госплемзаво́д, -а
госплемрасса́дник, -а
госплемхо́з, -а
господа́рский
господа́рство, -а
господа́рь, -я
господа́-това́рищи, господ-това́рищей
госпо́ддержка, -и
Госпо́день, -дня, -дне (*к* Госпо́дь)
Го́споди (*обращение к Богу*) и **го́споди,** *межд.*
Го́споди Бо́же (мо́й) (*обращение к Богу*) и **го́споди бо́же (мо́й),** *межд.*
Го́споди Иису́се и **Го́споди Ису́се** (*обращение к Богу, напр. в молитве*) и **го́споди Ису́се,** *межд.*
господи́н, -а, *мн.* господа́, -о́д, -ода́м; *как обращение или офиц. упоминание пишется с последующим словом раздельно, напр.*: господи́н профе́ссор, господи́н мини́стр
Господи́н Вели́кий Но́вгород (*ист.*)
господи́нчик, -а
Го́споди поми́луй и (*в знач. межд.*) **го́споди поми́луй**
господи́шки, -шек
Госпо́дний (*к* Госпо́дь)
госпо́дский (*к* господи́н)
госпо́дство, -а
госпо́дствовать, -твую, -твует
госпо́дствующий
госпо́дчик, -а
Госпо́дь, Го́спода
Госпо́дь Бо́г, Го́спода Бо́га
госпо́дь его́ (её, и́х) зна́ет (*неизвестно, не знаю*)
госпожа́, -и́, *тв.* -о́й
госпоста́вки, -вок
госпо́шлина, -ы
госпредприя́тие, -я
Госпре́мия, -и
госприёмка, -и
госпромхо́з, -а
госрее́стр, -а
госрезе́рв, -а
госресу́рсы, -ов, *ед.* -у́рс, -а
госсе́к, -а
госсекрета́рь, -я́
госсе́ктор, -а
госслу́жащий, -его
госслу́жба, -ы
госсо́бственность, -и
Госсове́т, -а
госсове́тник, -а
госсортуча́сток, -тка
госсре́дства, -сре́дств
госстанда́рт, -а (*сокр.*: государственный стандарт) и **Госстанда́рт,** -а (*учреждение*)
госстра́х, -а (*сокр.*: государственное страхование) и **Госстра́х,** -а (*учреждение*)
госстра́ховский
Госстро́й, -я
госструкту́ра, -ы
госсубси́дия, -и
госсчёт, -а
ГОСТ, -а (*сокр.*: государственный общероссийский стандарт)
гостева́ние, -я
гостева́ть, -тю́ю, -тю́ет
гостево́й
гостёк, *другие формы не употр.* (*от* гость)
гостелеви́дение, -я
гостелерадиокомпа́ния, -и
Гостелерадиофо́нд, -а
гостенёк, -нька́
гостеприи́мность, -и
гостеприи́мный; *кр. ф.* -мен, -мна
гостеприи́мство, -а
гостехнадзо́р, -а
гостёчек, -чка
гости́ная, -ой
гости́нец, -нца, *тв.* -нцем, *р. мн.* -нцев
гости́ник, -а
гости́ница, -ы, *тв.* -ей
гости́ничный
гости́нный (*от* гости́ная: гости́нная ме́бель, гости́нный завсегда́тай)
гостинодво́рец, -рца, *тв.* -рцем, *р. мн.* -рцев
гостинодво́рский
гости́нчик, -а
гости́ный (*от* гость: гости́ный ря́д, дво́р; гости́ный ко́рпус, фли́гель)
Гости́ный Дво́р (*архит. памятник, универмаг в нек-рых городах*)
гости́рованный; *кр. ф.* -ан, -ана
гости́ровать(ся), -рую, -рует(ся) (*от* ГОСТ)
гости́ть, гощу́, гости́т
го́стовский (*от* ГОСТ)
госторго́вля, -и
гость, -я, *мн.* -и, -е́й
го́стьюшка, -и, *р. мн.* -шек, *ж.* (*от* го́стья)
го́стья, -и, *р. мн.* -тий

го́стюшка, -и, *р. мн.* -шек, *м.* (*от* гость)
госуда́рев, -а, -о
госуда́рить, -рю, -рит
госуда́рский (*от* госуда́рь)
госуда́рства – не чле́ны НА́ТО
госуда́рства – уча́стники СНГ
госуда́рства – чле́ны НА́ТО
Госуда́рственная автомоби́льная инспе́кция (ГАИ́)
Госуда́рственная ду́ма
Госуда́рственная инспе́кция по безопа́сности доро́жного движе́ния (ГИБДД)
Госуда́рственная нало́говая слу́жба РФ (ГНС)
Госуда́рственная пре́мия
госуда́рственник, -а
госуда́рственнический
госуда́рственничество, -а
госуда́рственно-администрати́вный
госуда́рственно-акционе́рный
госуда́рственно-бюрократи́ческий
Госуда́рственное собра́ние (*парламент в нек-рых странах*)
госуда́рственно-зави́симый
госуда́рственно-капиталисти́ческий
госуда́рственно-колхо́зный
госуда́рственно-комме́рческий
госуда́рственно-кооперати́вный
госуда́рственно-монополисти́ческий
госуда́рственно мы́слящий
госуда́рственно-обще́ственный
госуда́рственно-полити́ческий
госуда́рственно-правово́й
госуда́рственно-регули́руемый
госуда́рственность, -и
госуда́рственно-управле́нческий
госуда́рственный
Госуда́рственный антимонопо́льный комите́т РФ
Госуда́рственный департа́мент (*в США*)
Госуда́рственный истори́ческий музе́й
Госуда́рственный комите́т (*как первые слова названий учреждений*)
Госуда́рственный Кремлёвский дворе́ц
Госуда́рственный сове́т
Госуда́рственный тамо́женный комите́т РФ
госуда́рство, -а
госуда́рство-агре́ссор, госуда́рства-агре́ссора, *с.*
госуда́рство-архипела́г, госуда́рства-архипела́га, *с.*
государствове́д, -а
государствове́дение, -я
госуда́рство-го́род, госуда́рства-го́рода, *с.*
госуда́рство-рантье́, госуда́рства-рантье́
госуда́рынин, -а, -о
госуда́рыня, -и, *р. мн.* -ынь
госуда́рь, -я
госуда́рь импера́тор, госуда́ря импера́тора
госучрежде́ние, -я
Госфильмофо́нд, -а
госфинанси́рование, -я
госфо́нд, -а
госхо́з, -а
госхо́лдинг, -а
госцена́, -ы́, *мн.* -це́ны, -це́н
госчино́вник, -а
госэкза́мен, -а
госэксперти́за, -ы
госязы́к [съя], -а́
го́тика, -и
го́тик-гру́ппа, -ы
го́тик-ро́к, -а
готи́ческий
го́тландский (*от* Го́тланд)
готова́льня, -и, *р. мн.* -лен
гото́венький
гото́вить(ся), -влю(сь), -вит(ся)
гото́вка, -и
гото́вленный; *кр. ф.* -ен, -ена, *прич.*
гото́вно, *нареч.*
гото́вность, -и
гото́во, *в знач. сказ.*
гото́вый
гото́вящий(ся)
го́тский (*от* го́ты)
готтенто́тка, -и, *р. мн.* -ток
готтенто́тский
готтенто́ты, -ов, *ед.* -то́т, -а
го́ты, -ов, *ед.* гот, -а
го́фер, -а (*животное*)
гофинтенда́нт, -а
гофинтенда́нтский
гофма́клер, -а
гофма́клерский
гофманиа́да, -ы
го́фмановский (*от* Го́фман)
го́фманский: го́фманские ка́пли (*устар.*)
гофма́ршал, -а
гофма́ршальский
гофме́йстер, -а
гофме́йстери́на, -ы
гофме́йстерский
гофр, -а (*стройматериал*)
гофре́, *неизм.* и *нескл., с.*
го́френный; *кр. ф.* -ен, -ена, *прич.*
го́френый, *прил.*
гофрирова́льный
гофрирова́ние, -я
гофриро́ванный; *кр. ф.* -ан, -ана
гофрирова́ть(ся), -ру́ю, -ру́ет(ся)
гофриро́вка, -и
го́фрить(ся), -рю, -рит(ся)
гофробума́га, -и
гофробума́жный
гофрокарто́н, -а
гофрокарто́нный
гофроко́роб, -а, *мн.* -а́, -о́в
гофроли́ст, -а́
гофрота́ра, -ы
го́фры, гофр
гоффурье́р, -а
гоффурье́рский
Гохра́н, -а
гоху́а, *нескл., ж.* и *с.*
го́цциевский (*от* Го́цци)
гошма́, -ы́ *(лит.)*
гоще́ние, -я
ГОЭЛРО́, *нескл., м.* и *с.* (пла́н ГОЭЛРО́)
ГПМ [гэпээ́м], *нескл., м.* (*сокр.*: гибкий производственный модуль)
ГПС [гэпээ́с], *нескл., ж.* (*сокр.*: гибкая производственная система)
Граа́ль, -я (ча́ша Граа́ля)
граб, -а
грабану́ть, -ну́, -нёт (*к* гра́бить)
гра́ба́рить, -рю, -рит
граба́рка, -и, *р. мн.* -рок
гра́барный
гра́ба́рский
гра́ба́рство, -а
граба́рь, -я́ и **гра́барь,** -я
граба́стать, -аю, -ает
грабёж, -ежа́, *тв.* -о́м
гра́бельки, -лек
гра́бельник, -а
гра́бельный
гра́бельщик, -а
гра́бельщица, -ы, *тв.* -ей
гра́бен, -а
граби́ловка, -и, *р. мн.* -вок
граби́нник, -а
граби́нный
граби́тель, -я
граби́тельница, -ы, *тв.* -ей
граби́тельски
граби́тельский
граби́тельство, -а
гра́бить, -блю, -бит
граблеви́дный; *кр. ф.* -ден, -дна
граблеви́ще, -а
гра́бление, -я (*уборка граблями*)
грабле́ние, -я (*грабеж*)
гра́бленный; *кр. ф.* -ен, -ена, *прич.*
гра́бленый, *прил.*
граблеобра́зный; *кр. ф.* -зен, -зна
гра́бли, -бель и -блей
гра́блины, -лин, *ед.* -лина, -ы
гра́блить, -лю, -лит
гра́бово-дубо́во-сосно́вый
гра́бовый
грабшти́хель, -я
грабьа́рмия, -и
гра́бящий
гра́ве, *неизм.* и *нескл., с.*
гравели́т, -а
гра́вер, -а (*жук*)
гравёр, -а
гравёрный
гравиемо́йка, -и, *р. мн.* -о́ек
гра́вий, -я
грави́йка, -и, *р. мн.* -и́ек
грави́йно-га́лечный

грави́йно-песча́ный
грави́йно-сортиро́вочный
грави́йный
гравила́т, -а
грави́ме́тр, -а
гравиметри́ст, -а
гравиметри́ческий
гравиме́трия, -и
гравиразве́дка, -и, *р. мн.* -док
гравирова́льный
гравирова́льщик, -а
гравирова́льщица, -ы, *тв.* -ей
гравирова́ние, -я
гравиро́ванный; *кр. ф.* -ан, -ана
гравирова́ть(ся), -ру́ю, -ру́ет(ся)
гравиро́вка, -и, *р. мн.* -вок
гравиро́вочный
гравиро́вщик, -а
гравиро́вщица, -ы, *тв.* -ей
гра́вис, -а
гравитацио́нно-водонапо́рный
гравитацио́нный
гравита́ция, -и
гравити́но, *нескл., м.* и *с.*
гравито́н, -а
гравито́нный
гравю́ра, -ы
гравю́рка, -и, *р. мн.* -рок
гравю́рный
град, -а
Град, -а (*в Праге*)
градацио́нность, -и
градацио́нный
града́ция, -и
градие́нт, -а
градие́нтный
градиентоме́тр, -а
гра́дина, -ы
гра́динка, -и, *р. мн.* -нок
гради́рный
гради́рня, -и, *р. мн.* -рен
гради́рование, -я
гради́рованный; *кр. ф.* -ан, -ана
гради́ровать(ся), -рую, -рует(ся)
градиро́вка, -и
градиро́вочный
градоби́тие, -я
градобо́й, -я
градобо́йный
градово́й
градозащи́та, -ы
гра́дом, *нареч.*
градонача́льник, -а
градонача́льница, -ы, *тв.* -ей
градонача́льство, -а
градоно́сный; *кр. ф.* -сен, -сна
градообразова́ние, -я
градообразу́ющий
градоопа́сность, -и
градопа́д, -а
градоправи́тель, -я
градоправи́тельский
градострое́ние, -я
градострои́тель, -я
градострои́тельный
градострои́тельский
градострои́тельство, -а
градоформиру́ющий
гра́дская больни́ца: Пе́рвая (Втора́я) гра́дская больни́ца, но: **1-я (2-я) Гра́дская больни́ца** (*в Москве*)
гра́дский и **градско́й** (*устар. к* городско́й)
градуа́л, -а
градуали́зм, -а
градуа́льный; *кр. ф.* -лен, -льна
градуи́рование, -я
градуи́рованный; *кр. ф.* -ан, -ана
градуи́ровать(ся), -рую, -рует(ся)
градуиро́вка, -и
гра́дус, -а
гра́дусник, -а
гра́дусный
граждани́н, -а, *мн.* гра́ждане, -ан
гражда́нка, -и, *р. мн.* -нок
гражданове́дение, -я
гражда́ночка, -и, *р. мн.* -чек
гражда́нская война́ и (*в России 1918–1920*; *в США 1861–1865*) **Гражда́нская война́**
гражда́нский
Гражда́нский ко́декс РФ (ГК РФ)
гражда́нско-патриоти́ческий
гражда́нско-правово́й
гражда́нско-процессуа́льный
Гражда́нско-процессуа́льный ко́декс РФ
гражда́нственность, -и
гражда́нственный; *кр. ф.* -вен и -венен, -венна
гражда́нство, -а
грай, -я
грамза́пись, -и
грамициди́н, -а
грамициди́новый
грамм, -а, *р. мн.* -ов, *счетн. ф.* грамм и -ов
грамма́тик, -а
грамма́тика, -и
грамматикализа́ция, -и
грамматикализо́ванный; *кр. ф.* -ван, -вана
грамматикализова́ться, -зу́ется
граммати́ст, -а
граммати́стка, -и, *р. мн.* -ток
граммати́ческий
грамматологи́ческий
грамматоло́гия, -и
грамм-а́том, -а
грамме́ма, -ы
грамм-ио́н, -а
грамм-ке́львин, -а, *р. мн.* -ов, *счетн. ф.* -вин
грамм-ма́сса, -ы
грамм-моле́кула, -ы
грамм-молекуля́рный
грамм-мо́ль, -я
граммо́вый
граммоме́тр, -а
граммофо́н, -а
граммофо́нный
грамм-рентге́н, -а, *р. мн.* -ов, *счетн. ф.* -ге́н
грамм-сантиме́тр, -а
грамм-си́ла, -ы
грамм-си́ла-сантиме́тр, -а
грамму́лечка, -и, *р. мн.* -чек (*прост.*)
грамму́лька, -и, *р. мн.* -лек (*прост.*)
грамм-эквивале́нт, -а
гра́мота, -ы
грамоте́й, -я
грамоте́йка, -и, *р. мн.* -е́ек
грамотёшка, -и, *р. мн.* -шек
гра́мотка, -и, *р. мн.* -ток
гра́мотник, -а
гра́мотница, -ы, *тв.* -ей
гра́мотность, -и
гра́мотный; *кр. ф.* -тен, -тна
грамотрица́тельный
грампласти́нка, -и, *р. мн.* -нок
грамположи́тельный
гран, -а, *р. мн.* -ов, *счетн. ф.* гран
грана́т, -а, *р. мн.* -ов (*растение*; *драгоценный камень, минерал*)
грана́та, -ы, *р. мн.* -а́т (*снаряд*)
грана́та-вспы́шка, грана́ты-вспы́шки
грана́тина, -ы
грана́тка, -и, *р. мн.* -ток
грана́тник, -а
грана́тный
грана́товый
гранатомёт, -а
гранатомета́ние, -я
гранатомётный
гранатомётчик, -а
гранд, -а (*титул аристократа*)
гранд-да́ма, -ы
грандио́знейший
грандио́зность, -и
грандио́зный; *кр. ф.* -зен, -зна
гранд-коке́т, *неизм.* и *нескл., ж.* (*амплуа*)
Гранд-опера́, *нескл., ж.* (*в Париже*)
гранд-оте́ль, -я
гранд-ту́р, -а
гране́ние, -я
гранённый; *кр. ф.* -ён, -ена́, *прич.*
гранёный, *прил.*
гранж, *неизм.*
гра́нжевый
грани́льник, -а
грани́льный
грани́льня, -и, *р. мн.* -лен
грани́льщик, -а
грани́льщица, -ы, *тв.* -ей
грани́т, -а
гранитиза́ция, -и
грани́тный
гранитогне́йс, -а
гранитогне́йсовый
гранито́ид, -а
гранито́идный
гранито́левый
гранито́ль, -я
грани́тчик, -а

грани́ть(ся), -ню́, -ни́т(ся)
грани́ца, -ы, *тв.* -ей
грани́чащий
грани́чить, -чит
грани́чный
гра́нка, -и, *р. мн.* -нок
Грanови́тая пала́та (*в Московском Кремле*)
гранодиори́т, -а
гранозáн, -а
гра́ночный
гран-па́, *нескл., с.*
гранпасья́нс, -а
Гран-при́, *нескл., м.*
грант, -а (*субсидия, стипендия*)
гра́нтовый
грантода́тель, -я
грантодержа́тель, -я
грантоиска́тель, -я
грантополуча́тель, -я
грант-элеме́нт, -а
гра́нула, -ы
гранулёзный
гранулёма, -ы
гранулёмато́зный
гранули́рование, -я
гранули́рованный; *кр. ф.* -ан, -ана
гранули́ровать(ся), -рую, -рует(ся)
грануля́т, -а
грануля́тор, -а
грануля́торщик, -а
грануляцио́нный
грануля́ция, -и
гранули́т, -а
гранули́товый
гранулометри́ческий
грануломе́трия, -и
гранулоци́ты, -ов, *ед.* -ци́т, -а
гра́нульный
грануля́рный
грань, -и
граптоли́ты, -ов, *ед.* -ли́т, -а
грас, -а (*наркотик, жарг.*)
грасси́рование, -я
грасси́ровать, -рую, -рует
гра́сский (*от* Грасс)
грасьо́со, *нескл., м.*
грат, -а (*в металлообработке*)
гра́та, *неизм.*: **персо́на гра́та, персо́на нон гра́та**
гра́тис, -а и *неизм.* (*фин.*)
гратифика́ция, -и
граттáж, -а, *тв.* -ем
граттáжный
гратуа́р, -а
граф[1], -а, *мн.* -ы, -ов и (*разг.*) -фья́, -фьёв (*титул*)
граф[2], -а (*матем.*)
графа́, -ы́, *мн.* гра́фы, граф, гра́фа́м
графеко́н, -а
графе́ма, -ы
графе́мный
гра́фик, -а
гра́фика, -и
графи́н, -а
графи́нин, -а, -о
графи́нный
графи́нчик, -а
графи́нюшка, -и, *р. мн.* -шек
графи́ня, -и, *р. мн.* -и́нь
графи́т, -а
графитиза́ция, -и
графитизи́рованный; *кр. ф.* -ан, -ана
графитизи́ровать(ся), -рую, -рует(ся)
графити́рованный; *кр. ф.* -ан, -ана
графити́ровать(ся), -рую, -рует(ся)
графи́тный
графи́то-во́дный
графи́товый
графи́то-га́зовый
графитопла́сты, -ов, *ед.* -а́ст, -а
графи́ть, -флю́, -фи́т
графи́чески
графи́ческий
графи́чность, -и
графи́чный; *кр. ф.* -чен, -чна
графле́ние, -я
графлённый; *кр. ф.* -ён, -ена́, *прич.*
графлёный, *прил.*
графо́лог, -а
графологи́ческий
графоло́гия, -и
графома́н, -а
графома́ния, -и
графома́нка, -и, *р. мн.* -нок
графома́нский
графома́нство, -а
графома́нствующий
графоме́трия, -и
графопострои́тель, -я
графопострои́тельный
графопрое́ктор, -а
графоспа́зм, -а
графоста́тика, -и
гра́фский
гра́фство, -а
графтсополиме́ры, -ов, *ед.* -ме́р, -а
граффи́ти, *нескл., мн.* (*надписи, рисунки*)
граффи́то, *нескл., с.* (*архит.*; *живопись*; *надпись*)
гра́фчик, -а
грацио́зность, -и
грацио́зный; *кр. ф.* -зен, -зна
грацио́нный (*фин.*)
гра́ция, -и
гра́цский (*от* Грац)
грач, -а́, *тв.* -о́м
грачи́ный
грачо́вник, -а
грачо́вый
грачо́нок, -нка, *мн.* -ча́та, -ча́т
гра́ять, гра́ет
гребёнка, -и, *р. мн.* -нок
грebе́нник, -а
гребенно́й
гребённый; *кр. ф.* -ён, -ена́, *прич.* (*от* грести́)
гребёночка, -и, *р. мн.* -чек
гребёночный
гребенско́й (гребенски́е каза́ки)
гребенчатоу́сая красну́шка (*жук*)
гребе́нчато-я́мочный
гребе́нчатый
гребенщи́к, -а́
гребенщико́вые, -ых
гре́бень, -бня
гребе́ц, -бца́, *тв.* -бцо́м, *р. мн.* -бцо́в
гребе́ц-академи́ст, гребца́-академи́ста
гребе́ц-байда́рочник, гребца́-байда́рочника
гребе́ц-канои́ст, гребца́-канои́ста
гребе́ц-легкове́с, гребца́-легкове́са
гребе́ц-слаломи́ст, гребца́-слаломи́ста
гребешко́вый
гребешо́к, -шка́
гребешо́чек, -чка
гребко́вый (*от* гребо́к, *спорт.*)
гребло́, -а́
гре́бля, -и
гребля́к, -а́
гребневи́дный; *кр. ф.* -ден, -дна
гребневи́к, -а́
гребнево́й
гребнегрядово́й
гребнезу́бый
гребнеобра́зный; *кр. ф.* -зен, -зна
гребнеу́сый щелку́н (*жук*)
гребнечеса́льный
гребнечеса́льщик, -а
гребнечеса́льщица, -ы, *тв.* -ей
гребнечеса́ние, -я
гребни́стый
гребно́й (*от* грести́)
гре́бно-па́русный (гре́бно-па́русное многобо́рье)
гребну́ть, -ну́, -нёт
гребо́к, -бка́ (*от* грести́)
гребу́щий
гребцо́вский
гребцо́вый
гребчи́ха, -и
грёбший
гребь, -и
гре́гари, *нескл., м.* и *ж.* (*о спортсмене, в проф. речи*)
грегари́ны, -и́н, *ед.* -и́на, -ы
гре́жа, -и, *тв.* -ей
гре́зить(ся), гре́жу, гре́зит(ся)
грёзы, грёз, *ед.* грёза, -ы
гре́зящий(ся)
грейд, -а (*спорт.*)
гре́йдер, -а
грейдери́ст, -а
гре́йдерный
гре́йдер-элева́тор, гре́йдера-элева́тора
грейди́рованный; *кр. ф.* -ан, -ана
грейди́ровать(ся), -рую, -рует(ся)
гре́йзен, -а
грейзениза́ция, -и
грейпфру́т, -а
грейпфру́товый
гре́йфер, -а
гре́йферный
грейха́унд, -а

гре́ки, -ов, *ед.* грек, -а; но: **Макси́м Гре́к, Феофа́н Гре́к**
гре́ко-византи́йский
грекокато́лики, -ов, *ед.* -лик, -а
грекокатоли́ческий (грекокатоли́ческая це́рковь: *униатская*)
грекокафоли́ческий (грекокафоли́ческая це́рковь: *православная*)
гре́ко-ки́прский
гре́ко-латини́зм, -а
гре́ко-лати́нский
Гре́ко-перси́дские во́йны
гре́ко-ри́мский
гре́ко-росси́йский (*относящийся к связям между Грецией и Россией*); но: **грекоросси́йская це́рковь** (*православная*)
гре́ко-туре́цкий
гре́лка, -и, *р. мн.* -лок
гре́лочка, -и, *р. мн.* -чек
гре́лочный
греме́ть, -млю́, -ми́т
гремучерту́тный
гремý́чий
гремý́чка, -и, *р. мн.* -чек
гремý́чник, -а
гремý́шка, -и, *р. мн.* -шек
гре́на, -ы
гренаде́р, -а, *р. мн.* -де́р и -ов
гренаде́рский
гренади́лла, -ы
гренади́лловый
гренади́н, -а
грена́дский (*от* Грена́да)
грена́дцы, -ев, *ед.* -дец, -дца, *тв.* -дцем
грена́ж, -а, *тв.* -ем
грена́жный
гренки́, -о́в, *ед.* грено́к, -нка́ и **гре́нки**, -нок, *ед.* гре́нка, -и
гренла́ндка, -и, *р. мн.* -док
гренла́ндский (*от* Гренла́ндия)
гренла́ндцы, -ев, *ед.* -дец, -дца, *тв.* -дцем
греноо́бльский (*от* Гренóбль)
греноо́бльцы, -ев, *ед.* -лец, -льца, *тв.* -льцем
греноо́чки, -ов, *ед.* греноо́чек, -чка и **гре́ночки**, -чек, *ед.* гре́ночка, -и
грести́(сь), гребý́, гребёт(ся); *прош.* грёб, гребла́, -бло́(сь)
гре́тый
гре́ть(ся), гре́ю(сь), гре́ет(ся)
грефье́, *нескл., м.*
грех, -а́
грехо́вность, -и
грехо́вный; *кр. ф.* -вен, -вна
греховóдник, -а
греховóдница, -ы, *тв.* -ей
греховóдничать, -аю, -ает
греховóдный; *кр. ф.* -ден, -дна
грехопаде́ние, -я
грецизи́рованный; *кр. ф.* -ан, -ана
грецú́зм, -а
гре́цкий оре́х

гре́ча, -и, *тв.* -ей
греча́нка, -и, *р. мн.* -нок
гречеруша́льный
гре́ческий (*к* гре́ки и Гре́ция)
грečи́ха, -и
гречи́шник, -а
гречи́шный
гре́чка, -и
гре́чневик, -а
гре́чневый
гре́чник, -а
гречý́шный (*гречневый, обл.*)
греши́ть, -шý́, -ши́т
гре́шник, -а
гре́шница, -ы, *тв.* -ей
грешно́, *в знач. сказ.*
гре́шность, -и
гре́шный; *кр. ф.* гре́шен, грешна́, грешно́, гре́шны́
грешóк, -шка́
гре́ющий(ся)
гриб, -а́
гри́б-борови́к, гриба́-боровика́
гри́б-зо́нтик, гриба́-зо́нтика
грибко́вый (*от* грибо́к)
грибни́к, -а́
грибни́ца, -ы, *тв.* -ей
грибно́й (*от* гриб)
грибова́р, -а
грибова́рка, -и, *р. мн.* -рок
грибова́рный
грибова́рня, -и, *р. мн.* -рен
грибова́рочный
грибове́дение, -я
грибови́дный; *кр. ф.* -ден, -дна
грибо́вник, -а
грибо́вница, -ы, *тв.* -ей
грибово́д, -а
грибово́дство, -а
грибое́д, -а
грибое́довский (*от* Грибое́дов)
грибо́к, -бка́ (*от* гриб)
грибообра́зный; *кр. ф.* -зен, -зна
грибосуши́лка, -и, *р. мн.* -лок
грибо́чек, -чка
грибы́-я́годы, грибо́в-я́год
гри́ва, -ы
грива́стый
гри́венка, -и, *р. мн.* -нок
гри́венник, -а
гри́венничек, -чка
гри́венный
гри́вистый
гри́вка, -и, *р. мн.* -вок
гри́вна, -ы, *р. мн.* гри́вен
гривуа́зность, -и
гривуа́зный; *кр. ф.* -зен, -зна
гри́говский (*от* Григ)
григориа́нский (григориа́нский календа́рь)
Григо́рий Богосло́в
Григо́рий Назианзи́н
Григо́рий Ни́сский
гри́день, -дня
гри́дин, -а

гри́длик, -а
гри́дница, -ы, *тв.* -ей
гри́дня, -и, *р. мн.* -ден
грид-се́ть, -и
грид-техноло́гия, -и
гридь, -и
гри́дьба, -ы
гриза́йль, -я
гризе́тка, -и, *р. мн.* -ток
гри́зли, *нескл., м.*
гризо́н, -а
гризути́н, -а
грилє́тта, -ы
гриль, -я и *неизм.*
гриль-аппара́т, -а
гриль-ба́р, -а
гриль-кафе́, *нескл., с.*
гриль-пе́чь, -и, *мн.* -и, -е́й
грилья́ж, -а, *тв.* -ем
грилья́жный
грим, -а
грима́са, -ы
грима́ска, -и, *р. мн.* -сок
грима́сник, -а
грима́сница, -ы, *тв.* -ей
грима́сничанье, -я
грима́сничать, -аю, -ает
гримёр, -а
гримёрка, -и, *р. мн.* -рок
гримёрная, -ой
гримёрный
гримёрский
гримёрша, -и, *тв.* -ей
гримирова́льный
гримирова́ние, -я
гримиро́ванный; *кр. ф.* -ан, -ана
гримирова́ть(ся), -рý́ю(сь), -рý́ет(ся)
гримиро́вка, -и
гримиро́вочный
гри́ммовский (*к* бра́тья Гри́мм)
грим-убо́рная, -ой
Гри́нвич, -а: **по Гри́нвичу** (*о времени*)
гри́нвичский (*от* Гри́нвич)
Гри́нвичский меридиа́н
гри́нго, *нескл., м.*
гри́нда, -ы
грин-ка́рта, -ы
гри́новский (*от* Грин)
Гри́нпис, -а
гри́нпи́совский (*от* Гри́нпис)
гринсбо́н, -а (*ткань*)
грины́, -о́в, *ед.* грин, -а́ (*доллары, жарг.*)
грипп, -а
гриппова́ть, -ппý́ю, -ппý́ет
гриппо́зный
гриппоподо́бный; *кр. ф.* -бен, -бна
гриф, -а
грифелёк, -лька́
гри́фель, -я
гри́фельный
грифо́ванный; *кр. ф.* -ан, -ана
грифова́ть(ся), -фý́ю, -фý́ет(ся) (*в проф. речи*)

гри́фовый
грифо́н, -а
грифона́ж, -а, *тв.* -ем
гроб, -а, *предл.* в гробу́, *мн.* -ы́, -о́в
гробану́ть(ся), -ну́(сь), -нёт(ся) (*к* гроб)
Гро́б Госпо́день, Гро́ба Госпо́дня
гро́бик, -а
гро́бить(ся), -блю(сь), -бит(ся)
гро́бленный; *кр. ф.* -ен, -ена, *прич.*
гробни́ца, -ы, *тв.* -ей
гро́бный
гробови́ще, -а
гробово́й
гробовщи́к, -а́
гробо́к, -бка́
гробокопа́тель, -я
гробокопа́тельный
гробокопа́тельский
гробокопа́тельство, -а
гробообра́зный; *кр. ф.* -зен, -зна
гро́бящий(ся)
грог, -а
гро́гги, *неизм.* (состоя́ние гро́гги)
гро́говый
гродена́плевый
гродена́пль, -я
гродету́р, -а
гродету́ровый
гро́дненский (*от* Гро́дно)
гро́дненцы, -ев, *ед.* -ненец, -ненца, *тв.* -ненцем
Гро́дненщина, -ы (*к* Гро́дно)
гроза́, -ы́, *мн.* гро́зы, гроз
гроздеви́дный; *кр. ф.* -ден, -дна
гроздево́й
гро́здный
граздо́вник, -а
гро́здочка, -и, *р. мн.* -чек
гро́зды, -ов, *ед.* грозд, -а (*выросты на голове оленя, лося*)
гроздь, -и, *мн.* гро́зди, грозде́й и гро́здья, -ьев
гро́здье, -я (*собир.*)
грози́ть(ся), грожу́(сь), грози́т(ся)
гро́зненский (*от* Гро́зный, *город*)
гро́зненцы, -ев, *ед.* -ненец, -ненца, *тв.* -ненцем
гро́зность, -и
гро́зный; *кр. ф.* -зен, -зна́, -зно, гро́зны́; но: **Ива́н Гро́зный**
грозово́й
грозозащи́та, -ы
грозозащи́тный
грозоотме́тчик, -а
грозоупо́рный
гром, -а, *мн.* -ы, -о́в
грома́да, -ы
грома́дина, -ы
грома́дность, -и
грома́дный; *кр. ф.* -ден, -дна
грома́ла, -ы, *м.*
громи́ть, -млю́, -ми́т
гро́мкий; *кр. ф.* -мок, -мка́, -мко
громкова́тый
громкоговори́тель, -я
громкоговоря́щий*
громкоголо́сый
гро́мкость, -и
громове́ржец, -жца, *тв.* -жцем, *р. мн.* -жцев
громово́й и **громо́вый**
громогла́сность, -и
громогла́сный; *кр. ф.* -сен, -сна
громозву́чный; *кр. ф.* -чен, -чна
громозди́ть(ся), -зжу́(сь), -зди́т(ся)
громо́здкий; *кр. ф.* -док, -дка
громо́здкость, -и
громокипя́щий
громоно́сный; *кр. ф.* -сен, -сна
громоотво́д, -а
громоотво́дный
громоподо́бный; *кр. ф.* -бен, -бна
гро́мче, *сравн. ст.*
громыха́ние, -я
громыха́ть, -а́ю, -а́ет
громыхну́ть(ся), -ну́(сь), -нёт(ся)
гросс, -а
гроссадмира́л, -а
гро́ссбу́х, -а
гроссме́йстер, -а
гроссме́йстерский
гроссме́йстерство, -а
гроссуля́р, -а
гросфа́тер, -а
грот, -а
гро́та-га́лс, -а
гро́та-ги́к, -а
гро́та-ги́ка-шко́т, -а
гро́та-фа́л, -а
гро́та-шко́т, -а
грот-ва́нты, -ва́нт, *ед.* -ва́нта, -ы
гроте́ск, -а
гроте́скно-ирони́ческий
гроте́скность, -и
гроте́скный
гроте́сковый и (*в проф. речи*) **гротеско́вый**
грот-ма́рсель, -я
грот-ма́чта, -ы
гро́тный
гро́товский (*от* Грот, *фамилия*)
гро́товый (*от* грот)
грот-ста́ксель, -я
грох, *неизм.*
гро́хать(ся), -аю(сь), -ает(ся)
гро́хнуть(ся), -ну(сь), -нет(ся)
гро́хот, -а
грохота́нье, -я
грохота́ть, -хочу́, -хо́чет
грохоти́ть, -очу́, -оти́т
грохо́тка, -и, *р. мн.* -ток
грохотну́ть, -нёт
грохото́к, -тка́
грохоче́ние, -я
грохо́чущий
грош, -а́, *тв.* -о́м
гро́шик, -а
грошо́вый
гру́ббер, -а
грубе́йший
грубе́ть, -е́ю, -е́ет
груби́ть, -блю́, -би́т
грубия́н, -а
грубия́нить, -ню, -нит
грубия́нка, -и, *р. мн.* -нок
грубия́нский
грубия́нство, -а
грубова́тость, -и
грубова́тый
грубодиспе́рсный
грубодроблёный
грубозерни́стый
грубоизмельчённый*
грубоко́лотый
грубообло́мочный
грубоочи́щенный*
грубопримити́вный
грубопровокацио́нный
гру́бо-просторе́чный
грубостебе́льчатый
гру́бость, -и
грубосуко́нный
груботка́ный
грубошёрстный
гру́бый; *кр. ф.* груб, груба́, гру́бо, гру́бы́
грубя́тина, -ы, *ж. (грубость), м.* и *ж. (о человеке)*
гру́да, -ы
груда́стость, -и
груда́стый
груди́на, -ы
груди́нка, -и
груди́нковый
груди́но-рёберный
груди́ночка, -и
груди́ночный
гру́диться, -ится и **груди́ться,** -и́тся
гру́дка, -и, *р. мн.* -док
грудки́: за грудки́ (взять, схвати́ть)
грудни́к, -а́
груднико́вый
грудни́ца, -ы, *тв.* -ей
грудничко́вый
груднычо́к, -чка́
грудно́й
грудня́шка, -и, *р. мн.* -шек, *м.* и *ж.*
грудобрю́шный
гру́дочка, -и, *р. мн.* -чек
грудь, -и́ и -и, *предл.* в (на) груди́, *мн.* -и, -е́й
груже́ние, -я
гру́женный; *кр. ф.* -ен, -ена и **гружённый;** *кр. ф.* -ён, -ена́, *прич.*
гружёный, *прил.*
груз, -а
гру́з-баланси́р, гру́за-баланси́ра
груздёвый
гру́здик, -а
груздо́к, *другие формы не употр.*
груздо́чек, -чка
груздь, -я́ и -я, *мн.* -и, -е́й
грузи́ло, -а
грузи́нка, -и, *р. мн.* -нок

грузи́но-абха́зский
грузи́но-армя́нский
грузи́нский (*к* грузи́ны и Гру́зия)
грузи́нско-росси́йский
грузи́нско-южноосети́нский
грузи́ны, -и́н, *ед.* грузи́н, -а
грузи́ть(ся), гружу́(сь), гру́зит(ся)
гру́зка, -и, *р. мн.* -зок
грузне́ть, -е́ю, -е́ет
грузнова́тый
гру́зность, -и
гру́знувший
гру́знуть, -ну, -нет; *прош.* гру́знул, гру́зла
гру́зный; *кр. ф.* -зен, -зна́, -зно, гру́зны́
грузови́к, -а́
грузовичо́к, -чка́
грузовладе́лец, -льца, *тв.* -льцем, *р. мн.* -льцев
грузовмести́мость, -и
грузово́й
грузозахва́тный
грузолю́к, -а
грузонапряжённость, -и
грузооборо́т, -а
грузообрабо́тка, -и
грузоотправи́тель, -я
гру́зо-пассажи́рский
грузоперево́зка, -и, *р. мн.* -зок
грузоподъёмник, -а
грузоподъёмность, -и
грузоподъёмный
грузополуча́тель, -я
грузопото́к, -а
грузосбо́рочный
грузосортиро́вка, -и
грузосортиро́вочный
грузотакси́, *нескл., с.*
гру́зчик, -а
гру́зчица, -ы, *тв.* -ей
гру́зчицкий
гру́з-этало́н, гру́за-этало́на
грузя́щий(ся)
грум, -а
грундвигиа́нский
грундвигиа́нство, -а
грундвигиа́нцы, -ев, *ед.* -нец, -нца, *тв.* -нцем
грунт, -а, *предл.* в (на) гру́нте и в (на) грунту́, *мн.* -ы, -ов и -ы́, -о́в
грунтла́к, -а
грунтобето́н, -а
грунтобето́нный
грунто́в, -а
грунтова́льный
грунтова́ние, -я
грунто́ванный; *кр. ф.* -ан, -ана
грунтова́ть(ся), -ту́ю, -ту́ет(ся)
грунтове́д, -а
грунтове́дение, -я
грунто́вка, -и, *р. мн.* -вок
грунто́во-боло́тный
грунтово́й и **грунто́вый**
грунто́вочный
грунтовщи́к, -а́
грунтозабо́рный
грунтозаце́па, -ы
грунтоматериа́лы, -ов
грунтоме́р, -а
грунтомёт, -а
грунтоно́с, -а
грунтопрово́д, -а
грунтосмеси́тельный
грунтоцеме́нтный
грунтошла́к, -а
грунтошла́ковый
грунту́бель, -я
гру́пер, -а (*рыба*)
групко́м, -а
групко́мовский
групкомсо́рг, -а
grупо́рг, -а
групо́рговский
гру́ппа, -ы
группенфю́рер, -а
группе́тто, *нескл., с.*
группирова́ние, -я
группиро́ванный; *кр. ф.* -ан, -ана
группирова́ть(ся), -ру́ю, -ру́ет(ся)
группиро́вка, -и, *р. мн.* -вок
гру́ппка, -и, *р. мн.* -ппок
группово́д, -а
группово́й
группову́ха, -и
групповщи́на, -ы
гру́ппочка, -и, *р. мн.* -чек
грусти́нка, -и
грусти́ть(ся), грущу́, грусти́т(ся)
грустне́нько, *в знач. сказ.*
грустне́ть, -е́ю, -е́ет
гру́стно, *нареч.* и *в знач. сказ.*
грустнова́тый
гру́стный; *кр. ф.* -тен, -тна́, -тно, гру́стны́
грустца́, -ы́, *тв.* -о́й
грусть, -и
гру́сть-тоска́, -и́ и гру́сти-тоски́
гру́ша, -и, *тв.* -ей
гру́ша дюше́с, гру́ши дюше́с
груша́нка, -и, *р. мн.* -нок
груша́нковые, -ых
грушеви́дный; *кр. ф.* -ден, -дна
гру́шевый
грушеобра́зный; *кр. ф.* -зен, -зна
груши́на, -ы
гру́шица, -ы, *тв.* -ей
гру́шка, -и, *р. мн.* -шек
гру́шник, -а
грушо́вка, -и, *р. мн.* -вок
грушо́вник, -а
гры́жа, -и, *тв.* -ей
грыжеви́к, -а́
грыжево́й и **гры́жевый**
грыжесече́ние, -я
гры́жник, -а
гры́жный
грызе́ние, -я
гры́зенный; *кр. ф.* -ен, -ена, *прич.*
гры́зло, -а
грызну́ть, -ну́, -нёт
грызня́, -и́
грызово́й
гры́зть(ся), -зу́(сь), -зёт(ся); *прош.* гры́з(ся), гры́зла(сь)
грызу́н, -а́
грызу́нья, -и, *р. мн.* -ний
гры́зший(ся)
гры́мза, -ы
грэ́й, -я (*ед. измер.*)
ГРЭС, *нескл., ж.* (*сокр.*: государственная районная электростанция)
грэ́совский (*от* ГРЭС)
грюк: ни сту́ку ни грю́ку
Грюнва́льдская би́тва
грюнва́льдский (*от* Грюнва́льд)
грю́ндер, -а
грю́ндерский
грю́ндерство, -а
гряда́, -ы́, *мн.* гря́ды, гряд, гря́дам (*в огороде*) и гряды́, гряд, гряда́м (*гор, облаков и т. п.*)
грядёт (*3 л. ед. от* грясти́)
гря́диль, -я
гря́дка, -и, *р. мн.* -док
гря́дковый
грядно́й
грядово́й
гря́дово-холми́стый
гря́довый (гря́довые пески́)
грядоде́латель, -я
гря́дочка, -и, *р. мн.* -чек
гряду́шка, -и, *р. мн.* -шек
гряду́щее, -его
гряду́щий
грязеви́к, -а́ (*тех.*)
грязеводолече́бница, -ы, *тв.* -ей
грязеводолече́бный
грязево́й
грязевулкани́ческий
грязеглиноторфолече́ние, -я
грязека́менный
грязеледяно́й
грязелече́бница, -ы, *тв.* -ей
грязелече́бный
грязелече́ние, -я
грязеотта́лкивающий
грязеочисти́тель, -я
грязеочисти́тельный
грязеспу́ск, -а
грязеулови́тель, -я
гря́зи, -ей (*лечебное средство*)
Гря́зи, -ей (*город*)
гря́зинский (*от* Гря́зи)
гря́зинцы, -ев, *ед.* -нец, -нца, *тв.* -нцем
грязи́ща, -и, *тв.* -ей
гря́зненький
грязне́нько, *в знач. сказ.*
грязне́ть, -е́ю, -е́ет
грязнёхонький; *кр. ф.* -нек, -нька
грязнёшенький; *кр. ф.* -нек, -нька
грязни́ть(ся), -ню́(сь), -ни́т(ся)
гря́зно, *нареч.* и *в знач. сказ.*
гря́зно-бе́лый
гря́зно-бу́рый

грязновáто-сéрый
грязновáтый
грязно-жёлтый
грязно-зелёный
грязно-корúчневый
грязно-рóзовый
грязно-сéрый
грязнотцá, -ы́, *тв.* -óй
грязнувший
грязнýля, -и, *р. мн.* -ýль и -ýлей, *м.* и *ж.*
грязнуть, -ну, -нет; *прош.* грязнул, грязла
грязнýха, -и, *м.* и *ж.*
грязнýшка, -и, *р. мн.* -шек, *м.* и *ж.*
грязнýщий и **грязнющий**
грязный; *кр. ф.* -зен, -знá, -зно, грязны́
грязовúк, -á (*птица*)
грязцá, -ы, *тв.* -óй
грязь, -и, *предл.* в грязú; но: **Чёрная Грязь** (*населенный пункт*)
грязюка, -и
грянуть(ся), -ну(сь), -нет(ся)
грястú, грядý, грядёт
ГСМ [гэээсэ́м], *нескл., мн.* (*сокр.*: горюче-смазочные материалы)
ГСП [гэээспэ́], *нескл., ж.* (*сокр.*: городская служебная почта)
ГТО [гэтэó], *нескл., с.* и *неизм.* (значóк ГТО, нóрмы ГТО) (*сокр.*: готов к труду и обороне)
ГТУ [гэтэý], *нескл., ж.* (*сокр.*: газотурбинная установка)
гуайява, -ы
гуанáко, *нескл., м.* и *ж.*
гуанúн, -а
гуáно, *нескл., с.*
гуанчжóуский (*от* Гуанчжóу)
гуáнчи, -ей и *нескл., м.* и *ж.* (*народ*)
гуáнчский
гуарáна, -ы (*кустарник*)
гуаранú, *нескл., м.* (*язык*), *мн., ед. м.* и *ж.* (*народ*), *м.* (*ден. ед.*)
гуáри, *неизм.* (*спорт.*)
гуахáро, *нескл., м.*
гуáшь, -и
губá, -ы́, *мн.* гýбы, губ, губáм
губáн, -а
губáстик, -а
губáстый
губáч, -á, *тв.* -óм
губёнка, -и, *р. мн.* -нок
губернáтор, -а
губернáторов, -а, -о
губернáторский
губернáторство, -а
губернáторствовать, -твую, -твует
губернáторша, -и, *тв.* -ей
губéрния, -и
губéрнский
губúтель, -я
губúтельница, -ы, *тв.* -ей
губúтельность, -и
губúтельный; *кр. ф.* -лен, -льна
губúтельство, -а
губúть(ся), гублю́, гýбит(ся)
гýбища, -и, *тв.* -ей
гýбка, -и, *р. мн.* гýбок
губкóм, -а
губкообрáзный; *кр. ф.* -зен, -зна
гýбленный; *кр. ф.* -ен, -ена, *прич.*
гýбно-губнóй
гýбно-зубнóй
губнóй
губонóгие, -их
губоцвéтные, -ых
гýбочка, -и, *р. мн.* -чек
губошлёп, -а
гýбчато-ноздревáтый
гýбчатый
Губчекá, *нескл., ж.*
гýбящий(ся)
гувернáнтка, -и, *р. мн.* -ток
гувернáнтский
гувернёр, -а
гувернёрский
гугенóтка, -и, *р. мн.* -ток
гугенóтский
гугенóты, -ов, *ед.* -нóт, -а
гугнúвость, -и
гугнúвый
гугня́, -ú
гугня́вый
гугý: ни гугý
гугýкать, -аю, -ает
гуд, -а
гуд-бáй, *неизм.*
гýдвилл, -а
гудéние, -я
гудёт (*3 л. ед., нар.-поэт. и прост. к* гудúт)
гудéть, гужý, гудúт
гуджарáтский (*к* Гуджарáт и гуджарáтцы)
гуджарáтцы, -ев, *ед.* -тец, -тца, *тв.* -тцем
гуджáры, -ов, *ед.* -жáр, -а
Гудзóнов залúв, Гудзóнова залúва
гудзóнский (*от* Гудзóн)
гудкóвый
гудóк, гудкá
гудóчек, -чка
гудóчник, -а
гудóчный
гудрóн, -а
гудронáтор, -а
гудронúрование, -я
гудронúрованный; *кр. ф.* -ан, -ана
гудронúровать(ся), -рую, -рует(ся)
гудрóнный
гудýт (*3 л. мн., прост. к* гудя́т)
гуж, -á, *тв.* -óм
гужевáть(ся), гужýю(сь), гужýет(ся) (*жарг.*)
гужевóй
гужеéд, -а
гýжик, -а
гужóвка, -и
гужóм, *нареч.*
гýзка, -и, *р. мн.* гýзок
гýзно, -а
гук, -а
Гук, -а: **закóн Гýка**
гýканье, -я
гýкать, -аю, -ает
гýкнуть, -ну, -нет
гул, -а
ГУЛÁГ, -а
гулáговский (*от* ГУЛÁГ)
гулевóй
гулёна, -ы, *м.* и *ж.*
гýленька, -и, *р. мн.* -нек, *м.* и *ж.*
гýленьки, *межд.*
гýлечка, -и, *р. мн.* -чек, *м.* и *ж.*
гýливать, *наст. вр. не употр.*
гýли-гýли, *неизм.*
гýлить, -ит и **гулúть,** -úт
гýлкий; *кр. ф.* -лок, -лкá, -лко
гулкозвучáщий*
гýлкость, -и
Гулливéр, -а (*лит. персонаж*) и **гулливéр,** -а (*об очень высоком человеке*)
гулливéровский
гуллúвость, -и
гуллúвый
гульбá, -ы́
гýльбище, -а
гуль-гуль-гýль, *неизм.*
гýльден, -а
гýлька, -и, *р. мн.* гýлек, *м.* и *ж.*
гýлькать, -аю, -ает
гýлькин: с гýлькин нóс
гульнýть, -нý, -нёт
гульня́, -ú
гультя́й, -я
гýльфик, -а
гулю́чки, -чек (*игра*)
гýлюшка, -и, *р. мн.* -шек, *м.* и *ж.*
гýля, -и, *р. мн.* гуль и гýлей, *м.* и *ж.* (*голубь*), *ж.* (*опухоль*)
гуля́вник, -а
гýля-гýля, *неизм.*
гуля́й-гóрод, -а, *мн.* -á, -óв
Гуляйпóле, -я (*город*) и **гуляйпóле,** -я (*о смуте, мятеже*)
гуля́ка, -и, *м.* и *ж.*
гуля́льщик, -а
гуля́льщица, -ы, *тв.* -ей
гуля́м, -а (*ист.*)
гуля́нка, -и, *р. мн.* -нок
гуля́нье, -я
гуля́ть(ся), -я́ю, -я́ет(ся)
гуля́ш, -á, *тв.* -óм
гуля́щая, -ей
гуля́щий
гумáй, -я
гуманизáция, -и
гуманизúрованный; *кр. ф.* -ан, -ана
гуманизúровать(ся), -úрую, -úрует(ся)
гуманúзм, -а
гуманúст, -а

гуманисти́ческий
гуманисти́чность, -и
гуманисти́чный; *кр. ф.* -чен, -чна
гумани́стка, -и, *р. мн.* -ток
гуманита́р, -а (*разг. к* гуманита́рий)
гуманитариза́ция, -и
гуманита́рий, -я
гуманита́рка, -и, *р. мн.* -рок
гуманита́рник, -а
гуманита́рно-правово́й
гуманита́рно-технологи́ческий
гуманита́рный
гуманитароло́гия, -и
гуманита́рщик, -а
гума́нно, *нареч.*
гума́нность, -и
гума́нный; *кр. ф.* -а́нен, -а́нна
гумано́ид, -а
гумано́идный
гумбольдтиа́нский
гумбольдтиа́нство, -а
гу́мбольдтовский (*от* Гу́мбольдт)
гуме́нник, -а и **гумённик,** -а
гумённый
гуме́нце, -а, *тв.* -ем, *р. мн.* -нцев и -нец
гуме́нщик, -а
гуми́дный
гумилёвский (*от* Гумилёв)
гуми́новый
гуми́рованный; *кр. ф.* -ан, -ана (*к* гу́мус)
гуми́т, -а
гумифика́ция, -и (*к* гу́мус)
гу́мкать, -аю, -ает
гу́мма, -ы (*мед.*)
гу́мми, *нескл., с.* (*сок растений*)
гуммиара́бик, -а
гуммигу́т, -а
гуммигу́товые, -ых
гуммикопа́л, -а
гуммила́к, -а
гуммила́стик, -а
гуммирова́льный
гумми́рование, -я (*к* гу́мми)
гумми́рованный; *кр. ф.* -ан, -ана (*к* гу́мми)
гумми́ровать(ся), -рую, -рует(ся)
гуммиро́вка, -и
гуммисмо́лы, -смо́л, *ед.* гуммисмола́, -ы́
гумми́т, -а
гуммо́з, -а и **гоммо́з,** -а (*болезнь растений*)
гуммо́за, -ы (*пластырь*)
гуммо́зный (*к* гу́мма, гу́мми, гуммо́з, гуммо́за)
гумно́, -а́, *мн.* гу́мна, гу́мен и гумён, гу́мнам
гу́мовский (*от* ГУМ)
гумоли́т, -а
гумора́льный
гу́мус, -а
гу́мусный
гу́мусовый
Гу́ндерсо́н, -а: **систе́ма Гу́ндерсо́на** (*спорт.*)
гундо́сить, -о́шу, -о́сит
гундо́сый
гундо́сящий
гу́ннский
гу́нны, -ов, *ед.* гунн, -а (*кочевой народ*)
гу́нтер, -а
гу́ны, гун (*филос.*)
гу́нька, -и, *р. мн.* гу́нек
гу́ня, -и, *р. мн.* гунь и гу́ней
гуня́вый
ГУП, -а (*сокр.*: государственное унитарное предприятие)
гу́ппи, *нескл., ж.*
гура́ми, *нескл., ж.*
гура́н, -а (*косуля*)
гур-гу́р, *неизм.*
гурд, -а (*ден. ед.*)
гурда́, -ы́
гурджаа́ни, *нескл., с.*
гурзу́фский (*от* Гурзу́ф)
гури́йка, -и, *р. мн.* -и́ек
гури́йский
гури́йцы, -ев, *ед.* гури́ец, -и́йца, *тв.* -и́йцем
гу́рия, -и
гу́ркхи, -ов, *ед.* гуркх, -а (непальцы)
гурма́н, -а
гурма́нка, -и, *р. мн.* -нок
гурма́нский
гурма́нство, -а
гуро́ны, -ов, *ед.* гуро́н, -а (*племенная группа*)
гурт, -а́ (*стадо*; *архит.*; *ребро монеты*)
гурти́льный
гурти́льщик, -а
гурти́ть, гурчу́, гурти́т
гуртово́й
гуртовщи́к, -а́
гурто́м, *нареч.*
гуртопра́в, -а
гу́ру, *нескл., м.*
гу́ру-йо́га, -и
гу́рхи, -ов, *ед.* гурх, -а (*элитные части британской армии*)
гурче́ние, -я
гурьба́, -ы́
гурьбо́й, *нареч.*
гу́рьевский (*от* Гу́рьев; гу́рьевская ка́ша)
гуса́к, -а́
гуса́ны, -ан, *ед.* гуса́н, -а
гуса́р, -а, *р. мн.* гуса́р и -ов
гуса́рик, -а
гуса́рить, -рю, -рит
гуса́ришка, -и, *р. мн.* -шек, *м.*
гуса́рский
гуса́рство, -а
гуса́рствовать, -твую, -твует
гуса́рчик, -а
гуса́чий, -ья, -ье (*от* гуса́к)
гусачо́к, -чка́
гусево́д, -а
гусево́дство, -а
гусево́дческий
гу́севский (*к* Гу́сь-Хруста́льный)
гусевча́не, -а́н, *ед.* -а́нин, -а (*к* Гу́сь-Хруста́льный)
гусевча́нка, -и, *р. мн.* -нок
гусёк, гуська́
гу́сельки, -лек
гу́сельник, -а
гу́сельный
гу́сельцы, -лец
гу́сем, *нареч.*
гу́сеница, -ы, *тв.* -ей
гу́сеничка, -и, *р. мн.* -чек
гу́сеничный
гусёнок, -нка, *мн.* гуся́та, гуся́т
гусёночек, -чка, *мн.* гуся́тки, -ток
гусёныш, -а, *тв.* -ем
гусеобра́зные, -ых
гу́си-ле́беди, гусе́й-лебеде́й
гусиноозёрский (*от* Гусиноозёрск)
гусиноозёрцы, -ев, *ед.* -рец, -рца, *тв.* -рцем
гуси́ный
Гуси́тские во́йны (*XV в.*)
гуси́тский
гуси́ты, -ов, *ед.* гуси́т, -а
гу́ска, -и, *р. мн.* гу́сок
гу́сла, -сел (*болгарский муз. инструмент*)
гу́сле, *нескл., мн.* (*сербскохорватский муз. инструмент*)
гу́сли, -ей (*русский муз. инструмент*)
гу́сли-самогу́ды, гу́слей-самогу́дов
гусля́р, -а и -а́, *мн.* -ы́, -о́в
гусля́рный
густе́ль, -и
густе́нек, -нька
гу́стенький
густера́, -ы́
густе́ть, -е́ет
густи́ть(ся), гущу́, густи́т(ся)
густя́к, -а́
гу́сто, *нареч.* и *в знач. сказ.*
гу́сто-багро́вый
густоборо́дый
густобро́вый
густова́тый
густоволо́сый
густогри́вый
гу́сто-зелёный
густоисписа́нный*
густо́й; *кр. ф.* густ, -а́, гу́сто, гу́сты́
гу́сто-кра́сно-си́ний
гу́сто-кра́сный
густокро́нный
густоле́сье, -я
гу́сто-лило́вый
густоли́ственный
густоли́стный и **густоли́стый**
гу́сто-махро́вый
густонаселённость, -и
густонаселённый
густонасы́щенный*

густокра́шенный*
гу́сто-оттопы́ренно-волоси́стый
гу́сто поса́женный
густопсо́вый
густорасту́щий*
гу́сто-ро́зовый
гу́сто-си́ний
густота́, -ы́
густотеку́чий
гу́сто-тёмно-кра́сный
густотёртый
густотра́вный
густотра́вье, -я
густоцве́тный
гу́сто-чёрный
густошёрстный и **густошёрстый**
гусы́ня, -и, *р. мн.* -ы́нь
гусь, -я и -я́, *мн.* -и, -е́й
гу́сь-белоше́й, гу́ся́-белоше́я
гу́сь-гуме́нник, гу́ся́-гуме́нника
гусько́м, *нареч.*
гусь-хруста́льненский (*от* Гу́сь-Хруста́льный)
Гу́сь-Хруста́льный, -ого (*город*)
гуся́тина, -ы
гуся́тник, -а
гуся́тница, -ы, *тв.* -ей
гуся́чий, -ья, -ье
гу́та, -ы
гутали́н, -а
гутали́нный
гутали́новый
гута́рить, -рю, -рит и **гуто́рить,** -рю, -рит
гутенбе́рговский (*от* Гу́тенбе́рг)
гу́тный (гу́тное стекло́)
гуто́рить, -рю, -рит и **гута́рить,** -рю, -рит
гуттапе́рча, -и, *тв.* -ей
гуттапе́рчевость, -и
гуттапе́рчевый
гуттаперчено́сный
гутта́ция, -и
гуттура́льный
гу́тты, гутт, *ед.* гу́тта, -ы
гу́фа, -ы
гуцу́лка, -и, *р. мн.* -лок
гуцу́лочка, -и, *р. мн.* -чек
гуцу́лы, -ов, *ед.* гуцу́л, -а
гуцу́льский
Гуцу́льщина, -ы
гушти́, *нескл., ж.* (*бухарская нац. борьба*)
гушти́нгири́, *нескл., ж.* (*таджикская нац. борьба*)
гу́ща, -и, *тв.* -ей
гу́ще, *сравн. ст.*
гущина́, -ы́
гы, *межд.*
гыгы́канье, -я
гыгы́кать, -аю, -ает
гы́канье, -я
гы́кать, -аю, -ает
гы́мкать, -аю, -ает (*прост.* к гмы́кать)
гэ, *нескл., с.* (*название буквы*)
гэби́ст, -а (*от* ГБ, КГБ)
гэби́стский
гэбэ́шник, -а
гэбэ́шный (*от* ГБ)
гэг, -а (*комический трюк*)
гэдээ́ровский (*от* ГДР)
гэдээ́ровцы, -ев, *ед.* -вец, -вца, *тв.* -вцем
ГЭК, -а и *нескл., ж.* (*сокр.*: государственная экзаменационная комиссия)
гэкачепи́ст, -а (*от* ГКЧП)
гэ́лы, -ов, *ед.* гэл, -а
гэ́льский
гэпэу́шник, -а
гэпэу́шный (*от* ГПУ)
ГЭС, *нескл., ж.* (*сокр.*: гидроэлектростанция)
гэ́та, *нескл., мн.* (*обувь*)
гюбнери́т, -а
гюве́ч, -а, *тв.* -ем
Гю́йгенс, -а: **при́нцип Гю́йгенса** (или **Гю́йгенса – Френе́ля**)
гюйс, -а
гюле́ш, -а, *тв.* -ем (*азербайджанская нац. борьба*)
гюмри́нский (*от* Гюмри́)
гюмри́нцы, -ев, *ед.* -нец, -нца, *тв.* -нцем
гюре́ш, -а, *тв.* -ем (*турецкая нац. борьба*)
гюрза́, -ы́
гянджи́нский (*от* Гянджа́)
гянджи́нцы, -ев, *ед.* -нец, -нца, *тв.* -нцем
гяу́р, -а (*у мусульман*: *иноверец*)

Д

да, *союз* и *частица*
даба́, -ы́ (ткань)
дабл-ю́, *нескл., с.* (*название буквы*)
дабо́вый
да́бы, *союз*
дава́й бо́г но́ги (*погов.*)
дава́й-дава́й
дава́й(те), *частица*
дава́лец, -льца, *тв.* -льцем, *р. мн.* -льцев
дава́льческий
давану́ть, -ну́, -нёт
дава́ть(ся), даю́(сь), даёт(ся)
давенио́з, -а
да́веча
да́вешний
Дави́д, -а (*царь, библ.*; Дави́д и Голиа́ф, Дави́д и Ионафа́н)
Дави́д Строи́тель
дави́лка, -и, *р. мн.* -лок
дави́ло, -а
дави́ловка, -и
дави́льник, -а
дави́льный
дави́льня, -и, *р. мн.* -лен
дави́льщик, -а
дави́ть(ся), давлю́(сь), да́вит(ся)
да́вка, -и
давле́ние, -я
да́вленный; *кр. ф.* -ен, -ена, *прич.*
да́вленый, *прил.*
давне́нько
давнёхонько
давнёшенько
да́вний
давни́шний
давно́
давнопроше́дший (давнопроше́дшее вре́мя)
да́вностный
да́вность, -и
давну́ть, -ну́, -нёт
давны́м-давнёшенько
давны́м-давно́
даво́к, давка́
даво́сский (*от* Даво́с)
Даво́сский фо́рум
да́вший
да́вывать, *наст. вр. не употр.*
давя́щий, *прил.* (*тягостный, гнетущий*)
да́вя́щий, *прич.*
давя́щийся
дагероти́п, -а
дагеротипи́ст, -а
дагеротипи́ческий
дагероти́пия, -и
дагероти́пный
дагеста́нка, -и, *р. мн.* -нок
дагеста́нский (*от* Дагеста́н)
дагеста́нцы, -ев, *ед.* -нец, -нца, *тв.* -нцем
да́гоба, -ы
дагоме́йский (*от* Дагоме́я)
дагоме́йцы, -ев, *ед.* -е́ец, -е́йца, *тв.* -е́йцем
дагу́сса, -ы
да-да́
да-да-да́
дадаи́зм, -а
дадаи́ст, -а
дадаи́стский
дада́н, -а (*улей*)
да́ден, -а, -о (*нарочито-сниженное и прост.* к дан, -а́, -о́, *от* дать)
даёшь, *в знач. межд.*
Даждьбо́г, -а
да́же
да здра́вствует
дазила́бр, -а (*насекомое*)
да́ивать, *наст. вр. не употр.*
да́й Бо́г (ва́м здоро́вья, сча́стья *и т. п.*)
да́й бо́г (бо́же), *в знач. сказ. и межд.* (*высокая оценка чего-н.; очень много*)

да́й бо́г па́мять (па́мяти) *(не помню, стараюсь припомнить)*
да́йвер, -а (*аквалангист*)
да́йвинг, -а (*подводное плавание*)
да́йвинг-клу́б, -а
да́йджест, -а
да́йджест-гру́ппа, -ы
да́йджестинг, -а
дайджести́рование, -я
дайджести́рованный; *кр. ф.* -ан, -ана
дайджести́ровать(ся), -рую, -рует(ся)
да́йджестный
да́йджестовый
да́йка, -и, *р. мн.* да́ек
дайм, -а
да́ймё, *нескл., мн. (в Японии, ист.)*
да́йна, -ы
да́йра, -ы *(муз. инструмент)*
дайха́рдовцы, -ев, *ед.* -вец, -вца, *тв.* -вцем
да́кальщик, -а
да́кальщица, -ы, *тв.* -ей
да́канье, -я
да-ка́по, *нескл., с.* и *неизм.*
дака́рский (*от* Дака́р)
дака́рцы, -ев, *ед.* -рец, -рца, *тв.* -рцем
да́кать, -аю, -ает
да́ки, -ов
да́ккский (*от* Да́кка)
да́ккцы, -ев, *ед.* да́ккец, да́ккца, *тв.* да́ккцем
да́кнуть, -ну, -нет
дакри́л, -а
дакриоадени́т, -а
дакриоцисти́т, -а
дакро́н, -а
дакро́новый
да́кский (*от* да́ки)
дактили́т, -а
дактили́ческий
дактилогра́мма, -ы
дактилографи́ческий
дактилогра́фия, -и
дактилозо́ид, -а
дактилологи́ческий
дактилоло́гия, -и
дактилоскопи́ровать(ся), -рую(сь), -рует(ся)
дактилоскопи́ческий
дактилоскопи́я, -и
да́ктило-хореи́ческий
да́ктиль, -я
дала́й-ла́ма, -ы, *м.*
Д'Аламбе́р, -а: **при́нцип Д'Аламбе́ра**
даламбе́ров, -а, -о: **даламбе́ровы си́лы ине́рции**
даламбе́ровский (*от* Д'Аламбе́р)
далапо́н, -а
да́ле (*устар. к* да́лее)
Да́лев, -а, -о (*от* Даль)
да́левский (*от* Даль); но: **Да́левский слова́рь**
да́лее, *сравн. ст.* и *нареч.*
далёкий; *кр. ф.* далёк, далека́, далёко и далеко́
далеко́ [1] и **далёко** [1], *нареч.* и *в знач. сказ.*
далеко́ [2], **-а́** и **далёко** [2], -а (*отдаленное место, страна*: прекра́сное далёко (далеко́), из неве́домого далёка (далека́)
далекова́то
далеко́-далеко́ и **далёко-далёко**
далекоиду́щий*
далеко́ не…; *с последующим словом пишется раздельно, напр.*: далеко́ не по́лный, далеко́ не безоби́дный
далеко́нек, -нька
далеко́нько
далёкость, -и
дале́че
да́лия, -и (*растение*)
да́лласский (*от* Да́ллас)
да́лласцы, -ев, *ед.* -сец, -сца, *тв.* -сцем
да́ллия, -и (*рыба*)
далма́тика, -и
далмати́н, -а (*порода собак*)
далмати́нка, -и, *р. мн.* -нок
далмати́нский (*от* Далма́ция)
далмати́нцы, -ев, *ед.* -нец, -нца, *тв.* -нцем
далма́тский (далма́тская соба́ка)
даль, -и, *предл.* в да́ли́, *мн.* -и, -ей
дальнебомбардиро́вочный
дальневосто́чники, -ов, *ед.* -ник, -а
дальневосто́чный (*от* Да́льний Восто́к)
Дальневосто́чный вое́нный о́круг
Дальневосто́чный регио́н
Дальневосто́чный федера́льный о́круг
дальнего́рский (*от* Дальнего́рск)
дальнего́рцы, -ев, *ед.* -рец, -рца, *тв.* -рцем
да́льнее зарубе́жье
дальне́йший
дальнемагистра́льный
дальнере́йсовый
дальнере́ченский (*от* Дальнере́ченск)
дальнере́ченцы, -ев, *ед.* -нец, -нца, *тв.* -нцем
дальнеро́дственный
дальнестру́йный
да́льний
Да́льний Восто́к
Да́льний За́пад (*в США*)
дальнобо́й, -я *(жарг.)*
дальнобо́йка, -и, *р. мн.* -о́ек
дальнобо́йность, -и
дальнобо́йный
дальнобо́йщик, -а
дальнови́дность, -и
дальнови́дный; *кр. ф.* -ден, -дна
дальноде́йствие, -я
дальноземе́лье, -я
дальнозо́ркий; *кр. ф.* -рок, -рка
дальнозо́ркость, -и
дальноме́р, -а
дальноме́рный
дальноме́рщик, -а
да́льность, -и
Да́льто́н, -а: **зако́ны Да́льто́на**
дальтони́ды, -ов, *ед.* -ни́д, -а
дальтони́зм, -а
дальто́ник, -а
дальтони́чка, -и, *р. мн.* -чек
да́льтон-пла́н, -а (*в педагогике*)
да́льше, *сравн. ст.* и *нареч.*
да́льше – бо́льше
да́ма, -ы
дама́, *нескл., ж.* (*ткань*)
дама́н, -а (*животное*)
да́ма-патроне́сса, да́мы-патроне́ссы
дамаски́н, -а (ткань)
Дамаски́н, -а, *тв.* -ом: **Иоа́нн Дамаски́н**
дамаски́ны, -ов, *ед.* -ки́н, -а, *тв.* -ом (*памятники болгарской письменности*)
дамассе́, *нескл., ж.*
дама́сский (*от* Дама́ск; дама́сская ста́ль)
дама́ст, -а (*ткань*)
дама́сцы, -ев, *ед.* -сец, -сца, *тв.* -сцем (*от* Дама́ск)
да́мба, -ы
да́мбовый
дамбострое́ние, -я
дамбострои́тель, -я
дамбострои́тельный
дамбострои́тельство, -а
да́мка, -и, *р. мн.* да́мок
дамма́ра, -ы
дамнифика́ция, -и
да́мно, *нескл., с. (фин.)*
дамо́клов ме́ч, дамо́клова меча́
да́мочка, -и, *р. мн.* -чек
да́мочный (*в шашках*)
дамп, -а (*инф.*)
да́мпинг, -а (*захоронение отходов производства*)
да́мпинговый
дампи́рование, -я
дампи́рованный; *кр. ф.* -ан, -ана
дампи́ровать(ся), -рую, -рует(ся)
да́мский
дан, -а (*спорт.*)
Данаи́ды, -и́д (*мифол.*; бо́чка Данаи́д)
дана́йский (*к* дана́йцы; дана́йский да́р)
дана́йцы, -ев, *ед.* дана́ец, -а́йца, *тв.* -а́йцем
danaли́т, -а
Дана́я, -и (*мифол.*)
данбури́т, -а
данда́рии, -ев *(группа племен, ист.)*
да не́т (же) (*отрицание*)
Дании́л Зато́чник
дани́ловский
дани́ловцы, -ев, *ед.* -вец, -вца, *тв.* -вцем (*секта*)
да́нник, -а
да́нница, -ы, *тв.* -ей
да́ннический
да́нничество, -а

да́нность, -и
да́нные, -ых
да́нный; *кр. ф.* дан, дана́
данс-гру́ппа, -ы
да́нсинг, -а
да́нсинг-за́л, -а
да́нсинговый
да́нсинг-хо́лл, -а
данте́совский (*от* Данте́с)
данти́ст, -а
данти́стка, -и, *р. мн.* -ток
данти́стский
Да́нтов, -а, -о (*от* Да́нте, Дант)
дантове́д, -а (*от* Да́нте, Дант)
дантове́дение, -я
дантове́дческий
да́нтовский (*от* Да́нте, Дант)
дантоло́гия, -и (*зубоврачебное дело*)
дантофо́бия, -и
да ну? (*неужели?*)
дань, -и
да́о, *нескл., с.*
даоси́зм, -а
даоси́стский
даоси́ческий
дао́сский
дао́сы, -ов, *ед.* дао́с, -а
дар, -а, *мн.* -ы́, -о́в
дарба́р, -а и **дурба́р,** -а
дарвини́зм, -а
дарвини́ст, -а
дарвини́стка, -и, *р. мн.* -ток
дарвини́стский
Да́рвинов, -а, -о (*от* Да́рвин, *фамилия*)
да́рвинов на́нду, да́рвинова на́нду
да́рвиновский (*от* Да́рвин, *фамилия*)
да́рвинский (*от* Да́рвин, *город*)
дарги́нка, -и, *р. мн.* -нок
дарги́нский
дарги́нцы, -ев, *ед.* -нец, -нца, *тв.* -нцем
дардане́лльский (*от* Дардане́ллы)
да́рдский (да́рдские языки́)
да́рды, -ов, *ед.* дард, -а
даре́ние, -я
да́ренный; *кр. ф.* -ен, -ена, *прич.*
дарёный, *прил.*
дари́, *неизм.* и *нескл., м.*
да́ривать, *наст. вр. не употр.*
да́рик, -а *(монета)*
дари́тель, -я
дари́тельница, -ы, *тв.* -ей
дари́тельный
дари́ть(ся), дарю́, да́рит(ся)
дарлингто́ния, -и
дарма́, *нареч.*
дармово́й
дармовщи́на, -ы
дармовщи́нка, -и
дармое́д, -а
дармое́дка, -и, *р. мн.* -док
дармое́дничать, -аю, -ает
дармое́дный
дармое́дский
дармое́дство, -а
дармшта́дтский (*от* Да́рмшта́дт)
дармшта́дтцы, -ев, *ед.* -тец, -тца, *тв.* -тцем
дарова́ние, -я
даро́ванный; *кр. ф.* -ан, -ана
дарова́ть(ся), -ру́ю, -ру́ет(ся)
дарови́тость, -и
дарови́тый
дарово́й
даровщи́на, -ы
даровщи́нка, -и
да́ром, *нареч.*
да́ром что, *союз*
дароно́сица, -ы, *тв.* -ей
дарохрани́тельница, -ы, *тв.* -ей
дарсонва́левский (*от* Д'Арсонва́ль)
дарсонвализа́ция, -и
да́рственная, -ой
да́рственник, -а
да́рственный
дартанья́новский (*от* д'Артанья́н)
дартс, -а (*спорт.*)
Дары́, -о́в: **Святы́е Дары́**
Дарья́льское уще́лье
дар-эс-сала́мский (*от* Дар-эс-Сала́м)
дарэссала́мцы, -ев, *ед.* -мец, -мца, *тв.* -мцем
даря́щий(ся)
да-с
даста́н, -а
дастарха́н, -а
да́ст Бо́г, *вводн. сл. (выражение надежды, желательности)*
да́та, -ы
да́та-це́нтр, -а
да́тель, -я (*от* дать, *устар.*)
да́тельница, -ы, *тв.* -ей
да́тельный паде́ж
дати́в, -а
дати́рование, -я (*к* да́та)
дати́рованный; *кр. ф.* -ан, -ана (*к* да́та)
дати́ровать(ся), -рую, -рует(ся) (*к* да́та)
датиро́вка, -и, *р. мн.* -вок
да́то, *неизм.* (ве́ксель да́то)
да́точный (да́точные лю́ди, *ист.*)
да́тский (*к* Да́ния и датча́не)
да́тско-норве́жский
да́тско-росси́йский
да́тско-ру́сский
да́тско-шве́дский
датсу́н, -а
датча́не, -а́н, *ед.* -а́нин, -а
датча́нка, -и, *р. мн.* -нок
да́тчик, -а
да́тчиковый
да́ть(ся), да́м(ся), да́шь(ся), да́ст(ся), дади́м(ся), дади́те(сь), даду́т(ся); *прош.* дал, да́лся́, дала́(сь), да́ло́(сь), да́ли, да́ли́сь
даугавпи́лсский (*от* Да́угавпи́лс)
даугавпи́лсцы, -ев, *ед.* -сец, -сца, *тв.* -сцем
да́ун, -а (*о больном*: де́ти-да́уны)
Да́ун, -а: **боле́знь Да́уна, синдро́м Да́уна**
Да́унинг-стри́т, *нескл., ж.*
да́унтон, -а (*геол.*)
да́унто́нский
да́унхилл, -а (*спорт.*)
Да́урская земля́
да́урский (*к* да́уры и Да́урия; да́урская ли́ственница)
Да́урский хребе́т
да́уры, -ов, *ед.* да́ур, -а (*народ*)
дауэсиза́ция, -и
да́флко́т, -а (*одежда*)
Да́фна, -ы *(мифол.)*
Да́фнис и Хло́я, Да́фниса и Хло́и
да́фния, -и (*животное*)
даца́н, -а
дацзыба́о, *нескл., с.*
даци́т, -а
да́ча, -и, *тв.* -ей
дачевладе́лец, -льца, *тв.* -льцем, *р. мн.* -льцев
дачевладе́лица, -ы, *тв.* -ей
дачевладе́льческий
да́чища, -и, *тв.* -ей
да́чка, -и, *р. мн.* да́чек
да́чник, -а
да́чница, -ы, *тв.* -ей
да́чно-строи́тельный
да́чный
да́шковский (*от* Да́шкова)
дашна́ки, -ов, *ед.* -на́к, -а
дашнакцутю́н, -а
даю́щий(ся)
дая́ки, -ов, *ед.* дая́к, -а *(этническая группа)*
дая́ние, -я
ДВ [дэвэ́], *нескл., мн.* и *неизм.* (*сокр.*: длинные волны, длинноволновый)
два, две, двух, двум, двумя́, о дву́х
два́ – два́ с полови́ной
двадцатигра́дусный (20-гра́дусный)
двадцатигра́нник, -а
двадцатигра́нный
двадцатидвухле́тний (22-ле́тний)
двадцатидне́вный (20-дне́вный)
двадцатизна́чный (20-зна́чный)
двадцатикилометро́вый (20-километро́вый)
двадцатикопе́ечный (20-копе́ечный)
двадцатикра́тный
двадцатиле́тие (20-ле́тие), -я
двадцатиле́тний (20-ле́тний)
двадцатиминутка, -и, *р. мн.* -ток
двадцатиму́тный (20-мину́тный)
двадцатиоднолетний (21-ле́тний)
двадцатипроце́нтный (20-проце́нтный)
двадцатипудо́вый (20-пудо́вый)
двадцатипятиба́лльный (25-ба́лльный)
двадцатипятиле́тие (25-ле́тие), -я
двадцатипятиле́тний (25-ле́тний)

двадцатипятимину́тный (25-мину́тный)
двадцатипятипроце́нтный (25-проце́нтный)
двадцатипятирублёвый (25-рублёвый)
двадцатипятиты́сячник, -а
двадцатипятиты́сячный (25-ты́сячный)
двадцатиразря́дный (20-разря́дный)
двадцатирублёвый (20-рублёвый)
двадцатито́нный (20-то́нный)
двадцати́-тридцатиле́тний (20-30-ле́тний)
двадцатиуго́льник, -а
двадцатиуго́льный
двадцатичетырёхгра́нник, -а
двадцатичетырёхчасово́й (24-часово́й)
двадцатиэта́жный (20-эта́жный)
двадца́тка, -и, *р. мн.* -ток
двадца́тый
два́дцать пя́ть – два́дцать ше́сть
два́дцать пя́ть – три́дцать
два́дцать, -и́, *тв.* -ью́
два́дцать-три́дцать, двадцати́-тридцати́
два́дцатью (*при умножении*)
два́жды
два́жды боро́здчато-зу́бчатый
два́жды два́
два́жды пе́ристо-рассечённый
два́жды тройча́тый
двана́десять язы́ков, двуна́десяти язы́ков
два́ндва, *нескл., с.*
два́ сапога́ па́ра
два́-три́, двух-трёх
ДВ-диапазо́н, -а
двенадцатери́чный
двенадцатигра́нник, -а
двенадцатигра́нный
двенадцатидне́вный (12-дне́вный)
двенадцатидюймо́вка, -и, *р. мн.* -вок
двенадцатидюймо́вый (12-дюймо́вый)
двенадцатизву́чный (12-зву́чный)
двенадцатиле́тка, -и, *р. мн.* -ток
двенадцатиле́тний (12-ле́тний)
двенадцатими́льный (12-ми́льный)
двенадцатипе́рстная кишка́
двенадцатирублёвый (12-рублёвый)
двенадцатиря́дный
двенадцатисве́чник, -а
двенадцатисло́жный
двенадцатисти́шие (12-сти́шие), -я
двенадцатито́новый (12-то́новый)
двенадцатито́чечный жу́к
двенадцатиуго́льник, -а
двенадцатиуго́льный
двенадцатицили́ндровый (12-цили́ндровый)
двенадцатичасово́й (12-часово́й)
двенадцатиэта́жка, -и, *р. мн.* -жек
двенадцатиэта́жный (12-эта́жный)
двена́дцатый
двена́дцать, -и
две́рка, -и, *р. мн.* -рок
дверно́й
две́рочка, -и, *р. мн.* -чек
две́рца, -ы, *тв.* -ей, *р. мн.* -рец
дверь, -и, *предл.* в (на) двери́, *мн.* -и, -е́й, -я́м, -я́ми и -рьми́
две́рь в две́рь (жи́ть)
две́рь-верту́шка, две́ри-верту́шки
две́сти, двухсо́т, двумста́м, двумяста́ми, о двухста́х
две́ ты́сячи деся́тый (2010-й), две́ ты́сячи деся́того (2010-го); в две́ ты́сячи деся́том году́
две́ ты́сячи пе́рвый (2001-й), две́ ты́сячи пе́рвого (2001-го); в две́ ты́сячи пе́рвом году́
две́ ты́сячи тре́тий (2003-й), две́ ты́сячи тре́тьего (2003-го); в две́ ты́сячи тре́тьем году́
двигателестрое́ние, -я
двигателестрои́тель, -я
двигателестрои́тельный
двигатели́ст, -а
дви́гатель, -я
дви́гатель-генера́тор, дви́гателя-генера́тора
дви́гатель-генера́торный
дви́гательный
дви́гать(ся), -аю(сь), -ает(ся) и дви́жу(сь), дви́жет(ся)
дви́гающий(ся)
дви́гнуть(ся), -ну(сь), -нет(ся) (*устар. к* дви́нуть(ся))
движе́нец, -нца, *тв.* -нцем, *р. мн.* -нцев
движе́ние, -я
движе́нческий
дви́жимость, -и
дви́жимый
дви́житель, -я
дви́жка, -и, *р. мн.* -жек
движко́вый
движо́к, -жка́
дви́жущий(ся)
двинозáвр, -а
дви́нский и **двинско́й** (*от* Двина́)
дви́нуть(ся), -ну(сь), -нет(ся)
ДВ- и СВ-диапазо́н, -а
ДВ и СВ кана́лы свя́зи
дво́е[1], двои́х, двои́м, двои́ми, о двои́х, *употр. с одушевленными сущ. муж. и сред. рода*
дво́е[2], двух, двум, двумя́, о дву́х, *употр. с сущ., не имеющими ед. ч., напр.*: дво́е сане́й, дво́е су́ток
двоебо́рец, -рца, *тв.* -рцем, *р. мн.* -рцев
двоебо́рье, -я
двоебра́чие, -я
двоеве́рец, -рца, *тв.* -рцем, *р. мн.* -рцев
двоеве́рие, -я
двоеве́рка, -и, *р. мн.* -рок
двоевла́стие, -я
двоевла́стный
двоегла́вый
двоеду́шие, -я
двоеду́шничать, -аю, -ает
двоеду́шный; *кр. ф.* -шен, -шна
двоеже́нец, -нца, *тв.* -нцем, *р. мн.* -нцев
двоежёнство, -а
двоезна́менник, -а
двоему́жие, -я
двоему́жница, -ы, *тв.* -ей
двоемы́сленный
двоемы́слие, -я
дво́е на́ двое
двое́ние, -я
двоетёс, -а
двоетёсный
двоето́чие, -я
дво́е-тро́е, двои́х-трои́х
двоеца́рствие, -я
дво́ечка, -и, *р. мн.* -чек
дво́ечник, -а
дво́ечница, -ы, *тв.* -ей
дво́ечный
двое́шка, -и, *р. мн.* -шек, *ж.* (*двойчатка*)
двое́шки, -шек, *ед.* -шка, -и, *м.* и *ж.* (*близнецы*)
двои́льный
двои́ть(ся), двою́(сь), двои́т(ся)
дво́ица, -ы, *тв.* -ей
двои́чно-десятери́чный
двои́чный; *кр. ф.* -чен, -чна
дво́йка, -и, *р. мн.* дво́ек
двойни́к, -а́
двойникова́ние, -я
двойнико́вый
двойни́чество, -а
двойни́чный
двойничо́к, -чка́
двойно́й
дво́йня, -и, *р. мн.* дво́ен и дво́йней
двойня́та, -я́т, *ед.* -нёнок, -нка
двойня́шка, -и, *р. мн.* -шек, *ж.* (*двойчатка*)
двойня́шки, -шек, *ед.* -я́шка, -и, *м.* и *ж.* (*близнецы*)
дво́йственность, -и
дво́йственный; *кр. ф.* -вен и -венен, -венна
двойча́тка, -и, *р. мн.* -ток
двойча́тый
двор, -а́; но (*в названиях некоторых организаций, предприятий*) **Двор,** -а́: Гости́ный Дво́р, “Печа́тный Дво́р” (*в Петербурге*)
дворе́ц, -рца́, *тв.* -рцо́м, *р. мн.* -рцо́в
Дворе́ц бракосочета́ния
Дворе́ц до́жей (*в Венеции*)
дворе́цкий, -ого
Дворе́ц культу́ры
Дворе́ц молодёжи
дворе́ц-музе́й, дворца́-музе́я
Дворе́ц на́ций (*в Женеве*)

Дворе́ц пионе́ров
Дворе́ц правосу́дия (*в Париже и др. городах*)
Дворе́ц спо́рта
Дворе́ц фестива́лей (*в Канне*)
дво́рик, -а
двори́шко, -а и -и, *мн.* -шки, -шек, *м.*
двори́ще[1], -а, *мн.* -а и -и, -и́щ, *м.* (*увелич. к* двор)
двори́ще[2], -а, *с.* (*место, где была усадьба, жилище*)
дво́рник, -а
дво́рницкая, -ой
дво́рницкий
дво́рничать, -аю, -ает
дво́рничий, -ья, -ье
дво́рничиха, -и
дворно́й и **дво́рный**
дво́рня, -и
дворня́га, -и
дворня́жка, -и, *р. мн.* -жек
дворо́вый
дво́рский
дворцо́во-па́рковый
дворцо́вый
Дворы́, -о́в: **Больши́е Дворы́** (*поселок*)
дворяни́н, -а, *мн.* -я́не, -я́н
дворя́ниться, -нюсь, -нится
дворя́нка, -и, *р. мн.* -нок
дворя́ночка, -и, *р. мн.* -чек
дворя́нский
Дворя́нское собра́ние
дворя́нско-поме́щичий
дворя́нство, -а
дворя́нчик, -а
двою́родный
двоя́кий
двояково́гнутый
двояковы́пуклый
двоякоды́шащие, -их и **двуды́шащие,** -их
двоякопериоди́ческий
двоякопреломля́ющий
двоя́кость, -и
двоя́шка, -и, *р. мн.* -шек, *ж.* (*двойчатка*)
двоя́шки, -шек, *ед.* -я́шка, -и, *м.* и *ж.* (*близнецы*)
ДВ-радиокана́лы, -ов
ДВС [дэвээ́с], *нескл., м.* (*сокр.*: двигатель внутреннего сгорания)
ДВ-свя́зь, -и
ДВ-ста́нция, -и
двубо́ртный
двувидово́й
двувидо́вость, -и
двугла́вый
двугла́зый
двугла́сный
двуголо́сный и **двухголо́сный**
двуголо́сый и **двухголо́сый**
двуго́рбый
двугра́нный
двугри́венник, -а
двугри́венничек, -чка
двугри́венный, -ого
двugу́бый
двудо́льный
двудо́мность, -и
двудо́мный
двудо́нный и **двухдо́нный**
двудушево́й и **двухдушево́й** (наде́л, *ист.*)
двуду́шник и **двухду́шник,** -а
двуды́шащие, -их и **двоякоды́шащие,** -их
двуеди́нство, -а
двуеди́ный
двужа́берные, -ых
двужи́льный (*сильный*)
двузерня́нка, -и, *р. мн.* -нок
двузна́чность, -и и **двухзна́чность,** -и
двузна́чный и **двухзна́чный;** *кр. ф.* -чен, -чна
двузу́бец, -бца, *тв.* -бцем, *р. мн.* -бцев
двузу́бчатый
двузу́бый
двуипоста́сный
двукла́ссный и **двухкла́ссный**
двуко́лка, -и, *р. мн.* -лок
двуко́лочка, -и, *р. мн.* -чек
двуко́лочный
двукомпоне́нтность, -и и **двухкомпоне́нтность,** -и
двукомпоне́нтный и **двухкомпоне́нтный;** *кр. ф.* -тен, -тна
двуко́нный
двуко́нь и **одвуко́нь,** *нареч.* (*устар.*)
двукопы́тные, -ых
двукра́тность, -и
двукра́тный; *кр. ф.* -тен, -тна
двукры́лый
двулёгочный
двулепе́стник, -а
двулепе́стный
двуле́тний (двуле́тнее расте́ние)
двуле́тник, -а
двулётный
двули́кий
двули́кость, -и
двули́стный
двули́чие, -я
двули́чник, -а
двули́чница, -ы, *тв.* -ей
двули́чничать, -аю, -ает
двули́чность, -и
двули́чный; *кр. ф.* -чен, -чна
двуме́рный и **двухме́рный;** *кр. ф.* -рен, -рна
двунадеся́тые пра́здники (*церк.*)
двунапра́вленность, -и
двунапра́вленный; *кр. ф.* -ен, -ена
двуни́ток, -тка
двуни́точный
двуно́гий
двуно́сый
двуо́кись, -и
двуо́сный
двуо́стрый
двупа́лый
двупарноно́гие, -их
двупарнорезцо́вые, -ых
двупе́рстие, -я
двупе́рстник, -а
двупе́рстный (*от* двупе́рстие)
двупе́рстый (*двупалый*)
двупла́нность, -и
двупла́нный
двупла́новость, -и
двупла́новый
двупласти́нчатый
двупле́чий
двуполостно́й и **двупо́лостный** (*от* по́лость)
двупо́лость, -и, *мн.* -и, -е́й
двупо́лый
двупо́лье, -я
двупо́льный и **двухпо́льный**
двупрото́нный
двупятни́стый жу́к
двуро́гий
двуру́кий
двуру́чка, -и, *р. мн.* -чек
двуру́чный
двуру́шник, -а
двуру́шница, -ы, *тв.* -ей
двуру́шничать, -аю, -ает
двуру́шнический
двуру́шничество, -а
двусве́тный и **двухсве́тный**
двусемядо́льный
двусемя́нка, -и, *р. мн.* -нок
двусемя́нный
двуска́тный и **двухска́тный**
двусло́вный и **двухсло́вный;** *кр. ф.* -вен, -вна
двуслогово́й
двусло́жность, -и и **двухсло́жность,** -и
двусло́жный и **двухсло́жный;** *кр. ф.* -жен, -жна
двусло́йный и **двухсло́йный;** *кр. ф.* -о́ен, -о́йна
двусмы́сленно, *нареч.*
двусмы́сленность, -и
двусмы́сленный; *кр. ф.* -ен, -енна
двусмы́слица, -ы, *тв.* -ей
двусоста́вность, -и
двусоста́вный
двуспа́льный и **двухспа́льный**
двуство́лка, -и, *р. мн.* -лок и **двухство́лка,** -и, *р. мн.* -лок
двуство́льный и **двухство́льный**
двуство́рчатый и **двухство́рчатый**
двусти́шие, -я
двусто́пный и **двухсто́пный;** *кр. ф.* -пен, -пна
двусторо́нне-симметри́чный; *кр. ф.* -чен, -чна
двусторо́нний и **двухсторо́нний**
двусторо́нность, -и и **двухсторо́нность,** -и
двустро́чие, -я
двустро́чный и **двухстро́чный**

двуступе́нчатый и **двухступе́нчатый**
двута́вр, -а
двутавро́вый
двуто́чечный жу́к
двууглеки́слый
двуу́стка, -и, *р. мн.* -ток
двуутро́бка, -и, *р. мн.* -бок
двуха́дресный
двуха́ктный
двухарши́нный
двуха́томный
двухба́зовый
двухба́йтовый
двухба́лльный
двухбатальо́нный
двухба́шенный
двухвале́нтный; *кр. ф.* -тен, -тна
двухвалко́вый
двухва́нный
двухведёрный и **двухвёдерный**
двухвеково́й
двухвёрстка, -и, *р. мн.* -ток
двухвёрстный
двухверши́нный
двухвершко́вый
двухвесе́льный и **двухвёсельный**
двухвинтово́й
двухво́стка, -и, *р. мн.* -ток
двухво́стый
двухгнёздный
двухгоди́чный
двухгодова́лый
двухгодово́й
двухголо́вочный
двухголо́вчатый
двухголо́вый
двухголо́сный и **двуголо́сный**
двухголо́сый и **двуголо́сый**
двухдве́рный
двухде́тный
двухдиапазо́нный
двухди́сковый
двухдне́вный
двухдо́лларовый
двухдо́нный и **двудо́нный**
двухдоро́жечный
двухдугово́й
двухдушево́й и **двудушево́й** (наде́л, *ист.*)
двухду́шник, -а и **двуду́шник,** -а
двухдюймо́вка, -и, *р. мн.* -вок
двухдюймо́вый
двухжи́льный (*с двумя жилами*)
двухза́льный
двухзатво́рный
двухзве́нность, -и
двухзве́нный
двухзвеньево́й
двухзна́чность, -и и **двузна́чность,** -и
двухзна́чный и **двузна́чный;** *кр. ф.* -чен, -чна
двухзона́льный
двухиго́льный
двухизна́ночный
двухимённый

двух- и трёхдне́вный
двухка́мерный
двухкана́льный
двухкаска́дный
двухкассе́тник, -а
двухкассе́тный
двухква́нтовый
двухкварти́рный
двухкилево́й
двухкилогра́ммо́вый (2-килогра́м-мо́вый)
двухкилометро́вка, -и, *р. мн.* -вок
двухкилометро́вый (2-километро́-вый)
двухкла́ссный и **двукла́ссный**
двухколе́йный
двухколе́нный
двухколе́нчатый
двухколёска, -и, *р. мн.* -сок
двухколёсный
двухколо́нный
двухколо́ночный
двухко́мнатный
двухкомпле́ктный
двухкомпоне́нтность, -и и **двуком-поне́нтность,** -и
двухкомпоне́нтный и **двукомпо-не́нтный;** *кр. ф.* -тен, -тна
двухко́нтурный
двухкоордина́тный
двухкопе́ечный (2-копе́ечный)
двухко́рпусный
двухкра́сочный
двухкругово́й
двухкулачко́вый
двухкурко́вый
двухла́мповый
двухла́стичный
двухлеме́шный
двухле́тие, -я
двухле́тка, -и, *р. мн.* -ток, *ж.* (*период в два года*), *м.* и *ж.* (*о ком-н. двух лет*)
двухле́тний
двухле́ток, -тка
двухлитро́вый (2-литро́вый)
двухлицево́й
двухло́пастный
двухло́ристый
двухлоша́дный
двухма́ршевый
двухма́тчевый
двухма́чтовик, -а
двухма́чтовый
двухмаши́нный
двухме́рность, -и
двухме́рный и **двуме́рный;** *кр. ф.* -рен, -рна
двухме́стный
двухме́сячник, -а
двухме́сячный (2-ме́сячный)
двухметро́вый (2-метро́вый)
двухмиллиа́рдный (2-миллиа́рд-ный) и (*при передаче разг. произ-ношения*) **двухмилья́рдный**

двухмиллио́нный (2-миллио́нный) и (*при передаче разг. произноше-ния*) **двухмильо́нный**
двухмину́тный (2-мину́тный)
двухмото́рный
двухнеде́льник, -а
двухнеде́льный (2-неде́льный)
двухобъекти́вный
двухо́дка, -и, *р. мн.* -док
двухоко́нный
двухо́лмие, -я
двухопо́рный
двухоруди́йный
двухосно́вный
двухо́сный
двухотва́льный
двухочко́вый
двухпала́тный
двухпа́лубный
двухпарти́йный
двухпозицио́нный
двухпо́лозный
двухполо́ска, -и, *р. мн.* -сок
двухполо́сный (*от* полоса́)
двухполо́тенный
двухполупери́одный
двухпо́льный и **двупо́льный**
двухпо́люсник, -а
двухпо́люсный
двухполя́рный
двухпото́чный
двухпроводно́й
двухпрогра́ммный
двухпроце́нтный (2-проце́нтный)
двухпроце́ссорный
двухпудови́к, -а́
двухпудо́вка, -и, *р. мн.* -вок
двухпудо́вый
двухпу́тный
двухра́зовый
двухра́ундовый
двухрёберный
двухромовоки́слый
двухро́торный
двухрублёвый (2-рублёвый)
двухру́льный
двухря́дка, -и, *р. мн.* -док
двухря́дный
двухсаже́нный (2-саже́нный)
двухсве́тный и **двусве́тный**
двухсекцио́нный
двухсери́йный
двухска́тный и **двуска́тный**
двухскоростно́й
двухсло́вный и **двусло́вный;** *кр. ф.* -вен, -вна
двухсло́жность, -и и **двусло́жность,** -и
двухсло́жный и **двусло́жный;** *кр. ф.* -жен, -жна
двухсло́йный и **двусло́йный;** *кр. ф.* -о́ен, -о́йна
двухсме́нка, -и
двухсме́нный
двухсотграммо́вый (200-граммо́-вый)

двухсо́тенный
двухсо́тка, -и, *р. мн.* -ток
двухсоткилогра́ммо́вый (200-кило-гра́ммо́вый)
двухсотле́тие (200-ле́тие), -я
двухсотле́тний (200-ле́тний)
двухсотметро́вка, -и, *р. мн.* -вок
двухсотми́льный (200-ми́льный)
двухсотпятидесятиле́тие (250-ле́тие), -я
двухсотпятидесятиле́тний (250-ле́тний)
двухсотпятидесятимиллио́нный (250-миллио́нный)
двухсотрублёвый (200-рублёвый)
двухсотсвечо́вый
двухсотсемидесятипятиле́тие (275-ле́тие), -я
двухсотто́нный (200-то́нный)
двухсотты́сячный (200-ты́сячный)
двухсо́тый
двухспа́льный и **двуспа́льный**
двухполови́нный
двýх с полови́ной ле́тний
двýх с полови́ной метро́вый
двýх с полови́ной миллио́нный
двýх с полови́ной проце́нтный
двýх с полови́ной ты́сячный
двухство́лка, -и, *р. мн.* -лок и **дву-ство́лка,** -и, *р. мн.* -лок
двухство́льный и **двуство́льный**
двухство́рчатый и **двуство́рчатый**
двухстепе́нный
двухсто́пный и **двусто́пный**; *кр. ф.* -пен, -пна
двухсторо́нний и **двусторо́нний**
двухсторо́нность, -и и **двусторо́нность,** -и
двухстро́чный и **двустро́чный**
двухстру́нный
двухступе́нчатый и **двуступе́нчатый**
двухсу́точный (2-су́точный)
двухта́ктный
двухтари́фный
двухте́мповый
двухто́мник, -а
двухто́мный
двухто́нный
двухто́пливный
двухто́чечный
двýх-трёхгоди́чный (2-3-годи́чный)
двух-трёхдне́вный (2-3-дне́вный)
двух-трёхкра́тный (2-3-кра́тный)
двýх-трёхле́тний (2-3-ле́тний)
двух-трёхме́сячный (2-3-ме́сячный)
двух-трёхнеде́льный (2-3-неде́льный)
двухтру́бный
двухту́мбовый
двухтысячеле́тие, -я **(2000-ле́тие)**
двухтысячеле́тний (2000-ле́тний)
двухты́сячный (2-ты́сячный, 2000-й)
двухуда́рный
двухýровневый
двухфа́зный
двухфото́нный
двухфунто́вый
двухфюзеля́жный
двухходо́вка, -и, *р. мн.* -вок
двухходово́й и **двухходо́вый**
двухцветко́вый
двухцве́тность, -и и **двуцве́тность,** -и
двухцве́тный и **двуцве́тный**; *кр. ф.* -тен, -тна
двухцелево́й
двухцили́ндровый
двухчасово́й
двухчастёвый
двухча́стный; *кр. ф.* -тен, -тна
двухчле́нный и **двучле́нный**; *кр. ф.* -е́нен, -е́нна
двухша́жный
двухшатро́вый
двухшере́ножный
двухшёрстный и **двушёрстный**
двухши́пный
двухшки́вный
двухшо́вный
двухъёмкостный
двухъя́дерный
двухъя́корный
двухъя́русный
двухэлектро́дный
двухэлеме́нтный
двухэта́жка, -и, *р. мн.* -жек
двухэта́жный (2-эта́жный)
двухэта́пный (2-эта́пный)
двуцве́тность, -и и **двухцве́тность,** -и
двуцве́тный и **двухцве́тный**; *кр. ф.* -тен, -тна
двучле́н, -а
двучле́нный и **двухчле́нный**; *кр. ф.* -е́нен, -е́нна
двушёрстный и **двухшёрстный**
двýшка, -и, *р. мн.* -шек
двуязы́чие, -я
двуязы́чный; *кр. ф.* -чен, -чна
двуяйцево́й (двуяйцевы́е близнецы́)
ДДТ [дэдэтэ́], *нескл., м.* (*порошковый препарат*)
-де, *частица – с предшествующим словом пишется через дефис*: о́н-де, говори́л-де
деавтоматиза́ция, -и
деалкоголиза́ция, -и
деамерика́низация, -и
деаэра́тор, -а
деаэра́ция, -и
деаэри́рованный; *кр. ф.* -ан, -ана
деаэри́ровать(ся), -и́рую, -и́рует(ся)
Деба́й, -я: **температу́ра Деба́я, ме́тод Деба́я – Ше́ррера**
деба́й, -я (*ед. измер.*)
дебала́нс, -а
дебарка́дер, -а
дебарка́дерный
дебарка́ция, -и
дебати́рование, -я
дебати́рованный; *кр. ф.* -ан, -ана
дебати́ровать(ся), -рую, -рует(ся)
деба́ты, -ов
дебе́лость, -и
дебе́лый
дебенту́ра, -ы
де́бет, -а (*счет*)
де́бет-но́та, -ы
дебето́ванный; *кр. ф.* -ан, -ана
дебетова́ть(ся), -тýю, -тýет(ся)
де́бетовый (*от* де́бет)
деби́л, -а
дебилиза́ция, -и
дебили́зм, -а
деби́лка, -и, *р. мн.* -лок
деби́льность, -и
деби́льный; *кр. ф.* -лен, -льна
деби́т, -а (*объем*)
деби́тный
дебито́р, -а
дебито́рский
деблока́да, -ы
деблоки́рование, -я
деблоки́рованный; *кр. ф.* -ан, -ана
деблоки́ровать(ся), -рую, -рует(ся)
дебольшевиза́ция, -и
деборди́рованный; *кр. ф.* -ан, -ана
деборди́ровать(ся), -рую, -рует(ся)
дебо́ш, -а, *тв.* -ем
дебоши́р, -а
дебоши́рить, -рю, -рит
дебоши́рничать, -аю, -ает
дебоши́рский
дебоши́рство, -а
дебоши́рящий
дебо́шничать, -аю, -ает
де́бри, -ей
де́бри́стый
дебри́финг, -а
дебро́йлевский (*от* де Бро́йль)
де Бро́йль, -я: **во́лны де Бро́йля**
дебурба́ж, -а, *тв.* -ем
дебурбе́р, -а
дебуши́рование, -я
дебуши́рованный; *кр. ф.* -ан, -ана
дебуши́ровать(ся), -рую, -рует(ся)
дебюрократиза́ция, -и
дебюрократизи́рованный; *кр. ф.* -ан, -ана
дебюрократизи́ровать(ся), -рую, -рует(ся)
дебю́т, -а
дебюта́нт, -а
дебюта́нтка, -и, *р. мн.* -нток
дебюти́ровать, -рую, -рует
дебю́тный
де́ва, -ы (*девушка*) и **Де́ва,** -ы (*созвездие и знак зодиака*; *о том, кто родился под этим знаком*)
Де́ва, -ы (*о Богородице*): **Де́ва Мари́я, Пресвята́я Де́ва, Пречи́стая Де́ва**
девальвацио́нный
девальва́ция, -и
девальви́рованный; *кр. ф.* -ан, -ана
девальви́ровать(ся), -рую, -рует(ся)
девана́гари, *нескл., с.*

деваста́ционный
девастáция, -и
девáть(ся), -áю(сь), -áет(ся)
девáха, -и
девéлопер, -а
девéлоперский
дéверев, -а, -о
деверёк, -рькá
дéвернин, -а, -о
дéверь, -я, *мн.* -рья́, -рéй, -рья́м
девиáнт, -а
девиáнтность, -и
девиáнтный; *кр. ф.* -тен, -тна
девиациóнный
девиáция, -и
деви́з, -а (*краткое изречение*)
деви́за, -ы (*фин.*)
деви́зный
дéвий, дéвья, дéвье
девилóн, -а
девиóметр, -а
деви́ца, -ы, *тв.* -ей и (*нар.-поэт.*) **дéвица,** -ы, *тв.* -ей
дéвица-красá, дéвицы-красы́
дéвица-красáвица, дéвицы-красáвицы
деви́цын, -а, -о
деви́ческий
деви́чество, -а
деви́чий, -ья, -ье
деви́чник, -а
Дéвичье пóле (*в Москве*)
дéвичья, -ьей
дéвка, -и, *р. мн.* дéвок
дéвка-чернáвка, дéвки-чернáвки
дéвкин, -а, -о
деволюциóнный
деволю́ция, -и
де-воля́й, *неизм.* (*котлеты*)
девóн, -а (*геол.*)
девóнский
девонши́рский (*от* Дéвонши́р)
девонши́рцы, -ев, *ед.* -рец, -рца, *тв.* -рцем
дéвонька, -и, *р. мн.* -нек
дéвочка, -и, *р. мн.* -чек
дéвочка-подрóсток, дéвочки-подрóстка, *ж.*
дéвочкин, -а, -о
дéвственник, -а
дéвственница, -ы, *тв.* -ей
дéвственность, -и
дéвственно-чи́стый
дéвственный; *кр. ф.* -вен и -венен, -венна
дéвство, -а
дéвствовать, -твую, -твует
девтерагони́ст, -а
дéвушка, -и, *р. мн.* -шек
дéвушка-лётчик, дéвушки-лётчика, *ж.*
дéвушка-убóрщица, дéвушки-убóрщицы
дéвушкин, -а, -о
девчáта, -áт
девчáчий, -ья, -ье
девчóнка, -и, *р. мн.* -нок
девчóнкин, -а, -о
девчóночий, -ья, -ье
девчóночка, -и, *р. мн.* -чек
девчóнский
девчýрка, -и, *р. мн.* -рок
девчýркин, -а, -о
девчýрочка, -и, *р. мн.* -чек
девчýшечка, -и, *р. мн.* -чек
девчýшка, -и, *р. мн.* -шек
девчýшкин, -а, -о
девянóсто, -а
девяностодевятипроцéнтный (99-процéнтный)
девяностолéтие (90-лéтие), -я
девяностолéтний (90-лéтний)
девяностопятилéтний (95-лéтний)
девянóстый
девяси́л, -а
девяси́льный
девятери́к, -á
девятерикóвый
девятери́чный
девятернóй
дéвятеро, -ы́х
девятибáлльный (9-бáлльный)
девяти́-десятилéтний (9-10-лéтний)
девятидеся́тый (*устар. к* девянóстый)
девятиднéвный (9-днéвный)
девятизаря́дный (9-заря́дный)
девятиклáссник, -а
девятиклáссница, -ы, *тв.* -ей
девятиклáссный (9-клáссный)
девятикрáтный
девятилéтие (9-лéтие), -я
девятилéтка, -и, *р. мн.* -ток
девятилéтний (9-лéтний)
девятимéсячный (9-мéсячный)
девяти́ны, -и́н
девятисотлéтие (900-лéтие), -я
девятисотлéтний (900-лéтний)
девятисóтый
девятитóмник, -а
девятитóмный (9-тóмный)
девятиты́сячный (9-ты́сячный)
девятичасовóй (9-часовóй)
девятичи́нная просфорá
девятиэтáжка, -и, *р. мн.* -жек
девятиэтáжный (9-этáжный)
девя́тка, -и, *р. мн.* -ток
девятнадцатилéтний (19-лéтний)
девятнáдцатый
девятнáдцать, -и
девя́точка, -и, *р. мн.* -чек
девя́тый
дéвять, -и́, *тв.* -ью́
девятьсóт, девятисóт, девятистáм, девятьюстáми, о девятистáх
дéвятью (*при умножении*)
дéвятью дéвять
дегазáтор, -а
дегазáторский
дегазациóнный
дегазáция, -и
дегази́рованный; *кр. ф.* -ан, -ана
дегази́ровать(ся), -рую, -рует(ся)
дегази́рующий(ся)
дегельминтизáция, -и
дегенерáт, -а
дегенерати́вность, -и
дегенерати́вный; *кр. ф.* -вен, -вна
дегенерати́зм, -а
дегенерáтка, -и, *р. мн.* -ток
дегенерáтский
дегенерациóнный
дегенерáция, -и
дегенери́ровать, -рую, -рует
дегерéсский (дегерéсские óвцы)
дегероизáция, -и
дегероизи́рованный; *кр. ф.* -ан, -ана
дегероизи́ровать(ся), -рую(сь), -рует(ся)
дегидрáзы, -áз, *ед.* -áза, -ы
дегидратáция, -и
дегидрати́рованный; *кр. ф.* -ан, -ана
дегидрати́ровать(ся), -и́рую, -и́рует(ся)
дегидри́рование, -я
дегидри́рованный; *кр. ф.* -ан, -ана
дегидри́ровать(ся), -и́рую, -и́рует(ся)
дегидробензóл, -а
дегидрогенáзы, -áз, *ед.* -áза, -ы
дегидрогенизáция, -и
дегóллевский (*от* Де Гóлль)
дегоржáж, -а, *тв.* -ем
дегоржёр, -а
дегоржи́рование, -я
дегоржи́рованный; *кр. ф.* -ан, -ана
дегоржи́ровать(ся), -и́рую, -и́рует(ся)
дёготный
дегóток, -ткá и -ткý и **деготёк,** -тькá и -тькý
дёготь, дёгтя и дёгтю
деградáнт, -а
деградáция, -и
деградáровать, -рую, -рует
дегресси́вный
дегрéссия, -и
дёгтебетóн, -а
дегтевóй и **дёгтевый**
дёгтемáз, -а
дегти́шко, -а и -и, *м.*
Дегтярёв, -а: **пулемёт Дегтярёва**
дегтя́рка, -и, *р. мн.* -рок
дегтя́рник, -а
дегтя́рница, -ы, *тв.* -ей
дегтя́рный
дегтя́рня, -и, *р. мн.* -рен
дегтя́рь, -я́
дéгу, *нескл., м.*
дегуманизáция, -и
дегуманизи́рованный; *кр. ф.* -ан, -ана
дегуманизи́ровать(ся), -рую, -рует(ся)
дегустáтор, -а
дегустациóнный
дегустáция, -и
дегусти́рованный; *кр. ф.* -ан, -ана
дегусти́ровать(ся), -рую, -рует(ся)

дед, -а, *мн.* -ы, -ов и (*старослужащие в армии*) -ы́, -о́в
де́да, -ы, *м.* (*в детской речи*)
Деда́л, -а: **Деда́л и Ика́р**
де́две́йт, -а
дедеро́н, -а
дедеро́новый
дедика́ция, -и
де́дина, -ы
де́дка, -и, *р. мн.* де́док, *м.* (*от* дед)
де́дкин, -а, -о (*от* де́дка)
де́д Маза́й, де́да Маза́я (*лит. персонаж*)
Де́д Моро́з, Де́да Моро́за (*сказочный персонаж*; *человек, одетый как этот персонаж*) и **де́д-моро́з,** де́да-моро́за (*игрушка*)
дед-моро́зовский (*от* Де́д Моро́з)
де́дов, -а, -о
дедо́вник, -а
де́довский
дедовщи́на, -ы
дедо́к, дедка́
дедолларриза́ция, -и
дедолларизо́ванный; *кр. ф.* -ан, -ана
дедраматиза́ция, -и
дедраматизи́рованный; *кр. ф.* -ан, -ана
дедукти́вный
дедукти́ровать, -рую, -рует
дедý́кция, -и
дедý́лечка, -и, *р. мн.* -чек, *м.*
дедý́лин, -а, -о
дедý́ля, -и, *м.*
дедý́ня, -и, *м.*
дедý́син, -а, -о
дедý́ся, -и, *м.*
дедуци́рованный; *кр. ф.* -ан, -ана
дедуци́ровать(ся), -рую, -рует(ся)
де́душка, -и, *р. мн.* -шек, *м.*
де́душка Маза́й, де́душки Маза́я (*лит. персонаж*)
Де́душка Моро́з, Де́душки Моро́за
де́душкин, -а, -о
дееприча́стие, -я
дееприча́стный
дееспосо́бность, -и
дееспосо́бный; *кр. ф.* -бен, -бна
дежа́, -и́, *тв.* -о́й, *мн.* дежи́ и дё́жи, деже́й
дежавю́, *нескл., с.*
дё́жка, -и, *р. мн.* дё́жек
Дежнё́в, -а: **мы́с Дежнё́ва, бý́хта Дежнё́ва**
дежура́нт, -а
дежý́рить, -рю, -рит
дежý́рка, -и, *р. мн.* -рок
дежý́рный
дежý́рство, -а
дежý́рящий
де́за, -ы и **деза́,** -ы́ (*дезинформация*)
дезабилье́, *нескл., с.*
дезавуариза́ция, -и (*от* авуа́ры)
дезавуаризо́ванный; *кр. ф.* -ан, -ана
дезавуи́рование, -я
дезавуи́рованный; *кр. ф.* -ан, -ана
дезавуи́ровать(ся), -рую, -рует(ся)
дезадапта́ция, -и
дезадапти́рованный; *кр. ф.* -ан, -ана
дезадапти́ровать(ся), -рую(сь), -рует(ся)
дезактива́тор, -а
дезактивацио́нный
дезактива́ция, -и
дезактиви́рованный; *кр. ф.* -ан, -ана
дезактиви́ровать(ся), -рую, -рует(ся)
дезактиви́рующий(ся)
дезамини́рование, -я
дезамини́рованный; *кр. ф.* -ан, -ана
дезамини́ровать(ся), -рую, -рует(ся)
дезерти́р, -а
дезерти́ровать, -рую, -рует
дезерти́рский
дезерти́рство, -а
дезигна́ция, -и (*фин.*)
дезидера́ты, -а́т
дезинва́зия, -и
дезинсекта́ль, -я
дезинсектоло́гия, -и
дезинсе́ктор, -а
дезинсекцио́нный
дезинсе́кция, -и
дезинстрý́ктор, -а
дезинтегра́тор, -а
дезинтегра́торный
дезинтеграцио́нный
дезинтегра́ция, -и
дезинтегри́рованный; *кр. ф.* -ан, -ана
дезинтегри́ровать(ся), -рую, -рует(ся)
дезинтоксикацио́нный
дезинтоксика́ция, -и
дезинфе́ктор, -а
дезинфекциони́ст, -а
дезинфекциони́стка, -и, *р. мн.* -ток
дезинфекцио́нный
дезинфе́кция, -и
дезинфици́рование, -я
дезинфици́рованный; *кр. ф.* -ан, -ана
дезинфици́ровать(ся), -рую(сь), -рует(ся)
дезинфици́рующий(ся)
дезинфляцио́нный
дезинфля́ция, -и
дезинформа́тор, -а
дезинформацио́нный
дезинформа́ция, -и
дезинформи́рованный; *кр. ф.* -ан, -ана
дезинформи́ровать(ся), -рую(сь), -рует(ся)
деска́мера, -ы
дезодора́нт, -а
дезодора́нт-антиперспира́нт, дезодора́нта-антиперспира́нта
дезодора́нт-антиперспира́нт-ге́ль, дезодора́нта-антиперспира́нта-ге́ля
дезодора́нт-антиперспира́нт-спре́й, дезодора́нта-антиперспира́нта-спре́я
дезодора́нт-ге́ль, дезодора́нта-ге́ля
дезодора́нт-кре́м, дезодора́нта-кре́ма
дезодора́нт-спре́й, дезодора́нта-спре́я
дезодора́нт-сти́к, дезодора́нта-сти́ка
дезодора́тор, -а
дезодора́ция, -и
дезодори́рованный; *кр. ф.* -ан, -ана
дезодори́ровать(ся), -рую, -рует(ся)
дезоксида́ция, -и
дезоксикортикостеро́н, -а
дезоксирибо́за, -ы
дезоксирибонуклеа́за, -ы
дезоксирибонуклеи́новый
дезорганиза́тор, -а
дезорганиза́торский
дезорганиза́торство, -а
дезорганиза́ция, -и
дезорганизо́ванность, -и
дезорганизо́ванный; *кр. ф.* -ан, -ана
дезорганизова́ть(ся), -зý́ю, -зý́ет(ся)
дезорганизо́вывать(ся), -аю, -ает(ся)
дезориента́ция, -и
дезориенти́рование, -я
дезориенти́рованный; *кр. ф.* -ан, -ана
дезориенти́ровать(ся), -рую(сь), -рует(ся)
дезурбаниза́ция, -и
дезурбани́зм, -а
дезурбанисти́ческий
дезурбани́ческий
деидеологиза́ция, -и
деидеологизи́рованный; *кр. ф.* -ан, -ана
деидеологизи́ровать(ся), -рую(сь), -рует(ся)
деи́зм, -а
деиндустриализа́ция, -и
деиониза́ция, -и
деионизи́рованный; *кр. ф.* -ан, -ана
деионизи́роваться, -руется
деи́ст, -а
деисти́ческий
деи́стка, -и, *р. мн.* -ток
де́исус, -а
деисý́сный
дей, де́я
де́йдвуд, -а
де́йксис, -а
дейкти́ческий
дейноцефа́л, -а и **диноцефа́л,** -а
де́йственность, -и
де́йственный; *кр. ф.* -вен и -венен, -венна
де́йствие, -я
действи́тельно, *нареч.*
действи́тельность, -и
действи́тельный; *кр. ф.* -лен, -льна
де́йство, -а
де́йствование, -я
де́йствователь, -я
де́йствовать, -твую, -твует
де́йствующий
дейтагра́мма, -ы
дейталла́ксы, -ов, *ед.* -лла́кс, -а
дейте́риевый
дейте́рий, -я
дейтопла́зма, -ы

дейтро́н, -а
дейтро́нный
де́йция, -и
дек, -а (*палуба*)
де́ка, -и (*муз.*)
дека... – *первая часть сложных слов, пишется слитно*
декабри́зм, -а
декабри́ст, -а
декабри́стка, -и, *р. мн.* -ток
декабристове́д, -а
декабристове́дение, -я
декабри́стский
дека́брь, -я́
дека́брьский
Дека́брьское вооружённое восста́ние (*1905*)
декагра́мм, -а
дека́да, -ы
декада́нс, -а
декаде́нт, -а
декаде́нтка, -и, *р. мн.* -ток
декаде́нтский
декаде́нтство, -а
декаде́нтщина, -ы
дека́дник, -а
дека́дный
декали́н, -а
декали́тр, -а
декало́г, -а
декальки́рование, -я
декальки́рованный; *кр. ф.* -ан, -ана
декальки́ровать(ся), -рую, -рует(ся)
декалькома́ния, -и
декальцина́ция, -и
декальцини́рованный; *кр. ф.* -ан, -ана
декальцини́ровать(ся), -рую, -рует(ся)
декамеви́т, -а
декаме́тр, -а
дека́н, -а
декана́т, -а
декана́тский
деканониза́ция, -и
дека́нский
дека́нство, -а
дека́нствовать, -твую, -твует
деканта́ция, -и
деканцерогениза́ция, -и
декапи́рование, -я
декапита́ция, -и
декапо́ды, -по́д, *ед.* -по́да, -ы
декарбоксили́рование, -я
декарбониза́ция, -и
декартелиза́ция, -и
Дека́ртов, -а, -о (Дека́ртова филосо́фия); но: **дека́ртова систе́ма координа́т, дека́ртов ли́ст, дека́ртов ова́л**
дека́ртовский (от Дека́рт)
декати́рова́ние, -я
декати́ро́ванный; *кр. ф.* -ан, -ана
декати́рова́ть(ся), -и́ру́ю, -и́ру́ет(ся)
декатиро́вка, -и
декатиро́вочный
декатиро́вщик, -а
декатиро́вщица, -ы, *тв.* -ей
декатло́н, -а
декато́нна, -ы
декатро́н, -а
дека́эдр, -а
деквалифика́ция, -и
деквалифици́рованный; *кр. ф.* -ан, -ана
деквалифици́ровать(ся), -рую(сь), -рует(ся)
де́кель, -я
деклamати́вный
деклама́тор, -а
деклама́торский
деклама́торша, -и, *тв.* -ей
декламацио́нный
деклама́ция, -и
деклами́рование, -я
деклами́рованный; *кр. ф.* -ан, -ана
деклами́ровать(ся), -рую, -рует(ся)
деклара́нт, -а
декларати́вность, -и
декларати́вный; *кр. ф.* -вен, -вна
декларацио́нный
деклара́ция, -и
Деклара́ция незави́симости (*в США, 1776*)
Деклара́ция пра́в челове́ка (*1948*)
деклари́рование, -я
деклари́рованный; *кр. ф.* -ан, -ана
деклари́ровать(ся), -рую, -рует(ся)
деклассиро́вание, -я
деклассиро́ванность, -и
деклассиро́ванный; *кр. ф.* -ан, -ана
деклассиро́ваться, -руюсь, -руется
деклина́тор, -а
деклина́ция, -и
декови́лька, -и, *р. мн.* -лек
де́ковый (*от* де́ка)
деко́дер, -а
декоди́рование, -я
декоди́рованный; *кр. ф.* -ан, -ана
декоди́ровать(ся), -рую, -рует(ся)
декодиро́вка, -и, *р. мн.* -вок
декоди́рующий(ся)
деко́кт, -а
деколла́ж, -а, *тв.* -ем
деколлективиза́ция, -и
деколониза́ция, -и
деколонизи́рованный; *кр. ф.* -ан, -ана
деколонизи́ровать(ся), -рую, -рует(ся)
деколонизо́ванный; *кр. ф.* -ан, -ана
деколонизова́ть(ся), -зу́ю, -зу́ет(ся)
деколора́ция, -и
деко́ль, -и
декольте́, *неизм.* и *нескл., с.*
декольти́ро́ванный; *кр. ф.* -ан, -ана
декольтирова́ться, -ру́юсь, -ру́ется и **декольти́роваться,** -руюсь, -руется
декоммуниза́ция, -и
декомпенсацио́нный
декомпенса́ция, -и
декомпили́рованный; *кр. ф.* -ан, -ана
декомпили́ровать(ся), -рую, -рует(ся) *(инф.)*
декомпиля́тор, -а
декомпиля́ция, -и
декомпозёр, -а
декомпози́ция, -и
декомпрессио́нный
декомпре́ссия, -и
декомпре́ссор, -а
декомпре́ссорный
деконструктиви́зм, -а
деконструктиви́ст, -а
деконструктиви́стский
деко́нт, -а
деко́р, -а
декорати́вно-ко́мнатный
декорати́вно-орнамента́льный
декорати́вно-прикладно́й
декорати́вность, -и
декорати́вный; *кр. ф.* -вен, -вна
декора́тор, -а
декора́торский
декорацио́нный
декора́ция, -и
декори́рование, -я
декори́рованный; *кр. ф.* -ан, -ана
декори́ровать(ся), -рую, -рует(ся)
декориро́вка, -и, *р. мн.* -вок
деко́рный (*от* деко́р)
деко́рт, -а (фин.)
декортика́тор, -а
декортика́ция, -и
деко́ртный (*от* деко́рт)
деко́рум, -а
декреме́нт, -а
декрепита́ция, -и (*геол.*)
декре́т, -а
декрета́лии, -ий
декрети́рование, -я
декрети́рованный; *кр. ф.* -ан, -ана
декрети́ровать(ся), -рую, -рует(ся)
декре́тный
декреще́ндо и **декреше́ндо,** *неизм.* и *нескл., с.*
декриминализа́ция, -и
декриминализо́ванный; *кр. ф.* -ан, -ана
декриминализова́ть(ся), -зу́ю, -зу́ет(ся)
декстра́н, -а (*хим.*)
декстри́н, -а
декстриниза́ция, -и
декстри́нный
декстри́новый
декстро́за, -ы
декстрокарди́я, -и
декуве́р, -а
декурио́н, -а
делабиализа́ция, -и
делабиализо́ванный; *кр. ф.* -ан, -ана
делава́ры, -ов, *ед.* -ва́р, -а
дела́-дели́шки
делamина́ция, -и

де́лание, -я
де́ланный; *кр. ф.* -ан, -ана, *прич.*
де́лано, *нареч.* (*неестественно*)
де́лано-переде́лано
де́ланость, -и
де́ланый, *прил.* (*неестественный*)
де́латель, -я
де́лательница, -ы, *тв.* -ей
де́лать(ся), -аю(сь), -ает(ся)
делега́т, -а
делега́тка, -и, *р. мн.* -ток
делега́тский
делега́ция, -и
делеги́рование, -я
делеги́рованный; *кр. ф.* -ан, -ана
делеги́ровать(ся), -рую(сь), -рует(ся)
делёж, -ежа́, *тв.* -о́м
делёжка, -и
деле́ние, -я
делённый; *кр. ф.* -ён, -ена́
деле́ц, дельца́, *тв.* дельцо́м, *р. мн.* дельцо́в
деле́ция, -и
делиба́ш, -а, *тв.* -ем
дели́вери, *нескл., с.*
дели́вери-о́рдер, -а
дели́йка, -и, *р. мн.* дели́ек
дели́йский (*от* Де́ли)
дели́йцы, -ев, *ед.* дели́ец, -и́йца, *тв.* -и́йцем
деликате́с, -а
деликате́сный
делика́тничанье, -я
делика́тничать, -аю, -ает
делика́тность, -и
делика́тный; *кр. ф.* -тен, -тна
дели́кт, -а
дели́ктный
делимитацио́нный
делимита́ция, -и
делимити́рованный; *кр. ф.* -ан, -ана
делимити́ровать(ся), -рую, -рует(ся)
дели́мое, -ого
дели́мость, -и
дели́мый
делинкве́нт, -а
дели́рий, -я
дели́стинг, -а
дели́тель, -я
дели́тельный
дели́ть(ся), делю́(сь), де́лит(ся)
дели́шки, -шек, *ед.* -шко, -а
де́лли, *нескл., ж.* и *с.* (*геол.*)
де́ло, -а, *мн.* дела́, дел и (*нарочито сниженное и прост.*) дело́в (всего́-то и дело́в, то́лько и дело́в), -а́м
делови́к, -а́
делови́тость, -и
делови́тый
делово́й
де́ло в то́м, что...
де́ло дря́нь
делокализа́ция, -и
делокализо́ванный; *кр. ф.* -ан, -ана
делокализова́ть(ся), -зу́ю, -зу́ет(ся)
делопроизводи́тель, -я
делопроизводи́тельница, -ы, *тв.* -ей
делопроизво́дственный
делопроизво́дство, -а
де́ло таба́к
де́лывать, *наст. вр. не употр.*
дельа́ртовский (*к* коме́дия дель а́рте)
делькре́дере, *нескл., с.*
де́льность, -и
де́льный; *кр. ф.* де́лен, де́льна
де́льта, -ы
де́льта-древеси́на, -ы
дельтадро́м, -а
де́льта-желе́зо, -а
де́льта-и́мпульс, -а
дельтаклу́б, -а
де́льта-лучи́, -е́й
де́льта-опера́тор, -а
дельтапла́н, -а
дельтапланери́зм, -а
дельтапланери́ст, -а
дельтапла́нерный
де́льта-фу́нкция, -и
де́льта-части́ца, -ы, *тв.* -ей
де́льта-электро́н, -а
де́льта-электро́нный
де́льта-эффе́кт, -а
дельтови́дный
де́льтовый
дельтообра́зный; *кр. ф.* -зен, -зна
дельфи́йский (*от* Де́льфы)
Дельфи́йский ора́кул
дельфи́н, -а
дельфина́рий, -я
дельфи́н-афали́на, дельфи́на-афали́ны, *м.*
дельфи́н-белобо́чка, дельфи́на-белобо́чки, *м.*
дельфинёнок, -нка, *мн.* -ня́та, -ня́т
дельфи́ний, -ья, -ье
дельфи́ниум, -а
дельфи́ниха, -и
дельфи́н-каса́тка, дельфи́на-каса́тки, *м.*
дельфи́новый
дельфоли́на, -ы (*фигура синхронного плавания*)
де́льце, -а, *р. мн.* -ев и де́лец
делювиа́льный (*от* делю́вий)
делю́вий, -я (*геол.*; *отложения, наносы*)
деля́га, -и, *м.* и *ж.*
деля́на, -ы
деля́нка, -и, *р. мн.* -нок
деля́ческий
деля́чество, -а
де́ля́щий(ся)
дем, -а (*биол.*)
демаго́г, -а
демагоги́ческий
демагоги́чность, -и
демагоги́чный; *кр. ф.* -чен, -чна
демаго́гия, -и
деманто́ид, -а
демаркацио́нный
демарка́ция, -и
дема́ркетинг, -а
дема́рш, -а, *тв.* -ем
демаски́рование, -я
демаски́рованный; *кр. ф.* -ан, -ана
демаски́ровать(ся), -рую(сь), -рует(ся)
демаскиро́вка, -и, *р. мн.* -вок
дематериализа́ция, -и
дематериализо́ванный; *кр. ф.* -ан, -ана
дематериализова́ть(ся), -зу́ю(сь), -зу́ет(ся)
де́мбель, -я, *мн.* -я́, -е́й
дембельну́ться, -ну́сь, -нётся (*жарг.*)
де́мбельский
демдвиже́ние, -я
деме́нция, -и
де́мередж, -а, *тв.* -ем
демеркуриза́ция, -и
демеркуризи́рованный; *кр. ф.* -ан, -ана
демеркуризи́ровать(ся), -и́рую, -и́рует(ся)
деме́ственный (деме́ственное пе́ние)
Деме́тра, -ы
демикото́н, -а
демикото́нный
демикото́новый
демилитариза́ция, -и
демилитаризи́рованный; *кр. ф.* -ан, -ана
демилитаризи́ровать(ся), -и́рую, -и́рует(ся)
демилитаризо́ванный; *кр. ф.* -ан, -ана
демилитаризова́ть(ся), -зу́ю, -зу́ет(ся)
демимо́нд, -а
демимонде́нка, -и, *р. мн.* -нок
деминерализа́ция, -и
деминерализо́ванный; *кр. ф.* -ан, -ана
деминерализова́ть(ся), -зу́ю, -зу́ет(ся)
демисезо́н, -а
демисезо́нный
демистифика́ция, -и
демистифици́рованный; *кр. ф.* -ан, -ана
демистифици́ровать(ся), -рую, -рует(ся)
демиу́рг, -а
демиурги́ческий
демифологиза́ция, -и
демифологизи́рованный; *кр. ф.* -ан, -ана
демифологизи́ровать(ся), -рую, -рует(ся)
демобилизацио́нный
демобилиза́ция, -и
демобилизо́ванный; *кр. ф.* -ан, -ана
демобилизова́ть(ся), -зу́ю(сь), -зу́ет(ся)
демобилизо́вывать(ся), -аю(сь), -ает(ся)
демове́рсия, -и (*демонстрационная*)

демо́граф, -а
демографи́ческий
демогра́фия, -и
демодеко́з, -а
демодифика́тор, -а *(инф.)*
демодуля́тор, -а
демодуля́ция, -и
демокра́т, -а
демократиза́тор, -а
демократиза́ция, -и
демократизи́рованный; *кр. ф.* -ан, -ана
демократизи́ровать(ся), -рую(сь), -рует(ся)
демократи́зм, -а
Демократи́ческая па́ртия (*в США и др. странах*)
демократи́чески
демократи́чески и́збранный
демократи́ческий
Демократи́ческий вы́бор Росси́и (*партия*)
демократи́чески ориенти́рованный
демократи́ческо-республика́нский
демократи́чность, -и
демократи́чный; *кр. ф.* -чен, -чна
демокра́тия, -и
демокра́тка, -и, *р. мн.* -ток
де́мон, -а
демонетиза́ция, -и
демониза́ция, -и (*от* де́мон)
демонизи́рованный; *кр. ф.* -ан, -ана
демонизи́ровать(ся), -рую, -рует(ся)
демони́зм, -а
демони́ческий
демони́чный; *кр. ф.* -чен, -чна
демонологи́ческий
демоноло́гия, -и
демонополиза́ция, -и
демонополизи́рованный; *кр. ф.* -ан, -ана
демонополизи́ровать(ся), -рую, -рует(ся)
де́монский
демонстра́нт, -а
демонстра́нтка, -и, *р. мн.* -ток
демонстра́нтский
демонстрати́вность, -и
демонстрати́вный; *кр. ф.* -вен, -вна
демонстра́тор, -а
демонстра́торский
демонстрацио́нный
демонстра́ция, -и
демонстри́рование, -я
демонстри́рованный; *кр. ф.* -ан, -ана
демонстри́ровать(ся), -рую, -рует(ся)
демонта́ж, -а и -а́, *тв.* -ем и -о́м
демонта́жный
демонти́рованный; *кр. ф.* -ан, -ана
демонти́ровать(ся), -рую, -рует(ся)
демопа́т, -а
демораліза́ция, -и
деморализо́ванный; *кр. ф.* -ан, -ана
деморализова́ть(ся), -зу́ю(сь), -зу́ет(ся)
деморо́ссы, -ов, *ед.* -ро́сс, -а (*члены движения "Демократическая Россия"*)
де́мос, -а
демоскопи́ческий
демоско́пи́я, -и
демоти́ческий
демохристиа́не, -а́н, *ед.* -ани́н, -а
демохристиа́нский
демохристиа́нство, -а
демпа́ртия, -и
де́мпинг, -а (*продажа товаров на внешнем рынке по заниженным ценам*)
демпингова́ть, -гу́ю, -гу́ет
де́мпинговый
де́мпинг-синдро́м, -а
де́мпфер, -а
де́мпферный
демпфи́рование, -я
демпфи́рованный; *кр. ф.* -ан, -ана
демпфи́ровать(ся), -рую, -рует(ся)
демультиплика́тор, -а
демуниципализа́ция, -и
демуниципализи́рованный; *кр. ф.* -ан, -ана
демуниципализи́ровать(ся), -рую, -рует(ся)
демья́нова уха́, демья́новой ухи́
демэколо́гия, -и
дена́рий, -я (*то же, что динарий;* дена́рий свято́го Петра́, *налог с католиков*)
денатурализа́ция, -и
денатурализо́ванный; *кр. ф.* -ан, -ана
денатурализова́ть(ся), -зу́ю(сь), -зу́ет(ся)
денатура́т, -а
денатура́тный
денатурацио́нный
денатура́ция, -и
денатури́рование, -я
денатури́рованный; *кр. ф.* -ан, -ана
денатури́ровать(ся), -рую, -рует(ся)
денационализа́ция, -и
денационализи́рованный; *кр. ф.* -ан, -ана
денационализи́ровать(ся), -рую, -рует(ся)
денацификацио́нный
денацифика́ция, -и
денацифици́рованный; *кр. ф.* -ан, -ана
денацифици́ровать(ся), -рую, -рует(ся)
де́нверский (*от* Де́нвер)
де́нверцы, -ев, *ед.* -рец, -рца, *тв.* -рцем
де́нди, *нескл., м.*
денди́зм, -а
дендра́рий, -я
дендри́т, -а
дендрити́ческий
дендри́тный
дендро... – *первая часть сложных слов, пишется слитно*
дендро́идный
дендроклиматоло́гия, -и
дендро́лог, -а
дендрологи́ческий
дендроло́гия, -и
дендро́метр, -а
дендрометри́ческий
дендроме́трия, -и
дендропа́рк, -а
дендроса́д, -а, *предл.* в дендросаду́, *мн.* -ы́, -о́в
дендрофло́ра, -ы
дендрохроно́лог, -а
дендрохронологи́ческий
дендрохроноло́гия, -и
де́нежка, -и, *р. мн.* -жек
де́нежки, -жек
де́нежно-вещево́й
де́нежно-креди́тный
де́нежно обеспе́ченный
де́нежно-расчётный
де́нежный
денёк, денька́
денёк-друго́й
денёчек, -чка
дензна́к, -а
денивеля́ция, -и
дени́кинец, -нца, *тв.* -нцем, *р. мн.* -цев
дени́кинский (*от* Дени́кин)
дени́кинщина, -ы
дени́м, -а
Дени́с, -а (*также*: умри́, Дени́с, лу́чше не напи́шешь)
денитрифика́ция, -и
денитрифици́рованный; *кр. ф.* -ан, -ана
денитрифици́ровать(ся), -рует(ся)
денни́к, -а́
денни́ца, -ы, *тв.* -ей
де́нно и но́щно
денно́й
деноминати́вный
деноминацио́нный
деномина́ция, -и
деномини́рованный; *кр. ф.* -ан, -ана
деномини́ровать(ся), -рую, -рует(ся)
денонса́ция, -и
денонси́рование, -я
денонси́рованный; *кр. ф.* -ан, -ана
денонси́ровать(ся), -рую, -рует(ся)
денота́т, -а
денотати́вный; *кр. ф.* -вен, -вна
денота́тный
денота́ция, -и
денси́метр, -а
денсиме́трия, -и
денсито́метр, -а
денситоме́три́я, -и
дента́льный
дентиатри́ческий
дентиатри́я, -и
денти́кулы, -ов, *ед.* -кул, -а
денти́н, -а
денудацио́нный
денуда́ция, -и

денщи́к, -а́
денщи́цкий
день, дня
Де́нь авиа́ции
де́нь а́нгела (*именины*)
Де́нь благодаре́ния
де́нь в де́нь
Де́нь Все́х Святы́х
де́ньга, -и (*старинная монета*)
деньга́, -и́ (*деньги, собир. прост.*)
де́ньги, де́нег, деньга́м
Де́нь го́рода
де́нь да но́чь – су́тки про́чь
де́нь-два́
де́нь-деньско́й
де́нь-друго́й
денье́, *нескл., с.*
деньжа́та, -а́т
деньжи́шки, -шек
деньжи́щи, -и́щ
деньжо́нки, -нок
де́нь за́ день (*однообразно*)
Де́нь защи́тника Оте́чества
Де́нь защи́ты детей
Де́нь зна́ний
Де́нь Конститу́ции
Де́нь космона́втики
Де́нь мили́ции
де́нь на́ день (не прихо́дится)
Де́нь незави́симости
де́нь откры́тых двере́й
де́нь ото дня́
Де́нь па́мяти же́ртв полити́ческих репре́ссий
Де́нь печа́ти
Де́нь Побе́ды (*праздник 9 мая*)
Де́нь поминове́ния
Де́нь примире́ния и согла́сия
Де́нь учи́теля
Де́нь физкульту́рника
деонтоло́гия, -и
депалатализа́ция, -и
депалатализо́ванный; *кр. ф.* -ан, -ана
депарафиниза́ция, -и
департа́мент, -а
департа́ментский
департиза́ция, -и
департизи́рованный; *кр. ф.* -ан, -ана
департизи́ровать(ся), -и́рую, -и́рует(ся)
деперсонализа́ция, -и
деперсонализи́рованный; *кр. ф.* -ан, -ана
деперсонализи́ровать(ся), -и́рует(ся)
депе́ша, -и, *тв.* -ей
депигмента́ция, -и
депигменти́рованный; *кр. ф.* -ан, -ана
депигменти́роваться, -руется
депиля́тор, -а
депиляцио́нный
депиля́ция, -и
депко́рпус, -а (*депутатский корпус*)
деплазмо́лиз, -а
депо́, *нескл., с.*
депо́вец, -вца, *тв.* -вцем, *р. мн.* -вцев
депо́вский
депози́т, -а
депозита́рий, -я
депозита́рный
депозити́вный
депози́тно-че́ковый
депози́тный
депози́тор, -а
деполимериза́ция, -и
деполитиза́ция, -и
деполитизи́рованный; *кр. ф.* -ан, -ана
деполитизи́ровать(ся), -рую, -рует(ся)
деполяриза́тор, -а
деполяриза́ция, -и
деполяризо́ванный; *кр. ф.* -ан, -ана
деполяризова́ть(ся), -зу́ю, -зу́ет(ся)
депоне́нт, -а
депоне́нтский
депони́рование, -я
депони́рованный; *кр. ф.* -ан, -ана
депони́ровать(ся), -рую, -рует(ся)
депопуляцио́нный
депопуля́ция, -и
депо́рт, -а
депорта́нт, -а
депорта́ция, -и
депорти́рованный; *кр. ф.* -ан, -ана
депорти́ровать(ся), -рую(сь), -рует(ся)
депо́ртный
депоэтиза́ция, -и
депоэтизи́рованный; *кр. ф.* -ан, -ана
депресса́нт, -а
депресси́вность, -и
депресси́вный
депрессио́нный
депресси́рование, -я
депресси́рованный; *кр. ф.* -ан, -ана
депресси́ровать(ся), -рую, -рует(ся)
депре́ссия, -и
депре́ссорный
деприватиза́ция, -и
деприватизи́рованный; *кр. ф.* -ан, -ана
деприватизи́ровать(ся), -рую, -рует(ся)
депривацио́нный
деприва́ция, -и
депрофессионализа́ция, -и
депульпи́рование, -я
депульпи́рованный; *кр. ф.* -ан, -ана
депульпи́ровать(ся), -рую, -рует(ся)
депута́т, -а
депута́т-агра́рник, депута́та-агра́рника
депута́тка, -и, *р. мн.* -ток
депута́т-коммуни́ст, депута́та-коммуни́ста
депута́тский
депута́тство, -а
депута́тша, -и, *тв.* -ей
депута́ция, -и
дёр: да́ть (зада́ть) дёру
дератизацио́нный
дератиза́ция, -и
дербалы́знуть, -ну, -нет
дербе́нник, -а
дербе́нниковые, -ых
дербе́нтский (*от* Дербе́нт)
дербе́нтцы, -ев, *ед.* -тец, -тца, *тв.* -тцем
де́рби, *нескл., с.*
дерби́ст, -а
де́рбник, -а (*птица*)
де́рви́ш, -а, *тв.* -ем
де́рви́шский
дёрг, *неизм.*
дёргалка, -и, *р. мн.* -лок
дёрганец, -нца, *тв.* -нцем
дёрганный; *кр. ф.* -ан, -ана, *прич.*
дергану́ть, -ну́, -нёт
дёрганый, *прил.*
дёрганье, -я
дёргать(ся), -аю(сь), -ает(ся)
дерга́ч, -а́, *тв.* -о́м
дергачи́ный
дергачи́ха, -и
дерготня́, -и́
дергу́н, -а́
дергу́нчик, -а
дереализа́ция, -и
дереве́й, -я
деревене́ние, -я
деревене́ть, -е́ю, -е́ет
деревени́ть, -и́т
дереве́нский
дереве́нщик, -а
дереве́нщина, -ы
дереве́нька, -и, *р. мн.* -нек
дереви́на, -ы
дере́внишка, -и, *р. мн.* -шек
дере́вня, -и, *мн.* -и, -ве́нь, -вня́м; но: **Но́вая Дере́вня** (*поселок*)
де́рево, -а, *мн.* дере́вья, -ьев и (*устар.*) дерева́, дере́в и дерёв, дерева́м
деревоалюми́ниевый
деревоалюми́ний, -я
деревобето́н, -а
деревобето́нный
деревова́л, -а
де́рево-земляно́й
деревоклеёный
деревообде́лочник, -а
деревообде́лочница, -ы, *тв.* -ей
деревообде́лочный
деревообраба́тывающий
деревообрабо́тка, -и
деревообрабо́тчик, -а
деревоперераба́тывающий
деревопererabо́тка, -и
деревопла́стик, -а
деревопла́стиковый
дереворе́жущий
деревосверли́льный
деревострога́льный
дереву́шка, -и, *р. мн.* -шек
де́ревце, -а и **деревцо́,** -а́, *мн.* -вца́, -вцо́в и -ве́ц, -вца́м

деревяни́стость, -и
деревяни́стый
деревя́нненький
деревя́нность, -и
деревя́нный; *кр. ф.* (*перен.*) -я́нен, -я́нна
деревя́шечка, -и, *р. мн.* -чек
деревя́шка, -и, *р. мн.* -шек
дерегуля́ция, -и
дереза́, -ы́ (*растение*)
дерезня́к, -а́
дёрен, -а (*растение*)
дёренный
дёреновый
держа́ва, -ы
держа́вец, -вца, *тв.* -вцем
держа́винский (*от* Держа́вин)
держа́вка, -и, *р. мн.* -вок
держа́вник, -а
держа́вность, -и
держа́вный
держа́вство, -а
держа́к, -а́
держа́лка, -и, *р. мн.* -лок
держа́ние, -я
де́ржанный; *кр. ф.* -ан, -ана, *прич.*
де́ржаный, *прил.*
держа́тель, -я
держа́тельница, -ы, *тв.* -ей
держа́тельский
держа́ть(ся), держу́(сь), де́ржит(ся)
держа́щий(ся)
держиде́рево, -а
держимо́рда, -ы, *м.* (*грубый, деспотичный человек*) и **Держимо́рда,** -ы, *м.* (*лит. персонаж*)
держимо́рдовский
дерза́ние, -я
дерза́ть, -а́ю, -а́ет
дерзи́ть, -и́т
де́рзкий; *кр. ф.* -зок, -зка́, -зко
дерзнове́ние, -я
дерзнове́нно, *нареч.*
дерзнове́нность, -и
дерзнове́нный; *кр. ф.* -ве́н и -ве́нен, -ве́нна
дерзну́ть, -ну́, -нёт
де́рзостность, -и
де́рзостный; *кр. ф.* -тен, -тна
де́рзость, -и
де́рзче, *сравн. ст.*
дерива́т, -а
дерива́ти́в, -а
дериватóлог, -а
дериватоло́гия, -и
дерива́тор, -а
деривацио́нный
дерива́ция, -и
дёрка, -и, *р. мн.* дёрок
де́рма, -ы
дермати́н, -а
дермати́новый
дермати́т, -а
дерматовенеро́лог, -а
дерматовенерологи́ческий
дерматовенероло́гия, -и
дерматоге́н, -а
дерматогли́фика, -и
дермато́з, -а
дерматокосмети́ческий
дерматокосмето́лог, -а
дерматокосметоло́гия, -и
дермато́л, -а
дермато́лог, -а
дерматологи́ческий
дерматоло́гия, -и
дермато́м, -а
дерматомико́з, -а
дерматомико́лог, -а
дерматомиози́т, -а
дерматомице́ты, -ов, *ед.* -це́т, -а
дерматофибро́ма, -ы
дермографи́зм, -а
дермо́ид, -а
дермо́идный
дермотомо́граф, -а *(мед.)*
дёрн, -а
дерне́ние, -я
дерне́ть, -е́ет
дерни́на, -ы
дерни́нка, -и, *р. мн.* -нок
дерни́стость, -и
дерни́стый
дерни́ть(ся), -ню́, -ни́т(ся)
дерни́ще, -а
дернова́ние, -я
дерно́ванный; *кр. ф.* -ан, -ана
дернова́ть(ся), -ну́ю, -ну́ет(ся)
дернови́на, -ы
дернови́нный
дернови́ще, -а
дерно́вка, -и
дерно́во-боло́тный
дерно́во-карбона́тный
дерно́во-подзо́листый
дерно́во-торфяни́стый
дерновщи́к, -а́
дерно́вый
дерноре́з, -а
дерносни́м, -а
дёрнуть(ся), -ну(сь), -нет(ся)
дерога́ция, -и
де́рптский (*от* Дерпт)
де́рптцы, -ев, *ед.* -тец, -тца, *тв.* -тцем
де́ррик, -а
де́ррик-кра́н, -а
де́рриковый
дерть, -и
дерусифика́ция, -и
дерусифици́рованный; *кр. ф.* -ан, -ана
дерусифици́ровать(ся), -рую, -рует(ся)
дерьмецо́, -а́
дерьмо́, -а́
дерьмо́вый
дерю́га, -и
дерю́жина, -ы
дерю́жка, -и, *р. мн.* -жек
дерю́жный
деря́ба, -ы
деря́бнуть, -ну, -нет
десакрализа́ция, -и
десакрализо́ванный; *кр. ф.* -ан, -ана
деса́нт, -а
десанти́рование, -я
десанти́рованный; *кр. ф.* -ан, -ана
десанти́ровать(ся), -рую, -рует(ся)
деса́нтник, -а
деса́нтно-штурмово́й
деса́нтный
десатура́ция, -и
десегрега́ция, -и
деселеро́метр, -а
дёсенный
десенсибилиза́тор, -а
десенсибилиза́ция, -и
десенсибилизи́рованный; *кр. ф.* -ан, -ана
десенсибилизи́ровать(ся), -рую, -рует(ся)
десенсибилизи́рующий(ся)
десе́рт, -а
десе́ртный
десигна́т, -а
десика́нты, -ов, *ед.* -а́нт, -а
десика́ция, -и
десилика́ция, -и
десинхрониза́ция, -и
де́скать, *частица*
десквама́ция, -и
дескриптиви́ст, -а
дескрипти́вный
дескри́птор, -а
дескри́пторный
дескри́пция, -и
де́скто́п, -а (*инф.*)
десмола́зы, -ла́з, *ед.* -ла́за, -ы
десмо́лиз, -а
десмосо́ма, -ы
десмотропи́я, -и
десмурги́я, -и
десна́, -ы́, *мн.* дёсны, дёсен, дёснам
десново́й и **деснёвый**
десни́нский (*от* Десна́)
десни́ца, -ы, *тв.* -ей
десного́рский (*от* Десного́рск)
десня́нский (*от* Десна́)
десоветиза́ция, -и
десо́рбция, -и
деспециализа́ция, -и
деспирализа́ция, -и
деспирализо́ванный; *кр. ф.* -ан, -ана
де́спот, -а
деспоти́зм, -а
деспоти́са, -ы (*ист.*)
деспоти́чески
деспоти́ческий
деспоти́чность, -и
деспоти́чный; *кр. ф.* -чен, -чна
деспоти́я, -и
де́спотка, -и, *р. мн.* -ток
десина́тор, -а
дессина́торский
дестабилизацио́нный

дестабилиза́ция, -и
дестабилизи́рованный; *кр. ф.* -ан, -ана
дестабилизи́ровать(ся), -рую, -рует(ся)
десталиниза́ция, -и
дестево́й
дестро́ер, -а
деструкти́в, -а
деструкти́вность, -и
деструкти́вный; *кр. ф.* -вен, -вна
деструкцио́нный
дестру́кция, -и
десть, -и, *мн.* -и, -е́й
десу́, *нескл., с.*
десублима́ция, -и
десульфита́ция, -и
десульфура́тор, -а
десульфура́ция, -и
десульфури́рующий
десценде́нт, -а
десюдепо́рт, -а
десятери́к, -а́
десятерико́вый
десятери́чный; *кр. ф.* -чен, -чна
десятерно́й
де́сятеро, -ы́х
десятиба́лльный (10-ба́лльный)
десятибо́рец, -рца, *тв.* -рцем, *р. мн.* -рцев
десятибо́рье, -я
десятиверстка, -и, *р. мн.* -ток
десятигра́дусный (10-гра́дусный)
десятиграммо́вый
десятигра́нник, -а
десятигра́нный
десятидне́вка, -и, *р. мн.* -вок
десятидне́вный (10-дне́вный)
десятидо́лларовый (10-до́лларовый)
десятие́вровый (*от* е́вро)
десятикилометро́вка, -и, *р. мн.* -вок
десятикилометро́вый (10-километро́вый)
десятикла́ссник, -а
десятикла́ссница, -ы, *тв.* -ей
десятикла́ссный (10-кла́ссный)
десятикопе́ечный (10-копе́ечный)
десятикра́тный
десятикругово́й
десятиле́тие (10-ле́тие), -я
десятиле́тка, -и, *р. мн.* -ток
десятиле́тний (10-ле́тний)
десятилитро́вый (10-литро́вый)
десяти́льник, -а (*сборщик церковных пошлин*)
десятиме́сячный (10-ме́сячный)
десятиметро́вый (10-метро́вый)
десятимиллио́нный (10-миллио́нный)
десятимину́тка, -и, *р. мн.* -ток
десятимину́тный (10-мину́тный)
десяти́на, -ы
десяти́нник, -а (*к* десяти́на)
десяти́нный
десятино́гие, -их
десятипроце́нтный (10-проце́нтный)
десяти́-пятнадцатиметро́вый (10-15-метро́вый)
десятира́ундовый (10-ра́ундовый)
десятирублёвка, -и, *р. мн.* -вок
десятирублёвый (10-рублёвый)
десятиря́дный
десятиполови́нный
десяти́ с полови́ной миллио́нный
десятито́мник, -а
десятито́мный (10-то́мный)
десятито́нный (10-то́нный)
десятиты́сячный (10-ты́сячный)
десятиуго́льник, -а
десятиуго́льный
десятицили́ндровый (10-цили́ндровый)
десятичасово́й (10-часово́й)
десяти́чный
десятиэта́жный (10-эта́жный)
деся́тка, -и, *р. мн.* -ток
деся́тни, -тен, *ед.* -тня, -и (*ист.*)
деся́тник, -а
деся́ток, -тка
десятосло́вие, -я (*библ.*)
деся́точек, -чка
деся́тский, -ого
деся́тый
де́сять, -и́, *тв.* -ью́
де́сять-двена́дцать, десяти́-двена́дцати (*приблизительно*)
де́сятью (*при умножении*)
де́сятью де́сять
детабуиза́ция, -и
деталесме́на, -ы
детализа́ция, -и
детализи́рование, -я
детализи́рованный; *кр. ф.* -ан, -ана
детализи́ровать(ся), -рую, -рует(ся)
детализо́ванный; *кр. ф.* -ан, -ана
детализова́ть(ся), -зу́ю, -зу́ет(ся)
деталиро́вка, -и
деталиро́вщик, -а
дета́ль, -и
дета́лька, -и, *р. мн.* -лек
дета́льность, -и
дета́льный; *кр. ф.* -лен, -льна
деталю́шка, -и, *р. мн.* -шек
дета́ндер, -а
дета́нт, -а
деташе́, *нескл., с.*
детва́, -ы́
детвора́, -ы́
детдо́м, -а, *мн.* -а́, -о́в
детдо́мовец, -вца, *тв.* -вцем, *р. мн.* -вцев
детдо́мовка, -и, *р. мн.* -вок
детдо́мовский
детезавра́ция, -и
детекти́в, -а
детективи́ст, -а
детективи́стка, -и, *р. мн.* -ток
детекти́вно-приключе́нческий
детекти́вность, -и
детекти́вный
детекти́вчик, -а
детекти́вщик, -а
детекти́вщица, -ы, *тв.* -ей
детекти́рование, -я
детекти́рованный; *кр. ф.* -ан, -ана
детекти́ровать(ся), -рую, -рует(ся)
дете́ктор, -а
дете́ктор-модуля́тор, дете́ктора-модуля́тора
дете́кторный
дете́ктор-усили́тель, дете́ктора-усили́теля
детектофо́н, -а
детёнок, -нка
детёночек, -чка
детёныш, -а, *тв.* -ем
деterге́нты, -ов, *ед.* -е́нт, -а
детериора́ция, -и
детермина́нт, -а
детермина́тив, -а
детерминати́вный
детермина́ция, -и
детермини́зм, -а
детермини́рование, -я
детермини́рованность, -и
детермини́рованный; *кр. ф.* -ан, -ана
детермини́ровать(ся), -рую, -рует(ся)
детермини́ст, -а
детерминисти́ческий
детермини́стский
детерминологиза́ция, -и
детерминологизи́рованный; *кр. ф.* -ан, -ана
детерминологизи́ровать(ся), -рует(ся)
де́ти, детей, де́тям, детьми́, о де́тях
де́ти-близнецы́, дете́й-близнецо́в
де́ти-да́уны, дете́й-да́унов
дети́на, -ы, *м.*
дети́нец, -нца, *тв.* -нцем, *р. мн.* -нцев
дети́нища, -и и **дети́нище,** -а и -и, *мн.* -и, -ищ, *м.*
дети́нка, -и, *р. мн.* -нок, *м.* (*от* дети́на)
дети́нушка, -и, *р. мн.* -шек, *м.*
де́ти-сиро́ты, дете́й-сиро́т
дети́шки, -шек
дети́шкин, -а, -о (*от* дети́шки)
де́тище, -а
де́тка, -и, *р. мн.* де́ток
де́тки, де́ток (*к* де́ти)
де́ткин, -а, -о (*от* де́тки)
деткоми́ссия, -и
детко́р, -а
де́тный
детоксикацио́нный
детоксика́ция, -и
детолюби́вый
детолю́бие, -я
детона́тор, -а
детона́торный
детонацио́нный
детона́ция, -и
детони́рование, -я
детони́ровать, -рую, -рует
детони́рующий

детони́т, -а
детоно́метр, -а
детоbooро́дный
деторожде́ние, -я
детоторго́вля, -и
детоуби́йство, -а
детоуби́йца, -ы, *тв.* -ей, *м.* и *ж.*
де́точка, -и, *р. мн.* -чек
де́точки, -чек (*к* де́ти)
детплоща́дка, -и, *р. мн.* -док
детприёмник, -а
детрансля́тор, -а
детрениро́ванность, -и
детрениро́ванный; *кр. ф.* -ан, -ана
детренирова́ть(ся), -ру́ю(сь), -ру́ет(ся)
детри́т, -а
детри́тный
детритофа́ги, -ов, *ед.* -фа́г, -а
детритоя́дный
детро́йтский (*от* Детро́йт)
детро́йтцы, -ев, *ед.* -тец, -тца, *тв.* -тцем
детса́д, -а, *предл.* в детса́де и в детсаду́, *мн.* -ы́, -о́в
детса́дик, -а
детса́довец, -вца, *тв.* -вцем, *р. мн.* -вцев
детса́довский
детса́д-я́сли, детса́да-я́слей
де́тская, -ой
Де́тская футбо́льная ли́га Росси́и
де́тски
де́тски беспо́мощный
де́тский
Де́тский ми́р (*магазин*)
де́тский са́д – нача́льная шко́ла
де́тски наи́вный
де́тскость, -и
де́тско-ю́ношеский
де́тство, -а
дету́ля, -и, *м.* и *ж.*
де́тушки, -шек
де́ть(ся), де́ну(сь), де́нет(ся)
детя́сли [тья́], -ей
де-фа́кто, *неизм.*
дефека́т, -а
дефека́тор, -а
дефекацио́нный
дефека́ция, -и
дефе́кт, -а
дефекти́вность, -и
дефекти́вный; *кр. ф.* -вен, -вна
дефе́ктность, -и
дефе́ктный; *кр. ф.* -тен, -тна
дефекто́ванный; *кр. ф.* -ан, -ана
дефектова́ть(ся), -ту́ю, -ту́ет(ся)
дефекто́вка, -и
дефекто́вочный
дефекто́вщик, -а
дефекто́лог, -а
дефектологи́ческий
дефектоло́гия, -и
дефектоско́п, -а
дефектоскопи́ст, -а
дефектоскопи́ческий
дефектоскопи́я, -и
дефензи́ва, -ы
дефере́нт, -а (*астр.*)
деферриза́ция, -и
деферризо́ванный; *кр. ф.* -ан, -ана
дефибра́тор, -а
дефибре́р, -а
дефибрилля́тор, -а
дефибрилля́ция, -и
дефибри́рованный; *кр. ф.* -ан, -ана
дефибри́ровать(ся), -рую, -рует(ся)
дефиле́, *нескл., с.*
дефили́рование, -я
дефили́ровать, -рую, -рует
дефинити́в, -а
дефинити́вный
дефини́ция, -и
дефи́с, -а
дефи́сно пи́шущийся
дефи́сный
дефици́т, -а
дефицита́рный
дефици́тность, -и
дефици́тный; *кр. ф.* -тен, -тна
дефлагра́ция, -и
дефлегма́тор, -а
дефлегма́ция, -и
дефле́ктор, -а
дефлорацио́нный
дефлора́ция, -и
дефлори́рованный; *кр. ф.* -ан, -ана
дефлори́ровать(ся), -и́рую, -и́рует(ся)
дефля́тор, -а
дефляциони́стский
дефляцио́нный
дефля́ция, -и
дефолиа́нты, -ов, *ед.* -а́нт, -а
дефолиа́ция, -и
дефо́лт, -а
дефо́метр, -а
деформацио́нный
деформа́ция, -и
деформи́рование, -я
деформи́рованность, -и
деформи́рованный; *кр. ф.* -ан, -ана
деформи́ровать(ся), -рую, -рует(ся)
деформи́руемость, -и
дефосфора́ция, -и
дефроста́ция, -и
дефро́стер, -а
дехка́нин, -а, *мн.* -а́не, -а́н
дехка́нка, -и, *р. мн.* -нок
дехка́нский
дехка́нство, -а
дехлора́ция, -и
дехлори́рование, -я
дехлори́рованный; *кр. ф.* -ан, -ана
дехлори́ровать(ся), -и́рую, -и́рует(ся)
дехристианиза́ция, -и
децемвира́т, -а
децемви́ры, -ов, *ед.* -ви́р, -а
децентрализа́ция, -и
децентрализи́рованный; *кр. ф.* -ан, -ана
децентрализи́ровать(ся), -рую, -рует(ся)
децентрали́зм, -а
децентрализо́ванный; *кр. ф.* -ан, -ана
децентрализова́ть(ся), -зу́ю, -зу́ет(ся)
децентрали́стский
децеребрацио́нный
децеребра́ция, -и
деци... – *первая часть сложных слов, пишется слитно*
децибе́л, -а, *р. мн.* -ов, *счетн. ф.* -бе́л
децигра́мм, -а
децidéнт, -а
децили́тр, -а
де́цима, -ы
децима́льный
децима́ция, -и
децимéтр, -а
дециметро́вый
децимо́ль, -и
де́чный (*от* дек)
дешёвенький
дешеве́ть, -е́ет
дешеви́зна, -ы
дешеви́ть, -влю́, -ви́т
дешёвка, -и, *р. мн.* -вок
деше́вле, *сравн. ст.*
дёшево, *нареч.*
дешёвый; *кр. ф.* дёшев, дешева́, дёшево
дешифра́тор, -а
дешифри́рование, -я
дешифри́рованный; *кр. ф.* -ан, -ана
дешифри́ровать(ся), -и́рую, -и́рует(ся)
дешифрова́льный
дешифро́ванный; *кр. ф.* -ан, -ана
дешифрова́ть(ся), -ру́ю, -ру́ет(ся)
дешифро́вка, -и, *р. мн.* -вок
дешифро́вочный
дешифро́вщик, -а
дешт, -а (*геогр.*)
деэмульга́тор, -а
деэмульги́рование, -я
деэмульги́рованный; *кр. ф.* -ан, -ана
деэскала́ция, -и
деэтимологиза́ция, -и
деэтимологизи́рованный; *кр. ф.* -ан, -ана
деэтимологизи́роваться, -руется
де-ю́ре, *неизм.*
дея́ние, -я
Дея́ния апо́столов (*часть Нового Завета*)
де́ятель, -я
де́ятельница, -ы, *тв.* -ей
де́ятельностный
де́ятельность, -и
де́ятельный; *кр. ф.* -лен, -льна
де́яться, де́ется, *прош.* де́ялось
джаз, -а
джаз-... – *первая часть сложных слов, пишется через дефис; но:* джазме́н
джаз-анса́мбль, -я

джаз-ба́нд, -а
джаз-гру́ппа, -ы
джази́ст, -а
джази́стка, -и, *р. мн.* -ток
джаз-карнава́л, -а
джаз-кварте́т, -а
джаз-клу́б, -а
джазме́н, -а
джа́зовый
джаз-орке́стр, -а
джаз-па́ти, *нескл., ж.* и **джаз-па́рти,** *нескл., ж.*
джаз-ри́тм, -а
джаз-ро́к, -а
джаз-рок-анса́мбль, -я
джаз-фестива́ль, -я
джаз-фолк-ро́к, -а
джайв, -а (*муз.*)
джайла́у и **джейла́у,** *нескл., с.*
джайни́зм, -а
джайни́стский
джа́йнский
джайпу́рский (*от* Джайпу́р)
джайпу́рцы, -ев, *ед.* -рец, -рца, *тв.* -рцем
джака́ртский (*от* Джака́рта)
джака́ртцы, -ев, *ед.* -тец, -тца, *тв.* -тцем
джаку́зи, *нескл., с.*
джала́л-аба́дский (*от* Джала́л-Аба́д)
джалалаба́дцы, -ев, *ед.* -дец, -дца, *тв.* -дцем
Джамахири́я, -и: **Ливи́йская Ара́бская Джамахири́я**
джамбу́лский и **джамбу́льский** (*от* Джамбу́л, *город*)
джамбу́льцы, -ев, *ед.* -лец, -льца, *тв.* -льцем
джа́са, -ы
джа́така, -и (*лит.*)
джа́ти, *нескл., мн. (лит.)*
джа́тра, -ы
джа́ты, -ов, *ед.* джат, -а *(группа племен и каста в Индии)*
джеб, -а
дже́зва, -ы
джейла́у и **джайла́у,** *нескл., с.*
джейра́н, -а
джейра́ний, -ья, -ье
джек, -а (*птица*)
джек-ло́ндоновский (*от* Дже́к Ло́ндон)
джекпо́т, -а
Дже́к-потроши́тель, Дже́ка-потроши́теля
джем, -а
дже́мовый
дже́мпер, -а
дже́мперный
джемперо́к, -рка́
джем-се́йшен, -а и *нескл., м. (муз.)*
джемсони́т, -а
джентльме́н, -а
джентльме́нский
джентльме́нство, -а
дже́нтри, *нескл., с.*
джерриме́ндеринг, -а
джерсе́йский (*от* Дже́рси, *остров*; джерсе́йская поро́да скота́)
дже́рси́, *неизм.* и *нескл., с.* (*род трикотажа и одежда из него*)
джерсо́вый
джеспили́т, -а
джи-а́й, *нескл., м.* (*об американском солдате*)
джибути́йский (*от* Джибу́ти)
джибути́йцы, -ев, *ед.* -и́ец, -и́йца, *тв.* -и́йцем
джи́га, -и и **жи́га,** -и
джи́ггер, -а
джиги́т, -а
джигитова́ть, -ту́ю, -ту́ет
джигито́вка, -и
джиги́тский
джидда́, -ы́
джиддо́вник, -а
джимкроуи́зм, -а
джимхана́, -ы́ (*конная игра*)
джин, -а (*напиток*)
джингл, -а
джи́нго, *нескл., м.*
джингои́зм, -а
джингои́ст, -а
джингои́стский
джинн, -а (*дух*)
Джинс, -а: **гипо́теза Джи́нса, зако́н излуче́ния Рэле́я – Джи́нса**
джинса́, -ы́ (*ткань и изделия из нее, жарг.*)
джи́нсики, -ов
джинсо́вка, -и
джи́нсовский (*от* Джинс)
джи́нсо́вый
джи́нсы, -ов
джи́н-то́ник, джи́на-то́ника
джип, -а
джирга́, -и́
джи́ринг, -а
джи́у-джи́тсу, *нескл., с.*
джиха́д, -а
джо́ббер, -а
джо́бберский
джо́ггинг, -а (*спорт.*)
джо́йсовский (*от* Джойс)
джо́йстик, -а
джо́кер, -а
Джоко́нда, -ы
джо́ла и **дио́ла,** *нескл., мн., ед. м.* и *ж. (народ)* и *неизм.* и *нескл., м. (язык)*
джоната́н, -а (*сорт яблок*)
Джо́н Бу́ль, Джо́на Бу́ля (*об англичанине*)
джо́нка, -и, *р. мн.* -нок
джо́нсонова трава́, джо́нсоновой травы́ (*растение*)
джорджи́йский (*от* Джо́рджия)
джорджи́йцы, -ев, *ед.* -и́ец, -и́йца, *тв.* -и́йцем
Джо́уль, -я: **зако́н Джо́уля – Ле́нца, эффе́кт Джо́уля – То́мсона**
джо́уль, -я (*ед. измер.*)
джо́уль-секу́нда, -ы
джугара́, -ы́
джузгу́н, -а и **жузгу́н,** -а (*кустарник*)
Джулье́тта, -ы: **Роме́о и Джулье́тта**
джу́ма, -ы
джу́ма-нама́з, -а
Джунга́рские Воро́та (*перевал*)
джунга́рский (*от* Джунга́рия)
джунга́рцы, -ев, *ед.* -рец, -рца, *тв.* -рцем
джу́нгли, -ей
джу́нта, -ы (*орган власти в Италии*)
джура́бы, -ов
джус, -а
джут, -а
джу́товый
дзайба́цу, *нескл., мн.*
дза́нни, *нескл., м.*
дзе́канье, -я
дзе́кать, -аю, -ает
дзёмон, -а и *неизм. (археол.)*
дзен, -а
дзен-будди́зм, -а
дзен-жи́вопись, -и
дзен-це́нтр, -а
дзере́н, -а
дзержи́нский (*от* Дзержи́нск)
дзержи́нцы, -ев, *ед.* -нец, -нца, *тв.* -нцем (*от* Дзержи́нский и Дзержи́нск)
дзе́та, -ы (*название буквы*)
дзе́та-потенциа́л, -а
дзе́та-фу́нкция, -и
дзинь, *неизм.*
дзи́нькание, -я
дзи́нькать, -аю, -ает
дзи́нькнуть, -ну, -нет
дзот, -а (*сокр.*: дерево-земляная огневая точка)
дзюдо́, *нескл., с.*
дзюдои́ст, -а
дзюдои́стка, -и, *р. мн.* -ток
дзюдои́стский
диаба́з, -а
диаба́зовый
диабе́т, -а
диабе́тик, -а
диабети́ческий
диабетоло́гия, -и
диагене́з, -а и **диаге́незис,** -а
диа́гноз, -а
диагно́ст, -а
диагно́стика, -и
диагности́рование, -я
диагности́рованный; *кр. ф.* -ан, -ана
диагности́ровать(ся), -рую, -рует(ся)
диагности́ческий
диагона́левый
диагона́ль, -и
диагона́льно-перекрёстный
диагона́льно-ре́зательный
диагона́льный
диагра́мма, -ы
диагра́ммный

диаде́ма, -ы
диадо́хи, -ов, *ед.* -до́х, -а
диазепа́м, -а
диазоамино́л, -а
диазоаминосоедине́ния, -ний, *ед.* -ние, -я
диазокопи́рование, -я
диазокраси́тель, -я
диазоли́н, -а
диазо́ль, -я
диазомета́н, -а
диазоме́тод, -а
диазо́ний: со́ли диазо́ния
диазосоедине́ния, -ний, *ед.* -ние, -я
диазоти́пия, -и
диазоти́пный
диазоти́рование, -я
диазоу́ксусный
диака́рб, -а
диа́кон, -а и **дья́кон,** -а
диакона́т, -а
диакони́са, -ы
диа́конский и **дья́конский**
диа́конство, -а и **дья́конство,** -а
диа́констовать, -твую, -твует и **дья́констовать,** -твую, -твует
диакри́тика, -и
диакрити́ческий
диале́кт, -а
диалекта́льный
диалекти́зм, -а
диале́ктик, -а
диале́ктика, -и
диале́ктико-материалисти́ческий
диалекти́ческий
диалекти́чность, -и
диалекти́чный; *кр. ф.* -чен, -чна
диале́ктно-просторе́чный
диале́ктно-разгово́рный
диале́ктный
диалектографи́ческий
диалектогра́фия, -и
диалекто́лог, -а
диалектологи́ческий
диалектоло́гия, -и
диа́лиз, -а
диализа́тор, -а
диа́лизный
диалла́т, -а
диало́г, -а
диалоги́зм, -а
диалоги́ческий
диалоги́чность, -и
диалоги́чный; *кр. ф.* -чен, -чна
диало́говый
диало́го-вычисли́тельный
диамагнети́зм, -а
диамагне́тик, -а
диамагнети́ческий
диамагни́тный
диама́нт, -а
диама́т, -а
диа́метр, -а
диаметра́льно противополо́жный
диаметра́льный
диами́н, -а
диаминокапро́новый
диаммофо́с, -а
диа́н, -а (*хим.*)
Диа́на, -ы (*мифол.*; *имя*)
диа́на, -ы (*обезьяна*)
диане́тик, -а
диане́тика, -и
дианети́ческий
диа́нтус, -а
диапазо́н, -а
диапазо́нный
диапа́уза, -ы
диапеде́з, -а
диапозити́в, -а
диапозити́вный
диапрое́ктор, -а
диаре́я, -и
диартро́з, -а
диаско́п, -а
диаскопи́ческий
диаскопи́я, -и
диаспо́р, -а (*минерал*)
диа́спора, -ы (*о народах*)
диаспо́ра, -ы (*бот.*)
диаста́за, -ы
диа́стола, -ы
диастрофи́зм, -а
диате́з, -а (*мед.*)
диате́за, -ы (*лингв.*)
диате́зный
диатерми́ческий
диатерми́я, -и
диатермокоагуля́ция, -и
диатоме́и, -е́й, *ед.* -ме́я, -и
диатоми́т, -а
диато́мовый
диато́ника, -и
диатони́ческий
диатре́мы, -е́м, *ед.* -е́ма, -ы
диатри́ба, -ы
диатри́ма, -ы
диатропи́зм, -а
диатро́пика, -и
диафа́н, -а
диафано́метр, -а
диафаноско́п, -а
диафаноскопи́я, -и
диафи́з, -а
диафи́льм, -а
диафо́н, -а
диафони́я, -и
диафра́гма, -ы
диафрагма́льно-желу́дочный
диафрагма́льно-рёберный
диафрагма́льный
диафра́гменный
диафрагми́рование, -я
диафрагми́ровать, -рую, -рует
диафра́гмовый
диафторе́з, -а
диахрони́ст, -а
диахрони́ческий
диахрони́я, -и
диахро́нный
дибазо́л, -а
дибазолопрофила́ктика, -и
дибутилдисульфи́д, -а
дибутилфтала́т, -а
Див, -а (*мифол.*)
ди́ва, -ы (*артистка*)
дивакци́на, -ы
дива́ла, -ы (*растение*)
дива́н, -а
дива́н-крова́ть, -и, *ж.* и дива́на-крова́ти, *м.*
дива́нный
дива́нчик, -а
диверге́нт, -а
диверге́нтность, -и
диверге́нтный
диверге́нция, -и
диверса́нт, -а
диверса́нтка, -и, *р. мн.* -ток
диверса́нтский
диверсио́нно-подрывно́й
диверсио́нно-террористи́ческий
диверсио́нный
диверсифика́ция, -и
диверсифици́рованный; *кр. ф.* -ан, -ана
диверсифици́ровать(ся), -рую, -рует(ся)
диве́рсия, -и
диверти́кул, -а
дивертисме́нт, -а
дивертисме́нтный
диви́ бы, *союз*
divиде́нд, -а
дивиде́ндный
ди́ви-ди́ви, *нескл., с.*
дивизио́н, -а
дивизиони́зм, -а
дивизио́нный
диви́зия, -и
дивини́л, -а
дивини́ловый
диви́ть(ся), дивлю́(сь), диви́т(ся)
дивного́рский (*от* Дивного́рск)
дивного́рцы, -ев, *ед.* -рец, -рца, *тв.* -рцем
ди́вный; *кр. ф.* -вен, -вна
ди́во, -а
дивова́ться, диву́юсь, диву́ется
ди́во ди́вное
дивчи́на, -ы
дигале́н, -а
дига́мма, -ы
ди́ггерский
ди́ггеры, -ов, *ед.* ди́ггер, -а
диге́стия, -и
Диге́сты, -е́ст (*памятник византийского права*)
дигидра́т, -а
дигисе́т, -а
дигита́йзер, -а
дигита́лис, -а
дигита́лисный
дигита́льный
дигитони́н, -а

диглосси́я, -и
дигра́ф, -а
дигресси́вный
дигре́ссия, -и
дидакти́зм, -а
дида́ктик, -а
дида́ктика, -и
дида́ктико-морализа́торский
дида́ктико-религио́зный
дидакти́ческий
дидакти́чность, -и
дидакти́чный; *кр. ф.* -чен, -чна
дида́скал, -а
дидже́евский
дидже́й, -я
дидо́йский
дидо́йцы, -ев, *ед.* -о́ец, -о́йца, *тв.* -о́йцем
дидра́хма, -ы
дие́з, -а
дие́зный
дие́новый
дие́ны, -ов, *ед.* дие́н, -а
диерви́лла, -ы
диере́за, -ы
диере́ма, -ы
дие́та, -ы
диетвра́ч, -а́, *тв.* -о́м
диете́тика, -и
диетети́ческий (*от* диете́тика)
диетза́л, -а
дие́тик, -а
диети́ческий (*от* дие́та)
дие́тный
дието́лог, -а
диетологи́ческий
диетоло́гия, -и
диетотерапи́я, -и
диетпита́ние, -я
диетпроду́кты, -ов, *ед.* -у́кт, -а
диетсестра́, -ы́, *мн.* -сёстры, -сестёр, -сёстрам
диетстоло́вая, -ой
дие́тчик, -а
дижести́в, -а
диза́жио, *нескл., с.*
диза́йн, -а
диза́йн-бюро́, *нескл., с.*
диза́йнер, -а
диза́йнерский
диза́йнерство, -а
диза́йнерша, -и, *тв.* -ей
диза́йн-изда́ние, -я
диза́йн-прое́кт, -а
диза́йн-реше́ние, -я
диза́йн-сту́дия, -и
диза́йн-це́нтр, -а
дизартри́я, -и
дизассоциа́ция, -и
дизелево́з, -а
дизелестрое́ние, -я
дизелестро́итель, -я
дизелестро́ительный
дизели́ст, -а
ди́зель, -я, *мн.* -и, -ей и -я́, -е́й
ди́зель-... – *первая часть сложных слов, пишется через дефис*
ди́зель-генера́тор, -а
ди́зель-генера́торный
ди́зель-компре́ссор, -а
ди́зель-компре́ссорный
ди́зель-локомоти́в, -а
ди́зель-мо́лот, -а
ди́зель-мото́р, -а
ди́зель-мото́рный
ди́зель-насо́с, -а
ди́зель-насо́сный
ди́зельный
ди́зель-пневмати́ческий (*о стрелковом оружии*)
ди́зель-по́езд, -а, *мн.* -а́, -о́в
ди́зель-троллейбо́з, -а
ди́зель-электри́ческий
ди́зель-электрово́з, -а
ди́зель-электрово́зный
ди́зель-электроста́нция, -и
ди́зель-электрохо́д, -а
ди́зель-электрохо́дный
дизентери́йный
дизентери́я, -и
дизосми́я, -и
дизрупти́вный
дизто́пливо, -а
дизури́я, -и
дизъю́нкт, -а
дизъюнкти́вный
дизъю́нкция, -и
дика́ньский (*от* Дика́нька)
дика́рион, -а
дика́рка, -и, *р. мн.* -рок
дика́рский
дика́рство, -а
дика́рь, -я́
Ди́кая диви́зия (*в Первой мировой войне*)
ди́кий; *кр. ф.* дик, дика́, ди́ко
Ди́кий За́пад (*в США*)
дики́рий, -я
ди́ккенсовский (*от* Ди́ккенс)
дикки́т, -а
диклофена́к, -а
дикобра́з, -а
дикобра́зий, -ья, -ье
дикова́тость, -и
дикова́тый
дико́вина, -ы
дико́винка, -и, *р. мн.* -нок
дико́винный; *кр. ф.* -инен, -инна
Ди́кое по́ле (*ист.*)
дикоживу́щий
дикообра́зный; *кр. ф.* -зен, -зна
дикоплодо́вый
дикорасту́щий
дикоро́сы, -ов, *ед.* -ро́с, -а
ди́кость, -и
дикроцелио́з, -а
диксикра́т, -а
ди́ксиле́нд, -а
ди́ксонский (*от* Ди́ксон)
ди́ксонцы, -ев, *ед.* -нец, -нца, *тв.* -нцем
дикта́нт, -а
дикта́т, -а
дикта́тор, -а
дикта́торский
дикта́торство, -а
дикта́торствовать, -твую, -твует
дикта́торша, -и, *тв.* -ей
диктату́ра, -ы
дикто́ванный; *кр. ф.* -ан, -ана
диктова́ть(ся), -ту́ю, -ту́ет(ся)
дикто́вка, -и, *р. мн.* -вок
ди́ктор, -а
ди́кторский
ди́кторша, -и, *тв.* -ей
диктофо́н, -а
диктофо́нный
дикумари́н, -а
дику́ша, -и, *тв.* -ей
дикцио́нный
ди́кция, -и
дилата́тор, -а
дилата́ция, -и
дилато́граф, -а
дилато́метр, -а
дилатометри́ческий
дилатоме́трия, -и
диле́й, -я (*в аудиотехнике*)
диле́мма, -ы
диле́ммный
ди́лены, -ов
ди́лер, -а
ди́лерский
ди́лерство, -а
ди́лерша, -и, *тв.* -ей
дилета́нт, -а
дилетанти́зм, -а
дилета́нтка, -и, *р. мн.* -ток
дилета́нтский
дилета́нтство, -а
дилижа́нс, -а
дилижа́нский (*от* Дилижа́н)
дилижа́нсный
дилижа́нсовый
ди́линг, -а
ди́линговый
дилоги́ческий (*от* дило́гия)
дило́гия, -и
ди́льсы, -ов
дилювиа́льный (*от* дилю́вий)
дилю́вий, -я (*геол.*: *плейстоцен*)
дима́йз-ча́ртер, -а
димедро́л, -а
диметилами́н, -а
диметиланили́н, -а
диметилгидрази́н, -а
диметилкето́н, -а
диметилсульфа́т, -а
диметилформами́д, -а
диметилфтала́т, -а
диме́тр, -а
диме́трия, -и
диметродо́н, -а
диминути́в, -а
диминути́вный
диминуэ́ндо, *неизм.* и *нескл., с.*

Дими́триевская роди́тельская суббо́та
Дими́трий Солу́нский
димитровгра́дский (*от* Димитровгра́д)
димитровгра́дцы, -ев, *ед.* -дец, -дца, *тв.* -дцем
диморфи́зм, -а
димо́рфный
диморфоте́ка, -и *(растение)*
ди́на, -ы
динамиза́ция, -и
динамизи́рованный; *кр. ф.* -ан, -ана
динамизи́ровать(ся), -рую, -рует(ся)
динами́зм, -а
дина́мик, -а
дина́мика, -и
динами́ст, -а (*жарг.*)
динами́стка, -и, *р. мн.* -ток (*жарг.*)
динами́т, -а
динами́тный
динами́тчик, -а
дина́мить, -млю, -мит (*жарг.*)
динами́ческий
динами́чески распределя́емый
динами́чность, -и
динами́чный; *кр. ф.* -чен, -чна
дина́мка, -и, *р. мн.* -мок
дина́мный
дина́мо, *нескл., с.*
дина́мовец, -вца, *тв.* -вцем, *р. мн.* -вцев
дина́мовка, -и, *р. мн.* -вок
дина́мовский (*от* "Дина́мо")
динамогра́мма, -ы
динамо́граф, -а
динамографи́я, -и
динамокардиогра́фия, -и
дина́мо-маши́на, -ы
динамометаморфи́зм, -а
динамо́метр, -а
динамометри́ческий
динамоме́трия, -и
динамо́н, -а
дина́р, -а (*старинная восточная монета*; *ден. ед. в ряде стран*)
дина́рий, -я (*древнеримская монета*)
дина́рский (*к* Дина́рское наго́рье, Дина́ры; дина́рская ра́са)
ди́нас, -а
ди́на-сантиме́тр, -а
династи́йный
династи́ческий
дина́стия, -и
дина́триевый
динатро́н, -а
динатро́нный
дина́ты, -ов (*ист.*)
динафтали́т, -а
ди́нги, *нескл., м.* и *с.* (*парусник*)
ди́нго, *нескл., м.* и *ж.* (*животное*)
дини́стор, -а
динитробензо́л, -а
динитро́л, -а
динитронафто́л, -а
динитротолуо́л, -а
динитрохлорбензо́л, -а
ди́нка, *нескл., мн., ед. м.* и *ж. (народ)* и *неизм.* и *нескл., м. (язык)*
дино́д, -а
диноза́вр, -а
диноза́врик, -а
диноза́вровый
дино́рнис, -а
диноте́рий, -я
диноцера́т, -а
диноцефа́л, -а и **дейноцефа́л,** -а
динь-бо́м, *неизм.*
динь-ди́нь, *неизм.*
динь-динь-ди́нь, *неизм.*
динь-до́н, *неизм.*
ди́нькать, -аю, -ает
Диоге́н, -а: **бо́чка Диоге́на, фона́рь Диоге́на**
дио́д, -а
дио́дно-транзи́сторный
дио́дный
диокса́н, -а
диокси́дный
диокси́ды, -ов, *ед.* -си́д, -а
диокси́нный
диокси́ны, -ов, *ед.* -си́н, -а
диоктилфтала́т, -а
дио́ла и **джо́ла,** *нескл., мн., ед. м.* и *ж. (народ)* и *неизм.* и *нескл., м. (язык)*
дио́лы, -ов, *ед.* дио́л, -а (*хим.*)
дионе́я, -и
диони́н, -а
Дио́ни́с, -а
диониси́зм, -а
диони́сии, -ий
Диони́сий Ареопаги́т
Диони́сий Ма́лый
дионисийский (*от* Дио́ни́с)
диониси́йство, -а
дионисический
диопси́д, -а
диопта́з, -а
дио́птр, -а
дио́птренный
диоптри́йный
дио́птрика, -и
диоптри́метр, -а
диоптри́ческий
дио́птрия, -и
диора́ма, -ы
диора́мный
диори́т, -а
диоскоре́йные, -ых
диоскоре́я, -и
Диоску́ры, -ов (*мифол.*)
диофа́нтов, -а, -о (*от* Диофа́нт): **диофа́нтовы приближе́ния, диофа́нтовы уравне́ния**
диоце́з, -а
дипепти́ды, -ов, *ед.* -ти́д, -а
дипко́рпус, -а (*дипломатический корпус*)
дипкорреспонде́нция, -и
дипкурье́р, -а
дипла́хне, *нескл., ж.*
дипле́урула, -ы
дипли́пито, *нескл., м.* и *с. (муз.)*
диплодио́з, -а
диплодо́к, -а
дипло́ид, -а
дипло́идность, -и
дипло́идный
диплоко́кки, -ов, *ед.* -ко́кк, -а
диплоко́кковый
дипло́м, -а
диплома́нт, -а
диплома́нтка, -и, *р. мн.* -ток
диплома́т, -а
диплома́та́рий, -я
диплома́тика, -и
Дипломати́ческая акаде́мия МИ́Д
дипломати́ческий
дипломати́чность, -и
дипломати́чный; *кр. ф.* -чен, -чна
диплома́тия, -и
диплома́тка, -и, *р. мн.* -ток
диплома́тничать, -аю, -ает
дипломи́рованный
дипломи́ровать, -рую, -рует
дипло́мник, -а
дипло́мница, -ы, *тв.* -ей
дипло́мный
дипло́м-сертифика́т, дипло́ма-сертифика́та
диплопи́я, -и
диплостемони́я, -и (*бот.*)
дипло́т, -а
диплофа́за, -ы
дипмаши́на, -ы
дипми́ссия, -и
дипо́дия, -и
дипо́ль, -я
дипо́льный
дипотноше́ния, -ий
диппа́спорт, -а, *мн.* -а́, -о́в
диппо́чта, -ы
диппредстави́тельство, -а
дипрабо́тник, -а
дипрази́н, -а
дипслу́жба, -ы
дипсома́ния, -и
дипта́нк, -а
ди́птер, -а (*тип греческого храма*)
диптерока́рповые, -ых
диптероло́гия, -и
дипте́ры, -е́р, *ед.* -е́ра, -ы (*отряд насекомых*)
ди́птих, -а
дипучрежде́ние, -я
Дира́к, -а: **тео́рия Дира́ка, уравне́ние Дира́ка**
дира́ть, *наст. вр. не употр.*
директи́ва, -ы
директи́вно-волево́й
директи́вно-распредели́тельный
директи́вность, -и
директи́вный; *кр. ф.* -вен, -вна
дире́ктор, -а, *мн.* -а́, -о́в

директора́т, -а
дире́ктор – гла́вный реда́ктор, дире́ктора – гла́вного реда́ктора
директо́рия, -и (*директорат, устар.; инф.*)
Директо́рия, -и (*центральный орган власти, напр. во Франции 1795–1799*)
дире́ктор-распоряди́тель, дире́ктора-распоряди́теля
дире́кторский
дире́кторство, -а
дире́кторствовать, -твую, -твует
дире́ктор – худо́жественный руководи́тель, дире́ктора – худо́жественного руководи́теля
дире́кторша, -и, *тв.* -ей
директри́са, -ы
дирекцио́н, -а
дирекцио́нный
дире́кция, -и
дирижа́бельный
дирижаблестрое́ние, -я
дирижаблестрои́тельный
дирижа́бль, -я
дирижёр, -а
дирижёр-постано́вщик, дирижёра-постано́вщика
дирижёрский
дирижёрско-хорово́й
дирижёрство, -а
дирижи́рование, -я
дирижи́ровать(ся), -и́рую, -и́рует(ся)
ди́рик-фа́л, -а (*мор.*)
дирхе́м, -а и **дирха́м**, -а
дисассе́мблер, -а
дисахари́ды, -ов, *ед.* -ри́д, -а
дисбактерио́з, -а
дисбала́нс, -а
дисбаланси́рованный; *кр. ф.* -ан, -ана
дисбаланси́ровать(ся), -рую, -рует(ся)
дисбала́нсовый
дисба́т, -а
дисбурсме́нтский (*фин.*)
дисгармони́ровать, -рует
дисгармони́рующий
дисгармони́ческий
дисгармони́чность, -и
дисгармони́чный; *кр. ф.* -чен, -чна
дисгармо́ния, -и
дисгидро́з, -а
дисгормона́льный
дисгра́фик, -а
дисграфи́ческий
дисгра́фи́я, -и
диск, -а
ди́ска́нт, -а (*голос*)
диска́нт-а́льт, -а́
дисканти́ст, -а
диска́нтный
диска́нто́вый
диска́унт, -а и **диска́унтер**, -а (*фин.*)
дисквалификацио́нный
дисквалифика́ция, -и
дисквалифици́рованный; *кр. ф.* -ан, -ана
дисквалифици́ровать(ся), -рую(сь), -рует(ся)
ди́ск-гига́нт, ди́ска-гига́нта
диске́та, -ы
диске́тка, -и, *р. мн.* -ток
диске́тница, -ы, *тв.* -ей
диске́тный
диск-жоке́й, -я
диск-жоке́йский
дискине́зи́я, -и
ди́ско, *неизм.* и *нескл., с.*
ди́ско-анса́мбль, -я
ди́ско-ба́р, -а
дискобла́стула, -ы
дискобо́л, -а
дискобо́лка, -и, *р. мн.* -лок
дискобо́льный
дискова́ние, -я (*с.-х.*)
диско́ванный; *кр. ф.* -ан, -ана
дискова́ть(ся), -ку́ю, -ку́ет(ся)
ди́ско-ве́чер, -а
дискови́дный; *кр. ф.* -ден, -дна
дисково́д, -а
дисково́дный
ди́сковый
дискогна́т, -а
дискогра́фия, -и
ди́ско-гру́ппа, -ы
ди́ско-за́л, -а
дискоида́льный
ди́ско-клу́б, -а
дискомеду́за, -ы
дискомице́ты, -ов, *ед.* -це́т, -а
ди́ско-му́зыка, -и
дискомфо́рт, -а
дискомфо́ртность, -и
дискомфо́ртный; *кр. ф.* -тен, -тна
диско́нт, -а (*фин.*)
дисконта́ктность, -и
дисконтёр, -а
дисконти́рование, -я
дисконти́рованный; *кр. ф.* -ан, -ана
дисконти́ровать(ся), -рую, -рует(ся)
диско́нтный
дискообра́зный; *кр. ф.* -зен, -зна
дискоордина́ция, -и
дискоордини́рованный; *кр. ф.* -ан, -ана
дископа́лая лягу́шка
ди́ско-програ́мма, -ы
дискорда́нтность, -и
дискорда́нтный
ди́ско-ри́тм, -а
ди́скос, -а
ди́ско-спекта́кль, -я
ди́ско-сти́ль, -я
дискоте́ка, -и
дискоте́тчик, -а
дискоте́тчица, -ы, *тв.* -ей
дискоте́чный
дискофи́л, -а
дискофре́зерный
дискохрани́лище, -а
ди́ско-це́нтр, -а
дискредита́ция, -и
дискредити́рование, -я
дискредити́рованный; *кр. ф.* -ан, -ана
дискредити́ровать(ся), -рую(сь), -рует(ся)
дискретиза́ция, -и
дискретизо́ванный; *кр. ф.* -ан, -ана
дискре́тно-ана́логовый
дискре́тно распределённый
дискре́тно-структу́рный
дискре́тность, -и
дискре́тный; *кр. ф.* -тен, -тна
дискрецио́нный
дискре́ция, -и
дискримина́нт, -а
дискриминати́вный; *кр. ф.* -вен, -вна
дискримина́тор, -а
дискриминацио́нный
дискримина́ция, -и
дискримини́рованный; *кр. ф.* -ан, -ана
дискримини́ровать(ся), -рую(сь), -рует(ся)
ди́скурс, -а
дискурси́вность, -и
дискурси́вный
дискуссио́нность, -и
дискуссио́нный; *кр. ф.* -о́нен, -о́нна
дискусси́рованный; *кр. ф.* -ан, -ана
дискусси́ровать(ся), -рую, -рует(ся)
диску́ссия, -и
дискута́бельный; *кр. ф.* -лен, -льна
дискута́нт, -а
дискути́рованный; *кр. ф.* -ан, -ана
дискути́ровать(ся), -рую, -рует(ся)
дислока́льный
дислокацио́нный
дислока́ция, -и
дислоци́рованный; *кр. ф.* -ан, -ана
дислоци́ровать(ся), -рую, -рует(ся)
дисмембра́тор, -а
дисменоре́я, -и
диснеевский (*от* Ди́сне́й)
Диснейле́нд, -а
диспансе́р, -а
диспансериза́ция, -и
диспансеризо́ванный; *кр. ф.* -ан, -ана
диспансеризова́ть(ся), -зу́ю(сь), -зу́ет(ся)
диспансе́рный
диспара́тный
диспарите́т, -а
диспарите́тный
ди́спач, -а, *тв.* -ем
диспа́ша, -и, *тв.* -ей
диспашёр, -а
диспепси́ческий и **диспепти́ческий**
диспепси́я, -и
дисперга́тор, -а
дисперги́рование, -я
дисперги́рованный; *кр. ф.* -ан, -ана

дисперги́ровать(ся), -и́рую, -и́рует(ся)
дисперсио́нно-тверде́ющий
дисперсио́нный
диспе́рсия, -и
диспе́рсность, -и
диспе́рсно-упрочнённый
диспе́рсный
диспе́тчер, -а
диспетчериза́ция, -и
диспе́тчер-програ́мма, -ы
диспе́тчерская, -ой
диспе́тчерский
диспе́тчерша, -и, *тв.* -ей
дисплази́я, -и
диспле́й, -я
диспле́йный
диспно́э, *нескл., с.*
диспозити́вность, -и
диспозити́вный
диспозицио́нный
диспози́ция, -и
диспоне́нт, -а
диспоне́нтский
диспони́ровать, -рую, -рует
диспро́зий, -я
диспропорциона́льность, -и
диспропорциона́льный; *кр. ф.* -лен, -льна
диспропорциони́рование, -я
диспропо́рция, -и
ди́спут, -а
диспута́нт, -а
диспути́ровать, -рую, -рует
ди́спут-семина́р, -а и ди́спута-семина́ра
диссе́ктор, -а
диссемина́ция, -и
диссе́нтер, -а
диссерта́бельность, -и
диссерта́бельный; *кр. ф.* -лен, -льна
диссерта́нт, -а
диссерта́нтка, -и, *р. мн.* -ток
диссерта́нтский
диссертацио́нный
диссерта́ция, -и
диссиде́нт, -а
диссиде́нтка, -и, *р. мн.* -ток
диссиде́нтский
диссиде́нтство, -а
диссиде́нтствовать, -твую, -твует
диссимили́ровать(ся), -рует(ся)
диссимиляти́вный
диссимиляцио́нный
диссимиля́ция, -и
диссимули́ровать, -рую, -рует
диссимуля́ция, -и
диссипати́вный
диссипа́ция, -и
диссого́ния, -и
диссона́нс, -а
диссона́нсный
диссона́нтный
диссони́ровать, -рует
диссони́рующий
диссоциати́вность, -и
диссоциати́вный; *кр. ф.* -вен, -вна
диссоциа́ция, -и
диссоции́ровать, -рует
диста́льность, -и *(анат.)*
диста́льный
диста́нтный; *кр. ф.* -тен, -тна
дистанцио́метр, -а
дистанцио́нно-автомати́ческий
дистанцио́нно управля́емый
дистанцио́нный
дистанци́рование, -я
дистанци́рованный; *кр. ф.* -ан, -ана
дистанци́ровать(ся), -рую(сь), -рует(ся)
диста́нция, -и
дистиллиро́ванный; *кр. ф.* -ан, -ана
дистиллирова́ть(ся), -ру́ю, -ру́ет(ся) и **дистилли́ровать(ся),** -рую, -рует(ся)
дистилля́т, -а
дистилля́тный
дистилля́тор, -а
дистилляцио́нный
дистилля́ция, -и
дистими́я, -и
дистинкти́вный
дисти́нкция, -и
ди́стих, -а
дистони́ческий
дистони́я, -и
дисто́рзия, -и (*растяжение связок сустава*)
дисто́рсия, -и (*в оптике; то же, что дисторзия*)
дистре́сс, -а
дистрибути́в, -а
дистрибути́вность, -и
дистрибути́вный
дистрибуцио́нный
дистрибу́ция, -и
дистрибью́тор, -а и **дистрибу́тор,** -а
дистрибью́торский и **дистрибу́торский**
ди́стри́кт, -а
дистро́фик, -а
дистрофи́ческий
дистрофи́чка, -и, *р. мн.* -чек
дистрофи́чный; *кр. ф.* -чен, -чна
дистрофи́я, -и
дисульфа́н, -а
дисульфи́д, -а
дисульфи́дный
дисульформи́н, -а
дисфа́гия, -и
дисфази́я, -и
дисфеми́зм, -а
дисфони́я, -и
дисфори́я, -и
дисфункциона́льный
дисфу́нкция, -и
дисципли́на, -ы
дисциплина́рный
дисциплини́рованно, *нареч.*
дисциплини́рованность, -и
дисциплини́рованный; *кр. ф. прич.* -ан, -ана; *кр. ф. прил.* (*привыкший к дисциплине*) -ан, -анна
дисциплини́ровать(ся), -рую(сь), -рует(ся)
дисципли́нка, -и
дисциркуля́рный
дисциркуля́ция, -и
дитё, -я́ (*прост. к* дитя́)
дитя́, *род. и дат.* дитя́ти, *тв.* дитя́тей, *предл.* о дитя́ти
ди́тятко, -а, *мн.* -тки, -ток
дитя́чий, -ья, -ье (*прост. к* де́тский)
диуре́з, -а
диуре́тики, -ов, *ед.* -тик, -а
диурети́н, -а
диурети́ческий
диуро́н, -а
дифени́л, -а
дифенилами́н, -а
дифени́ловый
дифенилпропа́н, -а
дифени́н, -а
дифиллоботрио́з, -а
дифиодо́нтный
дифира́мб, -а
дифирамби́ческий
дифле́ктор, -а
дифмано́метр, -а
дифосге́н, -а
дифракто́метр, -а
дифракцио́нный
дифра́кция, -и
дифтери́йный
дифтери́т, -а
дифтери́тный
дифтери́я, -и
дифтеро́иды, -ов, *ед.* -о́ид, -а
дифто́нг, -а
дифтонгиза́ция, -и
дифтонгизи́роваться, -руется
дифтонги́ческий
дифтонго́ид, -а
диффамацио́нный
диффама́ция, -и
диффере́нт, -а (*тех.; фин.*)
дифференто́метр, -а
дифференциа́л, -а
дифференциа́льно-диагности́ческий
дифференциа́льно-ра́зностный
дифференциа́льность, -и
дифференциа́льный
дифференциа́тор, -а
дифференциа́ция, -и
дифференциона́льный
дифференци́рование, -я
дифференци́рованный; *кр. ф.* -ан, -ана
дифференци́ровать(ся), -рую, -рует(ся)
дифференциро́вка, -и, *р. мн.* -вок
дифференциро́вочный
дифференци́рующий(ся)
диффере́нция, -и
диффлю́гия, -и

диффузиони́зм, -а
диффузио́нный
диффу́зия, -и
диффу́зно-рассе́янный
диффу́зно-склероти́ческий
диффу́зный; *кр. ф.* -зен, -зна
диффу́зор, -а и (*в проф. речи*) **диффузо́р,** -а
диффунди́ровать, -рую, -рует
диха́зий, -я (*бот.*)
дихлоральмочеви́на, -ы
дихлортиази́д, -а
дихлорэта́н, -а
дихлофо́с, -а
дихога́мия, -и
дихотоми́ческий
дихотоми́я, -и
дихрои́зм, -а
дихромати́ческий
дихрома́ты, -ов, *ед.* -ма́т, -а
дихро́ми́я, -и
дице́нтра, -ы
дицинодо́нт, -а
дича́йший
дича́ть, -а́ю, -а́ет
ди́че и **диче́е,** *сравн. ст.*
дичи́на, -ы
дичи́ться, дичу́сь, дичи́тся
дичко́вый
дичо́к, дичка́
дичь, -и
диэле́ктрик, -а
диэлектри́ческий
диэлектрометри́ческий
диэлектроме́три́я, -и
диэнцефа́льный
диэтанолами́н, -а
диэтиленглико́ль, -я
диэтилендиокси́д, -а
диэти́ловый
ДК [дэка́], *нескл., м.* (*сокр.:* Дом культуры, Дворец культуры)
длань, -и
длина́, -ы́, *мн.* дли́ны, длин, дли́нам
длинне́е, *сравн. ст.*
длинне́йший
длинне́нек, -нька
дли́нненький
длинне́ть, -е́ет
дли́нно, *нареч.*
длиннобахро́мчатый
длиннобородый
длиннова́тый
длинново́лно́вый
длинноволокни́стый
длинноволо́сый
длинноголо́вый
длинногри́вый
длиннодне́вный
длиннозерни́стый
длиннозёрный
дли́нно- и короткодне́вный
длинноклю́вый
длинноколо́сый
длиннокорневи́щный
длинноко́сый
длиннокры́л, -а
длиннокры́лый
длинноли́стный и **длинноли́стый**
длинноли́цый
длинноме́р, -а (*длинномерные бревна, доски, собир.*)
длинноме́рный
длинномо́рдый
длинноно́гий
длинноно́сый
длиннопло́дный
длиннопо́лый
длиннопробе́жный
длинноро́гий
длиннору́кий
длинноры́л, -а (*рыба*)
длинноры́лый
длинносоло́мистый
длиннососта́вный
длинностебо́льный
длинносте́бельный
длиннота́, -ы́, *мн.* -о́ты, -о́т
длиннотру́бчатый
длинноу́сый
длинноу́хий
длиннофо́кусный
длиннохво́ст, -а
длиннохво́стый
длиннохо́дный
длинночерешко́вый
длинноше́ий, -ше́яя, -ше́ее
длинношёрстный и **длинношёрстый**
длиннощети́нистый
длинну́щий и **длинню́щий**
дли́нный; *кр. ф.* дли́нен, длинна́, дли́нно́
дли́нный-дли́нный
дли́нный-предли́нный
длиноме́р, -а (*прибор для измерения расстояний*)
дли́тельность, -и
дли́тельный; *кр. ф.* -лен, -льна
дли́ть(ся), длю, дли́т(ся)
для, *предлог*
для блези́ра и **для блези́ру**
для ве́рности
для ви́да и **для ви́ду**
для ви́димости
для затра́вки
для поря́дка
для профо́рмы
для-ра́ди, *предлог*
для сме́ха и **для сме́ху**
для сугре́ва и **для сугре́ву**
для фо́рса и **для фо́рсу**
для ши́ка и **для ши́ку**
дми́триевский (*от* Дми́трий и Дми́триев)
Дми́трий Донско́й
Дми́трий Самозва́нец
дми́тровский (*от* Дми́тров, *город*)
дми́тровцы, -ев, *ед.* -вец, -вца, *тв.* -вцем
дмитровча́не, -а́н, *ед.* -а́нин, -а
дмитровча́нка, -и, *р. мн.* -нок
ДМШ [дэмша́], *нескл., ж.* (*сокр.*: детская музыкальная школа)
ДНД [дэндэ́], *нескл., ж.* (*сокр.*: добровольная народная дружина)
днева́лить, -лю, -лит
днева́льный, -ого
днева́льство, -а
днева́лящий
днева́ть, днюю, днюет
днёвка, -и, *р. мн.* -вок
дневни́к, -а́
дневнико́вый
дневничо́к, -чка́
дневно́й
днём, *нареч.*
днепро́вский (*от* Днепр)
Днепро́вский лима́н
днепро́вско-бу́гский
Днепро́вско-При́пятский бассе́йн
дне́про-дви́нский (дне́про-дви́нская культу́ра, *археол.*)
днепродзержи́нский (*от* Днепродзержи́нск)
днепродзержи́нцы, -ев, *ед.* -нец, -нца, *тв.* -нцем
дне́про-доне́цкий
днепропетро́вский (*от* Днепропетро́вск)
днепропетро́вцы, -ев, *ед.* -вец, -вца, *тв.* -вцем
Днепропетро́вщина, -ы (*к* Днепропетро́вск)
днестро́вский (*от* Днестр)
Днестро́вско-Бу́гский лима́н
днесь, *нареч.*
Дни́ славя́нской пи́сьменности и культу́ры
дни́ще, -а
дни́щевый
ДНК [дэнка́], *нескл., ж.* (*сокр.*: дезоксирибонуклеиновая кислота)
ДНК-диагно́стика, -и
ДНК-зави́симый
ДНК-полимера́за, -ы
ДНК-протеи́д, -а
ДНК-содержа́щий
ДНК-те́ст, -а
дно, дна, *мн.* до́нья, -ьев
дно́вский (*от* Дно, *город*)
дно́вцы, -ев, *ед.* -вец, -вца, *тв.* -вцем
дноочисти́тельный
дноуглуби́тельный
дноуглубле́ние, -я
дня́ми, *нареч.*
до[1], *предлог*
до[2], *нескл., с.* (*нота*)
доарме́йский
доа́томный
доба́вить(ся), -влю, -вит(ся)
доба́вка, -и, *р. мн.* -вок
добавле́ние, -я
доба́вленный; *кр. ф.* -ен, -ена
добавля́ть(ся), -я́ю, -я́ет(ся)
доба́вок, -вка

доба́вочный
добалова́ться, -лу́юсь, -лу́ется
доба́лтываться, -аюсь, -ается
добега́ть, -а́ю, -а́ет
добе́гаться, -аюсь, -ается
добежа́ть, добегу́, добежи́т, добегу́т
до́бела́
добелённый; *кр. ф.* -ён, -ена́
добе́ливание, -я
добе́ливать(ся), -аю(сь), -ает(ся)
добели́ть(ся), -елю́(сь), -е́ли́т(ся)
добе́лка, -и
доберма́н, -а
доберма́н-пи́нчер, доберма́на-пи́нчера
добива́ние, -я
добива́ть(ся), -а́ю(сь), -а́ет(ся)
добира́ние, -я
добира́ть(ся), -а́ю(сь), -а́ет(ся)
доби́тый
доби́ть(ся), добью́(сь), добьёт(ся)
до́блестный; *кр. ф.* -тен, -тна
до́блесть, -и
доблока́дный
до бо́ли
доболта́ть(ся), -а́ю(сь), -а́ет(ся)
добо́р, -а (*от* добра́ть)
добра́живать, -ает
до́бранный; *кр. ф.* -ан, -ана
добра́сывать(ся), -аю, -ает(ся)
добра́ть(ся), доберу́(сь), доберёт(ся); *прош.* -а́л(ся), -ала́(сь), -а́ло, -а́ло́сь
добра́чный
До́брая Наде́жда: мы́с До́брой Наде́жды
до́бре, *частица*
добреда́ть, -а́ю, -а́ет
добре́дший
добре́йший
добре́нек, -нька
до́бренький
добрести́, -еду́, -едёт; *прош.* -ёл, -ела́
добре́ть, -е́ю, -е́ет
добрива́ть(ся), -а́ю(сь), -а́ет(ся)
добри́ть(ся), -ре́ю(сь), -ре́ет(ся)
добри́шко, -а
добро́[1], -а́
добро́[2], *нескл., с.* (*название буквы*)
добро́[3], *частица* (*ладно, хорошо*)
добро́ бы, *союз* и *частица*
доброво́лец, -льца, *тв.* -льцем, *р. мн.* -льцев
доброво́льно, *нареч.*
доброво́льно-принуди́тельный
доброво́льность, -и
доброво́льный; *кр. ф.* -лен, -льна
Доброво́льческая а́рмия (*в России в Гражданскую войну*)
доброво́льческий
доброво́льчество, -а
доброде́й, -я
доброде́тель, -и
доброде́тельность, -и
доброде́тельный; *кр. ф.* -лен, -льна
доброди́ть, -о́дит
доброду́шие, -я
доброду́шность, -и
доброду́шный; *кр. ф.* -шен, -шна
доброе́зжий
доброжела́тель, -я
доброжела́тельница, -ы, *тв.* -ей
доброжела́тельность, -и
доброжела́тельный; *кр. ф.* -лен, -льна
доброжела́тельство, -а
доброжела́тельствовать, -твую, -твует
доброка́чественно, *нареч.*
доброка́чественность, -и
доброка́чественный; *кр. ф.* -вен и -венен, -венна
добро́м, *нареч.*
добронра́вие, -я
добронра́вность, -и
добронра́вный; *кр. ф.* -вен, -вна
добропоря́дочность, -и
добропоря́дочный; *кр. ф.* -чен, -чна
доброса́ть(ся), -а́ю(сь), -а́ет(ся)
добросерде́чие, -я
добросерде́чность, -и
добросерде́чный; *кр. ф.* -чен, -чна
добро́сить, -о́шу, -о́сит
добросо́вестность, -и
добросо́вестный; *кр. ф.* -тен, -тна
добрососе́дский
добрососе́дство, -а
добро́та, -ы (*добротность*)
доброта́, -ы́
добротво́рчество, -а
добро́тность, -и
добро́тный; *кр. ф.* -тен, -тна
добротолю́бие, -я
доброхо́т, -а
доброхо́тный; *кр. ф.* -тен, -тна
доброхо́тство, -а
доброхо́тствовать, -твую, -твует
добро́шенный; *кр. ф.* -ен, -ена
до́брый; *кр. ф.* добр, добра́, до́бро, до́бры́
Добры́ня Ники́тич
добря́к, -а́
добря́чка, -и, *р. мн.* -чек
добрячо́к, -чка́
добуди́ться, -ужу́сь, -у́дится
добуква́рный
добыва́ние, -я
добыва́ть(ся), -а́ю, -а́ет(ся)
добыва́ющий(ся)
добы́ток, -тка
добы́тчик, -а
добы́тчица, -ы, *тв.* -ей
до́бы́тый; *кр. ф.* до́быт, добы́та, до́бы́то
добы́ть, добу́ду, добу́дет; *прош.* до́был, добыла́, до́было
добы́ча, -и, *тв.* -ей
добы́чливость, -и
добы́чливый
добы́чный
дова́ренный; *кр. ф.* -ен, -ена
дова́ривать(ся), -аю, -ает(ся)
довари́ть(ся), -арю́, -а́рит(ся)
довева́ть(ся), -а́ю, -а́ет(ся) (*к* ве́ять)
дове́дать(ся), -аю(сь), -ает(ся)
доведе́ние, -я
доведённый; *кр. ф.* -ён, -ена́
дове́дший(ся)
дове́дывать(ся), -аю(сь), -ает(ся)
довезённый; *кр. ф.* -ён, -ена́
довезти́, -зу́, -зёт; *прош.* -ёз, -езла́
довёзший
дове́ивание, -я
дове́ивать(ся), -аю, -ает(ся)
до́веку, *нареч.*
до вели́ка: от ма́ла до вели́ка
дове́ренность, -и
дове́ренный; *кр. ф.* -ен, -ена
дове́рие, -я
довери́тель, -я
довери́тельница, -ы, *тв.* -ей
довери́тельно-сберега́тельный
довери́тельность, -и
довери́тельный; *кр. ф.* -лен, -льна
довери́тельский
дове́рить(ся), -рю(сь), -рит(ся)
довёрнутый
доверну́ть(ся), -ну́, -нёт(ся)
доверте́ть(ся), -ерчу́(сь), -е́ртит(ся)
довёртывание, -я
довёртывать(ся), -аю, -ает(ся)
до́верху, *нареч.* (сни́зу до́верху; нали́ть стака́н до́верху)
дове́рченный; *кр. ф.* -ен, -ена
дове́рчивать(ся), -аю, -ает(ся)
дове́рчивость, -и
дове́рчивый
доверша́ть(ся), -а́ю, -а́ет(ся)
доверше́ние, -я
довершённый; *кр. ф.* -ён, -ена́
доверши́ть(ся), -шу́, -ши́т(ся)
доверя́ть(ся), -я́ю(сь), -я́ет(ся)
дове́сить, -е́шу, -е́сит
дове́сок, -ска
дове́сочный
довести́(сь), доведу́, доведёт(ся); *прош.* довёл, довела́, довело́(сь)
до ве́тра и **до ве́тру** (сходи́ть)
дове́шанный; *кр. ф.* -ан, -ана (*от* дове́шать)
дове́шать, -аю, -ает
дове́шенный; *кр. ф.* -ен, -ена (*от* дове́сить)
дове́шивать(ся), -аю, -ает(ся)
дове́янный; *кр. ф.* -ян, -яна
дове́ять, -е́ю, -е́ет
довже́нковский (*от* Довже́нко)
довзы́сканный; *кр. ф.* -ан, -ана
довзыска́ть, -ыщу́, -ы́щет
довзы́скивать(ся), -аю, -ает(ся)
довива́ние, -я
довива́ть(ся), -а́ю, -а́ет(ся) (*к* вить)
довинти́ть, -инчу́, -и́нти́т
дови́нченный; *кр. ф.* -ен, -ена
дови́нчивание, -я
дови́нчивать(ся), -аю, -ает(ся)
довира́ться, -а́юсь, -а́ется

дови́тый; *кр. ф.* -и́т, -и́та́, -и́то
дови́ть(ся), довью́, довьёт(ся); *прош.* -и́л(ся), -ила́(сь), -и́ло, -и́ло́сь (*к* ви́ть)
довле́ть, -е́ет
довле́ющий
до́вод, -а
доводи́ть(ся), -ожу́(сь), -о́дит(ся)
householdдово́дка, -и
дово́дочный
дово́дчик, -а
дово́дчица, -ы, *тв.* -ей
довоева́ть(ся), довою́ю(сь), довою́ет(ся)
довоёвывать(ся), -аю(сь), -ает(ся)
довое́нный
довози́ть(ся), -ожу́(сь), -о́зит(ся)
довола́кивать(ся), -аю(сь), -ает(ся)
доволо́кший(ся)
доволо́ченный; *кр. ф.* -ен, -ена (*от* доволочи́ть)
доволочённый; *кр. ф.* -ён, -ена́ (*от* доволо́чь и доволочи́ть)
доволочи́ть(ся), -очу́(сь), -о́чи́т(ся)
доволо́чь(ся), -локу́(сь), -лочёт(ся), -локу́т(ся); *прош.* -ло́к(ся), -локла́(сь)
дово́льно, *нареч.* и *в знач. сказ.*
дово́льно-таки
дово́льный; *кр. ф.* -лен, -льна
дово́льствие, -я
дово́льство, -а
дово́льствовать(ся), -твую(сь), -твует(ся)
довообрази́ть, -ажу́, -ази́т
довооружа́ть(ся), -а́ю(сь), -а́ет(ся)
довооруже́ние, -я
довооружённый; *кр. ф.* -ён, -ена́
довооружи́ть(ся), -жу́(сь), -жи́т(ся)
довора́чивать(ся), -аю, -ает(ся)
доворова́ться, -ру́юсь, -ру́ется
доворо́т, -а (*к* доверну́ть)
до востре́бования
довра́ться, -ру́сь, -рётся; *прош.* -а́лся, -ала́сь, -а́ло́сь
доврачéбный
до вре́мени (*преждевременно*)
довре́менный (*преждевременный*)
довреме́нный (*изначальный*)
довсхо́довый
дову́зовский
довы́боры, -ов
довыполне́ние, -я
довы́полненный; *кр. ф.* -ен, -ена
довы́полнить, -ню, -нит
довыполня́ть(ся), -я́ю, -я́ет(ся)
довя́занный; *кр. ф.* -ан, -ана
довяза́ть, -яжу́, -я́жет
довя́зывание, -я
довя́зывать(ся), -аю, -ает(ся)
дог, -а
догада́ть(ся), -а́ю(сь), -а́ет(ся)
дога́дка, -и, *р. мн.* -док
дога́дливость, -и
дога́дливый
дога́дываться, -аюсь, -ается
догаре́сса, -ы
догеологи́ческий
доги́ня, -и (*от* дог)
догла́дить, -а́жу, -а́дит
догла́дывание, -я
догла́дывать(ся), -аю, -ает(ся)
догла́женный; *кр. ф.* -ен, -ена
догла́живание, -я
догла́живать(ся), -аю, -ает(ся)
догло́данный; *кр. ф.* -ан, -ана
доглода́ть, -ожу́, -о́жет
догля́д, -а
догляде́ть, -яжу́, -яди́т
догля́дчик, -а
догля́дчица, -ы, *тв.* -ей
догля́дывать, -аю, -ает
до́гма, -ы
до́гмат, -а
догматиза́ция, -и
догматизи́рованный; *кр. ф.* -ан, -ана
догматизи́ровать(ся), -рую, -рует(ся)
догмати́зм, -а
догма́тик, -а
догма́тика, -и
догма́тико-церко́вный
догмати́чески
догмати́ческий
догмати́чность, -и
догмати́чный; *кр. ф.* -чен, -чна
до́гнанный; *кр. ф.* -ан, -ана
догна́ть, догоню́, дого́нит
догнива́ние, -я
догнива́ть, -а́ю, -а́ет
догни́ть, -ию́, -иёт
догова́ривать(ся), -аю(сь), -ает(ся)
догова́ривающий(ся)
догово́р, -а, *мн.* -ы, -ов и (*разг.*) -а́, -о́в
договорённость, -и
договорённый; *кр. ф.* -ён, -ена́
договори́ть(ся), -рю́(сь), -ри́т(ся)
догово́рник, -а и (*разг.*) **договорни́к,** -а́
догово́рно-правово́й
догово́рный и (*разг.*) **договорно́й**
догово́р-обяза́тельство, догово́ра-обяза́тельства, *м.*
догово́р-поруче́ние, догово́ра-поруче́ния, *м.*
догола́
догоня́лки, -лок
догоня́лочки, -чек
догоня́ть, -я́ю, -я́ет
догоня́шки, -шек
догообра́зные, -ых
догора́ние, -я
догора́ть, -а́ет
догоре́ть, -ри́т
догоспита́льный
догосуда́рственный (*ист.*)
догреба́ние, -я
догреба́ть, -а́ю, -а́ет
догребённый; *кр. ф.* -ён, -ена́
догрёбший
догрести́, -ребу́, -ребёт; *прош.* -рёб, -ребла́
до гро́ба
догружа́ть(ся), -а́ю(сь), -а́ет(ся)
догру́женный; *кр. ф.* -ен, -ена и **догружённый;** *кр. ф.* -ён, -ена́
догру́з, -а
догрузи́ть(ся), -ужу́(сь), -у́зи́т(ся)
догру́зка, -и
догрыза́ть(ся), -а́ю, -а́ет(ся)
догры́зенный; *кр. ф.* -ен, -ена
догры́зть(ся), -зу́(сь), -зёт(ся); *прош.* -ы́з(ся), -ы́зла(сь)
догры́зший
догу́ливать(ся), -аю(сь), -ает(ся)
догуля́ть(ся), -я́ю(сь), -я́ет(ся)
додава́ть(ся), додаю́, додаёт(ся)
додави́ть, -влю́, -а́вит
дода́вленный; *кр. ф.* -ен, -ена
дода́вливание, -я
дода́вливать(ся), -аю, -ает(ся)
дода́ивание, -я
дода́ивать(ся), -аю, -ает(ся)
до́данный; *кр. ф.* до́дан, до́дана́, до́дано
дода́ть, -а́м, -а́шь, -а́ст, -ади́м, -ади́те, -аду́т; *прош.* до́да́л, додала́, до́да́ло
дода́ча, -и, *тв.* -ей
додекафони́ческий
додекафо́ния, -и
додека́эдр, -а
доде́ланный; *кр. ф.* -ан, -ана
доде́лать, -аю, -ает
доделённый; *кр. ф.* -ён, -ена́
додели́ть, -елю́, -е́лит
доде́лка, -и, *р. мн.* -лок
доде́лочный
доде́лывание, -я
доде́лывать(ся), -аю, -ает(ся)
доде́ржанный; *кр. ф.* -ан, -ана
додержа́ть(ся), -ержу́(сь), -е́ржит(ся)
доде́рживать(ся), -аю(сь), -ает(ся)
доде́ржка, -и
до-дие́з, -а
до-дие́з мажо́р, до-дие́з мажо́ра
до-дие́з-мажо́рный
до-дие́з мино́р, до-дие́з мино́ра
до-дие́з-мино́рный
до-дие́зный
додира́ть(ся), -а́ю, -а́ет(ся)
додне́сь, *нареч.*
додо́, *нескл., м.* (*птица*)
додо́енный; *кр. ф.* -ен, -ена
додои́ть(ся), додою́, додо́и́т(ся)
додолба́ть, -а́ю, -а́ет
до́дранный; *кр. ф.* -ан, -ана
додра́ть(ся), додеру́(сь), додерёт(ся); *прош.* -а́л(ся), -ала́(сь), -а́ло, -а́ло́сь
доду́манный; *кр. ф.* -ан, -ана
доду́мать(ся), -аю(сь), -ает(ся)
доду́мывание, -я
доду́мывать(ся), -аю(сь), -ает(ся)
доеда́ние, -я
доеда́ть(ся), -а́ю, -а́ет(ся)
дое́денный; *кр. ф.* -ден, -дена
дое́здить(ся), дое́зжу(сь), дое́здит(ся)
дое́здка, -и
доезжа́ть(ся), -а́ю, -а́ет(ся)

доезжа́чий, -его
дое́зженный; *кр. ф.* -ен, -ена
дое́зживать(ся), -аю, -ает(ся)
дое́ние, -я
до́енный; *кр. ф.* до́ен, до́ена, *прич.*
доёный, *прил.*
дое́сть, дое́м, дое́шь, дое́ст, доеди́м, доеди́те, доедя́т; *прош.* дое́л, дое́ла
дое́хать, дое́ду, дое́дет
дож, -а, *тв.* -ем
дожа́ренный; *кр. ф.* -ен, -ена
дожа́ривание, -я
дожа́ривать(ся), -аю, -ает(ся)
дожа́рить(ся), -рю, -рит(ся)
дожа́тый
дожа́ть(ся)[1], дожму́(сь), дожмёт(ся)
дожа́ть(ся)[2], дожну́, дожнёт(ся)
дожда́ться, -ду́сь, -дётся; *прош.* -а́лся, -ала́сь, -а́ло́сь
дождева́лка, -и, *р. мн.* -лок
дождева́льный
дождева́ние, -я
дождеви́к, -а́
дождёвка, -и, *р. мн.* -вок
дождево́й
дождём, *нареч.*
дождеме́р, -а
дождеме́рный
дождеприёмник, -а
до́ждик, -а
дожди́на, -ы, *м.*
дожди́нка, -и, *р. мн.* -нок
дожди́ть, -и́т
до́ждичек, -чка
дожди́шко, -а и -и, *мн.* -шки, -шек, *м.*
дожди́ще, -а, *мн.* -а и -и, -и́щ, *м.*
дождли́вость, -и
дождли́вый
дождь, -я́
дожёванный; *кр. ф.* -ан, -ана
дожева́ть, дожую́, дожуёт
дожёвывание, -я
дожёвывать(ся), -аю, -ает(ся)
дожёгший
доже́чь, дожгу́, дожжёт, дожгу́т; *прош.* дожёг, дожгла́
дожжённый; *кр. ф.* -ён, -ена́
дожива́ть, -а́ю, -а́ет
дожига́ние, -я
дожига́тель, -я
дожига́ть(ся), -а́ю, -а́ет(ся)
дожида́ть(ся), -а́ю(сь), -а́ет(ся)
дожи́м, -а
дожима́ние, -я
дожима́ть(ся), -а́ю(сь), -а́ет(ся)
дожимно́й
дожина́ть(ся), -а́ю, -а́ет(ся)
дожи́нки, -нок
дожи́ночный
дожи́тие, -я
до́жи́тый; *кр. ф.* до́жи́т, дожита́, до́жи́то
дожи́ть, -иву́, -ивёт; *прош.* до́жи́л, дожила́, до́жи́ло
до́за, -ы

до за́втра
доза́втракать, -аю, -ает
дозаму́жний
дозапра́вить(ся), -влю(сь), -вит(ся)
дозапра́вка, -и, *р. мн.* -вок
дозапра́вленный; *кр. ф.* -ен, -ена
дозаправля́ть(ся), -я́ю(сь), -я́ет(ся)
дозапра́вщик, -а
до заре́зу
доза́ривание, -я
доза́ривать(ся), -аю, -ает(ся)
дозаряди́ть(ся), -яжу́, -я́ди́т(ся)
дозаряжа́ть(ся), -а́ю, -а́ет(ся)
дозаседа́ть, -а́ю, -а́ет
доза́тор, -а
доза́тор-транспортёр, доза́тора-транспортёра
дозаяви́ть(ся), -влю́, -я́вит(ся)
дозая́вка, -и, *р. мн.* -вок
дозая́вленный; *кр. ф.* -ен, -ена
дозаявля́ть(ся), -я́ю(сь), -я́ет(ся)
дозая́вочный
дозва́ниваться, -аюсь, -ается
дозва́ться, дозову́сь, дозовётся; *прош.* -а́лся, -ала́сь, -а́ло́сь
дозвёздный (дозвёздное вещество́)
дозволе́ние, -я
дозво́ленность, -и
дозво́ленный; *кр. ф.* -ен, -ена
дозволи́тельный; *кр. ф.* -лен, -льна
дозво́лить, -лю, -лит
дозволя́ть(ся), -я́ю, -я́ет(ся)
дозво́н, -а
дозвони́ться, -ню́сь, -ни́тся
дозвуково́й
дози́ме́тр, -а
дозиметри́ст, -а
дозиметри́ческий
дозиме́три́я, -и
дозимова́ть, -му́ю, -му́ет
дози́рование, -я
дози́рованный; *кр. ф.* -ан, -ана
дози́ровать(ся), -рую, -рует(ся)
дозиро́вка, -и, *р. мн.* -вок
дозиро́вочный
дозиро́вщик, -а
дознава́тель, -я
дознава́тельский
дознава́ть(ся), -наю́(сь), -наёт(ся)
дозна́ние, -я
до́знанный; *кр. ф.* -ан, -ана
дозна́ть(ся), -а́ю(сь), -а́ет(ся)
дозо́р, -а
дозо́рный
дозо́рщик, -а
дозрева́ние, -я
дозрева́ть, -а́ет
дозре́лый
дозре́ть, -е́ет
до зубо́в (вооружён)
дои́гранный; *кр. ф.* -ан, -ана
доигра́ть(ся), -а́ю(сь), -а́ет(ся)
дои́грывание, -я
дои́грывать(ся), -аю(сь), -ает(ся)
доизбира́ть(ся), -а́ю(сь), -а́ет(ся)

доизбра́ние, -я
дои́збранный; *кр. ф.* -ан, -ана
доизбра́ть, -беру́, -берёт; *прош.* -а́л, -ала́, -а́ло
до изно́са и **до изно́су**
дои́лка, -и, *р. мн.* -лок
дои́льник, -а
дои́льно-моло́чный
дои́льный
дои́льщик, -а
дои́льщица, -ы, *тв.* -ей
дои́мка, -и, *р. мн.* -мок (*устар. к* недоимка)
доимпериалисти́ческий
дои́мщик, -а
доиндустриа́льный
доинтерне́товский
доиска́ться, доищу́сь, дои́щется
дои́скиваться, -аюсь, -ается
доисла́мский
доиссле́дованный; *кр. ф.* -ан, -ана
доиссле́довать, -дую, -дует
доистори́ческий
доисто́рия, -и
дои́ть(ся), дою́, до́и́т(ся)
до́йка, -и, *р. мн.* до́ек
до́йна, -ы
дойни́к, -а́
дойни́ца, -ы, *тв.* -ей
до́йность, -и
до́йный
дойра́, -ы́ и **до́йра**, -ы
дойти́, дойду́, дойдёт; *прош.* дошёл, дошла́
дойчема́рка, -и (*ден. ед.*)
док, -а
до́ка, -и, *м.* и *ж.*
дока́занный; *кр. ф.* -ан, -ана
доказа́тельность, -и
доказа́тельный; *кр. ф.* -лен, -льна
доказа́тельственный
доказа́тельство, -а
доказа́ть, докажу́, дока́жет
доказу́емость, -и
доказу́емый
дока́зчик, -а
дока́зчица, -ы, *тв.* -ей
дока́зывание, -я
дока́зывать(ся), -аю, -ает(ся)
докалённый; *кр. ф.* -ён, -ена́
дока́ливание, -я
дока́ливать(ся), -аю, -ает(ся)
докали́ть(ся), -лю́, -ли́т(ся)
дока́лывать(ся), -аю, -ает(ся)
дока́нчивать(ся), -аю, -ает(ся)
дока́нывать(ся), -аю(сь), -ает(ся)
дока́панный; *кр. ф.* -ан, -ана
дока́пать, -аю, -ает
до ка́пельки
докапиталисти́ческий
до ка́пли
дока́пчивать(ся), -аю, -ает(ся)
дока́пывание, -я
дока́пывать(ся), -аю(сь), -ает(ся)
докара́бкаться, -аюсь, -ается

дока́рмливание, -я
дока́рмливать(ся), -аю, -ает(ся)
дока́танный; *кр. ф.* -ан, -ана
доката́ть(ся), -а́ю(сь), -а́ет(ся)
докати́ть(ся), -ачу́(сь), -а́тит(ся)
дока́тывание, -я
дока́тывать(ся), -аю(сь), -ает(ся)
дока́чанный; *кр. ф.* -ан, -ана (*от* докача́ть)
докача́ть(ся), -а́ю(сь), -а́ет(ся)
дока́ченный; *кр. ф.* -ен, -ена (*от* докати́ть)
дока́чивание, -я
дока́чивать(ся), -аю(сь), -ает(ся)
дока́шивание, -я
дока́шивать(ся), -аю, -ает(ся)
довва́сить(ся), -а́шу, -а́сит(ся)
доква́шенный; *кр. ф.* -ен, -ена
доква́шивание, -я
доква́шивать(ся), -аю, -ает(ся)
доке́мбрий, -я
докембри́йский
до́кер, -а
до́керский
доки́данный; *кр. ф.* -ан, -ана
докида́ть(ся), -а́ю(сь), -а́ет(ся)
доки́дывать(ся), -аю, -ает(ся)
доки́нутый
доки́нуть, -ну, -нет
докипа́ть, -а́ет
докипе́ть, -пи́т
докиса́ние, -я
докиса́ть, -а́ет
доки́снуть, -нет; *прош.* -и́с, -и́сла
доки́сший
докла́д, -а
докладна́я, -о́й
докладно́й
докла́д-прогно́з, докла́да-прогно́за
докла́дчик, -а
докла́дчица, -ы, *тв.* -ей
докла́дывание, -я
докла́дывать(ся), -аю(сь), -ает(ся)
докла́ссовый
доклёванный; *кр. ф.* -ан, -ана
доклева́ть, -клюю́, -клюёт
доклёвывать(ся), -аю, -ает(ся)
докле́енный; *кр. ф.* -ен, -ена
докле́ивание, -я
докле́ивать(ся), -аю, -ает(ся)
докле́ить, -е́ю, -е́ит
докле́йка, -и
докле́точный
докли́каться, -и́чусь, -и́чется
доклини́ческий
докова́ние, -я (*от* док)
доко́ванный; *кр. ф.* -ан, -ана
докова́ть, докую́, докуёт
доко́вывать(ся), -аю, -ает(ся)
до́ковый
доковыля́ть, -я́ю, -я́ет
докола́чивать(ся), -аю, -ает(ся)
доко́ле и **доко́ль**
доколоти́ть, -лочу́, -ло́тит
доко́лотый
доколо́ть, -олю́, -о́лет
доколо́ченный; *кр. ф.* -ен, -ена
доколу́мбов, -а, -о и **доколу́мбовский** (*от* Колу́мб)
доко́ль и **доко́ле**
докомпью́терный
докона́ть, -а́ю, -а́ет
доконопа́тить, -а́чу, -а́тит
доконопа́ченный; *кр. ф.* -ен, -ена
доконопа́чивать(ся), -аю, -ает(ся)
до конца́
доконча́ние, -я
доко́нченный; *кр. ф.* -ен, -ена
доко́нчить(ся), -чу, -чит(ся)
доко́панный; *кр. ф.* -ан, -ана
докопа́ть(ся), -а́ю(сь), -а́ет(ся)
докопти́ть(ся), -пчу́, -пти́т(ся)
докопчённый; *кр. ф.* -ён, -ена́
докорми́ть, -ормлю́, -о́рмит
доко́рмленный; *кр. ф.* -ен, -ена
докоси́ть, -ошу́, -о́сит
докосми́ческий
доко́шенный; *кр. ф.* -ен, -ена
докра́ивать(ся), -аю, -ает(ся)
до кра́йности
докра́сить(ся), -а́шу(сь), -а́сит(ся)
докра́ска, -и
до́красна́
докра́шенный; *кр. ф.* -ен, -ена
докра́шивание, -я
докра́шивать(ся), -аю(сь), -ает(ся)
докри́зисный
докрича́ться, -чу́сь, -чи́тся
до́ крови и **до кро́ви**
докро́енный; *кр. ф.* -ен, -ена
докрои́ть, -ою́, -ои́т
докро́шенный; *кр. ф.* -ен, -ена
докроши́ть, -ошу́, -о́ши́т
докружи́ться, -ужу́сь, -у́жи́тся
докрути́ть(ся), -учу́(сь), -у́тит(ся)
докру́тка, -и
докру́ченный; *кр. ф.* -ен, -ена
докру́чивание, -я
докру́чивать(ся), -аю(сь), -ает(ся)
доксицикли́н, -а
доксо́граф, -а
до́ктор, -а, *мн.* -а́, -о́в
до́ктор Айболи́т
доктора́льность, -и
доктора́льный; *кр. ф.* -лен, -льна
доктора́нт, -а
доктора́нтка, -и, *р. мн.* -ток
доктора́нтский
докторанту́ра, -ы
доктора́т, -а
доктори́ца, -ы, *тв.* -ей
доктори́шка, -и, *р. мн.* -шек, *м.* и *ж.*
до́кторский
до́кторство, -а
до́кторша, -и, *тв.* -ей
доктри́на, -ы
доктрина́льный
доктринёр, -а
доктринёрский
доктринёрство, -а
доку́да
доку́да-нибу́дь
доку́дова (*прост.*)
доку́ка, -и
докуме́кать, -аю, -ает
докуме́нт, -а
документали́ст, -а
документали́стика, -и
документали́стка, -и, *р. мн.* -ток
документа́льно-истори́ческий
документа́льно подтверждённый
документа́льность, -и
документа́льно-хроника́льный
документа́льно-худо́жественный
документа́льный; *кр. ф.* -лен, -льна
документа́рный (*фин.*)
документа́тор, -а
документацио́нный
документа́ция, -и
докуме́нтец, -тца, *тв.* -тцем, *р. мн.* -тцев
докуме́нтик, -а
документи́рование, -я
документи́рованность, -и
документи́рованный; *кр. ф.* -ан, -ана
документи́ровать(ся), -рую, -рует(ся)
докуме́нтный
документове́д, -а
документове́дение, -я
документооборо́т, -а
доку́панный; *кр. ф.* -ан, -ана
докупа́ть(ся), -а́ю(сь), -а́ет(ся)
докупи́ть, -уплю́, -у́пит
доку́пка, -и
доку́пленный; *кр. ф.* -ен, -ена
доку́ренный; *кр. ф.* -ен, -ена
доку́ривание, -я
доку́ривать(ся), -аю(сь), -ает(ся)
докури́ть(ся), -урю́(сь), -у́рит(ся)
докуча́ть, -а́ю, -а́ет
доку́чливость, -и
доку́чливый
доку́чность, -и
доку́чный; *кр. ф.* -чен, -чна
доку́шанный; *кр. ф.* -ан, -ана
доку́шать, -аю, -ает
дол, -а
дола́вливать, -аю, -ает
до ла́мпочки
дола́мывание, -я
дола́мывать(ся), -аю(сь), -ает(ся)
долбану́тый
долбану́ть, -ну́, -нёт
до́лбаный, *прил.*
долба́ть, -а́ю, -а́ет
долбёж, -ежа́, *тв.* -о́м
долбёжка, -и
долбёжник, -а
долбёжный
долби́ть(ся), -блю́, -би́т(ся)
долбле́ние, -я
долблёнка, -и, *р. мн.* -нок
долблённый; *кр. ф.* -ён, -ена́, *прич.*
долблёный, *прил.*
долбня́, -и́

долбя́к, -а́
долбя́щий(ся)
долг, -а, *предл.* в долгу́, *мн.* -и́, -о́в
долга́нка, -и, *р. мн.* -нок
Долга́но-Не́нецкий: Таймы́рский (Долга́но-Не́нецкий) автоно́мный о́круг
долга́нский
долга́ны, -а́н, *ед.* -а́нин, -а
до́лгий; *кр. ф.* до́лог, долга́, до́лго
До́лгий парла́мент (*в Англии XVII в.*)
до́лго, *нареч.*
долгове́чность, -и
долгове́чный; *кр. ф.* -чен, -чна
долгово́й
долговоло́сый
долговре́менность, -и
долговре́менный; *кр. ф.* -менен и -мен, -менна
долговя́зый
долгогри́вый
долгоде́йствие, -я
долгоде́йствующий*
долгоде́нствие, -я
долгоде́нствовать, -твую, -твует
долгожда́нный; но: **та́к (сто́ль) до́лго жда́нный**
долгоживу́щий*
долгожи́тель, -я
долгожи́тельница, -ы, *тв.* -ей
долгожи́тельство, -а
долгоигра́ющий*
долголе́тие, -я
долголе́тний
долго́нек, -нька
долгоно́г, -а
долгоно́гий
долгоно́жка, -и, *р. мн.* -жек
долгоно́сик, -а
долгоно́сый
долго́нько, *нареч.*
долгопёр, -а
долгопериоди́ческий
долгопо́лый
долгопру́дненский (*от* Долгопру́дный)
долгопру́дненцы, -ев, *ед.* -ненец, -ненца, *тв.* -ненцем
Долгопру́дный, -ого (*город*)
долгопя́т, -а
Долгору́кий: Ю́рий Долгору́кий
долгосро́чность, -и
долгосро́чный; *кр. ф.* -чен, -чна
долгостро́евский
долгостро́й, -я
долгота́, -ы́, *мн.* -о́ты, -о́т
долготе́л, -а (*жук*)
долготерпели́вый
долготерпе́ние, -я
долго́тный
долгоу́хий
долгохво́ст, -а
долгохво́стка, -и, *р. мн.* -ток
долгохво́стый
долгохрани́мый
долгоцвету́щий
долгоше́ий, -ше́яя, -ше́ее
долгошёрстный и **долгошёрстый**
долгоязы́чие, -я
долгуне́ц, -нца́, *тв.* -нцо́м, *р. мн.* -нцо́в
долгунцо́вый
долгу́ша, -и, *тв.* -ей
долгу́шинский (*от* Долгу́шин)
долгу́шинцы, -ев, *ед.* -нец, -нца, *тв.* -нцем
долдо́н, -а
долдо́нить, -ню, -нит
до́ле (*устар. к* до́лее)
долеви́к, -а́
долево́й
доледнико́вый
до́лее, *сравн. ст.* (*от* до́лгий, до́лго)
долежа́ть(ся), -жу́(сь), -жи́т(ся)
долёживать(ся), -аю(сь), -ает(ся)
долеза́ть, -а́ю, -а́ет (*к* лезть)
доле́зть, -зу, -зет; *прош.* доле́з, доле́зла
долепи́ть, долеплю́, доле́пит
доле́пленный; *кр. ф.* -ен, -ена
доле́пливание, -я
доле́пливать(ся), -аю, -ает(ся)
долепля́ть(ся), -я́ю, -я́ет(ся)
долери́т, -а
долета́ть, -а́ю, -а́ет
долете́ть, долечу́, долети́т
доле́ченный; *кр. ф.* -ен, -ена
доле́чивание, -я
доле́чивать(ся), -аю(сь), -ает(ся)
долечи́ть(ся), -ечу́(сь), -е́чит(ся)
до́лечка, -и, *р. мн.* -чек
должа́ть, -а́ю, -а́ет
до́лжен, -жна́, -жно́
долженствова́ние, -я
долженствова́ть, -тву́ю, -тву́ет
долженству́ющий
должи́шко, -а и -и, *мн.* -шки, -шек, *м.*
должни́к, -а́
должни́ца, -ы, *тв.* -ей
до́лжно, *в знач. сказ.* (*следует*)
должно́, *вводн. сл.* (*обл. и прост.*)
должно́ быть, *вводн. сл.*
должностно́й
до́лжность, -и, *мн.* -и, -е́й
до́лжный
должо́к, *другие формы не употр., м.*
должо́н (*прост. к* до́лжен)
до́ли, *нескл., м.* (*муз. инструмент*)
долива́ние, -я
долива́ть(ся), -а́ю, -а́ет(ся)
доли́вка, -и
доли́занный; *кр. ф.* -ан, -ана
долиза́ть, -ижу́, -и́жет (*к* лиза́ть)
доли́зывание, -я
доли́зывать(ся), -аю, -ает(ся)
до́лина, -ы (*карстовая впадина*)
доли́на, -ы
Доли́на ге́йзеров (*на Камчатке*)
Доли́на Сме́рти (*в Калифорнии*)
Доли́на Царе́й (*в Египте*)
доли́нка, -и, *р. мн.* -нок
доли́нно-ба́лочный
доли́нно-предго́рный
доли́нный
доли́нушка, -и, *р. мн.* -шек
долиоля́рия, -и
до́ли́тый; *кр. ф.* до́ли́т, долита́, до́ли́то
доли́ть(ся), долью́, дольёт(ся); *прош.* до́ли́л, доли́лся, долила́(сь), до́ли́ло, доли́ло́сь
долихокефа́л, -а и **долихоцефа́л,** -а
долихокефа́лия, -и и **долихоцефа́лия,** -и
долихомо́рфность, -и
долихомо́рфный
долихоцефа́л, -а и **долихокефа́л,** -а
долихоцефа́лия, -и и **долихокефа́лия,** -и
долихоцефа́льный
до́ллар, -а
доллариза́ция, -и
долларизо́ванный; *кр. ф.* -ан, -ана
долларизова́ть(ся), -зу́ю, -зу́ет(ся)
до́лларовый
долма́, -ы́
долови́ть, -овлю́, -о́вит
доло́вленный; *кр. ф.* -ен, -ена
доло́женный; *кр. ф.* -ен, -ена
доложи́ть(ся), -ожу́(сь), -о́жит(ся)
доло́й
долома́н, -а
доло́манный; *кр. ф.* -ан, -ана
долома́ть(ся), -а́ю(сь), -а́ет(ся)
доломи́т, -а
доломитиза́ция, -и
доломи́тный
доломи́товый
доломи́ть, -омлю́, -о́мит
доло́мленный; *кр. ф.* -ен, -ена
доло́тный
долото́, -а́, *мн.* -о́та, -о́т
долотови́дный, *кр. ф.* -ден, -дна
долотообра́зный; *кр. ф.* -зен, -зна
долотцо́, -а́ и **доло́тце,** -а, *мн.* доло́тца, -о́тцев и -о́тец, -о́тцам
доло́тчатый
до́лу, *нареч.* (*вниз, книзу*)
до́лька, -и, *р. мн.* до́лек
дольме́н, -а
до́льний и **до́льный** (*от* дол; *земной*)
до́льник, -а
до́льный (*от* до́ля; до́льные едини́цы, *физ.*)
до́льчатый
до́льче, *неизм.* и *нескл., с.* (*муз.*)
до́льчики, -ов (*колготки*)
до́льше, *сравн. ст.* (*от* до́лгий, до́лго)
до́льщик, -а
до́льщица, -ы, *тв.* -ей
до́люшка, -и
до́ля, -и, *мн.* -и, -е́й
дом, -а, *предл.* в до́ме и (*разг.*) в дому́, на до́ме и (*до́ма*) на дому́, *мн.* -а́, -о́в; но: **Пу́шкинский До́м** (*учреждение в Петербурге*)
до́ма, *нареч.*
до́ мажо́р, до́ мажо́ра

до-мажо́рный
дома́занный; *кр. ф.* -ан, -ана
дома́зать(ся), дома́жу(сь), дома́жет(ся)
дома́зывание, -я
дома́зывать(ся), -аю(сь), -ает(ся)
До́м актёра
дома́лывание, -я
дома́лывать(ся), -аю, -ает(ся)
домаркси́стский
дома́рксов, -а, -о и **дома́рксовский** (*от* Маркс)
До́м архите́ктора
дома́тывание, -я
дома́тывать(ся), -аю, -ает(ся)
домаха́ть, -а́ю, -а́ет
дома́хивать, -аю, -ает
дома́чивание, -я
дома́чивать(ся), -аю, -ает(ся)
дома́шний
дома́шность, -и
дома́щивание, -я
дома́щивать(ся), -аю, -ает(ся)
домба́йский (*от* Домба́й)
до́м-ба́шня, до́ма-ба́шни, *м.*
домбра́, -ы́ и **до́мбра,** -ы
домбри́ст, -а
домбри́стка, -и, *р. мн.* -ток
домбро́вый
До́м ветера́нов сце́ны
домека́ть, -а́ю, -а́ет
домекну́ть, -ну́, -нёт
доме́н, -а (*ист.*; *инф.*)
домениа́льный (*от* доме́н, *ист.*)
до́менка, -и, *р. мн.* -нок
до́менный (*к* до́мна)
доме́нный (*к* доме́н и доме́ны)
до́менщик, -а
доме́ны, -ов, *ед.* доме́н, -а (*физ.*)
доме́р, -а
доме́ренный; *кр. ф.* -ен, -ена
доме́ривание, -я
доме́ривать(ся), -аю, -ает(ся)
доме́ривший
доме́рить, -рю, -рит и -ряю, -ряет; *прош.* -рил, -рила
до́мертва
домеря́ть(ся), -я́ю, -я́ет(ся)
домеси́ть(ся), -ешу́, -е́сит(ся)
домести́, домету́, дометёт; *прош.* домёл, домела́
доме́стик, -а
доместика́ция, -и
домётанный; *кр. ф.* -ан, -ана
домета́ть[1], -а́ю, -а́ет, *сов.* (*о шитье*)
домета́ть[2], домечу́, доме́чет, *сов.* (*кончить бросать*)
домета́ть(ся), -а́ю, -а́ет(ся), *несов.* (*к* домести́)
дометённый; *кр. ф.* -ён, -ена́
доме́тить, доме́чу, доме́тит
дометну́ть, -ну́, -нёт
домётший
домётывание, -я
домётывать(ся), -аю, -ает(ся)
домеча́ть(ся), -а́ю, -а́ет(ся)
доме́ченный; *кр. ф.* -ен, -ена
доме́чивание, -я
доме́чивать(ся), -аю, -ает(ся)
доме́шанный; *кр. ф.* -ан, -ана (*от* домеша́ть)
домеша́ть, -а́ю, -а́ет
доме́шенный; *кр. ф.* -ен, -ена (*от* домеси́ть)
доме́шивание, -я
доме́шивать(ся), -аю, -ает(ся)
До́м журнали́ста
до́мик, -а
до́миком, *нареч.* (*углом*: бро́ви до́миком)
доми́на, -ы, *м.*
домина́нта, -ы
домина́нтность, -и
домина́нтный
домина́нтовый
доминантсептакко́рд, -а
домина́т, -а
домина́ть(ся), -а́ю, -а́ет(ся)
До́м инвали́дов (*мемориал в Париже*)
доминика́нка, -и, *р. мн.* -нок
Доминика́нская Респу́блика
доминика́нский
доминика́нцы, -ев, *ед.* -нец, -нца, *тв.* -нцем
домини́кский (*от* Домини́ка)
доминио́н, -а
домини́рование, -я
домини́ровать, -рую, -рует
домини́рующий
домино́, *нескл., с.*
до́ мино́р, до́ мино́ра
до-мино́рный
домино́шка, -и, *р. мн.* -шек
домино́шник, -а
домино́шный
до́м-интерна́т, до́ма-интерна́та
домици́лий, -я и **домици́ль,** -я
домицили́рованный; *кр. ф.* -ан, -ана
доми́шко, -а и -и, *дат.* -у и -е, *тв.* -ом и -ой, *мн.* -шки, -шек, *м.*
доми́ще, -а, *мн.* -а и -и, -и́щ, *м.*
До́м кино́
До́м кни́ги
домко́м, -а
домко́мовский
домкра́т, -а
домкра́тный
До́м культу́ры
До́м литера́торов
до́м-музе́й, до́ма-музе́я
До́м-музе́й П. И. Чайко́вского в Клину́
до́мна, -ы, *р. мн.* до́мен
До́м на на́бережной (*в Москве*)
до́м-новостро́йка, до́ма-новостро́йки, *м.*
домностро́ение, -я
домностро́ительный
До́м о́буви
домови́к, -а́
домови́на, -ы
домови́тость, -и
домови́тый
домови́ще, -а
домовладе́лец, -льца, *тв.* -льцем, *р. мн.* -льцев
домовладе́лица, -ы, *тв.* -ей
домовладе́льческий
домовладе́ние, -я
домовни́ца, -ы, *тв.* -ей
домовни́чанье, -я
домовни́чать, -аю, -ает
домово́д, -а
домово́дка, -и, *р. мн.* -док
домово́дство, -а
домово́дческий
домово́й, -о́го
домо́вый
домога́ние, -я
домога́тельство, -а
домога́ться, -а́юсь, -а́ется
домоде́довский (*от* Домоде́дово)
домоде́ланный
домоде́льный
домоде́льщина, -ы
до мо́зга косте́й
домо́й
домо́к, домка́
домо́кнуть, -ну, -нет; *прош.* -о́к, -о́кла
домо́кший
домола́чивание, -я
домола́чивать(ся), -аю, -ает(ся)
домолоти́ть(ся), -очу́, -о́тит(ся)
домо́лотый
домоло́ть(ся), домелю́, доме́лет(ся)
домоло́ченный; *кр. ф.* -ен, -ена
домонго́льский
домонополисти́ческий
домоправи́тель, -я
домоправи́тельница, -ы, *тв.* -ей
домоправле́ние, -я (*занятие домоправителя*)
доморо́щенность, -и
доморо́щенный
домосе́д, -а
домосе́дка, -и, *р. мн.* -док
домосе́дничать, -аю, -ает
домосе́дский
домосе́дство, -а
домости́ть, -ощу́, -ости́т
домостро́евский
домостро́евщина, -ы
домострое́ние, -я
домострои́тель, -я
домострои́тельный
домострои́тельство, -а
Домостро́й, -я (*книга*) и **домостро́й,** -я (*патриархальный семейный уклад*)
домо́танный; *кр. ф.* -ан, -ана
домота́ть(ся), -а́ю(сь), -а́ет(ся)
до́м о́тдыха
домотка́нина, -ы
домотка́ный
домоупра́в, -а
домоуправле́ние, -я (*учреждение*)

До́м офице́ров
домофо́н, -а
домофо́нный
домохозя́ин, -а, *мн.* -я́ева, -я́ев
домохозя́йка, -и, *р. мн.* -я́ек
домохозя́йство, -а
домоча́дцы, -ев, *ед.* -дец, -дца, *тв.* -дцем
домо́ченный; *кр. ф.* -ен, -ена
домочи́ть(ся), -очу́, -о́чит(ся)
домощённый; *кр. ф.* -ён, -ена́
До́м Па́влова (*памятник Сталинградской битвы*)
до́м-пансиона́т, до́ма-пансиона́та
До́м Пашко́ва (*архит. памятник в Москве*)
До́м Прави́тельства
до́мра, -ы
домрабо́тница, -ы, *тв.* -ей
домраче́й, -я
до́м ребёнка
домри́ст, -а
домри́стка, -и, *р. мн.* -ток
до́мровый
до́м Рома́новых
До́мский: До́мский собо́р, До́мская це́рковь
До́м сою́зов
До́м тво́рчества
домусульма́нский
иому́ченный; *кр. ф.* -ен, -ена
До́м учёных
дому́чивать(ся), -аю(сь), -ает(ся)
дому́чивший(ся)
До́м учи́теля
дому́чить(ся), -чу(сь), -чит(ся) и -чаю(сь), -чает(ся); *прош.* -чил(ся), -чила(сь)
дому́шка, -и, *р. мн.* -шек
дому́шник, -а
дому́шница, -ы, *тв.* -ей
дому́шничать, -аю, -ает
домча́ть(ся), -чу́(сь), -чи́т(ся)
домыва́ние, -я
домыва́ть(ся), -а́ю(сь), -а́ет(ся)
домы́кать(ся), -аю(сь), -ает(ся)
до́мысел, -сла
домы́сливание, -я
домы́сливать(ся), -аю, -ает(ся)
домы́слить(ся), -лю, -лит(ся)
домы́тый
домы́ть(ся), домо́ю(сь), домо́ет(ся)
домышля́ть(ся), -я́ю, -я́ет(ся)
домя́тый
домя́ть, домну́, домнёт
дон, -а (*в Испании и др. испаноязычных странах: господин*)
до́на, -ы (*в Португалии и др. португалоязычных странах: госпожа*)
донага́
до наоборо́т (с то́чностью до наоборо́т)
донати́сты, -ов, *ед.* -и́ст, -а
дона́тор, -а
дона́торский
донау́чный
доначисле́ние, -я
доначи́сленный; *кр. ф.* -ен, -ена
доначи́слить, -лю, -лит
доначисля́ть(ся), -яю, -я́ет(ся)
дона́шивание, -я
дона́шивать(ся), -аю, -ает(ся)
донба́сский и **донба́ссовский** (*от* Донба́сс)
донба́ссовцы, -ев, *ед.* -вец, -вца, *тв.* -вцем
донг, -а (*ден. ед.*)
до́ндеже, *нареч.* и *союз (устар. книжн.)*
дон-дон-до́н, *неизм.*
до невероя́тности
доне́льзя
донесе́ние, -я
донесённый; *кр. ф.* -ён, -ена́
донести́(сь), -су́(сь), -сёт(ся); *прош.* донёс(ся), донесла́(сь)
донёсший(ся)
донетча́не, -а́н, *ед.* -а́нин, -а (*от* Доне́цк)
Доне́тчина, -ы (*к* Доне́цк)
до неузнава́емости
доне́цкий (*от* Доне́ц, *река*, и Доне́цк)
Доне́цкий (у́гольный) бассе́йн
доне́цко-приднепро́вский
донжо́н, -а
До́н Жуа́н, -а (*лит. персонаж*) и **донжуа́н,** -а (*искатель любовных приключений*)
донжуани́зм, -а
донжуа́нский
донжуа́нство, -а
донжуа́нствовать, -твую, -твует
дони́занный; *кр. ф.* -ан, -ана
донизáть, -ижу́, -и́жет
до́низу, *нареч.* (све́рху до́низу; гора́ от верши́ны и до́низу заросла́ ежеви́кой)
дони́зывание, -я
дони́зывать(ся), -аю, -ает(ся)
донима́ние, -я
донима́ть(ся), -а́ю, -а́ет(ся)
доницёттиевский (*от* Донице́тти)
до́нка, -и, *р. мн.* до́нок
донкерма́н, -а
До́н Кихо́т, -а (*лит. персонаж*) и **донкихо́т,** -а (*благородный наивный мечтатель*)
донкихо́тишка, -и, *р. мн.* -шек, *м.*
донкихо́тский и **донкихо́товский**
донкихо́тство, -а
донкихо́тствовать, -твую, -твует
до́нна, -ы (*в Италии: госпожа*)
до́нник, -а
до́нниковый
до́нный
доновозаве́тный
до́но-во́лжский (до́но-во́лжская культу́ра, *археол.*)
до́нор, -а
до́норно-акце́пторный
до́норный
до́норский
до́норство, -а
доно́с, -а
доноси́тель, -я
доноси́тельница, -ы, *тв.* -ей
доноси́тельство, -а
доноси́ть(ся), -ошу́, -о́сит(ся)
доно́счик, -а
доно́счица, -ы, *тв.* -ей
донося́щий(ся)
до́ночник, -а
до́ночный
доно́шенный; *кр. ф.* -ен, -ена
донско́й (*от* Дон); но: **Донско́й монасты́рь, Дми́трий Донско́й, о́бласть Во́йска Донско́го** (*ист.*)
до́нум, -а (*мера площади*)
до́нце, -а, *р. мн.* -ев и до́нец
донцы́, -о́в, *ед.* доне́ц, донца́, *тв.* донцо́м
донча́к, -а́
донча́не, -а́н, *ед.* -а́нин, -а (*от* Доне́цк)
Донщи́на, -ы
доны́не
донырну́ть, -ну́, -нёт
донырять(ся), -я́ю(сь), -я́ет(ся)
до́нышко, -а, *мн.* -шки, -шек
до́нья, -и (*в Испании и др. испаноязычных странах: госпожа*)
доня́нченный; *кр. ф.* -ен, -ена
доня́нчивать(ся), -аю(сь), -ает(ся)
доня́нчить(ся), -чу(сь), -чит(ся)
до́нятый; *кр. ф.* -ят, -ята́, -ято
доня́ть, дойму́, доймёт; *прош.* до́нял, доняла́, до́няло
дообе́дать, -аю, -ает
дообе́денный
дообору́дование, -я
дообору́дованный; *кр. ф.* -ан, -ана
дообору́довать(ся), -дую, -дует(ся)
дообсле́дование, -я
дообсле́дованный; *кр. ф.* -ан, -ана
дообсле́довать(ся), -дую(сь), -дует(ся)
до о́дури
доокси́новый
дооктя́брьский
доопыле́ние, -я
доопылённый; *кр. ф.* -ён, -ена́
доопыли́ть, -лю́, -ли́т
доопыля́ть(ся), -я́ю, -я́ет(ся)
доосмысле́ние, -я
доосмы́сленный; *кр. ф.* -ен, -ена
доосмы́сливать(ся), -аю, -ает(ся)
доосмы́слить(ся), -лю, -лит(ся)
дооснасти́ть, -ащу́, -асти́т
дооснаща́ть(ся), -а́ю, -а́ет(ся)
дооснаще́ние, -я
дооснащённый; *кр. ф.* -ён, -ена́
до отва́ла
до отка́за
дооформи́ть(ся), -млю(сь), -мит(ся)
дооформле́ние, -я
дооформленный; *кр. ф.* -ен, -ена

дооформля́ть(ся), -я́ю(сь), -я́ет(ся)
доочисти́тель, -я
доочи́стить, -и́щу, -и́стит
доочи́стка, -и
доочища́ть(ся), -а́ю, -а́ет(ся)
доочи́щенный; *кр. ф.* -ен, -ена
допа́ивать(ся), -аю, ает(ся)
допа́йка, -и
допа́лзывать, -аю, -ает
допа́лывание, -я
допа́лывать(ся), -аю, -ает(ся)
допа́ренный; *кр. ф.* -ен, -ена
допа́ривание, -я
допа́ривать(ся), -аю(сь), -ает(ся)
допа́рить(ся), -рю(сь), -рит(ся)
допа́рывание, -я
допа́рывать(ся), -аю, -ает(ся)
допасённый; *кр. ф.* -ён, -ена́
допасти́, -су́, -сёт; *прош.* -а́с, -асла́
допа́ханный; *кр. ф.* -ан, -ана
допаха́ть, допашу́, допа́шет
допа́хивание, -я
допа́хивать(ся), -аю, -ает(ся)
допа́шка, -и
допа́янный; *кр. ф.* -ян, -яна
допая́ть, -я́ю, -я́ет
допева́ть(ся), -а́ю(сь), -а́ет(ся) (*к* петь)
допека́ние, -я
допека́ть(ся), -а́ю, -а́ет(ся)
допёкший(ся)
доперестро́ечный
допере́ть(ся), допру́(сь), допрёт(ся); *прош.* допёр(ся), допёрла(сь)
допёртый
допёрший(ся)
допе́трить, -рю, -рит
допетро́вский
допе́тый
допе́ть(ся), допою́(сь), допоёт(ся)
допёхать, -аю, -ает *(прост.)*
допеча́танный; *кр. ф.* -ан, -ана
допеча́тать(ся), -аю, -ает(ся)
допеча́тка, -и, *р. мн.* -ток
допеча́тный
допеча́тывание, -я
допеча́тывать(ся), -аю, -ает(ся)
допечённый; *кр. ф.* -ён, -ена́
допе́чь(ся), -еку́, -ечёт(ся), -еку́т(ся); *прош.* -ёк(ся), -екла́(сь)
допива́ть(ся), -а́ю(сь), -а́ет(ся) (*к* пить)
допи́ленный; *кр. ф.* -ен, -ена
допи́ливание, -я
допи́ливать(ся), -аю, -ает(ся)
допили́ть(ся), -илю́, -и́лит(ся)
до́пинг, -а
до́пинг-ана́лиз, -а
до́пинг-коми́ссия, -и
до́пинг-контро́ль, -я
до́пинг-лаборато́рия, -и
до́пинговый
до́пинг-про́ба, -ы
до́пинг-те́ст, -а
допи́санный; *кр. ф.* -ан, -ана
дописа́ть(ся), -ишу́(сь), -и́шет(ся)
допи́ска, -и
допи́сывание, -я
допи́сывать(ся), -аю(сь), -ает(ся)
допи́сьменный
до́пи́тый; *кр. ф.* до́пи́т, допита́, до́пи́то
допи́ть(ся), допью́(сь), допьёт(ся); *прош.* до́пи́л, -и́лся, -ила́сь, до́пи́ло, -и́ло́сь
допла́вить(ся), -влю, -вит(ся)
допла́вленный; *кр. ф.* -ен, -ена
допла́вливание, -я
допла́вливать(ся), -аю, -ает(ся)
доплавля́ть(ся), -я́ю, -я́ет(ся)
доплане́тный
допла́та, -ы
доплати́ть, -ачу́, -а́тит
доплатно́й
допла́ченный; *кр. ф.* -ен, -ена
допла́чивание, -я
допла́чивать(ся), -аю, -ает(ся)
доплева́ть(ся), -люю́(сь), -люёт(ся)
доплёвывать, -аю, -ает
До́плер, -а: **эффе́кт До́плера**
до́плеровский: до́плеровское смеще́ние
доплеска́ть(ся), -а́ю(сь), -а́ет(ся)
доплёскивание, -я
доплёскивать(ся), -аю, -ает(ся)
доплёснутый
доплесну́ть(ся), -ну́, -нёт(ся)
доплести́(сь), -лету́(сь), -летёт(ся); *прош.* -лёл(ся), -лела́(сь)
доплета́ние, -я
доплета́ть(ся), -а́ю(сь), -а́ет(ся)
доплетённый; *кр. ф.* -ён, -ена́
доплётший(ся)
доплыва́ть, -а́ю, -а́ет
доплы́ть, -ыву́, -ывёт; *прош.* -ы́л, -ыла́, -ы́ло
доплю́нуть, -ну, -нет
допля́санный; *кр. ф.* -ан, -ана
допляса́ть(ся), -яшу́(сь), -я́шет(ся)
допля́сывание, -я
допля́сывать(ся), -аю(сь), -ает(ся)
допо́длинно, *нареч.*
допо́длинность, -и
допо́длинный
допо́енный; *кр. ф.* -ен, -ена
допожа́рный
допоздна́
допои́ть, допою́, допо́ит
допола́скивание, -я
допола́скивать(ся), -аю, -ает(ся)
дополётный
доползти́, -а́ю, -а́ет
доползти́, -зу́, -зёт; *прош.* -о́лз, -олзла́
допо́лзший
дополна́
дополне́ние, -я
допо́лненный; *кр. ф.* -ен, -ена
дополни́тельно распределённый
дополни́тельность, -и
дополни́тельный
допо́лнить(ся), -ню, -нит(ся)
дополня́ть(ся), -я́ю, -я́ет(ся)
до положе́ния ри́з (напи́ться)
дополо́сканный; *кр. ф.* -ан, -ана
дополоска́ть(ся), -лощу́(сь), -ло́щет(ся) и -а́ю(сь), -а́ет(ся)
допо́лотый
дополо́ть, -олю́, -о́лет
до полу́дня
до полу́ночи
до полусме́рти
дополуча́ть(ся), -а́ю, -а́ет(ся)
дополуче́ние, -я
дополу́ченный; *кр. ф.* -ен, -ена
дополучи́ть, -учу́, -у́чит
дополу́чка, -и
допо́ротый
допоро́ть(ся), -орю́, -о́рет(ся)
до поры́
до поры́ до вре́мени
допосевно́й
допото́пный
доппаёк, -пайка́
до́ппель-кю́ммель, -я
доправово́й
допра́здновать(ся), -ную(сь), -нует(ся)
допра́шивание, -я
допра́шивать(ся), -аю(сь), -ает(ся)
допрева́ние, -я
допрева́ть, -а́ет
до преде́ла
допре́жь, *нареч.*
допре́ть, -е́ет
доприватизацио́нный
допризы́вник, -а
допризы́вный и **допризывно́й**
допрове́ренный; *кр. ф.* -ен, -ена
допрове́рить, -рю, -рит
допрове́рка, -и, *р. мн.* -рок
допроверя́ть(ся), -я́ю, -я́ет(ся)
допродава́ть(ся), -даю, -даёт(ся)
допро́данный; *кр. ф.* -ан, -ана
допрода́ть, -а́м, -а́шь, -а́ст, -ади́м, -ади́те, -аду́т; *прош.* -о́да́л, -одала́, -о́да́ло
допро́с, -а
допро́сец, -сца, *тв.* -сцем, *р. мн.* -сцев
допроси́ть(ся), -ошу́(сь), -о́сит(ся)
допро́сный
допро́счик, -а
допро́счица, -ы, *тв.* -ей
допро́шенный; *кр. ф.* -ен, -ена
допры́гать(ся), -аю(сь), -ает(ся)
допры́гивать(ся), -аю(сь), -ает(ся)
допры́гнуть, -ну, -нет
допряда́ть(ся), -а́ю, -а́ет(ся)
допря́денный; *кр. ф.* -ен, -ена и **допрядённый;** *кр. ф.* -ён, -ена́
допря́дывать(ся), -аю, -ает(ся)
до́пряма
допря́сть(ся), -яду́, -ядёт(ся); *прош.* -я́л(ся), -я́ла́(сь), -я́ло(сь)
до́пуск, -а
допуска́емость, -и
допуска́ние, -я

допуска́ть(ся), -а́ю(сь), -а́ет(ся)
допу́стим, *вводн. сл.*
допусти́мость, -и
допусти́мый
допусти́ть, -ущу́, -у́стит
допу́тчевый
допу́шкинский
допуща́ть, -а́ю, -а́ет (*прост. к* допуска́ть)
допуще́ние, -я
допу́щенный; *кр. ф.* -ен, -ена
допыта́ть(ся), -а́ю(сь), -а́ет(ся)
допы́тливый
допы́тывание, -я
допы́тывать(ся), -аю(сь), -ает(ся)
до́пьяна́
допэми́ссия, -и
до́ра, -ы (*лодка*)
дораба́тывание, -я
дораба́тывать(ся), -аю(сь), -ает(ся)
дорабо́танный; *кр. ф.* -ан, -ана
дорабо́тать(ся), -аю(сь), -ает(ся)
дорабо́тка, -и, *р. мн.* -ток
дорабо́тчик, -а
дорабо́чий
доразве́дка, -и
доразвива́ть(ся), -а́ю(сь), -а́ет(ся)
доразви́тие, -я
доразви́ть(ся), -зовью́(сь), -зовьёт(ся)
доразмести́ть, -ещу́, -ести́т
доразмеща́ть(ся), -а́ю, -а́ет(ся)
доразмеще́ние, -я
доразмещённый; *кр. ф.* -ён, -ена́
дорассве́тный
дорассле́дование, -я
дорассле́дованный; *кр. ф.* -ан, -ана
дорассле́довать, -дую, -дует
дораста́ние, -я
дораста́ть, -а́ю, -а́ет
дорасти́, -ту́, -тёт; *прош.* доро́с, доросла́
дорасти́ть, -ащу́, -асти́т
доращённый; *кр. ф.* -ён, -ена́
дора́щивание, -я
дора́щивать(ся), -аю, -ает(ся)
до́рванный; *кр. ф.* -ан, -ана
дорва́ть(ся), дорву́(сь), дорвёт(ся); *прош.* -а́л(ся), -ала́(сь), -а́ло, -а́ло́сь
дореволюцио́нный
доре́занный; *кр. ф.* -ан, -ана
доре́зать, -е́жу, -е́жет, *сов.*
дореза́ть(ся), -а́ю, -а́ет(ся), *несов.*
дорезви́ться, -влю́сь, -ви́тся
доре́зка, -и
доре́зывание, -я
доре́зывать(ся), -аю, -ает(ся)
доремо́нтный
дорефо́рменный
дореформи́рованный; *кр. ф.* -ан, -ана
дореформи́ровать, -и́рую, -и́рует
дорза́льный (*анат.*) и **дорса́льный** (*анат., лингв.*)
до́рзо-вентра́льный и **до́рсо-вентра́льный**

дори́йский (*к* дори́йцы; дори́йский ла́д, *муз.*)
дори́йцы, -ев, *ед.* -и́ец, -и́йца, *тв.* -и́йцем
дорисо́ванный; *кр. ф.* -ан, -ана
дорисова́ть, -су́ю, -су́ет
дорисо́вка, -и, *р. мн.* -вок
дорисо́вывание, -я
дорисо́вывать(ся), -аю, -ает(ся)
дори́ческий (*к* дори́йцы; дори́ческий о́рдер, *архит.*)
до́рка, -и, *р. мн.* до́рок (*лодка*)
до́рмант, -а
до́рмант-партнёр, -а
дорме́з, -а
дормито́рий, -я
дорн, -а
дорни́рование, -я
дорни́т, -а
дорнова́ние, -я
доро́га, -и
Доро́га жи́зни (*под Ленинградом*)
Доро́ги, -о́г: **Ста́рые Доро́ги** (*город*)
до́рого, *нареч.*
дорогобужа́не, -а́н, *ед.* -а́нин, -а
дорогобужа́нка, -и, *р. мн.* -нок и **дорогобу́женка,** -и, *р. мн.* -нок
дорогобу́жский (*от* Дорогобу́ж)
дорогобу́жцы, -ев, *ед.* -жец, -жца, *тв.* -жцем
догогова́тый
дорогови́зна, -ы
доро́гой, *нареч.*
дорого́й; *кр. ф.* до́рог, дорога́, до́рого
дорого́нек, -нька
дорого́нько, *нареч.*
дорогосто́ящий
дорогу́ша, -и, *тв.* -ей, *м. и ж.*
дорогу́щий
доро́дность, -и
доро́дный; *кр. ф.* -ден, -дна
дородово́й
доро́дство, -а
дорожа́ние, -я
дорожа́ть, -а́ет
доро́же, *сравн. ст.*
доро́женька, -и, *р. мн.* -нек
дорожи́ть(ся), -жу́(сь), -жи́т(ся)
доро́жка, -и, *р. мн.* -жек
доро́жка-тра́сса, доро́жки-тра́ссы
доро́жник, -а
доро́жница, -ы, *тв.* -ей
доро́жно-мостово́й
доро́жно-патру́льный
доро́жно-строи́тельный
доро́жно-техни́ческий
доро́жно-тра́нспортный
доро́жно-эксплуатацио́нный
доро́жный
доро́сший
дорса́льный (*анат., лингв.*) и **дорза́льный** (*анат.*)
до́рсет, -а
до́рсо-вентра́льный и **до́рзо-вентра́льный**

до́ртмундский (*от* До́ртмунд)
до́ртмундцы, -ев, *ед.* -дец, -дца, *тв.* -дцем
дортуа́р, -а
дортуа́рный
доруба́ние, -я
доруба́ть(ся), -а́ю, -а́ет(ся)
дооруби́ть, -ублю́, -у́бит
дору́бка, -и
дору́бленный; *кр. ф.* -ен, -ена
доруга́ть(ся), -а́ю(сь), -а́ет(ся)
дору́гивать(ся), -аю(сь), -ает(ся)
до ру́чки (дойти́, довести́)
дорыва́ние, -я
дорыва́ть(ся), -а́ю(сь), -а́ет(ся)
дорь́ть(ся), доро́ю(сь), доро́ет(ся)
досаа́фовец, -вца, *тв.* -вцем, *р. мн.* -вцев
досаа́фовский (*от* ДОСАА́Ф)
доса́да, -ы
досади́ть[1], -ажу́, -ади́т (*причинить досаду*)
досади́ть[2], -ажу́, -а́дит (*кончить посадку*)
доса́дка, -и
доса́дливость, -и
доса́дливый
доса́дно, *в знач. сказ.*
доса́дный; *кр. ф.* -ден, -дна
доса́довать, -дую, -дует
досажа́ть, -а́ю, -а́ет
досажда́ть, -а́ю, -а́ет
досажде́ние, -я
доса́женный; *кр. ф.* -ен, -ена
доса́живание, -я
доса́живать(ся), -аю, -ает(ся)
доса́ливание, -я
доса́ливать(ся), -аю, -ает(ся)
доса́сывать(ся), -аю, -ает(ся)
досверлённый; *кр. ф.* -ён, -ена́
досве́рливать(ся), -аю, -ает(ся)
досверли́ть(ся), -лю́, -ли́т(ся)
досветла́
досветово́й
до свида́ния и **до свида́нья**
досе́в, -а
досева́ние, -я
досева́ть(ся), -а́ю, -а́ет(ся)
досе́ивание, -я
досе́ивать(ся), -аю, -ает(ся)
досе́ле и **досе́ль**
досе́лева
досе́янный; *кр. ф.* -ян, -яна
досе́ять, -е́ю, -е́ет
досиде́ть(ся), -ижу́(сь), -иди́т(ся)
доси́живание, -я
доси́живать(ся), -аю(сь), -ает(ся)
до́синя
до си́х по́р и **до́ сих по́р**
доска́, -и́, *вин.* до́ску́, *мн.* до́ски, до́со́к, до́ска́м
доска́бливание, -я
доска́бливать(ся), -аю, -ает(ся)
доска́з, -а
доска́занный; *кр. ф.* -ан, -ана

досказа́ть, -кажу́, -ка́жет
доска́зывание, -я
доска́зывать(ся), -аю, -ает(ся)
доскака́ть(ся), -ачу́(сь), -а́чет(ся)
доска́кивать, -аю, -ает
доскакну́ть, -ну́, -нёт
Доска́ почёта
доско́бленный; *кр. ф.* -ен, -ена
доскобли́ть(ся), -облю́, -о́бли́т(ся)
доско́к, -а
доскона́льность, -и
доскона́льный; *кр. ф.* -лен, -льна
до сконча́ния ве́ка
доскопогру́зочный
доскоукла́дочный
доскочи́ть, -очу́, -о́чит
доскреба́ть(ся), -а́ю(сь), -а́ет(ся)
доскрёбки, -ов
доскрёбший(ся)
доскрёбывание, -я
доскрёбывать(ся), -аю(сь), -ает(ся)
доскрести́(сь), -ребу́(сь), -ребёт(ся); *прош.* -рёб(ся), -ребла́(сь)
доскрипе́ть, -плю́, -пи́т
до́сланный; *кр. ф.* -ан, -ана (*от* досла́ть)
досла́ть, дошлю́, дошлёт; *прош.* досла́л, досла́ла (*к* слать)
дости́гший
иссле́дование

досле́дование, -я
досле́дованный; *кр. ф.* -ан, -ана
досле́довать(ся), -дую, -дует(ся)
досло́вность, -и
досло́вный; *кр. ф.* -вен, -вна
дослу́женный; *кр. ф.* -ен, -ена
дослу́живание, -я
дослу́живать(ся), -аю(сь), -ает(ся)
дослужи́ть(ся), -ужу́(сь), -у́жит(ся)
дослу́шанный; *кр. ф.* -ан, -ана
дослу́шать(ся), -аю(сь), -ает(ся)
дослу́шивание, -я
дослу́шивать(ся), -аю(сь), -ает(ся)
досма́ливание, -я
досма́ливать(ся), -аю, -ает(ся)
досма́тривание, -я
досма́тривать(ся), -аю(сь), -ает(ся)
до́ смерти
досмея́ться, -ею́сь, -еётся
досмолённый; *кр. ф.* -ён, -ена́
досмоли́ть, -лю́, -ли́т
досмо́тр, -а
досмо́тренный; *кр. ф.* -ен, -ена
досмотре́ть(ся), -отрю́(сь), -о́трит(ся)
досмо́тровый
досмо́трщик, -а
досмо́трщица, -ы, *тв.* -ей
доснима́ть(ся), -а́ю(сь), -а́ет(ся)
доснятый
досня́ть(ся), -ниму́(сь), -ни́мет(ся)
досове́тский
досоздава́ть(ся), -даю́, -даёт(ся)
досозда́ть, -а́м, -а́шь, -а́ст, -ади́м, -ади́те, -аду́т; *прош.* -о́здал, -оздала́, -о́зда́ло
досо́л, -а
досо́ленный; *кр. ф.* -ен, ена
досоли́ть(ся), -олю́, -о́ли́т(ся)
досо́лка, -и
досоревнова́ться, -ну́юсь, -ну́ется
досо́санный; *кр. ф.* -ан, -ана
дососа́ть, -осу́, -осёт
досо́хнуть, -ну, -нет; *прош.* -о́х, -о́хла
досо́хший
досоциалисти́ческий
досочинённый; *кр. ф.* -ён, -ена́
досочини́ть, -ню́, -ни́т
досочиня́ть(ся), -я́ю(сь), -я́ет(ся)
до́со́чка, -и, *р. мн.* -чек
доспа́ть(ся), -плю́(сь), -пи́т(ся); *прош.* -а́л(ся), -ала́(сь), -а́ло(сь)
доспева́ние, -я
доспева́ть, -а́ет
доспе́ть, -е́ет
доспе́хи, -ов и **доспе́х,** -а
доспле́тничать(ся), -аю(сь), -ает(ся)
доспо́рить(ся), -рю(сь), -рит(ся)
доспра́шивать(ся), -аю(сь), -ает(ся)
доспроси́ть(ся), -ошу́(сь), -о́сит(ся)
доспро́шенный; *кр. ф.* -ен, -ена
досро́чный; *кр. ф.* -чен, -чна
доссо́риться, -рюсь, -рится
достава́ла, -ы, *м.* и *ж.*
достава́ние, -я
достава́ть(ся), -таю́(сь), -таёт(ся)
доста́вить, -влю, -вит
доста́вка, -и, *р. мн.* -вок
доставле́ние, -я
доста́вленный; *кр. ф.* -ен, -ена
доставля́ть(ся), -я́ю, -я́ет(ся)
доста́вочный
доста́вший(ся)
доста́вщик, -а
доста́вщица, -ы, *тв.* -ей
доста́ивать(ся), -аю(сь), -ает(ся)
доста́ток, -тка
доста́точек, -чка
доста́точно, *нареч.* и *в знач. сказ.*
доста́точность, -и
доста́точный; *кр. ф.* -чен, -чна
доста́ть(ся), -а́ну(сь), -а́нет(ся)
доста́ча, -и, *тв.* -ей
достаю́щий(ся)
достёганный; *кр. ф.* -ан, -ана
достега́ть, -а́ю, -а́ет (*к* стега́ть)
достёгивать(ся), -аю, -ает(ся)
достёжка, -и
досте́ленный; *кр. ф.* -ен, -ена
достели́ть, достелю́, досте́лет; *прош.* -и́л, -и́ла
достига́ть(ся), -а́ю, -а́ет(ся) (*к* дости́чь)
дости́гнувший
дости́гнутый
дости́гнуть и **дости́чь,** -и́гну, -и́гнет; *прош.* -и́г и -и́гнул, -и́гла
дости́гший
достиже́ние, -я
достижи́мость, -и
достижи́мый
достила́ть(ся), -а́ю, -а́ет(ся)
дости́лка, -и
дости́ранный; *кр. ф.* -ан, -ана
достира́ть(ся), -а́ю, -а́ет(ся)
дости́рывание, -я
дости́рывать(ся), -аю, -ает(ся)
дости́чь и **дости́гнуть,** -и́гну, -и́гнет; *прош.* -и́г и -и́гнул, -и́гла
до́стланный; *кр. ф.* -ан, -ана (*от* достла́ть)
достла́ть, достелю́, досте́лет; *прош.* достла́л, -а́ла (*к* стлать)
достове́рность, -и
достове́рный; *кр. ф.* -рен, -рна
достодо́лжный
достоеви́ст, -а (*от* Достое́вский)
достоеви́стика, -и
достое́вщина, -ы
досто́инство, -а
досто́йно, *нареч.*
досто́йный; *кр. ф.* -о́ин, -о́йна
достопа́мятный; *кр. ф.* -тен, -тна
достопо́длинный
достопочте́нный; *кр. ф.* -е́нен, -е́нна
достопримеча́тельность, -и
достопримеча́тельный; *кр. ф.* -лен, -льна
достосла́вный; *кр. ф.* -вен, -вна
достоуважа́емый
достохва́льный; *кр. ф.* -лен, -льна
до́сто́чка, -и, *р. мн.* -чек
досточти́мый
достоя́ние, -я
достоя́ть(ся), -ою́(сь), -ои́т(ся)
достра́гивание, -я и **достру́гивание,** -я
достра́гивать(ся), -аю, -ает(ся) и **достру́гивать(ся),** -аю, -ает(ся)
достра́ивание, -я
достра́ивать(ся), -аю(сь), -ает(ся)
достра́чивание, -я
достра́чивать(ся), -аю, -ает(ся)
достре́л, -а
достре́ленный; *кр. ф.* -ен, -ена (*от* дострели́ть)
достре́ливать(ся), -аю, -ает(ся)
дострели́ть, -елю́, -е́лит
достре́лянный; *кр. ф.* -ян, -яна (*от* дострелять)
дострелять, -я́ю, -я́ет
дострига́ние, -я
дострига́ть(ся), -а́ю(сь), -а́ет(ся)
достри́гший(ся)
достри́женный; *кр. ф.* -ен, -ена
достри́чь(ся), -игу́(сь), -ижёт(ся), -игу́т(ся); *прош.* -и́г(ся), -и́гла(сь)
достро́ганный; *кр. ф.* -ан, -ана и **достру́ганный;** *кр. ф.* -ан, -ана
дострога́ть, -а́ю, -а́ет и **доструга́ть,** -а́ю, -а́ет
достро́енный; *кр. ф.* -ен, -ена
достро́ечный
достро́ить(ся), -о́ю(сь), -о́ит(ся)
достро́йка, -и
достро́ченный; *кр. ф.* -ен, -ена
дострочи́ть, -очу́, -о́чи́т

достру́ганный; *кр. ф.* -ан, -ана и **достро́ганный**; *кр. ф.* -ан, -ана
доструга́ть, -а́ю, -а́ет и **дострога́ть**, -а́ю, -а́ет
достру́гивание, -я и **дострагива́ние**, -я
достру́гивать(ся), -аю, -ает(ся) и **дострагивать(ся)**, -аю, -ает(ся)
досту́каться, -аюсь, -ается
досту́киваться, -аюсь, -ается
до́ступ, -а
досту́пность, -и
до́ступный (*программ.*)
досту́пный; *кр. ф.* -пен, -пна
достуча́ться, -чу́сь, -чи́тся
достыко́ванный; *кр. ф.* -ан, -ана
достыкова́ть(ся), -ку́ю(сь), -ку́ет(ся)
достыко́вка, -и, *р. мн.* -вок
досу́г, -а
досу́говый
досуде́бный
досу́жество, -а
досу́жесть, -и
досу́жий
досу́жный
до́суха
досу́шенный; *кр. ф.* -ен, -ена
досу́шивание, -я
досу́шивать(ся), -аю(сь), -ает(ся)
досуши́ть(ся), -ушу́(сь), -у́шит(ся)
досу́шка, -и
досчи́танный; *кр. ф.* -ан, -ана
досчита́ть(ся), -а́ю(сь), -а́ет(ся)
досчи́тывать(ся), -аю(сь), -ает(ся)
досы́л, -а
досыла́ние, -я
досыла́ть(ся), -а́ю, -а́ет(ся)
досы́лка, -и
досыпа́ние, -я
досы́панный; *кр. ф.* -ан, -ана
досы́пать(ся), -плю, -плет(ся), -плют(ся) и -пет(ся), -пят(ся), *сов.*
досыпа́ть(ся), -а́ю, -а́ет(ся), *несов.*
досы́пка, -и
до́сыта
досыха́ть, -а́ю, -а́ет
досье́, *нескл., с.*
досю́да
досю́дова (*прост.*)
досяга́емость, -и
досяга́емый
досяга́ть, -а́ю, -а́ет
досягну́ть, -ну́, -нёт
дот, -а (*сокр.*: долговременная огневая точка)
дота́ивание, -я
дота́ивать, -ает
дотанцева́ть(ся), -цу́ю(сь), -цу́ет(ся)
дотанцо́ванный; *кр. ф.* -ан, -ана
дотанцо́вывать(ся), -аю(сь), -ает(ся)
дота́пливание, -я
дота́пливать(ся), -аю, -ает(ся)
дота́сканный; *кр. ф.* -ан, -ана
дотаска́ть(ся), -а́ю(сь), -а́ет(ся)
дота́скивать(ся), -аю(сь), -ает(ся)
дотацио́нность, -и
дотацио́нный
дота́ция, -и
дота́чанный; *кр. ф.* -ан, -ана (*к* тача́ть)
дотача́ть, -а́ю, -а́ет
дота́чивать(ся), -аю, -ает(ся)
дота́щенный; *кр. ф.* -ен, -ена
дотащи́ть(ся), -ащу́(сь), -а́щит(ся)
дота́ять, -а́ет
дотека́ть, -а́ет
дотёкший
дотелепа́ть, -а́ю, -а́ет
дотемна́, *нареч.*, но: **от темна́ до темна́, с темна́ до темна́**
дотере́ть(ся), дотру́, дотрёт(ся); *прош.* дотёр(ся), дотёрла(сь)
дотерпе́ть, -ерплю́, -е́рпит
дотёртый
дотёрший(ся)
до те́х по́р
доте́чь, дотечёт, дотеку́т; *прош.* дотёк, дотекла́
дотира́ть(ся), -а́ю, -а́ет(ся)
доти́рование, -я (*к* дота́ция)
доти́рованный; *кр. ф.* -ан, -ана (*к* дота́ция)
доти́ровать(ся), -рую, -рует(ся) (*к* дота́ция)
до́тканный; *кр. ф.* -ан, -ана
дотка́ть(ся), дотку́, доткёт(ся); *прош.* -а́л(ся), -ала́(сь), -а́ло(сь)
доткну́ться, -ну́сь, -нётся
дотла́
дотлева́ть, -а́ет
дотле́ть, -е́ет
до того́ (до того́ изму́чился, что…; до того́ ли мне́?)
до того́ как, *союз*
до того́ что, *союз*
дото́ле и **дото́ль**
дотолкова́ться, -ку́юсь, -ку́ется
дотоло́чь(ся), -лку́, -лчёт(ся)
дотонка́
дотопи́ть(ся), -оплю́, -о́пит(ся)
дото́пленный; *кр. ф.* -ен, -ена
доторгова́ть(ся), -гу́ю(сь), -гу́ет(ся)
дото́ченный; *кр. ф.* -ен, -ена (*к* точи́ть)
доточи́ть, -очу́, -о́чит
дото́шливый
дото́шность, -и
дото́шный; *кр. ф.* -шен, -шна
дотра́гиваться, -аюсь, -ается
дотрепа́ть(ся), -еплю́(сь), -е́плет(ся), -е́плют(ся) и -е́пет(ся), -е́пят(ся)
дотро́нуться, -нусь, -нется
дотý́да
дотý́дова (*прост.*)
доту́мкать, -аю, -ает (*прост.*)
дотушёванный; *кр. ф.* -ан, -ана
дотушева́ть, -шу́ю, -шу́ет
дотушёвывать(ся), -аю, -ает(ся)
доту́шенный; *кр. ф.* -ен, -ена
дотуши́ть(ся), -ушу́, -у́шит(ся)
дотя́гивание, -я
дотя́гивать(ся), -аю(сь), -ает(ся)
дотя́нутый
дотяну́ть(ся), -яну́(сь), -я́нет(ся)
До́у – Джо́нс: и́ндекс До́у – Джо́нса
доу́жинать, -аю, -ает
доукомплектова́ние, -я
доукомплекто́ванный; *кр. ф.* -ан, -ана
доукомплектова́ть(ся), -ту́ю, -ту́ет(ся)
доукомплекто́вка, -и, *р. мн.* -вок
доукомплекто́вывать(ся), -аю, -ает(ся)
до упа́ду
доу́ченный; *кр. ф.* -ен, -ена
доу́чивание, -я
доу́чивать(ся), -аю(сь), -ает(ся)
доучи́ть(ся), доучу́(сь), доу́чит(ся)
дофами́н, -а
дофами́нный
дофами́новый
до фе́ни
дофеода́льный
до фига́
дофилосо́фствоваться, -твуюсь, -твуется
дофи́н, -а
дофи́на, -ы
до фонаря́
доха́, -и́, *мн.* до́хи, дох
доха́живать(ся), -аю(сь), -ает(ся)
до́ханье, -я (*кашель, обл.* и *прост.*)
до́хать, -аю, -ает
дохвали́ть(ся), -лю́(сь), -а́лит(ся)
дохва́стать(ся), -аю(сь), -ает(ся)
дохва́т, -а
дохлёбанный; *кр. ф.* -ан, -ана
дохлеба́ть, -а́ю, -а́ет
дохлёбывать, -аю, -ает
до́хленький
дохлестну́ть, -ну́, -нёт
дохле́ц, -а́, *тв.* -о́м
до́хлый
дохлы́нуть, -нет
дохля́к, -а́
дохля́тина, -ы
дохля́чка, -и, *р. мн.* -чек
до́хнувший
до́хнуть, -нет; *прош.* до́хнул и дох, до́хла, *несов.*
дохну́ть, -ну́, -нёт, *сов.*
дохо́д, -а
дохо́д бру́тто, дохо́да бру́тто
дохо́дец, -дца, *тв.* -дцем, *р. мн.* -дцев
доходи́ть(ся), -ожу́(сь), -о́дит(ся)
дохо́дишко, -а и -и, *мн.* -шки, -шек, *м.*
дохо́д не́тто, дохо́да не́тто
дохо́дность, -и
дохо́дный; *кр. ф.* -ден, -дна
дохо́дчивость, -и
дохо́дчивый
доходя́га, -и, *м.* и *ж.*
доходя́щий
дохозя́йничать(ся), -аю(сь), -ает(ся)
дохорохо́риться, -рюсь, -рится

дохохота́ться, дохохочу́сь, дохохо́чется
дохрани́ть, -ню́, -ни́т
до хрена́
дохристиа́нский
дохрома́ть, -а́ю, -а́ет
доцвести́, -ветёт; *прош.* -вёл, -вела́
доцвета́ние, -я
доцвета́ть, -а́ет
доцве́тший
доцеди́ть(ся), -ежу́, -е́дит(ся)
доце́женный; *кр. ф.* -ен, -ена
доце́живание, -я
доце́живать(ся), -аю, -ает(ся)
доце́нт, -а
доце́нтский
доце́нтство, -а
доценту́ра, -ы
до́ченька, -и, *р. мн.* -нек
до́черин, -а, -о
до́черна́
доче́рний
доче́рнин, -а, -о
дочерно́быльский
доче́рпанный; *кр. ф.* -ан, -ана
доче́рпать(ся), -аю(сь), -ает(ся)
доче́рпывать(ся), -аю(сь), -ает(ся)
до чёрта
до чёртиков
дочерти́ть, -ерчу́, -е́ртит
доче́рченный; *кр. ф.* -ен, -ена
доче́рчивание, -я
доче́рчивать(ся), -аю, -ает(ся)
до́черь, -и (*устар.* и *обл. к* дочь)
дочёсанный; *кр. ф.* -ан, -ана
дочеса́ть(ся), -ешу́(сь), -е́шет(ся)
доче́сть, дочту́, дочтёт; *прош.* дочёл, дочла́
дочёсывать(ся), -аю(сь), -ает(ся)
до́чечка, -и, *р. мн.* -ечек
дочи́ненный; *кр. ф.* -ен, -ена
дочи́нивать(ся), -аю, -ает(ся)
дочини́ть, -иню́, -и́нит
до́чиста
дочи́стить(ся), -и́щу(сь), -и́стит(ся)
дочи́танный; *кр. ф.* -ан, -ана
дочита́ть(ся), -а́ю(сь), -а́ет(ся)
дочи́тывание, -я
дочи́тывать(ся), -аю(сь), -ает(ся)
дочиха́ть(ся), -а́ю(сь), -а́ет(ся)
дочища́ть(ся), -а́ю(сь), -а́ет(ся)
дочи́щенный; *кр. ф.* -ен, -ена
до́чка, -и, *р. мн.* до́чек
до́чки-ма́тери (игра́ть в до́чки-ма́тери)
до́чкин, -а, -о
до чрезвыча́йности
дочтённый; *кр. ф.* -ён, -ена́
дочу́вствовать, -твую, -твует
дочу́ра, -ы
дочу́рка, -и, *р. мн.* -рок
дочу́ркин, -а, -о
дочу́рочка, -и, *р. мн.* -чек
до́чу́шка, -и, *р. мн.* -шек
дочь, до́чери, *тв.* до́черью, *мн.* до́чери, дочере́й, *тв.* дочерьми́ и дочеря́ми
дошага́ть, -а́ю, -а́ет
доша́гивать, -аю, -ает
дошагну́ть, -ну́, -нёт
дошали́ться, -лю́сь, -ли́тся
дошвы́ривать(ся), -аю(сь), -ает(ся)
дошвы́рнутый
дошвырну́ть, -ну́, -нёт
дошвы́рянный; *кр. ф.* -ян, -яна
дошвыря́ть(ся), -я́ю(сь), -я́ет(ся)
доше́дший
дошива́ние, -я
дошива́ть(ся), -а́ю, -а́ет(ся)
доши́вка, -и
доши́тый
доши́ть, дошью́, дошьёт
до́шка, -и, *р. мн.* до́шек
дошколёнок, -нка, *мн.* -ля́та, -ля́т
дошко́льник, -а
дошко́льница, -ы, *тв.* -ей
дошко́льный
дошлифо́ванный; *кр. ф.* -ан, -ана
дошлифова́ть, -фу́ю, -фу́ет
дошлифо́вка, -и
дошлифо́вывать(ся), -аю, -ает(ся)
до́шлый
дошля́ться, -я́юсь, -я́ется
дошни́к, -а́
дошуру́пить, -плю, -пит *(жарг.)*
дошути́ться, -учу́сь, -у́тится
дошу́чиваться, -аюсь, -ается
доща́ник, -а
дощано́й
доща́тый
доще́чка, -и, *р. мн.* -чек
дощи́панный; *кр. ф.* -ан, -ана
дощипа́ть(ся), -иплю́(сь), -и́плет(ся), -и́плют(ся) и -и́пет(ся), -и́пят(ся), *также* -а́ю(сь), -а́ет(ся)
дощи́пывать(ся), -аю(сь), -ает(ся)
доя́дерный
доя́р, -а
доя́рка, -и, *р. мн.* -рок
доя́щий(ся)
ДПС [дэпээ́с], *нескл., ж.* (*сокр.:* дорожно-патрульная служба)
драба́нт, -а
драба́нтский
дравиди́йский
драви́дский
драви́ды, -ов, *ед.* -ви́д, -а
дра́га, -и
драгди́лер, -а
дра́гер, -а
драги́рование, -я
драги́рованный; *кр. ф.* -ан, -ана
драги́ровать(ся), -рую, -рует(ся)
драгиро́вка, -и
дра́гла́йн, -а
драгметалли́ческий
драгмета́ллы, -ов, *ед.* -та́лл, -а
драго́й *(устар., в поэзии)*
драгома́н, -а
драгома́нский
драгоце́нность, -и
драгоце́нный; *кр. ф.* -е́нен, -е́нна
дра́гстер, -а
драгу́н, -а, *р. мн.* драгу́н и -ов
драгу́нка, -и, *р. мн.* -нок
драгу́нский
драдеда́м, -а
драдеда́мовый
дра́ение, -я
дра́енный; *кр. ф.* -ен, -ена, *прич.*
дра́еный, *прил.*
дража́йший
драже́, *нескл., с.* и *неизм.*
дражира́тор, -а
дражи́рование, -я
дражи́рованный; *кр. ф.* -ан, -ана
дражиро́вка, -и
дражиро́вочный
дражиро́вщик, -а
дра́жник, -а
дра́жный
дразни́лка, -и, *р. мн.* -лок
дразни́ть(ся), -ню́(сь), дра́знит(ся)
дразня́ще, *нареч.*
дра́зня́щий
дразня́щийся
дра́ить(ся), дра́ю, дра́ит(ся)
драйв, -а
дра́йвер, -а
дра́йвинг, -а
дра́ка, -и
драко́н, -а; но: **го́д Драко́на** (*по восточному календарю*), **Драко́н,** -а (*о том, кто родился в этот год*; *созвездие*)
драко́ний, -ья, -ье
драко́нить, -ню, -нит
дракони́ческий
драко́нов, -а, -о (драко́ново де́рево; драко́новы зако́ны)
драко́новский
драко́новый
драко́нчик, -а
дра́ла, *в знач. сказ.* (*убежал, удрал*; да́ть, зада́ть дра́ла)
драм, -а (*ден. ед.*)
дра́ма, -ы
драматиза́ция, -и
драматизи́рованный; *кр. ф.* -ан, -ана
драматизи́ровать(ся), -рую, -рует(ся)
драмати́зм, -а
драмати́чески
драмати́ческий
драмати́чность, -и
драмати́чный; *кр. ф.* -чен, -чна
драмату́рг, -а
драматурги́ческий
драматурги́я, -и
драмкружо́к, -жка́
драмтеа́тр, -а
драндуле́т, -а
дра́ники, -ов (*кулин.*)
драни́ца, -ы, *тв.* -ей
драни́чный
дра́нка, -и, *р. мн.* -нок
дра́нковый
дра́ночный

дра́ный
драны, -и
драньё, -я́
драп, -а
драпану́ть, -ну́, -нёт
дра́пать, -аю, -ает
драп-велю́р, -а
драпирова́ние, -я
драпиро́ванный; *кр. ф.* -ан, -ана
драпирова́ть(ся), -ру́ю(сь), -ру́ет(ся)
драпиро́вка, -и, *р. мн.* -вок
драпиро́вочный
драпиро́вщик, -а
драпиро́вщица, -ы, *тв.* -ей
дра́повый
драпри́, *нескл., с.* и *мн.*
дра́тва, -ы
дра́твенный
дра́тха́ар, -а
дра́ть(ся), деру́(сь), дерёт(ся); *прош.* дра́л(ся), драла́(сь), дра́ло, дра́ло́сь
драфт, -а
дра́фтовый
дра́хма, -ы
драце́на, -ы
драч, -а́, *тв.* -о́м
дра́чка, -и, *р. мн.* -чек
драчли́вость, -и
драчли́вый
драчо́вка, -и, *р. мн.* -вок
драчо́вый
драчу́н, -а́
драчу́нья, -и, *р. мн.* -ний
дра́ящий
дребеде́нь, -и
дре́безг, -а
дре́безги: в ме́лкие дре́безги
дребезжа́ние, -я
дребезжа́ть, -зжи́т
дребезжа́щий
древеси́на, -ы
древеси́нник, -а
древеси́нный
древесинове́дение, -я
древе́сница, -ы, *тв.* -ей (*бабочка*)
древе́сно-волокни́стый
древе́сно-куста́рниковый
древе́сно-ма́ссный
древе́сно-сло́истый
древе́сно-стру́жечный
древе́сный
дре́вко, -а, *мн.* -и, -ов
дре́вле, *нареч.*
древлеправосла́вный
древлехрани́лище, -а
дре́влий
древля́не, -я́н, *ед.* -я́нин, -а
древля́нский
древнеангли́йский
древнеберингомо́рский (древнеберингомо́рская культу́ра, *археол.*)
древнеболга́рский
древневерхненеме́цкий
древневосто́чный
древнегерма́нский
древнегре́ческий
древнегре́ческо-ру́сский
древнеевре́йский
древнееги́петский
древнеинди́йский
древнеира́нский
древнеирла́ндский
древнеисла́ндский
древне́йший
древнекита́йский
древнеко́ми, *неизм.* (древнеко́ми пи́сьменность)
древнеозёрный (*геол.*)
древнепалести́нский
древнепе́рмский
древнеперси́дский
древнеплатфо́рменный (*геол.*)
древнепру́сский
древнери́мский
древнеру́сский
древнескандина́вский
древнеславя́нский
древнетю́ркский
древнеуйгу́рский
древнехе́ттский
древнехе́ттско-акка́дский
древнехристиа́нский
древнецерковнославя́нский
древнеюжноарави́йский
древнеяпо́нский
дре́вние, -их
дре́вний; *кр. ф.* -вен, -вня
Дре́вний Еги́пет
Дре́вний ми́р (*ист. эпоха*)
Дре́вний Ри́м (*государство*)
дре́вность, -и
Дре́вняя Гре́ция
Дре́вняя Ру́сь
дре́во[1], -а, *мн.* древеса́, -ве́с, -веса́м (*устар. к* де́рево)
дре́во[2], -а, *мн.* дре́ва, древ, дре́вам (генеалоги́ческое, родосло́вное)
древова́л, -а
древови́дный; *кр. ф.* -ден, -дна
древогры́з, -а
древогу́бец, -бца, *тв.* -бцем, *р. мн.* -бцев *(растение)*
древола́з, -а
древола́зный
древонасажде́ние, -я
древообра́зный; *кр. ф.* -зен, -зна
древосто́й, -я
древото́чец, -чца, *тв.* -чцем, *р. мн.* -чцев
древошёрстный
дреговичи́, -е́й, *ед.* -ви́ч, -а, *тв.* -о́м
дредно́ут, -а
Дре́зденская галере́я
дре́зденский (*от* Дре́зден)
дре́зденцы, -ев, *ед.* -нец, -нца, *тв.* -нцем
дрези́на, -ы
дрейка́нтер, -а
дрейсе́ны, -е́н, *ед.* -е́на, -ы
дрейф, -а
дре́йфить, -флю, -фит
дрейфова́ть, -фу́ю, -фу́ет
дре́йфовый
дрейфуса́ры, -ов, *ед.* -са́р, -а (*от* Дре́йфус)
дрейфу́ющий
дрек, -а
дреко́лье, -я и **дреко́лья, -ьев**
дре́лить, -лю, -лит
дрель, -и
дре́лька, -и, *р. мн.* -лек
дрёма, -ы
дрема́ть(ся), дремлю́, дре́млет(ся)
дремли́вость, -и
дремли́вый
дре́млющий
дрёмный
дремо́та, -ы
дремо́тность, -и
дремо́тный; *кр. ф.* -тен, -тна
дрему́честь, -и
дрему́чий
дре́на, -ы
дрена́ж, -а и **-а́,** *тв.* -ем и -о́м
дренажи́рование, -я
дренажи́рованный; *кр. ф.* -ан, -ана
дренажи́ровать(ся), -рую, -рует(ся)
дрена́жно-очистно́й
дрена́жный
дрени́рование, -я
дрени́рованный; *кр. ф.* -ан, -ана
дрени́ровать(ся), -рую, -рует(ся)
дрени́рующий(ся)
дреноукла́дчик, -а
дре́нчер, -а
дресва́, -ы́
дресвя́ник, -а
дресвя́ный
дрессиро́ванный; *кр. ф.* -ан, -ана
дрессирова́ть(ся), -ру́ю, -ру́ет(ся)
дрессиро́вка, -и
дрессиро́вочный
дрессиро́вщик, -а
дрессиро́вщица, -ы, *тв.* -ей
дрессу́ра, -ы
дриа́да, -ы
дри́блер, -а
дри́блинг, -а
дриблингова́ть, -гу́ю, -гу́ет
дри́блинговый
дрии́н, -а (*насекомое*)
дрил, -а (*обезьяна*)
дрилло́метр, -а (*прибор*)
дрим-ка́р, -а
дриопите́к, -а
дри́фтер, -а
дри́фтерный
дробемётный
дробеочи́стка, -и
дробестру́йный
дроби́лка, -и, *р. мн.* -лок
дроби́льно-сортиро́вочный
дроби́льный
дроби́льщик, -а
дроби́на, -ы

дроби́нка, -и, *р. мн.* -нок
дроби́тельный
дроби́ть(ся), -блю́, -би́т(ся)
дробле́ние, -я
дроблёнка, -и
дроблённый; *кр. ф.* -ён, -ена́, *прич.*
дроблёный, *прил.*
дробни́ца, -ы, *тв.* -ей
дро́бно-лине́йный
дро́бность, -и
дро́бный; *кр. ф.* -бен, -бна
дробови́к, -а́
дробовичо́к, -чка́
дробо́вни́ца, -ы, *тв.* -ей
дробово́й
дроболите́йный
дроболи́тчик, -а
дро́бот, -а
дробь, -и, *мн.* -и, -е́й
дробя́нка, -и, *р. мн.* -нок
дрова́, дров, -а́м
дро́венки, -нок (*к* дро́вни)
дрове́ц, *р. мн., других форм нет*
дрове́шки, -шек (*к* дрова́ и дро́вни)
дрови́шки, -шек (*к* дрова́)
дро́вни, -ей
дровни́шки, -шек (*к* дро́вни)
дровозагото́вки, -вок
дровоко́л, -а
дровоко́льный
дровопи́льный
дроворе́зный
дровору́б, -а
дровосе́к, -а
дровосе́ка, -и (*лесосека*)
дровосе́к-корнее́д, дровосе́ка-корнее́да (*жук*)
дровосу́шка, -и, *р. мн.* -шек
дровосу́шный
дровосу́шня, -и, *р. мн.* -шен
дровяни́к, -а́
дровяно́й
дрога́, -и́, *вин.* дро́гу, *мн.* дро́ги, дрог (*брус в повозке*)
дро́галь, -я и **дрога́ль,** -я́
дро́ги, дрог (*повозка*)
дроги́ст, -а
дро́гнувший
дро́гнуть[1], -ну, -нет; *прош.* дро́гнул и дрог, дро́гла, *несов.* (*зябнуть*)
дро́гнуть[2], -ну, -нет; *прош.* -нул, -нула, *сов.* (*шевельнуться, заколебаться, прийти в смятение*)
дрого́бычский (*от* Дрого́быч)
дрого́бычцы, -ев, *ед.* -чец, -чца, *тв.* -чцем
дрожа́лка, -и, *р. мн.* -лок (*гриб*)
дрожа́ние, -я
дрожа́тельный
дрожа́ть, -жу́, -жи́т
дрождяни́к, -а́
дро́жечки, -чек
дро́жечный
дрожжева́ние, -я
дрожжёванный; *кр. ф.* -ан, -ана
дрожжева́ть(ся), -жжу́ю, -жжу́ет(ся)
дрожжево́й
дрожжеформо́вочный
дрожже́ц, *р. мн., других форм нет*
дро́жжи, -е́й
дро́жки, -жек, -жкам
дрожмя́ дрожа́ть
дрожь, -и
дрозд, -а́
дроздёнок, -нка, *мн.* -дя́та, -дя́т
дрозди́ный
дрозди́ха, -и
дроздо́вцы, -ев, *ед.* -вец, -вца, *тв.* -вцем (*от* Дроздо́вский, *к* Дроздо́вская диви́зия)
дроздо́вый
дро́зд-ряби́нник, дрозда́-ряби́нника
дрозофи́ла, -ы
дрок, -а
дро́ковый
дром, -а (*лес*)
дромаде́р, -а и **дромеда́р,** -а (*верблюд*)
дромеогнати́зм, -а
дромома́ния, -и
дро́мос, -а (*археол.*)
дро́нго, *нескл., м.* (*птица*)
дронт, -а
дроп-го́л, -а
дросс, -а
дроссели́рование, -я
дроссели́рованный; *кр. ф.* -ан, -ана
дроссели́ровать(ся), -рую, -рует(ся)
дро́ссель, -я
дро́ссельный
дрот, -а
дро́тик, -а
дрофа́, -ы́, *мн.* дро́фы, дроф
дрофёнок, -нка, *мн.* -фя́та, -фя́т
дрофи́ный
дрочёна, -ы
дрочёный
дрочи́ть, -чу́, -чи́т
ДРСУ [дээрсу́], *нескл., с.* (*сокр.:* дорожное ремонтно-строительное управление)
друг, -а, *мн.* друзья́, -зе́й
друга́ч, -а́, *тв.* -о́м
друг без дру́га
друг без дру́жки
друг дру́га (*род. и вин.*), друг дру́гу, друг дру́гом, *им. п. нет*
друг дру́жки (*род.*), друг дру́жке, друг дру́жку, друг дру́жкой, *им. п. нет*
друг за дру́гом
друг за дру́жкой
друг к дру́гу
друг к дру́жке
друг на дру́га
друг на дру́жку
друг о дру́ге
друго́й
друг перед дру́гом
дру́г-прия́тель, дру́га-прия́теля
друг против дру́га
друг с дру́гом
друг с дру́жкой
друг у дру́га
дру́жа́щий
дру́жба, -ы; но: **о́рден Дру́жбы**
дру́жба-вражда́, дру́жбы-вражды́
дру́жба дру́жбой (а слу́жба слу́жбой)
дружба́н, -а́ (*жарг.*)
дружелю́бие, -я
дружелю́бность, -и
дружелю́бный; *кр. ф.* -бен, -бна
дру́жески
дру́жеский
дру́жественно, *нареч.*
дру́жественность, -и
дру́жественный; *кр. ф.* -вен и -венен, -венна
дру́жество, -а
дружи́на, -ы
дружи́нник, -а
дружи́нница, -ы, *тв.* -ей
дружи́нный
дружи́ть(ся), -ужу́(сь), -у́жи́т(ся)
дружи́ще, -а и -и, *мн.* -и, -и́щ, *м.*
дру́жка, -и, *р. мн.* -жек, *м.*
дру́жка дру́жку (*прост. к* друг дру́га)
дру́жка на дру́жку (*прост. к* друг на дру́га)
дру́жний
дру́жность, -и
дру́жный; *кр. ф.* -жен, -жна́, -жно, дру́жны́
дружо́к, -жка́ (*уменьш.-ласкат. к* друг) и **Дружо́к,** -жка́ (*кличка собаки*)
дружо́чек, -чка
дру́за, -ы (*группа сросшихся кристаллов*)
дру́зовый (*от* дру́за)
дру́зы, -ов, *ед.* друз, -а (*мусульманская секта*)
друиде́сса, -ы
друиди́зм, -а
друиди́ческий
друи́ды, -ов, *ед.* друи́д, -а
дру́млин, -а
дрыг, *неизм.*
дры́ганье, -я
дры́гать(ся), -аю(сь), -ает(ся)
дры́гнуть(ся), -ну(сь), -нет(ся)
дры́згать(ся), -аю(сь), -ает(ся)
дрызготня́, -и́
дрызгу́н, -а́
дрызгу́нья, -и, *р. мн.* -ний
дрын, -а
дры́хать, -аю, -ает
дры́хнувший
дры́хнуть, -ну, -нет; *прош.* дры́хнул и дрых, дры́хла
дрыхня́, -и́
дрюк, -а́, *мн.* дрю́чья, -ьев
дрю́чащий
дрю́чить, -чу, -чит
дрю́чки, -чек: **шту́чки-дрю́чки**
дрючкови́на, -ы
дрючо́к, -чка́

дря́бленький
дря́блость, -и
дря́блый; *кр. ф.* дрябл, дря́бла́, дря́бло
дря́бнувший
дря́бнуть, -ну, -нет; *прош.* дря́бнул и дряб, дря́бла
дряга́ть(ся), -а́ю(сь), -а́ет(ся)
дря́гиль, -я, *мн.* -и, -ей и -я́, -е́й
дря́гильский
дрягну́ть(ся), -ну́(сь), -нёт(ся)
дрязг, -а (*мусор, хлам, устар. и обл.*)
дря́зги, дрязг
дря́ква, -ы
дря́нненький
дря́нно, *нареч.*
дрянно́й; *кр. ф.* дря́нен, дрянна́, дря́нно, дря́нны́
дря́нность, -и
дрянцо́, -а́
дрянь, -и
дря́нь-челове́к, *других форм нет*
дря́хленький
дряхле́ть, -е́ю, -е́ет
дря́хлость, -и
дря́хлый; *кр. ф.* дряхл, дряхла́, дря́хло
дря́хнувший
дря́хнуть, -ну, -нет; *прош.* дря́хнул, дря́хла
ДСК [дээска́], *нескл., м.* (*сокр.*: домостроительный комбинат)
ДСО [дэсэо́], *нескл., с.* (*сокр.*: добровольное спортивное общество)
ДСП [дээспэ́], *нескл., ж.* (*сокр.*: древесно-стружечная плита) и *с.* (*сокр.*: для служебного пользования, *пометa на документах*)
ДТП [дэтэпэ́], *нескл., с.* (*сокр.*: дорожно-транспортное происшествие)
ДУ [дэу́], *нескл., с.* (*сокр.*: дистанционное управление)
дуайе́н, -а
дуа́ла, *нескл., мн., ед. м.* и *ж.* (*народ*)
дуали́зм, -а
дуали́ст, -а
дуалисти́ческий
дуа́льный
дуатло́н, -а
дуб, -а, *предл.* на ду́бе и на дубу́, *мн.* -ы́, -о́в
дуба́сить, -а́шу, -а́сит
дуба́сящий
дубе́ц, дубца́
дубиа́льный
дуби́льный
дуби́льня, -и, *р. мн.* -лен
дуби́льщик, -а
дуби́на, -ы, *ж.* (*палка*), *м.* и *ж.* (*о человеке*)
дуби́нка, -и, *р. мн.* -нок
дубинноголо́вый
дуби́нный
дуби́нушка, -и, *р. мн.* -шек
дуби́тель, -я
дуби́ть(ся), дублю́, дуби́т(ся)
дуби́ще, -а, *мн.* -а и -и, -и́щ, *м.*
ду́бка, -и
дубле́ние, -я
дублёнка, -и, *р. мн.* -нок
дублённый; *кр. ф.* -ён, -ена́, *прич.*
дублёный, *прил.*
дублёр, -а
дублёрский
дублёрша, -и, *тв.* -ей
дубле́т, -а
дубле́тность, -и
дубле́тный
дублика́т, -а
дублика́тный
ду́блинский (*от* Ду́блин)
ду́блинцы, -ев, *ед.* -нец, -нца, *тв.* -нцем
дубли́рование, -я
дубли́рованный; *кр. ф.* -ан, -ана
дубли́ровать(ся), -рую, -рует(ся)
дубло́н, -а
дубль, -я
дубль-бека́р, -а
дубль-бемо́ль, -я
дубль-бло́к, -а
дубль-бло́чный
дубль-вэ́, *нескл., с.* (*название буквы*)
дубль-дие́з, -а
дублю́р, -а (*подкладка*)
дубля́ж, -а и -а́, *тв.* -ем и -о́м
дубля́жный
ду́бни́нский (*от* Ду́бна́)
ду́бни́нцы, -ев, *ед.* -нец, -нца, *тв.* -нцем
дубня́к, -а́
дубнячо́к, -чка́
дубова́тость, -и
дубова́тый
дубови́к, -а́
дубо́во-бу́ковый
дубо́вость, -и
дубо́вый
дубо́к, дубка́
дубоно́с, -а
дубосса́рский (*от* Дубосса́ры)
дубосса́рцы, -ев, *ед.* -рец, -рца, *тв.* -рцем
дубото́лк, -а и **дубото́л,** -а
дубо́чек, -чка
дубра́ва, -ы
дубра́вный
дубра́вушка, -и, *р. мн.* -шек
дубро́ва, -ы
дубро́вка, -и, *р. мн.* -вок
дубро́вник, -а (*растение; птица*)
дубро́вницкий (*от* Дубро́вник, *город*)
дубро́вный
дубро́вушка, -и, *р. мн.* -шек
дубровча́не, -а́н, *ед.* -а́нин, -а (*к* Дубро́вник, *город*)
дубьё, -я́
дубя́щий(ся)
дува́л, -а
дува́н, -а
дува́нить, -ню, -нит
ду́врский (*от* Дувр)
ду́врцы, -ев, *ед.* ду́врец, -рца, *тв.* -рцем
дуга́, -и́, *мн.* ду́ги, дуг
догови́дный; *кр. ф.* -ден, -дна
дугово́й
дугогаси́тельный
дугообра́зный; *кр. ф.* -зен, -зна
дуда́, -ы́
дуда́к, -а́
дуда́рь, -я́
дуде́нье, -я
дуде́ть, дуди́т
дуди́нский (*от* Дуди́нка, *город*)
дуди́нцы, -ев, *ед.* -нец, -нца, *тв.* -нцем
ду́дка, -и, *р. мн.* ду́док
ду́дки, *межд.*
ду́дник, -а
ду́дочка, -и, *р. мн.* -чек
ду́дочки, *межд.*
ду́дочник, -а
ду́дочный
дуду́к, -а́ (*муз. инструмент*)
ду́дчатый
ду́жка, -и, *р. мн.* ду́жек (*от* дуга́)
ду́жный
ду́йсбу́ргский (*от* Ду́йсбу́рг)
дуйсбу́ргцы, -ев, *ед.* -гец, -гца, *тв.* -гцем
дука́т, -а
ду́кер, -а
дуле́бский
дуле́бы, -ов, *ед.* дуле́б, -а
дулёвский (*от* Дулёво)
ду́ло, -а
ду́льный
ду́льце, -а, *р. мн.* -ев и ду́лец
Дульцине́я, -и (*лит. персонаж*) и **дульцине́я,** -и (*обожаемая женщина, ирон.*)
ду́льщик, -а
ду́ля, -и
ду́ма, -ы
Ду́ма, -ы (*вместо* Госуда́рственная ду́ма)
ду́мать, -аю, -ает
ду́мать-гада́ть
ду́маться, -ается
дум-ду́м, *неизм.* (пу́ли дум-ду́м)
ду́мец, ду́мца, *тв.* ду́мцем, *р. мн.* ду́мцев
ду́мка, -и, *р. мн.* ду́мок
ду́мный
ду́мочка, -и, *р. мн.* -чек
ду́мпер, -а
ду́мперный
ду́мпкар, -а
ду́мский
ду́мушка, -и, *р. мн.* -шек
дуна́йский (*от* Дуна́й)
дунга́не, -а́н, *ед.* -а́нин, -а
дунга́нка, -и, *р. мн.* -нок
дунга́нский
дунду́к, -а́
дуни́т, -а

дунове́ние, -я
дунст, -а
ду́нуть, ду́ну, ду́нет
ду́о, *нескл., с.* (*муз.*)
дуодена́льный
дуодени́т, -а
дуоде́цима, -ы
дуодецима́льный
дуо́ль, -и
дуо́льный
дуопо́лия, -и
дуопсо́ния, -и
дупели́ный
ду́пель, -я, *мн.* -я́, -е́й
ду́плекс, -а
ду́плекс-автоти́пия, -и
ду́плекс-маши́на, -ы
ду́плексный
ду́плекс-проце́сс, -а
дупле́т, -а
дупле́тный
дуплецо́, -а́
дуплика́тор, -а
дуплика́ция, -и
дупли́стость, -и
дупли́стый
дупло́, -а́, *мн.* ду́пла, ду́пел, ду́плам
дуплова́тость, -и
дуплова́тый
дупля́нка, -и, *р. мн.* -нок
дупляно́й
дур, -а (*муз.*)
ду́ра, -ы
ду́ра ду́рой
дура́к, -а́
дуракаваля́ние, -я
дура́к дурако́м
дуракова́тый
дурале́й, -я
дуралюми́н, -а
дура́нда, -ы
durати́в, -а (*лингв.*)
дурати́вный
дура́цки
дура́цкий
дура́чащий(ся)
дура́чество, -а
дурачи́на, -ы, *м.*
дура́чить(ся), -чу(сь), -чит(ся)
дурачи́ще, -а и -и, *мн.* -и, -и́щ, *м.*
дурачо́к, -чка́
дурачьё, -я́
дура́шка, -и, *р. мн.* -шек, *м.* и *ж.*
дура́шливость, -и
дура́шливый
дура́шный; *кр. ф.* -шен, -шна
дурба́р, -а и **дарба́р,** -а
дурдо́м, -а, *мн.* -а́, -о́в
дуре́е, *сравн. ст.*
ду́рень, ду́рня
дуре́ть, -е́ю, -е́ет
дурёха, -и
дурёшка, -и, *р. мн.* -шек
дуриа́н, -а
ду́рий, -ья, -ье; ду́рья голова́, башка́
ду́риком, *нареч.*
дури́ла, -ы и **дури́ло,** -а, *м.*
дури́нка, -и (с дури́нкой)
дури́ть, дурю́, дури́т
ду́рища, -и, *тв.* -ей
ду́рка, -и, *р. мн.* ду́рок
дуркова́тый
дурма́н, -а
дурма́нить(ся), -ню(сь), -нит(ся)
дурма́нный
дурма́н-трава́, -ы́
дурма́нящий(ся)
дурне́ть, -е́ю, -е́ет
дурни́на, -ы
дурни́шник, -а
ду́рно, *нареч.* и *в знач. сказ.*
дурновку́сие, -я
дурновку́сица, -ы, *тв.* -ей
дурно́й; *кр. ф.* ду́рен и дурён, дурна́, ду́рно, ду́рны́
дурнопа́хнущий
дурнота́, -ы́
дурно́тный
дурну́шка, -и, *р. мн.* -шек
ду́ро, *нескл., с.* (*монета*)
дуроло́м, -а
дуро́м, *нареч.*
ду́рость, -и
ду́рочка, -и, *р. мн.* -чек
дурошлёп, -а
ду́рра, -ы и **ду́рро,** *нескл., с.* (*растение*)
дуршла́г, -а
дуры́нда, -ы, *м.* и *ж.*
дурь, -и
дурьё, -я́
ду́рья голова́ (башка́), ду́рьей головы́ (башки́)
дусе́н, -а
дуст, -а
ду́ся, -и, *м.* и *ж.* (*о милом, приятном человеке; ласковое обращение*)
дута́р, -а
дутари́ст, -а
ду́тик, -а
ду́тый
ду́тыш, -а, *тв.* -ем
дуть, ду́ю, ду́ет
дутьё, -я́
дутьево́й
ду́ться, ду́юсь, ду́ется
дуумви́р, -а
дуумвира́т, -а
дух, -а и -у, *мн.* (*в знач.* "*сверхъестественное существо*") ду́хи, -ов
Дух, -а (*о Боге*): **Бо́г Ду́х Свято́й, Свято́й Ду́х**
духа́н, -а
духа́нщик, -а
духа́нщица, -ы, *тв.* -ей
духари́ть, -рю́, -ри́т
духарно́й
духи́, -о́в
духмя́ный
духобо́рка, -и, *р. мн.* -рок
духобо́рский
духобо́рство, -а
духобо́рцы, -ев, *ед.* -рец, -рца, *тв.* -рцем
духобо́рческий
духобо́рчество, -а
духобо́ры, -ов, *ед.* -бо́р, -а
Ду́хов де́нь, Ду́хова дня́
духове́нство, -а
духови́дение, -я
духови́дец, -дца, *тв.* -дцем, *р. мн.* -дцев
духови́дица, -ы, *тв.* -ей
духови́к, -а́ (*муз.*)
духови́тость, -и
духови́тый
духо́вка, -и, *р. мн.* -вок
Духо́вная акаде́мия
духовни́к, -а́
духовни́ческий
духовни́чество, -а
духо́вно бога́тый
духо́вно-интеллектуа́льный
духо́вно-истори́ческий
духо́вно-нра́вственный
духо́вно-ры́царский
духо́вность, -и
духо́вно-теле́сный
духо́вно-эстети́ческий
духо́вный; *кр. ф.* -вен, -вна
духово́й
духо́вочный
духоно́сный; *кр. ф.* -сен, -сна
духоподъёмность, -и
духоподъёмный; *кр. ф.* -мен, -мна
духота́, -ы́
духоти́ща, -и, *тв.* -ей
ду́че, *нескл., м.*
Дуче́нто, *нескл., с.*
ду́чка, -и, *р. мн.* ду́чек
душ, -а, *тв.* -ем
душа́, -и́, *вин.* ду́шу, *тв.* душо́й, *мн.* ду́ши, душ
душа́ в ду́шу (жи́ть)
душанби́нка, -и, *р. мн.* -нок
душанби́нский (*от* Душанбе́)
душанби́нцы, -ев, *ед.* -нец, -нца, *тв.* -нцем
душа́-челове́к, *другие формы не употр.*
ду́шащий(ся)
душева́я, -о́й
душевнобольно́й
душе́вность, -и
душе́вный; *кр. ф.* -вен, -вна
душево́й
душевре́дный; *кр. ф.* -ден, -дна
душегре́йка, -и, *р. мн.* -е́ек
душегре́я, -и
душегу́б, -а
душегу́бец, -бца, *тв.* -бцем, *р. мн.* -бцев
душегу́бка, -и, *р. мн.* -бок
душегу́бство, -а
ду́шенный; *кр. ф.* -ен, -ена, *прич.*

ду́шенька, -и, *р. мн.* -нек, *ж.* (*ласкат. к* душа́), *м.* и *ж.* (*ласковое обращение*) и **Ду́шенька,** -и, *ж.* (*лит. персонаж*)
душепа́губный; *кр. ф.* -бен, -бна
душеполе́зный; *кр. ф.* -зен, -зна
душепопече́ние, -я
душепопечи́тель, -я
душепопечи́тельство, -а
душеприка́зчик, -а
душеприка́зчица, -ы, *тв.* -ей
душераздира́юще, *нареч.*
душераздира́ющий
душеспаси́тельный; *кр. ф.* -лен, -льна
ду́шечка, -и, *р. мн.* -чек, *м.* и *ж.* (*о милом, приятном человеке*; *ласковое обращение*) и **Ду́шечка,** -и, *ж.* (*лит. персонаж, женский тип*)
душещипа́тельность, -и
душещипа́тельный; *кр. ф.* -лен, -льна
души́стость, -и
души́стый
души́тель, -я
души́ть(ся), душу́(сь), ду́шит(ся)
души́ца, -ы, *тв.* -ей
ду́шка, -и, *р. мн.* ду́шек, *ж.* и (*о человеке*) *м.* и *ж.*
душма́нский
душма́ны, -ов, *ед.* -ма́н, -а
ду́ш-масса́ж, ду́ша-масса́жа
душне́нько, *в знач. сказ.*
душни́к, -а́
ду́шно, *в знач. сказ.*
душнова́тый
ду́шный; *кр. ф.* ду́шен, душна́, ду́шно, ду́шны́
душо́к, душка́
душо́нка, -и, *р. мн.* -нок
дуэли́ст, -а
дуэ́ль, -и
дуэ́льный
дуэля́нт, -а
дуэ́нья, -и, *р. мн.* -ний
дуэ́т, -а
дуэ́тец, -тца, *тв.* -тцем, *р. мн.* -тцев
дуэ́тик, -а
дуэ́тный
ду́ющий(ся)
дха́рма, -ы
дхарми́ческий
дхо́ти, *нескл., с.*
дхья́на, -ы
ДЦП [дэцепэ́], *нескл., м.* (*сокр.*: детский церебральный паралич)
дщерь, -и
ды́ба, -ы
ды́бить(ся), ды́блю, ды́бит(ся)
дыбки́: на дыбки́
ды́бом, *нареч.*
дыбы́: на дыбы́
ды́бящий(ся)
ды́лда, -ы, *м.* и *ж.*
ды́лдистый
ды́лдушка, -и, *р. мн.* -шек, *м.* и *ж.*
дым, -а и -у, *предл.* в дыму́, *мн.* -ы́, -о́в
дымаппарату́ра, -ы
дыма́рь, -я́
дымзаве́са, -ы
дыми́на, -ы, *м.* (*густой дым*)
дыми́нка, -и, *р. мн.* -нок
дыми́ть(ся), дымлю́, дыми́т(ся)
дыми́ще, -а, *м.*
ды́мка, -и, *р. мн.* ды́мок
ды́мковский (*от* Ды́мково; ды́мковская игру́шка)
ды́мковый (*от* ды́мка, *ткань*)
дымле́ние, -я
ды́мник, -а
ды́мница, -ы, *тв.* -ей
ды́мность, -и
ды́мный; *кр. ф.* ды́мен, ды́мна
дымово́й
дымову́ха, -и
дымовытяжно́й
дымога́рный
дымогенера́тор, -а
дымозащи́тный
дымо́к, дымка́ и дымку́
дымоку́р, -а
дымоме́р, -а
дымообразова́тель, -я
дымообразу́ющий
дымоотво́д, -а
дымоотво́дный
дымопрово́д, -а
дымосо́с, -а
дымоулови́тель, -я
дымохо́д, -а
дымохо́дный
дымо́чек, -чка и -чку
ды́мчато-голубо́й
ды́мчато-се́рый
ды́мчатость, -и
ды́мчатый
дымя́нка, -и, *р. мн.* -нок
дымя́нковые, -ых
ды́нный
ды́нька, -и, *р. мн.* ды́нек
ды́ня, -и, *р. мн.* дынь
дыра́, -ы́, *мн.* ды́ры, дыр
дыри́ща, -и, *тв.* -ей
ды́рка, -и, *р. мн.* ды́рок
дырова́тый
дыроко́л, -а
дыропробивно́й
ды́рочка, -и, *р. мн.* -чек
ды́рочный
ды́рчатый
дыря́вить(ся), -влю, -вит(ся)
дыря́вый
дыря́вящий(ся)
дых, -а
ды́хало, -а
ды́хальце, -а, *р. мн.* -лец и -льцев
дыха́ние, -я
дыха́тельный
дыхну́ть, -ну́, -нёт
дыша́ть(ся), дышу́, ды́шит(ся)
ды́шащий
ды́шло, -а
дышлово́й и **ды́шловый**
дью́ти-фри-шо́п, -а
дья́вол, -а
дьяволёнок, -нка, *мн.* -ля́та, -ля́т
дьяволиа́да, -ы
дьяволи́зм, -а
дья́волица, -ы, *тв.* -ей
дья́волов, -а, -о
дьяволопокло́нник, -а
дьяволопокло́нство, -а
дья́вольски
дья́вольский
дья́вольщина, -ы
дьяк, -а́ и -а
дья́ков, -а, -о
дьяко́вский (*от* Дьяко́во; дьяко́вская культу́ра, *археол.*)
дья́кон, -а и **диа́кон,** -а
дья́коница, -ы, *тв.* -ей
дья́конник, -а
дья́конов, -а, -о
дья́конский и **диа́конский**
дья́конство, -а и **диа́конство,** -а
дья́конствовать, -твую, -твует и **диа́конствовать,** -твую, -твует
дья́ческий
дья́чий, -ья, -ье
дьячи́ха, -и
дьячко́вский
дьячо́к, -чка́
дэ, *нескл., с.* (*название буквы*)
Дэ́вис, -а: **Ку́бок Дэ́виса**
дэ́вы, -ов, *ед.* дэв, -а (*мифол.*)
ДЭЗ, -а (*сокр.*: дирекция по эксплуатации зданий)
дэ́зовский (*от* ДЭЗ)
дэнсяопи́новский (*от* Дэн Сяопи́н)
дэ́та, -ы (*хим.*)
дээспэ́шный (*от* ДСП)
дюбе́к, -а
дю́бель, -я, *мн.* -и, -ей и -я́, -е́й
дю́бельный
дюга́ровский (*от* дю Га́р)
дюго́нь, -я
дю́же, *нареч.*
дю́жесть, -и
дюже́ть, -е́ю, -е́ет
дю́жий; *кр. ф.* дюж, дюжа́, дю́же
дю́жина, -ы
дю́жинка, -и, *р. мн.* -нок
дю́жинность, -и
дю́жинный
дю́жить, дю́жу, дю́жит
дю́за, -ы
дюйм, -а
дюймо́вка, -и, *р. мн.* -вок
Дюймо́вочка, -и (*сказочный персонаж*)
дюймо́вый
дюк, -а
дю́кер, -а
дюмаве́д, -а (*от* Дюма́)
дюмаве́дческий
Дюма́-оте́ц, Дюма́-отца́
Дюма́-сы́н, Дюма́-сы́на

дю́нный
дюнохо́д, -а
дю́ны, дюн, *ед.* дю́на, -ы
дюра́левый
дюра́ль, -я
дюралюми́ниевый
дюралюми́ний, -я
дю́рен, -а
дю́реровский (*от* Дю́рер)
дюро́метр, -а
дюссельдо́рфский (*от* Дюссельдо́рф)
дюссельдо́рфцы, -ев, *ед.* -фец, -фца, *тв.* -фцем
ДЮСШ, *нескл., ж.* (*сокр.*: детско-юношеская спортивная школа)
дюше́с, -а и *неизм.* (*сорт груш; ткань*)
дюше́ска, -и, *р. мн.* -сок
дюше́сса, -ы (*герцогиня*)
дя́гилевский (*от* Дя́гилев)
дя́гиль, -я
дя́ги́льник, -а
дя́гильный
дя́денька, -и, *р. мн.* -нек, *м.*
дя́денькин, -а, -о
дя́дечка, -и, *р. мн.* -чек, *м.*
дя́ди-Ва́син, -а, -о (*от* дя́дя Ва́ся)
дя́дин, -а, -о
дя́ди-Стёпин, -а, -о (*от* дя́дя Стёпа)
дя́дища, -и и **дя́дище,** -а и -и, *мн.* -и, -ищ, *м.*
дя́дька, -и, *р. мн.* дя́дек, *м.*
дя́дькин, -а, -о
дя́дюшка, -и, *р. мн.* -шек, *м.*
дя́дюшкин, -а, -о
дя́дя Стёпа, дя́ди Стёпы (*лит. персонаж; о человеке очень высокого роста*)
дя́дя Сэ́м, дя́ди Сэ́ма (*об американце*)
дя́дя, -и, *мн.* -и, -ей и дядья́, -ьёв, *м.*
дя́тел, дя́тла
дя́тловый
дятлообра́зные, -ых
дя́тьковский (*от* Дя́тьково)

Е

е, *нескл., с.* (*название буквы*)
ё, *нескл., с.* (*название буквы*)
Е́ва, -ы
Ева́нгелие, -я (*часть Нового Завета; одно из раннехристианских сочинений о жизни Христа*) и **ева́нгелие,** -я (*правила, положения, служащие руководством для чьих-н. действий, поведения; книга, содержащая такие положения*)
Ева́нгелие-а́пракос, Ева́нгелия-а́пракос
Ева́нгелие-те́тр, Ева́нгелия-те́тр
евангелиза́ция, -и
евангели́зм, -а
евангели́ст, -а
евангели́стка, -и, *р. мн.* -ток
евангели́ческий
евангели́ческо-лютера́нский
евангели́ческо-реформа́тский
ева́нгельский
евге́ника, -и
евгени́ст, -а
евгени́ческий
евдо́шка, -и, *р. мн.* -шек (*рыба*)
е́вин, -а, -о (*относящийся к прародительнице Еве, к женщине вообще*)
евкли́дов, -а, -о (*от* Евкли́д): **евкли́дова геоме́трия, евкли́дово простра́нство**
е́внух, -а
евнухо́ид, -а
евнухоиди́зм, -а
Евпа́тий Коловра́т, Евпа́тия Коловра́та
евпатори́йский (*от* Евпато́рия)
евпатори́йцы, -ев, *ед.* -и́ец, -и́йца, *тв.* -и́йцем
евпатри́ды, -ов и **эвпатри́ды,** -ов, *ед.* -ри́д, -а
евразиа́тский (*от* Евра́зия, *геогр.*)
еврази́йский (*от* Евра́зия)
еврази́йство, -а
еврази́йцы, -ев, *ед.* -и́ец, -и́йца, *тв.* -и́йцем
евре́и, -ев, *ед.* евре́й, -я
евре́йка, -и, *р. мн.* -е́ек
Евре́йская автоно́мная о́бласть
евре́йский
евре́йство, -а
евре́йчик, -а
е́врики, -ов, *ед.* -ик, -а (*прост. к* е́вро)
Еврипи́дов, -а, -о и **еврипи́довский** (*от* Еврипи́д)
е́вро, *нескл., м.* (*ден. ед.*)
евро… и **Евро…** – *первая часть сложных слов, пишется слитно, но:* е́вро-азиа́тский, е́вро-америка́нский, е́вро-атланти́ческий, е́вро-африка́нский
е́вро-азиа́тский
е́вро-америка́нский
е́вро-атланти́ческий
Е́вро-Атланти́ческий регио́н
е́вро-африка́нский
евробанкно́ты, -о́т и -о́тов, *ед.* -но́та, -ы и -но́т, -а (*от* е́вро)
евробо́нды, -ов, *ед.* -бо́нд, -а
евробума́ги, -а́г
евробуты́лка, -и, *р. мн.* -лок
евроваго́нка, -и
еврова́лю́та, -ы
Еврови́дение, -я
еврովы́боры, -ов
е́вровый (*от* е́вро)
еврогру́ппа, -ы
евродепози́т, -а (*от* е́вро)
евроде́рево, -а (*материал*)
евродиза́йн, -а
евродо́ллары, -ов, *ед.* -до́ллар, -а
еврозаём, -за́йма
еврозо́на, -ы
евроинтегра́ция, -и
еврокоми́ссия, -и
еврокоэфере́нция, -и
евроко́рпус, -а
еврокреди́т, -а
евроку́бковый
евроку́бок, -бка
Евроли́га, -и (*баскетбольная и др.*)
евроло́джия, -и
еврооблига́ция, -и
евроо́кна, -о́кон, *ед.* -окно́, -а́
еврооcтекле́ние, -я
евроотде́лка, -и, *р. мн.* -лок
Евро́па, -ы (*мифол.; материк;* гало́пом по Евро́пам)
Европарла́мент, -а
европеиза́ция, -и
европеизи́рованный; *кр. ф.* -ан, -ана
европеизи́ровать(ся), -рую(сь), -рует(ся)
европеи́зм, -а
европеи́ст, -а
европе́йка, -и, *р. мн.* -е́ек
Европе́йская А́рктика
Европе́йская валю́тная систе́ма
Европе́йская Росси́я
Европе́йская систе́ма безопа́сности
Европе́йская со́товая свя́зь
европе́йски изве́стный
европе́йски образо́ванный
европе́йски ориенти́рованный
европе́йский (*от* Евро́па)
Европе́йский ба́нк реконстру́кции и разви́тия
Европе́йский делово́й конгре́сс (*организация*)
Европе́йский Се́вер
Европе́йский сою́з
Европе́йский су́д по права́м челове́ка
Европе́йско-Азиа́тские но́вости (*агентство*)
европе́йско-азиа́тский
европе́йско-америка́нский
Европе́йское косми́ческое аге́нтство
Европе́йское экономи́ческое соо́бщество (ЕЭ́С)
европе́йство, -а
европе́йцы, -ев, *ед.* -е́ец, -е́йца, *тв.* -е́йцем
европео́идный
европео́иды, -ов, *ед.* -о́ид, -а
европе́яне, -ян, *ед.* -янин, -а (*устар. к* европе́йцы)
европе́янка, -и, *р. мн.* -нок
евро́пий, -я
Европо́л, -а
европоли́тика, -и
европоцентри́зм, -а
европоцентри́ст, -а

европоцентри́стский
евроремо́нт, -а
евророзе́тка, -и, *р. мн.* -ток (*штепсельная*)
еврору́нок, -нка
евросоо́бщество, -а
евросоставля́ющая, -ей
Евросою́з, -а
евростанда́рт, -а
евростратеги́ческий
евротелефо́н, -а
Евроту́р, -а (*спорт. соревнования*)
евроту́р, -а (*туристическая поездка по Европе*)
евроубо́рка, -и, *р. мн.* -рок
евроце́нт, -а (*от* е́вро)
евроцентри́зм, -а
евроцентри́стский
евроцентри́ческий
еврочéк, -а
ЕВС [евэ́эс], *нескл., ж.* (*сокр.*: Европейская валютная система)
евста́хиева труба́, евста́хиевой трубы́
евстахии́т, -а
Евте́рпа, -ы
евфра́тский (*от* Евфра́т)
евхаристи́йный
евхаристи́ческий
евхари́стия, -и
егерме́йстер, -а
егерме́йстерский
е́герский
е́герство, -а
е́герь, -я, *мн.* -я́, -е́й и -и, -ей
еги́петский (*от* Еги́пет; еги́петская ка́знь, тьма́ еги́петская); но: **Мари́я Еги́петская**
египто́лог, -а
египтологи́ческий
египтоло́гия, -и
египтя́не, -я́н, *ед.* -я́нин, -а и (*о жителях Древнего Египта*) **еги́птяне,** -ян, *ед.* -янин, -а
египтя́нка, -и, *р. мн.* -нок и (*о жительнице Древнего Египта*) **еги́птянка,** -и, *р. мн.* -нок
его́[1] (*форма местоим.* он, оно́)
его́[2], *притяж. местоим.*
егоза́, -ы́, *м.* и *ж.*
егози́стый
егози́ть(ся), егожу́(сь), егози́т(ся)
егозли́вость, -и
егозли́вый
ЕГЭ́, *нескл., м.* (*сокр.:* единый государственный экзамен)
еда́, еды́
еда́ть, *наст. вр. не употр.*
едва́
едва́-едва́
едва́ ли (ль)
едва ли не…
едва́ не…
Еди́ная автоматизи́рованная се́ть свя́зи
Еди́ная энергети́ческая систе́ма (ЕЭ́С)
едине́ние, -я
едини́ть, -ню́, -ни́т
едини́ца, -ы, *тв.* -ей
едини́чка, -и, *р. мн.* -чек
едини́чность, -и
едини́чный; *кр. ф.* -чен, -чна
единобо́жие, -я
единобо́рец, -рца, *тв.* -рцем, *р. мн.* -рцев
единобо́рство, -а
единобо́рствовать, -твую, -твует
единобра́чие, -я
единобра́чный
единове́рец, -рца, *тв.* -рцем, *р. мн.* -рцев
единове́рие, -я
единове́рка, -и, *р. мн.* -рок
единове́рный
единове́рческий
единовла́ствовать, -твую, -твует
единовла́стие, -я
единовла́стный; *кр. ф.* -тен, -тна
единовре́менно, *нареч.*
единовре́менность, -и
единовре́менный; *кр. ф.* -енен, -енна
единогла́сие, -я
единогла́сный
единодержа́вие, -я
единодержа́вный
единоду́шие, -я
единоду́шный; *кр. ф.* -шен, -шна
еди́ножды
единожёнство, -а
единокро́вный
единоли́чник, -а
единоли́чница, -ы, *тв.* -ей
единоли́чность, -и
единоли́чный
единому́жие, -я
единомы́сленный; *кр. ф.* -лен, -ленна
единомы́слие, -я
единомы́слящий
единомы́шленник, -а
единомы́шленница, -ы, *тв.* -ей
единомы́шленный; *кр. ф.* -лен, -ленна
единонасле́дие, -я
единонача́лие, -я
единонача́льник, -а
единонача́тие, -я
единообра́зие, -я
единообра́зность, -и
единообра́зный; *кр. ф.* -зен, -зна
единопле́менник, -а
единопле́менница, -ы, *тв.* -ей
единопле́менный
единоро́г, -а
единоро́дный
единоро́ссы, -ов, *ед.* -росс, -а (*члены партии "Единая Россия"*)
единосу́щие, -я (*богосл.*)
единосу́щность, -и
единосу́щный; *кр. ф.* -щен, -щна
единоутро́бный
еди́нственно, *нареч.*
еди́нственно ве́рный
еди́нственно возмо́жный
еди́нственность, -и
еди́нственный; *кр. ф.* -вен и -венен, -венна
еди́нство, -а
еди́ный
е́дкий; *кр. ф.* е́док, едка́, е́дко
е́дко-ро́зовый
е́дкость, -и
едо́к, -а́
едо́цкий
еду́н, -а́
еду́нья, -и, *р. мн.* -ний
е́дучи, *деепр.*
еду́чий (*едкий*)
е́дущий (*от* е́хать)
е́дче, *сравн. ст.* (*от* е́дкий, е́дко)
едя́щий(ся) (*от* е́сть(ся)
её[1] (*форма местоим.* она́)
её[2], *притяж. местоим.*
ёж, ежа́, *тв.* ежо́м
е́жа, е́жи, *тв.* е́жей (*растение*)
ёжащий(ся)
ежевече́рне, *нареч.*
ежевече́рний
ежеви́ка, -и
ежеви́чник, -а
ежеви́чный
ежевоскре́сный
ежего́дник, -а
ежего́дный
ежеголо́вник, -а
ежедека́дный
ежеде́нный
ежеде́нь, *нареч.*
ежедне́вка, -и, *р. мн.* -вок
ежедне́вник, -а
ежедне́вно, *нареч.*
ежедне́вность, -и
ежедне́вный
ежекварта́льный
е́жели
ежеме́сячник, -а
ежеме́сячный
ежемину́тность, -и
ежемину́тный
ежему́ха, -и
еженеде́льник, -а
еженеде́льный
ежено́щный
ежесеку́ндный
ежесме́нно, *нареч.*
ежесме́нный
ежесу́точный
ежеу́тренне, *нареч.*
ежеу́тренний
ежеча́сный
ёжик, -а
ёжиком, *нареч.*
ежи́ный
ёжистый
ёжить(ся), ёжу(сь), ёжит(ся)

ежи́ха, -и
ежо́вик, -а (*гриб*)
ежо́вник, -а (*растение*)
ежо́вский (*от* Ежо́в)
ежо́вщина, -ы
ежо́вый (*также*: ежо́вые рукави́цы)
ежо́м, *нареч.*
ежо́нок, -нка, *мн.* ежа́та, ежа́т
ёж-ры́ба, -ы
езда́, -ы́
е́здить(ся), е́зжу, е́здит(ся)
е́здка, -и, *р. мн.* е́здок
ездово́й
ездо́к, -а́
е́здящий
езжа́й(те) (*разг. к* поезжа́й(те)
езжа́лый
езжа́ть, *наст. вр. не употр.* (*многокр. к* е́здить)
е́зжено
е́зжено-перее́зжено
е́зженый
е́зженый-перее́зженый
е́зживать, *наст. вр. не употр.*
ези́дский
ези́дство, -а
ези́ды, -ов (*секта*)
ей и **е́ю,** о не́й (*формы местоим.* она́)
ей-бо́гу
ей-е́й
е́й-же-е́й
е́йский (*от* Ейск)
ейча́не, -а́н, *ед.* -а́нин, -а (*от* Ейск)
е́канье, -я (*лингв.*)
ёканье, -я
Екатери́на Вели́кая
екатеринбу́ргский и **екатеринбу́ржский** (*от* Екатеринбу́рг)
екатеринбу́ржка, -и, *р. мн.* -жек
екатеринбу́ржцы, -ев, *ед.* -жец, -жца, *тв.* -жцем
екатери́нинец, -нца, *тв.* -нцем, *р. мн.* -нцев
екатери́нинский (*от* Екатери́на)
Екатери́нинский ве́к
екатери́нка, -и, *р. мн.* -нок и **екатери́новка,** -и, *р. мн.* -вок (*денежный знак*)
екатериносла́вский (*от* Екатериносла́в)
екатериносла́вцы, -ев, *ед.* -вец, -вца, *тв.* -вцем
е́кать, -аю, -ает (*лингв.*)
ёкать, -аю, -ает
Екклесиа́ст, -а и **Екклезиа́ст,** -а (*библ.*)
екклесиасти́ческий
ёкнуть, -ну, -нет
ектения́, -и́ и **ектенья́,** -и́, *р. мн.* -ни́й
елабужа́не, -а́н, *ед.* -а́нин, -а
елабужа́нка, -и, *р. мн.* -нок
ела́бужский (*от* Ела́буга)
ела́бужцы, -ев, *ед.* -жец, -жца, *тв.* -жцем
Ела́гин дворе́ц, Ела́гина дворца́ (*в Петербурге*)
ела́нь, -и
е́ле
е́левый
е́ле-е́ле
еле́й, -я
еле́йность, -и
еле́йный
е́ле можа́ху
Еле́на Прекра́сная
Елео́нская гора́ (*под Иерусалимом, библ.*)
елеопома́зание, -я
елеосвяще́ние, -я
еле́ц, ельца́, *тв.* ельцо́м (*рыба*)
еле́цкий (*от* Еле́ц, *город*)
елизаве́тинец, -нца, *тв.* -нцем, *р. мн.* -нцев
елизаве́тинский (*от* Елизаве́та)
ели́ко возмо́жно
ели́на, -ы
Елисе́евский магази́н (гастроно́м) (*в Москве, Петербурге*)
елисе́йские поля́ (*мифол.*) и **Елисе́йские Поля́** (*улица в Париже*)
Елисе́йский дворе́ц (*в Париже*)
ёлка, -и, *р. мн.* ёлок
ёлки-мота́лки, *неизм.*
ёлки-па́лки, *неизм.*
ело́вик, -а
ело́во-пи́хтовый
ело́вый
ело́зить, ело́жу, ело́зит
ело́зящий
ёлочка, -и, *р. мн.* -чек
ёлочный
елу́шка, -и, *р. мн.* -шек
ель, е́ли
е́льник, -а
е́льнинский (*от* Е́льня)
е́льнинцы, -ев, *ед.* -инец, -инца, *тв.* -инцем
е́льничек, -чка
ельцини́ст, -а
е́льцинский (*от* Е́льцин)
ельча́не, -а́н, *ед.* -а́нин, -а (*от* Еле́ц, *город*)
ельча́нка, -и, *р. мн.* -нок
Еме́ля, -и (*также*: мели́, Еме́ля, твоя́ неде́ля)
ёмкий; *кр. ф.* ёмок, ёмка
ёмкостный
ёмкость, -и
ё-моё, *межд.*
ему́ (*форма местоим.* он, оно́)
емура́нчик, -а
ёмче, *сравн. ст.* (*от* ёмкий, ёмко)
емша́н, -а
ендова́, -ы́
енисе́йский (*от* Енисе́й и Енисе́йск)
енисе́йцы, -ев, *ед.* -е́ец, -е́йца, *тв.* -е́йцем
енко́лпий, -я
ено́л, -а (*хим.*)
ено́т, -а
ено́тка, -и, *р. мн.* -ток
енотови́дная соба́ка
ено́товый
ено́т-полоску́н, ено́та-полоскуна́
епане́чка, -и, *р. мн.* -чек
епанча́, -и́, *тв.* -о́й, *р. мн.* -е́й
епанчо́вый
епархиа́лка, -и, *р. мн.* -лок
епархиа́льный
епа́рхия, -и
епигона́тий, -я
епи́скоп, -а
епископали́зм, -а
епископа́льный
епископа́т, -а
епископи́я, -и
епи́скопский
епи́скопство, -а
епи́скопствовать, -твую, -твует
епитими́йный
епитимия́, -и́ и **епитимья́,** -и́, *р. мн.* -ми́й
епитрахи́ль, -и
епитрахи́льный
Епифа́ний Прему́дрый
епифа́нский (*от* Епифа́нь)
епифа́нцы, -ев, *ед.* -нец, -нца, *тв.* -нцем
епихо́довский (*от* Епихо́дов)
епихо́довщина, -ы
ер, -а, *мн.* еры́, еро́в (*название буквы* ъ)
ёра, -ы, *м.*
ерала́ш, -а, *тв.* -ем
ерала́шный
ерга́к, -а́ (*тулуп, обл.*)
ерева́нка, -и, *р. мн.* -нок
ерева́нский (*от* Ерева́н)
ерева́нцы, -ев, *ед.* -нец, -нца, *тв.* -нцем
ерепе́ниться, -нюсь, -нится
ерепе́нящийся
ересиа́рх, -а
ересио́лог, -а
ересиологи́ческий
ересиоло́гия, -и
е́ресь, -и
ерети́к, -а́
ерети́ческий
ерети́чество, -а
ерети́чка, -и, *р. мн.* -чек
ёрзанье, -я
ёрзать, -аю, -ает
ёрзнуть, -ну, -нет
е́рик, -а (*буква; проток, ложбина*)
е́рика, -и и **э́рика,** -и (*растение*)
ермо́лка, -и, *р. мн.* -лок
ермо́ловец, -вца, *тв.* -вцем, *р. мн.* -вцев
ермо́ловский (*от* Ермо́лов, Ермо́лова)
ермо́лочка, -и, *р. мн.* -чек
е́рник, -а (*кустарник*)
ёрник, -а (*ёра, повеса*)
ёрничанье, -я

ёрничать, -аю, -ает
ёрнический
ёрничество, -а
ерофеич, -а и -у, *тв.* -ем (*водка*)
ерофей, -я (*водка*)
ерошащий(ся)
ерошить(ся), -шу(сь), -шит(ся)
ерошка, -и, *р. мн.* -шек, *м.* и *ж.* (*о человеке, устар.*)
ерунда, -ы
ерундистика, -и
ерундить, -ит
ерундовина, -ы
ерундовский
ерундовый
ёрш, ерша, *тв.* -ом
ершеватка, -и, *р. мн.* -ток (*рыба*)
ёршик, -а
ершиный
ершистость, -и
ершистый
ершить(ся), ершу(сь), ершит(ся)
ершишка, -и, *р. мн.* -ишек, *м.*
ершовый
ершом, *нареч.*
еры, *нескл., с.* (*название буквы ы*)
ерь, -я (*название буквы ь*)
ЕС [еэс], *нескл., м.* (*сокр.*: Европейский союз) и *с.* (*сокр.*: европейское сообщество)
есаул, -а
есаулов, -а, -о
есаульский
есаульство, -а
есаульша, -и, *тв.* -ей
есениновед, -а
есенинский (*от* Есенин)
есенинщина, -ы
еси, *устар. форма 2 л. ед. ч. глаг.* быть
если
если бы (б)
если бы да кабы
есмь, *устар. форма 1 л. ед. ч. глаг.* быть
ессеи, -еев, *ед.* ессей, -я
ессентуки, -ов (*вода*)
ессентукский (*от* Ессентуки, *город*)
ессентучане, -ан, *ед.* -анин, -а
естественник, -а
естественница, -ы, *тв.* -ей
естественно, *нареч.* и *вводн. сл.*
естественно-исторический
естественно-научный
естественно-правовой
естественно-радиоактивный
естественность, -и
естественно-языковой
естественный; *кр. ф.* -вен и -венен, -венна
естество, -а
естествовед, -а
естествоведение, -я
естествоведческий
естествознание, -я
естествоиспытатель, -я
естествоиспытательница, -ы, *тв.* -ей
естествоиспытательский
есть[1], ем, ешь, ест, едим, едите, едят; *прош.* ел, ела; *пов.* ешь(те)
есть[2], *форма глаг.* быть
есть[3], -я, *м.* и *нескл., с.* (*название буквы*)
есть[4], *неизм.* (*ответ на команду*)
есть-пить
есться, естся, едятся; *прош.* елся, елась
ЕТС [етээс], *нескл., ж.* (*сокр.*: единая тарифная сетка)
ефесяне, -ян, *ед.* -янин, -а (*библ.*)
ефимок, -мка
ефрейтор, -а
ефрейторский
Ефрем Сирин
ехавший
ехать, еду, едет; *пов.* поезжай(те)
ехида, -ы, *м.* и *ж.*
ехидина, -ы, *м.* и *ж.*
ехидна, -ы (*животное; о человеке*)
Ехидна, -ы (*мифол.*)
ехидненький
ехидник, -а
ехидница, -ы, *тв.* -ей
ехидничанье, -я
ехидничать, -аю, -ает
ехидность, -и
ехидный; *кр. ф.* -ден, -дна
ехидство, -а
ехидствовать, -твую, -твует
ехидца, -ы, *тв.* -ей
ещё
ещё бы
ЕЭС, *нескл., с.* (*сокр.*: Европейское экономическое сообщество) и *ж.* (*сокр.*: Единая энергетическая система)

Ж

ж и **же,** *частица и союз – пишется раздельно с предшествующим словом*
жаба, -ы
жаберный
жабий, -ья, -ье
жабка, -и, *р. мн.* -бок
жабник, -а
жабо, *нескл., с.*
жабовидный; *кр. ф.* -ден, -дна
жабообразные, -ых
жабрей, -я
жабровидный; *кр. ф.* -ден, -дна
жабродышащие, -их
жаброног, -а
жаброногие, -их
жаброхвостые, -ых
жабры, жабр, *ед.* жабра, -ы
жавелевый (жавелевая вода)
жавель, -я
жаворонковый
жаворонок, -нка
жавороночек, -чка
жавороночий, -ья, -ье
жавороночный
жад, -а
жадеит, -а
жадеитовый
жадина, -ы, *м.* и *ж.*
жадненек, -енька
жадненький
жаднеть, -ею, -еет
жадничанье, -я
жадничать, -аю, -ает
жадность, -и
жаднущий и **жаднющий**
жадный; *кр. ф.* -ден, -дна, -дно, жадны
жадоба, -ы, *м.* и *ж.*
жадюга, -и, *м.* и *ж.*
жадюля, -и, *м.* и *ж.*
жажда, -ы
жаждать, -ду, -дет
жаждущий
жакан, -а
Жакерия, -и
жакет, -а
жакетик, -а
жакетка, -и, *р. мн.* -ток
жакеточка, -и, *р. мн.* -чек
Жаккард, -а: **машина Жаккарда**
жаккард, -а (*жаккардовая ткань, жаккардовые переплетения, разг.*)
жаккардовый
жако, *нескл., м.* (*попугай*)
жакоб, *неизм.*
ЖАКТ, -а (*сокр.:* жилищно-арендное кооперативное товарищество, *ист.*)
жактовский (*от* ЖАКТ)
жалейка, -и, *р. мн.* -еек
жалейковый
жалейщик, -а
жальщик, -а
жальщица, -ы, *тв.* -ей
жаление, -я (*от* жалеть)
жаление, -я (*от* жалить(ся)
жалеть, -ею, -еет
жалеючи
жалеющий
жалить(ся), жалю(сь), жалит(ся)
жалкий; *кр. ф.* -лок, -лка, -лко
жалко, *в знач. сказ.*
жалковатый
жалковать, -кую, -кует
жалконький
жалкость, -и
жалливый
жало, -а
жалоба, -ы
жалобить(ся), -блю(сь), -бит(ся)

жа́лобность, -и
жа́лобный; *кр. ф.* -бен, -бна
жа́лобщик, -а
жа́лобщица, -ы, *тв.* -ей
жа́лобящий(ся)
жа́лование, -я (*действие*)
жа́лованный; *кр. ф.* -ан, -ана
жа́лованье, -я (*заработная плата*)
жа́лованьице, -а
жа́лованьишко, -а
жа́ловать(ся), жа́лую(сь), жа́лует(ся)
жалови́дный
жалонёр, -а (*линейный солдат на учении, параде*)
жалонёрский (*от* жалонёр)
жалоно́сный
жалообра́зный; *кр. ф.* -зен, -зна
жалоподо́бный; *кр. ф.* -бен, -бна
жа́лостливость, -и
жа́лостливый
жа́лостность, -и
жа́лостный; *кр. ф.* -тен, -тна
жа́лость, -и
жалча́йший
жаль, *в знач. сказ.*
жа́льник, -а
жа́льный
жа́льце, -а, *р. мн.* -ев и жа́лец
жа́льче, *сравн. ст.*
жалюзи́, *нескл., с.* и *мн.*
жалюзи́йный
жа́лящий(ся)
жа́мка, -и, *р. мн.* жа́мок
жа́мкать, -аю, -ает
жа́мкнуть, -ну, -нет
жанда́рм, -а
жандарме́рия, -и
жанда́рмский
Жа́нна д'А́рк, Жа́нны д'А́рк
жанр, -а
жа́нрик, -а
жанри́ст, -а
жа́нрово-литерату́рный
жа́нрово-стилево́й
жа́нрово-стилисти́ческий
жа́нровость, -и
жа́нровый
жанти́льничанье, -я
жанти́льничать, -аю, -ает
жанти́льность, -и
жанти́льный; *кр. ф.* -лен, -льна
жар, -а и -у, *предл.* в (на) жару́
жара́, -ы́
жарго́н, -а
жаргони́зм, -а
жарго́нный
жардинье́рка, -и, *р. мн.* -рок
жардинье́рочный
жа́рево, -а
жарёнка, -и, *р. мн.* -нок
жа́ренный; *кр. ф.* -ен, -ена, *прич.*
жа́реный, *прил.*
жа́ренье, -я
жарёха, -и
жа́рить(ся), жа́рю(сь), жа́рит(ся)
жари́ща, -и, *тв.* -ей
жа́рка, -и (*действие*)
жарки́, -о́в, *ед.* жаро́к, жарка́ (*растение*)
жа́ркий; *кр. ф.* жа́рок, жарка́, жа́рко
жа́рко, *нареч.* и *в знач. сказ.*
жаркова́тый
жарко́е, -о́го
жарко́нько, *нареч.* и *в знач. сказ.*
жаро́венка, -и, *р. мн.* -нок
жаро́венный
жаро́вня, -и, *р. мн.* -вен
жарово́й (*от* жар)
жаро́вый (*строевой, о лесе*)
жаровыно́сливость, -и
жаровыно́сливый
жаро́к, жарка́ (*небольшой жар*)
жaропонижа́ющий
жаропро́чность, -и
жаропро́чный
жаросто́йкий
жаросто́йкость, -и
жаротру́бный
жароупо́рность, -и
жароупо́рный
жароусто́йчивость, -и
жароусто́йчивый
жа́рочный
жар-пти́ца, -ы, *тв.* -ей
жар-пти́цын, -а, -о
жарча́йший
жа́рче, *сравн. ст.*
жары́нь, -и
жа́рящий(ся)
жасми́н, -а
жасми́нный
жасми́новый
жасмо́н, -а (*вещество*)
жа́тва, -ы
жа́твенный
жа́тка, -и, *р. мн.* жа́ток
жа́тый
жа́ть(ся)[1], жму(сь), жмёт(ся)
жа́ть(ся)[2], жну, жнёт(ся)
жа́хать, -аю, -ает
жа́хнуть(ся), -ну(сь), -нет(ся)
жбан, -а
жба́нчик, -а
ЖБИ [жебэ́], *нескл., мн.* (*сокр.*: железобетонные изделия)
жва́ка-га́лс, -а
жва́ла и **жва́лы,** жвал, *ед.* жва́ло, -а
жва́чка, -и, *р. мн.* -чек
жва́чные, -ых, *ед.* жва́чное, -ого
жва́чный
жгут, -а́
жгу́тик, -а
жгу́тиковые, -ых
жгутиконо́сцы, -ев, *ед.* -сец, -сца, *тв.* -сцем
жгуто́вый
жгутоно́гие, -их
жгу́честь, -и
жгу́чий
жгу́щий(ся)
жда́нный
жда́новский (*от* Жда́нов)
жда́новщина, -ы
жда́ть(ся), жду, ждёт(ся); *прош.* ждал(ся), ждала́(сь), жда́ло, жда́ло́сь
ждёт не дождётся
ждёт-пождёт
жду́ не дождýсь
же[1], *нескл., с.* (*название буквы*)
же[2] и **ж,** *частица и союз – пишется раздельно с предшествующим словом, но в наречиях* та́кже, то́же – *слитно*
жева́ние, -я
жевани́на, -ы
жёванный; *кр. ф.* -ан, -ана, *прич.*
жёваный, *прил.*
жёваный-пережёваный
жева́тельный
жева́ть(ся), жую́, жуёт(ся)
жевело́, -а́
жёвка, -и, *р. мн.* жёвок
жево́к, жевка́
жёгший(ся)
жеди́н, -а (*геол.*)
жеди́нский
жезл, -а́ и -а
жезлово́й и **жéзловый**
жезлоно́сец, -сца, *тв.* -сцем, *р. мн.* -сцев
жела́емое, -ого
жела́емый
жела́ние, -я; но: **мы́с Жела́ния** (*геогр.*)
жела́нный; *кр. ф.* -а́нен, -а́нна
жела́ньице, -а
жела́тельность, -и
жела́тельный; *кр. ф.* -лен, -льна
желати́н, -а и -у и (*в проф. речи*) **желати́на,** -ы
желатини́рование, -я
желатини́рованный; *кр. ф.* -ан, -ана
желатини́ровать(ся), -рую, -рует(ся)
желати́нный
желати́новый
жела́ть(ся), -а́ю, -а́ет(ся)
жела́ющий
желва́к, -а́
желва́тый
желва́чный
желвачо́к, -чка́
желе́, *нескл., с.*
железа́, -ы́, *мн.* же́лезы, желёз, же́леза́м
желе́зина, -ы
железистосинеро́дистый
желе́зистый
желе́зка, -и, *р. мн.* -зок (*от* желе́зо)
желёзка, -и, *р. мн.* -зок (*от* железа́)
желе́зко, -а, *мн.* -и, -зок (*в рубанке*)
Желе́зная Ма́ска (*легендарный персонаж*)
железне́ние, -я
желе́зница, -ы, *тв.* -ей
желе́зно, *нареч.* и *частица*

железново́дский (*от* Железново́дск)
железново́дцы, -ев, *ед.* -дец, -дца, *тв.* -дцем
железногóрский (*от* Железногóрск)
железногóрцы, -ев, *ед.* -рец, -рца, *тв.* -рцем
железнодорóжненский (*от* Железнодорóжный)
железнодорóжник, -а
железнодорóжница, -ы, *тв.* -ей
железнодорóжно-контéйнерный
железнодорóжно-парóмный
железнодорóжный
Железнодорóжный, -ого (*город, поселок*)
желéзный
желéзный вéк
железня́к, -á
желéзо, -а
железобактéрии, -ий, *ед.* -рия, -и
железобетóн, -а
железобетóнность, -и
железобетóнный
железованáдиевый
железографи́т, -а
железодéлательный
железокерáмика, -и
железокерами́ческий
железони́келевый
железообрабáтывающий
железообрабóтка, -и
железооруденéние, -я
железоплави́льный
железопрокáтный
железопрокáтчик, -а
железорýдный
железосинерóдистый
железосодержáщий
железоуглерóдистый
железочугýн, -á
желéзы, -éз (*оковы*)
железя́ка, -и
желéйный
желеобрáзный; *кр. ф.* -зен, -зна
желнá, -ы́
жёлоб, -а, *мн.* желобá, -óв
желобобрю́хий
желобовóй
желобóк, -бкá
желобообрáзный; *кр. ф.* -зен, -зна
желóбчатый
желóнка, -и, *р. мн.* -нок
желóночный
желóнщик, -а
желтéние, -я
жёлтенький
желтéть(ся), -éю, -éет(ся)
желтёхонький; *кр. ф.* -нек, -нька
желтёшенький; *кр. ф.* -нек, -нька
желтизнá, -ы́
желтинá, -ы́
желти́нка, -и
желти́нник, -а
желти́ть(ся), желчý, желти́т(ся)
желткóвый

желтобóкий
желтобрю́х, -а
желтобрю́хий
жёлто-бýрый
желтовáтенький
желтовáто-зелёный
желтовáто-кори́чневый
желтовáто-крáсный
желтовáто-молóчный (*о цвете*)
желтовáтость, -и
желтовáтый
желтоволóсый
желтоглáзка, -и, *р. мн.* -зок
желтоглáзый
желтоголóвый
жёлто-голубóй
желтогрýдый
желтогýзка, -и, *р. мн.* -зок (*бабочка*)
Жёлтое мóре
жёлто-зелёный
желтозём, -а
желтóк, -ткá
желтокóжий
желтокóрень, -рня
жёлто-крáсный
желтокры́лка, -и, *р. мн.* -лок
желтокры́лый
желтоли́цый
желтолóзник, -а
желтонóгий (желтонóгая вертя́чка, *жук*)
желтонóсый
желтопёрый
желтополóсый
желтопýзик, -а
желторóтик, -а
желторóтый
жёлто-сéрый
жёлто-си́ний
желтофиóлевый
желтофиóль, -и
желтохóхлый
желтоцвéт, -а
желтóчек, -чка
желтóчный
желтощёк, -а
желтýха, -и
желтýшка, -и, *р. мн.* -шек
желтýшник, -а
желтýшный
Жёлтые Вóды (*город*)
жёлтый; *кр. ф.* жёлт, желтá, жёлто, желты́ и жёлты
желть, -и
желтя́к, -á
желтя́нка, -и, *р. мн.* -нок
желудёвый
желуди́ный (*от* жёлудь, *прост.*)
желýдок, -дка
желудóк, -дкá (*от* жёлудь)
желýдочек, -чка
желудóчек, -чка (*к* жёлудь)
желýдочковый
желýдочник, -а
желýдочно-кишéчный

желýдочный
жёлудь, -я, *мн.* -и, -éй
желчеви́к, -á
желчевóй
желчевыводя́щий
желчегóнный
желчéние, -я
желчеотделéние, -я
желчнокáменный
жёлчность, -и и **жéлчность,** -и
жёлчный и **жéлчный**
жёлчь, -и и **желчь,** -и
жемáйтский
жемáйты, -ов (*племя*)
жемáниться, -нюсь, -нится
жемáнник, -а
жемáнница, -ы, *тв.* -ей
жемáнничанье, -я
жемáнничать, -аю, -ает
жемáннический
жемáнно, *нареч.*
жемáнность, -и
жемáнный; *кр. ф.* -áнен, -áнна
жемáнство, -а
жемáнящийся
жéмчуг, -а, *мн.* -á, -óв
жемчугонóсный
жемчýжина, -ы
жемчýжинка, -и, *р. мн.* -нок
жемчýжница, -ы, *тв.* -ей
жемчýжно-бéлый
жемчýжно-сéрый
жемчýжный
жемчужóк, -жкá
женá, -ы́, *мн.* жёны, жён
женáтик, -а
женáтый
Женéвские конвéнции
женéвский (*от* Женéва)
Женéвское óзеро
женéвцы, -ев, *ед.* -вец, -вца, *тв.* -вцем
женёнка, -и, *р. мн.* -нок
жéнин, -а, -о (*от* женá)
жени́ть, женю́, жéнит
жени́тьба, -ы, *р. мн.* -и́тьб
жени́ться, женю́сь, жéнится
жени́х, -á
женихáться, -áюсь, -áется
женихóв, -а, -о
женихóвский
женихóвство, -а
женишóк, -шкá
жёнка, -и, *р. мн.* жёнок (*от* женá)
женолю́б, -а
женолю́бец, -бца, *тв.* -бцем, *р. мн.* -бцев
женолюби́вый
женолю́бие, -я
женоненави́стник, -а
женоненави́стнический
женоненави́стничество, -а
женоподóбный; *кр. ф.* -бен, -бна
женотдéл, -а
женотдéльский
женоуби́йство, -а

женоуби́йца, -ы, *тв.* -ей, *м.*
женофо́б, -а
женофо́бия, -и
жён-премье́р, -а
же́нский
же́нскость, -и
женсове́т, -а
же́нственно, *нареч.*
же́нственность, -и
же́нственный; *кр. ф.* -вен и -венен, -венна
жёнушка, -и, *р. мн.* -шек
же́нщина, -ы
же́нщина-акаде́мик, же́нщины-акаде́мика, *ж.*
же́нщина-астрона́вт, же́нщины-астрона́вта, *ж.*
же́нщина-ва́мп, же́нщины-ва́мпа и же́нщины-ва́мп, *ж.*
же́нщина-води́тель, же́нщины-води́теля, *ж.*
же́нщина-вра́ч, же́нщины-врача́, *ж.*
же́нщина-депута́т, же́нщины-депута́та, *ж.*
же́нщина-детекти́в, же́нщины-детекти́ва, *ж.*
же́нщина-космона́вт, же́нщины-космона́вта, *ж.*
же́нщина-лётчик, же́нщины-лётчика, *ж.*
же́нщина-лётчик-космона́вт, же́нщины-лётчика-космона́вта, *ж.*
же́нщина-ма́ть, же́нщины-ма́тери
же́нщина-милиционе́р, же́нщины-милиционе́ра, *ж.*
же́нщина-полице́йский, же́нщины-полице́йского, *ж.*
же́нщина-хиру́рг, же́нщины-хиру́рга, *ж.*
же́нщина-шофёр, же́нщины-шофёра, *ж.*
жёны-мироно́сицы, жён-мироно́сиц
женьше́невый
женьше́нь, -я
же́нящий(ся)
жео́да, -ы
жердево́й
жерди́на, -ы
жерди́нка, -и, *р. мн.* -нок
жерди́нник, -а
жердня́к, -а́
жёрдочка, -и, *р. мн.* -чек
жердь, -и, *мн.* -и, -е́й
жердьё, -я́
жердя́й, -я
жердяно́й
жердя́стый
жерёбая
жеребе́йка, -и, *р. мн.* -е́ек
жеребёнок, -нка, *мн.* -бя́та, -бя́т
жеребёночек, -чка, *мн.* жеребя́тки, -ток
жеребе́ц, -бца́, *тв.* -бцо́м, *р. мн.* -бцо́в
жеребе́ц-производи́тель, жеребца́-производи́теля
же́ребий, -бья, *мн.* -бьи, -бьев (*устар. к* жре́бий)
жереби́ться, -и́тся
жеребко́вый
жеребо́к, -бка́
жерёбость, -и
жеребцо́вый
жере́бчик, -а
жеребьёвка, -и, *р. мн.* -вок
жеребьёвщик, -а
жеребьёвый
жеребя́тина, -ы
жеребя́точки, -чек
жеребя́чий, -ья, -ье
же́рех, -а
жерли́ца, -ы, *тв.* -ей
жерли́чный
жерло́, -а́, *мн.* же́рла, жерл
жерлови́на, -ы
жерля́нка, -и, *р. мн.* -нок
жерлянкообра́зные, -ых
жермина́ль, -я
жёрнов, -а, *мн.* жернова́, -во́в
жернаво́й
жернаво́к, -вка́
же́ртва, -ы
же́ртвенник, -а
же́ртвенность, -и
же́ртвенный; *кр. ф.* -венен, -венна
же́ртвование, -я
же́ртвователь, -я
же́ртвовательница, -ы, *тв.* -ей
же́ртвовать(ся), -твую, -твует(ся)
жертвоприноси́тельный
жертвоприноше́ние, -я
жеру́ха, -и
жеру́шник, -а
жест, -а
же́стер, -а и **жо́стер,** -а
же́стик, -а
жестикули́рование, -я
жестикули́ровать, -рую, -рует
жестикуляцио́нный
жестикуля́ция, -и
жёсткий; *кр. ф.* -ток, жестка́, -тко
жёстко, *нареч.*
жесткова́тость, -и
жесткова́тый
жестковоло́сый
жёсткозакреплённый*
жесткоко́жий
жесткокры́лые, -ых
жестколи́ственный
жестколи́стный и **жестколи́стый**
жёсткость, -и
жёсткофикси́рованный*
жесткошёрстный и **жесткошёрстый**
же́стовый
жесто́кий; *кр. ф.* -о́к, -о́ка́, -о́ко
жесто́ко, *нареч.*
жестоковы́йный
жестокосе́рдие, -я
жестокосе́рдный; *кр. ф.* -ден, -дна и **жестокосе́рдый;** *кр. ф.* -е́рд, -а
жесто́кость, -и
жесточа́йший
жесто́че, *сравн. ст.* (*от* жесто́кий, жесто́ко)
жёстче, *сравн. ст.* (*от* жёсткий, жёстко)
жесть, -и
жестя́ник, -а
жестя́ницкий
жестя́ничный
жестя́нка, -и, *р. мн.* -нок
жестянoба́ночный
жестяно́й
жестя́ночка, -и, *р. мн.* -чек
жестя́ночный
жестя́нщик, -а
жете́, *нескл., с.*
жето́н, -а
жето́нный
жето́нчик, -а
же́чь(ся), жгу(сь), жжёт(ся), жгу́т(ся); *прош.* жёг(ся), жгла(сь)
жже́ние, -я
жжёнка, -и (*напиток*)
жжённый; *кр. ф.* жжён, жжена́, *прич.*
жжёночка, -и
жжёный, *прил.*
ж-ж-ж (*звукоподражание*)
жжи́к (*звукоподражание*)
жива́ть, *наст. вр. не употр.* (*от* жить)
живе́е, *сравн. ст.*
живе́йник, -а
живе́йный изво́зчик
живе́йший
жи́венький
жи́ве́нько, *нареч.*
живе́те, *нескл., с.* (*название буквы*)
живёте-мо́жете (ка́к живёте-мо́жете?)
живёхонький; *кр. ф.* -нек, -нька
живе́ц, живца́, *тв.* -о́м, *р. мн.* -о́в
живёшенький; *кр. ф.* -нек, -нька
жи́в-живёхонек, жива́-живёхонька
жи́в-здоро́в, жива́-здоро́ва, жи́вы-здоро́вы
живи́ – не тужи́
живи́нка, -и
живи́тельность, -и
живи́тельный; *кр. ф.* -лен, -льна
живи́ть(ся), живлю́(сь), живи́т(ся)
живи́ца, -ы, *тв.* -ей
живи́чный
живмя́ жи́ть
жи́вность, -и
жи́во, *нареч.*
живогло́т, -а
живогло́тство, -а
живодёр, -а
живодёрка, -и, *р. мн.* -рок
живодёрничать, -аю, -ает
живодёрня, -и, *р. мн.* -рен
живодёрство, -а
живодёрствовать, -твую, -твует
живо́й; *кр. ф.* жив, жива́, жи́во; (не до жи́ру,) быть бы жи́ву
жи́вокость, -и
Живонача́льная Тро́ица

живоно́сный; *кр. ф.* -сен, -сна
живописа́ние, -я
живописа́ть, -су́ю, -су́ет
живопи́сец, -сца, *тв.* -сцем, *р. мн.* -сцев
живопи́сно-графи́ческий
живопи́сно-изобрази́тельный
живопи́сность, -и
живопи́сный; *кр. ф.* -сен, -сна
живопису́ющий
жи́вопись, -и
живоре́з, -а
живоро́дка, -и, *р. мн.* -док
живородя́щий
живорожде́ние, -я
живорождённый
живоры́бный
живосече́ние, -я
жи́вость, -и
живо́т, -а́
животворённый; *кр. ф.* -ён, -ена́
животвори́ть(ся), -рю́, -ри́т(ся)
животво́рность, -и
животво́рный; *кр. ф.* -рен, -рна
животворя́щий; но: **Животворя́щий Кре́ст Госпо́день**
живо́тик, -а
животи́на, -ы
животи́нка, -и, *р. мн.* -нок
животи́шко, -а и -и, *мн.* -шки, -шек, *м.*
животново́д, -а
животново́дство, -а
животново́дческий
живо́тное, -ого
живо́тность, -и
живо́тные-вреди́тели, живо́тных-вреди́телей
живо́тный
животрепе́щущий
живу́лька: на живу́льку (*наспех, кое-как*)
живу́честь, -и
живу́чий, *прил.*
живу́чка, -и, *р. мн.* -чек (*растение*)
живу́щий, *прич.*
жи́вчик, -а
живьё, -я́
живьём, *нареч.*
жи́га, -и и **джи́га,** -и
жига́лка, -и, *р. мн.* -лок (*муха*)
жига́н, -а
жигану́ть, -ну́, -нёт
жи́голо, *нескл., м.*
жигулёвский (*от* Жигули́ и Жигулёвск)
жигулёнок, -нка
Жигули́, -е́й (*геогр.*) и **жигули́,** -е́й (*автомобиль*)
жигу́ль, -я́ (*прост. к* жигули́)
жигуне́ц, -нца́, *тв.* -нцо́м, *р. мн.* -нцо́в
жид, -а́
жиде́ль, -и
жиде́нек, -нька
жидёнок, -нка, *мн.* жидя́та, -я́т
жи́денький
жиде́ть, -е́ет
жиди́ть, -и́т
жиди́ться, -и́тся
жи́дкий; *кр. ф.* жи́док, жидка́, жи́дко
жидкова́тость, -и
жидкова́тый
жидководоро́дный
жидковоло́сый
жидкоко́стный
жидкокристалли́ческий
жидкометалли́ческий
жидкомоло́чный
жидконо́гий
жи́дкостно-абрази́вный
жи́дкостно-раке́тный
жи́дкостно-реакти́вный
жи́дкостный
жидкостру́йный
жи́дкость, -и
жидкотеку́честь, -и
жидкото́пливный
жидкофа́зный
жидо́вка, -и, *р. мн.* -вок
жидо́вский
жидо́вствующие, -их
жидо́к, жидка́ (*от* жид)
жидомасо́н, -а
жидомасо́нский
жидомасо́нство, -а
жидомо́р, -а
жи́жа, -и, *тв.* -ей
жи́же, *сравн. ст.*
жижеразбра́сыватель, -я
жижесбо́рник, -а
жи́жица, -ы, *тв.* -ей
жи́здринский (*от* Жи́здра)
жи́здринцы, -ев, *ед.* -нец, -нца, *тв.* -нцем
жизневосприя́тие, -я
Жизнеда́вец, -вца, *тв.* -вцем (*о Боге*)
жизнеде́ятельность, -и
жизнеде́ятельный; *кр. ф.* -лен, -льна
жизнелю́б, -а
жизнелю́бец, -бца, *тв.* -бцем, *р. мн.* -бцев
жизнелюби́вый
жизнелю́бие, -я
жизнелю́бка, -и, *р. мн.* -бок
жи́зненно, *нареч.*
жи́зненно ва́жный
жи́зненно необходи́мый
жи́зненно правди́вый
жи́зненность, -и
жи́зненный; *кр. ф.* -ен, -енна
жизнеобеспе́че́ние, -я
жизнеописа́ние, -я
жизнеощуще́ние, -я
жизнеподо́бие, -я
жизнеподо́бный; *кр. ф.* -бен, -бна
жизнепонима́ние, -я
жизнера́достность, -и
жизнера́достный; *кр. ф.* -тен, -тна
жизнесозида́тельный
жизнеспосо́бность, -и
жизнеспосо́бный; *кр. ф.* -бен, -бна
жизнесто́йкий; *кр. ф.* -о́ек, -о́йка
жизнесто́йкость, -и
жизнестрое́ние, -я
жизнестрои́тель, -я
жизнестрои́тельный
жизнестрои́тельство, -а
жизнетво́рный; *кр. ф.* -рен, -рна
жизнетво́рческий
жизнетво́рчество, -а
жизнеусто́йчивый
жизнеустро́йство, -а
жизнеутвержда́ющий
жизнеутвержде́ние, -я
жизнеучи́тельский
жизнеучи́тельство, -а
жизнь, -и
жиклёр, -а
жи́ла[1], -ы, *ж.* (*кровеносный сосуд, сухожилие; геол.; тех.*)
жи́ла[2], -ы, *м.* и *ж.* (*скупой человек*)
жилатье́, *нескл., м.*
жи́л-бы́л, жила́-была́, жи́ли-бы́ли
жилбытсе́ктор, -а
жиле́т, -а
жиле́тик, -а
жиле́тка, -и, *р. мн.* -ток
жиле́тка-болеро́, жиле́тки-болеро́, *ж.*
жиле́тник, -а
жиле́тница, -ы, *тв.* -ей
жиле́тный
жиле́точка, -и, *р. мн.* -чек
жиле́точный
жиле́ц, жильца́, *тв.* -о́м, *р. мн.* -о́в
жи́листость, -и
жи́листый
жи́лить(ся), жи́лю(сь), жи́лит(ся)
жили́ца, -ы, *тв.* -ей
жили́цын, -а, -о
жили́чка, -и, *р. мн.* -чек
жили́чкин, -а, -о
жи́лища, -и (*от* жи́ла[1])
жили́ще, -а
жили́щно-аре́ндный
жили́щно-бытово́й
жили́щно-гражда́нский
жили́щно-коммуна́льный
жили́щно-кооперати́вный
жили́щно-строи́тельный
жили́щно-эксплуатацио́нный
жили́щный
Жили́щный ко́декс РФ
жи́лка, -и, *р. мн.* жи́лок
жилкова́ние, -я
жилкова́тый
жилкомхо́з, -а
жилконто́ра, -ы
жилкоперати́в, -а
жилмасси́в, -а
жи́ло, -а (*жилье*)
жилова́тость, -и
жилова́тый
жило́й
жилообра́зный; *кр. ф.* -зен, -зна

жилотде́л, -а
жи́лочка, -и, *р. мн.* -чек
жилпло́щадь, -и
жилстрои́тельный
жилстрои́тельство, -а
жилстройинду́стрия, -и
жилтова́рищество, -а
жилуправле́ние, -я
жилфо́нд, -а
жильберти́т, -а
жильё, -я́
жи́льный
жильцо́в, -а, -о
жильцо́вский
жи́лящий(ся)
жим, -а
жиману́ть, -ну́, -нёт
жимово́й
жи́молостный
жи́молость, -и
жи́нка, -и, *р. мн.* жи́нок
жир, -а и -у, *предл. в* жи́ре и в жиру́, *мн.* -ы́, -о́в
жирандо́ль, -и
жира́нт, -а (*тот, кто передает вексель*)
жира́т, -а (*тот, кто получает вексель*)
жира́ф, -а и **жира́фа,** -ы
Жира́ф, -а (*созвездие*)
жирафёнок, -нка, *мн.* -фя́та, -я́т
жира́фий, -ья, -ье
жира́фовый
жире́ть, -е́ю, -е́ет
жири́нка, -и, *р. мн.* -нок
жирино́вец, -вца, *тв.* -вцем, *р. мн.* -вцев (*от* Жирино́вский)
жири́рованный; *кр. ф.* -ан, -ана
жири́ровать(ся), -и́рую, -и́рует(ся) (*фин.*)
жи́рненький
жирнёхонький; *кр. ф.* -нек, -нька
жи́рник, -а
жирнова́тый
жирнозём, -а
жирномоло́чность, -и
жирномоло́чный
жи́рность, -и
жи́рно-углево́дистый
жирнохво́стый
жи́рный; *кр. ф.* жи́рен, жирна́, жи́рно, жи́рны́
жи́ро, *нескл., с.* (*фин.*)
жироба́нк, -а
жиро́бус, -а
жирова́ние, -я
жирова́ть(ся), жиру́ю, жиру́ет(ся)
жирови́к, -а́
жиро́вка, -и, *р. мн.* -вок
жирово́й
жирозамени́тель, -я
жиро́к, жирка́ и жирку́
жироко́мпас, -а (*устар. к* гироко́мпас)
жироло́вка, -и, *р. мн.* -вок
жирома́сса, -ы
жиромучно́й
жиро́нда, -ы (*политическая группировка во Франции, ист.*)
жиронди́ст, -а
жиронди́стский
жиро́ндский (*от* Жиро́нда, *геогр.*)
жирооборо́т, -а
жирообразова́ние, -я
жироотложе́ние, -я
жироперераба́тывающий
жироподо́бный
жиропо́т, -а
жиропри́ка́з, -а
жирораствори́мый
жирорасчёт, -а
жирорасщепля́ющий
жироско́п, -а (*устар. к* гироско́п)
жиротопле́ние, -я
жирото́пный
жироче́к, -а (*фин.*)
жиртре́ст, -а *(прост.)*
жирши́, *нескл., м.*
жиря́к, -а́
жиря́нка, -и, *р. мн.* -нок
жисть, -и (*прост. к* жизнь)
жите́йски
жите́йский
жи́тель, -я
жи́тельница, -ы, *тв.* -ей
жи́тельство, -а
жи́тельствовать, -твую, -твует
житие́, -я́, *тв.* -е́м, *предл.* о житии́, *мн.* -я́, -и́й, -я́м
житии́йный
жи́тник, -а
жи́тница, -ы, *тв.* -ей
жи́тный
житня́к, -а́
жи́то, -а
жито́мирский (*от* Жито́мир)
жито́мирцы, -ев, *ед.* -рец, -рца, *тв.* -рцем
житу́ха, -и
жить, живу́, живёт; *прош.* жил, жила́, жи́ло
житьё, -я́
житьё-бытьё, житья́-бытья́
житьецо́, -а́
жи́тьи лю́ди, жи́тьих людéй (*ист.*)
житьи́шко, -а
жи́ть – не тужи́ть
жи́ть-пожива́ть
жи́ться, живётся
ЖКХ [жекаха́], *нескл., с.* (*сокр.*: жилищно-коммунальное хозяйство)
жлоб, -а́
жлоби́на, -ы, *м.*
жло́бский
жло́бство, -а
жлобьё, -я́
жме́ня, -и, *р. мн.* -ей
жмот, -а
жмо́титься, -ится и **жмоти́ться,** -и́тся
жмо́тничать, -аю, -ает
жмо́тство, -а
жму́дский
жмудь, -и
жму́рик, -а (*жарг.*)
жму́рить(ся), -рю(сь), -рит(ся)
жму́рки, -рок, -ркам
жму́рящий(ся)
жму́щий(ся)
жмыхи́, -о́в, **жмы́хи,** -ов и **жмых,** -а́, -а и -у́, -у
жмы́хо́вый
жмыходроби́лка, -и, *р. мн.* -лок
жмя́кать(ся), -аю(сь), -ает(ся)
жмя́кнуть(ся), -ну(сь), -нет(ся)
жне́йка, -и, *р. мн.* жне́ек
жнец, -а́, *тв.* -о́м, *р. мн.* -о́в
жнея́, -и́, *р. мн.* жней
жни́ва, -ы (*устар. и обл. к* жнивьё и жни́во)
жни́во, -а
жнивьё, -я́
жнитво́, -а́
жни́ца, -ы, *тв.* -ей
жни́цын, -а, -о
жовиа́льность, -и
жовиа́льный; *кр. ф.* -лен, -льна
жожоба́, *нескл., с.* (*масло, крем*)
жок, -а (*танец*)
жоке́й, -я
жоке́йка, -и, *р. мн.* -е́ек
жоке́й-клу́б, -а
жоке́йский
жо́лкнувший
жо́лкнуть, -нет, *прош.* жо́лкнул и жолк, жо́лкла
жолне́р, -а (*солдат-пехотинец в польской армии*)
жолне́рский (*от* жолне́р)
жом, -а
жо́мовый
жонглёр, -а
жонглёрский
жонглёрство, -а
жонглёрша, -и, *тв.* -ей
жонгли́рование, -я
жонгли́ровать, -рую, -рует
жонгля́ж, -а, *тв.* -ем
жонки́ль, -я
жо́па, -ы
жо́пка, -и, *р. мн.* жо́пок
жор, -а
Жорда́н, -а: **крива́я Жорда́на, теоре́ма Жорда́на**
жорда́нова крива́я, жорда́новой криво́й
жордано́н, -а (*бот.*)
жорж-са́ндовский (*от* Жо́рж Са́нд)
жо́стер, -а и **же́стер,** -а
жо́стовский (*от* Жо́стово; жо́стовская ро́спись)
жох, -а (*пройдоха*)
жраньё, -я́
жратва́, -ы́
жрать, жру, жрёт; *прош.* жрал, жрала́, жра́ло

жра́чка, -и, *р. мн.* -чек
ЖРД [жеэрдэ́], *нескл., м.* (*сокр.*: жидкостный ракетный двигатель)
жре́бий, -я
жрец, -а́, *тв.* -о́м, *р. мн.* -о́в
жре́ческий
жре́чество, -а
жри́ца, -ы, *тв.* -ей
ЖСК [жеэска́], *нескл., м.* (*сокр.*: жилищно-строительный кооператив)
жу́желица, -ы, *тв.* -ей
жу́желичный
жужжа́ло, -а, *м.* и *с.*
жужжа́льца, -лец, -льцам, *ед.* -льце, -а
жужжа́ние, -я
жужжа́ть, жужжу́, жужжи́т
жуз, -а
жузгу́н, -а и **джузгу́н,** -а (*кустарник*)
жу́зовый
жуи́р, -а
жуи́ровать, -рую, -рует
жуи́рский
жуи́рство, -а
жук, -а́
жу́к-вертя́чка, жука́-вертя́чки, *м.*
жу́к-геркуле́с, жука́-геркуле́са
жу́к-дровосе́к, жука́-дровосе́ка
жу́к-листое́д, жука́-листое́да
жу́к-наво́зник, жука́-наво́зника
жу́к-нары́вник, жука́-нары́вника
жу́к-носоро́г, жука́-носоро́га
жу́ковский (*от* Жу́ков)
Жуко́вский, -ого: **теоре́ма Жуко́вского**
жу́ков таба́к, жу́кова табака́
жуко́вцы, -ев, *ед.* -вец, -вца, *тв.* -вцем (*от* Жуко́вский, *город*)
жу́ковый (*иссиня-черный*)
жу́к-оле́нь, жука́-оле́ня
жу́к-плавуне́ц, жука́-плавунца́
жу́к-хи́щник, жука́-хи́щника
жула́н, -а
жу́лик, -а
жуликова́тость, -и
жуликова́тый
жу́лить, жу́лю, жу́лишь
жульё, -я́
жу́льничать, -аю, -ает
жу́льнически
жу́льнический
жу́льничество, -а
жуля́бия, -и, *м.* и *ж.*
жу́лящий
жума́р, -а (*в альпинизме*)
жунде́ть, -ди́т
жу́па, -ы (*ист.*)
жупа́н, -а
жупа́нный
жу́пел, -а
жу́пельный
журavéль, -вля́ (*обл. к* жура́вль)
журavéльник, -а
журавлёнок, -нка, *мн.* -ля́та, -ля́т
журавлеобра́зные, -ых
жура́влик, -а
журавли́ный
журавли́ха, -и
жура́вль, -я́
жура́вль-краса́вка, журавля́-краса́вки, *м.*
жура́вушка, -и, *р. мн.* -шек, *м.* и *ж.*
жури́ть(ся), журю́(сь), жури́т(ся)
жу́рка, -и, *р. мн.* жу́рок, *м.* и *ж.*
журна́л, -а
журна́лец, -льца, *тв.* -льцем, *р. мн.* -льцев
журнализа́ция, -и
журнали́зм, -а
журнали́ст, -а
журнали́стика, -и
журнали́стка, -и, *р. мн.* -ток
журнали́ст-междунаро́дник, журнали́ста-междунаро́дника
журнали́стский
журна́лишко, -а и -и, *мн.* -шки, -шек, *м.*
журна́льно-газе́тный
журна́льно-о́рдерный
журна́льный
журна́льчик, -а
журналю́га, -и, *м.* и *ж.*
журфа́к, -а
журфа́ковский
журфи́кс, -а
журча́лка, -и, *р. мн.* -лок
журча́ние, -я
журча́ть, -чи́т
журчли́вый
журьба́, -ы́
жу́ткий; *кр. ф.* жу́ток, жутка́, жу́тко
жу́тко, *нареч.* и *в знач. сказ.*
жуткова́то, *нареч.* и *в знач. сказ.*
жуткова́тый
жу́ткость, -и
жу́тче, *сравн. ст.*
жуть, -и
жу́хать, -аю, -ает
жу́хлость, -и
жу́хлый
жу́хнувший
жу́хнуть, -нет; *прош.* жу́хнул и жух, жу́хла
жу́чащий
жу́ченье, -я
жу́чий, -ья, -ье
жу́чить, жу́чу, жу́чит
Жу́чка, -и (*кличка собаки*) и **жу́чка,** -и, *р. мн.* -чек (*о дворовой собаке*)
жучо́к, жучка́
ЖЭК, -а (*сокр.*: жилищно-эксплуатационная контора)
жэ́ковский (*от* ЖЭК)
жэнь, *нескл., с.* (*основное понятие конфуцианства*)
ЖЭ́У, *нескл., с.* (*сокр.*: жилищно-эксплуатационное управление)
жюль-ве́рновский (*от* Жюль Ве́рн)
жюлье́н, -а (*кулин.*)
жюри́, *нескл., с.*

З

за[1], *предлог*
за[2], *в знач. сущ.* (взве́сить всё за́ и про́тив), *нареч.* (голосова́ть за́), *сказ.* (я́ – за́, а о́н про́тив)
заабони́рованный; *кр. ф.* -ан, -ана
заабони́ровать, -рую, -рует
зааванси́рованный; *кр. ф.* -ан, -ана
зааванси́ровать, -рую, -рует
заагити́рованный; *кр. ф.* -ан, -ана
заагити́ровать, -рую, -рует
заадресо́ванный; *кр. ф.* -ан, -ана
заадресова́ть, -су́ю, -су́ет
заадресо́вывать(ся), -аю, -ает(ся)
заакти́рованный; *кр. ф.* -ан, -ана
заакти́ровать, -рую, -рует
Заала́йский хребе́т (*на Памире*)
заале́ть(ся), -е́ю(сь), -е́ет(ся)
заалта́рный
заалта́рье, -я, *р. мн.* -рий
заамво́нный
заамударьи́нский
заангажи́рованный; *кр. ф.* -ан, -ана
заангажи́ровать(ся), -рую(сь), -рует(ся)
зааплоди́ровать, -рую, -рует
Заара́лье, -я (*к* Ара́льское мо́ре, Ара́л)
заара́льский
заарендо́ванный; *кр. ф.* -ан, -ана
заарендова́ть, -ду́ю, -ду́ет
заарендо́вывать, -аю, -ает
заарестова́ние, -я
зааресто́ванный; *кр. ф.* -ан, -ана
заарестова́ть, -ту́ю, -ту́ет
зааресто́вывать, -аю, -ает
заарка́ненный; *кр. ф.* -ен, -ена
заарка́нивать(ся), -аю, -ает(ся)
заарка́нить(ся), -ню, -нит(ся)
заарта́читься, -чусь, -чится
заархиви́рованный; *кр. ф.* -ан, -ана
заархиви́ровать(ся), -рую, -рует(ся)
заасфальти́рованный; *кр. ф.* -ан, -ана
заасфальти́ровать, -рую, -рует
заатланти́ческий
заатмосфе́рный
заату́кать, -аю, -ает
зааукать, -аю, -ает
заа́хать, -аю, -ает
заба́ва, -ы
заба́вить, -влю, -вит
забавля́ть(ся), -я́ю(сь), -я́ет(ся)
заба́вник, -а
заба́вница, -ы, *тв.* -ей
заба́вно, *нареч.* и *в знач. сказ.*
заба́вность, -и
заба́вный; *кр. ф.* -вен, -вна
заба́гренный; *кр. ф.* -ен, -ена
заба́гривать(ся), -аю, -ает(ся)
заба́грить, -рю, -рит
забагрове́ть, -е́ю, -е́ет

забагряне́ть, -е́ю, -е́ет
забази́рованный; *кр. ф.* -ан, -ана
забази́ровать, -рую, -рует
Забайка́лье, -я (*к* Байка́л)
забайка́льский
Забайка́льский регио́н
забайка́льцы, -ев, *ед.* -лец, -льца, *тв.* -льцем
забалагу́рить, -рю, -рит
забаланси́ровать, -рую, -рует
забала́нсовый
забалдева́ть, -а́ю, -а́ет
забалде́ть, -е́ю, -е́ет
забалка́нский
забалласти́рованный; *кр. ф.* -ан, -ана
забалласти́ровать, -рую, -рует
забаллоти́рование, -я
забаллоти́рованный; *кр. ф.* -ан, -ана
забаллоти́ровать, -рую, -рует
забаллотиро́вывать(ся), -аю(сь), -ает(ся)
забало́ванный; *кр. ф.* -ан, -ана
забалова́ть(ся), -лу́ю(сь), -лу́ет(ся)
забало́вывать(ся), -аю, -ает(ся)
заба́лтывание, -я
заба́лтывать(ся), -аю(сь), -ает(ся)
забальзами́рованный; *кр. ф.* -ан, -ана
забальзами́ровать(ся), -рую, -рует(ся)
забараба́нить, -ню, -нит
забарахли́ть, -лю́, -ли́т
забара́хтаться, -аюсь, -ается
забаррикади́рованный; *кр. ф.* -ан, -ана
забаррикади́ровать(ся), -рую(сь), -рует(ся)
заба́рствовать, -твую, -твует
забаси́ть, -ашу́, -аси́т
забастко́м, -а
забастова́ть, -ту́ю, -ту́ет
забасто́вка, -и, *р. мн.* -вок
забасто́вочный
забасто́вщик, -а
забасто́вщица, -ы, *тв.* -ей
забатра́чить, -чу, -чит
заба́хать, -ает
забаю́канный; *кр. ф.* -ан, -ана
забаю́кать, -аю, -ает
забаю́кивать(ся), -аю, -ает(ся)
забве́ние, -я
забве́нный
забе́г, -а
забега́ловка, -и, *р. мн.* -вок
забега́ние, -я
забе́ганный; *кр. ф.* -ан, -ана
забе́гать(ся), -аю(сь), -ает(ся), *сов.* (*от* бе́гать)
забега́ть, -а́ю, -а́ет, *несов.* (*к* забежа́ть)
забедне́ть, -е́ю, -е́ет
забежа́ть, -егу́, -ежи́т, -егу́т
забелённый; *кр. ф.* -ён, -ена́
забеле́ть(ся), -е́ю, -е́ет(ся)
забе́ливание, -я
забе́ливатель, -я
забе́ливать(ся), -аю, -ает(ся)
забели́ть(ся), -елю́(сь), -е́ли́т(ся)
забе́лка, -и
забеля́ть(ся), -я́ю(сь), -я́ет(ся)
за́берег, -а и **за́берега,** -и
забере́меневшая
забере́менеть, -нею, -неет
забесе́доваться, -дуюсь, -дуется
забеси́ться, -ешу́сь, -е́сится
забеснова́ться, -ну́юсь, -ну́ется
забеспла́тно, *нареч.*
забеспоко́ить(ся), -о́ю(сь), -о́ит(ся)
за бесце́нок
забетони́рованный; *кр. ф.* -ан, -ана
забетони́ровать(ся), -рую, -рует(ся)
забиби́кать, -аю, -ает
забива́ла, -ы, *м.* и *ж.*
забива́ние, -я
забива́ть(ся), -а́ю(сь), -а́ет(ся)
заби́вка, -и
забивно́й
забижа́ть, -а́ю, -а́ет
забинто́ванный; *кр. ф.* -ан, -ана
забинтова́ть(ся), -ту́ю(сь), -ту́ет(ся)
забинто́вывание,-я
забинто́вывать(ся), -аю(сь), -ает(ся)
забира́ние, -я
забира́ть(ся), -а́ю(сь), -а́ет(ся)
заби́тость, -и
заби́тый
заби́ть(ся), забью́(сь), забьёт(ся)
забия́ка, -и, *м.* и *ж.*
забия́чество, -а
забия́чливость, -и
забия́чливый
забла́говестить, -ещу, -естит
заблаговре́менно, *нареч.*
заблаговре́менность, -и
заблаговре́менный; *кр. ф.* -менен и -мен, -менна
заблагоду́шествовать, -твую, -твует
заблагорассу́дить(ся), -у́жу, -у́дит(ся)
заблагоуха́ть, -а́ю, -а́ет
заблажи́ть, -жу́, -жи́т
заблёванный; *кр. ф.* -ан, -ана
заблева́ть, -люю́, -люёт
заблёвывать(ся), -аю, -ает(ся)
заблесте́ть, -ещу́, -ести́т
забле́ять, -е́ю, -е́ет
заблиста́ть, -а́ю, -а́ет и -лещу́, -ле́щет
заблоки́рованный; *кр. ф.* -ан, -ана
заблоки́ровать(ся), -рую, -рует(ся)
заблуди́вший(ся)
заблуди́ть(ся), -ужу́(сь), -у́дит(ся)
заблу́дший
заблудя́щий
заблужда́ться, -а́юсь, -а́ется
заблужде́ние, -я
забода́ть, -а́ю, -а́ет
забожи́ться, -жу́сь, -жи́тся
забо́й, -я
забо́йка, -и
забо́йный
забо́йщик, -а
забо́йщица, -ы, *тв.* -ей
забо́йщицкий
забола́чиваемость, -и
забола́чивание, -я
забола́чивать(ся), -аю, -ает(ся)
заболева́емость, -и
заболева́ние, -я
заболева́ть, -а́ю, -а́ет
заболе́ть[1], -е́ю, -е́ет (*к* боле́ть[1])
заболе́ть[2], -ли́т (*к* боле́ть[2])
заболо́нник, -а
за́боло́нный
за́болонь, -и
заболо́тить(ся), -о́чу, -о́тит(ся)
заболо́тье, -я
заболо́ченность, -и
заболо́ченный; *кр. ф.* -ен, -ена
забо́лтанный; *кр. ф.* -ан, -ана
заболта́ть(ся), -а́ю(сь), -а́ет(ся)
забо́р, -а
забора́нивать(ся), -аю, -ает(ся)
забо́рец, -рца, *тв.* -рцем, *р. мн.* -рцев
забо́рик, -а
забо́ристость, -и
забо́ристый
забо́ришко, -а и -и, *мн.* -шки, -шек, *м.*
забо́рище, -а, *мн.* -а и -и, -ищ, *м.*
забо́рка, -и, *р. мн.* -рок
забормота́ть, -очу́, -о́чет
забо́рный
забороне́нный; *кр. ф.* -ён, -ена́
заборони́ть, -ню́, -ни́т
бороно́ванный; *кр. ф.* -ан, -ана
заборонова́ть, -ну́ю, -ну́ет
забо́ртный
забо́рчик, -а
забо́рщик, -а
забо́та, -ы
забо́тить(ся), -о́чу(сь), -о́тит(ся)
забо́тка, -и, *р. мн.* -ток
забо́тливость, -и
забо́тливый
забо́тник, -а
забо́тница, -ы, *тв.* -ей
забо́тный; *кр. ф.* -тен, -тна
забо́тушка, -и, *р. мн.* -шек
забо́тящий(ся)
забо́яться, -ою́сь, -ои́тся
забра́жничать, -аю, -ает
забрако́ванный; *кр. ф.* -ан, -ана
забракова́ть, -ку́ю, -ку́ет
забрако́вывание, -я
забрако́вывать(ся), -аю, -ает(ся)
забра́ло, -а
забра́льный (*от* забра́ло)
забрани́ть(ся), -ню́(сь), -ни́т(ся)
за́бранный; *кр. ф.* -ан, -ана
забра́сывание, -я
забра́сыватель, -я
забра́сывать(ся), -аю(сь), -ает(ся)
забра́ть(ся), заберу́(сь), заберёт(ся); *прош.* -а́л(ся), -ала́(сь), -а́ло, -а́ло́сь
забреда́ть, -а́ю, -а́ет
забре́дить, -е́жу, -е́дит
забре́дший
забре́зговать, -гую, -гует
забре́зжить(ся), -ит(ся)

забренча́ть, -чу́, -чи́т
забрести́, -еду́, -едёт; *прош.* -ёл, -ела́
забреха́ть, -ешу́, -е́шет
забрива́ть(ся), -а́ю(сь), -а́ет(ся)
забри́тый
забри́ть, -ре́ю, -ре́ет
заброди́ть, -ожу́, -о́дит
забродя́жничать, -аю, -ает
забронзове́ть, -е́ет
заброни́рованный; *кр. ф.* -ан, -ана (*от* заброни́ровать)
забронирова́нный; *кр. ф.* -ан, -ана (*от* забронирова́ть)
заброни́ровать(ся), -рую(сь), -рует(ся) (*закрепить(ся)*)
забронирова́ть(ся), -ру́ю(сь), -ру́ет(ся) (*покрыть(ся) броней*)
забро́с, -а
забро́санный; *кр. ф.* -ан, -ана (*от* заброса́ть)
заброса́ть, -а́ю, -а́ет
забро́сить, -о́шу, -о́сит
забро́ска, -и
забро́шенность, -и
забро́шенный; *кр. ф.* -ен, -ена (*от* забро́сить)
забры́зганный; *кр. ф.* -ан, -ана
забры́згать(ся), -аю(сь), -ает(ся) и -зжу(сь), -зжет(ся)
забры́згивать(ся), -аю(сь), -ает(ся)
забрыка́ть(ся), -а́ю(сь), -а́ет(ся)
забрюзжа́ть, -жу́, -жи́т
забрюха́теть, -ею, -еет
забря́кать, -аю, -ает
забряца́ть, -а́ю, -а́ет
забубённый
забубни́ть, -ню́, -ни́т
за буго́р (*за границу*)
забуго́рный
забуго́рье, -я
за бугро́м (*за границей*)
забу́йствовать, -твую, -твует
забукси́ровать, -рую, -рует
забуксова́ть, -су́ю, -су́ет
забулды́га, -и, *м.* и *ж.*
забулды́жка, -и, *р. мн.* -жек, *м.* и *ж.*
забулды́жный
забултыха́ть(ся), -а́ю(сь), -а́ет(ся)
забу́лькать, -аю, -ает
забунтова́ть, -ту́ю, -ту́ет
забурённый; *кр. ф.* -ён, -ена́
забуре́ть, -е́ю, -е́ет
забу́ривание, -я
забу́ривать(ся), -аю(сь), -ает(ся)
забури́ть(ся), -рю́(сь), -ри́т(ся)
забурли́ть, -и́т
забу́рник, -а
забуро́вить, -влю, -вит
забурто́ванный; *кр. ф.* -ан, -ана
забуртова́ть, -ту́ю, -ту́ет
забурча́ть, -чу́, -чи́т
забути́ть, -учу́, -ути́т
забу́тка, -и
забуто́вка, -и
забу́хать, -аю, -ает, *сов.* (*к* бу́хать)
забуха́ть, -а́ет, *несов.* (*к* забу́хнуть)
забу́хнуть, -нет; *прош.* -у́х, -у́хла
забу́хший
забу́ченный; *кр. ф.* -ен, -ена
забу́чивать(ся), -аю, -ает(ся)
забу́чить, -чу, -чит
забушева́ть, -шу́ю, -шу́ет
забуя́нить, -ню, -нит
забыва́ние, -я
забыва́ть(ся), -а́ю(сь), -а́ет(ся)
забы́вчивость, -и
забы́вчивый
забытови́ть, -влю, -ви́т
забытовлённый; *кр. ф.* -ён, -ена́
забытовля́ть(ся), -я́ю, -я́ет(ся)
забы́тый
забы́ть(ся), забу́ду(сь), забу́дет(ся)
за́быть, -и: **в за́быть пойти́** (*устар.*)
забытьё, -я́, *предл.* в забытьи́
забюллете́нить, -ню, -нит
забюрократизи́рованность, -и
забюрократизи́рованный; *кр. ф.* -ан, -ана
забюрократизи́ровать(ся), -и́рую(сь), -и́рует(ся)
забюрокра́тить(ся), -а́чу(сь), -а́тит(ся)
забюрокра́ченность, -и
забюрокра́ченный; *кр. ф.* -ен, -ена
забюрокра́чивать(ся), -аю(сь), -ает(ся)
зав... – *первая часть сложных слов, пишется слитно*
зав, -а
зава́бить, -блю, -бит
зава́бленный; *кр. ф.* -ен, -ена
зава́жживание, -я
зава́жживать(ся), -аю, -ает(ся)
зава́жничать(ся), -аю(сь), -ает(ся)
зава́л, -а
зава́ленный; *кр. ф.* -ен, -ена (*от* завали́ть)
зава́ливание, -я
зава́ливать(ся), -аю(сь), -ает(ся)
зава́лина, -ы
зава́линка, -и, *р. мн.* -нок
завали́ть(ся), -алю́(сь), -а́лит(ся)
зава́лка, -и
зава́лочный
завалу́ненный; *кр. ф.* -ен, -ена
за́валь, -и
зава́льный
зава́льня, -и, *р. мн.* -лен
завальси́ровать, -рую, -рует
зава́льщик, -а
завалю́ха, -и
завалю́шка, -и, *р. мн.* -шек
зава́лянный; *кр. ф.* -ян, -яна (*от* заваля́ть)
заваля́ть(ся), -я́ю, -я́ет(ся)
заваля́щенький
заваля́щий
зава́ренный; *кр. ф.* -ен, -ена
зава́ривание, -я
зава́ривать(ся), -аю, -ает(ся)
завари́ть(ся), -арю́, -а́рит(ся)
зава́рка, -и, *р. мн.* -рок
зава́рник, -а
заварно́й
зава́рочный
заварýха, -и
заварýшка, -и, *р. мн.* -шек
зава́рщик, -а
зава́рщица, -ы, *тв.* -ей
завба́зой, *нескл.*, *м.* и *ж.*
завга́р, -а
завдове́ть, -е́ю, -е́ет
завева́ть(ся), -а́ю, -а́ет(ся) (*к* ве́ять)
заведе́ние, -я
заведённый; *кр. ф.* -ён, -ена́
заведе́ньице, -а
заве́дование, -я
заве́довать, -дую, -дует
заве́домый
заве́дующая, -ей
заве́дующий, -его
заве́дший(ся)
завезённый; *кр. ф.* -ён, -ена́
завезти́, -зу́, -зёт; *прош.* -ёз, -езла́
завёзший
завелича́ть(ся), -а́ю(сь), -а́ет(ся)
завербова́ние, -я
завербо́ванный; *кр. ф.* -ан, -ана
завербова́ть(ся), -бу́ю(сь), -бу́ет(ся)
завербо́вывание, -я
завербо́вывать(ся), -аю(сь), -ает(ся)
заверезжа́ть, -жу́, -жи́т
завере́ние, -я
заве́ренный; *кр. ф.* -ен, -ена
затвереща́ть, -щу́, -щи́т
завери́тель, -я
завери́тельница, -ы, *тв.* -ей
заве́рить, -рю, -рит
заве́рка, -и, *р. мн.* -рок
завёрнутый
заверну́ть(ся), -ну́(сь), -нёт(ся)
завёрстанный; *кр. ф.* -ан, -ана
заверста́ть(ся), -а́ю, -а́ет(ся)
завёрстка, -и, *р. мн.* -ток
завёрстывание, -я
завёрстывать(ся), -аю, -ает(ся)
заверте́ть(ся), -ерчу́(сь), -е́ртит(ся)
завёртка, -и, *р. мн.* -ток
завёрточница, -ы, *тв.* -ей
завёрточный
завёртчик, -а
завёртчица, -ы, *тв.* -ей
завёртывание, -я
завёртывать(ся), -аю(сь), -ает(ся)
за́верть, -и
заве́рченный; *кр. ф.* -ен, -ена
заверша́ть(ся), -а́ю, -а́ет(ся)
заверша́ющий(ся)
заверше́ние, -я
завершённость, -и
завершённый; *кр. ф.* -ён, -ена́
заверши́нить, -ню, -нит
заверши́тель, -я
заверши́ть(ся), -шу́, -ши́т(ся)
заверя́ть(ся), -я́ю, -я́ет(ся)
за́вес, -а (*устар. к* заве́са)

заве́са, -ы
завесели́ться, -лю́сь, -ли́тся
заве́систый
заве́сить(ся), -е́шу(сь), -е́сит(ся)
заве́сом, *нареч.* (оборо́т заве́сом, *спорт.*)
завести́(сь), -еду́(сь), -едёт(ся); *прош.* -ёл(ся), -ела́(сь)
за́весь, -и
заве́т, -а (*наставление, совет последователям, потомкам*) и **Заве́т,** -а (*библ.*: скрижа́ли Заве́та, ковче́г Заве́та, Ве́тхий Заве́т, Но́вый Заве́т)
Заветлу́жье, -я (*к* Ветлу́га)
заве́тный; *кр. ф.* -тен, -тна
завето́ванный; *кр. ф.* -ан, -ана (*от* ве́то)
заветова́ть, -ту́ю, -ту́ет (*от* ве́то)
заве́тревать(ся), -ает(ся)
заве́тревший(ся)
заве́тренный
заве́треть(ся), -реет(ся)
заве́трие, -я
завечере́ть, -е́ет
завечеря́ть, -я́ю, -я́ет
заве́шанный; *кр. ф.* -ан, -ана (*от* заве́шать)
заве́шать(ся), -аю(сь), -ает(ся)
заве́шенный; *кр. ф.* -ен, -ена (*от* заве́сить)
заве́шивание, -я
заве́шивать(ся), -аю(сь), -ает(ся)
завеща́ние, -я
заве́щанный; *кр. ф.* -ан, -ана
завеща́тель, -я
завеща́тельница, -ы, *тв.* -ей
завеща́тельный
завеща́ть(ся), -а́ю, -а́ет(ся)
заве́янный; *кр. ф.* -ян, -яна
заве́ять, -е́ю, -е́ет
завздыха́ть, -а́ю, -а́ет
завзя́тый
завибри́ровать, -рую, -рует
завива́ние, -я
завива́ть(ся), -а́ю(сь), -а́ет(ся) (*к* вить)
зави́вка, -и, *р. мн.* -и́вок
зави́вочный
зави́деть, -и́жу, -и́дит
зави́дки: зави́дки беру́т
завидне́ться, -е́ется
зави́дно, *в знач. сказ.*
зави́дный; *кр. ф.* -ден, -дна
зави́довать, -дую, -дует
завиду́щий
завизжа́ть, -жу́, -жи́т
завизи́рование, -я
завизи́рованный; *кр. ф.* -ан, -ана
завизи́ровать, -рую, -рует
завиля́ть, -я́ю, -я́ет
завинти́ть(ся), -инчу́, -и́нти́т(ся)
зави́нченный; *кр. ф.* -ен, -ена
зави́нчивание, -я
зави́нчивать(ся), -аю, -ает(ся)
завира́льный; *кр. ф.* -лен, -льна
завира́ться, -а́юсь, -а́ется
завиру́ха, -и
завиру́шка, -и, *р. мн.* -шек
завиру́щий
зави́с, -а (*спорт.*)
зависа́ние, -я
зависа́ть, -а́ю, -а́ет
зави́сеть, -и́шу, -и́сит
зави́симость, -и
зави́симый
зави́снуть, -ну, -нет; *прош.* зави́с, зави́сла
зави́стливость, -и
зави́стливый
зави́стник, -а
зави́стница, -ы, *тв.* -ей
зави́стный; *кр. ф.* -тен, -тна
за́висть, -и
зави́сший
зави́сящий
завито́й, *прил.*
завито́к, -тка́
завито́чек, -чка
завиту́шечка, -и, *р. мн.* -чек
завиту́шка, -и, *р. мн.* -шек
зави́тый; *кр. ф.* за́ви́т, завита́, за́ви́то, *прич.*
зави́ть(ся), завью́(сь), завьёт(ся); *прош.* -и́л(ся), -ила́(сь), -и́ло, -и́ло́сь
завихля́ть(ся), -я́ю(сь), -я́ет(ся)
завихре́ние, -я
зави́хриваться, -аюсь, -ается
зави́хри́ть(ся), -и́хрю(сь), -и́хри́т(ся) (*закружить(ся)*)
завихри́ться, -и́тся (*подняться вихрами*)
завихря́ться, -я́юсь, -я́ется
завка́драми, *нескл., м.* и *ж.*
завканцеля́рией, *нескл., м.* и *ж.*
завка́федрой, *нескл., м.* и *ж.*
завклу́бом, *нескл., м.* и *ж.*
завко́м, -а
завко́мовский
завла́б, -а
завлаборато́рией, *нескл., м.* и *ж.*
завладева́ть, -а́ю, -а́ет
завладе́ние, -я
завладе́ть, -е́ю, -е́ет
завлажне́ть, -е́ет
завлека́лка, -и, *р. мн.* -лок
завлека́ловка, -и, *р. мн.* -вок
завлека́лочка, -и, *р. мн.* -чек
завлека́ние, -я
завлека́тельность, -и
завлека́тельный; *кр. ф.* -лен, -льна
завлека́ть(ся), -а́ю(сь), -а́ет(ся)
завлёкший(ся)
завлече́ние, -я
завлечённый; *кр. ф.* -ён, -ена́
завле́чь(ся), -еку́(сь), -ечёт(ся), -еку́т(ся); *прош.* -ёк(ся), -екла́(сь)
завли́т, -а
завма́г, -а
завма́говский
заво́д, -а; но (*в названиях населенных пунктов*) **Заво́д,** -а, *напр.*: Алекса́ндровский Заво́д, Петро́вский Заво́д, Полотня́ный Заво́д
заво́д-автома́т, заво́да-автома́та
заво́д-вту́з, заво́да-вту́за
заво́д-гига́нт, заво́да-гига́нта
заво́дец, -дца, *тв.* -дцем, *р. мн.* -дцев
заво́д-изготови́тель, заво́да-изготови́теля
заво́дик, -а
заводи́ла, -ы, *м.* и *ж.*
заводи́ловка, -и, *р. мн.* -вок
заводи́ть(ся), -ожу́(сь), -о́дит(ся)
заво́дишко, -а и -и, *мн.* -шки, -шек, *м.*
заво́дище, -а, *мн.* -а и -и, -ищ, *м.*
заво́дка, -и
заводне́ние, -я
заводнённый; *кр. ф.* -ён, -ена́
заводни́ть(ся), -ню́, -ни́т(ся)
заводно́й
заводня́ть(ся), -я́ю, -я́ет(ся)
заводовладе́лец, -льца, *тв.* -льцем, *р. мн.* -льцев
заводоуправле́ние, -я
заво́д-поставщи́к, заво́да-поставщика́
заводско́й и **заво́дский**
заводча́нин, -а, *мн.* -а́не, -а́н
заво́дчик, -а
заво́дчица, -ы, *тв.* -ей
за́водь, -и
завоева́ние, -я
завоёванный; *кр. ф.* -ан, -ана
завоева́тель, -я, но: Вильге́льм Завоева́тель
завоева́тельница, -ы, *тв.* -ей
завоева́тельный
завоева́ть(ся), завою́ю(сь), завою́ет(ся)
завоёвывание, -я
завоёвывать(ся), -аю(сь), -ает(ся)
заво́женный; *кр. ф.* -ен, -ена (*от* заводи́ть и завози́ть)
заво́жжанный; *кр. ф.* -ан, -ана (*от* завожжа́ть)
завожжа́ть, -а́ю, -а́ет
заво́з, -а
завози́ть(ся), -ожу́(сь), -о́зит(ся)
заво́зка, -и
завозмуща́ться, -а́юсь, -а́ется
заво́зный
заво́зня, -и, *р. мн.* -зен
заво́зчик, -а
завола́кивать(ся), -аю, -ает(ся)
заволжа́не, -а́н, *ед.* -а́нин, -а
заво́лжский
Заво́лжье, -я (*к* Во́лга)
заволнова́ть(ся), -ну́ю(сь), -ну́ет(ся)
за́волока, -и
заволоки́тить(ся), -и́чу, -и́тит(ся)
заволоки́ченный; *кр. ф.* -ен, -ена
заволоки́чивать(ся), -аю, -ает(ся)
заволокну́ть, -нёт
заволо́кший(ся)
заволочённый; *кр. ф.* -ён, -ена́
заволо́чь(ся), -локу́, -лочёт(ся), -локу́т(ся); *прош.* -ло́к(ся), -локла́(сь)

за́воло́чье, -я, *р. мн.* -чий (*местность за волоком, волоками*) и **За́воло́чье**, -я (*ист. территория на севере Европейской России*)
завоня́ть, -я́ю, -я́ет
завообража́ть, -а́ю, -а́ет
завопи́ть, -плю́, -пи́т
завора́живание, -я
завора́живать(ся), -аю(сь), -ает(ся)
завора́живающе, *нареч.*
завора́живающий(ся)
завора́чивание, -я
завора́чивать(ся), -аю(сь), -ает(ся)
заворкова́ть, -ку́ю, -ку́ет
заворожённо, *нареч.*
заворожённость, -и
заворожённый; *кр. ф.* -ён, -ена́
заворожи́ть(ся), -жу́(сь), -жи́т(ся)
за́ворот, -а (*загиб*: за́ворот кишо́к)
За́ворот, -а: **Ру́сский За́ворот** (*мыс у Баренцева моря*)
заворо́т, -а (*поворот*)
завороти́ть(ся), -очу́(сь), -о́ти́т(ся)
заворо́ха, -и
заворо́чать(ся), -аю(сь), -ает(ся)
заворо́ченный; *кр. ф.* -ен, -ена (*от* завороти́ть)
заворошить(ся), -шу́(сь), -ши́т(ся)
заворо́шка, -и, *р. мн.* -шек
заворча́ть, -чу́, -чи́т
завосклица́ть, -а́ю, -а́ет
завотделе́нием, *нескл., м.* и *ж.*
завотде́лом, *нескл., м.* и *ж.*
завпроизво́дством, *нескл., м.* и *ж.*
завра́ться, -ру́сь, -рётся; *прош.* -а́лся, -ала́сь, -а́ло́сь
завреда́кцией, *нескл., м.* и *ж.*
за́все, *нареч.*
завсегда́
завсегда́тай, -я
завсегда́шний
завсе́ктором, *нескл., м.* и *ж.*
за всё про всё
завскла́дом, *нескл., м.* и *ж.*
завсхли́пывать, -аю, -ает
завто́рить, -рю, -рит
за́втра, *нареч.* и *нескл., с.*; к за́втраму (*прост.*)
за́втрак, -а
за́втракать, -аю, -ает
за́втра-послеза́втра
за́втрашний
завтру́ппой, *нескл., м.* и *ж.*
завуали́рованно, *нареч.*
завуали́рованный; *кр. ф.* -ан, -ана
завуали́ровать, -рую, -рует
за́вуч, -а, *тв.* -ем
завфе́рмой, *нескл., м.* и *ж.*
завхо́з, -а
завхо́зовский
завши́вевший
завши́веть, -ею, -еет
завши́вленный; *кр. ф.* -ен, -ена
завыва́ние, -я
завыва́ть, -а́ю, -а́ет
завы́сить, -ы́шу, -ы́сит
завы́ть, зав́ою, заво́ет
за вы́четом (*чего*)
завыша́ть(ся), -а́ю, -а́ет(ся)
завыше́ние, -я
завы́шенность, -и
завы́шенный; *кр. ф.* -ен, -ена
завью́жить, -ит
завью́ченный; *кр. ф.* -ен, -ена
завью́чивать(ся), -аю, -ает(ся)
завью́чить, -чу, -чит
завяда́ние, -я
завяда́ть, -а́ет
завя́дший
завя́занный; *кр. ф.* -ан, -ана
завяза́ть, -а́ю, -а́ет, *несов.* (*к* завя́знуть)
завяза́ть(ся), -яжу́, -я́жет(ся), *сов.* (*от* вяза́ть)
завязи́ть, -и́т
завя́зка, -и, *р. мн.* -зок
завя́знувший
завя́знуть, -ну, -нет; *прош.* -я́з, -я́зла
завя́зочка, -и, *р. мн.* -чек
завя́зший
завя́зывание, -я
завя́зывать(ся), -аю, -ает(ся)
за́вязь, -и
завя́ленный; *кр. ф.* -ен, -ена
завя́ливание, -я
завя́ливать(ся), -аю, -ает(ся)
завя́лить(ся), -лю, -лит(ся)
завя́лочный
завя́лый
завя́нувший
завя́нуть, -ну, -нет; *прош.* -я́л, -я́ла
зага́вкать, -аю, -ает
зага́данный; *кр. ф.* -ан, -ана
загада́ть, -а́ю, -а́ет
зага́дить(ся), -а́жу(сь), -а́дит(ся)
зага́дка, -и, *р. мн.* -док
зага́дочка, -и, *р. мн.* -чек
зага́дочность, -и
зага́дочный; *кр. ф.* -чен, -чна
зага́дчик, -а
зага́дчица, -ы, *тв.* -ей
зага́дывание, -я
зага́дывать(ся), -аю, -ает(ся)
зага́ерничать, -аю, -ает
зага́женный; *кр. ф.* -ен, -ена
зага́живание, -я
зага́живать(ся), -аю(сь), -ает(ся)
загазо́ванность, -и
загазо́ванный; *кр. ф.* -ан, -ана
зага́йкать, -аю, -ает
загалде́ть, -ди́т
загану́ть, -ну́, -нёт (*устар.* и *обл. к* загада́ть)
зага́р, -а
загарпу́ненный; *кр. ф.* -ен, -ена
загарпу́нивание, -я
загарпу́нивать(ся), -аю, -ает(ся)
загарпу́нить(ся), -ню, -нит(ся)
загаса́ть, -а́ет (*к* га́снуть)
загаси́ть(ся), -ашу́, -а́сит(ся)
зага́снуть, -нет; *прош.* зага́с, зага́сла
зага́сший
загати́ть, -ачу́, -ати́т
зага́ченный; *кр. ф.* -ен, -ена
зага́чивание, -я
зага́чивать(ся), -аю, -ает(ся)
загаша́ть(ся), -а́ю, -а́ет(ся) (*к* гаси́ть)
зага́шенный; *кр. ф.* -ен, -ена
зага́шник, -а
зага́щиваться, -аюсь, -ается
загва́зданный; *кр. ф.* -ан, -ана
загва́здать(ся), -аю(сь), -ает(ся)
загва́здывать(ся), -аю(сь), -ает(ся)
загвозди́ть, -зжу́, -зди́т
загво́здка, -и, *р. мн.* -док
загво́здочка, -и, *р. мн.* -чек
загерметизи́рованный; *кр. ф.* -ан, -ана
загерметизи́ровать(ся), -рую, -рует(ся)
заги́б, -а
загиба́ние, -я
загиба́ть(ся), -а́ю(сь), -а́ет(ся)
заги́бка, -и
загибо́н, -а
заги́бочный
заги́бщик, -а
заги́кать, -аю, -ает
загипнотизи́рованный; *кр. ф.* -ан, -ана
загипнотизи́ровать(ся), -рую(сь), -рует(ся)
загипсо́ванный; *кр. ф.* -ан, -ана
загипсова́ть(ся), -су́ю, -су́ет(ся)
загла́вие, -я
загла́вный
загла́дить(ся), -а́жу, -а́дит(ся)
загла́дка, -и, *р. мн.* -док
загла́женный; *кр. ф.* -ен, -ена
загла́живание, -я
загла́живать(ся), -аю, -ает(ся)
за глаза́
заглазе́ться, -е́юсь, -е́ется
загла́зный
загла́тывание, -я
загла́тывать(ся), -аю, -ает(ся)
заглода́ть, -ожу́, -о́жет
загло́т, -а
загло́танный; *кр. ф.* -ан, -ана
заглота́ть, -а́ю, -а́ет
заглоти́ть, -очу́, -о́тит
заглотну́ть, -ну́, -нёт
загло́хлый
загло́хнуть, -ну, -нет; *прош.* -о́х, -о́хла
загло́хший
заглуби́ть, -блю́, -би́т
заглубле́ние, -я
заглублённость, -и
заглублённый; *кр. ф.* -ён, -ена́
заглубля́ть(ся), -я́ю, -я́ет(ся)
заглуша́ть(ся), -а́ю, -а́ет(ся)
заглуше́ние, -я
заглушённый; *кр. ф.* -ён, -ена́
заглуши́ть(ся), -шу́, -ши́т(ся)
заглу́шка, -и, *р. мн.* -шек

загл́ушье, -я, *р. мн.* -ший
загл́яд, -а
загляд́енье, -я
загляд́еться, -яжу́сь, -яди́тся
загл́ядывание, -я
загл́ядывать(ся), -аю(сь), -ает(ся)
заглян́уть, -яну́, -я́нет
заглянцев́еть, -е́ет
загн́аивание, -я
загн́аивать(ся), -аю, -ает(ся)
з́агнанность, -и
з́агнанный; *кр. ф.* -ан, -ана
загн́ать(ся), загоню́(сь), заго́нит(ся); *прош.* -а́л(ся), -ала́(сь), -а́ло(сь)
загн́еваться, -аюсь, -ается
загнезд́иться, -и́тся
загн́ета, -ы
загн́етка, -и, *р. мн.* -ток
загнив́ание, -я
загнив́ать, -а́ю, -а́ет
загн́ить, загнию́, загниёт; *прош.* -и́л, -ила́, -и́ло
загно́ение, -я
загноённый; *кр. ф.* -ён, -ена́
загно́ить(ся), -ою́, -ои́т(ся)
загнус́авить, -влю, -вит
загнус́ить, -ушу́, -уси́т
з́агнутый
загн́уть(ся), -ну́(сь), -нёт(ся)
загов́аривание, -я
загов́аривать(ся), -аю(сь), -ает(ся)
з́аговены, -ен
з́аговенье, -я
загов́еться, -е́юсь, -е́ется
заговл́яться, -я́юсь, -я́ется
з́аговор, -а
заговорённый; *кр. ф.* -ён, -ена́
заговор́ить(ся), -рю́(сь), -ри́т(ся)
загов́орный
загов́орщик, -а
загов́орщица, -ы, *тв.* -ей
загов́орщицкий
загов́орщический
загогот́ать, загогочу́, загого́чет
загоѓулина, -ы
загоѓулинка, -и, *р. мн.* -нок
загоѓуля, -и, *р. мн.* -у́ль и -у́лей
з́агодя
заголённый; *кр. ф.* -ён, -ена́
загол́ить(ся), -лю́(сь), -ли́т(ся)
загол́овник, -а
загол́овок, -вка
загол́овочек, -чка
загол́овочный
заголод́ать(ся), -а́ю(сь), -а́ет(ся)
заголос́ить, -ошу́, -оси́т
заголуб́еть(ся), -е́ет(ся)
загол́ять(ся), -я́ю(сь), -я́ет(ся)
загомоз́иться, -ожу́сь, -ози́тся
загомон́ить, -ню́, -ни́т
заѓон, -а
заѓонка, -и, *р. мн.* -нок
заѓонный
загонош́иться, -ошу́сь, -оши́тся
заѓончик, -а
заѓонщик, -а
загон́ять(ся), -я́ю(сь), -я́ет(ся)
загор́аживание, -я
загор́аживать(ся), -аю(сь), -ает(ся)
загор́ание, -я
загор́ать(ся), -а́ю(сь), -а́ет(ся)
заѓорбок, -бка
загорд́иться, -ржу́сь, -рди́тся
загорев́ать, -рю́ю, -рю́ет
загор́елый
загор́еть(ся), -рю́(сь), -ри́т(ся)
загориз́онтный
загорл́анить, -ню, -нит
заѓорный
з́а город (вы́ехать за́ город)
з́агород, -а (ле́том предпочита́ю за́город)
загор́ода, -ы (*изгородь*)
загород́ить(ся), -ожу́(сь), -о́ди́т(ся)
загор́одка, -и, *р. мн.* -док
з́агородный
з́а городом (жи́ть за́ городом)
з́агородь, -и
загор́оженный; *кр. ф.* -ен, -ена
заѓорье, -я, *р. мн.* -рий (*местность за горой, горами*) и **Заѓорье,** -я (*местность в Москве; поселок, село*)
загор́юниться, -нюсь, -нится
загоряч́ить(ся), -чу́(сь), -чи́т(ся)
загост́иться, -ощу́сь, -ости́тся
загот́авливание, -я
загот́авливать(ся), -аю, -ает(ся)
заготкон́тора, -ы
заготов́итель, -я
заготов́ительница, -ы, *тв.* -ей
заготов́ительно-заку́почный
заготов́ительный
загот́овить, -влю, -вит
загот́овка, -и, *р. мн.* -вок
заготовл́ение, -я
загот́овленный; *кр. ф.* -ен, -ена
заготовл́ять(ся), -я́ю, -я́ет(ся)
загот́овочный
загот́овщик, -а
загот́овщица, -ы, *тв.* -ей
заготп́ункт, -а
заготсырьё, -я́
заготцен́а, -ы́, *мн.* -це́ны, -це́н
заграб́астанный; *кр. ф.* -ан, -ана
заграб́астать, -аю, -ает
заграб́астывание, -я
заграб́астывать(ся), -аю, -ает(ся)
загр́абить, -блю, -бит
загр́абленный; *кр. ф.* -ен, -ена
заград́итель, -я
заград́ительный
заград́ить, -ажу́, -ади́т
заградоѓонь, -огня́
заградотр́яд, -а
заграждать(ся), -а́ю, -а́ет(ся)
загражд́ение, -я
заграждённый; *кр. ф.* -ён, -ена́
загран́ица, -ы, *тв.* -ей (торго́вля с грани́цей, люби́ть заграни́цу)
за гран́ицей (жи́ть за грани́цей)
за гран́ицу (е́хать за грани́цу)
загран́ичность, -и
загран́ичный
загр́анка, -и, *р. мн.* -нок
загранкомандир́овка, -и, *р. мн.* -вок
загранкомандир́овочный
загранп́аспорт, -а, *мн.* -а́, -о́в
загранпл́авание, -я
загранпо́ездка, -и, *р. мн.* -док
загранпост́авки, -вок
загранпредстав́ительство, -а
загранраб́ота, -ы
загранр́ейс, -а
загрантур́изм, -а
загранучрежд́ения, -ий, *ед.* -ние, -я
загрёб, -а
загреб́ание, -я
загреб́ать(ся), -а́ю(сь), -а́ет(ся)
загребённый; *кр. ф.* -ён, -ена́
загрёбистый
загребн́ой
загрёбом, *нареч.*
з́агребский (*от* За́греб)
загреб́ущий: ру́ки загребу́щие
з́агребцы, -ев, *ед.* -бец, -бца, *тв.* -бцем
загрёбший
загр́езить, -е́жу, -е́зит
загрем́еть, -млю́, -ми́т
загрест́и(сь), -ребу́(сь), -ребёт(ся); *прош.* -рёб(ся), -ребла́(сь)
загр́ивок, -вка
загр́ивочек, -чка
загрим́асничать, -аю, -ает
загримир́ованный; *кр. ф.* -ан, -ана
загримиров́ать(ся), -ру́ю(сь), -ру́ет(ся)
загримир́овывание, -я
загримир́овывать(ся), -аю(сь), -ает(ся)
загриппов́ать, -ппу́ю, -ппу́ет
загр́обить(ся), -блю, -бит(ся)
загр́обленный; *кр. ф.* -ен, -ена
загр́обный
загроможд́ать(ся), -а́ю, -а́ет(ся)
загроможд́ение, -я
загромождённый; *кр. ф.* -ён, -ена́
загромозд́ить, -зжу́, -зди́т
загромых́ать, -а́ю, -а́ет
загр́охать, -аю, -ает
загрохот́ать, -хочу́, -хо́чет
загруб́елость, -и
загруб́елый
загруб́еть, -е́ю, -е́ет
загруд́ина, -ы
загруд́инный
за грудќи (взя́ть, схвати́ть)
загруж́ать(ся), -а́ю(сь), -а́ет(ся)
загр́уженность, -и и **загружённость,** -и
загр́уженный; *кр. ф.* -ен, -ена и **загружённый;** *кр. ф.* -ён, -ена́
загруз́ить(ся), -ужу́(сь), -у́зи́т(ся)
загр́узка, -и, *р. мн.* -зок
загр́узнувший

загру́знуть, -ну, -нет; *прош.* -у́знул и -у́з, -у́зла
загру́зочный
загру́зчик, -а
загру́зчица, -ы, *тв.* -ей
загру́зший
загрунто́ванный; *кр. ф.* -ан, -ана
загрунтова́ть(ся), -ту́ю, -ту́ет(ся)
загрунто́вывание, -я
загрунто́вывать(ся), -аю, -ает(ся)
загрусти́ть(ся), -ущу́, -усти́т(ся)
загрыза́ние, -я
загрыза́ть(ся), -а́ю, -а́ет(ся)
загры́зенный; *кр. ф.* -ен, -ена
загры́зть(ся), -зу́, -зёт(ся); *прош.* -ы́з(ся), -ы́зла(сь)
загры́зший(ся)
загрязне́ние, -я
загрязнённость, -и
загрязнённый; *кр. ф.* -ён, -ена́
загрязни́тель, -я
загрязни́ть(ся), -ню́(сь), -ни́т(ся)
загря́знуть, -ну, -нет; *прош.* -я́з, -я́зла
загрязня́ть(ся), -я́ю(сь), -я́ет(ся)
загря́зший
загс, -а и **ЗАГС,** -а и *неизм.* (отде́л ЗА́ГС) (*сокр.*: запись актов гражданского состояния)
за́гсовский (*от* загс, ЗАГС)
загуби́ть(ся), -ублю́, -у́бит(ся)
загу́бленный; *кр. ф.* -ен, -ена
загу́бник, -а
загуде́ть, -ужу́, -уди́т
загудрони́рованный; *кр. ф.* -ан, -ана
загудрони́ровать, -рую, -рует
загу́кать, -аю, -ает
загу́л, -а
загу́ливать(ся), -аю(сь), -ает(ся)
загу́льный
загуля́ть(ся), -я́ю(сь), -я́ет(ся)
загуме́нники, -ов
загумённый
загу́менье, -я, *р. мн.* -ний
загустева́ть, -а́ет
загусте́лый
загусте́ние, -я
загусте́ть, -е́ет
загусти́тель, -я
загусти́ть(ся), -ущу́, -усти́т(ся)
загута́рить(ся), -рю(сь), -рит(ся) и **загуто́рить(ся),** -рю(сь), -рит(ся)
загуща́ть(ся), -а́ю, -а́ет(ся)
загуще́ние, -я
загущённый; *кр. ф.* -ён, -ена́
зад, -а, *предл.* в (на) заду́, *мн.* -ы́, -о́в
зада́бривание, -я
зада́бривать(ся), -аю(сь), -ает(ся)
задава́ка, -и, *м.* и *ж.*
задава́ла, -ы, *м.* и *ж.*
задава́льщик, -а
задава́ние, -я
задава́ть(ся), задаю́(сь), задаёт(ся)
задави́ть(ся), -авлю́(сь), -а́вит(ся)
зада́вленность, -и
зада́вленный; *кр. ф.* -ен, -ена
зада́вливать(ся), -аю(сь), -ает(ся)
за да́вностью
зада́вший(ся)
зада́лбливание, -я
зада́лбливать(ся), -аю, -ает(ся)
зада́ние, -я
зада́ние-те́ст, зада́ния-те́ста, *с.*
за́данность, -и
за́данный; *кр. ф.* -ан, за́дана́, -ано
зада́ренный; *кр. ф.* -ен, -ена
зада́ривание, -я
зада́ривать(ся), -аю(сь), -ает(ся)
задари́ть, -арю́, -а́рит
задарма́, *нареч.*
зада́ром, *нареч.*
зада́стый
зада́тки, -ов (*зачатки способностей*)
зада́ток, -тка (*деньги*)
зада́точек, -чка
зада́точный
зада́ть(ся), -а́м(ся), -а́шь(ся), -а́ст(ся), -ади́м(ся), -ади́те(сь), -аду́т(ся); *прош.* за́да́л, -а́лся́, -ала́(сь), за́да́ло, -а́ло́сь
зада́ча, -и, *тв.* -ей
зада́ча-головоло́мка, зада́чи-головоло́мки
зада́ча-ма́ксимум, зада́чи-ма́ксимум
зада́ча-ми́нимум, зада́чи-ми́нимум
зада́чка, -и, *р. мн.* -чек
зада́чник, -а
зада́чный
задаю́щий(ся)
задвига́ние, -я
задви́гать(ся), -аю(сь), -ает(ся) и -и́жется, *сов.* (*начать двигать(ся)*)
задвига́ть(ся), -а́ю, -а́ет(ся), *несов.* (*к* задви́нуть)
задви́жка, -и, *р. мн.* -жек
задвижно́й
задви́нутый
задви́нуть(ся), -ну, -нет(ся)
задвои́ть(ся), -и́т(ся)
за двои́х
задво́рки, -рок (*место за дворами*; на задво́рках)
задво́рный
задво́рок, -рка (*задняя часть двора, задний двор*)
задво́рье, -я, *р. мн.* -рий
задева́ние, -я
задева́ть(ся), -а́ю(сь), -а́ет(ся)
заде́йствование, -я
заде́йствованный; *кр. ф.* -ан, -ана
заде́йствовать(ся), -твую(сь), -твует(ся)
задеклами́ровать, -рую, -рует
задеклари́рованный; *кр. ф.* -ан, -ана
задеклари́ровать, -и́рую, -и́рует
задекори́рованный; *кр. ф.* -ан, -ана
задекори́ровать(ся), -и́рую, -и́рует(ся)
заде́л, -а
заде́ланный; *кр. ф.* -ан, -ана
заде́лать(ся), -аю(сь), -ает(ся)
заде́лка, -и, *р. мн.* -лок
заде́лывание, -я
заде́лывать(ся), -аю(сь), -ает(ся)
заде́лье, -я, *р. мн.* -лий
заде́льный
за́ день
задёрганность, -и
задёрганный; *кр. ф.* -ан, -ана
задёргать(ся), -аю(сь), -ает(ся)
задёргивание, -я
задёргивать(ся), -аю(сь), -ает(ся)
задеревене́лый
задеревене́ть, -е́ю, -е́ет
задержа́ние, -я
заде́ржанный; *кр. ф.* -ан, -ана
задержа́ть(ся), -ержу́(сь), -е́ржит(ся)
заде́рживание, -я
заде́рживать(ся), -аю(сь), -ает(ся)
заде́ржка, -и, *р. мн.* -жек
заде́ржник, -а
задерне́лость, -и
задерне́лый
задерне́ние, -я
задернённый; *кр. ф.* -ён, -ена́
задерне́ть(ся), -е́ет(ся)
задерно́ванный; *кр. ф.* -ан, -ана
задернова́ть(ся), -ну́ю, -ну́ет(ся)
задернове́ть, -е́ет
задерно́вывание, -я
задерно́вывать(ся), -аю, -ает(ся)
задёрнутый
задёрнуть(ся), -ну(сь), -нет(ся)
за десятеры́х
заде́тый
заде́ть, -е́ну, -е́нет
за́дешево и **задёшево,** *нареч.*
за́дик, -а
зади́ра, -ы, *м.* и *ж.*
задира́ла, -ы, *м.* и *ж.* (*задира*)
задира́ние, -я
задира́тельный
задира́ть(ся), -а́ю(сь), -а́ет(ся)
зади́ристость, -и
зади́ристый
зади́рчивость, -и
зади́рчивый
зади́рщик, -а
зади́рщица, -ы, *тв.* -ей
задича́лый
задича́ть, -а́ю, -а́ет
задичи́ться, -чу́сь, -чи́тся
заднево́гнутый
заднегру́дь, -и́ и -и, *предл.* в (на) заднегруди́
заднежа́берные, -ых
задненёбный
заднеприводно́й и (*в проф. речи*) **заднепри́водный**
заднепро́вский
Заднепро́вье, -я (*к* Днепр)
заднепрохо́дный
заднескаме́ечник, -а
заднеязы́чный
за́дний
за́дник, -а

за́дница, -ы, *тв.* -ей
задо́бренный; *кр. ф.* -ен, -ена
задо́брить, -рю, -рит
задожди́ть, -и́т
задо́к, задка́
задокументи́рованный; *кр. ф.* -ан, -ана
задокументи́ровать, -рую, -рует
задолба́ть, -а́ю, -а́ет
задолби́ть, -блю́, -би́т
задо́лбленный; *кр. ф.* -ен, -ена
за́до́лго, *нареч.*
задолжа́ть(ся), -а́ю(сь), -а́ет(ся)
задо́лженность, -и
задо́лжник, -а
задо́лжница, -ы, *тв.* -ей
за́дом, *нареч.*
за́дом напере́д
задо́нский (*от* Дон и Задо́нск); но: **Ти́хон Задо́нский**
задо́нцы, -ев, *ед.* -нец, -нца, *тв.* -нцем
Задо́нщина, -ы (*к* Дон)
Задо́нье, -я (*к* Дон)
задо́р, -а и -у
задо́рец, -рца и -рцу, *тв.* -рцем
задо́рина, -ы
задо́ринка, -и, *р. мн.* -нок
задо́ристость, -и
задо́ристый
задо́рить(ся), -рю(сь), -рит(ся)
задо́рливость, -и
задо́рливый
задо́рность, -и
задо́рный; *кр. ф.* -рен, -рна
за́до́рого, *нареч.*
задорожи́ться, -жу́сь, -жи́тся
задо́рящий(ся)
задосто́йник, -а (*церк.*)
задо́хлик, -а (*жарг.*)
задо́хлый
задохну́вшийся
задо́хнуться, -нется; *прош.* -о́хся, -о́хлась (*стать затхлым*)
задохну́ться, -ну́сь, -нётся; *прош.* -ну́лся, -ну́лась (*к* задыха́ться)
задо́хшийся
задра́енный; *кр. ф.* -ен, -ена
задразнённый; *кр. ф.* -ён, -ена́
задра́знивать, -аю, -ает
задразни́ть, -азню́, -а́знит
задра́ивание, -я
задра́ивать(ся), -аю(сь), -ает(ся)
задра́ить(ся), -а́ю(сь), -а́ит(ся)
задра́йка, -и, *р. мн.* -а́ек
за́дранный; *кр. ф.* -ан, -ана
задрапиро́ванный; *кр. ф.* -ан, -ана
задрапирова́ть(ся), -ру́ю(сь), -ру́ет(ся)
задрапиро́вывание, -я
задрапиро́вывать(ся), -аю(сь), -ает(ся)
задра́ть(ся), задеру́(сь), задерёт(ся); *прош.* -а́л(ся), -ала́(сь), -а́ло, -а́ло́сь
задрафто́ванный; *кр. ф.* -ан, -ана
задрафтова́ть(ся), -ту́ю(сь), -ту́ет(ся)
задребезжа́ть, -жи́т
задрейфова́ть, -фу́ю, -фу́ет
задрема́ть(ся), -емлю́, -е́млет(ся)
задрёмывание, -я
задрёмывать, -аю, -ает
задрена́жить, -жу, -жит
задри́панный; *кр. ф.* -ан, -ана
задро́гнуть, -ну, -нет, *прош.* -о́г, -о́гла
задро́гший
задрожа́ть, -жу́, -жи́т
за́друга, -и
задружи́ть, -ужу́, -у́жит
задры́гать, -аю, -ает
задры́згать(ся), -аю(сь), -ает(ся)
задры́згивать(ся), -аю(сь), -ает(ся)
задры́хнуть, -ну, -нет; *прош.* -ы́х, -ы́хла
задры́хший
задря́бнуть, -ну, -нет; *прош.* -я́б, -я́бла
задря́бший
задряхле́ть, -е́ю, -е́ет
задуба́сить, -а́шу, -а́сит
задубе́лый
задубене́ть, -е́ю, -е́ет
задубе́ние, -я
задубе́ть, -е́ю, -е́ет
задубли́рованный; *кр. ф.* -ан, -ана
задубли́ровать(ся), -рую, -рует(ся)
задува́ние, -я
задува́ть(ся), -а́ю, -а́ет(ся)
заду́вка, -и
задуде́ть, -ди́т
заду́манный; *кр. ф.* -ан, -ана
заду́мать(ся), -аю(сь), -ает(ся)
заду́мка, -и, *р. мн.* -мок
заду́мчивость, -и
заду́мчивый
заду́мывание, -я
заду́мывать(ся), -аю(сь), -ает(ся)
задуна́йский
задура́читься, -чусь, -чится
задурённый; *кр. ф.* -ён, -ена́
заду́ривание, -я
заду́ривать(ся), -аю(сь), -ает(ся)
задури́ть, -рю́, -ри́т
задурма́ненный; *кр. ф.* -нен, -нена
задурма́нивание, -я
задурма́нивать(ся), -аю(сь), -ает(ся)
задурма́нить(ся), -ню(сь), -нит(ся)
задуря́ть(ся), -я́ю(сь), -я́ет(ся)
заду́тый
заду́ть(ся), заду́ю, заду́ет(ся)
задуше́вность, -и
задуше́вный; *кр. ф.* -вен, -вна
задуше́ние, -я
заду́шенный; *кр. ф.* -ен, -ена
задуши́ть(ся), -ушу́(сь), -у́шит(ся)
за душо́й (ничего́ не́т)
зады́, -о́в
задыми́ть(ся), -млю́, -и́т(ся)
задымле́ние, -я
задымлённость, -и
задымлённый; *кр. ф.* -ён, -ена́
задыха́ние, -я
задыха́ться, -а́юсь, -а́ется
задыша́ть(ся), -ышу́, -ы́шит(ся)
зады́шка, -и, *р. мн.* -шек
заегози́ть(ся), -ожу́(сь), -ози́т(ся)
зае́да, -ы
заеда́ние, -я
заеда́ть(ся), -а́ю(сь), -а́ет(ся)
зае́денный; *кр. ф.* -ен, -ена
заеди́но, *нареч.*
заеди́нщик, -а
зае́дки, -док
заёжиться, -жусь, -жится
зае́зд, -а
зае́здить(ся), -зжу(сь), -дит(ся)
зае́здка, -и
зае́здом, *нареч.*
заезжа́ть, -а́ю, -а́ет
зае́зженный; *кр. ф.* -ен, -ена
зае́зживать(ся), -аю(сь), -ает(ся)
зае́зживать, *наст. вр. не употр.*
зае́зжий
заёкать, -аю, -ает
заело́зить, -о́жу, -о́зит
заём, за́йма, *мн.* за́ймы, -ов
заёмный
заёмщик, -а
заёмщица, -ы, *тв.* -ей
заерепе́ниться, -нюсь, -нится
заёрзать, -аю, -ает
заерша́ть(ся), -а́ю(сь), -а́ет(ся)
заерше́ние, -я
заершённый; *кр. ф.* -ён, -ена́
заерши́ть(ся), -шу́(сь), -ши́т(ся)
зае́сть(ся), зае́м(ся), зае́шь(ся), зае́ст(ся), заеди́м(ся), заеди́те(сь), заедя́т(ся); *прош.* зае́л(ся), зае́ла(сь)
зае́хать, зае́ду, зае́дет
заехи́дничать, -аю, -ает
зажа́дничать, -аю, -ает
зажа́ждать, -жду, -ждет
зажа́ренный; *кр. ф.* -ен, -ена
зажа́ривание, -я
зажа́ривать(ся), -аю(сь), -ает(ся)
зажа́рить(ся), -рю(сь), -рит(ся)
зажа́тие, -я
зажа́тость, -и
зажа́тый
зажа́ть(ся), зажму́, зажмёт(ся)
зажда́ться, -ду́сь, -дётся; *прош.* -а́лся, -ала́сь, -а́ло́сь
зажева́ть, зажую́, зажуёт
зажёвывать(ся), -аю, -ает(ся)
зажёгший(ся)
зажелте́ть(ся), -е́ет(ся)
зажелти́ть(ся), -лчу́, -лти́т(ся)
зажелчённый; *кр. ф.* -ён, -ена́
зажема́ниться, -нюсь, -нится
зажестикули́ровать, -рую, -рует
заже́чь(ся), зажгу́(сь), зажжёт(ся), зажгу́т(ся); *прош.* зажёг(ся), зажгла́(сь)
зажже́ние, -я
зажжённый; *кр. ф.* -ён, -ена́
зажива́ние, -я
зажива́ть, -а́ет
зажива́ться, -а́юсь, -а́ется
заживи́ть(ся), -влю́, -ви́т(ся)

заживле́ние, -я
заживлённый; *кр. ф.* -ён, -ена́
заживля́ть(ся), -я́ю, -я́ет(ся)
за́живо
за живо́е (заде́ть, тро́нуть)
зажи́вший(ся)
зажига́лка, -и, *р. мн.* -лок
зажига́лочка, -и, *р. мн.* -чек
зажига́ние, -я
зажига́тельность, -и
зажига́тельный; *кр. ф.* -лен, -льна
зажига́ть(ся), -а́ю(сь), -а́ет(ся)
зажи́ленный; *кр. ф.* -ен, -ена
зажи́ливание, -я
зажи́ливать(ся), -аю, -ает(ся)
зажи́лить, -лю, -лит
зажи́м, -а
зажима́ние, -я
зажима́ть(ся), -а́ю, -а́ет(ся)
зажи́мистый
зажи́мка, -и, *р. мн.* -мок
зажимно́й и **зажи́мный**
зажи́мщик, -а
зажи́мщица, -ы, *тв.* -ей
зажи́н, -а
зажина́ть(ся), -а́ю, -а́ет(ся)
зажи́нки, -нок
зажире́лый
зажире́ние, -я
зажире́ть, -е́ю, -е́ет
зажито́й
зажи́ток, -тка
зажи́точность, -и
зажи́точный; *кр. ф.* -чен, -чна
зажи́ть(ся), -иву́(сь), -ивёт(ся); *прош.* за́жил, зажи́лся, зажила́(сь), за́жило, зажи́ло́сь
зажму́ренный; *кр. ф.* -ен, -ена
зажму́ривание, -я
зажму́ривать(ся), -аю(сь), -ает(ся)
зажму́рить(ся), -рю(сь), -рит(ся)
зажо́лкнувший
зажо́лкнуть, -нет, *прош.* -о́лкнул и -о́лк, -о́лкла
зажо́лкший
зажо́р, -а и **зажо́ра,** -ы
зажо́рина, -ы
зажра́ться, -ру́сь, -рётся; *прош.* -а́лся, -ала́сь, -ало́сь
зажужжа́ть, -жжу́, -жжи́т
зажу́ленный; *кр. ф.* -ен, -ена
зажу́ливать(ся), -аю, -ает(ся)
зажу́лить, -лю, -лит
зажури́ть(ся), -рю́(сь), -ри́т(ся)
зажурча́ть, -чи́т
зажу́ханный; *кр. ф.* -ан, -ана
зажу́хать, -аю, -ает
зажу́хлый
зажу́хнувший
зажу́хнуть, -нет; *прош.* -у́хнул и -у́х, -у́хла
зажу́хший
за́званный; *кр. ф.* -ан, -ана
зазва́ть, зазову́, зазовёт; *прош.* -а́л, -ала́, -а́ло
зазвене́ть, -ню́, -ни́т
зазво́нистый
зазвони́ть, -ню́, -ни́т
зазво́нный
зазвуча́ть, -чи́т
зазвя́кать, -аю, -ает
за здоро́во живёшь
за здра́вие
заздра́вный
зазева́ть(ся), -а́ю(сь), -а́ет(ся)
зазёвываться, -аюсь, -ается
зазелене́ние, -я
зазеленённый; *кр. ф.* -ён, -ена́
зазелене́ть(ся), -е́ет(ся)
зазелени́ть(ся), -ню́, -ни́т(ся)
заземле́ние, -я
заземлённость, -и
заземлённый; *кр. ф.* -ён, -ена́
заземли́ть(ся), -лю́, -ли́т(ся)
заземля́ть(ся), -я́ю, -я́ет(ся)
Зазерка́лье, -я (*сказочная страна*) и **зазерка́лье,** -я (*о месте, где положение вещей доведено до бессмыслицы, абсурда*)
зазимова́ть, -му́ю, -му́ет
зази́мок, -мка
зази́мье, -я
зазнава́ться, -наю́сь, -наётся
зазна́йка, -и, *р. мн.* -а́ек, *м.* и *ж.*
зазна́йство, -а
зазна́ться, -а́юсь, -а́ется
зазнаю́щийся
зазно́ба, -ы
зазноби́ть, -блю́, -би́т
зазно́бушка, -и, *р. мн.* -шек
зазолоти́ть(ся), -очу́, -оти́т(ся)
зазо́р, -а
зазо́рно, *нареч.* и *в знач. сказ.*
зазо́рный; *кр. ф.* -рен, -рна
зазре́ние: без зазре́ния со́вести
за́зрить, -ит: **со́весть за́зрит (за́зрила)**
зазря́, *нареч.*
зазу́бный
зазу́бренность, -и
зазу́бренный; *кр. ф.* -ен, -ена
зазу́бривание, -я
зазу́бривать(ся), -аю(сь), -ает(ся)
зазу́брина, -ы
зазу́бринка, -и, *р. мн.* -нок
зазубри́ть(ся), -убрю́(сь), -у́бри́т(ся)
зазу́ммерить, -ит
зазы́в, -а
зазыва́ла, -ы, *м.* и *ж.*
зазыва́ние, -я
зазыва́тельный
зазыва́ть(ся), -а́ю(сь), -а́ет(ся)
зазы́вно, *нареч.*
зазывно́й и **зазы́вный;** *кр. ф.* -вен, -вна
зазы́вность, -и
зазя́бнуть, -ну, -нет; *прош.* -я́б, -я́бла
зазя́бший
заи́гранный; *кр. ф.* -ан, -ана
заигра́ть(ся), -а́ю(сь), -а́ет(ся)
заи́грывание, -я
заи́грывать(ся), -аю(сь), -ает(ся)
заидеологизи́рованность, -и
заидеологизи́рованный; *кр. ф.* -ан, -ана
заидеологизи́ровать(ся), -рую, -рует(ся)
заизвестко́ванный; *кр. ф.* -ан, -ана
заизвесткова́ть(ся), -ку́ю, -ку́ет(ся)
заизоли́рованный; *кр. ф.* -ан, -ана
заизоли́ровать(ся), -рую, -рует(ся)
за́йка, -и, *м.* и *ж.*
заика́ние, -я
заика́ть, -а́ю, -а́ет, *сов.* (*от* ика́ть)
заика́ться, -а́юсь, -а́ется, *несов.*
заикну́ться, -ну́сь, -нётся
Заиконоспа́сский монасты́рь
заиле́ние, -я
заи́ленный; *кр. ф.* -ен, -ена
заи́ливание, -я
заи́ливаться, -ается
Заили́йский Alata'у
заи́литься, -лится
заиме́ть, -е́ю, -е́ет
заи́мка, -и, *р. мн.* -мок
заимода́вец, -вца, *тв.* -вцем
заимода́тель, -я
заимообра́зно, *нареч.*
заимообра́зный; *кр. ф.* -зен, -зна
заи́мствование, -я
заи́мствованный; *кр. ф.* -ан, -ана
заи́мствовать(ся), -твую(сь), -твует(ся)
заинвентаризи́рованный; *кр. ф.* -ан, -ана
заинвентаризи́ровать(ся), -рую, -рует(ся)
заинвентаризо́ванный; *кр. ф.* -ан, -ана
заинвентаризова́ть(ся), -зу́ю, -зу́ет(ся)
заи́ндеве́вший
заи́ндеве́лый
заи́ндеветь, -вею, -веет и **заиндеве́ть,** -ве́ю, -ве́ет
заинтересо́ванно, *нареч.*
заинтересо́ванность, -и
заинтересо́ванный; *кр. ф.* -ан, -ана и (*выражающий интерес, свидетельствующий об интересе*) -ан, -анна
заинтересова́ть(ся), -су́ю(сь), -су́ет(ся)
заинтересо́вывание, -я
заинтересо́вывать(ся), -аю(сь), -ает(ся)
заинтриго́ванно, *нареч.*
заинтриго́ванность, -и
заинтриго́ванный; *кр. ф.* -ан, -ана
заинтригова́ть, -гу́ю, -гу́ет
заинтриго́вывание, -я
заинтриго́вывать(ся), -аю, -ает(ся)
за́инька, -и, *р. мн.* -нек, *м.*
заи́р, -а (*ден. ед.*)
заи́рский (*от* Заи́р, *государство*)
заи́рцы, -ев, *ед.* -рец, -рца, *тв.* -рцем

заиска́ть(ся), заищу́(сь), заи́щет(ся)
заи́скивание, -я
заи́скивать, -аю, -ает
заи́скивающе, *нареч.*
заи́скивающий
заискри́ть, -ри́т
заи́скриться, -ится и **заискри́ться,** -и́тся
заиссыкку́льский (*к* Иссы́к-Ку́ль)
за́йка, -и, *р. мн.* за́ек, *м.*
За́йка-зазна́йка, За́йки-зазна́йки (*сказочный персонаж*)
за́йкин, -а, -о
за́йльцуг, -а (*спорт.*)
за́ймище, -а (*прибрежная заливная полоса*); но (*в названиях населенных пунктов*) **За́ймище,** -а, *напр.*: Царёво За́ймище, Солёное За́ймище (*сёла*)
за́ймовый
займодержа́тель, -я
займодержа́тельница, -ы, *тв.* -ей
зайти́(сь), зайду́(сь), зайдёт(ся); *прош.* зашёл(ся), зашла́(сь)
зайцеобра́зные, -ых
зайцехво́ст, -а
зайча́тина, -ы
за́йчик, -а
за́йчик-побега́йчик, за́йчика-побега́йчика
зайчи́на, -ы
зайчи́нка, -и
зайчи́ха, -и
зайчи́шка, -и, *р. мн.* -шек, *м.*
зайчи́ще, -а и -и, *мн.* -и, -и́щ, *м.*
зайчо́нок, -нка, *мн.* -ча́та, -ча́т
зайчо́ночек, -чка, *мн.* зайча́тки, -ток
закабале́ние, -я
закабалённость, -и
закабалённый; *кр. ф.* -ён, -ена́
закабали́ть(ся), -лю́(сь), -ли́т(ся)
закабаля́ть(ся), -я́ю(сь), -я́ет(ся)
закавка́зский
закавка́зцы, -ев, *ед.* -зец, -зца, *тв.* -зцем
Закавка́зье, -я (*к* Кавка́з)
закавы́ка, -и
закавы́ченный; *кр. ф.* -ен, -ена
закавы́чивание, -я
закавы́чивать(ся), -аю, -ает(ся)
закавы́чить, -чу, -чит
закавы́чка, -и, *р. мн.* -чек
закадри́ть, -рю́, -ри́т
зака́дровый
закады́чный
зака́з, -а
зака́занный; *кр. ф.* -ан, -ана
заказа́ть, закажу́, зака́жет
зака́зец, -зца, *тв.* -зцем, *р. мн.* -зцев
зака́з-наря́д, -а и зака́за-наря́да
зака́зник, -а
заказно́й
заказу́ха, -и
зака́зчик, -а
зака́зчица, -ы, *тв.* -ей
зака́зывание, -я
зака́зывать(ся), -аю, -ает(ся)
зака́иваться, -аюсь, -ается
зака́л, -а
закалённость, -и
закалённый; *кр. ф. прич.* -ён, -ена́; *кр. ф. прил.* (*выносливый, умеющий преодолевать трудности*) -ён, -ённа
зака́ливаемость, -и
зака́ливание, -я
зака́ливать(ся), -аю(сь), -ает(ся)
закали́ть(ся), -лю́(сь), -ли́т(ся)
зака́лка, -и
зака́лочный
зака́лывание, -я
зака́лывать(ся), -аю(сь), -ает(ся)
зака́льщик, -а
зака́льщица, -ы, *тв.* -ей
закаля́каться, -аюсь, -ается
закаля́ть(ся), -я́ю(сь), -я́ет(ся)
закамене́лость, -и
закамене́лый
закамене́ть, -е́ю, -е́ет
закамуфли́рованный; *кр. ф.* -ан, -ана
закамуфли́ровать(ся), -рую(сь), -рует(ся)
закамышо́ванный; *кр. ф.* -ан, -ана
заканто́вка, -и, *р. мн.* -вок
зака́нчивание, -я
зака́нчивать(ся), -аю, -ает(ся)
заканю́чить, -чу, -чит
зака́панный; *кр. ф.* -ан, -ана
зака́пать(ся), -аю(сь), -ает(ся)
закапри́зничать, -аю, -ает
зака́пчивание, -я
зака́пчивать(ся), -аю(сь), -ает(ся)
зака́пывание, -я
зака́пывать(ся), -аю(сь), -ает(ся)
закара́бкаться, -аюсь, -ается
зака́ркать, -аю, -ает
зака́рмливание, -я
зака́рмливать(ся), -аю, -ает(ся)
закарпа́тский
закарпа́тцы, -ев, *ед.* -тец, -тца, *тв.* -тцем
Закарпа́тье, -я (*к* Карпа́ты)
закарсто́ванный; *кр. ф.* -ан, -ана
заката́вить, -влю, -вит
закартографи́рованный; *кр. ф.* -ан, -ана
закартографи́ровать, -рую, -рует
Зака́спий, -я
закаспи́йский
зака́т[1], -а
зака́т[2], -а и **закя́т,** -а (*религиозный налог*)
зака́танный; *кр. ф.* -ан, -ана
заката́ть(ся), -а́ю(сь), -а́ет(ся)
зака́тистый
закати́ть(ся), -ачу́(сь), -а́тит(ся)
зака́тка, -и, *р. мн.* -ток
зака́тный
зака́точный
зака́тывание, -я
зака́тывать(ся), -аю(сь), -ает(ся)
зака́чанный; *кр. ф.* -ан, -ана (*от* закача́ть)
закача́ть(ся), -а́ю(сь), -а́ет(ся)
зака́ченный; *кр. ф.* -ен, -ена (*от* закати́ть)
зака́чивание, -я
зака́чивать(ся), -аю(сь), -ает(ся)
зака́чка, -и, *р. мн.* -чек
зака́шивание, -я
зака́шивать(ся), -аю, -ает(ся)
зака́шливаться, -аюсь, -ается
зака́шлять(ся), -яю(сь), -яет(ся)
зака́явшийся
зака́яться, -а́юсь, -а́ется
заква́кать, -аю, -ает
заква́с, -а
заква́сить(ся), -а́шу, -а́сит(ся)
заква́ска, -и, *р. мн.* -сок
заква́сочный
заква́шенный; *кр. ф.* -ен, -ена
заква́шивание, -я
заква́шивать(ся), -аю, -ает(ся)
заквохта́ть, -о́хчет
закива́ть, -а́ю, -а́ет
заки́данный; *кр. ф.* -ан, -ана
закида́ть(ся), -а́ю(сь), -а́ет(ся)
заки́дка, -и, *р. мн.* -док
закидно́й
закидо́н, -а
закиду́шка, -и, *р. мн.* -шек
заки́дывание, -я
заки́дывать(ся), -аю(сь), -ает(ся)
заки́нутый
заки́нуть(ся), -ну(сь), -нет(ся)
закипа́ние, -я
закипа́ть, -а́ю, -а́ет
закипе́ть, -пи́т
закипяти́ться, -ячу́сь, -яти́тся
закиса́ние, -я
закиса́ть, -а́ю, -а́ет
закислённость, -и
закислённый; *кр. ф.* -ён, -ена́
закисли́ть, -лю́, -ли́т
заки́снуть, -ну, -нет; *прош.* -и́с, -и́сла
за́кисный
заки́сший
за́кись, -и
закичи́ться, -чу́сь, -чи́тся
закише́ть, -ши́т
закла́д, -а
закла́денный; *кр. ф.* -ен, -ена (*от* закла́сть)
закла́дка, -и, *р. мн.* -док
закладна́я, -о́й
закла́дничество, -а
закладно́й
закла́дочка, -и, *р. мн.* -чек
закла́дочный
закла́дчик, -а
закла́дчица, -ы, *тв.* -ей
закла́дывание, -я
закла́дывать(ся), -аю, -ает(ся)
закла́ние, -я
закла́нный; *кр. ф.* -а́н, -а́на (*от* закла́ть)

закла́сть, -ладу́, -ладёт; *прош.* -ла́л, -а (*прост. к* заложи́ть)
закла́ть, *буд. вр. не употр.*; *прош.* закла́л, -а
заклёванный; *кр. ф.* -ан, -ана
заклева́ть(ся), -клюю́, -клюёт(ся)
заклёвывание, -я
заклёвывать(ся), -аю, -ает(ся)
закле́енный; *кр. ф.* -е́ен, -е́ена
закле́ивание, -я
закле́ивать(ся), -аю, -ает(ся)
закле́ить(ся), -е́ю, -е́ит(ся)
закле́йка, -и, *р. мн.* -е́ек
заклеймённый; *кр. ф.* -ён, -ена́
заклейми́ть, -млю́, -ми́т
заклёклый
заклёкнувший
заклёкнуть, -нет; *прош.* -ёкнул, -ёкла
заклекота́ть, -кочу́, -ко́чет
заклекта́ть, -е́кчет
заклёкший
заклёпа, -ы
заклёпанный; *кр. ф.* -ан, -ана
заклепа́ть, -а́ю, -а́ет
заклёпка, -и, *р. мн.* -пок
заклёпочно-сварно́й
заклёпочный
заклёпщик, -а
заклёпщица, -ы, *тв.* -ей
заклёпывание, -я
заклёпывать(ся), -аю, -ает(ся)
закли́кать[1], -и́чу, -и́чет, *сов.* (*к* заклика́ть)
закли́кать[2], -и́чет и -и́кает (*к* кли́кать[2])
заклика́ть, -а́ю, -а́ет, *несов.* (*зазывать*)
заклина́ние, -я
заклина́тель, -я
заклина́тельница, -ы, *тв.* -ей
заклина́тельный
заклина́ть(ся), -а́ю(сь), -а́ет(ся)
заклине́ние, -я
закли́ненный; *кр. ф.* -ен, -ена и **заклинённый;** *кр. ф.* -ён, -ена́
закли́нивание, -я
закли́нивать(ся), -аю, -ает(ся)
закли́ни́ть(ся), -ли́ню́, -ли́ни́т(ся)
закли́нок, -нка
закли́чка, -и, *р. мн.* -чек
заклиши́рованность, -и
заклиши́рованный; *кр. ф.* -ан, -ана
заклиши́ровать(ся), -рую, -рует(ся)
заклокота́ть, -ко́чет
закло́н, -а
заклохта́ть, -о́хчет
заклуби́ть(ся), -и́т(ся)
заключа́ть(ся), -а́ю(сь), -а́ет(ся)
заключе́ние, -я
заключённый; *кр. ф.* -ён, -ена́
заключи́тельный
Заключи́тельный а́кт Совеща́ния по безопа́сности и сотру́дничеству в Евро́пе
заключи́ть(ся), -чу́(сь), -чи́т(ся)

закля́вший(ся)
закля́сть(ся), -яну́(сь), -янёт(ся); *прош.* -я́л(ся), -яла́(сь), -я́ло, -я́ло́сь
закля́тие, -я
закля́тый
закобе́ниться, -нюсь, -нится
зако́ванный; *кр. ф.* -ан, -ана
закова́ть, закую́, закуёт
зако́вка, -и, *р. мн.* -вок
зако́вочный
зако́вывание, -я
зако́вывать(ся), -аю(сь), -ает(ся)
заковыля́ть, -я́ю, -я́ет
заковы́ристость, -и
заковы́ристый
заковы́рка, -и, *р. мн.* -рок
заковыря́ть(ся), -я́ю(сь), -я́ет(ся)
закогти́ть, -гчу́, -гти́т
закогчённый; *кр. ф.* -ён, -ена́
закоди́рованный; *кр. ф.* -ан, -ана
закоди́ровать(ся), -рую(сь), -рует(ся)
зако́зленный; *кр. ф.* -ен, -ена
зако́злить, -лю, -лит
закозыря́ть, -я́ю, -я́ет
закоке́тничать(ся), -аю(сь), -ает(ся)
закокота́ть, закоко́чет
зако́л, -а
закола́чивание, -я
закола́чивать(ся), -аю(сь), -ает(ся)
заколдо́ванность, -и
заколдо́ванный; *кр. ф.* -ан, -ана
заколдова́ть(ся), -ду́ю(сь), -ду́ет(ся)
заколдо́вывание, -я
заколдо́вывать(ся), -аю(сь), -ает(ся)
заколеба́ть(ся), -ле́блю(сь), -ле́блет(ся)
заколене́ть, -е́ет
заколе́нник, -а
заколеро́ванный; *кр. ф.* -ан, -ана
заколерова́ть(ся), -ру́ю, -ру́ет(ся)
заколеси́ть, -ешу́, -еси́т
заколе́ть, -е́ю, -е́ет
зако́лка, -и, *р. мн.* -лок
заколобро́дить, -ро́жу, -ро́дит
заколо́дить, -ит
заколоси́ться, -и́тся
заколоти́ть(ся), -очу́(сь), -о́тит(ся)
зако́лотый
заколо́ть(ся), -олю́(сь), -о́лет(ся)
заколо́ченный; *кр. ф.* -ен, -ена
зако́лочка, -и, *р. мн.* -чек
заколыха́ть(ся), -ы́шу(сь), -ы́шет(ся) и -а́ю(сь), -а́ет(ся)
зако́льный
закольцева́ть, -цу́ю, -цу́ет
закольцо́ванный; *кр. ф.* -ан, -ана
закольцо́вывание, -я
закольцо́вывать(ся), -аю, -ает(ся)
закома́ры, -а́р, *ед.* -ма́ра, -ы
зако́мелистость, -и
зако́мелистый
зако́мканный; *кр. ф.* -ан, -ана
зако́мкать, -аю, -ает
закоммерциализо́ванный; *кр. ф.* -ан, -ана

закомплексо́ванно, *нареч.*
закомплексо́ванность, -и
закомплексо́ванный; *кр. ф.* -ан, -ана
закомплексова́ть(ся), -су́ю(сь), -су́ет(ся)
закомпости́рованный; *кр. ф.* -ан, -ана
закомпости́ровать, -рую, -рует
закому́ристый
зако́н, -а
Зако́н Бо́жий, Зако́на Бо́жьего
законверто́ванный; *кр. ф.* -ан, -ана
законвертова́ть(ся), -ту́ю, -ту́ет(ся)
законверто́вывание, -я
законверто́вывать(ся), -аю, -ает(ся)
зако́нник, -а
зако́нница, -ы, *тв.* -ей
зако́нно, *нареч.*
зако́нно де́йствующий
зако́нно и́збранный
законнорождённый
зако́нность, -и
зако́нный; *кр. ф.* -о́нен, -о́нна
законове́д, -а
законове́дение, -я
законове́дческий
законода́тель, -я
законода́тельница, -ы, *тв.* -ей
Законода́тельное собра́ние (*парламент в нек-рых странах*)
законода́тельный
законода́тельский
законода́тельство, -а
законода́тельствовать, -твую, -твует
закономе́рность, -и
закономе́рный; *кр. ф.* -рен, -рна
законопа́тить(ся), -а́чу(сь), -а́тит(ся)
законопа́ченный; *кр. ф.* -ен, -ена
законопа́чивание, -я
законопа́чивать(ся), -аю(сь), -ает(ся)
законоположе́ние, -я
законопослуша́ние, -я
законопослу́шность, -и
законопослу́шный; *кр. ф.* -шен, -шна
законопрое́кт, -а
законосовеща́тельный
законосообра́зность, -и
законосообра́зный; *кр. ф.* -зен, -зна
законотво́рец, -рца, *тв.* -рцем, *р. мн.* -рцев
законотво́рческий
законотво́рчество, -а
законоуче́ние, -я
законоучи́тель, -я, *мн.* -и, -ей
законсерви́рованный; *кр. ф.* -ан, -ана
законсерви́ровать(ся), -рую, -рует(ся)
законспекти́рованный; *кр. ф.* -ан, -ана
законспекти́ровать, -рую, -рует
законспири́рованность, -и
законспири́рованный; *кр. ф.* -ан, -ана
законспири́ровать(ся), -рую(сь), -рует(ся)
законта́ченный; *кр. ф.* -ен, -ена
законта́чивать(ся), -аю, -ает(ся)

законта́чить(ся), -чу, -чит(ся)
законтракто́ванный; *кр. ф.* -ан, -ана
законтрактова́ть(ся), -ту́ю(сь), -ту́ет(ся)
законтракто́вывать(ся), -аю(сь), -ает(ся)
зако́нтренный; *кр. ф.* -ен, -ена
зако́нтривать(ся), -аю, -ает(ся)
зако́нтрить(ся), -рю, -рит(ся)
зако́нтурный
законфу́зиться, -у́жусь, -у́зится
зако́нченно, *нареч.*
зако́нченность, -и
зако́нченный; *кр. ф. прич.* -ен, -ена; *кр. ф. прил.* (*обладающий полнотой, целостностью*) -ен, -енна
зако́нчить(ся), -чу, -чит(ся)
зако́панный; *кр. ф.* -ан, -ана
закопа́ть(ся), -а́ю(сь), -а́ет(ся)
закопёрщик, -а
закопёрщица, -ы, *тв.* -ей
закопоши́ться, -шу́сь, -ши́тся
закопте́лость, -и
закопте́лый
закопте́ть, -е́ет
закопти́ть(ся), -пчу́(сь), -пти́т(ся)
закопчённый; *кр. ф.* -ён, -ена́
закора́чивать(ся), -аю, -ает(ся)
за кордо́н
закордо́нный
за кордо́ном
закорене́лость, -и
закорене́лый
закорене́ние, -я
закорене́ть, -е́ю, -е́ет
закори́ть, -рю́, -ри́т
зако́рки: на зако́рках, на зако́рки
закорми́ть, -ормлю́, -о́рмит
зако́рмленный; *кр. ф.* -ен, -ена
закоро́бить(ся), -бит(ся)
закороти́ть(ся), -очу́, -оти́т(ся)
закоро́ченный; *кр. ф.* -ен, -ена
закорпе́ть, -е́ю, -е́ет
зако́рчить(ся), -чу(сь), -чит(ся)
закорю́ка, -и
закорю́чина, -ы
закорю́чистый
закорю́чка, -и, *р. мн.* -чек
закоря́бать, -аю, -ает
закоря́женный; *кр. ф.* -ен, -ена
закоря́чить(ся), -чу(сь), -чит(ся)
закоси́ть(ся)[1], -ошу́, -о́сит(ся) (*к* коси́ть[1])
закоси́ть(ся)[2], -ошу́, -оси́т(ся) (*к* коси́ть[2])
закосне́лость, -и
закосне́лый
закосне́ние, -я
закосне́ть, -е́ю, -е́ет
закостене́лость, -и
закостене́лый
закостене́ние, -я
закостене́ть, -е́ю, -е́ет
закостыля́ть, -я́ю, -я́ет
закоу́лок, -лка
закоу́лочек, -чка
закоу́лочный
закоци́тный (*от* Коци́т)
закочевря́житься, -жусь, -жится
закочене́лый
закочене́ть, -е́ю, -е́ет
закочка́ренный; *кр. ф.* -ен, -ена
зако́шенный; *кр. ф.* -ен, -ена
закра́дываться, -ается
закра́ек, -а́йка
закра́ивание, -я
закра́ивать(ся), -аю, -ает(ся)
закра́ина, -ы
закра́инка, -и, *р. мн.*-нок
закра́й, -я (*закраек*)
закра́йка, -и, *р. мн.* -а́ек
закра́пать, -плю, -плет и -аю, -ает
закра́пывать(ся), -аю, -ает(ся)
закра́сить(ся), -а́шу, -а́сит(ся)
закра́ска, -и
закрасне́ть(ся), -е́ю(сь), -е́ет(ся)
закрасова́ться, -су́юсь, -су́ется
закра́сться, -адётся; *прош.* -а́лся, -а́лась
закра́шенный; *кр. ф.* -ен, -ена
закра́шивание, -я
закра́шивать(ся), -аю, -ает(ся)
закре́па, -ы
закрепи́тель, -я
закрепи́тельный
закрепи́ть(ся), -плю́(сь), -пи́т(ся)
закре́пка, -и, *р. мн.* -пок
закрепле́ние, -я
закреплённость, -и
закреплённый; *кр. ф.* -ён, -ена́
закрепля́ть(ся), -я́ю(сь), -я́ет(ся)
закрепости́ть(ся), -ощу́(сь), -ости́т(ся)
закре́почный
закрепоща́ть(ся), -а́ю(сь), -а́ет(ся)
закрепоще́ние, -я
закрепощённость, -и
закрепощённый; *кр. ф.* -ён, -ена́
закрепча́ть, -а́ет
закрести́ть(ся), -ещу́(сь), -е́стит(ся)
закрещённый; *кр. ф.* -ён, -ена́
закре́щивание, -я
закре́щивать(ся), -аю(сь), -ает(ся)
закриви́ть(ся), -влю, -ви́т(ся)
закривле́ние, -я
закривлённый; *кр. ф.* -ён, -ена́
закривля́ть(ся), -я́ю(сь), -я́ет(ся)
закристаллизо́ванный; *кр. ф.* -ан, -ана
закристаллизова́ть(ся), -зу́ю, -зу́ет(ся)
закрити́ческий
закрича́ть, -чу́, -чи́т
закровене́ть, -е́ет
закровени́ть(ся), -ню́(сь), -ни́т(ся)
закро́енный; *кр. ф.* -о́ен, -о́ена
закро́ечный
закрои́ть, -ою́, -ои́т
закро́й, -я
закро́йка, -и
закро́йный
закро́йщик, -а
закро́йщица, -ы, *тв.* -ей
за́кром, -а, *мн.* -а́, -о́в
за́кромный
закропи́ть, -плю́, -пи́т
закроши́ть(ся), -ошу́, -оши́т(ся)
закругле́ние, -я
закруглённо, *нареч.*
закруглённость, -и
закруглённый; *кр. ф. прич.* -ён, -ена́; *кр. ф. прил.* (*стройный, гладкий, законченный – о речи, фразе*) -ён, -ённа (его́ фра́зы сли́шком закруглённы)
закругли́ть(ся), -лю́(сь), -ли́т(ся)
закругля́ть(ся), -я́ю(сь), -я́ет(ся)
закружённый; *кр. ф.* -ён, -ена́ и **закру́женный;** *кр. ф.* -ен, -ена
закружи́ть(ся), -ужу́(сь), -у́жи́т(ся)
закру́т, -а
закрута́сы, -ов
закрути́ть(ся), -учу́(сь), -у́тит(ся)
закру́тка, -и, *р. мн.* -ток
закру́ченный; *кр. ф.* -ен, -ена
закру́чивание, -я
закру́чивать(ся), -аю(сь), -ает(ся)
закручи́нить(ся), -ню(сь), -нит(ся)
закрыва́ние, -я
закрыва́ть(ся), -а́ю(сь), -а́ет(ся)
закры́лок, -лка
закры́тие, -я
закры́тка, -и, *р. мн.* -ток (*закрытая зона, прост.*)
закрытогнездя́щийся
закры́тость, -и
закрытоцвету́щий (*бот.*)
закры́тый
закры́ть(ся), -ро́ю(сь), -ро́ет(ся)
закря́кать, -аю, -ает
закряхте́ть, -хчу́, -хти́т
закувырка́ться, -а́юсь, -а́ется
закуда́хтать, -хчу, -хчет
закудря́виться, -ится
закукаре́кать, -аю, -ает
заку́кливание, -я
закукова́ть, закуку́ю, закуку́ет
заку́кситься, -кшусь, -ксится
закули́са, -ы
за кули́сами
закули́сный
за кули́сой
за кули́су
закули́сье, -я, *р. мн.* -сий
за кули́сы (уйти́)
за́куп, -а
закупа́ние, -я
заку́панный; *кр. ф.* -ан, -ана (*к* купа́ть)
закупа́ть(ся), -а́ю(сь), -а́ет(ся)
закупи́ть, -уплю́, -у́пит
заку́пка, -и, *р. мн.* -пок
заку́пленный; *кр. ф.* -ен, -ена
закупно́й
заку́поренный; *кр. ф.* -ен, -ена
заку́поривание, -я

заку́поривать(ся), -аю(сь), -ает(ся)
заку́порить(ся), -рю(сь), -рит(ся)
заку́порка, -и, *р. мн.* -рок
заку́порщик, -а
заку́порщица, -ы, *тв.* -ей
заку́почный
заку́пщик, -а
заку́пщица, -ы, *тв.* -ей
закура́житься, -жусь, -жится
заку́ренный; *кр. ф.* -ен, -ена
закуржа́вевший
закуржа́веть, -ею, -еет
заку́ривание, -я
заку́ривать(ся), -аю, -ает(ся)
закури́ть(ся), -урю́, -у́рит(ся)
заку́рка, -и, *р. мн.* -рок
закурлы́кать, -ы́чу, -ы́чет и -аю, -ает
закуроле́сить, -е́шу, -е́сит
закурси́вить(ся), -влю, -вит(ся)
закурси́вленный; *кр. ф.* -ен, -ена
закурча́вевший (*от* закурча́веть)
закурча́веть, -ею, -еет (*стать курчавым*)
закурча́вивший(ся) (*от* закурча́вить(ся))
закурча́вить, -влю, -вит (*кого, что*)
закурча́виться, -влюсь, -вится
заку́санный; *кр. ф.* -ан, -ана
закуса́ть(ся), -а́ю(сь), -а́ет(ся)
закуси́ть, -ушу́, -у́сит
заку́ска, -и, *р. мн.* -сок
закусо́н, -а
закусо́нчик, -а
заку́сочка, -и, *р. мн.* -чек
заку́сочная, -ой
заку́сочный
закуста́ренный; *кр. ф.* -ен, -ена
закуста́ривание, -я
закусти́ться, -и́тся
заку́сывание, -я
заку́сывать(ся), -аю, -ает(ся)
за́кусь, -и
заку́т, -а и **заку́та,** -ы
заку́танный; *кр. ф.* -ан, -ана
заку́тать(ся), -аю(сь), -ает(ся)
закути́ть, -учу́, -у́тит
заку́тка, -и, *р. мн.* -ток (*обл. к* заку́то́к)
заку́то́к, -утка́
заку́тывание, -я
заку́тывать(ся), -аю(сь), -ает(ся)
заку́шенный; *кр. ф.* -ен, -ена
зака́т, -а и **зака́т,** -а (*религиозный налог*)
зал, -а
за́ла, -ы (*устар. к* зал – *парадная комната в частном доме*)
залави́ровать, -рую, -рует
зала́вливание, -я
зала́вливать(ся), -аю(сь), -ает(ся)
зала́вок, -вка
зала́дить(ся), -а́жу, -а́дит(ся)
зала́женный; *кр. ф.* -ен, -ена
зала́живаться, -ается
зала́зать, -аю, -ает
зала́зить, -а́жу, -а́зит
залака́ть, -ка́ю, -ка́ет
залакиро́ванный; *кр. ф.* -ан, -ана
залакирова́ть(ся), -ру́ю, -ру́ет(ся)
залакиро́вывание, -я
залакиро́вывать(ся), -аю, -ает(ся)
зала́мывание, -я
зала́мывать(ся), -аю, -ает(ся)
зала́панный; *кр. ф.* -ан, -ана
зала́пать, -аю, -ает
зала́сить(ся), зала́шу(сь), -а́сит(ся) (*обл.*)
зала́сканный; *кр. ф.* -ан, -ана
заласка́ть(ся), -а́ю(сь), -а́ет(ся)
зала́ститься, зала́щусь, зала́стится
зала́танный; *кр. ф.* -ан, -ана
залата́ть, -а́ю, -а́ет
зала́тывать(ся), -аю, -ает(ся)
зала́шенный; *кр. ф.* -ен, -ена
зала́шивать(ся), -аю(сь), -ает(ся) (*к* зала́сить)
зала́щивать(ся), -аю, -ает(ся) (*к* залощи́ть(ся)
зала́ять, -а́ю, -а́ет
залга́ться, залгу́сь, залжётся, залгу́тся; *прош.* -а́лся, -ала́сь, -а́ло́сь
залебези́ть, -бежу́, -бези́т
залега́ние, -я
залега́ть, -а́ю, -а́ет (*к* лежа́ть)
залёгший
заледенева́ть, -а́ет
заледене́лый
заледене́ние, -я
заледене́ть, -е́ю, -е́ет
заледени́ть, -ню́, -ни́т
залежа́лость, -и
залежа́лый
залежа́ться, -жу́сь, -жи́тся
за́лежи, -ей
залёживаться, -аюсь, -ается
залёжка, -и, *р. мн.* -жек
за́лежный (*от* за́лежь и за́лежи)
залёжный (*долго лежащий без использования, устар. прост.;* залёжные де́ньги)
за́лежь, -и
залеза́ние, -я
залеза́ть, -а́ю, -а́ет
зале́зть, -зу, -зет; *прош.* -е́з, -е́зла
зале́зший
залени́ться, -еню́сь, -е́нится
залепета́ть, -печу́, -пе́чет
залепи́ть(ся), -еплю́, -е́пит(ся)
зале́пленный; *кр. ф.* -ен, -ена
залепля́ть(ся), -я́ю, -я́ет(ся)
залесённость, -и
залесённый; *кр. ф.* -ён, -ена́
залеси́ть, -и́т
зале́сный
Зале́сский, -ого: **Пересла́вль-Зале́сский**
зале́сье, -я, *р. мн.* -сий
залёт, -а
залета́ть(ся), -а́ю(сь), -а́ет(ся)
залете́йский (*от* Ле́та)
залете́ть, залечу́, залети́т
залётка, -и, *р. мн.* -ток, *м.*
залётный
зале́ченный; *кр. ф.* -ен, -ена
зале́чивание, -я
зале́чивать(ся), -аю(сь), -ает(ся)
залечи́ть(ся), -ечу́(сь), -е́чит(ся)
зале́чь, заля́гу, заля́жет, заля́гут; *прош.* залёг, залегла́
зали́в, -а
Зали́в, -а, *употр. в названиях частей лунного ландшафта, напр.*: Зали́в Ра́дуги, Зали́в Росы́
залива́ла, -ы, *м.* и *ж.*
залива́ние, -я
залива́ть(ся), -а́ю(сь), -а́ет(ся)
зали́вец, -вца, *тв.* -вцем, *р. мн.* -вцев
зали́вистость, -и
зали́вистый
зали́вка, -и
заливно́е, -о́го
заливно́й (*к* залива́ться)
зали́вный (*от* зали́в)
заливообра́зный; *кр. ф.* -зен, -зна
зали́вочный
зали́вчатый
зали́вчик, -а
зали́вщик, -а
зали́вщица, -ы, *тв.* -ей
зали́з, -а (*заглаженные волосы*)
зали́занность, -и
зали́занный; *кр. ф.* -ан, -ана
зализа́ть(ся), -ижу́, -и́жет(ся)
зали́зы, зали́з, *ед.* зали́за, -ы (*залысины*)
зали́зывание, -я
зали́зывать(ся), -аю, -ает(ся)
залико́ва́ть, -ку́ю, -ку́ет
залилове́ть, -е́ет
залипа́ние, -я
залипа́ть, -а́ет
зали́пнуть, -нет; *прош.* зали́п, -и́пла
зали́пший
зали́станный; *кр. ф.* -ан, -ана
залиста́ть, -а́ю, -а́ет
за́ли́тый; *кр. ф.* за́ли́т, залита́, за́ли́то
зали́ть(ся), залью́(сь), зальёт(ся); *прош.* за́ли́л, зали́лся, залила́(сь), за́ли́ло, зали́ло́сь
залихва́тски
залихва́тский
залихора́дить, -а́жу, -а́дит
за́ло, -а (*устар. к* зал)
залобо́ванный; *кр. ф.* -ан, -ана
залобова́ть, -бу́ю, -бу́ет (*охот.*)
залови́ть(ся), -овлю́(сь), -о́вит(ся)
зало́вленный; *кр. ф.* -ен, -ена
зало́г, -а
зало́говый
залогода́тель, -я
залогода́тельница, -ы, *тв.* -ей
залогодержа́тель, -я
залогодержа́тельница, -ы, *тв.* -ей
заложе́ние, -я
зало́женность, -и
зало́женный; *кр. ф.* -ен, -ена

зало́женный-перезало́женный
зало́жено-перезало́жено
заложи́ть(ся), -ожу́(сь), -о́жит(ся)
зало́жник, -а
зало́жница, -ы, *тв.* -ей
зало́жничество, -а
зало́жный
зало́м, -а
залома́ть(ся), -а́ю(сь), -а́ет(ся)
зало́мистый
заломи́ть(ся), -омлю́, -о́мит(ся)
зало́мленный; *кр. ф.* -ен, -ена
залопота́ть, -почу́, -по́чет
залоснённый; *кр. ф.* -ён, -ена́
залосни́ть(ся), -ню́, -ни́т(ся)
залотоши́ть(ся), -шу́(сь), -ши́т(ся)
залохма́теть, -ею, -еет
залохма́титься, -а́чусь, -а́тится
залощённый; *кр. ф.* -ён, -ена́
залощи́ть(ся), -щу́, -щи́т(ся)
залп, -а
за́лповый
за́лпом, *нареч.*
залубене́ть, -е́ет
залужа́ть, -а́ю, -а́ет
залуже́ние, -я
залужённый; *кр. ф.* -ён, -ена́
залужи́ть, -жу́, -жи́т
залупа́ть(ся), -а́ю, -а́ет(ся)
залупи́ть(ся), -уплю́, -у́пит(ся)
залу́пленный; *кр. ф.* -ен, -ена
залупля́ть(ся), -я́ю, -я́ет(ся)
залуча́ть(ся), -а́ю(сь), -а́ет(ся)
залучённый; *кр. ф.* -ён, -ена́
залучи́ть(ся), -чу́(сь), -чи́т(ся)
залысе́ть, -е́ю, -е́ет
залы́сина, -ы
залы́синка, -и, *р. мн.* -нок
залы́сый
за́льба́нд, -а
зальде́лый
зальде́ть, -е́ет
за́льный
за́льца, -ы, *тв.* -ей, *р. мн.* за́лец и **за́льце,** -а, *р. мн.* за́льцев и за́лец
за́льцбургский (*от* За́льцбург)
за́льцбуржцы, -ев, *ед.* -жец, -жца, *тв.* -жцем
за́льчик, -а
залюбе́зничать, -аю, -ает
залюби́ть(ся), залюблю́(сь), залю́бит(ся)
залюбова́ться, -бу́юсь, -бу́ется
залютова́ть, -ту́ю, -ту́ет
залега́ть(ся), -а́ю(сь), -а́ет(ся) (*к* ляга́ть)
заля́згать, -аю, -ает
заля́панный; *кр. ф.* -ан, -ана
заля́пать(ся), -аю(сь), -ает(ся)
заля́пывание, -я
заля́пывать(ся), -аю(сь), -ает(ся)
зам... – *первая часть сложных слов, пишется слитно*
зам, -а
зама́занный; *кр. ф.* -ан, -ана
зама́зать(ся), -а́жу(сь), -а́жет(ся)
зама́зка, -и, *р. мн.* -зок
зама́зочный
замазу́ля, -и, *р. мн.* -у́ль *и* -у́лей, *м. и ж.*
замазу́ченный; *кр. ф.* -ен, -ена
зама́зывание, -я
зама́зывать(ся), -аю(сь), -ает(ся)
замазю́канный; *кр. ф.* -ан, -ана
замазю́кать(ся), -аю(сь), -ает(ся)
зама́й(те): не зама́й(те)
замалёванный; *кр. ф.* -ан, -ана
замалева́ть, -лю́ю, -лю́ет
замалёвывание, -я
замалёвывать(ся), -аю, -ает(ся)
зама́ливание, -я
зама́ливать(ся), -аю, -ает(ся)
зама́лчивание, -я
зама́лчивать(ся), -аю, -ает(ся)
зама́ненный; *кр. ф.* -ен, -ена и **заманённый;** *кр. ф.* -ён, -ена́
зама́нивание, -я
зама́нивать(ся), -аю(сь), -ает(ся)
замани́ть, -аню́, -а́нит
замани́ха, -и
зама́нка, -и, *р. мн.* -нок
зама́нчивость, -и
зама́нчивый
зама́ранный; *кр. ф.* -ан, -ана
замара́ть(ся), -а́ю(сь), -а́ет(ся)
замара́шка, -и, *р. мн.* -шек, *м.* и *ж.*
зама́ривать(ся), -аю(сь), -ает(ся)
замарино́ванный; *кр. ф.* -ан, -ана
замаринова́ть(ся), -ну́ю, -ну́ет(ся)
замарино́вывать(ся), -аю, -ает(ся)
замаркиро́ванный; *кр. ф.* -ан, -ана
замаркирова́ть, -ру́ю, -ру́ет
замаршировáть, -ру́ю, -ру́ет
зама́рывать(ся), -аю(сь), -ает(ся)
замаскиро́ванный; *кр. ф.* -ан, -ана
замаскирова́ть(ся), -ру́ю(сь), -ру́ет(ся)
замаскиро́вывание, -я
замаскиро́вывать(ся), -аю(сь), -ает(ся)
зама́сленность, -и
зама́сленный; *кр. ф.* -ен, -ена
зама́сливание, -я
зама́сливать(ся), -аю(сь), -ает(ся)
зама́слить(ся), -лю(сь), -лит(ся)
заматере́лость, -и
заматере́лый
заматере́ть, -е́ю, -е́ет
заматери́ться, -рю́сь, -ри́тся
замато́ванный; *кр. ф.* -ан, -ана
заматова́ть, -ту́ю, -ту́ет
заматрици́рованный; *кр. ф.* -ан, -ана
заматрици́ровать, -рую, -рует
зама́тывание, -я
зама́тывать(ся), -аю(сь), -ает(ся)
зама́х, -а
замаха́ть, замашу́, зама́шет и -а́ю, -а́ет
зама́хивание, -я
зама́хиваться, -аюсь, -ается
замахну́ть(ся), -ну́(сь), -нёт(ся)
зама́чивание, -я
зама́чивать(ся), -аю(сь), -ает(ся)
зама́шистый
зама́шка, -и, *р. мн.* -шек (*посконь*)
зама́шки, -шек, *ед.* -шка, -и (*повадки*)
зама́шный
зама́щивание, -я
зама́щивать(ся), -аю, -ает(ся)
зама́янный; *кр. ф.* -ян, -яна
зама́ять(ся), -а́ю(сь), -а́ет(ся)
замая́чить, -чу, -чит
за́мба́р, -а
замбези́йский (*от* Замбе́зи)
замби́йка, -и, *р. мн.* -и́ек
замби́йский (*от* За́мбия)
замби́йцы, -ев, *ед.* -и́ец, -и́йца, *тв.* -и́йцем
замгендире́ктора, *нескл., м.* и *ж.*
замгенко́нсула, *нескл., м.* и *ж.*
замгенпрокуро́ра, *нескл., м.* и *ж.*
замглавврача́, *нескл., м.* и *ж.*
замглавы́ администра́ции, *нескл., м.* и *ж.*
замгли́ться, -и́тся
замдека́на, *нескл., м.* и *ж.*
замдире́ктора, *нескл., м.* и *ж.*
замедле́ние, -я
заме́дленно, *нареч.*
заме́дленность, -и
заме́дленный; *кр. ф. прич.* -ен, -ена; *кр. ф. прил.* (*недостаточно быстрый*) -ен, -енна (её движе́ния заме́дленны)
замедли́тель, -я
заме́длить(ся), -лю(сь), -лит(ся)
замедля́ть(ся), -я́ю(сь), -я́ет(ся)
замежева́ние, -я
замежёванный; *кр. ф.* -ан, -ана
замежева́ть, -жу́ю, -жу́ет
замежёвывание, -я
замежёвывать(ся), -аю, -ает(ся)
замелённый; *кр. ф.* -ён, -ена́
замеле́ть, -е́ет
заме́ливание, -я
заме́ливать(ся), -аю, -ает(ся)
замели́ть(ся), -лю́, -ли́т(ся)
замелька́ть, -а́ю, -а́ет
замельтеши́ть, -ши́т
заме́на, -ы
заменённый; *кр. ф.* -ён, -ена́
замени́мость, -и
замени́мый
замени́тель, -я
замени́ть(ся), -еню́(сь), -е́нит(ся)
заменя́емость, -и
заменя́емый
заменя́ть(ся), -я́ю(сь), -я́ет(ся)
заме́р, -а
заме́ренный; *кр. ф.* -ен, -ена
замере́ть, замру́, замрёт; *прош.* за́мер, замерла́, за́мерло
замере́щиться, -ится
замерза́емость, -и
замерза́ние, -я
замерза́ть, -а́ю, -а́ет

замёрзлый
замёрзнуть, -ну, -нет; *прош.* -ёрз, -ёрзла
замёрзший
заме́ривать(ся), -аю, -ает(ся)
заме́ривший
заме́рить, -рю, -рит и -ряю, -ряет; *прош.* -рил, -рила
заме́рка, -и, *р. мн.* -рок
заме́рный
замертве́ть, -е́ю, -е́ет
за́мертво
замерца́ть, -а́ет
за́ме́рший
заме́рщик, -а
заме́рщица, -ы, *тв.* -ей
замеря́ть(ся), -я́ю, -я́ет(ся)
заме́с, -а
замеси́ть(ся), -ешу́, -е́сит(ся)
замести́, замету́, заметёт; *прош.* замёл, замела́
замести́тель, -я
замести́тельница, -ы, *тв.* -ей
замести́тельный
замести́тельство, -а
замести́ть(ся), -ещу́, -ести́т(ся)
заме́сто, *предлог* (*прост.* к вме́сто)
замёт, -а
заме́та, -ы
замета́ние, -я
замётанный; *кр. ф.* -ан, -ана
замётано, *частица*
замета́ть, -а́ю, -а́ет, *сов.* (*о шитье*)
замета́ть(ся)[1], -а́ю, -а́ет(ся), *несов.* (*к* мести́)
замета́ть(ся)[2], замечу́(сь), заме́чет(ся), *сов.* (*к* мета́ть(ся)[2])
заметённый; *кр. ф.* -ён, -ена́
заме́тина, -ы
заме́тить, -е́чу, -е́тит
заме́тка, -и, *р. мн.* -ток
замётка, -и (*к* замётывать)
заме́тливый
заме́тность, -и
заме́тный; *кр. ф.* -тен, -тна
заме́точка, -и, *р. мн.* -чек
замётший
замётывание, -я
замётывать(ся), -аю, -ает(ся)
за́меть, -и (*метель*)
замеча́ние, -я
замеча́ньице, -а
замеча́тельно, *нареч.*
замеча́тельность, -и
замеча́тельный; *кр. ф.* -лен, -льна
замеча́ть(ся), -а́ю, -а́ет(ся)
заме́ченный; *кр. ф.* -ен, -ена
замечта́ться, -а́юсь, -а́ется
заме́шанный; *кр. ф.* -ан, -ана (*от* замеша́ть)
замеша́тельство, -а
замеша́ть(ся), -а́ю(сь), -а́ет(ся)
заме́шенный; *кр. ф.* -ен, -ена (*от* замеси́ть)
заме́шивание, -я
заме́шивать(ся), -аю(сь), -ает(ся)
заме́шкать(ся), -аю(сь), -ает(ся)
замеща́емость, -и
замеща́ть(ся), -а́ю, -а́ет(ся)
замеще́ние, -я
замещённый; *кр. ф.* -ён, -ена́
замига́ть, -а́ю, -а́ет
зами́н, -а
замина́ть(ся), -а́ю(сь), -а́ет(ся)
заминда́р, -а (*землевладелец*)
заминда́ри, *нескл., ж.* и *с.* (*земельно-налоговая система*)
замини́рование, -я
замини́рованный; *кр. ф.* -ан, -ана
замини́ровать, -рую, -рует
зами́нка, -и, *р. мн.* -нок
за минова́нием (*чего*)
зами́ночка, -и, *р. мн.* -чек
замира́ние, -я
замира́ть, -а́ю, -а́ет
замире́ние, -я
замирённый; *кр. ф.* -ён, -ена́
замири́ть(ся), -рю́(сь), -ри́т(ся)
замиря́ть(ся), -я́ю(сь), -я́ет(ся)
за́мкнутость, -и
за́мкнутый
замкну́ть(ся), -ну́(сь), -нёт(ся)
за́мковый (*от* за́мок)
замко́вый (*от* замо́к)
замле́ть, -е́ю, -е́ет
замминистра, *нескл., м.* и *ж.*
замнарко́ма, *нескл., м.* и *ж.*
замнача́льника, *нескл., м.* и *ж.*
за́мовский
замоги́льный
замо́дничать, -аю, -ает
замозжи́ть, -и́т
за́мок, за́мка
замо́к, замка́
замока́ние, -я
замока́ть, -а́ет
замо́кнуть, -нет; *прош.* -о́к, -о́кла
замо́кший
замола́живать, -ает
замола́чивание, -я
замола́чивать, -аю, -ает
замо́лвить, -влю, -вит
замо́лвленный; *кр. ф.* -ен, -ена
замолённый; *кр. ф.* -ён, -ена́
замоли́ть(ся), -олю́(сь), -о́лит(ся)
замолка́ть, -а́ю, -а́ет
замо́лкнувший
замо́лкнуть, -ну, -нет; *прош.* -о́лк, -о́лкла
замо́лкший
замолоти́ть, -лочу́, -ло́тит
замоло́ть(ся), замелю́(сь), заме́лет(ся)
замоло́ченный; *кр. ф.* -ен, -ена
замо́лчанный; *кр. ф.* -ан, -ана
замолча́ть, -чу́, -чи́т
замоноли́тить, -и́чу, -и́тит
замоноли́ченный; *кр. ф.* -ен, -ена
замоноли́чивание, -я
замоноли́чивать(ся), -аю, -ает(ся)
замо́р, -а
замора́живание, -я
замора́живать(ся), -аю, -ает(ся)
заморга́ть, -а́ю, -а́ет
замордо́ванный; *кр. ф.* -ан, -ана
замордова́ть, -ду́ю, -ду́ет
заморённый; *кр. ф.* -ён, -ена́
замори́ть(ся), -рю́(сь), -ри́т(ся)
замоpо́женный; *кр. ф.* -ен, -ена
заморо́зить(ся), -о́жу, -о́зит(ся)
заморо́зка, -и
за́морозки, -ов
за́морозь, -и
замороси́ть, -си́т
заморо́ченный; *кр. ф.* -ен, -ена
заморо́чить, -чу, -чит
заморо́чка, -и, *р. мн.* -чек
замо́рский
замо́рщить(ся), -щу(сь), -щит(ся)
замо́рыш, -а, *тв.* -ем
замо́рышек, -шка
замо́рье, -я
замоскворе́цкий (*к* Москва́-река́ и Замоскворе́чье)
Замоскворе́чье, -я (*к* Москва́-река́)
замости́ть(ся), -ощу́, -ости́т(ся)
замо́т, -а (бы́ть в замо́те, *прост.*)
замо́танность, -и
замо́танный; *кр. ф.* -ан, -ана
замота́ть(ся), -а́ю(сь), -а́ет(ся)
замо́чек, -чка
замо́ченный; *кр. ф.* -ен, -ена
замочи́ть(ся), -очу́(сь), -о́чит(ся)
замо́чка, -и
замо́чник, -а
замо́чный
замоще́ние, -я
замощённый; *кр. ф.* -ён, -ена́
замполи́т, -а
зампотéх, -а
зампре́д, -а
зампредседа́теля, *нескл., м.* и *ж.*
зампрокуро́ра, *нескл., м.* и *ж.*
замруководи́теля, *нескл., м.* и *ж.*
замсекретаря́, *нескл., м.* и *ж.*
замсти́ть, -и́т
замудри́ть(ся), -рю́(сь), -ри́т(ся)
за́муж
за́мужем
заму́жество, -а
заму́жний
замульчи́рованный; *кр. ф.* -ан, -ана
замульчи́ровать(ся), -рую, -рует(ся)
замура́вить, -влю, -вит
замура́вленность, -и
замура́вленный; *кр. ф.* -ен, -ена
заму́рзанный; *кр. ф.* -ан, -ана
заму́рзать, -аю, -ает
замурлы́кать, -ы́чу, -ы́чет и -аю, -ает
замурова́ние, -я
замуро́ванный; *кр. ф.* -ан, -ана
замурова́ть(ся), -ру́ю(сь), -ру́ет(ся)
замуро́вывание, -я
замуро́вывать(ся), -аю(сь), -ает(ся)
заму́сленный; *кр. ф.* -ен, -ена
заму́сливание, -я

заму́сливать(ся), -аю(сь), -ает(ся)
заму́слить(ся), -лю(сь), -лит(ся)
замусо́ленность, -и
замусо́ленный; *кр. ф.* -ен, -ена
замусо́ливание, -я
замусо́ливать(ся), -аю(сь), -ает(ся)
замусо́лить(ся), -лю(сь), -лит(ся)
заму́соренный; *кр. ф.* -ен, -ена
заму́соривание, -я
заму́соривать(ся), -аю, -ает(ся)
заму́сорить(ся), -рю, -рит(ся)
замути́ть(ся), -учу́, -у́ти́т(ся)
замутне́ние, -я
замутнённость, -и
замутнённый; *кр. ф.* -ён, -ена́
замутне́ть, -е́ет
замутни́тель, -я
замухры́шистый
замухры́шка, -и, *р. мн.* -шек, *м.* и *ж.*
заму́ченный; *кр. ф.* -ен, -ена
заму́чивать(ся), -аю(сь), -ает(ся)
заму́чивший(ся)
заму́чить(ся), -чу(сь), -чит(ся) и -чаю(сь), -чает(ся); *прош.* -чил(ся), -чила(сь)
замуштро́ванный; *кр. ф.* -ан, -ана
замуштрова́ть, -ру́ю, -ру́ет
замчи́шко, -а и -и, *мн.* -шки, -шек, *м.*
замчи́ще, -а, *мн.* -а и -и, -и́щ, *м.*
за́мша, -и, *тв.* -ей
за́мшевый
замше́лость, -и
замше́лый
замше́ть, -е́ет
замши́ться, -и́тся
замыва́ние, -я
замыва́ть(ся), -а́ю(сь), -а́ет(ся)
замы́вка, -и
замы́зганный; *кр. ф.* -ан, -ана
замы́згать(ся), -аю(сь), -ает(ся)
замы́згивание, -я
замы́згивать(ся), -аю(сь), -ает(ся)
замыка́ние, -я
замыка́тель, -я
замы́каться, -аюсь, -ается (*от* мы́каться)
замыка́ть(ся), -а́ю(сь), -а́ет(ся)
замыка́ющий
замы́ленный; *кр. ф.* -ен, -ена
замы́ливать(ся), -аю, -ает(ся)
замы́лить(ся), -лю, -лит(ся)
за́мысел, -сла
замы́слить, -лю, -лит
замыслова́тость, -и
замыслова́тый
замыта́ренный; *кр. ф.* -ен, -ена
замыта́рить(ся), -рю(сь), -рит(ся)
замы́ть(ся), замо́ю(сь), замо́ет(ся)
замыча́ть, -чу́, -чи́т
замышле́ние, -я
замы́шленный; *кр. ф.* -ен, -ена
замышля́ть(ся), -я́ю, -я́ет(ся)
замя́млить, -лю, -лит
замя́тие, -я
замя́тый
замя́ть(ся), замну́(сь), замнёт(ся)
замяу́кать, -аю, -ает
замяу́чить, -чу, -чит
занава́живать(ся), -аю, -ает(ся)
за́навес, -а
занаве́сить(ся), -е́шу(сь), -е́сит(ся)
занаве́ска, -и, *р. мн.* -сок
занаве́сочка, -и, *р. мн.* -чек
занаве́сочный
за́навесь, -и (*занавеска*; *устар. к* занавес)
занаве́шенный; *кр. ф.* -ен, -ена
занаве́шивание, -я
занаве́шивать(ся), -аю(сь), -ает(ся)
занаво́женный; *кр. ф.* -ен, -ена
занаво́зить, -о́жу, -о́зит
зана́добиться, -блюсь, -бится
занапра́сно
занаркотизи́рованный; *кр. ф.* -ан, -ана
занаркотизи́ровать(ся), -рую(сь), -рует(ся)
занаряди́ть, -яжу́, -я́ди́т
занаря́дка, -и
занаряжа́ть(ся), -а́ю, -а́ет(ся)
занаря́женный; *кр. ф.* -ен, -ена и **занаряжённый;** *кр. ф.* -ён, -ена́
занаря́живание, -я
занаря́живать(ся), -аю, -ает(ся)
зана́ченный; *кр. ф.* -ен, -ена
зана́чивать(ся), -аю, -ает(ся)
зана́чить(ся), -чу, -чит(ся)
зана́чка, -и, *р. мн.* -чек
зана́шивание, -я
зана́шивать(ся), -аю, -ает(ся)
за́ндры, -ов, *ед.* зандр, -а
зане́, *союз* (*устар. книжн.*)
занебе́сный
заневе́ститься, -е́щусь, -е́стится
занево́лю, *нареч.* (*поневоле*)
зане́вский (*от* Нева́)
Занегли́менье, -я (*к* Негли́нная, *река*)
занегодова́ть, -ду́ю, -ду́ет
занеду́жить(ся), -жу(сь), -жит(ся)
зане́жить(ся), -жу(сь), -жит(ся)
занездоро́виться, -ится
за неиме́нием (*чего*)
занеи́стовствовать, -твую, -твует
занеме́вший
занеме́лый
занеме́ть, -е́ю, -е́ет
занемога́ть, -а́ю, -а́ет
занемо́гший
занемо́чь(ся), -огу́, -о́жет(ся), -о́гут; *прош.* -о́г, -огла́, -огло́(сь)
за нена́добностью
занена́стить(ся), -ит(ся)
занепого́дить, -ит
зане́рвничать(ся), -аю(сь), -ает(ся)
занесе́ние, -я
занесённый; *кр. ф.* -ён, -ена́
занести́(сь), -су́(сь), -сёт(ся); *прош.* -ёс(ся), -есла́(сь)
занёсший(ся)
занзиба́рский (*от* Занзиба́р)
занзиба́рцы, -ев, *ед.* -рец, -рца, *тв.* -рцем
занижа́ть(ся), -а́ю, -а́ет(ся)
заниже́ние, -я
зани́женный; *кр. ф.* -ен, -ена
зани́зить, -и́жу, -и́зит
занима́ние, -я
занима́тельность, -и
занима́тельный; *кр. ф.* -лен, -льна
занима́ть(ся), -а́ю(сь), -а́ет(ся)
занкл, -а
за́ново
зано́за, -ы
зано́зистость, -и
зано́зистый
занози́ть, -ожу́, -ози́т
зано́зища, -и, *тв.* -ей
занорми́ро́ванность, -и
занорми́ро́ванный; *кр. ф.* -ан, -ана
занормирова́ть, -ру́ю, -ру́ет и **занорми́ровать,** -рую, -рует
занорови́ться, -и́тся
зано́рыш, -а, *тв.* -ем
зано́с, -а
зано́систый
заноси́ть(ся), -ошу́(сь), -о́сит(ся)
зано́сливый
зано́сный
зано́счивость, -и
зано́счивый
зано́сы, -ов
занося́щий(ся)
заночева́ть, -чу́ю, -чу́ет
заночёвывать, -аю, -ает
за́ ночь
зано́шенность, -и
зано́шенный; *кр. ф.* -ен, -ена
зану́да, -ы, *м.* и *ж.*
зану́дистый
зану́дливость, -и
зану́дливый
зану́дный; *кр. ф.* -ден, -дна
зану́дство, -а
зану́жду, *нареч.*
зану́зданный; *кр. ф.* -ан, -ана
зану́зда́ть, -а́ю, -а́ет
зану́здывание, -я
зану́здывать(ся), -аю, -ает(ся)
занумеро́ванный; *кр. ф.* -ан, -ана
занумерова́ть, -ру́ю, -ру́ет
занумеро́вывание, -я
занумеро́вывать(ся), -аю, -ает(ся)
занывать, -а́ю, -а́ет
заны́кать, -аю, -ает (*жарг.*)
заны́ривание, -я
заны́ривать, -аю, -ает
занырн**у́ть,** -ну́, -нёт
заныря́ть, -я́ю, -я́ет
заны́ть, зано́ю, зано́ет
заню́нить, заню́ню, заню́нит
заню́ханный; *кр. ф.* -ан, -ана
заню́хать, -аю, -ает
заню́хивать(ся), -аю, -ает(ся)
заня́тие, -я
заня́тность, -и

заня́тный; *кр. ф.* -тен, -тна
занято́й, *прил.*
за́нятость, -и
за́нятый; *кр. ф.* за́нят, занята́, за́нято, *прич.*
заня́ть(ся), займу́(сь), займёт(ся); *прош.* за́нял, заня́лся́, -яла́(сь), за́няло, -яло́сь
заня́тьице, -а
ЗАО́, *нескл., с.* (*сокр.*: закрытое акционерное общество)
зао́блачность, -и
зао́блачный
заовра́жье, -я
заодно́, *нареч.* (бы́ть заодно́ с ке́м-нибудь), но *прил.* **за одно́** (приня́ть за одно́ це́лое)
заозёрный
Заозёрный, -ого (*город*)
заозе́рье, -я, *р. мн.* -рий (*местность за озером, озёрами*) и **Заозе́рье,** -я (*поселок*)
заозира́ться, -а́юсь, -а́ется
зао́йкать, -аю, -ает
заокеа́нский
заоко́нный
зао́кский (*от* Ока́)
Зао́кский, -ого (*город*)
заонежа́не, -а́н, *ед.* -а́нин, -а
заоне́жский
Заоне́жье, -я (*к* Оне́жское о́зеро, Оне́га)
заора́ть, -ру́, -рёт
заорганизо́ванность, -и
заорганизо́ванный; *кр. ф.* -ан, -ана
заорганизова́ть, -зу́ю, -зу́ет
заорганизо́вывание, -я
заорганизо́вывать(ся), -аю, -ает(ся)
заосене́ть, -е́ет
заосеня́ть, -я́ет (*от* о́сень)
заостре́ние, -я
заострённо, *нареч.*
заострённость, -и
заострённый; *кр. ф.* -ён, -ена́
заостри́ть(ся), -рю́, -ри́т(ся)
заостря́ть(ся), -я́ю, -я́ет(ся)
за отсу́тствием
зао́хать, -аю, -ает
зао́чник, -а
зао́чница, -ы, *тв.* -ей
зао́чный
Зао́чье, -я (*к* Ока́)
запа́вший
за́пад, -а (*страна света, направление*) и **За́пад,** -а (*страны Западной Европы и Америки*); Да́льний За́пад, Ди́кий За́пад, Сре́дний За́пад (*территории в США*)
запада́ние, -я
запа́дать, -ает (*начать падать*)
запада́ть, -а́ю, -а́ет (*к* запа́сть)
запа́дина, -ы
запа́динка, -и, *р. мн.* -нок
западло́, *в знач. сказ.* (*жарг.*)
За́падная Белору́ссия
За́падная Герма́ния
За́падная Двина́
За́падная Евро́па
За́падная Ри́мская импе́рия
За́падная Саха́ра
За́падная Сиби́рь
За́падная Украи́на
за́паднее, *нареч.*
за́падник, -а
за́паднический
за́падничество, -а
За́падно-Австрали́йская котлови́на
западноавстрали́йский
За́падно-Австрали́йское тече́ние
западноамерика́нский
западноатланти́ческий
западноафрика́нский
западнобелору́сский
западноберли́нский
За́падно-Болга́рское ца́рство
западногерма́нский
За́падно-Гренла́ндское тече́ние
За́падное полуша́рие
западноевропе́йка, -и, *р. мн.* -е́ек
западноевропе́йский
западноевропе́йцы, -ев, *ед.* -е́ец, -е́йца, *тв.* -е́йцем
западноказахста́нский
За́падно-Камча́тская ни́зменность
За́падно-Кана́дский бассе́йн
За́падно-Каре́льская возвы́шенность
западномонго́льский
за́падно-приатланти́ческий
западноприокеани́ческий
западнору́сский
западнору́сско-лито́вский
западносаха́рский
западносаха́рцы, -ев, *ед.* -рец, -рца, *тв.* -рцем
За́падно-Сиби́рская равни́на
западносиби́рский
За́падно-Сиби́рский нефтега́зовый ко́мплекс
западнославя́нский
западнотихоокеа́нский
западноукраи́нский
западнохристиа́нский
за́падный
За́падный администрати́вный о́круг (*в Москве и др.*)
За́падный Берли́н
За́падный Бу́г
За́падный Пами́р
западня́, -и́, *р. мн.* -не́й
западо́к, -дка́
за́падо-се́веро-за́пад, -а
за́падо-се́веро-за́падный
за́падо-юго-за́пад, -а
за́падо-юго-за́падный
запа́здывание, -я
запа́здывать, -аю, -ает
за па́зухой
за па́зуху
запа́ивание, -я
запа́ивать(ся), -аю(сь), -ает(ся)
запа́йка, -и
запа́йный
запа́йщик, -а
запакети́рованный; *кр. ф.* -ан, -ана
запакети́ровать, -рую, -рует
запако́ванный; *кр. ф.* -ан, -ана
запакова́ть(ся), -ку́ю(сь), -ку́ет(ся)
запако́вка, -и
запако́вочный
запако́вщик, -а
запако́вщица, -ы, *тв.* -ей
запако́вывание, -я
запако́вывать(ся), -аю(сь), -ает(ся)
запа́костить(ся), -ощу(сь), -остит(ся)
запа́кощенный; *кр. ф.* -ен, -ена
запа́кощивание, -я
запа́кощивать(ся), -аю(сь), -ает(ся)
запа́л, -а
запалённый; *кр. ф.* -ён, -ена́
запа́лзывание, -я
запа́лзывать, -аю, -ает
запа́ливание, -я
запа́ливать(ся), -аю(сь), -ает(ся)
запали́ть(ся), -лю́(сь), -ли́т(ся)
запа́льник, -а
запа́льный
запа́льчивость, -и
запа́льчивый
запа́льщик, -а
запа́мятование, -я
запа́мятовать(ся), -тую, -тует(ся)
запанибра́та
запанибра́тский
запанибра́тство, -а
запаникова́ть, -ку́ю, -ку́ет
запаниро́ванный; *кр. ф.* -ан, -ана
запанирова́ть(ся), -ру́ю, -ру́ет(ся)
за́пань, -и
запаралле́ленный; *кр. ф.* -ен, -ена
запаралле́лить, -е́лю, -е́лит
запа́ренный; *кр. ф.* -ен, -ена
запа́ривание, -я
запа́ривать(ся), -аю(сь), -ает(ся)
запа́рить(ся), -рю(сь), -рит(ся)
запари́ть, -и́т (*от* пари́ть)
запа́рка, -и, *р. мн.* -рок
запарко́ванный; *кр. ф.* -ан, -ана
запаркова́ть(ся), -ку́ю(сь), -ку́ет(ся)
запа́рник, -а
запа́рник-смеси́тель, запа́рника-смеси́теля (кормо́в)
запа́рничек, -чка
запарно́й и **запа́рный**
запа́рочный
запа́рхивать, -аю, -ает
запарши́вевший
запарши́веть, -ею, -еет
запа́рывание, -я
запа́рывать(ся), -аю, -ает(ся)
запа́с, -а
запаса́ние, -я
запаса́ть(ся), -а́ю(сь), -а́ет(ся)
запасённый; *кр. ф.* -ён, -ена́
запа́сец, -сца, *тв.* -сцем, *р. мн.* -сцев

запа́ска, -и, *р. мн.* -сок
запа́сливость, -и
запа́сливый
запа́смурнеть, -еет
запа́сник, -а (*хранилище*)
запасни́к, -а́ (*военнообязанный*)
запасно́й и **запа́сный**
запасти́(сь), -су́(сь), -сёт(ся); *прош.* -а́с(ся), -асла́(сь)
запа́сть, -аду́, -адёт; *прош.* -а́л, -а́ла
запа́сший(ся)
запатенто́ванный; *кр. ф.* -ан, -ана
запатентова́ть(ся), -ту́ю(сь), -ту́ет(ся)
запатенто́вывать(ся), -аю(сь), -ает(ся)
запато́ванный; *кр. ф.* -ан, -ана
запатова́ть, -ту́ю, -ту́ет
запаути́ненный; *кр. ф.* -ен, -ена
запаути́ниться, -ится
за́пах, -а
запа́х, -а (*к* запахну́ть)
запа́ханный; *кр. ф.* -ан, -ана
запаха́ть, -ашу́, -а́шет
запа́хивание, -я
запа́хивать(ся), -аю(сь), -ает(ся)
запахну́вший(ся)
запа́хнутый
запа́хнуть, -ну, -нет; *прош.* -а́х, -а́хла
запахну́ть(ся), -ну́(сь), -нёт(ся)
за́паховый
запахопоглоти́тель, -я
запа́хший
запа́чканный; *кр. ф.* -ан, -ана
запа́чкать(ся), -аю(сь), -ает(ся)
запаши́стый
запа́шка, -и, *р. мн.* -шек
запа́шник, -а
запашо́к, -шка́
запа́янный; *кр. ф.* -ян, -яна
запая́ть(ся), -я́ю, -я́ет(ся)
запе́в, -а
запева́ла, -ы, *м.* и *ж.*
запева́лка, -и, *р. мн.* -лок
запева́ние, -я (*от* запева́ть)
запева́ть(ся), -а́ю(сь), -а́ет(ся) (*к* петь)
запе́вка, -и, *р. мн.* -вок
запе́вный
запека́ние, -я
запека́нка, -и, *р. мн.* -нок
запека́ночка, -и, *р. мн.* -чек
запека́ть(ся), -а́ю, -а́ет(ся)
запёкший(ся)
запелёнатый и **запелёнутый**
запелена́ть(ся), -а́ю(сь), -а́ет(ся)
запеленго́ванный; *кр. ф.* -ан, -ана
запеленгова́ть, -гу́ю, -гу́ет
запелёнутый и **запелёнатый**
запелёнывать(ся), -аю(сь), -ает(ся)
запе́ненный; *кр. ф.* -ен, -ена
запе́нивание, -я
запе́нивать(ся), -аю, -ает(ся)
запе́нить(ся), -ню, -нит(ся)
запере́ть(ся), запру́(сь), запрёт(ся); *прош.* за́пер, за́перся́, заперла́(сь), за́перло, за́перло́сь
за́пертый; *кр. ф.* -ерт, -ерта́, -ерто
заперха́ть, -а́ю, -а́ет
за́перший(ся)
заперши́ть, -и́т
запестре́ть[1], -е́ет (*к* пестре́ть[1])
запестре́ть[2], -ри́т (*к* пестре́ть[2])
запестре́ться, -е́ется
запестри́ть, -рю́, -ри́т (*к* пестри́ть)
запетля́ть, -я́ю, -я́ет
запетуши́ться, -шу́сь, -ши́тся
запе́тый
запе́ть(ся), запою́(сь), запоёт(ся)
запеча́литься, -люсь, -лится
запеча́танный; *кр. ф.* -ан, -ана
запеча́тать(ся), -аю, -ает(ся)
запечатлева́ть(ся), -а́ю(сь), -а́ет(ся)
запечатле́ние, -я
запечатлённый; *кр. ф.* -ён, -ена́
запечатле́ть(ся), -е́ю(сь), -е́ет(ся)
запеча́тывание, -я
запеча́тывать(ся), -аю, -ает(ся)
запе́чек, -чка
запечённый; *кр. ф.* -ён, -ена́
запе́чный
запе́чь(ся), -еку́, -ечёт(ся), -еку́т(ся); *прош.* -ёк(ся), -екла́(сь)
запе́чье, -я, *р. мн.* -чий
запива́ние, -я (*от* запива́ть)
запива́ть(ся), -а́ю, -а́ет(ся) (*к* пить)
запи́вка, -и, *р. мн.* -вок
запиво́ха, -и, *м.* и *ж.*
запи́л, -а
запи́ленный; *кр. ф.* -ен, -ена
запи́ливание, -я
запи́ливать(ся), -аю, -ает(ся)
запили́кать, -аю, -ает
запили́ть, -илю́, -и́лит
запило́вка, -и, *р. мн.* -вок
запина́ние, -я
запина́ть(ся), -а́ю(сь), -а́ет(ся)
запи́нка, -и, *р. мн.* -нок
запи́ночка, -и, *р. мн.* -чек
запира́ние, -я
запира́тельство, -а
запира́ть(ся), -а́ю(сь), -а́ет(ся)
запирова́ть(ся), -ру́ю(сь), -ру́ет(ся)
запи́санный; *кр. ф.* -ан, -ана
записа́ть(ся), -ишу́(сь), -и́шет(ся)
запи́ска, -и, *р. мн.* -сок
записно́й
запи́сочка, -и, *р. мн.* -чек
запи́сывание, -я
запи́сывать(ся), -аю(сь), -ает(ся)
за́пись, -и
за́пись-протоко́л, за́писи-протоко́ла, *ж.*
запи́тый; *кр. ф.* -и́т, -ита́, -и́то
запи́ть, запью́, запьёт; *прош.* запи́л, запила́, запи́ло и (*о пьянстве*) за́пил, запила́, за́пило
запи́ханный; *кр. ф.* -ан, -ана
запиха́ть(ся), -а́ю, -а́ет(ся)
запи́хивание, -я
запи́хивать(ся), -аю, -ает(ся)
запи́хнутый
запихну́ть, -ну́, -нёт
запи́чканный; *кр. ф.* -ан, -ана
запи́чкать, -аю, -ает
запища́ть, -щу́, -щи́т
запла́вать, -аю, -ает
запла́канный; *кр. ф.* -ан, -ана
запла́кать, -а́чу, -а́чет
запламене́ть, -е́ю, -е́ет
заплане́тный
заплани́рованный; *кр. ф.* -ан, -ана
заплани́ровать, -рую, -рует
запла́та, -ы
запла́танный; *кр. ф.* -ан, -ана
заплата́ть, -а́ю, -а́ет
заплати́ть(ся), -ачу́, -а́тит(ся)
запла́тка, -и, *р. мн.* -ток
запла́точка, -и, *р. мн.* -чек
запла́ченный; *кр. ф.* -ен, -ена
запла́чка, -и, *р. мн.* -чек
заплёванный; *кр. ф.* -ан, -ана
заплева́ть(ся), -плюю́(сь), -плюёт(ся)
заплёвывание, -я
заплёвывать(ся), -аю, -ает(ся)
заплёсканный; *кр. ф.* -ан, -ана
заплеска́ть(ся), -ещу́(сь), -е́щет(ся) и -а́ю(сь), -а́ет(ся)
заплёскивание, -я
заплёскивать(ся), -аю, -ает(ся)
запле́сневе́вший и **запле́сневший**
запле́сневе́лость, -и
запле́сневе́лый
запле́сневе́ние, -я
запле́сневе́ть, -ею, -еет и -е́ю, -е́ет и **запле́снеть,** -ею, -еет
запле́сневший и **запле́сневе́вший**
заплёснутый
заплесну́ть(ся), -ну́, -нёт(ся)
заплести́(сь), -ету́(сь), -етёт(ся); *прош.* -ёл(ся), -ела́(сь)
заплета́ние, -я
заплета́ть(ся), -а́ю(сь), -а́ет(ся)
заплетённый; *кр. ф.* -ён, -ена́
заплётший(ся)
запле́чики, -ов (*тех.*)
запле́чный
запле́чье, -я, *р. мн.* -чий
заплеши́веть, -ею, -еет
запле́шина, -ы
запломбиро́ванный; *кр. ф.* -ан, -ана
запломбирова́ть(ся), -ру́ю, -ру́ет(ся)
запломбиро́вывание, -я
запломбиро́вывать(ся), -аю, -ает(ся)
запло́т, -а
запло́тный
заплоша́ть, -а́ю, -а́ет
заплута́ть(ся), -а́ю(сь), -а́ет(ся)
заплутова́ть(ся), -ту́ю(сь), -ту́ет(ся)
заплы́в, -а
заплыва́ние, -я
заплыва́ть, -а́ю, -а́ет
заплы́ть, -ыву́, -ывёт; *прош.* -ы́л, -ыла́, -ы́ло
заплюсна́, -ы́
заплůса́ть(ся), -яшу́(сь), -я́шет(ся)
запля́сывать(ся), -аю(сь), -ает(ся)

запну́ться, -ну́сь, -нётся
запове́дание, -я
запове́данный; *кр. ф.* -ан, -ана
запове́дать, -аю, -ает
запове́дник, -а
запове́дность, -и
запове́дный
запове́дование, -я
запове́довать(ся), -дую, -дует(ся)
запове́дующий(ся)
за́поведь, -и
запога́ненный; *кр. ф.* -ен, -ена
запога́нивать(ся), -аю, -ает(ся)
запога́нить(ся), -ню, -нит(ся)
запода́зривание, -я и (*устар.*) **заподо́зривание**, -я
запода́зривать(ся), -аю, -ает(ся) и (*устар.*) **заподо́зривать(ся)**, -аю, -ает(ся)
заподлицо́, *нареч.*
запо́дличать(ся), -аю(сь), -ает(ся)
заподозрева́ть, -а́ю, -а́ет, *сов.* (*начать подозревать*)
заподо́зренный; *кр. ф.* -ен, -ена
заподо́зрить, -рю, -рит
заподря́д, -а (*договор*)
заподряди́ть(ся), -яжу́(сь), -яди́т(ся)
заподряжа́ть(ся), -а́ю(сь), -а́ет(ся)
заподря́женный; *кр. ф.* -ен, -ена
запо́ем, *нареч.*
запоённый; *кр. ф.* -ён, -ена́ и **запо́енный**; *кр. ф.* -ен, -ена
запозда́лость, -и
запозда́лый
запозда́ние, -я
запозда́ть, -а́ю, -а́ет
запоздни́ться, -ню́сь, -ни́тся
за́поздно
запои́ть, -ою́, -о́ит
запо́й, -я
запо́йный
запола́скивание, -я
запола́скивать(ся), -аю(сь), -ает(ся)
за́ полдень
заполёванный; *кр. ф.* -ан, -ана
заполева́ть, -лю́ю, -лю́ет
заполза́ние, -я
запо́лзать, -аю, -ает, *сов.*
заполза́ть, -а́ю, -а́ет, *несов.*
заползти́, -зу́, -зёт; *прош.* -о́лз, -олзла́
запо́лзший
заполиро́ванный; *кр. ф.* -ан, -ана
заполирова́ть(ся), -ру́ю, -ру́ет(ся)
заполиро́вывать(ся), -аю, -ает(ся)
заполитизи́рованность, -и
заполитизи́рованный; *кр. ф.* -ан, -ана
заполитизи́ровать(ся), -рую, -рует(ся)
заполне́ние, -я
запо́лненность, -и
запо́лненный; *кр. ф.* -ен, -ена
заполни́тель, -я
запо́лнить(ся), -ню, -нит(ся)
за́ полночь
заполня́емость, -и
заполня́ть(ся), -я́ю, -я́ет(ся)
заполонённый; *кр. ф.* -ён, -ена́
заполони́ть, -ню́, -ни́т
заполоня́ть(ся), -я́ю, -я́ет(ся)
заполо́сканный; *кр. ф.* -ан, -ана
заполоска́ть(ся), -ощу́(сь), -о́щет(ся) и -а́ю(сь), -а́ет(ся)
заполо́снутый
заполосну́ть, -ну́, -нёт
заполо́шный; *кр. ф.* -шен, -шна
заполуча́ть, -а́ю, -а́ет
заполуче́ние, -я
заполу́ченный; *кр. ф.* -ен, -ена
заполучи́ть, -учу́, -у́чит
за полцены́
заполыха́ть, -а́ет
запо́лье, -я
запо́льный
запо́люсный
заполя́рный
Заполя́рье, -я
запомина́емость, -и
запомина́ние, -я
запомина́ть(ся), -а́ю(сь), -а́ет(ся)
запомина́ющий(ся)
запо́мненный; *кр. ф.* -ен, -ена
запо́мнить(ся), -ню(сь), -нит(ся)
запо́н, -а (*занавеска; передник*)
за́пона, -ы (*застежка, украшение*)
запо́на, -ы (*занавеска*)
за́понка, -и, *р. мн.* -нок
за́поночка, -и, *р. мн.* -чек
за́поночный
запо́р, -а
запора́шивание, -я
запора́шивать(ся), -ает(ся)
запо́рка, -и, *р. мн.* -рок
запо́рный
запоро́жец, -жца, *тв.* -жцем (*автомобиль, мотоцикл*)
Запоро́жская Се́чь (*ист.*)
запоро́жский (*к* Запоро́жье и Запоро́жская Се́чь)
запоро́жцы, -ев, *ед.* -жец, -жца, *тв.* -жцем
запоро́жье, -я, *р. мн.* -жий (*местность за порогом, порогами*)
Запоро́жье, -я (*город*)
запо́ротый
запоро́ть(ся), -орю́, -о́рет(ся)
запоро́шенный; *кр. ф.* -ен, -ена и **запорошённый**; *кр. ф.* -ён, -ена́
запороши́ть(ся), -и́т(ся)
запо́рскать, -аю, -ает
запорха́ть, -а́ю, -а́ет
запорхну́ть, -ну́, -нёт
запости́ться, -ощу́сь, -ости́тся
запотева́ние, -я
запотева́ть, -а́ю, -а́ет
запоте́лый
запоте́ть, -е́ю, -е́ет
запо́тчевать, -чую, -чует
започива́ть, -а́ю, -а́ет
запоши́вочный
запоя́санный; *кр. ф.* -ан, -ана
запоя́сать(ся), -я́шу(сь), -я́шет(ся)
запоя́сывать(ся), -аю(сь), -ает(ся)
запра́вдашний и **запра́вдашный**
запра́вду, *нареч.*
заправи́ла, -ы, *м.*
заправи́тель, -я
запра́вить(ся), -влю(сь), -вит(ся)
запра́вка, -и, *р. мн.* -вок
запра́вленный; *кр. ф.* -ен, -ена
заправля́ть(ся), -я́ю(сь), -я́ет(ся)
запра́вочка, -и, *р. мн.* -чек
запра́вочно-ремо́нтный
запра́вочный
запра́вски
запра́вский
запра́вщик, -а
запра́вщица, -ы, *тв.* -ей
запра́здновать, -ную, -нует
запра́шивание, -я
запра́шивать(ся), -аю, -ает(ся)
запрева́ние, -я
запрева́ть, -а́ет
запреде́льность, -и
запреде́льный; *кр. ф.* -лен, -льна
запрезира́ть, -а́ю, -а́ет
запре́лый
запрессинго́ванный; *кр. ф.* -ан, -ана
запрессингова́ть, -гу́ю, -гу́ет
запрессо́ванный; *кр. ф.* -ан, -ана
запрессова́ть(ся), -ссу́ю, -ссу́ет(ся)
запрессо́вка, -и
запрессо́вывать(ся), -аю, -ает(ся)
запресто́льный
запре́т, -а
запрети́тельный; *кр. ф.* -лен, -льна
запрети́тельство, -а
запрети́ть, -ещу́, -ети́т
запре́тка, -и, *р. мн.* -ток
запре́тность, -и
запре́тный; *кр. ф.* -тен, -тна
запре́ть, -е́ет
запреща́ть(ся), -а́ю, -а́ет(ся)
запреще́ние, -я
запрещённый; *кр. ф.* -ён, -ена́
заприме́тить, -е́чу, -е́тит
заприме́ченный; *кр. ф.* -ен, -ена
заприхо́дование, -я
заприхо́дованный; *кр. ф.* -ан, -ана
заприхо́довать(ся), -дую, -дует(ся)
заприча́стный (заприча́стное богослуже́ние, пе́ние)
запричита́ть, -а́ю, -а́ет
запрограмми́рованность, -и
запрограмми́рованный; *кр. ф.* -ан, -ана
запрограмми́ровать(ся), -рую(сь), -рует(ся)
запродава́ть(ся), -даю́(сь), -даёт(ся)
запрода́жа, -и, *тв.* -ей
запрода́жный
запро́данный; *кр. ф.* -ан, -ана
запрода́ть(ся), -а́м(ся), -а́шь(ся), -а́ст(ся), -ади́м(ся), -ади́те(сь), -аду́т(ся); *прош.* -о́да́л, -а́лся, -ала́(сь), -о́да́ло, -а́ло́сь

запроекти́рованный; *кр. ф.* -ан, -ана
запроекти́ровать, -рую, -рует
запроки́дывание, -я
запроки́дывать(ся), -аю(сь), -ает(ся)
запроки́нутый
запроки́нуть(ся), -ну(сь), -нет(ся)
запропа́вший
запропасти́ть(ся), -ащу́(сь), -асти́т(ся)
запропа́сть, -аду́, -адёт; *прош.* -а́л, -а́ла
запро́с, -а
запро́сец, -сца, *тв.* -сцем, *р. мн.* -сцев
запроси́ть(ся), -ошу́(сь), -о́сит(ся)
за́просто
запро́счик, -а
запро́сы, -ов (*потребности*)
запротестова́ть, -ту́ю, -ту́ет
запроти́виться, -влюсь, -вится
запротиворе́чить, -чу, -чит
запротоколи́рованный; *кр. ф.* -ан, -ана
запротоколи́ровать, -рую, -рует
запротоко́лить, -лю, -лит
запроходно́й
запроцента́ванный; *кр. ф.* -ан, -ана
запроцентова́ть, -ту́ю, -ту́ет
запро́шенный; *кр. ф.* -ен, -ена
запро́шлый (*прост. к* позапро́шлый)
запру́да, -ы
запруди́ть(ся), -ужу́, -у́ди́т(ся)
запру́дный
запружа́ть(ся), -а́ю, -а́ет(ся)
запру́женный; *кр. ф.* -ен, -ена и **запружённый**; *кр. ф.* -ён, -ена́
запру́живание, -я
запру́живать(ся), -аю, -ает(ся)
запры́гать(ся), -аю(сь), -ает(ся)
запры́гивать, -аю, -ает
запры́гнуть, -ну, -нет
запры́скать, -аю, -ает
запрыща́вевший
запрыща́веть, -ею, -еет
запряга́ние, -я
запряга́ть(ся), -а́ю(сь), -а́ет(ся)
запря́гший(ся)
запряжённый; *кр. ф.* -ён, -ена́
запря́жка, -и, *р. мн.* -жек
запряжно́й
запря́сть, -яду́, -ядёт; *прош.* -я́л, -яла́, -я́ло
запря́танный; *кр. ф.* -ан, -ана
запря́тать(ся), -я́чу(сь), -я́чет(ся)
запря́тывание, -я
запря́тывать(ся), -аю(сь), -ает(ся)
запря́чь(ся), -ягу́(сь), -яжёт(ся), -ягу́т(ся); *прош.* -я́г(ся), -ягла́(сь)
запсихова́ть, -иху́ю, -иху́ет
запу́ганность, -и
запу́ганный; *кр. ф.* -ан, -ана
запуга́ть(ся), -а́ю(сь), -а́ет(ся)
запу́гивание, -я
запу́гивать(ся), -аю(сь), -ает(ся)
запу́дренный; *кр. ф.* -ен, -ена
запу́дривание, -я
запу́дривать(ся), -аю(сь), -ает(ся)
запу́дрить(ся), -рю(сь), -рит(ся)
запузы́ривать(ся), -аю, -ает(ся)
запузы́рить(ся), -рю, -рит(ся)
запулённый; *кр. ф.* -ён, -ена́
запу́ливать(ся), -аю, -ает(ся)
запули́ть, -лю́, -ли́т
запульси́ровать, -рует
запунцо́веть, -ею, -еет
запуржи́ть, -и́т
за́пуск, -а
запуска́ние, -я
запуска́ть(ся), -а́ю, -а́ет(ся)
запускно́й
запусте́лый
запусте́ние, -я
запусте́ть, -е́ет
запусти́ть, -ущу́, -у́стит
запустошённый; *кр. ф.* -ён, -ена́
запустоши́ть, -шу́, -ши́т
запу́танно, *нареч.*
запу́танность, -и
запу́танный; *кр. ф. прич.* -ан, -ана; *кр. ф. прил.* (*сложный, неясный*) -ан, -анна
запу́тать(ся), -аю(сь), -ает(ся)
запутеше́ствовать(ся), -твую(сь), -твует(ся)
запу́тывание, -я
запу́тывать(ся), -аю(сь), -ает(ся)
запуха́ние, -я
запуха́ть, -а́ю, -а́ет
запу́хнуть, -ну, -нет; *прош.* -у́х, -у́хла
запу́хший
запушённый; *кр. ф.* -ён, -ена́
запуши́ть(ся), -шу́, -ши́т(ся)
запуще́ние, -я
запу́щенность, -и
запу́щенный; *кр. ф.* -ен, -ена
запча́сти, -е́й
запы́женный; *кр. ф.* -ен, -ена
запы́живать(ся), -аю, -ает(ся)
запы́жить(ся), -жу(сь), -жит(ся)
запыла́ть, -а́ю, -а́ет
запылённость, -и
запылённый; *кр. ф.* -ён, -ена́
запыли́ть(ся), -лю́(сь), -ли́т(ся)
запыря́ть, -я́ю, -я́ет
запыта́ть, -а́ю, -а́ет
запыха́ться, -а́юсь, -а́ется
запыхте́ть, -хчу́, -хти́т
запьяне́ть, -е́ю, -е́ет
запья́нствовать, -твую, -твует
запьянцо́вский
запя́стный
запя́стье, -я, *р. мн.* -тий
запята́я, -о́й
за пятеры́х
запя́тить(ся), -я́чу(сь), -я́тит(ся)
запя́тки, -ток
запя́тнанность, -и
запя́тнанный; *кр. ф.* -ан, -ана
запятна́ть(ся), -а́ю(сь), -а́ет(ся)
запя́точки, -чек
запяту́шка, -и, *р. мн.* -шек
запя́ченный; *кр. ф.* -ен, -ена
запя́чивать(ся), -аю, -ает(ся)
зараба́тывание, -я
зараба́тывать(ся), -аю(сь), -ает(ся)
зарабо́танный; *кр. ф.* -ан, -ана
зарабо́тать(ся), -аю(сь), -ает(ся)
за́работный: за́работная пла́та
за́работок, -тка
зара́внивание, -я
зара́вниватель, -я
зара́внивать(ся), -аю, -ает(ся)
за-ра́ди, *предлог* (*обл.* и *прост.*) (за-ра́ди де́нег)
заража́емость, -и
заража́ть(ся), -а́ю(сь), -а́ет(ся)
зараже́ние, -я
заражённость, -и
заражённый; *кр. ф.* -ён, -ена́
за́раз, *нареч.* (*сейчас, сию минуту, обл.*)
зара́з, *нареч.* (*сразу, за один прием*)
зара́за, -ы
зарази́тельность, -и
зарази́тельный; *кр. ф.* -лен, -льна
зарази́ть(ся), -ажу́(сь), -ази́т(ся)
зарази́ха, -и
заразиховыно́сливый
зара́зливый
зара́зность, -и
зара́зный; *кр. ф.* -зен, -зна
зара́йский (*от* Зара́йск)
зара́йцы, -ев, *ед.* -а́ец, -а́йца, *тв.* -а́йцем
зара́не (*устар. к* зара́нее)
зара́нее, *нареч.*
зарапортова́ться, -ту́юсь, -ту́ется
зараста́ние, -я
зараста́ть, -а́ю, -а́ет
зарасти́, -ту́, -тёт; *прош.* заро́с, заросла́
зарасти́ть, заращу́, зарасти́т
Зарату́стра, -ы, *м.* и **Зарату́штра**, -ы, *м.*
зараще́ние, -я
заращённый; *кр. ф.* -ён, -ена́
зара́щивание, -я
зара́щивать(ся), -аю, -ает(ся)
зарва́ться, -ву́сь, -вётся; *прош.* -а́лся, -ала́сь, -а́ло́сь
зардева́ть(ся), -а́ю(сь), -а́ет(ся)
зарде́ть(ся), -е́ю(сь), -е́ет(ся)
зарёберный
зарёванный; *кр. ф.* -ан, -ана
зарева́ть, зарю́ю, зарю́ет
зареве́ть, -ву́, -вёт
заревнова́ть, -ну́ю, -ну́ет
за́ревный (*от* за́рево)
за́рево, -а
зарево́й
зарегистри́рованный; *кр. ф.* -ан, -ана
зарегистри́ровать(ся), -рую(сь), -рует(ся)
зарегламенти́рованность, -и
зарегламенти́рованный; *кр. ф.* -ан, -ана
зарегламенти́ровать, -рую, -рует
зарегули́рование, -я

зарегули́рованный; *кр. ф.* -ан, -ана
зарегули́ровать(ся), -рую, -рует(ся)
зареде́ть, -е́ет
заре́з, -а
заре́занный; *кр. ф.* -ан, -ана
заре́зать(ся), -е́жу(сь), -е́жет(ся), *сов.*
зареза́ть(ся), -а́ю(сь), -а́ет(ся), *несов.*
зарезви́ться, -влю́сь, -ви́тся
зарезерви́рованный; *кр. ф.* -ан, -ана
зарезерви́ровать, -рую, -рует
заре́зистый
зарека́ться, -а́юсь, -а́ется
зарекомендо́ванный; *кр. ф.* -ан, -ана
зарекомендова́ть(ся), -ду́ю(сь), -ду́ет(ся)
зарекомендо́вывать(ся), -аю(сь), -ает(ся)
зарёкшийся
зареми́зиться, -зится
заретуши́рованный; *кр. ф.* -ан, -ана
заретуши́ровать(ся), -рую, -рует(ся)
зареча́не, -а́н, *ед.* -а́нин, -а
зареча́нка, -и, *р. мн.* -нок
заре́ченский
заре́чный
заре́чье, -я, *р. мн.* -чий (*местность за рекой*) и **Заре́чье,** *-я* (*поселок*)
заре́чься, -еку́сь, -ечётся, -еку́тся; *прош.* -ёкся, -екла́сь
зареше́тить, -ше́чу, -ше́тит и **зарешети́ть,** -шечу́, -шети́т
зареше́ченный; *кр. ф.* -ен, -ена и **зарешечённый;** *кр. ф.* -ён, -ена́
зареше́чивать(ся), -аю, -ает(ся)
заре́ять, -е́ет
заржа́ве́вший
заржаве́лый
заржа́веть, -еет и **заржаве́ть,** -е́ет
заржа́вленность, -и
заржа́вленный; *кр. ф.* -ен, -ена
заржа́вый
заржа́ть, -жу́, -жёт
зари́н, -а
зарисо́ванный; *кр. ф.* -ан, -ана
зарисова́ть(ся), -су́ю(сь), -су́ет(ся)
зарисо́вка, -и, *р. мн.* -вок
зарисо́вочка, -и, *р. мн.*-чек
зарисо́вывание, -я
зарисо́вывать(ся), -аю, -ает(ся)
за́риться, за́рюсь, за́рится (*смотреть с завистью, сильно желая*)
зари́фить, -флю, -фит
зари́фленный; *кр. ф.* -ен, -ена
зарифля́ть(ся), -я́ю, -я́ет(ся)
зарифмо́ванный; *кр. ф.* -ан, -ана
зарифмова́ть(ся), -му́ю, -му́ет(ся)
зарифмо́вывание, -я
зарифмо́вывать(ся), -аю, -ает(ся)
зарни́ца, -ы, *тв.* -ей
зарни́чный
заробе́ть, -е́ю, -е́ет
заро́вненный; *кр. ф.* -ен, -ена
заровня́ть(ся), -я́ю, -я́ет(ся) (*к ро́вный*)
заро́д, -а
зароди́ть(ся), -ожу́, -оди́т(ся)
заро́дыш, -а, *тв.* -ем
заро́дышевый
зарожда́ть(ся), -а́ю, -а́ет(ся)
зарожде́ние, -я
зарождённый; *кр. ф.* -ён, -ена́
зарозове́ть(ся), -е́ю(сь), -е́ет(ся)
зарои́ть(ся), -и́т(ся)
заро́к, -а
зарокота́ть, -ко́чет
заро́ненный; *кр. ф.* -ен, -ена
зарони́ть(ся), -оню́, -о́нит(ся)
заропта́ть, -опщу́, -о́пщет
за́росли, -ей и **за́росль,** -и
за́росток, -тка
заро́сший
зарпла́та, -ы
зарпла́тный
зару́б, -а
заруба́ние, -я
заруба́ть(ся), -а́ю(сь), -а́ет(ся)
за рубе́ж (уе́хать за рубе́ж)
зарубе́ж, -а́ (рабо́тать на зарубе́ж)
зарубе́жка, -и
зарубе́жный
за рубежо́м (находи́ться за рубежо́м)
зарубе́жье, -я
зару́бина, -ы
зарубине́цкий (зарубине́цкая культу́ра, *археол.*)
зару́бинка, -и, *р. мн.* -нок
заруби́ть(ся), -ублю́(сь), -у́бит(ся)
зару́бка, -и, *р. мн.* -бок
зару́бленный; *кр. ф.* -ен, -ена
зарубцева́ние, -я
зарубцева́ть(ся), -цу́ет(ся)
зарубцо́ванный; *кр. ф.* -ан, -ана
зарубцо́вывание, -я
зарубцо́вывать(ся), -ает(ся)
зару́бщик, -а
зару́ганный; *кр. ф.* -ан, -ана
заруга́ть(ся), -а́ю(сь), -а́ет(ся)
зару́ка, -и
зарука́вник, -а
зарука́вье, -я, *р. мн.* -вий
зарукоплеска́ть, -ещу́, -е́щет
зару́ливание, -я
зару́ливать(ся), -аю, -ает(ся)
зарули́ть, -лю́, -ли́т
зарумя́ненный; *кр. ф.* -ен, -ена
зарумя́нивание, -я
зарумя́нивать(ся), -аю(сь), -ает(ся)
зарумя́нить(ся), -ню(сь), -нит(ся)
заруча́ться, -а́юсь, -а́ется
заручи́ться, -чу́сь, -чи́тся
зару́чка, -и, *р. мн.* -чек
зары́бить, -блю, -бит
зарыбле́ние, -я
зары́бленный; *кр. ф.* -ен, -ена
зарыбля́ть, -я́ю, -я́ет
зарыва́ние, -я
зарыва́ть(ся), -а́ю(сь), -а́ет(ся)
зарыда́ть, -а́ю, -а́ет
зарыже́ть, -е́ю, -е́ет
зарыка́ть, -а́ю, -а́ет и **зары́кать,** -аю, -ает
зарыси́ть, -и́т
зары́скать, -ы́щу, -ы́щет и -аю, -ает
зары́тый
зары́ть(ся), заро́ю(сь), заро́ет(ся)
зарыча́ть, -чу́, -чи́т
зарья́ть, *буд. вр. не употр., прош.* -я́л, -я́ла
зарю́мить(ся), -млю(сь), -мит(ся)
заря́, -и́, *вин.* зарю́ и (*устар.*) зо́рю, *мн.* зо́ри, зорь, зо́рям
зарябе́ть, -е́ет
заряби́ть(ся), -и́т(ся)
заря́вкать, -аю, -ает
заря́д, -а
заряди́ть(ся), -яжу́(сь), -я́ди́т(ся)
заря́дка, -и, *р. мн.* -док
заря́дный
заря́довый
заря́дочка, -и, *р. мн.* -чек
заря́дчик, -а
заря́дчица, -ы, *тв.* -ей
заря́дье, -я, *р. мн.* -дий (*место за торговым рядом, рядами*)
Заря́дье, -я (*район в Москве*)
заряжа́льщик, -а
заряжа́льщица, -ы, *тв.* -ей
заряжа́ние, -я
заряжа́ть(ся), -а́ю(сь), -а́ет(ся)
заряже́ние, -я
заря́женность, -и
заря́женный; *кр. ф.* -ен, -ена и **заряжённый;** *кр. ф.* -ён, -ена́
заря́-зарени́ца, *др. формы не употр.*
заряни́ца, -ы, *тв.* -ей
заря́нка, -и, *р. мн.* -нок
за́рящийся
заса́да, -ы
засади́ть, -ажу́, -а́дит
заса́дка, -и, *р. мн.* -док
заса́днить, -ит и **засадни́ть,** -и́т
заса́дный
засажа́ть, -а́ю, -а́ет
заса́женный; *кр. ф.* -ен, -ена
заса́живание, -я
заса́живать(ся), -аю(сь), -ает(ся)
заса́ленный; *кр. ф.* -ен, -ена
заса́ливание, -я
заса́ливать(ся), -аю(сь), -ает(ся)
заса́лить(ся), -лю(сь), -лит(ся)
засамово́льничать, -аю, -ает
засанда́ливать, -аю, -ает
засанда́лить, -лю, -лит
заса́ривать(ся), -аю, -ает(ся)
заса́сывание, -я
заса́сывать(ся), -аю(сь), -ает(ся)
заса́харенный; *кр. ф.* -ен, -ена
заса́харивание, -я
заса́харивать(ся), -аю, -ает(ся)
заса́харить(ся), -рю, -рит(ся)
засачкова́ть, -ку́ю, -ку́ет
засбои́ть, -ою, -ои́т
засва́танный; *кр. ф.* -ан, -ана
засва́тать, -аю, -ает

засва́тывать, -аю, -ает
засвеже́ть, -е́ет
засверб́еть, -би́т
засверка́ть, -а́ю, -а́ет
засверли́ть, -лю́, -ли́т
засвети́ть(ся), -ечу́(сь), -е́тит(ся)
засве́тка, -и, *р. мн.* -ток
засветле́ть(ся), -е́ет(ся)
за́светло
засве́ченный; *кр. ф.* -ен, -ена
засве́чивание, -я
засве́чивать(ся), -аю(сь), -ает(ся)
засвиде́тельствование, -я
засвиде́тельствованный; *кр. ф.* -ан, -ана
засвиде́тельствовать, -твую, -твует
засвиристе́ть, -рищу́, -ристи́т
засви́станный; *кр. ф.* -ан, -ана
засвиста́ть, -ищу́, -и́щет
засвисте́ть, -ищу́, -исти́т
засви́стывание, -я
засви́стывать(ся), -аю(сь), -ает(ся)
засдава́ться, -даю́сь, -даётся
засда́ться, -а́мся, -а́шься, -а́стся, -адимся, -ади́тесь, -аду́тся; *прош.* -а́лся, -ала́сь, -а́ло́сь
засе́в, -а
засева́ние, -я
засева́ть(ся), -а́ю, -а́ет(ся)
заседа́ние, -я
заседа́тель, -я
заседа́тельница, -ы, *тв.* -ей
заседа́тельский
заседа́тельство, -а
заседа́тельствовать, -твую, -твует
заседа́тельша, -и, *тв.* -ей
заседа́ть, -а́ю, -а́ет
заседе́льный
засёдланный; *кр. ф.* -ан, -ана
заседла́ть, -а́ю, -а́ет
засёдлывать(ся), -аю, -ает(ся)
засе́ивание, -я
засе́ивать(ся), -аю, -ает(ся)
за́сека, -и; но: **Козло́ва За́сека** (*станция*)
засека́ние, -я
засека́ть(ся), -а́ю, -а́ет(ся)
засекре́тить(ся), -ре́чу(сь), -ре́тит(ся)
засекре́тничать, -аю, -ает
засекре́ченный; *кр. ф.* -ен, -ена
засекре́чивание, -я
засекре́чивать(ся), -аю(сь), -ает(ся)
засе́кший(ся) и **засёкший(ся)**
заселе́нец, -нца, *тв.* -нцем, *р. мн.* -нцев
заселе́ние, -я
заселённость, -и
заселённый; *кр. ф.* -ён, -ена́
засели́ть(ся), -елю́, -е́ли́т(ся)
засе́льщик, -а
заселя́ть(ся), -я́ю, -я́ет(ся)
засемени́ть, -ню́, -ни́т
за семеры́х
засентябри́ть, -ри́т
засеребрённый; *кр. ф.* -ён, -ена́
засеребри́ть(ся), -рю́, -ри́т(ся)
засере́ть(ся), -е́ет(ся)
засерьёзненный; *кр. ф.* -ен, -ена
засерьёзнить, -ню, -нит
засе́сть, зася́ду, зася́дет; *прош.* засе́л, засе́ла
засечённый; *кр. ф.* -ён, -ена́ и (*наказанный поркой – также*) **засе́ченный;** *кр. ф.* -ен, -ена
засе́чка, -и, *р. мн.* -чек
засе́чный
засе́чь(ся), -еку́, -ечёт(ся), -еку́т(ся); *прош.* -ёк(ся) и -е́к(ся), -екла́(сь)
засе́янный; *кр. ф.* -ян, -яна
засе́ять(ся), -е́ю, -е́ет(ся)
засигна́лить, -лю, -лит
засиде́ть(ся), -ижу́(сь), -иди́т(ся)
заси́дка, -и, *р. мн.* -док
заси́женный; *кр. ф.* -ен, -ена
заси́живание, -я
заси́живать(ся), -аю(сь), -ает(ся)
засилосо́ванный; *кр. ф.* -ан, -ана
засилосова́ть, -су́ю, -су́ет
заси́лье, -я
заси́м, *нареч.*
засинённый; *кр. ф.* -ён, -ена́
засине́ть(ся), -е́ет(ся)
заси́нивание, -я
заси́нивать(ся), -аю, -ает(ся)
засини́ть(ся), -ню́, -ни́т(ся)
засипе́ть, -плю́, -пи́т
засия́ть, -я́ю, -я́ет
заска́бливание, -я
заска́бливать(ся), -аю, -ает(ся)
заскака́ть(ся), заскачу́(сь), заска́чет(ся)
заска́кивание, -я
заска́кивать, -аю, -ает
засканда́лить, -лю, -лит
засквози́ть(ся), -и́т(ся)
заскирдо́ванный; *кр. ф.* -ан, -ана
заскирдова́ть(ся), -ду́ю, -ду́ет(ся)
заскирдо́вывание, -я
заскирдо́вывать(ся), -аю, -ает(ся)
за ско́бки (вы́нести)
заско́бленный; *кр. ф.* -ен, -ена
заскобли́ть(ся), -лю́, -ли́т(ся)
заско́к, -а
заскользи́ть, -льжу́, -льзи́т
заскоро́дить, -о́жу́, -о́ди́т (*обл.*)
заскору́злость, -и
заскору́злый
заскору́знувший
заскору́знуть, -ну, -нет; *прош.* -у́знул и -у́з, -у́зла
заскору́зший
заскочи́ть, -очу́, -о́чит
заскрёбший(ся)
заскрежета́ть, -жещу́, -же́щет
заскрести́(сь), -ребу́(сь), -ребёт(ся); *прош.* -рёб(ся), -ребла́(сь)
заскрипе́ть, -плю́, -пи́т
заскро́мничать, -аю, -ает
заскули́ть, -лю́, -ли́т
заскуча́ть, -а́ю, -а́ет
засла́бить, -ит
засла́бнуть, -ну, -нет, *прош.* -а́б, -а́бла
за́сланный; *кр. ф.* -ан, -ана (*от* засла́ть)
засласти́ть, -ащу́, -асти́т
засла́ть, зашлю́, зашлёт; *прош.* засла́л, засла́ла (*к* слать)
заслащённый; *кр. ф.* -ён, -ена́
засла́щивание, -я
засла́щивать(ся), -аю, -ает(ся)
заследи́ть, -ежу́, -еди́т
засле́женный; *кр. ф.* -ен, -ена
засле́живание, -я
засле́живать(ся), -аю, -ает(ся)
заслези́ться, -и́тся
заслепи́ть, -плю́, -пи́т
заслепле́ние, -я
заслеплённый; *кр. ф.* -ён, -ена́
заслепля́ть, -я́ю, -я́ет
заслои́ться, -и́тся
засло́н, -а
заслоне́ние, -я
заслонённый; *кр. ф.* -ён, -ена́
заслони́ть(ся), -оню́(сь), -о́ни́т(ся)
засло́нка, -и, *р. мн.* -нок
засло́ночка, -и, *р. мн.* -чек
засло́ночный
заслоня́ть(ся), -я́ю(сь), -я́ет(ся)
заслу́га, -и
заслу́женно, *нареч.*
заслу́женность, -и
заслу́женный; *кр. ф. прич.* -ен, -ена; *кр. ф. прил.* (*достигнутый трудом, заслугами; справедливый*) -ен, -енна (и́х побе́да заслу́женна)
заслу́живать(ся), -аю, -ает(ся)
заслужи́ть(ся), -ужу́(сь), -у́жит(ся)
заслу́шание, -я
заслу́шанный; *кр. ф.* -ан, -ана
заслу́шать(ся), -аю(сь), -ает(ся)
заслу́шивание, -я
заслу́шивать(ся), -аю(сь), -ает(ся)
заслы́шанный; *кр. ф.* -ан, -ана
заслы́шать(ся), -шу, -шит(ся)
заслюнённый; *кр. ф.* -ён, -ена́
заслю́нивать(ся), -аю(сь), -ает(ся)
заслюни́ть(ся), -ню́(сь), -ни́т(ся)
заслюня́вить(ся), -влю(сь), -вит(ся)
заслюня́вленный; *кр. ф.* -ен, -ена
засма́ливание, -я
засма́ливать(ся), -аю(сь), -ает(ся)
засма́ркивать(ся), -аю, -ает(ся)
засма́тривание, -я
засма́тривать(ся), -аю(сь), -ает(ся)
засме́ивание, -я
засме́ивать, -аю, -ает
засмерде́ть, -и́т
засме́янный; *кр. ф.* -ян, -яна
засмея́ть(ся), -ею́(сь), -еёт(ся)
засмолённый; *кр. ф.* -ён, -ена́
засмоли́ть(ся), -лю́(сь), -ли́т(ся)
засмо́лка, -и (*действие*)
засмо́лок, -лка (*порок древесины*)
засмо́рканный; *кр. ф.* -ан, -ана
засморка́ть(ся), -а́ю(сь), -а́ет(ся)

засмотре́ться, -отрю́сь, -о́трится
засмуща́ться, -а́юсь, -а́ется
засне́женность, -и
засне́женный; *кр. ф.* -ен, -ена и **заснежённый**; *кр. ф.* -ён, -ена́
заснежи́ть(ся), -и́т(ся)
заснима́ть, -а́ю, -а́ет
заснова́ть, -ную́, -нуёт
засну́ть(ся), -ну́, -нёт(ся)
засня́тый; *кр. ф.* -я́т, -ята́, -я́то
засня́ть, -ниму́, -ни́мет; *прош.* -я́л, -яла́, -я́ло
засобира́ться, -а́юсь, -а́ется
засо́в, -а
засо́ванный; *кр. ф.* -ан, -ана
засова́ть, засую́, засуёт
засо́веститься, -ещусь, -естится
за со́весть: не за стра́х, а за со́весть
засовеща́ться, -а́юсь, -а́ется
засо́вывание, -я
засо́вывать(ся), -аю, -ает(ся)
засокруша́ться, -а́юсь, -а́ется
засо́л, -а
засоле́ние, -я
засолённость, -и
засо́ленный; *кр. ф.* -ен, -ена и (*о почве, воде*) **засолённый**; *кр. ф.* -ён, -ена́
засоли́ть(ся), -олю́, -о́ли́т(ся)
засо́лка, -и
засолоне́ть, -е́ет
засо́лочный
засо́льный
засо́льщик, -а
засо́льщица, -ы, *тв.* -ей
засоля́ть(ся), -я́ю, -я́ет(ся)
засомнева́ться, -а́юсь, -а́ется
засо́ня, -и, *р. мн.* -ей и засо́нь, *м.* и *ж.*
засопе́ть, -плю́, -пи́т
засо́р, -а
засоре́ние, -я
засорённость, -и
засорённый; *кр. ф.* -ён, -ена́
засори́тель, -я
засори́ть(ся), -рю́, -ри́т(ся)
засоря́ть(ся), -я́ю, -я́ет(ся)
засо́с, -а
засо́санный; *кр. ф.* -ан, -ана
засоса́ть, -осу́, -осёт
засо́хлый
засо́хнуть, -ну, -нет; *прош.* -о́х, -о́хла
засо́хший
засочи́ться, -и́тся
за́спанно, *нареч.*
за́спанность, -и
за́спанный; *кр. ф. прич.* (*от* заспа́ть) -ан, -ана; *кр. ф. прил.* -ан, -анна (*со следами сна*)
заспа́ть(ся), -плю́(сь), -пи́т(ся); *прош.* -а́л(ся), -ала́(сь), -а́ло, -а́ло́сь
заспеси́виться, -влюсь, -вится
заспеши́ть, -шу́, -ши́т
заспи́нник, -а
заспи́нный
заспирто́ванный; *кр. ф.* -ан, -ана
заспиртова́ть(ся), -ту́ю, -ту́ет(ся)
заспирто́вывание, -я
заспирто́вывать(ся), -аю, -ает(ся)
засплетничать, -аю, -ает
заспо́рить(ся), -рю(сь), -рит(ся) (*к* спо́рить)
заспо́ри́ться, заспо́ри́тся (*о работе*)
засрами́ть, -млю́, -ми́т
засрамлённый; *кр. ф.* -ён, -ена́
засребри́ться, -и́тся
застабилизи́рованный; *кр. ф.* -ан, -ана
застабилизи́ровать(ся), -рую, -рует(ся)
заста́ва, -ы; но (*в названиях площадей и ист. районов*) **Заста́ва,** -ы, *напр.*: Рого́жская Заста́ва (*площадь в Москве*), На́рвская Заста́ва, Не́вская Заста́ва (*ист. районы в Петербурге*)
застава́ние, -я
застава́ть, -таю́, -таёт
заста́вить(ся), -влю(сь), -вит(ся)
заста́вка, -и, *р. мн.* -вок
заста́вленный; *кр. ф.* -ен, -ена
заставля́ть(ся), -я́ю(сь), -я́ет(ся)
заста́вный
заста́вочный
заста́вский
заста́ивание, -я
заста́иваться, -аюсь, -ается
застарева́ние, -я
застарева́ть, -а́ет
застаре́лость, -и
застаре́лый
застаре́ние, -я
застаре́ть, -е́ет
заста́ть, -а́ну, -а́нет
застаю́щий
застега́ть, -а́ю, -а́ет
застёгивание, -я
застёгивать(ся), -аю(сь), -ает(ся)
застёгнутый
застегну́ть(ся), -ну́(сь), -нёт(ся)
застёжечка, -и, *р. мн.* -чек
застёжечный
застёжка, -и, *р. мн.* -жек
застёжковый
застеклене́ть, -е́ет
застекле́ние, -я
застеклённый; *кр. ф.* -ён, -ена́
застекли́ть, -лю́, -ли́т
застекля́ть(ся), -я́ю, -я́ет(ся)
засте́ленный; *кр. ф.* -ен, -ена
застели́ть, застелю́, засте́лет; *прош.* -и́л, -и́ла
засте́нный
застенографи́рованный; *кр. ф.* -ан, -ана
застенографи́ровать(ся), -рую, -рует(ся)
засте́нок, -нка
засте́ночный
засте́нчивость, -и
засте́нчивый
застесня́ться, -я́юсь, -я́ется
застига́ние, -я
застига́ть(ся), -а́ю, -а́ет(ся)
засти́гнувший
засти́гнутый
засти́гнуть и **засти́чь,** -и́гну, -и́гнет; *прош.* -и́г и -и́гнул, -и́гла
засти́гший
засти́л, -а
застила́ние, -я
застила́ть(ся), -а́ю, -а́ет(ся)
засти́лка, -и, *р. мн.* -лок
засти́лочный
засти́ранный; *кр. ф.* -ан, -ана
застира́ть(ся), -а́ю, -а́ет(ся)
засти́рывание, -я
засти́рывать(ся), -аю, -ает(ся)
за́стить(ся), за́щу, за́стит(ся)
засти́чь и **засти́гнуть,** -и́гну, -и́гнет; *прош.* -и́г и -и́гнул, -и́гла
за́стланный; *кр. ф.* -ан, -ана (*от* застла́ть)
застла́ть(ся), застелю́, засте́лет(ся); *прош.* -а́л(ся), -а́ла(сь) (*к* стлать)
застого́ванный; *кр. ф.* -ан, -ана
застогова́ть(ся), -гу́ю, -гу́ет(ся)
засто́й, -я
засто́йность, -и
засто́йный
застолби́ть, -блю́, -би́т
застолблённый; *кр. ф.* -ён, -ена́
засто́лица, -ы, *тв.* -ей
засто́лье, -я, *р. мн.* -лий
засто́льная, -ой
засто́льник, -а
засто́льный
застона́ть, -ону́, -о́нет и -а́ю, -а́ет
засто́поренный; *кр. ф.* -ен, -ена
засто́поривание, -я
засто́поривать(ся), -аю, -ает(ся)
засто́порить(ся), -рю, -рит(ся)
засто́порка, -и
застоя́лый
застоя́ться, -ою́сь, -ои́тся
застра́гивание, -я и **застру́гивание,** -я
застра́гивать(ся), -аю, -ает(ся) и **застру́гивать(ся),** -аю, -ает(ся)
застра́ивание, -я
застра́ивать(ся), -аю(сь), -ает(ся)
застра́нствовать, -твую, -твует
за стра́х: не за стра́х, а за со́весть
застрахова́ние, -я
застрахо́ванный; *кр. ф.* -ан, -ана
застрахова́ть(ся), -раху́ю(сь), -раху́ет(ся)
застрахо́вывание, -я
застрахо́вывать(ся), -аю(сь), -ает(ся)
застра́чивание, -я
застра́чивать(ся), -аю, -ает(ся)
застра́щанный; *кр. ф.* -ан, -ана
застраща́ть, -а́ю, -а́ет
застра́щивание, -я
застра́щивать(ся), -аю(сь), -ает(ся)
застрева́ние, -я
застрева́ть, -а́ю, -а́ет
застрекота́ть, -очу́, -о́чет

застре́ленный; *кр. ф.* -ен, -ена
застре́ливать(ся), -аю(сь), -ает(ся)
застрели́ть(ся), -елю́(сь), -е́лит(ся)
застре́льщик, -а
застре́льщица, -ы, *тв.* -ей
застреля́ть, -я́ю, -я́ет
застре́ха, -и
застрига́ние, -я
застрига́ть(ся), -а́ю, -а́ет(ся)
застри́гший
застри́женный; *кр. ф.* -ен, -ена
застри́чь, -игу́, -ижёт, -игу́т; *прош.* -и́г, -и́гла
застро́ганный; *кр. ф.* -ан, -ана и **застру́ганный;** *кр. ф.* -ан, -ана
застрога́ть, -а́ю, -а́ет и **заструга́ть,** -а́ю, -а́ет
застро́енный; *кр. ф.* -ен, -ена
застро́ить(ся), -о́ю(сь), -о́ит(ся)
застро́йка, -и, *р. мн.* -о́ек
застро́йщик, -а
застро́йщица, -ы, *тв.* -ей
застро́ченный; *кр. ф.* -ен, -ена
застрочи́ть(ся), -очу́, -о́чи́т(ся)
за́струг, -а (*инструмент; то же, что за́струга*)
за́струга, -и (*снежный гребень; нанос в русле реки*)
застру́ганный; *кр. ф.* -ан, -ана и **застро́ганный;** *кр. ф.* -ан, -ана
заструга́ть, -а́ю, -а́ет и **застрога́ть,** -а́ю, -а́ет
застру́гивание, -я и **застра́гивание,** -я
застру́гивать(ся), -аю, -ает(ся) и **застра́гивать(ся),** -аю, -ает(ся)
застру́иться, -и́тся
застря́вший
застря́пать(ся), -аю(сь), -ает(ся)
застря́ть, -я́ну, -я́нет
застудене́ть, -е́ет
застуди́ть(ся), -ужу́(сь), -у́дит(ся)
застуднева́ние, -я
застуднева́ть, -а́ет
застужа́ть(ся), -а́ю(сь), -а́ет(ся)
засту́женный; *кр. ф.* -ен, -ена
засту́живание, -я
засту́живать(ся), -аю(сь), -ает(ся)
засту́канный; *кр. ф.* -ан, -ана
засту́кать, -аю, -ает
засту́кивать, -аю, -ает
за́ступ, -а
засту́па, -ы (*защита*)
заступа́ние, -я
заступа́ть(ся), -а́ю(сь), -а́ет(ся)
заступи́ть(ся), -уплю́(сь), -у́пит(ся)
засту́пка, -и, *р. мн.* -пок
заступле́ние, -я
засту́пник, -а
засту́пница, -ы, *тв.* -ей
засту́пнический
засту́пничество, -а
застуча́ть(ся), -чу́(сь), -чи́т(ся)
застыва́ние, -я
застыва́ть, -а́ю, -а́ет
засты́вший
застыди́ть(ся), -ыжу́(сь), -ыди́т(ся)
застыжённый; *кр. ф.* -ён, -ена́
засты́лость, -и
засты́лый
засты́ть и **засты́нуть,** -ыну, -ынет; *прош.* -ы́л, -ы́ла
за́стящий
засуди́ть, -ужу́, -у́дит
засуети́ться, -ечу́сь, -ети́тся
засу́женный; *кр. ф.* -ен, -ена
засу́живание, -я
засу́живать(ся), -аю(сь), -ает(ся)
засу́нутый
засу́нуть, -ну, -нет
засупо́ненный; *кр. ф.* -ен, -ена
засупо́нивание, -я
засупо́нивать(ся), -аю(сь), -ает(ся)
засупо́нить(ся), -ню(сь), -нит(ся)
засурди́ненный; *кр. ф.* -ен, -ена
засу́сленный; *кр. ф.* -ен, -ена
засу́сливание, -я
засу́сливать(ся), -аю(сь), -ает(ся)
засу́слить(ся), -лю(сь), -лит(ся)
засусо́ленный; *кр. ф.* -ен, -ена
засусо́ливание, -я
засусо́ливать(ся), -аю(сь), -ает(ся)
засусо́лить(ся), -лю(сь), -лит(ся)
за́суха, -и
засухоусто́йчивость, -и
засухоусто́йчивый
засу́ченный; *кр. ф.* -ен, -ена
засу́чивание, -я
засу́чивать(ся), -аю(сь), -ает(ся)
засучи́ть(ся), -учу́(сь), -у́чи́т(ся)
засу́шенный; *кр. ф.* -ен, -ена
засу́шивание, -я
засу́шивать(ся), -аю, -ает(ся)
засуши́ть(ся), -ушу́, -у́шит(ся)
засу́шка, -и
засу́шливость, -и
засу́шливый
за счёт (*кого, чего*)
засчи́танный; *кр. ф.* -ан, -ана
засчита́ть, -а́ю, -а́ет
засчи́тывание, -я
засчи́тывать(ся), -аю, -ает(ся)
засы́л, -а
засыла́ние, -я
засыла́ть(ся), -а́ю(сь), -а́ет(ся)
засы́лка, -и
засы́п, -а
засыпа́ние, -я
засы́панный; *кр. ф.* -ан, -ана
засы́пать(ся), -плю(сь), -плет(ся), -плют(ся) и -пет(ся), -пят(ся), *сов.*
засыпа́ть(ся), -а́ю(сь), -а́ет(ся), *несов.*
засы́пка, -и, *р. мн.* -пок, *ж.* (*действие*) и *м.* (*засыпщик, устар.*)
засыпно́й
засы́почный
засыпу́шка, -и, *р. мн.* -шек
засы́пщик, -а
засы́пщица, -ы, *тв.* -ей
засыре́ть, -е́ет
засыха́ние, -я
засыха́ть, -а́ю, -а́ет
засюсю́кать, -аю, -ает
затаба́нить, -ню, -нит
затаврённый; *кр. ф.* -ён, -ена́
затаври́ть, -рю́, -ри́т
затаённо, *нареч.*
затаённость, -и
затаённый; *кр. ф. прич.* -ён, -ена́; *кр. ф. прил.* (*скрываемый от других*) -ён, -ённа (и́х мечты́ затаённы, её гру́сть затаённа)
зата́ивание, -я
зата́ивать(ся), -аю(сь), -ает(ся)
затаи́ть(ся), -аю́(сь), -аи́т(ся)
за та́к
зата́кт, -а (*муз.*)
зата́ктный
зата́лкивание, -я
зата́лкивать(ся), -аю(сь), -ает(ся)
затамо́женный; *кр. ф.* -ен, -ена
затамо́живание, -я
затамо́живать(ся), -аю, -ает(ся)
затамо́жить, -жу, -жит
затампони́ровать, -рую, -рует
затанцева́ть(ся), -цу́ю(сь), -цу́ет(ся)
затанцо́вываться, -аюсь, -ается
зата́пливание, -я
зата́пливать(ся), -аю, -ает(ся)
зата́птывание, -я
зата́птывать(ся), -аю, -ает(ся)
затараба́нить, -ню, -нит
затаранти́ть, -нчу́, -нти́т
затарато́рить, -рю, -рит
затарахте́ть, -хчу́, -хти́т
затара́щить(ся), -щу(сь), -щит(ся)
зата́ренный; *кр. ф.* -ен, -ена
зата́ривание, -я
зата́ривать(ся), -аю(сь), -ает(ся)
зата́рить(ся), -рю(сь), -рит(ся)
зата́сканность, -и
зата́сканный; *кр. ф. прич.* -ан, -ана; *кр. ф. прил.* (*заношенный, ветхий; избитый, потерявший новизну*) -ан, -анна (э́ти цита́ты сли́шком зата́сканны)
затаска́ть(ся), -а́ю(сь), -а́ет(ся)
зата́скивание, -я
зата́скивать(ся), -аю(сь), -ает(ся)
затасо́ванный; *кр. ф.* -ан, -ана
затасова́ть(ся), -су́ю, -су́ет(ся)
затасо́вывать(ся), -аю, -ает(ся)
зата́чанный; *кр. ф.* -ан, -ана
затача́ть(ся), -а́ю, -а́ет(ся)
зата́чивание, -я
зата́чивать(ся), -аю, -ает(ся)
зата́щенный; *кр. ф.* -ен, -ена
затащи́ть(ся), -ащу́(сь), -а́щит(ся)
зата́ять, -а́ет
затвердева́ние, -я
затвердева́ть, -а́ет
затверде́лость, -и
затверде́лый
затверде́ние, -я
затверде́ть, -е́ет
затверди́ть, -ржу́, -рди́т

затвержённый; *кр. ф.* -ён, -ена́ и **затве́рженный;** *кр. ф.* -ен, -ена
затве́рживание, -я
затве́рживать(ся), -аю, -ает(ся)
затво́р, -а
затво́ренный; *кр. ф.* -ен, -ена и **затворённый;** *кр. ф.* -ён, -ена́
затвори́ть(ся), -орю́(сь), -о́рит(ся) (*закрыть(ся)*)
затво́рка, -и, *р. мн.* -рок
затво́рник, -а, но: **Феофа́н Затво́рник**
затво́рница, -ы, *тв.* -ей
затво́рнический
затво́рничество, -а
затво́рный
затворя́ть(ся), -я́ю(сь), -я́ет(ся)
затева́ть(ся), -а́ю, -а́ет(ся)
зате́йка, -и, *р. мн.* -е́ек
зате́йливость, -и
зате́йливый
зате́йник, -а
зате́йница, -ы, *тв.* -ей
зате́йничать, -аю, -ает
зате́йничество, -а
зате́йный; *кр. ф.* -е́ен, -е́йна
зате́йщик, -а
зате́йщица, -ы, *тв.* -ей
затёк, -а
затека́ние, -я
затека́ть, -а́ет
зате́кстовый
затёкший
зате́м, *нареч.* (*потом*), но *местоим.* **за те́м** (вслéд за те́м; остано́вка – за те́м до́мом)
затемне́ние, -я
затемнённость, -и
затемнённый; *кр. ф.* -ён, -ена́
затемне́ть(ся), -е́ет(ся)
затемни́ть(ся), -ню́, -ни́т(ся)
за́темно
затемня́ть(ся), -я́ю, -я́ет(ся)
затемперату́рить, -у́рю, -у́рит
зате́м что (чтобы)
затене́ние, -я
затенённость, -и
затенённый; *кр. ф.* -ён, -ена́
затени́ть(ся), -ню́, -ни́т(ся)
затеня́ть(ся), -я́ю, -я́ет(ся)
затеоретизи́рованный; *кр. ф.* -ан, -ана
затеоретизи́ровать(ся), -рую, -рует(ся)
зате́пленный; *кр. ф.* -ен, -ена
зате́пливать(ся), -аю, -ает(ся)
зате́плить(ся), -лю, -лит(ся)
за́тепло
затереби́ть, -блю́, -би́т
затереблённый; *кр. ф.* -ён, -ена́
затере́ть(ся), затру́(сь), затрёт(ся); *прош.* затёр(ся), затёрла(сь)
затёрзанный; *кр. ф.* -ан, -ана
затерза́ть(ся), -а́ю(сь), -а́ет(ся)
затёривать(ся), -аю(сь), -ает(ся)
затёрпнувший
затёрпнуть, -нет; *прош.* -ёрпнул и -ёрп, -ёрпла
затёрпший
затерроризи́рованный; *кр. ф.* -ан, -ана
затерроризи́ровать(ся), -рую(сь), -рует(ся)
затёртый
затёрханный; *кр. ф.* -ан, -анна
затёрший(ся)
затёрянность, -и
затёрянный; *кр. ф.* -ян, -яна
затеря́ть(ся), -я́ю(сь), -я́ет(ся)
затёс, -а
затёсанный; *кр. ф.* -ан, -ана
затеса́ть(ся), -ешу́(сь), -ёшет(ся)
затёска, -и, *р. мн.* -сок
затеснённый; *кр. ф.* -ён, -ена́
затесни́ть(ся), -ню́(сь), -ни́т(ся)
затесня́ть(ся), -я́ю(сь), -я́ет(ся)
затёсывание, -я
затёсывать(ся), -аю(сь), -ает(ся)
за́тесь, -и
затёчь, -ечёт, -еку́т; *прош.* -ёк, -екла́
затé́я, -и
затé́явший
затé́янный; *кр. ф.* -ян, -яна
затé́ять(ся), -е́ю, -е́ет(ся)
зати́кать, -аю, -ает
зати́нщик, -а (*ист.*)
затира́ненный; *кр. ф.* -ен, -ена
затира́ние, -я
затира́нить, -ню, -нит
затира́ть(ся), -а́ю(сь), -а́ет(ся)
зати́рка, -и
зати́рочный
затиру́ха, -и
зати́сканный; *кр. ф.* -ан, -ана
зати́скать(ся), -аю(сь), -ает(ся)
зати́скивание, -я
зати́скивать(ся), -аю(сь), -ает(ся)
зати́снутый
зати́снуть(ся), -ну(сь), -нет(ся)
затиха́ние, -я
затихари́ться, -рю́сь, -ри́тся (*жарг.*)
затиха́ть, -а́ю, -а́ет
зати́хнуть, -ну, -нет; *прош.* -и́х, -и́хла
зати́хший
зати́шек, -шка и **затишо́к,** -шка́
зати́шный
за́тишь, -и
зати́шье, -я
за́тканный; *кр. ф.* -ан, -ана
затка́ть(ся), затку́, заткёт(ся); *прош.* -а́л(ся), -а́ла́(сь), -а́ло(сь)
за́ткнутый
заткну́ть(ся), -ну́(сь), -нёт(ся)
затле́ть(ся), -е́ет(ся)
затмева́ть(ся), -а́ю, -а́ет(ся)
затме́ние, -я
затме́нно-двойно́й
затме́нно-переме́нный
затме́нный
затми́ть(ся), -и́т(ся)
зато́, *союз* (стро́гий, зато́ справедли́вый), но *местоим.* **за то́** (за то́ пальто́ заплати́ли доро́же, зато́ оно́ лу́чше)
затова́ренность, -и
затова́ренный; *кр. ф.* -ен, -ена
затова́ривание, -я
затова́ривать(ся), -аю(сь), -ает(ся)
затова́рить(ся), -рю(сь), -рит(ся)
зато́к, -а (зато́к во́здуха; *залив*; *кромка ткани*)
зато́ка, -и (*залив*)
затокова́ть, -ку́ет
зато́лканный; *кр. ф.* -ан, -ана
затолка́ть(ся), -а́ю(сь), -а́ет(ся)
зато́лкнутый
затолкну́ть, -ну́, -нёт
затолкова́ть(ся), -ку́ю(сь), -ку́ет(ся)
затоло́кший
затоло́чь(ся), -лку́, -лчёт(ся), -лку́т(ся); *прош.* -ло́к(ся), -лкла́(сь)
затолпи́ться, -и́тся
затоми́ть(ся), -млю́(сь), -ми́т(ся)
зато́н, -а
затони́рованный; *кр. ф.* -ан, -ана
затони́ровать(ся), -рую, -рует(ся)
зато́нный
затону́ть, -ону́, -о́нет
зато́нчик, -а
зато́панный; *кр. ф.* -ан, -ана
зато́пать, -аю, -ает
затопи́ть(ся), -оплю́, -о́пит(ся)
зато́пка, -и
затопле́ние, -я
зато́пленный; *кр. ф.* -ен, -ена
затопля́емость, -и
затопля́ть(ся), -я́ю, -я́ет(ся)
затопо́рщить(ся), -ит(ся)
затопота́ть, -почу́, -по́чет
зато́птанный; *кр. ф.* -ан, -ана
затопта́ть(ся), -опчу́(сь), -о́пчет(ся)
зато́пывание, -я
зато́пывать(ся), -аю(сь), -ает(ся)
зато́р, -а
заторгова́ть(ся), -гу́ю(сь), -гу́ет(ся)
заторго́вывать(ся), -аю(сь), -ает(ся)
заторжествова́ть, -тву́ю, -тву́ет
зато́рканный; *кр. ф.* -ан, -ана
зато́ркать(ся), -аю(сь), -ает(ся)
заторма́живание, -я
заторма́живать(ся), -аю(сь), -ает(ся)
затормо́женно, *нареч.*
затормо́женность, -и
затормо́женный; *кр. ф.* -ен, -енна, *прил.* (*вялый, безучастный*)
заторможённый; *кр. ф.* -ён, -ена́, *прич.*
затормози́ть(ся), -ожу́(сь), -ози́т(ся)
затормошённый; *кр. ф.* -ён, -ена́
затормоши́ть(ся), -шу́(сь), -ши́т(ся)
зато́рный
зато́ровый
заторопи́ть(ся), -оплю́(сь), -о́пит(ся)
заторо́пленный; *кр. ф.* -ен, -ена
заторо́ситься, -ится

заторо́шенный; *кр. ф.* -ен, -ена
заторфо́ванный; *кр. ф.* -ан, -ана
заторцева́ть(ся), -цу́ю, -цу́ет(ся)
заторцо́ванный; *кр. ф.* -ан, -ана
заторцо́вывание, -я
заторцо́вывать(ся), -аю, -ает(ся)
заторча́ть, -чу́, -чи́т
затоскова́ть(ся), -ку́ю(сь), -ку́ет(ся)
затача́ть(ся), -а́ю(сь), -а́ет(ся)
заточе́ние, -я
зато́ченный; *кр. ф.* -ен, -ена (*заострённый*)
заточённый; *кр. ф.* -ён, -ена́ (*подвергнутый заключению*)
заточи́ть, -чу́, -чи́т (*подвергнуть заключению*)
заточи́ть(ся), -очу́, -о́чит(ся) (*заострить(ся)*)
зато́чка, -и, *р. мн.* -чек
зато́чник, -а (рабочий)
Зато́чник, -а: **Дании́л Зато́чник**
зато́чница, -ы, *тв.* -ей
зато́чный
затошни́ть, -и́т
затоща́ть, -а́ю, -а́ет
затраве́лый
затравене́лый
затравене́ть, -е́ет
затраве́ть, -е́ю, -е́ет
затрави́ть, -авлю́, -а́вит
затра́вка, -и, *р. мн.* -вок
затра́вленно, *нареч.*
затра́вленность, -и
затра́вленный; *кр. ф.* -ен, -ена
затра́вливание, -я
затра́вливать(ся), -аю(сь), -ает(ся)
затра́вочка, -и, *р. мн.* -чек
затра́вочный
затра́гивание, -я
затра́гивать(ся), -аю(сь), -ает(ся)
затра́ленный; *кр. ф.* -ен, -ена
затра́ливать(ся), -аю, -ает(ся)
затра́лить, -лю, -лит
затрамбо́ванный; *кр. ф.* -ан, -ана
затрамбова́ть(ся), -бу́ю, -бу́ет(ся)
затрамбо́вывание, -я
затрамбо́вывать(ся), -аю, -ает(ся)
затрапе́з, -а
затрапе́зка, -и, *р. мн.* -зок
затрапе́зный
затра́та, -ы
затра́тить(ся), -а́чу, -а́тит(ся)
затра́тность, -и
затра́тный; *кр. ф.* -тен, -тна
затра́ченный; *кр. ф.* -ен, -ена
затра́чивание, -я
затра́чивать(ся), -аю, -ает(ся)
затре́бование, -я
затре́бованный; *кр. ф.* -ан, -ана
затре́бовать, -бую, -бует
затрево́жить(ся), -жу(сь), -жит(ся)
затрезво́нить, -ню, -нит
затре́нькать, -аю, -ает
затрёпанный; *кр. ф. прич.* -ан, -ана; *кр. ф. прил.* (*затасканный, избитый, потерявший новизну*) -ан, -анна
затрепа́ть(ся), -еплю́(сь), -е́плет(ся), -е́плют(ся) и -е́пет(ся), -е́пят(ся)
затрепета́ть, -пещу́, -пе́щет
затрёпывать(ся), -аю(сь), -ает(ся)
затрепыха́ть(ся), -а́ю(сь), -а́ет(ся)
затреща́ть, -щу́, -щи́т
затре́щина, -ы
за три́девять земе́ль
за трои́х
затро́нутый
затро́нуть, -ну, -нет
затруби́ть, -ублю́, -уби́т
затрудне́ние, -я
затруднённо, *нареч.*
затруднённость, -и
затруднённый; *кр. ф.* -ён, -ена́
затрудни́тельность, -и
затрудни́тельный; *кр. ф.* -лен, -льна
затрудни́ть(ся), -ню́(сь), -ни́т(ся)
затрудня́ть(ся), -я́ю(сь), -я́ет(ся)
затру́сить, -у́шу, -у́сит (*от* тру́сить)
затруси́ть, -ушу́, -уси́т (*от* труси́ть)
затрухля́веть, -веет
затрясти́(сь), -су́(сь), -сёт(ся); *прош.* -я́с(ся), -ясла́(сь)
затря́сший(ся)
затужи́ть, -ужу́, -у́жит
зату́кать, -аю, -ает
затума́ненный; *кр. ф.* -ен, -ена
затума́нивание, -я
затума́нивать(ся), -аю(сь), -ает(ся)
затума́нить(ся), -ню(сь), -нит(ся)
зату́ндренский (зату́ндренские крестья́не, *ист.*)
затупе́лый
затупе́ть, -е́ю, -е́ет
затупи́ть(ся), -уплю́, -у́пит(ся)
затупле́ние, -я
зату́пленный; *кр. ф.* -ен, -ена
затупля́ть(ся), -я́ю, -я́ет(ся)
зату́рканный; *кр. ф.* -ан, -ана
зату́ркать, -аю, -ает
затуха́ние, -я
затуха́ть, -а́ет
затуха́ющий
зату́хнуть, -нет; *прош.* -у́х, -у́хла
зату́хший
затушёванный; *кр. ф.* -ан, -ана
затушева́ть(ся), -шу́ю, -шу́ет(ся)
затушёвка, -и
затушёвывание, -я
затушёвывать(ся), -аю, -ает(ся)
зату́шенный; *кр. ф.* -ен, -ена
затуши́ть(ся), -ушу́, -у́шит(ся)
за́тхлость, -и
за́тхлый
затыка́ние, -я
зааты́кать[1], -аю, -ает, *сов.* (*к* ты́кать[1])
заты́кать[2], -ы́чу, -ы́чет и -аю, -ает, *сов.* (*к* ты́кать [2])
затыка́ть(ся), -а́ю, -а́ет(ся), *несов.* (*к* заткну́ть)
заты́каться, -ы́чусь, -ы́чется и -аюсь, -ается, *сов.* (*от* ты́каться)
затылова́ние, -я
затыло́вочный
заты́лок, -лка
заты́лочек, -чка
заты́лочный
заты́льник, -а
заты́ркать(ся), -аю(сь), -ает(ся)
заты́чина, -ы
заты́чка, -и, *р. мн.* -чек
затю́канный; *кр. ф.* -ан, -ана
затю́кать, -аю, -ает
затю́кивать(ся), -аю(сь), -ает(ся)
затюко́ванный; *кр. ф.* -ан, -ана
затюкова́ть(ся), -ку́ю, -ку́ет(ся)
затюко́вывание, -я
затюко́вывать(ся), -аю, -ает(ся)
затя́вкать, -аю, -ает
затя́гивание, -я
затя́гивать(ся), -аю(сь), -ает(ся)
затяжеле́ть, -е́ю, -е́ет
затя́жка, -и, *р. мн.* -жек
затяжно́й
затя́жчик, -а
затя́нутость, -и
затя́нутый
затяну́ть(ся), -яну́(сь), -я́нет(ся)
затя́пать, -аю, -ает
заважа́ть, -а́ю, -а́ет
заугрю́меть, -ею, -еет
зауда́рный; *кр. ф.* -рен, -рна
заудивля́ться, -я́юсь, -я́ется
зауди́ть, зауж́у, зау́дит (*поймать на удочку*)
зау́женный; *кр. ф.* -ен, -ена
зау́живание, -я
зау́живать(ся), -аю, -ает(ся)
зау́зданный; *кр. ф.* -ан, -ана
заузда́ть(ся), -а́ю, -а́ет(ся)
зау́здывание, -я
зау́здывать(ся), -аю, -ает(ся)
зау́зить(ся), зау́жу, зау́зит(ся)
зау́лок, -лка
заулыба́ться, -а́юсь, -а́ется
заулюлю́кать, -аю, -ает
зау́мник, -а
зау́мничать(ся), -аю(сь), -ает(ся)
зау́мность, -и
зау́мный; *кр. ф.* -мен, -мна
за́умь, -и
зауны́вность, -и
зауны́вный; *кр. ф.* -вен, -вна
за упоко́й (души́)
заупоко́йный
заупря́миться, -млюсь, -мится
Заура́лье, -я (*к* Ура́л)
заура́льский
заура́льцы, -ев, *ед.* -лец, -льца, *тв.* -льцем
заура́новый
зауроло́ф, -а
зауропо́ды, -под, *ед.* -по́да, -ы
зауроптериги́и, -гий, *ед.* -гия, -и
заурча́ть, -чу́, -чи́т

зауря́д, *нареч.*
зауря́д-вра́ч, -а́, *тв.* -о́м
зауря́дность, -и
зауря́дный; *кр. ф.* -ден, -дна
зауря́д-офице́р, -а
зауря́д-пра́порщик, -а
заусе́нец, -нца, *тв.* -нцем, *р. мн.* -нцев и **заусе́ница**, -ы, *тв.* -ей, *р. мн.* -ниц
зау́ськать, -аю, -ает
зау́тра, *нареч.*
зау́тренний
зау́треня, -и, *р. мн.* -ень
заутю́женный; *кр. ф.* -ен, -ена
заутю́живание, -я
заутю́живать(ся), -аю, -ает(ся)
заутю́жить(ся), -жу, -жит(ся)
заха́живать, -аю, -ает
зау́хать, -аю, -ает
заухмыля́ться, -я́юсь, -я́ется
зау́ченно, *нареч.*
зау́ченность, -и
зау́ченный; *кр. ф.* -ен, -ена
зау́чивание, -я
зау́чивать(ся), -аю(сь), -ает(ся)
заучи́ть(ся), -учу́(сь), -у́чит(ся)
зауша́тельский
зауша́тельство, -а
зауша́ть(ся), -а́ю(сь), -а́ет(ся)
зауше́ние, -я
зауши́ть, -шу́, -ши́т
зау́шники, -ов, *ед.* -ник, -а
зау́шница, -ы, *тв.* -ей
зау́шный
зафальши́вить, -влю, -вит
зафамилья́рничать, -аю, -ает
зафантази́ровать(ся), -рую(сь), -рует(ся)
зафарширо́ванный; *кр. ф.* -ан, -ана
зафарширова́ть(ся), -ру́ю, -ру́ет(ся)
зафига́ченный; *кр. ф.* -ен, -ена
зафига́чить, -чу, -чит
зафикси́рованный; *кр. ф.* -ан, -ана
зафикси́ровать(ся), -рую, -рует(ся)
зафилосо́фствовать(ся), -твую(сь), -твует(ся)
зафинти́ть, -нчу́, -нти́т
зафла́женный; *кр. ф.* -ен, -ена
зафла́жить, -жу, -жит
зафонтани́ровать, -рует
заформализо́ванный; *кр. ф.* -ан, -ана
заформализова́ть(ся), -зу́ю, -зу́ет(ся)
заформо́ванный; *кр. ф.* -ан, -ана
заформова́ть(ся), -му́ю, -му́ет(ся)
зафорси́ть, -ршу́, -рси́т
зафранти́ть, -нчу́, -нти́т
зафрахто́ванный; *кр. ф.* -ан, -ана
зафрахтова́ть, -ту́ю, -ту́ет
зафрахто́вывание, -я
зафрахто́вывать(ся), -аю, -ает(ся)
зафронтово́й
зафто́ренный; *кр. ф.* -ен, -ена
зафто́ривание, -я
зафто́ривать(ся), -аю, -ает(ся)
зафто́рить, -рю, -рит
зафу́кать, -аю, -ает
зафутбо́ленный; *кр. ф.* -ен, -ена
зафутбо́ливать(ся), -аю, -ает(ся)
зафутбо́лить, -лю, -лит
зафы́ркать, -аю, -ает
зафырча́ть, -чу́, -чи́т
заха́живание, -я
заха́живать, -аю, -ает
заха́ивать(ся), -аю(сь), -ает(ся)
захами́ть, -млю, -ми́т
захандри́ть(ся), -рю́(сь), -ри́т(ся)
заха́панный; *кр. ф.* -ан, -ана
заха́пать, -аю, -ает
заха́пывание, -я
заха́пывать(ся), -аю, -ает(ся)
заха́рканный; *кр. ф.* -ан, -ана
заха́ркать, -аю, -ает
заха́ркивание, -я
заха́ркивать(ся), -аю, -ает(ся)
заха́янный; *кр. ф.* -ян, -яна
заха́ять, -а́ю, -а́ет
захва́ленный; *кр. ф.* -ен, -ена
захва́ливание, -я
захва́ливать(ся), -аю(сь), -ает(ся)
захвали́ть(ся), -алю́(сь), -а́лит(ся)
захва́рывать, -аю, -ает
захва́стать(ся), -аю(сь), -ает(ся)
захва́т, -а
захва́танный; *кр. ф.* -ан, -ана (*от* захвата́ть)
захвата́ть(ся), -а́ю, -а́ет(ся)
захвати́ть, -ачу́, -а́тит
захва́тка, -и, *р. мн.* -ток
захва́тнический
захва́тничество, -а
захва́тный
захва́тчик, -а
захва́тчица, -ы, *тв.* -ей
захва́тывание, -я
захва́тывать(ся), -аю, -ает(ся)
захва́тывающий(ся)
захва́ченный; *кр. ф.* -ен, -ена (*от* захвати́ть)
захвора́ть, -а́ю, -а́ет
захе́рить, -рю, -рит
захиле́ть, -е́ю, -е́ет
захире́лость, -и
захире́лый
захире́ть, -е́ю, -е́ет
захихи́кать, -аю, -ает
захлами́ть(ся), -млю́(сь), -ми́т(ся)
захламле́ние, -я
захламлённость, -и
захламлённый; *кр. ф.* -ён, -ена́
захла́мливание, -я
захла́мливать(ся), -аю(сь), -ает(ся)
захламля́ть(ся), -я́ю(сь), -я́ет(ся)
захла́мостить, -ощу, -остит и **захламости́ть**, -ощу́, -ости́т
захла́мощенный; *кр. ф.* -ен, -ена и **захламощённый**; *кр. ф.* -ён, -ена́
захлёб, -а
захлеба́ть, -а́ю, -а́ет
захлебну́ть(ся), -ну́(сь), -нёт(ся)
захлёбывание, -я
захлёбывать(ся), -аю(сь), -ает(ся)
захлёстанный; *кр. ф.* -ан, -ана
захлеста́ть(ся), -ещу́(сь), -е́щет(ся)
захлёстнутый
захлестну́ть(ся), -ну́, -нёт(ся)
захлёстывание, -я
захлёстывать(ся), -аю, -ает(ся)
захли́пать, -аю, -ает
захло́панный; *кр. ф.* -ан, -ана
захло́пать, -аю, -ает
захло́пнутый
захло́пнуть(ся), -ну, -нет(ся)
захлопо́танный; *кр. ф.* -ан, -ана
захлопота́ть(ся), -очу́(сь), -о́чет(ся)
захло́пывание, -я
захло́пывать(ся), -аю(сь), -ает(ся)
захлороформи́рованный; *кр. ф.* -ан, -ана
захлороформи́ровать(ся), -и́рую, -и́рует(ся)
захлю́пать, -аю, -ает
захлю́станный; *кр. ф.* -ан, -ана
захлю́стать, -аю, -ает
захля́бать, -ает
захмеле́ть, -е́ю, -е́ет
захны́кать, -ы́чу, -ы́чет и -аю, -ает
захова́ть(ся), -а́ю(сь), -а́ет(ся)
захо́д, -а
заходи́ть(ся), -ожу́(сь), -о́дит(ся)
захо́дка, -и, *р. мн.* -док
заходя́щий(ся)
захожде́ние, -я
захо́жий
захозя́йничать(ся), -аю(сь), -ает(ся)
захолода́ть, -а́ет
захолоде́лый
захолоде́ть, -е́ет
захолону́ть, -нёт
захолу́стность, -и
захолу́стный; *кр. ф.* -тен, -тна
захолу́стье, -я, *р. мн.* -тий
захому́танный; *кр. ф.* -ан, -ана
захомута́ть(ся), -а́ю(сь), -а́ет(ся)
захора́нивание, -я
захора́нивать(ся), -аю, -ает(ся)
захорово́дить(ся), -о́жу(сь), -о́дит(ся)
захорово́женный; *кр. ф.* -ен, -ена
захороне́ние, -я
захоро́ненный; *кр. ф.* -ен, -ена
захорони́ть, -оню́, -о́нит
захорохо́риться, -рюсь, -рится
захоте́ть(ся), -очу́, -о́чешь, -о́чет(ся), -оти́м, -оти́те, -отя́т
захохота́ть, захохочу́, захохо́чет
захрабри́ться, -рю́сь, -ри́тся
захрапе́ть, -плю́, -пи́т
захребе́тник, -а
захребе́тница, -ы, *тв.* -ей
захребе́тничать, -аю, -ает
захребе́тничек, -чка
захребе́тнический
захребе́тничество, -а
захребе́тный; *кр. ф.* -тен, -тна
захрипе́ть, -плю́, -пи́т
захрома́ть, -а́ю, -а́ет

захронометри́рованный; *кр. ф.* -ан, -ана
захронометри́ровать(ся), -рую, -рует(ся)
захру́мкать, -аю, -ает
захрусте́ть, -ущу́, -усти́т
захрю́кать, -аю, -ает
захря́снувший
захря́снуть, -ну, -нет; *прош.* -я́снул и -я́с, -я́сла
захря́сший
захуда́ленький
захуда́лость, -и
захуда́лый
захуда́ние, -я
захуда́ть, -а́ю, -а́ет
захулига́нить, -ню, -нит
заца́панный; *кр. ф.* -ан, -ана
заца́пать, -аю, -ает
заца́пывание, -я
заца́пывать(ся), -аю, -ает(ся)
зацара́пать(ся), -аю(сь), -ает(ся)
заца́рствовать, -твую, -твует
зацвести́, -вету́, -ветёт; *прош.* -вёл, -вела́
зацвета́ние, -я
зацвета́ть, -а́ет
зацве́тший
зацеди́ть, -ежу́, -е́дит
зацело́ванный; *кр. ф.* -ан, -ана
зацелова́ть(ся), -лу́ю(сь), -лу́ет(ся)
зацело́вывание, -я
зацело́вывать(ся), -аю(сь), -ает(ся)
зацементи́рованный; *кр. ф.* -ан, -ана
зацементи́ровать(ся), -рую, -рует(ся)
зацентрализо́ванность, -и
зацентрализо́ванный; *кр. ф.* -ан, -ана
зацентрализова́ть(ся), -зу́ю, -зу́ет(ся)
зацентрализо́вывание, -я
зацентрализо́вывать(ся), -аю, -ает(ся)
зацентро́ванный; *кр. ф.* -ан, -ана
зацентрова́ть(ся), -ру́ю, -ру́ет(ся)
зацентро́вка, -и
заце́п, -а (*действие*; *приспособление*)
заце́па, -ы (*приспособление*)
заце́пистый
зацепи́ть(ся), -еплю́(сь), -е́пит(ся)
заце́пка, -и, *р. мн.* -пок
зацепле́ние, -я
заце́пленный; *кр. ф.* -ен, -ена
зацепля́ть(ся), -я́ю(сь), -я́ет(ся)
зацепно́й
заце́почка, -и, *р. мн.* -чек
зацеремо́ниться, -нюсь, -нится
заци́кленность, -и
заци́кленный; *кр. ф.* -ен, -ена
заци́кливание, -я
заци́кливать(ся), -аю(сь), -ает(ся)
заци́клить(ся), -лю(сь), -лит(ся)
зацити́рованный; *кр. ф.* -ан, -ана
зацити́ровать(ся), -рую, -рует(ся)
зацрокать, -аю, -ает
зацы́кать, -аю, -ает
зача́вкать, -аю, -ает
зачади́ть, -ажу́, -ади́т
зача́ленный; *кр. ф.* -еп, -ена
зача́ливание, -я
зача́ливать(ся), -аю, -ает(ся)
зача́лить(ся), -лю, -лит(ся)
зача́ло, -а (*церк.*)
зача́льный
зачаро́ванно, *нареч.*
зачаро́ванность, -и
зачаро́ванный; *кр. ф.* -ан, -ана
зачарова́ть(ся), -ру́ю(сь), -ру́ет(ся)
зачаро́вывание, -я
зачаро́вывать(ся), -аю(сь), -ает(ся)
зачасти́ть, -ащу́, -асти́т
зачасту́ю
зача́тие, -я
зача́тковый
зача́ток, -тка
зача́точность, -и
зача́точный
зача́тый; *кр. ф.* -а́т, -ата́, -а́то
зача́ть(ся), -чну́, -чнёт(ся); *прош.* -а́л(ся), -ала́(сь), -а́ло, -ало́сь (*зародить(ся)* и за́чал, -алcя́, -ала́(сь), за́чало, -ало́сь (*начать(ся)*)
Зача́тьевский (хра́м, монасты́рь; переу́лок)
зача́хнуть, -ну, -нет; *прош.* -а́х, -а́хла
зача́хший
зачва́ниться, -нюсь, -нится
зачека́ненный; *кр. ф.* -ен, -ена
зачека́нивать(ся), -аю(сь), -ает(ся)
зачека́нить(ся), -ню, -нит(ся)
заче́м, *нареч.* (заче́м спра́шивать?), но *местоим.* **за че́м** (за че́м о́чередь?)
за че́м де́ло ста́ло?
заче́м-либо
заче́м-нибудь
заче́м-то
зачерви́веть, -еет
зачередова́ть(ся), -ду́ет(ся)
зачёркивание, -я
зачёркивать(ся), -аю, -ает(ся)
зачёркнутый
зачеркну́ть, -ну́, -нёт
зачерне́ние, -я
зачернённый; *кр. ф.* -ён, -ена́
зачерне́ть(ся), -е́ет(ся)
зачерни́ть(ся), -ню́(сь), -ни́т(ся)
зачерня́ть(ся), -я́ю(сь), -я́ет(ся)
заче́рпать, -аю, -ает
заче́рпнутый
зачерпну́ть(ся), -ну́, -нёт(ся)
заче́рпывание, -я
заче́рпывать(ся), -аю, -ает(ся)
зачерстве́лость, -и
зачерстве́лый
зачерстве́ние, -я
зачерстве́ть, -е́ю, -е́ет
зачерти́ть(ся), -ерчу́(сь), -е́ртит(ся)
зачертыха́ться, -а́юсь, -а́ется
заче́рченный; *кр. ф.* -ен, -ена
заче́рчивание, -я
заче́рчивать(ся), -аю(сь), -ает(ся)
зачёс, -а
зачёсанный; *кр. ф.* -ан, -ана
зачеса́ть(ся), -ешу́(сь), -е́шет(ся)
заче́сть(ся), зачту́, зачтёт(ся); *прош.* зачёл(ся), зачла́(сь)
зачёсывание, -я
зачёсывать(ся), -аю(сь), -ает(ся)
зачёт, -а
за четверы́х
зачётка, -и, *р. мн.* -ток
зачётник, -а
зачётница, -ы, *тв.* -ей
зачётный
зачехлённый; *кр. ф.* -ён, -ена́
зачехли́ть, -лю́, -ли́т
зачехля́ть(ся), -я́ю, -я́ет(ся)
зачиви́кать, -ает
зачили́кать, -аю, -ает
зачи́н, -а
зачина́тель, -я
зачина́тельница, -ы, *тв.* -ей
зачина́ть(ся), -а́ю, -а́ет(ся)
зачи́ненный; *кр. ф.* -ен, -ена
зачи́нивание, -я
зачи́нивать(ся), -аю, -ает(ся)
зачини́ть(ся), -иню́, -и́нит(ся)
зачи́нка, -и
зачи́нщик, -а
зачи́нщица, -ы, *тв.* -ей
зачири́кать, -аю, -ает
зачи́ркать, -аю, -ает
зачисле́ние, -я
зачи́сленный; *кр. ф.* -ен, -ена
зачи́слить(ся), -лю(сь), -лит(ся)
зачисля́ть(ся), -я́ю(сь), -я́ет(ся)
зачи́стить(ся), -и́щу, -и́стит(ся)
зачи́стка, -и, *р. мн.* -ток
зачистно́й и **зачи́стный**
зачи́танный; *кр. ф.* -ан, -ана
зачита́ть(ся), -а́ю(сь), -а́ет(ся)
зачи́тывание, -я
зачи́тывать(ся), -аю(сь), -ает(ся)
зачиха́ть, -а́ю, -а́ет
зачища́ть(ся), -а́ю, -а́ет(ся)
зачи́щенный; *кр. ф.* -ен, -ена
зачмо́кать, -аю, -ает
зачо́кать(ся), -аю(сь), -ает(ся)
зачте́ние, -я
зачтённый; *кр. ф.* -ён, -ена́
за что́
за что́ про что́
зачугуне́ть, -е́ет
зачуди́ть, -и́т
зачумлённый; *кр. ф.* -ён, -ена́
зачура́ться, -а́юсь, -а́ется
зачу́ханный; *кр. ф.* -ан, -ана
зачу́хать(ся), -аю(сь), -ает(ся)
зачу́ять, зачу́ю, зачу́ет
зашаба́шить, -шу, -шит
зашáг, -а (*спорт.*)
зашага́ть, -а́ю, -а́ет
зашáгивание, -я
зашáгивать, -аю, -ает
зашагну́ть, -ну́, -нёт
зашали́ть(ся), -лю́(сь), -ли́т(ся)
зашама́нствовать, -твую, -твует

зашáмкать, -аю, -ает
зашáрить, -рю, -рит
зашáрканный; *кр. ф.* -ан, -ана
зашáркать(ся), -аю, -ает(ся)
зашáркивание, -я
зашáркивать(ся), -аю, -ает(ся)
зашáрпанный; *кр. ф.* -ан, -ана
зашáрпать(ся), -аю, -ает(ся)
зашáрпывание, -я
зашáрпывать(ся), -аю, -ает(ся)
зашатáть(ся), -áю(сь), -áет(ся)
зашвартóванный; *кр. ф.* -ан, -ана
зашвартовáть(ся), -тýю(сь), -тýет(ся)
зашвартóвывание, -я
зашвартóвывать(ся), -аю(сь), -ает(ся)
зашвы́ривание, -я
зашвы́ривать(ся), -аю, -ает(ся)
зашвы́рнутый
зашвырнýть, -нý, -нёт
зашвыря́ть(ся), -я́ю(сь), -я́ет(ся)
зашебарши́ть(ся), -шý(сь), -ши́т(ся) и **зашебурши́ть(ся)**, -шý(сь), -ши́т(ся)
зашебути́ться, -учýсь, -ути́тся
зашевели́ть(ся), -елю́(сь), -éли́т(ся)
зашéдший(ся)
зашéек, -éйка
зашéина, -ы
зашéйный
зашелестéть, -ещý, -ести́т
зашелуди́веть, -ею, -еет
зашелуши́ться, -ши́тся
зашепеля́вить, -влю, -вит
зашёптанный; *кр. ф.* -ан, -ана
зашептáть(ся), -епчý(сь), -éпчет(ся)
зашёптывание, -я
зашёптывать(ся), -аю(сь), -ает(ся)
зашершáветь, -веет
за шестеры́х
зашибáть(ся), -áю(сь), -áет(ся)
зашиби́вший(ся)
зашиби́ть(ся), -бý(сь), -бёт(ся); *прош.* заши́б(ся), заши́бла(сь)
заши́бленный; *кр. ф.* -ен, -ена
зашивáние, -я
зашивáть(ся), -áю(сь), -áет(ся)
заши́вка, -и
за ши́ворот (взять, схвати́ть)
заши́вочный
заши́кать, -аю, -ает
зашипéть, -плю, -пи́т
заши́тый
заши́ть(ся), зашью́(сь), зашьёт(ся)
зашифрóванный; *кр. ф.* -ан, -ана
зашифровáть(ся), -рýю, -рýет(ся)
зашифрóвка, -и, *р. мн.* -вок
зашифрóвывание, -я
зашифрóвывать(ся), -аю, -ает(ся)
зашкáл, -а
зашкáленный; *кр. ф.* -ен, -ена
зашкáливание, -я
зашкáливать(ся), -ает(ся)
зашкáлить(ся), -ит(ся)
зашкандыбáть, -áю, -áет
за шки́рку (взять, схвати́ть)

зашлакóванность, -и
зашлакóванный; *кр. ф.* -ан, -ана
зашлаковáть(ся), -кýю, -кýет(ся)
зашлакóвка, -и
зашлакóвывание, -я
зашлакóвывать(ся), -аю, -ает(ся)
зашлёпанный; *кр. ф.* -ан, -ана
зашлёпать, -аю, -ает
зашлифóванный; *кр. ф.* -ан, -ана
зашлифовáть(ся), -фýю, -фýет(ся)
зашлифóвка, -и
зашлифóвывание, -я
зашлифóвывать(ся), -аю, -ает(ся)
зашмы́гать, -аю, -ает
зашнурóванный; *кр. ф.* -ан, -ана
зашнуровáть(ся), -рýю(сь), -рýет(ся)
зашнурóвывание, -я
зашнурóвывать(ся), -аю(сь), -ает(ся)
зашныря́ть, -я́ю, -я́ет
зашóренно, *нареч.*
зашóренность, -и
зашóренный; *кр. ф.* -ен, -ена
зашóривать(ся), -аю, -ает(ся)
зашóрить, -рю, -рит
зашпаклёванный; *кр. ф.* -ан, -ана
зашпаклевáть(ся), -лю́ю, -лю́ет(ся)
зашпаклёвка, -и
зашпаклёвывание, -я
зашпаклёвывать(ся), -аю, -ает(ся)
зашпандóривать, -аю, -ает
зашпигóванный; *кр. ф.* -ан, -ана
зашпиговáть(ся), -гýю, -гýет(ся)
зашпи́ленный; *кр. ф.* -ен, -ена
зашпи́ливание, -я
зашпи́ливать(ся), -аю(сь), -ает(ся)
зашпи́лить(ся), -лю(сь), -лит(ся)
зашпиóнить, -ню, -нит
зашпунтóванный; *кр. ф.* -ан, -ана
зашпунтовáть(ся), -тýю, -тýет(ся)
зашпунтóвывание, -я
зашпунтóвывать(ся), -аю, -ает(ся)
зашпыня́ть, -я́ю, -я́ет
заштабелёванный; *кр. ф.* -ан, -ана
заштабелевáть, -лю́ю, -лю́ет
заштампóванность, -и
заштампóванный; *кр. ф.* -ан, -ана
заштамповáть(ся), -пýю, -пýет(ся)
заштампóвывание, -я
заштампóвывать(ся), -аю, -ает(ся)
за штáт (вы́вести за штáт)
заштáт, -а (увóлить в заштáт, *устар.*)
заштáтный
заштемпелёванный; *кр. ф.* -ан, -ана
заштемпелевáть, -лю́ю, -лю́ет
заштемпелёвывание, -я
заштемпелёвывать(ся), -аю, -ает(ся)
заштилевáть, -лю́ю, -лю́ет
заштилéть, -éет
заштóпанный; *кр. ф.* -ан, -ана
заштóпать(ся), -аю, -ает(ся)
заштóпывание, -я
заштóпывать(ся), -аю, -ает(ся)
заштóренный; *кр. ф.* -ен, -ена
заштóривание, -я
заштóривать(ся), -аю, -ает(ся)

заштóрить(ся), -рю, -рит(ся)
зашторми́ть, -и́т
заштормовáть, -мýю, -мýет
заштрихóванный; *кр. ф.* -ан, -ана
заштриховáть(ся), -ихýю, -ихýет(ся)
заштрихóвка, -и, *р. мн.* -вок
заштрихóвывание, -я
заштрихóвывать(ся), -аю, -ает(ся)
заштукатýренный; *кр. ф.* -ен, -ена
заштукатýривание, -я
заштукатýривать(ся), -аю, -ает(ся)
заштукатýрить(ся), -рю, -рит(ся)
заштукóванный; *кр. ф.* -ан, -ана
заштуковáть(ся), -кýю, -кýет(ся)
заштукóвывание, -я
заштукóвывать(ся), -аю, -ает(ся)
зашýганный; *кр. ф.* -ан, -ана
зашугáть, -áю, -áет
зашумéть, -млю, -ми́т
зашумлённость, -и
зашумлённый; *кр. ф.* -ён, -енá
зашуршáть, -шý, -ши́т
зашути́ть(ся), -учý(сь), -ýтит(ся)
зашухари́ть(ся), -рю́(сь), -ри́т(ся) (*жарг.*)
зашушýкать(ся), -аю(сь), -ает(ся)
защебенённый; *кр. ф.* -нён, -ненá
защебéнивание, -я
защебéнивать(ся), -аю, -ает(ся)
защебени́ть, -ню́, -ни́т
защебетáть, -бечý, -бéчет
защеголя́ть, -я́ю, -я́ет
защекóтанный; *кр. ф.* -ан, -ана
защекотáть, -очý, -óчет
защекóченный; *кр. ф.* -ен, -ена
защёлка, -и, *р. мн.* -лок
защёлкать, -аю, -ает
защёлкивание, -я
защёлкивать(ся), -аю, -ает(ся)
защёлкнутый
защёлкнуть(ся), -ну, -нет(ся)
защеми́ть(ся), -млю́, -ми́т(ся)
защемлéние, -я
защемлённый; *кр. ф.* -ён, -енá
защемля́ть(ся), -я́ю, -я́ет(ся)
защéп, -а
защепáть(ся), -áю, -áет(ся) (*к* щепáть)
защепи́ть, -плю́, -пи́т
защéпка, -и, *р. мн.* -пок
защеплённый; *кр. ф.* -ён, -енá
защепля́ть, -я́ю, -я́ет
защёчина, -ы
защёчный
защи́п, -а
защи́панный; *кр. ф.* -ан, -ана
защипáть(ся), -иплю́(сь), -и́плет(ся), -и́плют(ся) и -и́пет(ся), -и́пят(ся), также -áю(сь), -áет(ся) (*к* щипáть)
защи́пка, -и, *р. мн.* -пок
защи́пнутый
защипнýть(ся), -нý, -нёт(ся)
защи́пок, -пка
защи́почка, -и, *р. мн.* -чек
защи́пывание, -я
защи́пывать(ся), -аю, -ает(ся)

защи́та, -ы
защити́тельный
защити́ть(ся), -ищу́(сь), -ити́т(ся)
защи́тка, -и, *р. мн.* -ток
защи́тник, -а
защи́тница, -ы, *тв.* -ей
защи́тничек, -чка
защи́тно-герметический
защи́тно-декорати́вный
защи́тно-приспособи́тельный
защи́тно-профилакти́ческий
защи́тный
защища́ть(ся), -а́ю(сь), -а́ет(ся)
защищённость, -и
защищённый; *кр. ф.* -ён, -ена́
защу́ривание, -я
защу́ривать(ся), -аю(сь), -ает(ся)
защу́рить(ся), -рю(сь), -рит(ся)
защу́чивать, -аю, -ает
защу́чить, -чу, -чит
заэкрани́рованный; *кр. ф.* -ан, -ана
заэкрани́ровать, -и́рую, -и́рует
заюли́ть, -лю́, -ли́т
за́юшка, -и, *р. мн.* -шек, *м.*
за́юшкин, -а, -о
заяви́тель, -я
заяви́тельница, -ы, *тв.* -ей
заяви́тельный
заяви́ть(ся), заявлю́(сь), зая́вит(ся)
зая́вка, -и, *р. мн.* -вок
заявле́ние, -я
зая́вленный; *кр. ф.* -ен, -ена
заявле́ньице, -а
заявля́ть(ся), -я́ю(сь), -я́ет(ся)
зая́вочка, -и, *р. мн.* -чек
зая́вочный
зая́вщик, -а
зая́вщица, -ы, *тв.* -ей
зая́длость, -и
зая́длый
зая́коренный; *кр. ф.* -ен, -ена
зая́корить(ся), -рю(сь), -рит(ся)
заякша́ться, -а́юсь, -а́ется
зая́ривать, -аю, -ает
зая́снеть, -неет
зая́сниться, -ится
Зая́узье, -я (*к* Я́уза)
за́яц, за́йца, *тв.* за́йцем, *р. мн.* за́йцев, но: **го́д За́йца** (*по восточному календарю*), **За́яц,** За́йца (*о том, кто родился в этот год*; *созвездие*)
за́яц-беля́к, за́йца-беляка́
за́яц-руса́к, за́йца-русака́
за́ячий, -ья, -ье
за́ячина, -ы
зва́нивать, *наст. вр. не употр.*
зва́ние, -я
зва́нный; *кр. ф.* зван, звана́, зва́но, *прич.*
зва́ный, *прил.*
зва́тельный (зва́тельный паде́ж, зва́тельная фо́рма)
зва́ть(ся), зову́(сь), зовёт(ся); *прош.* зва́л(ся), звала́(сь), зва́ло, зва́ло́сь
зва́ть-велича́ть
звезда́, -ы́, *мн.* звёзды, звёзд
звездану́ть, -ну́, -нёт
звезда́стый
звезда́-сверхгига́нт, звезды́-сверхгига́нта (*астр.*)
звезди́нка, -и, *р. мн.* -нок
звезди́стый
звезди́ть(ся), -и́т(ся)
звезди́ца, -ы, *тв.* -ей
Звёздная пала́та (*в Англии, ист.*)
звёздно-полоса́тый
звёздность, -и
звёздный
Звёздный городо́к и **Звёздный,** -ого
звездови́к, -а́
звездо́вка, -и, *р. мн.* -вок
звездолёт, -а
звездолётчик, -а
звездоно́сец, -сца, *тв.* -сцем, *р. мн.* -сцев
звездоно́сный
звездообра́зный; *кр. ф.* -зен, -зна
звездообразова́ние, -я
звездопа́д, -а
звездопа́дный
звездопла́вание, -я
звездопла́ватель, -я
звездопокло́нник, -а
звездопокло́нство, -а
звездоры́л, -а
звездочёт, -а
звёздочка, -и, *р. мн.* -чек
звездча́тка, -и, *р. мн.* -ток
звёздча́тый
звене́ть, -ню́, -ни́т
звенигоро́дский (*от* Звени́город)
звенигоро́дцы, -ев, *ед.* -дец, -дца, *тв.* -дцем
звено́, -а́, *мн.* зве́нья, -ьев
звеново́й
звеноразбо́рочный
звеносбо́рка, -и
звеносбо́рочный
звеносбо́рщик, -а
звёнышко, -а, *мн.* -шки, -шек
звень, -и
звеньево́д, -а
звеньево́й
звеня́щий
зверёк, -рька́ и **зверо́к,** -рка́
зверёнок, -нка, *мн.* -ря́та, -ря́т
зверёныш, -а, *тв.* -ем
звере́ть, -е́ю, -е́ет
зве́рий, -ья, -ье
звери́на, -ы, *м.*
звери́нец, -нца, *тв.* -нцем, *р. мн.* -нцев
звери́ный
зверобо́й, -я
зверобо́йка, -и
зверобо́йный
зверова́ние, -я
зверова́тый
зверова́ть, -ру́ю, -ру́ет
зверови́дный; *кр. ф.* -ден, -дна
зверово́д, -а
зверово́дство, -а
зверово́дческий
зверово́й
зверовщи́к, -а́
зверозу́бые, -ых
зверо́к, -рка́ и **зверёк,** -рька́
зверо́лов, -а
зверо́ловный
зверо́ловство, -а
зверообра́зный; *кр. ф.* -зен, -зна
звероподо́бие, -я
звероподо́бный; *кр. ф.* -бен, -бна
зверопромхо́з, -а
зверопромы́шленник, -а
зверосовхо́з, -а
звероферма, -ы
зверохозя́йство, -а
зверо́ящер, -а
зве́рски
зве́рский
зве́рство, -а
зве́рствовать, -твую, -твует
зверу́шечий, -ья, -ье и **зверю́шечий,** -ья, -ье
зверу́шка, -и, *р. мн.* -шек и **зверю́шка,** -и, *р. мн.* -шек
зверь, -я, *мн.* -и, -е́й
зверьё, -я́
зве́рь зве́рем
зверю́га, -и, *м.* и *ж.*
зверю́шечий, -ья, -ье и **зверу́шечий,** -ья, -ье
зверю́шка, -и, *р. мн.* -шек и **зверу́шка,** -и, *р. мн.* -шек
зверя́тки, -ток
звиади́ст, -а
звиади́стский
звон, -а и -у
звона́рка, -и, *р. мн.* -рок
звона́рный
звона́рня, -и, *р. мн.* -рен
звона́рский
звона́рь, -я́
звоне́ц, -нца́, *тв.* -нцо́м, *р. мн.* -нцо́в
звони́ть(ся), -ню́(сь), -ни́т(ся)
зво́нкий; *кр. ф.* -нок, -нка́, -нко
звонко́вый
звонкоголо́сый
зво́нкость, -и
зво́нница, -ы, *тв.* -ей
звоно́к, -нка́
звоно́чек, -чка
зво́нчатость, -и
зво́нчатый
зво́нче, *сравн. ст.*
звоня́щий(ся)
звук, -а
зву́ко-бу́квенный
звуковеде́ние, -я
звукови́дение, -я
звукови́к, -а́
звуково́й
звуковосприни́мающий
звуковоспроизведе́ние, -я
звуковоспроизводя́щий

звуковысо́тный
звукозапи́сывающий
звукоза́пись, -и
звукозащи́та, -ы
звукозащи́тный
звукоизвлече́ние, -я
звукоизоли́рованный
звукоизоли́рующий
звукоизоляцио́нный
звукоизоля́ция, -и
звукоинжене́р, -а
звуко- и теплоизоля́ция
звуколи́дер, -а (*спорт.*)
звуколиди́рование, -я
звукомаскиро́вка, -и
звукомаскиро́вочный
звукоме́рный
звукометри́ческий
звукоме́трия, -и
звуконепроница́емость, -и
звуконепроница́емый
звуконоси́тель, -я
звукоо́браз, -а
звукоо́бразный
звукообразова́ние, -я
звукоопера́тор, -а
звукоопера́торский
звукопеленга́тор, -а
звукопереда́ча, -и, *тв.* -ей
зву́копись, -и
звукопоглоща́емость, -и
звукопоглоща́ющий
звукопоглоще́ние, -я
звукоподво́дный
звукоподража́ние, -я
звукоподража́тель, -я
звукоподража́тельность, -и
звукоподража́тельный
звукоприёмник, -а
звукопроводи́мость, -и
звукопрово́дность, -и
звукопрово́дный
звукопроводя́щий
звукопроница́емость, -и
звукопроница́емый
звукорежиссёр, -а
звукорежиссу́ра, -ы
звукоря́д, -а, *мн.* -ы́, -о́в и -ы, -ов
звукосветометри́ческий
звукосигна́льный
звукосимволи́зм, -а
звукосинтеза́тор, -а
звукоснима́тель, -я
звукосочета́ние, -я
звукоте́хника, -и
звукотехни́ческий
звукоула́вливатель, -я
звукоула́вливающий
звукоулови́тель, -я
звукоусиле́ние, -я
звукоуси́ливающий
звукоусили́тель, -я
звукоусили́тельный
звуча́ние, -я
звуча́ть, -чи́т

звуча́щий
зву́чность, -и
зву́чный; *кр. ф.* -ен, -чна́, зву́чны́
звучо́к, -чка́
звяк[1], -а (*звяканье*)
звяк[2], *неизм.*
звя́канье, -я
звя́кать, -аю, -ает
звя́кнуть, -ну, -нет
зги: (ни) зги́ не ви́дно (не вида́ть)
зда́ние, -я
зда́ньице, -а
здесь
зде́шний
здоро́ваться, -аюсь, -ается
здорове́е, *сравн. ст.*
здорове́нек, -нька
здорове́нный
здоро́венький
здорове́ть, -е́ю, -е́ет
здоровёхонький; *кр. ф.* -нек, -нька
здоровёшенький; *кр. ф.* -нек, -нька
здорови́ла, -ы, *м.* и *ж.*
здоро́виться, -ится (мне́ не совсе́м здоро́вится)
здоро́вкаться, -аюсь, -ается (*обл. к* здоро́ваться)
здо́рово (*хорошо*; *очень*)
здоро́во (*здравствуй*)
здоро́во живёшь (живёте)
здорову́щий
здоро́вый; *кр. ф.* здоро́в, -а и (*сильный*, *крепкий*, *крупный*) -а́
здоро́вье, -я
здоро́вьечко, -а
здоро́вьице, -а
здоро́вьишко, -а
здоровя́га, -и, *м.* и *ж.*
здоровя́к, -а́
здоровя́чка, -и, *р. мн.* -чек
здоровячо́к, -чка́
здра́вие, -я
здра́вица, -ы, *тв.* -ей
здра́вница, -ы, *тв.* -ей
здравомы́сленный
здравомы́слие, -я
здравомы́слящий
здравоохране́ние, -я
здравоохрани́тельный
здра́вость, -и
здравотде́л, -а
здравпу́нкт, -а
здра́вствование, -я
здра́вствовать(ся), -твую(сь), -твует(ся)
здра́вствуй(те)
здра́вствуйте пожа́луйста, *в знач. межд.*
здра́вствующий
здра́вый
здра́сте (*вместо* здра́вствуйте – *при передаче разг. произношения, в поэзии*)
зе́бра, -ы
зе́бровый

зебро́ид, -а
зе́бу, *нескл., м.*
зебуви́дный
зев, -а
зёва, ы, *м.* и *ж.*
зева́ка, -и, *м.* и *ж.*
зевану́ть, -ну, -нёт
зева́нье, -я
зева́тельный
зева́ть(ся), -а́ю, -а́ет(ся)
зе́вгма, -ы (*лит.*)
Зеве́с, -а (*устар. поэт. к* Зевс)
зевну́ть(ся), -ну́, -нёт(ся)
зево́к, зевка́
зевообразова́ние, -я
зево́та, -ы
зево́тный
Зевс, -а
Зе́вс-громове́ржец, Зе́вса-громове́ржца
Зе́еман, -а: **эффе́кт Зе́емана**
зейгерова́ние, -я
зейгеро́ванный; *кр. ф.* -ан, -ана
зейгерова́ть(ся), -ру́ю, -ру́ет(ся)
зе́йский (от Зе́я)
зела́ндский (*от* Зела́ндия)
зела́ндцы, -ев, *ед.* -дец, -дца, *тв.* -дцем
зелене́ние, -я
зелёненький
зелене́ть(ся), -е́ю, -е́ет(ся)
зеленёхонький; *кр. ф.* -нек, -нька
зелене́ц, -нца́, *тв.* -нцо́м, *р. мн.* -нцо́в
зеленёшенький; *кр. ф.* -нек, -нька
зелени́ть(ся), -ню́, -ни́т(ся)
зелёнка, -и
зеленно́й (*от* зе́лень)
зелёно-бу́рый
зеленова́тенький
зеленова́то-се́рый
зеленова́тость, -и
зеленова́тый
зеленогла́зка, -и, *р. мн.* -зок
зеленогла́зый
зеленого́рский (*от* Зеленого́рск)
зеленого́рцы, -ев, *ед.* -рец, -рца, *тв.* -рцем
зеленогра́дка, -и, *р. мн.* -док
зеленогра́дский (*от* Зеленогра́д)
зеленогра́дцы, -ев, *ед.* -дец, -дца, *тв.* -дцем
зеленодо́льский (*от* Зеленодо́льск)
зеленодо́льцы, -ев, *ед.* -лец, -льца, *тв.* -льцем
зеленока́менный
зеленоли́ственный
зеленомо́шник, -а
зеленомо́шный
зелёно-се́рый
зелёность, -и
зеленоуко́сный
зелену́шка, -и, *р. мн.* -шек
зеленца́, -ы́, *тв.* -о́й
зеленча́к, -а́ (*гриб*)
зеленчу́к, -а́ (*растение*)
зеленщи́к, -а́

зеленщи́ца, -ы, *тв.* -ей
зелёные, -ых
Зелёный контине́нт (*об Австралии*)
Зелёный Мы́с (*полуостров; посёлок*)
зелёный; *кр. ф.* зе́лен, зелена́, зе́лено, зе́лены́
зе́лень, -и
зеленя́, -е́й
зело́[1], *нареч.* (*очень*)
зело́[2], -а́ (*название буквы*)
зело́ты, -ов, *ед.* зело́т, -а (*в Иудее*)
зе́лье, -я, *р. мн.* зе́лий
зе́льице, -а
зельц, -а, *тв.* -ем
земга́лы, -ов и -га́л (*племя*)
земе́лька, -и, *р. мн.* -лек
земе́льно-во́дный
земе́льно-мелиорати́вный
земе́льный
Земе́льный ко́декс РФ
зе́мец, зе́мца, *тв.* зе́мцем, *р. мн.* зе́мцев
земкарава́н, -а
землеби́тный
землева́ние, -я
землеве́д, -а
землеве́дение, -я
землеве́дческий
землевладе́лец, -льца, *тв.* -льцем
землевладе́лица, -ы, *тв.* -ей
землевладе́льческий
землевладе́ние, -я
землево́льческий (*от* "Земля́ и во́ля")
земледе́л,-а (*устар. к* земледе́лец)
земледе́лец, -льца, *тв.* -льцем, *р. мн.* -льцев
земледе́лие, -я
земледе́лка, -и, *р. мн.* -лок
земледе́льческий
землеко́п, -а
землеко́пный
землеме́р, -а
землеме́рие, -я
землеме́рка, -и, *р. мн.* -рок
землеме́рный
землеме́рша, -и, *тв.* -ей
землеобеспе́ченный
землеописа́ние, -я
землеотво́д, -а
землепа́шеский
землепа́шество, -а
землепа́шец, -шца, *тв.* -шцем, *р. мн.* -шцев
землепо́льзование, -я
землепо́льзователь, -я
землепо́льзовательский
землепрохо́дец, -дца, *тв.* -дцем, *р. мн.* -дцев
землепрохо́дческий
землеразрыхли́тель, -я
землеро́б, -а
землеро́й, -я
землеро́йка, -и, *р. мн.* -о́ек
землеро́йковый кро́т
землеройкоподо́бный кро́т
землеро́йно-тра́нспортный
землеро́йно-фре́зерный
землеро́йный
землеро́йщик, -а
землесо́с, -а
землесо́сный
землетрясе́ние, -я
землеудобри́тельный
землеустрои́тель, -я
землеустрои́тельный
землеустро́йство, -а
землечерпа́лка, -и, *р. мн.* -лок
землечерпа́льный
землечерпа́ние, -я
землечерпа́тельный
земли́стость, -и
земли́сто-чёрный
земли́стый
земли́ца, -ы, *тв.* -ей
земли́чка, -и
земли́шка, -и
земля́[1], -и́, *вин.* зе́млю, *мн.* зе́мли, земе́ль, зе́млям и (*название планеты, астр.; наземный центр руководства полетами*) **Земля́,** -и́, *вин.* Зе́млю, *также в названиях островов, архипелагов, напр.*: Ба́ффинова Земля́, Но́вая Земля́, О́гненная Земля́, Земля́ Фра́нца-Ио́сифа
земля́[2], -и́ (*название буквы*)
земля́ – во́здух, *неизм.* (*класс ракет*)
земля́ – земля́, *неизм.* (*класс ракет*)
земля́к, -а́
земля́-корми́лица, земли́-корми́лицы
земля́-ма́тушка, земли́-ма́тушки
земля́не, -я́н, *ед.* -я́нин, -а
земляни́ка, -и
земляни́стость, -и (*устар. к* земли́стость)
земляни́стый (*устар. к* земли́стый)
земляни́чина, -ы
земляни́чинка, -и, *р. мн.* -нок
земляни́чка, -и, *р. мн.* -чек
земляни́чник, -а
земляни́чный
земля́нка, -и, *р. мн.* -нок
землянО́й
ЗемлянО́й ва́л (*система оборонительных сооружений в Москве, ист.*) и **ЗемлянО́й Ва́л** (*улица*)
ЗемлянО́й го́род (*в старину – часть Москвы*)
земля́ночка, -и, *р. мн.* -чек
земля́ночный
Земля́ обетова́нная (*Палестина, библ.*) и **земля́ обетова́нная** (*место, страна, куда страстно стремятся*)
земля́цкий (*к* земля́к)
земля́ческий (*к* земля́чество)
земля́чество, -а
земля́чка, -и, *р. мн.* -чек
землячо́к, -чка́
зе́мно (кла́няться)
земново́дные, -ых, *ед.* -ное, -ого
земно́й
земно́й ша́р
земноро́дный
земотде́л, -а
земполотно́, -а́
зе́мский
Зе́мский собо́р (*ист.*)
земснаря́д, -а
зе́мство, -а
земфо́нд, -а
зе́мщина, -ы
земь, -и: **по́ земи, о́б земь**
Зенд-Аве́ста, -ы
зе́нды, -ов (*племя*)
зензу́бель, -я
зени́т, -а
зени́тка, -и, *р. мн.* -ток
зени́тно-артиллери́йский
зени́тно-пулемётный
зени́тно-раке́тный
зени́тный
зени́товец, -вца, *тв.* -вцем, *р. мн.* -вцев
зени́товский (*от* "Зени́т")
зени́т-телеско́п, -а
зени́тчик, -а
зени́тчица, -ы, *тв.* -ей
зени́ца, -ы, *тв.* -ей; бере́чь как зени́цу о́ка
зе́нкер, -а
зенкерова́ние, -я
зенкеро́ванный; *кр. ф.* -ан, -ана
зенкерова́ть(ся), -ру́ю, -ру́ет(ся)
зенкеро́вка, -и
зе́нки, зе́нок
зенкова́ние, -я
зенко́ванный; *кр. ф.* -ан, -ана
зенкова́ть(ся), -ку́ю, -ку́ет(ся)
зенко́вка, -и, *р. мн.* -вок
зе́ркало, -а, *мн.* -ала́, -а́л, -ала́м
зерка́льно-ли́нзовый
зерка́льность, -и
зерка́льный; *кр. ф.* -лен, -льна
зе́ркальце, -а, *р. мн.* -лец
зерка́льщик, -а
зернённый, *прич.*
зернёный, *прил.*
зерни́нка, -и, *р. мн.* -нок
зерни́стость, -и
зерни́стый
зерни́ть, -ню́, -ни́т
зерни́шко, -а, *мн.* -шки, -шек
зерно́, -а́, *мн.* зёрна, зёрен
зерноаспира́тор, -а
зернобобо́вый
зернови́дный; *кр. ф.* -ден, -дна
зернови́к, -а́
зерно́вка, -и, *р. мн.* -вок
зерново́з, -а
зерново́зка, -и, *р. мн.* -зок
зерново́й
зерновщи́к, -а́
зерновы́е, -ы́х
зерногра́дский (*от* Зерногра́д)
зерногра́дцы, -ев, *ед.* -дец, -дца, *тв.* -дцем
зерногранули́т, -а
зернодроби́лка, -и, *р. мн.* -лок

зернодроби́льный
зернокомба́йн, -а
зерноко́мплекс, -а
зерномета́тель, -я
зерномо́ечный
зернообра́зный; *кр. ф.* -зен, -зна
зерноотхо́ды, -ов
зерноочисти́тель, -я
зерноочисти́тельно-суши́льный
зерноочисти́тельный
зерноочи́стка, -и
зерноперераба́тывающий
зерноплющи́лка, -и, *р. мн.* -лок
зернопогру́зчик, -а
зернопоста́вки, -вок
зернопрово́д, -а
зернопу́льт, -а
зернопу́льт-зернопогру́зчик, зернопу́льта-зернопогру́зчика
зерносе́ющий
зерноскла́д, -а
зерносме́сь, -и
зерносовхо́з, -а
зерносортирова́льный
зерносуши́лка, -и, *р. мн.* -лок
зернотёрка, -и, *р. мн.* -рок
зернотравяно́й
зерноту́ковый
зерноубо́рочный
зерноувлажни́тель, -я
зерноулови́тель, -я
зернофура́ж, -а́, *тв.* -о́м
зернофура́жный
зернохрани́лище, -а
зерноя́дный
зе́рнщик, -а (*от* зернь)
зёрнышко, -а, *мн.* -шки, -шек
зернь, -и
зеро́, *нескл., с.*
зерца́ло, -а
зет, -а (*название буквы*)
зе́товый
Зефи́р, -а (*мифол.*)
зефи́р, -а (*легкий ветерок; ткань; кондитерское изделие*)
зефи́рный
зефи́ровый
з-з-з (*звукоподражание*)
зи́верт, -а (*ед. измер.*)
зиг, -а
зигза́г, -а
зигза́г-маши́на, -ы
зигзагови́дный; *кр. ф.* -ден, -дна
зигзагообра́зный; *кр. ф.* -зен, -зна
зиг-маши́на, -ы
зигога́мия, -и
зигомице́ты, -ов, *ед.* -це́т, -а
зигоморфи́я, -и
зигомо́рфный
зигоспо́ра, -ы
зиго́та, -ы
зидж, -а, *тв.* -ем
зи́ждившийся
зижди́тель, -я (*творец, основатель*) и **Зижди́тель**, -я (*о Боге*)
зижди́тельница, -ы, *тв.* -ей
зижди́тельный; *кр. ф.* -лен, -льна
зижди́тельство, -а
зи́ждить(ся), -дет(ся), -дут(ся)
зи́ждущий(ся)
иза́ния, -и
зизифо́ра, -ы
зиккура́т, -а
зикр, -а
ЗИЛ, -а (*завод и автомобиль*)
зила́нт, -а
зи́ловец, -вца, *тв.* -вцем, *р. мн.* -вцев
зи́ловский (*от* ЗИЛ)
зило́ты, -ов, *ед.* зило́т, -а (*в Византии*)
зильберглёт, -а
зильбергро́ш, -а, *тв.* -ем
зима́, -ы́, *вин.* зи́му, *мн.* зи́мы, зим
зима́за, -ы
зимбабви́йка, -и, *р. мн.* -и́ек
зимбабви́йский (*от* Зимба́бве)
зимбабви́йцы, -ев, *ед.* -и́ец, -и́йца, *тв.* -и́йцем
зи́мка, -и, *р. мн.* зи́мок
зи́ммии, -ев, *ед.* зи́ммий, -я
зи́мне-весе́нний
зи́мне-зелёный
зи́мне-сто́йловый
зи́мний
Зи́мний дворе́ц и **Зи́мний**, -его (*в Петербурге*)
зи́мник, -а
зи́мниковый
зи́мница, -ы, *тв.* -ей
зимня́к, -а́ (*птица*)
Зи́мняя кана́вка (*в Петербурге*)
зимова́лый
зимова́льный
зимова́ние, -я
зимова́ть, зиму́ю, зиму́ет
зимови́к, -а́
зимо́вище, -а
зимо́вка, -и, *р. мн.* -вок
зимо́вник, -а
зимо́вочный
зимо́вщик, -а
зимо́вщица, -ы, *тв.* -ей
зимо́вье, -я, *р. мн.* -вий
зимоге́н, -а
зимоге́новый
зимого́р, -а
зимо́й и **зимо́ю**, *нареч.*
зимолю́бка, -и, *р. мн.* -бок
зиморо́док, -дка
зимосто́йкий; *кр. ф.* -о́ек, -о́йка
зимосто́йкость, -и
зимоусто́йчивость, -и
зимоусто́йчивый
зи́мушка, -и, *р. мн.* -шек
зи́мушка-зима́, зи́мушки-зимы́
зи́нгеровский (*от* Зи́нгер)
зи́нгшпи́ль, -я
зинда́н, -а
зинджа́нтроп, -а
зи́нджи, -ей
зипу́н, -а́
зипуни́шко, -а и -и, *мн.* -шки, -шек, *м.*
зипу́нный
зипуно́к, -нка́
зипу́нчик, -а
зия́ние, -я
зия́ть, зия́ет
зия́ющий
злак, -а
зла́ковый
Зла́та Пра́га, *другие формы не употр.*
злати́стый (*устар. к* золоти́стый)
злати́ть(ся), злачу́, злати́т(ся) (*устар. к* золоти́ть(ся))
зла́тка, -и, *р. мн.* -ток
зла́тка-медя́нка, зла́тки-медя́нки (*жук*)
златни́к, -а́ (*древнерусская монета*)
зла́то, -а
златове́рхий
златовла́сый
златогла́вый
златогла́зик, -а
златогла́зка, -и, *р. мн.* -зок
златогри́вый
златогу́зка, -и, *р. мн.* -зок
злато́й
златоко́ваный
златокро́т, -а
златокры́лый
златоку́дрый
златокузне́ц, -а́, *тв.* -о́м, *р. мн.* -о́в
златокузне́чный
златолю́бие, -я
златопёрый
златоро́гий
златору́нный
зла́то-се́ребро́, зла́та-серебра́ (*нар.-поэт.*)
златостру́нный
златотка́ный
златоу́ст, -а; но: **Иоа́нн Златоу́ст**
златоу́стовский (*от* Златоу́ст, *город*)
златоу́стовцы, -ев, *ед.* -вец, -вца, *тв.* -вцем
златоцве́т, -а
златошве́йный
злачёный (*устар. к* золочёный)
зла́чный
злачо́к,-чка́
зле́йший
злеть, зле́ю, зле́ет
злец, -а́, *тв.* -о́м, *р. мн.* -о́в
зли́нка, -и
зли́ть(ся), злю(сь), зли́т(ся)
зло[1], зла, *р. мн.* зол, *других форм мн. нет*
зло[2], *нареч.*
зло́ба, -ы
зло́бить(ся), -блю(сь), -бит(ся)
зло́бненький
зло́бность, -и
зло́бный; *кр. ф.* -бен, -бна
злободне́вность, -и
злободне́вный; *кр. ф.* -вен, -вна
зло́бствование, -я

зло́бствовать, -твую, -твует
зло́бящий(ся)
злове́ще, *нареч.*
злове́щесть, -и
злове́щий
зловóние, -я
зловóнность, -и
зловóнный; *кр. ф.* -óнен, -óнна
зловре́дность, -и
зловре́дный; *кр. ф.* -ден, -дна
злоде́й, -я
злоде́йка, -и, *р. мн.* -е́ек
злоде́йски
злоде́йский
злоде́йство, -а
злоде́йствовать, -твую, -твует
злодея́ние, -я
злоехи́дничать, -аю, -ает
злоехи́дный; *кр. ф.* -ден, -дна
зложела́тель, -я
зложела́тельный; *кр. ф.* -лен, -льна
зложела́тельство, -а
злой; *кр. ф.* зол, зла
зло́й-презло́й
злока́чественность, -и
злока́чественный; *кр. ф.* -вен и -венен, -венна
злоключе́ние, -я
злоко́зненность, -и
злоко́зненный; *кр. ф.* -нен, -ненна
злонаме́ренно, *нареч.*
злонаме́ренность, -и
злонаме́ренный; *кр. ф.* -рен, -ренна
злонра́вие, -я
злонра́вный; *кр. ф.* -вен, -вна
злопа́мятность, -и
злопа́мятный; *кр. ф.* -тен, -тна
злопа́мятство, -а
злополу́чие, -я
злополу́чность, -и
злополу́чный; *кр. ф.* -чен, -чна
злопыха́тель, -я
злопыха́тельница, -ы, *тв.* -ей
злопыха́тельный; *кр. ф.* -лен, -льна
злопыха́тельский
злопыха́тельство, -а
злопыха́тельствовать, -твую, -твует
злопыха́ть, -а́ю, -а́ет
злора́дничать, -аю, -ает
злора́дность, -и
злора́дный; *кр. ф.* -ден, -дна
злора́дство, -а
злора́дствовать, -твую, -твует
злоречи́вый
злоре́чие, -я
злосло́вие, -я
злосло́вить, -влю, -вит
злосло́вящий
зло́стность, -и
зло́стный; *кр. ф.* -тен, -тна
злость, -и
злосча́стие, -я
злосча́стный; *кр. ф.* -тен, -тна
злотво́рный; *кр. ф.* -рен, -рна
зло́тый, -ого
злоумышле́ние, -я
злоумы́шленник, -а
злоумы́шленница, -ы, *тв.* -ей
злоумы́шленный
злоумышля́ть, -я́ю, -я́ет
злоупотреби́ть, -блю́, -би́т
злоупотребле́ние, -я
злоупотребля́ть, -я́ю, -я́ет
злоче́стие, -я
злоязы́кий
злоязы́чие, -я
злоязы́чник, -а
злоязы́чница, -ы, *тв.* -ей
злоязы́чничать, -аю, -ает
злоязы́чность, -и
злоязы́чный; *кр. ф.* -чен, -чна
злыда́рь, -я́
злы́день, -дня, *р. мн.* -дней (*злой человек*)
злы́дни, -ей (*нужда, нищета; козни*)
злы́дня, -и, *р. мн.* -ден, *ж.* (*к* злы́день)
злю́ка, -и, *м.* и *ж.*
злю́чка, -и, *р. мн.* -чек, *м.* и *ж.*
злю́щий
змеебо́рец, -рца, *тв.* -рцем
змеебо́рство, -а
змеебо́рческий
зме́ев, -а, -о (*от* змей)
змееви́дный; *кр. ф.* -ден, -дна
змееви́к, -а́
змеевико́вый
змеевичо́к, -чка́
змеёвка, -и, *р. мн.* -вок
змеёвый
змееголо́в, -а
змееголо́вка, -и, *р. мн.* -вок
змееголо́вник, -а
змеёк, змейка́
змеело́в, -а
Змееносец, -сца, *тв.* -сцем (*созвездие*)
змеёныш, -а, *тв.* -ем
змееобра́зный; *кр. ф.* -зен, -зна
змеепито́мник, -а
змееподо́бный; *кр. ф.* -бен, -бна
змеепокло́нство, -а
змееры́бка, -и, *р. мн.* -бок
змеехво́стка, -и, *р. мн.* -ток
змееше́йка, -и, *р. мн.* -е́ек
змееяд, -а
змееящерица, -ы, *тв.* -ей
змеинокры́лая со́вка (*бабочка*)
змеиноше́йный
змеи́ный
змеи́стый
змеи́ться, -и́тся
змей, змея́
Зме́й Горы́ныч, Змея́ Горы́нча
зме́йка, -и, *р. мн.* зме́ек
зме́йка-сортиро́вка, зме́йки-сортиро́вки
зме́йковый
змею́ка, -и
змею́шник, -а
змея́, -и́, *мн.* зме́и, змей, но: **го́д Зме́и** (*по восточному календарю*), **Змея́,** -и (*о том, кто родился в этот год; созвездие*)
змея́тник, -а
змея́-яйцее́д, змеи́-яйцее́да, *ж.*
змиеви́дный; *кр. ф.* -ден, -дна (*устар. к* змееви́дный)
Зми́евы валы́, Зми́евых вало́в (*в Поднепровье*)
змиеподо́бный; *кр. ф.* -бен, -бна (*устар. к* змееподо́бный)
змий, -я, *предл.* о зми́е
зми́й-искуси́тель, зми́я-искуси́теля
знава́ть(ся), *наст. вр. не употр.*
зна́емый
зна́йка, -и, *р. мн.* зна́ек, *м.* и *ж.*
зна́й себе... (*с глагольной формой*)
знак, -а
зна́ковость, -и
зна́ковый
знакогенера́тор, -а
зна́ко-ме́сто, -а, *мн.* -места́, -ме́ст
знако́мец, -мца, *тв.* -мцем, *р. мн.* -мцев
знако́мить(ся), -млю(сь), -мит(ся)
знако́мка, -и, *р. мн.* -мок
знако́мость, -и
знако́мство, -а
знако́мый
знако́мый-перезнако́мый
знако́мящий(ся)
знакопереме́нный
знакопеча́тающий
знакосинтези́рующий
знакочереду́ющийся
знаме́на, -ме́н (*муз.*)
знамена́тель, -я
знамена́тельность, -и
знамена́тельный; *кр. ф.* -лен, -льна
зна́мение, -я (*знак; предзнаменование*; кре́стное зна́мение) и **Зна́мение,** -я (*иконографический тип Божией Матери*)
знамени́тость, -и
знамени́тый
Зна́менка, -и (*улица*)
зна́менный (распе́в)
знамённый (*от* зна́мя)
знамено́ва́ние, -я
знамено́ванный; *кр. ф.* -ан, -ана
знаменова́ть(ся), -ну́ю(сь), -ну́ет(ся)
знамено́сец, -сца, *тв.* -сцем, *р. мн.* -сцев
знамено́сный
зна́менский (*от* Зна́мение)
Зна́менский (собо́р, монасты́рь)
знамёнщик, -а
зна́мо, *в знач. сказ.* и *вводн. сл.*
зна́мо де́ло, *вводн. сл.*
зна́мя, -мени, *тв.* -менем, *мн.* -мёна, -мён
Зна́мя Побе́ды
зна́ние, -я
зна́ньевец, -вца, *тв.* -вцем, *р. мн.* -вцев
зна́ньевский (*от* "Зна́ние")

знатне́йший
зна́тно, *нареч.*
зна́тность, -и
зна́тный; *кр. ф.* -тен, -тна́, -тно, зна́тны́
знато́к, -а́
знато́чество, -а
знать[1], зна́ю, зна́ет
знать[2], -и
знать[3], *вводн. сл.*
знатьё, -я́
зна́ть не зна́ю (**зна́ет** и т. п.)
зна́ться, зна́юсь, зна́ется
зна́харить, -рю, -рит
зна́ха́рка, -и, *р. мн.* -рок
зна́харский
зна́харство, -а
зна́харь, -я
зна́чащий(ся)
значе́ние, -я
зна́чимость, -и
зна́чимый
зна́чит, *вводн. сл.*
значи́тельно, *нареч.*
значи́тельность, -и
значи́тельный; *кр. ф.* -лен, -льна
зна́чить(ся), -чу(сь), -чит(ся)
значки́ст, -а
значки́стка, -и, *р. мн.* -ток
зна́чность, -и
значо́к, -чка́
значо́чек, -чка
зна́ющий(ся)
зноби́ть(ся), -блю́(сь), -би́т(ся)
зно́бкий; *кр. ф.* -бок, зно́бка́, -бко
зной, -я
зно́йкий
зно́йность, -и
зно́йный; *кр. ф.* зно́ен, зно́йна
зоб, -а, *предл.* в зобу́, *мн.* -ы́, -о́в
зоба́стость, -и
зоба́стый
зоба́тый
зо́бик, -а
зо́бный
зобова́тость, -и
зов, -а
зову́щий(ся)
зодиа́к, -а
зодиака́льный
зо́дческий
зо́дчество, -а
зо́дчий, -его
зозу́ля, -и
Зои́л, -а (*древнегреческий оратор и критик*) и **зои́л,** -а (*придирчивый критик*)
зои́льство, -а
зола́, -ы́
золе́ние, -я
золённый; *кр. ф.* -ён, -ена́, *прич.*
золёный, *прил.*
золи́льный
золи́стость, -и
золи́стый
золи́ть(ся), золю́, золи́т(ся)
зо́лка, -и
золо́вка, -и, *р. мн.* -вок
золо́вкин, -а, -о
золо́вушка, -и, *р. мн.* -шек
золообразова́ние, -я
золоотва́л, -а
золота́рник, -а (*растение*)
золота́рь, -я́
Золота́я звезда́ (*медаль*)
Золота́я Орда́
золота́я сва́дьба
золо́тенький
золоте́ть, -е́ет
золоти́льный
золоти́льщик, -а
золоти́льщица, -ы, *тв.* -ей
золоти́на, -ы
золоти́нка, -и, *р. мн.* -нок
золоти́сто-жёлтый
золоти́сто-кра́сный
золоти́сто-ры́жий
золоти́стость, -и
золоти́стый
золоти́ть(ся), -очу́, -оти́т(ся)
золоти́шко, -а
зо́лотко, -а
золотни́к, -а́
золотнико́вый
золотни́чник, -а
золотно́й и **золо́тный** (золо́тно́е шитьё)
зо́лото, -а
золотовалю́тный
золотове́рхий
золотовла́сый
золотоволо́сый
золотогла́вый
золотогри́вый
золотодеви́зный
золотодобыва́ющий
золотодобы́тчик, -а
золотодобы́ча, -и, *тв.* -ей
Золото́е кольцо́ Росси́и (*туристический маршрут*)
золотоизвлека́тельный
золотоиска́тель, -я
золотоиска́тельный
золотоиска́тельский
золото́й
Золото́й Бе́рег (*территория в Африке*)
золото́й ве́к
Золото́й Ро́г (*бухта*)
золотокера́мика, -и
золотокерами́ческий
золотокры́лый
золотоку́дрый
золотомо́йка, -и, *р. мн.* -мо́ек
золотомоне́тный
золотоно́сность, -и
золотоно́сный; *кр. ф.* -сен, -сна
золотообре́зный
золотоорды́нский (*от* Золота́я Орда́)
золотоорды́нцы, -ев, *ед.* -нец, -нца, *тв.* -нцем
золотоотва́л, -а
золотопла́тиновый
золотопого́нник, -а
золотопого́нный
золотопромыва́тельный
золотопромы́шленник, -а
золотопромы́шленность, -и
золотопромы́шленный
золоторо́гий
золоторо́тец, -тца, *тв.* -тцем, *р. мн.* -тцев
золотосли́тковый
золотосодержа́щий
золототка́ный
золототы́сячник, -а
золототы́сячниковый
золотоцве́т, -а
золотоцве́тный
золотошве́йка, -и, *р. мн.* -е́ек
золотошве́йный
золотошве́йня, -и, *р. мн.* -е́ен
золотоя́мчатая жу́желица
золоту́ха, -и
золоту́шность, -и
золоту́шный; *кр. ф.* -шен, -шна
зо́лотце, -а
золо́тчик, -а
Золоты́е воро́та (*в Киеве, Владимире*)
Золоты́е Воро́та (*пролив*)
Золоты́е Пески́ (*курорт в Болгарии*)
золоудале́ние, -я
золоула́вливание, -я
золоуслови́тель, -я
золоче́ние, -я
золочённый; *кр. ф.* -ён, -ена́, *прич.*
золочёный, *прил.*
золошла́ковый
золошлакосилика́т, -а
Зо́лушка, -и, *р. мн.* -шек (*также о трудолюбивой притесняемой девушке*; быть на положе́нии Зо́лушки)
золь, -я
зо́льник, -а
зо́льниковый
зо́льность, -и
зо́льный
зома́н, -а
зо́мби, *нескл., м.* и *ж.*
зомби́рование, -я
зомби́рованный; *кр. ф.* -ан, -ана
зомби́ровать(ся), -рую(сь), -рует(ся)
зо́на, -ы
зона́льность, -и
зона́льный; *кр. ф.* -лен, -льна
зонг, -а
зонг-о́пера, -ы
зонд, -а
зонда́ж, -а и -а́, *тв.* -ем и -о́м
зондеркома́нда, -ы
зонди́рование, -я
зонди́рованный; *кр. ф.* -ан, -ана
зонди́ровать(ся), -рую, -рует(ся)
зондиро́вка, -и

зондиро́вщик, -а
зо́ндовый
Зо́ндские острова́
зони́рование, -я
зони́рованный; *кр. ф.* -ан, -ана
зони́ровать(ся), -рую, -рует(ся)
зо́нный
зо́новский
зонообразова́ние, -я
зонообразу́ющий
зонт, -а́
зо́нт-автома́т, зонта́-автома́та
зо́нтик, -а
зонтикови́дный; *кр. ф.* -ден, -дна
зонтикообра́зный; *кр. ф.* -зен, -зна
зонтикоцве́тный
зо́нтичные, -ых, *ед.* -ное, -ого
зо́нтичный
зо́нтовый
зонтообра́зный; *кр. ф.* -зен, -зна
зо́нт-тро́сть, зонта́-тро́сти, *м.*
зоо... – *первая часть сложных слов, пишется слитно*
зооантропоно́з, -а
зооба́за, -ы
зообе́нтос, -а
зооботани́ческий
зооветерина́рный
зооветпу́нкт, -а
зооветслу́жба, -ы
зооветуча́сток, -тка
зооге́нный
зоогео́граф, -а
зоогеографи́ческий
зоогеогра́фия, -и
зоогигие́на, -ы
зооглéя, -и
зоогони́дии, -дий, *ед.* -дия, -и
зоокомбина́т, -а
зооко́мплекс, -а
зоокумари́н, -а
зоола́трия, -и
зоолесопа́рк, -а
зоо́лог, -а
зоологи́ческий
зооло́гия, -и
зоомагази́н, -а
зоома́сса, -ы
зооморфи́зм, -а
зооморфи́ческий
зоомо́рфный; *кр. ф.* -фен, -фна
зоо́ним, -а
зooни́мика, -и
зооно́з, -а
зоообъедине́ние, -я
зоопалеонто́лог, -а
зоопалеонтологи́ческий
зоопалеонтоло́гия, -и
зоопарази́ты, -ов, *ед.* -зи́т, -а
зоопа́рк, -а
зоопато́лог, -а
зоопатологи́ческий
зоопатоло́гия, -и
зоопито́мник, -а
зоопланкто́н, -а
зоопси́хика, -и
зоопсихо́лог, -а
зоопсихологи́ческий
зоопсихоло́гия, -и
зооса́д, -а, *предл.* в зооса́де и в зооса-ду́, *мн.* -ы, -ов и -ы́, -о́в
зооса́довский
зооспо́ра, -ы
зооспора́нгий, -я
зооте́хник, -а
зооте́хника, -и
зоотехни́ческий
зооте́хния, -и
зоотова́ры, -ов
зоотоми́ческий
зоото́мия, -и
зоофа́г, -а
зооферма, -ы
зоофи́л, -а
зоофили́я, -и
зоофо́бия, -и
зоохими́ческий
зоохи́мия, -и
зоохлоре́ллы, -е́лл, *ед.* -е́лла, -ы
зоохори́я, -и
зооцено́з, -а
зооце́нтр, -а
зооци́ды, -ов, *ед.* -ци́д, -а
зооци́рк, -а
зоошампу́нь, -я
зо́пник, -а
зора́птеры, -ов, *ед.* -тер, -а
зо́ренька, -и, *р. мн.* -нек
зори́лла, -ы
зори́ть(ся), зорю́(сь), зори́т(ся) (*ра-зорять(ся)*)
зо́рить, зо́рю, зо́рит (я́годы, плоды́)
зо́ркий; *кр. ф.* зо́рок, зо́рка́, зо́рко
зо́ркость, -и
зо́рный
Зороа́стр, -а
зороастри́зм, -а
зороастри́йский
зороастри́йцы, -ев, *ед.* -и́ец, -и́йца, *тв.* -и́йцем
зо́рче, *сравн. ст.*
зо́рька, -и, *р. мн.* зо́рек
зо́рюшка, -и, *р. мн.* -шек
зо́ря, -и (*военный сигнал*: би́ть, игра́ть зо́рю)
зосте́ра, -ы
зощенкове́д, -а
зо́щенковский (*от* Зо́щенко)
зра́зы, зраз, *ед.* зра́за, -ы
зрак, -а
зрачко́вый
зрачо́к, -чка́
зре́лище, -а
зре́лищно-спорти́вный
зре́лищность, -и
зре́лищный; *кр. ф.* -щен, -щна
зре́лость, -и
зре́лый; *кр. ф.* зрел, зре́ла́, зре́ло
зре́ние, -я
зреть[1], зрю, зрит (*смотреть*)
зреть[2], зре́ю, зре́ет (*созревать*)
зре́ться, зри́тся
зре́ющий
зри́мость, -и
зри́мый
зри́тель, -я
зри́тельница, -ы, *тв.* -ей
зри́тельно-слухово́й
зри́тельный
зри́тельский
зря, *нареч.*
зря́че, *нареч.*
зрячеслы́шащий
зря́честь, -и
зря́чий, *прил.*
зря́шность, -и
зря́шный; *кр. ф.* -шен, -шна
зря́щий, *прич.*
ЗУ [зэу́], *нескл., с.* (*сокр.*: запоминающее устройство, запирающее устройство)
зуа́в, -а
зуб, -а, *мн.* зу́бы, -о́в (*у человека, животных*) и зу́бья, -ьев (*у орудия*)
зуба́стость, -и
зуба́стый
зуба́тка, -и, *р. мн.* -ток
зуба́товщина, -ы
зуба́тый
зубёнки, -нок
зубе́ц, зубца́, *тв.* зубцо́м, *р. мн.* зубцо́в
зу́б за зу́б
зу́бик, -а
зуби́ло, -а
зуби́льный
зуби́ща, -и́щ и **зуби́щи,** -и́щ, *ед.* зу-би́ще, -а, *м.*
зу́бки, зу́бок, *ед.* зубо́к, зубка́ (*уменьш.-ласкат. к* зу́бы, зуб)
зу́б на́ зуб (не попада́ет)
зубни́к, -а́
зубно́й
зубови́дный; *кр. ф.* -ден, -дна
зубови́к, -а́
зубо́вный (скре́жет)
зубово́й
зубовраче́бный
зубовраческа́ние, -я
зубодёр, -а
зубодёрка, -и, *р. мн.* -рок
зубодроби́тельный; *кр. ф.* -лен, -льна
зубоизмери́тельный
зубо́к, зубка́, *мн.* зубки́, -о́в (*тех.*; *у чеснока*)
зуболече́бница, -ы, *тв.* -ей
зуболече́бный
зуболече́ние, -я
зубонака́тывание, -я
зубонареза́ние, -я
зубоно́жка, -и, *р. мн.* -жек
зубообраба́тывающий
зубопротези́рование, -я
зубопротези́ст, -а
зубопроте́зный
зубоpе́зный

зубоpéзчик, -а
зубоскáл, -а
зубоскáлистый
зубоскáлить, -лю, -лит
зубоскáлка, -и, *р. мн.* -лок
зубоскáльничать, -аю, -ает
зубоскáльство, -а
зубоскáлящий
зубострогáльный
зуботехни́ческий
зуботы́чина, -ы
зубофрезерóвщик, -а
зубофрезерóвщица, -ы, *тв.* -ей
зубóчек, -чка
зубочелюстнóй
зубочи́стка, -и, *р. мн.* -ток
зубошлифовáльный
зубошлифовáльщик, -а
зубошлифóвщик, -а
зубр, -а
зубрёж, -ежá, *тв.* -óм
зубрёжка, -и
зубрéние, -я
зубрёнок, -нка, *мн.* -ря́та, -ря́т
зубри́ла, -ы, *м.* и *ж.*
зубри́лка, -и, *р. мн.* -лок, *м.* и *ж.*
зубри́льный
зубри́ный
зубри́стика, -и
зу́бри́ть(ся), зу́брю, зу́бри́т(ся) (*к* зу́бья и зазу́брины)
зубри́ть(ся), зубрю́, зу́бри́т(ся) (*к* зубрёжка)
зубри́ха, -и
зубри́ца, -ы, *тв.* -ей
зубробизóн, -а
зубрóвка, -и, *р. мн.* -вок
зубрóвочка, -и, *р. мн.* -чек
зу́бровый
зубря́щий(ся)
зубцóвка, -и, *р. мн.* -вок
зубчáтка, -и, *р. мн.* -ток
зубчатоклю́вый
зу́бчато-рéечный
зу́бчáтость, -и
зу́бчáтый
зу́бчики, -ов, *ед.* -чик, -а
зубя́нка, -и, *р. мн.* -нок
зуд, -а
зудá, -ы́, *м.* и *ж.*
зудéние, -я
зу́день, зу́дня
зудéть, зужу́, зуди́т
зуди́ла, -ы, *м.* и *ж.*
зуди́ть, зужу́, зуди́т
зу́дневый
зуёк, зуйкá
зуй, зу́я, *мн.* зуи́, зуёв
зу́лу, *неизм.* и *нескл., м.* (*язык*) и *нескл., мн., ед. м.* и *ж.* (*народ*)
зулу́ска, -и, *р. мн.* -сок
зулу́сский
зулу́сы, -ов, *ед.* зулу́с, -а
зумм, -а (*зуммер, в проф. речи*)
зу́ммер, -а
зу́ммерить, -ит
зумпф, -а
зурнá, -ы́ (*кавказский муз. инструмент*)
зурнáч, -á, *тв.* -óм
зурни́ст, -а
зы́бить(ся), зы́блет(ся), зы́блют(ся)
зы́бка, -и, *р. мн.* зы́бок
зы́бкий; *кр. ф.* зы́бок, зыбкá, зы́бко
зы́бкость, -и
зы́блемый
зы́бление, -я
зы́блющий(ся)
зыбу́н, -á
зыбу́честь, -и
зыбу́чий
зы́бче, *сравн. ст.* (*от* зы́бкий, зы́бко)
зыбь, -и, *мн.* -и, -éй
зык, -а
зы́кать, -аю, -ает
зы́кнуть, -ну, -нет
зы́рить, зы́рю, зы́рит (*жарг.*)
зырк, *неизм.*
зы́ркать, -аю, -ает
зы́ркнуть, -ну, -нет
зыря́не, -я́н, *ед.* -я́нин, -а
зыря́нка, -и, *р. мн.* -нок
зыря́нский
зы́чность, -и
зы́чный; *кр. ф.* зы́чен, зы́чна
зэ, *нескл., с.* (*название буквы*)
зэк, -а
зэкá, *нескл., м.* и *ж.*
зэ́ковский
зэ́чка, -и, *р. мн.* зэ́чек
зю́зя, -и, *р. мн.* -ей, *м.* и *ж.*
зю́зя зю́зей
зюйд, -а
зюйд-вéст, -а
зюйдвéстка, -и, *р. мн.* -ток
зюйд-вéстовый
зюйд-зюйд-вéст, -а
зюйд-зюйд-вéстовый
зюйд-зюйд-óст, -а
зюйд-зюйд-óстовый
зю́йдовый
зюйд-óст, -а
зюйд-óстовый
зя́бкий; *кр. ф.* зя́бок, зябкá, зя́бко
зя́бко, *нареч.* и *в знач. сказ.*
зя́бкость, -и
зя́блевый
зя́блик, -а
зя́бликовый
зя́блица, -ы, *тв.* -ей
зя́бличий, -ья, -ье
зя́блый
зя́бнувший
зя́бнуть(ся), -ну, -нет(ся); *прош.* зяб и зя́бнул, зя́бла, зя́бло(сь)
зябрá, -ы́
зя́бче, *сравн. ст.* (*от* зя́бкий, зя́бко)
зябь, -и
зя́тев, -а, -о
зятёк, зятькá
зя́тик, -а
зя́тнин, -а, -о
зять, -я, *мн.* зятья́, -ьёв
зя́тюшка, -и, *р. мн.* -шек, *м.*

И

и[1]**,** *нескл., с.* (*название буквы*)
и[2]**,** *союз* и *частица*
ибадáт, -а (*понятие ислама*)
и без тогó
ибери́йский (*от* ибéры и Ибéрия)
ибери́йско-кавкáзский
ибери́йцы, -ев, *ед.* -и́ец, -и́йца, *тв.* -и́йцем
ибéры, -ов, *ед.* ибéр, -а
ибикóн, -а
и́бис, -а
и́бисовый
ибли́с, -а (*мифол.*)
ибн и (*в начале составного собственного имени*) **Ибн** – *пишется отдельно от последующего имени, напр.*: Абу́ Али́ ибн Си́на, Ибн Ру́ста, Ибн Фадлáн Ахмéд ибн Аббáс
и́бо[1]**,** *союз*
и́бо[2] и **и́гбо,** *неизм.* и *нескл., м.* (*язык*) и *нескл., мн., ед. м.* и *ж.* (*народ*)
ИБС [ибэ́эс], *нескл., ж.* (*сокр.:* ишемическая болезнь сердца)
и́бсеновский (*от* И́бсен)
ибупрофéн, -а
и́ва, и́вы
Ивáн, -а (*имя; о русском человеке*; Ивáны, не пóмнящие родствá)
Ивáн Вели́кий (*колокольня*)
Ивáн Вóин и **Иоáнн Вóин** (*святой*)
ивангорóдский (*от* Ивангóрод)
ивангорóдцы, -ев, *ед.* -дец, -дца, *тв.* -дцем
Ивáн Грóзный
ивáн-да-мáрья, -и
Ивáн-дурáк, Ивáна-даракá
Ивáн Калитá
Ивáн Купáла
Ивáнов, -а, -о (*от* Ивáн)
ивáновка, -и, *р. мн.* -вок (*к* ивáновцы)
ивáново-вознесéнский (*от* Ивáново-Вознесéнск)
ивáновская: во всю ивáновскую
Ивáновская нóчь
ивáновский (*от* Ивáнов, Ивáново, Ивáновка)
ивановóвский (*от* Иванóв)
ивáновцы, -ев, *ед.* -вец, -вца, *тв.* -вцем (*от* Ивáново, Ивáновка)
ивáнов червячóк, ивáнова червячкá (*насекомое*)

ива́но-франко́вский (*от* Ива́но-Франко́вск)
иванофранко́вцы, -ев, *ед.* -вец, -вца, *тв.* -вцем
Ива́нушка-дурачо́к, Ива́нушки-дурачка́
Ива́н-царе́вич (*сказочный персонаж*)
ива́н-ча́й, -я
ивасёвый
иваси́, *нескл., ж.*
и́верень, -рня (*осколок, зарубка, устар.*)
И́верская Бо́жия Ма́терь (*икона*)
И́верская часо́вня (*в Москве*)
и́вина, -ы
и́вишень, -шня
ивня́к, -а́
ивняко́вый
ивнячо́к, -чка́
и́вовый
и́волга, -и
и́волгин, -а, -о
и́ восьмери́чное (*название буквы* и)
иври́т, -а
иври́тский
ИВС [ивэ́эс], *нескл., м.* (*сокр.*: изолятор временного содержания)
ивуари́йский и **ивуа́рский** (*к* Кот-д'Ивуа́р)
ивуари́йцы, -ев, *ед.* -и́ец, -и́йца, *тв.* -ем
и́вушка, -и, *р. мн.* -шек
ИВЦ [ивэце́], *нескл., м.* (*сокр.*: информационно-вычислительный центр)
ига́рский (*от* Ига́рка)
ига́рцы, -ев, *ед.* -рец, -рца, *тв.* -рцем
игарча́не, -а́н, *ед.* -а́нин, -а
игарча́нка, -и, *р. мн.* -нок
и́гбо и **и́бо**, *неизм.* и *нескл., м.* (*язык*) и *нескл., мн., ед. м.* и *ж.* (*народ*)
иггели́т, -а
игдани́т, -а
игемо́н, -а (*ист.*)
игла́, -ы́, *мн.* и́глы, игл
игла́-ры́ба, иглы́-ры́бы
игли́стость, -и
игли́стый
и́глица, -ы, *тв.* -ей
иглицеобра́зные, -ых
иглобрю́х, -а
иглова́тый
иглови́дный; *кр. ф.* -ден, -дна
иглово́й
иглодержа́тель, -я
иглоко́жие, -их
иглоно́гая сова́
иглообра́зный; *кр. ф.* -зен, -зна
иглопробивно́й
иглорефлексотерапе́вт, -а
иглорефлексотерапи́я, -и
иглоро́т, -а
иглотерапе́вт, -а
иглотерапевти́ческий
иглотерапи́я, -и
иглоука́лывание, -я
иглоука́лывательный
иглофи́льтр, -а
иглофи́льтровый
иглофреза́, -ы́, *мн.* -фре́зы, -фре́з
иглохво́стый стри́ж
иглоше́рст, -а
и́глу, *нескл., с.*
игля́нка, -и, *р. мн.* -нок
игнипункту́ра, -ы
игнитро́н, -а
игнитро́нный
игнора́нт, -а
игнора́нция, -и
игнори́рование, -я
игнори́рованный; *кр. ф.* -ан, -ана
игнори́ровать(ся), -рую(сь), -рует(ся)
и́го, и́га
и-го-го́, *неизм.*
иго́лка, -и, *р. мн.* -лок
иго́лочка, -и, *р. мн.* -чек
иго́лочный
иго́льник, -а
иго́льница, -ы, *тв.* -ей
иго́льный
иго́льчатый
иго́рный
игра́, -ы́, *мн.* и́гры, игр
игра́-имита́тор, игры́-имита́тора, *ж.*
игра́лище, -а
игра́льный
и́гранный; *кр. ф.* -ан, -ана, *прич.*
играну́ть, -ну́, -нёт
и́граный, *прил.*
игра́ть(ся), -а́ю(сь), -а́ет(ся)
игра́ючи
игра́ющий
и́грек, -а (*название буквы*)
и́грековый
игре́невый
игре́ний, -яя, -ее
игре́ц, -а́, *тв.* -о́м, *р. мн.* -о́в
игре́цкий
игри́вость, -и
игри́вый
игри́стость, -и
игри́стый
и́грище, -а
игрови́к, -а́
игрово́й
игро́к, -а́
игрома́н, -а
игрома́ния, -и
игроте́ка, -и
игроте́хник, -а
игроте́хника, -и
игротехни́ческий
игроте́чный
игро́цкий
игрочи́шка, -и, *р. мн.* -шек, *м.*
игрочо́к, -чка́
игру́н, -а́
игру́нка, -и, *р. мн.* -нок (*обезьяна*)
игру́нковые, -ых
игруно́к, -нка́
игру́нья, -и, *р. мн.* -ний
игру́ха, -и
игру́шечка, -и, *р. мн.* -чек
игру́шечник, -а
игру́шечный
игру́шка, -и, *р. мн.* -шек
и́грывать, *наст. вр. не употр.*
И́гры до́брой во́ли
игуа́на, -ы
игуанодо́нт, -а и **игуано́дон**, -а
игу́мен, -а
игу́менский
игу́менство, -а
игу́менствовать, -твую, -твует
игу́менья, -и, *р. мн.* -ний
ида́льго, *нескл., м.*
идеа́л, -а
идеализа́тор, -а
идеализа́ция, -и
идеализи́рование, -я
идеализи́рованный; *кр. ф.* -ан, -ана
идеализи́ровать(ся), -рую(сь), -рует(ся)
идеали́зм, -а
идеали́ст, -а
идеалисти́ческий
идеалисти́чность, -и
идеалисти́чный; *кр. ф.* -чен, -чна
идеали́стка, -и, *р. мн.* -ток
идеа́льно-духо́вный
идеа́льно-материа́льный
идеа́льно пра́вильный
идеа́льность, -и
идеа́льный; *кр. ф.* -лен, -льна
иде́йка, -и, *р. мн.* иде́ек
иде́йно бли́зкий
иде́йно вы́держанный
иде́йно-воспита́тельный
иде́йно-нра́вственный
иде́йно-полити́ческий
иде́йность, -и
иде́йно-теорети́ческий
иде́йно-филосо́фский
иде́йно-худо́жественный
иде́йно-эстети́ческий
иде́йный; *кр. ф.* иде́ен, иде́йна
идентифика́тор, -а
идентификацио́нный
идентифика́ция, -и
идентифици́рованный; *кр. ф.* -ан, -ана
идентифици́ровать(ся), -рую(сь), -рует(ся)
иденти́чность, -и
иденти́чный; *кр. ф.* -чен, -чна
идеовегетати́вный
идеогра́мма, -ы (*письменный знак*)
идеографи́ческий
идеогра́фия, -и
идеокра́тия, -и
идео́лог, -а
идеологе́ма, -ы
идеологиза́ция, -и
идеологизи́рование, -я
идеологизи́рованный; *кр. ф.* -ан, -ана
идеологизи́ровать(ся), -рую, -рует(ся)

идеологи́чески
идеологи́чески вы́держанный
идеологи́ческий
идеоло́гия, -и
идеомото́рика, -и
идеомото́рный
и́ десятери́чное (*название буквы i*)
идефи́кс, -а и **иде́я фи́кс,** иде́и фи́кс
иде́я, -и
иджма́, -ы́ (*в исламе*)
иджтиха́д, -а (*в исламе*)
иди́ллик, -а (*лит.*)
идилли́ческий
идилли́чность, -и
идилли́чный; *кр. ф.* -чен, -чна
иди́ллия, -и
идиоадапта́ция, -и
идиобла́ст, -а
идиогра́мма, -ы (*изображение набора хромосом*)
идиоле́кт, -а
идио́ма, -ы
идиома́тика, -и
идиомати́ческий
идиомати́чность, -и
идиомати́чный; *кр. ф.* -чен, -чна
идиоморфи́зм, -а
идиомо́рфный
идиопла́зма, -ы
идиосинкрази́ческий
идиосинкрази́я, -и
идиосо́ма, -ы
идиостилево́й
идиости́ль, -я
идио́т, -а
идиоти́зм, -а
идио́тина, -ы, *м.* и *ж.*
идиоти́ческий
идиоти́я, -и
идио́тка, -и, *р. мн.* -ток
идио́тски
идио́тский
идио́тство, -а
идиохромати́ческий
и́диш, -а, *нескл., м.* и *неизм.*
ИДН [идэ́эн], *нескл., ж.* (*сокр.*: искусственная дорожная неровность)
и́до, *нескл., м.* и *с.*
идокра́з, -а
и́дол, -а
и́долище, -а, *с.* (*чудовище*), -а, *мн.* -а и -и, -ищ, *м.* (*увелич. к* и́дол)
И́долище пога́ное (*персонаж былины*)
идолобо́рческий
идолобо́рчество, -а
идолопокло́нник, -а
идолопокло́нница, -ы, *тв.* -ей
идолопокло́нничать, -аю, -ает
идолопокло́ннический
идолопокло́нничество, -а
идолопокло́нство, -а
и́дольский
и други́е (и др.)
идти́, иду́, идёт; *прош.* шёл, шла

идуме́и, -ев, *ед.* -ме́й, -я
и́дучи
иду́щий
и́ды, ид
Иего́ва, -ы, *м.*
иегови́зм, -а
иегови́стка, -и, *р. мн.* -ток
иегови́стский
иегови́сты, -ов, *ед.* -и́ст, -а
иезуи́т, -а
иезуити́зм, -а
иезуи́тка, -и, *р. мн.* -ток
иезуи́тский
иезуи́тство, -а
иезуи́тствовать, -твую, -твует
ие́на, -ы (*ден. ед.*)
ие́новый
иера́рх, -а
иерархиза́ция, -и
иерархизо́ванный; *кр. ф.* -ан, -ана
иерархизова́ть(ся), -зу́ю, -зу́ет(ся)
иерархи́чески
иерархи́ческий
иерархи́чность, -и
иерархи́чный; *кр. ф.* -чен, -чна
иера́рхия, -и
иерати́зм, -а
иерати́ческий
иере́й, -я
иере́йский
иере́йство, -а
иере́йствовать, -твую, -твует
иеремиа́да, -ы (*от* Иереми́я)
иерихо́нский (*от* Иерихо́н; труба́ иерихо́нская)
иеро́глиф, -а
иерогли́фика, -и
иероглифи́ческий
иеродья́кон, -а и **иеродиа́кон,** -а
иеродья́конский и **иеродиа́конский**
иеродья́конство, -а и **иеродиа́конство,** -а
иеромона́х, -а
иеромона́шеский
иеромона́шество, -а
иеросхимона́х, -а
иеросхимона́шеский
иеросхимона́шество, -а
иерусали́мляне, -ян, *ед.* -янин, -а (*библ.*)
иерусали́млянка, -и, *р. мн.* -нок
иерусали́мский (*от* Иерусали́м)
иерусали́мцы, -ев, *ед.* -мец, -мца, *тв.* -мцем
Иж, И́жа, *тв.* И́жем и *неизм.* (*мотоцикл, автомобиль*)
иждиве́нец, -нца, *тв.* -нцем, *р. мн.* -нцев
иждиве́ние, -я
иждиве́нка, -и, *р. мн.* -нок
иждиве́нский
иждиве́нство, -а
иждиве́нчески
иждиве́нческий
иждиве́нчество, -а

и́же[1], *нескл., с.* (*название буквы*)
и́же[2], *местоим.*: **и́же с ни́м (ни́ми)**
иже́вка, -и, *р. мн.* -вок
иже́вский (*от* Иже́вск)
иже́вцы, -ев, *ед.* -вец, -вца, *тв.* -вцем
ижевча́не, -а́н, *ед.* -а́нин, -а
ижевча́нка, -и, *р. мн.* -нок
и́жемский (*от* И́жма)
и́жица, -ы, *тв.* -ей (*название буквы*)
ижицеобра́зный; *кр. ф.* -зен, -зна
ижо́ра, -ы (*народность*) и **Ижо́ра,** -ы (*Ижорская земля*)
Ижо́рская возвы́шенность
Ижо́рская земля́ (*ист.*)
ижо́рский (*к* Ижо́рская земля́, ижо́ра, Ижо́ра)
Ижо́рский заво́д
ижо́рцы, -ев, *ед.* -рец, -рца, *тв.* -рцем
из и **изо,** *предлог*
изабе́лла, -ы (*сорт винограда*)
изабе́лловый
изаллоба́ра, -ы
изаллоте́рма, -ы
изамплиту́да, -ы
изанома́ла, -ы
изати́н, -а
изафе́т, -а
изба́, -ы́, *вин.* и́збу́, *мн.* и́збы, изб
изба́ви бо́г (бо́же), *в знач. межд.*
изба́ви го́споди, *в знач. межд.*
избави́тель, -я
избави́тельница, -ы, *тв.* -ей
избави́тельный
изба́вить(ся), -влю(сь), -вит(ся)
избавле́ние, -я
изба́вленный; *кр. ф.* -ен, -ена
избавля́ть(ся), -я́ю(сь), -я́ет(ся)
избало́ванность, -и
избало́ванный; *кр. ф. прич.* -ан, -ана; *кр. ф. прил.* -ан, -анна (она́ капри́зна и избало́ванна)
избалова́ть(ся), -лу́ю(сь), -лу́ет(ся)
избало́вывать(ся), -аю(сь), -ает(ся)
изба́-пятисте́нка, избы́-пятисте́нки
изба́ч, -а́, *тв.* -о́м
изба́-чита́льня, избы́-чита́льни
избега́ние, -я
избе́гать(ся), -аю(сь), -ает(ся), *сов.* (*от* бе́гать)
избега́ть(ся), -а́ю, -а́ет(ся), *несов.* (*к* избежа́ть)
избе́гнувший
избе́гнутый
избе́гнуть, -ну, -нет; *прош.* -е́г и -е́гнул, -е́гла
избе́гший
избежа́ние, -я
избежа́ть, -егу́, -ежи́т, -егу́т
избёнка, -и, *р. мн.* -нок
избива́ть(ся), -а́ю, -а́ет(ся)
избие́ние, -я
избира́тель, -я
избира́тельница, -ы, *тв.* -ей
избира́тельность, -и
избира́тельный; *кр. ф.* -лен, -льна

избира́тельский
избира́ть(ся), -а́ю(сь), -а́ет(ся)
избирко́м, -а
изби́тость, -и
изби́тый
изби́ть(ся), изобью́, изобьёт(ся)
изби́ща, -и, *тв.* -ей
изблёванный; *кр. ф.* -ан, -ана
изблева́ть, -люю́, -люёт
изблёвывать(ся), -аю, -ает(ся)
изблизи́
избода́ть, -а́ет
избо́ина, -ы
изболе́ть(ся)[1], -е́ю(сь), -е́ет(ся)
изболе́ть(ся)[2], -ли́т(ся) (*о душе́, се́рдце*)
избо́лтанный; *кр. ф.* -ан, -ана
изболта́ть(ся), -а́ю(сь), -а́ет(ся)
избо́рник, -а
изборожда́ть(ся), -а́ю, -а́ет(ся)
изборождённый; *кр. ф.* -ён, -ена́
изборозди́ть(ся), -зжу́, -зди́т(ся)
избо́рский (*от* Избо́рск)
изборя́не, -я́н, *ед.* -я́нин, -а (*от* Избо́рск)
избоче́ниваться, -аюсь, -ается
избоче́ниться, -нюсь, -нится
избочи́ться, -чу́сь, -чи́тся
избранённый; *кр. ф.* -ён, -ена́
избра́ние, -я
избрани́ть, -ню́, -ни́т
И́збранная ра́да (*ист.*)
избра́нник, -а
избра́нница, -ы, *тв.* -ей
избра́нничество, -а
и́збранность, -и
и́збранный; *кр. ф.* -ан, -ана
избра́ть(ся), изберу́(сь), изберёт(ся); *прош.* -а́л(ся), -ала́(сь), -а́ло, -а́ло́сь
изброди́ть, -ожу́, -о́дит
избродя́жничаться, -аюсь, -ается
избры́згать, -аю, -ает
избрюзжа́ться, -жу́сь, -жи́тся
и́збура-жёлтый
и́збура-кра́сный
избу́шечка, -и, *р. мн.* -чек
избу́шечный
избу́шка, -и, *р. мн.* -шек
избыва́ние, -я
избыва́ть(ся), -а́ю, -а́ет(ся)
избы́ток, -тка
избы́точность, -и
избы́точный; *кр. ф.* -чен, -чна
избы́ть(ся), избу́ду, избу́дет(ся); *прош.* -ы́л(ся), -ыла́(сь), -ы́ло(сь)
избяно́й
изва́жничаться, -аюсь, -ается
изва́лянный; *кр. ф.* -ян, -яна
изваля́ть(ся), -я́ю(сь), -я́ет(ся)
изваа́ние, -я
изва́янный; *кр. ф.* -ян, -яна
изва́ять, -я́ю, -я́ет
изве́данный; *кр. ф.* -ан, -ана
изве́дать, -аю, -ает
изведённый; *кр. ф.* -ён, -ена́
изве́дший(ся)
изве́дывать, -аю, -ает
изве́ка, *нареч.* (*с давних пор, исстари*)
и́зверг, -а
изверга́ть(ся), -а́ю(сь), -а́ет(ся)
изве́ргнувший(ся)
изве́ргнутый
изве́ргнуть(ся), -ну(сь), -нет(ся); *прош.* -е́рг(ся) и -е́ргнул(ся), -е́ргла(сь)
изве́ргший(ся)
изверже́ние, -я
изве́рженный; *кр. ф.* -ен, -ена
изве́риваться, -аюсь, -ается
изве́риться, -рюсь, -рится
изверну́ться, -ну́сь, -нётся
изверте́ть(ся), -ерчу́(сь), -е́ртит(ся)
извёртывать(ся), -аю(сь), -ает(ся)
изве́рченный; *кр. ф.* -ен, -ена
известегаси́льный
извести́(сь), -еду́(сь), -едёт(ся); *прош.* -ёл(ся), -ела́(сь)
изве́стие, -я
изве́стинец, -нца, *тв.* -нцем, *р. мн.* -нцев
изве́стинский (*от* "Изве́стия")
извести́ть(ся), -ещу́(сь), -ести́т(ся)
извёстка, -и
известкова́ние, -я
известко́ванный; *кр. ф.* -ан, -ана
известкова́ть(ся), -ку́ю, -ку́ет(ся)
известко́во-бе́лый
известко́во-песча́ный
известко́во-пуццола́новый
известко́во-се́рный
известко́во-шла́ковый
известко́вый
изве́стнейший
изве́стно, *в знач. сказ.* и *вводн. сл.*
изве́стность, -и
изве́стный; *кр. ф.* -тен, -тна
известня́к, -а́
известняко́вый
и́звесть, -и
известьсодержа́щий
изве́т, -а
изве́тчик, -а
изветша́лый
изветша́ть, -а́ет
изве́чность, -и
изве́чный; *кр. ф.* -чен, -чна
извеща́тель, -я
извеща́ть(ся), -а́ю(сь), -а́ет(ся)
извеще́ние, -я
извеще́ние-отзы́в, извеще́ния-отзы́ва, *с.*
извеще́ние-тре́бование, извеще́ния-тре́бования
извещённый; *кр. ф.* -ён, -ена́
изве́ять, -е́ю, -е́ет
изви́в, -а
извива́ние, -я
извива́ть(ся), -а́ю(сь), -а́ет(ся)
изви́вистый
изви́вный
изви́лина, -ы
изви́линка, -и, *р. мн.* -нок
изви́листость, -и
изви́листый
извине́ние, -я
извинённый; *кр. ф.* -ён, -ена́
извини́-подви́нься
извини́тельность, -и
извини́тельный; *кр. ф.* -лен, -льна
извини́ть(ся), -ню́(сь), -ни́т(ся)
извиня́ть(ся), -я́ю(сь), -я́ет(ся)
извиня́ющий(ся)
изви́тый; *кр. ф.* -и́т, -ита́, -и́то
изви́ть(ся), изовью́(сь), изовьёт(ся); *прош.* -и́л(ся), -ила́(сь), -и́ло, -и́ло́сь
извлека́ть(ся), -а́ю, -а́ет(ся)
извлёкший(ся)
извлече́ние, -я
извлечённый; *кр. ф.* -ён, -ена́
извле́чь(ся), -еку́, -ечёт(ся), -еку́т(ся); *прош.* -ёк(ся), -екла́(сь)
извне́
изво́д, -а
изводи́ть(ся), -ожу́(сь), -о́дит(ся)
изво́женный; *кр. ф.* -ен, -ена
изво́з, -а
извози́ть(ся), -ожу́(сь), -о́зит(ся)
изво́зничанье, -я
изво́зничать, -аю, -ает
изво́зничество, -а
изво́зный
извозопромы́шленник, -а
изво́зчик, -а
изво́зчицкий
изво́зчичий, -ья, -ье
изволе́ние, -я
изво́лить, -лю, -лит
изволнова́ться, -ну́юсь, -ну́ется
и́295волок, -а
изволо́ченный; *кр. ф.* -ен, -ена и **изволочённый;** *кр. ф.* -ён, -ена́
изволочи́ть(ся), -чу́(сь), -чи́т(ся)
изво́ль(те)
изво́льничаться, -аюсь, -ается
извора́чиваться, -аюсь, -ается
изворова́ться, -ру́юсь, -ру́ется
изворо́т, -а
изворо́тец, -тца, *тв.* -тцем, *р. мн.* -тцев
изворо́тистость, -и
изворо́тистый
изворо́тливость, -и
изворо́тливый
изворча́ться, -чу́сь, -чи́тся
изврати́ть(ся), -ащу́(сь), -ати́т(ся)
извраща́ть(ся), -а́ю(сь), -а́ет(ся)
извраще́нец, -нца, *тв.* -нцем, *р. мн.* -нцев
извраще́ние, -я
извраще́нка, -и, *р. мн.* -нок
извращённо, *нареч.*
извращённость, -и
извращённый; *кр. ф. прич.* -ён, -ена́; *кр. ф. прил.* (*обнаруживающий извращенность*) -ён, -ённа
извя́занный; *кр. ф.* -ан, -ана

извяза́ть(ся), -яжу́, -я́жет(ся)
извя́зывать(ся), -аю, -ает(ся)
изга́дить(ся), -а́жу(сь), -а́дит(ся)
изга́женный; *кр. ф.* -ен, -ена
изга́живать(ся), -аю(сь), -ает(ся)
изгаля́ться, -я́юсь, -я́ется
изга́рина, -ы
и́згарь, -и
изгва́зданный; *кр. ф.* -ан, -ана
изгва́здать(ся), -аю(сь), -ает(ся)
изги́б, -а
изгиба́емость, -и
изгиба́ние, -я
изгиба́ть(ся), -а́ю(сь), -а́ет(ся)
изги́бина, -ы
изги́бистый
изги́бный
изгла́дить(ся), -а́жу(сь), -а́дит(ся)
изгла́дывать(ся), -аю, -ает(ся)
изгла́женный; *кр. ф.* -ен, -ена
изгла́живание, -я
изгла́живать(ся), -аю(сь), -ает(ся)
изгло́данный; *кр. ф.* -ан, -ана
изглода́ть, -ожу́, -о́жет
изгна́ние, -я
изгна́нник, -а
изгна́нница, -ы, *тв.* -ей
изгна́ннический
изгна́нничество, -а
и́згнанный; *кр. ф.* -ан, -ана
изгна́ть, изгоню́, изго́нит; *прош.* -а́л, -ала́, -а́ло
изгнива́ть, -а́ет
изгни́ть, -иёт
из го́да в го́д
изго́й, -я
изго́йство, -а
изголо́вный
из головы́ во́н
изголо́вье, -я, *р. мн.* -вий
изголо́вьице, -а
изголода́ться, -а́юсь, -а́ется
и́зголуба-бе́лый
и́зголуба-си́ний
изгоня́ть(ся), -я́ю(сь), -я́ет(ся)
изгора́ть, -а́ет
изго́рбить(ся), -блю(сь), -бит(ся)
изгорева́ться, -рю́юсь, -рю́ется
изгоре́ть, -ри́т
изгоро́дка, -и, *р. мн.* -док
и́згородь, -и
изгота́вливание, -я
изгота́вливать(ся), -аю(сь), -ает(ся)
изготови́тель, -я
изгото́вить(ся), -влю(сь), -вит(ся)
изгото́вка, -и, *р. мн.* -вок
изготовле́ние, -я
изгото́вленный; *кр. ф.* -ен, -ена
изготовля́ть(ся), -я́ю(сь), -я́ет(ся)
изграфи́ть, -флю́, -фи́т
изграфлённый; *кр. ф.* -ён, -ена́
изграфля́ть(ся), -я́ю, -я́ет(ся)
изгрыза́ть(ся), -а́ю, -а́ет(ся)
изгры́зенный; *кр. ф.* -ен, -ена
изгры́зть, -зу́, -зёт; *прош.* -ы́з, -ы́зла
изгры́зший
изгрязнённый; *кр. ф.* -ён, -ена́
изгрязни́ть(ся), -ню́(сь), -ни́т(ся)
изгрязня́ть(ся), -я́ю(сь), -я́ет(ся)
изгуби́ть, -ублю́, -у́бит
изгу́бленный; *кр. ф.* -ен, -ена
издава́ние, -я
издава́ть(ся), издаю́(сь), издаёт(ся)
и́здавна
изда́ивать(ся), -аю, -ает(ся)
изда́лбливание, -я
изда́лбливать(ся), -аю, -ает(ся)
издалека́ и **издалёка,** *нареч.* (верну́ться издалека́; слы́шен зво́н бубенцо́в издалёка), но *в знач. сущ.* **из далека́** (из далека́ про́житых ле́т)
издале́че и **издале́ча**
и́здали, *нареч.* (наблюда́ть и́здали)
изда́ние, -я
и́зданный; *кр. ф.* -ан, и́здана́, -ано
изда́ньице, -а
изда́тель, -я
изда́тельница, -ы, *тв.* -ей
изда́тельский
изда́тельско-книготорго́вый
изда́тельско-полиграфи́ческий
изда́тельско-торго́вый
изда́тельство, -а
изда́ть, -а́м, -а́шь, -а́ст, -ади́м, -ади́те, -аду́т; *прош.* -а́л, -ала́, -а́ло
издева́тельски
издева́тельский
издева́тельство, -а
издева́ться, -а́юсь, -а́ется
издёвка, -и, *р. мн.* -вок
издёвочка, -и, *р. мн.* -чек
изде́лие, -я
издёрганность, -и
издёрганный; *кр. ф.* -ан, -ана
издёргать(ся), -аю(сь), -ает(ся)
издёргивать(ся), -аю(сь), -ает(ся)
изде́ржанный; *кр. ф.* -ан, -ана
издержа́ть(ся), -ержу́(сь), -е́ржит(ся)
изде́рживать(ся), -аю(сь), -ает(ся)
изде́ржки, -жек
изде́тства, *нареч.* (*с детских лет, устар.*)
издира́ть(ся), -а́ю(сь), -а́ет(ся)
издо́енный; *кр. ф.* -ен, -ена
издои́ть(ся), -ою́, -о́ит(ся)
издолби́ть(ся), -блю́, -би́т(ся)
издо́лбленный; *кр. ф.* -ен, -ена
издо́льщик, -а
издо́льщина, -ы
издо́льщица, -ы, *тв.* -ей
издо́хнуть, -ну, -нет; *прош.* -о́х, -о́хла
издо́хший
издразни́ть, -ню́, -а́знит
издре́вле
издроби́ть(ся), -блю́, -би́т(ся)
издроблённый; *кр. ф.* -ён, -ена́
издробля́ть(ся), -я́ю, -я́ет(ся)
издро́гнуть, -ну, -нет; *прош.* -о́г, -о́гла
издро́гший
издрожа́ться, -жу́сь, -жи́тся
издыря́вить(ся), -влю, -вит(ся)
издыря́вленный; *кр. ф.* -ен, -ена
издыря́вливать(ся), -аю, -ает(ся)
издыха́ние, -я
издыха́ть, -а́ю, -а́ет
изжа́ленный; *кр. ф.* -ен, -ена
изжа́ливать(ся), -аю(сь), -ает(ся)
изжа́лить, -лит
изжа́ренный; *кр. ф.* -ен, -ена
изжа́ривать(ся), -аю(сь), -ает(ся)
изжа́рить(ся), -рю(сь), -рит(ся)
изжёванный; *кр. ф.* -ан, -ана
изжева́ть, изжую́, изжуёт
изжёвывать(ся), -аю, -ает(ся)
изжёгший(ся)
и́зжелта-бу́рый
и́зжелта-зелёный
и́зжелта-кра́сный
и́зжелта-седо́й
изжелти́ть(ся), -лчу́, -лти́т(ся)
изжелчённый; *кр. ф.* -ён, -ена́
изже́чь(ся), изожгу́(сь), изожжёт(ся), изожгу́т(ся); *прош.* изжёг(ся), изожгла́(сь)
изжива́ние, -я
изжива́ть(ся), -а́ю, -а́ет(ся)
изжига́ть(ся), -а́ю(сь), -а́ет(ся)
изжи́тие, -я
изжи́тый; *кр. ф.* -и́т, -ита́, -и́то
изжи́ть(ся), -иву́, -ивёт(ся); *прош.* -и́л(ся), -ила́(сь), -и́ло, -и́ло́сь
изжо́га, -и
из-за, *предлог*
из-за го́рода, но: **из за́города** (*от* за́город, *разг.*)
из-за грани́цы, но: **из загрaни́цы** (*из иностранных государств, государства, разг.*)
из-за кули́с
из-за кули́сы
из-за рубежа́
и́ззелена-голубо́й
и́ззелена-жёлтый
и́ззелена-си́ний
иззеленённый; *кр. ф.* -ён, -ена́
иззелени́ть(ся), -ню́(сь), -ни́т(ся)
иззу́бренный; *кр. ф.* -ен, -ена
иззу́бривание, -я
иззу́бривать(ся), -аю, -ает(ся)
иззубри́ть(ся), -убрю́, -убри́т(ся)
иззя́бнуть(ся), -ну(сь), -нет(ся); *прош.* иззя́б(ся), иззя́бла(сь)
иззя́бший(ся)
Изи́да, -ы и **Иси́да,** -ы
изи́дии, -ий, *ед.* -дия, -и
изла́вливание, -я
изла́вливать(ся), -аю, -ает(ся)
излага́ть(ся), -а́ю, -а́ет(ся)
изла́дить(ся), -а́жу(сь), -а́дит(ся)
изла́живать(ся), -аю(сь), -ает(ся)
изла́занный; *кр. ф.* -ан, -ана
изла́зать, -аю, -ает
изла́зить, -а́жу, -а́зит
изла́мывание, -я
изла́мывать(ся), -аю(сь), -ает(ся)

изла́танный; *кр. ф.* -ан, -ана
излата́ть, -а́ю, -а́ет
изла́ять, -а́ю, -а́ет
излежа́ться, -жи́тся
излёживаться, -ается
изле́ниваться, -аюсь, -ается
излени́ться, -еню́сь, -е́нится
излёт, -а
излётанность, -и
излётанный; *кр. ф.* -ан, -ана
излета́ть(ся), -а́ю(сь), -а́ет(ся)
излете́ть, излети́т
излече́ние, -я
излече́нный; *кр. ф.* -ен, -ена
изле́чивание, -я
изле́чивать(ся), -аю(сь), -ает(ся)
излечи́мость, -и
излечи́мый
излечи́ть(ся), -ечу́(сь), -е́чит(ся)
излива́ние, -я
излива́ть(ся), -а́ю(сь), -а́ет(ся)
изли́занный; *кр. ф.* -ан, -ана
излиза́ть(ся), -ижу́(сь), -и́жет(ся)
изли́зывать(ся), -аю(сь), -ает(ся)
излино́ванный; *кр. ф.* -ан, -ана
излинова́ть, -ну́ю, -ну́ет
изли́тый; *кр. ф.* -и́т, -ита́, -и́то
изли́ть(ся), изолью́(сь), изольёт(ся); *прош.* -и́л(ся), -ила́(сь), -и́ло, -и́ло́сь
изли́шек, -шка
изли́шество, -а
изли́шествовать, -твую, -твует
изли́шне, *нареч.*
изли́шний; *кр. ф.* -шен, -шня
излия́ния, -ий
излови́ть, -овлю́, -о́вит
изло́вленный; *кр. ф.* -ен, -ена
изловча́ться, -а́юсь, -а́ется
изловчи́ться, -чу́сь, -чи́тся
изложе́ние, -я
изло́женный; *кр. ф.* -ен, -ена
изло́жина, -ы
изложи́ть, -ожу́, -о́жит
изло́жница, -ы, *тв.* -ей
изло́м, -а
изло́манность, -и
изло́манный; *кр. ф.* -ан, -ана (*от* излома́ть)
излома́ть(ся), -а́ю(сь), -а́ет(ся)
изло́мистый
изломи́ть(ся), -омлю́, -о́мит(ся)
изло́мленный; *кр. ф.* -ен, -ена (*от* изломи́ть)
излохма́тить(ся), -а́чу(сь), -а́тит(ся)
излохма́ченный; *кр. ф.* -ен, -ена
излу́ка, -и
излука́виться, -влюсь, -вится
излупи́ть, -уплю́, -у́пит
излу́пленный; *кр. ф.* -ен, -ена
излуча́тель, -я
излуча́тельный
излуча́ть(ся), -а́ю, -а́ет(ся)
излуче́ние, -я
излучённый; *кр. ф.* -ён, -ена́
излу́чина, -ы
излу́чистый
излучи́ть(ся), -чу́, -чи́т(ся)
излю́бленный; *кр. ф.* -ен, -ена
изма́занный; *кр. ф.* -ан, -ана
изма́зать(ся), -а́жу(сь), -а́жет(ся)
изма́зывание, -я
изма́зывать(ся), -аю(сь), -ает(ся)
измазю́кать(ся), -аю(сь), -ает(ся)
измаи́льский (*от* Измаи́л)
измаи́льцы, -ев, *ед.* -лец, -льца, *тв.* -льцем
изма́йловский (*от* Изма́йлово)
Изма́йловский па́рк (*в Москве*)
Изма́йловский по́лк (*ист.*)
изма́йловцы, -ев, *ед.* -вец, -вца, *тв.* -вцем (*к* Изма́йловский по́лк)
и́змала
измалёванный; *кр. ф.* -ан, -ана
измалева́ть, -лю́ю, -лю́ет
измалёвывать(ся), -аю, -ает(ся)
изма́лывание, -я
изма́лывать(ся), -аю, -ает(ся)
изма́ранный; *кр. ф.* -ан, -ана
измара́ть(ся), -а́ю(сь), -а́ет(ся)
изма́рывать(ся), -аю(сь), -ает(ся)
изма́сливать(ся), -аю(сь), -ает(ся)
изма́слить(ся), -лю(сь), -лит(ся)
изма́тывание, -я
изма́тывать(ся), -аю(сь), -ает(ся)
изма́чивать(ся), -аю(сь), -ает(ся)
изма́янный; *кр. ф.* -ян, -яна
изма́ять(ся), -а́ю(сь), -а́ет(ся)
измелённый; *кр. ф.* -ён, -ена́
измели́ть(ся), -лю́(сь), -ли́т(ся)
измельча́ние, -я
измельча́ть(ся), -а́ю, -а́ет(ся)
измельче́ние, -я
измельчённый; *кр. ф.* -ён, -ена́
измельчи́тель, -я
измельчи́ть(ся), -чу́, -чи́т(ся)
изме́на, -ы
измене́ние, -я
изменённый; *кр. ф.* -ён, -ена́
измени́ть(ся), -еню́(сь), -е́нит(ся)
изме́нник, -а
изме́нница, -ы, *тв.* -ей
изме́ннически
изме́ннический
изме́нничество, -а
изме́нчивость, -и
изме́нчивый
изме́нщик, -а
изме́нщица, -ы, *тв.* -ей
изменя́емость, -и
изменя́емый
изменя́ть(ся), -я́ю(сь), -я́ет(ся)
измере́ние, -я
изме́ренный; *кр. ф.* -ен, -ена
измёрзнуть, -ну, -нет; *прош.* -ёрз, -ёрзла
измёрзший
изме́ривший
измери́мость, -и
измери́мый
измери́тель, -я
измери́тельно-информацио́нный
измери́тельно-регистри́рующий
измери́тельный
измери́тель-сигнализа́тор, измери́теля-сигнализа́тора
изме́рить, -рю, -рит и -ряю, -ряет; *прош.* -рил, -рила
измеря́емость, -и
измеря́ть(ся), -я́ю, -я́ет(ся)
из ме́сяца в ме́сяц
измете́ленный; *кр. ф.* -ен, -ена
измете́ливать, -аю, -ает
измете́лить, -лю, -лит
измеща́ниться, -нюсь, -нится
изми́рский (*от* Изми́р)
изми́рцы, -ев, *ед.* -рец, -рца, *тв.* -рцем
и́змлада
изможде́ние, -я
измождённость, -и
измождённый; *кр. ф.* -ён, -ена́ и (*выражающий изможде́ние*) -ён, -ённа (её лицо́ измождённо)
измока́ть, -а́ю, -а́ет
измо́кнуть, -ну, -нет; *прош.* -о́к, -о́кла
измо́кший
измола́чивание, -я
измола́чивать(ся), -аю, -ает(ся)
из молоды́х да ра́нний
измоло́т, -а
измолоти́ть(ся), -очу́, -о́тит(ся)
измо́лотый
измоло́ть(ся), измелю́, изме́лет(ся)
измоло́ченный; *кр. ф.* -ен, -ена
измо́р: на измо́р (взя́ть)
измордо́ванный; *кр. ф.* -ан, -ана
измордова́ть, -ду́ю, -ду́ет
изморённый; *кр. ф.* -ён, -ена́
измори́ть(ся), -рю́(сь), -ри́т(ся)
и́зморозный
и́зморозь, -и (*иней*)
измо́ром, *нареч.*
и́зморось, -и (*моросящий дождь*)
измо́танность, -и
измо́танный; *кр. ф.* -ан, -ана
измота́ть(ся), -а́ю(сь), -а́ет(ся)
измоча́ленный; *кр. ф.* -ен, -ена
измоча́ливание, -я
измоча́ливать(ся), -аю(сь), -ает(ся)
измоча́лить(ся), -лю(сь), -лит(ся)
измо́ченный; *кр. ф.* -ен, -ена
измочи́ть(ся), -очу́(сь), -о́чит(ся)
изму́сленный; *кр. ф.* -ен, -ена
изму́сливание, -я
изму́сливать(ся), -аю(сь), -ает(ся)
изму́слить(ся), -лю(сь), -лит(ся)
измусо́ленный; *кр. ф.* -ен, -ена
измусо́ливание, -я
измусо́ливать(ся), -аю(сь), -ает(ся)
измусо́лить(ся), -лю(сь), -лит(ся)
изму́ченно, *нареч.*
изму́ченность, -и
изму́ченный; *кр. ф.* -ен, -ена и (*выражающий крайнюю усталость*) -ен, -енна
изму́чивать(ся), -аю(сь), -ает(ся)

изму́чивший(ся)
изму́чить(ся), -чу(сь), -чит(ся) и -чаю(сь), -чает(ся); *прош.* -чил(ся), -чила(сь)
и́змы, -ов, *ед.* изм, -а (*течения, направления*)
измыва́тельский
измыва́тельство, -а
измыва́ться, -а́юсь, -а́ется
измы́зганность, -и
измы́зганный; *кр. ф.* -ан, -ана
измы́згать(ся), -аю(сь), -ает(ся)
измы́згивание, -я
измы́згивать(ся), -аю(сь), -ает(ся)
измы́ленный; *кр. ф.* -ен, -ена
измы́ливать(ся), -аю, -ает(ся)
измы́лить(ся), -лю, -лит(ся)
измы́слить, -лю, -лит
измыта́ренный; *кр. ф.* -ен, -ена
измыта́ривать(ся), -аю(сь), -ает(ся)
измыта́рить(ся), -рю(сь), -рит(ся)
измышле́ние, -я
измы́шленный; *кр. ф.* -ен, -ена
измышля́ть(ся), -я́ю, -я́ет(ся)
измя́тость, -и
измя́тый
измя́ть(ся), изомну́, изомнёт(ся)
изна́нка, -и
изна́ночный
изнаси́лование, -я
изнаси́лованный; *кр. ф.* -ан, -ана
изнаси́ловать, -лую, -лует
изнаси́льничать, -аю, -ает
изнача́ла, *нареч.* (*изначально*)
изнача́льно, *нареч.*
изнача́льность, -и
изнача́льный; *кр. ф.* -лен, -льна
изна́шиваемость, -и
изна́шивание, -я
изна́шивать(ся), -аю(сь), -ает(ся)
изне́женно, *нареч.*
изне́женность, -и
изне́женный; *кр. ф. прич.* -ен, -ена; *кр. ф. прил.* (*чувствительный к лишениям*) -ен, -енна (она́ капри́зна и изне́женна)
изне́живание, -я
изне́живать(ся), -аю(сь), -ает(ся)
изне́жить(ся), -жу(сь), -жит(ся)
изнемога́ть, -а́ю, -а́ет
изнемо́гший
изнеможе́ние, -я
изнеможённо, *нареч.*
изнеможённость, -и
изнеможённый; *кр. ф.* -ён, -ена́ и (*выражающий изнеможение*) -ён, -ённа
изнемо́чь, -огу́, -о́жет, -о́гут; *прош.* -о́г, -огла́
изне́рвничаться, -аюсь, -ается
изнесе́ние, -я (*церк.*)
изни́занный; *кр. ф.* -ан, -ана
изниза́ть(ся), -ижу́, -и́жет(ся)
и́знизу, *нареч.*
изни́зывать(ся), -аю, -ает(ся)
изничтожа́ть(ся), -а́ю, -а́ет(ся)
изничтоже́ние, -я
изничто́женный; *кр. ф.* -ен, -ена
изничто́жить(ся), -жу, -жит(ся)
изнища́ть, -а́ю, -а́ет
изно́жье, -я, *р. мн.* -жий
изнора́вливаться, -аюсь, -ается
изнорови́ться, -влю́сь, -ви́тся
изно́с, -а и -у
износи́ть(ся), -ошу́(сь), -о́сит(ся)
износосто́йкий
износосто́йкость, -и
износоусто́йчивость, -и
износоусто́йчивый
и́з носу, из но́су и **из но́са**
изно́шенность, -и
изно́шенный; *кр. ф.* -ен, -ена
изнуре́ние, -я
изнурённо, *нареч.*
изнурённость, -и
изнурённый; *кр. ф.* -ён, -ена́ и (*выражающий изнурение*) -ён, -ённа
изнури́тельность, -и
изнури́тельный; *кр. ф.* -лен, -льна
изнури́ть(ся), -рю́(сь), -ри́т(ся)
изнуря́ть(ся), -я́ю(сь), -я́ет(ся)
изнуря́ющий(ся)
изнутри́
изныва́ть(ся), -а́ю, -а́ет(ся)
изныря́ть, -я́ю, -я́ет
изны́ть(ся), изно́ю, изно́ет(ся)
изо и **из,** *предлог*
изо... – *приставка и первая часть сложных слов, пишется слитно*
изоами́ловый
изоамплиту́да, -ы
изоанемо́на, -ы
изоа́нта, -ы
изоа́тма, -ы
изоба́за, -ы
изоба́ра, -ы (*линия*)
изобари́ческий
изоба́рно-изотерми́ческий
изоба́рный
изоба́ры, -ов, *ед.* -ба́р, -а (*физ., хим.*)
изоба́та, -ы
изоби́деть(ся), -и́жу(сь), -и́дит(ся)
изоби́женный; *кр. ф.* -ен, -ена
изоби́лие, -я
изоби́ловать, -лует
изоби́лующий
изоби́льненский (*от* Изоби́льный)
изоби́льненцы, -ев, *ед.* -ненец, -ненца, *тв.* -ненцем
Изоби́льный, -ого (*город*)
изоби́льный; *кр. ф.* -лен, -льна
изоблича́ть(ся), -а́ю(сь), -а́ет(ся)
изобличе́ние, -я
изобличённый; *кр. ф.* -ён, -ена́
изобличи́тель, -я
изобличи́тельница, -ы, *тв.* -ей
изобличи́тельный; *кр. ф.* -лен, -льна
изобличи́ть(ся), -чу́(сь), -чи́т(ся)
изобража́ть(ся), -а́ю(сь), -а́ет(ся)
изображе́ние, -я
изображённый; *кр. ф.* -ён, -ена́
изобрази́тельность, -и
изобрази́тельны, -ых, *ед.* -лен, -льна, *м.* (*церк. песнопения*)
изобрази́тельный; *кр. ф.* -лен, -льна
изобрази́ть(ся), -ажу́, -ази́т(ся)
изобрести́, -ету́, -етёт; *прош.* -ёл, -ела́
изобрета́тель, -я
изобрета́тельница, -ы, *тв.* -ей
изобрета́тельность, -и
изобрета́тельный; *кр. ф.* -лен, -льна
изобрета́тельский
изобрета́тельство, -а
изобрета́ть(ся), -а́ю, -а́ет(ся)
изобрете́ние, -я
изобретённый; *кр. ф.* -ён, -ена́
изобре́тший
изобута́н, -а
изобуте́н, -а
изобутилацета́т, -а
изобутиле́н, -а
изобути́ловый
изове́ла, -ы
изовра́ться, -ру́сь, -рётся; *прош.* -а́лся, -ала́сь, -а́ло́сь
изо всей мо́чи
изо все́х си́л
изогали́на, -ы
изога́мия, -и
изогенера́тные во́доросли
изогеоте́рма, -ы
изогие́та, -ы
изоги́пса, -ы
изогло́сса, -ы
изо́гнуто-ова́льный
изо́гнутость, -и
изо́гнутый
изогну́ть(ся), -ну́(сь), -нёт(ся)
изого́на, -ы
изогона́льность, -и
изогона́льный; *кр. ф.* -лен, -льна
изогра́ф, -а
изографи́ческий
изогра́фия, -и
изодина́ма, -ы
изодина́мия, -и
изо дня́ в де́нь
изодо́за, -ы
изодо́зный
изо́дранный; *кр. ф.* -ан, -ана
изодра́ть(ся), издеру́(сь), издерёт(ся); *прош.* -а́л(ся), -ала́(сь), -а́ло, -а́ло́сь
изодро́м, -а
изодро́мный
изожжённый; *кр. ф.* -ён, -ена́
изози́мы, -ов, *ед.* -зи́м, -а
изоизда́ние, -я
изоиони́я, -и
изойти́, изойду́, изойдёт; *прош.* изошёл, изошла́
изокефа́лия, -и
изокинети́ческий
изокли́на, -ы
изоклина́ль, -и
изоклина́льный

изоко́ла, -ы
изо́колон, -а
изокомбина́т, -а
изокружо́к, -жка́
изоксиге́на, -ы
изо́л, -а
изолга́ться, -лгу́сь, -лжётся, -лгу́тся; *прош.* -а́лся, -ала́сь, -а́ло́сь
изолейци́н, -а
изоле́нта, -ы
изоле́топись, -и
изолецита́льный
изолимо́нная кислота́
изоли́ния, -и
изоли́рование, -я
изоли́рованно, *нареч.*
изоли́рованность, -и
изоли́рованный; *кр. ф.* -ан, -ана
изоли́ровать(ся), -рую(сь), -рует(ся)
изолиро́вка, -и, *р. мн.* -вок
изолиро́вочный
изолиро́вщик, -а
изолиро́вщица, -ы, *тв.* -ей
изоли́рующий(ся)
изологи́ческий
изолофо́бия, -и
Изо́льда, -ы: **Триста́н и Изо́льда**
изолю́кса, -ы
изоля́т, -а
изоля́тор, -а
изоля́торный
изоляциони́зм, -а
изоляциони́ст, -а
изоляциони́стский
изоляцио́нник, -а
изоляцио́нно-пропускно́й
изоляцио́нный
изоля́ция, -и
изомера́зы, -а́з, *ед.* -а́за, -ы
изомериза́ция, -и
изомери́я, -и
изоме́рный
изоме́ры, -ов, *ед.* -ме́р, -а
изометри́ческий
изоме́три́я, -и
изоморфи́зм, -а
изоморфи́я, -и
изомо́рфный; *кр. ф.* -фен, -фна
изоне́фа, -ы
изонитри́лы, -ов, *ед.* -ри́л, -а
изонитросоедине́ния, -ий, *ед.* -е́ние, -я
изоокта́н, -а
изоонки́я, -и
изоопа́ка, -и
изоосми́я, -и
изопе́ктика, -и
изопериметри́ческий
изопи́кна, -ы
изоплёнка, -и, *р. мн.* -нок
изопле́та, -ы
изоплита́, -ы́
изопове́рхности, -ей, *ед.* -ость, -и
изополисоедине́ния, -ий, *ед.* -ние, -я
изопо́ра, -ы
изопре́н, -а
изопре́новый
изопрено́иды, -ов, *ед.* -о́ид, -а
изопроду́кция, -и
изопропи́ловый
изопье́за, -ы
изорасска́з, -а
изо́рванный; *кр. ф.* -ан, -ана
изорва́ть(ся), -рву́(сь), -рвёт(ся); *прош.* -а́л(ся), -ала́(сь), -а́ло, -а́ло́сь
изоржа́вевший
изоржа́веть, -еет
изо́рники, -ов, *ед.* -ник, -а (*ист.*)
изосе́йста, -ы
изосеманти́чный; *кр. ф.* -чен, -чна
изосиллаби́зм, -а
изоспи́н, -а
изоспори́я, -и
изостази́я, -и
изостати́ческий
изо́стланный; *кр. ф.* -ан, -ана
изостла́ть, исстелю́, исстéлет; *прош.* -а́л, -а́ла
изострённый; *кр. ф.* -ён, -ена́
изостри́ть(ся), -рю́, -ри́т(ся)
изостря́ть(ся), -я́ю, -я́ет(ся)
изосту́дия, -и
изотакти́ческий
изота́ха, -и
изоте́ка, -и
изоте́ра, -ы
изоте́рма, -ы
изоте́рмик, -а
изотерми́ческий
изотерми́я, -и
изотиоциана́ты, -ов, *ед.* -на́т, -а
изотиоциа́новая кислота́
изо́тканный; *кр. ф.* -ан, -ана
изотка́ть, -ку́, -кёт; *прош.* -а́л, -а́ла́, -а́ло
изотони́ческий
изотони́я, -и
изото́ны, -ов, *ед.* -то́н, -а
изотопи́ческий
изото́пия, -и
изото́пный
изото́пы, -ов, *ед.* -то́п, -а
изотропи́я, -и
изотро́пность, -и
изотро́пный
изофа́за, -ы
изофе́на, -ы
изоферме́нты, -ов, *ед.* -ме́нт, -а
изофо́нд, -а
изоха́зма, -ы
изохиноли́н, -а
изохо́ра, -ы
изохори́ческий
изохо́рный
изохро́ма, -ы
изохромати́ческий
изохро́на, -ы
изохрони́зм, -а
изохро́нность, -и
изохро́нный
изоциана́ты, -ов, *ед.* -на́т, -а
изоциа́новый
изоцикли́ческий
изоша́рж, -а, *тв.* -ем
изоше́дший
изошко́ла, -ы
изошу́тка, -и, *р. мн.* -ток
изощре́ние, -я
изощрённо, *нареч.*
изощрённо-жесто́кий
изощрённость, -и
изощрённый; *кр. ф. прич.* -ён, -ена́; *кр. ф. прил.* -ён, -ённа (его́ фанта́зия изощрённа)
изощри́ть(ся), -рю́(сь), -ри́т(ся)
изощря́ть(ся), -я́ю(сь), -я́ет(ся)
изоэлектри́ческий
изоэлектро́нный
изоэнзи́мы, -ов, *ед.* -зи́м, -а
изоэнтальпи́йный
изоэнтропи́йный
изоэнтропи́ческий
изо́этес, -а и **изо́эт,** -а (*растение*)
изоэ́товые, -ых
из-под и **из-подо,** *предлог*
из-под мы́шек
из-под мы́шки
из-под полы́
из-под спу́да
израбо́танный; *кр. ф.* -ан, -ана
израбо́таться, -аюсь, -ается
из ра́за в ра́з
изразцо́вый
изразцы́, -о́в, *ед.* -зе́ц, -зца́, *тв.* -зцо́м
изразча́тый
Изра́илев, -а, -о (*от* Изра́иль, *библ.*; двена́дцать коле́н Изра́илевых)
изра́ильский (*от* Изра́иль, *государство*)
израильтя́не, -я́н, *ед.* -я́нин, -а
израильтя́нка, -и, *р. мн.* -нок
израильтя́нский
изра́ильцы, -ев, *ед.* -лец, -льца, *тв.* -льцем
изра́ненный; *кр. ф.* -ен, -ена
изра́нить(ся), -ню(сь), -нит(ся)
израста́ние, -я
израста́ть, -а́ет
израсхо́дование, -я
израсхо́дованный; *кр. ф.* -ан, -ана
израсхо́довать(ся), -дую(сь), -дует(ся)
изреди́ть(ся), -ежу́, -еди́т(ся)
и́зредка
изрежённость, -и и **изре́женность,** -и
изрежённый; *кр. ф.* -ён, -ена́ и **изре́женный;** *кр. ф.* -ен, -ена
изре́живать(ся), -аю, -ает(ся)
изре́занность, -и
изре́занный; *кр. ф.* -ан, -ана
изреза́ть(ся), -а́ю(сь), -а́ет(ся), *несов.*
изре́зать(ся), -е́жу(сь), -е́жет(ся), *сов.*
изре́зывать(ся), -аю(сь), -ает(ся)
изрека́ние, -я
изрека́ть(ся), -а́ю, -а́ет(ся)
изре́кший и **изрёкший**

изречéние, -я
изречённый; *кр. ф.* -ён, -енá
изрéчь, -екý, -ечёт, -екýт; *прош.* -ёк, -еклá
изрешети́ть(ся), -шечý, -шети́т(ся)
изрешечённый; *кр. ф.* -ён, -енá и **изрешéченный;** *кр. ф.* -ен, -ена
изрешéчивание, -я
изрешéчивать(ся), -аю, -ает(ся)
изри́нутый
изри́нуть, -ну, -нет
изрисóванный; *кр. ф.* -ан, -ана
изрисовáть(ся), -сýю(сь), -сýет(ся)
изрисóвывать(ся), -аю(сь), -ает(ся)
из рóда в рóд
изрубáть(ся), -áю, -áет(ся)
изруби́ть(ся), -ублю, -ýбит(ся)
изрýбленный; *кр. ф.* -ен, -ена
изрубцевáть(ся), -цýю(сь), -цýет(ся)
изрубцóванный; *кр. ф.* -ан, -ана
изрубцóвывать(ся), -аю(сь), -ает(ся)
изрýганный; *кр. ф.* -ан, -ана
изругáть(ся), -áю(сь), -áет(ся)
из рýк вóн (*очень плохо*)
из рýк в рýки
изрывáть(ся), -áю, -áет(ся)
изрыгáние, -я
изрыгáть(ся), -áю, -áет(ся)
изрыгнýть(ся), -нý, -нёт(ся)
изры́скать, -ы́щу, -ы́щет и -аю, -ает
изры́тый
изры́ть, изрóю, изрóет
изрыхлённый; *кр. ф.* -ён, -енá
изрыхли́ть, -лю́, -ли́т
из ря́да вóн
изря́дно, *нареч.*
изря́дный; *кр. ф.* -ден, -дна
изубы́точивать(ся), -аю(сь), -ает(ся)
изубы́точить(ся), -чу(сь), -чит(ся)
изувéр, -а
изувéрка, -и, *р. мн.* -рок
изувéрски
изувéрский
изувéрство, -а
изувéрствовать, -твую, -твует
изувéчение, -я
изувéченный; *кр. ф.* -ен, -ена
изувéчивание, -я
изувéчивать(ся), -аю(сь), -ает(ся)
изувéчить(ся), -чу(сь), -чит(ся)
изузóренный; *кр. ф.* -ен, -ена
изузóрить, -рю, -рит
изукрáсить(ся), -áшу(сь), -áсит(ся)
изукрáшенный; *кр. ф.* -ен, -ена
изукрáшивать(ся), -аю(сь), -ает(ся)
изуми́тельно, *нареч.*
изуми́тельный; *кр. ф.* -лен, -льна
изуми́ть(ся), -млю́(сь), -ми́т(ся)
изумлéние, -я
изумлённо, *нареч.*
изумлённый; *кр. ф.* -ён, -енá и (*выражающий изумление*) -ён, -ённа
изумля́ть(ся), -я́ю(сь), -я́ет(ся)
изумрýд, -а
изумрýдец, -дца, *тв.* -дцем, *р. мн.* -дцев
изумрýдик, -а
изумрýдно-голубóй
изумрýдно-зелёный
изумрýдный; *кр. ф.* -ден, -дна
изурóдованный; *кр. ф.* -ан, -ана
изурóдовать(ся), -дую(сь), -дует(ся)
из ýст в устá
изýстный
изучáть(ся), -áю, -áет(ся)
изучáюще, *нареч.*
изучáющий(ся)
изучéние, -я
изýченность, -и
изýченный; *кр. ф.* -ен, -ена
изучи́ть, изучý, изýчит
изъедáть(ся), -áет(ся)
изъéденный; *кр. ф.* -ен, -ена
изъéдина, -ы
изъéздить(ся), -éзжу, -éздит(ся)
изъéзженный; *кр. ф.* -ен, -ена
изъелóзить, -óжу, -óзит
изъёрзанный; *кр. ф.* -ан, -ана
изъёрзать(ся), -аю(сь), -ает(ся)
изъёрзывать(ся), -аю(сь), -ает(ся)
изъéсть, -éст, -едя́т; *прош.* -éл, -éла
изъя́бедничаться, -аюсь, -ается
изъяви́тельное наклонéние
изъяви́ть, -явлю́, -я́вит
изъявлéние, -я
изъя́вленный; *кр. ф.* -ен, -ена
изъявля́ть(ся), -я́ю, -я́ет(ся)
изъязви́ть, -влю́, -ви́т
изъязвлéние, -я
изъязвлённый; *кр. ф.* -ён, -енá
изъязвля́ть(ся), -я́ю, -я́ет(ся)
изъя́н, -а
изъя́нец, -нца, *тв.* -нцем, *р. мн.* -нцев
изъя́нный
изъяснéние, -я
изъяснённый; *кр. ф.* -ён, -енá
изъясни́тельный
изъясни́ть(ся), -ню́(сь), -ни́т(ся)
изъясня́ть(ся), -я́ю(сь), -я́ет(ся)
изъя́тие, -я
изъя́тый
изъя́ть, изымý, изы́мет
изы́ди, *пов.*
изыздевáться, -áюсь, -áется
изымáние, -я
изымáть(ся), -áю, -áет(ся)
изы́ск, -а
изыскáние, -я
изы́сканно, *нареч.*
изы́сканность, -и
изы́сканный; *кр. ф. прич.* -ан, -ана; *кр. ф. прил.* (*утонченный, изящный*) -ан, -анна (егó манéры изы́сканны)
изыскáтель, -я
изыскáтельница, -ы, *тв.* -ей
изыскáтельный
изыскáтельский
изыскáть(ся), изыщý, изы́щет(ся)
изы́скивание, -я
изы́скивать(ся), -аю, -ает(ся)
изю́бр, -а и **изю́брь,** -я
изю́бриха, -и
изю́брица, -ы, *тв.* -ей
изю́бровый и **изю́бревый**
изю́м, -а и -у
изю́мец, -мца и -мцу, *тв.* -мцем
изю́мина, -ы
изю́минка, -и, *р. мн.* -нок
изю́мный
изя́щество, -а
изя́щность, -и
изя́щный; *кр. ф.* -щен, -щна
Иисýс, -а
Иисýс Христóс, Иисýса Христá
иолúт, -а
ИК [икá], *неизм.* (*сокр.*: инфракрасный)
икáб, -а (*в исламе*)
икáние, -я (*от* икáть)
и́канье, -я (*от* и́кать)
Икáр, -а (*мифол.*; *астр.*)
икари́йский (*от* Икáрия; икари́йские и́гры, *в цирке*)
икари́йцы, -ев, *ед.* -и́ец, -и́йца, *тв.* -и́йцем
икáрус, -а (*автобус*)
и́кать, -аю, -ает (*о произношении*)
икáть(ся), -áю, -áет(ся) (*к* икóта)
икебáна, -ы
ИК-излучáющий
ИК-излучéние, -я
ИК-ловýшка, -и, *р. мн.* -шек
ИК-лучи́, -éй
ИКМ [икаэ́м], *нескл., ж.* (*сокр.*: импульсно-кодовая модуляция)
икнýть(ся), икнý, икнёт(ся)
ИК óбласть спéктра [икá]
икóна, -ы
икони́зм, -а
икóника, -и
икóнка, -и, *р. мн.* -нок
икóнный
иконобóрство, -а
иконобóрцы, -ев, *ед.* -рец, -рца, *тв.* -рцем
иконобóрческий
иконобóрчество, -а
иконографи́ческий
иконогрáфия, -и
иконознáние, -я
иконолóгия, -и
икономéтр, -а
иконóмия, -и (*церк.*)
иконописáние, -я
иконопи́сец, -сца, *тв.* -сцем, *р. мн.* -сцев
иконопи́сность, -и
иконопи́сный; *кр. ф.* -сен, -сна
и́конопись, -и
иконопочитáние, -я
иконопочитáтели, -ей, *ед.* -тель, -я
иконоскóп, -а
иконостáс, -а
иконостáсный

иконоте́ка, -и
ико́рка, -и
ико́рница, -ы, *тв.* -ей
ико́рный
ико́рочка, -и
и́кос, -а
икоса́эдр, -а
ико́та, -ы
ико́тник, -а
ИК-поглоща́ющий
ИК-поглоще́ние, -я
икра́, -ы́
и́ кра́ткое (*название буквы й*)
икри́нка, -и, *р. мн.* -нок
икри́стый
икромёт, -а
икромета́ние, -я
икроно́жный
и́кры, икр, *ед.* икра́, -ы́
икря́ник, -а
икря́нка, -и, *р. мн.* -нок
икряно́й
икс, -а (*название буквы*)
икс-едини́ца, -ы, *тв.* -ей
и́ксия, -и
икс-лучи́, -е́й
и́ксовый
иксо́довый кле́щ
иксо́ра, -ы
икт, -а (*в стихосложении*)
икта́, -ы́ (*земельный надел*)
икта́льный (*мед.*)
ИК-те́хника, -и
иктидоза́вр, -а
ИК-чувстви́тельный
ил[1], и́ла и и́лу
ил[2], и́ла (*в Турции: вилайет*)
Ил, И́ла и *неизм., м.* (*самолет*)
ила́нг-ила́нг, -а
иле́кский (*от* Иле́к)
и́леус, -а
и́ли и иль, *союз*
Илиа́да, -ы
и́ли-и́ли *(одно из двух)*
или́йский (*от* Или́, *река*)
или́мский (*от* Или́м)
илио́нский (*от* Илио́н, *Троя*)
и́листость, -и
и́листый
илито́н, -а *(церк.)*
иллино́йсский (*от* Иллино́йс)
иллино́йсцы, -ев, *ед.* -сец, -сца, *тв.* -сцем
иллири́зм, -а
иллири́йский
иллири́йцы, -ев, *ед.* -и́ец, -и́йца, *тв.* -и́йцем
иллоги́чный; *кр. ф.* -чен, -чна
иллокути́вный
иллювиа́льный
иллю́вий, -я
иллюзио́н, -а
иллюзиони́зм, -а
иллюзиони́ст, -а
иллюзионисти́ческий
иллюзиони́стка, -и, *р. мн.* -ток
иллюзиони́стский
иллюзио́нный
иллю́зия, -и
иллюзо́рность, -и
иллюзо́рный; *кр. ф.* -рен, -рна
иллюмина́тор, -а
иллюмина́торный
иллюмина́ты, -ов, *ед.* -на́т, -а
иллюминацио́нный
иллюмина́ция, -и
иллюмини́рование, -я
иллюмини́рованный; *кр. ф.* -ан, -ана
иллюмини́ровать(ся), -рую, -рует(ся)
иллюмино́ванный; *кр. ф.* -ан, -ана
иллюминова́ть(ся), -ну́ю, -ну́ет(ся)
иллюстрати́вность, -и
иллюстрати́вный; *кр. ф.* -вен, -вна
иллюстра́тор, -а
иллюстра́торский
иллюстра́торство, -а
иллюстрацио́нный
иллюстра́ция, -и
иллюстри́рование, -я
иллюстри́рованный; *кр. ф.* -ан, -ана
иллюстри́ровать(ся), -рую, -рует(ся)
илова́тость, -и
илова́тый
и́ловый
илозаде́рживающий
илонакопи́тель, -я
илоочисти́тель, -я
ило́ты, -ов, *ед.* ило́т, -а
иль и и́ли, *союз*
Ильи́н де́нь, Ильина́ дня́
Ильи́нка, -и (*улица*)
ильи́нский (*к* Илья́-проро́к, Ильи́н де́нь; ильи́нцы)
ильи́нцы, -ев, *ед.* -нец, -нца, *тв.* -нцем (*секта*)
Ильи́ч, -а́, *тв.* -о́м
ильичёвский (*от* Ильи́ч и Ильичёвск)
ильичёвцы, -ев, *ед.* -вец, -вца, *тв.* -вцем
и́лька, -и, *р. мн.* и́лек
и́льковый
ильм, -а
ильмени́т, -а
и́льме́нный (*от* и́льме́нь)
и́льменский (*от* И́льмень, *озеро*)
ильме́нский (*к* Ильме́нские го́ры, Ильме́ны)
и́льмень, -я и **ильме́нь,** -я́ (*мелкое заросшее озеро*)
И́льмень-о́зеро, И́льмень-о́зера (*нар.-поэт.*)
ильмо́вник, -а
и́льмовый
и́льница, -ы, *тв.* -ей
и́льный
и́льский (*к* ил[2])
и́льфо-петро́вский (*от* И́льф и Петро́в)
Илья́ Му́ромец
Илья́-проро́к, Ильи́-проро́ка
им (*формы местоим.* он, они́)
имагина́льный
има́го, *нескл., с.*
имажи́зм, -а
имажини́зм, -а
имажини́ст, -а
имажини́стский
има́м, -а (*титул*)
има́ма, -ы (*головной убор*)
имама́т, -а
имами́тский
имами́ты, -ов, *ед.* имами́т, -а
има́м-хаты́б, -а
имбеци́л, -а
имбеци́льность, -и
имбеци́льный; *кр. ф.* -лен, -льна
имби́рный
имби́рь, -я́
име́йл, -а
име́ние, -я
имени́нник, -а
имени́нница, -ы, *тв.* -ей
имени́нничек, -чка
имени́нный
имени́ны, -и́н
имени́тельный паде́ж
имени́тость, -и
имени́тый
име́нник, -а
и́менно
имено́й
именова́ние, -я
имено́ванный; *кр. ф.* -ан, -ана
именова́ть(ся), -ну́ю(сь), -ну́ет(ся)
именосло́в, -а
именосло́вие, -я
имену́емый
имену́ющий(ся)
име́ньице, -а
име́ньишко, -а, *мн.* -шки, -шек
имерети́нка, -и, *р. мн.* -нок
имерети́нский
имерети́нцы, -ев, *ед.* -нец, -нца, *тв.* -нцем
имерети́ны, -и́н, *ед.* -ти́н, -а
имеру́ли, *нескл., с.*
име́ть(ся), -е́ю, -е́ет(ся)
и́мечко, -а, *мн.* -чки, -чек
име́ющий(ся)
и́ми (*форма местоим.* они́)
и́мидж, -а, *тв.* -ем
и́миджевый
имиджело́гия, -и
имиджме́йкер, -а
имиджме́йкерский
имиджме́йкерство, -а
и́миджмент, -а
и́мидж-прое́кт, -а
и́мидж-трансфе́р, -а
ими́дный
ими́ды, -ов, *ед.* ими́д, -а
имита́тор, -а
имита́торский
имита́торство, -а
имита́торша, -и, *тв.* -ей

имитацио́нный
имита́ция, -и
имити́рование, -я
имити́рованный; *кр. ф.* -ан, -ана
имити́ровать(ся), -рую, -рует(ся) (*к* имита́ция)
имманé нтность, -и
имманé нтный; *кр. ф.* -тен, -тна
имматериа́льный; *кр. ф.* -лен, -льна
имматрикули́рованный; *кр. ф.* -ан, -ана
имматрикуля́ция, -и
иммельма́н, -а
иммерсио́нный
иммé рсия, -и
иммигра́нт, -а (*к* иммигра́ция)
иммигра́нтка, -и, *р. мн.* -ток
иммигра́нтский
иммиграцио́нный
иммигра́ция, -и (*въезд*)
иммигри́ровать, -рую, -рует (*к* иммигра́ция)
иммобила́йзер, -а
иммобилиза́ция, -и
иммобили́зм, -а
иммобилизо́ванный; *кр. ф.* -ан, -ана
иммобилизова́ть(ся), -зу́ю, -зу́ет(ся)
иммоби́льный; *кр. ф.* -лен, -льна
иммурали́зм, -а
иммурали́ст, -а
иммурали́стский
иммора́льный; *кр. ф.* -лен, -льна
иммортé левый
иммортé ль, -и
иммортé льный
иммортоло́гия, -и
иммуна́л, -а
иммунизацио́нный
иммуниза́ция, -и
иммунизи́рованный; *кр. ф.* -ан, -ана
иммунизи́ровать(ся), -рую(сь), -рует(ся)
иммунитé т, -а
иммунитé тный
иммý нность, -и
иммý нный; *кр. ф.* -нен, -нна
иммуно... – *первая часть сложных слов, пишется слитно*
иммунобиологи́ческий
иммунобиоло́гия, -и
иммуногé н, -а
иммуногенé з, -а
иммуногенé тика, -и
иммуногé нность, -и
иммуногé нный; *кр. ф.* -é нен, -é нна
иммуноглобули́ны, -ов, *ед.* -ли́н, -а
иммунодепресса́нт, -а
иммунодепресси́вный
иммунодепрé ссия, -и
иммунодефици́т, -а
иммунодефици́тный
иммунодиагно́стика, -и
иммунодиагности́ческий
иммуно́лог, -а
иммунологи́ческий
иммуноло́гия, -и
иммуномодуля́ция, -и
иммуноморфологи́ческий
иммуноморфоло́гия, -и
иммунопатологи́ческий
иммунопатоло́гия, -и
иммуноподавля́ющий
иммунопрофила́ктика, -и
иммунопрофилакти́ческий
иммуносистé ма, -ы
иммуносо́рбция, -и
иммуностимули́рующий
иммуностимуля́тор, -а
иммуносупресси́вный
иммунотерапевти́ческий
иммунотерапи́я, -и
иммунофармаколо́гия, -и
иммунохими́ческий
иммунохи́мия, -и
иммуноцитоло́гия, -и
иммура́ция, -и
импеда́нс, -а
императи́в, -а
императи́вность, -и
императи́вный; *кр. ф.* -вен, -вна
импера́тор, -а
импера́торский
импера́торство, -а
императри́ца, -ы, *тв.* -ей
императри́ца-ма́ть, императри́цы-ма́тери
императри́цын, -а, -о
империа́л, -а
империали́зм, -а
империали́ст, -а
империалисти́ческий
империали́стский
импé рия, -и
импé рский
имперсонали́зм, -а
имперсона́льный; *кр. ф.* -лен, -льна
имперфé кт, -а
имперфекти́вный; *кр. ф.* -вен, -вна
импети́го, *нескл., с.*
импé тус, -а
импи́чмент, -а
импланта́т, -а
имплантацио́нный
имплantáция, -и
импланти́рование, -я
импланти́рованный; *кр. ф.* -ан, -ана
импланти́ровать(ся), -рую, -рует(ся)
имплantóлог, -а
имплантологи́ческий
имплантоло́гия, -и
имплемента́ция, -и
имплементи́рованный; *кр. ф.* -ан, -ана
имплементи́ровать(ся), -рую, -рует(ся)
имплекати́вный; *кр. ф.* -вен, -вна
имплика́ция, -и
имплици́рованность, -и
имплици́рованный; *кр. ф.* -ан, -ана
имплици́ровать(ся), -рую, -рует(ся)
имплици́тность, -и
имплици́тный; *кр. ф.* -тен, -тна
имплози́вность, -и
имплози́вный
импло́зия, -и
импло́ймент-бюро́, *нескл., с.*
импло́ймент-информа́ция, -и
имплю́вий, -я
импоза́нтность, -и
импоза́нтный; *кр. ф.* -тен, -тна
импони́ровать, -рую, -рует
импони́рующий
и́мпорт, -а
импортё р, -а
импорти́рованный; *кр. ф.* -ан, -ана
импорти́ровать(ся), -рую, -рует(ся)
и́мпортный
импортозамеща́ющий
импортозамещé ние, -я
импо́ст, -а
импотé нт, -а
импотé нтность, -и
импотé нтный
импотé нтский
импотé нция, -и
импрегна́ция, -и
импрегни́рование, -я
импрегни́рованный; *кр. ф.* -ан, -ана
импрегни́ровать(ся), -и́рую, -и́рует(ся)
импреса́рио, *нескл., м.*
импрессиони́зм, -а
импрессиони́ст, -а
импрессионисти́ческий
импрессионисти́чность, -и
импрессионисти́чный; *кр. ф.* -чен, -чна
импрессиони́стка, -и, *р. мн.* -ток
импрессиони́стский
импри́нтинг, -а
импровиза́тор, -а
импровиза́торский
импровиза́торство, -а
импровиза́торша, -и, *тв.* -ей
импровизацио́нность, -и
импровизацио́нный
импровиза́ция, -и
импровизи́рованность, -и
импровизи́рованный; *кр. ф.* -ан, -ана
импровизи́ровать(ся), -рую, -рует(ся)
и́мпульс, -а
импульса́тор, -а
импульси́вность, -и
импульси́вный; *кр. ф.* -вен, -вна
и́мпульсно-волново́й
и́мпульсно-дальномé рный
и́мпульсно-ко́довый
и́мпульсный
импульстерапи́я, -и
и́мут, *3 л. мн.*: **мё ртвые сра́му не и́мут**
иму́щественный
иму́щество, -а
иму́щий

и́мя, и́мени, *тв.* и́менем, *мн.* имена́, имён, имена́м
имянарече́ние, -я
и́мя-о́тчество, и́мени-о́тчества
имяре́к, -а
имясла́вие, -я
имясла́вский
имясла́вцы, -ев, *ед.* -вец, -вца, *тв.* -вцем
имясла́вческий
имятво́рчество, -а
и́мя-фами́лия, и́мени-фами́лии, *мн.*
ин, *частица*
инадапта́ция, -и
инакове́рующий
инакомы́слие, -я
инакомы́слящий
инако́пь, -и
инактива́ция, -и
инактиви́рованный; *кр. ф.* -ан, -ана
инактиви́ровать(ся), -рую, -рует(ся)
инаугурацио́нный
инаугура́ция, -и
инауди́т, -а
и́на́че
и́на́че как, *союз*
инбре́дный
инбри́динг, -а
инвагина́льный
инвагина́ция, -и
инвагини́роваться, -руется
инвази́вность, -и
инвази́вный
инвазио́нный
инва́зия, -и
инва́йронмент, -а
инвали́д, -а
инвалидиза́ция, -и
инвалидизи́роваться, -и́руется
инвали́дка, -и, *р. мн.* -док
инвали́д-коля́сочник, инвали́да-коля́сочника
инвали́дность, -и
инвали́дный
инвалю́та, -ы (*денежные единицы*)
инвалютиза́ция, -и
инвалю́тный
инва́р, -а
инвариа́нт, -а
инвариа́нтность, -и
инвариа́нтный; *кр. ф.* -тен, -тна
инвекти́ва, -ы
инвекти́вный
инвентариза́тор, -а
инвентаризацио́нный
инвентариза́ция, -и
инвентаризи́рованный; *кр. ф.* -ан, -ана
инвентаризи́ровать(ся), -рую, -рует(ся)
инвентаризо́ванный; *кр. ф.* -ан, -ана
инвентаризова́ть(ся), -зу́ю, -зу́ет(ся)
инвента́рный
инвента́рь, -я́
инве́нция, -и
инверсио́нный; *кр. ф.* -нен, -нна
инверси́рованный; *кр. ф.* -ан, -ана
инве́рсия, -и
инве́рсный
инве́рсор, -а
инверта́за, -ы
инверти́н, -а
инверти́рование, -я
инверти́рованный; *кр. ф.* -ан, -ана
инверти́ровать(ся), -рую, -рует(ся)
инве́ртор, -а
инве́рторный
инвестба́нк, -а
инвестбюдже́т, -а
инвести́рование, -я
инвести́рованный; *кр. ф.* -ан, -ана
инвести́ровать(ся), -рую, -рует(ся)
инвести́тор, -а
инвеститу́ра, -ы
инвестицио́нный
инвести́ция, -и
инвесткомпа́ния, -и
инве́стор, -а
инве́сторский
инвестфо́нд, -а
инвигиля́ция, -и
инволю́та, -ы (*матем.*)
инволюцио́нный
инволю́ция, -и
ингаля́тор, -а
ингалято́рий, -я
ингаля́торный
ингаляцио́нный
ингаля́ция, -и
ингере́нтный; *кр. ф.* -тен, -тна
ингерманла́ндский (*к* Ингерманла́ндия, *ист.*, и ингерманла́ндцы)
ингерманла́ндцы, -дцев, *ед.* -дец, -дца
ингиби́рование, -я
ингиби́рованный; *кр. ф.* -ан, -ана
ингиби́ровать, -рую, -рует
ингиби́тор, -а
и́нговая фо́рма (*лингв.*)
ингредие́нт, -а
ингредие́нтный
ингрессио́нный
ингре́ссия, -и
и́нгры, -ов, *ед.* ингр, -а
ингуши́, -е́й, *ед.* ингу́ш, -а́
ингу́шка, -и, *р. мн.* -шек
ингу́шский
и́нда, *союз* и *частица*
инда́у, *нескл., ж.*
и́ндеве́лый
и́ндеветь, -ею, -еет и **индеве́ть,** -е́ю, -е́ет
инде́ечий, -ья, -ье (*к* инде́йка)
инде́йка, -и, *р. мн.* -е́ек
индейково́дство, -а
индейково́дческий
инде́йский (*к* инде́йцы)
инде́йцы, -ев, *ед.* инде́ец, -е́йца, *тв.* -е́йцем
и́ндекс, -а
индекса́тор, -а
индексацио́нный
индекса́ция, -и
индекси́рование, -я
индекси́рованный; *кр. ф.* -ан, -ана
индекси́ровать(ся), -рую, -рует(ся)
и́ндексно-после́довательный
и́ндексно-прямо́й
и́ндексный
и́ндекс-ши́фр, -а
индемните́т, -а
инде́н, -а (*вещество*)
инде́нт, -а (*фин.*)
инде́нтор, -а
индепе́ндент-рок, -а
индепенде́нты, -ов, *ед.* -е́нт, -а
индетермини́зм, -а
индетермини́ст, -а
индетерминисти́ческий
индетермини́стский
индиана́полисский (*от* Индиана́полис)
индиани́зм, -а
индиани́ст, -а
индиани́стика, -и
индиа́нка, -и, *р. мн.* -нок (*к* инде́йцы, инди́йцы и индиа́нцы)
индиа́нский (*от* Индиа́на)
индиа́нцы, -ев, *ед.* -нец, -нца, *тв.* -нцем (*от* Индиа́на)
индиви́д, -а
индивидуа́л, -а
индивидуализа́ция, -и
индивидуализи́рование, -я
индивидуализи́рованный; *кр. ф.* -ан, -ана
индивидуализи́ровать(ся), -рую, -рует(ся)
индивидуали́зм, -а
индивидуали́ст, -а
индивидуалисти́ческий
индивидуалисти́чный; *кр. ф.* -чен, -чна
индивидуали́стка, -и, *р. мн.* -ток
индивидуали́стский
индивидуа́льно-а́вторский
индивидуа́льно-брига́дный
индивидуа́льно-ли́чностный
индивидуа́льно-психи́ческий
индивидуа́льно-психологи́ческий
индивидуа́льность, -и
индивидуа́льно-трудово́й
индивидуа́льно-языково́й
индивидуа́льный; *кр. ф.* -лен, -льна
индивидуа́ция, -и
индиви́дуум, -а
индигена́т, -а и **индижена́т,** -а
индиги́рский (*от* Индиги́рка)
инди́го, *нескл., с.* (*вещество*) и *неизм.* (*цвет*)
инди́говый
индиго́идный
индиго́иды, -ов, *ед.* -о́ид, -а
индигокарми́н, -а
индигоно́с, -а

индигоно́сный
индигофе́ра, -ы
и́ндиевый
индижена́т, -а и **индигена́т,** -а
и́ндий, -я
инди́йский (*от* И́ндия; *к* инди́йцы)
Инди́йский океа́н
Инди́йско-Индокита́йская подо́бласть (*зоогеографическая*)
инди́йско-кита́йский
инди́йско-росси́йский
инди́йцы, -ев, *ед.* инди́ец, -и́йца, *тв.* -и́йцем
индика́н, -а
индикати́в, -а
индикати́вный
индика́тор, -а
индика́торный
индикатри́са, -ы
индикацио́нный
индика́ция, -и
инди́кт, -а
индиктио́н, -а
индифференти́зм, -а
индифферéнтность, -и
индифферéнтный; *кр. ф.* -тен, -тна
индоари́йский (индоари́йские языки́, наро́ды)
и́ндо-африка́нский
И́ндо-Га́нгская равни́на
и́ндо-га́нгский
индогерма́нский (индогерма́нские языки́, наро́ды)
индоевропеи́ст, -а
индоевропеи́стика, -и
индоевропе́йский (индоевропе́йские языки́, наро́ды), но: **и́ндо-европе́йский** (*относящийся к связям между Индией и Европой*)
индоевропе́йцы, -ев, *ед.* -е́ец, -е́йца, *тв.* -е́йцем
И́ндо-Западнотихоокеа́нская о́бласть (*зоогеографическая*)
индоира́нский (индоира́нские языки́), но: **и́ндо-ира́нский** (*относящийся к связям между Индией и Ираном*)
индокита́йский (*от* Индокита́й)
индокси́л, -а
индоктрина́ция, -и
индоктриниза́ция, -и
индо́л, -а
индо́лог, -а
индологи́ческий
индоло́гия, -и
И́ндо-Мала́йская о́бласть (*зоогеографическая*)
и́ндо-мала́йский
индометаци́н, -а
индонези́йка, -и, *р. мн.* -и́ек
индонези́йский (*от* Индоне́зия)
индонези́йцы, -ев, *ед.* -и́ец, -и́йца, *тв.* -и́йцем
и́ндо-пакиста́нский
индопакиста́нцы, -ев, *ед.* -нец, -нца, *тв.* -нцем
индо́р-хокке́й, -я
и́ндо-средиземномо́рский (и́ндо-средиземномо́рская ра́са)
индоссаме́нт, -а
индоссаме́нтный
индосса́нт, -а (*тот, кто передает вексель*)
индосса́т, -а (*получатель векселя*)
индосси́рование, -я
индосси́рованный; *кр. ф.* -ан, -ана
индосси́ровать(ся), -рую, -рует(ся)
индо́ссо, *нескл., с.*
индоста́нский (*от* Индоста́н)
индпаке́т, -а
индпоши́в, -а
И́ндра, -ы, *м.*
и́ндри, *нескл., м.* (*животное*)
и́ндриевый
и́ндрик, -а (*животное, мифол.*)
индрикоте́рий, -я
и́ндский (*от* Инд)
инду́зий, -я
индуи́зм, -а
индуи́ст, -а
индуи́стский
индукти́вность, -и
индукти́вный
индукти́рованный; *кр. ф.* -ан, -ана
инду́ктор, -а
инду́кторный
индуктотерми́ческий
индуктотерми́я, -и
индукцио́нный
инду́кция, -и
индульге́нция, -и
инду́ска, -и, *р. мн.* -сок
инду́сский
индустриализа́ция, -и
индустриализи́рованный; *кр. ф.* -ан, -ана
индустриализи́ровать(ся), -рую, -рует(ся)
индустриализо́ванный; *кр. ф.* -ан, -ана
индустриализова́ть(ся), -зу́ю, -зу́ет(ся)
индустриа́льно-агра́рный
индустриа́льно-колхо́зный
индустриа́льно-педагоги́ческий
индустриа́льно-произво́дственный
индустриа́льно ра́звитый
индустриа́льный
инду́стри́я, -и
инду́сы, -ов, *ед.* инду́с, -а
индуци́рованный; *кр. ф.* -ан, -ана
индуци́ровать(ся), -рую(сь), -рует(ся)
индю́к, -а́
индюша́тина, -ы
индюша́тник, -а
индюша́чий, -ья, -ье и **индю́шечий,** -ья, -ье
индюши́ный
индю́шка, -и, *р. мн.* -шек
индюшо́нок, -нка, *мн.* -ша́та, -ша́т
и́ней, -я
и́нейный
ине́рта, -ы
ине́ртность, -и
ине́ртный; *кр. ф.* -тен, -тна
инерциа́льный
инерцио́нность, -и
инерцио́нный
ине́рция, -и
Ине́т, -а (*Интернет*)
инже́ктор, -а
инже́кторный
инжекцио́нный
инже́кция, -и
инжене́р, -а
инжене́р-ви́це-адмира́л, -а
инжене́р-генера́л-майо́р, -а
инжене́р-генера́л-полко́вник, -а
инжене́р-генера́л-пору́чик, -а
инжене́р-гидроте́хник, инжене́ра-гидроте́хника
инжене́р-изобрета́тель, инжене́ра-изобрета́теля
инжене́ришка, -и, *р. мн.* -шек, *м.*
инжене́рия, -и
инжене́р-капита́н, -а
инжене́р-констру́ктор, инжене́ра-констру́ктора
инжене́р-констру́ктор-меха́ник, инжене́ра-констру́ктора-меха́ника
инжене́р-консульта́нт, инжене́ра-консульта́нта
инжене́р-майо́р, -а
инжене́р-меха́ник, инженра-меха́ника
инжене́рно-авиацио́нный
инжене́рно-консультацио́нный
инжене́рно-сапёрный
инжене́рно-строи́тельный
инжене́рно-техни́ческий
инжене́рно-физи́ческий
инжене́рно-экономи́ческий
инжене́рный
Инжене́рный за́мок (*в Петербурге*)
инжене́ров, -а, -о
инжене́р-подполко́вник, -а
инжене́р-полко́вник, -а
инжене́р-программи́ст, инжене́ра-программи́ста
инжене́р-прочни́ст, инжене́ра-прочни́ста
инжене́р-путе́ец, инжене́ра-путе́йца
инжене́р-разрабо́тчик, инжене́ра-разрабо́тчика
инжене́р-резиде́нт, инжене́ра-резиде́нта
инжене́рский
инжене́рство, -а
инжене́рша, -и, *тв.* -ей
инжене́р-экономи́ст, инжене́ра-экономи́ста
инжене́р-эле́ктрик, инжене́ра-эле́ктрика
инжене́р-электро́нщик, инжене́ра-электро́нщика
инженю́, *нескл., ж.*

инжини́ринг, -а
инжини́ринговый
инжи́р, -а
инжи́рный
и никаки́х
и́нистый
инициализа́тор, -а
инициализа́ция, -и
инициализи́рованный; *кр. ф.* -ан, -ана
инициализи́ровать(ся), -рую(сь), -рует(ся)
инициа́лы, -ов, *ед.* -иа́л, -а
инициа́льно-цифрово́й
инициа́льный
инициати́ва, -ы
инициати́вность, -и
инициати́вный; *кр. ф.* -вен, -вна
инициати́ческий
инициа́тор, -а
инициа́торский
инициа́торша, -и, *тв.* -ей
инициа́ция, -и
иниции́рование, -я
иниции́рованный; *кр. ф.* -ан, -ана
иниции́ровать(ся), -рую, -рует(ся)
иниции́рующий(ся)
и́ния, -и (*животное*)
и́нка[1], -и, *ж.* (*животное*)
и́нка[2], -и, *м.* (Верхо́вный и́нка)
инкапасита́нт, -а *(газ)*
инкапсули́рованный; *кр. ф.* -ан, -ана
инкапсули́роваться, -руется
инкапсуля́ция, -и
инкарна́т, -а
инкарнацио́нный
инкарна́ция, -и
инкасса́тор, -а
инкасса́торский
инкасса́торша, -и, *тв.* -ей
инкасса́ция, -и
инкасси́рование, -я
инкасси́рованный; *кр. ф.* -ан, -ана
инкасси́ровать(ся), -рую, -рует(ся)
инка́ссо, *нескл., с.*
инка́ссовый
инкварта́та, -ы
ин-ква́рто, *неизм.*
инквизи́тор, -а
инквизи́торский
инквизи́торство, -а
инквизи́торша, -и, *тв.* -ей
инквизицио́нный
инквизи́ция, -и
и́нки, -ов (*народ*)
инклина́тор, -а
инклино́метр, -а
инклинометри́ческий
инклиноме́трия, -и
инклюзи́в, -а
инклюзи́вный
инко́гнито, *неизм.* и *нескл., с.* и (*о человеке*) *м.* и *ж.*
инко́граф, -а
инконе́ль, -я
инко́р, -а
инкорпора́ция, -и
инкорпори́рование, -я
инкорпори́рованный; *кр. ф.* -ан, -ана
инкорпори́ровать(ся), -рую, -рует(ся)
инкорпори́рующий(ся)
инкреме́нт, -а
инкремента́льный
инкреме́нтный
инкре́т, -а
инкрето́рный
инкре́ция, -и
инкримини́рование, -я
инкримини́рованный; *кр. ф.* -ан, -ана
инкримини́ровать(ся), -рую, -рует(ся)
инкроссбри́динг, -а
инкро́ссинг, -а
инкруста́тор, -а
инкруста́торский
инкрустацио́нный
инкруста́ция, -и
инкрусти́рование, -я
инкрусти́рованный; *кр. ф.* -ан, -ана
инкрусти́ровать(ся), -рую, -рует(ся)
и́нкский
и́нку́б, -а (*мифол.*)
инкуба́тор, -а
инкубато́рий, -я
инкуба́торно-птицево́дческий
инкуба́торный
инкуба́торский
инкуба́торщик, -а
инкубацио́нный
инкуба́ция, -и
инкуби́рование, -я
инкуби́рованный; *кр. ф.* -ан, -ана
инкуби́ровать(ся), -рую, -рует(ся)
инкуна́була, -ы, *мн.* -ы, -бул и **инкуна́бул,** -а, *мн.* -ы, -ов
инкура́бельный; *кр. ф.* -лен, -льна
ИНН [иэнэ́н], *нескл., м.* (*сокр.:* индивидуальный (идентификационный) номер налогоплательщика)
иннервацио́нный
иннерва́ция, -и
иннерви́рованный; *кр. ф.* -ан, -ана
иннерви́ровать(ся), -рую, -рует(ся)
и́ннинг, -а (*спорт.*)
инновацио́нный
иннова́ция, -и
иннoке́нтьевский
иннoке́нтьевцы, -ев, *ед.* -вец, -вца, *тв.* -вцем (*секта*)
инобытие́, -я́, *тв.* -е́м, *предл.* об инобытии́
инове́рец, -рца, *тв.* -рцем, *р. мн.* -рцев
инове́рие, -я
инове́рка, -и, *р. мн.* -рок
инове́рный
инове́рческий
иновеща́ние, -я
иногда́
иногоро́дний
инозе́мец, -мца, *тв.* -мцем, *р. мн.* -мцев
инозе́мка, -и, *р. мн.* -мок
инозе́мный
инозе́мский
инозе́мщина, -ы
инози́н, -а
инози́новый
инози́т, -а
ино́й
и́нок, -а
и́нокиня, -и, *р. мн.* -инь
ин-окта́во, *неизм.*
инокуля́ция, -и
инома́рка, -и, *р. мн.* -рок
инома́рочный
иномы́слие, -я
инонациона́льный; *кр. ф.* -лен, -льна
инопартнёр, -а
инопера́бельный; *кр. ф.* -лен, -льна
иноплане́тный
инопланетя́нин, -а, *мн.* -я́не, -я́н
инопланетя́нка, -и, *р. мн.* -нок
иноплеме́нник, -а
иноплеме́нница, -ы, *тв.* -ей
иноплеме́нный
иноприро́дность, -и
иноприро́дный; *кр. ф.* -ден, -дна
инопрофессиона́льный
иноро́дец, -дца, *тв.* -дцем, *р. мн.* -дцев
иноро́дка, -и, *р. мн.* -док
иноро́дный; *кр. ф.* -ден, -дна
иноро́дческий
иносисте́мный
иносказа́ние, -я
иносказа́тельность, -и
иносказа́тельный
иносла́вие, -я
иносла́вный (*церк.*)
иностра́нец, -нца, *тв.* -нцем, *р. мн.* -нцев
иностра́нка, -и, *р. мн.* -нок
иностра́нный
иностранце́вия, -и
иностра́нщина, -ы
инофи́рма, -ы
иноходец, -дца, *тв.* -дцем, *р. мн.* -дцев
и́ноходь, -и
иноцера́мы, -ов, *ед.* -ра́м, -а
и́ноческий
и́ночество, -а
и́ночествовать, -твую, -твует
иноязы́чно-ру́сский
иноязы́чный
ин-пла́но, *неизм.*
и́нпут, -а (*инф.*)
инро́, *нескл., ж.* и *с.* (*в японском прикладном искусстве*)
инса́йд, -а (*спорт.*; *секретные сведения, сведения из первоисточника*)
инса́йдер, -а (*хорошо осведомленный, информированный человек*)
инса́йдерский
инса́йт, -а (*филос.*)
и́нсбрукский (*от* И́нсбрук)

и́нсбрукцы, -ев, *ед.* -кец, -кца, *тв.* -кцем
инсеквéнтный
инсектáрий, -я
инсектици́дный
инсектици́ды, -ов, *ед.* -ци́д, -а
инсектоаллерги́я, -и
инсектофунгици́ды, -ов, *ед.* -ци́д, -а
инсеминáция, -и
инсéрт, -а
инси́гнии, -ий
инсинуáтор, -а
инсинуацио́нный
инсинуáция, -и
инсинуи́рованный; *кр. ф.* -ан, -ана
инсинуи́ровать(ся), -рую, -рует(ся)
инскри́пт, -а (*термин книговедения*)
инсоляцио́нный
инсоля́ция, -и
инсомни́ческий
инсомни́я, -и
инспекти́рование, -я
инспекти́рованный; *кр. ф.* -ан, -ана
инспекти́ровать(ся), -рую, -рует(ся)
инспéктор, -а, *мн.* -á, -óв и -ы, -ов
инспекторáт, -а
инспéкторский
инспéкторство, -а
инспéкторствовать, -твую, -твует
инспéкторша, -и, *тв.* -ей
инспектри́са, -ы
инспектýра, -ы
инспекцио́нный
инспéкция, -и
инспирáтор, -а
инспирáция, -и
инспири́рование, -я
инспири́рованный; *кр. ф.* -ан, -ана
инспири́ровать(ся), -рую, -рует(ся)
инсталли́рованный; *кр. ф.* -ан, -ана
инсталли́ровать(ся), -рую, -рует(ся)
инсталля́ция, -и (*инф.*; *произведение искусства*)
и́нстáнт, -а
инстáнция, -и
инстилля́ция, -и (*мед.*)
инсти́нкт, -а
инстинкти́вность, -и
инстинкти́вный; *кр. ф.* -вен, -вна
институ́т, -а
институ́тка, -и, *р. мн.* -ток
институ́тский
институ́ции, -ий
институционализáция, -и
институционализи́рованный; *кр. ф.* -ан, -ана
институционализи́ровать(ся), -рую, -рует(ся)
институционали́зм, -а
институционализо́ванный; *кр. ф.* -ан, -ана
институционализовáть(ся), -зýю, -зýет(ся)
институционáльность, -и
институционáльный
институцио́нный
инструктáж, -а, *тв.* -ем
инструкти́вность, -и
инструкти́вный; *кр. ф.* -вен, -вна
инструкти́рование, -я
инструкти́рованный; *кр. ф.* -ан, -ана
инструкти́ровать(ся), -рую(сь), -рует(ся)
инстрýктор, -а, *мн.* -á, -óв и -ы, -ов
инстрýктор-методи́ст, инстрýктора-методи́ста
инстрýкторский
инстрýкторша, -и, *тв.* -ей
инструкцио́нный
инстрýкция, -и
инструмéнт, -а
инструментали́зм, -а
инструментали́ст, -а
инструментали́стка, -и, *р. мн.* -ток
инструментáльно-штáмповый
инструментáльный
инструментáльщик, -а
инструментáльщица, -ы, *тв.* -ей
инструментáрий, -я
инструменто́ванный; *кр. ф.* -ан, -ана
инструментовáть, -тýю, -тýет
инструментовéд, -а
инструментовéдение, -я
инструменто́вка, -и, *р. мн.* -вок
инсули́н, -а
инсули́новый
инсулинотерапи́я, -и
инсýльт, -а
инсýльтник, -а
инсýльтница, -ы, *тв.* -ей
инсýльтный
инсуля́рность, -и
инсургéнт, -а
инсургéнтский
инсуррекцио́нный
инсуррéкция, -и
инсцени́рование, -я
инсцени́рованность, -и
инсцени́рованный; *кр. ф.* -ан, -ана
инсцени́ровать(ся), -рую, -рует(ся)
инсцениро́вка, -и, *р. мн.* -вок
инсцениро́вщик, -а
интáлия, -и
интáрсия, -и
интегрáл, -а
интегрáльный
интеграти́вный; *кр. ф.* -вен, -вна
интегрáтор, -а
интегрáф, -а
интеграциони́зм, -а
интеграциони́ст, -а
интеграциони́стский
интеграцио́нный
интегрáция, -и
интегри́метр, -а
интегри́рование, -я
интегри́рованный; *кр. ф.* -ан, -ана
интегри́ровать(ся), -и́рую(сь), -и́рует(ся)
интегри́рующий(ся)
интегродифференциáльный
интегумéнт, -а
интеллéкт, -а
интеллектуáл, -а
интеллектуализáция, -и
интеллектуализи́рованный; *кр. ф.* -ан, -ана
интеллектуализи́ровать(ся), -рую, -рует(ся)
интеллектуали́зм, -а
интеллектуали́ст, -а
интеллектуáлка, -и, *р. мн.* -лок
интеллектуáльно-психологи́ческий
интеллектуáльность, -и
интеллектуáльно-твóрческий
интеллектуáльный; *кр. ф.* -лен, -льна
интеллигéнт, -а
интеллигéнтик, -а
интеллигéнтишка, -и, *р. мн.* -шек, *м.*
интеллигéнтка, -и, *р. мн.* -ток
интеллигéнтность, -и
интеллигéнтный; *кр. ф.* -тен, -тна
интеллигéнтский
интеллигéнтство, -а
интеллигéнтщина, -ы
интеллигéнция, -и
интеллиги́бельный
интендáнт, -а
интендáнтский
интендáнтство, -а
интенси́в, -а
интенси́вно-зелёный
интенси́вно-орáнжевый
интенси́вность, -и
интенси́вный; *кр. ф.* -вен, -вна
интенси́мéтр, -а
интенсификáция, -и
интенсифици́рование, -я
интенсифици́рованный; *кр. ф.* -ан, -ана
интенсифици́ровать(ся), -рую, -рует(ся)
интенционáльность, -и
интенционáльный; *кр. ф.* -лен, -льна
интéнция, -и
интер... – *приставка, пишется слитно*
интеракти́в, -а
интеракти́вный; *кр. ф.* -вен, -вна
интеракциони́зм, -а (*филос.*)
интерáкция, -и
интербригáда, -ы
интербригáдовец, -вца, *тв.* -вцем, *р. мн.* -вцев
интербригáдовский
интервáл, -а
интервáлика, -и
интервáльный
интервалютáрный
интервéнт, -а
интервéнтский
интервенциони́зм, -а
интервенциони́ст, -а
интервенциони́стский
интервенцио́нный

интерве́нция, -и
интервертебра́льный
Интерви́дение, -я
интервока́льный
интервью́, *нескл., с.*
интервьюе́р, -а
интервьюи́рование, -я
интервьюи́ровать(ся), -рую(сь), -рует(ся)
интергляциа́л, -а
интердвиже́ние, -я
интерде́вочка, -и, *р. мн.* -чек
интердента́льный
интерди́кт, -а
интере́с, -а
интереса́нт, -а
интереса́нтка, -и, *р. мн.* -ток
интере́снейший
интере́сничанье, -я
интере́сничать, -аю, -ает
интере́сно, *нареч.* и *в знач. сказ.*
интере́сность, -и
интере́сный; *кр. ф.* -сен, -сна
интересова́ть(ся), -су́ю(сь), -су́ет(ся)
и́нтерим, -а
интерима́рный
интериориза́ция, -и
интериоризо́ванный; *кр. ф.* -ан, -ана
интерканя́рный
интеркаля́ция, -и
интеркине́з, -а
интерклу́б, -а
интерколу́мний, -я
интерко́м, -а
интерконтинента́льный
интерли́нгва, -ы
интерлингви́ст, -а
интерлингви́стика, -и
интерлингвисти́ческий
интерлинья́ж, -а, *тв.* -ем
интерлю́дия, -и
интермеди́йный
интермеди́н, -а
интерме́дия, -и
интерметалли́ды, -ов, *ед.* -лли́д, -а
интерметалли́ческий
интерме́ццо, *нескл., с.*
интермитте́нция, -и
интермитти́ровать, -рует
инте́рн, -а
интерна́т, -а
интерна́товский
интерна́тский
интернату́ра, -ы
интернациона́л, -а (*международное объединение*)
Интернациона́л, -а (*гимн*)
интернационализа́ция, -и
интернационализи́рованный; *кр. ф.* -ан, -ана
интернационализи́ровать(ся), -рую, -рует(ся)
интернационали́зм, -а
интернационали́ст, -а
интернационалисти́ческий
интернационали́стка, -и, *р. мн.* -ток
интернационали́стский
интернациона́льность, -и
интернациона́льный; *кр. ф.* -лен, -льна
Интерне́т, -а
интерне́т-... – *первая часть сложных слов, пишется через дефис*
интерне́т-аге́нтство, -а
интерне́т-а́дрес, -а, *мн.* -а́, -о́в
интерне́т-аудито́рия, -и
интерне́т-аукцио́н, -а
интерне́т-би́знес, -а
интерне́т-бре́ндинг, -а
интерне́т-бро́кер, -а
интерне́т-бро́керский
интерне́т-бу́м, -а
интерне́т-ве́рсия, -и
интерне́т-газе́та, -ы
интерне́т-голосова́ние, -я
интерне́т-диза́йн, -а
интерне́т-диза́йнер, -а
интерне́т-журнали́ст, -а
интерне́т-зави́симость, -и
интерне́т-зави́симый
интерне́т-законода́тельство, -а
интерне́т-игра́, -ы́, *мн.* -и́гры, -и́гр
интернетиза́ция, -и
интерне́т-изда́ние, -я
интернетизи́рованный; *кр. ф.* -ан, -ана
интернетизи́ровать(ся), -и́рую(сь), -и́рует(ся)
интерне́т-и́мя, -и́мени, *мн.* -имена́, -имён, -имена́м
интерне́т-инду́стри́я, -и
интерне́т-информа́ция, -и
интерне́т-кампа́ния, -и (*от* кампа́ния)
интерне́т-ка́рта, -ы
интерне́т-кафе́, *нескл., с.*
интерне́т-кла́сс, -а
интерне́т-клу́б, -а
интерне́т-комме́рция, -и
интерне́т-компа́ния, -и (*от* компа́ния)
интерне́т-ко́нкурс, -а
интерне́т-ку́рсы, -ов
интерне́т-ли́ст, -а́
интерне́т-магази́н, -а
интерне́т-музе́й, -я
интерне́т-образова́ние, -я
интерне́т-обще́ние, -я
интерне́товский
интерне́т-олимпиа́да, -ы
интерне́т-опро́с, -а
интерне́т-пира́тство, -а
интерне́т-платёж, -ежа́, *тв.* -о́м
интерне́т-по́льзователь, -я
интерне́т-порта́л, -а
интерне́т-пресс-конфере́нция, -и
интерне́т-пресс-слу́жба, -ы
интерне́т-пресс-це́нтр, -а
интерне́т-прова́йдер, -а
интерне́т-прова́йдерский
интерне́т-програ́мма, -ы
интерне́т-прое́кт, -а
интерне́т-простра́нство, -а
интерне́т-публика́ция, -и
интерне́т-рассы́лка, -и, *р. мн.* -лок
интерне́т-рекла́ма, -ы
интерне́т-ресу́рс, -а
интерне́т-ры́нок, -ры́нка
интерне́т-са́йт, -а
интерне́т-свя́зь, -и
интерне́т-сде́лка, -и, *р. мн.* -лок
интерне́т-се́рвис, -а
Интерне́т-систе́ма, -ы (*то же, что* Интернет)
интерне́т-слу́жба, -ы
интерне́т-СМИ́, *нескл., мн.*
интерне́т-сообще́ние, -я
интерне́т-страни́ца, -ы, *тв.* -ей
интерне́т-техноло́гия, -и
интерне́т-торги́, -о́в
интерне́т-тра́фик, -а
интерне́т-турни́р, -а
интерне́т-у́зел, -узла́
интерне́т-услу́ги, -у́г
интерне́т-фи́льтр, -а
интерне́т-фо́рум, -а
интерне́т-хо́лдинг, -а
интерне́т-цензу́ра, -ы
интерне́т-це́нтр, -а
интерне́тчик, -а
интерне́тчица, -ы
интерне́т-экску́рсия, -и
интерни́рование, -я
интерни́рованный; *кр. ф.* -ан, -ана
интерни́ровать(ся), -рую(сь), -рует(ся)
интерни́ст, -а
интерорецепти́вный и **интероцепти́вный**
интерореце́пторы, -ов, *ед.* -тор, -а и **интероце́пторы,** -ов, *ед.* -тор, -а (*нервные окончания*)
интерореце́пция, -и и **интероце́пция,** -и
интеротря́д, -а
интерпелли́ровать, -рую, -рует (*к* интерпелля́ция)
интерпелля́нт, -а
интерпелля́ция, -и (*запрос*)
интерпозити́вный
интерпози́ция, -и
Интерпо́л, -а
интерполи́рование, -я
интерполи́рованный; *кр. ф.* -ан, -ана
интерполи́ровать(ся), -рую, -рует(ся) (*к* интерполя́ция)
интерпо́ловский (*от* Интерпо́л)
интерполя́тор, -а
интерполяцио́нный
интерполя́ция, -и (*матем.*; *вставка*)
интерпрета́тор, -а
интерпрета́торский
интерпрета́ция, -и
интерпрети́вность, -и
интерпрети́вный; *кр. ф.* -вен, -вна

интерпрети́рованный; *кр. ф.* -ан, -ана
интерпрети́ровать(ся), -рую, -рует(ся)
интерпретоско́п, -а
интерпу́нкция, -и
интерсе́кс, -а
интерсексуали́зм, -а
интерсексуа́льность, -и
интерсексуа́льный; *кр. ф.* -лен, -льна
интерсиндика́т, -а
интерспу́тник, -а
интерстадиа́л, -а
интерстициа́льный
интерсубъекти́вный
интерте́кст, -а
интертекстуа́льный
интерти́п, -а
интерфа́за, -ы
Интерфа́кс, -а
интерфе́йс, -а
интерфе́йсный
интерфе́йсовый
интерференцио́нный
интерфере́нция, -и
интерфери́ровать, -рует
интерферогра́мма, -ы
интерферо́метр, -а
интерферо́н, -а
интерферо́новый
интерфи́кс, -а
интерфикса́льный
интерфикса́ция, -и
интерфро́нт, -а, *мн.* -ы́, -о́в
интерце́птор, -а (*авиа*)
интерце́ссия, -и
интерша́х, -а (*система шахматной нотации*)
интеръе́кция, -и
интерье́р, -а
интерье́рный
интестопа́н, -а
и́нти, *нескл., с.* (*ден. ед.*)
инти́м, -а (*к* инти́мный)
и́нтима, -ы (*анат.*)
инти́м-гигие́на, -ы
инти́мничать, -аю, -ает
инти́мно-бли́зкий
инти́мно-ли́чный
инти́мность, -и
инти́мный; *кр. ф.* -мен, -мна
интимофо́бия, -и
инти́м-сало́н, -а
инти́м-се́рвис, -а
инти́м-услу́ги, -у́г
инти́м-фи́рма, -ы
инти́на, -ы
инти́нский (*от* Инта́)
инти́нцы, -ев, *ед.* -нец, -нца, *тв.* -нцем
интифа́да, -ы
интоксикацио́нный
интоксика́ция, -и
интонацио́нно, *нареч.*
интонацио́нно-синтакси́ческий
интонацио́нный
интона́ция, -и
интони́рование, -я
интони́рованный; *кр. ф.* -ан, -ана
интони́ровать(ся), -рую, -рует(ся)
интрагеоантиклина́ль, -и
интрагеосинклина́ль, -и
интра́да, -ы
интрадерма́льный
интразона́льность, -и
интразона́льный
интрамолекуля́рный
интране́т, -а
интратрахеа́льный
интрафуза́льный
интраце́пция, -и
интрацеребра́льный
интри́га, -и
интрига́н, -а
интрига́нка, -и, *р. мн.* -нок
интрига́нский
интрига́нство, -а
интриго́ванный; *кр. ф.* -ан, -ана
интригова́ть, -гу́ю, -гу́ет
интригу́ющий
интри́жка, -и, *р. мн.* -жек
интри́жный
интрове́рсия, -и
интрове́рт, -а
интроверти́вный
интроверти́рованность, -и
интроверти́рованный; *кр. ф.* -ан, -ана
интрове́ртность, -и
интрове́ртный
интродукцио́нный
интроду́кция, -и
интродуци́рованный; *кр. ф.* -ан, -ана
интродуци́ровать(ся), -рую, -рует(ся)
интрое́кция, -и
интрониза́ция, -и
интроско́п, -а
интроскопи́ческий
интроскопи́я, -и
интросомни́ческий
интроспекти́вный; *кр. ф.* -вен, -вна
интроспе́кция, -и
интрузи́в, -а
интрузи́вный
интру́зия, -и
интуба́ция, -и
интуитиви́зм, -а
интуитиви́ст, -а
интуитиви́стский
интуити́вность, -и
интуити́вный; *кр. ф.* -вен, -вна
интуициони́зм, -а
интуициони́ст, -а
интуициони́стский
интуи́ция, -и
интури́ст, -а (*лицо*) и **Интури́ст,** -а (*организация*)
интури́стовский (*от* Интури́ст)
интури́стский (*от* интури́ст)
интуссусце́пция, -и
инули́н, -а
инфа́нт, -а
инфа́нта, -ы
инфанта́до, *нескл., м.*
инфанте́рия, -и
инфантили́зм, -а
инфанти́льность, -и
инфанти́льный; *кр. ф.* -лен, -льна
инфа́ркт, -а
инфа́рктник, -а
инфа́рктница, -ы, *тв.* -ей
инфа́рктный
инфа́уна, -ы
инфекциони́ст, -а
инфекцио́нный
инфе́кция, -и
инферна́льность, -и
инферна́льный; *кр. ф.* -лен, -льна
инферти́льность, -и
инферти́льный
инфизку́льт, -а
и́нфикс, -а
инфикса́льный
инфикса́ция, -и
и́нфиксный
и́нфилд, -а (*спорт.*)
инфильтра́т, -а
инфильтрати́вный
инфильтрацио́нный
инфильтра́ция, -и
инфильтри́рованный; *кр. ф.* -ан, -ана
инфильтри́ровать, -рую, -рует
и́нфимум, -а
инфинитезима́льный
инфинити́в, -а
инфинити́вный
инфици́рование, -я
инфици́рованный; *кр. ф.* -ан, -ана
инфици́ровать(ся), -рую(сь), -рует(ся)
инфлюа́ция, -и
инфлюэ́нта, -ы (*в механике*)
инфлюэ́нца, -ы, *тв.* -ей (*мед.*)
инфляцио́нный
инфля́ция, -и
инфогру́ппа, -ы
ин-фо́лио, *неизм.*
инфоме́три́я, -и
инфорефере́нт, -а
информ... — *первая часть сложных слов, пишется слитно*
информаге́нтство, -а
информа́нт, -а
информа́нтка, -и, *р. мн.* -ток
информати́вность, -и
информати́вный; *кр. ф.* -вен, -вна
информатиза́ция, -и
информатизи́рованный; *кр. ф.* -ан, -ана
информатизи́ровать(ся), -и́рую, -и́рует(ся)
информатизо́ванный; *кр. ф.* -ан, -ана
информа́тик, -а
информа́тика, -и
информа́тор, -а
информа́торский
информацио́нно-аналити́ческий

информацио́нно-библиографи́ческий
информацио́нно-вычисли́тельный
информацио́нно-документа́льный
Информацио́нное телегра́фное аге́нтство Росси́и (ИТА́Р-ТА́СС)
информацио́нно-логи́ческий
информацио́нно-музыка́льный
информацио́нно-по́иско́вый
информацио́нно-публицисти́ческий
информацио́нно-развлека́тельный
информацио́нно-рекла́мный
информацио́нно совмести́мый
информацио́нно-спра́вочный
информацио́нность, -и
информацио́нный
информацио́нщик, -а
информацио́нщица, -ы, *тв.* -ей
информа́ция, -и
информба́нк, -а
информбюллете́нь, -я
информбюро́, *нескл., с.*
информвы́пуск, -а
информи́рование, -я
информи́рованность, -и
информи́рованный; *кр. ф.* -ан, -ана
информи́ровать(ся), -рую(сь), -рует(ся)
информлисто́к, -тка́
информодина́мика, -и
информосо́ма, -ы
информрекла́ма, -ы
информце́нтр, -а и **инфоце́нтр,** -а
инфразву́к, -а
инфразвуково́й
инфрако́н, -а
инфракра́сный
инфра́кция, -и
инфрамикробиоло́гия, -и
инфраподвидово́й
инфраструкту́ра, -ы
инфраструкту́рный
инфратеплово́й
инфрахромати́ческий
инфузио́нный
инфузо́рия, -и
инфузо́рный
инце́ст, -а
инце́стный
инцесто́зный
инцестуа́льный
инциде́нт, -а
инциде́нтность, -и
инциде́нтный
инци́зия, -и
инци́пит, -а
инцисти́рование, -я (*от* ци́ста)
инцисти́роваться, -руется
инцу́хт, -а
инцу́хт-депре́ссия, -и
инъекцио́нный
инъе́кция, -и
инъеци́рованный; *кр. ф.* -ан, -ана
инъеци́ровать(ся), -рую, -рует(ся)
инъюнкти́в, -а

инь, *нескл., с.* (*понятие китайской философии*)
Инюрколле́гия [нъю], -и
иня́з [нъя́], -а
иня́зовец [нъя́], -вца, -вцем, *р. мн.* -вцев
иня́зовский [нъя́]
Ио́, *нескл., ж.* (*мифол.*) и *м.* (*астр.*)
и. о., *нескл., м.* и *ж.* (*сокр.*: исполняющий обязанности)
Иоа́нн Богосло́в
Иоа́нн Во́ин и **Ива́н Во́ин** (*святой*)
Иоа́нн Дамаски́н
Иоа́нн Злато́уст
Иоа́нн Крести́тель
Иоа́нн Ле́ствичник
Иоа́нн Предте́ча
иоанни́ты, -ов, *ед.* -и́т, -а
Иоа́ннов, -а, -о (*от* Иоа́нн)
Иоа́нновские воро́та (*в Петропавловской крепости*)
иоахими́ты, -ов, *ед.* -ми́т, -а
Йов, -а (*библ.*): **Йов Многостра́дальный; бе́ден, как Йов**
ио́л, -а
ио́льдия, -и
Ио́м-кипу́р, -а
иому́дский (*к* иому́ды)
иому́ды, -ов, *ед.* -му́д, -а (*порода лошадей*)
иому́тский (*к* иому́ты)
иому́ты, -ов и **иому́ды,** -ов (*племя*)
ио́н, -а
Ионафа́н, -а (*библ.*; Дави́д и Ионафа́н)
ионизáтор, -а
ионизацио́нный
ионизáция, -и
ионизи́рованный; *кр. ф.* -ан, -ана
ионизи́ровать(ся), -рую, -рует(ся)
ионизи́рующий(ся)
ионизо́ванный; *кр. ф.* -ан, -ана
ионизова́ть(ся), -зу́ю, -зу́ет(ся)
ионизу́ющий(ся)
ио́ний, -я
иони́йский (*от* Ио́ния, *ист.*; иони́йская шко́ла, *филос.*)
иони́йцы, -ев, *ед.* -и́ец, -и́йца, *тв.* -и́йцем
иони́товый
иони́ты, -ов, *ед.* иони́т, -а (*хим.*)
Иони́ческие острова́
иони́ческий (*от* Ио́ния, *ист.*; *к* Иони́ческое мо́ре; иони́ческий о́рдер, *архит.*)
Иони́ческое мо́ре
ио́нно-леги́рованный
ио́нно-молекуля́рный
ио́нно-сорбцио́нный
ио́нно-электро́нный
ио́нный
ионогальванизáция, -и
ионоге́ны, -ов, *ед.* -ге́н, -а
ионозо́нд, -а
ионо́л, -а
ионолюминесце́нтный

ионолюминесце́нция, -и
иономе́ры, -ов, *ед.* -ме́р, -а
ионо́ны, -ов, *ед.* ионо́н, -а
ионообме́н, -а
ионообме́нники, -ов, *ед.* -ник, -а
ионообме́нный
ионообразова́ние, -я
ионосфе́ра, -ы
ионосфери́ст, -а
ионосфе́рный
ионотерапи́я, -и
ионофо́н, -а
ионофоре́з, -а и **ионтофоре́з,** -а
Ио́ныч, -а, *тв.* -ем (*лит. персонаж*)
иорда́нка, -и, *р. мн.* -нок
иорда́нский (*от* Иорда́ния и Иорда́н)
Иорда́нское Хашими́тское Королев́ство
иорда́нцы, -ев, *ед.* -нец, -нца, *тв.* -нцем (*от* Иорда́ния)
иорда́нь, -и
Ио́сиф Во́лоцкий
иосифля́не, -я́н, *ед.* -я́нин, -а
иосифля́нство, -а
Ио́сиф Обру́чник
Ио́сиф Прекра́сный
ио́х, -а (*ед. измер.*)
ипа́тка, -и, *р. мн.* -ток
Ипа́тьевская ле́топись
Ипа́тьевский до́м (*в Екатеринбурге*)
Ипа́тьевский монасты́рь
ипекакуа́на, -ы
ипликáтор, -а
иподья́кон, -а и **иподиа́кон,** -а
иподья́конский и **иподиа́конский**
иподья́конство, -а и **иподиа́конство,** -а
ипокри́т, -а
ипокри́тство, -а
ипоме́я, -и
ипоста́сь, -и
ипоте́ка, -и
ипоте́чный
ипохо́ндрик, -а
ипохондри́ческий
ипохондри́чный; *кр. ф.* -чен, -чна
ипохо́ндрия, -и
ипподро́м, -а
ипподро́мный
ипподро́мовский
Иппокре́на, -ы и **Гиппокре́на,** -ы
иппо́н, -а и *неизм.* (*спорт.*)
иппотерапи́я, -и
ипри́т, -а
ипри́товый
ИПС [ипээ́с], *нескл., ж.* (*сокр.*: информационно-поисковая система)
и́псилон, -а (*название буквы*)
иравади́йский (*от* Ирава́ди; иравади́йский дельфи́н)
ира́ко-куве́йтский
ира́кский (*от* Ира́к)
ира́кцы, -ев, *ед.* ира́кец, -кца, *тв.* -кцем
ирани́ст, -а

ирани́стика, -и
ирани́стка, -и, *р. мн.* -ток
ира́нка, -и, *р. мн.* -нок
ира́но-азербайджа́нский
ира́но-ира́кский
ира́но-туре́цкий
ираноязы́чный
ира́нский (*от* Ира́н)
ира́нцы, -ев, *ед.* ира́нец, -нца, *тв.* -нцем
и́рбис, -а
и́рбисовый
ирби́тский (*от* Ирби́т)
ирби́тцы, -ев, *ед.* -тец, -тца, *тв.* -тцем
ирбитча́не, -а́н, *ед.* -а́нин, -а
ирга́, -и́
ири́диевый
ири́дий, -я
ири́дистый
иридодиагно́стика, -и
иридодиагности́ческий
иридоди́ктиум, -а
иридо́лог, -а
иридологи́ческий
иридоло́гия, -и
иридоцикли́т, -а
иридоци́ты, -ов, *ед.* -ци́т, -а
ириза́ция, -и
и́рис, -а (*растение*; *нитки*; *деталь фото- и киноаппаратов*)
ири́с, -а (*конфеты*)
ири́ска, -и, *р. мн.* -сок
и́рисовый (*от* и́рис)
ири́совый (*от* ири́с)
ири́т, -а
ирку́тский (*от* Ирку́тск)
иркутя́не, -я́н, *ед.* -я́нин, -а
иркутя́нка, -и, *р. мн.* -нок
ирла́ндка, -и, *р. мн.* -док
Ирла́ндская республика́нская а́рмия (ИРА́)
ирла́ндский (*к* Ирла́ндия и ирла́ндцы)
ирла́ндцы, -ев, *ед.* -дец, -дца, *тв.* -дцем
ирмоло́гий, -я
и́рмо́с, -а
и́рмо́сный
и́рный ко́рень и **аи́рный ко́рень**
И́род, -а (*царь Иудеи, библ.*) и **и́род,** -а (*злодей, изверг, бран.*)
и́родов, -а, -о
ироикоми́ческий (ироикоми́ческая поэ́ма, *лит.*)
ироке́зка, -и, *р. мн.* -зок
ироке́зский
ироке́зы, -ов, *ед.* ироке́з, -а
иро́н, -а
иронизи́рование, -я
иронизи́ровать, -рую, -рует
иро́ник, -а
иро́ника, -и
ирони́чески
ирони́ческий
ирони́чески-насме́шливый
ирони́чность, -и
ирони́чный; *кр. ф.* -чен, -чна
иро́ния, -и
иррадиацио́нный
иррадиа́ция, -и
иррадии́ровать, -рует
иррационали́зм, -а
иррационали́ст, -а
иррационалисти́ческий
иррациона́льность, -и
иррациона́льный; *кр. ф.* -лен, -льна
ирреа́льность, -и
ирреа́льный; *кр. ф.* -лен, -льна
иррегуля́рность, -и
иррегуля́рный; *кр. ф.* -рен, -рна
ирреде́нта, -ы
ирреденти́зм, -а
ирреденти́ст, -а
ирригáтор, -а
ирригацио́нно-мелиорати́вный
ирригацио́нный
ирригáция, -и
ирригоскопи́ческий
ирригоскопи́я, -и
ирритáнт, -а *(газ)*
ирритáция, -и
иртьі́шский (*от* Иртьі́ш)
ИС [иэ́с], *нескл., ж.* (*сокр.*: интегральная схема)
Исаа́к Си́рин
Исаа́киевский собо́р
исе́тский (*от* Исе́ть)
ИСЗ [исэзэ́], *нескл., м.* (*сокр.*: искусственный спутник Земли)
Иси́да, -ы и **Изи́да,** -ы
исинди́, *нескл., ж.* (*грузинская нац. игра*)
исиха́зм, -а
исиха́стский
исиха́сты, -ов, *ед.* -а́ст, -а
иск, -а
искажа́ть(ся), -а́ю, -а́ет(ся)
искаже́ние, -я
искажённо, *нареч.*
искажённость, -и
искажённый; *кр. ф.* -ён, -ена́
искази́ть(ся), -ажу́, -ази́т(ся)
искале́чение, -я
искале́ченный; *кр. ф.* -ен, -ена
искале́чивание, -я
искале́чивать(ся), -аю(сь), -ает(ся)
искале́чить(ся), -чу(сь), -чит(ся)
иска́лывать(ся), -аю(сь), -ает(ся)
иска́ния, -ий
иска́панный; *кр. ф.* -ан, -ана
иска́пать, -аю, -ает
искапри́зничаться, -аюсь, -ается
иска́пчивать(ся), -аю(сь), -ает(ся)
иска́пывание, -я
иска́пывать(ся), -аю, -ает(ся)
Искарио́т, -а (Иу́да Искарио́т) и **искарио́т,** -а (*предатель, бран. устар.*)
искарио́тский
иска́рмливать(ся), -аю, -ает(ся)
иска́тель, -я
иска́тельница, -ы, *тв.* -ей
иска́тельность, -и
иска́тельный; *кр. ф.* -лен, -льна
иска́тельский
иска́тельство, -а
иска́ть(ся), ищу́(сь), и́щет(ся)
иска́шивать(ся), -аю, -ает(ся)
исклёванный; *кр. ф.* -ан, -ана
исклева́ть(ся), -люю́, -люёт(ся)
исклёвывать(ся), -аю, -ает(ся)
исключа́ть(ся), -а́ю(сь), -а́ет(ся)
исключа́я, *деепр.* и *предлог*
исключе́ние, -я
исключённый; *кр. ф.* -ён, -ена́
исключи́тельно, *нареч.*
исключи́тельность, -и
исключи́тельный; *кр. ф.* -лен, -льна
исключи́ть(ся), -чу́(сь), -чи́т(ся)
исковёрканный; *кр. ф.* -ан, -ана
исковёркать(ся), -аю(сь), -ает(ся)
исковёркивание, -я
исковёркивать(ся), -аю(сь), -ает(ся)
исково́й
исковы́ривать(ся), -аю, -ает(ся)
исковы́рянный; *кр. ф.* -ян, -яна
исковыря́ть, -я́ю, -я́ет
иско́жа, -и, *тв.* -ей (*искусственная кожа*)
искоке́тничаться, -аюсь, -ается
искола́чивание, -я
искола́чивать(ся), -аю, -ает(ся)
исколеси́ть, -ешу́, -еси́т
исколешённый; *кр. ф.* -ён, -ена́
исколоти́ть(ся), -очу́, -о́тит(ся)
иско́лотый
исколо́ть(ся), -олю́(сь), -о́лет(ся)
исколо́ченный; *кр. ф.* -ен, -ена
исколу́панный; *кр. ф.* -ан, -ана
исколупа́ть, -а́ю, -а́ет
исколу́пывать(ся), -аю, -ает(ся)
иско́мканный; *кр. ф.* -ан, -ана
иско́мкать(ся), -аю, -ает(ся)
иско́мое, -ого
иско́мый
искони́
иско́нно, *нареч.*
иско́нно ро́дственный
иско́нно ру́сский
иско́нность, -и
иско́нный; *кр. ф.* -о́нен, -о́нна
ископа́емое, -ого
ископа́емый
иско́панный; *кр. ф.* -ан, -ана
ископа́ть, -а́ю, -а́ет
ископти́ть(ся), -пчу́(сь), -пти́т(ся)
ископчённый; *кр. ф.* -ён, -ена́
и́скопыть, -и
искорёженный; *кр. ф.* -ен, -ена
искорёживание, -я
искорёживать(ся), -аю, -ает(ся)
искорёжить(ся), -жу, -жит(ся)
искорене́ние, -я
искоренённый; *кр. ф.* -ён, -ена́
искорени́ть(ся), -ню́, -ни́т(ся)
искореня́ть(ся), -я́ю, -я́ет(ся)
и́скорка, -и, *р. мн.* -рок

искорми́ть, -ормлю́, -о́рмит
иско́рмленный; *кр. ф.* -ен, -ена
искоро́бить(ся), -блю, -бит(ся)
искоро́бленный; *кр. ф.* -ен, -ена
и́скоса
искоси́ть(ся)[1], -ошу́, -о́сит(ся) (*срезать(ся) косой*)
искоси́ть(ся)[2], -ошу́, -оси́т(ся) (*сделать(ся) косым*)
искособо́читься, -чусь, -чится
иско́шенный; *кр. ф.* -ен, -ена
и́скра, -ы
искра́ивать(ся), -аю, -ает(ся)
искра́сить(ся), -а́шу, -а́сит(ся)
и́скрасна-бу́рый
и́скрасна-жёлтый
искра́шенный; *кр. ф.* -ен, -ена
искра́шивание, -я
искра́шивать(ся), -аю, -ает(ся)
искре́ние, -я
и́скренне и **и́скренно,** *нареч.*
и́скренний; *кр. ф.* -енен, -енна, -енне и -енно, -енни и -енны
и́скренность, -и
искрести́ть, -ещу́, -е́стит
искрещённый; *кр. ф.* -ён, -ена́ и **искре́щенный;** *кр. ф.* -ен, -ена
искре́щивание, -я
искре́щивать(ся), -аю, -ает(ся)
искриви́ть(ся), -влю́(сь), -ви́т(ся)
искривле́ние, -я
искривлённость, -и
искривлённый; *кр. ф.* -ён, -ена́
искривля́ть(ся), -я́ю(сь), -я́ет(ся)
и́скри́нка, -и, *р. мн.* -нок
искри́стость, -и
и́скри́стый
искри́ть, -и́т
и́скриться, -ится и **искри́ться,** -и́тся
искрича́ться, -чу́сь, -чи́тся
искрова́вить(ся), -влю(сь), -вит(ся)
искрова́вленный; *кр. ф.* -ен, -ена
искровенённый; *кр. ф.* -ён, -ена́
искровени́ть(ся), -ню́(сь), -ни́т(ся)
искровеня́ть(ся), -я́ю(сь), -я́ет(ся)
и́скровец, -вца, *тв.* -вцем, *р. мн.* -вцев
искрово́й
и́скровский (*от* “И́скра”)
искрогаси́тель, -я
искрогаси́тельный
искрогаше́ние, -я
искро́енный; *кр. ф.* -ен, -ена
искрозащищённый
искрои́ть(ся), -ою́, -ои́т(ся)
искромётность, -и
искромётный; *кр. ф.* -тен, -тна
искро́мсанный; *кр. ф.* -ан, -ана
искромса́ть(ся), -а́ю, -а́ет(ся)
искропи́ть, -плю́, -пи́т
искроплённый; *кр. ф.* -ён, -ена́
искроудержа́тель, -я
искроулови́тель, -я
искро́шенный; *кр. ф.* -ен, -ена
искроши́ть(ся), -ошу́, -о́шит(ся)
искрути́ть(ся), -учу́(сь), -у́тит(ся)
искру́ченный; *кр. ф.* -ен, -ена
искру́чивание, -я
искру́чивать(ся), -аю(сь), -ает(ся)
искря́к, -а́
искряно́й
искря́щий
и́скря́щийся
иску́панный; *кр. ф.* -ан, -ана
искупа́ть(ся), -а́ю(сь), -а́ет(ся)
искупи́тель, -я
искупи́тельница, -ы, *тв.* -ей
искупи́тельный; *кр. ф.* -лен, -льна
искупи́ть(ся), -уплю́, -у́пит(ся)
искупле́ние, -я
иску́пленный; *кр. ф.* -ен, -ена
иску́ренный; *кр. ф.* -ен, -ена
иску́ривать(ся), -аю, -ает(ся)
искури́ть(ся), -урю́, -у́рит(ся)
и́ску́с, -а
иску́санный; *кр. ф.* -ан, -ана
искуса́ть, -а́ю, -а́ет
искуси́тель, -я
искуси́тельница, -ы, *тв.* -ей
искуси́тельный; *кр. ф.* -лен, -льна
искуси́ть(ся), -ушу́(сь), -уси́т(ся)
иску́сник, -а
иску́сница, -ы, *тв.* -ей
иску́сно, *нареч.*
иску́сность, -и
иску́сный; *кр. ф.* -сен, -сна
иску́сственник, -а
иску́сственница, -ы, *тв.* -ей
иску́сственно, *нареч.*
иску́сственность, -и
иску́сственный; *кр. ф.* -вен и -венен, -венна
иску́сство, -а
искусствове́д, -а
искусствове́дение, -я
искусствове́дческий
искусствозна́ние, -я
иску́сывать(ся), -аю, -ает(ся)
искуша́ть(ся), -а́ю(сь), -а́ет(ся)
искуше́ние, -я
искушённость, -и
искушённый; *кр. ф.* -ён, -ена́
исла́м, -а
исламаба́дский (*от* Исламаба́д)
исламаба́дцы, -ев, *ед.* -дец, -дца, *тв.* -дцем
ислaméй, -я (*танец*)
исламиза́ция, -и
ислами́зм, -а
ислами́ст, -а
ислами́стка, -и, *р. мн.* -ток
ислами́стский
исламове́д, -а
исламове́дение, -я
исламове́дческий
Исла́мская конфере́нция (*международная организация*)
исла́мский
исла́ндка, -и, *р. мн.* -док
исла́ндский (*к* Исла́ндия и исла́ндцы)
исла́ндцы, -ев, *ед.* -дец, -дца, *тв.* -дцем
исмаили́зм, -а
исмаили́тский
исмаили́ты, -ов, *ед.* -ли́т, -а
испа́ивать(ся), -аю, -ает(ся)
испа́костить(ся), -ощу(сь), -остит(ся)
испа́кощенный; *кр. ф.* -ен, -ена
испа́кощивать(ся), -аю(сь), -ает(ся)
испани́ст, -а
испани́стика, -и
испани́стка, -и, *р. мн.* -ток
испа́нка, -и, *р. мн.* -нок
испаноамерика́нский (*относящийся к испаноязычным территориям Америки*), но: **испа́но-америка́нский** (*относящийся к связям между Испанией и Америкой*)
испаноговоря́щий
испа́но-португа́льский
испа́но-росси́йский
испа́но-францу́зский
испаноязы́чный
испа́нский (*к* Испа́ния и испа́нцы)
испа́нско-ру́сский
испа́нцы, -ев, *ед.* -нец, -нца, *тв.* -нцем
испаре́ние, -я
испарённый; *кр. ф.* -ён, -ена́
испа́рина, -ы
испари́тель, -я
испари́тельность, -и
испари́тельный
испари́ть(ся), -рю́(сь), -ри́т(ся)
испаро́ме́тр, -а
испаря́емость, -и
испаря́ть(ся), -я́ю(сь), -я́ет(ся)
испа́ханный; *кр. ф.* -ан, -ана
испаха́ть, испашу́, испа́шет
испа́хивать(ся), -аю, -ает(ся)
испа́чканный; *кр. ф.* -ан, -ана
испа́чкать(ся), -аю(сь), -ает(ся)
испёкший(ся)
испепеле́ние, -я
испепелённый; *кр. ф.* -ён, -ена́
испепели́ть(ся), -лю́, -ли́т(ся)
испепеля́ть(ся), -я́ю, -я́ет(ся)
испепеля́ющий(ся)
испережива́ться, -а́юсь, -а́ется
испестрённый; *кр. ф.* -ён, -ена́
испестри́ть(ся), -рю́, -ри́т(ся)
испестря́ть(ся), -я́ю, -я́ет(ся)
испечённый; *кр. ф.* -ён, -ена́
испе́чь(ся), -еку́(сь), -ечёт(ся), -еку́т(ся); *прош.* -ёк(ся), -екла́(сь)
испещре́ние, -я
испещрённый; *кр. ф.* -ён, -ена́
испещри́ть, -рю́, -ри́т
испещря́ть(ся), -я́ю, -я́ет(ся)
испива́ть(ся), -а́ю, -а́ет(ся)
испи́ленный; *кр. ф.* -ен, -ена
испи́ливать(ся), -аю, -ает(ся)
испили́ть(ся), -илю́, -и́лит(ся)
испи́санный; *кр. ф.* -ан, -ана
исписа́ть(ся), -ишу́(сь), -и́шет(ся)

испи́сывание, -я
испи́сывать(ся), -аю(сь), -ает(ся)
испито́й, *прил.*
испи́тый; *кр. ф.* -и́т, -ита́, -и́то, *прич.*
испи́ть, изопью, изопьёт; *прош.* -и́л, -ила́, -и́ло
испла́вать, -ваю, -вает
испла́каться, -а́чусь, -а́чется
исплёванный; *кр. ф.* -ан, -ана
исплева́ть(ся), -люю́(сь), -люёт(ся)
исплёвывать(ся), -аю(сь), -ает(ся)
исповеда́льность, -и
исповеда́льный; *кр. ф.* -лен, -льна
исповеда́льня, -и, *р. мн.* -лен
испове́дание, -я
испове́данный; *кр. ф.* -ан, -ана
испове́дать(ся), -аю(сь), -ает(ся)
испове́дник, -а; но: **Макси́м Испове́дник**
испове́дница, -ы, *тв.* -ей
испове́днический
испове́дничество, -а
испове́дный
испове́дование, -я
испове́довать(ся), -дую(сь), -дует(ся)
испове́дующий(ся)
и́споведь, -и
испога́ненный; *кр. ф.* -ен, -ена
испога́нивание, -я
испога́нивать(ся), -аю(сь), -ает(ся)
испога́нить(ся), -ню(сь), -нит(ся)
испо́д, -а
и́сподволь
испо́дличаться, -аюсь, -ается
исподло́бья
исподни́зу
испо́дний
испо́дники, -ов
испо́дница, -ы, *тв.* -ей
исподти́ха
исподтишка́
испои́ть, -ою́, -ои́т
испоко́н ве́ку (веко́в)
испола́ть (тебе́, ва́м, ему́)
испо́лзать, -аю, -ает
исполи́н, -а
исполи́новы котлы́, исполи́новых котло́в (*геогр.*)
исполи́нский
исполко́м, -а
исполко́мовский
исполне́ние, -я
испо́лненный; *кр. ф.* -ен, -ена
исполни́мость, -и
исполни́мый
исполни́тель, -я
исполни́тельница, -ы, *тв.* -ей
исполни́тельно-распоряди́тельный
исполни́тельность, -и
исполни́тельный; *кр. ф.* -лен, -льна
Исполни́тельный секретариа́т СНГ
исполни́тельский
исполни́тельство, -а
испо́лнить(ся), -ню(сь), -нит(ся)
исполня́ть(ся), -я́ю(сь), -я́ет(ся)
исполосо́ванный; *кр. ф.* -ан, -ана
исполосова́ть(ся), -су́ю(сь), -су́ет(ся)
исполосо́вывать(ся), -аю(сь), -ает(ся)
и́сполу, *нареч.*
испо́льзование, -я
испо́льзованный; *кр. ф.* -ан, -ана
испо́льзовать(ся), -зую(сь), -зует(ся)
испо́льзуемый
испо́льничать, -аю, -ает
испо́льничество, -а
испо́льный
испо́льщик, -а
испо́льщина, -ы
испо́ротый
испоро́ть, -орю́, -о́рет
испо́ртить(ся), -рчу(сь), -ртит(ся)
испо́рченность, -и
испо́рченный; *кр. ф.* -ен, -ена
испости́ться, -ощу́сь, -ости́тся
испоха́бить(ся), -блю(сь), -бит(ся)
испоха́бленный; *кр. ф.* -ен, -ена
испо́шленный; *кр. ф.* -ен, -ена
испо́шлить(ся), -лю(сь), -лит(ся)
исправи́мость, -и
исправи́мый
исправи́тельно-трудово́й
исправи́тельный
испра́вить(ся), -влю(сь), -вит(ся)
исправле́ние, -я
испра́вленный; *кр. ф.* -ен, -ена
исправля́ть(ся), -я́ю(сь), -я́ет(ся)
испра́вник, -а
испра́вница, -ы, *тв.* -ей
испра́внический
испра́вничий, -ья, -ье
испра́вность, -и
испра́вный; *кр. ф.* -вен, -вна
испражне́ние, -я
испражни́ться, -нюсь, -ни́тся
испражня́ться, -я́юсь, -я́ется
испра́шивание, -я
испра́шивать(ся), -аю, -ает(ся)
испро́бованный; *кр. ф.* -ан, -ана
испро́бовать, -бую, -бует
испроси́ть, -ошу́, -о́сит
испро́шенный; *кр. ф.* -ен, -ена
испры́сканный; *кр. ф.* -ан, -ана
испры́скать, -аю, -ает
испры́скивать(ся), -аю, -ает(ся)
испря́денный; *кр. ф.* -ен, -ена
испря́дший(ся)
испрями́ть(ся), -млю, -ми́т(ся)
испрямлённый; *кр. ф.* -ён, -ена́
испрямля́ть(ся), -я́ю, -я́ет(ся)
испря́сть(ся), -яду́, -ядёт(ся); *прош.* -я́л(ся), -яла́(сь), -я́ло(сь)
испу́г, -а и -у
испу́ганно, *нареч.*
испу́ганность, -и
испу́ганный; *кр. ф.* -ан, -ана и (*выражающий испуг*) -ан, -анна (глаза́ испу́ганны)
испуга́ть(ся), -а́ю(сь), -а́ет(ся)
испужа́ть(ся), -а́ю(сь), -а́ет(ся) (*обл. и прост. к* испуга́ть(ся)
испуска́ние, -я
испуска́тельный
испуска́ть(ся), -а́ю, -а́ет(ся)
испусти́ть, -ущу́, -у́стит
испу́щенный; *кр. ф.* -ен, -ена
испыта́ние, -я
испы́танность, -и
испы́танный; *кр. ф.* -ан, -ана
испыта́тель, -я
испыта́тельный
испыта́тельский
испыта́ть, -а́ю, -а́ет
испыту́емый
испыту́юще, *нареч.*
испыту́ющий
испы́тывать(ся), -аю(сь), -ает(ся)
испя́тнанный; *кр. ф.* -ан, -ана
испятна́ть(ся), -а́ю, -а́ет(ся)
исса́ленный; *кр. ф.* -ен, -ена
исса́ливать(ся), -аю(сь), -ает(ся)
исса́лить(ся), -лю(сь), -лит(ся)
исса́сывать(ся), -аю, -ает(ся)
иссверлённый; *кр. ф.* -ён, -ена́
иссве́рливать(ся), -аю, -ает(ся)
иссверли́ть, -лю́, -ли́т
иссека́ние, -я (*от* иссека́ть)
иссека́ть(ся), -а́ю, -а́ет(ся) (*к* иссе́чь(ся)
иссе́кший(ся) и **иссёкший(ся)**
и́ссера-голубо́й
и́ссера-кра́сный
и́ссера-серебри́стый
иссече́ние, -я
иссечённый; *кр. ф.* -ён, -ена́ и (*наказанный поркой*) **иссе́ченный;** *кр. ф.* -ен, -ена
иссе́чь(ся), -еку́(сь), -ечёт(ся), -еку́т(ся); *прош.* -ёк(ся) и -е́к(ся), -екла́(сь)
и́ссиза-голубо́й
и́ссиза-чёрный
исси́нивать(ся), -аю(сь), -ает(ся)
иссини́ть(ся), -ню́(сь), -ни́т(ся)
и́ссиня-бле́дный
и́ссиня вы́бритый
и́ссиня-зелёный
и́ссиня-чёрный
исскоблённый; *кр. ф.* -ён, -ена́
исскобли́ть, -лю́, -ли́т
исследи́ть, -ежу́, -еди́т
иссле́дование, -я
иссле́дованность, -и
иссле́дованный; *кр. ф.* -ан, -ана
иссле́дователь, -я
иссле́довательница, -ы, *тв.* -ей
иссле́довательский
иссле́довать(ся), -дую(сь), -дует(ся)
иссле́дуемый
иссле́женный; *кр. ф.* -ен, -ена
иссле́живание, -я
иссле́живать(ся), -аю, -ает(ся)
исслю́нивать(ся), -аю(сь), -ает(ся)
исслюни́ть(ся), -ню́(сь), -ни́т(ся)
исслюня́вить(ся), -влю(сь), -вит(ся)
исслюня́вленный; *кр. ф.* -ен, -ена

исслюня́вливать(ся), -аю(сь), -ает(ся)
иссо́ленный; *кр. ф.* -ен, -ена и **иссолённый;** *кр. ф.* -ён, -ена́
иссоли́ть, -лю́, иссо́ли́т
иссо́п, -а
иссо́повый
иссо́санный; *кр. ф.* -ан, -ана
иссоса́ть(ся), -осу́, -осёт(ся)
иссо́хнуть, -ну, -нет; *прош.* -о́х, -о́хла
иссо́хший
иссрами́ть, -млю́, -ми́т
и́сстари
исстёганный; *кр. ф.* -ан, -ана
исстега́ть(ся), -а́ю, -а́ет(ся)
исстёгивать(ся), -аю, -ает(ся)
иссте́ленный; *кр. ф.* -ен, -ена
иссте ли́ть, исстелю́, иссте́лет; *прош.* -и́л, -и́ла
исстила́ть(ся), -а́ю, -а́ет(ся)
иссти́ранный; *кр. ф.* -ан, -ана
исстира́ть(ся), -а́ю, -а́ет(ся)
иссти́рывать(ся), -аю, -ает(ся)
исстра́гивать(ся), -аю, -ает(ся) и **исстру́гивать(ся),** -аю, -ает(ся)
исстрада́ться, -а́юсь, -а́ется
исстра́чивать(ся), -аю, -ает(ся) (*к* исстрочи́ть)
исстре́ливать(ся), -аю, -ает(ся)
исстре́лянный; *кр. ф.* -ян, -яна
исстреля́ть, -я́ю, -я́ет
исстро́ганный; *кр. ф.* -ан, -ана и **исстру́ганный;** *кр. ф.* -ан, -ана
исстрога́ть(ся), -а́ю, -а́ет(ся) и **исструга́ть(ся),** -а́ю, -а́ет(ся)
исстро́ченный; *кр. ф.* -ен, -ена
исстрочи́ть, -очу́, -о́чи́т
исстру́ганный; *кр. ф.* -ан, -ана и **исстро́ганный;** *кр. ф.* -ан, -ана
исструга́ть(ся), -а́ю, -а́ет(ся) и **исстрога́ть(ся),** -а́ю, -а́ет(ся)
исстру́гивать(ся), -аю, -ает(ся) и **исстра́гивать(ся),** -аю, -ает(ся)
исступле́ние, -я (*неистовство*)
исступлённо, *нареч.*
исступлённость, -и
исступлённый; *кр. ф.* -ён, -ённа (*к* исступле́ние)
иссуша́ть(ся), -а́ю, -а́ет(ся)
иссуше́ние, -я
иссу́шенный; *кр. ф.* -ен, -ена
иссу́шивание, -я
иссу́шивать(ся), -аю, -ает(ся)
иссуши́ть(ся), -ушу́, -у́шит(ся)
иссы́к-ку́льский (*от* Иссы́к-Ку́ль)
иссыха́ние, -я
иссыха́ть, -а́ю, -а́ет
иссяка́ние, -я (*от* иссяка́ть)
иссяка́ть, -а́ю, -а́ет (*к* иссякнуть)
исся́кнувший
исся́кнуть, -ну, -нет; *прош.* -я́к, -я́кла
исся́кший
иста́ивание, -я
иста́ивать, -аю, -ает
иста́пливание, -я
иста́пливать(ся), -аю, -ает(ся)
иста́птывание, -я
иста́птывать(ся), -аю, -ает(ся)
иста́сканно, *нареч.*
иста́сканный; *кр. ф. прич.* -ан, -ана; *кр. ф. прил.* (*изношенный; опошленный частым употреблением; со следами беспорядочной жизни*) -ан, -анна (все́ э́ти фра́зы иста́сканны; лицо́ его́ иста́сканно)
истаска́ть(ся), -а́ю(сь), -а́ет(ся)
иста́скивание, -я
иста́скивать(ся), -аю(сь), -ает(ся)
иста́чивание, -я
иста́чивать(ся), -аю, -ает(ся)
иста́ять, -а́ю, -а́ет
исте́блишмент, -а
истека́ние, -я
истека́ть, -а́ю, -а́ет
исте́кший, *прил.* (*прошедший*)
истёкший, *прич.* (*от* исте́чь)
истереби́ть, -блю́, -би́т
истере́ть(ся), изотру́, изотрёт(ся); *прош.* истёр(ся), истёрла(сь)
исте́рзанный; *кр. ф.* -ан, -ана
истерза́ть(ся), -а́ю(сь), -а́ет(ся)
исте́рик, -а
исте́рика, -и
истери́ческий
истери́чка, -и, *р. мн.* -чек
истери́чность, -и
истери́чный; *кр. ф.* -чен, -чна
истери́я, -и
и́стерн, -а
истеро́идный
истёртый
истёрханный; *кр. ф.* -ан, -анна
истёрший(ся)
истёсанный; *кр. ф.* -ан, -ана
истеса́ть(ся), -ешу́, -е́шет(ся)
истёсывание, -я
истёсывать(ся), -аю, -ает(ся)
исте́ц, истца́, *тв.* истцо́м, *р. мн.* истцо́в
истече́ние, -я
исте́чь, -еку́, -ечёт, -еку́т; *прош.* -ёк, -екла́
и́стина, -ы
и́стинно, *нареч.*
и́стинно правосла́вный; но: **и́стинно-правосла́вный** (и́стинно-правосла́вная це́рковь, и́стинно-правосла́вные христиа́не, *секта*)
и́стинно революцио́нный
и́стинно религио́зный
и́стинно ру́сский
и́стинностный
и́стинность, -и
и́стинно христиа́нский
и́стинный; *кр. ф.* -инен, -инна
истира́емость, -и
истира́ненный; *кр. ф.* -ен, -ена
истира́ние, -я
истира́нить, -ню, -нит
истира́ть(ся), -а́ю, -а́ет(ся)
исти́сканный; *кр. ф.* -ан, -ана
исти́скать, -аю, -ает
исти́ца, -ы, *тв.* -ей
истлева́ние, -я
истлева́ть, -а́ет
истле́ть, -е́ет
истма́т, -а
Истми́йские и́гры (*в Древней Греции*)
и́стовость, -и
и́стовый
исто́д, -а
исто́довый
исто́к, -а; но: **Большо́й Исто́к, Бы́стрый Исто́к** (*поселки*)
исто́лканный; *кр. ф.* -ан, -ана
истолка́ть, -а́ю, -а́ет
истолкова́ние, -я
истолко́ванный; *кр. ф.* -ан, -ана
истолкова́тель, -я
истолкова́тельница, -ы, *тв.* -ей
истолкова́тельный
истолкова́ть, -ку́ю, -ку́ет
истолко́вывание, -я
истолко́вывать(ся), -аю, -ает(ся)
истоло́кший(ся)
истоло́чь(ся), -лку́, -лчёт(ся), -лку́т(ся); *прош.* -ло́к(ся), -лкла́(сь)
истолчённый; *кр. ф.* -ён, -ена́
исто́ма, -ы
истоми́ть(ся), -млю́(сь), -ми́т(ся)
истомлённый; *кр. ф.* -ён, -ена́
истомля́ть(ся), -я́ю(сь), -я́ет(ся)
исто́мный; *кр. ф.* -мен, -мна
истонча́ние, -я
истонча́ть(ся), -а́ю, -а́ет(ся)
истонче́ние, -я
истончённый; *кр. ф.* -ён, -ена́
истончи́ть(ся), -чу́, -чи́т(ся)
истопи́ть(ся), -оплю́, -о́пит(ся)
исто́пленный; *кр. ф.* -ен, -ена
истопни́к, -а́
истопни́ца, -ы, *тв.* -ей
исто́птанный; *кр. ф.* -ан, -ана
истопта́ть(ся), -опчу́, -о́пчет(ся)
исторга́ть(ся), -а́ю, -а́ет(ся)
исто́ргнувший(ся)
исто́ргнутый
исто́ргнуть(ся), -ну, -нет(ся); *прош.* -о́рг(ся) и -о́ргнул(ся), -о́ргла(сь)
исто́ргший(ся)
истор же́ние, -я
исто́рженный; *кр. ф.* -ен, -ена
истори́зм, -а
исто́рийка, -и, *р. мн.* -риек
исто́рик, -а
исто́рик-архиви́ст, исто́рика-архиви́ста
исто́рик-медиеви́ст, исто́рика-медиеви́ста
исто́рико-археологи́ческий
исто́рико-архи́вный
исто́рико-архитекту́рный
исто́рико-биографи́ческий
исто́рико-бытово́й
исто́рико-документа́льный
исто́рико-краеве́дческий

исто́рико-культу́рный
исто́рико-культурологи́ческий
исто́рико-лингвисти́ческий
исто́рико-литерату́рный
исто́рико-материалисти́ческий
исто́рико-познава́тельный
исто́рико-приключе́нческий
исто́рико-публицисти́ческий
исто́рико-революцио́нный
исто́рико-типологи́ческий
исто́рико-филологи́ческий
исто́рико-филосо́фский
исто́рико-церко́вный
историо́граф, -а
историографи́ческий
историогра́фия, -и
историометри́ческий
историоме́трия, -и
историосо́фия, -и
историосо́фский
истори́чески
истори́чески ва́жный
истори́чески закономе́рный
истори́ческий
истори́чески обусло́вленный
истори́чески сложи́вшийся
истори́чка, -и, *р. мн.* -чек
истори́чность, -и
истори́чный; *кр. ф.* -чен, -чна
исто́рия, -и
истоскова́ться, -ку́юсь, -ку́ется
источа́ть(ся), -а́ю, -а́ет(ся)
исто́ченный; *кр. ф.* -ен, -ена (*от* источи́ть[1])
источённый; *кр. ф.* -ён, -ена́ (*от* источи́ть[2])
источи́ть(ся)[1], -очу́, -о́чит(ся) (*к* точи́ть)
источи́ть(ся)[2], -очу́, -очи́т(ся) (*к* источа́ть(ся)
исто́чник, -а
источникове́д, -а
источникове́дение, -я
источникове́дческий
исто́чниковый
исто́шно, *нареч.*
исто́шный; *кр. ф.* -шен, -шна
истоща́ть(ся), -а́ю(сь), -а́ет(ся)
истоще́ние, -я
истощённость, -и
истощённый; *кр. ф.* -ён, -ена́ и (*свидетельствующий об истощении*) -ён, -ённа (лицо́ его́ истощённо)
истощи́тельный
истощи́ть(ся), -щу́(сь), -щи́т(ся)
истпа́рт, -а (*история партии*) и **Истпа́рт,** -а (*учреждение, ист.*)
истра́тить(ся), -а́чу(сь), -а́тит(ся)
истра́ченный; *кр. ф.* -ен, -ена
истра́чивание, -я
истра́чивать(ся), -аю(сь), -ает(ся) (*к* истра́тить)
истреби́тель, -я
истреби́тель-бомбардиро́вщик, истреби́теля-бомбардиро́вщика
истреби́тельница, -ы, *тв.* -ей
истреби́тельно-авиацио́нный
истреби́тельно-бомбардиро́вочный
истреби́тельно-противота́нковый
истреби́тельный; *кр. ф.* -лен, -льна
истреби́тель-перехва́тчик, истреби́теля-перехва́тчика
истреби́тель-ракетоно́сец, истреби́теля-ракетоно́сца
истреби́ть(ся), -блю́, -би́т(ся)
истребле́ние, -я
истреблённый; *кр. ф.* -ён, -ена́
истребля́ть(ся), -я́ю, -я́ет(ся)
истре́бование, -я
истре́бованный; *кр. ф.* -ан, -ана
истре́бовать, -бую, -бует
истрёпанность, -и
истрёпанный; *кр. ф. прич.* -ан, -ана; *кр. ф. прил.* (*со следами долгого или небрежного пользования, тяжелой или беспорядочной жизни*) -ан, -анна
истрепа́ть(ся), -еплю́(сь), -е́плет(ся), -е́плют(ся) и -е́пет(ся), -е́пят(ся)
истрёпывание, -я
истрёпывать(ся), -аю(сь), -ает(ся)
истре́сканный; *кр. ф.* -ан, -ана
истре́скаться, -ается
истре́скиваться, -ается
истри́йский (*от* И́стрия)
истри́йцы, -ев, *ед.* -и́ец, -и́йца, *тв.* -и́йцем
и́стринский (*от* И́стра)
и́стринцы, -ев, *ед.* -нец, -нца, *тв.* -нцем
иструхля́вевший (*от* иструхля́веть)
иструхля́веть, -еет (*стать трухлявым*)
иструхля́вивший(ся) (*от* иструхля́вить(ся)
иструхля́вить, -влю, -вит (*что*)
иструхля́виться, -ится
истука́н, -а
истука́нный
иступи́ть(ся), -уплю́, -у́пит(ся)
иступле́ние, -я (*от* иступи́ть(ся)
исту́пленный; *кр. ф.* -ен, -ена (*к* тупо́й)
иступля́ть(ся), -я́ю, -я́ет(ся)
истфа́к, -а
истфа́ковский
истцо́вый
и́стый
исты́канный; *кр. ф.* -ан, -ана
исты́кать(ся), -аю(сь), -ает(ся)
исты́кивание, -я
исты́кивать(ся), -аю(сь), -ает(ся)
истяза́ние, -я
истяза́тель, -я
истяза́тельница, -ы, *тв.* -ей
истяза́тельский
истяза́тельство, -а
истяза́ть(ся), -а́ю(сь), -а́ет(ся)
истяза́ющий
истязу́емый
истязу́ющий
Ису́се: го́споди Ису́се, *межд.*
ису́сик, -а
исфаха́нский (*от* Исфаха́н)
исха́живать(ся), -аю, -ает(ся)
исхалту́риться, -рюсь, -ришься
исхами́ться, -млю́сь, -ми́тся
исхарчи́ть(ся), -чу́(сь), -чи́т(ся)
исхи́тить, -и́щу, -и́тит
исхитри́ться, -рю́сь, -ри́тся
исхитря́ться, -я́юсь, -я́ется
исхища́ть(ся), -а́ю, -а́ет(ся)
исхи́щенный; *кр. ф.* -ен, -ена
исхлёстанный; *кр. ф.* -ан, -ана
исхлеста́ть(ся), -ещу́(сь), -е́щет(ся)
исхлёстывать(ся), -аю(сь), -ает(ся)
исхлопа́тывание, -я
исхлопа́тывать(ся), -аю(сь), -ает(ся)
исхлопо́танный; *кр. ф.* -ан, -ана
исхлопота́ть(ся), -почу́(сь), -по́чет(ся)
исхо́д, -а
исхода́тайствование, -я
исхода́тайствованный; *кр. ф.* -ан, -ана
исхода́тайствовать, -твую, -твует
исходи́ть, -ожу́, -о́дит
исхо́дник, -а (*программ.*)
исхо́дный; *кр. ф.* -ден, -дна
исходя́щий
исхо́женный; *кр. ф.* -ен, -ена
исхолода́ться, -а́юсь, -а́ется
исхуда́лость, -и
исхуда́лый
исхуда́ние, -я
исхуда́ть, -а́ю, -а́ет
исхулига́ниться, -нюсь, -нится
исцара́панный; *кр. ф.* -ан, -ана
исцара́пать(ся), -аю(сь), -ает(ся)
исцара́пывать(ся), -аю(сь), -ает(ся)
исцеле́ние, -я
исцелённый; *кр. ф.* -ён, -ена́
исцели́мость, -и
исцели́мый
исцели́тель, -я
исцели́тельница, -ы, *тв.* -ей
исцели́ть(ся), -лю́(сь), -ли́т(ся)
исцело́ванный; *кр. ф.* -ан, -ана
исцелова́ть, -лу́ю, -лу́ет
исцеля́ть(ся), -я́ю(сь), -я́ет(ся)
исча́дие, -я
исча́хнуть, -ну, -нет; *прош.* -а́х, -а́хла
исча́хший
исчеза́ние, -я
исчеза́ть, -а́ю, -а́ет
исчезнове́ние, -я
исче́знувший
исче́знуть, -ну, -нет; *прош.* -е́з, -е́зла
исчёрканный; *кр. ф.* -ан, -ана
исчерка́ть, -а́ю, -а́ет и **исчёркать,** -аю, -ает
исчёркивание, -я
исчёркивать(ся), -аю, -ает(ся)
и́счерна-кра́сный
и́счерна-лило́вый
и́счерна-си́ний

исчернённый; *кр. ф.* -ён, -ена́
исчерни́ть(ся), -ню́(сь), -ни́т(ся)
исчерня́ть(ся), -я́ю(сь), -я́ет(ся)
исче́рпание, -я
исче́рпанность, -и
исче́рпанный; *кр. ф.* -ан, -ана
исче́рпа́ть(ся), -е́рпа́ю, -е́рпа́ет(ся)
исче́рпывание, -я
исче́рпывать(ся), -аю, -ает(ся)
исче́рпывающе, *нареч.*
исче́рпывающий(ся)
исчерти́ть(ся), -ерчу́, -е́ртит(ся)
исче́рченность, -и
исче́рченный; *кр. ф.* -ен, -ена
исче́рчивание, -я
исче́рчивать(ся), -аю, -ает(ся)
исчёсанный; *кр. ф.* -ан, -ана
исчеса́ть(ся), -ешу́(сь), -е́шет(ся)
исчи́рканный; *кр. ф.* -ан, -ана
исчи́ркать(ся), -аю, -ает(ся)
исчи́ркивать(ся), -аю, -ает(ся)
исчисле́ние, -я
исчи́сленный; *кр. ф.* -ен, -ена
исчисли́мость, -и
исчисли́мый
исчи́слить, -лю, -лит
исчисля́ть(ся), -я́ю, -я́ет(ся)
исчу́жа
исшага́ть, -а́ю, -а́ет
исшали́ться, -лю́сь, -ли́тся
исша́ренный; *кр. ф.* -ен, -ена
исша́ривать(ся), -аю, -ает(ся)
исша́рить, -рю, -рит
исша́рканный; *кр. ф.* -ан, -ана
исша́ркать(ся), -аю, -ает(ся)
исша́ркивать(ся), -аю, -ает(ся)
исше́дший
исшива́ть(ся), -а́ю, -а́ет(ся)
исши́тый
исши́ть, изошью́, изошьёт
исшны́рянный; *кр. ф.* -ян, -яна
исшныря́ть, -я́ю, -я́ет
исшо́рканный; *кр. ф.* -ан, -ана
исшо́ркать(ся), -аю, -ает(ся)
исшо́ркивать(ся), -аю, -ает(ся)
исшто́панный; *кр. ф.* -ан, -ана
исшто́пать, -аю, -ает
исшто́пывать(ся), -аю, -ает(ся)
исще́панный; *кр. ф.* -ан, -ана
исщепа́ть(ся), -еплю́, -е́плет(ся) (*к* щепа́ть)
исщи́панный; *кр. ф.* -ан, -ана
исщипа́ть(ся), -иплю́(сь), -и́плет(ся), -и́плют(ся) и -и́пет(ся), -и́пят(ся), *также* -а́ю(сь), -а́ет(ся) (*к* щипа́ть)
исщи́пывание, -я
исщи́пывать(ся), -аю(сь), -ает(ся)
ИТ [итэ́], *нескл., мн.* (*сокр:* информационные технологии)
итабири́т, -а
ита́к, *вводн. сл.*; но (*сочетание союза с наречием*) **и та́к**
и так да́лее (и т. д.)
и та́к и ся́к
и та́к и э́так
итако́новый
и та́к (уже́) (*и без того*)
итали́йский
итали́йцы, -ев, *ед.* -и́ец, -и́йца, *тв.* -и́йцем
ита́лики, -ов, *ед.* -ик, -а
ита́ло-австри́йский
ита́ло-америка́нский
ита́ло-герма́нский
ита́ло-гре́ческий
ита́ло-росси́йский
ита́ло-туре́цкий
ита́ло-швейца́рский
италоязы́чный
италья́нка, -и, *р. мн.* -нок
италья́ночка, -и, *р. мн.* -чек
италья́нский (*к* Ита́лия и италья́нцы)
италья́нско-ру́сский
италья́нцы, -ев, *ед.* -нец, -нца, *тв.* -нцем
италья́нщина, -ы
италья́шка, -и, *р. мн.* -шек, *м.*
и та́м и ся́м
ительме́нка, -и, *р. мн.* -нок
ительме́нский
ительме́ны, -ов, *ед.* -ме́н, -а
итерати́в, -а
итерати́вность, -и
итерати́вный
итера́тор, -а
итерацио́нный
итера́ция, -и
итинера́рий, -я
ИТК [итэка́], *нескл., ж.* (*сокр.*: исправительно-трудовая колония)
и то́, *союз*
ито́г, -а
итого́, *нареч.*
ито́говый
ито́жащий(ся)
ито́женный; *кр. ф.* -ен, -ена
ито́жить(ся), -жу, -жит(ся)
и тому́ подо́бное (и т. п.)
и то́ сказа́ть, *вводн. сл.*
ИТР [итэ́э́р], *нескл., м.* (*сокр.*: инженерно-технический работник)
ИТ-ры́нок [итэ́-], -нка
итте́рбий, -я
и́ттриевый
и́ттрий, -я
ИТУ́, *нескл., с.* (*сокр.*: исправительно-трудовое учреждение)
ИТ-услу́ги [итэ́-], -у́г
итээ́ровский (*от* ИТР)
Иу́да, -ы, *м.* (*имя, библ.*; поцелу́й Иу́ды) и **иу́да,** -ы, *м.* (*предатель, бран.*)
иудаи́зм, -а
иуда́ика, -и
Иу́да Искарио́т
иудаи́ст, -а
иудаисти́ческий
иудаи́стка, -и, *р. мн.* -ток
иудаи́стский
иуде́и, -ев, *ед.* иуде́й, -я
иуде́йка, -и, *р. мн.* -е́ек
Иуде́йская война́ (*66–73*)
иуде́йский (*от* иуде́и и Иуде́я); стра́ха ра́ди иуде́йска
иуде́йство, -а
иуде́йствующие, -их (*иудеохристиане*)
иудеохристиа́не, -а́н, *ед.* -ани́н, -а
иудеохристиа́нский (*к* иудеохристиа́нство); но: **иуде́о-христиа́нский** (иуде́о-христиа́нский диало́г)
иудеохристиа́нство, -а
иуде́яне, -ян, *ед.* -янин, -а (*библ.*)
иуде́янка, -и, *р. мн.* -нок
иу́дин, -а, -о (*от* Иу́да): **иу́дин гре́х, иу́дин поцелу́й, иу́дино де́рево**
Иу́душка, -и, *м.* (*лит. персонаж*) и **иу́душка,** -и, *р. мн.* -шек, *м.* (*ханжа, лицемер*)
иу́душкин, -а, -о
Ифиге́ния, -и
ифли́ец, -и́йца, *тв.* -и́йцем, *р. мн.* -и́йцев
ифли́йский (*от* ИФЛИ́)
их[1], о ни́х (*формы местоим.* они́)
их[2], *притяж. местоим.*
их[3], *межд.*
ихневмо́н, -а
и́хний, -яя, -ее (*прост. к* их[2])
ихноло́гия, -и
ихра́м, -а (*в исламе*)
Ихтиа́ндр, -а (*лит. персонаж*) и **ихтиа́ндр,** -а (*человек, хорошо чувствующий себя под водой; акванавт*)
ихтиодорули́ты, -ов, *ед.* -ли́т, -а
ихтио́з, -а
ихтиоза́вр, -а
ихтио́л, -а
ихтио́ловый
ихтио́лог, -а
ихтиологи́ческий
ихтиоло́гия, -и
ихтио́рнис, -а
ихтиосте́га, -и
ихтиотоксико́з, -а
ихтиофа́г, -а
ихтиофа́уна, -ы
ихтиофтирио́з, -а
ихтиофти́риус, -а
ихтиоци́д, -а
ице́рия, -и
и́чиги, -ов, *ед.* и́чиг, -а
ичкери́йский (*от* Ичке́рия)
ИЧП [ичепэ́], *нескл., с.* (*сокр.*: индивидуальное частное предприятие)
иша́к, -а́
иша́н, -а
иша́чащий
иша́чий, -ья, -ье
иша́чить, -чу, -чит
ишачо́к, -чка́
ишеми́ческий
ишеми́я, -и
и́шиас, -а
ишиати́ческий

иши́мский (*от* Иши́м)
ишкаши́мский
ишкаши́мцы, -ев, *ед.* -мец, -мца, *тв.* -мцем (*народность*)
ишра́к, -а
Ишта́р, *нескл., ж.*
Ишу́тинский кружо́к (*от* Ишу́тин)
ишу́тинцы, -ев, *ед.* -нец, -нца, *тв.* -нцем
ишха́н, -а
ишь, *частица*
и́шь ты
ище́йка, -и, *р. мн.* -е́ек
ищи́-свищи́
и́щущий(ся)
июль, -я
Июльская мона́рхия (*во Франции, 1830–1848*)
июльский
июнь, -я
июньский

Й

Йеллоусто́нский национа́льный па́рк
йе́льский (*от* Йель)
йе́менка, -и, *р. мн.* -нок
йе́менский (*от* Йе́мен)
йе́менцы, -ев, *ед.* -нец, -нца, *тв.* -нцем
йе́нский (*от* Йе́на; йе́нские рома́нтики)
йе́нцы, -ев, *ед.* йе́нец, -нца, *тв.* -нцем
йе́ти, *нескл., м.*
йе́ху, *нескл., мн., ед. м.* и *ж.*
йигла́вский (*от* Йи́гла́ва)
йог, -а
йо́га, -и
йогача́ры, -ов, *ед.* -ча́р, -а
йоги́зм, -а
йо́гин, -а
йоги́ня, -и, *р. мн.* -и́нь
йоги́ческий
йо́говский
йоготерапевти́ческий
йоготерапи́я, -и
йо́гурт, -а
йо́гуртница, -ы, *тв.* -ей
йо́гуртовый
йод, -а и -у
йодаргири́т, -а
йода́ты, -ов, *ед.* йода́т, -а
йоддефици́тный и **йододефици́тный**
йоди́дный
йоди́ды, -ов, *ед.* йоди́д, -а
йоди́зм, -а
йоди́рование, -я
йоди́рованный; *кр. ф.* -ан, -ана
йо́дисто-водоро́дный
йо́дистый
йодль, -я и **йо́длер,** -а (*муз.*)
йоднова́тистый
йоднова́тый
йо́дный
йодобро́мистый
йодобро́мный
йо́довый
йододе́рма, -ы
йододефици́тный и **йоддефици́тный**
йодоме́три́я, -и
йодосодержа́щий и **йодсодержа́щий**
йодофо́рм, -а
йодофо́рмный
йокога́мский (*от* Йокога́ма)
йокога́мцы, -ев, *ед.* -мец, -мца, *тв.* -мцем
йо́мен, -а
Йо́рки, -ов (*династия*)
йо́ркский (*от* Йорк, *город*, и Йо́рки)
йо́ркцы, -ев, *ед.* -кец, -кца, *тв.* -кцем (*от* Йорк, *город*)
йоркши́рский (*от* Йо́ркши́р)
йоркши́р-терье́р, -а
йоркши́рцы, -ев, *ед.* -рец, -рца, *тв.* -рцем (*жители Йоркшира*)
йоркши́ры, -ов, *ед.* -ши́р, -а (*порода свиней, собак*)
йо́руба, *неизм.* и *нескл., м.* (*язык*) и *нескл., мн., ед. м.* и *ж.* (*народ*)
йот, -а (*название латинской буквы*; *название звука речи*)
йо́та, -ы (*название греческой буквы*; ни на йо́ту)
йота́ция, -и
йоти́рование, -я
йоти́рованный; *кр. ф.* -ан, -ана
йоти́ровать(ся), -рую, -рует(ся)
йото́ванный; *кр. ф.* -ан, -ана
йо́товый
йоханнесбу́ргский (*от* Йоха́ннесбу́рг)
йоханнесбу́ргцы, -ев, *ед.* -гец, -гца, *тв.* -гцем
йохи́мбе, *нескл., с.* (*дерево*)
йохимби́н, -а
йо́ши, *нескл., с.* и *неизм.* (*спорт.*)
йошка́р-оли́нский (*от* Йошка́р-Ола́)
йошкароли́нцы, -ев, *ед.* -нец, -нца, *тв.* -нцем

К

к и **ко,** *предлог*
ка, *нескл., с.* (*название буквы*)
-ка, *частица – с предшествующим словом пишется через дефис,* напр.: пойди́-ка, ну́-ка, гляди́-ка
КА [каа́], *нескл., м.* (*сокр.*: космический аппарат)
Ка́аба, -ы
каати́нга, -и
каба́к, -а́
кабала́, -ы́ (*гнет*)
кабали́ть, -лю́, -ли́т
кабалье́ро, *нескл., м.*
каба́льный; *кр. ф.* -лен, -льна
каба́н, -а́; но: **го́д Кабана́** (*по восточному календарю*), **Каба́н,** -а́ (*о том, кто родился в этот год*)
кабанёнок, -нка, *мн.* -ня́та, -ня́т
каба́ний, -ья, -ье
кабани́на, -ы
кабани́ха, -и (*самка кабана*)
Кабани́ха, -и (*лит. персонаж*)
кабани́ще, -а и -и, *мн.* -и, -и́щ, *м.*
каба́нчик, -а
кабарга́, -и́, *р. мн.* -ро́г
кабарго́вый
кабарди́нка, -и, *р. мн.* -нок
Кабарди́но-Балка́рская Респу́блика
кабарди́но-балка́рский
кабарди́но-черке́сский (язы́к)
кабарди́нский (*к* Кабарда́ и кабарди́нцы)
кабарди́нцы, -ев, *ед.* -нец, -нца, *тв.* -нцем
кабаре́, *нескл., с.*
кабаре́тный
кабаржи́ный
кабаро́жий, -ья, -ье
кабаро́жка, -и, *р. мн.* -жек
каба́тчик, -а
каба́тчица, -ы, *тв.* -ей
каба́хи, *нескл., с.* (*армянская нац. игра*)
каба́цкий
каба́чество, -а
кабачи́ще, -а, *мн.* -а и -и, -и́щ, *м.*
кабачко́вый
каба́чник, -а
каба́чница, -ы, *тв.* -ей
каба́чный
кабачо́к, -чка́
каббала́, -ы́ (*мистическое учение*)
каббали́ст, -а
каббали́стика, -и
каббалисти́ческий
кабелево́з, -а
кабелеиска́тель, -я
кабелеукла́дчик, -а
ка́бель, -я
ка́бель-кана́л, -а
ка́бель-кра́н, -а
ка́бель-ма́чта, -ы
ка́бельно-спу́тниковый
ка́бельный
ка́бельтов, -а, *тв.* -ым, *мн.* -ы, -ых
ка́бельщик, -а
каберне́, *нескл., с.*
кабеста́н, -а
кабеста́нный
каби́лы, -ов, *ед.* -и́л, -а

каби́льский (*к* каби́лы и Каби́лия)
каби́на, -ы
Кабине́т мини́стров (*офиц. название правительства в нек-рых странах*)
кабине́т, -а
кабине́тик, -а
кабине́т-мини́стр, -а
кабине́тность, -и
кабине́тный
кабине́т-секрета́рь, -я́
кабине́тский
кабине́тчик, -а
каби́нка, -и, *р. мн.* -нок
кабли́рованный; *кр. ф.* -ан, -ана
кабли́ровать(ся), -рую, -рует(ся) (*от* ка́бель, *в проф. речи*)
каблогра́мма, -ы
каблу́к, -а́
каблучи́ще, -а, *мн.* -а и -и, -и́щ, *м.*
каблу́чный
каблучо́к, -чка́
ка́бо-вердиа́нский (*от* Ка́бо-Ве́рде)
кабовердиа́нцы, -ев, *ед.* -нец, -нца, *тв.* -нцем
кабота́ж, -а, *тв.* -ем
кабота́жник, -а
кабота́жничать, -аю, -ает
кабота́жный
кабошо́н, -а
кабриоле́т, -а
кабрио́ль, -я
кабри́рование, -я
кабри́рованный; *кр. ф.* -ан, -ана
кабри́ровать(ся), -и́рую, -и́рует(ся)
кабу́ки, *неизм.* и *нескл., м.* и *с.*
кабу́л, -а и *неизм.* (*соус*)
кабу́льский (*от* Кабу́л, *город*)
кабу́льцы, -ев, *ед.* -лец, -льца, *тв.* -льцем
ка́бы́, *союз;* е́сли бы да кабы́
кабыздо́х, -а (*о собаке*)
кабэ́ и **КБ,** *нескл., с.* (*сокр.*: конструкторское бюро)
кабэ́шник, -а
кабэ́шный
ка́ва-ка́ва, *нескл., м.* и *с.* (*кустарник*)
кава́л, -а
кавале́р, -а
кавалерга́рд, -а
кавалерга́рдия, -и
кавалерга́рдский
кавалери́йский
кавалери́ст, -а
кавалери́ст-деви́ца, -ы, *тв.* -ей
кавале́рия, -и
кавале́рский
кавале́рственная да́ма
кавали́рсдели́кт, -а
кавалье́р, -а (*насыпь*)
кавалье́рия, -и (*мера площади*)
кавалька́да, -ы
кавалька́дный
каварда́к, -а́
кавардачо́к, -чка́
каваса́ки, *нескл., м.*
кавати́на, -ы
кавбрига́да, -ы
ка́вголовский (*от* Ка́вголово)
кавдивизио́н, -а
кавегёрл, *нескл., ж.*
каве́диум, -а (*дворик, ист.*)
ка́вер-ве́рсия, -и (*муз.*)
ка́верза, -ы
ка́верзить, -ржу, -зит
ка́верзник, -а
ка́верзница, -ы, *тв.* -ей
ка́верзничать, -аю, -ает
ка́верзность, -и
ка́верзный; *кр. ф.* -зен, -зна
каве́рна, -ы
каверни́т, -а
каверно́зный
каверноме́р, -а
каверноме́три́я, -и
кавернообразова́ние, -я
кавернообразу́ющий
кавернотоми́я, -и
ка́ви, *неизм.* и *нескл., м.* (*язык*)
кавинто́н, -а
кавита́тор, -а
кавитацио́нный
кавита́ция, -и
кавка́зка, -и, *р. мн.* -зок
кавказове́д, -а
кавказове́дение, -я
кавказове́дческий
Кавка́зская война́ (*1817–1864*)
кавка́зский (*от* Кавка́з); но: **Гла́вный Кавка́зский хребе́т, Кавка́зские Минера́льные Во́ды** (*курортный район*)
Кавка́зский регио́н
кавка́зцы, -ев, *ед.* -зец, -зца, *тв.* -зцем
кавтора́нг, -а
каву́н, -а́
кавшко́ла, -ы
кавы́ка, -и
кавы́чить(ся), -чу, -чит(ся)
кавы́чки, -чек, *ед.* -чка, -и
кавэ́эный (*от* КВН)
кавэ́эновец, -вца, *тв.* -вцем, *р. мн.* -вцев
кавэ́эновский (*от* КВН)
кавэ́эщик, -а
кавэ́энщица, -ы, *тв.* -ей
кага́л, -а
кага́льный
кага́н, -а
кагана́т, -а
кагане́ц, -нца́, *тв.* -нцо́м, *р. мн.* -нцо́в
кага́т, -а
кагати́рование, -я
кагати́рованный; *кр. ф.* -ан, -ана
кагати́ровать(ся), -рую, -рует(ся)
кага́тный
кага́тчик, -а
каго́р, -а
ка́гу, *нескл., м.*
кагуа́н, -а (*млекопитающее*)
кагуля́ры, -ов, *ед.* -ля́р, -а
кагэби́ст, -а (*от* КГБ)
кагэби́стский
кагэбэ́шник, -а
кагэбэ́шный
када́нс, -а
кадансиро́ванный; *кр. ф.* -ан, -ана
каданси́ровать(ся), -рую, -рует(ся)
када́стр, -а
када́стровый
ка́девый
каде́нцевый
каде́нция, -и
каде́т, -а
каде́тик, -а
каде́тский
ка́ди, *нескл., м.* и (*устар.*) **ка́дий,** -я
кадилла́к, -а
кади́ло, -а
кади́льница, -ы, *тв.* -ей
кади́льный
кади́ть, кажу́, кади́т
кади́ш, -а, *тв.* -ем
ка́дка, -и, *р. мн.* ка́док
ка́дмиево-ни́келевый
ка́дмиевый
ка́дмий, -я
кадмийоргани́ческий
кадми́рование, -я
ка́дочка, -и, *р. мн.* -чек
ка́дочник, -а
ка́дочный
кадр, -а
кадри́ль, -и
кадри́льный
кадри́рование, -я
кадри́рованный; *кр. ф.* -ан, -ана
кадри́ровать(ся), -и́рую, -и́рует(ся)
кадриро́вка, -и
кадри́ть, -рю́, -ри́т (*жарг.*)
кадрови́к, -а́
кадрови́чка, -и, *р. мн.* -чек
кадро́вка, -и
ка́дровый
кадропрое́ктор, -а
кадроско́п, -а
ка́дры, -ов
кадуце́й, -я
каду́шечка, -и, *р. мн.* -чек
каду́шечный
каду́шка, -и, *р. мн.* -шек
кады́к, -а́
кадыка́стый
кады́чный
кадычо́к, -чка́
кадь, -и
каёмка, -и, *р. мн.* -мок
каёмочка, -и, *р. мн.* -чек
каёмочный
каёмчатый
кажде́ние, -я
каждого́дний и **каждого́дный**
каждого́дно, *нареч.*
каждодне́вность, -и
каждодне́вный
каждодне́вье, -я

ка́ждый
ка́жется, *вводн. сл.*
ка́жимость, -и
ка́жи́нный (*устар. прост. к* ка́ждый)
кажи́сь, *вводн. сл.*
ка́жущий(ся)
каза́к, -а́ и -а, *мн.* -и́, -о́в и -и, -ов
казаки́н, -а
казаки́нчик, -а
казаки́-разбо́йники (игра́ть в каза-ки́-разбо́йники)
Каза́к Луга́нский (*лит. псевдоним В. И. Даля*)
каза́н, -а́
каза́нка, -и, *р. мн.* -нок
каза́нный (*от* каза́н)
Казано́ва, -ы, *м.*
казано́к, -нка́ (*от* каза́н)
Каза́нская Бо́жия Ма́терь (*икона*)
каза́нский (*от* Каза́нь)
Каза́нский собо́р (*в Москве, Петербурге*)
каза́нцы, -ев, *ед.* -нец, -нца, *тв.* -нцем
каза́рка, -и, *р. мн.* -рок
каза́рма, -ы
каза́рменный
каза́рочий, -ья, -ье
каза́тчина, -ы
каза́ть(ся), кажу́(сь), ка́жет(ся)
каза́хи, -ов, *ед.* каза́х, -а
каза́хский (*к* каза́хи и Казахста́н)
казахста́нка, -и, *р. мн.* -нок
казахста́нский (*от* Казахста́н)
казахста́нско-росси́йский
казахста́нцы, -ев, *ед.* -нец, -нца, *тв.* -нцем
каза́цкий (*от* каза́к)
каза́цко-крестья́нский
казаче́ньки, -нек (*от* казаки́)
каза́чество, -а
каза́чий, -ья, -ье
казачи́на, -ы, *м.*
каза́чка, -и, *р. мн.* -чек (*к* каза́к)
казачо́к, -чка́
казачо́нок, -нка, *мн.* -ча́та, -ча́т
каза́шка, -и, *р. мн.* -шек (*к* каза́х)
казашо́нок, -нка
казеи́н, -а
казеи́ново-известко́вый
казеи́ново-ма́сляный
казеи́новый
казема́т, -а
каземати́рованный; *кр. ф.* -ан, -ана
каземати́ровать(ся), -рую, -рует(ся)
казема́тный
казема́тский
казёнка, -и, *р. мн.* -нок
казённик, -а
казённо, *нареч.*
казённо-бюрократи́ческий
казённоко́штный
казённость, -и
казённый; *кр. ф.* -ёнен, -ённа
казёнщина, -ы
ка́зи, *нескл., м.* и (*устар.*) **ка́зий,** -я
казиа́т, -а
ка́зи-има́м, -а (*в Туркмении*)
казими́р, -а (*ткань*)
казими́ровый
казине́т, -а
казине́товый
казино́, *нескл., с.*
кази́стый (не о́чень кази́стый, не бо́льно-то кази́стый)
казна́, -ы́
казначе́й, -я
казначе́йский
казначе́йство, -а
казначе́йша, -и, *тв.* -ей
казнённый; *кр. ф.* -ён, -ена́
казни́ть(ся), -ню́(сь), -ни́т(ся)
казнокра́д, -а
казнокра́дский
казнокра́дство, -а
казнохрани́лище, -а
казнохрани́тель, -я
казнь, -и
ка́зовость, -и
ка́зовый
казуа́льность, -и
казуа́льный; *кр. ф.* -лен, -льна
казуа́р, -а
казуа́рина, -ы
казуа́ровый
казуи́ст, -а
казуи́стика, -и
казуисти́ческий
казуи́стка, -и, *р. мн.* -ток
ка́зус, -а
ка́зус бе́лли, *нескл., м.*
ка́зусный
ка́зус фе́дерис, *нескл., м.*
каи́к, -а́
Ка́ин, -а (*библ.*) и **ка́ин,** -а (*предатель, убийца; бран.*)
каини́т, -а
ка́инов, -а, -о: **ка́инова печа́ть, ка́иново отро́дье, ка́иново пле́мя**
ка́инский
каи́рский (*от* Каи́р)
каи́рцы, -ев, *ед.* -рец, -рца, *тв.* -рцем
кайе́ннский (*от* Кайе́нна); но: **кайе́нский пе́рец**
ка́йзер, -а
ка́йзеровский
кайла́, -ы́, *мн.* ка́йлы, кайл, ка́йлам и **кайло́,** -а́, *мн.* ка́йла, кайл, ка́йлам
кайлённый; *кр. ф.* -ён, -ена́, *прич.*
кайли́ть, -лю́, -ли́т
кайлови́ще, -а
кайло́вщик, -а и **кайловщи́к,** -а́
кайло́вый
кайма́, -ы́, *р. мн.* каём
кайма́к, -а́
кайма́н, -а
Кайма́новы острова́, Кайма́новых острово́в
кайма́новый
кайма́чный
кайми́ть(ся), -млю́, -ми́т(ся)
кайнозо́й, -я
кайнозо́йский
кайноти́пный
ка́йра, -ы
кайра́к, -а
кайса́, -ы́
кайтарма́, -ы́
ка́йтен, -а
кайф, -а и **кейф,** -а
кайфану́ть(ся), -ну́(сь), -нёт(ся) (*жарг.*)
кайфова́ть, -фу́ю, -фу́ет и **кейфова́ть,** -фу́ю, -фу́ет
кайфо́вщик, -а (*жарг.*)
кайфо́вщица, -ы, *тв.* -ей (*жарг.*)
кайфо́вый (*жарг.*)
кайфоло́м, -а (*жарг.*)
кайфоло́мный (*жарг.*)
кайфу́ха, -и (*жарг.*)
кайфу́шка, -и (*жарг.*)
кайфу́шный (*жарг.*)
как
ка́ка, *нескл., м.* (*попугай*)
ка-ка́, *неизм.*
какаве́лла, -ы
какаду́, *нескл., м.*
кака́о, *нескл., с.*
кака́о-бобы́, -о́в
кака́овый
кака́о-жмы́х, -а и -а́
кака́о-ма́сло, -а
кака́о-порошо́к, -шка́
кака́о-проду́кты, -ов, *ед.* -ду́кт, -а
кака́о-сырьё, -я́
кака́по, *нескл., м.* (*птица*)
ка́кать(ся), -аю(сь), -ает(ся)
кака́шки, -шек, *ед.* -шка, -и
ка́к бишь
как бо́г на́ душу поло́жит
как Бо́г свя́т (*божба*)
как бу́дто (бы)
ка́к бы
ка́к бы не (ка́к бы не упа́сть)
ка́к бы не та́к
ка́к бы ни (ка́к бы ни стара́лись, ничего́ у ни́х не полу́чится)
ка́к бы (то) ни́ было
ка́к бы чего́ не вы́шло
ка́к же
ка́к же та́к?
ка́к же-с
ка́ки, *нескл., м.* и *с.* (*фрукт*)
ка́к-ка́к
ка́к когда́
ка́к кому́
как ку́р во́ щи (попа́сть)
ка́к-либо
как мо́жно... (*с формой сравн. ст.*)
как на гре́х
как на духу́
как на́зло́
ка́к не (ка́к не хоте́ть!)
ка́к не быва́ло
как нельзя́... (*с формой сравн. ст.*)

ка́к ни (ка́к ни тру́дно, а жи́ть на́до; ка́к ни верти́, ка́к ни крути́, а …)
ка́к-нибудь, *нареч.*, но: **ка́к ни бу́дь** (ка́к ни бу́дь о́н рассе́ржен, всегда́ сде́ржится)
ка́к ни верти́
ка́к ни в чём не быва́ло
как-ника́к
ка́к ни ки́нь
ка́к ни крути́
ка́ко, *нескл., с.* (*название буквы*)
како́в, какова́, каково́
како́в бы ни́ (како́в бы ни́ был его́ отве́т, я́ согла́сен)
каково́, *нареч.*
каково́й
како́вский
како́й
како́й бы ни (како́й бы ни верну́лся – гла́вное, что живо́й)
како́й бы (то) ни́ был(о)
како́й же
како́й-либо
како́й ни (како́й ни глу́пый, а сообрази́л)
како́й-нибудь, *местоим.*, но: **како́й ни бу́дь** (како́й ни бу́дь до́ждь, мы́ придём)
како́й-никако́й
како́й ни (на) е́сть
како́й попа́ло
како́й тако́й? (*какой именно, кто именно*?)
како́й-то
како́й уго́дно
какофони́ческий
какофони́чный; *кр. ф.* -чен, -чна
какофо́ния, -и
ка́к по пи́саному
ка́к попа́ло
как ра́з
ка́к ско́ро?
ка́к та́к? (*выражение недоумения*)
ка́к-то, *нареч.*
ка́к то, *союз* (*перед перечислением*)
как то́лько
ка́ктус, -а
кактуси́ст, -а
кактусови́дный
кактусово́д, -а
кактусово́дство, -а
ка́ктусовый
кактуся́тник, -а
каку́ги, *нескл., с.* (*японская система физподготовки*)
ка́к уго́дно
какумина́льный (*лингв.*)
какэмо́но, *нескл., м.* и *с.* (*свиток в японском доме*)
кал, -а
кала́-аза́р, -а
калаба́рские бобы́
калабри́йский (*от* Кала́брия)
калабри́йцы, -ев, *ед.* -и́ец, -и́йца, *тв.* -и́йцем
кала́диум, -а
кала́м, -а
каламба́к, -а
каламбу́р, -а
каламбури́ст, -а
каламбу́рить, -рю, -рит
каламбу́рный
каламбу́рчик, -а
каламбу́рящий
калами́н, -а
калами́товые, -ых
калами́ты, -ов, *ед.* -ми́т, -а
каламка́р, -а
каламонди́н, -а
каламя́нка, -и (*ткань*)
каламя́нковый
кала́н, -а
кала́ндр, -а
каландри́рование, -я
каландри́рованный; *кр. ф.* -ан, -ана
каландри́ровать(ся), -и́рую, -и́рует(ся)
каландрова́ние, -я
каландро́ванный; *кр. ф.* -ан, -ана
каландрова́ть(ся), -ру́ю, -ру́ет(ся)
каландро́вка, -и
каландро́вщик, -а
кала́ндровый
калани́ды, -и́д, *ед.* -и́да, -ы
кала́ний, -ья, -ье
каланхо́э, *нескл., с.*
каланча́, -и́, *тв.* -о́й, *р. мн.* -е́й
каланчо́вый
калао́, *нескл., м.* (*птица*)
калаха́рский (*от* Калаха́ри)
кала́ч, -а́, *тв.* -о́м
калача́кра, -ы (*понятие буддизма*)
кала́чевский (*к* Кала́ч и Кала́ч-на-Дону́, *города*)
кала́чевцы, -ев, *ед.* -вец, -вца, *тв.* -вцем
кала́чик, -а
кала́чиком, *нареч.*
Кала́ч-на-Дону́, Калача́-на-Дону́ (*город*)
кала́чник, -а
кала́чница, -ы, *тв.* -ей
кала́чный
Кала́чская возвы́шенность
кала́чский (*к* Кала́ч и Кала́ч-на-Дону́)
Кала́шников, -а: **автома́т Кала́шникова**
кала́шников, -а, *тв.* -ым (*автомат Калашникова, разг.*)
Кала́шный переу́лок (*в Москве*)
кала́шный ря́д (с суко́нным ры́лом в кала́шный ря́д)
калга́н, -а
калга́нный
Кал-До́, *неизм.*: **Кал-До́ проце́сс, Кал-До́ конве́ртер**
калеба́с, -а
калеба́совый
калёванный; *кр. ф.* -ан, -ана
калева́ть(ся), калю́ю, калю́ет(ся)
калёвка, -и, *р. мн.* -вок
калёвочный
калёвщик, -а
кале́динский (*от* Кале́дин)
кале́динщина, -ы
каледони́ды, -и́д, *ед.* -и́да, -ы
каледо́нский (*геол.*)
калейдоско́п, -а
калейдоскопи́чески
калейдоскопи́ческий
калейдоскопи́чность, -и
калейдоскопи́чный; *кр. ф.* -чен, -чна
кале́ка, -и, *м.* и *ж.*
календа́рик, -а
календа́рный
календа́рь, -я́
кале́ндула, -ы
кале́нды, -е́нд
кале́ние, -я
калённый; *кр. ф.* -ён, -ена́, *прич.*
калёный, *прил.*
кале́чащий(ся)
кале́чение, -я
кале́ченный; *кр. ф.* -ен, -ена, *прич.*
кале́ченый, *прил.*
кале́чить(ся), -чу(сь), -чит(ся)
кале́чный, *прил.*
ка́ли, *нескл., с.* (е́дкое ка́ли)
кали́бер, -а (*дрожки*)
кали́берный
кали́бр, -а
калибра́тор, -а
калиброва́льный
калиброва́ние, -я
калибро́ванный; *кр. ф.* -ан, -ана
калиброва́ть(ся), -ру́ю, -ру́ет(ся)
калибро́вка, -и
калибро́вочный
калибро́вщик, -а
калибро́вщица, -ы, *тв.* -ей
кали́бровый
калибромéр, -а
калибро́метр, -а
Кали́гула, -ы, *м.*
ка́лиевый
калиено́сный
ка́лий, -я
кали́йно-фо́сфорный
кали́йный
калийсберега́ющий
калийсодержа́щий
кали́йщик, -а
кали́ка, -и, *м.* и *ж.* (*странник, нищий*)
калика́нт, -а
калика́нтовые, -ых
кали́льный
кали́льня, -и, *р. мн.* -лен
кали́льщик, -а
кали́льщица, -ы, *тв.* -ей
калимагне́зия, -и
калиманта́нский (*от* Калимантáн)
кали́на, -ы
калинингра́дка, -и, *р. мн.* -док
Калинингра́дская осо́бая экономи́ческая зо́на

калинингра́дский (*от* Калинингра́д)
калинингра́дцы, -ев, *ед.* -дец, -дца, *тв.* -дцем
кали́нка, -и, *р. мн.* -нок
кали́нник, -а
кали́новый
кали́нушка, -и, *р. мн.* -шек
кали́псо, *нескл., с.* (*танец*)
Кали́псо́, *нескл., ж.* (*мифол.*)
калисте́гия, -и
калита́, -ы́ (*денежная сумка*)
Калита́, -ы́, *м.*: **Ива́н Калита́**
кали́тка, -и, *р. мн.* -ток
кали́точка, -и, *р. мн.* -чек
кали́точный
кали́ть(ся), калю́, кали́т(ся)
кали́ф, -а (*устар. к* хали́ф; кали́ф на ча́с)
калифа́т, -а (*устар. к* халифа́т)
калифо́рниевый (*от* калифо́рний)
калифо́рний, -я (*хим.*)
калифорни́йка, -и, *р. мн.* -и́ек
калифорни́йский (*от* Калифо́рния)
калифорни́йцы, -ев, *ед.* -и́ец, -и́йца, *тв.* -и́йцем
калка́н, -а
ка́лла, -ы
каллёза, -ы и **калло́за,** -ы
каллёзный и **калло́зный**
каллигра́ф, -а
каллиграфи́чески
каллиграфи́ческий
каллигра́фия, -и
калли́дула, -ы (*бабочка*)
калли́ма, -ы (*бабочка*)
каллими́ко, *нескл., м.*
Каллио́па, -ы
каллифори́ды, -и́д, *ед.* -и́да, -ы
калло́за, -ы и **каллёза,** -ы
калло́зный и **каллёзный**
ка́ллус, -а и **ка́ллюс,** -а
калмы́ки, -ов и **калмыки́,** -о́в, *ед.* калмы́к, -а и -а́
калмы́цкий (*к* калмы́ки и Калмы́кия)
калмы́чка, -и, *р. мн.* -чек
ка́ловый
калое́д, -а (*жук*)
калокагати́я, -и
ка́ломель, -и
каломе́льный
кало́нг, -а
калоприёмник, -а
калориза́тор, -а
калориза́торный
калориза́ция, -и
калори́йка, -и, *р. мн.* -и́ек
калори́йность, -и
калори́йный; *кр. ф.* -и́ен, -и́йна
калори́метр, -а (*к* кало́рия)
калориметри́ческий (*к* кало́рия)
калориме́трия, -и (*к* кало́рия)
калори́фер, -а
калори́ферный
кало́рия, -и
кало́т, -а (*ящерица*)
калоти́пия, -и
кало́ши, -о́ш и **гало́ши,** -о́ш, *ед.* -о́ша, -и, *тв.* -ей
кало́шки, -шек и **гало́шки,** -шек, *ед.* -шка, -и
кало́шница, -ы и **гало́шница,** -ы, *тв.* -ей
кало́шный и **гало́шный**
калу́га, -и (*рыба*)
калужа́не, -а́н, *ед.* -а́нин, -а
калужа́нка, -и, *р. мн.* -нок
калу́жий, -ья, -ье (*от* калу́га)
калу́жница, -ы, *тв.* -ей (*растение*)
калу́жницевый
калу́жский (*от* Калу́га, *город*)
калу́фер, -а и **кану́фер,** -а
калы́м, -а
калы́мить, -млю, -мит
калы́мный
калы́мщик, -а
кальвадо́с, -а
кальви́ль, -я
кальвини́зм, -а
кальвини́ст, -а
кальвини́стка, -и, *р. мн.* -ток
кальвини́стский
кальде́ра, -ы
ка́лька, -и, *р. мн.* ка́лек
кальки́рование, -я
кальки́рованный; *кр. ф.* -ан, -ана
кальки́ровать(ся), -рую, -рует(ся)
калькодержа́тель, -я
калькулёзный
калькули́рованный; *кр. ф.* -ан, -ана
калькули́ровать(ся), -рую, -рует(ся)
калькуля́тор, -а
калькуля́торный
калькуляцио́нный
калькуля́ция, -и
кальку́ттка, -и, *р. мн.* -тток
кальку́ттский (*от* Кальку́тта)
кальку́ттцы, -ев, *ед.* -ттец, -ттца, *тв.* -ттцем
кальмалло́й, -я
кальма́р, -а
кальма́ровый
кальсо́нный
кальсо́нчики, -ов
кальсо́ны, -о́н
ка́льцекс, -а
кальцеоля́рия, -и
кальцефи́лы, -ов, *ед.* -фи́л, -а
кальцефи́льный
кальцефо́бный
кальцефо́бы, -ов, *ед.* -фо́б, -а
ка́льциевый
ка́льций, -я
ка́льций-оксала́тный
кальцийоргани́ческий
кальцийсодержа́щий
кальци́на, -ы
кальцина́ция, -и
кальцини́рование, -я
кальцини́рованный; *кр. ф.* -ан, -ана
кальцини́ровать(ся), -рую, -рует(ся)
кальцино́з, -а
кальци́т, -а
кальциферо́л, -а
кальцифи́р, -а
калья́н, -а
калья́нный (*от* калья́н)
каля́зинский (*от* Каля́зин)
каля́зинцы, -ев, *ед.* -нец, -нца, *тв.* -нцем
каля́канье, -я
каля́кать, -аю, -ает
каля́ки-маля́ки, каля́к-маля́к
каля́ный (*жёсткий, негибкий*)
каля́щий(ся)
КамА́З, -а (*завод и автомобиль*)
кама́зовец, -вца, *тв.* -вцем, *р. мн.* -вцев
кама́зовский (*от* КамА́З)
камальду́лы, -ов, *ед.* -ду́л, -а
камамбе́р, -а
камари́лья, -и, *р. мн.* -лий
кама́ринская, -ой и **кама́ринский,** -ого
ка́мас, -а и **ка́мус,** -а
кама́ссия, -и
Камасу́тра, -ы
ка́мбала, -ы и **камбала́,** -ы́
ка́мба́лий, -ья, -ье
ка́мбаловый
камбалообра́зные, -ых
камбиа́льный (*от* ка́мбий)
камбиа́та, -ы (*муз.*)
ка́мбиевый
ка́мбий, -я
ка́мбио, *нескл., с.* (*фин.*)
камби́ст, -а
камбоджи́йка, -и, *р. мн.* -и́ек
камбоджи́йский (*от* Камбо́джа)
камбоджи́йцы, -ев, *ед.* -и́ец, -и́йца, *тв.* -и́йцем
ка́мбуз, -а
ка́мбузник, -а
ка́мбузный
камво́льно-пряди́льный
камво́льно-суко́нный
камво́льный
камво́льщик, -а
камво́льщица, -ы, *тв.* -ей
камедетече́ние, -я
каме́дистый
каме́дный
каме́дь, -и (*вещество*)
каме́йный
камелёк, -лька́ (*камин, очаг*)
каме́лия, -и
камене́ть, -е́ю, -е́ет
камене́цкий (*к* Камене́ц-Подо́льский)
Камене́ц-Подо́льский, -ого (*город*)
камени́стость, -и
камени́стый
ка́менка, -и, *р. мн.* -нок
каменноберёзовый
ка́менно-земляно́й
каменноостро́вский (*от* Ка́менный о́стров)

Каменноостро́вский проспе́кт (*в Петербурге*)
ка́менность, -и
каменноу́го́льный
ка́менно-щебёночный
ка́менный
ка́менный ве́к
Ка́менный Ло́г (*поселок*)
Ка́менный мо́ст (*в Москве*)
Ка́менный о́стров (*в Петербурге*)
каменобо́ец, -о́йца, *тв.* -о́йцем, *р. мн.* -о́йцев
каменоло́мный
каменоло́мня, -и, *р. мн.* -мен
каменотёс, -а
ка́менский (*к* Ка́менск, Ка́мень-на-Оби́, Ка́менка)
Ка́менск-Ура́льский, Ка́менска-Ура́льского (*город*)
Ка́менск-Ша́хтинский, Ка́менска-Ша́хтинского (*город*)
каменю́шка, -и, *р. м.* -шек
ка́менцы, -ев, *ед.* -нец, -нца, *тв.* -нцем (*к* Ка́менка, Ка́менск-Ура́льский, Ка́мень-на-Оби́)
каменча́не, -а́н, *ед.* -а́нин, -а (*к* Ка́менец, Ка́менск-Ша́хтинский)
каменча́нка, -и, *р. мн.* -нок
ка́менщик, -а
ка́менщичий, -ья, -ье
каме́ны, -е́н, *ед.* каме́на, -ы
ка́мень, ка́мня, *мн.* ка́мни, -е́й и каме́нья, -ьев; но (*в геогр. названиях*) **Ка́мень,** Ка́мня, *напр.*: Де́нежкин Ка́мень (*гора и заповедник*), Ка́нин Ка́мень (*возвышенность*), Ка́мень, Большо́й Ка́мень (*города*)
Ка́мень-на-Оби́, Ка́мня-на-Оби́ (*город*)
каменю́ка, -и
ка́мера, -ы
камерали́ст, -а
камерали́стика, -и
камера́лить, -лю, -лит
камера́лка, -и, *р. мн.* -лок
камера́льничать, -аю, -ает
камера́льный
ка́мера-обску́ра, ка́меры-обску́ры и **ка́мер-обску́ра,** -ы
ка́мера-одино́чка, ка́меры-одино́чки
камера́та, -ы
камерге́р, -а
камерге́рский
камерге́рша, -и, *тв.* -ей
камерди́нер, -а
камерди́нерский
камери́стка, -и, *р. мн.* -ток
Ка́мер-колле́гия, -и (*ист.*)
ка́мер-колле́жский
ка́мер-лаке́й, -я
ка́мер-музыка́нт, -а
ка́мерно-инструмента́льный
ка́мерность, -и
Ка́мерный теа́тр (*в Москве*)
ка́мерный; *кр. ф.* -рен, -рна

ка́мер-обску́ра, -ы и **ка́мера-обску́ра,** ка́меры-обску́ры
ка́мер-па́ж, -пажа́ *и* -па́жа, *тв.* -о́м *и* -ем
ка́мер-секрета́рь, -я́
камерто́н, -а
камерто́нный
камеру́нка, -и, *р. мн.* -нок
камеру́нский (*от* Камеру́н)
камеру́нцы, -ев, *ед.* -нец, -нца, *тв.* -нцем
ка́мер-фра́у, *нескл., ж.*
ка́мер-фре́йлина, -ы
ка́мер-фурье́р, -а
ка́мер-фурье́рский
ка́мер-ю́нкер, -а
ка́мер-ю́нкерский
ка́мер-ю́нкерство, -а
камето́н, -а
ка́мешек, -шка и **ка́мушек,** -шка
ка́мешник, -а
каме́я, -и
камзо́л, -а
камзо́льный
камзо́льчик, -а
камиза́ры, -ов, *ед.* -за́р, -а
камика́дзе, *нескл., м.*
камила́вка, -и, *р. мн.* -вок
ками́н, -а
ками́нный
камка́, -и́
камко́вый
камко́рдер, -а
камла́ние, -я
камла́ть, -а́ю, -а́ет
камле́я, -и
камло́т, -а
камло́товый
камнебето́н, -а
камнебето́нный
камнеби́тный
камневи́дный
камнедобы́тчик, -а
камнедроби́лка, -и, *р. мн.* -лок
камнедроби́льный
камнедробле́ние, -я
камнекорчева́льный
камнелите́йный
камнелито́й
камнело́мка, -и, *р. мн.* -мок
камнело́мковые, -ых
камнемёт, -а
камнемета́ние, -я
камнемётный
камненабро́сный
камнеобраба́тывающий
камнеобрабо́тка, -и
камнеобрабо́тчик, -а
камнеобразова́ние, -я
камнепа́д, -а
камнеподбо́рщик, -а
камнере́з, -а
камнере́зный
камнесече́ние, -я
камнетёсный

камнето́чец, -чца, *тв.* -чцем, *р. мн.* -чцев
камнеубо́рочный
камнеша́рка, -и, *р. мн.* -рок
камнешлифова́льный
Ка́мни, -е́й: **Нефтяны́е Ка́мни** (*поселок*)
ка́мора, -ы (*помещение*; *часть канала ствола в орудиях*)
камо́ра, -ы (*помещение*; *надстрочный знак*)
камо́рка, -и, *р. мн.* -рок
камо́рочка, -и, *р. мн.* -чек
камо́рра, -ы (*тайная бандитская организация*)
кампа́льский (*от* Кампа́ла)
кампа́льцы, -ев, *ед.* -лец, -льца, *тв.* -льцем
кампане́йский (*от* кампа́ния)
кампане́йщина, -ы (*к* кампа́ния)
кампане́лла, -ы (*муз.*)
кампани́ла, -ы (*архит.*)
кампа́ния, -и (*поход*; *деятельность*)
кампа́нский (*от* Кампа́ния, *геогр.*)
кампану́ла, -ы (*растение*)
кампа́нцы, -ев, *ед.* -нец, -нца, *тв.* -нцем (*от* Кампа́ния, *геогр.*)
кампе́ш, -а, *тв.* -ем
кампе́шевый
камполо́н, -а
ка́мпос, -а (*саванна в Бразилии*)
камптозо́и, -зо́й (*зоол.*)
камптони́т, -а
ка́мпус, -а (*студенческий городок в США*; *то же, что кампос*)
камра́д, -а
камса́, -ы́ и **хамса́,** -ы́ (*рыба*)
ка́мский (*от* Ка́ма)
Ка́мское У́стье (*поселок*)
камскоу́стьинский (*от* Ка́мское У́стье); но: **Ка́мско-У́стьинский райо́н**
ка́мус, -а и **ка́мас,** -а
камуфле́т, -а
камуфле́тный
камуфли́рование, -я
камуфли́рованный; *кр. ф.* -ан, -ана
камуфли́ровать(ся), -рую(сь), -рует(ся)
камуфля́ж, -а, *тв.* -ем
камуфля́жный
ка́мушек, -шка и **ка́мешек,** -шка
камфара́, -ы́ и **ка́мфора,** -ы
камфа́рный и **ка́мфорный** (*см.* ка́мфорный)
камфе́н, -а
камфе́новый
ка́мфора, -ы и **камфара́,** -ы́
ка́мфорный и **камфа́рный** (ка́мфорное и камфа́рное ма́сло, ка́мфорный и камфа́рный спи́рт; но: ка́мфорное де́рево)
камфороно́сный
камфоро́сма, -ы

ка́мцы, -ев, *ед.* ка́мец, ка́мца, *тв.* ка́мцем
камча́, -и́, *тв.* -о́й
камчада́лка, -и, *р. мн.* -лок
камчада́лы, -ов, *ед.* -да́л, -а
камчада́льский
Камча́тка, -и (*полуостров*)
камча́тка, -и (*задние парты в классе; камчатная ткань*)
камча́тник, -а
камча́тный
камча́тский (*от* Камча́тка)
камча́тцы, -ев, *ед.* -тец, -тца, *тв.* -тцем
камча́тый
ка́мы, -ов, *ед.* кам, -а (*геол.*)
камы́ль, -я
камы́ш, -а́, *тв.* -о́м
камыша́не, -а́н, *ед.* -а́нин, -а (*к* Камы́шин)
камыша́нка, -и, *р. мн.* -нок (*к* Камы́шин)
камы́шевка, -и, *р. мн.* -вок и **камышо́вка**, -и, *р. мн.* -вок
камышекоси́лка, -и, *р. мн.* -лок
камы́шина, -ы
камыши́нка, -и, *р. мн.* -нок
камы́шинский (*от* Камы́шин)
камыши́стый
камыши́т, -а
камыши́товый
камы́шница, -ы, *тв.* -ей
камышо́вка, -и, *р. мн.* -вок и **камы́шевка**, -и, *р. мн.* -вок
камышо́вый
кана́, *нескл., ж.* и *с.*
кана́ва, -ы
канава́лия, -и
кана́вища, -и, *тв.* -ей
кана́вка, -и, *р. мн.* -вок
кана́вный
канавокопа́тель, -я
канавокопа́тельный
Ка́на Галиле́йская *(библ.)*
кана́дка, -и, *р. мн.* -док
кана́дский (*от* Кана́да)
кана́дско-росси́йский
кана́дцы, -ев, *ед.* -дец, -дца, *тв.* -дцем
кана́ды, -а́д *(коньки)*
кана́ки, -ов, *ед.* -а́к, -а
кана́кский
кана́л, -а
кана́лец, -льца, *тв.* -льцем, *р. мн.* -льцев
канализа́тор, -а
канализацио́нный
канализа́ция, -и
канализи́рованный; *кр. ф.* -ан, -ана
канализи́ровать(ся), -рую, -рует(ся)
канализо́ванный; *кр. ф.* -ан, -ана
канализова́ть(ся), -зу́ю, -зу́ет(ся)
канали́рование, -я
каналоарме́ец, -е́йца, *тв.* -е́йцем, *р. мн.* -е́йцев (*ист.*)
кана́ловый
кана́ло-киломе́тр, -а
каналокопа́тель, -я
каналоочисти́тель, -я
каналоочисти́тельный
каналострои́тель, -я
каналоуправле́ние, -я
кана́льный
кана́льский
кана́льство, -а
кана́льцы, -ев, *ед.* -лец, -льца, *тв.* -льцем
кана́льчик, -а
кана́лья, -и, *р. мн.* -лий, *м.* и *ж.*
канапе́, *нескл., с.*
канаре́ечка, -и, *р. мн.* -чек
канаре́ечник, -а
канаре́ечно-жёлтый
канаре́ечный
канаре́йка, -и, *р. мн.* -е́ек
кана́рский (*к* Кана́рские острова́, Кана́ры)
кана́рцы, -ев, *ед.* -рец, -рца, *тв.* -рцем
кана́ста, -ы (*карточная игра*)
кана́т, -а
кана́тка, -и, *р. мн.* -ток
кана́тник, -а
кана́тно-буксиро́вочный
кана́тно-верёвочный
кана́тно-кре́сельный
кана́тно-подвесно́й
кана́тный
канатопряде́ние, -я
канатопряди́льный
канатохо́дец, -дца, *тв.* -дцем, *р. мн.* -дцев
кана́тчик, -а
Кана́тчикова да́ча (*о психбольнице*)
кана́ть, -а́ю, -а́ет (*жарг.*)
кана́ус, -а
кана́усовый
канбе́ррский (*от* Канбе́рра)
канбе́ррцы, -ев, *ед.* -ррец, -ррца, *тв.* -ррцем
канва́, -ы́
канво́вый
кандалакша́не, -а́н, *ед.* -а́нин, -а
кандалакша́нка, -и, *р. мн.* -нок
кандала́кшский (*от* Кандала́кша)
кандала́кшцы, -ев, *ед.* -шец, -шца, *тв.* -шцем
кандалы́, -о́в
канда́льник, -а
канда́льный
канде́ла, -ы
канде́ла-секу́нда, -ы
канделя́бр, -а
канделя́бровый
кандибо́бер: с кандибо́бером
кандидамико́з, -а
кандида́т, -а
кандида́тка, -и, *р. мн.* -ток
кандида́тский
кандидату́ра, -ы
кандидо́з, -а
канди́ло, -а
кандиловжига́тель, -я
кандило́ма, -ы
канди́ль, -я
канди́ль-кита́йка, -и
канди́ль-сина́п, -а
канди́я, -и
канды́к, -а
ка́не-ко́рсо, *нескл., м.* (*порода собак*)
канело́ны, -ов, *ед.* -ло́н, -а
канза́сский (*от* Ка́нза́с)
канза́сцы, -ев, *ед.* -сец, -сца, *тв.* -сцем
канзу́, *нескл., ж.* (*косынка, ист.*)
кани́кулы, -ул
каникуля́рный
Ка́нин Но́с, Ка́нина Но́са (*мыс*)
Ка́нин полуо́стров, Ка́нина полуо́строва
кани́стра, -ы
кани́стровый
каните́лить(ся), -лю(сь), -лит(ся)
каните́ль, -и
каните́льный; *кр. ф.* -лен, -льна
канители́щик, -а
канители́щица, -ы, *тв.* -ей
канители́щий(ся)
канифа́с, -а
канифа́с-бло́к, -а
канифа́сный
канифа́совый
канифо́лить(ся), -лю, -лит(ся)
канифо́ль, -и
канифо́льный
канифо́лящий(ся)
канка́н, -а
канканёр, -а
канканёрка, -и, *р. мн.* -рок
канкани́ровать, -рую, -рует
канка́нный
ка́нклес, -а
канкрини́т, -а
канкро́ид, -а
ка́нна, -ы (*растение*)
канна́бис, -а
ка́ннада, *неизм.* и *нескл., м.* (*язык*)
ка́ннара, *нескл., мн., ед. м.* и *ж.* (*народ*)
ка́ннель, -я
каннелю́ра, -ы
канниба́л, -а
каннибали́зм, -а
каннииба́льский
каннииба́льство, -а
ка́ннский (*от* Канн, Ка́нны)
Ка́ннский кинофестива́ль
ка́ннцы, -ев, *ед.* ка́ннец, ка́ннца, *тв.* ка́ннцем
кано́, *нескл., ж.* и *с.* (*школа японской живописи*)
канои́ст, -а
кано́н, -а
канона́да, -ы
канона́дный
канона́рх, -а
канонe ́рка, -и, *р. мн.* -рок
канонe ́рский

канонизацио́нный
канониза́ция, -и
канонизи́рованный; *кр. ф.* -ан, -ана
канонизи́ровать(ся), -рую, -рует(ся)
канонизо́ванный; *кр. ф.* -ан, -ана
канонизова́ть(ся), -зу́ю, -зу́ет(ся)
кано́ник, -а (*католический священник*)
кано́ника, -и
канони́р, -а
канони́рский
канони́ческий
канони́чность, -и
канони́чный; *кр. ф.* -чен, -чна
кано́нник, -а (*церк. книга; чтец канонов*)
кано́нница, -ы, *тв.* -ей
кано́па, -ы
Кано́сса, -ы: **идти́ (пойти́) в Кано́ссу**
канотье́, *нескл., с.*
кано́э, *нескл., с.*
кано́э-дво́йка, -и, *р. мн.* -дво́ек, *ж.*
кано́э-одино́чка, -и, *р. мн.* -чек, *ж.*
кано́э-рега́та, -ы, *ж.*
кано́э-четвёрка, -и, *р. мн.* -рок, *ж.*
ка́нский (*от* Кан, *река*, и Канск)
кант, -а
Кант, -а: **гипо́теза Ка́нта**
канта́биле, *неизм.* и *нескл., с.*
кантал́упа, -ы
канта́р, -а
кантариди́н, -а
кантарофили́я, -и
канта́та, -ы
канта́тный
ка́нтеле, *нескл., с.*
кантели́ст, -а
Кантеми́ровская диви́зия
кантеми́ровцы, -ев, *ед.* -вец, -вца, *тв.* -вцем
кантиа́нец, -нца, *тв.* -нцем, *р. мн.* -нцев
кантиа́нский
кантиа́нство, -а
ка́нтик, -а
кантиле́на, -ы
кантиле́нность, -и
кантиле́нный
кантова́ние, -я
канто́ванный; *кр. ф.* -ан, -ана
кантова́тель, -я
кантова́ть(ся), -ту́ю(сь), -ту́ет(ся)
канто́вка, -и, *р. мн.* -вок
ка́нтовский (*от* Кант)
канто́н, -а
кантона́льный
кантони́ст, -а
кантони́стский
канто́нный
кантопла́стика, -и
ка́нтор, -а
ка́нторский
ка́нтри, *неизм.* и *нескл., с.*
ка́нтри-гитари́ст, -а
ка́нтри-клу́б, -а
ка́нтри-му́зыка, -и
кану́н, -а
кану́нный
кану́ри, *неизм.* и *нескл., м.* (*язык*) и *нескл., мн., ед. м.* и *ж.* (*народ*)
ка́нуть, ка́ну, ка́нет
кану́фер, -а и **калу́фер,** -а
ка́нфар, -а
канфа́рить, -рю, -рит
канфа́рка, -и (*в иконописи*)
канфа́рник, -а
ка́нцелинг, -а
канцеляри́зм, -а
канцеляри́ст, -а
канцеляри́стка, -и, *р. мн.* -ток
канцеляри́стский
канцеляри́т, -а
канцеля́рия, -и
канцеля́рский
канцеля́рско-бюрократи́ческий
канцеля́рско-делово́й
канцеля́рщина, -ы
ка́нцер, -а
ка́нцерный
канцероге́н, -а
канцерогене́з, -а
канцероге́нность, -и
канцероге́нный; *кр. ф.* -е́нен, -е́нна
канцерологи́ческий
канцероло́гия, -и
канцерофо́бия, -и
канцерофо́бный
канциона́л, -а
ка́нцлер, -а
ка́нцлерский
ка́нцлерство, -а
канцо́на, -ы
канцоне́тта, -ы
канцпринадле́жности, -ей
канцтова́ры, -ов
канчи́ли, *нескл., м.*
каньо́н, -а
каньо́нинг, -а
каньо́нный
каню́к, -а́ (*птица*)
каню́ка, -и, *м.* и *ж.* (*тот, кто канючит*)
каню́ля, -и
каню́чащий
каню́ченье, -я
каню́чить, -чу, -чит
каоли́н, -а
каолиниза́ция, -и
каолини́т, -а
каоли́новый
каолино́з, -а
као́ны, -ов, *ед.* као́н, -а
кап[1], -а (*наплыв на дереве*)
кап[2], *неизм.*
ка́па, -ы (*зубной протектор боксера*)
ка́панный; *кр. ф.* -ан, -ана
ка́панье, -я
ка́пать[1], ка́пает и ка́плет (*падать каплями*)
ка́пать[2], ка́паю, ка́пает (*лить медленно, по капле; доносить, ябедничать*)
ка́пающий
капвложе́ния, -ий, *ед.* -е́ние, -я
капели́рование, -я (*капеляция*)
капели́ровать, -рую, -рует (*к капеля́ция*)
капе́лла, -ы
Капе́лла, -ы (*астр.*)
капелла́н, -а
капелла́нский
капе́ль, -и
капельди́нер, -а
капельди́нерский
ка́пелька, -и, *р. мн.* -лек
ка́пельку, *нареч.*
капельме́йстер, -а
капельме́йстерский
ка́пельница, -ы, *тв.* -ей
ка́пельно-жи́дкий
ка́пельно-стру́йный
ка́пельный (*к* ка́пля, ка́пли)
капе́льный (*к* капе́ль)
капелю́х, -а
капелю́шечка, -и, *р. мн.* -чек
капелю́шечку, *нареч.*
капелю́шка, -и, *р. мн.* -шек
капелю́шку, *нареч.*
капеля́ция, -и (*определение количества благородных металлов в сплавах*)
ка́пер, -а
капера́нг, -а
ка́перный
ка́перс, -а (*растение*)
ка́перский (*от* ка́пер)
ка́персовый (*от* ка́перс и ка́персы)
ка́перство, -а
ка́персы, -ов (*приправа*)
Капети́нги, -ов (*династия*)
капети́нгский
капиба́ра, -ы (*животное*)
капилли́ций, -я
капилля́р, -а
капилляри́оз, -а
капилля́рно-по́ристый
капилля́рность, -и
капилля́рный
капиллярографи́ческий
капиллярогра́фия, -и
капилляроскопи́я, -и
капилля́рчик, -а
капита́л, -а
капита́лец, -льца, *тв.* -льцем
капитализа́ция, -и
капитализи́рованный; *кр. ф.* -ан, -ана
капитализи́ровать(ся), -рую, -рует(ся)
капитали́зм, -а
капитали́ст, -а
капиталисти́ческий
капитали́стка, -и, *р. мн.* -ток
капита́лишко, -а и -и, *м.*
капита́лка, -и, *р. мн.* -лок (*капремонт*)

капиталовложе́ния, -ий, *ед.* -е́ние, -я
капиталоёмкий; *кр. ф.* -ёмок, -ёмка
капиталоёмкость, -и
капиталоотда́ча, -и, *тв.* -ей
капита́ль, -я
капита́льно-восстанови́тельный
капита́льно отремонти́рованный
капита́льность, -и
капита́льный; *кр. ф.* -лен, -льна
капита́н, -а
капита́н-дире́ктор, -а
капита́н-инжене́р, капита́на-инжене́ра
капита́н-испра́вник, -а
капита́ния, -и (*ист.*)
капита́нка, -и, *р. мн.* -нок
капита́н-командо́р, -а
капита́н-лейтена́нт, -а
капита́н-лейтена́нт-инжене́р, капита́н-лейтена́нта-инжене́ра
капита́н-меха́ник, капита́на-меха́ника
капита́н пе́рвого (1-го) ра́нга – инжене́р, капита́на пе́рвого (1-го) ра́нга – инжене́ра
капита́н-пору́чик, -а
капита́н-ре́гент, капита́на-ре́гента
капита́нский
капита́нство, -а
капите́ль, -и (*архит.*)
капите́льный
Капито́лий, -я (*в Риме, в Вашингтоне*)
капитоли́йский (*от* Капито́лий)
Капитоли́йский хо́лм (*в Риме*)
капи́тул, -а
капитули́ровать, -рую, -рует
капитуля́нт, -а
капитуля́нтский
капитуля́нтство, -а
капитуля́рии, -ев, *ед.* -я́рий, -я
капитуля́ция, -и
Капи́ца, -ы, *м.*: **зако́н Капи́цы, температу́рный скачо́к Капи́цы**
ка́пище, -а
капка́н, -а
капка́нный
капка́нчик, -а
капка́нщик, -а
кап-ка́п, *неизм.*
капко́вый
каплеви́дный; *кр. ф.* -ден, -дна
каплеобра́зный; *кр. ф.* -зен, -зна
каплеотдели́тель, -я
каплеуказа́тель, -я
ка́пли, ка́пель (*жидкое лекарство*)
капли́ца, -ы, *тв.* -ей
каплу́н, -а́
каплю́шка, -и, *р. мн.* -шек
ка́плющий и **ка́пающий** (*к* ка́пать[1])
ка́пля, -и, *р. мн.* ка́пель
ка́пнуть, -ну, -нет
ка́повый
капо́к, -о́ка
капоко́рень, -рня
капокорешко́вый
капокорешо́к, -шка́
капони́р, -а
капони́рный
ка́пор, -а
капо́т, -а
капота́ж, -а, *тв.* -ем
капота́жный
капо́тик, -а
капоти́рование, -я
капоти́рованный; *кр. ф.* -ан, -ана
капоти́ровать(ся), -рую, -рует(ся)
капо́тненский (*от* Капо́тня)
ка́ппа, -ы (*название буквы*)
каппадоки́йский (*от* Каппадо́кия)
каппадоки́йцы, -ев, *ед.* -и́ец, -и́йца, *тв.* -и́йцем
ка́ппа-фа́ктор, -а
капра́л, -а
капра́льский
капра́льство, -а
капремо́нт, -а
капремо́нтный
ка́при, *нескл., мн.* (*брюки*)
капри́з, -а (*прихоть*)
капри́за, -ы, *м.* и *ж.* (*капризный человек*)
капри́зник, -а
капри́зница, -ы, *тв.* -ей
капри́зничанье, -я
капри́зничать, -аю, -ает
капри́зность, -и
капри́зный; *кр. ф.* -зен, -зна
капризу́ля, -и, *р. мн.* -зу́ль и -зу́лей, *м.* и *ж.*
капризу́н, -а́
капризу́нья, -и, *р. мн.* -ний
капри́йский (*от* Ка́при)
капри́йцы, -ев, *ед.* -и́ец, -и́йца, *тв.* -и́йцем
каприо́ль, -я
капри́с, -а (*муз.*)
каприфо́ль, -и
капри́чос, *нескл., мн.*
капри́ччио и **капри́ччо,** *нескл., с.*
каприччио́зо, *нескл., с.*
капровелю́р, -а
капролакта́м, -а
капролакта́мовый
капро́н, -а
капро́новый
ка́псель, -я (*огнеупорная форма*)
ка́псельный (*от* ка́псель)
капси́д, -а
ка́пский златокро́т
Ка́пский: Ка́пская коло́ния, Ка́пская прови́нция, Ка́пские го́ры, Ка́пская скла́дчатая зо́на, Ка́пская подо́бласть (*зоогеографическая*)
капсоме́ры, -ов, *ед.* -ме́р, -а
капстрана́, -ы́, *мн.* -стра́ны, -стра́н
капстро́ительство, -а
ка́псула, -ы (*оболочка*)
капсули́рование, -я
капсули́рованный; *кр. ф.* -ан, -ана
капсули́ровать(ся), -рую, -рует(ся)
ка́псульный (*от* ка́псула)
ка́псюль, -я (*пистон, взрыватель*)
ка́псюль-детона́тор, ка́псюля-детона́тора
ка́псюльный (*от* ка́псюль)
капта́ж, -а, *тв.* -ем
капта́жный
капта́л, -а
каптена́рмус, -а
каптёр, -а
каптёрка, -и, *р. мн.* -рок
капти́рование, -я
капти́рованный; *кр. ф.* -ан, -ана
капти́ровать(ся), -рую, -рует(ся) (*заключать(ся) в трубы*)
Капуле́тти, *нескл., мн.*: **Монте́кки и Капуле́тти**
капу́ста, -ы
Капу́стин Я́р, Капу́стина Я́ра (*населенный пункт; полигон, испытательный центр*)
капу́стка, -и
капу́стник, -а
капу́стница, -ы, *тв.* -ей
капу́стный
капустоубо́рочный
капу́т, *в знач. сказ.*
капуци́нки, -нок, *ед.* -нка, -и
капуци́новые, -ых
капуци́нский
капуци́ны, -ов, *ед.* -ци́н, -а
капучи́но, *нескл., с.*
капцу́н, -а
капэзэ́ и **КПЗ,** *нескл., ж.* (*сокр.:* камера предварительного заключения)
капюшо́н, -а
капюшо́нный
капюшо́нчик, -а
кар[1], -а (*углубление, геогр.*)
кар[2], *неизм.*
ка́ра, -ы
Караба́с-Бараба́с, Караба́са-Бараба́са
караба́хский (*от* Караба́х)
караба́хцы, -ев, *ед.* -хец, -хца, *тв.* -хцем
караби́н, -а
карабине́р, -а
карабине́рный
карабине́рский
караби́нный
караби́нчик, -а
кара́бканье, -я
кара́бкаться, -аюсь, -ается
Карабога́зская пе́ресыпь
кара́-бога́зский (*к* Кара́-Бога́з-Го́л) и **кара́-буга́зский** (*к* Кара́-Буга́з)
карабу́ра, -ы
карава́джиевский (*от* Карава́джо)
караваджи́зм, -а
карава́й, -я
карава́йка, -и, *р. мн.* -а́ек (*птица*)
карава́н, -а
карава́нный
карава́н-сара́й, -я

карава́нщик, -а
караве́лла, -ы
караѓана, -ы (*кустарник*)
каранди́нский (*от* Караганда́)
караганди́нцы, -ев, *ед.* -нец, -нца, *тв.* -нцем
караѓанка, -и, *р. мн.* -нок (*лисица*)
караѓач, -а́ и -а, *тв.* -о́м и -ем
караѓачевый
караѓаши, -ей, *ед.* -га́ш, -а, *тв.* -ем
карадри́на, -ы
карáимка, -и, *р. мн.* -мок
карáимский
карáимы, -ов, *ед.* -и́м, -а
карака́л, -а
каракалпа́ки, -ов, *ед.* -па́к, -а
каракалпа́кский
каракалпа́чка, -и, *р. мн.* -чек
кара́касский (*от* Кара́кас)
кара́касцы, -ев, *ед.* -сец, -сца, *тв.* -сцем
карака́тица, -ы, *тв.* -ей
кара́ковый
каракулево́д, -а
каракулево́дство, -а
каракулево́дческий
кара́кулевый
каракулесму́шковый
кара́кули, -ей и -уль, *ед.* -уля, -и
кара́куль, -я
кара́кульки, -лек, *ед.* -лька, -и
караку́льский (караку́льская поро́да ове́ц)
каракульча́, -и́, *тв.* -о́й
каракульчо́вый
караку́мский (*от* Караку́мы)
караку́рт, -а
карама́зовский (*от* Карама́зовы)
карама́зовщина, -ы
карамбо́ла, -ы (*фрукт*)
карамболи́на, -ы
карамбо́ль, -я
карамбо́льный
карамелева́рочный
карамелеформу́ющий
караме́лина, -ы
караме́ль, -и
караме́лька, -и, *р. мн.* -лек
караме́льный
карамзини́ст, -а
карамзи́нский (*от* Карамзи́н)
кара́мора, -ы
каранда́ш, -а́, *тв.* -о́м
каранда́шик, -а
каранда́шница, -ы, *тв.* -ей
каранда́шный
каранти́н, -а
каранти́нно-санита́рный
каранти́нный
карао́ке, *нескл., с.*
карапо́диум, -а
карапу́з, -а
карапу́зик, -а
карасёвый
кара́сий, -ья, -ье
кара́сик, -а
караси́ный
караси́шка, -и, *р. мн.* -шек, *м.*
караси́ще, -а и -и, *мн.* -и, -и́щ, *м.*
кара́сь, -я́
кара́т, -а, *р. мн.* -ов, *счетн. ф.* кара́т и -ов
карата́н, -а
карата́у, *нескл., м.* (*горная цепь, отрог*) и **Карата́у,** *нескл., м.* (*в названиях конкретных горных цепей, отрогов в Казахстане и на Урале*)
карата́уский
карате́, *нескл., с.*
карате́-до́, *нескл., с.*
карате́-кеку́синкай, *нескл., с.*
кара́тель, -я
кара́тельный
карати́ст, -а
карати́стка, -и, *р. мн.* -ток
карати́стский
кара́тный
кара́ть(ся), -а́ю, -а́ет(ся)
карау́л[1], -а
карау́л[2], *неизм.*
карау́лить(ся), -лю(сь), -лит(ся)
карау́лка, -и, *р. мн.* -лок
карау́льный
карау́льня, -и, *р. мн.* -лен
карау́льщик, -а
карау́льщица, -ы, *тв.* -ей
карау́лящий
карача́евка, -и, *р. мн.* -вок
карача́ево-балка́рский (язы́к)
Карача́ево-Черке́сская Респу́блика
карача́ево-черке́сский
карача́евский
карача́евцы, -ев, *ед.* -вец, -вца, *тв.* -вцем
кара́чки: на кара́чках, на кара́чки
карачу́н, -а́ и -а
карбазо́л, -а
карбами́д, -а
карбами́дный
карбанио́ны, -ов, *ед.* -ио́н, -а
ка́рбас, -а
карба́сный
карбе́ны, -ов, *ед.* -бе́н, -а
карби́д, -а
карбидкре́мниевый
карби́дный
карбидообразу́ющий
карби́н, -а
карбино́л, -а
карбино́льный
карбкатио́ны, -ов, *ед.* -ио́н, -а
карбоангидра́за, -ы
карбо́ванец, -нца, *тв.* -нцем, *р. мн.* -нцев
карбогемоглоби́н, -а
карбоге́н, -а
карбоксигемоглоби́н, -а
карбокси́л, -а
карбоксила́зы, -а́з, *ед.* -а́за, -ы
карбоксила́тный
карбоксили́рование, -я
карбоксили́рованный; *кр. ф.* -ан, -ана
карбоксили́ровать(ся), -рую, -рует(ся)
карбокси́льный
карбоксиметилцеллюло́за, -ы
карбоксипептида́зы, -а́з, *ед.* -а́за, -ы
карболе́н, -а
карболи́т, -а
карбо́лка, -и
карбо́ловый
карбо́н, -а
карбона́д, -а (*свинина*)
карбона́дный
карбона́до, *нескл., м.* (*алмаз*)
карбонари́зм, -а
карбона́рий, -я
карбона́рский
карбона́т, -а (*хим.*)
карбонатиза́ция, -и
карбонатизова́ться, -зу́ется
карбонати́т, -а
карбонати́товый
карбона́тно-сла́нцевый
карбона́тный
карбонизацио́нный
карбониза́ция, -и
карбонизи́рованный; *кр. ф.* -ан, -ана
карбонизи́ровать(ся), -рую, -рует(ся)
карбони́л, -а
карбони́льный
карбони́т, -а
карбо́новый
карбопла́сты, -ов, *ед.* -а́ст, -а
карбора́ны, -ов, *ед.* -ра́н, -а
карбору́нд, -а
карбору́ндовый
карботерми́я, -и
карботио́н, -а
карбофо́с, -а
карбофо́сный
карбоцепно́й
карбоцикли́ческий
карброма́л, -а
карбу́нкул, -а
карбункулёз, -а
карбункулёзный
ка́рбыш, -а, *тв.* -ем
карбюра́тор, -а
карбюра́торный
карбюра́ция, -и
карбюриза́тор, -а
карбюри́рованный; *кр. ф.* -ан, -ана
карбюри́ровать(ся), -рую, -рует(ся)
ка́рга, -и (*отмель*)
карга́, -и́ (*старуха*)
ка́рго, *нескл., с.* (*груз*)
ка́рго-пла́н, -а
Каргопо́лье, -я (*к* Ка́ргополь)
каргопо́льский (*от* Ка́ргополь)
каргопо́льцы, -ев, *ед.* -лец, -льца, *тв.* -льцем
ка́рго-скла́д, -а
ка́рда, -ы

кардамо́н, -а
кардамо́нный
кардамо́новый
карда́н, -а
карда́нный
карда́нов, -а, -о (карда́ново кольцо́, карда́нов подве́с, *тех.*)
кардиалги́я, -и
кардига́н, -а
кардина́л, -а
кардина́льность, -и
кардина́льный; *кр. ф.* -лен, -льна
кардина́льский
кардио... – *первая часть сложных слов, пишется слитно*
кардиоаэро́бика, -и
кардиобрига́да, -ы
кардиоге́нный
кардиогра́мма, -ы
кардио́граф, -а
кардиографи́ческий
кардиогра́фия, -и
кардио́ида, -ы
кардиокри́нум, -а
кардиоли́дер, -а (*прибор*)
кардио́лог, -а
кардиологи́ческий
кардиоло́гия, -и
кардиомиопати́ческий
кардиомиопа́тия, -и
кардиомонито́р, -а
кардионеврологи́ческий
кардиопа́мп, -а
кардиопа́тия, -и
кардиопатоло́гия, -и
кардиопо́мощь, -и
кардиореанимацио́нный
кардиоревмато́лог, -а
кардиоревматологи́ческий
кардиоревматоло́гия, -и
кардиосигнализа́тор, -а
кардиосклеро́з, -а
кардиосклероти́ческий
кардиоско́п, -а
кардиослу́жба, -ы
кардиоспа́зм, -а
кардиостимули́рующий
кардиостимуля́тор, -а
кардиостимуля́торный
кардиостимуля́ция, -и
кардиотахо́метр, -а
кардиотонзилля́рный
кардиотони́ческий
кардиофа́н, -а
кардиофо́бия, -и
кардиохиру́рг, -а
кардиохирурги́ческий
кардиохирурги́я, -и
кардиоце́нтр, -а
ка́рдный
ка́рдокс, -а
кардоле́нта, -ы
кардо́н, -а (*растение*)
кардочеса́льный
кардочеса́ние, -я
каре́, *нескл., с.* и *неизм.*
карегла́зый
каре́лка, -и, *р. мн.* -лок
каре́лла, -ы (*попугай*)
каре́ло-фи́нский
каре́лы, каре́л и -ов, *ед.* каре́л, -а
каре́льский (*к* каре́лы и Каре́лия)
Каре́льский перешее́к
карема́т, -а
каре́ны, -ов, *ед.* каре́н, -а (*народ*)
каре́та, -ы
каре́тка, -и, *р. мн.* -ток
каре́тник, -а
каре́тный
Каре́тный Ря́д (*улица*)
каре́точный (*от* каре́тка, *тех.*)
каре́тта, -ы (*черепаха*)
кариати́да, -ы
кари́бский (*к* кари́бы и Кари́бское мо́ре, Кари́бы)
Кари́бский бассе́йн (стра́ны Кари́бского бассе́йна)
Кари́бский кри́зис (*1962*)
Кари́бское мо́ре
кари́бу, *нескл., м.* (*животное*)
кари́бы, -ов, *ед.* кари́б, -а (*группа племен*)
ка́риес, -а
ка́риесный
ка́рий
карийо́н, -а
Кари́йская ка́торга (*в царской России*)
карикату́ра, -ы
карикатури́ст, -а
карикатури́стка, -и, *р. мн.* -ток
карикату́рить, -рю, -рит
карикату́рка, -и, *р. мн.* -рок
карикату́рность, -и
карикату́рный; *кр. ф.* -рен, -рна
каринти́йский (*от* Кари́нтия)
каринти́йцы, -ев, *ед.* -и́ец, -и́йца, *тв.* -и́йцем
кариога́мия, -и
кариогра́мма, -ы
карио́з, -а
карио́зный
карио́ка, -и (*танец*)
кариокине́з, -а
кариоли́зис, -а
кариологи́ческий
кариоло́гия, -и
кариопикно́з, -а
кариопла́зма, -ы
кариоре́ксис, -а
кариосистема́тика, -и
карио́та, -ы
кариотаксоно́мия, -и
кариоти́п, -а
кариофа́нон, -а
ка́рия, -и (*дерево*)
каркаде́, *нескл., м.* и *с.* (*растение, чай*)
ка́рканье, -я
кар-ка́р, *неизм.*
карка́с, -а
карка́сно-пане́льный
карка́сно-щитово́й
карка́сный
ка́ркать, -аю, -ает
ка́ркнуть, -ну, -нет
ка́рла, -ы, *м.* и **ка́рло,** -а, *м.*
Ка́рл Вели́кий
ка́рлик, -а
ка́рликовость, -и
ка́рликовый
ка́рлингс, -а
карли́стский
карли́сты, -ов, *ед.* -и́ст, -а
ка́рлица, -ы, *тв.* -ей
ка́рло, -а, *м.* и **ка́рла,** -ы, *м.*
карлова́рский (*от* Ка́рловы Ва́ры)
карлова́рцы, -ев, *ед.* -рец, -рца, *тв.* -рцем
Ка́рлов университе́т, Ка́рлова университе́та (*в Праге*)
карлсба́дский (*от* Карлсба́д)
Ка́рл Сме́лый
ка́рма, -ы
кармази́н, -а
кармази́нный
кармази́новый
ка́рма-йо́га, -и
карма́н, -а
карма́нник, -а
карма́нный
карма́нчик, -а
карма́нщик, -а
Карманьо́ла, -ы (*песня*) и **карманьо́ла,** -ы (*куртка*)
карма́шек, -шка
кармели́тка, -и, *р. мн.* -ток
кармели́тский
кармели́ты, -ов, *ед.* -ли́т, -а
карми́н, -а
карми́нный
карми́новый
карми́ческий
карнава́л, -а
карнавализа́ция, -и
карнавали́зм, -а
карнава́льный
карна́й, -я
карналли́т, -а
карналли́товый
карна́ция, -и
Ка́рнеги, *нескл., м.*: **фо́нд Ка́рнеги, Моско́вский це́нтр Ка́рнеги**
карне́гия, -и
карнео́л, -а
карни́з, -а
карни́зик, -а
карни́зный
карни́з-струна́, -ы́, *ж.* и карни́за-струны́, *м., мн.* -стру́ны, -стру́н
карнити́н, -а
Карно́, *нескл., м.*: **теоре́ма Карно́, ци́кл Карно́**
карноза́вр, -а
карноти́т, -а
ка́ровый (ледни́к)

Кароли́нги, -ов (*династия*)
кароли́нгский
кароли́нский (*к* Кароли́нские острова́)
кароли́нцы, -ев, *ед.* -нец, -нца, *тв.* -нцем (*к* Кароли́нские острова́, Се́верная Кароли́на, Ю́жная Кароли́на)
карона́да, -ы
карота́ж, -а, *тв.* -ем
карота́жник, -а
карота́жный
каро́тель, -и (*сорт моркови*)
кароти́дный
кароти́н, -а
кароти́новый
каротино́иды, -ов, *ед.* -о́ид, -а
карп, -а
карпа́тский (*от* Карпа́ты)
карпе́лла, -ы
карпинскии́т, -а
карпово́дство, -а
карпово́дческий
ка́рповый
карпое́д, -а
карпозу́бые, -ых
карпоиде́я, -и
карпо́лог, -а
карпологи́ческий
карполо́гия, -и
карпообра́зные, -ых
каррagéн, -а
карра́рский (*от* Карра́ра)
ка́ррик, -а (*костюм, ист.*)
ка́рровый
ка́рры, карр
Ка́рские Воро́та (*пролив*)
Ка́рское мо́ре
ка́рсский (*от* Карс)
карст, -а
карстове́дение, -я
карстови́к, -а́
ка́рстово-спелеологи́ческий
ка́рстово-суффозио́нный
ка́рстовый
карстообразова́ние, -я
карсту́ющийся
карт, -а (*гоночный автомобиль*)
ка́рта, -ы
карта́винка, -и
карта́вить, -влю, -вит
карта́вленье, -я
карта́вость, -и
карта́вый
карта́вящий
ка́рта-мише́нь, ка́рты-мише́ни
ка́рта-планше́т, ка́рты-планше́та
ка́рта-схе́ма, ка́рты-схе́мы
карт-бла́нш, -а, *тв.* -ем
картве́лка, -и, *р. мн.* -лок
картве́лы, -ве́л и -ов, *ед.* -ве́л, -а
картве́льский
картёж, -ежа́, *тв.* -о́м
картёжник, -а
картёжница, -ы, *тв.* -ей
картёжничать, -аю, -ает
картёжный
картезиа́нец, -нца, *тв.* -нцем, *р. мн.* -нцев
картезиа́нский (*к* картезиа́нство; *то же, что картузианский*)
картезиа́нство, -а (*философское направление, связанное с именем Декарта*)
картели́рование, -я
картели́рованный; *кр. ф.* -ан, -ана
картели́ровать(ся), -рую, -рует(ся)
карте́ль, -я
карте́льный
ка́ртер, -а (*тех.*)
ка́ртерный
карте́чина, -ы
карте́чница, -ы, *тв.* -ей
карте́чный
карте́чь, -и
карти́на, -ы
ка́ртинг, -а
картинги́ст, -а
ка́ртинг-клу́б, -а
ка́ртинговый
ка́ртинг-хо́лл, -а
карти́нка, -и, *р. мн.* -нок
карти́нно, *нареч.*
карти́нно-графи́ческий
карти́нность, -и
карти́нный; *кр. ф.* -и́нен, -и́нна
карти́ночка, -и, *р. мн.* -чек
карти́рование, -я
карти́рованный; *кр. ф.* -ан, -ана
карти́ровать(ся), -и́рую, -и́рует(ся)
карти́шки, -шек
картма́ксимум, -а
картове́дение, -я
ка́ртовый
картогра́мма, -ы
карто́граф, -а
картографи́рование, -я
картографи́рованный; *кр. ф.* -ан, -ана
картографи́ровать(ся), -рую, -рует(ся)
картографи́ческий
картогра́фия, -и
карто́графо-геодези́ческий
карто́графо-спра́вочный
картодиагра́мма, -ы
картодро́м, -а (*к* карт, ка́ртинг)
картоизда́тельский
картолитогра́фия, -и
картометри́ческий
картоме́трия, -и
карто́н, -а
картона́ж, -а, *тв.* -ем
картона́жник, -а
картона́жница, -ы, *тв.* -ей
картона́жный
карто́нка, -и, *р. мн.* -нок
карто́нный
картоноде́лательный
картосостави́тельский
картосхе́ма, -ы
картоте́ка, -и
картоте́тчик, -а
картоте́тчица, -ы, *тв.* -ей
картоте́чка, -и, *р. мн.* -чек
картоте́чный
картофелево́д, -а
картофелево́дство, -а
картофелево́дческий
картофелезаготó́вки, -вок
картофелекомба́йн, -а
картофелекопа́лка, -и, *р. мн.* -лок
картофелекопа́тель, -я
картофелемо́йка, -и, *р. мн.* -о́ек
картофелеовощно́й
картофелепоса́дочный
картофелепроду́кты, -ов
картофелере́зка, -и, *р. мн.* -зок
картофелесажа́лка, -и, *р. мн.* -лок
картофелесортирова́льный
картофелесортиро́вка, -и, *р. мн.* -вок
картофелесортиро́вочный
картофелетёрка, -и, *р. мн.* -рок
картофелеубо́рочный
картофелехрани́лище, -а
картофелечи́стка, -и, *р. мн.* -ток
карто́фелина, -ы
карто́фель, -я
карто́фельник, -а
карто́фельно-овощно́й
карто́фельный
карто́фель фри́, карто́феля фри́
карто́ха, -и
ка́рточка, -и, *р. мн.* -чек
ка́рточка-квита́нция, ка́рточки-квита́нции
ка́рточный
карто́шечка, -и, *р. мн.* -чек
карто́шина, -ы
карто́шка, -и, *р. мн.* -шек
ка́ртридж, -а, *тв.* -ем
карту́з, -а́
картузиа́нский и **картезиа́нский** (*к* картузиа́нцы и картезиа́нцы)
картузиа́нцы, -ев и **картезиа́нцы,** -ев, *ед.* -нец, -нца, *тв.* -нцем (*монашеский орден*)
карту́зик, -а
карту́зи́шко, -а и -и, *мн.* -шки, -шек, *м.*
карту́зник, -а
карту́зный
картуля́рий, -я
карту́ш, -а, *тв.* -ем
карту́шка, -и, *р. мн.* -шек
ка́рты, карт (*игра*)
карусе́ль, -и
карусе́льно-тока́рный
карусе́льно-фре́зерный
карусе́льно-шлифова́льный
карусе́льный
карусе́льщик, -а
Карфаге́н, -а (*также*: Карфаге́н до́лжен бы́ть разру́шен)
карфаге́нский (*от* Карфаге́н)
карфаге́няне, -ян, *ед.* -янин, -а

карфаге́нянка, -и, *р. мн.* -нок
карцгана́г, -а
ка́рцер, -а
ка́рцерный
карциноге́нный
карцино́лог, -а
карцинологи́ческий
карциноло́гия, -и
карцино́ма, -ы
карча́, -и́, *тв.* -о́й
карчеподъёмник, -а
карчеподъёмный
карѳу́ни, *нескл., с.*
карье́р, -а
карье́ра, -ы
карьери́зм, -а
карьери́ст, -а
карьери́стка, -и, *р. мн.* -ток
карьери́стский
карье́рный
карьероуправле́ние, -я
касабла́нкский (*от* Касабла́нка)
касабла́нкцы, -ев, *ед.* -кец, -кца, *тв.* -кцем
каса́емо (*кого, чего*)
каса́ние, -я
каса́тельная, -ой
каса́тельно (*кого, чего*)
каса́тельный
каса́тельство, -а
каса́тик, -а (*обращение к мужчине; растение*)
каса́тиковые, -ых (*бот.*)
каса́тка, -и, *р. мн.* -ток (*ласточка; обращение к женщине*)
каса́точка, -и, *р. мн.* -чек (*от* каса́тка)
каса́ться, -а́юсь, -а́ется
ка́сба, -ы (*крепость*)
каси́к, -а и **каци́к,** -а (*индейский вождь; в странах Латинской Америки: влиятельный человек*)
каси́мовский (*от* Каси́мов)
ка́ска, -и, *р. мн.* ка́сок
каска́д, -а
каскадёр, -а
каскадёрский
каскадёрство, -а
каскадёрша, -и, *тв.* -ей
каска́дный
каске́тка, -и, *р. мн.* -ток
ка́ско, *нескл., с.*
касли́нский (*от* Касли́; касли́нское литьё)
касо́ги, -ов
касо́жский
ка́сочка, -и, *р. мн.* -чек
ка́спии, -иев (*племена*)
Каспи́йская вое́нная флоти́лия
каспи́йский (*к* Каспи́йское мо́ре, Ка́спий и Каспи́йск)
Каспи́йское мо́ре
каспи́йцы, -ев, *ед.* -и́ец, -и́йца, *тв.* -и́йцем
каспийча́не, -а́н, *ед.* -а́нин, -а (*от* Каспи́йск)
ка́сса, -ы
ка́сса-автома́т, ка́ссы-автома́та, *ж.*
касса́ва, -ы
Касса́ндра, -ы (*мифол.*)
касса́ндра, -ы (*кустарник*)
кассапа́нка, -и (*предмет мебели*)
касса́тор, -а
кассацио́нный
Кассацио́нный су́д (*высшая судебная инстанция в нек-рых странах*)
касса́ция, -и
кассе́та, -ы
кассе́тка, -и, *р. мн.* -ток
кассе́тник, -а
кассе́тный
кассетофо́н, -а
ка́ссик, -а (*птица*)
Кассиопе́я, -и (*мифол.; созвездие*)
касси́р, -а
касси́р-контролёр, касси́ра-контролёра
касси́рованный; *кр. ф.* -ан, -ана
касси́ровать(ся), -рую, -рует(ся)
касси́рша, -и, *тв.* -ей
касситери́т, -а
касси́тский
касси́ты, -ов
ка́ссия, -и
ка́ссово-расчётный
ка́ссовость, -и
ка́ссовый
кассо́не, *нескл., с.*
каст, -а (*в ювелирном деле: оправа камня*)
ка́ста, -ы
Каста́льский клю́ч (исто́чник)
кастанье́тный
кастанье́ты, -е́т, *ед.* -е́та, -ы
кастеи́зм, -а
кастелла́но, *нескл., м.* (*лингв.*)
кастеля́н, -а
кастеля́нша, -и, *тв.* -ей
касте́т, -а
касте́тный
касти́льский (*к* Касти́лия и касти́льцы)
касти́льцы, -ев, *ед.* -лец, -льца, *тв.* -льцем
кастилья́нка, -и, *р. мн.* -нок
кастилья́нцы, -ев, *ед.* -нец, -нца, *тв.* -нцем
ка́стинг, -а
кастинги́ст, -а
ка́стинговый
ка́стово за́мкнутый
ка́стово-сосло́вный
ка́стовость, -и
ка́стовый
кастодиа́льный
кастомиза́ция, -и (субъе́ктов ры́нка)
касто́р, -а
касто́рка, -и
касто́рник, -а
касто́ровый
кастра́т, -а
кастра́ция, -и
кастри́рование, -я
кастри́рованный; *кр. ф.* -ан, -ана
кастри́ровать(ся), -рую, -рует(ся)
кастрю́лечка, -и, *р. мн.* -чек
кастрю́лька, -и, *р. мн.* -лек
кастрю́льный
кастрю́ля, -и
касы́да, -ы
-кась и **-кася,** *частица – с предшествующим словом пишется через дефис:* на́-кась и на́-кася, ну́-кась и ну́-кася, на́те-кась, гляди́-кась
кат, -а (*движение; палач*)
ка́та, -ы (*группа приемов в дзюдо*)
катаболи́зм, -а
катаболи́ческий
катава́сия, -и
катагене́з, -а
катадро́мный
катакла́з, -а
катакли́зм, -а
катаклизми́ческий
катако́мбный
катако́мбы, -о́мб, *ед.* -о́мба, -ы
ката́ла, -ы, *м.* и *ж.* (*обманщик, проходимец, жарг.*)
катала́жка, -и, *р. мн.* -жек
катала́за, -ы
катала́нский (язы́к)
катала́рк, -а (*фигура синхронного плавания*)
катале́ктика, -и
каталекти́ческий
каталепси́ческий и **каталепти́ческий**
катале́пси́я, -и
катале́птик, -а
ката́лиз, -а
катализа́тор, -а
катализа́торный
катализи́ровать(ся), -рую, -рует(ся)
ката́лизный
катали́на, -ы (*фигура синхронного плавания*)
каталити́ческий
ката́лка, -и, *р. мн.* -лок
катало́г, -а
каталогиза́тор, -а
каталогиза́ция, -и
каталогизи́рованный; *кр. ф.* -ан, -ана
каталогизи́ровать(ся), -рую, -рует(ся)
катало́жный
катало́нка, -и, *р. мн.* -нок
катало́нский (*к* Катало́ния и катало́нцы)
катало́нцы, -ев, *ед.* -нец, -нца, *тв.* -нцем
ка́таль, -я
ката́льный
ката́льня, -и, *р. мн.* -лен
ката́льпа, -ы
ката́льщик, -а
катамара́н, -а

катамара́н-дво́йка, катамара́на-дво́й-ки, *м.*
катамара́нный
ката́мнез, -а
катаморфо́з, -а
ката́ние, -я
ка́танка, -и (*проволока*)
ка́танки, -нок, *ед.* ка́танок, -нка (*валенки*)
ка́танный; *кр. ф.* -ан, -ана, *прич.*
катану́ть, -ну́, -нёт
ка́таный, *прил.*
ка́танье: не мытьём, так ка́таньем
катаплазмати́ческий
катапу́льта, -ы
катапульти́рование, -я
катапульти́рованный; *кр. ф.* -ан, -ана
катапульти́ровать(ся), -рую(сь), -рует(ся)
катапульти́руемый
катапульти́рующий(ся)
катапу́льтный
ката́р, -а
катара́кт, -а (*тех. устройство*; *водопад*)
катара́кта, -ы (*болезнь глаз*)
катара́ктный
катара́льный
катаробио́нты, -ов, *ед.* -о́нт, -а
ка́та́рсис, -а
ка́та́рский (*от* Ка́та́р, *государство*)
ката́рский (*от* ката́ры)
ката́рство, -а (*ересь*)
ка́та́рцы, -ев, *ед.* -рец, -рца, *тв.* -рцем (*от* Ка́та́р)
ката́ры, -ов, *ед.* ката́р, -а (*еретики*)
катаса́рка, -и, *р. мн.* -рок
катаста́з, -а
катастати́ческий
катастро́фа, -ы
катастрофи́зм, -а
катастрофи́чески
катастрофи́чески бы́стрый
катастрофи́ческий
катастрофи́чность, -и
катастрофи́чный; *кр. ф.* -чен, -чна
кататони́я, -и
ката́ть(ся), -а́ю(сь), -а́ет(ся)
катафа́лк, -а
катафа́льный
катафа́льщик, -а
катафати́ческий
катафилакси́я, -и
катафоре́з, -а
катафорети́ческий
катафо́т, -а
катафро́нт, -а
катахре́за, -ы
категориа́льный
категориза́ция, -и
категоризи́рованный; *кр. ф.* -ан, -ана
категоризи́ровать(ся), -рую, -рует(ся)
категоризо́ванный; *кр. ф.* -ан, -ана
категоризова́ть(ся), -зу́ю, -зу́ет(ся)
категори́йность, -и
категори́йный
категори́чески
категори́ческий
категори́чность, -и
категори́чный; *кр. ф.* -чен, -чна
катего́рия, -и
кате́дер-социали́зм, -а
кате́дер-социали́ст, -а
кате́ксия, -и (*в психоанализе*)
катекти́чный; *кр. ф.* -чен, -чна
катена́новый
катена́ны, -ов, *ед.* -на́н, -а
катена́ччо, *нескл., с.* (*спорт.*)
катено́ид, -а
катепси́ны, -ов, *ед.* -си́н, -а
ка́тер, -а, *мн.* -а́, -о́в
ка́тер-букси́р, ка́тера-букси́ра
катери́ст, -а
кате́рна, -ы
ка́терник, -а
ка́терный
катеро́к, -рка́
катерострое́ние, -я
катерострои́тельный
ка́тет, -а
кате́тер, -а
катетериза́ция, -и
катетеризо́ванный; *кр. ф.* -ан, -ана
катето́метр, -а
катехиза́тор, -а
катехиза́торский
катехиза́ция, -и
катехи́зис, -а
катехизи́ческий
катехолами́ны, -ов, *ед.* -ми́н, -а
кате́ху, *нескл., с.*
катио́н, -а
катиони́товый
катиони́ты, -ов, *ед.* -ни́т, -а
катио́нный
катионоакти́вный
катионообме́нный
кати́ть(ся), качу́(сь), ка́тит(ся) (*к* ката́ть(ся)
ка́ткий; *кр. ф.* ка́ток, ка́тка́, ка́тко
катну́ть, -ну́, -нёт
катови́цкий (*от* Катови́це)
катовича́не, -а́н, *ед.* -а́нин, -а
катовича́нка, -и, *р. мн.* -нок
като́д, -а
като́дно-лучево́й
като́дный
катодолюминесце́нция, -и
катодохро́мный
като́к, катка́ (*от* ката́ть(ся)
като́к-рольга́нг, катка́-рольга́нга
като́лик, -а
католико́с, -а
католикоса́т, -а
католици́зм, -а
католи́ческий
католи́чество, -а
католи́чка, -и, *р. мн.* -чек
ка́том, *нареч.*
като́птрика, -и
катоптри́ческий
ка́торга, -и
каторжа́нин, -а, *мн.* -а́не, -а́н
каторжа́нка, -и, *р. мн.* -нок
ка́торжник, -а
ка́торжница, -ы, *тв.* -ей
ка́торжный
катра́н, -а
катра́ний, -ья, -ье
катра́нный
катра́новый
катре́н, -а
катре́нный
ка́ттер, -а
каттле́я, -и
кату́нский (*от* Кату́нь)
кату́чий
кату́шечка, -и, *р. мн.* -чек
кату́шечник, -а
кату́шечница, -ы, *тв.* -ей
кату́шечно-челно́чный
кату́шечно-шрифтово́й
кату́шечный
кату́шка, -и, *р. мн.* -шек
кату́шка-сма́тыватель, кату́шки-сма́тывателя, *ж.*
каты́нский (*от* Каты́нь)
ка́тыш, -а, *тв.* -ем
ка́тышек, -шка
катэлектрото́н, -а
катю́ша, -и, *тв.* -ей (*миномет*)
катя́щий(ся)
кауда́льный
кауди́льо, *нескл., м.*
каузалги́я, -и и **каузальги́я,** -и
кауза́льность, -и
кауза́льный
каузати́вность, -и
каузати́вный
кауза́ция, -и
каузи́ровать(ся), -рует(ся)
каuléрпа, -ы
каулифло́рия, -и
ка́унасский (*от* Ка́унас)
ка́унасцы, -ев, *ед.* -сец, -сца, *тв.* -сцем
ка́унтер-че́к, -а
ка́упер, -а
ка́уперный
кау́ри, *нескл., м.* и *с.* (*моллюск*), *с.* (*растение*)
кау́рка, -и, *р. мн.* -рок, *м.* и *ж.*
кау́рый
ка́устик, -а (*хим.*)
ка́устика, -и (*физ.*)
каусти́ческий
каустобиоли́ты, -ов, *ед.* -ли́т, -а
каутскиа́нец, -нца, *тв.* -нцем, *р. мн.* -нцев
каутскиа́нский (*от* Ка́утский)
каутскиа́нство, -а
ка́уфман, -а (*прыжок, спорт.*)
каучу́к, -а
каучуково́д, -а
каучуково́дство, -а

каучуково́дческий
каучу́ковый
каучуконо́с, -а
каучуконо́сный
каучукоподо́бный; *кр. ф.* -бен, -бна
каучу́к-сыре́ц, каучу́ка-сырца́
каф, *неизм.* и *нескл., с.* (*вид сделки*)
ка́фа, -ы (*танец*)
кафе́, *нескл., с.*
кафе́-автома́т, -а, *с.*
кафе́-ба́р, -а, *м.*
ка́федра, -ы
кафедра́льный
кафе́-заку́сочная, -ой, *ж.*
кафекла́тч, -а, *тв.* -ем
кафе́-клу́б, -а, *м.*
кафе́-конди́терская, -ой, *ж.*
ка́фель[1], -еля (*облицовочный материал, собир.*)
ка́фель[2], кафля (*ед. ч. к* ка́фли, *см.*)
ка́фельный
ка́фельщик, -а
кафе́-моло́чная, -ой, *ж.*
кафе́-моро́женое, -ого
кафе́-рестора́н, -а, *м.*
кафе́-столо́вая, -ой, *ж.*
кафете́рий, -я
кафешанта́н, -а
кафешанта́нный
кафе́шка, -и, *р. мн.* -шек
кафи́зма, -ы
кафи́ры, -ов, *ед.* -и́р, -а
кафкиа́нский
ка́фковский (*от* Ка́фка)
ка́фли, -ей, *ед.* ка́фель, ка́фля (*изразцы, спец.*)
кафоли́ческий
ка́фрский
ка́фры, -ов, *ед.* кафр, -а
кафта́н, -а
кафта́ни́шко, -а и -и, *мн.* -шки, -шек, *м.*
кафта́нный
кафта́нчик, -а
кафу́шка, -и, *р. мн.* -шек
кахекси́я, -и
кахе́ти, *нескл., с.*
кахети́нка, -и, *р. мн.* -нок
кахети́нский (*к* Кахе́тия и кахети́нцы)
кахети́нское, -ого
кахети́нцы, -ев, *ед.* -нец, -нца, *тв.* -нцем
кахо́вский (*от* Кахо́вка)
кахо́вцы, -ев, *ед.* -вец, -вца, *тв.* -вцем
каховча́не, -а́н, *ед.* -а́нин, -а
кацаве́йка, -и, *р. мн.* -е́ек
каца́п, -а
каца́пка, -и, *р. мн.* -пок
каца́пский
каце́я, -и (*кадильница*)
каци́к, -а и **каси́к**, -а
кацо́ (*обращение*)
кач, -а, *тв.* -ем (*спорт.*)
кача́лка, -и, *р. мн.* -лок
кача́ловский (*от* Кача́лов)
кача́ние, -я
ка́чанный; *кр. ф.* -ан, -ана (*от* кача́ть)
кача́ри, *нескл., мн., ед. м.* и *ж.* (*народ*)
кача́ть(ся), -а́ю(сь), -а́ет(ся)
каче́ли, -ей
каче́льный
каче́ние, -я
ка́ченный; *кр. ф.* -ен, -ена (*от* кати́ть)
ка́чественно, *нареч.*
ка́чественно но́вый
ка́чественно отли́чный
ка́чественность, -и
ка́чественный; *кр. ф.* -вен и -венен, -венна
ка́чество, -а
качи́м, -а (*растение*)
качи́нский
качи́ны, -ов и качи́н, *ед.* качи́н, -а (*народ*)
ка́чка, -и
качкана́рский (*от* Качкана́р)
ка́чкий; *кр. ф.* ка́чек, ка́чка
качну́ть(ся), -ну́(сь), -нёт(ся)
качо́к, качка́
качу́рка, -и, *р. мн.* -рок (*птица*)
качу́ча, -и, *тв.* -ей
ка́чча, -и, *тв.* -ей (*муз.*)
ка́ша, -и, *тв.* -ей
кашало́т, -а
кашга́рский (*к* Кашга́р и кашга́рцы)
Кашга́рский хребе́т
кашга́рцы, -ев, *ед.* -рец, -рца, *тв.* -рцем
кашева́р, -а
кашева́рить, -рю, -рит
кашева́рка, -и, *р. мн.* -рок
кашева́рный
кашева́рня, -и, *р. мн.* -рен
кашева́рство, -а
ка́шель, ка́шля
кашеми́р, -а (*ткань*)
кашеми́ровый
кашеобра́зный; *кр. ф.* -зен, -зна
ка́шинский (*от* Ка́шин)
ка́шинцы, -ев, *ед.* -нец, -нца, *тв.* -нцем
каширо́ванный; *кр. ф.* -ан, -ана
каширо́вка, -и
каши́рский (*от* Каши́ра)
каши́рцы, -ев, *ед.* -рец, -рца, *тв.* -рцем
ка́шица, -ы, *тв.* -ей
кашицеобра́зный; *кр. ф.* -зен, -зна
ка́шка, -и, *р. мн.* ка́шек
кашка́йский
кашка́йцы, -ев, *ед.* -а́ец, -а́йца, *тв.* -а́йцем
ка́шлевый
ка́шлянуть, -ну, -нет
ка́шлять, -яю, -яет
кашмило́н, -а
кашми́ри, *неизм.* и *нескл., м.* (*язык*)
кашми́рка, -и, *р. мн.* -рок
кашми́рский (*от* Кашми́р, *ист. область в Азии*)
кашми́рцы, -ев, *ед.* -рец, -рца, *тв.* -рцем
кашне́, *нескл., с.*
кашпо́, *нескл., с.*
кашта́н, -а
Кашта́нка, -и (*кличка, лит. персонаж*)
кашта́ново-бу́рый
кашта́новый
каштанodу́б, -а, *мн.* -ы́, -о́в
кашта́нчик, -а
кашу́бка, -и, *р. мн.* -бок
кашу́бский
кашу́бы, -ов, *ед.* кашу́б, -а
каю́к[1], -а (*лодка, грузовое судно*)
каю́к[2], *в знач. сказ.* (*конец, гибель*)
каю́р, -а
каю́та, -ы
каю́та люкс, каю́ты лю́кс
каю́тка, -и, *р. мн.* -ток
каю́т-компа́ния, -и
каю́тный
каю́чный
ка́ющийся
ка́явшийся
кая́гы́м, -а
кая́к, -а (*лодка у эскимосов, коряков*)
ка́яться, ка́юсь, ка́ется
кая́чный
КБ и **кабэ́**, *нескл., с.* (*сокр.*: конструкторское бюро)
к бо́гу (ну́ тебя́ (его́, её) к бо́гу; иди́ ты́ к бо́гу в ра́й – *выражения нежелания иметь дело с кем-н.*)
КВ [кавэ́], *нескл., мн.* и *неизм.* (*сокр.*: короткие волны, коротковолновый)
ква[1], *межд.*
ква[2], *неизм.* и *нескл., мн.* (*группа языков*)
ква́гга, -и
квадр, -а
квадра́нт, -а
квадра́нтный
квадра́т, -а
квадра́тик, -а
квадрати́чный
квадра́тно-гнездово́й
квадра́тный; *кр. ф.* -тен, -тна
квадратри́са, -ы
квадрату́ра, -ы
квадрату́рный
квадрафо́н, -а
квадрафони́ческий
квадрафони́я, -и
квадри́виум, -а
квадри́га, -и (*колесница*)
квадри́ка, -и (*матем.*)
квадриллио́н, -а и **квадрильо́н**, -а
квадрипλика́т, -а
квадри́пльбар, -а (*спорт.*)
квадрире́ма, -ы
квадрифо́лий, -я (*архит.*)
ква́дро, *нескл., ж.*
квадроза́пись, -и
квадрозву́к, -а

квадропрогра́мма, -ы
квадросисте́ма, -ы
квадрофони́ческий
квадрофони́я, -и
квадроци́кл, -а (*род мотоцикла*)
квадрупо́ль, -я
квадрупо́льный
кваза́р, -а
кваза́рный
квази... – *первая часть сложных слов, пишется слитно*
квазиакти́вный
квазиалма́зный
квазигеро́й, -я
квазигосуда́рственный
квазидемокра́т, -а
квазиде́ньги, -нег, -де́ньга́м
квазизащи́тник, -а
квазизвезда́, -ы́, *мн.* -звёзды, -звёзд
квазизвёздный
квазиизлуче́ние, -я
квазиизотропи́я, -и
квазии́мпульс, -а
Квазимо́до, *нескл., м.* (*также: горбун, урод*)
квазинау́ка, -и
квазинау́чность, -и
квазинау́чный; *кр. ф.* -чен, -чна
квазинейтра́льность, -и
квазинорма́льный; *кр. ф.* -лен, -льна
квазиобъекти́вный; *кр. ф.* -вен, -вна
квазио́птика, -и
квазипериоди́ческий
квазипоэ́зия, -и
квазипустота́, -ы́, *мн.* -о́ты, -о́т
квазиреволюцио́нный
квазиры́нок, -нка
квазисовреме́нный
квазисоциали́ст, -а
квазиспециали́ст, -а
квазистати́ческий
квазистациона́рный
квазиупру́гий
квазиусто́йчивый
квазиучёный, -ого
квазифилосо́фский
квазичасти́цы, -и́ц, *ед.* -и́ца, -ы, *тв.* -ей
квазиэлектро́нный
ква́канье, -я
ква́кать, -аю, -ает
ква́ква, -ы (*птица*)
ква-ква́, *неизм.*
ква́кер, -а
ква́керский
ква́керство, -а
ква́керша, -и, *тв.* -ей
ква́кнуть, -ну, -нет
кваку́ша, -и, *тв.* -ей
кваку́шка, -и, *р. мн.* -шек
ква́кша, -и, *тв.* -ей
квалиме́трия, -и
квалитати́вный
квалите́т, -а
квалифика́нт, -а (*спорт.*)
квалифика́нтка, -и, *р. мн.* -ток
квалификацио́нный
квалифика́ция, -и
квалифици́рованно, *нареч.*
квалифици́рованность, -и
квалифици́рованный; *кр. ф. прич.* -ан, -ана; *кр. ф. прил.* (*имеющий или обнаруживающий высокую квалификацию*) -ан, -анна
квалифици́ровать(ся), -рую(сь), -рует(ся)
ква́нза, -ы (*ден. ед.*)
квант, -а
кванти́ль, -я
квантитати́вный
квантифика́ция, -и
квантова́ние, -я
кванто́ванный; *кр. ф.* -ан, -ана
ква́нтово-механи́ческий
ква́нтово-опти́ческий
ква́нтово-статисти́ческий
ква́нтово-физи́ческий
ква́нтово-хими́ческий
ква́нтовый
кванто́ме́тр, -а
ква́нтор, -а
ква́нторный
квантоско́п, -а
кваре́нгиевский (*от* Кваре́нги)
кварк, -а
ква́рковый
ква́рта, -ы
кварта́л, -а
кварта́льный
квартерде́к, -а
квартеро́н, -а
квартеро́нка, -и, *р. мн.* -нок
квартеро́нский
кварте́т, -а
квартети́ст, -а
кварте́тный
кварти́ль, -я
кварти́ра, -ы
квартира́нт, -а
квартира́нтка, -и, *р. мн.* -ток
квартира́нтский
квартира́нтство, -а
кварти́рка, -и, *р. мн.* -рок
квартирме́йстер, -а
квартирме́йстерский
кварти́рник, -а
кварти́рный
квартиробива́к, -а
квартирова́ние, -я
квартирова́ть, -ру́ю, -ру́ет
квартировладе́лец, -льца, *тв.* -льцем, *р. мн.* -льцев
квартиронанима́тель, -я
квартиросда́тчик, -а
квартиросъёмщик, -а
квартиросъёмщица, -ы, *тв.* -ей
квартирохозя́ин, -а
квартирохозя́йка, -и, *р. мн.* -я́ек
квартирье́р, -а
квартирье́рский
квартова́ние, -я
ква́ртово-кви́нтовый
ква́ртовый
кварто́ль, -и
квартпла́та, -ы
квартсекстакко́рд, -а
квартупле́т, -а (*велосипед*)
кварц, -а, *тв.* -ем
кварцева́ть(ся), -цу́ю(сь), -цу́ет(ся)
ква́рцевый
кварцеду́в, -а
кварци́т, -а
кварци́тный
кварци́товый
кварцо́ванный; *кр. ф.* -ан, -ана
квас, -а и -у
ква́сить(ся), ква́шу, ква́сит(ся)
квасни́к, -а́
квасно́й (*от* квас)
ква́сный (*квашеный*)
квасова́р, -а
квасоваре́ние, -я
квасова́рный
квасова́рня, -и, *р. мн.* -рен
квасо́к, -ска́ и -ску́
квасцева́льный
квасцева́ние, -я
квасцева́ть(ся), -цу́ю, -цу́ет(ся)
квасцо́ванный; *кр. ф.* -ан, -ана
квасцо́вый
квасцы́, -о́в
ква́сящий(ся)
кватернио́н, -а
Кватроче́нто, *нескл., с.*
ква́ча, -и, *тв.* -ей (*ден. ед.*)
ква́шение, -я
квашени́на, -ы
квашени́нный
квашёнка, -и (*квашеная капуста*)
ква́шенный; *кр. ф.* -ен, -ена, *прич.*
ква́шеный, *прил.*
квашня́, -и́, *р. мн.* -не́й
квашо́нка, -и, *р. мн.* -нок (*от* квашня́)
КВ-диапазо́н, -а
квебе́кский (*от* Квебе́к)
квебе́кцы, -ев, *ед.* -кец, -кца, *тв.* -кцем
квебра́хо, *нескл., с.*
квебра́ховый
квёлость, -и
квёлый
кверуля́нт, -а
кверуля́нтство, -а
кве́рху, *нареч.* (ша́пка кве́рху сужа́ется; ды́м идёт пря́мо кве́рху), но *сущ.* **к ве́рху** (альпини́ст упря́мо поднима́ется к ве́рху скалы́; ра́ковина прикрепи́лась к ве́рху ка́мня)
кверцитро́н, -а
кве́ршла́г, -а
кве́стор, -а
квесту́ра, -ы
КВ и ДВ кана́лы свя́зи
квиети́зм, -а
квиети́ст, -а
квиети́ческий

квиз, -а
квикстéп, -а
квилт, -а
квинáрий, -я
Кви́нке, *нескл., м.*: **отёк Кви́нке**
квинóа и **кинóа,** *нескл., с. (растение)*
кви́нта, -ы
квинтáл, -а
квинтéт, -а
квинтéтный
квинтиллиóн, -а и **квинтильóн,** -а
кви́нтовый
квинтóль, -и
квинтсекстаккóрд, -а
квинтуплéт, -а (*велосипед*)
квинтэссéнция, -и
квипрокво́, *нескл., с.*
Квиринáл, -а (*в Риме*)
квиринáльный
квири́т, -а
Кви́слинг, -а
кви́слинговец, -вца, *тв.* -вцем, *р. мн.* -вцев
кви́слинговский (*от* Кви́слинг)
квит, *неизм.* (*устар. к* кви́ты)
квитанциóнный
квитáнция, -и
квитáться, -áюсь, -áется
квити́рование, -я
квитóк, -ткá
квитóчек, -чка
кви́ты, *неизм.*
КВН [кавэ́н], *нескл., м.* (*сокр.*: клуб веселых и находчивых)
квóрум, -а
квóта, -ы
квоти́рование, -я
квоти́рованный; *кр. ф.* -ан, -ана
квоти́ровать(ся), -рую, -рует(ся)
квóтный
квохтáнье, -я
квохтáть, квóхчет
квóхчущий
квóчка, -и, *р. мн.* -чек
КВ-передáтчик [кавэ́], -а
КВ-приёмник, -а
КВ-приёмный
КВ-приёмо-передаю́щий
КВ-радиоканáлы, -ов
КВ-связь, -и
КВЦ [кавэцé], *нескл., м.* (*сокр.*: координационно-вычислительный центр)
кéа, *нескл., м.* (*попугай*)
кеб, -а
кебáб, -а
кебáйя, -и
кéбмен, -а
кеви́р, -а
кевлáр, -а
кевлáровый
кéвовый (кéвовое дéрево)
кег, -а
кéгель, кéгля и **кегль,** -я (*шрифт*)
кегельбáн, -а
кéгельный
кéгли, -ей, *ед.* кéгля, -и (*игра*)
кегль, -я и **кéгель,** кéгля (*шрифт*)
кедр, -а
кедрáч, -á, *тв.* -óм
Кéдрóвая Пáдь (*заповедник*)
кедрóвка, -и, *р. мн.* -вок
кедрóвник, -а
кедрóвый
Кедрóнская доли́на (*под Иерусалимом, библ.*)
кéды, кéдов и кед, *ед.* кед, -а
кéйвы, кейв (*геогр.*)
кейнсиáнец, -нца, *тв.* -нцем, *р. мн.* -нцев
кейнсиáнский (*от* Кейнс)
кейнсиáнство, -а
кéйпер, -а
кейптáунский (*от* Кейптáун)
кейптáунцы, -ев, *ед.* -нец, -нца, *тв.* -нцем
кéйрин, -а (*велогонка*)
кейс, -а
кейс-мéтод, -а
кейс-пилóт, -а
кейтóниевые, -ых
кейф, -а и **кайф,** -а
кейфовáть, -фу́ю, -фу́ет и **кайфовáть,** -фу́ю, -фу́ет
кек, -а (*физ.*)
кéклик, -а
кекс, -а
кéксик, -а
кекуóк, -а
кéкур, -а
келáрня, -и, *р. мн.* -рен
кéларский
кéларь, -я
кéлдышевский (*от* Кéлдыш)
келéйка, -и, *р. мн.* -éек и **кéлийка,** -и, *р. мн.* -иек
келéйник, -а
келéйница, -ы, *тв.* -ей
келéйничать, -аю, -ает
келéйно, *нареч.*
келéйность, -и
келéйный
келéрия, -и
кéлийка, -и, *р. мн.* -иек и **келéйка,** -и, *р. мн.* -éек
келóид, -а
Кéльвин, -а: **уравнéние Кéльвина, шкалá Кéльвина**
кéльвин, -а, *р. мн.* -ов, *счетн. ф.* кéльвин (*ед. измер.*)
кéльма, -ы
кéльнер, -а
кéльнерский
кéльнерша, -и, *тв.* -ей
кёльнский (*от* Кёльн)
кёльнцы, -ев, *ед.* -нец, -нца, *тв.* -нцем
кельт, -а (*древнее орудие*)
кельтáн, -а
кельтóлог, -а
кельтологи́ческий
кельтолóгия, -и
кéльтский
кéльты, -ов, *ед.* кельт, -а (*племена*)
кéлья, -и, *р. мн.* кéлий
кемали́зм, -а
кемали́стский
кеманчá, -и́, *тв.* -óй
кемáрить, -рю, -рит
кéмбриджский (*от* Кéмбридж)
кéмбриджцы, -ев, *ед.* -жец, -жца, *тв.* -жцем
кéмбрий, -я
кембри́йский
кéмеровский (*от* Кéмерово)
кéмеровцы, -ев, *ед.* -вец, -вца, *тв.* -вцем
кемеровчáне, -áн, *ед.* -áнин, -а
кемеровчáнка, -и, *р. мн.* -нок
кéм-кéм
кемля́не, -я́н, *ед.* -я́нин, -а (*от* Кемь)
кéмпер, -а
Кемпи́йский: Фомá Кемпи́йский
кéмпинг, -а
кéмпинговый
кéмский (*от* Кемь)
кен, -а
кéнар, -а и **кéнарь,** -я
кенáрка, -и, *р. мн.* -рок
кенáф, -а
кенафоубóрочный
кенгурёнок, -нка, *мн.* -ря́та, -ря́т
кенгури́ный
кенгурóвый
кенгуру́, *нескл., м.* и *ж.*
кенгуру́шка, -и, *р. мн.* -шек, *м.* и *ж.* (*животное*), *ж.* (*рюкзачок для ношения грудных детей*)
кенды́рь, -я́
кёнигсбéргский (*от* Кёнигсбéрг)
кёнигсбéржцы, -ев, *ед.* -жец, -жца, *тв.* -жцем
кени́йка, -и, *р. мн.* -и́ек
кени́йский (*от* Кéния)
кени́йцы, -ев, *ед.* -и́ец, -и́йца, *тв.* -и́йцем
кéннелевый
кéннель, -я
кенотáф, -а
кенотрóн, -а
кенотрóнный
кентáвр, -а
кентавромáхия, -и
кéнтер, -а (*ход лошади*)
кентербери́йский (*от* Кéнтербери)
кéнтский (*от* Кент)
кентукки́йский (*от* Кенту́кки)
кентукки́йцы, -ев, *ед.* -и́ец, -и́йца, *тв.* -и́йцем
кéнтум, *неизм.* (языки́ кéнтум, *лингв.*)
кéньги, кеньг, *ед.* кéньга, -и
кепáрь, -я́
кéпи, *нескл., с.*
кéпка, -и, *р. мн.* кéпок
кéпочка, -и, *р. мн.* -чек
кéпочный

кепчо́нка, -и, *р. мн.* -нок
керамзи́т, -а
керамзитобето́н, -а
керамзитобето́нный
керамзи́товый
керами́ды, -ов, *ед.* -ми́д, -а
кера́мика, -и
кера́мико-металли́ческий
керами́ст, -а
керами́стка, -и, *р. мн.* -ток
керами́ческий
keраргири́т, -а
керати́ны, -ов, *ед.* -ти́н, -а
керати́т, -а
керати́товый
керато́з, -а
кератоко́нус, -а
кератоконъюнктиви́т, -а
кератопла́стика, -и
кератотоми́я, -и
кератофи́р, -а
кератофи́ровый
керб, -а
ке́рвель, -я
кере́нка, -и, *р. мн.* -нок
кержаки́, -о́в, *ед.* -жа́к, -а́
кержа́цкий
кержа́чка, -и, *р. мн.* -чек (*к* кержаки́)
Ке́рженец, -нца, *тв.* -нцем (*река*)
ке́рженский (*к* Ке́рженец)
кёрлинг, -а
кёрлинги́ст, -а
кёрлинги́стка, -и, *р. мн.* -ток
кёрлинг-клу́б, -а
кёрлинговый
керма́, -ы́
керме́к, -а
керме́тный
керме́ты, -ов, *ед.* -ме́т, -а
керн, -а (*геол.*)
ке́рнер, -а
керντерье́р, -а
keрога́з, -а
кероси́н, -а и -у
кероси́нец, -нца и -нцу, *тв.* -нцем
кероси́нить, -ню, -нит
кероси́нка, -и, *р. мн.* -нок
кероси́нный
кероси́новый
керосинокали́льный
кероси́нчик, -а и -у
кероси́нщик, -а
кероси́нщица, -ы, *тв.* -ей
ке́рри-блю-терье́р, -а
керсанти́т, -а
керча́к, -а́ (*рыба*)
керча́не, -а́н, *ед.* -а́нин, -а
керча́нка, -и, *р. мн.* -нок
керчени́т, -а
ке́рченский (*от* Керчь)
Ке́рченский проли́в
ке́рченцы, -ев, *ед.* -нец, -нца, *тв.* -нцем
керш, -а, *тв.* -ем

ке́сарево (*от* ке́сарь): **ке́сарю ке́сарево**
ке́сарево сече́ние, ке́сарева сече́ния
кесари́йский (*от* Кесари́я); но: **Васи́лий Кесари́йский, Проко́пий Кесари́йский**
ке́сарский
ке́сарь, -я
кессо́н, -а
кессо́нный
кессо́нщик, -а
ке́та, -ы и **кета́,** -ы́
кета́ли, -ей, *ед.* -а́ль, -я (*хим.*)
кетгу́т, -а
кетгу́тный
кетелеерия, -и
кете́н, -а
кетме́нный
кетме́нь, -я́
кето́вый
кетоге́нный
кето́з, -а
кетокисло́ты, -о́т, *ед.* -ота́, -ы́
кето́новый
кетонокисло́ты, -о́т, *ед.* -ота́, -ы́
кето́ны, -ов, *ед.* кето́н, -а
кетса́ль, -я (*ден. ед.*)
ке́тский
ке́ттельный
кеттлёвка, -и
кетца́ль, -я (*птица*)
кетч, -а, *тв.* -ем (*борьба*)
ке́тчер, -а (*бейсболист; борец*)
кетчи́ст, -а
ке́тчуп, -а и -у
ке́ты, -ов (*народ*)
кефа́левый
кефалеобра́зные, -ых
кефа́лий, -ья, -ье
кефали́ны, -ов, *ед.* -ли́н, -а
кефаломе́трия, -и
кефа́ль, -и
кефа́льный
кефи́р, -а и -у
кефи́рный
кефиро́к, -рка́ и -рку́
кефи́рчик, -а и -у
кеч, -а, *тв.* -ем (*судно*)
ке́чуа, *неизм.* и *нескл., м.* (*язык*) и *нескл., мн., ед. м.* и *ж.* (*народ*)
кеш, -а, *тв.* -ем (*фин., инф.*)
кеши́рование, -я
кёшк, -а
кеш-контро́ллер, -а
кеш-па́мять, -и
ке́шью, *нескл., м.* и *с.*
ке́ш-энд-ке́рри, *нескл., с. (способ оптовой продажи; магазин самообслуживания)*
к за́втраму (*прост.*)
кза́ди
К-захва́т [ка-], -а *(физ.)*
КЗоТ, -а (*сокр.:* Ко́декс зако́нов о труде́)
кзо́товский (*от* КЗоТ)

кзыл-орди́нский (*от* Кзыл-Орда́)
кзылорди́нцы, -ев, *ед.* -нец, -нца, *тв.* -нцем
киа́нг, -а
киани́т, -а
Кибе́ла, -ы
ки́бер, -а
кибер... *– первая часть сложных слов, пишется слитно*
кибербезопа́сность, -и
кибервзло́мщик, -а
кибермаши́на, -ы
кибернетиза́ция, -и
кибернетизи́рованный; *кр. ф.* -ан, -ана
кибернетизи́ровать(ся), -рую, -рует(ся)
киберне́тик, -а
киберне́тика, -и
кибернети́ческий
киберпа́нк, -а
киберполи́ция, -и
киберпреступле́ние, -я
киберпресту́пность, -и
киберпрое́кт, -а
киберпростра́нство, -а
киберскво́ттер, -а
киберскво́ттерский
киберскво́ттерство, -а
киберскво́ттинг, -а
киберспо́рт, -а
кибертерр ори́зм, -а
кибертеррори́ст, -а
киберустро́йство, -а
киби́тка, -и, *р. мн.* -ток
киби́точка, -и, *р. мн.* -чек
киби́точный
кибла́, -ы́ (*понятие ислама*)
ки-бо́, *нескл., с.* и *неизм.* (*вид аэробики*)
кибо́рг, -а
киборгиза́ция, -и
ки́борд, -а
кибу́ц, -а, *тв.* -ем, *р. мн.* -ев
кива́ла, -ы, *м.* и *ж.* (*подхалим*)
кива́ние, -я
кива́но, *нескл., м.* и *ж.* (*дыня*)
кива́ть, -а́ю, -а́ет
ки́вер, -а, *мн.* -а́, -о́в
ки́ви[1] и **ки́ви-ки́ви,** *нескл., м.* (*птица*)
ки́ви[2], *нескл., м.* и *с.* (*дерево и плод его*)
кивну́ть, -ну́, -нёт
киво́к, кивка́
киво́рий, -я
киво́т, -а (*устар. к* кио́т)
кився́к, -а́
киге́лия, -и
кида́ла, -ы, *м.* и *ж.* (*мошенник, жарг.*)
кида́льщик, -а (*жарг.*)
кида́льщица, -ы, *тв.* -ей
кида́ни, -ей (*племена*)
кида́ние, -я
ки́данный; *кр. ф.* -ан, -ана
кида́ньский (*от* кида́ни)
кида́р, -а (*головной убор*)

ки́дас, -а и **ки́дус**, -а
кида́ть(ся), -а́ю(сь), -а́ет(ся)
кидна́п, -а
кидне́ппер, -а
кидне́ппинг, -а
ки́дус, -а и **ки́дас**, -а
Ки́ев, -а (*также*: язы́к до Ки́ева доведёт; в огоро́де бузина́, а в Ки́еве дя́дька)
киевля́не, -я́н, *ед.* -я́нин, -а
киевля́нка, -и, *р. мн.* -нок
Ки́ево-Могиля́нская акаде́мия (*ист.*)
Ки́ево-Пече́рская ла́вра
Ки́евская Ру́сь
ки́евский (*от* Ки́ев)
Ки́евщина, -ы (*к* Ки́ев)
киёк, кийка́
Кижé, *нескл., м.*: **подпору́чик** (или **пору́чик) Кижé**
ки́жский (*от* Ки́жи́)
ки́жуч, -а, *тв.* -ем
кизело́вский (*от* Ки́зел, *город*)
кизело́вцы, -ев, *ед.* -вец, -вца, *тв.* -вцем
кизельгу́р, -а
кизери́т, -а
кизи́л, -а
кизи́левый (*устар. к* кизи́ловый)
кизи́ловый
кизи́ль, -я (*устар. к* кизи́л)
кизи́льник, -а
кизи́льный
кизля́рка, -и, *р. мн.* -рок
кизля́рский (*от* Кизля́р)
кизля́рцы, -ев, *ед.* -рец, -рца, *тв.* -рцем
кизя́к, -а́
кизяко́вый
кизя́чный
кий, кия́ и кия́, *предл.* о кие́ и о ки́е, *мн.* кии́, киёв
Кий, Кия́, *предл.* о Ки́е (*легендарный основатель Киева*)
кик, -а (*танец*)
КИК, *нескл., м.* (*сокр.*: командно-измерительный комплекс)
ки́ка, -и
кика́пу́, *нескл., мн., ед. м.* и *ж.*
кикбо́ксер, -а
кикбо́ксинг, -а
кики́мора, -ы
кикло́п, -а
кико́нго, *неизм.* и *нескл., м.* (*язык*)
кикс, -а
киксану́ть, -ну́, -нёт
киксова́ть, -су́ю, -су́ет
кикста́ртер, -а и **кикстартёр**, -а
кику́йю, *неизм.* и *нескл., м.* (*язык*) и *нескл., мн., ед. м.* и *ж.* (*народ*)
кил, -а (*белая глина*)
кила́, -ы́, *мн.* ки́лы, кил, ки́ла́м (*грыжа*)
кила́тый
килева́ние, -я
килёванный; *кр. ф.* -ан, -ана
килева́ть(ся), килю́ю, килю́ет(ся) (*от* киль)
килево́й
килегру́дый
киле́ктор, -а
килено́гий
ки́лечка, -и, *р. мн.* -чек
ки́лечный
ки́лиан, -а (*танец*)
кили́жка, -и, *р. мн.* -жек
ки́лик, -а (*сосуд*)
килики́йский (*от* Килики́я)
килики́йцы, -ев, *ед.* -и́ец, -и́йца, *тв.* -и́йцем
кили́м, -а
ки́ллер, -а
ки́ллерский
ки́ллерша, -и, *тв.* -ей
кило́, *нескл., с.* (*килограмм*)
кило... – *первая часть сложных слов, пишется слитно*
килоба́йт, -а, *р. мн.* -ов, *счетн. ф.* -ба́йт
килоба́йтный
килоба́йтовый
килоба́р, -а, *р. мн.* -ов, *счетн. ф.* -ба́р
килоби́т, -а, *р. мн.* -ов, *счетн. ф.* -би́т
килова́тт, -а, *р. мн.* -ов, *счетн. ф.* -ва́тт
килова́ттный
килова́тт-ча́с, -а, *мн.* -ы́, -о́в
килово́льт, -а, *р. мн.* -ов, *счетн. ф.* -во́льт
килово́льт-ампе́р, -а, *р. мн.* -ов, *счетн. ф.* -ампе́р
килоге́рц, -а, *тв.* -ем, *р. мн.* -ев, *счетн. ф.* -ге́рц
килоге́рцевый
килогра́мм, -а, *р. мн.* -ов, *счетн. ф.* -гра́мм и -ов
килогра́мм-ке́львин, -а, *р. мн.* -ов, *счетн. ф.* -вин
килогра́мм-ме́тр, -а
килогра́мм-моле́кула, -ы
килогра́мм-мо́ль, -я
килогра́ммо́вый
килогра́мм-си́ла, -ы
килогра́мм-си́ла-ме́тр, -а
килогра́мм-си́ла-секу́нда, -ы
килогра́ммчик, -а
килоджо́уль, -я
килокало́рия, -и
килоли́тр, -а
килолю́кс, -а, *р. мн.* -ов, *счетн. ф.* -лю́кс
килолю́кс-секу́нда, -ы
килолю́мен, -а, *р. мн.* -ов, *счетн. ф.* -мен
килолю́мен-ча́с, -а, *мн.* -ы́, -о́в
киломе́тр, -а
километра́ж, -а́ и -а, *тв.* -о́м и -ем
километро́вка, -и, *р. мн.* -вок
километро́вый
килоньюто́н, -а, *р. мн.* -ов, *счетн. ф.* -ньюто́н
килоо́м, -а, *р. мн.* -ов, *счетн. ф.* -о́м
килопарсе́к, -а
килопаска́ль, -я
килото́нна, -ы
килоэлектронво́льт, -а, *р. мн.* -ов, *счетн. ф.* -во́льт
килт, -а
киль, -я
кильбло́к, -а
кильва́ль, -я
кильва́тер, -а
кильва́терный
ки́лька, -и, *р. мн.* ки́лек
ки́льский (*от* Киль, *город*)
Ки́льский кана́л
ки́льсон, -а (*мор.*)
кильчева́ние, -я
кильчёванный; *кр. ф.* -ан, -ана
кильчева́ть(ся), -чу́ю, -чу́ет(ся)
кимберли́т, -а
кимберли́товый
кимбу́нду, *неизм.* и *нескл., м.* (*язык*)
кимва́л, -а
кимва́льный
ки́мвры, -ов, *ед.* кимвр, -а
кимика́н, -а (*пища*)
кимирсе́новский (*от* Ким Ир Се́н)
киммери́йский
киммери́йцы, -ев, *ед.* -и́ец, -и́йца, *тв.* -и́йцем
кимо́граф, -а
кимоно́, *нескл., с.* и *неизм.*
ки́мрский (*от* Ки́мры)
кимряки́, -о́в, *ед.* -ря́к, -а́
кимря́чка, -и, *р. мн.* -чек
кин, -а, *р. мн.* -ов, *счетн. ф.* кин
кина́зы, -а́з, *ед.* -а́за, -ы
кинамо́н, -а
кинг, -а (*карточная игра*)
ки́нга, *нескл., мн., ед. м.* и *ж.* (*народ*)
кингсто́н, -а
кингсто́нный
кинда́рк, -а (*ден. ед.*)
киндербальза́м, -а
ки́ндер-сюрпри́з, -а
киндзмарау́ли, *нескл., с.*
киндя́к, -а́
кинезио́лог, -а
кине́ма, -ы
кинема́тика, -и
кинемати́ческий
кинемато́граф, -а
кинематографи́ст, -а
кинематографи́стка, -и, *р. мн.* -ток
кинематографи́ческий
кинематографи́чность, -и
кинематографи́чный; *кр. ф.* -чен, -чна
кинематогра́фия, -и
кине́сика, -и
кинеско́п, -а
кинеско́пный
кинети́зм, -а
кине́тика, -и
кинети́ст, -а

кинети́ческий
кинетокардиогра́фия, -и
кинетопла́ст, -а
кинетоско́п, -а
кинетосо́ма, -ы
кинетоста́тика, -и
кинетохо́р, -а
ки́нешемка, -и, *р. мн.* -мок
ки́нешемский (*от* Ки́нешма)
ки́нешемцы, -ев, *ед.* -мец, -мца, *тв.* -мцем
кинжа́л, -а
кинжалови́дный; *кр. ф.* -ден, -дна
кинжа́льный
кинжа́льчик, -а
ки́нза, -ы и **кинза́**, -ы́
кини́зм, -а
кинии́н, -а
ки́ник, -а
кини́ны, -ов, *ед.* -и́н, -а
кини́ческий
кинкажу́, *м.* (*животное*)
кинка́н, -а (*дерево*)
кино́, *нескл., с.*; но: кина́ не бу́дет (*прост. шутл.*)
кино... – *первая часть сложных слов, пишется слитно*
кино́а и **квино́а**, *нескл., с. (растение)*
киноаванга́рд, -а
киноактёр, -а
киноактри́са, -ы
киноальмана́х, -а
киноано́нс, -а
киноаппара́т, -а
киноаппара́тная, -ой
киноаппарату́ра, -ы
киноарти́ст, -а
киноарти́стка, -и, *р. мн.* -ток
киноархи́в, -а
киноателье́, *нескл., с.*
киноаудито́рия, -и
киноафи́ша, -и, *тв.* -ей
кинoба́за, -ы
кинобале́т, -а
кинобизнес, -а
кинобизнесме́н, -а
кинобиогра́фия, -и
кинобоеви́к, -а́
кинова́рный
ки́новарь, -и
киново́д, -а
кинове́дение, -я
кинове́дческий
кинове́рсия, -и
киновесна́, -ы́, *мн.* -вёсны, -вёсен
кинове́чер, -а, *мн.* -а́, -о́в
киновидеоматериа́лы, -ов
киновидеопира́тство, -а
киновидеопроду́кция, -и
киновидеопроекцио́нный
киновидеоце́нтр, -а
кино́вия, -и
киноводеви́ль, -я
кинoвоспита́ние, -я
кинoвы́пуск, -а
киногени́чность, -и
киногени́чный; *кр. ф.* -чен, -чна
киногерои́ня, -и, *р. мн.* -и́нь
киногеро́й, -я
киногла́з, -а
киного́д, -а
киного́род, -а, *мн.* -а́, -о́в
кинограмма, -ы
киногру́ппа, -ы
кинодебю́т, -а
кинодебюта́нт, -а
киноде́ло, -а
киноде́ятель, -я
киноди́ва, -ы
кинодило́гия, -и
кинодокуме́нт, -а
кинодокументали́ст, -а
кинодокументали́стика, -и
кинодра́ма, -ы
кинодрамату́рг, -а
кинодраматурги́я, -и
киножа́нр, -а
киножурна́л, -а
кинoза́л, -а
кинозвезда́, -ы́, *мн.* -звёзды, -звёзд
кинозри́тель, -я
кинозри́тельница, -ы, *тв.* -ей
кинозри́тельский
киноиллюстра́ция, -и
киноиндустриа́льный
киноинду́стрия, -и
киноинститу́т, -а
киноинтервью́, *нескл., с.*
киноинформа́ция, -и
киноиску́сство, -а
кино- и фотоплёнка, -и, *р. мн.* -нок
кинока́др, -а
кинока́мера, -ы
кинокарти́на, -ы
кинокла́ссик, -а
кинокла́ссика, -и
киноклу́б, -а
кинoколла́ж, -а, *тв.* -ем
кинокольцо́вка, -и, *р. мн.* -вок
кинокоме́дия, -и
кинокомпа́ния, -и
кинoко́мплекс, -а
кинoко́нкурс, -а
кинoконце́рт, -а
кинoконце́ртный
кинoкопирова́льный
кинoко́пия, -и
кинoкорпора́ция, -и
кинокри́тик, -а
кинокри́тика, -и
кинокружо́к, -жка́
кинолекто́рий, -я
кинолекцио́нный
кинoле́нта, -ы
кинoле́топись, -и
кино́лог, -а
кинологи́ческий
кинoло́гия, -и
кинолю́б, -а
кинолюби́тель, -я
кинолюби́тельский
кинолюби́тельство, -а
кинoма́н, -а
кинoмарафо́н, -а
кинoма́стер, -а, *мн.* -а́, -о́в
кинoматериа́лы, -ов и **киноматериа́л**, -а
кинoме́сячник, -а
кинoмеха́ник, -а
кинoми́р, -а
кинoмонопо́лия, -и
кинoмонта́ж, -а́, *тв.* -о́м
кинoму́зыка, -и
кинoмышле́ние, -я
кинoмю́зикл, -а
кинoнеде́ля, -и
кинoнове́лла, -ы
кинoобме́н, -а
кинoобозрева́тель, -я
кинoобозре́ние, -я
кинoоборудование, -я
кинoо́браз, -а
кинoобъекти́в, -а
кинoо́пера, -ы
кинooпера́тор, -а
кинoо́трасль, -и
кинoо́черк, -а
кинoпавильо́н, -а
кинoпанора́ма, -ы
кинoпередви́жка, -и, *р. мн.* -жек
кинoперсона́ж, -а, *тв.* -ем
кинoплёнка, -и, *р. мн.* -нок
кинoплёночный
кинoплоща́дка, -и, *р. мн.* -док
кинoповествова́ние, -я
кинoпо́весть, -и, *мн.* -и, -е́й
кинoпока́з, -а
кинoполотно́, -а́, *мн.* -о́тна, -о́тен
кинoпортре́т, -а
кинoпостано́вка, -и, *р. мн.* -вок
кинoпра́здник, -а
кинoпре́мия, -и
кинoпремье́ра, -ы
кинoпре́сса, -ы
кинoприём, -а
кинoпро́ба, -ы
кинoпроду́кция, -и
кинoпродю́сер, -а
кинoпрое́ктор, -а
кинoпроекцио́нный
кинoпрое́кция, -и
кинoпроизведе́ние, -я
кинoпроизво́дство, -а
кинoпрока́т, -а
кинoпрока́тный
кинoпрока́тчик, -а
кинoпромы́шленник, -а
кинoпромы́шленность, -и
кинoпросмо́тр, -а
кинoпублици́ст, -а
кинoпублици́стика, -и
кинoпутеше́ственник, -а
кинoпутеше́ствие, -я
кинoрабо́та, -ы
кинoрабо́тник, -а

кинорасска́з, -а
кинорежиссёр, -а
кинорежиссу́ра, -ы
кинорекла́ма, -ы
кинорепертуа́р, -а
кинорепорта́ж, -а, *тв.* -ем
кинорепортёр, -а
кинори́нхи, -ов, *ед.* -ри́нх, -а
киноро́лик, -а
киноро́ль, -и, *мн.* -и, -е́й
кинорома́н, -а
киноры́нок, -нка
киносеа́нс, -а
киносериа́л, -а
киносе́ть, -и, *мн.* -и, -е́й
киноска́зка, -и, *р. мн.* -зок
киноспектро́граф, -а
киносту́дия, -и
киносцена́рий, -я
киносценари́ст, -а
киносъёмка, -и, *р. мн.* -мок
киносъёмочный
киносюже́т, -а
кинотеа́тр, -а
киноте́ка, -и
кинотелевизио́нный
кинотелегени́чный; *кр. ф.* -чен, -чна
киноте́хника, -и
кинотехни́ческий
кинотрило́гия, -и
кинотрю́к, -а
киноустано́вка, -и, *р. мн.* -вок
киноу́тренник, -а
кинофа́брика, -и
кинофальши́вка, -и, *р. мн.* -вок
кинофестива́ль, -я
кинофика́ция, -и
кинофи́льм, -а
кинофи́рма, -ы
кинофици́рованный; *кр. ф.* -ан, -ана
кинофици́ровать(ся), -рую, -рует(ся)
кинофо́рум, -а
кинофотоаппарату́ра, -ы
кинофотоархи́в, -а
кинофотодокуме́нты, -ов
кинофотоинститу́т, -а
кинофотолаборато́рия, -и
кинофотолюби́тель, -я
кинофотоплёнка, -и, *р. мн.* -нок
кинофотосту́дия, -и
кинофотосъёмка, -и, *р. мн.* -мок
кинофотосъёмочный
кинофототе́хника, -и
кинофотофонодокуме́нты, -ов
кинофрагме́нт, -а
кинохи́т, -а́
кинохро́ника, -и
кинохроника́льный
кинохроникёр, -а
кинохудо́жник, -а
киноце́нтр, -а
кино́шка, -и, *р. мн.* -шек
кино́шник, -а
кино́шница, -ы, *тв.* -ей
кино́шный
киноэкра́н, -а
киноэкспеди́ция, -и
киноэпопе́я, -и
киноязы́к, -а́
кинта́рь, -я
кинто́, *нескл., м.*
ки́нуть(ся), ки́ну(сь), ки́нет(ся)
кинша́сский (*от* Кинша́са)
кинша́сцы, -ев, *ед.* -сец, -сца, *тв.* -сцем
кио́ск, -а
киоскёр, -а
киоскёрша, -и, *тв.* -ей
кио́сочек, -чка (*от* кио́ск)
кио́сочный
кио́т, -а
кио́тный
кио́тоский и **кио́тский** (*от* Кио́то)
кио́тосцы, -ев, *ед.* -сец, -сца, *тв.* -сцем и **кио́тцы,** -ев, *ед.* -тец, -тца, *тв.* -тцем
кип, -а (*ден. ед.*)
КИП, -а (*сокр.*: контрольно-измерительный прибор; комплексная изыскательная партия)
ки́па, -ы
кипари́с, -а
кипари́сный
кипари́совый
кипёж, -ежа́, *тв.* -о́м
кипе́ние, -я
ки́пенный
ки́пень, -и
ки́пер, -а (*спорт.*)
ки́перский
кипе́ть, киплю́, кипи́т
ки́плинговский (*от* Ки́плинг)
ки́повая пла́нка (*мор.*)
ки́повец, -вца, *тв.* -вцем, *р. мн.* -вцев
ки́повский (*от* КИП)
Кипп, -а: **аппара́т Ки́ппа**
кипп-реле́, *нескл., с.*
кипре́гель, -я
кипре́гельный
кипре́й, -я
кипре́йный
Кипри́да, -ы
киприо́тка, -и, *р. мн.* -ток
киприо́тский
киприо́ты, -ов, *ед.* -ио́т, -а
ки́прский (*от* Кипр)
кипсе́й, -я
кипсе́йка, -и, *р. мн.* -е́ек
ки́псек, -а
ки́пу, *нескл., с.*
кипу́честь, -и
кипу́чий
кипу́чка, -и
кипча́ки, -ов, *ед.* -ча́к, -а и **кыпча́ки,** -ов, *ед.* -ча́к, -а
кипча́кский и **кыпча́кский**
кипяти́лка, -и, *р. мн.* -лок
кипяти́льник, -а
кипяти́льный
кипяти́льня, -и, *р. мн.* -лен
кипяти́ть(ся), -ячу́(сь), -яти́т(ся)
кипято́к, -тка́ и -тку́
кипято́чек, -чка и -чку
кипято́чный
кипяче́ние, -я
кипячённый; *кр. ф.* -ён, -ена́, *прич.*
кипячёный, *прил.*
кир, -а (*горная порода*)
кира́са, -ы
кираси́р, -а, *р. мн.* -си́р и -ов
кираси́рский
кирги́зка, -и, *р. мн.* -зок
кирги́з-кайса́ки, -ов, *ед.* кирги́з-кайса́к, -а
кирги́з-кайса́цкий
кирги́зский (*к* кирги́зы и Кирги́зия)
кирги́зско-росси́йский
кирги́зы, -ов, *ед.* кирги́з, -а
кирена́ики, -ов, *ед.* -а́ик, -а
кире́нский (кире́нская шко́ла, *филос.*)
киржача́не, -а́н, *ед.* -а́нин, -а
киржа́чка, -и, *р. мн.* -чек (*к* киржа́чцы)
киржа́чский (*от* Киржа́ч, *город*)
киржа́чцы, -ев, *ед.* -чец, -чца, *тв.* -чцем
ки́рза, -ы и **кирза́,** -ы́
кирзачи́, -е́й, *ед.* -за́ч, -а́, *тв.* -о́м
ки́рзо́вый
кири́ллица, -ы, *тв.* -ей
кирилли́ческий
Кири́лло-Белозе́рский монасты́рь
кири́лловский (*от* Кири́лл и Кири́ллов)
кири́лло-мефо́диевский (*от* Кири́лл и Мефо́дий)
Кири́лло-Мефо́диевское о́бщество
ки́рка, -и, *р. мн.* ки́рок и **ки́рха,** -и, *р. мн.* кирх (*церковь*)
кирка́, -и́, *мн.* ки́рки́, ки́рок, ки́рка́м (*орудие*)
кирказо́н, -а
кирказо́новые, -ых
кирко́вый
киркомоты́га, -и
кировогра́дский (*от* Кировогра́д)
кировогра́дцы, -ев, *ед.* -дец, -дца, *тв.* -дцем
ки́рово-чепе́цкий (*от* Ки́рово-Чепе́цк)
ки́ровский (*от* Ки́ров и Ки́ровск)
ки́ровцы, -ев, *ед.* -вец, -вца, *тв.* -вцем
кировча́не, -а́н, *ед.* -а́нин, -а (*от* Ки́ров, *город*, и Ки́ровск)
кировча́нка, -и, *р. мн.* -нок
кирпи́ч, -а́, *тв.* -о́м
кирпичеде́лательный
кирпичеобжига́тельный
кирпи́чик, -а
кирпи́чина, -ы, *ж.* (*один кирпич*)
кирпичи́на, -ы, *м.* и *ж.* (*увелич. к* кирпи́ч)
кирпи́чник, -а
кирпи́чно-кра́сный
кирпи́чно-черепи́чный

кирпи́чный
киру́нди, *неизм.* и *нескл., м.* (*язык*)
ки́рха, -и, *р. мн.* кирх и **ки́рка,** -и, *р. мн.* ки́рок (*церковь*)
киршва́ссер, -а
киря́ть, -я́ю, -я́ет (*жарг.*)
ки́са, -ы (*ласкат. к* ко́шка)
киса́, -ы́ (*мешок*)
кисе́йка, -и
кисе́йный
киселёвский (*от* Киселёв и Киселёвск)
киселёвцы, -ев, *ед.* -вец, -вца, *тв.* -вцем (*от* Киселёвск)
киселёк, -лька́ и -льку́
киселеобра́зный; *кр. ф.* -зен, -зна
кисе́лик, -а и -у
кисе́ль, -я́ и -ю́
кисе́льный
кисе́т, -а
кисе́тный
кисея́, -и́
ки́ска, -и, *р. мн.* ки́сок
кис-ки́с, *неизм.*
кисле́нек, -нька
ки́сленький
кислеца́, -ы́, *тв.* -о́й
кислина́, -ы́
кисли́нка, -и
кисли́ть, -лю́, -ли́т
кисли́ца, -ы, *тв.* -ей (*растение*)
кисли́чник, -а
кисли́чные, -ых
кислова́тость, -и
кислова́тый
кисло́вка, -и
кислово́дский (*от* Кислово́дск)
кисловодча́не, -а́н, *ед.* -а́нин, -а
кисловодча́нка, -и, *р. мн.* -нок
кисло́вщик, -а
кисломоло́чный
кислоро́д, -а
кислоро́дистый
кислоро́дно-ацетиле́новый
кислоро́дно-водоро́дный
кислоро́дно-дыха́тельный
кислоро́дно-конве́ртерный
кислоро́дно-сва́рочный
кислоро́дно-сере́бряно-це́зиевый
кислоро́дный
кислородоотдаю́щий и **кислородотдаю́щий**
кислородосодержа́щий и **кислородсодержа́щий**
кислородтра́нспортный
ки́сло-сла́дкий; *кр. ф.* -док, -дка
ки́слость, -и
кислота́, -ы́, *мн.* -о́ты, -о́т
кисло́тно-ва́рочный
кисло́тно-осно́вный
кисло́тность, -и
кисло́тно-щелочно́й
кисло́тный
кислотоме́р, -а
кислотообразу́ющий
кислотосто́йкий; *кр. ф.* -о́ек, -о́йка
кислотосто́йкость, -и
кислотоупо́рность, -и
кислотоупо́рный; *кр. ф.* -рен, -рна
кислотоусто́йчивость, -и
кислотоусто́йчивый
кислоще́йный
ки́слый; *кр. ф.* ки́сел, кисла́, ки́сло, ки́слы́
кисля́й, -я
кисля́тина, -ы
ки́снувший
ки́снуть, -ну, -нет; *прош.* ки́снул и кис, ки́сла
ки́сонька, -и, *р. мн.* -нек
ки́сочка, -и, *р. мн.* -чек
кissы́н-фанды́р, -а
киста́, -ы́, *мн.* ки́сты, кист
кистеви́дный; *кр. ф.* -ден, -дна
кистево́й
кисте́нь, -я́
кистеобра́зный; *кр. ф.* -зен, -зна
кистепёрые, -ых
кистеукрепи́тель, -я
кистехво́ст, -а (*бабочка*)
кисто́зный
ки́сточка, -и, *р. мн.* -чек
кисть, -и, *мн.* -и, -е́й
кису́ля, -и
кит, -а́
кита́, -ы́ (*поэтическая форма*)
китаеве́д, -а
китаеве́дение, -я
китаеве́дческий
китаёза, -ы, *м.* и *ж.*
китаи́ст, -а
китаи́стика, -и
китаи́стка, -и, *р. мн.* -ток
Кита́й-го́род, -а
Китайгоро́дская стена́ (*в Москве*)
китайгоро́дский (*от* Кита́й-го́род)
кита́йка, -и, *р. мн.* -а́ек (*ткань; яблоня*)
Кита́йская стена́ (*о Великой Китайской стене*) и **кита́йская стена́** (*о полном отсутствии связей между явлениями, событиями*)
кита́йский (*от* Кита́й)
кита́йско-америка́нский
Кита́йско-Восто́чная желе́зная доро́га (КВЖД)
кита́йско-коре́йский
кита́йско-росси́йский
кита́йско-ру́сский
кита́йско-тибе́тский
кита́йско-япо́нский
кита́йцы, -ев, *ед.* кита́ец, -а́йца, *тв.* -а́йцем
кита́йчатый (*к* кита́йка)
китайчо́нок, -нка, *мн.* -ча́та, -ча́т
китая́нка, -и, *р. мн.* -нок (*к* кита́ец)
китая́ночка, -и, *р. мн.* -чек
китежа́не, -а́н, *ед.* -а́нин, -а
ки́тежский (*от* Ки́теж)
кителёк, -лька́
ки́тель, -я, *мн.* -я́, -е́й и -и, -ей
ки́тельный
китёнок, -нка, *мн.* китя́та, -я́т
китёныш, -а, *тв.* -ем
кити́ха, -и
китоба́за, -ы
китобо́ец, -о́йца, *тв.* -о́йцем, *р. мн.* -о́йцев
китобо́й, -я
китобо́йно-промысло́вый
китобо́йный
китови́дный дельфи́н
кито́вина, -ы
кито́вый
китогла́в, -а
китоло́в, -а
китоло́вный
китоло́вство, -а
китообра́зные, -ых
китч, -а, *тв.* -ем
ки́тчевость, -и
ки́тчевый
ки́тчмен, -а
китя́тина, -ы
кифа́ра, -ы
кифо́з, -а
кифосколио́з, -а
кичи́ться, кичу́сь, кичи́тся
ки́чка, -и, *р. мн.* ки́чек
кичли́вость, -и
кичли́вый
кише́ние, -я
кише́ть, киши́т
кише́чник, -а
кишечноды́шащие, -их
кишечнопо́лостные, -ых и -ы́х
кишечнораствори́мый
кишечнососу́дистый
кише́чный
кишинёвский (*от* Кишинёв)
кишинёвцы, -ев, *ед.* -вец, -вца, *тв.* -вцем
кишка́, -и́, *р. мн.* кишо́к
кишкообра́зный; *кр. ф.* -зен, -зна
кишла́к, -а́
кишла́чный
кишлачо́к, -чка́
кишми́ш, -а и -а́, *тв.* -ем и -о́м
кишмя́ кише́ть
кишо́чки, -чек
кия́нка, -и, *р. мн.* -нок
клав, -а (*продольная полоса на одежде*)
клавеси́н, -а
клавесини́зм, -а
клавесини́ст, -а
клавесини́стка, -и, *р. мн.* -ток
клавеси́нный
клавиату́ра, -ы
клавиату́рный
клавико́рды, -ов
клави́р, -а
клавира́бенд, -а
клави́ра́усцуг, -а
клави́рный

клавицимба́л, -а
клавицитéриум, -а
клавичéмбало, *нескл., с.*
кла́виша, -и, *тв.* -ей, *мн.* -и, -виш и **кла́виш,** -а, *тв.* -ем, *мн.* -и, -ей
кла́вишник, -а
кла́вишно-пневмати́ческий
кла́вишный
кла́вус, -а (*парчовый прямоугольник – деталь одежды*)
кла́вший(ся)
клад, -а
кла́дбище, -а и (*в поэтич. речи – также*) **кладби́ще,** -а
кладби́щенский
кла́дезь, -я; кла́дезь прему́дрости
кладенéц, -нца́, *тв.* -нцо́м, *р. мн.* -нцо́в (мéч-кладенéц)
кла́деный, *прил.*
кла́дка, -и, *р. мн.* -док
кладова́я, -о́й
кладо́вка, -и, *р. мн.* -вок
кладо́вочка, -и, *р. мн.* -чек
кладову́шка, -и, *р. мн.* -шек
кладовщи́к, -а́
кладовщи́ца, -ы, *тв.* -ей
кладо́дий, -я
кладоиска́тель, -я
кладоиска́тельский
кладоиска́тельство, -а
кладо́ния, -и
кладоспорио́з, -а
кладофо́ра, -ы
кла́дочный
кла́дчик, -а
кладь, -и
кла́йпедский (*от* Кла́йпеда)
клайпедча́не, -а́н, *ед.* -а́нин, -а
Клайперо́н, -а: **уравнéние Клайперо́на**
кла́ка, -и
кла́кер, -а и **клакёр,** -а
кла́ксо́н, -а
клаксо́нный
клан, -а
кла́новость, -и
кла́новый
клансмéн, -а
кла́няться, -яюсь, -яется
кла́пан, -а
кла́панный
клапано́к, -нка́
клап-ка́мера, -ы
клапшто́с, -а
кларéн, -а
кларéт, -а
клари́ски, -сок, *ед.* -ска, -и
кла́рки, -ов (*в геохимии*)
кла́ркия, -и (*растение*)
кларнéт, -а
кларнети́ст, -а
кларнéтный
класс, -а
кла́ссик, -а
кла́ссика, -и
кла́ссики, -ов (*игра*)
кла́ссико-романти́ческий
классифика́тор, -а
классифика́торский
классифика́торство, -а
классификацио́нный
классифика́ция, -и
классифици́рование, -я
классифици́рованный; *кр. ф.* -ан, -ана
классифици́ровать(ся), -рую, -рует(ся)
классици́зм, -а
классици́ст, -а
классицисти́ческий
классици́стский
класси́чески
класси́ческий
класси́чески стро́гий
класси́чность, -и
класси́чный; *кр. ф.* -чен, -чна
кла́ссно, *нареч.*
кла́ссность, -и
кла́ссно-уро́чный
кла́ссный
кла́ссово враждéбный
кла́ссово ограни́ченный
кла́ссово-сосло́вный
кла́ссовость, -и
кла́ссово чу́ждый
кла́ссовый
кла́ссы, -ов (*игра*)
кла́стер, -а
кластериза́ция, -и
кла́стерный
кла́сть(ся), кладу́, кладёт(ся); *прош.* кла́л(ся), кла́ла(сь)
клатра́ты, -ов, *ед.* -а́т, -а
кла́уза, -ы (*инф.*)
клаузи́рованный; *кр. ф.* -ан, -ана
кла́узула, -ы
клаустрофо́бия, -и
кла́фтер, -а
кла́цанье, -я
кла́цать, -аю, -ает
кла́цнуть, -ну, -нет
клебсиеллёз, -а
клебсиéллы, -éлл, *ед.* -éлла, -ы
клёв, -а
клёванный; *кр. ф.* -ан, -ана, *прич.*
клёваный, *прил.*
клева́ть(ся), клюю́(сь), клюёт(ся)
клевеи́т, -а
клéвер, -а, *мн.* -а́, -о́в
клевери́ще, -а
клéверный
клéверовый
клеверо́к, -рка́
клеверосéяние, -я
клеверотёрка, -и, *р. мн.* -рок
клеверотёрочный
клевета́, -ы́
клевета́ть, -вещу́, -вéщет
клеветни́к, -а́
клеветни́ца, -ы, *тв.* -ей
клеветни́ческий
клевéц, -вца́, *тв.* -вцо́м, *р. мн.* -вцо́в
клевéщущий
клёво, *нареч.*
клево́к, -вка́
клёвость, -и
клеврéт, -а
клёвый
клеева́р, -а
клееварéние, -я
клеева́ренный
клеева́рка, -и, *р. мн.* -рок
клеева́рный
клеева́рня, -и, *р. мн.* -рен
клеево́й
клеежелати́новый
клеёк, клейка́ и -у́
клéение, -я
клеёнка, -и, *р. мн.* -нок
клéенный; *кр. ф.* клéен, клéена, *прич.*
клéено-переклéено
клеёночка, -и, *р. мн.* -чек
клеёночный
клеёнчатый
клеёный, *прил.*
клееобра́зный; *кр. ф.* -зен, -зна
клеесварно́й
клеи́льный
клеи́льщик, -а
клеи́льщица, -ы, *тв.* -ей
клéить(ся), клéю, клéит(ся)
клей, клéя и клéю, *предл.* в клéе и в (на) клею́, *мн.* клеи́, -ёв
клейдесда́ли, *нескл., м.*
клéйка, -и
клéйкий; *кр. ф.* клéек, клéйка́, клéйко
клейкова́тый
клейкови́на, -ы
клейкови́нный
клéйкость, -и
клеймéние, -я
клеймённый; *кр. ф.* -ён, -ена́, *прич.*
клеймёный, *прил.*
клейми́ть(ся), -млю́, -ми́т(ся)
клеймо́, -а́, *мн.* клéйма, клейм
клеймо́вщик, -а
клеймс, -а
клейно́ды, -ов
клейофа́н, -а
клéйстер, -а
клéйстерный
клейстога́мия, -и
клейстога́мный (*бот.*)
клейстока́рпий, -я
клéйщик, -а
клéйщица, -ы, *тв.* -ей
клёк, -а
клёклый
клёкнувший
клёкнуть, -нет; *прош.* клёкнул, клёкла
клёкот, -а
клекота́нье, -я
клекота́ть, -ко́чет
клеко́чущий

клекта́нье, -я
клекта́ть, кле́кчет
кле́кчущий
клема́тис, -а (*растение*)
клементи́н, -а (*сорт мандаринов*)
кле́мма, -ы
кле́ммник, -а
кле́ммный
кле́ммовый
клеммта́ши, -ей, *ед.* -та́ш, -а, *тв.* -ем
клён, -а
клено́вый
клено́к, -нка́ (*к* клён)
кленоли́стный (*к* клён)
клено́чек, -чка (*к* клён)
клео́л, -а
клео́ме, *нескл., ж.*
Клеопа́тра, -ы (*царица; лит. персонаж*)
клепа́ло, -а (*орудие*)
клепа́льный
клепа́льщик, -а
клепа́льщица, -ы, *тв.* -ей
клепа́ние, -я
клёпанный; *кр. ф.* -ан, -ана, *прич.*
клёпаный, *прил.*
клёпань, -и
клепа́ть(ся), -а́ю, -а́ет(ся) (*соединять*(*ся*)
клепа́ть, -а́ю, -а́ет и клеплю́, кле́плет (*клеветать*)
клепа́ющий(ся) (*от* клепа́ть и клепа́ть(ся)
клёпка, -и, *р. мн.* -пок
кле́плющий (*от* клепа́ть)
клёпочный
кле́ппер, -а
клепси́дра, -ы
кле́птес, -а (*насекомое*)
клептокра́тия, -и
клептома́н, -а
клептома́ния, -и
клептома́нка, -и, *р. мн.* -нок
клер, -а (*телеграфное, электронное сообщение*)
клере́т, -а
клерика́л, -а
клерикали́зм, -а
клерикали́стский
клерика́льный
клерк, -а
клероде́ндрум, -а
клёст, клеста́
клёст-ело́вик, клеста́-ело́вика
клесто́вка, -и, *р. мн.* -вок (*от* клёст)
клесто́вый
клетево́й и **клетьево́й**
кле́тка, -и, *р. мн.* -ток
клетнева́ние, -я
клетнёванный; *кр. ф.* -ан, -ана
клетнева́ть(ся), -ню́ю, -ню́ет(ся)
кле́точка, -и, *р. мн.* -чек
кле́точный
кле́тра, -ы
кле́тровые, -ых
клету́шечка, -и, *р. мн.* -чек
клету́шка, -и, *р. мн.* -шек
клетча́тка, -и
кле́тчатый
клеть, -и, *предл.* в клети́, *мн.* -и, -е́й
клетьево́й и **клетево́й**
кле́ть-ли́фт, кле́ти-ли́фта, *ж.*
кле́фты, -ов, *ед.* клефт, -а
клёцки, -цек, *ед.* клёцка, -и
клёш, -а, *тв.* -ем и *неизм.*
клешневи́дный; *кр. ф.* -ден, -дна
клешнеобра́зный; *кр. ф.* -зен, -зна
клешня́, -и́, *р. мн.* -е́й
клешня́стый
клещ, -а́, *тв.* -о́м
клещеви́дный; *кр. ф.* -ден, -дна
клещеви́на, -ы
клещеви́нник, -а
клещеви́нный
клещево́й
клещеобра́зный; *кр. ф.* -зен, -зна
кле́щи́, -е́й (*инструмент*)
кле́щик, -а
кле́щ-краснотéлка, клеща́-краснотéлки, *м.*
клещо́вка, -и, *р. мн.* -вок (*птица*)
кле́щ-сеноко́сец, клеща́-сеноко́сца
клея́нка, -и, *р. мн.* -нок
кле́ящий(ся)
клива́ж, -а, *тв.* -ем
кли́вер, -а, *мн.* -ы, -ов и -а́, -о́в
кли́верный
кли́вия, -и
кли́влендский (*от* Кли́вленд)
кли́влендцы, -ев, *ед.* -дец, -дца, *тв.* -дцем
клие́нт, -а
клиенте́ла, -ы
клие́нтка, -и, *р. мн.* -ток
клие́нтский
клиенту́ра, -ы
клиенту́рный
кли́зма, -ы
кли́зменный
кли́змочка, -и, *р. мн.* -чек
клик, -а (*возглас; инф.*)
кли́ка, -и (*группа людей*)
кли́канный; *кр. ф.* -ан, -ана
кли́кать[1], кли́чу, кли́чет (*звать; вопить, голосить*)
кли́кать[2], кли́чет и кли́кает (*кричать, о птицах*)
кли́кер, -а (*часть лука, спорт.*)
кли́кнуть, -ну, -нет
клико́, *нескл., с.*
клику́н, -а́
клику́ха, -и (*кличка, жарг.*)
клику́ша, -и, *тв.* -ей
клику́шеский
клику́шество, -а
клику́шествовать, -твую, -твует
клику́шничать, -аю, -ает
кли́макс, -а
климакте́рий, -я
климактери́ческий
кли́мат, -а
климатиза́ция, -и
климатизёр, -а
климатизи́рованный; *кр. ф.* -ан, -ана
климати́ческий
кли́мат-контро́ль, -я
климатогеографи́ческий
климато́граф, -а
климатографи́ческий
климатогра́фия, -и
климатока́мера, -ы
климатолече́бный
климатолече́ние, -я
климато́лог, -а
климатологи́ческий
климатоло́гия, -и
климатопатоло́гия, -и
климатопого́дный
климатопроцеду́ры, -у́р, *ед.* -у́ра, -ы
климатотерапи́я, -и
климатоте́хника, -и
климатро́н, -а
клин, -а, *мн.* кли́нья, -ьев
клин-ба́ба, -ы
клине́ние, -я
кли́ника, -и
кли́нико-диагности́ческий
кли́нико-статисти́ческий
клиници́ст, -а
клини́ческий
кли́нка, -и, *р. мн.* -нок (юбка-кли́нка)
кли́нкер, -а
кли́нкерный
клинкерова́ние, -я
клинкеро́ванный; *кр. ф.* -ан, -ана
клинкерова́ть(ся), -ру́ю, -ру́ет(ся)
клинке́т, -а
клинко́вый
клинови́дный; *кр. ф.* -ден, -дна
клиново́й
клино́к, -нка́ (*режущая часть холодного оружия*)
клинокефа́лия, -и и **клиноцефа́лия,** -и
клиноли́стный (*к* клин)
клино́метр, -а
клинообра́зный; *кр. ф.* -зен, -зна
клинопи́сный
кли́нопись, -и
клиноста́т, -а
клинохло́р, -а
клиноцефа́лия, -и и **клинокефа́лия,** -и
клино́чек, -чка (*к* клино́к)
клино́чный
кли́нский (*от* Клин, *город*)
кли́нтух, -а
клинцо́вский (*от* Клинцы́, *город*)
клинч, -а, *тв.* -ем
клинча́не, -а́н, *ед.* -а́нин, -а (*от* Клин и Клинцы́)
клинча́нка, -и, *р. мн.* -нок
кли́нчатый
клинчева́ть, -чу́ю, -чу́ет
кли́нышек, -шка

Кли́о́, *нескл., ж.*
клио́на, -ы
клип, -а
кли́пер, -а, *мн.* -а́, -о́в и -ы, -ов
кли́перский
клиперштéвень, -вня
клипмéйкер, -а
клипмéйкерский
клипмéйкерство, -а
кли́повый
кли́пперный (*физ.*)
кли́псы, клипс и кли́псов, *ед.* кли́пса, -ы и клипс, -а
клир, -а
кли́ренс, -а (*тех.*)
кли́рик, -а
кли́ринг, -а
кли́ринг-ба́нк, -а
кли́ринговый
кли́рный
кли́ровый
кли́рос, -а
кли́росный
клироша́нин, -а, *мн.* -а́не, -а́н
клироша́нка, -и, *р. мн.* -нок
клисти́р, -а
клисти́рный
клистро́н, -а
кли́тор, -а
кли́торный
клиф, -а
к лицу́ (*идет, подобает*)
клич, -а, *тв.* -ем
кли́чка, -и, *р. мн.* -чек
кли́чущий
клишé, *нескл., с.*
клиши́рование, -я
клиши́рованный; *кр. ф.* -ан, -ана
клиши́ровать(ся), -рую, -рует(ся)
клиширо́вка, -и
клоа́ка, -и
клоака́льный
клоа́чный
кло́бмены, -ов, *ед.* -мен, -а (*ист.*)
клобу́к, -а́
клобучо́к, -чка́
кло́дтовский (*от* Клодт)
клозéт, -а
клозéтный
клок, -а́, *мн.* кло́чья, -ьев и клоки́, -о́в
клока́стый
кло́кот, -а
клокота́ние, -я
клокота́ть, -кочу́, -ко́чет
клоко́чущий
клокту́н, -а́
клон, -а
Клонда́йк, -а (*также перен., о золотоносном месте*)
клони́рование, -я
клони́рованный; *кр. ф.* -ан, -ана
клони́ровать(ся), -рую, -рует(ся)
клони́ть(ся), клоню́(сь), кло́нит(ся)
клонорхо́з, -а и **клонорхиа́з,** -а
кло́нус, -а
клоня́щий(ся)
клоп, -а́
кло́п – врéдная черепа́шка
кло́пик, -а
клопи́ный
клопо́вник, -а
клопо́вый
клопого́н, -а
клопомо́р, -а
клопс, -а (*кулин.*)
кло́п-солда́тик, клопа́-солда́тика
кло́пфер, -а
кло́п-хищнéц, клопа́-хищнеца́
кло́п-черепа́шка, клопа́-черепа́шки, *м.*
клопя́тник, -а
клостри́дии, -ий, *ед.* -дия, -и
кло́тик, -а
кло́тиковый
кло́ун, -а
клоуна́да, -ы
клоуна́дный
клоунéсса, -ы
кло́унничать, -аю, -ает
кло́унски
кло́унский
кло́унствовать, -твую, -твует
клофели́н, -а
клохта́нье, -я
клохта́ть, кло́хчет
кло́хчущий
кло́чить, -чу, -чит
кло́чка, -и, *р. мн.* -чек
клочкова́тость, -и
клочкова́тый
клочо́к, -чка́
клочо́чек, -о́чка
клоша́р, -а
клуазонé, *нескл., ж.* и *с.* (*перегородчатая эмаль*)
клуа́тр, -а
клуб, -а, *мн.* -ы, -ов (*организация, учреждение*)
клубенёк, -нька́
клу́бень, -бня
клубенько́вый
клуби́ть(ся), -и́т(ся)
клубневи́дный; *кр. ф.* -ден, -дна
клубнево́й
клубнелу́ковица, -ы, *тв.* -ей
клубнено́сный
клубнепло́ды, -ов, *ед.* -пло́д, -а
клубни́ка, -и
клубни́стый
клубни́чина, -ы
клубни́чка, -и, *р. мн.* -чек
клубни́чный
клу́бно-спорти́вный
клу́бный
клубо́к, -бка́
клубо́чек, -чка
клубо́чница, -ы, *тв.* -ей
клубо́чный
клубы́, -о́в и **клу́бы,** -ов, *ед.* клуб, -а (*летящая масса дыма, пыли и др.*)
клу́мба, -ы
клу́мбовый
клу́мбочка, -и, *р. мн.* -чек
клу́ня, -и, *р. мн.* -ей
клупп, -а
к лу́чшему
клу́ша, -и, *тв.* -ей
клуши́ца, -ы, *тв.* -ей (*птица*)
клу́шка, -и, *р. мн.* -шек
клык, -а́
клыка́стый
клыка́ч, -а́, *тв.* -о́м
клычи́ща, -и́щ и **клычи́щи,** -и́щ, *ед.* клычи́ще, -а, *м.*
клычо́к, -чка́
клэб, -а (*спорт.*)
клюв, -а
клюва́ч, -а́, *тв.* -о́м
клю́вик, -а
клювови́дный; *кр. ф.* -ден, -дна
клювоголо́вые, -ых
клювоно́с, -а
клюворы́л, -а
клюворы́лый
клюз, -а
клю́зный
клюка́, -и́
клю́кать(ся), -аю(сь), -ает(ся)
клю́ква, -ы
клю́квенный
клю́квина, -ы
клю́кнуть, -ну, -нет
клю́ковка, -и, *р. мн.* -вок
клю́ковный (*прост. к* клю́квенный)
клю́нуть, -ну, -нет
ключ, -а́, *тв.* -о́м; но (*в названиях населенных пунктов*) **Ключ,** -а́, *тв.* -о́м, *напр.*: Горя́чий Ключ (*город*), Кра́сный Ключ (*поселок*)
ключа́рь, -я́
ключеви́на, -ы
ключево́й
Ключевска́я со́пка
Ключи́, -éй, *употр. в названиях населенных пунктов, напр.*: Ключи́, (*город*), Го́рные Ключи́ (*поселок*)
клю́чик, -а
ключи́ца, -ы, *тв.* -ей
ключи́чный
клю́чник, -а
клю́чница, -ы, *тв.* -ей
клю́ч-трава́, -ы́
клю́шка, -и, *р. мн.* -шек
кля́вший(ся)
кля́зьминский (*от* Кля́зьма)
кля́кса, -ы
кля́ксочка, -и, *р. мн.* -чек
кля́нчащий
кля́нченье, -я
кля́нчить, -чу, -чит
кляп, -а
кляр, -а (*кулин.*)
кля́ссер, -а
кля́ссерный
клястероспорио́з, -а

кля́сть(ся), кляну́(сь), клянёт(ся); *прош.* клял(ся), кляла́(сь), кля́ло, кля́ло́сь
кля́сться-божи́ться
кля́тва, -ы
кля́твенно, *нареч.*
кля́твенный
клятвопреступле́ние, -я
клятвопресту́пник, -а
клятвопресту́пница, -ы, *тв.* -ей
клятвопресту́пный
кля́тый
кля́уза, -ы
кля́узник, -а
кля́узница, -ы, *тв.* -ей
кля́узничать, -аю, -ает
кля́узнический
кля́узничество, -а
кля́узный; *кр. ф.* -зен, -зна
кля́ча, -и, *тв.* -ей
клячо́нка, -и, *р. мн.* -нок
К-мезо́н [ка-], -а
к ме́сту
кме́ты, -ов, *ед.* кмет, -а (*ист.*)
К-мито́з [ка-], -а
КМОП, *нескл., ж.* (*сокр.*: комплементарная структура металл – оксид –полупроводник)
кнару́жи
кне́длики, -ов, *ед.* -лик, -а
кне́ли, -ей, *ед.* кнель, -и
кнеми́ды, -ов
кне́ссет, -а
к несча́стью
кне́хты, -ов, *ед.* кнехт, -а
кни́га, -и
Кни́га кни́г (*о Библии*)
Кни́га Па́мяти (*со списками жертв войн, репрессий*)
кни́га-па́мятник, кни́ги-па́мятника, *ж.*
Кни́га (реко́рдов) Ги́ннесса
книгове́д, -а
книгове́дение, -я
книговеде́ние, -я (*в бухгалтерии*)
книгове́дческий
книговста́вочный
книговы́дача, -и, *тв.* -ей
книгодержа́тель, -я
книгое́д, -а
книгое́дский
книгое́дство, -а
книгоизда́ние, -я
книгоизда́тель, -я
книгоизда́тельский
книгоизда́тельство, -а
книголю́б, -а
книгома́н, -а
книгоно́ша, -и, *тв.* -ей, *м.* и *ж.*
книгообме́н, -а
книгообме́нный
книгопеча́тание, -я
книгопеча́тник, -а
книгопеча́тный
книгопеча́тня, -и, *р. мн.* -тен
книгописа́ние, -я
книгопи́счий
книгоприобрета́тельство, -а
книгопрода́вец, -вца, *тв.* -вцем, *р. мн.* -вцев (*устар.*)
книгораспростране́ние, -я
книгораспространи́тель, -я
книгособира́тельский
книгособира́тельство, -а
книгото́рг, -а
книготорго́вец, -вца, *тв.* -вцем, *р. мн.* -вцев
книготорго́вля, -и
книготорго́во-изда́тельский
книготорго́вый
книготоргу́ющий
книгохрани́лище, -а
книгоче́й, -я
книдоспори́дии, -ий, *ед.* -дия, -и
Кни́дский: Афроди́та Кни́дская
книже́нция, -и
кни́жечка, -и, *р. мн.* -чек
кни́жица, -ы, *тв.* -ей
кни́жища, -и, *тв.* -ей
кни́жка, -и, *р. мн.* -жек
кни́жка-выреза́лка, кни́жки-выреза́лки
кни́жка-игру́шка, кни́жки-игру́шки
кни́жка-малю́тка, кни́жки-малю́тки
кни́жка-раскладу́шка, кни́жки-раскладу́шки
кни́жка-раскра́ска, кни́жки-раскра́ски
Кни́жная пала́та (*учреждение*)
кни́жник, -а
кни́жница, -ы, *тв.* -ей
кни́жно-журна́льный
кни́жно-иллюстрати́вный
кни́жно-литерату́рный
кни́жно-пи́сьменный
кни́жно-славя́нский
кни́жность, -и
кни́жный; *кр. ф.* -жен, -жна
книжо́нка, -и, *р. мн.* -нок
кни́зу, *нареч.* (ша́пка кни́зу расширя́ется), но *сущ.* **к ни́зу** (приши́ть obо́рку к ни́зу ю́бки)
кни́ксен, -а
кни́кус, -а
кни́ппель, -я
книпхо́фия, -и
кни́ца, -ы, *тв.* -ей
кноп, -а
кно́пка, -и, *р. мн.* -пок
кно́почка, -и, *р. мн.* -чек
кно́почный
КНП [каэнпэ́], *нескл., м.* (*сокр.*: командно-наблюдательный пункт)
кнут, -а́
кну́тик, -а
кнути́ще, -а, *мн.* -а и -и, -и́щ, *м.*
кнутобо́й, -я
кнутобо́йничать, -аю, -ает
кнутобо́йный
кнутобо́йство, -а
кнутобо́йствовать, -твую, -твует
кнутови́ще, -а
кнуто́вый
кнутри́
княги́нин, -а, -о
княги́нюшка, -и, *р. мн.* -шек
княги́ня, -и, *р. мн.* -и́нь
княжа́та, -а́т
княже́ние, -я
княжени́ка, -и
княжени́ковка, -и
княжени́чный
кня́жеский
кня́жеско-боя́рский
кня́жество, -а
кня́жий, -ья, -ье
кня́жик, -а (*растение*)
кня́жить, -жу, -жит
кня́жич, -а, *тв.* -ем
княжна́, -ы́, *р. мн.* -жо́н
княжо́й
кня́зев, -а, -о
князёк, -зька́
кня́зенька, -и, *р. мн.* -нек, *м.*
князи́шка, -и, *р. мн.* -шек, *м.*
князь, -я, *мн.* -зья́, -зе́й, -зья́м
кня́зюшка, -и, *р. мн.* -шек, *м.*
ко и **к,** *предлог*
коагули́рование, -я
коагули́рованный; *кр. ф.* -ан, -ана
коагули́ровать(ся), -рую, -рует(ся)
коагулопа́тия, -и
коагуля́нты, -ов, *ед.* -я́нт, -а
коагуля́т, -а
коагуля́тор, -а
коагуля́ция, -и
коадапта́ция, -и
коадъю́тор, -а
коадъю́торский
коадъю́торство, -а
коаксиа́льный
коа́ла, -ы и *нескл., м.*
коалесце́нция, -и
коалесци́ровать, -рует
коалицио́нный
коали́ция, -и
коа́ны, -ов, *ед.* коа́н, -а
коа́та, -ы (*обезьяна*)
коа́ти, *нескл., м.* (*млекопитающее сем. енотовых*)
коацерва́т, -а
коацерва́ция, -и
кобалами́н, -а
ко́бальт, -а (*металл; краска*)
кобальти́н, -а
ко́бальтовый
кобе́днишний
кобелёк, -лька́
кобели́ный
кобе́ль, -я́
кобе́ниться, -нюсь, -нится
кобе́нящийся
ко́бза, -ы и **кобза́,** -ы́
кобза́рский
кобза́рь, -я́

кобленцский (*от* Кобленц)
кобол, -а (*программ.*)
кобольд, -а (*мифол.*)
кобра, -ы
кобрезия, -и
кобрендинг, -а
кобровый
кобуз, -а (*узбекский муз. инструмент*)
кобура, -ы
кобчик, -а (*птица*)
кобыз, -а (*казахский муз. инструмент*)
кобыла, -ы
кобылёнка, -и, *р. мн.* -нок
кобылий, -ья, -ье
кобылица, -ы, *тв.* -ей
кобылка, -и, *р. мн.* -лок
кобылятина, -ы
валентность, -и
ковалентный; *кр. ф.* -тен, -тна
коваль, -я
кованный; *кр. ф.* -ан, -ана, *прич.*
кованый, *прил.*
ковар, -а (*сплав*)
ковариантса, -ы
ковариантность, -и
ковариантный; *кр. ф.* -тен, -тна
ковариация, -и
коварность, -и
коварный; *кр. ф.* -рен, -рна
коварство, -а
ковать(ся), кую, куёт(ся)
ковбой, -я
ковбойка, -и, *р. мн.* -оек
ковбойский
ковеллин, -а
Ковент-Гарден, -а и *нескл., м.* (*театр*)
ковентрийский (*от* Ковентри)
ковёр, ковра
ковёрканный; *кр. ф.* -ан, -ана
ковёрканье, -я
ковёркать(ся), -аю, -ает(ся)
коверкот, -а
коверкотовый
ковернот, -а
ковер-нота, -ы (*фин.*)
ковёрный[1], *прил.*
ковёрный[2], -ого (*в цирке*)
ковёр-самолёт, ковра-самолёта
ковёрчик, -а
ковка, -и
ковкий; *кр. ф.* ковок, ковка, ковко
ковкость, -и
ковочно-штамповочный
ковочный
ко времени
коврига, -и
коврижка, -и, *р. мн.* -жек
коврик, -а
ковровщик, -а
ковровщица, -ы, *тв.* -ей
ковровый
ковродел, -а
ковроделие, -я
ковродельческий
ковролин, -а
ковролит, -а
ковромоечный
ковроткацкий
ковроткачество, -а
коврочистка, -и, *р. мн.* -ток
ковчег, -а
ковчежец, -жца, *тв.* -жцем, *р. мн.* -жцев
ковчежный
ковш, -а, *тв.* -ом
ковшевой, -ого (*рабочий*)
ковшик, -а
ковшичек, -чка
ковшовый
ковы, ков
ковылистый
ковыль, -я
ковыльный
ковыляние, -я
ковылять, -яю, -яет
ковырнуть(ся), -ну(сь), -нёт(ся) (*к* ковырять(ся)
ковырялка, -и, *р. мн.* -лок
ковыряние, -я
ковырять(ся), -яю(сь), -яет(ся)
когалымский (*от* Когалым)
когда
когда б(ы)
когда бы ни (когда бы ни приехал, всегда ему рады)
когда бы то ни было
когда как
когда какой
когда-либо
когда-нибудь
когда-никогда
когда-то
когдатошний
когда угодно
когезионный
когезия, -и
когерентность, -и
когерентный
когия, -и
когнатический
когнатный
когнатство, -а
когнаты, -ов, *ед.* -нат, -а
когнитивист, -а
когнитивистика, -и
когнитивный
когнитологический
когнитология, -и
кого-кого
когорта, -ы
коготковый
коготок, -тка
коготь, когтя, *мн.* когти, -ей
когтистый
когтить, -ит
когтища, -ищ и **когтищи,** -ищ, *ед.* когтище, -а, *м.*
код, -а
кода, -ы (*муз.*)
кодак, -а
ко двору (быть, прийтись)
кодеин, -а
кодеинсодержащий и **кодеиносодержащий**
кодекс, -а
Кодекс законов о труде РФ (КЗОТ)
кодер, -а
кодировальный
кодирование, -я
кодированный; *кр. ф.* -ан, -ана
кодировать(ся), -рую, -рует(ся)
кодировка, -и
кодировщик, -а
кодирующий(ся)
кодиум, -а
кодификатор, -а
кодификаторский
кодификационный
кодификация, -и
кодифицированный; *кр. ф.* -ан, -ана
кодифицировать(ся), -рую, -рует(ся)
кодла, -ы и **кодло,** -а (*жарг.*)
кодово-импульсный
кодовый
кодозависимый
кодоминантность, -и
кодоминирование, -я
кодон, -а
кодонаборный
кодонезависимый
кодоскоп, -а
кодтерпин, -а
кое- и **кой-,** *приставка – с последующим местоимением или наречием пишется через дефис, с предлогом – раздельно*
кое-где и **кой-где**
кое-как и **кой-как**
кое-какой и **кой-какой**
кое-когда и **кой-когда**
кое-кто, кое-кого и **кой-кто,** кой-кого; кое от кого, кое у кого, кое к кому, кое с кем, кое о ком и кой от кого и т. п.
кое-куда и **кой-куда**
коечка, -и, *р. мн.* -чек
коечник, -а
коечница, -ы, *тв.* -ей
коечный
кое-что, кое-чего и **кой-что,** кой-чего; кое к чему, кое на что, кое с чем, кое в чём, кое о чём и кой к чему и т. п.
кожа, -и, *тв.* -ей
кожан, -а
кожанка, -и, *р. мн.* -нок
кожанок, -нка (*летучая мышь*)
кожаный
кожвендиспансер, -а
кожгалантерейный
кожгалантерея, -и
кожевенник, -а
кожевенно-обувной

коже́венный
коже́вник, -а
коже́вня, -и, *р. мн.* -вен
кожедёр, -а
кожее́д, -а
кожемя́ка, -и, *м.*
кожеобраба́тывающий
кожеобрабо́тка, -и
кожеподо́бный; *кр. ф.* -бен, -бна
кожзамени́тель, -я
кожизде́лия, -ий
кожими́т, -а
кожими́тный
кожими́товый
кожистокры́лые, -ых
ко́жистый
ко́жица, -ы, *тв.* -ей
ко́жник, -а
ко́жно-венери́ческий
ко́жно-венерологи́ческий
ко́жно-восстанови́тельный
ко́жно-гальвани́ческий
ко́жно-му́скульный
ко́жно-нарывно́й
ко́жный
кожобувно́й
кожсырьё, -я́
кожура́, -ы́
кожу́рка, -и, *р. мн.* -рок
кожу́х, -а́
кожухо́вый
кожушо́к, -шка́
кожце́х, -а, *мн.* -а́, -о́в и -и, -ов
коза́, -ы́, *мн.* ко́зы, коз; но: **го́д Козы́** (*по восточному календарю*); **Коза́,** -ы́ (*о том, кто родился в этот год*)
Коза́-дереза́, Козы́-дерезы́ (*сказочный персонаж*)
ко́за но́стра, *нескл., ж.*
козёл, козла́
козеле́ц, -льца́, *тв.* -льцо́м, *р. мн.* -льцо́в (*растение*)
козелки́, -о́в (*от* ко́злы)
козело́к, -лка́ (*анат.*)
козе́льский (*от* Козе́льск)
козе́льцы, -ев, *ед.* -лец, -льца, *тв.* -льцем
козельча́не, -а́н, *ед.* -а́нин, -а
козеро́г, -а (*животное*) и **Козеро́г,** -а (*созвездие и знак зодиака; о том, кто родился под этим знаком*)
козе́тка, -и, *р. мн.* -ток
ко́зий, -ья, -ье
козина́ки, -ов
козине́ц, -нца́, *тв.* -нцо́м
козлёнок, -нка, *мн.* -ля́та, -ля́т
козлёночек, -чка, *мн.* козля́тки, -ток
козлето́н, -а
ко́злик, -а
козли́на, -ы (*шкура*)
козли́ный
козли́ть, -лю́, -ли́т
ко́злище: отдели́ть ове́ц от ко́злищ
козли́ще, -а и -и, *мн.* -и, -и́щ, *м.* (*увелич. к* козёл)
козлоборо́дник, -а
козлоборо́дый
козлово́й (кра́н)
козло́вый (*из шкуры козла*)
козлоно́гий
ко́злы, ко́зел (*сиденье; подставка*)
козля́к, -а́
козля́тина, -ы
козля́тник, -а
козля́точки, -чек
козля́тушки, -шек
ко́зни, -ей
козово́д, -а
козово́дство, -а
козово́дческий
козодо́й, -я
ко́зон, ко́зна
козоно́к, -нка́ (*кость для игры; косточка пальца*)
ко́зонька, -и, *р. мн.* -нек
козопа́с, -а
ко́зочка, -и, *р. мн.* -чек
козу́ля, -и (*олень*)
козырёк, -рька́
козырно́й и **козы́рный**
козырну́ть, -ну́, -нёт
ко́зырь, -я, *мн.* -и, -е́й
ко́зырь-де́вка, -и, *р. мн.* -вок
козыря́ние, -я
козыря́ть, -я́ю, -я́ет
ко́зье-ове́чий, -ья, -ье
козьма́-прутко́вский (*от* Козьма́ Прутко́в)
козьмодемья́нский (*от* Козьма́ и Демья́н и Козьмодемья́нск)
козю́лька, -и, *р. мн.* -лек
козю́ля, -и
козя́вка, -и, *р. мн.* -вок
козя́вочка, -и, *р. мн.* -чек
коимпе́риум, -а
коинциде́нция, -и
ко́ипу, *нескл., м.*
ко́и(-то): в ко́и(-то) ве́ки
ко́итус, -а
ко́итусный
кой, ко́его, **ко́я,** ко́ей, **ко́е,** ко́его, *мн.* ко́и, ко́их (*устар. к* кото́рый)
кой- и **ко́е-,** *приставка* (*см.* ко́е-)
кой-где́ и **ко́е-где́**
ко́йка, -и, *р. мн.* ко́ек
кой-ка́к и **ко́е-ка́к**
кой-како́й и **ко́е-како́й**
кой-когда́ и **ко́е-когда́**
ко́йко-де́нь, -дня́
ко́йко-ме́сто, -а, *мн.* -а́, -ме́ст, -а́м
кой-кто́, кой-кого́ и **ко́е-кто́,** ко́е-кого́; ко́й у кого́, ко́й о ко́м и ко́е у кого́ и т. п.
кой-куда́ и **ко́е-куда́**
койне́, *нескл., с.*
койо́т, -а
ко́йр, -а
кой-что́, кой-чего́ и **ко́е-что́,** ко́е-чего́; ко́й к чему́, ко́й в чём и ко́е к чему́ и т. п.
кок, -а (*повар; вихор*)
ко́ка[1]**,** -и (*растение*)
ко́ка[2]**,** *нескл., с.* и *неизм.* (*оценка приема в дзюдо*)
кокаи́н, -а
кокаини́зм, -а
кокаини́ст, -а
кокаини́стка, -и, *р. мн.* -ток
кокаи́новый
кокаи́нщик, -а
ко́ка-ко́ла, -ы (*вода*)
ко́ка-ко́льный
кока́ндский (*от* Кока́нд)
кока́ндцы, -ев, *ед.* -дец, -дца, *тв.* -дцем
кокарбоксила́за, -ы
кока́рда, -ы
кока́рдный
кока́рдовый
кока́рдочка, -и, *р. мн.* -чек
ко́кать(ся), -аю(сь), -ает(ся)
ко́кер, -а
ко́кер-спание́ль, -я
коке́т, *неизм.* и *нескл., ж.* (*амплуа*)
коке́тка, -и, *р. мн.* -ток
коке́тливость, -и
коке́тливый
коке́тничанье, -я
коке́тничать, -аю, -ает
коке́тство, -а
коки́ль, -я, *мн.* -я́, -е́й
коки́льный
коки́льщик, -а
ко́кки, -ов, *ед.* кокк, -а (*бактерии*)
коккобаци́лла, -ы
коккови́дный; *кр. ф.* -ден, -дна
ко́кковый
кокколи́ты, -ов, *ед.* -ли́т, -а
коккомико́з, -а
коклю́ш, -а, *тв.* -ем
коклю́шечный
коклю́шка, -и, *р. мн.* -шек
коклю́шный
кокна́р, -а (*наркотик*)
ко́кни, *нескл., м.*
ко́кнуть(ся), -ну(сь), -нет(ся)
ко-ко́, *неизм.*
ко-ко-ко́, *неизм.*
ко́кон, -а
коко́нник, -а
ко́конный
кокономота́ние, -я
коконопря́д, -а
коконосуши́лка, -и, *р. мн.* -лок
коко́ра, -ы
коко́рыш, -а, *тв.* -ем
коко́с, -а
коко́совый
кокота́ть, коко́чет (*о курах и др.*)
коко́тка, -и, *р. мн.* -ток
коко́точный
коко́чущий
коко́шник, -а
коко́шничек, -чка
копка́р, -а (*среднеазиатская нац. игра*)

ко́кпит, -а
кокс, -а
кок-сагы́з, -а
кокса́льный
кокси́т, -а
коксобензо́л, -а
коксобензо́льный
коксова́льный
коксова́ние, -я
коксо́ванный; *кр. ф.* -ан, -ана
коксова́ть(ся), -сую́, -су́ет(ся)
ко́ксовый
коксога́зовый
коксогенера́торный
коксодо́менный
коксодроби́льный
коксокомбина́т, -а
коксохи́мик, -а
коксохими́ческий
коксохи́мия, -и
коксу́емость, -и
коксу́ющий(ся)
коктебе́льский (*от* Коктебе́ль)
коктебе́льцы, -ев, *ед.* -лец, -льца, *тв.* -льцем
копте́йль, -я
копте́йль-ба́р, -а
копте́йльный
копте́йль-хо́лл, -а
коку́р, -а
коку́шник, -а
кокци́дии, -ий, *ед.* -дия, -и
кокцидио́з, -а
кокци́ды, -и́д, *ед.* -и́да, -ы
кок-ча́й, -я
кокчета́вский (*от* Кокчета́в)
кокчета́вцы, -ев, *ед.* -вец, -вца, *тв.* -вцем
кол, -а́, *предл.* на колу́, *мн.* ко́лья, -ев (*заостренный шест*) и -ы́, -о́в (*оценка*)
ко́ла, -ы (*растение*; *разг. к* ко́ка-ко́ла)
кола́чивать, *наст. вр. не употр.*
ко́лба, -ы
колбаса́, -ы́, *мн.* -а́сы, -а́с
колба́ска, -и, *р. мн.* -сок
колба́сник, -а
колба́сный
колбасоре́зка, -и, *р. мн.* -зок
колбообра́зный; *кр. ф.* -зен, -зна
ко́лбочка, -и, *р. мн.* -чек
ко́лбочковый
кол-гёрл, *нескл., ж.*
колгота́, -ы́
колготи́ться, -очу́сь, -оти́тся
колго́тки, -ток
колготно́, *нареч.* и *в знач. сказ.*
колготно́й
колготня́, -и́
колго́точки, -чек
колго́ты, -о́т
колдо́бина, -ы
колдо́бинка, -и, *р. мн.* -нок
колдо́бистый
колдова́ть, -дую́, -ду́ет
колдовско́й
колдовство́, -а́
колдогово́р, -а
колдогово́рный
колду́н, -а́
колду́ница, -ы, *тв.* -ей (*растение*)
колду́нья, -и, *р. мн.* -ний
колеба́ние, -я
колеба́тельный
колеба́ть(ся), коле́блю(сь), коле́блет(ся)
коле́блемый
коле́бленный; *кр. ф.* -ен, -ена
коле́блющий(ся)
колебну́ть(ся), -ну́(сь), -нёт(ся)
колеи́стый
колемани́т, -а
коленва́л, -а, *мн.* -ы́, -о́в
коле́нка, -и, *р. мн.* -нок
коленко́р, -а
коленко́ровый
коле́нный
коле́но, -а, *мн.* коле́ни, -ей (*сустав*), коле́на, -е́н (*в пении, танцах; поколение в родословной*) и коле́нья, -ьев (*звено, сочленение*)
коленопреклоне́ние, -я
коленопреклонённо, *нареч.*
коленопреклонённый
коле́ночка, -и, *р. мн.* -чек
коле́нце, -а, *р. мн.* -ев и -нец
коле́нчатый
колео́птиль, -я и **колео́птиле,** *нескл., м.*
колеори́за, -ы
ко́лер, -а, *мн.* -а́, -о́в и -ы, -ов
ко́лерный
колеро́ванный; *кр. ф.* -ан, -ана (*от* колерова́ть)
колерова́ть(ся), -ру́ю, -ру́ет(ся) (*к* ко́лер)
колеро́вка, -и (*от* колерова́ть)
колеро́вщик, -а
колеро́вщица, -ы, *тв.* -ей
колёсико, -а, *мн.* -и, -ов
колеси́ть, -ешу́, -еси́т
коле́сник, -а (*колёсный мастер*)
колёсник, -а (*трактор*)
колесни́ца, -ы, *тв.* -ей
колесни́чный
колёсно-гу́сеничный
колёсный
колесо́, -а́, *мн.* колёса, колёс
колесова́ние, -я
колесо́ванный; *кр. ф.* -ан, -ана
колесова́ть(ся), -су́ю, -су́ет(ся)
колёсопрока́тный
колёсотока́рный
коле́т, -а
коле́ть, -е́ю, -е́ет
ко́леус, -а
коле́чко, -а, *мн.* -чки, -чек
колея́, -и́
ко́ли и **коль,** *союз*
колибакте́рии, -ий, *ед.* -рия, -и
колибактерио́з, -а
коли́бри, *нескл., ж.*
коли́бри-зо́рька, -и
коли́бри-сапфо́, *нескл., ж.*
коливакци́на, -ы
коли́во, -а
Колизе́й, -я
колии́ндекс, -а
колиинфе́кция, -и
ко́лика, -и (*болезнь*)
ко́лики, -ик (*резкие колющие боли*)
колимици́н, -а
колиро́ванный; *кр. ф.* -ан, -ана (*от* колирова́ть)
колирова́ть(ся), -ру́ю, -ру́ет(ся) (*прививать(ся)*)
колиро́вка, -и (*от* колирова́ть)
коли́т, -а
колити́тр, -а
коли́тный
колициноге́нность, -и
колициноге́нный
колици́ны, -ов, *ед.* -и́н, -а
коли́чественно, *нареч.*
коли́чественность, -и
коли́чественный
коли́чество, -а
ко́лка, -и
ко́лкий; *кр. ф.* ко́лок, ко́лка́, ко́лко
ко́лкость, -и
коллабора́нт, -а
коллаборациони́зм, -а
коллаборациони́ст, -а
коллаборациони́стка, -и, *р. мн.* -ток
коллаборациони́стский
коллаге́н, -а
коллаге́новый
коллагено́з, -а
колла́ж, -а, *тв.* -ем
коллажи́ст, -а
колла́жный
колла́йдер, -а
колла́пс, -а
коллапса́р, -а
коллапси́ровать, -рует
коллапсотерапи́я, -и
ко́ллар, -а (*фин.*)
колларго́л, -а
коллатера́ли, -ей
коллатера́льный
колле́га, -и, *м.* и *ж.*
коллегиа́льно
коллегиа́льность, -и
коллегиа́льный; *кр. ф.* -лен, -льна
колле́гиум, -а (*ист.*)
колле́гия, -и
ко́лле́дж, -а, *тв.* -ем (*высшее или среднее учебное заведение в Англии, США и др. странах*)
колле́ж, -а, *тв.* -ем (*среднее учебное заведение во Франции и нек-рых др. странах*)
колле́жский
коллекти́в, -а
коллективиза́ция, -и

коллективизи́рованный; *кр. ф.* -ан, -ана
коллективизи́ровать(ся), -рую, -рует(ся)
коллективи́зм, -а
коллективи́ст, -а
коллективи́стка, -и, *р. мн.* -ток
коллективи́стский
коллекти́вка, -и, *р. мн.* -вок
коллекти́вно-долево́й
коллекти́вность, -и
коллекти́вный; *кр. ф.* -вен, -вна
колле́ктор, -а
колле́кторный
колле́кторский
коллекционе́р, -а
коллекционе́рка, -и, *р. мн.* -рок
коллекционе́рский
коллекционе́рство, -а
коллекциони́рование, -я
коллекциони́рованный; *кр. ф.* -ан, -ана
коллекциони́ровать(ся), -рую, -рует(ся)
коллекцио́нный
колле́кция, -и
колленхи́ма, -ы
ко́лли, *нескл., м.* и *ж.*
коллизио́нный
колли́зия, -и
коллима́тор, -а
коллимацио́нный
коллима́ция, -и
коллинеа́рный
коллия́т, -а (*лит.*)
колло́дий, -я
коллодио́нный
колло́ид, -а
коллоида́льный
колло́идно-графи́товый
колло́идный
коллоидообразова́ние, -я
коллока́ция, -и
колло́квиум, -а
коллоксили́н, -а
коллю́вий, -я
ко́ло, *нескл., с.*
ко́лоб, -а, *мн.* -а́, -о́в и -ы, -ов
колоба́шка, -и, *р. мн.* -шек
колобо́к, -бка́ (*круглый хлебец; о низеньком полном человеке, о полном ребенке*) и **Колобо́к,** -бка́ (*сказочный персонаж*)
колобро́д, -а
колобро́дить, -о́жу, -о́дит
колобро́дник, -а
колобро́дница, -ы, *тв.* -ей
колобро́дство, -а
колобро́дящий
колове́рть, -и
коловоро́т, -а
Коловра́т, -а: **Евпа́тий Коловра́т**
коловра́тка, -и, *р. мн.* -ток
коловра́тность, -и
коловра́тный; *кр. ф.* -тен, -тна
коловраще́ние, -я
ко́ловый (ко́ловое по́ле, *в шашках*)
коло́да, -ы
коло́дезный
коло́дезь, -я (*устар. к* коло́дец); но (*в названиях населенных пунктов*) **Коло́дезь,** -я, *напр.*: Бе́лый Коло́дезь (*поселок*), Сере́бряный Коло́дезь (*село*)
коло́дец, -дца, *тв.* -дцем, *р. мн.* -дцев
коло́дина, -ы
коло́дка, -и, *р. мн.* -док
коло́дки, -док (*оковы*)
коло́дник, -а
коло́дница, -ы, *тв.* -ей
коло́дный
коло́дочка, -и, *р. мн.* -чек
коло́дочный
коло́дцевый
коло́к, колка́
колока́зия, -и
колокви́нт, -а
ко́локол, -а, *мн.* -а́, -о́в
колоко́ленка, -и, *р. мн.* -нок
колоко́лец, -льца, *тв.* -льцем, *р. мн.* -льцев
колоколови́дный; *кр. ф.* -ден, -дна
колоко́льник, -а
колоко́льный
колоко́льня, -и, *р. мн.* -лен
колоко́льчатый
колоко́льчик, -а
колоко́льчиковый
колоко́льщик, -а
коло́льщик, -а
коло́льщица, -ы, *тв.* -ей
ко́ломазь, -и
коломби́йский (*от* Коло́мбо)
коломби́йцы, -ев, *ед.* -и́ец, -и́йца, *тв.* -и́йцем (*от* Коло́мбо)
Коломби́на, -ы
коло́менка, -и, *р. мн.* -нок
коло́менский (*к* Коло́мна и Коло́менское; коло́менская верста́)
коло́менцы, -ев, *ед.* -нец, -нца, *тв.* -нцем
коломы́йка, -и, *р. мн.* -ы́ек
ко́лон, -а (*единица речи*)
коло́н, -а (*земледелец-арендатор; ден. ед.*)
колона́т, -а
колониали́зм, -а
колониали́ст, -а
колониали́стский
колониа́льный
колониза́тор, -а
колониза́торский
колониза́торство, -а
колонизацио́нный
колониза́ция, -и
колонизи́рованный; *кр ф.* -ан, -ана
колонизи́ровать(ся), -рую, -рует(ся)
колонизо́ванный; *кр. ф.* -ан, -ана
колонизова́ть(ся), -зу́ю, -зу́ет(ся)
колони́ст, -а
колони́стка, -и, *р. мн.* -ток
колони́стский
коло́ния, -и
коло́ния-поселе́ние, коло́нии-поселе́ния, *ж.*
коло́нка, -и, *р. мн.* -нок
коло́нковый (*от* коло́нка)
колонко́вый (*от* колоно́к)
колонлине́йка, -и, *р. мн.* -е́ек
коло́нна, -ы
колонна́да, -ы
колонна́дный
колонновожа́тый, -ого
колоннообра́зный; *кр. ф.* -зен, -зна
коло́нночка, -и, *р. мн.* -чек (*от* коло́нна, *архит.*)
коло́нный
Коло́нный за́л До́ма сою́зов
колоно́к, -нка́
колоноскопи́ческий
колоноскопи́я, -и
колонотерапи́я, -и
коло́ночка, -и, *р. мн.* -чек (*от* коло́нка – *столбец; тех.*)
коло́ночный (*от* коло́нка)
колонти́тул, -а
колонти́тульный
колону́ть, -ну́, -нёт
колонци́фра, -ы
коло́нчатый
колопроктоло́гия, -и
колора́дский (*от* Колора́до; колора́дский жу́к)
колора́дцы, -ев, *ед.* -дец, -дца, *тв.* -дцем
колорату́ра, -ы
колорату́рный
колори́метр, -а (*к* колориме́трия)
колориметри́ческий (*к* колориме́трия)
колориме́трия, -и (*измерение интенсивности цвета*)
ко́лор-и́ндекс, -а
колори́рование, -я
колори́рованный; *кр. ф.* -ан, -ана
колори́ст, -а
колористи́ческий
колори́т, -а
колори́тность, -и
колори́тный; *кр. ф.* -тен, -тна
ко́лор-эквивале́нт, -а
ко́лор-эксце́сс, -а
ко́лос, -а, *мн.* коло́сья, -ьев
колосе́ница, -ы, *тв.* -ей
коло́сик, -а
колоси́стый
колоси́ться, -и́тся
колоско́вый
колосники́, -о́в, *ед.* -ни́к, -а́ (*тех.*)
колоснико́вый
колосня́к, -а́ (*растение*)
колосови́дный; *кр. ф.* -ден, -дна
колосови́к, -а́
колосово́й
колосовы́е, -ы́х

колосо́к, -ска́
колосообра́зный; *кр. ф.* -зен, -зна
колосоподъёмник, -а
колосо́чек, -чка
коло́сс, -а (*великан*)
колосса́льность, -и
колосса́льный; *кр. ф.* -лен, -льна
Коло́сс Родо́сский
колосся́не, -я́н, *ед.* -я́нин, -а (*от* Коло́сса, *ист.* и *библ.*)
колоти́ть(ся), -очу́(сь), -о́тит(ся)
колото́вка, -и, *р. мн.* -вок
ко́лото-ре́заный
колоту́н, -а́
колоту́шка, -и, *р. мн.* -шек
ко́лотый
ко́лоть, -и (*мерзлая грязь на дороге*)
коло́ть, колю́, ко́лет, ко́лют
ко́ло́тье, -я и **колотьё,** -я́
коло́ться, колю́сь, ко́лется, ко́лются
колотя́щий(ся)
колофо́н, -а
колофо́нный
колоци́нт, -а
колоче́ние, -я
коло́ченный; *кр. ф.* -ен, -ена, *прич.*
коло́ченый, *прил.*
коло́ша, -и, *тв.* -ей (*тех.*)
колоше́ние, -я
колошма́тить, -а́чу, -а́тит
колошма́тящий
колошни́к, -а́ (*к* коло́ша)
колошнико́вый
колпа́к, -а́
колпако́вый
колпа́к-челове́к, *других форм нет (недотепа)*
колпа́чить, -чу, -чит
колпачкови́дный; *кр. ф.* -ден, -дна
колпа́чный
колпачо́к, -чка́
ко́лпинский (*от* Ко́лпино)
ко́лпица, -ы, *тв.* -ей
колт, -а (*украшение*)
колту́н, -а́
колту́нный
колтыха́ть(ся), -а́ю, -а́ет(ся)
колтыхну́ть(ся), -ну́, -нёт(ся)
Колу́мб, -а (*также: о первооткрывателе*)
колумба́рий, -я
колумби́йка, -и, *р. мн.* -и́ек
колумби́йский (*от* Колу́мбия)
колумби́йцы, -ев, *ед.* -и́ец, -и́йца, *тв.* -и́йцем (*от* Колу́мбия)
колумби́т, -а
Колу́мбов, -а, -о и **колу́мбовский** (*от* Колу́мб)
колумни́ст, -а
колу́н, -а́
колу́нный
Колупа́евы, -ых: **Колупа́евы и Разува́евы**
колу́панный; *кр. ф.* -ан, -ана, *прич.*
колупа́ть(ся), -а́ю(сь), -а́ет(ся)
колупну́ть, -ну́, -нёт
ко́лхи, -ов (*племена*)
колхи́дский (*от* Колхи́да)
ко́лхикум, -а
колхици́н, -а
колхо́з, -а
колхо́зник, -а
колхо́зница, -ы, *тв.* -ей
колхо́зно-кооперати́вный
колхо́зно-совхо́зный
колхо́зный
колча́к, -а́ (*гриб*)
колча́ковец, -вца, *тв.* -вцем, *р. мн.* -вцев
колча́ковский (*от* Колча́к)
колча́ковщина, -ы
колча́н, -а
колча́нный
колчеда́н, -а
колчеда́нный
колчеда́новый
колчено́гий
колыбе́ль, -и
колыбе́лька, -и, *р. мн.* -лек
колыбе́льный
колыма́га, -и
колыма́жка, -и, *р. мн.* -жек
колы́мский (*от* Колыма́)
колыха́ние, -я
колыха́ть(ся), -ы́шу, -ы́шет(ся) и -а́ю, -а́ет(ся)
колыхну́ть(ся), -ну́, -нёт(ся)
ко́лышек, -шка
колы́шемый
колы́шущий(ся) и **колыха́ющий(ся)**
коль и **ко́ли,** *союз*
кольдкре́м, -а
колье́, *нескл., с.*
кольере́тка, -и, *р. мн.* -ток
ко́льза, -ы
кольмата́ж, -а, *тв.* -ем
кольмата́ция, -и
кольмати́рование, -я
кольмати́рованный; *кр. ф.* -ан, -ана
кольмати́ровать(ся), -рую, -рует(ся)
кольну́ть, -ну́, -нёт
кольпи́т, -а
кольпоско́п, -а
кольпоскопи́ческий
кольпоскопи́я, -и
кольра́би, *нескл., ж.*
ко́льский
Ко́льский полуо́стров
Ко́льский Се́вер
ко́ль ско́ро
кольт, -а (*револьвер*)
кольцева́ние, -я
кольцева́ть(ся), -цу́ю, -цу́ет(ся)
Кольцева́я автодоро́га (*в Москве*)
кольцеви́дный; *кр. ф.* -ден, -дна
кольцево́й
кольцеобра́зный; *кр. ф.* -зен, -зна
кольцепрока́тный
кольцехво́стый
кольцо́, -а́, *мн.* ко́льца, коле́ц, ко́льцам
кольцо́ванный; *кр. ф.* -ан, -ана
кольцо́вский (*от* Кольцо́в)
ко́льчатый
кольчецы́, -о́в, *ед.* -че́ц, -а́, *тв.* -о́м
кольчу́га, -и
кольчугалюми́ниевый
кольчугалюми́ний, -я
кольчу́жка, -и, *р. мн.* -жек
кольчу́жник, -а
кольчу́жный
ко́льщик, -а
колю́р, -а
колю́рия, -и
колючеголо́вые, -ых
колючели́стник, -а
колючепёрые, -ых
колю́честь, -и
колючехво́ст, -а
колю́чий
колю́чка, -и, *р. мн.* -чек
ко́люшка, -и, *р. мн.* -шек
ко́люще-ре́жущий
ко́люще-сосу́щий
ко́лющий(ся)
Коля́да́, -ы и -ы́ (*мифол.*) и **коляда́,** -ы́ (*обряд*)
коля́дка, -и, *р. мн.* -док
коля́дник, -а
коля́дный
колядова́ние, -я
колядова́ть, -ду́ю, -ду́ет
коля́дский
коля́ска, -и, *р. мн.* -сок
коля́ска-су́мка, коля́ски-су́мки
коля́сочка, -и, *р. мн.* -чек
коля́сочник, -а
коля́сочный
ком, -а, *мн.* ко́мья, -ьев
ко́ма, -ы (*мед.*)
комагмати́ческий
кома́нда, -ы
кома́нда ми́кст, кома́нды ми́кст (*спорт.*)
команда́нте, *нескл., м.*
кома́нда-победи́тель, кома́нды-победи́теля, *ж.*; но: **кома́нда победи́теля,** кома́нды победи́теля
кома́нда-предупрежде́ние, кома́нды-предупрежде́ния, *ж.*
команда́рм, -а
кома́нда-сопе́рник, кома́нды-сопе́рника, *ж.*; но: **кома́нда сопе́рника,** кома́нды сопе́рника
команди́р, -а
командирова́ние, -я
командиро́ванный; *кр. ф.* -ан, -ана
командирова́ть(ся), -ру́ю(сь), -ру́ет(ся)
командиро́вка, -и, *р. мн.* -вок
командиро́вочка, -и, *р. мн.* -чек
командиро́вочные, -ых
командиро́вочный
команди́рский
команди́рша, -и, *тв.* -ей
кома́ндник, -а

кома́ндно-администрати́вный
кома́ндно-бюрократи́ческий
кома́ндно-измери́тельный
кома́ндно-наблюда́тельный
кома́ндно-нажимно́й и **кома́ндно-нажи́мный**
кома́ндно-номенклату́рный
кома́ндно-приказно́й
кома́ндно-распоряди́тельный
кома́ндно-распредели́тельный
кома́ндно-штабно́й
кома́ндный
командоаппара́т, -а
кома́ндование, -я
кома́ндовать, -дую, -дует
командоконтро́ллер, -а
командо́р, -а (*звание*)
Командо́р, -а (*лит. персонаж*; шаги́ Командо́ра)
Командо́рские острова́
командо́рский
кома́ндочка, -и, *р. мн.* -чек
кома́ндующий
кома́нчи, -ей
кома́р, -а́
кома́р-дергу́н, комара́-дергуна́
кома́р-звоне́ц, комара́-звонца́
кома́рик, -а
комари́ный
комари́шка, -и, *р. мн.* -шек, *м.*
комари́ще, -а и -и, *мн.* -и, -и́щ, *м.*
кома́р-куса́ка, комара́-куса́ки, *м.*
кома́рник, -а
комарови́дный
комаро́вка, -и, *р. мн.* -вок
кома́р-толкуне́ц, комара́-толкунца́
комарьё, -я́
комато́зный
комба́йн, -а
комба́йнер, -а и **комбайнёр,** -а
комба́йнерка, -и, *р. мн.* -рок и **комбайнёрка,** -и, *р. мн.* -рок
комба́йнерский и **комбайнёрский**
комба́йнерша, -и, *тв.* -ей и **комбайнёрша,** -и, *тв.* -ей
комбайни́рование, -я
комба́йновый
комба́йно-де́нь, -дня́
комбайнореме́нтный
комбайнострое́ние, -я
комбайностро́итель, -я
комбайностро́ительный
комба́т, -а
комбата́нт, -а
комба́товский
комбе́д, -а
ко́мби, *нескл., м.*
комбидре́с, -а
комбижи́р, -а
комбико́рм, -а, *мн.* -а́, -о́в
комбико́рмовый
комбина́т, -а
комбина́товский
комбина́тор, -а
комбинато́рика, -и
комбинато́рный
комбина́торский
комбина́торша, -и, *тв.* -ей
комбина́тский
комбинацио́нность, -и
комбинацио́нный
комбина́ция, -и
комбина́шка, -и, *р. мн.* -шек
комбине́, *нескл., с.*
комбинезо́н, -а
комбинезо́нный
комбинезо́новый
комбинезо́нчик, -а
комбини́рование, -я
комбини́рованный; *кр. ф.* -ан, -ана
комбини́ровать(ся), -рую, -рует(ся)
комбиси́лос, -а
комбитре́йлерный
комбри́г, -а
комвзво́да, *нескл., м.*
комди́в, -а
комедиа́нт, -а
комедиа́нтка, -и, *р. мн.* -ток
комедиа́нтский
комедиа́нтство, -а
коме́дийка, -и, *р. мн.* -иек
комеди́йность, -и
комеди́йный
комедио́граф, -а
комедиогра́фия, -и
коме́дия, -и
коме́дия-бале́т, коме́дии-бале́та, *ж.*
коме́дия-бу́фф, коме́дии-бу́фф
коме́дия дель а́рте, коме́дии дель а́рте
коме́дь, -и (*прост. шутл. к* коме́дия)
комелёк, -лька (*от* ко́мель)
ко́мель, ко́мля
коменда́нт, -а
коменда́нтский
коменда́нтство, -а
коменда́нтша, -и, *тв.* -ей
комендату́ра, -ы
комендо́р, -а (*матрос*)
комендо́рский
коме́неджер, -а
коме́неджмент, -а
коме́та, -ы
комета́рный
коме́тно-метеори́тный
коме́тный
кометоиска́тель, -я
кометообра́зный; *кр. ф.* -зен, -зна
ко́ми, *неизм.* и *нескл., м.* (*язык*) и *нескл., мн., ед. м.* и *ж.* (*народ*)
коми́зм, -а
ко́ми-зыря́не, -я́н, *ед.* -я́нин, -а
ко́ми-зыря́нка, -и, *р. мн.* -нок
ко́ми-зыря́нский
ко́мик, -а
комикова́ние, -я
комикова́ть, -ку́ю, -ку́ет
Ко́ми кра́й, Ко́ми кра́я
ко́микс, -а
ко́микс-боеви́к, -а́
ко́микс-журна́л, -а
ко́миксовый
ко́микс-се́рия, -и
ко́микс-фа́н, -а
ко́ми-культу́ра, -ы
ко́ми-литерату́ра, -ы
комильфо́, *неизм.* и *нескл., м.*
комильфо́тный
ко́ми-наро́д, -а
ко́мингс, -а
ко́мингс-площа́дка, -и, *р. мн.* -док
Коминте́рн, -а
коминте́рновец, -вца, *тв.* -вцем, *р. мн.* -вцев
коминте́рновский
ко́ми-пермяки́, -о́в, *ед.* -мя́к, -а́
ко́ми-пермя́цкий
Ко́ми-Пермя́цкий автоно́мный о́круг
ко́ми-пермя́цко-ру́сский
ко́ми-пермя́чка, -и, *р. мн.* -чек
комисса́р, -а
комиссарже́вец, -вца, *тв.* -вцем, *р. мн.* -вцев (*от* Комиссаржéвская)
комиссариа́т, -а
комиссариа́тский
комисса́рский
комисса́рство, -а
комисса́рша, -и, *тв.* -ей
комиссионе́р, -а
комиссионе́рский
комиссионе́рство, -а
комиссионе́рствовать, -твую, -твует
комиссио́нка, -и, *р. мн.* -нок
комиссио́нный
коми́ссия, -и
комиссо́ванный; *кр. ф.* -ан, -ана
комиссова́ть(ся), -ссу́ю(сь), -ссу́ет(ся)
комиссо́вка, -и, *р. мн.* -вок
комиссу́ра, -ы
комиссуротоми́я, -и
комита́т, -а
комите́нт, -а
комите́нтский
комите́т, -а
Комите́т госуда́рственной безопа́сности СССР (КГБ)
комите́тский
Комите́т солда́тских матере́й Росси́и
комите́тчик, -а
коми́ции, -ций, *ед.* -ция, -и
комича́не, -а́н, *ед.* -а́нин, -а (*жители Республики Коми*)
коми́чески
коми́ческий
коми́чность, -и
коми́чный; *кр. ф.* -чен, -чна
ко́мканный; *кр. ф.* -ан, -ана, *прич.*
ко́мканый, *прил.*
ко́мкать, -аю, -ает
комкова́тость, -и
комкова́тый
комко́вый
комко́р, -а
комлева́тость, -и

комлева́тый
ко́млевый
комли́стый
ко́мма, -ы (*муз.*)
команди́ст, -а и **командити́ст,** -а
команди́тный
комма́ндос, *нескл., мн.*
коммели́на, -ы
коммели́новые, -ых
комменда́ция, -и
комменса́л, -а
комменсали́зм, -а
коммента́рий, -я
коммента́тор, -а
коммента́торский
коммента́торша, -и, *тв.* -ей
комменти́рование, -я
комменти́рованный; *кр. ф.* -ан, -ана
комменти́ровать(ся), -рую, -рует(ся)
коммерса́нт, -а
коммерса́нтка, -и, *р. мн.* -ток
коммерса́нтский
коммерциализа́ция, -и
коммерциализи́рованный; *кр. ф.* -ан, -ана
коммерциализи́ровать(ся), -рую, -рует(ся)
коммерциали́зм, -а
коммерциализо́ванный; *кр. ф.* -ан, -ана
коммерциализова́ть(ся), -зу́ю, -зу́ет(ся)
комме́рции сове́тник
комме́рция, -и
Комме́рц-колле́гия, -и (*ист.*)
комме́рческий
ко́мми́, *нескл., м.*
коммивояжёр, -а
коммивояжёрский
коммивояжёрство, -а
коммифо́ра, -ы
коммода́т, -а
коммодо́р, -а (*командир соединения кораблей*)
коммодо́рский
ко́ммонер, -а
коммо́ция, -и
комму́на, -ы
коммунали́зм, -а
коммунали́ст, -а
коммунали́стский
коммуна́лка, -и, *р. мн.* -лок
коммуна́льно-бытово́й
коммуна́льно-жили́щный
коммуна́льный
коммуна́льщик, -а
коммуна́р, -а
коммуна́рка, -и, *р. мн.* -рок
коммуна́рский
коммуни́зм, -а
коммуника́бельность, -и
коммуника́бельный; *кр. ф.* -лен, -льна
коммуника́нт, -а
коммуникати́вно ориенти́рованный
коммуникати́вно-прагмати́ческий
коммуникати́вность, -и
коммуникати́вный; *кр. ф.* -вен, -вна
коммуника́тор, -а
коммуникацио́нный
коммуника́ция, -и
коммуни́ст, -а
Коммунисти́ческая па́ртия Росси́йской Федера́ции (КПРФ)
Коммунисти́ческая па́ртия Сове́тского Сою́за (КПСС)
коммунисти́ческий
Коммунисти́ческий интернациона́л
коммуни́стка, -и, *р. мн.* -ток
коммунонационалисти́ческий
коммунопатрио́т, -а
коммунопатриоти́ческий
коммунофаши́стский
коммуня́ка, -и, *м.* и *ж.*
коммутати́вность, -и
коммутати́вный; *кр. ф.* -вен, -вна
коммута́тор, -а
коммута́торный
коммутацио́нный
коммута́ция, -и
коммути́рованный; *кр. ф.* -ан, -ана
коммути́ровать(ся), -рую, -рует(ся)
коммюнике́, *нескл., с.*
ко́мната, -ы
ко́мната-музе́й, ко́мнаты-музе́я
комнатёнка, -и, *р. мн.* -нок
ко́мнатка, -и, *р. мн.* -ток
ко́мнатно-декорати́вный
ко́мнатный
комнату́ха, -и
комнату́шка, -и, *р. мн.* -шек
комово́й
комо́д, -а
комо́дик, -а
комо́дный
комодообра́зный; *кр. ф.* -зен, -зна
комо́дский вара́н
комо́к, комка́
комо́лость, -и
комо́лый
комо́рники, -ов, *ед.* -ник, -а (*ист.*)
комо́рский (*к* Комо́рские острова́, Комо́ры)
комо́рцы, -ев, *ед.* -рец, -рца, *тв.* -рцем
комо́чек, -чка
компа́йлер, -а
компа́йлерный
компа́кт, -а
компа́кт-ди́ск, -а
компа́кт-дисково́д, -а
компа́кт-ди́ск-пле́ер, -а
компа́кт-ди́ск-прои́грыватель, -я
компа́кт-кассе́та, -ы
компа́ктность, -и
компа́ктный; *кр. ф.* -тен, -тна
компа́кт-пле́ер, -а
компа́ктус, -а
компа́ндер, -а (*тех., инф.*)
компанди́рование, -я (*инф.*)
компанди́рованный; *кр. ф.* -ан, -ана
компанди́ровать(ся), -рую, -рует(ся)
компане́йский (*от* компа́ния)
компане́йщина, -ы (*к* компа́ния)
компа́нийка, -и, *р. мн.* -иек
компа́ния, -и (*группа людей, объединение*)
компа́ния-монополи́ст, компа́нии-монополи́ста, *ж.*
компа́ния хай-те́к, компа́нии хай-те́к
компаньо́н, -а
компаньона́ж, -а, *тв.* -ем
компаньо́нка, -и, *р. мн.* -нок
компаньо́нский
компарати́в, -а
компаративи́зм, -а
компаративи́ст, -а
компаративи́стика, -и
компаративи́стский
компарати́вный
компара́тор, -а
компара́торный
компари́рование, -я
компари́рованный; *кр. ф.* -ан, -ана
компа́ртия, -и
ко́мпас, -а
ко́мпасный
компати́бельный; *кр. ф.* -лен, -льна
компатрио́т, -а
компатрио́тка, -и, *р. мн.* -ток
компа́унд, -а
компаунди́рование, -я
компаунди́рованный; *кр. ф.* -ан, -ана
компаунди́ровать(ся), -рую, -рует(ся)
компа́унд-кана́т, -а
компа́унд-маши́на, -ы
компа́ундный
компа́шечка, -и, *р. мн.* -чек
компа́шка, -и, *р. мн.* -шек
компе́ндий, -я и **компе́ндиум,** -а
компенса́тор, -а
компенса́торный (*к* компенса́тор)
компенсато́рный (*к* компенса́ция)
компенсацио́нный
компенса́ция, -и
компенси́рованный; *кр. ф.* -ан, -ана
компенси́ровать(ся), -рую, -рует(ся)
компете́нтность, -и
компете́нтный; *кр. ф.* -е́нтен, -е́нтна
компете́нция, -и
компили́рование, -я
компили́рованный; *кр. ф.* -ан, -ана
компили́ровать(ся), -рую, -рует(ся)
компиляти́вность, -и
компиляти́вный; *кр. ф.* -вен, -вна
компиля́тор, -а
компиля́торный
компиля́торский
компиля́ция, -и
компланáрный
ко́мплекс, -а
ко́мпле́кс, -а (*матем.*)
комплекси́рование, -я
комплекси́рованный; *кр. ф.* -ан, -ана
ко́мплексно-автоматизи́рованный
ко́мплексно-изыска́тельский

ко́мплексно-механизи́рованный
ко́мплексность, -и
ко́мплексный
компле́ксный (*матем.*)
комплексова́ть, -су́ю, -су́ет
комплексоме́три́я, -и
комплексономе́три́я, -и
комплексо́ны, -ов, *ед.* -со́н, -а
комплексообразова́ние, -я
комплексообразова́тель, -я
комплексообразу́ющий
компле́кт, -а
комплекта́ция, -и
компле́ктность, -и
компле́ктный
комплектова́ние, -я
комплекто́ванный; *кр. ф.* -ан, -ана
комплектова́ть(ся), -ту́ю, -ту́ет(ся)
комплекто́вка, -и
комплекто́вочный
комплекто́вщик, -а
комплекто́вщица, -ы, *тв.* -ей
комплекту́ющие, -их
компле́кция, -и
компле́мент, -а (*биол.*)
комплемента́рий, -я и **комплементёр, -**а (*член коммандитного товарищества*)
комплемента́рность, -и (*от* комплемента́рный)
комплемента́рный; *кр. ф.* -рен, -рна (*основанный на дополняющих друг друга структурах*)
комплемента́ция, -и (*в генетике*)
комплементёр, -а и **комплемента́рий, -**я
комплети́вный
компливи́т, -а
комплика́ция, -и
комплиме́нт, -а (*похвала*)
комплимента́рность, -и (*к* комплиме́нт)
комплимента́рный; *кр. ф.* -рен, -рна (*от* комплиме́нт)
комплимента́рщина, -ы
комплиме́нтщик, -а
комплиме́нтщица, -ы, *тв.* -ей
компло́т, -а
комплю́вий, -я
компо́зер, -а
компози́т, -а
компози́тный
компози́тор, -а
компози́тор-пе́сенник, компози́тора-пе́сенника
компози́торский
компози́торство, -а
композициони́рование, -я
композициони́рованный; *кр. ф.* -ан, -ана
композицио́нно, *нареч.*
композицио́нно завершённый
композицио́нно-стилисти́ческий
композицио́нно-сюже́тный
композицио́нный
компози́ция, -и
комполка́, *нескл., м.*
компоне́нт, -а
компоне́нта, -ы (*матем.*)
компоне́нтный
компонова́ние, -я
компоно́ванный; *кр. ф.* -ан, -ана
компонова́ть(ся), -ну́ю, -ну́ет(ся)
компоно́вка, -и
компоно́вочный
компоно́вщик, -а
компо́ст, -а
компо́стер, -а
компо́стерный
компости́рование, -я
компости́рованный; *кр. ф.* -ан, -ана
компости́ровать(ся), -рую, -рует(ся)
компо́стный
компо́т, -а и -у
компо́тик, -а и -у
компо́тница, -ы, *тв.* -ей
компо́тный
компрадо́р, -а
компрадо́рский
компрачико́с, -а
компре́сс, -а
компрессио́нный
компре́ссия, -и
компре́ссный
компрессоме́тр, -а
компре́ссор, -а
компре́ссорный
компрессорострое́ние, -я
компрессорострои́тельный
комприма́рио, *нескл., м.*
комприми́рованный; *кр. ф.* -ан, -ана
комприми́ровать(ся), -рую, -рует(ся)
компрома́т, -а
компромета́ция, -и
компромети́рование, -я
компромети́рованный; *кр. ф.* -ан, -ана
компромети́ровать(ся), -рую(сь), -рует(ся)
компроми́сс, -а
компроми́ссность, -и
компроми́ссный; *кр. ф.* -ссен, -ссна
компто́метр, -а
комптометри́стка, -и, *р. мн.* -ток
Ко́мптон, -а: **явле́ние (эффе́кт) Ко́мптона**
ко́мптоновский: ко́мптоновская длина́ волны́
компью́тер, -а
компью́тер – записна́я кни́жка, компью́тера – записно́й кни́жки, *м.*
компьютериза́ция, -и
компьютеризи́рованный; *кр. ф.* -ан, -ана
компьютеризи́ровать(ся), -рую, -рует(ся)
компьютеризо́ванный; *кр. ф.* -ан, -ана
компьютеризова́ть(ся), -зу́ю, -зу́ет(ся)
компью́терно гра́мотный
компью́терно-томографи́ческий
компью́терный
компьютерострое́ние, -я
компью́тер-се́рвер, компью́тера-се́рвера
компью́терщик, -а
компро́ты, *нескл., м.*
комса́, -ы́ (*комсомольцы, собир., устар. прост.*)
комсомо́л, -а
комсомо́лец, -льца, *тв.* -льцем, *р. мн.* -льцев
комсомо́лия, -и
комсомо́лка, -и, *р. мн.* -лок
комсомо́льский (*к* комсомо́л и Комсомо́льск-на-Аму́ре)
Комсомо́льск-на-Аму́ре, Комсомо́льска-на-Аму́ре
комсомо́льско-молодёжный
комсомольча́не, -а́н, *ед.* -а́нин, -а (*к* Комсомо́льск-на-Аму́ре)
комсомольча́нка, -и, *р. мн.* -нок
комсо́рг, -а
комсоста́в, -а
кому́з, -а
комузи́ст, -а
кому́ ка́к
кому́ како́й
кому́-кому́
кому́ куда́
кому́ не ле́нь
кому́ попа́ло
кому́ что́
комфо́рт, -а
комфорта́бельность, -и
комфорта́бельный; *кр. ф.* -лен, -льна
комфо́ртность, -и
комфо́ртный; *кр. ф.* -тен, -тна
комфра́кция, -и
комчва́нство, -а
комяче́йка [мъя], -и, *р. мн.* -е́ек
кон, -а, *предл.* на кону́, *мн.* -ы́, -о́в
конакри́йский (*от* Конакри́)
конакри́йцы, -ев, *ед.* -и́ец, -и́йца, *тв.* -и́йцем
ко́нан-до́йлевский (*от* Ко́нан До́йль)
конарме́ец, -е́йца, *тв.* -е́йцем, *р. мн.* -е́йцев
конарме́йский
кона́рмия, -и
кона́ться, -а́юсь, -а́ется
конве́йер, -а
конвейериза́ция, -и
конвейеризи́рованный; *кр. ф.* -ан, -ана
конвейеризи́ровать(ся), -рую, -рует(ся)
конвейеризо́ванный; *кр. ф.* -ан, -ана
конвейеризова́ть(ся), -зу́ю, -зу́ет(ся)
конве́йерный
конвейерострое́ние, -я
конвейерострои́тельный
конве́йерщик, -а
конве́йерщица, -ы, *тв.* -ей

конвекти́вный
конве́ктор, -а
конве́кторный
конвекцио́нный
конве́кция, -и
Конве́нт, -а
конве́нтский
конвенционали́зм, -а
конвенционали́стский
конвенциона́льность, -и
конвенциона́льный; *кр. ф.* -лен, -льна
конвенцио́нный
конве́нция, -и
конверге́нтность, -и
конверге́нтный
конверге́нты, -ов
конверге́нция, -и
конверси́в, -а
конверси́вный
конверсио́нный
конве́рсия, -и
конве́рт, -а
конверта́бельность, -и
конверта́бельный; *кр. ф.* -лен, -льна
конвертацио́нный
конверта́ция, -и
конве́ртер, -а
конве́ртерный
конве́ртер-реа́ктор, конве́ртера-реа́ктора
конве́ртик, -а
конверти́рование, -я
конверти́рованный; *кр. ф.* -ан, -ана
конверти́ровать(ся), -рую, -рует(ся)
конверти́руемость, -и
конверти́руемый
конве́ртный
конверто́ванный; *кр. ф.* -ан, -ана
конвертовскрыва́тель, -я
конвои́р, -а
конвои́рование, -я
конвои́рованный; *кр. ф.* -ан, -ана
конвои́ровать(ся), -рую(сь), -рует(ся)
конвои́рский
конво́й, -я
конво́йный
конволю́т, -а
конволю́тный
конвульси́вность, -и
конвульси́вный; *кр. ф.* -вен, -вна
конву́льсии, -ий, *ед.* -сия, -и
конгениа́льность, -и
конгениа́льный; *кр. ф.* -лен, -льна
конгломера́т, -а
конгломера́тный
конгломера́ция, -и
ко́нго, *неизм.* и *нескл., м.* (*язык*) и *нескл., мн., ед. м.* и *ж.* (*народ*)
конголе́зка, -и, *р. мн.* -зок
конголе́зский (*от* Ко́нго, *государство*)
конголе́зцы, -ев, *ед.* -зец, -зца, *тв.* -зцем
конгре́в, -а (*тиснение*)
конгре́вный (конгре́вное тисне́ние)
конгрегационали́зм, -а
конгрегационали́стский
конгрегационали́сты, -ов, *ед.* -и́ст, -а
конгрегацио́нный
конгрега́ция, -и
конгре́сс, -а
конгресси́ст, -а
конгресси́стский
конгрессме́н, -а
конгре́ссный
конгре́сс-хо́лл, -а
конгре́сс-це́нтр, -а
конгру́энтность, -и
конгру́энтный; *кр. ф.* -тен, -тна
конгру́энция, -и
конда́к, -а́
кондака́рный
кондака́рь, -я́
кондачо́к, -чка́: **с кондачка́**
конденса́т, -а
конденса́тный
конденсатоотво́дчик, -а
конденсатопрово́д, -а
конденса́тор, -а
конденса́торный
конденсацио́нный
конденса́ция, -и
конденси́рование, -я
конденси́рованный; *кр. ф.* -ан, -ана
конденси́ровать(ся), -рую, -рует(ся)
конде́нсор, -а
кондило́ма, -ы
кондиля́ртры, -я́ртр
конди́тер, -а
конди́терская, -ой
конди́терский
конди́терско-бу́лочный
кондиционали́зм, -а
кондиционе́р, -а
кондиционе́рный
кондициони́рование, -я
кондициони́рованный; *кр. ф.* -ан, -ана
кондициони́ровать(ся), -рую, -рует(ся)
кондицио́нность, -и
кондицио́нный
конди́ция, -и
ко́ндо и **хо́ндо,** *нескл., м.* и *с.* (*японский храм*)
кондо́вость, -и
кондо́вый
кондо́м, -а
кондомина́т, -а
кондоми́ниум, -а
кондопо́жский (*от* Кондопо́га)
кондопо́жцы, -ев, *ед.* -жец, -жца, *тв.* -жцем
ко́ндор, -а
кондотье́р, -а
кондотье́рский
кондра́шка, -и (*апоплексический удар*)
кондуи́т, -а
кондуи́тный
кондукто́метр, -а
кондуктометри́ческий
кондуктоме́три́я, -и
конду́ктор[1], -а, *мн.* -а́, -о́в и -ы, -ов (*работник транспорта*)
конду́ктор[2], -а (*деталь машины*)
конду́кто́р, -а (*воинское звание*)
конду́кторный
конду́кторский
конду́кторша, -и, *тв.* -ей
кондукцио́нный
конево́д, -а
конево́дство, -а
конево́дческий
конево́зка, -и, *р. мн.* -зок
конево́й (*в шахматах*)
конезаво́д, -а
конёк, конька́
Конёк-горбуно́к, Конька́-горбунка́
конёнковский (*от* Конёнков)
конесовхо́з, -а
конефе́рма, -ы
коне́ц, конца́, *тв.* концо́м, *р. мн.* концо́в
коне́чно, *вводн. сл.* и *частица*
коне́чно-море́нный
коне́чно-ра́зностный
коне́чности, -ей, *ед.* -ость, -и
коне́чность, -и (*свойство*)
коне́чный; *кр. ф.* -чен, -чна
кони́дия, -и
кониии́н, -а
ко́ник, -а (*уменьш. к* кон и конь)
кони́на, -ы
конифери́н, -а
кони́ческий
ко́нка, -и, *р. мн.* ко́нок
конкатена́ция, -и
конкатени́ровать, -рую, -рует
конки́ста, -ы и (*устар.*) **конкви́ста,** -ы
конкиста́до́р, -а и **конквиста́до́р,** -а
конкиста́до́рский и **конквиста́до́рский**
конкла́в, -а
конклюде́нтный
конкорда́нс, -а
конкорда́нсный
конкорда́нтность, -и
конкорда́нтный
конкорда́т, -а
конко́рс, -а
конкреме́нт, -а
конкретиза́тор, -а
конкретиза́ция, -и
конкретизи́рованный; *кр. ф.* -ан, -ана
конкретизи́ровать(ся), -рую, -рует(ся)
конкре́тика, -и
конкре́тно-истори́ческий
конкре́тно-предме́тный
конкре́тность, -и
конкре́тный; *кр. ф.* -тен, -тна
конкре́ция, -и

конкубина́т, -а
конку́р, -а
конкуре́нт, -а
конкуре́нтка, -и, *р. мн.* -ток
конкуре́нтный
конкурентоспосо́бность, -и
конкурентоспосо́бный; *кр. ф.* -бен, -бна
конкуре́нция, -и
конкури́рование, -я
конкури́ровать, -и́рую, -и́рует
конкури́ст, -а (*от* конку́р)
конку́рный
ко́нкурс, -а
конкурса́нт, -а
конкурса́нтка, -и, *р. мн.* -ток
ко́нкурсный
ко́нкурс-шо́у, ко́нкурса-шо́у
конне́кти́в, -а
коннекти́вный
коннектику́тский (*от* Конне́ктику́т)
коннектику́тцы, -ев, *ед.* -тец, -тца, *тв.* -тцем
конне́ктор, -а
коннета́бль, -я
ко́нник, -а (*кавалерист*)
ко́нница, -ы, *тв.* -ей
ко́нно-акробати́ческий
конноартиллери́йский
конноартиллери́ст, -а
ко́нно-выю́чный
конногварде́ец, -е́йца, *тв.* -е́йцем, *р. мн.* -е́йцев
конногварде́йский
коннозаво́дский и **коннозаводско́й**
коннозаво́дство, -а
коннозаво́дческий
коннозаво́дчик, -а
ко́нно-лы́жный (спо́рт)
конноспорти́вный
коннотати́вность, -и
коннотати́вный; *кр. ф.* -вен, -вна
коннотацио́нный
коннота́ция, -и
ко́нный
конова́л, -а
конова́льный
коново́д, -а
коново́дить, -о́жу, -о́дит
ко́новый
ко́новязь, -и
коного́н, -а
конодо́нты, -ов
конокра́д, -а
конокра́дство, -а
конопа́лый
конопа́тенький
конопа́тить(ся), -а́чу, -а́тит(ся)
конопа́тка, -и, *р. мн.* -ток
конопа́тчик, -а
конопа́тчица, -ы, *тв.* -ей
конопа́тый
конопа́тящий(ся)
конопа́чение, -я
конопа́ченный; *кр. ф.* -ен, -ена, *прич.*
конопа́ченый, *прил.*
конопе́ль, -и (*устар. и обл. к* конопля)
конопе́лька, -и
конопе́льный
коноплево́д, -а
коноплево́дство, -а
коноплево́дческий
конопле́вый
коноплежа́тка, -и, *р. мн.* -ток
коноплезаво́д, -а
коноплеобраба́тывающий
коноплерассти́лочный
коноплесноповяза́лка, -и, *р. мн.* -лок
коноплетереби́лка, -и, *р. мн.* -лок
коноплеубо́рочный
конопля́, -и́
конопля́ник, -а
конопля́нка, -и, *р. мн.* -нок
конопля́ный
конопу́шки, -шек, *ед.* -шка, -и
коносаме́нт, -а
коносаме́нтный
ко́ночный
конса́лтинг, -а
конса́лтинговый
консекве́нтность, -и
консекве́нтный; *кр. ф.* -тен, -тна
консенсуа́льность, -и
консенсуа́льный; *кр. ф.* -лен, -льна
консе́нсус, -а
консе́нсусный
консерва́нт, -а
консерва́нтный
Консервати́вная па́ртия (*в Великобритании и др. странах*)
консервати́вность, -и
консервати́вный; *кр. ф.* -вен, -вна
консервати́зм, -а
консерва́тор, -а
консервато́рец, -рца, *тв.* -рцем, *р. мн.* -рцев
консервато́рия, -и
консерва́торка, -и, *р. мн.* -рок (*к* консерва́тор)
консервато́рка, -и, *р. мн.* -рок (*к* консервато́рец)
консерва́торский (*от* консерва́тор)
консервато́рский (*от* консервато́рия)
консервацио́нный
консерва́ция, -и
консерви́рование, -я
консерви́рованный; *кр. ф.* -ан, -ана
консерви́ровать(ся), -рую, -рует(ся)
консе́рвный
консе́рвы, -ов
консигна́нт, -а
консигна́тор, -а
консигнацио́нный
консигна́ция, -и
конси́лиум, -а
консисте́нтный
консисте́нция, -и
консисто́метр, -а
консисто́рия, -и
консисто́рский
конситуати́вный
конситуа́ция, -и
ко́нский
конскрипцио́нный
конскри́пция, -и
консо́ли, -ей (*английская консолидированная рента*)
консолида́ция, -и
консолиди́рование, -я
консолиди́рованно, *нареч.*
консолиди́рованный; *кр. ф.* -ан, -ана
консолиди́ровать(ся), -рую(сь), -рует(ся)
консо́ль, -и (*архит.*; *подставка*)
консо́льно-козлово́й
консо́льно-фре́зерный
консо́льный
консоля́ция, -и
консоме́, *нескл., с.*
консона́нс, -а
консона́нт, -а
консонанти́зм, -а
консона́нтный
ко́нсо́рт, -а
консорциа́льный
консо́рций, -я и **консо́рция,** -и (*биол.*)
консо́рциум, -а (*объединение банков, предприятий*)
конспе́кт, -а
конспекти́вность, -и
конспекти́вный; *кр. ф.* -вен, -вна
конспекти́рование, -я
конспекти́рованный; *кр. ф.* -ан, -ана
конспекти́ровать(ся), -рую, -рует(ся)
конспе́ктный
конспирати́вность, -и
конспирати́вный; *кр. ф.* -вен, -вна
конспира́тор, -а
конспира́торский
конспира́торша, -и, *тв.* -ей
конспира́ция, -и
конспири́рованный; *кр. ф.* -ан, -ана
конспири́ровать(ся), -ри́рую(сь), -ри́рует(ся)
конспироло́гия, -и
констали́н, -а
конста́нта, -ы
константа́н, -а
Константи́н Багряноро́дный
Константи́н Вели́кий
константино́польский (*от* Константино́поль)
константино́польцы, -ев, *ед.* -лец, -льца, *тв.* -льцем
конста́нтность, -и
конста́нтный; *кр. ф.* -тен, -тна
конста́нцский (*от* Конста́нца и Ко́нста́нц)
констата́ция, -и
констати́рование, -я
констати́рованный; *кр. ф.* -ан, -ана
констати́ровать(ся), -рую, -рует(ся)
консте́бль, -я
констелля́ция, -и
констерна́ция, -и

конституа́нта, -ы
конституи́рование, -я
конституи́рованный; *кр. ф.* -ан, -ана
конституи́ровать(ся), -рую, -рует(ся)
конституті́вность, -и
конституті́вный; *кр. ф.* -вен, -вна
конституционали́зм, -а
конституционали́ст, -а
конституционалисти́ческий
конституционали́стский
конституциона́льный
конституцио́нно-демократи́ческий
Конституцио́нное собра́ние
конституцио́нно-монархи́ческий
конституцио́нно-правово́й
конституцио́нность, -и
конституцио́нный; *кр. ф.* -о́нен, -о́нна
Конституцио́нный су́д РФ
конститу́ция, -и
Конститу́ция Росси́йской Федера́ции
констри́ктор, -а
конструи́рование, -я
конструи́рованный; *кр. ф.* -ан, -ана
конструи́ровать(ся), -и́рую, -и́рует(ся)
констру́кт, -а
конструкти́в, -а
конструктиви́зм, -а
конструктиви́ст, -а
конструктиви́стка, -и, *р. мн.* -ток
конструктиви́стский
конструкти́вно
конструкти́вно унифици́рованный
конструкти́вность, -и
конструкти́вный; *кр. ф.* -вен, -вна
констру́ктор, -а
констру́кторский
констру́кторско-технологи́ческий
констру́кторско-эксперимента́льный
конструкцио́нный
констру́кция, -и
ко́нсул, -а
консула́т, -а
ко́нсульский
ко́нсульство, -а
ко́нсульствовать, -твую, -твует
консульта́нт, -а
консульта́нтка, -и, *р. мн.* -ток
консульта́нтский
консультати́вно-диагности́ческий
консультати́вно-координацио́нный
консультати́вный
консультацио́нный
консульта́ция, -и
консульти́рование, -я
консульти́рованный; *кр. ф.* -ан, -ана
консульти́ровать(ся), -рую(сь), -рует(ся)
консума́ция, -и
консуме́нт, -а (*потребитель товаров и услуг*)
консуме́нты, -ов, *ед.* -ме́нт, -а (*биол.*)
консье́рж, -а, *тв.* -ем
консье́ржка, -и, *р. мн.* -жек
консюмери́зм, -а
консюмери́ст, -а
консюмери́стский
конта́гий, -я
контагио́зность, -и
контагио́зный; *кр. ф.* -зен, -зна
Контадо́рская гру́ппа
конта́кт, -а
контакта́нт, -а
контактёр, -а
контакти́ровать(ся), -рую(сь), -рует(ся)
конта́ктно-диффу́зный
конта́ктно-копирова́льный
конта́ктно-стыково́й
конта́ктность, -и
конта́ктный; *кр. ф.* -тен, -тна
конта́ктово-метаморфи́ческий
конта́ктово-метасомати́ческий
конта́ктовый
контактоме́р, -а
конта́ктор, -а
контактоустана́вливающий
контамина́нт, -а
контаминацио́нный
контамина́ция, -и
контамини́рованный; *кр. ф.* -ан, -ана
контамини́роваться, -руется
конта́нго, *нескл., с.*
конта́чить, -чу, -чит
конте́йнер, -а
контейнериза́ция, -и
конте́йнерный
контейнерово́з, -а
контейнероопроки́дыватель, -я
конте́кст, -а
конте́кстно обусло́вленный
конте́кстно свобо́дный
конте́кстно-ситуати́вный
конте́кстный
конте́кстовый
контексту́альный
конте́нт, -а
конте́нт-ана́лиз, -а
конте́нт-ме́неджер, -а
конте́нтно ориенти́рованный
конте́нтный
континге́нт, -а
контингенти́рование, -я
контингенти́рованный; *кр. ф.* -ан, -ана
контингенти́ровать(ся), -рую, -рует(ся)
континге́нтный
контине́нт, -а
континента́льность, -и
континента́льный; *кр. ф.* -лен, -льна
континуа́льность, -и
континуа́льный; *кр. ф.* -лен, -льна
континуите́т, -а
конти́нуо, *неизм.*: **ба́ссо конти́нуо, виолонче́ль конти́нуо**
конти́нуум, -а
конти́нуумный
конти́ровать, -рую, -рует
контиро́вка, -и
ко́нтия, -и
ко́нто, *нескл., с.*
контокорре́нт, -а
контокорре́нтный
конто́ра, -ы
конто́рка, -и, *р. мн.* -рок
конто́рский
конто́рщик, -а
конто́рщица, -ы, *тв.* -ей
ко́нто-сепара́то, *нескл., с.*
контр... – *приставка, пишется слитно*, но: контр-адмира́л
ко́нтра[1], -ы, *м. и ж.*
ко́нтра[2]**: про́ и ко́нтра**
контраба́нда, -ы
контрабанди́ст, -а
контрабанди́стка, -и, *р. мн.* -ток
контрабанди́стский
контраба́ндный
контраба́с, -а
контрабаси́ст, -а
контраба́сный
контраба́совый
контравариа́нтность, -и
контравариа́нтный; *кр. ф.* -тен, -тна
контрага́лс, -а
контраге́нт, -а
контраге́нтский
контрагенту́ра, -ы
контрагитацио́нный
контрагита́ция, -и
контрадикто́рность, -и
контрадикто́рный; *кр. ф.* -рен, -рна
контради́кция, -и
контр-адмира́л, -а
контр-адмира́л-инжене́р, контр-адмира́ла-инжене́ра
контр-адмира́льский
контражу́р, -а
контрака́мбио, *нескл., с.* (*фин.*)
контра́кт, -а
контракта́нт, -а
контракта́нтка, -и, *р. мн.* -а́нток
контрактацио́нный
контракта́ция, -и
контрактёр, -а
контра́ктник, -а
контра́ктница, -ы, *тв.* -ей
контра́ктный
контракто́ванный; *кр. ф.* -ан, -ана
контрактова́ть(ся), -ту́ю(сь), -ту́ет(ся)
контра́ктовый
контракту́ра, -ы
контракцио́нный
контра́кция, -и
контра́льто, *нескл., с.* (*голос*) и *ж.* (*певица*)
контра́льтовый
контрама́рка, -и, *р. мн.* -рок
контрама́рочный
контрапози́ция, -и

контрапо́ст, -а
контрапу́нкт, -а
контрапункти́рованный; *кр. ф.* -ан, -ана
контрапункти́ровать(ся), -рую, -рует(ся)
контрапункти́рующий(ся)
контрапункти́ст, -а
контрапункти́ческий
контрапу́нктный
контрапункто́ванный; *кр. ф.* -ан, -ана
контрапунктова́ть(ся), -ту́ю, -ту́ет(ся)
контраргуме́нт, -а
контра́рность, -и
контра́рный; *кр. ф.* -рен, -рна
ко́нтрас, *нескл., мн.*
контрасигнату́ра, -ы
контрасигна́ция, -и
контрасигни́рование, -я
контрасигни́рованный; *кр. ф.* -ан, -ана
контрасигни́ровать(ся), -рую, -рует(ся)
контрасигно́ванный; *кр. ф.* -ан, -ана
контрасигнова́ть(ся), -ну́ю, -ну́ет(ся)
контрасигно́вка, -и
контрасигно́вочный
контра́ст, -а
контрасти́вный
контрасти́ровать, -и́рую, -и́рует
контра́стность, -и
контра́стный; *кр. ф.* -тен, -тна
контрата́ка, -и
контратако́ванный; *кр. ф.* -ан, -ана
контратакова́ть, -ку́ю, -ку́ет
контрате́нор, -а
контрати́п, -а
контратипи́рование, -я
контратипи́рованный; *кр. ф.* -ан, -ана
контратипи́ровать(ся), -рую, -рует(ся)
контрафаго́т, -а
контрафаготи́ст, -а
контрафа́ктный
контрафа́кция, -и
контрацепти́в, -а
контрацепти́вность, -и
контрацепти́вный
контрацепти́ческий
контраце́пция, -и
контрбала́нс, -а
контрбатаре́йный
контрбра́с, -а (*мор.*)
контрвалацио́нный
контрве́рсия, -и
контрвизи́т, -а
контрви́нт, -а́
контрво́льт, -а
контрвопро́с, -а
контрвы́пад, -а
контрга́йка, -и, *р. мн.* -га́ек
контргало́п, -а
контрга́лс, -а
контргамби́т, -а
контргре́йфер, -а
контргру́з, -а
контрда́нс, -а
контрде́йствия, -ий
контрдо́вод, -а
контре́йлер, -а
контржа́лоба, -ы
контрзащи́та, -ы
контрибуцио́нный
контрибу́ция, -и
контригра́, -ы́
контри́ск, -а (*от* иск)
контри́сковый и **контрисково́й**
ко́нтрить(ся), -рю, -рит(ся)
контркомбина́ция, -и
контркри́тика, -и
контркульту́ра, -ы
контркульту́рный
контрманёвр, -а и **контрмане́вр**, -а
контрма́рке́тинг, -а
контрма́рш, -а, *тв.* -ем
контрме́ра, -ы
контрми́на, -ы
контрми́нный
контрминоно́сец, -сца, *тв.* -сцем, *р. мн.* -сцев
контрнака́т, -а
контрнаступа́тельный
контрнаступле́ние, -я
контрове́рза, -ы
контрове́рсия, -и (*устар. к* контрове́рза)
контрови́к, -а́
контро́вка, -и
контрово́й
контркта́ва, -ы
контролёр, -а (*должностное лицо*)
контролёр-брако́вщик, контролёра-брако́вщика
контролёр-ревизо́р, контролёра-ревизо́ра
контролёрский
контролёрша, -и, *тв.* -ей
контроли́рование, -я
контроли́рованный; *кр. ф.* -ан, -ана
контроли́ровать(ся), -рую(сь), -рует(ся)
контро́ллер, -а (*аппарат*)
контро́ллинг, -а
контро́ль, -я
контро́лька, -и, *р. мн.* -лек
контро́льник, -а
контро́льно-дисциплина́рный
контро́льно-запи́сывающий
контро́льно-измери́тельный
контро́льно-испыта́тельный
контро́льно-ка́ссовый
контро́льно-пропускно́й
контро́льно-разреши́тельный
контро́льно-ревизио́нный
контро́льно-следово́й
контро́льно-учётный
контро́льно-фина́нсовый
контро́льный
контрotве́т, -а
контрофе́рта, -ы
контрпа́р, -а
контрпереворо́т, -а
контрперестро́ечный
контрподгото́вка, -и
контрпредложе́ние, -я
контрпрете́нзия, -и
контрпри́во́д, -а
контрприём, -а
контрпродукти́вность, -и
контрпродукти́вный; *кр. ф.* -вен, -вна
контрпропага́нда, -ы
контрпропаганди́стский
контррадиоэлектро́нный
контрразве́дка, -и, *р. мн.* -док
контрразве́дчик, -а
контрразве́дчица, -ы, *тв.* -ей
контрразве́дывательный
контрреволюционе́р, -а
контрреволюционе́рка, -и, *р. мн.* -рок
контрреволюцио́нность, -и
контрреволюцио́нный; *кр. ф.* -о́нен, -о́нна
контрреволю́ция, -и
контррелье́ф, -а
контрре́льс, -а
контррефо́рма, -ы
Контрреформа́ция, -и (*ист.*)
контрреформи́стский
контрро́тор, -а
контрро́торный
контрси́ла, -ы
контрстали́йный
контрста́лия, -и
контрсчёт, -а
контрте́мп, -а
контртенде́нция, -и
контртеррористи́ческий
контрти́мберс, -а
контрти́тул, -а
контр-топ-спи́н, -а
контртради́ция, -и
контругро́за, -ы
контруда́р, -а
контрукло́н, -а
контрфакти́ческий
контрфо́рс, -а
контрфо́рсный
контрхо́д, -а
контрша́нсы, -ов
контршпиона́ж, -а, *тв.* -ем
контръя́рус, -а
ко́нтры, контр (в ко́нтрах с кем-н.)
контрэма́ль, -и
контрэска́рп, -а
конту́женный; *кр. ф.* -ен, -ена, *прич.*
конту́женый, *прил.*
конту́зить, -у́жу, -у́зит
конту́зия, -и
ко́нтур, -а
контури́рованный; *кр. ф.* -ан, -ана

контури́ровать(ся), -и́рую, -и́рует(ся)
ко́нтурно-лине́йный
ко́нтурность, -и
ко́нтурно-шлифова́льный
ко́нтурный
конуля́рии, -ий, *ед.* -рия, -и
ко́нунг, -а
конура́, -ы́
конурба́ция, -и
кону́рка, -и, *р. мн.* -рок
ко́нус, -а
ко́нусный
конусови́дный; *кр. ф.* -ден, -дна
конусообра́зный; *кр. ф.* -зен, -зна
конфабуля́ция, -и
конфа́йнмент, -а
конфедерали́зм, -а
конфедерали́стский
конфедера́т, -а
конфедерати́вный
конфедера́тка, -и, *р. мн.* -ток
конфедера́тский
конфедерацио́нный
конфедера́ция, -и; но (*в официальных названиях государств*) **Конфедера́ция,** -и, *напр.*: Швейца́рская Конфедера́ция
Конфедера́ция наро́дов Кавка́за (*организация*)
конфекцио́н, -а
конфекцио́нный
конфе́кция, -и
конфера́нс, -а
конферансье́, *нескл., м.*
конфере́нц-за́л, -а
конференциа́льный
конфере́нция, -и
конфере́нц-свя́зь, -и
конфери́ровать, -рую, -рует
конфессионали́зм, -а
конфессиона́льный
конфе́ссия, -и
конфе́та, -ы
конфе́тина, -ы
конфе́тка, -и, *р. мн.* -ток
конфе́тница, -ы, *тв.* -ей
конфе́тный
конфетоотли́вочный
конфеторе́зательный
конфе́точка, -и, *р. мн.* -чек
конфетти́, *нескл., с.*
конфе́тчик, -а
конфе́тчица, -ы, *тв.* -ей
конфе́ты ассорти́, конфе́т ассорти́
конфе́ты драже́, конфе́т драже́
конфигурацио́нный
конфигура́ция, -и
конфигури́рование, -я
конфигури́ровать(ся), -и́рую, -и́рует(ся)
конфиде́нт, -а
конфиде́нтка, -и, *р. мн.* -ток
конфиденциа́льность, -и
конфиденциа́льный; *кр. ф.* -лен, -льна
ко́нфикс, -а
конфикса́льный
конфикса́ция, -и
конфирмацио́нный
конфирма́ция, -и
конфирмо́ванный; *кр. ф.* -ан, -ана
конфирмова́ть(ся), -му́ю(сь), -му́ет(ся)
конфиска́т, -а
конфискацио́нный
конфиска́ция, -и
конфискова́ние, -я
конфиско́ванный; *кр. ф.* -ан, -ана
конфискова́ть(ся), -ку́ю, -ку́ет(ся)
конфитю́р, -а
конфитю́рный
конфли́кт, -а
конфли́ктность, -и
конфли́ктный; *кр. ф.* -тен, -тна
конфликтова́ть, -ту́ю, -ту́ет
конфликтоге́нность, -и
конфликтоге́нный
конфликто́лог, -а
конфликтологи́ческий
конфликтоло́гия, -и
конфлюэ́нтный
конфока́льность, -и
конфока́льный
конфо́рка, -и, *р. мн.* -рок
конформацио́нный
конформа́ция, -и
конформи́зм, -а
конформи́ст, -а
конформи́стка, -и, *р. мн.* -ток
конформи́стский
конфо́рмность, -и
конфо́рмный; *кр. ф.* -мен, -мна
конфо́рочка, -и, *р. мн.* -чек
конфо́рочный
конфронтацио́нность, -и
конфронтацио́нный
конфронта́ция, -и
конфронти́ровать(ся), -рую(сь), -рует(ся)
конфу́женный; *кр. ф.* -ен, -ена, *прич.*
конфу́з, -а
конфу́зить(ся), -у́жу(сь), -у́зит(ся)
конфу́зия, -и
конфу́зливость, -и
конфу́зливый
конфу́зность, -и
конфу́зный; *кр. ф.* -зен, -зна
конфу́зящий(ся)
конфуциа́нец, -нца, *тв.* -нцем, *р. мн.* -нцев
конфуциа́нский (*от* Конфу́ций)
конфуциа́нство, -а
ко́нха, -и
конхилиоло́гия, -и и **конхиоло́гия,** -и
конхо́ида, -ы
конца́-кра́ю (не́т, не вида́ть, не ви́дно)
концево́й
концентра́т, -а
концентра́тный
концентра́тор, -а
концентрацио́нный
концентра́ция, -и
концентри́зм, -а
концентри́рование, -я
концентри́рованно, *нареч.*
концентри́рованность, -и
концентри́рованный; *кр. ф. прич.* -ан, -ана; *кр. ф. прил.* (*сосредоточенный; насыщенный, богатый содержанием*) -ан, -анна
концентри́ровать(ся), -рую(сь), -рует(ся)
концентри́ческий
концентри́чность, -и
концентри́чный; *кр. ф.* -чен, -чна
конце́нтры, -ов, *ед.* -це́нтр, -а
конце́пт, -а
конце́пт-а́рт, -а
конце́пт-ка́р, -а
концептуализа́ция, -и
концептуализи́рованный; *кр. ф.* -ан, -ана
концептуализи́ровать(ся), -и́рую, -и́рует(ся)
концептуали́зм, -а
концептуали́ст, -а
концептуалисти́ческий
концептуали́стский
концептуа́льность, -и
концептуа́льный; *кр. ф.* -лен, -льна
концепцио́нный
конце́пция, -и
конце́рн, -а
конце́рновый
конце́рт, -а
концерта́нт, -а
концерта́нтка, -и, *р. мн.* -ток
конце́рт га́ла́, конце́рта га́ла́
концерти́но, *нескл., с.*
концерти́рование, -я
концерти́ровать, -рую, -рует
концертме́йстер, -а
концертме́йстерский
конце́ртно-исполни́тельский
конце́ртно-спорти́вный
конце́ртно-театра́льный
конце́ртный
Конце́ртный за́л и́мени Чайко́вского
концессионе́р, -а
концессионе́рский
концессио́нный
конце́ссия, -и
концко́рм, -а, *мн.* -а́, -о́в (*концентрированный корм*)
концла́герный
концла́герь, -я, *мн.* -я́, -е́й
конце́вка, -и, *р. мн.* -вок
конча́р, -а
конча́ть(ся), -а́ю(сь), -а́ет(ся)
конча́я, *деепр.* и (*чем*) *предлог*
ко́нченный; *кр. ф.* -ен, -ена, *прич.* (ко́нченное де́ло)
ко́нчено, *в знач. сказ.*

ко́нченый, *прил.* (ко́нченый челове́к)
кончéрто грóссо, *нескл., м.*
ко́нчик, -а
кончи́на, -ы
ко́нчить(ся), -чу(сь), -чит(ся)
конъекту́ра, -ы (*восстановление текста*)
конъекту́рный; *кр. ф.* -рен, -рна
конъюга́ты, -а́т, *ед.* -а́та, -ы
конъюгацио́нный
конъюга́ция, -и
конъюги́рованный; *кр. ф.* -ан, -ана
конъюги́ровать, -рует
конъю́нкт, -а
конъюнкти́в, -а (*лингв.*)
конъюнкти́ва, -ы (*слизистая оболочка глаза*)
конъюнктиви́т, -а
конъюнкти́вный
конъюнкту́ра, -ы (*ситуация*)
конъюнктури́стский
конъюнкту́рить, -рю, -рит
конъюнкту́рный; *кр. ф.* -рен, -рна
конъюнкту́рщик, -а
конъюнкту́рщина, -ы
конъюнкту́рщица, -ы, *тв.* -ей
конъю́нкция, -и
конь, -я́, *мн.* -и, -е́й
конь-кача́лка, коня́-кача́лки
коньки́, -о́в, *ед.* конёк, конька́
конькобе́жец, -жца, *тв.* -жцем, *р. мн.* -жцев
конькобе́жка, -и, *р. мн.* -жек
конькобе́жный
коньково́й
конья́к, -а́ и -у́
коньячи́шко, -а и -и, *м.*
конья́чный
коньячо́к, -чка́ и -чку́
конюга, -и (*птица*)
ко́нюх, -а
конюшенный
конюший, -его
коню́шня, -и, *р. мн.* -шен
коня́га, -и, *м.* и *ж.*
коня́ка, -и, *м.* и *ж.*
коня́шка, -и, *р. мн.* -шек
кооперати́в, -а
кооперати́вно-госуда́рственный
кооперати́вно-колхо́зный
кооперати́вно-строи́тельный
кооперати́вный
кооперати́вщик, -а
коопера́тор, -а
коопера́торский
кооперацио́нный
коопера́ция, -и
коопери́рование, -я
коопери́рованный; *кр. ф.* -ан, -ана
коопери́ровать(ся), -рую(сь), -рует(ся)
кооптацио́нный
коопта́ция, -и
коопти́рование, -я
коопти́рованный; *кр. ф.* -ан, -ана
коопти́ровать(ся), -рую(сь), -рует(ся) (*дополнительно вводить(ся), включать(ся)*)
координа́тно-измери́тельный
координа́тно-расто́чный
координа́тный
координато́граф, -а
координатоме́р, -а
координа́тор, -а
координа́торный
координа́торский
координа́ты, -а́т, *ед.* -а́та, -ы
координацио́нно-вычисли́тельный
координацио́нный
координа́ция, -и
координи́рование, -я
координи́рованность, -и
координи́рованный; *кр. ф.* -ан, -ана
координи́ровать(ся), -рую(сь), -рует(ся)
коп, -а (*полицейский*)
копа́, -ы́ (*60 штук чего-н. как мера; копна*)
копа́л, -а (*смола*)
копа́лка, -и, *р. мн.* -лок
копа́ловый
копалу́ха, -и (*глухарка, обл.*)
копа́ние, -я
ко́панный; *кр. ф.* -ан, -ана, *прич.*
копану́ть, -ну́, -нёт
ко́паный, *прил.*
ко́пань, -и
копа́тель, -я
копа́тельный
копа́ть(ся), -а́ю(сь), -а́ет(ся)
копа́ч, -а́, *тв.* -о́м
копевладе́лец, -льца, *тв.* -льцем, *р. мн.* -льцев
копе́ечка, -и, *р. мн.* -чек
копе́ечник, -а
копе́ечница, -ы, *тв.* -ей
копе́ечничать, -аю, -ает
копе́ечный
копе́йка, -и, *р. мн.* -е́ек
копе́йный (*от* копьё)
копе́йщик, -а
копе́ль, -я (*сплав*)
копенга́генский (*от* Копенга́ген)
копенга́генцы, -ев, *ед.* -нец, -нца, *тв.* -нцем
копёнка, -и, *р. мн.* -нок
копённый
копепо́ды, -ов, *ед.* -по́д, -а
копёр, копра́
коперникиа́нский
копе́рниковский (*от* Копе́рник)
копёрщик, -а
копетда́гский (*от* Копетда́г)
ко́пи, -ей
ко́пи-а́рт, -а
копиго́льд, -а
копиго́льдер, -а
копие́, -я́ (*церк.*)
копи́зм, -а
копи́ст, -а
копи́стский
ко́пийка, -и, *р. мн.* -иек (*уменьш. от* ко́пия)
копи́лка, -и, *р. мн.* -лок
копи́льник, -а
копи́р, -а
копира́йт, -а
копира́йтер, -а
копи́рка, -и, *р. мн.* -рок
копирова́льно-мно́жительный
копирова́льно-фре́зерный
копирова́льный
копирова́льщик, -а
копирова́льщица, -ы, *тв.* -ей
копи́рование, -я
копи́рованный; *кр. ф.* -ан, -ана
копи́ровать(ся), -рую, -рует(ся)
копиро́вка, -и
копиро́вочный
копиро́вщик, -а
копиро́вщица, -ы, *тв.* -ей
копиручёт, -а
копирэффе́кт, -а
копи́ть(ся), коплю́, ко́пит(ся)
ко́пия, -и
ко́пка, -и
ко́пленный; *кр. ф.* -ен, -ена, *прич.*
ко́пленый, *прил.*
копна́, -ы́, *мн.* ко́пны́, копён и ко́пен, ко́пна́м
копне́ние, -я
копнённый; *кр. ф.* -ён, -ена́
копни́тель, -я
копни́ть, -ню́, -ни́т
копни́ца, -и, *тв.* -ей
копново́з, -а
копну́ть, -ну́, -нёт
копо́рский ча́й (*растение*)
ко́поткий
копотли́вость, -и
копотли́вый
ко́потный; *кр. ф.* -тен, -тна
копотня́, -и́
копоту́н, -а́
копоту́нья, -и, *р. мн.* -ний
ко́поть, -и
копоше́ние, -я
копоши́ться, -шу́сь, -ши́тся
копр, -а (*жук*)
ко́пра, -ы и **копра́,** -ы́ (*сушеные ядра кокосового ореха*)
копрово́й, -о́го (*коперщик*)
копро́вый
копроду́кция, -и
копродю́сер, -а
копродю́серский
копродю́серство, -а
копроли́т, -а
копрофа́г, -а
копте́ть [1], -е́ет (*покрываться копотью*)
копте́ть [2], копчу́, копти́т (*прозябать; корпеть*)
копти́лка, -и, *р. мн.* -лок
копти́льник, -а

копти́льно-колба́сный
копти́льный
копти́льня, -и, *р. мн.* -лен
копти́льщик, -а
копти́льщица, -ы, *тв.* -ей
копти́ть(ся), копчу́(сь), копти́т(ся) (*испускать копоть; покрывать(ся) копотью; готовить(ся) копчением*)
ко́птский
ко́пты, -ов, *ед.* копт, -а
копули́рованный; *кр. ф.* -ан, -ана
копули́ровать(ся), -рую, -рует(ся)
копулиро́вка, -и
копулиро́вочный
копуляти́вный
копуля́ция, -и
копу́н, -а́
копу́нья, -и, *р. мн.* -ний
копу́ха, -и
копу́ша, -и, *тв.* -ей, *м.* и *ж.*
копче́ние, -я (*действие*)
копчённый; *кр. ф.* -ён, -ена́, *прич.*
копчёно-варёный
копчёно-запечённый
копчёности, -ей, *ед.* -ость, -и
копчёный, *прил.*
копче́нья, -ий, *ед.* -нье, -я (*копчености*)
ко́пчик, -а (*косточка*)
ко́пчиковый
копчу́шка, -и, *р. мн.* -шек
копы́л, -а́, *мн.* копы́лья, -ьев и копылы́, -о́в
копы́тень, -тня
копы́тка, -и, *р. мн.* -ток
копы́тные, -ых, *ед.* -ное, -ого
копы́тный
копы́то, -а
копытови́дный; *кр. ф.* -ден, -дна
копытообра́зный; *кр. ф.* -зен, -зна
копы́тце, -а, *р. мн.* -ев и -тец
копы́тчатый
копьё, -я́, *мн.* ко́пья, ко́пий, ко́пьям
копьеви́дный; *кр. ф.* -ден, -дна
копьели́стный
копьемета́лка, -и, *р. мн.* -лок
копьемета́тель, -я
копьемета́тельница, -ы, *тв.* -ей
копьено́сец, -сца, *тв.* -сцем, *р. мн.* -сцев
копьеобра́зный; *кр. ф.* -зен, -зна
копьецо́, -а́
ко́пящий
копя́щийся
ко́ра, -ы (*статуя*)
кора́, -ы́
корабе́л, -а
корабе́льный
корабе́льщик, -а
кораблевожде́ние, -я
кораблекруше́ние, -я
кораблестрое́ние, -я
кораблестрои́тель, -я
кораблестрои́тельный
кораблестрои́тельство, -а
кора́блик, -а
кора́бль, -я́
коразо́л, -а
корака́н, -а
ко́р-а-ко́р, *неизм.* (*положение в фехтовании*)
кора́лл, -а
коралли́т, -а
коралллови́дный; *кр. ф.* -ден, -дна
кора́лловый
кора́ль, -я (*загон для скота*)
коральки́, -о́в (*ожерелье*)
коралько́вый
Кора́н, -а
корани́ческий
корвало́л, -а и -у
корвало́льчик, -а и -у
корве́т, -а
корве́тный
корвола́нт, -а
корд, -а (*ткань*)
ко́рда, -ы (*длинная веревка, струна*)
кордаи́товые, -ых
кордаи́ты, -ов, *ед.* -и́т, -а
кордаро́н, -а
кордафе́н, -а
кордебале́т, -а
кордебале́тный
кордега́рдия, -и
корделье́рский (*от* кордолье́р)
кордолье́ры, -ов, *ед.* -е́р, -а
кордиами́н, -а и -у
кордиами́нчик, -а и -у
кордиери́т, -а
кордили́на, -ы
кордилье́ра, -ы (*геол.*)
кордилье́рский (*от* Кордилье́ры, *горы*)
корди́т, -а
ко́рдный (*к* корд)
ко́рдоба, -ы (*ден. ед.*)
кордово́й, -о́го (*к* ко́рда)
ко́рдо́вский (*от* Ко́рдо́ва)
Ко́рдо́вский халифа́т (*ист.*)
ко́рдовый (*к* корд и ко́рда)
кордодро́м, -а (*к* ко́рда)
кордо́н, -а
кордо́нный
кордофа́нский (*от* Кордофа́н; кордофа́нские наро́ды, языки́)
корееви́дный; *кр. ф.* -ден, -дна
корево́й (*от* корь)
корёжащий(ся)
корёженный; *кр. ф.* -ен, -ена
корежиссёр, -а
корёжить(ся), -жу(сь), -жит(ся)
коре́йка, -и (*грудинка*)
коре́йский (*от* Коре́я)
коре́йско-америка́нский
коре́йско-росси́йский
коре́йско-ру́сский
коре́йцы, -ев, *ед.* коре́ец, -е́йца, *тв.* -е́йцем
коре́ла, -ы (*племя*)
коре́мий, -я
корена́стенький
корена́стость, -и
корена́стый
корени́ться, -и́тся
коренни́к, -а́
коренно́й
коре́нщица, -ы, *тв.* -ей
ко́рень, ко́рня, *предл.* в (на) ко́рне, на корню́, *мн.* ко́рни, -е́й
коре́нья, -ьев
кореóпсис, -а
коре́тра, -ы
коре́ц, корца́, *тв.* корцо́м, *р. мн.* корцо́в
ко́реш, -а, *тв.* -ем, *мн.* -и, -ей и -а́, -е́й
корешева́ть, -шу́ю, -шу́ет
корешко́вый
корешо́к, -шка́
корея́нка, -и, *р. мн.* -нок (*к* коре́йцы)
корж, -а́, *тв.* -о́м
ко́ржик, -а
корзи́на, -ы
корзи́нка, -и, *р. мн.* -нок
корзи́нный
корзиноплете́ние, -я
корзи́ночка, -и, *р. мн.* -чек
корзи́ночный
корзи́нщик, -а
корзи́нщица, -ы, *тв.* -ей
ко́рзно, -а
кориа́ндр, -а
кориа́ндровый
кориба́нт, -а
коридо́р, -а
коридо́рный
коридо́рчик, -а
коринебакте́рии, -ий, *ед.* -рия, -и
кори́нка, -и (*сорт изюма*)
кори́нковый
коринфа́р, -а
кори́нфский (*от* Кори́нф; кори́нфский о́рдер)
кори́нфяне, -ян, *ед.* -янин, -а
кори́нфянка, -и, *р. мн.* -нок
кори́ть(ся), корю́(сь), кори́т(ся)
ко́риум, -а
корифе́й, -я
корифе́йка, -и, *р. мн.* -е́ек
корифе́новые, -ых
кори́ца, -ы, *тв.* -ей
кори́чка, -и
коричнева́, -ы́
коричнева́то-кра́сный
коричнева́тый
кори́чневенький
коричне́веть, -ве́ю, -ве́ет
кори́чнево-кра́сный
кори́чневость, -и
кори́чневый
кори́чник, -а
кори́чное, -ого (*сорт яблок*)
кори́чный (*от* кори́ца)
ко́рка, -и, *р. мн.* ко́рок
ко́рки, ко́рок, *ед.* ко́рка, -и (*обувь, жарг.*)

коркови́дный; *кр. ф.* -ден, -дна
ко́рковый
корм, -а и -у, *предл.* на ко́рме и на корму́, *мн.* -а́, -о́в
корма́, -ы́
кормёжка, -и, *р. мн.* -жек
корми́лец, -льца, *тв.* -льцем, *р. мн.* -льцев
корми́лец-пои́лец, корми́льца-пои́льца
корми́лица, -ы, *тв.* -ей
корми́лица-пои́лица, корми́лицы-пои́лицы
корми́ло, -а
корми́ть(ся), кормлю́(сь), ко́рмит(ся)
корми́ть-пои́ть
кормле́ние, -я
ко́рмленный; *кр. ф.* -ен, -ена, *прич.*
кормле́нщик, -а
ко́рмленый, *прил.*
ко́рмный
кормово́й
кормодобыва́ние, -я
кормодобыва́ющий
кормодобы́тчик, -а
кормодоза́тор, -а
кормозаво́д, -а
кормозаготови́тель, -я
кормозаготови́тельный
кормозагото́вки, -вок
кормозагру́зчик, -а
кормозапа́рник, -а
кормозапа́рочный
кормоизмельчи́тель, -я
кормоку́хня, -и, *р. мн.* -хонь
кормоперераба́тывающий
кормоперерабо́тка, -и
кормоприготови́тельный
кормоприготовле́ние, -я
кормопроизводи́тельный
кормопроизво́дство, -а
корморазда́точный
корморазда́тчик, -а
корморазда́ча, -и, *тв.* -ей
корморе́зка, -и, *р. мн.* -зок
кормоскла́д, -а
кормосмеси́тель, -я
кормоубо́рочный
кормофи́ты, -ов, *ед.* -фи́т, -а
кормохрани́лище, -а
кормоце́х, -а, *предл.* в кормоце́хе и в кормоцеху́, *мн.* -цеха́, -о́в и -це́хи, -ов
ко́рмо-ча́с, -а, *мн.* -ы́, -о́в
ко́рмус, -а
корму́шка, -и, *р. мн.* -шек
ко́рмчая, -ей (*книга*)
ко́рмчий, -его
ко́рмщик, -а
кормя́щий(ся)
корн, -а
корна́ть, -а́ю, -а́ет
корневи́дный; *кр. ф.* -ден, -дна
корневи́ще, -а
корневи́щевый
корневи́щный
корнёвка, -и
корнево́й
корнёвщик, -а
корнеголо́вые, -ых
корнее́д, -а (*болезнь растений*)
корнежи́л, -а (*жук*)
корнеклубнемо́йка, -и, *р. мн.* -о́ек
корнеклубнеплоды́, -ов
Корне́лев, -а, -о и **корне́левский** (*от* Корне́ль)
корнено́жки, -жек, *ед.* -но́жка, -и
корнеобра́зный; *кр. ф.* -зен, -зна
корнео́тпрысковый
корнепла́стика, -и
корнепло́дный
корнепло́ды, -ов, *ед.* -пло́д, -а
корнеподо́бный; *кр. ф.* -бен, -бна
ко́рнер, -а
корнере́зка, -и, *р. мн.* -зок
корнеро́ты, -ов, *ед.* -ро́т, -а
ко́рнер-шо́п, -а
корнесло́в, -а
корнесло́вие, -я (*устар.*)
корне́т, -а
корне́т-а-писто́н, -а
корнети́ст, -а
корне́тский
корнеубо́рочный
корни́ловец, -вца, *тв.* -вцем, *р. мн.* -вцев
корни́ловский (*от* Корни́лов)
корни́ловщина, -ы
корни́стый
корнишо́ны, -ов, *ед.* -шо́н, -а
корноу́хий
корнохво́стый
корнпапи́р, -а
корнуо́ллский и **корнуо́лльский** (*от* Ко́рнуолл)
корнуо́лльцы, -ев, *ед.* -ллец, -ллльца, *тв.* -лльцем
корну́эльский (корну́эльский язы́к, корну́эльские ку́ры)
корнфле́кс, -а
ко́рнцанг, -а
ко́роб, -а, *мн.* -а́, -о́в и -ы, -ов
коробе́йник, -а
коробе́йничать, -аю, -ает
коробе́йничество, -а
коро́бить(ся), -блю, -бит(ся)
коро́бка, -и, *р. мн.* -бок
коро́бление, -я
коро́бленный; *кр. ф.* -ен, -ена, *прич.*
коро́бленый, *прил.*
коробо́к, -бка́
коробо́чек, -чка
коро́бочка, -и, *р. мн.* -чек
Коро́бочка, -и (*лит. персонаж*)
коро́бочник, -а
коро́бочница, -ы, *тв.* -ей
коро́бочный
коро́бушка, -и, *р. мн.* -шек
коро́бчатый
коробья́, -и́, *р. мн.* -бе́й (*ед. измер.*)
коро́бящий(ся)
коро́ва, -ы
коровёнка, -и, *р. мн.* -нок
коро́вий, -ья, -ье
Коро́вий Ва́л (*улица*)
коро́вища, -и, *тв.* -ей
коро́вка, -и, *р. мн.* -вок
коро́вник, -а
коро́вница, -ы, *тв.* -ей
коро́вонька, -и, *р. мн.* -нек
коро́вушка, -и, *р. мн.* -шек
коровя́к, -а́
корое́д, -а
корое́дный
корое́д-типо́граф, корое́да-типо́графа (*жук*)
короле́ва, -ы
короле́ва-ма́ть, короле́вы-ма́тери
короле́вич, -а, *тв.* -ем
короле́вна, -ы, *р. мн.* -вен
короле́вский
королёвский (*от* Королёв)
короле́вство, -а; но (*в официальных названиях государств*) **Короле́вство,** -а, *напр.*: Соединённое Короле́вство, Иорда́нское Хашими́тское Короле́вство, Короле́вство Нидерла́ндов
Короле́вство кривы́х зерка́л
Короле́вство обе́их Сици́лий (*ист.*)
королёвцы, -ев, *ед.* -вец, -вца, *тв.* -вцем
королёк, -лька́ (*фрукт*)
короле́нковский (*от* Короле́нко)
коро́ль, -я́
королько́вый
коро́ль Ли́р
коромы́слице, -а
коромы́сло, -а, *р. мн.* -сел
коромы́словый
коро́на, -ы; но: **Се́верная Коро́на, Ю́жная Коро́на** (*созвездия*)
корона́льный (*астр.*)
коронари́т, -а
корона́рный (*мед.*)
коронарогра́фи́я, -и
коронарокардиосклеро́з, -а
коронарорасширя́ющий
коронаросклеро́з, -а
коронароспа́зм, -а
коронаротромбо́з, -а
коронацио́нный
корона́ция, -и
ко́ронер, -а
коро́нка, -и, *р. мн.* -нок
коро́нный
коронова́ние, -я
короно́ванный; *кр. ф.* -ан, -ана
коронова́ть(ся), -ну́ю(сь), -ну́ет(ся)
короно́граф, -а
коро́нчатый
корообди́рка, -и, *р. мн.* -рок
корообди́рочный
корообди́рщик, -а
короочисти́тельный
коропла́стика, -и

коро́ста, -ы
короста́вник, -а
коростели́ный
коросте́ль, -я́
коро́стовый
корота́ть(ся), -а́ю, -а́ет(ся)
короте́нек, -нька
коро́тенький
короте́нько, *нареч.*
коро́ткий; *кр. ф.* ко́ро́ток, коротка́, ко́ро́тко́; но: **Пипи́н Коро́ткий**
ко́ротко, *нареч.*
коротковáтый
коротковолнови́к, -а́
коротково́лно́вый
коротковоло́сый
короткоголо́в, -а (*лягушка*)
короткоголо́вый
короткоде́йствующий
короткодне́вный
короткоживу́щий
короткозаме́дленный
короткоза́мкнутый
короткозамыка́тель, -я
коротокои́мпульсный
короткокры́лый
коротколáпый
короткометра́жка, -и, *р. мн.* -жек
короткометра́жный
коротконадкры́л, -а (*жук*)
коротконо́гий
коротконо́жка, -и, *р. мн.* -жек, *м.* и *ж.*
коротконо́сый
короткопа́лый
короткопериоди́ческий
короткопла́менный
короткопо́лый
ко́ротко-прижа́то-опу́щенный
короткопробе́жный
короткоре́заный
короткоре́йсовый
короткору́кий
короткосреднере́йсовый
короткоство́льный
короткосте́бельность, -и
короткосте́бельный
ко́ротко стри́женный
короткостри́женый, *прил.*
коро́ткость, -и
коротко́усые, -ых
коротко́ухий
короткофо́кусный
короткохво́ст, -а
короткохво́стый
короткохо́дный
короткоше́ий, -ше́яя, -ше́ее
короткошёрстный и **короткошёрстый**
короты́ш, -а́, *тв.* -о́м
короты́шка, -и, *р. мн.* -шек, *м.* и *ж.*
коро́че, *сравн. ст.*
ко́рочка, -и, *р. мн.* -чек
ко́рочки, -чек (*обложка документа*; *к* ко́рки)
корпе́ние, -я
корпе́ть, -плю́, -пи́т
корпи́йный
ко́рпия, -и
корпора́нт, -а
корпора́нтский
корпоративи́зм, -а
корпорати́вность, -и
корпорати́вный; *кр. ф.* -вен, -вна
корпорацио́нный
корпора́ция, -и
корпора́ция хай-те́к, корпора́ции хай-те́к
корпуле́нтный
корпуле́нция, -и
корпу́нкт, -а
ко́рпус[1], -а, *мн.* -ы, -ов (*туловище*; *шрифт*; *опорная часть, оболочка*)
ко́рпус[2], -а, *мн.* -а́, -о́в (*здание*; *воен.*)
корпу́скула, -ы
корпускуля́рно-волново́й
корпускуля́рный
корпусни́к, -а́
корпусно́й (*к* ко́рпус[2])
ко́рпусный (*к* ко́рпус[1])
корпусообразу́ющий
корпусосбо́рочный
ко́рпус-резона́тор, ко́рпуса-резона́тора
корради́ровать, -рую, -рует (*к* корра́зия)
корра́зия, -и (*геол.*)
корреа́льный
корре́джиевский (*от* Корре́джо)
ко́ррекс, -а
корректи́в, -а
корректи́вный
корректи́рование, -я
корректи́рованный; *кр. ф.* -ан, -ана
корректи́ровать(ся), -рую, -рует(ся)
корректиро́вка, -и, *р. мн.* -вок
корректиро́вочно-разве́дывательный
корректиро́вочный
корректиро́вщик, -а
корре́ктность, -и
корре́ктный; *кр. ф.* -тен, -тна
корре́ктор, -а, *мн.* -а́, -о́в и -ы, -ов
корре́кторский
корре́кторша, -и, *тв.* -ей
корректу́ра, -ы
корректу́рный
коррекцио́нно-развива́ющий
коррекцио́нный
корре́кция, -и
коррели́ровать(ся), -рует(ся)
коррело́метр, -а
корреля́т, -а
корреляти́вность, -и
корреляти́вный
корреляцио́нный
корреля́ция, -и
коррепети́тор, -а
корреспонде́нт, -а
корреспонде́нтка, -и, *р. мн.* -ток
корреспонде́нтский
корреспонде́нция, -и
корреспонди́ровать(ся), -рую, -рует(ся)
коррехидо́р, -а
корриги́рование, -я
корриги́рованный; *кр. ф.* -ан, -ана
корриги́ровать(ся), -рую, -рует(ся)
корри́да, -ы (*бой быков*)
корри́до, *нескл., с.* (*баллада*)
корроди́рование, -я
корроди́рованность, -и
корроди́рованный; *кр. ф.* -ан, -ана
корроди́ровать(ся), -рует(ся) (*к* корро́зия)
коррозиесто́йкий
коррозиесто́йкость, -и
коррози́йно-усто́йчивый
коррози́йный
коррозио́нно-агресси́вный
коррозио́нно-сто́йкий; *кр. ф.* -сто́ек, -сто́йка
коррозио́нно-усто́йчивый
коррозио́нный
корро́зия, -и
коррумпи́рование, -я
коррумпи́рованность, -и
коррумпи́рованный; *кр. ф.* -ан, -ана
коррумпи́ровать(ся), -рую(сь), -рует(ся)
коррупционе́р, -а
коррупционе́рский
коррупцио́нный
корру́пция, -и
корса́ж, -а, *тв.* -ем
корса́жница, -ы, *тв.* -ей
корса́жный
корса́к, -а́
Ко́рсаков, -а: **боле́знь Ко́рсакова**
ко́рсаковский (*от* Ко́рсаков; *к* Ри́мский- Ко́рсаков)
корса́ковский (*от* Корса́ков, *город*)
Корса́ковское плато́ (*на Сахалине*)
корса́ковцы, -ев, *ед.* -вец, -вца, *тв.* -вцем
корса́р, -а
корса́рский
корса́рство, -а
корсе́т, -а
корсе́тница, -ы, *тв.* -ей
корсе́тный
корсе́ть, -и, *мн.* -и, -е́й (*корреспондентская сеть*)
корсика́нка, -и, *р. мн.* -нок
корсика́нский (*от* Ко́рсика)
корсика́нцы, -ев, *ед.* -нец, -нца, *тв.* -нцем
ко́рсуньский (*от* Ко́рсунь; *к* Ко́рсунь-Шевче́нковский)
Ко́рсунь-Шевче́нковский, Ко́рсуня-Шевче́нковского (*город*)
корсчёт, -а, *мн.* -а́, -о́в
корт, -а
кортаде́рия, -и
корте́ж, -а, *тв.* -ем
корте́жный

кортексо́н, -а
корте́сы, -ов
ко́ртиев о́рган, ко́ртиева о́ргана
кортизо́л, -а
кортизо́н, -а
ко́ртик, -а
кортикализа́ция, -и
кортика́льный
ко́ртико-висцера́льный
ко́ртиковый
кортикостеро́иды, -ов, *ед.* -о́ид, -а
кортикостеро́н, -а
кортикотропи́н, -а
корти́н, -а
ко́ртовый
ко́рточки, -чек: **на ко́рточки, на ко́рточках, с ко́рточек**
кору́на, -ы (*резное украшение интерьера*)
кору́нд, -а
кору́ндовый
корча́га, -и
корча́гинский (*от* Корча́гин)
корча́жка, -и, *р. мн.* -жек
корча́жный
ко́рчащий(ся)
корчева́лка, -и, *р. мн.* -лок
корчева́льный
корчева́ние, -я
корчёванный; *кр. ф.* -ан, -ана
корчева́тель, -я
корчева́тель-бульдо́зер-погру́зчик, корчева́теля-бульдо́зера-погру́зчика
корчева́тель-погру́зчик, корчева́теля-погру́зчика
корчева́тый
корчева́ть(ся), -чу́ю, -чу́ет(ся)
корчёвка, -и
корчёвщик, -а
корче́вье, -я, *р. мн.* -вий
корче́мник, -а
корче́мница, -ы, *тв.* -ей
корче́мный
корче́мство, -а
ко́рчи, -ей
ко́рчить(ся), -чу(сь), -чит(ся)
корчма́, -ы́, *р. мн.* корче́м
корчма́рка, -и, *р. мн.* -рок
корчма́рский
корчма́рь, -я́
ко́ршун, -а
ко́ршуний, -ья, -ье
коры́стность, -и
коры́стный; *кр. ф.* -тен, -тна
корыстолю́бец, -бца, *тв.* -бцем, *р. мн.* -бцев
корыстолюби́вый
корыстолю́бие, -я
коры́сть, -и
коры́тный
коры́то, -а
корытообра́зный; *кр. ф.* -зен, -зна
коры́тце, -а, *р. мн.* -тец и -тцев
коры́тчатый
корь, -и
корьё, -я́
корьево́й (*от* корьё)
корьедроби́лка, -и, *р. мн.* -лок
корьере́зка, -и, *р. мн.* -зок
корьере́зчик, -а
ко́рюшка, -и, *р. мн.* -шек
ко́рюшковые, -ых
коря́банный; *кр. ф.* -ан, -ана
коря́бать(ся), -аю(сь), -ает(ся)
коря́ватый
коря́вость, -и
коря́вый
коря́га, -и
коря́жина, -ы
коря́жистый
коря́жник, -а
коря́ки, -ов, *ед.* коря́к, -а
коря́кский и **коря́цкий**
Коря́кский автоно́мный о́круг
коря́чащий(ся)
коря́ченье, -я
коря́чить(ся), -чу(сь), -чит(ся)
коря́чка, -и, *р. мн.* -чек
коса́, -ы́, *вин.* ко́су́, *мн.* ко́сы, кос
коса́рь, -я́
коса́тка, -и, *р. мн.* -ток (*дельфин; рыба*)
коса́тка-скрипу́н, коса́тки-скрипуна́
коса́ч, -а́, *тв.* -о́м
косачи́ный
Коса́я Гора́ (*поселок*)
ко́свенно, *нареч.*
ко́свенность, -и
ко́свенный; *кр. ф.* -вен, -венна
косе́канс, -а
косёнка, -и, *р. мн.* -нок
ко́сенький
косе́ть, -е́ю, -е́ет
косе́ц, косца́, *тв.* косцо́м, *р. мн.* косцо́в
коси́ки-карате́, *нескл., с.*
коси́лка, -и, *р. мн.* -лок
коси́лка-измельчи́тель, коси́лки-измельчи́теля, *ж.*
косина́, -ы́
коси́нка, -и
ко́синус, -а
косинусо́ида, -ы
косисе́но, -а (*сенокосец – паукообразное*)
коси́ть(ся)[1], кошу́, ко́сит(ся) (*среза́ть(ся) косой*)
коси́ть(ся)[2], кошу́(сь), коси́т(ся) (*к косо́й*)
коси́ца, -ы, *тв.* -ей
коси́чка, -и, *р. мн.* -чек
косма́тевший (*от* косма́теть)
косма́теть, -ею, -еет (*становиться косматым*)
косма́тивший(ся) (*от* косма́тить(ся)
косма́тить, -а́чу, -а́тит (*кого, что*)
косма́титься, -а́чусь, -а́тится
косма́тость, -и
косма́тый
косма́тящий(ся)
косма́ч, -а́, *тв.* -о́м
косме́тика, -и
космети́ческий
космети́чка, -и, *р. мн.* -чек
космето́лог, -а
косметологи́ческий
косметоло́гия, -и
космеце́втика, -и
косме́я, -и
космиза́ция, -и
косми́зм, -а
ко́смик, -а
косми́ст, -а
косми́ческий
космо... – *первая часть сложных слов, пишется слитно*
космобио́лог, -а
космобиологи́ческий
космобиоло́гия, -и
космобиори́тмика, -и
космови́дение, -я
космогони́ческий
космого́ния, -и
космографи́ческий
космогра́фия, -и
космодро́м, -а
космодро́мный
космоинжене́р, -а
космолёт, -а
космологи́ческий
космоло́гия, -и
космомикрофи́зика, -и
космона́вт, -а
космона́втика, -и
космона́вт-иссле́дователь, космона́вта-иссле́дователя
космона́втка, -и, *р. мн.* -ток
космона́втский
космо́ним, -а
космопла́вание, -я
космопла́н, -а
космополи́т, -а
космополитиза́ция, -и
космополити́зм, -а
космополити́ческий
космополити́чность, -и
космополити́чный; *кр. ф.* -чен, -чна
космополи́тка, -и, *р. мн.* -ток
космопсихо́лог, -а
космопсихоло́гия, -и
косморо́бот, -а
ко́смос, -а
космосни́мок, -мка
космофи́зик, -а
космофи́зика, -и
космофизи́ческий
космохи́мик, -а
космохими́ческий
космохи́мия, -и
космоце́нтр, -а
ко́смы, косм
косне́ть, -е́ю, -е́ет
косно́й: косна́я ло́дка
ко́сность, -и
косноязы́кий

косноязы́чие, -я
косноязы́чность, -и
косноязы́чный; *кр. ф.* -чен, -чна
косну́ться, -ну́сь, -нётся
ко́сный (*отсталый*)
кособо́кий
кособо́чащий(ся)
кособо́чить(ся), -чу(сь), -чит(ся)
косова́ры, -ов, *ед.* -ва́р, -а (*жители Косова*)
косова́тость, -и
косова́тый
косови́ца, -ы, *тв.* -ей
косови́чник, -а
косови́чный
косови́ще, -а
Ко́сово по́ле, Ко́сова по́ля
косоволни́стый
косоворо́тка, -и, *р. мн.* -ток
ко́совский (*от* Ко́сово)
ко́совцы, -ев, *ед.* -вец, -вца, *тв.* -вцем
косогла́зенький
косогла́зие, -я
косогла́зость, -и
косогла́зый
косого́р, -а
косого́рье, -я, *р. мн.* -рий
косоде́, *нескл., с.*
косо́й; *кр. ф.* кос, коса́, ко́со, ко́сы́
косо́й, -о́го (*о зайце*)
косо́к, коска́
косокли́нный
косола́пина, -ы
косола́пить, -плю, -пит
косола́пость, -и
косола́пый
косола́пый, -ого (*о медведе*)
косолине́йный
косонапра́вленный*
ко́сонька, -и, *р. мн.* -нек
косопле́чий
косоприце́льный
косоро́титься, -о́чусь, -о́тится
косоро́тый
косору́кий
косору́кость, -и
косоры́лый
кососимметри́ческий
кососло́й, -я
кососло́йность, -и
кососло́йный
косоуго́льник, -а
косоуго́льный
коспо́нсор, -а
коспо́нсорский
коспо́нсорство, -а
косс, -а (*ед. измер.*)
ко́ссиф, -а (*жук*)
коста́льный (*зоол.*)
костарика́нка, -и, *р. мн.* -нок
ко́ста-рика́нский (*от* Ко́ста-Ри́ка)
костарика́нцы, -ев, *ед.* -нец, -нца, *тв.* -нцем
костево́й
костедроби́льный
костёл, -а
костёльный
костене́ть, -е́ю, -е́ет
костеобраба́тывающий
костеобразова́тельный
костёр, -тра́
костери́ть, -рю́, -ри́т
костёрный
костеро́к, -рка́
костёрчик, -а
косте́рь, -я́
костеязы́чные, -ых
костио́з, -а
кости́стость, -и
кости́стый
кости́ть, кощу́, кости́т
кости́ща, -и, *тв.* -ей (*увелич. к* ко́сть)
кости́ще, -а (*место погребения, археол.*)
ко́стия, -и
костля́вость, -и
костля́вый
костномозгово́й
ко́стно-мы́шечный
костнопа́нцирные, -ых
ко́стно-суставно́й
костнотуберкулёзный
ко́стно-хрящево́й
ко́стный (*от* кость)
костое́да, -ы
костоло́м, -а
костоло́мный
костопра́в, -а
костопра́вный
костопра́вство, -а
косторе́з, -а
косторе́зный
ко́сточка, -и, *р. мн.* -чек
косточковыда́вливатель, -я
ко́сточковый
костра́, -ы́
костре́ц, -а́, *тв.* -о́м, *р. мн.* -о́в
костреци́вый
костри́ка, -и
костри́чный
костри́ще[1], -а, *мн.* -а и -и, -и́щ, *м.* (*увелич. к* костёр)
костри́ще[2], -а, *с.* (*место, где был костер*)
костробето́н, -а
кострово́й, -о́го
костро́вый
Кострома́, -ы́ (*город*; *мифол.*) и **кострома́,** -ы́ (*обрядовое чучело*)
костромичи́, -е́й, *ед.* -ми́ч, -а́, *тв.* -о́м
костроми́чка, -и, *р. мн.* -чек
костромско́й (*от* Кострома́, *город*)
Костромщи́на, -ы (*к* Кострома́, *город*)
костыледёр, -а
костылезаби́вщик, -а
косты́лик, -а
косты́ль, -я́
косты́льный
костыля́ть, -я́ю, -я́ет
кость, -и, *мн.* -и, -е́й, *тв.* -я́ми (но: ле́чь костьми́)
костьути́ль, -я
костю́м, -а
костюме́р, -а
костюме́рный
костюме́рша, -и, *тв.* -ей
костюмиро́ванный; *кр. ф.* -ан, -ана
костюмирова́ть(ся), -ру́ю(сь), -ру́ет(ся)
костюмиро́вка, -и
костю́мный
костю́м-тро́йка, костю́ма-тро́йки, *м.*
костю́мчик, -а
костя́к, -а́
костяни́ка, -и
костяни́чный
костя́нка, -и, *р. мн.* -нок
костянкови́дный
костяно́й
костя́шки, -шек, *ед.* -шка, -и
косу́ля, -и
косу́ха, -и
косу́шка, -и, *р. мн.* -шек
косхалва́, -ы́
косы́нка, -и, *р. мн.* -нок
косы́ночка, -и, *р. мн.* -чек
косьба́, -ы́
косьё, -я́
névé
кося́к, -а́
косяко́м, *нареч.*
кося́чный
косячо́к, -чка́
кося́щатое окно́
ко́сящий(ся) (*от* коси́ть(ся)[1])
кося́щий(ся) (*от* коси́ть(ся)[2])
кот, -а́
кота́нгенс, -а
Ко́т в сапога́х (*сказочный персонаж*)
котёл, котла́
котёл-аккумуля́тор, котла́-аккумуля́тора
котело́к, -лка́
котёл-парообразова́тель, котла́-парообразова́теля
котёл – турби́на: бло́к котёл – турби́на
котёл-утилиза́тор, котла́-утилиза́тора
коте́льная, -ой
коте́льный
котёльчик, -а
коте́льщик, -а
котёнок, -нка, *мн.* котя́та, котя́т
котёночек, -чка, *мн.* котя́тки, -ток
ко́тенька, -и, *м.* (*ласкат. к* кот)
котери́я, -и
ко́тик, -а
ко́тиковый
котилоза́вр, -а
котильо́н, -а
коти́нга, -и
котирова́льный
коти́рованный; *кр. ф.* -ан, -ана
коти́ровать(ся), -рую(сь), -рует(ся)
котиро́вка, -и, *р. мн.* -вок

котиро́вочный
коти́ться, -и́тся (*рожать – о кошке, овце*)
коти́шка, -и, *р. мн.* -шек, *м.*
коти́ще, -а и -и, *мн.* -и, -и́щ, *м.*
котла́ссия, -и
ко́тласский (*от* Ко́тлас)
котлаша́не, -а́н, *ед.* -а́нин, -а (*от* Ко́тлас)
котле́та, -ы
котле́тка, -и, *р. мн.* -ток
котле́тный
котлетоде́лательный
котли́ще, -а, *мн.* -а и -и, -и́щ, *м.*
котлоагрега́т, -а
котлова́н, -а
котлова́нный
котлованокопа́тель, -я
котлови́на, -ы
котлови́нный
котловинообра́зный; *кр. ф.* -зен, -зна
котлово́й и **котло́вый**
котлонадзо́р, -а
котлообра́зный; *кр. ф.* -зен, -зна
котлоочи́стка, -и
котлопу́нкт, -а
котлострое́ние, -я
котлострои́тель, -я
котлострои́тельный
котлотурби́нный
котлочи́ст, -а
Котлы́, -о́в: **Ни́жние Котлы́** (*поселок*)
ко́т-мурлы́ка, кота́-мурлы́ки; но: **ко́т Мурлы́ка,** кота́ Мурлы́ки, *м.* (*сказочный персонаж*)
кото́вник, -а
кото́к, *другие формы не употр., м.* (*ласкат. к* кот)
кото́мка, -и, *р. мн.* -мок
кото́мочка, -и, *р. мн.* -чек
кото́н-автома́т, -а
котониза́тор, -а
котониза́ция, -и
котонизи́рованный; *кр. ф.* -ан, -ана
котонизи́ровать(ся), -рую, -рует(ся)
кото́нный
котора́н, -а
кото́рый
кото́рый-либо
кото́рый-нибудь
Котофе́й, -я (*сказочный персонаж*) и **котофе́й,** -я (*о коте*)
Ко́т – Се́рый ло́б (*сказочный персонаж*)
котте́дж, -а, *тв.* -ем
котте́джик, -а
котте́джный
котто́н, -а
коту́рны, -ов, *ед.* коту́рн, -а
коты́, -о́в (*обувь*)
котя́га, -и, *м.*
котя́ра, -ы, *м.*
котя́чий, -ья, -ье
ко́уш, -а, *тв.* -ем (*тех.*)
кофа́кторы, -ов, *ед.* -тор, -а
ко́фе, *нескл., м.* и (*разг.*) *с.*
кофева́рка, -и, *р. мн.* -рок
кофева́рочный
кофеёк, -ейка́ и -ейку́
кофеи́н, -а
кофеи́нка, -и, *р. мн.* -нок
кофеи́новый
ко́фей, -я и -ю (*устар. и прост. к* ко́фе)
кофе́йник, -а
кофе́йница, -ы, *тв.* -ей
кофе́йничек, -чка
кофе́йный
кофе́йня, -и, *р. мн.* -е́ен
кофемаши́на, -ы
кофемо́лка, -и, *р. мн.* -лок
кофепи́тие, -я
кофепроизводя́щий
коферме́нты, -ов, *ед.* -е́нт, -а
кофинанси́рование, -я
кофр, -а
кофрокарти́ст, -а
кофрокарти́я, -и
ко́фта, -ы
кофтёнка, -и, *р. мн.* -нок
ко́фточка, -и, *р. мн.* -чек
ко́фточный
кофферда́м, -а
кох, -а (*армянская нац. борьба*)
Кох, -а: **баци́лла (па́лочка) Ко́ха, реа́кция Ко́ха**
кохейла́н, -а (*лошадь*)
кохино́р, -а
кохинхи́нка, -и, *р. мн.* -нок
кохинхи́нский
ко́хия, -и
ко́хтла-я́рвеский (*от* Ко́хтла-Я́рве)
Коци́т, -а
коч, -а, *тв.* -ем (*судно*)
коча́н, кочана́ и кочна́
коча́нный
кочева́ние, -я
кочева́ть, кочу́ю, кочу́ет
кочёвка, -и, *р. мн.* -вок
коче́вник, -а
коче́вница, -ы, *тв.* -ей
коче́внический
коче́вничество, -а
кочево́й
кочевря́жащийся
кочевря́житься, -жусь, -жится
коче́вье, -я, *р. мн.* -вий
кочега́р, -а
кочега́рить, -рю, -рит
кочега́рка, -и, *р. мн.* -рок
кочега́рный
кочега́рня, -и, *р. мн.* -рен
кочеды́жник, -а
кочеды́жниковые, -ых
кочеды́к, -а́ и -а
кочене́ть, -е́ю, -е́ет
кочени́ть, -ни́т
ко́чень, ко́чня и кочня́, *мн.* ко́чни́, -е́й и -ей (*обл. и прост. к* коча́н и кочеры́жка)
кочерга́, -и́, *р. мн.* -рёг
кочерго́вый
кочерёжка, -и, *р. мн.* -жек
кочерёжный
кочеры́га, -и
кочеры́жечка, -и, *р. мн.* -чек
кочеры́жка, -и, *р. мн.* -жек
кочеры́жный
ко́чет, -а
кочети́ный
кочето́к, -тка́
ко́чечный
кочешо́к, -шка́
ко́чка, -и, *р. мн.* ко́чек
кочка́рник, -а
кочка́рный
кочка́стый
кочкова́тость, -и
кочкова́тый
кочкоре́з, -а
кочу́ющий
кош, -а, *тв.* -ем
коша́ра, -ы
коша́рный
коша́тина, -ы
коша́тник, -а
коша́тница, -ы, *тв.* -ей
коша́чий, -ья, -ье и **ко́шечий,** -ья, -ье
коша́чьи, -их
кошева́, -ы́
кошёвка, -и, *р. мн.* -вок
кошево́й
кошелёк, -лька́
кошелёчек, -чка
кошёлка, -и, *р. мн.* -лок
кошёлочка, -и, *р. мн.* -чек
коше́ль, -я́
кошельќо́вый
коше́мный
коше́ние, -я
кошени́левый
кошени́ль, -и
кошени́льный
кошени́на, -ы
ко́шенный; *кр. ф.* -ен, -ена, *прич.*
ко́шеный, *прил.*
коше́рный
ко́шечий, -ья, -ье и **коша́чий,** -ья, -ье
ко́шечка, -и, *р. мн.* -чек
Коши́, *нескл., м.*: **зада́ча Коши́, интегра́л Коши́, нера́венство Коши́, распределе́ние Коши́, теоре́ма Коши́, уравне́ния Коши́ – Ри́мана**
ко́шицкий (*от* Ко́шице)
ко́шка, -и, *р. мн.* ко́шек
ко́шки-мы́шки (игра́ть в ко́шки-мы́шки)
ко́шкин, -а, -о
кошкода́в, -а
кошкодёр, -а
кошма́, -ы́, *мн.* ко́шмы́, кошм и ко́шем, ко́шма́м
кошма́р, -а
кошма́рный; *кр. ф.* -рен, -рна
кошмова́л, -а

кошмова́льный
кошмо́вый
кошна́й, -я и **кушна́й, -я**
кошни́ца, -ы, *тв.* -ей
кошо́мка, -и, *р. мн.* -мок
кошо́мный
кошт, -а
кошти́, *нескл., с.* (*иранская нац. борьба*)
кошу́рка, -и, *р. мн.* -рок
Коще́й, -я (*сказочный персонаж*) и **коще́й,** -я (*тощий старик; скряга*)
Коще́й Бессме́ртный
кощу́нник, -а
кощу́нница, -ы, *тв.* -ей
кощу́нственно, *нареч.*
кощу́нственность, -и
кощу́нственный; *кр. ф.* -вен и -венен, -венна
кощу́нство, -а
кощу́нствовать, -твую, -твует
коэволюцио́нный
коэволю́ция, -и
коэнзи́мы, -ов, *ед.* -зи́м, -а
коэрцити́вный
коэрцити́метр, -а
коэффицие́нт, -а
коэффицие́нтный
КП [капэ́], *нескл., м.* (*сокр*.: командный пункт, контрольный пункт)
КПД [капэдэ́], *нескл., м.* (*сокр*.: коэффициент полезного действия)
кпе́лле, *нескл., мн., ед. м.* и *ж.* (*народ*)
кпереди
КПЗ и **капэзэ́**, *нескл., ж.* (*сокр*.: камера предварительного заключения)
КПП [капэпэ́], *нескл., м.* (*сокр*.: контрольно-пропускной пункт)
к приме́ру
кра́аль, -я
краб, -а
крабб, -а (*архит.*)
кра́бий, -ья, -ье
крабова́рка, -и, *р. мн.* -рок
крабови́дный; *кр. ф.* -ден, -дна
кра́бовый
крабое́д, -а
крабоконсе́рвный
краболо́в, -а
краболо́вный
крабообрабо́тка, -и
краборазде́лочный
кра́вчий, -его
кра́вчик, -а
кра́вший(ся)
кра́га, -и (*часть снаряжения лучника, спорт.*)
кра́ги, краг, *ед.* кра́га, -и (*накладные голенища; раструбы у перчаток*)
кра́денный; *кр. ф.* -ен, -ена, *прич.*
кра́деный, *прил.*
кра́дучись
краду́щий(ся)
краеве́д, -а
краеве́дение, -я
краеве́дческий
краеви́к, -а́
краево́й
краегла́зка, -и, *р. мн.* -зок (*бабочка*)
краеуго́льный
кра́ешек, -шка
кра́жа, -и, *тв.* -ей
Кра́ина, -ы: **Се́рбская Кра́ина**
кра́инский (*к* Се́рбская Кра́ина; кра́инские се́рбы)
кра́инцы, -ев, *ед.* -нец, -нца, *тв.* -нцем
край, -я и -ю, *предл.* в кра́е и в краю́, на краю́, *мн.* края́, краёв
крайизбирко́м, -а
крайисполко́м, -а
крайисполко́мовский
крайко́м, -а
крайко́мовец, -вца, *тв.* -вцем, *р. мн.* -вцев
крайко́мовский
кра́йне, *нареч.*
кра́йне вражде́бный
крайнедне́вный
кра́йне ле́вый
кра́йне националисти́ческий
кра́йне невы́годный
кра́йне непопуля́рный
кра́йне неприя́тный
кра́йне отрица́тельный
кра́йне пра́вый
кра́йний
Кра́йний Се́вер
кра́йность, -и
крайсове́т, -а
крайтро́н, -а *(физ.)*
кракелю́р, -а
кра́кер, -а (*злостный хакер*)
кракле́, *нескл., с.*
кра́ковский (*от* Кра́ков)
кра́ковцы, -ев, *ед.* -вец, -вца, *тв.* -вцем
краковя́к, -а (*танец*)
краковя́н, -а (*матем.*)
краковя́не, -я́н, *ед.* -я́нин, -а
краковя́нка, -и, *р. мн.* -нок
кра́лечка, -и, *р. мн.* -чек
кра́ля, -и
крамато́рский (*от* Крамато́рск)
крамато́рцы, -ев, *ед.* -рец, -рца, *тв.* -рцем
крамба́мбули, *нескл., м.*
кра́мбе, *нескл., с.*
кра́мбол, -а
крамо́ла, -ы
крамо́льник, -а
крамо́льничать, -аю, -ает
крамо́льнический
крамо́льность, -и
крамо́льный; *кр. ф.* -лен, -льна
кран, -а
кран-ба́лка, -и, *р. мн.* -лок
кран-бло́к, -а
кра́нец, -нца, *тв.* -нцем, *р. мн.* -нцев
кraниа́льный
кра́ник, -а
краниогра́фия, -и
кранио́лог, -а
краниологи́ческий
краниоло́гия, -и
кранио́метр, -а
краниометри́ческий
краниоме́трия, -и
краниоскопи́я, -и
краниостено́з, -а
краниотоми́я, -и
кра́ниум, -а
кра́н-манипуля́тор, кра́на-манипуля́тора
кранме́йстер, -а
кра́нный
крановщи́к, -а́
крановщи́к-экскава́торщик, крановщика́-экскава́торщика
крановщи́ца, -ы, *тв.* -ей
кра́новый
краностро́ение, -я
краностро́итель, -я
краностро́ительный
кра́н-смеси́тель, кра́на-смеси́теля
кра́н-стрела́, кра́на-стрелы́, *м.*
кра́нтик, -а (*прост. к* кра́ник)
кра́н-трубоукла́дчик, кра́на-трубоукла́дчика
кранты́, *в знач. сказ.*
кра́н-уко́сина, кра́на-уко́сины, *м.*
кра́н-штабелёр, кра́на-штабелёра
кра́н-экскава́тор, кра́на-экскава́тора
крап, -а (*крапины*)
кра́пать, -плю, -плет и -аю, -ает
крапи́ва, -ы
крапи́вка, -и
крапи́вник, -а
крапи́вниковые, -ых
крапи́вница, -ы, *тв.* -ей
крапи́вный
кра́пина, -ы
кра́пинка, -и, *р. мн.* -нок
крапла́к, -а
крапле́ние, -я
кра́пленный; *кр. ф.* -ен, -ена, *прич.*
краплёный, *прил.* (*к* крап)
кра́плющий и **кра́пающий**
кра́повый
крапп, -а (*растение*)
кра́пчатость
кра́пчатый
крарупиза́ция, -и
краса́, -ы́
краса́вец, -вца, *тв.* -вцем, *р. мн.* -вцев
краса́вец-мужчи́на, краса́вца-мужчи́ны
краса́вица, -ы, *тв.* -ей
краса́вка, -и, *р. мн.* -вок
краса́вчик, -а
краси́вее, *сравн. ст.*
краси́вейший
краси́венький
краси́вость, -и
красивоцвету́щий*

краси́вый
краси́льно-аппрету́рный
краси́льно-набивно́й
краси́льный
краси́льня, -и, *р. мн.* -лен
краси́льщик, -а
краси́льщица, -ы, *тв.* -ей
краси́тель, -я
кра́сить(ся), кра́шу(сь), кра́сит(ся)
кра́ска, -и, *р. мн.* -сок
краскова́р, -а
краскова́рный
краскова́рня, -и, *р. мн.* -рен
краскозаготови́тельный
краско́м, -а (*сокр.:* красный командир, комиссар)
краскомеша́лка, -и, *р. мн.* -лок
краскопу́льт, -а
краскораспыли́тель, -я
краскотёр, -а
краскотёрка, -и, *р. мн.* -рок
Кра́сная а́рмия
Кра́сная гва́рдия
Кра́сная го́рка (*праздник*)
Кра́сная Звезда́: о́рден Кра́сной Звезды́
Кра́сная кни́га (*перечень охраняемых животных и растений*)
Кра́сная плане́та (*о Марсе*)
Кра́сная пло́щадь (*в Москве*)
Кра́сная Пре́сня
Кра́сная Ша́почка (*сказочный персонаж*)
кра́сненький
красне́ть(ся), -е́ю, -е́ет(ся)
красно́, *нареч.* (говори́ть)
красноарме́ец, -е́йца, *тв.* -е́йцем, *р. мн.* -е́йцев
красноарме́йский
краснобá́й, -я
краснобá́йский
краснобá́йство, -а
краснобá́йствовать, -твую, -твует
кра́сно-бе́лый
кра́сно-бу́рый
краснова́тенький
краснова́то-бу́рый
краснова́то-жёлтый
краснова́то-лило́вый
краснова́тость, -и
краснова́тый
красноvи́шерский (*от* Красноvи́шерск)
красново́дский (*от* Красново́дск)
красново́дцы, -ев, *ед.* -дец, -дца, *тв.* -дцем
красногварде́ец, -е́йца, *тв.* -е́йцем, *р. мн.* -е́йцев
красногварде́йский
красногла́зый
красногли́нистый
красногли́нье, -я
красноголо́вик, -а
красноголо́вник, -а
красноголо́вый
красного́рский (*от* Красного́рск)
красного́рцы, -ев, *ед.* -рец, -рца, *тв.* -рцем
красногру́дый
красногу́бый
краснода́рка, -и, *р. мн.* -рок
краснода́рский (*от* Краснода́р)
Краснода́рский кра́й
краснода́рцы, -ев, *ед.* -рец, -рца, *тв.* -рцем
краснодере́вец, -вца, *тв.* -вцем, *р. мн.* -вцев
краснодере́вный
краснодере́вщик, -а
краснодо́нский (*от* Краснодо́н)
краснодо́нцы, -ев, *ед.* -нец, -нца, *тв.* -нцем
Кра́сное Зна́мя: о́рден Кра́сного Зна́мени
Кра́сное крыльцо́ (*в Московском Кремле*)
Кра́сное мо́ре
Кра́сное-на-Во́лге, Кра́сного-на-Во́лге (*село, ныне поселок*)
Кра́сное Село́ (*район в Петербурге*)
Кра́сное Со́лнышко: Влади́мир Кра́сное Со́лнышко
кра́сно-жёлтый
краснозвёздный
кра́сно-зелёный
краснозём, -а
краснозёмный
краснознамёнец, -нца, *тв.* -нцем, *р. мн.* -нцев
краснознамённый
краснозо́бик, -а
краснозо́бый
краснокирпи́чный (*из красного кирпича*)
красноклóп, -а́
красноклю́вый тука́н
краснокни́жный
краснoко́жий
краснoко́ренник, -а
кра́сно-кори́чневый
краснокоча́нный
краснокры́л, -а
краснокры́лый
краснокры́ший
краснoле́сье, -я, *р. мн.* -сий
краснoли́цый
краснoло́мкий; *кр. ф.* -мок, -мка
краснoло́мкость, -и
краснoмо́рдый
краснoно́гий
краснoно́жка, -и, *р. мн.* -жек
краснoно́сый
краснoпёр, -а
краснoпёрка, -и, *р. мн.* -рок
краснoпёрый
краснoпого́дье, -я
краснoпузы́рник, -а
краснoречи́вость, -и
краснoречи́вый
краснoре́чие, -я
красноро́жий
красноры́бный
красноря́дец, -дца, *тв.* -дцем, *р. мн.* -дцев
красноря́дский
красносёлы, -ов, *ед.* -сёл, -а (*жители села Красное*)
красносе́льский (*от* Кра́сное Село́)
кра́сно-си́не-бе́лый
кра́сно-си́ний
красносто́йкость, -и
краснота́, -ы́
краснота́л, -а
краснота́ловый
краснoте́лка, -и, *р. мн.* -лок
краснoтца́, -ы́, *тв.* -о́й
краснoфигу́рный
кра́сно-фиоле́товый
краснoфло́тец, -тца, *тв.* -тцем, *р. мн.* -тцев
краснoфло́тский
краснoхво́ст, -а
Краснoхо́лмская на́бережная (*в Москве*)
краснoцве́тный
краснoше́йка, -и, *р. мн.* -е́ек
краснoщёкий
краснoя́рка, -и, *р. мн.* -рок
краснoя́рский (*от* Красноя́рск)
Красноя́рский кра́й
красноя́рцы, -ев, *ед.* -рец, -рца, *тв.* -рцем
Красноя́рье, -я (*к* Красноя́рск)
красну́ха, -и
красну́шка, -и, *р. мн.* -шек
Кра́сные Воро́та (*площадь*)
Кра́сные пала́ты (*в Москве*)
кра́сный; *кр. ф.* -сен, -сна́, кра́сно́
Кра́сный Бо́р (*поселок*)
Кра́сный Кре́ст (*общество*)
Кра́сный фло́т
красова́ться, -су́юсь, -су́ется
красодне́в, -а
красота́, -ы́, *мн.* -о́ты, -о́т
красоте́л, -а (*жук*)
красоти́ща, -и, *тв.* -ей
красо́тка, -и, *р. мн.* -ток
красо́точка, -и, *р. мн.* -чек
кра́сочка, -и, *р. мн.* -чек
кра́сочность, -и
кра́сочный; *кр. ф.* -чен, -чна
кра́спица, -ы, *тв.* -ей (*мор.*)
кра́сть(ся), краду́(сь), крадёт(ся); *прош.* кра́л(ся), кра́ла(сь)
красу́ля, -и
красу́н, -а́
кра́сящий(ся)
крат: во́ сто (в сто́) кра́т, во мно́го кра́т
кра́тенький
кра́тер, -а (*углубление*)
крате́р, -а (*сосуд*)
кратери́рованный; *кр. ф.* -ан, -ана
кра́терный
кра́ткий; *кр. ф.* -ток, -тка́, -тко

кратковре́менно, *нареч.*
кратковре́менность, -и
кратковре́менный; *кр. ф.* -мен и -менен, -менна
краткосро́чник, -а
краткосро́чность, -и
краткосро́чный; *кр. ф.* -чен, -чна
кра́ткость, -и
кра́тное, -ого
кра́тность, -и
кра́тный; *кр ф.* -тен, -тна
кратологи́ческий
кратоло́гия, -и
крато́н, -а
кратча́йший (*от* кра́ткий)
крафт, -а
крафт-бума́га, -и
крафт-мешо́к, -шка́
кра́фтовый
крафт-паке́т, -а
крафт-целлюло́за, -ы
крах, -а
крахма́л, -а и -у
крахма́ление, -я
крахма́ленный; *кр. ф.* -ен, -ена, *прич.*
крахма́леный, *прил.*
крахма́листость, -и
крахма́листый
крахма́лить(ся), -лю, -лит(ся)
крахма́ло-па́точный
крахма́льный
крахма́льщик, -а
крахма́льщица, -ы, *тв.* -ей
крахма́лящий(ся)
кра́хнуть, -ну, -нет (*жарг.*)
кра́чка, -и, *р. мн.* -чек
крачу́н, -а́
кра́ше, *сравн. ст.*
кра́шение, -я
крашени́на, -ы
крашени́нный
кра́шенка, -и, *р. мн.* -нок
кра́шенный; *кр. ф.* -ен, -ена, *прич.*
кра́шеный, *прил.*
краш-синдро́м, -а
краш-те́ст, -а
краю́ха, -и
краю́шка, -и, *р. мн.* -шек
креати́в, -а
креати́вность, -и
креати́вный; *кр. ф.* -вен, -вна
креати́н, -а
креатинкина́за, -ы
креатинфосфа́т, -а
креатинфосфокина́зный
креату́ра, -ы
креациони́зм, -а
креациони́ст, -а
креациони́стский
криве́тка, -и, *р. мн.* -ток
креве́точный
кре́дит, -а (*правая сторона счета*)
креди́т, -а (*ссуда*)
креди́тка, -и, *р. мн.* -ток
креди́тно-де́нежный
креди́тно-инвестицио́нный
креди́тно-комме́рческий
креди́тно-платёжный
креди́тно-расчётный
креди́тно-сберега́тельный
кре́дит-но́та, -ы
креди́тно-торго́вый
креди́тно-фина́нсовый
креди́тный
кредитова́ние, -я
кредито́ванный; *кр. ф.* -ан, -ана
кредитова́ть(ся), -ту́ю(сь), -ту́ет(ся)
кре́дитовый (*от* кре́дит)
кредитозаёмщик, -а
кредитополуча́тель, -я
кредито́р, -а
кредито́рский
кредито́рша, -и, *тв.* -ей
кредитоспосо́бность, -и
кредитоспосо́бный; *кр. ф.* -бен, -бна
кре́дит-счёт, -а, *мн.* -а́, -о́в
кре́до, *нескл., с.*
Крез, -а (*ист. лицо*) и **крез,** -а (*богач*)
крезо́л, -а
кре́йсер, -а, *мн.* -а́, -о́в и -ы, -ов
кре́йсерский
кре́йсерско-го́ночный
кре́йсерство, -а
крейси́рование, -я
крейси́ровать, -рую, -рует
кре́йцер, -а
крейцко́пф, -а
крейцко́пфный
крейцме́йсель, -я
Кре́йцфельд, -а: **боле́знь Кре́йцфельда – Якоба**
кре́кер, -а
кре́керный
кре́кинг, -а
кре́кинг-бензи́н, -а
кре́кинг-насо́с, -а
кре́кинговый
кре́кинг-проце́сс, -а
кре́кинг-устано́вка, -и, *р. мн.* -вок
креки́рование, -я
креки́рованный; *кр. ф.* -ан, -ана
креки́ровать(ся), -рую, -рует(ся)
крем, -а и -у
кремалье́р, -а и **кремалье́ра,** -ы
кремалье́рный
крема́нка, -и, *р. мн.* -нок
кремато́рий, -я
кремато́рский
кремацио́нный
крема́ция, -и
крем-брюле́, *нескл., с.*
кременчу́гский (*от* Кременчу́г)
кременчужа́не, -а́н, *ед.* -а́нин, -а
кременчу́жцы, -ев, *ед.* -жец, -жца, *тв.* -жцем
креме́нь, -мня́
креме́нь-ба́ба, -ы
креме́нь-па́рень, -па́рня
кремешо́к, -шка́
креми́рование, -я
креми́рованный; *кр. ф.* -ан, -ана
креми́ровать(ся), -рую, -рует(ся)
крем-кра́ска, -и
кремлеве́д, -а
кремлёвка, -и
кремлёвский; но: **Большо́й Кремлёвский дворе́ц, Кремлёвская стена́** (*в Москве*)
кремлино́лог, -а
кремлиноло́гия, -и
кремль, -я́ (*крепость в старых русских городах*) и **Кремль, -**я́ (*район города, архит. комплекс; правительственная резиденция в Москве*); **Моско́вский Кре́мль**; но: **Новгоро́дский кре́мль, Пско́вский кре́мль, Ряза́нский кре́мль** и т. п.
кремнёвка, -и, *р. мн.* -вок
кремневодоро́д, -а
кремнёвый
кремнежгу́тиковые, -ых
кремнезём, -а
кремнезёмистый
кремнезёмный
кремнекислота́, -ы́, *мн.* -о́ты, -о́т
кремнеки́слый
кремнероговы́е гу́бки
кремнефтори́ды, -ов, *ед.* -ри́д, -а
кремнефтористоводоро́дный
кремнефто́ристый
кре́мниевый
кре́мний, -я
кремнийоргани́ческий
кремнико́н, -а
кремни́стость, -и
кремни́стый
кремова́тый
кре́мовый
крем-пу́дра, -ы
крем-со́да, -ы
крем-со́довый
крен, -а
кре́нгельс, -а
кренделёк, -лька́
кре́ндель, -я, *мн.* -я́, -е́й и -и, -ей
кре́ндельный
кре́ндельщик, -а
кре́ндельщица, -ы, *тв.* -ей
крени́ть(ся), -ню́, -ни́т(ся)
кренова́ние, -я
крено́метр, -а
крень, -и
креня́щий(ся)
креодо́нты, -ов, *ед.* -о́нт, -а
креозо́л, -а
креозо́т, -а
креозо́тный
креозо́товый
креолиза́ция, -и
крео́лка, -и, *р. мн.* -лок
крео́лы, -ов, *ед.* крео́л, -а
крео́льский
креп, -а
креп-гофре́, *нескл., с.*
крепдеши́н, -а и -у

крепдеши́новый
крепёж, -ежа́, *тв.* -о́м
крепёжный
кре́пенький
креп-жакка́рд, -а
креп-жакка́рдовый
креп-жорже́т, -а
креп-жорже́товый
крепи́льщик, -а
крепи́рованный; *кр. ф.* -ан, -ана
крепита́ция, -и
крепи́тель, -я
крепи́тельный
крепи́ть(ся), -плю́(сь), -пи́т(ся)
кре́пки (игра́ть в кре́пки)
кре́пкий; *кр. ф.* -пок, -пка́, -пко, кре́пки́
крепкова́тый
крепкоголо́вый
крепколо́бый
кре́пко-на́крепко
крепконо́гий
кре́пкость, -и
крепле́ние, -я
креплённый; *кр. ф.* -ён, -ена́, *прич.*
креплёный, *прил.*
креп-марокé́н, -а
креп-мароке́новый
кре́пнувший
кре́пнуть, -ну, -нет; *прош.* кре́пнул и креп, кре́пла
кре́повый
крепо́н, -а
крепостни́к, -а́
крепостни́ца, -ы, *тв.* -ей
крепостни́ческий
крепостни́чество, -а
крепостно́й
крепостца́, -ы́, *тв.* -о́й
кре́пость, -и, *мн.* -и, -е́й
кре́пость-геро́й, кре́пости-геро́я, *ж.*
креп-сати́н, -а
креп-сати́новый
креп-фа́евый
креп-фа́й, -я
крепча́йший
крепча́ть, -а́ет
кре́пче, *сравн. ст.*
креп-шифо́н, -а
креп-шифо́новый
крепы́ш, -а́, *тв.* -о́м
крепы́шка, -и, *р. мн.* -шек
крепь, -и
крепя́щий(ся)
креса́ло, -а
креса́ть, -а́ю, -а́ет
кре́сельный
кре́слице, -а
кре́сло, -а, *р. мн.* -сел
кре́сло-ката́лка, кре́сла-ката́лки, *с.*
кре́сло-кача́лка, кре́сла-кача́лки, *с.*
кре́сло-коля́ска, кре́сла-коля́ски, *с.*
кре́сло-крова́ть, кре́сла-крова́ти, *с.*
кресс-сала́т, -а

крест, -а́; но: **Кре́ст Госпо́день; Кра́сный Кре́ст** (*общество*); **Ю́жный Кре́ст** (*созвездие*)
кресте́ц, -тца́, *тв.* -тцо́м, *р. мн.* -тцо́в
кре́сти, -е́й
кре́стик, -а
кре́стики-но́лики (игра́ть в кре́стики-но́лики)
крести́льный
крести́нный
крести́ны, -и́н
Крести́тель, -я: **Иоа́нн Крести́тель**
крести́ть(ся), крещу́(сь), кре́стит(ся)
кре́ст-на́крест
крёстная, -ой
кре́стник, -а
кре́стница, -ы, *тв.* -ей
кре́стничек, -чка
кре́стный (*к* крест; кре́стное зна́мение, кре́стный хо́д, кре́стный пу́ть)
крёстный (крёстный оте́ц, сы́н; крёстная ма́ть, до́чь)
крёстный, -ого
крестови́дный; *кр. ф.* -ден, -дна
крестови́к, -а́
крестови́на, -ы
крестовичо́к, -чка́
кресто́вка, -и, *р. мн.* -вок
кресто́вник, -а
Крестовоздви́женский (монасты́рь, собо́р)
кресто́во-ку́польный
Кресто́вые похо́ды (*ист.*)
кресто́вый
крестоно́сец, -сца, *тв.* -сцем, *р. мн.* -сцев
крестоно́сный
крестообра́зный; *кр. ф.* -зен, -зна
Крестопокло́нная неде́ля
крестосло́вица, -ы, *тв.* -ей
крестоцве́т, -а
крестоцве́тный
крестоцелова́льный
крестцо́вый
Кресты́, -о́в (*тюрьма в Ленинграде – Петербурге*)
крестья́нин, -а, *мн.* -я́не, -я́н
крестья́нка, -и, *р. мн.* -нок
крестья́ночка, -и, *р. мн.* -чек
крестья́нский
крестья́нство, -а
крестья́нствовать, -твую, -твует
крестя́щий(ся)
крети́н, -а
кретини́зм, -а
кретини́ческий
крети́нка, -и, *р. мн.* -нок
крети́нский
крето́н, -а
крето́нный
крето́новый
кре́чет, -а
кречётка, -и, *р. мн.* -ток
кре́четовый
кре́шер, -а

креща́льный (*церк.*)
креща́льня, -и, *р. мн.* -лен
Креща́тик, -а (*улица*)
креща́тый
креща́ть(ся), -а́ю(сь), -а́ет(ся) (*церк.*)
креще́ндо и **крешéндо,** *неизм.* и *нескл., с.*
креще́ние, -я (*действие к* крести́ть(ся) и **Креще́ние,** -я (*праздник; евангельский и иконографический сюжет*); **Креще́ние Руси́** (*988*)
крещённый; *кр. ф.* -ён, -ена́, *прич.*
креще́нский (*к* Креще́ние)
Креще́нский соче́льник
крещёный, *прил.*
крива́я, -о́й
кри́вда, -ы
кри́венький
криве́ть, -е́ю, -е́ет
кривизна́, -ы́
кривина́, -ы́
криви́ть(ся), -влю́(сь), -ви́т(ся)
кривичи́, -е́й, *ед.* -ви́ч, -а́
кри́вичский
кривлённый; *кр. ф.* -ён, -ена́, *прич.*
кривля́ка, -и, *м.* и *ж.*
кривля́нье, -я
кривля́ться, -я́юсь, -я́ется
кривобо́кий
кривобо́кость, -и
кривова́тый
кривогла́зый
кривоголо́вка, -и, *р. мн.* -вок
криводу́шие, -я
криводу́шничать, -аю, -ает
криводу́шный; *кр. ф.* -шен, -шна
криво́й; *кр. ф.* крив, крива́, кри́во, кри́вы́
Криво́й Ро́г (*город*)
Кривоколе́нный переу́лок
кривола́пый
криволе́сье, -я, *р. мн.* -сий
криволине́йно-поступа́тельный
криволине́йность, -и
криволине́йный; *кр. ф.* -е́ен, -е́йна
кривоно́гий
кривоно́жка, -и, *р. мн.* -жек, *м.* и *ж.*
кривоно́сый
криворо́гий
криворожа́не, -а́н, *ед.* -а́нин, -а (*от* Криво́й Ро́г)
криворо́жий
криворо́жский (*от* Криво́й Ро́г)
Криворо́жский (железору́дный) бассе́йн
криворо́жцы, -ев, *ед.* -жец, -жца, *тв.* -жцем
Криворо́жье, -я (*к* Криво́й Ро́г)
криворо́тый
кривору́кий
криворы́лый
кривото́лки, -ов
кривоше́ий, -ше́яя, -ше́ее
кривоше́я, -и
кривоши́п, -а

кривоши́пно-ползу́нный
кривоши́пно-рыча́жный
кривоши́пно-шату́нный
кривоши́пный
криву́лина, -ы
криву́лька, -и, *р. мн.* -лек
криву́ля, -и
криву́ша, -и, *тв.* -ей
криз, -а
кри́зис, -а
кри́зисный
крик, -а и -у
кри́ке́т, -а (*игра в мяч*)
крике́тный
крикли́вость, -и
крикли́вый
кри́кнуть, -ну, -нет
кри́кса, -ы, *м.* и *ж.*
крику́н, -а́
крику́нья, -и, *р. мн.* -ний
крику́ха, -и
крику́ша, -и, *тв.* -ей, *м.* и *ж.*
кри́левый
криль, -я
кримина́л, -а
криминализа́ция, -и
криминализи́рованный; *кр. ф.* -ан, -ана
криминализи́ровать(ся), -и́рую, -и́рует(ся)
криминализо́ванный; *кр. ф.* -ан, -ана
криминализова́ть(ся), -зу́ю, -зу́ет(ся)
криминали́ст, -а
криминали́стика, -и
криминалисти́ческий
криминали́стка, -и, *р. мн.* -ток
криминалите́т, -а
кримина́льно-бюрократи́ческий
кримина́льно-детекти́вный
кримина́льность, -и
кримина́льный; *кр. ф.* -лен, -льна
криминоге́нность, -и
криминоге́нный; *кр. ф.* -е́нен, -е́нна
криминокра́тия, -и
кримино́лог, -а
криминологи́ческий
криминоло́гия, -и
кримпле́н, -а
кримпле́новый
крин, -а
крини́ца, -ы, *тв.* -ей
кри́нка, -и, *р. мн.* -нок и **кры́нка,** -и, *р. мн.* -нок
криноиде́я, -и
криноли́н, -а
криноли́новый
кри́ночный и **кры́ночный**
кри́нум, -а
крио... – *первая часть сложных слов, пишется слитно*
криоаге́нт, -а
криобио́лог, -а
криобиологи́ческий
криобиоло́гия, -и
криоге́н, -а
криогене́з, -а
криоге́ника, -и
криоге́нный
криогидра́т, -а
криодестру́ктор, -а
криодестру́кция, -и
криозо́нд, -а
криоконсерва́ция, -и
криокосме́тика, -и
криокосмети́ческий
криоли́т, -а
криолитозо́на, -ы
криолитологи́ческий
криолитоло́гия, -и
крио́лог, -а
криологи́ческий
криоло́гия, -и
криомасса́ж, -а, *тв.* -ем
криомедици́на, -ы
крио́ника, -и
криообрабо́тка, -и
криоопера́ция, -и
криопатоло́гия, -и
криопланкто́н, -а
криоска́льпель, -я
криоскопи́я, -и
криоста́з, -а
криоста́т, -а
криосфе́ра, -ы
криотерапе́вт, -а
криотерапевти́ческий
криотерапи́я, -и
криотро́н, -а
криотурба́ция, -и
криотурбогенера́тор, -а
криофи́зика, -и
криофизи́ческий
криофи́лы, -ов, *ед.* -фи́л, -а
криофи́льный
криофи́ты, -ов, *ед.* -фи́т, -а
криохими́ческий
криохи́мия, -и
криохирурги́ческий
криохирурги́я, -и
криоэлектро́ника, -и
криоэлектро́нный
кри́пта, -ы
кри́птии, -ий
крипти́ческий
криптова́ние, -я
крипто́ванный; *кр. ф.* -ан, -ана
криптога́мы, -ов, *ед.* -га́м, -а
криптоге́нный
криптогра́мма, -ы
криптографи́ческий
криптогра́фия, -и
криптодепре́ссия, -и
криптозащи́та, -ы
криптозо́й, -я
криптозо́йский
криптозооло́гия, -и
криптоко́кки, -ов, *ед.* -ко́кк, -а
криптококко́з, -а
криптокристалли́ческий
криптоле́кт, -а
криптоле́мус, -а
криптоме́рия, -и
криптомнези́я, -и
крипто́н, -а
крипто́ним, -а
крипто́нный
крипто́новый
крипторхи́зм, -а
криптосисте́ма, -ы
криптофи́ты, -ов, *ед.* -фи́т, -а
криптофони́я, -и
крис, -а (*кинжал*)
криста́лл, -а
кристаллиза́тор, -а
кристаллизацио́нный
кристаллиза́ция, -и
кристаллизи́ровать(ся), -рую, -рует(ся)
кристаллизо́ванный; *кр. ф.* -ан, -ана
кристаллизова́ть(ся), -зу́ю, -зу́ет(ся)
криста́ллик, -а
кристалли́т, -а
кристалли́ческий
кристаллови́дный; *кр. ф.* -ден, -дна
кристаллогидра́ты, -ов, *ед.* -ра́т, -а
кристалло́граф, -а
кристаллографи́ческий
кристаллогра́фия, -и
кристалло́ид, -а
кристаллокера́мика, -и
кристаллолюминесце́нция, -и
кристаллообра́зный; *кр. ф.* -зен, -зна
кристаллообразова́ние, -я
кристаллоо́птика, -и
кристаллоподо́бный
кристаллоту́ф, -а
кристаллофи́зика, -и
кристаллофизи́ческий
кристаллофосфо́ры, -ов, *ед.* -фо́р, -а
кристаллохими́ческий
кристаллохи́мия, -и
кристаллури́я, -и
криста́льно прозра́чный
криста́льность, -и
криста́льно че́стный
криста́льно чи́стый
криста́льный; *кр. ф.* -лен, -льна
кристиани́ты, -ов, *ед.* -ни́т, -а
кристобали́т, -а
крите́рий, -я
крите́риум, -а (*устар. к* крите́рий; *велогонка*)
кри́тик, -а
кри́тика, -и
критика́н, -а
критика́нка, -и, *р. мн.* -нок
критика́нский
критика́нство, -а
критика́нствовать, -твую, -твует
критика́нша, -и, *тв.* -ей
критике́сса, -ы
критикну́ть, -ну́, -нёт
кри́тико-аналити́ческий
кри́тико-библиографи́ческий
критико́ванный; *кр. ф.* -ан, -ана

критикова́ть(ся), -ку́ю(сь), -ку́ет(ся)
кри́тико-публицисти́ческий
критици́зм, -а
крити́чески
крити́ческий
крити́чность, -и
крити́чный; *кр. ф.* -чен, -чна
кри́то-мике́нский
кри́тский (*от* Крит)
критя́не, -я́н, *ед.* -я́нин, -а
критя́нка, -и, *р. мн.* -нок
кри́ца, -ы, *тв.* -ей
крича́лка, -и, *р. мн.* -лок
крича́ть, -чу́, -чи́т
крича́ще-я́ркий
крича́щий
кричмя́ крича́ть
кри́чно-ру́дный
кри́чный
Кри́шна, -ы, *м.*
кришнаи́зм, -а
кришнаи́тка, -и, *р. мн.* -ток
кришнаи́тский
кришнаи́ты, -ов, *ед.* -и́т, -а
кров, -а
крова́вевший (*от* крова́веть)
крова́веть, -ею, -еет (*становиться кровавым*)
крова́вивший(ся) (*от* крова́вить(ся)
крова́вик, -а
крова́вить, -влю, -вит (*что*)
крова́виться, -влюсь, -вится
Крова́вое воскресе́нье (*9 января 1905*)
крова́во-кра́сный
крова́вый
крова́тишка, -и, *р. мн.* -шек
крова́тища, -и, *тв.* -ей
крова́тка, -и, *р. мн.* -ток
крова́тный
крова́ть, -и
кровебоя́знь, -и
кровезамени́тель, -я
кровезамеща́ющий
кро́велька, -и, *р. мн.* -лек
кро́вельно-вентиляцио́нный
кро́вельный
кро́вельщик, -а
кровенаполне́ние, -я
кровене́ть, -е́ет
кровени́ть, -ню́, -ни́т
кровено́сный
кровепарази́ты, -ов, *ед.* -зи́т, -а
кровеспоровики́, -о́в, *ед.* -ви́к, -а́
кроветворе́ние, -я
кроветво́рный
крови́нка, -и, *р. мн.* -нок
крови́ночка, -и, *р. мн.* -чек
крови́нушка, -и, *р. мн.* -шек
крови́ть, -и́т
крови́ща, -и, *тв.* -ей
кро́вка, -и
кро́вля, -и, *р. мн.* -вель
кро́вник, -а
кро́вно, *нареч.*
кровноро́дственный
кро́вность, -и
кро́вный
кровожа́дность, -и
кровожа́дный; *кр. ф.* -ден, -дна
кровозамеща́ющий
кровоизлия́ние, -я
кроволимфообраще́ние, -я
кровомще́ние, -я
кровообразова́ние, -я
кровообраще́ние, -я
кровоостана́вливающий
кровootто́к, -а
кровоочисти́тельный
кровоочище́ние, -я
кровопи́вец, -вца, *тв.* -вцем, *р. мн.* -вцев (*прост. к* кровопи́йца)
кровопи́йство, -а
кровопи́йца, -ы, *тв.* -ей, *р. мн.* -и́йц, *м.* и *ж.*
кровоподтёк, -а
кровоподтёчный
кровопоте́ря, -и
кровопроли́тие, -я
кровопроли́тный; *кр. ф.* -тен, -тна
кровопуска́ние, -я
кровопуска́тельный
кровосмеси́тель, -я
кровосмеси́тельница, -ы, *тв.* -ей
кровосмеси́тельный
кровосмеси́тельство, -а
кровосмеше́ние, -я
кровоснабже́ние, -я
кровосо́с, -а
кровосо́ска, -и, *р. мн.* -о́сок (*насекомое*)
кровосо́сный
кровососу́щий
кровотече́ние, -я
кровото́к, -а
кровоточи́вость, -и
кровоточи́вый
кровоточи́ть, -и́т
кровоха́рканье, -я
кровоха́ркать, -аю, -ает
кровохлёбка, -и, *р. мн.* -бок
кро́вушка, -и
кровца́, -ы́, *тв.* -о́й
кровь, -и, *предл.* в (на) крови́, *мн.* -и, -е́й
кровяни́стость, -и
кровяни́стый
кровя́нка, -и
кровяно́й
крое́ние, -я
кро́енный; *кр. ф.* -ен, -ена, *прич.*
кроёный, *прил.*
крои́льный
крои́ть(ся), крою́, крои́т(ся)
крой, -я
кро́йка, -и
крока́н, -а
кроке́т, -а (*игра в шары*)
кроке́тный
кроке́ты, -ов, *ед.* -ке́т, -а (*кулин.*)
кроки́, *нескл.*, *с.* (*чертеж*)
кроки́рование, -я (*от* кроки́ровать)
крокирова́ние, -я (*от* крокирова́ть)
кроки́рованный; *кр. ф.* -ан, -ана (*от* кроки́ровать)
крокиро́ванный; *кр. ф.* -ан, -ана (*от* крокирова́ть)
кроки́ровать, -рую, -рует (*делать кроки*)
кроки́рова́ть, -и́ру́ю, -и́ру́ет (*в крокете*)
крокиро́вка, -и
крокоди́л, -а
крокоди́лий, -ья, -ье
крокоди́лица, -ы, *тв.* -ей
крокоди́лов, -а, -о (крокоди́ловы слёзы)
крокоди́ловый
крокоди́льский (*от* “Крокоди́л”)
крокоди́льчик, -а
крокои́т, -а
кро́кус, -а
кро́лик, -а
кролиководо́д, -а
кролиководо́дство, -а
кролиководо́дческий
кро́ликовый
кроликома́тка, -и, *р. мн.* -ток
кроликофе́рма, -ы
кроли́ст, -а
кроли́стка, -и, *р. мн.* -ток
кро́личий, -ья, -ье
кроль, -я
крольча́тина, -ы
крольча́тник, -а
крольчи́ха, -и
крольчо́нок, -нка, *мн.* -ча́та, -ча́т
кром, -а (*кремль*)
кроманьо́нский
кроманьо́нцы, -ев, *ед.* -нец, -нца, *тв.* -нцем
кро́ме
кро́ме как, *союз*
кроме́шник, -а
кроме́шный
кро́ме шу́ток
кро́мка, -и, *р. мн.* -мок
кромкозави́вочный
кромкострога́льный
кромкофугова́льный
кро́млех, -а
кро́мочка, -и, *р. мн.* -чек
кро́мочный
кромса́ние, -я
кро́мсанный; *кр. ф.* -ан, -ана
кромса́ть, -а́ю, -а́ет
кро́мский и **кромско́й** (*от* Кро́мы)
крон, -а (*краска*)
кро́на, -ы
кро́нверк, -а
кро́нверкский
кронгла́с, -а
кронгла́совый
кро́нистый
кро́новый

Кро́нос, -а
кронпри́нц, -а, *тв.* -ем, *р. мн.* -ев
кронпринце́сса, -ы
кронци́ркуль, -я
кро́ншнеп, -а
кроншта́дтский (*от* Кроншта́дт)
Кроншта́дтский мяте́ж (*1921*)
кроншта́дтцы, -ев, *ед.* -тец, -тца, *тв.* -тцем
кроншт́ейн, -а
кроншт́ейновый
кропа́ние, -я
кропа́тель, -я
кропа́тельница, -ы, *тв.* -ей
кропа́тельство, -а
кропа́ть, -а́ю, -а́ет
кропи́ло, -а
кропи́льница, -ы, *тв.* -ей
кропи́льце, -а, *р. мн.* -лец
кропи́ть(ся), -плю́, -пи́т(ся)
кропле́ние, -я (*от* кропи́ть)
кроплённый; *кр. ф.* -ён, -ена́, *прич.*
кроплёный, *прил.* (*от* кропи́ть)
кропотли́вость, -и
кропотли́вый
кро́потный
кропотня́, -и́
кропоту́н, -а́
кропоту́нья, -и, *р. мн.* -ний
кро́ппер, -а
кро́пперский
кро́пперство, -а
крор, -а
кро́сна, -сен и **кро́сно,** -а
кросс, -а
кросс-ассе́мблер, -а
кроссбри́динг, -а
кроссво́рд, -а
кроссво́рдик, -а
кроссворди́ст, -а
кроссворди́стка, -и, *р. мн.* -ток
кроссво́рдный
кро́ссинг, -а
кро́ссинговер, -а
кросси́рование, -я
кросси́рованный; *кр. ф.* -ан, -ана
кросси́ровать(ся), -рую, -рует(ся)
кросс-ка́нтри, *нескл., м.* и *с.* (*спорт.*)
кросс-компиля́тор, -а
кросскузе́нный бра́к
кросс-культу́ра, -ы
кросскульту́рный
кросс-ку́рс, -а
кросс-курсово́й
кроссме́н, -а
кросс-модуля́ция, -и
кроссови́к, -а́
кроссо́вки, -вок, *ед.* -о́вка, -и
кроссо́вочный
кро́ссовый
кросс-платфо́рменный (*в социологии*)
кросс-разрабо́тка, -и, *р. мн.* -ток
кросс-ро́лл, -а (*спорт.*)
кросс-систе́ма, -ы
кросс-сре́дства, -сре́дств
кросс-трансля́тор, -а
кроссчайнво́рд, -а
кросс-че́к, -а
крот, -а́
кро́та, -ы (*муз. инструмент*)
кроталя́рия, -и
кротёнок, -нка, *мн.* -тя́та, -тя́т
кро́ткий; *кр. ф.* -ток, -тка́, -тко
кро́товий, -ья, -ье
кро́товина, -ы
крото́вый
кротоло́в, -а
кротоло́вка, -и, *р. мн.* -вок
кротоло́вный
крото́н, -а
крото́новый
кро́тость, -и
кротча́йший (*от* кро́ткий)
кро́тче, *сравн. ст.*
кро́ха, -и, *ж.* (*крохотный кусочек, крайне малое количество*), *м.* и *ж.* (*маленький ребенок*)
кроха́, -и́, *вин.* кро́ху, *мн.* кро́хи, крох, *ж.* (*устар. к* кро́ха – *крохотный кусочек*)
кроха́ль, -я́
крохобо́р, -а
крохобо́рка, -и, *р. мн.* -рок
крохобо́рничать, -аю, -ает
крохобо́рский
крохобо́рство, -а
крохобо́рствовать, -твую, -твует
крохобо́рческий
крохобо́рчество, -а
кро́хотка, -и, *р. мн.* -ток
кро́хотность, -и
кро́хотный; *кр. ф.* -тен, -тна
крохоту́лечка, -и, *р. мн.* -чек, *м.* и *ж.*
крохоту́лька, -и, *р. мн.* -лек, *м.* и *ж.*
крохоту́ля, -и, *р. мн.* -у́ль и -у́лей, *м.* и *ж.*
кроша́щий(ся)
кроше́, *нескл., с.*
кро́шево, -а
кроше́ние, -я
кро́шенный; *кр. ф.* -ен, -ена, *прич.*
кро́шеный, *прил.*
кро́шечка, -и, *р. мн.* -чек, *ж.* (*крохотный кусочек*), *м.* и *ж.* (*малютка*)
Кро́шечка-Хавро́шечка, Кро́шечки-Хавро́шечки (*сказочный персонаж*)
кро́шечку, *нареч.*
кро́шечный; *кр. ф.* -чен, -чна
кроши́ть(ся), крошу́, кро́шит(ся)
кро́шка, -и, *р. мн.* -шек, *ж.* (*действие; крохотный кусочек, частичка, также собир.*), *м.* и *ж.* (*малютка*)
кро́ющий(ся) (*от* кры́ть(ся)
кроя́щий(ся) (*от* крои́ть(ся)
кру, *неизм.* и *нескл., м.* (*язык*) и *нескл., мн., ед. м.* и *ж.* (*народ*)
КРУ, *нескл., с.* (*сокр.*: контрольно-ревизионное управление)
круасса́н, -а
круг, -а, *предл.* в кру́ге и в кругу́, *мн.* -и́, -о́в
круга́ль, -я: **да́ть кругаля́**
круглённый; *кр. ф.* -ён, -ена́, *прич.*
круглёный, *прил.*
кру́гленький
кругле́ть, -е́ю, -е́ет
кругли́ть(ся), -лю́(сь), -ли́т(ся)
круглобо́кий
круглова́тый
кругловерхий
кругловогнутый
кругловяза́льный
круглоги́бочный
круглогоди́чный
круглогодово́й
круглоголо́вка, -и, *р. мн.* -вок
круглоголо́вый
круглогу́бцы, -ев
круглоли́стный и **круглоли́стый**
круглоли́цый
круглоли́чка, -и, *р. мн.* -чек
кругломе́р, -а
круглопёры, -ов, *ед.* -пёр, -а
круглопи́льный
круглопле́чий
круглоро́тые, -ых
кру́глость, -и
круглосу́точный
круглота́, -ы́
круглотка́цкий
круглочуло́чный
круглошлифова́льный
круглошпанго́утный
круглощёкий
круглоязы́чные, -ых
кру́глый; *кр. ф.* кругл, кругла́, кру́гло, кру́глы́
кру́глый сто́л (*встреча, заседание*); но: **ры́цари Кру́глого стола́** (*в цикле легенд и романов*)
кругля́к, -а́
круглячо́к, -чка́
кругля́ш, -а́, *тв.* -о́м
кругля́шка, -и, *р. мн.* -шек
кругляшо́к, -шка́
кругове́рть, -и
кругово́й
круговоро́т, -а
круговоро́тный
круговраща́тельный
круговраще́ние, -я
кругозо́р, -а
кру́гом, *нареч.*: **голова́ идёт (пошла́) кру́гом**
круго́м, *нареч.*
кругооборо́т, -а
кругообра́зный; *кр. ф.* -зен, -зна
кругообраще́ние, -я
кругополя́рный
кругопря́д, -а (*паук*)
кругора́ма, -ы
кругоресни́чный
кругосве́тка, -и, *р. мн.* -ток

кругосве́тный
кругосве́тчик, -а
круготропи́ческий
кружа́вчики, -ов
кружа́лить, -лю, -лит
кружа́ло, -а
кружа́льный
кружа́щий(ся)
кружева́, кру́жев, кружева́м и **кру́жево,** -а
кружевни́ца, -ы, *тв.* -ей
кружевно́й
кружевоплете́ние, -я
кружевца́, -ве́ц, -вца́м, **кру́жевца,** -вцев и -вец, -вцам и **кру́жевце,** -а
круже́ние, -я
кру́женный; *кр. ф.* -ен, -ена и **кружённый;** *кр. ф.* -ён, -ена́, *прич.*
кру́жечка, -и, *р. мн.* -чек
кру́жечный
кружи́ть(ся), кружу́(сь), кру́жит(ся)
кру́жища, -и, *тв.* -ей
кру́жка, -и, *р. мн.* -жек
кру́жка-те́рмос, кру́жки-те́рмоса, *ж.*
кружко́вец, -вца, *тв.* -вцем, *р. мн.* -вцев
кружково́й и **кружко́вый**
кружковщи́на, -ы
кру́жный и **кружно́й** (пу́ть)
кружо́к, -жка́
кружо́чек, -чка
крузадо, *нескл., м.*
крузе́йро, *нескл., м.*
круи́з, -а
круи́з-контро́ль, -я
круи́зный
крумци́ркуль, -я
круп, -а
крупа́, -ы́, *мн.* кру́пы, круп
крупени́к, -а́
крупи́нка, -и, *р. мн.* -нок
крупи́ночка, -и, *р. мн.* -чек
крупи́тчатый
крупи́ца, -ы, *тв.* -ей
кру́пка, -и
крупне́йший
крупне́ть, -е́ю, -е́ет
крупноби́тый
крупнобло́чный
крупнова́тый
крупноворси́нчатый
кру́пно-вы́емчато-зу́бчатый
крупногабари́тный
крупноголо́вый
крупногруппово́й
крупнозерни́стость, -и
крупнозерни́стый
крупнозёрный
крупнокали́берный
крупноколо́сый
крупнокристалли́ческий
крупнокусково́й
крупноли́стный и **крупноли́стый**
крупнолистово́й
крупномасшта́бность, -и
крупномасшта́бный
крупноме́р, -а
крупноме́рный
крупномо́лотый
крупноно́сый
крупнообло́мочный
крупноопто́вый
крупнопане́льный
крупнопе́тельный
крупнопла́новый
крупнопло́дник, -а
крупнопло́дный
крупнопо́ристый
крупнопромы́шленный
крупнопятни́стый
крупноразме́рный
крупносемя́нный
крупносери́йный
крупносте́бельный
кру́пность, -и
крупнота́, -ы́
крупнотира́жный
крупнотонна́жный
крупноузо́рчатый
крупноформа́тность, -и
крупноформа́тный; *кр. ф.* -тен, -тна
крупноцветко́вый
крупноцве́тный
крупночино́вный
крупнояче́истый
кру́пный; *кр. ф.* -пен, -пна́, -пно, кру́пны́
крупня́к, -а́
крупове́йка, -и, *р. мн.* -е́ек
круподёрка, -и, *р. мн.* -рок
крупозаво́д, -а
крупо́зный
крупокомбина́т, -а
крупо́н, -а
крупони́рование, -я
крупони́рованный; *кр. ф.* -ан, -ана
крупони́ровать(ся), -рую, -рует(ся)
крупоотдели́тельный
крупоплющи́льный
крупору́шка, -и, *р. мн.* -шек
крупосортиро́вка, -и, *р. мн.* -вок
крупошлифова́льный
кру́пповский (*от* Крупп)
крупча́тка, -и
крупча́тый
крупье́, *нескл., м.* и *ж.*
крупяно́й
крустифика́ция, -и
крутану́ть(ся), -ну́(сь), -нёт(ся)
крутёжка, -и
круте́нек, -нька
крутизна́, -ы́
крути́ло, -а
крути́льный
крути́льщик, -а
крути́льщица, -ы, *тв.* -ей
крути́ть(ся), кручу́(сь), кру́тит(ся)
кру́тка, -и
крутну́ть(ся), -ну́(сь), -нёт(ся)
крутня́к, -а́ (*жарг.*)
крутобёдрый
крутобере́жный
крутобо́кий
крутова́тый
крутого́р, -а
круто́й; *кр. ф.* крут, крута́, кру́то, кру́ты́
крутоло́бый
круто́ны, -ов, *ед.* -то́н, -а (*кулин.*)
крутопа́дающий*
крутопле́чий
крутоповёрнутый*
круторо́гий
крутоскло́нный
кру́тость, -и
крутоя́р, -а
крутоя́рье, -я, *р. мн.* -рий
круть, -и
круть-ве́рть, *неизм.*
крутя́щий(ся)
круцифи́кс, -а
кру́ча, -и, *тв.* -ей
кру́че, *сравн. ст.*
круче́ние, -я
кручёнка, -и, *р. мн.* -нок
кру́ченный; *кр. ф.* -ен, -ена, *прич.*
кручёный, *прил.*
кручи́на, -ы
кручи́ниться, -нюсь, -нится
кручи́нный
кручи́нушка, -и
кручи́нящийся
круше́ние, -я
круши́на, -ы
круши́нник, -а
круши́нница, -ы, *тв.* -ей (*бабочка*)
круши́нный
круши́новый
круши́тель, -я
круши́ть(ся), -шу́(сь), -ши́т(ся)
крыж, -а́, *тв.* -о́м
крыжачо́к, -чка́
крыжо́венный
крыжо́вник, -а
крыжо́вниковый
крыжо́польский (*от* Крыжо́поль)
крыла́н, -а
крыла́тка, -и, *р. мн.* -ток
крыла́тость, -и
Крыла́тские Холмы́ (*улица*)
крыла́тский (*к* Крыла́тское, *район в Москве*)
крыла́тый
крыла́ч, -а́, *тв.* -о́м
крыле́чко, -а, *мн.* -чки, -чек
крыле́чный
крыло́, -а́, *мн.* кры́лья, -ьев и (*высок., в поэзии*) крыла́, крыл, -а́м
крылови́дный; *кр. ф.* -ден, -дна
крылово́й (*зоол.*)
крыло́вский (*от* Крыло́в)
крылоно́гие, -их
крылооре́шник, -а
кры́лышко, -а, *мн.* -шки, -шек

кры́льце, -а, *р. мн.* -льцев и -лец (*уменьш. к* крыло́)
крыльцо́, -а́, *мн.* кры́льца, кры́ле́ц, -льца́м
крыльцо́вый
крыльча́тка, -и, *р. мн.* -ток
кры́льчатый
Кры́мская война́ (*1853 – 1856*)
кры́мский (*от* Крым)
Кры́мский Ва́л (*улица в Москве*)
кры́мско-тата́рский
кры́мцы, -ев, *ед.* -мец, -мца, *тв.* -мцем (*крымские татары, ист.*)
крымчаки́, -о́в, *ед.* -ча́к, -а́ (*народность*)
крымча́не, -а́н, *ед.* -а́нин, -а (*жители Крыма*)
крымча́нка, -и, *р. мн.* -нок
кры́нка, -и, *р. мн.* -нок и **кри́нка,** -и, *р. мн.* -нок
кры́ночный и **кри́ночный**
кры́са, -ы; но: **го́д Кры́сы** (*по восточному календарю*), **Кры́са,** -ы (*о том, кто родился в этот год*)
крысёнок, -нка, *мн.* -ся́та, -ся́т
крыси́д, -а
кры́сий, -ья, -ье
крыси́ный
кры́ситься, -ится
кры́ска, -и, *р. мн.* -сок
крысови́дный
крысоло́в, -а (*о кошке*)
Крысоло́в, -а (*легендарный и лит. персонаж*)
крысоло́вка, -и, *р. мн.* -вок
крысоподо́бный; *кр. ф.* -бен, -бна
кры́тый
кры́ть(ся), кро́ю, кро́ет(ся)
кры́ша, -и, *тв.* -ей
крышева́ние, -я (*жарг.*)
крышёванный; *кр. ф.* -ан, -ана
крышева́ть(ся), -шу́ю(сь), -шу́ет(ся) (*жарг.*)
кры́шечка, -и, *р. мн.* -чек
кры́шечный
кры́шка, -и, *р. мн.* -шек
крышкоде́лательный
крышно́й (*тех.*)
кры́шный (*от* кры́ша)
крэк, -а (*наркотик; лошадь*)
крюйс-пе́ленг, -а
крюйт-ка́мера, -ы
крюк, -а́ (но: да́ть крю́ку), *предл.* на крюке́ и на крюку́, *мн.* крюки́, -о́в и крю́чья, -ьев
крю́ки: ру́ки-крю́ки
крюково́й
крю́чащий(ся)
крю́чить(ся), -чу(сь), -чит(ся)
крючи́ще, -а, *мн.* -а и -и, -и́щ, *м.*
крючкова́тость, -и
крючкова́тый
крючкови́дный; *кр. ф.* -ден, -дна
крючково́й и **крючко́вый**
крючконо́сый
крючкообра́зный; *кр. ф.* -зен, -зна
крючкотво́р, -а
крючкотво́рный
крючкотво́рский
крючкотво́рство, -а
крючкотво́рствовать, -твую, -твует
крю́чник, -а
крю́чничать, -аю, -ает
крючо́к, -чка́
крючо́чек, -чка
крючо́чник, -а
крюшо́н, -а
крюшо́нница, -ы, *тв.* -ей
крюшо́нный
крюшо́новый
кря, *неизм.*
кря́ду, *нареч.* (два́ дня́ кря́ду)
кряж, -а и -а́, *тв.* -ем и -о́м, *мн.* кря́жи́, кря́же́й
кряжево́й и **кря́жевый**
кря́жистость, -и
кря́жистый
кряк[1], -а (*кряканье*)
кряк[2], *неизм.*
кря́канье, -я
кря́кать, -аю, -ает
кря́ква, -ы
кря́кнуть, -ну, -нет
кря́ковый
кря-кря́, *неизм.*
кряку́ша, -и, *тв.* -ей
кряхте́нье, -я
кряхте́ть, -хчу́, -хти́т
кряхту́н, -а́
кряхту́нья, -и, *р. мн.* -ний
ксанти́н, -а
Ксанти́ппа, -ы
ксантогена́т, -а
ксантопротеи́новый
ксантопси́я, -и
ксанторре́я, -и
ксантофи́лл, -а
ксёндз, -а и ксендза́
ксёндзовский
ксени́зм, -а (*лингв.*)
ксе́нии, -ий (*ист.; биол.*)
ксенобио́тик, -а
ксенога́мия, -и
ксеногло́сси́я, -и
ксеноли́т, -а
ксено́н, -а
ксено́новый
ксеноти́м, -а
ксенотрансплента́ция, -и
ксенофо́б, -а
ксенофо́бия, -и
ксенофо́бка, -и, *р. мн.* -бок
ксенофо́бский
ксе́рить(ся), -рю, -рит(ся) (*прост. к* ксерокопи́ровать(ся)
ксерографи́ческий
ксерогра́фия, -и
ксероде́рма, -ы
ксеродерми́я, -и
ксеро́з, -а
ксерокопирова́льный
ксерокопи́рование, -я
ксерокопи́рованный; *кр. ф.* -ан, -ана
ксерокопи́ровать(ся), -рую, -рует(ся)
ксероко́пия, -и
ксе́рокс, -а
ксе́роксный
ксеролаборато́рия, -и
ксероморфи́зм, -а
ксерорадиогра́фия, -и
ксеростоми́я, -и
ксеротерми́ческий
ксерофи́лы, -ов, *ед.* -фи́л, -а
ксерофи́льный
ксерофи́ты, -ов, *ед.* -фи́т, -а
ксерофо́рм, -а
ксерофо́рмный
ксерофтальми́я, -и
кси, *нескл., с.* (*название буквы*)
ксие́ла, -ы (*насекомое*)
ксиле́ма, -ы
ксилиди́ны, -ов, *ед.* -ди́н, -а
ксили́т, -а
ксили́тный
ксили́товый
ксилогравю́ра, -ы
ксило́граф, -а
ксилографи́ческий
ксилогра́фия, -и
ксило́за, -ы
ксилоко́пы, -ов, *ед.* -ко́п, -а
ксило́л, -а
ксилоли́т, -а
ксилоли́товый
ксило́метр, -а
ксилофо́н, -а
ксилофони́ст, -а
кси́фиум, -а
ксифопа́ги, -ов, *ед.* -па́г, -а
к сло́ву (сказа́ть)
к сожале́нию, *вводн. сл.*
к спе́ху
кста́ти
к сча́стью
ктени́дии, -ев, *ед.* -дий, -я
ктенопла́на, -ы
ктенофо́ры, -ов, *ед.* -фо́р, -а
кти́тор, -а
кти́торский
кто, кого́, кому́, кем, о ком
кто́ бишь
кто́ бы не (кто́ бы не пожела́л э́того!)
кто́ бы ни (кто́ бы ни говори́л, всех вы́слушай)
кто́ бы (то) ни́ был(о)
кто́ во что́ (кто́ во что́ ве́рит)
кто́ во что́ гора́зд
кто́ в чём (оде́т кто́ в чём)
кто́ где́ (посели́лись кто́ где́)
кто́ есть кто́
кто́ ж(е)
кто́ ка́к (оде́т кто́ ка́к)
кто́ когда́ (прие́дут кто́ когда́)
кто́-кто́
кто́ куда́

кто́-либо, кого́-либо
к тому́
к тому́ же, *союз*
кто́ не (кто́ не хо́чет, пу́сть не прихо́дит)
кто́ ни (кто́ ни придёт, о́н вся́кому ра́д)
кто́-нибудь, кого́-нибудь, *местоим.*, но: **кто́ ни бу́дь** (кто́ ни бу́дь на его́ ме́сте)
кто́ ни на е́сть
кто́ отку́да (прие́хали кто́ отку́да)
кто́ о чём (говоря́т кто́ о чём)
кто́ попа́ло
кто́ ско́лько (заплати́т кто́ ско́лько)
кто́ с че́м (пришёл кто́ с че́м)
кто́-то, кого́-то
кто́ уго́дно
кто́ че́м (пита́ется, дерётся кто́ че́м)
кто́ что́ (кто́ что́ заме́тил)
ктырь, -я́
ку, *нескл., с.* (*название буквы*)
куа́дра, -ы
куафёр, -а
куафю́ра, -ы
куб, -а, *мн.* ку́бы́, ку́бо́в
куба́йр, -а
куба́ни́т, -а (*минерал*)
куба́нка, -и, *р. мн.* -нок
куба́ночка, -и, *р. мн.* -чек
куба́нский (*от* Куба́нь)
куба́нцы, -ев, *ед.* куба́нец, -нца, *тв.* -нцем
ку́барем, *нареч.*
куба́рик, -а
куба́рь, -я́
куба́стый
кубату́ра, -ы
кубату́ристый
кубачи́нский (*от* Кубачи́; кубачи́нское литьё, кубачи́нская резьба́)
кубачи́нцы, -ев, *ед.* -нец, -нца, *тв.* -нцем
куби́зм, -а
ку́бик, -а
ку́бики, -ов (*игра*)
куби́нка, -и, *р. мн.* -нок
куби́нский (*от* Ку́ба)
куби́нско-росси́йский
куби́нско-сове́тский
куби́нцы, -ев, *ед.* куби́нец, -нца, *тв.* -нцем
куби́ст, -а
куби́стка, -и, *р. мн.* -ток
куби́стский
кубите́льный (*зоол.*)
куби́ческий
ку́бковый
кубова́я, -о́й
кубови́дный; *кр. ф.* -ден, -дна
кубово́й (*от* куб)
кубовщи́к, -а́
ку́бовый (*ярко-синий*)
кубозо́ли, -ей, *ед.* -зо́ль, -я
ку́бок, ку́бка
Ку́бок Дэ́виса
Ку́бок европе́йских чемпио́нов
кубокиломе́тр, -а
Ку́бок ку́бков
Ку́бок ми́ра
кубоко́вш, -а́, *тв.* -о́м
Ку́бок Стэ́нли
Ку́бок УЕФА́
кубоме́тр, -а
кубоме́тровый
кубофутури́зм, -а
кубофутури́ст, -а
кубофутури́стский
ку́брик, -а
кубы́з, -а
кубы́шечка, -и, *р. мн.* -чек
кубы́шка, -и, *р. мн.* -шек
кува́да, -ы (*этногр.*)
кува́лда, -ы
ку́вас, -а
куве́з, -а
куве́йтский (*от* Куве́йт)
куве́йтцы, -ев, *ед.* -тец, -тца, *тв.* -тцем
куве́рт, -а
куви́клы, -и́кл и **куви́чки,** -чек (*муз. инструмент*)
куву́клий, -я (*церк.*)
кувши́н, -а и -а́
кувши́нка, -и, *р. мн.* -нок
кувши́нковый
кувши́нный
кувши́ночный
кувши́нчатый (*бот.*)
кувши́нчик, -а
кувы́рк, *неизм.*
кувы́рканный; *кр. ф.* -ан, -ана
кувырка́нье, -я
кувырка́ть(ся), -а́ю(сь), -а́ет(ся)
кувыркну́ть(ся), -ну́(сь), -нёт(ся) и **кувырну́ть(ся),** -ну́(сь), -нёт(ся) (*к* кувырка́ть(ся)
кувырко́м, *нареч.*
кувыро́к, -рка́
куга́, -и́
кугуа́р, -а
куда́
куда́ бишь
куда́ бы ни (куда́ бы ни обрати́лся, всю́ду оди́н отве́т)
ку́да бы (то) ни́ было
куда́ как (куда́ как ве́село)
куда́-куда́
куда́-либо
куда́… не (куда́ о́н то́лько не заезжа́л)
куда́ ни (куда́ ни ки́нь, везде́ кли́н)
куда́-нибудь
куда́ ни ки́нь
куда́-никуда́
куда́ ни по́падя
куда́ ни шло́
куда́ попа́ло
куда́ там
куда́-то
куда́ тут
куда́ уго́дно
куда́хтанье, -я
куда́хтать, -хчу, -хчет
куда́х-тах-та́х, *неизм.*
куда́хчущий
куде́ль, -и
куде́лька, -и
куде́льный
куде́люшка, -и
кудерьки́, -о́в
куде́сить, -е́шу, -е́сит
куде́сник, -а
куде́сница, -ы, *тв.* -ей
куд-куда́х, *неизм.*
кудла́стый
кудла́тый
кудрева́тость, -и
кудрева́тый
ку́дри, -е́й
Ку́дринская пло́щадь (*в Москве*)
кудря́венький
кудря́виться, -ится
кудря́вость, -и
кудря́вый
кудря́вящийся
кудря́ш, -а́, *тв.* -о́м
кудря́шки, -шек, *ед.* -шка, -и
куды́кать, -аю, -ает
куды́кин, -а: **на куды́кину го́ру**
кузба́сский и **кузба́ссовский** (*от* Кузба́сс)
кузба́ссовцы, -ев, *ед.* -вец, -вца, *тв.* -вцем
кузе́н, -а
кузе́нный бра́к
кузи́на, -ы
кузми́нский (*к* Михаи́л Кузми́н)
кузне́ц, -а́, *тв.* -о́м, *р. мн.* -о́в
Кузне́цкая котлови́на
кузне́цкий (*к* кузне́ц, Кузне́цкий бассе́йн, Кузне́цк)
Кузне́цкий Алата́у
Кузне́цкий Мо́ст (*улица*)
Кузне́цкий (у́гольный) бассе́йн
кузнецо́в, -а, -о
кузнецо́вский (*от* Кузнецо́в)
кузнеча́не, -а́н, *ед.* -а́нин, -а (*к* Кузне́цкий бассе́йн и Кузне́цк)
кузне́чий, -ья, -ье
кузне́чик, -а
кузне́чиковые, -ых
кузне́чить, -чу, -чит
кузне́чно-пре́ссовый
кузне́чно-сва́рочный
кузне́чно-штампо́вочный
кузне́чный (*от* кузне́ц)
ку́зница, -ы, *тв.* -ей
ку́зничный (*от* ку́зница)
ку́зня, -и, *р. мн.* ку́зен
ку́зов, -а, *мн.* -а́, -о́в и -ы, -ов
кузовно́й
кузово́к, -вка́
ку́зов-цисте́рна, ку́зова-цисте́рны, *м.*
кузовщи́к, -а́
ку́зу, *нескл., м.*
ку́зька, -и, *р. мн.* ку́зек (*жук*)

ку́зькин, -а: **показа́ть ку́зькину ма́ть**
кузьми́нский (*от* Кузьми́н)
куи́нджиевский (*от* Куи́нджи)
кука́н, -а
кукара́ча, -и, *тв.* -ей
кукаре́канье, -я
кукаре́кать, -аю, -ает
кукаре́кнуть, -ну, -нет
кукареку́, *неизм.*
кукерси́т, -а
ку́киш, -а, *тв.* -ем
ку́кла, -ы, *р. мн.* ку́кол
куклёнок, -нка, *мн.* кукля́та, -я́т
кукłово́д, -а
кукłово́дство, -а
ку-клукс-кла́н, -а
куклукскла́новец, -вца, *тв.* -вцем, *р. мн.* -вцев
ку-клукс-кла́новский
кукова́ние, -я
кукова́ть, куку́ю, куку́ет
ку́колка, -и, *р. мн.* -лок
ку́коль, -я
ку́кольник, -а
ку́кольница, -ы, *тв.* -ей
ку́кольный
куко́на, -ы
кукони́ца, -ы, *тв.* -ей
ку́кситься, ку́кшусь, ку́ксится
ку́ксящийся
ку-ку́, *неизм.*
кукуру́за, -ы
кукуру́зник, -а
кукуру́зный
кукурузово́д, -а
кукурузово́дство, -а
кукурузово́дческий
кукуру́зовый
кукурузодроби́лка, -и, *р. мн.* -лок
кукурузообраба́тывающий
кукурузосажа́лка, -и, *р. мн.* -лок
кукурузосилосоубо́рочный
кукурузоубо́рочный
кукурузохрани́лище, -а
куку́шечий, -ья, -ье
куку́шечка, -и, *р. мн.* -чек
куку́шка, -и, *р. мн.* -шек
куку́шкин, -а, -о
кукушкообра́зные, -ых
кукушо́нок, -нка, *мн.* -ша́та, -ша́т
ку́кша, -и, *тв.* -ей
кул, -а и *неизм.* (*кул-джаз*)
кула́ж, -а, *тв.* -ем
кула́к, -а́
кула́н, -а
кула́ний, -ья, -ье
кула́цкий
кула́ческий
кула́чество, -а
кулачи́на, -ы, *м.*
кулачи́шка, -и, *р. мн.* -шек, *м.* (*человек*)
кулачи́шко, -а и -и, *мн.* -шки, -шек, *м.* (*сжатая кисть руки*)
кулачи́ще [1], -а, *мн.* -а и -и, -и́щ, *м.* (*сжатая кисть руки*)
кулачи́ще [2], -а и -и, *мн.* -и, -и́щ, *м.* (*человек*)
кула́чка, -и, *р. мн.* -чек (*ж. к* кула́к, *человек*)
кула́чки: на кула́чках, на кула́чки
кулачко́вый
кула́чный
кулачо́к, -чка́
кулачо́нки, -нок, *ед.* -нок, -нка
кулачьё, -я́
кул-джа́з, -а
кулебя́ка, -и
кулево́й
кулеври́на, -ы
кулёк, кулька́
ку́лекс, -а
кулёма, -ы, *м.* и *ж.* (*обл.*)
кулетка́цкий
кулёчек, -чка
кулёчный
куле́ш, -а́, *тв.* -о́м
куле́шный
ку́ли, *нескл., м.*
Кули́бин, -а (*также*: *об изобретателе*)
кули́га, -и
кули́к, -а́
кули́к-лопа́тень, кулика́-лопа́тня
Кулико́во по́ле, Кулико́ва по́ля
Кулико́вская би́тва
кулико́вский (*к* Кулико́во по́ле)
кули́к-соро́ка, кулика́-соро́ки
кулина́р, -а
кулина́ри́я, -и
кулина́рка, -и, *р. мн.* -рок
кулина́рный
кули́рный трикота́ж
кули́ска, -и, *р. мн.* -сок
кули́сный
кули́сы, -и́с, *ед.* кули́са, -ы
кулисье́, *нескл., м.*
ку-лихора́дка, -и
кули́ч, -а́, *тв.* -о́м
кули́чик, -а
кули́чки: на кули́чках, на кули́чки
кули́чный
куличо́к, -чка́
куличо́нок, -нка, *мн.* -ча́та, -ча́т
Куло́н, -а: **зако́н Куло́на, весы́ Куло́на**
куло́н [1], -а, *р. мн.* -ов, *счетн. ф.* куло́н (*ед. измер.*)
куло́н [2], -а (*украшение*)
куло́н-ме́тр, -а
куло́новский (*от* Куло́н)
кулонометри́ческий
кулономе́три́я, -и
куло́нчик, -а
култу́к, -а
култыха́ться, -а́юсь, -а́ешься
култы́шка, -и, *р. мн.* -шек
кулуа́рность, -и
кулуа́рный
кулуа́ры, -ов
Кулунди́нская сте́пь
кулунди́нский (*к* Кулунда́ и Кулунди́нская сте́пь)
куль, -я́
кульба́ба, -ы
кульби́т, -а
кульё, -я́
кульм, -а (*геол.*)
ку́льман, -а
кульминати́вный
кульминацио́нный
кульмина́ция, -и
кульмини́ровать, -рую, -рует
культ, -а
культива́тор, -а
культива́торный
культива́тор-оку́чник, культива́тора-оку́чника
культивацио́нный
культива́ция, -и
культиви́рование, -я
культиви́рованный; *кр. ф.* -ан, -ана
культиви́ровать(ся), -рую, -рует(ся)
культиге́н, -а
культинвента́рь, -я́
культкоми́ссия, -и
культмассови́к, -а́
культмассови́чка, -и, *р. мн.* -чек
культма́ссовый
ку́льтовость, -и
ку́льтовый
культо́рг, -а
культотде́л, -а
культпохо́д, -а
культпросве́т, -а
культпросветрабо́та, -ы
культрабо́та, -ы
культрабо́тник, -а
культтова́ры, -ов
культу́ра, -ы
культури́зм, -а
культури́ст, -а
культури́стка, -и, *р. мн.* -ток
культури́стский
культуркa̋мпф, -а
культу́р-ме́неджер, -а
культу́рненько
культу́рник, -а
культу́рница, -ы, *тв.* -ей
культу́рнический
культу́рничество, -а
культу́рно-бытово́й
культу́рно-воспита́тельный
культу́рно-досу́говый
культу́рно-истори́ческий
культу́рно-ли́чностный
культу́рно-ма́ссовый
культу́рно-национа́льный
культу́рно-образова́тельный
культу́рно-оздорови́тельный
культу́рно-поливно́й
культу́рно-просвети́тельный
культу́рно-просвети́тельский
культу́рно-развлека́тельный

культу́рно-рекреацио́нный
культу́рно-религио́зный
культу́рно-речево́й
культу́рно-спорти́вный
культу́рность, -и
культу́рно-этни́ческий
культу́рный; *кр. ф.* -рен, -рна
культурове́дение, -я
культурове́дческий
культурогене́з, -а
культуро́лог, -а
культурологи́ческий
культуроло́гия, -и
культурооборо́т, -а
культуртехни́ческий
культуртре́гер, -а
культуртре́герский
культуртре́герство, -а
культурфилосо́фия, -и
культурфилосо́фский
культурфитоцено́з, -а
культце́нтр, -а
культя́, -и́, *р. мн.* -е́й
культя́пка, -и, *р. мн.* -пок
куля́бский (*от* Куля́б)
куля́бцы, -ев, *ед.* -бец, -бца, *тв.* -бцем
кум, -а, *мн.* кумовья́, -ьёв
кума́, -ы́
кума́й, -я
кумала́н, -а
куманёк, -нька́
кумане́ц, -нца́, *тв.* -нцо́м, *р. мн.* -нцо́в
кумани́ка, -и
кумари́н, -а
кумаро́н, -а
кума́рчик, -а
кума́ч, -а́, *тв.* -о́м
кума́чный
кумачо́вый
кумга́н, -а
куме́кать, -аю, -ает
ку-ме́тр, -а
ку́мжа, -и, *тв.* -ей
куми́новый
куми́р, -а
куми́рня, -и, *р. мн.* -рен
куми́те, *нескл., с.* (*показательный бой карате*)
куми́ться, кумлю́сь, куми́тся
кумква́т, -а (*фрукт*)
кумминтгтони́т, -а
кумовско́й
кумовство́, -а́
ку́мовые ракообра́зные
кумо́л, -а
Ку́мо-Ма́нычская впа́дина
ку́мпол, -а (*жарг.*)
кумрани́ты, -ов
кумра́нский (*от* Кумра́н; кумра́нские ру́кописи)
ку́мский (*от* Кума́, *река*)
кумули́рованные свя́зи (*хим.*)
кумуляти́вность, -и
кумуляти́вный; *кр. ф.* -вен, -вна
кумуля́ция, -и
ку́мушка, -и, *р. мн.* -шек
кумы́ки, -ов, *ед.* кумы́к, -а
кумы́кский
кумы́с, -а
кумы́сник, -а
кумы́сный
кумысолече́бница, -ы, *тв.* -ей
кумысолече́бный
кумысолече́ние, -я
кумысотерапи́я, -и
кумысхана́, -ы́
кумы́чка, -и, *р. мн.* -чек
ку́на, -ы и **куна́,** -ы́
куна́к, -а́
куна́цкий
куна́чество, -а
кунаши́рский (*от* Кунаши́р)
кунга́с, -а
кунга́сный
кунг-фу́ и **кун-фу́,** *нескл., с.*
ку́нджа, -и, *тв.* -ей
кунжу́т, -а
кунжу́тный
кунна́ль, -я
ку́ний, -ья, -ье
куни́ца, -ы, *тв.* -ей
кункта́тор, -а
кункта́торский
кунни́линг, -а и **куннили́нгус,** -а
куннинга́мия, -и
кунстка́мера, -ы (*название различных музеев и коллекций, устар.*) и **Кунстка́мера,** -ы (*музей в Петербурге*)
кунту́ш, -а́, *тв.* -о́м
кунту́шный
кун-фу́ и **кунг-фу́,** *нескл., с.*
ку́нцевский (*от* Ку́нцево)
кунцевча́не, -а́н, *ед.* -а́нин, -а
кунци́т, -а
кунштю́к, -а
ку́ньи, -их
купа́ва, -ы
купа́вка, -и, *р. мн.* -вок
купа́ж, -а́, *тв.* -о́м
купажи́рование, -я
купажи́рованный; *кр. ф.* -ан, -ана
купажи́ровать(ся), -рую, -рует(ся)
Купа́ла, -ы, *м.*: **Ива́н Купа́ла**
купа́ленка, -и, *р. мн.* -нок
купа́льник, -а
купа́льница, -ы, *тв.* -ей
купа́льно-оздорови́тельный
купа́льный
купа́льня, -и, *р. мн.* -лен
купа́льский (*к* Ива́н Купа́ла)
купа́льщик, -а
купа́льщица, -ы, *тв.* -ей
купа́ние, -я
ку́панный; *кр. ф.* -ан, -ана, *прич.*
ку́паный, *прил.*
купа́ты, -а́т
купа́ть(ся), -а́ю(сь), -а́ет(ся)
купе́, *нескл., с.*
купе́йность, -и
купе́йный
купели́рование, -я (*купеляция*)
купели́рованный; *кр. ф.* -ан, -ана
купели́ровать, -рую, -рует (*к* купеля́ция)
купе́ль, -и
купеля́ция, -и (*выделение благородных металлов из сплавов*)
купе́на, -ы
купе́ц, купца́, *тв.* купцо́м, *р. мн.* купцо́в
купе́цкий
купе́ческий
купе́чество, -а
Купидо́н, -а (*мифол.*) и **купидо́н,** -а (*изображение божка любви; красивый мальчик*)
купидо́нчик, -а
купина́, -ы́: **неопали́мая купина́**
купи́рование, -я
купи́рованный; *кр. ф.* -ан, -ана
купи́ровать(ся), -рую, -рует(ся)
купи́ть(ся), куплю́(сь), ку́пит(ся)
ку́пленный; *кр. ф.* -ен, -ена
купле́т, -а
купле́тец, -тца, *тв.* -тцем, *р. мн.* -тцев
купле́тик, -а
куплети́ст, -а
куплети́стка, -и, *р. мн.* -ток
купле́тный
ку́пля, -и
ку́пля-прода́жа, ку́пли-прода́жи
ку́пно, *нареч.*
купну́ть(ся), -ну(сь), -нёт(ся)
ку́пол, -а, *мн.* -а́, -о́в
куполови́дный; *кр. ф.* -ден, -дна
куполо́к, -лка́
куполообра́зный; *кр. ф.* -зен, -зна
ку́польный
купо́н, -а
купо́н-зака́з, -а
купониза́ция, -и
купонизи́рованный; *кр. ф.* -ан, -ана
купонизи́ровать(ся), -рую, -рует(ся)
купо́нно-тало́нный
купо́нный
купо́нчик, -а
купоро́с, -а
купоро́сить(ся), -ро́шу, -ро́сит(ся)
купоро́сный
купоро́совый
купоро́шенный; *кр. ф.* -ен, -ена
купре́й, -я (*бык*)
купри́т, -а
купропла́тина, -ы
купферште́йн, -а
купцо́вский
ку́пчая, -ей
ку́пчий
ку́пчик, -а
купчи́на, -ы, *м.*
купчи́ха, -и
купчи́шка, -и, *р. мн.* -шек, *м.*
ку́пы, куп, *ед.* ку́па, -ы
купы́рь, -я́

купю́ра, -ы
купю́рный
купюросчётный
кур: как ку́р во́ щи
ку́ра, -ы (*прост. к* ку́рица)
кура́, -ы́ (*вьюга*)
Кура́-Ара́ксинская ни́зменность
курабье́, *нескл., с.*
курага́, -и́
кура́ж, -а́, *тв.* -о́м
кура́жащийся
кура́житься, -жусь, -жится
кура́жливый
кура́жный
кура́й, -я
кура́к, -а́
куракоубо́рочный
кура́нт, -а (*пестик*)
кура́нта, -ы (*танец*)
кура́нты, -ов (*часы*)
кура́ре, *нескл., с.*
курареподо́бный; *кр. ф.* -бен, -бна
кура́тор, -а
кура́торский
кура́торство, -а
кура́ция, -и
кура́ш, -а, *тв.* -ем (*узбекская нац. борьба*)
ку́рба, -ы
Курба́н-байра́м, -а
курбе́т, -а
ку́рва, -ы
курвату́ра, -ы
курви́ме́тр, -а
курга́н, -а
курга́нник, -а (*птица*)
курга́нный
курга́нский (*от* Курга́н, *город*)
курга́н-тюби́нский (*от* Курга́н-Тюбе́)
кургантюби́нцы, -ев, *ед.* -нец, -нца, *тв.* -нцем
курга́нцы, -ев, *ед.* -нец, -нца, *тв.* -нцем (*от* Курга́н, *город*)
курганча́не, -а́н, *ед.* -а́нин, -а
курганча́нка, -и, *р. мн.* -нок
курга́нчик, -а
кургу́зенький
кургу́зый
курдиста́нский (*от* Курдиста́н)
курдонёр, -а
ку́рдский
ку́рды, -ов, *ед.* курд, -а
курдю́к, -а́
курдю́чный
курдючо́к, -чка́
курдя́нка, -и, *р. мн.* -нок
ку́рево, -а
куренёк, -нька́
куре́ние, -я
куренно́й (*от* куре́нь)
ку́ренный; *кр. ф.* -ен, -ена (*от* кури́ть)
курёнок, -нка, *мн.* куря́та, куря́т
куре́нь, -я́
куре́с, -а (*казахская нац. борьба*)
куре́ш, -а, *тв.* -ем (*киргизская нац. борьба*)
куржа́вевший и **куржеве́вший**
куржа́веть, -ею, -еет и **куржеве́ть,** -е́ю, -е́ет
куржа́вый
куржа́к, -а́
куржеви́на, -ы
курза́л, -а
куриа́лы, -ов, *ед.* -а́л, -а
куриа́льный
ку́ривать, *наст. вр. не употр.*
ку́рий, -ья, -ье
кури́лка, -и, *р. мн.* -лок, *ж.* (*помещение*), *м.* и *ж.* (*о человеке*)
Кури́ло-Камча́тская вулкани́ческая дуга́
кури́льница, -ы, *тв.* -ей
кури́льный
кури́льня, -и, *р. мн.* -лен
Кури́льские острова́
кури́льский (*к* Кури́льские острова́, Кури́лы, Кури́льск)
курильча́не, -а́н, *ед.* -а́нин, -а
курильча́нка, -и, *р. мн.* -нок
кури́льщик, -а
кури́льщица, -ы, *тв.* -ей
кури́нский (*от* Кура́)
кури́ный
кури́рование, -я
кури́рованный; *кр. ф.* -ан, -ана
кури́ровать(ся), -рую(сь), -рует(ся)
кури́тельная, -ой
кури́тельный
кури́ть(ся), курю́, ку́рит(ся)
кури́ться, ку́рится (*дымиться*)
ку́рица, -ы, *тв.* -ей, *мн.* ку́ры, кур
ку́рицын, -а, -о
ку́ричий, -ья, -ье
ку́рия, -и
ку́рка, -и, *р. мн.* ку́рок
курко́вый
курку́ль, -я́
курку́ма, -ы
курку́мовый
курлы́к, *неизм.*
курлы́канье, -я
курлы́кать, -чу, -чет и -аю, -ает
курлы́кающий и **курлы́чущий**
курлы́кнуть, -нет
курлы́-курлы́, *неизм.*
курля́ндский (*от* Курля́ндия)
курля́ндцы, -ев, *ед.* -дец, -дца, *тв.* -дцем
ку́рник, -а
курно́й
курно́сенький
курно́сый
курну́ть, -ну́, -нёт
ку́ро-ара́кский (ку́ро-ара́кский энеоли́т), но: **Кура́-Ара́ксинская ни́зменность**
курово́д, -а
курово́дство, -а
курово́дческий
курое́д, -а
куро́к, курка́
куроле́сить, -е́шу, -е́сит
куроле́сящий
куропа́тка, -и, *р. мн.* -ток
куропа́точий, -ья, -ье
куропа́точка, -и, *р. мн.* -чек
куропа́тский (*от* Куропа́ты)
куро́рт, -а
куро́ртник, -а
куро́ртница, -ы, *тв.* -ей
куро́ртно-санато́рный
куро́ртный
куроpто́лог, -а
курортологи́ческий
курортоло́гия, -и
ку́рос, -а
курослéп, -а
ку́рочка, -и, *р. мн.* -чек
Ку́рочка Ря́ба, Ку́рочки Ря́бы
куро́чный
курпе́й, -я
курс, -а
курса́нт, -а
курса́нтка, -и, *р. мн.* -ток
курса́нтский
курси́в, -а
курси́вить(ся), -влю, -вит(ся)
курси́вленный; *кр. ф.* -ен, -ена
курси́вный
курси́рование, -я
курси́ровать, -рую, -рует
курси́ст, -а
курси́стка, -и, *р. мн.* -ток
Ку́рская дуга́
Ку́рская магни́тная анома́лия
ку́рский (*от* Курск)
курсови́к, -а́ (*жарг.*)
курсо́вка, -и, *р. мн.* -вок
курсово́й
курсо́вочный
курсо́граф, -а
курсообразова́ние, -я
курсопрокла́дчик, -а
курсо́р, -а
курсо́рный
ку́рсы, -ов
ку́ртаг, -а
курта́ж, -а, *тв.* -ем
курта́жный
куртиза́нить, -ню, -нит
куртиза́нка, -и, *р. мн.* -нок
куртиза́нство, -а
курти́на, -ы
курти́нный
ку́ртка, -и, *р. мн.* -ток
ку́ртка-варёнка, ку́ртки-варёнки
ку́рточка, -и, *р. мн.* -чек
ку́рточный
куртуа́зия, -и
куртуа́зность, -и
куртуа́зный; *кр. ф.* -зен, -зна
куртье́, *нескл., м.*
курулта́й, -я
куру́мы, -ов

курухта́н, -а
куру́ш, -а, *тв.* -ем
курфю́рст, -а
курфю́рстина, -ы
курфю́ршеский
курфю́ршество, -а
курцгало́п, -а
курцха́ар, -а
курча́вевший (*от* курча́веть)
курча́венький
курча́веть, -ею, -еет (*становиться курчавым*)
курча́вивший(ся) (*от* курча́вить(ся)
курча́винка, -и, *р. мн.* -нок
курча́вить, -влю, -вит (*кого, что*)
курча́виться, -влюсь, -вится
курча́вость, -и
курча́вый
курча́вящий(ся)
курчато́вий, -я
курча́товский (*от* Курча́тов)
курчо́нок, -нка, *мн.* -ча́та, -ча́т
ку́рши, -ей (*народность*)
Ку́ршская коса́
ку́ршский
Ку́ршский зали́в
ку́ры: стро́ить ку́ры
ку́ры гри́ль, ку́р гри́ль
курьёз, -а
курьёзность, -и
курьёзный; *кр. ф.* -зен, -зна
курье́р, -а
курье́рский
курье́рша, -и, *тв.* -ей
куря́ка, -и, *м.* и *ж.*
куря́не, -я́н, *ед.* -я́нин, -а (*от* Курск)
куря́тина, -ы
куря́тинка, -и
куря́тник, -а
куря́тница, -ы, *тв.* -ей
куря́чий, -ья, -ье
куря́ш, -а, *тв.* -ем (*татарская нац. борьба*)
куря́щий, -его
куря́щий(ся)
кус, -а
куса́ка, -и, *м.* и *ж.*
куса́ние, -я
ку́санный; *кр. ф.* -ан, -ана, *прич.*
кусану́ть, -ну́, -нёт
ку́саный, *прил.*
куса́ть(ся), -а́ю(сь), -а́ет(ся)
куса́чий
куса́чка, -и, *р. мн.* -чек, *м.* и *ж.* (*тот, кто кусает(ся)*)
куса́чки, -чек (*острые щипцы*)
куси́, *неизм.*
куси́на, -ы, *м.*
куси́ще, -а, *мн.* -а и -и, -и́щ, *м.*
кускова́тость, -и
кусково́й
куско́вский (*от* Куско́во)
куску́с, -а (*животное*)
кусну́ть, -ну́, -нёт
кусо́к, куска́
кусо́чек, -чка
кусо́чник, -а
кусо́чно-лине́йный
куст, -а́
кустана́йский (*от* Кустана́й)
кустана́йцы, -ев, *ед.* -а́ец, -а́йца, *тв.* -а́йцем
Кустана́йщина, -ы (*к* Кустана́й)
куста́рник, -а
куста́рниково-боло́тный
куста́рниковый
куста́рница, -ы, *тв.* -ей *(птица)*
куста́рничать, -аю, -ает
куста́рничек, -чка
куста́рничество, -а
куста́рничковый
куста́рно-промысло́вый
куста́рно-промы́шленный
куста́рно-реме́сленный
куста́рность, -и
куста́рно-худо́жественный
куста́рный; *кр. ф.* -рен, -рна
куста́рщина, -ы
куста́рь, -я́
ку́стик, -а
кусти́стость, -и
кусти́стый
кусти́ться, -и́тся
кусти́ще, -а, *мн.* -а и -и, -и́щ, *м.*
кусто́вка, -и
кустово́й
кусто́да, -ы
кусто́диевский (*от* Кусто́диев)
кусто́к, *другие формы не употр.*
кустообра́зный; *кр. ф.* -зен, -зна
кусторе́з, -а
кусторе́зный
кусто́чек, -чка
куся́га, -и, *м.*
кут, -а́
кутаи́сский (*от* Кутаи́си)
кутаи́сцы, -ев, *ед.* -сец, -сца, *тв.* -сцем
ку́танный; *кр. ф.* -ан, -ана, *прич.*
ку́таный, *прил.*
ку́танье, -я
ку́тать(ся), -аю(сь), -ает(ся)
кута́фья, -и, *р. мн.* -фий (*безобразно одетая женщина*)
Кута́фья ба́шня, Кута́фьей ба́шни
кутёж, -ежа́, *тв.* -о́м
кутёжник, -а
кутёжный
куте́йник, -а
куте́йница, -ы, *тв.* -ей
куте́йный
кутёнок, -нка, *мн.* кутя́та, кутя́т
ку́тенька, -и, *р. мн.* ку́тенек, *м.* и *ж.*
кутерьма́, -ы́
кути́кула, -ы
кути́ла, -ы, *м.*
кути́н, -а
ку́тис, -а
кути́ть, кучу́, ку́тит
кутну́ть, -ну́, -нёт
куто́к, кутка́
куто́ра, -ы
куто́чек, -чка
ку́тровые, -ых
ку́ттер, -а
куту́зка, -и, *р. мн.* -зок
куту́зовский (*от* Куту́зов)
Куту́зов-Смоле́нский, Куту́зова-Смоле́нского
куту́м, -а (*рыба*)
ку́тька, -и, *р. мн.* ку́тек, *м.* и *ж.*
кутья́, -и́, *р. мн.* куте́й
кутю́м, -а (*правовой обычай*)
кутюрье́, *нескл., м.* и *ж.*
ку́тя, -и, *р. мн.* ку́тей, *м.* и *ж.*
куфи́ческий
ку́фия, -и
куфр, -а
куха́рить, -рю, -рит
куха́рка, -и, *р. мн.* -рок
куха́ркин, -а, -о
куха́рничать, -аю, -ает
ку́харь, -я
кухля́нка, -и, *р. мн.* -нок
кухми́стер, -а
кухми́стерская, -ой
кухми́стерский
кухми́стерша, -и, *тв.* -ей
ку́хня, -и, *р. мн.* ку́хонь
ку́хня-столо́вая, ку́хни-столо́вой
ку́хонный
ку́хонька, -и, *р. мн.* -нек
ку́хта, -ы и **кухта́,** -ы́
ку́це, *нареч.*
куцева́тый
ку́ценький
куцехво́стый
ку́цый
ку́ча, -и, *тв.* -ей
ку́ча-мала́, *другие формы не употр.*
ку́чащийся
кучёвка, -и
ку́чево-дождево́й
кучево́й
ку́чер, -а, *мн.* -а́, -о́в
кучерско́й
кучеря́венький
кучеря́виться, -ится
кучеря́вость, -и
кучеря́вый
кучеря́вящийся
ку́читься, -ится
ку́чка, -и, *р. мн.* ку́чек
кучки́зм, -а (*к* Могу́чая ку́чка)
кучки́ст, -а
кучки́стский
кучкова́ться, -ку́ется
ку́чность, -и
ку́чный; *кр. ф.* ку́чен, кучна́, ку́чно
кучугу́р, -а
куш[1], -а, *тв.* -ем
куш[2], *неизм.*
куша́к, -а́
ку́шанье, -я, *р. мн.* -ний
ку́шать, -аю, -ает
куша́чный

кушачо́к, -чка́
куше́тка, -и, *р. мн.* -ток
куше́точка, -и, *р. мн.* -чек
куше́точный
куши́тский (куши́тские языки́)
кушна́й, -я и **кошна́й,** -я
ку́ща, -и, *тв.* -ей, *р. мн.* кущ и ку́щей
куще́ние, -я
куэ́стовый
куэ́сты, куэ́ст, *ед.* куэ́ста, -ы
куя́вы, -ов (*племя*)
куя́вяк, -а
кхаро́штхи, *нескл., с.*
кха́си, *неизм.* и *нескл., м.* (*язык*) и *нескл., мн., ед. м.* и *ж.* (*народ*)
кхе-кхе́, *неизм.*
кхме́рка, -и, *р. мн.* -рок
кхме́рский
кхме́ры, -ов, *ед.* кхмер, -а
кхо, *нескл., мн., ед. м.* и *ж.* (*народ*)
к чему́
к чёрту
кша́трии, -ий, *ед.* -рия, -и, *м.*
кызкуу́, *нескл., с.* (*казахская и среднеазиатская нац. игра*)
кызы́, *неизм.*; *после собственных имен пишется через дефис, напр.*: Шевке́т Гаса́н-кызы́
кызылба́ши, -ей (*племена*)
кызылба́шский
кызылку́мский (*от* Кызылку́м)
кызы́лский и **кызы́льский** (*от* Кызы́л)
кызы́льцы, -ев, *ед.* -лец, -льца, *тв.* -льцем
кыпча́ки, -ов, *ед.* -ча́к, -а и **кипча́ки,** -ов, *ед.* -ча́к, -а
кыпча́кский и **кипча́кский**
кыр, -а
кыш, *неизм.*
кышты́мский (*от* Кышты́м)
кышты́мцы, -ев, *ед.* -мец, -мца, *тв.* -мцем
кыя́к, -а
кьёккенме́динг, -а
кьеркего́ровский (*от* Кьеркего́р)
кья́нти, *нескл., с.*
кьяроску́ро, *нескл., ж.* и *с.*
кьят, -а
кэ́мпо, *нескл., с.*
кэмэ́, *нескл., м. (километр, при передаче разг. произношения)*
кэндо́, *нескл., с.*
кэп, -а (*фин.*)
кэт, -а (*парусное судно*)
кэ́тти, *нескл., с.* (*ед. измер.*)
кюве́, *нескл., с.* (*в виноделии*)
кювеля́ж, -а, *тв.* -ем (*горн.*)
кювеля́ция, -и (*горн.*)
кюве́т, -а (*канава*)
кюве́та, -ы (*ванночка*)
кюве́тка, -и, *р. мн.* -ток
кюдо́, *нескл., с.*
кюло́т, -а
кю́ммель, -я
кюрасо́, *нескл., с.*
кюре́, *нескл., м.*
Кюри́, *нескл., м.*: **зако́н Кюри́, при́нцип Кюри́, то́чка (температу́ра) Кюри́**
кюри́, *нескл., м.* (*ед. измер.*)
кю́рий, -я (*хим.*)
кюритерапи́я, -и
кю́сле, *нескл., м.*
кюстели́т, -а
кяри́з, -а
кя́хтинский (*от* Кя́хта)
кя́хтинцы, -ев, *ед.* -нец, -нца, *тв.* -нцем

Л

ЛА [эла́], *нескл., м.* (*сокр.*: летательный аппарат)
лаба́з, -а
лаба́зник, -а
лаба́зный
лабарда́н, -а
лаба́рум, -а (*знамя*)
лабиализа́ция, -и
лабиализи́ровать(ся), -рую, -рует(ся)
лабиализо́ванность, -и
лабиализо́ванный; *кр. ф.* -ан, -ана
лабиализова́ть(ся), -зу́ю, -зу́ет(ся)
лабиа́льность, -и
лабиа́льный
лаби́льность, -и
лаби́льный; *кр. ф.* -лен, -льна
лабиовеля́рный
лабиодента́льный
лабири́нт, -а (*запутанная сеть ходов, помещений*) и **Лабири́нт,** -а (*мифол.*)
лабиринти́т, -а
лабири́нтный
лабири́нтовый
лабиринтодо́нт, -а
лабора́нт, -а
лабора́нтка, -и, *р. мн.* -ток
лабора́нтский
лаборато́рия, -и
лаборато́рка, -и, *р. мн.* -рок
лаборато́рно-испыта́тельный
лаборато́рно-полево́й
лаборато́рный
лаборато́рский
лабрадо́р, -а (*минерал*; *порода собак*)
лабрадори́т, -а
лабрадо́ровый
лабрадо́рский (*от* Лабрадо́р, *полуостров*)
лабуда́, -ы́ (*жарг.*)
ла́бух, -а (*жарг.*)
ла́ва, -ы
лава́бо, *нескл., с.*
лава́нда, -ы
лава́ндный
лава́ндовый
лавандоубо́рочный
лава́ш, -а и -а́, *тв.* -ем и -о́м
лава́шный
лавера́к, -а
лави́на, -ы
лави́нно-пролётный
лави́нный
лавинове́дение, -я
лавинообра́зный; *кр. ф.* -зен, -зна
лавиноопа́сность, -и
лавиноопа́сный; *кр. ф.* -сен, -сна
лавиноре́з, -а
лавиноре́зный
лавиносбо́р, -а
лави́нщик, -а
лави́рование, -я
лави́ровать, -рую, -рует
лавиро́вка, -и, *р. мн.* -вок
лавиро́вочный
лави́с, -а
ла́вка, -и, *р. мн.* лавок
ла́вливать, *наст. вр. не употр.*
ла́вово-пе́пловый
ла́вовый
ла́вочка, -и, *р. мн.* -чек
ла́вочник, -а
ла́вочница, -ы, *тв.* -ей
ла́вочнический
ла́вочничество, -а
ла́вочный
лавр, -а (*дерево, кустарник*)
ла́вра, -ы (*монастырь*)
лавра́ки, *нескл., ж.* и **лавра́к,** -а (*рыба*)
Лавре́нтьевская ле́топись
лавровенча́нный
лаврови́шневый
лаврови́шня, -и, *р. мн.* -шен
ла́вро́вый
лавроли́стный
ла́врский (*от* ла́вра)
лавру́шка, -и
ла́вры, -ов (*символ славы, победы*)
лавса́н, -а
лавса́новый
лавсо́ния, -и
лавсо́нов кипари́с, лавсо́нова кипари́са
лавчо́нка, -и, *р. мн.* -нок
лавчу́шка, -и, *р. мн.* -шек
лаг, -а
лагбольни́ца, -ы, *тв.* -ей
лагга́р, -а (*сокол*)
лагена́рия, -и
ла́герник, -а
ла́герница, -ы, *тв.* -ей
ла́герный
ла́герь, -я, *мн.* -я́, -е́й (*военный, туристский и т. п.*) и -и, -ей (*группировка, течение*)
лагли́нь, -я

лагма́н, -а (*кулин.*)
лагма́нный
ла́говый
ла́госский (*от* Ла́гос)
ла́госцы, -ев, *ед.* -сец, -сца, *тв.* -сцем
лагофта́льм, -а
лагпу́нкт, -а
Лагра́нж, -а: **уравне́ние Лагра́нжа**
ла́гтинг, -а
лагу́н, -а́ (*бочонок*)
лагу́на, -ы (*залив*)
лагу́нный
лагуча́сток, -тка
лад, -а и -у, *предл.* в ладу́, *мн.* -ы́, -о́в
ла́да, -ы, *м.* и *ж.* (*возлюбленный, возлюбленная*)
Ла́да, -ы (*имя; автомобиль*)
ла́дан, -а
ла́данка, -и, *р. мн.* -нок
ла́данник, -а
ла́данниковые, -ых
ла́данница, -ы, *тв.* -ей
ла́данный
ладе́йный
ладúно, *нескл., м.* и *ж.* (*потомок индейца и белого*)
ла́дить(ся), ла́жу, ла́дит(ся)
ладко́м, *нареч.*
ла́дненький
ла́дненько
ла́дно, *нареч., в знач. сказ., частица*
ла́дно-ла́дно
ла́дность, -и
ла́дный; *кр. ф.* ла́ден, ла́дна́, ла́дно
ла́до, -а, *м.* и *с.* (*возлюбленный*)
ла́дово-интонацио́нный
ла́дово-мелоди́ческий
ла́довый
ладожа́не, -а́н, *ед.* -а́нин, -а
ла́дожский (*к* Ла́дожское о́зеро, Ла́дога)
ла́дом, *нареч.*
ладомелоди́ческий
ладо́нка, -и, *р. мн.* -нок
ладо́нный
ладо́нь, -и
ладотона́льность, -и
ладотона́льный
ладо́ши, -о́ш
ладо́шка, -и, *р. мн.* -шек
ла́душка, -и, *м.* и *ж.* (*ласкат. к* ла́да)
ла́душки, -шек (*игра*)
лады́[1], -о́в (*у муз. инструментов*)
лады́[2], *неизм.*
ладьеви́дный; *кр. ф.* -ден, -дна
ладьеобра́зный; *кр. ф.* -зен, -зна
ладья́, -и́, *р. мн.* ладе́й
ла́дящий(ся)
лаж, -а, *тв.* -ем (*фин.*)
ла́жа, -и, *тв.* -ей (*ерунда; ложь, блеф, жарг.*)
лажану́ть(ся), -ну́(сь), -нёт(ся) (*жарг.*)
лажа́ть(ся), -а́ю(сь), -а́ет(ся) (*жарг.*)
ла́женный; *кр. ф.* -ен, -ена, *прич.* (*от* ла́дить)
ла́жный (*от* лаж)
лажо́вый (*от* ла́жа)
лаз, -а
ла́занки, -нок (*кулин.*)
ла́занье, -я
Ла́зарева суббо́та, Ла́заревой суббо́ты
ла́заревский (*от* Ла́зарев)
лазаре́т, -а
лазаре́тный
Ла́заря пе́ть
ла́зать, -аю, -ает
ла́зающий (*от* ла́зать)
лазе́ечка, -и, *р. мн.* -чек
лазе́йка, -и, *р. мн.* -е́ек
ла́зер, -а
ла́зерно-цифрово́й
ла́зерный
лазероподо́бный
лазеропункту́ра, -ы
лазеротерапи́я, -и
лазерофо́н, -а
лазерохи́мия, -и
ла́зерщик, -а
ла́зить, ла́жу, ла́зит
ла́зка, -и, *р. мн.* ла́зок (*к* ла́зы)
лазо́ревка, -и, *р. мн.* -вок
лазо́ревый
лазо́рник, -а
ла́зский
лазули́т, -а
лазу́ревый
лазури́т, -а
лазури́товый
лазу́рник, -а
лазу́рно-голубо́й
лазу́рность, -и
лазу́рный; *кр. ф.* -рен, -рна
Лазу́рный Бе́рег (*во Франции*)
лазу́рь, -и
лазу́тчик, -а
лазу́тчица, -ы, *тв.* -ей
ла́зы, -ов, *ед.* лаз, -а (*народность*)
ла́зящий (*от* ла́зить)
лай, ла́я
ла́йба, -ы
ла́йда, -ы
лайда́к, -а́
лайдете́ктор, -а
ла́йка, -и, *р. мн.* ла́ек
ла́йковый
ла́йкра, -ы
лайм, -а
ла́йнер, -а
ла́йнерский
ла́йнсмен, -а
лак, -а и -у
лака́ние, -я
лака́ть, -а́ю, -а́ет
лаке́, *нескл., ж.* и *неизм.*
лаке́й, -я
лаке́йничать, -аю, -ает
лаке́йский
лаке́йство, -а
лаке́йствовать, -твую, -твует
ла́ки, -ов, *ед.* лак, -а (*народность*)
лакирова́льный
лакирова́льщик, -а
лакирова́льщица, -ы, *тв.* -ей
лакирова́ние, -я
лакиро́ванный; *кр. ф.* -ан, -ана
лакирова́ть(ся), -ру́ю, -ру́ет(ся)
лакиро́вка, -и
лакиро́вки, -вок, *ед.* -вка, -и (*обувь*)
лакиро́вочный
лакиро́вщик, -а
лакиро́вщица, -ы, *тв.* -ей
лакколи́т, -а
лакколи́товый
ла́кмус, -а
ла́кмусовый
лакну́ть, -ну́, -нёт
ла́ково-чёрный
ла́ковый
лакокра́ски, -сок
лакокра́сочный
ла́комить(ся), -млю(сь), -мит(ся)
ла́комка, -и, *р. мн.* -мок, *м.* и *ж.*
ла́комство, -а
ла́комый
ла́комящий(ся)
лаконаливно́й
лакони́зм, -а
лакони́ческий
лакони́чность, -и
лакони́чный; *кр. ф.* -чен, -чна
лаконо́с, -а
лаконо́сные, -ых
лакоса́жевый
лакотка́нь, -и
лакрима́тор, -а
лакримо́за, -ы
лакри́ца, -ы, *тв.* -ей
лакри́чник, -а
лакри́чный
ла́кский
лактальбуми́н, -а
락та́мный
лакта́мы, -ов, *ед.* -та́м, -а
лакта́т, -а
лактаци́дный
лактацио́нный
лакта́ция, -и
лактобацилли́н, -а
лактобаци́ллы, -и́лл, *ед.* -и́лла, -ы
лактоге́нный
лактоглобули́н, -а
лакто́за, -ы
лакто́метр, -а
лакто́нный
лакто́ны, -ов, *ед.* -то́н, -а
лактоско́п, -а
лактофлави́н, -а
лактука́рий, -я
лаку́на, -ы
лакуна́рий, -я (*архит.*)
лакуна́рный
лакфио́ль, -и

ла́кцы, -ев, *ед.* ла́кец, ла́кца, *тв.* ла́кцем
лал, -а
ла́ловый
лалопа́тия, -и
ла́ма[1], -ы, *ж.* (*животное*)
ла́ма[2], -ы, *м.* (*монах*)
ламаи́зм, -а
ламаи́ст, -а
ламаи́стский
ламаи́т, -а
ламаи́тский
ламанти́н, -а
ла-ма́нчский (*от* Ла-Ма́нча), но: **Дон Кихо́т Ламанчский**
ла-ма́ншский (*от* Ла-Ма́нш)
ламарки́зм, -а
ламарки́ст, -а
ламарки́стский
ламба́да, -ы
ламбеоза́вр, -а
Ла́мберт, -а: **зако́н Ла́мберта**
ла́мберт, -а, *р. мн.* -ов, *счетн. ф.* -ерт (*ед. измер.*)
ламбреке́н, -а
Ламе́, *нескл., м.*: **постоя́нные Ламе́, фу́нкции Ламе́**
ламе́ли, -ей, *ед.* -е́ль, -и (*пластинки жалюзи*)
ламе́льный
ламента́ция, -и
ламе́нто, *нескл., с.*
ла́мер, -а
ламина́риевый
ламина́рия, -и
ламина́рность, -и
ламина́рный; *кр. ф.* -рен, -рна
ламина́т, -а
ламина́тор, -а
ламина́ция, -и
ламини́рование, -я
ламини́рованный; *кр. ф.* -ан, -ана
ламини́ровать(ся), -рую, -рует(ся)
ламинэктоми́я, -и
ла́мпа, -ы
ла́мпа-вспы́шка, ла́мпы-вспы́шки
лампа́да, -ы
лампа́дка, -и, *р. мн.* -док
лампа́дный
лампа́дчик, -а
лампа́сный
лампа́сы, -ов, *ед.* -па́с, -а
лампио́н, -а
лампио́нный
лампова́я, -о́й (*помещение*)
лампово́й, -о́го (*рабочий*)
ла́мпово-полупроводнико́вый
ла́мповщик, -а
ла́мповщица, -ы, *тв.* -ей
ла́мповый
ла́мпочка, -и, *р. мн.* -чек
ламппри́довые, -ых
лампрофи́р, -а
ламу́тка, -и, *р. мн.* -ток
ламу́тский
ламу́ты, -ов, *ед.* ламу́т, -а
ла́мывать, *наст. вр. не употр.*
лан[1], -а (*поле, пашня*)
лан[2], -а, *р. мн.* -ов, *счетн. ф.* лан (*ед. измер.*)
ла́на, -ы (*цех шерстяников, ист.*)
лангедо́кский (*от* Лангедо́к)
лангедо́кцы, -ев, *ед.* -кец, -кца, *тв.* -кцем
ланге́т, -а (*кулин.*)
ланге́тный
лангоба́рдский
лангоба́рды, -ов, *ед.* -ба́рд, -а
лангу́ст, -а и **лангу́ста,** -ы
лангхаар, -а
Ланда́у, *нескл., м.*: **диамагнети́зм Ланда́у**
ла́ндве́р, -а
ландгра́ф, -а
ландгра́фский
ландгра́фство, -а
Ла́нде, *нескл., м.*: **мно́житель Ла́нде**
ла́ндесштат, -а
ландка́рта, -ы
ландо́, *нескл., с.*
ландоле́, *нескл., м.*
ландра́с, -а
ла́ндра́т, -а
ландра́тский
ландри́н, -а
ландскне́хт, -а
ландскне́хтский
ла́ндстинг, -а
ландта́г, -а
ландша́фт, -а
ландша́фтник, -а
ландша́фтно-тектони́ческий
ландша́фтный
ландшафтове́д, -а
ландшафтове́дение, -я
ландшафтове́дческий
ландшту́рм, -а
ландштурми́ст, -а
ландшту́рмовский
Ла́нды, Ланд (*природная область и департамент во Франции*) и **ла́нды,** ланд (*песчаные равнины на этой территории*)
ла́ндыш, -а, *тв.* -ем
ла́ндышевый
ла́невый
ла́ний, -ья, -ье
лани́тный
лани́ты, -и́т, *ед.* -и́та, -ы
ла́нка, -и, *р. мн.* ла́нок
ланка́стерский
Ланка́стеры, -ов (*династия*)
ланки́йка, -и, *р. мн.* -и́ек
ланки́йский (*к* Шри-Ланка́)
ланки́йцы, -ев, *ед.* и́ец, и́йца, *тв.* -и́йцем
ланко́рд, -а
ланоли́н, -а
ланоли́новый
ла́ночий, -ья, -ье (*от* ла́нка)
лано́чка, -и, *р. мн.* -чек
ланса́да, -ы
Лансело́т, -а
лансье́, *нескл., с.*
ланта́н, -а
лантани́ды, -ов, *ед.* -ни́д, -а
ланта́новый
лантанозу́х, -а
лантано́идный
лантано́иды, -ов, *ед.* -о́ид, -а
ланте́рна, -ы
лану́го, *нескл., с.*
ланце́, *нескл., м.*
ланце́т, -а
ланце́тник, -а
ланце́тный
ланцетови́дный; *кр. ф.* -ден, -дна
ланцетоно́с, -а
ланч, -а, *тв.* -ем и **ленч,** -а, *тв.* -ем
лань, -и
ла́о, *нескл., мн., ед. м.* и *ж.* (*лаосцы*)
Лаокоо́н, -а
лао́ска, -и, *р. мн.* -сок
лао́сский (*от* Лао́с)
лао́сцы, -ев, *ед.* -сец, -сца, *тв.* -сцем
лаотя́не, -я́н, *ед.* -я́нин, -а (*от* Лао́с)
лаотя́нка, -и, *р. мн.* -нок
лаотя́нский
Ла́о-цзы́, *нескл., м.*
ла́па, -ы
ла́панный; *кр. ф.* -ан, -ана, *прич.*
ла́паный, *прил.*
ла́панье, -я
лапароско́п, -а
лапароскопи́ческий
лапароскопи́я, -и
лапаротоми́я, -и
ла́пать(ся), -аю(сь), -ает(ся)
лапида́рий, -я
лапида́рность, -и
лапида́рный; *кр. ф.* -рен, -рна
лапи́лли, *нескл., мн.*; *ед. с.* (*в вулканологии*)
ла́пистый
ла́пища, -и, *тв.* -ей
ла́пка, -и, *р. мн.* ла́пок
лапла́ндка, -и, *р. мн.* -док
лапла́ндский (*к* Лапла́ндия и лапла́ндцы)
лапла́ндцы, -ев, *ед.* -дец, -дца, *тв.* -дцем
Лапла́с, -а: **зако́н Лапла́са, гипо́теза Лапла́са, преобразова́ние Лапла́са, теоре́ма Лапла́са, а́зимут Лапла́са**
лапла́сов, -а, -о (*от* Лапла́с): **лапла́сов пу́нкт** (*астр.*)
лапла́совский (*от* Лапла́с)
ла-пла́тский (*от* Ла-Пла́та), но: **Лапла́тская ни́зменность**
ла́пник, -а
лапови́дный; *кр. ф.* -ден, -дна
ла́повый
лапоно́идный
ла́понька, -и, *р. мн.* -нек, *ж.* и (*о человеке*) *м.* и *ж.*

лапообра́зный; *кр. ф.* -зен, -зна
лапотки́, -о́в, *ед.* -то́к, -тка́
ла́потник, -а
ла́потница, -ы, *тв.* -ей
ла́потный
лапото́чки, -ов, *ед.* -чек, -чка
ла́почка, -и, *р. мн.* -чек, *ж.* и (*о человеке*) *м.* и *ж.*
лапсерда́к, -а
лапта́, -ы́
ла́пти, -е́й, *ед.* ла́поть, ла́птя
лапти́шки, -шек, *ед.* -и́шко, -а и -и, *м.*
лапто́вый
лапто́п, -а и **лэпто́п,** -а (*компьютер*)
ла́пушка, -и, *р. мн.* -шек, *м.* и *ж.*
лапча́тка, -и, *р. мн.* -ток
лапчатоно́г, -а
ла́пчато-расши́ренный
ла́пчатый
лапша́, -и́, *тв.* -о́й
лапшано́й
лапша́-ры́ба, лапши́-ры́бы
лапше́вник, -а
лапше́нник, -а
лапшере́зка, -и, *р. мн.* -зок
лапши́ца, -ы, *тв.* -ей
лапши́чка, -и
лапшо́вый
ларами́йский (*геол.*)
ларвици́ды, -ов, *ед.* -ци́д, -а
ла́рвы, ларв, *ед.* ла́рва, -ы
ла́рга, -и (*животное*)
ларге́тто, *неизм.* и *нескл., с.*
ла́рго, *неизм.* и *нескл., с.* (*муз.*)
ларёк, ларька́
ларе́ц, ларца́, *тв.* ларцо́м, *р. мн.* ларцо́в
ларёчек, -чка
ларёчник, -а
ларёчница, -ы, *тв.* -ей
ларёчный
ла́ри, *нескл., м.* (*ден. ед.*)
ларингализа́ция, -и
ларинга́льность, -и
ларинга́льный
ларинги́т, -а
ларинго́лог, -а
ларинголоѓический
ларинголо́гия, -и
ларингоско́п, -а
ларингоскопи́ческий
ларингоскопи́я, -и
ларингоспа́зм, -а
ларингостено́з, -а
ларинготоми́я, -и
ларинготрахеи́т, -а
ларингофо́н, -а
ларингофо́нный
ларингэктоми́я, -и
ла-роше́льский (*от* Ла-Роше́ль)
Ларусс, -а (энциклопе́дии, словари́ Лару́сса)
ла́рчик, -а
ла́ры, -ов и лар, *ед.* лар, -а (*мифол.*)
ларь, -я́

ла́са, -ы
лас-ве́гасский (*от* Лас-Ве́гас)
ла́сина, -ы
ла́ска[1], -и, *р. мн.* ласк (*нежность*)
ла́ска[2], -и, *р. мн.* ла́сок (*животное*)
laска́ние, -я
Ла Ска́ла, *нескл., м.* (*театр*)
ла́сканный; *кр. ф.* -ан, -ана
ласка́тель, -я
ласка́тельный
ласка́тельство, -а
ласка́ть(ся), -а́ю(сь), -а́ет(ся)
ла́сковость, -и
ла́сковый
ла́сочка, -и, *р. мн.* -чек
лас-па́льмасский (*от* Лас-Па́льмас)
ласса́левский (*от* Ласса́ль)
лассалья́нец, -нца, *тв.* -нцем
лассалья́нский
лассалья́нство, -а
Ласса́р, -а: **па́ста Ласса́ра**
лассо́, *нескл., с.*
ласт, -а (*ед. измер.*)
ла́стик, -а
ла́стиковый
ла́ститься, ла́щусь, ла́стится
ла́стичный
ла́стовень, -вня
ластови́дный; *кр. ф.* -ден, -дна
ла́стовица, -ы, *тв.* -ей
ла́стовка, -и, *р. мн.* -вок
ла́стовневые, -ых
ла́стовый
ластоно́гие, -их
ластообра́зный; *кр. ф.* -зен, -зна
ластохво́ст, -а
ла́сточка, -и, *р. мн.* -чек
ла́сточка-каса́тка, ла́сточки-каса́тки
ла́сточкин, -а, -о
ла́сточниковые, -ых
ла́сты, ласт и -ов, *ед.* ласт, -а
ла́стящийся
лат, -а (*ден. ед.*)
ла́та, -ы (*часть оснастки паруса*)
лата́ние, -я (*от* лата́ть)
лата́ния, -и (*пальма*)
ла́танный; *кр. ф.* -ан, -ана, *прич.*
ла́тано-перела́тано
ла́таный, *прил.*
ла́таный-перела́таный
лататы́: зада́ть лататы́
лата́ть(ся), -а́ю, -а́ет(ся)
латви́йка, -и, *р. мн.* -и́ек
латви́йский (*от* Ла́твия)
латви́йско-росси́йский
латви́йцы, -ев, *ед.* -и́ец, -и́йца, *тв.* -и́йцем
латга́лка, -и, *р. мн.* -лок
латга́лы, -ов, *ед.* -га́л, -а
латга́льский
латга́льцы, -ев, *ед.* -лец, -льца, *тв.* -льцем
ла́текс, -а
ла́тексный
латенсифика́ция, -и

лате́нский (лате́нская культу́ра, *археол.*)
лате́нтность, -и
лате́нтный; *кр. ф.* -тен, -тна
лате́нция, -и
латера́льность, -и
латера́льный
латери́т, -а
латеритиза́ция, -и
латери́тный
латиме́рия, -и
латиниза́ция, -и
латинизи́рованный; *кр. ф.* -ан, -ана
латинизи́ровать(ся), -рую, -рует(ся)
латини́зм, -а
латини́ст, -а
латини́стка, -и, *р. мн.* -ток
лати́ница, -ы, *тв.* -ей
латиноамерика́нка, -и, *р. мн.* -нок
латиноамерика́нский
латиноамерика́нцы, -ев, *ед.* -нец, -нца, *тв.* -нцем
Лати́нская Аме́рика
лати́нский
Лати́нский кварта́л (*в Париже*)
лати́нско-ру́сский
лати́нцы, -ев, *ед.* -нец, -нца, *тв.* -нцем
лати́нщина, -ы
лати́ны, -и́н
лати́няне, -ян, *ед.* -янин, -а
латифунди́зм, -а
латифунди́ст, -а
латифу́ндия, -и
ла́тка, -и, *р. мн.* ла́ток
латкарма́н, -а
ла́тник, -а
ла́тный
ла́точка, -и, *р. мн.* -чек
лату́к, -а
лату́ковый
лату́к-сала́т, -а
латуни́рование, -я
латуни́рованный; *кр. ф.* -ан, -ана
латуни́ровать(ся), -рую, -рует(ся)
лату́нный
лату́нь, -и
ла́ты, лат
латы́нщик, -а
латы́нь, -и
латыши́, -е́й, *ед.* латы́ш, -а́, *тв.* -о́м
латы́шка, -и, *р. мн.* -шек
латы́шский
латы́шско-ру́сский
ла́ун-те́ннис, -а
ла́ун-те́ннисный
лауреа́т, -а
лауреа́тка, -и, *р. мн.* -ток
лауреа́тский
лауреа́тство, -а
лафа́, *другие формы не употр., ж.*
лафе́т, -а
лафе́тный
лафе́тчик, -а
лафи́т, -а (*вино*)
лафи́тник, -а

лафи́тный
Лафонте́нов, -а, -о и **лафонте́новский** (*от* Лафонте́н)
ла́хта, -ы
лахта́к, -а
лаху́дра, -ы
ла́цкан, -а
ла́цканный
лаццаро́ни, *нескл., м.*
ла́цци, *нескл., мн.* (*буффонные трюки, комические номера*) и **ла́ццо,** *нескл., м.* (*трюк, комический номер*)
ла́чка, -и, *р. мн.* ла́чек (*к* ла́ки, ла́кцы)
лачо́к, лачка́ и лачку́
лачу́га, -и
лачу́жка, -и, *р. мн.* -жек
лачу́жный
ла́ющий(ся)
ла́янье, -я
ла́ять(ся), ла́ю(сь), ла́ет(ся)
ЛБВ [элбэвэ́], *нескл., ж.* (*сокр.*: лампа бегущей волны)
лби́на, -ы, *м.*
лби́шко, -а и -и, *мн.* -шки, -шек, *м.*
лби́ще [1], -а, *мн.* -а и -и, лбищ, *м.* (*увелич. к* лоб)
лби́ще [2], -а, *с.* (*гористый крутой берег, обрыв*)
лганьё, -я́
лгать, лгу, лжёт, лгут; *прош.* лгал, лгала́, лга́ло
лгун, -а́
лгуни́шка, -и, *р. мн.* -шек, *м.* и *ж.*
лгуни́ще, -а и -и, *мн.* -и, -и́щ, *м.*
лгу́нья, -и, *р. мн.* -ний
лебеда́, -ы́
лебедёнок, -нка, *мн.* -дя́та, -дя́т
лебеди́нский (*от* Лебеди́н; лебеди́нская поро́да скота́)
лебеди́ный
лебёдка, -и, *р. мн.* -док
лебедо́вый
лебёдочный
лебёдушка, -и, *р. мн.* -шек
лебёдчик, -а
лебёдчица, -ы, *тв.* -ей
ле́бедь, -я и (*нар.-поэт.*) -и и (*созвездие*) **Ле́бедь,** -я
ле́бедь-кliку́н, ле́бедя-кликуна́
ле́бедь-шипу́н, ле́бедя-шипуна́
лебедя́нский (*от* Лебедя́нь)
лебедя́нцы, -ев, *ед.* -нец, -нца, *тв.* -нцем
лебези́ть, -ежу́, -ези́т
лебя́жий, -ья, -ье
Лебя́жья кана́вка (*в Петербурге*)
лев [1], льва (*животное*) и **Лев,** Льва (*имя; созвездие и знак зодиака; о том, кто родился под этим знаком*)
лев [2], ле́ва (*ден. ед.*)
лева́да, -ы
лева́к, -а́
Лева́нт, -а
леванти́йский
леванти́н, -а (*ткань*)
леванти́нский
леванти́нцы, -ев, *ед.* -нец, -нца, *тв.* -нцем
левари́н, -а
лева́цкий
лева́ческий
лева́чество, -а
лева́чить, -чу, -чит
леве́е, *сравн. ст.* и *нареч.*
ле́веллеры, -ов, *ед.* -ллер, -а
ле́вентик, -а
леве́ть, -е́ю, -е́ет
левзе́я, -и
Левиафа́н, -а (*библ.*) и **левиафа́н,** -а (*кто-, что-н. огромное, чудовищное*)
левизна́, -ы́
левира́т, -а
левита́новский (*от* Левита́н)
левитацио́нный
левита́ция, -и
левити́ровать, -рую, -рует
леви́тский
леви́ты, -ов, *ед.* -и́т, -а
левка́с, -а
левка́сить(ся), -а́шу, -а́сит(ся)
левка́сный
левка́счик, -а
левка́шение, -я
левка́шенный; *кр. ф.* -ен, -ена
левко́евый
левко́й, -я
левко́йный
ле́во: (не зна́ет,) где пра́во, где ле́во; ле́во руля́, ле́во на бо́рт (*команды*); **под ле́во** (уда́рить, посла́ть мя́ч)
левоавангарди́стский
Левобере́жная Украи́на
левобере́жный
левобере́жье, -я, *р. мн.* -жий
левобуржуа́зный
леводемократи́ческий
левожелу́дочковый
левозавёрнутый
левозакру́ченный
леволейбори́стский
леволибера́льный
левомицети́н, -а
левонационалисти́ческий
левооппортунисти́ческий
левопатриоти́ческий
левополуша́рный
ле́во-пра́вый (ле́во-пра́вый оппозицио́нный бло́к)
леворадика́л, -а
леворадикали́зм, -а
леворадикали́стский
леворадика́льный
леворекурси́вный
левори́н, -а
левору́кий
левору́кость, -и
левору́льный
левосоциалисти́ческий
левосторо́нний
левоуклони́стский
левофланго́вый
левоцентри́зм, -а
левоцентри́ст, -а
левоцентри́стский
левоэкстреми́стский
левоэсе́ровский
левре́тка, -и, *р. мн.* -ток
левре́точный
лев-толсто́вский (*от* Ле́в-Толсто́й, *станция и поселок*)
левуло́за, -ы
левша́, -и́, *тв.* -о́й, *р. мн.* -е́й, *м.* и *ж.*
Левша́, -и́, *тв.* -о́й, *м.* (*лит. персонаж; умелец*)
ле́вый
лега́вый
легализа́ция, -и
легализи́рованный; *кр. ф.* -ан, -ана
легализи́ровать(ся), -рую(сь), -рует(ся)
легали́зм, -а
легализо́ванный; *кр. ф.* -ан, -ана
легализова́ть(ся), -зу́ю(сь), -зу́ет(ся)
легали́стский
лега́льность, -и
лега́льный; *кр. ф.* -лен, -льна
легастени́я, -и
лега́т, -а
легати́ссимо, *неизм.* и *нескл., с.*
лега́то, *неизм.* и *нескл., с.* (*муз.*)
лега́тский
лега́ция, -и
лега́ш, -а́, *тв.* -о́м
легго́рн, -а
леге́нда, -ы
легенда́рность, -и
легенда́рный; *кр. ф.* -рен, -рна
лёгенький и **лёгонький**
ле́гинсы, -ов
легио́н, -а
легионе́р, -а
легионе́рский
легио́нный
леги́рование, -я
леги́рованный; *кр. ф.* -ан, -ана
леги́ровать(ся), -рую, -рует(ся)
леги́рующий(ся)
легислати́ва, -ы
легислату́ра, -ы
леги́ст, -а
легитимацио́нный
легитима́ция, -и
легитимиза́ция, -и
легитимизи́рованный; *кр. ф.* -ан, -ана
легитимизи́ровать(ся), -рую(сь), -рует(ся)
легитими́зм, -а
легитимизо́ванный; *кр. ф.* -ан, -ана
легитимизова́ть(ся), -зу́ю(сь), -зу́ет(ся)
легитими́рованный; *кр. ф.* -ан, -ана
легитими́ровать(ся), -рую(сь), -рует(ся)
легитими́ст, -а

легитими́стка, -и, *р. мн.* -ток
легитими́стский
легити́мность, -и
легити́мный; *кр. ф.* -мен, -мна
лёгкие, -их, *ед.* лёгкое, -ого
лёгкий; *кр. ф.* лёгок, легка́
легко́, *нареч.* и *в знач. сказ.*
легкоатле́т, -а
легкоатлети́ческий
легкоатле́тка, -и, *р. мн.* -ток
легкобето́нный
легкобомбардиро́вочный
легкоброниро́ванный
легкова́тый
легкове́йный; *кр. ф.* -е́ен, -е́йна
легкове́р, -а
легкове́рие, -я
легкове́рность, -и
легкове́рный; *кр. ф.* -рен, -рна
легкове́с, -а
легкове́сность, -и
легкове́сный; *кр. ф.* -сен, -сна
легковнуша́емый*
легково́дный
легководола́з, -а
легководола́зный
легковозбуди́мый*
легково́й
легковооружённый
легковоспламеня́ющийся*
легкову́шка, -и, *р. мн.* -шек
легковыполни́мый*
легкодеформи́руемый*
легкодоро́жный
легкодостижи́мый
легкодосту́пный; *кр. ф.* -пен, -пна
легкозаменя́емый*
легкоиспаря́ющийся*
легкоко́нный
легкокры́лый
легкомото́рный
легкомы́сленничать, -аю, -ает
легкомы́сленно, *нареч.*
легкомы́сленность, -и
легкомы́сленный; *кр. ф.* -ен, -енна
легкомы́слие, -я
легконо́гий
легкообраба́тываемый*
легко́ оде́тый
легкоосуществи́мый
легкоощути́мый
легкоперева́риваемый*
легкопла́вкий
легкопла́вкость, -и
легкопоражённый*
легкопредсказу́емый*
легкопроходи́мый*
легкоразреши́мый*
легкоразъёмный
легко́ ра́ненный
легкора́неный[1], *прил.*
легкора́неный[2], -ого
легкорани́мый
легкораствори́мый*
легкосбо́рный
легкосгора́емый*
легкоспла́вный
лёгкость, -и
легкоузнава́емый*
легкоуправля́емый*
легкоу́пряжный
легкоусвоя́емый*
легкоустрани́мый*
легкофигу́рный
легкочита́емый*
лего́нек, -нька
лего́нечко
лёгонький и **лёгенький**
лего́нько, *нареч.*
лёгость, -и (*веревка*)
лего́хонько
лёгочник, -а
лёгочница, -ы, *тв.* -ей
лёгочно-серде́чный
лёгочный
легпро́м, -а
ле́гуа, *нескл., с.*
легча́йший
легча́ть, -а́ет
ле́гче, *сравн. ст.*
ле́гче лёгкого
легчёный, *прил.*
лёгший
лёд, льда и льду, *предл.* во (на) льду
Ле́да, -ы (*также*: начина́ть с яи́ц Ле́ды)
леда́щенький
леда́щий
ледебури́т, -а
ледене́ть, -е́ю, -е́ет
ледене́ц, -нца́, *тв.* -нцо́м, *р. мн.* -нцо́в
ледене́чный
ледени́стый
ледени́ть, -и́т
леденцо́вый
леде́нчик, -а
леденя́щий
ледери́н, -а
ледери́новый
ле́ди, *нескл., ж.*
ле́ди Ма́кбет, *нескл., ж.*
ле́дник, -а (*погреб*)
ледни́к, -а́ (*глетчер*)
леднико́вый
леднико́вье, -я
ле́дничек, -чка (*к* ле́дник)
ледничо́к, -чка́ (*к* ледни́к)
ледобу́р, -а
ледови́к, -а́
ледови́тость, -и
ледови́тый (*покрытый льдом – о полярных морях*); но: **Се́верный Ледови́тый океа́н**
ледо́во-гидрологи́ческий
Ледо́вое побо́ище (*1242*)
ледо́во-ска́льный
ледо́во-сне́жный
ледо́вый
ледозащи́та, -ы
ледозащи́тный
ледоиссле́дователь, -я
ледо́к, ледка́ и ледку́
ледоко́л, -а
ледоколострое́ние, -я
ледоко́льно-тра́нспортный
ледоко́льный
ледола́з, -а
ледола́зание, -я
ледоло́м, -а
ледоло́мный
ледопа́д, -а
ледопа́дный
ледопроходи́мость, -и
ледоразде́л, -а
ледоре́з, -а
ледоре́зный
ледору́б, -а
ледосбро́с, -а
ледосоляно́й
ледоспу́ск, -а
ледоста́в, -а
ледоста́вный
ледостру́г, -а
ледоубо́рочный
ледофо́рма, -ы
ледохо́д, -а
ледохо́дный
ледохрани́лище, -а
ледо́чек, -чка и -чку
лёд-цеме́нт, льда́-цеме́нта
леды́шка, -и, *р. мн.* -шек
ледя́нка, -и, *р. мн.* -нок
ледяно́й
ледя́шка, -и, *р. мн.* -шек
ле́ер, -а, *мн.* -а́, -о́в
ле́ерный
ле́ечка, -и, *р. мн.* -чек
ле́ечный
лёжа, *нареч.*
лежа́к, -а́
лежа́лый
Лежа́ндр, -а: **многочле́ны Лежа́ндра, преобразова́ния Лежа́ндра, си́мвол Лежа́ндра**
лежа́ние, -я
лежа́нка, -и, *р. мн.* -нок
лежа́ночка, -и, *р. мн.* -чек
лежа́ночный
лежа́ть(ся), лежу́, лежи́т(ся)
лежа́чий, *прил.*
лежачо́к, -чка́
лежа́щий, *прич.*
ле́жбище, -а
ле́жбищный
лежебо́ка, -и, *м.* и *ж.* и **лежебо́к,** -а
ле́жень, ле́жня
лёживать, *наст. вр. не употр.*
лёжка, -и, *р. мн.* лёжек
лёжкий; *кр. ф.* лёжек, лёжка
лёжкость, -и
лежмя́ лежа́ть
лежнёвка, -и, *р. мн.* -вок
лежнево́й
ле́звие, -я
ле́звийный

ле́зги, -ов
лезги́нка, -и, *р. мн.* -нок
лезги́нский
лезги́ны, -и́н, *ед.* -ги́н, -а
лезть, ле́зу, ле́зет; *прош.* лез, ле́зла
ле́зший
ле́и, лей, *ед.* ле́я, ле́и (*нашивки*)
лей, ле́я (*ден. ед.*)
лейб-... – *первая часть сложных слов, пишется через дефис*
лейб-гварде́ец, -е́йца, *тв.* -е́йцем, *р. мн.* -е́йцев
лейб-гварде́йский
лейб-гва́рдия, -и
лейб-гуса́р, -а, *р. мн.* -гуса́р и -ов
лейб-гуса́рский
лейб-драгу́н, -а, *р. мн.* -драгу́н и -ов
лейб-драгу́нский
лейб-е́герский
лейб-е́герь, -я, *мн.* -я́, -е́й и -и, -ей
лейб-кампа́нец, -нца, *тв.* -нцем, *р. мн.* -нцев
Лейб-кампа́ния, -и (*ист.*)
лейб-кампа́нский
лейб-ку́чер, -а, *мн.* -кучера́, -о́в
лейбл, -а
лейб-ме́дик, -а
Ле́йбниц, -а, *тв.* -ем: **фо́рмула Ле́йбница**
ле́йбницевский (*от* Ле́йбниц)
лейбницна́нец, -нца, *тв.* -нцем, *р. мн.* -нцев
лейбнициа́нский
лейбнициа́нство, -а
лейбори́зм, -а
лейбори́ст, -а
Лейбори́стская па́ртия (*в Великобритании и др. странах*)
лейбори́стский
лейб-ула́н, -а, *р. мн.* -ула́н и -ов
лейб-ула́нский
лейб-эскадро́н, -а
лейб-эскадро́нный
ле́йденский (*от* Ле́йден)
ле́йка, -и, *р. мн.* ле́ек
лейкеми́я, -и
лейкемо́идный
лейкоде́рма, -ы
лейко́з, -а
лейко́зный
лейкокра́товый
лейкоксе́н, -а
лейко́ма, -ы
лейкопени́я, -и
лейкоплаки́я, -и
лейкопла́сты, -ов, *ед.* -пла́ст, -а
лейкопла́стырь, -я
лейкосоедине́ния, -ий, *ед.* -е́ние, -я
лейкотро́пы, -ов, *ед.* -тро́п, -а
лейкоцита́рный
лейкоци́тный
лейкоцито́з, -а
лейкоци́ты, -ов, *ед.* -ци́т, -а
ле́йнер, -а
лейнерова́ние, -я
ле́йпцигский (*от* Ле́йпциг)
ле́йпцигцы, -ев, *ед.* -гец, -гца, *тв.* -гцем
лейтена́нт, -а
лейтена́нтик, -а
лейтена́нт-инжене́р, лейтена́нта-инжене́ра
лейтена́нтский
лейтмоти́в, -а
лейтмоти́вный
лейто́браз, -а
лейтте́ма, -ы
лейци́н, -а
лейци́т, -а
ле́йцы, -ев, *ед.* ле́ец, ле́йца, *тв.* ле́йцем (*род поводьев*)
лейшманио́з, -а
лейшмани́я, -и
лек, -а
лека́ж, -а, *тв.* -ем
лека́ло, -а
лека́ло-этало́н, лека́ла-этало́на
лека́льный
лека́льщик, -а
лека́льщица, -ы, *тв.* -ей
лекари́шка, -и, *р. мн.* -шек, *м.*
лека́рка, -и, *р. мн.* -рок
лека́рничать, -аю, -ает
ле́карский
лека́рственный
ле́карство, -а (*занятие лекаря*)
лека́рство, -а
ле́карша, -и, *тв.* -ей
ле́карь, -я, *мн.* -и, -ей и -я́, -е́й
ле́карь-самоу́чка, ле́каря-самоу́чки, *м.*
леки́ф, -а
лекпо́м, -а
лексе́ма, -ы
лексе́мный
ле́ксика, -и
лексикализа́ция, -и
лексикализо́ванный; *кр. ф.* -ан, -ана
лексикализова́ться, -зу́ется
ле́ксико-граммати́ческий
лексико́граф, -а
лексикографи́рование, -я
лексикографи́рованный; *кр. ф.* -ан, -ана
лексикографи́ровать(ся), -и́рую, -и́рует(ся)
лексикографи́ческий
лексикогра́фия, -и
лексико́лог, -а
лексикологи́ческий
лексиколо́гия, -и
лексико́н, -а
ле́ксико-семанти́ческий
ле́ксико-синтакси́ческий
лексикостати́стика, -и
ле́ксико-статисти́ческий
ле́ксико-стилисти́ческий
лекси́ческий
ле́ктор, -а
лекто́рий, -я
ле́кторский
ле́кторство, -а
ле́кторша, -и, *тв.* -ей
лектри́са, -ы
лекту́ра, -ы
лекциона́рий, -я
лекциона́рный
лекцио́нный
ле́кция, -и
ле́кция-бесе́да, ле́кции-бесе́ды
ле́кция-конце́рт, ле́кции-конце́рта, *ж.*
леле́емый
леле́ющий
леле́янный; *кр. ф.* -ян, -яна
леле́ять(ся), леле́ю, леле́ет(ся)
лёли-лёли, *неизм.*
лёллинги́т, -а
Лель, -я
ле́мех, -а, *мн.* -а́, -о́в и **леме́х,** -а́, *мн.* -и́, -о́в (*часть плуга*)
ле́мехи, -ов, *ед.* -ех, -а (*в русском деревянном зодчестве*)
ле́мешевский (*от* Ле́мешев)
леме́шный
ле́мки, -ов
ле́мма, -ы
ле́мминг, -а
ле́мминговый
ле́ммный
лемниска́та, -ы
лемпи́ра, -ы
лему́р, -а
лему́ровые, -ых
лен, ле́на
лён, льна
Ле́нгмюр, -а: **фо́рмула Ле́нгмюра, уравне́ние Ле́нгмюра – Са́ха**
ленд-а́рт, -а
ле́ндлер, -а
ленд-ли́з, -а
ленд-ли́зовский
лендло́рд, -а
лендлорди́зм, -а
лендло́рдство, -а
лён-долгуне́ц, льна́-долгунца́
лендро́вер, -а (*автомобиль*)
лени́веть, -ею, -еет
лени́вец, -вца, *тв.* -вцем, *р. мн.* -вцев
лени́вица, -ы, *тв.* -ей
лени́вка, -и, *р. мн.* -вок
лени́вость, -и
лени́вый
ле́никс, -а
ленингра́дка, -и, *р. мн.* -док
ленингра́дский (*от* Ленингра́д)
ленингра́дцы, -ев, *ед.* -дец, -дца, *тв.* -дцем
ле́нинец, -нца, *тв.* -нцем, *р. мн.* -нцев
лениниа́на, -ы
ленини́зм, -а
ленини́ст, -а
ленини́стка, -и, *р. мн.* -ток
Ле́нинка, -и (*библиотека в Москве*)
лениновéд, -а

лениного́рский (*от* Лениного́рск)
Ле́нинская пре́мия
ле́нинский (*от* Ле́нин и Ле́нинск)
Ле́нинский комсомо́л
Ле́нинск-Кузне́цкий, Ле́нинска-Кузне́цкого (*город*)
ле́нинск-кузне́цкий, *прил.*
ле́нинско-ста́линский
лени́ться, леню́сь, ле́нится
ленко́мовец, -вца, *тв.* -вцем, *р. мн.* -вцев
ленко́мовский (*от* Ленко́м, *театр*)
лён-кудря́ш, льна́-кудряша́
лён-межеу́мок, льна́-межеу́мка
ле́нник, -а
ле́нный (*от* лен)
лёновые, -ых
лено́к, ленка́ и ленку́
ле́ность, -и
ле́нский (*от* Ле́на, *река*, и Ленск)
ле́нсман, -а
ле́нта, -ы
ленте́ц, -а́, *тв.* -о́м, *р. мн.* -о́в
ле́нто, *неизм.* и *нескл., с.*
лентови́дный; *кр. ф.* -ден, -дна
лентообра́зный; *кр. ф.* -зен, -зна
лентопротя́жка, -и
лентопротя́жный
лентопротя́жчик, -а
лентосва́рочный
лентоте́ка, -и
лентоткá́цкий
лентоукла́дка, -и
лентоукла́дчик, -а
лентофре́зерный
ле́нточка, -и, *р. мн.* -чек
ле́нточник, -а
ле́нточница, -ы, *тв.* -ей
ле́нточно-пи́льный
ле́нточно-шлифова́льный
ле́нточный
лентя́й, -я
лентя́йка, -и, *р. мн.* -я́ек
лентя́йничанье, -я
лентя́йничать, -аю, -ает
лентя́йство, -а
Ленц, -а: **зако́н Джо́уля – Ле́нца, пра́вило Ле́нца**
ленца́, -ы́, *тв.* -о́й
ленч, -а, *тв.* -ем и **ланч,** -а, *тв.* -ем
ленча́не, -а́н, *ед.* -а́нин, -а (*от* Ленск)
ле́нчик, -а (*часть седла для верховой езды*)
лень, -и
ле́нь-ма́тушка, ле́ни-ма́тушки
ле́нящийся
леона́рдовский (*к* Леона́рдо да Ви́нчи)
леони́д-андре́евский (*от* Леони́д Андре́ев)
леони́ды, -ов, *ед.* -ни́д, -а (*астр.*)
леопа́рд, -а
леопардёнок, -нка, *мн.* -дя́та, -дя́т
леопа́рдица, -ы, *тв.* -ей
леопа́рдовый
лепестко́вый
лепесто́к, -тка́
лепесто́чек, -чка
ле́пет, -а
лепета́ние, -я
лепета́ть, лепечу́, лепе́чет
ле́петный
лепету́н, -а́
лепету́нья, -и, *р. мн.* -ний
лепёха, -и
лепе́чущий
лепёшечка, -и, *р. мн.* -чек
лепёшечный
лепёшка, -и, *р. мн.* -шек
лепёшкообра́зный; *кр. ф.* -зен, -зна
лепидоде́ндрон, -а
лепидоза́вр, -а
лепидокроки́т, -а
лепidоли́т, -а
лепидомела́н, -а
лепидоси́рен, -а
лепидофи́ты, -ов, *ед.* -фи́т, -а
лепи́ть(ся), леплю́, ле́пит(ся)
ле́пка, -и
ле́пленный; *кр. ф.* -ен, -ена
лепни́на, -ы
лепно́й
лепообра́зный; *кр. ф.* -зен, -зна
лепота́, -ы́
ле́пра, -ы
лепрозо́рий, -я
ле́пта, -ы
лептоли́ды, -и́д, *ед.* -и́да, -ы
лептомеду́за, -ы
лептоменинги́т, -а
лептомона́да, -ы
лепто́нный
лепто́ны, -ов, *ед.* -то́н, -а
лептоспиро́з, -а
лептоспи́ры, -и́р, *ед.* -и́ра, -ы
ле́пщик, -а
ле́пщица, -ы, *тв.* -ей
ле́пящий(ся)
ле́рка, -и, *р. мн.* ле́рок (*инструмент*)
лермонтове́д, -а
лермонтове́дение, -я
лермонтове́дческий
ле́рмонтовский (*от* Ле́рмонтов)
лес, -а, *предл.* в лесу́, *мн.* -а́, -о́в; но (*в названиях горных массивов*) **Лес,** -а, *напр.*: Че́шский (Боге́мский) Ле́с, Бава́рский Ле́с, Тюри́нгенский Ле́с
леса́[1], -о́в (*сооружение*)
леса́[2], -ы́ и **ле́са,** -ы, *мн.* ле́сы, лес (*нить у удочки*)
лесби́йский
лесбия́нка, -и, *р. мн.* -нок
лесбия́нский
лесбия́нство, -а
ле́сбо́сский (*от* Ле́сбо́с)
ле́сенка, -и, *р. мн.* -нок
леси́на, -ы
леси́стость, -и
леси́стый
леси́шко, -а и -и, *мн.* -шки, -шек, *м.*
леси́ще, -а, *мн.* -а и -и, -и́щ, *м.*
ле́ска, -и, *р. мн.* ле́сок
леско́вский (*от* Леско́в)
лесни́к, -а́
лесни́чество, -а
лесни́чий, -его
лесни́чиха, -и
лесно́й
Лесно́й, -о́го (*город*)
лесо… – *первая часть сложных слов, пишется слитно*
лесобиологи́ческий
лесобума́жный
лесове́д, -а
лесове́дение, -я
лесови́к, -а́
лесово́д, -а
лесово́дство, -а
лесово́дческий
лесово́з, -а
лесово́зный
лесовозобновле́ние, -я
лесовосстанови́тельный
лесовосстановле́ние, -я
лесовщи́к, -а́
лесовы́возка, -и
лесого́н, -а
лесозаво́д, -а
лесозаво́дский и **лесозаводско́й**
лесозаготови́тель, -я
лесозаготови́тельный
лесозаготó́вки, -вок
лесозащи́та, -ы
лесозащи́тный
лесоинжене́рный
лесо́к, леска́
лесокомбина́т, -а
лесокульту́ра, -ы
лесолугово́й
лесоматериа́лы, -ов, *ед.* -а́л, -а
лесомелиорати́вный
лесомелиора́тор, -а
лесомелиора́ция, -и
лесонасажде́ния, -ий
лесообраба́тывающий
лесоосуши́тельный
лесоохо́тничий, -ья, -ье
лесоохра́на, -ы
лесоохране́ние, -я
лесоохра́нный
лесооочи́стка, -и
лесопа́рк, -а
лесопа́рковый
лесопато́лог, -а
лесопатологи́ческий
лесопатру́льный
лесоперева́лка, -и
лесоперева́лочный
лесоперерабо́тка, -и
лесоперерабо́тчик, -а
лесопиле́ние, -я
лесопи́лка, -и, *р. мн.* -лок
лесопи́льно-строга́льный
лесопи́льный

лесопи́льня, -и, *р. мн.* -лен
лесопитóмник, -а
лесопова́л, -а
лесопова́льный
лесопова́льщик, -а
лесопогрýзочный
лесопогрýзчик, -а
лесопожа́рный
лесополосá, -ы́, *мн.* -пóлосы, -полóс, -полосáм
лесопóльзование, -я
лесопóльный
лесосáдки, -док
лесосáдочный
лесопостáвки, -вок
лесопромыслóвый
лесопромы́шленник, -а
лесопромы́шленность, -и
лесопромы́шленный
лесопропускнóй
лесопýнкт, -а
лесоразведéние, -я
лесоразгрýзочный
лесоразрабóтки, -ток
лесорасчи́стка, -и
лесорýб, -а
лесорýбный
лесорýбочный
лесосéка, -и
лесосеменнóй
лесосéчный
лесосиби́рский (*от* Лесосиби́рск)
лесосиби́рцы, -ев, *ед.* -рец, -рца, *тв.* -рцем
лесоспла́в, -а
лесоспла́вный
лесоспýск, -а
лесостепнóй
лесостéпь, -и, *мн.* -и, -éй
лесосуши́льный
лесосырьевóй
лесотáска, -и, *р. мн.* -сок
лесотéхникум, -а
лесотехни́ческий
лесоторгóвец, -вца, *тв.* -вцем, *р. мн.* -вцев
лесоторгóвля, -и
лесоторгóвый
лесоторфоразрабóтки, -ток
лесоторфянóй
лесóтский (*от* Лесóто)
лесотýндра, -ы
лесотýндровый
лесóтцы, -ев, *ед.* -тец, -тца, *тв.* -тцем (*от* Лесóто)
лесоукла́дчик, -а
лесоустрои́тельный
лесоустрóйство, -а
лесоучáсток, -тка
лесохи́мик, -а
лесохими́ческий
лесохи́мия, -и
лесохозя́йственный
лесохозя́йство, -а
лесóчек, -чка

лесоэкономи́ческий
лесоэксплуатациóнный
лесоэксплуатáция, -и
лесоэ́кспорт, -а
леспедéца, -ы, *тв.* -ей
леспромхóз, -а
леспромхóзовский
лёсс, -а
лессирóванный; *кр. ф.* -ан, -ана
лессировáть(ся), -рýю, -рýет(ся)
лессирóвка, -и
лёссови́дный; *кр. ф.* -ден, -дна
лёссовый
лестадиáне, -ан, *ед.* -áнин, -а
лестадиáнский
лестадиáнство, -а
лéствица, -ы, *тв.* -ей
Лéствичник, -а: **Иоáнн Лéствичник**
лéствичный
лéстница, -ы, *тв.* -ей
лéстница-чудéсница, лéстницы-чудéсницы
лéстничка, -и, *р. мн.* -чек
лéстничный
лéстность, -и
лéстный; *кр. ф.* лéстен, лестнá, лéстно
лéстовка, -и, *р. мн.* -вок (*чётки*; *пирог*)
лестригóны, -ов
лесть, -и
лéсха, -и
лесхóз, -а
лесхоззáг, -а
лесхóзный
лесхóзовец, -вца, *тв.* -вцем, *р. мн.* -вцев
лесхóзовский
лёт, -а и -у, *предл.* на летý
Лéта, -ы (*мифол.*; кáнуть в Лéту)
летá, лет, летáм
летáль, -и
летáльность, -и
летáльный
летáние, -я
летáргик, -а
летаргúческий
летаргúя, -и
летáтельный
летáть(ся), -áю, -áет(ся)
летáющий
летéйский (*от* Лéта)
летéть, лечý, лети́т
летилáн, -а
лётка, -и, *р. мн.* лёток (*в металлургии*)
лéтка-éнка, лéтки-éнки
лёт-кувырóк, лёта-кувыркá
лéтне-зелёный
лéтне-оздорови́тельный
лéтне-осéнний
лéтне-пáстбищный
лéтний
Лéтний сáд (*в Петербурге*)
лéтник, -а
лётно-боевóй
лётно-испытáтельный

лётно-конструктóрский
лётно-такти́ческий
лётно-техни́ческий
лётный
лéто, -а
лётовый (*от* лёт)
летоисчислéние, -я и **летосчислéние,** -я
летóк, леткá
лéтом, *нареч.*
лётом, *нареч.*
летописáние, -я
летопи́сец, -сца, *тв.* -сцем, *р. мн.* -сцев
летопи́сный
лéтопись, -и
летосчислéние, -я и **летоисчислéние,** -я
лéтошний
летýн, -á
летýнья, -и, *р. мн.* -ний
летýчесть, -и
летýчий
летýчка, -и, *р. мн.* -чек
лётчик, -а
лётчик-áс, лётчика-áса
лётчик-испытáтель, лётчика-испытáтеля
лётчик-истреби́тель, лётчика-истреби́теля
лётчик-космонáвт, лётчика-космонáвта
лётчик-поля́рник, лётчика-поля́рника
лётчик-смéртник, лётчика-смéртника
лётчица, -ы, *тв.* -ей
лётчицкий
летя́га, -и
летя́щий
лéфовец, -вца, *тв.* -вцем, *р. мн.* -вцев
лéфовский (*от* ЛЕФ)
лефóртовский (*от* Лефóртово)
лецити́новый
лецити́ны, -ов, *ед.* -ти́н, -а
лéчащий(ся)
лечéбник, -а
лечéбница, -ы, *тв.* -ей
лечéбно-гигиени́ческий
лечéбно-гимнасти́ческий
лечéбно-диагности́ческий
лечéбно-исправи́тельный
лечéбно-оздорови́тельный
лечéбно-профилакти́ческий
лечéбно-реабилитациóнный
лечéбно-санатóрный
лечéбно-трудовóй
лечéбно-физкультýрный
лечéбный
лечéние, -я
лéченный; *кр. ф.* -ен, -ена, *прич.*
лéченый, *прил.*
лечи́ть(ся), лечý(сь), лéчит(ся)
лéчо, *нескл., с.*
лечь, ля́гу, ля́жет, ля́гут; *прош.* лёг, леглá
лешáк, -á

леша́чий, -ья, -ье
лешачи́ха, -и
ле́ший, -его
лещ, -а́, *тв.* -о́м
леща́дка, -и, *р. мн.* -док
леща́дник, -а
ле́щадь, -и
ле́щик, -а
лещи́на, -ы
лещи́нный
лещи́новый
лещо́вый
лжа, лжи, *тв.* лжой (*устар. прост. к* ложь)
лже... – *первая часть сложных слов, пишется слитно*, но: лже-Христос, Лже-Нерон
лжеака́ция, -и
лжегеро́й, -я
лжегумани́зм, -а
лжедемокра́т, -а
лжедемократи́ческий
лжедемокра́тия, -и
Лжедми́трий, -я
лжеиси́доровы декрета́лии, лжеиси́доровых декрета́лий
лжеиску́сство, -а
лжеклассици́зм, -а
лжеклассйи́ческий
лжекорое́д, -а
лжелепесто́к, -тка́
лжели́ственница, -ы, *тв.* -ей
лжемесси́я, -и, *м.*
лженау́ка, -и
лженау́чность, -и
лженау́чный; *кр. ф.* -чен, -чна
Лже-Неро́н, -а (*лит. персонаж*)
лжео́пыт, -а
лжепа́стырство, -а
лжепа́стырь, -я
лжепатрио́т, -а
лжепеска́рь, -я́
лжепло́д, -а́
лжеприся́га, -и
лжепробле́ма, -ы
лжепроро́к, -а
лжепроро́чество, -а
лжерома́нтика, -и
лжеромантичи́ческий
лжесвиде́тель, -я
лжесвиде́тельница, -ы, *тв.* -ей
лжесвиде́тельский
лжесвиде́тельство, -а
лжесвиде́тельствовать, -твую, -твует
лжескорпио́н, -а
лже́-социа́л-демокра́т, -а
лжесоциали́зм, -а
лжетео́рия, -и
лжетолкова́ние, -я
лжетолокня́нка, -и, *р. мн.* -нок
лжетычи́нка, -и, *р. мн.* -нок
лжеуче́ние, -я
лжеучени́к, -а́
лжеучёный, -ого
лжеучи́тель, -я, *мн.* -и, -ей
лжехристиа́нский
лже-Христо́с, лже-Христа́
лжец, -а́, *тв.* -о́м, *р. мн.* -о́в
лжи́вость, -и
лжи́вый
лжи́ца, -ы, *тв.* -ей (*церк.*)
ли[1], *нескл., с.* (*мера длины*)
ли[2], *нескл., мн., ед. м.* и *ж.* (*народ*)
ли[3] и **ль,** *частица* и *союз – пишется раздельно*
Ли, *нескл., мн.* (*династия*)
лиа́зы, лиа́з, *ед.* лиа́за, -ы
лиа́на, -ы
лиа́новый
лиано́зовский (*от* Лиано́зово)
лиано́зовцы, -ев, *ед.* -вец, -вца, *тв.* -вцем
ли́бела, -ы (*спорт.*)
либера́л, -а
либера́л-демокра́т, -а
либера́л-демократи́ческий
либерализа́ция, -и
либерализи́рованный; *кр. ф.* -ан, -ана
либерализи́ровать(ся), -и́рую, -и́рует(ся)
либерали́зм, -а
либерализо́ванный; *кр. ф.* -ан, -ана
либерализова́ть(ся), -зу́ю, -зу́ет(ся)
либера́лка, -и, *р. мн.* -лок
либера́льничанье, -я
либера́льничать, -аю, -ает
либера́льно-буржуа́зный
Либера́льно-демократи́ческая па́ртия (*в России и др. странах*)
либера́льно-демократи́ческий
либера́льно настро́енный
либера́льность, -и
либера́льный; *кр. ф.* -лен, -льна
либери́йка, -и, *р. мн.* -и́ек
либери́йский (*от* Либе́рия)
либери́йцы, -ев, *ед.* -и́ец, -и́йца, *тв.* -и́йцем
ли́бе́ро, *нескл., м.*
либертариа́нец, -нца, *тв.* -нцем, *р. мн.* -нцев
либертариа́нка, -и, *р. мн.* -нок
либертариа́нский
либертариа́нство, -а
либерти́, *нескл., с.* и *неизм.*
либерти́н, -а
ли́берум ве́то, *нескл., с.*
либи́до, *нескл., с.*
ли́бо, *союз* (ли́бо о́н, ли́бо я́)
-либо, *частица – с предшествующим словом пишется через дефис, напр.*: что́-либо, где́-либо
ли́бор, -а (*фин.*)
ли́бра, -ы (*ед. измер.*)
либра́ция, -и
либретти́ст, -а
либретти́стка, -и, *р. мн.* -ток
либре́тто, *нескл., с.*
либрифо́рм, -а
ливади́йский (*от* Лива́дия)
лива́нка, -и, *р. мн.* -нок
лива́нский (*от* Лива́н)
лива́нцы, -ев, *ед.* -нец, -нца, *тв.* -нцем
ли́венка, -и, *р. мн.* -нок
ли́венский (*от* Ли́вны; ли́венская гармо́шка, ли́венская поро́да свине́й)
ли́венцы, -ев, *ед.* -нец, -нца, *тв.* -нцем
ли́вень, ли́вня
ли́вер, -а
ли́верный
ливерпу́льский (*от* Ливерпу́ль)
ливерпу́льцы, -ев, *ед.* -лец, -льца, *тв.* -льцем
ливи́йка, -и, *р. мн.* -и́ек
Ливи́йская Ара́бская Джамахири́я
ливи́йский (*от* Ли́вия)
ливи́йцы, -ев, *ед.* -и́ец, -и́йца, *тв.* -и́йцем
ливисто́на, -ы
ливмя́ ли́ть
ливнёвка, -и, *р. мн.* -вок
ли́вневый
ливнеотводя́щий
ливнеспу́ск, -а
ливнесто́к, -а
Ливо́нская война́ (*ист.*)
ливо́нский (*от* Ливо́ния)
Ливо́нский о́рден
ливо́нцы, -ев, *ед.* -нец, -нца, *тв.* -нцем
ливр, -а
ливре́йный
ливре́я, -и
ли́вский
ли́вы, -ов
ли́га, -и
Ли́га ара́бских госуда́рств
лига́зы, -а́з, *ед.* -а́за, -ы
Ли́га На́ций (*1919–1946*)
лига́нды, -ов, *ед.* -а́нд, -а
лигату́ра, -ы
лигату́рный
Ли́га чемпио́нов
лигни́н, -а
лигни́новый
лигни́т, -а
лигни́товый
лигносто́н, -а
Ли́го, *нескл., м.* и *с.* (*праздник*)
ли́говый (*от* ли́га)
лигочемпио́нский (*от* Ли́га чемпио́нов)
лигрои́н, -а
лигрои́новый
лигури́йский (*от* Лигу́рия)
лигури́йцы, -ев, *ед.* -и́ец, -и́йца, *тв.* -и́йцем
лигу́ры, -ов
лидди́т, -а
ли́дер, -а
ли́дер-ме́неджер, -а
ли́дерский
ли́дерство, -а
ли́дерта́фель, -я
лиди́йский (*от* Ли́дия, *страна*)
лиди́йцы, -ев, *ед.* -и́ец, -и́йца, *тв.* -и́йцем

лиди́рование, -я
лиди́ровать, -рую, -рует
лидиро́вщик, -а
лиди́рующий
ли́до, *нескл., с.*
ли́дсский (*от* Лидс)
лиепа́йский (*от* Лиепа́я)
лиепайча́не, -а́н, *ед.* -а́нин, -а
ли́жущий(ся)
ли-зако́н, -а
лиза́ние, -я
ли́занный; *кр. ф.* -ан, -ана, *прич.*
ли́заный, *прил.*
лиза́ты, -ов, *ед.* лиза́т, -а
лиза́ть(ся), лижу́(сь), ли́жет(ся)
лизго́льд, -а
лизго́льдер, -а
лизе́на, -ы
лизерги́новый
лизиге́нный (*бот.*)
лизикарпи́я, -и
лизика́рпный
лизи́метр, -а
лизиметри́ческий
лизи́н, -а
ли́зинг, -а
ли́зинговый
ли́зис, -а
лизну́ть, -ну́, -нёт
лизоблю́д, -а
лизоблю́дка, -и, *р. мн.* -док
лизоблю́дничать, -аю, -ает
лизоблю́дство, -а
лизогениза́ция, -и
лизогени́я, -и
лизоге́нный (*в генетике*)
лизо́л, -а
лизолецити́н, -а
лизо́ловый
лизосо́ма, -ы
лизофо́рм, -а
лизоци́м, -а
лизу́н, -а́
лизуне́ц, -нца́, *тв.* -нцо́м, *р. мн.* -нцо́в
лизу́нья, -и, *р. мн.* -ний
лиро́вать, -рую, -рует (*кулин.*)
лик, -а
ликбе́з, -а
ликбе́зный
ликбе́зовский
ликвацио́нный
ликва́ция, -и
ликвида́мбар, -а
ликвида́нт, -а (*фин.*)
ликвида́т, -а (*фин.*)
ликвида́тор, -а
ликвида́торский
ликвида́торство, -а
ликвидацио́нный
ликвида́ция, -и
ликвиди́рование, -я
ликвиди́рованный; *кр. ф.* -ан, -ана
ликвиди́ровать(ся), -рую, -рует(ся)
ликвидко́м, -а
ликви́дность, -и
ликви́дный; *кр. ф.* -ден, -дна
ли́кви́дус, -а
ли́квор, -а
лике́й, -я (*древнегреческая филос. школа*)
ликёр, -а и -у
ликёрец, -рца и -рцу, *тв.* -рцем
ликёрный
ликёро-во́дочный
ликёрчик, -а и -у
лики́йский (*от* Ли́кия)
ликова́ние, -я
ликова́ть, лику́ю, лику́ет
лико́д, -а
ликопо́дий, -я
ликпа́з, -а (*мор.*)
ли́ктор, -а
ли́кторский
ликтро́с, -а
лику́юще, *нареч.*
лику́ющий
лиле́йник, -а
лиле́йный
лиле́я, -и (*устар. поэтич. к* ли́лия)
лилиеви́дный; *кр. ф.* -ден, -дна
лилиецве́тные, -ых
лилипу́т, -а
лилипу́тка, -и, *р. мн.* -ток
лилипу́товый
лилипу́тский
Лили́т, *нескл., ж.* (*мифол.*)
ли́лия, -и
лилова́тенький
лилова́тость, -и
лилова́тый
лило́венький
лилове́ть, -е́ет
лило́во-голубо́й
лило́во-ро́зовый
лило́во-си́ний
лило́вость, -и
лило́во-чёрный
лило́вый
лима́н, -а
лима́нный
лимаци́ды, -ов, *ед.* -ци́д, -а
лимб, -а
лимберборд́овый и **лимбербо́ртовый**
лимби́ческий
ли́мбовый
лимбурги́т, -а
ли́мерик, -а
ли́мес, -а (*ист.*)
лими́т, -а
лимита́, -ы́ (*лимитчики*)
лимита́ция, -и
ли́митед, *неизм.*
лимити́рование, -я
лимити́рованный; *кр. ф.* -ан, -ана
лимити́ровать(ся), -рую, -рует(ся)
лими́тный
лимитро́ф, -а
лимитро́фный
лими́тчик, -а
лими́тчица, -ы, *тв.* -ей
лимни́граф, -а
лимни́ческий
лимнобио́нты, -ов, *ед.* -о́нт, -а
лимно́лог, -а
лимнологи́ческий
лимноло́гия, -и
лимнофи́лы, -ов, *ед.* -фи́л, -а
лимнофи́льный
лимо́жский (*от* Лимо́ж)
лимо́жцы, -ев, *ед.* -жец, -жца, *тв.* -жцем
лимо́н, -а
лимона́д, -а и -у
лимона́дик, -а и -у
лимона́дный
лимона́рий, -я
лимони́т, -а
лимо́нка, -и, *р. мн.* -нок
лимо́нник, -а
лимо́нница, -ы, *тв.* -ей
лимо́нничать, -аю, -ает
лимо́нно-жёлтый
лимоннокисл́ый
лимо́нный
лимонови́дный; *кр. ф.* -ден, -дна
лимо́новый
лимо́нчик, -а
ли́мский (*от* Ли́ма)
лимузи́н, -а
ли́мфа, -ы
лимфадени́т, -а
лимфадено́з, -а
лимфангии́т, -а и **лимфанги́т,** -а
лимфангио́ма, -ы
лимфа́тик, -а
лимфати́ческий
лимфовено́зный
лимфогранулемато́з, -а
лимфодрена́ж, -а, *тв.* -ем
лимфо́зный
лимфологи́ческий
лимфоло́гия, -и
лимфообраще́ние, -я
лимфоретикулёз, -а
лимфосарко́ма, -ы
лимфото́к, -а
лимфотро́пный
лимфоцита́рный
лимфоци́тный
лимфоцито́з, -а
лимфоци́ты, -ов, *ед.* -ци́т, -а
ли́мцы, -ев, *ед.* ли́мец, ли́мца, *тв.* ли́мцем (*от* Ли́ма)
лина́рия, -и
линга́ла, *нескл., м.* и *неизм.*
лингафо́н, -а
лингафо́нный
лингва́льный
ли́нгва фра́нка, *нескл., м.*
лингви́ст, -а
лингви́стика, -и
лингвисти́ческий
лингви́стка, -и, *р. мн.* -ток
лингвогеографи́ческий
лингвогеогра́фия, -и

лингводида́ктика, -и
лингводидакти́ческий
лингвоинтенси́вный
лингвокульту́рный
лингвокультурологи́ческий
лингвокультуроло́гия, -и
лингвопедагоги́ческий
лингвопоэ́тика, -и
лингвостили́стика, -и
лингвостилисти́ческий
лингвострановеде́ние, -я
лингвострановедческий
лингвотекстологи́ческий
лингвотекстоло́гия, -и
лингвофилосо́фия, -и
линеаме́нт, -а
линеариза́ция, -и
линеари́зм, -а
линеа́рность, -и
линеа́рный
линеату́ра, -ы (*полигр.*)
лине́ечка, -и, *р. мн.* -чек
лине́ечный
лине́йка, -и, *р. мн.* -е́ек
лине́йно-ка́бельный
лине́йно-ле́нточный
линейноли́стный
лине́йно-ма́тричный
лине́йно-поляризо́ванный
лине́йно-путево́й
лине́йный; *кр. ф.* -е́ен, -е́йна
лине́йчатый
лине́йщик, -а
линёк, линька́
линемёт, -а
линемета́тель, -я
линемета́тельный
линемётный
линето́л, -а
ли́нза, -ы
линзи́рование, -я
ли́нзовый
ли́нийка, -и, *р. мн.* -иек
линиме́нт, -а
линиме́нтный
ли́ния, -и
линк, -а
ли́нкидж, -а, *тв.* -ем
ли́нко́льн, -а (*автомобиль*)
линко́льновский (*от* Ли́нко́льн)
линко́р, -а
ли́нкос, -а
линкру́ст, -а
** Linне́ев,** -а, -о и **линне́евский** (*от* Линне́й)
линне́я, -и (*растение*)
ли́нный (*от* линя́ть)
лино́, *нескл., с.*
линобати́ст, -а
линова́льный
линова́ние, -я
лино́ванный; *кр. ф.* -ан, -ана
линова́ть(ся), лину́ю, лину́ет(ся)
лино́вка, -и
линогравю́ра, -ы
линогравю́рный
линолеа́т, -а
лино́левый
линоле́новый
лино́леум, -а
лино́леумный
линоти́п, -а
линотипи́ст, -а
линотипи́стка, -и, *р. мн.* -ток
линоти́пия, -и
линоти́пный
линотро́н, -а
линотро́нный
ли́нцский (*от* Линц)
Линч, -а: **су́д Ли́нча**
линчева́ние, -я
линчёванный; *кр. ф.* -ан, -ана
линчева́тель, -я
линчева́тельский
линчева́ть(ся), -чу́ю(сь), -чу́ет(ся)
линь, -я́
ли́нька, -и, *р. мн.* ли́нек
линю́честь, -и
линю́чий
линя́лый
линя́ние, -я
линя́ть, -я́ю, -я́ет
лионе́з, -а
лио́нский (*от* Лио́н)
лио́нцы, -ев, *ед.* -нец, -нца, *тв.* -нцем
лиопе́льма, -ы (*земноводное*)
лиотропи́я, -и
лиотро́пный
лиофилиза́ция, -и
лиофи́льность, -и
лиофи́льный
лиофобиза́ция, -и
лиофо́бность, -и
лиофо́бный
ли́па, -ы
липа́зы, -а́з, *ед.* -а́за, -ы
липари́с, -а
липари́т, -а
ли́пец, ли́пца, *тв.* ли́пцем
ли́пецкий (*от* Ли́пецк)
липи́ды, -ов, *ед.* -и́д, -а
ли́пка, -и, *р. мн.* ли́пок
ли́пкий; *кр. ф.* ли́пок, липка́, ли́пко
липкоме́р, -а
ли́пкость, -и
ли́пник, -а
ли́пнувший
ли́пнуть, -ну, -нет; *прош.* ли́пнул и лип, ли́пла
липня́к, -а́
липоаспира́ция, -и
ли́повый
липодерматосклеро́з, -а
липо́евая кислота́
липо́идный
липо́иды, -ов, *ед.* -о́ид, -а
липокаи́н, -а
липо́ма, -ы
липомато́з, -а
липомато́зный
ли́понька, -и, *р. мн.* -нек
липопротеи́ды, -ов, *ед.* -и́д, -а
липопротеи́ны, -ов, *ед.* -и́н, -а
липоса́кция, -и
липоскульпту́ра, -ы
липосо́мы, -о́м, *ед.* -о́ма, -ы
липотро́пный
липофи́льность, -и
липофи́льный; *кр. ф.* -лен, -льна
липофусци́н, -а
ли́ппия, -и (*растение*)
ли́пси, *нескл., м.* и *с.*
липу́честь, -и
липу́чий
липу́чка, -и, *р. мн.* -чек
липча́не, -а́н, *ед.* -а́нин, -а (*к* Ли́пецк)
липча́нка, -и, *р. мн.* -нок
ли́ра, -ы и (*созвездие*) **Ли́ра,** -ы
ли́ра-вио́ла, ли́ры-вио́лы
ли́ра-ры́ба, ли́ры-ры́бы
лириза́ция, -и
лири́зм, -а
ли́рик, -а
ли́рика, -и
ли́рико-драмати́ческий
ли́рико-романти́ческий
ли́рико-философ́ский
ли́рико-эпи́ческий
лириоде́ндрон, -а
лири́ческий
лири́чность, -и
лири́чный; *кр. ф.* -чен, -чна
ли́рник, -а
ли́рный
лирови́дный; *кр. ф.* -ден, -дна
лирообра́зный; *кр. ф.* -зен, -зна
лирохво́ст, -а
ли́ро-эпи́ческий
лис, -а
лиса́, -ы́, *мн.* ли́сы, лис (*животное*)
лисабо́нский (*от* Лисабо́н)
лисабо́нцы, -ев, *ед.* -нец, -нца, *тв.* -нцем
ли́сель, -я
ли́сель-га́лс, -а
ли́сель-ги́тов, -а
ли́сель-ре́й, -я
ли́сель-спи́рт, -а
ли́сель-фа́л, -а
ли́сель-шко́т, -а
лисёнок, -нка, *мн.* лися́та, лися́т
лисёночек, -чка, *мн.* лися́тки, -ток
ли́сий, -ья, -ье
лиси́ный
лиси́ть, -и́т
лиси́ца, -ы, *тв.* -ей
лиси́цын, -а, -о
лиси́чка, -и, *р. мн.* -чек
лиси́чка-сестри́чка, лиси́чки-сестри́чки
ли́скинский (*от* Ли́ски, *город*)
лисови́н, -а
ли́сонька, -и, *р. мн.* -нек
лисофе́рма, -ы
лисохво́ст, -а

лист, -á, *мн.* листы́, -óв и (*у растений*) ли́стья, -ьев
листáж, -á, *тв.* -óм
листáжный
ли́станный; *кр. ф.* -ан, -ана
листáть(ся), -áю, -áет(ся)
листвá, -ы́
листвени́т, -а
лиственитизáция, -и
лиственитизóванный; *кр. ф.* -ан, -ана
ли́ственница, -ы, *тв.* -ей
ли́ственничник, -а
ли́ственничный
ли́ственно-декорати́вный
ли́ственный
ли́ствень, -и
листвя́г, -а и **листвя́к,** -а
листвя́жный
листвянóй
листéрии, -ий, *ед.* -рия, -и
листерио́з, -а
ли́стик, -а
ли́стинг, -а
ли́стинг-контрóль, -я
ли́стинговый
листоблóшка, -и, *р. мн.* -шек
листобóй, -я
листобóйный
листовёртка, -и, *р. мн.* -ток
листови́дка, -и, *р. мн.* -док (*бабочка*)
листови́дный; *кр. ф.* -ден, -дна
листови́к, -á
листóвка, -и, *р. мн.* -вок
листовóй
листóвочный
ли́стовский (*от* Лист)
листоги́бочный
листогрызу́щий
листоéд, -а
листоéд-шипонóска, листоéда-шипонóски, *м.* (*жук*)
листóк, -ткá
листóк-вклáдыш, листкá-вклáдыша
листолáз, -а
листонóгий
листонóс, -а
листообрáзный; *кр. ф.* -зен, -зна
листопáд, -а
листопáдник, -а
листопáдный
листоподбóрка, -и, *р. мн.* -рок
листоподбóрочный
листоправи́льный
листопрокáтка, -и
листопрокáтный
листопрокáтчик, -а
листорасположéние, -я
листорéз, -а
листорéзальный
листостéбельный
листотéл, -а
ли́ст-óттиск, листá-óттиска
листóчек, -чка
листоштампóвочный
ли́стье, -я (*собир.*)
лися́тник, -а
лит, -а (*ден. ед.*)
литаври́ст, -а
лити́врный
лити́врщик, -а
лити́вры, -áвр, *ед.* -áвра, -ы
литагéнт, -а
литакиноскóп, -а
литáния, -и (*молитва*)
литаскóп, -а
литви́нка, -и, *р. мн.* -нок
литви́ны, -ов, *ед.* -ви́н, -а
литéйка, -и, *р. мн.* -éек
литéйно-механи́ческий
литéйный (*от* литьё)
литéйщик, -а
ли́тер, -а (*документ*)
ли́тера, -ы (*буква*)
литерáл, -а
литерáтор, -а
Литерáторские мостки́ (*на Волковом кладбище в Петербурге*)
литерáторский
литерáторство, -а
литерáторствовать, -твую, -твует
литерáторша, -и, *тв.* -ей
литератýра, -ы
литератýрка, -и
литератýрно-артисти́ческий
литератýрно-драмати́ческий
литератýрно-крити́ческий
литератýрно-мемориáльный
литератýрно-музыкáльный
литератýрно-полити́ческий
литератýрно-публицисти́ческий
литератýрность, -и
литератýрно-филосóфский
литератýрно-худóжественный
литератýрный; *кр. ф.* -рен, -рна
литературовéд, -а
литературовéдение, -я
литературовéдка, -и, *р. мн.* -док
литературовéдный
литературовéдческий
литератýрщина, -ы
ли́терный
ли́тиевый
ли́тий, -я
лити́йный (*от* лития́)
литийоргани́ческий
лития́, -и́, *дат.* -и́, *предл.* о лити́и
ли́тка, -и, *р. мн.* ли́ток
литконсультáнт, -а
литкружóк, -жкá
литмонтáж, -á, *тв.* -óм
ли́тник, -а
ли́тниковый
литобъединéние, -я
литóванный; *кр. ф.* -ан, -ана
литовáть(ся), литýю, литýет(ся)
литóвка, -и, *р. мн.* -вок
литóвский (*к* Литвá и литóвцы)
литóвско-белорýсский
литóвско-росси́йский
литóвско-рýсский
литóвцы, -ев, *ед.* -вец, -вца, *тв.* -вцем
литогенéз, -а и **литогéнезис,** -а
литогли́фика, -и
литóграф, -а
литографи́рование, -я
литографи́рованный; *кр. ф.* -ан, -ана
литографи́ровать(ся), -рую, -рует(ся)
литографи́ческий
литогрáфия, -и
литогрáфский
литогрáфщик, -а
литóй, *прил.*
литологи́ческий
литолóгия, -и
литóлого-минералоги́ческий
литóлого-палеографи́ческий
литóлого-фациáльный
литомурáция, -и
литопóн, -а
литорáль, -и
литорáльный
литорéя, -и
литори́на, -ы
литори́нх, -а
литосфéра, -ы
литосфéрный
литóта, -ы
литотáмния, -и
литотéка, -и
литотрипси́я, -и
литофáния, -и
литофи́льный
литофи́ты, -ов, *ед.* -фи́т, -а
литохими́ческий
литр, -а
литработник, -а
литрáж, -á, *тв.* -óм
литрáжный
литр-атмосфéра, -ы
литрéд, -а
литредáктор, -а
литрóвка, -и, *р. мн.* -вок
литрóвый
литсотрýдник, -а
литсотрýдница, -ы, *тв.* -ей
литуани́зм, -а
литуани́ст, -а
литуани́стика, -и
литургиáрий, -я
литурги́йный
литýргика, -и
литурги́ст, -а
литурги́ческий
литурги́я, -и
литфáк, -а
Литфóнд, -а
литфóндовский
литчáсть, -и
ли́тый; *кр. ф.* лит, литá, ли́то, *прич.*
лить, лью, льёт; *прош.* лил, лилá, ли́ло
литьё, -я́
литьевóй
ли́ться, льётся; *прош.* ли́лся, лилáсь, ли́лóсь
лиф, -а

лифля́ндский (*от* Лифля́ндия)
лифля́ндцы, -ев, *ед.* -дец, -дца, *тв.* -дцем
ли́фо, *нескл., с.* и *неизм.*
лифт, -а
лифтёр, -а
лифтёрский
лифтёрша, -и, *тв.* -ей
ли́фтинг, -а
ли́фтинговый
ли́фтный
ли́фтовый и **лифтово́й**
лифтострое́ние, -я
лифтострои́тель, -я
лифтострои́тельный
ли́фчик, -а
лих, *частица*
лиха́ беда́ нача́ло
лиха́ч, -а́, *тв.* -о́м
лиха́чащий
лихачёвский (*от* Лихачёв)
лиха́ческий
лиха́чество, -а
лиха́чить, -чу, -чит
лихва́: с лихво́й
ли́хвинский (*от* Ли́хвин; ли́хвинское межледнико́вье)
лихеноло́гия, -и
ли́хнис, -а (*растение*)
ли́хо[1], -а (*зло, беда*)
ли́хо[2], *нареч.* и *в знач. сказ.*
лиходе́й, -я
лиходе́йка, -и, *р. мн.* -е́ек
лиходе́йский
лиходе́йство, -а
лихои́мец, -мца, *тв.* -мцем, *р. мн.* -мцев
лихои́мство, -а
лихо́й; *кр. ф.* лих, лиха́, ли́хо, ли́хи́
лихоле́тье, -я, *р. мн.* -тий
лихома́нка, -и
лихора́дить, -а́жу, -а́дит
лихора́дка, -и, *р. мн.* -док
лихора́дочность, -и
лихора́дочный; *кр. ф.* -чен, -чна
ли́хость, -и
лихтенште́йнский (*от* Лихтенште́йн)
лихтенште́йнцы, -ев, *ед.* -нец, -нца, *тв.* -нцем
ли́хтер, -а, *мн.* -ы, -ов и -а́, -о́в
ли́хтерный
лихтерово́з, -а
лихтерово́зный
лицева́ние, -я
лицева́ть(ся), лицу́ю, лицу́ет(ся)
лицево́й
лицеде́й, -я
лицеде́йка, -и, *р. мн.* -е́ек
лицеде́йский
лицеде́йство, -а
лицеде́йствовать, -твую, -твует
лицезре́ние, -я
лицезре́ть, -рю́, -ри́т
лицеи́ст, -а
лицеи́стка, -и, *р. мн.* -ток

лице́й, -я
лице́йский
лицеме́р, -а
лицеме́рие, -я
лицеме́рить, -рю, -рит
лицеме́рка, -и, *р. мн.* -рок
лицеме́рность, -и
лицеме́рный; *кр. ф.* -рен, -рна
лицеме́рящий
лицензиа́р, -а (*тот, кто выдал лицензию*)
лицензиа́т, -а (*тот, кому выдана лицензия*)
лицензио́нный
лицензи́рование, -я
лицензи́рованный; *кр. ф.* -ан, -ана
лицензи́ровать(ся), -рую, -рует(ся)
лице́нзия, -и
лиценциа́т, -а (*ученая степень*)
лицеприя́тие, -я
лицеприя́тный; *кр. ф.* -тен, -тна
лицеприя́тствовать, -твую, -твует
ли́циум, -а
лицо́, -а́, *мн.* ли́ца, лиц
лицо́ванный; *кр. ф.* -ан, -ана
лицо́вка, -и
лицо́ в лицо́
лицо́вочно-штемпелева́льный
лицо́м к лицу́
ли́чи, *нескл., м.* и *с.* (*фрукт*)
ли́чико, -а, *мн.* -и, -ов
личи́на, -ы
личи́нка, -и, *р. мн.* -нок
личи́нковый
личинкое́д, -а
личинкохо́рдовые, -ых
личи́ночный
ли́чник, -а (*участник соревнований за личное первенство*)
лични́к, -а́ (*специализация иконописца*)
ли́чно, *нареч.*
ли́чно-биографи́ческий
ли́чно зави́симый
ли́чно заинтересо́ванный
личн́ой
ли́чно-кома́ндный
ли́чно отве́тственный
ли́чно свобо́дный
ли́чно-семе́йный
ли́чностно напра́вленный
ли́чностно ориенти́рованный
ли́чностность, -и
ли́чностный; *кр. ф.* -тен, -тна
ли́чность, -и
ли́чный
лишаеви́дный; *кр. ф.* -ден, -дна
лиша́й, -я́
лиша́йник, -а
лиша́йниковый
лиша́йница, -ы, *тв.* -ей (*бабочка*)
лиша́йный
лиша́ть(ся), -а́ю(сь), -а́ет(ся)
ли́ше, *сравн. ст.* (*от* лихо́й, ли́хо[2])
ли́шек, ли́шка и ли́шку

лише́нец, -нца, *тв.* -нцем, *р. мн.* -нцев
лише́ние, -я
лише́нка, -и, *р. мн.* -нок
лишённый; *кр. ф.* -ён, -ена́
лише́нческий
лиши́ть(ся), лишу́(сь), лиши́т(ся)
ли́шне и **ли́шнее** (*с неопр.*), *в знач. сказ.*
ли́шний
лишь
ли́шь бы
лишь то́лько
Ллойд, -а: **реги́стр Лло́йда**
лло́йдия, -и (*растение*)
лоб, лба, *предл.* на лбу
лоба́н, -а
лоба́нчик, -а
лоба́рия, -и
лоба́стый
Лобаче́вский, -ого: **геоме́трия Лобаче́вского, ме́тод Лобаче́вского**
ло́бби, *нескл., с.* (*полит.*)
лобби́зм, -а
лобби́рование, -я
лобби́рованный; *кр. ф.* -ан, -ана
лобби́ровать(ся), -рую, -рует(ся)
лобби́ст, -а
лобби́стский
ло́б в ло́б
лобе́лия, -и
лобе́шник, -а (*прост.*)
лобза́ние, -я
лобза́ть(ся), -а́ю(сь), -а́ет(ся)
ло́бзик, -а
ло́бзиковый
ло́бик, -а
ло́био, *нескл., с.* (*кулин.*)
ло́бия, -и (*растение*)
лобко́во-бе́дренный
лобко́вый
ло́бно-верхнечелюстно́й
Ло́бное ме́сто (*в Москве*)
ло́бный
лобово́, *нареч.*
лобово́й
лобогре́йка, -и, *р. мн.* -е́ек
лобо́к, лобка́
лоботока́рный
лоботоми́ческий
лоботоми́я, -и
лоботря́с, -а
лоботря́сничать, -аю, -ает
лобыза́ние, -я
лобыза́ть(ся), -а́ю(сь), -а́ет(ся)
лов, -а
ЛОВ [элово́], *нескл., ж.* (*сокр.*: лампа обратной волны)
ловела́с, -а
ловела́сничать, -аю, -ает
ловела́снический
ловела́сничество, -а
ло́верде́к, -а
лове́ц, ловца́, *тв.* ловцо́м, *р. мн.* ловцо́в
лове́цкий

лови́тва, -ы
лови́ть(ся), ловлю́(сь), ло́вит(ся)
ловка́ч, -а́, *тв.* -о́м
ловка́ческий
ловка́чество, -а
ловка́чка, -и, *р. мн.* -чек
ло́вкий; *кр. ф.* ло́вок, ловка́, ло́вко, ло́вки́
ло́вкость, -и
ло́вленный; *кр. ф.* -ен, -ена, *прич.*
ло́вля, -и, *р. мн.* ло́вель
лову́шка, -и, *р. мн.* -шек
ло́вче и **ловче́е,** *сравн. ст.*
ло́вчий[1], *прил.*
ло́вчий[2], -его
ловчи́ла, -ы, *м.* и *ж.*
ловчи́ть(ся), -чу́(сь), -чи́т(ся)
ловя́щий(ся)
лог, -а, *предл.* в ло́ге и в логу́, *мн.* -а́, -о́в; но (*в названиях населенных пунктов*) **Лог,** -а, *предл.* в … Ло́ге, *напр.*: Сухо́й Ло́г (*город*), Вели́кий Ло́г, Ка́менный Ло́г (*поселки*)
логари́фм, -а
логари́фмика, -и
логарифми́рование, -я
логарифми́рованный; *кр. ф.* -ан, -ана
логарифми́ровать(ся), -рую, -рует(ся)
логарифми́ческий
логарифми́чески-норма́льный
лога́эды, -ов, *ед.* -э́д, -а
ло́ггер, -а
логе́йон, -а
логизи́рованный; *кр. ф.* -ан, -ана
логизи́ровать(ся), -рую, -рует(ся)
ло́гик, -а
ло́гика, -и
ло́гико-верба́льный
ло́гико-математи́ческий
ло́гико-филосо́фский
логи́н, -а
логисмогра́фия, -и
логи́ст, -а
логи́стик, -а
логи́стика, -и
логисти́ческий
логици́зм, -а
логи́чески
логи́чески безупре́чный
логи́ческий
логи́чески несовмести́мый
логи́чность, -и
логи́чный; *кр. ф.* -чен, -чна
ло́говище, -а
ло́гово, -а
логогра́мма, -ы
логогра́ф, -а
логогри́ф, -а
лого́метр, -а
логопа́т, -а
логопати́ческий
логопа́тия, -и
логопе́д, -а
логопеди́ческий
логопе́ди́я, -и
логопериоди́ческий
логопсихотерапи́я, -и
Ло́гос, -а (*филос.*)
логотерапевти́ческий
логотерапи́я, -и
логоти́п, -а
логофе́т, -а
Лоде́йное По́ле (*город*)
лодейнопо́льский (*от* Лоде́йное По́ле)
лоде́н, -а (*ткань*)
ло́джийный
ло́джия, -и
ло́дзинский (*от* Лодзь)
ло́дзинцы, -ев, *ед.* -нец, -нца, *тв.* -нцем
лоди́кулы, -ул, *ед.* -ула, -ы
ло́дка, -и, *р. мн.* ло́док
ло́дочка, -и, *р. мн.* -чек
ло́дочки, -чек, *ед.* -чка, -и (*обувь*)
ло́дочник, -а
ло́дочно-прока́тный
ло́дочный
лодчо́нка, -и, *р. мн.* -нок
лоды́га, -и
лоды́жка, -и, *р. мн.* -жек
лоды́жный
ло́дырничанье, -я
ло́дырничать, -аю, -ает
ло́дырничество, -а
ло́дырь, -я
ло́жа, -и, *тв.* -ей (*в театре*; *у ружья*; масо́нская ло́жа)
ложби́на, -ы
ложби́нистый
ложби́нка, -и, *р. мн.* -нок
ложби́нный
ло́же, -а (*постель*; *русло*; *у ружья*)
ложево́й
ложеме́нт, -а
ложеме́нтный
ло́жечка, -и, *р. мн.* -чек
ло́жечник, -а
ло́жечница, -ы, *тв.* -ей
ло́жечный
ложи́ться, ложу́сь, ложи́тся
ло́жка, -и, *р. мн.* ло́жек
ложка́рить, -рю, -рит
ложка́рный
ложка́рь, -я́
ло́жки-ви́лки, ло́жек-ви́лок
ложкообра́зный; *кр. ф.* -зен, -зна
ложноампи́рный
ложноготи́ческий
ло́жно истолко́ванный
ложноклассици́зм, -а
ложноклассѝческий
ложноко́кон, -а
ложнокоренно́й
ложнолѝственница, -ы, *тв.* -ей
ложнолопатоно́с, -а
ложноно́гие, -их
ложноно́жки, -жек, *ед.* -жка, -и
ложноочи́ток, -тка
ложнопарази́ты, -ов, *ед.* -зи́т, -а
ложнопатриоти́ческий
ложнопестря́нка, -и, *р. мн.* -нок
ло́жно по́нятый
ложнопро́волочник, -а
ложноромантѝческий
ложнору́сский
ложносетчатокры́лые, -ых
ложноскорпио́н, -а
ложносло́ник, -а
ло́жность, -и
ложнощито́вка, -и, *р. мн.* -вок
ло́жный; *кр. ф.* ло́жен, ло́жна
ложо́к, ложка́
ложь, лжи, *тв.* ло́жью
лоза́, -ы́, *мн.* ло́зы, лоз
лоза́ннский (*от* Лоза́нна)
лоза́ннцы, -ев, *ед.* -ннец, -ннца, *тв.* -ннцем
лози́на, -ы
лози́нка, -и, *р. мн.* -нок
лози́новый
ло́зный
лозня́к, -а́
лознякo̒вый
лознячо́к, -чка́
лозо́вый
лозоиска́тель, -я
лозоиска́тельский
лозоиска́тельство, -а
лозоплете́ние, -я
лозохо́дец, -дца, *тв.* -дцем, *р. мн.* -дцев
лозохо́дство, -а
ло́зунг, -а
ло́зунговость, -и
ло́зунговый
Лойо́ла, -ы, *нескл., м.*
ло́ка, -и (*мифол.*)
лока́йский (лока́йская поро́да лошаде́й)
локализа́ция, -и
локализи́рованный; *кр. ф.* -ан, -ана
локализи́ровать(ся), -рую, -рует(ся)
локализо́ванный; *кр. ф.* -ан, -ана
локализова́ть(ся), -зу́ю, -зу́ет(ся)
лока́льно-биоэкологи́ческий
лока́льность, -и
лока́льный; *кр. ф.* -лен, -льна
лока́рнский (*от* Лока́рно)
локати́в, -а
лока́тор, -а
лока́торный
лока́торщик, -а
лока́ут, -а
локаути́рованный; *кр. ф.* -ан, -ана
локаути́ровать(ся), -рую, -рует(ся)
лока́утный
локацио́нный
лока́ция, -и
локая́та, -ы
ло́ква, -ы
ло́ко, *неизм.* и *нескл., с.* (*фин.*)
локомоби́ль, -я
локомоби́льный

локомоти́в, -а
локомоти́вец, -вца, *тв.* -вцем, *р. мн.* -вцев
локомоти́вный
локомотивовагоноремо́нтный
локомоти́во-киломе́тр, -а
локомотиворемо́нтный
локомотивострое́ние, -я
локомотивострои́тельный
локомоти́вский (*от* "Локомоти́в")
локомоти́вщик, -а
локомото́рный
локомо́ция, -и
ло́кон, -а
ло́кончик, -а
локотни́к, -а́
локото́к, -тка́
локото́чек, -чка
ло́коть, ло́ктя, *мн.* ло́кти, -е́й
локри́йский ла́д
локсодро́ма, -ы и **локсодро́мия,** -и
локтево́й
ло́кус, -а
лолипо́п, -а (*леденец*)
лолла́рды, -ов, *ед.* -а́рд, -а
лом, -а, *мн.* -ы и -ы́, -о́в
ло́ма, *нескл., мн., ед. м.* и *ж.* (*народ*)
лома́ка, -и, *м.* и *ж.*
ло́манный; *кр. ф.* -ан, -ана, *прич.*
ломану́ть(ся), -ну́(сь), -нёт(ся)
ло́маный, *прил.*
лома́нье, -я
лома́ть(ся), -а́ю(сь), -а́ет(ся)
ломба́рд, -а
ломба́рдный
ломба́рдский (*от* Ломба́рдия)
ломба́рдцы, -ев, *ед.* -дец, -дца, *тв.* -дцем
ло́мбер, -а
ло́мберный
ломброзиа́нский (*от* Ломбро́зо)
ломброзиа́нство, -а
ло́мик, -а
ломика́мень, -мня (*растение*)
доми́ть(ся), ломлю́(сь), ло́мит(ся)
ло́мка, -и, *р. мн.* ло́мок
ло́мкий; *кр. ф.* ло́мок, ло́мка́, ло́мко
ло́мкость, -и
ломли́вый
ломови́к, -а́
ломово́й
ломографи́ческий
ломогра́фия, -и
ло́мо-компа́кт, -а
ломоно́с, -а
Ломоно́совская пре́мия
Ломоно́совские чте́ния
ломоно́совский (*от* Ломоно́сов)
ломоперераба́тывающий
ломосда́тчик, -а
ломо́та, -ы
ломо́тный
ломо́ть, ломтя́, *мн.* ло́мти́, -е́й
ломтере́зка, -и, *р. мн.* -зок
ло́мтик, -а

ло́мче, *сравн. ст.* (*от* ло́мкий)
ломь, -и
ломя́щий(ся)
лонг, -а
лонге́т, -а (*мед.*)
лонге́тка, -и, *р. мн.* -ток
лонгосpléсень, -я (*мор.*)
лонгсе́ллер, -а
лонгше́з, -а
ло́ндоновский (*к* Дже́к Ло́ндон)
ло́ндонский (*от* Ло́ндон)
Ло́ндонский клу́б кредито́ров (*международная организация*)
ло́ндонцы, -ев, *ед.* -нец, -нца, *тв.* -нцем
ло́нжа, -и, *тв.* -ей
лонжеро́н, -а
лонжеро́нный
ло́нный
ло́но, -а
лопари́, -е́й, *ед.* лопа́рь, -я́ (*саами*)
лопари́т, -а
лопа́рка, -и, *р. мн.* -рок
ло́парный (*от* ло́парь)
лопа́рский (*от* лопари́)
ло́парь, -я (*трос*)
лопастехво́стый
лопастехво́стый гекко́н
ло́пастно-регули́руемый
ло́пастный
ло́пасть, -и, *мн.* -и, -е́й и -ей
лопа́та, -ы
лопа́тень, -тня
лопа́тить, -а́чу, -а́тит
лопати́ще, -а
лопа́тка, -и, *р. мн.* -ток
лопатови́дный; *кр. ф.* -ден, -дна
лопатоно́гие, -их
лопатоно́с, -а
лопатообра́зный; *кр. ф.* -зен, -зна
лопа́точка, -и, *р. мн.* -чек
лопа́точный
лопа́тчатый
ло́пать, -аю, -ает
ло́паться, -аюсь, -ается
Лопа́хин, -а (*лит. персонаж*; *делец*)
лопа́ченный; *кр. ф.* -ен, -ена
ло́пинг, -а
ло́пнуть, -ну, -нет
лополи́т, -а
лопота́ние, -я
лопота́ть, лопочу́, лопо́чет
лопоту́н, -а́
лопоту́нья, -и, *р. мн.* -ний
лопоу́хий
лопо́чущий
Ло́пские пого́сты (*ист.*)
ло́пский
лопу́х, -а́
лопухну́ться, -ну́сь, -нётся
лопухо́вый
лопуши́стый
лопуши́ть, -шу́, -ши́т
лопу́шник, -а
лопушо́к, -шка́

лопь, -и (*саамы, ист.*)
лор, -а (*врач*)
лорд, -а
лорд-ка́нцлер, -а
лорд-мэ́р, -а
лордо́з, -а
ло́рдский
ло́рдство, -а
ло́рд – храни́тель печа́ти
Ло́ренц, -а: **преобразова́ния Ло́ренца, си́ла Ло́ренца, уравне́ния Ло́ренца – Ма́ксвелла**
Лоре́нцо Великоле́пный
лоре́тка, -и, *р. мн.* -ток
лор-заболева́ния, -ий, *ед.* -ние, -я
ло́ри, *нескл., м.*
ло́риевые, -ых
лорика́т, -а
лорне́т, -а
лорне́тка, -и, *р. мн.* -ток
лорне́тный
лорни́рование, -я
лорни́рованный; *кр. ф.* -ан, -ана
лорни́ровать(ся), -рую(сь), -рует(ся)
ло́ро, *неизм.* и *нескл., с.* (*фин.*)
лор-о́рганы, -ов
лор-отделе́ние, -я
ло́рум, -а (*лента*)
лос-а́нджелесский (*от* Лос-А́нджелес)
лоса́нджелесцы, -ев, *ед.* -сец, -сца, *тв.* -сцем
лосево́д, -а
лосево́дство, -а
лосево́дческий
лосёвый
лосёнок, -нка, *мн.* лося́та, -я́т
лосефе́рма, -ы
лоси́на, -ы (*лосиная кожа, лосиное мясо*)
лоси́нки, -нок (*от* лоси́ны)
лоси́нный (*от* лоси́на и лоси́ны)
лосиноостро́вский (*от* Лоси́ный О́стров)
лоси́ны, -и́н (*штаны*)
лоси́ный (*от* лось)
Лоси́ный О́стров (*природная зона в Москве*)
лоси́ха, -и
лоск, -а
ло́скут, -а (*остатки в нек-рых производствах*)
лоску́т, -а́, *мн.* -ы́, -о́в и лоску́тья, -ьев
лоску́тик, -а
лоску́тный
лоскуто́к, -тка́
лоскуто́чек, -чка
лосни́стость, -и
лосни́стый
лосни́ться, -ню́сь, -ни́тся
лососёвый
лососеобра́зные, -ых
лосо́сий, -ья, -ье
лососи́на, -ы
лососи́нный (*от* лососи́на)

лосо́ска, -и, *р. мн.* -сок
лосо́сь, -я
лось, -я, *мн.* -и, -е́й и -ей
лосьо́н, -а
лосьо́нный
лосьо́новый
лося́тина, -ы
лося́тник, -а
лот, -а
лотаппара́т, -а
лотари́нгский (*от* Лотари́нгия)
лотари́нгцы, -ев, *ед.* -гец, -гца, *тв.* -гцем
лотба́к, -а
лотере́йка, -и, *р. мн.* -е́ек
лотере́йный
лотере́йщик, -а
лотере́я, -и
лотере́я-алле́гри, лотере́и-алле́гри
лотко́вый
ло́тлинь, -я
ло́тмановский (*от* Ло́тман)
ло́тный
лото́, *нескл., с.*
лотово́й, -о́го (*тот, кто измеряет глубину лотом*)
ло́товый
лото́к, лотка́
ло́тос, -а
лотосови́дный; *кр. ф.* -ден, -дна
ло́тосовый
лототро́н, -а
лото́чек, -чка
лото́чник, -а (*от* лото́к)
лото́чница, -ы, *тв.* -ей (*от* лото́к)
лото́чный (*от* лото́к)
лотоши́ть(ся), -шу́(сь), -ши́т(ся)
лото́шник, -а (*от* лото́)
лото́шница, -ы, *тв.* -ей (*от* лото́)
лото́шный (*от* лото́)
лотсиа́нский (*от* Ло́тси)
лотсиа́нство, -а
ло́тто, *нескл., с.* (*в названиях нек-рых лотерей*)
лоуре́нсий, -я
лофотри́хи, -ов, *ед.* -три́х, -а
лофофо́ра, -ы
лофохло́а, *нескл., с.*
лох, -а (*жарг.*)
лоха́нка, -и, *р. мн.* -нок
лоха́нный
лоха́ночный
лоха́нь, -и
лохма́тить(ся), -а́чу(сь), -а́тит(ся)
лохма́тый
лохма́тящий(ся)
лохма́ч, -а́, *тв.* -о́м
лохма́ченный; *кр. ф.* -ен, -ена
лохмо́тник, -а
лохмо́тница, -ы, *тв.* -ей
лохмо́тья, -ьев
ло́хмы, лохм
лох-не́сский (*от* Лох-Не́сс)
лохова́тый
лохови́на, -ы
ло́ховый
лохотро́н, -а (*жарг.*)
лохотро́нщик, -а
лоци́рование, -я
лоци́рованный; *кр. ф.* -ан, -ана
лоци́ровать(ся), -рую, -рует(ся)
ло́ция, -и
ло́цман, -а
ло́цманский
ло́цманство, -а
лоцме́йстер, -а
лошадёнка, -и, *р. мн.* -нок
лошади́ный
лоша́дка, -и, *р. мн.* -док
лоша́дник, -а
лоша́дница, -ы, *тв.* -ей
лоша́душка, -и, *р. мн.* -шек
ло́шадь, -и, *мн.* -и, -е́й, -я́м, -дьми́ и -я́ми, -я́х; но: **го́д Ло́шади** (*по восточному календарю*), **Ло́шадь,** -и (*о том, кто родился в этот год*)
ло́шадь-тяжелово́з, ло́шади-тяжелово́за
лоша́к, -а́
лоша́чий, -ья, -ье
лошачи́ха, -и
лошачо́к, -чка́
лошо́нок, -нка, *мн.* лоша́та, -а́т
лоще́ние, -я
лощёнка, -и, *р. мн.* -нок
лощённый; *кр. ф.* -ён, -ена́, *прич.*
лощёный, *прил.*
лощи́лка, -и, *р. мн.* -лок
лощи́льный
лощи́льщик, -а
лощи́льщица, -ы, *тв.* -ей
лощи́на, -ы
лощи́нка, -и, *р. мн.* -нок
лощи́ть(ся), лощу́, лощи́т(ся)
лояли́ст, -а (*ист.*)
лоя́льность, -и
лоя́льный; *кр. ф.* -лен, -льна
ЛПД [элпэдэ́], *нескл., м.* (*сокр.*: лавинно-пролетный диод)
ЛТД [элтэдэ́], *нескл., м.* (*сокр.*: лечебно-трудовой диспансер)
ЛТП [элтэпэ́], *нескл., м.* (*сокр.*: лечебно-трудовой профилакторий)
луазеле́рия, -и
луанди́йка, -и, *р. мн.* -и́ек
луанди́йский (*от* Луа́нда)
луанди́йцы, -ев, *ед.* -и́ец, -и́йца, *тв.* -и́йцем
луа́ндский (*от* Луа́нда)
луа́ндцы, -ев, *ед.* -дец, -дца, *тв.* -дцем
луа́рский (*от* Луа́ра)
луб, -а, *мн.* лу́бья, -ьев
лу́ба, *неизм.* и *нескл., м.* (*язык*) и *нескл., мн., ед. м.* и *ж.* (*народ*)
лубене́ть, -е́ет
лу́бенский (*от* Лу́бны)
лубко́вый
лубово́й и **лу́бовый**
лубоволокни́стый
лубое́д, -а (*жук*)
лубо́к, лубка́
лубо́чек, -чка
лубо́чность, -и
лубо́чный; *кр. ф.* -чен, -чна
лубрика́тор, -а (*тех.*)
лубя́нка, -и, *р. мн.* -нок (*изделие из луба*)
Лубя́нка, -и (*площадь и учреждение*)
лубяно́й
лубя́нский (*от* Лубя́нка)
луви́йский
луви́йцы, -ев
Лувр, -а
лу́врский (*от* Лувр)
луг, -а, *предл.* на лугу́, *мн.* -а́, -о́в
луга́нда, *нескл., м.* и *неизм.* (*язык*)
луга́нский (*от* Луга́нск)
луга́нцы, -ев, *ед.* -нец, -нца, *тв.* -нцем
луганча́не, -а́н, *ед.* -а́нин, -а
луганча́нка, -и, *р. мн.* -нок
Луга́нщина, -ы (*к* Луга́нск)
лугове́дение, -я
лугови́к, -а́
лугови́на, -ы
лугови́нка, -и, *р. мн.* -нок
лугови́нный
лу́го́вка, -и, *р. мн.* -вок
лу́гово-альпи́йский
лугово́д, -а
лугово́дство, -а
лугово́дческий
лугово́й
лу́гово-мари́йский
лу́гово-степно́й
лугомелиорати́вный
лугомелиора́тор, -а
лугомелиора́ция, -и
лугопа́стбищный
лу́да, -ы
лудди́тский
лудди́ты, -ов, *ед.* -и́т, -а
луди́льный
луди́льщик, -а
луди́ть(ся), лужу́, лу́ди́т(ся)
лудо́льфов, -а, -о (*от* Лудо́льф): **лудо́льфово число́**
лудома́ния, -и (*страсть к игре*)
лудя́щий(ся)
лу́жа, -и, *тв.* -ей
лужа́ечка, -и, *р. мн.* -чек
лужа́йка, -и, *р. мн.* -а́ек
лужа́не, -а́н, *ед.* -а́нин, -а (*от* Лу́га)
лужа́нка, -и, *р. мн.* -нок
луже́ние, -я
лужённый; *кр. ф.* -ён, -ена́, *прич.*
лужёный, *прил.*
лу́жица, -ы, *тв.* -ей (*от* лу́жа)
Лу́жица, -ы, *тв.* -ей (*ист.-геогр. область в Германии*)
лу́жицкий (*от* Лу́жица)
лужича́не, -а́н, *ед.* -а́нин, -а
лужича́нка, -и, *р. мн.* -нок
Лужне́цкая на́бережная (*в Москве*)
Лужники́, -о́в (*местность в Москве*)
лужнико́вский (*от* Лужники́)

лужо́к, лужка́, *предл.* на лужке́ и на лужку́
лужо́чек, -чка
лу́жский (*от* Лу́га, *город*)
лу́за, -ы
лузга́, -и́
лу́зганье, -я
лу́згать(ся), -аю, -ает(ся)
лузгове́йка, -и, *р. мн.* -е́ек
лузита́нский (*к* лузита́ны и Лузита́ния)
лузита́ны, -а́н
лу́зный
луидо́р, -а
луизиа́нка, -и, *р. мн.* -нок
луизиа́нский (*от* Луизиа́на)
луизиа́нцы, -ев, *ед.* -нец, -нца, *тв.* -нцем
лук[1], -а и -у (*растение*)
лук[2], -а (*оружие*)
лука́, -и́, *мн.* лу́ки, лук (*изгиб*)
лука́вец, -вца, *тв.* -вцем, *р. мн.* -вцев
лука́винка, -и
лука́вить, -влю, -вит
лука́вица, -ы, *тв.* -ей
лука́вость, -и
лука́вство, -а
лука́вствовать, -твую, -твует
лука́вый
лука́вящий
лука́ны, -ов (*племена*)
лука́ть(ся), -а́ю(сь), -а́ет(ся)
лу́к-бату́н, лу́ка-бату́на
Лу́ки, Лук: **Вели́кие Лу́ки** (*город*)
лу́ковица, -ы, *тв.* -ей
луковицесажа́лка, -и, *р. мн.* -лок
лу́ковичка, -и, *р. мн.* -чек
лу́ковичный
лу́ковка, -и, *р. мн.* -вок
лукво́д, -а
луково́дство, -а
лу́ковый
лукомо́рский
лукомо́рье, -я, *р. мн.* -рий
лукоре́зка, -и, *р. мн.* -зок
лукоубо́рочный
луко́шечко, -а, *мн.* -чки, -чек
луко́шко, -а, *мн.* -шки, -шек
лу́к-поре́й, лу́ка-поре́я
лукрати́вный; *кр. ф.* -вен, -вна
лу́к-ре́пка, лу́ка-ре́пки
лу́к-сево́к, лу́ка-севка́
луку́ллов пи́р, луку́ллова пи́ра
луку́лловский пи́р
лу́к-шало́т, лу́ка-шало́та
лумп, -а
луна́, -ы́, *мн.* лу́ны, лун и (*спутник Земли, астр.*) **Луна́,** -ы́; ничто́ не ве́чно под луно́й
лу́на-па́рк, -а
луна́рный
луна́-ры́ба, луны́-ры́бы
лунати́зм, -а
луна́тик, -а
лунати́ческий
лунати́чка, -и, *р. мн.* -чек
лу́нда, *нескл., мн., ед. м.* и *ж.* (*народ*)
луни́т, -а
лу́нка, -и, *р. мн.* лу́нок
лункова́ние, -я
лу́нник, -а
лу́нница, -ы, *тв.* -ей
лу́нно-бе́лый
лу́нно-звёздный
лу́нно-ме́сячный
лу́нно-со́лнечный
лу́нно-су́точный
лу́нный
лунодро́м, -а
лунообра́зный; *кр. ф.* -зен, -зна
луносеменни́к, -а́
луносеменнико́вые, -ых
лунотрясе́ние, -я
лунохо́д, -а
лунохо́дный
лу́ночка, -и, *р. мн.* -чек
лу́ночный
лунь, -я́
луораветла́нка, -и, *р. мн.* -нок
луораветла́нский
луораветла́ны, -ов, *ед.* -ла́н, -а
лу́па, -ы
лупана́рий, -я
лупану́ть, -ну́, -нёт
луперка́лии, -ий
лу́пинг, -а
лупи́ть(ся), луплю́, лу́пит(ся)
лу́пка, -и
лу́пленный; *кр. ф.* -ен, -ена, *прич.*
лу́пленый, *прил.*
лупогла́зый
лупули́н, -а
лупцева́ние, -я
лупцева́ть, -цу́ю, -цу́ет
лупцо́ванный; *кр. ф.* -ан, -ана
лупцо́вка, -и
лу́пящий
лу́пя́щийся
лур, -а (*скандинавский муз. инструмент*)
лу́ра, -ы (*французский муз. инструмент*)
луриста́нский (*от* Луриста́н)
лу́рский
лу́ры, -ов (*народность в Иране*)
луса́кский (*от* Луса́ка)
луса́кцы, -ев, *ед.* -кец, -кца, *тв.* -кцем
лу́скать, -аю, -ает
лутраси́л, -а
лутц, -а, *тв.* -ем, *р. мн.* -ев
луфа́рь, -я́
лу́хья, *нескл., мн., ед. м.* и *ж.* (*народ*)
лу́цкий (*от* Луцк)
луч, -а́, *тв.* -о́м
луча́не, -а́н, *ед.* -а́нин, -а (*от* Луцк)
лучеви́дный; *кр. ф.* -ден, -дна
лучево́й
лучего́рский (*от* Лучего́рск)
лучего́рцы, -ев, *ед.* -рец, -рца, *тв.* -рцем
лучезапя́стный
лучеза́рность, -и
лучеза́рный; *кр. ф.* -рен, -рна
лучеиспуска́ние, -я
лучеиспуска́тельный
лучеиспуска́ющий
луче́ние, -я
лучённый; *кр. ф.* -ён, -ена́
лучеобра́зный; *кр. ф.* -зен, -зна
лучепёрые, -ых
лучепреломле́ние, -я
лучепреломля́емость, -и
лучепреломля́ющий
лучи́зм, -а
лу́чик, -а
лучи́на, -ы
лучи́нка, -и, *р. мн.* -нок
лучи́нный
лучи́ночный
лучи́нушка, -и, *р. мн.* -шек
лучи́стость, -и
лучи́стый
лучи́ть(ся), лучу́(сь), лучи́т(ся)
лучи́цы, -и́ц, *ед.* -и́ца, -ы, *тв.* -ей (*водоросли*)
лучко́вый
лу́чник, -а
лу́чница, -ы, *тв.* -ей
лучно́й (лучно́й спо́рт)
лучо́к[1], лучка́ и лучку́ (*к* лук[1])
лучо́к[2], лучка́ (*к* лук[2])
лу́чше, *сравн. ст.*
лу́чший
лущёвка, -и, *р. мн.* -вок
луще́ние, -я
лущённый; *кр. ф.* -ён, -ена́, *прич.*
лущёный, *прил.*
лущи́льник, -а
лущи́льный
лущи́ть(ся), лущу́, лущи́т(ся)
ЛФК [элфэка́], *нескл., ж.* (*сокр.*: лечебная физкультура)
лыжеро́ллеры, -ов, *ед.* -ро́ллер, -а
лыжехрани́лище, -а
лы́жи, лыж, *ед.* лы́жа, -и, *тв.* -ей
лы́жина, -ы
лы́жник, -а
лы́жница, -ы, *тв.* -ей
лы́жно-гу́сеничный
лы́жно-колёсный
лы́жный
лыжня́, -и́, *р. мн.* -е́й
лы́ко, -а, *мн.* лы́ки, лык
лы́ковый
лыкодёр, -а
лыня́ть, -я́ю, -я́ет (*устар. к* отлынивать)
лысе́нковец, -вца, *тв.* -вцем, *р. мн.* -вцев
лысе́нковский (*от* Лысе́нко)
лысе́нковщина, -ы
лы́сенький
лысе́ть, -е́ю, -е́ет
лы́сина, -ы
лы́синка, -и, *р. мн.* -нок

лысова́тый
лысу́н, -а́
лысу́ха, -и
лы́сый; *кр. ф.* лыс, лыса́, лы́со
лы́сьвенский (*от* Лы́сьва)
лыта́ть, -а́ю, -а́ет (*избегать, устар.*)
лы́чки, лы́чек, *ед.* лы́чка, -и (*нашивки на погонах*)
лы́чко, -а, *мн.* лы́чки, лы́чек (*от* лы́ко)
лы́чный
львёнок, -нка, *мн.* львя́та, -я́т
льви́нка, -и, *р. мн.* -нок (*муха*)
Льви́ное Се́рдце: Ри́чард Льви́ное Се́рдце
льви́ный
льви́ца, -ы, *тв.* -ей
льво́вский (*от* Львов)
Льво́вщина, -ы (*к* Львов)
львовя́не, -я́н, *ед.* -я́нин, -а
львовя́нка, -и, *р. мн.* -нок
львя́тник, -а
льго́вский (*от* Льгов)
льго́вцы, -ев, *ед.* -вец, -вца, *тв.* -вцем
льговча́не, -а́н, *ед.* -а́нин, -а
льго́та, -ы
льготи́рование, -я
льготи́рованный; *кр. ф.* -ан, -ана
льготи́ровать(ся), -рую(сь), -рует(ся)
льго́тник, -а
льго́тница, -ы, *тв.* -ей
льго́тность, -и
льго́тный; *кр. ф.* -тен, -тна
льди́на, -ы
льди́нка, -и, *р. мн.* -нок
льди́стый
льдогенера́тор, -а
льдодроби́лка, -и, *р. мн.* -лок
льдонасы́щенный
льдообразова́ние, -я
льдопроизво́дство, -а
льдоубо́рочный
льдохрани́лище, -а
лье, *нескл., с.*
лье́жский (*от* Льеж)
лье́жцы, -ев, *ед.* -жец, -жца, *тв.* -жцем
льново́д, -а
льново́дный
льново́дство, -а
льново́дческий
льноволокно́, -а́
льно́вые, -ых
льнозаво́д, -а
льнозаготови́тельный
льнозаготовки, -вок
льноклеверотёрка, -и, *р. мн.* -рок
льнокомба́йн, -а
льнокомбина́т, -а
льноконоплемя́лка, -и, *р. мн.* -лок
льнолавса́н, -а
льнолавса́новый
льномолоти́лка, -и, *р. мн.* -лок
льномя́лка, -и, *р. мн.* -лок
льномя́льный
льнообраба́тывающий
льноочисти́тель, -я
льноочисти́тельный
льнопенькозаво́д, -а
льнопенькопроду́кция, -и
льноперераба́тывающий
льноподбо́рщик, -а
льноподбо́рщик-молоти́лка, льно-подбо́рщика-молоти́лки
льнопоста́вки, -вок
льнопряде́ние, -я
льнопряди́льный
льнопряди́льня, -и, *р. мн.* -лен
льнопряди́льщик, -а
льнопряди́льщица, -ы, *тв.* -ей
льнорасти́лочный
льносе́мя, -мени, *мн.* -мена́, -мя́н, -мена́м
льносемяочисти́тельный
льносе́ющий
льносовхо́з, -а
льносуши́лка, -и, *р. мн.* -лок
льносуши́льный
льнотереби́лка, -и, *р. мн.* -лок
льнотереби́льный
льнотереби́льщик, -а
льнотереби́льщица, -ы, *тв.* -ей
льнотёрка, -и, *р. мн.* -рок
льнотрепа́лка, -и, *р. мн.* -лок
льнотрепа́льный
льнотрепа́льщик, -а
льнотрепа́льщица, -ы, *тв.* -ей
льнотреста́, -ы́
льнотри́ер, -а
льноубо́рка, -и
льноубо́рочный
льноутомле́ние, -я
льночеса́лка, -и, *р. мн.* -лок
льночеса́льный
льнуть, льну, льнёт
льня́нка, -и, *р. мн.* -нок
льняно́й
льстец, -а́, *тв.* -о́м, *р. мн.* -о́в
льсти́вость, -и
льсти́вый
льсти́ть(ся), льщу(сь), льсти́т(ся)
лья́ло, -а
лья́льный (лья́льная вода́)
лья́носы, -ов
лья́чка, -и, *р. мн.* -чек и **лья́чек,** -чка
Лэмб, -а: **во́лны Лэ́мба**
ЛЭП, *нескл., ж.* (*сокр.*: линия электропередачи)
лэ́повец, -вца, *тв.* -вцем, *р. мн.* -вцев
лэ́повский (*от* ЛЭП)
лэпто́п, -а и **лапто́п,** -а (*компьютер*)
лэ́ут, -а
лэ́утар, -а
люб, -а́, -о
лю́ба, -ы (*нар.-поэт.*: *возлюбленная*)
любвеоби́лие, -я
любвеоби́льность, -и
любвеоби́льный; *кр. ф.* -лен, -льна
любе́зник, -а
любе́зничанье, -я
любе́зничать, -аю, -ает
любе́зность, -и
любе́зный; *кр. ф.* -зен, -зна
любере́цкий (*от* Лю́берцы)
люберча́не, -а́н, *ед.* -а́нин, -а
лю́беры, -ов, *ед.* лю́бер, -а
люби́мец, -мца, *тв.* -мцем, *р. мн.* -мцев
люби́мица, -ы, *тв.* -ей
люби́м-трава́, -ы́
люби́мчик, -а
люби́мый
люби́сток, -тка и **любисто́к,** -тка́
люби́тель, -я
люби́тельница, -ы, *тв.* -ей
люби́тельский
люби́тельство, -а
люби́тельщина, -ы
лю́бит-не-лю́бит (*игра*), но: **лю́бит не лю́бит, а…**
люби́ть(ся), люблю́(сь), лю́бит(ся)
лю́бка, -и, *р. мн.* лю́бок (*растение*)
лю́бки, лю́бок (зайти́ в лю́бки, *в шашках*)
Лю́блинская у́ния (*1569*)
лю́блинский (*от* Лю́блин)
любли́нский (*от* Люблино́)
лю́блинцы, -ев, *ед.* -нец, -нца, *тв.* -нцем (*от* Лю́блин)
любли́нцы, -ев, *ед.* -нец, -нца, *тв.* -нцем (*от* Люблино́)
люблянский (*от* Любля́на)
любля́нцы, -ев, *ед.* -нец, -нца, *тв.* -нцем
лю́бо, *в знач. сказ.*
любова́ние, -я
любова́ться, любу́юсь, любу́ется
любо́вник, -а
любо́вница, -ы, *тв.* -ей
любо́вно-бытово́й
любо́вность, -и
любо́вный; *кр. ф.* -вен, -вна
любо́вь, любви́ и (*в худож. речи – также*) любо́ви, *тв.* любо́вью, *мн.* любо́ви, -ей
любодея́ние, -я
лю́бо-до́рого, *в знач. сказ.*
любозна́тельность, -и
любозна́тельный; *кр. ф.* -лен, -льна
любо́й
любому́дрие, -я
любому́дры, -ов, *ед.* -му́др, -а
любонача́лие, -я
лю́бонька, -и, *р. мн.* -нек (*от* лю́ба)
любопы́тнейший
любопы́тничать, -аю, -ает
любопы́тный; *кр. ф.* -тен, -тна
любопы́тство, -а
любопы́тствовать, -твую, -твует
любопы́тствующий
любостра́стие, -я
любостра́стный
любостяжа́ние, -я
любостяжа́тель, -я
любостяжа́тельный
любота́, -ы́
лю́бская, -ой (*сорт вишни*)

лю́бушка, -и, *р. мн.* -шек (*от* лю́ба)
лю́бый (*любимый, возлюбленный, устар.*)
лю́бящий(ся)
лю́верс, -а
лю́гер, -а
лю́герный
люго́ль, -я
люд, -а
лю́ди[1], люде́й, лю́дям, людьми́, о лю́дях
лю́ди[2], *нескл., с.* (*название буквы*)
лю́ди твоя́: спаси́, Го́споди, лю́ди твоя́
люди́шки, -шек
лю́дно, *в знач. сказ.*
лю́дность, -и
лю́дный; *кр. ф.* лю́ден, лю́дна́, лю́дно
людое́д, -а
людое́дка, -и, *р. мн.* -док
людое́дский
людое́дство, -а
людска́я, -о́й
людско́й
люизи́т, -а
люк, -а
люка́рна, -ы
лю́к-ла́з, лю́ка-ла́за
люково́й, -о́го (*рабочий*)
лю́ковый
люкс[1], -а, *р. мн.* -ов, *счетн. ф.* люкс (*ед. измер.*)
люкс[2], *неизм.* (каю́та лю́кс) и -а (жи́ть в лю́ксе)
люксембу́ргский (*от* Люксембу́рг)
люксембу́ржцы, -ев, *ед.* -жец, -жца, *тв.* -жцем
люкс-ма́рке́тинг, -а
люксме́тр, -а (*прибор*)
лю́ксовский
лю́ксовый
люкс-секу́нда, -ы
лю́лечка, -и, *р. мн.* -чек
лю́ли́, *неизм.*
лю́ли-лю́ли, *неизм.*
лю́лька, -и, *р. мн.* лю́лек
люля́-кеба́б, -а
люмба́го, *нескл., с.*
лю́мен, -а, *р. мн.* -ов, *счетн. ф.* лю́мен
люмено́метр, -а
лю́мен-секу́нда, -ы
лю́мен-ча́с, -а, *мн.* -ы́, -о́в
люмина́л, -а
люминесце́нтный
люминесце́нция, -и
люминесци́ровать, -рует
люминесци́рующий
люмини́ст, -а
люминофо́ры, -ов, *ед.* -фо́р, -а
лю́мпен, -а
люмпениза́ция, -и
люмпенизи́рованность, -и
люмпенизи́рованный; *кр. ф.* -ан, -ана
люмпенизи́ровать(ся), -рую(сь), -рует(ся)
лю́мпен-интеллиге́нт, -а
лю́мпен-пролетариа́т, -а
лю́мпен-пролета́рий, -я
лю́мпен-пролета́рский
лю́мпенский
лю́мпенство, -а
лю́мпенствовать, -твую, -твует
лю́мпсум, -а (*фин.*)
люне́т, -а (*воен., тех.; то же, что люнетта*)
люне́тта, -ы (*архит.*)
люпи́н, -а
люпи́новый
люпозо́рий, -я
лю́пус, -а
лю́рекс, -а
люстр, -а (*в художественной керамике*)
лю́стра, -ы
люстрацио́нный
люстра́ция, -и
люстри́н, -а
люстри́новый
люстри́рование, -я
люстри́рованный; *кр. ф.* -ан, -ана
люстри́ровать(ся), -рую, -рует(ся)
лю́стровый
лют, -а (*кулин.*)
люте́е, *сравн. ст.*
лютеинизи́рующий гормо́н
люте́иновый
лютеотро́пный
лютера́нин, -а, *мн.* -а́не, -а́н
лютера́нка, -и, *р. мн.* -нок
лютера́нский
лютера́нство, -а
люте́сценс, -а
люте́ть, -е́ю, -е́ет
люте́ций, -я
лю́тик, -а
лю́тиковый
лю́тичи, -ей, *ед.* лю́тич, -а, *тв.* -ем
лю́тневый
лютни́ст, -а
лю́тня, -и, *р. мн.* -ей и лю́тен
лютова́ние, -я
лютова́ть, люту́ю, люту́ет
лю́тость, -и
лю́тый; *кр. ф.* лют, люта́, лю́то
лють, -и
люфа́, -ы́ и **лю́фа,** -ы
люфо́вый
люфт, -а
люфтва́ффе, *нескл., с.*
люфти́ть, -и́т
лю́фтовый
люфтоме́р, -а
люфтпа́уза, -ы
люце́рна, -ы
люце́рник, -а
люце́рновый
люцернозла́ковый
люце́рнский (*от* Люце́рн)
люце́рнцы, -ев, *ед.* -нец, -нца, *тв.* -нцем
люци́на, -ы (*бабочка*)
Люцифе́р, -а
люцифера́зы, -а́з, *ед.* -а́за, -ы
люцифери́ны, -ов, *ед.* -ри́н, -а
люцифери́ческий
лю́эс, -а
люэти́ческий
ля, *нескл., с.* (*нота*)
ля-бека́р, -а
ля-бемо́ль, -я
ля-бемо́ль мажо́р, ля-бемо́ль мажо́ра
ля-бемо́ль-мажо́рный
ля-бемо́ль мино́р, ля-бемо́ль мино́ра
ля-бемо́ль-мино́рный
ля-бемо́льный
лявóниха, -и
ляга́ние, -я
ляга́ть(ся), -а́ю(сь), -а́ет(ся)
ля́гва, -ы (*обл. и прост. к* лягу́шка)
лягну́ть, -ну́, -нёт
лягу́ха, -и (*обл. и прост. к* лягу́шка)
лягуша́тник, -а
лягуша́чий, -ья, -ье и **лягу́шечий,** -ья, -ье
лягу́шечка, -и, *р. мн.* -чек
лягу́шечник, -а
лягуши́ный
лягу́шка, -и, *р. мн.* -шек
лягу́шка-бы́к, лягу́шки-быка́, *ж.*
лягу́шка-квaку́шка, лягу́шки-ква-ку́шки
лягу́шка-путеше́ственница, лягу́шки-путеше́ственницы
лягушкозу́б, -а
лягушкообра́зные, -ых
лягушкоро́т, -а (*птица*)
лягушо́нок, -нка, *мн.* -ша́та, -ша́т
ля́д: на ко́й ля́д
ля́да, -ы (*овраг; низина; росчисть*)
ля́двенец, -нца, *тв.* -нцем, *р. мн.* -нцев
ля́двея, -и
ля-дие́з, -а
ля-дие́з мажо́р, ля-дие́з мажо́ра
ля-дие́з-мажо́рный
ля-дие́з мино́р, ля-дие́з мино́ра
ля-дие́з-мино́рный
ля-дие́зный
ляди́на, -ы
ля́дник, -а
ля-дубль-бемо́ль, -я
ля-дубль-дие́з, -а
ляду́нка, -и, *р. мн.* -нок
ля́жка, -и, *р. мн.* ля́жек (*бедро*)
лязг, -а и -у
ля́зганье, -я
ля́згать, -аю, -ает
ля́згнуть, -ну, -нет
лякро́сс, -а
ля́лиус, -а
ляллема́нция, -и
ля́лька, -и, *р. мн.* ля́лек (*кукла; о ребенке*)
ля-ля́, *неизм.*
ляля́кать, -аю, -ает
ля-ля-ля́, *неизм.*

ля́ мажо́р, ля́ мажо́ра
ля-мажо́рный
ля́мбда, -ы (*название буквы*)
ля́мбда-гипeróн, -а
ля́мбда-гиперядро́ [ръя], -а́, *мн.* -я́дра, -я́дер
ля́мбда-исчисле́ние, -я
ля́мбда-характери́стика, -и
ля́мблии, -ий, *ед.* -лия, -и
лямблио́з, -а
ля́мзить, -зю, -зит
ля́ мино́р, ля́ мино́ра
ля-мино́рный
ля́мка, -и, *р. мн.* ля́мок
ля́мочка, -и, *р. мн.* -чек
ля́мочный
лян, -а
ля́ни, *нескл., ж.*
ляп[1], -а (*ошибка, промах*)
ляп[2], *неизм.*
ля́пать(ся), -аю(сь), -ает(ся)
ля́пис, -а
ля́пис-лазу́рь, -и
ля́писный
Ля́пкин-Тя́пкин, Ля́пкина-Тя́пкина
ля́пнуть(ся), -ну(сь), -нет(ся)
ля́псус, -а
Ляпуно́в, -а: **теоре́ма Ляпуно́ва, ме́тоды Ляпуно́ва**
лярд, -а
ля́сканье, -я
ля́скать, -аю, -ает
ля́скнуть, -ну, -нет
ля́сничать, -аю, -ает
ляссе́, *нескл., с.*
ля́сы точи́ть
ля́хи, -ов, *ед.* лях, -а
ля́шка, -и, *р. мн.* ля́шек (*к* ля́хи)
ля́шский

М

маа́ка, -и (*бабочка*)
маа́ры, -ов, *ед.* маа́р, -а
маастри́хтский (*от* Маастри́хт)
мабу́, *нескл., с.* (*муз. инструмент*)
мабу́и, *нескл., м.* (*животное*)
мавзоле́й, -я
Мавзоле́й В. И. Ле́нина
ма́вка, -и, *р. мн.* ма́вок (*мифол.*)
мавля́ и **мауля́,** *нескл., м.* (*ист.*)
мавretáнка, -и, *р. мн.* -нок (*к* Мавretáния, *ист.*)
мавretáнский (*к* ма́вры *и* Мавretáния, *в истории Древнего мира*)
маври́киева па́льма, маври́киевой па́льмы
маврики́йский (*от* Маври́кий)
маврики́йцы, -ев, *ед.* -и́ец, -и́йца, *тв.* -и́йцем
маври́сты, -ов, *ед.* -и́ст, -а
маврита́нка, -и, *р. мн.* -нок
маврита́нский (*к* ма́вры и Маврита́ния; маврита́нская козя́вка)
маврита́нцы, -ев, *ед.* -нец, -нца, *тв.* -нцем (*к* Маврита́ния, *государство*)
ма́врский
ма́вры, -ов, *ед.* мавр, -а
маг, -а
магада́нка, -и, *р. мн.* -нок
магада́нский (*от* Магада́н)
магада́нцы, -ев, *ед.* -нец, -нца, *тв.* -нцем
магази́н, -а
магазини́рование, -я
магазини́рованный; *кр. ф.* -ан, -ана
магазини́ровать(ся), -рую, -рует(ся)
магази́нка, -и, *р. мн.* -нок
магази́нный
магази́н-сало́н, магази́на-сало́на
магази́н-скла́д, магази́на-скла́да
магази́нчик, -а
магази́нщик, -а
магази́нщица, -ы, *тв.* -ей
магара́джа и **махара́джа,** -и, *тв.* -ей, *р. мн.* -ей, *м.*
магара́ни и **махара́ни,** *нескл., ж.*
магары́ч, -а́, *тв.* -о́м
магары́чничать, -аю, -ает
маггеми́т, -а
Магдали́на, -ы (Мари́я Магдали́на; *также о кающейся грешнице*)
магдебу́ргский (*от* Ма́гдебу́рг; магдебу́ргские полуша́рия)
Магдебу́ргское пра́во (*ист.*)
магдебу́ржцы, -ев, *ед.* -жец, -жца, *тв.* -жцем
Магелла́нов проли́в, Магелла́нова проли́ва
магелла́новский (*от* Магелла́н)
Магелла́новы Облака́, Магелла́новых Облако́в (*астр.*)
маги́зм, -а (*богосл.*)
маги́стерский (*от* маги́стр – *глава рыцарского ордена*)
маги́сте́рский (*от* маги́стр – *ученая степень*)
маги́сте́рство, -а
маги́стр, -а
магистра́ль, -и
магистра́льный
магистра́нт, -а
магистра́нтский
магистра́т, -а
магистра́тский
магистрату́ра, -ы
маги́ческий
ма́гия, -и
ма́гма, -ы
магмати́зм, -а
магмати́ческий
магматоге́нный
магна́лий, -я
магна́т, -а
магна́тский
магна́тство, -а
магнезиа́льный
магнези́т, -а
магнези́товый
магнезитохроми́т, -а
магнезитохроми́товый
магне́зия, -и
магнеси́н, -а
магнетиза́ция, -и
магнетизёр, -а
магнетизёрский
магнетизёрство, -а
магнетизи́рование, -я
магнетизи́рованный; *кр. ф.* -ан, -ана
магнетизи́ровать(ся), -рую(сь), -рует(ся)
магнети́зм, -а
магне́тик, -а
магнети́т, -а
магнети́товый
магнети́ческий
магне́то, *нескл., с.*
магнетокалори́ческий эффе́кт
магнето́н, -а
магнето́ника, -и
магнетосопротивле́ние, -я
магнетохими́ческий и **магнитохими́ческий**
магнетохи́мия, -и и **магнитохи́мия,** -и
магнетоэлектри́ческий эффе́кт
магнетро́н, -а
магнетро́нный
ма́гниево-алюми́ниевый
ма́гниевый
ма́гний, -я
магнийоргани́ческий
магнико́, *нескл., с.*
магни́стор, -а
магни́т, -а
магни́тить(ся), -и́чу, -и́тит(ся)
Магни́тка, -и (*гора Магнитная, Магнитогорский металлургический комбинат*)
Магни́тная, -ой (*гора*)
магни́тно-жёсткий
магни́тно-и́мпульсный
магни́тно-мя́гкий
магни́тно-ре́льсовый
магни́тно-сопряжённый
магни́тно-твёрдый
магни́тный
магнитоальбо́м, -а
магнитобиологи́ческий
магнитобиоло́гия, -и
магнитове́нтильный
магнитогидродина́мика, -и
магнитогидродинами́ческий
магнитого́рский (*от* Магнитого́рск)
магнитого́рцы, -ев, *ед.* -рец, -рца, *тв.* -рцем
магнитогра́мма, -ы
магнито́граф, -а

магнитогра́фия, -и
магнитодви́жущий
магнитодина́мика, -и
магнитодиэле́ктрики, -ов, *ед.* -рик, -а
магнитоза́пись, -и
магнитои́мпульсный
магнито́ла, -ы
магнитоле́нта, -ы
магнито́лог, -а
магнито́метр, -а
магнитометри́ческий
магнитоме́трия, -и
магнитомехани́ческий
магнитоо́птика, -и
магнитоопти́ческий
магнитоплёнка, -и, *р. мн.* -нок
магнитопро́вод, -а, *мн.* -а́, -о́в
магниторадио́ла, -ы
магниторазве́дка, -и
магниторазря́дный
магниторезисти́вный эффе́кт
магнито́риум, -а
магнитоста́тика, -и
магнитостати́ческий
магнитострикцио́нный
магнитостри́кция, -и
магнитострукту́рный
магнитосфе́ра, -ы
магнитотеллури́ческий
магнитотепловой́
магнитотерапи́я, -и
магнитотормозно́й
магнитотропи́зм, -а
магнитоупоря́доченный
магнитоупру́гий
магнитофи́льм, -а
магнитофо́н, -а
магнитофо́нный
магнитохими́ческий и **магнетохими́ческий**
магнитохи́мия, -и и **магнетохи́мия,** -и
магнитоэлектри́ческий (*электротех.*)
магнитоэнергети́ческий
магниту́да, -ы
магниту́дный
магни́тящий(ся)
магни́фикат, -а
магно́лиевый
магноли́т, -а
магноли́товый
магно́лия, -и
магно́н, -а
маго́, *нескл., м.* и **маго́т,** -а (*обезьяна*)
маго́г: го́г и маго́г и **гог-маго́г,** *другие формы не употр.*
маго́га: го́га и маго́га и **го́га-маго́га,** *другие формы не употр.*
Магоме́т, -а (*также*: е́сли гора́ не идёт к Магоме́ту, то Магоме́т идёт к горе́)
магомета́нин, -а, *мн.* -а́не, -а́н
магомета́нка, -и, *р. мн.* -нок
магомета́нский
магомета́нство, -а
маго́ния, -и
маго́т, -а и **маго́,** *нескл., м.* (*обезьяна*)
Магри́б, -а: **стра́ны Магри́ба**
мадагаска́рский (*от* Мадагаска́р)
мадагаска́рцы, -ев, *ед.* -рец, -рца, *тв.* -рцем
мада́м, *нескл., ж.*
мадапола́м, -а
мадапола́мовый
мадемуазе́ль, -и и *нескл., ж.*
маде́ра, -ы
маджли́с, -а (*в Узбекистане*)
маджо́нг, -а
ма́дия, -и
мадо́нна, -ы (*в старину в Италии: госпожа*) и **Мадо́нна,** -ы (*у католиков: Богоматерь*)
мадра́сский (*от* Мадра́с)
мадра́сцы, -ев, *ед.* -сец, -сца, *тв.* -сцем
мадре́н, -а (*мед.*)
мадрепо́ровый
мадрепо́ры, -по́р
мадрига́л, -а
мадригали́ст, -а
мадрига́льный
мадри́дка, -и, *р. мн.* -док
мадри́дский (*от* Мадри́д)
мадри́дцы, -ев, *ед.* -дец, -дца, *тв.* -дцем
мадуромико́з, -а
маду́рский
маду́рцы, -ев, *ед.* -рец, -рца, *тв.* -рцем
мадхьями́ка, -и
мадья́рка, -и, *р. мн.* -рок
мадья́рский
мадья́ры, -я́р, *ед.* -я́р, -а
маёвка, -и, *р. мн.* -вок
мaeта́, -ы́
мае́тность, -и (*поместье в Польше*)
ма́етный; *кр. ф.* -тен, -тна (*изнурительный*)
ма́ечка, -и, *р. мн.* -чек
Мажанди́, *нескл., м.*: **зако́н Бе́лла – Мажанди́**
мажа́ра, -ы
мажили́с, -а (*в Казахстане*)
мажо́р, -а
мажора́нта, -ы
мажордо́м, -а (*дворецкий*)
мажордо́мский
мажорита́рий, -я
мажорита́рно-пропорциона́льный
мажорита́рный
мажо́рность, -и
мажо́рный; *кр. ф.* -рен, -рна
мажо́ро-мино́р, -а
мажо́ро-мино́рный
ма́жущий(ся)
маз, -а (*бильярдный кий*), -а и -у (*в азартных играх: прибавка к ставке игрока*)
МАЗ, -а (*завод и автомобиль*)
Маза́й, -я: **де́д (де́душка) Маза́й**
ма́зальщик, -а
ма́зальщица, -ы, *тв.* -ей
ма́занка, -и, *р. мн.* -нок
ма́занковый
ма́занный; *кр. ф.* -ан, -ана, *прич.*
мазну́ть, -ну́, -нёт
ма́заный, *прил.*
ма́занье, -я
маза́р, -а
мазари́ды, -и́д, *ед.* -и́да, -ы
ма́зать(ся), ма́жу(сь), ма́жет(ся)
маздаки́зм, -а
маздаки́тский
маздаки́ты, -ов, *ед.* -ки́т, -а
маздеи́зм, -а
маздеи́ст, -а
маздеи́стский
ма́зевый
мазендера́нский
мазендера́нцы, -ев, *ед.* -нец, -нца, *тв.* -нцем
мазеобра́зный; *кр. ф.* -зен, -зна
ма́зер, -а
ма́зерный
ма́зик, -а (*уменьш.-ласкат. к* маз и МАЗ)
мази́ла, -ы, *м.* и *ж.*
мази́лка, -и, *р. мн.* -лок, *м.* и *ж.* (*о человеке*), *ж.* (*кисть, помазок; замазка*)
ма́зка, -и
ма́зкий; *кр. ф.* ма́зок, ма́зка́, ма́зко
мазко́вый
мазло́, -а́ (*прост. устар. к* мази́ла)
мазни́ца, -ы, *тв.* -ей
мазну́ть, -ну́, -нёт
мазня́, -и́
мазове́цкий (*к* Мазо́вия, Мазо́вше)
ма́зовский (*от* МАЗ)
мазовша́не, -а́н, *ед.* -а́нин, -а (*племя*)
мазо́к, мазка́
мазохи́зм, -а
мазохи́ст, -а
мазохи́стка, -и, *р. мн.* -ток
мазохи́стский
мазуре́ние, -я
мазу́рик, -а
мазу́рка, -и, *р. мн.* -рок
мазу́рничать, -аю, -ает
мазу́рнический
мазу́рничество, -а
мазу́рочный
мазу́рский
Мазу́рское Поозе́рье
мазу́ры, -ов, *ед.* мазу́р, -а
мазу́т, -а
мазу́тный
мазутово́з, -а
мазха́б, -а
ма́зчик, -а
мазь, -и
мазю́кать(ся), -аю(сь), -ает(ся)
маи́с, -а
маи́совый
май, ма́я

майа́мский (*от* Майа́ми)
майа́мцы, -ев, *ед.* -мец, -мца, *тв.* -мцем
майда́н, -а
майда́нить, -ню, -нит
майда́нный
майда́нщик, -а
майе́втика, -и
майерси́т, -а
ма́йка, -и, *р. мн.* ма́ек
майкарага́н, -а
Ма́йкельсо́н, -а: **о́пыт Ма́йкельсо́на, эшело́н Ма́йкельсо́на**
майко́пский (*от* Майко́п)
майкопча́не, -а́н, *ед.* -а́нин, -а
маймечи́т, -а
ма́йна[1], -ы (*трещина во льду; птица*)
ма́йна[2], *неизм.* (*команда*)
ма́йник, -а
майнова́ть, -ну́ю, -ну́ет
майн-ри́довский (*от* Ма́йн Ри́д)
ма́йнский (*от* Майн)
ма́йнцский (*от* Майнц)
майо́лика, -и
майо́ликовый
майоне́з, -а
майоне́зный
майо́р, -а
майора́н, -а
майора́новый
майора́т, -а
майора́тный
майора́тство, -а
майордо́м, -а (*должностное лицо, ист.*)
майо́р-инжене́р, майо́ра-инжене́ра
майо́рский
майо́рша, -и, *тв.* -ей
майоте́ны, -ов, *ед.* -те́н, -а (*ист.*)
ма́йский
ма́йя[1], -и (*ткань; одно из филос. понятий индуизма*)
ма́йя[2], *неизм.* и *нескл., м.* (*язык*) и *нескл., мн., ед. м.* и *ж.* (*народ*)
Ма́йя, -и (*имя; мифол.; астр.*)
ма́йяский (*от* ма́йя[2])
ма́йя-со́ке, *неизм.* и *нескл., мн.* (*языки*)
мак, -а и (*семена, употр. в пищу*) -а и -у
ма́ка, *нескл., мн., ед. м.* и *ж.* (*группа народов*)
макабри́ческий
макада́м, -а
мака́ка, -и и **мака́к,** -а
ма́каль, -я
мака́льный
мака́льщик, -а
мака́льщица, -ы, *тв.* -ей
мака́м, -а (*жанр иранской и турецкой музыки*)
мака́ма, -ы (*лит.*)
ма́канец, -нца, *тв.* -нцем, *р. мн.* -нцев
мака́ние, -я
ма́канный; *кр. ф.* -ан, -ана, *прич.*
ма́каный, *прил.*

мака́о, *нескл., с.* (*игра*) и *м.* (*попугай*)
Мака́р, -а (*также*: куда́ Мака́р теля́т не гоня́л; на бе́дного Мака́ра всё ши́шки ва́лятся)
мака́р: каки́м мака́ром, таки́м мака́ром
Мака́ров, -а: **пистоле́т Мака́рова**
мака́ров, -а, *тв.* -ым (*пистолет Макарова, разг.*)
мака́ровский (*от* Мака́ров)
макарони́зм, -а
макаро́нина, -ы
макарони́ческий
макаро́нник, -а
макаро́нно-конди́терский
макаро́нный
макаро́нщик, -а
макаро́нщица, -ы, *тв.* -ей
макаро́ны, -о́н
макаса́ры, -ов, *ед.* -са́р, -а
мака́тельный
мака́ть(ся), -а́ю, -а́ет(ся)
Ма́кбе́т, -а
ма́кви́с, -а
Макдо́налдс, -а и *нескл., м.* (*кафе; сеть кафе*)
македо́нка, -и, *р. мн.* -нок
македо́нский (*к* Македо́ния и македо́нцы); но: **Алекса́ндр Македо́нский**
македо́нцы, -ев, *ед.* -нец, -нца, *тв.* -нцем
македо́няне, -ян, *ед.* -янин, -а
македо́нянка, -и, *р. мн.* -нок
маке́т, -а
макети́рование, -я
макети́рованный; *кр. ф.* -ан, -ана
макети́ровать(ся), -рую, -рует(ся)
маке́тный
маке́тчик, -а
маке́тчица, -ы, *тв.* -ей
ма́ки, *нескл., м.* (*животное*)
маки́, *нескл., м.* (*партизан*)
макиаве́ллиевский (*от* Макиаве́лли)
макиавелли́зм, -а
макиавелли́ст, -а
макиавеллисти́ческий
макиавелли́стский
макинто́ш, -а, *тв.* -ем
маки́тра, -ы и **мако́тра,** -ы
макия́ж, -а, *тв.* -ем
макия́жный
маккарти́зм, -а
маккарти́стский
ма́ккия, -и
макла́к, -а́
макла́чащий
макла́ченье, -я
макла́ческий
макла́чество, -а
макла́чить, -чу, -чит
макла́чка, -и, *р. мн.* -чек
ма́клер, -а
ма́клерский
ма́клерство, -а

ма́клерствовать, -твую, -твует
маклю́ра, -ы
макну́ть, -ну́, -нёт
ма́ков: как ма́ков цве́т
ма́ковина, -ы
ма́ковица, -ы, *тв.* -ей
ма́ковичный
ма́ковка, -и, *р. мн.* -вок
ма́ковник, -а
ма́ковочка, -и, *р. мн.* -чек
ма́ковый
мако́м, -а (*жанр узбекской и таджикской музыки*)
мако́тра, -ы и **маки́тра,** -ы
макраме́, *неизм.* и *нескл., с.*
макре́левый
макрелещу́ка, -и
макре́ль, -и
макре́льный
макро... – *первая часть сложных слов, пишется слитно*
макроассе́мблер, -а
макробиблиоте́ка, -и
макрогенера́тор, -а
макрогли́я, -и
макрокефа́л, -а и **макроцефа́л,** -а
макрокефа́лия, -и и **макроцефа́лия,** -и
макрокине́тика, -и
макрокинети́ческий
макрокли́мат, -а
макроклимати́ческий
макрокома́нда, -ы
макроконте́кст, -а
макроко́см, -а и **макроко́смос,** -а
макрокосми́ческий
макрокристалли́ческий
макроли́ды, -ов, *ед.* -ли́д, -а (*антибиотики*)
макролити́ческий
макроли́ты, -ов, *ед.* -ли́т, -а (*археол.*)
макроме́ры, -ов, *ед.* -ме́р, -а
макроми́р, -а
макромоле́кула, -ы
макромолекуля́рный
макрону́клеус, -а
макрообъе́кт, -а
макроопределе́ние, -я
макроподстано́вка, -и, *р. мн.* -вок
макропо́ды, -по́д, *ед.* -по́да, -ы
макропо́ристый
макропроце́ссор, -а
макропроце́ссорный
макрорадиогра́фия, -и
макрорайо́н, -а
макрорасшире́ние, -я
макрорегули́рование, -я
макрорелье́ф, -а
макрорелье́фный
ма́крос, -а
макросейсми́ческий
макросисте́ма, -ы
макросисте́мный
макроскопи́ческий
макроскопи́я, -и

макросоциа́льный
макросоциологи́ческий
макросоциоло́гия, -и
макроспора́нгий, -я
макроспорио́з, -а
макроспорофи́лл, -а
макроспо́ры, -спо́р, *ед.* -спо́ра, -ы
макрострукту́ра, -ы
макрострукту́рный
макросъёмка, -и, *р. мн.* -мок
макроте́ло, -а, *мн.* -тела́, -те́л
макроу́ровень, -вня
макроу́ровневый
макрофа́ги, -ов, *ед.* -фа́г, -а
макрофаги́ческий
макрофи́ллы, -ов, *ед.* -фи́лл, -а
макрофи́льный
макрофина́нсовый
макрофотогра́фия, -и
макрофотосъёмка, -и, *р. мн.* -мок
макроцефа́л, -а и **макрокефа́л,** -а
макроцефа́лия, -и и **макрокефа́лия,** -и
макроци́кл, -а
макроци́стис, -а
макроцито́з, -а
макрошли́ф, -а
макроэволю́ция, -и
макроэконо́мика, -и
макроэкономи́ст, -а
макроэкономи́ческий
макроэрги́ческий
макру́рус, -а
Ма́ксвелл, -а: **распределе́ние Ма́ксвелла, теоре́ма Ма́ксвелла, уравне́ния Ма́ксвелла**
ма́ксвелл, -а, *р. мн.* -ов, *счетн. ф.* -велл (*ед. измер.*)
максвеллме́тр, -а
ма́кси, *неизм.* и *нескл., с.*
макси́ллы, -и́лл
макси́м, -а (*пулемет*)
ма́ксима, -ы (*принцип, правило поведения*)
максимали́зм, -а
максимали́ст, -а
максимали́стка, -и, *р. мн.* -ток
максимали́стский
максима́льность, -и
максима́льно-су́точный
максима́льно то́чный
максима́льный; *кр. ф.* -лен, -льна
Макси́м Гре́к
максимиза́ция, -и
максимизи́рованный; *кр. ф.* -ан, -ана
максимизи́ровать(ся), -рую, -рует(ся)
Макси́м Испове́дник
ма́кси-мо́да, -ы
ма́ксимум, -а
ма́кси-пальто́, *нескл., с.*
ма́кси-пла́тье, -я
ма́кси-экра́н, -а
ма́кси-ю́бка, -и, *р. мн.* -ю́бок
макулату́ра, -ы
макулату́рный
маку́ха, -и
маку́ша, -и, *тв.* -ей
маку́шечный
маку́шка, -и, *р. мн.* -шек
мал[1], мала́, ма́ло́ и (*меньшего, чем нужно, размера*) мало́ (*кр. ф. к ма́ленький и ма́лый*)
мал[2], -а (*в странах Востока: имущество, деньги, товар*)
мала́, -ы́ (*с.-х. орудие*)
малаба́рский (*от* Малаба́р)
мала́ви, *нескл., мн., ед. м.* и *ж.* (*группа народов*)
малави́йка, -и, *р. мн.* -и́ек
малави́йский (*к* Мала́ви, *государство*, мала́ви, малави́йцы)
малави́йцы, -ев, *ед.* -и́ец, -и́йца, *тв.* -и́йцем
мала́га, -и
малагаси́йка, -и, *р. мн.* -и́ек
малагаси́йский
малагаси́йцы, -ев, *ед.* -и́ец, -и́йца, *тв.* -и́йцем
малаге́нья, -и
малайзи́йка, -и, *р. мн.* -и́ек
малайзи́йский (*от* Мала́йзия)
малайзи́йцы, -ев, *ед.* -и́ец, -и́йца, *тв.* -и́йцем
мала́йка, -и, *р. мн.* -а́ек
мала́йский
мала́йско-полинези́йский
мала́йцы, -ев, *ед.* -а́ец, -а́йца, *тв.* -а́йцем
мала́ккский (*от* Мала́кка)
мала́ккцы, -ев, *ед.* -ккец, -ккца, *тв.* -ккцем
малакозооло́гия, -и
малаколо́гия, -и
малакофили́я, -и
мала́ньин: на мала́ньину сва́дьбу
малаха́й, -я
малахи́т, -а
малахи́товый
малахи́тчик, -а
Мала́хов курга́н, Мала́хова курга́на
малахо́льный
мала́шка, -и, *р. мн.* -шек (*жук*)
Ма́лая А́зия (*полуостров*)
Ма́лая Земля́ (*плацдарм под Новороссийском*)
малая́лам, *неизм.* и *нескл., м.* (*язык*)
малая́ли, *нескл., мн., ед. м.* и *ж.* (*народность*)
малая́льский
Ма́лая Медве́дица (*созвездие*)
малева́льный
малёванный; *кр. ф.* -ан, -ана
малева́нский (*к* малева́нцы)
малева́нцы, -ев, *ед.* -нец, -нца, *тв.* -нцем (*секта*)
малева́нье, -я
малева́ть(ся), малю́ю(сь), малю́ет(ся)
малези́йский (*геогр.*)
малеи́новый (*хим.*)
мале́йший
малёк, малька́
мале́нечко, *нареч.*
ма́ленький
Ма́ленький при́нц (*лит. персонаж*)
мале́нько, *нареч.*
малёхонький; *кр. ф.* -нек, -нька
мале́ц, мальца́, *тв.* мальцо́м, *р. мн.* мальцо́в
малёшенький; *кр. ф.* -нек, -нька
малигниза́ция, -и
мали́йка, -и, *р. мн.* -и́ек
мали́йский (*от* Мали́)
мали́йцы, -ев, *ед.* -и́ец, -и́йца, *тв.* -и́йцем
мали́к, -а́
мали́на, -ы
мали́нина, -ы
мали́нка, -и, *р. мн.* -нок
малинке́, *неизм.* и *нескл., м.* (*язык*)
мали́нник, -а
мали́нно-земляни́чный
мали́нный
мали́новка, -и, *р. мн.* -вок
мали́новость, -и
мали́новый
ма́лица, -ы, *тв.* -ей
ма́личный
ма́лка, -и, *р. мн.* ма́лок
маллеи́н, -а (*биол.*)
маллеиниза́ция, -и
ма́л мала́ ме́ньше
мал-малёхонек
мал-малёшенек
ма́ло, *нареч.* и *в знач. числит.*
мало... – *как первая часть сложных слов пишется слитно,* но: мало-мальски, мало-помалу
малоавторите́тный; *кр. ф.* -тен, -тна
малоазиа́тский и **малоази́йский** (*от* Ма́лая А́зия)
малоакти́вный; *кр. ф.* -вен, -вна
малоактуа́льный; *кр. ф.* -лен, -льна
малоалкого́льный
малоарома́тный; *кр. ф.* -тен, -тна
малоберцо́вый
малоблагоприя́тный; *кр. ф.* -тен, -тна
малобюдже́тный
малова́жность, -и
малова́жный; *кр. ф.* -жен, -жна
малова́ние, -я (*от* мала́)
малова́т, -а, -о
малова́то, *нареч.*
малове́р, -а
малове́рие, -я
малове́рка, -и, *р. мн.* -рок
малове́рный; *кр. ф.* -рен, -рна
маловероя́тность, -и
маловероя́тный; *кр. ф.* -тен, -тна
малове́с, -а
малове́ский
малове́сный; *кр. ф.* -сен, -сна
малове́треный
маловирuléнтный
маловлия́тельный; *кр. ф.* -лен, -льна

маломестúтельный; *кр. ф.* -лен, -льна
маловóдность, -и
маловóдный; *кр. ф.* -ден, -дна
маловодопроницáемый
маловóдье, -я, *р. мн.* -дий
маловосприúмчивый
маловразумúтельность, -и
маловразумúтельный; *кр. ф.* -лен, -льна
маловы́годный; *кр. ф.* -ден, -дна
маловынóсливый
маловыразúтельность, -и
маловыразúтельный; *кр. ф.* -лен, -льна
маловя́зкий
малогабарúтка, -и, *р. мн.* -ток
малогабарúтность, -и
малогабарúтный; *кр. ф.* -тен, -тна
малоговоря́щий*
малоголóвый
малогрáмотность, -и
малогрáмотный; *кр. ф.* -тен, -тна
малогру́зный
малодаровúтый
малодебúтный
малодéйственный; *кр. ф.* -вен и -венен, -венна
малодействúтельный; *кр. ф.* -лен, -льна
малодéржаный
малодéтность, -и
малодéтный
малодéятельный; *кр. ф.* -лен, -льна
малодифференцúрованный*; *кр. ф.* -ан, -анна
малодобы́чливый
малодóйка, -и, *р. мн.* -óек
малодóйный; *кр. ф.* -óен, -óйна
малодоказáтельный; *кр. ф.* -лен, -льна
малодостовéрный; *кр. ф.* -рен, -рна
малодосту́пность, -и
малодосту́пный; *кр. ф.* -пен, -пна
малодохóдный; *кр. ф.* -ден, -дна
малодраматúчный; *кр. ф.* -чен, -чна
малоду́шество, -а
малоду́шествовать, -твую, -твует
малоду́шие, -я
малоду́шничать, -аю, -ает
малоду́шность, -и
малоду́шный; *кр. ф.* -шен, -шна
малоéжка, -и, *р. мн.* -жек, *м.* и *ж.*
малоéзженый
малоéзжий
Мáлое Магеллáново Óблако (*галактика*)
маложелéзистый
маложúрный
малозавúдный; *кр. ф.* -ден, -дна
малозамéтность, -и
малозамéтный; *кр. ф.* -тен, -тна
малозаня́тный
малозаселённый*
малозастрóенный*
малозатрáтность, -и
малозатрáтный; *кр. ф.* -тен, -тна
малоземéлье, -я
малоземéльность, -и
малоземéльный; *кр. ф.* -лен, -льна
Малоземéльская ту́ндра
малоземéльцы, -ев, *ед.* -лец, -льца, *тв.* -льцем
малознакóмый
малознáчащий
малознáчимый
малозначúтельность, -и
малозначúтельный; *кр. ф.* -лен, -льна
малознáющий*
малозóльный
малоизвéданный; *кр. ф.* -ан, -анна
малоизвéстный; *кр. ф.* -тен, -тна
малоизу́ченный*
малоиму́щий
малоинициатúвный; *кр. ф.* -вен, -вна
малоинтеллигéнтный; *кр. ф.* -тен, -тна
малоинтерéсный; *кр. ф.* -сен, -сна
малоинформатúвный; *кр. ф.* -вен, -вна
малоиску́сный; *кр. ф.* -сен, -сна
малоискушённый; *кр. ф.* -ён, -ённа
малоисслéдованный*
малокалúберный
малокалорúйный; *кр. ф.* -úен, -úйна
малокартúнье, -я (*о кино*)
малоквалифицúрованный; *кр. ф.* -ан, -анна
малоквартúрный
малокомпетéнтный; *кр. ф.* -тен, -тна
малокомплéктный; *кр. ф.* -тен, -тна
малоконкрéтный; *кр. ф.* -тен, -тна
малоконструктúвный; *кр. ф.* -вен, -вна
малокостúстый
малокрóвие, -я
малокрóвный; *кр. ф.* -вен, -вна
малокры́лый
мáло ктó (чтó, какóй, гдé, кудá, когдá)
малокульту́рный; *кр. ф.* -рен, -рна
малолéсный
малолéсье, -я
малолéтка, -и, *р. мн.* -ток, *м.* и *ж.*
малолéтний
малолéтник, -а
малолéток, -тка
малолéтство, -а
мáло ли ктó (чтó, какóй, гдé, кудá, когдá)
малолитрáжка, -и, *р. мн.* -жек
малолитрáжный
мáло ли чтó (*неважно, несущественно*)
малолюбопы́тный; *кр. ф.* -тен, -тна
малолю́дность, -и
малолю́дный; *кр. ф.* -ден, -дна
малолю́дство, -а
малолю́дье, -я
мáло-мáло
мáло-мáльски
мáло-мáльский
маломéрка, -и, *р. мн.* -рок
маломéрный
маломéрок, -рка
маломéстный
малометрáжка, -и, *р. мн.* -жек
малометрáжный
маломну́щийся*
маломóчный; *кр. ф.* -чен, -чна (*бедный*)
маломóщность, -и
маломóщный; *кр. ф.* -щен, -щна (*малой мощности*)
малонаблюдáтельный; *кр. ф.* -лен, -льна
малонадёжный; *кр. ф.* -жен, -жна
малонаéзженный*
малонаселённость, -и
малонаселённый; *кр. ф.* -ён, -ённа
малонасы́щенный
мáло не... (*чуть было не...*)
малóновый (*хим.*)
мáло нóшенный
малонóшеный, *прил.*
малообаятельный; *кр. ф.* -лен, -льна
малообду́манный*
малообеспéченность, -и
малообеспéченный*
малообжитóй
малообитáемый
малоóблачный; *кр. ф.* -чен, -чна
малообоснóванный; *кр. ф.* -ан, -анна
малообрабóтанный*
малообразóванный; *кр. ф.* -ан, -анна
малообслéдованный*
малообустрóенный
малообщúтельный; *кр. ф.* -лен, -льна
малообъёмный; *кр. ф.* -мен, -мна
малообъяснúмый
малоодарённый; *кр. ф.* -ён, -ённа
малооперативный; *кр. ф.* -вен, -вна
малооперациóнный
малооплáчиваемый
малоóпытность, -и
малоóпытный; *кр. ф.* -тен, -тна
малоосведомлённый*
малоосвещённый*
малоосвóенный*
малоосмы́сленный; *кр. ф.* -ен, -енна
малооснащённый*
малоосновáтельный; *кр. ф.* -лен, -льна
малоотхóдный
малоощутúмый
малóпе, *нескл., с.*
малопéнящийся
малоперспектúвный; *кр. ф.* -вен, -вна
малопитáтельный; *кр. ф.* -лен, -льна
малоплóдие, -я
малоплóдный
малоплодóвый
малоплодорóдный; *кр. ф.* -ден, -дна

малоплодотвóрный; *кр. ф.* -рен, -рна
малоподви́жность, -и
малоподви́жный; *кр. ф.* -жен, -жна
малоподготóвленный*
малоподéржанный
малоподходя́щий
малополéзный; *кр. ф.* -зен, -зна
мáло-помáлу
малопомести́тельный; *кр. ф.* -лен, -льна
малопомéстный
малопоня́тливый
малопоня́тность, -и
малопоня́тный; *кр. ф.* -тен, -тна
малопопуля́рный; *кр. ф.* -рен, -рна
малопосещáемый*
малопочётный; *кр. ф.* -тен, -тна
малопочтéнный; *кр. ф.* -éнен, -éнна
малоправдоподóбный; *кр. ф.* -бен, -бна
малопредсказýемый
малопредстави́тельный; *кр. ф.* -лен, -льна
малопрести́жность, -и
малопрести́жный; *кр. ф.* -жен, -жна
малопри́быльный; *кр. ф.* -лен, -льна
малопривлекáтельность, -и
малопривлекáтельный; *кр. ф.* -лен, -льна
малопригóдный; *кр. ф.* -ден, -дна
малоприменúмый
малопримéтный; *кр. ф.* -тен, -тна
малопримечáтельный; *кр. ф.* -лен, -льна
малоприспосóбленный*
малопристóйный; *кр. ф.* -óен, -óйна
малопритязáтельный; *кр. ф.* -лен, -льна
малоприя́тный; *кр. ф.* -тен, -тна
малопродукти́вный; *кр. ф.* -вен, -вна
малопроéзжий
малопрозрáчный; *кр. ф.* -чен, -чна
малопроизводи́тельный; *кр. ф.* -лен, -льна
малопроницáемый
малопуши́стый
малопью́щий
малорáзвитый
малоразговóрчивый
малоразмéрный
малораспространённый*
малорассуди́тельный; *кр. ф.* -лен, -льна
малорастворúмый
малорастя́гивающийся*
малорастяжи́мый
малореáльный; *кр. ф.* -лен, -льна
малорентáбельность, -и
малорентáбельный; *кр. ф.* -лен, -льна
малоречи́вый
малорóслый
малоросси́йский
Малорóссия, -и
малороссия́не, -я́н, *ед.* -я́нин, -а
малороссия́нка, -и, *р. мн.* -нок
малорóсска, -и, *р. мн.* -ссок
малорóсский
малорóссы, -ов, *ед.* -рóсс, -а
малорýска, -и, *р. мн.* -сок
малорýсский
малорýсы, -ов, *ед.* -рýс, -а
малосвéдущий
малосгибáющийся*
малосемéйный; *кр. ф.* -éен, -éйна
малосери́йный
малоси́льный; *кр. ф.* -лен, -льна
малосимпати́чный; *кр. ф.* -чен, -чна
малословный; *кр. ф.* -вен, -вна
малосминáемый
малосмы́сленность, -и
малосмы́сленный; *кр. ф.* -ен, -енна
малоснéжный; *кр. ф.* -жен, -жна
малоснéжье, -я
малосовмести́мый
малосодержáтельный; *кр. ф.* -лен, -льна
малосознáтельный; *кр. ф.* -лен, -льна
малосолёный
малосóльный
малосообрази́тельный; *кр. ф.* -лен, -льна
малосостоя́тельный; *кр. ф.* -лен, -льна
малоспосóбный; *кр. ф.* -бен, -бна
малостóйкий; *кр. ф.* -óек, -óйка
малостóящий
мáлость, -и
малосущéственный; *кр. ф.* -вен и -венен, -венна
малосъедóбный
малоталáнтливый
малотеплопровóдный; *кр. ф.* -ден, -дна
малотирáжность, -и
малотирáжный
мáло тогó, *вводн. сл.*
мáло тогó что, *союз*
малотокси́чный; *кр. ф.* -чен, -чна
малотоннáжный
малотрéбовательный; *кр. ф.* -лен, -льна
малотренирóванный*
малоубеди́тельный; *кр. ф.* -лен, -льна
малоуглерóдистый
малоуглерóдный; *кр. ф.* -ден, -дна
малоудáчный; *кр. ф.* -чен, -чна
малоудóбный; *кр. ф.* -бен, -бна
малоудовлетвори́тельный; *кр. ф.* -лен, -льна
малоудóйный; *кр. ф.* -óен, -óйна
малоýмие, -я
малоýмный
малоýмок, -мка
малоупотреби́тельность, -и
малоупотреби́тельный; *кр. ф.* -лен, -льна
малоуправля́емый
малоупрýгий
малоурожáйный; *кр. ф.* -áен, -áйна
малоусáдочный
малоуси́дчивый
малоуспевáющий*
малоуспéшный; *кр. ф.* -шен, -шна
малоустóйчивый
малоустýпчивый
малоутеши́тельный; *кр. ф.* -лен, -льна
малоуязви́мый
малоформáтность, -и
малоформáтный; *кр. ф.* -тен, -тна
малохарактéрный; *кр. ф.* -рен, -рна
малохлéбный
малохóдность, -и
малохóженый
малохудóжественный; *кр. ф.* -вен и -венен, -венна
малоцéнный; *кр. ф.* -éнен, -éнна
малочи́сленность, -и
малочи́сленный; *кр. ф.* -ен, -енна
малочитáющий*
малочувстви́тельный; *кр. ф.* -лен, -льна
малошёрстный
малошýмный; *кр. ф.* -мен, -мна
малошумя́щий
малощети́нковый
малоэкономи́чный; *кр. ф.* -чен, -чна
малоэласти́чный; *кр. ф.* -чен, -чна
малоэтáжность, -и
малоэтáжный; *кр. ф.* -жен, -жна
малоэффекти́вный; *кр. ф.* -вен, -вна
малояросла́вецкий и **малояросла́вский** (*от* Малояросла́вец)
малояросла́вцы, -ев, *ед.* -вец, -вца, *тв.* -вцем (*жители города Малоярославца*)
Мáлые Анти́льские островá
Мáлые Зóндские островá
мáлый[1], *прил.*; но: **Диони́сий Мáлый**
мáлый[2], -ого (*парень, мужчина*)
Мáлый зáл Москóвской консерватóрии
Мáлый Пёс (*созвездие*)
Мáлый теáтр (*в Москве*)
Мáлый Хингáн (*горы*)
малы́ш, -á, *тв.* -óм
малы́шка, -и, *р. мн.* -шек, *м.* и *ж.*
малышкóвый
малышня́, -и́
малышóвый
малышóк, -шкá
мáльва, -ы
мальвáзия, -и
мáльвовый
мальди́вский (*к* Мальди́вские островá, Мальди́вы)
мальди́вцы, -ев, *ед.* -вец, -вца, *тв.* -вцем
малькóвый
малькóльмия, -и
мальм, -а (*геол.*)

мальма́, -ы́ (*рыба*)
мальо́ркский (*от* Мальо́рка)
мальпи́гиев, -а, -о: (*от* Мальпи́ги): **мальпи́гиев сло́й, мальпи́гиевы сосу́ды, тельца́**
мальпо́ст, -а
мальсе́кко, *нескл., с.*
ма́льта, -ы (*битум*)
мальти́йский (*от* Ма́льта, *государство*)
Мальти́йский о́рден
мальти́йцы, -ев, *ед.* -и́ец, -и́йца, *тв.* -и́йцем
ма́льтовый (*от* ма́льта)
мальто́за, -ы
мальтузиа́нец, -нца, *тв.* -нцем, *р. мн.* -нцев
мальтузиа́нский (*от* Ма́льтус)
мальтузиа́нство, -а
ма́льчик, -а
ма́льчико́вый
Ма́льчик с па́льчик, Ма́льчика с па́льчик и **Ма́льчик-с-па́льчик**, Ма́льчика-с-па́льчика (*сказочный персонаж*)
ма́льчик с па́льчик, ма́льчика с па́льчик и **ма́льчик-с-па́льчик**, ма́льчика-с-па́льчика (*о ребенке*)
мальчи́шески
мальчи́шеский
мальчи́шество, -а
мальчи́шечий, -ья, -ье
мальчи́шечка, -и, *р. мн.* -чек, *м.*
мальчи́шка, -и, *р. мн.* -шек, *м.*
мальчи́шник, -а
мальчо́нка, -и, *р. мн.* -нок, *м.*
мальчо́нок, -нка
мальчо́ночек, -чка
мальчо́ночка, -и, *р. мн.* -чек, *м.*
мальчуга́н, -а
мальчуга́шка, -и, *р. мн.* -шек, *м.*
Малю́с, -а: **зако́н Малю́са**
малю́сенький
малю́тка, -и, *р. мн.* -ток, *м.* и *ж.*
малю́точка, -и, *р. мн.* -чек, *м.* и *ж.*
маля́вка, -и, *р. мн.* -вок
маля́вочка, -и, *р. мн.* -чек
маля́р, -а́
маля́р-альфре́йщик, маляра́-альфре́йщика
маляри́йный
маля́рик, -а
маляри́олог, -а
маляриоло́гия, -и
маля́рить, -рю, -рит
маляри́я, -и
маля́рка, -и, *р. мн.* -рок
маля́рничать, -аю, -ает
маля́рный (*к* маля́р)
маля́рша, -и, *тв.* -ей
маля́р-штукату́р-облицо́вщик, маляра́-штукату́ра-облицо́вщика
ма́ма, -ы
мама́, *нескл., ж.* (*устар. к* ма́ма)
Мама́ев курга́н, Мама́ева курга́на
мама́ево побо́ище, мама́ева побо́ища (*о драке; о полнейшем беспорядке*)
Мама́й, -я (*ист. лицо*); но: **мама́й прошёл** (*где*) (*о полнейшем беспорядке*)
мамалы́га, -и
мама́н, *нескл., ж.*
мама́нька, -и, *р. мн.* -нек
мама́ня, -и
ма́ма-па́па, ма́мы-па́пы
мама́ша, -и, *тв.* -ей
мама́шенька, -и, *р. мн.* -нек
мама́шин, -а, -о
ма́мба, -ы (*змея*)
ма́мбо, *нескл., с.* (*танец*)
Мамври́йский ду́б (*библ.*)
мамелю́к, -а и **мамлю́к**, -а
ма́менька, -и, *р. мн.* -нек
ма́менькин, -а, -о
мамзе́ль, -и
ма́мин, -а, -о
ма́мка, -и, *р. мн.* ма́мок
ма́мкин, -а, -о
мамлю́к, -а и **мамелю́к**, -а
маммалиоло́гия, -и и **маммало́гия**, -и (*раздел зоологии*)
маммиля́рия, -и
маммогра́мма, -ы
маммо́граф, -а
маммографи́ческий
маммогра́фия, -и
маммокри́н, -а
маммо́лог, -а (*врач*)
маммологи́ческий
маммофизи́н, -а
мамо́на, -ы
ма́монт, -а
мамонтёнок, -нка, *мн.* -тя́та, -тя́т
ма́монтово де́рево, ма́монтова де́рева
ма́монтовский (*от* Ма́монтов)
ма́монтовый
ма́монька, -и, *р. мн.* -нек
ма́мочка, -и, *р. мн.* -чек
ма́мочкин, -а, -о
маму́ля, -и
маму́ра, -ы
маму́ся, -и
ма́мушка, -и, *р. мн.* -шек
ма́на, -ы
манаки́н, -а
мана́п, -а
мана́т, -а (*ден. ед.*)
манате́йный
мана́тки, -ток
манатья́, -и́, *р. мн.* -те́й
мангазе́йский (*от* Мангазе́я)
манга́л, -а
мангана́ты, -ов, *ед.* -на́т, -а (*соли марганцовистой кислоты*)
мангани́н, -а (*сплав*)
мангани́новый
мангани́т, -а (*минерал*)
мангани́товый
манге́ймский (*от* Ма́нге́йм)
манге́ймцы, -ев, *ед.* -мец, -мца, *тв.* -мцем
ма́нглевый
мангль, -я
ма́нго, *нескл., с.*
мангобе́й, -я
ма́нговый
ма́нго́льд, -а
мангониза́ция, -и
мангоста́н, -а
ма́нгровый
ма́нгры, -ов
мангу́ст, -а и **мангу́ста**, -ы
мангу́стовый
мангышла́кский (*от* Мангышла́к)
манда́ла, -ы (*йога*)
манда́нт, -а (*тот, кто выдал мандат*)
манда́ра, *нескл., мн., ед. м.* и *ж.* (*группа племен*)
мандари́н, -а, *р. мн.* -ов
мандари́нка, -и, *р. мн.* -нок
мандари́нник, -а
мандари́нный
мандари́новый
мандари́нский (*от* мандари́н – *чиновник в Китае*)
мандари́нчик, -а
манда́т, -а
мандата́рий, -я
манда́тный
ма́нде, *неизм.* и *нескл., мн.* (*группа языков*)
мандеи́зм, -а
мандеи́ст, -а
мандеи́стский
мандельшта́мовский (*от* Мандельшта́м)
мандельште́йн, -а (*горная порода*)
манди́булы, -ул, *ед.* -ула, -ы
манди́нго, *неизм.* и *нескл., мн.* (*группа языков*) и *нескл., мн., ед. м.* и *ж.* (*группа народов*)
мандо́ла, -ы
мандоли́на, -ы
мандолини́ст, -а
мандолини́стка, -и, *р. мн.* -ток
мандоли́нный
мандо́рла, -ы
мандраго́ра, -ы
мандраго́ровый
мандра́ж, -а́, *тв.* -о́м
мандражи́ровать, -рую, -рует
мандри́л, -а
манёвр, -а и **мане́вр**, -а
манёвренность, -и и **мане́вренность**, -и
манёвренный; *кр. ф.* -ен, -енна и **мане́вренный**; *кр. ф.* -ен, -енна
маневри́рование, -я
маневри́ровать, -рую, -рует
маневро́вый
манёвры, -ов и **мане́вры**, -ов (*войсковые учения; передвижение ж.-д. составов*)

мане́ж, -а, *тв.* -ем и (*название архит. памятников – выставочных залов в Москве, Петербурге*) **Мане́ж,** -а, *тв.* -ем
мане́жащий(ся)
мане́жик, -а
мане́жить(ся), -жу(сь), -жит(ся)
Мане́жная пло́щадь (*в Москве, Петербурге*)
мане́жный
манеке́н, -а
манеке́нный
манеке́нша, -и, *тв.* -ей
манеке́нщик, -а
манеке́нщица, -ы, *тв.* -ей
манённый, *прич.*
манёный, *прил.*
мане́р: на мане́р (*кого, чего, какой*), **каки́м** (и *каким-н.*) **мане́ром, таки́м мане́ром**
мане́ра, -ы
мане́рка, -и, *р. мн.* -рок
мане́рничанье, -я
мане́рничать, -аю, -ает
мане́рность, -и
мане́рный; *кр. ф.* -рен, -рна
мане́рочный
мане́ры, -е́р (*внешние формы поведения*)
манже́та, -ы (*тех.*)
манже́тка, -и, *р. мн.* -ток (*растение*)
манже́тки, -ток, *ед.* -тка, -и (*обшлага, отвороты*)
манже́тный
манжетови́дный
манже́ты, -е́т, *ед.* -е́та, -ы и -е́т, -а (*обшлага, отвороты*)
маниака́льно-депресси́вный
маниака́льность, -и
маниака́льный; *кр. ф.* -лен, -льна
ма́ние: ма́нием, по ма́нию (*кого, чего*)
мани́зм, -а (*культ предков*)
маникю́р, -а
маникю́рить(ся), -рю(сь), -рит(ся)
маникю́рный
маникю́рша, -и, *тв.* -ей
Мани́лов, -а
мани́ловский (*от* Мани́лов)
мани́ловщина, -ы
мани́льский (*от* Мани́ла)
мани́льцы, -ев, *ед.* -лец, -льца, *тв.* -льцем
мани́ок, -а и **мани́ока,** -и
маниофо́бия, -и
мани́пул, -а и **мани́пула,** -ы
манипули́рование, -я
манипули́ровать, -рую, -рует
манипуляти́вный
манипуля́тор, -а
манипуля́торный
манипуля́торский
манипуля́ция, -и
манипу́ри, *неизм.* и *нескл., м.* (*язык*), *нескл., мн., ед. м.* и *ж.* (*народ*) и *с.* (*танец*)
мани́ть, маню́, ма́нит
манифе́ст, -а
манифеста́нт, -а
манифеста́нтка, -и, *р. мн.* -ток
манифеста́ция, -и
манифести́рованный; *кр. ф.* -ан, -ана
манифести́ровать(ся), -рую, -рует(ся)
манифе́стный
манифо́льд, -а
манихе́и, -е́ев, *ед.* -хе́й, -я
манихеи́зм, -а
манихе́йский
манихе́йство, -а
манихе́йцы, -ев, *ед.* -е́ец, -е́йца, *тв.* -е́йцем
мани́шечный
мани́шка, -и, *р. мн.* -шек
ма́ния, -и
ма́нка, -и (*крупа*)
ма́нки, *нескл., с.* и **ма́нкис,** -а (*танец*)
ма́нкий; *кр. ф.* ма́нок, ма́нка
манки́рование, -я
манки́рованный; *кр. ф.* -ан, -ана
манки́ровать, -рую, -рует
манкиро́вка, -и
ма́нко, *нескл., с.* (*недовес, недочет*)
ма́нкость, -и
манкуниа́нский (*к* Манку́ниум, *ист.,* и Манче́стер)
манкуниа́нцы, -ев, *ед.* -нец, -нца, *тв.* -нцем
манку́рт, -а
манкуртиза́ция, -и
ма́нна, -ы
манна́ны, -ов, *ед.* манна́н, -а
ма́нник, -а
манни́т, -а
манно́за, -ы
ма́нный
ма́но, *нескл., мн., ед. м.* и *ж.* (*народ*)
манове́ние, -я
мано́к, манка́
мано́метр, -а
манометри́ческий
мано́метровый
ма́нор, -а
маноста́т, -а
мано́чный
манс, -а
манса́рда, -ы
манса́рдный
ма́нси, *нескл., мн., ед. м.* и *ж.* (*народ*)
манси́йка, -и, *р. мн.* -и́ек
манси́йский
манси́йцы, -ев, *ед.* -и́ец, -и́йца, *тв.* -и́йцем
ма́нтапа́м, -а
ма́нти́йный
ма́нтика, -и
манти́лька, -и, *р. мн.* -лек
манти́лья, -и, *р. мн.* -лий
манти́сса, -ы
ма́нтия, -и
манто́, *нескл., с.*
ма́нтра, -ы
мантри́ческий
Манту́, *нескл., м.*: **реа́кция Манту́, про́ба Манту́**
манту́, *нескл., с.* (*проба Манту и результат ее применения, разг.*)
мантуа́нский (*от* Ма́нтуя)
мантуа́нцы, -ев, *ед.* -нец, -нца, *тв.* -нцем
манты́, -о́в (*кулин.*)
манты́шница, -ы, *тв.* -ей (*от* манты́)
мануа́л, -а
мануали́ст, -а
мануа́льный
мануа́льщик, -а
ману́л, -а
мануо́лог, -а
манускри́пт, -а
мануфакту́ра, -ы
мануфактури́ст, -а
Мануфакту́р-колле́гия, -и (*ист.*)
мануфакту́рный
мануфакту́р-сове́тник, -а
мануфакту́рщик, -а
манхэ́ттенский (*от* Манхэ́ттен)
манхэ́ттенцы, -ев, *ед.* -нец, -нца, *тв.* -нцем
манцине́лла, -ы
манципа́ция, -и
манче́стер, -а (*ткань*)
манче́стерский (*от* Манче́стер, *город*)
манче́стерство, -а
манче́стерцы, -ев, *ед.* -рец, -рца, *тв.* -рцем
ма́ны, -ов и ман, *ед.* ман, -а (*мифол.*)
маны́чский (*от* Маны́ч)
маньери́зм, -а
маньери́ст, -а
маньеристи́ческий
маньери́стский
маньчжу́рка, -и, *р. мн.* -рок
маньчжу́рский (*к* маньчжу́ры и Маньчжу́рия)
маньчжу́ры, -ов, *ед.* -жу́р, -а
манья́к, -а
манья́к-уби́йца, манья́ка-уби́йцы, *м.*
манья́ческий
манья́чество, -а
манья́чка, -и, *р. мн.* -чек
маня́щий
маои́зм, -а
маои́ст, -а
маои́стский
ма́ори, *неизм.* и *нескл., м.* (*язык*) и *нескл., мн., ед. м.* и *ж.* (*народ*)
маори́йский
маоцзэду́новский (*от* Ма́о Цзэду́н)
мапу́тский (*от* Мапу́ту)
мапу́тцы, -ев, *ед.* -тец, -тца, *тв.* -тцем
ма́ра, -ы
марабу́, *нескл., м.* (*птица; кустарник*)
марабу́т, -а (*монах-воин*)
мара́зм, -а
marазма́тик, -а
маразмати́ческий

маразмати́чка, -и, *р. мн.* -чек
маразми́рующий
мара́кас, -а
марако́ва́ть, -ку́ю, -ку́ет
мараку́йя, -и
мара́л, -а
маралёнок, -нка, *мн.* -ля́та, -я́т
мара́лий, -ья, -ье
маралово́д, -а
маралово́дство, -а
маралово́дческий
маралу́ха, -и
мара́ль, -и (*клевета, устар. прост.*)
мара́льник, -а
мараля́тина, -ы
мара́ние, -я (*действие*)
ма́ранный; *кр. ф.* -ан, -ана, *прич.*
мара́нта, -ы
мара́ны, -ов, *ед.* мара́н, -а
ма́раный, *прил.*
ма́раный-перема́раный
мара́нье, -я (*написанное*)
мараски́н, -а
мара́тель, -я
мара́ттиевые, -ых
мара́тхи, *неизм.* и *нескл., м.* (*язык*) и *нескл., мн., ед. м.* и *ж.* (*народ*)
мара́тхский
мара́ть(ся), -а́ю(сь), -а́ет(ся)
марафе́т, -а
марафе́тить(ся), -е́чу(сь), -е́тит(ся)
марафо́н, -а (*марафонский бег; длительное мероприятие*)
марафо́нец, -нца, *тв.* -нцем, *р. мн.* -нцев
марафо́нка, -и, *р. мн.* -нок
марафо́нский (*от* Марафо́н, *геогр.*; марафо́нский бе́г, заплы́в; марафо́нская диста́нция)
мара́шка, -и, *р. мн.* -шек
марбли́т, -а
ма́рганец, -нца, *тв.* -нцем
марганецсодержа́щий
ма́рганцево-ру́дный
ма́рганцевый (*к* ма́рганец)
марганцо́вистый
марганцо́вка, -и
марганцовоки́слый
марганцо́вый (марганцо́вая кислота́; *к* марганцо́вка)
маргари́н, -а
маргари́новый
маргари́т, -а (*минерал*)
маргари́тка, -и, *р. мн.* -ток (*цветок*)
маргари́тковый
маргина́л, -а
маргинализа́ция, -и
маргинализо́ванный; *кр. ф.* -ан, -ана
маргина́лии, -ий, *ед.* -лия, -и
маргина́льность, -и
маргина́льный; *кр. ф.* -лен, -льна
ма́рго, *нескл., с.*
марде́р, -а
ма́рджин, -а
ма́рево, -а
ма́ревый
маре́ль, -и
маре́мма, -ы
маре́на, -ы (*бот.*)
маре́нго, *неизм.*
маре́нный (*от* маре́на)
маре́новый
марео́граф, -а
ма́ржа, -и, *тв.* -ей
ма́ржевый
маржинали́зм, -а
маржинали́ст, -а
маржинали́стский
маржина́льность, -и
маржина́льный; *кр. ф.* -лен, -льна
марза́н, -а
ма́ри, *нескл., мн., ед. м.* и *ж.* (*народ*)
Мари́инка, -и (*театр*)
Мари́инская во́дная систе́ма
Мари́инский дворе́ц (*в Петербурге, Киеве*)
Мари́инский Поса́д (*город*)
Мари́инский теа́тр (*в Петербурге*)
мари́йка, -и, *р. мн.* -и́ек (*к* мари́йцы)
мари́йский
мари́йцы, -ев, *ед.* -и́ец, -и́йца, *тв.* -и́йцем
мари́мба, -ы
мари́на, -ы (*картина*)
марина́д, -а
марини́зм, -а
марини́ст, -а
марини́стика, -и
марини́стский
мари́нка, -и, *р. мн.* -нок (*рыба*)
маринова́ние, -я
марино́ванный; *кр. ф.* -ан, -ана
маринова́ть(ся), -ну́ю(сь), -ну́ет(ся)
марино́вка, -и
марионе́тка, -и, *р. мн.* -ток
марионе́точный
Марио́тт, -а: **зако́н Бо́йля – Марио́тта**
мариуполи́т, -а (*горная порода*)
мариу́польский (*от* Мариу́поль)
мариу́польцы, -ев, *ед.* -лец, -льца, *тв.* -льцем
марихуа́на, -ы
марихуа́нный
Мари́я Еги́петская
Мари́я – заигра́й овра́жки, Мари́и – заигра́й овра́жки (*день народного календаря*)
Мари́я Магдали́на
Мари́я – пусты́е щи́, Мари́и – пусты́е щи́ (*день народного календаря*)
ма́рка, -и, *р. мн.* ма́рок
марказ́ит, -а
маркгра́ф, -а
маркграфи́ня, -и
маркгра́фский
маркгра́фство, -а
ма́ркер, -а (*род фломастера; то, что марки́рует, спец.*)
маркёр, -а (*лицо; с.-х. орудие*)
маркёрский
маркёрство, -а
ма́рке́тер, -а
маркетиза́ция, -и
ма́рке́тинг, -а
ма́рке́тинг-дире́ктор, -а
ма́рке́тинг-заку́пки, -пок
марке́тинговый
маркетме́йкер, -а
маркетме́йкерский
маркетме́йкерство, -а
маркето́лог, -а
маркетологи́ческий
маркетоло́гия, -и
маркетри́, *нескл., с.*
марки́з, -а
марки́за, -ы
маркизе́т, -а
маркизе́товый
марки́зный
Марки́зские острова́
ма́ркий; *кр. ф.* ма́рок, ма́рка́, ма́рко
маркирова́льный
маркирова́ние, -я
марки́рованный; *кр. ф.* -ан, -ана (*от* марки́ровать)
маркиро́ванный; *кр. ф.* -ан, -ана (*от* маркирова́ть)
марки́ровать(ся), -рует(ся) (*лингв.*)
маркирова́ть(ся), -ру́ю, -ру́ет(ся)
маркиро́вка, -и, *р. мн.* -вок
маркиро́вочный
маркиро́вщик, -а
маркиро́вщица, -ы, *тв.* -ей
маркита́нт, -а
маркита́нтка, -и, *р. мн.* -ток
маркита́нтский
Марко́вников, -а: **пра́вило Марко́вникова**
маркома́ны, -ов (*племя*)
ма́ркость, -и
маркси́зм, -а
маркси́зм-ленини́зм, маркси́зма-ленини́зма
маркси́ст, -а
маркси́стка, -и, *р. мн.* -ток
маркси́ст-ле́нинец, маркси́ста-ле́нинца
маркси́стский
маркси́стско-ле́нинский
Ма́рксов, -а, -о и **ма́рксовский** (*от* Маркс)
марк-тве́новский (*от* Ма́рк Тве́н)
маркше́йдер, -а
маркшейдери́я, -и
маркше́йдерский
марлёвка, -и
ма́рлевый
ма́рлечка, -и, *р. мн.* -чек
марли́на, -ы
ма́рля, -и
мармати́т, -а
мармела́д, -а
мармела́дина, -ы
мармела́динка, -и, *р. мн.* -нок

мармела́дка, -и, *р. мн.* -док
мармела́дный
марми́т, -а
мармора́ция, -и
мармори́рованный; *кр. ф.* -ан, -ана
мармори́ровать(ся), -и́рую, -и́рует(ся)
ма́рнский (*от* Ма́рна)
мародёр, -а
мародёрка, -и, *р. мн.* -рок
мародёрский
мародёрство, -а
мародёрствовать, -твую, -твует
мароке́н, -а
мароке́новый
марокка́нка, -и, *р. мн.* -нок
марокка́нский (*от* Маро́кко)
марокка́нцы, -ев, *ед.* -нец, -нца, *тв.* -нцем
маро́ккская саранча́ (кобы́лка)
марони́ты, -ов, *ед.* -ни́т, -а
Маросе́йка, -и (*улица*)
ма́рочка, -и, *р. мн.* -чек
ма́рочник, -а
ма́рочница, -ы, *тв.* -ей
ма́рочность, -и
ма́рочный
марри́зм, -а
марри́ст, -а
марри́стский
ма́рровский (*от* Марр)
ма́рровщина, -ы
марс, -а (*мор.*)
Марс, -а (*мифол., астр.*)
ма́рса-бра́с, -а
марсала́, -ы́
ма́рса-ли́сель, -я
ма́рса-ли́сель-шко́т, -а
ма́рса-ре́й, -я
ма́рса-фа́л, -а
ма́рса-фа́льный
ма́рса-шко́т, -а
ма́рсель, -я, *мн.* -и, -ей и -я́, -е́й
Марселье́за, -ы
ма́рсельный
марсе́льский (*от* Марсе́ль)
марсе́льцы, -ев, *ед.* -лец, -льца, *тв.* -льцем
марсиа́не, -а́н, *ед.* -а́нин, -а
марсиа́нка, -и, *р. мн.* -нок
марсиа́нский (*от* Марс, *планета*)
марси́йский (*к* ма́рсы)
Ма́рсово по́ле, Ма́рсова по́ля (*площадь в Париже, Петербурге и др.*)
марсово́й, -о́го (*матрос*)
ма́рсовый (*от* марс)
марсохо́д, -а
ма́рсы, -ов (*племя*)
март, -а
марте́н, -а (*печь, сталь*)
марте́новец, -вца, *тв.* -вцем, *р. мн.* -вцев
марте́новский
мартенси́т, -а
мартенси́тный
марте́нщик, -а
мартинга́л, -а
марти́ни, *нескл., м.* и *с.*
мартини́зм, -а
марти́ни́кский (*от* Марти́ни́ка)
марти́ни́кцы, -ев, *ед.* -кец, -кца, *тв.* -кцем
мартини́ст, -а
мартини́стский
марти́рий, -я и **марти́риум,** -а
мартироло́г, -а
мартироло́гий, -я (*устар. к* мартироло́г)
мартирологи́ческий
мартироло́гия, -и
марти́т, -а
ма́ртовский
марту́ни, *нескл., с.*
марты́н, -а (*птица*)
марты́шечий, -ья, -ье
марты́шка, -и, *р. мн.* -шек
марты́шкин, -а, -о; марты́шкин тру́д
марты́шковые, -ых
мартышкообра́зные, -ых
мару́ся, -и (*в годы сталинского террора: машина для перевозки арестованных*)
мару́ха, -и (*жарг.*)
Ма́рфа-поса́дница
Ма́рфо-Марии́нская оби́тель
мархýр, -а
марциа́льный
марципа́н, -а
марципа́нный
марципа́новый
марцишо́р, -а
марш[1], -а
марш[2], *неизм.* (*команда*)
маршако́вский (*от* Марша́к)
ма́ршал, -а
маршаллиза́ция, -и (*от* Ма́ршалл, *фамилия*)
маршалли́т, -а
Марша́лловы острова́, Марша́лловых острово́в
марша́лок, -лка
ма́ршальский
ма́ршальство, -а
марша́нция, -и
марш-бросо́к, -ска́
маршеви́к, -а́
ма́ршевый
маршеобра́зный; *кр. ф.* -зен, -зна
ма́рши, -ей (*приморье*)
маршировáние, -я
маршировáть, -ру́ю, -ру́ет
марширо́вка, -и, *р. мн.* -вок
марширо́вочный
марш-манёвр, -а и **марш-мане́вр,** -а
марш-ма́рш, *неизм.*
марш-пара́д, -а
маршру́т, -а
маршрутиза́тор, -а
маршрутиза́ция, -и
маршру́тка, -и, *р. мн.* -ток
маршру́тный
мары́йский (*от* Мары́)
мары́йцы, -ев, *ед.* -ы́ец, -ы́йца, *тв.* -ы́йцем
марь, -и
Ма́рьина Ро́ща, Ма́рьиной Ро́щи (*район в Москве*)
ма́рьин ко́рень, ма́рьина ко́рня
марьиноро́щинский (*от* Ма́рьина Ро́ща)
ма́рьинский (*к* Ма́рьино, Ма́рьина Ро́ща, Ма́рьинка)
марья́ж, -а, *тв.* -ем
марья́жный
марья́нник, -а
марья́нниковый
маса́и, *неизм.* и *нескл., м.* (*язык*) и *нескл., мн., ед. м.* и *ж.* (*народ*)
маседуа́н, -а
ма́сенький
ма́ска, -и, *р. мн.* ма́сок
маскара́д, -а
маскара́дный
маскаро́н, -а
маскирова́ние, -я
маскиро́ванный; *кр. ф.* -ан, -ана
маскирова́ть(ся), -ру́ю(сь), -ру́ет(ся)
маскиро́вка, -и, *р. мн.* -вок
маскиро́вочка, -и, *р. мн.* -чек
маскиро́вочный
маскиро́вщик, -а
маско́ны, -ов, *ед.* -ко́н, -а
маскообра́зный; *кр. ф.* -зен, -зна
маскулиниза́ция, -и
маскулини́зм, -а
маскули́нность, -и
маскули́нный
маскхала́т, -а
Ма́сленая неде́ля и **Ма́сленая,** -ой (*Масленица*)
ма́сленик, -а и **масля́ник,** -а
Ма́сленица, -ы, *тв.* -ей (*праздник*) и **ма́сленица,** -ы, *тв.* -ей (*веселая, привольная жизнь*)
ма́сленичать, -аю, -ает
ма́сленичный
маслёнка, -и, *р. мн.* -нок
ма́сленный; *кр. ф.* -ен, -ена, *прич.*
маслёнок, -нка, *мн.* -ля́та, -ля́т
маслёночек, -чка, *мн.* масля́тки, -ток
маслёнщик, -а
ма́сленый, *прил.* (*пропитанный, покрытый маслом*: ма́сленые блины́; *льстивый*; *чувственный*)
масли́на, -ы
масли́нка, -и, *р. мн.* -нок
масли́нный
масли́новый
ма́слить(ся), -лю, -лит(ся)
ма́слице, -а
ма́сличко, -а
Масли́чная гора́ (*Елеонская, библ.*)
ма́сличность, -и
ма́сличный (*к* ма́сло)

масли́чный (*к* масли́на)
ма́сло, -а, *мн.* масла́, ма́сел, масла́м
маслоба́к, -а
маслобо́йка, -и, *р. мн.* -бо́ек
маслобо́йно-жирово́й
маслобо́йный
маслобо́йня, -и, *р. мн.* -бо́ен
маслобо́йщик, -а
маслоде́л, -а
маслоде́лие, -я
маслоде́льный
маслоде́льня, -и, *р. мн.* -лен
маслодобыва́ющий
масложирово́й
маслозаво́д, -а
маслозаготови́тельный
маслозапра́вочный
маслоизготови́тель, -я
ма́сло кака́о, ма́сла кака́о
ма́сло ма́сляное
маслонапо́лненный
маслоно́сный
маслообра́зный; *кр. ф.* -зен, -зна
маслоотдели́тель, -я
маслоохлади́тель, -я
маслоочи́стка, -и
маслопрово́д, -а
маслосемена́, -семя́н, -семена́м
маслосыроде́льный
маслосырозаво́д, -а
маслосыромоло́чный
маслото́пенный
маслото́пный
маслофасо́вочный
маслофи́льтр, -а
маслю́к, -а́
масля́ник, -а и **ма́сленик,** -а
масляни́стость, -и
масляни́стый
ма́сляно-возду́шный
маслянокислый
ма́сляно-ла́ковый
ма́сляный (*из масла*: ма́сляное пятно́; *работающий на масле*: ма́сляная ла́мпа, ма́сляный фи́льтр; *о красках, живописи*; ма́сло ма́сляное)
ма́слящий(ся)
масо́н, -а
масо́нский
масо́нство, -а
ма́сочка, -и, *р. мн.* -чек
ма́сочный
ма́сса, -ы
ма́сса бру́тто, ма́ссы бру́тто
масса́ж, -а, *тв.* -ем
массажёр, -а
массажи́ровать(ся), -рую(сь), -рует(ся)
массажи́ст, -а
массажи́стка, -и, *р. мн.* -ток
масса́жный
массака́, *неизм.*
масса́ндровский (*от* Масса́ндра)
ма́сса не́тто, ма́ссы не́тто
массачу́се́тский (*от* Массачу́се́тс)
массачу́се́тцы, -ев, *ед.* -тец, -тца, *тв.* -тцем
масси́в, -а
масси́вность, -и
масси́вный; *кр. ф.* -вен, -вна
массико́т, -а
масси́рование, -я
масси́рованный; *кр. ф.* -ан, -ана
масси́ровать(ся), -рую(сь), -рует(ся)
массиро́вка, -и
масску́льт, -а
масскульту́ра, -ы
массме́диа, *нескл., мн.*
массмеди́йный
ма́ссный
массови́дный; *кр. ф.* -ден, -дна
массови́к, -а́
массови́чка, -и, *р. мн.* -чек
массо́вка, -и, *р. мн.* -вок
ма́ссово-коммуникати́вный
ма́ссово-полити́ческий
ма́ссово-пото́чный
ма́ссовость, -и
ма́ссовый
массозаготови́тельный
массообме́н, -а
массоотда́ча, -и, *тв.* -ей
массопереда́ча, -и, *тв.* -ей
массоперено́с, -а
масс-спе́ктр, -а
масс-спектра́льный
масс-спектро́граф, -а
масс-спектрографи́ческий
масс-спектрогра́фия, -и
масс-спектро́метр, -а
масс-спектрометри́ческий
масс-спектроме́три́я, -и
масс-спектроско́п, -а
масс-спектроскопи́ческий
масс-спектроскопи́я, -и
масс-ста́рт, -а (*спорт.*)
ма́ссулы, -ул
ма́стаба, -ы
маста́к, -а́
маста́чить, -чу, -чит
ма́стер, -а, *мн.* -а́, -о́в и (*высок.*; *герой романа М. Булгакова*) **Ма́стер,** -а
мастерённый, *прич.*
мастери́ть(ся), -рю́, -ри́т(ся)
мастери́ца, -ы, *тв.* -ей
мастери́ще, -а и -и, *мн.* -и, -и́щ, *м.*
ма́стер-кла́сс, -а
ма́стер-краснодере́вец, ма́стера-краснодере́вца
ма́стер-лома́стер, ма́стера-лома́стера
ма́стер-моде́ль, -и
мастерови́тость, -и
мастерови́тый
мастерово́й, -о́го
мастеровщи́на, -ы
мастеро́к, -рка́
мастерска́я, -о́й
ма́стерски́, *нареч.*
мастерски́е, -и́х (*промышленное предприятие*)
ма́стерский (*от* ма́стер; *то же, что* мастерской)
мастерско́й (*искусный, совершенный*)
ма́стер-стано́к, -нка́
мастерство́, -а́
ма́стер-телевизио́нщик, ма́стера-телевизио́нщика
ма́стер-шта́мп, -а
масти́ка, -и
масти́ковый
ма́стикс, -а
масти́но, *нескл., м.* и *ж.*
масти́стый (*о лошади*)
масти́т, -а
масти́тный
масти́тость, -и
масти́тый (*почтенный*)
ма́сти́ф, -а
мастихи́н, -а
масти́чный
мастодонза́вр, -а
мастодо́нт, -а
мастоиди́т, -а
мастопати́я, -и
мастурба́ция, -и
мастурби́ровать, -и́рую, -и́рует
масть, -и, *мн.* -и, -е́й
масшта́б, -а
масштаби́рование, -я
масштаби́рованный; *кр. ф.* -ан, -ана
масштаби́ровать(ся), -рую, -рует(ся)
масшта́бность, -и
масшта́бный; *кр. ф.* -бен, -бна
мат, -а
матадо́р, -а
матадо́рский
матана́лиз, -а
матве́евский (*от* Матве́й, Матве́ев, Матве́евское)
мате́, *нескл., м.* (*напиток*)
матело́т, -а (*корабль*)
математиза́ция, -и
математизи́рованный; *кр. ф.* -ан, -ана
математизи́ровать(ся), -рую, -рует(ся)
матема́тик, -а
матема́тика, -и
матема́тико-статисти́ческий
матема́тик-прикладни́к, матема́тика-прикладника́
математи́чески
математи́ческий
математи́чка, -и, *р. мн.* -чек
матере́ть, -е́ю, -е́ет
матереуби́йство, -а
матереуби́йца, -ы, *тв.* -ей, *м.* и *ж.*
материа́л, -а и (*при передаче произношения, в поэзии*) **матерья́л,** -а
материа́лец, -льца, *тв.* -льцем и **матерья́лец,** -льца, *тв.* -льцем
материализа́ция, -и
материали́зм, -а
материализо́ванный; *кр. ф.* -ан, -ана
материализова́ть(ся), -зу́ю, -зу́ет(ся)

материали́ст, -а
материалисти́ческий
материалисти́чность, -и
материалисти́чный; *кр. ф.* -чен, -чна
материали́стка, -и, *р. мн.* -ток
материалове́д, -а
материалове́дение, -я
материалове́дческий
материалоёмкий; *кр. ф.* -мок, -мка
материалоёмкость, -и
материалосберега́ющий
материа́льно-бытово́й
материа́льно-де́нежный
материа́льно заинтересо́ванный
материа́льно обеспе́ченный
материа́льно отве́тственный
материа́льность, -и и (*при передаче произношения, в поэзии*) **матерья́льность**, -и
материа́льно-сырьево́й
материа́льно-техни́ческий
материа́льно-това́рный
материа́льный; *кр. ф.* -лен, -льна и (*при передаче произношения, в поэзии*) **матерья́льный**; *кр. ф.* -лен, -льна
материа́льчик, -а и **матерья́льчик**, -а
мате́рийка, -и
матери́к, -а́
материко́вый
ма́терин, -а, -о
матери́нски
матери́нский
матери́нство, -а
матери́ть(ся), -рю́(сь), -ри́т(ся)
мате́рия, -и
матёрка, -и (*конопля*)
ма́терний (*материнский*)
ма́терный (*бранный*)
матеро́й (*устар. к* матёрый – *о животном*)
матеро́к, -рка́
мате́рчатый
матерщи́на, -ы
матерщи́нник, -а
матерщи́нница, -ы, *тв.* -ей
матерщи́нничать, -аю, -ает
матёрый
ма́терь, -и (*устар. и высок. к* мать)
Ма́терь, -и: **Бо́жия (Бо́жья) Ма́терь, Ма́терь Бо́жия (Бо́жья)**
матерья́л, -а (*вместо* материа́л – *при передаче произношения, в поэзии*)
матерья́лец, -льца, *тв.* -льцем и **материа́лец**, -льца, *тв.* -льцем
матерья́льность, -и (*вместо* материа́льность – *при передаче произношения, в поэзии*)
матерья́льный; *кр. ф.* -лен, -льна (*вместо* материа́льный – *при передаче произношения, в поэзии*)
матерья́льчик, -а и **материа́льчик**, -а
мати́ко, *нескл., с.*
матине́, *нескл., с.*
матирова́ние, -я
матиро́ванный; *кр. ф.* -ан, -ана
матирова́ть(ся), -ру́ю, -ру́ет(ся)
матиро́вка, -и
мати́ссовский (*от* Мати́сс)
ма́тица, -ы, *тв.* -ей
ма́тичный
ма́тка, -и, *р. мн.* ма́ток
матлингви́стика, -и
матло́т, -а (*танец*)
матобеспе́че́ние, -я
матова́ть, мату́ю, мату́ет (*в шахматах*)
ма́тово-голубо́й
ма́тово-серебри́стый
ма́товость, -и
ма́товый
матовяза́льный
ма́том, *нареч.*
ма́точка, -и, *р. мн.* -чек
Ма́точкин Ша́р, Ма́точкина Ша́ра и Ма́точкиного Ша́ра (*пролив*)
ма́точник, -а
ма́точный
ма́т-переча́т, ма́та-перема́та
матпо́мощь, -и
матраду́р, -а
матрака́ж, -а, *тв.* -ем
матра́с, -а и **матра́ц**, -а, *тв.* -ем, *р. мн.* -ев
матраса́, *неизм.* и *нескл., м.* (*сорт винограда*)
матра́сик, -а
матра́сник, -а
матра́сный
матра́ц, -а, *тв.* -ем, *р. мн.* -ев и **матра́с**, -а
матрёшечный
матрёшка, -и, *р. мн.* -шек (*кукла*)
матриарха́льный
матриарха́т, -а
ма́трикс, -а
матри́кул, -а и **матри́кула**, -ы
матрилине́йность, -и
матрилине́йный
матрилока́льный
матримониа́льный
ма́трица, -ы, *тв.* -ей
матрици́рование, -я
матрици́рованный; *кр. ф.* -ан, -ана
матрици́ровать(ся), -и́рую, -и́рует(ся)
ма́трично-переносно́й
ма́тричный
матрокли́нный
матро́на, -ы
матро́ним, -а
матро́с, -а
матро́сик, -а
матро́ска, -и, *р. мн.* -сок
матросня́, -и́
Матро́сская Тишина́ (*улица и тюрьма*)
матро́сский
матти́ола, -ы
ма́тты, -ов (*альпийские луга*)
матуа́р, -а
ма́тушка, -и, *р. мн.* -шек
ма́тушка игу́менья, ма́тушки игу́меньи
ма́тушка попадья́, ма́тушки попадьи́
ма́тушка-Ру́сь, ма́тушки-Руси́
ма́тушкин, -а, -о
матце́нности, -ей
матч, -а, *тв.* -ем
матча́сть, -и
матчбо́л, -а
ма́тчевый
матчи́ш, -а, *тв.* -ем
матчме́йкер, -а
матч-по́йнт, -а
ма́тч-рева́нш, ма́тча-рева́нша
матч-ре́йсинг, -а
матч-турни́р, -а
мать, ма́тери, *тв.* ма́терью, *мн.* ма́тери, -е́й
мать-герои́ня, ма́тери-герои́ни
ма́ть игу́менья, ма́тери игу́меньи
мать-и-ма́чеха, -и и **мать-ма́чеха**, -и
ма́ть настоя́тельница, ма́тери настоя́тельницы
ма́ть-одино́чка, ма́тери-одино́чки
ма́ть-оте́ц, ма́тери-отца́, *мн.*
ма́ть-перема́ть, *неизм.*
ма́ть-приро́да, ма́тери-приро́ды
ма́ть-стару́ха, ма́тери-стару́хи
ма́ть сыра́ земля́, ма́тери сыро́й земли́
матюга́льник, -а
матюга́льщик, -а
матюга́ть(ся), -а́ю(сь), -а́ет(ся) и **матюка́ть(ся)**, -а́ю(сь), -а́ет(ся)
матюги́, -о́в и **матюки́**, -о́в
матюгну́ть(ся), -ну́(сь), -нёт(ся) и **матюкну́ть(ся)**, -ну́(сь), -нёт(ся)
ма́узер, -а
ма́узерный
мауля́ и **мавля́**, *нескл., м.* (*ист.*)
мау́н, -а
ма́унтинба́йк, -а
мафаскопи́ческий
мафаскопи́я, -и
мафио́зи, *нескл., мн.* и *м.*
мафио́зность, -и
мафио́зный
мафио́зо, *нескл., м.*
ма́фия, -и
мафо́рий, -я
Мафуса́ил, -а
мафуса́илов ве́к, мафуса́илова ве́ка
мах[1], -а и -у (*движение*)
мах[2], *неизм.*
Мах, -а: **число́ Ма́ха, у́гол Ма́ха**
махаго́ни, *нескл., с.* и **махаго́н**, -а
махаго́ниевый и **махаго́новый**
махайро́д, -а
махалля́, *нескл., м.* и *с.*
маха́льный, -ого
маха́льщик, -а

маха́ние, -я
махану́ть, -ну́, -нёт
махао́н, -а
махао́новый
махара́джа, -и, *тв.* -ей, *р. мн.* -ей, *м.* и **магара́джа,** -и, *тв.* -ей, *р. мн.* -ей, *м.*
махара́ни, *нескл., ж.* и **магара́ни,** *нескл., ж.*
маха́тма, -ы, *м.*
маха́ть(ся), машу́(сь), ма́шет(ся) и -а́ю(сь), -а́ет(ся)
махачкали́нка, -и, *р. мн.* -нок
махачкали́нский (*от* Махачкала́)
махачкали́нцы, -ев, *ед.* -нец, -нца, *тв.* -нцем
маха́ющий и **ма́шущий**
махая́на, -ы
махаяни́стский
махди́, *нескл., м.*
ма́хе, *нескл., м.* (*ед. измер.*)
махи́зм, -а
махи́на, -ы
махина́тор, -а
махина́торский
махина́торство, -а
махина́ция, -и
махи́нища, -и, *тв.* -ей
махи́ст, -а
махи́стский
махно́вец, -вца, *тв.* -вцем, *р. мн.* -вцев
махно́вский (*от* Махно́)
махно́вщина, -ы
махну́ть(ся), -ну́(сь), -нёт(ся)
махови́к, -а́ (*колесо*)
маховико́вый
маховичо́к, -чка́ (*от* махови́к)
махово́й (*к* маха́ть: махово́е колесо́, *тех.*, махові́е пе́рья, *зоол.*)
ма́ховый (*спорт.*)
махолёт, -а
ма́хом, *нареч.*
ма́хонький
махо́рка, -и
махо́рочка, -и
махо́рочный
махо́рчатый
махо́тка, -и, *р. мн.* -ток
махра́, -ы́ (*махорка*)
махри́ться, -и́тся
махро́вость, -и
махро́вый
махры́, -о́в (*бахрома*)
маца́, -ы́, *тв.* -о́й
мацера́ция, -и
мацери́рованный; *кр. ф.* -ан, -ана
мацери́ровать(ся), -рую, -рует(ся)
ма́цис, -а
мацо́ни, *нескл., ж.* и *с.*
маче́те, *нескл., м.* и *с.*
мачете́ро, *нескл., м.*
ма́чеха, -и
ма́чехин, -а, -о
ма́чо, *нескл., м.*
мачо́к, мачка́ и мачку́
ма́чта, -ы
ма́чта-анте́нна, ма́чты-анте́нны
мачто́вка, -и, *р. мн.* -вок
мачто́вник, -а
мачтово́й, -о́го (*матрос*)
ма́чтово-стрелово́й
ма́чтовый
мачтотруба́, -ы́, *мн.* -тру́бы, -тру́б
маш, -а, *тв.* -ем (*растение*)
Ма́ша-растеря́ша, Ма́ши-растеря́ши
машбюро́, *нескл., с.*
маше́рочка: ше́рочка с маше́рочкой
машза́л, -а
машикули́, *нескл., мн.* и -е́й
маши́на, -ы
машина́льность, -и
машина́льный; *кр. ф.* -лен, -льна
машинёнка, -и, *р. мн.* -нок
машине́рия, -и
машинёшка, -и, *р. мн.* -шек
машиниза́ция, -и
машинизи́рованный; *кр. ф.* -ан, -ана
машинизи́ровать(ся), -рую, -рует(ся)
машини́зм, -а
машини́ст, -а
машини́стка, -и, *р. мн.* -ток
маши́нка, -и, *р. мн.* -нок
маши́нник, -а
маши́нно-доро́жный
маши́нно-животново́дческий
маши́нно зави́симый
маши́нно-информацио́нный
маши́нно-мелиорати́вный
маши́нно незави́симый
маши́нно ориенти́рованный
маши́нность, -и
маши́нно-тра́кторный
маши́нный
машинове́д, -а
машинове́дение, -я
машиновладе́лец, -льца, *тв.* -льцем, *р. мн.* -льцев
машинограмма, -ы
маши́но-де́нь, -дня́
машиноиспыта́тель, -я
машиноиспыта́тельный
машинокомпле́кт, а
маши́но-ме́сто, -а, *мн.* -а́, -ме́ст, -а́м
машинопи́сный
маши́нопись, -и
машинопрока́тный
машиноремо́нтный
машиноскри́пт, -а
маши́но-сме́на, -ы
машинострое́ние, -я
машинострои́тель, -я
машинострои́тельный
машиносчётный
маши́но-ча́с, -а, *мн.* -ы́, -о́в
машиночита́емый
маши́стый
машобору́дование, -я
машо́на, *нескл. мн., ед. м.* и *ж.* (*народ*)
машта́к, -а́
маштачо́к, -чка́
ма́шущий и **маха́ющий**
маэсто́зо, *неизм.*
маэстри́я, -и
маэ́стро, *нескл., м.*
маю́скулы, -ов, *ед.* -ул, -а
маю́скульный
ма́ющий(ся)
мая́к, -а́
маякови́ст, -а (*от* Маяко́вский)
ма́ятник, -а
ма́ятниковый
маятникообра́зный; *кр. ф.* -зен, -зна
ма́ятничек, -чка
ма́ять(ся), ма́ю(сь), ма́ет(ся)
мая́чащий(ся)
мая́чить(ся), -чу(сь), -чит(ся)
маячко́вый
мая́чный
маячо́к, -чка́
МВД [эмвэдэ́], *нескл., с.* (*сокр.*: министерство внутренних дел)
МВКА [эмвэкаа́], *нескл., м.* (*сокр.*: многоразовый воздушно-космический аппарат)
МВ-пе́чь [эмвэ́], -и, *мн.* -и, -е́й (*сокр.*: микроволновая печь)
мга, мги
МГД [эмгэдэ́], *нескл., ж.* и *неизм.* (*сокр.*: магнитогидродинамика, магнитогидродинамический)
МГД-генера́тор, -а
МГД-насо́с, -а
мгла, -ы
мгли́стость, -и
мгли́стый
мгнове́ние, -я
мгнове́нно, *нареч.*
мгновеннodéйствующий*
мгнове́нность, -и
мгнове́нный; *кр. ф.* -е́нен, -е́нна
м-да, *межд.*
МДП [эмдэпэ́], *нескл., ж.* (*сокр.*: (структура) металл – диэлектрик – полупроводник)
ме, *межд.*; ни бе́ ни ме́
меа́ндр, -а
меандри́ческий
мебелево́з, -а
мебели́шка, -и
ме́бель, -и
ме́бельно-декорати́вный
ме́бельно-оби́вочный
ме́бельно-сбо́рочный
ме́бельный
ме́бельщик, -а
ме́бельщица, -ы, *тв.* -ей
Мёбиус, -а: **ли́ст (ле́нта, пове́рхность) Мёбиуса**
меблира́шки, -шек, *ед.* -шка, -и
меблирова́ние, -я
меблиро́ванный; *кр. ф.* -ан, -ана
меблирова́ть(ся), -ру́ю, -ру́ет(ся)
меблиро́вка, -и, *р. мн.* -вок
меблиро́вщик, -а
мевало́новая кислота́

мега... – *первая часть сложных слов, пишется слитно*
мегаампе́р, -а, *р. мн.* -ов, *счетн. ф.* -ампе́р
мегаба́йт, -а, *р. мн.* -ов, *счетн. ф.* -ба́йт
мегаба́йтный
мегаба́йтовый
мегаба́р, -а, *р. мн.* -ов, *счетн. ф.* -ба́р
мегаби́т, -а, *р. мн.* -ов, *счетн. ф.* -би́т
мегава́тт, -а, *р. мн.* -ов, *счетн. ф.* -ва́тт
мегава́тт-ча́с, -а, *мн.* -ы́, -о́в
мегаво́льт, -а, *р. мн.* -ов, *счетн. ф.* -во́льт
мегага́усс, -а, *р. мн.* -ов, *счетн. ф.* -га́усс
мегаге́рц, -а, *тв.* -ем, *р. мн.* -ев, *счетн. ф.* -ге́рц
мегаге́рцевый
мегагра́мм, -а, *р. мн.* -ов
мегаде́рма, -ы
мегаджо́уль, -я
мегакало́рия, -и
мегакариоци́ты, -ов, *ед.* -ци́т, -а
мегака́рпея, -и
мегако́лон, -а
мегакорпора́ция, -и
мегакуло́н, -а, *р. мн.* -ов, *счетн. ф.* -куло́н
мегали́т, -а
мегалити́ческий
мегалодо́нт, -а
мегалоза́вр, -а
мегалома́ния, -и
мегалопланкто́н, -а
мегало́полис, -а
мегалю́кс, -а, *р. мн.* -ов, *счетн. ф.* -лю́кс
мегалю́кс-секу́нда, -ы
мегаме́тр, -а
мегами́р, -а
мегани́т, -а
мегантиклино́рий, -я
мега́нтроп, -а
мегапарсе́к, -а, *р. мн.* -ов, *счетн. ф.* -се́к
мегапаска́ль, -я
мегапи́р, -а
мегапо́лис, -а
мегапо́лисный
мегапрое́кт, -а
мегарелье́ф, -а
ме́гарон, -а
мегасинклино́рий, -я
мегаско́п, -а
мегаскопи́ческий
мегаспора́нгий, -я
мегаспорофи́лл, -а
мегаспо́ры, -спо́р, *ед.* -спо́ра, -ы
мегаструкту́ра, -ы
мегаструкту́рный
мегате́рий, -я
мегато́нна, -ы
мегато́нный
мегафи́лл, -а
мегафо́н, -а
мегафо́нный
мегахо́лдинг, -а
мегаци́кл, -а
мегаэволю́ция, -и
мегаэколо́гия, -и
мегаэлектронво́льт, -а, *р. мн.* -ов, *счетн. ф.* -во́льт
мегаэ́рг, -а, *р. мн.* -ов, *счетн. ф.* -э́рг
Меге́ра, -ы (*мифол.*) и **меге́ра,** -ы (*злая, сварливая женщина*)
мего́м, -а, *р. мн.* -ов, *счетн. ф.* мего́м
мегомме́тр, -а
мегре́лка, -и, *р. мн.* -лок
мегре́лы, -ре́л и -ов, *ед.* -ре́л, -а
мегре́льский
мед... – *первая часть сложных слов, пишется слитно*
мёд, -а и -у, *предл.* в (на) меду́, *мн.* меды́, -о́в
медалено́сец, -сца, *тв.* -сцем, *р. мн.* -сцев
медали́ст, -а
медали́стка, -и, *р. мн.* -ток
меда́ль, -и
медалье́р, -а
медалье́рный
медалье́рский
меда́лька, -и, *р. мн.* -лек
меда́льный
медальо́н, -а
медальо́нный
медальо́нчик, -а
медбра́т, -а, *мн.* -бра́тья, -ьев
медведеобра́зный; *кр. ф.* -зен, -зна
медве́диха, -и
медве́дица, -ы, *тв.* -ей; но: **Больша́я Медве́дица, Ма́лая Медве́дица** (*созвездия*)
медве́дище, -а и -и, *мн.* -и, -ищ, *м.*
медве́дка, -и, *р. мн.* -док
медве́душка, -и, *р. мн.* -шек и **медве́дюшка,** -и, *р. мн.* -шек, *м.*
медве́дь, -я
Медве́дь-гора́, -ы́ (*в Крыму*)
Медве́дь – Ли́повая нога́, Медве́дя – Ли́повой ноги́ (*сказочный персонаж*)
медвежа́тина, -ы
медвежа́тник, -а
медвежа́чий, -ья, -ье
медвежева́тый
медве́жий, -ья, -ье
медве́жина, -ы
медвежо́нок, -нка, *мн.* -жа́та, -жа́т
медвежо́ночек, -чка, *мн.* медвежа́тки, -ток
медвежьего́рский (*от* Медвежьего́рск)
медвежьего́рцы, -ев, *ед.* -рец, -рца, *тв.* -рцем
медву́з, -а
медву́зовский
медвытрезви́тель, -я
медвя́ный
меделече́бный
меделече́ние, -я
медельи́нский (*от* Медельи́н)
медельи́нцы, -ев, *ед.* -нец, -нца, *тв.* -нцем
меделя́нка, -и, *р. мн.* -нок
меделя́нский (меделя́нская поро́да соба́к)
медено́сный (*от* медь)
медеплави́льный
медеплави́льщик, -а
медетерапи́я, -и
медеэлектроли́тный
Меде́я, -и
меджиди́е, *нескл., ж.* (*монета*)
меджли́с, -а (*в Иране*)
медзаключе́ние, -я
ме́диа, *нескл., мн.* (*о СМИ*)
медиа... – *первая часть сложных слов, пишется слитно*
медиаакти́вы, -ов
медиаби́знес, -а
медиагру́ппа, -ы
медиаимпе́рия, -и
медиакампа́ния, -и (*от* кампа́ния)
медиакомпа́ния, -и (*от* компа́ния)
медиаконце́рн, -а
медиакорпора́ция, -и
медиа́льный
медиамагна́т, -а
медиами́р, -а
медиа́на, -ы
медиа́нный
медиа́нта, -ы
медиаобеспе́че́ние, -я
медиаобразова́ние, -я
медиаотде́л, -а
медиапла́н, -а
медиаподде́ржка, -и
медиапредприя́тие, -я
медиапрогра́мма, -ы
медиапроду́кт, -а
медиапростра́нство, -а
медиаресу́рс, -а
медиары́нок, -нка
медиастина́льный
медиастини́т, -а
медиастиноскопи́ческий
медиастиноскопи́я, -и
медиате́ка, -и
медиати́вный
медиатиза́ция, -и
медиа́тор, -а
медиа́торный
медиахо́лдинг, -а
медиаце́нтр, -а
медиа́ция, -и
медиева́ль, -я
медиеви́ст, -а
медиеви́стика, -и
медиевисти́ческий
медиеви́стка, -и, *р. мн.* -ток
меди́йный
ме́дик, -а
медикаменто́зный
медикаме́нты, -ов, *ед.* -е́нт, -а

ме́дико-биологи́ческий
ме́дико-восстанови́тельный
ме́дико-генети́ческий
медикогео́граф, -а
ме́дико-географи́ческий
ме́дико-гигиени́ческий
ме́дико-инжене́рный
ме́дико-криминалисти́ческий
ме́дико-психологи́ческий
ме́дико-санита́рный
ме́дико-социа́льный
ме́дико-суде́бный
ме́дико-хирурги́ческий
ме́дико-экологи́ческий
медина́л, -а
медини́лла, -ы
мединститу́т, -а
ме́дио, *нескл., с.* (*фин.*)
ме́дисон, -а (*танец*)
Ме́дисон-сквер-га́рден, -а (*в Нью-Йорке*)
ме́дистый (*от* медь)
мё́дистый (*от* мёд)
медитати́вность, -и
медитати́вный; *кр. ф.* -вен, -вна
медита́ция, -и
медити́рование, -я
медити́ровать, -рую, -рует
ме́диум, -а
медиуми́зм, -а
медиуми́ческий
медици́на, -ы
медицинбо́л, -а
медици́нский
меди́чка, -и, *р. мн.* -чек
медка́рта, -ы
медкоми́ссия, -и
ме́дленнее, *сравн. ст.*
ме́дленно, *нареч.*
медленновраща́ющийся*
медленнодействующий*
медленнорасту́щий*
ме́дленность, -и
ме́дленный; *кр. ф.* -ен и -енен, -енна
ме́дли, *нескл., с. (тех.)*
медли́тель, -я
медли́тельность, -и
медли́тельный; *кр. ф.* -лен, -льна
ме́длить, -лю, -лит
медля́к, -а́ (*жук*)
ме́длящий
медне́ние, -я
ме́дник, -а
медни́ть(ся), -ню́, -ни́т(ся)
ме́дницкий
ме́дницко-жестя́ницкий
ме́дно-аммиа́чный
медноголо́сый
ме́дно-за́кисный
ме́дно-кра́сный
ме́дно-лите́йный
меднолите́йщик, -а
медноли́цый
медноло́бый
ме́дно-ни́келевый
ме́дно-о́кисный
ме́дно-прока́тный
меднору́дный
ме́дно-ры́жий
ме́дно-свинцо́во-ци́нково-оловя́нный
ме́дно-се́рый
ме́дно-хими́ческий
ме́дно-ци́нковый
ме́дно-чека́нный
ме́дный
Ме́дный бу́нт (*1662*)
Ме́дный вса́дник (*памятник*)
медобслу́живание, -я
медова́р, -а
медоваре́ние, -я
медова́ренный
медова́рня, -и, *р. мн.* -рен
медове́д, -а (*птица*)
медови́к, -а́
медо́вич, -а, *тв.* -ем: **са́хар медо́вич**
медовни́ца, -ы, *тв.* -ей
медо́во-яи́чный
медову́ха, -и
медо́вый
Медо́вый Спа́с (*праздник*)
медого́нка, -и, *р. мн.* -нок
медое́д, -а
медо́к, медка́ и медку́
мёдолече́бный
мёдолече́ние, -я
медоно́с, -а
медоно́сность, -и
медоно́сный; *кр. ф.* -сен, -сна (*от* мёд)
медосбо́р, -а
медосмо́тр, -а
медосо́с, -а (*птица*)
медоточи́вость, -и
медоточи́вый
медоука́зчик, -а
медперсона́л, -а
медпо́мощь, -и
медпрепара́т, -а
медпу́нкт, -а
медрабо́тник, -а
медресе́, *нескл., с.*
медсанба́т, -а
медсанба́товец, -вца, *тв.* -вцем, *р. мн.* -вцев
медсанба́товский и **медсанба́тский**
медсанча́сть, -и, *мн.* -и, -е́й
медсестра́, -ы́, *мн.* -сёстры, -сестёр, -сёстрам
медсестри́чка, -и, *р. мн.* -чек
медстрахова́ние, -я
медте́хника, -и
меду́за, -ы; но **горго́на Меду́за**
медуллотерапи́я, -и
медулля́рный
медуниверсите́т, -а
медуни́ца, -ы, *тв.* -ей
медучи́лище, -а
медучрежде́ние, -я
медфа́к, -а
медце́нтр, -а
медча́сть, -и, *мн.* -и, -е́й
медь, -и
ме́дье, *нескл., с.*
медьсодержа́щий
медэкспе́рт, -а
медэксперти́за, -ы
медэкспе́ртный
медя́к, -а́
медяни́стый
медяни́ца, -ы, *тв.* -ей
медя́нка, -и, *р. мн.* -нок
медя́ный
медя́шка, -и, *р. мн.* -шек
меж, *предлог*
меж... – *приставка, пишется слитно*
межа́, -и́, *тв.* -о́й, *мн.* ме́жи́, меж и меже́й, ме́жа́м
межамерика́нский
межара́бский
межа́томный
межафрика́нский
межба́нк, -а (*о межбанковской валютной бирже, разг.*)
межба́нковский
межбиблиоте́чный
межбиржево́й
межбло́ковый
межбло́чный
межбрига́дный
межбро́вье, -я, *р. мн.* -вий
межбюдже́тный
межве́домственный
межвидово́й
межвое́нный
межвозрастно́й
межвре́менье, -я
межву́зовский
межгалакти́ческий
межгалоге́нный
межго́рный
межго́род, -а (звони́ть по межго́роду, *разг.*)
межго́рье, -я, *р. мн.* -рий
межгосуда́рственный
Межгосуда́рственный экономи́ческий комите́т СНГ
междинасти́ческий
междисциплина́рный
междоме́тие, -я
междоме́тный
междоу́злие, -я
междоусо́бие, -я
междоусо́бица, -ы, *тв.* -ей
междоусо́бный
междоча́сие, -я (*церк.*)
ме́жду, *предлог*
между... – *приставка, пишется слитно*
междуве́домственный
междувла́стие, -я
междугла́зье, -я, *р. мн.* -зий
междугоро́дка, -и
междугоро́дний и **междугоро́дный**
междугоро́дник, -а

междуго́рье, -я, *р. мн.* -рий
междука́мерный
междума́х, -а (*в гимнастике*)
междумо́рье, -я, *р. мн.* -рий
ме́жду на́ми
Междунаро́дная амни́стия (*организация*)
Междунаро́дная косми́ческая ста́нция (МКС)
Междунаро́дная организа́ция труда́
Междунаро́дная систе́ма едини́ц
Междунаро́дная федера́ция профсою́зов
Междунаро́дная хокке́йная ли́га
Междунаро́дная ша́хматная федера́ция
междунаро́дник, -а
междунаро́дно-догово́рный
Междунаро́дное аге́нтство по а́томной эне́ргии (МАГАТЭ́)
Междунаро́дное о́бщество Кра́сного Креста́ и Кра́сного Полуме́сяца
междунаро́дно-правово́й
междунаро́дно-сле́дственный
междунаро́дный
Междунаро́дный валю́тный фо́нд (МВФ)
Междунаро́дный де́нь защи́ты дете́й
Междунаро́дный де́нь теа́тра
Междунаро́дный же́нский де́нь
Междунаро́дный институ́т пре́ссы
Междунаро́дный ко́нкурс арти́стов бале́та
Междунаро́дный олимпи́йский комите́т (МОК)
Междунаро́дный сою́з студе́нтов
Междунаро́дный су́д (*в Гааге*)
междунача́лие, -я
междупа́лубный
междупа́рье, -я, *р. мн.* -рий
ме́жду про́чим
междупу́тье, -я, *р. мн.* -тий
междуре́йсовый
междуре́ченский (*от* междуре́чье и Междуре́ченск)
междуре́ченцы, -ев, *ед.* -нец, -нца, *тв.* -нцем
междуре́чный
междуре́чье, -я, *р. мн.* -чий (*местность между реками*) и **Междуре́чье,** -я (*геогр. область в бассейне Тигра и Евфрата*; *природная область в Аргентине*; среднеазиа́тское Междуре́чье)
междуря́дный
междуря́дье, -я, *р. мн.* -дий
междуселе́нный
междусобо́йчик, -а
междустро́чие, -я
междустро́чный
ме́жду те́м
междуца́рствие, -я
междуэта́жный
межева́льный
межева́ние, -я
межёванный; *кр. ф.* -ан, -ана
межева́ть(ся), межу́ю(сь), межу́ет(ся)
межеви́к, -а́
межёвка, -и, *р. мн.* -вок
межево́й
межевщи́к, -а́
меже́нный
меже́нь, -и
межеу́мок, -мка
межеу́мочный
межеу́мье, -я
межжа́берный
межзаводско́й и **межзаво́дский**
межзада́чный
межзвёздный
межзона́льный
межзу́бный
межигрово́й
межизда́тельский
межимпериалисти́ческий
межинститу́тский
межйе́менский
межкатегориа́льный
межкварти́рный
межкла́новый
межкла́ссовый
межкле́тник, -а
межкле́тный
межкле́точный
межклу́бный
межколхо́зный
межко́мнатный
межконтинента́льный
Межконтинента́льный ку́бок
межконфессиона́льный
межкоре́йский
межко́рпусный
межко́стный
межкраево́й
межкристалли́тный
межкульту́рный
межледнико́вый
межледнико́вье, -я
межлитерату́рный
межли́чностный
межматерико́вый
межмаши́нный
межминисте́рский
межмицелля́рный
межмо́дульный
межмолекуля́рный
межморе́нный
межмуниципа́льный
межмы́шечный
межнавигацио́нный
межнациона́льный
межни́к, -а́ (*межа*)
межня́к, -а́ (*птица; жук*)
межобластно́й
межобщи́нный
межозёрный
межозе́рье, -я, *р. мн.* -рий
межокеа́нский
межоко́нье, -я, *р. мн.* -ний
межокружно́й
межолимпи́йский
межорбита́льный
межостровно́й
межотраслево́й
межотсе́чный
межпа́лубный
Межпарла́ментская ассамбле́я Евро́пы
Межпарла́ментская ассамбле́я стра́н СНГ
межпарла́ментский
Межпарла́ментский сою́з
межпарти́йный
межпасса́тный
межплане́тный
межплеменно́й
межпли́тный
межпло́дник, -а
межпозвонко́вый
межпозвоно́чный
межпоколе́нческий
межпо́лисный
межполо́сный
межполо́сье, -я, *р. мн.* -сий
межпоро́дный
межпотоло́чный
межправи́тельственный
межпредме́тный
межпри́ступный
межпрогра́ммный
межпрофессиона́льный
межрайо́нный
межрайо́нцы, -ев, *ед.* -нец, -нца, *тв.* -нцем
межра́мный
межра́совый
межрёберный
межребе́рье, -я, *р. мн.* -рий
межреволюцио́нный
межрегиона́льный
межреги́стровый
межре́йсовый
межрелигио́зный
межремо́нтный
межреспублика́нский
межродово́й
межсегме́нтный
межсезо́нный
межсезо́нье, -я, *р. мн.* -ний
межселе́нный
межсессио́нный
межсетево́й
межсисте́мный
межсло́вный
межсме́нный
межсовхо́зный
межсортово́й
межсосло́вный
межсою́знический
межсою́зный
межстро́чный
межтекстово́й и **межте́кстовый**
меж те́м
межтерриториа́льный
межтка́невый

межу́ровневый
межу́точный
межучрежде́нческий
межфабри́чный
межфакульте́тский
межфе́рменный
межфракцио́нный
межхозя́йственный
межцентрово́й
межцентроме́р, -а
межцерко́вный
межцехово́й
межчелове́ческий
межчелюстно́й
межша́хтный
межшко́льный
межъевропе́йский
межъязыково́й
межъя́русный
межэта́жный
межэтни́ческий
межэшело́нный
мезалья́нс, -а
мезапа́м, -а
мезга́, -и́
мездра́, -ы́
мездре́ние, -я
мездрённый; *кр. ф.* -ён, -ена́, *прич.*
мездрёный, *прил.*
мездри́льный
мездри́ть(ся), -рю́, -ри́т(ся)
мездро́вый
мездряно́й
мезе́нский (*от* Мезе́нь)
мезентериа́льный
мезенте́рий, -я
мезенхи́ма, -ы
мезенхима́льный
мезе́нцы, -ев, *ед.* -нец, -нца, *тв.* -нцем (*от* Мезе́нь)
мезити́л, -а
мезито́л, -а
мезо... – *первая часть сложных слов, пишется слитно*
мезоа́том, -а
мезобла́ст, -а
мезоги́ппус, -а
мезогле́я, -и (*студенистое вещество у низших животных*)
мезоглия́, -и (*мелкие нервные клетки*)
мезоде́рма, -ы
мезоза́вр, -а
мезозо́и, -ев (*зоол.*)
мезозо́й, -я (*геол. эра*)
мезозо́йский
мезокайнозо́йский
мезока́рпий, -я
мезокефа́л, -а и **мезоцефа́л**, -а
мезокефа́лия, -и и **мезоцефа́лия**, -и
мезокли́мат, -а
мезоли́т, -а
мезолити́ческий
мезомерия́, -и
мезомоле́кула, -ы
мезомо́рфность, -и
мезомо́рфный
мезо́н, -а
мезоне́фро́с, -а
мезони́н, -а
мезони́нный
мезони́нчик, -а
мезо́нный
мезопа́уза, -ы
мезопла́зма, -ы
мезорелье́ф, -а
мезосапро́бный
мезосапро́бы, -ов, *ед.* -ро́б, -а
мезосидери́т, -а
мезоска́ф, -а
мезо́сти́х, -а
мезосфе́ра, -ы
мезоте́лий, -я
мезотелио́ма, -ы
мезотерапи́я, -и
мезотерма́льный
мезотро́фный
мезотро́фы, -ов, *ед.* -тро́ф, -а
мезофи́лл, -а (*мякоть листа*)
мезофи́лы, -ов, *ед.* -фи́л, -а (*организмы*)
мезофи́ты, -ов, *ед.* -фи́т, -а
мезоцефа́л, -а и **мезокефа́л**, -а
мезоцефа́лия, -и и **мезокефа́лия**, -и
мезоци́кл, -а
мезу́за, -ы
мейерхо́льдовец, -вца, *тв.* -вцем, *р. мн.* -вцев
мейерхо́льдовский (*от* Мейерхо́льд)
ме́йнстри́м, -а
мейнфре́йм, -а
мейо́з, -а (*биол.*)
мейо́зис, -а (*лингв.*)
мейоти́ческий
ме́йсенский (*от* Ме́йсен; ме́йсенский фарфо́р)
ме́йстер, -а
мейстерзи́нгер, -а
мейстерзи́нгерский
ме́кать, -аю, -ает (*о козе, овце; говорить неясно, запинаясь*)
мека́ть, -а́ю, -а́ет (*думать, устар.*)
Ме́кка, -и (*также перен.: место паломничества почитателей кого-чего-н.*)
мекка́не, -а́н, *ед.* -а́нин, -а
мекка́нка, -и, *р. мн.* -нок
мекка́нский (*от* Ме́кка)
ме́ккский (*от* Ме́кка)
мекленбу́ргский (*от* Ме́кленбу́рг)
мекленбу́ржцы, -ев, *ед.* -жец, -жца, *тв.* -жцем
ме́кнуть, -ну, -нет
меко́нгский (*от* Меко́нг)
меко́ний, -я
меко́нопсис, -а
мексика́нка, -и, *р. мн.* -нок
мексика́нский (*от* Ме́ксика)
Мексика́нский зали́в
мексика́нцы, -ев, *ед.* -нец, -нца, *тв.* -нцем
мекте́б, -а
мел[1], -а и -у, *предл.* в мелу́
мел[2], -а, *р. мн.* -ов, *счетн. ф.* мел (*ед. измер.*)
мелако́пия, -и
меламе́д, -а
мелами́н, -а
мелами́новый
мелами́но-формальдеги́дный
меланези́йка, -и, *р. мн.* -и́ек
меланези́йский (*от* Мелане́зия)
меланези́йцы, -ев, *ед.* -и́ец, -и́йца, *тв.* -и́йцем
мела́нж, -а, *тв.* -ем
мела́нж-а́кт, -а
мела́нжевый
меланже́р, -а
мелани́зм, -а
мелани́н, -а
мелани́ст, -а
меланисти́ческий
мелано́з, -а
меланокра́товый
мелано́ма, -ы
меланотропи́н, -а
меланофо́ры, -ов, *ед.* -фо́р, -а
меланоцитостимули́рующий
меланоци́ты, -ов, *ед.* -ци́т, -а
меланхо́лик, -а
меланхоли́ческий
меланхоли́чка, -и, *р. мн.* -чек
меланхоли́чность, -и
меланхоли́чный; *кр. ф.* -чен, -чна
меланхо́лия, -и
мела́сса, -ы
ме́лба, -ы и **ме́льба**, -ы (*сорт яблок*)
ме́лево, -а
меледа́, -ы́
меле́на, -ы
ме́ленка, -и, *р. мн.* -нок
мелённый; *кр. ф.* -ён, -ена́, *прич.*
мелёный, *прил.*
ме́ленький
меле́ть, -е́ет
ме́лиевые, -ых
мелизмати́ческий
мели́змы, -и́зм, *ед.* -и́зма, -ы
мелили́т, -а
мелини́т, -а
мелини́товый
мелиоидо́з, -а
мелиорати́вный
мелиора́тор, -а
мелиорацио́нный
мелиора́ция, -и
мелиори́рованный; *кр. ф.* -ан, -ана
мелиори́ровать(ся), -и́рую, -и́рует(ся)
мели́рование, -я
мели́рованный; *кр. ф.* -ан, -ана
мели́ровать(ся), -рую, -рует(ся)
мели́с, -а (*сахарный песок*)
мели́сса, -ы (*растение*)
мели́ссовый
ме́листый
мелито́за, -ы

мелито́польский (*от* Мелито́поль)
мелито́польцы, -ев, *ед.* -лец, -льца, *тв.* -льцем
мели́ть(ся), мелю́, ме́лит(ся) (*от* мел)
ме́лия, -и
мелка́шка, -и, *р. мн.* -шек
ме́лкий; *кр. ф.* ме́лок, мелка́, ме́лко, ме́лки́
мелкоборо́здчатый
мелкобуржуа́зность, -и
мелкобуржуа́зный; *кр. ф.* -зен, -зна
мелкова́тость, -и
мелкова́тый
мелкове́сный; *кр. ф.* -сен, -сна
мелково́дность, -и
мелково́дный; *кр. ф.* -ден, -дна
мелково́дье, -я, *р. мн.* -дий
мелкодиспе́рсный
мелкодо́нный
ме́лко дроблённый
мелкодроблёный, *прил.*
мелкозавито́й
мелкозём, -а
мелкозёмистый
мелкозернёный
мелкозерни́стость, -и
мелкозерни́стый
мелкозу́бчатый
мелкозу́бый
мелкоиспи́санный*
мелкокали́берка, -и, *р. мн.* -рок
мелкокали́берный
мелкокапиталисти́ческий
мелкокомкова́тый
мелкоко́нтурность, -и
мелкоко́нтурный
мелкокрестья́нский
мелкокристалли́ческий
мелкокро́шеный
мелкокры́л, -а (*бабочка*)
мелкокусково́й
мелкокуста́рниковый
мелколепе́стник, -а
мелколе́сный
мелколе́сье, -я, *р. мн.* -сий
мелколи́ственный
мелколи́стность, -и
мелколи́стный и **мелколи́стый**
мелкомасшта́бный
мелкомо́лотый*
ме́лко-на́мелко
мелконаре́занный*
мелкообло́мочный
мелкоопто́вый
мелкоочаго́вый
мелкопесча́ный
мелкопе́тельный
ме́лкопись, -и
мелкопло́дность, -и
мелкопло́дный
мелкопо́лье, -я, *р. мн.* -лий
мелкопоме́стный
мелкопо́ристый
мелкопорцио́нный
ме́лко ре́занный
мелкоре́заный, *прил.*
мелкоро́зничный
мелкоро́слый
ме́лко ру́бленный
мелкору́бленый, *прил.*
мелкосери́йный
мелкосидя́щий
мелкосо́бственнический
мелкосо́почник, -а
ме́лкость, -и
мелкота́, -ы́
мелкоте́мный
мелкоте́мье, -я
мелкотня́, -и́
мелкотова́рный
ме́лко толчённый
мелкотолчёный, *прил.*
мелкото́чечный
мелкотра́вчатость, -и
мелкотра́вчатый
мелкотра́вье, -я, *р. мн.* -вий
мелкоузо́рчатый
мелкофасо́ванный*
мелкоцве́тный
мелкочешу́йчатый
мелкошёрстный и **мелкошёрстый**
мелкошту́чный
мелкояче́истый
мелли́товая кислота́
мело́ванный (мело́ванная бума́га)
мелово́й
мелодеклама́тор, -а
мелодеклама́ция, -и
мелодеклами́ровать, -рую, -рует
мело́дийка, -и, *р. мн.* -иек
мело́дика, -и
мелоди́ст, -а
мелоди́ческий
мелоди́чность, -и
мелоди́чный; *кр. ф.* -чен, -чна
мело́дия, -и
мелодра́ма, -ы
мелодрамати́зм, -а
мелодрамати́ческий
мелодрамати́чность, -и
мелодрамати́чный; *кр. ф.* -чен, -чна
мелодра́мный
мелоза́вр, -а
мело́к[1], мелка́ и мелку́ (*уменьш.-ласкат. к* мел[1])
мело́к[2], мелка́ (*кусочек мела*)
мелома́н, -а
мелома́ния, -и
мелома́нка, -и, *р. мн.* -нок
мелома́нский
ме́лон, -а (*фин.*)
мелопе́я, -и
ме́лос, -а
мелоти́пия, -и
мело́трия, -и
мелочи́ть(ся), -чу́(сь), -чи́т(ся)
мелочи́шка, -и
мелочно́й (*о торговле*)
ме́лочность, -и
ме́лочный; *кр. ф.* -чен, -чна (*о человеке*)
мелочо́вка, -и
ме́лочь, -и, *мн.* -и, -е́й
мель, -и, *предл.* на мели́
ме́льба, -ы и **ме́лба,** -ы
ме́льбу́рнский (*от* Ме́льбу́рн)
ме́льбу́рнцы, -ев, *ед.* -нец, -нца, *тв.* -нцем
мельзаво́д, -а
мелька́ние, -я
мелька́ть, -а́ю, -а́ет
мелькну́ть, -ну́, -нёт
ме́лько́м
мелькомбина́т, -а
ме́льник, -а
ме́льница, -ы, *тв.* -ей
ме́льничий, -ья, -ье
ме́льничиха, -и
ме́льничка, -и, *р. мн.* -чек
ме́льничный
Мельпоме́на, -ы
мельтеше́ние, -я
мельтеши́ть(ся), -шу́(сь), -ши́т(ся)
мельтешня́, -и́
мельхио́р, -а
мельхио́ровый
мельча́йший
мельча́ть, -а́ю, -а́ет
ме́льче, *сравн. ст.*
мельчённый; *кр. ф.* -ён, -ена́
мельчи́ть(ся), -чу́, -чи́т(ся)
мелюзга́, -и́
мелю́ка, -и (*растение*)
ме́лющий(ся) (*от* моло́ть(ся))
мельно́пус, -а
меля́щий(ся) (*от* мели́ть(ся))
мембра́на, -ы
мембра́нный
меме́канье, -я
меме́кать, -аю, -ает
меме́кнуть, -ну, -нет
меме́нто мо́ри
мемора́ндум, -а
мемориа́л, -а
мемориа́лец, -льца, *тв.* -льцем, *р. мн.* -льцев
мемориализа́ция, -и
мемориа́льно-о́рдерный
мемориа́льный
мемориа́льский (*от* “Мемориа́л”, *общество*)
мемо́рия, -и
мемуари́ст, -а
мемуари́стика, -и
мемуари́стка, -и, *р. мн.* -ток
мемуа́рный
мемуа́ры, -ов
ме́мфи́сский (*от* Ме́мфи́с)
ме́мфи́сцы, -ев, *ед.* -сец, -сца, *тв.* -сцем
ме́на, -ы
мена́да, -ы (*мифол.*)
мена́жница, -ы, *тв.* -ей
мена́рхе, *нескл., с. (мед.)*

менги́р, -а
ме́нде, *нескл., мн., ед. м.* и *ж.* (*народ*)
менделе́вий, -я
ме́нделевский (*от* Ме́ндель)
Менделе́ев, -а: **периоди́ческий зако́н Менделе́ева, табли́ца Менделе́ева**
менделееви́т, -а
менделе́евский (*от* Менделеев)
менделизм, -а
менделист, -а
менделистский
Ме́ндель, -я: **зако́ны Ме́нделя**
ме́ндес, -а (*животное*)
ме́неджер, -а
ме́неджер-бро́кер, ме́неджера-бро́кера
менеджери́зм, -а
ме́неджерский
ме́неджер-стажёр, ме́неджера-стажёра
ме́неджерство, -а
менеджи́ровать, -рую, -рует
ме́неджмент, -а
ме́нее, *сравн. ст.*
менестре́ль, -я
менжева́ться, -жу́юсь, -жу́ется (*жарг.*)
ме́нзула, -ы
ме́нзульный
мензу́ра, -ы
мензура́льный
мензу́рка, -и, *р. мн.* -рок
мензу́рочный
ме́нивать, *наст. вр. не употр.*
менингиа́льный
менингио́ма, -ы
менинги́т, -а
менинги́тка, -и, *р. мн.* -ток (*шапочка*)
менинги́тный
менингоко́кки, -ов, *ед.* -ко́кк, -а
менингоко́кковый
менингомиели́т, -а
менингоэнцефали́т, -а
мениппе́я, -и
мени́ппова сати́ра, мени́пповой сати́ры
мени́ск, -а
мени́сковый
мениспе́рмовые, -ых
менихе́и, -ев, *ед.* -хе́й, -я
менихе́йский
меннони́тка, -и, *р. мн.* -ток
меннони́тский
меннони́тство, -а
меннони́ты, -ов, *ед.* -ни́т, -а
меновази́н, -а
менов́ой
меновщи́к, -а́
менопа́уза, -ы
мено́ра, -ы
менорé́я, -и (*мед.*)
менорраги́я, -и
меноста́з, -а (*мед.*)
менструа́льный
менструа́ция, -и
менструи́ровать, -рую, -рует
мент, -а и -а́ (*жарг.*)
менталите́т, -а
мента́льность, -и
мента́льный; *кр. ф.* -лен, -льна
ме́нтик, -а
менто́вка, -и, *р. мн.* -вок (*жарг.*)
ме́нто́вский (*от* мент, *жарг.*)
менто́л, -а
менто́ловый
ме́нтор, -а (*наставник, воспитатель*) и **Ме́нтор,** -а (*мифол.*)
ме́нторски
ме́нторский
ме́нторство, -а
менуэ́т, -а
менуэ́тный
Ме́ншикова ба́шня, Ме́ншиковой ба́шни (*в Москве*)
Ме́ншиков бастио́н, Ме́ншикова бастио́на (*в Петропавловской крепости*)
ме́ншиковский (*от* Ме́ншиков)
Менье́р, -а: **боле́знь Менье́ра**
меньероподо́бный
меньша́к, -а́
ме́ньше, *сравн. ст.*
меньшеви́зм, -а
меньшеви́к, -а́
меньшеви́ствующий
меньшеви́стский
меньшеви́цкий (*то же, что* меньшеви́стский)
меньшеви́чка, -и, *р. мн.* -чек
ме́ньшенький
ме́ньший
меньши́нства, -и́нств (национа́льные, сексуа́льные), *ед.* -и́нство́, -и́нства́
меньшинство́, -а́ (*меньшая часть*)
меньшо́й
меню́, *нескл., с.*
меня́ (*форма местоим.* я)
меня́ла, -ы, *м.*
меня́льный
ме́нянный; *кр. ф.* -ян, -яна
меня́ть(ся), -я́ю(сь), -я́ет(ся)
меоти́йский
мео́тский
мео́ты, -ов, *ед.* мео́т, -а
мепрота́н, -а
ме́ра, -ы
ме́ргель, -я, *мн.* -и, -ей и -я́, -е́й
ме́ргельный
мерёжа, -и, *тв.* -ей, *р. мн.* -ёж (*снасть*)
мере́жка, -и, *р. мн.* -жек (*вышивка*)
мерёжка, -и, *р. мн.* -жек (*от* мерёжа)
мерёжный
мере́кать, -аю, -ает
мере́нга, -и
ме́рение, -я (*от* ме́рить)
ме́ренный; *кр. ф.* -ен, -ена, *прич.*
ме́реный, *прил.*
мере́ть, мрёт; *прош.* мёр, мёрла
мерехлю́ндия, -и
мере́щащийся
мере́щиться, -щусь, -щится
мере́я, -и́
мерза́вец, -вца, *тв.* -вцем, *р. мн.* -вцев
мерза́вка, -и, *р. мн.* -вок
мерза́вчик, -а
мерзе́е, *сравн. ст.*
мерзе́йший
мерзе́ть, -е́ю, -е́ет
мерзи́ть, -и́т
ме́рзкий; *кр. ф.* -зок, -зка́, -зко
мёрзлость, -и
мерзлота́, -ы́
мерзло́тник, -а
мерзло́тный
мерзлотове́д, -а
мерзлотове́дение, -я
мёрзлый
мерзля́вый
мерзля́к, -а́
мерзля́тина, -ы
мерзля́чка, -и, *р. мн.* -чек
мёрзнувший
мёрзнуть, -ну, -нет; *прош.* мёрз и мёрзнул, мёрзла
мерзопа́костность, -и
мерзопа́костный; *кр. ф.* -тен, -тна
мерзопа́кость, -и
ме́рзостность, -и
ме́рзостный; *кр. ф.* -тен, -тна
ме́рзость, -и
ме́рзче, *сравн. ст.*
ме́ривать, *наст. вр. не употр.*
ме́ривший
меридиа́н, -а
меридиа́нный
меридиона́льный
мери́ло, -а
мери́льный
мери́льщик, -а
ме́рин, -а
мерино́к, -нка́
мерино́с, -а
мерино́совый
меристе́ма, -ы
меристемати́ческий
мери́тель, -я
мери́тельный
мерите́рий, -я
меритокра́тия, -и
ме́рить(ся), ме́рю(сь), ме́рит(ся) и ме́ряю(сь), ме́ряет(ся); *прош.* ме́рил(ся), -ила(сь)
ме́рка, -и, *р. мн.* ме́рок
меркантили́зм, -а
меркантили́ст, -а
меркантилисти́ческий
меркантили́стский
меркинти́льность, -и
мерканти́льный; *кр. ф.* -лен, -льна
меркапта́ны, -ов, *ед.* -та́н, -а
мерка́торский: мерка́торская ка́рта, мерка́торская прое́кция
Ме́ркель, -я: **кле́тки (тельца́) Ме́ркеля**
ме́рклый

ме́ркнувший
ме́ркнуть, -нет; *прош.* ме́ркнул и мерк, ме́ркла
меркура́н, -а
меркуриали́зм, -а
меркуриа́нский (*от* Мерку́рий, *планета*)
Мерку́рий, -я
меркуриме́трия, -и
мерла́н, -а
мерла́нг, -а
мерлу́за, -ы
мерлу́шечий, -ья, -ье
мерлу́шка, -и, *р. мн.* -шек
мерлу́шковый
ме́рник, -а
ме́рность, -и
ме́рный; *кр. ф.* ме́рен, ме́рна
меробласти́ческий
Мерови́нги, -ов (*династия*)
мерови́нгский
мерозиго́та, -ы
мерокри́новый
мероло́гия, -и
мероми́за, -ы
меромо́рфный
мероприя́тие, -я
меросто́мовые, -ых
мероцено́з, -а
ме́рочка, -и, *р. мн.* -чек
ме́рочный
мерс, -а (*мерседес, жарг.*)
мерседе́с, -а (*автомобиль*)
мерседе́с-бе́нц, мерседе́са-бе́нц (*автомобиль*)
мерседе́совский
мерсериза́ция, -и
мерсеризо́ванный; *кр. ф.* -ан, -ана
мерсеризова́ть(ся), -зу́ю, -зу́ет(ся)
мерси́, *неизм.*
ме́ртвенно-бле́дный
ме́ртвенно-зелёный
ме́ртвенно-се́рый
ме́ртвенность, -и
ме́ртвенный; *кр. ф.* -вен и -венен, -венна
мертве́ть, -е́ю, -е́ет
мертве́ц, -а́, *тв.* -о́м, *р. мн.* -о́в
мертве́цкая, -ой
мертве́цки
мертве́цкий
мертве́цки пья́ный
мертвечи́на, -ы
мертвизна́, -ы́
мертви́ть, -влю́, -ви́т
мертво́, *в знач. сказ.*
мёртво, *нареч.*
мертвое́д, -а
Мёртвое мо́ре (*геогр.*)
мертворожда́емость, -и
мертворождённость, -и
мертворождённый
мёртвый; *кр. ф.* мёртв, мертва́, мёртво и мертво́
мертвя́к, -а́
мертвя́тина, -ы
мертвя́щий
ме́ртель, -я
Ме́рфи, *нескл., м.*: **зако́ны Ме́рфи**
мерца́ние, -я
мерца́тельный
мерца́ть, -а́ю, -а́ет
мерца́ющий
мерчанда́йзер, -а
мерчанда́йзинг, -а
мёрший
ме́рщик, -а
ме́ря[1], -и (*народ*)
ме́ря[2] и **ме́ряя,** *деепр.*
меря́нский (*от* ме́ря[1])
ме́рящий(ся) и **ме́ряющий(ся)**
ме́са, -ы (*возвышенность*)
ме́сиво, -а
меси́лка, -и, *р. мн.* -лок
меси́льный
меси́льщик, -а
меси́льщица, -ы, *тв.* -ей
меси́ть(ся), мешу́, ме́сит(ся)
месмери́зм, -а
месмери́ческий
месневи́, *нескл., с.*
месопота́мский (*от* Месопота́мия)
ме́сса, -ы (*богослужение*)
Мессали́на, -ы
Мёссба́уэр, -а: **эффе́кт Мёссба́уэра**
мёссба́уэровский (*от* Мёссба́уэр): **мёссба́уэровский спектро́метр**
ме́ссер, -а, *мн.* -а́ и -ы (*мессершмитт*)
мессершми́тт, -а (*самолет*)
мессиани́зм, -а (*к* месси́я)
мессиани́стский
мессиани́ческий
мессиа́нский
мессиа́нство, -а
мессидо́р, -а
месси́нский (*от* Месси́на)
месси́р, -а (*титул знатного человека*)
месси́я, -и, *м.* (*в разных религиях: божественный избавитель*) и **Месси́я,** -и, *м.* (*о Христе*)
ме́ста, -ы (*объединение овцеводов в Испании, ист.*)
места́ми, *нареч.*
месте́чко, -а, *мн.* -чки, -чек
местечко́вый
мести́(сь), мету́, метёт(ся); *прош.* мёл(ся), мела́(сь)
местко́м, -а
местко́мовец, -вца, *тв.* -вцем, *р. мн.* -вцев
местко́мовский
ме́стничать, -аю, -ает
ме́стнический
ме́стничество, -а
местнообезбо́ливающий
ме́стность, -и
местночти́мый
ме́стный
ме́сто, -а, *мн.* -а́, мест, -а́м
местоблюсти́тель, -я
Местоблюсти́тель Патриа́ршего престо́ла (*офиц. титулование*)
местожи́тельство, -а, но: **ме́сто жи́тельства**
местоиме́ние, -я
местоиме́нный
местонахожде́ние, -я
местообита́ние, -я, но: **ме́сто обита́ния**
местоположе́ние, -я
местопребыва́ние, -я, но: **ме́сто пребыва́ния**
местопроизраста́ние, -я
месторасположе́ние, -я, но: **ме́сто расположе́ния**
месторожде́ние, -я (*полезных ископаемых*)
месть, -и
месье́, мосье́ и **мсье,** *нескл., м.*
ме́сяц, -а, *тв.* -ем, *мн.* -ы, -ев; по месяца́м (*в течение месяцев*); *с предшествующим названием месяца пишется раздельно, напр.*: в ма́рте ме́сяце, в а́вгусте ме́сяце
месяца́ми, *нареч.*
ме́сяц-друго́й
месяцесло́в, -а
месяцо́к, *другие формы не употр.*
месяцо́чек, -чка
ме́сячина, -ы
месячи́шко, -а и -и, *мн.* -шки, -шек, *м.*
ме́сячник, -а
ме́сячные, -ых
ме́сячный
меся́щий(ся)
ме́та, -ы
мета... – *приставка, пишется слитно*
метаба́зис, -а
метабио́з, -а
метаболи́зм, -а
метабо́лики, -ов, *ед.* -лик, -а
метаболи́ты, -ов, *ед.* -ли́т, -а
метаболи́ческий
метаболи́я, -и
Метагала́ктика, -и
метагалакти́ческий
метагене́з, -а
метагра́мма, -ы
метада́нные, -ых
метазна́ния, -ий
метазо́а, *нескл., мн.*
метаинформа́ция, -и
метаистори́ческий
метаисто́рия, -и
метакине́з, -а
метако́д, -а
метакрила́ты, -ов, *ед.* -ла́т, -а
метакри́ловый
металингви́стика, -и
металингвисти́ческий
мета́лл, -а
металли́д, -а
металлиза́ция, -и
металлизи́рованный; *кр. ф.* -ан, -ана

металлизи́ровать(ся), -рую, -рует(ся)
металли́зм, -а
мета́ллик, -а и *неизм.* (*о цвете*)
металли́ст, -а
металлисти́ческий
металли́стка, -и, *р. мн.* -ток
металли́ческий
металло... – *первая часть сложных слов, пишется слитно*
металлове́д, -а
металлове́дение, -я
металлове́дческий
металлови́дный; *кр. ф.* -ден, -дна
металлово́з, -а
металлогени́ческий
металлогени́я, -и
металло́граф, -а
металлографи́ческий
металлогра́фия, -и
металлогра́фский
металлодете́ктор, -а
металлоёмкий; *кр. ф.* -мок, -мка
металлоёмкость, -и
металлозамени́тель, -я
металло́ид, -а
металло́идный
металлоизде́лия, -ий, *ед.* -е́лие, -я
металлоизо́л, -а
металлоиска́тель, -я
металлокера́мика, -и
металлокерами́ческий
металлоконстру́кция, -и
металлоко́рд, -а
металлоко́рдный
металлокре́пь, -и
металлоло́м, -а
металлометри́ческий
металлонапо́лненный
металлоно́сный
металлообраба́тывающий
металлообрабо́тка, -и
металлообра́зный; *кр. ф.* -зен, -зна
металлоо́птика, -и
металлоорга́ника, -и
металлооргани́ческий
металлоотхо́ды, -ов
металлоплави́льный
металлоплакиру́ющий
металлопла́ст, -а
металлопла́стик, -а
металлопла́стиковый
металлопластма́ссовый
металлопокры́тие, -я
металлополиме́рный
металлополиме́ры, -ов, *ед.* -ме́р, -а
металлопорошо́к, -шка́
металлопроду́кция, -и
металлопрока́т, -а
металлопрока́тный
металлопромы́шленность, -и
металлопромы́шленный
металлопротеи́ды, -ов, *ед.* -и́д, -а
металлоре́жущий
металлоремо́нтный
металлоро́к, -а
металлорука́в, -а́, *мн.* -а́, -о́в
металлосодержа́щий и **металлсодержа́щий**
металлотерапи́я, -и
металлотерми́ческий
металлотерми́я, -и
металлотка́цкий
металлотропи́зм, -а
металлофи́зика, -и
металлофизи́ческий
металлофо́н, -а
металлофо́нный
металлоформо́вочный
металлофурниту́ра, -ы
металлофурниту́рный
металлохими́ческий
металлохи́мия, -и
металлоце́новый
металлоце́ны, -ов, *ед.* -це́н, -а *(хим.)*
металлочерепи́ца, -ы, *тв.* -ей
металлсодержа́щий и **металлосодержа́щий**
металлу́рг, -а
металлурги́ческий
металлу́ргия, -и
метало́гика, -и
металоги́ческий
метальдеги́д, -а
мета́льный (*от* мета́ть)
мета́льщик, -а (*от* мета́ть)
метамагне́тик, -а
метаматема́тика, -и
метаматемати́ческий
метамери́я, -и
метамета́фора, -ы
метаметафори́ст, -а
метами́ктный
метаморфиза́ция, -и
метаморфи́зм, -а
метаморфизо́ванный; *кр. ф.* -ан, -ана
метаморфизова́ться, -зу́ется
метаморфи́ческий
метаморфи́чность, -и
метаморфи́чный; *кр. ф.* -чен, -чна
метаморфоге́нный
метаморфо́з, -а (*биол., зоол.*)
метаморфо́за, -ы
мета́н, -а
метанефри́дии, -ев, *ед.* -дий, -я
метане́фро́с, -а
мета́ние, -я
метани́ловый
мётанный; *кр. ф.* -ан, -ана, *прич.* (*от* мета́ть)
метанобразу́ющий
метаново́з, -а
мета́новый
метанокисля́ющий
метано́л, -а
метано́ловый
метаобозначе́ние, -я
метаописа́ние, -я
метапереме́нная, -ой
метаплази́я, -и
метапра́вило, -а
метапси́хика, -и
метапсихи́ческий
метасекво́йя, -и
метаси́мвол, -а
метасомати́зм, -а
метасомати́ческий
метасомато́з, -а
метастаби́льность, -и
метастаби́льный; *кр. ф.* -лен, -льна
метаста́з, -а
метастази́рование, -я
метастази́рованный; *кр. ф.* -ан, -ана
метастази́ровать(ся), -рует(ся)
метастати́ческий
метастронгилёз, -а
метата́нк, -а и **метате́нк,** -а
метате́за, -ы
метате́кст, -а
мета́тель, -я
мета́тельница, -ы, *тв.* -ей
мета́тельный
метате́нк, -а и **метата́нк,** -а
метатеоре́ма, -ы
метатео́рия, -и
метатио́н, -а
метатро́фный
мета́ть(ся)[1], -а́ю, -а́ет(ся) (*о шитье*)
мета́ть(ся)[2], мечу́(сь), ме́чет(ся) (*бросать(ся); беспорядочно двигаться;* мета́ть икру́)
метафа́за, -ы
метафа́йл, -а
метафи́зик, -а
метафи́зика, -и
метафизи́ческий
метафизи́чность, -и
метафизи́чный; *кр. ф.* -чен, -чна
мета́фора, -ы
метафори́зм, -а
метафо́рика, -и
метафори́ст, -а
метафори́стика, -и
метафори́чески
метафори́ческий
метафори́чность, -и
метафори́чный; *кр. ф.* -чен, -чна
метафо́с, -а
метафосфа́ты, -ов, *ед.* -фа́т, -а
метафра́за, -ы
метахромази́я, -и
метаце́нтр, -а
метацентри́ческий
метаэтни́ческий
метаэ́тнос, -а
метаязы́к, -а́
метаязыково́й
метгемоглоби́н, -а
метгемоглобинеми́я, -и
мете́ки, -ов, *ед.* мете́к, -а
метелеме́р, -а
мете́листый
мете́лить, -лю, -лит
мете́лица, -ы, *тв.* -ей
метёлка, -и, *р. мн.* -лок
метёлочка, -и, *р. мн.* -чек

метёлочный
мете́ль, -и
мете́льник, -а (*растение*)
мете́льный
мете́льчато-ветви́стый
мете́льчато-разветвлённый
мете́льчатый
мете́льщик, -а
метемпсихо́з, -а
мете́ние, -я
метённый; *кр. ф.* -ён, -ена́, *прич.*
метёный, *прил.*
метео... – *первая часть сложных слов, пишется слитно*
метеоаэробюллете́нь, -я
метеобо́мба, -ы
метеобюро́, *нескл., с.*
метеогра́мма, -ы
метеода́нные, -ых
метеозави́симость, -и
метеозави́симый
метеоинформа́ция, -и
метеока́рта, -ы
метеолаби́льный
метеонаблюде́ния, -ий
метеообстано́вка, -и
метеопа́т, -а
метеопати́ческий
метеопа́тия, -и
метеопо́ст, -а́
метеоприбо́р, -а
метеопрогно́з, -а
метеопрогнози́рование, -я
метео́р, -а
метеорадиозо́нд, -а
метеорадиотелеско́п, -а
метеораке́та, -ы
метеори́зм, -а
метеори́т, -а
метеори́тика, -и
метеори́тный
метеоритове́д, -а
метеори́тчик, -а
метеори́ческий
метео́рно-шла́ковый
метео́рный
метеоро́граф, -а
метеорографи́ческий
метеорогра́фия, -и
метеоро́лог, -а
метеорологи́ческий
метеороло́гия, -и
метеосво́дка, -и, *р. мн.* -док
метеослу́жба, -ы
метеоспу́тник, -а
метеоста́нция, -и
метеотро́пный
метеоусло́вия, -ий
метеоце́нтр, -а
метеочувстви́тельность, -и
метеочувстви́тельный; *кр. ф.* -лен, -льна
метиза́ция, -и (*скрещивание животных*)
мети́зный
мети́зы, -ов, *ед.* мети́з, -а (*металлоизделия*)
метика́л, -а (*ден. ед.*)
мети́л, -а
метилакрила́т, -а
метилами́н, -а
метила́н, -а
метилбензо́л, -а
метилвиоле́т, -а
метиле́н, -а
метиле́новый
метиленхлори́д, -а
метили́рование, -я
метилкаучу́к, -а
метилметакрила́т, -а
мети́ловый
метилора́нж, -а, *тв.* -ем
метилора́нжевый
метилтестостеро́н, -а
метилхлори́д, -а
метилцеллюло́за, -ы
мети́льный
метилэтилкето́н, -а
ме́тина, -ы
ме́тинка, -и, *р. мн.* -нок
метиони́н, -а
мети́с, -а
метиса́ция, -и (*смешение рас*)
мети́ска, -и, *р. мн.* -сок
мети́сный
ме́тить(ся), ме́чу(сь), ме́тит(ся)
ме́тка, -и, *р. мн.* ме́ток
ме́тка-заполни́тель, ме́тки-заполни́теля, *ж.*
ме́ткий; *кр. ф.* ме́ток, метка́, ме́тко
ме́ткость, -и
метла́, -ы́, *мн.* мётлы, мётел
метла́хский (метла́хские пли́тки)
метли́ца, -ы, *тв.* -ей (*бабочка*)
метлови́ще, -а
метну́ть(ся), -ну́(сь), -нёт(ся)
ме́тод, -а
мето́да, -ы
методи́зм, -а
мето́дика, -и
методи́ст, -а
методи́стка, -и, *р. мн.* -ток
методи́стский
методи́чески
методи́ческий
методи́чка, -и, *р. мн.* -чек
методи́чность, -и
методи́чный; *кр. ф.* -чен, -чна
методкабине́т, -а
методконсульта́ция, -и
методобъедине́ние, -я
методо́лог, -а
методологи́ческий
методоло́гия, -и
методразрабо́тка, -и, *р. мн.* -ток
методсове́т, -а
мето́л, -а
метолгидрохино́новый
мето́ловый
метоними́ческий
метоними́чность, -и
метоними́чный; *кр. ф.* -чен, -чна
метони́мия, -и
мето́п, -а и **мето́па,** -ы
метопи́зм, -а
ме́точка, -и, *р. мн.* -чек
ме́точный
метр, -а
метра́ж, -а́, *тв.* -о́м
метра́жный
метранпа́ж, -а, *тв.* -ем
метр-ге́нри, *нескл., м.* (*ед. измер.*)
метрдоте́ль, -я
ме́тр-друго́й
метре́сса, -ы
ме́трика, -и
метри́т, -а
метри́ческий
метр-ке́львин, -а, *р. мн.* -ов, *счетн. ф.* -вин
метро́, *нескл., с.*
метроваго́н, -а
метро́вка, -и, *р. мн.* -вок
метровокза́л, -а
метро́вский (*от* метро́)
метро́вый
метроли́ния, -и
метро́лог, -а
метрологи́ческий
метроло́гия, -и
метромо́ст, -а и -а́, *мн.* -ы́, -о́в
метроно́м, -а
метрономи́ческий
метрооборо́т, -а
метропа́тия, -и
метропо́езд, -а, *мн.* -а́, -о́в
метрополиза́ция, -и
метропо́лис, -а
метрополите́н, -а
Метропо́литен-музе́й, -я (*в Нью-Йорке*)
метрополите́новец, -вца, *тв.* -вцем, *р. мн.* -вцев
метрополите́новский (*от* метрополите́н)
метрополите́нский (метрополите́нский ареа́л, метрополите́нская террито́рия – *в США*; метрополите́нское гра́фство – *в Великобритании*)
метропо́лия, -и (*государство*)
метропу́ть, -и́, *мн.* -и́, -е́й
метроррагия, -и
метростро́евец, -вца, *тв.* -вцем, *р. мн.* -вцев
метростро́евский
метростро́ение, -я
метростро́итель, -я
Метростро́й, -я
метротрамва́й, -я
метротра́сса, -ы
метроша́хта, -ы
метр-паска́ль, -я
метр-радиа́н, -а, *р. мн.* -ов, *счетн. ф.* -иа́н

метр-стерадиа́н, -а, *р. мн.* -ов, *счетн. ф.* -иа́н
метршто́к, -а
ме́тче, *сравн. ст.* (*от* ме́ткий, ме́тко)
ме́тчик, -а (*тот, кто метит, размечает что-н.*)
метчи́к, -а́ (*инструмент*)
мётчик, -а (*банкомет*)
мётший
метявле́ния [тъя], -ий
ме́тящий(ся)
мефимо́ны, -ов
мефисто́фелевский
Мефисто́фель, -я
мефисто́фельский
мефисто́фельство, -а
мех, -а и -у, *предл.* на меху́, *мн.* меха́, -о́в (*пушнина*) и мехи́, -о́в (*механизм; бурдюк*)
механиза́тор, -а
механиза́торский
механиза́ция, -и
механизи́рованный; *кр. ф.* -ан, -ана
механизи́ровать(ся), -рую, -рует(ся)
механи́зм, -а
меха́ник, -а
меха́ника, -и
меха́нико-математи́ческий
меха́нико-машинострои́тельный
механи́ст, -а
механисти́ческий
механисти́чность, -и
механисти́чный; *кр. ф.* -чен, -чна
механици́зм, -а
механици́ст, -а
механи́чески
механи́ческий
механи́чность, -и
механи́чный; *кр. ф.* -чен, -чна
механо... – *первая часть сложных слов, пишется слитно*
механогидравли́ческий
механокалори́ческий
механоламарки́зм, -а
механомонта́жный
механообраба́тывающий
механообрабо́тка, -и, *р. мн.* -ток
механореце́пторы, -ов, *ед.* -тор, -а
механосбо́рочный
механоскопи́ческий
механоскопи́я, -и
механострикцио́нный
механостри́кция, -и
механотерапи́я, -и
механотро́н, -а
механотро́ника, -и
механотро́нный
механохими́ческий
механохи́мия, -и
механохори́ческий
механохо́ри́я, -и
мехдо́йка, -и, *р. мн.* -до́ек
мехзаво́д, -а
мехика́нский (*от* Ме́хико)
мехика́нцы, -ев, *ед.* -нец, -нца, *тв.* -нцем
мехинструме́нт, -а
мехколо́нна, -ы
мехко́мплекс, -а
мехкре́пь, -и
мехлесопу́нкт, -а
мехлесхо́з, -а
мехлопа́та, -ы
мехмастерска́я, -о́й
мехмастерски́е, -и́х
мехма́т, -а
мехма́товский
мехобрабо́тка, -и
мехово́й
мехову́шка, -и, *р. мн.* -шек
меховщи́к, -а́
меховщи́ца, -ы, *тв.* -ей
мехое́д, -а
мехообрабо́тка, -и
мехотря́д, -а
мехпека́рня, -и, *р. мн.* -рен
мехпехо́та, -ы
мехпроду́кция, -и (*меховая*)
мехсе́кция, -и
мехсырьё, -я́
мехтова́ры, -ов
мехто́к, -а, *предл.* на мехтоку́
мехубо́рка, -и, *р. мн.* -рок
мецена́т, -а (*покровитель искусств*) и **Мецена́т,** -а (*ист. лицо*)
мецена́тка, -и, *р. мн.* -ток
мецена́тский
мецена́тство, -а
мецена́тствовать, -твую, -твует
ме́цский (*от* Мец)
ме́цца-во́че, *неизм.* и *нескл., с.*
ме́ццо, *нескл., с.*
ме́ццо пиа́но, *неизм.*
ме́ццо-сопра́но, *нескл., с.* (*голос*) и *ж.* (*певица*)
ме́ццо-сопра́новый
ме́ццо-ти́нто, *нескл., с.*
ме́ццо фо́рте, *неизм.*
меч, -а́, *тв.* -о́м
мечеви́дный; *кр. ф.* -ден, -дна
ме́чение, -я
ме́ченный; *кр. ф.* -ен, -ена, *прич.*
мечено́сец, -сца, *тв.* -сцем, *р. мн.* -сцев
ме́ченый, *прил.*
мече́тный
мече́ть, -и
мечехво́ст, -а
ме́ч-кладене́ц, меча́-кладенца́
ме́чник, -а
ме́чниковский (*от* Ме́чников)
меч-ры́ба, -ы
мечта́, -ы́
мечта́ние, -я
мечта́тель, -я
мечта́тельница, -ы, *тв.* -ей
мечта́тельность, -и
мечта́тельный; *кр. ф.* -лен, -льна
мечта́тельство, -а
мечта́ть(ся), -а́ю, -а́ет(ся)
ме́чущий(ся)
меш, -а, *тв.* -ем
меша́лка, -и, *р. мн.* -лок
мешани́на, -ы
ме́шанка, -и, *р. мн.* -нок
ме́шанный; *кр. ф.* -ан, -ана, *прич.* (*от* меша́ть)
ме́шаный, *прил.* (*от* меша́ть)
меша́ть(ся), -а́ю(сь), -а́ет(ся)
ме́шенный; *кр. ф.* -ен, -ена, *прич.* (*от* меси́ть)
ме́шеный, *прил.* (*от* меси́ть)
меше́тчатые кры́сы
ме́шканье, -я
ме́шкать, -аю, -ает
мешкова́тость, -и
мешкова́тый
мешкови́дный; *кр. ф.* -ден, -дна
мешкови́на, -ы
мешкожа́берные, -ых
мешкозаши́вочный
мешкообра́зный; *кр. ф.* -зен, -зна
мешкота́ра, -ы
ме́шкотность, -и
ме́шкотный; *кр. ф.* -тен, -тна
мешо́к, мешка́
мешо́тчатый (*с мешком, мешочком*), но: **меше́тчатые кры́сы**
мешо́чек, -чка
мешо́чник, -а
мешо́чница, -ы, *тв.* -ей
мешо́чничать, -аю, -ает
мешо́чничество, -а
мешо́чный
мешхе́дский (*от* Мешхе́д)
мещани́н, -а, *мн.* -а́не, -а́н
меща́нка, -и, *р. мн.* -нок
меща́ночка, -и, *р. мн.* -чек
меща́нский
меща́нство, -а
мещера́, -ы́ (*племя*)
Мещёрская ни́зменность
меще́рский (*от* мещера́)
мещёрский (*к* Мещёрская ни́зменность, Мещёра)
мещёрцы, -ев, *ед.* -рец, -рца, *тв.* -рцем
мещеряки́, -о́в, *ед.* -ря́к, -а́ (*этническая группа*)
мещеря́цкий
мещеря́чка, -и, *р. мн.* -чек
мещо́вский (*от* Мещо́вск)
мзда, -ы
мздои́мец, -мца, *тв.* -мцем, *р. мн.* -мцев
мздои́мство, -а
мздои́мствовать, -твую, -твует
ми, *нескл., с.* (*нота*)
Ми, *нескл., м.* (*вертолет*)
миа́з, -а
миазмати́ческий
миа́змы, миа́зм и -ов
миалги́я, -и
миа́сский (*от* Миа́сс)
миастени́ческий

миастени́я, -и
миа́сцы, -ев, *ед.* -сец, -сца, *тв.* -сцем
ми-бемо́ль, -я
ми-бемо́ль мажо́р, ми-бемо́ль мажо́ра
ми-бемо́ль-мажо́рный
ми-бемо́ль мино́р, ми-бемо́ль мино́ра
ми-бемо́ль-мино́рный
ми-бемо́льный
миг, -а
Миг, -а (*самолет системы МиГ*)
мига́лка, -и, *р. мн.* -лок
мига́ние, -я
мига́тельный
мига́ть, -а́ю, -а́ет
мигмати́т, -а
мигну́ть, -ну́, -нёт
ми́гом, *нареч.*
мигра́нт, -а
миграцио́нный
мигра́ция, -и
мигре́невый
мигрено́зный
мигре́нь, -и
мигри́ровать, -и́рую, -и́рует
МИД, -а и *нескл., м.* (*сокр.*: министерство иностранных дел)
ми́делевый
ми́дель, -я
ми́дельный
ми́дель-шпанго́ут, -а
ми́ди, *неизм.* и *нескл., с.*
ми́диевый (*от* ми́дия)
миди́йский (*от* Ми́дия, *страна*)
миди́йцы, -ев, *ед.* -и́ец, -и́йца, *тв.* -и́йцем
миди́нетка, -и, *р. мн.* -ток
ми́ди-пла́тье, -я
ми́ди-ю́бка, -и, *р. мн.* -ю́бок
ми́дия, -и (*моллюск*)
ми́довец, -вца, *тв.* -вцем, *р. мн.* -вцев
ми́довский (*от* МИД)
ми-дубль-бемо́ль, -я
мидя́не, -я́н, *ед.* -я́нин, -а
миели́н, -а
миели́новый
миели́т, -а
миели́тный
миелогра́фи́я, -и
миело́идный
миелолейко́з, -а
миело́ма, -ы
миело́мный
миелоци́ты, -ов, *ед.* -ци́т, -а
мизансце́на, -ы
мизансцени́рованный; *кр. ф.* -ан, -ана
мизансцени́ровать(ся), -рую, -рует(ся)
мизансцени́ческий
мизантро́п, -а
мизантропи́ческий
мизантро́пия, -и
мизантро́пка, -и, *р. мн.* -пок
мизги́рь, -я́ (*паук*)
ми́зе́р, -а
мизера́бельный; *кр. ф.* -лен, -льна
мизере́ре, *нескл., с.*
ми́зе́рность, -и
ми́зе́рный; *кр. ф.* -рен, -рна
мизи́да, -ы
мизи́нец, -нца, *тв.* -нцем, *р. мн.* -нцев
мизи́нцевый
мизи́нчик, -а
мизоа́ндрия, -и
мизога́мия, -и
мизогини́зм, -а
мизогини́ст, -а
мизогини́стский
мизогини́я, -и
мизостоми́ды, -и́д, *ед.* -и́да, -ы
мизофо́бия, -и
мика́до, *нескл., м.*
микале́кс, -а
микани́т, -а
мика́ния, -и
мика́тор, -а
микафо́лий, -я
микела́нджеловский (*от* Микела́нджело)
мике́нский (*от* Мике́ны)
мики́жа, -и, *тв.* -ей
мики́тки: под мики́тки
Ми́кки-Ма́ус, -а (*сказочный персонаж*)
миклу́хо-макла́евский (*от* Миклу́хо-Макла́й)
микобакте́рии, -ий, *ед.* -е́рия, -и
микоде́рма, -ы
мико́з, -а
микозоло́н, -а
миколити́ческий
мико́лог, -а
микологи́ческий
миколо́гия, -и
микоплазмо́з, -а
микопла́змы, -а́зм, *ед.* -а́зма, -ы
микори́за, -ы
микосепти́н, -а
микотоксико́з, -а
микотро́ф, -а
микотро́фный
микро... – *первая часть сложных слов, пишется слитно*
микроавиа́ция, -и
микроавто́бус, -а
микроавтомоби́ль, -я
микроампе́р, -а, *р. мн.* -ов, *счетн. ф.* -ампе́р
микроамперме́тр, -а
микроана́лиз, -а
микроаналити́ческий
микроассе́мблер, -а
микро́б, -а
микроба́р, -а, *р. мн.* -ов, *счетн. ф.* -ба́р
микробаро́граф, -а
микробиблиоте́ка, -и
микробио́лог, -а
микробиологи́ческий
микробиоло́гия, -и
микробио́та, -ы
микро́бный
микробоноси́тель, -я
микрова́тт, -а, *р. мн.* -ов, *счетн. ф.* -ва́тт
микровесы́, -о́в
микровзры́в, -а
микроволно́вка, -и, *р. мн.* -вок (*печь*)
микрово́лно́вый
микрово́лны, -во́лн, -во́лна́м
микрово́льт, -а, *р. мн.* -ов, *счетн. ф.* -во́льт
микроворси́нки, -нок
микровычисли́тель, -я
микроге́нри, *нескл., м.*
микрогидроэлектроста́нция, -и
микроглия́, -и
микроглосса́рий, -я
микрогравита́ция, -и
микрогра́мм, -а, *р. мн.* -ов
микрогра́ммовый
микрогра́фия, -и
микроГЭ́С, *нескл., ж.*
микродви́гатель, -я
микроденсито́метр, -а
микродио́д, -а
микродиссе́кция, -и
микродоба́вки, -вок
микродо́за, -ы
микроземлетрясе́ние, -я
микрозо́нд, -а
микроизда́ние, -я
микроинструме́нт, -а
микроинсу́льт, -а
микроинтегра́льный
микроинтерва́л, -а
микроинтерферо́метр, -а
микроинфа́ркт, -а
микрокалькуля́тор, -а
микрокалькуля́торный
микроканони́ческий
микрока́псула, -ы
микрокапсули́рование, -я
микрокапсули́рованный; *кр. ф.* -ан, -ана
микрокапсули́ровать(ся), -рую, -рует(ся)
микрокапсуля́ция, -и
микрокарота́ж, -а, *тв.* -ем
микрокарота́жный
микрока́рта, -ы
микрока́тор, -а
микрокефа́л, -а и **микроцефа́л,** -а
микрокефа́лия, -и и **микроцефа́лия,** -и
микрокинеско́п, -а
микрокли́мат, -а
микроклимати́ческий
микрокли́н, -а
микроко́кки, -ов, *ед.* -ко́кк, -а
микроколеба́ние, -я
микрокома́нда, -ы
микрокомпоне́нт, -а
микрокомпью́тер, -а
микроконте́кст, -а

микроконтро́ллер, -а
микроко́см, -а
микрокосми́ческий
микрокристалли́ческий
микрокристаллоскопи́я, -и
микрокриста́ллы, -ов, *ед.* -а́лл, -а
микрокуло́н, -а, *р. мн.* -ов, *счетн. ф.* -куло́н и -ов
микрокюри́, *нескл., м.*
микролепто́ны, -ов, *ед.* -то́н, -а
микроли́т, -а
микроли́товый
микроли́тр, -а
микролитра́жка, -и, *р. мн.* -жек
микролитра́жный
микро́м, -а
микромагнето́ника, -и
микроманипуля́тор, -а
микромано́метр, -а
микрома́тч, -а, *тв.* -ем
микромаши́на, -ы
микроме́ры, -ов, *ед.* -ме́р, -а
микрометео́р, -а
микрометеори́т, -а
микрометеори́тный
микрометео́рный
микро́метр, -а (*инструмент*)
микроме́тр, -а (*ед. длины*)
микрометри́ческий
микроме́трия, -и
микромикро́н, -а, *р. мн.* -ов, *счетн. ф.* -ро́н
микроминиатю́ра, -ы
микроминиатюриза́ция, -и
микроминиатю́рный
микроми́р, -а
микромо́дуль, -я
микромо́дульный
микромоле́кула, -ы
микромолекуля́рный
микромотоци́кл, -а
микро́н, -а, *р. мн.* -ов, *счетн. ф.* микро́н
микронапряже́ние, -я
микронези́йка, -и, *р. мн.* -и́ек
микронези́йский (*от* Микроне́зия)
микронези́йцы, -ев, *ед.* -и́ец, -и́йца, *тв.* -и́йцем
микронивели́р, -а
микро́ника, -и
микро́нный
микрону́клеус, -а
микрообъе́кт, -а
микрообъём, -а
микрооо́м, -а, *р. мн.* -ов, *счетн. ф.* -о́м
микроо́м-ме́тр, -а (*ед. измер.*)
микрооргани́змы, -ов, *ед.* -и́зм, -а
микропалеонтологи́ческий
микропалеонтоло́гия, -и
микропаска́ль, -я
микропедиа́тр, -а
микропедиатри́я, -и
микропереда́тчик, -а
микропеча́ть, -и
микропи́ле, *нескл., с.*

ми́кропись, -и
микроплёнка, -и, *р. мн.* -нок
микропо́ра, -ы (*микропористая резина и подошва из нее*)
микропо́ристый
микропо́рка, -и, *р. мн.* -рок
микропо́ры, -по́р, *ед.* -по́ра, -ы (*мельчайшие поры*)
микроприбо́р, -а
микроприво́д, -а
микроприёмник, -а
микропри́меси, -ей
микропричи́нность, -и
микропро́ба, -ы
микропро́вод, -а, *мн.* -а́, -о́в
микропрогра́мма, -ы
микропрограмми́рование, -я
микропрогра́ммный
микропрое́ктор, -а
микропроекцио́нный
микропрое́кция, -и
микропроте́з, -а
микропротези́рование, -я
микропроце́ссор, -а
микропроце́ссорный
микропроявле́ние, -я
микропсихоана́лиз, -а
микрорадиово́лны, -во́лн, -во́лна́м
микрорадиогра́фия, -и
микрорадиоприёмник, -а
микроразре́з, -а
микрорайо́н, -а
микрорайони́рование, -я
микрорайо́нный
микроракéтный
микрорелье́ф, -а
микрорелье́фный
микрорентге́н, -а, *р. мн.* -ов, *счетн. ф.* -е́н
микросва́рка, -и, *р. мн.* -рок
микросейсми́ческий
микросе́йсмы, -ов, *ед.* -се́йсм, -а
микросеку́нда, -ы
микросисте́ма, -ы
микросисте́мный
микроско́п, -а
микроскопи́ческий
микроскопи́чески ма́лый
микроскопи́чность, -и
микроскопи́чный; *кр. ф.* -чен, -чна
микроскопи́я, -и
микроско́пный
микросокраще́ния, -ий, *ед.* -ние, -я
микросо́мы, -со́м, *ед.* -со́ма, -ы
микросо́товый (микросо́товая свя́зь)
микросоциа́льный
микросоциологи́ческий
микросоциоло́гия, -и
микросо́циум, -а
микроспиртзаво́д, -а
микроспора́нгий, -я
микроспори́дии, -ий, *ед.* -дия, -и
микроспори́я, -и
микроспорофи́лл, -а

микроспо́ры, -спо́р, *ед.* -спо́ра, -ы
микросреда́, -ы́, *вин.* -у́, *мн.* -сре́ды, -сре́д
микросса́дина, -ы
микрострукту́ра, -ы
микрострукту́рный
микросхе́ма, -ы
микросъёмка, -и, *р. мн.* -мок
микротвердоме́р, -а
микротвёрдость, -и
микротелеви́зор, -а
микротелефо́н, -а
микротелефо́нный
микроте́ло, -а, *мн.* -тела́, -те́л
микроте́хника, -и
микроти́пия, -и
микрото́м, -а
микротопони́мика, -и
микротопоними́ческий
микротопони́мия, -и
микротра́вма, -ы
микротранзи́стор, -а
микротре́щина, -ы
микротро́н, -а
микротру́бочки, -чек, *ед.* -чка, -и
микроудобре́ния, -ий
микроу́ровень, -вня
микроу́ровневый
микрофа́ги, -ов, *ед.* -фа́г, -а
микрофаги́ческий
микрофара́д, -а, *р. мн.* -ов, *счетн. ф.* -фара́д
микрофа́уна, -ы
микрофи́ллы, -ов, *ед.* -фи́лл, -а
микрофи́льм, -а
микрофильми́рование, -я
микрофильми́рованный; *кр. ф.* -ан, -ана
микрофильми́ровать(ся), -рую, -рует(ся)
микрофильмоко́пия, -и
микрофи́льный
микрофи́ша, -и, *тв.* -ей
микрофиши́рование, -я
микрофиши́рованный; *кр. ф.* -ан, -ана
микрофиши́ровать(ся), -рую, -рует(ся)
микрофло́ппи, *нескл., м.*
микрофло́ра, -ы
микрофо́н, -а
микрофо́нный
микрофо́нчик, -а
микрофотогра́фия, -и
микрофотокопи́рование, -я
микрофотоко́пия, -и
микрофото́метр, -а
микрофотосъёмка, -и, *р. мн.* -мок
микрохими́ческий
микрохи́мия, -и
микрохиру́рг, -а
микрохирурги́ческий
микрохирурги́я, -и
микрохолоди́льник, -а
микроцефа́л, -а и **микрокефа́л,** -а

микроцефа́лия, -и и **микрокефа́лия,** -и
микроци́д, -а
микроци́кл, -а
микроциркуля́ция, -и
микроцито́з, -а
микрочасти́цы, -и́ц, *ед.* -и́ца, -ы, *тв.* -ей
микрочи́п, -а
микрошли́ф, -а
микроЭВМ [-эвээ́м], *нескл., ж.*
микроэволю́ция, -и
микроэконо́мика, -и
микроэкономи́ческий
микроэлектро́д, -а
микроэлектродви́гатель, -я
микроэлектро́дный
микроэлектромаши́на, -ы
микроэлектро́ника, -и
микроэлектро́нный
микроэлеме́нт, -а
микроэлеме́нтный
микроэ́тнос, -а
микроявле́ния, -ий, *ед.* -ние, -я
микрурги́ческий
микрурги́я, -и
миксантропи́ческий
микса́ция, -и
миксбо́рдер, -а
микседе́ма, -ы
ми́ксер, -а
ми́ксерный
миксерово́з, -а
микси́на, -ы
миксобакте́рии, -ий, *ед.* -е́рия, -и
миксови́русы, -ов, *ед.* -ви́рус, -а
миксо́ма, -ы
миксомато́з, -а
миксомице́ты, -ов, *ед.* -це́т, -а
миксоспори́дии, -ий, *ед.* -дия, -и
миксотро́фный
миксотро́фы, -ов, *ед.* -тро́ф, -а
миксоце́ль, -и
микст, -а и *неизм.* (*спорт.*)
миксту́ра, -ы
миксту́рка, -и, *р. мн.* -рок
миксту́рный
ми́кшер, -а
ми́кшерный
ми́кшерский
микши́рование, -я
микши́рованный; *кр. ф.* -ан, -ана
микши́ровать(ся), -рую, -рует(ся)
мил, -а (*ед. измер.*)
мила́нский (*от* Мила́н)
мила́нцы, -ев, *ед.* -нец, -нца, *тв.* -нцем
мила́ха, -и
милачо́к, -чка́
мила́ша, -и, *тв.* -ей, *м.* и *ж.*
мила́шечка, -и, *р. мн.* -чек, *м.* и *ж.*
мила́шка, -и, *р. мн.* -шек, *м.* и *ж.*
ми́лдью, *нескл., ж.*
миле́ди, *нескл., ж.*
миле́йший
милёнок, -нка
милёночек, -чка
ми́ленький
миле́тский (*от* Миле́т)
миле́ть, -е́ю, -е́ет
милиа́рный (*мед.*)
ми́литари, *нескл., с.* и *неизм.*
милитаризацио́нный
милитариза́ция, -и
милитаризи́рованный; *кр. ф.* -ан, -ана
милитаризи́ровать(ся), -и́рую, -и́рует(ся)
милитари́зм, -а
милитаризо́ванность, -и
милитаризо́ванный; *кр. ф.* -ан, -ана
милитаризова́ть(ся), -зу́ю, -зу́ет(ся)
милитари́ст, -а
милитаристи́ческий
милитари́стский
милице́йский
милиционе́р, -а
милиционе́рский
милиционе́рша, -и, *тв.* -ей
милицио́нный
мили́ция, -и
ми́лка, -и, *р. мн.* ми́лок (*возлюбленная*)
миллენари́зм, -а
миллена́рий, -я
миллենари́ст, -а
миллենари́стский
милле́ниум, -а
миллери́т, -а
ми́ллеровские и́ндексы
милли... – *первая часть сложных слов, пишется слитно*
миллиампе́р, -а, *р. мн.* -ов, *счетн. ф.* -ампе́р
миллиамперме́тр, -а
миллиа́рд, -а и (*при передаче разг. произношения, в поэзии*) **милья́рд,** -а
миллиарде́р, -а
миллиарде́рский
миллиарде́рша, -и, *тв.* -ей
миллиа́рдный и (*при передаче разг. произношения, в поэзии*) **мильярд-ный**
миллиа́рий, -я
миллиба́р, -а, *р. мн.* -ов, *счетн. ф.* -ба́р
миллива́тт, -а, *р. мн.* -ов, *счетн. ф.* -ва́тт
милливо́льт, -а, *р. мн.* -ов, *счетн. ф.* -во́льт
милливольтме́тр, -а
миллиге́нри, *нескл., м.*
миллигра́мм, -а, *р. мн.* -ов, *счетн. ф.* -гра́мм и -ов
миллигра́ммовый
миллигра́мм-проце́нт, -а
миллигра́мм-си́ла, -ы
милликюри́, *нескл., м.*
миллила́мберт, -а, *р. мн.* -ов, *счетн. ф.* -берт
миллили́тр, -а
миллимеджли́с, -а
миллиме́тр, -а
миллиметро́вка, -и, *р. мн.* -вок
миллиметро́вый
миллимикро́н, -а, *р. мн.* -ов, *счетн. ф.* -микро́н
миллимикросеку́нда, -ы
миллиньюто́н, -а, *р. мн.* -ов, *счетн. ф.* -ньюто́н
миллиокта́ва, -ы
миллио́н, -а и (*при передаче разг. произношения, в поэзии*) **мильо́н,** -а
миллионе́р, -а
миллионе́рша, -и, *тв.* -ей
миллио́нка, -и, *р. мн.* -нок (*карта*)
Миллио́нная, -ой (*улица*)
миллио́нник, -а
миллио́нный и (*при передаче разг. произношения, в поэзии*) **мильо́н-ный**
миллио́нчик, -а и **мильо́нчик,** -а
миллио́нщик, -а и **мильо́нщик,** -а
миллио́нщица, -ы и **мильо́нщица,** -ы, *тв.* -ей
миллипаска́ль, -я
миллипье́за, -ы
миллирентге́н, -а, *р. мн.* -ов, *счетн. ф.* -ге́н
миллисеку́нда, -ы
миллисти́льб, -а, *р. мн.* -ов, *счетн. ф.* -сти́льб
миллифо́т, -а, *р. мн.* -ов, *счетн. ф.* -фо́т
милльє́м, -а
ми́лование, -я (*от* ми́ловать)
ми́лованный; *кр. ф.* -ан, -ана, *прич.* (*от* ми́ловать)
мило́ванный; *кр. ф.* -ан, -ана, *прич.* (*от* милова́ть)
милова́нье, -я (*от* милова́ть(ся)
ми́ловать(ся), ми́лую, ми́лует(ся) (*щадить(ся)*)
милова́ть(ся), милу́ю(сь), милу́ет(ся) (*ласкать(ся)*)
милови́дность, -и
милови́дный; *кр. ф.* -ден, -дна
мило́к, милка́
милокорди́н, -а
мило́н, -а (*хим.*)
милони́т, -а
мило́рд, -а
милосе́рдие, -я
милосе́рдность, -и
милосе́рдный; *кр. ф.* -ден, -дна и **милосе́рдый**
милосе́рдствовать, -твую, -твует
Мило́сский: Венера Мило́сская
ми́лостивец, -вца, *тв.* -вцем, *р. мн.* -вцев
ми́лостивица, -ы, *тв.* -ей
ми́лостивый
ми́лостливый (*прост. к* ми́лостивый)
ми́лостынька, -и, *р. мн.* -нек
ми́лостыня, -и, *р. мн.* -ынь
ми́лость, -и
ми́лочка, -и, *р. мн.* -чек (*о девушке, женщине; чаще – обращение*)

мил-серде́чный дру́г, *другие формы не употр.*
милу́ша, -и, *тв.* -ей
ми́лушка, -и, *р. мн.* -шек
мил-челове́к (*обращение*)
ми́лый; *кр. ф.* мил, мила́, ми́ло, ми́лы́
миль, -я (*монета*)
ми́льбекс, -а
мильерани́зм, -а
мильо́н, -а (*вместо* миллио́н – *при передаче разг. произношения, в поэзии;* мильо́н терза́ний)
мильо́нный (*вместо* миллио́нный – *при передаче разг. произношения, в поэзии*)
мильо́нчик, -а и **миллио́нчик,** -а
мильо́нщик, -а и **миллио́нщик,** -а
мильо́нщица, -ы и **миллио́нщица,** -ы, *тв.* -ей
мильре́йс, -а
мильто́н, -а (*милиционер, жарг.*)
мильто́ния, -и (*растение*)
мильто́нский
мильту́рум, -а
милья́рд, -а (*вместо* миллиа́рд – *при передаче разг. произношения, в поэзии*)
милья́рдный (*вместо* миллиа́рдный – *при передаче разг. произношения, в поэзии*)
ми́ля, -и
миля́га, -и, *м.* и *ж.*
мим, -а
ми́ мажо́р, ми́ мажо́ра
ми-мажо́рный
мима́нс, -а (*мимический ансамбль*)
мима́нса, -ы (*одна из филос. систем индуизма*)
мимео́граф, -а
мимеографи́ческий
ми́месис, -а
миметези́т, -а
мимети́зм, -а
мимети́ческий
ми́мик, -а
ми́мика, -и
ми́мико-же́стовый
мимикри́йный
мимикри́рование, -я
мимикри́ровать, -и́рую, -и́рует
мимикри́я, -и
ми́ мино́р, ми́ мино́ра
ми-мино́рный
мими́ст, -а
мими́стка, -и, *р. мн.* -ток
мими́ческий
ми́мо
мимое́здом
мимое́зжий
мимо́за, -ы
мимо́зовый
мимоиду́щий
мимолётность, -и
мимолётный; *кр. ф.* -тен, -тна
мимолётом
мимохо́дный; *кр. ф.* -ден, -дна
мимохо́дом
мимохо́жий
мим-теа́тр, -а
ми́мулус, -а
Мин... – *первая часть сложных слов* (*сокр.*: Министерство), *пишется слитно, напр.*: Минобороны́, Минобразова́ние, Минфи́н, Минздра́в, Минлесхо́з, Минтопэне́рго, Миню́ст
ми́на, -ы
минаре́т, -а
минаре́тный
минаха́сский
минаха́сцы, -ев, *ед.* -сец, -сца, *тв.* -сцем, *р. мн.* -сцев и **минаха́сы,** -ов, *ед.* -ха́с, -а (*народ*)
минба́р, -а
мингре́лка, -и, *р. мн.* -лок
мингре́лы, -ре́л и -ов, *ед.* -ре́л, -а и **мингре́льцы,** -ев, *ед.* -лец, -льца, *тв.* -льцем (*то же, что мегрелы*)
мингре́льский
минда́л, *неизм.*: **вида́л минда́л?** (*прост.*)
миндалеви́дный; *кр. ф.* -ден, -дна
минда́левый
минда́лина, -ы
минда́ль, -я́
минда́льничанье, -я
минда́льничать, -аю, -ает
минда́льности, -ей, *ед.* -ость, -и
минда́льный
ми́ндель, -я
минёр, -а
минера́л, -а
минерализа́тор, -а
минерализа́ция, -и
минерализи́рованный; *кр. ф.* -ан, -ана
минерализи́ровать(ся), -рую, -рует(ся)
минерализо́ванность, -и
минерализо́ванный; *кр. ф.* -ан, -ана
минерализова́ть(ся), -зу́ю, -зу́ет(ся)
минера́лка, -и
минералова́тный
минералово́дский (*от* Минера́льные Во́ды)
минералово́дцы, -ев, *ед.* -дец, -дца, *тв.* -дцем
минералово́з, -а
минерало́г, -а
минералоги́ческий
минерало́гия, -и
минералокера́мика, -и
минералокерами́ческий
минералообразу́ющий
минералопрово́д, -а
минералотерапевти́ческий
минералотерапи́я, -и
минера́лочка, -и
минера́льно-органи́ческий
минера́льно-сырьево́й
Минера́льные Во́ды (*город*)
минера́льный
Мине́рва, -ы
минёрный
мине́т, -а
мине́тный
мине́я, -и
Минздра́в, -а
ми́ни, *неизм.* и *нескл., с.*
мини-... – *как первая часть сложных слов пишется с последующим существительным через дефис*
ми́ни-або́рт, -а
ми́ни-автомоби́ль, -я
ми́ни-аккумуля́тор, -а
ми́ни-анке́та, -ы
ми́ни-анса́мбль, -я
ми́ни-ассе́мблер, -а
миниатю́ра, -ы
миниатюриза́ция, -и
миниатюризо́ванный; *кр. ф.* -ан, -ана
миниатюризова́ть(ся), -зу́ю, -зу́ет(ся)
миниатюри́ст, -а
миниатюри́стка, -и, *р. мн.* -ток
миниатю́рненький
миниатю́рность, -и
миниатю́рный; *кр. ф.* -рен, -рна
миниатю́р-полиго́н, -а
ми́ни-ба́р, -а
ми́ни-баскетбо́л, -а
ми́ни-бату́т, -а
ми́ни-бо́мба, -ы
ми́ни-бюдже́т, -а
ми́ни-война́, -ы́
ми́ни-вэ́н, -а (*автомобиль*)
ми́ни-гара́ж, -а́, *тв.* -о́м
ми́ни-го́льф, -а
ми́ни го́ночный автомоби́ль
ми́ни-ГЭ́С, *нескл., ж.*
ми́ни-ди́ск, -а
ми́ни-диспле́й, -я
ми́ни-духо́вка, -и, *р. мн.* -вок
ми́ни-жиле́т, -а
ми́ни-заво́д, -а
ми́ни-за́л, -а
ми́ни-иссле́дование, -я
миника́тор, -а
ми́ни-компью́тер, -а
ми́ни-компью́терный
ми́ни-кри́зис, -а
ми́ни-лы́жи, -лы́ж
ми́нима, -ы (*муз.*)
минима́кс, -а (*матем.*)
минимали́зм, -а
минимали́ст, -а
минимали́стка, -и, *р. мн.* -ток
минимали́стский
минима́лка, -и, *р. мн.* -лок (*прост. к* МРОТ)
минима́льно необходи́мый
минима́льность, -и
минима́льно-фа́зовый
минима́льный; *кр. ф.* -лен, -льна
мини́метр, -а
ми́ни-метро́, *нескл., с.*
минимиза́ция, -и

минимизи́рованный; *кр. ф.* -ан, -ана
минимизи́ровать(ся), -рую, -рует(ся)
ми́ни-мо́да, -ы
ми́ни-мо́йка, -и, *р. мн.* -мо́ек
ми́ни-мотоци́кл, -а
ми́нимум, -а
ми́нимум-ареа́л, -а
ми́нимум минимо́рум, *другие формы не употр.*
Миниму́щество, -а
ми́ни-оде́жда, -ы
ми́ни-опро́с, -а
ми́ни-пальто́, *нескл., с.*
ми́ни-пансиона́т, -а
ми́ни-па́ртия, -и
ми́ни-пека́рня, -и, *р. мн.* -рен
ми́ни-пивзаво́д, -а
ми́ни-пла́тье, -я
ми́ни-предприя́тие, -я
ми́ни-проце́ссор, -а
минипья́но, *нескл., с.*
ми́ни-расска́з, -а
ми́ни-реа́ктор, -а
ми́ни-ре́гби, *нескл., с.*
ми́ни-репорта́ж, -а, *тв.* -ем
ми́ни-ро́бот, -а
мини́рование, -я
мини́рованный; *кр. ф.* -ан, -ана
мини́ровать(ся), -рую, -рует(ся)
ми́ни-ры́нок, -нка
ми́ни-самолёт, -а
ми́ни-сельхозте́хника, -и
ми́ни-сенса́ция, -и
ми́ни-сериа́л, -а
ми́ни-се́ть, -и, *мн.* -и, -е́й
ми́ни-спекта́кль, -я
министериа́л, -а
министериали́зм, -а
министе́рский
министе́рство, -а
Министе́рство иностра́нных де́л РФ (МИД)
Министе́рство оборо́ны РФ
Министе́рство по чрезвыча́йным ситуа́циям РФ (МЧС)
министе́рша, -и, *тв.* -ей
ми́ни стира́льная маши́на
мини́стр, -а
мини́стр-президе́нт, мини́стра-президе́нта
ми́ни-телеви́зор, -а
ми́ни-те́ннис, -а
ми́ни-те́ст, -а
ми́ни-те́хника, -и
ми́ни-типогра́фия, -и
минитме́н, -а
ми́ни-тра́ктор, -а, *мн.* -а́, -о́в и -ы, -ов
ми́ни-турни́р, -а
ми́ни-фа́брика, -и
ми́ни-фе́рма, -ы
ми́ни-фестива́ль, -я
ми́ни-фло́ппи, *нескл., м.*
ми́ни-футбо́л, -а
ми́ни-футбо́льный
ми́ни-це́х, -а, *мн.* -и, -ов и -а́, -о́в

минициќл, -а
ми́ни-шо́рты, -ов
ми́ни-ЭВМ [-эвэ́м], *нескл., ж.*
ми́ни-экра́н, -а
ми́ни-экскава́тор, -а
ми́ни-электроста́нция, -и
ми́ни-ю́бка, -и, *р. мн.* -ю́бок
Минкульту́ры, *нескл., с.*
миннеа́полисский (*от* Миннеа́полис)
миннези́нгер, -а
миннесо́тский (*от* Миннесо́та)
миннесо́тцы, -ев, *ед.* -тец, -тца, *тв.* -тцем
ми́нно-артиллери́йский
ми́нно-взрывно́й
ми́нно-загради́тельный
ми́нно-торпе́дный
ми́нный
Минооборо́ны, *нескл., с.*
Минобразова́ние, -я
минова́ние: за минова́нием, по минова́нии (*чего*)
минова́ть(ся), мину́ю, мину́ет(ся)
мино́га, -и
мино́говый
мино́жий, -ья, -ье
миноиска́тель, -я
мино́йский (мино́йская культу́ра, *археол.*)
миноло́гий, -я
миномёт, -а
миномётный
миномётчик, -а
миноно́сец, -сца, *тв.* -сцем, *р. мн.* -сцев
миноно́ска, -и, *р. мн.* -сок
миноно́сный
мино́р, -а
минора́нта, -ы
минора́т, -а
минорита́рий, -я
минорита́рный (*фин.*)
минорите́т, -а
минори́тский
минори́ты, -ов, *ед.* -ри́т, -а
мино́рки, -рок, *ед.* -рка, -и (*порода кур*)
мино́рность, -и
мино́рный; *кр. ф.* -рен, -рна
Ми́но́с, -а (*мифол.*)
Минота́вр, -а
Минпеча́ти, *нескл., с.*
минре́п, -а
ми́нский (*от* Минск)
минта́евый
минта́й, -я
Минтопэнéрго, *нескл., с.*
мину́вшее, -его
мину́вший
ми́нус, -а
минуси́нский (*от* Минуси́нск)
минуси́нцы, -ев, *ед.* -нец, -нца, *тв.* -нцем
мину́скулы, -ов, *ед.* -ул, -а

мину́скульный
минусова́ние, -я
минусова́ть(ся), -су́ю, -су́ет(ся)
ми́нусо́вый
мину́та, -ы
мину́та в мину́ту
мину́та-друга́я
мину́тами, *нареч.*
мину́тка, -и, *р. мн.* -ток
мину́тный; *кр. ф.* -тен, -тна
мину́точка, -и, *р. мн.* -чек
ми́нуть, ми́нет, *прош.* ми́нул, -а (*исполниться, о возрасте*)
ми́ну́ть, ми́нет; *прош.* ми́ну́л, -а (*пройти, миновать*)
минцзя́, *нескл., с.* (*филос.*)
минча́не, -а́н, *ед.* -а́нин, -а (*к* Ми́нск)
минча́нка, -и, *р. мн.* -нок
миньо́н, -а (*шрифт*; *танец*; *о мужчине*) и неизм. (*о нек-рых товарах в виде предметов малого размера, напр.*: ла́мпочка миньо́н, шокола́д миньо́н)
Миньо́на, -ы (*лит. персонаж, женский тип*)
Миню́ст [нъю], -а
миобла́сты, -ов, *ед.* -бла́ст, -а
миогеосинклина́ль, -и
миоглоби́н, -а
мио́граф, -а
миографи́ческий
миогра́фия, -и
мио́з, -а
миози́н, -а
миози́новый
миози́т, -а
миока́рд, -а
миокардиодистрофи́я, -и
миокарди́т, -а
миокина́за, -ы
миоклони́ческий
миоклони́я, -и
мио́лог, -а
миологи́ческий
миоло́гия, -и
мио́ма, -ы
миоме́ры, -ов, *ед.* -ме́р, -а
миометри́ческий
мио́мный
мионе́мы, -е́м, *ед.* -е́ма, -ы
миопати́ческий
миопати́я, -и
миопи́я, -и
миосе́пты, -ов, *ед.* -се́пт, -а
миостимуля́тор, -а
миостимуля́ция, -и
миоти́ческий
миото́м, -а
миотони́я, -и
миотро́пный
миофибри́ллы, -и́лл, *ед.* -и́лла, -ы
миофиламе́нты, -ов, *ед.* -е́нт, -а
миоце́н, -а
миоце́новый
мипо́ра, -ы

мир, -а, *мн.* -ы́, -о́в; но: **проспе́кт Ми́ра, пло́щадь Ми́ра** (*в нек-рых городах*)
ми́ра, -ы (*астр.*; *фото*)
мира́б, -а
мирабе́левый
мирабе́ль, -и
мирабе́льный
мира́билис, -а
мирабили́т, -а
Мира́дж, -а, *тв.* -ем (*мусульманский праздник*)
мира́ж, -а и -а́, *тв.* -ем и -о́м
мира́жный
мира́кль, -я
мирандо́ль, -я
мираци́дий, -я
мирво́ление, -я
мирво́лить, -лю, -лит
мирво́лящий
миргоро́дский (*от* Ми́ргород)
миргоро́дцы, -ев, *ед.* -дец, -дца, *тв.* -дцем
мирза́, -ы́, *м.*; *к предшествующему собственному имени присоединяется через дефис, напр.*: Абба́с-мирза́
мириагра́мм, -а, *р. мн.* -ов
мириа́ды, -а́д
мириаме́тр, -а
мириаметро́вый
мири́ды, -и́д, *ед.* -и́да, -ы (*астр.*)
мирики́ни, *нескл., м.* (*обезьяна*)
миринги́т, -а
мирыску́сник, -а (*от* "Ми́р иску́сства")
мириску́снический
мириску́сничество, -а
мири́ть(ся), мирю́(сь), ми́ри́т(ся)
Мирлики́йский: Никола́й Мирлики́йский
мирмеко́дия, -и
мирмекофили́я, -и
мирмекохо́ри́я, -и
ми́рненский (*от* Ми́рный)
ми́рненцы, -ев, *ед.* -ненец, -ненца, *тв.* -ненцем
мирно́й (*о кавказских горцах, устар.*)
мирнообновле́нцы, -ев, *ед.* -нец, -нца, *тв.* -нцем
ми́рность, -и
ми́рный; *кр. ф.* ми́рен, ми́рна́, ми́рно
Ми́рный, -ого (*город*; *поселок*; *обсерватория*)
ми́ро, -а (*масло, церк.*; ма́заны одни́м ми́ром)
мирова́я, -о́й (пойти́ на мирову́ю)
Мирова́я ли́га (*волейбольная и др.*)
Мирова́я паути́на (*об Интернете*)
мирове́дение, -я
мирове́дческий
мирови́дение, -я
мировоззре́ние, -я
мировоззре́нчески
мировоззре́нческий
мирово́й
Мирово́й океа́н (*все моря и океаны Земли*)
мировосприя́тие, -я
мирое́д, -а
мирое́дский
мирое́дство, -а
мирозда́ние, -я
миро́к, мирка́
миролю́бец, -бца, *тв.* -бцем, *р. мн.* -бцев
миролюби́вость, -и
миролюби́вый
миролю́бие, -я
миро́н, -а (*рыба*)
миронаруши́тель, -я
мироно́сица, -ы, *тв.* -ей: **жёны-мироно́сицы**
мирообъе́млющий
мироощуще́ние, -я
миропозна́ние, -я
миропома́зание, -я
миропома́занник, -а
миропонима́ние, -я
миропоря́док, -дка
миропостиже́ние, -я
миропредставле́ние, -я
миросозерца́ние, -я
миросозерца́тельный
миротворе́ние, -я
миротво́рец, -рца, *тв.* -рцем, *р. мн.* -рцев
миротво́рный; *кр. ф.* -рен, -рна
миротво́рство, -а
миротво́рческий
миротво́рчество, -а
мироточе́ние, -я (*от* ми́ро)
мироточи́вый
мироточи́ть, -и́т
мироустро́йство, -а
мироуче́ние, -я
мирохозя́йственный
мирочу́вствие, -я
ми́рра, -ы (*ароматическая смола*)
ми́рровый
мирско́й
мирт, -а
ми́ртовый
мирце́н, -а
мирцено́л, -а
миря́нин, -а, *мн.* -я́не, -я́н
миря́нка, -и, *р. мн.* -нок
миря́щий(ся)
МИС, *нескл., ж.* (*сокр.*: машиноиспытательная станция)
мисдими́нор, -а
ми́ска, -и, *р. мн.* ми́сок
ми́сочка, -и, *р. мн.* -чек
ми́сочный
мисс, *нескл., ж.*
мисса́л, -а
миссионе́р, -а
миссионе́рка, -и, *р. мн.* -рок
миссионе́рский
миссионе́рство, -а
миссиони́зм, -а (*к* ми́ссия)
ми́ссис, *нескл., ж.*
миссиси́пский (*от* Миссиси́пи)
миссиси́пцы, -ев, *ед.* -пец, -пца, *тв.* -пцем
ми́ссия, -и
миссури́йский (*от* Миссу́ри)
миссури́йцы, -ев, *ед.* -и́ец, -и́йца, *тв.* -и́йцем
мистаго́г, -а
мистагоги́ческий
ми́стер, -а
мистериа́льный
мисте́рия, -и
ми́стер Пи́квик, ми́стера Пи́квика (*лит. персонаж*; *о толстяке*)
ми́стик, -а
ми́стика, -и
ми́стико-аскети́ческий
мистифика́тор, -а
мистифика́торский
мистификацио́нный
мистифика́ция, -и
мистифици́рованный; *кр. ф.* -ан, -ана
мистифици́ровать(ся), -рую(сь), -рует(ся)
мистици́зм, -а
мисти́ческий
мисти́чески-созерца́тельный
мисти́чный; *кр. ф.* -чен, -чна
мистра́ль, -я
ми́стрис, *нескл., ж.*
мисхо́рский (*от* Мисхо́р)
мите́нки, -нок, *ед.* -е́нка, -и
ми́тинг, -а
ми́тинг-конце́рт, ми́тинга-конце́рта
митингова́ние, -я
митингова́ть, -гу́ю, -гу́ет
митинго́вщина, -ы
митинго́вый
митка́левый и **миткалёвый**
митка́ль, -я́
митка́льный
митогенети́ческий
мито́з, -а
митоти́ческий
митотоксико́з, -а
митохо́ндрии, -ий, *ед.* -рия, -и
ми́тра, -ы (*головной убор*)
Ми́тра, -ы, *м.* (*бог*)
митраи́зм, -а
митраи́стский
митраи́сты, -ов, *ед.* -и́ст, -а
митраи́ческий
митралье́за, -ы
митра́льный
митрополи́т, -а
митрополи́тский
митрополи́чий, -ья, -ье
митропо́лия, -и (*епархия митрополита*)
Митрофа́нушка, -и, *р. мн.* -шек (*недоросль*)
ми́тте, *неизм.*
ми́ттель, -я

миттельшна́уцер, -а
ми́ттельшпи́ль, -я
миттельшпи́льный
митьки́, -о́в, *ед.* митёк, митька́ (*группа художников*)
митькова́ть, -ку́ю, -ку́ет
митько́вский
миф, -а
мифи́ческий
мифи́чность, -и
мифи́чный; *кр. ф.* -чен, -чна
мифо́лог, -а
мифологе́ма, -ы
мифологиза́ция, -и
мифологизи́рованность, -и
мифологизи́рованный; *кр. ф.* -ан, -ана
мифологизи́ровать(ся), -рую, -рует(ся)
мифологи́ческий
мифологи́чность, -и
мифологи́чный; *кр. ф.* -чен, -чна
мифоло́гия, -и
мифома́н, -а
мифома́ния, -и
мифопоэти́ческий
мифотво́рец, -рца, *тв.* -рцем, *р. мн.* -рцев
мифотво́рческий
мифотво́рчество, -а
мифоэпи́ческий
Михаи́л Тверско́й
миха́йловский (*от* Миха́йлов, Миха́йловка, Миха́йловск, Миха́йловское)
Миха́йловский за́мок (*в Петербурге*)
михалко́вский (*от* Михалко́в)
михра́б, -а
михрю́тка, -и, *р. мн.* -ток, *м.* и *ж.*
мице́лиевый
мице́лий, -я (*грибница*)
мицеллообразова́ние, -я
мице́ллы, -е́лл, *ед.* -е́лла, -ы
мицелля́рный
мицуби́си, *нескл., м.* (*автомобиль*)
мичига́нский (*от* Мичига́н)
мичига́нцы, -ев, *ед.* -нец, -нца, *тв.* -нцем
ми́чман, -а
ми́чманка, -и, *р. мн.* -нок
ми́чманский
мичу́ринский (*от* Мичу́рин и Мичу́ринск)
мичу́ринцы, -ев, *ед.* -нец, -нца, *тв.* -нцем
Ми́ша, -и, *тв.* -ей, *м.* (*также*: *медведь*)
мишари́, -е́й, *ед.* миша́рь, -я́
мише́нный
мише́нь, -и
Ми́шенька, -и, *м.* (*также*: *медведь*)
ми́шка, -и, *р. мн.* ми́шек (*медведь*)
миш-мета́лл, -а
мištéки
мишура́, -ы́
мишу́рный; *кр. ф.* -рен, -рна
Мишу́тка, -и, *р. мн.* -ток, *м.* (*также*: *медведь*)
МКГСС-систе́ма [эмкагээсэ́с], -ы (*система единиц*; *сокр.*: метр – килограмм-сила – секунда)
МКСА-систе́ма [эмкаэса́], -ы (*система единиц*; *сокр.*: метр – килограмм – секунда – ампер)
МКСК-систе́ма [эмкаэска́], -ы (*система единиц*; *сокр.*: метр – килограмм – секунда – кельвин)
МКС-систе́ма [эмкаэ́с], -ы (*система единиц*; *сокр.*: метр – килограмм – секунда)
младе́нец, -нца, *тв.* -нцем, *р. мн.* -нцев
младе́нчески
младе́нческий
младе́нчество, -а
младе́нчик, -а
младёхонький; *кр. ф.* -нек, -нька
младёшенький; *кр. ф.* -нек, -нька
младоалжи́рцы, -ев
младоафга́нцы, -ев
младобуха́рцы, -ев
младогегелья́нство, -а
младогегелья́нцы, -ев, *ед.* -нец, -нца, *тв.* -нцем
младограммати́зм, -а
младограмма́тики, -ов, *ед.* -а́тик, -а
младограммати́ческий
младо́й; *кр. ф.* млад, млада́, мла́до
младолатыши́, -е́й
младопи́сьменный
младореформа́тор, -а
младореформа́торский
мла́дость, -и
младоturéцкий
младоту́рки, -рок
младофи́нны, -ов
младоче́хи, -ов
мла́дше, *сравн. ст.*
младшекла́ссник, -а
младшеку́рсник, -а
мла́дшенький
мла́дший; *после собственных имен и фамилий пишется через дефис, напр.*: Ке́ннеди-мла́дший, Рони́-мла́дший, но *в нек-рых ист. прозвищах – раздельно, напр.*: Като́н Мла́дший, Пли́ний Мла́дший
мле́ко́, -а и -а́ (*устар. поэтич. к* молоко́)
млекопита́ющие, -их, *ед.* -щее, -его
мле́ние, -я
млеть, мле́ю, мле́ет
мле́чник, -а
мле́чный
Мле́чный Пу́ть
мле́ющий
мм, *неизм.*
мне, обо мне́ (*формы местоим.* я)
мнемогра́мма, -ы
Мнемози́на, -ы
мнемо́метр, -а
мнемо́ника, -и
мнемони́ст, -а
мнемони́ческий
мнемосхе́ма, -ы
мнемоте́хника, -и
мнемотехни́ческий
мне́ние, -я
мнимобольно́й
мни́мость, -и
мнимоуме́рший
мни́мый
мни́тельность, -и
мни́тельный; *кр. ф.* -лен, -льна
мни́ть(ся), мню, мни́т(ся)
мних, -а (*устар. к* мона́х)
мни́шеский (*устар. к* мона́шеский)
МНЛЗ [эмэнэлзэ́], *нескл., ж.* (*сокр.*: машина непрерывного литья заготовок)
мно́гажды
мно́гая ле́та (*пожелание долголетия*)
мно́гие, -их
мно́го, *нареч.* и *в знач. числит.*
много... – *первая часть сложных слов, пишется слитно*
многоа́дресность, -и
многоа́дресный
многоа́ктный
многоаспе́ктность, -и
многоаспе́ктный; *кр. ф.* -тен, -тна
многоа́томный
многобо́жие, -я
многобо́рец, -рца, *тв.* -рцем, *р. мн.* -рцев
многобо́рка, -и, *р. мн.* -рок
многобо́рный
многоборо́дник, -а
многобо́рье, -я, *р. мн.* -рий
многобра́чие, -я
многобра́чный
многобугóрчатые, -ых
многовагóнный
многовале́нтность, -и
многовале́нтный; *кр. ф.* -тен, -тна
многовалко́вый
многовалю́тный
многовариа́нтность, -и
многовариа́нтный; *кр. ф.* -тен, -тна
многова́то, *нареч.*
многовеково́й
многове́кторность, -и
многове́кторный
многовёрстный
многовесе́льный и **многовёсельный**
многоветвистокише́чные че́рви
многовла́стие, -я
многово́дность, -и
многово́дный; *кр. ф.* -ден, -дна
многово́дье, -я
многогекта́рный
многогла́вый
многоглаго́лание, -я
многоглаго́ливый
многогла́зка, -и, *р. мн.* -зок
многогла́сие, -я

многогла́сный
многогнёздный
многоговоре́ние, -я
многоговоря́щий (*многозначительный*)
многоголо́вочный
многоголо́вый
многоголо́сие, -я
многоголо́сный
многоголо́сый
многогра́нник, -а
многогра́нность, -и
многогра́нный; *кр. ф.* -а́нен, -а́нна
многогре́шный; *кр. ф.* -шен, -шна
многодви́гательный
многодесятиле́тний (*от* мно́го десятиле́тий)
многоде́тность, -и
многоде́тный; *кр. ф.* -тен, -тна
многоди́сковый
многодне́вка, -и, *р. мн.* -вок
многодне́вный
многодо́лларовый
многодоме́нный (*физ.*)
многодо́мный
многоду́мный
мно́гое, мно́гого
многожа́нровость, -и
многожа́нровый
многоже́нец, -нца, *тв.* -нцем, *р. мн.* -нцев
многожёнство, -а
многожи́льный
многозабо́йный
многозада́чность, -и
многозада́чный
многозаря́дный
многозе́вный
многоземе́лье, -я
многоземе́льный
многозна́йка, -и, *р. мн.* -а́ек, *м.* и *ж.*
многозна́йство, -а
многознамена́тельный; *кр. ф.* -лен, -льна
многозна́ние, -я
многозна́чащий
многозначи́тельность, -и
многозначи́тельный; *кр. ф.* -лен, -льна
многозна́чность, -и
многозна́чный; *кр. ф.* -чен, -чна
многозона́льный
многозу́б, -а
многозу́бый
многокаби́нный
многока́мерный
многокана́льность, -и
многокана́льный
многокаска́дный
многоквартúрный
многокилометро́вый
многоклетево́й и **многоклетьево́й**
многокле́точный
многоковшо́вый
многоколе́йный
многоколе́нчатый
многоко́мнатный
многокомпле́ктный; *кр. ф.* -тен, -тна
многокомпоне́нтность, -и
многокомпоне́нтный; *кр. ф.* -тен, -тна
многоконфессиона́льный; *кр. ф.* -лен, -льна
многоко́рпусный
многокра́сочность, -и
многокра́сочный; *кр. ф.* -чен, -чна
многокра́тно опи́санный (*инф.*)
многокра́тность, -и
многокра́тный; *кр. ф.* -тен, -тна
многокритериа́льный
многокубо́вый
многола́мповый
многоле́звийный
многолеме́шный
многоле́нточный
многоле́сный
многоле́сье, -я
многоле́тие, -я
многоле́тне-мёрзлый
многоле́тний
многоле́тник, -а
многоли́кий
многоли́кость, -и
многолине́йный
многоли́стый люпи́н
многолоша́дный
многолучево́й
многолю́дность, -и
многолю́дный; *кр. ф.* -ден, -дна
многолю́дство, -а
многолю́дье, -я
многоманда́тный
многома́чтовый
многоме́рность, -и
многоме́рный; *кр. ф.* -рен, -рна
многоме́стный
многоме́сячный
многометро́вый
многомиллиа́рдный
многомиллио́нный
многоми́лостивый
мно́го-мно́го
многомолекуля́рный
многомото́рный
многому́дрый
многому́жество, -а
многому́жие, -я
многонаселённый
многонациона́льность, -и
многонациона́льный; *кр. ф.* -лен, -льна
многонача́лие, -я
многонеде́льный
многоно́жка, -и, *р. мн.* -жек
многоно́жковые, -ых
мно́гонько, *нареч.*
многообеща́юще, *нареч.*
многообеща́ющий (*подающий большие надежды*)
многооборо́тный
многообра́зие, -я
многообра́зность, -и
многообра́зный; *кр. ф.* -зен, -зна
многообъе́млющий
многообя́зывающий
многооко́нный
многооперацио́нный
многоо́пытность, -и
многоо́пытный; *кр. ф.* -тен, -тна
многоо́сный
многоотраслево́й
многоотро́стчатый
многоочаго́вый
многоочи́тый
многопа́лубный
многопарти́йность, -и
многопарти́йный; *кр. ф.* -и́ен, -и́йна
многопёр, -а
многопёрые, -ых
многопи́ксельный
многопи́льный
многописа́ние, -я
многопла́нность, -и
многопла́нный
многопла́новость, -и
многопла́новый
многоплемённый
многопле́чий
многопло́дие, -я
многопло́дниковые, -ых
многопло́дный
многопо́довый
многоподъе́здный
многополо́сный
многопо́лье, -я
многопо́льзовательский
многопо́льный
многопо́люсник, -а
многопо́люсность, -и
многопо́люсный
многополя́рность, -и
многополя́рный; *кр. ф.* -рен, -рна
многопредме́тность, -и
многопредме́тный; *кр. ф.* -тен, -тна
многопробле́мность, -и
многопробле́мный; *кр. ф.* -мен, -мна
многопрогра́ммность, -и
многопрогра́ммный
многопролётный
многопро́фильность, -и
многопро́фильный; *кр. ф.* -лен, -льна
многопроце́ссорный
многопудо́вый
многопу́дье, -я
многоразли́чный; *кр. ф.* -чен, -чна
многора́зовый
многорежи́мный; *кр. ф.* -мен, -мна
многорезцо́вый
многоречи́вость, -и
многоречи́вый
многоре́чие, -я
многору́кий
многоря́дник, -а
многоря́дный
многосаже́нный

многосвя́зный
многосегмента́рный
многосекцио́нный
многосеме́йность, -и
многосеме́йный; *кр. ф.* -е́ен, -е́йна
многосери́йность, -и
многосери́йный; *кр. ф.* -и́ен, -и́йна
многосе́точный
многоси́льный
многоско́ки, -ов (*спорт.*)
многоскоростно́й
многосло́вие, -я
многосло́вность, -и
многосло́вный; *кр. ф.* -вен, -вна
многосло́жность, -и
многосло́жный; *кр. ф.* -жен, -жна
многосло́йность, -и
многосло́йный; *кр. ф.* -о́ен, -о́йна
многосме́нка, -и
многосме́нность, -и
многосме́нный
многосмы́сленный; *кр. ф.* -ен, -енна
многосне́жный; *кр. ф.* -жен, -жна
многосне́жье, -я
многососта́вность, -и
многососта́вный; *кр. ф.* -вен, -вна
многосотле́тний
многосотто́нный
многосою́зие, -я
многосою́зный
многостади́йность, -и
многостади́йный; *кр. ф.* -и́ен, -и́йна
многостано́чник, -а
многостано́чница, -ы, *тв.* -ей
многостано́чный
многоство́льный; *кр. ф.* -лен, -льна
многоство́рчатый
многостепе́нность, -и
многостепе́нный; *кр. ф.* -е́нен, -е́нна
многостереопа́рный
многосто́пный; *кр. ф.* -пен, -пна
многосторо́нне, *нареч.*
многосторо́нний; *кр. ф.* -о́нен, -о́ння
многосторо́нность, -и
многострада́льный; *кр. ф.* -лен, -льна; но: **Ио́в Многострада́льный**
многострани́чный
многостру́йный
многостру́нный
многоступе́нчатость, -и
многоступе́нчатый
многосу́точный
многотари́фный
многоте́мность, -и
многоте́мный
многоте́мье, -я
многотира́жка, -и, *р. мн.* -жек
многотира́жность, -и
многотира́жный
многото́мник, -а
многото́мный
многотонна́жный
многото́нный
многото́пливный
многото́чечный
многото́чие, -я
многотра́вье, -я
многотру́дность, -и
многотру́дный; *кр. ф.* -ден, -дна
многотурби́нный
многоту́ровый
многотысячеле́тний
многоты́сячный
многоуважа́емый
многоуго́льник, -а
многоуго́льный
многоукла́дность, -и
многоукла́дный; *кр. ф.* -ден, -дна
многоу́мный; *кр. ф.* -мен, -мна
многоу́ровневость, -и
многоу́ровневый
многоу́стка, -и, *р. мн.* -ток
многоучёный
многофа́зный
многофа́кторный
многофигу́рный
многофо́рмный
многофото́нный
многофункциона́льность, -и
многофункциона́льный; *кр. ф.* -лен, -льна
многохло́потный
многоходо́вка, -и, *р. мн.* -вок
многоходо́вый
многохо́женый
многохо́рность, -и
многоцветко́вый
многоцве́тница, -ы, *тв.* -ей
многоцве́тность, -и
многоцве́тный; *кр. ф.* -тен, -тна
многоцве́тье, -я
многоцелево́й
многоце́нный; *кр. ф.* -е́нен, -е́нна
многоцили́ндровый
многочасово́й
многоча́стный; *кр. ф.* -тен, -тна
многочасто́тный; *кр. ф.* -тен, -тна
многочелно́чный
многочи́сленность, -и
многочи́сленный; *кр. ф.* -ен, -енна
многочле́н, -а
многочле́нистый (*зоол.*)
многочле́нный; *кр. ф.* -е́нен, -е́нна
многошпи́ндельный
многошу́мный; *кр. ф.* -мен, -мна
многощелочно́й
многощети́нковый
многоэлектро́дный
многоэлеме́нтный; *кр. ф.* -тен, -тна
многоэпизо́дный
многоэта́жка, -и, *р. мн.* -жек
многоэта́жность, -и
многоэта́жный; *кр. ф.* -жен, -жна
многоэта́жье, -я
многоэта́пность, -и
многоэта́пный; *кр. ф.* -пен, -пна
многоя́дерный
многоя́дный; *кр. ф.* -ден, -дна
многоязы́кий
многоязыко́вый (*о пламени, факеле*)
многоязы́чный; *кр. ф.* -чен, -чна
многоя́русность, -и
многоя́русный
множа́йший
мно́жащий(ся)
мно́женный; *кр. ф.* -ен, -ена, *прич.*
мно́жественность, -и
мно́жественный; *кр. ф.* -вен и -венен, -венна
мно́жество, -а
мно́жимое, -ого
мно́житель, -я
мно́жительный
мно́жить(ся), -жу, -жит(ся)
мной (*форма местоим.* я)
МНТК [эмэнтэка́], *нескл., м.* (*сокр.*: межотраслевой научно-технический комплекс)
мо́а, *нескл., м.* (*птица*)
моавитя́не, -я́н, *ед.* -я́нин, -а
моавитя́нка, -и, *р. мн.* -нок
моавитя́нский
моби́ла, -ы (*мобильник, жарг.*)
мобилизацио́нный
мобилиза́ция, -и
мобили́зм, -а
мобилизо́ванность, -и
мобилизо́ванный; *кр. ф.* -ан, -ана
мобилизова́ть(ся), -зу́ю(сь), -зу́ет(ся)
мобилизо́вывать(ся), -аю(сь), -ает(ся)
моби́ль, -я
моби́льник, -а
моби́льно-назе́мный
моби́льность, -и
моби́льный; *кр. ф.* -лен, -льна
мовето́н, -а
могади́шский (*от* Могади́шо)
могади́шцы, -ев, *ед.* -шец, -шца, *тв.* -шцем
мога́р, -а
моге́ра, -ы
могика́не, -а́н, *ед.* -а́нин, -а
моги́ла, -ы
Моги́ла Неизве́стного Солда́та
могилёвский (*от* Могилёв)
могилёвцы, -ев, *ед.* -вец, -вца, *тв.* -вцем
Могилёвщина, -ы (*к* Могилёв)
моги́лка, -и, *р. мн.* -лок
моги́льник, -а
моги́льный
моги́льщик, -а
моги́льщик-иссле́дователь, моги́льщика-иссле́дователя (*жук*)
мого́лы, -ов, *ед.* мого́л, -а (*народность*; *тюрко-монгольские завоеватели в средневековой Индии*) и **Мого́лы**, -ов: **Вели́кие Мого́лы** (*династия*)
мого́льский (*к* мого́лы и Вели́кие Мого́лы)
мо́гул, -а (*спорт.*)
мо́гульный
могу́тный
Могу́чая ку́чка (*ист. муз.*)

могу́честь, -и
могу́чий
могу́щественность, -и
могу́щественный; *кр. ф.* -вен и -венен, -венна
могу́щество, -а
могу́щий
мо́да, -ы
мода́льность, -и
мода́льный
модели́зм, -а
модели́рование, -я
модели́рованный; *кр. ф.* -ан, -ана
модели́ровать(ся), -рую, -рует(ся)
моделиро́вка, -и
модели́рующий(ся)
модели́ст, -а
модели́стка, -и, *р. мн.* -ток
моде́ль, -и
модельéр, -а
модельéр-закро́йщик, модельéра-закро́йщика
модельéр-констру́ктор-техно́лог (одéжды), модельéра-констру́ктора-техно́лога
модельéрский
модельéрша, -и, *тв.* -ей
моде́лька, -и, *р. мн.* -лек
моде́льно-констру́кторский
моде́льно-макéтный
моде́льный
моде́льщик, -а
моде́льщица, -ы, *тв.* -ей
моде́м, -а
моде́мный
моде́м-фа́кс, -а
модера́то, *неизм.* и *нескл., с.*
модера́тор, -а
модера́торный
модери́рованный; *кр. ф.* -ан, -ана
модери́ровать(ся), -и́рую, -и́рует(ся)
моде́рн, -а и *неизм.*
моде́рн-балéт, -а
модерниза́тор, -а
модерниза́ция, -и
модернизи́рование, -я
модернизи́рованность, -и
модернизи́рованный; *кр. ф.* -ан, -ана
модернизи́ровать(ся), -рую(сь), -рует(ся)
moderни́зм, -а
модернизо́ванный; *кр. ф.* -ан, -ана
модернизова́ть(ся), -зу́ю(сь), -зу́ет(ся)
модерни́ст, -а
модерни́стка, -и, *р. мн.* -ток
модерни́стский
моде́рно́вый
моде́рн-та́нец, -нца
моде́рный
модерня́га, -и, *ж.* (*о вещи, строении*), *м.* и *ж.* (*о человеке*)
моджахедди́ны, -ов, *ед.* дди́н, -а
моджахе́дский
моджахе́ды, -ов, *ед.* -хе́д, -а

мо́дий, -я
модильо́н, -а
моди́стка, -и, *р. мн.* -ток
моди́сточка, -и, *р. мн.* -чек
модифика́тор, -а
модифика́торный
модификацио́нный
модифика́ция, -и
модифици́рование, -я
модифици́рованный; *кр. ф.* -ан, -ана
модифици́ровать(ся), -рую, -рует(ся)
мо́дник, -а
мо́дница, -ы, *тв.* -ей
мо́дничанье, -я
мо́дничать, -аю, -ает
мо́дно одéтый
мо́дность, -и
мо́дный; *кр. ф.* мо́ден, мо́дна́, мо́дно
моднючий
моднющий
модули́рование, -я
модули́рованный; *кр. ф.* -ан, -ана
модули́ровать(ся), -рую, -рует(ся)
мо́дуль, -я
мо́дуль-контéйнер, -а
мо́дульность, -и
мо́дульный
мо́дуль-операцио́нная, -ой
мо́дуль-пото́к, -а
модуля́рный
модуля́тор, -а
модуля́тор-демодуля́тор, модуля́тора-демодуля́тора
модуля́торный
модуляцио́нный
модуля́ция, -и
мо́дус, -а
мо́дус вивéнди, *нескл., м.*
мо́дус опера́нди, *нескл., м.*
мо́евка, -и, *р. мн.* -вок (*птица*)
мо́ечно-суши́льный
мо́ечный
можа́йский (*от* Можа́йск)
можа́йцы, -ев, *ед.* -а́ец, -а́йца, *тв.* -а́йцем
можа́ху: éле можа́ху
можевéлина, -ы
можжевéловка, -и и **можжевёловка,** -и
можжевéловый и **можжевёловый**
можжевéльник, -а
мо́жно
мозаза́вр, -а
моза́ик, -а (*в генетике*)
моза́ика, -и
моза́иковый
моза́ист, -а
мозаици́зм, -а (*в генетике*)
моза́ический
мозаичи́ст, -а
моза́ичник, -а
моза́ичность, -и
моза́ично-шлифова́льный
моза́ичный; *кр. ф.* -чен, -чна
мозамби́кский (*от* Мозамби́к)

мозамби́кцы, -ев, *ед.* -кец, -кца, *тв.* -кцем
мозг, -а, *предл.* в мо́зге и в мозгу́, *мн.* -и́, -о́в
мозга́, -и́ (шевели́ть мозго́й, *прост.*)
мо́зглый
мозгля́, -и́, *р. мн.* -е́й
мозгля́вый
мозгля́к, -а́
мозгова́ть, -гу́ю, -гу́ет
мозгови́к, -а́
мозгови́тый
мозгово́й
моздо́кский (*от* Моздо́к)
моздокча́не, -а́н, *ед.* -а́нин, -а
мо́зель, -я (*вино*)
мо́зельский (*от* Мо́зель)
мо́зельцы, -ев, *ед.* -лец, -льца, *тв.* -льцем
мозжечко́вый
мозжечо́к, -чка́
мозжи́ть, -жу́, -жи́т
мозолено́гие, -их
мозо́листость, -и
мозо́листый
мозо́лить(ся), -лю(сь), -лит(ся)
мозо́лища, -и, *тв.* -ей
мозо́ль, -и
мозо́льный
мозо́лящий(ся)
Моисéев, -а, -о (*от* Моисéй): **зако́н Моисéев, Моисéевы за́поведи, Моисéевы скрижа́ли**
Моисéй, -я (*библ.*)
мой, моего́, **моя́,** моéй, **моё,** моего́, *мн.* мои́, мои́х
мо́йва, -ы
Мойдоды́р, -а (*сказочный персонаж; об умывальнике*)
мо́йка, -и, *р. мн.* мо́ек
Мо́йка, -и (*река*)
мо́йры, мойр, *ед.* мо́йра, -ы
мо́йщик, -а
мо́йщица, -ы, *тв.* -ей
мокаси́новый
мокаси́ны, -и́н, *ед.* -си́н, -а
мо́кик, -а (*род мопеда*)
мо́кко, *неизм.* и *нескл., м.* и *с.*
мо́кнувший
мо́кнуть, -ну, -нет; *прош.* мок и мо́кнул, мо́кла
мокрéнек, -нька
мо́кренький
мокрёхонький; *кр. ф.* -нек, -нька
мокрéц, -а́, *тв.* -о́м
мокрёшенький; *кр. ф.* -нек, -нька
мокри́ца, -ы, *тв.* -ей
мокри́чник, -а
мокрова́тый
мокропого́дица, -ы, *тв.* -ей
мокропого́дье, -я
мокросолёный
мокросту́пы, -ов
мокро́та, -ы (*слизистые выделения*)
мокрота́, -ы́ (*сырость*)

мокроти́ща, -и, *тв.* -ей
мокро́тный
мокрохво́стка, -и, *р. мн.* -ток
мокрохво́стый
мокру́ха, -и
мокру́шник, -а
мокру́щий и **мокрю́щий**
мо́крый; *кр. ф.* мокр, мокра́, мо́кро, мо́кры́
мо́крядь, -и
мо́кса, -ы
мо́кша, -и, *тв.* -ей
мокша́не, -а́н, *ед.* -а́нин, -а
мокша́нка, -и, *р. мн.* -нок
мокша́нский
мол[1], -а, *предл.* на молу́, *мн.* -ы, -ов
мол[2], *частица*
мола́сса, -ы
молва́, -ы́
мо́лвить(ся), мо́лвлю, мо́лвит(ся)
мо́лвленный; *кр. ф.* -ен, -ена
молвь, -и
молдава́не, -а́н, *ед.* -а́нин, -а
молдава́нка, -и, *р. мн.* -нок
молдава́нский (*к* молдава́не и Молда́вия)
молда́вский (*к* Молда́вия)
молда́вско-росси́йский
молда́вско-румы́нский
мо́лдинг, -а
молдовеня́ска, -и
моле́бен, -бна
моле́бный
моле́бствие, -я
моле́бствовать, -твую, -твует
молево́й (*к* моль[2])
молевщи́к, -а́
мо́левый (*к* моль[1])
моле́кула, -ы
молекуля́рно-биологи́ческий
молекуля́рно-генети́ческий
молекуля́рно-диспе́рсный
молекуля́рно-ма́ссовый
молекуля́рно-теплово́й
молекуля́рный
моле́льный
моле́льня, -и, *р. мн.* -лен
моле́льщик, -а
моле́льщица, -ы, *тв.* -ей
моле́ние, -я
моле́нная, -ой
мо́ленный; *кр. ф.* -ен, -ена и **молё́нный;** *кр. ф.* -ён, -ена́, *прич.*
моле́нный, *прил.* (*от* моле́ние)
мо́леный и **молё́ный,** *прил.*
молески́н, -а
молески́новый
молибда́т, -а
молибде́н, -а
молибдени́рование, -я
молибдени́рованный; *кр. ф.* -ан, -ана
молибдени́ровать(ся), -рую, -рует(ся)
молибдени́т, -а
молибде́новый
моли́ния, -и (*растение*)
моли́тва, -ы
моли́твенник, -а
моли́твенница, -ы, *тв.* -ей
моли́твенно, *нареч.*
моли́твенный
молитвосло́в, -а
молитвосло́вие, -я
молитвосло́вить, -о́влю, -о́вит
моли́товка, -и, *р. мн.* -вок
моли́ть(ся), молю́(сь), мо́лит(ся)
мо́лкнувший
мо́лкнуть, -ну, -нет; *прош.* мо́лкнул и молк, мо́лкла
молкомбина́т, -а
молли́рование, -я
молли́рованный; *кр. ф.* -ан, -ана
молли́ровать(ся), -рую, -рует(ся)
моллю́ск, -а
моллю́сковый
моллюскоци́д, -а
молниеви́дный; *кр. ф.* -ден, -дна
мо́лниевый
молниезащи́та, -ы
молниезащи́тный
молниено́сность, -и
молниено́сный; *кр. ф.* -сен, -сна
молниеотво́д, -а
молниеотво́дный
молниеподо́бный; *кр. ф.* -бен, -бна
мо́лнийка, -и, *р. мн.* -иек
мо́лнийный
молни́рованный; *кр. ф.* -ан, -ана
молни́ровать, -рую, -рует
мо́лния, -и
молода́йка, -и, *р. мн.* -а́ек
молодё́жка, -и, *р. мн.* -жек
молодё́жный
молодё́жь, -и
молоде́нек, -нька
моло́денький
молоде́ть, -е́ю, -е́ет
мо́лодец, -дца, *тв.* -дцем, *р. мн.* -дцев (*нар.-поэт.*)
молоде́ц, -дца́, *тв.* -дцо́м, *р. мн.* -дцо́в
молоде́цки
молоде́цкий
молоде́ц молодцо́м
молоде́чество, -а
молоде́чненский (*от* Молоде́чно)
молоде́чненцы, -ев, *ед.* -ненец, -ненца, *тв.* -ненцем
молоди́ло, -а
молоди́ть(ся), -ожу́(сь), -оди́т(ся)
молоди́ца, -ы, *тв.* -ей
моло́дка, -и, *р. мн.* -док
молодня́к, -а́
молоднячо́к, -чка́
молодогварде́ец, -е́йца, *тв.* -е́йцем, *р. мн.* -е́йцев
молодогварде́йский (*от* "Молода́я гва́рдия")
молодожё́н, -а
молодожё́ны, -ов (*супружеская пара*)
мо́лодо-зе́лено
молодо́й; *кр. ф.* мо́лод, молода́, мо́лодо
мо́лодость, -и
молоду́ха, -и
моло́душка, -и, *р. мн.* -шек
молодцева́тость, -и
молодцева́тый
молодцо́м, *в знач. сказ.*
молодча́га, -и, *м.* и *ж.*
моло́дчик, -а
молодчи́на, -ы, *м.* и *ж.*
молодчи́нища, -и, *тв.* -ей и **молодчи́нище,** -а и -и, *мн.* -и, -ищ, *м.* и *ж.*
моло́дший
молоды́е, -ы́х
мо́лодь, -и
моложа́вость, -и
моложа́вый
моло́же, *сравн. ст.*
моло́зиво, -а
моло́ка, -и и **моло́ки,** -о́к
молока́н, -а (*растение*)
молока́не, -а́н, *ед.* -а́нин, -а (*секта*)
молока́нка, -и, *р. мн.* -нок
молока́нский
молоко́, -а́
молокови́з, -а
молокови́зка, -и, *р. мн.* -зок
молокого́нный
молокозаво́д, -а
молокозаготови́тельный
молокоме́р, -а
молокоотсо́с, -а
молокоочисти́тель, -я
молокоперераба́тывающий
молокопоста́вки, -вок
молокоприё́мный
молокопрово́д, -а
молокопроду́кты, -ов, *ед.* -ду́кт, -а
молокопроизво́дство, -а
молокосо́с, -а
мо́лот, -а
молоти́лка, -и, *р. мн.* -лок
молоти́ло, -а
молоти́льный
молоти́льня, -и, *р. мн.* -лен
молоти́льщик, -а
молоти́льщица, -ы, *тв.* -ей
молоти́ть(ся), -очу́(сь), -о́тит(ся)
молотко́вый
молотобо́ец, -о́йца, *тв.* -о́йцем, *р. мн.* -о́йцев
молотови́ще, -а
молотово́й
молотогла́в, -а
молото́к, -тка́
молотообра́зный; *кр. ф.* -зен, -зна
молото́чек, -чка
молото́чковый (*муз.*)
молото́чный
мо́лот-ры́ба, -ы
мо́лотый
моло́ть, мелю́, ме́лет, ме́лют
молотьба́, -ы́
моло́ться, ме́лется, ме́лются

молотя́нка, -и, *р. мн.* -нок
молотя́щий(ся)
Моло́х, -а (*библ.; неотвратимая сила, требующая множества человеческих жертв*)
моло́х, -а (*ящерица*)
молоча́й, -я
молоча́йник, -а
молоча́йный
молоче́ние, -я
моло́ченный; *кр. ф.* -ен, -ена, *прич.*
моло́ченый, *прил.*
молочи́шко, -а
молочко́, -а́
моло́чник, -а
моло́чница, -ы, *тв.* -ей
моло́чно-бе́лый
моло́чно-восково́й
моло́чно-голубо́й
моло́чно-животново́дческий
молочноки́слый
моло́чно-консе́рвный
моло́чно-мясно́й
моло́чно-промы́шленный
моло́чно-разда́точный
моло́чность, -и
моло́чно-това́рный
моло́чно-хозя́йственный
моло́чный
мо́лча, *нареч.*
молчали́вость, -и
молчали́вый
Молча́лин, -а
молча́линский (*от* Молча́лин)
молча́линство, -а
молча́льник, -а
молча́льница, -ы, *тв.* -ей
молча́ние, -я
молча́нка, -и
молча́ть(ся), -чу́, -чи́т(ся)
молчко́м, *нареч.*
молчо́к, *в знач. сказ.*
молчу́н, -а́
молчу́нья, -и, *р. мн.* -ний
моль[1], -и (*насекомое*)
моль[2], -я, *м.* и -и, *ж.* (*сплавной лес*)
моль[3], -я (*единица количества вещества*)
мольба́, -ы́
мольбе́рт, -а
мольбе́ртный
мо́льбище, -а
мо́льва, -ы
мольериа́на, -ы
молье́ровский (*от* Молье́р)
моль-ке́львин, -а, *р. мн.* -ов, *счетн. ф.* -вин
мо́льный (*к* моль[2] и моль[3])
мо́лью, *нареч.* (*разрозненно*)
моля́рность, -и
моля́рный (*к* моль[3])
моля́ры, -ов, *ед.* -я́р, -а (*зоол.*)
моля́щий(ся)
Мом, -а (*мифол.*)
моме́нт, -а
моментали́ст, -а
момента́льность, -и
момента́льный; *кр. ф.* -лен, -льна
моме́нтный
мо́мме, *нескл., с.* (*единица массы*)
момо́т, -а
мона́да, -ы (*филос.*)
монадоло́гия, -и
мона́кский (*от* Мона́ко)
мона́кцы, -ев, *ед.* -кец, -кца, *тв.* -кцем
Мо́на Ли́за, Мо́ны Ли́зы
мона́ндрия, -и
мона́рх, -а
монархи́зм, -а
мона́рхиня, -и, *р. мн.* -инь
монархи́ст, -а
монархи́стка, -и, *р. мн.* -ток
монархи́стский
монархи́ческий
мона́рхия, -и
монархома́хи, -ов, *ед.* -ма́х, -а (*лит.*)
монархофаши́зм, -а
монархофаши́ст, -а
монархофаши́стский
мона́рший, -ая, -ее, *мн.* -ие
монастырёк, -рька́
монасты́рка, -и, *р. мн.* -рок
монасты́рский
монасты́рь, -я́
мона́х, -а
мона́хиня, -и, *р. мн.* -инь
монаци́т, -а (*минерал*)
мона́шек, -шка
мона́шенка, -и, *р. мн.* -нок
мона́шеский
мона́шество, -а
мона́шествовать, -твую, -твует
мона́ший, -ья, -ье
мона́шка, -и, *р. мн.* -шек
Монбла́н, -а (*геогр.*) и **монбла́н,** -а (*о нагромождении чего-н.*)
монго́, *нескл., мн., ед. м.* и *ж.* (*народ*)
монголи́ст, -а
монголи́стика, -и
монго́лка, -и, *р. мн.* -лок
монголове́д, -а
монголове́дение, -я
монголови́дный; *кр. ф.* -ден, -дна
монголо́идный
монголо́иды, -ов, *ед.* -о́ид, -а
монго́ло-тата́рский
монго́ло-тата́ры, -а́р
монголоте́рий, -я
монго́лы, -ов, *ед.* -го́л, -а
монго́льский (*к* монго́лы и Монго́лия)
монгольфье́р, -а
мондиали́зм, -а
мондиали́ст, -а
мондиали́стский
монега́ски, -ов, *ед.* -га́ск, -а (*микроэтнос, коренные жители Монако*)
монега́сский
моне́ра, -ы (*биол.*)
моне́та, -ы
монетари́зм, -а
монетари́ст, -а
монетари́стский
монета́рный
моне́тка, -и, *р. мн.* -ток
моне́тница, -ы, *тв.* -ей
моне́тный
монетоприёмник, -а
монеторазме́нник, -а
монеторазме́нный
моне́тчик, -а
монжу́с, -а
мониезио́з, -а
мони́зм, -а (*филос.*)
монилио́з, -а
монима́ска, -и, *р. мн.* -сок
мони́ст, -а (*к* мони́зм)
монисти́ческий
монисти́чный; *кр. ф.* -чен, -чна
мони́сто, -а
монито́р, -а
монито́ринг, -а
монито́ринговый
монитори́рование, -я
монитори́ровать(ся), -и́рую, -и́рует(ся)
монито́рный
монма́ртрский (*от* Монма́ртр)
мо́нна, -ы (*мадонна, госпожа*)
мо́но, *неизм.*
моно... – *первая часть сложных слов, пишется слитно*
монобло́к, -а
монобло́чный
моновакци́на, -ы
моноволокно́, -а́
моногами́ческий
монога́мия, -и
монога́мный; *кр. ф.* -мен, -мна
моногене́и, -е́й, *ед.* -не́я, -и (*зоол.*)
моногенети́ческий (*зоол.*)
моногени́зм, -а
моноге́нный
моногеро́й, -я
моногидра́т, -а
моноги́ния, -и
моногляциали́зм, -а
моногра́мма, -ы
моногра́ммный
монографи́ческий
моногра́фия, -и
моно́дия, -и
монодра́ма, -ы
моно́за, -ы
монои́мпульсный
монокарбо́новый
монокарпи́ческий
моноки́ни, *нескл., с.*
моноклина́ль, -и
моноклина́льный
монокли́нный
моно́кль, -я
моноко́к, -а (*авиа*)
моноконфессиона́льный; *кр. ф.* -лен, -льна

монокóрм, -а
монокорýнд, -а
монокристáлл, -а
монокристалли́ческий
монокультýра, -ы
монокультýрность, -и
монокультýрный
монокуля́р, -а
монокуля́рный
монолáста, -ы
моноли́т, -а
моноли́тно-кирпи́чный
моноли́тность, -и
моноли́тный; *кр. ф.* -тен, -тна
монолóг, -а
монологи́ческий
монологи́чность, -и
монологи́чный; *кр. ф.* -чен, -чна
моноль́жа, -и, *тв.* -ей
монóм, -а
мономáн, -а
мономáния, -и
мономáнка, -и, *р. мн.* -нок
Мономáх, -а: **Влади́мир Мономáх, шáпка Мономáха**
Мономáшичи, -ей (*княжеский род*)
мономéр, -а
монометалли́зм, -а
монометалли́ческий
мономолекуля́рный
мононационáльный
монони́ть, -и
мононуклеóз, -а
мононуклеоти́ды, -ов, *ед.* -ти́д, -а
монoóпера, -ы
моноплакофóры, -фóр, *ед.* -фóра, -ы
монопла́н, -а
монопла́нный
монопóдий, -я
монополизáция, -и
монополизи́рованный; *кр. ф.* -ан, -ана
монополизи́ровать(ся), -рую, -рует(ся)
монополи́зм, -а
монополи́ст, -а
монополисти́ческий
монополи́стский
монопóлия, -и
монопóль, -я
монопóлька, -и, *р. мн.* -лек
монопóльность, -и
монопóльный; *кр. ф.* -лен, -льна
монопóсто, *нескл., с.*
монопрогрáмма, -ы
монопсóния, -и
моноревю́, *нескл., с.*
монорéльс, -а
монорéльсовый
монори́м, -а
монорхи́зм, -а (*биол.*)
моносахари́ды, -ов, *ед.* -ри́д, -а
моносиллаби́зм, -а
моносиллаби́ческий
моноскóп, -а
моносóмия, -и
моноспектáкль, -я
моноспóра, -ы
моноспорáнгий, -я
моности́х, -á
моноструктýрный
монотеáтр, -а
монотеи́зм, -а
монотеи́ст, -а
монотеисти́ческий
монотемати́зм, -а
монотемати́ческий
монотерпéны, -ов, *ед.* -пéн, -а
моноти́п, -а
монотипи́ст, -а
моноти́пия, -и
моноти́пный
монотовáрный
монотони́ческий
монотони́я, -и
монотóнно, *нареч.*
монотóнность, -и
монотóнный; *кр. ф.* -óнен, -óнна
монофáг, -а
монофáгия, -и
монофáзный
монофели́тский
монофели́тство, -а
монофели́ты, -ов, *ед.* -ли́т, -а
монофизи́тский
монофизи́тство, -а
монофизи́ты, -ов, *ед.* -зи́т, -а
монофили́я, -и
монофи́льм, -а
монофони́ческий
монофтóнг, -а
монофтонгизáция, -и
монофтонгизи́роваться, -руется
монофтонги́ческий
монохáзий, -я
монохóрд, -а
монохóрдовый
монохóрный
монохромати́ческий
монохромáтор, -а
монохрóмия, -и
монохрóмный
моноцентри́зм, -а
моноцентри́ческий
моноцентри́чность, -и
моноцентри́чный; *кр. ф.* -чен, -чна
моноци́кл, -а
моноцитóз, -а
моноци́ты, -ов, *ед.* -ци́т, -а (*кровяные клетки*)
моноэтни́ческий
монпансьé, *нескл., с.*
монпарнáсский (*от* Монпарнáс)
монреáльский (*от* Монреáль)
монреáльцы, -ев, *ед.* -лец, -льца, *тв.* -льцем
монсеньóр, -а
мóнстера, -ы (*растение*)
монстр, -а
мóнстровый
монструóзность, -и
монструóзный
монтáж, -á, *тв.* -óм
монтажёр, -а
монтáжка, -и, *р. мн.* -жек
монтáжник, -а
монтáжник-высóтник, монтáжника-высóтника
монтáжник-скалолáз, монтáжника-скалолáза
монтáжница, -ы, *тв.* -ей
монтáжничать, -аю, -ает
монтáжно-испытáтельный
монтáжно-сдáточный
монтáжный
монтани́зм, -а
монтани́стский
монтани́сты, -ов, *ед.* -и́ст, -а
монтáны, -áн (*штаны*)
монтанья́рский
монтанья́ры, -ов, *ед.* -я́р, -а
монтбрéция, -и
монтевидéйский (*от* Монтевидéо)
монтевидéйцы, -ев, *ед.* -éец, -éйца, *тв.* -éйцем
монтежю́, *нескл., с.*
мóнте-кáрлоский (*от* Мóнте-Кáрло)
Монтéкки, *нескл., мн.*: **Монтéкки и Капулéтти**
Мóнте-Кри́сто, *нескл., м.*: **грáф Мóнте-Кри́сто** (*лит. персонаж*)
монтекри́сто, *нескл., с.* (*пистолет, ружье*)
монтёр, -а
монтёрить, -рю, -рит
монтёрский
монти́рование, -я
монти́рованный; *кр. ф.* -ан, -ана
монти́ровать(ся), -рую, -рует(ся)
монтирóвка, -и, *р. мн.* -вок
монтирóвочный
монтирóвщик, -а
монтичелли́т, -а
монтмориллони́т, -а
монумéнт, -а
монументализáция, -и
монументали́зм, -а
монументали́ст, -а
монументáльно-декорати́вный
монументáльность, -и
монументáльный; *кр. ф.* -лен, -льна
монумéнтный
монумéнтщик, -а
монурóн, -а
монцони́т, -а
мончегóрский (*от* Мончегóрск)
мончегóрцы, -ев, *ед.* -рец, -рца, *тв.* -рцем
Мончетýндра, -ы (*горный массив*)
моонзýндский (*от* Моонзýнд)
Моонзýндский архипелáг
Мóос, -а: **шкалá Мóоса**
МОП, *нескл., ж.* (*сокр.*: (структура) металл – оксид – полупроводник)

монасса́новский (*от* Монасса́н)
мопе́д, -а
мопеди́ст, -а
мопе́дный
мопс, -а
мо́псик, -а
мор, -а
мо́ра, -ы (*в стихосложении*)
морава́не, -а́н, *ед.* -а́нин, -а
морава́нка, -и, *р. мн.* -нок
мора́вский (*от* Мора́ва и Мора́вия)
морализа́тор, -а
морализа́торский
морализа́торство, -а
морализа́ция, -и
морализи́рование, -я
морализи́ровать, -рую, -рует
морали́зм, -а
морали́ст, -а
морали́стика, -и
моралисти́ческий
морали́стка, -и, *р. мн.* -ток
морали́стский
моралите́, *нескл., с.*
мора́ль, -и
мора́льно-бытово́й
мора́льно-волево́й
мора́льно изно́шенный
мора́льно-нра́вственный
мора́льно-полити́ческий
мора́льно-психологи́ческий
мора́льность, -и
мора́льно усто́йчивый
мора́льно-эти́ческий
мора́льный; *кр. ф.* -лен, -льна
морато́рий, -я
морг[1], -а
морг[2], *неизм.* (*к* морга́ть)
морга́ла, -а́л (*глаза, жарг.*)
морганати́ческий
моргани́да, -ы (*в генетике*)
морга́ние, -я
моргани́зм, -а
моргани́ст, -а
моргани́стский
моргани́т, -а (*минерал*)
морга́ть, -а́ю, -а́ет
мо́рген, -а (*земельная мера*)
моргну́ть, -ну́, -нёт
мо́рговский
моргу́н, -а́
моргу́нья, -и, *р. мн.* -ний
мо́рда, -ы
морда́стый
морда́сы, -ов
морда́тый
морда́ха, -и
морда́шка, -и, *р. мн.* -шек
мордва́, -ы́
мордви́нка, -и, *р. мн.* -нок
мордви́ны, -ов, *ед.* -ви́н, -а
морде́нт, -а
мордоби́тие, -я
мордобо́й, -я
мордо́ванный; *кр. ф.* -ан, -ана
мордова́ть(ся), -ду́ю(сь), -ду́ет(ся)
мордо́вка, -и, *р. мн.* -вок
мордо́вник, -а (*растение*)
мордоворо́т, -а
мордо́вский (*к* мордва́, мордви́ны, Мордо́вия)
мордо́вцы, -ев, *ед.* -вец, -вца, *тв.* -вцем
мордоре́, *неизм.* (*цвет*)
мо́рдочка, -и, *р. мн.* -чек
мо́ре, -я, *мн.* -я́, -е́й
Мо́ре, -я, *употр. в названиях частей лунного ландшафта, напр.*: Мо́ре Дожде́й, Мо́ре Кри́зисов, Мо́ре Споко́йствия
море́ль, -и
море́на, -ы (*геол.*)
море́ние, -я
море́нный (*от* море́на)
морённый; *кр. ф.* -ён, -ена́, *прич.* (*от* мори́ть)
морёный, *прил.*
мо́ре-океа́н, мо́ря-океа́на
морепла́вание, -я
морепла́ватель, -я
морепла́вательный
морепроду́кты, -ов, *ед.* -у́кт, -а
мореpecу́рсы, -ов
море́ск, -а и *неизм.* (*стиль в искусстве*)
море́ска, -и, *р. мн.* -сок (*муз., род балетного представления*)
морехо́д, -а
морехо́дец, -дца, *тв.* -дцем, *р. мн.* -дцев
морехо́дка, -и, *р. мн.* -док
морехо́дность, -и
морехо́дный
морехо́дство, -а
море́я, -и (*растение*)
морж, -а́, *тв.* -о́м
моржева́ние, -я
моржева́ть(ся), -жу́ю(сь), -жу́ет(ся)
моржи́ха, -и
моржо́вый
моржо́нок, -нка, *мн.* -жа́та, -жа́т
Мо́рзе, *нескл., м.*: **а́збука Мо́рзе, аппара́т Мо́рзе, ко́д Мо́рзе**
морзи́ст, -а
морзя́нка, -и
мори́лка, -и, *р. мн.* -лок
мори́льня, -и, *р. мн.* -лен
мори́льщик, -а
мори́на, -ы (*травянистое растение*)
мори́нда, -ы (*кустарник*)
мори́новый
морио́н, -а
мори́ски, -ов, *ед.* -и́ск, -а (*этническая группа*)
мори́стее, *нареч.*
мори́стый (*мор.*)
мори́ть(ся), морю́(сь), мори́т(ся)
морко́вина, -ы
морко́вка, -и, *р. мн.* -вок
морко́вник, -а
морко́вный
морко́вь, -и
мормо́нка, -и, *р. мн.* -нок
мормо́нский
мормо́нство, -а
мормо́ны, -ов, *ед.* -мо́н, -а
мормы́шка, -и, *р. мн.* -шек
мо́ро, *нескл., мн., ед. м.* и *ж.* (*группа народов*)
морово́й
мороду́нка, -и, *р. мн.* -нок
моро́женица, -ы, *тв.* -ей (*сосуд, прибор*)
моро́женный; *кр. ф.* -ен, -ена, *прич.*
моро́женое, -ого
моро́женщик, -а
моро́женщица, -ы, *тв.* -ей
моро́женый, *прил.*
моро́з, -а; но: **Де́д Моро́з**
Моро́з-воево́да, Моро́за-воево́ды (*персонаж поэмы*)
моро́зец, -зца и -зцу, *тв.* -зцем, *р. мн.* -зцев
моро́зик, -а
морози́лка, -и, *р. мн.* -лок
морози́льник, -а
морози́льный
моро́зить(ся), -о́жу(сь), -о́зит(ся)
моро́зище, -а, *мн.* -а и -и, -ищ, *м.*
Моро́зко, -а, *м.* (*сказочный персонаж*)
моро́зник, -а (*растение*)
моро́зно, *в знач. сказ.*
моро́зный; *кр. ф.* -зен, -зна
морозобо́ина, -ы
морозобо́йный
моро́зовский (*от* Моро́зов)
морозосто́йкий; *кр. ф.* -о́ек, -о́йка
морозосто́йкость, -и
морозоупо́рность, -и
морозоупо́рный; *кр. ф.* -рен, -рна
морозоусто́йчивость, -и
морозоусто́йчивый
морозя́ка, -и, *м.*
моро́зящий(ся)
мо́рок, -а (*мрак; наваждение*)
моро́ка, -и (*затяжное, хлопотное дело*)
мороков́ать, -ку́ю, -ку́ет
мороси́ть, -и́т
мо́рось, -и
моро́чащий
моро́ченье, -я
моро́чить, -чу, -чит
моро́шка, -и
моро́шковый
морпе́х, -а (*сокр.*: морская пехота, морской пехотинец)
морс, -а и -у
морско́й
мо́рсовый
мортаде́лла, -ы (*колбаса*)
морти́ра, -ы
морти́рный
мортифика́ция, -и (*фин.*)
морту́к, -а

мо́рула, -ы
морф, -а (*лингв.*)
мо́рфа, -ы (*биол., лингв.*)
морфалла́ксис, -а
Морфе́й, -я (*мифол.*; *также*: *сон*; в объя́тиях Морфе́я)
морфе́ма, -ы
морфемати́ческий
морфе́мика, -и
морфе́мный
мо́рфий, -я
мо́рфийный (*от* мо́рфий)
морфи́н, -а
морфини́зм, -а
морфини́ст, -а
морфини́стка, -и, *р. мн.* -ток
морфи́нный (*от* морфи́н)
морфло́т, -а
мо́рфный
морфогене́з, -а
морфогенети́ческий
морфогра́фия, -и
морфо́з, -а
морфоклимати́ческий
морфо́лог, -а
морфологиза́ция, -и
морфологизи́рованный; *кр. ф.* -ан, -ана
морфологизи́роваться, -руется
морфологизо́ванный; *кр. ф.* -ан, -ана
морфологизова́ться, -зу́ется
морфологи́ческий
морфоло́гия, -и
морфо́лого-географи́ческий
морфо́лого-синтакси́ческий
морфоме́трия, -и
морфоне́ма, -ы
морфонемати́ческий
морфоне́мный
морфоно́лог, -а
морфонологи́ческий
морфоноло́гия, -и
морфоскульпту́ра, -ы
морфоскульпту́рный
морфострукту́ра, -ы
морфострукту́рный
морфотекту́ра, -ы
морфотропи́я, -и
морфофизиологи́ческий
морфофункциона́льный
морцо́, -а́, *р. мн.* море́ц
морша́нский (*от* Морша́нск)
морша́нцы, -ев, *ед.* -нец, -нца, *тв.* -нцем
мо́рщащий(ся) (*от* мо́рщить(ся)
морщи́на, -ы
морщинистозу́бый дельфи́н
морщи́нистость, -и
морщи́нистый
морщи́нить(ся), -ню, -нит(ся)
морщи́нка, -и, *р. мн.* -нок
морщинова́тый
морщи́нящий(ся)
мо́рщить(ся), -щу(сь), -щит(ся) (*о лице*)
морщи́ть(ся), -и́т(ся) (*об одежде*)
мо́рюшко, -а
моря́к, -а́
моря́на, -ы
моря́нка, -и, *р. мн.* -нок
моря́цкий
моря́чка, -и, *р. мн.* -чек
морячо́к, -чка́
Мосбизнесба́нк, -а
Мосгорспра́вка, -и
моска́ль, -я́
москате́ль, -и
москате́льный
москате́льщик, -а
Москва́-река́, Москвы́-реки́ и Москва́-реки
Москва́-Това́рная, Москвы́-Това́рной (*станция*)
москвитя́не, -я́н, *ед.* -я́нин, -а
москвитя́нка, -и, *р. мн.* -нок
москви́ч, -а́, *тв.* -о́м (*автомобиль*)
москвичи́, -е́й, *ед.* -ви́ч, -а́, *тв.* -о́м
москви́чка, -и, *р. мн.* -чек
москвичо́к, -чка́ (*автомобиль*)
москвове́д, -а
москвове́дение, -я
москворе́цкий (*от* Москва́-река́)
моски́т, -а
моски́тный
москови́ты, -ов, *ед.* -и́т, -а (*ист.*)
Моско́вия, -и (*ист.*)
моско́вка, -и, *р. мн.* -вок (*синица*)
Моско́вская акаде́мия хореогра́фии
Моско́вская городска́я ду́ма
Моско́вская городска́я телефо́нная се́ть (МГТС)
Моско́вская желе́зная доро́га
Моско́вская кольцева́я автодоро́га (МКАД)
Моско́вская консервато́рия
Моско́вская межба́нковская валю́тная би́ржа (ММВБ)
Моско́вская патриархи́я
Моско́вская Ру́сь
Моско́вская центра́льная фо́ндовая би́ржа
Моско́вские Воро́та (*площадь в Петербурге*)
моско́вский (*от* Москва́)
Моско́вский вокза́л (*в Петербурге*)
Моско́вский де́тский музыка́льный теа́тр
Моско́вский Кре́мль
Моско́вский междунаро́дный кинофестива́ль
Мо́сковский междунаро́дный марафо́н ми́ра
Моско́вский уголо́вный ро́зыск (МУР)
Моско́вский университе́т
Моско́вское госуда́рство (*ист.*)
моско́вцы, -ев, *ед.* -вец, -вца, *тв.* -вцем (*к* Моско́вский по́лк, *ист.*)
мосла́к, -а́
мослакова́тый
мосла́стый
мослачо́к, -чка́
мослы́, -о́в, *ед.* мосо́л, мосла́
моссове́товский (*от* Моссове́т)
мост, -а и -а́, *предл.* на мосту́, *мн.* -ы́, -о́в; но: **Кузне́цкий Мо́ст** (*улица*)
мо́ст-да́мба, мо́ста-да́мбы
мо́стик, -а
мости́льный
мости́льщик, -а
мости́ть(ся), мощу́, мости́т(ся)
мости́шко, -а и -и, *мн.* -шки, -шек, *м.*
мости́ще, -а, *мн.* -а и -и, -и́щ, *м.*
мостки́, -о́в
мостова́я, -о́й
мостови́к, -а́
мостови́на, -ы
мостово́й
мостовосстанови́тельный
мостовщи́к, -а́
мосто́вщи́на, -ы (*ист.*)
мостовьё, -я́
мосто́к, -тка́
мостоотря́д, -а
мостопо́езд, -а, *мн.* -а́, -о́в
мостострое́ние, -я
мостострои́тель, -я
мостострои́тельный
мостострои́тельский
мостоукла́дчик, -а
мосто́чек, -чка
Мосты́, -о́в (*город*)
мосфи́льмовский (*от* Мосфи́льм)
мосье́, месье́ и **мсье,** *нескл., м.*
мо́ська, -и, *р. мн.* мо́сек
Мосэне́рго, *нескл., с.*
мот, -а
мота́лка, -и, *р. мн.* -лок
мота́льный
мота́льня, -и, *р. мн.* -лен
мота́льщик, -а
мота́льщица, -ы, *тв.* -ей
мота́ние, -я
мо́танный; *кр. ф.* -ан, -ана, *прич.*
мотану́ть, -ну́, -нёт
мо́таный, *прил.*
мота́ть(ся), -а́ю(сь), -а́ет(ся)
моте́ль, -я
моте́льный
моте́т, -а
моти́в, -а
мотивацио́нный
мотива́ция, -и
мотиви́рование, -я
мотиви́рованно, *нареч.*
мотиви́рованность, -и
мотиви́рованный; *кр. ф. прич.* -ан, -ана; *кр. ф. прил.* (*содержащий убедительную мотивировку*) -ан, -анна (ва́ши прете́нзии мотиви́рованны)
мотиви́ровать(ся), -рую, -рует(ся)
мотивиро́вка, -и, *р. мн.* -вок
мотивиро́вочный
моти́вный

моти́вчик, -а
мо́тка, -и, *р. мн.* мо́ток
мотну́ть(ся), -ну́(сь), -нёт(ся)
мотня́, -и́, *р. мн.* -не́й
мото... – *первая часть сложных слов, пишется слитно*
мотоба́йкер, -а
мотобло́к, -а
мотобо́л, -а
мотоболи́ст, -а
мотобо́льный
мотобо́т, -а
мотобрига́да, -ы
мотобу́р, -а
мотова́тый
мотовелого́нки, -нок
мотовелозаво́д, -а
мотовелосипе́д, -а
мотовелосипе́дный
мотовелоспо́рт, -а
мотови́ло, -а
мотови́льце, -а, *р. мн.* -лец
мото́вка, -и, *р. мн.* -вок
мотово́з, -а
мотово́зный
мотовско́й
мотовство́, -а́
мотогондо́ла, -ы
мотого́нки, -нок
мотого́нщик, -а
мотого́нщица, -ы, *тв.* -ей
Мо́то-гран-при́, *нескл., м. (спорт.)*
мотодельтапла́н, -а
мотодельтапланери́зм, -а
мотодельтапланери́ст, -а
мотодивизио́н, -а
мотодиви́зия, -и
мотодрези́на, -ы
мотодро́м, -а
мотодро́мный
мотоинструме́нт, -а
мото́к, мотка́
мотока́р, -а
мотокато́к, -тка́
мотоклу́б, -а
мотоколо́нна, -ы
мотоколя́ска, -и, *р. мн.* -сок
мотокомпре́ссор, -а
мотокоса́, -ы́, *мн.* -ко́сы, -ко́с
мотокро́сс, -а
мотокроссме́н, -а
мотокультива́тор, -а
мотоли́дер, -а (*в велогонках*)
мотолиха́ч, -а́, *тв.* -о́м
мотоло́дка, -и, *р. мн.* -док
мотолюби́тель, -я
мотомане́вренный
мотомеханизи́рованный
мотомногобо́рье, -я
мотона́рты, -на́рт
мотонейро́н, -а
мотоотсе́к, -а
мотопатру́ль, -я́
мотопатру́льный
мотопехо́та, -ы
мотопехоти́нец, -нца, *тв.* -нцем, *р. мн.* -нцев
мотопехо́тный
мотопила́, -ы́, *мн.* -пи́лы, -пи́л
мотоплу́г, -а, *мн.* -и́, -о́в
мотопо́езд, -а, *мн.* -а́, -о́в
мотопо́лк, -а́
мотопо́мпа, -ы
мотопробе́г, -а
мото́р, -а
мотора́лли, *нескл., с.*
моторвагóнный (моторвагóнные поезда́, соста́вы, се́кции)
моторесу́рс, -а
моториза́ция, -и
моторизо́ванный; *кр. ф.* -ан, -ана
моторизова́ть(ся), -зу́ю, -зу́ет(ся)
мото́рика, -и
motори́кша, -и, *тв.* -ей, *м.*
моторист, -а
мотори́стка, -и, *р. мн.* -ток
мото́рка, -и, *р. мн.* -рок
мото́р-колёсный
мото́р-колесо́, -а́, *мн.* -ёса, -ёс
мото́р-компре́ссор, -а
мото́р-насо́с, -а
мото́рно-па́русный
мото́рность, -и
мото́рный
мотоо́ллер, -а
мотоо́ллерный
моторемо́нтный
моторосбо́рочный
моторострое́ние, -я
моторострои́тель, -я
моторострои́тельный
мото́р-реду́ктор, -а
мото́рчик, -а
мотоса́ни, -е́й
мотоско́п, -а
мотоснегоболотохо́д, -а
мотоспо́рт, -а
мотостоя́нка, -и, *р. мн.* -нок
мотострелко́вый
мотострело́к, -лка́
мототре́к, -а
мототури́зм, -а
мототури́ст, -а
мототуристи́ческий
мотофриста́йл, -а
мотоци́кл, -а
мотоцикле́т, -а
мотоцикле́тка, -и, *р. мн.* -ток
мотоцикле́тный
мотоцикли́ст, -а
мотоцикли́стка, -и, *р. мн.* -ток
мотоци́кл-одино́чка, мотоци́кла-одино́чки
моточа́с, -а, *мн.* -ы́, -о́в
моточа́сть, -и, *мн.* -и, -е́й
мото́чек, -чка
мото́чный
мотошле́м, -а
мо́тто, *нескл., с.*
моту́шка, -и, *р. мн.* -шек
моты́га, -и
моты́жение, -я
моты́жить(ся), -жу, -жит(ся)
моты́жный
мотылёк, -лька́
мотылёчек, -чка
моты́ль, -я́
мотылько́вый
моты́льница, -ы, *тв.* -ей
моура́ви, *нескл., м.*
мо́ухок, -а (*спорт.*)
мофе́ты, -ов, *ед.* мофе́т, -а
мох, мха, мо́ха и мо́ху, *предл.* во (на) мху и в (на) мо́хе, *мн.* мхи, мхов
Муха́ммед, -а и **Муха́ммед,** -а
мохе́р, -а
мохе́ровый
мохна́тевший (*от* мохна́теть)
мохна́тенький
мохна́теть, -ею, -еет (*становиться мохнатым*)
мохна́тивший(ся) (*от* мохна́тить(ся)
мохна́тить, -а́чу, -а́тит (*кого, что*)
мохна́титься, -ится
мохна́тка, -и, *р. мн.* -ток (*жук*)
мохна́тость, -и
мохна́тый
мохна́тящий(ся)
мохна́ч, -а́, *тв.* -о́м
мохноно́гий
мо́хо, *нескл., м.* (*птица*)
Мохова́я, -о́й (*улица*)
мохови́дный; *кр. ф.* -ден, -дна
мохови́к, -а́ (*гриб*)
мохови́на, -ы
мохови́нка, -и, *р. мн.* -нок
моховичо́к, -чка́ (*от* мохови́к)
мохови́ще, -а
мохово́й (*к* мох)
мо́хово-лиша́йниковый
мохообра́зный; *кр. ф.* -зен, -зна
мохэ́, *нескл., мн.* (*группа племен*)
Мо́царт, -а (*также перен.*: *о том, кто достиг высшего мастерства в своем деле*)
моцартиа́на, -ы
моцартиа́нский
мо́цартовский (*от* Мо́царт)
моцио́н, -а
моча́, -и́, *тв.* -о́й
моча́га, -и
мочажи́на, -ы
моча́жный
моча́листый
моча́лить(ся), -лю(сь), -лит(ся)
моча́лка, -и, *р. мн.* -лок
моча́ло, -а
моча́льный
мо́чащий
мо́ча́щийся
мочеви́на, -ы
мочеви́нный
мочеви́но-формальдеги́дный
мочево́й
мочевыводя́щий

мочевыделе́ние, -я
мочего́нный
мочеизнуре́ние, -я
мочеиспуска́ние, -я
мочеиспуска́тельный
мочека́менный
мочеки́сло-оксала́тный
мочеки́слый
моче́ние, -я (*действие*)
мо́ченный; *кр. ф.* -ен, -ена, *прич.*
мочёный, *прил.*
моче́нье, -я (*продукт*)
мо́ченька, -и (*к* мочь[2])
мочеобразова́ние, -я
мочеотделе́ние, -я
мочеотдели́тельный
мочеполово́й
мочеприёмник, -а
мочето́чник, -а
мо́чечный (*от* мо́чка)
мочи́ла, -ы, *м.* и *ж.* (*о человеке, жарг.*)
мочи́ло, -а, *с.* (*яма для мочки*)
мочи́льный
мочи́ть(ся), мочу́(сь), мо́чит(ся)
мо́чка, -и, *р. мн.* мо́чек
мочкова́тый
мочли́вый
мо́чушка, -и (*к* мочь[2])
мочь[1], могу́, мо́жет, мо́гут; *прош.* мог, могла́
мочь [2], -и: **во всю́ мо́чь, изо все́й мо́чи, что́ есть мо́чи, мо́чи не́т (не ста́ло)**
мо́чься, мо́жется
моше́нник, -а
моше́нница, -ы, *тв.* -ей
моше́нничать, -аю, -ает
моше́ннически
моше́ннический
моше́нничество, -а
моше́нство, -а (*прост. к* моше́нничество)
мо́шка, -и, *р. мн.* мо́шек
мошка́, -и́ (*собир.*)
мошкара́, -ы́
мошкари́ный
мошна́, -ы́, *р. мн.* мошо́н
мошни́к, -а́
мошо́нка, -и, *р. мн.* -нок
мошо́ночный
моще́ние, -я
мощённый; *кр. ф.* -ён, -ена́, *прич.*
мощёный, *прил.*
мо́щи, -е́й
мощне́е, *сравн. ст.*
мощне́йший
мо́щность, -и
мо́щный; *кр. ф.* мо́щен, мощна́, мо́щно
мощь, -и
мо́ющий(ся)
мразь, -и
мрак, -а
мракобе́с, -а
мракобе́сие, -я
мракобе́ска, -и, *р. мн.* -сок
мракобе́сный
мра́мор, -а
мрамори́рование, -я
мрамори́рованный; *кр. ф.* -ан, -ана
мрамори́ровать(ся), -рую, -рует(ся)
мрамориро́вка, -и
мра́морно-бе́лый
мра́морно-грани́тный
мра́морный
мрамообраба́тывающий
мра́морщик, -а
мрачи́ть(ся), -чу́(сь), -чи́т(ся)
мрачне́е, *сравн. ст.*
мрачне́йший
мрачне́ть, -е́ю, -е́ет
мра́чно-бу́рый
мрачнова́тый
мра́чно-зелёный
мра́чность, -и
мра́чный; *кр. ф.* -чен, -чна́, -чно, мра́чны́
мре́жа, -и, *р. мн.* -ей и мреж
мре́ние, -я
мреть, мре́ет
МРОТ, *нескл., м.* (*сокр.:* минимальный размер оплаты труда)
мстёрский (*от* Мстёра; мстёрская миниатю́ра)
мстёрцы, -ев, *ед.* -рец, -рца, *тв.* -рцем
Мстисла́в Удало́й
мсти́тель, -я
мсти́тельница, -ы, *тв.* -ей
мсти́тельность, -и
мсти́тельный; *кр. ф.* -лен, -льна
мстить, мщу, мстит
мсье, месье́ и **мосье́,** *нескл., м.*
МСЭ [эмсэ́э], *нескл., ж.* (*сокр.:* медико-социальная экспертиза)
МТА [эмтэ́а], *нескл., м.* (*сокр.:* межорбитальный транспортный аппарат)
мтава́ри, *нескл., м.*
мтило́н, -а
МТКК [эмтэкака́], *нескл., м.* (*сокр.:* многоразовый транспортный космический корабль)
МТС [эмтэ́эс], *нескл., ж.* (*сокр.:* машинно-тракторная станция) и *мн.* (*сокр.:* Мобильные телесистемы, *компания*)
му[1], *нескл., с.* (*земельная мера*)
му[2], *неизм.*
муа́р, -а
муари́рованный; *кр. ф.* -ан, -ана
муари́ровать(ся), -и́рую, -и́рует(ся)
муа́ровый
муга́м, -а (*жанр азербайджанской музыки*)
мудре́е, *сравн. ст.*
мудре́йший
мудрене́е: у́тро ве́чера мудрене́е
мудрёнее, *сравн. ст.* (*от* мудрёный, мудрёно)
мудрено́, *в знач. сказ.*
мудрёно, *нареч.*
мудрёность, -и
мудрёный; *кр. ф.* -ён, -ёна
мудре́ть, -е́ю, -е́ет
мудре́ц, -а́, *тв.* -о́м, *р. мн.* -о́в
мудри́ла, -ы, *м.* и *ж.*
мудри́ть, -рю́, -ри́т
мудрова́ние, -я
мудрова́ть, -ру́ю, -ру́ет
му́дрость, -и
му́дрствование, -я
му́дрствовать, -твую, -твует
му́дрый; *кр. ф.* мудр, мудра́, му́дро, му́дры́; но: **Яросла́в Му́дрый**
муж, -а, *тв.* -ем, *мн.* мужи́, -е́й, -а́м (*мужчины*) и мужья́, муже́й, мужья́м (*супруги*)
мужа́ние, -я
мужа́ть(ся), -а́ю(сь), -а́ет(ся)
мужело́жство, -а и **мужело́жество,** -а
муженёк, -нька́
мужененави́стница, -ы, *тв.* -ей
мужененави́стнический
мужененави́стничество, -а
мужеподо́бный; *кр. ф.* -бен, -бна
му́жеский (*устар. к* мужско́й)
му́жественно, *нареч.*
му́жественность, -и
му́жественный; *кр. ф.* -вен и -венен, -венна
му́жество, -а; но: **о́рден Му́жества**
мужеуби́йство, -а
мужеуби́йца, -ы, *тв.* -ей
мужи́к, -а́
мужи́к мужико́м
мужикова́тость, -и
мужикова́тый
мужико́вский
мужи́цкий
мужи́чий, -ья, -ье
мужичи́на, -ы, *м.* (*от* мужи́к)
мужичи́шка, -и, *р. мн.* -шек, *м.*
мужичи́ще, -а и -и, *мн.* -и, -и́щ, *м.*
мужи́чка, -и, *р. мн.* -чек
мужичо́к, -чка́
Мужичо́к с ногото́к, Мужичка́ с ногото́к (*персонаж стихотворения*) и **мужичо́к с ногото́к,** мужичка́ с ногото́к (*о ребенке*)
мужичо́нка, -и, *р. мн.* -нок, *м.*
мужичьё, -я́
мужла́н, -а
му́жний
му́жнин, -а, -о
мужо́ция, -и
мужско́й
мужчи́на, -ы, *м.*
мужчи́нища, -и и **мужчи́нище,** -а и -и, *мн.* -и, -ищ, *м.*
мужчи́нка, -и, *р. мн.* -нок, *м.*
мужчи́нский
му́за, -ы (*мифол.*; *источник поэтического вдохновения*)
музееве́д, -а
музееве́дение, -я

музееве́дческий
музеефика́ция, -и
музеефици́рованный; *кр. ф.* -ан, -ана
музеефици́ровать(ся), -рую, -рует(ся)
музе́й, -я
музе́й-библиоте́ка, музе́я-библиоте́ки, *м.*
Музе́й городско́й скульпту́ры (*в Петербурге*)
музе́й-запове́дник, музе́я-запове́дника
Музе́й изобрази́тельных иску́сств и́мени А. С. Пу́шкина
Музе́й иску́сства наро́дов Восто́ка
музе́й-кварти́ра, музе́я-кварти́ры, *м.*
Музе́й-кварти́ра Ф. М. Достое́вского
музе́йность, -и
музе́йно-экскурсио́нный
музе́йный
музе́й-па́мятник, музе́я-па́мятника
музе́й-уса́дьба, музе́я-уса́дьбы, *м.*
Музе́й-уса́дьба Л. Н. Толсто́го "Я́сная поля́на"
Музе́й ча́стных колле́кций (*в Москве*)
музе́йщик, -а
музе́йщица, -ы, *тв.* -ей
музеологи́ческий
музеоло́гия, -и
музици́рование, -я
музици́ровать, -рую, -рует
музкоме́дия, -и
музкружо́к, -жка́
музрабо́тник, -а
музучи́лище, -а
Музфо́нд, -а
музшко́ла, -ы
му́зыка, -и
музыка́льно-акробати́ческий
музыка́льно-вырази́тельный
музыка́льно-звуково́й
музыка́льно-исполни́тельский
музыка́льно-литерату́рный
музыка́льно-образова́тельный
музыка́льно одарённый
музыка́льно-педагоги́ческий
музыка́льно-развлека́тельный
музыка́льность, -и
музыка́льно-сцени́ческий
музыка́льно-танцева́льный
музыка́льный; *кр. ф.* -лен, -льна
музыка́нт, -а
музыка́нт-люби́тель, музыка́нта-люби́теля
музыка́нтский
музыка́нтша, -и, *тв.* -ей
музыкове́д, -а
музыкове́дение, -я
музыкове́дческий
музыкозна́ние, -я
музыкотерапи́я, -и
му́зы́чка, -и
му́ка, -и
мука́, -и́
му́ка му́ченическая
му́ка му́ченская
муковоз́, -а
мукое́д, -а
муко́иды, -ов, *ед.* -о́ид, -а
муколити́ческий (*мед.*)
мукомо́л, -а
мукомо́льно-крупяно́й
мукомо́льный
мукомо́льня, -и, *р. мн.* -лен
мукополисахари́ды, -ов, *ед.* -ри́д, -а
мукопротеи́ды, -ов, *ед.* -еи́д, -а
мукормико́з, -а
муко́ровый (муко́ровые грибы́, дро́жжи)
мукосе́й, -я
муксу́н, -а́
муксу́ний, -ья, -ье
мукуза́ни, *нескл., с.*
мул, -а
мула́т, -а
мула́тка, -и, *р. мн.* -ток
мула́тский
мулёнок, -нка, *мн.* муля́та, -я́т
муле́та, -ы
му́лий, -ья, -ье
мулине́, *нескл., с.*
мулине́ты, -ов, *ед.* -не́т, -а
мули́ный
мули́ха, -и
мули́ца, -ы, *тв.* -ей
мулла́, -ы́, *м.*
мулли́т, -а
му́льда, -ы
мульк, -а
му́лька, -и, *р. мн.* му́лек *(жарг.)*
мульти... – *первая часть сложных слов, пишется слитно*
му́льти, *нескл., м.* (*мультфильм*)
мультивале́нты, -ов, *ед.* -ле́нт, -а
мультивалю́тный
мультивибра́тор, -а
мультивитами́ны, -ов
мультидискпле́ер, -а
мультизада́чный
му́льтик, -а
мультикана́льный
мультика́р, -а
мультикультурали́зм, -а
мультилатера́льный
мультиме́диа, *нескл., мн.*
мультимедиа... – *первая часть сложных слов, пишется слитно*
мультимедиаизда́ние, -я
мультимедиапанора́ма, -ы
мультимедиапле́ер, -а
мультимедиаприложе́ние, -я
мультимедиапрогра́мма, -ы
мультимедиапроду́кт, -а
мультимедиапрое́ктор, -а
мультимедиапрои́грыватель, -я
мультимедиареше́ние, -я
мультимедиасисте́ма, -ы
мультимедиаэнциклопе́дия, -и
мультимеди́йный
мультимиллиарде́р, -а
мультимиллионе́р, -а
мультимно́жество, -а
мультинациона́льный
мультипа́к, -а
мультипла́та, -ы
мультипле́кс, -а
мультиплекси́рование, -я
мультипле́ксный
мультипле́ксор, -а
мультипле́тность, -и
мультипле́тный
мультипле́ты, -ов, *ед.* -пле́т, -а
мультиплика́тор, -а
мультиплика́торный
мультиплика́торский
мультипликацио́нный
мультиплика́ция, -и
му́льтипль, -я
мультипо́ль, -я
мультипо́льный
мультипрограмми́рование, -я
мультипрогра́ммный
мультипроце́ссор, -а
мультипроце́ссорный
му́льти-пу́льти, *нескл., м.*
мультирота́ция, -и
мультисе́рвис, -а
мультисе́рвисный
мультисисте́мный
мультиспи́сок, -ска
му́льти-сплит-систе́ма, -ы
мультитранспью́терный
мультифункциона́льность, -и
мультифункциона́льный; *кр. ф.* -лен, -льна
мультицикло́н, -а
мультиэди́тный
мультиэкра́н, -а
мультсериа́л, -а
мультстано́к, -нка́
мультсту́дия, -и
мультфи́льм, -а
мультфи́льмовский
мультя́шка, -и, *р. мн.* -шек
мультя́шный
му́льча, -и, *тв.* -ей
мульчбума́га, -и
мульчи́рование, -я
мульчи́рованный; *кр. ф.* -ан, -ана
мульчи́ровать(ся), -рую, -рует(ся)
мулю́ра, -ы
муля́ж, -а и -а́, *тв.* -ем и -о́м
муляжи́ст, -а
муля́жный
мумиё, -я́ и *нескл., с.* (*смола*)
мумифика́тор, -а
мумифика́ция, -и
мумифици́рованный; *кр. ф.* -ан, -ана
мумифици́ровать(ся), -рую, -рует(ся)
му́мия, -и
му-му́, *неизм.*
Муму́, *нескл., ж.* (*кличка, лит. персонаж*)
му́нго, *нескл., м.* (*животное*)
му́нгу, *нескл., ж.* и *с.* (*монета*)

му́нда, *неизм.* и *нескл., мн.* (*языки*) и *нескл., мн., ед. м.* и *ж.* (*группа народов*)
мундиа́ль, -я
мунди́р, -а
мунди́рный
мунди́рчик, -а
мундшту́к, -а́
мундшту́ченный; *кр. ф.* -ен, -ена, *прич.*
мундшту́чить, -чу, -чит
мундшту́чный
мундштучо́к, -чка́
муни́зм, -а
муни́тский
муни́ты, -ов, *ед.* -и́т, -а (*секта*)
муниципализа́ция, -и
муниципализи́рованный; *кр. ф.* -ан, -ана
муниципализи́ровать(ся), -рую, -рует(ся)
муниципалите́т, -а
муниципалите́тный
муниципа́лы, -ов, *ед.* -па́л, -а
муниципа́льный
муници́пий, -я и **муници́пия,** -и
мунц-мета́лл, -а
мура́, -ы́
мурава́, -ы́
мураве́й, -вья́
мураве́йник, -а
мура́вить(ся), -влю, -вит(ся)
мура́вка, -и
мура́вление, -я
мура́вленный; *кр. ф.* -ен, -ена, *прич.*
мура́вленый, *прил.*
мура́вушка, -и
мура́вчатый
Муравьёв-Аму́рский, Муравьёва-Аму́рского
Муравьёв-Апо́стол, Муравьева-Апо́стола
Муравьёв-ве́шатель, Муравьёва-ве́шателя
Муравьёв-Ка́рский, Муравьёва-Ка́рского
муравье́д, -а
муравьело́вка, -и, *р. мн.* -вок
муравьи́ный
муравьи́шка, -и, *р. мн.* -шек, *м.*
мура́ль, -и
мурамида́за, -ы
мура́новский (*от* Мура́ново)
мура́нский (*от* Мура́но; мура́нское стекло́)
мура́ш, -а́, *тв.* -о́м
мурашее́д, -а
мура́шка, -и, *р. мн.* -шек (*муравей*)
мура́шки, -шек (*озноб, дрожь*)
муре́на, -ы (*рыба*)
муре́новый
муре́ция, -и
мурза́, -ы́, *м.*; *к предшествующему собственному имени присоединяется через дефис, напр.*: Девле́т-мурза́, Кара́ч-мурза́
Му́рзик, -а (*кличка*)
Мурзи́лка, -и, *м.*
му́рка, -и, *р. мн.* му́рок (*о кошке*) и **Му́рка,** -и (*кличка*; *имя*)
мурла́стый
мурло́, -а́
мурлы́ка, -и, *м.* и *ж.*; но: **ко́т Мурлы́ка** (*сказочный персонаж*)
мурлы́канье, -я
мурлы́кать, -ы́чу, -ы́чет и -аю, -ает
мурлы́кающий и **мурлы́чущий**
мурмани́т, -а
му́рманский (*от* Му́рманск и Му́рман)
му́рманцы, -ев, *ед.* -нец, -нца, *тв.* -мцем
мурманча́не, -а́н, *ед.* -а́нин, -а (*от* Му́рманск)
мурманча́нка, -и, *р. мн.* -нок
му́рмолка, -и, *р. мн.* -лок
мур-му́р, *неизм.*
муро́ванный; *кр. ф.* -ан, -ана
мурова́ть(ся), муру́ю, муру́ет(ся)
му́ровец, -вца, *тв.* -вцем, *р. мн.* -вцев (*от* МУР)
му́ровский (*от* МУР)
муро́вый (*от* мура́)
му́рома, -ы (*племя*)
му́ромский (*от* Му́ром)
му́ромцы, -ев, *ед.* му́ромец, -мца, *тв.* -мцем; но: **Илья́ Му́ромец**
муромча́не, -а́н, *ед.* -а́нин, -а
муромча́нка, -и, *р. мн.* -нок
муру́гий
мурча́нье, -я
мурча́ть, -чу́, -чи́т
муры́жить(ся), -жу(сь), -жит(ся)
мурья́, -и́
Мусава́т, -а
мусавати́ст, -а
мусавати́стский
Мусаге́т, -а (*также*: Аполло́н Мусаге́т)
муса́ка, -и (*кулин.*)
мусе́йон, -а: **Александри́йский мусе́йон**
му́синг, -а (*мор.*)
му́син-пу́шкинский (от Му́син-Пу́шкин)
муси́ческий (муси́ческое воспита́ние)
муска́л, -а (*муз. инструмент*)
мускарди́на, -ы
муска́ри, *нескл., м.* и *с.* (*растение*)
мускари́н, -а
муска́т, -а
мускате́ль, -я
муска́тник, -а
муска́тница, -ы, *тв.* -ей
муска́тный
мускови́т, -а
мускулату́ра, -ы
му́скули́стость, -и
му́скули́стый
мускулолёт, -а
му́скулы, -ов, *ед.* му́скул, -а
му́скульный
му́скус, -а
му́скусница, -ы, *тв.* -ей
му́скусный
му́сленный; *кр. ф.* -ен, -ена, *прич.*
му́сленый, *прил.*
мусли́н, -а
мусли́новый
му́слить(ся), -лю(сь), -лит(ся)
му́слящий(ся)
мусо́ленный; *кр. ф.* -ен, -ена, *прич.*
мусо́леный, *прил.*
мусо́лить(ся), -лю(сь), -лит(ся)
мусо́лящий(ся)
му́сор, -а
мусора́, -о́в, *ед.* му́сор, -а (*о милиционерах, надзирателях, жарг.*)
му́сорить, -рю, -рит
му́сорка, -и, *р. мн.* -рок
му́сорник, -а
му́сорница, -ы, *тв.* -ей
му́сорный
мусорово́з, -а
мусорово́зка, -и, *р. мн.* -зок
мусородроби́лка, -и, *р. мн.* -лок
мусорока́мера, -ы
мусороперераба́тывающий
мусоропереработка, -и
мусоропрессо́вочный
мусороприёмный
мусоропрово́д, -а
мусоропрово́дный
мусоросбо́рник, -а
мусоросбо́рный
мусоросбо́рщик, -а (*машина*)
мусоросбро́с, -а
мусоросжига́ние, -я
мусоросжига́тель, -я
мусоросжига́тельный
мусороубо́рочный
мусороудале́ние, -я
му́сорщик, -а
му́сорщица, -ы, *тв.* -ей
му́сорящий
мусс, -а
мусси́рование, -я
мусси́рованный; *кр. ф.* -ан, -ана
мусси́ровать(ся), -рую, -рует(ся)
му́ссовый
муссоли́ниевский (*от* Муссоли́ни)
муссо́н, -а
муссо́нный
мустали́зм, -а
мустали́тский
мустали́ты, -ов, *ед.* -ли́т, -а
муста́нг, -а
муста́нгер, -а
муста́нговый
мусульма́нин, -а, *мн.* -а́не, -а́н
мусульма́нка, -и, *р. мн.* -нок
мусульма́но-хорва́тский
мусульма́нский
мусульма́нство, -а

мута́бельность, -и
мута́бельный; *кр. ф.* -лен, -льна
мутаге́н, -а
мутагене́з, -а
мутаге́нность, -и
мутаге́нный; *кр. ф.* -е́нен, -е́нна
мутазили́зм, -а
мутазили́тский
мутазили́ты, -ов, *ед.* -ли́т, -а
мута́зы, -а́з, *ед.* -а́за, -ы
мута́нт, -а
мута́нтный
мутарота́ция, -и
мутациони́зм, -а
мутацио́нный
мута́ция, -и
мути́зм, -а
мути́ровать, -рует
мути́ть(ся), мучу́, му́ти́т(ся) и (*о беспокойстве, тошноте, дурноте, помрачении сознания*) мути́т(ся)
мутне́ть, -е́ет
мутни́к, -а́
му́тно-бе́лый
мутнова́тость, -и
мутнова́тый
му́тно-се́рый
му́тность, -и
му́тный; *кр. ф.* му́тен, мутна́, му́тно, му́тны́
му́то, *нескл., ж.* (*сорт земляники*)
муто́вка, -и, *р. мн.* -вок
муто́вчатый
муто́н, -а
муто́новый
му́торность, -и
му́торный; *кр. ф.* -рен, -рна
мутота́, -ы́
мутуали́зм, -а
муту́зить, -у́жу, -у́зит
муту́зящий
му́тул, -а
муть, -и
мутьево́й
му́фель, -я
му́фельный
му́фельщик, -а
муфло́н, -а
муфло́новый
му́фта, -ы
му́фтий, -я
муфтия́т, -а
му́фтовый
муфтонарезно́й
му́фточка, -и, *р. мн.* -чек
му́ха, -и
мухаджи́ры, -ов, *ед.* -жи́р, -а
мухамба́зи, *нескл., мн.* и *неизм.* (*лит.*)
муха́ммас, *нескл., мн.* и *неизм.* (*лит.*)
Муха́ммед, -а и **Моха́ммед,** -а
му́ха-пчелови́дка, му́хи-пчелови́дки
мухарра́м, -а
муха́фаза, -ы
Му́ха-цокоту́ха, Му́хи-цокоту́хи (*сказочный персонаж*)
муха́ч, -а́, *тв.* -о́м
мухлева́ние, -я
мухлева́ть, -лю́ю, -лю́ет
мухлёвка, -и
мухлёж, -ежа́, *тв.* -о́м
мухобо́йка, -и, *р. мн.* -о́ек
мухоло́в, -а
мухоло́вка, -и, *р. мн.* -вок
мухомо́р, -а
мухо́ртый
мухота́, -ы́
мухоя́р, -а
мухоя́ровый
муци́ны, -ов, *ед.* муци́н, -а
му́ча(сь) и **му́чая(сь),** *деепр.* (*от* му́чить(ся)
му́чаемый и **му́чимый**
му́чащий(ся) и **му́чающий(ся)** (*от* му́чить(ся)
муче́ние, -я
му́ченик, -а
му́ченица, -ы, *тв.* -ей
му́ченически
му́ченический
му́ченичество, -а
му́ченный; *кр. ф.* -ен, -ена, *прич.*
му́ченский: му́ка му́ченская
му́ченый, *прил.*
му́чивший(ся)
му́чимый и **му́чаемый;** му́чимый жа́ждой
мучи́тель, -я
мучи́тельница, -ы, *тв.* -ей
мучи́тельность, -и
мучи́тельный; *кр. ф.* -лен, -льна
мучи́тельский
мучи́тельство, -а
му́чить(ся), му́чу(сь), му́чит(ся) и му́чаю(сь), му́чает(ся); *прош.* му́чил(ся), -ила(сь)
мучи́ца, -ы, *тв.* -ей
му́чка, -и
мучни́к, -а́
мучни́сто-росяно́й
мучни́стость, -и
мучни́стый
мучно́й
муши́ный
му́шка, -и, *р. мн.* му́шек
му́шкель, -я
мушке́т, -а
мушкетёр, -а
мушкетёрский
мушке́тный
мушкето́н, -а
мушло́вка, -и, *р. мн.* -вок
мушмула́, -ы́
мушта́бель, -я
муштра́, -ы́
муштрова́ние, -я
муштро́ванный; *кр. ф.* -ан, -ана
муштрова́ть(ся), -ру́ю(сь), -ру́ет(ся)
муштро́вка, -и
муэдзи́н, -а
мха́товец, -вца, *тв.* -вцем, *р. мн.* -вцев
мха́товский (*от* МХАТ)
мце́нский (*от* Мценск)
мценя́не, -я́н, *ед.* -я́нин, -а (*от* Мценск)
мцхе́тский (*от* Мцхе́та)
мцы́ри, *нескл., м.* (*послушник монастыря*) и **Мцы́ри,** *нескл., м.* (*лит. персонаж*)
мча́ть(ся), мчу(сь), мчи́т(ся)
мша́ник, -а
мша́нка, -и, *р. мн.* -нок
мша́ный
мша́ра, -ы
мши́стость, -и
мши́стый
мши́ть(ся), мшу, мши́т(ся)
мши́ще, -а
мще́ние, -я
мы, нас, нам, на́ми, о на́с
мы́за, -ы
мы́згать, -аю, -ает
мы́зник, -а
мы́зный
мы́канный; *кр. ф.* -ан, -ана, *прич.*
мы́канье, -я
мы́кать(ся), -аю(сь), -ает(ся)
мы́кнуть, -ну, -нет
мы́ленный; *кр. ф.* -ен, -ена
мы́лить(ся), мы́лю(сь), мы́лит(ся)
мы́лкий; *кр. ф.* мы́лок, мылка́, мы́лко
мы́лкость, -и
мы́ло, -а, *мн.* мыла́, мыл, мыла́м
мылова́р, -а
мыловаре́ние, -я
мылова́ренный
мылова́рня, -и, *р. мн.* -рен
мылона́фт, -а
мылообра́зный; *кр. ф.* -зен, -зна
мы́льница, -ы, *тв.* -ей
мы́льно-щелочно́й
мы́льный; *кр. ф.* мы́лен, мы́льна
мы́льня, -и, *р. мн.* мы́лен
мыльня́нка, -и, *р. мн.* -нок
мы́льце, -а, *р. мн.* мы́лец
мы́льче, *сравн. ст.*
мы́лящий(ся)
мы́мра, -ы
мыс, -а, *предл.* на мысу́ и на мы́се, *мн.* -ы, -ов и -ы́, -о́в; но (*в названиях населенных пунктов, государств*) **Мыс,** -а, *предл.* на Мы́се, *напр.*: Мы́с Шми́дта (*поселок*), Острова́ Зелёного Мы́са (*государство*)
мы́с До́брой Наде́жды
мы́с Жела́ния
мы́сик, -а
мы́сленно, *нареч.*
мы́сленный
мысле́те, *нескл., с.* (*название буквы*; писа́ть, выде́лывать мысле́те)
мы́слимый
мысли́тель, -я
мысли́тельный
мы́слить(ся), -лю, -лит(ся)
мысли́шка, -и, *р. мн.* -шек

мы́слию: растека́ться мы́слию по дре́ву
мысль, -и
мы́слящий(ся)
мысо́к, мыска́, *предл.* на мыску́ и на мыске́
мыт, -а (*болезнь; то же, что мыто*)
мыта́рить(ся), -рю(сь), -рит(ся)
мыта́рство, -а
мыта́рствовать, -твую, -твует
мы́тарь, -я
мыта́рящий(ся)
мыти́щинский (*от* Мыти́щи)
мыти́щинцы, -ев, *ед.* -нец, -нца, *тв.* -нцем
мы́тник, -а
мы́тный
мы́то, -а (*налог, пошлина*)
мы́то-перемы́то
мы́тый
мы́тый-перемы́тый
мыть, мо́ю, мо́ет
мытьё, -я́
мы́ться, мо́юсь, мо́ется
мыча́ние, -я
мыча́ть, мычу́, мычи́т
мыша́нка, -и, *р. мн.* -нок
мыша́стый
мыша́тник, -а
мышеви́дка, -и, *р. мн.* -док
мышеви́дный; *кр. ф.* -ден, -дна
мыше́й, -я (*растение*)
мышело́вка, -и, *р. мн.* -вок
мышеобра́зный; *кр. ф.* -зен, -зна
мышехво́стник, -а
мы́шечно-дви́гательный
мы́шечный
мы́ший, -ья, -ье
мыши́ный
мы́шка[1], -и, *р. мн.* мы́шек (*мышь*)
мы́шка[2]**: под мы́шкой, под мы́шками, под мы́шку, под мы́шки, из-под мы́шки, из-под мы́шек**
мы́шка-нору́шка, мы́шки-нору́шки
мышкова́ние, -я
мышкова́ть, -ку́ет
мышле́ние, -я
мышо́вка, -и, *р. мн.* -вок
мышо́нок, -нка, *мн.* мыша́та, -а́т
мы́шца-разгиба́тель, мы́шцы-разгиба́теля, *ж.*
мы́шца-сгиба́тель, мы́шцы-сгиба́теля, *ж.*
мы́шцы, мышц, *ед.* мы́шца, -ы, *тв.* -ей
мы́шцы-антагони́сты, мышц-антагони́стов
мы́шцы-синерги́сты, мышц-синерги́стов
мышь, -и, *мн.* -и, -е́й; но: **го́д Мы́ши** (*по восточному календарю*), **Мышь,** -и (*о том, кто родился в этот год*)
мышья́к, -а́
мышьяковистоки́слый
мышьяко́вистый
мышьяковоки́слый
мышьяко́вый
мышьякоргани́ческий
мышья́чный
мы́щелка, -и, *р. мн.* -лок и **мы́щелок,** -лка, *р. мн.* -лков
мьянма́нский (*от* Мья́нма, *Бирма*)
мэла́н, -а
мэла́новый
мэм (*обращение*)
мэн, -а (*мужчина, жарг.*)
мэнэ́с, -а (*сокр.*: младший научный сотрудник, *прост.*)
мэнэ́совский
мэоти́ческий (*геол.*)
мэр, -а
мэ́риле́ндский (*от* Мэ́риленд)
мэриле́ндцы, -ев, *ед.* -дец, -дца, *тв.* -дцем
мэ́рия, -и
мэро́н, -а
мэро́новый
мэ́рский
мэ́рство, -а
мэтр, -а (*учитель, наставник*)
мю, *нескл., с.* (*название буквы*)
мюзе́т, -а
мю́зикл, -а
мю́зик-хо́лл, -а
мю́зик-хо́лльный
мюзле́, *нескл., с.* (*проволочная уздечка у бутылки шампанского*)
мюи́д, -а
мюленбе́ргия, -и
мю́ллеров, -а, -о (*от* Мю́ллер): **мю́ллеров кана́л, мю́ллеровы воло́кна**
мю́ллеровский (*от* Мю́ллер; мю́ллеровская личи́нка)
мюль-маши́на, -ы
мю́льный
мю-мезо́н, -а
мю́нстерский (*от* Мю́нстер)
мю́нстерцы, -ев, *ед.* -рец, -рца, *тв.* -рцем
Мюнха́узен, -а
мюнха́узеновский
Мю́нхен, -а
мю́нхенский (*от* Мю́нхен)
мю́нхенцы, -ев, *ед.* -нец, -нца, *тв.* -нцем
мюо́н, -а
мюо́ний, -я
мюо́нный
мюри́д, -а
мюриди́зм, -а
мю́сли, *нескл., мн.* и *с.*
мютюэли́зм, -а
мютюэли́ст, -а
мя́генький и **мя́гонький**
мя́гкий; *кр. ф.* мя́гок, мягка́, мя́гко, мя́гки́
мягкова́тый
мягковоло́сник, -а
мягкоко́жий
мя́гко оче́рченный
мягкопло́дник, -а
мягкосерде́чие, -я
мягкосерде́чность, -и
мягкосерде́чный; *кр. ф.* -чен, -чна
мягкосе́рдный; *кр. ф.* -ден, -дна и **мягкосе́рдый**
мя́гкость, -и
мягкоте́лка, -и, *р. мн.* -лок (*жук*)
мягкоте́лость, -и
мягкоте́лый
мягкохво́стник, -а
мягкошёрстный и **мягкошёрстый**
мя́гонький и **мя́генький**
мягча́йший
мя́гче, *сравн. ст.*
мягче́ние, -я
мягче́ть, -е́ю, -е́ет
мягчи́тель, -я
мягчи́тельный
мягчи́ть(ся), -чу́, -чи́т(ся)
мя́кенький и **мя́конький**
мяки́на, -ы
мяки́нник, -а
мяки́нный
мя́киш, -а, *тв.* -ем
мя́кнувший
мя́кнуть, -ну, -нет; *прош.* мя́кнул и мяк, мя́кла
мя́конький и **мя́кенький**
мя́котный
мя́коть, -и
мя́лка, -и, *р. мн.* мя́лок
мя́льно-трепа́льный
мя́льный
мя́льня, -и, *р. мн.* мя́лен
мя́льщик, -а
мя́мленье, -я
мя́млик, -а
мя́млить, -лю, -лит
мя́мля, -и, *р. мн.* -лей, *м.* и *ж.*
мя́млящий
мяси́стость, -и
мяси́стый
мяско́, -а́
мясни́к, -а́
Мясни́цкая, -ой (*улица*)
мясни́цкий
мясно́й
мя́сность, -и
мя́со, -а
мясое́д, -а
мясоеде́ние, -я
мясозаготови́тельный
мясозагото́вки, -вок
мясокомбина́т, -а
мясоконсе́рвный
мя́со-ко́стный
мя́со-моло́чный
мясоперераба́тывающий
мясопоста́вки, -вок
мясопроду́кты, -ов, *ед.* -ду́кт, -а
мясопромы́шленный
мясопу́ст, -а
мясопу́стный
мясопу́стье, -я

мя́со-расти́тельный
мясоре́зка, -и, *р. мн.* -зок
мясору́бка, -и, *р. мн.* -бок
мя́со-ры́бный
мя́со-са́льный
мясосовхо́з, -а
мясохладобо́йня, -и, *р. мн.* -о́ен
мя́со-шёрстный
мя́со-шку́рковый
мясояде́ние, -я
мя́со-яи́чный
мясоя́стие, -я
мясти́сь, мяту́сь, мятётся (*быть в смятении*)
мясцо́, -а́
мя́та, -ы
мяте́ж, -а́, *тв.* -о́м
мяте́жник, -а
мяте́жнический
мяте́жность, -и
мяте́жный; *кр. ф.* -жен, -жна
мя́тлик, -а
мятликови́дная полеви́чка
мя́тный
мяту́щийся
мя́тый
мять, мну, мнёт
мятьё, -я́
мя́ться, мнусь, мнётся
мяу́канье, -я
мяу́кать, -аю, -ает
мяу́кающий
мяу́кнуть, -ну, -нет
мя́у-мя́у, *неизм.*
мяу́чащий
мяу́чить, -чу, -чит
мяч, -а́, *тв.* -о́м
мя́чик, -а
мя́чковский ка́мень

Н

на, *предлог* и *частица*
на аборда́ж
на аво́сь
на ара́па
наба́вить, -влю, -вит
наба́вка, -и, *р. мн.* -вок
набавле́ние, -я
наба́вленный; *кр. ф.* -ен, -ена
набавля́ть(ся), -я́ю, -я́ет(ся)
наба́вочный
наба́гренный; *кр. ф.* -ен, -ена
наба́гривать(ся), -аю, -ает(ся)
наба́грить, -рю, -рит
набалагу́рить(ся), -рю(сь), -рит(ся)
набаламу́тить, -у́чу, -у́тит
набаламу́ченный; *кр. ф.* -ен, -ена
набалда́шник, -а
набало́ванность, -и
набало́ванный; *кр. ф.* -ан, -ана
набалова́ть(ся), -лу́ю(сь), -лу́ет(ся)
наба́лтывать(ся), -аю, -ает(ся)
набальзами́рованный; *кр. ф.* -ан, -ана
набальзами́ровать(ся), -рую, -рует(ся)
наба́т, -а
наба́тный
набатра́чить(ся), -чу(сь), -чит(ся)
набахва́литься, -люсь, -лится
набе́г, -а
набега́ние, -я
набе́ганный; *кр. ф.* -ан, -ана
набе́гать(ся), -аю(сь), -ает(ся), *сов.* (*от* бе́гать)
набега́ть, -а́ю, -а́ет, *несов.* (*к* набежа́ть)
набе́гом, *нареч.*
на бегу́
набедова́ть(ся), -ду́ю(сь), -ду́ет(ся)
набедоку́рить, -рю, -рит
набе́дренник, -а
набе́дренный
набе́дствоваться, -твуюсь, -твуется
на беду́
набежа́ть, -егу́, -ежи́т, -егу́т
набезобра́зить, -а́жу, -а́зит
набезобра́зничать, -аю, -ает
набекре́нь
набелённый; *кр. ф.* -ён, -ена́
набели́ть(ся), -елю́(сь), -е́ли́т(ся)
на́бело́
на́бережная, -ой
набережночелни́нский (*от* На́бережные Челны́)
На́бережные Челны́ (*город*)
набесе́доваться, -дуюсь, -дуется
набива́ние, -я
набива́ть(ся), -а́ю(сь), -а́ет(ся)
наби́вка, -и
набивно́й
наби́вочный
набира́ние, -я
набира́ть(ся), -а́ю(сь), -а́ет(ся)
на би́с (исполня́ть)
наби́тый
наби́ть(ся), набью́(сь), набьёт(ся)
на́бла, -ы
на́бла-опера́тор, -а
наблёвано, *в знач. сказ.*
наблева́ть, -люю́, -люёт
наблуди́ть, -ужу́, -у́ди́т
наблюда́тель, -я
наблюда́тельница, -ы, *тв.* -ей
наблюда́тельность, -и
наблюда́тельный; *кр. ф.* -лен, -льна
наблюда́тельский
наблюда́ть(ся), -а́ю(сь), -а́ет(ся)
наблюде́ние, -я
наблюдённый; *кр. ф.* -ён, -ена́
наблю́дший
наблюсти́, -люду́, -людёт; *прош.* -лю́л, -люла́
набо́б, -а
на боба́х (оста́ться)
набо́ечный
на́божность, -и
на́божный; *кр. ф.* -жен, -жна
набо́йка, -и, *р. мн.* -о́ек
набо́йный
набо́йчатый
набо́йщик, -а
набо́йщица, -ы, *тв.* -ей
на́бок, *нареч.* (склони́л го́лову на́бок), но *сущ.* **на́ бок** (лёг на́ бок)
набокове́д, -а (*от* Набо́ков)
набо́ковский (*от* Набо́ков)
на боково́ю
на боку́
наболе́вший
наболе́ть, -ли́т
набо́лтанный; *кр. ф.* -ан, -ана
наболта́ть(ся), -а́ю(сь), -а́ет(ся)
на́больший
набо́р, -а
наборма́тывание, -я
наборма́тывать, -аю, -ает
набормо́танный; *кр. ф.* -ан, -ана
набормота́ть, -мочу́, -мо́чет
набо́рно-лите́йный
набо́рно-печа́тающий
набо́рно-пи́шущий
набо́рный
набо́рони́ть, -ню́, -ни́т
набороно́ванный; *кр. ф.* -ан, -ана
наборонова́ть, -ну́ю, -ну́ет
набо́ро́ться, наборю́сь, -о́рется
набо́ртный
набо́рщик, -а
набо́рщица, -ы, *тв.* -ей
набо́рщицкий
на бо́су но́гу
набо́чник, -а
на бочо́к (ле́чь, поверну́ться)
набрако́ванный; *кр. ф.* -ан, -ана
набракова́ть, -ку́ю, -ку́ет
набрако́вывать(ся), -аю, -ает(ся)
набрани́ться, -ню́сь, -ни́тся
на́бранный; *кр. ф.* -ан, -ана
набра́сывание, -я
набра́сывать(ся), -аю(сь), -ает(ся)
набра́ть(ся), наберу́(сь), наберёт(ся); *прош.* -а́л(ся), -ала́(сь), -а́ло, -а́ло́сь
набреда́ть, -а́ю, -а́ет
набре́дший
на брезгу́
набрести́, -еду́, -едёт; *прош.* -ёл, -ела́
набреха́ть(ся), -ешу́(сь), -е́шет(ся)
наброди́ться, -ожу́сь, -о́дится
набро́дом, *нареч.*
набронзиро́ванный; *кр. ф.* -ан, -ана
набронзирова́ть, -ру́ю, -ру́ет
набронзиро́вывать(ся), -аю, -ает(ся)
набро́с, -а
набро́санный; *кр. ф.* -ан, -ана
наброса́ть, -а́ю, -а́ет
набро́сить(ся), -о́шу(сь), -о́сит(ся)
набро́ска, -и

наброско́й и **набро́сный**
набро́сок, -ска
набро́шенный; *кр. ф.* -ен, -ена
на брудерша́фт (пи́ть)
набры́зганный; *кр. ф.* -ан, -ана
набры́згать(ся), -аю(сь), -ает(ся)
набры́зг-бето́н, -а
набры́згивать(ся), -аю, -ает(ся)
набрюзжа́ть(ся), -зжу́(сь), -зжи́т(ся)
набрю́шник, -а
набрю́шный
набря́клый
набря́кнуть, -нет; *прош.* -я́к, -я́кла
набря́кший
набузи́ть, -и́т
набунтова́ться, -ту́юсь, -ту́ется
набура́вить, -влю, -вит
набура́вленный; *кр. ф.* -ен, -ена
набура́вливать(ся), -аю, -ает(ся)
набурённый; *кр. ф.* -ён, -ена́
набу́ривать, -аю, -ает
набури́ть, -рю́, -ри́т
набуро́вить, -влю, -вит
набути́ть, -учу́, -ути́т
набуха́ние, -я
набуха́ние-усу́шка, набуха́ния-усу́шки, *с.*
набу́хать, -аю, -ает, *сов.* (*от* бу́хать)
набуха́ть, -а́ет, *несов.* (*к* набу́хнуть)
набуха́ться, -а́юсь, -а́ется, *сов.* (*от* буха́ть, *жарг.*)
набу́хлость, -и
набу́хлый
набу́хнуть, -нет; *прош.* -у́х, -у́хла
набу́хший
набу́ченный; *кр. ф.* -ен, -ена
набу́чивание, -я
набу́чивать, -аю, -ает
набушева́ть(ся), -шу́ю(сь), -шу́ет(ся)
набуя́нить(ся), -ню(сь), -нит(ся)
набы́чивать(ся), -аю(сь), -ает(ся)
набы́чить(ся), -чу(сь), -чит(ся)
нава́га, -и
наважде́ние, -я
нава́жий, -ья, -ье
нава́ксить(ся), -кшу(сь), -ксит(ся)
нава́кшенный; *кр. ф.* -ен, -ена
нава́л, -а
нава́ленный; *кр. ф.* -ен, -ена (*от* навали́ть)
нава́ливание, -я
нава́ливать(ся), -аю(сь), -ает(ся)
навали́ть(ся), -алю́(сь), -а́лит(ся)
нава́лка, -и
нава́лом, *нареч.*
навалоотбо́йка, -и
навалоотбо́йщик, -а
нава́лочник, -а
нава́лочный
нава́льный
нава́льщик, -а
нава́лянный; *кр. ф.* -ян, -яна (*от* наваля́ть)
наваля́ть(ся), -я́ю(сь), -я́ет(ся)
нава́р, -а
нава́ренный; *кр. ф.* -ен, -ена
нава́ривание, -я
нава́ривать(ся), -аю, -ает(ся)
нава́ристый
навари́ть, -арю́, -а́рит
нава́рка, -и, *р. мн.* -рок (*к* навари́ть)
наварно́й (*приваренный*)
нава́рный (*наваристый*)
нава́ррка, -и, *р. мн.* -ррок (*к* нава́ррцы)
нава́ррский (*от* Нава́рра); но: **Ге́нрих Нава́ррский, Маргари́та Нава́ррская**
нава́ррцы, -ев, *ед.* -ррец, -ррца, *тв.* -ррцем
нава́рх, -а
нава́стривать(ся), -аю(сь), -ает(ся)
нава́ха, -и (*нож*)
нава́хи, -ов, *ед.* -а́х, -а (*народ*)
нава́щивание, -я
нава́щивать(ся), -аю, -ает(ся)
навева́ние, -я
навева́ть(ся), -а́ю, -а́ет(ся) (*к* ве́ять)
наве́дать(ся), -аю(сь), -ает(ся)
наведе́ние, -я
наведённый; *кр. ф.* -ён, -ена́
наве́дший
наве́дывать(ся), -аю(сь), -ает(ся)
навезённый; *кр. ф.* -ён, -ена́
навезти́, -зу́, -зёт; *прош.* -ёз, -езла́
навёзший
наве́ивание, -я
наве́ивать(ся), -аю, -ает(ся)
наве́к, *нареч.*
на века́
наве́ки, *нареч.* (*навек, навсегда*)
на ве́ки веко́в
на ве́ки ве́чные
навербо́ванный; *кр. ф.* -ан, -ана
навербова́ть, -бу́ю, -бу́ет
навербо́вывать(ся), -аю, -ает(ся)
наве́рно и **наве́рное**
на ве́рность (присяга́ть)
навёрнутый
наверну́ть(ся), -ну́, -нёт(ся)
наверняка́
навёрстанный; *кр. ф.* -ан, -ана
наверста́ть, -а́ю, -а́ет
навёрстывание, -я
навёрстывать(ся), -аю, -ает(ся)
наверте́ть(ся), -ерчу́(сь), -е́ртит(ся)
навёртка, -и
навёртывание, -я
навёртывать(ся), -аю, -ает(ся)
на ве́ру (бра́ть, принима́ть)
наве́рх, *нареч.* (подня́ться наве́рх), но *сущ.* **на ве́рх** (верх – "*подъемный навес, крыша*": взобра́ться на ве́рх пово́зки)
наверху́, *нареч.* и *предлог* (сиде́ть наверху́; гнездо́ наверху́ е́ли), но *сущ.* **на верху́** (*на плоской поверхности подъемного навеса, крыши*); бы́ть на верху́ блаже́нства
наве́рченный; *кр. ф.* -ен, -ена
наве́рчивание, -я
наве́рчивать(ся), -аю, -ает(ся)
наве́ршие, -я
наве́с, -а
на ве́с (продава́ть)
навеселе́
навесели́ться, -лю́сь, -ли́тся
наве́систый
наве́сить, -е́шу, -е́сит
наве́ска, -и, *р. мн.* -сок
навесно́й (*к* наве́сить)
наве́сный (*к* наве́с "*крыша, выступ*"; *то же, что навесной*)
навести́(сь), -еду́, -едёт(ся); *прош.* -ёл(ся), -ела́(сь)
навести́ть, -ещу́, -ести́т
на весу́
наве́т, -а
на ве́тер (броса́ть)
Наве́тренные острова́ (*геогр.*)
наве́тренный
на ветру́
наве́тчик, -а
наве́тчица, -ы, *тв.* -ей
наве́черие, -я
наве́чно
наве́шанный; *кр. ф.* -ан, -ана (*от* наве́шать)
наве́шать, -аю, -ает
наве́шенный; *кр. ф.* -ен, -ена (*от* наве́сить)
наве́шивание, -я
наве́шивать(ся), -аю, -ает(ся)
навеща́ть(ся), -а́ю(сь), -а́ет(ся)
навещённый; *кр. ф.* -ён, -ена́
наве́янный; *кр. ф.* -ян, -яна
наве́ять, -е́ю, -е́ет
на взво́де
на взгля́д
на взлёте
на́взничь
навзры́д
навива́льный
навива́ние, -я
навива́ть(ся), -а́ю, -а́ет(ся) (*к* вить)
нави́вка, -и
навивно́й
навига́тор, -а
навига́торский
навигацио́нный
навига́ция, -и
Навига́цкая шко́ла (*ист.*)
навига́цкий (*устар. к* навигацио́нный)
на ви́д (ста́вить; *с виду*)
навида́ться, -а́юсь, -а́ется
нави́деться, -и́жусь, -и́дится
на виду́
навизжа́ться, -зжу́сь, -зжи́тся
на́вий, -ья, -ье (*к* навь)
нави́льник, -а
навинти́ть(ся), -инчу́, -и́нти́т(ся)
нави́нченный; *кр. ф.* -ен, -ена
нави́нчивание, -я
нави́нчивать(ся), -аю, -ает(ся)

навира́ть(ся), -а́ю(сь), -а́ет(ся)
на́вис, -а (*хвост и грива у лошади*)
нависа́ние, -я
нависа́ть, -а́ет
нави́слый
нави́снуть, -нет; *прош.* -и́с, -и́сла
нави́сший
на́вись, -и (*то, что нависло*)
нави́тый; *кр. ф.* -и́т, -ита́, -и́то
нави́ть(ся), навью́, навьёт(ся); *прош.* -и́л(ся), -ила́(сь), -и́ло(сь)
навка́лывать(ся), -аю(сь), -ает(ся)
навкра́р, -а
навкра́рия, -и
на вку́с
навла́ствовать(ся), -твую(сь), -твует(ся)
навлека́ть(ся), -а́ю, -а́ет(ся)
навлёкший
навлечённый; *кр. ф.* -ён, -ена́
навле́чь, -еку́, -ечёт, -еку́т; *прош.* -ёк, -екла́
нherо́все, *нареч.*
наводи́ть(ся), -ожу́, -о́дит(ся)
наво́дка, -и, *р. мн.* -док
наводне́ние, -я
наводнённый; *кр. ф.* -ён, -ена́
наводни́ть(ся), -ню́, -ни́т(ся)
наводно́й
наводня́емость, -и
наводня́ть(ся), -я́ю, -я́ет(ся)
наво́дчик, -а
наво́дчица, -ы, *тв.* -ей
наводя́щий(ся)
навоёванный; *кр. ф.* -ан, -ана
навоева́ть(ся), навою́ю(сь), навою́ет(ся)
наво́женный; *кр. ф.* -ен, -ена
наво́з, -а и -у
на возду́сях
наво́зец, -зца и -зцу, *тв.* -зцем
наво́зить(ся), -о́жу, -о́зит(ся), *несов.* (*от* наво́з)
навози́ть(ся), -ожу́(сь), -о́зит(ся), *сов.* (*от* вози́ть(ся) и *несов.* (*от* навезти́)
наво́зка, -и
наво́зник, -а (*жук; гриб*)
наво́зница, -ы, *тв.* -ей (*телега, тачка и др.*)
навозно́й (*к* навози́ть)
наво́зный (*к* наво́з)
навозопогру́зчик, -а
навозоразбра́сыватель, -я
навозоубо́рочный
навозохрани́лище, -а
на во́зрасте
наво́зящий(ся) (*от* наво́зить(ся)
навозя́щий(ся) (*от* навози́ть(ся)
наво́й, -я
наво́йный
навола́кивать(ся), -аю, -ает(ся)
наво́лгнуть, -нет; *прош.* наво́лг, -гла
наво́лгший
наволнова́ться, -ну́юсь, -ну́ется
на́волок, -а (*луг; туча*)
на́волока, -и (*наволочка*)
наволо́кший
на́ волос и **на во́лос** (*то же, что* ни на́ волос *и* на волосо́к (от…)
на волоске́ (*от чего-н.*; висе́ть)
на волосо́к (*от чего-н.*)
наволо́ченный; *кр. ф.* -ен, -ена (*от* наволочи́ть)
наволочённый; *кр. ф.* -ён, -ена́ (*от* наволо́чь и наволочи́ть)
наволочи́ть(ся), -чу́(сь), -ло́чи́т(ся)
на́волочка, -и, *р. мн.* -чек
на́волочный (*от* на́волочка)
на́волочь, -и
наволо́чь, -локу́, -лочёт, -локу́т; *прош.* -ло́к, -локла́
на во́лю
навоня́ть, -я́ю, -я́ет
на вооруже́ние (бра́ть)
навора́живать, -аю, -ает
навора́чивание, -я
навора́чивать(ся), -аю, -ает(ся)
наворкова́ться, -ку́юсь, -ку́ется
наворо́ванный; *кр. ф.* -ан, -ана
наворова́ть, -ру́ю, -ру́ет
наворо́вывать(ся), -аю, -ает(ся)
наворожённый; *кр. ф.* -ён, -ена́
наворожи́ть, -жу́, -жи́т
наворо́т, -а
навороти́ть, -очу́, -о́тит
наворо́тный
наворо́чать(ся), -аю(сь), -ает(ся)
наворо́ченный; *кр. ф.* -ен, -ена
наворошённый; *кр. ф.* -ён, -ена́
навороши́ть, -шу́, -ши́т
наворси́ть, -ршу́, -рси́т
наворсо́ванный; *кр. ф.* -ан, -ана
наворсова́ть, -су́ю, -су́ет
наворча́ть(ся), -чу́(сь), -чи́т(ся)
наворшённый; *кр. ф.* -ён, -ена́
навострённый; *кр. ф.* -ён, -ена́
навостри́ть(ся), -рю́(сь), -ри́т(ся)
навощённый; *кр. ф.* -ён, -ена́
навощи́ть(ся), -щу́, -щи́т(ся)
на́вранный; *кр. ф.* -ан, -ана
на́врано, *в знач. сказ.*
навра́ть(ся), -ру́(сь), -рёт(ся); *прош.* -а́л(ся), -ала́(сь), -а́ло(сь)
навреди́ть, -ежу́, -еди́т
на вре́мя
навро́де (*чего*) (*прост. к* вро́де)
Навру́з, -а
навря́д (ли)
навсегда́
на все́ лады́
на всё про всё
навски́дку, *нареч.*
навспомина́ть(ся), -а́ю(сь), -а́ет(ся)
навстре́чу, *нареч.* и *предлог* (вы́йти навстре́чу гостя́м; пойти́ навстре́чу кому́-н. – *"сочувствуя, помочь"*), но *сущ.* **на встре́чу** (пойти́ на встре́чу с друзья́ми)
на второ́е
навтыка́ть, -а́ю, -а́ет
на вчера́ (догова́ривались ещё на вчера́)
на "вы́" (бы́ть *с кем-н.*); иду́ (идём) на вы́
на вы́бор
навы́верт, *нареч.*
на вы́воз
навы́ворот, *нареч.*
на вы́данье
навы́дёргивать, -аю, -ает
навы́думанный; *кр. ф.* -ан, -ана
навы́думать, -аю, -ает
навыду́мывать, -аю, -ает
на вы́езд
на́вык, -а
навы́кат и **навы́кате,** *нареч.*: **глаза́ навы́кат (навы́кате)**
навыка́ть, -а́ю, -а́ет
навы́кнуть, -ну, -нет; *прош.* -ы́к, -ы́кла
навы́кший
навы́лет, *нареч.*
навы́нос, *нареч.*
навыпи́сывать, -аю, -ает
на вы́плату (*в рассрочку, устар.*)
навы́пуск, *нареч.*
навы́рез, *нареч.*
на вы́рост
на вы́ручку
на вы́селках
на вы́селки
на высоте́
навы́ться, наво́юсь, наво́ется
навы́тяжку, *нареч.*
на вы́учку
на вы́ход
на вы́ходах (*об актере*)
на вы́ходе
навь, -и (*мифол.*)
навью́ченный; *кр. ф.* -ен, -ена
навью́чивание, -я
навью́чивать(ся), -аю(сь), -ает(ся)
навью́чить(ся), -чу(сь), -чит(ся)
навя́занный; *кр. ф.* -ан, -ана
навяза́ть(ся), -яжу́(сь), -я́жет(ся)
навя́зка, -и
навя́знувший
навя́знуть, -нет; *прош.* -я́з, -я́зла
навя́зчивость, -и
навя́зчивый
навя́зший
навя́зывание, -я
навя́зывать(ся), -аю(сь), -ает(ся)
навя́ленный; *кр. ф.* -ен, -ена
навя́ливание, -я
навя́ливать(ся), -аю, -ает(ся)
навя́лить, -лю, -лит
на́га, *неизм.* и *нескл., м.* (*группа языков*) и *нескл., мн., ед. м.* и *ж.* (*группа племен*)
нага́данный; *кр. ф.* -ан, -ана
нагада́ть, -а́ю, -а́ет
нага́дить, -а́жу, -а́дит
нага́дывать, -аю, -ает
нага́ечка, -и, *р. мн.* -чек

нага́ечный
нага́жено, *в знач. сказ.*
нага́йка, -и, *р. мн.* -а́ек (*плетка*)
нага́н, -а
нага́нивать, -аю, -ает
нага́нный
нага́р, -а (*к* нагора́ть)
нагара́, -ы́ (*азербайджанский барабан*)
нага́рный
нагаса́кский (*от* Нагаса́ки)
нагаса́кцы, -ев, *ед.* -кец, -кца, *тв.* -кцем
нагати́ть, -ачу́, -ати́т
нага́ченный; *кр. ф.* -ен, -ена
нага́чивать(ся), -аю, -ает(ся)
на́гель, -я
на́гельный
наги́б, -а
нагиба́ние, -я
нагиба́ть(ся), -а́ю(сь), -а́ет(ся)
нагишо́м
нагла́дить(ся), -а́жу(сь), -а́дит(ся)
нагла́женный; *кр. ф.* -ен, -ена
нагла́живание, -я
нагла́живать(ся), -аю(сь), -ает(ся)
на гла́з
на глаза́ (попа́сться)
на глаза́х
наглазе́ться, -е́юсь, -е́ется
нагла́зник, -а
нагла́зный
на глазо́к
на глазо́чек
нагле́йший
нагле́ть, -е́ю, -е́ет
нагле́ц, -а́, *тв.* -о́м, *р. мн.* -о́в
наглеца́, -ы́, *тв.* -о́й (с наглецо́й)
нагли́нка, -и (с нагли́нкой)
на́гличать, -аю, -ает
нагловатость, -и
нагловáтый
наглода́ться, -ожу́сь, -о́жется
на́глость, -и
наглота́ться, -а́юсь, -а́ется
наглуми́ться, -млю́сь, -ми́тся
наглупи́ть, -плю́, -пи́т
на́глухо
наглушённый; *кр. ф.* -ён, -ена́
наглуши́ть, -ушу́, -у́ши́т
на́глый; *кр. ф.* нагл, нагла́, на́гло
нагляде́ть(ся), -яжу́(сь), -яди́т(ся)
нагля́дно-де́йственный
нагля́дно-о́бразный
нагля́дность, -и
нагля́дный; *кр. ф.* -ден, -дна
наглянцева́ть, -цу́ю, -цу́ет
наглянцо́ванный; *кр. ф.* -ан, -ана
нагна́ивать(ся), -аю, -ает(ся)
на́гнанный; *кр. ф.* -ан, -ана
нагна́ть, нагоню́, наго́нит; *прош.* -а́л, -ала́, -а́ло
нагнести́, -нету́, -нетёт
нагнёт, -а
нагнета́ние, -я
нагнета́тель, -я
нагнета́тельный
нагнета́ть(ся), -а́ю, -а́ет(ся)
нагнете́ние, -я
нагнетённый; *кр. ф.* -ён, -ена́
нагнётший
нагнива́ние, -я
нагнива́ть, -а́ет
нагни́ть, -иёт
нагное́ние, -я
нагноённый; *кр. ф.* -ён, -ена́
нагнои́тельный
нагнои́ть(ся), -ою́, -ои́т(ся)
нагну́тый
нагну́ть(ся), -ну́(сь), -нёт(ся)
нагова́ривание, -я
нагова́ривать(ся), -аю(сь), -ает(ся)
нагове́ться, -е́юсь, -е́ется
наговóр, -а
наговорённый; *кр. ф.* -ён, -ена́
наговори́ть(ся), -рю́(сь), -ри́т(ся)
наговóрный
наговóрщик, -а
наговóрщица, -ы, *тв.* -ей
наго́й; *кр. ф.* наг, нага́, на́го
наго́йский (*от* Наго́я)
наго́йцы, -ев, *ед.* -о́ец, -о́йца, *тв.* -о́йцем
наголе́нный (*от* го́лень)
на́голо́
наголо́вник, -а
наголо́вок, -вка
на́голову, *нареч.* (разби́ть врага́ на́голову), но *сущ.* **на́ голову** (как сне́г на́ голову; бы́ть на́ голову вы́ше кого́-н.)
наголо́вье, -я, *р. мн.* -вий
наголода́ться, -а́юсь, -а́ется
наго́льный
наго́н, -а
наго́нка, -и
наго́нный
нагоня́й, -я
нагоня́ть(ся), -я́ю(сь), -я́ет(ся)
нагора́, -ы́ (*узбекско-таджикский и армянский муз. инструмент, род литавр*)
на-гора́, *нареч.* (пода́ть, вы́дать)
нагора́живание, -я
нагора́живать(ся), -аю, -ает(ся)
нагора́ние, -я
нагора́ть, -а́ет
нагорба́титься, -а́чусь, -а́тится
наго́рбиться, -блюсь, -бится
на го́ре
нагорева́ться, -рю́юсь, -рю́ется
нагоре́лый
нагоре́ть, -ри́т
Наго́рная про́поведь
нагорнокараба́хский (*от* Наго́рный Караба́х)
наго́рный
Наго́рный Караба́х
нагороди́ть, -ожу́, -о́ди́т
нагоро́женный; *кр. ф.* -ен, -ена
нагóрье, -я, *р. мн.* -рий
нагости́ться, -ощу́сь, -ости́тся
нагота́, -ы́
нагота́вливать(ся), -аю, -ает(ся)
нагото́ве
нагото́вить(ся), -влю(сь), -вит(ся)
нагото́вленный; *кр. ф.* -ен, -ена
наго́френный; *кр. ф.* -ен, -ена
нагофриро́ванный; *кр. ф.* -ан, -ана
нагофрирова́ть(ся), -ру́ю, -ру́ет(ся)
наго́фрить(ся), -рю, -рит(ся)
награба́стать, -аю, -ает
награ́бить, -блю, -бит
награбле́ние, -я
награ́бленный; *кр. ф.* -ен, -ена
награвиро́ванный; *кр. ф.* -ан, -ана
награвирова́ть, -ру́ю, -ру́ет
награ́да, -ы
награди́ть, -ажу́, -ади́т
наградно́й
награжда́ть(ся), -а́ю(сь), -а́ет(ся)
награжде́ние, -я
награждённый; *кр. ф.* -ён, -ена́
награнённый; *кр. ф.* -ён, -ена́
на гра́ни
награни́ть, -ню́, -ни́т
награфи́ть, -флю́, -фи́т
награфлённый; *кр. ф.* -ён, -ена́
нагреба́ние, -я
нагреба́ть(ся), -а́ю, -а́ет(ся)
нагребённый; *кр. ф.* -ён, -ена́
нагрёбший
нагре́в, -а
нагрева́ние, -я
нагрева́тель, -я
нагрева́тельный
нагрева́ть(ся), -а́ю(сь), -а́ет(ся)
нагреме́ть, -млю́, -ми́т
нагрести́, -ребу́, -ребёт; *прош.* -рёб, -ребла́
нагре́тость, -и
нагре́тый
нагре́ть(ся), -е́ю(сь), -е́ет(ся)
на гре́х
нагреховóдничать, -аю, -ает
нагреши́ть, -шу́, -ши́т
нагримиро́ванный; *кр. ф.* -ан, -ана
нагримирова́ть(ся), -ру́ю(сь), -ру́ет(ся)
нагримиро́вывать(ся), -аю(сь), -ает(ся)
нагроможда́ть(ся), -а́ю, -а́ет(ся)
нагроможде́ние, -я
нагромождённый; *кр. ф.* -ён, -ена́
нагромозди́ть(ся), -зжу́, -зди́т(ся)
нагруби́ть, -блю́, -би́т
нагруби́янить, -ню, -нит
нагру́дник, -а
нагру́дный
нагружа́ть(ся), -а́ю(сь), -а́ет(ся)
нагруже́ние, -я
нагру́женный; *кр. ф.* -ен, -ена и **нагружённый;** *кр. ф.* -ён, -ена́
нагрузи́ть(ся), -ужу́(сь), -у́зи́т(ся)
нагру́зка, -и, *р. мн.* -зок

нагру́зочный
нагру́зчик, -а
нагрунто́ванный; *кр. ф.* -ан, -ана
нагрунтова́ть, -ту́ю, -ту́ет
нагрунто́вывать(ся), -аю, -ает(ся)
нагрусти́ться, -ущу́сь, -усти́тся
нагрыза́ть(ся), -а́ю, -а́ет(ся)
нагры́зенный; *кр. ф.* -ен, -ена
нагры́зть(ся), -зу́(сь), -зёт(ся); *прош.* -ы́з(ся), -ы́зла(сь)
нагры́зший(ся)
нагрязнено́, *в знач. сказ.*
нагрязни́ть, -ню́, -ни́т
нагря́нуть, -ну, -нет
нагужева́ться, -жу́юсь, -жу́ется *(жарг.)*
нагу́л, -а
нагу́ливание, -я
нагу́ливать(ся), -аю(сь), -ает(ся)
нагу́льный
нагу́лянный; *кр. ф.* -ян, -яна
нагуля́ть(ся), -я́ю(сь), -я́ет(ся)
нагумённый
на́густо
над и **надо,** *предлог*
надава́ть, надаю, надаёт, *сов.* (*к* дава́ть)
надави́ть, -авлю́, -а́вит
нада́вленный; *кр. ф.* -ен, -ена
нада́вливание, -я
нада́вливать(ся), -аю, -ает(ся)
нада́ивание, -я
нада́ивать(ся), -аю, -ает(ся)
нада́лбливать(ся), -аю, -ает(ся)
нада́ренный; *кр. ф.* -ен, -ена
нада́ривать, -аю, -ает
надари́ть, -арю́, -а́рит
на дармовщи́нку
на дармовщи́ну
надарову́ю
на даровщи́нку
на даровщи́ну
надба́вить, -влю, -вит
надба́вка, -и, *р. мн.* -вок
надба́вленный; *кр. ф.* -ен, -ена
надбавля́ть(ся), -я́ю, -я́ет(ся)
надба́вочный
надбере́жный
надбива́ть(ся), -а́ю, -а́ет(ся)
надби́тый
надби́ть(ся), надобью́, надобьёт(ся)
надбровноду́жный
надбро́вный
надбро́вья, -вий, *ед.* -вье, -я
надбрю́шный
надве́домственный
надвёрнутый
надверну́ть, -ну́, -нёт
надвёртывать(ся), -аю, -ает(ся)
надве́тренный
надвива́ть(ся), -а́ю, -а́ет(ся)
надви́г, -а
надвига́ние, -я
надви́гаться, -аюсь, -ается, *сов.* (*вдоволь подви́гаться*)
надвига́ть(ся), -а́ю(сь), -а́ет(ся), *несов.* (*к* надви́нуть(ся)
надви́говый
надви́жка, -и, *р. мн.* -жек
надвижно́й
надви́нутый
надви́нуть(ся), -ну(сь), -нет(ся)
надви́тый; *кр. ф.* -и́т, -ита́, -и́то
надви́ть, надовью́, надовьёт; *прош.* -и́л, -ила́, -и́ло
надво́дник, -а
надво́дный
на́двое
на двои́х
надво́рный
надво́рье, -я, *р. мн.* -рий
надвра́тный
надвре́менный; *кр. ф.* -енен, -енна
надвя́занный; *кр. ф.* -ан, -ана
надвяза́ть, -яжу́, -я́жет
надвя́зка, -и, *р. мн.* -зок
надвя́зывание, -я
надвя́зывать(ся), -аю, -ает(ся)
надгиба́ть(ся), -а́ю, -а́ет(ся)
надгла́вок, -вка
надгла́вье, -я, *р. мн.* -вий
надглазни́чный
надгла́зный
надгло́точный
надгнива́ть, -а́ет
надгни́ть, -иёт
надгорта́нник, -а
надгорта́нный
надгосуда́рственный
надгро́бие, -я
надгро́бный
надгру́дный
надгры́з, -а
надгрыза́ть(ся), -а́ю, -а́ет(ся)
надгры́зенный; *кр. ф.* -ен, -ена
надгры́зть, -зу́, -зёт; *прош.* -ы́з, -ы́зла
наддава́ть, -даю́, -даёт, *несов.* (*к* надда́ть)
надда́лбливать(ся), -аю, -ает(ся)
на́дданный; *кр. ф.* -ан, на́ддана́
надда́ть, -а́м, -а́шь, -а́ст, -ади́м, -ади́те, -аду́т; *прош.* -а́л, -ала́, -а́ло
надда́ча, -и, *тв.* -ей
наддве́рный
наддира́ть(ся), -а́ю, -а́ет(ся) (*к* надодра́ть(ся)
надднепро́вский
Надднепро́вье, -я (*к* Днепр)
наддолби́ть, -блю́, -би́т
наддолблённый; *кр. ф.* -ён, -ена́
надду́в, -а (*тех.*)
надебоши́рить, -рю, -рит
надева́ние, -я
надёванный; *кр. ф.* -ан, -ана
надева́ть(ся), -а́ю, -а́ет(ся)
надёжа, -и, *тв.* -ей
надёжа-госуда́рь (*обращение*)
наде́жда, -ы
надёжность, -и
надёжный; *кр. ф.* -жен, -жна
наде́л, -а
наде́ланный; *кр. ф.* -ан, -ана
наде́лать(ся), -аю, -ает(ся)
на де́ле
наделе́ние, -я
наделённый; *кр. ф.* -ён, -ена́
надели́ть, -лю́, -ли́т
наде́лка, -и
наде́льный (*от* наде́л)
наделя́ть(ся), -я́ю(сь), -я́ет(ся)
на́ день
надёрганный; *кр. ф.* -ан, -ана
надёргать, -аю, -ает
надёргивать(ся), -аю, -ает(ся)
надерзи́ть, -зи́т
надёрнутый
надёрнуть, -ну, -нет
наде́тый
наде́ть(ся), -е́ну, -е́нет(ся)
наде́ющийся
наде́яться, -е́юсь, -е́ется
наджа́берный
наджелу́дочковый
надзаголо́вок, -вка
надзако́нный
надзвёздный
надзе́мка, -и
надзе́мный
надзира́ние, -я
надзира́тель, -я
надзира́тельница, -ы, *тв.* -ей
надзира́тельский
надзира́тельство, -а
надзира́ть, -а́ю, -а́ет
надзо́р, -а
надзо́рный
надиви́ть(ся), -влю́(сь), -ви́т(ся)
на ди́во
надивова́ться, -иву́юсь, -иву́ется
надикто́ванный; *кр. ф.* -ан, -ана
надиктова́ть, -ту́ю, -ту́ет
надикто́вывание, -я
надикто́вывать(ся), -аю, -ает(ся)
нади́р, -а
надира́ть(ся), -а́ю(сь), -а́ет(ся) (*к* надра́ть(ся)
надкали́берный
надка́лывание, -я
надка́лывать(ся), -аю, -ает(ся)
надка́шивать(ся), -аю, -ает(ся)
надкла́ссовость, -и
надкла́ссовый
надклева́ть, -люёт
надклёвывать(ся), -ает(ся)
надкле́енный; *кр. ф.* -ен, -ена
надкле́ивание, -я
надкле́ивать(ся), -аю, -ает(ся)
надкле́ить, -е́ю, -е́ит
надкле́йка, -и, *р. мн.* -е́ек
надклю́вье, -я, *р. мн.* -вий
надключи́чный
надко́ванный; *кр. ф.* -ан, -ана
надкова́ть, -кую́, -куёт
надко́вывать(ся), -аю, -ает(ся)
надко́жица, -ы, *тв.* -ей

надко́л, -а
надколе́нник, -а
надколе́нный
надколёсный
надко́лотый
надколо́ть(ся), -олю́, -о́лет(ся)
надкопы́тья, -тий, *ед.* -тье, -я
надкоси́ть, -ошу́, -о́сит
надко́стница, -ы, *тв.* -ей
надко́стничный
надко́стный
надко́шенный; *кр. ф.* -ен, -ена
надкрити́ческий
надкрыле́чный
надкры́лья, -лий, *ед.* -лье, -я
надку́с, -а
надку́санный; *кр. ф.* -ан, -ана (*от* надкуса́ть)
надкуса́ть, -а́ю, -а́ет
надкуси́ть, -ушу́, -у́сит
надку́сывание, -я
надку́сывать(ся), -аю, -ает(ся)
надку́шенный; *кр. ф.* -ен, -ена (*от* надкуси́ть)
надла́мывание, -я
надла́мывать(ся), -аю(сь), -ает(ся)
надлёдный
надлежа́ть, -жи́т
надлежа́щий
надли́чностный; *кр. ф.* -тен, -тна
надли́чный; *кр. ф.* -чен, -чна
надлобко́вый
надло́бный
надло́бье, -я, *р. мн.* -бий
надлоко́тный
надло́м, -а
надло́манный; *кр. ф.* -ан, -ана (*от* надлома́ть)
надлома́ть, -а́ю, -а́ет
надломи́ть(ся), -омлю́(сь), -о́мит(ся)
надло́мленность, -и
надло́мленный; *кр. ф.* -ен, -ена (*от* надломи́ть)
надлопа́точный
надматериа́льный; *кр. ф.* -лен, -льна и (*при передаче произношения, в поэзии*) **надматерья́льный;** *кр. ф.* -лен, -льна
надме́нно, *нареч.*
надме́нность, -и
надме́нный; *кр. ф.* -е́нен, -е́нна
надми́рный
надмно́жество, -а
надмоги́льный
надмолекуля́рный
наднациона́льность, -и
наднациона́льный; *кр. ф.* -лен, -льна
на дню́
на дня́х
на́до, *в знач. сказ.* (*нужно*)
надо и **над,** *предлог*
на́добиться, -бится
надо́блачный
на́добно, *в знач. сказ.*
на́добность, -и
на́добный; *кр. ф.* -бен, -бна
на́до быть, *вводн. сл.*
надо́гнутый
надогну́ть, -ну́, -нёт
надо́дранный; *кр. ф.* -ан, -ана
надодра́ть(ся), наддеру́, наддерёт(ся); *прош.* -а́л(ся), -ала́(сь), -а́ло, -а́ло́сь
надое́да, -ы, *м.* и *ж.*
надоеда́ла, -ы, *м.* и *ж.*
надоеда́ние, -я
надоеда́ть, -а́ю, -а́ет
надое́дливость, -и
надое́дливый
надое́дный; *кр. ф.* -ден, -дна
надо́енный; *кр. ф.* -ен, -ена
надое́сть, -е́м, -е́шь, -е́ст, -еди́м, -еди́те, -едя́т; *прош.* -е́л, -е́ла
на́до же, *в знач. сказ.* и *межд.*
надои́ть, -ою́, -о́ит
надо́й, -я
надоко́нный
надолби́ть, -блю́, -би́т
надолблённый; *кр. ф.* -ён, -ена́
на́долбы, -ов и на́долб, *ед.* на́долб, -а и на́долба, -ы
на до́лгих (е́хать)
надо́лго
надолжа́ть, -а́ю, -а́ет
на до́лю
на́ дом
надо́мник, -а
надо́мница, -ы, *тв.* -ей
надо́мничество, -а
надо́мный
на дому́
на́до не на́до, а…
надо́рванно, *нареч.*
надо́рванность, -и
надо́рванный; *кр. ф.* -ан, -ана
надорва́ть(ся), -ву́(сь), -вёт(ся); *прош.* -а́л(ся), -ала́(сь), -а́ло, -а́ло́сь
надоргани́зменный
на досу́ге
надотря́д, -а
на́доть (*прост. к* на́до)
надоу́мить, -млю, -мит
надоу́мленный; *кр. ф.* -ен, -ена
надоу́мливать, -аю, -ает
надпа́лубный
надпарти́йность, -и
надпарти́йный; *кр. ф.* -и́ен, -и́йна
надпа́рывать(ся), -аю, -ает(ся)
надпе́рекись, -и
надперено́сье, -я, *р. мн.* -сий
надпеча́тать, -аю, -ает
надпеча́тывать(ся), -аю, -ает(ся)
надпе́чье, -я, *р. мн.* -чий
надпива́ть, -а́ю, -а́ет
надпи́л, -а
надпи́ленный; *кр. ф.* -ен, -ена
надпи́ливание, -я
надпи́ливать(ся), -аю, -ает(ся)
надпили́ть, -илю́, -и́лит
надпи́лка, -и
надпило́вка, -и
надпи́санный; *кр. ф.* -ан, -ана
надписа́ть, -ишу́, -и́шет
надпи́ска, -и, *р. мн.* -сок
надписно́й
надпи́сывание, -я
надпи́сывать(ся), -аю, -ает(ся)
на́дпись, -и
надпи́тый
надпи́ть, надопью́, надопьёт; *прош.* -пи́л, -пила́, -пи́ло
надпли́тный
надпо́йменный
надпо́ротый
надпоро́ть(ся), -орю́, -о́рет(ся)
надпо́чвенный
надпо́чечники, -ов, *ед.* -ник, -а
надпо́чечный
надпя́точный
надра́енный; *кр. ф.* -ен, -ена
надра́ивание, -я
надра́ивать(ся), -аю, -ает(ся)
надра́ить, -а́ю, -а́ит
на́дранный; *кр. ф.* -ан, -ана
надра́ть(ся), надеру́(сь), надерёт(ся); *прош.* -а́л(ся), -ала́(сь), -а́ло, -а́ло́сь
надрёберный
надре́з, -а
надреза́ние, -я
надре́занный; *кр. ф.* -ан, -ана
надре́зать, -е́жу, -е́жет, *сов.*
надреза́ть(ся), -а́ю, -а́ет(ся), *несов.*
надре́зывание, -я
надре́зывать(ся), -аю, -ает(ся)
надрема́ться, -емлю́сь, -е́млется
надрессиро́ванный; *кр. ф.* -ан, -ана
надрессирова́ть(ся), -ру́ю, -ру́ет(ся)
надре́чный
надроби́ть, -блю́, -би́т
надроблённый; *кр. ф.* -ён, -ена́
надрожа́ться, -жу́сь, -жи́тся
надру́б, -а
надруба́ние, -я
надруба́ть(ся), -а́ю, -а́ет(ся)
надруби́ть, -ублю́, -у́бит
надру́бка, -и, *р. мн.* -бок
надру́бленный; *кр. ф.* -ен, -ена
надруга́ние, -я
надруга́тельство, -а
надруга́ться, -а́юсь, -а́ется
надры́в, -а
надрыва́ть(ся), -а́ю(сь), -а́ет(ся)
надры́вистость, -и
надры́вистый
надры́вность, -и
надры́вный; *кр. ф.* -вен, -вна
надры́вчатый
надры́згать(ся), -аю(сь), -ает(ся)
надса́д, -а и **надса́да,** -ы
надса́дистый
надсади́ть(ся), -ажу́(сь), -а́дит(ся)
надса́дно, *нареч.*
надса́дность, -и
надса́дный; *кр. ф.* -ден, -дна
надса́женный; *кр. ф.* -ен, -ена
надса́живать(ся), -аю(сь), -ает(ся)

надсверлённый; *кр. ф.* -ён, -ена́
надсве́рливать(ся), -аю, -ает(ся)
надсверли́ть, -лю́, -ли́т
надседа́ться, -а́юсь, -а́ется
надсека́ние, -я
надсека́ть(ся), -а́ю, -а́ет(ся)
надсе́кший(ся) и **надсёкший(ся)**
надсеме́йство, -а
надсемядо́льный
надсе́сться, -ся́дусь, -ся́дется; *прош.* -се́лся, -се́лась
надсечённый; *кр. ф.* -ён, -ена́
надсе́чка, -и, *р. мн.* -чек
надсе́чь(ся), -еку́, -ечёт(ся), -еку́т(ся); *прош.* -ёк(ся) и -е́к(ся), -екла́(сь)
надсисте́ма, -ы
надсма́тривать, -аю, -ает
надсмеха́ться, -а́юсь, -а́ется
надсмея́ться, -ею́сь, -еётся
надсмо́тр, -а
надсмо́трщик, -а
надсмо́трщица, -ы, *тв.* -ей
на́дсоновский (*от* На́дсон)
надста́вить, -влю, -вит
надста́вка, -и, *р. мн.* -вок
надста́вленный; *кр. ф.* -ен, -ена
надставля́ть(ся), -я́ю, -я́ет(ся)
надставно́й
надстра́гивать, -аю, -ает и **надстру́гивать,** -аю, -ает
надстра́ивание, -я
надстра́ивать(ся), -аю, -ает(ся)
надстро́ганный; *кр. ф.* -ан, -ана и **надстру́ганный;** *кр. ф.* -ан, -ана
надстрога́ть, -а́ю, -а́ет и **надструга́ть,** -а́ю, -а́ет
надстро́енный; *кр. ф.* -ен, -ена
надстро́ечный
надстро́ить, -о́ю, -о́ит
надстро́йка, -и, *р. мн.* -о́ек
надстро́чный
надстру́ганный; *кр. ф.* -ан, -ана и **надстро́ганный;** *кр. ф.* -ан, -ана
надструга́ть, -а́ю, -а́ет и **надстрога́ть,** -а́ю, -а́ет
надстру́гивать, -аю, -ает и **надстра́гивать,** -аю, -ает
надсы́панный; *кр. ф.* -ан, -ана
надсы́пать(ся), -плю, -плет(ся), -плют(ся) и -пет(ся), -пят(ся), *сов.*
надсыпа́ть(ся), -а́ю, -а́ет(ся), *несов.*
надсы́пка, -и
надтари́фный
надте́речный (*от* Те́рек; Надте́речный райо́н)
надтёс, -а (*к* надтеса́ть)
надтёсанный; *кр. ф.* -ан, -ана (*от* надтеса́ть)
надтеса́ть, -ешу́, -е́шет (*слегка, немного стесать*)
надтёсывание, -я (*от* надтёсывать)
надтёсывать(ся), -аю, -ает(ся) (*к* надтеса́ть)
надтона́льный
надтре́скиваться, -ается
надтре́снутый
надтре́снуть(ся), -нет(ся)
надуби́ть, -блю́, -би́т
надублённый; *кр. ф.* -ён, -ена́
наду́в, -а (*надувка; то, что надуто, нанесено ветром*)
надува́ла, -ы, *м.* и *ж.*
надува́ние, -я
надува́тельный
надува́тельский
надува́тельство, -а
надува́ть(ся), -а́ю(сь), -а́ет(ся)
наду́вка, -и
надувно́й
наду́вочный
наду́личный
наду́льник, -а
наду́льный
наду́манно, *нареч.*
наду́манность, -и
наду́манный; *кр. ф. прич.* -ан, -ана; *кр. ф. прил.* (*лишенный естественности*) -ан, -анна (фа́була расска́за наду́манна)
наду́мать(ся), -аю(сь), -ает(ся)
наду́мывать(ся), -аю(сь), -ает(ся)
надура́читься, -чусь, -чится
надури́ть(ся), -рю́(сь), -ри́т(ся)
наду́тость, -и
наду́тый
наду́ть(ся), наду́ю(сь), наду́ет(ся)
на ду́х (не переноси́ть)
на духу́ (*на исповеди*; как на духу́)
наду́шенный; *кр. ф.* -ен, -ена и **надушённый;** *кр. ф.* -ён, -ена́
надуши́ть(ся), -ушу́(сь), -у́шит(ся)
на́дфиль, -я
на́дфильный
надхво́стье, -я, *р. мн.* -тий
надхря́щница, -ы, *тв.* -ей
на́дцатый *(шутл.)*
надчелове́ческий
надчелюстно́й
надша́хтный
надшива́ние, -я
надшива́ть(ся), -а́ю, -а́ет(ся)
надши́вка, -и, *р. мн.* -вок
надши́тый
надши́ть, надошью́, надошьёт
надштре́ковый
надъеда́ть, -а́ю, -а́ет
надъе́денный; *кр. ф.* -ен, -ена
надъе́сть, -е́м, -е́шь, -е́ст, -еди́м, -еди́те, -едя́т; *прош.* -е́л, -е́ла
надъязы́чный
надъя́рус, -а
навы́бать, -аю, -ает
на дыбки́
на дыбы́
надыми́ть, -млю́, -ми́т
нады́мский (*от* Нады́м)
нады́мцы, -ев, *ед.* -мец, -мца, *тв.* -мцем
нады́ндекс, -а
надыиндивидуа́льный; *кр. ф.* -лен, -льна
надынтегра́льный
надыстори́ческий
нады́сь, *нареч.*
надыша́ть(ся), -ышу́(сь), -ы́шит(ся)
надэмпири́ческий
наеда́ть(ся), -а́ю(сь), -а́ет(ся)
наедине́
нае́зд, -а
нае́здами, *нареч.*
нае́здить(ся), -зжу(сь), -здит(ся)
нае́здка, -и
нае́здник, -а
нае́здница, -ы, *тв.* -ей
нае́здничать, -аю, -ает
нае́зднический
нае́здничество, -а
нае́здничий, -ья, -ье
нае́здом, *нареч.*
наезжа́ть(ся), -а́ю(сь), -а́ет(ся)
нае́зженный; *кр. ф.* -ен, -ена
нае́зживать(ся), -аю, -ает(ся)
нае́зжий
наём, на́йма
наёмка, -и
наёмник, -а
наёмница, -ы, *тв.* -ей
наёмнический
наёмничество, -а
наёмничий, -ья, -ье
наёмный
наёмщик, -а
наёмщица, -ы, *тв.* -ей
наерунди́ть, -ди́т
наерши́ться, -шу́сь, -ши́тся
нае́сть(ся), нае́м(ся), нае́шь(ся), нае́ст(ся), наеди́м(ся), наеди́те(сь), наедя́т(ся); *прош.* нае́л(ся), нае́ла(сь)
нае́сться-напи́ться
нае́хать, нае́ду, нае́дет
нажа́ловаться, -луюсь, -луется
нажа́ренный; *кр. ф.* -ен, -ена
нажа́ривание, -я
нажа́ривать(ся), -аю(сь), -ает(ся)
нажа́рить(ся), -рю(сь), -рит(ся)
нажа́тие, -я
нажа́тый
нажа́ть[1], нажму́, нажмёт
нажа́ть[2], нажну́, нажнёт
нажда́к, -а́ и -у́
нажда́ться, -ду́сь, -дётся; *прош.* -а́лся, -ала́сь, -ало́сь
нажда́чный
наждачо́к, -чка́ и -чку́
на́ ж(е)
нажёванный; *кр. ф.* -ан, -ана
нажева́ть(ся), нажую́(сь), нажуёт(ся) (*к* жева́ть)
нажёвывание, -я
нажёвывать(ся), -аю, -ает(ся)
нажёгший(ся)
нажелти́ть, -лчу́, -лти́т
нажелчённый; *кр. ф.* -ён, -ена́

наже́чь(ся), нажгу́(сь), нажжёт(ся), нажгу́т(ся); *прош.* нажёг(ся), нажгла́(сь)
нажжённый; *кр. ф.* -ён, -ена́
нажи́ва, -ы
нажива́ние, -я
нажива́ть(ся), -а́ю(сь), -а́ет(ся) (*к* нажи́ть(ся)
наживи́ть, -влю́, -ви́т
нажи́вка, -и, *р. мн.* -вок
наживлённый; *кр. ф.* -ён, -ена́
наживля́ть(ся), -я́ю, -я́ет(ся)
наживно́й
нажи́вочный
на живу́льку
нажига́ние, -я
нажига́ть(ся), -а́ю, -а́ет(ся)
нажи́м, -а
нажима́ние, -я
нажима́ть(ся), -а́ю, -а́ет(ся)
нажи́мистый
нажимно́й и **нажи́мный**
нажи́мно-поворо́тный
нажи́н, -а
нажина́ть(ся), -а́ю, -а́ет(ся)
нажира́ть(ся), -а́ю(сь), -а́ет(ся)
нажито́й, *прил.*
на́жи́тый; *кр. ф.* на́жи́т, нажита́, на́жи́то, *прич.*
нажи́ть(ся), -иву́(сь), -ивёт(ся); *прош.* на́жи́л, нажи́лся, нажила́(сь), на́жи́ло, нажи́ло́сь
нажра́ть(ся), -ру́(сь), -рёт(ся); *прош.* -а́л(ся), -ала́(сь), -а́ло́(сь)
нажужжа́ть, -ужжу́, -ужжи́т
нажу́чить, -чу, -чит
на забо́й
на за́висть
наза́втра, *нареч.* (*когда наступил следующий день*: наза́втра отпра́вились в пу́ть), но *сущ.* **на за́втра** (договори́лись на за́втра)
на загла́дку (*напоследок*)
на загляде́нье
наза́д, *нареч.* (поверну́ть наза́д), но *сущ.* **на за́д** (прикрепи́ть ба́нт на за́д пла́тья)
назадава́ть, -даю́, -даёт
наза́д-вну́трь (движе́ние, *спорт.*)
на задво́рках
на задво́рки
назади́
наза́д-нару́жу (движе́ние, *спорт.*)
на зака́з
на закла́ние
на заки́рках
на зако́рки
назакрыва́ть, -а́ю, -а́ет
назализа́ция, -и
назализи́рованный; *кр. ф.* -ан, -ана
назализи́ровать(ся), -рует(ся)
назализо́ванный; *кр. ф.* -ан, -ана
назализова́ть(ся), -зу́ет(ся)
наза́льность, -и
наза́льный

на заме́тку
на замо́к
назанима́ть(ся), -а́ю(сь), -а́ет(ся)
на запя́тках
на запя́тки
назараба́тывать, -аю, -ает
на за́работках
на за́работки
назаре́и, -е́ев, *ед.* назаре́й, -я (*евреи-первохристиане*; *христианская секта в России*)
назаре́йский (*к* назаре́и и назаре́йцы)
назаре́йцы, -ев, *ед.* -е́ец, -е́йца, *тв.* -е́йцем (*объединение художников*)
назаре́тский (*от* Назаре́т)
назаретя́не, -я́н, *ед.* -я́нин, -а (*от* Назаре́т)
назаретя́нка, -и, *р. мн.* -нок
назаре́яне, -ян, *ед.* -е́янин, -а (*к* Назаре́т)
назаре́янка, -и, *р. мн.* -нок
назаря́не, -я́н, *ед.* -я́нин, -а (*христианская секта*)
на засы́пку (вопро́с)
на затра́вку
назаты́льник, -а
назва́нивать, -аю, -ает
назва́ние, -я
на́званный; *кр. ф.* -ан, на́звана́, -ано, *прич.*
назва́ный, *прил.* (*неродной, приемный*)
назва́ньице, -а
назва́ть(ся), назову́(сь), назовёт(ся); *прош.* -а́л(ся), -ала́(сь), -а́ло, -а́ло́(сь)
назвони́ть(ся), -ню́(сь), -ни́т(ся)
на здоро́вье
на здоро́вьечко
на здоро́вьице
наздра́вствоваться, -твуюсь, -твуется
назева́ться, -а́юсь, -а́ется
назеленённый; *кр. ф.* -ён, -ена́
назелени́ть, -ню́, -ни́т
назём, -а
назе́мник, -а
назе́мно-измери́тельный
назе́мный
на́земь, *нареч.*
Назианзи́н, -а, *тв.* -ом: **Григо́рий Назианзи́н**
назида́ние, -я
назида́тельность, -и
назида́тельный; *кр. ф.* -лен, -льна
на́зло́, *нареч.*
назнача́емость, -и
назнача́ть(ся), -а́ю(сь), -а́ет(ся)
назначе́нец, -нца, *тв.* -нцем, *р. мн.* -нцев
назначе́ние, -я
назна́ченный; *кр. ф.* -ен, -ена
назна́чить, -чу, -чит
назо́йливость, -и
назо́йливый
назо́ла, -ы, *м.* и *ж.*

назоре́и, -е́ев, *ед.* назоре́й, -я (*секта у древних евреев*)
назоре́йский (*от* назоре́и)
назоре́йство, -а
назра́новский (*от* Назра́нь)
назра́новцы, -ев, *ед.* -вец, -вца, *тв.* -вцем
назрева́ние, -я
назрева́ть, -а́ет
назре́ть, -е́ет
на зу́б (попро́бовать)
назубо́к, *нареч.* (вы́учить назубо́к), но *сущ.* **на зубо́к** (попа́сть на зубо́к кому́-н.; подари́ть на зубо́к)
назу́бренный; *кр. ф.* -ен, -ена
назу́бривать(ся), -аю(сь), -ает(ся)
назубри́ть(ся), -рю́(сь), -ри́т(ся)
называ́ние, -я
называ́ть(ся), -а́ю(сь), -а́ет(ся)
назывно́й
назю́зиться, -ится
назюзю́каться, -аюсь, -ается
нazя́бнуть(ся), -ну(сь), -нет(ся); *прош.* назя́б(ся), назя́бла(сь)
назя́бший(ся)
наи... – *приставка, пишется слитно*
наи́б, -а
наибо́лее
наибо́льший
наибыстре́йший
наи́в, -а
наиважне́йший
наиверне́йший
наи́вничанье, -я
наи́вничать, -аю, -ает
наи́вно-материалисти́ческий
наи́вно-религио́зный
наи́вность, -и
наи́вный; *кр. ф.* -вен, -вна
наивня́к, -а́
наивнячо́к, -чка́
наивы́годнейший
наивы́сший
наиглавне́йший
наигорча́йший
наи́гранно, *нареч.*
наи́гранность, -и
наи́гранный; *кр. ф. прич.* -ан, -ана; *кр. ф. прил.* (*деланый, притворный*) -ан, -анна
наигра́ть(ся), -а́ю(сь), -а́ет(ся)
наи́грывание, -я
наи́грывать(ся), -аю(сь), -ает(ся)
на́игрыш, -а, *тв.* -ем
наи́зволок, *нареч.*
на изги́б (про́бовать)
наизгото́ве
на изгото́вку
на излёте
на изло́м (про́бовать)
на измо́р (бра́ть)
наизна́нку, *нареч.* (вы́вернуть наизна́нку; наде́ть сви́тер наизна́нку), но *сущ.* **на изна́нку** (в э́том ме́сте на изна́нку на́до приши́ть запла́ту)

на изно́с
наизу́сть
наикратча́йший
наилегча́йший
наилу́чший
наиме́нее
наименова́ние, -я
наимено́ванный; *кр. ф.* -ан, -ана
наименова́ть(ся), -ну́ю, -ну́ет(ся)
наимено́вывать(ся), -аю, -ает(ся)
наиме́ньший
наимпровизи́рованный; *кр. ф.* -ан, -ана
наимпровизи́ровать, -рую, -рует
наинструменто́ванный; *кр. ф.* -ан, -ана
наинструментова́ть, -ту́ю, -ту́ет
наинужне́йший
наипа́че
наиперве́йший
наири́т, -а
наири́товый
наисвеже́йший и **наисвежа́йший**
наиска́ться, наищу́сь, наи́щется
наискоре́йший
наискоски́
наискосо́к
на́искось
наисложне́йший
наисовреме́ннейший
наисовреме́нный
на испу́г (бра́ть)
наистрожа́йший
на исхо́де
наи́тие, -я
наитягча́йший
наиху́дший
наича́ще
най, на́я (*муз. инструмент*)
на́йденный; *кр. ф.* -ен, -ена
найдёныш, -а, *тв.* -ем
найми́т, -а
найми́тка, -и, *р. мн.* -ток
найми́тский
найми́чка, -и, *р. мн.* -чек
наймода́тель, -я
на́йра, -ы (*ден. ед.*)
найроби́йский (*от* Найроби)
найроби́йцы, -ев, *ед.* -и́ец, -и́йца, *тв.* -и́йцем
Найт, -а: **смеще́ние На́йта**
найти́(сь), найду́(сь), найдёт(ся); *прош.* нашёл(ся), нашла́(сь)
найто́в, -а
найто́вить, -влю, -вит
найто́вка, -и
найто́вный
на́йтовский (*от* Найт): **на́йтовский сдви́г**
на́-ка
накаблу́чник, -а
нака́верзить, -ржу, -рзит
нака́верзничать, -аю, -ает
накади́ть, накажу́, накади́т
нака́з, -а
наказа́ние, -я
нака́занный; *кр. ф.* -ан, -ана
наказа́ть, -ажу́, -а́жет
наказно́й
наказу́емость, -и
наказу́емый
нака́зывать(ся), -аю(сь), -ает(ся)
нака́кать, -аю, -ает
нака́л, -а
накалённость, -и
накалённый; *кр. ф.* -ён, -ена́
нака́ливание, -я
нака́ливать(ся), -аю(сь), -ает(ся)
накали́ть(ся), -лю́(сь), -ли́т(ся)
нака́лка, -и
нака́лывание, -я
нака́лывать(ся), -аю(сь), -ает(ся)
накаля́емость, -и
накаля́кать(ся), -аю(сь), -ает(ся)
накаля́ть(ся), -я́ю(сь), -я́ет(ся)
наканифо́ленный; *кр. ф.* -ен, -ена
наканифо́ливать(ся), -аю, -ает(ся)
наканифо́лить, -лю, -лит
накану́не, *нареч.* и *предлог*
нака́панный; *кр. ф.* -ан, -ана
нака́пать, -аю, -ает
нака́пливание, -я
нака́пливать(ся), -аю, -ает(ся)
нака́пчивать(ся), -аю, -ает(ся)
нака́пывать(ся), -аю, -ает(ся)
на каранда́ш (бра́ть)
на карау́л (бра́ть, де́лать)
на кара́чках
на кара́чки
нака́рканный; *кр. ф.* -ан, -ана
нака́ркать, -аю, -ает
нака́рмливать, -аю, -ает
на́-кась и **на́-кася**
нака́т, -а
нака́танный; *кр. ф.* -ан, -ана
наката́ть(ся), -а́ю(сь), -а́ет(ся)
накати́ть(ся), -ачу́(сь), -а́тит(ся)
нака́тка, -и, *р. мн.* -ток
нака́тник, -а
нака́тный
нака́том, *нареч.*
нака́тчик, -а
нака́тчица, -ы, *тв.* -ей
нака́тывание, -я
нака́тывать(ся), -аю(сь), -ает(ся)
нака́чанный; *кр. ф.* -ан, -ана (*от* накача́ть)
накача́ть(ся), -а́ю(сь), -а́ет(ся)
нака́ченный; *кр. ф.* -ен, -ена (*от* накати́ть)
нака́чивание, -я
нака́чивать(ся), -аю(сь), -ает(ся)
нака́чка, -и, *р. мн.* -чек
нака́шивание, -я
нака́шивать(ся), -аю, -ает(ся)
наква́сить, -а́шу, -а́сит
наква́шенный; *кр. ф.* -ен, -ена
наква́шивать(ся), -аю, -ает(ся)
накероси́нить(ся), -ню(сь), -нит(ся)
наки́д, -а
наки́данный; *кр. ф.* -ан, -ана
накида́ть, -а́ю, -а́ет
наки́дка, -и, *р. мн.* -док
накидно́й
наки́дочка, -и, *р. мн.* -чек
наки́дывание, -я
наки́дывать(ся), -аю(сь), -ает(ся)
наки́нутый
наки́нуть(ся), -ну(сь), -нет(ся)
накипа́ние, -я
накипа́ть, -а́ет
накипеобразова́ние, -я
накипе́ть, -пи́т
накипно́й
на́кипь, -и
накипяти́ть(ся), -ячу́, -яти́т(ся)
накипячённый; *кр. ф.* -ён, -ена́
накиса́ть, -а́ет
наки́снуть, -нет; *прош.* -и́с, -и́сла
наки́сший
накла́д, -а
накла́дистый
накла́дка, -и, *р. мн.* -док
накладна́я, -о́й
накла́дно, *в знач. сказ.*
накладно́й (*накладываемый на что-н.*; накладны́е расхо́ды)
накла́дный; *кр. ф.* -ден, -дна (*невыгодный*)
накла́дочка, -и, *р. мн.* -чек
накла́дывание, -я
накла́дывать(ся), -аю, -ает(ся)
накла́няться, -яюсь, -яется
накла́сть, -аду́, -адёт; *прош.* -а́л, -а́ла
наклбо́л, -а (*бросок в бейсболе*)
наклёв, -а
наклёванный; *кр. ф.* -ан, -ана
наклева́ть(ся), -клюю́(сь), -клюёт(ся)
наклеве́танный; *кр. ф.* -ан, -ана
наклевета́ть, -вещу́, -ве́щет
наклёвывание, -я
наклёвывать(ся), -аю, -ает(ся)
накле́енный; *кр. ф.* -ен, -ена
накле́ечка, -и, *р. мн.* -чек
накле́ивание, -я
накле́ивать(ся), -аю, -ает(ся)
накле́ить(ся), -е́ю, -е́ит(ся)
накле́йка, -и, *р. мн.* -е́ек
наклейно́й
накле́йщик, -а
накле́йщица, -ы, *тв.* -ей
наклёп, -а
наклёпанный; *кр. ф.* -ан, -ана
наклепа́ть[1], -а́ю, -а́ет (*к* клепа́ть[1])
наклепа́ть[2], -а́ю, -а́ет и -еплю́, -е́плет (*к* клепа́ть[2])
наклёпка, -и, *р. мн.* -пок
наклёпывание, -я
наклёпывать(ся), -аю, -ает(ся)
накли́канный; *кр. ф.* -ан, -ана
накли́кать, -и́чу, -и́чет, *сов.*
наклика́ть, -а́ю, -а́ет, *несов.*
накли́кивать, -аю, -ает
накло́н, -а

наклоне́ние, -я
наклонённый; *кр. ф.* -ён, -ена́
наклони́ть(ся), -оню́(сь), -о́нит(ся)
накло́нно, *нареч.*
накло́нно напра́вленный
накло́нно-стру́йный
накло́нность, -и
накло́нный; *кр. ф.* -о́нен, -о́нна
наклономе́р, -а
наклоня́ть(ся), -я́ю(сь), -я́ет(ся)
наклю́каться, -аюсь, -ается
наклю́нутый
наклю́нуть(ся), -нет(ся)
накля́нчить, -чу, -чит
накля́узничать(ся), -аю(сь), -ает(ся)
нakова́ленка, -и, *р. мн.* -нок
накова́льня, -и, *р. мн.* -лен
нако́ванный; *кр. ф.* -ан, -ана
накова́ть, накую́, накуёт
на ковёр (вы́звать, вы́йти)
нако́вка, -и, *р. мн.* -вок
нако́вывать(ся), -аю, -ает(ся)
наковы́ривать(ся), -аю, -ает(ся)
наковы́рянный; *кр. ф.* -ян, -яна
наковыря́ть(ся), -я́ю(сь), -я́ет(ся)
нако́жник, -а
нако́жный
на ко́й (*зачем, для чего*)
на ко́й ля́д
на ко́й чёрт
накоке́тничаться, -аюсь, -ается
накоксо́ванный; *кр. ф.* -ан, -ана
накоксова́ть, -су́ю, -су́ет
накола́чивание, -я
накола́чивать(ся), -аю, -ает(ся)
наколбаси́ть, -асю́ и -ашу́, -аси́т
наколдо́ванный; *кр. ф.* -ан, -ана
наколдова́ть, -ду́ю, -ду́ет
наколдо́вывать(ся), -аю, -ает(ся)
наколе́нник, -а
наколе́нный
нако́лка, -и, *р. мн.* -лок
наколобро́дить, -о́жу, -о́дит
наколоти́ть, -очу́, -о́тит
нако́лотый
наколо́ть(ся), -олю́(сь), -о́лет(ся)
наколо́ченный; *кр. ф.* -ен, -ена
нако́лочка, -и, *р. мн.* -чек
наколошма́тить, -а́чу, -а́тит
наколошма́ченный; *кр. ф.* -ен, -ена
наколошма́чивать, -аю, -ает
наколу́панный; *кр. ф.* -ан, -ана
наколупа́ть, -а́ю, -а́ет
наколу́пывать(ся), -аю, -ает(ся)
накома́ндовать(ся), -дую(сь), -дует(ся)
накома́рник, -а
нако́мканный; *кр. ф.* -ан, -ана
нако́мкать, -аю, -ает
накомо́дник, -а
наконе́ц, *нареч.* и *вводн. сл.* (наконе́ц по́нял; переста́ньте, наконе́ц, шуме́ть)
наконе́ц-то (*к* наконе́ц)
наконе́чник, -а
наконечноуда́рный (*лингв.*)
наконе́чный
наконсерви́рованный; *кр. ф.* -ан, -ана
наконсерви́ровать, -и́рую, -и́рует
на́ конь (*команда, устар.*)
нако́панный; *кр. ф.* -ан, -ана
накопа́ть(ся), -а́ю(сь), -а́ет(ся)
накопи́рованный; *кр. ф.* -ан, -ана
накопи́ровать, -рую, -рует
накопи́тель, -я
накопи́тельница, -ы, *тв.* -ей
накопи́тельный
накопи́тельский
накопи́тельство, -а
накопи́ть(ся), -оплю́, -о́пит(ся)
накопле́ние, -я
нако́пленный; *кр. ф.* -ен, -ена
накопля́ть(ся), -я́ю, -я́ет(ся)
накопти́ть, -пчу́, -пти́т
накопчённый; *кр. ф.* -ён, -ена́
накопы́льник, -а
накорми́ть, -ормлю́, -о́рмит
нако́рмленный; *кр. ф.* -ен, -ена
накоротке́
на́коротко
на ко́рточках
на ко́рточки
накорчёванный; *кр. ф.* -ан, -ана
накорчева́ть, -чу́ю, -чу́ет
накорчёвывать(ся), -аю, -ает(ся)
накоря́банный; *кр. ф.* -ан, -ана
накоря́бать, -аю, -ает
нако́с, -а
накоси́ть(ся), -ошу́(сь), -о́сит(ся)
на́косо
нако́стница, -ы, *тв.* -ей
нако́стный
накостыля́ть, -я́ю, -я́ет
на́кось, *нареч.* (*косо, вкось*)
нако́шенный; *кр. ф.* -ен, -ена
накра́вший
накра́денный; *кр. ф.* -ен, -ена
накра́дывать(ся), -аю, -ает(ся)
накра́ивать(ся), -аю, -ает(ся)
накра́панный; *кр. ф.* -ан, -ана
накра́пать, -паю, -пает
накра́пывание, -я
накра́пывать, -аю, -ает
накра́сить(ся), -а́шу(сь), -а́сит(ся)
накра́сть, -аду́, -адёт; *прош.* -а́л, -а́ла
накрахма́ленный; *кр. ф.* -ен, -ена
накрахма́ливание, -я
накрахма́ливать(ся), -аю, -ает(ся)
накрахма́лить(ся), -лю, -лит(ся)
накра́шенный; *кр. ф.* -ен, -ена
накра́шивание, -я
накра́шивать(ся), -аю(сь), -ает(ся)
накренённый; *кр. ф.* -ён, -ена́
накре́нивание, -я
накре́нивать(ся), -аю, -ает(ся)
накрени́ть(ся), -ню́, -ни́т(ся)
накреня́ть(ся), -я́ю, -я́ет(ся)
на́крепко
на́крест, *нареч.*
накри́т, -а
накрича́ть(ся), -чу́(сь), -чи́т(ся)
накро́енный; *кр. ф.* -ен, -ена
накрои́ть, -ою́, -ои́т
накро́мсанный; *кр. ф.* -ан, -ана
накромса́ть, -а́ю, -а́ет
накропа́ть, -а́ю, -а́ет
накро́шенный; *кр. ф.* -ен, -ена
накроши́ть(ся), -ошу́, -о́ши́т(ся)
на кру́г (*в среднем, приблизительно*)
на кру́ги своя́ (верну́ться, возврати́ться)
на́кругло
накружи́ться, -ужу́сь, -у́жи́тся
накрути́ть(ся), -учу́(сь), -у́тит(ся)
накру́тка, -и, *р. мн.* -ток
накру́ченный; *кр. ф.* -ен, -ена
накру́чивание, -я
накру́чивать(ся), -аю(сь), -ает(ся)
на́кры, накр
накрыва́ние, -я
накрыва́ть(ся), -а́ю(сь), -а́ет(ся)
накры́тие, -я
накры́тый
накры́ть(ся), -ро́ю(сь), -ро́ет(ся)
наксе́ренный; *кр. ф.* -ен, -ена
наксе́рить, -рю, -рит
наксерокопи́рованный; *кр. ф.* -ан, -ана
наксерокопи́ровать, -рую, -рует
накто́уз, -а
накто́узный
накувырка́ться, -а́юсь, -а́ется
накуде́сить, -е́шу, -е́сит
на кудыкину го́ру
накукова́ть, накуку́ет
наку́кситься, наку́кшусь, -у́ксится
на кула́чках
на кула́чки
на кули́чках (у чёрта на кули́чках)
на кули́чки (к чёрту на кули́чки)
наку́панный; *кр. ф.* -ан, -ана
накупа́ть(ся), -а́ю(сь), -а́ет(ся)
накупи́ть(ся), -уплю́, -у́пит(ся)
наку́пленный; *кр. ф.* -ен, -ена
накура́житься, -жусь, -жится
наку́ренный; *кр. ф.* -ен, -ена
наку́рено, *в знач. сказ.*
наку́ривать(ся), -аю(сь), -ает(ся)
накури́ть(ся), -урю́(сь), -у́рит(ся)
накуроле́сить, -е́шу, -е́сит
наку́санный; *кр. ф.* -ан, -ана
накуса́ть, -а́ю, -а́ет
наку́сывать(ся), -аю, -ает(ся)
наку́танный; *кр. ф.* -ан, -ана
наку́тать(ся), -аю(сь), -ает(ся)
накути́ть(ся), -учу́(сь), -у́тит(ся)
наку́тывание, -я
наку́тывать(ся), -аю(сь), -ает(ся)
наку́шаться, -аюсь, -ается
нал, -а (*наличные деньги*)
нала́вливать(ся), -аю, -ает(ся)
налага́ть(ся), -а́ю, -а́ет(ся)
на ла́д (идти́)
на ла́дан (дыша́ть)
нала́дить(ся), -а́жу, -а́дит(ся)

нала́дка, -и
наладо́нник, -а
нала́дочно-консультацио́нный
нала́дочно-ремо́нтный
нала́дочный
нала́дчик, -а
нала́дчица, -ы, *тв.* -ей
нала́женность, -и
нала́женный; *кр. ф.* -ен, -ена
нала́живание, -я
нала́живать(ся), -аю, -ает(ся)
нала́зиться, -а́жусь, -а́зится
налака́ться, -а́юсь, -а́ется
налакиро́ванный; *кр. ф.* -ан, -ана
налакирова́ть, -ру́ю, -ру́ет
налакиро́вывать(ся), -аю, -ает(ся)
нала́комиться, -млюсь, -мится
нала́мывать(ся), -аю, -ает(ся)
на ла́пу (дава́ть, класть)
нала́ять(ся), -а́ю(сь), -а́ет(ся)
на́лганный; *кр. ф.* -ан, -ана
на́лгано, *в знач. сказ.*
налга́ть, налгу́, налжёт, налгу́т; *прош.* -а́л, -ала́, -а́ло
нале́во
нале́во-напра́во
налега́ние, -я
налега́ть, -а́ю, -а́ет
налегке́
налёгший
на́ледь, -и
налёжанный; *кр. ф.* -ан, -ана
належа́ть(ся), -жу́(сь), -жи́т(ся)
налёживать(ся), -аю(сь), -ает(ся)
налеза́ть, -а́ю, -а́ет
нале́зть, -зу, -зет; *прош.* -е́з, -е́зла
нале́зший
налепи́ть(ся), -еплю́, -е́пит(ся)
нале́пленный; *кр. ф.* -ен, -ена
налепля́ть(ся), -я́ю, -я́ет(ся)
налепно́й
налёт, -а
налётанный; *кр. ф.* -ан, -ана
налета́ть(ся), -а́ю(сь), -а́ет(ся)
налете́ть, налечу́, налети́т
налётный
налётом, *нареч.*
на лету́
налётчик, -а
налётчица, -ы, *тв.* -ей
налётывать(ся), -аю, -ает(ся)
нале́чь, нелягу, наля́жет, наля́гут; *прош.* налёг, налегла́
нали́в, -а
налива́ние, -я
налива́ть(ся), -а́ю(сь), -а́ет(ся)
нали́вка, -и, *р. мн.* -вок
наливни́к, -а́
наливно́й
нали́вочка, -и, *р. мн.* -чек
нали́вочный
нализа́ться, -ижу́сь, -и́жется
нали́зываться, -аюсь, -ается
нали́м, -а
нали́мий, -ья, -ье
нали́мовый
налимо́ниться, -нюсь, -нится
налино́ванный; *кр. ф.* -ан, -ана
налинова́ть, -ну́ю, -ну́ет
налино́вывать(ся), -аю, -ает(ся)
нали́п, -а (*то, что налипло*)
налипа́ние, -я
налипа́ть, -а́ет
нали́пнуть, -нет; *прош.* -и́п, -и́пла
нали́пший
нали́стник, -а
налитографи́рованный; *кр. ф.* -ан, -ана
налитографи́ровать, -рую, -рует
налито́й, *прил.*
нали́ток, -тка
на́ли́тый; *кр. ф.* на́ли́т, налита́, на́ли́то, *прич.*
нали́ть(ся), налью́(сь), нальёт(ся); *прош.* на́ли́л, нали́лся, налила́(сь), на́ли́ло, нали́ло́сь
налицо́, *в знач. сказ.* (обма́н налицо́)
нали́чествовать, -твую, -твует
нали́чие, -я
нали́чка, -и (*наличные деньги*)
нали́чник, -а
нали́чно-де́нежный
нали́чно-до́лларовый
нали́чно-ка́ссовый
нали́чно-рублёвый
нали́чность, -и
нали́чный
нало́бник, -а
нало́бный
налови́ть(ся), -овлю́(сь), -о́вит(ся)
нало́вленный; *кр. ф.* -ен, -ена
наловчи́ться, -чу́сь, -чи́тся
нало́г, -а
налогови́к, -а́
нало́говый
Нало́говый ко́декс РФ
налогонеоблага́емый
налогооблага́емый
налогообложе́ние, -я
налогоплате́льщик, -а
налогоплате́льщица, -ы, *тв.* -ей
налогоспосо́бность, -и
налогоспосо́бный; *кр. ф.* -бен, -бна
наложе́ние, -я
нало́женный; *кр. ф.* -ен, -ена; нало́женный платёж
наложи́ть(ся), -ожу́, -о́жит(ся)
нало́жница, -ы, *тв.* -ей
нало́жничество, -а
нало́й, -я (*разг. устар. к* анало́й)
налоко́тник, -а
нало́манный; *кр. ф.* -ан, -ана
налома́ть(ся), -а́ю(сь), -а́ет(ся)
наломи́ть, -о́мит
нало́паться, -аюсь, -ается
налощённый; *кр. ф.* -ён, -ена́
налощи́ть(ся), -щу́, -щи́т(ся)
налуди́ть, -ужу́, -у́дит
налу́женный; *кр. ф.* -ен, -ена
налу́зганный; *кр. ф.* -ан, -ана
налу́згать, -аю, -ает
налупи́ть, -плю́, -у́пит
налу́пленный; *кр. ф.* -ен, -ена
налущённый; *кр. ф.* -ён, -ена́
налу́щивать(ся), -аю, -ает(ся)
налущи́ть, -щу́, -щи́т
налы́гач, -а, *тв.* -ем
нальну́ть, -нёт
нальча́не, -а́н, *ед.* -а́нин, -а (*от* На́льчик)
нальча́нка, -и, *р. мн.* -нок
на́льчикский (*от* На́льчик)
на́льчикцы, -ев, *ед.* -кец, -кца, *тв.* -кцем
налюбе́зничать(ся), -аю(сь), -ает(ся)
налюбова́ться, -бу́юсь, -бу́ется
на́ лю́ди (показа́ться, вы́йти)
на лю́дях и на́ лю́дях
наля́панный; *кр. ф.* -ан, -ана
наля́пать, -аю, -ает
наля́пывать, -аю, -ает
нам (*форма местоим.* мы)
намагни́тить(ся), -и́чу, -и́тит(ся)
намагни́ченность, -и
намагни́ченный; *кр. ф.* -ен, -ена
намагни́чивание, -я
намагни́чивать(ся), -аю, -ает(ся)
нама́з, -а
нама́занный; *кр. ф.* -ан, -ана
нама́зать(ся), -а́жу(сь), -а́жет(ся)
на мази́
нама́зка, -и, *р. мн.* -зок
нама́зчик, -а
нама́зчица, -ы, *тв.* -ей
нама́зывание, -я
нама́зывать(ся), -аю(сь), -ает(ся)
намазю́канный; *кр. ф.* -ан, -ана
намазю́кать(ся), -аю(сь), -ает(ся)
намазю́кивать(ся), -аю(сь), -ает(ся)
на мала́ньину сва́дьбу
намалёванный; *кр. ф.* -ан, -ана
намалева́ть(ся), -лю́ю(сь), -лю́ет(ся)
намалёвывать(ся), -аю(сь), -ает(ся)
нама́ливать(ся), -аю, -ает(ся)
нама́лывать(ся), -аю, -ает(ся)
наманга́нский (*от* Наманга́н)
наманга́нцы, -ев, *ед.* -нец, -нца, *тв.* -нцем
на мане́р (*кого, чего*)
наманикю́ренный; *кр. ф.* -ен, -ена
наманикю́рить(ся), -рю(сь), -рит(ся)
нама́ранный; *кр. ф.* -ан, -ана
нама́рано, *в знач. сказ.*
намара́ть, -а́ю, -а́ет
намарафе́тить(ся), -е́чу(сь), -е́тит(ся)
намарафе́ченный; *кр. ф.* -ен, -ена
намарино́ванный; *кр. ф.* -ан, -ана
намаринова́ть(ся), -ну́ю(сь), -ну́ет(ся)
намарино́вывать(ся), -аю, -ает(ся)
нама́сленный; *кр. ф.* -ен, -ена
нама́сливание, -я
нама́сливать(ся), -аю, -ает(ся)
нама́слить, -лю, -лит
намасти́ть(ся), -ащу́(сь), -асти́т(ся) (*намазать(ся)*)

наматра́сник, -а
нама́тывание, -я
нама́тывать(ся), -аю(сь), -ает(ся)
намаха́ть(ся), намашу́(сь), нама́шет(ся) и -а́ю(сь), -а́ет(ся)
нама́хивать(ся), -аю(сь), -ает(ся)
нама́чивание, -я
нама́чивать(ся), -аю(сь), -ает(ся)
намащённый; *кр. ф.* -ён, -ена́ (*от* намасти́ть)
нама́щивание, -я
нама́щивать(ся), -аю(сь), -ает(ся)
нама́ять(ся), -а́ю(сь), -а́ет(ся)
наме́дни
наме́днишний
намежёванный; *кр. ф.* -ан, -ана
намежева́ть, -жу́ю, -жу́ет
намежёвывание, -я
намежёвывать(ся), -аю, -ает(ся)
намёк, -а
намека́ть, -а́ю, -а́ет (*к* намекну́ть)
намекну́ть, -ну́, -нёт
намелённый; *кр. ф.* -ён, -ена́
наме́ливание, -я
наме́ливать(ся), -аю, -ает(ся)
намели́ть, -лю́, -ли́т
намельчённый; *кр. ф.* -ён, -ена́
намельчи́ть, -чу́, -чи́т
наме́нивать(ся), -аю, -ает(ся)
наме́нянный; *кр. ф.* -ян, -яна
наменя́ть, -я́ю, -я́ет
намерева́ться, -а́юсь, -а́ется
наме́рение, -я
наме́ренно, *нареч.*
наме́ренность, -и
наме́ренный; *кр. ф.* -рен, -рена (*с неопр.*: она́ наме́рена э́то осуществи́ть) и -рен, -ренна (*сделанный с намерением*: его́ гру́бость наме́ренна)
намерза́ние, -я
намерза́ть, -а́ет
намёрзнуть(ся), -ну(сь), -нет(ся); *прош.* -ёрз(ся), -ёрзла(сь)
намёрзший(ся)
на́мерзь, -и
наме́ривать(ся), -аю, -ает(ся) (*к* наме́рить)
наме́ривший
наме́рить, -рю, -рит и -ряю, -ряет; *прош.* -рил, -рила
на́мертво
намеря́ть(ся), -я́ю, -я́ет(ся)
намеси́ть, -ешу́, -е́сит
на ме́сте
намести́, намету́, наметёт; *прош.* намёл, намела́
наме́стник, -а
наме́стница, -ы, *тв.* -ей
наме́стничать, -аю, -ает
наме́стнический
наме́стничество, -а
наме́стничий, -ья, -ье
наме́сто, *предлог* (*устар. к* вме́сто)
намёт, -а
намётанность, -и
намётанный; *кр. ф.* -ан, -ана
намета́ть[1], -а́ю, -а́ет, *сов.* (*о шитье*)
намета́ть[2], -ечу́, -е́чет, *сов.* (*набросать*)
намета́ть(ся), -а́ю, -а́ет(ся), *несов.* (*к* намести́)
наметённый; *кр. ф.* -ён, -ена́
наме́тить(ся), -е́чу(сь), -е́тит(ся)
намётка, -и, *р. мн.* -ток
намёточный
намётший
намётывание, -я
намётывать(ся), -аю, -ает(ся)
намеча́ть(ся), -а́ю(сь), -а́ет(ся)
наме́ченный; *кр. ф.* -ен, -ена
намечта́ться, -а́юсь, -а́ется
наме́шанный; *кр. ф.* -ан, -ана (*от* намеша́ть)
намеша́ть, -а́ю, -а́ет
наме́шенный; *кр. ф.* -ен, -ена (*от* намеси́ть)
наме́шивание, -я
наме́шивать(ся), -аю, -ает(ся)
на́ми (*форма местоим.* мы)
намиби́йка, -и, *р. мн.* -и́ек
намиби́йский (*от* Нами́бия)
намиби́йцы, -ев, *ед.* -и́ец, -и́йца, *тв.* -и́йцем
на ми́г
намилова́ться, -лу́юсь, -лу́ется
на ми́лость (скажи́ на ми́лость; сда́ться на ми́лость победи́теля)
нами́н, -а
намина́ть(ся), -а́ю, -а́ет(ся)
нами́нка, -и
на мирову́ю
на миру́ (на миру́ и сме́рть красна́)
намитингова́ться, -гу́юсь, -гу́ется
намно́го, *нареч.* (намно́го лу́чше), но *числит.* **на мно́го** (на мно́го ле́т)
намоги́льный
намозо́ленный; *кр. ф.* -ен, -ена
намозо́лить, -лю, -лит
намока́ние, -я
намока́ть, -а́ю, -а́ет
намо́кнуть, -ну, -нет; *прош.* -о́к, -о́кла
намо́кший
намо́л, -а
намола́чивание, -я
намола́чивать(ся), -аю, -ает(ся)
намо́ленный; *кр. ф.* -ен, -ена
намоли́ть(ся), -олю́(сь), -о́лит(ся)
намоло́т, -а
намолоти́ть(ся), -очу́, -о́тит(ся)
намо́лотый
намоло́ть(ся), намелю́, наме́лет(ся)
намоло́ченный; *кр. ф.* -ен, -ена
намолча́ться, -чу́сь, -чи́тся
намора́живание, -я
намора́живать(ся), -аю, -ает(ся)
намо́рдник, -а
намо́рдничек, -чка
наморённый; *кр. ф.* -ён, -ена́
намори́ть(ся), -рю́(сь), -ри́т(ся)
наморо́женный; *кр. ф.* -ен, -ена
наморо́зить(ся), -о́жу(сь), -о́зит(ся)
на́морозь, -и
намо́рщенный; *кр. ф.* -ен, -ена
намо́рщивание, -я
намо́рщивать(ся), -аю(сь), -ает(ся)
намо́рщить(ся), -щу(сь), -щит(ся)
намо́ст, -а
намости́ть, -ощу́, -ости́т (*к* мост)
намо́танный; *кр. ф.* -ан, -ана
намота́ть(ся), -а́ю(сь), -а́ет(ся)
намо́тка, -и, *р. мн.* -ток
намо́точный
намо́тчик, -а
намо́тчица, -ы, *тв.* -ей
намо́ченный; *кр. ф.* -ен, -ена
намочи́ть(ся), -очу́(сь), -о́чит(ся)
намоше́нничать, -аю, -ает
намощённый; *кр. ф.* -ён, -ена́ (*от* намости́ть)
намудри́ть, -рю́, -ри́т
наму́дрствовать, -твую, -твует
наму́сленный; *кр. ф.* -ен, -ена
наму́сливать(ся), -аю, -ает(ся)
наму́слить, -лю, -лит
намусо́ленный; *кр. ф.* -ен, -ена
намусо́ливать(ся), -аю, -ает(ся)
намусо́лить, -лю, -лит
наму́сорить, -рю, -рит
намути́ть, -учу́, -у́ти́т
намухлева́ть, -лю́ю, -лю́ет
наму́ченный; *кр. ф.* -ен, -ена
наму́чивший(ся)
наму́чить(ся), -чу(сь), -чит(ся) и -чаю(сь), -чает(ся); *прош.* -чил(ся), -чила(сь)
на му́шку (бра́ть)
намуштро́ванный; *кр. ф.* -ан, -ана
намуштрова́ть(ся), -ру́ю(сь), -ру́ет(ся)
намы́в, -а
намыва́ние, -я
намыва́ть(ся), -а́ю, -а́ет(ся)
намы́вка, -и
намывно́й
намы́вщик, -а
намы́вщица, -ы, *тв.* -ей
намы́каться, -аюсь, -ается
намы́ленный; *кр. ф.* -ен, -ена
намы́ливание, -я
намы́ливать(ся), -аю(сь), -ает(ся)
намы́лить(ся), -лю(сь), -лит(ся)
намыта́ренный; *кр. ф.* -ен, -ена
намыта́рить(ся), -рю(сь), -рит(ся)
намыта́рствовать(ся), -твую(сь), -твует(ся)
намы́тый
намы́ть(ся), намо́ю(сь), намо́ет(ся)
намяка́ть, -а́ет (*к* намя́кнуть)
намя́кнуть, -нет; *прош.* -я́к, -я́кла
намя́кший
намя́тый
намя́ть(ся), намну́, намнёт(ся)
нана́йка, -и, *р. мн.* -а́ек
нана́йский

нана́йцы, -ев, *ед.* нана́ец, -а́йца, *тв.* -айцем
нана́шивать(ся), -аю, -ает(ся)
на́нди, *нескл., мн., ед. м.* и *ж.* (*группа народов*)
на́нду́, *нескл., м.*
нане́дренник, -а (*церк.*)
нане́житься, -жусь, -жится
нанесе́ние, -я
нанесённый; *кр. ф.* -ён, -ена́
нанести́, -су́, -сёт; *прош.* нанёс, нанесла́
нанёсший
на не́т (свести́, сойти́; на не́т и суда́ не́т)
нани́занный; *кр. ф.* -ан, -ана
наниза́ть(ся), -ижу́, -и́жет(ся)
нани́зка, -и
нани́зм, -а
нанизу́, *нареч.* (*внизу*)
нани́зывание, -я
нани́зывать(ся), -аю, -ает(ся)
на́низь, -и
нанима́тель, -я
нанима́тельница, -ы, *тв.* -ей
нанима́тельский
нанима́ть(ся), -а́ю(сь), -а́ет(ся)
на́нка, -и
нанки́нский (*от* Нанки́н)
нанки́нцы, -ев, *ед.* -нец, -нца, *тв.* -нцем
на́нковый
нанопланкто́н, -а
нано... – *первая часть сложных слов, пишется слитно*
наноалма́зы, -ов
на́ново
на нога́х
наногетерострукту́ра, -ы
нанокатализа́тор, -а
нанокристалли́ческий
нанокюри́, *нескл., м.*
нанола́зер, -а
нанола́зерный
наноме́тр, -а
нанорелье́ф, -а
нано́с, -а
на́ нос
наносеку́нда, -ы
наносеку́ндный
наноси́ть(ся), -ошу́(сь), -о́сит(ся)
нано́сник, -а (*от* нос)
нано́сно-песча́ный
нано́сный
наноструктýра, -ы
наноструктýрный
на носу́
нанотехно́лог, -а
нанотехноло́гия, -и
нанофара́д, -а, *р. мн.* -ов, *счетн. ф.* -ра́д
нанофиeто́з, -а
наночасти́ца, -ы, *тв.* -ей
на́ ночь
нано́шенный; *кр. ф.* -ен, -ена

на́нсеновский (*от* На́нсен)
на́нсу́к, -а
на́нсу́ковый
на́нтский (*от* Нант)
на́нтцы, -ев, *ед.* -тец, -тца, *тв.* -тцем
наныря́ться, -я́юсь, -я́ется
нанюха́нный; *кр. ф.* -ан, -ана
нанюха́ть(ся), -аю(сь), -ает(ся)
нанюхивать(ся), -аю(сь), -ает(ся)
наня́нчиться, -чусь, -чится
нанято́й, *прил.* (*служащий по найму*)
на́нятый; *кр. ф.* -ят, -ята́, -ято, *прич.*
наня́ть(ся), найму́(сь), наймёт(ся); *прош.* на́нял, нанялся́, наняла́(сь), на́няло, наняло́сь
наобе́щанный; *кр. ф.* -ан, -ана
наобеща́ть, -а́ю, -а́ет
наоборо́т, *нареч.*
на обры́в (испыта́ть)
наобу́м
наобща́ться, -а́юсь, -а́ется
наодеколо́ненный; *кр. ф.* -ен, -ена
наодеколо́нить(ся), -ню(сь), -нит(ся)
наозорнича́ть(ся), -а́ю(сь), -а́ет(ся)
наозорова́ть, -ру́ю, -ру́ет
наоко́нный
наора́ть(ся), -ру́(сь), -рёт(ся)
на́ос, -а
на основа́нии (*чего*) (*основываясь*)
наосо́бицу
наоставля́ть, -я́ю, -я́ет
наострённый; *кр. ф.* -ён, -ена́
наостри́ть, -рю́, -ри́т
наотдыха́ться, -а́юсь, -а́ется
наоткрыва́ть, -а́ю, -а́ет
на о́ткуп (*кому, чему*)
наотлёт, *нареч.*
на отлёте
на отли́чно
нао́тмашь
наотре́з, *нареч.*
на отши́бе
нао́хаться, -аюсь, -ается
наохо́титься, -о́чусь, -о́тится
нао́хренный; *кр. ф.* -ен, -ена
нао́хривать(ся), -аю, -ает(ся)
нао́хрить, -рю, -рит
на о́череди
на о́щупь
напа́вший
напада́тельный
напа́дать, -ает, *сов.* (*от* па́дать)
напада́ть, -а́ю, -а́ет, *несов.* (*к* напа́сть[1])
напада́ющий
нападе́ние, -я
напа́дки, -док
напа́ивание, -я
напа́ивать(ся), -аю(сь), -ает(ся)
напа́йка, -и, *р. мн.* -а́ек
напа́костить, -ощу, -остит
напа́костничать, -аю, -ает
напа́кощено, *в знач. сказ.*
напа́лм, -а
напа́лмовый
напа́лывать(ся), -аю, -ает(ся)

напа́льчник, -а
на па́мять
напа́ренный; *кр. ф.* -ен, -ена
напареу́ли, *нескл., с.*
напа́ривание, -я
напа́ривать(ся), -аю(сь), -ает(ся)
напа́рить(ся), -рю(сь), -рит(ся)
напа́рник, -а
напа́рница, -ы, *тв.* -ей
на па́ру (*вдвоем*)
на пару́ (пригото́вить)
напа́рывать(ся), -аю(сь), -ает(ся)
напаса́ть(ся), -а́ю(сь), -а́ет(ся)
напасённый; *кр. ф.* -ён, -ена́
напаску́дить, -у́жу, -у́дит
напасти́(сь), -су́(сь), -сёт(ся); *прош.* -а́с(ся), -асла́(сь)
напа́сть[1], -аду́, -адёт; *прош.* -а́л, -а́ла
напа́сть[2], -и
напа́сший(ся)
напа́ханный; *кр. ф.* -ан, -ана
напаха́ть(ся), напашу́(сь), напа́шет(ся)
напа́хивать(ся), -аю, -ает(ся)
напа́хнутый
напахну́ть, -ну́, -нёт
напа́хтанный; *кр. ф.* -ан, -ана
напа́хтать, -аю, -ает
напа́чкано, *в знач. сказ.*
напа́чкать(ся), -аю(сь), -ает(ся)
напа́янный; *кр. ф.* -ян, -яна
напая́ть(ся), -я́ю, -я́ет(ся)
на пе́ (пусти́ть, поста́вить, *в карточной игре*)
напе́в, -а
напева́ние, -я
напева́ть(ся), -а́ю, -а́ет(ся) (*к* петь)
напе́вность, -и
напе́вный; *кр. ф.* -вен, -вна
напедикю́ренный; *кр. ф.* -ен, -ена
напедикю́рить(ся), -рю(сь), -рит(ся)
напека́ть(ся), -а́ю, -а́ет(ся)
напёкший(ся)
напе́ненный; *кр. ф.* -нен, -нена
напе́нивать(ся), -аю, -ает(ся)
напе́нить(ся), -ню, -нит(ся)
напённый (напённая гни́ль)
на́перво
на пе́рвое
на пе́рвый-второ́й (рассчита́ться)
напербо́й, *нареч.*
наперевéс, *нареч.*
наперегонки́
наперёд, *нареч.*
напереди́
напережива́ться, -а́юсь, -а́ется
на перекладны́х
наперекóр
наперекоски́
наперекося́к
наперекрёст
напереме́нку, *нареч.*
на перепу́тье
наперере́з, *нареч.* и *предлог*
напереры́в, *нареч.* (*наперебой*)

наперéть(ся), напрý(сь), напрёт(ся); *прош.* напёр(ся), напёрла(сь)
наперехвáт, *нареч.* (*наперерез*; *нарасхват*), но *сущ.* **на перехвáт** (*чтобы перехватить кого-что-н.*: футболи́ст брóсился на перехвáт мячá)
наперечёт, *нареч.*
напéрник, -а
напéрсник, -а
напéрсница, -ы, *тв.* -ей
напéрсный (крéст)
напёрсток, -тка
напёрсточник, -а
напёрсточный
наперстя́нка, -и, *р. мн.* -нок
напёртый
напéрченный; *кр. ф.* -ен, -ена и **наперчённый;** *кр. ф.* -ён, -енá
напéрчивание, -я
напéрчивать(ся), -аю, -ает(ся)
напéрчить, -чу, -чит и **наперчи́ть,** -чý, -чи́т
напёрший(ся)
напестри́ть, -рю́, -ри́т
напетля́ть, -я́ю, -я́ет
напéтый
напéть(ся), напою́(сь), напоёт(ся)
напечáтание, -я
напечáтанный; *кр. ф.* -ан, -ана
напечáтать(ся), -аю(сь), -ает(ся)
напечатлевáть(ся), -áю, -áет(ся)
напечатлённый; *кр. ф.* -ён, -енá
напечатлéть(ся), -éю, -éет(ся)
напечённый; *кр. ф.* -ён, -енá
напéчь(ся), -екý(сь), -ечёт(ся), -екýт(ся); *прош.* -ёк(ся), -екла́(сь)
напивáться, -áюсь, -áется (*к* пить)
напи́ленный; *кр. ф.* -ен, -ена
напи́ливать(ся), -аю, -ает(ся)
напили́ть, -илю́, -и́лит
напи́лок, -лка
напи́лочек, -чка
напи́лочный
напи́льник, -а
напи́льничек, -чка
напирáть(ся), -áю(сь), -áет(ся)
напировáться, -рýюсь, -рýется
написáние, -я
напи́санный; *кр. ф.* -ан, -ана
напи́сать, -аю, -ает (*от* пи́сать)
написáть(ся), -ишý, -и́шет(ся)
напи́танный; *кр. ф.* -ан, -ана
напитáть(ся), -áю(сь), -áет(ся)
напи́ток, -тка
напи́тывание, -я
напи́тывать(ся), -аю, -ает(ся)
напи́ться, напью́сь, напьётся; *прош.* -и́лся, -илáсь, -и́лóсь
напи́ться-наéсться
напи́ханный; *кр. ф.* -ан, -ана
напихáть(ся), -áю(сь), -áет(ся)
напи́хивание, -я
напи́хивать(ся), -аю(сь), -ает(ся)
напи́чканный; *кр. ф.* -ан, -ана
напи́чкать(ся), -аю(сь), -ает(ся)
напи́чкивание, -я
напи́чкивать(ся), -аю(сь), -ает(ся)
напла́в, -а (*поплавок*)
напла́вать(ся), -аю(сь), -ает(ся)
напла́вить, -влю, -вит
напла́вка, -и, *р. мн.* -вок
напла́вленный; *кр. ф.* -ен, -ена
наплавля́ть(ся), -я́ю, -я́ет(ся)
наплавнóй (мóст)
напла́вочный
на плавý
напла́канный; *кр. ф.* -ан, -ана
напла́кать(ся), -ла́чу(сь), -ла́чет(ся)
напланировать, -рую, -рует
напла́станный; *кр. ф.* -ан, -ана
напластáть, -áю, -áет
напластовáние, -я
напластóванный; *кр. ф.* -ан, -ана
напластовáть(ся), -тýю, -тýет(ся)
напластóвывать(ся), -аю, -ает(ся)
наплёванный; *кр. ф.* -ан, -ана
наплёвано, *в знач. сказ.*
наплевáтельски
наплевáтельский
наплевáтельство, -а
наплевáть(ся), -плюю́(сь), -плюёт(ся)
наплеви́зм, -а
наплёсканный; *кр. ф.* -ан, -ана
наплескáть(ся), -ещý(сь), -éщет(ся) и -áю(сь), -áет(ся)
наплёскивать(ся), -аю, -ает(ся)
наплести́, -летý, -летёт; *прош.* -ёл, -елá
наплетáть(ся), -áю, -áет(ся)
наплетённый; *кр. ф.* -ён, -енá
наплётший
наплéчник, -а
наплéчный
наплоди́ть(ся), -ожý, -оди́т(ся)
наплоённый; *кр. ф.* -ён, -енá
напложённый; *кр. ф.* -ён, -енá
наплои́ть, -ою́, -ои́т
наплоти́ть, -очý, -оти́т (*к* плот)
нáплотно
наплочённый; *кр. ф.* -ён, -енá
наплутáть(ся), -áю(сь), -áет(ся)
наплутовáть, -тýю, -тýет
наплы́в, -а
наплывáть, -áю, -áет
наплывнóй (*к* наплы́в)
наплы́ть, -ывý, -ывёт; *прош.* -ы́л, -ылá, -ы́ло
наплю́нуть, -ну, -нет
наплю́щенный; *кр. ф.* -ен, -ена
наплю́щивать(ся), -аю, -ает(ся)
наплю́щить, -щу, -щит
наплясáться, -яшýсь, -я́шется
напля́сывать, -аю, -ает
на побегýшках
на побегýшки
наповáл, *нареч.*
на повéрку (*на самом деле*)
на повóдý (идти́)
на повышéние (игрáть, идти́)
напогáнить, -ню, -нит
на подбóр
наподдавáть, -даю́, -даёт
наподдáть, -áм, -áшь, -áст, -ади́м, -ади́те, -адýт; *прош.* -áл, -алá, -áло
на подержáние (*во временное пользование*)
нá-поди
напóдличать, -аю, -ает
на подмóгу
на подóбен (*о церк. пении*)
наподóбие, *предлог* (*вроде*)
наподхвáт, *нареч.*
на подхвáте
на подхóде
напóенный; *кр. ф.* -ен, -ена, *прич.* (*от* напои́ть)
напоённый; *кр. ф.* -ён, -енá, *прил.* (*наполненный, насыщенный*) (*чем*)
напои́ть, -ою́, -óит
напóй, -я
напокáз, *нареч.* (*для виду*)
на поклóн (идти́)
наполáскивать(ся), -аю(сь), -ает(ся)
на полдорóге (останови́ться на полдорóге), но: **на полдорóги** (прови́зии хвати́ло тóлько на полдорóги)
Наполеóн, -а
наполеóн, -а (*торт, пирожное*)
наполеондóр, -а
наполеони́зм, -а
Наполеóновские вóйны (*ист.*)
наполеóновский (*от* Наполеóн)
наполеóнчик, -а
наползáние, -я
наползáть, -áю, -áет
напóлзаться, -аюсь, -ается
наползти́, -зý, -зёт; *прош.* -óлз, -олзлá
напóлзший
наполирóванный; *кр. ф.* -ан, -ана
наполировáть(ся), -рýю, -рýет(ся)
наполирóвывать(ся), -аю, -ает(ся)
наполнéние, -я
напóлненность, -и
напóлненный; *кр. ф.* -ен, -ена
наполни́тель, -я
наполни́тельный
напóлнить(ся), -ню(сь), -нит(ся)
нáполно
наполня́емость, -и
наполня́ть(ся), -я́ю(сь), -я́ет(ся)
на полови́нку: середи́нка (серёдка) на полови́нку
наполови́ну, *нареч.* (зáл наполови́ну пýст; óн наполови́ну грéк); но *сущ.* **на полови́ну;** полови́на на полови́ну, середи́на на полови́ну
наполóсканный; *кр. ф.* -ан, -ана
наполоскáть(ся), -лощý(сь), -лóщет(ся) и -áю(сь), -áет(ся)
наполосóванный; *кр. ф.* -ан, -ана
наполосовáть, -сýю, -сýет
напóлотый
наполóть, -олю́, -óлет
на полпути́

на полсло́ве и **на полусло́ве** (прервáть)
на полусо́гнутых
на по́льзу
напо́льный
напомáдить(ся), -áжу(сь), -áдит(ся)
напомáженный; *кр. ф.* -ен, -ена
напомáживать(ся), -аю(сь), -ает(ся)
на поми́н (души́)
напоминáние, -я
напоминáть(ся), -áю, -áет(ся)
напо́мнить, -ню, -нит
на по́мощь
на пониже́ние (игрáть, идти́)
на по́нт (брáть; *жарг.*)
на попá (стáвить)
напополáм, *нареч.*
на попя́тную
на попя́тный (дво́р)
напо́р, -а
на пораже́ние (стреля́ть)
напо́ристость, -и
напо́ристый
напо́рный
напо́ротый
напоро́ть(ся), -орю́(сь), -о́рет(ся)
напорошённый; *кр. ф.* -ён, -енá
напороши́ть, -ши́т
напортáчить, -чу, -чит
напо́ртить, -рчу, -ртит
на пору́ках
на пору́ки
напо́рченный; *кр. ф.* -ен, -ена
на поря́док (бо́льше, ме́ньше, вы́ше, ни́же)
на по́сле (остáвить, отложи́ть)
напосле́дках, *нареч.*
напосле́дки, *нареч.*
напосле́док
напосле́дя́х
на послезáвтра (договори́ться, назнáчить)
на послеобе́да (назнáчить, отложи́ть)
на посме́шище (вы́ставить)
на посмея́ние
на посошо́к (вы́пить)
напости́ться, -ощу́сь, -ости́тся
напосто́вец, -вца, *тв.* -вцем, *р. мн.* -вцев
напосто́вский (*от* “На посту́”)
на посто́й (встáть)
на посту́
на посы́лках
на пото́м (остáвить, отложи́ть)
на потре́бу
напотрошённый; *кр. ф.* -ён, -енá
напотроши́ть, -шу́, -ши́т
напо́тчевать, -чую, -чует
напо́чвенный
на почтовы́х (е́хать)
направи́тель, -я (*тех.*)
направи́тельный
напрáвить(ся), -влю(сь), -вит(ся)
напрáвка, -и
направле́нец, -нца, *тв.* -нцем, *р. мн.* -нцев
направле́ние, -я
напрáвленно, *нареч.*
напрáвленность, -и
напрáвленный; *кр. ф. прич.* -ен, -ена; *кр. ф. прил.* (*имеющий определенное направление*) -ен, -енна
направля́ть(ся), -я́ю(сь), -я́ет(ся)
направля́ющий(ся)
напрáво
напрáво-нале́во
напрáвщик, -а
напрáвщица, -ы, *тв.* -ей
напрáздноваться, -нуюсь, -нуется
напрактиковáться, -ку́юсь, -ку́ется
напрáслина, -ы
напрáсно, *нареч.*
напрáсность, -и
напрáсный; *кр. ф.* -сен, -сна
напрáшивание, -я
напрáшивать(ся), -аю(сь), -ает(ся)
на преде́ле
напредки́
на предме́т (*чего*) (прове́рить на предме́т оши́бок)
напрессо́ванный; *кр. ф.* -ан, -ана
напрессовáть, -ссу́ю, -ссу́ет
напрессо́вка, -и, *р. мн.* -вок
напрессо́вывать(ся), -аю, -ает(ся)
напресто́льный
напре́ть, -е́ет
напригласить, -áю, -áет
напридýманный; *кр. ф.* -ан, -ана
напридýмать, -аю, -ает
напридýмывать, -аю, -ает
наприме́р, *вводн. сл.*
напринимáть(ся), -áю(сь), -áет(ся)
наприсылáть, -áю, -áет
на прице́л (брáть)
напричитáться, -áюсь, -áется
на про́бу (дáть, взя́ть)
напрово́рить, -рю, -рит
напродавáть, -даю́, -даёт
на прожи́тие
на прожи́ток
напрокáзить, -áжу, -áзит
напрокáзничать, -аю, -ает
напрокáт, *нареч.* (брáть)
напролёт, *нареч.*
напроло́м, *нареч.*
напропалу́ю
на пропо́й
напроро́ченный; *кр. ф.* -ен, -ена
напроро́чить, -чу, -чит
на просве́т (смотре́ть)
напроси́ть(ся), -ошу́(сь), -о́сит(ся)
напро́тив
на противото́ке
на противохо́де
на протяже́нии (*чего*) (*в течение, в продолжение*)
напрохо́д, *нареч.* (*безостановочно, без задержки*)
нáпрочно
на про́чность (како́в; прове́рить)
нáпрочь
на прощáние (*прощаясь*)
на прощáньице
напруди́ть, -ужу́, -у́дит
напру́женный; *кр. ф.* -ен, -ена
напру́живать(ся), -аю(сь), -ает(ся)
напружи́ненный; *кр. ф.* -ен, -ена
напружи́нивать(ся), -аю(сь), -ает(ся)
напружи́нить(ся), -ню(сь), -нит(ся)
напру́жить(ся), -жу(сь), -жит(ся)
напры́ганный; *кр. ф.* -ан, -ана
напры́гать(ся), -аю(сь), -ает(ся)
напры́гивание, -я
напры́гивать(ся), -аю(сь), -ает(ся)
напры́гнуть, -ну, -нет
напры́сканный; *кр. ф.* -ан, -ана
напры́скать, -аю, -ает
напры́скивать(ся), -аю, -ает(ся)
напря́вший
напря́г, -а
напрягáть(ся), -áю(сь), -áет(ся)
напрягáющий(ся)
напря́гший(ся)
напрядáть(ся), -áю, -áет(ся)
напрядённый; *кр. ф.* -ён, -енá
напряже́ние, -я
напряжёнка, -и
напряжённо, *нареч.*
напряжённо-арми́рованный
напряжённость, -и
напряжённый; *кр. ф.* -ён, -енá (*напрягшийся*: парусá, мы́шцы, не́рвы напряжены́; внимáние напряжено́) и -ён, -ённа (отноше́ния напряжённы; рабо́та, борьбá напряжённа; выраже́ние лицá напряжённо)
напря́жный
напрями́к
напрямки́
напряму́ю, *нареч.*
напря́сть(ся), -яду́, -ядёт(ся); *прош.* -я́л(ся), -ялá(сь), -я́ло(сь)
напря́танный; *кр. ф.* -ан, -ана
напря́тать, -я́чу, -я́чет
напря́чь(ся), -ягу́(сь), -яжёт(ся), -ягу́т(ся); *прош.* -я́г(ся), -ятлá(сь)
напу́ганный; *кр. ф.* -ан, -ана
напугáть(ся), -áю(сь), -áет(ся)
напу́дренный; *кр. ф.* -ен, -ена
напу́дривание, -я
напу́дривать(ся), -аю(сь), -ает(ся)
напу́дрить(ся), -рю(сь), -рит(ся)
напужáть(ся), -áю(сь), -áет(ся) (*обл. и прост. к* напугáть(ся)
напу́льсник, -а
нáпуск, -а
напускáние, -я
напускáть(ся), -áю(сь), -áст(ся)
напускно́й
напусти́ть(ся), -ущу́(сь), -у́стит(ся)
напу́танный; *кр. ф.* -ан, -ана
напу́тать(ся), -аю, -ает(ся)
напутеше́ствоваться, -твуюсь, -твуется

напу́тный
напу́тственный
напу́тствие, -я
напу́тствование, -я
напу́тствованный; *кр. ф.* -ан, -ана
напу́тствовать(ся), -твую(сь), -твует(ся)
напу́тывать(ся), -аю, -ает(ся)
напуха́ние, -я
напуха́ть, -а́ет
напу́хнуть, -нет; *прош.* -у́х, -у́хла
напу́хший
на пу́шку (бра́ть)
напу́щенный; *кр. ф.* -ен, -ена
на́пханный; *кр. ф.* -ан, -ана
напха́ть, -а́ю, -а́ет
напы́живание, -я
напы́живаться, -аюсь, -ается
напы́житься, -жусь, -жится
напыле́ние, -я
напылённый; *кр. ф.* -ён, -ена́
напыли́ть, -лю́, -ли́т
напыля́ть(ся), -я́ю, -я́ет(ся)
напы́щенно, *нареч.*
напы́щенность, -и
напы́щенный; *кр. ф.* -ен, -енна
напья́нствоваться, -твуюсь, -твуется
напя́ленный; *кр. ф.* -ен, -ена
напя́ливание, -я
напя́ливать(ся), -аю, -ает(ся)
напя́лить(ся), -лю, -лит(ся)
на пятеры́х
нар, -а (*животное*)
нараба́тывание, -я
нараба́тывать(ся), -аю, -ает(ся)
нарабо́танный; *кр. ф.* -ан, -ана
нарабо́тать(ся), -аю(сь), -ает(ся)
нарабо́тка, -и, *р. мн.* -ток
наравне́
на ра́вных
нара́доваться, -дуюсь, -дуется
на ра́дость
на ра́достях
на разве́с
нараздава́ть, -даю́, -даёт
нараздёр (крича́ть)
на раззаво́д
наразла́д, *нареч.*
на разры́в
нара́менник, -а
нараспа́х, *нареч.*
нараспа́шку, *нареч.*
нараспе́в, *нареч.*
на распу́тье
на распы́л (пойти́, пусти́ть)
нарасска́занный; *кр.ф.* -зан, -зана
нарассказа́ть, -кажу́, -ка́жет
нарасска́зывать, -аю, -ает
нараста́ние, -я
нараста́ть, -а́ет
нарасти́, -тёт; *прош.* наро́с, наросла́
нарасти́ть, -ащу́, -асти́т
нарасхва́т, *нареч.*
наращáть(ся), -а́ю, -а́ет(ся)
наращéние, -я
наращённый; *кр. ф.* -ён, -ена́
нара́щивание, -я
нара́щивать(ся), -аю, -ает(ся)
нарва́л, -а
нарва́лий, -ья, -ье
нарва́ловые, -ых
нарва́ловый
на́рванный; *кр. ф.* -ан, -ана
нарва́ть(ся), -ву́(сь), -вёт(ся); *прош.* -а́л(ся), -ала́(сь), -а́ло, -а́ло́сь
На́рвская Заста́ва (*ист. район в Петербурге*)
на́рвский (*от* На́рва)
на́рвцы, -ев, *ед.* -вец, -вца, *тв.* -вцем
наргиле́, *нескл., м.* и *с.*
нард, -а (*растение*)
нарде́к, -а
нарде́п, -а
нарде́повский
нарди́ст, -а
на́рдовый
на́рды, -ов (*игра*)
нарёберный
нареве́ться, -ву́сь, -вётся
на ре́дкость
наре́з, -а
нареза́льщик, -а
нареза́льщица, -ы, *тв.* -ей
нареза́ние, -я
наре́занный; *кр. ф.* -ан, -ана
наре́зать(ся), -е́жу(сь), -е́жет(ся), *сов.*
нареза́ть(ся), -а́ю(сь), -а́ет(ся), *несов.*
нарезви́ться, -влю́сь, -ви́тся
наре́зка, -и, *р. мн.* -зок
нарезно́й
наре́зчик, -а
наре́зчица, -ы, *тв.* -ей
наре́зывание, -я
наре́зывать(ся), -аю(сь), -ает(ся)
нарека́ние, -я
нарека́ть(ся), -а́ю(сь), -а́ет(ся)
наре́кший(ся) и **нарёкший(ся)**
нарече́ние, -я
наречённый; *кр. ф.* -ён, -ена́ и **наре́ченный;** *кр. ф.* -е́н, -ена́
наре́чие, -я
наре́чный
наре́чь(ся), -еку́(сь), -ечёт(ся), -еку́т(ся); *прош.* -ёк(ся), -екла́(сь)
нарза́н, -а и -у
нарза́нный
нарисо́ванный; *кр. ф.* -ан, -ана
нарисова́ть(ся), -су́ю, -су́ет(ся)
нарица́тельный
нарко... – *первая часть сложных слов, пишется слитно*
наркоба́нда, -ы
наркобаро́н, -а
наркоби́знес, -а
наркобизнесме́н, -а
наркоблока́да, -ы
наркоболь́ница, -ы, *тв.* -ей
наркобольно́й, -о́го
наркоделе́ц, -льца́, *тв.* -льцо́м, *р. мн.* -льцо́в
наркоде́ньги, -де́нег, -де́ньга́м
наркоди́лер, -а
наркодиспансе́р, -а
наркодо́ллары, -ов
нарко́з, -а
наркозави́симость, -и
наркозави́симый
нарко́зный
наркоимпе́рия, -и
наркокарте́ль, -я
наркоконтраба́нда, -ы
наркоконтрабанди́ст, -а
наркокурье́р, -а
нарколе́псия, -и
нарколепти́ческий
нарко́лог, -а
наркологи́ческий
нарколо́гия, -и
нарко́м, -а
наркома́н, -а
наркоманиза́ция, -и
наркома́нить, -ню, -нит
наркома́ния, -и
наркома́нка, -и, *р. мн.* -нок
наркома́нский
наркома́т, -а
наркома́тский
наркома́фия, -и
наркомвоенмо́р, -а (*ист.*)
наркомеду́за, -ы
наркоминде́лец, -льца, *тв.* -льцем, *р. мн.* -льцев
наркоминде́льский (*от* Наркоминде́л, *ист.*)
наркоми́р, -а
наркомна́ц, -а, *тв.* -ем (*ист.*)
нарко́мовский
наркоотделе́ние, -я
наркоприто́н, -а
наркопро́мысел, -сла
наркопсихореабилита́ция, -и
наркоры́нок, -нка
наркосиндика́т, -а
наркосодержа́щий
наркосре́дства, -сре́дств, *ед.* -сре́дство, -а
наркота́, -ы́
наркотиза́тор, -а
наркотиза́ция, -и
наркотизи́рованный; *кр. ф.* -ан, -ана
наркотизи́ровать(ся), -рую(сь), -рует(ся)
наркоти́зм, -а
нарко́тик, -а
наркотикосодержа́щий
наркоти́ческий
наркоторго́вец, -вца, *тв.* -вцем, *р. мн.* -вцев
наркоторго́вля, -и
наркотранзи́т, -а
наркотра́фик, -а
наркоце́нтр, -а
нарobра́з, -а (*ист.*)
наробра́зовский
наро́д, -а и (*в знач.* “*люди*”) -а и -у

наро́дец, -дца, *тв.* -дцем, *р. мн.* -дцев
народи́ть(ся), -ожу́, -оди́т(ся)
наро́дишко, -а и -и, *мн.* -шки, -шек, *м.*
наро́дище, -а и (*в знач.* "*люди*") -а и -у; *мн.* -а и -и, -ищ, *м.*
наро́дник, -а
наро́дница, -ы, *тв.* -ей
наро́днический
наро́дничество, -а
наро́дно-бытово́й
наро́дно-демократи́ческий
Наро́дное собра́ние (*парламент в нек-рых странах*)
наро́дно-освободи́тельный
наро́дно-патриоти́ческий
наро́дно-пе́сенный
наро́дно-поэти́ческий
наро́дно-революцио́нный
наро́дно-республика́нский
наро́дность, -и
наро́дно-трудово́й
наро́дно-хозя́йственный
наро́дно-этимологи́ческий
наро́дный; *кр. ф.* -ден, -дна
Наро́дный фро́нт (*общественно-политическое объединение в нек-рых странах*)
народове́дение, -я
народове́дческий
народовла́стие, -я
народово́лец, -льца, *тв.* -льцем, *р. мн.* -льцев (от "Наро́дная во́ля")
народово́лка, -и, *р. мн.* -лок
народово́льческий
народово́льчество, -а
народолю́бец, -бца, *тв.* -бцем, *р. мн.* -бцев
народолю́бие, -я
народонаселе́ние, -я
народопра́вец, -вца, *тв.* -вцем, *р. мн.* -вцев
народопра́вие, -я
народопра́вство, -а
народопра́вческий
на роду́ (напи́сано)
нарожа́ть, -а́ю, -а́ет
нарожда́ться, -а́ется
нарожде́ние, -я
нарождённый; *кр. ф.* -ён, -ена́
на рожо́н (ле́зть)
нароня́ть, -я́ю, -я́ет
наро́ст, -а
наро́сший
на́ро-фоми́нский (*от* На́ро-Фоми́нск)
нарофоми́нцы, -ев, *ед.* -нец, -нца, *тв.* -нцем
нарочи́то, *нареч.*
нарочи́тость, -и
нарочи́тый
наро́чно
на́рочный, -ого
нарпи́т, -а
нарпи́товский
нарративиза́ция, -и
наррати́вный
нарра́тор, -а
нарра́ция, -и
нарсу́д, -а́
на́ртекс, -а
на́ртенный (*к* на́рты[1])
на́ртовский и **на́ртский** (*к* на́рты[2]; на́ртовские и на́ртские сказа́ния)
на́ртовый (*к* на́рты[1])
на́рты[1], нарт и **на́рта,** -ы (*санки*)
на́рты[2], -ов, *ед.* нарт, -а (*богатыри в эпосе кавказских народов*)
наруба́ние, -я
наруба́ть(ся), -а́ю(сь), -а́ет(ся)
наруби́ть(ся), -ублю́(сь), -у́бит(ся)
нару́бка, -и, *р. мн.* -бок
нару́бленный; *кр. ф.* -ен, -ена
наруга́ться, -а́юсь, -а́ется
нару́жи и **нару́же** (*устар. к* снару́жи)
нару́жка, -и
нару́жно, *нареч.*
нару́жно-вну́тренний
наружнора́ковинный (*зоол.*)
нару́жность, -и
нару́жный
нару́жу
нарука́вники, -ов, *ед.* -ник, -а
нарука́вницы, -иц, *ед.* -ница, -ы, *тв.* -ей
нарука́вный
на рука́х
на́ руки
на́ руку (*кому*), *в знач. сказ.*; нечи́ст на́ руку
нарумя́ненный; *кр. ф.* -ен, -ена
нарумя́нивание, -я
нарумя́нивать(ся), -аю(сь), -ает(ся)
нарумя́нить(ся), -ню(сь), -нит(ся)
на́ручи, -ей (*часть воинского доспеха, церковного облачения*)
на́ручни, -ей, *ед.* -чень, -чня (*устар. к* нару́чники)
нару́чники, -ов, *ед.* -ник, -а
нару́чный
наруша́ть(ся), -а́ю, -а́ет(ся)
наруше́ние, -я
нару́шенный; *кр. ф.* -ен, -ена
наруши́тель, -я
наруши́тельница, -ы, *тв.* -ей
нару́шить(ся), -шу, -шит(ся)
Нарци́сс, -а (*мифол.*)
нарци́сс, -а (*цветок*)
нарцисси́зм, -а
нарцисси́ческий
нарци́ссный
нарци́ссовый
на́ры, нар
нары́в, -а
нарыва́ние, -я
нарыва́ть(ся), -а́ю(сь), -а́ет(ся)
нары́вник, -а (*жук*)
нарывно́й (*к* нарыва́ть)
нары́вный (*к* нары́в)
нары́вчик, -а
нарыда́ться, -а́юсь, -а́ется
нары́мский (*от* Нары́м)
нары́мцы, -ев, *ед.* -мец, -мца, *тв.* -мцем
нары́нский (*от* Нары́н)
нары́ск, -а
на рыся́х
нары́тый
нары́ть, наро́ю, наро́ет
нары́шкинский (*от* Нары́шкины; нары́шкинский сти́ль, нары́шкинское баро́кко)
нарья́н-ма́рский (*от* Нарья́н-Ма́р)
нарьянма́рцы, -ев, *ед.* -рец, -рца, *тв.* -рцем
наря́д, -а
наря́д-зака́з, -а и наря́да-зака́за
наряди́ть[1], -яжу́, -я́дит (*одеть нарядно*)
наряди́ть[2], -яжу́, -яди́т (*назначить на работу, в наряд*)
наряди́ться, -яжу́сь, -я́дится
наря́дность, -и
наря́дный; *кр. ф.* -ден, -дна
наряду́, *нареч.*
наряду́ с, *предлог*
наря́дчик, -а
наря́дчица, -ы, *тв.* -ей
наряжа́ть(ся), -а́ю(сь), -а́ет(ся)
наря́женный; *кр. ф.* -ен, -ена (*к* наряди́ть[1])
наряжённый; *кр. ф.* -ён, -ена́ (*к* наряди́ть[2])
нас, о на́с (*формы местоим.* мы)
наса́д, -а
насади́тель, -я
насади́тельница, -ы, *тв.* -ей
насади́ть, -ажу́, -а́дит
наса́дка, -и, *р. мн.* -док
насадно́й
наса́док, -дка
наса́дочный
насажа́ть, -а́ю, -а́ет
насажда́ть(ся), -а́ю, -а́ет(ся)
насажде́ние, -я
насаждённый; *кр. ф.* -ён, -ена́
наса́женный; *кр. ф.* -ен, -ена
наса́живание, -я
наса́живать(ся), -аю, -ает(ся)
наса́ленный; *кр. ф.* -ен, -ена
наса́ливание, -я
наса́ливать(ся), -аю, -ает(ся)
наса́лить, -лю, -лит
на самотёк (пусти́ть)
насанда́ленный; *кр. ф.* -ен, -ена
насанда́ливать(ся), -аю(сь), -ает(ся)
насанда́лить(ся), -лю(сь), -лит(ся)
наса́сывание, -я
наса́сывать(ся), -аю(сь), -ает(ся)
наса́харенный; *кр. ф.* -ен, -ена
наса́харивать(ся), -аю, -ает(ся)
наса́харить, -рю, -рит
насбива́ть, -а́ю, -а́ет
насбира́ть, -а́ю, -а́ет
насвежёванный; *кр. ф.* -ан, -ана
насвежева́ть, -жу́ю, -жу́ет

насверлённый; *кр. ф.* -ён, -ена́
насве́рливание, -я
насве́рливать(ся), -аю, -ает(ся)
насверли́ть, -лю́, -ли́т
на све́т (рассма́тривать; появи́ться, произвести́)
насвиня́чить, -чу, -чит
насви́станный; *кр. ф.* -ан, -ана
насвиста́ть(ся), -ищу́(сь), -и́щет(ся)
насвисте́ть(ся), -ищу́(сь), -исти́т(ся)
насви́стывание, -я
насви́стывать(ся), -аю, -ает(ся)
насвоево́льничать, -аю, -ает
на сво́й салты́к
насдава́ть, -даю́, -даёт
на́сданный; *кр. ф.* -ан, -ана́
насда́ть, -а́м, -а́шь, -а́ст, -ади́м, -ади́те, -аду́т; *прош.* -а́л, -ала́, -а́ло
насева́ть(ся), -а́ю, -а́ет(ся)
на сего́дня
наседа́ние, -я
наседа́ть, -а́ю, -а́ет
насе́дка, -и, *р. мн.* -док
насе́ивание, -я
насе́ивать(ся), -аю, -ает(ся)
насе́ка, -и
насека́льщик, -а
насека́льщица, -ы, *тв.* -ей
насека́ние, -я
насека́ть(ся), -а́ю, -а́ет(ся)
насеко́мий, -ья, -ье
насеко́мое, -ого
насеко́мое-вреди́тель, насеко́мого-вреди́теля, *с.*
насеко́мое-опыли́тель, насеко́мого-опыли́теля, *с.*
насеко́мое-парази́т, насеко́мого-парази́та, *с.*
насекомоопыля́емый
насекомоулови́тель, -я
насекомоя́дный; *кр. ф.* -ден, -дна
насе́кший и **насёкший**
населе́ние, -я
населённость, -и
населённый; *кр. ф.* -ён, -ена́
насели́ть(ся), -елю́, -е́ли́т(ся)
насе́льник, -а
насе́льница, -ы, *тв.* -ей
населя́ть(ся), -я́ю, -я́ет(ся)
насе́ст, -а
насе́сть, craя́ду, нася́дет; *прош.* насе́л, насе́ла
насечённый; *кр. ф.* -ён, -ена́
насе́чка, -и, *р. мн.* -чек
насе́чь(ся), -еку́, -ечёт(ся), -еку́т(ся); *прош.* -ёк(ся) и -е́к(ся), -екла́(сь)
насе́янный; *кр. ф.* -ян, -яна
насе́ять, -е́ю, -е́ет
насиде́ть(ся), -ижу́(сь), -иди́т(ся)
наси́женный; *кр. ф.* -ен, -ена
наси́живание, -я
наси́живать(ся), -аю, -ает(ся)
наси́лие, -я
наси́лование, -я
наси́ловать, -лую, -лует
наси́лу, *нареч.* (*с трудом, едва*)
наси́льник, -а
наси́льничанье, -я
наси́льничать, -аю, -ает
наси́льнический
наси́льно, *нареч.*
наси́льственно, *нареч.*
наси́льственно переселённый
наси́льственность, -и
наси́льственный; *кр. ф.* -вен и -венен, -венна
насинённый; *кр. ф.* -ён, -ена́
наси́нивать(ся), -аю, -ает(ся)
насини́ть, -ню́, -ни́т
наска́бливать(ся), -аю, -ает(ся)
наска́занный; *кр. ф.* -ан, -ана
наказа́ть, -кажу́, -ка́жет
наска́зывать, -аю, -ает
наскака́ть(ся), -ачу́(сь), -а́чет(ся)
наска́кивание, -я
наска́кивать, -аю, -ает
на скаку́
наска́льный
насканда́лить(ся), -лю(сь), -лит(ся)
наскво́зь
наскипида́ренный; *кр. ф.* -ен, -ена
наскипида́рить(ся), -рю(сь), -рит(ся)
наскита́ться, -а́юсь, -а́ется
наско́бленный; *кр. ф.* -ен, -ена
наскобли́ть, -облю́, -о́бли́т
наско́к, -а
наско́ком, *нареч.*
наско́лько, *нареч.* (наско́лько мо́жно суди́ть), но *числит.* **на ско́лько** (на ско́лько дне́й)
на́скоро
на ско́рую ру́ку
наскочи́ть, -очу́, -о́чит
наскреба́ть(ся), -а́ю, -а́ет(ся)
наскребённый; *кр. ф.* -ён, -ена́
наскрёбший(ся)
наскрёбывать(ся), -аю, -ает(ся)
наскрести́(сь), -ребу́, -ребёт(ся); *прош.* -рёб(ся), -ребла́(сь)
наскро́зь (*прост. к* наскво́зь)
наскули́ться, -и́тся
наскуча́ться, -а́юсь, -а́ется
наску́чивать, -аю, -ает
наску́чить, -чу, -чит
на сла́ву
наслади́ть(ся), -ажу́(сь), -ади́т(ся)
наслажда́ть(ся), -а́ю(сь), -а́ет(ся)
наслажде́ние, -я
насла́ивание, -я
насла́ивать(ся), -аю, -ает(ся)
на́сланный; *кр. ф.* -ан, -ана (*от* насла́ть)
насласти́ть, -ащу́, -асти́т
насла́ть, нашлю́, нашлёт; *прош.* насла́л, насла́ла (*к* слать)
наслащённый; *кр. ф.* -ён, -ена́
насла́щивать(ся), -аю, -ает(ся)
насле́г, -а
насле́дие, -я
наследи́ть, -ежу́, -еди́т
насле́дник, -а
насле́дник-цесаре́вич, насле́дника-цесаре́вича
насле́дница, -ы, *тв.* -ей
насле́дничек, -чка
насле́дный
насле́дование, -я
насле́дованный; *кр. ф.* -ан, -ана
насле́довать(ся), -дую, -дует(ся)
наследода́тель, -я
насле́дственность, -и
насле́дственный; *кр. ф.* -вен и -венен, -венна
насле́дство, -а
насле́дуемость, -и
насле́жено, *в знач. сказ.* (*от* наследи́ть)
наслези́ться, -и́тся
на слова́х
на́ слово (ве́рить)
наслое́ние, -я
наслоённый; *кр. ф.* -ён, -ена́
наслои́ть(ся), -ою́, -ои́т(ся)
на сло́м
наслоня́ться, -я́юсь, -я́ется
наслужи́ться, -ужу́сь, -у́жится
на слу́х
на слуху́
наслу́шаться, -аюсь, -ается
наслу́шиваться, -аюсь, -ается
насл́ышанный; *кр. ф.* -ан, -ана
насл́ышаться, -шусь, -шится
насл́ышка, -и
наслюнённый; *кр. ф.* -ён, -ена́
наслю́нивать(ся), -аю, -ает(ся)
наслюни́ть, -ню́, -ни́т
наслюня́вить, -влю, -вит
наслюня́вленный; *кр. ф.* -ен, -ена
насма́ливание, -я
насма́ливать(ся), -аю, -ает(ся)
насма́рку
насме́ливаться, -аюсь, -ается
насме́литься, -люсь, -лится
на сме́ну (идти́, прийти́)
насмерде́ть, -ди́т
на́смерть, *нареч.* (сражён пу́лей на́смерть; стоя́ть на́смерть; перепуга́ться на́смерть), но *сущ.* **на сме́рть** и **на́ смерть** (созна́тельно идёт на ри́ск и на сме́рть; не на жи́знь, а на́ смерть)
на́ смех
насмеха́тельство, -а
насмеха́ться, -а́юсь, -а́ется
насме́шечка, -и, *р. мн.* -чек
насмеши́ть, -шу́, -ши́т
насме́шка, -и, *р. мн.* -шек
насме́шливость, -и
насме́шливый
насме́шник, -а
насме́шница, -ы, *тв.* -ей
насме́шничать, -аю, -ает
насмея́ться, -ею́сь, -еётся
насмолённый; *кр. ф.* -ён, -ена́
насмоли́ть(ся), -лю́, -ли́т(ся)
на́сморк, -а

насморка́ть(ся), -а́ю(сь), -а́ет(ся)
на́сморочный
насмо́тренный; *кр. ф.* -ен, -ена
насмотре́ть(ся), -отрю́(сь), -о́трит(ся)
наснежи́ть, -и́т
наснима́ть(ся), -а́ю(сь), -а́ет(ся)
на сно́с
на сно́ся́х
насня́тый
насня́ть, -ниму́, -ни́мет
насоба́чиваться, -аюсь, -ается
насоба́читься, -чусь, -чится
насобира́ть, -а́ю, -а́ет
насо́ванный; *кр. ф.* -ан, -ана
насова́ть, насую́, насуёт
на со́вести
на со́весть
насове́тованный; *кр. ф.* -ан, -ана
насове́товать(ся), -тую(сь), -тует(ся)
насовсе́м, *нареч.*
насо́вывание, -я
насо́вывать(ся), -аю, -ает(ся)
насо́ленный; *кр. ф.* -ен, -ена
насоли́ть(ся), -олю́, -о́ли́т(ся)
насолоди́ть, -ожу́, -оди́т
насоло́женный; *кр. ф.* -ен, -ена
насо́рено, *в знач. сказ.*
насори́ть, -орю́, -ори́т
насортиро́ванный; *кр. ф.* -ан, -ана
насортирова́ть, -ру́ю, -ру́ет
насортиро́вывать, -аю, -ает
насо́с, -а
насо́с-автома́т, насо́са-автома́та
насо́санный; *кр. ф.* -ан, -ана
насоса́ть(ся), -осу́(сь), -осёт(ся)
насо́сик, -а
насо́сно-аккумули́рующий
насо́сно-компре́ссорный
насо́сный
насо́с-форсу́нка, насо́са-форсу́нки, *м.*
насо́счик, -а
насо́хнуть, -нет; *прош.* -о́х, -о́хла
насо́хший
насочинённый; *кр. ф.* -ён, -ена́
насочини́ть, -ню́, -ни́т
насочиня́ть, -я́ю, -я́ет
насочи́ться, -и́тся
на́спанный; *кр. ф.* -ан, -ана
наспа́ть(ся), -плю́(сь), -пи́т(ся); *прош.* -а́л(ся), -ала́(сь), -а́ло, -а́ло́сь
наспекули́ровать, -рую, -рует
на́спех
наспи́нник, -а
наспи́нный
наспирто́ванный; *кр. ф.* -ан, -ана
наспиртова́ть(ся), -ту́ю(сь), -ту́ет(ся)
наспирто́вывать(ся), -аю(сь), -ает(ся)
наспле́тничать(ся), -аю(сь), -ает(ся)
на спо́р и (*разг.*) **на́ спор**
наспо́риться, -рюсь, -рится
наст, -а
настава́ть, -таёт
настави́тельность, -и
настави́тельный; *кр. ф.* -лен, -льна
наста́вить(ся), -влю, -вит(ся)
наста́вка, -и, *р. мн.* -вок
наставле́ние, -я
наста́вленный; *кр. ф.* -ен, -ена
наставля́ть(ся), -я́ю(сь), -я́ет(ся)
наста́вник, -а
наста́вница, -ы, *тв.* -ей
наста́внический
наста́вничество, -а
наставно́й
наста́вочный
наста́ивание, -я
наста́ивать(ся), -аю, -ает(ся)
на ста́рости ле́т
наста́ть, -а́нет
настаю́щий
наство́льный
настёбельный
настёганный; *кр. ф.* -ан, -ана
настега́ть, -а́ю, -а́ет
настёгивание, -я
настёгивать(ся), -аю, -ает(ся)
на́стежь
насте́ленный; *кр. ф.* -ен, -ена
настели́ть, настелю́, насте́лет; *прош.* -и́л, -и́ла
насте́нный
настига́ть(ся), -а́ю(сь), -а́ет(ся)
насти́гнувший
насти́гнутый
насти́гнуть и **насти́чь,** -и́гну, -и́гнет; *прош.* -и́г, -и́гла
насти́гший
на́стии, -ий
насти́л, -а
настила́ние, -я
настила́ть(ся), -а́ю, -а́ет(ся)
насти́лка, -и, *р. мн.* -лок
насти́лочный
насти́льность, -и
насти́льный
насти́льщик, -а
насти́льщица, -ы, *тв.* -ей
насти́ранный; *кр. ф.* -ан, -ана
настира́ть(ся), -а́ю(сь), -а́ет(ся)
насти́рывать(ся), -аю(сь), -ает(ся)
насти́ческий
насти́чь и **насти́гнуть,** -и́гну, -и́гнет; *прош.* -и́г, -и́гла
на́стланный; *кр. ф.* -ан, -ана (*от* настла́ть)
настла́ть, настелю́, насте́лет; *прош.* -а́л, -а́ла (*к* стлать)
на́стовик, -а
на́стовый
насто́ечка, -и, *р. мн.* -чек
насто́ечный
насто́й, -я
насто́йка, -и, *р. мн.* -о́ек
насто́йчивость, -и
насто́йчивый
насто́лечко, *нареч.*
насто́ль, *нареч.*
насто́лько, *нареч.* (насто́лько хоро́ш, что…), но *числит.* **на сто́лько** (на сто́лько часте́й)
насто́льный
настора́живать(ся), -аю(сь), -ает(ся)
настороже́
насторожённо и **насторо́женно,** *нареч.*
насторожённость, -и и **насторо́женность,** -и
насторожённый[1]**;** *кр. ф.* -ён, -ена́, *прич.*
насторожённый[2] и **насторо́женный;** *кр. ф.* -ён, -ена́ и -о́жен, -о́жена (*находящийся в напряженном ожидании, насторожившийся*: бойцы́ насторо́жены́), -ён, -ённа и -о́жен, -о́женна (*выражающий напряженное ожидание*: ли́ца, взгля́ды насторожённы и насторо́женны), *прил.*
насторожи́ть(ся), -жу́(сь), -жи́т(ся)
на стороне́
на́ сторону
настоя́ние, -я
насто́янный; *кр. ф.* -ян, -яна
настоя́тель, -я
настоя́тельница, -ы, *тв.* -ей
настоя́тельность, -и
настоя́тельный; *кр. ф.* -лен, -льна
настоя́тельский
настоя́тельство, -а
настоя́ть(ся), -ою́(сь), -ои́т(ся)
настоя́щее, -его
настоя́щий
настра́гивать(ся), -аю, -ает(ся) и **настру́гивать(ся),** -аю, -ает(ся)
настрада́ться, -а́юсь, -а́ется
на стра́же
настра́ивание, -я
настра́ивать(ся), -аю(сь), -ает(ся)
настра́нствоваться, -твуюсь, -твуется
на стра́х (не на стра́х, а на со́весть; на стра́х врага́м)
настра́чивание, -я
настра́чивать(ся), -аю, -ает(ся)
настра́щанный; *кр. ф.* -ан, -ана
настраща́ть, -а́ю, -а́ет
настре́ливать(ся), -аю, -ает(ся)
настре́лянный; *кр. ф.* -ян, -яна
настреля́ть(ся), -я́ю(сь), -я́ет(ся)
на стрёме
на стрёму
на́стриг, -а (*количество настриженного*)
настри́г, -а (*действие*)
настрига́ть(ся), -а́ю, -а́ет(ся)
настри́гший
настри́женный; *кр. ф.* -ен, -ена
настри́чь, -игу́, -ижёт, -игу́т; *прош.* -и́г, -и́гла
настро́ганный; *кр. ф.* -ан, -ана и **настру́ганный;** *кр. ф.* -ан, -ана
настрога́ть(ся), -а́ю(сь), -а́ет(ся) и **наструга́ть(ся),** -а́ю(сь), -а́ет(ся)
на́строго
настрое́ние, -я
настро́енность, -и
настро́енный; *кр. ф.* -ен, -ена

настрое́нческий
настро́ить(ся), -о́ю(сь), -о́ит(ся)
настро́й, -я
настро́йка, -и, *р. мн.* -о́ек
настро́йщик, -а
настро́йщица, -ы, *тв.* -ей
настро́йщицкий
настропалённый; *кр. ф.* -ён, -ена́
настропали́ть(ся), -лю́(сь), -ли́т(ся)
настропаля́ть(ся), -я́ю(сь), -я́ет(ся)
настро́ченный; *кр. ф.* -ен, -ена
настрочи́ть, -очу́, -о́чи́т
настро́чка, -и
настрочно́й (карма́н)
на́струг, -а
настру́ганный; *кр. ф.* -ан, -ана и **настро́ганный;** *кр. ф.* -ан, -ана
наструга́ть(ся), -а́ю(сь), -а́ет(ся) и **настрога́ть(ся),** -а́ю(сь), -а́ет(ся)
настру́гивать(ся), -аю, -ает(ся) и **настра́гивать(ся),** -аю, -ает(ся)
наструни́ться, -ню́сь, -ни́тся
настря́панный; *кр. ф.* -ан, -ана
настря́пать(ся), -аю(сь), -ает(ся)
настря́пывать, -аю, -ает
настря́ть, -я́нет
настуди́ть(ся), -ужу́, -у́дит(ся)
настужа́ть(ся), -а́ю, -а́ет(ся)
насту́женный; *кр. ф.* -ен, -ена
насту́живать(ся), -аю, -ает(ся)
насту́канный; *кр. ф.* -ан, -ана
насту́кать, -аю, -ает
насту́кивать(ся), -аю, -ает(ся)
наступа́тельность, -и
наступа́тельный; *кр. ф.* -лен, -льна
наступа́ть, -а́ю, -а́ет
наступа́ющий
наступи́ть, -уплю́, -у́пит
наступле́ние, -я
настура́н, -а
насту́рциевый
насту́рция, -и
настуча́ть(ся), -чу́(сь), -чи́т(ся)
настыва́ть, -а́ю, -а́ет
насты́вший
на сты́ке
на́стыль, -я
насты́нуть и **насты́ть,** -ы́ну, -ы́нет; *прош.* -ы́л, -ы́ла
насты́рничать, -аю, -ает
насты́рность, -и
насты́рный; *кр. ф.* -рен, -рна
насты́ть и **насты́нуть,** -ы́ну, -ы́нет; *прош.* -ы́л, -ы́ла
насуда́чить, -чу, -чит
насуди́ться, -ужу́сь, -у́дится
насуети́ться, -ечу́сь, -ети́тся
насулённый; *кр. ф.* -ён, -ена́
насули́ть, -лю́, -ли́т
насумасбро́дить, -о́жу, -о́дит
насумасбро́дничать, -аю, -ает
насу́нутый
насу́нуть(ся), -ну, -нет(ся)
насу́пить(ся), -плю(сь), -пит(ся)
насу́пленность, -и
насу́пленный; *кр. ф.* -ен, -ена
насу́пливать(ся), -аю(сь), -ает(ся)
насупроти́в
насурьми́ть(ся), -млю́(сь), -ми́т(ся)
насурьмлённый; *кр. ф.* -ён, -ена́
на́сухо
насу́ченный; *кр. ф.* -ен, -ена
насу́чивать(ся), -аю, -ает(ся)
насучи́ть, -учу́, -у́чи́т
насу́шенный; *кр. ф.* -ен, -ена
насу́шивать(ся), -аю, -ает(ся)
насуши́ть(ся), -ушу́, -у́шит(ся)
насу́шка, -и
насу́щность, -и
насу́щный; *кр. ф.* -щен, -щна
на сча́стье
насчёт, *предлог* (говори́ли насчёт о́тпуска) но *сущ.* **на счёт** (перевести́ де́ньги на счёт №… в тако́м-то ба́нке)
на счету́
насчи́танный; *кр. ф.* -ан, -ана
насчита́ть(ся), -а́ю, -а́ет(ся)
насчи́тывать(ся), -аю, -ает(ся)
насшиба́ть, -а́ю, -а́ет
на съеде́ние (*кому*) (отда́ть, оста́вить)
насыла́ть(ся), -а́ю, -а́ет(ся)
насыпа́ние, -я
насы́панный; *кр. ф.* -ан, -ана
насы́пать(ся), -плю, -плет(ся), -плют(ся) и -пет(ся), -пят(ся), *сов.*
насыпа́ть(ся), -а́ю, -а́ет(ся), *несов.*
насы́пка, -и
насыпно́й
насы́пщик, -а
насы́пщица, -ы, *тв.* -ей
на́сыпь, -и
на́сыпью, *нареч.*
насы́тить(ся), -ы́щу(сь), -ы́тит(ся)
насыха́ть, -а́ет
насыща́емость, -и
насыща́ть(ся), -а́ю(сь), -а́ет(ся)
насыще́ние, -я
насы́щенно-вла́жный
насы́щенно-жёлтый
насы́щенность, -и
насы́щенный; *кр. ф. прич.* -ен, -ена; *кр. ф. прил.* -ен, -ена (*с дополн.*: жи́знь насы́щена приключе́ниями) и -ен, -енна (*без дополн.*: жи́знь насы́щенна, содержа́тельна)
ната́ивать(ся), -аю, -ает(ся)
ната́лкивание, -я
ната́лкивать(ся), -аю(сь), -ает(ся)
ната́льный
натанцева́ться, -цу́юсь, -цу́ется
ната́пливание, -я
ната́пливать(ся), -аю, -ает(ся)
ната́птывание, -я
ната́птывать(ся), -аю, -ает(ся)
натарато́рить(ся), -рю(сь), -рит(ся)
ната́ска, -и
ната́сканность, -и
ната́сканный; *кр. ф.* -ан, -ана
натаска́ть(ся), -а́ю(сь), -а́ет(ся)
ната́скивание, -я
ната́скивать(ся), -аю(сь), -ает(ся)
натасо́ванный; *кр. ф.* -ан, -ана
натасова́ть, -су́ю, -су́ет
натасо́вывать(ся), -аю, -ает(ся)
ната́счик, -а
нататуи́ровать(ся), -рую(сь), -рует(ся)
ната́чанный; *кр. ф.* -ан, -ана
натача́ть, -а́ю, -а́ет
ната́чивание, -я
ната́чивать(ся), -аю, -ает(ся)
ната́щенный; *кр. ф.* -ен, -ена
натащи́ть, -ащу́, -а́щит
ната́янный; *кр. ф.* -ян, -яна
ната́ять, -а́ю, -а́ет
натверди́ть, -ржу́, -рди́т
на́твердо
натве́рженный; *кр. ф.* -ен, -ена
натве́рживать(ся), -аю, -ает(ся)
натворённый; *кр. ф.* -ён, -ена́
натвори́ть, -рю́, -ри́т
на́те (*возьмите*)
на́ тебе (*выражение удивления*)
на́те вам (*выражение удивления*)
на́те же
натёк, -а
на́те-ка
натека́ние, -я
на́те-кась
натека́ть, -а́ет
натёкший
нате́льный
натереби́ть, -блю́, -би́т
натереблённый; *кр. ф.* -ён, -ена́
натере́ть(ся), натру́(сь), натрёт(ся); *прош.* натёр(ся), натёрла(сь)
натерза́ться, -а́юсь, -а́ется
натерпе́ться, -ерплю́сь, -е́рпится
натёртый
натёрший(ся)
натёс, -а (*к* натеса́ть)
натёсанный; *кр. ф.* -ан, -ана (*от* натеса́ть)
натеса́ть, -ешу́, -е́шет (*тесанием изготовить в каком-н. количестве*)
натёска, -и
натёсывание, -я (*от* натёсывать)
натёсывать(ся), -аю, -ает(ся) (*к* натеса́ть)
натёчно-ка́пельный
натёчный
нате́чь, -ечёт, -еку́т; *прош.* -ёк, -екла́
нате́шенный; *кр. ф.* -ен, -ена
нате́шить(ся), -шу(сь), -шит(ся)
нати́бренный; *кр. ф.* -ен, -ена
нати́брить, -рю, -рит
нативи́зм, -а
нативи́ст, -а
нативи́стский
нати́вный
натира́ние, -я
натира́ть(ся), -а́ю(сь), -а́ет(ся)
нати́рка, -и
нати́рочный

нати́рщик, -а
нати́рщица, -ы, *тв.* -ей
на́тиск, -а
нати́сканный; *кр. ф.* -ан, -ана
нати́скать(ся), -аю(сь), -ает(ся)
нати́скивать(ся), -аю, -ает(ся)
на́-тка и **на́-ткась**
на́тканный; *кр. ф.* -ан, -ана
натка́ть, натку́, наткёт; *прош.* -а́л, -а́ла́, -а́ло
на́ткнутый
наткну́ть(ся), -ну́(сь), -нёт(ся)
на́товец, -вца, *тв.* -вцем, *р. мн.* -вцев
на́товский (*от* НА́ТО)
нато́лканный; *кр. ф.* -ан, -ана
натолка́ть(ся), -а́ю(сь), -а́ет(ся)
нато́лкнутый
натолкну́ть(ся), -ну́(сь), -нёт(ся)
натолкова́ть(ся), -ку́ю(сь), -ку́ет(ся)
натоло́кший
натоло́чь, -лку́, -лчёт, -лку́т; *прош.* -ло́к, -лкла́
натолчённый; *кр. ф.* -ён, -ена́
натоми́ть(ся), -млю́(сь), -ми́т(ся)
натомлённый; *кр. ф.* -ён, -ена́
на́тонко
нато́пать(ся), -аю(сь), -ает(ся)
натопи́ть(ся), -оплю́, -о́пит(ся)
нато́пленный; *кр. ф.* -ен, -ена
натопо́рщенный; *кр. ф.* -ен, -ена
натопо́рщить(ся), -щу(сь), -щит(ся)
нато́птанный; *кр. ф.* -ан, -ана
натопта́ть(ся), -опчу́(сь), -о́пчет(ся)
нато́птыш, -а, *тв.* -ем
наторго́ванный; *кр. ф.* -ан, -ана
наторгова́ть(ся), -гу́ю(сь), -гу́ет(ся)
наторго́вывать(ся), -аю, -ает(ся)
наторе́лый
наторённый; *кр. ф.* -ён, -ена́
наторе́ть, -е́ю, -е́ет
натори́ть, -рю́, -ри́т
нато́рканный; *кр. ф.* -ан, -ана
нато́ркать, -аю, -ает
натороси́ть, -ошу́, -оси́т
натоскова́ться, -ку́юсь, -ку́ется
нато́ченный; *кр. ф.* -ен, -ена
наточи́ть(ся), -очу́, -о́чит(ся)
нато́чка, -и
натоща́к
натр, -а
натрави́ть, -авлю́, -а́вит
натра́вка, -и
натра́вленный; *кр. ф.* -ен, -ена
натра́вливание, -я
натра́вливать(ся), -аю, -ает(ся)
натравля́ть(ся), -я́ю, -я́ет(ся)
натра́вочный
натра́тить(ся), -а́чу(сь), -а́тит(ся)
натра́хать(ся), -аю(сь), -ает(ся)
натра́ченный; *кр. ф.* -ен, -ена
натрезво́нить, -ню, -нит
натрениро́ванность, -и
натрениро́ванный; *кр. ф.* -ан, -ана
натренирова́ть(ся), -иру́ю(сь), -иру́ет(ся)
натре́нькивать, -аю, -ает
натрёпанный; *кр. ф.* -ан, -ана
натрепа́ть(ся), -еплю́(сь), -е́плет(ся), -е́плют(ся) и -е́пет(ся), -е́пят(ся)
натре́скаться, -аюсь, -ается
на тре́ть
на тре́тье
натреща́ть(ся), -щу́(сь), -щи́т(ся)
на́триевый
на́трий, -я
натрийоргани́ческий
на́тровый
на́трое
на трои́х
натроли́т, -а
натруби́ть(ся), -блю́(сь), -би́т(ся)
натруди́ть(ся), -ужу́(сь), -у́ди́т(ся) (*утомить(ся)*)
натруди́ться, -ужу́сь, -у́дится (*много потрудиться*)
натру́женный; *кр. ф.* -ен, -ена и **натружённый;** *кр. ф.* -ён, -ена́
натру́живать(ся), -аю, -ает(ся)
натруси́ть(ся), -ушу́, -уси́т(ся)
натру́ска, -и
натру́шенный; *кр. ф.* -ен, -ена
натру́шивать(ся), -аю, -ает(ся)
натряса́ть(ся), -а́ю, -а́ет(ся)
натрясённый; *кр. ф.* -ён, -ена́
натрясти́(сь), -су́(сь), -сёт(ся); *прош.* -я́с(ся), -ясла́(сь)
натря́сший(ся)
нату́га, -и
на́туго
нату́женный; *кр. ф.* -ен, -ена
нату́живать(ся), -аю(сь), -ает(ся)
нату́жить(ся), -у́жу(сь), -у́жит(ся) (*напрячься*)
натужи́ться, -жу́сь, -у́жится (*нагреваться*)
нату́жливость, -и
нату́жливый
нату́жность, -и
нату́жный; *кр. ф.* -жен, -жна
натузи́ть, натужу́, натузи́т
нату́ра, -ы
натура́л, -а (*приверженец "натурального" стиля*)
натурализа́ция, -и
натурали́зм, -а
натурализо́ванный; *кр. ф.* -ан, -ана
натурализова́ть(ся), -зу́ю(сь), -зу́ет(ся)
натурали́ст, -а
натуралисти́чески
натуралисти́ческий
натуралисти́чность, -и
натуралисти́чный; *кр. ф.* -чен, -чна
натурали́стка, -и, *р. мн.* -ток
натурали́стский
натура́лка, -и, *р. мн.* -лок (*от* натура́л)
натура́льно, *нареч.* и *вводн. сл.*
натура́льно-сто́имостный
натура́льность, -и
натура́льный; *кр. ф.* -лен, -льна
натурба́н, -а
натури́зм, -а
натури́ст, -а
натури́стка, -и, *р. мн.* -ток
натури́стский
нату́рный
натуропа́т, -а
натуропати́ческий
натуропа́тия, -и
натуропла́та, -ы
натурфило́соф, -а
натурфилосо́фия, -и
натурфилосо́фский
нату́рщик, -а
нату́рщица, -ы, *тв.* -ей
нату́рщицкий
натуфи́йский
натуфи́йцы, -ев, *ед.* -и́ец, -и́йца, *тв.* -и́йцем
нату́шенный; *кр. ф.* -ен, -ена
натуши́ть(ся), -шу́, -у́шит(ся)
на "ты́" (бы́ть с кем-чем-н.)
наты́канный; *кр. ф.* -ан, -ана
наты́кать, -аю, -ает, *сов.*
натыка́ть(ся), -а́ю(сь), -а́ет(ся), *несов.*
наты́ренный; *кр. ф.* -ен, -ена
наты́рить, -рю, -рит
наты́ркаться, -аюсь, -ается
натюрмо́рт, -а
натюрмо́ртный
натя́вкать, -ает
натя́г, -а
натяга́ть, -а́ю, -а́ет
натя́гивание, -я
натя́гивать(ся), -аю, -ает(ся)
натяжеле́
натяже́ние, -я
натя́жка, -и, *р. мн.* -жек
натяжно́й
натя́нутость, -и
натя́нутый
натяну́ть(ся), -яну́, -я́нет(ся)
на убо́й
на у́быль (идти́, пойти́)
науга́д
науглеро́дить, -о́жу, -о́дит
науглеро́женный; *кр. ф.* -ен, -ена
науглеро́живание, -я
науглеро́живать(ся), -аю, -ает(ся)
науго́льник, -а
науго́льный
наудалу́ю, *нареч.*
науда́чу, *нареч.* (сказа́ть науда́чу)
на удивле́ние (*кому; замечательный; в высшей степени*)
науди́ть(ся), наужу́(сь), нау́дит(ся)
нау́женный; *кр. ф.* -ен, -ена
нау́живать(ся), -аю, -ает(ся)
наузнава́ть, -наю́, -наёт
нау́ка, -и
науко́ве́д, -а
науко́ве́дение, -я
науко́ве́дческий
наукогра́д, -а

наукоёмкий; *кр. ф.* -ёмок, -ёмка
наукоёмкость, -и
наукометри́ческий
наукоме́трия, -и
наукообра́зие, -я
наукообра́зность, -и
наукообра́зный; *кр. ф.* -зен, -зна
наукоподо́бие, -я
наукоподо́бный; *кр. ф.* -бен, -бна
на́уплиус, -а
на ура́
на́ус, -а
на у́с (мота́ть)
наусти́ть, наущу́, наусти́т
нау́ськанный; *кр. ф.* -ан, -ана
нау́ськать, -аю, -ает
нау́ськивание, -я
нау́ськивать(ся), -аю, -ает(ся)
наутёк
наутилоиде́и, -иде́й
наути́лусы, -ов, *ед.* -лус, -а (*моллюски*)
наутофо́н, -а
нау́тро, *нареч.* (*утром следующего дня*: нау́тро вы́ступили в похо́д), но *сущ.* **на у́тро** (отложи́ть разгово́р на у́тро)
наутю́женный; *кр. ф.* -ен, -ена
наутю́живать(ся), -аю(сь), -ает(ся)
наутю́жить(ся), -жу(сь), -жит(ся)
науча́ть(ся), -а́ю(сь), -а́ет(ся)
науче́ние, -я
нау́ченный; *кр. ф.* -ен, -ена
на учёт (взя́ть, поста́вить)
научи́ть(ся), научу́(сь), нау́чит(ся)
нау́чник, -а (*научный работник; судно*)
нау́чно-администрати́вный
нау́чно-внедре́нческий
нау́чно дока́занный
нау́чно-инновацио́нный
нау́чно-информацио́нный
нау́чно-иссле́довательский
нау́чно-координацио́нный
нау́чно-методи́ческий
нау́чно обосно́ванный
нау́чно-образова́тельный
нау́чно-организацио́нный
нау́чно-познава́тельный
нау́чно-популя́рный
нау́чно-практи́ческий
нау́чно-произво́дственный
нау́чно-промы́шленный
нау́чно-просвети́тельный
нау́чно-реставрацио́нный
нау́чно-спорти́вный
нау́чность, -и
нау́чно-теорети́ческий
нау́чно-техни́ческий
нау́чно-технологи́ческий
нау́чно-уче́бный
нау́чно-фантасти́ческий
нау́чно-худо́жественный
нау́чно-экспедицио́нный
нау́чно-эксперимента́льный
нау́чный; *кр. ф.* -чен, -чна
нау́чный сотру́дник – консульта́нт
нау́чный сотру́дник – космона́вт
на у́шко́ (сказа́ть)
нау́шник, -а (*доносчик*)
нау́шники, -ов, *ед.* -ник, -а (*прибор*)
нау́шница, -ы, *тв.* -ей
нау́шничанье, -я
нау́шничать, -аю, -ает
нау́шнический
нау́шничество, -а
нащу́ать(ся), -а́ю(сь), -а́ет(ся)
наще́ние, -я
нащённый; *кр. ф.* -ён, -ена́
нафа́бренный; *кр. ф.* -ен, -ена
нафа́бривать(ся), -аю(сь), -ает(ся)
нафабрико́ванный; *кр. ф.* -ан, -ана
нафабрикова́ть, -ку́ю, -ку́ет
нафа́брить(ся), -рю(сь), -рит(ся)
нафантази́рованный; *кр. ф.* -ан, -ана
нафантази́ровать, -рую, -рует
нафарширо́ванный; *кр. ф.* -ан, -ана
нафарширова́ть(ся), -ру́ю, -ру́ет(ся)
нафарширо́вывать(ся), -аю, -ает(ся)
на́ фиг
на фига́
нафиксатуа́ренный; *кр. ф.* -ен, -ена
нафиксатуа́рить(ся), -рю(сь), -рит(ся)
нафилосо́фствовать(ся), -твую(сь), -твует(ся)
нафиска́лить, -лю, -лит
на фо́не (*кого, чего*)
наформо́ванный; *кр. ф.* -ан, -ана
наформова́ть, -му́ю, -му́ет
наформо́вывать(ся), -аю, -ает(ся)
нафтала́н, -а
нафтала́нный
нафтала́новый
нафталанолече́ние, -я
нафтали́н, -а
нафтали́нный
нафтали́новый
нафтена́ты, -ов, *ед.* -на́т, -а
нафте́новый
нафте́ны, -ов, *ед.* -те́н, -а
нафти́ды, -ов, *ед.* -ти́д, -а
нафтизи́н, -а
нафтизи́нный
нафтизи́новый
нафтилами́ны, -ов, *ед.* -ми́н, -а
нафтио́новый
нафто́иды, -ов, *ед.* -о́ид, -а
нафто́л, -а
нафто́ловый
нафтохино́ны, -ов, *ед.* -но́н, -а
на фуфу́
нафы́ркать(ся), -аю(сь), -ает(ся)
наха́живать, -аю, -ает
наха́л, -а
наха́линка, -и
наха́лка, -и, *р. мн.* -лок
наха́ловка, -и
нахалту́рить, -рю, -рит
наха́льничать, -аю, -ает
наха́льность, -и
наха́льный; *кр. ф.* -лен, -льна
наха́льство, -а
нахалю́га, -и, *м.* и *ж.*
на халя́ву
нахами́ть, -млю́, -ми́т
наха́панный; *кр. ф.* -ан, -ана
наха́пать, -аю, -ает
на хапо́к (бра́ть)
наха́пывать(ся), -аю, -ает(ся)
наха́ркано, *в знач. сказ.*
наха́ркать, -аю, -ает
нахва́ленный; *кр. ф.* -ен, -ена
нахва́ливание, -я
нахва́ливать(ся), -аю(сь), -ает(ся)
нахвали́ть(ся), -алю́(сь), -а́лит(ся)
нахва́стать(ся), -аю(сь), -ает(ся)
нахва́танность, -и
нахва́танный; *кр. ф.* -ан, -ана
нахвата́ть(ся), -а́ю(сь), -а́ет(ся)
нахва́тывать(ся), -аю(сь), -ает(ся)
нахвора́ться, -а́юсь, -а́ется
нахво́стник, -а
на́хза́ц, -а, *тв.* -ем
нахими́чить, -чу, -чит
нахи́мовец, -вца, *тв.* -вцем, *р. мн.* -вцев
нахи́мовский (*от* Нахи́мов)
Нахи́мовское учи́лище
нахичева́нский (*от* Нахичева́нь)
нахичева́нцы, -ев, *ед.* -нец, -нца, *тв.* -нцем
нахлами́ть, -млю́, -ми́т
нахламлено́, *в знач. сказ.*
нахла́мостить, -ощу, -остит
нахлеба́ться, -а́юсь, -а́ется
нахле́бник, -а
нахле́бница, -ы, *тв.* -ей
нахле́бничать, -аю, -ает
нахле́бничество, -а
нахлёбываться, -аюсь, -ается
нахлёст, -а
нахлёстанный; *кр. ф.* -ан, -ана
нахлеста́ть(ся), -ещу́(сь), -е́щет(ся)
нахлёстка, -и, *р. мн.* -ток
нахлёстнутый
нахлестну́ть, -ну́, -нёт
нахлёстом, *нареч.*
нахлёстывание, -я
нахлёстывать(ся), -аю(сь), -ает(ся)
нахлобу́ченный; *кр. ф.* -ен, -ена
нахлобу́чивать(ся), -аю(сь), -ает(ся)
нахлобу́чить(ся), -чу(сь), -чит(ся)
нахлобу́чка, -и, *р. мн.* -чек
нахло́панный; *кр. ф.* -ан, -ана
нахло́пать(ся), -аю(сь), -ает(ся)
нахлопота́ться, -почу́сь, -по́чется
нахло́пывать(ся), -аю(сь), -ает(ся)
нахлы́нуть, -нет
на́хлы́ст, -а
нахлы́станный; *кр. ф.* -ан, -ана
нахлыста́ть, -а́ю, -а́ет
на́хлы́стовый
нахму́ренный; *кр. ф.* -ен, -ена
нахму́ривать(ся), -аю(сь), -ает(ся)
нахму́рить(ся), -рю(сь), -рит(ся)

нахны́каться, -ы́чусь, -ы́чется и -аю(сь), -ается
находи́ть(ся), -ожу́(сь), -о́дит(ся)
нахо́дка, -и, *р. мн.* -док
нахо́дкинский (*от* Нахо́дка, *город*)
нахо́дкинцы, -ев, *ед.* -нец, -нца, *тв.* -нцем
на ходу́
нахо́дчивость, -и
нахо́дчивый
находя́щий(ся)
нахожде́ние, -я
нахо́женный; *кр. ф.* -ен, -ена
нахозя́йничать(ся), -аю(сь), -ает(ся)
нахозя́йствовать(ся), -твую(сь), -твует(ся)
нахола́живание, -я
нахола́живать(ся), -аю, -ает(ся)
нахолода́ть(ся), -а́ю(сь), -а́ет(ся)
нахолоди́ть(ся), -ожу́, -оди́т(ся)
нахоложённый; *кр. ф.* -ён, -ена́
нахомута́ть, -а́ю, -а́ет
на хорошо́
нахо́хленный; *кр. ф.* -ен, -ена
нахо́хливать(ся), -аю(сь), -ает(ся)
нахо́хлить(ся), -лю(сь), -лит(ся)
нахохота́ться, нахохочу́сь, нахохо́чется
нахра́п, -а
нахрапе́ться, -плю́сь, -пи́тся
нахра́пистость, -и
нахра́пистый
нахра́пник, -а
на храпо́к (бра́ть)
нахра́пом, *нареч.*
на́ хрен
на хрена́
на́хский (на́хские языки́)
на́хско-дагеста́нский (на́хско-дагеста́нские языки́)
нахулига́нить(ся), -ню(сь), -нит(ся)
нацара́панный; *кр. ф.* -ан, -ана
нацара́пать, -аю, -ает
нацара́пывать(ся), -аю, -ает(ся)
наца́рствовать(ся), -твую(сь), -твует(ся)
нацвалю́та, -ы
нацвопро́с, -а
нацеди́ть(ся), -ежу́, -е́дит(ся)
наце́женный; *кр. ф.* -ен, -ена
наце́живание, -я
наце́живать(ся), -аю, -ает(ся)
наце́ленно, *нареч.*
наце́ленность, -и
наце́ленный; *кр. ф.* -ен, -ена
наце́ливание, -я
наце́ливать(ся), -аю(сь), -ает(ся)
наце́лить(ся), -лю(сь), -лит(ся)
на́цело
нацело́ванный; *кр. ф.* -ан, -ана
нацелова́ть(ся), -лу́ю(сь), -лу́ет(ся)
наценённый; *кр. ф.* -ён, -ена́
наце́нивать(ся), -аю, -ает(ся)
нацени́ть, -еню́, -е́нит
наце́нка, -и, *р. мн.* -нок
нацепи́ть(ся), -еплю́, -е́пит(ся)
наце́пка, -и
наце́пленный; *кр. ф.* -ен, -ена
нацепля́ть(ся), -я́ю, -я́ет(ся)
на́ци, *нескл., м.* и *ж.*
наци́зм, -а
На́ции, -ий: **Ли́га На́ций, Объединённые На́ции**
национа́л, -а
национал-... – *первая часть сложных слов, пишется через дефис*
национа́л-большеви́зм, -а
национа́л-большеви́к, -а́
национа́л-большеви́стский
национа́л-держа́вник, -а
национа́л-держа́вный (национа́л-держа́вная рито́рика)
национализа́ция, -и
национализи́рованный; *кр. ф.* -ан, -ана
национализи́ровать(ся), -рую, -рует(ся)
национали́зм, -а
национализо́ванный; *кр. ф.* -ан, -ана
национализова́ть(ся), -зу́ю, -зу́ет(ся)
национали́ст, -а
националисти́ческий
националисти́чный; *кр. ф.* -чен, -чна
национали́стка, -и, *р. мн.* -ток
национали́стский
национа́лка, -и, *р. мн.* -лок
национа́л-коммуни́зм, -а
национа́л-коммуни́ст, -а
национа́л-коммунисти́ческий
национа́л-либера́л, -а
национа́л-либера́льный
национа́л-патрио́т, -а
национа́л-патриоти́зм, -а
национа́л-патриоти́ческий
национа́л-попули́зм, -а
национа́л-радика́л, -а
национа́л-радикали́зм, -а
национа́л-радикали́стский
национа́л-радика́льный
национа́л-социали́зм, -а
национа́л-социали́ст, -а
национа́л-социали́стский
национа́л-шовини́зм, -а
национа́л-шовини́ст, -а
национа́л-шовинисти́ческий
Национа́льная хокке́йная ли́га (НХЛ)
национа́льно-администрати́вный
национа́льно-госуда́рственный
национа́льно-демократи́ческий
Национа́льное собра́ние (*парламент в нек-рых странах*)
национа́льно-истори́ческий
национа́льно-культу́рный
национа́льно-освободи́тельный
национа́льно-патриоти́ческий
национа́льно-психологи́ческий
национа́льно-революцио́нный
национа́льно-региона́льный
национа́льно-религио́зный
национа́льно-ру́сский
национа́льно-сме́шанный
национа́льно-специфи́ческий
национа́льность, -и
национа́льно-территориа́льный
национа́льно-этни́ческий
национа́льно-языково́й
национа́льный; *кр. ф.* -лен, -льна
национа́л-экстреми́зм, -а
национа́л-экстреми́ст, -а
национа́л-экстреми́стский
наци́ст, -а
наци́стка, -и, *р. мн.* -ток
наци́стский
на́ция, -и
нацка́дры, -ов
нацме́н, -а
нацме́нка, -и, *р. мн.* -нок
нацме́новский
нацменьши́нства, -и́нств, *ед.* -и́нство́, -и́нства́
нацо́круг, -а, *мн.* -а́, -о́в
нацрайо́н, -а
на цугу́ндер (бра́ть)
нацшко́ла, -ы
на цы́почках
на цы́почки
начади́ть, -ажу́, -ади́т
нача́й, -ёв (*чаевые, устар.*)
на ча́й (дава́ть)
нача́ло, -а
нача́льник, -а
нача́льница, -ы, *тв.* -ей
нача́льничек, -чка
нача́льнически
нача́льнический
нача́льничий, -ья, -ье
нача́льность, -и
начальноуда́рный (*лингв.*)
нача́льный
нача́льственно, *нареч.*
нача́льственность, -и
нача́льственный; *кр. ф.* -вен и -венен, -венна
нача́льство, -а
нача́льствование, -я
нача́льствовать, -твую, -твует
нача́льствующий
нача́рт, -а
на часа́х (*на карауле*)
нача́тие, -я
нача́тки, -ов
нача́точный
на́чатый; *кр. ф.* -ат, -ата́, -ато
нача́ть(ся), начну́, начнёт(ся); *прош.* на́чал, начался́, начала́(сь), на́чало, начало́сь
начди́в, -а
начека́ненный; *кр. ф.* -ен, -ена
начека́нивать(ся), -аю, -ает(ся)
начека́нить, -ню, -нит
начеку́
начёрканный; *кр. ф.* -ан, -ана

начерка́ть, -а́ю, -а́ет и **начё́ркать,** -аю, -ает
начё́ркивать(ся), -аю, -ает(ся)
начернё́нный; *кр. ф.* -ён, -ена́
начерни́ть(ся), -ню́(сь), -ни́т(ся)
на́черно
начерня́ть(ся), -я́ю(сь), -я́ет(ся)
наче́рпанный; *кр. ф.* -ан, -ана
наче́рпать, -аю, -ает
наче́рпывать(ся), -аю, -ает(ся)
на чё́рта и **на черта́** (*зачем, для чего*)
начерта́лка, -и
начерта́ние, -я
наче́ртанный; *кр. ф.* -ан, -ана
начерта́тельный
начерта́ть(ся), -а́ю, -а́ет(ся)
начерти́ть, -ерчу́, -е́ртит
наче́рченный; *кр. ф.* -ен, -ена
наче́рчивание, -я
наче́рчивать(ся), -аю, -ает(ся)
начё́с, -а
начё́санный; *кр. ф.* -ан, -ана
начеса́ть(ся), -ешу́(сь), -е́шет(ся)
начё́сный
наче́сть(ся), начту́, начтё́т(ся); *прош.* начё́л(ся), начла́(сь)
начё́сывание, -я
начё́сывать(ся), -аю(сь), -ает(ся)
начё́т, -а
на четвере́ньках
на четвере́ньки
на́четверо
на че́тверть
на четверы́х
начё́тистый
начё́тнический
начё́тничество, -а
начё́тный
начё́тчик, -а
начё́тчица, -ы, *тв.* -ей
начи́н, -а
начина́ние, -я
начина́тель, -я
начина́тельница, -ы, *тв.* -ей
начина́тельный
начина́ть(ся), -а́ю, -а́ет(ся)
начина́ющий(ся)
начина́я, *деепр.*
начина́я от (с), *предлог*
начи́ненный; *кр. ф.* -ен, -ена (*от* начини́ть[1])
начинё́нный; *кр. ф.* -ён, -ена́ (*от* начини́ть[2])
начи́нивать(ся), -аю, -ает(ся)
начини́ть[1], -иню́, -и́нит (*к* чини́ть[1])
начини́ть[2], -ню́, -ни́т (*наполнить*)
начи́нка, -и, *р. мн.* -нок
начи́ночка, -и, *р. мн.* -чек
начи́ночный
начиня́ть(ся), -я́ю, -я́ет(ся)
начири́кать, -аю, -ает
начи́рканный; *кр. ф.* -ан, -ана
начи́ркать, -аю, -ает
начисле́ние, -я
начи́сленный; *кр. ф.* -ен, -ена
начи́слить(ся), -лю, -лит(ся)
начисля́ть(ся), -я́ю, -я́ет(ся)
начи́стить(ся), -и́щу(сь), -и́стит(ся)
на́чисто
начистоту́, *нареч.* (*откровенно*)
начисту́ю
начи́танность, -и
начи́танный; *кр. ф. прич.* -ан, -ана; *кр. ф. прил.* -ан, -анна (она́ умна́ и начи́танна)
начита́ть(ся), -а́ю(сь), -а́ет(ся)
начи́тывание, -я
начи́тывать(ся), -аю(сь), -ает(ся)
начиха́ть(ся), -а́ю(сь), -а́ет(ся)
начища́ть(ся), -а́ю(сь), -а́ет(ся)
начи́щенный; *кр. ф.* -ен, -ена
начка́нц, -а, *тв.* -ем, *р. мн.* -ев
начме́д, -а
начпро́д, -а
начскла́да, *нескл., м.* и *ж.*
начсоста́в, -а
начтё́нный; *кр. ф.* -ён, -ена́
начуда́чить, -чу, -чит
начуде́сить, -ит
начуди́ть, -и́т
начфи́н, -а
начха́ть, -а́ю, -а́ет
начхи́м, -а
начхо́з, -а
начце́ха, *нескл., м.* и *ж.*
начшта́ба, *нескл., м.* и *ж.*
наш[1], на́ше, на́шего, **на́ша,** на́шей, *мн.* на́ши, на́ших, *местоим.*
наш[2], *нескл., м.* и *с.* (*название буквы*)
нашага́ть(ся), -а́ю(сь), -а́ет(ся)
нашали́ть(ся), -лю́(сь), -ли́т(ся)
на шара́п
наша́ренный; *кр. ф.* -ен, -ена
наша́ривание, -я
наша́ривать(ся), -аю, -ает(ся)
наша́рить, -рю, -рит
наша́ркано, *в знач. сказ.*
наша́ркать, -аю, -ает
наша́ркивать, -аю, -ает
нашармака́
нашармачка́
нашаромы́жку
нашата́ться, -а́юсь, -а́ется
нашаты́рно-ани́совый
нашаты́рный
нашаты́рь, -я́
нашвы́ривать(ся), -аю, -ает(ся)
нашвы́рянный; *кр. ф.* -ян, -яна
нашвыря́ть, -я́ю, -я́ет
наше́дший(ся)
наше́йный
нашелушё́нный; *кр. ф.* -ён, -ена́
нашелуши́ть(ся), -шу́, -ши́т(ся)
на́шенский
нашепта́ние, -я
нашё́птанный; *кр. ф.* -ан, -ана
нашепта́ть(ся), -епчу́(сь), -е́пчет(ся)
нашё́птывание, -я
нашё́птывать(ся), -аю, -ает(ся)
наше́ст, -а
наше́ствие, -я
нашива́ние, -я
нашива́ть(ся), -а́ю, -а́ет(ся)
на́шивать, *наст. вр. не употр.*
наши́вка, -и, *р. мн.* -вок
нашивно́й
наши́льник, -а
нашинко́ванный; *кр. ф.* -ан, -ана
нашинкова́ть, -ку́ю, -ку́ет
нашинко́вывать(ся), -аю, -ает(ся)
наши́тый
наши́ть, нашью́, нашьё́т
нашко́дить, -ит
нашко́дничать, -аю, -ает
нашле́мник, -а
нашлё́панный; *кр. ф.* -ан, -ана
нашлё́пать, -аю, -ает
нашлё́пка, -и, *р. мн.* -пок
нашлё́пнуть, -ну, -нет
нашлё́пывать(ся), -аю, -ает(ся)
нашля́ться, -я́юсь, -я́ется
нашпа́ренный; *кр. ф.* -ен, -ена
нашпа́ривать(ся), -аю, -ает(ся)
нашпа́рить, -рю, -рит
нашпиго́ванный; *кр. ф.* -ан, -ана
нашпигова́ть, -гу́ю, -гу́ет
нашпиго́вывание, -я
нашпиго́вывать(ся), -аю, -ает(ся)
нашпи́ленный; *кр. ф.* -ен, -ена
нашпи́ливать(ся), -аю, -ает(ся)
нашпи́лить, -лю, -лит
наштампо́ванный; *кр. ф.* -ан, -ана
наштампова́ть, -пу́ю, -пу́ет
наштампо́вывать(ся), -аю, -ает(ся)
нашто́панный; *кр. ф.* -ан, -ана
нашто́пать, -аю, -ает
нашто́пывать, -аю, -ает
наштукату́ренный; *кр. ф.* -ен, -ена
наштукату́ривать(ся), -аю(сь), -ает(ся)
наштукату́рить(ся), -рю(сь), -рит(ся)
нашуме́вший
нашуме́ть, -млю́, -ми́т
нашути́ться, -учу́сь, -у́тится
на шу́хере
нашу́шукаться, -аюсь, -ается
нащеголя́ться, -я́юсь, -я́ется
нащё́лканный; *кр. ф.* -ан, -ана
нащё́лкать, -аю, -ает
нащё́лкивать, -аю, -ает
наще́панный; *кр. ф.* -ан, -ана
нащепа́ть, нащеплю́, нащё́плет и -а́ю, -а́ет (*к* щепа́ть)
нащё́чный
нащи́панный; *кр. ф.* -ан, -ана
нащипа́ть, -иплю́, -и́плет, -и́плют и -и́пет, -и́пят; *также* -а́ю, -а́ет (*к* щипа́ть)
нащи́пывать(ся), -аю, -ает(ся)
нащу́панный; *кр. ф.* -ан, -ана
нащу́пать, -аю, -ает
нащу́пывание, -я
нащу́пывать(ся), -аю, -ает(ся)
наэконо́мить, -млю, -мит
наэконо́мленный; *кр. ф.* -ен, -ена

наэксперименти́ровать(ся), -и́рую(сь), -и́рует(ся)
наэлектризо́ванность, -и
наэлектризо́ванный; *кр. ф.* -ан, -ана
наэлектризова́ть(ся), -зу́ю(сь), -зу́ет(ся)
наэлектризо́вывать(ся), -аю(сь), -ает(ся)
на юру́
на́я, на́и (*змея*)
ная́бедничать, -аю, -ает
наяву́
ная́да, -ы
ная́довые, -ых
ная́н, -а
ная́нливый
ная́ривать, -аю, -ает
на я́ть
нга́ла, *нескл., мн., ед. м.* и *ж.* (*группа народов*)
нганаса́нка, -и, *р. мн.* -нок
нганаса́нский
нганаса́ны, -а́н и -ов, *ед.* -са́н, -а
нго́ни, *нескл., мн., ед. м.* и *ж.* (*народ*)
нда и **н-да,** *межд.*
ндебе́ле, *нескл., мн., ед. м.* и *ж.* (*народ*)
ндрав, -а (*прост. и шутл. к* нрав)
НДС [эндээ́с], *нескл., м.* (*сокр.*: налог на добавленную стоимость)
не, *частица отрицательная*
неаванта́жный*; *кр. ф.* -жен, -жна
неавтоматизи́рованный*
неавтомати́ческий*
неадапти́рованность*, -и
неадапти́рованный*
неадеква́тнее*
неадеква́тность*, -и
неадеква́тный*; *кр. ф.* -тен, -тна
неадъекти́вный*
неакклиматизи́рованный*
неакко́рдовый*
неаккура́тнее*
неаккура́тность*, -и
неаккура́тный*; *кр. ф.* -тен, -тна
неактёр*, -а
неакти́вный*; *кр. ф.* -вен, -вна
неактуа́льнее*
неактуа́льность*, -и
неактуа́льный*; *кр. ф.* -лен, -льна
неангажи́рованность*, -и
неангажи́рованный*
неандерта́льский
неандерта́льцы, -ев, *ед.* -лец, -льца, *тв.* -льцем
неантагонисти́ческий*
неаполита́нка, -и, *р. мн.* -нок
неаполита́нский (*от* Неа́поль)
неаполита́нцы, -ев, *ед.* -нец, -нца, *тв.* -нцем
неаппети́тный*; *кр. ф.* -тен, -тна
неаристо́телевская* ло́гика
Неа́рктика, -и (*зоогеографическая область суши*)
Неаркти́ческая о́бласть
неаркти́ческий (*от* Неа́рктика)
неафиши́руемый*
не а́х, *нареч.* и *в знач. сказ.*
не ахти́
не ахти́ ка́к
не ахти́ како́й
небана́льность*, -и
небана́льный*; *кр. ф.* -лен, -льна
не беда́
не бедне́е
небе́дный*
не без (не без успе́ха, не без сожале́ния)
небезболе́зненно*, *нареч.* и *в знач. сказ.*
небезболе́зненный*; *кр. ф.* -нен, -ненна
небезвре́дный*; *кр. ф.* -ден, -дна
небезвы́годный; *кр. ф.* -ден, -дна
не без вы́годы
небезвы́ходный*; *кр. ф.* -ден, -дна
не без греха́
небезгре́шный*; *кр. ф.* -шен, -шна
небезда́рный*; *кр. ф.* -рен, -рна
небеззабо́тный*; *кр. ф.* -тен, -тна
небеззащи́тный*; *кр. ф.* -тен, -тна
небезнадёжность*, -и
небезнадёжный*; *кр. ф.* -жен, -жна
небезоби́дность*, -и
небезоби́дный*; *кр. ф.* -ден, -дна
небезопа́сность*, -и
небезопа́сный*; *кр. ф.* -сен, -сна
не без основа́ния
небезоснова́тельность*, -и
небезоснова́тельный*; *кр. ф.* -лен, -льна
небезоши́бочность*, -и
небезоши́бочный*; *кр. ф.* -чен, -чна
не без по́льзы
не без причи́ны
небезразли́чие*, -я
не безразли́чно, *в знач. сказ.*
небезразли́чный*; *кр. ф.* -чен, -чна
небезрезульта́тный*; *кр. ф.* -тен, -тна
не без того́
не без труда́
небезукори́зненно*, *нареч.*
небезукори́зненный*; *кр. ф.* -нен, -ненна
небезупре́чный*; *кр. ф.* -чен, -чна
не без успе́ха
небезуспе́шность*, -и
небезуспе́шный*; *кр. ф.* -шен, -шна
небезуча́стный*; *кр. ф.* -тен, -тна
небезызве́стный*; *кр. ф.* -тен, -тна
небезынтере́сный*; *кр. ф.* -сен, -сна
не без э́того
не белённый, *прич.*
небелёный*, *прил.*
небелко́вый*
небе́лый*
небережли́вость*, -и
небережли́вый*
небеса́, небе́с, -а́м и (*Божественные силы, высок.*) **Небеса́,** Небе́с, -а́м
небескоры́стнее*
небескоры́стный*; *кр. ф.* -тен, -тна
Небе́сная импе́рия (*об императорском Китае*)
небе́сно-голубо́й
небе́сный (*также*: си́лы небе́сные); но: **Ца́рь Небе́сный** (*Бог*), **Цари́ца Небе́сная** (*Богородица*), **Ца́рство (Ца́рствие) Небе́сное** (*богосл.*)
не беспла́тно, *нареч.*
небесплóдный*; *кр. ф.* -ден, -дна
небесполе́зный*; *кр. ф.* -зен, -зна
небеспо́чвенный*; *кр. ф.* -вен и -венен, -венна
небеспреде́льный*; *кр. ф.* -лен, -льна
небеспристра́стность*, -и
небеспристра́стный*; *кр. ф.* -тен, -тна
небеспробле́мный*; *кр. ф.* -мен, -мна
небессмы́сленность*, -и
небессмы́сленный*; *кр. ф.* -лен, -ленна
небесспо́рность*, -и
небесспо́рный*; *кр. ф.* -рен, -рна
небестала́нно*, *нареч.*
небестала́нность*, -и
небестала́нный*; *кр. ф.* -а́нен, -а́нна
небизнесме́н*, -а
небиржево́й*
неби́тый*
неблагови́днее*
неблагови́дность*, -и
неблагови́дный*; *кр. ф.* -ден, -дна
неблаговоле́ние*, -я
неблаговоспи́танно*, *нареч.*
неблаговоспи́танность*, -и
неблаговоспи́танный*; *кр. ф.* -ан, -анна
неблагода́рнее*
неблагода́рность*, -и
неблагода́рный*; *кр. ф.* -рен, -рна
неблагожела́тельность*, -и
неблагожела́тельный*; *кр. ф.* -лен, -льна
неблагожела́тельство*, -а
неблагозву́чие*, -я
неблагозву́чнее*
неблагозву́чность*, -и
неблагозву́чный*; *кр. ф.* -чен, -чна
неблагонадёжнее*
неблагонадёжность*, -и
неблагонадёжный*; *кр. ф.* -жен, -жна
неблагонаме́ренность*, -и
неблагонаме́ренный*; *кр. ф.* -рен, -ренна
неблагонра́вный*; *кр. ф.* -вен, -вна
неблагообра́зный*; *кр. ф.* -зен, -зна
неблагополу́чие*, -я
неблагополу́чнее*
неблагополу́чно*, *нареч.* и *в знач. сказ.*
неблагополу́чный*; *кр. ф.* -чен, -чна
неблагоприли́чный*; *кр. ф.* -чен, -чна
неблагопристо́йнее*
неблагопристо́йность*, -и

неблагопристо́йный*; *кр. ф.* -о́ен, -о́йна
неблагоприя́тнее*
неблагоприя́тный*; *кр. ф.* -тен, -тна
неблагоразу́мие*, -я
неблагоразу́мнее*
неблагоразу́мно*, *нареч.* и *в знач. сказ.*
неблагоразу́мный*; *кр. ф.* -мен, -мна
неблагоро́днее*
неблагоро́дный*; *кр. ф.* -ден, -дна
неблагоскло́нно*, *нареч.*
неблагоскло́нность*, -и
неблагоскло́нный*; *кр. ф.* -о́нен, -о́нна
неблаготво́рный*; *кр. ф.* -рен, -рна
неблагоустро́енность*, -и
неблагоустро́енный*; *кр. ф.* -ен, -енна, *прил.*
неблестя́ще*, *нареч.*
неблестя́щий*
не бли́же
неблизкий*
нёбно-зубно́й
нёбный
не́бо, -а и (*Божественные силы, высок.*) **Не́бо**, -а
нёбо, -а (*во рту*)
небога́то*, *нареч.*
небога́тый*
не бога́че
не бо́г ве́сть что́ (кто́, како́й, где́, ка́к и т. п.)
не бо́г зна́ет что́ (кто́, како́й, где́, ка́к и т. п.)
небоеспосо́бнее*
небоеспосо́бность*, -и
небоеспосо́бный*; *кр. ф.* -бен, -бна
небожи́тель, -я
небожи́тельница, -ы, *тв.* -ей
небо́йкий*
небокопти́тель, -я
не бо́лее
неболе́зненно*, *нареч.* и *в знач. сказ.*
неболе́зненный*; *кр. ф.* -нен, -ненна
неболтли́вый*
небо́льно*, *нареч.* (уда́рить небо́льно)
не бо́льно, *в знач. сказ.* (*к* боль) и *нареч.* (*не очень*)
не больно́й; *кр. ф.* не бо́лен, не больна́
не бо́льше
не бо́льший
небольшо́й*; с небольши́м
небосво́д, -а
небоскло́н, -а
небоскрёб, -а
небо́сь
небоязли́вый*
небра́сский (*от* Небра́ска)
небра́сцы, -ев, *ед.* -сец, -сца, *тв.* -сцем
небреже́ние, -я
небре́жничать, -аю, -ает
небре́жность, -и
небре́жный; *кр. ф.* -жен, -жна
небрезгли́вый*
небре́чь, -регу́, -режёт, -регу́т; *прош.* -рёг, -егла́
небри́тость*, -и
небри́тый*
небро́ский*; *кр. ф.* небро́сок, -ска
небро́скость*, -и
небу́дничный*; *кр. ф.* -чен, -чна
небу́йный*
небуля́рный
небыва́лый (*не бывавший прежде*)
небыва́льщина, -ы
небыли́ца, -ы, *тв.* -ей
не́быль, -и
не быстре́е
небы́стрый*
небытие́*, -я́, *тв.* -е́м, *предл.* о (в) небытии́ (*несуществование*); уйти́ в небытие́, прийти́ (верну́ться) из небытия́
небытово́й*
небьющийся*
небюдже́тник*, -а
небюдже́тный*
нева́дский (*от* Нева́да)
нева́дцы, -ев, *ед.* -дец, -дца, *тв.* -дцем
не важне́е
неважне́ц, *в знач. сказ.*
неважне́цки
неважне́цкий
нева́жно*, *в знач. сказ.* (*к* нева́жный*: *не имеет значения*)
нева́жно, *нареч.* (*к* нева́жный: нева́жно себя́ чу́вствовать)
нева́жность*, -и (*к* нева́жный*)
нева́жный*; *кр. ф.* -жен, -жна́, -жно, -а́жны́ (*не заслуживающий особого внимания*: нева́жная подро́бность)
нева́жный; *кр. ф.* -жен, -жна (*не вполне хороший*: нева́жное здоро́вье)
невалюти́рованный*
неваля́шка, -и, *р. мн.* -шек
нева́ри, *неизм.* и *нескл., м.* (*язык*)
нева́ры, -ов, *ед.* -а́р, -а (*народ*)
не ва́ш, -а
не в бро́вь, а в гла́з
не в го́лосе (бы́ть)
невдалеке́*
невдали́*
не в дико́винку
невдога́д
невдолге́
невдомёк
не вдру́г
не в дугу́
не в духа́х
не в ду́хе
невегла́с, -а
неве́данный
неве́дение, -я (*к* ве́дать)
неведе́ние*, -я (*к* вести́)
неве́домо кто́ (что́, како́й, где́, ка́к, куда́ и т. п.)
неве́домый
неве́жа, -и, *тв.* -ей, *м.* и *ж.*
неве́жда, -ы, *м.* и *ж.*
неве́жественно, *нареч.*
неве́жественность, -и
неве́жественный; *кр. ф.* -вен и -венен, -венна
неве́жество, -а
неве́жливее*
неве́жливо*, *нареч.* и *в знач. сказ.*
неве́жливость*, -и
неве́жливый*
не везде́
невезе́ние*, -я
невезу́ха*, -и
невезу́честь*, -и
невезу́чий*
невезу́чка, -и, *р. мн.* -чек, *м.* и *ж.*
не ве́лено, *в знач. сказ.*
невели́к*, -а́ (*кр. ф.* к небольшо́й*); невели́к ро́стом, беда́ невелика́
не вели́к, не велика́ (*не большего размера, чем нужно*: ту́фли е́й не велики́)
невели́кий (*небольшой*: невели́кий знато́к, люби́тель)
невеликоду́шный*; *кр. ф.* -шен, -шна
невели́чка, -и, *р. мн.* -чек
не́вельский (*от* Не́вель и Не́вельск)
не́вельцы, -ев, *ед.* -лец, -льца, *тв.* -льцем (*от* Не́вель)
невельча́не, -а́н, *ед.* -а́нин, -а (*от* Не́вель и Не́вельск)
неве́р, -а
невербальный*
неве́рие, -я
не верне́е
неве́рно*, *нареч.* и *в знач. сказ.*
неве́рность*, -и
неве́рные, -ых (*иноверцы*)
неве́рный*; *кр. ф.* -рен, -рна́, -рно, -е́рны́ (*неправильный*; *нарушающий верность*) и **неве́рный** (*неуверенный*, *нетвердый*: неве́рная похо́дка; *непрочный*, *слабый*: неве́рный све́т; *маловерный*)
невероя́тие, -я; до невероя́тия
невероя́тность, -и (*неправдоподобность*)
невероя́тный; *кр. ф.* -тен, -тна (*неправдоподобный*; *очень большой*, *чрезвычайный*)
неве́рующий*
не веселе́е
неве́село*, *нареч.* и *в знач. сказ.*
невесёлый*; *кр. ф.* -е́сел, -есела́, -е́село, -е́селы́
невесо́мее (*от* невесо́мый)
не весо́мее (*к* весо́мый – *веский*, *значимый*)
невесо́мость, -и (*легкость*; *состояние тел вне сил притяжения*)
невесо́мый (*очень легкий*)
неве́ста, -ы
неве́стин, -а, -о
неве́ститься, -е́щусь, -е́стится

неве́стка, -и, *р. мн.* -ток
неве́сткин, -а, -о
неве́стушка, -и, *р. мн.* -шек
неве́сть кто́ (что́, како́й, где́, ка́к, куда́ и т. п.)
не ве́сь, не вся́, не всё, не все́
не ветера́н труда́
не ве́чен, не ве́чна
не ве́чер (ещё не ве́чер)
не ве́чно, *нареч.*
неве́чный*
невеще́ственность*, -и
невеще́ственный*; *кр. ф.* -вен и -венен, -венна
не ве́янный, *прич.*
неве́яный*, *прил.*
не в жи́лу
невзаимозамести́мость*, -и (*фото*)
не взапра́вду
не в зачёт
невзве́шенный*
невзви́деть, -и́жу, -и́дит (невзви́деть све́та (све́ту)
невзго́да, -ы
невзира́я на, *предлог* (невзира́я на ли́ца)
невзира́я на то что, *союз*
невзлюби́ть, -люблю́, -лю́бит
невзнача́й
невзно́с*, -а (*действие*)
невзра́чность, -и
невзра́чный; *кр. ф.* -чен, -чна
невзро́слый*
невзыска́тельнее*
невзыска́тельность*, -и
невзыска́тельный*; *кр. ф.* -лен, -льна
не́видаль, -и
невида́льщина, -ы
неви́данно, *нареч.*
неви́данность, -и
неви́данный; *кр. ф.* -ан, -анна, *прил.*
не вида́ть (*не видно*)
не ви́ден, не видна́, не ви́дно, не видны́
невиди́мка, -и, *р. мн.* -мок
неви́димо: ви́димо-неви́димо
неви́димый* (*недоступный зрению*)
не видне́е
не ви́дно, *в знач. сказ.*
неви́дность, -и (*от* неви́дный)
неви́дный* (*недоступный зрению*) и **неви́дный;** *кр. ф.* -ден, -дна (*незаметный, невзрачный*)
неви́дящий*, но: **неви́дящий взгля́д** (*рассеянный*)
неви́нно, *нареч.*
невинномы́сский (*от* Невинномы́сск)
невинномы́сцы, -ев, *ед.* -сец, -сца, *тв.* -сцем
неви́нность, -и
невинноубие́нный
неви́нный; *кр. ф.* -и́нен, -и́нна
не винова́т, не винова́та
невинова́тый*
невино́вность*, -и
невино́вный*; *кр. ф.* -вен, -вна
не в ка́йф
не в коня́ ко́рм
невку́сно*, *нареч.* и *в знач. сказ.*
невку́сный*; *кр. ф.* -сен, -сна́, -сно, -у́сны́
не в ла́д
не в лада́х
не в ладу́
не вла́стен, не вла́стна (*в чем* и *с неопр.*)
невла́стный* (*лишенный власти*)
невлия́тельный*; *кр. ф.* -лен, -льна
не в ло́б, так по́ лбу
не в ма́сть
невменя́емость*, -и
невменя́емый*
не в ме́ру
невме́стно, *в знач. сказ.*
невмеша́тельство*, -а
невмоготу́
не в мо́де
невмо́чь
не́вмы, невм, *ед.* не́вма, -ы
не внакла́де
не внапря́г
невнесе́ние*, -я
невнима́ние*, -я
невнима́тельнее*
невнима́тельно*, *нареч.*
невнима́тельность*, -и
невнима́тельный*; *кр. ф.* -лен, -льна
не в нови́нку
не в но́вость
не в но́гу
невня́тица, -ы, *тв.* -ей
невня́тнее*
невня́тно*, *нареч.*
невня́тность*, -и
невня́тный*; *кр. ф.* -тен, -тна
не в оби́ду
не во́время
не́вод, -а, *мн.* -а́, -о́в и -ы, -ов
не́водить, -ожу, -дит (*устар., от* не́вод)
неводовы́борочный
невоеннообя́занный*
невое́нный*[1], *прил.*
невое́нный*[2], -ого
невозбра́нно, *нареч.*
невозбра́нность, -и
невозбра́нный; *кр. ф.* -а́нен, -а́нна
невозбуди́мость*, -и
невозбуди́мый*
невозвра́т*, -а (*действие*)
невозврати́мость, -и
невозврати́мый
невозвра́тность, -и (*к* невозвра́тный)
невозвра́тный; *кр. ф.* -тен, -тна (*невозвратимый*)
невозвраще́нец, -нца, *тв.* -нцем, *р. мн.* -нцев
невозвраще́ние*, -я
невозвраще́нчество, -а
невозгора́емость*, -и
невозгора́емый*
невозде́ланность, -и
невозде́ланный*
невоздержа́ние*, -я
невозде́ржаннее*
невозде́ржанно*, *нареч.*
невозде́ржанность*, -и
невозде́ржанный*; *кр. ф.* -ан, -анна
невозде́ржнее*
невозде́ржность*, -и
невозде́ржный*; *кр. ф.* -жен, -жна
невозмо́жно*, *в знач. сказ.* (*нет возможности*) и **невозмо́жно,** *нареч.* (*чрезвычайно*)
невозмо́жность*, -и (*к* невозмо́жный*) и **невозмо́жность,** -и (*к* невозмо́жный); до невозмо́жности
невозмо́жный*; *кр. ф.* -жен, -жна (*неосуществимый, невыполнимый*) и **невозмо́жный;** *кр. ф.* -жен, -жна (*невыносимый, непозволительный; чрезвычайный*)
невозмути́мо споко́йный
невозмути́мость, -и
невозмути́мый
невозмущённый* (*физ.*)
невознагради́мость, -и
невознагради́мый
невозобнови́мость*, -и
невозобнови́мый*
невозобновле́ние*, -я
невозобновля́емость*, -и
невозобновля́емый*
нево́лей, *нареч.*
не во́лен, не вольна́ (*не имеет возможности*)
нево́лить, -лю, -лит
не вольне́е
нево́льник, -а
нево́льница, -ы, *тв.* -ей
нево́льнический
нево́льничество, -а
нево́льничий, -ья, -ье
Нево́льничий Бе́рег (*территория в Африке*)
Нево́льничья, -ьей (*река в Канаде*)
нево́льно, *нареч.* (*к* нево́льный)
нево́льный (*ненамеренный, нечаянный*)
нево́ля, -и (*отсутствие свободы, плен, рабство*)
нево́лящий
невообрази́мый
не вооружён, -ена́
невооружённость*, -и
невооружённый*
невоскреси́мый
невоскре́сный*
невоспи́таннее*
невоспи́танно*, *нареч.*
невоспи́танность*, -и
невоспи́танный*; *кр. ф.* -ан, -анна, *прил.*
невоспламеня́емость*, -и
невоспламеня́емый*

невосполни́мость*, -и
невосполни́мый*
невосприи́мчивее*
невосприи́мчивость*, -и
невосприи́мчивый*
невоспроизводи́мость*, -и
невосстанови́мость*, -и
невосстанови́мый*
невостре́бованность*, -и
невостре́бованный*
невосходя́щий (*астр.*)
не́ во что
невою́ющий*
не в панда́н
не впервы́е
не вплотну́ю
не в подъём
не вполне́
невпопа́д*
не впо́ру (*не по размеру*)
не в по́ру (*несвоевременно*)
не в поря́дке
не в почёте
не впра́ве
не в приме́р (*кому, чему*)
невпроворо́т
невпроды́х
не впро́к
не в ра́дость
невразуми́тельнее*
невразуми́тельность*, -и
невразуми́тельный*; *кр. ф.* -лен, -льна
невралги́ческий
невралги́я, -и
неврасте́ник, -а
неврастени́ческий
неврастени́чка, -и, *р. мн.* -чек
неврастени́чность, -и
неврастени́чный; *кр. ф.* -чен, -чна
неврастени́я, -и
невраще́ние*, -я
невреди́мость, -и
невреди́мый
не вреднée
невре́дно*, *в знач. сказ.*
невре́дный*
не вре́мя, *в знач. сказ.* (сейча́с не вре́мя рассужда́ть)
неврилéмма, -ы и **нейрилéмма**, -ы
неврино́ма, -ы
неври́т, -а (*болезнь; то же, что нейрит*)
невробласто́ма, -ы
неврогéнный и **нейрогéнный**
невроглия́, -и и **нейроглия́**, -и
невродиспансéр, -а
невро́з, -а (*болезнь*)
неврозоподо́бный
невролéмма, -ы и **неврилéмма**, -ы
невро́лог, -а
неврологи́ческий
невроло́гия, -и
невро́ма, -ы
невро́н, -а и **нейро́н**, -а
невропа́т, -а
невропати́ческий
невропа́тия, -и
невропа́тка, -и, *р. мн.* -ток
невропато́лог, -а
невропатологи́ческий
невропатоло́гия, -и
невротиза́ция, -и
невротизи́ровать(ся), -рую(сь), -рует(ся)
невро́тик, -а
невроти́ческий
невроти́чка, -и, *р. мн.* -чек
невроти́чность, -и
невроти́чный; *кр. ф.* -чен, -чна
невротоми́я, -и
неврофибро́ма, -ы
неврофиброма́тоз, -а
невруче́ние*, -я
не́вры, -ов (*древние племена*)
невсамде́лишный*
не в своём уме́
не всё
не в себе́
не всегда́
не всерьёз
не в си́лах
не́вский (*от* Нева́); но: **Алекса́ндр Не́вский, Не́вская би́тва** (*1240*), **Не́вский проспе́кт, Не́вский заво́д, Не́вская Заста́ва** (*в Петербурге*)
не в слу́жбу, а в дру́жбу
не в состоя́нии
не в схва́тку (борьба́)
невсхо́жесть*, -и
невсхо́жий*
не в счёт
не всю́ду
не вся́кий
невтерпёж
не в то́м (де́ло)
не в то́н
не второпя́х
не в тя́гость
не в уда́ре
не в уко́р
не в упрёк
не в фо́рме (бы́ть)
невхо́жий*
не́ в чем
не вчера́
не в чести́
не в шу́тку (, а всерьёз)
не вы́, не ва́с
невы́вод*, -а (*действие*)
невы́воз*, -а
невы́года*, -ы
невы́годнее*
невы́годно*, *в знач. сказ.*
невы́годность*, -и
невы́годный*; *кр. ф.* -ден, -дна
невы́дача*, -и, *тв.* -ей
невы́держанно*, *нареч.*
невы́держанность*, -и
невы́держанный*; *кр. ф.* -ан, -анна, *прил.*
невы́думанность*, -и
невы́думанный*
невы́езд*, -а (*действие*); подписка о невы́езде
невыездно́й*
невы́игрышный*; *кр. ф.* -шен, -шна
невыла́зный
невы́лет*, -а
невы́мышленный*
невына́шивание*, -я
невыноси́мо, *нареч.* и *в знач. сказ.*
невыноси́мость, -и
невыноси́мый, *прил.*
невы́нужденный*
невы́плаканный*
невы́плата*, -ы
невыполне́ние*, -я
невы́полненный*
невыполни́мость*, -и
невыполни́мый*
невы́раженность*, -и
невы́раженный*
невырази́мость, -и
невырази́мый
невырази́тельнее*
невырази́тельность*, -и
невырази́тельный*; *кр. ф.* -лен, -льна
невы́рожденность*, -и
невы́рожденный*
невы́сказанность, -и
невы́сказанный*
невысо́кий*; *кр. ф.* -о́к, -ока́, -о́ко́
невысо́ко́*, *нареч.*
невы́ход*, -а (*действие*)
невы́чет*, -а
невычисли́мый*
не вы́ше
невы́ясненность, -и
невы́ясненный*
невья́нский (*от* Невьянск)
невьянски́т, -а
невья́нцы, -ев, *ед.* -нец, -нца, *тв.* -нцем
невя́зка, -и, *р. мн.* -зок
не́га, -и
негабари́т, -а (*что-н. негабаритное*)
негабари́тность, -и (*от* негабари́тный)
негабари́тный (*не соответствующий установленным габаритам*)
нега́данно, *нареч.*
нега́данный
негаранти́рованный*
негармони́ческий*
негармони́чнее*
негармони́чность*, -и
негармони́чный*; *кр. ф.* -чен, -чна
негаси́мый
негати́в, -а
негативи́зм, -а
негативи́стский
негати́вка, -и, *р. мн.* -вок

негати́вность, -и
негати́вный; *кр. ф.* -вен, -вна
негато́рный
негатоско́п, -а
нега́ция, -и
негашёный*, *прил.*
не́где
не где́-нибудь
негермети́ческий*
негермети́чность*, -и
негермети́чный*; *кр. ф.* -чен, -чна
негеро́й*, -я
неги́бкий*
неги́бкость*, -и
не ги́бче
негигиени́чнее*
негигиени́чность*, -и
негигиени́чный*; *кр. ф.* -чен, -чна
негида́льский
негида́льцы, -ев, *ед.* -лец, -льца, *тв.* -льцем
неглаго́льный*
негла́дкий*
не гла́же
не гла́женный, *прич.*
негла́женый*, *прил.*
неглазуро́ванный*
негла́сность*, -и (*секретность, сохранение в тайне*)
негла́сный*; *кр. ф.* -сен, -сна
неглиже́, *неизм.* и *нескл.*, *с.*
неглижи́ровать, -рую, -рует
Негли́нка, -и (*река*)
Негли́нная, -ой (*река и улица*)
не глу́бже
неглубо́кий*; *кр. ф.* -о́к, -ока́, -о́ко́
неглубо́ко́*, *нареч.*
не глупе́е
неглу́пый*; *кр. ф.* -у́п, -упа́, -у́по, -у́пы́
не гля́дя
негно́й-де́рево, -а
негну́щийся*
него́дник, -а
него́дница, -ы, *тв.* -ей
него́дность*, -и
него́дный* (*непригодный*; никуда́ (ни на что́) не го́дный)
него́дный (*дурной, скверный*)
негодова́ние, -я
негодова́ть, -ду́ю, -ду́ет
негоду́ющий
негодя́й, -я
негодя́йка, -и, *р. мн.* -я́ек
негодя́йский
негодя́йство, -а
негодя́щий
него́же, *в знач. сказ.*
него́жий
не го́лоден, не голодна́, не го́лодно, не го́лодны́
не голодне́е
неголо́дный*
неголоно́мный*
не гора́зд, не гора́зда
него́рдый*
негородско́й*
него́рький*
не го́рько, *нареч.* и *в знач. сказ.*
негорю́честь*, -и
негорю́чий*
не горяче́е
негоря́чий*
не горячо́, *нареч.* и *в знач. сказ.*
негостеприи́мность*, -и
негостеприи́мный*; *кр. ф.* -мен, -мна
негосуда́рственный*
не гото́в, не гото́ва
негото́вность*, -и
негото́вый*
негоциа́нт, -а
негоциа́нтка, -и, *р. мн.* -ток
негоциа́нтский
негоциа́ция, -и
него́ция, -и
негражда́ни́н*, -а, *мн.* негра́ждане*, -ан
негра́мотнее*
негра́мотно*, *нареч.* и *в знач. сказ.*
негра́мотность*, -и
негра́мотный*; *кр. ф.* -тен, -тна
негранёный*, *прил.*
негранули́рованный*
не гре́х, *в знач. сказ.*
не грешне́е
негре́ющий, *прил.* (*холодный, неспособный согреть*)
негри́лли, *нескл.*, *мн.*, *ед. м.* и *ж.*
негри́лльский
негритёнок, -нка, *мн.* -тя́та, -тя́т
негрито́ска, -и, *р. мн.* -сок
негрито́сы, -ов, *ед.* -то́с, -а
негритю́д, -а
негритя́нка, -и, *р. мн.* -нок
негритя́нский
не́гро-австрало́идный
негроафрика́нцы, -ев, *ед.* -нец, -нца, *тв.* -нцем
негро́идный
негро́иды, -ов, *ед.* -о́ид, -а
негро́мкий*; *кр. ф.* -мок, -мка́, -мка
негро́мко*, *нареч.*
негро́мкость*, -и
не гро́мче
не́грский
не грубе́е
негру́бый*
не гру́стно, *в знач. сказ.*
не́гры, -ов, *ед.* негр, -а
негума́ннее*
негума́нно*, *нареч.* и *в знач. сказ.*
негума́нность*, -и
негума́нный*; *кр. ф.* -а́нен, -а́нна
не́гус, -а
негу́сто (*немного*)
негусто́й*
не гу́ще
неда́вний*
неда́внишний (*устар. прост. к* неда́вний)
неда́вно
не да́й бо́г (бо́же), *в знач. межд.*
не да́й го́споди, *в знач. межд.*
не да́лее
недалёкий*; *кр. ф.* -лёк, -лека́, -лёко и -леко́ (*близкий*); недалёк (-лека́) от и́стины
недалёкий; *кр. ф.* -лёк, -лёка (*глуповатый*)
недалеко́* и **недалёко***, *нареч.* и *в знач. сказ.*
недалёкость, -и
недале́че*
недале́чко
неда́льний*
недальнови́днее*
недальнови́дность*, -и
недальнови́дный*; *кр. ф.* -ден, -дна
не да́льше
не да́льше как…
не да́льше чем…
неда́ром (*неслучайно, не без основания*), но: **не да́ром** (*не бесплатно*)
не два́
недви́жимость[1], -и и **недвижи́мость**, -и (*неподвижность*)
недви́жимость[2], -и (*имущество*)
недви́жимый[1] и **недвижи́мый** (*неподвижный*)
недви́жимый[2]: **недви́жимое иму́щество**
недви́жность, -и
недви́жный; *кр. ф.* -жен, -жна
недвусмы́сленно*, *нареч.*
недвусмы́сленность*, -и
недвусмы́сленный*; *кр. ф.* -ен, -енна
недееспосо́бность*, -и
недееспосо́бный*; *кр. ф.* -бен, -бна
неде́йственность*, -и
неде́йственный*; *кр. ф.* -вен и -венен, -венна
недействи́тельность*, -и (*к* недействи́тельный*)
недействи́тельный*; *кр. ф.* -лен, -льна (*не имеющий законной силы*)
неде́йствующий*
неделика́тность*, -и
неделика́тный*; *кр. ф.* -тен, -тна
недели́мость*, -и
недели́мый*
не де́ло, *в знач. сказ.*
неде́лька, -и, *р. мн.* -лек
неде́льный (*от* неде́ля)
неде́льный* (*от* де́льный)
неде́ля, -и
Неде́ля ва́ий (*Вербное воскресенье*)
Неде́ля Все́х Святы́х
Неде́ля высо́кой мо́ды
Неде́ля де́тской кни́ги
неде́ля-друга́я, неде́лю-другу́ю
Неде́ля жён-мироно́сиц
неде́лями, *нареч.*

Неде́ля па́мяти же́ртв полити́ческих репре́ссий
Неде́ля славя́нской пи́сьменности и культу́ры
недемокра́т*, -а
недемократи́ческий*
недемократи́чно*, *нареч.* и *в знач. сказ.*
недемократи́чность*, -и
недемократи́чный*; *кр. ф.* -чен, -чна
неденомини́рованный*
недержа́ние, -я (мочи́)
неде́ржаный (*новый*)
недетермини́рованный*
неде́тский*
не деше́вле
недёшево*
недешёвый*
неде́ятельный*; *кр. ф.* -лен, -льна
неджентльме́нский*
недискриминацио́нный*
недиссерта́бельный*; *кр. ф.* -лен, -льна
недисциплини́рованнее*
недисциплини́рованно*, *нареч.*
недисциплини́рованность*, -и
недисциплини́рованный*; *кр. ф.* -ан, -анна
не дли́нен, не длинна́, не дли́нно́, не длинны́ (*не длиннее, чем нужно*: брю́ки ему́ не длинны́)
не длинне́е
недли́нный*
недли́тельный*; *кр. ф.* -лен, -льна
не́ для кого
не́ для чего
недо… – *приставка со знач. неполноты, недостаточности действия или признака, пишется слитно, напр.*: недоговорить, недоедать, недоразвитый; *но ср. сочетания частицы* не *и глагола с приставкой* до-, *напр.*: не договори́ть, не дое́сть, не добежа́ть, не докрича́ться
не до (*кого-чего*), *в знач. сказ.* (ему́ не до меня́, мне́ не до шу́ток)
недобде́ть, -бди́т
недобира́ть(ся), -а́ю, -а́ет(ся) (*к* недобра́ть)
недоби́ток, -тка
недоби́тый (*от* недоби́ть)
недоби́ть, -бью́, -бьёт (*убить, уничтожить не полностью, не всех*)
недобо́р, -а (*от* недобра́ть)
недо́бранный; *кр. ф.* -ан, -ана (*от* недобра́ть)
недобра́ть, -беру́, -берёт (*собрать, набрать меньше нужного*)
не добре́е
недобрива́ть(ся), -а́ю(сь), -а́ет(ся) (*к* недобри́ть(ся)
недобри́ть(ся), -бре́ю(сь), -бре́ет(ся) (*побрить(ся) недостаточно*)
недо́бро*, *нареч.*
недоброжела́тель*, -я
недоброжела́тельнее*
недоброжела́тельница*, -ы, *тв.* -ей
недоброжела́тельность*, -и
недоброжела́тельный*; *кр. ф.* -лен, -льна
недоброжела́тельство*, -а
недоброка́чественнее*
недоброка́чественно*, *нареч.*
недоброка́чественность*, -и
недоброка́чественный*; *кр. ф.* -вен и -венен, -венна
недобропоря́дочность*, -и
недобропоря́дочный*; *кр. ф.* -чен, -чна
недобросо́вестнее*
недобросо́вестно*, *нареч.*
недобросо́вестность*, -и
недобросо́вестный*; *кр. ф.* -тен, -тна
недоброхо́т*, -а
недоброхо́тный*; *кр. ф.* -тен, -тна
недоброхо́тство*, -а
недо́брый*; *кр. ф.* -о́бр, -обра́, -о́бро, -о́бры́
недобы́чливый*
недова́ренный; *кр. ф.* -ен, -ена (*от* недовари́ть)
недова́ривать(ся), -аю, -ает(ся) (*к* недовари́ть(ся)
недовари́ть(ся), -арю́, -а́рит(ся) (*варкой не довести, не дойти до готовности*)
недове́рие*, -я
недовёрнутый (*от* недоверну́ть)
недоверну́ть(ся), -ну́, -нёт(ся) (*недостаточно закрутить(ся)*)
недоверте́ть(ся), -верчу́, -ве́ртится (*недовернуть(ся)*)
недовёртывать(ся), -аю, -ает(ся) (*к* недоверну́ть(ся)
недове́рчивать(ся), -аю, -ает(ся) (*к* недоверте́ть(ся)
недове́рчивее*
недове́рчивость*, -и
недове́рчивый*
недовершённость, -и
недовершённый*; *кр. ф.* -ён, -ена́
недове́с, -а
недове́сить, -е́шу, -е́сит (*взвесить, отвесить меньше нужного*)
недове́сок, -ска (*к* недове́сить)
недове́шенный; *кр. ф.* -ен, -ена (*от* недове́сить)
недове́шивание, -я (*к* недове́сить)
недове́шивать(ся), -аю, -ает(ся) (*к* недове́сить)
недови́нт, -а́ (*спорт.*)
недовинти́ть(ся), -инчу́, -и́нти́т(ся) (*завинтить(ся) меньше нужного*)
недови́нченный; *кр. ф.* -ен, -ена (*от* недовинти́ть)
недови́нчивать(ся), -аю, -ает(ся) (*к* недовинти́ть(ся)
недовложе́ние, -я
недовло́женный; *кр. ф.* -ен, -ена (*от* недовложи́ть)
недовложи́ть, -вложу́, -вло́жит (*вложить, положить меньше нужного или возможного*)
недово́льно*, *нареч.* (*к* недово́льный*)
не дово́льно (*недостаточно*)
недово́льный*; *кр. ф.* -лен, -льна
недово́льство, -а (*чувство неудовольствия, неодобрения*)
недовосстанови́ть(ся), -влю́(сь), -о́вит(ся)
недовосстановле́ние, -я
недовосстано́вленный; *кр. ф.* -ен, -ена
недовы́деленный; *кр. ф.* -ен, -ена (*от* недовы́делить)
недовы́делить, -лю, -лит (*выделить меньше нужного или возможного*)
недовыполне́ние, -я (*от* недовы́полнить)
недовы́полненный; *кр. ф.* -ен, -ена (*от* недовы́полнить)
недовы́полнить, -ню, -нит (*выполнить меньше нужного*)
недовыполня́ть(ся), -я́ю, -я́ет(ся) (*к* недовы́полнить)
недовы́работанный; *кр. ф.* -ан, -ана
недовы́работать, -аю, -ает
недовы́работка, -и
недовы́ручить, -чу, -чит
недовы́ручка, -и, *р. мн.* -чек
недовя́занный; *кр. ф.* -ан, -ана (*от* недовяза́ть)
недовяза́ть, -яжу́, -я́жет (*вязкой не довести до готовности*)
недовя́зывать(ся), -аю, -ает(ся) (*к* недовяза́ть)
недога́дливость*, -и
недога́дливый*
недогля́д, -а
недогляде́ть, -яжу́, -яди́т (*недосмотреть*)
недогмати́ческий*
недогова́ривание, -я (*к* недоговори́ть)
недогова́ривать(ся), -аю, -ает(ся) (*к* недоговори́ть)
недоговорённость, -и (к недоговори́ть)
недоговорённый; *кр. ф.* -ён, -ена́ (*от* недоговори́ть)
недоговори́ть, -рю́, -ри́т (*высказать не всё, умолчать о чем-н.*), но: **не договори́ть** (его́ прерва́ли, и о́н не договори́л)
недогово́рка, -и, *р. мн.* -рок
недогре́в, -а
недогружа́ть(ся), -а́ю(сь), -а́ет(ся) (*к* недогрузи́ть(ся)
недогру́женный; *кр. ф.* -ен, -ена и **недогружённый**; *кр. ф.* -ён, -ена́ (*от* недогрузи́ть)
недогру́з, -а
недогрузи́ть(ся), -ужу́(сь), -у́зи́т(ся) (*погрузить, нагрузить(ся) меньше нужного или возможного*)
недогру́зка, -и (*от* недогрузи́ть)

недодава́ть(ся), -даю́, -даёт(ся) (*к* недода́ть)
недо́данный; *кр. ф.* недо́дан, недо́дана́, недо́дано (*от* недода́ть)
недода́ть, -а́м, -а́шь, -а́ст, -ади́м, -ади́те, -аду́т; *прош.* недо́да́л, недодала́, недо́да́ло (*дать, выдать меньше нужного*)
недода́ча, -и, *тв.* -ей (*от* недода́ть)
недоде́ланность, -и (*к* недоде́лать)
недоде́ланный; *кр. ф.* -ан, -ана (*от* недоде́лать)
недоде́лать, -аю, -ает (*сделать меньше нужного*), но: **не доде́лать** (ещё не доде́лал на́чатого)
недоде́лка, -и, *р. мн.* -лок (*от* недоде́лать)
недоде́лывать(ся), -аю, -ает(ся) (*к* недоде́лать)
недоде́ржанный; *кр. ф.* -ан, -ана (*от* недодержа́ть)
недодержа́ть, -ержу́, -е́ржит (*продержать меньше нужного, не довести до готовности*)
недоде́рживать(ся), -аю, -ает(ся) (*к* недодержа́ть)
недоде́ржка, -и, *р. мн.* -жек (*от* недодержа́ть)
недоду́манность, -и (*к* недоду́мать)
недоду́манный; *кр. ф.* -ан, -ана (*от* недоду́мать)
недоду́мать, -аю, -ает (*недостаточно продумать*)
недоду́мывать, -аю, -ает (*к* недоду́мать)
недоеда́ние, -я (*от* недоеда́ть)
недоеда́ть, -а́ю, -а́ет (*есть недостаточно*)
недое́денный*
недое́дки, -ов
недое́зд, -а
не до́енный, *прич.*
недо́еный*, *прил.*
недое́сть, -е́м, -е́шь, -е́ст, -еди́м, -еди́те, -едя́т; *прош.* -е́л, -е́ла (*поесть не досыта*), но: **не дое́сть** (ещё не дое́л второ́го)
недожа́ренный; *кр. ф.* -ен, -ена (*от* недожа́рить)
недожа́ривать(ся), -аю, -ает(ся) (*к* недожа́рить(ся)
недожа́рить(ся), -рю, -рит(ся) (*жаркой не довести, не дойти до готовности*)
недожа́тый (*от* недожа́ть[1,2])
недожа́ть[1], -жму́, -жмёт (*от* жать[1]: *выжать меньше нужного*)
недожа́ть[2], -жну́, -жнёт (*от* жать[2]: *сжать меньше нужного*)
недоже́чь, -жгу́, -жжёт, -жгу́т; *прош.* -жёг, -жгла́ (*обжиганием не довести до готовности*)
недожжённый; *кр. ф.* -ён, -ена́ (*от* недоже́чь)
недожига́ть, -а́ю, -а́ет (*к* недоже́чь)
недожима́ть, -а́ю, -а́ет (*к* недожа́ть[1])
недожи́н, -а
недожина́ть, -а́ю, -а́ет (*к* недожа́ть[2])
не до жи́ру
недожо́г, -а, но *глаг.* **недожёг**
недозво́ленность*, -и
недозво́ленный*
не дозво́лено, *в знач. сказ.*
недозволи́тельный*; *кр. ф.* -лен, -льна
недозрева́ние, -я (*к* недозре́ть)
недозрева́ть, -а́ет (*к* недозре́ть)
недозре́лость, -и (*к* недозре́ть)
недозре́лый (*от* недозре́ть)
недозре́ть, -е́ет (*не вполне созреть*)
недои́гранный; *кр. ф.* -ан, -ана (*от* недоигра́ть)
недоигра́ть, -а́ю, -а́ет (*сыграть не полностью, отыграть не весь положенный срок*)
недои́грывать, -аю, -ает (*к* недоигра́ть)
недои́мка, -и, *р. мн.* -мок
недои́мщик, -а
недоиспо́льзование, -я
недоиспо́льзованный; *кр. ф.* -ан, -ана
недоиспо́льзовать(ся), -зую, -зует(ся)
недоиссле́дованный; *кр. ф.* -ан, -ана (*от* недоиссле́довать)
недоиссле́довать, -дую, -дует (*исследовать недостаточно, меньше нужного*)
недо́йная*
недока́занность*, -и; за недока́занностью преступле́ния
недока́занный*
недоказа́тельность*, -и
недоказа́тельный*; *кр. ф.* -лен, -льна
недоказу́емость*, -и
недоказу́емый*
недока́рмливание, -я (*к* недокорми́ть)
недока́рмливать(ся), -аю, -ает(ся) (*к* недокорми́ть)
недоква́сить(ся), -а́шу, -а́сит(ся) (*квашением не довести, не дойти до готовности*)
недоква́шенный; *кр. ф.* -ен, -ена (*от* недоква́сить)
недоква́шивать(ся), -аю, -ает(ся) (*к* недоква́сить(ся)
не́докись, -и
недокомпле́кт, -а
недоко́нченность, -и
недоко́нченный*
недоко́рм, -а
недокорми́ть, -ормлю́, -о́рмит (*накормить не досыта*)
недоко́рмленный; *кр. ф.* -ен, -ена (*от* недокорми́ть)
недокра́сить(ся), -а́шу(сь), -а́сит(ся) (*покрасить(ся) меньше нужного*)
недокра́шенный; *кр. ф.* -ен, -ена (*от* недокра́сить)
недокру́т, -а
недокрути́ть(ся), -учу́(сь), -у́тит(ся) (*прокрутить(ся), закрутить(ся) меньше нужного*)
недокру́тка, -и, *р. мн.* -ток (*от* недокрути́ть(ся)
недокру́ченный; *кр. ф.* -ен, -ена (*от* недокрути́ть)
недокру́чивать(ся), -аю(сь), -ает(ся) (*к* недокрути́ть(ся)
недоку́ренный*
недоку́рок, -рка
недолга́: (во́т) и вся́ недолга́
недо́лгий*; *кр. ф.* -лог, -лга́, -лго
недо́лго*, *нареч.*; недо́лго ду́мая
недолгове́чнее*
недолгове́чность*, -и
недолгове́чный*; *кр. ф.* -чен, -чна
недолговре́менный*; *кр. ф.* -мен и -менен, -менна
недолежа́ть, -жу́, -жи́т (*вылежать меньше нужного*)
недолёживать, -аю, -ает (*к* недолежа́ть)
недолёт, -а
недоле́ток, -тка
недоле́ченный; *кр. ф.* -ен, -ена (*от* недолечи́ть)
недоле́чивать(ся), -аю(сь), -ает(ся) (*к* недолечи́ть(ся)
недолечи́ть(ся), -ечу́(сь), -е́чит(ся) (*пролечить(ся) меньше нужного или возможного*)
не до́лжен, не должна́
не до́лжно (*не следует*)
недолжностно́й*
недоли́в, -а
недолива́ние, -я (*к* недоли́ть)
недолива́ть(ся), -а́ю, -а́ет(ся) (*к* недоли́ть(ся)
недоли́вка, -и (*к* недоли́ть)
недо́ли́тый (*от* недоли́ть)
недоли́ть(ся), -лью́, -льёт(ся), *прош.* недо́ли́л, -ли́лся, -лила́(сь), недо́ли́ло, -ли́ло́сь (*налить(ся), влить(ся) меньше нужного или возможного*)
недоло́в, -а
не до́льше
недолюби́ть, -блю́, -лю́бит
недолю́бленный; *кр. ф.* -ен, -ена (*от* недолюби́ть)
недолю́бливать, -аю, -ает
недо́ля, -и (*тяжелая доля*)
недоме́р, -а
недоме́ренный; *кр. ф.* -ен, -ена (*от* недоме́рить)
недоме́ривать(ся), -аю, -ает(ся) (*к* недоме́рить)
недоме́ривший (*от* недоме́рить)
недоме́рить, -рю, -рит и -ряю, -ряет; *прош.* -рил, -рила (*отмерить меньше нужного*)
недоме́рок, -рка
недомеря́ть(ся), -я́ю, -я́ет(ся) (*к* недоме́рить)
недомога́ние, -я

недомога́ть(ся), -а́ю, -а́ет(ся)
недомо́л, -а
недомо́лвка, -и, *р. мн.* -вок
недомоло́т, -а
недомыва́ть(ся), -а́ю(сь), -а́ет(ся) (*к* недомы́ть(ся)
недомы́слие, -я
недомы́тый (*от* недомы́ть)
недомы́ть(ся), -мо́ю(сь), -мо́ет(ся) (*вымыть не всё, помыть(ся) меньше нужного*)
недона́шивание, -я (*от* недона́шивать)
недона́шивать(ся), -аю, -ает(ся) (*к* недоноси́ть)
недонесе́ние*, -я
недоноси́тель*, -я
недоноси́тельница*, -ы, *тв.* -ей
недоноси́тельство*, -а
недоноси́ть, -ошу́, -о́сит (*родить раньше срока*)
недоно́сок, -ска
недоно́шенный; *кр. ф.* -ен, -ена (*от* недоноси́ть)
недообсле́дованный; *кр. ф.* -ан, -ана (*от* недообсле́довать)
недообсле́довать(ся), -дую(сь), -дует(ся) (*обследовать(ся) недостаточно*)
недоокисле́ние, -я
недоокислённый; *кр. ф.* -ён, -ена́
недоосвое́ние, -я
недоосво́енный; *кр. ф.* -ен, -ена
недоосво́ить, -о́ю, -о́ит
недооформить(ся), -млю(сь), -мит(ся) (*оформить(ся) не вполне*)
недоофо́рмленный; *кр. ф.* -ен, -ена (*от* недоофо́рмить)
недооценённый; *кр. ф.* -ён, -ена́
недооце́нивание, -я
недооце́нивать(ся), -аю, -ает(ся)
недооцени́ть, -еню́, -е́нит
недооце́нка, -и
недоочи́стить, -и́щу, -и́стит (*очистить меньше нужного*)
недоочи́стка, -и (*от* недоочи́стить)
недоочи́щенный; *кр. ф.* -ен, -ена (*от* недоочи́стить)
недопа́ивать(ся), -аю, -ает(ся) (*к* недопая́ть и недопои́ть)
недопа́янный; *кр. ф.* -ян, -яна (*от* недопая́ть)
недопая́ть, -я́ю, -я́ет (*припаять, спаять недостаточно, меньше нужного*)
недопёк, -а
недопека́ть(ся), -а́ю, -а́ет(ся) (*к* недопе́чь(ся)
недопе́тый*
недопечённый; *кр. ф.* -ён, -ена́ (*от* недопе́чь)
недопе́чь(ся), -еку́, -ечёт(ся), -еку́т(ся); *прош.* -ёк(ся), -екла́(сь) (*печением не довести до готовности; испечь(ся) меньше нужного*)
недопива́ть, -а́ю, -а́ет (*к* недопи́ть)
недопи́санный; *кр. ф.* -ан, -ана (*от* недописа́ть)
недописа́ть, -ишу́, -и́шет (*написать не полностью, меньше нужного*)
недопи́сывать, -аю, -ает (*к* недописа́ть)
недопи́тие, -я
недо́пи́тый*
недопи́ть, -пью, -пьёт; *прош.* недо́пи́л, недопила́, недо́пи́ло (*выпить недостаточно*), но: **не допи́ть** (ещё не до́пил свою́ рю́мку)
недопла́та, -ы (*от* недоплати́ть)
недоплати́ть, -ачу́, -а́тит (*заплатить меньше нужного*), но: **не доплати́ть** (ещё не доплати́л по счёту)
недопла́ченный; *кр. ф.* -ен, -ена (*от* недоплати́ть)
недопла́чивание, -я (*к* недоплати́ть)
недопла́чивать(ся), -аю, -ает(ся) (*к* недоплати́ть)
недопо́енный; *кр. ф.* -ен, -ена (*от* недопои́ть)
недопои́ть, -пою́, -по́ит (*напоить меньше нужного*)
недополуча́ть(ся), -а́ю, -а́ет(ся) (*к* недополучи́ть)
недополуче́ние, -я (*от* недополучи́ть)
недополу́ченный; *кр. ф.* -ен, -ена (*от* недополучи́ть)
недополучи́ть, -учу́, -у́чит (*получить меньше нужного*)
недопонима́ние, -я
недопонима́ть, -а́ю, -а́ет
недопо́нятый; *кр. ф.* -ят, -ята́, -ято
недопоня́ть, -пойму́, -поймёт; *прош.* -по́нял, -яла́, -по́няло
недопоста́вить, -влю, -вит
недопоста́вка, -и, *р. мн.* -вок
недопоста́вленный; *кр. ф.* -ен, -ена
недопоставля́ть(ся), -я́ю, -я́ет(ся)
недопоступле́ние, -я
недопроизво́дство, -а
недо́пуск*, -а
недопусти́мее*
недопусти́мость*, -и
недопусти́мый*
недопуще́ние*, -я
недораба́тывать, -аю, -ает (*к* недорабо́тать)
недорабо́танность, -и (*к* недорабо́тать)
недорабо́танный; *кр. ф.* -ан, -ана (*от* недорабо́тать)
недорабо́тать, -аю, -ает (*проработать, отработать меньше нужного, недостаточно*), но: **не дорабо́тать** (всего́ го́д не дорабо́тал до пе́нсии)
недорабо́тка, -и, *р. мн.* -ток (*от* недорабо́тать)
недоразви́тие, -я
недора́звитость, -и
недора́звитый
недоразви́ть(ся), -зовью́(сь), -зовьёт(ся)
недоразгиба́ние, -я
недоразгиба́ть(ся), -а́ю(сь), -а́ет(ся)
недоразо́гнутый
недоразогну́ть(ся), -ну́(сь), -нёт(ся)
недоразуме́ние, -я
недорассле́дованный; *кр. ф.* -ан, -ана (*от* недорассле́довать)
недорассле́довать, -дую, -дует (*расследовать недостаточно, меньше нужного*)
недорасхо́д, -а
недоре́занный; *кр. ф.* -ан, -ана (*от* недоре́зать)
недоре́зать, -е́жу, -е́жет (*зарезать, уничтожить не полностью, меньше нужного*)
недореформи́рованный; *кр. ф.* -ан, -ана (*от* недореформи́ровать)
недореформи́ровать, -рую, -рует (*провести реформы в недостаточной степени, меньше нужного*)
недорисо́ванность, -и
недорисо́ванный; *кр. ф.* -ан, -ана (*от* недорисова́ть)
недорисова́ть, -су́ю, -су́ет (*нарисовать не полностью, меньше нужного*)
недорисо́вывать(ся), -аю, -ает(ся) (*к* недорисова́ть)
недо́рого*
недорого́й*; *кр. ф.* недо́рог, -ога́, недо́рого (*дешевый*)
недоро́д, -а
недоро́дный
не доро́же
не́доросль, -я
недоро́сток, -тка
недору́б, -а
недоса́ливание, -я (*от* недоса́ливать(ся)
недоса́ливать(ся), -аю, -ает(ся) (*к* недосоли́ть)
недосда́ча, -и, *тв.* -ей
недосе́в, -а
недосева́ть(ся), -а́ю, -а́ет(ся) (*к* недосе́ять)
недосе́ивать(ся), -аю, -ает(ся) (*к* недосе́ять)
недосе́ять, -се́ю, -се́ет (*засеять, посеять меньше нужного*)
недосиде́ть, -ижу́, -иди́т (*просидеть не весь положенный срок*)
недоси́живать, -аю, -ает (*к* недосиде́ть)
недоска́занность, -и (*к* недосказа́ть)
недоска́занный; *кр. ф.* -ан, -ана (*от* недосказа́ть)
недосказа́ть, -ажу́, -а́жет (*недоговорить*)
недоска́зывать(ся), -аю, -ает(ся) (*к* недосказа́ть)
недо́сланный; *кр. ф.* -ан, -ана (*от* недосла́ть)

недосла́ть, -ошлю́, -ошлёт (*послать в недостаточном количестве*), но: **не досла́ть** (*не послать дополнительно*)
недослу́шать, -аю, -ает (*выслушать недостаточно*)
недослу́шивать(ся), -аю, -ает(ся) (*к* недослу́шать)
недослы́шанный; *кр. ф.* -ан, -ана
недослы́шать, -шу, -шит
недослы́шка, -и
не до сме́ху (сме́ха)
недосмо́тр, -а (*от* недосмотре́ть)
недосмо́тренный; *кр. ф.* -ен, -ена (*от* недосмотре́ть)
недосмотре́ть, -отрю́, -о́трит (*наблюдая, не заметить всего, не уберечь*), но: **не досмотре́ть** (та́к и не досмотре́л фи́льм)
недосо́л, -а (*от* недосоли́ть)
недосо́ленный; *кр. ф.* -ен, -ена и **недосолённый;** *кр. ф.* -ён, -ена́ (*от* недосоли́ть)
недосоли́ть, -олю́, -о́ли́т (*посолить меньше нужного*)
недоспа́ть, -плю́, -пи́т; *прош.* -а́л, -ала́, -а́ло (*не выспаться*)
недоспева́ть, -а́ет (*к* недоспе́ть)
недоспе́лый (*от* недоспе́ть)
недоспе́ть, -е́ет (*недозреть*)
недоспо́рить, -рю, -рит (*недостаточно обсудить предмет спора*)
недостава́ть, -таёт (*иметься в недостаточном количестве, не хватать*), но: **не достава́ть** (*не дотягиваться*)
недоста́вка*, -и
недоста́ток, -тка (*отсутствие кого, чего-н. в нужном количестве; недочет*)
недоста́точно*
недоста́точность*, -и (*к* недоста́точный*) и **недоста́точность,** -и (*мед.*)
недоста́точный*; *кр. ф.* -чен, -чна
недоста́ть, -а́нет (*к* недостава́ть), но: **не доста́ть** (*не дотянуться*)
недоста́ча, -и, *тв.* -ей
недостаю́щий (*от* недостава́ть)
недостижи́мее*
недостижи́мость*, -и
недостижи́мый*
недостове́рнее*
недостове́рность*, -и
недостове́рный*; *кр. ф.* -рен, -рна
недосто́инство, -а (*отсутствие требуемых достоинств*)
недосто́йнее*
недосто́йно*, *нареч.* и *в знач. сказ.*
недосто́йность, -и
недосто́йный*; *кр. ф.* -о́ин, -о́йна
недостра́ивать(ся), -аю, -ает(ся) (*к* недостро́ить)
недострахо́ванный; *кр. ф.* -ан, -ана
недострахова́ть(ся), -страху́ю(сь), -страху́ет(ся)
недостро́енный; *кр. ф.* -ен, -ена (*от* недостро́ить)
недостро́ить, -о́ю, -о́ит (*построить не полностью*)
недосту́пнее*
недосту́пность*, -и
недосту́пный*; *кр. ф.* -пен, -пна
недосу́г[1], -а (*отсутствие свободного времени*)
недосу́г[2], *в знач. сказ.* (*некогда*)
недосу́жно, *в знач. сказ.*
недосу́шенный; *кр. ф.* -ен, -ена (*от* недосуши́ть)
недосу́шивать(ся), -аю, -ает(ся) (*к* недосуши́ть(ся)
недосуши́ть(ся), -шу́, -у́шит(ся) (*сушкой не довести, не дойти до готовности*)
недосу́шка, -и (*от* недосуши́ть)
недосчита́ть, -а́ю, -а́ет (*подсчитать не полностью*), но: **не досчита́ть** (не досчита́л и до десяти́)
недосчита́ться, -а́юсь, -а́ется (*обнаружить при подсчёте недостачу*)
недосчи́тывать(ся), -аю(сь), -ает(ся) (*к* недосчита́ть и недосчита́ться)
недосы́л, -а
недосыла́ть(ся), -а́ю, -а́ет(ся) (*к* недосла́ть)
недосы́лка, -и (*к* недосла́ть) и **недосы́лка*,** -и (*к* досы́лка)
недосы́п, -а
недосыпа́ние, -я
недосыпа́ть, -а́ю, -а́ет, *несов.* (*к* недоспа́ть)
недосы́пать(ся), -плю, -плет(ся), -плют(ся) и -пет(ся), -пят(ся), *сов.* (*засы́пать, насы́пать(ся) меньше нужного или возможного*)
недосыпа́ть(ся), -а́ю, -а́ет(ся), *несов.* (*к* недосы́пать(ся)
не до́сыта
недосы́щенный; *кр. ф.* -ен, -ена
недосяга́емость*, -и
недосяга́емый*
недотёпа, -ы, *м.* и *ж.*
недотёпистость, -и
недотёпистый
недотёпство, -а
не до того́, *в знач. сказ.* (сейча́с мне́ не до того́)
недотро́га, -и, *м.* и *ж.* (*о человеке*), *ж.* (*растение*)
недоты́комка, -и
недотя́гивание, -я (*от* недотя́гивать)
недотя́гивать, -аю, -ает (*к* недотяну́ть)
недотяну́ть, -яну́, -я́нет (*натянуть меньше, чем следует; не достичь нужного уровня, результата*)
недоу́здок, -дка
недоукомплекто́ванность, -и (*к* недоукомплектова́ть)
недоукомплекто́ванный; *кр. ф.* -ан, -ана (*от* недоукомплектова́ть)
недоукомплектова́ть(ся), -ту́ю, -ту́ет(ся) (*укомплектовать(ся) меньше нужного*)
недоукомплекто́вка, -и
недоукомплекто́вывать(ся), -аю, -ает(ся) (*к* недоукомплектова́ть(ся)
недоумева́ть, -а́ю, -а́ет
недоумева́ющий
недоуме́ние, -я
недоуме́нно и **недоумённо,** *нареч.*
недоуме́нность и **недоумённость,** -и
недоуме́нный и **недоумённый**
недоу́мие, -я
недоу́мок, -мка
недоу́ченный; *кр. ф.* -ен, -ена (*от* недоучи́ть)
недоуче́сть, -чту́, -чтёт, *прош.* -чёл, -чла́
недоучёт, -а
недоу́чивать(ся), -аю(сь), -ает(ся) (*к* недоучи́ть(ся)
недоучи́тывать(ся), -аю, -ает(ся)
недоучи́ть(ся), -учу́(сь), -у́чит(ся) (*не дать, не получить полного образования*), но: **не доучи́ть** (не доучи́л уро́ка)
недоу́чка, -и, *р. мн.* -чек, *м.* и *ж.*
недоучтённый; *кр. ф.* -ён, -ена́
недофинанси́рование, -я
недофинанси́рованный; *кр. ф.* -ан, -ана
недофинанси́ровать(ся), -рую(сь), -рует(ся)
недохва́тка, -и
недохо́д, -а (*спорт.*)
недохо́дчивость*, -и
недохо́дчивый*
недочелове́к, -а, *мн.* -ве́ки, -ов
недочёт, -а
недочи́танный*; *кр. ф.* -ан, -ана (*от* недочита́ть)
недочита́ть, -а́ю, -а́ет (*прочитать не полностью, меньше нужного*)
недошива́ть(ся), -а́ю, -а́ет(ся) (*к* недоши́ть)
недоши́тый (*от* недоши́ть)
недоши́ть, -шью́, -шьёт (*шитьем не довести до готовности*)
не до шу́ток, *в знач. сказ.*
не́дра, недр
недреве́сный*
недрема́нное о́ко (*о постоянном, неусыпном надзоре, наблюдении*) и **Недрема́нное о́ко** (*иконографический тип Христа*)
недрема́нный
недре́млющий (*бдительный*)
недрожжево́й*
недропо́льзование, -я
не́друг, -а, *мн.* -и, -ов
недружелю́бие*, -я
недружелю́бнее*
недружелю́бность*, -и
недружелю́бный*; *кр. ф.* -бен, -бна
недру́жеский*

недру́жественнее*
недру́жественный*; *кр. ф.* -вен и -венен, -венна
не дружне́е
недру́жный*
недублёный*
неду́г, -а
неду́гующий
неду́жить(ся), -жу, -жит(ся)
неду́жный; *кр. ф.* -жен, -жна
не ду́мал не гада́л
не ду́ра, *в знач. сказ.*
не дура́к, *в знач. сказ.*
не дурне́е
недурненький (*к* недурно́й)
неду́рно, *нареч.* и *в знач. сказ.* (*неплохо*)
недурно́й; *кр. ф.* -у́рен и -урён, -урна́, -у́рно, -у́рны́ (*неплохой*; *довольно красивый*)
неду́рственно, *нареч.*
неду́рственный; *кр. ф.* -вен и -венен, -венна
недю́жиннее*
недю́жинность*, -и
недю́жинный* (*незаурядный*)
неевкли́дова* геоме́трия, неевкли́довой* геоме́трии
неевре́й*, -я
неевропе́йский*
неевропе́йцы*, -ев, *ед.* -е́ец, -е́йца, *тв.* -е́йцем
не его́
не единогла́сно, *нареч.*
неединогла́сный*
не единоду́шно, *нареч.*
неединоду́шный*
не еди́ножды
неединообра́зный*; *кр. ф.* -зен, -зна
не её
не ежего́дно, *нареч.*
неежего́дный*
не ежедне́вно, *нареч.*
нееждне́вный*
нее́зженый*
неесте́ственнее*
неесте́ственно*, *нареч.*
неесте́ственность*, -и
неесте́ственный*; *кр. ф.* -вен и -венен, -венна (*лишенный естественности, ненормальный*)
не жадне́е
нежа́дный*
не жа́лко
не жа́ль
нежа́ркий*
не жа́рко, *в знач. сказ.*
не жа́рче
не́жащий(ся)
нежва́чные*, -ых
нежда́нно, *нареч.*
нежда́нно-нега́данно, *нареч.*
нежда́нность, -и
нежда́нный
нежда́новский (*от* Нежда́нова)
нежела́ние*, -я
нежела́нный*
нежела́тельность*, -и
нежела́тельный*; *кр. ф.* -лен, -льна
не́жели, *союз*
не жена́т
нежена́тик*, -а
нежена́тый*
не́женка, -и, *р. мн.* -нок, *м.* и *ж.*
неже́нский*
неже́нственный*; *кр. ф.* -вен и -венен, -венна
неживо́й*
нежи́дкий*
нежи́зненность*, -и
нежи́зненный*; *кр. ф.* -нен, -ненна (*далекий от жизни, неправдоподобный*)
нежизнера́достный*; *кр. ф.* -тен, -тна
нежизнеспосо́бность*, -и
нежизнеспосо́бный*; *кр. ф.* -бен, -бна
не жиле́ц, *в знач. сказ.* (*о том, кто скоро умрет*)
нежило́й*
не́жиль, -и
не́жинский (*от* Не́жин)
не́жинцы, -ев, *ед.* -нец, -нца, *тв.* -нцем
не жирне́е
нежи́рно (*небогато, негусто*)
нежи́рный*
не́жить, -и (*нечистая сила*)
не́жить(ся), не́жу(сь), не́жит(ся)
нежне́йший
не́жненький
не́жничанье, -я
не́жничать, -аю, -ает
не́жно-бе́лый
не́жно-голубо́й
не́жно-зелёный
не́жно-лимо́нный
нежноли́цый
не́жно-ро́зовый
не́жность, -и
не́жный; *кр. ф.* не́жен, нежна́, не́жно, не́жны́
нежурнали́ст*, -а
незабве́нный; *кр. ф.* -ве́н и -ве́нен, -ве́нна
незабу́дка, -и, *р. мн.* -док
незабыва́емость, -и
незабыва́емый (*такой, о котором нельзя забыть*)
не забы́т, -а
незавершёнка, -и, *р. мн.* -нок
незавершённость*, -и
незавершённый*
незави́днее*
незави́дность*, -и
незави́дный*; *кр. ф.* -ден, -дна
незави́симее*
незави́симо, *нареч.*
незави́симо от, *предлог*
незави́симость*, -и
незави́симый*
незави́сящий*; по незави́сящим от кого́-н. обстоя́тельствам, причи́нам
не за́втра
незагру́зка*, -и
незада́вшийся (*неудачный*)
незада́ча, -и, *тв.* -ей (*неудача*)
незада́чливость, -и
незада́чливый
незадеклари́рованный*
неза́до́лго*
незаёмный*
незажива́ющий (*не поддающийся заживлению*)
незазо́рно, *нареч.*
не зазо́рно, *в знач. сказ.*
незазо́рный*; *кр. ф.* -рен, -рна
незаинтересо́ванно*, *нареч.*
незаинтересо́ванность*, -и
незаинтересо́ванный*
незака́тный; *кр. ф.* -тен, -тна (*вечный*)
не́ за кем
не́ за кого
незакомплексо́ванно*, *нареч.*
незакомплексо́ванность*, -и
незакомплексо́ванный*
незако́нно*, *нареч.*
незаконнорождённый*
незако́нность*, -и
незако́нный*; *кр. ф.* -о́нен, -о́нна
незакономе́рность*, -и (*свойство*)
незакономе́рный*; *кр. ф.* -рен, -рна
незаконопослу́шность*, -и
незаконопослу́шный*; *кр. ф.* -шен, -шна
незако́нченнее*
незако́нченность*, -и
незако́нченный*
незакры́тый*
не зала́диться, -ится
незале́жность, -и
незале́жный
незалечи́мый
не зама́й(те)
незамаскиро́ванный*
незамедли́тельно, *нареч.*
незамедли́тельность, -и
незамедли́тельный; *кр. ф.* -лен, -льна
не заме́длить, -лю, -лит
незамени́мость*, -и (*к* незамени́мый*) и **незамени́мость,** -и (*к* незамени́мый)
незамени́мый* (*не подлежащий замене другим*) и **незамени́мый** (*крайне необходимый*)
незаменя́емость*, -и
незаменя́емый*
незамерза́ющий*
незаме́тнее*
незаме́тно*, *нареч.* и *в знач. сказ.*; незаме́тно, чтобы…
незаме́тность*, -и
незаме́тный*; *кр. ф.* -тен, -тна
незаме́ченно, *нареч.*
незаме́ченный*
неза́мкнутый*

незамоли́мый
не за́мужем
незаму́жний*
незамутнённость*, -и
незамутнённый*
незамыслова́тее*
незамыслова́тость*, -и
незамыслова́тый*
незанима́тельность*, -и
незанима́тельный*; *кр. ф.* -лен, -льна
незано́счивость*, -и
незано́счивый*
не за́нят, -а, -о
незанято́й*
неза́нятость*, -и
неза́нятый*
незапа́мятный
незапа́сливый*
неза́пертый*
незапеча́танный*
незаплани́рованный*
незапо́лненность*, -и
незапо́лненный*
незапомина́ющийся*
незаприхо́дованный*
незапрограмми́рованный*
незапя́тнанность*, -и
незапя́тнанный* (*безупречный*)
незара́зный*; *кр. ф.* -зен, -зна
незаращéние*, -я
незарегистри́рованный*
незаря́женный* и **незаряжённый***
незаселённость*, -и
незаселённый*
незасéянный*
незаслу́женно*, *нареч.*
незаслу́женность*, -и
незаслу́женный*; *кр. ф.* -ен, -енна (*несправедливый*)
не за стра́х, а за со́весть
незата́ренный*
незатéйливость*, -и
незатéйливый*
незатро́нутый*
незатуха́ющий*
незауря́дность, -и (*к* незауря́дный)
незауря́дный; *кр. ф.* -ден, -дна (*выдающийся*)
незаходя́щий (*астр.*)
незацепля́йка, -и, *р. мн.* -я́ек
нéзачем (*нет смысла, надобности*: нéзачем спра́шивать), но *местоим.* **нé за чем** (нé за чем спря́таться)
незачёт*, -а
нé за что
незашо́ренно*, *нареч.*
незашо́ренность*, -и
незашо́ренный*
незащищённость*, -и
незащищённый*
незва́ный*
незва́ный-непро́шеный
незвезда́*, -ы́, *мн.* -вёзды, -вёзд (*астр.*)
незвёздный* (*астр.*)
незво́нкий*
не звучнéе
незву́чный*
не здéсь
нездéшний* (*не проживающий здесь, в данной местности*) и **нездéшний** (*потусторонний*)
нездéшность, -и
не здоровéе
нездоро́виться, -ится
нездо́рово*, *нареч.* (*не очень хорошо*)
нездоро́во*, *в знач. сказ.*
нездоро́вый*
нездоро́вье, -я (*болезненное состояние*)
неземно́й*
незерни́стый*
незернов́ой*
незло́би́вость, -и
незло́би́вый
незло́бие, -я
незло́бность*, -и
незло́бный*; *кр. ф.* -бен, -бна
незло́й*
незлопа́мятность*, -и
незлопа́мятный*; *кр. ф.* -тен, -тна
незна́емый
незна́йка, -и, *р. мн.* -а́ек, *м.* и *ж.* и (*сказочный персонаж*) **Незна́йка,** -и, *м.*
незнако́мее*
незнако́мец, -мца, *тв.* -мцем, *р. мн.* -мцев
незнако́мка, -и, *р. мн.* -мок и (*лит. персонаж*) **Незнако́мка,** -и
незнако́мство*, -а
незнако́мый*
незнамени́тый*
незна́мо кто́ (что́, како́й, гдé, ка́к, куда́ и т. п.)
незна́ние*, -я
не знатнéе
незна́тность*, -и
незна́тный*
не знато́к *(чего), в знач. сказ.*
незна́чащий* (*не обладающий значением*) и **незна́чащий** (*не имеющий большого значения*)
незна́чимость*, -и
незна́чимый*
незначи́тельнее*
незначи́тельность*, -и
незначи́тельный*; *кр. ф.* -лен, -льна
не зна́ю ка́к (*очень много, очень сильно*: уста́л не зна́ю ка́к)
незо́ркий*
не зрелéе
незрéлость*, -и
незрéлый*; *кр. ф.* -éл, -а
незри́мость*, -и
незри́мый*
не зря́
незря́честь*, -и
незря́чий*
незря́шность*, -и
незря́шный*; *кр. ф.* -шен, -шна
незы́блемость, -и
незы́блемый (*неподвижный; непоколебимый*)
неигрово́й*
неиденти́чность*, -и
неиденти́чный*; *кр. ф.* -чен, -чна
неизбало́ванность*, -и
неизбало́ванный*; *кр. ф.* -ан, -анна, *прил.*
неизбéжность, -и
неизбéжный; *кр. ф.* -жен, -жна
неизби́тый*
неизбы́вность, -и
неизбы́вный; *кр. ф.* -вен, -вна
неизвéданность, -и
неизвéданный; *кр. ф.* -ан, -анна, *прил.*
неизвéстная, -ой (*незнакомка*)
неизвéстно*, *в знач. сказ.*
неизвéстно кто́ (что́, како́й, гдé, ка́к, куда́, почему́ и т. п., *выражение незнания или осуждения, напр.*: хо́дит неизвéстно кто́)
неизвéстность*, -и (*отсутствие известности*) и **неизвéстность,** -и (*отсутствие сведений, известий о ком-чем-н.*)
неизвéстный*; *кр. ф.* -тен, -тна; никому́ не извéстный
неизвéстный, -ого (*незнакомец*)
Неизвéстный Солда́т: Моги́ла Неизвéстного Солда́та
неизвини́тельный*; *кр. ф.* -лен, -льна
неизглаго́ланный; *кр. ф.* -ан, -анна
неизглади́мость, -и
неизглади́мый
неи́зданный*
неизжи́тость*, -и
неизжи́тый*
нé из кого
неизлечи́мость*, -и
неизлечи́мый*
неизмéнно, *нареч.*
неизмéнность, -и
неизмéнный; *кр. ф.* -éнен, -éнна
неизменя́емость*, -и
неизменя́емый*
неизмери́мость, -и (*к* неизмери́мый)
неизмери́мый (*очень большой*)
неизрасхо́дованный*
неизречéнный; *кр. ф.* -éн, -éнна
не из ро́бких
неизу́ченность*, -и
неизу́ченный*
нé из чего
неизъясни́мость, -и
неизъясни́мый
неизя́щность*, -и
неизя́щный*; *кр. ф.* -щен, -щна
неимéние: за неимéнием
неимени́тый*
неимовéрность, -и
неимовéрный; *кр. ф.* -рен, -рна
неиму́щий*
не ина́че
не ина́че как...

неинвали́д*, -а
не инвали́д войны́
неинициализи́рованный*
неинициати́вный*; *кр. ф.* -вен, -вна
не ино́й
неинтеллиге́нтнее*
неинтеллиге́нтность*, -и
неинтеллиге́нтный*; *кр. ф.* -тен, -тна
неинтенси́вность*, -и
неинтенси́вный*; *кр. ф.* -вен, -вна
неинтере́снее*
неинтере́сно*, *нареч.* и *в знач. сказ.*
неинтере́сный*; *кр. ф.* -сен, -сна; ниче́м (никому́) не интере́сный
неинфекцио́нный*
неинформати́вность*, -и
неинформати́вный*; *кр. ф.* -вен, -вна
неинформи́рованность*, -и
неинформи́рованный*
не исключено́, что…
неискоренённый*
неискорени́мость, -и
неискорени́мый
не́искреннее*
не́искренний*; *кр. ф.* -енен, -енна, -енне и -енно, -енни и -енны
не́искренность*, -и
неискупи́мость, -и
неискупи́мый
неиску́сность*, -и
неиску́сный*; *кр. ф.* -сен, -сна
неискушённость*, -и
неискушённый*; *кр. ф.* -ён, -ённа, *прил.*
неисповеди́мый
неисполне́ние*, -я
неисполни́мость*, -и
неисполни́мый*
неисполни́тельность*, -и
неисполни́тельный*; *кр. ф.* -лен, -льна
неиспо́льзованный*
неиспо́рченность*, -и
неиспо́рченный*
неисправи́мость*, -и
неисправи́мый*
неиспра́вность*, -и (*свойство*) и **неиспра́вность**, -и (*повреждение, недоделка*)
неиспра́вный*; *кр. ф.* -вен, -вна
неиспы́танность*, -и
неиспы́танный*
неисследи́мый
неиссле́дованность*, -и
неиссле́дованный*
неиссяка́емость, -и
неиссяка́емый
неи́стовость, -и (*к* неи́стовый)
неи́стовство, -а
неи́стовствовать, -твую, -твует
неи́стовый (*сильно проявляющийся; несдержанный, исступленный*)
неистори́чность*, -и
неистори́чный*; *кр. ф.* -чен, -чна
неистощи́мость, -и
неистощи́мый
неистощи́тельный*; *кр. ф.* -лен, -льна
неистреби́мость, -и
неистреби́мый
неисхо́дный; *кр. ф.* -ден, -дна (*безысходный*)
неисхо́женный*
неисцели́мость, -и
неисцели́мый*
неисчерпа́емость, -и
неисчерпа́емый
неисче́рпанность*, -и
неисче́рпанный*
неисчётно (*очень много*)
неисчётный; *кр. ф.* -тен, -тна
неисчисли́мость, -и (*бесчисленность*)
неисчисли́мый (*бесчисленный*)
не и́х
нейдёт, но: **не идёт** (*см.* нейти́)
нейзи́льбер, -а
нейл, -а
нейло́н, -а
нейло́новый
неймёт(ся)
нейрами́новый
нейриле́мма, -ы и **невриле́мма**, -ы
нейри́т, -а (*отросток нервной клетки*)
нейро… – *первая часть сложных слов, пишется слитно*
нейроаллерги́ческий
нейроаллерги́я, -и
нейроанато́мия, -и
нейробио́ника, -и
нейробла́сты, -ов, *ед.* -а́ст, -а
нейровегетати́вный
нейрови́русный
нейрогене́тика, -и
нейроге́нный и **неврoге́нный**
нейрогинеколо́гия, -и
нейроглия́, -и и **невроглия́**, -и
нейрогормо́ны, -ов, *ед.* -мо́н, -а
нейрогумора́льный
нейродерми́т, -а
нейроинфе́кция, -и
нейроинформа́тика, -и
нейрокиберне́тик, -а
нейрокиберне́тика, -и
нейрокибернети́ческий
нейрокли́ника, -и
нейрокомпью́тер, -а
нейролептаналгези́я, -и
нейроле́птики, -ов, *ед.* -тик, -а
нейролепти́ческий
нейролингви́стика, -и
нейролингвисти́ческий
нейромедиа́тор, -а
нейро́н, -а и **невро́н**, -а
нейро́нный
нейропепти́ды, -ов, *ед.* -ти́д, -а
нейропи́ль, -я
нейропле́гики, -ов, *ед.* -гик, -а
нейроплеги́ческий
нейропсихиатри́ческий
нейропсихи́ческий
нейропсихологи́ческий
нейропсихоло́гия, -и
нейросекре́т, -а
нейросекре́ция, -и
нейротехноло́гия, -и
нейротравмати́ческий
нейротравматологи́ческий
нейротро́пный
нейрофибри́ллы, -и́лл, *ед.* -и́лла, -ы
нейрофибро́ма, -ы
нейрофиброматóз, -а
нейрофизио́лог, -а
нейрофизиологи́ческий
нейрофизиоло́гия, -и
нейрохими́ческий
нейрохи́мия, -и
нейрохиру́рг, -а
нейрохирурги́ческий
нейрохирурги́я, -и
нейроциркуля́рный
нейроциркулято́рный
нейроэндокри́нный
не́йрула, -ы
нейруля́ция, -и
нейсто́н, -а
нейти́, нейду́, нейдёт (*устар. к* не идти́, не иду́, не идёт; *также при передаче разг. произношения*)
нейтра́л, -а
нейтрализа́тор, -а
нейтрализа́ция, -и
нейтрали́зм, -а
нейтрализо́ванный; *кр. ф.* -ан, -ана
нейтрализова́ть(ся), -зу́ю, -зу́ет(ся)
нейтрали́ст, -а
нейтрали́стский
нейтралите́т, -а
нейтра́лка, -и, *р. мн.* -лок
нейтра́ль, -и
нейтра́льно-се́рый
нейтра́льность, -и
нейтра́льный; *кр. ф.* -лен, -льна
нейтри́нный
нейтри́но, *нескл., м.* и *с.*
нейтро́н, -а
нейтро́нный
нейтронографи́ческий
нейтроногра́фия, -и
нейтронодефици́тный
нейтроноизбы́точный
нейтронообеднённый
нейтрофилёз, -а
нейтрофи́лы, -ов, *ед.* -фи́л, -а
некабине́тный*
не ка́ждый
некази́стость, -и
некази́стый
не ка́к…, (а…)
не ка́к-нибудь
не како́й-нибудь
не кандида́т нау́к
неканони́ческий*
неканони́чность*, -и
неканони́чный*; *кр. ф.* -чен, -чна
некапиталисти́ческий*

нека́ссовость*, -и
нека́ссовый*
нека́чественнее*
нека́чественно*, *нареч.*
нека́чественность*, -и (*к* некачественный*)
нека́чественный*; *кр. ф.* -вен и -венен, -венна (*низкого качества*)
неквалифици́рованно*, *нареч.*
неквалифици́рованность*, -и
неквалифици́рованный*; *кр. ф.* -ан, -анна, *прил.*
некванто́вый*
не к добру́
не́кем (*тв. п. к* не́кого)
не́кий, не́кое, не́коего, не́коему, не́ким, о не́коем, **не́кая**, не́коей и не́кой, не́кую, о не́коей и о не́кой, *мн.* не́кие, не́ких
некиногени́чность*, -и
некиногени́чный*; *кр. ф.* -чен, -чна
неки́слый*
некк, -а
не́ к кому
неклассйческий*
некла́ссный*
не клеймённый, *прич.*
неклеймёный*, *прил.*
не́клен, -а
некле́точный*
не к лицу́
не к ме́сту
не ко́ванный, *прич.*
неко́ваный*, *прил.*
неко́вкий*
неко́вкость*, -и
не ко вре́мени
не́когда
не́кого (*род. и вин.*), не́кому, не́кем, *им. п. нет*
не кого́-нибудь
не ко двору́
неколеби́мость, -и
неколеби́мый
не коле́блясь
некомме́рческий*
некоммуника́бельность*, -и
некоммуника́бельный*; *кр. ф.* -лен, -льна
некоммуни́ст*, -а
некоммунисти́ческий*
некомпенси́рованный*
некомпете́нтность*, -и
некомпете́нтный*; *кр. ф.* -тен, -тна
неко́мплексность*, -и
неко́мплексный*
некомпле́кт, -а (*некомплектность*)
некомпле́ктность*, -и
некомпле́ктный*; *кр. ф.* -тен, -тна
не́кому (*дат. п. к* не́кого)
не кому́ ино́му, ка́к..., но: **никому́ ино́му**
некомфорта́бельность*, -и
некомфорта́бельный*; *кр. ф.* -лен, -льна
некомфо́ртность*, -и
некомфо́ртный*; *кр. ф.* -тен, -тна
неконверти́руемость*, -и
неконверти́руемый*
некондицио́нность*, -и
некондицио́нный*; *кр. ф.* -о́нен, -о́нна
некондиция, -и (*некондиционность*)
неконкре́тность*, -и
неконкре́тный*; *кр. ф.* -тен, -тна
неконкурентоспосо́бность*, -и
неконкурентоспосо́бный*; *кр. ф.* -бен, -бна
неконституцио́нно*, *нареч.* и *в знач. сказ.*
неконституцио́нность*, -и
неконституцио́нный*; *кр. ф.* -о́нен, -о́нна
неконструкти́вность*, -и
неконструкти́вный*; *кр. ф.* -вен, -вна
неконта́ктность*, -и
неконта́ктный*; *кр. ф.* -тен, -тна
неконтроли́руемость*, -и
неконтроли́руемый*
неконфли́ктный*
некоопери́рованный*
некоордини́рованность*, -и
некоордини́рованный*
некоренно́й*
не ко́рмленный, *прич.*
неко́рмленый*, *прил.*
некорнево́й*
некороно́ванный*
не ко́роток, не коротка́, не ко́ротко́ (*не короче, чем нужно*: пла́тье е́й не ко́ротко́)
некорре́ктно*, *нареч.* и *в знач. сказ.*
некорре́ктность*, -и
некорре́ктный*; *кр. ф.* -тен, -тна
некоры́стный*; *кр. ф.* -тен, -тна
некорыстолюби́вый*
не́кось, -и
не́которые, -ых
не́который
не ко́шенный, *прич.*
неко́шеный*, *прил.*
некраси́вее*
некраси́во*, *нареч.* и *в знач. сказ.*
некраси́вость, -и (*отсутствие красоты*)
некраси́вый*
некрасове́д, -а (*от* Некра́сов)
некрасове́дение, -я
некра́совский (*от* Некра́сов)
некра́совцы, -ев, *ед.* -вец, -вца, *тв.* -вцем
некра́сочный*
не кра́шенный, *прич.*
некра́шеный*, *прил.*
некредитоспосо́бность*, -и
некредитоспосо́бный*; *кр. ф.* -бен, -бна
некре́пкий*
не кре́пче
не крещённый, *прич.*
некрещёный*, *прил.*
некрити́ческий*
некрити́чность*, -и
некрити́чный*; *кр. ф.* -чен, -чна
некробактерио́з, -а
некробио́з, -а
некробиоти́ческий
некро́вный*
некро́з, -а
некроло́г, -а
некрологи́ческий
некрома́ния, -и
некрома́нт, -а
некрома́нтия, -и
некро́поль, -я
некросади́зм, -а
некросси́рованный*
некроти́ческий
некрофа́ги, -ов, *ед.* -фа́г, -а
некрофи́л, -а
некрофили́я, -и
некрофи́лка, -и, *р. мн.* -лок
некрофи́льский
некрофи́льство, -а
некрофо́бия, -и
некроцено́з, -а
некру́глый*
не крупне́е
некру́пный*
некруто́й*
не кру́че
не к спе́ху
некста́ти*, *нареч.*
некта́р, -а
нектари́на, -ы
некта́рник, -а
некта́рница, -ы, *тв.* -ей (*птица*)
некта́рность, -и
некта́рный
нектароно́с, -а
нектароно́сный
не́кто, *других форм нет*
не кто́ ино́й, как..., но: **никто́ ино́й**
не кто́ как о́н (*не кто иной, как он*)
некто́н, -а
не кто́-нибудь
нектохе́та, -ы
не́куда
не куда́-нибудь
некультиви́руемый*
некульту́рнее*
некульту́рно*, *нареч.* и *в знач. сказ.*
некульту́рность*, -и
некульту́рный*; *кр. ф.* -рен, -рна (*лишенный культурности; не культивируемый*)
некуря́щий*
не́ к чему
нелабиализо́ванный*
нела́дно*, *нареч.* (*нескладно*) и *в знач. сказ.* (*неблагополучно*)
нела́дный* (*нескладный, неловкий*) и **нела́дный**; *кр. ф.* -ден, -дна (*неблагополучный, нехороший*); бу́дь о́н (она́, оно́, ты́) нела́ден (-дна, -дно)

нелады́, -о́в
нела́сковость*, -и
нела́сковый*
нелега́л, -а
нелега́лка, -и, *р. мн.* -лок
нелега́льность*, -и
нелега́льный*; *кр. ф.* -лен, -льна
нелега́льщина, -ы
нелегити́мность*, -и
нелегити́мный*; *кр. ф.* -мен, -мна
нелёгкая несёт (принесла́)
нелёгкий*; *кр. ф.* -гок, -гка́
нелегко́*, *нареч.* и *в знач. сказ.*
нелегкове́сный*; *кр. ф.* -сен, -сна
не ле́гче
нелёжкий*; *кр. ф.* -жек, -жка
нелека́рственный*
нелени́вый*
неле́ностный
не ле́нь, *в знач. сказ.*; кому́ не ле́нь
неле́пица, -ы, *тв.* -ей
неле́пость, -и
неле́пый
нелесно́й*
неле́стно*, *нареч.*
неле́стность*, -и
неле́стный*; *кр. ф.* -тен, -тна
нелётный*
неликви́д, -а
неликви́дность*, -и
неликви́дный*; *кр. ф.* -ден, -дна
нелимити́рованность*, -и
нелимити́рованный*
нелингви́ст*, -а
нелине́йность*, -и
нелине́йный*; *кр. ф.* -е́ен, -е́йна
нелино́ванный*
нелиню́чий*
нелитера́тор*, -а
нелицево́й*
нелицеме́рный*; *кр. ф.* -рен, -рна
нелицеприя́тие*, -я
нелицеприя́тность*, -и
нелицеприя́тный*; *кр. ф.* -тен, -тна
не-лицо́, -а́ (*лингв.*, *филос.*)
не лишён, -ена́ (*чего*)
нели́шне* и **нели́шнее*** (*с неопр.*), *в знач. сказ.* (*не мешает, полезно*)
нели́шний*
нело́вкий*; *кр. ф.* -вок, -вка́, -вко, нело́вки́ (*лишенный ловкости*) и **нело́вкий** (*неприятный, смущающий, неуместный*)
нело́вко*, *нареч.* (*к* нело́вкий*) и **нело́вко,** *в знач. сказ.* (*к* нело́вкий)
нело́вкость*, -и (*к* нело́вкий*) и **нело́вкость,** -и (*к* нело́вкий)
не ло́вче и **не ловче́е**
нелоги́чнее*
нелоги́чно*, *нареч.* и *в знач. сказ.*
нелоги́чность*, -и
нелоги́чный*; *кр. ф.* -чен, -чна
нело́жный*; *кр. ф.* -жен, -жна
нелока́льность*, -и
нелока́льный*; *кр. ф.* -лен, -льна

нело́мкий*
нелоя́льность*, -и
нелоя́льный*; *кр. ф.* -лен, -льна
не лужённый, *прич.*
нелужёный*, *прил.*
не лу́чше
нелу́чший*; в нелу́чших усло́виях, в нелу́чшую сто́рону, с нелу́чшей стороны́
не лы́ком ши́т
нельго́тник*, -а
нельзя́
не́льма, -ы
не́льмовый
не́льсон, -а (*переворот в греко-римской борьбе*)
не́льсоновский (*от* Не́льсон)
не лю́б, не люба́, не лю́бо
нелюбе́зность*, -и (*свойство*)
нелюбе́зный*; *кр. ф.* -зен, -зна
нелю́бие, -я
нелюби́мый*
не люби́тель *(чего), в знач. сказ.*
не люби́тельница *(чего), в знач. сказ.*
нелюбо́вь*, -бви́, *тв.* -бо́вью
нелюбозна́тельность*, -и
нелюбозна́тельный*; *кр. ф.* -лен, -льна
не лю́бо – не слу́шай
нелюбопы́тность*, -и
нелюбопы́тный*; *кр. ф.* -тен, -тна
нелюбопы́тство*, -а
нелю́бый* (*устар. к* нелюби́мый)
не́люди, -ей, *ед.* (*прост.*) не́людь, -я
нелюди́м, -а
нелюди́мка, -и, *р. мн.* -мок
нелюди́мость, -и
нелюди́мый
нелю́дный*
не́людь[1], -и (*собир.*)
не́людь[2], -я (*ед. ч. к* не́люди, *см.*)
нема́, *в знач. сказ.*
немагни́тный*
не ма́занный, *прич.*
нема́заный*, *прил.*
не ма́л, не мала́ (*не меньшего размера, чем нужно*: пальто́ е́й не мало́)
нема́ленький*
нема́ло (*довольно много, порядочно*: в те́ксте нема́ло опеча́ток; о́н потруди́лся нема́ло)
немалова́жность*, -и
немалова́жный*; *кр. ф.* -жен, -жна
нема́лый (*довольно большой, значительный*)
не́манский (*от* Не́ман)
нема́ркий*
немарки́рованный* (*лингв.*)
немаркси́ст*, -а
немаркси́стский*
немаскиро́ванный*
не ма́сленный, *прич.*
нема́сленый*, *прил.* (*от* ма́сленый – *покрытый, пропитанный маслом*)
нематема́тик*, -а

нематериа́льность*, -и и (*при передаче произношения, в поэзии*) **нематерья́льность*,** -и
нематериа́льный* и (*при передаче произношения, в поэзии*) **нематерья́льный*;** *кр. ф.* -лен, -льна
немато́дный
нематодо́з, -а
нематодоло́гия, -и
немато́ды, -о́д, *ед.* -о́да, -ы
нематофито́н, -а
нематоци́ды, -ов, *ед.* -ци́д, -а
нембута́л, -а
неме́дик*, -а
немедикаменто́зный*
немедици́нский*
неме́дленно, *нареч.* (*незамедлительно*)
неме́дленный; *кр. ф.* -ен и -енен, -енна (*незамедлительный*)
неме́для, *нареч.* (*незамедлительно*: отве́тить неме́для), но *деепр.* **не ме́для** (ни мину́ты не ме́для с отве́том)
Немези́да, -ы
неме́зия, -и
неме́лкий*
не ме́льче
не ме́нее
не ме́ньше
неме́ньший*; в неме́ньшей ме́ре, сте́пени, с неме́ньшим интере́сом, успе́хом
не ме́ренный, *прич.*
неме́рено (*очень много*)
неме́реный*, *прил.*
неме́ркнущий*
неме́рный (*не достигающий установленной меры*)
немерти́ны, -и́н, *ед.* -и́на, -ы
не ме́сто, *в знач. сказ.* (тебе́ та́м не ме́сто; зде́сь не ме́сто пи́ть)
немета́лл*, -а
немета́ллик*, -а
неметалли́ческий*
неметаллоёмкий*
не метённый, *прич.*
неметёный*, *прил.*
Неме́тчина, -ы (*Германия*) и **неме́тчина,** -ы (*немецкие нравы, обычаи; чужая земля, иностранное государство*)
неме́ть, -е́ю, -е́ет
неме́цкий
немецкоговоря́щий
неме́цко-фаши́стский
немецкоязы́чный
не ме́шкая
немига́ющий*; немига́ющий взгля́д
не миле́е
немилосе́рдность*, -и (*от* немилосе́рдный*) и **немилосе́рдность,** -и (*от* немилосе́рдный)
немилосе́рдный*; *кр. ф.* -ден, -дна (*лишенный жалости, милосердия*)

и **немилосе́рдный**; *кр. ф.* -ден, -дна (*очень сильный*)
неми́лостивый*
неми́лость*, -и (*нерасположение*); бы́ть в неми́лости, впа́сть в неми́лость
неми́лый*
немину́емость, -и
немину́емый
немину́чий
неми́рный*
немиро́вичский (*к* Немиро́вич-Да́нченко)
не́мка, -и, *р. мн.* не́мок
не мла́дше
немно́гие*, -их
немно́го* (*довольно мало*) и **немно́го** (*в некоторой степени, слегка, чуть-чуть; недолго; недалеко*)
немно́гое*, -ого
немноголю́дность*, -и
немноголю́дный*; *кр. ф.* -ден, -дна
немногоречи́вый*
немногосло́вие*, -я
немногосло́внее*
немногосло́вность*, -и
немногосло́вный*; *кр. ф.* -вен, -вна
немногосло́жный*; *кр. ф.* -жен, -жна
немногочи́сленнее*
немногочи́сленность*, -и
немногочи́сленный*; *кр. ф.* -ен, -енна
немно́жечко
немно́жко
немну́щийся*
немогузна́йка, -и, *р. мн.* -а́ек, *м.* и *ж.*
не моднée
немо́дный*
немодули́руемый*
немо́жется, *других форм нет*
немо́жно* (*устар. к* нельзя́)
немо́й; *кр. ф.* нем, нема́, не́мо
не мо́й, не моя́
немолодо́й*; *кр. ф.* -о́лод, -олода́, -о́лодо
не моло́же
немо́лотый*
немо́лчный; *кр. ф.* -чен, -чна
немоното́нный*; *кр. ф.* -о́нен, -о́нна
немора́льный (*лесной*: немора́льная фло́ра и фа́уна)
немора́льный*; *кр. ф.* -лен, -льна (*аморальный*)
немота́, -ы́
немотиви́рованно*, *нареч.*
немотиви́рованность*, -и
немотиви́рованный*; *кр. ф.* -ан, -анна, *прил.*
немо́тность, -и
немо́тный; *кр. ф.* -тен, -тна
немо́тствовать, -твую, -твует
не́мочь, -и (*прост. к* не́мощь; бле́дная не́мочь)
не мощённый, *прич.*
немощёный*, *прил.*
не́мощность, -и
не́мощный; *кр. ф.* -щен, -щна (*от* не́мощь)
немо́щный* (*от* мо́щный)
не́мощь, -и
не мудрée
немудрено́* (*легко*) и **немудрено́** (*неудивительно*), *в знач. сказ.*
немудрёный*; *кр. ф.* -ён, -ёна и -ена́
не му́дрствующий лука́во
не му́дрствуя лука́во
нему́дрый*
немудря́щий
немужско́й*
немузыка́льность*, -и
немузыка́льный*; *кр. ф.* -лен, -льна
немузыка́нт*, -а
немусульма́нин*, -а, *мн.* -а́не, -а́н
немусульма́нский*
не́мцы, -ев, *ед.* не́мец, не́мца, *тв.* не́мцем
не́мчик, -а
немчи́н, -а
немчура́, -ы́, *м.* и *ж.*
не мы́, не на́с
немы́слимо (*невозможно, невероятно*)
немы́слимость, -и
немы́слимый (*невозможный, невероятный*)
немы́тый*; *кр. ф.* -ы́т, -а
не мытьём, так ка́таньем
ненаблюда́емый*
ненаблюда́тельность*, -и
ненаблюда́тельный*; *кр. ф.* -лен, -льна
не наве́к (*не навсегда*)
не наве́чно
ненави́деть, -и́жу, -и́дит
ненави́димый
ненави́дяще, *нареч.*
ненави́дящий
ненави́стник, -а
ненави́стница, -ы, *тв.* -ей
ненави́стничать, -аю, -ает
ненави́стнический
ненави́стничество, -а
ненави́стность, -и
ненави́стный; *кр. ф.* -тен, -тна
не́нависть, -и
не навсегда́
ненавя́зчивость*, -и
ненавя́зчивый*
ненагля́дный (*любимый, дорогой*)
ненадёванный*
ненадёжнее*
ненадёжность*, -и
ненадёжный*; *кр. ф.* -жен, -жна
ненадлежа́щий*
не на́до
не на́добно
нена́добность*, -и; за нена́добностью
нена́добный*; *кр. ф.* -бен, -бна
ненадое́дный*
ненадо́лго*
ненае́зженный*
не на жи́знь, а на́ смерть
не наздра́вствуешься (на вся́кий чи́х)
неназо́йливее*
неназо́йливость*, -и
неназо́йливый*
ненаказу́емость*, -и
ненаказу́емый*
не́ на кого
нена́ла́женный*
ненало́говый*
не наме́рен, не наме́рена (*с неопр.*)
ненаме́ренно*, *нареч.*
ненаме́ренность*, -и
ненаме́ренный*; *кр. ф.* -ен, -енна (*совершённый без намерения*: ненаме́ренное оскорбле́ние)
не на ме́сте
ненамно́го*
ненанесе́ние*, -я (уще́рба, пе́рвого уда́ра)
ненападе́ние*, -я
не на по́льзу
ненапра́вленность*, -и
ненапра́вленный*; *кр. ф.* -ен, -енна, *прил.*
не напра́сно, *нареч.*
ненапра́сный*; *кр. ф.* -сен, -сна
ненапряжённый*
не нара́доваться, -дуюсь, -дуется
ненаркоти́ческий*
нена́ро́ком
ненарочи́тость*, -и
ненарочи́тый*
не наро́чно
ненаруши́мость, -и
ненаруши́мый
ненаря́дный*; *кр. ф.* -ден, -дна
ненаси́лие*, -я
ненаси́льственно*, *нареч.*
ненаси́льственность*, -и
ненаси́льственный*; *кр. ф.* -вен и -венен, -венна
ненасле́дственный*; *кр. ф.* -вен и -венен, -венна
не насовсе́м
нена́стливый
нена́стный; *кр. ф.* -тен, -тна
не насто́лько
ненастоя́щий*
не на стра́х, а на со́весть
ненаступа́тельный*; *кр. ф.* -лен, -льна
нена́стье, -я
ненасыти́мость, -и
ненасыти́мый
ненасы́тность, -и
ненасы́тный; *кр. ф.* -тен, -тна
ненасы́щенный*
не на того́ (ту́, те́х) напа́л (-а, -и)
ненатура́льность*, -и
ненатура́льный*; *кр. ф.* -лен, -льна
ненау́ка*, -и
ненау́чно*, *нареч.* и *в знач. сказ.*
не нау́чно-иссле́довательский
ненау́чность*, -и
ненау́чный*; *кр. ф.* -чен, -чна

не нау́чный сотру́дник
ненахо́дчивее*
ненахо́дчивость*, -и
ненахо́дчивый*
не́ на что
не на́ш, -а
не на шу́тку
не непосре́дственно, *нареч.*
не непосре́дственный
не́нецкий
Не́нецкий автоно́мный о́круг
не ни́же
не́ния, -и
не́нка, -и, *р. мн.* не́нок
не нове́е
нено́вый*
ненорма́льнее*
ненорма́льно*, *нареч.* и *в знач. сказ.*
ненорма́льность*, -и (*свойство*) и **ненорма́льность**, -и (*ненормальное явление*)
ненорма́льный*; *кр. ф.* -лен, -льна
ненормати́вность*, -и
ненормати́вный*; *кр. ф.* -вен, -вна
ненорми́ро́ванность*, -и
ненорми́ро́ванный*
не но́шенный, *прич.*
нено́шеный*, *прил.*
не ну́жен, не нужна́, не ну́жно, не ну́жны́
не нужне́е
не ну́жно, *в знач. сказ.*
нену́жность*, -и (*свойство*) и **нену́жность**, -и (*нечто ненужное*)
нену́жный*; никому́ (ни на что́) не ну́жный
ненулево́й*
ненумеро́ванный*
не́нцы, -ев, *ед.* не́нец, не́нца, *тв.* не́нцем
не ны́нче за́втра
нео... – *первая часть сложных слов, пишется слитно*
неоаванга́рд, -а
неоавангарди́зм, -а
неоавангарди́ст, -а
неоавангарди́стка, -и, *р. мн.* -ток
неоавангарди́стский
неоа́нтропы, -ов, *ед.* -роп, -а
неоапартеи́д, -а
необая́тельность*, -и
необая́тельный*; *кр. ф.* -лен, -льна
необду́маннее*
необду́манно*, *нареч.*
необду́манность*, -и
необду́манный*; *кр. ф.* -ан, -анна, *прил.*
не оберёшься (хлопо́т)
необеспе́ченнее*
необеспе́ченность*, -и
необеспе́ченный*; *кр. ф.* -ен, -енна, *прил.*
не обессу́дь(те)
необжито́й* и **необжи́тый***; *кр. ф.* -и́т, -ита́, -и́то
необжи́тость*, -и
не оби́дно, *в знач. сказ.*
необи́дный*; *кр. ф.* -ден, -дна
необи́льный*; *кр. ф.* -лен, -льна
не обину́ясь
необита́емость*, -и
необита́емый*
необихевиори́зм, -а
необихевиори́ст, -а
необихевиори́стский
необлага́емость, -и
необлага́емый*
не обма́нешь – не прода́шь
необожжённый*
необозри́мость*, -и
необозри́мый*
необольшеви́зм, -а
необольшеви́к, -а́
необольшеви́стский
необольшеви́чка, -и, *р. мн.* -чек
необори́мость, -и
необори́мый
необосно́ваннее*
необосно́ванно*, *нареч.*
необосно́ванность*, -и
необосно́ванный*; *кр. ф.* -ан, -анна, *прил.*
необрабо́танность*, -и
необрабо́танный*
необразо́ваннее*
необразо́ванность*, -и
необразо́ванный*; *кр. ф.* -ан, -анна (*не имеющий образования*)
необрати́мость*, -и
необрати́мый*
необрезно́й*
необремени́тельность*, -и
необремени́тельный*; *кр. ф.* -лен, -льна
необстре́лянность, -и
необстре́лянный*; *кр. ф.* -ян, -янна, *прил.*
необтёсанный*
необу́зданно, *нареч.*
необу́зданность, -и
необу́зданный; *кр. ф.* -ан, -анна (*крайне несдержанный*; *безудержный*)
необустро́енность*, -и
необустро́енный*
необу́тый*
необхва́тность, -и
необхва́тный; *кр. ф.* -тен, -тна
необходи́мо, *в знач. сказ.*
необходи́мость, -и
необходи́мый
необщепри́нятость*, -и
необщепри́нятый*
нео́бщий*; лица́ нео́бщим выраже́ньем
необщи́тельнее*
необщи́тельность*, -и
необщи́тельный*; *кр. ф.* -лен, -льна
необъе́зженный*
необъекти́внее*
необъекти́вность*, -и
необъекти́вный*; *кр. ф.* -вен, -вна
необъя́вленный*
необъясни́мость, -и
необъясни́мый*
необъя́тность, -и
необъя́тный; *кр. ф.* -тен, -тна
необыкнове́нно* (*к* необыкнове́нный*) и **необыкнове́нно** (*к* необыкнове́нный), *нареч.*
необыкнове́нность*, -и (*к* необыкнове́нный*) и **необыкнове́нность**, -и (*к* необыкнове́нный)
необыкнове́нный*; *кр. ф.* -е́нен, -е́нна (*особенный, необычный*) и **необыкнове́нный**; *кр. ф.* -е́нен, -е́нна (*чрезвычайный, исключительный*)
необыча́йность, -и
необыча́йный; *кр. ф.* -а́ен, -а́йна
необы́чность*, -и
необы́чный*; *кр. ф.* -чен, -чна
не обя́занный; *кр. ф.* не обя́зан, -а
необяза́тельно*, *нареч.* и *в знач. сказ.*
необяза́тельность*, -и
необяза́тельный*; *кр. ф.* -лен, -льна
неогале́новы препара́ты, неогале́новых препара́тов
неогегелья́нец, -нца, *тв.* -нцем, *р. мн.* -нцев
неогегелья́нский
неогегелья́нство, -а
неоге́й, -я (*геол.*)
неогекса́н, -а
неоге́н, -а (*геол.*)
неоге́новый
неоге́н-плейстоце́новый
Неоге́я, -и (*зоогеографическое подразделение суши*)
неоглобали́зм, -а
неоглобали́ст, -а
неоглобали́стский
неогля́дность, -и
неогля́дный; *кр. ф.* -ден, -дна
неогнати́зм, -а
неого́тика, -и
неоготи́ческий
неограни́ченно*, *нареч.*
неограни́ченность*, -и
неограни́ченный*; *кр. ф.* -ен, -енна, *прил.*
неогре́к, -а и *неизм.* (*стиль в искусстве*)
неогумбольдтиа́нец, -нца, *тв.* -нцем, *р. мн.* -нцев
неогумбольдтиа́нский
неогумбольдтиа́нство, -а
неодарвини́зм, -а
неодарвини́ст, -а
неодарвини́стский
неоде́тый*
неоди́м, -а
неоди́мовый
не оди́н, не одна́, не одно́, не одни́
неодина́ковость*, -и

неодина́ковый*
не одино́кий
не одна́жды
неоднобу́квенный*
неодновре́ме́нно*, *нареч.*
неодновре́ме́нность*, -и
неодновре́ме́нный*; *кр. ф.* -вре́ме́нен, -вре́ме́нна
неоднозна́чность*, -и
неоднозна́чный*; *кр. ф.* -чен, -чна
неоднокра́тность*, -и
неоднокра́тный*
неоднолине́йный*; *кр. ф.* -е́ен, -е́йна
неодноме́рность*, -и
неодноме́рный*; *кр. ф.* -рен, -рна
неоднонапра́вленный*; *кр. ф.* -ен, -енна
неоднoро́днее*
неоднoро́дность*, -и
неоднoро́дный*; *кр. ф.* -ден, -дна
неоднoсло́вный*; *кр. ф.* -вен, -вна
неоднoсло́жный*; *кр. ф.* -жен, -жна
не одно́, так друго́е
неоднoцве́тный*; *кр. ф.* -тен, -тна
неодобре́ние*, -я
неодобри́тельность*, -и
неодобри́тельный*; *кр. ф.* -лен, -льна
неодоли́мость, -и
неодоли́мый
неодухотворённый*
неодушевлённость*, -и
неодушевлённый*
неоевге́ника, -и
неожи́данно, *нареч.*
неожи́данность, -и
неожи́данный; *кр. ф.* -ан, -анна
неоимпе́рский
неоимпрессиони́зм, -а
неоимпрессиони́ст, -а
неоимпрессиони́стский
неоиндуи́зм, -а
неоиндуи́ст, -а
неоиндуи́стский
неоказа́ние*, -я (по́мощи)
неокантиа́нец, -нца, *тв.* -нцем, *р. мн.* -нцев
неокантиа́нский
неокантиа́нство, -а
неокапитали́зм, -а
неокапиталисти́ческий
неокатолици́зм, -а
неокла́ссика, -и
неоклассици́зм, -а
неоклассици́ст, -а
неокласси́ческий
неоколониали́зм, -а
неоколониали́ст, -а
неоколониали́стский
неоколониза́тор, -а
неоколо́ния, -и
неоко́м, -а (*геол.*)
не́ о ком
неокоммуни́зм, -а
неокоммунисти́ческий
неоко́мский
неоконсервати́вный
неоконсервати́зм, -а
неоконсерва́тор, -а
неоконфуциа́нец, -нца, *тв.* -нцем, *р. мн.* -нцев
неоконфуциа́нский
неоконфуциа́нство, -а
неоконча́тельно*, *нареч.*
неоконча́тельность*, -и
неоконча́тельный*; *кр. ф.* -лен, -льна
неоко́нченность, -и
неоко́нченный*
неокре́пший*
неоламарки́зм, -а
неоламарки́ст, -а
неоламарки́стский
неолейбнициа́нец, -нца, *тв.* -нцем, *р. мн.* -нцев
неолейбнициа́нский
неолейбнициа́нство, -а
неолибера́л, -а
неолиберали́зм, -а
неолибера́льный
неолимпи́йский*
неолингви́стика, -и
неоли́т, -а
неолити́ческий
неологи́зм, -а
неоло́гия, -и
неомальтузиа́нец, -нца, *тв.* -нцем, *р. мн.* -нцев
неомальтузиа́нский
неомальтузиа́нство, -а
неомаркси́зм, -а
неомаркси́ст, -а
неомаркси́стский
неомеркантили́зм, -а
неомици́ны, -ов, *ед.* -ци́н, -а
нео́н, -а
не о́н, не она́, не оно́, не они́
неонато́лог, -а
неонатоло́гия, -и
неонатурали́зм, -а
неонаци́зм, -а
неонаци́ст, -а
неонаци́стский
неонкологи́ческий*
нео́ново-жёлтый
нео́новый
неонтологи́ческий
неонтоло́гия, -и
неопали́мая купина́ (*библ.*) и **Неопали́мая Купина́** (*иконографический тип Божией Матери*)
неопа́сный*; *кр. ф.* -сен, -сна
неопера́бельность*, -и
неопера́бельный*; *кр. ф.* -лен, -льна
неоперати́вность*, -и
неоперати́вный*; *кр. ф.* -вен, -вна
неопери́вшийся*
неопили́ны, -и́н, *ед.* -и́на, -ы
неопи́санный* (*не подвергшийся описанию, описи*) и **неописа́нный** (*неописуемый*)
неопису́емый
неопифагореи́зм, -а
неоплази́я, -и
неопла́ст, -а
неопластици́зм, -а
неопла́стовый
неопла́та*, -ы
неопла́тный
неоплатони́зм, -а
неоплато́ник, -а
неоплатони́стский
неопла́ченный*
неопозитиви́зм, -а
неопозитиви́ст, -а
неопозитиви́стский
неопо́знанный*
неопра́вданно*, *нареч.*
неопра́вданность*, -и
неопра́вданный*; *кр. ф.* -ан, -анна, *прил.* (*необоснованный, нецелесообразный*)
неопределённее*
неопределённо*, *нареч.* (*к* неопределённый*)
неопределённо-ли́чный
неопределённость*, -и
неопределённый*; *кр. ф.* -ёнен, -ённа, *прил.* (*точно не установленный; неотчетливый, неясный, смутный*) и **неопределённый** (*лингв., матем.*)
неопредели́мость*, -и
неопредели́мый*
неопре́н, -а
неопровержи́мость, -и
неопровержи́мый*
неопря́тнее*
неопря́тность*, -и
неопря́тный*; *кр. ф.* -тен, -тна
неоптима́льность*, -и
неоптима́льный*; *кр. ф.* -лен, -льна
неопублико́ванный*
нео́пытнее*
нео́пытность*, -и
нео́пытный*; *кр. ф.* -тен, -тна (*не имеющий опыта*)
неорационали́зм, -а (*филос.*)
неорационалисти́ческий
неорганизо́ваннее*
неорганизо́ванность*, -и
неорганизо́ванный*; *кр. ф.* -ан, -анна, *прил.*
неоргани́ческий*
неоргани́чность*, -и
неоргани́чный*; *кр. ф.* -чен, -чна
неорганоге́нный*
неордина́рнее*
неордина́рность*, -и
неордина́рный*; *кр. ф.* -рен, -рна
неореали́зм, -а
неореали́ст, -а
неореалисти́ческий
неоригина́льно*, *нареч.* и *в знач. сказ.*
неоригина́льность*, -и
неоригина́льный*; *кр. ф.* -лен, -льна
неориенти́рованный*
неориккетсио́з, -а

неоромантúзм, -а
неоромáнтик, -а
неоромантúческий
неортодоксáльность*, -и
неортодоксáльный*; *кр. ф.* -лен, -льна
не осведомлён, -енá (*в чем, о чем*)
неосведомлённость*, -и
неосведомлённый*
неосвещённость*, -и
неосвещённый* (*к* осветúть)
неосвоéние*, -я
неосвóенность*, -и
неосвóенный*
неосвящённый* (*к* освятúть)
неослабевáющий*
неослáбность, -и
неослáбный; *кр. ф.* -бен, -бна
неославянофúл, -а
неославянофúльский
неославянофúльство, -а
неосмотрúтельнее*
неосмотрúтельность*, -и
неосмотрúтельный*; *кр. ф.* -лен, -льна
неосмы́сленность*, -и
неосмы́сленный*; *кр. ф.* -ен, -енна, *прил.*
неосновáтельнее*
неосновáтельность*, -и
неосновáтельный*; *кр. ф.* -лен, -льна
неосновнóй*
не осóбенно, *нареч.* (*не очень*)
не осóбенный; но: **неосóбенная мáтрица** (*матем.*)
неосóзнаннее*
неосóзнанно*, *нареч.*
неосóзнанность*, -и
неосóзнанный*; *кр. ф.* -ан, -анна, *прил.*
неоспорúмость, -и
неоспорúмый
неосталинúзм, -а
неосталинúст, -а
неосталинúстский
не останáвливаясь
неостановúмость, -и
неостановúмый
неостепенённый*
неосторóжнее*
неосторóжность*, -и (*свойство*) и **неосторóжность**, -и (*неосторожный поступок*)
неосторóжный*; *кр. ф.* -жен, -жна
неóстрый*
неосуществúмость*, -и
неосуществúмый*
неосуществлéние*, -я
неосхолáстика, -и
неосязáемость*, -и
неосязáемый*
неотвратúмость, -и
неотвратúмый
неотвя́зность, -и
неотвя́зный; *кр. ф.* -зен, -зна
неотвя́зчивость, -и
неотвя́зчивый
неотдéланность*, -и
неотдéланный*
неотделúмость*, -и
неотделúмый*
неотектóника, -и
неотенúя, -и
неотёсанность, -и
неотёсанный; *кр. ф.* -ан, -анна (*некультурный, невоспитанный*)
неотзы́вчивость*, -и
неотзы́вчивый*
нé от кого
нéоткуда
неотлагáтельность, -и
неотлагáтельный; *кр. ф.* -лен, -льна
неотличúмость, -и
неотличúмый*
неотлóжка, -и, *р. мн.* -жек
неотлóжность, -и
неотлóжный; *кр. ф.* -жен, -жна
неотлýчность, -и
неотлýчный; *кр. ф.* -чен, -чна
неотменúмость, -и
неотменúмый
не от мúра сегó
неотмúрный
неотовáренный*
неотомúзм, -а
неотомúст, -а
неотомúстский
не о тóм (рéчь)
неотрабóтанность*, -и
неотрабóтанный*
неотразúмость, -и
неотразúмый
неотрегулúрованность*, -и
неотрегулúрованный*
Неотропúческая óбласть (*флористическая и зоогеографическая*)
неотропúческий
неотрывнóй*
неотры́вность, -и
неотры́вный; *кр. ф.* -вен, -вна
неотстýпность, -и
неотстýпный; *кр. ф.* -пен, -пна
неотторжúмость, -и
неотторжúмый
нé от чего
неотчётливее*
неотчётливость*, -и
неотчётливый*
неотчуждáемость*, -и
неотчуждáемый*
неотъéмлемость, -и
неотъéмлемый
неотъёмный*
неофашúзм, -а
неофашúст, -а
неофашúстский
неофúт, -а
неофúтка, -и, *р. мн.* -ток
неофúтский
неофициáльность*, -и
неофициáльный*; *кр. ф.* -лен, -льна
неофóбия, -и
неофóрмленность*, -и
неофóрмленный*
неофрейдúзм, -а
неофрейдúст, -а
неофрейдúстский
неохвáтность*, -и
неохвáтный*; *кр. ф.* -тен, -тна
неохóта*, -ы (*нежелание*)
неохóта, *в знач. сказ.* (*не хочется*)
не охóтник (*до кого, чего и с неопр.*), *в знач. сказ.*
не охóтница (*до кого, чего и с неопр.*), *в знач. сказ.*
неохóтно*, *нареч.* (óн отвечáл неохóтно)
неохóтный (неохóтный отвéт)
неохóчий*
неохристиáнский
неохристиáнство, -а
неоценéнность, -и
неоценéнный; *кр. ф.* -éн, -éнна (неоценéнный дрýг)
неоценённый* (неоценённая посы́лка)
неоценúмость, -и
неоценúмый
неоцератóд, -а
неочевúднее*
неочевúдно*, *нареч.* и *в знач. сказ.*
неочевúдность*, -и
неочевúдный*; *кр. ф.* -ден, -дна
нé о чем
не о чём инóм, как ..., но: **ни о чём инóм** (не могý говорúть)
не óчень
неочúщенный*
неощутúмее*
неощутúмость*, -и
неощутúмый*
неощутúтельный*; *кр. ф.* -лен, -льна
неоэндéмик, -а
непáлка, -и, *р. мн.* -лок (*к* непáльцы)
непáльский (*от* Непáл)
непáльцы, -ев, *ед.* -лец, -льца, *тв.* -льцем (*от* Непáл)
непараллéльность*, -и
непараллéльный*; *кр. ф.* -лен, -льна
непараметрúческий*
непарлáментский*
непарнокопы́тные*, -ых, *ед.* -ное, -ого
непáрность*, -и
непáрный*
непартúйность*, -и
непартúйный*; *кр. ф.* -úен, -úйна
непарциáльный*
непатентóванный*
не пáханный, *прич.*
непáханый*, *прил.*
непедагóг*, -а
непедагогúчнее*
непедагогúчно*, *нареч.* и *в знач. сказ.*
непедагогúчность*, -и

непедагоги́чный*; *кр. ф.* -чен, -чна
непенообразу́ющий*
непенсионе́р*, -а
непе́нтес, -а (*растение*)
не́пер, -а, *р. мн.* -ов, *счетн. ф.* не́пер
непервообра́зный*; *кр. ф.* -зен, -зна
непервоочередно́й* и **непервоочерёдный***
непервоочерёдность*, -и
не пе́рвый
непереводи́мость*, -и
непереводи́мый*
непередава́емость, -и
непередава́емый (*такой, что невозможно передать словами*)
не́ перед кем
непереизбра́ние*, -я
неперенорми́руемый*
непереноси́мость*, -и
непереноси́мый*
неперено́сный (*невыносимый*)
не перестава́я
неперехо́дность*, -и
неперехо́дный*; *кр. ф.* -ден, -дна
непереходя́щий* (пра́здник, *церк.*)
непериоди́ческий*
не́перов, -а, -о (*от* Не́пер): **не́перов логари́фм, не́перово число́**
неперспекти́вность*, -и
неперспекти́вный*; *кр. ф.* -вен, -вна (*бесперспективный*)
непеча́таемый*
непеча́тание*, -я
непеча́тный (*недопустимый в печати*)
непилоти́руемый*
непи́саный (непи́саный зако́н, непи́саное пра́вило); но: **зако́н не пи́сан** (*кому*)
неписа́тель*, -я
непита́тельный*; *кр. ф.* -лен, -льна
непла́вкий*
непла́вкость*, -и
непла́новость*, -и
непла́новый*
неплановме́рный*; *кр. ф.* -рен, -рна
неплатёж*, -ежа́, *тв.* -о́м
неплатёжеспосо́бность*, -и
неплатёжеспосо́бный*; *кр. ф.* -бен, -бна
неплатёжка, -и, *р. мн.* -жек (*неоплаченный счет*)
неплатёжный*
неплате́льщик*, -а
неплате́льщица*, -ы, *тв.* -ей
непло́дие, -я
непло́дный; *кр. ф.* -ден, -дна
неплодоно́сность*, -и
неплодоно́сный*; *кр. ф.* -сен, -сна
неплодоро́днее*
неплодоро́дность*, -и
неплодоро́дный*; *кр. ф.* -ден, -дна
неплодотво́рнее*
неплодотво́рность*, -и
неплодотво́рный*; *кр. ф.* -рен, -рна
непло́ский*
не плотне́е
непло́тность*, -и (*к* непло́тный*)
непло́тный*
непло́хо, *нареч.* (*довольно хорошо*)
неплохо́й*; *кр. ф.* -о́х, -оха́, -о́хо, -о́хи́
не по а́дресу
Непобеди́мая арма́да (*испанский флот в XVI в.*)
непобеди́мость, -и
непобеди́мый
непобори́мый
непова́дно, *в знач. сказ.*
непова́дный; *кр. ф.* -ден, -дна
не по-ва́шему
не по-взро́слому
непови́нность, -и (*от* непови́нный)
непови́нный*; *кр. ф.* -и́нен, -и́нна; ни в чём не пови́нный
неповинове́ние*, -я
не по вку́су
не по́вод, *в знач. сказ.*
не по во́зрасту
неповоро́тливее*
неповоро́тливость*, -и
неповоро́тливый*
неповоро́тный* (подъёмный кра́н)
неповтори́мость, -и
неповтори́мый
неповторя́емость*, -и
неповторя́емый*
непого́да, -ы (*плохая погода*)
не по года́м
не́погодь, -и
непого́дье, -я
непого́жий*
непогреши́мость, -и
непогреши́мый
непогреши́тельность, -и
непогреши́тельный; *кр. ф.* -лен, -льна
неподалёку
неподалёчку
не пода́рок, *в знач. сказ.*
непода́тливее*
непода́тливость*, -и
непода́тливый*
неподатно́й*
непода́ча*, -и, *тв.* -ей
неподве́домственность*, -и
неподве́домственный*; *кр. ф.* -вен и -венен, -венна
неподви́жность*, -и (*к* неподви́жный*) и **неподви́жность**, -и (*к* неподви́жный)
неподви́жный* (*лишенный подвижности*) и **неподви́жный** (*не двигающийся*); *кр. ф.* -жен, -жна
неподвла́стность*, -и
неподвла́стный*; *кр. ф.* -тен, -тна
неподгото́вленность*, -и
неподгото́вленный*
неподдающийся (*такой, с к-рым трудно справиться, трудновоспитуемый*)
неподде́льность*, -и
неподде́льный*; *кр. ф.* -лен, -льна
не по де́лу
не по-де́тски
не по-джентльме́нски
неподко́ванность*, -и
неподко́ванный*
неподконтро́льность*, -и
неподконтро́льный*; *кр. ф.* -лен, -льна
неподку́пность*, -и
неподку́пный*; *кр. ф.* -пен, -пна
не под ла́д
непо́длинный*; *кр. ф.* -инен, -инна
не по дня́м, а по часа́м
неподоба́юще*, *нареч.*
неподоба́ющий*
неподо́бный (*неприличный*)
неподотчётность*, -и
неподотчётный*; *кр. ф.* -тен, -тна
неподписа́ние*, -я
неподража́емость, -и
неподража́емый
не под си́лу
не под ста́ть
неподсту́пность, -и
неподсту́пный; *кр. ф.* -пен, -пна
неподсу́дность*, -и
неподсу́дный*; *кр. ф.* -ден, -дна
неподтвержде́ние*, -я
неподтверждённый*
не по душе́
неподходя́щий*
неподцензу́рный*; *кр. ф.* -рен, -рна
неподчине́ние*, -я
неподъёмность, -и
неподъёмный (*очень тяжелый; непосильный, тяжкий*)
не по-его́
не по-её
не по-же́нски
не по заслу́гам
непозволи́тельнее*
непозволи́тельно*, *в знач. сказ.*
непозволи́тельность*, -и
непозволи́тельный*; *кр. ф.* -лен, -льна
не поздне́е
не по́здно
не поздоро́виться, -ится
не по́зже
не по зло́бе и (*прост.*) **не по злобе́**
непознава́емость*, -и
непознава́емый*
непо́знанность, -и
непо́знанный*
не по зуба́м
не по-и́х
не по́йман – не во́р
непоказа́тельность*, -и
непоказа́тельный*; *кр. ф.* -лен, -льна
не по карма́ну
не поклада́я ру́к
непокла́дистость*, -и
непокла́дистый*

непоко́й*, -я
непоко́йный*; *кр. ф.* -о́ен, -о́йна
непоколеби́мость, -и
непоколеби́мый
непокорённый*
непоко́рнее*
непоко́рность*, -и
непоко́рный*; *кр. ф.* -рен, -рна
непоко́рство*, -а
непокры́тый*
непола́дки, -док, *ед.* -дка, -и
неполега́емость*, -и
неполега́емый*
не поле́зно, *в знач. сказ.*
неполе́зный*; *кр. ф.* -зен, -зна
не по лета́м
неполивно́й*
неполиро́ванный*
неполитизи́рованный*
неполи́тик*, -а
неполити́ческий*
неполити́чность*, -и
неполити́чный*; *кр. ф.* -чен, -чна
неполиткорре́ктность*, -и
неполиткорре́ктный*; *кр. ф.* -тен, -тна
не полне́е
непо́лно*, *нареч.*
неполногла́сие*, -я
неполногла́сный*
неполнозу́бые, -ых
неполнопра́вие*, -я
неполнопра́вность*, -и
неполнопра́вный*; *кр. ф.* -вен, -вна
не по́лностью
неполнота́*, -ы́ (*к* непо́лный*)
неполноце́ннее*
неполноце́нность*, -и
неполноце́нный*; *кр. ф.* -е́нен, -е́нна
непо́лный*; *кр. ф.* -о́лон, -олна́, -о́лно, -о́лны́ (*ненаполненный*; *недостаточный, незаконченный, некомплектный*)
неполовозре́лость*, -и
неполовозре́лый*
неполо́женный*
не поло́жено, *в знач. сказ.*
неполуче́ние*, -я
не по-людски́
неполя́рный*; *кр. ф.* -рен, -рна
непоме́рность, -и
непоме́рный; *кр. ф.* -рен, -рна
не поме́ха, *в знач. сказ.*
не по мне́
не по-мо́ему
не по-мужски́
не понапра́сну
не понаро́шку
не понаслы́шке
не по-на́шему
непонима́ние*, -я
непонима́ющий*
не по нра́ву
не по нутру́
непоня́тливее*
непоня́тливость*, -и
непоня́тливый*
непоня́тнее*
непоня́тно*, *нареч.* и *в знач. сказ.*
непоня́тно кто́ (что́, како́й, где́, ка́к, куда́, отку́да и т. п.) (*выражение незнания и недоумения, напр.:* прие́хал непоня́тно отку́да, полюби́л непоня́тно за что́)
непоня́тность*, -и
непоня́тный*; *кр. ф.* -тен, -тна
непо́нятый*
непопада́ние*, -я
не по плечу́
не по пра́вилам
непоправи́мость*, -и
непоправи́мый*
не по пра́ву
непопуля́рнее*
непопуля́рность*, -и
непопуля́рный*; *кр. ф.* -рен, -рна
не по пути́
не пора́, *в знач. сказ.*
непоро́дистый*
непоро́дный*; *кр. ф.* -ден, -дна
непо́ротый*
непоро́чность*, -и (*к* непоро́чный*) и **непоро́чность**, -и (к непоро́чный)
непоро́чный* (*нравственно чистый*) и **непоро́чный** (*девственный, невинный*); *кр. ф.* -чен, -чна
не по-ру́сски
непоря́док*, -дка
непоря́дочнее*
непоря́дочно*, *нареч.* и *в знач. сказ.*
непоря́дочность*, -и
непоря́дочный*; *кр. ф.* -чен, -чна (*лишенный порядочности*)
непосвящённость*, -и
непосвящённый*
не по себе́
непосе́да, -ы, *м.* и *ж.*
непосе́дливость, -и
непосе́дливый
не по́ сердцу и **не по се́рдцу**
непосеща́емость*, -и
непосеща́емый*
непосеще́ние*, -я
не по си́лам
непоси́льность*, -и
непоси́льный*; *кр. ф.* -лен, -льна
непосле́дний* (*находящийся не в самом конце ряда*; *довольно значительный*)
непосле́довательнее*
непосле́довательность*, -и (*к* непосле́довательный*)
непосле́довательный*; *кр. ф.* -лен, -льна (*нелогичный, противоречивый*)
непослуша́ние*, -я
непослу́шнее*
непослу́шный*; *кр. ф.* -шен, -шна
не по со́вести
не по-сосе́дски
не по сре́дствам
непосре́дственно свя́занный
непосре́дственно составля́ющая, -ей
непосре́дственно, *нареч.* (*к* непосре́дственный)
непосре́дственность, -и (*от* непосре́дственный)
непосре́дственный; *кр. ф.* -вен и -венен, -венна (*прямой, без промежуточных звеньев*; *естественный, свободно проявляющийся*)
непоста́вка*, -и, *р. мн.* -вок
непостижи́мость*, -и
непостижи́мый*
непости́жный; *кр. ф.* -жен, -жна
непостоя́ннее*
непостоя́нность*, -и
непостоя́нный*; *кр. ф.* -я́нен, -я́нна (*изменчивый, неустойчивый*)
непостоя́нство*, -а
непостыдно*, *нареч.* и *в знач. сказ.*
непосты́дный*; *кр. ф.* -ден, -дна
не по-твое́му
непоти́зм, -а
не по-това́рищески
непотопля́емость, -и
непотопля́емый, *прил.*
не потре́бен, не потре́бна (*не нужен*)
непотре́бность, -и (*к* непотре́бный)
непотре́бный; *кр. ф.* -бен, -бна (*негодный, очень неприличный*)
непотре́бство, -а
непохва́льный*; *кр. ф.* -лен, -льна
непохо́же*, *нареч.* и *в знач. сказ.*; непохо́же, что́бы…
непохо́жесть*, -и
непохо́жий*; *кр. ф.* -о́ж, -а, -е; ни на что́ не похо́же
не по-христиа́нски
непоча́тый* (*не начатый*) и **непоча́тый** (*имеющийся в изобилии, избытке*; непоча́тый кра́й)
не по-челове́чески
не́ по чем
не́ по чему
не по чи́ну
непочте́ние*, -я
непочти́тельнее*
непочти́тельность*, -и
непочти́тельный*; *кр. ф.* -лен, -льна
непоэ́зия*, -и
непоэ́т*, -а
непоэти́ческий*
непоэти́чный*; *кр. ф.* -чен, -чна
непоявле́ние*, -я
непра́в*, -ава́, -а́во
непра́вда*, -ы
не пра́вда ли?
непра́вдашний* и **непра́вдашный***
неправди́вый*
неправдоподо́бие*, -я
неправдоподо́бность*, -и
неправдоподо́бный*; *кр. ф.* -бен, -бна
непра́ведность*, -и
непра́ведный*; *кр. ф.* -ден, -дна
непра́вильнее*

непра́вильно*, *нареч.* и *в знач. сказ.*
непра́вильность*, -и (*свойство*) и **непра́вильность,** -и (*отклонение от нормы, ошибка*)
непра́вильный*; *кр. ф.* -лен, -льна
неправи́тельственный*
не пра́вленный, *прич.*
непра́вленый*, *прил.*
неправово́й*
неправоме́рность*, -и
неправоме́рный*; *кр. ф.* -рен, -рна
неправомо́чность*, -и
неправомо́чный*; *кр. ф.* -чен, -чна
неправосла́вный*
неправоспосо́бность*, -и
неправоспосо́бный*; *кр. ф.* -бен, -бна
неправосу́дие, -я (*устар. к* неправосу́дность)
неправосу́дный*; *кр. ф.* -ден, -дна
неправота́*, -ы́
непра́вый* (*несправедливый*)
непра́здничность*, -и
непра́здничный*; *кр. ф.* -чен, -чна
непра́здный*
непракти́чнее*
непракти́чность*, -и
непракти́чный*; *кр. ф.* -чен, -чна
непревзойдённо, *нареч.*
непревзойдённость, -и
непревзойдённый; *кр. ф.* -ён, -ённа, *прил.*
непредвзя́тость*, -и
непредвзя́тый*
непредви́денно, *нареч.*
непредви́денность, -и
непредви́денный*
непреде́льный*; *кр. ф.* -лен, -льна
непредикати́вный*
непреднаме́ренно*, *нареч.*
непреднаме́ренность*, -и
непреднаме́ренный*; *кр. ф.* -рен, -ренна
непредосуди́тельность*, -и
непредосуди́тельный*; *кр. ф.* -лен, -льна
непредотврати́мость, -и
непредотврати́мый
непредприи́мчивость*, -и
непредприи́мчивый*
непредсказу́емость*, -и
непредсказу́емый*
непредстави́мый*
непредстави́тельность*, -и
непредстави́тельный*; *кр. ф.* -лен, -льна
непредставле́ние*, -я
непредубеждённо*, *нареч.*
непредубеждённость*, -и
непредубеждённый*
непредумы́шленно*, *нареч.*
непредумы́шленность*, -и
непредумы́шленный*; *кр. ф.* -ен, -енна
непредупреди́тельный*; *кр. ф.* -лен, -льна
непредупрежде́ние*, -я
непредупреждённый*
непредусмо́тренность*, -и
непредусмо́тренный*
непредусмотри́тельность*, -и
непредусмотри́тельный*; *кр. ф.* -лен, -льна
непрезента́бельность*, -и
непрезента́бельный*; *кр. ф.* -лен, -льна
непрезиде́нтский*
непреклóнно, *нареч.*
непреклóнность, -и (*стойкость, непоколебимость*)
непреклóнный; *кр. ф.* -óнен, -óнна (*стойкий, непоколебимый*)
непрекраща́ющийся (*непрестанный, непрерывный*)
непрело́жность, -и
непрело́жный; *кр. ф.* -жен, -жна
непреме́нно, *нареч.*
непреме́нный; *кр. ф.* -е́нен, -е́нна
не преми́нуть, -ну, -нет
непреобори́мость, -и
непреобори́мый
непреодоли́мость*, -и
непреодоли́мый*
непрепя́тствование*, -я
непререка́емость, -и
непререка́емый
непреры́вка, -и
непреры́вно дви́жущийся
непреры́вно де́йствующий
непреры́вно-и́мпульсный
непреры́вно-пото́чный
непреры́вность*, -и
непреры́вный*; *кр. ф.* -вен, -вна
непреста́нно, *нареч.*
непреста́нность, -и
непреста́нный; *кр. ф.* -а́нен, -а́нна
непрести́жность*, -и
непрести́жный*; *кр. ф.* -жен, -жна
непреходя́щий* (*вечный*)
неприи́бранность*, -и
непри́бранный*
непри́быльность*, -и
непри́быльный*; *кр. ф.* -лен, -льна
неприбы́тие*, -я
неприватизи́рованный*
неприведе́ние*, -я
не приведи́ бо́г (бо́же), *в знач. межд.*
не приведи́ госпо́дь (го́споди), *в знач. межд.*
неприверéдливость*, -и
неприверéдливый*
неприве́тливее*
неприве́тливость*, -и
неприве́тливый*
неприве́тный*; *кр. ф.* -тен, -тна
непривилегиро́ванный*; *кр. ф.* -ан, -анна
непривлека́тельнее*
непривлека́тельность*, -и
непривлека́тельный*; *кр. ф.* -лен, -льна
непривлече́ние*, -я
неприводи́мый* (*матем.*)
неприы́чка*, -и
непривы́чнее*
непривы́чно*, *нареч.* и *в знач. сказ.*
непривы́чность*, -и
непривы́чный*; *кр. ф.* -чен, -чна
неприглядность, -и
непригля́дный; *кр. ф.* -ден, -дна
неприго́дность*, -и
неприго́дный*; *кр. ф.* -ден, -дна; ни к чему́ (ни на что́) не приго́дный
неприго́же, *в знач. сказ.* (*не подобает*)
неприго́жий*
непригото́вленный*
не при деньга́х (бы́ть)
неприе́зд*, -а
неприе́млемость*, -и
неприе́млемый*
неприёмный*
непризна́ние*, -я
непри́знанность*, -и
непри́знанный*
неприкаса́емость, -и
неприкаса́емый
неприка́янно, *нареч.*
неприка́янность, -и
неприка́янный; *кр. ф.* -ян, -янна
неприкоснове́нность, -и (*от* неприкоснове́нный)
неприкоснове́нный; *кр. ф.* -е́нен, -е́нна (*сохраняемый в целости; охраняемый законом*)
неприкра́шенно*, *нареч.*
неприкра́шенность*, -и
неприкра́шенный*
неприкры́тость, -и
неприкры́тый (*откровенный, явный*)
неприли́чие*, -я (*свойство*) и **неприли́чие,** -я (*неприличный поступок, поведение*)
неприли́чнее*
неприли́чно*, *нареч.* и *в знач. сказ.*
неприли́чность*, -и
неприли́чный*; *кр. ф.* -чен, -чна (*не соответствующий правилам приличия*)
неприложи́мость*, -и
неприложи́мый*
неприменéние*, -я
неприменииь́мость*, -и
непримени́мый*
неприме́тнее*
неприме́тность*, -и
неприме́тный*; *кр. ф.* -тен, -тна
непримеча́тельнее*
непримеча́тельность*, -и
непримеча́тельный*; *кр. ф.* -лен, -льна; ниче́м не примеча́тельный
непримири́мость, -и
непримири́мый
непринадле́жность*, -и
непринуждённее*
непринуждённо*, *нареч.*
непринуждённость*, -и

непринуждённый*; *кр. ф.* -ён, -ённа (*естественный*)
неприня́тие*, -я
не при́нято, *в знач. сказ.*
неприсоедине́ние*, -я
неприсоедини́вшийся*
неприспосо́бленность*, -и
неприспосо́бленный*
непристо́йнее*
непристо́йность*, -и (*свойство*) и **непристо́йность,** -и (*непристойные слова, жесты, поступки*)
непристо́йный*; *кр. ф.* -о́ен, -о́йна
непристу́пность, -и
непристу́пный; *кр. ф.* -пен, -пна
непрису́тственный*
непритво́рность*, -и
непритво́рный*; *кр. ф.* -рен, -рна
непритяза́тельнее*
непритяза́тельность*, -и
непритяза́тельный*; *кр. ф.* -лен, -льна
неприхо́д*, -а
неприхотли́вее*
неприхотли́вость*, -и
неприхотли́вый*
неприча́стность*, -и
неприча́стный*; *кр. ф.* -тен, -тна
непричёсанный*
неприю́тность, -и
неприю́тный; *кр. ф.* -тен, -тна
неприя́зненнее*
неприя́зненно*, *нареч.*
неприя́зненность*, -и
неприя́зненный*; *кр. ф.* -ен, -енна
неприя́знь*, -и
неприя́тель, -я (*враг*)
неприя́тельский (*вражеский*)
неприя́тие*, -я
неприя́тнее*
неприя́тно*, *нареч.* и *в знач. сказ.*
неприя́тность*, -и (*свойство*) и **неприя́тность,** -и (*неприятное происшествие*)
неприя́тный*; *кр. ф.* -тен, -тна
непробива́емость, -и
непробива́емый, *прил.*
непробивно́й*
не пробле́ма, *в знач. сказ.*
непробу́дный; *кр. ф.* -ден, -дна
непрова́р*, -а
непрова́ренный*
не про ва́шу (твою́, его́ *и т. п.*) **че́сть**
непроведе́ние*, -я
непрове́ренность, -и
непрове́ренный*
непроводи́мость*, -и
непроводни́к*, -а́ (*физ.*)
непрово́рность*, -и
непрово́рный*; *кр. ф.* -рен, -рна
непрогля́дность, -и
непрогля́дный; *кр. ф.* -ден, -дна
непрогнози́руемость*, -и
непрогнози́руемый*
непрограмми́руемый*
непрограмми́ст*, -а
непродле́ние*, -я
непродово́льственный*
непродолжи́тельнее*
непродолжи́тельность*, -и
непродолжи́тельный*; *кр. ф.* -лен, -льна
непродукти́внее*
непродукти́вность*, -и
непродукти́вный*; *кр. ф.* -вен, -вна
непроду́маннее*
непроду́манно*, *нареч.*
непроду́манность*, -и
непроду́манный*; *кр. ф.* -ан, -анна, *прил.*
непрое́здный; *кр. ф.* -ден, -дна
непрое́зжий* (*не предназначенный или негодный для езды*)
непрожёванный*
непрозра́чность*, -и
непрозра́чный*; *кр. ф.* -чен, -чна
непроизводи́тельность*, -и
непроизводи́тельный*; *кр. ф.* -лен, -льна
непроизво́дность*, -и
непроизво́дный*; *кр. ф.* -ден, -дна
непроизво́дственный*
непроизво́льно, *нареч.* (*к* непроизво́льный)
непроизво́льность, -и (*к* непроизво́льный)
непроизво́льный; *кр. ф.* -лен, -льна (*невольный, ненамеренный*)
непроизноси́мость, -и
непроизноси́мый, *прил.*
не́ про кого
непрокра́с, -а
непрокра́шенный*
непрола́зный; *кр. ф.* -зен, -зна
непролета́рский*
непролива́йка, -и, *р. мн.* -а́ек
не про́мах, *в знач. сказ.*
непромока́емость*, -и
непромока́емый*
непромы́тый*
непромы́шленный*
непроница́емость*, -и (*к* непроница́емый*) и **непроница́емость,** -и (*к* непроница́емый)
непроница́емый* (*не пропускающий сквозь себя воду, свет, звук и т. п.*) и **непроница́емый** (*недоступный для понимания, скрытный*)
непроница́тельнее*
непроница́тельность*, -и
непроница́тельный*; *кр. ф.* -лен, -льна
непропечённый*
непропорциона́льность*, -и
непропорциона́льный*; *кр. ф.* -лен, -льна
непросвещённее*
непросвещённость*, -и
непросвещённый*; *кр. ф.* -ён, -ённа, *прил.*
непросо́хший*
непрости́тельнее*
непрости́тельность, -и
непрости́тельный*; *кр. ф.* -лен, -льна
непро́сто*, *нареч.* и *в знач. сказ.*
непросто́й*; *кр. ф.* -о́ст, -оста́, -о́сто, -осты́
не про́сто та́к
непростре́ливаемый*
не про́тив
непротивле́нец, -нца, *тв.* -нцем, *р. мн.* -нцев
непротивле́ние*, -я
непротивле́нка, -и, *р. мн.* -нок
непротивле́нский
непротивле́нство, -а
непротивле́нческий
непротивле́нчество, -а
непротиворечи́вость*, -и
непротиворечи́вый*
непроторённый*
непрото́чный*; *кр. ф.* -чен, -чна
непрофессиона́л*, -а
непрофессионали́зм*, -а
непрофессиона́лка*, -и, *р. мн.* -лок
непрофессиона́льность*, -и
непрофессиона́льный*; *кр. ф.* -лен, -льна
непрофили́рующий*
непро́фильность, -и
непро́фильный*
непроходи́мость*, -и
непроходи́мый*
непроходно́й*
непрохо́дный; *кр. ф.* -ден, -дна (*непроходимый*)
непроцеду́рный*
не прочне́е
непро́чность*, -и
непро́чный*; *кр. ф.* -чен, -чна́, -чно, -о́чны́
не про́чь (*не против, согласен*)
не про́шенный, *прич.*
непро́шеный, *прил.* (непро́шеный го́сть)
непрошиба́емость, -и
непрошиба́емый (*не поддающийся воздействию, уговорам*)
не про́ще
непрояснённость, -и
непрояснённый*
не пря́денный, *прич.*
непря́деный*, *прил.*
не прямée
не пря́мо, *нареч.*
непрямо́й*
Непту́н, -а
нептуни́зм, -а
нептуни́й, -я
нептуни́ст, -а
нептуни́ческий
не пу́ганный, *прич.*
непу́ганый*, *прил.*
непугли́вый*
непутёвый

непутём, *нареч.* (*не так, как нужно*)
непу́тный (*непутевый*)
непутя́щий
непы́льный (*о нетрудной работе, должности*)
непью́щий*
нерабо́тающий*
неработоспосо́бность*, -и
неработоспосо́бный*; *кр. ф.* -бен, -бна
неработя́щий*
нерабо́чий*
не ра́вен, не равна́
нера́венство*, -а
неравно́ (*вдруг*)
неравнове́сие*, -я
неравнове́сный*
неравноду́шие*, -я
неравноду́шный*; *кр. ф.* -шен, -шна
неравнозна́чность*, -и
неравнозна́чный*; *кр. ф.* -чен, -чна
неравноме́рно распределённый
неравноме́рность*, -и
неравноме́рный*; *кр. ф.* -рен, -рна
неравнопо́лочный*
неравнопра́вие*, -я
неравнопра́вность*, -и
неравнопра́вный*; *кр. ф.* -вен, -вна
неравноро́дность*, -и
неравноро́дный*; *кр. ф.* -ден, -дна
нера́вность, -и
неравноце́нность*, -и
неравноце́нный*; *кр. ф.* -е́нен, -е́нна
нера́вный*
не ра́д, не ра́да
нераде́ние*, -я (*нерадивость*)
не ра́ди (*кого, чего*)
нерадиво́сть, -и
нерадиво́сть
нера́достность*, -и
нера́достный*; *кр. ф.* -тен, -тна
не ра́дость (ста́рость не ра́дость)
не ра́з
не разбери́-поймёшь
не разбери́-пойми́
неразбери́ха, -и
неразбо́рчивее*
неразбо́рчивость*, -и
неразбо́рчивый*
неразве́данность*, -и
неразве́данный*
неразвёрнутость*, -и
неразвёрнутый*
нера́звитость*, -и
нера́звитый* и **неразвито́й*;** *кр. ф.* -а́звит, -а́звита́, -а́звито
неразга́данность, -и
неразга́данный*
неразглаше́ние*, -я
неразгово́рчивее*
неразгово́рчивость*, -и
неразгово́рчивый*
неразделённость*, -и
неразделённый*
неразделимо́сть, -и
неразделимо́сть, -и
неразделимы́й
неразде́льность, -и (*неразрывность*)
неразде́льный; *кр. ф.* -лен, -льна (*не подлежащий разделу, неразрывный*)
не ра́з и не два́
неразлейвода́, *в знач. сказ.*
неразличе́ние*, -я
неразличи́мость, -и
неразличи́мый*
неразложи́мость*, -и
неразложи́мый*
неразлу́чники, -ов (*попугаи*)
неразлу́чность, -и
неразлу́чный; *кр. ф.* -чен, -чна
неразме́нность, -и
неразме́нный (*не подлежащий размену*)
неразмеще́ние*, -я
неразреше́ние*, -я
неразрешённость*, -и
неразрешённый*
не разрешено́, *в знач. сказ.*
неразреши́мость*, -и
неразреши́мый*
неразруша́ющий*
неразруши́мый
неразры́вность, -и
неразры́вный; *кр. ф.* -вен, -вна
неразуме́ние*, -я
неразу́мие, -я
неразу́мнее*
неразу́мно*, *нареч.* и *в знач. сказ.*
неразу́мность*, -и
неразу́мный*; *кр. ф.* -мен, -мна
неразъедини́мый*
неразъёмный*
неразъясни́мый
не ра́нее
не ра́но
не ра́ньше
нераска́янность, -и
нераска́янный*
нераскры́вшийся*
нераскры́тый*
нера́совый*
нераспа́ханный*
нераспеча́танный*
нераспознава́емость*, -и
нераспознава́емый*
нераспо́знанный*
нерасположе́ние*, -я (*неприязнь*)
не располо́женный; *кр. ф.* -ен, -ена (*к чему и с неопр.*)
нераспоряди́тельность*, -и
нераспоряди́тельный*; *кр. ф.* -лен, -льна
нераспростране́ние*, -я
нераспространённость*, -и
нераспространённый*
нераспусти́вшийся*
нерассуди́тельный*; *кр. ф.* -лен, -льна
нерассужда́ющий (*беспрекословный*)
нерастворимо́сть*, -и
нераствори́мый*
нерасторжи́мость*, -и
нерасторжи́мый*
нерасторо́пнее*
нерасторо́пность*, -и
нерасторо́пный*; *кр. ф.* -пен, -пна
нерастра́ченность*, -и
нерастра́ченный*
не расчёт, *в знач. сказ.* (*невыгодно*)
нерасчётливость*, -и
нерасчётливый*
нерасчётный*
нерасчленённость*, -и
нерасчленённый*
нерасчлени́мость*, -и
нерасчлени́мый*
нерасшире́ние*, -я
нерациона́льнее*
нерациона́льность*, -и
нерациона́льный*; *кр. ф.* -лен, -льна
нерачи́тельность*, -и
нерачи́тельный*; *кр. ф.* -лен, -льна
нерв, -а
нерва́ция, -и
нерви́зм, -а
нерви́рование, -я
нерви́рованный; *кр. ф.* -ан, -ана
нерви́ровать(ся), -рую, -рует(ся)
нерви́ческий
нерви́шки, -шек
нервне́е, *сравн. ст.*
не́рвничанье, -я
не́рвничать, -аю, -ает
не́рвно-аллерги́ческий
нервнобольно́й
не́рвно-взви́нченный
не́рвно-гормона́льный
не́рвно-мы́шечный
не́рвно-паралити́ческий
не́рвно-психи́ческий
не́рвно-сосу́дистый
не́рвность, -и
не́рвно-трофи́ческий
не́рвный; *кр. ф.* -вен, нервна́, -вно
нерво́з, -а (*нервозное состояние*)
нерво́зность, -и
нерво́зный; *кр. ф.* -зен, -зна
нервотрёпка, -и, *р. мн.* -пок
не́рвы, -ов (*нервная система человека*)
нервю́ра, -ы
нереализо́ванность*, -и
нереализо́ванный*
нереализу́емый*
нереалисти́чески*
нереалисти́ческий*
нереалисти́чность*, -и
нереалисти́чный*; *кр. ф.* -чен, -чна
нереа́льнее*
нереа́льно*, *нареч.* и *в знач. сказ.*
нереа́льность*, -и
нереа́льный*; *кр. ф.* -лен, -льна
неревни́вый*
нерегистра́ция*, -и
нерегули́руемый*
нерегуля́рнее*

нерегуля́рность*, -и
нерегуля́рный*; *кр. ф.* -рен, -рна
нере́дкий*; *кр. ф.* -док, -дка́, -дко, -е́дки́
нере́дко*, *нареч.*
не ре́дкость (*о чем-н. часто встречающемся*)
не ре́же
не ре́занный, *прич.*
нере́заный*, *прил.*; как соба́к нере́заных
нерезиде́нт*, -а (*фин.*)
нерезиде́нтный*
нере́зкий*
нере́зкость*, -и
не резо́н, *в знач. сказ.*
нерезультати́вность*, -и
нерезультати́вный*; *кр. ф.* -вен, -вна
не ре́зче
Нере́йда, -ы (*астр.*)
нере́йдовые, -ых
нере́йды, -и́д, *ед.* -и́да, -ы (*мифол.*; *зоол.*)
нере́ис, -а
нерелева́нтность*, -и
нерелева́нтный*; *кр. ф.* -тен, -тна
нерелигио́зность*, -и
нерелигио́зный*; *кр. ф.* -зен, -зна
нерелятиви́стский*
нерента́бельнее*
нерента́бельность*, -и
нерента́бельный*; *кр. ф.* -лен, -льна
не́рест, -а
нерести́лище, -а
нерести́ться, -и́тся
нерестова́ние, -я
нерестова́ть, -ту́ет
не́рестово-выростно́й
не́рестовый
нереша́емый*
нереше́ние*, -я (вопроса)
нерешённость, -и
нерешённый*
нереши́мость*, -и
нереши́тельность*, -и
нереши́тельный*; *кр. ф.* -лен, -льна
нержаве́йка, -и
нержаве́ющий*
нери́не, *нескл., с.*
нерити́ческий
неритми́чность*, -и
неритми́чный*; *кр. ф.* -чен, -чна
нери́товый
нерифмо́ванный*
не́рка, -и, *р. мн.* не́рок
не́рльский (*от* Нерль)
неро́бкий*; не ро́бкого деся́тка
не ровён ча́с
не ровне́е
неро́вность*, -и (*свойство*) и **неро́вность,** -и (*неровное место на поверхности*)
неро́вный*; *кр. ф.* -вен, -вна́, -вно, -о́вны́
неро́вня*, -и, *р. мн.* -ей, *м.* и *ж.*
не родне́е
неродно́й*
неродови́тость*, -и
неродови́тый*
неро́дственный*; *кр. ф.* -ствен и -ственен, -ственна
нероманти́чный*; *кр. ф.* -чен, -чна
Неро́нов, -а, -о и **неро́новский** (*от* Неро́н)
не́рпа, -ы
не́рпичий, -ья, -ье
не́рповый
нерте́ра, -ы
неру́дный*
не рука́, *в знач. сказ.* (*не годится, не подходит*)
нерукотво́рный*; но: **Спа́с Нерукотво́рный** (*образ*)
не́рунг, -а
неру́сская*, -ой
неру́сский*[1], *прил.*
неру́сский*[2], -ого
неруши́мость, -и
неруши́мый
Не́рчинская ка́торга
Не́рчинские заво́ды
не́рчинский (*от* Не́рчинск)
не́рчинцы, -ев, *ед.* -нец, -нца, *тв.* -нцем
неры́ночный*
нерюнгри́нский (*от* Нерюнгри́)
нерюнгри́нцы, -ев, *ед.* -нец, -нца, *тв.* -нцем
неря́ха, -и, *м.* и *ж.*
неря́шество, -а
неря́шливость, -и
неря́шливый
не са́м, не сама́, не само́, не са́ми
несамокрити́чность*, -и
несамокрити́чный*; *кр. ф.* -чен, -чна
несамостоя́тельность*, -и
несамостоя́тельный*; *кр. ф.* -лен, -льна
несамохо́дный*
не са́мый
несанкциони́рованность*, -и
несанкциони́рованный*
не са́хар, *в знач. сказ.*
неса́харный*
несбаланси́рованность*, -и
несбаланси́рованный*
несбы́вшийся*
несбы́точность*, -и
несбы́точный*; *кр. ф.* -чен, -чна
несваре́ние, -я (желу́дка)
несве́дущий*
не свеже́е
несве́жесть*, -и
несве́жий*; *кр. ф.* несве́ж, -ежа́, -е́же (мя́со несве́же, бельё несве́же)
несве́тский*
несвобо́да*, -ы
несвобо́дный*; *кр. ф.* -ден, -дна
несводи́мость*, -и
несводи́мый*
не своди́ть гла́з (взгля́да) (*с кого-чего*)
несвоевре́менно*, *нареч.*
несвоевре́менность*, -и
несвоевре́менный*; *кр. ф.* -мен и -менен, -менна
не сво́й, не своя́; не свои́м го́лосом
несво́йственно*, *в знач. сказ.*
несво́йственность, -и
несво́йственный*; *кр. ф.* -вен и -венен, -венна
не свы́ше (*чего*)
несвя́занность*, -и
несвя́занный*
несвя́знее*
несвя́зность*, -и
несвя́зный*; *кр. ф.* -зен, -зна
несгиба́емость, -и
несгиба́емый, *прил.*
несгово́рчивость*, -и
несгово́рчивый*
несгора́емость, -и
несгора́емый
несде́ржаннее*
несдержанно*, *нареч.* (*к* несде́ржанный*)
несде́ржанность*, -и (*к* несде́ржанный*)
несде́ржанный*; *кр. ф.* -ан, -анна (*не умеющий владеть собой*; *резкий, нетактичный*)
несдо́бный*
несдоброва́ть (*кому*), *в знач. сказ.*
не сего́дня
не сего́дня за́втра
несего́дняшний*
несезо́нный*
несейсми́чность*, -и
несейсми́чный*; *кр. ф.* -чен, -чна
не секре́т, *в знач. сказ.* (э́то не секре́т, что…)
несельскохозя́йственный*
несеме́йный*
несе́ние, -я
несённый; *кр. ф.* -ён, -ена́
несентимента́льный*; *кр. ф.* -лен, -льна
несери́йность*, -и
несери́йный*
несерьёзнее*
несерьёзно*, *нареч.*
несерьёзность*, -и
несерьёзный*; *кр. ф.* -зен, -зна
несессе́р, -а
несессе́рный
не се́янный, *прич.*
несе́яный*, *прил.*
несжа́тый*
не силён, -льна́ (*в чем*)
несиллогисти́ческий*
не сильне́е
неси́льный*
несимметри́чность*, -и
несимметри́чный*; *кр. ф.* -чен, -чна
несимпати́чнее*

несимпати́чность*, -и
несимпати́чный*; *кр. ф.* -чен, -чна
несинусоида́льный*
несинхро́нность*, -и
несинхро́нный*; *кр. ф.* -о́нен, -о́нна
несисте́мность*, -и
несисте́мный*; *кр. ф.* -мен, -мна
несказа́нно, *нареч.*
несказа́нность, -и
несказа́нный; *кр. ф.* -а́н и -а́нен, -а́нна
не́ с кем
не с ке́м-нибудь
нескладёха, -и, *м.* и *ж.*
нескла́дица, -ы, *тв.* -ей
нескла́днее (*от* нескла́дный)
не складне́е
нескла́дно* (*к* нескла́дный*) и **нескла́дно** (*к* нескла́дный), *нареч.*
нескла́дность*, -и (*к* нескла́дный*) и **нескла́дность,** -и (*к* нескла́дный)
нескла́дный*; (*нестройный*) и **нескла́дный;** *кр. ф.* -ден, -дна (*неустроенный, неблагополучный*: нескла́дная жи́знь)
нескладу́ха, -и
нескладу́шки, -шек, *ед.* -шка, -и
не скло́нен, не скло́нна́, не скло́нно
нескло́нный*
несклоня́емость*, -и
несклоня́емый*
не́ с кого
неско́льзкий*
не ско́льзко, *в знач. сказ.*
не́сколько [1], не́скольких; по не́скольку и по не́сколько
не́сколько [2], *нареч.*
не́сколько со́т, не́скольких со́т, не́скольким ста́м, не́сколькими ста́ми, в не́скольких ста́х
нескончáемость, -и
нескончáемый
нескоордини́рованность*, -и
нескоордини́рованный*
не скоре́е
не ско́ро, *нареч.* (*спустя долгий срок*)
неско́рый*
нескре́щиваемость*, -и
не скромне́е
нескро́мно*, *нареч.* и *в знач. сказ.*
нескро́мность*, -и (*свойство*) и **нескро́мность,** -и (*нескромный поступок*)
нескро́мный*; *кр. ф.* -мен, -мна́, -мно, -о́мны́
нескрыва́емый*
не скупе́е
не скучне́е
не ску́чно, *в знач. сказ.*
нееску́чный*
Неску́чный са́д (*в Москве*)
не слабе́е
несла́бо, *нареч.* (*впечатляюще, жарг.*)
не слабо́, *в знач. сказ.*
несла́бый (*отличный, яркий, впечатляющий, жарг.*)
не сла́ва бо́гу (*неблагополучно*)
неславя́нский*
несла́дкий*
несла́дко*, *нареч.* и *в знач. сказ.*
несла́женнее*
несла́женно*, *нареч.*
несла́женность*, -и
несла́женный*; *кр. ф.* -ен, -енна, *прил.*
не сла́ще
не сле́д, *в знач. сказ.* (*не следует*)
неслёживаемость*, -и
неслёживающийся*
не сли́шком
не́слия, -и
неслия́нность*, -и
неслия́нный*; *кр. ф.* -я́нен, -я́нна
несловéсный*; *кр. ф.* -сен, -сна
несловоохо́тливее*
несловоохо́тливость*, -и
несловоохо́тливый*
неслогово́й*
неслогообразу́ющий*
не сложне́е
несло́жно*, *нареч.* и *в знач. сказ.*
несло́жность*, -и
несло́жный*; *кр. ф.* -жен, -жна́, -жно, -о́жны́
несло́мленный*
неслуже́бный*
не́слух, -а
неслуча́йно*, *нареч.*
неслуча́йность*, -и
неслуча́йный*; *кр. ф.* -а́ен, -а́йна
неслы́ханно, *нареч.* (*к* неслы́ханный)
неслы́ханный; *кр. ф.* -ан, -анна, *прил.* (*небывалый, поразительный*)
не слы́хано (*не слышно*) (*о ком, чем*)
не слыха́ть (*не слышно*)
не слы́шен, не слышна́, не слы́шно, не слы́шны́ (отсю́да кри́к не слы́шен)
неслы́шимый*
неслы́шнее (*от* неслы́шный)
не слышне́е
неслы́шно, *нареч.* (*бесшумно*: вошёл неслы́шно)
не слы́шно, *в знач. сказ.* (ва́с не слы́шно; о нём ничего́ не слы́шно)
неслы́шность, -и (*от* неслы́шный)
неслышный* (*недоступный слуху*) и **неслы́шный;** *кр. ф.* -шен, -шна (*очень тихий, бесшумный*)
несме́жный*
не смеле́е
несме́лость*, -и (*к* несме́лый*)
несме́лый*; *кр. ф.* -е́л, -ела́, -е́ло, -е́лы́ (*довольно робкий*)
несменя́емость*, -и
несменя́емый*
несме́тность, -и
несме́тный; *кр. ф.* -тен, -тна (*огромный по количеству*)
не сметь!
не смешне́е
несмешно́*, *нареч.*
не смешно́ (*кому*), *в знач. сказ.*
несмешно́й*
несмещённый*
Несмея́на-царе́вна, Несмея́ны-царе́вны (*сказочный персонаж*) и **несмея́на-царе́вна,** несмея́ны-царе́вны (*тихоня, грустная скромница*)
несмина́емость, -и (*от* несмина́емый)
несмина́емый
несмолка́емый
несмолка́ющий*
несмотря́ на, *предлог* (несмотря́ на всё тру́дности, несмотря́ ни на что́), но *деепр.* **не смотря́** (не смотря́ по сторона́м)
несмотря на то что, *союз*
несмыва́емый*
несмы́сленный
несмышлёный*
несмышлёныш, -а, *тв.* -ем
несно́снее (*от* несно́сный)
не сносне́е
несно́сность*, -и (*к* несно́сный*) и **несно́сность,** -и (*к* несно́сный)
несно́сный* (*нестерпимый*) и **несно́сный** (*крайне неприятного характера и поведения, надоедливый*); *кр. ф.* -сен, -сна
несвято́й* (*о молоке*)
несоблюде́ние*, -я
несо́бранно*, *нареч.*
несо́бранность*, -и
несо́бранный*; *кр. ф.* -ан, -анна, *прил.*
несо́бственно-пряма́я ре́чь
несо́бственный* (*матем.*)
несоверше́ние*, -я
несоверше́нно*, *нареч.* (*к* несоверше́нный*)
несовершеннолéтие*, -я
несовершеннолéтний*
несоверше́нность, -и
несоверше́нный*; *кр. ф.* -е́нен, -е́нна
несоверше́нство*, -а (*свойство*)
не со́вестно, *в знач. сказ.*
несове́тский*
несовмести́мость*, -и
несовмести́мый*
несовме́стность, -и (*несовместимость*)
несовме́стный; *кр. ф.* -тен, -тна (*несовместимый*)
несовпаде́ние*, -я
несовреме́нно*, *нареч.*
несовреме́нность*, -и (*свойство*)
несовреме́нный*; *кр. ф.* -е́нен, -е́нна
не совсе́м, *нареч.* (не совсе́м гото́в), но *местоим.* **не со всём** (не со все́м согла́сен)
не согла́сен, не согла́сна (*держится другого мнения*)
несогла́сие*, -я
несогла́сный*; *кр. ф.* -сен, -сна (*лишенный согласованности, единства, неслаженный*)
несогласо́ванно*, *нареч.*
несогласо́ванность*, -и

несогласо́ванный*; *кр. ф.* -ан, -анна, *прил.*
несоедини́мость*, -и
несоедини́мый*
несознава́емый*
несозна́нка, -и
несозна́тельность*, -и
несозна́тельный*; *кр. ф.* -лен, -льна
несоизмери́мость*, -и
несоизмери́мый*
несократи́мость*, -и
несократи́мый* (*матем.*)
несокруши́мость, -и
несокруши́мый
не со́ленный; *кр. ф.* не со́лен, -а, *прич.*
несолёный*
несоли́днее*
несоли́дно*, *нареч.* и *в знач. сказ.*
несоли́дность*, -и
несоли́дный*; *кр. ф.* -ден, -дна
не солоне́е
несо́лоно хлеба́вши
несо́мкнутый*
несомне́нно, *нареч.* и *вводн. сл.*
несомне́нность, -и
несомне́нный; *кр. ф.* -е́нен, -е́нна
несо́мый
несообрази́тельность*, -и
несообрази́тельный*; *кр. ф.* -лен, -льна
несообра́зность*, -и (*к* несообра́зный*) и **несообра́зность**, -и (*нелепость*)
несообра́зный*; *кр. ф.* -зен, -зна (*с чем-н.*; ни с че́м не сообра́зный) и **несообра́зный**; *кр. ф.* -зен, -зна (*нелепый*)
несоотве́тственный*; *кр. ф.* -вен и -венен, -венна
несоотве́тствие*, -я
несоотве́тствующий*
несопостави́мость*, -и
несопостави́мый*
несопротивле́ние*, -я
несоразме́рность*, -и
несоразме́рный*; *кр. ф.* -рен, -рна
несо́ртный*
несортово́й*
несосвети́мый
несосредото́ченность*, -и
несосредото́ченный*; *кр. ф.* -ен, -енна, *прил.*
несостоя́тельность*, -и (*к* несостоя́тельный*) и **несостоя́тельность**, -и (*к* несостоя́тельный)
несостоя́тельный*; *кр. ф.* -лен, -льна (*небогатый*; *необоснованный*, *бездоказательный*) и **несостоя́тельный**; *кр. ф.* -лен, -льна (*неплатежеспособный*; *лишенный необходимых данных*, *возможностей для осуществления своего дела*)
несостыко́вка*, -и, *р. мн.* -вок
несотру́дничество*, -а
несохра́нность*, -и

не социа́л-демокра́т, -а
не социа́л-демократи́ческий
несо́чный*
не спеле́е
неспе́лость*, -и
неспе́лый*
неспециализи́рованный*
неспециали́ст*, -а
неспецифи́ческий*
не спеша́
неспе́шнее (*от* неспе́шный)
неспе́шно, *нареч.* (*неторопливо*)
не спе́шно, *в знач. сказ.*
неспе́шность, -и (*неторопливость*)
неспе́шный; *кр. ф.* -шен, -шна (*неторопливый*)
не спе́шный (де́ло не спе́шное)
неподру́чно*, *в знач. сказ.*
неподру́чность, -и
неподру́чный*; *кр. ф.* -чен, -чна
неспоко́йнее*
неспоко́йность, -и
неспоко́йный*; *кр. ф.* -о́ен, -о́йна
неспорти́вность*, -и
неспорти́вный*; *кр. ф.* -вен, -вна
неспортсме́н*, -а
неспо́рый*
неспосо́бнее*
неспосо́бность*, -и
неспосо́бный*; *кр. ф.* -бен, -бна; ни на что́ (ни к чему́) не спосо́бный
несправедли́вее*
несправедли́вость*, -и (*свойство*) и **несправедли́вость**, -и (*несправедливый поступок*)
несправедли́вый*
неспровоци́рованность*, -и
неспровоци́рованный*
неспроста́
неспряга́емость*, -и
неспряга́емый*
неспуска́емый*
не спуска́ть гла́з (*с кого-чего*)
несраба́тывание*, -я
несрабо́танность*, -и
несрабо́тка, -и
несравне́нно, *нареч.*
несравне́нность, -и
несравне́нный; *кр. ф.* -е́нен, -е́нна
несравни́мо, *нареч.*
несравни́мость*, -и
несравни́мый*; ни с че́м не сравни́мый
не сра́зу
несрежисси́рованность*, -и
несрежисси́рованный*
не сро́чно, *нареч.*
несро́чный*; *кр. ф.* -чен, -чна
не с руки́
нестаби́льнее*
нестаби́льность*, -и
нестаби́льный*; *кр. ф.* -лен, -льна
нестанда́рт, -а (*продукция*, *не соответствующая стандарту*)
нестандартизи́рованный*

нестанда́ртнее*
нестанда́ртность*, -и
нестанда́ртный*; *кр. ф.* -тен, -тна
не старе́е
нестаре́ющий*
не ста́рше
неста́рый*
нестати́ческий*
нестациона́рность*, -и
нестациона́рный*
нестери́льность*, -и
нестери́льный*; *кр. ф.* -лен, -льна
не́стеровский (*от* Не́стеров)
нестерпи́мее*
нестерпи́мость, -и
нестерпи́мый
нестехиометри́ческий*
не сти́ранный, *прич.*
нести́раный*, *прил.*
нести́(сь), несу́(сь), несёт(ся); *прош.* нёс(ся), несла́(сь)
нестихотво́рный*
несто́йкий*; *кр. ф.* несто́ек, -о́йка
несто́йкость*, -и
нестоли́чный*
не сто́ль
не сто́лько... ско́лько
Не́стор, -а (*мифол.*; *историк*, *летописец*)
несториа́не, -а́н, *ед.* -а́нин, -а
несториа́нский
несториа́нство, -а
не сторо́нник *(кого, чего)*, *в знач. сказ.*
не́сторы, -ов, *ед.* -тор, -а (*род птиц*)
несто́ящий* (*плохой*)
не стра́нно, *нареч.* и *в знач. сказ.*
нестратифици́рованный*
не страшне́е
нестра́шно*, *нареч.*
не стра́шно (*кому*), *в знач. сказ.*
нестра́шный*
не стри́женный, *прич.*
нестри́женый*, *прил.*
нестро́гий*
нестро́гость*, -и
нестроеви́к*, -а́
нестроево́й*
нестрое́ние, -я (*беспорядок*, *неустройство*)
не стро́же
нестрои́тельный*
нестро́йнее (*от* нестро́йный)
не стройне́е
нестро́йность*, -и
нестро́йный*; *кр. ф.* нестро́ен, -о́йна
неструкту́рный*
не стыдне́е
не сты́дно, *в знач. сказ.*
несты́дный*
нестыко́вка*, -и, *р. мн.* -вок
нестыку́емый (*несоединимый*)
несть: не́сть конца́, не́сть числа́
нестяжа́ние, -я (*церк.*)
нестяжа́тели, -ей, *ед.* -тель, -я (*церк.*)
нестяжа́тельный*; *кр. ф.* -лен, -льна

нестяжа́тельский (*к* нестяжа́тели)
нестяжа́тельство*, -а (*к* нестяжа́тельный*) и **нестяжа́тельство,** -а (*к* нестяжа́тели)
несуди́мость*, -и
несуди́мый*
несудо́м (крича́ть)
несудохо́дность*, -и
несудохо́дный*; *кр. ф.* -ден, -дна
не судьба́, *в знач. сказ.* (*не суждено*)
несуеве́рность*, -и
несуеве́рный*; *кр. ф.* -рен, -рна
несуетли́вость*, -и
несуетли́вый*
несу́етность*, -и
несу́етный*; *кр. ф.* -тен, -тна
не суждён, -ена́
не суждено́, *в знач. сказ.*
несу́н, -а́
несура́зица, -ы, *тв.* -ей
несура́зность, -и
несура́зный; *кр. ф.* -зен, -зна
несусве́тица, -ы, *тв.* -ей
несусве́тный; *кр. ф.* -тен, -тна
не су́ть ва́жно
несу́шка, -и, *р. мн.* -шек
не-су́щее, -его (*филос.*)
несуще́ственнее*
несуще́ственно*, *в знач. сказ.*
несуще́ственность*, -и
несуще́ственный*; *кр. ф.* -вен и -венен, -венна
несуществова́ние*, -я
несуществу́ющий*
несу́щий(ся)
несхо́дность*, -и
несхо́дный*; *кр. ф.* -ден, -дна
несхо́дство*, -а
несхо́жесть*, -и
несхо́жий*
несцени́чность*, -и
несцени́чный*; *кр. ф.* -чен, -чна
несчастли́вее*
несчастли́вец*, -вца, *тв.* -вцем, *р. мн.* -вцев
несчастли́вый*; *кр. ф.* -а́стлив, -а
несча́стненький
несча́стный; *кр. ф.* -тен, -тна
несча́стный-разнесча́стный
несча́стье, -я, *р. мн.* -тий (*горе, беда*)
не́ с чего
не́ с чем
несчётно (*очень много*)
несчётность, -и
несчётный; *кр. ф.* -тен, -тна (*бесчисленный*)
не счи́танный, *прич.*
несчи́тано (*очень много*)
несчи́таный*, *прил.*
нёсший(ся)
несъедо́бность*, -и
несъедо́бный*; *кр. ф.* -бен, -бна
несъёмный*
не сыре́е
не сы́ро, *в знач. сказ.*
несыро́й*
не сыте́е
не сытне́е
несы́тный*
несы́тый*
нет
не та́йна, *в знач. сказ.* (э́то не та́йна, что…)
не та́к
не тако́й
нетакси́рованный*
нетакти́чнее*
нетакти́чно*, *нареч.* и *в знач. сказ.*
нетакти́чность*, -и
нетакти́чный*; *кр. ф.* -чен, -чна
не та́к чтобы…
нетала́нтливость*, -и
нетала́нтливый*
не та́м
нетари́фный*
нета́ющий*
не́т бы…
нетвёрдость*, -и
нетвёрдый*; *кр. ф.* -вёрд, -верда́, -вёрдо, -верды́ и -вёрды
не твёрже
не тво́й, не твоя́
нетво́рческий*
нетелегени́чность*, -и
нетелегени́чный*; *кр. ф.* -чен, -чна
нетелефо́нный*
не́тель, -и
не те́м бу́дь помя́нут
нетеплово́й*
нете́рмин*, -а
нетермина́льный*
нетерминологи́ческий*
нетерпёж, -ежа́, *тв.* -о́м
нетерпели́вее*
нетерпели́вец*, -вца, *тв.* -вцем, *р. мн.* -вцев
нетерпели́вость*, -и
нетерпели́вый*
нетерпе́ние*, -я
не терпе́ться, не те́рпится
нетерпи́мее*
нетерпи́мость*, -и
нетерпи́мый*
не тёсанный, *прич.*
нетёсаный*, *прил.*
не те́сен, не тесна́, не те́сно́, не тесны́ (*не меньшего размера, чем нужно*: боти́нки ему́ не тесны́)
не те́сно, *нареч.* и *в знач. сказ.*
нете́сный*
не́ти: в не́тях
нетипи́чность*, -и
нетипи́чный*; *кр. ф.* -чен, -чна
не ти́ше
не́т как не́т
нетка́нка, -и
не тка́нный, *прич.*
нетка́ный*, *прил.*
нетле́ние*, -я
нетле́нка, -и, *р. мн.* -нок (*ирон.*)
нетле́нность*, -и
нетле́нный*; *кр. ф.* -е́нен, -е́нна
нет-не́т
не́т-не́т да и …
не то́ (*не то, что нужно*; *иначе, в противном случае*)
нетова́рищеский*
нетова́рный*
не́товский
не́товцы, -ев, *ед.* -вец, -вца, *тв.* -вцем (*секта*)
не́товщина, -ы
не тогда́
не того, *в знач. сказ.* (*не вполне нормальный*; *не в порядке, неблагополучно*)
нетолера́нтность*, -и
нетолера́нтный*; *кр. ф.* -тен, -тна
нето́лстый*
не то́лще
не то́лько
не то́…, не то́…, *союз*
нето́нкий*
не то́ньше
не то́пленный, *прич.*
не то́плено, *в знач. сказ.*
нето́пленый*, *прил.*
нетопы́рий, -ья, -ье
нетопы́рь, -я́
неторго́вый*
не торённый, *прич.*
неторёный*, *прил.*
нето́рный*; *кр. ф.* -рен, -рна
нето́ро́пкий*; *кр. ф.* -о́ро́пок, -оро́пка́, -о́ро́пко
неторопли́вее*
неторопли́вость*, -и
неторопли́вый*
не торопя́сь
не то́т, не та́, не то́, не те́
не то́, так э́то
не то́т, так э́тот
не то́ченный, *прич.*
неточёный*, *прил.*
не точне́е
нето́чность*, -и (*свойство*) и **нето́чность,** -и (*ошибка, погрешность*)
нето́чный*; *кр. ф.* -чен, -чна́, -чно, -о́чны́
не то́ что…, а (но)…
не то́ чтобы…, а (но)…
не то́ что (чтобы) не…, а (но)…
нетрадицио́ннее*
нетрадицио́нно*, *нареч.*
нетрадицио́нно ориенти́рованный
нетрадицио́нность*, -и
нетрадицио́нный*; *кр. ф.* -о́нен, -о́нна
нетранспорта́бельность*, -и
нетранспорта́бельный*; *кр. ф.* -лен, -льна
нетра́нспортный*
нетрафаре́тность*, -и
нетрафаре́тный*; *кр. ф.* -тен, -тна
нетре́бовательнее*

нетре́бовательность*, -и
нетре́бовательный*; *кр. ф.* -лен, -льна
не трезве́е
нетре́звость*, -и (*состояние опьянения*)
нетре́звый*; *кр. ф.* -е́зв, -езва́, -е́зво, -е́звы́ (*пьяный*)
нетрениро́ванность*, -и
нетрениро́ванный*
нетривиа́льность*, -и
нетривиа́льный*; *кр. ф.* -лен, -льна
не тро́жь (*прост. к* не тро́гай)
нетро́нутость, -и
нетро́нутый (*такой, которого еще не касались, за который не принимались*)
не-тро́нь-меня́, *нескл., с.* (*растение*)
не тру́ден, не трудна́, не тру́дно, не тру́дны́
не трудне́е
нетру́дно*, *в знач. сказ.*
нетру́дный*
нетрудово́й*
нетрудоспосо́бность*, -и
нетрудоспосо́бный*; *кр. ф.* -бен, -бна
нетрудя́щийся*
нетрусли́вость*, -и
нетрусли́вый*
нет-с
не́тто, *неизм.*
не́тто-бала́нс, -а
не́тто-ве́с, -а
не́т того́ чтобы…
не́тто-дохо́д, -а
не́тто-задо́лженность, -и
не́тто-ма́сса, -ы
не́тто-объём, -а
не́ту
нетуго́й*
не туда́
не́т уж
не ту́же
не тупе́е
не ту́т
не́тути (*прост. к* не́ту)
не ту́т-то бы́ло
не́тушки
не́тчик, -а
не́т чтобы…
не ты́, не тебя́
нет-этике́т [нэт], -а (*инф.*)
нетя́гостный*; *кр. ф.* -тен, -тна
не тяжеле́е
нетяжёлый*
неубеди́тельнее*
неубеди́тельность*, -и
неубеди́тельный*; *кр. ф.* -лен, -льна
не уби́й
неубо́ристый*
неу́бранный*
неубыва́ющий*
неуваже́ние*, -я
неуважи́тельность*, -и
неуважи́тельный*; *кр. ф.* -лен, -льна
неувеличе́ние*, -я
неуве́реннее*
неуве́ренно*, *нареч.*
неуве́ренность*, -и
неуве́ренный*; *кр. ф.* -ен, -енна, *прил.*
неувяда́емость, -и
неувяда́емый
Неувяда́емый цве́т (*иконографический тип Божией Матери*)
неувяда́ющий*
неувя́зка, -и, *р. мн.* -зок (*несогласованность, недоразумение*)
неувя́зочка, -и, *р. мн.* -чек
неугаса́емый
неугаса́ющий*
неугаси́мость, -и
неугаси́мый
неуглево́дный*
неуго́дно*, *в знач. сказ.*
неуго́дный*; *кр. ф.* -ден, -дна
неугомо́нно, *нареч.*
неугомо́нность, -и
неугомо́нный; *кр. ф.* -о́нен, -о́нна
не́уд, -а
неуда́вшийся*
неуда́ренный*
неуда́рный* (*лингв.*)
неударя́емый*
неуда́ча*, -и, *тв.* -ей
неуда́чливость*, -и
неуда́чливый*
неуда́чник*, -а
неуда́чница*, -ы, *тв.* -ей
неуда́чный*; *кр. ф.* -чен, -чна
не у де́л
неудержи́мость, -и
неудержи́мый
неуде́ржность, -и
неуде́ржный; *кр. ф.* -жен, -жна
неудиви́тельно*, *в знач. сказ.*
неудиви́тельный*; *кр. ф.* -лен, -льна
неудо́бица, -ы, *тв.* -ей
неудо́бнее*
неудо́бно*, *нареч.* и *в знач. сказ.*
неудо́бный*; *кр. ф.* -бен, -бна
неудобовари́мость*, -и
неудобовари́мый*
неудобоисполни́мый*
неудобопоня́тность*, -и
неудобопоня́тный*; *кр. ф.* -тен, -тна
неудобопроизноси́мость*, -и
неудобопроизноси́мый*
неудобопроходи́мый*
неудобочита́емость*, -и
неудобочита́емый*
неудо́бство*, -а
неудо́бь[1], -и (*непригодная для посевов земля*)
неудо́бь[2]**: неудо́бь сказу́емый**
неудо́бье, -я, *р. мн.* -бий
неудовлетворе́ние*, -я
неудовлетворённее*
неудовлетворённо*, *нареч.*
неудовлетворённость*, -и
неудовлетворённый*; *кр. ф.* -ён, -ённа, *прил.*
неудовлетвори́тельно*, *нареч.*
неудовлетвори́тельность*, -и
неудовлетвори́тельный*; *кр. ф.* -лен, -льна
неудово́льствие*, -я (*чувство недовольства, неодобрения*)
неуёмность, -и
неуёмный; *кр. ф.* -мен, -мна
не у́же
неуже́ли
неужи́вчивость*, -и
неужи́вчивый*
неу́жли́ (*устар. к* неуже́ли)
неу́жто
неузнава́емость*, -и
неузнава́емый*
не у́зок, не узка́, не у́зко́, не узки́ (*не у́же, чем нужно*: брю́ки ему́ не узки́)
неузуа́льность*, -и
неузуа́льный*; *кр. ф.* -лен, -льна
не́ук, -а
не ука́з, *в знач. сказ.* (о́н мне́ не ука́з)
неука́занный (*недозволенный*)
неукло́нно, *нареч.*
неукло́нность, -и
неукло́нный; *кр. ф.* -о́нен, -о́нна (*постоянный, непоколебимый*)
неуклю́же, *нареч.*
неуклю́жесть, -и
неуклю́жий
не́ у кого
неукомплекто́ванность*, -и
неукомплекто́ванный*
неукосни́тельность, -и
неукосни́тельный; *кр. ф.* -лен, -льна
неукроти́мость, -и
неукроти́мый
неулови́мость, -и
неулови́мый
неулы́ба, -ы, *м.* и *ж.*
неулы́бчивее*
неулы́бчивость*, -и
неулы́бчивый*
неуме́йка, -и, *р. мн.* -е́ек, *м.* и *ж.*
неуме́лость*, -и
неуме́лый*
неуме́ние*, -я
неуменьше́ние*, -я
неуме́ренно*, *нареч.*
неуме́ренность*, -и
неуме́ренный*; *кр. ф.* -ен, -енна, *прил.*
не у ме́ста
неуме́стнее*
неуме́стность*, -и
неуме́стный*; *кр. ф.* -тен, -тна
неуме́ха, -и, *м.* и *ж.* и **неумёха**, -и, *м.* и *ж.*
неумира́ющий (*бессмертный*)
не умне́е
неу́мно́*, *нареч.*
неу́мность, -и
неу́мный*; *кр. ф.* -мён, -мна́
неумо́йка, -и, *р. мн.* -о́ек, *м.* и *ж.*

неумоли́мость, -и
неумоли́мый
неумолка́емый
неумо́лчность, -и
неумо́лчный; *кр. ф.* -чен, -чна
неумы́тый*
неумы́шленно*, *нареч.*
неумы́шленность*, -и
неумы́шленный*; *кр. ф.* -ен, -енна, *прил.*
неуничтожи́мый*
неунывáка, -и, *м.* и *ж.*
неунывáющий*
неупако́ванный*
Неупивáемая ча́ша (*икона Божией Матери*)
неупла́та*, -ы
неупоря́доченнее*
неупоря́доченность*, -и
неупоря́доченный*; *кр. ф.* -ен, -енна, *прил.*
неупотреби́тельность*, -и
неупотреби́тельный*; *кр. ф.* -лен, -льна
неупра́вка, -и, *р. мн.* -вок
неуправля́емость, -и
неуправля́емый*
неупру́гий*
неуравнове́шеннее*
неуравнове́шенность*, -и
неуравнове́шенный*; *кр. ф.* -ен, -енна, *прил.*
неурегули́рованность*, -и
неурегули́рованный*
неурожа́й, -я (*плохой, низкий урожай*)
неурожа́йность*, -и
неурожа́йный*; *кр. ф.* -а́ен, -а́йна
неуро́чность, -и
неуро́чный*; *кр. ф.* -чен, -чна (неуро́чная рабо́та, неуро́чное вре́мя)
неуря́дица, -ы, *тв.* -ей
неуси́дчивость*, -и
неуси́дчивый*
неуспева́емость, -и (*плохая, низкая успеваемость*)
неуспева́ющий (*к* неуспева́емость)
неуспе́х*, -а
неуспе́шность*, -и
неуспе́шный*; *кр. ф.* -шен, -шна
неуспоко́енность*, -и
неуста́вный* и **неуставно́й***
неуста́вщи́на, -ы
неуста́нно, *нареч.*
неуста́нность, -и
неуста́нный; *кр. ф.* -а́нен, -а́нна
неустанови́вшийся*
неусто́йка, -и, *р. мн.* -о́ек
неусто́йчивость*, -и
неусто́йчивый*
неустоя́вшийся*
неустрани́мость, -и
неустрани́мый*
неустраши́мость, -и
неустраши́мый
неустрое́ние, -я (*неустройство*)
неустро́енно, *нареч.*
неустро́енность, -и
неустро́енный; *кр. ф.* -ен, -енна (*плохо устроенный; не наладивший свою жизнь*)
неустро́йство, -а (*отсутствие порядка, налаженности*)
неусту́пчивее*
неусту́пчивость*, -и
неусту́пчивый*
неусы́пность, -и
неусы́пный; *кр. ф.* -пен, -пна
неутеши́тельнее*
неутеши́тельность*, -и
неутеши́тельный*; *кр. ф.* -лен, -льна
неуте́шность, -и
неуте́шный; *кр. ф.* -шен, -шна (*безутешный*)
неутилита́рность*, -и
неутилита́рный*; *кр. ф.* -рен, -рна
неутиха́ющий*
неутолённость*, -и
неутолённый*
неутоли́мость, -и
неутоли́мый
неутоми́мость, -и
неутоми́мый
неутря́ска*, -и
неухо́женно*, *нареч.*
неухо́женность*, -и
неухо́женный*; *кр. ф.* -ен, -енна, *прил.*
не́уч, -а, *тв.* -ем
неуча́стие*, -я
неучёбный*
не́ у чего
неучёность*, -и
неучёный[1] (*необразованный*)
неучёный*[2], -ого (*к* учёный[2])
неуче́нье*, -я
неучёт*, -а
неучтёнка, -и, *р. мн.* -нок
неучти́вее*
неучти́вость*, -и
неучти́вый*
неую́т*, -а
неую́тнее*
неую́тность*, -и
неую́тный*; *кр. ф.* -тен, -тна
неуязви́мее*
неуязви́мость*, -и
неуязви́мый*
неф, -а
не фа́кт, *в знач. сказ.* (э́то не фа́кт, что…)
нефана́лиз, -а
нефармакологи́ческий*
нефаши́ст*, -а
нефели́н, -а
нефели́новый
нефело́метр, -а
нефелометри́ческий
нефеломе́три́я, -и
Неферти́ти, *нескл., ж.*
нефи́зик*, -а
нефило́лог*, -а
нефильтро́ванный*
нефи́рменный*
нефонди́руемый*
нефонне́ймановский* (*от* фон Не́йман, *инф.*)
не фонта́н, *в знач. сказ.*
неформа́л, -а
неформа́льность*, -и
неформа́льный*; *кр. ф.* -лен, -льна
неформа́тный; *кр. ф.* -тен, -тна (*не соответствующий определенному формату*)
нефо́рменный*
нефоско́п, -а
нефотогени́чность*, -и
нефотогени́чный*; *кр. ф.* -чен, -чна
нефридиа́льный
нефри́дии, -ев, *ед.* -дий, -я
нефри́т, -а
нефри́товый
нефро́з, -а
нефрозонефри́т, -а
нефроле́пис, -а
нефролитиа́з, -а
нефро́лог, -а
нефрологи́ческий
нефроло́гия, -и
нефро́ма, -ы
нефро́н, -а
нефронтови́к*, -а́
нефропа́тия, -и
нефропто́з, -а
нефросклеро́з, -а
нефросклероти́ческий
нефроти́ческий
нефрото́м, -а
нефроци́ты, -ов, *ед.* -ци́т, -а
нефте… – *первая часть сложных слов, пишется слитно*
нефтеба́за, -ы
нефтеби́знес, -а
нефтеби́тум, -а
нефтебурово́й
нефтево́з, -а
нефтевы́шка, -и, *р. мн.* -шек
нефтега́вань, -и
нефтега́зовый
нефтегазодобыва́ющий
нефтегазодобы́тчик, -а
нефтегазодобы́ча, -и, *тв.* -ей
нефтегазоконденса́тный
нефтегазоно́сность, -и
нефтегазоно́сный
нефтегазопрово́д, -а
нефтегазопрово́дный
нефтегазопромысло́вый
нефтегазопро́мыслы, -ов, *ед.* -про́мысел, -сла
нефтегазопромы́шленники, -ов
нефтегазоразве́дка, -и
нефтегазоразве́дочный
нефтегазоразве́дчик, -а
нефтегазохими́ческий

нефтегига́нт, -а
нефтего́рский (*от* Нефтего́рск)
нефтего́рцы, -ев, *ед.* -рец, -рца, *тв.* -рцем
нефтегра́д, -а
нефтеди́лер, -а
нефтедобыва́ющий
нефтедобы́тчик, -а
нефтедобы́ча, -и, *тв.* -ей
нефтедо́ллары, -ов
нефтезаво́д, -а
нефтека́мский (*от* Нефтека́мск)
нефтека́мцы, -ев, *ед.* -мец, -мца, *тв.* -мцем
нефтеко́кс, -а
нефтекомбина́т, -а
нефтеко́мплекс, -а
нефтекри́зис, -а
нефтеку́мский (*от* Нефтеку́мск)
нефтеку́мцы, -ев, *ед.* -мец, -мца, *тв.* -мцем
нефтелову́шка, -и, *р. мн.* -шек
нефтемусоросбо́рщик, -а
нефтеналивно́й
нефтено́сность, -и
нефтено́сный; *кр. ф.* -сен, -сна
нефтеотда́ча, -и, *тв.* -ей
нефтеочисти́тельный
нефтеочи́стка, -и
нефтеочистно́й
нефтеперева́лочный
нефтеперего́нный
нефтеперека́чивающий
нефтеперераба́тывающий
нефтеперерабо́тка, -и
нефтеперерабо́тчик, -а
нефтепи́рс, -а
нефтепогру́зочный
нефтепрово́д, -а
нефтепрово́дный
нефтепрово́дчик, -а
нефтепродуктопрово́д, -а
нефтепроду́кты, -ов, *ед.* -ду́кт, -а
нефтепроизводя́щий
нефтепромыслови́к, -а́
нефтепромысло́вый
нефтепро́мыслы, -ов, *ед.* -про́мысел, -сла
нефтепромы́шленник, -а
нефтепромы́шленность, -и
нефтепромы́шленный
нефтепроявле́ние, -я
нефтеразве́дка, -и
нефтеразве́дочный
нефтеразве́дчик, -а
нефтерудово́з, -а
нефтесбо́рный
нефтесбо́рщик, -а
нефтескважи́на, -ы
нефтескла́д, -а
нефтеснабже́ние, -я
нефтесодержа́щий
нефтета́нкер, -а
нефтехи́мик, -а
нефтехими́ческий
нефтехи́мия, -и
нефтехимкомбина́т, -а
нефтехрани́лище, -а
нефтеэ́кспорт, -а
нефтеэкспортёр, -а
нефтеэкспорти́рующий
нефтеюга́нский (*от* Нефтеюга́нск)
нефтеюга́нцы, -ев, *ед.* -нец, -нца, *тв.* -нцем
нефть, -и
нефтя́ник, -а
нефтя́нка, -и, *р. мн.* -нок
нефтяно́й
Нефтяны́е Ка́мни (*поселок*)
неха́й, *частица*
не хвата́ть, не хвата́ет
не хвати́ть, не хва́тит
нехва́тка, -и (*отсутствие чего-н. в нужном количестве*)
не́хворощь, -и
нехи́лый*
нехирурги́ческий*
не хитре́е
нехи́тро*, *нареч.*
нехи́трый*; *кр. ф.* -тёр, -тра́, -и́тро́
нехо́дкий*; *кр. ф.* -док, -о́дка́, -дко
неходово́й*
нехо́женый*
нехозя́ин*, -а
нехозя́йский*
нехозя́йственность*, -и
нехозя́йственный*; *кр. ф.* -вен и -венен, -венна
не холодне́е
не хо́лодно, *в знач. сказ.*
нехоло́дный*
нехоро́ший*; *кр. ф.* -о́ш, -ошá
нехорошо́*, *нареч.* и (*о неблагоприятной или неудобной обстановке*) *в знач. сказ.*
нехорошо́, *в знач. сказ.* (*о плохом самочувствии*)
не́хотя
не храбре́е
нехристиани́н*, -а, *мн.* -а́не, -а́н
нехристиа́нский*
не́христь, -я
не́хрущ, -а, *тв.* -ем (*жук*)
не худе́е
не ху́до, *в знач. сказ.* (не ху́до бы отдохну́ть)
нехудо́жник*, -а
нехудо́й*
неху́дший*; в неху́дших усло́виях
не ху́же
не хухры́-мухры́, *неизм.*
нецветно́й*
нецелево́й*
нецелесообра́зность*, -и
нецелесообра́зный*; *кр. ф.* -зен, -зна
не цел ико́м
неце́лостный*; *кр. ф.* -тен, -тна
неце́лый*
нецензу́рность*, -и
нецензу́рный*; *кр. ф.* -рен, -рна (*противоречащий требованиям цензуры; непристойный*)
нецензу́рщина, -ы
нице́нный*
неценово́й*
нецентрализо́ванный*
нецеремо́нность*, -и
нецеремо́нный*; *кр. ф.* -о́нен, -о́нна
нецерко́вный*
нецивилизо́ванность*, -и
нецивилизо́ванный*; *кр. ф.* -ан, -анна, *прил.*
не́ча (*устар. прост. к* не́чего [2]; на зе́ркало не́ча пеня́ть…)
неча́евский (*от* Неча́ев)
неча́евщина, -ы
неча́сто*, *нареч.*
неча́стый*
не ча́ще
Нечая́нная ра́дость (*икона Божией Матери*)
нечая́нно, *нареч.*
нечая́нность, -и
нечая́нный
не ча́ять, не ча́ю, не ча́ет, не ча́ял, -а
не́чего[1] (*род.*), не́чему, не́чем, *им. и вин. нет*
не́чего[2], *в знач. сказ.* (*не следует, не надо*)
не че́й-нибудь
нечелове́чески* (*к* нечелове́ческий*) и **нечелове́чески** (*к* нечелове́ческий)
нечелове́ческий* (*не свойственный человеку*) и **нечелове́ческий** (*чрезвычайный, невероятный*)
нечелове́чность*, -и
нечелове́чный*; *кр. ф.* -чен, -чна
не́чему, не́чем (*дат. и тв. п. к* не́чего[1])
нечернозёмный*
нечернозе́мье*, -я (*нечерноземные земли*) и **Нечернозе́мье,** -я (*геогр.*)
не чёсанный, *прич.*
нечёсаный*, *прил.*
нечести́вец, -вца, *тв.* -вцем, *р. мн.* -вцев
нечести́вица, -ы, *тв.* -ей
нечести́вость, -и
нечести́вый
не честне́е
нече́стность*, -и
нече́стный*; *кр. ф.* -тен, -тна́, -тно, -е́стны
не́чет, -а (чёт и не́чет)
не чета́ (*кому, чему*), *в знач. сказ.*
нечёткий*; *кр. ф.* нечёток, -тка
нечёткость*, -и
нечётность*, -и
нечётный*
не чётче
нечино́вный*
нечи́стая си́ла
нечи́сто*, *нареч.* и *в знач. сказ.* (*к* нечи́стый*) и **нечи́сто,** *в знач. сказ.* (*к* нечи́стый)

нечистокро́вность*, -и
нечистокро́вный*; *кр. ф.* -вен, -вна
нечистопло́тнее*
нечистопло́тность*, -и
нечистопло́тный*; *кр. ф.* -тен, -тна
нечистота́*, -ы́
нечисто́ты, -о́т
нечи́стый* (*запачканный, грязный, сомнительный, порочный*; нечи́ст на́ руку) и **нечи́стый** (*связанный со злым духом, колдовством*; нечи́стая си́ла); *кр. ф.* -и́ст, -иста́, -и́сто, -и́сты́
нечи́стый, -ого (*дьявол*)
не́чисть, -и
нечита́бельность*, -и
нечита́бельный*; *кр. ф.* -лен, -льна
не чи́танный, *прич.*
нечи́таный*, *прил.*
не чи́ще
не чи́щенный, *прич.*
нечи́щеный*, *прил.*
не чле́н (*какой-н. организации, общества и т. п.*), *напр.*: не чле́н профсоюза; не чле́н НА́ТО (*о государстве*)
нечлени́мость*, -и
нечлени́мый*
нечленоразде́льность*, -и
нечленоразде́льный*; *кр. ф.* -лен, -льна
не́что, *других форм нет*
не что́ ино́е, как..., но: **ничто́ ино́е**
не что́-нибудь
нечу́вствие, -я
нечувстви́тельнее*
нечувстви́тельность*, -и
нечувстви́тельный*; *кр. ф.* -лен, -льна
нечу́ждый*; *кр. ф.* -у́жд, -а́, -о
не чу́ждый (*чего* и *кому, чему*); *кр. ф.* не чу́жд, не чужда́, не чу́ждо, не чу́жды́
нечу́ткий*; *кр. ф.* -ток, -тка́, -тко
нечу́ткость, -и
нешабло́нно*, *нареч.*
нешабло́нность*, -и
нешабло́нный*; *кр. ф.* -о́нен, -о́нна
не шелушённый, *прич.*
нешелушёный*, *прил.*
не ши́бко
не ши́ре
не широ́к, не широка́ (*не шире, чем нужно*: пиджа́к ему́ не широ́к)
неширо́кий*; *кр. ф.* -о́к, -ока́, -о́ко́ (*довольно узкий*)
нешта́тность*, -и
нешта́тный*
не́што, *частица* (*разве*)
не шту́ка, *в знач. сказ.* (*не трудно*)
не штукату́ренный, *прич.*
нештукату́реный*, *прил.*
не шумне́е
нешу́мный*
не шу́тка, *в знач. сказ.*
нешу́точность, -и (*к* нешу́точный)
нешу́точный; *кр. ф.* -чен, -чна (*достаточно серьезный*)
не шутя́
неща́дность, -и
неща́дный; *кр. ф.* -ден, -дна
неще́дрый*
не́щечко, -а
неэгои́ст*, -а
неэгоисти́ческий*
неэгоисти́чность*, -и
неэгоисти́чный*; *кр. ф.* -чен, -чна
неэквивале́нтность*, -и
неэквивале́нтный*; *кр. ф.* -тен, -тна
неэкологи́чность*, -и
неэкологи́чный*; *кр. ф.* -чен, -чна
неэкономи́ческий*
неэкономи́чнее*
неэкономи́чность*, -и
неэкономи́чный*; *кр. ф.* -чен, -чна
неэконо́мнее*
неэконо́мность*, -и
неэконо́мный*; *кр. ф.* -мен, -мна
неэкстрема́льный*; *кр. ф.* -лен, -льна
неэласти́чность*, -и
неэласти́чный*; *кр. ф.* -чен, -чна
неэлектри́ческий*
неэли́тный*
неэнерги́чность*, -и
неэнерги́чный*; *кр. ф.* -чен, -чна
неэпидеми́ческий*
неэстети́чнее*
неэстети́чность*, -и
неэстети́чный*; *кр. ф.* -чен, -чна
неэти́чнее*
неэти́чно*, *нареч.* и *в знач. сказ.*
неэти́чность*, -и
неэти́чный*; *кр. ф.* -чен, -чна
не э́тот, не э́та, не э́то, не э́ти
неэффекти́внее*
неэффекти́вность*, -и
неэффекти́вный*; *кр. ф.* -вен, -вна
неюри́ст*, -а
не-я́, *нескл., с.* (*филос.*)
не я́, не меня́
нея́вка*, -и, *р. мн.* -вок
нея́вно*, *нареч.*
неявнопо́люсный
нея́вность*, -и
нея́вный*; *кр. ф.* -вен, -вна
нея́вственно*, *нареч.*
нея́вственность*, -и
нея́вственный*; *кр. ф.* -вен и -венен, -венна
нея́дерный*
неядови́тый*
нея́ркий*
нея́рко*, *нареч.*
нея́ркость*, -и
не я́рче
не ясне́е
нея́сно*, *нареч.* и *в знач. сказ.*
нея́сность*, -и (*свойство*) и **нея́сность**, -и (*что-н. неясное, непонятное*)
нея́сный*; *кр. ф.* -сен, -сна́, -сно, нея́сны́
нея́сыть, -и
НЗ и энзэ́, *нескл., м.* (*сокр.*: неприкосновенный запас)
ни, *частица усилительная* и *союз*
ниага́рский (*от* Ниага́ра)
Ниага́рский водопа́д
ни аза́
ниаци́н, -а
нибелу́нги, -ов, *ед.* -лу́нг, -а
ни бельме́са
ни бе́ ни ме́
ни бе́ ни ме́ ни кукаре́ку
ни бо́гу све́чка ни чёрту кочерга́
ни бо́же мо́й
ни бо́лее ни ме́нее, но: **не бо́лее и не ме́нее**
ни бо́льше ни ме́ньше, но: **не бо́льше и не ме́ньше**
-нибудь, *частица – с предшествующим словом пишется через дефис*: что́-нибудь, где́-нибудь
ни бум-бу́м
ни́ва, -ы
Ни́ва, -ы (*автомобиль*)
нива́льный
нива́ция, -и
ни в бо́га ни в чёрта (не ве́рить)
ни в го́роде Богда́н ни в селе́ Селифа́н
ни в да́р ни в ку́плю
нивели́р, -а
нивели́рный
нивели́рование, -я
нивели́рованный; *кр. ф.* -ан, -ана
нивели́ровать(ся), -рую, -рует(ся)
нивелиро́вка, -и
нивелиро́вочный
нивелиро́вщик, -а
нивелиро́вщица, -ы, *тв.* -ей
ни ве́сти ни по́вести
ни в жи́знь
ни в жи́сть (*прост. к* ни в жи́знь)
ни вза́д ни вперёд
ни вздýмать ни взгада́ть
ни в зу́б (ного́й)
ни в како́й
ни в како́м
ни в каку́ю
ни в кого́
ни в ко́ем ра́зе
ни в ко́ем слу́чае
ни в ко́ем слу́чае не...; *с последующим словом пишется раздельно*
ни в ко́м
ни в ма́ть ни в отца́
ни в одно́м глазу́
нивóз, -а
ни вот сто́лечко
ни вот сто́лько
ни в отца́ ни в ма́ть
ни во что́
ни в ска́зке сказа́ть ни перо́м описа́ть

ни в скла́д ни в ла́д
ни вста́ть ни се́сть
ни́вушка, -и, *р. мн.* -шек
ни́вхи, -ов, *ед.* нивх, -а
ни́вхка, -и, *р. мн.* -хок
ни́вхский
ни в чём
ни в чьём
нивя́ник, -а
ни́ггер, -а (*о человеке*)
нигде́
ниге́лла, -ы
нигери́йка, -и, *р. мн.* -и́ек
нигери́йский (*от*Ниге́рия)
нигери́йцы, -ев, *ед.* -и́ец, -и́йца, *тв.* -и́йцем
ни́герский (*от* Ни́гер)
ни́герцы, -ев, *ед.* -рец, -рца, *тв.* -рцем
нигили́зм, -а
нигили́ст, -а
нигилисти́ческий
нигили́стка, -и, *р. мн.* -ток
нигили́стский
ни гла́са ни воздыха́ния
ни грамму́лечки *(прост.)*
ни гра́на
нигри́н, -а
нигрози́н, -а
нигро́л, -а
нигроспоро́з, -а
ни гро́ша́
ни гугу́
ни да́ ни не́т
ни да́ть ни взя́ть
ни два́ ни полтора́
нидерла́ндка, -и, *р. мн.* -док
нидерла́ндский (*от* Нидерла́нды)
нидерла́ндцы, -ев, *ед.* -дец, -дца, *тв.* -дцем
ни для кого́
ни для чего́
ни дна́ ни покры́шки
ни днём ни но́чью
ни до кого́
ни до чего́
ни ду́ху ни па́ху
ни душо́й ни те́лом
ние́лло, *нескл., с.*
нижа́йше, *нареч.*
нижа́йший
ни жа́рко ни хо́лодно
ни́же, *сравн. ст.*
ниже́, *союз*
нижегоро́дка, -и, *р. мн.* -док
Нижегоро́дская я́рмарка
нижегоро́дский (*от* Ни́жний Но́вгород)
нижегоро́дцы, -ев, *ед.* -дец, -дца, *тв.* -дцем
Нижегоро́дчина, -ы (*к* Ни́жний Но́вгород)
нижеизло́женный
нижележа́щий
нижена́званный
нижеозна́ченный; *кр. ф.* -ен, -ена
нижеопи́санный
нижеопла́чиваемый
нижеподписа́вшийся
нижепоимено́ванный; *кр. ф.* -ан, -ана
нижеприведённый
нижеска́занный
нижесле́дующий
нижесре́дний
нижестоя́щий
нижеука́занный
нижеупомя́нутый
ни жи́в ни мёртв
ни́жне-боково́й
нижнева́ртовский (*от* Нижнева́ртовск)
нижнева́ртовцы, -ев, *ед.* -вец, -вца, *тв.* -вцем
нижнево́лжский
нижнедево́нский (*геол.*)
нижнеднепро́вский
Нижнедуна́йская равни́на
нижнедуна́йский
Ни́жнее Пово́лжье
нижнекаменноу́гольный
нижнека́мский (*к* Ка́ма и Нижнека́мск)
нижнека́мцы, -ев, *ед.* -мец, -мца, *тв.* -мцем
нижнелу́жицкий
нижнемелово́й (*геол.*)
нижненеме́цкий
нижнепалеолити́ческий
нижнере́йнский
нижнетаги́льский (*от* Ни́жний Таги́л)
нижнетаги́льцы, -ев, *ед.* -лец, -льца, *тв.* -льцем
нижнете́рский (*к* Те́рек)
нижнетриа́совый (*геол.*)
нижнетури́нский (*от* Ни́жняя Тура́)
нижнечелюстно́й
нижнечетверти́чный (*геол.*)
нижнею́рский (*геол.*)
Ни́жние Котлы́ (*поселок*)
ни́жний
Ни́жний Ло́мов (*город*)
Ни́жний Но́вгород и (*разг.*) **Ни́жний,** -его
Ни́жний Таги́л
Ни́жний Уфале́й (*поселок*)
Ни́жняя Тунгу́ска (*река*)
Ни́жняя Тура́ (*город*)
ни́жущий(ся)
низ, -а, *предл.* на низу́, *мн.* -ы́, -о́в
ни за гро́ш (погибнуть, пропа́сть)
ни за каки́м
ни за како́го
ни за ке́м
ни за кого́
иза́льный
низа́льщик, -а
низа́льщица, -ы, *тв.* -ей
низа́ние, -я
ни́занный; *кр. ф.* -ан, -ана, *прич.*
ни́заный, *прил.*
ни за поню́х (поню́шку) табаку́ (погибнуть, пропа́сть)
низари́зм, -а
низари́тский
низари́ты, -ов, *ед.* -ри́т, -а
низа́ть(ся), нижу́, ни́жет(ся)
ни за че́й
ни за че́м
ни за что́
ни за что́ ни про что́ и **ни за́ что ни про́ что**
низведе́ние, -я
низведённый; *кр. ф.* -ён, -ена́
низве́дший
низверга́тель, -я
низверга́ть(ся), -а́ю(сь), -а́ет(ся)
низве́ргнувший(ся)
низве́ргнутый
низве́ргнуть(ся), -ну(сь), -нет(ся); *прош.* -е́рг(ся) и -е́ргнул(ся), -е́ргла(сь)
низве́ргший(ся)
низверже́ние, -я
низве́рженный; *кр. ф.* -ен, -ена
низвести́, -еду́, -едёт; *прош.* -ёл, -ела́
низводи́ть(ся), -ожу́, -о́дит(ся)
ни зги́ (не ви́дно)
ни́зенький
низёхонько
низи́на, -ы (*низкое место*)
низина́, -ы́ (*малая высота*)
низи́нка, -и, *р. мн.* -нок
низи́нный
ни́зка, -и, *р. мн.* ни́зок (*от* низа́ть)
ни́зкий; *кр. ф.* ни́зок, низка́, ни́зко, ни́зки́
ни́зко, *нареч.* и *в знач. сказ.*
низкобелко́вый
низкобо́ртный
низкова́куумный
низкова́тый
низково́льтный
низково́рсный
низкого́рный
низкого́рье, -я, *р. мн.* -рий
низкодинами́ческий
низкодохо́дный
низкоза́дый
низкозамерза́ющий
низкокалори́йный; *кр. ф.* -и́ен, -и́йна
низкока́чественный; *кр. ф.* -вен и -венен, -венна
низкокипя́щий
низколеги́рованный
низколета́ющий*
низколетя́щий*
низколо́бый
низкомолекуля́рный
низконапо́рный
ни́зко-ни́зко
низкообогащённый
низкооборо́тный
низкоокта́новый
низкоопла́чиваемый
низкоорбита́льный

низкоорганизо́ванный
низкопла́н, -а
низкопокло́нник, -а
низкопокло́нничать, -аю, -ает
низкопокло́ннический
низкопокло́нничество, -а
низкопокло́нство, -а
низкопокло́нствовать, -твую, -твует
ни́зко-прени́зко
низкопро́бность, -и
низкопро́бный; *кр. ф.* -бен, -бна
низкопро́бщина, -ы
низкопродукти́вный; *кр. ф.* -вен, -вна
низкопроце́нтный
низкопро́чный; *кр. ф.* -чен, -чна
низкоразря́дный
низкорасполо́женный*
низкоре́йтинговый
низкорента́бельный; *кр. ф.* -лен, -льна
низкоро́слость, -и
низкоро́слый
низкосо́ртность, -и
низкосо́ртный; *кр. ф.* -тен, -тна
низкоство́льный
низкосте́бельный
низкотемперату́рный
низкотокси́чный; *кр. ф.* -чен, -чна
низкотра́вный
низкоуглеро́дистый
низкоудо́йный
низкоу́ровневый
низкоурожа́йный
низкочасто́тный
низкоэта́жный
низлага́ть(ся), -а́ю(сь), -а́ет(ся)
низложе́ние, -я
низло́женный; *кр. ф.* -ен, -ена
низложи́ть, -ожу́, -о́жит
ни́зменно, *нареч.*
ни́зменность, -и
ни́зменный; *кр. ф.* -мен, -менна
низово́й
низо́вский
низо́вье, -я, *р. мн.* -вьев и -вий
низойти́, низойду́, низойдёт; *прош.* нисшёл и низошёл, низошла́
низо́к, низка́
ни́зом, *нареч.*
ни́зость, -и
низо́чек, -чка
низри́нутый
низри́нуть(ся), -ну(сь), -нет(ся)
ни́зший
НИИ́, *нескл., м.* (*сокр.*: научно-исследовательский институт)
НИИ… – *часть сложносокращенных слов, пишется слитно, напр.*: НИИнефтега́з, НИИхимпро́м, НИИтеплоприбо́р, ГипроНИИполигра́ф, ГипродорНИИ́
ни из како́го
ни из чего́
нии́шник, -а
Ни́ка, -и и **Ни́ке,** *нескл., ж.* (*мифол.*)
ника́к (*никаким образом*)
ника́к не́т
никако́й
ника́ндра, -ы (*растение*)
ни ка́пельки
ни ка́пли
никарагуа́нка, -и, *р. мн.* -нок
никарагуа́нский (*от* Никара́гуа)
никарагуа́нцы, -ев, *ед.* -нец, -нца, *тв.* -нцем
ника́х, -а
Ни́ке, *нескл., ж.* и **Ни́ка,** -и
ни́келевый
никели́н, -а
никели́новый
никелирова́ние, -я
никелиро́ванный; *кр. ф.* -ан, -ана
никелирова́ть(ся), -ру́ю, -ру́ет(ся)
никелиро́вка, -и
никелиро́вочный
никелиро́вщик, -а
никелиро́вщица, -ы, *тв.* -ей
ни́келистый
ни́кель, -я
никельсодержа́щий
нике́о-царьгра́дский (Си́мвол ве́ры)
ники́тинский (*от* Ники́тин)
Ники́тские Воро́та (*площадь*)
Ники́тский ботани́ческий са́д
ни к како́му (како́й, каки́м)
ни к кому́
ни́клый
ни́кнувший
ни́кнуть, -ну, -нет; *прош.* ни́кнул и ник, ни́кла
никогда́
никого́
никого́шеньки
ни ко́жи ни ро́жи
нико́им о́бразом
никола́евский (*от* Никола́й и Никола́ев)
никола́евцы, -ев, *ед.* -вец, -вца, *тв.* -вцем (*от* Никола́ев, *город*)
Нико́ла зи́мний
Никола́й Мирлики́йский
Никола́й-уго́дник, Никола́я-уго́дника
Никола́й Чудотво́рец
Нико́ла ле́тний
ни кола́ ни двора́
Нико́ла-уго́дник, Нико́лы-уго́дника
Нико́лина Гора́ (*поселок*)
Нико́лин де́нь, Нико́лина дня́
нико́ль, -я (*призма*)
нико́льский (*от* Нико́ла, Нико́льск, Нико́льское)
Нико́льский (собо́р, монасты́рь)
Нико́льщина, -ы
никониа́не, -а́н, *ед.* -а́нин, -а
никониа́нский
никониа́нство, -а
ни́коновский (*от* Ни́кон)
ни конца́ ни кра́я (кра́ю)
никонша́нцы, -ев, *ед.* -нец, -нца, *тв.* -нцем
ни копе́йки
ни́копольский (*от* Ни́кополь)
никопольча́не, -а́н, *ед.* -а́нин, -а
ни копья́ (*ни копейки*)
никоти́н, -а
никотинами́д, -а
никотини́зм, -а
никоти́нный
никоти́новый
никотинома́н, -а
никотинома́ния, -и
никото́рый
никоциа́на, -ы
никошпа́н, -а
ни кро́шечки
ни кро́шки
ни к селу́ ни к го́роду
никталги́я, -и
никтери́ния, -и
никтина́стии, -ий, *ед.* -тия, -и
никто́, никого́, никому́, нике́м, ни о ко́м; но: ни о́н, **ни кто́ друго́й** её не интересова́ли
никто́ ино́й (никто́ ино́й не мо́г бы э́то сде́лать), но: **не кто́ ино́й, как …**
никтофо́бия, -и
никтури́я, -и
никуда́
никуда́ не го́дный
никуды́шка, -и, *р. мн.* -шек, *м.* и *ж.*
никуды́шник, -а
никуды́шность, -и
никуды́шный
никчёмность, -и
никчёмный; *кр. ф.* -мен, -мна
ни к чему́
никчему́шный
ни к чёрту
никшни́, *неизм.*
Никэ́, *неизм.*: **и́ндекс Никэ́** (*в Японии, фин.*)
ни ло́жки ни пло́шки
ни́ло-саха́рский (ни́ло-саха́рские языки́)
нило́тский
нило́ты, -ов, *ед.* -ло́т, -а
ни лу́чше ни ху́же, но: **не лу́чше и не ху́же**
нильга́у, *нескл., м.* и *ж.* (*антилопа*)
нильсбо́рий, -я
ни́льский (*от* Нил, *река*)
ни ма́л ни вели́к, ни мала́ ни велика́, но: **не ма́л и не вели́к,** не мала́ и не велика́
нима́ло (*нисколько, ничуть*)
нима́ло не…; *с последующим словом пишется раздельно*
ни ма́ло ни мно́го (*ровно столько-то, достаточно много*)
нимб, -а
ни́мбовый
ни мину́ты

ни мно́го ни ма́ло (*ровно столько-то, достаточно много*)
нимо́ник, -а
нимра́нг, -а
ни́мфа, -ы
нимфали́ды, -и́д, *ед.* -и́да, -ы
нимфе́й, -я (*архит.*)
нимфе́тка, -и, *р. мн.* -ток
нимфе́я, -и (*растение*)
нимфома́ния, -и
нимфома́нка, -и, *р. мн.* -нок
ни мычи́т ни те́лится
ни на́ волос
ни на гро́ш
ни на е́сть (кто́, что́, где́, како́й ни на е́сть)
ни на йо́ту
ни на како́м
ни на кого́
ни на ко́м
ни на мину́тку
ни на мину́ту
ни насто́лько и **ни насто́лечко** (*даже в самой малой степени*)
ни на ча́с
ни на че́й
ни на чём
ни на что́
ни на чьём
ни на ша́г
ни на́шим ни ва́шим
нингидри́новый
ниндзю́цу, *нескл., с.*
ни́ндзя, *нескл., м.*
ни-ни́, *неизм.*
ни-ни-ни́, *неизм.*
ни ного́й, *в знач. сказ.*
ниоба́ты, -ов, *ед.* -ба́т, -а
нио́биевый
нио́бий, -я
ни оди́н не ... (*никто не ...*)
ни оди́н ни друго́й
ни о како́м
ни о ко́м
ни отве́та ни приве́та
ни о́тдыху ни сро́ку
ни от како́го
ни от кого́
ниotко́ле
ниотку́да
ни от чего́
ни о чём
ни о чьём
ни па́ва ни воро́на
ни пе́нса
ни перед каки́м
ни перед ке́м
ни перед че́м
ни печа́ли ни воздыха́ния
ни под каки́м (ви́дом)
ни по како́му
ни по ко́м
ни полсло́ва
ни по́падя (че́м ни по́падя, куда́ ни по́падя, с ке́м ни по́падя)
нипочём, *в знач. сказ.* (всё ему́ нипочём), но *местоим.* **ни по чём** (ни по чём я́ не тоску́ю)
ни по чьему́
ни́ппель, -я, *мн.* -и, -ей и -я́, -е́й
ни́ппельный
ни при како́м (усло́вии)
ни при ко́м
ни при чём
ни прое́хать ни пройти́
ни пройти́ ни прое́хать
ни про како́го
ни пу́ха
ни пу́ха ни пера́
ни пя́ди
ни ра́зу
нирва́на, -ы
ниремб́ергия, -и
ни ро́ду ни пле́мени
ни ры́ба ни мя́со
ни сва́т ни бра́т
ни све́т ни заря́
ни себе́ ни лю́дям
ни секу́нды
ни синь-по́роха
ни с каки́м
ни с како́го
ни с ке́м
ни скла́ду ни ла́ду
ниско́лечко
ниско́лько
ниско́лько не...; *с последующим словом пишется раздельно*
ни сло́ва
ни слу́ху ни ду́ху
ни слу́ху ни по́слуху
ни с ме́ста
ни сно́м ни ду́хом
ни со́н ни я́вь
ниспада́ть, -а́ет
ниспаде́ние, -я
ниспа́сть, -адёт; *прош.* -а́л, -а́ла
ниспосла́ние, -я
ниспо́сланный; *кр. ф.* -ан, -ана
ниспосла́ть, -ошлю́, -ошлёт; *прош.* -сла́л, -сла́ла
ниспосыла́ть(ся), -а́ю, -а́ет(ся)
ниспроверга́тель, -я
ниспроверга́тельница, -ы, *тв.* -ей
ниспроверга́ть(ся), -а́ю, -а́ет(ся)
ниспрове́ргнувший
ниспрове́ргнутый
ниспрове́ргнуть, -ну, -нет; *прош.* -е́рг и -е́ргнул, -е́ргла
ниспрове́ргший
ниспроверже́ние, -я
ниспрове́рженный; *кр. ф.* -ен, -ена
ниспуска́ть(ся), -а́ю, -а́ет(ся)
ниспусти́ть(ся), -ущу́, -у́стит(ся)
ниспу́щенный; *кр. ф.* -ен, -ена
ниста́гм, -а
нистати́н, -а
ни ста́ть ни се́сть
ни с того́ ни с сего́
ни сто́лечко
ни сту́ку ни грю́ку
ни стыда́ ни со́вести
ни сучка́ ни задо́ринки
нисходи́ть, -ожу́, -о́дит
нисходя́щий
нисхожде́ние, -я
ни с чего́
ни с че́м
ни с чьи́м
нисше́дший
нисше́ствие, -я
нит, -а, *р. мн.* -ов, *счетн. ф.* нит (*ед. измер.*)
ни та́к ни ся́к
ни та́к ни э́так (э́дак)
ни та́м ни зде́сь
ни та́м ни ся́м
ни та́м ни та́м
ни тво́й ни мо́й
ни́ тебе, *союз с частицей* (ни́ тебе до́ждика, ни ветерка́)
нитеви́дный; *кр. ф.* -ден, -дна
нитеводи́тель, -я
ните́лла, -ы
нитеобра́зный; *кр. ф.* -зен, -зна
ни тепло́ ни хо́лодно
нитехво́стая ла́сточка
нитино́л, -а
нитино́ловый
ни́тка, -и, *р. мн.* ни́ток
ни́тки, ни́ток (*пряжа, материал для шитья, тканья, вязания*)
нитковдева́тель, -я
ни то́ ни друго́е, но: **не то́ и не друго́е**
ни то́ ни сё
ни то́ ни то́
ни то́ ни э́то
ни то́т ни друго́й, но: **не то́т и не друго́й**
ни то́т ни э́тот
ни́точка, -и, *р. мн.* -чек
ни́точки, -чек (*к* ни́тки)
ни́точник, -а
ни́точница, -ы, *тв.* -ей
ни́точный
ни тпру́ ни ну́
нитраги́н, -а
нитрази́н, -а
нитрази́новый
нитралло́й, -я
нитрами́ны, -ов, *ед.* -ми́н, -а
нитра́тный
нитратоме́р, -а
нитра́ты, -ов, *ед.* нитра́т, -а
нитра́ция, -и
нитри́ды, -ов, *ед.* нитри́д, -а (*соединения азота с другими элементами*)
нитри́лы, -ов, *ед.* нитри́л, -а
нитри́льный
нитри́рование, -я
нитри́рованный; *кр. ф.* -ан, -ана
нитри́ровать(ся), -рую, -рует(ся)
нитри́тный

нитри́ты, -ов, *ед.* нитри́т, -а (*соли азотистой кислоты*)
нитрифика́ция, -и
нитрифици́ровать(ся), -рую, -рует(ся)
нитро... – *первая часть сложных слов, пишется слитно*
нитроаммофо́ска, -и
нитроаниили́ны, -ов, *ед.* -ли́н, -а
нитробакте́рии, -ий, *ед.* -е́рия, -и
нитробензо́л, -а
нитрова́ние, -я
нитро́ванный; *кр. ф.* -ан, -ана
нитрова́ть(ся), -ру́ю, -ру́ет(ся)
нитроглико́ль, -я
нитроглицери́н, -а
нитроглицери́новый
нитрогру́ппа, -ы
нитро́за, -ы
нитрози́рование, -я
нитрози́рованный; *кр. ф.* -ан, -ана
нитрозогру́ппа, -ы
нитрозосоедине́ния, -ий, *ед.* -е́ние, -я
нитроклетча́тка, -и
нитрокраси́тель, -я
нитрокра́ска, -и, *р. мн.* -сок
нитроксоли́н, -а
нитрола́к, -а
нитрола́ковый
нитромета́н, -а
нитро́н, -а
нитронафтали́ны, -ов, *ед.* -ли́н, -а
нитро́нг, -а
нитро́нный
нитро́новый
нитропарафи́ны, -ов, *ед.* -фи́н, -а
нитропропа́н, -а
нитросоедине́ния, -ий, *ед.* -е́ние, -я
нитротолуо́л, -а
нитрофено́л, -а
нитрофи́льный
нитрофо́рм, -а
нитрофо́с, -а
нитрофо́ска, -и
нитрофунги́н, -а
нитрофура́ны, -ов, *ед.* -ра́н, -а
нитроцеллюло́за, -ы
нитроцеллюло́зный
нитроцемента́ция, -и
нитрошёлк, -а
нитроэма́левый
нитроэма́ль, -и
нитроэта́н, -а
нитроэфи́ры, -ов, *ед.* -эфи́р, -а
нитру́ющий(ся)
ни туда́ ни сюда́
ни туды́ (и) ни сюды́
ни ту́т ни та́м
нитча́тка, -и, *р. мн.* -ток
ни́тчатый
ни́тченка, -и, *р. мн.* -нок (*петля*)
нить, -и
ни́тянки, -нок, *ед.* -нка, -и
ни́тяный и **нитяно́й**
ни уба́вить ни приба́вить
ни у како́го
ни у кого́
ни уму́ ни се́рдцу
ни у́ха ни ры́ла
ни у чьего́
ни фига́
ни фига́ себе́
ни хо́лодно ни жа́рко
ни хрена́
ни хрена́ себе́
нихро́м, -а
нихро́мовый
ни ху́же ни лу́чше, но: **не ху́же и не лу́чше**
ниц (па́дать ни́ц)
ни це́нта
ни́ццкий (*от* Ни́цца)
ницшеа́нец, -нца, *тв.* -нцем, *р. мн.* -нцев
ницшеа́нский
ницшеа́нство, -а
ни́цшевский (*от* Ни́цше)
ничево́ки, -ов
ничего́, *нареч.*; *местоим. отриц.* (*только им.*: его́ ничего́ не интересу́ет, *разг.*)
ничегонеде́лание, -я
ничего́ себе́
ничего́шеньки
ниче́й, ничьё, ничьего́, **ничья́**, ничье́й
ниче́йка, -и, *р. мн.* -е́ек (*от* ничья́)
ниче́йный
ни черта́
ничко́м
ничто́[1], ничего́, ничему́, ниче́м, ни о чём
ничто́[2], *нескл., с.* (*филос.*)
ничто́жество, -а
ничто́же сумня́шеся (сумня́ся)
ничто́жнейший
ничто́жность, -и
ничто́жный; *кр. ф.* -жен, -жна
ничто́ ино́е (ничто́ ино́е его́ не интересу́ет), но: **не что́ ино́е, как...**
ничу́точки
ничу́ть
ничу́ть не...; *с последующим словом пишется раздельно*
ничья́, ничье́й, *мн.* ничьи́, -ьи́х, *сущ.*
ни́ша, -и, *тв.* -ей
ни ша́гу
ни ша́тко ни ва́лко
нишеобра́зный; *кр. ф.* -зен, -зна
ни шиша́
нишкни́, *пов.*
ништо́, *в знач. сказ.* (*довольно хорошо; поделом*)
ништя́к, *в знач. сказ.* и *межд.* (*жарг.*)
ница́ние, -я
ница́ть, -а́ю, -а́ет
нищебро́д, -а
нищебро́дка, -и, *р. мн.* -док
нищебро́дство, -а
ни́щенка, -и, *р. мн.* -нок
ни́щенски
ни́щенский
ни́щенство, -а
ни́щенствовать, -твую, -твует
ни́щенствующий
нищета́, -ы́
ни́щий; *кр. ф.* нищ, нища́, ни́ще
НЛО [энэло́], *нескл., с.* (*сокр.*: неопознанный летающий объект)
но[1], *союз* и *межд.*
но[2], *нескл., с.* (е́сть ма́ленькое но́)
Но́белевская пре́мия
но́белевский (*от* Но́бель)
Но́белевский комите́т
но́белевский лауреа́т
Но́белевский фо́нд
нобелиа́т, -а
нобе́лий, -я
нобели́стика, -и
но́билевский (*от* Но́биле)
но́били, -ей, *ед.* но́биль, -я
нобилите́т, -а
н-обра́зный [эн-]; *кр. ф.* -зен, -зна
но́ва, -ы (*фигура синхронного плавания*)
новарсено́л, -а
нова́тор, -а, но: **у́лица Нова́торов**
нова́торский
нова́торство, -а
новацио́нный
нова́ция, -и
Но́вая А́нглия (*ист. область в США*)
Но́вая Басма́нная (*улица*)
Но́вая Гвине́я
Но́вая Дере́вня (*поселок*)
Но́вая Зела́ндия
Но́вая Земля́ (*острова*)
Но́вая Каледо́ния
Но́вая Каха́вка (*город*)
Но́вая Ла́дога (*город*)
Но́вая пло́щадь (*в Москве*)
Но́вгород Вели́кий (*ист.*)
новгоро́дка, -и, *р. мн.* -док
Но́вгород-Се́верский, Но́вгорода-Се́верского
но́вгород-се́верский, *прил.*
Новгоро́дская земля́ (*ист.*)
новгоро́дский (*к* Но́вгород, Вели́кий Но́вгород)
новгоро́дско-моско́вский
новгоро́дско-пско́вский
новгоро́дцы, -ев, *ед.* -дец, -дца, *тв.* -дцем
Новгоро́дчина, -ы (*к* Но́вгород, Вели́кий Но́вгород)
нове́е, *сравн. ст.*
Нове́йшее вре́мя (*ист. эпоха*)
нове́йший
нове́лла, -ы
новелле́тта, -ы
новелли́ст, -а
новелли́стика, -и
новеллисти́ческий
новелли́стка, -и, *р. мн.* -ток
новелли́ческий
нове́ллка, -и, *р. мн.* -ллок

новемо́ль, -и
но́венький
нове́ть, -е́ет
новёхонький; *кр. ф.* -нек, -нька
новёшенький; *кр. ф.* -нек, -нька
новизна́, -ы́
нови́к, -а́
но́ви́на, -ы (*лит.*)
нови́нка, -и, *р. мн.* -нок
новичо́к, -чка́
ново... – *первая часть сложных слов, пишется слитно*
новоарба́тский (*от* Но́вый Арба́т)
новоафо́нский (*от* Но́вый Афо́н)
новобра́нец, -нца, *тв.* -нцем, *р. мн.* -нцев
новобра́нческий
новобра́чные, -ых, *ед.* -а́чный, -ого и -а́чная, -ой
нововведе́ние, -я
нововведённый
Нововоро́нежская АЭ́С
нововре́ме́нский (*от* "Но́вое вре́мя")
нововступи́вший
новогале́новы препара́ты, новогале́новых препара́тов
новогвине́йский (*от* Но́вая Гвине́я)
новогвине́йцы, -ев, *ед.* -е́ец, -е́йца, *тв.* -е́йцем
новогебри́дский (*от* Но́вые Гебри́ды)
новогo̍дний
Новогo̍дье, -я
новогo̍рский (*от* Новогo̍рск)
новогре́ческий
новогре́ческо-ру́сский
новогру́дский (от Новогру́док)
Новоде́вичий монасты́рь, Новоде́вичьего монастыря́
Новоде́вичье кла́дбище, Новоде́вичьего кла́дбища
новоде́л, -а
новоде́льный
Но́вое вре́мя (*ист. эпоха*)
новоевропе́йский
Но́вое ца́рство (*в истории Египта*)
новожёны, -ов, *ед.* -жён, -а (*секта*)
новозаведённый
Новозаве́тная Тро́ица (*иконографический тип Троицы*)
новозаве́тный
новозела́ндка, -и, *р. мн.* -док
новозела́ндский (*от* Но́вая Зела́ндия)
новозела́ндцы, -ев, *ед.* -дец, -дца, *тв.* -дцем
новоземе́льский (*от* Но́вая Земля́)
новозы́бковский (*от* Новозы́бков)
новозы́бковцы, -ев, *ед.* -вец, -вца, *тв.* -вцем
новоиерусали́мский (*от* Но́вый Иерусали́м)
новои́збранный
новои́зданный
новоизобретённый
новоинди́йский
новоиспечённый
новокаи́н, -а
новокаи́новый
новокаледо́нский (*от* Но́вая Каледо́ния)
новокаледо́нцы, -ев, *ед.* -нец, -нца, *тв.* -нцем
новокреще́нец, -нца, *тв.* -нцем, *р. мн.* -нцев
новокреще́нка, -и, *р. мн.* -нок
новокрещёный
новокузне́цкий (*от* Новокузне́цк)
новокузнеча́не, -а́н, *ед.* -а́нин, -а
новола́к, -а
новоледнико́вье, -я
Новоле́тие, -я
Новоли́пецкий металлурги́ческий комбина́т
новолу́ние, -я
новоми́рец, -рца, *тв.* -рцем, *р. мн.* -рцев
новоми́рский (*от* "Но́вый ми́р")
новомо́дный; *кр. ф.* -ден, -дна
новомоско́вский (*от* Новомоско́вск)
новомоско́вцы, -ев, *ед.* -вец, -вца, *тв.* -вцем
новому́ченик, -а
новому́ченица, -ы, *тв.* -ей
новона́бранный
новона́йденный
новонаречённый и **новонарече́нный**
новонаселённый
новонача́льный
новообразова́ние, -я
новообразо́ванный
новообращённый
новообретённый
новоорлеа́нский (*от* Но́вый Орлеа́н)
новоорлеа́нцы, -ев, *ед.* -нец, -нца, *тв.* -нцем
новооско́льский (*от* Но́вый Оско́л)
новооско́льцы, -ев, *ед.* -лец, -льца, *тв.* -льцем
новооткрыва́тель, -я
новооткры́тый
новоотстро́енный
новопасси́т, -а
новопа́ханый
новопа́хотный
новопи́сьменный
новоподо́бный (*астр.*)
новопоря́дчики, -ов, *ед.* -чик, -а (*ист.*)
новопоселе́нец, -нца, *тв.* -нцем, *р. мн.* -нцев
новопоселе́нка, -и, *р. мн.* -нок
новопостри́женный
новопреста́вленный
новоприбы́вший
новоприе́зжий
новопри́нятый
новоприобретённый
новоприхо́дцы, -ев, *ед.* -дец, -дца, *тв.* -дцем (*ист.*)
новопроизведённый
новопросла́вленный (*церк.*)
новорождённый
новоро́йный (новоро́йные пчёлы)
новороссийский (*от* Новоро́ссия и Новоросси́йск)
новороссии́йцы, -ев, *ед.* -и́ец, -и́йца, *тв.* -и́йцем (*от* Новоросси́йск)
Новоро́ссия, -и (*ист.*)
новору́бленый
новору́сский
новосвященному́ченик, -а
новосёл, -а
новосе́лец, -льца, *тв.* -льцем, *р. мн.* -льцев
новосёлка, -и, *р. мн.* -лок
новосе́лье, -я, *р. мн.* -лий
новосе́льческий
новосиби́рский (*от* Новосиби́рск)
новосиби́рцы, -ев, *ед.* -рец, -рца, *тв.* -рцем
Новоспа́сский монасты́рь
но́вости онла́йн, новосте́й онла́йн
новости́к, -а́
новостно́й
новостро́ечный
новостро́й, -я
новостро́йка, -и, *р. мн.* -о́ек
но́вость, -и, *мн.* -и, -е́й
новотёл, -а
новоте́льный
новото́ржка, -и, *р. мн.* -жек
новото́ржский (*к* Торжо́к)
новото́ржцы, -ев, *ед.* -жец, -жца, *тв.* -жцем (*к* Торжо́к)
новото́рка, -и, *р. мн.* -рок
новото́ры, -ов, *ед.* -то́р, -а (*к* Торжо́к)
новотро́ицкий (*от* Новотро́ицк)
новотру́бный: **Первоура́льский новотру́бный заво́д**
новоуренго́йский (*от* Но́вый Уренго́й)
новоуренго́йцы, -ев, *ед.* -о́ец, -о́йца, *тв.* -о́йцем
новохопёрский (*от* Новохопёрск)
новохопёрцы, -ев, *ед.* -рец, -рца, *тв.* -рцем
новочебокса́рский (*от* Новочебокса́рск)
новочерка́сский (*от* Новочерка́сск)
новочерка́сцы, -ев, *ед.* -сец, -сца, *тв.* -сцем
новоша́хтинский (*от* Новоша́хтинск)
новоша́хтинцы, -ев, *ед.* -нец, -нца, *тв.* -нцем
новоя́вленный
новоя́з, -а
новоя́зовский
но́вшество, -а
Но́вые Сады́ (*район в Москве*)
Но́вые Черёмушки (*район в Москве*)
но́вый; *кр. ф.* нов, нова́, но́во, новы́
Но́вый Арба́т (*улица*)
Но́вый Афо́н (*поселок*)
Но́вый го́д (*праздник*)
Но́вый Заве́т
Но́вый Иерусали́м (*монастырь*)

Но́вый Орлеа́н (*город*)
Но́вый Оско́л (*город*)
Но́вый Све́т (*об Америке*)
Но́вый Уренго́й (*город*)
новь, -и
нога́, -и́, *вин.* но́гу, *мн.* но́ги, ног, нога́м
нога́вка, -и, *р. мн.* -вок
нога́ в но́гу
нога́йка, -и, *р. мн.* -а́ек (*к* нога́йцы)
Нога́йская Орда́
нога́йский
нога́йцы, -ев, *ед.* -а́ец, -а́йца, *тв.* -а́йцем
нога́та, -ы (*ист.*)
ногови́цы, -и́ц, *ед.* -и́ца, -ы, *тв.* -ей
ноголи́ст, -а
ногопёрые, -ых
ногопло́дник, -а
ноготки́, -о́в, *ед.* -то́к, -тка́ (*цветы*)
ноготко́вый
ногото́к, -тка́ (*от* но́готь)
но́готь, но́гтя, *мн.* но́гти, -е́й
ногохво́стка, -и, *р. мн.* -ток
ногоче́люсти, -ей
ногощу́пальца, -льцев и -лец, *ед.* -льце, -а
ногтеви́дный; *кр. ф.* -ден, -дна
ногтево́й
ногти́стый
ногти́ще, -а, *мн.* -а и -и, -и́щ, *м.*
ногтое́да, -ы
нодуля́рный
Но́ев ковче́г, Но́ева ковче́га
нож, -а́, *тв.* -о́м
ножеви́ще, -а
ножево́й и **ножо́вый**
но́женки, -нок (*от* но́жны и но́жницы)
но́женька, -и, *р. мн.* -нек
ножето́чка, -и, *р. мн.* -чек
но́жик, -а
ножи́-но́жницы, ноже́й-но́жниц
но́жичек, -чка
ножи́ща, -и, *тв.* -ей (*от* нога́)
ножи́ще, -а, *мн.* -а и -и, -и́щ, *м.* (*от* нож)
но́жка, -и, *р. мн.* но́жек
ножницеобра́зный; *кр. ф.* -зен, -зна
но́жницы, -ниц
но́жнички, -чек
но́жничный
ножно́й
но́жны, но́жен и (*устар.*) **ножны́,** ножо́н
ножо́вка, -и, *р. мн.* -вок
ножо́вочный
ножо́вщик, -а
ножо́вый и **ножево́й**
ножо́нка, -и, *р. мн.* -нок
но́ж-хлеборе́зка, ножа́-хлеборе́зки
Ноздрёв, -а
ноздрева́тость, -и
ноздрева́тый
ноздреви́на, -ы
ноздрево́й
ноздрёвский (*от* Ноздрёв)
но́здри, -е́й, *ед.* ноздря́, -и́
ноздря́ в ноздрю́
ноздря́стый
нозе́ма, -ы
нозема́то́з, -а
нозоареа́л, -а
нозогеографи́ческий
нозогеогра́фия, -и
нозографи́ческий
нозогра́фия, -и
нозологи́ческий
нозоло́гия, -и
нозофо́бия, -и
Ной, Но́я
нойо́н, -а
нок, -а (*мор.*; *археол.*)
НОК, -а (*сокр.*: национальный олимпийский комитет)
нока́ут, -а
нокаутёр, -а
нокаути́рованный; *кр. ф.* -ан, -ана
нокаути́ровать(ся), -рую(сь), -рует(ся)
нокбе́нзельный (*мор.*)
нокго́рдень, -я
нокда́ун, -а
ноксиро́н, -а
нокта́ли, -ей
ноктамбули́зм, -а
ноктови́зор, -а
ноктю́рн, -а
но́лик, -а и **ну́лик,** -а
ноль, -я́ и **нуль,** -я́
но́ль-но́ль (в пя́ть но́ль-но́ль)
ном, -а (*административная единица*; *песня*)
но́ма, -ы (*гангрена*)
номади́зм, -а
нома́дный
нома́ды, -ов, *ед.* нома́д, -а
нома́рх, -а
номенклату́ра, -ы
номенклату́рно-адресова́льный
номенклату́рно-бюрократи́ческий
номенклату́рный
номенклату́рщик, -а
номенклату́рщица, -ы, *тв.* -ей
но́мер, -а, *мн.* -а́, -о́в
но́мер лю́кс, но́мера лю́кс
номерно́й
номеро́к, -рка́
номеронабира́тель, -я
номеро́чек, -чка
номерщи́к, -а́
номина́л, -а
номинали́зм, -а
номинали́ст, -а
номиналисти́ческий
номинали́стский
номина́льность, -и
номина́льный; *кр. ф.* -лен, -льна
номина́нт, -а
номина́нтка, -и, *р. мн.* -ток
номинати́в, -а
номинати́вный
номина́тор, -а
номинацио́нный
номина́ция, -и
номини́рование, -я
номини́рованный; *кр. ф.* -ан, -ана
номини́ровать(ся), -рую(сь), -рует(ся) (*к* номина́ция)
номогене́з, -а
номогра́мма, -ы
номографи́ческий
номогра́фия, -и
Номокано́н, -а
но́на, -ы (*муз.*, *лит.*)
нонакко́рд, -а
нон гра́та, *неизм.*: **персо́на нон гра́та**
но́не (*устар. прост. к* ны́не)
Nonéт, -а
но́нешний (*устар. прост. к* ны́нешний)
но́ниус, -а
нонкомбата́нт, -а
нонконформи́зм, -а
нонконформи́ст, -а
нонконформи́стка, -и, *р. мн.* -ток
нонконформи́стский
но-но́, *неизм.*
нонпаре́ль, -и
нонпаре́льный
но́нсенс, -а
нон-сто́п, -а и *неизм.*
нонтрони́т, -а
нонфигурати́вный
нон-фини́то, *нескл., с.* и *неизм.*
но́нче (*устар. прост. к* ны́нче)
но́ны, нон (*в древнеримском календаре*)
но́о, *нескл., с.* (*японский театр*)
нооко́мплекс, -а
но-о-о, *межд.*
ноосфе́ра, -ы
ноосфе́рный
ноотропи́л, -а
ноотро́пный
ноотро́пы, -ов, *ед.* -тро́п, -а
но́ пасара́н!
нора́, -ы́, *мн.* но́ры, нор, но́рам
норадренали́н, -а
норвали́н, -а
норва́ск, -а
норве́жка, -и, *р. мн.* -жек
норве́жский (*к* Норве́гия и норве́жцы)
норве́жско-росси́йский
норве́жско-ру́сский
норве́жцы, -ев, *ед.* -жец, -жца, *тв.* -жцем
норд, -а
норд-ве́ст, -а
норд-ве́стовый
норди́зм, -а
норди́ческий
нордмарки́т, -а
норд-норд-ве́ст, -а
норд-норд-ве́стовый

норд-норд-о́ст, -а
норд-норд-о́стовый
но́рдовый
норд-о́ст, -а
норд-о́стовый
нори́йский (*геол.*)
нори́льский (*от* Нори́льск)
нори́льцы, -ев, *ед.* -лец, -льца, *тв.* -льцем
норильча́не, -а́н, *ед.* -а́нин, -а
норильча́нка, -и, *р. мн.* -нок
нори́т, -а
нори́чник, -а
нори́чниковые, -ых
нори́ща, -и, *тв.* -ей
но́рия, -и
но́рка, -и, *р. мн.* но́рок
но́рковый
норлейци́н, -а
но́рма, -ы
нормалёк, *в знач. сказ.* (*жарг.*)
нормалеме́р, -а
нормализа́тор, -а
нормализацио́нный
нормализа́ция, -и
нормализо́ванный; *кр. ф.* -ан, -ана
нормализова́ть(ся), -зу́ю, -зу́ет(ся)
норма́ль, -и
норма́льно, *нареч.* и *в знач. сказ.*
норма́льность, -и
норма́льный; *кр. ф.* -лен, -льна
норма́ндка, -и, *р. мн.* -док
норма́ндский (*от* Норма́ндия)
Норма́ндское завоева́ние А́нглии (*1066*)
норма́ндцы, -ев, *ед.* -дец, -дца, *тв.* -дцем
норма́нка, -и, *род. мн.* -нок (*к* норма́нны)
норма́ннский (*от* норма́нны)
норма́нны, -ов, *ед.* -ма́нн, -а
нормати́в, -а
нормативиза́ция, -и
нормативизи́рованный; *кр. ф.* -ан, -ана
нормативизи́ровать(ся), -рую, -рует(ся)
нормативи́зм, -а
нормативи́ст, -а
нормативи́стский
норма́тивно-правово́й
норма́тивно-спра́вочный
норма́тивно-стилисти́ческий
норма́тивность, -и
норма́тивно-техни́ческий
норма́тивно-чи́стый
норма́тивный; *кр. ф.* -вен, -вна
норми́рова́ние, -я
норми́ро́ванность, -и
норми́ро́ванный; *кр. ф.* -ан, -ана
норми́ровать(ся), -рую, -рует(ся) и **нормирова́ть(ся),** -ру́ю, -ру́ет(ся)
нормиро́вка, -и
нормиро́вочный
нормиро́вщик, -а
нормиро́вщица, -ы, *тв.* -ей
нормобла́сты, -ов, *ед.* -бла́ст, -а
нормокомпле́кт, -а
нормоконтро́ль, -я
но́рмо-сме́на, -ы
нормотво́рческий
нормотво́рчество, -а
но́рник, -а
но́рны, норн, *ед.* но́рна, -ы (*мифол.*)
но́рный
но́ров, -а
норови́стость, -и
норови́стый
норови́ть, -влю́, -ви́т
норово́й
но́рочий, -ья, -ье
но́рочка, -и, *р. мн.* -чек
норпла́сты, -ов, *ед.* -а́ст, -а
норсульфазо́л, -а
нору́шка, -и, *р. мн.* -шек: **мы́шка-нору́шка**
но́рфо́лкский (*от* Но́рфолк; но́рфо́лкский рыса́к)
нос, -а, *предл.* на носу́, *мн.* -ы́, -о́в; но (*в названиях мысов*) **Нос,** -а, *напр.*: Ка́нин Но́с, Свято́й Но́с
носа́рь, -я́
носа́стый
носа́тка, -и, *р. мн.* -ток (*бабочка*)
носа́тый
носа́ч, -а́, *тв.* -о́м
но́сик, -а
носи́лки, -лок
носи́лочный
носи́льный
носи́льщик, -а
носи́тель, -я
носи́тельница, -ы, *тв.* -ей
носи́тельство, -а
носи́ть(ся), ношу́(сь), но́сит(ся)
носи́шко, -а и -и, *мн.* -шки, -шек, *м.*
носи́ще, -а, *мн.* -а и -и, -и́щ, *м.*
но́ска, -и
носки́, носо́к и -о́в, *ед.* носо́к, носка́ (*предмет одежды*)
носки́ го́льф, носо́к го́льф и носко́в го́льф
но́ский; *кр. ф.* но́сок, но́ска́, но́ско
но́с к но́су
носко́вый
но́скость, -и
носово́й
носогло́тка, -и, *р. мн.* -ток
носогло́точный
носогре́йка, -и, *р. мн.* -е́ек
носогубно́й
носо́к, носка́ (*передняя часть ступни, обуви; уменьш. к* нос)
но́сом к но́су
носопы́рка, -и, *р. мн.* -рок
носоро́г, -а
носоро́говый
носоро́г-страте́г, носоро́га-страте́га (*жук*)
носоро́жий, -ья, -ье
но́со-слёзный
носо́чки, -ов, *ед.* -чек, -чка
носо́чный
ностальги́ровать, -рую, -рует
ностальги́ческий
ностальги́я, -и
носто́к, -а
Нострада́мус, -а
ностра́ти́ческий
нострификацио́нный
нострифика́ция, -и
нострифици́рованный; *кр. ф.* -ан, -ана
но́стро, *неизм.* и *нескл., с.* (*фин.*)
но́стро-счёт, -а, *мн.* -а́, -о́в
носу́ха, -и
но́счик, -а
нося́щий(ся)
НОТ, *нескл., ж.* (*сокр.*: научная организация труда)
но́та, -ы
нотабе́не, *нескл., с.* и **нотабе́на,** -ы
нота́бль, -я
нотариа́льный
нотариа́т, -а
нота́риус, -а
нотацио́нный
нота́ция, -и
нотирова́ние, -я
нотирова́нный; *кр. ф.* -ан, -ана
нотирова́ть(ся), -рую, -рует(ся)
нотиро́вка, -и
нотиро́вщик, -а
но́тис, -а
нотифика́ция, -и
нотифици́рованный; *кр. ф.* -ан, -ана
нотифици́ровать(ся), -рую, -рует(ся)
но́тка, -и, *р. мн.* но́ток
но́тница, -ы, *тв.* -ей
но́тный
но́товский (*от* НОТ)
Нотоге́я, -и
нотографи́ческий
нотогра́фия, -и
нотоза́вр, -а
нотоно́сец, -сца, *тв.* -сцем, *р. мн.* -сцев
нотопеча́тание, -я
нотопеча́тный
нотопеча́тня, -и, *р. мн.* -тен
но́топись, -и
нототе́ния, -и
нототре́мы, -е́м, *ед.* -е́ма, -ы
ноттинге́мский (*от* Но́ттинге́м)
ноттинге́мцы, -ев, *ед.* -мец, -мца, *тв.* -мцем
но́ты, нот (*текст муз. произведения в нотной записи*)
но́умен, -а
ноумена́льный
но́утбук, -а
но́у-ха́у, *нескл., с.*
ноча́ми, *нареч.*
но́чвы, ночв
ночева́ть, ночу́ю, ночу́ет
ночёвка, -и, *р. мн.* -вок

ночёвки, -вок (*почвы*)
но́ченька, -и, *р. мн.* -нек
ночесве́тка, -и, *р. мн.* -ток
но́чка, -и, *р. мн.* но́чек
ночле́г, -а
ночле́жка, -и, *р. мн.* -жек
ночле́жник, -а
ночле́жница, -ы, *тв.* -ей
ночле́жничать, -аю, -ает
ночле́жный
ночни́к, -а́
ночни́ца, -ы, *тв.* -ей
ночничо́к, -чка́
ночно́е, -о́го
ночно́й
ночну́шка, -и, *р. мн.* -шек
ночь, -и, *предл.* в ночи́, *мн.* -и, -е́й
но́чь-и-де́нь, -дня́ (*растение*)
но́чь-но́ченская, но́чи-но́ченской
но́чь но́чью
но́чью, *нареч.*
но́ша, -и, *тв.* -ей
ноше́бный
ноше́ние, -я
но́шенный; *кр. ф.* -ен, -ена, *прич.*
но́шено-переноо́шено
но́шеный, *прил.*
но́шеный-переноо́шеный
но́шпа, -ы
но́щно: де́нно и но́щно
нощь, -и, *предл.* в нощи́, *мн.* -и, -е́й (*устар. высок. к* ночь)
ноэ́ль, -я (*лит.*)
ноэ́тика, -и
ноэти́ческий
но́ющий
ноя́брь, -я́
ноя́брьский (*от* ноя́брь и Ноя́брьск)
НПЗ [энпэзэ́], *нескл., м.* (*сокр.*: нефтеперерабатывающий завод)
НПК [энпэка́], *нескл., м.* (*сокр.*: научно-производственный комплекс)
НПО [энпэо́], *нескл., с.* (*сокр.*: научно-производственное объединение)
нрав, -а
нра́виться, -влюсь, -вится
нра́вность, -и
нра́вный
нравоописа́ние, -я
нравоописа́тель, -я
нравоописа́тельный
нравоуче́ние, -я
нравоучи́тельность, -и
нравоучи́тельный; *кр. ф.* -лен, -льна
нра́вственно, *нареч.*
нра́вственно безупре́чный
нра́вственно-гуманисти́ческий
нра́вственно-правово́й
нра́вственно-психологи́ческий
нра́вственно-религио́зный
нра́вственность, -и
нра́вственно-филосо́фский
нра́вственно-худо́жественный
нра́вственно чи́стый
нра́вственно-эстети́ческий
нра́вственный; *кр. ф.* -вен и -венен, -венна
нра́вящийся
НСО [энсэо́], *нескл., с.* (*сокр.*: научное студенческое общество)
НТВ [энтэвэ́], *нескл., с.* (*медиакомпания*)
НТО [энтэо́], *нескл., с.* (*сокр.*: научно-техническое общество)
НТР [энтээ́р], *нескл., ж.* (*сокр.*: научно-техническая революция)
НТЦ [энтэцэ́], *нескл., м.* (*сокр.*: научно-технический центр)
ну, *межд.* и *частица*
нуби́йка, -и, *р. мн.* -и́ек
нуби́йский (*от* Ну́бия)
нуби́йцы, -ев, *ед.* -и́ец, -и́йца, *тв.* -и́йцем
нубу́к, -а
ну́ вас
нуви́стор, -а
нувори́ш, -а, *тв.* -ем
нуг, -а (*растение*)
нуга́, -и́ (*кондитерское изделие*)
нуда́, -ы́
нудёж, -ежа́, -о́м
нуди́зм, -а
нуди́ст, -а
нуди́стка, -и, *р. мн.* -ток
нуди́стский
ну́дить(ся), ну́жу(сь), ну́дит(ся) (*принуждать(ся)*)
нуди́ть, нужу́, нуди́т (*нудно говорить*)
нудне́йший
нудлова́тость, -и
нудлова́тый
ну́дность, -и
ну́дный; *кр. ф.* ну́ден, нудна́, ну́дно, ну́дны́
нудь, -и
нудьга́, -и́
нудя́га, -и, *м.* и *ж.*
нудя́тина, -ы
ну́дящий(ся) (*от* ну́дить(ся))
нудя́щий (*от* нуди́ть)
ну́ его (её, их)
нужда́, -ы́, *мн.* ну́жды, нужд
нужда́емость, -и
нужда́ться, -а́юсь, -а́ется
нужда́ющийся
ну́жды́ не́т (*неважно*)
ну́ же
нужне́йший
ну́жник, -а
ну́жно, *в знач. сказ.*
ну́жность, -и
ну́жный; *кр. ф.* ну́жен, нужна́, ну́жно, ну́жны́
нужо́н (*прост. к* ну́жен)
ну́ и ну́
ну́-ка
ну́канье, -я
ну́-кась и **ну́-кася**
ну́кать, -аю, -ает
ну́кер, -а
нуклеа́зы, -а́з, *ед.* -а́за, -ы
нуклеариза́ция, -и
нуклеа́рный
нуклеи́н, -а
нуклеи́новый
нуклеозида́зы, -а́з, *ед.* -а́за, -ы
нуклеози́ды, -ов, *ед.* -зи́д, -а
нуклеопротеи́ды, -ов, *ед.* -еи́д, -а
нуклеоти́дный
нуклеоти́ды, -ов, *ед.* -ти́д, -а
нуклеофи́льный
ну́клеус, -а
нукли́дный
нукли́ды, -ов, *ед.* -и́д, -а
нукло́н, -а
нуку́сский (*от* Нуку́с)
нуку́сцы, -ев, *ед.* -сец, -сца, *тв.* -сцем
нулеви́к, -а́
нулёвка, -и, *р. мн.* -вок
нулево́й
ну́лик, -а и **но́лик**, -а
нуллисо́мики, -ов, *ед.* -мик, -а
нуллисоми́ческий
нуллисо́мия, -и
нуллифика́ция, -и
нуллифици́рованный; *кр. ф.* -ан, -ана
нуллифици́ровать(ся), -рую, -рует(ся)
нуль, -я́ и **ноль**, -я́
нуль-индика́тор, -а
нуль-о́рган, -а
нуль-пу́нкт, -а
нуль-транспортиро́вка, -и
нуль-указа́тель, -я
ну́мер, -а (*устар. к* но́мер)
нумера́тор, -а
нумера́торный
нумерацио́нный
нумера́ция, -и
нумерова́льный
нумерова́ние, -я
нумеро́ванный; *кр. ф.* -ан, -ана
нумерова́ть(ся), -ру́ю, -ру́ет(ся)
нумеро́вка, -и
нумеро́вщик, -а
нумеро́вщица, -ы, *тв.* -ей
нумеро́лог, -а
нумерологи́ческий
нумероло́гия, -и
нумиди́йский (*от* Нуми́дия)
нумиди́йцы, -ев, *ед.* -и́ец, -и́йца, *тв.* -и́йцем
нумизма́т, -а
нумизма́тика, -и
нумизмати́ческий
нуммули́т, -а
нуната́к, -а
ну-ну́
нунциату́ра, -ы
ну́нций, -я
нунча́ки, -ов
ну́пе, *нескл., мн., ед. м.* и *ж.* (*народ*)
нура́г, -а
нуре́кский (*от* Нуре́к)

нуре́кцы, -ев, *ед.* -кец, -кца, *тв.* -кцем
нуриста́нский
нуриста́нцы, -ев, *ед.* -нец, -нца, *тв.* -нцем
НУРС, -а (*сокр.*: неуправляемый ракетный снаряд)
нус, -а (*филос.*)
ну-с
нут, -а
нутацио́нный
нута́ция, -и
ну́те
ну́ тебя
ну́те-ка
ну́те-с
ну́-тка и **ну́-тко**
нутрёнок, -нка, *мн.* -ря́та, -ря́т
нутре́ц, -а́, *тв.* -о́м
нутриево́дство, -а
ну́триевый
нутрице́втики, -ов, *ед.* -ик, -а (*биодобавки*)
нутрициоло́гия, -и
ну́трия, -и
нутро́, -а́
нутроме́р, -а
нутряно́й
ну́-ты: фу́-ты ну́-ты
нуце́ллус, -а
нуэ́р, *неизм.* и *нескл., м.,* (*язык*) и *нескл., мн., ед. м.* и *ж.* (*народ*)
НФ [энэ́ф], *нескл., ж.* (*сокр.*: научная фантастика)
НФ-жи́вопись, -и
НЧ [энче́], *нескл., ж.* и *неизм.* (*сокр.*: низкая частота, низкочастотный)
НЧ-вхо́д, -а
НЧ-вхо́д-вы́ход, НЧ-вхо́да-вы́хода
ны́не
ны́нешний
ны́нче
ныркóвый
нырну́ть, -ну́, -нёт
ныро́к, нырка́
ныря́ло, -а (*плунжер*)
ныря́льщик, -а
ныря́льщица, -ы, *тв.* -ей
ныря́ние, -я
ныря́ть, -я́ю, -я́ет
ны́твенский (*от* Ны́тва, *город и река*)
ны́твенцы, -ев, *ед.* -нец, -нца, *тв.* -нцем
ны́тик, -а
ныть, но́ю, но́ет
нытьё, -я́
нье́лло, *нескл., с.*
ньюге́мпшир, -а и *неизм.* (*порода кур*)
ньюге́мпширский (*от* ньюге́мпшир)
нью-джерси́йский (*от* Нью-Дже́рси)
нью-йо́ркский (*от* Нью-Йо́рк)
ньюйо́ркцы, -ев, *ед.* -кец, -кца, *тв.* -кцем
ньюка́слский (*от* Ньюка́сл)
ньюка́сльцы, -ев, *ед.* -лец, -льца, *тв.* -льцем
ньюсме́йкер, -а
ньюсме́йкерский
ньюсме́йкерство, -а
ньюс-ру́м, *нескл., ж.*
Ньюто́н, -а: **зако́ны Ньюто́на, меха́ника Ньюто́на, бино́м Ньюто́на, ко́льца Ньюто́на**
ньюто́н, -а, *р. мн.* -ов, *счетн. ф.* ньюто́н (*ед. измер.*)
ньютониа́нский
ньюто́н-ме́тр, -а
ньюто́новский (*от* Ньюто́н)
ньюто́н-секу́нда, -ы
ньюфа́ундле́нд, -а (*собака*)
ньюфа́ундле́ндский (*от* Ньюфа́ундле́нд)
ньюфа́ундле́ндцы, -ев, *ед.* -дец, -дца, *тв.* -дцем (*жители Ньюфаундленда*)
нью-хе́йвенский (*от* Нью-Хе́йвен)
нью-хэ́мпширский (*от* Нью-Хэ́мпшир, *штат*)
нью-э́йдж, *неизм.* и *нескл., м.* (*муз.*)
ньямве́зи, *нескл., мн., ед. м.* и *ж.* (*народ*)
нья́нджа, *неизм.* и *нескл., м.* (*язык*)
нья́я, -и
НЭП, -а и **нэп,** -а (*сокр.*: новая экономическая политика)
нэ́пман, -а
нэ́пмановский
нэ́пманский и **нэ́пмановский**
нэ́пманство, -а
нэ́пманша, -и, *тв.* -ей
нэ́повский
нэ́цке, *нескл., с.*
нэ́ши, *нескл., м.* и *ж.* (*фрукт*)
ню[1], *нескл., ж.* (*натурщица*) и *с.* (*изображение*)
ню[2], *нескл., с.* (*название буквы*)
нюа́нс, -а
нюа́нсик, -а
нюанси́рованный; *кр. ф.* -ан, -ана
нюанси́ровать(ся), -рую, -рует(ся)
нюансиро́вка, -и, *р. мн.* -вок
нюа́нсный
ню́ни: распусти́ть ню́ни
ню́нить, ню́ню, ню́нит
ню́ня, -и, *р. мн.* -ей и нюнь, *м.* и *ж.*
нюрнбе́ргский (*от* Ню́рнбе́рг)
Нюрнбе́ргский проце́сс
нюрнбе́ржцы, -ев, *ед.* -жец, -жца, *тв.* -жцем
нюх, -а
ню́халка, -и, *р. мн.* -лок
ню́хальщик, -а
ню́хальщица, -ы, *тв.* -ей
ню́ханный; *кр. ф.* -ан, -ана, *прич.*
ню́ханье, -я
нюха́стый
ню́хательный
ню́хать, -аю, -ает
нюха́ч, -а́, *тв.* -о́м
нюхну́ть, -ну́, -нёт
ням-ня́м, *неизм.*
ня́нечка, -и, *р. мн.* -чек
ня́нечкин, -а, -о
ня́нин, -а, -о
ня́нчащий(ся)
ня́нченный; *кр. ф.* -ен, -ена, *прич.*
ня́нченье, -я
ня́нчить(ся), -чу(сь), -чит(ся)
ня́нька, -и, *р. мн.* ня́нек
ня́нькаться, -аюсь, -ается
ня́нькин, -а, -о
ня́нюшка, -и, *р. мн.* -шек
ня́нюшкин, -а, -о
ня́ня, -и, *р. мн.* нянь
ня́ша, -и, *тв.* -ей, *р. мн.* -ей

О

о[1], *нескл., с.* (*название буквы*)
о[2], *предлог* и *межд.*
оа́зис, -а
оа́зисный
ОАО́, *нескл., с.* (*сокр.*: открытое акционерное общество)
об и **обо,** *предлог*
о́ба, обо́их, обо́им, обо́ими, об обо́их, *употр. с сущ. муж. и сред. рода*; *ср.* о́бе и обо́их
оба́биться, -блюсь, -бится
оба́бок, -бка
обагрённый; *кр. ф.* -ён, -ена́
обагри́ть(ся), -рю́(сь), -ри́т(ся)
обагря́ть(ся), -я́ю(сь), -я́ет(ся)
обалдева́ние, -я
обалдева́ть, -а́ю, -а́ет
обалде́лость, -и
обалде́лый
обалде́ние, -я
обалде́нно, *нареч.*
обалде́нный
обалде́ть, -е́ю, -е́ет
обалду́й, -я
оба́лтывать(ся), -аю, -ает(ся)
обандеро́ленный; *кр. ф.* -ен, -ена
обандеро́ливать(ся), -аю, -ает(ся)
обандеро́лить, -лю, -лит
обанкро́тить(ся), -о́чу(сь), -о́тит(ся)
обанкро́ченный; *кр. ф.* -ен, -ена
обанкро́чивание, -я
обанкро́чивать(ся), -аю(сь), -ает(ся)
оба́пол[1], *нареч.* и *предлог* (*около, устар.*)
оба́пол[2], -а (*пиломатериал*)
обасурма́ненный; *кр. ф.* -нен, -нена
обасурма́нивание, -я
обасурма́нивать(ся), -аю(сь), -ает(ся)
обасурма́нить(ся), -ню(сь), -нит(ся)
обая́ние, -я

обая́тельность, -и
обая́тельный; *кр. ф.* -лен, -льна
обая́ть, -я́ю, -я́ет
обая́шка, -и, *р. мн.* -шек, *м.* и *ж.*
оббега́ние, -я (*от* оббега́ть)
оббе́ганный; *кр. ф.* -ан, -ана (*от* об-бе́гать)
оббе́гать, -аю, -ает, *сов.* (*то же, что обе́гать, разг.*)
оббега́ть(ся), -а́ю, -а́ет(ся), *несов.* (*к* оббежа́ть)
оббежа́ть, оббегу́, оббежи́т, оббегу́т (*то же, что обежать, разг.*)
оббива́ние, -я (*от* оббива́ть)
оббива́ть(ся), -а́ю, -а́ет(ся) (*к* об-би́ть(ся)
обби́вка, -и (*к* обби́ть)
обби́тый (*от* обби́ть)
обби́ть(ся), обобью, обобьёт(ся) (*то же, что обить(ся), разг.*)
обва́л, -а
обва́ленный; *кр. ф.* -ен, -ена, *прич.* (*от* обвали́ть)
обва́ливание, -я
обва́ливать(ся), -аю(сь), -ает(ся)
обва́листый
обвали́ть(ся), -алю́(сь), -а́лит(ся)
обва́лка, -и
обвалова́ние, -я
обвало́ванный; *кр. ф.* -ан, -ана
обвалова́ть, -лу́ю, -лу́ет
обвало́вка, -и, *р. мн.* -вок
обвало́вывать(ся), -аю, -ает(ся)
обвалоопа́сный; *кр. ф.* -сен, -сна
обва́лочный
обва́льный, *прил.* (*к* обва́л)
обвалю́тить, -лю́чу, -лю́тит
обвалю́ченный; *кр. ф.* -чен, -чена
обва́лянный; *кр. ф.* -ян, -яна, *прич.* (*от* обваля́ть)
обваля́ть(ся), -я́ю(сь), -я́ет(ся)
обва́ренный; *кр. ф.* -ен, -ена
обва́ривание, -я
обва́ривать(ся), -аю(сь), -ает(ся)
обвари́ть(ся), -арю́(сь), -а́рит(ся)
обва́рка, -и
обварно́й
обва́рочный
обвева́ние, -я
обвева́ть(ся), -а́ю(сь), -а́ет(ся) (*к* об-ве́ять)
обведе́ние, -я
обведённый; *кр. ф.* -ён, -ена́
обве́дший
обвезённый; *кр. ф.* -ён, -ена́
обвезти́, -зу́, -зёт; *прош.* -ёз, -езла́
обвёзший
обве́ивать(ся), -аю(сь), -ает(ся)
обве́нчанный; *кр. ф.* -ан, -ана
обвенча́ть(ся), -а́ю(сь), -а́ет(ся)
обвёрнутый
обверну́ть(ся), -ну́(сь), -нёт(ся)
обверте́ть(ся), -ерчу́, -е́ртит(ся)
обвёртка, -и, *р. мн.* -ток
обвёртывание, -я
обвёртывать(ся), -аю(сь), -ает(ся) (*к* оберну́ть(ся)
обве́рченный; *кр. ф.* -ен, -ена
обве́рчивать(ся), -аю, -ает(ся) (*к* об-верте́ть(ся)
обве́ршенный; *кр. ф.* -ен, -ена
обве́ршивать(ся), -аю, -ает(ся)
обве́ршить, -шу, -шит
обве́с, -а
обве́сить(ся), -е́шу(сь), -е́сит(ся)
обвести́, -еду́, -едёт; *прош.* -ёл, -ела́
обве́тревший (*от* обве́треть)
обве́тренный; *кр. ф.* -ен, -ена
обве́треть, -еет (*огрубеть от ветра*)
обве́тривание, -я
обве́тривать(ся), -аюсь, -ает(ся)
обве́тривший(ся) (*от* обве́трить(ся)
обве́трить, -рит (*что*)
обве́триться, -рюсь, -рится
обветша́лость, -и
обветша́лый
обветша́ние, -я
обветша́ть, -а́ю, -а́ет
обве́шанный; *кр. ф.* -ан, -ана (*от* об-ве́шать)
обве́шать(ся), -аю(сь), -ает(ся)
обве́шенный; *кр. ф.* -ен, -ена (*от* об-ве́сить)
обвешённый; *кр. ф.* -ён, -ена́ (*от* об-веши́ть)
обве́шивание, -я
обве́шивать(ся), -аю(сь), -ает(ся)
обвеши́ть, -шу́, -ши́т
обве́янный; *кр. ф.* -ян, -яна
обве́ять(ся), -е́ю(сь), -е́ет(ся)
обви́в, -а
обвива́ние, -я
обвива́ть(ся), -а́ю(сь), -а́ет(ся) (*к* об-ви́ть(ся)
обви́вка, -и
обвине́ние, -я
обвинённый; *кр. ф.* -ён, -ена́
обвини́тель, -я
обвини́тельница, -ы, *тв.* -ей
обвини́тельный
обвини́ть, -ню́, -ни́т
обвиня́емый
обвиня́ть(ся), -я́ю(сь), -я́ет(ся)
обвиса́ть, -а́ю, -а́ет
обви́слость, -и
обви́слый
обви́снуть, -ну, -нет; *прош.* -и́с, -и́сла
обви́сший
обви́тие, -я
обви́тый; *кр. ф.* обви́т, обвита́, обви́то
обви́ть(ся), обовью́(сь), обовьёт(ся); *прош.* обви́л(ся), обвила́(сь), обви́-ло, обвило́сь
обво́д, -а
обводи́ть(ся), -ожу́(сь), -о́дит(ся)
обво́дка, -и, *р. мн.* -док
обводне́ние, -я
обводнённость, -и
обводнённый; *кр. ф.* -ён, -ена́
обводни́тельно-ороси́тельный
обводни́тельный
обводни́ть, -ню́, -ни́т
обводно́й и **обво́дный**
Обво́дный кана́л (*в Петербурге*)
обводня́ть(ся), -я́ю, -я́ет(ся)
обво́дчик, -а
обво́з, -а
обвози́ть(ся), -ожу́, -о́зит(ся)
обво́йник, -а
обвола́кивание, -я
обвола́кивать(ся), -аю, -ает(ся)
обвола́кивающий(ся)
обволо́кший(ся)
обволоса́теть, -ею, -еет
обволочённый; *кр. ф.* -ён, -ена́
обволо́чь(ся), -локу́, -лочёт(ся), -локу́т(ся); *прош.* -ло́к(ся), -локла́(сь)
обвора́живание, -я
обвора́живать(ся), -аю(сь), -ает(ся)
обворо́ванный; *кр. ф.* -ан, -ана
обворова́ть, -ру́ю, -ру́ет
обворо́вывание, -я
обворо́вывать(ся), -аю(сь), -ает(ся)
обворожённый; *кр. ф.* -ён, -ена́
обворожи́тельность, -и
обворожи́тельный; *кр. ф.* -лен, -льна
обворожи́ть, -жу́, -жи́т
обвыка́ть(ся), -а́ю(сь), -а́ет(ся)
обвы́кнуть(ся), -ну(сь), -нет(ся); *прош.* -ы́к(ся), -ы́кла(сь)
обвы́кший(ся)
обвя́занный; *кр. ф.* -ан, -ана
обвяза́ть(ся), -яжу́(сь), -я́жет(ся)
обвя́зка, -и, *р. мн.* -зок
обвя́зочный
обвя́зывание, -я
обвя́зывать(ся), -аю(сь), -ает(ся)
обвя́ленный; *кр. ф.* -ен, -ена
обвя́ливание, -я
обвя́ливать(ся), -аю, -ает(ся)
обвя́лить(ся), -лю, -лит(ся)
обвя́нуть, -ну, -нет; *прош.* -я́л, -я́ла
обга́дить(ся), -а́жу(сь), -а́дит(ся)
обга́женный; *кр. ф.* -ен, -ена
обга́живать(ся), -аю(сь), -ает(ся)
обгиба́ние, -я
обгиба́ть(ся), -а́ю, -а́ет(ся)
обгла́дить(ся), -а́жу(сь), -а́дит(ся)
обгла́дывание, -я
обгла́дывать(ся), -аю, -ает(ся)
обгла́женный; *кр.* -ен, -ена
обгла́живание, -я
обгла́живать(ся), -аю(сь), -ает(ся)
обгло́данный; *кр. ф.* -ан, -ана
обглода́ть, -ожу́, -о́жет и -а́ю, -а́ет
обгло́док, -дка
обгло́дыш, -а, *тв.* -ем
обгляде́ть(ся), -яжу́(сь), -яди́т(ся)
обгля́дывание, -я
обгля́дывать(ся), -аю(сь), -ает(ся)
обгнива́ть, -а́ет
обгни́ть, -иёт; *прош.* -и́л, -ила́, -и́ло
обгова́ривать(ся), -аю, -ает(ся)
обговорённый; *кр. ф.* -ён, -ена́

обговори́ть, -рю́, -ри́т
обго́н, -а
обго́нка, -и
обго́нный
обгоня́ть(ся), -я́ю(сь), -я́ет(ся)
обгора́живание, -я
обгора́живать(ся), -аю(сь), -ает(ся)
обгора́ние, -я
обгора́ть, -а́ю, -а́ет
обгоре́лый
обгоре́ть, -рю́, -ри́т
обгороди́ть(ся), -ожу́(сь), -о́ди́т(ся)
обгоро́женный; *кр. ф.* -ен, -ена
обгрыза́ние, -я
обгрыза́ть(ся), -а́ю, -а́ет(ся)
обгры́зенный; *кр. ф.* -ен, -ена
обгры́зок, -зка
обгры́зть, -зу́, -зёт; *прош.* -ы́з, -ы́зла
обгры́зший
обгу́ливаться, -ается
обгуля́ться, -я́ется
обдава́ние, -я
обдава́ть(ся), обдаю(сь), обдаёт(ся)
о́бданный; *кр. ф.* о́бдан, о́бдана́, о́бдано
обдарённый; *кр. ф.* -ён, -ена́
обда́ривать(ся), -аю(сь), -ает(ся)
обдари́ть, -арю́, -а́рит
обда́ть(ся), -а́м(ся), -а́шь(ся), -а́ст(ся), -ади́м(ся), -ади́те(сь), -аду́т(ся); *прош.* о́бда́л, -а́лся́, -ала́(сь), о́бда́ло, -а́ло́сь
обде́ланный; *кр. ф.* -ан, -ана
обде́лать(ся), -аю(сь), -ает(ся)
обделённость, -и
обделённый; *кр. ф.* -ён, -ена́
обдели́ть, -елю́, -е́лит
обде́лка, -и
обде́лочный
обде́лывание, -я
обде́лывать(ся), -аю(сь), -ает(ся)
обделя́ть(ся), -я́ю(сь), -я́ет(ся)
обдёрганный; *кр. ф.* -ан, -ана
обдёргать, -аю, -ает
обдёргивать(ся), -аю(сь), -ает(ся)
обдернённый; *кр. ф.* -ён, -ена́
обдерни́ть, -ню́, -ни́т
обдёрнутый
обдёрнуть(ся), -ну(сь), -нет(ся)
обдерня́ть(ся), -я́ю, -я́ет(ся)
обдиплостемони́я (*бот.*)
обди́р, -а
обдира́ла, -ы, *м.* и *ж.*
обдира́ловка, -и
обдира́ние, -я
обдира́тельство, -а
обдира́ть(ся), -а́ю(сь), -а́ет(ся)
обди́рка, -и
обди́рный
обди́рочно-шлифова́льный
обди́рочный
обду́в, -а
обдува́ла, -ы, *м.* и *ж.*
обдува́ние, -я
обдува́ть(ся), -а́ю(сь), -а́ет(ся)
обду́вка, -и
обду́вочный
обду́манно, *нареч.*
обду́манность, -и
обду́манный; *кр. ф. прич.* -ан, -ана; *кр. ф. прил.* -ан, -анна (его́ возраже́ния обду́манны и точны́)
обду́мать(ся), -аю(сь), -ает(ся)
обду́мывание, -я
обду́мывать(ся), -аю(сь), -ает(ся)
обдурённый; *кр. ф.* -ён, -ена́
обду́ривание, -я
обду́ривать(ся), -аю(сь), -ает(ся)
обдури́ть, -рю́, -ри́т
обдуря́ть(ся), -я́ю(сь), -я́ет(ся)
обду́тый
обду́ть(ся), -у́ю(сь), -у́ет(ся)
о́бе, обе́их, обе́им, обе́ими, об обе́их, *употр. с сущ. жен. рода*; *ср.* о́ба
обега́ние, -я (*от* обега́ть)
обе́ганный; *кр. ф.* -ан, -ана (*от* обе́гать)
обе́гать, -аю, -ает и (*разг.*) **оббе́гать,** -аю, -ает, *сов.* (*от* бе́гать)
обега́ть(ся), -а́ю, -а́ет(ся), *несов.* (*к* обежа́ть)
обе́д, -а
обе́дать, -аю, -ает
обе́денка, -и, *р. мн.* -нок
обе́денный
обедне́лый
обедне́ние, -я
обеднённость, -и
обеднённый; *кр. ф.* -ён, -ена́
обедне́ть, -е́ю, -е́ет
обедни́ть(ся), -ню́, -ни́т(ся)
обе́дница, -ы, *тв.* -ей
обе́днишний
обе́дня, -и, *р. мн.* -ден
обедня́ть(ся), -я́ю, -я́ет(ся)
обе́дывать, *наст. вр. не употр.*
обежа́ть, обегу́, обежи́т, обегу́т и (*разг.*) **оббежа́ть,** оббегу́, оббежи́т, оббегу́т
обезбо́ленный; *кр. ф.* -ен, -ена
обезбо́ливание, -я
обезбо́ливатель, -я
обезбо́ливать(ся), -аю, -ает(ся)
обезбо́ливающий(ся)
обезбо́лить, -лю, -лит
обезво́девший (*от* обезво́деть)
обезво́деть, -еет (*стать безводным*)
обезво́дивший(ся) (*от* обезво́дить(ся)
обезво́дить, -о́жу, -о́дит (*что*)
обезво́диться, -ится
обезво́женный; *кр. ф.* -ен, -ена
обезво́живание, -я
обезво́живать(ся), -аю, -ает(ся)
обезвола́шивание, -я
обезвола́шивать(ся), -аю, -ет(ся)
обезво́левший (*от* обезво́леть)
обезво́ленный; *кр. ф.* -ен, -ена
обезво́леть, -ею, -еет (*стать безвольным*)
обезво́ливание, -я
обезво́ливать(ся), -аю(сь), -ает(ся)
обезво́ливший (*от* обезво́лить)
обезво́лить, -о́лю, -о́лит (*кого, что*)
обезволо́сить, -ло́шу, -ло́сит
обезволо́шенный; *кр. ф.* -ен, -ена
обезвре́дить, -е́жу, -е́дит
обезвре́женный; *кр. ф.* -ен, -ена
обезвре́живание, -я
обезвре́живать(ся), -аю, -ает(ся)
обезга́живание, -я
обезга́живать(ся), -аю, -ает(ся)
обезга́зить(ся), -а́жу, -а́зит(ся)
обезгла́вевший (*от* обезгла́веть)
обезгла́веть, -ею, -еет (*лишиться головы*)
обезгла́вивший (*от* обезгла́вить)
обезгла́вить, -влю, -вит (*кого, что*)
обезгла́вление, -я
обезгла́вленный; *кр. ф.* -ен, -ена
обезгла́вливание, -я
обезгла́вливать(ся), -аю, -ает(ся)
обезголо́севший
обезголо́сеть, -ею, -еет (*лишиться голоса*)
обездви́жевший (*от* обездви́жеть)
обездви́жение, -я
обездви́женность, -и
обездви́женный; *кр. ф.* -ен, -ена
обездви́жеть, -ею, -еет (*стать неподвижным*)
обездви́живание, -я
обездви́живать(ся), -аю(сь), -ает(ся)
обездви́живший(ся) (*от* обездви́жить(ся)
обездви́жить, -и́жу, -и́жит (*кого, что*)
обездви́житься, -жусь, -жится
обезде́нежевший (*от* обезде́нежеть)
обезде́неженный; *кр. ф.* -ен, -ена
обезде́нежеть, -ею, -еет (*остаться без денег*)
обезде́неживший (*от* обезде́нежить)
обезде́нежить, -жу, -жит (*кого, что*)
обездо́ленность, -и
обездо́ленный; *кр. ф.* -ен, -ена
обездо́ливание, -я
обездо́ливать(ся), -аю(сь), -ает(ся)
обездо́лить, -лю, -лит
обездо́мевший (*от* обездо́меть)
обездо́меть, -ею, -еет (*лишиться дома, крова*)
обездо́мивший (*от* обездо́мить)
обездо́мить, -млю, -мит (*кого, что*)
обездо́мленный; *кр. ф.* -ен, -ена
обезду́шевший (*от* обезду́шеть)
обезду́шенный; *кр. ф.* -ен, -ена
обезду́шеть, -ею, -еет (*стать бездушным*)
обезду́шивание, -я
обезду́шивать(ся), -аю(сь), -ает(ся)
обезду́шивший(ся) (*от* обезду́шить(ся)
обезду́шить, -шу, -шит (*кого, что*)
обезду́шиться, -шусь, -шится
обезжеле́зивание, -я
обезжеле́зивать(ся), -ает(ся)

обезжеле́зить(ся), -ит(ся)
обезживо́тевший (*от* обезживо́теть)
обезживо́теть, -ею, -еет (*надорваться; обеднеть*)
обезживо́тивший (*от* обезживо́тить)
обезживо́тить, -ит (*кого, что*)
обезжи́ренный; *кр. ф.* -ен, -ена
обезжи́ривание, -я
обезжи́ривать(ся), -аю, -ает(ся)
обезжи́рить(ся), -рю, -рит(ся)
обеззара́женный; *кр. ф.* -ен, -ена
обеззара́живание, -я
обеззара́живать(ся), -аю, -ает(ся)
обеззара́живающий(ся)
обеззара́зить, -а́жу, -а́зит
обеззву́ченный; *кр. ф.* -ен, -ена
обеззву́чивать(ся), -аю, -ает(ся)
обеззву́чить, -чу, -чит
обезземе́левший (*от* обезземе́леть)
обезземе́ление, -я
обезземе́ленный; *кр. ф.* -ен, -ена
обезземе́леть, -ею, -еет (*лишиться земли*)
обезземе́ливание, -я
обезземе́ливать(ся), -аю(сь), -ает(ся)
обезземе́ливший(ся) (*от* обезземе́лить(ся)
обезземе́лить, -лю, -лит (*кого, что*)
обезземе́литься, -люсь, -лится
обеззо́ленный; *кр. ф.* -ен, -ена
обеззо́ливание, -я
обеззо́ливать(ся), -аю, -ает(ся)
обеззо́лить(ся), -лю, -лит(ся)
обеззу́бевший
обеззу́беть, -ею, -еет
обезле́севший (*от* обезле́сеть)
обезле́сение, -я
обезле́сенный; *кр. ф.* -ен, -ена
обезле́сеть, -еет (*лишиться лесов*)
обезле́сивание, -я
обезле́сивать(ся), -аю, -ает(ся)
обезле́сивший(ся) (*от* обезле́сить(ся)
обезле́сить, -е́шу, -е́сит (*что*)
обезле́ситься, -ится
обезли́ствевший (*от* обезли́стветь)
обезли́ствение, -я (*от* обезли́стветь)
обезли́ственный; *кр. ф.* -ен, -ена
обезли́стветь, -еет (*лишиться листьев*)
обезли́ствивший(ся) (*от* обезли́ствить(ся)
обезли́ствить, -влю, -вит (*что*)
обезли́ствиться, -ится
обезли́ствление, -я (*от* обезли́ствить(ся)
обезли́чение, -я
обезли́ченность, -и
обезли́ченный; *кр. ф.* -ен, -ена
обезли́чивание, -я
обезли́чивать(ся), -аю(сь), -ает(ся)
обезли́чить(ся), -чу(сь), -чит(ся)
обезли́чка, -и
обезлоша́девший (*от* обезлоша́деть)
обезлоша́дение, -я
обезлоша́деть, -ею, -еет (*лишиться лошади*)
обезлоша́дивший(ся) (*от* обезлоша́дить(ся)
обезлоша́дить, -ит (*кого, что*)
обезлоша́диться, -ится
обезлю́девший (*от* обезлю́деть)
обезлю́дение, -я
обезлю́деть, -еет (*стать безлюдным*)
обезлю́дивший(ся) (*от* обезлю́дить(ся)
обезлю́дить, -ит (*что*)
обезлю́диться, -ится
обезлю́женный; *кр. ф.* -ен, -ена
обезлю́женный; *кр. ф.* -ен, -ена
обезлю́живание, -я
обезлю́живать(ся), -ает(ся)
обезма́точевший
обезма́точеть, -еет
обезмо́лвевший
обезмо́лветь, -еет
обезмужи́чевший (*от* обезмужи́четь)
обезмужи́ченный; *кр. ф.* -ен, -ена
обезмужи́четь, -еет (*лишиться мужчин*)
обезмужи́чивать(ся), -ает(ся)
обезмужи́чивший(ся) (*от* обезмужи́чить(ся)
обезмужи́чить, -чу, -чит (*кого, что*)
обезмужи́читься, -ится
обезнадёжение, -я
обезнадёженный; *кр. ф.* -ен, -ена
обезнадёживание, -я
обезнадёживать(ся), -аю(сь), -ает(ся)
обезнадёжить, -жу, -жит
обезнали́ченный; *кр. ф.* -ен, -ена
обезнали́чивание, -я
обезнали́чивать(ся), -аю(сь), -ает(ся)
обезнали́чить(ся), -чу(сь), -чит(ся)
обезно́жевший (*от* обезно́жеть)
обезно́женный; *кр. ф.* -ен, -ена
обезно́жеть, -ею, -еет (*остаться без ног*)
обезно́живший (*от* обезно́жить)
обезно́жить, -жу, -жит (*кого*)
обезобра́жение, -я
обезобра́женность, -и
обезобра́женный; *кр. ф.* -ен, -ена
обезобра́живание, -я
обезобра́живать(ся), -аю(сь), -ает(ся)
обезобра́зить(ся), -а́жу(сь), -а́зит(ся)
обезопа́сенный; *кр. ф.* -ен, -ена и **обезопа́шенный;** *кр. ф.* -ен, -ена
обезопа́сить(ся), -а́шу(сь), -а́сит(ся)
обезору́жение, -я
обезору́женный; *кр. ф.* -ен, -ена
обезору́живание, -я
обезору́живать(ся), -аю(сь), -ает(ся)
обезору́живающе, *нареч.*
обезору́живающий
обезору́жить(ся), -жу(сь), -жит(ся)
обезро́женный; *кр. ф.* -ен, -ена
обезро́живание, -я
обезро́живать(ся), -аю, -ает(ся)
обезро́жить, -о́жу, -о́жит
обезру́чевший (*от* обезру́четь)
обезру́ченный; *кр. ф.* -ен, -ена
обезру́четь, -ею, -еет (*остаться без рук*)
обезру́чивший (*от* обезру́чить)
обезру́чить, -чу, -чит (*кого*)
обезры́бевший (*от* обезры́беть)
обезры́беть, -еет (*стать безрыбным*)
обезры́бивший(ся) (*от* обезры́бить(ся)
обезры́бить, -блю, -бит (*что*)
обезры́биться, -ится
обезры́бленный; *кр. ф.* -ен, -ена
обезры́бливание, -я
обезры́бливать(ся), -аю, -ает(ся)
обезуглеро́дить(ся), -о́жу, -о́дит(ся)
обезуглеро́женный; *кр. ф.* -ен, -ена
обезуглеро́живание, -я
обезуглеро́живать(ся), -аю, -ает(ся)
обезумева́ть, -а́ю, -а́ет
обезу́мевший (*от* обезу́меть)
обезуме́лый
обезу́меть, -ею, -еет (*лишиться рассудка*)
обезу́мивший (*от* обезу́мить)
обезу́мить, -млю, -мит (*кого, что*)
обезу́мленный; *кр. ф.* -ен, -ена
обезы́гленный; *кр. ф.* -ен, -ена
обезы́гливание, -я
обезы́гливаться, -ается
обезы́глиться, -ится
обезызвестви́ть(ся), -влю́, -ви́т(ся)
обезызвествле́ние, -я
обезызвествлённый; *кр. ф.* -ён, -ена́
обезызвествля́ть(ся), -я́ю, -я́ет(ся)
обезья́на, -ы; но: **го́д Обезья́ны** (*по восточному календарю*), **Обезья́на,** -ы (*о том, кто родился в этот год*)
обезья́ний, -ья, -ье
обезья́нить, -ню, -нит
обезья́нка, -и, *р. мн.* -я́нок
обезья́нник, -а
обезья́нничанье, -я
обезья́нничать, -аю, -ает
обезья́нничество, -а
обезьяное́д, -а
обезьяноподо́бие, -я
обезьяноподо́бный; *кр. ф.* -бен, -бна
обезьяночелове́к, -а, *мн.* обезьянолю́ди, -е́й, -ям, -дьми́
обезья́нство, -а
обеле́ние, -я
обелённый; *кр. ф.* -ён, -ена́
обе́ливание, -я
обе́ливать(ся), -аю(сь), -ает(ся)
обели́ск, -а
обели́сковый
обели́ть(ся), -лю́(сь), -ли́т(ся)
обе́льный (*ист.*)
обеля́ть(ся), -я́ю(сь), -я́ет(ся)
о́бер-... – *приставка, пишется через дефис, но*: обергруппенфюрер *и т. п.*
о́бер, -а (*обер-кондуктор, устар.*)
о́бер-аудито́р, -а
о́бер-бургоми́стр, -а

о́бер-вра́ль, -я́
о́бер-гофма́ршал, -а
о́бер-гофме́йстер, -а
о́бер-гофме́йстери́на, -ы
о́бер-гофме́йстерский
обергруппенфю́рер, -а
о́берег, -а
оберега́ние, -я
оберега́тель, -я
оберега́тельница, -ы, *тв.* -ей
оберега́ть(ся), -а́ю(сь), -а́ет(ся)
о́бер-егерме́йстер, -а
оберёгший(ся)
обереже́ние, -я
обережённый; *кр. ф.* -ён, -ена́
о́бережь, -и
обе́рек, -а (*танец*)
обере́чь(ся), -регу́(сь), -режёт(ся), -регу́т(ся); *прош.* -рёг(ся), -регла́(сь)
о́бер-жу́лик, -а
о́бер-интенда́нт, -а
о́бер-камерге́р, -а
о́бер-квартирме́йстер, -а
о́бер-ке́льнер, -а
о́бер-конду́ктор, -а, *мн.* -а́, -о́в и -ы, -ов
о́бер-ло́дырь, -я
о́бер-ма́стер, -а, *мн.* -а́, -о́в
обёрнутый
оберну́ть(ся), -ну́(сь), -нёт(ся)
о́бер-офице́р, -а
о́бер-офице́рский
о́бер-пала́ч, -а́, *тв.* -о́м
о́бер-плу́т, -а́ и -а, *мн.* -плу́ты́, -плу́то́в
о́бер-полицме́йстер, -а
о́бер-прокуро́р, -а
о́бер-прокуро́рский
о́бер-секрета́рь, -я́
обёртка, -и, *р. мн.* -ток
оберто́н, -а
оберто́нный
обёрточка, -и, *р. мн.* -чек
обёрточница, -ы, *тв.* -ей
обёрточный
обёртчица, -ы, *тв.* -ей
обёртывание, -я
обёртывать(ся), -аю(сь), -ает(ся)
обе́ручный (перехва́т, *в гимнастике*)
оберфю́рер СС, оберфю́рера СС
обершарфю́рер, -а
о́бер-ше́нк, -а
о́бер-шпио́н, -а
о́бер-шталме́йстер, -а
оберштурмбаннфю́рер, -а
оберштурмфю́рер, -а
обескислоро́дить(ся), -о́жу, -о́дит(ся)
обескислоро́женный; *кр. ф.* -ен, -ена
обескислоро́живание, -я
обескислоро́живать(ся), -аю, -ает(ся)
обескро́вевший (*от* обескро́веть)
обескро́веть, -ею, -еет (*стать бескровным*)
обескро́вивший(ся) (*от* обескро́вить(ся)
обескро́вить, -влю, -вит (*кого, что*)
обескро́виться, -вится
обескро́вление, -я
обескро́вленный; *кр. ф.* -ен, -ена
обескро́вливание, -я
обескро́вливать(ся), -аю, -ает(ся)
обескры́ленный; *кр. ф.* -ен, -ена
обескры́ливать(ся), -аю(сь), -ает(ся)
обескры́лить, -лю, -лит
обескура́женно, *нареч.*
обескура́женность, -и
обескура́женный; *кр. ф. прич.* -ен, -ена; *кр. ф. прил.* (*выражающий растерянность*) -ен, -енна (лицо́ её обескура́женно)
обескура́живание, -я
обескура́живать(ся), -аю(сь), -ает(ся)
обескура́живающий(ся)
обескура́жить(ся), -жу(сь), -жит(ся)
обеспа́мятевший
обеспа́мятеть, -ею, -еет
обеспе́че́ние, -я
обеспе́ченно, *нареч.*
обеспе́ченность, -и
обеспе́ченный; *кр. ф. прич.* -ен, -ена; *кр. ф. прил.* -ен, -енна (ста́рость его́ споко́йна и обеспе́ченна)
обеспе́чивание, -я
обеспе́чивать(ся), -аю(сь), -ает(ся)
обеспечи́тельный
обеспе́чить(ся), -чу(сь), -чит(ся)
обеспло́девший (*от* обеспло́деть)
обеспло́деть, -ею, -еет (*стать бесплодным*)
обеспло́дивший(ся) (*от* обеспло́дить(ся)
обеспло́дить, -о́жу, -о́дит (*кого, что*)
обеспло́диться, -о́дится
обеспло́женный; *кр. ф.* -ен, -ена
обеспло́живание, -я
обеспло́живать(ся), -аю, -ает(ся)
обеспоко́енно, *нареч.*
обеспоко́енность, -и
обеспоко́енный; *кр. ф.* -ен, -ена и (*выражающий беспокойство*) -ен, -енна (ли́ца и́х обеспоко́енны)
обеспоко́ивать(ся), -аю(сь), -ает(ся)
обеспоко́ить(ся), -о́ю(сь), -о́ит(ся)
обеспы́ленный; *кр. ф.* -ен, -ена
обеспы́ливание, -я
обеспы́ливать(ся), -аю, -ает(ся)
обеспы́лить(ся), -лю, -лит(ся)
обесса́харенный; *кр. ф.* -ен, -ена
обесса́харивание, -я
обесса́харивать(ся), -аю, -ает(ся)
обесса́харить(ся), -рю, -рит(ся)
обессе́ренный; *кр. ф.* -ен, -ена
обессе́ривание, -я
обессе́ривать(ся), -аю, -ает(ся)
обессе́рить(ся), -рю, -рит(ся)
обесси́левать, -аю, -ает (*к* обесси́леть)
обесси́левший (*от* обесси́леть)
обесси́ление, -я
обесси́ленно, *нареч.*
обесси́ленный; *кр. ф.* -ен, -ена
обесси́леть, -ею, -еет (*стать бессильным*)
обесси́ливать(ся), -аю(сь), -ает(ся) (*к* обесси́лить)
обесси́ливший (*от* обесси́лить)
обесси́лить, -лю, -лит (*кого, что*)
обессла́вить(ся), -влю(сь), -вит(ся)
обессла́вленный; *кр. ф.* -ен, -ена
обессла́вливание, -я
обессла́вливать(ся), -аю(сь), -ает(ся)
обессме́ртить(ся), -рчу(сь), -ртит(ся)
обессме́рченный; *кр. ф.* -ен, -ена
обессмо́ленный; *кр. ф.* -ен, -ена
обессмо́ливание, -я
обессмо́ливать(ся), -аю, -ает(ся)
обессмо́лить(ся), -лю, -лит(ся)
обессмы́слевший (*от* обессмы́слеть)
обессмы́сление, -я
обессмы́сленный; *кр. ф.* -ен, -ена
обессмы́слеть, -ею, -еет (*лишиться смысла или способности мыслить*)
обессмы́сливание, -я
обессмы́сливать(ся), -аю, -ает(ся)
обессмы́сливший(ся) (*от* обессмы́слить(ся)
обессмы́слить, -лю, -лит (*что*)
обессмы́слиться, -лится
обессо́ленный; *кр. ф.* -ен, -ена
обессо́ливание, -я
обессо́ливать(ся), -аю, -ает(ся)
обессо́лить(ся), -лю, -лит(ся)
обессу́дить: не обессу́дь(те)
обестолко́вевший
обестолко́веть, -ею, -еет
обесто́ченный; *кр. ф.* -ен, -ена
обесто́чивание, -я
обесто́чивать(ся), -аю, -ает(ся)
обесто́чить(ся), -чу, -чит(ся)
обесфо́рмить, -млю, -мит
обесфо́рмленный; *кр. ф.* -ен, -ена
обесфо́сфоренный; *кр. ф.* -ен, -ена
обесфо́сфоривание, -я
обесфо́сфоривать(ся), -аю, -ает(ся)
обесфо́сфорить(ся), -рю, -рит(ся)
обесфто́ренный; *кр. ф.* -ен, -ена
обесфто́ривание, -я
обесфто́ривать(ся), -аю, -ает(ся)
обесфто́рить(ся), -рю, -рит(ся)
обесцве́тить(ся), -е́чу(сь), -е́тит(ся)
обесцве́чение, -я
обесцве́ченность, -и
обесцве́ченный; *кр. ф.* -ен, -ена
обесцве́чивание, -я
обесцве́чивать(ся), -аю(сь), -ает(ся)
обесцве́чивающий(ся)
обесце́нение, -я
обесце́ненный; *кр. ф.* -ен, -ена
обесце́нивание, -я
обесце́нивать(ся), -аю, -ает(ся)
обесце́нить(ся), -ню, -нит(ся)
обесчелове́ченный; *кр. ф.* -ен, -ена
обесчелове́чивание, -я
обесчелове́чивать(ся), -аю(сь), -ает(ся)
обесчелове́чить(ся), -чу(сь), -чит(ся)

обесче́стить(ся), -е́щу(сь), -е́стит(ся)
обесче́щение, -я
обесче́щенный; *кр. ф.* -ен, -ена
обесче́щивать(ся), -аю(сь), -ает(ся)
обе́т, -а
обетова́ние, -я
обетова́нный
обетони́рование, -я
обетони́рованный; *кр. ф.* -ан, -ана
обетони́ровать(ся), -рую, -рует(ся)
обеча́ечный
обеча́йка, -и, *р. мн.* -а́ек
обеща́лкин, -а, *тв.* -ым
обеща́ние, -я
обе́щанный; *кр. ф.* -ан, -ана
обеща́ть(ся), -а́ю(сь), -а́ет(ся)
обеща́ющий(ся)
ОБЖ [обэже́], *нескл., с.* и *мн.* (*сокр.*: основы безопасности жизнедеятельности)
о́бжа, -и, *тв.* -ей и **обжа́,** -и́, *тв.* -о́й, *мн.* о́бжи, обже́й
обжа́лование, -я
обжа́лованный; *кр. ф.* -ан, -ана
обжа́ловать, -лую, -лует
обжа́ренный; *кр. ф.* -ен, -ена
обжа́ривание, -я
обжа́ривать(ся), -аю, -ает(ся)
обжа́рить(ся), -рю, -рит(ся)
обжа́рка, -и
обжа́тие, -я
обжа́тый
обжа́ть(ся)[1], обожму́, обожмёт(ся)
обжа́ть(ся)[2], обожну́(сь), обожнёт(ся)
обжёванный; *кр. ф.* -ан, -ана
обжева́ть, обжую́, обжуёт (*к* жева́ть)
обжёвывать(ся), -аю, -ает(ся)
обжёгший(ся)
обже́чь(ся), обожгу́(сь), обожжёт(ся), обожгу́т(ся); *прош.* обжёг(ся), обожгла́(сь)
обжива́ние, -я
обжива́ть(ся), -а́ю(сь), -а́ет(ся) (*к* жить)
о́бжиг, -а
обжига́ла, -ы, *м.* и *ж.*
обжига́льный
обжига́льщик, -а
обжига́льщица, -ы, *тв.* -ей
обжига́ние, -я
обжига́тельный
обжига́ть(ся), -а́ю(сь), -а́ет(ся)
о́бжиговый
обжи́м, -а
обжима́ние, -я
обжима́ть(ся), -а́ю(сь), -а́ет(ся)
обжи́мка, -и, *р. мн.* -мок (*действие; инструмент*)
обжи́мки, -мок и -мков (*остатки после выжимания сока, масла*)
обжимно́й и **обжи́мный**
обжи́мок, -мка (*обжатый комок чего-н.*)
обжи́мочный
обжи́н, -а
обжина́ть(ся), -а́ю(сь), -а́ет(ся)
обжи́нка, -и (*действие*)
обжи́нки, -нок и -нков (*празднование окончания жатвы*)
обжи́нок, -нка (*колос, оставшийся несжатым*)
обжира́ла, -ы, *м.* и *ж.*
обжира́ловка, -и, *р. мн.* -вок
обжира́ться, -а́юсь, -а́ется
обжито́й; *кр. ф.* -и́т, -ита́, -и́то, *прил.*
обжи́тость, -и
о́бжи́тый; *кр. ф.* о́бжи́т, обжита́, о́бжи́то, *прич.*
обжи́ть(ся), -иву́(сь), -ивёт(ся); *прош.* о́бжи́л, -и́лся, -ила́(сь), о́бжи́ло, -и́ло́сь
обжо́г, -а (*устар. к* ожо́г), но *глаг.* **обжёг**
обжо́ра, -ы, *м.* и *ж.*
обжо́рка, -и, *р. мн.* -рок
обжо́рливость, -и
обжо́рливый
обжо́рный
обжо́рство, -а
обжу́ленный; *кр. ф.* -ен, -ена
обжу́ливать, -аю, -ает
обжу́лить, -лю, -лит
обзаведе́ние, -я
обзаведе́ньице, -а
обзаве́дший(ся)
обзавести́(сь), -еду́(сь), -едёт(ся); *прош.* -ёл(ся), -ела́(сь)
обзави́доваться, -дуюсь, -дуется
обзаво́д, -а
обзаводи́ть(ся), -ожу́(сь), -о́дит(ся)
об закла́д (би́ться)
обзва́нивание, -я
обзва́нивать(ся), -аю, -ает(ся)
обзво́н, -а
обзвонённый; *кр. ф.* -ён, -ена́
обзвони́ть, -ню́, -ни́т
обзелене́ть, -е́ет
обзелени́ть, -ню́, -ни́т
о́б земь; но: **о́земь**
обзира́ть, -а́ю, -а́ет (*устар. к* озира́ть и обозрева́ть)
обзнако́мить(ся), -млю(сь), -мит(ся)
обзо́л, -а
обзо́р, -а
обзо́рность, -и
обзо́рный; *кр. ф.* -рен, -рна
обзыва́ние, -я
обзыва́ть(ся), -а́ю(сь), -а́ет(ся)
обива́ние, -я (*от* обива́ть)
обива́ть(ся), -а́ю, -а́ет(ся) (*к* оби́ть(ся)
оби́вка, -и (*к* оби́ть)
обивно́й
оби́вочный
оби́вщик, -а
оби́вщица, -ы, *тв.* -ей
оби́да, -ы
оби́деть(ся), -и́жу(сь), -и́дит(ся)
оби́дно, *нареч.* и *в знач. сказ.*
оби́дный; *кр. ф.* -ден, -дна
оби́дчивость, -и
оби́дчивый
оби́дчик, -а
оби́дчица, -ы, *тв.* -ей
обижа́ть(ся), -а́ю(сь), -а́ет(ся)
оби́женно, *нареч.*
оби́женность, -и
оби́женный; *кр. ф.* -ен, -ена и (*выражающий обиду*) -ен, -енна (и́х ли́ца оби́женны)
обиле́тить(ся), -е́чу(сь), -е́тит(ся)
обиле́ченный; *кр. ф.* -ен, -ена
обиле́чивание, -я
обиле́чивать(ся), -аю(сь), -ает(ся)
оби́лие, -я
оби́ловать, -лует
оби́льность, -и
обильноцвету́щий*
оби́льный; *кр. ф.* -лен, -льна
обину́ясь: не обину́ясь
обиня́к, -а́ (без обиняко́в)
обиняко́м, *нареч.*
обира́ла, -ы, *м.* и *ж.*
обира́ловка, -и
обира́ние, -я
обира́ть(ся), -а́ю(сь), -а́ет(ся)
обита́емость, -и
обита́емый
обита́лище, -а
обита́ние, -я
обита́тель, -я
обита́тельница, -ы, *тв.* -ей
обита́ть, -а́ю, -а́ет
оби́тель, -и
оби́тельский
оби́тый (*от* оби́ть)
оби́ть(ся), обобью́, обобьёт(ся) и (*разг.*) **обби́ть(ся),** обобью́, обобьёт(ся)
обиха́живание, -я
обиха́живать(ся), -аю(сь), -ает(ся)
обихо́д, -а
обихо́дить(ся), -о́жу(сь), -о́дит(ся)
обихо́дно-разгово́рный
обихо́дность, -и
обихо́дный; *кр. ф.* -ден, -дна
обихо́женно, *нареч.*
обихо́женный; *кр. ф.* -ен, -ена
обка́кать(ся), -аю(сь), -ает(ся)
обкалённый; *кр. ф.* -ён, -ена́
обка́ливание, -я
обка́ливать(ся), -аю, -ает(ся)
обкали́ть(ся), -лю́, -ли́т(ся)
обка́лка, -и
обка́лывание, -я
обка́лывать(ся), -аю, -ает(ся)
обка́панный; *кр. ф.* -ан, -ана
обка́пать(ся), -аю(сь), -ает(ся)
обка́пывание, -я
обка́пывать(ся), -аю(сь), -ает(ся)
обка́рмливание, -я
обка́рмливать(ся), -аю(сь), -ает(ся)
обка́рнывать(ся), -аю(сь), -ает(ся)
обка́т, -а
обка́танный; *кр. ф.* -ан, -ана (*от* обката́ть)

обката́ть(ся), -а́ю, -а́ет(ся)
обкати́ть(ся), -ачу́(сь), -а́тит(ся)
обка́тка, -и, *р. мн.* -ток
обкатно́й и **обка́тный**
обка́точный
обка́тчик, -а
обка́тчица, -ы, *тв.* -ей
обка́тывание, -я
обка́тывать(ся), -аю, -ает(ся)
обка́ченный; *кр. ф.* -ен, -ена (*от* обкати́ть)
обка́чивать(ся), -аю(сь), -ает(ся)
обка́шивание, -я
обка́шивать(ся), -аю, -ает(ся)
обки́данный; *кр. ф.* -ан, -ана
обкида́ть, -а́ю, -а́ет
обки́дывать(ся), -аю, -ает(ся)
обки́нуть, -ну, -нет
обкла́дка, -и, *р. мн.* -док
обкла́дчик, -а
обкла́дывание, -я
обкла́дывать(ся), -аю(сь), -ает(ся)
обклёванный; *кр. ф.* -ан, -ана
обклева́ть, -люю, -люёт
обклёвывать(ся), -аю, -ает(ся)
обкле́енный; *кр. ф.* -ен, -ена
обкле́ивание, -я
обкле́ивать(ся), -аю, -ает(ся)
обкле́ить, -е́ю, -е́ит
обкле́йка, -и, *р. мн.* -е́ек
обковы́ривать(ся), -аю, -ает(ся)
обковы́рянный; *кр. ф.* -ян, -яна
обковыря́ть, -я́ю, -я́ет
обкола́чивание, -я
обкола́чивать(ся), -аю, -ает(ся)
обко́лка, -и
обколоти́ть(ся), -очу́, -о́тит(ся)
обко́лотый
обколо́ть(ся), -олю́, -о́лет(ся)
обколо́ченный; *кр. ф.* -ен, -ена
обко́м, -а
обко́мовец, -вца, *тв.* -вцем, *р. мн.* -вцев
обко́мовский
обконопа́тить, -а́чу, -а́тит
обконопа́ченный; *кр. ф.* -ен, -ена
обконопа́чивать(ся), -аю, -ает(ся)
обко́панный; *кр. ф.* -ан, -ана
обкопа́ть(ся), -а́ю(сь), -а́ет(ся)
обко́рм, -а
обкорми́ть, -ормлю́, -о́рмит
обко́рмка, -и
обко́рмленный; *кр. ф.* -ен, -ена
обко́рнанный; *кр. ф.* -ан, -ана
обкорна́ть(ся), -а́ю(сь), -а́ет(ся)
обко́с, -а
обкоси́ть(ся), -ошу́, -о́сит(ся)
обко́шенный; *кр. ф.* -ен, -ена
обкра́денный; *кр. ф.* -ен, -ена и **обокра́денный;** *кр. ф.* -ен, -ена
обкра́дывание, -я
обкра́дывать(ся), -аю(сь), -ает(ся)
обкра́ивать(ся), -аю(сь), -ает(ся)
обкра́сить(ся), -а́шу(сь), -а́сит(ся)
обкра́шенный; *кр. ф.* -ен, -ена
обкра́шивание, -я
обкра́шивать(ся), -аю(сь), -ает(ся)
обкро́енный; *кр. ф.* -ен, -ена
обкрои́ть(ся), -рою́(сь), -рои́т(ся)
обкро́мсанный; *кр. ф.* -ан, -ана
обкромса́ть, -а́ю, -а́ет
обкро́шенный; *кр. ф.* -ен, -ена
обкроши́ть(ся), -ошу́, -о́ши́т(ся)
обкру́т, -а
обкрути́ть(ся), -учу́(сь), -у́тит(ся)
обкру́тка, -и, *р. мн.* -ток
обкру́ченный; *кр. ф.* -ен, -ена
обкру́чивание, -я
обкру́чивать(ся), -аю(сь), -ает(ся)
обку́ренный; *кр. ф.* -ен, -ена
обку́ривание, -я
обку́ривать(ся), -аю(сь), -ает(ся)
обкури́ть(ся), -урю́(сь), -у́рит(ся)
обку́рка, -и, *р. мн.* -рок
обку́санный; *кр. ф.* -ан, -ана
обкуса́ть, -а́ю, -а́ет
обку́сывание, -я
обку́сывать(ся), -аю, -ает(ся)
обла́ва, -ы
обла́вливание, -я
обла́вливать(ся), -аю, -ает(ся)
обла́вный
обла́вщик, -а
облага́ние, -я
облага́ть(ся), -а́ю(сь), -а́ет(ся)
облагоде́тельствование, -я
облагоде́тельствованный; *кр. ф.* -ан, -ана
облагоде́тельствовать, -твую, -твует
облагозву́ченный; *кр. ф.* -ен, -ена
облагозву́чивание, -я
облагозву́чивать(ся), -аю, -ает(ся)
облагозву́чить, -чу, -чит
облагообра́жение, -я
облагообра́женный; *кр. ф.* -ен, -ена
облагообра́живание, -я
облагообра́живать(ся), -аю(сь), -ает(ся)
облагообра́зить(ся), -а́жу(сь), -а́зит(ся)
облагора́живание, -я
облагора́живать(ся), -аю(сь), -ает(ся)
облагора́живающий(ся)
облагоразу́мить(ся), -млю(сь), -мит(ся)
облагоро́дить(ся), -о́жу(сь), -о́дит(ся)
облагоро́жение, -я
облагоро́женность, -и
облагоро́женный; *кр. ф.* -ен, -ена
облада́ние, -я
облада́тель, -я
облада́тельница, -ы, *тв.* -ей
облада́ть, -а́ю, -а́ет
обла́дить(ся), -а́жу, -а́дит(ся)
обладминистра́ция, -и
облажа́ть(ся), -а́ю(сь), -а́ет(ся) (*жарг.*)
обла́женный; *кр. ф.* -ен, -ена
обла́живать(ся), -аю, -ает(ся)
обла́занный; *кр. ф.* -ан, -ана
обла́зать, -аю, -ает
обла́зить, -а́жу, -а́зит
обла́ивание, -я
обла́ивать(ся), -аю(сь), -ает(ся)
о́блако, -а, *мн.* -а́, -о́в; но: **Большо́е (Ма́лое) Магелла́ново О́блако** (*астр.*)
облакоме́р, -а
облакообра́зный; *кр. ф.* -зен, -зна
обла́мывание, -я
обла́мывать(ся), -аю, -ает(ся)
обла́пить, -плю, -пит
обла́пленный; *кр. ф.* -ен, -ена
обла́пливать, -аю, -ает
облапо́шенный; *кр. ф.* -ен, -ена
облапо́шивание, -я
облапо́шивать(ся), -аю(сь), -ает(ся)
облапо́шить, -шу, -шит
обла́сканный; *кр. ф.* -ан, -ана
обласка́ть, -а́ю, -а́ет
обла́скивание, -я
обла́скивать(ся), -аю(сь), -ает(ся)
обласо́к, -ска́
областни́к, -а́
областни́ческий
областни́чество, -а
областно́й
о́бласть, -и, *мн.* -и, -е́й
О́бласть во́йска Донско́го (*ист.*)
обла́тка, -и, *р. мн.* -ток
обла́точный
о́блацех: темна́ вода́ во о́блацех
облача́ть(ся), -а́ю(сь), -а́ет(ся)
облаче́ние, -я
облачённый; *кр. ф.* -ён, -ена́
облачи́ть(ся), -чу́(сь), -чи́т(ся)
о́блачко, -а, *мн.* -а́, -о́в
о́блачность, -и
о́блачный; *кр. ф.* -чен, -чна
обла́янный; *кр. ф.* -ян, -яна
обла́ять, -а́ю, -а́ет
облду́ма, -ы
облёванный; *кр. ф.* -ан, -ана
облева́ть(ся), облюю́(сь), облюёт(ся)
облёвывание, -я
облёвывать(ся), -аю(сь), -ает(ся)
облега́ние, -я
облега́ть, -а́ет
облега́ющий
облегча́ть(ся), -а́ю(сь), -а́ет(ся)
облегче́ние, -я
облегчённо, *нареч.*
облегчённость, -и
облегчённый; *кр. ф.* -ён, -ена́
облегчи́тельный
облегчи́ть(ся), -чу́(сь), -чи́т(ся)
облёгший
обледенева́ть, -а́ю, -а́ет
обледене́лый
обледене́ние, -я
обледенённый; *кр. ф.* -ён, -ена́
обледене́ть, -е́ю, -е́ет
обледени́ть, -ню́, -ни́т
обледеня́ть, -я́ю, -я́ет
облеза́ние, -я
облеза́ть, -а́ю, -а́ет

обле́злый
обле́зть, -зу, -зет; *прош.* -е́з, -е́зла
обле́зший
облека́ть(ся), -а́ю(сь), -а́ет(ся)
облёкший(ся)
обле́нивать(ся), -аю(сь), -ает(ся)
облени́ть(ся), -еню́(сь), -е́нит(ся)
облепи́ть(ся), -еплю́(сь), -е́пит(ся)
облепи́ха, -и
облепи́ховый
облепихоубо́рочный
облепи́шный
обле́пленный; *кр. ф.* -ен, -ена
обле́пливать(ся), -аю(сь), -ает(ся)
облепля́ть(ся), -я́ю(сь), -я́ет(ся)
облесе́ние, -я
облесённость, -и
облесённый; *кр. ф.* -ён, -ена́
облеси́тельный
облеси́ть, -ешу́, -еси́т
облёт, -а
облета́ние, -я
облётанный; *кр. ф.* -ан, -ана
облета́ть(ся), -а́ю, -а́ет(ся)
облете́лый
облете́ть, -ечу́, -ети́т
облётный
облётывание, -я
облётывать(ся), -аю, -ает(ся)
облече́ние, -я (*к* обле́чь(ся)
облечённый; *кр. ф.* -ён, -ена́ (*к* обле́чь(ся)
обле́чь, обля́гу, обля́жет, обля́гут; *прош.* облёг, облегла́ (*к* лечь)
обле́чь(ся), -еку́(сь), -ечёт(ся), -еку́т(ся); *прош.* -ёк(ся), -екла́(сь) (оде́ть(ся)
облздра́в, -а
облива́нец, -нца, *тв.* -нцем, *р. мн.* -нцев
облива́ние, -я
облива́ть(ся), -а́ю(сь), -а́ет(ся)
обли́вка, -и
обливно́й
обли́выш, -а, *тв.* -ем
облига́тность, -и
облига́тный
облига́то, *нескл., с.*
облига́то́рность, -и
облига́то́рный
облигационе́р, -а
облигацио́нный
облига́ция, -и
обли́го, *нескл., с.*
обли́занный; *кр. ф.* -ан, -ана
облиза́ть(ся), -ижу́(сь), -и́жет(ся)
облизбирко́м, -а
облизну́ть(ся), -ну́(сь), -нёт(ся)
обли́зывание, -я
обли́зывать(ся), -аю(сь), -ает(ся)
о́блик, -а
облиня́лый
облиня́ть, -я́ю, -я́ет
облипа́ние, -я
облипа́ть, -а́ю, -а́ет
обли́пнуть, -ну, -нет; *прош.* -и́п, -и́пла
обли́пший
облисполко́м, -а
облисполко́мовский
облиственéть, -е́ет
обли́ственность, -и
обли́ственный; *кр. ф.* -ен, -ена
облистве́ть, -е́ет (*покрыться листьями*)
обли́ствить, -влю, -вит (*что*)
облитерацио́нный
облитера́ция, -и
облитери́рующий
о́бли́тый; *кр. ф.* о́бли́т, облита́, о́бли́то
обли́ть(ся), оболью́(сь), обольёт(ся); *прош.* о́бли́л, обли́лся, облила́(сь), о́бли́ло, обли́ло́сь
облицева́ть, -цу́ю, -цу́ет
облицо́ванный; *кр. ф.* -ан, -ана
облицо́вка, -и, *р. мн.* -вок
облицо́вочный
облицо́вщик, -а
облицо́вщица, -ы, *тв.* -ей
облицо́вывание, -я
облицо́вывать(ся), -аю, -ает(ся)
облича́ть(ся), -а́ю(сь), -а́ет(ся)
обличе́ние, -я (*от* обличи́ть)
обличённый; *кр. ф.* -ён, -ена́ (*от* обличи́ть)
обли́ческий
обличи́тель, -я
обличи́тельница, -ы, *тв.* -ей
обличи́тельно-сатири́ческий
обличи́тельный; *кр. ф.* -лен, -льна
обличи́тельство, -а
обличи́ть, -чу́, -чи́т
обли́чье, -я, *р. мн.* -чий
облобыза́ть(ся), -а́ю(сь), -а́ет(ся)
обло́в, -а
облови́ть, -овлю́, -о́вит
обло́вленный; *кр. ф.* -ен, -ена
обло́г, -а и **обло́га,** -и
обложе́ние, -я
обло́женный; *кр. ф.* -ен, -ена
обло́жечный
обложи́ть(ся), -ожу́(сь), -о́жит(ся)
обло́жка, -и, *р. мн.* -жек
обложно́й (до́ждь)
облока́чивать(ся), -аю(сь), -ает(ся)
облокоти́ть(ся), -очу́(сь), -о́ти́т(ся)
облоко́ченный; *кр. ф.* -ен, -ена
обло́м, -а
обло́манный; *кр. ф.* -ан, -ана (*от* обломáть)
облома́ть(ся), -а́ю, -а́ет(ся)
обломи́ть(ся), -омлю́, -о́мит(ся)
обло́мленный; *кр. ф.* -ен, -ена (*от* обломи́ть)
Обло́мов, -а
обло́мовский (*от* Обло́мов)
обло́мовщина, -ы
обло́мок, -мка
обло́мочек, -чка
обло́мочный
обло́паться, -аюсь, -ается
облпрокуро́р, -а
облсельхозуправле́ние, -я
облсове́т, -а
облсу́д, -а́
облупи́ть(ся), -уплю́, -у́пит(ся)
облу́пленный; *кр. ф.* -ен, -ена
облу́пливание, -я
облу́пливать(ся), -аю, -ает(ся)
облупля́ть(ся), -я́ю, -я́ет(ся)
облуправле́ние, -я
облуча́тель, -я
облуча́тельный
облуча́ть(ся), -а́ю(сь), -а́ет(ся)
облуче́ние, -я
облучённость, -и
облучённый; *кр. ф.* -ён, -ена́
облучи́ть(ся), -чу́(сь), -чи́т(ся)
облучо́к, -чка́
облущённый; *кр. ф.* -ён, -ена́
облу́щивать(ся), -аю, -ает(ся)
облущи́ть(ся), -щу́, -щи́т(ся)
облыга́ть, -а́ю, -а́ет
облы́жность, -и
облы́жный; *кр. ф.* -жен, -жна
о́блый
облысе́лый
облысе́ние, -я
облысе́ть, -е́ю, -е́ет
облюбо́ванный; *кр. ф.* -ан, -ана
облюбова́ть, -бу́ю, -бу́ет
облюбо́вывание, -я
облюбо́вывать(ся), -аю, -ает(ся)
облю́ст [лъю], -а
обля́панный; *кр. ф.* -ан, -ана
обля́пать(ся), -аю(сь), -ает(ся)
обля́пывать(ся), -аю(сь), -ает(ся)
обма́занный; *кр. ф.* -ан, -ана
обма́зать(ся), -а́жу(сь), -а́жет(ся)
обма́зка, -и
обма́зочный
обма́зчик, -а
обма́зывание, -я
обма́зывать(ся), -аю(сь), -ает(ся)
обма́кивание, -я
обма́кивать(ся), -аю, -ает(ся)
обмакну́ть(ся), -ну́, -нёт(ся)
обма́лывание, -я
обма́лывать(ся), -аю, -ает(ся)
обма́н, -а
обма́нка, -и, *р. мн.* -нок
обма́нно, *нареч.*
обма́нный
обма́нутый
обману́ть(ся), -ану́(сь), -а́нет(ся)
обма́нчивость, -и
обма́нчивый
обма́нщик, -а
обма́нщица, -ы, *тв.* -ей
обма́нывать(ся), -аю(сь), -ает(ся)
обма́ранный; *кр. ф.* -ан, -ана
обмара́ть(ся), -а́ю(сь), -а́ет(ся)
обма́рывание, -я
обма́рывать(ся), -аю(сь), -ает(ся)
обма́сленный; *кр. ф.* -ен, -ена
обма́сливать(ся), -аю(сь), -ает(ся)

обма́слить(ся), -лю(сь), -лит(ся)
обматере́ть, -е́ю, -е́ет
обматери́ть(ся), -рю́(сь), -ри́т(ся)
обма́тывание, -я
обма́тывать(ся), -аю(сь), -ает(ся)
обматюга́ть(ся), -а́ю(сь), -а́ет(ся)
обмаха́ть, -а́ю, -а́ет
обма́хивание, -я
обма́хивать(ся), -аю(сь), -ает(ся)
обмахну́ть(ся), -ну́(сь), -нёт(ся)
обма́чивать(ся), -аю(сь), -ает(ся)
обмеблиро́ванный; *кр. ф.* -ан, -ана
обмеблирова́ть(ся), -ру́ю(сь), -ру́ет(ся)
обмеблиро́вывание, -я
обмеблиро́вывать(ся), -аю(сь), -ает(ся)
обмежева́ние, -я
обмежёванный; *кр. ф.* -ан, -ана
обмежева́ть(ся), -жу́ю(сь), -жу́ет(ся)
обмежёвка, -и
обмежёвывание, -я
обмежёвывать(ся), -аю(сь), -ает(ся)
обмелёванный; *кр. ф.* -ан, -ана
обмеле́лый
обмеле́ние, -я
обмелённый; *кр. ф.* -ён, -ена́
обмеле́ть, -е́ю, -е́ет
обме́ливать(ся), -аю(сь), -ает(ся)
обмели́ть(ся), -лю́(сь), -ли́т(ся)
обмело́ванный; *кр. ф.* -ан, -ана
обмело́вка, -и
обмельча́ние, -я
обмельча́ть, -а́ет
обмеля́ть(ся), -я́ю, -я́ет(ся)
обме́н, -а
обменённый; *кр. ф.* -ён, -ена́ (*от* обмени́ть)
обме́нивать(ся), -аю(сь), -ает(ся)
обмени́ть(ся), -еню́(сь), -е́нит(ся)
обме́нник, -а
обме́нный
обме́нщик, -а
обме́нщица, -ы, *тв.* -ей
обме́нянный; *кр. ф.* -ян, -яна (*от* обменя́ть)
обменя́ть(ся), -я́ю(сь), -я́ет(ся)
обме́р, -а
обме́ренный; *кр. ф.* -ен, -ена
обмере́ть, обомру́, обомрёт; *прош.* о́бмер, обмерла́, о́бмерло
обмерза́ние, -я
обмерза́ть, -а́ю, -а́ет
обмёрзлый
обмёрзнуть, -ну, -нет; *прош.* -ёрз, -ёрзла
обмёрзший
обме́ривание, -я
обме́ривать(ся), -аю(сь), -ает(ся)
обме́ривший(ся)
обме́рить(ся), -рю(сь), -рит(ся) и -ряю(сь), -ряет(ся); *прош.* -рил(ся), -рила(сь)
обме́рка, -и (*действие*)
обме́рный
обме́рок, -рка (*недомерок*)
обме́рочный
о́бмерший
обме́рщик, -а
обме́рщица, -ы, *тв.* -ей
обмеря́ть(ся), -я́ю(сь), -я́ет(ся)
обмести́, обмету́, обметёт; *прош.* обмёл, обмела́
обмёт, -а
обмета́ние, -я
обмётанный; *кр. ф.* -ан, -ана (*от* обмета́ть)
обмета́ть[1], -а́ю, -а́ет и обмечу́, обме́чет, *сов.* (*обшить; обложить*)
обмета́ть[2], -а́ет, *сов.* (*о лихорадке*)
обмета́ть(ся), -а́ю, -а́ет(ся), *несов.* (*к* обмести́)
обметённый; *кр. ф.* -ён, -ена́ (*от* обмести́)
обмётка, -и
обмёточный
обмётший
обмётывание, -я
обмётывать(ся), -аю, -ает(ся)
обмеща́ненный; *кр. ф.* -ен, -ена
обмеща́нивание, -я
обмеща́нивать(ся), -аю(сь), -ает(ся)
обмеща́нить(ся), -а́ню(сь), -а́нит(ся)
обми́н, -а
обмина́ть(ся), -а́ю, -а́ет(ся)
обми́нка, -и
обмира́ние, -я
обмира́ть, -а́ю, -а́ет
обмирща́ть(ся), -а́ю(сь), -а́ет(ся)
обмирще́ние, -я
обмирщённый; *кр. ф.* -ён, -ена́
обмирщи́ть(ся), -щу́(сь), -щи́т(ся)
обмишу́ленный; *кр. ф.* -ен, -ена
обмишу́ливать(ся), -аю(сь), -ает(ся)
обмишу́лить(ся), -лю(сь), -лит(ся)
обмишу́ренный; *кр. ф.* -ен, -ена
обмишу́ривать(ся), -аю(сь), -ает(ся)
обмишу́рить(ся), -рю(сь), -рит(ся)
обмозго́ванный; *кр. ф.* -ан, -ана
обмозгова́ть, -гу́ю, -гу́ет
обмозго́вывание, -я
обмозго́вывать(ся), -аю, -ает(ся)
обмока́ть, -а́ю, -а́ет
обмо́кнуть, -ну, -нет; *прош.* -о́к, -о́кла
обмо́кший
обмо́л, -а
обмола́чивание, -я
обмола́чивать(ся), -аю(сь), -ает(ся)
обмо́лвиться, -влюсь, -вится
обмо́лвка, -и, *р. мн.* -вок
обмоло́т, -а
обмолоти́ть(ся), -очу́(сь), -о́тит(ся)
обмоло́тки, -ток и -тков
обмоло́точный
обмо́лотый
обмоло́ть(ся), обмелю́, обме́лет(ся)
обмоло́ченный; *кр. ф.* -ен, -ена
обмоноли́тить, -и́чу, -и́тит
обмоноли́ченный; *кр. ф.* -ен, -ена
обмоноли́чивание, -я
обмоноли́чивать(ся), -аю, -ает(ся)
обмора́живание, -я
обмора́живать(ся), -аю(сь), -ает(ся)
обмора́чивать, -аю, -ает
обморо́же́ние, -я
обморо́женный; *кр. ф.* -ен, -ена
обморо́зить(ся), -о́жу(сь), -о́зит(ся)
о́бморок, -а
обморо́чение, -я
обморо́ченный; *кр. ф.* -ен, -ена
обморо́чить, -чу, -чит
о́бморочный
обмо́танный; *кр. ф.* -ан, -ана
обмота́ть(ся), -а́ю(сь), -а́ет(ся)
обмо́тка, -и, *р. мн.* -ток
обмо́точный
обмо́тчик, -а
обмо́тчица, -ы, *тв.* -ей
обмо́ченный; *кр. ф.* -ен, -ена
обмочи́ть(ся), -очу́(сь), -о́чит(ся)
обмундирова́ние, -я
обмундиро́ванный; *кр. ф.* -ан, -ана
обмундирова́ть(ся), -ру́ю(сь), -ру́ет(ся)
обмундиро́вка, -и
обмундиро́вочный
обмундиро́вывать(ся), -аю(сь), -ает(ся)
обмуро́ванный; *кр. ф.* -ан, -ана
обмурова́ть, -ру́ю, -ру́ет
обмуро́вка, -и
обмуро́вочный
обмуро́вщик, -а
обмуро́вывание, -я
обмуро́вывать(ся), -аю, -ает(ся)
обму́сленный; *кр. ф.* -ен, -ена
обму́сливать(ся), -аю(сь), -ает(ся)
обму́слить(ся), -лю(сь), -лит(ся)
обмусо́ленный; *кр. ф.* -ен, -ена
обмусо́ливание, -я
обмусо́ливать(ся), -аю(сь), -ает(ся)
обмусо́лить(ся), -лю(сь), -лит(ся)
обмы́в, -а
обмыва́ние, -я
обмыва́ть(ся), -а́ю(сь), -а́ет(ся)
обмы́вка, -и
обмы́вки, -вок (*грязная вода*)
обмы́вочный
обмы́зганный; *кр. ф.* -ан, -ана
обмы́згать(ся), -аю(сь), -ает(ся)
обмы́згивать(ся), -аю(сь), -ает(ся)
обмы́ленный; *кр. ф.* -ен, -ена
обмы́ливать(ся), -аю(сь), -ает(ся)
обмы́лить(ся), -лю(сь), -лит(ся)
обмы́лки, -лок (*мыльная вода после стирки*)
обмы́лок, -лка, *р. мн.* -лков (*остаток использованного куска мыла*)
обмы́лочек, -чка
обмы́сленный; *кр. ф.* -ен, -ена
обмы́сливать(ся), -аю, -ает(ся)
обмы́слить, -лю, -лит
обмы́тый
обмы́ть(ся), обмо́ю(сь), обмо́ет(ся)
обмяка́ть, -а́ю, -а́ет

обмя́клый
обмя́кнуть, -ну, -нет; *прош.* -я́к, -я́кла
обмя́кший
обмя́тый
обмя́ть(ся), обомну́, обомнёт(ся)
обнагле́вший
обнагле́ть, -е́ю, -е́ет
обнадёженный; *кр. ф.* -ен, -ена
обнадёживание, -я
обнадёживать(ся), -аю(сь), -ает(ся)
обнадёживающий(ся)
обнадёжить(ся), -жу(сь), -жит(ся)
обнажа́ть(ся), -а́ю(сь), -а́ет(ся)
обнаже́ние, -я
обнажёнка, -и, *р. мн.* -нок
обнажённо, *нареч.*
обнажённость, -и
обнажённый; *кр. ф.* -ён, -ена́
обнажи́ть(ся), -жу́(сь), -жи́т(ся)
обнайто́вить, -влю, -вит
обнайто́вленный; *кр. ф.* -ен, -ена
обнали́ченный; *кр. ф.* -ен, -ена
обнали́чивание, -я
обнали́чивать(ся), -аю(сь), -ает(ся)
обнали́чить(ся), -чу(сь), -чит(ся)
обнали́чка, -и, *р. мн.* -чек
обнаро́дование, -я
обнаро́дованный; *кр. ф.* -ан, -ана
обнаро́довать(ся), -дую, -дует(ся)
обнару́же́ние, -я
обнару́женный; *кр. ф.* -ен, -ена
обнару́живать(ся), -аю, -ает(ся)
обнару́жить(ся), -жу, -жит(ся)
обна́шивание, -я
обна́шивать(ся), -аю(сь), -ает(ся)
обнесе́ние, -я
обнесённый; *кр. ф.* -ён, -ена́
обнести́, -су́, -сёт; *прош.* обнёс, обнесла́
обнёсший
обни́занный; *кр. ф.* -ан, -ана
обниза́ть, -ижу́, -и́жет
обни́зить, -и́жу, -и́зит
обни́зывать(ся), -аю, -ает(ся)
обнима́ние, -я
обнима́ть(ся), -а́ю(сь), -а́ет(ся) и (*устар.*) объе́млю(сь), -лет(ся)
обнима́ть(ся)-целова́ть(ся)
обни́мка: в обни́мку
о́бнинский (*от* О́бнинск)
о́бнинцы, -ев, *ед.* -нец, -нца, *тв.* -нцем
обнища́лый
обнища́ние, -я
обнища́ть, -а́ю, -а́ет
обно́ва, -ы
обнови́тель, -я
обнови́тельный
обнови́тельский
обнови́ть(ся), -влю́(сь), -ви́т(ся)
обно́вка, -и, *р. мн.* -вок
обновле́нец, -нца, *тв.* -нцем, *р. мн.* -нцев
обновле́ние, -я
обновлённо, *нареч.*
обновлённость, -и
обновлённый; *кр. ф.* -ён, -ена́
обновле́нческий
обновле́нчество, -а
обновля́емость, -и
обновля́ть(ся), -я́ю(сь), -я́ет(ся)
обно́вочка, -и, *р. мн.* -чек
обно́жка, -и, *р. мн.* -жек
обно́с, -а
обноси́ть(ся), -ошу́(сь), -о́сит(ся)
обно́ски, -ов, *ед.* обно́сок, -ска
обно́счик, -а
обно́шенный; *кр. ф.* -ен, -ена
обнуле́ние, -я
обнулённый; *кр. ф.* -ён, -ена́
обнули́ть, -лю́, -ли́т
обню́ханный; *кр. ф.* -ан, -ана
обню́хать(ся), -аю(сь), -ает(ся)
обню́хивание, -я
обню́хивать(ся), -аю(сь), -ает(ся)
о́бнятый; *кр. ф.* -ят, -ята́, -ято
обня́ть(ся), обниму́(сь), обни́мет(ся), (*устар.*) обойму́(сь), обоймёт(ся) и (*устар. прост.*) обыму́(сь), обы́мет(ся); *прош.* о́бнял, обнялся́, обняла́(сь), о́бняло, обняло́сь
обо и **об,** *предлог*
обо́бранный; *кр. ф.* -ан, -ана
обобра́ть(ся), оберу́(сь), оберёт(ся); *прош.* -а́л(ся), -ала́(сь), -а́ло́(сь)
обобща́ть(ся), -а́ю, -а́ет(ся)
обобще́ние, -я
обобщённо, *нареч.*
обобщённо-ли́чный
обобщённость, -и
обобщённый; *кр. ф. прич.* -ён, -ена́; *кр. ф. прил.* (*являющийся результатом обобщения, не затрагивающий частностей*) -ён, -ённа (вы́воды недоста́точно обобщённы)
обобществи́ть(ся), -влю́, -ви́т(ся)
обобществле́ние, -я
обобществлённый; *кр. ф.* -ён, -ена́
обобществля́ть(ся), -я́ю, -я́ет(ся)
обобщи́ть(ся), -щу́, -щи́т(ся)
обовши́вевший
обовши́веть, -ею, -еет
обогате́ть, -е́ю, -е́ет
обогати́мость, -и
обогати́тель, -я
обогати́тельный
обогати́ть(ся), -ащу́(сь), -ати́т(ся)
обогаща́емость, -и
обогаща́ть(ся), -а́ю(сь), -а́ет(ся)
обогаще́ние, -я
обогащённый; *кр. ф.* -ён, -ена́
обо́гнанный; *кр. ф.* -ан, -ана
обогна́ть, обгоню́, обго́нит; *прош.* -а́л, -ала́, -а́ло
обо́гнутый
обогну́ть, -ну́, -нёт
обоготворе́ние, -я
обоготворённый; *кр. ф.* -ён, -ена́
обоготвори́ть, -рю́, -ри́т
обоготворя́ть(ся), -я́ю(сь), -я́ет(ся)
обогре́в, -а
обогрева́лка, -и, *р. мн.* -лок
обогрева́ние, -я
обогрева́тель, -я
обогрева́тельный
обогрева́ть(ся), -а́ю(сь), -а́ет(ся)
обогре́тый
обогре́ть(ся), -е́ю(сь), -е́ет(ся)
о́бод, -а, *мн.* обо́дья, -ьев
ободко́вый
ободнева́ть, -а́ет
обо́дный
ободня́ть(ся), -я́ет(ся)
ободо́вый
ободо́к, -дка́
ободо́чек, -чка
ободо́чный
ободра́нец, -нца, *тв.* -нцем, *р. мн.* -нцев
ободра́нка, -и, *р. мн.* -нок
обо́дранный; *кр. ф.* -ан, -ана
ободра́ть(ся), обдеру́(сь), обдерёт(ся); *прош.* -а́л(ся), -ала́(сь), -а́ло, -а́ло́сь
ободре́ние, -я
ободрённый; *кр. ф.* -ён, -ена́
ободри́тельный; *кр. ф.* -лен, -льна
ободри́ть(ся), -рю́(сь), -ри́т(ся)
ободря́ть(ся), -я́ю(сь), -я́ет(ся)
ободря́юще, *нареч.*
ободря́ющий(ся)
обо́его по́ла
обоепо́лый
обоесторо́нний
обо́ечный
обожа́ние, -я
обожа́тель, -я
обожа́тельница, -ы, *тв.* -ей
обожа́ть(ся), -а́ю, -а́ет(ся)
обожда́ть, -ду́, -дёт; *прош.* -а́л, -ала́, -а́ло
обо́жение, -я (*от* бог)
обо́женный; *кр. ф.* -ен, -ена (*к* обо́жение)
обожестви́ть, -влю́, -ви́т
обожествле́ние, -я
обожествлённый; *кр. ф.* -ён, -ена́
обожествля́ть(ся), -я́ю, -я́ет(ся)
обожжённый; *кр. ф.* -ён, -ена́
обожра́ть(ся), -жру́(сь), -жрёт(ся); *прош.* -а́л(ся), -ала́(сь), -а́ло, -а́ло́сь
обо́з, -а
обо́званный; *кр. ф.* -ан, -ана
обозва́ть(ся), обзову́(сь), обзовёт(ся); *прош.* -а́л(ся), -ала́(сь), -а́ло, -а́ло́сь
обо́зик, -а
обозлённо, *нареч.*
обозлённый; *кр. ф.* -ён, -ена́
обозли́ть(ся), -лю́(сь), -ли́т(ся)
обознава́ться, -наю́сь, -наётся
обозна́тушки, *другие формы не употр.*
обозна́тушки-перепря́тушки, *другие формы не употр.*
обозна́ться, -а́юсь, -а́ется
обознача́ть(ся), -а́ю, -а́ет(ся)
обозначе́ние, -я

обозна́ченный; *кр. ф.* -ен, -ена
обозна́чить(ся), -чу, -чит(ся)
обо́зник, -а
обо́зный
обозрева́емость, -и
обозрева́ние, -я
обозрева́тель, -я
обозрева́ть(ся), -а́ю, -а́ет(ся)
обозре́ние, -я
обозре́ть, -рю́, -ри́т
обозри́мость, -и
обозри́мый
обо́зчик, -а
обо́и, обо́ев
обо́и-плёнка, обо́ев-плёнки, *мн.*
обо́их (*род.*), обо́им, обо́ими, об обо́их, *им. и вин. нет, употр. с сущ., не имеющими ед. ч., напр.*: обо́их сане́й, обо́их но́жниц, обо́их су́ток; *ср.* о́ба
обойдённый; *кр. ф.* -ён, -ена́
обо́йка, -и, *р. мн.* обо́ек (*действие*; *машина*)
обо́йки, обо́ек, обо́йкам (*остатки зерна*)
обо́йма, -ы
обо́йный
обойти́(сь), обойду́(сь), обойдёт(ся); *прош.* обошёл(ся), обошла́(сь)
обо́йщик, -а
о́бок, *нареч.* (шага́ть о́бок), но: **бо́к о́ бок**
обокра́денный; *кр. ф.* -ен, -ена и **обкра́денный;** *кр. ф.* -ен, -ена
обокра́сть, обкраду́, обкрадёт; *прош.* обокра́л, -а́ла
обо́л, -а
оболва́невший (*от* оболва́неть)
оболва́ненный; *кр. ф.* -ен, -ена
оболва́неть, -ею, -еет (*поглупеть*)
оболва́нивание, -я
оболва́нивать(ся), -аю(сь), -ает(ся)
оболва́нивший(ся) (*от* оболва́нить(ся)
оболва́нить, -ню, -нит (*кого, что*)
оболва́ниться, -нюсь, -нится
обо́лганный; *кр. ф.* -ан, -ана
оболга́ть, -лгу́, -лжёт, -лгу́т; *прош.* -а́л, -ала́, -а́ло
о́болонь, -и
оболо́чечный
оболо́чка, -и, *р. мн.* -чек
оболо́чковый
оболочкосеменны́е, -ы́х
оболо́чник, -а
оболо́чный
обо́лтанный; *кр. ф.* -ан, -ана
оболта́ть, -а́ю, -а́ет
обо́лтус, -а
обольсти́тель, -я
обольсти́тельница, -ы, *тв.* -ей
обольсти́тельность, -и
обольсти́тельный; *кр. ф.* -лен, -льна
обольсти́ть(ся), -льщу́(сь), -льсти́т(ся)
обольща́ть(ся), -а́ю(сь), -а́ет(ся)
обольще́ние, -я
обольщённый; *кр. ф.* -ён, -ена́
обомлева́ть, -а́ю, -а́ет
обомле́ть, -е́ю, -е́ет
обомше́лый
обомше́ть, -е́ю, -е́ет
Обоне́жье, -я (*к* Оне́жское о́зеро)
обоня́ние, -я
обоня́тельный
обоня́ть, -я́ю, -я́ет
обора́чиваемость, -и
обора́чивание, -я
обора́чивать(ся), -аю(сь), -ает(ся)
оборва́нец, -нца, *тв.* -нцем, *р. мн.* -нцев
оборва́нка, -и, *р. мн.* -нок
обо́рванный; *кр. ф.* -ан, -ана
оборва́ть(ся), -рву́(сь), -рвёт(ся); *прош.* -а́л(ся), -ала́(сь), -а́ло, -а́ло́сь
оборва́шка, -и, *р. мн.* -шек, *м.* и *ж.*
обо́рвыш, -а, *тв.* -ем
оборжа́ве́вший
оборжа́веть, -еет и **оборжаве́ть,** -е́ет
оборзе́лый
оборзе́ть, -е́ю, -е́ет
обо́рина, -ы
обо́рка, -и, *р. мн.* -рок
обормо́т, -а
обормо́тка, -и, *р. мн.* -ток
оборода́тевший
оборода́теть, -ею, -еет
оборо́на, -ы
оборонённый; *кр. ф.* -ён, -ена́
оборо́нец, -нца, *тв.* -нцем, *р. мн.* -нцев
оборони́тельный
оборони́ть(ся), -ню́(сь), -ни́т(ся)
оборо́нка, -и
оборо́нно-промы́шленный
оборо́нно-спорти́вный
оборо́нный
обороноспосо́бность, -и
обороноспосо́бный; *кр. ф.* -бен, -бна
оборо́нческий
оборо́нчество, -а
оборо́нщик, -а
обороня́ть(ся), -я́ю(сь), -я́ет(ся)
оборо́т, -а
о́боротень, -тня
оборо́тистость, -и
оборо́тистый
обороти́ть(ся), -очу́(сь), -о́тит(ся)
оборо́тка, -и, *р. мн.* -ток
оборо́тливость, -и
оборо́тливый
о́боротничество, -а
оборо́тность, -и
оборо́тный
оборо́точка, -и, *р. мн.* -чек
оборо́ченный; *кр. ф.* -ен, -ена
обо́рочка, -и, *р. мн.* -чек
обору́дование, -я
обору́дованный; *кр. ф.* -ан, -ана
обору́довать(ся), -дую(сь), -дует(ся)
обо́рчатый
обо́ры, обо́р, *ед.* обо́ра, -ы
обо́рыш, -а, *тв.* -ем
обоса́бливание, -я
обоса́бливать(ся), -аю(сь), -ает(ся)
обоснова́ние, -я
обосно́ванно, *нареч.*
обосно́ванность, -и
обосно́ванный; *кр. ф. прич.* -ан, -ана; *кр. ф. прил.* (*имеющий основания*; *убедительный*) -ан, -анна (трево́га обосно́ванна; вы́воды обосно́ванны)
обоснова́ть(ся), -ну́ю(сь), -ну́ет(ся)
обосно́вывать(ся), -аю(сь), -ает(ся)
обосо́бить(ся), -блю(сь), -бит(ся)
обособле́ние, -я
обосо́бленно, *нареч.*
обосо́бленность, -и
обосо́бленный; *кр. ф. прич.* -ен, -ена; *кр. ф. прил.* (*не связанный с другими, отдельный, замкнутый*) -ен, -енна
обособля́ть(ся), -я́ю(сь), -я́ет(ся)
обостре́ние, -я
обострённо, *нареч.*
обострённость, -и
обострённый; *кр. ф.* -ён, -ена́
обостри́ть(ся), -рю́, -ри́т(ся)
обостря́ть(ся), -я́ю, -я́ет(ся)
обо́чина, -ы
обо́чный
о́бочь, *нареч.*
обоше́дший(ся)
обою́дность, -и
обою́дный; *кр. ф.* -ден, -дна
обоюдовы́годный; *кр. ф.* -ден, -дна
обоюдоо́стрый
обоюдосторо́нний
обоя́нский (*от* Обоя́нь)
обоя́нцы, -ев, *ед.* -нец, -нца, *тв.* -нцем
обпа́чканный; *кр. ф.* -ан, -ана
обпа́чкать(ся), -аю(сь), -ает(ся)
обпо́лзать, -аю, -ает
обраба́тываемость, -и
обраба́тывание, -я
обраба́тывать(ся), -аю, -ает(ся)
обраба́тывающий(ся)
обрабо́танность, -и
обрабо́танный; *кр. ф.* -ан, -ана
обрабо́тать(ся), -аю, -ает(ся)
обрабо́тка, -и, *р. мн.* -ток
обрабо́точный
обрабо́тчик, -а
обрабо́тчица, -ы, *тв.* -ей
обра́внивание, -я
обра́внивать(ся), -аю, -ает(ся)
обра́дованно, *нареч.*
обра́дованный; *кр. ф.* -ан, -ана и (*выражающий радость*) -ан, -анна (лицо́ её обра́дованно)
обра́довать(ся), -дую(сь), -дует(ся)
о́браз[1], -а, *мн.* -ы, -ов (*то, что представляется, отображается*)
о́браз[2], -а, *мн.* -а́, -о́в (*икона*)
образе́ц, -зца́, *тв.* -зцо́м, *р. мн.* -зцо́в
образи́на, -ы
образно́й (*от* о́браз[2])
о́бразно-поэти́ческий
о́бразно-символи́ческий

о́бразность, -и
о́бразно-экспресси́вный
о́бразный; *кр. ф.* -зен, -зна (*от* о́браз[1])
образова́ние, -я
образо́ванность, -и
образо́ванный; *кр. ф. прич.* -ан, -ана; *кр. ф. прил.* (*получивший образование, знающий, просвещенный*) -ан, -анна (она́ умна́ и образо́ванна)
образова́нщина, -ы
образова́тельный
образова́ть(ся), -зу́ю(сь), -зу́ет(ся)
образо́вывать(ся), -аю(сь), -ает(ся)
образо́к, -зка́
образо́чек, -чка
о́браз-си́мвол, о́браза-си́мвола
образу́мить(ся), -млю(сь), -мит(ся)
образу́мленный; *кр. ф.* -ен, -ена
образу́мливать(ся), -аю(сь), -ает(ся)
образу́ющий(ся)
образцо́во-показа́тельный
образцо́вость, -и
образцо́вый
обра́зчик, -а
обрако́ванный; *кр. ф.* -ан, -ана
обра́мить, -млю, -мит (*вставить в раму*)
обрамле́ние, -я
обрамлённый; *кр. ф.* -ён, -ена́ (*окруженный, окаймленный*)
обра́мленный; *кр. ф.* -ен, -ена (*от* обра́мить)
обрамля́ть(ся), -я́ю, -я́ет(ся)
обрамля́ющий(ся)
обраста́ние, -я
обраста́ть, -а́ю, -а́ет
обрасти́, -ту́, -тёт; *прош.* обро́с, обросла́
обра́т, -а
обрати́мость, -и
обрати́мый
обрати́ть(ся), -ащу́(сь), -ати́т(ся)
обра́тно, *нареч.*
обратнозави́симый
обра́тно пропорциона́льный
обратноходово́й
обра́тный
обраща́емость, -и
обраща́емый
обраща́ть(ся), -а́ю(сь), -а́ет(ся)
обраще́ние, -я
обращённость, -и
обращённый; *кр. ф.* -ён, -ена́
обреве́ться, -ву́сь, -вётся
обревизо́ванный; *кр. ф.* -ан, -ана
обревизова́ть, -зу́ю, -зу́ет
обре́з, -а
обреза́ние, -я (*религиозный обряд*)
обреза́ние, -я (*обрезка*)
обре́занный; *кр. ф.* -ан, -ана
обре́зать(ся), -е́жу(сь), -е́жет(ся), *сов.*
обреза́ть(ся), -а́ю(сь), -а́ет(ся), *несов.*
обрези́ненный; *кр. ф.* -ен, -ена
обрези́нивание, -я
обрези́нивать(ся), -аю, -ает(ся)
обрези́нить, -ню, -нит
обре́зка, -и
обре́зковый
обрезно́й (*от* обреза́ть)
обре́зный (*от* обре́з)
обре́зок, -зка
обре́зочный
обре́зчик, -а
обре́зчица, -ы, *тв.* -ей
обре́зывание, -я
обре́зывать(ся), -аю(сь), -ает(ся)
о́брезь, -и
обрека́ть(ся), -а́ю(сь), -а́ет(ся)
обрёкший(ся)
обремене́ние, -я
обременённость, -и
обременённый; *кр. ф.* -ён, -ена́
обремени́тельность, -и
обремени́тельный; *кр. ф.* -лен, -льна
обремени́ть(ся), -ню́(сь), -ни́т(ся)
обременя́ть(ся), -я́ю(сь), -я́ет(ся)
обреми́зенный; *кр. ф.* -ен, -ена
обреми́зить(ся), -и́жу(сь), -и́зит(ся)
обрести́(сь), -ету́(сь), -етёт(ся); *прош.* обрёл(ся), -ела́(сь)
обрета́ть(ся), -а́ю(сь), -а́ет(ся)
обрете́ние, -я
обретённый; *кр. ф.* -ён, -ена́
обре́тший(ся)
обрече́ние, -я
обречённо, *нареч.*
обречённость, -и
обречённый; *кр. ф.* -ён, -ена́
обре́чь(ся), -еку́(сь), -ечёт(ся), -еку́т(ся); *прош.* -ёк(ся), -екла́(сь)
обреше́тина, -ы
обреше́тить, -ше́чу, -ше́тит
обрешётка, -и, *р. мн.* -ток
обрешёточный
обреше́ченный; *кр. ф.* -ен, -ена
обреше́чивание, -я
обреше́чивать(ся), -аю, -ает(ся)
обрива́ние, -я
обрива́ть(ся), -а́ю(сь), -а́ет(ся)
обрисо́ванный; *кр. ф.* -ан, -ана
обрисова́ть(ся), -су́ю, -су́ет(ся)
обрисо́вка, -и
обрисо́вывание, -я
обрисо́вывать(ся), -аю, -ает(ся)
обри́тый
обри́ть(ся), обре́ю(сь), обре́ет(ся)
обровне́ние, -я
обровня́ть(ся), -я́ю, -я́ет(ся)
оброга́ция, -и
обро́к, -а
обро́н, -а
обро́ненный; *кр. ф.* -ен, -ена и **оброн-ённый;** *кр. ф.* -ён, -ена́
оброни́ть, -оню́, -о́нит
обро́сший
оброта́ть, -а́ю, -а́ет
о́броть, -и
обро́чник, -а
обро́чный
обру́б, -а
обруба́ние, -я
обруба́ть(ся), -а́ю, -а́ет(ся)
обруби́ть(ся), -ублю́, -у́бит(ся)
обру́бка, -и
обру́бленный; *кр. ф.* -ен, -ена
обрубно́й
обру́бок, -бка
обру́бочный
обру́бщик, -а
обру́ганный; *кр. ф.* -ан, -ана
обруга́ть(ся), -а́ю(сь), -а́ет(ся)
обру́гивать(ся), -аю(сь), -ает(ся)
о́б руку: рука́ о́б руку
обрусе́вший
обрусе́лый
обрусе́ние, -я
обрусе́ть, -е́ю, -е́ет
обруси́ть, -и́т
о́бруч, -а, *тв.* -ем, *мн.* -и, -е́й
обруча́льный
обруча́ть(ся), -а́ю(сь), -а́ет(ся)
обруче́ние, -я
обручённый; *кр. ф.* -ён, -ена́
обручи́ть(ся), -чу́(сь), -чи́т(ся)
обру́чник, -а; но: **Ио́сиф Обру́чник**
обру́чница, -ы, *тв.* -ей
о́бручный
обруша́ть(ся), -а́ю, -а́ет(ся)
обруше́ние, -я
обру́шенный; *кр. ф.* -ен, -ена
обру́шивание, -я
обру́шивать(ся), -аю(сь), -ает(ся)
обру́шить(ся), -шу(сь), -шит(ся)
о́бры, -ов
обры́в, -а
обрыва́ние, -я
обрыва́ть(ся), -а́ю(сь), -а́ет(ся)
обры́вистость, -и
обры́вистый
обры́вность, -и
обры́вок, -вка
обры́вочек, -чка
обры́вочность, -и
обры́вочный
обры́вчатый
обры́вчик, -а
обрыда́ть(ся), -а́ю(сь), -а́ет(ся)
обры́днувший
обры́днуть, -нет; *прош.* обры́днул и обры́д, обры́дла
обры́дший
обры́зганный; *кр. ф.* -ан, -ана
обры́згать(ся), -аю(сь), -ает(ся)
обры́згивание, -я
обры́згиватель, -я
обры́згивать(ся), -аю(сь), -ает(ся)
обры́знуть(ся), -ну(сь), -нет(ся)
обры́сканный; *кр. ф.* -ан, -ана
обры́скать, -ы́щу, -ы́щет и -аю, -ает
обры́скивать, -аю, -ает
обры́тый
обры́ть(ся), обро́ю(сь), обро́ет(ся)
обрыхле́ние, -я
обрыхле́ть, -е́ет
обрю́зглость, -и

обрю́зглый
обрю́згнуть, -ну, -нет; *прош.* -ю́зг, -ю́згла
обрю́згший
обрюха́тевший (*от* обрюха́теть)
обрюха́теть, -ею, -еет (*стать брюхатым, брюхатой*)
обрюха́тивший (*от* обрюха́тить)
обрюха́тить, -а́чу, -а́тит (*кого*)
обрюха́ченный; *кр. ф.* -ен, -ена
обря́д, -а
обряди́ть(ся), -яжу́(сь), -я́дит(ся)
обря́дка, -и
обря́дность, -и
обря́дный
обря́довый
обряжа́ние, -я
обряжа́ть(ся), -а́ю(сь), -а́ет(ся)
обряже́ние, -я
обря́женный; *кр. ф.* -ен, -ена
обря́щете: ищи́те и обря́щете
ОБС [обээ́с], *неизм.* (*сокр.*: "одна бабка сказала")
обсади́ть, -ажу́, -а́дит
обса́дка, -и
обса́дный
обса́дочный
обса́женный; *кр. ф.* -ен, -ена
обса́живание, -я
обса́живать(ся), -аю, -ает(ся)
обса́ленный; *кр. ф.* -ен, -ена
обса́ливание, -я
обса́ливать(ся), -аю(сь), -ает(ся)
обса́лить(ся), -лю(сь), -лит(ся)
обса́сывание, -я
обса́сывать(ся), -аю, -ает(ся)
обса́харенный; *кр. ф.* -ен, -ена
обса́харивание, -я
обса́харивать(ся), -аю, -ает(ся)
обса́харить(ся), -рю, -рит(ся)
обсви́станный; *кр. ф.* -ан, -ана
обсвиста́ть, -а́ю, -а́ет и -ищу́, -и́щет
обсви́стывать(ся), -аю, -ает(ся)
обсе́в, -а
обсева́ть(ся), -а́ю(сь), -а́ет(ся)
обсе́вки, -ов и -вок (*остатки после просеивания*)
обсе́вок, -вка (*незасеянное место*)
обседа́ть, -а́ет
обсека́ние, -я
обсека́ть(ся), -а́ю, -а́ет(ся)
обсе́кший(ся) и **обсёкший(ся)**
обсемене́ние, -я
обсеменённость, -и
обсеменённый; *кр. ф.* -ён, -ена́
обсемени́ть(ся), -ню́, -ни́т(ся)
обсеменя́ть(ся), -я́ю, -я́ет(ся)
обсервато́рия, -и
обсервато́рский
обсервацио́нный
обсерва́ция, -и
обсессио́нный
обсе́ссия, -и
обсе́сть, обся́дет; *прош.* обсе́л, обсе́ла
обсече́ние, -я
обсечённый; *кр. ф.* -ён, -ена́
обсе́чка, -и (*действие*)
обсе́чки, -чек (*обрезки*)
обсе́чь(ся), -еку́, -ечёт(ся), -еку́т(ся); *прош.* -ёк(ся) и -е́к(ся), -екла́(сь)
обсе́янный; *кр. ф.* -ян, -яна
обсе́ять(ся), -е́ю(сь), -е́ет(ся)
обсиде́ть(ся), -ижу́(сь), -иди́т(ся)
обсидиа́н, -а
обсидиа́новый
обси́женный; *кр. ф.* -ен, -ена
обси́живать(ся), -аю(сь), -ает(ся)
обска́бливание, -я
обска́бливать(ся), -аю, -ает(ся)
обска́занный; *кр. ф.* -ан, -ана
обсказа́ть, -кажу́, -ка́жет
обска́зывать, -аю, -ает
обска́канный; *кр. ф.* -ан, -ана
обскака́ть, обскачу́, обска́чет
обска́кивать, -аю, -ает
о́бский (*от* Обь)
О́бский Се́вер
обско́бленный; *кр. ф.* -ен, -ена
обскобли́ть, -облю́, -о́бли́т
о́бско-уго́рский (о́бско-уго́рские языки́)
обскура́нт, -а
обскуранти́зм, -а
обскуранти́ст, -а
обскуранти́стский
обскура́нтка, -и, *р. мн.* -ток
обскура́нтский
обсле́дование, -я
обсле́дованный; *кр. ф.* -ан, -ана
обсле́дователь, -я
обсле́довательский
обсле́довать(ся), -дую(сь), -дует(ся)
обслу́га, -и
обслу́женный; *кр. ф.* -ен, -ена
обслу́живание, -я
обслу́живать(ся), -аю(сь), -ает(ся)
обслу́живающий(ся)
обслужи́ть, -ужу́, -у́жит
обслюнённый; *кр. ф.* -ён, -ена́
обслю́нивать(ся), -аю(сь), -ает(ся)
обслюни́ть(ся), -ню́(сь), -ни́т(ся)
обслюня́вить(ся), -влю(сь), -вит(ся)
обслюня́вленный; *кр. ф.* -ен, -ена
обслюня́вливать(ся), -аю(сь), -ает(ся)
обсма́тривать(ся), -аю(сь), -ает(ся)
обсме́ивание, -я
обсме́ивать(ся), -аю(сь), -ает(ся)
обсме́янный; *кр. ф.* -ян, -яна
обсмея́ть(ся), -ею́(сь), -еёт(ся)
обсморка́ть(ся), -а́ю(сь), -а́ет(ся)
обсмо́тренный; *кр. ф.* -ен, -ена
обсмотре́ть(ся), -рю́(сь), -о́трит(ся)
обсо́ленный; *кр. ф.* -ен, -ена
обсоли́ть, -олю́, -о́ли́т
обсо́санный; *кр. ф.* -ан, -ана
обсоса́ть(ся), -осу́, -осёт(ся)
обсо́хнуть, -ну, -нет; *прош.* -о́х, -о́хла
обсо́хший
обсою́женный; *кр. ф.* -ен, -ена
обсою́зить, -ю́жу, -ю́зит
обстава́ть(ся), -таёт(ся)
обста́вить(ся), -влю(сь), -вит(ся)
обста́вленный; *кр. ф.* -ен, -ена
обставля́ть(ся), -я́ю(сь), -я́ет(ся)
обстано́вка, -и
обстано́вочка, -и
обстано́вочный
обста́ть, -а́нет
обсти́ранный; *кр. ф.* -ан, -ана
обстира́ть(ся), -а́ю(сь), -а́ет(ся)
обсти́рывать(ся), -аю(сь), -ает(ся)
обстоя́тельность, -и
обстоя́тельный; *кр. ф.* -лен, -льна
обстоя́тельственный
обстоя́тельство, -а
обстоя́ть, -ои́т
обстра́гивание, -я и **обстру́гивание,** -я
обстра́гивать(ся), -аю, -ает(ся) и **обстру́гивать(ся),** -аю, -ает(ся)
обстра́ивание, -я
обстра́ивать(ся), -аю(сь), -ает(ся)
обстра́чивание, -я
обстра́чивать(ся), -аю, -ает(ся)
обстрека́ть(ся), -а́ю(сь), -а́ет(ся)
обстре́л, -а
обстре́ливание, -я
обстре́ливать(ся), -аю(сь), -ает(ся)
обстре́лянный; *кр. ф. прич.* -ян, -яна; *кр. ф. прил.* (*привыкший к боевой обстановке*) -ян, -янна
обстреля́ть(ся), -я́ю(сь), -я́ет(ся)
обстрига́ние, -я
обстрига́ть(ся), -а́ю(сь), -а́ет(ся)
обстри́гший(ся)
обстри́женный; *кр. ф.* -ен, -ена
обстри́жка, -и
обстри́чь(ся), -игу́(сь), -ижёт(ся), -игу́т(ся); *прош.* -и́г(ся), -и́гла(сь)
обстро́ганный; *кр. ф.* -ан, -ана и **обстру́ганный;** *кр. ф.* -ан, -ана
обстрога́ть, -а́ю, -а́ет и **обструга́ть,** -а́ю, -а́ет
обстро́енный; *кр. ф.* -ен, -ена
обстро́ить(ся), -о́ю(сь), -о́ит(ся)
обстро́йка, -и
обстро́ченный; *кр. ф.* -ен, -ена
обстрочи́ть, -очу́, -о́чи́т
обстро́чка, -и
обстру́ганный; *кр. ф.* -ан, -ана и **обстро́ганный;** *кр. ф.* -ан, -ана
обструга́ть, -а́ю, -а́ет и **обстрога́ть,** -а́ю, -а́ет
обстру́гивание, -я и **обстра́гивание,** -я
обстру́гивать(ся), -аю, -ает(ся) и **обстра́гивать(ся),** -аю, -ает(ся)
обстру́жка, -и
обструкциони́зм, -а
обструкциони́ст, -а
обструкциони́стка, -и, *р. мн.* -ток
обструкциони́стский
обструкцио́нный
обстру́кция, -и
обстря́панный; *кр. ф.* -ан, -ана

обстря́пать, -аю, -ает
обстря́пывать(ся), -аю, -ает(ся)
обсту́канный; *кр. ф.* -ан, -ана
обсту́кать, -аю, -ает
обсту́кивать(ся), -аю(сь), -ает(ся)
обступа́ть, -а́ет
обступи́ть, -у́пит
обсту́пленный; *кр. ф.* -ен, -ена
обстуча́ть(ся), -чу́(сь), -чи́т(ся)
обсуди́ть(ся), -ужу́(сь), -у́дит(ся)
обсужда́ть(ся), -а́ю, -а́ет(ся)
обсужде́ние, -я
обсуждённый; *кр. ф.* -ён, -ена́
обсу́женный; *кр. ф.* -ен, -ена (*к* обсу́живать)
обсу́живать(ся), -аю, -ает(ся)
обсу́сленный; *кр. ф.* -ен, -ена
обсу́сливать(ся), -аю(сь), -ает(ся)
обсу́слить(ся), -лю(сь), -лит(ся)
обсусо́ленный; *кр. ф.* -ен, -ена
обсусо́ливать(ся), -аю(сь), -ает(ся)
обсусо́лить(ся), -лю(сь), -лит(ся)
обсу́шенный; *кр. ф.* -ен, -ена
обсу́шивание, -я
обсу́шивать(ся), -аю(сь), -ает(ся)
обсуши́ть(ся), -ушу́(сь), -у́шит(ся)
обсу́шка, -и
обсцени́зм, -а
обсце́нность, -и
обсце́нный
обсчёт, -а
обсчи́танный; *кр. ф.* -ан, -ана
обсчита́ть(ся), -а́ю(сь), -а́ет(ся)
обсчи́тывание, -я
обсчи́тывать(ся), -аю(сь), -ает(ся)
обсыпа́ние, -я
обсы́панный; *кр. ф.* -ан, -ана
обсы́пать(ся), -плю(сь), -плет(ся), -плют(ся) и -пет(ся), -пят(ся), *сов.*
обсыпа́ть(ся), -а́ю(сь), -а́ет(ся), *несов.*
обсы́пка, -и
обсыпно́й
обсыха́ние, -я
обсыха́ть, -а́ю, -а́ет
обта́ивание, -я
обта́ивать, -ает
обта́пливание, -я
обта́пливать(ся), -аю(сь), -ает(ся)
обта́птывание, -я
обта́птывать(ся), -аю, -ает(ся)
обта́сканный; *кр. ф.* -ан, -ана
обтаска́ть(ся), -а́ю, -а́ет(ся)
обта́скивать(ся), -аю, -ает(ся)
обта́чанный; *кр. ф.* -ан, -ана
обтача́ть, -а́ю, -а́ет
обта́чивание, -я
обта́чивать(ся), -аю, -ает(ся)
обта́чка, -и
обтачно́й (*к* тача́ть)
обта́ять, -а́ет
обтека́емость, -и
обтека́емый
обтека́ние, -я
обтека́тель, -я
обтека́ть, -а́ет
обтёкший
обтере́ть(ся), оботру́(сь), оботрёт(ся); *прош.* обтёр(ся), обтёрла(сь)
обтерпе́ться, -ерплю́сь, -е́рпится
обтёртый
обтёрханный; *кр. ф.* -ан, -ана
обтерха́ть, -а́ю, -а́ет
обтёрший(ся)
обтёсанный; *кр. ф.* -ан, -ана
обтеса́ть(ся), -ешу́(сь), -е́шет(ся)
обтёска, -и
обтёсывание, -я
обтёсывать(ся), -аю(сь), -ает(ся)
обте́чь, -ечёт, -еку́т; *прош.* -ёк, -екла́
обтира́ние, -я
обтира́ть(ся), -а́ю(сь), -а́ет(ся)
обти́рка, -и
обти́рочный
обти́сканный; *кр. ф.* -ан, -ана
обти́скать, -аю, -ает
обти́скивать(ся), -аю, -ает(ся)
обтолко́ванный; *кр. ф.* -ан, -ана
обтолкова́ть, -ку́ю, -ку́ет
обтолко́вывание, -я
обтолко́вывать(ся), -аю, -ает(ся)
обтопи́ть(ся), -оплю́(сь), -о́пит(ся)
обто́пленный; *кр. ф.* -ен, -ена
обто́птанный; *кр. ф.* -ан, -ана
обтопта́ть(ся), -опчу́, -о́пчет(ся)
обто́ченный; *кр. ф.* -ен, -ена
обточи́ть(ся), -очу́, -о́чит(ся)
обто́чка, -и
обто́чник, -а
обто́чный (*к* точи́ть)
обтрёпанный; *кр. ф.* -ан, -ана
обтрепа́ть(ся), -еплю́(сь), -е́плет(ся), -е́плют(ся) и -е́пет(ся), -е́пят(ся)
обтрёпывать(ся), -аю(сь), -ает(ся)
обтре́скаться, -аюсь, -ается
обтре́скиваться, -аюсь, -ается
обтряса́ть(ся), -а́ю, -а́ет(ся)
обтрясённый; *кр. ф.* -ён, -ена́
обтрясти́, -су́, -сёт; *прош.* -я́с, -ясла́
обтря́сший
обтряха́ть(ся), -а́ю(сь), -а́ет(ся)
обтря́хивание, -я
обтря́хивать(ся), -аю(сь), -ает(ся)
обтряхну́ть(ся), -ну́(сь), -нёт(ся)
обтuráтор, -а (*мед.*)
обтурацио́нный
обтура́ция, -и (*мед.*)
обты́канный; *кр. ф.* -ан, -ана
обтыка́ть(ся), -а́ю, -а́ет(ся), *несов.*
обты́кать, -аю, -ает, *сов.*
обтюра́тор, -а (*тех.*)
обтюра́торный
обтюра́ция, -и (*тех.*)
обтя́гивание, -я
обтя́гивать(ся), -аю(сь), -ает(ся)
обтя́жечный
обтя́жка, -и
обтяжно́й
обтя́жчик, -а
обтя́жчица, -ы, *тв.* -ей
обтя́нутый
обтяну́ть(ся), -яну́(сь), -я́нет(ся)
обтя́панный; *кр. ф.* -ан, -ана
обтя́пать, -аю, -ает
обтя́пывать(ся), -аю, -ает(ся)
обува́ние, -я
обува́ть(ся), -а́ю(сь), -а́ет(ся)
обу́вка, -и, *р. мн.* -вок
обувно́й
обувщи́к, -а́
обувщи́ца, -ы, *тв.* -ей
о́бувь, -и
обу́гленный; *кр. ф.* -ен, -ена
обуглеро́дить(ся), -о́жу, -о́дит(ся)
обуглеро́женный; *кр. ф.* -ен, -ена
обуглеро́живание, -я
обуглеро́живать(ся), -аю, -ает(ся)
обу́гливание, -я
обу́гливать(ся), -аю, -ает(ся)
обу́глить(ся), -лю, -лит(ся)
обуева́ть, -а́ет (*несов. к* обуя́ть, *устар.*)
обу́женный; *кр. ф.* -ен, -ена
обу́живание, -я
обу́живать(ся), -аю, -ает(ся)
обу́за, -ы
обузда́ние, -я
обу́зданный; *кр. ф.* -ан, -ана
обузда́ть, -а́ю, -а́ет
обу́здывание, -я
обу́здывать(ся), -аю, -ает(ся)
обу́зить, обу́жу, обу́зит
обурева́емый
обурева́ть, -а́ет
обурённый; *кр. ф.* -ён, -ена́
обуржуа́зенный; *кр. ф.* -ен, -ена
обуржуа́зивание, -я
обуржуа́зивать(ся), -аю(сь), -ает(ся)
обуржуа́зить(ся), -а́жу(сь), -а́зит(ся)
обу́ривание, -я
обу́ривать(ся), -аю, -ает(ся)
обури́ть, -рю́, -ри́т
обусла́вливать(ся), -аю, -ает(ся) и **обусло́вливать(ся),** -аю, -ает(ся)
обусло́вить, -влю, -вит
обусло́вленность, -и
обусло́вленный; *кр. ф.* -ен, -ена
обусло́вливать(ся), -аю, -ает(ся) и **обусла́вливать(ся),** -аю, -ает(ся)
обустра́ивание, -я
обустра́ивать(ся), -аю(сь), -ает(ся)
обустро́енность, -и
обустро́енный; *кр. ф.* -ен, -ена
обустро́ить(ся), -о́ю(сь), -о́ит(ся)
обустро́йство, -а
обу́тка, -и и **обу́тки,** -ток
обу́треть, -еет
обу́тый
обу́ть-оде́ть
обу́ть(ся), обу́ю(сь), обу́ет(ся)
о́бух, -а и **обу́х,** -а́
Обу́ховская оборо́на (*1901*)
обу́ховский (*к* Обу́ховская оборо́на; *от* Обу́хова)
обу́ховцы, -ев, *ед.* -вец, -вца, *тв.* -вцем
обуча́емый
обуча́ть(ся), -а́ю(сь), -а́ет(ся)

обуча́ющий(ся)
обуче́ние, -я
обу́ченность, -и
обу́ченный; *кр. ф.* -ен, -ена
обучи́ть(ся), обучу́(сь), обу́чит(ся)
обушко́вый
обу́шный
обушо́к, -шка́
обуя́нный; *кр. ф.* -я́н, -я́на
обуя́ть, -я́ет
обха́живание, -я
обха́живать(ся), -аю(сь), -ает(ся)
обха́ивать(ся), -аю(сь), -ает(ся)
обхами́ть, -млю, -ми́т
обхамлённый; *кр. ф.* -ён, -ена́
обха́рканный; *кр. ф.* -ан, -ана
обха́ркать, -аю, -ает
обха́ркивание, -я
обха́ркивать(ся), -аю, -ает(ся)
обха́янный; *кр. ф.* -ян, -яна
обха́ять, -а́ю, -а́ет
обхва́т, -а
обхва́танный; *кр. ф.* -ан, -ана (*от* обхвата́ть)
обхвата́ть, -а́ю, -а́ет
обхвати́ть(ся), -ачу́(сь), -а́тит(ся)
обхва́тывать(ся), -аю(сь), -ает(ся)
обхва́ченный; *кр. ф.* -ен, -ена (*от* обхвати́ть)
обхитрённый; *кр. ф.* -ён, -ена́
обхитри́ть, -рю́, -ри́т
обхитря́ть(ся), -я́ю(сь), -я́ет(ся)
обхло́панный; *кр. ф.* -ан, -ана
обхло́пать, -аю, -ает
обхло́пывать(ся), -аю, -ает(ся)
обхо́д, -а
обходи́тельность, -и
обходи́тельный; *кр. ф.* -лен, -льна
обходи́ть(ся), -ожу́(сь), -о́дит(ся)
обходно́й и **обхо́дный**
обхо́дчик, -а
обходя́щий(ся)
обхожде́ние, -я
обхо́женный; *кр. ф.* -ен, -ена
обхоха́тываться, -аюсь, -ается
обхохота́ться, обхохочу́сь, обхохо́чется
ОБХСС [обэхаэ́с], *нескл., м.* (*сокр.*: отдел борьбы с хищениями социалистической собственности)
обцара́панный; *кр. ф.* -ан, -ана
обцара́пать(ся), -аю(сь), -ает(ся)
обцара́пывать(ся), -аю(сь), -ает(ся)
обцело́ванный; *кр. ф.* -ан, -ана
обцелова́ть, -лу́ю, -лу́ет
обцело́вывать(ся), -аю(сь), -ает(ся)
обчекры́женный; *кр. ф.* -ен, -ена
обчекры́живать(ся), -аю(сь), -ает(ся)
обчекры́жить(ся), -жу(сь), -жит(ся)
обчёсанный; *кр. ф.* -ан, -ана
обчеса́ть(ся), -ешу́(сь), -е́шет(ся)
обчёска, -и
обче́сть(ся), обочту́(сь), обочтёт(ся); *прош.* обчёл(ся), обочла́(сь)
обчёсывание, -я
обчёсывать(ся), -аю(сь), -ает(ся)
обчи́ненный; *кр. ф.* -ен, -ена
обчи́нивать(ся), -аю(сь), -ает(ся)
обчини́ть(ся), -иню́(сь), -и́нит(ся)
обчи́стить(ся), -и́щу(сь), -и́стит(ся)
обчи́стка, -и
обчища́ть(ся), -а́ю(сь), -а́ет(ся)
обчи́щенный; *кр. ф.* -ен, -ена
обша́ренный; *кр. ф.* -ен, -ена
обша́ривать(ся), -аю, -ает(ся)
обша́рить, -рю, -рит
обша́рканный; *кр. ф.* -ан, -ана
обша́ркать(ся), -аю, -ает(ся)
обша́ркивать(ся), -аю, -ает(ся)
обша́рпанность, -и
обша́рпанный; *кр. ф.* -ан, -ана
обша́рпать(ся), -аю, -ает(ся)
обша́рпывать(ся), -аю, -ает(ся)
обша́станный; *кр. ф.* -ан, -ана
обша́стать, -аю, -ает
о́бшевни, -ей
обшелу́шивать(ся), -аю, -ает(ся)
обшелуши́ть(ся), -шу́, -ши́т(ся)
обшиба́ть(ся), -а́ю, -а́ет(ся)
обшиби́вший
обшиби́ть, -бу́, -бёт; *прош.* обши́б, обши́бла
обши́бленный; *кр. ф.* -ен, -ена
обшива́ние, -я
обшива́ть(ся), -а́ю(сь), -а́ет(ся)
обши́вка, -и, *р. мн.* -вок
обшивно́й
обши́вочный
обши́канный; *кр. ф.* -ан, -ана
обши́кать, -аю, -ает
обши́кивание, -я
обши́кивать(ся), -аю(сь), -ает(ся)
обши́рность, -и
обши́рный; *кр. ф.* -рен, -рна
обши́тый
обши́ть(ся), обошью́(сь), обошьёт(ся)
обшла́г, -а́, *мн.* -а́, -о́в
обшла́жный
обшлажо́к, -жка́
обшлёпанный; *кр. ф.* -ан, -ана
обшлёпать(ся), -аю, -ает(ся)
обшлёпывать(ся), -аю, -ает(ся)
обшмона́ть, -а́ю, -а́ет (*жарг.*)
обшмы́ганный; *кр. ф.* -ан, -ана
обшмы́гать(ся), -аю, -ает(ся)
обшмы́гивать(ся), -аю, -ает(ся)
обшны́ренный; *кр. ф.* -ен, -ена (*от* обшны́рить)
обшны́ривать(ся), -аю, -ает(ся)
обшны́рить, -рю, -рит
обшны́рянный; *кр. ф.* -ян, -яна (*от* обшныря́ть)
обшныря́ть, -я́ю, -я́ет
обшто́панный; *кр. ф.* -ан, -ана
обшто́пать, -аю, -ает
обшто́пывание, -я
обшто́пывать(ся), -аю, -ает(ся)
общáга, -и
обща́к, -а́
обща́ться, -а́юсь, -а́ется
обще... – *первая часть сложных слов, пишется слитно*
общеазиа́тский
общеара́бский
общеарме́йский
общеафрика́нский
общебиологи́ческий
общебрига́дный
общево́инский
общевойскови́к, -а́
общевойсково́й
общевосточнославя́нский
общеву́зовский
общегалакти́ческий
общегеографи́ческий
общегигиени́ческий
общегородско́й
общегосуда́рственный
общегражда́нский
общедемократи́ческий
общедосту́пность, -и
общедосту́пный; *кр. ф.* -пен, -пна
общеевропе́йский
общежите́йский
общежи́тельный
общежи́тельство, -а
общежи́тие, -я
общежи́тский
общезаво́дский и **общезаводско́й**
общезна́чимость, -и
общезна́чимый
общеизве́стность, -и
общеизве́стный; *кр. ф.* -тен, -тна
общеиндоевропе́йский
общеинжене́рный
общеинститу́тский
общеистори́ческий
общекла́ссовый
общеколхо́зный
общекома́ндный
общекондицио́нный
общекраево́й
общекульту́рный
общекуро́ртный
общела́герный
общелитерату́рный
общёлканный; *кр. ф.* -ан, -ана
общёлкать, -аю, -ает
общёлкивать(ся), -аю, -ает(ся)
общемашинострои́тельный
общемедици́нский
общеметодологи́ческий
общеминисте́рский
общемировоззре́нческий
общемирово́й
общенадзо́рный
общенаро́дность, -и
общенаро́дный; *кр. ф.* -ден, -дна
общенау́чный
общенациона́льный; *кр. ф.* -лен, -льна
обще́ние, -я
общенормати́вный; *кр. ф.* -вен, -вна
общеобластно́й
общеобразова́тельный

общеобяза́тельность, -и
общеобяза́тельный; *кр. ф.* -лен, -льна
общеоздорови́тельный
общеотраслево́й
общеотрица́тельный
общепарти́йный
общепедагоги́ческий
общепи́т, -а
общепи́товец, -вца, *тв.* -вцем, *р. мн.* -вцев
общепи́товский
общепланета́рный
общеплане́тный
общеподготови́тельный
общеполе́зность, -и
общеполе́зный; *кр. ф.* -зен, -зна
общеполити́ческий
общепо́льский
общепоня́тность, -и
общепоня́тный; *кр. ф.* -тен, -тна
общеправово́й
общеприе́млемый
общепри́знанность, -и
общепри́знанный; *кр. ф.* -ан, -ана
общепримиря́ющий
общепри́нятость, -и
общепри́нятый; *кр. ф.* -ят, -ята
общепроизво́дственный
общепромы́шленный
общепрофилакти́ческий
общеразвива́ющий
общераспространённость, -и
общераспространённый
общерекурси́вный
общерелигио́зный
общереспублика́нский
общеросси́йский
общеру́сский
общесеме́йный
общеславя́нский
общесоциа́льный
общесою́зный
обще́ственник, -а
обще́ственница, -ы, *тв.* -ей
обще́ственно, *нареч.*
обще́ственно зна́чимый
обще́ственно-истори́ческий
обще́ственно-культу́рный
обще́ственно необходи́мый
обще́ственно опа́сный
обще́ственно ориенти́рованный
обще́ственно поле́зный
обще́ственно-полити́ческий
обще́ственно-произво́дственный
обще́ственность, -и
обще́ственно-экономи́ческий
обще́ственный
о́бщество, -а
обществове́д, -а
обществове́дение, -я
обществове́дческий
О́бщество защи́ты пра́в потреби́телей
обществозна́ние, -я
О́бщество люби́телей росси́йской слове́сности
О́бщество соединённых славя́н (*организация декабристов*)
общестрои́тельный
общесудово́й
общетеорети́ческий
общетехни́ческий
общеукрепля́ющий
общеуниверсите́тский
общеупотреби́тельность, -и
общеупотреби́тельный; *кр. ф.* -лен, -льна
общеустано́вленность, -и
общеустано́вленный
общефабри́чный
общефедера́льный
общефизи́ческий
общефилосо́фский
общехозя́йственный
общехристиа́нский
общецерко́вный
общецехово́й
общечелове́ческий
общешко́льный
общеэкономи́ческий
общеэстети́ческий
общеюриди́ческий
общеядови́тый
о́бщий; *кр. ф.* общ, обща́, о́бще и общо́
О́бщий ры́нок (*международная организация*)
о́бщи́на, -ы
общи́нник, -а
общи́нно-родово́й
общи́нность, -и
общи́нный
общи́панный; *кр. ф.* -ан, -ана
общипа́ть, -иплю́, -и́плет, -и́плют и -и́пет, -и́пят; также -а́ю, -а́ет
общи́пка, -и
общи́пывание, -я
общи́пывать(ся), -аю, -ает(ся)
общи́тельность, -и
общи́тельный; *кр. ф.* -лен, -льна
о́бщник, -а
о́бщница, -ы, *тв.* -ей
о́бщность, -и
общну́ться, -ну́сь, -нётся
общо́, *нареч.*
объего́ренный; *кр. ф.* -ен, -ена
объего́ривание, -я
объего́ривать(ся), -аю(сь), -ает(ся)
объего́рить, -рю, -рит
объеда́ла, -ы, *м.* и *ж.*
объеда́ловка, -и
объеда́ние, -я
объеда́ть(ся), -а́ю(сь), -а́ет(ся)
объеде́ние, -я
объе́денный; *кр. ф.* -ен, -ена
объедине́ние, -я
Объединённые Ара́бские Эмира́ты (ОАЭ)
Объединённые На́ции (*об ООН*)
объединённый; *кр. ф.* -ён, -ена́
объедини́тель, -я
объедини́тельница, -ы, *тв.* -ей
объедини́тельный
объедини́ть(ся), -ню́(сь), -ни́т(ся)
объединя́ть(ся), -я́ю(сь), -я́ет(ся)
объе́дки, -ов, *ед.* объе́док, -дка
объе́дья, -ьев
объе́зд, -а
объе́здить(ся), -зжу, -здит(ся)
объе́здка, -и
объездно́й
объе́здчик, -а
объезжа́ть(ся), -а́ю, -а́ет(ся)
объе́зженный; *кр. ф.* -ен, -ена
объе́зживать(ся), -аю, -ает(ся)
объе́зжий
объе́кт, -а
объекти́в, -а
объектива́ция, -и
объективиза́ция, -и
объективизи́рованный; *кр. ф.* -ан, -ана
объективизи́ровать(ся), -рую, -рует(ся)
объективи́зм, -а
объективи́рованный; *кр. ф.* -ан, -ана
объективи́ровать(ся), -рую, -рует(ся)
объективи́ст, -а
объективи́стский
объекти́вка, -и, *р. мн.* -вок
объекти́вно, *нареч.*
объекти́вно необходи́мый
объекти́вно обусло́вленный
объекти́вность, -и
объекти́вно существу́ющий
объекти́вный; *кр. ф.* -вен, -вна
объе́ктно ориенти́рованный
объе́ктность, -и
объе́ктный
объе́ктовый
объём, -а
объёмистость, -и
объёмистый
объе́млемый
объе́млю(сь), -лет(ся) (*устар. формы наст. вр. от* обнима́ть(ся)
объе́млющий
объём не́тто, объёма не́тто
объёмно-бло́чный
объёмно-враща́тельный
объёмно-опти́ческий
объёмно-планиро́вочный
объёмно-пло́скостный
объёмно-простра́нственный
объёмность, -и
объёмный; *кр. ф.* -мен, -мна
объёрзать, -аю, -ает
объе́сть(ся), -е́м(ся), -е́шь(ся), -е́ст(ся), -еди́м(ся), -еди́те(сь), -едя́т(ся); *прош.* -е́л(ся), -е́ла(сь)
объе́хать, -е́ду, -е́дет
объяви́ть(ся), -явлю́(сь), -я́вит(ся)
объявле́ние, -я
объя́вленный; *кр. ф.* -ен, -ена

объявля́ть(ся), -я́ю(сь), -я́ет(ся)
объягни́ться, -и́тся
объясне́ние, -я
объяснённый; *кр. ф.* -ён, -ена́
объясни́мый
объясни́тельный
объясни́ть(ся), -ню́(сь), -ни́т(ся)
объясня́ть(ся), -я́ю(сь), -я́ет(ся)
объя́тие, -я
объя́тый
объя́ть(ся), *буд. и пов. не употр., прош.* -я́л(ся), -я́ла(сь)
обыва́тель, -я
обыва́тельница, -ы, *тв.* -ей
обыва́тельский
обыва́тельщина, -ы
обы́гранный; *кр. ф.* -ан, -ана
обыгра́ть(ся), -а́ю(сь), -а́ет(ся)
обы́грывание, -я
обы́грывать(ся), -аю(сь), -ает(ся)
о́быгрыш, -а, *тв.* -ем
обыдёнкой, *нареч.*
обы́денно, *нареч.*
обы́денность, -и и (*устар.*) **обыдённость,** -и
обы́денный; *кр. ф.* -ен, -енна и (*устар.*) **обыдённый;** *кр. ф.* -ён, -ённа
обыдёнщина, -ы
обызвестви́ть(ся), -влю́, -ви́т(ся)
обызвествле́ние, -я
обызвествлённый; *кр. ф.* -ён, -ена́
обызвествля́ть(ся), -я́ю, -я́ет(ся)
обыка́ть, -а́ю, -а́ет
обыкнове́ние, -я
обыкнове́нно, *нареч.*
обыкнове́нность, -и
обыкнове́нный; *кр. ф.* -е́нен, -е́нна
обы́кнуть(ся), -ну(сь), -нет(ся); *прош.* -ы́к(ся), -ы́кла(сь) (*устар. к* обвы́кнуть(ся))
обы́кший(ся) (*устар. к* обвы́кший(ся))
обыма́ть(ся), -а́ю(сь), -а́ет(ся) (*устар. прост. к* обнимать(ся))
обы́ндеве́вший
обы́ндеве́лый
обы́ндеветь, -ею, -еет и **обындеве́ть,** -е́ю, -е́ет
обыностра́ниться, -нюсь, -нится
обынтеллиге́нтиться, -нчусь, -нтится
о́быск, -а
обы́сканный; *кр. ф.* -ан, -ана
обыска́ть(ся), обыщу́(сь), обы́щет(ся)
обы́скивание, -я
обы́скивать(ся), -аю(сь), -ает(ся)
обыскно́й
обыталья́ненный; *кр. ф.* -ен, -ена
обыталья́нивать(ся), -аю(сь), -ает(ся)
обыталья́нить(ся), -ню(сь), -нит(ся)
обытови́ть, -влю́, -ви́т
обытовле́ние, -я
обытовлённый; *кр. ф.* -ён, -ена́
обытовля́ть(ся), -я́ю, -я́ет(ся)
обы́чай, -я
обы́чно, *нареч.*
обы́чность, -и
обы́чный; *кр. ф.* -чен, -чна
О́бь-Ирты́шский водоразде́л
обэриу́т, -а (*от* ОБЭРИУ́)
обэриу́тский
обэхаэ́сник, -а
обэхаэ́совец, -вца, *тв.* -вцем, *р. мн.* -вцев
обэхаэ́совский (*от* ОБХСС)
обюрокра́тить(ся), -а́чу(сь), -а́тит(ся)
обюрокра́ченный; *кр. ф.* -ен, -ена
обюрокра́чивание, -я
обюрокра́чивать(ся), -аю(сь), -ает(ся)
обяза́ловка, -и
обя́занность, -и
обя́занный; *кр. ф.* -ан, -ана
обяза́тельно, *нареч.*
обяза́тельность, -и
обяза́тельный; *кр. ф.* -лен, -льна
обяза́тельственный
обяза́тельство, -а
обяза́ть(ся), обяжу́(сь), обя́жет(ся)
обязу́ющий(ся)
обя́зывать(ся), -аю(сь), -ает(ся) и -зу́ю(сь), -зу́ет(ся)
обя́зывающий(ся)
ОВ [овэ́], *нескл., с.* (*сокр.*: отравляющее вещество)
ова́л, -а
овалогу́бцы, -ев
овалотока́рный
ова́льно-кони́ческий
ова́льно-продолгова́тый
ова́льность, -и
ова́льный; *кр. ф.* -лен, -льна
ова́мбо, *нескл., мн., ед. м.* и *ж.* (*народ*)
ова́мо: се́мо и ова́мо
овариа́льный
ова́ция, -и
овдове́ть, -е́ю, -е́ет
овева́ние, -я
овева́ть(ся), -а́ю(сь), -а́ет(ся) (*к* ве́ять)
ове́ивать(ся), -аю(сь), -ает(ся)
о́ве́н, о́вна́ (*баран, устар.*) и **О́ве́н,** О́вна́ (*созвездие и знак зодиака*; *о том, кто родился под этим знаком*)
овердра́йв, -а
овердра́фт, -а
оверки́ль, -я
оверле́й, -я
оверле́йный
оверло́к, -а
оверло́чница, -ы, *тв.* -ей
оверло́чный
ове́рнский (*от* Ове́рнь)
ове́рнцы, -ев, *ед.* -нец, -нца, *тв.* -нцем
оверса́йд-дели́вери, *нескл., с.* и *неизм.*
оверта́йм, -а
оверхе́д, -а
овершта́г, -а
овёс, овса́
ове́чий, -ья, -ье
ове́чка, -и, *р. мн.* -чек
овеществи́ть(ся), -влю́, -ви́т(ся)
овеществле́ние, -я
овеществлённый; *кр. ф.* -ён, -ена́
овеществля́ть(ся), -я́ю, -я́ет(ся)
ове́янный; *кр. ф.* -ян, -яна
ове́ять(ся), ове́ю(сь), ове́ет(ся)
овзросле́ние, -я
овива́ть(ся), -а́ю(сь), -а́ет(ся) (*к* вить)
Ови́диев, -а, -о и **ови́диевский** (*от* Ови́дий)
Ови́дий, -я
овила́н, -а
овила́новый
ови́н, -а
ови́нный
ОВИ́Р, -а (*сокр.*: отдел виз и регистрации)
ови́ровский (*от* ОВИ́Р)
ови́ст, -а
ови́тый; *кр. ф.* ови́т, овита́, ови́то
ови́ть(ся), овью́(сь), овьёт(ся); *прош.* ови́л(ся), овила́(сь), ови́ло, ови́ло́(сь)
овладева́ть(ся), -а́ю, -а́ет(ся)
овладе́ние, -я
овладе́ть, -е́ю, -е́ет
овогене́з, -а и **оогене́з,** -а
о́вод, -а, *мн.* -а́, -о́в и -ы, -ов
О́вод, -а (*лит. персонаж*)
оводо́вый
овоско́п, -а
овоско́пный
овоци́т, -а и **ооци́т,** -а
овощеба́за, -ы
о́воще-бахчево́й
овощево́д, -а
овощево́дство, -а
овощево́дческий
овощево́з, -а
овощекартофелево́дческий
овощекартофелехрани́лище, -а
овощеконсе́рвный
овощемо́ечный
о́воще-моло́чный
овощеперераба́тывающий
овощеприготови́тельный
овощере́зательный
овощере́зка, -и, *р. мн.* -зок
овощесуши́лка, -и, *р. мн.* -лок
овощесуши́льный
овощефруктохрани́лище, -а
овощехрани́лище, -а
овощечи́стка, -и, *р. мн.* -ток
о́вощи, -е́й, *ед.* о́вощ, -а
о́вощи-фру́кты, овоще́й-фру́ктов
овощно́й
о́вощь, -и (*собир.*)
ОВ-патро́н [овэ́-], -а
овра́г, -а
оврагообразова́ние, -я
оврагоукрепи́тельный
овра́жек, -жка
овра́жина, -ы
овра́жистость, -и
овра́жистый
овра́жно-ба́лочный
овра́жный

овсе́ц, -а́, *тв.* -о́м
овси́нка, -и, *р. мн.* -нок
овсоруша́льный
овсору́шка, -и, *р. мн.* -шек
овсосуши́лка, -и, *р. мн.* -лок
овсошелуши́тель, -я
овсю́г, -а́
овсюгоотбо́рник, -а
овся́ник, -а
овся́ница, -ы, *тв.* -ей
овся́нище, -а
овся́нка, -и, *р. мн.* -нок
овся́нковые, -ых
овсяно́й и **овся́ный**
овуля́ция, -и
овца́, -ы́, *тв.* -о́й, *мн.* о́вцы, ове́ц, о́вцам; но: **год Овцы́** (*по восточному календарю*), **Овца́,** -ы́ (*о том, кто родился в этот год*)
овцебы́к, -а́, *мн.* -и́, -о́в
овцево́д, -а
овцево́дство, -а
овцево́дческий
овцеко́мплекс, -а
овцема́тка, -и, *р. мн.* -ток
овцесовхо́з, -а
овцефе́рма, -ы
овча́р, -а
овча́рка, -и, *р. мн.* -рок
овча́рня, -и, *р. мн.* -рен
овча́рочий, -ья, -ье
овчи́на, -ы
овчи́нка, -и, *р. мн.* -нок
овчи́нник, -а
овчи́нно-мехово́й
овчи́нно-шу́бный
овчи́нный
ога́дить(ся), ога́жу(сь), ога́дит(ся)
ога́женный; *кр. ф.* -ен, -ена
ога́живать(ся), -аю(сь), -ает(ся)
ога́йоский (*от* Огайо)
ога́йосцы, -ев, *ед.* -сец, -сца, *тв.* -сцем
огами́ческий
ога́рок, -рка
ога́рочек, -чка
ога́рочный
ога́рыш, -а, *тв.* -ем
ога́рышек, -шка
о́гарь, -я
о-ге́нриевский (*от* О. Ге́нри)
огиба́ние, -я
огиба́ть(ся), -а́ю, -а́ет(ся)
оглавле́ние, -я
огла́вный
огла́дить(ся), -а́жу(сь), -а́дит(ся)
огла́дывать(ся), -аю, -ает(ся)
огла́женный; *кр. ф.* -ен, -ена
огла́живать(ся), -аю(сь), -ает(ся)
огласи́тельный
огласи́ть(ся), -ашу́, -аси́т(ся)
огла́ска, -и
огласо́вка, -и, *р. мн.* -вок
оглаша́ть(ся), -а́ю, -а́ет(ся)
оглаше́ние, -я
оглаше́нные, -ых (*церк.*)
оглаше́нный, *прил.* (*ведущий себя бестолково и шумно*; как оглаше́нный)
оглашённый; *кр. ф.* -ён, -ена́, *прич.* (*от* огласи́ть)
оглее́ние, -я
оглеённый; *кр. ф.* -ён, -ена́
огло́белька, -и, *р. мн.* -лек
огло́бельный
огло́бля, -и, *р. мн.* -бель и -блей
огло́данный; *кр. ф.* -ан, -ана
оглода́ть, -ожу́, -о́жет и -а́ю, -а́ет
огло́док, -дка
глое́д, -а
оглоу́шенный; *кр. ф.* -ен, -ена
оглоу́шивать, -аю, -ает
оглоу́шить, -шу, -шит
огло́хнуть, -ну, -нет; *прош.* -о́х, -о́хла
огло́хший
оглу́, *неизм. – после собственных имен пишется через дефис, напр.:* Туга́й Кери́м-оглу́
оглупе́ние, -я (*от* оглупе́ть)
оглупе́ть, -е́ю, -е́ет
оглупи́ть, -плю́, -пи́т
оглупле́ние, -я (*от* оглупи́ть)
оглуплённый; *кр. ф.* -ён, -ена́
оглупля́ть(ся), -я́ю(сь), -я́ет(ся)
оглуша́ть(ся), -а́ю(сь), -а́ет(ся)
оглуша́ющий(ся)
оглуше́ние, -я
оглушённый; *кр. ф.* -ён, -ена́
оглуши́тельность, -и
оглуши́тельный; *кр. ф.* -лен, -льна
оглуши́ть, -шу́, -ши́т
оглы́, *неизм. – после собственных имен пишется через дефис, напр.*: Маме́д-оглы́, Абду́л Гусе́йн-оглы́
огляде́ть(ся), -яжу́(сь), -яди́т(ся)
огля́дка, -и
огля́дывание, -я
огля́дывать(ся), -аю(сь), -ает(ся)
огляну́ть(ся), -яну́(сь), -я́нет(ся)
огнебу́р, -а
огневи́к, -а́
огневи́ца, -ы, *тв.* -ей
огнёвка, -и, *р. мн.* -вок (*бабочка*)
огнево́й
огнегася́щий
огнедобы́тчик, -а
огнеды́шащий
огнезащи́та, -ы
огнезащи́тный
огнезащищённый
огнеземе́льский (*к* О́гненная Земля́)
огнеземе́льцы, -ев, *ед.* -лец, -льца, *тв.* -льцем
огнемёт, -а
огнемета́ние, -я
огнемётный
О́гненная Земля́ (*острова*)
о́гненно, *нареч.*
о́гненно-жи́дкий
о́гненно-кра́сный
о́гненно-ры́жий
о́гненно-фиоле́товый
о́гненный; *кр. ф.* -ен, -енна
огнено́сец, -сца, *тв.* -сцем, *р. мн.* -сцев
огнено́сный
огнеопа́сность, -и
огнеопа́сный; *кр. ф.* -сен, -сна
огнепокло́нник, -а
огнепокло́нница, -ы, *тв.* -ей
огнепокло́ннический
огнепокло́нничество, -а
огнепокло́нство, -а
огнеприпа́сы, -ов
огнепрово́дность, -и
огнепрово́дный
огнере́зчик, -а
огнесто́йкий; *кр. ф.* -о́ек, -о́йка
огнесто́йкость, -и
огнестре́льный
огнестру́йный
огнетуши́тель, -я
огнеупо́рность, -и
огнеупо́рный; *кр. ф.* -рен, -рна
огнеупо́рщик, -а
огнеупо́ры, -ов
огнеусто́йчивость, -и
огнеусто́йчивый
огнецве́т, -а
огни́во, -а
огни́стый
огнища́нин, -а, *мн.* -а́не, -а́н
огни́ще[1], -а, *мн.* -а и -и, -и́щ, *м.* (*увелич. к* ого́нь)
огни́ще[2], -а, *с.* (*костер*; *место, где был костер*)
огнь (*устар., книжн. и поэтич., формы им. и вин. п. слова* ого́нь)
ого́, *неизм.*
огова́ривание, -я
огова́ривать(ся), -аю(сь), -ает(ся)
огово́р, -а
оговорённый; *кр. ф.* -ён, -ена́
оговори́ть(ся), -рю́(сь), -ри́т(ся)
оговóрка, -и, *р. мн.* -рок
огово́рочка, -и, *р. мн.* -чек
огово́рочный
огово́рщик, -а
огово́рщица, -ы, *тв.* -ей
о-го-го́, *неизм.*
оголе́ние, -я
оголённость, -и
оголённый; *кр. ф.* -ён, -ена́
оголе́ть, -е́ю, -е́ет
оголе́ц, -льца́, *тв.* -льцо́м, *р. мн.* -льцо́в
оголи́ть(ся), -лю́(сь), -ли́т(ся)
оголо́вник, -а
оголо́вок, -вка
оголо́вье, -я, *р. мн.* -вий
оголода́лый
оголода́ть, -а́ю, -а́ет
оголте́лость, -и
оголте́лый
оголя́ть(ся), -я́ю(сь), -я́ет(ся)
о́гон, -а
огонёк, -нька

огонёчек, -чка
ого́нь, огня́
ого́нь-де́вка, -и, *р. мн.* -вок
огонько́вец, -вца, *тв.* -вцем, *р. мн.* -вцев
огонько́вский (*от* "Огонёк")
огора́живание, -я
огора́живать(ся), -аю(сь), -ает(ся)
огора́шивать, -аю, -ает и **огоро́шивать,** -аю, -ает
огоро́д, -а
огоро́да, -ы *(изгородь)*
огоро́дец, -дца, *тв.* -дцем, *р. мн.* -дцев
огоро́дик, -а
огороди́ть(ся), -ожу́(сь), -о́ди́т(ся)
огоро́дишко, -а и -и, *мн.* -шки, -шек, *м.*
огоро́дник, -а
огоро́дница, -ы, *тв.* -ей
огоро́дничать, -аю, -ает
огоро́днический
огоро́дничество, -а
огоро́дничий, -ья, -ье
огоро́дный
огоро́жа, -и, *тв.* -ей
огоро́женный; *кр. ф.* -ен, -ена
огоро́шенный; *кр. ф.* -ен, -ена
огоро́шивать, -аю, -ает и **огора́шивать,** -аю, -ает
огоро́шить, -шу, -шит
огорча́ть(ся), -а́ю(сь), -а́ет(ся)
огорче́ние, -я
огорчённо, *нареч.*
огорчённый; *кр. ф.* -ён, -ена́
огорчи́тельность, -и
огорчи́тельный; *кр. ф.* -лен, -льна
огорчи́ть(ся), -чу́(сь), -чи́т(ся)
огосуда́рствить(ся), -влю, -вит(ся)
огосуда́рствить, -влю, -вит
огосуда́рствление, -я
огосуда́рствленный; *кр. ф.* -ен, -ена
огосударствля́ть(ся), -я́ю, -я́ет(ся)
огра́бить, -блю, -бит
ограбле́ние, -я
огра́бленный; *кр. ф.* -ен, -ена
ограбля́ть(ся), -я́ю(сь), -я́ет(ся)
огра́да, -ы
огради́тельный
огради́ть(ся), -ажу́(сь), -ади́т(ся)
огра́дка, -и, *р. мн.* -док
огра́дный
огражда́ть(ся), -а́ю(сь), -а́ет(ся)
огражда́ющий(ся)
огражде́ние, -я
ограждённость, -и
ограждённый; *кр. ф.* -ён, -ена́
огранённый; *кр. ф.* -ён, -ена́
огра́нивать(ся), -аю, -ает(ся)
ограни́ть(ся), -ню́, -ни́т(ся)
ограниче́ние, -я
ограни́ченно, *нареч.*
ограни́ченно го́дный
ограни́ченно конверти́руемый
ограни́ченно распространённый
ограни́ченно-рекурси́вный
ограни́ченность, -и
ограни́ченный; *кр. ф. прич.* -ен, -ена; *кр. ф. прил.* -ен, -ена (*с дополн.*: её интере́сы ограни́чены до́мом и детьми́) и -ен, -енна (*без дополн.*: на́ши возмо́жности ограни́ченны; она́ самоуве́ренна и ограни́ченна)
ограни́чивание, -я
ограни́чивать(ся), -аю(сь), -ает(ся)
ограничи́тель, -я
ограничи́тельный
ограни́чить(ся), -чу(сь), -чит(ся)
огра́нка, -и
огра́нщик, -а
огра́нщица, -ы, *тв.* -ей
ограня́ть(ся), -я́ю, -я́ет(ся)
огреба́ть(ся), -а́ю(сь), -а́ет(ся)
огребённый; *кр. ф.* -ён, -ена́
огрёбки, -ов
огребно́й
огрёбший(ся)
огре́бье, -я
огрева́ть(ся), -а́ю, -а́ет(ся)
огрести́(сь), огребу́(сь), огребёт(ся); *прош.* огрёб(ся), огребла́(сь)
огре́тый
огре́ть, -е́ю, -е́ет
огре́х, -а
огрома́дный (*прост. к* грома́дный)
огроме́нный
огроми́ть, -млю́, -ми́т
огро́мнейший
огро́мность, -и
огро́мный; *кр. ф.* -мен, -мна
огрубева́ть, -а́ю, -а́ет
огрубе́лость, -и
огрубе́лый
огрубе́ние, -я (*от* огрубе́ть)
огрубе́ть, -е́ю, -е́ет
огруби́ть(ся), -блю, -би́т(ся)
огрубле́ние, -я (*от* огруби́ть)
огрублённо, *нареч.*
огрублённый; *кр. ф.* -ён, -ена́
огрубля́ть(ся), -я́ю, -я́ет(ся)
огрузне́ть, -е́ю, -е́ет
огру́знувший
огру́знуть, -ну, -нет; *прош.* -у́знул и -у́з, -у́зла
огру́зший
огрыза́ть(ся), -а́ю(сь), -а́ет(ся)
огры́зенный; *кр. ф.* -ен, -ена
огрызну́ться, -ну́сь, -нётся
огры́зок, -зка
огры́зть, -зу́, -зёт; *прош.* -ы́з, -ы́зла
огры́зший
огубле́ние, -я (*лингв.*)
огублённый; *кр. ф.* -ён, -ена́
огу́зок, -зка
огу́зочный
огу́зский
огу́зы, -ов (*племена*)
огу́лом, *нареч.*
огу́льность, -и
огу́льный; *кр. ф.* -лен, -льна
огуре́ц, -рца́, *тв.* -рцо́м, *р. мн.* -рцо́в
огуре́чик, -а
огуре́чник, -а
огуре́чно-убо́рочный
огуре́чный
огу́рчик, -а
огэпэу́шник, -а
огэпэу́шный (*от* ОГПУ)
о́да, -ы
ода́лживать(ся), -аю(сь), -ает(ся)
одали́ска, -и, *р. мн.* -сок
о́даль, *нареч.*
одарённость, -и
одарённый; *кр. ф. прич.* -ён, -ена́; *кр. ф. прил.* -ён, -ена́ (*с дополн.*: она́ одарена́ ре́дкими спосо́бностями) и -ён, -ённа (*без дополн.*: она́ тала́нтлива, одарённа)
ода́ривание, -я
ода́ривать(ся), -аю(сь), -ает(ся)
одари́ть, -рю́, -ри́т
одаря́ть(ся), -я́ю(сь), -я́ет(ся)
одвуко́нь и **двуко́нь,** *нареч.* (*устар.*)
одева́ние, -я
одева́ть(ся), -а́ю(сь), -а́ет(ся)
одёжа, -и, *тв.* -ей
оде́жда, -ы
одёжина, -ы
одёжка, -и, *р. мн.* -жек
одёжный
одежо́нка, -и, *р. мн.* -нок
одеколо́н, -а и -у
одеколо́ненный; *кр. ф.* -ен, -ена
одеколо́нить(ся), -ню(сь), -нит(ся)
одеколо́нный
одеколо́нчик, -а и -у
одеколо́нящий(ся)
оделённый; *кр. ф.* -ён, -ена́
одели́ть, -лю́, -ли́т
о́дельстинг, -а
оделя́ть(ся), -я́ю(сь), -я́ет(ся)
одео́н, -а
одёр, одра́ (*кляча*)
одёрганный; *кр. ф.* -ан, -ана (*от* одёргать)
одёргать, -аю, -ает (*то же, что обдёргать*)
одёргивание, -я (*от* одёргивать)
одёргивать(ся), -аю(сь), -ает(ся) (*к* одёргать и одёрнуть(ся)
одеревене́лость, -и
одеревене́лый
одеревене́ние, -я
одеревене́ть, -е́ю, -е́ет
одёржанный; *кр. ф.* -ан, -ана
одержа́ть, одержу́, одёржит
одёрживать(ся), -аю, -ает(ся)
одержи́мость, -и
одержи́мый
одёржка, -и, *р. мн.* -жек (*спорт.*)
одерне́ние, -я
одерно́ванный; *кр. ф.* -ан, -ана
одерно́вка, -и, *р. мн.* -вок
одёрнутый (*от* одёрнуть)
одёрнуть(ся), -ну(сь), -нет(ся) (*потянув вниз, поправить* (*одежду*

и т. п.); *резким замечанием призвать к порядку*)
óдерский (*от* Óдер)
одеснýю (*справа*)
Одéсса-мáма, Одéссы-мáмы
одесси́тка, -и, *р. мн.* -ток
одесси́ты, -ов, *ед.* одесси́т, -а
одéсский (*от* Одéсса)
Одéсчина, -ы (*к* Одéсса)
одéт-обýт, одéта-обýта
одéтый
одéть-обýть
одéть(ся), -éну(сь), -éнет(ся)
одея́лишко, -а, *мн.* -шки, -шек
одея́лко, -а, *мн.* -лки, -лок
одея́ло, -а
одея́ло-грéлка, одея́ла-грéлки, *с.*
одея́льный
одея́льце, -а, *р. мн.* -лец
одея́ние, -я
оджалéши, *нескл., с.*
Одиги́трия, -и (*иконографический тип Божией Матери*)
Óдин, -а (*мифол.*)
оди́н, однó, одногó, **однá,** однóй, *вин.* однý, *мн.* одни́, одни́х
одинáковость, -и
одинáковый
одинáрный (*не двойной*)
оди́н в оди́н и **оди́н в одногó**
оди́н-двá, одногó-двýх (купи́ оди́н-двá огýрчика)
оди́н другóго, оди́н другóму; однá другýю, однá другóй
оди́н-еди́нственный, одногó-еди́нственного
одинёхонек, -нька, -нько
одинёшенек, -нька, -нько
оди́н за други́м
оди́н за одни́м
оди́н и тóт же
оди́н к одномý
одиннадцатиклáссник, -а
одиннадцатиклáссница, -ы, *тв.* -ей
одиннадцатилéтка, -и, *р. мн.* -ток (*школа*)
одиннадцатилéтний (11-лéтний)
одиннадцатиметрóвый (11-метрóвый)
одиннадцатиподъéздный (11-подъéздный)
одиннадцатислóжник, -а
одиннадцатичасовóй (11-часовóй)
одиннадцатиэтáжный (11-этáжный)
оди́ннадцатый
оди́ннадцать, -и
оди́н на оди́н
оди́н-одинёхонек, однá-одинёхонька
оди́н-одинёшенек, однá-одинёшенька
оди́ножды
одинóкий
одинóко, *нареч.*
одинóко проживáющий
одинокорастýщий*
одинóкость, -и
одинóчество, -а
одинóчка, -и, *р. мн.* -чек, *м.* и *ж.* (*лицо*), *ж.* (*тюремная камера*; *лодка*; *упряжка*)
одинóчник, -а
одинóчница, -ы, *тв.* -ей
одинóчный
оди́н-разъеди́нственный, одногó-разъеди́нственного
оди́н-разъеди́ный, одногó-разъеди́ного
одинцóвский (*от* Одинцóво)
одинцóвцы, -ев, *ед.* -вец, -вца, *тв.* -вцем
одиóзность, -и
одиóзный; *кр. ф.* -зен, -зна
одиссéевы стрáнствия, одиссéевых стрáнствий
Одиссéй, -я
Одиссéя, -и (*поэма Гомера*) и **одиссéя,** -и (*странствие с приключениями*)
одичáлость, -и
одичáлый
одичáние, -я
одичáть, -áю, -áет
оди́ческий
однáжды
однáко
однáко ж(е)
однáче (*прост. устар. к* однáко)
одни́м-оди́н, одни́м-однá
одноáдресный
одноáктный
одноáтомный
однобóкий
однобóкость, -и
однобóртный
однобрáчие, -я
однобрáчный
однобýквенный
однoвá, *нареч.*
одновалéнтность, -и
одновалéнтный; *кр. ф.* -тен, -тна
одновáльный
одновéкторность, -и
одновéкторный
одновесéльный и **одновёсельный**
одновидовóй
одновидóвость, -и
одновинтовóй
однó в однó
одновозрастнóй и **одновóзрастный**
одновремéнно, *нареч.*
одновремéнность, -и
одновремéнный; *кр. ф.* -мéнен, -мéнна и **одноврéменный;** *кр. ф.* -менен, -менна
одноглáвый
одноглáзка, -и, *р. мн.* -зок
одноглáзый
одногоди́чник, -а
одногоди́чница, -ы, *тв.* -ей
одногоди́чный
одногóдка, -и, *р. мн.* -док
одногóдок, -дка, *р. мн.* -дков
одноголóсие, -я
одноголóсный; *кр. ф.* -сен, -сна
одноголóсый
одногóрбый
одногрýппник, -а
одногрýппница, -ы, *тв.* -ей
одногýсеничный
однодви́гательный
однодвóрец, -рца, *тв.* -рцем, *р. мн.* -рцев
однодвóрка, -и, *р. мн.* -рок
однодвóрческий
однó-двухбýквенный
однó-, двýх- и трёхфáзные
однó-двухкóмнатный
однодéлец, -льца, *тв.* -льцем, *р. мн.* -льцев
однодерёвка, -и
однодéтность, -и
однодéтный
однодиапазóнный
одноднéвка, -и, *р. мн.* -вок
одноднéвный
однодóльный
однодомéнный (*физ.*)
однодóмность, -и
однодóмный
однодýм, -а
одножи́льный
однозадáчный
однозаря́дка, -и, *р. мн.* -док (*пистолет, ружье*)
однозаря́дный
однозвýчность, -и
однозвýчный; *кр. ф.* -чен, -чна
однозерня́нка, -и, *р. мн.* -нок
однознáчащий
однознáчно, *нареч.*
однознáчность, -и
однознáчный; *кр. ф.* -чен, -чна
однозýбый
однó- и двухэтáжные
однó- или двухмéстный
одноимённость, -и
одноимённый; *кр. ф.* -ёнен, -ённа
однó и тó же
однокали́берный
однокáмерный
одноканáльный
однокáшник, -а
однокáшница, -ы, *тв.* -ей
одноквартúрный
однокилевóй
однокла́вишный
одноклáссник, -а
одноклáссница, -ы, *тв.* -ей
одноклéточный
одноклетьевóй
одноклýбник, -а
одноклýбница, -ы, *тв.* -ей
одноковшóвый
однó к одномý
одноколéйка, -и, *р. мн.* -éек
одноколéйный
одноколéнный

одноколёсный
одноко́лка, -и, *р. мн.* -лок
одноколо́нный
одноколо́ночный
одноко́мнатный
однокомпле́ктный
однокомпоне́нтный; *кр. ф.* -тен, -тна
одноко́нный
однокопы́тные, -ых
однокоренно́й
однокорнево́й
однокоры́тник, -а
однокра́тность, -и
однокра́тный; *кр. ф.* -тен, -тна
однокругово́й
однокры́лый
одноку́польный
одноку́рсник, -а
одноку́рсница, -ы, *тв.* -ей
однола́мповый
одноле́звийный
однолеме́шный
одноле́тка, -и, *р. мн.* -ток, *м.* и *ж.*
одноле́тний
одноле́тник, -а
одноле́ток, -тка, *р. мн.* -тков
одноли́кий
одноли́кость, -и
однолине́йность, -и
однолине́йный; *кр. ф.* -е́ен, -е́йна
одноли́стный
однолоша́дный
однолю́б, -а
однолю́бка, -и, *р. мн.* -бок
одномanда́тник, -а
одномanда́тный
однома́стный
однома́чтовый
одномембра́нный
одноме́рность, -и
одноме́рный; *кр. ф.* -рен, -рна
одноме́стный
одномоме́нтность, -и
одномоме́нтный
одномото́рный
одномы́слие, -я
однонапра́вленность, -и
однонапра́вленный; *кр. ф.* -ен, -ена
однони́точный
одноно́гий
однообра́зие, -я
однообра́зность, -и
однообра́зный; *кр. ф.* -зен, -зна
однообъекти́вный
о́дно-однозна́чный
одноопо́рный
одноосно́вный
одноо́сный
однопала́тник, -а
однопала́тница, -ы, *тв.* -ей
однопала́тный
однопа́лубный
однопа́лый
однопарти́ец, -и́йца, *тв.* -ем, *р. мн.* -ев
однопарти́йка, -и, *р. мн.* -и́ек
однопарти́йность, -и
однопарти́йный; *кр. ф.* -и́ен, -и́йна
одноплáновость, -и
одноплáновый
однопла́тный
одноплеме́нник, -а
одноплеме́нный
одноплéчий
одноплo̍дный
одноплу́нжерный
однопокро́вные, -ых
однополо́сный (*от* полоса́)
однопо́лостный (*от* по́лость)
однопо́лость, -и
однополуша́рный
однополча́нин, -а, *мн.* -а́не, -а́н
однополча́нка, -и, *р. мн.* -нок
однопо́лый
однопо́льный
однопо́люсный
однополя́рность, -и
однополя́рный; *кр. ф.* -рен, -рна
однопомё́тник, -а
однопоря́дковость, -и
однопоря́дковый
одноприро́дность, -и
одноприро́дный; *кр. ф.* -ден, -дна
однопро́фильность, -и
однопро́фильный; *кр. ф.* -лен, -льна
однопрохо́дные, -ых
однопроце́нтный (1-проце́нтный)
однопу́тка, -и, *р. мн.* -ток
однопу́тный
одноразме́рный
однора́зовый
одноразря́дный
одноре́льсовый
одноро́гий
одноро́дность, -и
одноро́дный; *кр. ф.* -ден, -дна
однороstко́вый
одноpу́кий
одноpу́чный
одноря́дка, -и, *р. мн.* -док
одноря́дный
односво́дчатый
односвя́зный
односекцио́нный
односельча́нин, -а, *мн.* -а́не, -а́н
односельча́нка, -и, *р. мн.* -нок
односеме́йный
односемядо́льный
односемя́нный
односери́йность, -и
односери́йный
односи́льный
односка́тный
односло́вный; *кр. ф.* -вен, -вна
односло́жность, -и
односло́жный; *кр. ф.* -жен, -жна
односло́йный; *кр. ф.* -о́ен, -о́йна
односме́нка, -и
односме́нный
однососта́вность, -и
однососта́вный; *кр. ф.* -вен, -вна
односпа́льный
одностани́чник, -а
одностани́чница, -ы, *тв.* -ей
одноство́лка, -и, *р. мн.* -лок
одноство́льный
одноство́рчатый
одности́шие, -я
односто́ечный
односто́пный
односторо́нне, *нареч.*
односторо́нний; *кр. ф.* -о́нен, -о́ння
односторо́нность, -и
одностро́чный
одностру́нный
одноступе́нчатый
однотари́фный
одноте́мповый
одноти́пность, -и
одноти́пный; *кр. ф.* -пен, -пна
одното́мник, -а
одното́мный
одното́нность, -и
одното́нный; *кр. ф.* -о́нен, -о́нна
однотру́бка, -и, *р. мн.* -бок
однотру́бный
одноту́мбовый
одноуда́рный
одноу́ровневость, -и
одноу́ровневый
одноутро́бный
одноу́хий
однофа́зный
однофами́лец, -льца, *тв.* -льцем, *р. мн.* -льцев
однофами́лица, -ы, *тв.* -ей
однохо́рность, -и
одноцве́тка, -и, *р. мн.* -ток
одноцветко́вый
одноцве́тный; *кр. ф.* -тен, -тна
одноцили́ндровый
одночастёвка, -и, *р. мн.* -вок
одночастёвый
одноча́стный; *кр. ф.* -тен, -тна
одноча́сье: в одноча́сье
одночле́н, -а
одночле́нный; *кр. ф.* -е́нен, -е́нна
одноша́жный
одношёрстный
одношки́вный
одношпи́ндельный
одноэта́жка, -и, *р. мн.* -жек
одноэта́жный
одноя́дерный
одноязы́чный; *кр. ф.* -чен, -чна
однояйцо́вый и **однояйцево́й** (однояйцо́вые и однояйцевы́е близнецы́)
одноя́корный
одноя́русный
одобре́ние, -я
одо́бренный; *кр. ф.* -ен, -ена
одобри́тельность, -и
одобри́тельный; *кр. ф.* -лен, -льна
одо́брить, -рю, -рит
одобря́мс, -а (*прост. ирон.*)
одобря́ть(ся), -я́ю, -я́ет(ся)

одо́граф, -а
одолева́ть(ся), -а́ю, -а́ет(ся)
одоле́ние, -я
одоле́нь-трава́, -ы́
одоле́ть, -е́ю, -е́ет
одолжа́ть(ся), -а́ю(сь), -а́ет(ся)
одолже́ние, -я
одо́лженный; *кр. ф.* -ен, -ена
одолже́ньице, -а
одолжи́ть(ся), -жу́(сь), -жи́т(ся)
одома́шнение, -я
одома́шненный; *кр. ф.* -ен, -ена
одома́шнивание, -я
одома́шнивать(ся), -аю, -ает(ся)
одома́шнить(ся), -ню, -нит(ся)
одо́метр, -а
одонтоли́т, -а
одонто́лог, -а
одонтологи́ческий
одонтоло́гия, -и
одонто́ма, -ы
одо́нье, -я, *р. мн.* -ьев
одопи́сец, -сца, *тв.* -сцем, *р. мн.* -сцев
одора́нт, -а
одора́тор, -а
одориза́ция, -и
одоризи́рованный; *кр. ф.* -ан, -ана
одоризи́ровать(ся), -рую, -рует(ся)
одори́рованный; *кр. ф.* -ан, -ана
одори́ровать(ся), -и́рую, -и́рует(ся)
одорологи́ческий
одороло́гия, -и
одр, одра́ (*постель*)
одревеснева́ть, -а́ет
одревесне́ние, -я
одревесне́ть, -е́ет
о́дринский (*от* О́дра)
одрябле́ть, -е́ю, -е́ет
одря́бнуть, -ну, -нет; *прош.* -я́б, -я́бла
одря́бший
одряхле́вший
одряхле́лый
одряхле́ние, -я
одряхле́ть, -е́ю, -е́ет
одря́хнуть, -ну, -нет; *прош.* -я́х, -я́хла
одря́хший
одубе́лый
одубе́ть, -е́ю, -е́ет
одува́нчик, -а
оду́лы, -ов, *ед.* оду́л, -а
оду́льский
оду́маться, -аюсь, -ается
оду́мываться, -аюсь, -ается
одура́чение, -я
одура́ченный; *кр. ф.* -ен, -ена
одура́чивание, -я
одура́чивать(ся), -аю(сь), -ает(ся)
одура́чить, -чу, -чит
одурева́ть, -а́ю, -а́ет
одуре́лость, -и
одуре́лый
одуре́ние, -я
одуре́ть, -е́ю, -е́ет
одурма́ненный; *кр. ф.* -ен, -ена
одурма́нивание, -я
одурма́нивать(ся), -аю(сь), -ает(ся)
одурма́нить(ся), -ню(сь), -нит(ся)
о́дурь, -и
одуря́ть, -я́ю, -я́ет
одуря́ющий
одутлова́тость, -и
одутлова́тый
оду́тлость, -и
оду́тлый
оду́тый (*устар. к* обду́тый)
оду́ть, оду́ю, оду́ет (*устар. к* обду́ть)
одухотворе́ние, -я
одухотворённо, *нареч.*
одухотворённость, -и
одухотворённый; *кр. ф. прич.* -ён, -ена́; *кр. ф. прил.* -ён, -ённа (стихи́ одухотворённы)
одухотвори́ть(ся), -рю́(сь), -ри́т(ся)
одухотворя́ть(ся), -я́ю(сь), -я́ет(ся)
одушеви́ть(ся), -влю́(сь), -ви́т(ся)
одушевле́ние, -я
одушевлённо, *нареч.*
одушевлённость, -и
одушевлённость-неодушевлённость, одушевлённости-неодушевлённости
одушевлённый; *кр. ф. прич.* -ён, -ена́; *кр. ф. прил.* (*устар. к* воодушевлённый) -ён, -ённа
одушевля́ть(ся), -я́ю(сь), -я́ет(ся)
оды́шка, -и
оды́шливость, -и
оды́шливый
оевропе́енный; *кр. ф.* -ен, -ена
оевропе́ивание, -я
оевропе́ивать(ся), -аю(сь), -ает(ся)
оевропе́ить(ся), -е́ю(сь), -е́ит(ся)
о́жеговский (*от* О́жегов); но: **О́жеговский слова́рь**
ожёгший(ся)
ожеле́дь, -и
ожелезне́ние, -я
ожелезнённость, -и
ожелезнённый; *кр. ф.* -ён, -ена́
оже́ненный; *кр. ф.* -ен, -ена
ожени́ть(ся), оженю́(сь), оже́нит(ся)
ожерёб, -а
ожереби́ть(ся), -и́т(ся)
ожере́ловый попуга́йчик
ожере́лье, -я, *р. мн.* -лий
ожере́льице, -а
ожесточа́ть(ся), -а́ю(сь), -а́ет(ся)
ожесточе́ние, -я
ожесточённо, *нареч.*
ожесточённость, -и
ожесточённый; *кр. ф. прич.* -ён, -ена́; *кр. ф. прил.* (*ставший безжалостным, жестоким; упорный, напряженный*) -ён, -ённа (и́х сердца́ ожесточённы; спо́ры бы́ли ожесточённы)
ожесточи́ть(ся), -чу́(сь), -чи́т(ся)
оже́чь(ся), ожгу́(сь), ожжёт(ся), ожгу́т(ся); *прош.* ожёг(ся), ожгла́(сь)
ожжённый; *кр. ф.* -ён, -ена́
ожива́ние, -я
ожива́ть, -а́ю, -а́ет
оживи́ть(ся), -влю́(сь), -ви́т(ся)
ожи́вка, -и
оживле́ние, -я
оживлённо, *нареч.*
оживлённость, -и
оживлённый; *кр. ф. прич.* -ён, -ена́; *кр. ф. прил.* -ён, -ена́ (*испытывающий оживление*: она́ весела́ и оживлена́) и -ён, -ённа (*обнаруживающий признаки оживления, выражающий оживление*: бесе́да оживлённа, у́лицы оживлённы; ли́ца госте́й оживлённы)
оживля́ж, -а, *тв.* -ем
оживля́жный
оживля́ть(ся), -я́ю(сь), -я́ет(ся)
оживотворённый; *кр. ф.* -ён, -ена́
оживотвори́ть(ся), -рю́, -ри́т(ся)
оживотворя́ть(ся), -я́ю, -я́ет(ся)
ожи́вший
ожига́ть(ся), -а́ю(сь), -а́ет(ся)
ожида́лка, -и, *р. мн.* -лок
ожида́льня, -и, *р. мн.* -лен
ожида́ние, -я
ожида́ть(ся), -а́ю, -а́ет(ся)
ожиже́ние, -я
ожижи́тель, -я
ожи́ка, -и
ожи́мок, -мка (*то же, что обжимок*)
ожи́на, -ы
ожи́нник, -а
ожи́нок, -нка (*то же, что обжинок*)
ожире́лый
ожире́ние, -я
ожире́ть, -е́ю, -е́ет
ожи́ть, оживу́, оживёт; *прош.* о́жил, ожила́, о́жило
ожо́г, -а, но *глаг.* **ожёг**
ожо́говый
озабо́тить(ся), -о́чу(сь), -о́тит(ся)
озабо́ченно, *нареч.*
озабо́ченность, -и
озабо́ченный; *кр. ф.* -ен, -ена и (*выражающий заботу, беспокойство*) -ен, -енна (лицо́ её озабо́ченно)
озабо́чивать(ся), -аю(сь), -ает(ся)
озагла́вить, -влю, -вит
озагла́вленный; *кр. ф.* -ен, -ена
озагла́вливать(ся), -аю, -ает(ся)
озада́ченно, *нареч.*
озада́ченность, -и
озада́ченный; *кр. ф.* -ен, -ена
озада́чивать(ся), -аю(сь), -ает(ся)
озада́чить(ся), -чу(сь), -чит(ся)
озаре́ние, -я
озарённость, -и
озарённый; *кр. ф.* -ён, -ена́
озари́ть(ся), -рю́(сь), -ри́т(ся)
озаря́ть(ся), -я́ю(сь), -я́ет(ся)
озвере́лость, -и
озвере́лый
озвере́ние, -я
озвере́ть, -е́ю, -е́ет

озву́чение, -я
озву́ченный; *кр. ф.* -ен, -ена
озву́чивание, -я
озву́чивать(ся), -аю, -ает(ся)
озву́чить(ся), -чу, -чит(ся)
озву́чка, -и, *р. мн.* -чек
оздорове́ть, -е́ю, -е́ет
оздорови́тельный
оздорови́ть(ся), -влю́(сь), -ви́т(ся)
оздоровле́ние, -я
оздоровлённый; *кр. ф.* -ён, -ена́
оздоровля́ть(ся), -я́ю(сь), -я́ет(ся)
озелене́ние, -я
озеленённый; *кр. ф.* -ён, -ена́
озелени́тель, -я
озелени́тельный
озелени́ть, -ню́, -ни́т
озеленя́ть(ся), -я́ю, -я́ет(ся)
о́земь, *нареч.*
озе́на, -ы
озере́цкий (*от* Озерки́)
Озерки́, -о́в (*поселок*)
озерко́, -а́, *мн.* -и́, -о́в
озернённость, -и
озернённый; *кр. ф.* -ён, -ена́
озёрно-боло́тный
Озерно́й, -о́го (*залив и полуостров на Камчатке*)
озёрно-леднико́вый
озёрно-лесно́й
озёрно-речно́й
озёрный
о́зеро, -а, *мн.* озёра, озёр; но (*в названиях населенных пунктов*) **О́зеро,** -а, *напр.*: Криво́е О́зеро, Мали́новое О́зеро, Щу́чье О́зеро (*поселки*)
озерове́д, -а
озерове́дение, -я
озерове́дческий
озерови́дный; *кр. ф.* -ден, -дна
озёрский (*от* Озёры и Озёрск)
озерцо́, -а́, *мн.* озёрца и озерца́, озёрец, озёрцам и озерца́м
Озёры, Озёр (*город*)
озимиза́ция, -и
озимизи́рованный; *кр. ф.* -ан, -ана
озимизи́ровать(ся), -рую, -рует(ся)
ози́мка, -и
озимопшени́чный
ози́мые, -ых
ози́мый
о́зимь, -и и **о́зими,** -ей
озира́ние, -я
озира́ть(ся), -а́ю(сь), -а́ет(ся)
Ози́рис, -а и **Оси́рис,** -а
озлати́ть, -и́т *(устар., в поэзии)*
озлаща́ть, -а́ет
озлащённый; *кр. ф.* -ён, -ена́
озлённый; *кр. ф.* -ён, -ена́
озле́ть, -е́ю, -е́ет
озли́ть(ся), озлю́(сь), озли́т(ся)
озло́бить(ся), -блю(сь), -бит(ся)
озлобле́ние, -я
озло́бленно, *нареч.*
озло́бленность, -и
озло́бленный; *кр. ф. прич.* -ен, -ена; *кр. ф. прил.* (*выражающий злобу, ожесточение*) -ен, -енна (она́ была́ угрю́ма и озло́бленна; голоса́ и́х озло́бленны)
озлобля́ть(ся), -я́ю(сь), -я́ет(ся)
ознакоми́тельный
ознако́мить(ся), -млю(сь), -мит(ся)
ознакомле́ние, -я
ознако́мленность, -и
ознако́мленный; *кр. ф.* -ен, -ена
ознакомля́ть(ся), -я́ю(сь), -я́ет(ся)
ознаменова́ние, -я
ознамено́ванный; *кр. ф.* -ан, -ана
ознаменова́ть(ся), -ну́ю, -ну́ет(ся)
ознамено́вывать(ся), -аю, -ает(ся)
означа́емый
означа́ть(ся), -а́ю, -а́ет(ся)
означа́ющий(ся)
озна́ченный; *кр. ф.* -ен, -ена
озна́чить(ся), -чу, -чит(ся)
озно́б, -а
озно́бец, -бца, *тв.* -бцем
озноби́ть(ся), -блю́(сь), -би́т(ся)
ознобле́ние, -я
ознoблённый; *кр. ф.* -ён, -ена́
ознобля́ть(ся), -я́ю(сь), -я́ет(ся)
озно́бный
озокери́т, -а
озокери́тный
озокери́товый
озокеритолече́ние, -я
озокеритотерапи́я, -и
озоле́ние, -я (*от* зола́)
озолоти́ть(ся), -очу́, -оти́т(ся)
озолочённый; *кр. ф.* -ён, -ена́
озо́н, -а
озона́тор, -а
озона́торный
озони́ды, -ов, *ед.* -и́д, -а
озониза́ция, -и
озонио́з, -а
озони́рование, -я
озони́рованный; *кр. ф.* -ан, -ана
озони́ровать(ся), -рую, -рует(ся)
озо́нный
озо́новый
озономе́тр, -а
озонометри́ческий
озоноразруша́ющий
озоносто́йкий; *кр. ф.* -о́ек, -о́йка
озоносто́йкость, -и
озоносфе́ра, -ы
озонотерапи́я, -и
озорни́к, -а́
озорни́ца, -ы, *тв.* -ей
озорнича́ть, -а́ю, -а́ет
озорно́й
озорова́тость, -и
озорова́тый
озорова́ть, -ру́ю, -ру́ет
озорство́, -а́
ОЗУ́, *нескл., с.* (*сокр.:* оперативное запоминающее устройство)
о́зы, о́зов и оз, *ед.* оз, -а
озье́, *нескл., с.*
озя́бнуть, -ну, -нет; *прош.* озя́б, озя́бла
озя́бший
ои́дии, -ев, *ед.* ои́дий, -я
ои́диум, -а
ой, *неизм.*
о́йканье, -я
о́йкать, -аю, -ает
о́йкнуть, -ну, -нет
ойкуме́на, -ы и **экуме́на,** -ы
о́йлер, -а *(спорт.)*
о́й ли
оймяко́нский (*от* Оймяко́н)
ой-о́й, *неизм.*
ой-ой-о́й, *неизм.*
ойро́тка, -и, *р. мн.* -ток
ойро́тский
ойро́ты, -ов, *ед.* ойро́т, -а
ойтла́ндер, -а и **уитле́ндер,** -а
Ока́, Оки́ (*река*; *автомобиль*)
окаёмка, -и, *р. мн.* -мок (*к* окаймля́ть)
оказа́ние, -я
ока́занный; *кр. ф.* -ан, -ана
оказа́ть(ся), окажу́(сь), ока́жет(ся)
оказёненный; *кр. ф.* -нен, -нена
оказёнивание, -я
оказёнивать(ся), -аю, -ает(ся)
оказёнить(ся), -ню, -нит(ся)
ока́зия, -и
ока́зывать(ся), -аю(сь), -ает(ся)
окайми́ть, -млю́, -ми́т
окаймле́ние, -я
окаймлённый; *кр. ф.* -ён, -ена́
окаймля́ть(ся), -я́ю, -я́ет(ся)
ока́лина, -ы
окалиносто́йкий; *кр. ф.* -о́ек, -о́йка
окалиносто́йкость, -и
ока́лывание, -я
ока́лывать(ся), -аю, -ает(ся)
о́кальщик, -а
о́кальщица, -ы, *тв.* -ей
окаменева́ть, -а́ю, -а́ет
окамене́лость, -и
окамене́лый
окамене́ние, -я
окамене́ть, -е́ю, -е́ет
окамени́ть, -и́т
оканто́ванный; *кр. ф.* -ан, -ана
окантова́ть, -ту́ю, -ту́ет
оканто́вка, -и, *р. мн.* -вок
оканто́вывание, -я
оканто́вывать(ся), -аю, -ает(ся)
ока́нчивание, -я
ока́нчивать(ся), -аю, -ает(ся)
о́канье, -я
ока́панный; *кр. ф.* -ан, -ана
ока́пать(ся), -аю(сь), -ает(ся)
ока́пи, *нескл., м.* и *ж.*
ока́пывание, -я
ока́пывать(ся), -аю(сь), -ает(ся)
окарау́ливание, -я
окарау́ливать(ся), -аю, -ает(ся)
окарикату́ренный; *кр. ф.* -ен, -ена
окарикату́ривание, -я

окарикату́ривать(ся), -аю(сь), -ает(ся)
окарикату́рить, -рю, -рит
окари́на, -ы
ока́рмливание, -я
ока́рмливать(ся), -аю(сь), -ает(ся)
ока́т, -а
ока́танный; *кр. ф.* -ан, -ана
оката́ть(ся), -а́ю, -а́ет(ся)
окати́ть(ся), окачу́(сь), ока́тит(ся) (водо́й)
окатоли́ченный; *кр. ф.* -ен, -ена
окатоли́чивание, -я
окатоли́чивать(ся), -аю(сь), -ает(ся)
окатоли́чить(ся), -чу(сь), -чит(ся)
ока́тывание, -я
ока́тывать(ся), -аю(сь), -ает(ся)
ока́тыш, -а, *тв.* -ем
ока́тышевый
о́кать, -аю, -ает
ока́ченный; *кр. ф.* -ен, -ена
ока́чивание, -я
ока́чивать(ся), -аю(сь), -ает(ся)
ока́шивать(ся), -аю, -ает(ся)
о́кающий
окая́нный; но: **Святопо́лк Окая́нный**
окая́нский
окая́нство, -а
ОКБ [окабэ́], *нескл., с.* (*сокр.*: опытно-конструкторское бюро; особое конструкторское бюро)
окварцева́ние, -я
окварцо́ванный; *кр. ф.* -ан, -ана
океа́н, -а
Океа́н, -а (*мифол.*)
океана́вт, -а
океана́рий, -я и **океана́риум,** -а
океана́риумный
Океа́н Бу́рь (*на Луне*)
океани́ды, -и́д, *ед.* -и́да, -ы
океаниза́ция, -и
океани́йский (*от* Океа́ния)
океани́ческий (*от* океа́н)
Океа́ния, -и
океа́нный
океано́граф, -а
океанографи́ческий
океаногра́фия, -и
океано́лог, -а
океанологи́ческий
океаноло́гия, -и
океа́нский
о'ке́й и **о-ке́й,** *неизм.*
окида́ть, -а́ет
оки́дывать, -аю, -ает (взгля́дом, взо́ром)
оки́нутый
оки́нуть, -ну, -нет (взгля́дом, взо́ром)
окирко́ванный; *кр. ф.* -ан, -ана
окиркова́ть, -ку́ю, -ку́ет
окирко́вка, -и
окирко́вывать(ся), -аю, -ает(ся)
окиса́ть, -а́ет
о́кисел, -сла
окисле́ние, -я
окисле́ние-восстановле́ние, окисле́ния-восстановле́ния
окислённый; *кр. ф.* -ён, -ена́ и **оки́сленный;** *кр. ф.* -ен, -ена
окисли́тель, -я
окисли́тельно-восстанови́тельный
окисли́тельный
окисли́ть(ся), -лю́, -ли́т(ся) и **оки́слить(ся),** -лю, -лит(ся)
окисля́ть(ся), -я́ю, -я́ет(ся)
о́кисно-рту́тный
о́кисный
о́кись, -и
окказионали́зм, -а
окказионали́ст, -а
окказионали́стский
окказиона́льность, -и
окказиона́льный; *кр. ф.* -лен, -льна
О́ккам, -а: бри́тва О́ккама
окклюди́рование, -я
окклюди́рованный; *кр. ф.* -ан, -ана
окклюди́ровать(ся), -рую, -рует(ся)
окклю́зия, -и
оккульти́зм, -а
оккульти́ст, -а
оккульти́стка, -и, *р. мн.* -ток
оккульти́стский
окку́льтно-теосо́фский
окку́льтный
оккупа́нт, -а
оккупа́нтский
оккупацио́нный
оккупа́ция, -и
оккупи́рованный; *кр. ф.* -ан, -ана
оккупи́ровать(ся), -рую, -рует(ся)
окла́д, -а
окла́дистый
окладно́й
окла́дный
окла́дчик, -а
оклахо́мский (*от* Оклахо́ма)
оклахо́мцы, -ев, *ед.* -мец, -мца, *тв.* -мцем
оклёванный; *кр. ф.* -ан, -ана
оклева́ть, оклюю́, оклюёт
оклеве́танный; *кр. ф.* -ан, -ана
оклевета́ть, -вещу́, -ве́щет
оклёвывать(ся), -аю, -ает(ся)
окле́енный; *кр. ф.* -ен, -ена
окле́ечный
окле́ивание, -я
окле́ивать(ся), -аю, -ает(ся)
окле́ить, -е́ю, -е́ит
окле́йка, -и
оклеймённый; *кр. ф.* -ён, -ена́
оклейми́ть, -млю́, -ми́т
окле́йщик, -а
окле́йщица, -ы, *тв.* -ей
оклема́ться, -а́юсь, -а́ется
оклетнёванный; *кр. ф.* -ан, -ана
оклетнева́ть(ся), -нюю, -нюет(ся)
о́клик, -а
оклика́ние, -я
окли́канный; *кр. ф.* -ан, -ана
окли́кать, -и́чу, -и́чет, *сов.*
оклика́ть(ся), -а́ю, -а́ет(ся), *несов.*
окли́кнутый
окли́кнуть, -ну, -нет
окни́ще, -а
окно́, -а́, *мн.* о́кна, о́кон
окномо́йка, -и, *р. мн.* -о́ек
о́ко, о́ка, *мн.* о́чи, оче́й
окова́лок, -лка
око́ванный; *кр. ф.* -ан, -ана
окова́ть, окую́, окуёт
око́вка, -и, *р. мн.* -вок
око́вочный
око́вы, око́в
око́вывание, -я
око́вывать(ся), -аю(сь), -ает(ся)
окоём, -а (*пространство, окидываемое взглядом; горизонт*)
окоёмок, -мка (*от* окоём)
о́ко за о́ко
окола́чивание, -я
окола́чивать(ся), -аю(сь), -ает(ся)
околдо́ванный; *кр. ф.* -ан, -ана
околдова́ть, -ду́ю, -ду́ет
околдо́вывать(ся), -аю(сь), -ает(ся)
околева́ние, -я
околева́ть, -а́ю, -а́ет
околёсина, -ы
околеси́ть, -ешу́, -еси́т
околе́сица, -ы, *тв.* -ей и **околёсица,** -ы, *тв.* -ей
околёсная, -ой
околе́ть, -е́ю, -е́ет
око́лица, -ы, *тв.* -ей
околи́чности, -ей, *ед.* -ость, -и
око́личный (*к* околи́чности)
околи́чный (*от* око́лица)
око́лия, -и
око́лка, -и (*действие*)
о́коло, *нареч.* и *предлог*
около... – *приставка, пишется слитно*
околовое́нный
окологло́точный
окологодово́й
околожи́льный
околозвёздный
околозвуково́й
околозе́мный и **околоземно́й**
око́лок, -лка *(лес, обл.)*
околокино́шный
околокремлёвский
окололитерату́рный
окололу́нный
околомарсиа́нский
околома́точный
околоме́сячный
околонау́чный
околонеде́льный
околоорбита́льный
околопарла́ментский
околоплане́тный
околопло́дник, -а
околопло́дниковый
околопло́дный

околополити́ческий
околопо́люсный
околополя́рный
околопреде́льный
околорелигио́зный
околосветово́й
околосерде́чный
околоси́ться, -и́тся
околосо́лнечный
околосоревнова́тельный (околосоревнова́тельная ско́рость)
околоспорти́вный
околоство́льный
околостоя́щий
околосу́точный
околотво́рческий
околотеатра́льный
околоти́ть(ся), -очу́, -о́тит(ся)
около́ток, -тка
около́точный
около́ть, околю́, око́лет
околоу́стье, -я, *р. мн.* -ьев
околоу́шный
околофаши́стский
околофутбо́льный
околоцве́тник, -а
околоцерко́вный
околочасово́й
около́ченный; *кр. ф.* -ен, -ена
околоша́хматный
околоше́йный
околощитови́дный
околоэква́торный
околпа́ченный; *кр. ф.* -ен, -ена
околпа́чивание, -я
околпа́чивать(ся), -аю(сь), -ает(ся)
околпа́чить, -чу, -чит
око́лыш, -а, *тв.* -ем
око́лышек, -шка
око́льничество, -а
око́льничий, -его
око́льный
окольцева́ние, -я
окольцева́ть, -цу́ю, -цу́ет
окольцо́ванный; *кр. ф.* -ан, -ана
окольцо́вывание, -я
окольцо́вывать(ся), -аю, -ает(ся)
окомкова́ние, -я
окомко́ванный; *кр. ф.* -ан, -ана
о ко́м о ко́м
оконе́чность, -и
оконе́чный
око́нница, -ы, *тв.* -ей
око́нный
оконопа́тить, -а́чу, -а́тит
оконопа́ченный; *кр. ф.* -ен, -ена
оконопа́чивание, -я
оконопа́чивать(ся), -аю, -ает(ся)
око́нтуренный; *кр. ф.* -ен, -ена
око́нтуривание, -я
око́нтуривать(ся), -аю, -ает(ся)
око́нтурить, -рю, -рит
оконфу́женный; *кр. ф.* -ен, -ена
оконфу́зить(ся), -у́жу(сь), -у́зит(ся)
око́нце, -а, *р. мн.* -нцев и -нец
оконча́ние, -я
оконча́тельность, -и
оконча́тельный; *кр. ф.* -лен, -льна
око́нчатый мотылёк
око́нченный; *кр. ф.* -ен, -ена
око́нчить(ся), -чу, -чит(ся)
око́п, -а
око́панный; *кр. ф.* -ан, -ана
окопа́ть(ся), -а́ю(сь), -а́ет(ся)
око́пка, -и
око́пник, -а
око́пница, -ы, *тв.* -ей
око́пный
око́пчик, -а
окора́чивание, -я
окора́чивать(ся), -аю, -ает(ся)
окорени́ться, -и́тся
окорённый; *кр. ф.* -ён, -ена́
окорёнок, -нка
окореня́ться, -я́ется
окори́ть, -рю́, -ри́т
око́рка, -и
окорми́ть, -млю́, -ми́т (*церк.*)
окормле́ние, -я
окормлённый; *кр. ф.* -ён, -ена́
окормля́ть(ся), -я́ю(сь), -я́ет(ся)
око́рнанный; *кр. ф.* -ан, -ана
окорна́ть(ся), -а́ю(сь), -а́ет(ся)
о́корок, -а, *мн.* -а́, -о́в
окороко́вый
окоро́т, -а
окороти́ть, -очу́, -оти́т
окоро́ченный; *кр. ф.* -ен, -ена
о́корочный (*от* о́корок)
око́рочный (*от* око́рка)
окорочо́к, -чка́, *мн.* -чка́ и -чки́, -о́в
око́рщик, -а
окоря́банный; *кр. ф.* -ан, -ана
окоря́бать(ся), -аю(сь), -ает(ся)
окоря́ть(ся), -я́ю, -я́ет(ся)
окосе́ть, -е́ю, -е́ет
окоси́ть, окошу́, око́сит
окосма́тевший
окосма́теть, -ею, -еет
окостенева́ть, -а́ю, -а́ет
окостене́лость, -и
окостене́лый
окостене́ние, -я
окостене́ть, -е́ю, -е́ет
окостени́ть, -ню́, -ни́т
око́сье, -я, *р. мн.* -ьев
око́т, -а
окоти́ть(ся), -и́т(ся) (*к* коти́ться и око́т)
око́тный
окоченева́ть, -а́ю, -а́ет
окочене́лый
окочене́ние, -я
окочене́ть, -е́ю, -е́ет
окочу́риваться, -аюсь, -ается
окочу́риться, -рюсь, -рится
око́шенный; *кр. ф.* -ен, -ена
око́шечко, -а, *мн.* -чки, -чек
око́шко, -а, *мн.* -шки, -шек
окра́ина, -ы
окра́инный
окра́с, -а
окра́сить(ся), -а́шу(сь), -а́сит(ся)
окра́ска, -и, *р. мн.* -сок
окра́сочный
окра́счик, -а
окра́шенность, -и
окра́шенный; *кр. ф.* -ен, -ена
окра́шивание, -я
окра́шивать(ся), -аю(сь), -ает(ся)
окремне́ние, -я
окремнённый; *кр. ф.* -ён, -ена́
окре́пнуть, -ну, -нет; *прош.* -е́п, -е́пла
окре́пший
окре́ст, *нареч.* и *предлог*
окрести́ть(ся), -ещу́(сь), -е́стит(ся)
окре́ст лежа́щий
окре́стность, -и
окре́стный
окрестья́ненный; *кр. ф.* -ен, -ена
окрестья́нивание, -я
окрестья́нивать(ся), -аю(сь), -ает(ся)
окрестья́нить(ся), -ню(сь), -нит(ся)
окрещённый; *кр. ф.* -ён, -ена́
окриве́ть, -е́ю, -е́ет
окриви́ть, -влю́, -ви́т
о́крик, -а
окри́кивать, -аю, -ает
окри́кнутый
окри́кнуть, -ну, -нет
окристаллизо́ванный; *кр. ф.* -ан, -ана
окристаллизова́ть(ся), -зу́ю, -зу́ет(ся)
окрова́вивший(ся)
окрова́вить(ся), -влю(сь), -вит(ся)
окрова́вление, -я
окрова́вленный; *кр. ф.* -ен, -ена
окрова́вливать(ся), -аю(сь), -ает(ся)
окровенённый; *кр. ф.* -нён, -нена́
окровене́ть, -е́ю, -е́ет
окровени́ть(ся), -ню́(сь), -ни́т(ся)
окро́л, -а
окро́ме (*прост. устар. к* кро́ме)
окро́мсанный; *кр. ф.* -ан, -ана
окромса́ть, -а́ю, -а́ет
окромя́ (*прост. к* кро́ме)
окропи́ть(ся), -плю́(сь), -пи́т(ся)
окропле́ние, -я
окроплённый; *кр. ф.* -ён, -ена́
окропля́ть(ся), -я́ю(сь), -я́ет(ся)
окро́шечный
окро́шка, -и, *р. мн.* -шек
о́круг, -а, *мн.* -а́, -о́в (*административная единица*)
окру́г, *нареч.* и *предлог* (*устар. и прост. к* вокру́г)
окру́га, -и (*окружающая местность*)
округле́ние, -я
округлённо, *нареч.*
округлённо-во́гнутый
округлённость, -и
округлённый; *кр. ф.* -ён, -ена́
округле́ть, -е́ю, -е́ет
округли́ть(ся), -лю́(сь), -ли́т(ся)
округлобо́кий
окру́глость, -и

округлый
округлять(ся), -яю(сь), -яет(ся)
окружать(ся), -аю(сь), -ает(ся)
окружающий(ся)
окруженец, -нца, *тв.* -нцем, *р. мн.* -нцев
окружение, -я
окружённый; *кр. ф.* -ён, -ена
окружить, -жу, -жит
окружком, -а
окружной (*от* округ)
окружность, -и
окружный (*окрестный*)
окрутить(ся), -учу(сь), -утит(ся)
окрученный; *кр. ф.* -ен, -ена
окручивание, -я
окручивать(ся), -аю(сь), -ает(ся)
окрылённо, *нареч.*
окрылённость, -и
окрылённый; *кр. ф.* -ён, -ена
окрылить(ся), -лю(сь), -лит(ся)
окрылять(ся), -яю(сь), -яет(ся)
окрыситься, -ится
оксазин, -а
оксазиновый
оксазол, -а
оксалатный
оксалатурия, -и
оксалаты, -ов, *ед.* -лат, -а
оксалон, -а
оксер, -а (*спорт.*)
оксибензол, -а
оксибионты, -ов, *ед.* -онт, -а
оксигемоглобин, -а
оксигемометр, -а
оксигемометрия, -и
оксигеназы, -аз, *ед.* -аза, -ы
оксигенатор, -а
оксигенация, -и
оксигенотерапия, -и
оксидазы, -аз, *ед.* -аза, -ы
оксидация, -и
оксидиметрический
оксидиметрия, -и
оксидирование, -я
оксидированный; *кр. ф.* -ан, -ана
оксидировать(ся), -рую, -рует(ся)
оксидировка, -и
оксидный
оксидоредуктазы, -таз, *ед.* -таза, -ы
оксиды, -ов, *ед.* оксид, -а
оксикислоты, -от, *ед.* -ота, -ы
оксилидин, -а
оксиликвит, -а
оксилит, -а
оксилофиты, -ов, *ед.* -фит, -а
оксимасляный
оксиморон, -а и **оксюморон,** -а
окситетрациклин, -а
окситоцин, -а
окский (*от* Ока)
Окско-Донская равнина
оксолин, -а
оксолиновый
окстись, окститесь, *в знач. межд.*
оксфордский (*от* Оксфорд)
оксфордцы, -ев, *ед.* -дец, -дца, *тв.* -дцем
оксюморон, -а и **оксиморон,** -а
октава, -ы
октавист, -а
октавный
октан, -а (*хим.*)
октан-корректор, -а
октановый
октант, -а (*геом., астр.*)
октантный (*от* октант)
октаподы, -под, *ед.* -пода, -ы
октаэдр, -а
октаэдрит, -а
октет, -а
октетный
октод, -а
Октоих, -а
октоль, -и
октроирование, -я
октроированный; *кр. ф.* -ан, -ана
октроировать(ся), -рую, -рует(ся)
октруа, *нескл., мн.*
октябрёнок, -нка, *мн.* -рята, -рят
октябрины, -ин
октябрист, -а
октябристский
октябрь, -я и (*об Октябрьской революции 1917*) **Октябрь,** -я
Октябрьская революция (*в России 1917*)
октябрьский
Октябрьское Поле (*район в Москве*)
октябрятский
окуджавовский (*от* Окуджава)
окукливание, -я
окукливаться, -ается
окуклиться, -ится
окулирование, -я
окулированный; *кр. ф.* -ан, -ана
окулировать(ся), -рую, -рует(ся)
окулировка, -и, *р. мн.* -вок
окулировочный
окулировщик, -а
окулировщица, -ы, *тв.* -ей
окулист, -а
окулистка, -и, *р. мн.* -ток
окультивированный; *кр. ф.* -ан, -ана
окультивировать(ся), -рую, -рует(ся)
окультуренный; *кр. ф.* -ен, -ена
окультуривание, -я
окультуривать(ся), -аю, -ает(ся)
окультурить(ся), -рю, -рит(ся)
окуляр, -а (*линза*)
окулярный
окуляры, -ов (*очки*)
окунать(ся), -аю(сь), -ает(ся)
окуневидные, -ых
окуневый и **окунёвый**
окунёк, -нька
окунеобразные, -ых
окунишка, -и, *р. мн.* -шек, *м.*
окунутый
окунуть(ся), -ну(сь), -нёт(ся)
окунь, -я, *мн.* -и, -ей
окупаемость, -и
окупать(ся), -аю, -ает(ся)
окупить(ся), окуплю, окупит(ся)
окупленный; *кр. ф.* -ен, -ена
окургуженный; *кр. ф.* -ен, -ена
окургузить(ся), -ужу, -узит(ся)
окуренный; *кр. ф.* -ен, -ена
окуривание, -я
окуривать(ся), -аю(сь), -ает(ся)
окурить(ся), -рю(сь), окурит(ся)
окурок, -рка
окурыш, -а, *тв.* -ем
окускование, -я
окускованный; *кр. ф.* -ан, -ана
окутанный; *кр. ф.* -ан, -ана
окутать(ся), -аю(сь), -ает(ся)
окутывание, -я
окутывать(ся), -аю(сь), -ает(ся)
окученный; *кр. ф.* -ен, -ена
окучивание, -я
окучивать(ся), -аю, -ает(ся)
окучить, -чу, -чит
окучка, -и
окучник, -а
окушок, -шка (*от* окунь)
оладушек, -шка, *р. мн.* -ов и **оладушка,** -и, *р. мн.* -шек
оладышек, -шка, *р. мн.* -ов и **оладышка,** -и, *р. мн.* -шек
оладьи, -дий, *ед.* оладья, -и
олдермен, -а
олдсмобиль, -я
олеандомицин, -а
олеандр, -а
олеандровый
олеат, -а
оледеневать, -аю, -ает
оледенелый
оледенение, -я
оледенённый; *кр. ф.* -ён, -ена
оледенеть, -ею, -еет
оледенить, -ню, -нит
оледенять, -яю, -яет
олеин, -а
олеиновый
олёкминский (*от* Олёкма и Олёкминск)
олёкминцы, -ев, *ед.* -нец, -нца, *тв.* -нцем
оленебык, -а, *мн.* -и, -ов
оленевод, -а
оленеводство, -а
оленеводческий
оленевые, -ых
оленегонный
оленёк, -нька
оленёкский (*от* Оленёк, *река*)
оленёнок, -нка, *мн.* оленята, -нят
оленёночек, -чка, *мн.* оленятки, -ток
оленесовхоз, -а
олений, -ья, -ье
оленина, -ы
олениха, -и
олёнка, -и, *р. мн.* -нок (*жук*)

оле́нный (*к* оле́нь; оле́нные ка́мни)
олену́ха, -и
оле́нь, -я
оленя́тник, -а
олеографи́ческий
олеогра́фия, -и
олеофи́льный
олеофо́бный
о́леум, -а
олефи́новый
олефи́ны, -ов, *ед.* -фи́н, -а
оле́шек, -шка (*от* оле́нь)
оле́шник, -а (*устар. к* ольхо́вник и ольша́ник)
олешня́к, -а́ и **ольшня́к,** -а́ (*ольховник*)
оли́ва, -ы
оливи́н, -а
оли́вка, -и, *р. мн.* -вок
оли́вково-се́рый
оли́вковый
оливомици́н, -а
оливье́, *неизм.* (*кулин.*)
олига́рх, -а
олигархиза́ция, -и
олигархи́ческий
олига́рхия, -и
олигеми́я, -и
олигодендроглия́, -и
олигодинами́ческий
олигодо́н, -а
олигокла́з, -а
олиголецита́льный
олигомериза́ция, -и
олигоме́рный
олигоме́ры, -ов, *ед.* -ме́р, -а
олигонуклеоти́ды, -ов, *ед.* -ти́д, -а
олигополи́ст, -а
олигополисти́ческий
олигопо́лия, -и
олигопсо́ния, -и
олигосапро́бы, -ов, *ед.* -ро́б, -а
олигосахари́ды, -ов, *ед.* -ри́д, -а
олиготро́фный
олиготро́фы, -ов, *ед.* -тро́ф, -а
олигофа́ги, -ов, *ед.* -фа́г, -а
олигофа́гия, -и
олигофре́н, -а
олигофрени́ческий
олигофрени́чка, -и, *р. мн.* -чек
олигофрени́я, -и
олигофренопедаго́гика, -и
олигофренопедагоги́ческий
олигохе́ты, -хе́т, *ед.* -хе́та, -ы
олигоце́н, -а
олигоце́новый
олигоцита́льный
олигури́я, -и
о́лим, -а
Оли́мп, -а (*гора в Греции; мифол.*) и **оли́мп,** -а (*избранный круг, верхушка какого-н. общества*)
Олимпиа́да, -ы (*Олимпийские игры*) и **олимпиа́да,** -ы (*соревнования, состязания в чем-н.*)
олимпиа́дный
олимпи́ец, -и́йца, *тв.* -и́йцем, *р. мн.* -и́йцев
олимпи́зм, -а
олимпи́йка, -и, *р. мн.* -и́ек
Олимпи́йская дере́вня
Олимпи́йская ха́ртия
Олимпи́йские и́гры
олимпи́йский (к Оли́мп, Олимпиа́да, Олимпи́йские и́гры)
Олимпи́йский комите́т Росси́и
оли́мпик, -а (*позиция в шашках*)
олимпио́ник, -а
олитерату́ренный; *кр. ф.* -ен, -ена
олитерату́ривание, -я
олитерату́ривать(ся), -аю, -ает(ся)
олитерату́рить, -рю, -рит
оли́фа, -ы
оли́фить(ся), -флю, -фит(ся)
оли́фление, -я
оли́фленный; *кр. ф.* -ен, -ена
оли́фный
оли́фовый
олицетворе́ние, -я
олицетворённый; *кр. ф.* -ён, -ена́
олицетвори́ть, -рю́, -ри́т
олицетворя́ть(ся), -я́ю, -я́ет(ся)
о́лово, -а
оловодобыва́ющий
оловодобы́тчик, -а
оловокомбина́т, -а
оловоно́сный; *кр. ф.* -сен, -сна
оловооргани́ческий
оловору́дный
оловя́нистый
оловя́нно-вольфра́мовый
оловя́нно-се́рый
оловя́нно-фо́сфористый
оловя́нный
оловя́шка, -и, *р. мн.* -шек
оломо́уцкий (*от* Оломо́уц)
Оло́нецкая возвы́шенность
оло́нецкий (*от* Оло́нец)
Оло́нецкий кра́й (*ист.*)
олонча́не, -а́н, *ед.* -а́нин, -а
олонча́нка, -и, *р. мн.* -нок
о́лух, -а
ольденбу́ргский (*от* О́льденбу́рг, *город и округ*; ольденбу́ргская поро́да лошаде́й)
о́льстерский (*от* О́льстер)
о́льстерцы, -ев, *ед.* -рец, -рца, *тв.* -рцем
ольфакто́метр, -а
ольфактометри́ческий
ольфактоме́три́я, -и
ольха́, -и́, *мн.* о́льхи, ольх
ольхо́вник, -а
ольхо́вый
ольша́ник, -а
ольшня́к, -а́ и **олешня́к,** -а́
о-ля-ля́, *неизм.*
оля́пка, -и, *р. мн.* -пок
Ом, -а: **зако́н О́ма**
ом, -а, *р. мн.* о́мов, *счетн. ф.* ом и о́мов (*ед. измер.*)
омагни́тить(ся), -и́чу, -и́тит(ся)
омагни́ченный; *кр. ф.* -ен, -ена
омагни́чивание, -я
омагни́чивать(ся), -аю, -ает(ся)
ома́нский (*от* Ома́н)
ома́нцы, -ев, *ед.* -нец, -нца, *тв.* -нцем
ома́р, -а
ома́ровый
ома́ч, -а, *тв.* -ем
ома́чивание, -я
ома́чивать(ся), -аю, -ает(ся)
омбро́граф, -а
омбро́метр, -а
омброфи́лы, -ов, *ед.* -фи́л, -а
омброфи́ты, -ов, *ед.* -фи́т, -а
омброфо́бы, -ов, *ед.* -фо́б, -а
о́мбудсме́н, -а
омеблиро́ванный; *кр. ф.* -ан, -ана
омеблирова́ть(ся), -ру́ю(сь), -ру́ет(ся)
омеблиро́вка, -и
омеблиро́вывание, -я
омеблиро́вывать(ся), -аю(сь), -ает(ся)
оме́г, -а (*бот.*)
оме́га, -и (*название буквы*)
омедне́ние, -я
омеднённый; *кр. ф.* -ён, -ена́
омедни́ть, -ню́, -ни́т
омедня́ть(ся), -я́ю, -я́ет(ся)
оме́жник, -а
оме́жниковый
Омейя́ды, -ов (*династия*)
оме́ла, -ы
омеле́ние, -я
омеле́ть, -е́ет
омерзе́ние, -я
омерзе́ть, -е́ю, -е́ет
омерзи́тельность, -и
омерзи́тельный; *кр. ф.* -лен, -льна
оме́рта, -ы
омертвева́ть, -а́ю, -а́ет
омертве́лость, -и
омертве́лый
омертве́ние, -я
омертве́ть, -е́ю, -е́ет
омертви́ть, -влю́, -ви́т
омертвле́ние, -я
омертвлённый; *кр. ф.* -ён, -ена́
омертвля́ть(ся), -я́ю, -я́ет(ся)
омёт, -а
омеща́ненный; *кр. ф.* -ен, -ена
омеща́нивание, -я
омеща́нивать(ся), -аю(сь), -ает(ся)
омеща́нить(ся), -ню(сь), -нит(ся)
о́ микро́н, *нескл., с.* (*название буквы*)
омина́ть(ся), -а́ю, -а́ет(ся)
оми́ческий (*от* ом)
омичи́, -е́й, *ед.* оми́ч, -а́, *тв.* -о́м (*от* Омск)
оми́чка, -и, *р. мн.* -чек
омле́т, -а
омле́тик, -а
омма́ж, -а, *тв.* -ем
ommати́дии, -ев, *ед.* -дий, -я

омме́тр, -а (*прибор*)
ом-ме́тр, -а (*ед. измер.*)
омметри́ческий
о́мнибус, -а
о́мнибусный
о́мниум, -а (*спорт.*)
омници́д, -а
омове́ние, -я
омо́граф, -а
омографи́ческий
омогра́фи́я, -и
омозоле́лость, -и
омозоле́лый
омозоле́ть, -е́ет
омола́живание, -я
омола́живать(ся), -аю(сь), -ает(ся)
омолоди́ть(ся), -ожу́(сь), -оди́т(ся)
омоложа́ть(ся), -а́ю(сь), -а́ет(ся)
омоложе́ние, -я
омоложённый; *кр. ф.* -ён, -ена́
омоморфе́ма, -ы
ОМО́Н, -а и *нескл., м.* (*сокр.*: отряд милиции особого назначения)
омо́ним, -а
омони́мика, -и
омоними́ческий
омоними́чность, -и
омоними́чный; *кр. ф.* -чен, -чна
омоними́я, -и
омо́новец, -вца, *тв.* -вцем, *р. мн.* -вцев
омо́новский (*от* ОМО́Н)
оморя́чивание, -я
оморя́чиваться, -аюсь, -ается
оморя́читься, -чусь, -чится
омофо́н, -а
омофони́ческий
омофони́чный; *кр. ф.* -чен, -чна
омофо́ни́я, -и (*лингв.*)
омофо́нный
омофо́р, -а
омофо́рма, -ы
омофо́рми́я, -и
омо́ченный; *кр. ф.* -ен, -ена
омочи́ть(ся), -очу́, -о́чит(ся)
омрача́ть(ся), -а́ю(сь), -а́ет(ся)
омраче́ние, -я
омрачённость, -и
омрачённый; *кр. ф.* -ён, -ена́
омрачи́ть(ся), -чу́(сь), -чи́т(ся)
о́мский (*от* Омск)
омужи́чиваться, -аюсь, -ается
омужи́читься, -чусь, -чится
омузыка́ленный; *кр. ф.* -ен, -ена
омузыка́ливание, -я
омузыка́ливать(ся), -аю, -ает(ся)
омузыка́лить, -лю, -лит
омулёвый
о́муль, -я, *мн.* -и, -е́й
омусульма́ненный; *кр. ф.* -ен, -ена
омусульма́нивание, -я
омусульма́нивать(ся), -аю(сь), -ает(ся)
омусульма́нить(ся), -ню(сь), -нит(ся)
о́мут, -а, *мн.* -ы, -ов и -а́, -о́в
омути́стый
омуто́к, -тка́
омуто́чек, -чка
омфали́т, -а
омша́ник, -а
омыва́ние, -я
омыва́тель, -я
омыва́ть(ся), -а́ю(сь), -а́ет(ся)
омыле́ние, -я
омылённый; *кр. ф.* -ён, -ена́
омы́тый
омы́ть(ся), омо́ю(сь), омо́ет(ся)
омя́ть(ся), омну́, омнёт(ся)
он[1], **оно́,** его́, ему́, им, о нём, **она́,** её, ей и е́ю, о ней, *мн.* они́, их, им, и́ми, о них
он[2], *нескл., м.* и *с.* (*название буквы*)
она́гр, -а (*животное; катапульта*)
она́гра, -ы (*растение*)
онани́зм, -а
онани́рование, -я
онани́ровать, -рую, -рует
онани́ст, -а
онанисти́ческий
онани́стка, -и, *р. мн.* -ток
онаре́ченный; *кр. ф.* -ен, -ена
онаре́чивание, -я
онаре́чиваться, -ается
онаре́читься, -ится
онда́тра, -ы
ондатрово́д, -а
ондатрово́дство, -а
ондатрово́дческий
онда́тровый
ондо́граф, -а
ондуля́тор, -а
оне́гинский (*от* Оне́гин; оне́гинская строфа́)
оне́жский (*к* Оне́жское о́зеро и Оне́га)
онейри́ческий
онейро́ид, -а
онейро́идный
онемева́ть, -а́ю, -а́ет
онеме́лость, -и
онеме́лый
онеме́ние, -я
онеме́ть, -е́ю, -е́ет
онеме́чение, -я
онеме́ченный; *кр. ф.* -ен, -ена
онеме́чивание, -я
онеме́чивать(ся), -аю(сь), -ает(ся)
онеме́чить(ся), -чу(сь), -чит(ся)
онёр: со все́ми онёрами
о́никс, -а
о́никсовый
о́ним, -а (*лингв.*)
онихи́я, -и
онихомико́з, -а
онко... – *первая часть сложных слов, пишется слитно*
онкобело́к, -лка́
онкобольно́й, -о́го
онкови́рус, -а
онкови́русный
онковирусо́лог, -а
онковирусологи́ческий
онковирусоло́гия, -и
онкоге́н, -а
онкогене́з, -а
онкогенети́ческий
онкоге́нный
онкогинеко́лог, -а
онкогинекологи́ческий
онкогинеколо́гия, -и
онкодиспансе́р, -а
онкозаболева́емость, -и
онкозаболева́ние, -я
онколи́ты, -ов, *ед.* -ли́т, -а
онко́лог, -а
онкологи́ческий
онколо́гия, -и
онко́ль, -я
онко́льный
онкосфе́ра, -ы
онкоти́ческий
онкоце́нтр, -а
онкоцитоло́гия, -и
онла́йн, -а и *неизм.*
онла́йн-... – *первая часть сложных слов, пишется через дефис*
онла́йн-аукцио́н, -а
онла́йн-би́знес, -а
онла́йн-вопро́с, -а
онла́йн-диску́ссия, -и
онла́йн-интервью́, *нескл., с.*
онла́йн-конфере́нция, -и
онла́йн-материа́лы, -ов, *ед.* -иа́л, -а
онла́йн-но́вости, -е́й
онла́йновый
онла́йн-опро́с, -а
онла́йн-отве́т, -а
онла́йн-рассы́лка, -и, *р. мн.* -лок
онла́йн-се́рвис, -а
онла́йн-услу́ги, -у́г
о́но: во вре́мя о́но
ономасио́лог, -а
ономасиологи́ческий
ономасиоло́гия, -и
онома́стика, -и
ономастико́н, -а
ономасти́ческий
ономатологи́ческий
ономатоло́гия, -и
ономатопе́я, -и
ономатопоэти́ческий
ономня́сь (*обл.* *к* наме́дни)
онтари́йский (*от* Онта́рио)
онтогене́з, -а
онтогене́тика, -и
онтогенети́ческий
онтологи́зм, -а
онтологи́ческий (*к* онтоло́гия)
онтологи́чный; *кр. ф.* -чен, -чна (*к* онтоло́гия)
онтоло́гия, -и (*филос.*)
ону́чи, ону́ч, *ед.* ону́ча, -и, *тв.* -ей
о́ны: во времена́ о́ны
о́ный, о́ная, о́ное
о-обра́зный; *кр. ф.* -зен, -зна
ooга́мия, -и
оогене́з, -а и **овогене́з,** -а

оого́ний, -я
оли́товый
ооли́ты, -ов, *ед.* ооли́т, -а
оологи́ческий
ооло́гия, -и
оомице́ты, -ов, *ед.* -це́т, -а
оо́новский (*от* ОО́Н)
о-о-о, *межд.*
ООО́, *нескл., с.* (*сокр.*: общество с ограниченной ответственностью)
ооспо́ра, -ы
оофори́т, -а
ооци́т, -а и **овоци́т,** -а
оп и **о́па,** *межд.*
опа́вший
опа́д, -а
опада́ние, -я
опада́ть, -а́ет
опаде́ние, -я
опа́дыш, -а, *тв.* -ем
опа́здывание, -я
опа́здывать, -аю, -ает
опа́ивание, -я
опа́ивать(ся), -аю(сь), -ает(ся)
опа́к, -а
опа́ковый
опа́л, -а (*камень*)
опа́ла, -ы (*немилость*)
опалённый; *кр. ф.* -ён, -ена́
опалесце́нция, -и
опа́ливание, -я
опа́ливать(ся), -аю(сь), -ает(ся)
опа́лина, -ы
опали́ть(ся), -лю́(сь), -ли́т(ся)
опа́лка, -и
опа́ловый (*от* опа́л)
опа́лубить, -блю, -бит
опа́лубка, -и, *р. мн.* -бок
опа́лубленный; *кр. ф.* -ен, -ена
опа́лубочный
опа́лубщик, -а
опа́лывание, -я
опа́лывать(ся), -аю, -ает(ся)
опа́лый (*к* опа́сть)
опа́льный (*от* опа́ла)
опаля́ть(ся), -я́ю(сь), -я́ет(ся)
опа́мятование, -я
опа́мятоваться, -туюсь, -туется
опа́нки, -нок, *ед.* -нка, -и
опа́ночки, -чек, *ед.* -чка, -и
опа́ночный
опа́ра, -ы
опа́рник, -а
опа́рница, -ы, *тв.* -ей
опа́рный
оп-а́рт, -а
опарши́вевший (*от* опарши́веть)
опарши́веть, -ею, -еет (*покрыться паршой*)
опарши́вивший (*от* опарши́вить)
опарши́вить, -влю, -вит (*кого, что*)
опарши́вленный; *кр. ф.* -ен, -ена
опа́рыш, -а, *тв.* -ем
опаса́ться, -а́юсь, -а́ется
опасе́ние, -я
опа́ска, -и
опаску́девший(ся) (*от* опаску́деть)
опаску́деть, -ею, -еет (*стать паскудным*)
опаску́дивший(ся) (*от* опаску́дить(ся)
опаску́дить, -у́жу, -у́дит (*что*)
опаску́диться, -у́жусь, -у́дится
опаску́женный; *кр. ф.* -ен, -ена
опа́сливость, -и
опа́сливый
опа́снейший
опа́сно, *нареч.* и *в знач. сказ.*
опа́сно бли́зкий
опа́сность, -и
опа́сный; *кр. ф.* -сен, -сна
опа́сть, опадёт; *прош.* опа́л, опа́ла
о́пах, -а (*рыба*)
опаха́ло, -а
опаха́льный
опа́ханный; *кр. ф.* -ан, -ана
опаха́ть, опашу́, опа́шет
опа́хивать(ся), -аю(сь), -ает(ся)
опа́хнутый
опахну́ть(ся), -ну́(сь), -нёт(ся)
опа́чкать(ся), -аю(сь), -ает(ся)
о́пашень, -шня
опа́шка, -и
ОПГ [опэгэ́], *нескл., ж.* (*сокр.*: организованная преступная группировка)
опе́ка, -и
опека́ние, -я
опека́ть(ся), -а́ю(сь), -а́ет(ся)
опеку́н, -а́
опеку́нский
опеку́нство, -а
опеку́нствовать, -твую, -твует
опеку́нша, -и, *тв.* -ей
опелена́ть(ся), -а́ю(сь), -а́ет(ся)
опелёнутый и **опелёнатый**
о́пель, -я (*автомобиль*)
опенённый; *кр. ф.* -ён, -ена́
опе́нить(ся), -ню, -нит(ся)
опёнок, -нка, *мн.* опёнки, -ов и опя́та, -я́т
о́пер, -а (*оперативник*)
о́пера, -ы
о́пера-бале́т, о́перы-бале́та, *ж.*
опера́бельность, -и
опера́бельный; *кр. ф.* -лен, -льна
о́пера-бу́ффа, о́перы-бу́ффа и **о́пера-бу́фф,** о́перы-бу́фф
о́пера-коми́к, о́перы-коми́к
опера́нд, -а
о́пера-се́риа, о́перы-се́риа
операти́вка, -и, *р. мн.* -вок
операти́вник, -а
операти́вно-контро́льный
операти́вно-поиско́вый
операти́вно-произво́дственный
операти́вно-разыскно́й
операти́вно-сле́дственный
операти́вно-служе́бный
операти́вно-спаса́тельный
операти́вно-стратеги́ческий
операти́вность, -и
операти́вно-такти́ческий
операти́вно-территориа́льный
операти́вно-техни́ческий
операти́вный; *кр. ф.* -вен, -вна
опера́тор, -а
опера́торная, -ой
опера́торский
опера́тор-фу́нкция, опера́тора-фу́нкции, *м.*
опера́торша, -и, *тв.* -ей
операционали́зм, -а
операционали́ст, -а
операционали́стский
операциони́ст, -а
операциони́стка, -и, *р. мн.* -ток
операцио́нка, -и, *р. мн.* -нок (*операционная система, разг.*)
операцио́нная, -ой
операцио́нный
опера́ция, -и
оперблóк, -а
опергру́ппа, -ы
опереди́ть, -ежу́, -еди́т
опережа́ть(ся), -а́ю(сь), -а́ет(ся)
опережа́ющий(ся)
опереже́ние, -я
опережённый; *кр. ф.* -ён, -ена́
опере́ние, -я
оперённый; *кр. ф.* -ён, -ена́
опере́тка, -и, *р. мн.* -ток
опере́точность, -и
опере́точный
опере́тта, -ы
опере́ть(ся), обопру́(сь), обопрёт(ся); *прош.* опёр(ся), оперла́(сь) и опёрла(сь), опёрло, оперло́сь и опёрлось
опери́рование, -я
опери́рованный; *кр. ф.* -ан, -ана
опери́ровать(ся), -рую(сь), -рует(ся)
опери́ть(ся), -рю́(сь), -ри́т(ся)
опермероприя́тия, -ий, *ед.* -тие, -я
о́перный
оперо́н, -а
оперотде́л, -а
оперотря́д, -а
оперотря́довец, -вца, *тв.* -вцем, *р. мн.* -вцев
оперотря́довский
операбо́тник, -а
опёртый; *кр. ф.* опёрт, оперта́ и опёрта, опёрто
оперуполномо́ченный, -ого
оперучёт, -а
опёрший(ся)
оперя́ть(ся), -я́ю(сь), -я́ет(ся)
опеча́ленно, *нареч.*
опеча́ленный; *кр. ф.* -ен, -ена и (*выражающий печаль*) -ен, -енна (глаза́ её опеча́ленны)
опеча́ливать(ся), -аю(сь), -ает(ся)
опеча́лить(ся), -лю(сь), -лит(ся)
опеча́танный; *кр. ф.* -ан, -ана
опеча́тать, -аю, -ает

опеча́тка, -и, *р. мн.* -ток
опеча́тывание, -я
опеча́тывать(ся), -аю, -ает(ся)
опе́чек, -чка
опе́шить, -шу, -шит
опиа́тный
опиа́ты, -ов, *ед.* -а́т, -а
опива́ла, -ы, *м.* и *ж.*
опива́ть(ся), -а́ю(сь), -а́ет(ся)
опи́вки, -вок и -вков
опиекури́льня, -и, *р. мн.* -лен
о́пий, -я
о́пийный
о́пий-сыре́ц, о́пия-сырца́
опи́ленный; *кр. ф.* -ен, -ена
опи́ливание, -я
опи́ливать(ся), -аю, -ает(ся)
опили́ть, -илю́, -и́лит
опи́лка, -и (*действие*)
опи́лки, -лок
опило́вка, -и
опило́вочно-зачи́стный
опило́вочный
опи́лочный
опиома́ния, -и
опиофа́гия, -и
опира́ть(ся), -а́ю(сь), -а́ет(ся)
описа́ние, -я
опи́санный; *кр. ф.* -ан, -ана
описа́тель, -я
описа́тельность, -и
описа́тельный; *кр. ф.* -лен, -льна
описа́тельство, -а
опи́сать(ся), -аю(сь), -ает(ся) (*от* пи́сать(ся)
описа́ть(ся), опишу́(сь), опи́шет(ся)
опи́ска, -и, *р. мн.* -сок
описно́й
опистодо́м, -а
описторхо́з, -а
опистоце́льный (*зоол.*)
опи́сывание, -я
опи́сывать(ся), -аю(сь), -ает(ся)
о́пись, -и
опи́ть(ся), обопью́(сь), обопьёт(ся); *прош.* опи́л(ся), опила́(сь), опи́ло, опи́ло́(сь)
о́пиум, -а
о́пиумный
опла́вить(ся), -влю, -вит(ся)
оплавле́ние, -я
опла́вленный; *кр. ф.* -ен, -ена
оплавля́ть(ся), -я́ю, -я́ет(ся)
опла́канный; *кр. ф.* -ан, -ана
опла́кать, -а́чу, -а́чет
опла́кивание, -я
опла́кивать(ся), -аю, -ает(ся)
опла́та, -ы
оплати́ть(ся), -ачу́, -а́тит(ся)
опла́ченный; *кр. ф.* -ен, -ена
опла́чивание, -я
опла́чивать(ся), -аю, -ает(ся)
оплева́ние, -я
оплёванный; *кр. ф.* -ан, -ана
оплева́ть, оплюю́, оплюёт
оплёвывание, -я
оплёвывать(ся), -аю(сь), -ает(ся)
оплёсканный; *кр. ф.* -ан, -ана
оплеска́ть, -а́ю, -а́ет
оплёскивать(ся), -аю(сь), -ает(ся)
оплёснутый
оплесну́ть(ся), -ну́(сь), -нёт(ся)
оплести́(сь), оплету́, оплетёт(ся); *прош.* оплёл(ся), оплела́(сь)
оплета́ние, -я
оплета́ть(ся), -а́ю, -а́ет(ся)
оплетённый; *кр. ф.* -ён, -ена́
оплётка, -и, *р. мн.* -ток
оплёточный
оплётчик, -а
оплётчица, -ы, *тв.* -ей
оплётший
оплеу́ха, -и
оплеу́шина, -ы
опле́чный
опле́чь, *нареч.*
опле́чье, -я, *р. мн.* -чий
оплеши́вевший
оплеши́веть, -ею, -еет (*стать плешивым*)
оплодотворе́ние, -я
оплодотворённый; *кр. ф.* -ён, -ена́
оплодотвори́ть(ся), -рю́, -ри́т(ся)
оплодотворя́емость, -и
оплодотворя́ть(ся), -я́ю, -я́ет(ся)
опломбирова́ние, -я
опломбиро́ванный; *кр. ф.* -ан, -ана
опломбирова́ть, -ру́ю, -ру́ет
опломбиро́вка, -и
опломбиро́вывать(ся), -аю, -ает(ся)
опло́т, -а
оплотне́ть, -е́ет
оплоша́ть, -а́ю, -а́ет
опло́шка, -и, *р. мн.* -шек
опло́шность, -и
опло́шный; *кр. ф.* -шен, -шна
оплы́в, -а
оплыва́ние, -я
оплыва́ть, -а́ю, -а́ет
о́плывень, -вня
оплы́вина, -ы
оплы́вший
оплы́ть, -ыву́, -ывёт; *прош.* оплы́л, оплыла́, оплы́ло
опля́, *неизм.*
оповести́тельный
оповести́ть, -ещу́, -ести́т
оповеща́тель, -я
оповеща́ть(ся), -а́ю(сь), -а́ет(ся)
оповеще́ние, -я
оповещённый; *кр. ф.* -ён, -ена́
опога́ненный; *кр. ф.* -ен, -ена
опога́нивание, -я
опога́нивать(ся), -аю(сь), -ает(ся)
опога́нить(ся), -ню(сь), -нит(ся)
оподельдо́к, -а
оподзо́ленность, -и
оподзо́ленный; *кр. ф.* -ен, -ена
оподзо́ливание, -я
оподзо́ливать(ся), -аю, -ает(ся)
оподзо́лить(ся), -лю, -лит(ся)
опо́дле́ние, -я
опо́дленный; *кр. ф.* -ен, -ена
оподле́ть, -е́ю, -е́ет
опо́длить(ся), -лю(сь), -лит(ся)
оподля́ть(ся), -я́ю(сь), -я́ет(ся)
опо́ек, опо́йка
опое́ние, -я
опо́енный; *кр. ф.* -ен, -ена
опо́ечек, -чка
опо́ечный
опозда́лый
опозда́ние, -я
опозда́ть, -а́ю, -а́ет
опознава́ние, -я
опознава́тельный
опознава́ть(ся), -наю́(сь), -наёт(ся)
опозна́ние, -я
опо́знанный; *кр. ф.* -ан, -ана
опозна́ть(ся), -а́ю(сь), -а́ет(ся)
опозо́рение, -я
опозо́ренный; *кр. ф.* -ен, -ена
опозо́рить(ся), -рю(сь), -рит(ся)
опои́ть, опою́, опо́и́т
опо́й, -я
опо́йковый
опо́йчатый
опо́ка, -и
опо́ковый
ополáскивание, -я
ополáскиватель, -я
ополáскивать(ся), -аю(сь), -ает(ся)
ополза́ние, -я
опо́лзать, -аю, -ает, *сов.* (*от* по́лзать)
ополза́ть, -а́ю, -а́ет, *несов.* (*к* оползти́)
о́ползень, -зня
о́ползневый
оползнеопа́сный
оползти́, -зу́, -зёт; *прош.* опо́лз, оползла́
опо́лзший
о́полночь, *нареч.*
ополови́ненный; *кр. ф.* -ен, -ена
ополови́нивание, -я
ополови́нивать(ся), -аю, -ает(ся)
ополови́нить(ся), -ню, -нит(ся)
ополо́сканный; *кр. ф.* -ан, -ана
ополоска́ть, -лощу́, -ло́щет и -а́ю, -а́ет
ополо́ски, -ов
ополо́снутый
ополосну́ть(ся), -ну́(сь), -нёт(ся)
опо́лотый
ополо́ть, ополю́, опо́лет
ополоу́мевший
ополоу́меть, -ею, -еет
ополча́ть(ся), -а́ю(сь), -а́ет(ся)
ополче́нец, -нца, *тв.* -нцем, *р. мн.* -нцев
ополче́ние, -я
ополче́нка, -и, *р. мн.* -нок
ополчённый; *кр. ф.* -ён, -ена́
ополче́нский
ополчи́ть(ся), -чу́(сь), -чи́т(ся)
опо́лье, -я, *р. мн.* -лий
ополя́чение, -я

ополя́ченный; *кр. ф.* -ен, -ена
ополя́чивание, -я
ополя́чивать(ся), -аю(сь), -ает(ся)
ополя́чить(ся), -чу(сь), -чит(ся)
опомина́ться, -а́юсь, -а́ется
опо́мниться, -нюсь, -нится
опопана́кс, -а
опо́р: во ве́сь опо́р
опо́ра, -ы
опора́жнивание, -я
опора́жнивать(ся), -аю(сь), -ает(ся)
опо́рки, -ов, *ед.* опо́рок, -рка
опо́рно-дви́гательный
опо́рно-осево́й
опо́рный
опорожне́ние, -я
опорожнённый; *кр. ф.* -ён, -ена́ и **опоро́жненный;** *кр. ф.* -ен, -ена
опоро́жни́ть(ся), -о́жню́(сь), -о́жни́т(ся)
опорожня́ть(ся), -я́ю(сь), -я́ет(ся)
опоромонта́жный
опоро́с, -а
опороси́ть(ся), -и́т(ся)
опоро́чение, -я
опоро́ченный; *кр. ф.* -ен, -ена
опоро́чивание, -я
опоро́чивать(ся), -аю(сь), -ает(ся)
опоро́чить(ся), -чу(сь), -чит(ся)
опосля́ (*прост. к* по́сле)
опосре́дование, -я
опосре́дованно, *нареч.*
опосре́дованность, -и
опосре́дованный; *кр. ф.* -ан, -ана
опосре́довать(ся), -дую, -дует(ся)
опосре́дствование, -я
опосре́дствованно, *нареч.*
опосре́дствованный; *кр. ф.* -ан, -ана
опосре́дствовать(ся), -твую, -твует(ся)
опо́ссум, -а
опосты́левший
опосты́леть, -ею, -еет и (*разг.*) -лю, -лит
опотерапи́я, -и
опохме́л, -а
опохмеле́ние, -я
опохмели́ть(ся), -лю́(сь), -ли́т(ся)
опохме́лка, -и, *р. мн.* -лок
опохмеля́ть(ся), -я́ю(сь), -я́ет(ся)
опоча́не, -а́н, *ед.* -а́нин, -а (*от* Опо́чка)
опо́чецкий (*от* Опо́чка)
опочива́льня, -и, *р. мн.* -лен
опочива́ть, -а́ю, -а́ет
опочи́ть, -и́ю, -и́ет
опошле́ние, -я
опо́шленный; *кр. ф.* -ен, -ена
опошле́ть, -е́ю, -е́ет
опо́шливание, -я
опо́шливать(ся), -аю(сь), -ает(ся)
опо́шлить(ся), -лю(сь), -лит(ся)
опошля́ть(ся), -я́ю(сь), -я́ет(ся)
опоэтизи́рование, -я
опоэтизи́рованный; *кр. ф.* -ан, -ана
опоэтизи́ровать(ся), -рую, -рует(ся)
опоя́зовец, -вца, *тв.* -вцем, *р. мн.* -вцев
опоя́зовский (*от* ОПОЯ́З)
опоя́санный; *кр. ф.* -ан, -ана
опоя́сать(ся), -я́шу(сь), -я́шет(ся)
опоя́ска, -и, *р. мн.* -сок
опоя́сывание, -я
опоя́сывать(ся), -аю(сь), -ает(ся)
опоя́сывающий(ся)
о́ппидум, -а
оппози́тный
оппозиционе́р, -а
оппозиционе́рка, -и, *р. мн.* -рок
оппозиционе́рский
оппозицио́нно, *нареч.*
оппозицио́нность, -и
оппозицио́нный; *кр. ф.* -о́нен, -о́нна
оппози́ция, -и (*противопоставление, противостояние*)
оппоне́нт, -а
оппоне́нтка, -и, *р. мн.* -ток
оппоне́нтский
оппони́рование, -я
оппони́рованный; *кр. ф.* -ан, -ана
оппони́ровать, -рую, -рует
оппортуни́зм, -а
оппортуни́ст, -а
оппортунисти́ческий
оппортунисти́чность, -и
оппортунисти́чный; *кр. ф.* -чен, -чна
оппортуни́стка, -и, *р. мн.* -ток
оппортуни́стский
опра́ва, -ы
оправда́ние, -я
опра́вданно, *нареч.*
опра́вданность, -и
опра́вданный; *кр. ф. прич.* -ан, -ана; *кр. ф. прил.* -ан, -ана (*с дополн.*: опра́вданы ва́жностью прое́кта) и -ан, -анна (*без дополн.*: его́ де́йствия вполне́ опра́вданны; ва́ше беспоко́йство опра́вданно)
оправда́тельный
оправда́ть(ся), -а́ю(сь), -а́ет(ся)
опра́вдываемость, -и
опра́вдывание, -я
опра́вдывать(ся), -аю(сь), -ает(ся)
опра́вить(ся), -влю(сь), -вит(ся)
опра́вка, -и, *р. мн.* -вок
оправле́ние, -я
опра́вленный; *кр. ф.* -ен, -ена
оправля́ть(ся), -я́ю(сь), -я́ет(ся)
опра́вочный
опра́стывание, -я
опра́стывать(ся), -аю(сь), -ает(ся)
опра́шивание, -я
опра́шивать(ся), -аю, -ает(ся)
опрева́ние, -я
опрева́ть, -а́ю, -а́ет
определе́ние, -я
определённо, *нареч.*
определённость, -и
определённый; *кр. ф. прич.* -ён, -ена́; *кр. ф. прил.* (*ясный, отчетливый; несомненный*) -ёнен, -ённа
определи́мость, -и
определи́мый
определи́тель, -я
определи́тельный
определи́ть(ся), -лю́(сь), -ли́т(ся)
определя́емость, -и
определя́емый
определя́ть(ся), -я́ю(сь), -я́ет(ся)
определя́ющий(ся)
опредме́тить, -е́чу, -е́тит
опредме́ченный; *кр. ф.* -ен, -ена
опредме́чивание, -я
опредме́чивать(ся), -аю, -ает(ся)
опре́лость, -и
опре́лый
опресне́ние, -я
опреснённый; *кр. ф.* -ён, -ена́
опресни́тель, -я
опресни́тельный
опресни́ть(ся), -ню́, -ни́т(ся)
опре́сноки, -ов, *ед.* -нок, -а
опре́сночный
опресня́ть(ся), -я́ю, -я́ет(ся)
опрессо́ванный; *кр. ф.* -ан, -ана
опрессова́ть, -ссу́ю, -ссу́ет
опрессо́вка, -и
опрессо́вочный
опрессо́вывать(ся), -аю, -ает(ся)
опре́ть, -е́ю, -е́ет
оприхо́дование, -я
оприхо́дованный; *кр. ф.* -ан, -ана
оприхо́довать(ся), -дую, -дует(ся)
опри́чник, -а
опри́чнина, -ы и **опри́чина,** -ы
опри́чный
опри́чь, *предлог*
опри́шки, -ов, *ед.* -шек, -шка
опробкове́ние, -я
опробкове́ть, -е́ет
опро́бование, -я
опро́бованный; *кр. ф.* -ан, -ана
опро́бовать(ся), -бую, -бует(ся)
опроверга́тель, -я
опроверга́тельница, -ы, *тв.* -ей
опроверга́ть(ся), -а́ю(сь), -а́ет(ся)
опрове́ргнувший
опрове́ргнутый
опрове́ргнуть, -ну, -нет; *прош.* -е́рг и -е́ргнул, -е́ргла
опрове́ргший
опроверже́ние, -я
опрове́рженный; *кр. ф.* -жен, -жена
опровержи́мый
опроки́д, -а
опрокидно́й
опрокидо́н, -а и **опрокидо́нт,** -а
опроки́дывание, -я
опроки́дыватель, -я
опроки́дывать(ся), -аю(сь), -ает(ся)
опроки́нутый
опроки́нуть(ся), -ну(сь), -нет(ся)
опроме́тчивость, -и
опроме́тчивый
о́прометью, *нареч.*
опро́с, -а

опроси́ть, -ошу́, -о́сит
опро́сник, -а
опро́сный
опроста́ние, -я
опро́станный; *кр. ф.* -ан, -ана
опроста́ть(ся), -а́ю(сь), -а́ет(ся)
опросте́лый
опросте́ть, -е́ю, -е́ет
опрости́ть(ся), -ощу́(сь), -ости́т(ся)
опростоволо́ситься, -о́шусь, -о́сится
опростофи́литься, -люсь, -лится
опро́счик, -а
опро́счица, -ы, *тв.* -ей
опротестова́ние, -я
опротесто́ванный; *кр. ф.* -ан, -ана
опротестова́ть, -ту́ю, -ту́ет
опротесто́вывание, -я
опротесто́вывать(ся), -аю, -ает(ся)
опроти́вевший
опроти́веть, -ею, -еет и (*разг.*) -влю, -вит
опро́шенный; *кр. ф.* -ен, -ена
опроща́ть(ся), -а́ю(сь), -а́ет(ся)
опроще́нец, -нца, *тв.* -нцем, *р. мн.* -нцев
опро́щение, -я (*лингв.*)
опроще́ние, -я (*к* опрости́ть(ся)
опрощённый; *кр. ф.* -ён, -ена́ (*к* опрости́ть(ся)
опро́щенный; *кр. ф.* -ен, -ена (*лингв.*)
опроще́нство, -а
опры́сканный; *кр. ф.* -ан, -ана
опры́скать(ся), -аю(сь), -ает(ся)
опры́скивание, -я
опры́скиватель, -я
опры́скиватель-опы́ливатель, опры́скивателя-опы́ливателя
опры́скивать(ся), -аю(сь), -ает(ся)
опры́снутый
опры́снуть(ся), -ну(сь), -нет(ся)
опрыща́вевший
опрыща́веть, -ею, -еет
опря́тность, -и
опря́тный; *кр. ф.* -тен, -тна
опсо́левший
опсо́веть, -еет
опсони́ны, -ов, *ед.* -ни́н, -а
опсони́ческий
опт, -а
опта́йп, -а
опта́нт, -а
опта́нтка, -и, *р. мн.* -ток
оптати́в, -а
оптати́вный
оптацио́нный
опта́ция, -и
о́птик, -а
о́птика, -и
оптика́тор, -а
о́птико-акусти́ческий и **оптоакусти́ческий**
о́птико-волоко́нный и **оптоволоко́нный**
оптикомеха́ник, -а
оптикомеха́ника, -и
о́птико-механи́ческий
о́птико-электро́нный и **оптоэлектро́нный**
оптима́льность, -и
оптима́льный; *кр. ф.* -лен, -льна
оптима́ты, -ов, *ед.* -ма́т, -а
опти́ме́тр, -а
оптимиза́тор, -а
оптимизацио́нный
оптимиза́ция, -и
оптимизи́рованный; *кр. ф.* -ан, -ана
оптимизи́ровать(ся), -рую, -рует(ся)
оптими́зм, -а
оптими́ст, -а
оптимисти́чески
оптимисти́ческий
оптимисти́чность, -и
оптимисти́чный; *кр. ф.* -чен, -чна
оптими́стка, -и, *р. мн.* -ток
о́птимум, -а
О́птина пу́стынь, О́птиной пу́стыни
О́птинские ста́рцы *(церк.)*
о́птинский (*к* О́птина пу́стынь)
опти́рование, -я
опти́рованный; *кр. ф.* -ан, -ана
опти́ровать(ся), -рую(сь), -рует(ся)
опти́ческий
оптоаку́стика, -и
оптоакусти́ческий и **о́птико-акусти́ческий**
оптови́к, -а́
опто́во-заку́почный
оптоволокно́, -а́
оптоволоко́нный и **о́птико-волоко́нный**
опто́во-ро́зничный
опто́вый
о́птом, *нареч.*
оптометри́ст, -а
оптометри́я, -и
оптоте́хника, -и
оптотехни́ческий
оптоэлектро́ника, -и
оптоэлектро́нный и **о́птико-электро́нный**
оптро́н, -а
опубликова́ние, -я
опублико́ванный; *кр. ф.* -ан, -ана
опубликова́ть(ся), -ку́ю(сь), -ку́ет(ся)
опублико́вывать(ся), -аю(сь), -ает(ся)
опу́нция, -и
опупе́ние, -я
опупе́ть, -е́ю, -е́ет
о́пус, -а
опуска́ние, -я
опуска́ть(ся), -а́ю(сь), -а́ет(ся)
опускно́й
опусте́лый
опусте́ние, -я
опусте́ть, -е́ет
опусти́ть(ся), -ущу́(сь), -у́стит(ся)
опустоша́ть(ся), -а́ю(сь), -а́ет(ся)
опустоше́ние, -я
опустошённо, *нареч.*
опустошённость, -и
опустошённый; *кр. ф.* -ён, -ена́
опустоши́тельность, -и
опустоши́тельный; *кр. ф.* -лен, -льна
опустоши́ть(ся), -шу́(сь), -ши́т(ся)
опусты́ненный; *кр. ф.* -ен, -ена
опусты́нивание, -я
опусты́ниваться, -ается
опусты́ниться, -ится
опу́танный; *кр. ф.* -ан, -ана
опу́тать(ся), -аю(сь), -ает(ся)
опу́тывание, -я
опу́тывать(ся), -аю(сь), -ает(ся)
опуха́ние, -я
опуха́ть, -а́ю, -а́ет
опу́хлость, -и
опу́хлый
опу́хнуть, -ну, -нет; *прош.* опу́х, опу́хла
опухолеви́дный; *кр. ф.* -ден, -дна
о́пухолевый
опухолеро́дный; *кр. ф.* -ден, -дна
о́пухоль, -и
опу́хший
опуша́ть(ся), -а́ю, -а́ет(ся)
опуше́ние, -я
опушённый; *кр. ф.* -ён, -ена́
опу́шечка, -и, *р. мн.* -чек
опу́шечный
опуши́ть(ся), -шу́, -ши́т(ся)
опу́шка, -и, *р. мн.* -шек
опуще́ние, -я
опу́щенный; *кр. ф.* -ен, -ена
опхо́з, -а (*опытное хозяйство*)
опцио́н, -а (*юр.*, *фин.*)
опцио́нный
о́пция, -и (*инф.*)
опыле́ние, -я
опылённый; *кр. ф.* -ён, -ена́
опы́ливание, -я
опы́ливатель, -я
опы́ливать(ся), -аю, -ает(ся)
опыли́тель, -я
опыли́тельный
опыли́ть(ся), -лю́, -ли́т(ся)
опыля́ть(ся), -я́ю, -я́ет(ся)
о́пыт, -а
о́пытник, -а
о́пытница, -ы, *тв.* -ей
о́пытнический
о́пытничество, -а
о́пытно-констру́кторский
о́пытно-показа́тельный
о́пытно-произво́дственный
о́пытно-промы́шленный
о́пытно-статисти́ческий
о́пытность, -и
о́пытно-эксперимента́льный
о́пытный; *кр. ф.* -тен, -тна
опьяне́лый
опьяне́ние, -я
опьянённый; *кр. ф.* -ён, -ена́
опьяне́ть, -е́ю, -е́ет
опьяни́ть(ся), -ню́(сь), -ни́т(ся)
опьяня́ть(ся), -я́ю(сь), -я́ет(ся)
опьяня́ющий(ся)

опя́ть
опя́ть же
опя́ть-таки
ор, о́ра (*к* ора́ть[1])
ора́ва, -ы
оравноду́шевший
оравноду́шеть, -еет
ора́кул, -а
ора́кульский
ора́ла, -ы, *м.* и *ж.* (*крикун, крикунья*)
ора́ло, -а (*соха*)
ора́льный
орангута́н, -а и **орангута́нг,** -а
оранжа́д, -а
оранжа́дный
оранжева́тый
Ора́нжевая, -ой (*река*)
Ора́нжевая прови́нция (*в ЮАР*)
ора́нжево-жёлтый
ора́нжево-кра́сный
ора́нжевый
оранжере́йный
оранжере́я, -и
оранжи́стский
оранжи́сты, -ов, *ед.* -и́ст, -а
Ора́нта, -ы (*иконографический тип Божией Матери*)
ора́нье, -я
ора́рь, -я́
ора́тай, -я
ора́тор, -а
ораториа́льный
ораториа́не, -а́н, *ед.* -а́нин, -а
ораториа́нский
орато́рика, -и
орато́рия, -и
орато́рный
ора́торский
ора́торство, -а
ора́торствовать, -твую, -твует
ора́ть[1], ору́, орёт, ору́т (*кричать*)
ора́ть[2], орю́, о́рет и ору́, орёт (*пахать*)
орби́та, -ы
орбита́ль, -и
орбита́льный
орби́тный
ОРВИ́ [оэрви́], *нескл., ж.* (*сокр.:* острая респираторная вирусная инфекция)
орг... – *первая часть сложных слов, пишется слитно*
орга́зм, -а
орга́зменный
оргали́т, -а
оргали́товый
о́рган, -а
орга́н, -а (*муз. инструмент*)
органа́йзер, -а
органди́, *нескл., ж.*
органе́ллы, -е́лл, *ед.* -е́лла, -ы
организа́тор, -а
организа́торский
организа́торша, -и, *тв.* -ей
организацио́нно офо́рмленный
организацио́нно-парти́йный
организацио́нно-полити́ческий
организацио́нно-техни́ческий
организацио́нно-хозя́йственный
организацио́нно-экономи́ческий
организацио́нный
организа́ция, -и
организа́ция-зака́зчик, организа́ции-зака́зчика, *ж.*
организа́ция-исполни́тель, организа́ции-исполни́теля, *ж.*
Организа́ция Объединённых На́ций (ОО́Н)
Организа́ция освобожде́ния Палести́ны (ОО́П)
Организа́ция по безопа́сности и сотру́дничеству в Евро́пе (ОБСЕ)
организа́ция-разрабо́тчик, организа́ции-разрабо́тчика, *ж.*
Организа́ция Североатланти́ческого догово́ра (НА́ТО)
Организа́ция стра́н – экспортёров не́фти (ОПЕ́К)
Организа́ция экономи́ческого сотру́дничества и разви́тия
органи́зм, -а
органи́зменный
организми́зм, -а
организо́ванно, *нареч.*
организо́ванность, -и
организо́ванный; *кр. ф. прич.* -ан, -ана; *кр. ф. прил.* (*упорядоченный; отличающийся собранностью, самодисциплиной*) -ан, -анна
организова́ть(ся), -зу́ю(сь), -зу́ет(ся)
организо́вывать(ся), -аю(сь), -ает(ся)
орга́ник, -а
орга́ника, -и
органи́ст, -а
органи́стка, -и, *р. мн.* -ток
органи́струм, -а
органи́чески
органи́чески взаимосвя́занный
органи́ческий
органи́чность, -и
органи́чный; *кр. ф.* -чен, -чна
орга́нный
органоволокни́т, -а
органогене́з, -а
органоге́нный
органоге́ны, -ов, *ед.* -ге́н, -а
органозо́ль, -я
органозо́льный
органо́идный
органо́иды, -ов, *ед.* -о́ид, -а
органо́ла, -ы
органоле́птика, -и
органолепти́ческий
орга́но-минера́льный
органо́н, -а
орга́но-органи́ческий
органопла́стика, -и
органопласти́ческий
органопрепара́т, -а
органосилика́тный
органосохраня́ющий (*мед.*)
органотекстоли́т, -а
органотерапевти́ческий
органотерапи́я, -и
орга́нум, -а (*многоголосие*)
орга́нчик, -а
орга́нщик, -а
оргасти́ческий (*к* орга́зм)
оргбюро́, *нескл., с.*
оргвопро́с, -а
оргвы́воды, -ов
оргиа́зм, -а (*к* о́ргия)
оргиа́ст, -а
оргиасти́ческий (*к* о́ргия)
орги́йный
о́ргия, -и
оргкомите́т, -а
оргмероприя́тие, -я
оргме́ры, -ме́р, *ед.* -ме́ра, -ы
оргнабо́р, -а
оргосна́стка, -и, *р. мн.* -ток
оргotде́л, -а
оргпресту́пность, -и
оргрaбо́та, -ы
оргрaсхо́ды, -ов
оргсвя́зь, -и
оргсекрета́рь, -я́
оргсе́ктор, -а, *мн.* -а́, -о́в и -ы, -ов
оргстекло́, -а́
оргтехмероприя́тие, -я
оргте́хника, -и
оргтехни́ческий
оргтехосна́стка, -и
орда́, -ы́, *мн.* о́рды, орд; но (*в названиях средневековых государственных объединений*) **Орда́,** -ы́, напр.: Золота́я Орда́, Нога́йская Орда́; Орда́ (*Золотая Орда*)
орда́лия, -и
о́рден[1], -а, *мн.* -а́, -о́в (*знак отличия*)
о́рден[2], -а, *мн.* -ы, -ов и -а́, -о́в (*организация; архит.*)
о́рден Дру́жбы
о́рден Кра́сного Зна́мени
о́рден Кра́сной Звезды́
О́рден милосе́рдия (*религиозная организация*)
о́рден Му́жества
орденóк, -нка́
орденоно́сец, -сца, *тв.* -сцем, *р. мн.* -сцев
орденоно́сный
о́рден Оте́чественной войны́
о́рден Побе́ды
о́рден Почёта
о́рден Почётного легио́на
о́рденский
о́рден Сла́вы
о́рдер[1], -а, *мн.* -а́, -о́в (*документ*)
о́рдер[2], -а, *мн.* -ы, -ов и -а́, -о́в (*архит.*)
о́рдерный
ордеро́к, -рка́
ордина́льный (*матем.*)
ордина́р, -а
ордина́рец, -рца, *тв.* -рцем, *р. мн.* -рцев

ордина́рность, -и
ордина́рный; *кр. ф.* -рен, -рна (*обыкновенный, заурядный; штатный*)
ордина́та, -ы
ордина́тор, -а
ордина́торская, -ой
ордина́торский
ординату́ра, -ы
ордина́ция, -и
ордови́к, -а
ордо́ви́кский
ордона́нс, -а
ордона́нс-га́уз, -а
ордона́нсовый
Орды́нка, -и (*улица*)
орды́нский (*к* Золота́я Орда́)
орды́нцы, -ев, *ед.* -нец, -нца, *тв.* -нцем
орды́нщина, -ы
ореа́да, -ы
оребре́ние, -я
оребрённый; *кр. ф.* -ён, -ена́
оребри́ть, -рю́, -ри́т
оребря́ть(ся), -я́ю, -я́ет(ся)
оревуа́р, *неизм.*
орего́нский (*от* Орего́н)
орего́нцы, -ев, *ед.* -нец, -нца, *тв.* -нцем
орёл, орла́
Орёл, Орла́ (*город*)
орёл-змеея́д, орла́-змеея́да
орёл-ка́рлик, орла́-ка́рлика
орёл-моги́льник, орла́-моги́льника
орёл-скоморо́х, орла́-скоморо́ха
орёл-стервя́тник, орла́-стервя́тника
орельду́рсовый (*цвет*)
Оренбу́ргская о́бласть
оренбу́ргский и **оренбу́ржский** (*от* Оренбу́рг)
Оренбу́ргское каза́чье во́йско
оренбу́ржка, -и, *р. мн.* -жек
оренбу́ржцы, -ев, *ед.* -жец, -жца, *тв.* -жцем
Оренбу́ржье, -я (*к* Оренбу́рг)
орео́л, -а
Оре́ст, -а: **Оре́ст и Пила́д**
оре́х, -а
оре́х-двойча́тка, оре́ха-двойча́тки, *м.*
орехови́дный; *кр. ф.* -ден, -дна
оре́ховка, -и, *р. мн.* -вок
орехово́дство, -а
оре́хово-зу́евский (*от* Оре́хово-Зу́ево)
ореховозу́евцы, -ев, *ед.* -вец, -вца, *тв.* -вцем
оре́хово-плодо́вый
оре́ховый
орехоко́л, -а
орехоко́лка, -и, *р. мн.* -лок
орехопло́дный
орехопромысло́вый
орехотво́рка, -и, *р. мн.* -рок
оре́шек, -шка
оре́шина, -ы
оре́шковый
оре́шник, -а
оре́шниковый
оре́шница, -ы, *тв.* -ей
ОРЗ [оэрзэ́], *нескл., с.* (*сокр.*: острое респираторное заболевание)
орига́ми, *нескл., с.*
оригина́л, -а
оригина́лка, -и, *р. мн.* -лок
оригина́л-маке́т, -а
оригина́льничанье, -я
оригина́льничать, -аю, -ает
оригина́льно, *нареч.*
оригина́льность, -и
оригина́льный; *кр. ф.* -лен, -льна
ориентали́зм, -а
ориентали́ст, -а
ориентали́стика, -и
ориентали́стский
ориента́льный
ориента́ция, -и
ориенти́р, -а
ориенти́рный
ориенти́рование, -я
ориенти́рованность, -и
ориенти́рованный; *кр. ф.* -ан, -ана
ориенти́ровать(ся), -рую(сь), -рует(ся)
ориентиро́вка, -и, *р. мн.* -вок
ориентиро́вочный
ориентиро́вщик, -а
ориентиро́вщица, -ы, *тв.* -ей
ориенти́руемый
ориенти́рующий(ся)
ори́йский (*от* о́рия)
о́рикс, -а
ориктоцено́з, -а
орино́кский (*от* Орино́ко)
Орио́н, -а (*мифол.*; *созвездие*)
орио́новы переме́нные, орио́новых переме́нных (*тип звезд*)
орифла́мма, -ы
о́рия, *неизм.* и *нескл., м.* (*язык*) и *нескл., мн., ед. м.* и *ж.* (*народ*)
Орк, -а (*мифол.*)
орка́н, -а (*ураган*)
орке́стр, -а
оркестра́льность, -и
оркестра́льный
оркестра́нт, -а
оркестра́нтка, -и, *р. мн.* -ток
оркестра́нтский
орке́стрик, -а
оркестри́на, -ы
оркестрио́н, -а
оркестрова́ние, -я
оркестро́ванный; *кр. ф.* -ан, -ана
оркестрова́ть(ся), -ру́ю, -ру́ет(ся)
оркестро́вка, -и, *р. мн.* -вок
оркестро́вый
оркестроте́ка, -и
орла́н, -а
орла́стый
орлеани́ст, -а
орлеа́новое де́рево
Орлеа́нская де́ва
орлеа́нский (*от* Орлеа́н)
орлеа́нцы, -ев, *ед.* -нец, -нца, *тв.* -нцем
орлёнок, -нка, *мн.* орля́та, орля́т
орлёный (*с изображением двуглавого орла*)
орле́ц, -а́, *тв.* -о́м
о́рлик, -а
орли́ный
орли́ца, -ы, *тв.* -ей
орло́вка, -и, *р. мн.* -вок
орло́вский (*от* Орёл и Орло́в)
орло́вцы, -ев, *ед.* -вец, -вца, *тв.* -вцем
орловча́не, -а́н, *ед.* -а́нин, -а
орловча́нка, -и, *р. мн.* -нок
Орло́в-Чесме́нский, Орло́ва-Чесме́нского
Орло́вщина, -ы (*к* Орёл)
орло́м, *нареч.*
орло́н, -а
орло́новый
орля́к, -а́
орля́нка, -и
Орму́зд, -а
орна́мент, -а
орнамента́льный
орнамента́ция, -и
орнаме́нтика, -и
орнаменти́рование, -я
орнаменти́рованный; *кр. ф.* -ан, -ана
орнаменти́ровать(ся), -рую, -рует(ся)
орнаментиро́вка, -и
орнаменти́ст, -а
орна́ментный
орнаменто́ванный; *кр. ф.* -ан, -ана
орнаментова́ть(ся), -ту́ю, -ту́ет(ся)
орнаменто́вка, -и, *р. мн.* -вок
орна́ментщик, -а
орна́т, -а
орнити́н, -а
орнити́новый
орнитодо́рус, -а
орнито́з, -а
орнитозу́х, -а
орнито́лог, -а
орнитологи́ческий
орнитоло́гия, -и
орнитоми́м, -а
орнитопо́ды, -по́д, *ед.* -по́да, -ы
орнитопте́р, -а
орнитофа́уна, -ы
орнитофили́я, -и
орнитохори́я, -и
оробе́лый
оробе́ть, -е́ю, -е́ет
opoге́н, -а
орогене́з, -а и **ороге́незис,** -а
орогенита́льный
орогени́ческий
ороге́нный
орогове́лый
ороговéние, -я
ороговéть, -е́ет
орографи́ческий
орогра́фия, -и

о́роки, -ов, *ед.* о́рок, -а
о́рокский
ороси́тель, -я
ороси́тельно-вентиляцио́нный
ороси́тельно-обводни́тельный
ороси́тельный
ороси́ть(ся), орошу́, ороси́т(ся)
оро́товая кислота́
оротро́н, -а
о́рочи, -ей, *ед.* о́роч, -а, *тв.* -ем
орочо́нский
орочо́ны, -чо́н, *ед.* орочо́н, -а
о́рочский
ороша́емый
ороша́ть(ся), -а́ю, -а́ет(ся)
ороше́ние, -я
орошённый; *кр. ф.* -ён, -ена́
орпингто́н, -а
орс, -а (*сокр.*: отдел рабочего снабжения)
о́рский (*от* Орск)
о́рсовский (*от* орс)
орт, -а
ортико́н, -а
орти́т, -а
ортобио́з, -а
ортобио́тика, -и
ортобиоти́ческий
ортоводоро́д, -а
ортоге́лий, -я
ортогене́з, -а
ортогеосинклина́ль, -и
ортогнати́зм, -а
ортогна́тия, -и
ортогне́йс, -а
ортогона́льность, -и
ортогона́льный
ортографи́ческий (ортографи́ческая прое́кция)
ортодо́кс, -а
ортодокса́льность, -и
ортодокса́льный; *кр. ф.* -лен, -льна
ортодо́ксия, -и
ортодо́нт, -а
ортодонти́ческий
ортодо́нти́я, -и
ортодро́ма, -ы
ортодро́мия, -и
ортокератологи́ческий
ортокератоло́гия, -и
ортокисло́ты, -о́т, *ед.* -ота́, -ы́
ортокла́з, -а
ортокузе́нный бра́к
ортоламарки́зм, -а
ортологи́ческий
ортоло́гия, -и
ортометри́ческий
ортопе́д, -а
ортопеди́ст, -а
ортопеди́стка, -и, *р. мн.* -ток
ортопеди́ческий
ортопе́ди́я, -и
ортопироксе́ны, -ов, *ед.* -се́н, -а
ортопте́р, -а
ортосилика́т, -а
ортостати́ческий
ортости́ха, -и
ортотропи́зм, -а
ортофе́н, -а
ортоферри́ты, -ов, *ед.* -ррИ́т, -а
ортофо́рма, -ы
ортофосфа́ты, -ов, *ед.* -фа́т, -а
ортофо́сфорный
ортофотопла́н, -а
ортохроматиза́ция, -и
ортохромати́ческий
ортоце́нтр, -а
ортоэфи́ры, -ов, *ед.* -эфи́р, -а
ОРУ́Д, -а (*сокр.*: отдел регулирования уличного движения)
орудене́лый
орудене́ние, -я
орудене́ть, -е́ет
ору́дие, -я
оруди́йный
ору́дный
ору́довать, -дую, -дует
ору́довец, -вца, *тв.* -вцем, *р. мн.* -вцев
ору́довский (*от* ОРУД)
Оруже́йная пала́та (*в Московском Кремле*)
оруже́йник, -а
оруже́йный
оружено́сец, -сца, *тв.* -сцем, *р. мн.* -сцев
ору́жие, -я
оружиеве́дение, -я
ору́жничий, -его
ору́н, -а́
ору́нья, -и, *р. мн.* -ний
ору́щий
оруэлли́зм, -а
о́руэлловский (*от* О́руэлл)
Орфе́й, -я
орфи́зм, -а
о́рфики, -ов, *ед.* -ик, -а
орфи́ческий
орфогра́мма, -ы
орфографи́ст, -а
орфографи́стка, -и, *р. мн.* -ток
орфографи́ческий
орфогра́фия, -и
орфокорре́ктор, -а
орфоэпи́ст, -а
орфоэпи́стка, -и, *р. мн.* -ток
орфоэпи́ческий
орфоэ́пия, -и
орхе́стра, -ы (*площадка*)
орхиде́йный
орхиде́я, -и
орхи́дные, -ых
орхи́т, -а
орхо́но-енисе́йский
орхо́нский (орхо́нские тю́рки)
орча́не, -а́н, *ед.* -а́нин, -а (*от* Орск)
орча́нка, -и, *р. мн.* -нок
орша́д, -а
орша́нка, -и, *р. мн.* -нок
орша́нский (*от* О́рша)
орша́нцы, -ев, *ед.* -нец, -нца, *тв.* -нцем
о́ры, ор (*мифол.*)
оря́сина, -ы
ОС [оэ́с], *нескл., ж.* (*сокр.*: операционная система; орбитальная станция)
оса́, осы́, *мн.* о́сы, ос
оса́-блестя́нка, осы́-блестя́нки
оса́да, -ы
оса́дистый
осади́тельный
осади́ть, осажу́, оса́ди́т
оса́дка, -и
оса́дки, -ов (*атмосферные*)
осадкоме́р, -а
осадконакопле́ние, -я
осадкообразова́ние, -я
оса́дный
оса́док, -дка
оса́дочек, -чка
оса́дочный
осажда́ть(ся), -а́ю, -а́ет(ся)
осажде́ние, -я
осаждённый; *кр. ф.* -ён, -ена́
оса́женный; *кр. ф.* -ен, -ена
оса́живание, -я
оса́живать(ся), -аю(сь), -ает(ся)
о́сакский (*от* О́сака)
о́сакцы, -ев, *ед.* -кец, -кца, *тв.* -кцем
оса́ленный; *кр. ф.* -ен, -ена
оса́ливание, -я
оса́ливать(ся), -аю(сь), -ает(ся)
оса́лить(ся), -лю(сь), -лит(ся)
оса́нистость, -и
оса́нистый
оса́нка, -и, *р. мн.* -нок
оса́нна, -ы (*хвала*)
осатанева́ть, -а́ю, -а́ет
осатане́лость, -и
осатане́лый
осатане́ть, -е́ю, -е́ет
оса́харенный; *кр. ф.* -ен, -ена
оса́харивание, -я
оса́хариватель, -я
оса́харивать(ся), -аю, -ает(ся)
оса́харить(ся), -рю, -рит(ся)
ОСВ [оэсвэ́], *нескл., с.* (*сокр.*: ограничение стратегических вооружений)
осва́ивание, -я
осва́ивать(ся), -аю(сь), -ает(ся)
осведоми́тель, -я
осведоми́тельница, -ы, *тв.* -ей
осведоми́тельный
осведоми́тельский
осведоми́тельство, -а
осве́домить(ся), -млю(сь), -мит(ся)
осведомле́ние, -я
осведомлённость, -и
осведомлённый; *кр. ф.* -ён, -ена́
осведомля́ть(ся), -я́ю(сь), -я́ет(ся)
освежа́ть(ся), -а́ю(сь), -а́ет(ся)
освежа́ющий(ся)
освежева́ние, -я
освежёванный; *кр. ф.* -ан, -ана
освежева́ть, -жу́ю, -жу́ет
освеже́ние, -я
освежённый; *кр. ф.* -ён, -ена́

освежи́тель, -я
освежи́тельный
освежи́ть(ся), -жу́(сь), -жи́т(ся)
Освéнцим, -а
освети́тель, -я
освети́тельный
освети́ть, -ещу́, -ети́т (*изложить*)
освети́ть(ся), -ещу́, -е́ти́т(ся) (*к* свет)
осветлéние, -я
осветлённо-кра́сный
осветлённый; *кр. ф.* -ён, -ена́
осветли́тель, -я
осветли́ть, -лю́, -ли́т
осветля́ть(ся), -я́ю, -я́ет(ся)
освéчивание, -я
освеща́ть(ся), -а́ю, -а́ет(ся) (*к* свет)
освещéние, -я (*от* освети́ть)
освещённость, -и (*к* освети́ть)
освещённый; *кр. ф.* -ён, -ена́ (*от* освети́ть)
освидéтельствование, -я
освидéтельствованный; *кр. ф.* -ан, -ана
освидéтельствовать(ся), -твую(сь), -твует(ся)
освинцева́ть, -цу́ю, -цу́ет
освинцо́ванный; *кр. ф.* -ан, -ана
освинцо́вывать(ся), -аю, -ает(ся)
освирепéлый
освирепéть, -éю, -éет
осви́станный; *кр. ф.* -ан, -ана
освиста́ть, -ищу́, -и́щет
осви́стывание, -я
осви́стывать(ся), -аю(сь), -ает(ся)
освободи́тель, -я
освободи́тельница, -ы, *тв.* -ей
освободи́тельный
освободи́ть(ся), -ожу́(сь), -оди́т(ся)
освобожда́ть(ся), -а́ю(сь), -а́ет(ся)
освобождéние, -я
освобождённый; *кр. ф.* -ён, -ена́
освоéние, -я
осво́енный; *кр. ф.* -ен, -ена
осво́ить(ся), -о́ю(сь), -о́ит(ся)
освяти́ть, -ящу́, -яти́т (*к* свято́й)
освяща́ть(ся), -а́ю, -а́ет(ся) (*к* свято́й)
освящéние, -я (*от* освяти́ть)
освящённость, -и (*к* освяти́ть)
освящённый; *кр. ф.* -ён, -ена́ (*от* освяти́ть)
осéвки, -ов и -вок
осево́й
осéвший
оседа́ние, -я
оседа́ть, -а́ю, -а́ет
осёдланный; *кр. ф.* -ан, -ана
оседла́ть, -а́ю, -а́ет
осéдлость, -и
осёдлывать(ся), -аю, -ает(ся)
осéдлый
осека́ть(ся), -а́ю(сь), -а́ет(ся)
осéкший(ся) и **осёкший(ся)**
осёл, осла́
оселéдец, -дца, *тв.* -дцем, *р. мн.* -дцев
осело́к, -лка́
осемена́тор, -а
осемена́торский
осеменéние, -я
осеменённый; *кр. ф.* -ён, -ена́
осемени́ть(ся), -ню́, -ни́т(ся)
осеменя́ть(ся), -я́ю, -я́ет(ся)
осенённый; *кр. ф.* -ён, -ена́
осени́ны, -и́н
осени́ть(ся), -ню́(сь), -ни́т(ся)
осéнне-зи́мний
осéнний
осéнница, -ы, *тв.* -ей
о́сень, -и
о́сенью, *нареч.*
осеня́ть(ся), -я́ю(сь), -я́ет(ся)
осерди́ть(ся), осержу́(сь), осéрдит(ся)
осеребрённый; *кр. ф.* -ён, -ена́
осеребри́ть(ся), -рю́, -ри́т(ся)
осеребря́ть(ся), -я́ю, -я́ет(ся)
осерча́лый
осерча́ть, -а́ю, -а́ет
осесимметри́чный; *кр. ф.* -чен, -чна
осéсть, ося́ду, ося́дет; *прош.* осéл, осéла
осети́нка, -и, *р. мн.* -нок
осети́но-ингу́шский
осети́нский (*к* осети́ны и Осéтия)
осети́ны, -и́н, *ед.* осети́н, -а
осётр, осетра́
осетри́на, -ы
осетри́нка, -и
осетри́нный
осетрово́дство, -а
осетрово́дческий
осетро́вый
осéчка, -и, *р. мн.* -чек
осéчь(ся), осеку́(сь), осечёт(ся), осеку́т(ся); *прош.* осёк(ся) и осéк(ся), осекла́(сь)
оси́ленный; *кр. ф.* -ен, -ена
оси́ливание, -я
оси́ливать(ся), -аю(сь), -ает(ся)
оси́лить(ся), -лю(сь), -лит(ся)
оси́на, -ы
оси́нка, -и, *р. мн.* -нок
оси́нник, -а
оси́нничек, -чка
оси́новик, -а
оси́новый
оси́нский (*от* Оса́, *город*)
оси́ный (*от* оса́)
оси́плость, -и
оси́плый
оси́пнуть, -ну, -нет; *прош.* оси́п, оси́пла
оси́пший
Оси́рис, -а и **Ози́рис,** -а
осиротéлый
осиротéть, -éю, -éет
осироти́ть, -очу́, -оти́т
осия́нный; *кр. ф.* -я́н, -я́нна
осия́ть, -я́ет
оска́бливание, -я
оска́бливать(ся), -аю, -ает(ся)
оска́л, -а
оска́ленный; *кр. ф.* -ен, -ена
оска́ливание, -я
оска́ливать(ся), -аю(сь), -ает(ся)
оска́лить(ся), -лю(сь), -лит(ся)
оска́льзываться, -аюсь, -ается
оскальпи́рованный; *кр. ф.* -ан, -ана
оскальпи́ровать, -рую, -рует
оскандáленный; *кр. ф.* -ен, -ена
оскандáливать(ся), -аю(сь), -ает(ся)
оскандáлить(ся), -лю(сь), -лит(ся)
О́скар, -а (*премия*)
оскароно́сец, -сца, *тв.* -сцем, *р. мн.* -сцев (*от* О́скар)
оскароно́сный (фи́льм)
осквернéние, -я
осквернённый; *кр. ф.* -ён, -ена́
оскверни́тель, -я
оскверни́ть(ся), -ню́(сь), -ни́т(ся)
оскверня́ть(ся), -я́ю(сь), -я́ет(ся)
о́ски, -ов
оскла́бить(ся), -блю(сь), -бит(ся)
оскла́бленный; *кр. ф.* -ен, -ена
осклабля́ть(ся), -я́ю(сь), -я́ет(ся)
оскли́злый
осклИ́знувший
осклИ́знуть, -нет; *прош.* -и́з, -и́зла
осклИ́зший
оско́бленный; *кр. ф.* -ен, -ена
оскобли́ть, -облю́, -о́бли́т
оско́лок, -лка
оско́лочек, -чка
оско́лочно-фуга́сный
оско́лочный
оскольза́ться, -а́юсь, -а́ется
оскользну́ться, -ну́сь, -нётся
оско́льчатый (перело́м)
оско́ма, -ы
оско́мина, -ы
оско́минный
оско́мистый
оскопи́ть(ся), -плю́(сь), -пи́т(ся)
оскоплéние, -я
оскоплённый; *кр. ф.* -ён, -ена́
оскопля́ть(ся), -я́ю(сь), -я́ет(ся)
оскорби́тель, -я
оскорби́тельница, -ы, *тв.* -ей
оскорби́тельность, -и
оскорби́тельный; *кр. ф.* -лен, -льна
оскорби́ть(ся), -блю́(сь), -би́т(ся)
оскорблéние, -я
оскорблённо, *нареч.*
оскорблённый; *кр. ф.* -ён, -ена́
оскорбля́ть(ся), -я́ю(сь), -я́ет(ся)
оскоро́мить(ся), -млю(сь), -мит(ся)
оскоро́мленный; *кр. ф.* -ен, -ена
оскоти́невший (*от* оскоти́неть)
оскоти́неть, -ею, -еет
оскоти́ниваться, -аюсь, -ается
оскоти́нившийся (*от* оскоти́ниться)
оскоти́ниться, -нюсь, -нится
оскреба́ть(ся), -а́ю, -а́ет(ся)
оскрёбки, -ов, *ед.* оскрёбок, -бка
оскрёбший
оскрёбывание, -я

оскрёбыш, -а, *тв.* -ем
оскрести́, -ребу́, -ребёт; *прош.* -рёб, -ребла́
о́скский
о́скско-у́мбрский
оскудева́ть, -а́ю, -а́ет
оскуде́лый
оскуде́ние, -я
оскуде́ть, -е́ю, -е́ет
ослабева́ние, -я
ослабева́ть, -а́ю, -а́ет
ослабе́лый
ослабе́ть, -е́ю, -е́ет
ослаби́тель, -я
осла́бить(ся), -блю, -бит(ся)
ослабле́ние, -я
осла́бленный; *кр. ф.* -ен, -ена
ослабля́ть(ся), -я́ю, -я́ет(ся)
осла́бнувший
осла́бнуть, -ну, -нет; *прош.* -а́б, -а́бла
осла́бший
осла́вить(ся), -влю(сь), -вит(ся)
осла́вленный; *кр. ф.* -ен, -ена
ославля́ть(ся), -я́ю(сь), -я́ет(ся)
ославя́ненный; *кр. ф.* -ен, -ена
ославя́нивать(ся), -аю(сь), -ает(ся)
ославя́нить(ся), -ню(сь), -нит(ся)
осланцева́ние, -я
осланцо́ванный; *кр. ф.* -ан, -ана
осле́дина, -ы
ослёнок, -нка, *мн.* ослята, -я́т
ослепи́тельно-бе́лый
ослепи́тельность, -и
ослепи́тельно-я́ркий
ослепи́тельный; *кр. ф.* -лен, -льна
ослепи́ть(ся), -плю́(сь), -пи́т(ся)
ослепле́ние, -я
ослеплённость, -и
ослеплённый; *кр. ф.* -ён, -ена́
ослепля́ть(ся), -я́ю(сь), -я́ет(ся)
ослепля́ющий(ся)
осле́пнуть, -ну, -нет; *прош.* -е́п, -е́пла
осле́пший
осли́злый
осли́знуть, -нет; *прош.* -и́з, -и́зла
осли́зший
о́слик, -а
осли́нник, -а
осли́ный
осли́ха, -и
осли́ца, -ы, *тв.* -ей
ослово́дство, -а
ослово́дческий
о́словский (*от* О́сло)
осложне́ние, -я
осложнённый; *кр. ф.* -ён, -ена́
осложни́ть(ся), -ню́, -ни́т(ся)
осложня́ть(ся), -я́ю, -я́ет(ся)
ослуша́ние, -я
ослу́шаться, -аюсь, -ается
ослу́шиваться, -аюсь, -ается
ослу́шник, -а
ослу́шница, -ы, *тв.* -ей
ослы́шаться, -шусь, -шится
ослы́шка, -и, *р. мн.* -шек
ослюня́вить(ся), -влю(сь), -вит(ся)
осля́к, -а́
осля́тина, -ы
осма́ливание, -я
осма́ливать(ся), -аю, -ает(ся)
осма́н, -а (*рыба*)
османи́зм, -а
осма́нка, -и, *р. мн.* -нок
Осма́нская импе́рия
осма́нский
осма́нцы, -ев, *ед.* -нец, -нца, *тв.* -нцем
Осма́ны, -ов (*династия*)
осма́тривание, -я
осма́тривать(ся), -аю(сь), -ает(ся)
осме́ивание, -я
осме́ивать(ся), -аю(сь), -ает(ся)
осмеле́ть, -е́ю, -е́ет
осме́ливаться, -аюсь, -ается
осме́литься, -люсь, -лится
осмея́ние, -я
осме́янный; *кр. ф.* -ян, -яна
осмея́ть, -ею́, -еёт
о́смиевый
о́смий, -я
осмирне́ть, -е́ю, -е́ет
о́смистый
осмогла́сие, -я
Осмогла́сник, -а
осмо́л, -а
осмолённый; *кр. ф.* -ён, -ена́
осмоли́ть(ся), -лю́, -ли́т(ся)
осмо́лка, -и
осмоло́гия, -и
осмо́метр, -а
Осмомы́сл, -а: **Яросла́в Осмомы́сл**
осморегуля́ция, -и
осморецéптор, -а
о́смос, -а
осмота́ксис, -а
осмоти́ческий
осмо́тр, -а
осмо́тренный; *кр. ф.* -ен, -ена
осмо́трено-одо́брено *(формула при сделках)*
осмотре́ть(ся), -отрю́(сь), -о́трит(ся)
осмотри́тельность, -и
осмотри́тельный; *кр. ф.* -лен, -льна
осмо́тровый
осмо́трщик, -а
осмофи́лы, -ов, *ед.* -фи́л, -а
осмофо́ры, -о́р, *ед.* -фо́ра, -ы
осмысле́ние, -я
осмы́сленно, *нареч.*
осмы́сленность, -и
осмы́сленный; *кр. ф. прич.* -ен, -ена; *кр. ф. прил.* (*разумный, сознательный*) -ен, -енна
осмы́сливание, -я
осмы́сливать(ся), -аю, -ает(ся)
осмы́слить(ся), -лю, -лит(ся)
осмысля́ть(ся), -я́ю, -я́ет(ся)
оснасти́ть(ся), -ащу́(сь), -асти́т(ся)
осна́стка, -и, *р. мн.* -ток
осна́стчик, -а
оснаща́ть(ся), -а́ю(сь), -а́ет(ся)
оснаще́ние, -я
оснащённость, -и
оснащённый; *кр. ф.* -ён, -ена́
осна́щивать(ся), -аю(сь), -ает(ся)
оснежа́ть(ся), -а́ет(ся)
оснежённый; *кр. ф.* -ён, -ена́ и **осне́женный;** *кр. ф.* -ен, -ена
оснежи́ть(ся), -и́т(ся)
осно́ва, -ы
основа́ние, -я
осно́ванный; *кр. ф.* -ан, -ана
основа́тель, -я
основа́тельница, -ы, *тв.* -ей
основа́тельность, -и
основа́тельный; *кр. ф.* -лен, -льна
основа́ть(ся), осную́(сь), оснуёт(ся)
основно́й (*главный*)
осно́вность, -и
осно́вный (*хим., тех., лингв.*)
основовяза́льный
основовя́заный
основополага́ющий
Основополага́ющий а́кт Росси́и и НА́ТО (*1997*)
основоположе́ние, -я
основополо́жник, -а
основополо́жница, -ы, *тв.* -ей
основополо́жный
осно́вщик, -а
осно́вщица, -ы, *тв.* -ей
осно́вывать(ся), -аю(сь), -ает(ся)
Осоавиахи́м, -а (*ист.*)
осо́ба, -ы
особа́чить(ся), -чусь, -чится
осо́бенно, *нареч.*
осо́бенность, -и
осо́бенный; *кр. ф.* -ен, -енна
осо́бина, -ы
осо́бинка, -и
особи́ст, -а
осо́бица: в осо́бицу, на осо́бицу
особли́во, *нареч.*
особли́вый
особня́к, -а́
особнячо́м, *нареч.*
особнячо́к, -чка́
осо́бо, *нареч.*
осо́бо ва́жный
особогля́нцевый
осо́бо кру́пный
особоодарённый
осо́бо опа́сный
особоохраня́емый
осо́бо про́чный
особорежи́мный
особо́рованный; *кр. ф.* -ан, -ана
особо́ровать(ся), -рую(сь), -рует(ся)
осо́бость, -и
особоуполномо́ченный
осо́бо це́нный
осо́бо чи́стый
осо́бый
о́собь, -и
осо́бь статья́
осо́в, -а

осовéлость, -и
осовéлый
осовéть, -éю, -éет
осови́дная мýха
осовремéненный; *кр. ф.* -нен, -нена
осовремéнивание, -я
осовремéнивать(ся), -аю(сь), -ает(ся)
осовремéнить(ся), -ню(сь), -нит(ся)
осоéд, -а
осознавáть(ся), -наю́, -наёт(ся)
осознáние, -я
осóзнанно, *нареч.*
осóзнанность, -и
осóзнанный; *кр. ф. прич.* -ан, -ана; *кр. ф. прил.* (*сознательный*) -ан, -анна (егó дéйствия вполнé осóзнанны)
осознáть, -áю, -áет
осóка, -и
осóковый
осокóревый
осокóрник, -а
осокóрь, -я
осолáживание, -я
осолáживать(ся), -аю, -ает(ся)
осоловéлость, -и
осоловéлый
осоловéть, -éю, -éет
осолодéлый
осолодéть, -éет
осолоди́ть(ся), -ложý, -лоди́т(ся)
осоложённый; *кр. ф.* -ён, -енá
осолонéние, -я
осолонённый; *кр. ф.* -ён, -енá
осолонцевáние, -я
осолонцóванный; *кр. ф.* -ан, -ана
осопли́вевший
осопли́веть, -ею, -еет
осóт, -а
осóтовый
óспа, -ы
оспáривание, -я
оспáривать(ся), -аю(сь), -ает(ся)
óспенный
óспина, -ы
óспинка, -и, *р. мн.* -нок
оспопрививáние, -я
оспопрививáтельный
оспóренный; *кр. ф.* -ен, -ена
оспори́мый
оспóрить, -рю, -рит
оспянóй
осрами́ть(ся), -млю́(сь), -ми́т(ся)
осрамлённый; *кр. ф.* -ён, -енá
осреднéние, -я
осреднённый; *кр. ф.* -ён, -енá
осредни́ть, -ню́, -ни́т
осредня́ть(ся), -я́ю, -я́ет(ся)
оссеи́н, -а
оссиани́зм, -а
оссиани́ческий
оссиáновский (*от* Оссиáн)
оссуáрий, -я
ост, -а (*восток*)
ОСТ, -а (*сокр.*: отраслевой стандарт)
оставáться, остаю́сь, остаётся
остáвить, -влю, -вит
оставлéние, -я
остáвленный; *кр. ф.* -ен, -ена
оставля́ть(ся), -я́ю, -я́ет(ся)
остáливание, -я
остáливать(ся), -аю, -ает(ся)
остальнóй
остáн, -а (*адм.-терр. единица в Иране*)
останáвливать(ся), -аю(сь), -ает(ся)
останéц, -нцá, *тв.* -нцóм, *р. мн.* -нцóв
остáнешний
остáнки, -ов
Остáнкинская телебáшня
остáнкинский (*от* Остáнкино)
останóв, -а
останови́ть(ся), -овлю́(сь), -óвит(ся)
останóвка, -и, *р. мн.* -вок
останóвленный; *кр. ф.* -ен, -ена
останóвочный
останцóвый
Остáп Бéндер, Остáпа Бéндера
остáтний
остáток, -тка
остáточный; *кр. ф.* -чен, -чна
остáться, -áнусь, -áнется
осташи́, -éй (*сапоги*)
остáшковский (*от* Остáшков)
остáшковцы, -ев, *ед.* -вец, -вца, *тв.* -вцем
остгóтский
остгóты, -ов, *ед.* -гóт, -а
остебели́ться, -и́тся
остебеля́ться, -я́ется
остевóй (*от* ость)
остеи́т, -а
остекленéлый
остекленéть, -éет
остеклéние, -я
остеклённый; *кр. ф.* -ён, -енá
остеклéть, -éет
остекли́ть, -лю́, -ли́т
остеклóванный; *кр. ф.* -ан, -ана
остекловáть, -лýю, -лýет
остекля́ть(ся), -я́ю, -я́ет(ся)
остéндский (*от* Остéнде)
óстеновский (*к* Джéйн Óстен)
остенси́вность, -и
остенси́вный; *кр.ф.* -вен, -вна
остео... – *первая часть сложных слов, пишется слитно*
остеоартрóз, -а
остеоартрóзный
остеоартропатолóгия, -и
остеоблáсты, -ов, *ед.* -лáст, -а
остеографи́ческий
остеогрáфия, -и
остеодисплази́я, -и
остеодистрофи́я, -и
остеоклáсты, -ов, *ед.* -лáст, -а
остеóлог, -а
остеологи́ческий
остеолóгия, -и
остеóма, -ы
остеомаля́ция, -и
остеомиели́т, -а
остеомиели́тный
остеóн, -а
остеопáтия, -и
остеоплáстика, -и
остеопорóз, -а
остеопорóзный
остеосаркóма, -ы
остеоси́нтез, -а
остеосклерóз, -а
остеотоми́я, -и
остеофи́т, -а
остеохондрóз, -а
остеохондрóзный
остеохондропáтия, -и
остеоци́ты, -ов, *ед.* -ци́т, -а
остепенéние, -я
остепенённый; *кр. ф.* -ён, -енá
остепени́ть(ся), -ню́(сь), -ни́т(ся)
остепеня́ть(ся), -я́ю(сь), -я́ет(ся)
остервенéлость, -и
остервенéлый
остервенéние, -я
остервенённый; *кр. ф.* -ён, -енá
остервенéть, -éю, -éет
остервени́ть(ся), -ню́(сь), -ни́т(ся)
остервеня́ть(ся), -я́ю(сь), -я́ет(ся)
остерегáть(ся), -áю(сь), -áет(ся)
остерёгший(ся)
остережéние, -я
остережённый; *кр. ф.* -ён, -енá
остерéчь(ся), -регý(сь), -режёт(ся), -регýт(ся); *прош.* -рёг(ся), -реглá(сь)
остери́я, -и
остзéйка, -и, *р. мн.* -éек
остзéйский
остзéйцы, -ев, *ед.* -éец, -éйца, *тв.* -éйцем
остинáто, *неизм.*
ост-и́ндский (*от* Ост-И́ндия)
ости́стость, -и
ости́стый
ости́т, -а
óстов, -а
óстовный (*от* óстов)
óстовый (*от* ост)
остогрáммиться, -áммлюсь, -áммится (*шутл.*)
Остóженка, -и (*улица*)
остóйчивость, -и (*мор.*)
остóйчивый (*мор.*)
остóл, -а
остолбенéлый
остолбенéние, -я
остолбенéть, -éю, -éет
остолби́ть, -блю́, -би́т
остолблённый; *кр. ф.* -ён, -енá
остолóп, -а
остолóпина, -ы, *м.* и *ж.*
осторóжненько
осторóжничанье, -я
осторóжничать, -аю, -ает
осторóжно, *нареч.*
осторóжность, -и
осторóжный; *кр. ф.* -жен, -жна

осточертева́ть, -а́ю, -а́ет
осточерте́ть, -е́ю, -е́ет
остра́гивать(ся), -аю, -ает(ся) и **остру́гивать(ся),** -аю, -ает(ся)
остраќизм, -а
остране́ние, -я (*лит.*)
остранённый; *кр. ф.* -ён, -ена́ (*лит.*)
остра́стка, -и
остре́йший
острека́вить(ся), -влю(сь), -вит(ся)
острека́ть(ся), -а́ю(сь), -а́ет(ся)
острённый; *кр. ф.* -ён, -ена́
о́стренький
остре́ц, -а́, *тв.* -о́м и **востре́ц,** -а́, *тв.* -о́м
острига́ние, -я
острига́ть(ся), -а́ю(сь), -а́ет(ся)
остри́гший(ся)
остриё, -я́, *предл.* на остриé, *р. мн.* -ёв
остри́женный; *кр. ф.* -ен, -ена
остри́льный
остри́ть(ся), -рю́, -ри́т(ся)
остри́ца, -ы, *тв.* -ей
остри́чь(ся), -игу́(сь), -ижёт(ся), -игу́т(ся); *прош.* -и́г(ся), -и́гла(сь)
о́стро и (*остроумно*) **остро́,** *нареч.*
остроактуа́льный; *кр. ф.* -лен, -льна
остроатаку́ющий
о́стров, -а, *мн.* -а́, -о́в; но (*в названиях населенных пунктов, природных зон на материке*) **О́стров,** -а, *напр.*: О́стров (*город*), Чёрный О́стров (*поселок*), Лоси́ный О́стров (*природная зона в Москве*), Бирю́чий О́стров (*коса*)
Острова́, -о́в, *употр. в названиях государств, напр.*: Респу́блика Марша́лловы Острова́, Респу́блика Сейше́льские Острова́, Острова́ Зелёного Мы́са
острове́рхий
острови́на, -ы
островитя́нин, -а, *мн.* -я́не, -я́н
островитя́нка, -и, *р. мн.* -нок
островичи́, -е́й, *ед.* -ви́ч, -а́, *тв.* -о́м (*от* О́стров, *город*)
островно́й
острово́к, -вка́
островоспали́тельный
о́стров Свято́й Еле́ны
остро́вский (*от* О́стров, *город*)
островско́й
остро́г, -а (*тюрьма*)
острога́, -и́ (*рыболовное орудие*)
остро́ганный; *кр. ф.* -ан, -ана и **остру́ганный;** *кр. ф.* -ан, -ана
острога́ть, -а́ю, -а́ет и **оструга́ть,** -а́ю, -а́ет
остроглáзый
остригно́йный
острого́вый (*от* острога́)
острого́жский (*от* Острого́жск)
острого́жцы, -ев, *ед.* -жец, -жца, *тв.* -жцем
остроголо́вка, -и, *р. мн.* -вок
остроголо́вый
острого́рбый
острогра́нный
острогроте́сковый и (*в проф. речи*) **острогротеско́вый**
остроргру́дый
острогу́бцы, -ев
остродефици́тный; *кр. ф.* -тен, -тна
остродискуссио́нный; *кр. ф.* -о́нен, -о́нна
остродрамати́ческий
остро́жек, -жка
острожи́ть, -жу́, -жи́т
остро́жка, -и, *р. мн.* -жек
остро́жник, -а (*арестант*)
острожни́к, -а́ (*рыболов с острогой*)
остро́жница, -ы, *тв.* -ей
остро́жный (*от* остро́г)
Остро́жская Би́блия (*первопечатная книга*)
остро́жский (*от* Остро́г, *город*)
острозара́зный; *кр. ф.* -зен, -зна
острозасу́шливый
острозлободне́вный; *кр. ф.* -вен, -вна
острозу́бцы, -ев
острозу́бчатый
острозу́бый
остроинфекцио́нный
о́стро-ки́слый
остроклю́вый
острокомбинацио́нный; *кр. ф.* -о́нен, -о́нна
острокомеди́йный; *кр. ф.* -и́ен, -и́йна
острокоми́ческий
остроконе́чник, -а
остроконе́чный; *кр. ф.* -чен, -чна
остроконкуре́нтный
остроконфли́ктный; *кр. ф.* -тен, -тна
острокрити́ческий
острокры́лый
острокры́ший
остролепестко́вый
остроли́ст, -а
остроли́стный и **остроли́стый**
остроли́цый
остроло́дочник, -а
Остроми́рово Ева́нгелие (*памятник письменности*)
остромо́рдый
остронапра́вленный
о́стро необходи́мый
остроно́с, -а
остроно́сик, -а
остроно́сый
остронужда́ющийся*
остропёстр, -а и **остропестро́,** *нескл., с.*
остропи́ленный; *кр. ф.* -ен, -ена (*к* стропи́ла)
остропи́ливать(ся), -аю, -ает(ся)
остропи́лить, -лю, -лит
острополеми́ческий
остронолеми́чный; *кр. ф.* -чен, -чна
острополити́ческий
остропробле́мный; *кр. ф.* -мен, -мна
остропротека́ющий*
о́стро-пря́ный
остропсихологи́ческий
остропублицисти́ческий
остроpёбрый
остроритми́чный; *кр. ф.* -чен, -чна
остроро́гий
остроры́лый
остросатири́ческий
остроску́лый
острсло́в, -а
острсло́вие, -я
острсло́вить, -влю, -вит
острсло́вящий
остросовреме́нный; *кр. ф.* -е́нен, -е́нна
остросоциа́льный; *кр. ф.* -лен, -льна
остросюже́тность, -и
остросюже́тный; *кр. ф.* -тен, -тна
остро́та, -ы (*остроумное выражение*)
острота́, -ы́ (*свойство*)
остроуго́льник, -а
остроуго́льный; *кр. ф.* -лен, -льна
остроу́мец, -мца, *тв.* -мцем, *р. мн.* -мцев
остроу́мие, -я
остроу́мничанье, -я
остроу́мничать, -аю, -ает
остроу́мно, *нареч.*
остроу́мный; *кр. ф.* -мен, -мна
остроу́хий
острохара́кте́рный; *кр. ф.* -рен, -рна
острохво́стый
остроязы́кий
остроязы́чный; *кр. ф.* -чен, -чна
остру́ганный; *кр. ф.* -ан, -ана и **остро́ганный;** *кр. ф.* -ан, -ана
остр уга́ть, -а́ю, -а́ет и **острога́ть,** -а́ю, -а́ет
остру́гивать(ся), -аю, -ает(ся) и **остра́гивать(ся),** -аю, -ает(ся)
о́стрый; *кр. ф.* остр и остёр, остра́, о́стро́ и (*в знач.* "*остроумный*") остёр, остра́, остро́
остря́к, -а́
остря́к-самоу́чка, остряка́-самоу́чки, *м.* (*ирон.*)
остря́чка, -и, *р. мн.* -чек
осту́да, -ы
остуди́ть(ся), -ужу́(сь), -у́дит(ся)
остужа́ть(ся), -а́ю(сь), -а́ет(ся)
остуже́ние, -я
осту́женный; *кр. ф.* -ен, -ена
осту́живание, -я
осту́живать(ся), -аю, -ает(ся)
осту́канный; *кр. ф.* -ан, -ана
осту́кать, -аю, -ает
осту́кивать(ся), -аю(сь), -ает(ся)
оступа́ться, -а́юсь, -а́ется
оступи́ться, -уплю́сь, -у́пится
остыва́ние, -я
остыва́ть, -а́ю, -а́ет
осты́вший
осты́лый

осты́нуть и **осты́ть,** -ы́ну, -ы́нет; *прош.* -ы́л, -ы́ла
ость, -и, *мн.* -и, -е́й
остяки́, -о́в, *ед.* остя́к, -а́
остя́нка, -и, *р. мн.* -нок
остя́цкий
остя́чка, -и, *р. мн.* -чек
осуди́тельный; *кр. ф.* -лен, -льна
осуди́ть, осужу́, осу́дит
осужда́ть(ся), -а́ю(сь), -а́ет(ся)
осужда́ющий(ся)
осужде́ние, -я
осуждённый; *кр. ф.* -ён, -ена́
осу́нуться, -нусь, -нется
осуша́ть(ся), -а́ю, -а́ет(ся)
осуше́ние, -я
осу́шенный; *кр. ф.* -ен, -ена
осуши́тель, -я
осуши́тельный
осуши́ть(ся), осушу́, осу́шит(ся)
осу́шка, -и
осуществи́мость, -и
осуществи́мый
осуществи́ть(ся), -влю́, -ви́т(ся)
осуществле́ние, -я
осуществлённый; *кр. ф.* -ён, -ена́
осуществля́ть(ся), -я́ю, -я́ет(ся)
осфра́дий, -я
осцилли́рующий
осциллогра́мма, -ы
осцилло́граф, -а
осциллографи́ческий
осциллогра́фия, -и
осциллометри́я, -и
осциллоско́п, -а
осцилля́тор, -а
осцилля́ция, -и
осчастли́вить, -влю, -вит
осчастли́вленный; *кр. ф.* -ен, -ена
осчастли́вливать(ся), -аю(сь), -ает(ся)
осыпа́емость, -и
осыпа́ние, -я
осы́панный; *кр. ф.* -ан, -ана
осы́пать(ся), -плю(сь), -плет(ся), -плют(ся) и -пет(ся), -пят(ся), *сов.*
осыпа́ть(ся), -а́ю(сь), -а́ет(ся), *несов.*
осы́пка, -и
о́сыпь, -и
ось, о́си и оси́, *предл.* на оси́, *мн.* о́си, осе́й
осьмизу́бые, -ых
осьми́на, -ы
осьми́нник, -а
осьмино́г, -а
осьмино́жий, -ья, -ье
осьмо́й (*устар. к* восьмо́й)
осьму́ха, -и
осьму́шечка, -и, *р. мн.* -чек
осьму́шка, -и, *р. мн.* -шек
осяза́емость, -и
осяза́емый
осяза́ние, -я
осяза́тельность, -и
осяза́тельный; *кр. ф.* -лен, -льна
осяза́ть(ся), -а́ю, -а́ет(ся)
от и **ото,** *предлог*
ота́ва, -ы
ота́вный
от а́ до я́ (*от начала до конца*)
отакела́женный; *кр. ф.* -ен, -ена
отакела́живание, -я
отакела́живать(ся), -аю, -ает(ся)
отакела́жить, -жу, -жит
ота́пливание, -я (*от* ота́пливать)
ота́пливать(ся), -аю(сь), -ает(ся) (*к* отопи́ть)
ота́птывание, -я (*от* ота́птывать)
ота́птывать(ся), -аю, -ает(ся) (*к* отопта́ть(ся)
ота́ра, -ы
ота́рный
ота́рщик, -а
ота́чивание, -я (*от* ота́чивать)
ота́чивать(ся), -аю, -ает(ся) (*к* отточи́ть)
отба́вить, -влю, -вит
отба́вка, -и
отбавле́ние, -я
отба́вленный; *кр. ф.* -ен, -ена
отбавля́ть(ся), -я́ю, -я́ет(ся)
отбаланси́рование, -я
отбаланси́ровать, -рую, -рует
отбараба́ненный; *кр. ф.* -ен, -ена
отбараба́нивать(ся), -аю(сь), -ает(ся)
отбараба́нить(ся), -ню(сь), -нит(ся)
отба́рствовать, -твую, -твует
отбе́гать(ся), -аю(сь), -ает(ся), *сов.* (*кончить бегать*)
отбега́ть, -а́ю, -а́ет, *несов.* (*к* отбежа́ть)
отбежа́ть, -егу́, -ежи́т, -егу́т
отбелённый; *кр. ф.* -ён, -ена́
отбе́ливание, -я
отбе́ливатель, -я
отбе́ливать(ся), -аю, -ает(ся)
отбели́ть(ся), -елю́, -е́ли́т(ся)
отбе́лка, -и
отбе́лочный
отбе́льно-краси́льный
отбе́льный
отбе́льщик, -а
отбе́льщица, -ы, *тв.* -ей
отбензи́ненный; *кр. ф.* -ен, -ена
отбензи́нивание, -я
отбензи́нивать(ся), -аю, -ает(ся)
отбензи́нить, -ню, -нит
отбесе́довать, -дую, -дует
отбеси́ться, -ешу́сь, -е́сится
отби́в, -а
отбива́ние, -я
отбива́ть(ся), -а́ю(сь), -а́ет(ся)
отби́вка, -и, *р. мн.* -вок
отбивна́я, -о́й
отбивно́й
отбира́ние, -я
отбира́ть(ся), -а́ю(сь), -а́ет(ся)
отби́тие, -я
отби́тый
отби́ть(ся), отобью́(сь), отобьёт(ся)
отбла́говестить, -ещу, -естит
отблагодарённый; *кр. ф.* -ён, -ена́
отблагодари́ть, -рю́, -ри́т
отблажи́ть, -жу́, -жи́т
о́тблеск, -а
отбле́скивать, -аю, -ает и **отблёскивать,** -аю, -ает
отблесте́ть, -лещу́, -лести́т
отблиста́ть, -а́ю, -а́ет и отблещу́, -ле́щет
от Бо́га (*о таланте*)
отбо́й, -я; отбо́ю (отбо́я) не́т
отбо́йка, -и
отбо́йник, -а
отбо́йный
отбо́йщик, -а
отболе́ть, -е́ю, -е́ет
отбомби́ть(ся), -блю́(сь), -би́т(ся)
отбо́р, -а
отбо́рка, -и
отбо́рник, -а
отбо́рность, -и
отбо́рный
отборони́ть, -ню́, -ни́т
отбо́рочный
отборто́ванный; *кр. ф.* -ан, -ана
отбортова́ть, -ту́ю, -ту́ет
отборто́вка, -и
отборто́вывать(ся), -аю, -ает(ся)
отбоя́ривание, -я
отбоя́риваться, -аюсь, -ается
отбоя́риться, -рюсь, -рится
отбоя́ться, отбою́сь, отбои́тся
отбрако́ванный; *кр. ф.* -ан, -ана
отбракова́ть(ся), -ку́ю, -ку́ет(ся)
отбрако́вка, -и, *р. мн.* -вок
отбрако́вывание, -я
отбрако́вывать(ся), -аю, -ает(ся)
отбра́нивать(ся), -аю(сь), -ает(ся)
отбрани́ть(ся), -ню́(сь), -ни́т(ся)
отбра́сывание, -я
отбра́сывать(ся), -аю(сь), -ает(ся)
отбреда́ть, -а́ю, -а́ет
отбре́дший
отбренча́ть, -чу́, -чи́т
отбрести́, -еду́, -едёт; *прош.* -ёл, -ела́
отбреха́ться, отбрешу́сь, -е́шется и -а́юсь, -а́ется
отбрёхиваться, -аюсь, -ается
отбрива́ть(ся), -а́ю, -а́ет(ся)
отбри́тый
отбри́ть(ся), -ре́ю(сь), -ре́ет(ся)
отброди́ть, -ожу́, -о́дит
отбро́санный; *кр. ф.* -ан, -ана (*от* отброса́ть)
отброса́ть, -а́ю, -а́ет
отбро́сить, -о́шу, -о́сит
отбро́ска, -и (*действие*)
отбро́ски, -ов (*отбросы*)
отбро́сный
отбро́совый
отбро́сы, -ов
отбро́шенный; *кр. ф.* -ен, -ена (*от* отбро́сить)
отбрыка́ться, -а́юсь, -а́ется
отбры́киваться, -аюсь, -ается

отбузо́ванный; *кр. ф.* -ан, -ана
отбузова́ть, -зу́ю, -зу́ет
отбукси́рование, -я
отбукси́рованный; *кр. ф.* -ан, -ана
отбукси́ровать(ся), -рую, -рует(ся)
отбуксиро́вка, -и
отбуксиро́вывание, -я
отбуксиро́вывать(ся), -аю, -ает(ся)
отбунтова́ть, -ту́ю, -ту́ет
отбу́ривание, -я
отбу́ривать(ся), -аю, -ает(ся)
отбури́ть(ся), -рю́, -ри́т(ся)
отбурли́ть, -лю́, -ли́т
отбу́хать, -аю, -ает
отбу́ченный; *кр. ф.* -ен, -ена
отбу́чивание, -я
отбу́чивать(ся), -аю, -ает(ся)
отбу́чить, -чу, -чит
отбушева́ть, -шу́ю, -шу́ет
отбуя́нить, -ню, -нит
отбыва́ловка, -и
отбыва́ние, -я
отбыва́ть, -а́ю, -а́ет
отбы́вка, -и
отбы́тие, -я
отбы́ть, отбу́ду, отбу́дет; *прош.* о́т-был, отбыла́, о́тбыло
отва́га, -и
отва́дить(ся), -а́жу(сь), -а́дит(ся)
отва́женный; *кр. ф.* -ен, -ена
отва́живание, -я
отва́живать(ся), -аю(сь), -ает(ся)
отва́житься, -жусь, -жится
отва́жность, -и
отва́жный; *кр. ф.* -жен, -жна
отва́л, -а
отва́ленный; *кр. ф.* -ен, -ена (*от* отвали́ть)
отва́ливание, -я
отва́ливать(ся), -аю(сь), -ает(ся)
отвали́ть(ся), -алю́(сь), -а́лит(ся)
отва́лка, -и
отвалообразова́ние, -я
отвалообразова́тель, -я
отва́лочный
отвалту́зить, -у́жу, -у́зит
отва́льно-погру́зочный
отва́льный
отва́льщик, -а
отва́лянный; *кр. ф.* -ян, -яна (*от* отваля́ть)
отваля́ть(ся), -я́ю(сь), -я́ет(ся)
отва́р, -а и -у
отва́ренный; *кр. ф.* -ен, -ена
отва́ривание, -я
отва́ривать(ся), -аю, -ает(ся)
отвари́ть(ся), -арю́, -а́рит(ся) (*к* вари́ть(ся)
отва́рка, -и
отварно́й
отвева́ть(ся), -а́ю, -а́ет(ся) (*к* отве́ять)
отве́данный; *кр. ф.* -ан, -ана
отве́дать, -аю, -ает
отведе́ние, -я
отведённый; *кр. ф.* -ён, -ена́
отве́дший
отве́дывание, -я
отве́дывать(ся), -аю, -ает(ся)
отвезённый; *кр. ф.* -ён, -ена́
отвезти́, -зу́, -зёт; *прош.* -ёз, -езла́
отвёзший
отве́ивание, -я
отве́ивать(ся), -аю, -ает(ся)
от ве́ка и от ве́ку (*испокон веков*)
отвекова́ть, -ку́ю, -ку́ет
отверга́ть(ся), -а́ю, -а́ет(ся)
отве́ргнувший
отве́ргнутый
отве́ргнуть, -ну, -нет; *прош.* -е́рг и -е́ргнул, -е́ргла
отве́ргший
отвердева́ние, -я
отвердева́ть, -а́ет
отверде́лость, -и
отверде́лый
отверде́ние, -я (*от* отверде́ть)
отверде́ть, -е́ет
отверди́тель, -я
отверди́ть, -ржу́, -рди́т (*тех.*)
отвержда́ть, -а́ю, -а́ет
отвержде́ние, -я (*от* отверди́ть)
отверждённый; *кр. ф.* -ён, -ена́
отве́рженец, -нца, *тв.* -нцем, *р. мн.* -нцев
отверже́ние, -я (*от* отве́ргнуть)
отве́рженность, -и
отве́рженный; *кр. ф.* -ен, -ена
отверза́ть(ся), -а́ю, -а́ет(ся)
отве́рзтись, -зется; *прош.* -е́рзся, -е́рзлась
отве́рзть, -зу, -зет; *прош.* -е́рз, -е́рзла
отве́рзший(ся)
отвёрнутый
отверну́ть(ся), -ну́(сь), -нёт(ся)
отве́рстие, -я
отве́рстый
отверте́ть(ся), -ерчу́(сь), -е́ртит(ся)
отвёртка, -и, *р. мн.* -ток
отвёрточка, -и, *р. мн.* -чек
отвёрточный
отвёртывание, -я
отвёртывать(ся), -аю(сь), -ает(ся)
отве́рченный; *кр. ф.* -ен, -ена
отве́ршек, -шка
отве́с, -а
отвесели́ться, -лю́сь, -ли́тся
отве́сить, -е́шу, -е́сит
отве́сность, -и
отве́сный; *кр. ф.* -сен, -сна
отвести́, -еду́, -едёт; *прош.* -ёл, -ела́
отве́т, -а
ответви́тель, -я
ответви́ть(ся), -влю́, -ви́т(ся)
ответвле́ние, -я
ответвлённый; *кр. ф.* -ён, -ена́
ответвля́ть(ся), -я́ю, -я́ет(ся)
отве́тить, -е́чу, -е́тит
отве́тный
ответрабо́тник, -а
отве́тственнейший
отве́тственно, *нареч.*
отве́тственность, -и
отве́тственный; *кр. ф.* -вен и -венен, -венна
отве́тствовать, -твую, -твует
отве́тчик, -а
отве́тчица, -ы, *тв.* -ей
отвеча́ть, -а́ю, -а́ет
отве́ченный; *кр. ф.* -ен, -ена
отве́шенный; *кр. ф.* -ен, -ена
отве́шивание, -я
отве́шивать(ся), -аю, -ает(ся)
отве́янный; *кр. ф.* -ян, -яна
отве́ять(ся), -е́ю, -е́ет(ся)
отвива́ние, -я
отвива́ть(ся), -а́ю, -а́ет(ся) (*к* отви́ть)
отви́ливание, -я
отви́ливать, -аю, -ает
отвильну́ть, -ну́, -нёт
отviля́ть, -я́ю, -я́ет
отвинти́ть(ся), -инчу́, -и́нти́т(ся)
отви́нченный; *кр. ф.* -ен, -ена
отви́нчивание, -я
отви́нчивать(ся), -аю, -ает(ся)
отвиса́ние, -я
отвиса́ть, -а́ет
отвисе́ться, -си́тся
отви́слость, -и
отви́слый
отви́снуть, -нет; *прош.* -и́с, -и́сла
отви́сший
отви́тый; *кр. ф.* -и́т, -ита́, -и́то
отви́ть, отовью́, отовьёт; *прош.* -и́л, -ила́, -и́ло
отвлека́ть(ся), -а́ю(сь), -а́ет(ся)
отвлека́ющий(ся)
отвлёкший(ся)
отвлече́ние, -я
отвлечённо, *нареч.*
отвлечённо-логи́ческий
отвлечённость, -и
отвлечённый; *кр. ф. прич.* -ён, -ена́; *кр. ф. прил.* (*абстрактный*) -ён, -ённа
отвле́чь(ся), -леку́(сь), -лечёт(ся), -леку́т(ся); *прош.* -лёк(ся), -лекла́(сь)
отво́д, -а
отводи́ть(ся), -ожу́, -о́дит(ся)
отво́дка, -и, *р. мн.* -док
отводно́й и **отво́дный**
отво́док, -дка (*часть растения*)
отво́дочный
отво́дчик, -а
отво́дчица, -ы, *тв.* -ей
отводя́щий(ся)
отвоёванный; *кр. ф.* -ан, -ана
отвоева́ть(ся), отвою́ю(сь), отвою́ет(ся)
отвоёвывание, -я
отвоёвывать(ся), -аю, -ает(ся)
отво́з, -а
отвози́ть(ся), -ожу́(сь), -о́зит(ся)
отво́зка, -и
отво́зчик, -а
отво́зчица, -ы, *тв.* -ей

отвола́живать(ся), -аю, -ает(ся)
отвола́кивание, -я
отвола́кивать(ся), -аю, -ает(ся)
отволнова́ться, -ну́юсь, -ну́ется
отволо́женный; *кр. ф.* -ен, -ена
отволо́жить, -о́жу, -о́жит
отволо́ка, -и
отволо́кший(ся)
отволо́ченный; *кр. ф.* -ен, -ена (*от* отволочи́ть)
отволочённый; *кр. ф.* -ён, -ена́ (*от* отволо́чь и отволочи́ть)
отволочи́ть, -очу́, -о́чит
отволо́чка, -и
отволо́чь(ся), -локу́, -лочёт(ся), -локу́т(ся); *прош.* -ло́к(ся), -локла́(сь)
отвора́живание, -я
отвора́живать(ся), -аю, -ает(ся)
отвора́чивание, -я
отвора́чивать(ся), -аю(сь), -ает(ся)
отво́ренный; *кр. ф.* -ен, -ена и **отворённый;** *кр. ф.* -ён, -ена́
отвори́ть(ся), -орю́, -о́рит(ся) (*открыть(ся)*)
отворожённый; *кр. ф.* -ён, -ена́
отворожи́ть, -жу́, -жи́т
отворо́т, -а
отвороти́ть(ся), -рочу́(сь), -ро́тит(ся)
отворо́тный
отворо́чать, -аю, -ает
отворо́ченный; *кр. ф.* -ен, -ена
отворя́ть(ся), -я́ю, -я́ет(ся)
отвра́т, -а
отврати́тельность, -и
отврати́тельный; *кр. ф.* -лен, -льна
отврати́ть(ся), -ащу́(сь), -ати́т(ся)
отвра́тный; *кр. ф.* -тен, -тна
отвраща́ть(ся), -а́ю(сь), -а́ет(ся)
отвраще́ние, -я
отвращённый; *кр. ф.* -ён, -ена́
от вре́мени до вре́мени
отвыка́ние, -я
отвыка́ть, -а́ю, -а́ет
отвы́кнуть, -ну, -нет; *прош.* -ы́к, -ы́кла
отвы́кший
отвы́ть, отво́ю, отво́ет
отвы́чка, -и
отвя́занный; *кр. ф.* -ан, -ана
отвяза́ть(ся), -яжу́(сь), -я́жет(ся)
отвя́зка, -и
отвя́зный
отвя́зывание, -я
отвя́зывать(ся), -аю(сь), -ает(ся)
отга́данный; *кр. ф.* -ан, -ана
отгада́ть, -а́ю, -а́ет
отга́дка, -и, *р. мн.* -док
отга́дчик, -а
отга́дчица, -ы, *тв.* -ей
отга́дывание, -я
отга́дывать(ся), -аю, -ает(ся)
отги́б, -а
отгиба́ние, -я
отгиба́ть(ся), -а́ю, -а́ет(ся)
отги́бка, -и
отглаго́льность, -и
отглаго́льный
отгла́дить(ся), -а́жу(сь), -а́дит(ся)
отгла́дывать(ся), -аю, -ает(ся)
отгла́женный; *кр. ф.* -ен, -ена
отгла́живание, -я
отгла́живать(ся), -аю(сь), -ает(ся)
отгла́тывать, -аю, -ает
отгло́данный; *кр. ф.* -ан, -ана
отглода́ть, -ожу́, -о́жет и -а́ю, -а́ет
отглотну́ть, -ну́, -нёт
отгнива́ние, -я
отгнива́ть, -а́ет
отгни́ть, -иёт; *прош.* -и́л, -ила́, -и́ло
отгова́ривание, -я
отгова́ривать(ся), -аю(сь), -ает(ся)
отгове́ть(ся), -е́ю(сь), -е́ет(ся)
отговорённый; *кр. ф.* -ён, -ена́
отговори́ть(ся), -рю́(сь), -ри́т(ся)
отгово́рка, -и, *р. мн.* -рок
отгово́ры, -ов
отголоси́ть, -ошу́, -оси́т
отголо́сок, -ска
отго́н, -а
отго́нка, -и
отго́нный
отгоня́ть(ся), -я́ю, -я́ет(ся)
отгора́живание, -я
отгора́живать(ся), -аю(сь), -ает(ся)
отгора́ть, -а́ю, -а́ет
отгорева́ть, -рю́ю, -рю́ет
отгоре́ть, -рю́, -ри́т
отгороди́ть(ся), -ожу́(сь), -о́ди́т(ся)
отгоро́женность, -и
отгоро́женный; *кр. ф.* -ен, -ена
отгости́ть(ся), -ощу́(сь), -ости́т(ся)
отгравиро́ванный; *кр. ф.* -ан, -ана
отгравирова́ть(ся), -ру́ю, -ру́ет(ся)
отгравиро́вывать(ся), -аю,-ает(ся)
отгранённый; *кр. ф.* -ён, -ена́
отгра́нивать(ся), -аю, -ает(ся)
отграни́ть, -ню́, -ни́т
отграниче́ние, -я
отграни́ченный; *кр. ф.* -ен, -ена
отграни́чивание, -я
отграни́чивать(ся), -аю, -ает(ся)
отграни́чить, -чу, -чит
отграфи́ть, -флю́, -фи́т
отграфлённый; *кр. ф.* -ён, -ена́
отграфля́ть(ся), -я́ю, -я́ет(ся)
отгреба́ние, -я
отгреба́ть(ся), -а́ю(сь), -а́ет(ся)
отгребённый; *кр. ф.* -ён, -ена́
отгрёбка, -и
отгребно́й
отгрёбший(ся)
отгреме́ть, -ми́т
отгрести́(сь), -ребу́(сь), -ребёт(ся); *прош.* -рёб(ся), -ребла́(сь)
отгромыха́ть, -а́ет
отгро́ханный; *кр. ф.* -ан, -ана
отгро́хать, -аю, -ает
отгрохота́ть, -хо́чет
отгружа́ть(ся), -а́ю(сь), -а́ет(ся)
отгру́женный; *кр. ф.* -ен, -ена и **отгружённый;** *кр. ф.* -ён, -ена́
отгрузи́ть(ся), -ужу́(сь), -у́зи́т(ся)
отгру́зка, -и, *р. мн.* -зок
отгру́зочный
отгрусти́ть, -ущу́, -усти́т
отгрыза́ние, -я
отгрыза́ть(ся), -а́ю(сь), -а́ет(ся)
отгры́зенный; *кр. ф.* -ен, -ена
отгрызну́ться, -ну́сь, -нётся
отгры́зть(ся), -зу́(сь), -зёт(ся); *прош.* -ы́з(ся), -ы́зла(сь)
отгры́зший(ся)
отгуде́ть, -ди́т
о́тгул, -а (*отзвук*)
отгу́л, -а (*отпуск*)
отгу́ливание, -я
отгу́ливать(ся), -аю(сь), -ает(ся)
отгу́льный
отгу́лянный; *кр. ф.* -ян, -яна
отгуля́ть(ся), -я́ю(сь), -я́ет(ся)
отдава́ние, -я
отдава́ть(ся), отдаю́(сь), отдаёт(ся)
отдави́ть, -авлю́, -а́вит
отда́вленный; *кр. ф.* -ен, -ена
отда́вливание, -я
отда́вливать(ся), -аю, -ает(ся)
отда́ивание, -я
отда́ивать(ся), -аю, -ает(ся)
отдале́ние, -я
отдалённо, *нареч.*
отдалённость, -и
отдалённый; *кр. ф. прич.* -ён, -ена́; *кр. ф. прил.* (*далекий, дальний*) -ён, -ённа
отдали́ть(ся), -лю́(сь), -ли́т(ся)
отдаля́ть(ся), -я́ю(сь), -я́ет(ся)
отда́ние, -я
о́тданный; *кр. ф.* о́тдан, о́тдана́, о́тдано
отда́ренный; *кр. ф.* -ен, -ена и **отдарённый;** *кр. ф.* -ён, -ена́ (*от* отдари́ть)
отда́ривание, -я
отда́ривать(ся), -аю(сь), -ает(ся) (*к* отдари́ть(ся)
отдари́ть(ся), -рю́(сь), -ри́т(ся) (*сделать ответный подарок*)
отда́рок, -рка
отда́точный
отда́тчик, -а
отда́ть(ся), -а́м(ся), -а́шь(ся), -а́ст(ся), -ади́м(ся), -ади́те(сь), -аду́т(ся); *прош.* о́тда́л, -а́лся́, -ала́(сь), о́тда́ло, -а́ло́сь
отда́ча, -и, *тв.* -ей
отдви́гать, -аю, -ает, *сов.* (*от* дви́гать)
отдвига́ть(ся), -а́ю(сь), -а́ет(ся), *несов.* (*к* отдви́нуть(ся)
отдви́жка, -и, *р. мн.* -жек
отдвижно́й
отдви́нутый
отдви́нуть(ся), -ну(сь), -нет(ся)
отдежу́ренный; *кр. ф.* -ен, -ена
отдежу́ривать, -аю, -ает
отдежу́рить, -рю, -рит

отде́л, -а
отде́ланность, -и
отде́ланный; *кр. ф.* -ан, -ана
отде́лать(ся), -аю(сь), -ает(ся)
отделе́ние, -я
отделённость, -и
отделённый[1]**;** *кр. ф.* -ён, -ена́, *прич.* (*от* отдели́ть)
отделённый[2]**,** -ого (*к* отделе́ние, *воен.*)
отделе́нский
отделе́нческий
отделе́ньице, -а
отдели́мость, -и
отдели́мый
отдели́тель, -я
отдели́тельный
отдели́ть(ся), -елю́(сь), -е́лит(ся)
отде́лка, -и, *р. мн.* -лок
отде́лочник, -а
отде́лочница, -ы, *тв.* -ей
отде́лочно-расто́чный
отде́лочный
отде́лывание, -я
отде́лывать(ся), -аю(сь), -ает(ся)
отде́льно, *нареч.*
отде́льно взя́тый
отде́льно лежа́щий
отде́льно стоя́щий
отде́льность, -и
отде́льный
отде́льческий
отделя́емое, -ого *(мед.)*
отделя́емый
отделя́ть(ся), -я́ю(сь), -я́ет(ся)
отдёрганный; *кр. ф.* -ан, -ана (*от* отдёргать)
отдёргать, -аю, -ает (*дёргая, повредить*)
отдёргивание, -я (*от* отдёргивать)
отдёргивать(ся), -аю, -ает(ся) (*к* отдёргать и отдёрнуть(ся)
отдёрнутый (*от* отдёрнуть)
отдёрнуть(ся), -ну, -нет(ся) (*дернув, отвести назад или в сторону; сдвинуться таким образом*)
отдикто́ванный; *кр. ф.* -ан, -ана
отдиктова́ть, -ту́ю, -ту́ет
отдикто́вывать(ся), -аю, -ает(ся)
отдира́ние, -я
отдира́ть(ся), -а́ю, -а́ет(ся)
отдирижи́рованный; *кр. ф.* -ан, -ана
отдирижи́ровать, -рую, -рует
отдифференци́рованный; *кр. ф.* -ан, -ана
отдифференци́ровать(ся), -рую, -рует(ся)
отднева́лить, -лю, -лит
отдо́енный; *кр. ф.* -ен, -ена
отдои́ть(ся), -ою́, -о́ит(ся)
от доски́ до доски́
отдохнове́ние, -я
отдохнове́нный
отдохну́ть, -ну́, -нёт
отдра́енный; *кр. ф.* -ен, -ена
отдра́ивание, -я
отдра́ивать(ся), -аю, -ает(ся)
отдра́ить, -а́ю, -а́ит
отдуба́сить, -а́шу, -а́сит
отдува́ть(ся), -а́ю(сь), -а́ет(ся)
отду́мать, -аю, -ает
отду́мывать, -аю, -ает
отдура́читься, -а́чусь, -а́чится
отду́тый
отду́ть(ся), отду́ю, отду́ет(ся)
о́тдух, -а
отду́шина, -ы
отду́шка, -и, *р. мн.* -шек
отду́шник, -а
о́тдых, -а
отдыха́ть(ся), -а́ю, -а́ет(ся)
отдыха́ющий
отдыша́ться, -ышу́сь, -ы́шится
отды́шка, -и, *р. мн.* -шек
отёк, -а (*к* оте́чь)
отека́ние, -я (*от* отека́ть)
отека́ть, -а́ю, -а́ет (*к* оте́чь)
отёкший (*от* оте́чь)
отёл, -а
отели́ть(ся), оте́лит(ся)
Оте́лло, *нескл., м.*
отёлочный
оте́ль, -я
оте́ль-казино́, оте́ля-казино́, *м.*
оте́ль люкс, оте́ля люкс
оте́льный (*от* оте́ль)
оте́льчик, -а
отеля́ть(ся), -я́ет(ся)
отемнённый; *кр. ф.* -ён, -ена́
отемне́ть, -е́ет
отемни́ть, -ню́, -ни́т
отемня́ть(ся), -я́ю, -я́ет(ся)
отене́ние, -я (*от* отени́ть)
отенённый; *кр. ф.* -ён, -ена́ (*от* отени́ть)
отени́т, -а и **отуни́т,** -а (*минерал*)
отени́ть, -ню́, -ни́т (*покрыть тенью, создать тень вокруг чего-н.*)
отеня́ть(ся), -я́ю, -я́ет(ся) (*к* отени́ть)
отепле́ние, -я
отеплённый; *кр. ф.* -ён, -ена́
отепли́тель, -я
отепли́тельный
отепли́ть, -лю́, -ли́т
отепля́ть(ся), -я́ю, -я́ет(ся)
отере́ть(ся), отру́(сь), отрёт(ся); *прош.* отёр(ся), отёрла(сь) (*то же, что обтереть*(*ся*)
отёртый (*от* отере́ть)
отёрший(ся) (*от* отере́ть(ся)
отёсанный; *кр. ф.* -ан, -ана (*от* отеса́ть)
отеса́ть(ся), отешу́(сь), оте́шет(ся) (*то же, что обтесать*(*ся*)
отёска, -и (*к* отеса́ть)
отёсывание, -я (*от* отёсывать)
отёсывать(ся), -аю(сь), -ает(ся) (*к* отеса́ть(ся)
оте́ц, отца́, *тв.* отцо́м, *р. мн.* отцо́в; *после собственных имен пишется через дефис, напр.*: Дюма́-оте́ц
Оте́ц, Отца́: **Бо́г Оте́ц**
оте́ц диа́кон, отца́ диа́кона и **оте́ц дья́кон,** отца́ дья́кона
оте́ц игу́мен, отца́ игу́мена
оте́цкий
оте́ц-команди́р, отца́-команди́ра
оте́ц-ма́ть, отца́-ма́тери, *мн.*
оте́ц настоя́тель, отца́ настоя́теля
оте́ц-одино́чка, отца́-одино́чки, *м.*
оте́ц протоиере́й, отца́ протоиере́я
оте́ческий
Оте́чественная война́: Оте́чественная война́ 1812 го́да, Вели́кая Оте́чественная война́, о́рден Оте́чественной войны́
оте́чественный
оте́чество, -а и (*высок.*) **Оте́чество,** -а
отечествове́дение, -я
оте́чник, -а (*церк.*)
отёчность, -и
отёчный
оте́чь, отеку́, отечёт, отеку́т; *прош.* отёк, отекла́ (*опухнуть вследствие скопления жидкости*)
отжа́ренный; *кр. ф.* -ен, -ена
отжа́ривать(ся), -аю, -ает(ся)
отжа́рить, -рю, -рит
отжа́тие, -я
отжа́тый
отжа́ть(ся)[1]**,** отожму́(сь), отожмёт(ся)
отжа́ть(ся)[2]**,** отожну́, отожнёт(ся)
отжёванный; *кр. ф.* -ан, -ана
отжева́ть, отжую, отжуёт
отжёвывать, -аю, -ает
отжёгший
отже́чь, отожгу́, отожжёт, отожгу́т; *прош.* отжёг, отожгла́
отжива́ние, -я
отжива́ть, -а́ю, -а́ет
отживи́ть, -влю, -ви́т
отживлённый; *кр. ф.* -ён, -ена́
отживля́ть(ся), -я́ю, -я́ет(ся)
отжи́вший
о́тжиг, -а
отжига́тельный
отжига́ть(ся), -а́ю, -а́ет(ся)
отжи́ленный; *кр. ф.* -ен, -ена
отжи́ливать, -аю, -ает
отжи́лить, -лю, -лит
отжи́лок, -лка
отжи́м, -а
отжима́ние, -я
отжима́тель, -я
отжима́ть(ся), -а́ю(сь), -а́ет(ся)
отжи́мка, -и (*действие*)
отжи́мки, -мок и -мков (*отходы*)
отжи́мник, -а
отжимно́й и **отжи́мный**
отжи́мок, -мка (*отжатый комок чего-н.*)
отжи́мщик, -а
отжи́мщица, -ы, *тв.* -ей
отжина́ть(ся), -а́ю, -а́ет(ся)
о́тжи́тый; *кр. ф.* о́тжи́т, отжита́, о́тжи́то

отжи́ть, -иву́, -ивёт; *прош.* о́тжил, отжила́, о́тжило
отжо́г, -а, но *глаг.* **отжёг**
отжу́чить, -чу, -чит
отза́втракать, -аю, -ает
отзанима́ться, -а́юсь, -а́ется
от зари́ до зари́
отзаседа́ть(ся), -а́ю(сь), -а́ет(ся)
отзва́нивать, -аю, -ает
отзвене́ть, -ни́т
отзвони́ть, -ню́, -ни́т
о́тзвук, -а
отзвуча́ть, -чи́т
отзву́чие, -я
отзимова́ть, -му́ю, -му́ет
отзови́зм, -а
отзови́ст, -а
отзови́стский
отзо́л, -а
отзолённый; *кр. ф.* -ён, -ена́
отзоли́ть, -лю́, -ли́т
отзо́лка, -и
отзо́льный
отзу́бренный; *кр. ф.* -ен, -ена
отзубри́ть, -убрю́, -у́бри́т
о́тзыв, -а (*отклик; мнение*)
отзы́в, -а (*действие по глаг.* отозва́ть – отзыва́ть)
отзыва́ние, -я
отзыва́ть(ся), -а́ю(сь), -а́ет(ся)
отзывно́й
отзы́вный (*фин.*)
отзы́вчивость, -и
отзы́вчивый
отзы́нуть, -ну, -нет, *пов.* отзы́нь (*жарг.*)
отиа́тр, -а
отиатри́я, -и
о́т и до́ (*от начала до конца*)
отира́ние, -я (*от* отира́ть(ся)
отира́ть(ся), -а́ю(сь), -а́ет(ся) (*к* отере́ть(ся); *быть возле кого-, чего-н., тереться, околачиваться, прост.*)
оти́т, -а
оти́тный
ОТК [отэка́], *нескл., м.* (*сокр.*: отдел технического контроля)
отка́з, -а
отка́занный; *кр. ф.* -ан, -ана
отказа́ть(ся), откажу́(сь), отка́жет(ся)
отка́зник, -а
отка́зница, -ы, *тв.* -ей
отка́знический
отка́зный
отказоусто́йчивость, -и
отказоусто́йчивый
отка́зчик, -а
отка́зчица, -ы, *тв.* -ей
отка́зывать(ся), -аю(сь), -ает(ся)
откалибро́ванный; *кр. ф.* -ан, -ана
откалиброва́ть(ся), -ру́ю, -ру́ет(ся)
откалибро́вывать(ся), -аю, -ает(ся)
отка́лывание, -я
отка́лывать(ся), -аю(сь), -ает(ся)
отка́панный; *кр. ф.* -ан, -ана
отка́пать, -аю, -ает
отка́пывание, -я
отка́пывать(ся), -аю(сь), -ает(ся)
отка́рмливание, -я
отка́рмливать(ся), -аю(сь), -ает(ся)
отка́т, -а
отка́танный; *кр. ф.* -ан, -ана
отката́ть(ся), -а́ю(сь), -а́ет(ся)
откати́ть(ся), -ачу́(сь), -а́тит(ся)
отка́тка, -и
откатну́ть(ся), -ну́(сь), -нёт(ся)
отка́точный
отка́тчик, -а
отка́тчица, -ы, *тв.* -ей
отка́тывание, -я
отка́тывать(ся), -аю(сь), -ает(ся)
отка́чанный; *кр. ф.* -ан, -ана (*от* откача́ть)
откача́ть, -а́ю, -а́ет
отка́ченный; *кр. ф.* -ен, -ена (*от* откати́ть)
отка́чивание, -я
отка́чивать(ся), -аю, -ает(ся)
отка́чка, -и
откачну́ть(ся), -ну́(сь), -нёт(ся)
отка́шивание, -я
отка́шивать(ся), -аю, -ает(ся)
отка́шливание, -я
отка́шливать(ся), -аю(сь), -ает(ся)
отка́шлянный; *кр. ф.* -ян, -яна
отка́шлянуть(ся), -ну(сь), -нет(ся)
отка́шлять(ся), -яю(сь), -яет(ся)
откви́танный; *кр. ф.* -ан, -ана
отквита́ть(ся), -а́ю(сь), -а́ет(ся)
откви́тывать(ся), -аю(сь), -ает(ся)
отки́д, -а
отки́данный; *кр. ф.* -ан, -ана
откида́ть, -а́ю, -а́ет
отки́дка, -и, *р. мн.* -док
откидно́й
отки́дывание, -я
отки́дывать(ся), -аю(сь), -ает(ся)
отки́нутый
отки́нуть(ся), -ну(сь), -нет(ся)
откипа́ть, -а́ю, -а́ет
откипе́ть, -плю́, -пи́т
откла́дка, -и, *р. мн.* -док
откла́дывание, -я
откла́дывать(ся), -аю, -ает(ся)
откла́ниваться, -аюсь, -ается
откла́няться, -яюсь, -яется
отклёванный; *кр. ф.* -ан, -ана
отклева́ть, -люю́, -люёт
отклёвывать(ся), -аю, -ает(ся)
откле́енный; *кр. ф.* -ен, -ена
откле́ивание, -я
откле́ивать(ся), -аю, -ает(ся)
откле́ить(ся), -е́ю, -е́ит(ся)
откле́йка, -и
отклёпанный; *кр. ф.* -ан, -ана
отклепа́ть(ся), -а́ю, -а́ет(ся)
отклёпка, -и
отклёпывание, -я
отклёпывать(ся), -аю, -ает(ся)
о́тклик, -а
отклика́ться, -а́юсь, -а́ется
откли́кнуться, -нусь, -нется
откло́н, -а
отклоне́ние, -я
отклонённый; *кр. ф.* -ён, -ена́
отклони́ть(ся), -оню́(сь), -о́нит(ся)
отклоня́ть(ся), -я́ю(сь), -я́ет(ся)
отклоня́ющий(ся)
отключа́ть(ся), -а́ю(сь), -а́ет(ся)
отключе́ние, -я
отключённый; *кр. ф.* -ён, -ена́
отключи́ть(ся), -чу́(сь), -чи́т(ся)
отклю́чка, -и, *р. мн.* -чек
отко́ванный; *кр. ф.* -ан, -ана
откова́ть(ся), откую́, откуёт(ся)
отко́вка, -и
отко́вывать(ся), -аю, -ает(ся)
отковыля́ть, -я́ю, -я́ет
отковы́ривание, -я
отковы́ривать(ся), -аю, -ает(ся)
отковы́рнутый
отковырну́ть, -ну́, -нёт
отковы́рянный; *кр. ф.* -ян, -яна
отковыря́ть, -я́ю, -я́ет
откозырну́ть, -ну́, -нёт
откозыря́ть, -я́ю, -я́ет
отко́кать, -аю, -ает
отко́л, -а
откола́чивать(ся), -аю, -ает(ся)
отколдова́ть, -ду́ю, -ду́ет
отко́ле и **отко́ль,** *нареч.*
отко́лка, -и
отколоти́ть, -очу́, -о́тит
отко́лотый
отколо́ть(ся), -олю́(сь), -о́лет(ся)
отколо́ченный; *кр. ф.* -ен, -ена
отколошма́тить, -а́чу, -а́тит
отколошма́ченный; *кр. ф.* -ен, -ена
отколу́панный; *кр. ф.* -ан, -ана
отколупа́ть, -а́ю, -а́ет
отколу́пнутый
отколупну́ть, -ну́, -нёт
отколу́пывание, -я
отколу́пывать(ся), -аю, -ает(ся)
отко́ль и **отко́ле,** *нареч.*
откомандирова́ние, -я
откомандиро́ванный; *кр. ф.* -ан, -ана
откомандирова́ть, -ру́ю, -ру́ет
откомандиро́вка, -и
откомандиро́вывание, -я
откомандиро́вывать(ся), -аю(сь), -ает(ся)
отко́мандовать(ся), -дую(сь), -дует(ся)
откомменти́рованный; *кр. ф.* -ан, -ана
откомменти́ровать, -рую, -рует
отконверти́рованный; *кр. ф.* -ан, -ана
отконверти́ровать(ся), -и́рую, -и́рует(ся)
отконвои́рованный; *кр. ф.* -ан, -ана
отконвои́ровать(ся), -рую(сь), -рует(ся)
отконопа́тить, -а́чу, -а́тит

отконопа́ченный; *кр. ф.* -ен, -ена
отконопа́чивать(ся), -аю, -ает(ся)
отко́панный; *кр. ф.* -ан, -ана
откопа́ть(ся), -а́ю(сь), -а́ет(ся)
отко́пка, -и
отко́рм, -а
откорми́ть(ся), -ормлю́(сь), -о́рмит(ся)
отко́рмка, -и
отко́рмленность, -и
отко́рмленный; *кр. ф.* -ен, -ена
отко́рмок, -мка
отко́рмочник, -а
отко́рмочный
отко́рмыш, -а, *тв.* -ем
откорректи́рованный; *кр. ф.* -ан, -ана
откорректи́ровать(ся), -и́рую, -и́рует(ся)
отко́с, -а
откоси́ть(ся), -ошу́(сь), -о́сит(ся)
отко́сник, -а
отко́сный
откочева́ть, -чу́ю, -чу́ет
откочёвка, -и
откочёвывание, -я
откочёвывать, -аю, -ает
отко́шенный; *кр. ф.* -ен, -ена
откра́ивание, -я
откра́ивать(ся), -аю, -ает(ся)
откра́сить, -а́шу, -а́сит
открахма́ленный; *кр. ф.* -ен, -ена
открахма́ливание, -я
открахма́ливать(ся), -аю, -ает(ся)
открахма́лить, -лю, -лит
откра́шенный; *кр. ф.* -ен, -ена
откра́шивать(ся), -аю, -ает(ся)
открене́нный; *кр. ф.* -ён, -ена́
откре́нивание, -я
откре́нивать(ся), -аю, -ает(ся)
открени́ть(ся), -ню́, -ни́т(ся)
открени́ять(ся), -я́ю, -я́ет(ся)
открепи́тельный
открепи́ть(ся), -плю́(сь), -пи́т(ся)
откреплéние, -я
откреплённый; *кр. ф.* -ён, -ена́
открепля́ть(ся), -я́ю(сь), -я́ет(ся)
откpести́ться, -ещу́сь, -е́стится
откре́щивание, -я
откре́щиваться, -аюсь, -ается
откристаллизо́ванный; *кр. ф.* -ан, -ана
откристаллизова́ть(ся), -зу́ю, -зу́ет(ся)
откристаллизо́вывать(ся), -аю, -ает(ся)
откpича́ть(ся), -чу́(сь), -чи́т(ся)
откровéние, -я и (*богосл.*) **Открове́ние**, -я
открове́нничанье, -я
открове́нничать, -аю, -ает
открове́нно, *нареч.*
открове́нность, -и
открове́нно эроти́ческий
открове́нный; *кр. ф.* -е́нен, -е́нна
откро́енный; *кр. ф.* -ен, -ена
открои́ть, -ою́, -ои́т
откро́мсанный; *кр. ф.* -ан, -ана
откромса́ть, -а́ю, -а́ет
открути́ть(ся), -учу́(сь), -у́тит(ся)
откру́ченный; *кр. ф.* -ен, -ена
откру́чивание, -я
откру́чивать(ся), -аю(сь), -ает(ся)
открыва́лка, -и, *р. мн.* -лок
открыва́ние, -я
открыва́тель, -я
открыва́ть(ся), -а́ю(сь), -а́ет(ся)
открыва́шка, -и, *р. мн.* -шек
откры́тие, -я
откры́тка, -и, *р. мн.* -ток
откры́тость, -и
открытоцвету́щий (*бот.*)
откры́точка, -и, *р. мн.* -чек
откры́точный
откры́тый
откры́ть(ся), -ро́ю(сь), -ро́ет(ся)
отксе́ренный; *кр. ф.* -ен, -ена
отксе́рить(ся), -рю, -рит(ся)
отксерокопи́рованный; *кр. ф.* -ан, -ана
отксерокопи́ровать(ся), -рую, -рует(ся)
отку́да
отку́да бы ни (отку́да бы ни приезжа́л, всегда́ привози́л сувени́ры)
отку́да-либо
отку́да-нибудь, но: **отку́да ни бу́дь э́тот челове́к…**
отку́да ни возьми́сь
отку́да попа́ло
отку́да-то
отку́дова (*прост. к* отку́да)
откукова́ть, откуку́ю, откуку́ет
о́ткуп, -а, *мн.* -а́, -о́в
откупа́ть(ся), -а́ю(сь), -а́ет(ся)
откупи́ть(ся), -уплю́(сь), -у́пит(ся)
отку́пленный; *кр. ф.* -ен, -ена
откупно́й
отку́поренный; *кр. ф.* -ен, -ена
отку́поривание, -я
отку́поривать(ся), -аю, -ает(ся)
отку́порить(ся), -рю, -рит(ся)
отку́порка, -и
откупщи́к, -а́
откупщи́цкий
отку́с, -а
отку́санный; *кр. ф.* -ан, -ана
откуса́ть, -а́ю, -а́ет
откуси́ть, -ушу́, -у́сит
отку́сывание, -я
отку́сывать(ся), -аю, -ает(ся)
о́т-кутю́р, *нескл., ж.* и *с.*
отку́шанный; *кр. ф.* -ан, -ана (*от* отку́шать)
отку́шать, -аю, -ает
отку́шенный; *кр. ф.* -ен, -ена (*от* откуси́ть)
отлави́ровать, -рую, -рует
отла́вливание, -я
отла́вливать(ся), -аю(сь), -ает(ся)
отлага́тельность, -и
отлага́тельный
отлага́тельство, -а
отлага́ть(ся), -а́ю, -а́ет(ся)
отла́дить(ся), -а́жу, -а́дит(ся)
отла́дка, -и
отла́дочный
отла́дчик, -а
отла́женный; *кр. ф.* -ен, -ена
отла́живание, -я
отла́живать(ся), -аю, -ает(ся)
отла́зать, -аю, -ает
отла́зить, -а́жу, -а́зит
отла́ивать(ся), -аю(сь), -ает(ся)
отлакиро́ванный; *кр. ф.* -ан, -ана
отлакирова́ть(ся), -ру́ю, -ру́ет(ся)
отлакиро́вывать(ся), -аю, -ает(ся)
отла́мывание, -я
отла́мывать(ся), -аю, -ает(ся)
отла́ять(ся), -а́ю(сь), -а́ет(ся)
отлега́ть, -а́ет
отлёгший
отлёжанный; *кр. ф.* -ан, -ана
отлежа́ть(ся), -жу́(сь), -жи́т(ся)
отлёживать(ся), -аю(сь), -ает(ся)
отлеза́ть, -а́ю, -а́ет
отле́зть, -зу, -зет; *прош.* -е́з, -е́зла
отле́зший
отлепи́ть(ся), -еплю́, -е́пит(ся)
отле́пленный; *кр. ф.* -ен, -ена
отлепля́ть(ся), -я́ю, -я́ет(ся)
отлёт, -а
отлета́ние, -я
отлета́ть(ся), -а́ю(сь), -а́ет(ся)
отлете́ть, отлечу́, отлети́т
отлётный
отле́чь, отля́жет, отля́гут; *прош.* отлёг, отлегла́
отли́в, -а
отлива́ние, -я
отлива́ть(ся), -а́ю, -а́ет(ся)
отли́вка, -и, *р. мн.* -вок
отливно́й (*служащий для отливания*)
отли́вный (*относящийся к морскому отливу*)
отли́вочный
отли́занный; *кр. ф.* -ан, -ана
отлиза́ть, -ижу́, -и́жет
отли́зывать, -аю, -ает
отликова́ть, -ку́ю, -ку́ет
отлиня́ть, -я́ет
отлипа́ть, -а́ю, -а́ет
отли́пнуть, -ну, -нет; *прош.* -и́п, -и́пла
отли́пший
отли́тие, -я
отлитографи́рованный; *кр. ф.* -ан, -ана
отлитографи́ровать, -рую, -рует
о́тли́тый; *кр. ф.* о́тли́т, отлита́, о́тли́то
отли́ть(ся), отолью́, отольёт(ся); *прош.* о́тли́л, отли́лся, отлила́(сь), о́тли́ло, отли́ло́сь
от лица́ (*кого, чего*) (*от имени*)
отлича́ть(ся), -а́ю(сь), -а́ет(ся)
отличе́ние, -я
отличённый; *кр. ф.* -ён, -ена́

отли́чие, -я
отличи́тельный
отличи́ть(ся), -чу́(сь), -чи́т(ся)
отли́чнейший
отли́чник, -а
отли́чница, -ы, *тв.* -ей
отли́чно
отли́чный; *кр. ф.* -чен, -чна
отло́в, -а
отлови́ть, -овлю́, -о́вит
отло́вленный; *кр. ф.* -ен, -ена
отло́вный
отло́гий
отло́гость, -и
отло́же, *сравн. ст.* (*от* отло́гий, отло́го)
отложе́ние, -я
отло́женный; *кр. ф.* -ен, -ена
отло́жистый
отложи́тельный
отложи́ть(ся), -ожу́(сь), -о́жит(ся)
отложно́й (воротни́к)
отло́манный; *кр. ф.* -ан, -ана (*от* отлома́ть)
отлома́ть(ся), -а́ю, -а́ет(ся)
отломи́ть(ся), -омлю́, -о́мит(ся)
отло́мленный; *кр. ф.* -ен, -ена (*от* отломи́ть)
отло́мок, -мка
отлуди́ть, -ужу́, -у́ди́т
отлу́женный; *кр. ф.* -ен, -ена
отлу́п, -а
отлупи́ть(ся), -уплю́, -у́пит(ся)
отлу́пленный; *кр. ф.* -ен, -ена
отлу́пливать(ся), -аю, -ает(ся)
отлупля́ть(ся), -я́ю, -я́ет(ся)
отлупцева́ть, -цу́ю, -цу́ет
отлупцо́ванный; *кр. ф.* -ан, -ана
отлуча́ть(ся), -а́ю(сь), -а́ет(ся)
отлуче́ние, -я
отлучённый; *кр. ф.* -ён, -ена́
отлучи́ть(ся), -чу́(сь), -чи́т(ся)
отлу́чка, -и, *р. мн.* -чек
отлы́нивание, -я
отлы́нивать, -аю, -ает
отлюби́ть, -юблю́, -ю́бит
отлюбова́ться, -бу́юсь, -бу́ется
отма́занный; *кр. ф.* -ан, -ана
отма́зать(ся), -а́жу(сь), -а́жет(ся)
отма́зка, -и, *р. мн.* -зок
отма́зывание, -я
отма́зывать(ся), -аю(сь), -ает(ся)
от ма́ла до вели́ка
отмалева́ть, -лю́ю, -лю́ет
отма́ливание, -я
отма́ливать(ся), -аю(сь), -ает(ся)
отма́лчивание, -я
отма́лчиваться, -аюсь, -ается
отма́лывание, -я
отма́лывать(ся), -аю, -ает(ся)
отма́ненный; *кр. ф.* -ен, -ена и **отманённый;** *кр. ф.* -ён, -ена́
отма́нивать(ся), -аю, -ает(ся)
отмани́ть, -аню́, -а́ни́т
отмарширова́ть, -ру́ю, -ру́ет
отма́стка, -и, *р. мн.* -ток
отматери́ть, -рю́, -ри́т
отма́тывание, -я
отма́тывать(ся), -аю, -ает(ся)
отма́х, -а
отма́ханный; *кр. ф.* -ан, -ана
отмаха́ть[1], отмашу́, отма́шет и -а́ю, -а́ет (*кончить махать; утомить (руки) маханием; передать сигнал флагом*)
отмаха́ть[2], -а́ю, -а́ет (*преодолеть большое расстояние, быстро сделать много работы*)
отма́хивание, -я
отма́хивать(ся), -аю(сь), -ает(ся)
отмахну́ть(ся), -ну́(сь), -нёт(ся)
отма́чивание, -я
отма́чивать(ся), -аю, -ает(ся)
отма́шка, -и, *р. мн.* -шек
отма́яться, -а́юсь, -а́ется
отмежева́ние, -я
отмежёванный; *кр. ф.* -ан, -ана
отмежева́ть(ся), -жу́ю(сь), -жу́ет(ся)
отмежёвка, -и
отмежёвывание, -я
отмежёвывать(ся), -аю(сь), -ает(ся)
о́тмель, -и
отмелька́ть, -а́ю, -а́ет
о́тмельный
отме́на, -ы
отменённый; *кр. ф.* -нён, -нена́
отмени́ть(ся), -еню́, -е́нит(ся)
отме́нно, *нареч.*
отме́нность, -и
отме́нный; *кр. ф.* -е́нен, -е́нна
отменя́ть(ся), -я́ю, -я́ет(ся)
отме́ренный; *кр. ф.* -ен, -ена
отмере́ть, отомрёт; *прош.* о́тмер, отмерла́, о́тмерло
отмерза́ние, -я
отмерза́ть, -а́ет
отмёрзнуть, -нет; *прош.* -ёрз, -ёрзла
отмёрзший
отме́ривание, -я
отме́ривать(ся), -аю, -ает(ся)
отме́ривший
отме́рить, -рю, -рит и -ряю, -ряет; *прош.* -рил, -рила
отме́рший
отмеря́ть(ся), -я́ю, -я́ет(ся)
отмеси́ть, -ешу́, -е́сит
отмести́, отмету́, отметёт; *прош.* отмёл, отмела́
отме́стка, -и
отмета́ние, -я
отмётанный; *кр. ф.* -ан, -ана (*от* отмета́ть)
отмета́ть, отмечу́, отме́чет, *сов.* (*от* мета́ть)
отмета́ть(ся), -а́ю, -а́ет(ся), *несов.* (*к* отмести́)
отмете́ленный; *кр. ф.* -ен, -ена
отмете́лить, -лю, -лит
отметённый; *кр. ф.* -ён, -ена́ (*от* отмести́)
отме́тина, -ы
отме́тинка, -и, *р. мн.* -нок
отме́тить(ся), -е́чу(сь), -е́тит(ся)
отме́тка, -и, *р. мн.* -ток
отме́точный
отме́тчик, -а
отме́тчица, -ы, *тв.* -ей
отмётший
отмеча́ть(ся), -а́ю(сь), -а́ет(ся)
отме́ченный; *кр. ф.* -ен, -ена
отмина́ть(ся), -а́ю, -а́ет(ся)
отмира́ние, -я
отмира́ть, -а́ет
отмитингова́ть(ся), -гу́ю(сь), -гу́ет(ся)
отмобилизо́ванный; *кр. ф.* -ан, -ана
отмобилизова́ть(ся), -зу́ю(сь), -зу́ет(ся)
отмобилизо́вывать(ся), -аю(сь), -ает(ся)
отмо́ка, -и
отмока́ние, -я
отмока́ть, -а́ет
отмо́кнуть, -нет; *прош.* -о́к, -о́кла
отмо́кший
отмола́чивание, -я
отмола́чивать(ся), -аю, -ает(ся)
отмо́ленный; *кр. ф.* -ен, -ена
отмоли́ть(ся), -олю́(сь), -о́лит(ся)
отмолоти́ть(ся), -очу́(сь), -о́тит(ся)
отмо́лотый
отмоло́ть, отмелю́, отме́лет
отмоло́ченный; *кр. ф.* -ен, -ена
отмолча́ться, -чу́сь, -чи́тся
отмора́живание, -я
отмора́живать(ся), -аю, -ает(ся)
отморо́же́ние, -я
отморо́женность, -и
отморо́женный; *кр. ф.* -ен, -ена
отморо́зить(ся), -о́жу, -о́зит(ся)
отморо́зок, -зка
отмо́стка, -и, *р. мн.* -ток
отмо́танный; *кр. ф.* -ан, -ана
отмота́ть(ся), -а́ю, -а́ет(ся)
отмо́тка, -и
отмо́точный
отмо́ченный; *кр. ф.* -ен, -ена
отмочи́ть, -очу́, -о́чит
отмо́чка, -и
отмо́чный
отмсти́тель, -я
отмсти́ть, отмщу́, отмсти́т
отмути́ть, -учу́, -у́ти́т
отму́тка, -и
отмуту́женный; *кр. ф.* -ен, -ена
отмуту́зить, -у́жу, -у́зит
отму́ченный; *кр. ф.* -ен, -ена
отму́чивание, -я
отму́чивать(ся), -аю(сь), -ает(ся)
отму́чивший(ся)
отму́чить(ся), -чу(сь), -чит(ся) и -чаю(сь), -чает(ся); *прош.* -чил(ся), -чила(сь)
отмща́ть(ся), -а́ю(сь), -а́ет(ся)
отмще́ние, -я

отмщённый; *кр. ф.* -ён, -ена́
отмы́в, -а
отмыва́ние, -я
отмыва́ть(ся), -а́ю(сь), -а́ет(ся)
отмы́вка, -и
отмыка́ние, -я
отмыка́ть(ся), -а́ю(сь), -а́ет(ся)
отмы́тый
отмы́ть(ся), отмо́ю(сь), отмо́ет(ся)
отмы́чка, -и, *р. мн.* -чек
отмяка́ть, -а́ет
отмя́кнуть, -ну, -нет; *прош.* -я́к, -я́кла
отмя́кший
отмя́тый
отмя́ть, отомну́, отомнёт
от нача́ла до конца́
отна́шивать(ся), -аю, -ает(ся)
отне́каться, -аюсь, -ается
отне́кивание, -я
отне́киваться, -аюсь, -ается
отнерести́ться, -и́тся
отнерестова́ть(ся), -ту́ет(ся)
отнесе́ние, -я
отнесённость, -и
отнесённый; *кр. ф.* -ён, -ена́
отнести́(сь), -су́(сь), -сёт(ся); *прош.* -ёс(ся), -есла́(сь)
отнёсший(ся)
от не́чего де́лать
отни́занный; *кр. ф.* -ан, -ана
отниза́ть, -ижу́, -и́жет
отни́зывать(ся), -аю, -ает(ся)
отникелиро́ванный; *кр. ф.* -ан, -ана
отникелирова́ть(ся), -ру́ю, -ру́ет(ся)
отнима́ние, -я
отнима́ть(ся), -а́ю, -а́ет(ся) и (*устар.*) отъе́млю, -лет(ся)
отно́рок, -рка
отно́с, -а
относи́тельно, *нареч.* и *предлог*
относи́тельность, -и
относи́тельный; *кр. ф.* -лен, -льна
относи́ть(ся), -ошу́(сь), -о́сит(ся)
отно́ска, -и
отно́сный
отно́счик, -а
отно́счица, -ы, *тв.* -ей
относя́щий(ся)
отночева́ть, -чу́ю, -чу́ет
отноше́ние, -я
отно́шенный; *кр. ф.* -ен, -ена
отны́не
отню́дь
отню́дь не… – *с последующим словом пишется раздельно, напр.*: отню́дь не безоби́дно, отню́дь не ве́село
отня́тие, -я
о́тнятый; *кр. ф.* -ят, -ята́, -ято
отня́ть(ся), отниму́, отни́мет(ся) и (*устар. прост.*) отыму́, оты́мет(ся); *прош.* о́тнял, отнялся́, отняла́(сь), о́тняло, отняло́сь
ото и **от**, *предлог*
отобе́дать, -аю, -ает
отобража́тель, -я
отобража́ть(ся), -а́ю, -а́ет(ся)
отображе́ние, -я
отображённый; *кр. ф.* -ён, -ена́
отобрази́ть(ся), -ажу́, -ази́т(ся)
отобра́ние, -я
ото́бранный; *кр. ф.* -ан, -ана
отобра́ть(ся), отберу́(сь), отберёт(ся); *прош.* -а́л(ся), -ала́(сь), -а́ло(сь)
отова́ренный; *кр. ф.* -ен, -ена
отова́ривание, -я
отова́ривать(ся), -аю(сь), -ает(ся)
отова́рить(ся), -рю(сь), -рит(ся)
отовра́ться, -ру́сь, -рётся
отовсю́ду
ото́гнанный; *кр. ф.* -ан, -ана
отогна́ть, отгоню́, отго́нит; *прош.* -а́л, -ала́, -а́ло
ото́гнутый
отогну́ть(ся), -ну́, -нёт(ся)
отогре́в, -а
отогрева́ние, -я
отогрева́ть(ся), -а́ю(сь), -а́ет(ся)
отогре́тый
отогре́ть(ся), -е́ю(сь), -е́ет(ся)
отодви́г, -а *(спорт.)*
отодвига́ние, -я
отодвига́ть(ся), -а́ю(сь), -а́ет(ся)
отодви́нутый
отодви́нуть(ся), -ну(сь), -нет(ся)
ото́дранный; *кр. ф.* -ан, -ана
отодра́ть(ся), отдеру́, отдерёт(ся); *прош.* -а́л(ся), -ала́(сь), -а́ло, -а́ло́сь
отождестви́ть(ся), -влю́, -ви́т(ся) и **отожестви́ть(ся)**, -влю́, -ви́т(ся)
отождествле́ние, -я и **отожествле́ние**, -я
отождествлённый; *кр. ф.* -ён, -ена́ и **отожествлённый**; *кр. ф.* -ён, -ена́
отождествля́ть(ся), -я́ю(сь), -я́ет(ся) и **отожествля́ть(ся)**, -я́ю(сь), -я́ет(ся)
отожжённый; *кр. ф.* -ён, -ена́
отозва́ние, -я
ото́званный; *кр. ф.* -ан, -ана
отозва́ть(ся), отзову́(сь), отзовёт(ся); *прош.* -а́л(ся), -ала́(сь), -а́ло, -а́ло́сь
отойти́, отойду́, отойдёт; *прош.* отошёл, отошла́
отоларинго́лог, -а
отоларинголо́ги́ческий
отоларинголо́гия, -и
отолга́ться, -лгу́сь, -лжётся, -лгу́тся; *прош.* -а́лся, -ала́сь
отоли́ты, -ов, *ед.* -ли́т, -а
отома́нгский (отома́нгские языки́)
отоми́, *нескл., мн., ед. м.* и *ж.* (*народ*)
отомико́з, -а
ото́мкнутый
отомкну́ть(ся), -ну́(сь), -нёт(ся)
о то́м о сём
отомсти́тель, -я
отомсти́ть, -мщу́, -мсти́т
отомща́ть(ся), -а́ю(сь), -а́ет(ся)
отомщённый; *кр. ф.* -ён, -ена́
отоневро́лог, -а
отоневрологи́ческий
отоневроло́гия, -и
отопи́тельно-вентиляцио́нный
отопи́тельный
отопи́ть, отоплю́, ото́пит (*нагреть топкой*)
ото́пки, -ов, *ед.* -пок, -пка
отопле́нец, -нца, *тв.* -нцем, *р. мн.* -нцев
отопле́ние, -я
ото́пленный; *кр. ф.* -ен, -ена (*от* отопи́ть)
отопле́нческий
отопля́емый
отопля́ть(ся), -я́ю(сь), -я́ет(ся)
отопрева́ть, -а́ет
отопре́ть, -е́ет
ото́птанный; *кр. ф.* -ан, -ана (*от* отопта́ть)
отопта́ть(ся), отопчу́, ото́пчет(ся) (*то же, что обтоптать(ся)*)
ора́чивать(ся), -аю, -ает(ся)
ото́рва, -ы, *м.* и *ж.*
ото́рванность, -и
ото́рванный; *кр. ф.* -ан, -ана
оторва́ть(ся), -рву́(сь), -рвёт(ся); *прош.* -а́л(ся), -ала́(сь), -а́ло, -а́ло́сь
оторвиголова́, -ы́, *м.* и *ж.*
оториноларинго́лог, -а
оториноларингологи́ческий
оториноларинголо́гия, -и
оторопе́лость, -и
оторопе́лый
оторопе́ть, -е́ю, -е́ет
о́торопь, -и
оторо́ченный; *кр. ф.* -ен, -ена
оторочи́ть, -чу́, -чи́т
оторо́чка, -и, *р. мн.* -чек
оторфене́лый
оторфене́ть, -е́ет
оторфле́ние, -я
оторцева́ть(ся), -цу́ю, -цу́ет(ся)
оторцо́ванный; *кр. ф.* -ан, -ана
оторцо́вка, -и
оторцо́вывание, -я
оторцо́вывать(ся), -аю, -ает(ся)
отосклеро́з, -а
отосклероти́ческий
отоско́п, -а
отоскопи́ческий
отоскопи́я, -и
ото́сланный; *кр. ф.* -ан, -ана
отосла́ть, отошлю́, отошлёт; *прош.* -сла́л, -сла́ла
отоспа́ть(ся), -плю́(сь), -пи́т(ся); *прош.* -а́л(ся), -ала́(сь), -а́ло, -а́ло́сь
ото́ткнутый
ототкну́ть, -ну́, -нёт
отофо́н, -а
отохо́тить(ся), -хо́чу(сь), -хо́тит(ся)
отохо́ченный; *кр. ф.* -ен, -ена
ото́ченный; *кр. ф.* -ен, -ена (*от* отточи́ть)
оточи́ть(ся), оточу́, ото́чит(ся) (*очинить(ся)*: оточи́ть каранда́ш)
отоше́дший

отща́лый
отща́ть, -а́ю, -а́ет
отпа́вший
отпа́д, -а (*жарг.*)
отпада́ние, -я
отпа́дать, -ает, *сов.* (*перестать падать*)
отпада́ть, -а́ю, -а́ет, *несов.* (*к* отпа́сть)
отпаде́ние, -я
отпа́дный (*жарг.*)
отпа́дший
отпа́занченный; *кр. ф.* -ен, -ена
отпа́занчить, -чу, -чит
отпа́ивание, -я
отпа́ивать(ся), -аю(сь), -ает(ся)
отпа́йка, -и
отпали́ть, -лю́, -ли́т
отпа́ренный; *кр. ф.* -ен, -ена
отпа́ривание, -я
отпа́риватель, -я
отпа́ривать(ся), -аю, -ает(ся)
отпари́рованный; *кр. ф.* -ан, -ана
отпари́ровать, -и́рую, -и́рует
отпа́рить(ся), -рю(сь), -рит(ся)
отпа́рка, -и
отпа́рывание, -я
отпа́рывать(ся), -аю, -ает(ся)
отпасова́ть, -су́ю, -су́ет
отпасти́(сь), -су́(сь), -сёт(ся); *прош.* -а́с(ся), -асла́(сь)
отпа́сть, -аду́, -адёт; *прош.* -а́л, -а́ла
отпа́сший
отпа́ханный; *кр. ф.* -ан, -ана
отпаха́ть(ся), отпашу́(сь), отпа́шет(ся)
отпа́хивать(ся), -аю, -ает(ся)
отпа́хнутый
отпахну́ть(ся), -ну́, -нёт(ся)
отпа́янный; *кр. ф.* -ян, -яна
отпа́ять(ся), -я́ю, -я́ет(ся)
отпева́льный
отпева́ние, -я (*от* отпева́ть)
отпева́ть(ся), -а́ю, -а́ет(ся) (*к* отпе́ть)
отпека́ть(ся), -а́ю, -а́ет(ся)
отпёкший
отпере́ть(ся), отопру́(сь), отопрёт(ся); *прош.* о́тпер, отперся́, отперла́(сь), о́тперло, отперло́сь (*отомкнуть(ся), открыть(ся)*)
отпере́ться, отопру́сь, отопрётся; *прош.* отпёрся, отпёрлась (*не сознаться*)
о́тпертый; *кр. ф.* -ерт, -ерта́, -ерто
о́тперший(ся) (*к* отпере́ть(ся))
отпёршийся (*к* отпере́ться)
отпе́тость, -и
отпе́тый
отпе́ть, отпою́, отпоёт
отпеча́тание, -я
отпеча́танный; *кр. ф.* -ан, -ана
отпеча́тать(ся), -аю, -ает(ся)
отпечатлева́ть(ся), -а́ю, -а́ет(ся)
отпечатле́ть(ся), -е́ю, -е́ет(ся)
отпеча́ток, -тка
отпеча́тывание, -я
отпеча́тывать(ся), -аю, -ает(ся)
отпечённый; *кр. ф.* -ён, -ена́
отпе́чь, -еку́, -ечёт, -еку́т; *прош.* -ёк, -екла́
отпиа́ренный; *кр. ф.* -ен, -ена
отпиа́рить, -рю, -рит
отпива́ние, -я (*от* отпива́ть)
отпива́ть(ся), -а́ю(сь), -а́ет(ся) (*к* отпи́ть)
отпи́ленный; *кр. ф.* -ен, -ена
отпи́ливание, -я
отпи́ливать(ся), -аю, -ает(ся)
отпили́ть, -илю́, -и́лит
отпи́лка, -и
отпи́лок, -лка (*отпиленная часть*)
отпира́ние, -я
отпира́тельство, -а
отпира́ть(ся), -а́ю(сь), -а́ет(ся)
отпирова́ть(ся), -ру́ю(сь), -ру́ет(ся)
отпи́санный; *кр. ф.* -ан, -ана
отписа́ть(ся), -ишу́(сь), -и́шет(ся)
отпи́ска, -и, *р. мн.* -сок
отписно́й
отпи́сочный
отпи́сывать(ся), -аю(сь), -ает(ся)
о́тпи́тый; *кр. ф.* о́тпит, отпита́, о́тпи́то
отпи́ть(ся), отопью́(сь), отопьёт(ся); *прош.* о́тпил, отпи́лся, отпила́(сь), о́тпи́ло, отпило́сь
отпиха́ться, -а́юсь, -а́ется
отпи́хивание, -я
отпи́хивать(ся), -аю(сь), -ает(ся)
отпи́хнутый
отпихну́ть(ся), -ну́(сь), -нёт(ся)
отпла́вать(ся), -аю(сь), -ает(ся)
отпла́кать(ся), -а́чу(сь), -а́чет(ся)
отпла́та, -ы
отплати́ть, -ачу́, -а́тит
отпла́ченный; *кр. ф.* -ен, -ена
отпла́чивать(ся), -аю, -ает(ся)
отплева́ть(ся), -люю(сь), -люёт(ся)
отплёвывать(ся), -аю(сь), -ает(ся)
о́тплеск, -а
отплеска́ть(ся), -ещу́(сь), -е́щет(ся) и -а́ю(сь), -а́ет(ся)
отплёскивать, -аю, -ает
отплёснутый
отплесну́ть, -ну́, -нёт
отплести́(сь), -лету́, -летёт(ся); *прош.* -лёл(ся), -лела́(сь)
отплета́ть(ся), -а́ю, -а́ет(ся)
отплетённый; *кр. ф.* -ён, -ена́
отплётший(ся)
отплодоноси́ть, -но́сит
отплоённый; *кр. ф.* -ён, -ена́
отплои́ть, -ою́, -ои́т
отплыва́ть, -а́ю, -а́ет
отплы́тие, -я
отплы́ть, -ыву́, -ывёт; *прош.* -ы́л, -ыла́, -ы́ло
отплю́нутый
отплю́нуть(ся), -ну(сь), -нет(ся)
отпля́санный; *кр. ф.* -ан, -ана
отпляса́ть(ся), -яшу́(сь), -я́шет(ся)
отпля́сывать(ся), -аю, -ает(ся)
о́тповедь, -и
отпо́енный; *кр. ф.* -ен, -ена
отпои́ть, -ою́, -о́ит
отпола́скивание, -я
отпола́скивать(ся), -аю, -ает(ся)
отпо́лдничать, -аю, -ает
отпо́лзать, -аю, -ает, *сов.* (*кончить ползать*)
отполза́ть, -а́ю, -а́ет, *несов.* (*к* отползти́)
отползти́, -зу́, -зёт; *прош.* -о́лз, -олзла́
отпо́лзший
отполиро́ванный; *кр. ф.* -ан, -ана
отполирова́ть(ся), -ру́ю, -ру́ет(ся)
отполиро́вывать(ся), -аю, -ает(ся)
отполо́сканный; *кр. ф.* -ан, -ана
отполоска́ть(ся), -ощу́, -о́щет(ся) и -а́ю, -а́ет(ся)
отполосо́ванный; *кр. ф.* -ан, -ана
отполосова́ть, -су́ю, -су́ет
отпо́лотый
отполо́ть, -олю́, -о́лет
отполыха́ть, -а́ет
отпо́р, -а
отпо́рный
отпо́ротый
отпоро́ть(ся), -орю́, -о́рет(ся)
отпости́ться, -ощу́сь, -ости́тся
отпотева́ние, -я
отпотева́ть, -а́ет
отпоте́лый
отпоте́ть, -е́ет
отпо́тчевать, -чую, -чует
отпочкова́ние, -я
отпочкова́ться, -ку́ется
отпочко́вывание, -я
отпочко́вываться, -ается
отправи́тель, -я
отправи́тельница, -ы, *тв.* -ей
отправи́тельский
отпра́вить(ся), -влю(сь), -вит(ся)
отпра́вка, -и
отправле́ние, -я
отпра́вленный; *кр. ф.* -ен, -ена
отправля́ть(ся), -я́ю(сь), -я́ет(ся)
отправно́й
отпра́вочный
отпра́зднованный; *кр. ф.* -ан, -ана
отпра́здновать, -ную, -нует
отпра́шивать(ся), -аю(сь), -ает(ся)
отпрепари́рованный; *кр. ф.* -ан, -ана
отпрепари́ровать(ся), -и́рую, -и́рует(ся)
отпрессо́ванный; *кр. ф.* -ан, -ана
отпрессова́ть(ся), -ссу́ю, -ссу́ет(ся)
отпрессо́вывать(ся), -аю, -ает(ся)
отпро́бованный; *кр. ф.* -ан, -ана
отпро́бовать, -бую, -бует
отпроси́ть(ся), -ошу́(сь), -о́сит(ся)
отпро́шенный; *кр. ф.* -ен, -ена
отпру́кать, -аю, -ает
отпру́кивать, -аю, -ает
отпры́гать(ся), -аю(сь), -ает(ся)
отпры́гивать, -аю, -ает
отпры́гнуть, -ну, -нет

о́трыск, -а
отпряга́ть(ся), -а́ю, -а́ет(ся)
отпря́гший(ся)
отпряда́ть, -а́ю, -а́ет
отпрядённый; *кр. ф.* -ён, -ена́ и **отпря́денный**; *кр. ф.* -ен, -ена (*к* отпря́сть)
отпря́дывать, -аю, -ает
отпряжённый; *кр. ф.* -ён, -ена́ (*к* отпря́чь)
отпря́жка, -и
отпряжно́й
отпря́нуть, -ну, -нет
отпря́сть, -яду́, -ядёт; *прош.* -я́л, -яла́, -я́ло
отпря́чь(ся), -ягу́, -яжёт(ся), -ягу́т(ся); *прош.* -я́г(ся), -ягла́(сь)
отпу́ганный; *кр. ф.* -ан, -ана
отпуга́ть, -а́ю, -а́ет
отпу́гивание, -я
отпу́гиватель, -я
отпу́гивать(ся), -аю, -ает(ся)
отпу́гнутый
отпугну́ть, -ну́, -нёт
от пу́за (нае́сться; *досыта, вволю*)
о́тпуск, -а, *предл.* в о́тпуске и в отпуску́, *мн.* -а́, -о́в
отпуска́ние, -я
отпуска́ть(ся), -а́ю(сь), -а́ет(ся)
отпускна́я, -о́й
отпускни́к, -а́
отпускни́ца, -ы, *тв.* -ей
отпускно́й
отпу́ст, -а (*церк.*)
отпусти́тельный
отпусти́ть(ся), -ущу́, -у́стит(ся)
отпу́танный; *кр. ф.* -ан, -ана
отпу́тать(ся), -аю(сь), -ает(ся)
отпутеше́ствовать(ся), -твую(сь), -твует(ся)
отпу́тывать(ся), -аю(сь), -ает(ся)
отпуща́еши: ны́не отпуща́еши
отпуща́ть, -а́ю, -а́ет (*прост. к* отпуска́ть)
отпуще́ние, -я
отпу́щенник, -а
отпу́щенница, -ы, *тв.* -ей
отпу́щенный; *кр. ф.* -ен, -ена
отпыла́ть, -а́ю, -а́ет
отпыло́вка, -и, *р. мн.* -вок
отпы́хаться, -аюсь, -ается
отпы́хиваться, -аюсь, -ается
отпыхте́ться, -хчу́сь, -хти́тся
отпя́тить(ся), -я́чу(сь), -я́тит(ся)
отпя́ченный; *кр. ф.* -ен, -ена
отпя́чивать(ся), -аю(сь), -ает(ся)
отраба́тывание, -я
отраба́тывать(ся), -аю(сь), -ает(ся)
отрабо́тавший(ся)
отрабо́танность, -и
отрабо́танный; *кр. ф.* -ан, -ана
отрабо́тать(ся), -аю(сь), -ает(ся)
отрабо́тка, -и, *р. мн.* -ток
отрабо́точный
отра́ва, -ы
отрави́тель, -я
отрави́тельница, -ы, *тв.* -ей
отрави́ть(ся), -авлю́(сь), -а́вит(ся)
отравле́ние, -я
отра́вленный; *кр. ф.* -ен, -ена
отравля́ть(ся), -я́ю(сь), -я́ет(ся)
отравля́ющий(ся)
отра́вный
отра́да, -ы
отра́дненский (*от* Отра́дный и Отра́дное)
отра́дненцы, -ев, *ед.* -ненец, -ненца, *тв.* -ненцем
отра́дность, -и
отра́дный; *кр. ф.* -ден, -дна
отража́емость, -и
отража́тель, -я
отража́тельный
отража́ть(ся), -а́ю(сь), -а́ет(ся)
отраже́ние, -я
отражённо, *нареч.*
отражённо-преломлённый
отражённый; *кр. ф.* -ён, -ена́
отрази́тель, -я
отрази́ть(ся), -ажу́(сь), -ази́т(ся)
отрапорто́ванный; *кр. ф.* -ан, -ана
отрапортова́ть(ся), -ту́ю(сь), -ту́ет(ся)
отрапорто́вывать, -аю, -ает
отраслеви́к, -а́
отраслево́й
о́трасль, -и, *мн.* -и, -ей и -е́й
отраста́ние, -я
отраста́ть, -а́ет
отрасти́, -тёт; *прош.* отро́с, отросла́
отрасти́ть, -ащу́, -асти́т
отращённый; *кр. ф.* -ён, -ена́
отра́щивание, -я
отра́щивать(ся), -аю, -ает(ся)
отреаги́ровать, -рую, -рует
отре́бье, -я (*отбросы*)
отреве́ть(ся), -ву́(сь), -вёт(ся)
отрегули́рование, -я
отрегули́рованный; *кр. ф.* -ан, -ана
отрегули́ровать(ся), -рую, -рует(ся)
отредакти́рованный; *кр. ф.* -ан, -ана
отредакти́ровать(ся), -рую, -рует(ся)
отрежисси́рованный; *кр. ф.* -ан, -ана
отрежисси́ровать(ся), -рую, -рует(ся)
отре́з, -а
отреза́ние, -я
отре́занность, -и
отре́занный; *кр. ф.* -ан, -ана
отре́зать(ся), -е́жу, -е́жет(ся), *сов.*
отреза́ть(ся), -а́ю, -а́ет(ся), *несов.*
отрезве́ть, -е́ю, -е́ет
отрезви́тельный
отрезви́ть(ся), -влю́(сь), -ви́т(ся)
отрезвле́ние, -я
отрезвлённый; *кр. ф.* -ён, -ена́
отрезвля́ть(ся), -я́ю(сь), -я́ет(ся)
отрезвля́ющий(ся)
отре́зка, -и
отрезно́й
отре́зок, -зка
отре́зочек, -чка
отре́зывать(ся), -аю, -ает(ся)
отрека́ться, -а́юсь, -а́ется
отрекомендо́ванный; *кр. ф.* -ан, -ана
отрекомендова́ть(ся), -ду́ю(сь), -ду́ет(ся)
отрекомендо́вывать(ся), -аю(сь), -ает(ся)
отрёкшийся
отремонти́рованный; *кр. ф.* -ан, -ана
отремонти́ровать(ся), -рую, -рует(ся)
отрёпанный; *кр. ф.* -ан, -ана (*от* отрепа́ть)
отрепа́ть(ся), -еплю́(сь), -е́плет(ся), -е́плют(ся) и -е́пет(ся), -е́пят(ся) (*то же, что обтрепать(ся)*)
отрепети́рованность, -и
отрепети́рованный; *кр. ф.* -ан, -ана
отрепети́ровать(ся), -рую, -рует(ся)
отрепето́ванный; *кр. ф.* -ан, -ана
отрепетова́ть, -ту́ю, -ту́ет
отрёпки, -ов
отрёпывать(ся), -аю(сь), -ает(ся) (*к* отрепа́ть(ся)
отрёпыш, -а, *тв.* -ем
отре́пье, -я и **отре́пья**, -ьев (*лохмотья*)
отреставри́рованный; *кр. ф.* -ан, -ана
отреставри́ровать(ся), -и́рую, -и́рует(ся)
отретирова́ться, -ру́юсь, -ру́ется
отретуши́рованный; *кр. ф.* -ан, -ана
отретуши́ровать(ся), -рую, -рует(ся)
отрефлекси́рованный; *кр. ф.* -ан, -ана
отрецензи́рованный; *кр. ф.* -ан, -ана
отрецензи́ровать(ся), -рую, -рует(ся)
отрече́ние, -я
отрече́нный; *кр. ф.* -е́н, -ена́ и **отречённый**; *кр. ф.* -ён, -ена́ (*церк.*)
отре́чься, -еку́сь, -ечётся, -еку́тся; *прош.* -ёкся, -екла́сь
отреша́ть(ся), -а́ю(сь), -а́ет(ся)
отреше́ние, -я
отрешённо, *нареч.*
отрешённость, -и
отрешённый; *кр. ф. прич.* -ён, -ена́; *кр. ф. прил.* -ён, -ена́ (*с дополн.*: она́ отрешена́ от жите́йских забо́т) и -ён, -ённа (*без дополн.*: она́ отрешённа и безуча́стна)
отреши́ть(ся), -шу́(сь), -ши́т(ся)
отрикоше́тить, -ит
отри́нутый
отри́нуть, -ну, -нет
отрихто́ванный; *кр. ф.* -ан, -ана
отрихтова́ть(ся), -ту́ю, -ту́ет(ся)
отрица́ловка, -и
отрица́ние, -я
отрица́тель, -я
отрица́тельность, -и
отрица́тельный; *кр. ф.* -лен, -льна
отрица́ть(ся), -а́ю, -а́ет(ся)
отро́г, -а
отроди́ться, -и́тся
о́троду, *нареч.* (*никогда*: о́троду не ви́дел тако́го), но *сущ.* **о́т роду** (*от рождения*: пяти́ ле́т о́т роду)

отро́дье, -я, *р. мн.* -дий
отродя́сь, *нареч.*
отро́ек, -о́йка
отрое́ние, -я
отроённый; *кр. ф.* -ён, -ена́
отро́жек, -жка
отро́жина, -ы
отрои́ть(ся), -ою́, -ои́т(ся)
о́трок, -а
отрокови́ца, -ы, *тв.* -ей
отро́стковый
отро́сток, -тка
отро́сточек, -чка
отро́сточный
отро́стчатый
отро́сший
о́троческий
о́трочество, -а
о́труб, -а, *мн.* -а́, -о́в (*участок земли*)
отру́б, -а, *мн.* -ы, -ов (*место разруба; состояние, жарг.*)
отруба́ние, -я
отруба́ть(ся), -а́ю(сь), -а́ет(ся)
отрубеви́дный; *кр. ф.* -ден, -дна
о́труби, -е́й
отруби́ть(ся), -ублю́(сь), -у́бит(ся) (*к* руби́ть; *то же, что вырубить(ся), жарг.*)
отру́бленный; *кр. ф.* -ен, -ена (*от* отруби́ть)
отрубни́к, -а́ (*к* о́труб)
отрубно́й (*к* о́труб и отру́б)
о́трубный (*к* о́труби)
отрубо́н, -а (*жарг.*)
отрубяно́й (*к* о́труби)
отру́ганный; *кр. ф.* -ан, -ана
отруга́ть(ся), -а́ю(сь), -а́ет(ся)
отру́гивать(ся), -аю(сь), -ает(ся)
отругну́ться, -ну́сь, -нётся
отру́ливать, -аю, -ает
отрули́ть, -лю́, -ли́т
отрухля́вевший
отрухля́веть, -еет
отрыба́чить, -чу, -чит
отры́в, -а
отрыва́ние, -я
отрыва́ть(ся), -а́ю(сь), -а́ет(ся)
отры́вистость, -и
отры́вистый
отрывно́й
отры́вок, -вка
отры́вочность, -и
отры́вочный; *кр. ф.* -чен, -чна
отрыга́ть(ся), -а́ю, -а́ет(ся)
отры́гивать(ся), -аю, -ает(ся)
отры́гнутый
отрыгну́ть(ся), -ну́, -нёт(ся)
отры́жка, -и, *р. мн.* -жек
отры́скать, -аю, -ает
отры́скивать, -ает
отры́тый
отры́ть(ся), отро́ю(сь), отро́ет(ся)
отря́д, -а
отряди́ть, -яжу́, -яди́т
отря́дник, -а
отря́дный
отряжа́ть(ся), -а́ю(сь), -а́ет(ся)
отряжённый; *кр. ф.* -ён, -ена́
отряса́ние, -я (*от* отряса́ть(ся)
отряса́ть(ся), -а́ю, -а́ет(ся) (*к* отрясти́)
отрясённый; *кр. ф.* -ён, -ена́ (*от* отрясти́)
отрясти́, -су́, -сёт; *прош.* -я́с, -ясла́ (*то же, что обтрясти*)
отря́сший (*от* отрясти́)
отряха́ние, -я (*от* отряха́ть(ся)
отряха́ть(ся), -а́ю(сь), -а́ет(ся) (*к* отряхну́ть(ся)
отря́хивание, -я (*от* отря́хивать(ся)
отря́хивать(ся), -аю(сь), -ает(ся) (*к* отряхну́ть(ся)
отря́хнутый (*от* отряхну́ть)
отряхну́ть(ся), -ну́(сь), -нёт(ся) (*то же, что оттряхнуть; встряхиванием, похлопыванием очистить(ся), освободить(ся) от чего-н.*; отряхну́ть пра́х от свои́х но́г)
отсади́ть, -ажу́, -а́дит
отса́дка, -и
отса́док, -дка (*отсаженное растение*)
отса́дочный
отса́женный; *кр. ф.* -ен, -ена
отса́живание, -я
отса́живать(ся), -аю(сь), -ает(ся)
отсалютова́ть, -ту́ю, -ту́ет
отса́сывание, -я
отса́сывать(ся), -аю, -ает(ся)
о́тсверк, -а
отсверка́ть, -а́ю, -а́ет
о́тсве́т, -а
отсвети́ть, -е́тит
отсве́чивание, -я
отсве́чивать(ся), -ает(ся)
отсвиста́ть, -ищу́, -и́щет
отсвисте́ть, -ищу́, -исти́т
отсебя́тина, -ы
отсе́в, -а
отсева́ть(ся), -а́ю(сь), -а́ет(ся)
отсе́вки, -ов и -вок
отсевно́й
отсе́да и **отсе́дова** (*обл. и прост. к* отсю́да)
отседа́ть, -а́ет
отсе́ивание, -я
отсе́ивать(ся), -аю(сь), -ает(ся)
отсе́к, -а
отсека́ние, -я
отсека́ть(ся), -а́ю, -а́ет(ся)
отсе́кший(ся) и **отсёкший(ся)**
отсе́ле и **отсе́ль**
отселе́ние, -я
отселённый; *кр. ф.* -ён, -ена́
отсели́ть(ся), -елю́(сь), -е́ли́т(ся)
отсёлок, -лка
отсе́ль и **отсе́ле**
отселя́ть(ся), -я́ю(сь), -я́ет(ся)
отсе́сть, отся́ду, отся́дет
отсече́ние, -я
отсечённый; *кр. ф.* -ён, -ена́
отсе́чка, -и
отсе́чный
отсе́чь(ся), -еку́, -ечёт(ся), -еку́т(ся); *прош.* -ёк(ся) и -е́к(ся), -екла́(сь)
отсе́янный; *кр. ф.* -ян, -яна
отсе́ять(ся), -е́ю(сь), -е́ет(ся)
отсигна́лить, -лю, -лит
отсиде́ть(ся), -ижу́(сь), -иди́т(ся)
отси́дка, -и, *р. мн.* -док
отси́женный; *кр. ф.* -ен, -ена
отси́живание, -я
отси́живать(ся), -аю(сь), -ает(ся)
от си́лы (*самое большее*)
от си́х до си́х
отска́бливание, -я
отска́бливать(ся), -аю, -ает(ся)
отскака́ть, -ачу́, -а́чет
отска́кивание, -я
отска́кивать, -аю, -ает
отскакну́ть, -ну́, -нёт
отскани́рованный; *кр. ф.* -ан, -ана
отскани́ровать(ся), -рую, -рует(ся)
отско́бленный; *кр. ф.* -ен, -ена
отскобли́ть(ся), -облю́, -о́бли́т(ся)
отско́к, -а
отскочи́ть, -очу́, -о́чит
отскреба́ние, -я
отскреба́ть(ся), -а́ю, -а́ет(ся)
отскребённый; *кр. ф.* -ён, -ена́
отскрёбший
отскрёбывать(ся), -аю, -ает(ся)
отскрести́(сь), -ребу́, -ребёт(ся); *прош.* -рёб(ся), -ребла́(сь)
отсла́ивание, -я
отсла́ивать(ся), -аю, -ает(ся)
отследи́ть, -ежу́, -еди́т
отсле́женный; *кр. ф.* -ен, -ена
отсле́живание, -я
отсле́живать(ся), -аю, -ает(ся)
отслое́ние, -я
отслоённый; *кр. ф.* -ён, -ена́
отслои́ть(ся), -ою́, -ои́т(ся)
отсло́йка, -и, *р. мн.* -о́ек
отслонённый; *кр. ф.* -ён, -ена́
отслони́ть(ся), -оню́(сь), -о́ни́т(ся)
отслоня́ть(ся), -я́ю(сь), -я́ет(ся)
отслу́женный; *кр. ф.* -ен, -ена
отслу́живание, -я
отслу́живать(ся), -аю(сь), -ает(ся)
отслужи́ть(ся), -ужу́(сь), -у́жит(ся)
отслу́шанный; *кр. ф.* -ан, -ана
отслу́шать, -аю, -ает
отслу́шивать, -аю, -ает
отслюнённый; *кр. ф.* -ён, -ена́
отслю́нивать, -аю, -ает
отслюни́ть, -ню́, -ни́т
отсма́ркивание, -я
отсма́ркиваться, -аюсь, -ается
отсма́тривание, -я
отсма́тривать(ся), -аю, -ает(ся)
отсме́иваться, -аюсь, -ается
отсмея́ться, -ею́сь, -еётся
отсморка́ться, -а́юсь, -а́ется
отсморкну́ться, -ну́сь, -нётся
отсмо́тренный; *кр. ф.* -ен, -ена
отсмотре́ть, -отрю́, -о́трит

отсня́тый
отсня́ть(ся), -ниму́(сь), -ни́мет(ся)
отсове́тованный; *кр. ф.* -ан, -ана
отсове́товать, -тую, -тует
отсоедине́ние, -я
отсоединённый; *кр. ф.* -ён, -ена́
отсоедини́ть(ся), -ню́(сь), -ни́т(ся)
отсоединя́ть(ся), -я́ю(сь), -я́ет(ся)
отсортиро́ванный; *кр. ф.* -ан, -ана
отсортирова́ть(ся), -ру́ю, -ру́ет(ся)
отсортиро́вка, -и
отсортиро́вывать(ся), -аю, -ает(ся)
отсо́с, -а
отсо́санный; *кр. ф.* -ан, -ана
отсоса́ть, -осу́, -осёт
отсо́сный
отсо́хнуть, -нет; *прош.* -о́х, -о́хла
отсо́хший
отспа́ривать(ся), -аю, -ает(ся)
отспо́ренный; *кр. ф.* -ен, -ена
отспо́рить, -рю, -рит
отсро́ченный; *кр. ф.* -ен, -ена
отсро́чивание, -я
отсро́чивать(ся), -аю, -ает(ся)
отсро́чить, -чу, -чит
отсро́чка, -и, *р. мн.* -чек
отстава́ние, -я
отстава́ть, -таю́, -таёт
отста́вить, -влю, -вит
отста́вка, -и, *р. мн.* -вок
отста́вленный; *кр. ф.* -ен, -ена
отставля́ть(ся), -я́ю(сь), -я́ет(ся)
отставни́к, -а́
отставно́й
отста́ивание, -я
отста́ивать(ся), -аю(сь), -ает(ся)
отста́лость, -и
отста́лый
отста́ть, -а́ну, -а́нет
отстаю́щий
отстёганный; *кр. ф.* -ан, -ана
отстега́ть, -а́ю, -а́ет
отстёгивание, -я
отстёгивать(ся), -аю, -ает(ся)
отстёгнутый
отстегну́ть(ся), -ну́, -нёт(ся)
отстёжка, -и, *р. мн.* -жек
отстежно́й
отсти́ранный; *кр. ф.* -ан, -ана
отстира́ть(ся), -а́ю(сь), -а́ет(ся)
отсти́рка, -и
отсти́рывание, -я
отсти́рывать(ся), -аю(сь), -ает(ся)
отсто́й, -я
отсто́йник, -а
отсто́йный
отстоя́ние, -я
отсто́янный; *кр. ф.* -ян, -яна
отстоя́ть(ся), -ою́(сь), -ои́т(ся)
отстра́гивание, -я и **отстру́гивание,** -я
отстра́гивать(ся), -аю, -ает(ся) и **отстру́гивать(ся),** -аю, -ает(ся)
отстрада́ть, -а́ю, -а́ет
отстра́ивание, -я
отстра́ивать(ся), -аю(сь), -ает(ся)
отстране́ние, -я
отстранённо, *нареч.*
отстранённость, -и
отстранённый; *кр. ф. прич.* -ён, -ена́; *кр. ф. прил.* (*выражающий безразличие*) -ён, -ённа (лицо́ её отстранённо)
отстрани́ть(ся), -ню́(сь), -ни́т(ся)
отстраня́ть(ся), -я́ю(сь), -я́ет(ся)
отстра́чивание, -я
отстра́чивать(ся), -аю, -ает(ся)
отстре́л, -а
отстре́ленный; *кр. ф.* -ен, -ена (*от* отстрели́ть)
отстре́ливание, -я
отстре́ливать(ся), -аю(сь), -ает(ся)
отстрели́ть(ся), -елю́, -е́лит(ся)
отстре́льщик, -а
отстре́лянный; *кр. ф.* -ян, -яна (*от* отстреля́ть)
отстреля́ть(ся), -я́ю(сь), -я́ет(ся)
отстрига́ние, -я
отстрига́ть(ся), -а́ю, -а́ет(ся)
отстри́гший
отстри́женный; *кр. ф.* -ен, -ена
отстри́чь, -игу́, -ижёт, -игу́т; *прош.* -и́г, -и́гла
отстро́ганный; *кр. ф.* -ан, -ана и **отстру́ганный;** *кр. ф.* -ан, -ана
отстрога́ть, -а́ю, -а́ет и **отструга́ть,** -а́ю, -а́ет
отстро́енный; *кр. ф.* -ен, -ена
отстро́ить(ся), -о́ю(сь), -о́ит(ся)
отстро́йка, -и
отстро́ченный; *кр. ф.* -ен, -ена
отстрочи́ть, -очу́, -о́чи́т
отстро́чка, -и, *р. мн.* -чек
отстру́ганный; *кр. ф.* -ан, -ана и **отстро́ганный;** *кр. ф.* -ан, -ана
отструга́ть, -а́ю, -а́ет и **отстрога́ть,** -а́ю, -а́ет
отстру́гивание, -я и **отстра́гивание,** -я
отстру́гивать(ся), -аю, -ает(ся) и **отстра́гивать(ся),** -аю, -ает(ся)
отстря́панный; *кр. ф.* -ан, -ана
отстря́пать(ся), -аю(сь), -ает(ся)
отсту́канный; *кр. ф.* -ан, -ана
отсту́кать, -аю, -ает
отсту́кивание, -я
отсту́кивать(ся), -аю, -ает(ся)
о́тступ, -а
отступа́тельный
отступа́ть(ся), -а́ю(сь), -а́ет(ся)
отступи́ть(ся), -уплю́(сь), -у́пит(ся)
отступле́ние, -я
отсту́пник, -а; но: **Юлиа́н Отсту́пник**
отсту́пница, -ы, *тв.* -ей
отсту́пнический
отсту́пничество, -а
отступно́е, -о́го
отступно́й
отступя́, *нареч.*
отстуча́ть, -чу́, -чи́т
отстыко́ванный; *кр. ф.* -ан, -ана
отстыкова́ть(ся), -ку́ю(сь), -ку́ет(ся)
отстыко́вка, -и, *р. мн.* -вок
отстыко́вывание, -я
отстыко́вывать(ся), -аю(сь), -ает(ся)
отсуди́ть, -ужу́, -у́дит
отсу́женный; *кр. ф.* -ен, -ена
отсу́живание, -я
отсу́живать(ся), -аю, -ает(ся)
отсу́тствие, -я
отсу́тствовать, -твую, -твует
отсу́тствующий
отсутя́жить, -жу, -жит
отсутя́жничать, -аю, -ает
отсу́ченный; *кр. ф.* -ен, -ена
отсу́чивать(ся), -аю, -ает(ся)
отсучи́ть(ся), -учу́, -у́чи́т(ся)
отсчёт, -а (*к* отсчи́тывать(ся))
отсчётный
отсчи́танный; *кр. ф.* -ан, -ана
отсчита́ть, -а́ю, -а́ет
отсчи́тывание, -я
отсчи́тывать(ся), -аю, -ает(ся)
отсыла́ть(ся), -а́ю(сь), -а́ет(ся)
отсы́лка, -и, *р. мн.* -лок
отсы́лочный
отсыпа́ние, -я
отсы́панный; *кр. ф.* -ан, -ана
отсы́пать(ся), -плю, -плет(ся), -плют(ся) и -пет(ся), -пят(ся), *сов.*
отсыпа́ть(ся), -а́ю(сь), -а́ет(ся), *несов.*
отсы́пка, -и
отсыпно́й
о́тсыпь, -и
отсырева́ние, -я
отсырева́ть, -а́ет
отсыре́лый
отсыре́ть, -е́ет
отсыха́ние, -я
отсыха́ть, -а́ет
отсю́да
отсю́дова (*прост. к* отсю́да)
отта́вский (*от* Отта́ва)
отта́вцы, -ев, *ед.* -вец, -вца, *тв.* -вцем
отта́ивание, -я
отта́ивать(ся), -аю, -ает(ся)
отта́лина, -ы
отта́лкивание, -я
отта́лкивать(ся), -аю(сь), -ает(ся)
отта́лкивающий(ся)
оттанцева́ть(ся), -цу́ю(сь), -цу́ет(ся)
оттанцо́вывать(ся), -аю(сь), -ает(ся)
отта́пливание, -я (*от* отта́пливать(ся))
отта́пливать(ся), -аю, -ает(ся) (*к* отопи́ть(ся))
отта́птывание, -я (*от* отта́птывать(ся))
отта́птывать(ся), -аю, -ает(ся) (*к* оттопта́ть)
оттараба́нить, -ню, -нит
отта́ска, -и
отта́сканный; *кр. ф.* -ан, -ана
оттаска́ть(ся), -а́ю(сь), -а́ет(ся)
отта́скивание, -я
отта́скивать(ся), -аю, -ает(ся)
отта́чивание, -я (*от* отта́чивать(ся))

отта́чивать(ся), -аю, -ает(ся) (*к* отточи́ть(ся)
отта́щенный; *кр. ф.* -ен, -ена
оттащи́ть(ся), -ащу́(сь), -а́щит(ся)
отта́янный; *кр. ф.* -ян, -яна
оттая́ть, -а́ю, -а́ет
отте́да и **отте́дова** (*прост. к* отту́да)
оттёк, -а (*к* оттёчь)
оттека́ние, -я (*от* оттека́ть)
оттека́ть, -а́ет (*к* оттёчь)
оттёкший (*от* оттёчь)
от темна́ до темна́
оттене́ние, -я (*от* оттени́ть)
оттенённый; *кр. ф.* -ён, -ена́ (*от* оттени́ть)
оттени́ть(ся), -ню́, -ни́т(ся) (*выделить(ся), сделать (стать) заметнее*)
отте́нок, -нка
отте́ночный
оттеня́ть(ся), -я́ю, -я́ет(ся) (*к* оттени́ть(ся)
о́ттепель, -и
о́ттепельный
оттереби́ть, -блю́, -би́т
оттереблённый; *кр. ф.* -ён, -ена́
оттере́ть(ся), ототру́, ототрёт(ся); *прош.* оттёр(ся), оттёрла(сь) (*счистить(ся), отчистить(ся); растереть до нужного состояния; оттеснить, вытеснить*)
оттерпе́ться, -ерплю́сь, -е́рпится
оттертра́л, -а
оттёртый (*от* оттере́ть)
оттёрший(ся) (*от* оттере́ть(ся)
оттёсанный; *кр. ф.* -ан, -ана (*от* оттеса́ть)
оттеса́ть, -ешу́, -е́шет (*стесать; кончить тесать*)
оттёска, -и (*к* оттесать)
оттесне́ние, -я
оттеснённый; *кр. ф.* -ён, -ена́
оттесни́ть, -ню́, -ни́т
оттесня́ть(ся), -я́ю(сь), -я́ет(ся)
оттёсывание, -я (*от* оттёсывать)
оттёсывать(ся), -аю, -ает(ся) (*к* оттеса́ть)
оттёчь, -ечёт, -еку́т; *прош.* -ёк, -екла́ (*о жидкости: переместиться обратно, в другое место*)
оттиражи́рованный; *кр. ф.* -ан, -ана
оттиражи́ровать(ся), -рую, -рует(ся)
оттира́ние, -я (*от* оттира́ть)
оттира́ть(ся), -а́ю, -а́ет(ся) (*к* оттере́ть(ся)
отти́рка, -и
о́ттиск, -а
отти́сканный; *кр. ф.* -ан, -ана
отти́скать(ся), -аю, -ает(ся)
отти́скивание, -я
отти́скивать(ся), -аю, -ает(ся)
отти́снутый
отти́снуть(ся), -ну, -нет(ся)
оттитро́ванный; *кр. ф.* -ан, -ана
оттитрова́ть(ся), -ру́ю, -ру́ет(ся)
оттитро́вывать(ся), -аю, -ает(ся)
оттого́, *нареч.* (оттого́ мне́ ве́село), но *местоим.* **от того́** (от того́, что́ о́н сказа́л, мно́гое зави́сит)
оттого́-то, *нареч.*
оттого́ что, *союз*
отто́к, -а
оттокова́ть, -ку́ет
отто́ле и **отто́ль**
оттолка́ть, -а́ю, -а́ет
отто́лкнутый
оттолкну́ть(ся), -ну́(сь), -нёт(ся)
оттолкова́ть, -ку́ю, -ку́ет
отто́ль и **отто́ле**
оттомани́зм, -а
оттома́нка, -и, *р. мн.* -нок
Оттома́нская импе́рия
оттома́нский
оттома́ны, -ов, *ед.* -ма́н, -а
отто́панный; *кр. ф.* -ан, -ана
отто́пать, -аю, -ает
оттопи́ть(ся), -оплю́(сь), -о́пит(ся) (*кончить топить(ся); растапливая(сь), отделить(ся) от жидкого*)
отто́пленный; *кр. ф.* -ен, -ена (*от* оттопи́ть)
отто́птанный; *кр. ф.* -ан, -ана (*от* оттопта́ть)
оттопта́ть, -опчу́, -о́пчет (*повредить, наступая на что-н.; утомить ходьбой*)
оттопы́ренный; *кр. ф.* -ен, -ена
оттопы́ривание, -я
оттопы́ривать(ся), -аю, -ает(ся)
оттопы́рить(ся), -рю, -рит(ся)
отторга́ть(ся), -а́ю(сь), -а́ет(ся)
отто́ргнувший(ся)
отто́ргнутый
отто́ргнуть(ся), -ну(сь), -нет(ся); *прош.* -о́рг(ся) и -о́ргнул(ся), -о́ргла(сь)
отторгова́ть, -гу́ю, -гу́ет
отто́ргший(ся)
отторже́ние, -я
отто́рженный; *кр. ф.* -ен, -ена
отто́ченно, *нареч.*
отто́ченность, -и
отто́ченный (*от* отточи́ть); *кр. ф. прич.* -ен, -ена; *кр. ф. прил.* -ен, -енна (его́ мастерство́ отто́ченно)
отто́чие, -я
отточи́ть(ся), -очу́, -о́чит(ся) (*в результате тщательной точки сделать(ся) острым; довести (дойти) до предельной выразительности*)
отто́чка, -и (*от* отточи́ть)
отто́чный (*к* отто́к)
оттрансли́рованный; *кр. ф.* -ан, -ана
оттрансли́ровать(ся), -рую, -рует(ся)
оттрезво́нить, -ню, -нит
оттрениро́ванный; *кр. ф.* -ан, -ана
оттренирова́ть(ся), -ру́ю(сь), -ру́ет(ся)
оттрениро́вывать(ся), -аю(сь), -ает(ся)
оттрёпанный; *кр. ф.* -ан, -ана (*от* оттрепа́ть)
оттрепа́ть(ся), -еплю́(сь), -е́плет(ся), -е́плют(ся) и -е́пет(ся), -е́пят(ся) (*очистить(ся) трепанием; наказать, трепля за уши, за волосы*)
оттрёпывать(ся), -аю(сь), -ает(ся) (*к* оттрепа́ть(ся)
оттруби́ть, -блю́, -би́т (*кончить трубить; отработать, занимаясь чем-н. малоприятным*)
оттру́бленный; *кр. ф.* -ен, -ена (*от* оттруби́ть)
оттруди́ться, -ужу́сь, -у́дится
оттряса́ние (*от* оттряса́ть(ся)
оттряса́ть(ся), -а́ю, -а́ет(ся) (*к* оттрясти́)
оттрясённый; *кр. ф.* -ён, -ена́ (*от* оттрясти́)
оттрясти́, -су́, -сёт; *прош.* -я́с, -ясла́ (*то же, что оттряхнуть; повредить тряской*)
оттря́сший (*от* оттрясти́)
оттря́хивание, -я (*от* оттря́хивать(ся)
оттря́хивать(ся), -аю, -ает(ся) (*к* оттряхну́ть)
оттря́хнутый (*от* оттряхну́ть)
оттряхну́ть, -ну́, -нёт (*встряхиванием удалить (капли, частицы чего-н.) с поверхности*)
отту́да
отту́да-то
отту́дова (*прост. к* отту́да)
оттужи́ть, -ужу́, -у́жит
оттузи́ть, -ужу́, -узи́т
оттушёванный; *кр. ф.* -ан, -ана
оттушева́ть, -шу́ю, -шу́ет
оттушёвка, -и
оттушёвывание, -я
оттушёвывать(ся), -аю, -ает(ся)
оттыка́ть(ся), -а́ю, -а́ет(ся)
оттю́кать, -аю, -ает
оття́г, -а
оттяга́ть, -а́ю, -а́ет
оття́гивание, -я
оття́гивать(ся), -аю(сь), -ает(ся)
оття́жка, -и, *р. мн.* -жек
оттяжно́й
оття́нутый
оттяну́ть(ся), -яну́(сь), -я́нет(ся)
оття́панный; *кр. ф.* -ан, -ана
оття́пать, -аю, -ает
оття́пнуть, -ну, -нет
оття́пывать(ся), -аю, -ает(ся)
оту́жинать, -аю, -ает
отума́ненный; *кр. ф.* -ен, -ена
отума́нивание, -я
отума́нивать(ся), -аю(сь), -ает(ся)
отума́нить(ся), -ню(сь), -нит(ся)
отуни́т, -а и **отени́т,** -а
отупева́ть, -а́ю, -а́ет
отупе́лость, -и
отупе́лый
отупе́ние, -я
отупе́ть, -е́ю, -е́ет

отупи́ть, отуплю́, оту́пит
отупля́ть(ся), -я́ю, -я́ет(ся)
отуре́ченный; *кр. ф.* -ен, -ена
отуре́чивание, -я
отуре́чивать(ся), -аю(сь), -ает(ся)
отуре́чить(ся), -чу(сь), -чит(ся)
отутю́женный; *кр. ф.* -ен, -ена
отутю́живание, -я
отутю́живать(ся), -аю, -ает(ся)
отутю́жить(ся), -жу, -жит(ся)
отуча́ть(ся), -а́ю(сь), -а́ет(ся)
оту́ченный; *кр. ф.* -ен, -ена
оту́чивание, -я
оту́чивать(ся), -аю(сь), -ает(ся)
отучи́ть(ся), отучу́(сь), оту́чит(ся)
отучне́ть, -е́ю, -е́ет
отфактуро́ванный; *кр. ф.* -ан, -ана
отфанеро́ванный; *кр. ф.* -ан, -ана
отфанерова́ть(ся), -ру́ю, -ру́ет(ся)
отфильтро́ванный; *кр. ф.* -ан, -ана
отфильтрова́ть(ся), -ру́ю, -ру́ет(ся)
отфильтро́вывание, -я
отфильтро́вывать(ся), -аю, -ает(ся)
отформати́рованный; *кр. ф.* -ан, -ана
отформати́ровать(ся), -и́рую, -и́рует(ся)
отформо́ванный; *кр. ф.* -ан, -ана
отформова́ть(ся), -му́ю, -му́ет(ся)
отформо́вывание, -я
отформо́вывать(ся), -аю, -ает(ся)
отфрезеро́ванный; *кр. ф.* -ан, -ана
отфрезерова́ть, -ру́ю, -ру́ет
отфрезеро́вывание, -я
отфрезеро́вывать(ся), -аю, -ает(ся)
отфутбо́ленный; *кр. ф.* -ен, -ена
отфутбо́ливание, -я
отфутбо́ливать(ся), -аю(сь), -ает(ся)
отфутбо́лить, -лю, -лит
отфы́ркаться, -аюсь, -ается
отфы́ркивание, -я
отфы́ркиваться, -аюсь, -ается
отфы́ркнуться, -нусь, -нется
отха́живание, -я
отха́живать(ся), -аю(сь), -ает(ся)
отха́рканный; *кр. ф.* -ан, -ана
отха́ркать(ся), -аю(сь), -ает(ся)
отха́ркивание, -я
отха́ркивать(ся), -аю(сь), -ает(ся)
отха́ркивающий(ся)
отха́ркнутый
отха́ркнуть(ся), -ну(сь), -нет(ся)
отхва́т, -а
отхва́танный; *кр. ф.* -ан, -ана
отхвата́ть, -а́ю, -а́ет
отхвати́ть, -ачу́, -а́тит
отхва́тывание, -я
отхва́тывать(ся), -аю, -ает(ся)
отхва́ченный; *кр. ф.* -ен, -ена
отхвора́ть, -а́ю, -а́ет
отхлеба́ть, -а́ю, -а́ет
отхлёбнутый
отхлебну́ть, -ну́, -нёт
отхлёбывание, -я
отхлёбывать(ся), -аю, -ает(ся)
отхлёстанный; *кр. ф.* -ан, -ана
отхлеста́ть(ся), -ещу́(сь), -е́щет(ся)
отхлёстывать(ся), -аю(сь), -ает(ся)
отхло́панный; *кр. ф.* -ан, -ана
отхлопа́тывание, -я
отхлопа́тывать(ся), -аю, -ает(ся)
отхло́пать, -аю, -ает
отхлопо́танный; *кр. ф.* -ан, -ана
отхлопота́ть, -почу́, -по́чет
отхло́пывание, -я
отхло́пывать(ся), -аю, -ает(ся)
отхлы́нуть, -нет
отхлы́станный; *кр. ф.* -ан, -ана
отхлыста́ть(ся), -ыщу́(сь), -ы́щет(ся)
отхлы́стывать(ся), -аю(сь), -ает(ся)
отхо́д, -а
отходи́ть(ся), -ожу́(сь), -о́дит(ся)
отхо́дная, -ой
отхо́дник, -а
отхо́дничать, -аю, -ает
отхо́дничество, -а
отхо́дный
отходня́к, -а́
отхо́дчивость, -и
отхо́дчивый
отхо́ды, -ов (*остатки производства*)
отходя́щий
отхожде́ние, -я
отхо́женный; *кр. ф.* -ен, -ена
отхо́жий
отхоте́ть(ся), -очу́, -о́чет(ся)
отхохота́ться, отхохочу́сь, отхохо́чется
отхрапе́ть, -плю́, -пи́т
отхра́пывать, -аю, -ает
отхроми́рованный; *кр. ф.* -ан, -ана
отхроми́ровать(ся), -рую, -рует(ся)
отца́рствовать, -твую, -твует
отцвести́, -вету́, -ветёт; *прош.* -вёл, -вела́
отцвета́ние, -я
отцвета́ть, -а́ю, -а́ет
отцве́тший
отцеди́ть(ся), -ежу́, -е́дит(ся) (*цежением отлить(ся) или отделить(ся)*)
отце́женный; *кр. ф.* -ен, -ена (*от* отцеди́ть)
отце́живание, -я (*от* отце́живать)
отце́живать(ся), -аю, -ает(ся) (*к* отцеди́ть(ся)
отцелова́ть(ся), -лу́ю(сь), -лу́ет(ся)
отцентри́рованный; *кр. ф.* -ан, -ана
отцентри́ровать(ся), -и́рую, -и́рует(ся)
отцентро́ванный; *кр. ф.* -ан, -ана
отцентрова́ть(ся), -ру́ю, -ру́ет(ся)
отце́п, -а
отцепи́ть(ся), -еплю́(сь), -е́пит(ся) (*отделить(ся)*)
отце́пка, -и
отцепле́ние, -я (*от* отцепи́ть)
отце́пленный; *кр. ф.* -ен, -ена (*от* отцепи́ть)
отцепля́ть(ся), -я́ю(сь), -я́ет(ся) (*к* отцепи́ть(ся)
отцепно́й
отце́пщик, -а
отце́пщица, -ы, *тв.* -ей
отцеуби́йство, -а
отцеуби́йца, -ы, *тв.* -ей, *м.* и *ж.*
отциклёванный; *кр. ф.* -ан, -ана
отциклева́ть(ся), -лю́ю, -лю́ет(ся)
отциклёвывать(ся), -аю, -ает(ся)
отцо́в, -а, -о
отцо́вский
отцо́вство, -а
Отцы́, -о́в: **Отцы́ Це́ркви, Святы́е Отцы́** (*богосл.*)
отцы́-основа́тели, отцо́в-основа́телей, *ед.* оте́ц-основа́тель, отца́-основа́теля
отчаёвничать, -аю, -ает
отча́иваться, -аюсь, -ается
отча́л, -а
отча́ленный; *кр. ф.* -ен, -ена
отча́ливание, -я
отча́ливать(ся), -аю, -ает(ся)
отча́лить(ся), -лю, -лит(ся)
отча́льный
отча́сти, *нареч.* (отча́сти я́ са́м винова́т)
отчаю́га, -и, *м.* и *ж.*
отча́явшийся
отча́яние, -я
отча́янно, *нареч.*
отча́янность, -и
отча́янный; *кр. ф.* -ян, -янна
отча́яться, -а́юсь, -а́ется
о́тче (*обращение к отцу, церк.*) и **О́тче** (*обращение к Богу Отцу*)
отчебу́чивать, -аю, -ает и **отчубу́чивать,** -аю, -ает
отчебу́чить, -чу, -чит и **отчубу́чить,** -чу, -чит
отчего́, *нареч.* и *союз* (отчего́ ты́ не е́шь?), но *местоим.* **от чего́** (от чего́ э́то зави́сит?; е́сть от чего́ в отча́янье прийти́)
отчего́-либо, *нареч.*
отчего́-нибудь, *нареч.*
отчего́-то, *нареч.*
отчека́ненность, -и
отчека́ненный; *кр. ф.* -ен, -ена
отчека́нивание, -я
отчека́нивать(ся), -аю, -ает(ся)
отчека́нить(ся), -ню, -нит(ся)
отчекры́женный; *кр. ф.* -ен, -ена
отчекры́живать(ся), -аю, -ает(ся)
отчекры́жить(ся), -жу, -жит(ся)
О́тче на́ш, *нескл., м.* и *с.* (*молитва*)
отчеренкова́ние, -я
отчеренко́ванный; *кр. ф.* -ан, -ана
отчеренкова́ть, -ку́ю, -ку́ет
отчёркивание, -я (*от* отчёркивать)
отчёркивать(ся), -аю, -ает(ся) (*к* отчеркну́ть)
отчёркнутый (*от* отчеркну́ть)
отчеркну́ть, -ну́, -нёт (*отметить, выделить чертой*)
отче́рпанный; *кр. ф.* -ан, -ана
отче́рпать, -аю, -ает
отче́рпнутый

отчерпну́ть(ся), -ну́, -нёт(ся)
отче́рпывание, -я
отче́рпывать(ся), -аю, -ает(ся)
отчерти́ть, -ерчу́, -е́ртит (*отделить чертой*)
отче́рченный; *кр. ф.* -ен, -ена (*от* отчерти́ть)
отче́рчивание, -я (*от* отче́рчивать)
отче́рчивать(ся), -аю, -ает(ся) (*к* отчерти́ть)
отчёсанный; *кр. ф.* -ан, -ана (*от* отчеса́ть)
отчеса́ть(ся), -ешу́, -е́шет(ся) (*отделить(ся) чесанием; высечь, избить*)
о́тческий
о́тчество, -а
отчёсывание, -я (*от* отчёсывать)
отчёсывать(ся), -аю, -ает(ся) (*к* отчеса́ть(ся)
отчёт, -а (*к* отчита́ться)
отчётец, -тца, *тв.* -тцем, *р. мн.* -тцев
отчётистый
отчётливо, *нареч.*
отчётливо вы́раженный
отчётливо различи́мый
отчётливость, -и
отчётливый
отчётно-вы́борный
отчётно-перевы́борный
отчётность, -и
отчётный
отчёты-вы́боры, отчётов-вы́боров
отчи́зна, -ы и (*высок.*) **Отчи́зна,** -ы
о́тчий, о́тчая, о́тчее, *мн.* -ие
о́тчим, -а
о́тчина, -ы
о́тчинный
отчири́кать, -аю, -ает
отчи́рканный; *кр. ф.* -ан, -ана
отчи́ркать, -аю, -ает
отчисле́ние, -я
отчи́сленный; *кр. ф.* -ен, -ена
отчи́слить(ся), -лю(сь), -лит(ся)
отчисля́ть(ся), -я́ю(сь), -я́ет(ся)
отчи́стить(ся), -и́щу(сь), -и́стит(ся) (*чисткой удалить грязь; стать чистым после чистки*)
отчи́стка, -и (*от* отчи́стить)
отчи́танный; *кр. ф.* -ан, -ана
отчита́ть(ся), -а́ю(сь), -а́ет(ся)
отчи́тывание, -я
отчи́тывать(ся), -аю(сь), -ает(ся)
отчиха́ться, -а́юсь, -а́ется
отчихво́стить, -о́щу, -о́стит
отчихво́щенный; *кр. ф.* -ен, -ена
отчища́ть(ся), -а́ю(сь), -а́ет(ся) (*к* отчи́стить(ся)
отчи́щенный; *кр. ф.* -ен, -ена (*от* отчи́стить)
отчлене́ние, -я
отчленённый; *кр. ф.* -ён, -ена́
отчлени́ть(ся), -ню́, -ни́т(ся)
отчленя́ть(ся), -я́ю, -я́ет(ся)
отчубу́чивать, -аю, -ает и **отчебу́чивать,** -аю, -ает
отчубу́чить, -чу, -чит и **отчебу́чить,** -чу, -чит
отчуди́ть, -уди́т (*к* чуди́ть)
отчуди́ть(ся), отчужу́, отчуди́т(ся) (*к* отчужда́ть(ся), *устар.*)
отчужда́ть(ся), -а́ю, -а́ет(ся)
отчужде́ние, -я
отчуждённо, *нареч.*
отчуждённость, -и
отчуждённый; *кр. ф.* -ён, -ена́ (*юр.*: иму́щество отчужденó по закóну) и -ён, -ённа (*испытывающий или выражающий отчужденность*)
отчура́ться, -а́юсь, -а́ется
отшага́ть, -а́ю, -а́ет
отша́гивать, -аю, -ает
отшагну́ть, -ну́, -нёт
отшатну́ть(ся), -ну́(сь), -нёт(ся)
отша́тывать(ся), -аю(сь), -ает(ся)
отшварто́ванный; *кр. ф.* -ан, -ана
отшвартова́ть(ся), -ту́ю(сь), -ту́ет(ся)
отшварто́вывать(ся), -аю(сь), -ает(ся)
отшвы́ривание, -я
отшвы́ривать(ся), -аю, -ает(ся)
отшвы́рнутый
отшвырну́ть, -ну́, -нёт
отшвыря́ть, -я́ю, -я́ет
отшелушённый; *кр. ф.* -ён, -ена́
отшелу́шивать(ся), -аю, -ает(ся)
отшелуши́ть(ся), -шу́, -ши́т(ся)
отше́льник, -а
отше́льница, -ы, *тв.* -ей
отше́льнический
отше́льничество, -а
отше́ствие, -я
отши́б: на отши́бе
отшиба́ние, -я
отшиба́ть(ся), -а́ю(сь), -а́ет(ся)
отшиби́вший
отшиби́ть(ся), -бу́(сь), -бёт(ся); *прош.* -и́б(ся), -и́бла(сь)
отши́бленный; *кр. ф.* -ен, -ена
отшива́ть(ся), -а́ю, -а́ет(ся)
отши́тый
отши́ть, отошью́, отошьёт
отшку́ренный; *кр. ф.* -ен, -ена
отшку́ривание, -я
отшку́ривать(ся), -аю, -ает(ся)
отшку́рить, -рю, -рит
отшлёпанный; *кр. ф.* -ан, -ана
отшлёпать, -аю, -ает
отшлёпывание, -я
отшлёпывать, -аю, -ает
отшлифо́ванный; *кр. ф.* -ан, -ана
отшлифова́ть(ся), -фу́ю, -фу́ет(ся)
отшлифо́вка, -и
отшлифо́вывание, -я
отшлифо́вывать(ся), -аю, -ает(ся)
отшпандо́ривать, -аю, -ает
отшпандо́рить, -рю, -рит
отшпи́ленный; *кр. ф.* -ен, -ена
отшпи́ливание, -я
отшпи́ливать(ся), -аю, -ает(ся)
отшпи́лить(ся), -лю, -лит(ся)
отштампо́ванный; *кр. ф.* -ан, -ана
отштампова́ть(ся), -пу́ю, -пу́ет(ся)
отштампо́вывание, -я
отштампо́вывать(ся), -аю, -ает(ся)
отшто́панный; *кр. ф.* -ан, -ана
отшто́пать, -аю, -ает
отшто́пывать(ся), -аю, -ает(ся)
отштуди́рованный; *кр. ф.* -ан, -ана
отштуди́ровать, -рую, -рует
отштукату́ренный; *кр. ф.* -ен, -ена
отштукату́ривание, -я
отштукату́ривать(ся), -аю, -ает(ся)
отштукату́рить, -рю, -рит
отшу́гивать, -аю, -ает
отшугну́ть, -ну́, -нёт
отшуме́ть, -млю́, -ми́т
отшурша́ть, -шу́, -ши́т
отшути́ться, -учу́сь, -у́тится
отшу́чивание, -я
отшу́чиваться, -аюсь, -ается
отщебета́ть, -бечу́, -бе́чет
отщеголя́ть, -я́ю, -я́ет
отщёлканный; *кр. ф.* -ан, -ана
отщелка́ть, -а́ю, -а́ет (*надавать щелчков; выругать*)
отщёлкать, -аю, -ает (*то же, что* отщелка́ть; *перестать щёлкать*)
отщёлкивание, -я
отщёлкивать(ся), -аю, -ает(ся)
отщёлкнутый
отщёлкнуть(ся), -ну, -нет(ся)
отщеми́ть, -млю́, -ми́т
отщемлённый; *кр. ф.* -ён, -ена́
отщемля́ть(ся), -я́ю, -я́ет(ся)
отще́п, -а
отщепа́ть, -еплю́, -е́плет и -а́ю, -а́ет (*к* щепа́ть)
отщепе́нец, -нца, *тв.* -нцем, *р. мн.* -нцев
отщепе́нка, -и, *р. мн.* -нок
отщепе́нство, -а
отщепе́нческий
отщепи́ть(ся), -плю́, -пи́т(ся)
отщепле́ние, -я
отщеплённый; *кр. ф.* -ён, -ена́
отщепля́ть(ся), -я́ю, -я́ет(ся)
отщи́панный; *кр. ф.* -ан, -ана
отщипа́ть, -иплю́, -и́плет, -и́плют и -и́пет, -и́пят; также -а́ю, -а́ет (*к* щипа́ть)
отщи́пнутый
отщипну́ть(ся), -ну́, -нёт(ся)
отщи́пывать(ся), -аю, -ает(ся)
отъеда́ть(ся), -а́ю(сь), -а́ет(ся)
отъе́денный; *кр. ф.* -ен, -ена
отъедине́ние, -я
отъединённость, -и
отъединённый; *кр. ф.* -ён, -ена́
отъедини́ть(ся), -ню́(сь), -ни́т(ся)
отъединя́ть(ся), -я́ю(сь), -я́ет(ся)
отъе́зд, -а
отъе́здить(ся), -е́зжу(сь), -е́здит(ся)
отъезжа́ть, -а́ю, -а́ет
отъезжа́ющий
отъе́зжий

отъём, -а
отъёмка, -и
отъе́млю, -лет(ся) (*устар. формы наст. вр. от* отнима́ть(ся)
отъёмный
отъёмыш, -а, *тв.* -ем
отъе́сть(ся), -е́м(ся), -е́шь(ся), -е́ст(ся), -еди́м(ся), -еди́те(сь), -едя́т(ся); *прош.* -е́л(ся), -е́ла(сь)
отъе́хать, -е́ду, -е́дет
отъю́ливать, -аю, -ает
отъюли́ть, -лю́, -ли́т
отъюстиро́ванный; *кр. ф.* -ан, -ана
отъюстирова́ть(ся), -ру́ю, -ру́ет(ся)
отъя́вленный
отъя́тый (*устар. к* о́тнятый)
отъя́ть, *буд. и пов. не употр., прош.* -я́л, -я́ла (*устар. к* отня́ть)
оты́гранный; *кр. ф.* -ан, -ана
отыгра́ть(ся), -а́ю(сь), -а́ет(ся)
оты́грывание, -я
оты́грывать(ся), -аю(сь), -ает(ся)
о́тыгрыш, -а, *тв.* -ем
оты́ди, *пов.*
отыллюстри́рованный; *кр. ф.* -ан, -ана
отыллюстри́ровать, -ирую, -ирует
отыма́лка, -и, *р. мн.* -лок
отыма́ть(ся), -а́ю, -а́ет(ся) (*устар. прост. к* отнима́ть(ся)
отымённый и **отыменно́й**
отыска́ние, -я
оты́сканный; *кр. ф.* -ан, -ана
отыска́ть(ся), отыщу́(сь), оты́щет(ся)
оты́скивание, -я
оты́скивать(ся), -аю(сь), -ает(ся)
отэкзаменó́ванный; *кр. ф.* -ан, -ана
отэкзаменова́ть(ся), -ну́ю(сь), -ну́ет(ся)
отяготе́ть, -е́ю, -е́ет
отяготи́тельный; *кр. ф.* -лен, -льна
отяготи́ть(ся), -ощу́(сь), -оти́т(ся)
отягоща́ть(ся), -а́ю(сь), -а́ет(ся)
отягоще́ние, -я
отягощённость, -и
отягощённый; *кр. ф.* -ён, -ена́
отягча́ть(ся), -а́ю(сь), -а́ет(ся)
отягча́ющий(ся)
отягче́ние, -я
отягчённый; *кр. ф.* -ён, -ена́
отягчи́ть(ся), -чу́(сь), -чи́т(ся)
отяжеле́ние, -я
отяжелённый; *кр. ф.* -ён, -ена́
отяжеле́ть, -е́ю, -е́ет
отяжели́ть(ся), -лю́(сь), -ли́т(ся)
отяжеля́ть(ся), -я́ю(сь), -я́ет(ся)
оуэни́зм, -а
оуэни́стский
о́уэ́новский (*от* О́уэн)
офанеро́ванный; *кр. ф.* -ан, -ана
офанерова́ть(ся), -ру́ю, -ру́ет(ся)
офе́нский
офе́ня, -и, *р. мн.* -ей, *м.*
оферéнт, -а
офе́рта, -ы
офе́ртный
ОФЗ [оэфзэ́], *нескл., ж.* (*сокр.*: облигация федерального займа)
офиге́нно, *нареч.*
офиге́нный
офиге́ть, -е́ю, -е́ет
офикальци́т, -а
офиоли́товый
офиоли́ты, -ов, *ед.* -ли́т, -а
офиоплу́теус, -а
офиоци́стии, -ий, *ед.* -стия, -и
о́фис, -а
о́фис-ме́неджер, -а
о́фисный
офи́т, -а
офи́товый
офиу́ра, -ы
офице́р, -а
офице́рик, -а
офице́ришка, -и, *р. мн.* -шек, *м.*
офицерня́, -и́
офице́рский
офице́рство, -а
офице́рша, -и, *тв.* -ей
офицерьё, -я́
официа́л, -а
официализа́ция, -и
официализо́ванный; *кр. ф.* -ан, -ана
официа́льничанье, -я
официа́льничать, -аю, -ает
официа́льно, *нареч.*
официа́льно-протоко́льный
официа́льность, -и
официа́льный; *кр. ф.* -лен, -льна
официа́льщина, -ы
официа́нт, -а
официа́нтка, -и, *р. мн.* -ток
официа́нтский
официо́з, -а
официо́зность, -и
официо́зный; *кр. ф.* -зен, -зна
офла́йн, -а и *неизм.*
офла́йновый
офлюсо́ванный; *кр. ф.* -ан, -ана
офлюсова́ть(ся), -су́ю, -су́ет(ся)
офлюсо́вывание, -я
офлюсо́вывать(ся), -аю, -ает(ся)
офонаре́ть, -е́ю, -е́ет
оформи́тель, -я
оформи́тельница, -ы, *тв.* -ей
оформи́тельский
оформи́тельство, -а
офо́рмить(ся), -млю(сь), -мит(ся)
оформле́ние, -я
офо́рмленность, -и
офо́рмленный; *кр. ф.* -ен, -ена
оформля́ть(ся), -я́ю(сь), -я́ет(ся)
офо́рт, -а
офорти́ст, -а
офо́ртный
офранцу́женный; *кр. ф.* -ен, -ена
офранцу́живание, -я
офранцу́живать(ся), -аю(сь), -ает(ся)
офранцу́зить(ся), -у́жу(сь), -у́зит(ся)
офса́йд, -а
офса́йдный
офсе́т, -а
офсе́тно-электрохими́ческий
офсе́тный
офсе́тчик, -а
офтальми́я, -и
офтальмодинамоме́три́я, -и
офтальмо́лог, -а
офтальмологи́ческий
офтальмоло́гия, -и
офтальмо́метр, -а
офтальмометри́ческий
офтальмоме́три́я, -и
офтальмоневроло́гия, -и
офтальмоплеги́я, -и
офтальмореа́кция, -и
офтальмоско́п, -а
офтальмоскопи́ческий
офтальмоскопи́я, -и
офтальмохиру́рг, -а
офутеро́ванный; *кр. ф.* -ан, -ана
офутерова́ть, -ру́ю, -ру́ет
оффенба́ховский (*от* Оффенба́х)
офферто́рий, -я (*муз.*)
офшо́р, -а
офшо́р-компа́ния, -и
офшо́рный
ох, *неизм.*
о́хабень, -бня
оха́верник, -а
оха́верница, -ы, *тв.* -ей
оха́верничать, -аю, -ает
оха́живание, -я
оха́живать(ся), -аю(сь), -ает(ся)
оха́ивание, -я
оха́ивать(ся), -аю(сь), -ает(ся)
о́хала, -ы, *м.* и *ж.*
оха́льник, -а
оха́льница, -ы, *тв.* -ей
оха́льничанье, -я
оха́льничать, -аю, -ает
оха́льнический
оха́льный
оха́льство, -а
охаме́ть, -е́ю, -е́ет
о́ханье, -я
оха́пка, -и, *р. мн.* -пок
охарактеризо́ванный; *кр. ф.* -ан, -ана
охарактеризова́ть(ся), -зу́ю(сь), -зу́ет(ся)
о́хать, о́хаю, о́хает
оха́янный; *кр. ф.* -ян, -яна
оха́ять, оха́ю, оха́ет
охва́т, -а
охвати́ть(ся), -ачу́(сь), -а́тит(ся)
охва́тность, -и
охва́тный; *кр. ф.* -тен, -тна
охва́тывание, -я
охва́тывать(ся), -аю(сь), -ает(ся)
охва́ченный; *кр. ф.* -ен, -ена
охво́стье, -я, *р. мн.* -тий
о́хи, о́хов
охи́нский (*от* Оха́)
охи́нцы, -ев, *ед.* -нец, -нца, *тв.* -нцем
о́х как...

о́х како́й…
охладева́ть, -а́ю, -а́ет
охладе́лый
охладе́ть, -е́ю, -е́ет
охлади́тель, -я
охлади́тельный
охлади́ть(ся), -ажу́(сь), -ади́т(ся)
охлажда́ть(ся), -а́ю(сь), -а́ет(ся)
охлажде́ние, -я
охлаждённость, -и
охлаждённый; *кр. ф.* -ён, -ена́
охламо́н, -а
охламо́нка, -и, *р. мн.* -нок
охламо́нский
о́хлест, -а
охлёстанный; *кр. ф.* -ан, -ана
охлеста́ть(ся), -ещу́(сь), -е́щет(ся)
охлёстнутый
охлестну́ть(ся), -ну́(сь), -нёт(ся)
охлёстывание, -я
охлёстывать(ся), -аю(сь), -ает(ся)
охлократи́ческий
охлокра́тия, -и
охло́панный; *кр. ф.* -ан, -ана
охло́пать, -аю, -ает
охло́пки, -ов, *ед.* охло́пок, -пка
охло́пывание, -я
охло́пывать(ся), -аю, -ает(ся)
охло́пье, -я и **охло́пья,** -ьев
о́хлупень, -пня
охмеле́ние, -я
охмелённый; *кр. ф.* -ён, -ена́
охмеле́ть, -е́ю, -е́ет
охмели́ть, -лю́, -ли́т
охмеля́ть(ся), -я́ю(сь), -я́ет(ся)
охмурёж, -а, *тв.* -ем
охмуре́ние, -я
охмурённый; *кр. ф.* -ён, -ена́
охмури́ть, -рю́, -ри́т
охмуря́ть(ся), -я́ю(сь), -я́ет(ся)
о́хнуть, о́хну, о́хнет
охола́живание, -я
охола́живать(ся), -аю(сь), -ает(ся)
охола́щивание, -я
охола́щивать(ся), -аю, -ает(ся)
охолоде́лый
охолоде́ть, -е́ю, -е́ет
охолоди́ть(ся), -ложу́(сь), -лоди́т(ся)
охоло́женный; *кр. ф.* -ен, -ена
охолону́ть(ся), -ну́(сь), -нёт(ся)
охолости́ть, -ощу́, -ости́т
охолощённый; *кр. ф.* -ён, -ена́
охому́танный; *кр. ф.* -ан, -ана
охомута́ть(ся), -а́ю(сь), -а́ет(ся)
о́хоньки, -нек (а́хоньки да о́хоньки)
охора́шивание, -я
охора́шивать(ся), -аю(сь), -ает(ся)
охо́та, -ы
охотба́за, -ы
охотинспе́ктор, -а, *мн.* -а́, -о́в и -ы, -ов
охотинспе́кция, -и
охо́титься, охо́чусь, охо́тится
охо́тишка, -и, *р. мн.* -шек
охо́тка: в охо́тку
охо́тливый
охотнадзо́р, -а
охо́тник, -а
охо́тница, -ы, *тв.* -ей
охо́тницкий
охо́тничать, -аю, -ает
охо́тничек, -чка
охо́тничий, -ья, -ье
охо́тничье-промысло́вый
охо́тно, *нареч.*
охотноря́дец, -дца, *тв.* -дцем, *р. мн.* -дцев
охотноря́дский и **охотноря́дческий**
охо́тный
Охо́тный Ря́д (*улица*)
охотове́д, -а
охотове́дение, -я
охотове́дческий
охотомо́рский (*от* Охо́тское мо́ре)
Охотомо́рье, -я
охотпроду́кция, -и
охотсезо́н, -а
охо́тский (*к* Охо́тское мо́ре и Охо́тск)
Охо́тское мо́ре
охотуго́дья, -дий
охотхозя́йство, -а
охо́тящийся
о-хо-хо́, *неизм.*
охохо́нюшки, *неизм.*
ох-ох-о́х, *неизм.*
охохо́хоньки, *неизм.*
охохо́шеньки, *неизм.*
охо́чий
о́хра, -ы
охра́на, -ы
охране́ние, -я
охранённый; *кр. ф.* -ён, -ена́
охрани́тель, -я
охрани́тельница, -ы, *тв.* -ей
охрани́тельный
охрани́ть, -ню́, -ни́т
охра́нка, -и, *р. мн.* -нок
охра́нник, -а
охра́нница, -ы, *тв.* -ей
охра́нно-пожа́рный
охра́нный
охраня́емый
охраня́ть(ся), -я́ю(сь), -я́ет(ся)
охренева́ть, -а́ю, -а́ет
охрене́ть, -е́ю, -е́ет
охре́ние, -я
о́хренный[1]**;** *кр. ф.* -ен, -ена, *прич.* (*от* о́хрить)
о́хренный[2]**,** *прил.* (*от* о́хра)
о́хреный, *прил.* (*от* о́хрить)
о́хридский (*от* О́хрид)
охри́плость, -и
охри́плый
охри́пнуть, -ну, -нет; *прош.* -и́п, -и́пла
охри́пший
о́христо-ры́жий
о́христый
о́хрить(ся), -рю, -рит(ся)
о́хровый
охроме́ть, -е́ю, -е́ет
охря́нка, -и
охряно́й и **охря́ный,** *прил.* (*от* о́хра)
о́хрящий(ся)
о́хти, *неизм.* (*межд., устар.*)
о́хтинка, -и, *р. мн.* -нок
о́хтинский (*от* О́хта)
о́хтинцы, -ев, *ед.* -нец, -нца, *тв.* -нцем
о́х ты, *межд.* (о́х ты, ка́к неприя́тно!)
охужда́ть, -а́ет
охужде́ние, -я
о́х уж э́тот (э́та, э́то, э́ти) …!
охулённый; *кр. ф.* -ён, -ена́
охули́ть, -лю́, -ли́т
оху́лка, -и
оху́льный
оцара́панный; *кр. ф.* -ан, -ана
оцара́пать(ся), -аю(сь), -ает(ся)
оцара́пнутый
оцара́пнуть(ся), -ну(сь), -нет(ся)
оцара́пывать(ся), -аю(сь), -ает(ся)
оцвети́ть(ся), -и́т(ся)
оцеди́ть, -ежу́, -е́дит (*то же, что отцедить и процедить, устар.*)
оце́женный; *кр. ф.* -ен, -ена (*от* оцеди́ть)
оце́живание, -я (*от* оце́живать)
оце́живать(ся), -аю, -ает(ся) (*к* оцеди́ть; оце́живать комара́)
оцело́т, -а
оценённый; *кр. ф.* -ён, -ена́
оце́нивать(ся), -аю, -ает(ся)
оце́нивающе, *нареч.*
оце́нивающий(ся)
оцени́ть, оценю́, оце́нит
оце́нка, -и, *р. мн.* -нок
оце́ночно-прогно́зный
оце́ночный
оце́нщик, -а
оце́нщица, -ы, *тв.* -ей
оцепене́лость, -и
оцепене́лый
оцепене́ние, -я
оцепенённый; *кр. ф.* -ён, -ена́
оцепене́ть, -е́ю, -е́ет
оцепени́ть, -ню́, -ни́т
оцепеня́ть, -я́ю, -я́ет
оцепи́ть, оцеплю́, оце́пит (*окружить*)
оцепле́ние, -я (*от* оцепи́ть)
оце́пленный; *кр. ф.* -ен, -ена (*от* оцепи́ть)
оцепля́ть(ся), -я́ю, -я́ет(ся) (*к* оцепи́ть)
о́цет, о́цта
оцилиндро́ванный; *кр. ф.* -ан, -ана
оцилиндро́вка, -и
оцинкова́ние, -я
оцинко́ванный; *кр. ф.* -ан, -ана
оцинкова́ть, -ку́ю, -ку́ет
оцинко́вка, -и
оцинко́вочный
оцинко́вщик, -а
оцинко́вщица, -ы, *тв.* -ей
оцинко́вывание, -я
оцинко́вывать(ся), -аю, -ает(ся)
оцифро́ванный; *кр. ф.* -ан, -ана
оцифрова́ть, -ру́ю, -ру́ет
оцифро́вка, -и

оцифро́вывать(ся), -аю, -ает(ся)
ОЦМ [оцеэ́м], *нескл., м.* (*сокр.:* общий центр масс)
ОЦТ [оцетэ́], *нескл., м.* (*сокр.:* общий центр тяжести)
оча́г, -а́
очаго́вость, -и
очаго́вый
оча́жный
очажо́к, -жка́
оча́ковский (*от* Оча́ков, Оча́ково)
оча́ковцы, -ев, *ед.* -вец, -вца, *тв.* -вцем
оча́нка, -и, *р. мн.* -нок (*растение*)
очарова́ние, -я
очаро́ванность, -и
очаро́ванный; *кр. ф.* -ан, -ана
очарова́тельница, -ы, *тв.* -ей
очарова́тельность, -и
очарова́тельный; *кр. ф.* -лен, -льна
очарова́ть(ся), -ру́ю(сь), -ру́ет(ся)
очарова́шечка, -и, *р. мн.* -чек, *м.* и *ж.*
очарова́шка, -и, *р. мн.* -шек, *м.* и *ж.*
очаро́вывание, -я
очаро́вывать(ся), -аю(сь), -ает(ся)
очеви́дец, -дца, *тв.* -дцем, *р. мн.* -дцев
очеви́дица, -ы, *тв.* -ей
очеви́дно, *нареч., в знач. сказ.* и *вводн. сл.*
очеви́дность, -и
очеви́дный; *кр. ф.* -ден, -дна
очелове́чение, -я
очелове́ченный; *кр. ф.* -ен, -ена
очелове́чивание, -я
очелове́чивать(ся), -аю(сь), -ает(ся)
очелове́чить(ся), -чу(сь), -чит(ся)
оче́лье, -я, *р. мн.* -лий
о чём о чём
о́ченно (*прост. к* о́чень)
о́чень
очерви́вевший
очерви́веть, -еет
очередни́к, -а́
очередни́ца, -ы, *тв.* -ей
очередно́й
очередноли́стный: сы́ть очередноли́стная (*растение*)
очерёдность, -и
очерёдный (очерёдные ли́стья, *бот.*)
о́чередь, -и, *мн.* -и, -е́й
очере́т, -а
очере́тник, -а
очере́тный
очере́товый
очерет́яный
о́черк, -а
очёркивание, -я (*от* очёркивать)
очёркивать(ся), -аю, -ает(ся) (*к* очеркну́ть)
очерки́ст, -а
очерки́стика, -и
очерки́стка, -и, *р. мн.* -ток
очерки́стский
очёркнутый (*от* очеркну́ть)
очеркну́ть, -ну́, -нёт (*обвести чертой*)
очерко́вость, -и
очерко́вый
очерне́ние, -я
очернённый; *кр. ф.* -ён, -ена́
очерни́тель, -я
очерни́тельский
очерни́тельство, -а
очерни́ть, -ню́, -ни́т
очерня́ть(ся), -я́ю, -я́ет(ся)
очерстве́лость, -и
очерстве́лый
очерстве́ние, -я
очерстве́ть, -е́ю, -е́ет
очерстви́ть(ся), -влю́(сь), -ви́т(ся)
очерствлённый; *кр. ф.* -ён, -ена́
очерствля́ть(ся), -я́ю(сь), -я́ет(ся)
очерта́ния, -ий
очертене́ть, -е́ю, -е́ет
очерте́ть, -е́ю, -е́ет
очерти́ть(ся), очерчу́, оче́ртит(ся) (*то же, что очеркнуть; обозначить(ся) в определенных границах, форме; описать, изобразить*)
очертя́ го́лову
оче́рченный; *кр. ф.* -ен, -ена (*от* очерти́ть)
оче́рчивание, -я (*от* оче́рчивать)
оче́рчивать(ся), -аю, -ает(ся) (*к* очерти́ть(ся)
очёс, -а
очеса́, оче́с (*устар. книжн. к* о́чи)
очёсанный; *кр. ф.* -ан, -ана (*от* очеса́ть)
очеса́ть, очешу́, оче́шет (*очистить или разровнять чесанием*)
очёска, -и (*действие*)
очёски, -ов, *ед.* очёсок, -ска (*остатки*)
очёсочный
очёсывание, -я (*от* очёсывать)
очёсывать(ся), -аю, -ает(ся) (*к* очеса́ть)
оче́чник, -а
оче́чный
о́чи, оче́й, *ед.* о́ко, -а
очи́ненный; *кр. ф.* -ен, -ена
очи́нивать(ся), -аю, -ает(ся)
очини́ть(ся), -иню́, -и́нит(ся)
очи́нка, -и
очиня́ть(ся), -я́ю, -я́ет(ся)
очи́пок, -пка
очисти́тель, -я
очисти́тельный; *кр. ф.* -лен, -льна
очи́стить(ся), очи́щу(сь), очи́стит(ся) (*сделать(ся) чистым; освободить(ся) от кого-, чего-н.; обворовать*)
очи́стка, -и (*действие, от* очи́стить)
очи́стки, -ов (*остатки*)
очистно́й и **очи́стный**
очи́ток, -тка
очища́ть(ся), -а́ю(сь), -а́ет(ся) (*к* очи́стить(ся)
очище́ние, -я
очи́щенность, -и
очи́щенный; *кр. ф.* -ен, -ена (*от* очи́стить)
очка́рик, -а
очка́рь, -я́
очка́стый
очка́тый
очки́, -о́в
очко́, -а́, *мн.* -и́, -о́в
очкова́ние, -я
очко́ванный; *кр. ф.* -ан, -ана
очкова́ть(ся), очку́ю, очку́ет(ся)
очковтира́тель, -я
очковтира́тельница, -ы, *тв.* -ей
очковтира́тельский
очковтира́тельство, -а
очко́вый
очку́р, -а
о́чник, -а
о́чно-зао́чный
очну́ться, -ну́сь, -нётся
о́чный
очо́чки, -ов и -чек (*от* очки́)
очо́чко, -а, *мн.* -и, -ов (*от* очко́)
очувствле́ние, -я
очувствлённый; *кр. ф.* -ён, -ена́
очу́вствоваться, -твуюсь, -твуется
очугуне́ть, -е́ю, -е́ет
очуме́лый
очуме́ть, -е́ю, -е́ет
очути́ться, очу́тится
очу́хаться, -аюсь, -ается
очу́хиваться, -аюсь, -ается
ошалева́ть, -а́ю, -а́ет
ошале́лость, -и
ошале́лый
ошале́ть, -е́ю, -е́ет
ошара́шенно, *нареч.*
ошара́шенный; *кр. ф.* -ен, -ена
ошара́шивание, -я
ошара́шивать(ся), -аю(сь), -ает(ся)
ошара́шить, -шу, -шит
о́шва, -ы
ошварто́ванный; *кр. ф.* -ан, -ана
ошвартова́ть(ся), -ту́ю(сь), -ту́ет(ся)
ошварто́вить, -влю, -вит
ошварто́вленный; *кр. ф.* -ен, -ена
ошварто́вывание, -я
ошварто́вывать(ся), -аю(сь), -ает(ся)
оше́ек, оше́йка
оше́йник, -а
оше́йниковый
оше́йничек, -чка
ошеломи́тельность, -и
ошеломи́тельный; *кр. ф.* -лен, -льна
ошеломи́ть, -млю́, -ми́т
ошеломле́ние, -я
ошеломлённо, *нареч.*
ошеломлённость, -и
ошеломлённый; *кр. ф.* -ён, -ена́
ошеломля́ть(ся), -я́ю(сь), -я́ет(ся)
ошеломля́ющий(ся)
ошелуди́веть, -ею, -еет
ошелуше́ние, -я
ошелушённый; *кр. ф.* -ён, -ена́
ошелу́шивать(ся), -аю, -ает(ся)

ошелуши́ть(ся), -шу́, -ши́т(ся)
ошельмова́ние, -я
ошельмо́ванный; *кр. ф.* -ан, -ана
ошельмова́ть, -му́ю, -му́ет
ошельмо́вывание, -я
ошельмо́вывать(ся), -аю(сь), -ает(ся)
ошепеля́вевший
ошепеля́веть, -ею, -еет (*стать шепелявым*)
ошиба́ться, -а́юсь, -а́ется
ошиби́вшийся
ошиби́ться, -бу́сь, -бётся; *прош.* оши́бся, оши́блась
оши́бка, -и, *р. мн.* -бок
ошибкоусто́йчивый
оши́бочка, -и, *р. мн.* -чек
оши́бочность, -и
оши́бочный; *кр. ф.* -чен, -чна
ошива́ться, -а́юсь, -а́ется
ошизе́ть, -е́ю, -е́ет (*жарг.*)
оши́канный; *кр. ф.* -ан, -ана
оши́кать, -аю, -ает
оши́кивание, -я
оши́кивать(ся), -аю(сь), -ает(ся)
оши́ненный; *кр. ф.* -ен, -ена
оши́нить, -ню, -нит
ошино́ванный; *кр. ф.* -ан, -ана
ошинова́ть, -ну́ю, -ну́ет
ошино́вка, -и
ошино́вывание, -я
ошино́вывать(ся), -аю, -ает(ся)
ошку́й, -я
ошку́ренный; *кр. ф.* -ен, -ена
ошку́ривание, -я
ошку́ривать(ся), -аю, -ает(ся)
ошку́рить(ся), -рю, -рит(ся)
ошлако́ванный; *кр. ф.* -ан, -ана
ошлакова́ть(ся), -ку́ю, -ку́ет(ся)
ошлако́вывание, -я
ошлако́вывать(ся), -аю, -ает(ся)
ошлифо́ванный; *кр. ф.* -ан, -ана
ошлифова́ть(ся), -фу́ю, -фу́ет(ся)
ошлифо́вывание, -я
ошлифо́вывать(ся), -аю, -ает(ся)
ошлихто́ванный; *кр. ф.* -ан, -ана
ошлихтова́ть, -ту́ю, -ту́ет
ошлихто́вывание, -я
ошлихто́вывать(ся), -аю, -ает(ся)
ошлюзо́ванный; *кр. ф.* -ан, -ана
ошлюзова́ть, -зу́ю, -зу́ет
ошлюзо́вывать(ся), -аю, -ает(ся)
ошмётки, -ов, *ед.* ошмёток, -тка
ошме́тья, -ьев
ошпа́ренный; *кр. ф.* -ен, -ена
ошпа́ривание, -я
ошпа́ривать(ся), -аю(сь), -ает(ся)
ошпа́рить(ся), -рю(сь), -рит(ся)
о́шский (*от* Ош)
оштрафо́ванный; *кр. ф.* -ан, -ана
оштрафова́ть, -фу́ю, -фу́ет
оштрафо́вывание, -я
оштрафо́вывать(ся), -аю(сь), -ает(ся)
оштукату́ренный; *кр. ф.* -ен, -ена
оштукату́ривание, -я
оштукату́ривать(ся), -аю, -ает(ся)
оштукату́рить(ся), -рю, -рит(ся)
ошу́рки, -ов
ошу́юю (*слева*)
о́щцы, -ев, *ед.* о́шец, о́шца, *тв.* о́шцем (*от* Ош)
ощени́ть(ся), -и́т(ся)
още́ренный; *кр. ф.* -ен, -ена
още́ривать(ся), -аю(сь), -ает(ся)
още́рить(ся), -рю(сь), -рит(ся)
ощеря́ть(ся), -я́ю(сь), -я́ет(ся)
ощети́ненный; *кр. ф.* -ен, -ена
ощети́нивать(ся), -аю(сь), -ает(ся)
ощети́нить(ся), -ню(сь), -нит(ся)
ощи́панный; *кр. ф.* -ан, -ана
ощипа́ть(ся), -иплю, -и́плет(ся), -и́плют(ся) и -и́пет(ся), -и́пят(ся); также -а́ю, -а́ет(ся)
ощи́пка, -и
ощи́пывание, -я
ощи́пывать(ся), -аю, -ает(ся)
ощу́панный; *кр. ф.* -ан, -ана
ощу́пать(ся), -аю(сь), -ает(ся)
ощу́пник, -а (*жук*)
ощу́пывание, -я
ощу́пывать(ся), -аю(сь), -ает(ся)
о́щупь: на о́щупь
о́щупью, *нареч.*
ощути́мость, -и
ощути́мый
ощути́тельность, -и
ощути́тельный; *кр. ф.* -лен, -льна
ощути́ть, ощущу́, ощути́т
ощуща́ть(ся), -а́ю, -а́ет(ся)
ощуще́ние, -я
ощущённый; *кр. ф.* -ён, -ена́
ощуще́ньице, -а
оягни́ть(ся), -и́т(ся)
оя́ловевший
оя́ловеть, -еет

П

па, *нескл., с.*
паб, -а
пабли́сити, *нескл., с.*
ПАВ, *нескл., с.* (*сокр.*: поверхностно-активное вещество) и *ж.* (*сокр.*: поверхностная акустическая волна)
па́ва, -ы
пава́на, -ы (*муз.*)
Павеле́цкий вокза́л (*в Москве*)
павиа́н, -а
павиа́ний, -ья, -ье
па́вий, -ья, -ье
павильо́н, -а
павильо́нный
павильо́нчик, -а
павликиа́не, -а́н, *ед.* -а́нин, -а
павликиа́нский
павли́н, -а
павли́ний, -ья, -ье
павли́новый
павлиногла́зка, -и, *р. мн.* -зок
павло́вния, -и
павловопоса́дский (*от* Па́вловский Поса́д); но: **Па́влово-Поса́дский райо́н**
павловопоса́дцы, -ев, *ед.* -дец, -дца, *тв.* -дцем
па́вловский (*от* Па́вел, Па́влов, Па́влово, Па́вловск)
Па́вловский Поса́д (*город*)
па́вловцы, -ев, *ед.* -вец, -вца, *тв.* -вцем
павловча́не, -а́н, *ед.* -а́нин, -а (*от* Па́влово, Па́вловск)
павлода́рский (*от* Павлода́р)
павлода́рцы, -ев, *ед.* -рец, -рца, *тв.* -рцем
па́водковый
па́водок, -дка
па́водочный
па́волока, -и (*ткань*)
па́вушка, -и, *р. мн.* -шек
па́вший
пагани́ниевский (*от* Пагани́ни)
пагина́ция, -и
па́года, -ы (*буддийский храм*)
па́голенки, -ов, *ед.* -нок, -нка
па́гон, -а
па́губа, -ы
па́губность, -и
па́губный; *кр. ф.* -бен, -бна
Па́гуо́шское движе́ние
па́далица, -ы, *тв.* -ей
па́далище, -а
па́далищный
па́даль, -и
па́дальный (па́дальная му́ха)
па́дальщик, -а (*от* па́даль)
па́данец, -нца, *тв.* -нцем, *р. мн.* -нцев
па́дание, -я
па́данка, -и, *р. мн.* -нок
па́дать, -аю, -ает
па́дающий
паддо́к, -а (*на ипподроме*)
падеба́ск, -а
па́девый мёд
падегра́с, -а
па-де-де́, *нескл., м.* и *с.*
паде́ж, -ежа́, *тв.* -о́м (*в грамматике*)
падёж, -ежа́, *тв.* -о́м (*о скоте*)
паде́жный (*от* паде́ж)
падёжный (*от* падёж)
па-де-кале́ский (*от* Па-де-Кале́)
падека́тр, -а
паде́ние, -я
падепатине́р, -а
па-де-си́с, *нескл., м.* и *с.*
падеспа́нь, -и и -я
па-де-труа́, *нескл., м.* и *с.*
па́дина, -ы
па́динный

падиша́х, -а
падиша́хский
па́дкий; *кр. ф.* па́док, па́дка
па́дкость, -и
па́дла, -ы, *м.* и *ж.* и **па́дло,** *тв.* -ом, *другие формы не употр., с.*
па́дре, *нескл., м.*
падуа́нский (*от* Па́дуя)
падуа́нцы, -ев, *ед.* -нец, -нца, *тв.* -нцем
па́дуб, -а
па́дубовый
па́дуга, -и
паду́н, -а́
паду́чая, -ей
паду́чий
паду́шка, -и, *р. мн.* -шек (*небольшая падь*)
па́дчерица, -ы, *тв.* -ей
па́дчерицын, -а, -о
па́дший
падь, -и; но: **Ке́дро́вая Па́дь** (*заповедник*)
паево́й
паёк, пайка́
паенакопле́ние, -я
паж, -а́, *тв.* -о́м
па́жеский
Па́жеский ко́рпус
па́житник, -а
па́житный
па́жить, -и
паз, -а, *предл.* в пазу́, *мн.* -ы́, -о́в
па́занка, -и, *р. мн.* -нок и **па́занок,** -нка, *р. мн.* -нков
па́занчить, -чу, -чит
пазиграфи́ческий
пазигра́фия, -и
пазл, -а
пазова́льный
па́зовый
па́зуха, -и
па́зушина, -ы
па́зушка, -и, *р. мн.* -шек
па́зушный
па́ивать, *наст. вр. не употр.*
па́инька, -и, *р. мн.* -нек, *м.* и *ж.*
па́инька-ма́льчик, па́иньки-ма́льчика
пай, па́я, *предл.* в паю́ и в па́е, *мн.* паи́, паёв
пай-де́вочка, -и, *р. мн.* -чек
пайе́тки, -ток, *ед.* -тка, -и (*блестки*)
па́йза, -ы
па́йка, -и, *р. мн.* па́ек
пайко́вый
пай-ма́льчик, -а
пайо́л, -а
пайр, -а
па́йса, -ы и **пайс,** -а (*монета*)
па́йщик, -а
па́йщица, -ы, *тв.* -ей
па́йщицкий
пак, -а
пакга́уз, -а
пакга́узный
па́кер, -а
паке́т, -а
пакетбо́т, -а
пакетбо́тный
паке́тец, -тца, *тв.* -тцем, *р. мн.* -тцев
паке́тик, -а
пакети́рование, -я
пакети́рованный; *кр. ф.* -ан, -ана
пакети́ровать(ся), -рую, -рует(ся)
пакетиро́вка, -и
пакетиро́вочный
пакетиро́вщик, -а
пакетиро́вщица, -ы, *тв.* -ей
пакети́р-пре́сс, -а
паке́тно ориенти́рованный
паке́тный
пакетово́з, -а
пакетоде́лательный
пакеторазбо́рный
пакеторазбо́рочный
пакетоукла́дка, -и
пакетоукла́дочный
пакетоукла́дчик, -а
пакетоукла́дчица, -ы, *тв.* -ей
пакетоформиро́вка, -и
пакетоформиро́вочный
пакетоформиру́ющий
па́ки, *нареч.*
пакибытие́, -я́
пакиста́нка, -и, *р. мн.* -нок
пакиста́нский (*от* Пакиста́н)
пакиста́нцы, -ев, *ед.* -нец, -нца, *тв.* -нцем
пакка́мера, -ы
пакка́рд, -а
па́клен, -а
паклеобра́зный; *кр. ф.* -зен, -зна
па́клить, -лю, -лит
па́кля, -и
па́кляный
пако́ванный; *кр. ф.* -ан, -ана (*от* паковать)
пакова́ть(ся), паку́ю(сь), паку́ет(ся) (*упаковывать(ся)*)
пако́вка, -и (*от* пакова́ть)
пако́вочный (*от* пако́вка)
пако́вщик, -а
па́ковый
па́костить(ся), -ощу, -остит(ся)
па́костливый
па́костник, -а
па́костница, -ы, *тв.* -ей
па́костничать, -аю, -ает
па́костничество, -а
па́костность, -и
па́костный; *кр. ф.* -тен, -тна
па́кость, -и
па́костящий
пакоти́льный това́р
па́кощенный; *кр. ф.* -ен, -ена
пакт, -а
пал, -а (*пожар; то же, что паль; причальное устройство*)
ПАЛ, -а (*система цветного телевидения*)
па́ла, *нескл., м.* (*животное*)
палади́н, -а
паламеде́я, -и (*птица*)
пала́нгский (*от* Пала́нга)
пала́нка, -и, *р. мн.* -нок
паланки́н, -а (*носилки*)
паланти́н, -а (*накидка*)
паланти́новый
пала́с, -а
пала́та, -ы
палатализа́ция, -и
палатализо́ванный; *кр. ф.* -ан, -ана
палатализова́ть(ся), -зу́ю, -зу́ет(ся)
палата́льность, -и
палата́льный
палати́нский (*от* Палати́н, *в Древнем Риме*)
пала́тка, -и, *р. мн.* -ток
пала́тка-мешо́к, пала́тки-мешка́, *м.*
пала́тный
пала́точник, -а
пала́точница, -ы, *тв.* -ей
пала́точный
пала́ты, -а́т (*богатое жилое здание*)
палафи́ты, -и́т, *ед.* -и́та, -ы
пала́ццо, *нескл., с.*
пала́ч, -а́, *тв.* -о́м
пала́ческий
пала́чество, -а
пала́чествовать, -твую, -твует
пала́ш, -а́, *тв.* -о́м
Палеа́рктика, -и
Палеаркти́ческая о́бласть (*зоогеографическая*)
палеаркти́ческий
па́лево-ды́мчатый
па́левый
пале́ние, -я
палени́на, -ы
па́леница, -ы, *тв.* -ей, *м.* и *ж.* (*богатырь, богатырка*)
палённый; *кр. ф.* -ён, -ена́, *прич.*
палёный, *прил.*
палео... – *первая часть сложных слов, пишется слитно*
палеоазиа́тский
палеоазиа́ты, -ов, *ед.* -иа́т, -а
палеоа́нтроп, -а
палеоантропо́лог, -а
палеоантропологи́ческий
палеоантрополо́гия, -и
палеобиогео́граф, -а
палеобиогеографи́ческий
палеобиогеогра́фия, -и
палеобиогеохими́ческий
палеобиогеохи́мия, -и
палеобио́лог, -а
палеобиологи́ческий
палеобиоло́гия, -и
палеобиоцено́з, -а
палеобота́ник, -а
палеобота́ника, -и
палеоботани́ческий

палеовулкани́ческий
палеовулкано́лог, -а
палеовулканологи́ческий
палеовулканоло́гия, -и
палеоге́н, -а
палеоге́новый
палеогео́граф, -а
палеогеографи́ческий
палеогеогра́фия, -и
палеогеохими́ческий
палеогеохи́мия, -и
палеогнати́зм, -а
палео́граф, -а
палеографи́ческий
палеогра́фия, -и
палеоевропе́йский
палеоевропе́йцы, -ев, *ед.* -е́ец, -е́йца, *тв.* -е́йцем
палеоза́вр, -а
палеозо́й, -я
палеозо́йский
палеозоо́лог, -а
палеозоологи́ческий
палеозооло́гия, -и
палеокли́мат, -а
палеоклимати́ческий
палеоклимато́лог, -а
палеоклиматологи́ческий
палеоклиматоло́гия, -и
палеоконта́кт, -а
палеоли́т, -а
палеолити́ческий
палеоло́гия, -и
палеомагнети́зм, -а
палеомагни́тный
палеонто́лог, -а
палеонтологи́ческий
палеонтоло́гия, -и
палеопато́лог, -а
палеопатологи́ческий
палеопатоло́гия, -и
палеопите́к, -а
палеорентгено́лог, -а
палеорентгенологи́ческий
палеорентгеноло́гия, -и
палеосиби́рский
палеотектони́ческий
палеоте́рий, -я
палеотермоме́трия, -и
палеоти́п, -а
палеоти́пный
Палеотропи́ческая о́бласть (*флористическая*)
палеотропи́ческий
палеофауни́стика, -и
палеофитогеографи́ческий
палеофитогеогра́фия, -и
палеофлори́стика, -и
палеофлористи́ческий
палеохи́мик, -а
палеохими́ческий
палеоце́н, -а
палеоце́новый
палеоцено́з, -а
палеоэко́лог, -а
палеоэкологи́ческий
палеоэколо́гия, -и
палеоэнде́мики, -ов, *ед.* -мик, -а
палеоэтно́лог, -а
палеоэтнологи́ческий
палеоэтноло́гия, -и
пале́рмский (*от* Пале́рмо)
пале́рмцы, -ев, *ед.* -мец, -мца, *тв.* -мцем
Палести́на, -ы (*страна*)
палести́нка, -и, *р. мн.* -нок
палести́но-изра́ильский
палести́нский (*от* Палести́на)
палести́нцы, -ев, *ед.* -нец, -нца, *тв.* -нцем
палести́ны, -и́н, *ед.* -и́на, -ы (*местность, край*)
пале́стра, -ы
пале́та, -ы (*поддон*)
пале́тка, -и, *р. мн.* -ток
Па́лех, -а (*поселок*) и **па́лех,** -а (*изделие; также собир.*)
па́лехский (*от* Па́лех; па́лехская миниатю́ра)
па́лец, па́льца, *тв.* па́льцем, *р. мн.* па́льцев
па́лец о па́лец (не уда́рит)
палеша́не, -а́н, *ед.* -а́нин, -а (*от* Па́лех)
Пале́я, -и́ (*книга*)
па́ли, *неизм.* и *нескл., м.* (*язык*)
па́лий, -я (*мантия монаха*)
пали́йский (*от* па́ли)
пали́льный
пали́льщик, -а
палимпсе́ст, -а
палингене́з, -а (*биол.*)
палинге́незис, -а (*геол.*)
палингенети́ческий
палиндро́м, -а
палиногра́мма, -ы
палино́дия, -и
палино́лог, -а
палинологи́ческий
палиноло́гия, -и
палиса́д, -а
палиса́дина, -ы
палиса́дник, -а
палиса́дниковый
палиса́дничек, -чка
палиса́дный
палиса́ндр, -а
палиса́ндровый
пали́тельный
пали́тра, -ы
пали́ть(ся), палю́, пали́т(ся)
па́лица, -ы, *тв.* -ей
па́лия, -и (*рыба*)
па́лка, -и, *р. мн.* па́лок
па́лка-копа́лка, па́лки-копа́лки
палкообра́зный; *кр. ф.* -зен, -зна
Палла́да, -ы: **Афи́на Палла́да**
палладиа́нский (*от* Палла́дио)
палладиа́нство, -а
палла́диевый
палла́дий, -я (*металл*)
палла́дистый
палла́диум, -а (*опора, оплот*)
палласи́т, -а
паллиати́в, -а
паллиати́вность, -и
паллиати́вный
палло́граф, -а
палм, -а
палмто́п, -а
пало́ло, *нескл., м.*
пало́мник, -а
пало́мница, -ы, *тв.* -ей
пало́мничать, -аю, -ает
пало́мнический
пало́мничество, -а
па́лочка, -и, *р. мн.* -чек
па́лочка-выруча́лочка, па́лочки-выруча́лочки
палочкови́дный; *кр. ф.* -ден, -дна
па́лочковый
палочкообра́зный; *кр. ф.* -зен, -зна
палочкоя́дерные, -ых
па́лочник, -а
па́лочный
па́лочье, -я
па́лтус, -а
па́лтусина, -ы
па́лтусовый
па́луба, -ы
па́лубить, -блю, -бит
па́лубник, -а
па́лубный
палыгорски́т, -а
па́лый
паль, -и (*выжженное место в лесу, в степи*)
пальба́, -ы́
па́льма, -ы
пальмаро́за, -ы
пальмерсто́н, -а (*пальто, устар.*)
пальме́тка, -и, *р. мн.* -ток
пальме́тта, -ы
пальме́ттный
Пальми́ра, -ы (*древний город*)
пальми́ра, -ы (*веерная пальма; гарнитура шрифта*)
пальми́ровая па́льма
пальми́ровый (*от* пальми́ра)
пальми́рский (*от* Пальми́ра)
пальмита́ты, -ов, *ед.* -та́т, -а
пальмити́н, -а
пальмити́новый
пальмови́дный; *кр. ф.* -ден, -дна
па́льмовый
пальмообра́зный; *кр. ф.* -зен, -зна
пальмоскопи́я, -и
пальну́ть, -ну́, -нёт
пальпато́рный
пальпа́ция, -и
пальпигра́ды, -ов, *ед.* -гра́д, -а
пальпи́рованный; *кр. ф.* -ан, -ана
пальпи́ровать(ся), -рую, -рует(ся)
пальпита́ция, -и
пальста́б, -а и **пальшта́б,** -а

пальтецо́, -а́
пальти́шко, -а, *мн.* -шки, -шек
пальто́, *нескл., с.*
пальто́вый
пальто́ дже́рси́, *нескл., с.*
пальто́ ма́кси, *нескл., с.*
пальто́-пелери́на, пальто́-пелери́ны, *с.*
пальто́ регла́н, *нескл., с.*
пальто́шник, -а
пальто́шница, -ы, *тв.* -ей
пальту́шка, -и, *р. мн.* -шек
пальцеви́дный; *кр. ф.* -ден, -дна
пальцево́й и **па́льцевый**
пальцекры́л, -а (*насекомое*)
пальцекры́лка, -и, *р. мн.* -лок (*бабочка*)
пальцекры́лые, -ых
пальцеобра́зный; *кр. ф.* -зен, -зна
пальцеходя́щие, -их
па́льчато-ло́пастный
па́льчато-разде́льный
па́льчато-рассечённый
па́льчато-сло́жный
па́льчатый
па́льчик, -а
па́льчиковый (*тех.*)
пальчо́нки, -нок, *ед.* -нок, -нка
пальшта́б, -а и **пальста́б,** -а
па́ля, -и, *р. мн.* паль (*столб, кол*)
паляни́ца, -ы, *тв.* -ей (*хлеб*)
паля́щий
па́ма, -ы (*змея*)
пами́рский (*от* Пами́р)
пами́рцы, -ев, *ед.* -рец, -рца, *тв.* -рцем
Па́мпа, -ы (*природная область в Аргентине*) и **па́мпа,** -ы (*то же, что пампасы*)
пампанга́ны, -ов, *ед.* -га́н, -а
пампа́сный
пампа́совый
пампа́сский
пампа́сы, -ов (*степи в Южной Америке*)
пампе́ро, *нескл., м.*
па́мперсы, -ов, *ед.* -перс, -а
па́мпинг, -а *(в парусном спорте)*
пампу́ша, -и, *тв.* -ей (*то же, что папуша*)
пампу́шечки, -чек, *ед.* -чка, -и (*от* пампу́шки)
пампу́ши, -у́ш, *ед.* -у́ша, -и, *тв.* -ей (*обувь*)
пампу́шки, -шек, *ед.* -шка, -и (*печенье, оладьи*)
памфле́т, -а
памфлети́ст, -а
памфлети́стка, -и, *р. мн.* -ток
памфле́тный
па́мятка, -и, *р. мн.* -ток
па́мятливость, -и
па́мятливый
па́мятник, -а
па́мятник-анса́мбль, па́мятника-анса́мбля
па́мятный; *кр. ф.* -тен, -тна
па́мятование, -я
па́мятовать, -тую, -тует
памятозло́бие, -я
памятозло́бный; *кр. ф.* -бен, -бна
па́мять, -и; но: **Кни́га Па́мяти** (*со списками жертв войн, репрессий*)
пан, -а, *мн.* па́ны́, па́но́в
Пан, -а (*мифол.*)
пан... – *первая часть сложных слов, пишется слитно*
панагиа́рь, -я
панаги́я, -и
панадо́л, -а
Панаке́я, -и и **Панаце́я,** -и (*мифол.*)
пана́ма, -ы (*шляпа*; *крупное мошенничество*)
панамерикани́зм, -а
панамерика́нский
пана́мка, -и, *р. мн.* -мок
пана́мский (*от* Пана́ма, *государство*)
Пана́мский кана́л
пана́мцы, -ев, *ед.* -мец, -мца, *тв.* -мцем
пананги́н, -а
панараби́зм, -а
панари́ций, -я
"панасо́ник", -а (*телевизор, магнитофон и т. п.*)
Панафине́и, -е́й
панафрикани́зм, -а
панафрикани́ст, -а
панафрика́нский
Панаце́я, -и и **Панаке́я,** -и (*мифол.*)
панаце́я, -и (*универсальное средство, лекарство*)
панаши́рование, -я
панаши́рованный; *кр. ф.* -ан, -ана
панаши́ровать(ся), -рую, -рует(ся)
панбалкани́зм, -а
панба́рхат, -а
панба́рхатный
панвавилони́зм, -а
пангама́т, -а
панга́мовая кислота́
пангасина́ны, -ов, *ед.* -на́н, -а
панге́незис, -а
пангермани́зм, -а
пангермани́ст, -а
пангерма́нский
Пангéя, -и
панголи́н, -а
па́нда, -ы
панда́ка, -и (*рыба*)
пандактили́т, -а
панда́н, -а (*соответствие*: в панда́н)
панда́новые, -ых
панда́нус, -а (*дерево*)
панде́ктный
панде́кты, -ов
пандеми́ческий
пандеми́я, -и
пандерми́т, -а
панджа́би, *неизм.* и *нескл., м.* (*язык*)
панджара́, -ы́
панди́т, -а
Пандо́ра, -ы: **я́щик Пандо́ры**
пандори́на, -ы
па́ндури, *нескл., с.*
па́ндус, -а
па́ндусный
паневе́жисский и **паневе́жский** (*от* Паневе́жис)
паневе́жцы, -ев, *ед.* -жец, -жца, *тв.* -жцем
панеги́рик, -а
панегири́ст, -а
панегири́стка, -и, *р. мн.* -ток
панегири́ческий
панелево́з, -а
пане́ль, -и
пане́лька, -и, *р. мн.* -лек
пане́льно-бло́чный
пане́льно-фре́зерный
пане́льный
пане́нка, -и, *р. мн.* -нок
панентеи́зм, -а
па́нер, -а *(мор.)*
панзино́рм, -а
панзооти́ческий
панзоо́тия, -и
па́ни, *нескл., ж.*
панибра́тски
панибра́тский
панибра́тство, -а
па́ника, -и
паникади́ло, -а
паникади́льный
паникёр, -а
паникёрский
паникёрство, -а
паникёрствовать, -твую, -твует
паникёрша, -и, *тв.* -ей
паникова́ть, -ку́ю, -ку́ет
панирани́зм, -а
паниро́ванный; *кр. ф.* -ан, -ана
панирова́ть(ся), -ру́ю, -ру́ет(ся)
паниро́вка, -и
паниро́вочный
панислами́зм, -а
панислами́ст, -а
панислами́стский
панихи́да, -ы
панихи́дный
па́ни́ца, -ы, *тв.* -ей
пани́чески
пани́ческий
панк, -а
панк-... – *первая часть сложных слов, пишется через дефис*
панкарди́т, -а
панк-гру́ппа, -ы
панк-движе́ние, -я
панк-джа́з, -а
панк-культу́ра, -ы
панк-мо́да, -ы
панк-му́зыка, -и
панкова́ть, -ку́ю, -ку́ет
па́нковский

панкра́тий, -я и **панкра́циум**, -а (*растение*)
панкратио́н, -а (*состязание*)
панкрати́ческий (*фото*)
па́нкреас, -а
панкреати́н, -а
панкреати́т, -а
панкреати́ческий (*к* па́нкреас)
панкри́н, -а
панк-ро́к, -а
панк-рок-культу́ра, -ы
панк-стри́жка, -и
панк-тусо́вка, -и, *р. мн.* -вок
панлоги́зм, -а
панлоги́ст, -а
панлоги́стский
панмиелофти́з, -а
панмикси́я, -и
панмонголи́зм, -а
па́нна, -ы
панно́, *нескл., с.*
панно́нский (*от* Панно́ния)
па́нночка, -и, *р. мн.* -чек
па́ннус, -а
па́но, *нескл., мн., ед. м. и ж.* (*народы*); *неизм.* и *нескл., м.* (*языки*)
panова́ть, пану́ю, пану́ет
пано́птикум, -а
панора́ма, -ы
панорами́рование, -я
панорами́рованный; *кр. ф.* -ан, -ана
панорами́ровать(ся), -рую, -рует(ся)
панора́мный
паносмани́зм, -а
панофтальми́т, -а
панпсихи́зм, -а
панпсихи́ст, -а
панпсихи́стский
панпсихи́ческий
пансексуали́зм, -а
пансио́н, -а
пансиона́т, -а
пансиона́тный
пансионе́р, -а
пансионе́рка, -и, *р. мн.* -рок
пансионе́рский
пансио́нный
пансио́нский
па́нский
панслави́зм, -а
панслави́ст, -а
панслави́стский
панславя́нский
пансперми́я, -и
па́нство, -а
пантало́нчики, -ов
пантало́ны, -о́н
панталы́к: сби́ть(ся) с панталы́ку
панта́ч, -а́, *тв.* -о́м
пантеи́зм, -а
пантеи́ст, -а
пантеисти́ческий
пантеи́стка, -и, *р. мн.* -ток
пантеллери́т, -а
пантео́н, -а и (*храм в Риме*) **Пантео́н**, -а
панте́ра, -ы
панто́вка, -и, *р. мн.* -вок
па́нтовый
панто́граф, -а
пантографи́ческий
пантокра́тия, -и
пантокра́тор, -а (*о всевластном человеке*) и **Пантокра́тор**, -а (*иконографический тип Христа*)
пантокри́н, -а
пантокри́новый
пантоле́ты, -е́т, *ед.* -ле́та, -ы
панто́метр, -а
пантоми́м, -а (*в античном театре*)
пантоми́ма, -ы
пантоми́мика, -и
пантомими́ческий
пантоми́мный
пантопо́ды, -по́д, *ед.* -по́да, -ы
пантопо́н, -а
панторе́зный
пантори́м, -а и **пантори́фма**, -ы
пантоста́т, -а
пантотена́т, -а
пантоте́новый
пантофа́г, -а
па́нты, -ов
пантюрки́зм, -а
пантюрки́стский
пану́ргово ста́до, пану́ргова ста́да
панфи́ловцы, -ев, *ед.* -вец, -вца, *тв.* -вцем (*от* Панфи́лов)
панхроматиза́ция, -и
панхромати́ческий
па́нцирник, -а (*рыба*)
панцирнощёкие, -их
па́нцирный
па́нцирь, -я
Панчата́нтра, -ы
па́нча-ши́ла, *нескл., мн.* и *с.* и *неизм.*
панчая́т, -а
па́нчен-ла́ма, -ы, *м.*
па́нчен-э́ртни, *нескл., м.*
па́нчер, -а (*спорт.*)
па́нщина, -ы
панъевропе́йский
паны́ч, -а́, *тв.* -о́м и **па́ныч**, -а, *тв.* -ем
панье́, *нескл., с.* (*юбка*)
панэллини́зм, -а
па́па, -ы, *м.*
папа́, *нескл., м.* (*устар. к* па́па – *отец*)
папавери́н, -а
папазо́л, -а
папаи́н, -а
папа́йя, -и
папа́нинец, -нца, *тв.* -нцем, *р. мн.* -нцев
папа́нинский (*от* Папа́нин)
папа́ня, -и, *м.*
папара́цци, *нескл., м.*
Па́па Ри́мский (*при офиц. титуловании*)
папа́ха, -и
папа́ша, -и, *м.*
папа́шин, -а, -о
папа́шка, -и, *р. мн.* -шек, *м.*
па́пенька, -и, *р. мн.* -нек, *м.*
па́пенькин, -а, -о
па́пертный
па́перть, -и
папетри́, *нескл., с.*
папи́зм, -а
папилли́т, -а
папилло́ма, -ы
папилло́ма-ви́рус, -а
папилло́ма-ви́русный
папилло́мный
папилля́рный
папилько́тки, -ток, *ед.* -тка, -и
па́пин, -а, -о
папи́ровка, -и, *р. мн.* -вок
папирологи́ческий
папироло́гия, -и
папиро́са, -ы
папиро́ска, -и, *р. мн.* -сок
папиро́сник, -а
папиро́сница, -ы, *тв.* -ей
папиро́сный
папиросонабивно́й
папи́рус, -а
папи́русный
папи́ст, -а
папи́стский
па́пка[1], -и, *р. мн.* па́пок, *ж.* (*обложка*)
па́пка[2], -и, *р. мн.* па́пок, *м.* (*отец*)
па́поротки, -ов, *ед.* -ток, -тка (*в иконописи*)
па́поротник, -а
папоротникови́дные, -ых
па́поротниковый
папоротникообра́зные, -ых
па́почка[1], -и, *р. мн.* -чек, *ж.* (*обложка*)
па́почка[2], -и, *р. мн.* -чек, *м.* (*отец*)
па́почкин, -а, -о
па́почный
паппата́чи, *неизм.* и *нескл., ж.*
па́прика, -и
па́прика́ш, -а, *тв.* -ем
Па́пская о́бласть (*ист.*)
па́пский
па́пство, -а
па́пуа-новогвине́йский (*от* Па́пуа – Но́вая Гвине́я, *государство*)
папуа́нский (*от* Па́пуа)
папуа́ска, -и, *р. мн.* -сок
папуа́сский (*от* папуа́сы)
папуа́сы, -ов, *ед.* -а́с, -а
па́пула, -ы
папу́ля, -и, *м.*
папу́ся, -и, *м.*
папу́ша, -и, *тв.* -ей (*связка табачных листьев, бумаг*)
папушёвка, -и
папушёвочный
папу́шить, -шу, -шит
папу́шный
папье́-маше́, *нескл., с.*

папье́-машо́вый
пар, -а и -у, *предл.* в (на) пару́, *мн.* -ы́, -о́в
па́ра, -ы
пара́, -ы́ (*монета*)
пара… – *приставка, пишется слитно*
параагглютина́ция, -и
парааминобензо́йный
парааминофено́л, -а
параба́зис, -а (*лит.*)
парабе́ллум, -а
парабио́з, -а
парабио́нт, -а
парабиоти́ческий
пара́бола, -ы
параболи́ческий
параболо́граф, -а
параболо́ид, -а
параболо́идный
парабро́нхи, -ов, *ед.* -бро́нх, -а
паравакци́на, -ы
парава́н, -а
парава́н-охрани́тель, -я
параводоро́д, -а
парага́нглии, -иев, *ед.* -лий, -я
парагва́йка, -и, *р. мн.* -а́ек
парагва́йский (*от* Парагва́й)
парагва́йцы, -ев, *ед.* -а́ец, -а́йца, *тв.* -а́йцем
параге́лий, -я
параге́незис, -а
парагенети́ческий
парагла́йдинг, -а (*спорт.*)
парагне́йс, -а
парагормо́н, -а
парагра́мма, -ы
пара́граф, -а
парагри́пп, -а
парагриппо́зный
пара́д, -а; но: **Пара́д Побе́ды** (*в Москве, 1945*)
пара́д-алле́, пара́да-алле́, *м.*
паради́гма, -ы
парадигма́льный
парадигма́тика, -и
парадигмати́ческий
паради́з, -а (*место блаженства, мифол.*) и **Паради́з,** -а (*название нек-рых построек*)
паради́зка, -и, *р. мн.* -зок
паради́рование, -я (*от* паради́ровать)
паради́ровать, -рую, -рует (*от* пара́д)
пара́дное, -ого
пара́дность, -и
пара́дный; *кр. ф.* -ден, -дна
парадо́кс, -а
парадоксали́ст, -а
парадокса́льность, -и
парадокса́льный; *кр. ф.* -лен, -льна
парадома́ния, -и
пара́д-проло́г, пара́да-проло́га
парадуодена́льный
парази́т, -а
паразита́рность, -и
паразита́рный
паразити́зм, -а
паразити́рование, -я
паразити́ровать, -рую, -рует
паразитифо́рмный
паразити́ческий
парази́тка, -и, *р. мн.* -ток
парази́тный
паразито́з, -а
паразито́лог, -а
паразитологи́ческий
паразитоло́гия, -и
паразитоноси́тель, -я
паразитоноси́тельство, -а
паразитоцено́з, -а
парази́тство, -а
парази́тствовать, -твую, -твует
параиммуните́т, -а
паракардиа́льный
паракарпи́я, -и
парака́рпный
паракаучу́к, -а
паракинемато́граф, -а
параклини́ческий
пара́клис, -а
паракли́т, -а
паракоклю́ш, -а, *тв.* -ем
параксиа́льный
паракульту́ра, -ы
парала́йзер, -а
паралёт, -а
парализа́тор, -а
парализа́ция, -и
парализо́ванный; *кр. ф.* -ан, -ана
парализова́ть(ся), -зу́ю, -зу́ет(ся)
паралингви́стика, -и
паралингвисти́ческий
паралитерату́ра, -ы
паралитерату́рный
парали́тик, -а
паралити́ческий
паралити́чка, -и, *р. мн.* -чек
парали́ч, -а́, *тв.* -о́м
парали́ческий (*геол.*)
парали́чный
паралла́кс, -а
параллакти́ческий
параллелепи́пед, -а
параллели́зм, -а
параллелогра́мм, -а
параллелогра́ммный
параллелоэ́др, -а
паралле́ль, -и
паралле́льки, -е́лек
паралле́льно включённый
паралле́льно-пло́ский
паралле́льно-после́довательный
паралле́льно-слои́стый
паралле́льность, -и
паралле́льный; *кр. ф.* -лен, -льна
паралоги́зм, -а
паралоги́ческий
парамагнети́зм, -а
парамагне́тик, -а
парамагнети́ческий
парамагни́тный
парама́н, -а и **парама́нд,** -а
пара́метр, -а
пара́метр-значе́ние, пара́метра-значе́ния, *м.*
параметризо́ванный; *кр. ф.* -ан, -ана
параметризова́ть(ся), -зу́ю, -зу́ет(ся)
параметри́т, -а
параметри́ческий
параметро́н, -а
пара́метр-результа́т, пара́метра-результа́та
параме́ции, -ий, *ед.* -е́ция, -и
парамиксови́русы, -ов, *ед.* -ви́рус, -а
парамнези́я, -и
параморфо́з, -а (*геол.*)
паранау́ка, -и
паранау́чный
паранго́н, -а
паранджа́, -и́, *тв.* -о́й
паранекро́з, -а
паранефри́т, -а
параноида́льность, -и
параноида́льный; *кр. ф.* -лен, -льна
парано́ик, -а
паранои́ческий
паранои́чка, -и, *р. мн.* -чек
парано́йя, -и
паранойя́льность, -и
паранойя́льный; *кр. ф.* -лен, -льна
парано́мия, -и
паранорма́льный
паранте́з, -а
пара́нтроп, -а
Параолимпиа́да, -ы
Параолимпи́йские и́гры
параолимпи́йский
парапаре́з, -а
парапе́т, -а
парапе́тный
парапите́к, -а
парапла́н, -а
парапланери́зм, -а
парапланери́ст, -а
параплеги́я, -и
парапо́дии, -ев, *ед.* -дий, -я
парапрокти́т, -а
парапроце́сс, -а
парапсихи́ческий
парапсихо́лог, -а
парапсихологи́ческий
парапсихоло́гия, -и
парарелигио́зный
парасе́йлинг, -а (*спорт.*)
параселе́н, -а
парасема́нт, -а (*лингв.*)
парасимпати́ческий
параскаридо́з, -а
Параске́ва Пя́тница, Параске́вы Пя́тницы
параске́ний, -я
параски́, *нескл., с.* (*спорт.*)
парасо́ль, -я
парата́ксис, -а
парата́ксисный

паратакти́ческий
парате́кст, -а
паратиреои́дный
парати́ф, -а
паратифли́т, -а
паратифо́зный
паратони́ческий
паратони́я, -и
па́ра-тро́йка, па́ры-тро́йки
паратуберкулёз, -а
паратуберкулёзный
пара́тый
пара́ф, -а
парафази́я, -и
парафа́н, -а (*спорт.*)
парафармаце́втики, -ов, *ед.* -тик, -а
парафенилендиами́н, -а
парафи́зы, -и́з, *ед.* -фи́за, -ы
парафили́я, -и
парафиляри́оз, -а
парафимо́з, -а
парафимо́зный
парафи́н, -а
парафини́рование, -я
парафини́рованный; *кр. ф.* -ан, -ана
парафини́ровать(ся), -рую, -рует(ся)
парафи́нистый
парафи́новый
парафинолече́ние, -я
парафинотерапевти́ческий
парафинотерапи́я, -и
парафи́рование, -я
парафи́рованный; *кр. ф.* -ан, -ана
парафи́ровать(ся), -рую, -рует(ся)
параформальдеги́д, -а
парафра́з, -а и **парафра́за, -ы**
парафрази́рование, -я
парафрази́рованный; *кр. ф.* -ан, -ана
парафрази́ровать(ся), -рую, -рует(ся)
парафрасти́ческий
парафрени́я, -и
парахо́р, -а
парахрони́зм, -а
параце́рк, -а
парацетамо́л, -а
пара́ша, -и, *тв.* -ей (*емкость для нечистот*)
парашю́т, -а
парашюти́зм, -а
парашю́тик, -а
парашюти́рование, -я
парашюти́ровать, -рую, -рует
парашюти́ст, -а
парашюти́стка, -и, *р. мн.* -ток
парашю́тно-деса́нтный
парашю́тно-поса́дочный
парашю́тный
паращитови́дный
параэкклесиа́рх, -а
параэлектри́ческий
паразы́к, -а́
парвеню́, *нескл., м.* и *ж.*
парге́лий, -я
паргели́ческий
па́рголовский (*от* Па́рголово)
пардо́н, -а и -у и *неизм.*
па́рду́бицкий (*от* Па́рдубице)
паре́з, -а (*паралич*)
парейаза́вр, -а
пареме́йник, -а и **пареми́йник, -а**
пареме́йный и **пареми́йный**
паремиоло́гия, -и
пареми́я, -и и **паремья́,** -и́, *р. мн.* -ми́й
паренёк, -нька́
па́рение, -я (*к* па́рить)
паре́ние, -я (*к* пари́ть)
парёнка, -и
па́ренный; *кр. ф.* -ен, -ена, *прич.*
паренте́за, -ы (*лингв.*)
парентера́льный
паренти́рованный; *кр. ф.* -ан, -ана
паренхи́ма, -ы
паренхимато́зный
паренхи́мула, -ы
па́реный, *прил.*
па́рень, па́рня, *мн.* па́рни, -е́й
паре́о, *нескл., с.*
парестези́я, -и
парети́ческий (*от* паре́з)
пари́, *нескл., с.*
париета́льный
парижа́не, -а́н, *ед.* -а́нин, -а
парижа́нка, -и, *р. мн.* -нок
Пари́жская комму́на
пари́жский (*от* Пари́ж)
Па́рижский клу́б стра́н-кредито́ров
пари́зии, -ев (*племя*)
пари́к, -а́
па́рики, -ов, *ед.* па́рик, -а (*крестьяне в Византии*)
парикма́хер, -а
парикма́херская, -ой
парикма́херский
парикма́херша, -и, *тв.* -ей
парико́вый
пари́лка, -и, *р. мн.* -лок
пари́льный
пари́льня, -и, *р. мн.* -лен
пари́льщик, -а
пари́льщица, -ы, *тв.* -ей
пари́рование, -я
пари́рованный; *кр. ф.* -ан, -ана
пари́ровать(ся), -рую, -рует(ся)
пари́тель, -я
парите́т, -а
парите́тность, -и
парите́тный
пари́ть, парю́, пари́т (*летать*)
па́рить(ся), па́рю(сь), па́рит(ся) (*от* пар)
паричо́к, -чка́
па́рия, -и, *м.* и *ж.*
парк, -а
па́рка, -и, *р. мн.* па́рок (*действие; одежда*)
па́ркер, -а (*авторучка*)
парке́т, -а
парке́тина, -ы
парке́тник, -а
парке́тный
паркетошлифова́льный
парке́тчик, -а
па́рки, па́рок, *ед.* па́рка, -и (*мифол.*)
па́ркий; *кр. ф.* па́рок, парка́, па́рко
па́ркинг, -а
Паркинсо́н, -а: **боле́знь Паркинсо́на, зако́ны Паркинсо́на**
паркинсони́зм, -а
па́рк-музе́й, па́рка-музе́я
паркова́ние, -я
парко́ванный; *кр. ф.* -ан, -ана
паркова́ть(ся), -ку́ю(сь), -ку́ет(ся)
Па́рковая, -ой (*улица*)
парко́вка, -и, *р. мн.* -вок
парко́вочный
парко́вщик, -а
па́рковый
парко́метр, -а
парку́р, -а (*спорт.*)
парла́мент, -а
парламентари́зм, -а
парламента́рий, -я
парламента́рный
парламентёр, -а
парламентёрский
парламентёрство, -а
Парла́ментская ассамбле́я Сове́та Евро́пы
парла́ментский
Парла́ментское собра́ние Белору́ссии и Росси́и
пармеза́н, -а
парме́лия, -и
па́рмский (*от* Па́рма)
па́рмцы, -ев, *ед.* -мец, -мца, *тв.* -мцем
Парна́с, -а (*гора; о поэтах – перен. собир.*)
парна́сский
парна́сцы, -ев, *ед.* -сец, -сца, *тв.* -сцем (*от* "Парна́с", *группа французских поэтов*)
парна́я, -о́й
па́рник, -а (*участник соревнований спортивных пар*)
парни́к, -а́
парникові́д, -а
парниково́дство, -а
парнико́вый
па́рница, -ы, *тв.* -ей (*к* па́рник)
парничо́к, -чка́
парни́шечка, -и, *р. мн.* -чек, *м.*
парни́шка, -и, *р. мн.* -шек, *м.*
парни́ще, -а и -и, *мн.* -и, -и́щ, *м.*
па́рно-видово́й
па́рно-группово́й
парно́й (*от* пар)
парнокопы́тные, -ых, *ед.* -ное, -ого
парноли́стник, -а
парноли́стниковые, -ых
па́рно-мя́гкий
парнопа́лые, -ых
парнопе́ристый
парнорезцо́вые, -ых
па́рность, -и
па́рно-твёрдый

па́рный (*от* па́ра)
парню́га, -и, *м.*
парня́га, -и, *м.*
пароаммиа́чный
парова́ние, -я
парова́рка, -и, *р. мн.* -рок
парова́ть(ся), пару́ю, пару́ет(ся)
парови́к, -а́
паровичо́к, -чка́
пароводонепроница́емый
пароводоснабже́ние, -я
пароводяно́й
парово́з, -а
паровоздуходу́вка, -и, *р. мн.* -вок
паровоздуходу́вный
паровоздухоме́р, -а
паровозду́шный
парово́зик, -а
парово́зишко, -а и -и, *мн.* -шки, -шек, *м.*
парово́зище, -а, *мн.* -а и -и, -ищ, *м.*
парово́зник, -а
парово́зный
паровозовагоноремо́нтный
паровозоремо́нтный
паровозосбо́рочный
паровозострое́ние, -я
паровозострои́тельный
парово́й
паровпускно́й
паровыпускно́й
паровыхлопно́й
парога́зовый
парогазогенера́тор, -а
парогазотурби́нный
парогенера́тор, -а
парогидравли́ческий
па́род, -а
пароди́йно-сатири́ческий
пароди́йность, -и
пароди́йный; *кр. ф.* -и́ен, -и́йна
пароди́рование, -я (*от* пароди́ровать)
пароди́рованный; *кр. ф.* -ан, -ана
пароди́ровать(ся), -рую(сь), -рует(ся) (*от* паро́дия)
пароди́ст, -а
пароди́ческий
паро́дия, -и
пародо́нт, -а
пародонти́т, -а
пародонто́з, -а
пародонто́л, -а
парожи́дкостный
парозанима́ющий
пароизмери́тель, -я
пароизмери́тельный
пароизоли́рующий
пароизоляцио́нный
пароизоля́ция, -и
паро́к, парка́ и парку́
парокислоро́дный
пароко́нный
пароксизм, -а
пароксизма́льный
пароли́, *нескл., с.* (*в карточной игре*)
паро́ль, -я
паро́льный
паро́м, -а
парома́сляный
пароме́р, -а
паро́м-ледоко́л, паро́ма-ледоко́ла
паро́мный
паромоби́ль, -я
паромото́р, -а
паромото́рный
паро́мщик, -а
паронепроница́емый
паро́ним, -а
паронимически́й
паронимия́, -и
парони́т, -а
паронихи́я, -и
парономази́я, -и
парообра́зный; *кр. ф.* -зен, -зна
парообразова́ние, -я
парообразова́тель, -я
парообразова́тельный
пароотбо́рный
пароотво́дный
пароохлади́тель, -я
party
пароочисти́тель, -я
пароперегре́в, -а
пароперегрева́тель, -я
пароподводя́щий
паропреобразова́тель, -я
паропрово́д, -а
паропрово́дный
паропроизводи́тельность, -и
парораспределе́ние, -я
парораспредели́тель, -я
парораспредели́тельный
паросбо́рник, -а
паросилово́й
пароструйный
паротеплохо́д, -а
паротерма́льный
пароти́ды, -и́д, *ед.* -и́да, -ы (*зоол.*)
пароти́т, -а (*мед.*)
паротру́бный
паротурби́на, -ы
паротурби́нный
паротурбово́з, -а
парохо́д, -а
парохо́дик, -а
парохо́дишко, -а и -и, *мн.* -шки, -шек, *м.*
парохо́дище, -а, *мн.* -а и -и, -ищ, *м.*
парохо́дный
пароходовладе́лец, -льца, *тв.* -льцем, *р. мн.* -льцев
пароходострое́ние, -я
парохо́дство, -а
парохо́дчик, -а
па́рочка, -и, *р. мн.* -чек
парсе́к, -а, *р. мн.* -ов, *счетн. ф.* парсе́к
па́рсер, -а (*инф.*)
парси́зм, -а
парсу́на, -ы
па́рсы, -ов, *ед.* парс, -а
парт... – *первая часть сложных слов, пишется слитно*
па́рта, -ы
партакти́в, -а
партаппара́т, -а
партаппара́тный
партаппара́тчик, -а
партбиле́т, -а
партбо́сс, -а
партбюдже́т, -а
партбюро́, *нескл., с.*
партбюрокра́тия, -и
партвзно́сы, -ов
партвзыска́ние, -я
партгосаппара́т, -а
партгосконтро́ль, -я
партгрупо́рг, -а
партгру́ппа, -ы
партдисципли́на, -ы
партдокуме́нт, -а
партеногене́з, -а
партенокарпи́я, -и
партеноспо́ра, -ы
парте́р, -а
парте́рный
парте́сный
партзада́ние, -я
па́рти и па́ти, *нескл., ж.* (*вечеринка, званый вечер*)
парти́ец, -и́йца, *тв.* -и́йцем, *р. мн.* -и́йцев
партиза́н, -а, *р. мн.* -за́н
партиза́нить, -ню, -нит
партиза́нка, -и, *р. мн.* -нок
партиза́нский (*от* партиза́н и Парти́занск)
партиза́нство, -а
партиза́нствовать, -твую, -твует
партиза́нщина, -ы
партиза́нящий
па́ртийка, -и, *р. мн.* -иек (*к* па́ртия)
парти́йка, -и, *р. мн.* -и́ек (*к* парти́ец)
парти́йно-бюрократи́ческий
парти́йно-госуда́рственный
парти́йно-комсомо́льский
парти́йно-номенклату́рный
парти́йно-полити́ческий
парти́йно-прави́тельственный
парти́йно-профсою́зный
парти́йно-сове́тский
парти́йность, -и
парти́йно-хозя́йственный
парти́йный; *кр. ф.* -и́ен, -и́йна
партикуляриза́ция, -и
партикуляри́зм, -а
партикуля́рный; *кр. ф.* -рен, -рна
партиму́щество, -а
партио́нный
парти́та, -ы
партити́в, -а
партити́вный
партиту́ра, -ы
партиту́рный
партиципа́ция, -и
па́ртия, -и

парткабине́т, -а
партко́м, -а
парткоми́ссия, -и
партко́мовский
партконфере́нция, -и
партма́ксимум, -а
партми́нимум, -а
партнёр, -а
партнёрский
партнёрство, -а
партнёрша, -и, *тв.* -ей
партноменклату́ра, -ы
партноменклату́рный
партноменклату́рщик, -а
партокра́т, -а
партократи́ческий
партокра́тия, -и
парто́нный
парто́ны, -ов, *ед.* -то́н, -а
парто́рг, -а
парто́рган, -а
парторганиза́тор, -а
парторганиза́ция, -и
партпросвеще́ние, -я
партрабо́та, -ы
партрабо́тник, -а
партруково́дство, -а
партсекрета́рь, -я́
партсобра́ние, -я
партсовноменклату́ра, -ы
партста́ж, -а, *тв.* -ем
партстрои́тельство, -а
партсъе́зд, -а
партучёба, -ы
партучёт, -а
партхозакти́в, -а
партхозноменклату́ра, -ы
партшко́ла, -ы
партэли́та, -ы
партяче́йка [тья], -и, *р. мн.* -е́ек
па́рубок, -бка
па́рус, -а, *мн.* -а́, -о́в
паруси́на, -ы
паруси́нный
паруси́новый
па́русить(ся), -ит(ся) и **паруси́ть(ся),** -и́т(ся)
па́русник, -а
па́русно-гребно́й
па́русно-мото́рный
па́русность, -и
па́русный
парусо́к, -ска́
парусохво́стый
Парфено́н, -а
парфо́рс, -а
парфо́рсный
парфю́м, -а
парфюме́р, -а
парфюме́рия, -и
парфюме́рно-космети́ческий
парфюме́рный
парфя́не, -я́н, *ед.* -я́нин, -а
парфя́нка, -и, *р. мн.* -нок
парфя́нский (*к* Па́рфия)
Парфя́нское ца́рство
парха́тый
парце́лла, -ы
парцелли́рованный; *кр. ф.* -ан, -ана
парцелли́ровать(ся), -рую, -рует(ся)
парце́лльный
парцелля́рный
парцелля́ция, -и
па́рцель, -я *(партия товара)*
па́рцельный
парциа́льный
парча́, -и́, *тв.* -о́й
парчо́вый
парша́, -и́, *тв.* -о́й
парши́вевший
парши́венький
парши́веть, -ею, -еет
парши́вец, -вца, *тв.* -вцем, *р. мн.* -вцев
парши́вка, -и, *р. мн.* -вок
парши́во, *нареч.* и *в знач. сказ.*
парши́вость, -и
парши́вый
па́рывать, *наст. вр. не употр.*
парю́ра, -ы
па́ря, *другие формы не употр., м.*
паря́щий (*от* пари́ть)
па́рящий(ся) (*от* па́рить(ся)
пас[1], -а (*к* пасова́ть(ся)
пас[2], *неизм.* (*к* пасова́ть)
пасану́ть, -ну́, -нёт
па́сека, -и
пасённый; *кр. ф.* -ён, -ена́, *прич.*
па́сечник, -а
па́сечный
паск, -а (*лекарство*)
Паска́ль, -я: **зако́н Паска́ля, теоре́ма Паска́ля, треуго́льник Паска́ля, ули́тка Паска́ля**
паска́ль, -я (*ед. измер.*; *язык программирования*)
паска́ль-секу́нда, -ы
па́сквиль, -я
па́сквильный
пасквиля́нт, -а
пасквиля́нтский
паску́да, -ы, *м.* и *ж.*
паску́дить, -у́жу, -у́дит
паску́дник, -а
паску́дница, -ы, *тв.* -ей
паску́дничать, -аю, -ает
паску́дный; *кр. ф.* -ден, -дна
паску́дство, -а
паслён, -а
паслёновый
па́смо[1], -а, *мн.* па́сма, пасм и **па́сма,** -ы, *мн.* па́смы, пасм (*часть мотка пряжи*)
па́смо[2], -а (*болезнь льна*)
па́смурневший
па́смурнеть, -ею, -еет
па́смурность, -и
па́смурный; *кр. ф.* -рен, -рна
па́смурь, -и
па́смы, пасм (*волосы, космы*)
пасну́ть, -ну́, -нёт
па́со, *нескл., с.* (*ед. измер.*)
пасова́ть, пасу́ю, пасу́ет (*оказываться бессильным перед кем, чем-н.*; *отказываться от хода в игре*)
пасова́ть(ся), пасу́ю(сь), пасу́ет(ся) (*спорт.*)
пасо́вка, -и, *р. мн.* -вок
пасодо́бль, -я
па́сока, -и
пасо́мый
па́сочница, -ы, *тв.* -ей
па́сочный
паспарту́, *нескл., с.*
па́спорт, -а, *мн.* -а́, -о́в
паспортиза́ция, -и
паспортизо́ванный; *кр. ф.* -ан, -ана
паспортизова́ть(ся), -зу́ю, -зу́ет(ся)
паспорти́ст, -а
паспорти́стка, -и, *р. мн.* -ток
па́спортно-ви́зовый
па́спортный
паспье́, *нескл., м.* и *с.*
пасс, -а (*движение рукой*)
пасса́ж, -а, *тв.* -ем
пассажи́р, -а
пассажи́рка, -и, *р. мн.* -рок
пассажировмести́мость, -и
пассажи́ро-киломе́тр, -а
пассажи́ро-ме́сто, -а, *мн.* -а́, -ме́ст
пассажироперево́зки, -зок
пассажиропото́к, -а
пассажи́рский
пасса́жный
пассака́лья, -и, *р. мн.* -лий
пассалуро́з, -а
пасса́т, -а
пассати́жи, -ей
пасса́тный
пассеи́зм, -а
пассеи́ст, -а
пассеи́стский
пассерова́ние, -я
пассеро́ванный; *кр. ф.* -ан, -ана
пассерова́ть(ся), -ру́ю, -ру́ет(ся) (*кулин.*)
пассеро́вка, -и (*от* пассерова́ть)
пасси́в, -а
пассива́тор, -а
пассива́ция, -и
пассиви́зм, -а
пассиви́рование, -я
пассиви́рованный; *кр. ф.* -ан, -ана
пассиви́ровать(ся), -рую, -рует(ся) (*тех.*)
пасси́вничанье, -я
пасси́вничать, -аю, -ает
пасси́вно-созерца́тельный
пасси́вность, -и
пасси́вный; *кр. ф.* -вен, -вна
пассиона́рий, -я
пассиона́рность, -и
пассиона́рный; *кр. ф.* -рен, -рна
пасси́ровать(ся), -рую, -рует(ся) (*в акробатике*)

пассиро́вка, -и (*от* пасси́ровать)
пассиро́вщик, -а
пасси́т, -а
пассифло́ра, -ы
па́ссия, -и
па́ста, -ы
па́ста-кра́ска, па́сты-кра́ски
па́стбище, -а
пастбищезащи́тный
пастбищеоборо́т, -а
па́стбищный
па́ства, -ы
пасте́ль, -и (*мягкие цветные карандаши, вид живописи*)
пасте́льно-зелёный
пасте́льный (*от* пасте́ль)
пастереллёз, -а
пастере́ллы, -е́лл, *ед.* -е́лла, -ы
пастеризáтор, -а
пастеризацио́нный
пастериза́ция, -и
пастеризо́ванный; *кр. ф.* -ан, -ана
пастеризова́ть(ся), -зу́ю, -зу́ет(ся)
пастерна́к, -а (*растение*)
пастерна́ковский (*от* Пастерна́к)
пасте́ровский (*от* Пасте́р)
пасти́, пасу́, пасёт; *прош.* пас, пасла́
пастила́, -ы́, *мн.* -и́лы, -и́л
пастила́ж, -а, *тв.* -ем
пасти́лка, -и, *р. мн.* -лок (*к* пастила́; *лепешечка для сосания*)
пасти́лочный (*от* пастила́)
пасти́сь, пасётся; *прош.* па́сся, пасла́сь
пасти́ччо, *нескл., с.*
пасти́ш, -а, *тв.* -ем (*намеренно подражательное произведение*)
пасто́зность, -и
пасто́зный
пастообра́зность, -и
пастообра́зный; *кр. ф.* -зен, -зна
па́стор, -а
пастора́ль, -и
пастора́льный
пастора́т, -а
пастор́ель, -и (*жанр лирики трубадуров*)
па́сторский
па́сторство, -а
па́сторша, -и, *тв.* -ей
па́стриги, -ов
па́стрижки, -жек
пасту́х, -а́
пасту́шеский
пасту́шество, -а
пасту́ший, -ья, -ье
пасту́шить, -шу, -шит
пасту́шка, -и, *р. мн.* -шек
пастушко́вые, -ых
пастушо́к, -шка́
пастушо́нок, -нка, *мн.* -ша́та, -ша́т
па́стырский
па́стырство, -а
па́стырствовать, -твую, -твует
па́стырь, -я

пасть[1], -и
пасть[2], паду́, падёт; *прош.* пал, па́ла
пастьба́, -ы́
Па́сха, -и (*праздник*) и **па́сха,** -и (*кушанье*)
пасха́лия, -и
Пасха́льная неде́ля
пасха́льники, -ов, *ед.* -ник, -а (*секта*)
пасха́льный
па́сший(ся)
пасынкова́ние, -я
пасынко́ванный; *кр. ф.* -ан, -ана
пасынкова́ть(ся), -ку́ю, -ку́ет(ся)
па́сынковый
па́сынок, -нка
пасья́нс, -а
пасья́нсный
пасю́к, -а́
пат, -а
патаго́нка, -и, *р. мн.* -нок
патаго́нский (*от* Патаго́ния)
патаго́нцы, -ев, *ед.* -нец, -нца, *тв.* -нцем
патана́том, -а
патанатоми́ческий
патанато́мия, -и
пате́нт, -а
патенти́рование, -я (*тех.*)
патенти́рованный; *кр. ф.* -ан, -ана
патенти́ровать(ся), -рую, -рует(ся) (*тех.*)
пате́нтник, -а
пате́нтно-информацио́нный
пате́нтно-лицензио́нный
пате́нтный
патентова́ние, -я
патенто́ванный; *кр. ф.* -ан, -ана
патентова́ть(ся), -ту́ю(сь), -ту́ет(ся)
патентове́д, -а
патентове́дение, -я
патентовладе́лец, -льца, *тв.* -льцем, *р. мн.* -льцев
патентообладáтель, -я
патентоспосо́бность, -и
патентоспосо́бный; *кр. ф.* -бен, -бна
патентоте́ка, -и
пате́нт-ри́ф, -а (*мор.*)
пате́нтщик, -а
па́тер, -а
патери́к, -а́ (*книга, сборник*)
патери́ца, -ы, *тв.* -ей (*архиерейский посох*)
патернали́зм, -а
патернали́ст, -а
патернали́стский
Патерно́стер, *нескл., м.* (*молитва*)
патерно́стер, -а (*чётки; многокабинный лифт*)
пате́тика, -и
патети́чески
патети́ческий
патети́чность, -и
патети́чный; *кр. ф.* -чен, -чна
патефо́н, -а
патефо́нный

па́ти и **па́рти,** *нескл., ж.* (*вечеринка, званый вечер*)
пати́на, -ы
патини́рование, -я
патини́рованный; *кр. ф.* -ан, -ана
патини́ровать(ся), -рую, -рует(ся)
патиниро́вка, -и, *р. мн.* -вок
па́тио, *нескл., с.*
патиссо́н, -а
патла́стый
патла́тый
па́тлы, патл, *ед.* па́тла, -ы
патова́ть, пату́ю, пату́ет
па́товый
патоге́н, -а
патогене́з, -а
патогенети́ческий
патоге́нность, -и
патоге́нный
патогности́ческий
па́тока, -и
пато́лог, -а
патологи́ческий
патологи́чный; *кр. ф.* -чен, -чна
патоло́гия, -и
патологоана́том, -а
пато́лого-анатоми́ческий
патологоанато́мия, -и
патоморфо́з, -а
патопласти́ческий (*мед.*)
патопсихо́лог, -а
патопсихологи́ческий
патопсихоло́гия, -и
патофизио́лог, -а
патофизиологи́ческий
патофизиоло́гия, -и
патофо́бия, -и
па́точный
Патриа́рх Моско́вский и всея́ Руси́ (*офиц. титулование*)
патриа́рх, -а
патриарха́льно-родово́й
патриарха́льность, -и
патриарха́льный; *кр. ф.* -лен, -льна
патриарха́льщина, -ы
патриарха́т, -а
патриарха́тный
патриа́рхи́я, -и
патриа́рх-католико́с, патриа́рха-католико́са
Патриа́ршая резиде́нция (*в Москве*)
патриа́ршеский
патриа́ршество, -а
патриа́ршествовать, -твую, -твует
Патриа́ршие пруды́ (*в Москве*)
патриа́рший, -ая, -ее, *мн.* -ие
Патриа́рший престо́л
патрилине́йность, -и
патрилине́йный
патрилока́льный бра́к
патримониа́льный
патримо́ний, -я и **патримо́ниум,** -а
патрио́т, -а
патриоти́зм, -а
патрио́тик, -а (*ткань*)

патриоти́чески
патриоти́ческий
патриоти́чность, -и
патриоти́чный; *кр. ф.* -чен, -чна
патрио́тка, -и, *р. мн.* -ток
патри́стика, -и
патристи́ческий
па́трица, -ы, *тв.* -ей
патрициа́нка, -и, *р. мн.* -нок
патрициа́нский
патрициа́т, -а
патри́ций, -я
патро́лог, -а
патрологи́ческий
патроло́гия, -и
патро́н, -а
патрона́ж, -а, *тв.* -ем
патрона́жный
патрона́т, -а
патрона́тный
патроне́сса, -ы
патро́ним, -а
патроними́ческий
патрони́мия, -и
патрони́рование, -я
патрони́рованный; *кр. ф.* -ан, -ана
патрони́ровать(ся), -рую(сь), -рует(ся)
патро́нка, -и, *р. мн.* -нок
патро́нник, -а
патро́нный
патронта́ш, -а, *тв.* -ем
патронта́шный
патро́нша, -и, *тв.* -ей
па́трубок, -бка
патрули́рование, -я
патрули́рованный; *кр. ф.* -ан, -ана
патрули́ровать(ся), -рую, -рует(ся)
патру́ль, -я́
патру́льно-постово́й
патру́льный
патуа́, *нескл., с.*
па́уженный; *кр. ф.* -ен, -ена, *прич.* (*от* па́узить)
па́ужин, -а и **па́ужина,** -ы
па́ужинать, -аю, -ает
па́ужинный (*от* па́ужин, па́ужина)
па́уза, -ы
паузи́рование, -я
па́узить, па́ужу, па́узит
па́узка, -и, *р. мн.* -зок (*действие*)
па́узник, -а
па́узный
па́узок, -зка (*судно*)
пау́к, -а́
пау́к-бокохо́д, паука́-бокохо́да
пау́к-крестови́к, паука́-крестовика́
пау́к-кругопря́д, паука́-кругопря́да
паукообра́зные, -ых
паукообра́зный; *кр. ф.* -зен, -зна
пау́к-птицее́д, паука́-птицее́да
пау́к-сеноко́сец, паука́-сеноко́сца
пау́к-скаку́н, паука́-скакуна́
па́ундаль, -я
па́упер, -а
пауперизáция, -и
паупери́зм, -а
пауропо́ды, -ов, *ед.* -по́д, -а
паути́на, -ы и (*об Интернете*) **Паути́на,** -ы
паути́нистый
паути́нка, -и, *р. мн.* -нок
паути́нный
пау́чий, -ья, -ье
паучи́ха, -и
паучи́шка, -и, *р. мн.* -шек, *м.*
паучи́ще, -а и -и, *мн.* -и, -и́щ, *м.*
паучо́к, -чка́
пауша́льный
пауэрли́фтинг, -а
паф, *неизм.*
па́фос, -а
па́фосность, -и
па́фосный; *кр. ф.* -сен, -сна
пах, -а, *предл.* в паху́
паха́н, -а́
па́ханный; *кр. ф.* -ан, -ана, *прич.*
па́хано-перепа́хано
паха́нский
па́ханый, *прил.*
па́ханый-перепа́ханый
па́харский
па́харь, -я
паха́ть(ся), пашу́, па́шет(ся)
пахидерми́я, -и
пахикефа́лия, -и и **пахицефа́лия,** -и
пахименинги́т, -а
пахиосто́з, -а
пахи́т, -а
пахито́са, -ы
пахито́ска, -и, *р. мн.* -сок
пахицефа́лия, -и и **пахикефа́лия,** -и
пахлава́, -ы́
па́хнувший (*от* па́хнуть)
пахну́вший (*от* пахну́ть)
па́хнуть, -ну, -нет; *прош.* па́хнул и пах, па́хла (*издавать запах*)
пахну́ть, -нёт; *прош.* -у́л, -у́ла (*повеять*)
пахово́й и **па́ховый**
па́хота, -ы
пахотнопригóдный
пахотноспосо́бный
па́хотный
па́хта, -ы (*сыворотка*)
пахта́, -ы́ (*хлопок*)
па́хталка, -и, *р. мн.* -лок
па́хтальный
па́хтальщик, -а
па́хтальщица, -ы, *тв.* -ей
па́хтанный; *кр. ф.* -ан, -ана, *прич.*
па́хтанье, -я
па́хтать(ся), -аю, -ает(ся)
паху́честь, -и
паху́чий
паху́чка, -и, *р. мн.* -чек
паца́н, -а́
пацанва́, -ы́
пацанёнок, -нка, *мн.* -ня́та, -ня́т
паца́ний, -ья, -ье
паца́нка, -и, *р. мн.* -нок
паца́нство, -а
паца́нчик, -а
пацаньё, -я́
пацаня́чий, -ья, -ье
па́циенс, -а (*лингв.*)
пацие́нт, -а
пацие́нтка, -и, *р. мн.* -ток
пацифи́зм, -а
пацифика́ция, -и
пацифи́ст, -а
пацифи́стка, -и, *р. мн.* -ток
пацифи́стский
па́че: па́че ча́яния, те́м па́че
па́чеси, -ей
па́чечный
па́чка, -и, *р. мн.* па́чек
па́чканный; *кр. ф.* -ан, -ана, *прич.*
па́чканый, *прил.*
па́чканье, -я
па́чкать(ся), -аю(сь), -ает(ся)
пачкотня́, -и́
пачку́н, -а́
пачку́нья, -и, *р. мн.* -ний
пачу́левый
пачу́ли, -ей
паша́, -и́, *тв.* -о́й, *р. мн.* -е́й, *м.*; *после собственных имен пишется через дефис, напр.*: Кема́ль-паша́, Ибраги́м-паша́
пашалы́к, -а
па́ шассе́, *нескл., с.*
па́шенка, -и, *р. мн.* -нок
па́шенный
паши́на, -ы
паши́нка, -и, *р. мн.* -нок
паши́нный
пашми́на, -ы (*шарф*)
па́шня, -и, *р. мн.* па́шен
паште́т, -а
паште́тный
па́шущий(ся)
па́щенок, -нка
па́юс, -а
па́юсный
пая́ло, -а
пая́льник, -а
пая́льный
пая́льщик, -а
пая́ние, -я
па́янный; *кр. ф.* па́ян, па́яна, *прич.*
па́яный, *прил.*
пая́сничанье, -я
пая́сничать, -аю, -ает
пая́сничество, -а
пая́ть(ся), пая́ю, пая́ет(ся)
пая́ц, -а, *тв.* -ем, *р. мн.* -ев
ПБОЮ́Л [пэбоюл], *нескл., с.* (*сокр.*: предприятие без образования юридического лица)
ПВО [пэвэо́], *нескл., ж.* (*сокр.*: противовоздушная оборона)
ПВРД [пэвэрдэ́], *нескл., м.* (*сокр.*: прямоточный воздушно-реактивный двигатель)

ПВХ [пэвэха́], *нескл., м.* и *неизм.* (*сокр.*: поливинилхлорид, поливинилхлоридный)
ПВХ-материа́лы, -ов
ПВХ-про́филь, -я
ПДК [пэдэка́], *нескл., ж.* (*сокр.*: предельно допустимая концентрация)
ПДН [пэдээ́н], *нескл., ж.* (*сокр.*: предельно допустимая норма)
пе: на пе́ (пусти́ть, поста́вить, *в карточной игре*)
пеа́н, -а (*хвалебный гимн; в стихосложении – то же, что пеон*)
пебри́на, -ы
пебрино́зный
пева́ть, *наст. вр. не употр.* (*от* петь)
пев́ец, певца́, *тв.* певцо́м, *р. мн.* певцо́в
певи́ца, -ы, *тв.* -ей
певи́чка, -и, *р. мн.* -чек
певу́н, -а́
певу́нья, -и, *р. мн.* -ний
певу́честь, -и
певу́чий
пе́вческий
пе́вчий
пега́нка, -и, *р. мн.* -нок (*птица*)
Пега́с, -а (*мифол., символ поэтического вдохновения; созвездие*)
пега́с, -а (*рыба*)
пега́шка, -и, *р. мн.* -шек (*пегая лошадь*)
пе́генький и **пе́гонький**
пе́гий
пегмати́т, -а
пегмати́товый
пе́гонький и **пе́генький**
пед, -а (*пединститут, разг.*)
пед... – *первая часть сложных слов, пишется слитно*
педаго́г, -а
педаго́гика, -и
педагоги́ческий
педагоги́чность, -и
педагоги́чный; *кр. ф.* -чен, -чна
педализа́ция, -и
педализи́ровать, -рую, -рует (*муз.*)
педали́рование, -я
педали́рованный; *кр. ф.* -ан, -ана
педали́ровать(ся), -рую, -рует(ся) (*выделять*(*ся*), *выдвигать*(*ся*) *на первый план*)
педа́ль, -и
педа́льный
педа́нт, -а
педанти́зм, -а
педанти́ческий
педанти́чность, -и
педанти́чный; *кр. ф.* -чен, -чна
педа́нтка, -и, *р. мн.* -ток
педа́нтский
педа́нтство, -а
педву́з, -а
педву́зовский
пе́дель, -я, *мн.* -и, -ей и -я́, -е́й
педера́ст, -а
педерасти́ческий
педера́стия, -и
пе́джент, -а
пе́ди, *нескл., мн., ед. м.* и *ж.* (*народ*)
педиа́тр, -а
педиатри́ческий
педиатри́я, -и
пе́дик, -а (*педераст, прост.*)
педикулёз, -а
педикулёзный
педикю́р, -а
педикю́рить(ся), -рю(сь), -рит(ся)
педикю́рный
педикю́рша, -и, *тв.* -ей
пе́димент, -а
пединститу́т, -а
педипа́льпы, -ов
пе́диплен, -а
педицелля́рии, -ий, *ед.* -рия, -и
педкабине́т, -а
педколлекти́в, -а
педнагру́зка, -и, *р. мн.* -зок
педогене́з, -а
педо́лог, -а
педологи́ческий
педоло́гия, -и
педо́метр, -а
педоморфо́з, -а
педоно́м, -а
педотри́б, -а
педофи́л, -а
педофили́я, -и
педофи́льский
педофо́бия, -и
педоцентри́зм, -а
педпра́ктика, -и
педрабо́та, -ы
педсове́т, -а
педсоста́в, -а
педста́ж, -а, *тв.* -ем
педте́хникум, -а
педуниверсите́т, -а
педучи́лище, -а
педфа́к, -а
пе́жина, -ы
пежо́, *нескл., м.* (*автомобиль*)
пе́зо и **пе́со,** *нескл., м.*
пе́йджер, -а
пе́йджерный
пе́йджинг, -а
пе́йджинговый
пе́йджинг-опера́тор, -а
пейза́ж, -а, *тв.* -ем
пейзажи́ст, -а
пейзажи́стка, -и, *р. мн.* -ток
пейза́жный
пейза́н, -а, *мн.* -а́ны, -а́н и **пейза́нин,** -а, *мн.* -а́не, -а́н
пейза́нка, -и, *р. мн.* -нок
пейза́нский
пейнтбо́л, -а
пейнтболи́ст, -а
пейнтбо́льный
пейорати́в, -а
пейорати́вность, -и
пейорати́вный
пейс, -а (*скорость движения лошади*)
пейсахо́вка, -и
пе́йсики, -ов, *ед.* -сик, -а
пе́йсы, -ов, *ед.* пейс, -а (*длинные пряди волос*)
пек, -а
пека́н, -а
пека́новый
пе́кари, *нескл., м.* (*животное*)
пека́рить, -рю, -рит
пека́рничать, -аю, -ает
пека́рный
пека́рня, -и, *р. мн.* -рен
пе́карский
пе́карь, -я, *мн.* -и, -ей и -я́, -е́й
пекине́с, -а (*собака*)
пеки́нка, -и, *р. мн.* -нок
пеки́нский (*от* Пеки́н)
пеки́нцы, -ев, *ед.* -нец, -нца, *тв.* -нцем
пеклева́нка, -и, *р. мн.* -нок
пеклева́нник, -а
пеклева́нный, *прил.*
пеклёванный; *кр. ф.* -ан, -ана, *прич.*
пеклева́ть(ся), -лю́ю, -лю́ет(ся)
пеклёвка, -и
пе́кло, -а
пекти́новый
пекти́ны, -ов, *ед.* -ти́н, -а
пектора́ль, -и
пектуси́н, -а
пеку́лий, -я
пекуля́рный
пеку́щий(ся)
пёкший(ся)
пелагиа́ль, -и
пелагиа́льный
пелагиа́не, -а́н, *ед.* -а́нин, -а
пелагиа́нский
пелагиа́нство, -а
пелаги́ческий
пе́лакс, -а
пелами́да, -ы
пеларго́ния, -и
пела́сги, -ов
пелена́, -ы́, *мн.* -ы́, -ён, -а́м
пелена́ние, -я
пелёнатый
пелена́ть(ся), -а́ю, -а́ет(ся)
пелена́шка, -и, *р. мн.* -шек, *м.* и *ж.*
пе́ленг, -а
пеленга́тор, -а
пеленга́торный
пеленгацио́нный
пеленга́ция, -и
пеленги́рование, -я
пеленги́рованный; *кр. ф.* -ан, -ана
пеленги́ровать(ся), -рую, -рует(ся)
пеленгова́ние, -я
пеленго́ванный; *кр. ф.* -ан, -ана
пеленгова́ть(ся), -гу́ю, -гу́ет(ся)
пе́ленговый
пелёнка, -и, *р. мн.* -нок
пелёночка, -и, *р. мн.* -чек

пелёночный
пелери́на, -ы
пелери́нка, -и, *р. мн.* -нок
пеле́сина, -ы
пелеци́н, -а (*насекомое*)
пелика́н, -а
пелика́ний, -ья, -ье
пеликоза́вр, -а
пели́товый
пели́ты, -ов, *ед.* пели́т, -а
пелла́гра, -ы
пелли́кула, -ы
пелоидотерапи́я, -и
пеломеду́за, -ы
Пелопонне́сская война́
пелопонне́сский (*от* Пелопонне́с)
пело́та, -ы (*спорт. игра*)
пелотерапи́я, -и
пелото́н, -а
пельме́ни, -ей, *ед.* -е́нь, -я
пельме́нная, -ой
пельме́нница, -ы, *тв.* -ей
пельме́нный
пельменоде́лательный
пельме́шки, -шек и -шков, *ед.* -шек, -шка
пельтиге́ра, -ы
пелю́шка, -и, *р. мн.* -шек
пе́лядь, -и
пеля́м, -а (*деталь конского снаряжения*)
пе́мза, -ы
пемзобето́н, -а
пемзобето́нный
пемзо́ванный; *кр. ф.* -ан, -ана
пемзова́ть(ся), -зу́ю, -зу́ет(ся)
пемзо́вка, -и
пе́мзовый
пеммика́н, -а
пемоксо́ль, -я
пе́мфигус, -а
пе́на, -ы
пена́л, -а
пена́льный
пена́льти, *нескл., м.* и *с.*
пенальти́ст, -а
пена́ты, -ов
пе́нгё и **пе́нго,** *нескл., с.*
пе́ндель, -я
пенджа́бка, -и, *р. мн.* -бок
пенджа́бский (*от* Пенджа́б)
пенджа́бцы, -ев, *ед.* -бец, -бца, *тв.* -бцем
пенди́нка, -и, *р. мн.* -нок
пенди́нская я́зва
пенёк, пенька́
Пенело́па, -ы
пенепле́н, -а (*геол.*)
пенетра́нтность, -и
пенетра́тор, -а
пенетра́ция, -и
пенетро́метр, -а
пенетроме́трия, -и
пенёчек, -чка
пе́нзенский (*от* Пе́нза)
пе́нзенцы, -ев, *ед.* -нец, -нца, *тв.* -нцем
Пе́нзенщина, -ы (*к* Пе́нза)
пензяки́, -о́в, *ед.* пензя́к, -а́
пензя́чка, -и, *р. мн.* -чек
пе́ни[1], -ей, *ед.* пе́ня, -и (*жалобы, упреки*)
пе́ни[2], -ей и (*устар.*) **пе́ня,** -и (*штраф*)
пе́ние, -я
пе́нис, -а
пе́нистый
пенитенциа́рий, -я
пенитенциа́рный
пе́нить(ся), пе́ню, пе́нит(ся)
пеници́лл, -а
пеницилли́н, -а
пеницеллина́за, -ы
пеницилли́новый
пенициллинотерапи́я, -и
пенициллиночувстви́тельный; *кр. ф.* -лен, -льна
пе́нка, -и, *р. мн.* пе́нок
ПЕН-клу́б, -а
ПЕН-клу́бовец, -вца, *тв.* -вцем, *р. мн.* -вцев
ПЕН-клу́бовский
пе́нковый
пен-компью́тер, -а
пенкосннима́ние, -я
пенкоснима́тель, -я
пенкоснима́тельница, -ы, *тв.* -ей
пенкоснима́тельский
пенкоснима́тельство, -а
пе́нни, *нескл., с.* (*ден. ед.*)
пе́нник, -а и -у (*вино*)
пенни́н, -а
пе́нница, -ы, *тв.* -ей (*насекомое*)
пе́нный
пеноалюми́ний, -я
пенобето́н, -а
пенобето́нный
пенобетономеша́лка, -и, *р. мн.* -лок
пеногаси́тель, -я
пеногенера́тор, -а
пеноги́пс, -а
пеножи́дкостный
пенозолобето́н, -а
пеноизо́л, -а
пенокера́мика, -и
пенокерами́т, -а
пеноксо́ль, -я
пеноло́гия, -и
пенометáлл, -а
пеномо́ющий
пенообразова́ние, -я
пенообразова́тель, -я
пенопла́ст, -а
пенопла́стик, -а
пенопла́стный
пенопла́стовый
пенопле́н, -а (*стройматериал*)
пенопле́новый
пенополистиро́л, -а
пенополистиро́ловый
пенополиурета́н, -а
пенополиурета́новый
пенополиэтиле́н, -а
пенополиэтиле́новый
пенорези́на, -ы
пеносилика́т, -а
пеносилика́тный
пеностекло́, -а́
пеностекóльный
пеносто́йкий; *кр. ф.* -о́ек, -о́йка
пеносто́йкость, -и
пенотуше́ние, -я
пе́ночка, -и, *р. мн.* -чек
пеношлакобето́н, -а
пеношлакобето́нный
пеношлакозолобето́н, -а
пеношлакозолобето́нный
пенс, -а
пенсильва́нский (*от* Пенсильва́ния)
пенсильва́нцы, -ев, *ед.* -нец, -нца, *тв.* -нцем
пенсио́н, -а
пенсионе́р, -а
пенсионе́рка, -и, *р. мн.* -рок
пенсионе́рский
пенсио́нный
Пенсио́нный фо́нд РФ
пе́нсия, -и
пенсне́, *нескл., с.*
пе́нсовый
пентаго́н, -а (*пятиугольник*)
Пентаго́н, -а (*военное ведомство США*)
пентагона́льный
пентаго́новец, -вца, *тв.* -вцем, *р. мн.* -вцев
пентаго́новский (*от* Пентаго́н)
пентагра́мма, -ы
пенталги́н, -а
пента́метр, -а
пента́н, -а
пентапла́ст, -а
пентапри́зма, -ы
пентатло́н, -а
пентато́ника, -и
пентафта́левый
пентафта́ли, -ей
пентахо́рд, -а
пента́эдр, -а
пентаэритри́т, -а
пе́нтиум, -а
пентланди́т, -а
пенто́д, -а
пенто́зы, -о́з, *ед.* -о́за, -ы
пентоли́т, -а
пентха́ус, -а
пе́нтюх, -а
ПЕН-це́нтр, -а
пень, пня
пенька́, -и́
пеньковолокно́, -а́
пенько́вый
пе́нько-джу́товый
пенькозаво́д, -а
пе́нь-коло́да: через пе́нь-коло́ду
пенькопряде́ние, -я

пенькопряди́льный
пенькотрепа́льный
пенькотрепа́ние, -я
пенькочеса́льный
пе́нь пнём
пеньюа́р, -а
пе́ня, -и (*устар. к* пе́ни[2])
пеня́ть, -я́ю, -я́ет
пе́нящий(ся)
пео́н, -а (*стихотворная стопа; крестьянин*)
пеона́ж, -а, *тв.* -ем
пеони́ческий
пе́пел, пе́пла
пепели́ть, -лю́, -ли́т
пепели́ще, -а
пе́пельница, -ы, *тв.* -ей
пепельноволо́сый
пе́пельно-се́рый
пе́пельный
пепeróни, *нескл., м.* и *с. (соус)*
пепи́н, -а
пепинье́рка, -и, *р. мн.* -рок
пеплобето́н, -а
пеплобето́нный
пе́пловый
пе́пло-га́зовый
пепложелезобето́н, -а
пепложелезобето́нный
пеплообра́зный; *кр. ф.* -зен, -зна
пеплопа́д, -а
пе́плос, -а
пе́плум, -а
пе́пси, *нескл., ж.*
пе́пси-ко́ла, -ы
пепси́н, -а
пепси́нный
пепси́новый
пепсиноге́н, -а
пептида́зы, -а́з, *ед.* -а́за, -ы
пепти́дный
пепти́ды, -ов, *ед.* -ти́д, -а
пептиза́ция, -и
пепто́н, -а
пепто́нный
пепто́новый
первагина́льный *(мед.)*
перва́к, -а́
перва́нш, *неизм.*
перва́ч, -а́, *тв.* -о́м
первачо́к, -чка́
Пе́рвая ко́нная а́рмия
Пе́рвая мирова́я война́
перве́йший
пе́рвенец, -нца, *тв.* -нцем, *р. мн.* -нцев
пе́рвенство, -а
пе́рвенствовать, -твую, -твует
пе́рвенству́ющий
пе́рвенький
перверси́вность, -и
перверси́вный
перве́рсия, -и
перве́ющий
перви́нка, -и
перви́чка, -и, *р. мн.* -чек
первичнобескры́лые, -ых
первичнобесхво́стые, -ых
первичново́дные, -ых
перви́чно вы́явленный (выявля́емый)
первичнопокро́вные, -ых
первичнополостны́е, -ы́х
первичноро́тые, -ых
перви́чность, -и
первичнотрахе́йные, -ых
перви́чный; *кр. ф.* -чен, -чна
первоапре́льский
первобра́чный
первобы́тно-общи́нный
первобы́тность, -и
первобы́тный; *кр. ф.* -тен, -тна
первоверхо́вный
первовосходи́тель, -я
первовосхожде́ние, -я
первого́док, -дка
пе́рвое, -ого
Пе́рвое ма́я (1-е Ма́я) (*праздник*)
первожи́тель, -я
Первозва́нный: Андре́й Первозва́нный
первозда́нность, -и
первозда́нный; *кр. ф.* -а́нен, -а́нна
первози́мний
первози́мье, -я
первоиера́рх, -а
первоизда́ние, -я
первоисто́к, -а
первоисто́чник, -а
первокатего́рник, -а
первокатего́рница, -ы, *тв.* -ей
первокла́ссник, -а
первокла́ссница, -ы, *тв.* -ей
первокла́ссность, -и
первокла́ссный; *кр. ф.* -ссен, -ссна
первокла́шка, -и, *р. мн.* -шек, *м.* и *ж.*
первоку́рсник, -а
первоку́рсница, -ы, *тв.* -ей
первоку́рсный
перволёдок, -дка
перволе́дье, -я
перволе́тье, -я
Первома́й, -я
первома́йский (*к* Пе́рвое ма́я, Первома́йск, Первома́йское)
первома́йцы, -ев, *ед.* -а́ец, -а́йца, *тв.* -айцем (*к* Первома́йск, Первома́йский, Первома́йское)
первома́ртовский
первома́ртовцы, -ев, *ед.* -вец, -вца, *тв.* -вцем
первомате́рия, -и
первому́ченик, -а
первому́ченица, -ы, *тв.* -ей
пе́рво-на́перво
первонача́ло, -а
первонача́льность, -и
первонача́льный
первоо́браз, -а
первообра́зность, -и
первообра́зный; *кр. ф.* -зен, -зна
первоосно́ва, -ы
первооснова́тель, -я
первооткрыва́тель, -я
первооткрыва́тельница, -ы, *тв.* -ей
первооткрыва́тельский
первооткрыва́тельство, -а
первооткры́тие, -я
первоочередни́к, -а́
первоочередни́ца, -ы, *тв.* -ей
первоочередно́й
первоочерёдность, -и
первопеча́тник, -а
первопеча́тный
первопла́нный
первополо́сный
первопоселе́нец, -нца, *тв.* -нцем, *р. мн.* -нцев
Первопресто́льная, -ой (*о Москве*)
первопресто́льный
первопрису́тствующий
первопричи́на, -ы
первопрохо́дец, -дца, *тв.* -дцем, *р. мн.* -дцев
первопрохо́дческий
первопрохо́дчик, -а
первопрохо́дчица, -ы, *тв.* -ей
первопрохожде́ние, -я
первопублика́ция, -и
первопу́ток, -тка
первопу́тье, -я
перворазря́дник, -а
перворазря́дница, -ы, *тв.* -ей
перворазря́дный; *кр. ф.* -ден, -дна
перворо́дный
перворо́дство, -а
перворodя́щая
перворождённый
первосвяти́тель, -я
первосвяти́тельский
первосвяще́нник, -а
первосвяще́нство, -а
первосентя́брьский
первосне́жье, -я
первосо́нье, -я
первосо́ртность, -и
первосо́ртный; *кр. ф.* -тен, -тна
первостате́йный; *кр. ф.* -е́ен, -е́йна
первостепе́нность, -и
первостепе́нный; *кр. ф.* -е́нен, -е́нна
первострои́тель, -я
пе́рвость: по пе́рвости
первосу́щность, -и
первотворе́ние, -я
первотёл, -а
первотёлка, -и, *р. мн.* -лок
первоте́льный
первоура́льский (*от* Первоура́льск)
Первоура́льский новотру́бный заво́д
первоура́льцы, -ев, *ед.* -лец, -льца, *тв.* -льцем
первоучи́тель, -я, *мн.* -и, -ей
первохристиа́не, -а́н
первохристиа́нский

первохристиа́нство, -а
первоцве́т, -а
первоцве́тные, -ых
первоцве́тный
первоцели́нник, -а
первочелове́к, -а, *мн.* перволю́ди, -е́й, -лю́дям
первоэкра́нный
первоэлеме́нт, -а
первоянва́рский
первоя́щер, -а
пе́рвый
пе́рвый-второ́й: рассчита́ться на пе́рвый-второ́й
Пе́рвый интернациона́л (1-й Интернациона́л)
пе́рвый попа́вшийся
Пе́рвый Спа́с (*Медовый*)
перга́, -и́
перга́мен, -а (*кожа*; *древняя рукопись*)
перга́менный (*от* перга́мен)
перга́мент, -а (*сорт бумаги*; *то же, что пергамен*)
перга́ментный (*от* перга́мент)
пергами́н, -а (*прочная бумага*; *картон*)
пергами́нный
Пергамо́н-музе́й, -я (*в Берлине*)
перга́мский (*от* Перга́м); но: **Перга́мский алта́рь**
пергидро́левый
пергидро́ль, -я
пе́ргола, -ы
переадминистри́ровать, -рую, -рует
переадреса́ция, -и
переадресо́ванный; *кр. ф.* -ан, -ана
переадресова́ть, -су́ю, -су́ет
переадресо́вка, -и, *р. мн.* -вок
переадресо́вочный
переадресо́вывание, -я
переадресо́вывать(ся), -аю, -ает(ся)
переаккредита́ция, -и
переаккредито́ванный; *кр. ф.* -ан, -ана
переаккредитова́ть(ся), -ту́ю(сь), -ту́ет(ся)
переаккредито́вывать(ся), -аю(сь), -ает(ся)
переакценти́рование, -я
переакценти́рованный; *кр. ф.* -ан, -ана
переакценти́ровать(ся), -рую, -рует(ся)
переакцентиро́вка, -и, *р. мн.* -вок
переакцентуа́ция, -и
переамини́рование, -я
переаранжи́рованный; *кр. ф.* -ан, -ана
переаранжи́ровать, -рую, -рует
переаранжиро́вка, -и, *р. мн.* -вок
переаре́нда, -ы
переарендо́ванный; *кр. ф.* -ан, -ана
переарендова́ть(ся), -ду́ю, -ду́ет(ся)
переарендо́вывать(ся), -аю, -ает(ся)
переаресто́ванный; *кр. ф.* -ан, -ана
переарестова́ть, -ту́ю, -ту́ет
переаресто́вывать, -аю, -ает
переассигнова́ние, -я
переассигно́ванный; *кр. ф.* -ан, -ана
переассигнова́ть, -ну́ю, -ну́ет
переассигно́вка, -и, *р. мн.* -вок
переассигно́вывание, -я
переассигно́вывать(ся), -аю, -ает(ся)
переаттеста́ция, -и
переаттесто́ванный; *кр. ф.* -ан, -ана
переаттестова́ть(ся), -ту́ю(сь), -ту́ет(ся)
переаттесто́вывать(ся), -аю(сь), -ает(ся)
перебази́рование, -я
перебази́рованный; *кр. ф.* -ан, -ана
перебази́ровать(ся), -рую(сь), -рует(ся)
перебазиро́вка, -и, *р. мн.* -вок
перебаллоти́рованный; *кр. ф.* -ан, -ана
перебаллоти́ровать(ся), -рую(сь), -рует(ся)
перебаллотиро́вка, -и, *р. мн.* -вок
перебаллотиро́вывать(ся), -аю(сь), -ает(ся)
перебалова́ть(ся), -лу́ю(сь), -лу́ет(ся)
переба́лтывание, -я
переба́лтывать(ся), -аю, -ает(ся)
переба́лчивать(ся), -аю, -ает(ся) и **перебо́лчивать(ся)**, -аю, -ает(ся)
переба́рщивание, -я
переба́рщивать, -аю, -ает
переба́рывание, -я
переба́рывать(ся), -аю, -ает(ся)
перебде́ть, -бди́т
перебе́г, -а
перебега́ние, -я
перебе́гать, -аю, -ает, *сов.*
перебега́ть, -а́ю, -а́ет, *несов.*
перебежа́ть, -егу́, -ежи́т, -егу́т
перебе́жка, -и, *р. мн.* -жек
перебе́жчик, -а
перебе́жчица, -ы, *тв.* -ей
перебелённый; *кр. ф.* -ён, -ена́
перебе́ливание, -я
перебе́ливать(ся), -аю, -ает(ся)
перебели́ть, -елю́, -е́ли́т
перебе́лка, -и, *р. мн.* -лок
перебеля́ть(ся), -я́ю, -я́ет(ся)
перебеси́ть(ся), -ешу́(сь), -е́сит(ся)
перебива́ние, -я
перебива́ть(ся), -а́ю(сь), -а́ет(ся)
переби́вка, -и, *р. мн.* -вок
перебинто́ванный; *кр. ф.* -ан, -ана
перебинтова́ть(ся), -ту́ю(сь), -ту́ет(ся)
перебинто́вывание, -я
перебинто́вывать(ся), -аю(сь), -ает(ся)
перебира́ние, -я
перебира́ть(ся), -а́ю(сь), -а́ет(ся)
переби́тый
переби́ть(ся), -бью́(сь), -бьёт(ся)
перебода́ть(ся), -а́ет(ся)
перебо́и, -ев, *ед.* перебо́й, -я
перебо́й, -я, *мн.* -бо́и, -боёв (*у фехтовальщиков*)
перебо́йный
переболе́ть[1], -е́ю, -е́ет (*к* боле́ть[1])
переболе́ть[2], -ли́т (*к* боле́ть[2])
перебо́лтанный; *кр. ф.* -ан, -ана (*от* переболта́ть)
переболта́ть(ся), -а́ю, -а́ет(ся)
переболти́ть, -олчу́, -олти́т
перебо́лченный; *кр. ф.* -ен, -ена (*от* переболти́ть)
перебо́лчивать(ся), -аю, -ает(ся) и **переба́лчивать(ся)**, -аю, -ает(ся)
перебо́р, -а
перебо́рка, -и, *р. мн.* -рок
переборозди́ть, -зжу́, -зди́т
переборонённый; *кр. ф.* -ён, -ена́
перебо́рони́ть, -ню́, -ни́т
переборо́нованный; *кр. ф.* -ан, -ана
переборонова́ть, -ну́ю, -ну́ет
перебо́ро́ть, -орю́, -о́рет
перебо́рочный
перебо́рчивый
перебо́рщик, -а
переборщи́ть, -щу́, -щи́т
перебо́рщица, -ы, *тв.* -ей
перебрако́ванный; *кр. ф.* -ан, -ана
перебракова́ть, -ку́ю, -ку́ет
перебрако́вка, -и, *р. мн.* -вок
перебрако́вывать(ся), -аю, -ает(ся)
перебра́ниваться, -аюсь, -ается
перебрани́ть(ся), -ню́(сь), -ни́т(ся)
перебра́нка, -и, *р. мн.* -нок
пере́бранный; *кр. ф.* -ан, -ана
перебра́сывание, -я
перебра́сывать(ся), -аю(сь), -ает(ся)
перебрата́ться, -а́юсь, -а́ется
перебра́ть(ся), -беру́(сь), -берёт(ся); *прош.* -а́л(ся), -ала́(сь), -а́ло, -а́ло́сь
перебре́дший
перебрести́, -бреду́, -бредёт; *прош.* -брёл, -брела́
переброди́ть, -ожу́, -о́дит
перебро́с, -а
перебро́санный; *кр. ф.* -ан, -ана
перебро́са́ть, -а́ю, -а́ет
перебро́сить(ся), -о́шу(сь), -о́сит(ся)
перебро́ска, -и, *р. мн.* -сок
перебро́шенный; *кр. ф.* -ен, -ена
перебуди́ть, -ужу́, -у́дит
перебудора́женный; *кр. ф.* -ен, -ена
перебудора́жить(ся), -жу, -жит(ся)
перебу́женный; *кр. ф.* -ен, -ена
перебу́живать(ся), -аю, -ает(ся)
перебунто́ванный; *кр. ф.* -ан, -ана
перебунтова́ть, -ту́ю, -ту́ет
перебыва́ть, -а́ю, -а́ет
перебы́ть, -бу́ду, -бу́дет
перева́л, -а
перева́ленный; *кр. ф.* -ен, -ена (*от* перевали́ть)
перева́лец: с перева́льцем
перева́ливание, -я
перева́ливать(ся), -аю(сь), -ает(ся)

перева́листый
перевали́ть(ся), -алю́(сь), -а́лит(ся)
перева́лка, -и, *р. мн.* -лок
перева́лочный
перева́льный
перева́лянный; *кр. ф.* -ян, -яна (*от* переваля́ть)
переваля́ть(ся), -я́ю(сь), -я́ет(ся)
перева́р, -а
перева́ренный; *кр. ф.* -ен, -ена
перева́ривание, -я
перева́ривать(ся), -аю, -ает(ся)
перевари́мость, -и
перевари́мый
перевари́ть(ся), -арю́, -а́рит(ся)
перева́рка, -и, *р. мн.* -рок
перевева́ть(ся), -а́ю, -а́ет(ся) (*к* переве́ять)
переве́даться, -аюсь, -ается
переведе́ние, -я
переведённый; *кр. ф.* -ён, -ена́
переве́дший(ся)
переве́дываться, -аюсь, -ается
перевезённый; *кр. ф.* -ён, -ена́
перевезти́, -зу́, -зёт; *прош.* -ёз, -езла́
перевёзший
переве́ивание, -я
переве́ивать(ся), -аю, -ает(ся)
переве́нчанный; *кр. ф.* -ан, -ана
перевенча́ть(ся), -а́ю(сь), -а́ет(ся)
перевербо́ванный; *кр. ф.* -ан, -ана
перевербова́ть(ся), -бу́ю(сь), -бу́ет(ся)
перевербо́вка, -и, *р. мн.* -вок
перевербо́вывать(ся), -аю(сь), -ает(ся)
перевёрнутый
переверну́ть(ся), -ну́(сь), -нёт(ся)
перевёрстанный; *кр. ф.* -ан, -ана
переверста́ть(ся), -а́ю, -а́ет(ся)
перевёрстка, -и, *р. мн.* -ток
перевёрстывание, -я
перевёрстывать(ся), -аю, -ает(ся)
перевёрт, -а
пе́ревертень, -тня
переверте́ть(ся), -ерчу́, -е́ртит(ся)
перевёртывание, -я
перевёртывать(ся), -аю(сь), -ает(ся)
перевёртыш, -а, *тв.* -ем
переве́рченный; *кр. ф.* -ен, -ена
переве́рчивать(ся), -аю, -ает(ся)
переве́с, -а
переве́сить(ся), -е́шу(сь), -е́сит(ся)
переве́ска, -и, *р. мн.* -сок
перевести́(сь), -веду́(сь), -ведёт(ся); *прош.* -вёл(ся), -вела́(сь)
переве́шанный; *кр. ф.* -ан, -ана (*от* переве́шать)
переве́шать(ся), -аю, -ает(ся)
переве́шенный; *кр. ф.* -ен, -ена (*от* переве́сить)
переве́шивание, -я
переве́шивать(ся), -аю(сь), -ает(ся)
переве́янный; *кр. ф.* -ян, -яна
переве́ять, -е́ю, -е́ет
переви́в, -а
перевива́ние, -я
перевива́ть(ся), -а́ю, -а́ет(ся) (*к* переви́ть(ся)
переви́вка, -и, *р. мн.* -вок
перевивно́й
переви́данный; *кр. ф.* -ан, -ана
перевида́ть, -а́ю, -а́ет
переви́денный; *кр. ф.* -ен, -ена
переви́деть, -и́жу, -и́дит
переви́нт, -а́ *(спорт.)*
перевинти́ть(ся), -инчу́, -и́нти́т(ся)
переви́нченный; *кр. ф.* -ен, -ена
переви́нчивание, -я
переви́нчивать(ся), -аю, -ает(ся)
перевира́ние, -я
перевира́ть(ся), -а́ю, -а́ет(ся)
перевиса́ть, -а́ю, -а́ет
переви́снуть, -ну, -нет; *прош.* -и́с, -и́сла
переви́сший
переви́тый; *кр. ф.* -и́т, -ита́, -и́то
переви́ть(ся), -вью́, -вьёт(ся); *прош.* -и́л(ся), -ила́(сь), -и́ло, -и́ло́сь
перевлюбля́ться, -я́юсь, -я́ется
перево́д, -а
переводи́мость, -и
перево́дина, -ы
переводи́ть(ся), -ожу́(сь), -о́дит(ся)
перево́дка, -и
переводно́й и **перево́дный**
перево́дческий
перево́дчик, -а
перево́дчик-синхрони́ст, перево́дчика-синхрони́ста
перево́дчица, -ы, *тв.* -ей
перево́з, -а
перевозбуди́ть(ся), -ужу́(сь), -уди́т(ся)
перевозбужда́ть(ся), -а́ю(сь), -а́ет(ся)
перевозбужде́ние, -я
перевозбуждённый; *кр. ф.* -ён, -ена́
перевози́ть(ся), -ожу́(сь), -о́зит(ся)
перево́зка, -и, *р. мн.* -зок
перево́зный
перево́зочный
перево́зчик, -а
перево́зчица, -ы, *тв.* -ей
перево́зчицкий
перевола́кивать(ся), -аю(сь), -ает(ся)
переволно́ванный; *кр. ф.* -ан, -ана
переволнова́ть(ся), -ну́ю(сь), -ну́ет(ся)
переволо́кший(ся)
переволо́ченный; *кр. ф.* -ен, -ена (*от* переволочи́ть)
переволочённый; *кр. ф.* -ён, -ена́ (*от* переволо́чь и переволочи́ть)
переволочи́ть(ся), -очу́(сь), -о́чи́т(ся)
переволо́чь(ся), -локу́(сь), -лочёт(ся), -локу́т(ся); *прош.* -ло́к(ся), -локла́(сь)
перевооружа́ть(ся), -а́ю(сь), -а́ет(ся)
перевооруже́ние, -я
перевооружённость, -и
перевооружённый; *кр. ф.* -ён, -ена́
перевооружи́ть(ся), -жу́(сь), -жи́т(ся)
перевоплоти́ть(ся), -ощу́(сь), -оти́т(ся)
перевоплоща́емость, -и
перевоплоща́ть(ся), -а́ю(сь), -а́ет(ся)
перевоплоще́ние, -я
перевоплощённый; *кр. ф.* -ён, -ена́
перевора́чивание, -я
перевора́чивать(ся), -аю(сь), -ает(ся)
перевора́шивание, -я
перевора́шивать(ся), -аю, -ает(ся)
переворо́т, -а
переворoти́ть(ся), -очу́(сь), -о́тит(ся)
переворо́тный
переворо́чанный; *кр. ф.* -ан, -ана (*от* переворо́чать)
переворо́чать, -аю, -ает
переворо́ченный; *кр. ф.* -ен, -ена (*от* переворoти́ть)
переворошённый; *кр. ф.* -ён, -ена́
перевороши́ть, -шу́, -ши́т
перевоспита́ние, -я
перевоспи́танный; *кр. ф.* -ан, -ана
перевоспита́ть(ся), -а́ю(сь), -а́ет(ся)
перевоспи́тывать(ся), -аю(сь), -ает(ся)
пере́вранный; *кр. ф.* -ан, -ана
перевра́ть, -ру́, -рёт; *прош.* -а́л, -ала́, -а́ло
перевыбира́ть(ся), -а́ю(сь), -а́ет(ся)
перевы́борный
перевы́боры, -ов
перевы́бранный; *кр. ф.* -ан, -ана
перевы́брать, -беру, -берет
перевы́пас, -а
перевыполне́ние, -я
перевы́полненный; *кр. ф.* -ен, -ена
перевы́полнить, -ню, -нит
перевыполня́ть(ся), -я́ю, -я́ет(ся)
перевью́ченный; *кр. ф.* -ен, -ена
перевью́чивание, -я
перевью́чивать(ся), -аю, -ает(ся)
перевью́чить, -чу, -чит
перевя́занный; *кр. ф.* -ан, -ана
перевяза́ть(ся), -яжу́(сь), -я́жет(ся)
перевя́зка, -и, *р. мн.* -зок
перевя́зочная, -ой
перевя́зочный
перевя́зывание, -я
перевя́зывать(ся), -аю(сь), -ает(ся)
пе́ревязь, -и
перевя́ленный; *кр. ф.* -ен, -ена
перевя́ливать(ся), -аю, -ает(ся)
перевя́лить, -лю, -лит
перевя́сло, -а, *р. мн.* -сел
перега́дить, -а́жу, -а́дит
перега́женный; *кр. ф.* -ен, -ена
перегазова́ть, -зу́ю, -зу́ет
перегазо́вка, -и, *р. мн.* -вок
перегазо́вывать, -аю, -ает
перега́р, -а
перега́рный
перегаси́ть, -ашу́, -а́сит
перега́снувший
перега́снуть, -нет
перега́сший

перега́шенный; *кр. ф.* -ен, -ена
переги́б, -а
перегиба́ние, -я
перегиба́ть(ся), -а́ю(сь), -а́ет(ся)
переги́бщик, -а
переги́бщица, -ы, *тв.* -ей
перегла́дить, -а́жу, -а́дит
перегла́женный; *кр. ф.* -ен, -ена
перегла́живание, -я
перегла́живать(ся), -аю, -ает(ся)
перегласо́вка, -и, *р. мн.* -вок
перегло́данный; *кр. ф.* -ан, -ана
переглода́ть, -ожу́, -о́жет
перегло́танный; *кр. ф.* -ан, -ана
переглота́ть, -а́ю, -а́ет
переглушённый; *кр. ф.* -ён, -ена́
переглуши́ть, -ушу́, -уши́т
перегля́д, -а
переглядéть, -яжу́, -яди́т
перегля́дка, -и, *р. мн.* -док
перегля́дывание, -я
перегля́дывать(ся), -аю(сь), -ает(ся)
перегляну́ться, -яну́сь, -я́нется
перегна́ивать(ся), -аю, -ает(ся)
перéгнанный; *кр. ф.* -ан, -ана
перегна́ть, -гоню́, -го́нит; *прош.* -а́л, -ала́, -а́ло
перегнива́ние, -я
перегнива́ть, -а́ет
перегни́ть, -иёт; *прош.* -и́л, -ила́, -и́ло
перегноённый; *кр. ф.* -ён, -ена́
перегнои́ть, -ою́, -ои́т
перегно́й, -я
перегно́йный
перегну́тый
перегну́ть(ся), -ну́(сь), -нёт(ся)
перегова́ривать(ся), -аю(сь), -ает(ся)
переговорённый; *кр. ф.* -ён, -ена́
переговори́ть, -рю́, -ри́т
перегово́рник, -а
перегово́рный
перегово́рщик, -а
перегово́ры, -ов
перегоди́ть, -ожу́, -оди́т
переголосо́ванный; *кр. ф.* -ан, -ана
переголосова́ть, -су́ю, -су́ет
переголосо́вка, -и, *р. мн.* -вок
переголосо́вывание, -я
переголосо́вывать(ся), -аю, -ает(ся)
перего́н, -а
перего́нка, -и, *р. мн.* -нок
перего́нный
перего́ночный
перего́нщик, -а
перегоня́ть(ся), -я́ю(сь), -я́ет(ся)
перегора́живание, -я
перегора́живать(ся), -аю(сь), -ает(ся)
перегора́ние, -я
перегора́ть, -а́ю, -а́ет
перегорéлый
перегорéть, -рю́, -ри́т
перего́ркнуть, -нет
перего́ркший
перегороди́ть(ся), -ожу́(сь), -о́ди́т(ся)
перегоро́дка, -и, *р. мн.* -док
перегоро́дочка, -и, *р. мн.* -чек
перегоро́дочный
перегоро́дчатость, -и
перегоро́дчатый
перегоро́женный; *кр. ф.* -ен, -ена
перегорчённый; *кр. ф.* -ён, -ена́
перегорчи́ть, -чу́, -чи́т
перегости́ть, -гощу́, -гости́т
переграфи́ть, -флю́, -фи́т
переграфлённый; *кр. ф.* -ён, -ена́
переграфля́ть(ся), -я́ю, -я́ет(ся)
перегреба́ние, -я
перегреба́ть(ся), -а́ю, -а́ет(ся)
перегрёбший
перегрéв, -а
перегрева́ние, -я
перегрева́ть(ся), -а́ю(сь), -а́ет(ся)
перегрести́, -ребу́, -ребёт; *прош.* -рёб, -ребла́
перегрéтый
перегрéть(ся), -е́ю(сь), -е́ет(ся)
перегримиро́ванный; *кр. ф.* -ан, -ана
перегримирова́ть(ся), -ру́ю(сь), -ру́ет(ся)
перегримиро́вка, -и, *р. мн.* -вок
перегримиро́вывание, -я
перегримиро́вывать(ся), -аю(сь), -ает(ся)
перегриппова́ть, -ппу́ю, -ппу́ет
перегружа́тель, -я
перегружа́ть(ся), -а́ю(сь), -а́ет(ся)
перегру́женность, -и и **перегружённость,** -и
перегру́женный; *кр. ф.* -ен, -ена и **перегружённый;** *кр. ф.* -ён, -ена́
перегру́з, -а
перегрузи́ть(ся), -ужу́(сь), -у́зи́т(ся)
перегру́зка, -и, *р. мн.* -зок
перегру́зочный
перегрунто́ванный; *кр. ф.* -ан, -ана
перегрунтова́ть, -ту́ю, -ту́ет
перегрунто́вка, -и, *р. мн.* -вок
перегрунто́вывать(ся), -аю, -ает(ся)
перегруппиро́ванный; *кр. ф.* -ан, -ана
перегруппирова́ть(ся), -ру́ю, -ру́ет(ся)
перегруппиро́вка, -и, *р. мн.* -вок
перегруппиро́вывать(ся), -аю, -ает(ся)
перегрыза́ние, -я
перегрыза́ть(ся), -а́ю(сь), -а́ет(ся)
перегры́зенный; *кр. ф.* -ен, -ена
перегры́зть(ся), -зу́(сь), -зёт(ся); *прош.* -ы́з(ся), -ы́зла(сь)
перегры́зший(ся)
перегрязнённый; *кр. ф.* -ён, -ена́
перегрязни́ть(ся), -ню́, -ни́т(ся)
перегуби́ть, -ублю́, -у́бит
перегу́бленный; *кр. ф.* -ен, -ена
перегу́д, -а
перегу́ливание, -я
перегу́ливать, -аю, -ает
перегуля́ть, -я́ю, -я́ет
перегусти́ть, -ущу́, -усти́т
перегуща́ть(ся), -а́ю, -а́ет(ся)
перегущённый; *кр. ф.* -ён, -ена́
пéред и **пéредо,** *предлог*
перёд, пéреда, *мн.* переда́, -о́в
передава́ть(ся), -даю́(сь), -даёт(ся)
передави́ть, -авлю́, -а́вит
переда́вленный; *кр. ф.* -ен, -ена
переда́вливание, -я
переда́вливать(ся), -аю, -ает(ся)
переда́ивание, -я
переда́ивать(ся), -аю, -ает(ся)
пéреданный; *кр. ф.* -ан, пéредана́, -ано
переда́ренный; *кр. ф.* -ен, -ена
переда́ривание, -я
переда́ривать(ся), -аю, -ает(ся)
передари́ть, -арю́, -а́рит
переда́точный
переда́тчик, -а
переда́тчица, -ы, *тв.* -ей
переда́ть(ся), -а́м(ся), -а́шь(ся), -а́ст(ся), -ади́м(ся), -ади́те(сь), -аду́т(ся); *прош.* пéреда́л, -ала́(сь), -а́лся́, пéреда́ло, -а́ло́сь
переда́ча, -и, *тв.* -ей
переда́чка, -и, *р. мн.* -чек
передаю́щий(ся)
передва́ивание, -я
передва́ивать(ся), -аю, -ает(ся)
передвига́ние, -я
передви́гать, -аю, -ает, *сов.* (*переместить всё, многое*)
передвига́ть(ся), -а́ю(сь), -а́ет(ся), *несов.* (*к* передви́нуть(ся))
передвижéние, -я
передви́жка, -и, *р. мн.* -жек
передви́жник, -а
передви́жнический
передви́жничество, -а
передвижно́й
передви́нутый
передви́нуть(ся), -ну(сь), -нет(ся)
передвоённый; *кр. ф.* -ён, -ена́
передвои́ть, -ою́, -ои́т
передéл, -а
передéланный; *кр. ф.* -ан, -ана
передéлать(ся), -аю(сь), -ает(ся)
переделённый; *кр. ф.* -ён, -ена́
передели́ть(ся), -елю́(сь), -е́лит(ся)
передéлка, -и, *р. мн.* -лок
передéлкинский (*от* Передéлкино)
передéлочный
передéлывание, -я
передéлывать(ся), -аю(сь), -ает(ся)
передéльный
переделя́ть(ся), -я́ю(сь), -я́ет(ся)
передёрг, -а
передёрганный; *кр. ф.* -ан, -ана
передёргать, -аю, -ает
передёргивание, -я
передёргивать(ся), -аю(сь), -ает(ся)
передéржанный; *кр. ф.* -ан, -ана
передержа́ть(ся), -ержу́, -е́ржит(ся)
передéрживание, -я
передéрживать(ся), -аю, -ает(ся)
передéржка, -и, *р. мн.* -жек

передёрнутый
передёрнуть(ся), -ну(сь), -нет(ся)
переди́р, -а
передира́ние, -я
передира́ть(ся), -а́ю, -а́ет(ся)
передислока́ция, -и
передислоци́рование, -я
передислоци́рованный; *кр. ф.* -ан, -ана
передислоци́ровать(ся), -рую(сь), -рует(ся)
передко́вый
переднеазиа́тский (*от* Пере́дняя А́зия)
переднева́ть, -ню́ю, -ню́ет
переднево́гнутый
переднегру́дь, -и́ и -и, *предл.* в (на) переднегруди́
переднежа́берные, -ых
пере́дне-за́дний
передненёбный
переднеприводно́й и (*в проф. речи*) **переднеприво́дный**
переднеязы́чный
пере́дний
пере́дник, -а
пере́дничек, -чка
пере́дняя, -ей
Пере́дняя А́зия
пе́редо и **пе́ред,** *предлог*
передобе́денный
передова́я, -о́й
передове́ренный; *кр. ф.* -ен, -ена
передове́рие, -я
передове́рить, -рю, -рит
передоверя́ть(ся), -я́ю, -я́ет(ся)
передови́к, -а́
передови́ца, -ы, *тв.* -ей
передово́й
передо́енный; *кр. ф.* -ен, -ена
передо́з, -а (нарко́тика, *жарг.*)
передози́рованный; *кр. ф.* -ан, -ана
передози́ровать(ся), -рую(сь), -рует(ся)
передозиро́вка, -и, *р. мн.* -вок
передозиро́вывать(ся), -аю(сь), -ает(ся)
передозна́ние, -я
передои́ть, -ою́, -ои́т
передо́й, -я
передо́йка, -и, *р. мн.* -о́ек
передо́к, -дка́
передо́м, *нареч.*
передо́новщина, -ы (*от* Передо́нов)
передопра́шивать(ся), -аю(сь), -ает(ся)
передопро́с, -а
передопроси́ть, -ошу́, -о́сит
передопро́шенный; *кр. ф.* -ен, -ена
передохну́вший (*от* передохну́ть)
передо́хнуть, -нет; *прош.* -о́х, -о́хла (*издохнуть – обо всех, многих*)
передохну́ть, -ну́, -нёт; *прош.* -у́л, -у́ла (*отдохнуть*)
передо́хший (*от* передо́хнуть)
передразнённый; *кр. ф.* -ён, -ена́
передра́знивание, -я
передра́знивать(ся), -аю(сь), -ает(ся)
передразни́ть, -азню́, -а́знит
передра́ивать(ся), -аю, -ает(ся)
передра́ить, -а́ю, -а́ит
пере́дранный; *кр. ф.* -ан, -ана
передрассве́тный
передра́ть(ся), -деру́(сь), -дерёт(ся); *прош.* -а́л(ся), -ала́(сь), -а́ло, -а́ло́сь
передрема́ть, -млю́, -дре́млет
передремну́ть, -ну́, -нёт
передрессиро́ванный; *кр. ф.* -ан, -ана
передрессирова́ть, -ру́ю, -ру́ет
передрессиро́вка, -и, *р. мн.* -вок
передрессиро́вывать(ся), -аю, -ает(ся)
передро́гнуть, -ну, -нет; *прош.* -о́г, -о́гла
передро́гший
передружи́ть(ся), -дружу́(сь), -дру́жит(ся)
передря́га, -и
перед те́м как, *союз*
переду́в, -а
передува́ть(ся), -а́ю, -а́ет(ся)
переду́манный; *кр. ф.* -ан, -ана
переду́мать(ся), -аю, -ает(ся)
переду́мывание, -я
переду́мывать(ся), -аю, -ает(ся)
переду́тый
переду́ть, -ду́ю, -ду́ет
переду́шенный; *кр. ф.* -ен, -ена
передуши́ть(ся), -ушу́(сь), -у́шит(ся)
переды́х, -а
передыха́ть, -а́ю, -а́ет
переды́шка, -и, *р. мн.* -шек
перееда́ние, -я
перееда́ть(ся), -а́ю, -а́ет(ся)
перее́денный; *кр. ф.* -ен, -ена
перее́зд, -а
перее́здка, -и, *р. мн.* -док (*в конном спорте*)
переездно́й (*от* переезжа́ть)
перее́здный (*от* перее́зд – *место*)
переезжа́ть, -а́ю, -а́ет
перее́сть, -е́м, -е́шь, -е́ст, -еди́м, -еди́те, -едя́т; *прош.* -е́л, -е́ла
перее́хать, -е́ду, -е́дет
пережа́ленный; *кр. ф.* -ен, -ена
пережа́лить, -лю, -лит
пережа́ренный; *кр. ф.* -ен, -ена
пережа́ривание, -я
пережа́ривать(ся), -аю(сь), -ает(ся)
пережа́рить(ся), -рю(сь), -рит(ся)
пережа́тый
пережа́ть[1], -жму́, -жмёт
пережа́ть[2], -жну́, -жнёт
пере́жданный; *кр. ф.* -ан, -ана
пережда́ть, -ду́, -дёт; *прош.* -а́л, -ала́, -а́ло
пережёванный; *кр. ф.* -ан, -ана
пережева́ть(ся), -жую́, -жуёт(ся) (*к* жева́ть)
пережёвывание, -я
пережёвывать(ся), -аю, -ает(ся)
пережёгший(ся)
пережелти́ть(ся), -лчу́, -лти́т(ся)
пережёненный; *кр. ф.* -ен, -ена
пережени́ть(ся), -еню́(сь), -е́нит(ся)
пережéчь(ся), -жгу́, -жжёт(ся), -жгу́т(ся); *прош.* -жёг(ся), -жгла́(сь)
пережжённый; *кр. ф.* -ён, -ена́
пережива́ние, -я
пережива́тельный
пережива́ть(ся), -а́ю, -а́ет(ся) (*к* пережи́ть)
пережи́г, -а
пережига́ние, -я
пережига́ть(ся), -а́ю, -а́ет(ся)
пережида́ние, -я
пережида́ть(ся), -а́ю, -а́ет(ся)
пережи́м, -а
пережима́ть(ся), -а́ю, -а́ет(ся)
пережина́ть(ся), -а́ю, -а́ет(ся)
пережито́е, -о́го
пережи́ток, -тка
пережи́точный; *кр. ф.* -чен, -чна
пе́режитый; *кр. ф.* -ит, -ита́, -ито и **пережи́тый;** *кр. ф.* -и́т, -ита́, -и́то
пережи́ть(ся), -иву́, -ивёт(ся); *прош.* пе́режи́л, пережи́лся, пережила́(сь), пе́режи́ло, пережи́ло́сь
пережо́г, -а, но *глаг.* **пережёг**
перезабе́г, -а
перезабыва́ть(ся), -а́ю, -а́ет(ся)
перезабы́тый
перезабы́ть(ся), -бу́ду, -бу́дет(ся)
перезагружа́ть(ся), -а́ю(сь), -а́ет(ся)
перезагру́женный; *кр. ф.* -ен, -ена
перезагрузи́ть(ся), -ужу́(сь), -у́зи́т(ся)
перезагру́зка, -и, *р. мн.* -зок
переза́езд, -а
перезака́з, -а
перезака́занный; *кр. ф.* -ан, -ана
перезаказа́ть, -кажу́, -ка́жет
перезака́зывать(ся), -аю, -ает(ся)
перезакла́д, -а
перезакла́дывать(ся), -аю, -ает(ся)
перезаключа́ть(ся), -а́ю, -а́ет(ся)
перезаключе́ние, -я
перезаключённый; *кр. ф.* -ён, -ена́
перезаключи́ть, -чу́, -чи́т
перезакрепи́ть(ся), -плю́(сь), -пи́т(ся)
перезакрепле́ние, -я
перезакреплённый; *кр. ф.* -ён, -ена́
перезакрепля́ть(ся), -я́ю(сь), -я́ет(ся)
перезалива́ть(ся), -а́ю, -а́ет(ся)
перезали́тый; *кр. ф.* -за́ли́т, -а́, -за́ли́то
перезали́ть, -лью́, -льёт
перезало́г, -а
перезало́женный; *кр. ф.* -ен, -ена
перезаложи́ть, -ожу́, -о́жит
перезанима́ть(ся), -а́ю(сь), -а́ет(ся)
переза́нятый; *кр. ф.* -ят, -ята́, -ято
перезаня́ть, -займу́, -займёт; *прош.* -за́нял, -заняла́, -за́няло
перезапи́санный; *кр. ф.* -ан, -ана
перезаписа́ть(ся), -ишу́(сь), -и́шет(ся)
перезапи́сывание, -я

перезапи́сывать(ся), -аю(сь), -ает(ся)
переза́пись, -и
перезапряга́ть(ся), -а́ю, -а́ет(ся)
перезапря́гший
перезапряжённый; *кр. ф.* -ён, -ена́
перезапря́чь, -ягу́, -яжёт
переза́пуск, -а
перезарази́ть, -ажу́, -ази́т
перезаря́д, -а
перезаряди́ть(ся), -яжу́, -я́ди́т(ся)
перезаря́дка, -и, *р. мн.* -док
перезаря́дный
перезаряжа́ние, -я
перезаряжа́ть(ся), -а́ю, -а́ет(ся)
перезаряже́ние, -я
перезаря́женный; *кр. ф.* -ен, -ена и **перезаряжённый;** *кр. ф.* -ён, -ена́
перезахора́нивать(ся), -аю, -ает(ся)
перезахороне́ние, -я
перезахоро́ненный; *кр. ф.* -ен, -ена
перезахорони́ть, -оню́, -о́нит
перезояви́ть(ся), -влю́(сь), -я́вит(ся)
перезая́вка, -и, *р. мн.* -вок
перезая́вленный; *кр. ф.* -ен, -ена
перезаявля́ть(ся), -я́ю(сь), -я́ет(ся)
перезва́нивание, -я
перезва́нивать(ся), -аю(сь), -ает(ся)
перезво́н, -а
перезвони́ть(ся), -ню́(сь), -ни́т(ся)
перездоро́ваться, -аюсь, -ается
перезимова́ть, -му́ю, -му́ет
перезимо́вка, -и, *р. мн.* -вок
перезимо́вывать, -аю, -ает
перези́мье, -я
перезнако́мить(ся), -млю(сь), -мит(ся)
перезнако́мленный; *кр. ф.* -ен, -ена
перезнако́мый: знако́мый и перезнако́мый, знако́мый-перезнако́мый
перезо́л, -а
перезола́чивать(ся), -аю, -ает(ся)
перезолённый; *кр. ф.* -ён, -ена́
перезоли́ть(ся), -лю́, -ли́т(ся)
перезолоти́ть, -очу́, -оти́т
перезоло́ченный; *кр. ф.* -ен, -ена и **перезолочённый;** *кр. ф.* -ён, -ена́
перезрева́ние, -я
перезрева́ть, -а́ю, -а́ет
перезре́вший
перезре́лость, -и
перезре́лый
перезре́ть, -е́ю, -е́ет
перезя́бнуть, -ну, -нет; *прош.* -зя́б, -зя́бла
перезя́бший
переи́гранный; *кр. ф.* -ан, -ана
переигра́ть, -а́ю, -а́ет
переигро́вка, -и, *р. мн.* -вок
переи́грывание, -я
переи́грывать(ся), -аю, -ает(ся)
переидеологиза́ция, -и
переидеологизи́рование, -я
переидеологизи́рованный; *кр. ф.* -ан, -ана
переидеологизи́ровать(ся), -рую, -рует(ся)
переизбира́ть(ся), -а́ю(сь), -а́ет(ся)
переизбра́ние, -я
переи́збранный; *кр. ф.* -ан, -ана
переизбра́ть(ся), -беру́(сь), -берёт(ся); *прош.* -а́л(ся), -ала́(сь), -а́ло(сь)
переизбы́ток, -тка
переизбы́точный
переиздава́ть(ся), -даю́(сь), -даёт(ся)
переизда́ние, -я
переи́зданный; *кр. ф.* -ан, -ана и -ана́, -ано
переизда́ть, -а́м, -а́шь, -а́ст, -ади́м, -ади́те, -аду́т; *прош.* -а́л, -ала́, -а́ло
переименова́ние, -я
переимено́ванный; *кр. ф.* -ан, -ана
переименова́ть(ся), -ну́ю(сь), -ну́ет(ся)
переимено́вывание, -я
переимено́вывать(ся), -аю(сь), -ает(ся)
переи́мчивость, -и
переи́мчивый
переина́ченный; *кр. ф.* -ен, -ена
переина́чивание, -я
переина́чивать(ся), -аю, -ает(ся)
переина́чить(ся), -чу, -чит(ся)
переинструменто́ванный; *кр. ф.* -ан, -ана
переинструментова́ть, -ту́ю, -ту́ет
переинструменто́вка, -и, *р. мн.* -вок
переинструменто́вывать(ся), -аю, -ает(ся)
переиска́ть, -ищу́, -и́щет
переи́скивать, -аю, -ает
переиспыта́ние, -я
переиспы́танный; *кр. ф.* -ан, -ана
переиспыта́ть, -а́ю, -а́ет
переиспы́тывать(ся), -аю, -ает(ся)
перейдённый; *кр. ф.* -ён, -ена́
перейти́, -йду́, -йдёт; *прош.* перешёл, перешла́
перека́л, -а
перекалённый; *кр. ф.* -ён, -ена́
перекале́ченный; *кр. ф.* -ен, -ена
перекале́чивать(ся), -аю(сь), -ает(ся)
перекале́чить(ся), -чу(сь), -чит(ся)
перека́ливание, -я
перека́ливать(ся), -аю, -ает(ся)
перекали́ть(ся), -лю́, -ли́т(ся)
перека́лка, -и, *р. мн.* -лок
перека́лывание, -я
перека́лывать(ся), -аю(сь), -ает(ся)
перека́льный
перекаля́ть(ся), -я́ю, -я́ет(ся)
перекантóванный; *кр. ф.* -ан, -ана
перекантова́ть(ся), -ту́ю, -ту́ет(ся)
переканто́вка, -и, *р. мн.* -вок
переканто́вывание, -я
переканто́вывать(ся), -аю, -ает(ся)
перека́панный; *кр. ф.* -ан, -ана
перека́пать, -аю, -ает
перека́пчивание, -я
перека́пчивать(ся), -аю, -ает(ся)
перека́пывание, -я
перека́пывать(ся), -аю, -ает(ся)
перека́рмливание, -я
перека́рмливать(ся), -аю(сь), -ает(ся)
перека́т, -а
перека́танный; *кр. ф.* -ан, -ана
переката́ть(ся), -а́ю(сь), -а́ет(ся)
перекати́-по́ле, -я
перека́тистый
перекати́ть(ся), -ачу́(сь), -а́тит(ся)
перека́тка, -и, *р. мн.* -ток
перека́тный
перека́том, *нареч.*
перека́тчик, -а
перека́тывание, -я
перека́тывать(ся), -аю(сь), -ает(ся)
перека́чанный; *кр. ф.* -ан, -ана (*от* перекача́ть)
перекача́ть(ся), -а́ю(сь), -а́ет(ся)
перека́ченный; *кр. ф.* -ен, -ена (*от* перекати́ть)
перека́чечный (*от* перека́чка)
перека́чивание, -я
перека́чивать(ся), -аю(сь), -ает(ся)
перека́чка, -и, *р. мн.* -чек
перекачну́ться, -ну́сь, -нётся
перека́шивание, -я
перека́шивать(ся), -аю(сь), -ает(ся)
переквалификацио́нный
переквалифика́ция, -и
переквалифици́рованный; *кр. ф.* -ан, -ана
переквалифици́ровать(ся), -рую(сь), -рует(ся)
перекваси́ть(ся), -а́шу, -а́сит(ся)
перекваска, -и, *р. мн.* -сок
переква́шенный; *кр. ф.* -ен, -ена
переква́шивание, -я
переква́шивать(ся), -аю, -ает(ся)
переки́данный; *кр. ф.* -ан, -ана
перекида́ть, -а́ю, -а́ет
переки́дка, -и, *р. мн.* -док
перекидно́й
переки́дывание, -я
переки́дывать(ся), -аю(сь), -ает(ся)
переки́нутый
переки́нуть(ся), -ну(сь), -нет(ся)
перекипа́ние, -я
перекипа́ть, -а́ю, -а́ет
перекипе́лый
перекипе́ть, -плю́, -пи́т
перекипяти́ть, -ячу́, -яти́т
перекипячённый; *кр. ф.* -ён, -ена́
перекиса́ние, -я
перекиса́ть, -а́ет
перекислённый; *кр. ф.* -ён, -ена́
перекисли́ть, -лю́, -ли́т
перекисля́ть(ся), -я́ю, -я́ет(ся)
пе́рекисно-водоро́дный
переки́снуть, -нет; *прош.* -ки́с, -ки́сла
пе́рекисный
переки́сший
пе́рекись, -и
перекла́д, -а
перекла́дина, -ы

перекла́дина-растя́жка, перекла́дины-растя́жки
перекла́дка, -и, *р. мн.* -док
перекладно́й
перекла́дывание, -я
перекла́дывать(ся), -аю(сь), -ает(ся)
переклёванный; *кр. ф.* -ан, -ана
переклева́ть(ся), -клюю́, -клюёт(ся)
переклёвывать(ся), -аю, -ает(ся)
перекле́енный; *кр. ф.* -ен, -ена
перекле́ивание, -я
перекле́ивать(ся), -аю, -ает(ся)
перекле́ить, -е́ю, -е́ит
перекле́йка, -и, *р. мн.* -е́ек
переклейме́ние, -я
переклеймённый; *кр. ф.* -ён, -ена́
переклейми́ть, -млю́, -ми́т
переклёпанный; *кр. ф.* -ан, -ана
переклепа́ть, -а́ю, -а́ет
переклёпка, -и, *р. мн.* -пок
переклёпывание, -я
переклёпывать(ся), -аю, -ает(ся)
перекли́к, -а
перекликáние, -я
перекли́кать, -и́чу, -и́чет, *сов.* (*крича, созвать всех*)
переклика́ть, -а́ю, -а́ет, *несов.* (*делать перекличку*)
переклика́ться, -а́юсь, -а́ется
перекли́кивать(ся), -аю(сь), -ает(ся)
перекли́кнуть(ся), -ну(сь), -нет(ся)
перекли́ненный; *кр. ф.* -ен, -ена
перекли́нивать(ся), -аю, -ает(ся)
перекли́нить, -и́ню, -и́нит
перекли́чка, -и, *р. мн.* -чек
переключа́емость, -и
переключа́тель, -я
переключа́тельный
переключа́ть(ся), -а́ю(сь), -а́ет(ся)
переключе́ние, -я
переключённый; *кр. ф.* -ён, -ена́
переключи́ть(ся), -чу́(сь), -чи́т(ся)
перекóванный; *кр. ф.* -ан, -ана
перекова́ть(ся), -кую́(сь), -куёт(ся)
перекове́рканный; *кр. ф.* -ан, -ана
перекове́ркать, -аю, -ает
перекове́ркивание, -я
перекове́ркивать(ся), -аю, -ает(ся)
перекóвка, -и, *р. мн.* -вок
перекóвывать(ся), -аю(сь), -ает(ся)
перековы́ривание, -я
перековы́ривать(ся), -аю, -ает(ся)
перековы́рянный; *кр. ф.* -ян, -яна
перековыря́ть, -я́ю, -я́ет
перекоди́рование, -я
перекоди́рованный; *кр. ф.* -ан, -ана
перекоди́ровать(ся), -рую, -рует(ся)
перекодирóвка, -и, *р. мн.* -вок
перекóканный; *кр. ф.* -ан, -ана
перекóкать, -аю, -ает
перекола́чивание, -я
перекола́чивать(ся), -аю, -ает(ся)
переколе́ть, -е́ет
перекóлка, -и, *р. мн.* -лок
переколоти́ть(ся), -очу́, -óтит(ся)
перекóлотый
переколóть(ся), -олю́(сь), -óлет(ся)
переколóченный; *кр. ф.* -ен, -ена
переколошма́тить, -а́чу, -а́тит
переколошма́ченный; *кр. ф.* -ен, -ена
перекоми́ссия, -и
перекóмканный; *кр. ф.* -ан, -ана
перекóмкать, -аю, -ает
перекóмкивать(ся), -аю, -ает(ся)
перекоммута́ция, -и
перекоммути́рование, -я
перекоммути́рованный; *кр. ф.* -ан, -ана
перекоммути́ровать(ся), -рую, -рует(ся)
перекомплектова́ние, -я
перекомплектóванный; *кр. ф.* -ан, -ана
перекомплектова́ть, -ту́ю, -ту́ет
перекомплектóвывать(ся), -аю, -ает(ся)
перекомпонóванный; *кр. ф.* -ан, -ана
перекомпонова́ть, -ну́ю, -ну́ет
перекомпонóвка, -и, *р. мн.* -вок
перекомпонóвывать(ся), -аю, -ает(ся)
перекомпости́рование, -я
перекомпости́ровать(ся), -рую, -рует(ся)
переконопа́тить, -а́чу, -а́тит
переконопа́ченный; *кр. ф.* -ен, -ена
переконопа́чивать(ся), -аю, -ает(ся)
переконструи́рование, -я
переконструи́рованный; *кр. ф.* -ан, -ана
переконструи́ровать(ся), -рую, -рует(ся)
переконфу́женный; *кр. ф.* -ен, -ена
переконфу́зить(ся), -у́жу(сь), -у́зит(ся)
перекóпанный; *кр. ф.* -ан, -ана
перекопа́ть, -а́ю, -а́ет
перекопи́рованный; *кр. ф.* -ан, -ана
перекопи́ровать(ся), -рую, -рует(ся)
перекóпка, -и, *р. мн.* -пок
перекóпский (*от* Перекóп)
перекопти́ть(ся), -пчу́, -пти́т(ся)
перекопчённый; *кр. ф.* -ён, -ена́
перекорёженный; *кр. ф.* -ен, -ена
перекорёживать(ся), -аю, -ает(ся)
перекорёжить, -жу, -жит
перекóрм, -а
перекорми́ть, -ормлю́, -óрмит
перекóрмка, -и, *р. мн.* -мок
перекóрмленный; *кр. ф.* -ен, -ена
перекорóбить(ся), -блю, -бит(ся)
перекорóбленный; *кр. ф.* -ен, -ена
перекóры, -ов
перекоря́ться, -я́юсь, -я́ется
перекóс, -а
перекóсина, -ы
перекоси́ть, -ошу́, -óсит (*выкосить целиком*)
перекоси́ть(ся), -ошу́(сь), -оси́т(ся) (*искривить(ся)*)
перекóсный
перекочева́ть, -чу́ю, -чу́ет
перекочёвка, -и, *р. мн.* -вок
перекочёвывание, -я
перекочёвывать, -аю, -ает
перекóшенность, -и
перекóшенный; *кр. ф.* -ен, -ена (*выкошенный; искривленный*)
перекошённый; *кр. ф.* -ён, -ена́ (*искривленный*)
перекра́денный; *кр. ф.* -ен, -ена
перекра́ивание, -я
перекра́ивать(ся), -аю, -ает(ся)
перекра́сить(ся), -а́шу(сь), -а́сит(ся)
перекра́ска, -и, *р. мн.* -сок
перекра́сть, -аду́, -адёт
перекрахма́ленный; *кр. ф.* -ен, -ена
перекрахма́ливание, -я
перекрахма́ливать(ся), -аю, -ает(ся)
перекрахма́лить, -лю, -лит
перекра́шенный; *кр. ф.* -ен, -ена
перекра́шивание, -я
перекра́шивать(ся), -аю(сь), -ает(ся)
перекрепи́ть, -плю́, -пи́т
перекрепле́ние, -я
перекреплённый; *кр. ф.* -ён, -ена́
перекрепля́ть(ся), -я́ю, -я́ет(ся)
перекре́ст, -а (*к* перекрести́ть(ся) – *окрестить(ся) заново*)
перекрёст, -а (*в генетике*)
перекре́стие, -я (*в оптике*)
перекрести́ть(ся), -ещу́(сь), -е́стит(ся)
перекрёстно-диагона́льный (посéв)
перекрёстноопыля́емый*
перекрёстный
перекрёсток, -тка
перекре́стье, -я, *р. мн.* -тий
перекрещéнец, -нца, *тв.* -нцем, *р. мн.* -нцев
перекреще́ние, -я
перекреще́нка, -и, *р. мн.* -нок
перекрещённый; *кр. ф.* -ён, -ена́
перекре́щивание, -я
перекре́щивать(ся), -аю(сь), -ает(ся)
перекриви́ть(ся), -влю́(сь), -ви́т(ся)
перекривле́ние, -я
перекривлённый; *кр. ф.* -ён, -ена́
перекривля́ть(ся), -я́ю(сь), -я́ет(ся)
перекри́кивание, -я
перекри́кивать(ся), -аю(сь), -ает(ся)
перекри́кнуться, -нусь, -нется
перекристаллиза́ция, -и
перекристаллизóванный; *кр. ф.* -ан, -ана
перекристаллизова́ться, -зу́ется
перекрича́ть, -чу́, -чи́т
перекрóенный; *кр. ф.* -ен, -ена
перекрои́ть, -ою́, -ои́т
перекрóй, -я
перекрóйка, -и, *р. мн.* -óек
перекрóмсанный; *кр. ф.* -ан, -ана
перекромса́ть, -а́ю, -а́ет
перекрóшенный; *кр. ф.* -ен, -ена
перекроши́ть(ся), -ошу́, -óши́т(ся)

перекру́женный; *кр. ф.* -ен, -ена и **перекружённый;** *кр. ф.* -ён, -ена́
перекружи́ть(ся), -ужу́(сь), -у́жи́т(ся)
перекрути́ть(ся), -учу́(сь), -у́тит(ся)
перекру́тка, -и, *р. мн.* -ток
перекру́ченный; *кр. ф.* -ен, -ена
перекру́чивание, -я
перекру́чивать(ся), -аю(сь), -ает(ся)
перекрыва́ние, -я
перекрыва́ть(ся), -а́ю, -а́ет(ся)
перекры́тие, -я
перекры́тый
перекры́ть, -ро́ю, -ро́ет
перекувы́ркивание, -я
перекувы́ркивать(ся), -аю(сь), -ает(ся)
перекувы́рнутый и (*прост.*) **перекувы́ркнутый**
перекувырну́ть(ся), -ну́(сь), -нёт(ся) и (*прост.*) **перекувыркну́ть(ся),** -ну́(сь), -нёт(ся)
перекукова́ть, -куку́ю, -куку́ет
перекультиви́рованный; *кр. ф.* -ан, -ана
перекультиви́ровать(ся), -рую, -рует(ся)
перекуми́ться, -млю́сь, -ми́тся
перекупа́ние, -я
перекупанный; *кр. ф.* -ан, -ана
перекупа́ть(ся), -а́ю(сь), -а́ет(ся)
перекупи́ть, -уплю́, -у́пит
переку́пка, -и, *р. мн.* -пок
переку́пленный; *кр. ф.* -ен, -ена
перекупно́й
переку́пщик, -а
переку́пщица, -ы, *тв.* -ей
переку́пывание, -я
переку́пывать(ся), -аю(сь), -ает(ся)
переку́р, -а
переку́ренный; *кр. ф.* -ен, -ена
переку́ривание, -я
переку́ривать(ся), -аю, -ает(ся)
перекури́ть, -урю́, -у́рит
переку́рка, -и, *р. мн.* -рок
переку́с, -а
переку́санный; *кр. ф.* -ан, -ана (*от* перекуса́ть)
перекуса́ть(ся), -а́ю, -а́ет(ся)
перекуси́ть, -ушу́, -у́сит
переку́ска, -и, *р. мн.* -сок
переку́сывание, -я
переку́сывать(ся), -аю, -ает(ся)
переку́танный; *кр. ф.* -ан, -ана
переку́тать(ся), -аю(сь), -ает(ся)
переку́тывание, -я
переку́тывать(ся), -аю(сь), -ает(ся)
переку́шать, -аю, -ает
переку́шенный; *кр. ф.* -ен, -ена (*от* перекуси́ть)
перела́вливать(ся), -аю, -ает(ся)
перелага́ть(ся), -а́ю, -а́ет(ся)
перела́дить, -а́жу, -а́дит
перела́женный; *кр. ф.* -ен, -ена
перела́живание, -я
перела́живать(ся), -аю, -ает(ся)
перела́з, -а
перела́зать, -аю, -ает
перела́зить, -а́жу, -а́зит
перелакиро́ванный; *кр. ф.* -ан, -ана
перелакирова́ть, -ру́ю, -ру́ет
перелакиро́вка, -и, *р. мн.* -вок
перелакиро́вывать(ся), -аю, -ает(ся)
перела́мывание, -я
перела́мывать(ся), -аю(сь), -ает(ся)
перела́танный; *кр. ф.* -ан, -ана
перелата́ть, -а́ю, -а́ет
перела́ять(ся), -а́ю(сь), -а́ет(ся)
перелга́ть, -лгу́, -лжёт, -лгу́т; *прош.* -а́л, -ала́, -а́ло
перелёгший
перележа́лый
перележа́ть, -жу́, -жи́т
перелёживать(ся), -аю(сь), -ает(ся)
перелёжка, -и, *р. мн.* -жек
перелеза́ть, -а́ю, -а́ет
переле́зть, -ле́зу, -ле́зет; *прош.* -ле́з, -ле́зла
переле́зший
перелепи́ть, -леплю́, -ле́пит
переле́пленный; *кр. ф.* -ен, -ена
переле́пливание, -я
переле́пливать(ся), -аю, -ает(ся)
перелепля́ть(ся), -я́ю, -я́ет(ся)
переле́сица, -ы, *тв.* -ей
переле́ска, -и, *р. мн.* -сок (*растение*)
переле́сок, -ска (*небольшой лес*)
переле́сье, -я, *р. мн.* -сий
перелёт, -а
перелета́ние, -я
перелета́ть, -а́ю, -а́ет
перелете́ть, -лечу́, -лети́т
перелётный
переле́ченный; *кр. ф.* -ен, -ена
переле́чивание, -я
переле́чивать(ся), -аю(сь), -ает(ся)
перелечи́ть(ся), -ечу́(сь), -е́чит(ся)
переле́чь, -ля́гу, -ля́жет, -ля́гут; *прош.* -лёг, -легла́
перели́в, -а
перелива́ние, -я
перелива́ть(ся), -а́ю, -а́ет(ся)
перелива́ющий(ся)
перели́вистый
перели́вка, -и, *р. мн.* -вок
переливно́й (*служащий для переливания*)
перели́вный (*о цвете*)
перели́вчатость, -и
перели́вчатый
перели́занный; *кр. ф.* -ан, -ана
перелиза́ть, -ижу́, -и́жет
перели́зывание, -я
перели́зывать(ся), -аю, -ает(ся)
перелино́ванный; *кр. ф.* -ан, -ана
перелинова́ть, -ну́ю, -ну́ет
перелино́вывание, -я
перелино́вывать(ся), -аю, -ает(ся)
перелиня́ть, -я́ет
перели́станный; *кр. ф.* -ан, -ана
перелиста́ть, -а́ю, -а́ет
перелистну́ть, -ну́, -нёт
перелисто́ванный; *кр. ф.* -ан, -ана
перелистова́ть, -ту́ю, -ту́ет
перели́стывание, -я
перели́стывать(ся), -аю, -ает(ся)
перели́тый; *кр. ф.* -и́т, -ита́, -и́то
перели́ть(ся), -лью́, -льёт(ся); *прош.* -и́л(ся), -ила́(сь), -и́ло, -и́ло́сь
перелицева́ть(ся), -цу́ю, -цу́ет(ся)
перелицо́ванный; *кр. ф.* -ан, -ана
перелицо́вка, -и, *р. мн.* -вок
перелицо́вывание, -я
перелицо́вывать(ся), -аю, -ает(ся)
перело́в, -а
перелови́ть, -овлю́, -о́вит
перело́вленный; *кр. ф.* -ен, -ена
перело́г, -а
переложе́ние, -я
перело́женный; *кр. ф.* -ен, -ена
переложи́ть(ся), -ожу́(сь), -о́жит(ся)
перело́жный (*от* перело́г)
перело́й, -я
перело́м, -а
перело́манный; *кр. ф.* -ан, -ана
перелома́ть(ся), -а́ю, -а́ет(ся)
переломи́ть(ся), -омлю́(сь), -о́мит(ся)
перело́мка, -и, *р. мн.* -мок
перело́мленный; *кр. ф.* -ен, -ена
перело́мный
перелопа́тить, -а́чу, -а́тит
перело́паться, -ается
перелопа́ченный; *кр. ф.* -ен, -ена
перелопа́чивание, -я
перелопа́чивать(ся), -аю, -ает(ся)
перелуди́ть, -ужу́, -у́ди́т
перелу́женный; *кр. ф.* -ен, -ена и **перелужённый;** *кр. ф.* -ён, -ена́
перелу́живать(ся), -аю, -ает(ся)
перелупи́ть, -уплю́, -у́пит
перелу́пленный; *кр. ф.* -ен, -ена
перелупцева́ть, -цу́ю, -цу́ет
перелупцо́ванный; *кр. ф.* -ан, -ана
перелущённый; *кр. ф.* -ён, -ена́
перелу́щивание, -я
перелу́щивать(ся), -аю, -ает(ся)
перелущи́ть, -щу́, -щи́т
перелюби́ть, -блю́, -лю́бит
перелята́ть, -а́ю, -а́ет
перемагни́тить(ся), -и́чу, -и́тит(ся)
перемагни́ченный; *кр. ф.* -ен, -ена
перемагни́чивание, -я
перемагни́чивать(ся), -аю, -ает(ся)
перема́занный; *кр. ф.* -ан, -ана
перема́занский
перема́занство, -а
перема́занцы, -ев, *ед.* -нец, -нца, *тв.* -нцем (*секта*)
перема́зать(ся), -а́жу(сь), -а́жет(ся)
перема́зка, -и, *р. мн.* -зок
перема́зовщина, -ы
перема́зывание, -я
перема́зывать(ся), -аю(сь), -ает(ся)
перемалёванный; *кр. ф.* -ан, -ана
перемалева́ть, -лю́ю, -лю́ет
перемалёвка, -и, *р. мн.* -вок

перемалёвывать(ся), -аю, -ает(ся)
перема́лывание, -я
перема́лывать(ся), -аю, -ает(ся)
перема́ненный; *кр. ф.* -ен, -ена и **переманённый;** *кр. ф.* -ён, -ена́
перема́нивание, -я
перема́нивать(ся), -аю(сь), -ает(ся)
перемани́ть, -аню́, -а́ни́т
перема́ранный; *кр. ф.* -ан, -ана
перемара́ть(ся), -а́ю(сь), -а́ет(ся)
перема́ргиваться, -аюсь, -ается
перема́ривать(ся), -аю, -ает(ся)
перема́рывание, -я
перема́рывать(ся), -аю(сь), -ает(ся)
перема́сленный; *кр. ф.* -ен, -ена
перема́сливать(ся), -аю(сь), -ает(ся)
перема́слить(ся), -лю(сь), -лит(ся)
перема́тывание, -я
перема́тывать(ся), -аю, -ает(ся)
перема́х, -а
перема́хивать(ся), -аю(сь), -ает(ся)
перемахну́ть(ся), -ну́(сь), -нёт(ся)
перема́чивание, -я
перема́чивать(ся), -аю(сь), -ает(ся)
перема́щивать(ся), -аю, -ает(ся)
перема́яться, -а́юсь, -а́ется
перемежа́ть(ся), -а́ю, -а́ет(ся)
перемежа́ющий(ся)
перемежева́ние, -я
перемежёванный; *кр. ф.* -ан, -ана
перемежева́ть(ся), -жу́ю, -жу́ет(ся)
перемежёвка, -и, *р. мн.* -вок
перемежёвывание, -я
перемежёвывать(ся), -аю, -ает(ся)
перемежённый; *кр. ф.* -ён, -ена́
перемежи́ть(ся), -жу́, -жи́т(ся)
переме́жка, -и, *р. мн.* -жек
перемельчённый; *кр. ф.* -ён, -ена́
перемельчи́ть, -чу́, -чи́т
переме́на, -ы
переменённый; *кр. ф.* -ён, -ена́
перемени́ть(ся), -еню́(сь), -е́нит(ся)
переме́нка, -и, *р. мн.* -нок
переме́нно, *нареч.* и *в знач. сказ.*
переме́нно-вла́жный
переме́нно-пото́чный
переме́нно-тона́льный
переме́нный
переме́нчивость, -и
переме́нчивый
переменя́ть(ся), -я́ю(сь), -я́ет(ся)
переме́р, -а
переме́ренный; *кр. ф.* -ен, -ена
перемере́ть, -мрёт; *прош.* пе́ремер, перемерла́, пе́ремерло и -мёр, -мёрла, -мёрло
перемерза́ть, -а́ю, -а́ет
перемёрзлый
перемёрзнуть, -ну, -нет; *прош.* -ёрз, -ёрзла
перемёрзший
переме́ривание, -я
переме́ривать(ся), -аю, -ает(ся)
переме́ривший
переме́рить, -рю, -рит и -ряю, -ряет; *прош.* -рил, -рила
переме́рка, -и, *р. мн.* -рок
переме́рший
перемеря́ть(ся), -я́ю, -я́ет(ся)
перемеси́ть, -ешу́, -е́сит
перемести́, -мету́, -метёт; *прош.* -мёл, -мела́
перемести́мый
перемести́ть(ся), -ещу́(сь), -ести́т(ся)
перемёт, -а
перемётанный; *кр. ф.* -ан, -ана (*от* переметать)
перемета́ть[1], -а́ю, -а́ет, *сов.* (*от* мета́ть[1])
перемета́ть[2], -мечу́, -ме́чет, *сов.* (*от* мета́ть[2])
перемета́ть(ся), -а́ю, -а́ет(ся), *несов.* (*к* перемести́)
переметённый; *кр. ф.* -ён, -ена́ (*от* перемести́)
переме́тить, -ме́чу, -ме́тит
перемётка, -и, *р. мн.* -ток
переметну́ть(ся), -ну́(сь), -нёт(ся)
перемётный (*от* перемёт; *перекидной*; сума́ перемётная)
перемётчик, -а и **переме́тчик,** -а (*к* переметну́ть(ся)
перемётший
перемётывание, -я
перемётывать(ся), -аю(сь), -ает(ся)
перемеча́ть(ся), -а́ю, -а́ет(ся)
переме́ченный; *кр. ф.* -ен, -ена (*от* переме́тить)
переме́чивать(ся), -аю, -ает(ся)
переме́шанный; *кр. ф.* -ан, -ана (*от* перемеша́ть)
перемеша́ть(ся), -а́ю, -а́ет(ся)
переме́шенный; *кр. ф.* -ен, -ена (*от* перемеси́ть)
переме́шивание, -я
переме́шивать(ся), -аю, -ает(ся)
перемеща́ть(ся), -а́ю(сь), -а́ет(ся)
перемеще́ние, -я
перемещённый; *кр. ф.* -ён, -ена́
переми́гивание, -я
переми́гиваться, -аюсь, -ается
перемигну́ться, -ну́сь, -нётся
перемина́ть(ся), -а́ю(сь), -а́ет(ся)
перемини́ровать(ся), -рую, -рует(ся)
перемира́ть, -а́ет
перемирённый; *кр. ф.* -ён, -ена́
переми́рие, -я
перемири́ть(ся), -ирю́(сь), -и́ри́т(ся)
перемножа́ть(ся), -а́ю, -а́ет(ся)
перемножа́ющий(ся)
перемноже́ние, -я
перемно́женный; *кр. ф.* -ен, -ена
перемно́жить, -жу, -жит
перемога́ть(ся), -а́ю(сь), -а́ет(ся)
перемо́гший(ся) (*от* перемо́чь(ся)
перемоду́ля́ция, -и
перемока́ть, -а́ю, -а́ет
перемо́кнуть, -ну, -нет; *прош.* -о́к, -о́кла
перемо́кший (*от* перемо́кнуть)
перемо́л, -а
перемола́чивание, -я
перемола́чивать(ся), -аю, -ает(ся)
перемо́лвить(ся), -влю(сь), -вит(ся)
перемоло́т, -а
перемолоти́ть(ся), -очу́, -о́тит(ся)
перемо́лотый
перемоло́ть(ся), -мелю́, -ме́лет(ся)
перемоло́ченный; *кр. ф.* -ен, -ена
перемолча́ть, -чу́, -чи́т
перемонта́ж, -а́, *тв.* -о́м
перемонти́рование, -я
перемонти́рованный; *кр. ф.* -ан, -ана
перемонти́ровать(ся), -рую, -рует(ся)
перемонтиро́вка, -и, *р. мн.* -вок
перемора́живание, -я
перемора́живать(ся), -аю, -ает(ся)
переморгну́ться, -ну́сь, -нётся
переморённый; *кр. ф.* -ён, -ена́
перемори́ть(ся), -рю́, -ри́т(ся)
переморо́женный; *кр. ф.* -ен, -ена
переморо́зить(ся), -о́жу(сь), -о́зит(ся)
перемости́ть, -ощу́, -ости́т
перемо́танный; *кр. ф.* -ан, -ана
перемота́ть(ся), -а́ю, -а́ет(ся)
перемо́тка, -и, *р. мн.* -ток
перемо́точный
перемо́тчик, -а
перемо́тчица, -ы, *тв.* -ей
перемо́ченный; *кр. ф.* -ен, -ена
перемочи́ть(ся), -очу́(сь), -о́чит(ся)
перемо́чка, -и, *р. мн.* -чек
перемо́чь(ся), -огу́(сь), -о́жет(ся), -о́гут(ся); *прош.* -о́г(ся), -огла́(сь)
перемощённый; *кр. ф.* -ён, -ена́
перемудри́ть, -рю́, -ри́т
перему́сленный; *кр. ф.* -ен, -ена
перему́сливать(ся), -аю, -ает(ся)
перему́слить(ся), -лю, -лит(ся)
перемусо́ленный; *кр. ф.* -ен, -ена
перемусо́ливать(ся), -аю(сь), -ает(ся)
перемусо́лить(ся), -лю(сь), -лит(ся)
перемути́ть(ся), -учу́, -у́ти́т(ся)
перему́ченный; *кр. ф.* -ен, -ена
перему́чивать(ся), -аю(сь), -ает(ся)
перему́чивший(ся)
перему́чить(ся), -чу(сь), -чит(ся) и -чаю(сь), -чает(ся); *прош.* -чил(ся), -чила(сь)
перемыва́ние, -я
перемыва́ть(ся), -а́ю(сь), -а́ет(ся)
перемы́вка, -и, *р. мн.* -вок
перемы́ленный; *кр. ф.* -ен, -ена
перемы́ливать(ся), -аю(сь), -ает(ся)
перемы́лить(ся), -лю(сь), -лит(ся)
перемы́тый
перемы́ть(ся), -мо́ю(сь), -мо́ет(ся)
перемы́чка, -и, *р. мн.* -чек
перемы́шльский (*от* Перемы́шль)
перемя́кнувший
перемя́кнуть, -нет; *прош.* -я́к, -я́кла
перемя́кший
перемя́тый
перемя́ть(ся), -мну́, -мнёт(ся)

перенабира́ть(ся), -а́ю, -а́ет(ся)
перена́бранный; *кр. ф.* -ан, -ана
перенабра́ть, -беру́, -берёт
перенаведе́ние, -я
перенаведённый; *кр. ф.*-ён, -ена́
перенавести́(сь), -еду́, -едёт(ся)
перенаводи́ть(ся), -ожу́, -о́дит(ся)
перенаво́дка, -и, *р. мн.* -док
перенаём, -на́йма
переназва́ть, -зову́, -зовёт
переназнача́ть(ся), -а́ю(сь), -а́ет(ся)
переназначе́ние, -я
переназна́ченный; *кр. ф.* -ен, -ена
переназна́чить, -чу, -чит
переназыва́ть, -а́ю, -а́ет
перенала́дить, -а́жу, -а́дит
перенала́дка, -и, *р. мн.* -док
перенала́женный; *кр. ф.* -ен, -ена
перенала́живать(ся), -аю, -ает(ся)
перенапра́вить, -влю, -вит
перенапра́вленный; *кр. ф.* -ен, -ена
перенаправля́ть(ся), -я́ю(сь), -я́ет(ся)
перенапряга́ть(ся), -а́ю(сь), -а́ет(ся)
перенапря́гший(ся)
перенапряже́ние, -я
перенапряжённый; *кр. ф.* -ён, -ена́
перенапря́чь(ся), -ягу́(сь), -яжёт(ся), -ягу́т(ся); *прош.* -я́г(ся), -ягла́(сь)
перенаселе́ние, -я
перенаселённость, -и
перенаселённый; *кр. ф.* -ён, -ена́
перенасели́ть, -елю́, -е́ли́т
перенаселя́ть(ся), -я́ю, -я́ет(ся)
перенастра́ивание, -я
перенастра́ивать(ся), -аю(сь), -ает(ся)
перенастро́енный; *кр. ф.* -ен, -ена
перенастро́ить(ся), -о́ю(сь), -о́ит(ся)
перенастро́йка, -и, *р. мн.* -о́ек
перенасы́тить(ся), -ы́щу(сь), -ы́тит(ся)
перенасыща́ть(ся), -а́ю(сь), -а́ет(ся)
перенасыще́ние, -я
перенасы́щенность, -и
перенасы́щенный; *кр. ф.* -ен, -ена
перенаце́ленный; *кр. ф.* -ен, -ена
перенаце́ливание, -я
перенаце́ливать(ся), -аю(сь), -ает(ся)
перенаце́лить(ся), -лю(сь), -лит(ся)
перена́шивание, -я
перена́шивать(ся), -аю, -ает(ся)
перене́рвничать, -аю, -ает
перенесе́ние, -я
перенесённый; *кр. ф.* -ён, -ена́
перенести́(сь), -су́(сь), -сёт(ся); *прош.* -ёс(ся), -есла́(сь)
перенёсший(ся)
перени́занный; *кр. ф.* -ан, -ана
перениза́ть, -ижу́, -и́жет
перени́зка, -и, *р. мн.* -зок
перени́зывание, -я
перени́зывать(ся), -аю, -ает(ся)
перенима́ние, -я
перенима́ть(ся), -а́ю, -а́ет(ся)
перенорми́руемый
перено́с, -а
переноси́мость, -и
переноси́мый
переноси́ть, -ошу́, -о́сит, *сов.*
переноси́ть(ся), -ошу́(сь), -о́сит(ся), *несов.*
перено́сица, -ы, *тв.* -ей
перено́ска, -и, *р. мн.* -сок
переносно́й (*приспособленный для переноски*)
перено́сность, -и
перено́сный (*то же, что переносной; не буквальный*)
перено́счик, -а
перено́счица, -ы, *тв.* -ей
перено́сье, -я, *р. мн.* -ьев
переночева́ть, -чу́ю, -чу́ет
переночёвывать, -аю, -ает
перено́шенный; *кр. ф.* -ен, -ена
перенумеро́ванный; *кр. ф.* -ан, -ана
перенумерова́ть, -ру́ю, -ру́ет
перенумеро́вывание, -я
перенумеро́вывать(ся), -аю, -ает(ся)
переню́ханный; *кр. ф.* -ан, -ана
переню́хать(ся), -аю(сь), -ает(ся)
переню́хивание, -я
переню́хивать(ся), -аю(сь), -ает(ся)
пе́ренятый; *кр. ф.* -ят, -ята́, -ято
переня́ть, переиму́, переймёт; *прош.* пе́реня́л, переняла́, пе́реня́ло
переоблача́ть(ся), -а́ю(сь), -а́ет(ся)
переоблаче́ние, -я
переоблачённый; *кр. ф.* -ён, -ена́
переоблачи́ть(ся), -чу́(сь), -чи́т(ся)
переоблуча́ть(ся), -а́ю(сь), -а́ет(ся)
переоблуче́ние, -я
переоблучённый; *кр. ф.* -ён, -ена́
переоблучи́ть(ся), -чу́(сь), -чи́т(ся)
переобмундирова́ние, -я
переобмундиро́ванный; *кр. ф.* -ан, -ана
переобмундирова́ть(ся), -ру́ю(сь), -ру́ет(ся)
переобмундиро́вывать(ся), -аю(сь), -ает(ся)
переобору́дование, -я
переобору́дованный; *кр. ф.* -ан, -ана
переобору́довать(ся), -дую(сь), -дует(ся)
переобремене́ние, -я
переобременённый; *кр. ф.* -ён, -ена́
переобремени́ть, -ню́, -ни́т
переобременя́ть(ся), -я́ю(сь), -я́ет(ся)
переобува́ние, -я
переобува́ть(ся), -а́ю(сь), -а́ет(ся)
переобу́тый
переобу́ть(ся), -у́ю(сь), -у́ет(ся)
переобуча́ть(ся), -а́ю(сь), -а́ет(ся)
переобуче́ние, -я
переобу́ченный; *кр. ф.* -ен, -ена
переобучи́ть(ся), -учу́(сь), -у́чит(ся)
переодева́ние, -я
переодева́ть(ся), -а́ю(сь), -а́ет(ся)
переоде́тый
переоде́ть(ся), -е́ну(сь), -е́нет(ся)
переозву́ченный; *кр. ф.* -ен, -ена
переозву́чивание, -я
переозву́чивать(ся), -аю, -ает(ся)
переозву́чить(ся), -чу, -чит(ся)
переопыле́ние, -я
переопылённый; *кр. ф.* -ён, -ена́
переопыли́ть(ся), -лю́, -ли́т(ся)
переопыля́ть(ся), -я́ю, -я́ет(ся)
перео́ранный; *кр. ф.* -ан, -ана
переора́ть, -ору́, -орёт
переорганиза́ция, -и
переорганизо́ванный; *кр. ф.* -ан, -ана
переорганизова́ть(ся), -зу́ю(сь), -зу́ет(ся)
переорганизо́вывать(ся), -аю(сь), -ает(ся)
переориента́ция, -и
переориенти́рованный; *кр. ф.* -ан, -ана
переориенти́ровать(ся), -рую(сь), -рует(ся)
переориентиро́вка, -и, *р. мн.* -вок
переоркестро́ванный; *кр. ф.* -ан, -ана
переоркестрова́ть, -ру́ю, -ру́ет
переоркестро́вка, -и, *р. мн.* -вок
переоркестро́вывать(ся), -аю, -ает(ся)
переосвиде́тельствование, -я
переосвиде́тельствованный; *кр. ф.* -ан, -ана
переосвиде́тельствовать(ся), -твую(сь), -твует(ся)
переосмысле́ние, -я
переосмы́сленный; *кр. ф.* -ен, -ена
переосмы́сливание, -я
переосмы́сливать(ся), -аю, -ает(ся)
переосмы́слить, -лю, -лит
переосмысля́ть(ся), -я́ю, -я́ет(ся)
переоснасти́ть(ся), -ащу́(сь), -асти́т(ся)
переосна́стка, -и, *р. мн.* -ток
переоснаща́ть(ся), -а́ю(сь), -а́ет(ся)
переоснаще́ние, -я
переоснащённый; *кр. ф.* -ён, -ена́
переосторо́жничать, -аю, -ает
переотло́женный; *кр. ф.* -ен, -ена
переофо́рмить(ся), -млю(сь), -мит(ся)
переоформле́ние, -я
переофо́рмленный; *кр. ф.* -ен, -ена
переоформля́ть(ся), -я́ю(сь), -я́ет(ся)
переохлади́ть(ся), -ажу́(сь), -ади́т(ся)
переохлажда́ть(ся), -а́ю(сь), -а́ет(ся)
переохлажде́ние, -я
переохлаждённый; *кр. ф.* -ён, -ена́
переоценённый; *кр. ф.* -ён, -ена́
переоце́нивание, -я
переоце́нивать(ся), -аю, -ает(ся)
переоцени́ть, -еню́, -е́нит
переоце́нка, -и, *р. мн.* -нок
перепа́вший
перепа́д, -а
перепа́дать, -ает, *сов.* (*от* па́дать)
перепада́ть, -а́ет, *несов.* (*к* перепа́сть)
перепадно́й
перепа́ивание, -я
перепа́ивать(ся), -аю(сь), -ает(ся)

перепа́йка, -и, *р. мн.* -па́ек
перепако́ванный; *кр. ф.* -ан, -ана
перепакова́ть(ся), -ку́ю(сь), -ку́ет(ся)
перепако́вка, -и, *р. мн.* -вок
перепако́вывание, -я
перепако́вывать(ся), -аю(сь), -ает(ся)
перепа́костить(ся), -ощу(сь), -остит(ся)
перепа́кощенный; *кр. ф.* -ен, -ена
перепалённый; *кр. ф.* -ён, -ена́
перепа́ливать(ся), -аю(сь), -ает(ся)
перепали́ть, -лю́, -ли́т
перепа́лка, -и, *р. мн.* -лок
перепа́лывание, -я
перепа́лывать(ся), -аю, -ает(ся)
перепа́ренный; *кр. ф.* -ен, -ена
перепа́ривание, -я
перепа́ривать(ся), -аю(сь), -ает(ся)
перепа́рить(ся), -рю(сь), -рит(ся)
перепарко́ванный; *кр. ф.* -ан, -ана
перепаркова́ть(ся), -ку́ю(сь), -ку́ет(ся)
перепарко́вка, -и, *р. мн.* -вок
перепарко́вывать(ся), -аю(сь), -ает(ся)
перепа́рхивание, -я
перепа́рхивать, -аю, -ает
перепа́рывание, -я
перепа́рывать(ся), -аю, -ает(ся)
перепа́с, -а (*к* перепасова́ть)
перепасо́ванный; *кр. ф.* -ан, -ана
перепасова́ть, -су́ю, -су́ет
перепасо́вка, -и, *р. мн.* -вок
перепасо́вывать(ся), -аю(сь), -ает(ся)
перепассива́ция, -и
перепа́сть, -адёт; *прош.* -а́л, -а́ла
перепа́ханный; *кр. ф.* -ан, -ана
перепаха́ть, -пашу́, -па́шет
перепа́хивание, -я
перепа́хивать(ся), -аю, -ает(ся)
перепа́чканный; *кр. ф.* -ан, -ана
перепа́чкать(ся), -аю(сь), -ает(ся)
перепа́чкивать(ся), -аю(сь), -ает(ся)
перепа́шка, -и, *р. мн.* -шек
перепа́янный; *кр. ф.* -ян, -яна
перепая́ть, -я́ю, -я́ет
перепе́в, -а
перепева́ние, -я
перепева́ть(ся), -а́ю, -а́ет(ся) (*к* перепе́ть)
перепека́ть(ся), -а́ю, -а́ет(ся)
перепёкший(ся)
пе́репел, -а, *мн.* -а́, -о́в
перепелена́ние, -я
перепелёнатый и **перепелёнутый**
перепелена́ть, -а́ю, -а́ет
перепелёнок, -нка, *мн.* -ля́та, -ля́т
перепелёнывание, -я
перепелёнывать(ся), -аю, -ает(ся)
перепели́ный
перепели́ца, -ы, *тв.* -ей
перепёлка, -и, *р. мн.* -лок
перепёлочий, -ья, -ье
перепёлочка, -и, *р. мн.* -чек
перепеля́тник, -а
перепере́ть, -пру́, -прёт; *прош.* -пёр, -пёрла
перепёртый
перепе́рченный; *кр. ф.* -ен, -ена
перепе́рчивание, -я
перепе́рчивать(ся), -аю, -ает(ся)
перепе́рчи́ть, -пе́рчу́, -пе́рчи́т
перепёрший
перепестрённый; *кр. ф.* -ён, -ена́
перепестри́ть, -рю́, -ри́т
перепе́тый
перепе́ть, -пою́, -поёт
перепеча́танный; *кр. ф.* -ан, -ана
перепеча́тать(ся), -аю, -ает(ся)
перепеча́тка, -и, *р. мн.* -ток
перепеча́тывание, -я
перепеча́тывать(ся), -аю, -ает(ся)
перепечённый; *кр. ф.* -ён, -ена́
перепе́чь(ся), -пеку́, -печёт(ся), -пеку́т(ся); *прош.* -пёк(ся), -пекла́(сь)
перепива́ть(ся), -а́ю(сь), -а́ет(ся) (*к* перепи́ть(ся)
перепи́ленный; *кр. ф.* -ен, -ена
перепи́ливание, -я
перепи́ливать(ся), -аю, -ает(ся)
перепили́ть(ся), -илю́, -и́лит(ся)
перепи́лка, -и, *р. мн.* -лок
перепира́ть(ся), -а́ю, -а́ет(ся)
перепи́санный; *кр. ф.* -ан, -ана
переписа́ть(ся), -ишу́(сь), -и́шет(ся)
перепи́ска, -и, *р. мн.* -сок
переписно́й
перепи́счик, -а
перепи́счица, -ы, *тв.* -ей
перепи́сывание, -я
перепи́сывать(ся), -аю(сь), -ает(ся)
пе́репись, -и
перепи́тый
перепи́ть(ся), -пью́(сь), -пьёт(ся); *прош.* -и́л(ся), -ила́(сь), -и́ло, -и́ло́сь
перепи́ханный; *кр. ф.* -ан, -ана
перепиха́ть, -а́ю, -а́ет
перепи́хивание, -я
перепи́хивать(ся), -аю(сь), -ает(ся)
перепи́хнутый
перепихну́ть(ся), -ну́(сь), -нёт(ся)
перепла́в, -а
перепла́вить(ся), -влю, -вит(ся)
перепла́вка, -и, *р. мн.* -вок
перепла́вленный; *кр. ф.* -ен, -ена
переплавля́ть(ся), -я́ю, -я́ет(ся)
переплавно́й
переплани́рование, -я
переплани́рованный; *кр. ф.* -ан, -ана (*от* переплани́ровать) и **переплани́ро́ванный;** *кр. ф.* -ан, -ана (*от* переплани́рова́ть)
переплани́ровать, -и́рую, -и́рует (*от* плани́ровать) и **переплани́рова́ть,** -и́ру́ю, -и́ру́ет (*от* плани́рова́ть)
перепланиро́вка, -и, *р. мн.* -вок
перепланиро́вывание, -я
перепланиро́вывать(ся), -аю, -ает(ся)
перепла́станный; *кр. ф.* -ан, -ана
перепласта́ть, -а́ю, -а́ет
перепла́стывать(ся), -аю, -ает(ся)
перепла́та, -ы
переплати́ть, -ачу́, -а́тит (*к* пла́та)
перепла́ченный; *кр. ф.* -ен, -ена
перепла́чивание, -я
перепла́чивать(ся), -аю, -ает(ся)
переплёванный; *кр. ф.* -ан, -ана
переплева́ть(ся), -плюю́(сь), -плюёт(ся)
переплёвывать(ся), -аю(сь), -ает(ся)
перепле́ск, -а
переплёскивать(ся), -аю, -ает(ся)
переплёснутый
переплесну́ть(ся), -ну́, -нёт(ся)
переплести́(сь), -лету́(сь), -летёт(ся); *прош.* -плёл(ся), -плела́(сь)
переплёт, -а
переплета́ние, -я
переплета́ть(ся), -а́ю(сь), -а́ет(ся)
переплете́ние, -я
переплетённый; *кр. ф.* -ён, -ена́
переплётно-брошюро́вочный
переплётный
переплётчик, -а
переплётчица, -ы, *тв.* -ей
переплётший(ся)
переплоти́ть, -очу́, -оти́т (*к* плот)
переплочённый; *кр. ф.* -ён, -ена́ (*от* переплоти́ть)
переплутова́ть, -ту́ю, -ту́ет
переплы́в, -а (*спорт.*)
переплыва́ть(ся), -а́ю, -а́ет(ся)
переплы́ть, -ыву́, -ывёт; *прош.* -ы́л, -ыла́, -ы́ло
переплю́нуть, -ну, -нет
перепля́с, -а
перепляса́ть, -яшу́, -я́шет
перепля́сывать, -аю, -ает
переподава́ть(ся), -даю́, -даёт(ся)
перепо́данный; *кр. ф.* -ан, -ана
перепода́ть, -а́м, -а́шь, -а́ст, -ади́м, -ади́те, -аду́т; *прош.* -а́л, -ала́, -а́ло
перепода́ча, -и, *тв.* -ей
переподгота́вливать(ся), -аю(сь), -ает(ся)
переподгото́вить(ся), -влю(сь), -вит(ся)
переподгото́вка, -и, *р. мн.* -вок
переподгото́вленный; *кр. ф.* -ен, -ена
переподготовля́ть(ся), -я́ю(сь), -я́ет(ся)
переподчине́ние, -я
переподчинённый; *кр. ф.* -ён, -ена́
переподчини́ть, -ню́, -ни́т
переподчиня́ть(ся), -я́ю(сь), -я́ет(ся)
перепо́енный; *кр. ф.* -ен, -ена
перепои́ть, -ою́, -о́ит и -ои́т
перепо́й, -я и -ю
перепола́скивание, -я
перепола́скивать(ся), -аю, -ает(ся)
переполза́ние, -я
перепо́лзать, -аю, -ает, *сов.* (*от* по́лзать)

переползáть, -áю, -áет, *несов.* (к переползти́)
переползти́, -зу́, -зёт; *прош.* -óлз, -олзлá
перепóлзший
перепóлка, -и, *р. мн.* -лок
переполнéние, -я
перепóлненность, -и
перепóлненный; *кр. ф.* -ен, -ена
перепóлнить(ся), -ню(сь), -нит(ся)
переполня́ть(ся), -я́ю(сь), -я́ет(ся)
переполóсканный; *кр. ф.* -ан, -ана
переполоскáть, -лощу́, -лóщет и -áю, -áет
перепóлотый
переполóть, -олю́, -óлет
переполóх, -а
переполошённый; *кр. ф.* -ён, -енá
переполоши́ть(ся), -шу́(сь), -ши́т(ся)
переполóшный
перепóнка, -и, *р. мн.* -нок
перепóночка, -и, *р. мн.* -чек
перепóночный
перепончатокры́лые, -ых
перепóнчатый
перепóротый
перепорóть, -орю́, -óрет
перепóртить(ся), -рчу, -ртит(ся)
перепоручáть(ся), -áю, -áет(ся)
перепору́ченный; *кр. ф.* -ен, -ена
перепоручи́ть, -учу́, -у́чит
перепорхну́ть, -ну́, -нёт
перепóрченный; *кр. ф.* -ен, -ена
перепостáвка, -и, *р. мн.* -вок
перепости́ться, -ощу́сь, -ости́тся
перепотрошённый; *кр. ф.* -ён, -енá
перепотроши́ть, -шу́, -ши́т
перепоя́санный; *кр. ф.* -ан, -ана
перепоя́сать(ся), -я́шу(сь), -я́шет(ся)
перепоя́сывание, -я
перепоя́сывать(ся), -аю(сь), -ает(ся)
перепрáва, -ы
перепрáвить(ся), -влю(сь), -вит(ся)
перепрáвка, -и, *р. мн.* -вок
переправлéние, -я
перепрáвленный; *кр. ф.* -ен, -ена
переправля́ть(ся), -я́ю(сь), -я́ет(ся)
перепрáвочный
перепревáние, -я
перепревáть, -áет
перепрéлый
перепрéть, -éет
перепрививáть(ся), -áю, -áет(ся)
переприви́вка, -и, *р. мн.* -вок
перепривиты́й
переприви́ть, -вью́, -вьёт; *прош.* -ви́л, -вилá, -ви́ло
переприём, -а
переприся́га, -и
переприсягáть, -áю, -áет
переприсягну́ть, -ну́, -нёт
перепрóбованный; *кр. ф.* -ан, -ана
перепрóбовать(ся), -бую, -бует(ся)
перепровéренный; *кр. ф.* -ен, -ена
перепровéрить(ся), -рю, -рит(ся)
перепровéрка, -и, *р. мн.* -рок
перепроверя́ть(ся), -я́ю, -я́ет(ся)
перепрограмми́рование, -я
перепрограмми́рованный; *кр. ф.* -ан, -ана
перепрограмми́ровать(ся), -рую(сь), -рует(ся)
перепродавáть(ся), -даю́, -даёт(ся)
перепродавéц, -вцá, *тв.* -вцóм, *р. мн.* -вцóв
перепродáжа, -и, *тв.* -ей
перепрóданный; *кр. ф.* -ан, -прóданá, -ано
перепродáть, -áм, -áшь, -áст, -ади́м, -ади́те, -аду́т; *прош.* -óдáл, -одалá, -óдáло
перепроекти́рование, -я
перепроекти́рованный; *кр. ф.* -ан, -ана
перепроекти́ровать(ся), -рую, -рует(ся)
перепроектирóвка, -и, *р. мн.* -вок
перепроизвóдство, -а
перепрóмысел, -сла
перепрописáть(ся), -ишу́(сь), -и́шет(ся)
перепропи́ска, -и, *р. мн.* -сок
перепропи́сывание, -я
перепропи́сывать(ся), -аю(сь), -ает(ся)
перепрофили́рование, -я
перепрофили́рованный; *кр. ф.* -ан, -ана
перепрофили́ровать(ся), -рую(сь), -рует(ся)
перепруди́ть, -ужу́, -у́ди́т
перепру́женный; *кр. ф.* -ен, -ена
перепру́живать(ся), -аю, -ает(ся)
перепры́гать, -аю, -ает
перепры́гивание, -я
перепры́гивать, -аю, -ает
перепры́гнуть, -ну, -нет
перепры́жка, -и, *р. мн.* -жек
перепры́сканный; *кр. ф.* -ан, -ана
перепры́скать(ся), -аю(сь), -ает(ся)
перепры́скивать(ся), -аю(сь), -ает(ся)
перепры́снуть, -ну, -нет
перепрягáть(ся), -áю, -áет(ся)
перепря́гший
перепрядáть(ся), -áю, -áет(ся)
перепря́денный; *кр. ф.* -ен, -ена и **перепрядённый;** *кр. ф.* -ён, -енá
перепряжённый; *кр. ф.* -ён, -енá
перепря́жка, -и, *р. мн.* -жек
перепря́сть, -яду́, -ядёт; *прош.* -я́л, -ялá, -я́ло
перепря́танный; *кр. ф.* -ан, -ана
перепря́тать(ся), -я́чу(сь), -я́чет(ся)
перепря́тывание, -я
перепря́тывать(ся), -аю(сь), -ает(ся)
перепря́чь, -ягу́, -яжёт, -ягу́т; *прош.* -я́г, -яглá
перепу́г, -а и -у
перепу́ганный; *кр. ф.* -ан, -ана
перепугáть(ся), -áю(сь), -áет(ся)
перепу́дренный; *кр. ф.* -ен, -ена
перепу́дривание, -я
перепу́дривать(ся), -аю(сь), -ает(ся)
перепу́дрить(ся), -рю(сь), -рит(ся)
перепу́ск, -а
перепускáние, -я
перепускáть(ся), -áю, -áет(ся)
перепускнóй
перепусти́ть, -ущу́, -у́стит
перепу́танный; *кр. ф.* -ан, -ана
перепу́тать(ся), -аю, -ает(ся)
перепу́тывание, -я
перепу́тывать(ся), -аю, -ает(ся)
перепу́тье, -я, *р. мн.* -тий
перепу́щенный; *кр. ф.* -ен, -ена
перепылённый; *кр. ф.* -ён, -енá
перепыли́ть(ся), -лю́(сь), -ли́т(ся)
перерабáтывание, -я
перерабáтывать(ся), -аю(сь), -ает(ся)
переработанный; *кр. ф.* -ан, -ана
перерабóтать(ся), -аю(сь), -ает(ся)
перерабóтка, -и, *р. мн.* -ток
перерабóточный
перерабóтчик, -а
переразви́тие, -я
перерáзвитый
переразви́ть(ся), -разовью́(сь), -разовьёт(ся); *прош.* -и́л(ся), -илá(сь), -и́ло, -и́лóсь
переразложéние, -я
перерáненный; *кр. ф.* -ен, -ена
перерáнить, -ню, -нит
перераспределéние, -я
перераспределённый; *кр. ф.* -ён, -енá
перераспредели́тельный
перераспредели́ть(ся), -лю́, -ли́т(ся)
перераспределя́ть(ся), -я́ю, -я́ет(ся)
перерасслéдование, -я
перерасслéдованный; *кр. ф.* -ан, -ана
перерасслéдовать(ся), -дую, -дует(ся)
перерассчитáть(ся), -áю(сь), -áет(ся)
перерассчи́тывать(ся), -аю(сь), -ает(ся)
перерастáние, -я
перерастáть, -áю, -áет
перерасти́, -ту́, -тёт; *прош.* -рóс, -рослá
перерасхóд, -а
перерасхóдование, -я
перерасхóдованный; *кр. ф.* -ан, -ана
перерасхóдовать(ся), -дую, -дует(ся)
перерасчёт, -а
перéрванный; *кр. ф.* -ан, -ана
перервáть(ся), -ву́, -вёт(ся); *прош.* -áл(ся), -алá(сь), -áло, -áлóсь
перерегистрáция, -и
перерегистри́рованный; *кр. ф.* -ан, -ана
перерегистри́ровать(ся), -рую(сь), -рует(ся)
перередакти́рование, -я
перередакти́рованный; *кр. ф.* -ан, -ана
перередакти́ровать(ся), -рую, -рует(ся)

перере́з, -а
перереза́ние, -я
перере́занный; *кр. ф.* -ан, -ана
перере́зать(ся), -е́жу(сь), -е́жет(ся), *сов.*
перереза́ть(ся), -а́ю(сь), -а́ет(ся), *несов.*
перере́зка, -и, *р. мн.* -зок
перере́зывание, -я
перере́зывать(ся), -аю(сь), -ает(ся)
перереша́ть(ся), -а́ю, -а́ет(ся)
перерешённый; *кр. ф.* -ён, -ена́
перереши́ть, -шу́, -ши́т
перержа́ве́вший
перержаве́лый
перержа́веть, -еет и **перержаве́ть,** -е́ет
перержа́вленный; *кр. ф.* -ен, -ена
перерисо́ванный; *кр. ф.* -ан, -ана
перерисова́ть(ся), -су́ю, -су́ет(ся)
перерисо́вка, -и, *р. мн.* -вок
перерисо́вывание, -я
перерисо́вывать(ся), -аю, -ает(ся)
перeróд, -а
перероди́ть(ся), -ожу́(сь), -оди́т(ся)
перeродни́ться, -ню́сь, -ни́тся
перерожа́ть, -а́ю, -а́ет
перерожда́ть(ся), -а́ю(сь), -а́ет(ся)
перерожде́нец, -нца, *тв.* -нцем, *р. мн.* -нцев
перерожде́ние, -я
перерожде́нка, -и, *р. мн.* -нок
перерождённый; *кр. ф.* -ён, -ена́
перерожде́нческий
перерожде́нчество, -а
перeróслый
перeróсток, -тка
перeróсший
переру́б, -а
перeруба́ние, -я
перeруба́ть(ся), -а́ю, -а́ет(ся)
перeруби́ть(ся), -рублю́, -ру́бит(ся)
переру́бка, -и, *р. мн.* -бок
переру́бленный; *кр. ф.* -ен, -ена
переру́ганный; *кр. ф.* -ан, -ана
перeруга́ть(ся), -а́ю(сь), -а́ет(ся)
переру́гивание, -я
переру́гивать(ся), -аю(сь), -ает(ся)
переры́в, -а
перерыва́ть(ся), -а́ю, -а́ет(ся)
переры́вчатый
переры́тый
переры́ть, -ро́ю, -ро́ет
перерыхлённый; *кр. ф.* -ён, -ена́
перерыхли́ть, -лю́, -ли́т
перерыхля́ть(ся), -я́ю, -я́ет(ся)
переряди́ть(ся), -яжу́(сь), -я́дит(ся)
переряжа́ть(ся), -а́ю(сь), -а́ет(ся)
переря́женный; *кр. ф.* -ен, -ена
переря́живание, -я
переря́живать(ся), -аю(сь), -ает(ся)
пересади́ть, -ажу́, -а́дит
переса́дка, -и, *р. мн.* -док (*действие*)
переса́док, -дка (*пересаженное растение*)
переса́дочный
пересажа́ть, -а́ю, -а́ет
переса́женный; *кр. ф.* -ен, -ена
переса́живание, -я
переса́живать(ся), -аю(сь), -ает(ся)
переса́ленный; *кр. ф.* -ен, -ена
переса́ливание, -я
переса́ливать(ся), -аю, -ает(ся)
переса́лить, -а́лю, -а́лит
переса́сывание, -я
переса́сывать(ся), -аю, -ает(ся)
переса́харенный; *кр. ф.* -ен, -ена
переса́харивать(ся), -аю, -ает(ся)
переса́харить, -рю, -рит
пересбо́р, -а
пересва́танный; *кр. ф.* -ан, -ана
пересва́тать, -аю, -ает
пересва́тывать(ся), -аю, -ает(ся)
пересве́рк, -а
пересви́ст, -а
пересвиста́ть, -ищу́, -и́щет
пересвисте́ть, -ищу́, -исти́т
пересви́стнуться, -нусь, -нется
пересви́стывание, -я
пересви́стывать(ся), -аю(сь), -ает(ся)
пересдава́ть(ся), -даю́, -даёт(ся)
пересда́нный; *кр. ф.* -а́н, -ана́
пересда́ть, -а́м, -а́шь, -а́ст, -ади́м, -ади́те, -аду́т; *прош.* -а́л, -ала́, -а́ло
пересда́ча, -и, *тв.* -ей
пересе́в, -а
пересева́ть(ся), -а́ю, -а́ет(ся)
пересёдланный; *кр. ф.* -ан, -ана
переседла́ть, -а́ю, -а́ет
пересёдлывать(ся), -аю, -ает(ся)
пересе́ивание, -я
пересе́ивать(ся), -аю, -ает(ся)
пересека́емость, -и
пересека́ние, -я
пересека́ть(ся), -а́ю(сь), -а́ет(ся)
пересе́кший(ся) и **пересёкший(ся)**
переселе́нец, -нца, *тв.* -нцем, *р. мн.* -нцев
переселе́ние, -я
переселе́нка, -и, *р. мн.* -нок
переселённый; *кр. ф.* -ён, -ена́
переселе́нческий
переселе́нчество, -а
пересели́ть(ся), -елю́(сь), -е́лит(ся)
переселя́ть(ся), -я́ю(сь), -я́ет(ся)
пересе́сть, -ся́ду, -ся́дет; *прош.* -се́л, -се́ла
пересече́ние, -я
пересечённость, -и
пересе́ченный; *кр. ф.* -ен, -ена (*наказанный поркой*)
пересечённый; *кр. ф.* -ён, -ена́ (*к* пересече́ние)
пересе́чь(ся), -еку́(сь), -сечёт(ся), -секу́т(ся); *прош.* -сёк(ся) и -се́к(ся), -секла́(сь)
пересе́янный; *кр. ф.* -ян, -яна
пересе́ять, -е́ю, -е́ет
пересиде́ть, -ижу́, -иди́т
переси́женный; *кр. ф.* -ен, -ена
переси́живание, -я
переси́живать(ся), -аю(сь), -ает(ся)
переси́ленный; *кр. ф.* -ен, -ена
переси́ливание, -я
переси́ливать(ся), -аю, -ает(ся)
переси́лить, -лю, -лит
пересинённый; *кр. ф.* -ён, -ена́
переси́нивание, -я
переси́нивать(ся), -аю, -ает(ся)
пересини́ть(ся), -ню́, -ни́т(ся)
пересиро́пить, -плю, -пит
пересиро́пленный; *кр. ф.* -ен, -ена
переска́бливать(ся), -аю, -ает(ся)
переска́з, -а
переска́занный; *кр. ф.* -ан, -ана
пересказа́ть, -скажу́, -ска́жет
переска́зчик, -а
переска́зчица, -ы, *тв.* -ей
переска́зывание, -я
переска́зывать(ся), -аю, -ает(ся)
перескака́ть, -скачу́, -ска́чет
переска́кивание, -я
переска́кивать(ся), -аю, -ает(ся)
перескакну́ть, -ну́, -нёт
переска́чка, -и, *р. мн.* -чек
переско́бленный; *кр. ф.* -ен, -ена
перескобли́ть, -лю́, -ли́т
перескочи́ть, -скочу́, -ско́чит
перескрёбший
перескрести́, -ребу́, -ребёт; *прош.* -рёб, -ребла́
Пересла́вль-Зале́сский, Пересла́вля-Зале́сского
пересла́вский (*к* Пересла́вль-Зале́сский)
пересла́вцы, -ев, *ед.* -вец, -вца, *тв.* -вцем (*к* Пересла́вль-Зале́сский)
пересла́ивание, -я
пересла́ивать(ся), -аю, -ает(ся)
пере́сланный; *кр. ф.* -ан, -ана (*от* пересла́ть)
пересласти́ть, -ащу́, -асти́т
пересла́ть, перешлю́, перешлёт; *прош.* -сла́л, -сла́ла (*к* слать)
переслащённый; *кр. ф.* -ён, -ена́
пересла́щивание, -я
пересла́щивать(ся), -аю, -ает(ся)
пересле́дствие, -я
переслоённый; *кр. ф.* -ён, -ена́
перeслои́ть(ся), -ою́, -ои́т(ся)
переслу́шанный; *кр. ф.* -ан, -ана
переслу́шать, -аю, -ает
переслу́шивание, -я
переслу́шивать(ся), -аю, -ает(ся)
переслюнённый; *кр. ф.* -ён, -ена́
переслю́нивать(ся), -аю, -ает(ся)
переслюни́ть, -ню́, -ни́т
переслюня́вить(ся), -влю, -вит(ся)
переслюня́вленный; *кр. ф.* -ен, -ена
переслюня́вливать(ся), -аю, -ает(ся)
пересма́ливание, -я
пересма́ливать(ся), -аю, -ает(ся)
пересма́тривание, -я
пересма́тривать(ся), -аю(сь), -ает(ся)
пересме́ивание, -я

пересме́ивать(ся), -аю(сь), -ает(ся)
пересме́на, -ы
пересме́нка, -и, *р. мн.* -нок и **пересме́нок,** -нка
пересме́х, -а
пересмеши́ть, -шу́, -ши́т
пересме́шки, -шек
пересме́шник, -а
пересме́шница, -ы, *тв.* -ей
пересме́янный; *кр. ф.* -ян, -яна
пересмея́ть, -мею́, -меёт
пересмолённый; *кр. ф.* -ён, -ена́
пересмоли́ть, -олю́, -оли́т
пересмо́тр, -а
пересмо́тренный; *кр. ф.* -ен, -ена
пересмотре́ть, -отрю́, -о́трит
переснаряди́ть(ся), -яжу́(сь), -яди́т(ся)
переснаряжа́ть(ся), -а́ю(сь), -а́ет(ся)
переснаряже́ние, -я
переснаряжённый; *кр. ф.* -ён, -ена́
переснасти́ть, -ащу́, -асти́т
пересна́стка, -и, *р. мн.* -ток
переснаща́ть(ся), -а́ю, -а́ет(ся)
переснащённый; *кр. ф.* -ён, -ена́
пересна́щивать(ся), -аю, -ает(ся)
переснима́ть(ся), -а́ю(сь), -а́ет(ся)
пересня́тый; *кр. ф.* -я́т, -ята́, -я́то
пересня́ть(ся), -ниму́(сь), -ни́мет(ся); *прош.* -я́л(ся), -яла́(сь), -я́ло, -яло́сь
пересо́ванный; *кр. ф.* -ан, -ана
пересова́ть, -сую́, -суёт
пересо́вывать(ся), -аю, -ает(ся)
пересогласова́ние, -я
пересогласо́ванный; *кр. ф.* -ан, -ана
пересогласова́ть, -су́ю, -су́ет
пересогласо́вывать(ся), -аю, -ает(ся)
пересоединённый; *кр. ф.* -ён, -ена́
пересоедини́ть, -ню́, -ни́т
пересоединя́ть(ся), -я́ю, -я́ет(ся)
пересоздава́ть(ся), -даю́, -даёт(ся)
пересозда́ние, -я
пересо́зданный; *кр. ф.* -ан, -со́здана́, -ано
пересозда́ть, -а́м, -а́шь, -а́ст, -адим, -ади́те, -аду́т; *прош.* -а́л, -ала́, -а́ло
пересо́л, -а
пересо́ленный; *кр. ф.* -ен, -ена
пересоли́ть, -олю́, -о́ли́т
пересолоди́ть, -ожу́, -оди́т
пересоложённый; *кр. ф.* -ён, -ена́
пересортиро́ванный; *кр. ф.* -ан, -ана
пересортирова́ть(ся), -ру́ю, -ру́ет(ся)
пересортиро́вка, -и, *р. мн.* -вок
пересортиро́вывать(ся), -аю, -ает(ся)
пересо́ртица, -ы, *тв.* -ей
пересо́санный; *кр. ф.* -ан, -ана
пересоса́ть(ся), -осу́, -осёт(ся)
пересоста́вить, -влю, -вит
пересоставле́ние, -я
пересоста́вленный; *кр. ф.* -ен, -ена
пересоставля́ть(ся), -я́ю, -я́ет(ся)
пересо́хлый
пересо́хнуть, -нет; *прош.* -о́х, -о́хла
пересо́хший
пересочине́ние, -я
пересочинённый; *кр. ф.* -ён, -ена́
пересочини́ть, -ню́, -ни́т
пересочиня́ть(ся), -я́ю, -я́ет(ся)
переспа́ть, -плю́, -пи́т; *прош.* -а́л, -ала́, -а́ло
переспева́ть, -а́ет
переспе́лка, -и, *р. мн.* -лок
переспе́лость, -и
переспе́лый
переспе́ть, -е́ет
переспециализа́ция, -и
переспециализи́ровать(ся), -рую(сь), -рует(ся)
переспо́ренный; *кр. ф.* -ен, -ена
переспо́ривать(ся), -аю(сь), -ает(ся)
переспо́рить, -рю, -рит
переспра́шивание, -я
переспра́шивать(ся), -аю, -ает(ся)
переспро́с, -а
переспроси́ть, -ошу́, -о́сит
переспро́шенный; *кр. ф.* -ен, -ена
пересро́ченный; *кр. ф.* -ен, -ена
пересро́чивать(ся), -аю, -ает(ся)
пересро́чить, -чу, -чит
перессо́ренный; *кр. ф.* -ен, -ена
перессо́ривать(ся), -аю(сь), -ает(ся)
перессо́рить(ся), -рю(сь), -рит(ся)
перестава́ть, -таю́, -таёт
переста́вить, -влю, -вит
переста́вленный; *кр. ф.* -ен, -ена
переставля́ть(ся), -я́ю, -я́ет(ся)
переставно́й
переста́ивание, -я
переста́ивать(ся), -аю, -ает(ся)
перестана́вливать(ся), -аю, -ает(ся)
перестанови́ть, -овлю́, -о́вит
перестано́вка, -и, *р. мн.* -вок
перестано́вленный; *кр. ф.* -ен, -ена
перестара́ться, -а́юсь, -а́ется
переста́рка, -и, *р. мн.* -рок (*устар. к* переста́рок)
переста́рок, -рка
переста́ть, -а́ну, -а́нет
перестаю́щий
перестёганный; *кр. ф.* -ан, -ана
перестега́ть, -а́ю, -а́ет
перестёгивание, -я
перестёгивать(ся), -аю, -ает(ся)
перестёгнутый
перестегну́ть, -ну́, -нёт
перестёжка, -и, *р. мн.* -жек
перестеклённый; *кр. ф.* -ён, -ена́
перестекли́ть, -лю́, -ли́т
перестекля́ть(ся), -я́ю, -я́ет(ся)
пересте́ленный; *кр. ф.* -ен, -ена
перестели́ть, -стелю́, -сте́лет; *прош.* -и́л, -и́ла
перестила́ние, -я
перестила́ть(ся), -а́ю, -а́ет(ся)
перести́лка, -и, *р. мн.* -лок
перести́ранный; *кр. ф.* -ан, -ана
перестира́ть, -а́ю, -а́ет
перести́рка, -и, *р. мн.* -рок
перести́рывание, -я
перести́рывать(ся), -аю, -ает(ся)
пере́стланный; *кр. ф.* -ан, -ана (*от* перестла́ть)
перестла́ть, -стелю́, -сте́лет; *прош.* -стла́л, -стла́ла (*к* стлать)
престо́й, -я
престо́йный
перестоя́лый
перестоя́ть(ся), -ою́, -ои́т(ся)
перестра́гивать(ся), -аю, -ает(ся) и **перестру́гивать(ся),** -аю, -ает(ся)
перестрада́ть, -а́ю, -а́ет
перестра́ивание, -я
перестра́ивать(ся), -аю(сь), -ает(ся)
перестрахова́ние, -я
перестрахо́ванный; *кр. ф.* -ан, -ана
перестрахова́тель, -я
перестрахова́ть(ся), -страху́ю(сь), -страху́ет(ся)
перестрахо́вка, -и, *р. мн.* -вок
перестрахо́вочный
перестрахо́вщик, -а
перестрахо́вщица, -ы, *тв.* -ей
перестрахо́вывать(ся), -аю(сь), -ает(ся)
перестра́чивание, -я
перестра́чивать(ся), -аю, -ает(ся)
перестре́ливать(ся), -аю(сь), -ает(ся)
перестре́лка, -и, *р. мн.* -лок
перестре́лянный; *кр. ф.* -ян, -яна
перестреля́ть(ся), -я́ю, -я́ет(ся)
перестри́г, -а
перестрига́ть(ся), -а́ю(сь), -а́ет(ся)
перестри́женный; *кр. ф.* -ен, -ена
перестри́жка, -и, *р. мн.* -жек
перестри́чь(ся), -игу́(сь), -ижёт(ся), -игу́т(ся); *прош.* -и́г(ся), -и́гла(сь)
перестро́ганный; *кр. ф.* -ан, -ана и **перестру́ганный;** *кр. ф.* -ан, -ана
перестрога́ть, -а́ю, -а́ет и **переструга́ть,** -а́ю, -а́ет
перестрое́ние, -я
перестро́енный; *кр. ф.* -ен, -ена
перестро́ечник, -а
перестро́ечный
перестро́ить(ся), -о́ю(сь), -о́ит(ся)
перестро́йка, -и, *р. мн.* -о́ек
перестро́йщик, -а
перестро́ченный; *кр. ф.* -ен, -ена
перестрочи́ть, -очу́, -о́чи́т
перестру́ганный; *кр. ф.* -ан, -ана и **перестро́ганный;** *кр. ф.* -ан, -ана
переструга́ть, -а́ю, -а́ет и **перестрога́ть,** -а́ю, -а́ет
перестру́гивать(ся), -аю, -ает(ся) и **перестра́гивать(ся),** -аю, -ает(ся)
перестуди́ть(ся), -ужу́, -у́дит(ся)
перестужа́ть(ся), -а́ю, -а́ет(ся)
престу́женный; *кр. ф.* -ен, -ена
перестуживание, -я
перестуживать(ся), -аю, -ает(ся)
престу́к, -а
перестуканный; *кр. ф.* -ан, -ана
перестукать, -аю, -ает
перестукивание, -я

пересту́кивать(ся), -аю(сь), -ает(ся)
пересту́кнуть(ся), -ну(сь), -нет(ся)
престу́п, -а
переступа́ние, -я
переступа́ть(ся), -а́ю, -а́ет(ся)
перессту́пень, -пня
переступи́ть, -уплю́, -у́пит
перессту́пленный; *кр. ф.* -ен, -ена
пе́реступь, -и
перестуча́ть, -чу́, -чи́т
перестыва́ть, -а́ет
пересты́вший
перестыко́ванный; *кр. ф.* -ан, -ана
перестыкова́ть(ся), -ку́ю(сь), -ку́ет(ся)
перестыко́вка, -и, *р. мн.* -вок
перестыко́вывание, -я
перестыко́вывать(ся), -аю(сь), -ает(ся)
пересты́ть и **пересты́нуть,** -ы́нет, *прош.* -ы́л, -ы́ла
пересу́д, -а (*повторный суд*)
пересуди́ть, -сужу́, -су́дит
пересу́ды, -ов (*толки, сплетни*)
пересу́женный; *кр. ф.* -ен, -ена
пересу́живать(ся), -аю(сь), -ает(ся)
пересульфи́рование, -я
пересульфи́рованный; *кр. ф.* -ан, -ана
пересупо́ненный; *кр. ф.* -ен, -ена
пересупо́нивать(ся), -аю, -ает(ся)
пересупо́нить, -ню, -нит
пересу́ченный; *кр. ф.* -ен, -ена
пересу́чивать(ся), -аю, -ает(ся)
пересучи́ть, -учу́, -у́чи́т
пересу́шенный; *кр. ф.* -ен, -ена
пересу́шивание, -я
пересу́шивать(ся), -аю, -ает(ся)
пересуши́ть(ся), -ушу́, -у́шит(ся)
пересу́шка, -и
пересчёт, -а
пересчи́танный; *кр. ф.* -ан, -ана
пересчита́ть(ся), -а́ю, -а́ет(ся)
пересчи́тывание, -я
пересчи́тывать(ся), -аю, -ает(ся)
пересъёмка, -и, *р. мн.* -мок
пересъёмщик, -а
пересыла́ть(ся), -а́ю, -а́ет(ся)
пересы́лка, -и, *р. мн.* -лок
пересы́лочный
пересы́льный
пересы́п, -а и -у
пересыпа́ние, -я
пересы́панный; *кр. ф.* -ан, -ана
пересы́пать(ся), -плю, -плет(ся), -плют(ся) и -пет(ся), -пят(ся), *сов.*
пересыпа́ть(ся), -а́ю, -а́ет(ся), *несов.*
пересы́пка, -и, *р. мн.* -пок
пересыпно́й
пе́ресыпь, -и
пересы́тить(ся), -ы́щу(сь), -ы́тит(ся)
пересыха́ние, -я
пересыха́ть, -а́ет
пересыща́ть(ся), -а́ю(сь), -а́ет(ся)
пересыще́ние, -я
пересы́щенный; *кр. ф.* -ен, -ена
пере́талкивание, -я
перета́лкивать(ся), -аю, -ает(ся)
перетанцева́ть, -цу́ю, -цу́ет
перетанцо́ванный; *кр. ф.* -ан, -ана
перетанцо́вывать(ся), -аю, -ает(ся)
перета́пливание, -я
перета́пливать(ся), -аю, -ает(ся)
перета́птывать(ся), -аю(сь), -ает(ся)
перета́ренный; *кр. ф.* -ен, -ена
перета́ривание, -я
перета́ривать(ся), -аю, -ает(ся)
перета́рить, -рю, -рит
перетарифика́ция, -и
перетарифици́рованный; *кр. ф.* -ан, -ана
перетарифици́ровать(ся), -и́рую, -и́рует(ся)
перета́сканный; *кр. ф.* -ан, -ана
перетаска́ть, -а́ю, -а́ет
перета́скивание, -я
перета́скивать(ся), -аю(сь), -ает(ся)
перетасо́ванный; *кр. ф.* -ан, -ана
перетасова́ть(ся), -су́ю, -су́ет(ся)
перетасо́вка, -и, *р. мн.* -вок
перетасо́вывание, -я
перетасо́вывать(ся), -аю, -ает(ся)
перета́чанный; *кр. ф.* -ан, -ана
перетача́ть, -а́ю, -а́ет
перета́чивание, -я
перета́чивать(ся), -аю, -ает(ся)
перета́чка, -и, *р. мн.* -чек
перета́щенный; *кр. ф.* -ен, -ена
перетащи́ть(ся), -ащу́(сь), -а́щит(ся)
перетека́ние, -я
перетека́ть, -а́ет
перетёкший
перетемнённый; *кр. ф.* -ён, -ена́
перетемни́ть(ся), -ню́, -ни́т(ся)
перетемня́ть(ся), -я́ю, -я́ет(ся)
перетереби́ть, -блю́, -би́т
перетереблённый; *кр. ф.* -ён, -ена́
перетере́ть(ся), -тру́, -трёт(ся); *прош.* -тёр(ся), -тёрла(сь)
перетерпе́ть, -ерплю́, -е́рпит
перетёртый
перетёрший(ся)
перете́рянный; *кр. ф.* -ян, -яна
перетеря́ть, -я́ю, -я́ет
перетёсанный; *кр. ф.* -ан, -ана
перетеса́ть, -тешу́, -те́шет
перетёсывание, -я
перетёсывать(ся), -аю, -ает(ся)
перете́чь, -течёт, -теку́т; *прош.* -тёк, -текла́
перетира́ние, -я
перетира́ть(ся), -а́ю, -а́ет(ся)
перети́рка, -и, *р. мн.* -рок
перети́сканный; *кр. ф.* -ан, -ана
перети́скать, -аю, -ает
перети́скивать(ся), -аю, -ает(ся)
перети́снуть, -ну, -нет
пере́тканный; *кр. ф.* -ан, -ана
перетка́ть, -тку́, -ткёт; *прош.* -а́л, -ала́, -а́ло
перетќнутый
перетќну́ть, -ну́, -нёт
перетлева́ние, -я
перетлева́ть, -а́ет
перетле́ть, -е́ет
перето́к, -а
перето́лканный; *кр. ф.* -ан, -ана
перетолка́ть, -а́ю, -а́ет
перето́лки, -ов
перетолкну́ть, -ну́, -нёт
перетолкова́ние, -я
перетолко́ванный; *кр. ф.* -ан, -ана
перетолкова́ть(ся), -ку́ю, -ку́ет(ся)
перетолко́вывание, -я
перетолко́вывать(ся), -аю, -ает(ся)
перетоло́кший(ся)
перетоло́чь(ся), -лку́, -лчёт(ся), -лку́т(ся); *прош.* -ло́к(ся), -лкла́(сь)
перетолчённый; *кр. ф.* -ён, -ена́
перетоми́ть(ся), -млю́, -ми́т(ся)
перетомлённый; *кр. ф.* -ён, -ена́
перетонённый; *кр. ф.* -ён, -ена́
перетони́ть, -ню́, -ни́т
перетону́ть, -то́нет
перетопи́ть(ся), -оплю́, -о́пит(ся)
перето́пка, -и, *р. мн.* -пок
перето́пленный; *кр. ф.* -ен, -ена
перето́птанный; *кр. ф.* -ан, -ана
перетопта́ть, -опчу́, -о́пчет
перетора́чивать(ся), -аю, -ает(ся)
переторгова́ть, -гу́ю, -гу́ет
переторго́вывание, -я
переторго́вывать, -аю, -ает
перето́ржка, -и, *р. мн.* -жек
переторомошённый; *кр. ф.* -ён, -ена́
перетормоши́ть, -шу́, -ши́т
перетора́ченный; *кр. ф.* -ен, -ена
переторочи́ть, -чу́, -чи́т
перето́ченный; *кр. ф.* -ен, -ена
переточи́ть, -очу́, -о́чит
перето́чка, -и, *р. мн.* -чек
перетрави́ть(ся), -авлю́, -а́вит(ся)
перетра́вленный; *кр. ф.* -ен, -ена
перетра́вливание, -я
перетра́вливать(ся), -аю, -ает(ся)
перетра́гивать, -аю, -ает
перетракто́ванный; *кр. ф.* -ан, -ана
перетрактова́ть, -ту́ю, -ту́ет
перетракто́вка, -и, *р. мн.* -вок
перетракто́вывать(ся), -аю, -ает(ся)
перетра́тить, -а́чу, -а́тит
перетра́ченный; *кр. ф.* -ен, -ена
перетра́чивание, -я
перетра́чивать(ся), -аю, -ает(ся)
перетрево́женный; *кр. ф.* -ен, -ена
перетрево́жить(ся), -жу(сь), -жит(ся)
перетрениро́ванность, -и
перетрениро́ванный; *кр. ф.* -ан, -ана
перетренирова́ть(ся), -ру́ю(сь), -ру́ет(ся)
перетрениро́вка, -и, *р. мн.* -вок
перетрениро́вывать(ся), -аю(сь), -ает(ся)
перетрёпанный; *кр. ф.* -ан, -ана

перетрепа́ть(ся), -еплю́, -е́плет(ся), -е́плют(ся) и -е́пет(ся), -е́пят(ся)
перетре́скаться, -ается
перетро́ганный; *кр. ф.* -ан, -ана
перетро́гать, -аю, -ает
перетруди́ть(ся), -ужу́(сь), -у́ди́т(ся)
перетружда́ть(ся), -а́ю(сь), -а́ет(ся)
перетру́женный; *кр. ф.* -ен, -ена
перетру́сить, -у́шу, -у́сит (*испугаться*)
перетруси́ть, -ушу́, -уси́т (*перетрясти*)
перетру́ска, -и, *р. мн.* -сок
перетрухну́ть, -ну́, -нёт
перетру́шенный; *кр. ф.* -ен, -ена
перетру́шивание, -я
перетру́шивать(ся), -аю, -ает(ся)
перетряса́ть(ся), -а́ю, -а́ет(ся)
перетрясённый; *кр. ф.* -ён, -ена́
перетря́ска, -и, *р. мн.* -сок
перетрясти́(сь), -су́(сь), -сёт(ся); *прош.* -я́с(ся), -ясла́(сь)
перетря́сший(ся)
перетряха́ть, -а́ю, -а́ет
перетря́хивание, -я
перетря́хивать(ся), -аю, -ает(ся)
перетря́хнутый
перетряхну́ть, -ну́, -нёт
перетупи́ть(ся), -уплю́, -у́пит(ся)
перету́пленный; *кр. ф.* -ен, -ена
перетупля́ть(ся), -я́ю, -я́ет(ся)
перетушёванный; *кр. ф.* -ан, -ана
перетушева́ть, -шу́ю, -шу́ет
перетушёвывать(ся), -аю, -ает(ся)
перету́шенный; *кр. ф.* -ен, -ена
перетуши́ть, -ушу́, -у́шит
перетыка́ние, -я
перет́ыкать, -аю, -ает, *сов.* (*от* ты́кать)
перетыка́ть(ся), -а́ю, -а́ет(ся), *несов.* (*к* переткну́ть)
пере́ть(ся), пру(сь), прёт(ся); *прош.* пёр(ся), пёрла(сь)
перетя́гивальщик, -а
перетя́гивание, -я
перетя́гивать(ся), -аю(сь), -ает(ся)
перетя́жка, -и, *р. мн.* -жек
перетяжно́й
перетя́нутый
перетяну́ть(ся), -яну́(сь), -я́нет(ся)
переубеди́ть(ся), -и́т(ся)
переубежда́ть(ся), -а́ю(сь), -а́ет(ся)
переубежде́ние, -я
переубеждённый; *кр. ф.* -ён, -ена́
переуве́ренный; *кр. ф.* -ен, -ена
переуве́рить(ся), -рю(сь), -рит(ся)
переуверя́ть(ся), -я́ю(сь), -я́ет(ся)
переувлажне́ние, -я
переувлажнённый; *кр. ф.* -ён, -ена́
переувлажни́ть(ся), -ню́, -ни́т(ся)
переувлажня́ть(ся), -я́ю, -я́ет(ся)
переуди́ть, -ужу́, -у́дит
переудобре́ние, -я
переудобрённый; *кр. ф.* -ён, -ена́
переудобри́ть, -рю́, -ри́т
переудобря́ть(ся), -я́ю, -я́ет(ся)
переу́женный; *кр. ф.* -ен, -ена
переу́живание, -я
переу́живать(ся), -аю, -ает(ся)
переу́зить(ся), -у́жу, -у́зит(ся)
переукла́дка, -и, *р. мн.* -док
переукла́дывание, -я
переукла́дывать(ся), -аю, -ает(ся)
переукомплектова́ние, -я
переукомплекто́ванный; *кр. ф.* -ан, -ана
переукомплектова́ть(ся), -ту́ю, -ту́ет(ся)
переу́лок, -лка
переу́лочек, -чка
переу́лочный
переупако́ванный; *кр. ф.* -ан, -ана
переупакова́ть(ся), -ку́ю(сь), -ку́ет(ся)
переупако́вка, -и, *р. мн.* -вок
переупако́вывание, -я
переупако́вывать(ся), -аю(сь), -ает(ся)
переуплотне́ние, -я
переуплотнённый; *кр. ф.* -ён, -ена́
переуплотни́ть(ся), -ню́(сь), -ни́т(ся)
переуплотня́ть(ся), -я́ю(сь), -я́ет(ся)
переупоря́дочение, -я
переупоря́доченный; *кр. ф.* -ен, -ена
переупоря́дочивать(ся), -аю, -ает(ся)
переупоря́дочить, -чу, -чит
переупря́мить, -млю, -мит
переупря́мленный; *кр. ф.* -ен, -ена
переусе́рдствование, -я
переусе́рдствовать, -твую, -твует
переусложнённый; *кр. ф.* -ён, -ена́
переусложни́ть(ся), -ню́, -ни́т(ся)
переусложня́ть(ся), -ня́ю, -ня́ет(ся)
переустра́ивать(ся), -аю(сь), -ает(ся)
переустро́енный; *кр. ф.* -ен, -ена
переустрои́тель, -я
переустро́ить(ся), -о́ю(сь), -о́ит(ся)
переустро́йство, -а
переуступа́ть(ся), -а́ю, -а́ет(ся)
переуступи́ть, -уплю́, -у́пит
переусту́пка, -и, *р. мн.* -пок
переусту́пленный; *кр. ф.* -ен, -ена
переутверди́ть, -ржу́, -рди́т
переутвержда́ть(ся), -а́ю, -а́ет(ся)
переутвержде́ние, -я
переутверждённый; *кр. ф.* -ён, -ена́
переутоми́ть(ся), -млю́(сь), -ми́т(ся)
переутомле́ние, -я
переутомлённость, -и
переутомлённый; *кр. ф.* -ён, -ена́
переутомля́ть(ся), -я́ю(сь), -я́ет(ся)
переутю́женный; *кр. ф.* -ен, -ена
переутю́живать(ся), -аю, -ает(ся)
переутю́жить, -жу, -жит
переутю́жка, -и, *р. мн.* -жек
переучёба, -ы
переу́ченный; *кр. ф.* -ен, -ена
переуче́сть, -чту́, -чтёт; *прош.* -чёл, -чла́
переучёт, -а
переучётный
переу́чивание, -я
переу́чивать(ся), -аю(сь), -ает(ся)
переучи́тывать(ся), -аю, -ает(ся)
переучи́ть(ся), -учу́(сь), -у́чит(ся)
переучтённый; *кр. ф.* -ён, -ена́
перефасо́ненный; *кр. ф.* -ен, -ена
перефасо́нивать(ся), -аю, -ает(ся)
перефасо́нить, -ню, -нит
переформати́рование, -я
переформати́рованный; *кр. ф.* -ан, -ана
переформати́ровать(ся), -рую, -рует(ся)
переформирова́ние, -я
переформиро́ванный; *кр. ф.* -ан, -ана
переформирова́ть(ся), -ру́ю, -ру́ет(ся)
переформиро́вка, -и, *р. мн.* -вок
переформиро́вывание, -я
переформиро́вывать(ся), -аю, -ает(ся)
переформули́рование, -я
переформули́рованный; *кр. ф.* -ан, -ана
переформули́ровать(ся), -рую, -рует(ся)
переформулиро́вка, -и, *р. мн.* -вок
перефотографи́рование, -я
перефотографи́рованный; *кр. ф.* -ан, -ана
перефотографи́ровать(ся), -рую(сь), -рует(ся)
перефрази́рование, -я
перефрази́рованный; *кр. ф.* -ан, -ана (*от* перефрази́ровать)
перефрази́ровать(ся), -рую, -рует(ся) (*изложить, излагать(ся) по-другому*)
перефразиро́вка, -и, *р. мн.* -вок (*от* перефрази́ровать)
перефы́ркиваться, -ается
переха́живание, -я
переха́живать, -аю, -ает
перехва́ленный; *кр. ф.* -ен, -ена
перехва́ливание, -я
перехва́ливать(ся), -аю(сь), -ает(ся)
перехвали́ть, -алю́, -а́лит
перехва́рывать, -аю, -ает
перехва́т, -а
перехва́танный; *кр. ф.* -ан, -ана
перехвата́ть, -а́ю, -а́ет
перехвати́ть(ся), -ачу́(сь), -а́тит(ся)
перехва́тка, -и, *р. мн.* -ток
перехва́тчик, -а
перехва́тывание, -я
перехва́тывать(ся), -аю(сь), -ает(ся)
перехва́ченный; *кр. ф.* -ен, -ена
перехвора́ть, -а́ю, -а́ет
перехитрённый; *кр. ф.* -ён, -ена́
перехитри́ть, -рю́, -ри́т
перехихи́кивание, -я
перехихи́киваться, -аюсь, -ается
перехлёст, -а
перехлёстанный; *кр. ф.* -ан, -ана
перехлеста́ть(ся), -ещу́(сь), -е́щет(ся)

перехлёстнутый
перехлестну́ть(ся), -ну́, -нёт(ся)
перехлёстывание, -я
перехлёстывать(ся), -аю(сь), -ает(ся)
перехло́панный; *кр. ф.* -ан, -ана
перехло́пать, -аю, -ает
перехло́пывать, -аю, -ает
перехо́д, -а
переходи́ть, -ожу́, -о́дит
переходни́к, -а́
переходно́й и **перехо́дный** (*служащий для перехода*)
перехо́дность, -и
перехо́дность-неперехо́дность, перехо́дности-неперехо́дности
перехо́дный; *кр. ф.* -ден, -дна (*промежуточный; лингв.*)
переходя́щий
перехо́женный; *кр. ф.* -ен, -ена
перехо́жий: кали́ка перехо́жий (перехо́жая)
перехола́живать(ся), -аю, -ает(ся)
перехолоди́ть(ся), -ложу́, -лоди́т(ся)
перехоложённый; *кр. ф.* -ён, -ена́
перехора́нивать(ся), -аю, -ает(ся)
перехороне́ние, -я
перехоро́ненный; *кр. ф.* -ен, -ена
перехорони́ть, -оню́, -о́нит
перехоте́ть(ся), -хочу́, -хо́чешь, -хо́чет(ся), -хоти́м, -хоти́те, -хотя́т
пе́рец, пе́рца и пе́рцу, *тв.* пе́рцем, *р. мн.* пе́рцев
перецара́панный; *кр. ф.* -ан, -ана
перецара́пать(ся), -аю(сь), -ает(ся)
перецара́пывать(ся), -аю(сь), -ает(ся)
переце́дить, -цежу́, -це́дит
переце́женный; *кр. ф.* -ен, -ена
переце́живание, -я
переце́живать(ся), -аю, -ает(ся)
перецело́ванный; *кр. ф.* -ан, -ана
перецелова́ть(ся), -лу́ю(сь), -лу́ет(ся)
перецело́вывать(ся), -аю(сь), -ает(ся)
переценённый; *кр. ф.* -ён, -ена́
переце́нивать(ся), -аю, -ает(ся)
перецени́ть, -еню́, -е́нит
перецепи́ть, -еплю́, -е́пит
переце́пка, -и, *р. мн.* -пок
перецепле́ние, -я
переце́пленный; *кр. ф.* -ен, -ена
перецепля́ть(ся), -я́ю, -я́ет(ся)
переча́хнуть, -нет; *прош.* -ча́х, -ча́хла
переча́хший
пе́речащий
перечека́ненный; *кр. ф.* -ен, -ена
перечека́нивание, -я
перечека́нивать(ся), -аю, -ает(ся)
перечека́нить, -ню, -нит
перечека́нка, -и, *р. мн.* -нок
пе́речень, -чня
пере́ченье, -я
перечёрканный; *кр. ф.* -ан, -ана
перечерка́ть, -а́ю, -а́ет и **перечёркать,** -аю, -ает
перечёркивание, -я
перечёркивать(ся), -аю, -ает(ся)
перечёркнутый
перечеркну́ть, -ну́, -нёт
перечернённый; *кр. ф.* -ён, -ена́
перечерни́ть(ся), -ню́(сь), -ни́т(ся)
перечерня́ть(ся), -я́ю(сь), -я́ет(ся)
перече́рпанный; *кр. ф.* -ан, -ана
перече́рпать, -аю, -ает
перече́рпывать(ся), -аю, -ает(ся)
перечерстве́лый
перечерстве́ть, -е́ет
перечерти́ть, -ерчу́, -е́ртит
перече́рченный; *кр. ф.* -ен, -ена
перече́рчивание, -я
перече́рчивать(ся), -аю, -ает(ся)
перечёс, -а
перечёсанный; *кр. ф.* -ан, -ана
перечеса́ть(ся), -ешу́(сь), -е́шет(ся)
перечёска, -и, *р. мн.* -сок
перече́сть, -чту́, -чтёт; *прош.* -чёл, -чла́
перечёсывание, -я
перечёсывать(ся), -аю(сь), -ает(ся)
перечёт, -а
перечи́ненный; *кр. ф.* -ен, -ена
перечи́нивание, -я
перечи́нивать(ся), -аю, -ает(ся)
перечини́ть, -иню́, -и́нит
перечи́нка, -и, *р. мн.* -нок
перечи́рканный; *кр. ф.* -ан, -ана
перечи́ркать, -аю, -ает
перечисле́ние, -я
перечи́сленный; *кр. ф.* -ен, -ена
перечисли́мый
перечисли́тельность, -и
перечисли́тельный
перечи́слить(ся), -лю(сь), -лит(ся)
перечисля́ть(ся), -я́ю(сь), -я́ет(ся)
перечи́стить, -и́щу, -и́стит
перечи́стка, -и, *р. мн.* -ток
перечи́танный; *кр. ф.* -ан, -ана
перечита́ть, -а́ю, -а́ет
перечи́тка, -и, *р. мн.* -ток
перечи́тывание, -я
перечи́тывать(ся), -аю, -ает(ся)
пере́чить, -чу, -чит
перечища́ть(ся), -а́ю, -а́ет(ся)
перечи́щенный; *кр. ф.* -ен, -ена
пе́речневый
пе́речник, -а
пе́речница, -ы, *тв.* -ей
пе́речный
перечо́каться, -аюсь, -ается
перечо́киваться, -аюсь, -ается
перечтённый; *кр. ф.* -ён, -ена́
перечу́вствованный; *кр. ф.* -ан, -ана
перечу́вствовать(ся), -твую, -твует(ся)
переша́гивание, -я
переша́гивать(ся), -аю, -ает(ся)
переша́гнутый
перешагну́ть, -ну́, -нёт
переша́ренный; *кр. ф.* -ен, -ена
переша́ривание, -я
переша́ривать(ся), -аю, -ает(ся)
переша́рить, -рю, -рит
перешварто́ванный; *кр. ф.* -ан, -ана
перешвартова́ть(ся), -ту́ю(сь), -ту́ет(ся)
перешварто́вка, -и, *р. мн.* -вок
перешварто́вывать(ся), -аю(сь), -ает(ся)
перешвы́ривание, -я
перешвы́ривать(ся), -аю(сь), -ает(ся)
перешвы́рнутый
перешвырну́ть, -ну́, -нёт
перешвы́рянный; *кр. ф.* -ян, -яна
перешвыря́ть, -я́ю, -я́ет
переше́дший
переше́ек, -е́йка
переше́ечный
перешелушённый; *кр. ф.* -ён, -ена́
перешелу́шивание, -я
перешелу́шивать(ся), -аю, -ает(ся)
перешелуши́ть, -шу́, -ши́т
перешепну́ть(ся), -ну́(сь), -нёт(ся)
перешёптанный; *кр. ф.* -ан, -ана
перешепта́ть, -шепчу́, -ше́пчет
перешёптывание, -я
перешёптывать(ся), -аю(сь), -ает(ся)
перешерсти́ть, -и́т
переши́б, -а
перешиба́ть(ся), -а́ю, -а́ет(ся)
перешиби́вший
перешиби́ть, -бу́, -бёт; *прош.* -ши́б, -ши́бла
переши́бленный; *кр. ф.* -ен, -ена
переши́в, -а
перешива́ние, -я
перешива́ть(ся), -а́ю, -а́ет(ся)
переши́вка, -и, *р. мн.* -вок
переши́вочный
переши́тый
переши́ть, -шью́, -шьёт; *прош.* -ши́л, -ши́ла
перешлифо́ванный; *кр. ф.* -ан, -ана
перешлифова́ть(ся), -фу́ю, -фу́ет(ся)
перешлифо́вка, -и, *р. мн.* -вок
перешлифо́вывать(ся), -аю, -ает(ся)
перешлихтова́ние, -я
перешлихто́ванный; *кр. ф.* -ан, -ана
перешлихтова́ть(ся), -ту́ю, -ту́ет(ся)
перешлихто́вка, -и, *р. мн.* -вок
перешлихто́вывать(ся), -аю, -ает(ся)
перешнуро́ванный; *кр. ф.* -ан, -ана
перешнурова́ть(ся), -ру́ю(сь), -ру́ет(ся)
перешнуро́вка, -и, *р. мн.* -вок
перешнуро́вывание, -я
перешнуро́вывать(ся), -аю(сь), -ает(ся)
перешпиго́ванный; *кр. ф.* -ан, -ана
перешпигова́ть, -гу́ю, -гу́ет
перешпиго́вывание, -я
перешпиго́вывать(ся), -аю, -ает(ся)
перешпи́ленный; *кр. ф.* -ен, -ена
перешпи́ливать(ся), -аю, -ает(ся)
перешпи́лить, -лю, -лит
перештемпелева́ние, -я
перештемпелёванный; *кр. ф.* -ан, -ана
перештемпелева́ть(ся), -лю́ю, -лю́ет(ся)

перештемпелёвывание, -я
перештемпелёвывать(ся), -аю, -ает(ся)
перешто́панный; *кр. ф.* -ан, -ана
перешто́пать, -аю, -ает
перешто́пка, -и, *р. мн.* -пок
перешто́пывание, -я
перешто́пывать(ся), -аю, -ает(ся)
перештукату́ренный; *кр. ф.* -ен, -ена
перештукату́ривание, -я
перештукату́ривать(ся), -аю, -ает(ся)
перештукату́рить, -рю, -рит
перешу́чивание, -я
перешу́чиваться, -аюсь, -ается
перещеголя́ть, -я́ю, -я́ет
перещёлк, -а
перещёлканный; *кр. ф.* -ан, -ана
перещёлкать, -аю, -ает
перещёлкивание, -я
перещёлкивать(ся), -аю, -ает(ся)
перещелочённый; *кр. ф.* -ён, -ена́
перещелочи́ть, -чу́, -чи́т
перещи́панный; *кр. ф.* -ан, -ана
перещипа́ть(ся), -иплю́(сь), -и́плет(ся), -и́плют(ся) и -и́пет(ся), -и́пят(ся), также -а́ю(сь), -а́ет(ся)
перещи́пка, -и, *р. мн.* -пок
перещи́пывание, -я
перещи́пывать(ся), -аю(сь), -ает(ся)
перещу́панный; *кр. ф.* -ан, -ана
перещу́пать, -аю, -ает
перещу́пывание, -я
перещу́пывать(ся), -аю(сь), -ает(ся)
переэкзамено́ванный; *кр. ф.* -ан, -ана
переэкзамено́вать(ся), -ну́ю(сь), -ну́ет(ся)
переэкзамено́вка, -и, *р. мн.* -вок
переэкзамено́вывать(ся), -аю(сь), -ает(ся)
переэксква́ция, -и
переэкспони́рованный; *кр. ф.* -ан, -ана
переэтерифика́ция, -и
перея́рка, -и, *р. мн.* -рок (*преимущ. о домашней птице*)
переяро́к, -рка (*преимущ. об овце, волке*)
Переясла́вская ра́да (*ист.*)
переясла́вский (*к* Переясла́в-Хмельни́цкий)
переясла́вцы, -ев, *ед.* -вец, -вца, *тв.* -вцем (*к* Переясла́в-Хмельни́цкий)
пе́ри, *нескл., ж.*
периадени́т, -а
периартерии́т, -а
периартри́т, -а
пери́астр, -а
перибла́стула, -ы
перибле́ма, -ы
перибронхи́т, -а
перигастри́т, -а
периге́й, -я
периге́лий, -я
периде́рма, -ы
пери́дий, -я
перидине́и, -е́й, *ед.* -не́я, -и
перидо́т, -а
перидоти́т, -а
перика́мбий, -я
перика́рд, -а
перикардиа́льный
перикарди́т, -а
перика́рпий, -я
перикла́з, -а
перикла́зовый
периклина́ль, -и
периклина́льный
перикрато́нный
пери́ла, -и́л (*ограда*)
пери́лла, -ы (*растение*)
пери́лловый (*от* пери́лла)
пери́льный (*от* пери́ла)
пери́льца, -лец
пери́льчатый
перименинги́т, -а
пери́метр, -а
периметра́льный
периме́трий, -я
периметри́т, -а
периметри́ческий
периметри́я, -и
пери́на, -ы
перината́льный
перинато́лог, -а
перинатологи́ческий
перинатоло́гия, -и
пери́нка, -и, *р. мн.* -нок
пери́нный
пери́од, -а
периодиза́ция, -и
перио́дика, -и
периоди́чески
периоди́ческий
периоди́чность, -и
периоди́чный; *кр. ф.* -чен, -чна
периодо́нт, -а
периодонти́т, -а
перио́ст, -а
периости́т, -а
перипатети́зм, -а
перипате́тик, -а
перипатети́ческий
перипети́и, -и́й, *ед.* -ти́я, -и
периплазмо́дий, -я
пери́птер, -а
периселе́ний, -я
периско́п, -а
перископи́ческий
перisко́пный
периспе́рм, -а
периспо́риевые, -ых
периста́льтика, -и
перистальти́ческий
перисти́ль, -я
перистожа́берные, -ых
перистокры́лка, -и, *р. мн.* -лок
перистокры́лый
пе́ристо-кучево́й
перистоли́стный и **перистоли́стый**
пе́ристо-ло́пастный
пе́ристо-разде́льный
пе́ристо-рассечённый
пе́ристо-сло́жный
пе́ристо-слои́стый
пе́ристый
перите́ктика, -и
перите́ций, -я
перитифли́т, -а
перитонеа́льный
перитонеоскопи́я, -и
перитони́т, -а
перитри́хи, -ов, *ед.* -три́х, -а
перифери́йный
перифери́ческий
перифери́я, -и
перифито́н, -а
перифра́за, -ы и **перифра́з,** -а (*лит.*)
перифрази́рованный; *кр. ф.* -ан, -ана (*от* перифрази́ровать)
перифрази́ровать(ся), -рую, -рует(ся) (*к* перифра́за)
перифразиро́вка, -и, *р. мн.* -вок (*к* перифрази́ровать)
перифрасти́ческий
перихолецисти́т, -а
перихо́ндр, -а и **перихо́ндрий,** -я
перицеме́нт, -а
перицементи́т, -а
перице́нтр, -а
перици́кл, -а
перици́ты, -ов, *ед.* -ци́т, -а
пери́эки, -ов, *ед.* -э́к, -а
периэлектрото́н, -а
пёрка, -и, *р. мн.* пёрок
перка́левый
перка́ль, -и и -я
перкари́на, -ы
пе́рко, *нескл., с.*
перколя́тор, -а
перколя́ция, -и
перкуссио́нный
перку́ссия, -и
перкути́рованный; *кр. ф.* -ан, -ана
перкути́ровать(ся), -рую, -рует(ся)
перкуто́рный
перл, -а
перламу́тр, -а
перламу́тровка, -и, *р. мн.* -вок (*бабочка*)
перламу́тровый
пе́рли́нь, -я
перли́т, -а
перли́тный
перлитобето́н, -а
перлитобето́нный
перли́товый
перло́вица, -ы, *тв.* -ей
перло́вка, -и
перло́вник, -а
пе́рловый (*от* перл, пе́рлы, *жемчуг*)
перло́вый
перло́н, -а
перло́новый
перлюстрацио́нный
перлюстра́ция, -и

перлюстри́рованный; *кр. ф.* -ан, -ана
перлюстри́ровать(ся), -рую, -рует(ся)
пермалло́й, -я
перманганатометри́я, -и
перманганáты, -ов, *ед.* -нáт, -а
перманéнт, -а
перманéнтность, -и
перманéнтный; *кр. ф.* -тен, -тна
пермеáзы, -áз, *ед.* -áза, -ы
пермеáметр, -а
пермендю́р, -а (*сплав*)
перменóрм, -а (*сплав*)
перминвáр, -а (*сплав*)
пермогóрский (пермогóрская рóспись)
пéрмский (*от* Пермь, *город*; *геол.*); но: **Стефáн Пéрмский**
пермутáция, -и
пермути́ты, -ов, *ед.* -ти́т, -а
пермь, -и (*геол.*)
пермяки́, -óв, *ед.* пермя́к, -á
пермя́цкий
пермя́чка, -и, *р. мн.* -чек
пернáтый
пернáч, -á, *тв.* -óм
перницио́зность, -и
перницио́зный; *кр. ф.* -зен, -зна
перó, -á, *мн.* пéрья, -ьев
перовóй
перóвский (*от* Перóв и Перóво)
перовски́т, -а
перокры́лка, -и, *р. мн.* -лок
перокси́д, -а
пероксидáзы, -áз, *ед.* -дáза, -ы
перокси́дный
пероксокислóты, -óт, *ед.* -отá, -ы́
пероксосульфáты, -ов, *ед.* -фáт, -а
пероноспóровый
пероноспорóз, -а
пéро-пуховóй
перорáльный (*мед.*)
перочи́нный нóж
перочи́стка, -и, *р. мн.* -ток
перпендикуля́р, -а
перпендикуля́рно-продóльный
перпендикуля́рно располóженный
перпендикуля́рность, -и
перпендикуля́рный; *кр. ф.* -рен, -рна
перпéтуум-мóбиле, *нескл.*, *с.* и *м.*
перрóн, -а
перрóнный
персеверáция, -и
Персеи́ды, -и́д (*астр.*)
Персéй, -я
персепти́вный
персептрóн, -а
Персефóна, -ы
пéрси, -ей
перси́дка, -и, *р. мн.* -док (*устар. к* персия́нка)
перси́дский (*к* пéрсы и Пéрсия)
Перси́дский зали́в
пéрсик, -а
пéрсиковый
персистéнтность, -и
персистéнтный
персистéнция, -и
перси́стор, -а
персифля́ж, -а, *тв.* -ем
персия́не, -я́н, *ед.* -я́нин, -а (*от* Пéрсия)
персия́нка, -и, *р. мн.* -нок
персóль, -и
персóна, -ы
персóна грáта, персóны грáта
персонáж, -а, *тв.* -ем
персонáл, -а
персонализáция, -и
персонализи́рованный; *кр. ф.* -ан, -ана
персонализи́ровать(ся), -рую, -рует(ся)
персонали́зм, -а
персонали́ст, -а
персоналисти́ческий
персонали́стский
персонáлия, -и
персонáлка, -и, *р. мн.* -лок
персонáльно адресóванный
персонáльный
персонáльщик, -а
персóна нон грáта, персóны нон грáта
персонификáция, -и
персонифици́рованный; *кр. ф.* -ан, -ана
персонифици́ровать(ся), -рую, -рует(ся)
персоязы́чный
перспекти́ва, -ы
перспективи́зм, -а (*филос.*)
перспекти́вно-панорáмный
перспекти́вность, -и
перспекти́вный; *кр. ф.* -вен, -вна
перспектóграф, -а
перст, -á
перстенёк, -нькá
пéрстень, -тня
перстневи́дный; *кр. ф.* -ден, -дна
перстневóй и **пéрстневый**
перстнеобрáзный; *кр. ф.* -зен, -зна
перстосложéние, -я
персть, -и (*прах*)
персуази́вность, -и
персуази́вный
персульфáты, -ов, *ед.* -фáт, -а
пéрсы, -ов, *ед.* перс, -а
персьют, -а (*спорт.*)
пертинéнтность, -и
пертинéнтный
пертинéнция, -и
пéртский (*от* Перт)
пертурбациóнный
пертурбáция, -и
пертусси́н, -а
перуáнка, -и, *р. мн.* -нок
перуáнский (*от* Перý)
перуáнцы, -ев, *ед.* -нец, -нца, *тв.* -нцем
Перýн, -а (*мифол.*)
перýны, -ов (*молнии, гроза*; метáть перýны)
перфéкт, -а
перфекти́вный; *кр. ф.* -вен, -вна
перфéктный
перфекциони́зм, -а
перфекциони́ст, -а
перфокáрта, -ы
перфокáрточный
перфолéнта, -ы
перфолéнточный
перфопристáвка, -и, *р. мн.* -вок
перфопродýкция, -и
перфорати́вный (*мед.*)
перфорáтор, -а
перфорáторный
перфорáторщик, -а
перфорациóнный
перфорáция, -и
перфори́рование, -я
перфори́рованный; *кр. ф.* -ан, -ана
перфори́ровать(ся), -рую, -рует(ся)
перфóрманс, -а
перформати́вный
перфосчи́тыватель, -я
перфторуглеводорóды, -ов, *ед.* -рóд, -а
перфýзия, -и
перфукóл, -а (*кровезаменитель*)
перхáнье, -я
перхáть, -áю, -áет
перхлорáт, -а
перхлорáтный
перхлорвини́ловый
перхóта, -ы
перхóтный
пéрхоть, -и
пéрхули, *нескл.*, *м.*
перхýн, -á
перхýнья, -и, *р. мн.* -ний
перцеéд, -а
перципиéнт, -а
перцепти́вный
перцéптор, -а
перцепциóнный
перцéпция, -и
перципи́рованный; *кр. ф.* -ан, -ана
перципи́ровать(ся), -рую, -рует(ся)
перцóвка, -и, *р. мн.* -вок
перцóвочный
перцóвый
перч, -а, *тв.* -ем (*ед. измер.*)
перчáтка-ловýшка, перчáтки-ловýшки
перчáтки, -ток, *ед.* -тка, -и
перчáточки, -чек, *ед.* -чка, -и
перчáточник, -а
перчáточница, -ы, *тв.* -ей
перчáточный
пéрчáщий
пéрченный; *кр. ф.* -ен, -ена и **перчёный**; *кр. ф.* -ён, -енá, *прич.*
пéрченый, *прил.*
пéрчик, -а и -у
перчи́нка, -и, *р. мн.* -нок

пе́рчи́ть(ся), пе́рчу́, пе́рчи́т(ся)
перш, -а, *тв.* -ем
перше́ние, -я
перширо́н, -а
першеро́нский
пе́рший
пе́ршинг, -а *(ракета)*
перши́ть, -и́т
пёрышко, -а, *мн.* -шки, -шек
перьево́й
перяно́й
пёс, пса; но: **Большо́й Пёс, Ма́лый Пёс** *(созвездия)*
Пе́сах, -а
песе́ва, -ы *(ден. ед.)*
пе́сельник, -а *(певец)*
пе́сельница, -ы, *тв.* -ей
пе́сенка, -и, *р. мн.* -нок
пе́сенник, -а *(певец; композитор, поэт; сборник песен)*
пе́сенница, -ы, *тв.* -ей
пе́сенность, -и
пе́сенно-хорово́й
пе́сенный
песе́та, -ы
песе́ц, песца́, *тв.* песцо́м, *р. мн.* песцо́в *(полярная лисица)*
пёсий, -ья, -ье
пёсик, -а
песка́рий, -ья, -ье
песка́рик, -а
пескари́ный
пескари́шка, -и, *р. мн.* -шек, *м.*
песка́рь, -я́; но: **Прему́дрый писка́рь** *(лит. персонаж)*
Пески́, -о́в *(ист. район в Петербурге; поселок)*; **Золоты́е Пески́** *(курорт в Болгарии)*
песково́з, -а
пескогидравли́ческий
пескогидрока́мера, -ы
пескоду́вный
пескожи́л, -а
песколо́вка, -и, *р. мн.* -вок
песколову́шка, -и, *р. мн.* -шек
песколю́б, -а
пескомёт, -а
пескомо́йка, -и, *р. мн.* -о́ек
песконасо́с, -а
пескопода́ча, -и, *тв.* -ей
пескоразбра́сыватель, -я
пескоро́й, -я
пескоро́йка, -и, *р. мн.* -о́ек
пе́ско-соляно́й
пескостре́льный
пескостру́й, -я
пескостру́йка, -и, *р. мн.* -у́ек
пескостру́йный
пескостру́йщик, -а
пескостру́йщица, -ы, *тв.* -ей
пескоукрепи́тельный
песнопе́вец, -вца, *тв.* -вцем, *р. мн.* -вцев
песнопе́вческий
песнопе́ние, -я
песнотво́рец и **песнетво́рец,** -рца, *тв.* -рцем, *р. мн.* -рцев
песнотво́рчество, -а и **песнетво́рчество,** -а
песнь, -и, *р. мн.* пе́сней *(устар. и высок. к* пе́сня; *раздел эпической поэмы)*
пе́сня, -и, *р. мн.* пе́сен
песня́р, -а́
пе́со и **пе́зо,** *нескл., м.*
песо́к, песка́ и песку́
песо́чащий
песо́чек, -чка и -чку
песо́чить, -чу, -чит
песо́чник, -а *(птица)*
песо́чница, -ы, *тв.* -ей
песо́чно-кре́мовый
песо́чный
песса́рий, -я
пессими́зм, -а
пессими́ст, -а
пессимисти́чески
пессимисти́ческий
пессимисти́чность, -и
пессимисти́чный; *кр. ф.* -чен, -чна
пессими́стка, -и, *р. мн.* -ток
пе́ссимум, -а
пест, -а́
пе́стелевский *(от* Пе́стель*)*
песте́рь, -я́
пе́стик, -а
пе́стиковый
пестици́дный
пестици́ды, -ов, *ед.* -ци́д, -а
пе́стичный
пе́стование, -я
пе́стованный; *кр. ф.* -ан, -ана
пе́стовать(ся), -тую, -тует(ся)
песто́вый
пёстренький
пестре́ть[1], -е́ет; *прош.* -е́л, -е́ла *(выделяться своей пестротой; становиться пестрым)*
пестре́ть[2], -ри́т, *прош.* -е́л, -е́ла *(мелькать перед глазами; изобиловать чем-н.*; в глаза́х пестри́т*)*
пестре́ться, -е́ется
пестри́на, -ы *(пятно, крапина)*
пестрина́, -ы́ *(пестрота)*
пестри́ть, -рю́, -ри́т; *прош.* -и́л, -и́ла *(делать пестрым, испещрять)*
пестри́ться, -и́тся
пёстро и **пестро́,** *нареч.*
пестрова́тость, -и
пестрова́тый
пестровя́заный
пестрогру́дка, -и, *р. мн.* -док *(птица)*
пёстро-кра́пчатый
пестрокры́лка, -и, *р. мн.* -лок *(муха)*
пестрокры́лый
пестрокры́льница, -ы, *тв.* -ей *(бабочка)*
пестролепе́стность, -и
пестролепе́стный
пестроли́ственный
пестроли́стность, -и
пестроли́стный и **пестроли́стый**
пестроли́цый
пестрота́, -ы́
пестротка́ный
пестротка́нь, -и
пестроцве́тье, -я
пёстро-я́ркий
пестру́шка, -и, *р. мн.* -шек
пёстрый; *кр. ф.* пёстр, пестра́, пёстро и пестро́
пестрядёвый
пестряди́на, -ы
пестряди́нный
пе́стрядь, -и
пестря́к, -а́
пестря́нка, -и, *р. мн.* -нок
песту́д, -а
песту́н, -а́
песту́нья, -и, *р. мн.* -ний
пе́стушка, -и, *р. мн.* -шек
песцо́вый *(от* песе́ц*)*
Песча́ная, -ой *(улица)*
песча́ник, -а
песча́никовый
песча́нистый
песча́нка, -и, *р. мн.* -нок
песча́но-га́лечный
песча́но-гли́нистый
песча́но-грави́йный
песча́но-о́христый *(о цвете)*
песча́но-цеме́нтный
песча́ный
песчи́нка, -и, *р. мн.* -нок
петａ́рда, -ы
пета́рдный
пета́рдовый
пета́рдщик, -а
пе́тел, -а *(устар. к* пету́х*)*
пе́телька, -и, *р. мн.* -лек
пе́тельный
пете́льчатый
петербу́ргер, -а *(бутерброд)*
петербу́ргский и **петербу́ржский** *(от* Петербу́рг*)*
петербуржа́нка, -и, *р. мн.* -нок и **петербу́рженка,** -и, *р. мн.* -нок
петербу́ржка, -и, *р. мн.* -жек
петербу́ржцы, -ев, *ед.* -жец, -жца, *тв.* -жцем
петерго́фский *(от* Петерго́ф*)*
петехиа́льный
пете́хия, -и
пе́ти-ме́ти и **пи́ти-ми́ти,** *других форм нет, мн. (жарг.)*
петиме́тр, -а
петиме́трство, -а
пети́т, -а
пети́тный
петицио́нер, -а
петицио́нный
пети́ция, -и
петлево́й
петлеобра́зность, -и
петлеобра́зный; *кр. ф.* -зен, -зна

петлеобразова́ние, -я
петли́стый
петли́ца, -ы, *тв.* -ей
петли́чка, -и, *р. мн.* -чек
петли́чный
петлю́ровец, -вца, *тв.* -вцем, *р. мн.* -вцев
петлю́ровский (*от* Петлю́ра)
петлю́ровщина, -ы
пе́тля, -и и **петля́,** -и́, *мн.* пе́тли, пе́тель, пе́тлям
петля́ть, -я́ю, -я́ет
петрарки́зм, -а
петра́рковский (*от* Петра́рка)
петраше́вец, -вца, *тв.* -вцем, *р. мн.* -вцев (*от* Петраше́вский)
Пётр Вели́кий
пе́трить, -рю, -рит
петрифика́ция, -и
петробио́нты, -ов, *ед.* -о́нт, -а
Петро́в, -а, -о (*от* Пётр)
Петро́в де́нь, Петро́ва́ дня́
Петро́вка, -и (*улица*)
Петро́вки, -вок
петро́в кре́ст, петро́ва креста́ (*растение*)
Петро́в по́ст, Петро́ва́ поста́
Петро́вская эпо́ха
Петро́вск-Забайка́льский (*город*)
петро́вск-забайка́льский, *прил.*
Петро́вские Воро́та (*площадь*)
Петро́вские рефо́рмы
петро́вский (*от* Пётр, Петро́в, Петро́вск, Петро́вское, Петро́вка)
Петро́вский Заво́д (*поселок, ист.*)
Петро́вский пасса́ж (*в Москве*)
петро́вцы, -ев, *ед.* -вец, -вца, *тв.* -вцем
петрогли́ф, -а
петроглифи́ческий
Петрогра́дская сторона́ (*в Петербурге*)
петрогра́дский (*к* Петрогра́д и Петрогра́дская сторона́)
петрогра́дцы, -ев, *ед.* -дец, -дца, *тв.* -дцем
петро́граф, -а
петрографи́ческий
петрогра́фия, -и
петрозаво́дский (*от* Петрозаво́дск)
петрозаво́дцы, -ев, *ед.* -дец, -дца, *тв.* -дцем
петрозаводча́не, -а́н, *ед.* -а́нин, -а
петрозаводча́нка, -и, *р. мн.* -нок
петрола́тум, -а
петроле́йный
петро́леум, -а
петрологи́ческий
петроло́гия, -и
Петропа́вловская кре́пость
петропа́вловский (*от* Петропа́вловск)
Петропа́вловский собо́р (*к* Пётр и Па́вел)
Петропа́вловск-Камча́тский, Петропа́вловска-Камча́тского (*город*)
петропа́вловцы, -ев, *ед.* -вец, -вца, *тв.* -вцем
Петро́поль, -я (*о Петербурге*)
петросита́лл, -а
петротекто́ника, -и
петрофи́зика, -и
петрофи́ты, -ов, *ед.* -фи́т, -а
петрохи́мия, -и
петру́ргия, -и
петру́шечка, -и
петру́шечник, -а
петру́шечный
петру́шка[1], -и, *ж.* (*овощ; что-н. смешное, дурацкое, нелепое*)
Петру́шка, -и, *м.* (*персонаж кукольного театра*) и **петру́шка**[2], -и, *р. мн.* -шек, *м.* (*кукла*)
пе́ттинг, -а
пе́ттинговый
пету́ния, -и и **пету́нья,** -и, *р. мн.* -ний
пету́х, -а́; но: **го́д Петуха́** (*по восточному календарю*), **Пету́х,** -а́ (*о том, кто родился в этот год*)
пету́ший, -ья, -ье
петуши́нский (*от* Петушки́, *город*)
петуши́ный
петуши́ться, -шу́сь, -ши́тся
петушко́м, *нареч.*
петушо́к, -шка́
Петушо́к – Золото́й гребешо́к, Петушка́ – Золото́го гребешка́
пе́тчво́рк, -а (*лоскутное шитье*)
пе́тый
петь, пою́, поёт
Пе́тька, -и, *м.* (*также:* *петух*)
пе́ться, поётся
Пе́тя, -и, *м.* (*также:* *петух*)
Пе́тя-петушо́к, Пе́ти-петушка́
пеу́н, -а́ (*обл. к* певу́н; *жук*)
пёхать, -аю, -ает (*прост.*)
пехлеви́, *неизм.* и *нескл., м.*
пехлеви́йский
пёхом, *нареч.*
пехо́та, -ы
пехоти́нец, -нца, *тв.* -нцем, *р. мн.* -нцев
пехо́тно-деса́нтный
пехо́тно-та́нковый
пехо́тный
пе́хтерь, -я и **пехте́рь,** -я́
пехтура́, -ы́
пехтуро́й, *нареч.*
печа́линка, -и
печа́лить(ся), -лю(сь), -лит(ся)
печа́лование, -я
печа́ловаться, -луюсь, -луется
печа́ль, -и
печа́льник, -а
печа́льница, -ы, *тв.* -ей
печа́льно знамени́тый
печа́льно изве́стный
печа́льность, -и
печа́льный; *кр. ф.* -лен, -льна
печа́лящий(ся)
печа́тание, -я
печа́танный; *кр. ф.* -ан, -ана, *прич.*
печа́таный, *прил.*
печа́тать(ся), -аю(сь), -ает(ся)
печа́тка, -и, *р. мн.* -ток
печа́тник, -а
Печа́тники, -ов (*район в Москве*)
печа́тно-литографи́ческий
печа́тно-мно́жительный
печа́тный
Печа́тный Дво́р (*производственное объединение*)
печа́тня, -и, *р. мн.* -тен
печа́точный
печа́ть, -и
пе́чево, -а
печево́й, -о́го (*рабочий*)
печене́ги, -ов, *ед.* -не́г, -а
печене́жский
пече́ние, -я (*действие*)
печёнка, -и, *р. мн.* -нок
печённый; *кр. ф.* -ён, -ена́, *прич.*
печёночка, -и
печёночник, -а
печёночница, -ы, *тв.* -ей
печёночно-желу́дочный
печёночный
печёный, *прил.*
пе́чень, -и
пече́нье, -я, *р. мн.* -ний (*кондитерское изделие*)
пече́ньице, -а
пече́нька, -и, *р. мн.* -нек (*одна штука печенья, прост.*)
печеню́шка, -и, *р. мн.* -шек
печери́ца, -ы, *тв.* -ей
пече́рский (*к* Пече́рск, Ки́ево-Пече́рская ла́вра); но: **Феодо́сий Пече́рский**
пе́че-ча́с, -а, *мн.* -ы́, -о́в
пе́чечка, -и, *р. мн.* -чек
печи́ща, -и, *тв.* -ей (*увелич. к* печь)
печи́ще, -а (*остатки развалившейся печи; семейная община на русском Севере*)
пе́чка, -и, *р. мн.* пе́чек
пе́чка-время́нка, пе́чки-время́нки
пе́чки-ла́вочки, *другие формы не употр.*
печни́к, -а́
печно́й
Печо́рин, -а
печо́ринский
печо́ринство, -а
Печо́рская губа́ (*в Баренцевом море*)
печо́рский (*от* Печо́ра и Печо́ры)
Печо́рский (у́гольный) бассе́йн
печо́рцы, -ев, *ед.* -рец, -рца, *тв.* -рцем
печу́рка, -и, *р. мн.* -рок
печь[1], -и и -и́, *тв.* пе́чью, *предл.* в (на) печи́, *мн.* -и, -е́й
пе́чь[2], пеку́, печёт, пеку́т; *прош.* пёк, пекла́
пе́чь-гри́ль, пе́чи-гри́ля, *ж.*
пе́чь-калори́фер, пе́чи-калори́фера, *ж.*

пе́чься, пеку́сь, печётся, пеку́тся; *прош.* пёкся, пекла́сь
пешава́рский (*от* Пешава́р)
пешедра́лом, *нареч.*
пе́ше-лы́жный
пешехо́д, -а
пешехо́дка, -и, *р. мн.* -док *(маршрут)*
пешехо́дный
пе́шечка, -и, *р. мн.* -чек
пеше́чком (*устар. к* пешо́чком)
пе́шечный
пе́ший
пе́шка, -и, *р. мн.* пе́шек
пешко́м, *нареч.*
пешнево́й
пешня́, -и́, *мн.* -и́, -е́й и **пе́шня,** -и, *мн.* пе́шни, пе́шен
пешо́чком, *нареч.*
пеще́ра, -ы
пеще́ристый
пеще́рка, -и, *р. мн.* -рок
пеще́рник, -а
пеще́рный
пещи́сь, *неопр.* (*устар. книжн. к* пе́чься)
Пещно́е де́йство (*церк. литургическая драма, ист.*)
пе́щур, -а
пещь, -и и -и́, *тв.* пе́щью, *предл.* в пещи́, *мн.* -и, -е́й (*устар. книжн. к* печь[1])
ПЗРК [пэзээрка́], *нескл., м.* (*сокр.:* переносной зенитно-ракетный комплекс)
ПЗС [пэзээ́с], *нескл., м.* (*сокр.*: прибор с зарядовой связью)
ПЗУ [пэзэу́], *нескл., с.* (*сокр.*: программное запоминающее устройство; переговорно-запорное устройство)
пи, *нескл., с.* (*название буквы; матем.*)
пиала́, -ы́, *мн.* пиа́лы, пиа́л, пиа́лам
пиалу́шка, -и, *р. мн.* -шек
пиа́н, -а (*полигр.*)
пиани́зм, -а
пиани́нный
пиани́но, *нескл., с.*
пиани́ссимо, *неизм.* и *нескл., с.*
пиани́ст, -а
пиани́ст-аккомпаниа́тор, пиани́ста-аккомпаниа́тора
пианисти́ческий
пиани́стка, -и, *р. мн.* -ток
пиа́но, *неизм.* и *нескл., с.*
пиано́ла, -ы
пиа́р, -а
пиа́р-... – *первая часть сложных слов, пишется через дефис*
пиа́р-аге́нт, -а
пиа́р-аге́нтство, -а
пиа́р-а́кция, -и
пиа́р-би́знес, -а
пиа́ренный; *кр. ф.* -ен, -ена, *прич.*
пиа́рить, -рю, -рит
пиа́р-кампа́ния, -и
пиа́р-кома́нда, -ы
пиа́р-ко́нкурс, -а
пиа́р-обеспече́ние, -я
пиа́ровец, -вца
пиа́ровский
пиа́р-отде́л, -а
пиа́р-подде́ржка, -и
пиа́р-слу́жба, -ы
пиа́р-структу́ра, -ы
пиа́р-технологи́я, -и
пиа́р-услу́ги, -у́г
пиа́р-хо́д, -а, *мн.* -ходы́, -о́в
пиа́рщик, -а
пиа́рщица, -ы, *тв.* -ей
пиасса́ва, -ы
пиа́стр, -а
пиа́стровый
пиаффе́, *нескл., с. (движение лошади при выездке)*
пива́ть, *наст. вр. не употр.* (*от* пить)
пивба́р, -а
пивзаво́д, -а
пивко́, -а́
пивна́я, -о́й
пивно́й
пивну́шка, -и, *р. мн.* -шек
пи́во, -а
пивобезалкого́льный
пивова́р, -а
пивоваре́ние, -я
пивова́ренный
пивова́рка, -и, *р. мн.* -рок
пивова́рня, -и, *р. мн.* -рен
пивцо́, -а́
пи́галица, -ы, *тв.* -ей
Пигмалио́н, -а
пигме́й, -я
пигме́йский
пигме́нт, -а
пигмента́ция, -и
пигменти́рование, -я
пигменти́рованный; *кр. ф.* -ан, -ана
пигменти́ровать(ся), -рую, -рует(ся)
пигме́нтный
пигопа́ги, -ов
пигости́ль, -я
пи́гус, -а
пиджа́к, -а́
пиджачи́шко, -а и -и, *мн.* -шки, -шек, *м.*
пиджа́чник, -а
пиджа́чный
пиджачо́к, -чка́
пи́джин, -а и *неизм.*
пиджиниза́ция, -и
пиджинизи́рованный; *кр. ф.* -ан, -ана
пи́джин-и́нглиш, -а
пиели́т, -а
пиелографи́ческий
пиелогра́фия, -и
пиелонефри́т, -а
пиеми́я, -и
пиери́ды, -и́д, *ед.* -и́да, -ы (*мифол.*)
пиете́т, -а
пиете́тный
пиети́зм, -а
пиети́ст, -а
пиетисти́ческий
пижа́ма, -ы
пижа́мка, -и, *р. мн.* -мок
пижа́мник, -а
пижа́мный
пи́жма, -ы
пижо́н, -а
пижо́нистый
пижо́нить, -ню, -нит
пижо́нка, -и, *р. мн.* -нок
пижо́нски
пижо́нский
пижо́нство, -а
Пиза́нская ба́шня
пиза́нский (*от* Пи́за)
пиза́нцы, -ев, *ед.* -нец, -нца, *тв.* -нцем
пизоли́ты, -ов, *ед.* -ли́т, -а
пии́т, -а (*устар. книжн., шутл. к* поэ́т)
пии́та, -ы, *м.* (*устар. ирон. к* поэ́т)
пии́тика, -и (*устар. книжн. к* поэ́тика)
пиити́ческий (*устар. книжн. к* поэти́ческий)
пик[1], -а (*вершина горы; наивысший подъем в чем-н.*)
пик[2], *неизм.* (ча́с пи́к, вре́мя пи́к)
пи́ка, -и (*копье; прост. к* пи́ки)
пикадо́р, -а
пика́нтность, -и
пика́нтный; *кр. ф.* -тен, -тна
пи́канье, -я
пика́п, -а
пика́пчик, -а
пикарди́йский (*от* Пикарди́я)
пикарди́йцы, -ев, *ед.* -и́ец, -и́йца, *тв.* -и́йцем
пика́ро, *нескл., м.*
пика́ссо́вский (*от* Пика́ссо́)
пи́кать, -аю, -ает
Пи́квик, -а: **ми́стер Пи́квик**
пике́, *нескл., с.* (*пикирование самолета; ткань*) и *неизм.* (*пикейный*)
пике́йный
пикелева́ние, -я
пикелёванный; *кр. ф.* -ан, -ана
пи́кель, -я
пике́т, -а
пикета́ж, -а, *тв.* -ем
пикета́жка, -и, *р. мн.* -жек
пикета́жный
пикети́рование, -я
пикети́рованный; *кр. ф.* -ан, -ана
пикети́ровать(ся), -рую, -рует(ся)
пике́тный
пике́тчик, -а
пике́тчица, -ы, *тв.* -ей
пи́ки, пик (*карточная масть*)
пикинёр, -а
пикинёрный
пики́рование, -я (*от* пики́ровать и пики́роваться)
пикирова́ние, -я (*от* пикирова́ть)

пикиро́ванный; *кр. ф.* -ан, -ана (*от* пикирова́ть)
пики́ровать, -рую, -рует (*лететь вниз*)
пики́роваться, -руюсь, -руется (*перебраниваться*)
пикирова́ть(ся), -ру́ю, -ру́ет(ся) (*пересаживать*(*ся*), *с.-х.*)
пикиро́вка, -и, *р. мн.* -вок
пикиро́вочный
пикиро́вщик, -а
пики́рующий
пи́ккер, -а
пи́кколо, *неизм.* и *нескл.*, *с.*
пикнидиоспо́ры, -о́р, *ед.* -о́ра, -ы
пикни́ды, -и́д, *ед.* -и́да, -ы
пи́книи, -ий, *ед.* -ния, -и
пи́кник, -а (*тучный человек*)
пикни́к, -а́ (*прогулка с закуской на воздухе*)
пикнико́вый
пикни́ческий (*о телосложении*)
пикничо́к, -чка́
пикно́з, -а
пикнозо́нд, -а
пикнолепси́я, -и
пикно́метр, -а
пи́кнуть, -ну, -нет
пико... – *первая часть сложных слов, пишется слитно*
пико́вка, -и, *р. мн.* -вок
пи́ковый
пиколи́ны, -ов, *ед.* -ли́н, -а
пикообра́зный; *кр. ф.* -зен, -зна
пикорнави́русы, -ов, *ед.* -ви́рус, -а
пикота́ж, -а, *тв.* -ем
пикофара́д, -а, *р. мн.* -ов, *счетн. ф.* -ра́д
пикра́ты, -ов, *ед.* -ра́т, -а
пикри́новая кислота́
пикри́т, -а
пи́ксел, -а, *р. мн.* -ов, *счетн. ф.* -сел и (*в разг. проф. речи*) **пи́ксель**, -я, мн. -и, -ей и -я́, -е́й (*ед. измер.*)
пикси́да, -ы
пиктогра́мма, -ы
пиктографи́ческий
пиктогра́фия, -и
пикториа́льный
пик-трансформа́тор, -а
пи́ктский
пи́кты, -ов (*племенная группа*)
пи́кули, -ей (*овощи*)
пи́куль, -я (*ед. измер.*)
пику́льник, -а
пи́кша, -и, *тв.* -ей
пила́, -ы́, *мн.* пи́лы, пил
пила́в, -а
Пила́д, -а: **Оре́ст и Пила́д**
пила́-ры́ба, пилы́-ры́бы
Пила́т, -а (*библ.*)
пиленга́с, -а (*рыба*)
пиле́ние, -я
пи́ленный; *кр. ф.* -ен, -ена, *прич.*
пи́лено-перепи́лено
пилёный, *прил.*
пи́леный-перепи́леный
пилигри́м, -а
пилигри́мка, -и, *р. мн.* -мок
пилигри́мовый ста́н
пилигри́мский
пилигри́мство, -а
пили́дий, -я
пили́канье, -я
пили́кать, -аю, -ает
пили́кнуть, -ну, -нет
пили́льщик, -а
пили́льщик-тка́ч, пили́льщика-ткача́ (*насекомое*)
пи́линг, -а
пи́линговый
пили́ть(ся), пилю́, пи́лит(ся)
пи́лка, -и, *р. мн.* пи́лок
пи́ллерс, -а
пило́вочник, -а
пило́вочный
пилокарпи́н, -а
пилока́рпус, -а
пиломатериа́лы, -ов, *ед.* -а́л, -а
пиломото́рный
пило́н, -а
пило́нный
пилоно́с, -а
пилоно́сный
пилообра́зный; *кр. ф.* -зен, -зна
пилопра́в, -а
пилора́ма, -ы
пилори́ческий
пилороспа́зм, -а
пилоростено́з, -а
пилоста́в, -а
пило́т, -а
пилота́ж, -а, *тв.* -ем
пилота́жник, -а
пилота́жно-навигацио́нный
пилота́жный
пило́т-инстру́ктор, пило́та-инстру́ктора
пилоти́рование, -я
пилоти́рованный; *кр. ф.* -ан, -ана
пилоти́ровать(ся), -рую, -рует(ся)
пилоти́руемый
пило́тка, -и, *р. мн.* -ток
пило́т-люби́тель, пило́та-люби́теля
пило́тный
пило́точка, -и, *р. мн.* -чек
пило́тский
пилохво́ст, -а
пи́лочка, -и, *р. мн.* -чек
пиль, *неизм.* (*команда*)
пи́льный
пи́льня, -и, *р. мн.* пи́лен (*место, где пилят*)
пильня́, -и́ (*звуки*)
пи́льчатый
пи́льщик, -а
пилю́лька, -и, *р. мн.* -лек
пилю́ля, -и
пиля́р, -а (*столб*)
пиля́стра, -ы и **пиля́стр**, -а
пиля́стровый
пи́лящий(ся)
пи-мезо́н, -а
пимели́новая кислота́
пиме́нт, -а (*дерево, перец*)
пиме́нта, -ы (*то же, что пимент – дерево*)
пи́мки, пи́мок и **пимки́**, пимо́к (*от* пи́мы́)
пимока́т, -а
пи́мы, -ов и **пимы́**, -о́в, *ед.* пим, -а и -а́
пинаго́р, -а
пина́кль, -я
пинаколи́новый
пинаколи́ны, -ов, *ед.* -ли́н, -а
пинако́ны, -ов, *ед.* -ко́н, -а
пинакоте́ка, -и
пина́нга, -и
пина́нье, -я
пина́ть(ся), -а́ю(сь), -а́ет(ся)
пингви́н, -а
пингвина́рий, -я
пингвинёнок, -нка, *мн.* -ня́та, -ня́т
пингви́ний, -ья, -ье
пингви́нчик, -а
пинг-по́нг, -а
пингпонги́ст, -а
пингпонги́стка, -и, *р. мн.* -ток
пинг-по́нговый
Пинд, -а
пинежа́не, -а́н, *ед.* -а́нин, -а
пинежа́нка, -и, *р. мн.* -нок
пи́нежский (*от* Пи́нега)
пине́ны, -ов, *ед.* пине́н, -а
пине́тки, -ток, *ед.* -е́тка, -и
пине́тковый
пине́точки, -чек, *ед.* -чка, -и
пине́точный
пи́ниевый
пинио́ли, -ей, *ед.* -о́ль, -я
пи́ния, -и
пи́нка, -и, *р. мн.* пи́нок (*судно*)
пинка́рь, -я́ (*жарг.*)
Пинкерто́н, -а (*лит. персонаж*) и **пинкерто́н**, -а (*сыщик*)
пинкерто́новский
пинкерто́новщина, -ы
ПИН-ко́д, -а
пи́нна, -ы
пино́, *нескл.*, *м.* (*виноград*) и *с.* (*вино*)
пино́к, пинка́
пино́ль, -я
пиноте́кс, -а
пиноцито́з, -а
пиноче́товский (*от* Пиноче́т)
пи́нта, -ы
пинцга́у, *нескл.*, *ж.*
пинце́т, -а
пинце́тик, -а
пинциро́вка, -и, *р. мн.* -вок
пинциро́вочный
пи́нчер, -а
пинч-эффе́кт, -а
пи́нькание, -я

пи́нькать, -ает
пиобациллёз, -а
пиоге́нный
пиодерми́я, -и
пио́н, -а (*растение*; *то же, что пи-мезон*)
пионе́р, -а
пионербо́л, -а
пионервожа́тая, -ой
пионервожа́тый, -ого
пионе́рия, -и
пионе́рка, -и, *р. мн.* -рок
пионерла́герь, -я, *мн.* -я́, -е́й
пионе́рный
пионеротря́д, -а
пионе́рский
пионе́рско-комсомо́льский
пионе́рство, -а
пионефро́з, -а
пионови́дный; *кр. ф.* -ден, -дна
пио́новый
пиоре́я, -и
пиоса́льпинкс, -а
пиоспerми́я, -и
пиото́ракс, -а
пи́па, -ы (*земноводное*)
пипемиди́новая кислота́
пиперази́н, -а
пипериди́н, -а
пипериле́н, -а
пипериле́новый
пиперона́л, -а
пипе́тка, -и, *р. мн.* -ток
пипе́точка, -и, *р. мн.* -чек
пипе́точный
пи-пи́, *неизм.*
пипи́канье, -я
пипи́кать, -ает
Пипи́н Коро́ткий
пи-пи-пи́, *неизм.*
пи́пка, -и, *р. мн.* пи́пок
пи́почка, -и, *р. мн.* -чек
пип-шо́у, *нескл., с.*
пир, -а, *предл.* на пиру́, *мн.* -ы́, -о́в
пирабуто́л, -а
пиразо́л, -а
пиразоло́н, -а
пира́йя, -и, *р. мн.* -а́й и **пира́нья**, -и, *р. мн.* -ний
пирамеи́н, -а
пирами́да, -ы
пирамида́льный
пирами́дка, -и, *р. мн.* -док
пирами́дный
пирамидо́н, -а
пирамина́л, -а
пира́новый (*от* пира́ны)
пирано́граф, -а
пирано́метр, -а
пира́ны, -ов, *ед.* -а́н, -а (*хим.*)
пира́ньевые, -ых
пира́нья, -и, *р. мн.* -ний и **пира́йя**, -и, *р. мн.* -а́й
пираргири́т, -а
пира́т, -а
пира́тский
пира́тство, -а
пира́тствовать, -твую, -твует
пирацета́м, -а
пиргелио́метр, -а
пиргео́метр, -а
пире́йский (*от* Пире́й)
пире́йцы, -ев, *ед.* -е́ец, -е́йца, *тв.* -е́йцем
пирене́йский (*от* Пирене́и)
Пирене́йский полуо́стров
пирено́ид, -а
пиреномице́ты, -ов, *ед.* -це́т, -а
пире́трум, -а
пириди́н, -а
пиридокси́н, -а
пирикулярио́з, -а
пиримиди́н, -а
пиримиди́новый
пири́т, -а
пири́тный
пири́товый
Пирке́, *нескл., м.*: **реа́кция Пирке́, про́ба Пирке́**
пирке́, *нескл., с.* (*проба Пирке и результат ее применения, разг.*)
пиро... – *первая часть сложных слов, пишется слитно*
пиробензо́л, -а
пирова́нье, -я
пирова́ть, пиру́ю, пиру́ет
пировиногра́дный
пиро́г, -а́
пиро́га, -и (*лодка*)
пирога́лловый
пирогалло́л, -а
пироге́н, -а
пирогена́л, -а
пирогенети́ческий
пирогениза́ция, -и
пироге́ния, -и
пироге́нный
пирого́вский (*от* Пирого́в)
пирогравю́ра, -ы
пирографи́т, -а
пирожко́вая, -ой
пирожко́вый
пиро́жник, -а
пиро́жница, -ы, *тв.* -ей
пиро́жное, -ого
пиро́жный
пирожо́к, -жка́
пирожо́чек, -чка
пирозамо́к, -мка́
пирозо́мы, -о́м, *ед.* -зо́ма, -ы
пирокатехи́н, -а
пирокласти́ческий
пироколло́дий, -я
пироксени́т, -а
пироксе́ны, -ов, *ед.* -се́н, -а
пироксили́н, -а
пироксили́новый
пирола́трия, -и
пиро́лиз, -а
пироли́т, -а
пиро́лог, -а
пирологи́ческий
пироло́гия, -и
пиролюзи́т, -а
пирома́н, -а
пирома́ния, -и
пиромелли́товая кислота́
пирометаллурги́ческий
пирометаллу́ргия, -и
пирометаморфи́зм, -а
пиро́метр, -а
пирометри́ческий
пироме́трия, -и
пироморфи́зм, -а
пироморфи́т, -а
пиро́н, -а
пирона́фт, -а
пиро́п, -а
пиропатро́н, -а
пиропла́зма, -ы
пироплазмидо́з, -а
пироплазми́ды, -и́д, *ед.* -и́да, -ы
пироплазмо́з, -а
пиросе ле́кция, -и
пироска́ф, -а
пироско́п, -а
пиросо́мы, -со́м, *ед.* -со́ма, -ы
пирососта́в, -а
пиросульфа́т, -а
пиротерапи́я, -и
пироте́хник, -а
пироте́хника, -и
пиротехни́ческий
пирофера́ль, -я
пирофилли́т, -а
пирофи́товый
пирофо́бия, -и
пирофо́рный
пирофосфа́т, -а
пирофо́сфорный
пирохло́р, -а
пироэле́ктрик, -а
пироэлектри́ческий
пироэлектри́чество, -а
пироэлеме́нт, -а
пирри́хий, -я
пи́ррова побе́да, пи́рровой побе́ды
пирро́л, -а
пирррони́зм, -а
пирро́новский (*от* Пирро́н)
пирроти́н, -а
Пи́рр Эпи́рский
пирс, -а
пи́рсер, -а
пи́рсинг, -а
пи́рсинговый
пиру́шка, -и, *р. мн.* -шек
пиру́эт, -а
пи́ршественный
пи́ршество, -а
пи́ршествовать, -твую, -твует
писа́ка, -и, *м.* и *ж.*
писа́ние, -я (*действие*) и **Писа́ние**, -я (*Библия, Коран*)

писани́на, -ы
пи́саница, -ы, *тв.* -ей
пи́санка, -и, *р. мн.* -нок
пи́санный; *кр. ф.* -ан, -ана, *прич.*
пи́сано-перепи́сано
пи́саный, *прил.*; пи́саная краса́вица
пи́саный-перепи́саный
писари́шка, -и, *р. мн.* -шек, *м.*
писарско́й и **пи́сарский**
пи́сарь, -я, *мн.* -и, -ей и -я́, -е́й
писа́телишка, -и, *р. мн.* -шек, *м.*
писа́тель, -я
писа́тельница, -ы, *тв.* -ей
писа́тель-рома́нтик, писа́теля-рома́нтика
писа́тельский
писа́тельство, -а
писа́тель-фанта́ст, писа́теля-фанта́ста
пи́сать(ся), -аю(сь), -ает(ся) (*мочиться*)
писа́ть(ся), пишу́(сь), пи́шет(ся)
писе́ц, писца́, *тв.* писцо́м, *р. мн.* писцо́в (*переписчик*)
писк, -а и -у
Пискарёвское мемориа́льное кла́дбище
пискленок, -нка, *мн.* -ля́та, -ля́т
пискли́вость, -и
пискли́вый
пискля́, -и́, *р. мн.* -ле́й, *м.* и *ж.*
пискля́вость, -и
пискля́вый
пискля́к, -а́
пи́скнуть, -ну, -нет
пискотня́, -и́
пиccкýн, -а́
писку́нья, -и, *р. мн.* -ний
писку́ха, -и
писку́чий
писну́ть, -ну́, -нёт
писсуа́р, -а
пи́стик, -а
пи́стия, -и
пистоле́т, -а
пистоле́тик, -а
пистоле́тишко, -а и -и, *мн.* -шки, -шек, *м.*
пистоле́т-краскораспыли́тель, пистоле́та-краскораспыли́теля
пистоле́тный
пистоле́т-пулемёт, пистоле́та-пулемёта
пистоле́т-раке́тница, пистоле́та-раке́тницы, *м.*
пистоле́тчик, -а
писто́ль, -я (*монета*; *оружие*) и -и (*оружие*)
писто́н, -а
писто́нный
писто́нчик, -а
пису́лечка, -и, *р. мн.* -чек
пису́лька, -и, *р. мн.* -лек
пису́ля, -и, *р. мн.* -у́лей и -у́ль
пису́н, -а́
пису́нья, -и, *р. мн.* -ний
писцо́вый (*от* писе́ц)
писчебума́жный
пи́счий
пи́сывать, *наст. вр. не употр.*
письмена́, -мён, -мена́м
пи́сьменно, *нареч.*
пи́сьменность, -и
пи́сьменный
письмецо́, -а́
письми́шко, -а, *мн.* -шки, -шек
письми́ще, -а
письмо́, -а́, *мн.* пи́сьма, пи́сем, пи́сьмам
письмо́вник, -а
письмоводи́тель, -я
письмово́дство, -а
письмоно́сец, -сца, *тв.* -сцем, *р. мн.* -сцев
письмоно́сица, -ы, *тв.* -ей
письмоно́ска, -и, *р. мн.* -сок
письмо́-обяза́тельство, письма́-обяза́тельства
письмосортиро́вочный
пи́та, -ы
пита́ние, -я
пита́тель, -я
пита́тельность, -и
пита́тельный; *кр. ф.* -лен, -льна
пита́ть(ся), -а́ю(сь), -а́ет(ся)
питбу́ль, -я
питбультерье́р, -а
пите́йно-заку́сочный
пите́йный
питека́нтроп, -а
пи́терка, -и, *р. мн.* -рок
пи́терский (*от* Пи́тер – *Петербург*)
пи́терцы, -ев, *ед.* -рец, -рца, *тв.* -рцем
пи́терщик, -а
пити́, *нескл., с.* и *неизм.* (*суп*)
питие́, -я́, *тв.* питие́м, *предл.* о пити́и, *мн.* -я́, пити́й, -я́м
пи́ти-ми́ти и **пе́ти-ме́ти,** *других форм нет, мн.* (*жарг.*)
пито́мец, -мца, *тв.* -мцем, *р. мн.* -мцев
пито́мица, -ы, *тв.* -ей
пито́мка, -и, *р. мн.* -мок
пито́мник, -а
питомникoво́д, -а
питомниково́дство, -а
пито́мниковый
пито́мнический
пито́мный
пито́н, -а
пи́тсбургский (*от* Пи́тсбург)
пи́тсбургцы, -ев, *ед.* -гец, -гца, *тв.* -гцем
пит-сто́п, -а (*в автогонках*)
пи́тта, -ы (*птица*)
пи́ттинг, -а
питуитри́н, -а
питу́х, -а́ (*любитель выпить*)
пи́тчер, -а (*спорт.*)
пи́тый; *кр. ф.* пит, пита́, пи́то
пить, пью, пьёт; *прош.* пил, пила́, пи́ло
питьё, -я́, *р. мн.* пите́й
питьево́й
пи́ть-е́сть
пи́ться, пьётся; *прош.* пи́лся, пила́сь, пи́ло́сь
пиури́я, -и
ПИФ, -а (*сокр.*: паевой инвестиционный фонд)
пифагореи́зм, -а
пифагоре́йский
пифагоре́йство, -а
пифагоре́йцы, -ев, *ед.* -е́ец, -е́йца, *тв.* -е́йцем
пифаго́ров, -а, -о (*от* Пифаго́р): **пифаго́ровы чи́сла, пифаго́рова теоре́ма, пифаго́ровы штаны́, пифаго́ров стро́й**
Пифи́йские и́гры
пифи́йский
пифи́ческий
пи́фия, -и
Пифо́н, -а (*мифол.*)
пи́фос, -а
пиф-па́ф, *неизм.*
пиффера́ро, *нескл., м.*
пи́фферо, *нескл., с.*
пиха́ла, -ы, *м.* и *ж.*
пи́ханный; *кр. ф.* -ан, -ана, *прич.*
пиха́нье, -я
пиха́ть(ся), -а́ю(сь), -а́ет(ся)
пихну́ть(ся), -ну́(сь), -нёт(ся)
пихо́ра, -ы
пи́хта, -ы
пихта́рник, -а
пихта́ч, -а́, *тв.* -о́м
пихто́вник, -а
пи́хтовый
пицу́ндский (*от* Пицу́нда)
пицу́ндцы, -ев, *ед.* -дец, -дца, *тв.* -дцем
пи́цца, -ы, *тв.* -ей
пиццери́я, -и
пиццика́то и **пиччика́то,** *неизм.* и *нескл., с.*
пи́чканный; *кр. ф.* -ан, -ана, *прич.*
пи́чканье, -я
пи́чкать(ся), -аю(сь), -ает(ся)
пичу́га, -и
пичу́жечка, -и, *р. мн.* -чек
пичу́жий, -ья, -ье
пичу́жка, -и, *р. мн.* -жек
пиччика́то и **пиццика́то,** *неизм.* и *нескл., с.*
пиши́ пропа́ло
пи́шущий(ся)
пи́ща, -и, *тв.* -ей
пища́лка, -и, *р. мн.* -лок
пища́ль, -и
пища́льный
пища́ть, пищу́, пищи́т
пищебло́к, -а
пищеваре́ние, -я
пищевари́тельный
пищева́рочный
пищеви́к, -а́

пищевкусово́й
пищево́д, -а
пищево́дно-желу́дочный
пищево́дный
пищево́й
пищекомбина́т, -а
пищеконцентра́т, -а
пищеконцентра́тный
пищепро́м, -а
пи́щик, -а
пищу́ха, -и
пищу́ховые, -ых
пия́вица, -ы, *тв.* -ей (*устар. к* пия́вка)
пия́вка, -и, *р. мн.* -вок
пия́вочка, -и, *р. мн.* -чек
ПК [пэка́], *нескл., м.* (*сокр.:* персональный компьютер)
пла́вание, -я
пла́вательный
пла́вать(ся), -аю, -ает(ся)
пла́вающий
плавба́за, -ы
плаведини́ца [въе], -ы, *тв.* -ей
пла́вень, -вня
плавзаво́д, -а
плави́к, -а́
плавико́вый
плави́лка, -и, *р. мн.* -лок
плави́льник, -а
плави́льный
плави́льня, -и, *р. мн.* -лен
плави́льщик, -а
пла́вить(ся), -влю, -вит(ся)
пла́вка, -и, *р. мн.* -вок (*действие*)
пла́вки, -вок (*трусы*)
пла́вкий; *кр. ф.* пла́вок, пла́вка́, пла́вко
пла́вкость, -и
плавкра́н, -а
плавкраностроéние, -я
плавле́ние, -я
пла́вленный; *кр. ф.* -ен, -ена, *прич.*
пла́вленый, *прил.*
плавмагази́н, -а
плавмастерска́я, -о́й
пла́вневый
пла́вни, -ей
плавни́к, -а́
плавнико́вый
плавничо́к, -чка́
плавно́й (*плавучий*)
пла́вность, -и
пла́вный; *кр. ф.* пла́вен, пла́вна́, пла́вно (*нерезкий*)
плавсоста́в, -а
плавсре́дства, -сре́дств, *ед.* -сре́дство, -а
плавста́нция, -и
плавстройотря́д, -а
плаву́н, -а́ (*зоол.*; *трава*)
плавуне́ц, -нца́, *тв.* -нцо́м, *р. мн.* -нцо́в
плаву́нчик, -а
плаву́честь, -и
плаву́чий
пла́вщик, -а
плавь, -и (*в иконописи*)
пла́вящий(ся)
плага́льный
плагиа́т, -а
плагиа́тор, -а
плагиа́торский
плагиа́торство, -а
плагии́рованный; *кр. ф.* -ан, -ана
плагии́ровать(ся), -рую, -рует(ся)
плагиокла́зы, -ов, *ед.* -ла́з, -а
плагиотропи́зм, -а
плаз, -а
пла́зма, -ы
плазмале́мма, -ы
плазмалоге́ны, -ов, *ед.* -ге́н, -а
плазмати́ческий
пла́зменно-дугово́й
пла́зменный
плазми́да, -ы
плазми́н, -а
плазмобу́р, -а
пла́змовый
плазмогазодина́мика, -и
плазмога́мия, -и
плазмоге́ны, -ов, *ед.* -ге́н, -а
плазмоде́смы, -е́см, *ед.* -де́сма, -ы
плазмо́дий, -я
плазмозамеща́ющий
плазмо́ид, -а
плазмо́лиз, -а
плазмо́н, -а
плазмотро́н, -а
плазмотро́нный
плазмохими́ческий
плазмохи́мия, -и
плазмоци́д, -а (*препарат*)
плазмоци́ты, -ов, *ед.* -ци́т, -а (*клетки*)
пла́кальщик, -а
пла́кальщица, -ы, *тв.* -ей
плака́т, -а
плака́тик, -а
плакати́ст, -а
плака́тность, -и
плака́тный; *кр. ф.* -тен, -тна
плака́тчик, -а
пла́кать(ся), пла́чу(сь), пла́чет(ся)
плаке́, *неизм.* и *нескл., с.*
плаке́тка, -и, *р. мн.* -ток
плакирова́льня, -и, *р. мн.* -лен
плакирова́ние, -я
плакиро́ванный; *кр. ф.* -ан, -ана
плакирова́ть(ся), -ру́ю, -ру́ет(ся)
плакиро́вка, -и, *р. мн.* -вок
плакиро́вочный
плакиро́вщик, -а
плакоде́рмы, -де́рм, *ед.* -де́рма, -ы
плакодо́нт, -а
плако́ды, -ов, *ед.* -ко́д, -а
плако́идный
плако́рный
пла́кса, -ы, *м.* и *ж.*
плакси́вость, -и
плакси́вый
плаку́н, -а́
плаку́н-трава́, -ы́
плаку́чий
плаку́ша, -и, *тв.* -ей
пламеви́дный; *кр. ф.* -ден, -дна
пламегаси́тель, -я
пламеискрогаси́тель, -я
пламене́ть, -е́ю, -е́ет
пламени́стый
пла́менник, -а
пла́менно, *нареч.*
пла́менность, -и
пла́менный; *кр. ф.* -енен, -енна
пла́мень, *других форм нет, м.*
пламеобра́зный; *кр. ф.* -зен, -зна
пла́мечко, -а
пла́мя, -мени, *тв.* -менем
план, -а
плана́рии, -ий, *ед.* -рия, -и
плана́рный
плана́ция, -и
планге́рд, -а
пла́н-гра́фик, пла́на-гра́фика
планёр, -а и **пла́нер,** -а
планери́зм, -а
планери́ст, -а
планери́стка, -и, *р. мн.* -ток
планёрка, -и, *р. мн.* -рок
планёрный и **пла́нерный**
планеродро́м, -а
плане́т, -а (*культиватор*)
плане́та, -ы
планета́рий, -я
планета́рность, -и
планета́рный; *кр. ф.* -рен, -рна
плане́тный
планетове́дение, -я
планетографи́ческий
плането́ид, -а
плането́идный
планетолёт, -а
планетолётный
плането́лог, -а
планетологи́ческий
планетоло́гия, -и
планетохо́д, -а
плани́да, -ы
планиме́тр, -а
планиметри́ческий
планиме́трия, -и
плани́рование, -я
плани́рованный; *кр. ф.* -ан, -ана (*от* плани́ровать) и **планиро́ванный;** *кр. ф.* -ан, -ана (*от* планирова́ть)
плани́ровать(ся), -рую, -рует(ся) (*парить в воздухе, плавно снижаясь; составлять план, намечать*(*ся*) и **планирова́ть(ся),** планиру́ю, плани́ру́ет(ся) (*устраивать*(*ся*), *размечать*(*ся*) *на месте по плану*)
планиро́вка, -и, *р. мн.* -вок
планиро́вочный
планиро́вщик, -а
планиро́вщица, -ы, *тв.* -ей

планисфéра, -ы
Планк, -а: **постоя́нная Пла́нка**
пла́нка, -и, *р. мн.* -нок
планка́рта, -ы
планкто́н, -а
планкто́нный
планова́ть, -ну́ю, -ну́ет
планови́к, -а́
планови́к-экономи́ст, планови́ка́-экономи́ста
пла́ново-бюдже́тный
пла́ново-операти́вный
пла́ново-профилакти́ческий
пла́ново-распредели́тельный
пла́ново-регули́руемый
пла́ново-ры́ночный
пла́новость, -и
пла́ново-убы́точный
пла́ново-фина́нсовый
пла́ново-хозя́йственный
пла́ново-экономи́ческий
пла́новый
планоме́рность, -и
планоме́рный; *кр. ф.* -рен, -рна
планотро́н, -а
пла́ночка, -и, *р. мн.* -чек
пла́ночный
Плантагене́ты, -ов (*династия*)
планта́ж, -а, *тв.* -ем
планта́жный
планта́тор, -а
планта́торский
планта́торство, -а
плантацио́нный
планта́ция, -и
пла́нула, -ы
пла́нчатый
пла́нчик, -а
планша́йба, -ы
планше́т, -а
планшети́ст, -а
планше́тка, -и, *р. мн.* -ток
планше́тный
планши́р, -а и **планши́рь,** -я
пласиро́ванный; *кр. ф.* -ан, -ана
пласирова́ть(ся), -ру́ю, -ру́ет(ся)
пласиро́вка, -и
пласт, -а́, *предл.* на пласту́
пласта́ние, -я
пла́станный; *кр. ф.* -ан, -ана, *прич.*
пласта́ть(ся), -а́ю(сь), -а́ет(ся)
пласти́ды, -и́д, *ед.* -и́да, -ы (*биол.*)
пластизо́ль, -я
пла́стик, -а
пла́стика, -и
пластика́т, -а
пластика́тный
пластика́товый
пластика́ция, -и
пла́стиковый
пластили́н, -а
пластили́новый
пласти́на, -ы
пласти́нка, -и, *р. мн.* -нок
пласти́нник, -а
пласти́нниковый
пласти́нный
пластиножа́берные, -ых (*рыбы*)
пласти́ночка, -и, *р. мн.* -чек
пласти́ночник, -а
пласти́ночный
пластинчатожа́берные, -ых (*моллюски*)
пластинчатоклю́вые, -ых
пластинчатоу́сые, -ых
пласти́нчатый
пласти́т, -а
пластифика́т, -а
пластифика́тор, -а
пластифика́ция, -и
пластифици́рованный; *кр. ф.* -ан, -ана
пластифици́ровать(ся), -рую, -рует(ся)
пласти́ческий
пласти́чность, -и
пласти́чный; *кр. ф.* -чен, -чна
пластма́сса, -ы
пластма́ссовый
пластова́ние, -я
пласто́ванный; *кр. ф.* -ан, -ана
пластова́ть(ся), -ту́ю, -ту́ет(ся)
пластово́й
пласто́м[1], -а (*биол.*)
пласто́м[2] (лежа́ть), *нареч.*
пластообра́зный; *кр. ф.* -зен, -зна
пластро́н, -а
пласту́н, -а́
пласту́нский
пластуши́на, -ы
пла́стырный
пла́стырь, -я
плат, -а (*платок, убрус*)
пла́та, -ы (*к* плати́ть; *часть электронного устройства*)
плата́н, -а
пла́танный; *кр. ф.* -ан, -ана, *прич.*
плата́новый
пла́таный, *прил.*
плата́ть, -а́ю, -а́ет
платёж, -ежа́, *тв.* -о́м
платёжеспосо́бность, -и
платёжеспосо́бный; *кр. ф.* -бен, -бна
платёжка, -и, *р. мн.* -жек
платёжно-расчётный
платёжный
пла́тельный
плате́льщик, -а
плате́льщица, -ы, *тв.* -ей
платере́ско, *нескл., м.* и *неизм.* (*стиль в искусстве*)
платибаза́льный че́реп
платибело́до́н, -а
платикефа́л, -а и **платицефа́л,** -а
платикефа́лия, -и и **платицефа́лия,** -и
пла́тина, -ы
платина́т, -а
платине́ль, -я
платини́рование, -я
платини́рованный; *кр. ф.* -ан, -ана
платини́ровать(ся), -рую, -рует(ся)
платини́т, -а
пла́тинный
пла́тиновый
платино́иды, -ов, *ед.* -о́ид, -а
платиноре́ниевый
платинотро́н, -а
плати́ть(ся), плачу́(сь), пла́тит(ся) (*к* пла́та)
платифилли́н, -а
платицефа́л, -а и **платикефа́л,** -а
платицефа́лия, -и и **платикефа́лия,** -и
платко́вый
пла́тник, -а (*студент и т. п.*)
пла́тность, -и
пла́тный
плато́, *нескл., с.* (*возвышенная равнина*)
платобаза́льт, -а
пла́товый (*от* пла́та, *часть устройства*)
плато́к, -тка́
платони́зм, -а
плато́ник, -а
платони́чески
платони́ческий
платони́чность, -и
платони́чный; *кр. ф.* -чен, -чна
Плато́нов, -а, -о (*от* Плато́н)
плато́новский (*от* Плато́н и Плато́нов, *фамилия*)
платообра́зный; *кр. ф.* -зен, -зна (*геогр.*)
плато́чек, -чка
плато́чный
платфо́рма, -ы
платфо́рменный
платфо́рминг, -а
пла́тье, -я, *мн.* -я, -ев
платьево́й
платьевщи́ца, -ы, *тв.* -ей
пла́тье гофре́, пла́тья гофре́
пла́тье-костю́м, пла́тья-костю́ма, *с.*
пла́тье ма́кси, пла́тья ма́кси
пла́тье ми́ди, пла́тья ми́ди
пла́тье ми́ни, пла́тья ми́ни
пла́тье плиссе́, пла́тья плиссе́
пла́тье регла́н, пла́тья регла́н
пла́тье сафа́ри, пла́тья сафа́ри
пла́тье-хала́т, пла́тья-хала́та, *с.*
пла́тьице, -а
пла́тьишко, -а, *мн.* -шки, -шек
платяно́й
платя́щий(ся) (*от* плати́ть(ся))
плау́н, -а́
плау́н-бара́нец, плауна́-бара́нца (*растение*)
плау́нный
плаунови́дные, -ых
плау́но́вый
плафо́н, -а
плафо́нный
плафо́нчик, -а

пла́ха, -и
пла́хта, -ы
пла́хтовый
плац, -а, *тв.* -ем, *предл.* на плацу́, *мн.* -ы, -ев
плац-адъюта́нт, -а
плацда́рм, -а
плаце́бо, *нескл., с.*
плаце́нта, -ы
плацента́рный
плацента́ция, -и
плаце́нтный
плацка́рта, -ы
плацка́ртный
плац-конце́рт, -а
плац-майо́р, -а
плац-пара́д, -а
плац-пара́дный
плац-сержа́нт, -а
плач, -а, *тв.* -ем
плаче́вность, -и
плаче́вный; *кр. ф.* -вен, -вна
плачево́й
пла́ченный; *кр. ф.* -ен, -ена, *прич.*
пла́ченый, *прил.*
плачея́, -и́
пла́чивать, *наст. вр. не употр.*
пла́чущий(ся)
пла́шка, -и, *р. мн.* -шек
плашко́ут, -а
плашко́утный
плашмя́, *нареч.*
плащ, -а́, *тв.* -о́м
плащани́ца, -ы, *тв.* -ей
плащево́й
плащено́сный
пла́щик, -а
плащи́шко, -а и -и, *мн.* -шки, -шек, *м.*
пла́щ-наки́дка, плаща́-наки́дки, *м.*
плащо́вка, -и, *р. мн.* -вок
плащ-пала́тка, -и, *р. мн.* -ток
пла́щ-пелери́на, плаща́-пелери́ны, *м.*
плебе́й, -я
плебе́йка, -и, *р. мн.* -е́ек
плебе́йский
плебе́йство, -а
плебисци́т, -а
плебисцита́рный
плебисци́тный
плебс, -а
плева́, -ы́
плева́нье, -я
плева́тельница, -ы, *тв.* -ей
плева́ть(ся), плюю́(сь), плюёт(ся)
пле́вел, -а, *мн.* -ы, -ов (*растение*)
пле́велы, -ел (*что-н. вредное, дурное, засоряющее*; отдели́ть зёрна от пле́вел)
пле́вельный
пле́венский (*от* Пле́вен, Пле́вна)
плево́к, -вка́
пле́вра, -ы
плевра́льный
плеври́т, -а
плеврити́ческий
плеври́тный
плевроко́кк, -а
плевроме́йя, -и
плевропневмони́я, -и
плёвый
плед, -а
пле́дик, -а
пле́ер, -а
пле́ерный
плезиа́нтроп, -а
плезиоза́вр, -а
плезиохрони́я, -и (*близость по времени*)
плезиохро́нный
плези́р, -а
плейбо́й, -я
плейбо́йский
плей-ли́ст, -а́
плейме́йкер, -а
плейме́йкерский
плейотропи́я, -и
плей-о́фф, *неизм.* и *нескл., м.*
плейоха́зий, -я
плейри́т, -а (*зоол.*)
плейсто́н, -а
плейстосе́йсты, -се́йст, *ед.* -се́йста, -ы
плейстоце́н, -а
плейстоце́новый
плексигла́с, -а
плексигла́совый
плекси́т, -а
плектенхи́ма, -ы
плектр, -а
племенни́к, -а́
племенно́й
пле́мечко, -а
племзаво́д, -а
племста́нция, -и
племхо́з, -а
пле́мя, -мени, *тв.* -менем, *мн.* -мена́, -мён, -мена́м
племя́нник, -а
племя́нников, -а, -о
племя́нница, -ы, *тв.* -ей
племя́нницын, -а, -о
племя́нничек, -чка
племя́ш, -а́, *тв.* -о́м
племя́шек, -шка и **племяшо́к,** -шка́
племя́шка, -и, *р. мн.* -шек
плен, -а, *предл.* в плену́
плена́, -ы́ (*пленка*)
плена́рный
плене́ние, -я
пленённый; *кр. ф.* -ён, -ена́
плени́тельность, -и
плени́тельный; *кр. ф.* -лен, -льна
плени́ть(ся), -ню́(сь), -ни́т(ся)
плёнка, -и, *р. мн.* -нок
плёнкообразова́тель, -я
плёнкообразу́ющий
плёнкопокры́тие, -я
пле́нник, -а
пле́нница, -ы, *тв.* -ей
пле́нный
плёночка, -и, *р. мн.* -чек
плёночно-карка́сный
плёночный
пле́нум, -а
плёнчато-чешу́йчатый
плёнчатый
пленэ́р, -а
пленэри́ст, -а
пленэ́рный
пленя́ть(ся), -я́ю(сь), -я́ет(ся)
плеона́зм, -а
плеона́ст, -а
плеонасти́ческий
плеопатологи́ческий
плео́птика, -и (*мед.*)
плеохрои́зм, -а
плеохрои́чный
плере́зы, -е́з
плеро́ма, -ы
плёс, -а
Плёс, -а (*город*)
пле́сенный
пле́сень, -и
плесе́цкий (*от* Плесе́цк)
плеск, -а
плеска́ние, -я
плескану́ть(ся), -ну́, -нёт(ся)
плеска́тельный
плеска́ть(ся), плещу́(сь), пле́щет(ся) и -а́ю(сь), -а́ет(ся)
плеска́ющий(ся) и **пле́щущий(ся)**
плескотня́, -и́
плеску́чий
пле́сневевший
пле́сневелость, -и
пле́сневелый
пле́сневение, -я
пле́сневеть, -веет
плесневи́ца, -ы, *тв.* -ей
плеснево́й и **пле́сневый**
плёснутый
плесну́ть(ся), -ну́(сь), -нёт(ся)
плёсовый (*от* плёс)
плесси́метр, -а
плёсский (*от* Плёс)
плести́(сь), плету́(сь), плетёт(ся); *прош.* плёл(ся), плела́(сь)
плетеви́дка, -и, *р. мн.* -док (*змея*)
плетеви́дный; *кр. ф.* -ден, -дна
плетево́з, -а
плетежо́к, -жка́ (*шнурок*)
плете́йный
плете́льный
плете́льщик, -а
плете́льщица, -ы, *тв.* -ей
плете́ние, -я
плетени́ца, -ы, *тв.* -ей
плетёнка, -и, *р. мн.* -нок
плетённый; *кр. ф.* -ён, -ена́, *прич.*
плетёный, *прил.*
плете́нь, -тня́
плетеобра́зный; *кр. ф.* -зен, -зна
плетешо́к, -шка́ (*от* плете́нь)
плетизмогра́мма, -ы
плетизмо́граф, -а

плетизмографи́ческий
плетизмогра́фия, -и
плети́стый
плётка, -и, *р. мн.* -ток
плетнёвый
плето́ра, -ы
плетори́ческий
плёточка, -и, *р. мн.* -чек
плёточный
плету́шка, -и, *р. мн.* -шек
плету́щий(ся)
плётший(ся)
плеть, -и, *мн.* -и, -е́й, *тв.* -я́ми (но: би́ть плетьми́)
плеха́новский (*от* Плеха́нов)
плечево́й
пле́че-ключи́чный
пле́че-локтево́й
пле́че-лопа́точный
плечелучево́й
плечено́гие, -их
пле́че-ше́йный
пле́чики, -ов (*вешалка*)
пле́чико, -а, *мн.* -и, -ов
плечи́стость, -и
плечи́стый
плечи́ща, -и́щ, *ед.* -чи́ще, -а
плечно́й
плечо́, -а́, *мн.* пле́чи, плеч, плеча́м
плечо́ в плечо́
плечо́ к плечу́
плечо́м к плечу́
плеши́вевший
плеши́венький
плеши́веть, -ею, -еет
плеши́вость, -и
плеши́вый
плеши́на, -ы
плеши́нка, -и, *р. мн.* -нок
пле́шка, -и, *р. мн.* -шек
плешь, -и
пле́щущий(ся) и **плеска́ющий(ся)**
плея́да, -ы (*группа выдающихся деятелей*)
плея́ды, -я́д (*мифол.*) и **Плея́ды,** -я́д (*звездное скопление*)
пли, *неизм.* (*команда*)
плие́, *нескл., с.*
плимутро́к, -а
Пли́ний Мла́дший, Пли́ния Мла́дшего
Пли́ний Ста́рший, Пли́ния Ста́ршего
плинт, -а
плинто́ванный; *кр. ф.* -ан, -ана
плинтова́ть(ся), -ту́ю, -ту́ет(ся)
плинто́вка, -и
пли́нтус, -а
пли́нтусный
пли́нтусовый
пли́нфа, -ы
плиоги́ппус, -а
плиоза́вр, -а
плиометри́ческий
плиопите́к, -а
плиоце́н, -а
плиоце́новый
плис, -а
пли́совый
плиссе́, *неизм.* и *нескл., с.*
плиссиро́ванный; *кр. ф.* -ан, -ана
плиссирова́ть(ся), -ру́ю, -ру́ет(ся)
плиссиро́вка, -и, *р. мн.* -вок
плиссиро́вочный
плита́, -ы́, *мн.* пли́ты, плит
пли́тка, -и, *р. мн.* -ток
пли́тный
плитня́к, -а́
плитняко́вый
плитово́й
пли́точка, -и, *р. мн.* -чек
пли́точник, -а
пли́точница, -ы, *тв.* -ей
пли́точный
пли́тчатый
плитяно́й
пли́ца, -ы, *тв.* -ей
плов, -а
пло́вдивский (*от* Пло́вдив)
пло́вдивцы, -ев, *ед.* -вец, -вца, *тв.* -вцем
плове́ц, -вца́, *тв.* -вцо́м, *р. мн.* -вцо́в
плове́ц-подво́дник, пловца́-подво́дника
пловчи́ха, -и
плод, -а́
пло́дик, -а
плоди́ть(ся), пложу́, плоди́т(ся)
пло́дник, -а
пло́дный
плодовиноде́льческий
плодови́тость, -и
плодови́тый
плодово́д, -а
плодово́дство, -а
плодово́дческий
плодо́во-овощно́й
плодо́во-я́годный
плодо́вый
плодого́нный
плододроби́лка, -и, *р. мн.* -лок
плодожи́л, -а
плодожо́рка, -и, *р. мн.* -рок
плодоизгна́ние, -я
плодоизгоня́ющий
плодоконсе́рвный
плодоли́стик, -а
плодомо́йка, -и, *р. мн.* -о́ек
плодоно́жка, -и, *р. мн.* -жек
плодоноси́ть, -о́сит
плодоно́сность, -и
плодоно́сный; *кр. ф.* -сен, -сна
плодонося́щий
плодоноше́ние, -я
плодообразова́ние, -я
плодоовощево́д, -а
плодоовощево́дство, -а
плодоовощесуши́лка, -и, *р. мн.* -лок
плодоовощесуши́льня, -и, *р. мн.* -лен
плодоовощехрани́лище, -а
плодоо́вощи, -е́й
плодоовощно́й
плодопереме́нный
плодоперераба́тывающий
плодоперерабо́тка, -и
плодопито́мник, -а
плодоро́дие, -я
плодоро́дность, -и
плодоро́дный; *кр. ф.* -ден, -дна
плодосбо́р, -а
плодосме́н, -а
плодосме́нный
плодоснима́тель, -я
плодосовхо́з, -а
плодосозрева́ние, -я
плодосуши́лка, -и, *р. мн.* -лок
плодосуши́льня, -и, *р. мн.* -лен
плодосъём, -а
плодосъёмник, -а
плодотво́рность, -и
плодотво́рный; *кр. ф.* -рен, -рна
плодохрани́лище, -а
плодоя́годный
плодоя́дный
плоду́ха, -и
плоду́щий
плое́ние, -я
плоённый; *кр. ф.* -ён, -ена́, *прич.*
плоёный, *прил.*
плози́вность, -и
плози́вный
пло́идность, -и
пло́идный
плои́ть(ся), -ою́, -ои́т(ся)
пло́йка, -и, *р. мн.* пло́ек
пло́йковый
пло́йчатость, -и
пло́йчатый
пло́мба, -ы
пломби́р, -а
пломбира́тор, -а
пломби́рный
пломбирова́ние, -я
пломбиро́ванный; *кр. ф.* -ан, -ана
пломбирова́ть(ся), -ру́ю, -ру́ет(ся)
пломбиро́вка, -и
пломбиро́вочный
пломбиро́вщик, -а
пло́мбовый
пломпу́динг, -а
плоска́рь, -я́
пло́ский; *кр. ф.* -сок, пло́ска́, -ско
плоскобере́жный
плоскобо́кий
плоскова́тый
пло́ско-во́гнутый
пло́ско-вы́пуклый
плосковяза́льный
плоскоголо́вый
плоского́рный
плоского́рье, -я, *р. мн.* -рий
плоскогру́дость, -и
плоскогру́дый
плоскогу́бцы, -ев
плоскодо́нка, -и, *р. мн.* -нок
плоскодо́нный

плоскоза́дый
плоскозу́бцы, -ев
плоскокле́точный
плоскокры́ший
плосколи́стный
плосколи́цый
плосконо́сый
плоскопаралле́льный
плоскопеча́тный
плоскополяризо́ванный
плоскоре́жущий
плоскоре́з, -а
плоскоре́зный
плоскосемя́нник, -а
плоскосемя́нный
плоскоспира́льный
плоскостно́й (*матем.*; *то же, что плоскостный*)
пло́скостность, -и
пло́скостный; *кр. ф.* -тен, -тна (*изображенный в одной плоскости, без перспективы*)
плоскосто́пие, -я
пло́скость, -и, *мн.* -и, -е́й (*поверхность*) и -ей (*плоская шутка*)
плоскоте́лка, -и, *р. мн.* -лок (*жук*)
плоскохво́ст, -а
плоскочуло́чный
плоскошлифова́льный
плоску́шка, -и, *р. мн.* -шек (*жук*)
плот, -а́, *предл.* на плоту́
пло́тбище, -а
плотва́, -ы́
плотви́ца, -ы, *тв.* -ей
плотви́чка, -и, *р. мн.* -чек
пло́тик, -а
плоти́на, -ы
плоти́нка, -и, *р. мн.* -нок
плоти́нный
плоти́новский (*от* Плоти́н)
плоти́ть(ся), плочу́, плоти́т(ся) (*к* плот)
плоти́ца, -ы, *тв.* -ей
плоти́чка, -и, *р. мн.* -чек
пло́тненький
плотне́ть, -е́ю, -е́ет
пло́тник, -а
пло́тник-бето́нщик, пло́тника-бето́нщика
плотни́ть, -ню́, -ни́т
пло́тницкий
пло́тничанье, -я
пло́тничать, -аю, -ает
пло́тнический
пло́тничество, -а
пло́тничий, -ья, -ье
пло́тничный
пло́тно, *нареч.*
плотнова́тый
плотнодернови́нный
плотноионизи́рующий
плотнокристалли́ческий
плотнокустово́й
плотноме́р, -а
плотнонаселённый*
пло́тно прилега́ющий
плотноро́гие, -их
пло́тностный
пло́тность, -и
пло́тный; *кр. ф.* -тен, -тна́, -тно, пло́тны́
плотово́д, -а
плотово́й
плотовщи́к, -а́
плотого́н, -а
плотоспу́ск, -а
плотохо́д, -а
плотоя́дность, -и
плотоя́дный; *кр. ф.* -ден, -дна
пло́тский
пло́ттер, -а
пло́ттерный
плоть, -и
плотя́щий(ся) (*от* плоти́ть(ся)
пло́хенький и **пло́хонький**
плохи́ш, -а́, *тв.* -о́м
пло́хо, *нареч.* и *в знач. сказ.*
плохова́тый
плохо́й; *кр. ф.* плох, плоха́, пло́хо, пло́хи́
пло́хонький и **пло́хенький**
пло́хо освещённый
пло́хо скрыва́емый
плохосыпу́чий
плоша́ть, -а́ю, -а́ет
пло́ше, *сравн. ст.* (*от* плохо́й, пло́хо)
пло́шечка, -и, *р. мн.* -чек
пло́шечный
пло́шка, -и, *р. мн.* -шек
площа́дка, -и, *р. мн.* -док
площа́дно (руга́ться)
площадно́й
площа́дность, -и
площа́дочка, -и, *р. мн.* -чек
площа́дочный
пло́щадь, -и, *мн.* -и, -е́й
пло́ще, *сравн. ст.* (*от* пло́ский, пло́ско)
площи́ца, -ы, *тв.* -ей
плуг, -а, *мн.* -и́, -о́в
плуга́рь, -я́
плуга́тарь, -я
плу́г-лущи́льник, плу́га-лущи́льника
плугово́й
плу́гом, *нареч.* (тормози́ть, *спорт.*)
плугообра́зный; *кр. ф.* -зен, -зна
плужни́к, -а́
плу́жно-ро́торный
плу́жный
плужо́к, -жка́
плу́нжер, -а
плу́нжерный
плут, -а и -а́
плута́ть, -а́ю, -а́ет
плути́шка, -и, *р. мн.* -шек, *м.* и *ж.*
плути́ще, -а и -и, *мн.* -и, -и́щ, *м.*
плу́тни, -ей, *ед.* плу́тня, -и
плутова́ние, -я
плутова́тость, -и
плутова́тый
плутова́ть, -ту́ю, -ту́ет
плуто́вка, -и, *р. мн.* -вок
плутовско́й
плутовство́, -а́
плутокра́т, -а
плутократи́ческий
плутокра́тия, -и
Плуто́н, -а
плуто́нг, -а
плуто́нговый
плуто́ниевый
плутони́зм, -а
плуто́ний, -я
плутони́ст, -а
плутони́стский
плутони́ческий
Плу́тос, -а
плутя́га, -и, *м.* и *ж.*
плыву́н, -а́ (*грунт*)
плыву́нный
плыву́честь, -и
плыву́чий (*жидкий, текучий*)
плыву́щий
плы́ть(ся), плыву́, плывёт(ся); *прош.* плыл, плыла́, плы́ло́(сь), плы́ли
пльзе́ньский (*от* Пльзень)
пльзе́ньцы, -ев, *ед.* -нец, -ньца, *тв.* -ньцем
плювиа́л, -а
плювиа́льный
плювио́граф, -а
плювио́з, -а
плювио́метр, -а
плюга́венький
плюга́вец, -вца, *тв.* -вцем, *р. мн.* -вцев
плюга́вка, -и, *р. мн.* -вок
плюга́вость, -и
плюга́вый
плюга́ш, -а́, *тв.* -о́м
плюма́ж, -а, *тв.* -ем
плюма́жный
плюмбико́н, -а
плю́нуть, -ну, -нет
плюр, -а
плюрализа́ция, -и
плюрали́зм, -а
плюрали́ст, -а
плюралисти́ческий
плюралисти́чность, -и
плюралисти́чный; *кр. ф.* -чен, -чна
плюра́льный
плюрилатера́льность, -и
плюрилатера́льный
плюс, -а
плю́ска, -и, *р. мн.* -сок
плюсквамперфе́кт, -а
плюсквамперфе́ктный
плюсконо́сые, -ых
плю́с-ми́нус, *неизм.*
плюсна́, -ы́, *мн.* плю́сны, плю́сен, плю́снам
плюснево́й
плюсова́льный
плюсова́ние, -я
плюсо́ванный; *кр. ф.* -ан, -ана

плюсова́ть(ся), -су́ю, -су́ет(ся)
плюсо́вка, -и, *р. мн.* -вок
плюсово́й и **плю́совый**
плюсовщи́к, -а́
плюх, *неизм.*
плю́ха, -и
плю́ханье, -я
плю́хать(ся), -аю(сь), -ает(ся)
плю́хнуть(ся), -ну(сь), -нет(ся)
плюш, -а, *тв.* -ем
плю́шевый
плю́шечка, -и, *р. мн.* -чек
плю́шечный
плю́шка, -и, *р. мн.* -шек
Плю́шкин, -а
плю́шкинский
плю́шкинство, -а
плющ, -а́, *тв.* -о́м
плю́щащий(ся)
плющеви́дный; *кр. ф.* -ден, -дна
плющево́й
плю́щение, -я
плю́щенный; *кр. ф.* -ен, -ена, *прич.*
плю́щеный, *прил.*
плющи́лка, -и, *р. мн.* -лок
плющи́льный
плющи́льня, -и, *р. мн.* -лен
плющи́льщик, -а
плю́щить(ся), -щу, -щит(ся)
плю́ющий(ся)
пляж, -а, *тв.* -ем
пля́жевый
пля́жик, -а
пля́жник, -а
пля́жница, -ы, *тв.* -ей
пля́жный
пляс, -а
пляса́ть(ся), пляшу́, пля́шет(ся)
пля́ска, -и, *р. мн.* -сок
плясово́й
плясу́н, -а́
плясу́нья, -и, *р. мн.* -ний
пля́шущий
ПМ, *нескл., м.* и **пэ́эм,** -а (*сокр.*: пистолет Макарова)
ПМЖ [пэмжэ́], *нескл., с.* (*сокр.:* постоянное место жительства)
пне́вма, -ы
пневма́тик, -а
пневма́тика, -и
пневмати́ческий
пневмато́лиз, -а
пневматоли́т, -а
пневматолити́ческий
пневматоли́товый
пневматофо́р, -а
пневма́тчик, -а
пневмерка́тор, -а
пневмо… – *первая часть сложных слов, пишется слитно*
пневмоавтома́т, -а
пневмоавтома́тика, -и
пневмоавтомати́ческий
пневмобаци́лла, -ы
пневмова́куумный
пневмови́русы, -ов, *ед.* -ви́рус, -а
пневмоводяно́й
пневмово́з, -а
пневмога́зовый
пневмогидравли́ческий
пневмогимна́стика, -и
пневмогра́мма, -ы
пневмо́граф, -а
пневмографи́ческий
пневмогра́фия, -и
пневмодви́гатель, -я
пневмодиафра́гменный
пневмодоро́га, -и
пневмодро́ссель, -я
пневмоёмкость, -и
пневмозаря́дник, -а
пневмозатво́р, -а
пневмозолоудале́ние, -я
пневмоизлуча́тель, -я
пневмока́мера, -ы
пневмокато́к, -тка́
пневмоко́кки, -ов, *ед.* -ко́кк, -а
пневмоко́кковый
пневмоколёсный
пневмокonио́з, -а
пневмоконстру́кция, -и
пневмоконте́йнерный
пневмокостю́м, -а
пневмомано́метр, -а
пневмомаши́на, -ы
пневмомехани́ческий
пневмомико́з, -а
пневмомолото́к, -тка́
пневмонагнета́тель, -я
пневмонасо́с, -а
пневмо́ник, -а
пневмо́ника, -и
пневмони́ческий
пневмони́я, -и
пневмонэктоми́я, -и
пневмообмы́в, -а
пневмоочи́стка, -и, *р. мн.* -ток
пневмоплеври́т, -а
пневмопо́езд, -а, *мн.* -а́, -о́в
пневмопо́чта, -ы
пневмоприво́д, -а, *мн.* -ы, -ов и -а́, -о́в
пневмопробо́йник, -а
пневмопрово́д, -а
пневмопряди́льный
пневморапи́рный
пневмораспредели́тель, -я
пневмореле́, *нескл., с.*
пневмосисте́ма, -ы
пневмосклеро́з, -а
пневмосопротивле́ние, -я
пневмотоми́я, -и
пневмото́ракс, -а
пневмото́рмоз, -а, *мн.* -а́, -о́в
пневмотра́нспорт, -а
пневмотранспортёр, -а
пневмотранспортиро́вка, -и
пневмотра́нспортный
пневмотра́сса, -ы
пневмотрубопрово́д, -а
пневмоуда́рник, -а
пневмоуда́рный
пневмофибро́з, -а
пневмоформова́ние, -я
пневмохо́д, -а
пневмоци́ста, -ы
пневмоцисто́з, -а
пневмоэлектри́ческий
пнёвый
пнекорчева́тель, -я
пни́стость, -и
пни́стый
пни́ще[1], -а, *мн.* -а и -и, пнищ, *м.* (*увелич. к* пень)
пни́ще[2], -а, *с.* (*участок вырубленного леса*)
пномпе́ньский (*от* Пномпе́нь)
пномпе́ньцы, -ев, *ед.* -нец, -ньца, *тв.* -ньцем
пнуть, пну, пнёт
по, *предлог*
по…, *приставка – пишется слитно, но в наречиях на* -ому (-ему) *и* -и *– через дефис, напр.:* по-новому, по-прежнему, по-дружески, по-лисьи, *также* по-его, по-её, по-их
ПО [пэо́], *нескл., с.* (*сокр.*: производственное объединение; программное обеспечение)
поабза́цный
по-абха́зски
поавра́лить, -лю, -лит
поавторите́тнее
поагити́ровать, -рую, -рует
по-азербайджа́нски
по-азиа́тски
по-актёрски
поале́ть, -е́ю, -е́ет
по-америка́нски
по анало́гии
по-англи́йски
поаплоди́ровать, -рую, -рует
по-ара́бски
по-армя́нски
поарта́читься, -чусь, -чится
по-африка́нски
поа́хать, -аю, -ает
по-ба́бьи
побагрове́ть, -е́ю, -е́ет
побаза́рить, -рю, -рит
по-база́рному
поба́иваться, -аюсь, -ается
поба́йтовый
побалагу́рить, -рю, -рит
побала́кать, -аю, -ает
побалде́ть, -е́ю, -е́ет
по-бале́тному
поба́ливать, -аю, -ает
побалова́ть(ся), -лу́ю(сь), -лу́ет(ся)
поба́лтывать, -аю, -ает
поба́ниться, -нюсь, -нится
побараба́нить, -ню, -нит
по бараба́ну (*безразлично, жарг.*)
по-бара́ньи
побара́хтаться, -аюсь, -ается

по-ба́рски
побасёнка, -и, *р. мн.* -нок
поба́ска, -и, *р. мн.* -сок
побатальо́нно
побатаре́йно
побахва́литься, -люсь, -лится
побаю́кать, -аю, -ает
побе́г, -а
побега́йчик, -а: **за́йчик-побега́йчик**
побе́гать, -аю, -ает
побегообразу́ющий
побегу́шки: на побегу́шках, на побегу́шки
побе́да, -ы; но: **Де́нь Побе́ды** (*праздник 9 мая*), **Зна́мя Побе́ды** (*реликвия*), **Пара́д Побе́ды** (*1945*), **о́рден Побе́ды, монуме́нт Побе́ды, пи́к Побе́ды** (*горная вершина*), **пло́щадь Побе́ды** (*в Москве, Петербурге и др.*)
победи́т, -а (*сплав*)
победи́тель, -я
победи́тельница, -ы, *тв.* -ей
победи́тельность, -и
победи́тельный; *кр. ф.* -лен, -льна
победи́товый
победи́ть, -и́т
победи́ши: си́м победи́ши
победне́е
побе́дность, -и
побе́дный; *кр. ф.* -ден, -дна
Победоно́сец, -сца, *тв.* -сцем: **Гео́ргий Победоно́сец**
победоно́сность, -и
победоно́сный; *кр. ф.* -сен, -сна
побе́дствовать, -твую, -твует
побежа́лость, -и
побежа́лый
побежа́ть, -егу́, -ежи́т, -егу́т
побежда́ть(ся), -а́ю(сь), -а́ет(ся)
побеждённый; *кр. ф.* -ён, -ена́
побе́жка, -и, *р. мн.* -жек
побезде́льничать, -аю, -ает
побезобра́зничать, -аю, -ает
побеле́ние, -я
побелённый; *кр. ф.* -ён, -ена́
побеле́ть, -е́ю, -е́ет
побели́ть(ся), -елю́(сь), -е́ли́т(ся)
побе́лка, -и, *р. мн.* –лок
по-бе́лому, *нареч.* (топи́ть печь, ба́ню)
по бе́лому: чёрным по бе́лому (написано)
по-белору́сски
по бе́лу све́ту
поберега́ть(ся), -а́ю(сь), -а́ет(ся)
поберёгший(ся)
побережённый; *кр. ф.* -ён, -ена́
побере́жный
побере́жье, -я, *р. мн.* -жий
побере́чь(ся), -регу́(сь), -режёт(ся), -регу́т(ся); *прош.* -рёг(ся), -регла́(сь)
побсссе́довать, -дую, -дует
побеси́ть(ся), -ешу́(сь), -е́сит(ся)
побесնова́ться, -ну́юсь, -ну́ется
побеспоко́енный; *кр. ф.* -ен, -ена
побеспоко́ить(ся), -о́ю(сь), -о́ит(ся)
побиби́кать, -аю, -ается
побива́ние, -я
побива́ть(ся), -а́ю(сь), -а́ет(ся)
побива́хом: одни́м ма́хом семеры́х побива́хом
побира́ться, -а́юсь, -а́ется
побира́шка, -и, *р. мн.* -шек, *м.* и *ж.*
побиру́шка, -и, *р. мн.* -шек, *м.* и *ж.*
побиру́шничать, -аю, -ает
поби́тие, -я
поби́тый
поби́ть(ся), побью́(сь), побьёт(ся)
поблагодари́ть, -рю́, -ри́т
поблажа́ть, -а́ю, -а́ет
поблаже́нствовать, -твую, -твует
поблажи́ть, -жу́, -жи́т
побла́жка, -и, *р. мн.* -жек
по бла́ту
побледне́е
побледне́ние, -я
побледне́ть, -е́ю, -е́ет
поблёклый и **побле́клый**
поблёкнувший и **побле́кнувший**
поблёкнуть, -ну, -нет; *прош.* -ёк, -ёкла и **побле́кнуть,** -ну, -нет; *прош.* -е́к, -е́кла
поблёкший и **побле́кший**
поблёскивание, -я
поблёскивать, -аю, -ает
поблесте́ть, -ещу́, -ести́т
побли́же
побли́зости, *нареч.*
поблиста́ть, -а́ю, -а́ет и поблещу́, побле́щет
побло́чный
поблуди́ть[1], -ужу́, -уди́т (*к* блуди́ть[1])
поблуди́ть[2], -ужу́, -у́дит (*к* блуди́ть[2])
поблужда́ть, -а́ю, -а́ет
по-богаты́рски
побога́че
пободре́е
побо́дрствовать, -твую, -твует
по-боево́му
по-бо́жески
побожи́ться, -жу́сь, -жи́тся
по-Бо́жьему, *нареч.* (*к* Бог)
побо́и, -ев
побо́ище, -а
побойче́е
по-боксёрски
по́боку, *в знач. сказ.* (все́ дела́ по́боку)
по-болга́рски
побо́лее (число́м побо́лее)
поболе́ть[1], -е́ю, -е́ет (*к* боле́ть[1])
поболе́ть[2], -ли́т (*к* боле́ть[2])
поболта́ть(ся), -а́ю(сь), -а́ет(ся)
побо́льше
по-большеви́стски
по бо́льшей ча́сти
по-большо́му, *нареч.*
по большо́му счёту
побормота́ть, -мочу́, -мо́чет
побо́рник, -а
побо́рница, -ы, *тв.* -ей
побо́рнический
поборони́ть, -ню́, -ни́т
побо́ротый
поборо́ть(ся), -орю́(сь), -о́рет(ся)
побо́ры, -ов, *ед.* побо́р, -а
побо́чность, -и
побо́чный; *кр. ф.* -чен, -чна
побоя́ться, побою́сь, побои́тся
побра́жничать, -аю, -ает
по-брази́льски
п-обра́зный [пэ-]; *кр. ф.* -зен, -зна
побра́нивать(ся), -аю(сь), -ает(ся)
побрани́ть(ся), -ню́(сь), -ни́т(ся)
по́бранный; *кр. ф.* -ан, -ана
побра́сывать, -аю, -ает
побрата́ться, -а́юсь, -а́ется
побрати́м, -а
побрати́мский
побрати́мство, -а
по-бра́тски
побра́ть, поберу́, поберёт; *прош.* -а́л, -ала́, -а́ло
побре́дший
побре́згать, -аю, -ает и **побре́зговать,** -гую, -гует
побренча́ть, -чу́, -чи́т
побрести́, -еду́, -едёт; *прош.* -ёл, -ела́
побреха́ть, -ешу́, -е́шет
побрёхивать, -аю, -ает
побреху́шки, -шек
побрига́дно
побри́ть(ся), -ре́ю(сь), -ре́ет(ся)
поброди́ть, -ожу́, -о́дит
побродя́га, -и, *м.* и *ж.*
побродя́жить, -жу, -жит
побродя́жничать, -аю, -ает
побронзове́ть, -е́ю, -е́ет
побро́санный; *кр. ф.* -ан, -ана
поброса́ть(ся), -а́ю(сь), -а́ет(ся)
побры́зганный; *кр. ф.* -ан, -ана
побры́згать(ся), -аю(сь), -ает(ся) и -зжу(сь), -зжет(ся)
побры́згивать, -аю, -ает
побрыка́ться, -а́юсь, -а́ется
побрюзжа́ть, -зжу́, -зжи́т
побря́кать, -аю, -ает
побря́кивание, -я
побря́кивать, -аю, -ает
побряку́шка, -и, *р. мн.* -шек
побряца́ть, -а́ю, -а́ет
побуди́тель, -я
побуди́тельность, -и
побуди́тельный
побуди́ть[1], -ужу́, -у́дит (*от* буди́ть)
побуди́ть[2], -ужу́, -уди́т (*к* побужда́ть)
побу́дка, -и, *р. мн.* -док
по-бу́дничному и **по-бу́днишнему,** *нареч.*
побужда́ть(ся), -а́ю(сь), -а́ет(ся)
побужде́ние, -я
побуждённый; *кр. ф.* -ён, -ена́ (*от* побуди́ть[2])
побу́женный; *кр. ф.* -ен, -ена (*от* побуди́ть[1])
Побу́жье, -я (*к* Буг)
побузи́ть, -и́т

побу́йствовать, -твую, -твует
побултыха́ть(ся), -а́ю(сь), -а́ет(ся)
по-бульдо́жьи
побу́лькать, -аю, -ает
побу́лькивать, -аю, -ает
побунтова́ть, -ту́ю, -ту́ет
побуре́лый
побуре́ние, -я
побуре́ть, -е́ю, -е́ет
побурли́ть, -лю́, -ли́т
побурча́ть, -чу́, -чи́т
побушева́ть, -шу́ю, -шу́ет
побуя́нить, -ню, -нит
побыва́льщина, -ы
побыва́ть, -а́ю, -а́ет
побы́вка, -и, *р. мн.* -вок
побыстре́е
по-бы́строму, *нареч.*
побы́ть, побу́ду, побу́дет; *прош.* по́был, побыла́, по́было
по-бы́чьи
поваго́нный
пова́дить(ся), -а́жу(сь), -а́дит(ся)
пова́дка, -и, *р. мн.* -док
пова́дливый
пова́дно, *нареч.* и *в знач. сказ.*
пова́женный; *кр. ф.* -ен, -ена
пова́живать, -аю, -ает
поважне́е
поважне́ть, -е́ю, -е́ет
пова́жничать, -аю, -ает
пова́ксить, -кшу, -ксит
пова́кшенный; *кр. ф.* -ен, -ена
пова́л, -а
пова́ленный; *кр. ф.* -ен, -ена (*от* повали́ть)
пова́ливать(ся), -аю(сь), -ает(ся)
повали́ть(ся), -алю́(сь), -а́лит(ся)
повалу́ша, -и, *тв.* -ей
пова́льность, -и
пова́льный
пова́лянный; *кр. ф.* -ян, -яна (*от* поваля́ть)
поваля́ть(ся), -я́ю(сь), -я́ет(ся)
пова́нивать, -ает
пова́пленный: гро́б пова́пленный
по́вар, -а, *мн.* -а́, -о́в
пова́ренный[1]; *кр. ф.* -ен, -ена, *прич.*
пова́ренный[2], *прил.* (пова́ренная со́ль, кни́га)
поварёнок, -нка, *мн.* -ря́та, -ря́т
поварёшка, -и, *р. мн.* -шек
повари́ть(ся), -арю́(сь), -а́рит(ся)
повари́ха, -и
пова́рничать, -аю, -ает
пова́рня, -и, *р. мн.* -рен
Поварска́я, -о́й (*улица*)
поварско́й
пова́хтенно
по-ва́шему, *нареч.* и *вводн. сл.*, но *местоим.* **по ва́шему** (по ва́шему усмотре́нию)
по-вдо́вьи
повдо́ль (*прост. к* вдоль)
повева́ть, -а́ю, -а́ет (*к* ве́ять)
по-вегетариа́нски
пове́данный; *кр. ф.* -ан, -ана
пове́дать, -аю, -ает
поведе́ние, -я
поведённый; *кр. ф.* -ён, -ена́
поведе́нческий
пове́дший(ся)
пове́дывать, -аю, -ает
повезённый; *кр. ф.* -ён, -ена́
повезти́, -зу́, -зёт; *прош.* -ёз, -езла́
повёзший
повелева́ть(ся), -а́ю, -а́ет(ся)
повеле́ние, -я
пове́лено, *в знач. сказ.*
повеле́ть, -лю́, -ли́т
повели́тель, -я
повели́тельница, -ы, *тв.* -ей
повели́тельность, -и
повели́тельный; *кр. ф.* -лен, -льна
повелича́ть, -а́ю, -а́ет
повелли́т, -а (*минерал*)
по-венге́рски
пове́нчанный; *кр. ф.* -ан, -ана
повенча́ть(ся), -а́ю(сь), -а́ет(ся)
поверга́ть(ся), -а́ю(сь), -а́ет(ся)
пове́ргнувший(ся)
пове́ргнутый
пове́ргнуть(ся), -ну(сь), -нет(ся); *прош.* -е́рг(ся) и -е́ргнул(ся), -е́ргла(сь)
пове́ргший(ся)
пове́ренная, -ой
пове́ренный[1]; *кр. ф.* -ен, -ена, *прич.*
пове́ренный[2], -ого; но: **Вре́менный Пове́ренный в дела́х**
пове́рженный; *кр. ф.* -ен, -ена
повери́тель, -я
пове́рить(ся), -рю, -рит(ся)
пове́рка, -и, *р. мн.* -рок
повёрнутый
поверну́ть(ся), -ну́(сь), -нёт(ся)
пове́рочный
повёрстанный; *кр. ф.* -ан, -ана (*от* поверста́ть)
поверста́ть(ся), -а́ю(сь), -а́ет(ся)
повёрстный (*от* верста́)
поверте́ть(ся), -ерчу́(сь), -е́ртит(ся)
повёртывание, -я
повёртывать(ся), -аю(сь), -ает(ся)
пове́рх, *нареч.* и *предлог*
пове́рхностно-акти́вный
пове́рхностность, -и
пове́рхностно усво́енный
пове́рхностный; *кр. ф.* -тен, -тна
пове́рхность, -и
по́верху, *нареч.* (*сверху*; *ве́рхом*)
пове́рченный; *кр. ф.* -ен, -ена
пове́рчивать(ся), -аю(сь), -ает(ся)
повершённый; *кр. ф.* -ён, -ена́
поверши́ть(ся), -шу́, -ши́т(ся)
пове́рщик, -а
пове́рье, -я, *р. мн.* -рий
поверя́льщик, -а
поверя́ть(ся), -я́ю(сь), -я́ет(ся)
пове́са, -ы, *м.*
повеселе́е
повеселе́лый
повеселе́ть, -е́ю, -е́ет
повесели́ть(ся), -лю́(сь), -ли́т(ся)
по-весе́ннему, *нареч.*
пове́сить(ся), -е́шу(сь), -е́сит(ся)
по весне́ (*весной*)
пове́сничанье, -я
пове́сничать, -аю, -ает
повествова́ние, -я
повествова́тель, -я
повествова́тельница, -ы, *тв.* -ей
повествова́тельный; *кр. ф.* -лен, -льна
повествова́ть(ся), -тву́ю, -тву́ет(ся)
повести́(сь), -еду́(сь), -едёт(ся); *прош.* -ёл(ся), -ела́(сь)
повести́ть, -ещу́, -ести́т
пове́стка, -и, *р. мн.* -ток
пове́сточка, -и, *р. мн.* -чек
повесту́шка, -и, *р. мн.* -шек
по́весть, -и, *мн.* -и, -е́й
По́весть временны́х ле́т
пове́т, -а (*уезд, ист.*)
Поветлу́жье, -я (*к* Ветлу́га)
пове́товый
пове́трие, -я
пове́ть, -и (*помещение в крестьянском дворе, обл.*)
по вечера́м
повечере́ть, -е́ет
повече́рие, -я
повечеру́, *нареч.*
повече́рять, -яю, -яет и **повечеря́ть,** -я́ю, -я́ет
пове́шение, -я
пове́шенный; *кр. ф.* -ен, -ена
повеща́ть(ся), -а́ю(сь), -а́ет(ся)
повещённый; *кр. ф.* -ён, -ена́
пове́ять, -е́ю, -е́ет
повзво́дно, *нареч.*
повзво́дный
повздо́рить, -рю, -рит
повздыха́ть, -а́ю, -а́ет
повзросле́ние, -я
повзросле́ть, -е́ю, -е́ет
по-взро́слому, *нареч.*
повива́льник, -а
повива́льный
повива́ние, -я
повива́ть, -а́ю, -а́ет (*к* вить)
повида́ть(ся), -а́ю(сь), -а́ет(ся)
по-ви́димому, *вводн. сл.*
пови́дло, -а
повидне́ть, -е́ет
пови́згивание, -я
пови́згивать, -аю, -ает
повизжа́ть, -зжу́, -зжи́т
пови́ливание, -я
пови́ливать, -аю, -ает
повили́ка, -и
повили́ковый
повили́чный
повиля́ть, -я́ю, -я́ет
повини́ться, -ню́сь, -ни́тся

пови́нная, -ой
пови́нностный
пови́нность, -и
пови́нный; *кр. ф.* -и́нен, -и́нна
повинова́ться, -ну́юсь, -ну́ется
повинове́ние, -я
повино́л, -а
повино́ловый
повинти́ть, -инчу́, -и́нти́т
пови́нченный; *кр. ф.* -ен, -ена
повиса́ть, -а́ю, -а́ет
повисе́ть, -ишу́, -иси́т
пови́слый
пови́снуть, -ну, -нет; *прош.* -и́с, -и́сла
пови́сший
повите́ль, -и
повиту́ха, -и
пови́тый; *кр. ф.* -и́т, -ита́, -и́то
пови́ть(ся), повью́, повьёт(ся); *прош.* -и́л(ся), -ила́(сь), -и́ло, -и́ло́сь
повка́лывать, -аю, -ает
повлажне́ть, -е́ет
повла́ствовать, -твую, -твует
повлёкший(ся)
повле́чь(ся), -еку́(сь), -ечёт(ся), -еку́т(ся); *прош.* -ёк(ся), -екла́(сь)
повлия́ть, -я́ю, -я́ет
повлюбля́ться, -я́ется
по́вод[1], -а, *предл.* на поводу́, *мн.* пово́дья, -ьев (*ремень*)
по́вод[2], -а, *мн.* -ы, -ов (*причина*)
поводи́ть(ся), -ожу́(сь), -о́дит(ся)
поводко́вый
поводо́к, -дка́
поводо́чный
поводы́рь, -я́
повоёванный; *кр. ф.* -ан, -ана
повоева́ть, повою́ю, повою́ет
по-вое́нному, *нареч.*
пово́з, -а
по возвраще́нии (*возвратившись*)
повози́ть(ся), -ожу́(сь), -о́зит(ся)
пово́зка, -и, *р. мн.* -зок
по возмо́жности
повозмуща́ться, -а́юсь, -а́ется
пово́зный
пово́зочный
по возраста́ющей (идти́)
повозрастно́й
пово́й, -я
пово́йник, -а
пово́йничек, -чка
пово́йничковые, -ых
пово́лжский
Пово́лжье, -я (*к* Во́лга)
пово́лить, -лю, -лит *(устар.)*
поволнова́ться, -ну́юсь, -ну́ется
по-воло́вьи
поволо́ка, -и
поволоки́тить(ся), -и́чу(сь), -и́тит(ся)
поволо́кший(ся)
поволо́ченный; *кр. ф.* -ен, -ена (*от* поволочи́ть)
поволочённый; *кр. ф.* -ён, -ена́ (*от* поволо́чь и поволочи́ть)
поволочи́ть(ся), -очу́(сь), -о́чи́т(ся)
поволо́чь(ся), -оку́(сь), -очёт(ся), -оку́т(ся); *прош.* -о́к(ся), -окла́(сь)
по-во́лчьи
householdо́льник, -а
householdо́льничать, -аю, -ает
повольноду́мствовать, -твую, -твует
повопи́ть, -плю́, -пи́т
повора́чивание, -я
повора́чивать(ся), -аю(сь), -ает(ся)
поворкова́ть, -ку́ю, -ку́ет
поворо́ванный; *кр. ф.* -ан, -ана
поворова́ть, -ру́ю, -ру́ет
поворо́вывать, -аю, -ает
поворожи́ть, -жу́, -жи́т
по-воро́ньи
поворо́т, -а
повороти́ть(ся), -очу́(сь), -о́тит(ся)
поворо́тливость, -и
поворо́тливый
поворо́тно-ло́пастный
поворо́тно-накло́нный
поворо́тно-откидно́й
поворо́тный
поворо́чать(ся), -аю(сь), -ает(ся)
поворо́ченный; *кр. ф.* -ен, -ена
поворошённый; *кр. ф.* -ён, -ена́
повороши́ть, -шу́, -ши́т
поворча́ть, -чу́, -чи́т
повоспи́тывать, -аю, -ает
по-восто́чному
повосхища́ть(ся), -а́ю(сь), -а́ет(ся)
по восходя́щей (идти́)
повра́ть, -ру́, -рёт; *прош.* -а́л, -ала́, -а́ло
повреди́ть(ся), -ежу́(сь), -еди́т(ся)
поврежда́емость, -и
поврежда́ть(ся), -а́ю(сь), -а́ет(ся)
поврежде́ние, -я
повреждённый; *кр. ф.* -ён, -ена́
по времена́м
повремени́ть, -ню́, -ни́т
повреме́нка, -и
повреме́нно, *нареч.*
повреме́нный и **повременно́й**
повреме́нщик, -а
повро́зь (*прост. к* врозь)
по-всегда́шнему, *нареч.*
повседне́вность, -и
повседне́вный; *кр. ф.* -вен, -вна
повседне́вье, -я
повсеме́стно, *нареч.*
повсеме́стность, -и
повсеме́стный; *кр. ф.* -тен, -тна
по всему́, *вводн. сл.*
повсеча́сный
повскака́ть, -ска́чет
повска́кивать, -ает
повспомина́ть, -а́ю, -а́ет
повстава́ть, -таёт
повста́нец, -нца, *тв.* -нцем, *р. мн.* -нцев
повста́нческий
повста́нчество, -а
повстреча́ть(ся), -а́ю(сь), -а́ет(ся)
повсхо́довый
повсю́дный
повсю́ду
по-вся́кому, *нареч.*
по-вся́чески
повто́р, -а
повторе́ние, -я
повторённый; *кр. ф.* -ён, -ена́ и **пово́ренный;** *кр. ф.* -ен, -ена
повтори́тель, -я
повтори́тельный
повтори́ть(ся), -рю́(сь), -ри́т(ся)
повто́рник, -а (*от* повто́рный)
повто́рно-переме́нный
повторнородя́щая
повто́рность, -и
повто́рный
повторя́емость, -и
повторя́ть(ся), -я́ю(сь), -я́ет(ся)
повтыка́ть, -а́ю, -а́ет
по-вчера́шнему, *нареч.*
повыбега́ть, -а́ет
повы́бежать, -бежит, -бегут
повыбива́ть, -а́ю, -а́ет
повы́битый
повы́бить, -бью, -бьет
повы́бранный; *кр. ф.* -ан, -ана
повыбра́сывать, -аю, -ает
повы́брать(ся), -беру, -берет(ся)
повы́бросить, -ошу, -осит
повы́брошенный; *кр. ф.* -ен, -ена
повы́валить(ся), -лю, -лит(ся)
повы́веденный; *кр. ф.* -ен, -ена
повы́везенный; *кр. ф.* -ен, -ена
повы́везти, -везу, -везет
повы́вернутый
повы́вернуть, -ну, -нет
повывёртывать, -аю, -ает
повы́вести(сь), -веду, -ведет(ся)
повыводи́ть(ся), -ожу́, -о́дит(ся)
повы́гнанный; *кр. ф.* -ан, -ана
повы́гнать, -гоню, -гонит
повыгоня́ть, -я́ю, -я́ет
повы́гореть, -рит
повы́гребенный; *кр. ф.* -ен, -ена
повы́грести, -гребу, -гребет; *прош.* -греб, -гребла
повы́дерганный; *кр. ф.* -ан, -ана
повы́дергать, -аю, -ает
повыдёргивать, -аю, -ает
повыдира́ть, -а́ю, -а́ет
повы́дранный; *кр. ф.* -ан, -ана
повы́драть, -деру, -дерет
повыду́мывать, -аю, -ает
повыезжа́ть, -а́ет
повы́ехать, -едет
повы́жечь, -жгу, -жжет, -жгут; *прош.* -жег, -жгла
повы́жженный; *кр. ф.* -ен, -ена
по вы́зову
повыка́лывать, -аю, -ает
повыки́дывать, -аю, -ает
повы́кинутый
повы́кинуть, -ну, -нет
повыковы́ривать, -аю, -ает

повы́ковырять, -яю, -яет
повы́колоть, -лю, -лет
повыла́вливать, -аю, -ает
повыла́зить, -зит (*прост. к* повы́лезти)
повыла́мывать, -аю, -ает
повылеза́ть, -а́ет
повы́лезти и **повы́лезть,** -зет; *прош.* -лез, -лезла
повы́лезший
повылета́ть, -а́ет
повы́лететь, -летит
повы́ловить, -овлю, -овит
повы́ловленный; *кр. ф.* -ен, -ена
повы́ломанный; *кр. ф.* -ан, -ана
повы́ломать, -аю, -ает
повы́мереть, -мрет; *прош.* -мер, -мерла
повы́мерший
повынима́ть, -а́ю, -а́ет
повыпада́ть, -а́ет
повы́пасть, -адет; *прош.* -ал, -ала
повы́ползти, -зет; *прош.* -олз, -олзла
повы́ползший
повыпры́гивать, -ает
повыпуска́ть, -а́ю, -а́ет
повы́пустить, -ущу, -устит
повыраста́ть, -а́ет
повы́расти, -тет; *прош.* -рос, -росла
повы́рванный; *кр. ф.* -ан, -ана
повы́рвать, -рву, -рвет
повы́резанный; *кр. ф.* -ан, -ана
повы́резать, -ежу, -ежет
повыреза́ть, -а́ю, -а́ет
повы́родиться, -дится
повы́росший
повыруба́ть, -а́ю, -а́ет
повы́рубить, -блю, -бит
повы́рубленный; *кр. ф.* -ен, -ена
повырыва́ть, -а́ю, -а́ет
повы́сить(ся), -ы́шу(сь), -ы́сит(ся)
повыска́кивать, -ает
повы́скочить, -ит
повы́смотреть, -рю, -рит
повысо́вывать(ся), -ываю, -ывает(ся)
повы́сосать, -осу, -осет
повыспра́шивать, -аю, -ает
повы́спросить, -ошу, -осит
повы́спрошенный; *кр. ф.* -ен, -ена
повы́строенный; *кр. ф.* -ен, -ена
повы́строить, -ою, -оит
повы́сушенный; *кр. ф.* -ен, -ена
повы́сушить, -шу, -шит
повы́сыпанный; *кр. ф.* -ан, -ана
повы́сыпать(ся), -плю, -плет(ся), -плют(ся) и -пет(ся), -пят(ся)
повы́таскать, -аю, -ает
повыта́скивать, -аю, -ает
повы́тащенный; *кр. ф.* -ен, -ена
повы́тащить, -щу, -щит
повы́топтанный; *кр. ф.* -ан, -ана
повы́топтать, -пчу, -пчет
повы́травить, -влю, -вит
повы́травленный; *кр. ф.* -ен, -ена
повы́трясти, -су, -сет; *прош.* -яс, -ясла
повытря́хивать, -аю, -ает
повы́тряхнуть, -ну, -нет
повы́тчик, -а
повы́ть, пово́ю, пово́ет
повыходи́ть, -о́дит
повы́царапать, -паю, -пает
повы́цвести, -ветет; *прош.* -вел, -вела
повы́цветший
повы́черканный; *кр. ф.* -ан, -ана
повы́черкать, -аю, -ает
повычёркивать, -аю, -ает
повыша́тельный
повыша́ть(ся), -а́ю(сь), -а́ет(ся)
повы́ше
повыше́ние, -я
повы́шенный; *кр. ф.* -ен, -ена
повышиба́ть, -а́ю, -а́ет
повы́шибивший
повы́шибить, -бу, -бет; *прош.* -шиб, -шибла
повы́шибленный; *кр. ф.* -ен, -ена
повы́щипанный; *кр. ф.* -ан, -ана
повы́щипать, -плю, -плет, -плют и -пет, -пят, также -аю, -ает
повыщи́пывать, -аю, -ает
по-вьетна́мски
повя́дший
повя́занный; *кр. ф.* -ан, -ана
повяза́ть(ся), -яжу́(сь), -я́жет(ся)
повя́зка, -и, *р. мн.* -зок
повя́зочный
повя́зывание, -я
повя́зывать(ся), -аю(сь), -ает(ся)
по́вязь, -и
повя́ленный; *кр. ф.* -ен, -ена
повя́лить, -лю, -лит
повя́лый
повя́нувший
повя́нуть, -нет; *прош.* -я́л, -я́ла
погада́ть, -а́ю, -а́ет
пога́дки, -док
погазова́ть, -зу́ю, -зу́ет
погалде́ть, -ди́т
пога́нец, -нца, *тв.* -нцем, *р. мн.* -нцев
пога́нить(ся), -ню(сь), -нит(ся)
пога́нка, -и, *р. мн.* -нок
пога́но, *нареч.* и *в знач. сказ.*
пога́ный
по́гань, -и
пога́нящий(ся)
погарцева́ть, -цу́ю, -цу́ет
погаса́ние, -я
погаса́ть, -а́ю, -а́ет
погаси́ть(ся), -ашу́, -а́сит(ся)
пога́снуть, -ну, -нет; *прош.* -а́с, -а́сла
пога́сший
погаша́ть(ся), -а́ю, -а́ет(ся)
погаше́ние, -я
пога́шенный; *кр. ф.* -ен, -ена
погекта́рный
по-генера́льски
по́гиб, -а
погиба́ть, -а́ю, -а́ет
поги́бель, -и
поги́бельный
поги́бнуть, -ну, -нет; *прош.* -и́б, -и́бла
поги́бший
по́гибь, -и
погла́дить(ся), -а́жу(сь), -а́дит(ся)
погла́женный; *кр. ф.* -ен, -ена
погла́живание, -я
погла́живать(ся), -аю, -ает(ся)
поглазе́ть, -е́ю, -е́ет
погла́сица, -ы, *тв.* -ей
погло́данный; *кр. ф.* -ан, -ана
поглода́ть, -ожу́, -о́жет
погло́танный; *кр. ф.* -ан, -ана
поглота́ть, -а́ю, -а́ет
поглоти́тель, -я
поглоти́тельный
поглоти́ть(ся), -ощу́, -о́ти́т(ся)
поглоща́емость, -и
поглоща́тельный
поглоща́ть(ся), -а́ю, -а́ет(ся)
поглоща́ющий(ся)
поглоще́ние, -я
поглощённость, -и
поглощённый; *кр. ф.* -ён, -ена́
поглу́бже
поглуми́ться, -млю́сь, -ми́тся
поглупе́е
поглупе́ть, -е́ю, -е́ет
по-глу́пому, *нареч.*
погляде́нье, -я
погляде́ть(ся), -яжу́(сь), -яди́т(ся)
погля́дка, -и, *р. мн.* -док
погля́дывание, -я
погля́дывать, -аю, -ает
по́гнанный; *кр. ф.* -ан, -ана
погна́ть(ся), погоню́(сь), пого́нит(ся); *прош.* -а́л(ся), -ала́(сь), -а́ло, -а́ло́сь
погне́ваться, -аюсь, -ается
погни́ть, -иёт; *прош.* -и́л, -ила́, -и́ло
погноённый; *кр. ф.* -ён, -ена́
погнои́ть(ся), -ою́, -ои́т(ся)
по́гнутость, -и
по́гнутый
погну́ть(ся), -ну́, -нёт(ся)
погнуша́ться, -а́юсь, -а́ется
погова́ривать, -аю, -ает
погове́ть, -е́ю, -е́ет
поговори́ть, -рю́, -ри́т
погово́рка, -и, *р. мн.* -рок
погово́рочный
погогота́ть, погогочу́, погого́чет
пого́да, -ы
погоди́(те), *пов.* (*также как угроза*)
погоди́ть, -ожу́, -оди́т
пого́дка, -и
пого́дно-климати́ческий
пого́дный
пого́док, -дка
погодообразова́ние, -я
погодообразу́ющий
погодя́: немно́го погодя́
пого́жий
поголо́вный
поголо́вье, -я
поголода́ть, -а́ю, -а́ет
поголоси́ть, -ошу́, -оси́т

поголубе́ть, -е́ет
погона́ж, -а, *тв.* -ем (*от* пого́нный ме́тр)
погона́жный
пого́нка, -и
пого́нный
погонофо́ры, -о́р, *ед.* -фо́ра, -ы
пого́нчики, -ов, *ед.* -чик, -а
пого́нщик, -а
пого́нщица, -ы, *тв.* -ей
пого́ны, пого́н, *ед.* пого́н, -а
пого́ныш, -а, *тв.* -ем
пого́ня, -и
погоня́ла, -ы, *м.* и *ж.*
погоня́лка, -и, *р. мн.* -лок
погоня́льщик, -а
погоня́льщица, -ы, *тв.* -ей
погоня́ть(ся), -я́ю(сь), -я́ет(ся)
погора́ть, -а́ю, -а́ет
погорди́ться, -ржу́сь, -рди́тся
погорева́ть, -рю́ю, -рю́ет
погоре́лец, -льца, *тв.* -льцем, *р. мн.* -льцев
погоре́лый
погоре́льческий
погоре́льщина, -ы
погоре́ть, -рю́, -ри́т
по го́рло
по-городски́
по-городско́му, *нареч.*
погоряче́е
погорячи́ться, -чу́сь, -чи́тся
по-госпо́дски
пого́ст, -а
погостева́ть, -тю́ю, -тю́ет
погости́ть, -ощу́, -ости́т
пого́стный
по-госуда́рственному
погра́бить, -блю, -бит
погра́бленный; *кр. ф.* -ен, -ена
по-гражда́нски
погран... – *первая часть сложных слов, пишется слитно*
погранвойска́, -во́йск, -а́м
погранёный; *кр. ф.* -ён, -ена́
погранзаста́ва, -ы
погранзна́к, -а
погранзо́на, -ы
погрáни́ть, -ню́, -ни́т
пограни́чник, -а
пограни́чный
пограни́чье, -я
погра́нка, -и, *р. мн.* -нок
погранконтро́ль, -я
погранна́ря́д, -а
погрáно́круг, -а, *мн.* -а́, -о́в
погранотря́д, -а
погранохра́на, -ы
погранпу́нкт, -а
погранслу́жба, -ы
по́греб, -а, *мн.* -а́, -о́в
погреба́льный
погреба́ть(ся), -а́ю, -а́ет(ся)
погребе́ние, -я
погребённый; *кр. ф.* -ён, -ена́
погребе́ц, -бца́, *тв.* -бцо́м, *р. мн.* -бцо́в
погреби́ца, -ы, *тв.* -ей
погребно́й
погребо́к, -бка́
погрёбший
погре́зить(ся), -е́жу, -е́зит(ся)
погреме́ть, -млю́, -ми́т
погремо́к, -мка́
погрему́шечка, -и, *р. мн.* -чек
погрему́шка, -и, *р. мн.* -шек
погрести́, -ребу́, -ребёт; *прош.* -рёб, -ребла́
погре́ть(ся), -е́ю(сь), -е́ет(ся)
погреша́ть, -а́ю, -а́ет
погреше́ние, -я
погреши́ть, -шу́, -ши́т
погре́шность, -и
по грибы́ (пойти)
погрима́сничать, -аю, -ает
по гро́б (жи́зни)
погрози́ть(ся), -ожу́(сь), -ози́т(ся)
погро́м, -а
погроми́ть, -млю́, -ми́т
погромлённый; *кр. ф.* -ён, -ена́
погро́мный
погро́мче
погро́мщик, -а
погромыха́ть, -а́ю, -а́ет
погромы́хивание, -я
погромы́хивать, -аю, -ает
погроха́тывать, -аю, -ает
погрохота́ть, -очу́, -о́чет
погрубе́е
погрубе́лый
погрубе́ть, -е́ю, -е́ет
погру́дный
по гру́дь
погружа́льный кре́ст
погружа́тельное креще́ние
погружа́ть(ся), -а́ю(сь), -а́ет(ся)
погруже́ние, -я
погружённость, -и
погру́женный; *кр. ф.* -ен, -ена и **погружённый;** *кр. ф.* -ён, -ена́
погружно́й
по-грузи́нски
погрузи́ть(ся), -ужу́(сь), -у́зи́т(ся)
погру́зка, -и, *р. мн.* -зок
погру́зка-разгру́зка, погру́зки-разгру́зки
погрузне́ть, -е́ю, -е́ет
погру́знувший
погру́знуть, -ну, -нет; *прош.* -у́з, -у́зла
погру́зо-разгру́зочный
погру́зочно-доста́вочный
погру́зочно-разгру́зочный
погру́зочно-тра́нспортный
погру́зочный
погру́зчик, -а
погру́зчик-смеси́тель, погру́зчика-смеси́теля
погру́зший
погрусти́ть, -ущу́, -усти́т
погрустне́ть, -е́ю, -е́ет
погры́з, -а
погры́зенный; *кр. ф.* -ен, -ена
погры́зть(ся), -зу́(сь), -зёт(ся); *прош.* -ы́з(ся), -ы́зла(сь)
погры́зший(ся)
погряза́ть, -а́ю, -а́ет
погря́знуть, -ну, -нет; *прош.* -я́з, -я́зла
погря́зший
погуби́тель, -я
погуби́тельница, -ы, *тв.* -ей
погуби́ть, -ублю́, -у́бит
погубле́ние, -я
погу́бленный; *кр. ф.* -ен, -ена
погуде́ть, -ужу́, -уди́т
погу́дка, -и, *р. мн.* -док
погу́живать, -аю, -ает
погу́ливать, -аю, -ает
погуля́нки, -нок
погуля́ть, -я́ю, -я́ет
по-гуса́рски
по-гуси́ному
погусте́ть, -е́ет
погута́рить, -рю, -рит и **погуто́рить,** -рю, -рит
погу́ще
под[1], -а, *предл.* на поду́, *мн.* -ы́, -о́в
под[2] и **подо,** *предлог*
подава́ла, -ы, *м.* и *ж.*
подава́льный
подава́льщик, -а
подава́льщица, -ы, *тв.* -ей
подава́ние, -я
подава́ть(ся), подаю́(сь), подаёт(ся) (*к* пода́ть(ся)
подави́ть(ся), -авлю́(сь), -а́вит(ся) (*давить нек-рое время; к* подавля́ть *и* дави́ться)
подавле́ние, -я
пода́вленно, *нареч.*
пода́вленность, -и
пода́вленный; *кр. ф.* -ен, -ена (*к* подави́ть и пода́вленность)
пода́вливать, -аю, -ает (*давить слегка, время от времени*)
подавля́ть(ся), -я́ю, -я́ет(ся)
подавля́ющий(ся)
пода́вно
пода́гра, -ы
пода́грик, -а
подагри́ческий
подакци́зный
пода́ле (*устар. к* пода́лее)
пода́лее
подалта́рный
подалта́рье, -я, *р. мн.* -рий
пода́льше
по́данный; *кр. ф.* -ан, по́дана́, -ано, *прич.* (*от* пода́ть)
под аппли́ке
пода́ренный; *кр. ф.* -ен, -ена
подари́ть, -арю́, -а́рит
пода́рок, -рка
пода́рочек, -чка
пода́рочный
податама́нье, -я, *р. мн.* -ьев, *м.*
пода́тель, -я

пода́тельница, -ы, *тв.* -ей
пода́тливость, -и
пода́тливый
податно́й
по́дать, -и, *мн.* -и, -ей и -е́й
пода́ть(ся), -а́м(ся), -а́шь(ся), -а́ст(ся), -адим(ся), -адите(сь), -аду́т(ся); *прош.* по́да́л, -а́лся́, -ала́(сь), по́да́ло, -а́ло́сь (*дать, доставить, представить; переместить(ся); пойти, поступить куда-н.*)
пода́ча, -и, *тв.* -ей (*к* пода́ть)
пода́чка, -и, *р. мн.* -чек
подаю́щий(ся) (*от* подава́ть(ся)
подая́ние, -я
подба́вить(ся), -влю, -вит(ся)
подба́вка, -и, *р. мн.* -вок
подба́вленный; *кр. ф.* -ен, -ена
подбавля́ть(ся), -я́ю, -я́ет(ся)
подба́гренный; *кр. ф.* -ен, -ена
подба́гривать(ся), -аю, -ает(ся)
подба́грить, -рю, -рит
подба́дривание, -я
подба́дривать(ся), -аю(сь), -ает(ся)
подба́дривающий(ся)
подба́за, -ы
подба́лтывание, -я
подба́лтывать(ся), -аю, -ает(ся)
подба́шенный
подбашма́чник, -а
подбега́ть, -а́ю, -а́ет
подбедёрок, -рка
подбежа́ть, -егу́, -ежи́т, -егу́т
подбе́л, -а
подбелённый; *кр. ф.* -ён, -ена́
подбе́ливание, -я
подбе́ливать(ся), -аю(сь), -ает(ся)
подбели́ть(ся), -елю́(сь), -е́ли́т(ся)
подбе́лка, -и
подбере́жник, -а
подбере́жный
подбере́жье, -я, *р. мн.* -жий
подбере́зник, -а
подберёзовик, -а
подби́в, -а
подбива́ние, -я
подбива́ть(ся), -а́ю(сь), -а́ет(ся)
подби́вка, -и, *р. мн.* -вок
подбинто́ванный
подбинтова́ть(ся), -ту́ю(сь), -ту́ет(ся)
подбира́ние, -я
подбира́ть(ся), -а́ю(сь), -а́ет(ся)
подби́тие, -я
подби́тый
подби́ть(ся), подобью́(сь), подобьёт(ся)
подблю́дный
под Бо́гом: всё под Бо́гом хо́дим
подбодрённый; *кр. ф.* -ён, -ена́
подбодри́ть(ся), -рю́(сь), -ри́т(ся)
подбодря́ть(ся), -я́ю(сь), -я́ет(ся)
подбо́ечный
подбо́й, -я
подбо́йка, -и, *р. мн.* -о́ек
подбо́йный
под бо́ком и по́д боком
под бо́кс (*стрижка*)
подбо́лтанный; *кр. ф.* -ан, -ана
подболта́ть, -а́ю, -а́ет
подбо́лтка, -и
подбо́р, -а (*действие*)
подбо́ра, -ы (*веревка*)
подбо́ристый
подбо́рка, -и, *р. мн.* -рок
подборо́дник, -а
подборо́дный
подборо́док, -дка
подборо́дочек, -чка
подборо́дочный
подбо́рочный
подбо́ртный
подбо́рщик, -а
подбо́рщик-копни́тель, подбо́рщика-копни́теля
подбо́рщик-укла́дчик, подбо́рщика-укла́дчика
подбо́рщица, -ы, *тв.* -ей
подбоче́ниваться, -аюсь, -ается
подбоче́ниться, -нюсь, -нится
подбочи́ться, -чу́сь, -чи́тся
подбра́сывание, -я
подбра́сывать(ся), -аю, -ает(ся)
подбреда́ть, -а́ю, -а́ет
подбре́дший
подбрести́, -еду́, -едёт; *прош.* -ёл, -ела́
подбрива́ть(ся), -а́ю(сь), -а́ет(ся)
подбри́тый
подбри́ть(ся), -бре́ю(сь), -бре́ет(ся)
подбро́с, -а
подбро́сить, -о́шу, -о́сит
подбро́ска, -и
подбро́шенный; *кр. ф.* -ен, -ена
подбрю́шина, -ы
подбрю́шник, -а
подбрю́шный
подбрю́шье, -я, *р. мн.* -ший
подва́ксить, -кшу, -ксит
подва́кшенный; *кр. ф.* -ен, -ена
подва́л, -а
подва́ленный; *кр. ф.* -ен, -ена
подва́ливание, -я
подва́ливать(ся), -аю(сь), -ает(ся)
подвали́ть(ся), -алю́(сь), -а́лит(ся)
подва́лка, -и
подва́льный
подва́льчик, -а
подва́ренный; *кр. ф.* -ен, -ена
подва́ривать(ся), -аю, -ает(ся)
подвари́ть(ся), -арю́, -а́рит(ся)
подва́рка, -и
подва́хтенный
подва́щивать(ся), -аю, -ает(ся)
подвева́ть(ся), -а́ю, -а́ет(ся) (*к* ве́five)
подведе́ние, -я
подведённый; *кр. ф.* -ён, -ена́
подве́домственность, -и
подве́домственный; *кр. ф.* -вен и -венен, -венна
подве́дший
подвезённый; *кр. ф.* -ён, -ена́
подвезти́, -зу́, -зёт; *прош.* -ёз, -езла́
подвёзший
подве́ивать(ся), -аю, -ает(ся)
подвене́чный
подверга́ть(ся), -а́ю(сь), -а́ет(ся)
подве́ргнувший(ся)
подве́ргнутый
подве́ргнуть(ся), -ну(сь), -нет(ся); *прош.* -е́рг(ся) и -е́ргнул(ся), -е́ргла(сь)
подве́ргший(ся)
подве́рженность, -и
подве́рженный; *кр. ф.* -ен, -ена
подвёрнутый
подверну́ть(ся), -ну́(сь), -нёт(ся)
подвёрстанный; *кр. ф.* -ан, -ана
подверста́ть(ся), -а́ю, -а́ет(ся)
подверста́чье, -я, *р. мн.* -ьев
подвёрстка, -и
подвёрстывание, -я
подвёрстывать(ся), -аю, -ает(ся)
подверте́ть, -верчу́, -ве́ртит
подвёртка, -и, *р. мн.* -ток
подвёртки, -ток, *ед.* -тка, -и (*портянки*)
подвёртывание, -я
подвёртывать(ся), -аю(сь), -ает(ся)
под ве́рх (седла́ть)
подве́рченный; *кр. ф.* -ен, -ена
подве́с, -а
подвесе́льный
подве́сить(ся), -е́шу(сь), -е́сит(ся)
подве́ска, -и, *р. мн.* -сок (*действие, предмет*)
подве́сковый
подвесно́й
подве́сок, -ска (*предмет*)
подве́сочный
подвести́, -еду́, -едёт; *прош.* -ёл, -ела́
Подве́тренные острова́ (*геогр.*)
подве́тренный
по́д вечер и под ве́чер
подвече́рье, -я, *р. мн.* -рий
подве́шенный; *кр. ф.* -ен, -ена
подве́шивание, -я
подве́шивать(ся), -аю(сь), -ает(ся)
подве́янный; *кр. ф.* -ян, -яна
подве́ять(ся), -е́ю, -е́ет(ся)
подвздо́х, -а
подвздо́шно-пояснично́чный
подвздо́шный
подвздо́шье, -я, *р. мн.* -ший
подвива́ние, -я
подвива́ть(ся), -а́ю(сь), -а́ет(ся) (*к* вить)
подви́вка, -и
по́двиг, -а
подвига́ние, -я (*от* подвига́ть(ся)
подви́гать(ся), -аю(сь), -ает(ся), *сов.* (*от* дви́гать(ся)
подвига́ть(ся), -а́ю(сь), -а́ет(ся), *несов.* (*к* подви́нуть(ся)
подви́гнувший(ся)
подви́гнутый

подви́гнуть(ся), -ну(сь), -нет(ся); *прош.* -и́гнул(ся) и -и́г(ся), -и́гла(сь)
подви́гший(ся)
подви́д, -а
подвидово́й
под ви́дом *(кого, чего)*
подви́жка, -и, *р. мн.* -жек (*к* подви́нуть(ся)
подви́жник, -а
подви́жница, -ы, *тв.* -ей
подви́жнический
подви́жничество, -а
подвижногру́дые, -ых
подвижно́й
подви́жность, -и
подви́жный; *кр. ф.* -жен, -жна
подвиза́ться, -а́юсь, -а́ется
по́двизг, -а
подви́згивание, -я
подви́згивать, -аю, -ает
подвильну́ть, -ну́, -нёт
подвинти́ть(ся), -инчу́, -и́нти́т(ся)
подви́нутый (*от* подви́нуть)
подви́нуть(ся), -ну(сь), -нет(ся) (*немного передвинуть(ся), продвинуть(ся)*)
подви́нченный; *кр. ф.* -ен, -ена
подви́нчивание, -я
подви́нчивать(ся), -аю, -ает(ся)
Подви́нье, -я (*к* За́падная Двина́)
подвира́ние, -я
подвира́ть, -а́ю, -а́ет
подвиса́ние, -я
подвиса́ть, -а́ю, -а́ет
подви́снуть, -ну, -нет; *прош.* -и́с, -и́сла
подвисо́чный
подви́сший
подви́тый; *кр. ф.* -и́т, -ита́, -и́то
подви́ть(ся), подовью́(сь), подовьёт(ся); *прош.* -и́л(ся), -ила́(сь), -и́ло, -и́ло́сь
подвихну́ть, -ну́, -нёт
по́двишень, -шня
подвла́стность, -и
подвла́стный; *кр. ф.* -тен, -тна
подво́д, -а
подво́да, -ы
подводи́ть(ся), -ожу́, -о́дит(ся)
подво́дка, -и
подво́дник, -а
подво́дница, -ы, *тв.* -ей
подводно́й (*к* подводи́ть)
подво́дно-ми́нный
подво́дно-стру́йный
подво́дно-техни́ческий
подво́дный (*к* вода́ и подво́да)
подво́дчик, -а
подво́дчица, -ы, *тв.* -ей
по́ двое и **по дво́е**
подво́з, -а
подвози́ть(ся), -ожу́, -о́зит(ся)
подво́зка, -и
подво́зный
подво́зочный
подво́зчик, -а
подво́зчица, -ы, *тв.* -ей
подво́й, -я
подво́йный
подвола́кивание, -я
подвола́кивать(ся), -аю, -ает(ся)
по́дволок, -а и **по́дволо́ка,** -и
подволо́кший
подволо́ченный; *кр. ф.* -ен, -ена (*от* подволочи́ть)
подволочённый; *кр. ф.* -ён, -ена́ (*от* подволо́чь и подволочи́ть)
подволочи́ть(ся), -очу́, -о́чи́т(ся)
по́дволо́чный
подволо́чь(ся), -локу́, -лочёт(ся), -локу́т(ся); *прош.* -ло́к(ся), -локла́(сь)
под вопро́с (поста́вить)
под вопро́сом
подвора́чивать(ся), -аю, -ает(ся)
подво́рный
подворо́вывать, -аю, -ает
подворо́т, -а
подвороти́ть(ся), -очу́, -о́тит(ся)
подворотни́к, -а́
подворотничо́к, -чка́
подворо́тня, -и, *р. мн.* -тен
подворо́ченный; *кр. ф.* -ен, -ена
подво́рье, -я, *р. мн.* -рий
подво́х, -а
подвощённый; *кр. ф.* -ён, -ена́
подвощи́ть, -щу́, -щи́т
подвсплыва́ть, -а́ю, -а́ет
подвсплы́тие, -я
подвсплы́ть, -ыву́, -ывёт
подвулканиза́ция, -и
подвы́в, -а
подвыва́ла, -ы, *м.* и *ж.*
подвыва́ние, -я
подвыва́ть, -а́ю, -а́ет
подвы́вих, -а
подвы́пивший
подвы́пить, -пью, -пьет
подвыраже́ние, -я
подвы́сить, -ы́шу, -ы́сит
подвы́сь, *нареч.*
подвы́ть, -во́ю, -во́ет
подвыходно́й *(предшествующий выходному дню)*
подвыша́ть(ся), -а́ю, -а́ет(ся)
подвы́шенный; *кр. ф.* -ен, -ена
подвяда́ть, -а́ет
подвя́дший
подвя́занный; *кр. ф.* -ан, -ана
подвяза́ть(ся), -яжу́(сь), -я́жет(ся)
подвя́зка, -и, *р. мн.* -зок
подвя́зник, -а
подвязно́й
подвя́зочка, -и, *р. мн.* -чек
подвя́зочный
подвя́зывание, -я
подвя́зывать(ся), -аю(сь), -ает(ся)
подвя́ленный; *кр. ф.* -ен, -ена
подвя́ливание, -я
подвя́ливать(ся), -аю, -ает(ся)
подвя́лить(ся), -лю, -лит(ся)
подвя́нувший
подвя́нуть, -нет
подгада́ть, -а́ю, -а́ет
подга́дить, -а́жу, -а́дит
подга́дывать, -аю, -ает
подга́живать, -аю, -ает
подги́б, -а
подгиба́ние, -я
подгиба́ть(ся), -а́ю, -а́ет(ся)
подги́бка, -и
подгибно́й
подгла́дить(ся), -а́жу(сь), -а́дит(ся)
подгла́дывать(ся), -аю, -ает(ся)
подгла́женный; *кр. ф.* -ен, -ена
подгла́живание, -я
подгла́живать(ся), -аю(сь), -ает(ся)
подгла́зницы, -иц, *ед.* -ица, -ы, *тв.* -ей
подглазни́чный
подгла́зный
подгла́зья, -зий, *ед.* -зье, -я
подгло́данный; *кр. ф.* -ан, -ана
подглода́ть, -ожу́, -о́жет
подгло́точный
подгляде́ть, -яжу́, -яди́т
подгля́дывание, -я
подгля́дывать, -аю, -ает
подгна́ивание, -я
подгна́ивать(ся), -аю, -ает(ся)
под гнёт
под гнётом
подгнива́ть, -а́ет
подгни́ть, -иёт; *прош.* -и́л, -ила́, -и́ло
подгноённый; *кр. ф.* -ён, -ена́
подгнои́ть, -ою́, -ои́т
подгова́ривание, -я
подгова́ривать(ся), -аю(сь), -ает(ся)
подгово́р, -а
подговорённый; *кр. ф.* -ён, -ена́
подговори́ть(ся), -рю́(сь), -ри́т(ся)
подгово́рщик, -а
подгово́рщица, -ы, *тв.* -ей
подгола́шивать, -аю, -ает
подголо́вник, -а
подголо́вный
подголо́вок, -вка
подголо́вье, -я, *р. мн.* -вий
подголоси́ть, -ошу́, -оси́т
подголо́сник, -а
подголо́сничать, -аю, -ает
подголо́сок, -ска
подголуби́ть, -блю́, -би́т
подголублённый; *кр. ф.* -ён, -ена́
подгольцо́вый
подго́н, -а
подго́нка, -и
подго́нный
подго́ночный
подго́нщик, -а
подгоня́ла, -ы, *м.* и *ж.*
подгоня́льщик, -а
подгоня́льщица, -ы, *тв.* -ей
подгоня́ть(ся), -я́ю(сь), -я́ет(ся)
подгора́живать, -аю, -ает
подгора́ние, -я
подгора́ть, -а́ет
подгоре́лый

подгоре́ть, -ри́т
подгоризо́нт, -а
подго́рный
подгороди́ть, -ожу́, -о́ди́т
подгоро́дный
подгоро́женный; *кр. ф.* -ен, -ена
по́д гору
под горшо́к (*стрижка*)
подго́рье, -я, *р. мн.* -рий
подгорю́ниться, -нюсь, -нится
подгорячённый; *кр. ф.* -ён, -ена́
подгорячи́ть, -чу́, -чи́т
подгота́вливание, -я
подгота́вливать(ся), -аю(сь), -ает(ся)
подготови́тельный
подгото́вить(ся), -влю(сь), -вит(ся)
подготови́шка, -и, *р. мн.* -шек, *м.* и *ж.*
подгото́вка, -и
подготовле́ние, -я
подгото́вленность, -и
подгото́вленный; *кр. ф.* -ен, -ена
подготовля́ть(ся), -я́ю(сь), -я́ет(ся)
под гра́дусом
подгра́ф, -а (*матем.*)
подгреба́ние, -я
подгреба́ть(ся), -а́ю(сь), -а́ет(ся)
подгребённый; *кр. ф.* -ён, -ена́
подгрёбка, -и (*действие*)
подгрёбки, -ов (*остатки*)
подгребно́й
подгрёбший(ся)
подгре́бье, -я, *р. мн.* -бий
подгрести́(сь), -ребу́(сь), -ребёт(ся); *прош.* -рёб(ся), -ребла́(сь)
подгримиро́ванный; *кр. ф.* -ан, -ана
подгримирова́ть(ся), -ру́ю(сь), -ру́ет(ся)
подгримиро́вывать(ся), -аю(сь), -ает(ся)
подгри́фок, -фка
подгру́дный
подгру́док, -дка
подгружа́ть(ся), -а́ю(сь), -а́ет(ся)
подгру́женный; *кр. ф.* -ен, -ена и **подгружённый;** *кр. ф.* -ён, -ена́
подгру́здок, -дка
по́дгруздь, -я
подгрузи́ть(ся), -ужу́(сь), -у́зи́т(ся)
подгру́зка, -и
подгрунто́ванный; *кр. ф.* -ан, -ана
подгрунтова́ть, -ту́ю, -ту́ет
подгрунто́вка, -и
подгрунто́вывать(ся), -аю, -ает(ся)
подгру́ппа, -ы
подгрыза́ние, -я
подгрыза́ть(ся), -а́ю, -а́ет(ся)
подгры́зенный; *кр. ф.* -ен, -ена
подгры́зть, -зу́, -зёт; *прош.* -ы́з, -ы́зла
подгры́зший
подгу́бный
подгу́зник, -а
подгу́зничек, -чка
подгу́ливать, -аю, -ает
подгуля́ть, -я́ю, -я́ет
подгусти́ть, -ущу́, -усти́т
подгуща́ть(ся), -а́ю, -а́ет(ся)
подгущённый; *кр. ф.* -ён, -ена́
подда́бривание, -я
подда́бривать(ся), -аю(сь), -ает(ся)
поддава́ла, -ы, *м.* и *ж.*
поддава́ние, -я
поддава́ть(ся), -даю(сь), -даёт(ся) (*к* подда́ть(ся)
поддави́ть, -авлю́, -а́вит (*усилить давление; немного подавить снизу*)
поддавки́, -о́в
подда́вленный; *кр. ф.* -ен, -ена (*от* поддави́ть)
подда́вливание, -я
подда́вливать, -аю, -ает (*к* поддави́ть)
подда́ивать, -аю, -ает
подда́кивание, -я
подда́кивать, -аю, -ает
подда́кнуть, -ну, -нет
подда́лбливать(ся), -аю, -ает(ся)
по́дданная, -ой
по́дданнический
по́дданный[1]**;** *кр. ф.* -ан, по́ддана́, -ано, *прич.* (*от* подда́ть)
по́дданный[2]**,** -ого (*состоящий в подданстве*)
по́дданство, -а
подда́тенький
подда́тый (*выпивший, прост.*)
подда́ть(ся), -а́м(ся), -а́шь(ся), -а́ст(ся), -ади́м(ся), -ади́те(сь), -аду́т(ся); *прош.* по́дда́л, -а́лся́, -ала́(сь), по́дда́ло, -а́ло́сь (*ударить снизу; добавить; уступить воздействию*)
подда́ча, -и, *тв.* -ей (*к* подда́ть(ся)
поддаю́щий(ся) (*от* поддава́ть(ся)
поддви́г, -а (*геол.*)
поддвига́ние, -я (*от* поддвига́ть(ся)
поддвига́ть(ся), -а́ю, -а́ет(ся) (*к* подди́нуть(ся)
поддви́жка, -и, *р. мн.* -жек (*к* поддви́нуть(ся)
поддви́нутый (*от* поддви́нуть)
поддви́нуть(ся), -ну, -нет(ся) (*сдвинуть(ся), задвинуть(ся) подо что-н.; то же, что пододвинуть(ся)*)
поддёв, -а
поддева́ние, -я
поддева́ть(ся), -а́ю, -а́ет(ся) (*к* подде́ть)
поддёвка, -и, *р. мн.* -вок
поддёвочный
подде́л, -а
подде́ланный; *кр. ф.* -ан, -ана
подде́лать(ся), -аю(сь), -ает(ся) (*сделать фальшивое подобие; подладиться, приспособиться*)
подде́лка, -и, *р. мн.* -лок (*к* подде́лать)
подде́лывание, -я
подде́лыватель, -я
подде́лывать(ся), -аю(сь), -ает(ся) (*к* подде́лать(ся)
подде́льность, -и
подде́льный; *кр. ф.* -лен, -льна
подде́льщик, -а (*от* подде́лать)
поддёрг, -а; с поддёргом (*поддёргивая*)
поддёргивание, -я (*от* поддёргивать)
поддёргивать(ся), -аю, -ает(ся) (*к* поддёрнуть)
подде́рево, -а (*матем.*)
поддержа́ние, -я (*от* поддержа́ть)
подде́ржанный; *кр. ф.* -ан, -ана (*от* поддержа́ть)
поддержа́ть, -ержу́, -е́ржит (*не дать упасть; сохранить; оказать помощь, содействие*)
подде́рживание, -я
подде́рживать(ся), -аю(сь), -ает(ся)
подде́рживающий(ся)
подде́ржка, -и, *р. мн.* -жек
поддёрнутый (*от* поддёрнуть)
поддёрнуть, -ну, -нет (*поднять, дергая; подобрать, подоткнуть*)
подде́тый
подде́ть, -е́ну, -е́нет
поддиапазо́н, -а
поддиафрагма́льный
под дикто́вку
подди́р, -а (*к* пододра́ть)
поддира́ть(ся), -а́ю, -а́ет(ся) (*к* пододра́ть)
подди́рка, -и
поддо́бренный; *кр. ф.* -ен, -ена
поддо́брить(ся), -рю(сь), -рит(ся)
поддои́ть, -ою́, -о́ит (*подоить дополнительно*)
поддо́й, -я
поддолби́ть, -блю́, -би́т (*подолбить, продолбить дополнительно*)
поддолблённый; *кр. ф.* -ён, -ена́ (*от* поддолби́ть)
поддомина́нта, -ы
поддомкра́тить, -а́чу, -а́тит
поддомкра́ченный; *кр. ф.* -ен, -ена
поддомкра́чивать(ся), -аю, -ает(ся)
поддо́н, -а
поддо́нник, -а
поддо́нный
поддо́нок, -нка (*поддонник*)
поддо́ночный (*от* поддо́нок)
поддра́знивание, -я
поддра́знивать, -аю, -ает (*к* поддразни́ть)
поддразни́ть, -азню́, -а́знит (*слегка, немного подразнить*)
поддубе́нь, -бня
поддубови́к, -а́ и **поддубо́вик,** -а
поддув, -а
поддува́ло, -а
поддува́льный
поддува́ние, -я
поддува́ть(ся), -а́ю, -а́ет(ся) (*к* подду́ть; *слегка, немного дуть*)
подду́жный
подду́льный
подду́ть, -у́ю, -у́ет (*подуть снизу или дополнительно*)
под ды́х (да́ть, уда́рить)

под ды́хало (да́ть, уда́рить)
поддья́к, -а
подебоши́рить, -рю, -рит
подева́ть(ся), -а́ю, -а́ет(ся) (*к* деть, дева́ть)
по-де́вичьи
по-девча́чьи
по-девчо́ночьи
подежу́рить, -рю, -рит
поде́йствовать, -твую, -твует
подека́дный
поде́лать(ся), -аю, -ает(ся) (*заняться чем-н. в течение какого-н. времени; сделать(ся)*)
поделённый; *кр. ф.* -ён, -ена́
поде́лец, -льца, *тв.* -льцем, *р. мн.* -льцев
поделика́тнее
поделика́тничать, -аю, -ает
подели́ть(ся), -елю́(сь), -е́лит(ся)
поде́лка, -и, *р. мн.* -лок (*изделие*)
по-делово́му, *нареч.*
подело́м, *в знач. сказ.*
поде́лочный
по де́лу
поде́лывать, -аю, -ает (что́ поде́лываете?)
поде́льник, -а
поде́льница, -ы, *тв.* -ей
поде́льщик, -а (*подельник*)
поде́льщица, -ы, *тв.* -ей
подёнка, -и, *р. мн.* -нок
подённо, *нареч.*
подённый
подёнщик, -а
подёнщина, -ы
подёнщица, -ы, *тв.* -ей
поде́ра, -ы
подёрг, -а; с подёргом (*подёргивая; резко, отрывисто*)
подёрганный; *кр. ф.* -ан, -ана
подёргать(ся), -аю(сь), -ает(ся)
подёргивание, -я (*от* подёргивать(ся)
подёргивать(ся), -аю(сь), -ает(ся) (*время от времени слегка дёргать(ся)*)
по-дереве́нски
подержа́ние: на подержа́ние (*во временное пользование*)
подёржанный; *кр. ф.* -ан, -ана (*прич. от* подержа́ть; *не новый*)
подержа́ть(ся), -ержу́(сь), -е́ржит(ся) (*держать(ся) некоторое время*)
подёрнутый (*от* подёрнуть)
подёрнуть(ся), -ну, -нет(ся) (*слегка дёрнуть; затянуть(ся), покрыть(ся), заволочь(ся)*)
Подесе́нье, -я (*к* Десна́)
поде́ста́, *нескл., м.*
подесяти́нный
подета́льный
по-де́тски
подешеве́ть, -е́ет
по дешёвке
подеше́вле
поде́яться, поде́ется (*случиться, произойти, устар.*)
поджа́нр, -а
поджа́ренный; *кр. ф.* -ен, -ена
поджа́ривание, -я
поджа́ривать(ся), -аю(сь), -ает(ся)
поджа́ристый
поджа́рить(ся), -рю(сь), -рит(ся)
поджа́рка, -и, *р. мн.* -рок
поджа́рость, -и
поджа́рый
поджа́тие, -я
поджа́тый
поджа́ть(ся), подожму́(сь), подожмёт(ся)
поджёгший
поджелу́дочный
по-джентльме́нски
подже́чь, подожгу́, подожжёт, подожгу́т; *прош.* поджёг, подожгла́
поджива́ние, -я
поджива́ть, -а́ет
поджи́вить, -влю́, -ви́т
поджи́влённый; *кр. ф.* -ён, -ена́
поджи́вля́ть(ся), -я́ю, -я́ет(ся)
поджига́ние, -я
поджига́тель, -я
поджига́тельница, -ы, *тв.* -ей
поджига́тельный
поджига́тельский
поджига́тельство, -а
поджига́ть(ся), -а́ю, -а́ет(ся)
поджида́ть(ся), -а́ю, -а́ет(ся)
поджи́лки, -лок
поджи́м, -а
поджима́ние, -я
поджима́ть(ся), -а́ю(сь), -а́ет(ся)
поджи́мный
поджи́ть, -ивёт; *прош.* по́джи́л, поджила́, по́джи́ло
поджо́г, -а, но *глаг.* **поджёг**
поджо́га, -и (*щепа, хворост для разведения огня*)
поджу́чивать(ся), -аю(сь), -ает(ся)
поджу́чить, -чу, -чит
подзабо́рник, -а
подзабо́рный
подзабыва́ть(ся), -а́ю, -а́ет(ся)
подзабы́тый
подзабы́ть(ся), -бу́ду, -бу́дет(ся)
подзаведённый; *кр. ф.* -ён, -ена́
подзавести́(сь), -веду́(сь), -ведёт(ся)
подзави́тый; *кр. ф.* -и́т, -ита́, -и́то
подзави́ть, -вью́, -вьёт
подзаво́д, -а
подзаводи́ть(ся), -ожу́(сь), -о́дит(ся)
под завя́зку
подзагиба́ть(ся), -а́ю, -а́ет(ся)
подзагну́ть(ся), -ну́, -нёт(ся)
подзаголо́вок, -вка
подзаголо́вочный
подзагоре́ть, -рю́, -ри́т
под за́д (коле́нкой)
подзада́ча, -и, *тв.* -ей
подзадержа́ться, -жу́сь, -е́ржится
подзадо́ренный; *кр. ф.* -ен, -ена
подзадо́ривание, -я
подзадо́ривать(ся), -аю(сь), -ает(ся)
подзадо́рить, -рю, -рит
подзажа́тый
подзажа́ть, -жму́, -жмёт
подзако́нность, -и
подзако́нный; *кр. ф.* -о́нен, -о́нна
подзакрути́ть, -учу́, -у́тит
подзакру́ченный; *кр. ф.* -ен, -ена
подзакуси́ть, -ушу́, -у́сит
подзаку́сывать, -аю, -ает
подзалете́ть, -лечу́, -лети́т
под зало́г
под замко́м
под замо́к
подзаня́ть(ся), -займу́(сь), -займёт(ся)
подзапа́здывать, -аю, -ает
подзапасти́(сь), -пасу́(сь), -пасёт(ся); *прош.* -па́с(ся), -пасла́(сь)
подзапа́сший(ся)
подзапозда́ть, -а́ю, -а́ет
подзапра́вить(ся), -влю(сь), -вит(ся)
подзапра́вка, -и, *р. мн.* -вок
подзапра́вленный; *кр. ф.* -ен, -ена
подзаправля́ть(ся), -я́ю(сь), -я́ет(ся)
под запре́т
под запре́том
подзапусти́ть, -ущу́, -у́стит
подзапу́таться, -аюсь, -ается
подзарабо́танный; *кр. ф.* -ан, -ана
подзарабо́тать, -аю, -ает
подзараста́ть, -а́ю, -а́ет
подзарасти́, -расту́, -растёт; *прош.* -заро́с, -сла́
подзаро́сший
подзаря́д, -а (*к* подзаряди́ть)
подзаряди́ть(ся), -яжу́(сь), -я́ди́т(ся)
подзаря́дка, -и, *р. мн.* -док
подзаряжа́ть(ся), -а́ю(сь), -а́ет(ся)
подзаря́женный; *кр. ф.* -ен, -ена и **подзаряжённый;** *кр. ф.* -ён, -ена́
подзати́хнуть, -ну, -нет
подзати́хший
подзаты́лок, -лка
подзаты́лочный
подзаты́льник, -а
подзатяну́ться, -ну́сь, -я́нется
подзахмеле́ть, -е́ю, -е́ет
подзахора́нивать(ся), -аю, -ает(ся)
подзахороне́ние, -я
подзахоро́ненный; *кр. ф.* -ен, -ена
подзахорони́ть, -оню́, -о́нит
подзащи́тная, -ой
подзащи́тный, -ого
подзва́нивать, -аю, -ает
подзвёздный
подзво́нный (подзво́нные колокола́)
подзвя́кивание, -я
подзвя́кивать, -аю, -ает
подзём, -а
подземе́лье, -я, *р. мн.* -лий
подземе́льный
подзе́мка, -и, *р. мн.* -мок
подзе́мно-ми́нный

подзе́мно-тра́нспортный
подзе́мный
подзе́мщик, -а
подзерка́льник, -а
подзерка́льный
подзи́мний
под зна́ком (*чего*)
подзо́л, -а
подзо́листость, -и
подзо́листый
подзолообразова́ние, -я
подзолоти́ть, -очу́, -оти́т
подзоло́ченный; *кр. ф.* -ен, -ена и **подзолочённый;** *кр. ф.* -ён, -ена́
подзо́льный
подзо́на, -ы
подзо́р, -а
подзо́рный
подзу́бренный; *кр. ф.* -ен, -ена
подзу́бривать(ся), -аю, -ает(ся)
подзубри́ть, -убрю́, -у́бри́т
подзуди́ть, -ужу́, -уди́т
подзу́женный; *кр. ф.* -ен, -ена
подзу́живание, -я
подзу́живать(ся), -аю(сь), -ает(ся)
подзы́в, -а
подзыва́ние, -я
подзыва́ть(ся), -а́ю(сь), -а́ет(ся)
подзы́вный
поди́, *вводн. сл.* (*вероятно*), *частица* (*попробуй, попытайся*) *и межд.* (*посторонись*)
по диагона́ли
подивизио́нно
подиви́ть(ся), -влю́(сь), -ви́т(ся)
поди́ ж, *частица*
поди́ ж ты, *частица*
по́дий, -я и **по́диум,** -а
поди́-ка (*разг. к* пойди́-ка; *попробуй, попытайся*)
подиктова́ть, -ту́ю, -ту́ет
по-дилета́нтски
поди́на, -ы
поди́р, -а (*одежда первосвященника*)
подира́ть, -а́ет (*об ощущении дрожи*; моро́з по ко́же подира́ет)
подирижи́ровать, -рую, -рует
подискути́ровать, -рую, -рует
поди́(те) (*разг. к* пойди́(те), *пов.*)
поди́-тка
поди́ ты, *частица*
по́диум, -а и **по́дий,** -я
подича́ть, -а́ю, -а́ет
подичи́ться, -чу́сь, -чи́тся
подкаблу́чник, -а
подкади́ть, -ажу́, -ади́т
под ка́йфом (*жарг.*)
подкалённый; *кр. ф.* -ён, -ена́
подкали́берный
подка́ливать(ся), -аю, -ает(ся)
подкали́ть(ся), -лю́, -ли́т(ся)
подка́лка, -и
подка́лывание, -я
подка́лывать(ся), -аю, -ает(ся)
подкалы́мить, -млю, -мит

Подка́менная Тунгу́ска (*река*)
подка́менный
подка́менщик, -а
подканда́льники, -ов, *ед.* -ник, -а
подканцеляри́ст, -а
подка́панный; *кр. ф.* -ан, -ана
подка́пать, -аю, -ает
подка́пливать(ся), -аю, -ает(ся)
подка́пок, -пка
подка́пчивание, -я
подка́пчивать(ся), -аю, -ает(ся)
подка́пывание, -я
подка́пывать(ся), -аю(сь), -ает(ся)
подкарау́ленный; *кр. ф.* -ен, -ена
подкарау́ливание, -я
подкарау́ливать(ся), -аю(сь), -ает(ся)
подкарау́лить, -лю, -лит
подка́рмливание, -я
подка́рмливать(ся), -аю(сь), -ает(ся)
подкаса́тельная, -ой
подка́т, -а
подката́ло́г, -а
подка́танный; *кр. ф.* -ан, -ана
подката́ть, -а́ю, -а́ет
подкатего́рия, -и
подкати́ть(ся), -ачу́(сь), -а́тит(ся)
подка́тка, -и
подка́тчик, -а
подка́тывание, -я
подка́тывать(ся), -аю(сь), -ает(ся)
подка́ч, -а, *тв.* -ем (*спорт.*)
подка́чанный; *кр. ф.* -ан, -ана (*от* подкача́ть)
подкача́ть(ся), -а́ю, -а́ет(ся)
подка́ченный; *кр. ф.* -ен, -ена (*от* подкати́ть)
подка́чивание, -я
подка́чивать(ся), -аю, -ает(ся)
подка́чивающий(ся)
подка́чка, -и, *р. мн.* -чек
подка́шивание, -я
подка́шивать(ся), -аю, -ает(ся)
подка́шливание, -я
подка́шливать, -аю, -ает
подка́шлянуть, -ну, -нет
подква́сить(ся), -а́шу, -а́сит(ся)
подква́ска, -и
подква́шенный; *кр. ф.* -ен, -ена
подква́шивание, -я
подква́шивать(ся), -аю, -ает(ся)
подки́данный; *кр. ф.* -ан, -ана
подкида́ть, -а́ю, -а́ет
подки́дка, -и
подкидно́й
подки́дывание, -я
подки́дывать(ся), -аю, -ает(ся)
подки́дыш, -а, *тв.* -ем
подки́нутый
подки́нуть, -ну, -нет
подкипяти́ть, -ячу́, -яти́т
подкипячённый; *кр. ф.* -ён, -ена́
подкиса́ть, -а́ю, -а́ет
подкисле́ние, -я
подкислённый; *кр. ф.* -ён, -ена́
подкисли́тель, -я

подкисли́ть, -лю́, -ли́т
подкисля́ть(ся), -я́ю, -я́ет(ся)
подки́снуть, -нет; *прош.* -ки́с, -ки́сла
подки́сший
подкла́д, -а (*обл. к* подкла́дка)
подкла́дка, -и, *р. мн.* -док
подкладно́й
подкла́дочный
подкла́дывание, -я
подкла́дывать(ся), -аю, -ает(ся)
подкла́сс, -а
подклёв, -а
подклёванный; *кр. ф.* -ан, -ана
подклева́ть, -люёт
подклёвывание, -я
подклёвывать(ся), -аю, -ает(ся)
подкле́енный; *кр. ф.* -ен, -ена
подкле́ивание, -я
подкле́ивать(ся), -аю, -ает(ся)
подкле́ить, -е́ю, -е́ит
подкле́йка, -и, *р. мн.* -е́ек
подклёпанный; *кр. ф.* -ан, -ана
подклепа́ть, -а́ю, -а́ет
подклёпка, -и
подклёпывание, -я
подклёпывать(ся), -аю, -ает(ся)
подкле́т, -а (*архит.*)
подкле́тный
подкле́ть, -и (*нижний нежилой этаж избы*)
по́дклик, -а
подклика́ть(ся), -а́ю, -а́ет(ся)
подкли́кнуть, -ну, -нет
подклю́вье, -я, *р. мн.* -вий
под клю́ч (сда́ть)
подключа́ть(ся), -а́ю(сь), -а́ет(ся)
подключе́ние, -я
подключённый; *кр. ф.* -ён, -ена́
подключи́ть(ся), -чу́(сь), -чи́т(ся)
подключи́чный
подко́ва, -ы
подко́ванность, -и
подко́ванный; *кр. ф.* -ан, -ана
подкова́ть(ся), -кую́(сь), -куёт(ся)
подковёрный
подко́вка, -и, *р. мн.* -вок
подко́вный
подковоно́с, -а
подковообра́зный; *кр. ф.* -зен, -зна
подко́вывание, -я
подко́вывать(ся), -аю(сь), -ает(ся)
подковыля́ть, -я́ю, -я́ет
подковы́р, -а
подковы́ривание, -я
подковы́ривать(ся), -аю(сь), -ает(ся)
подковы́рка, -и, *р. мн.* -рок
подковы́рнутый
подковырну́ть, -ну́, -нёт
подковы́рочка, -и, *р. мн.* -чек
подковы́рянный; *кр. ф.* -ян, -яна
подковыря́ть, -я́ю, -я́ет
подко́жный
подко́л, -а
подкола́чивать(ся), -аю, -ает(ся)
подколе́нки, -нок, *ед.* -нка, -и

подколе́нник, -а
подколе́нный
подколёсный
подко́лка, -и
подколо́дный: змея́ подколо́дная
подколоти́ть, -очу́, -о́тит
подко́лотый
подколо́ть, -олю́, -о́лет
подколо́ченный; *кр. ф.* -ен, -ена
подколу́пнутый
подколупну́ть, -ну́, -нёт
подколу́пывать(ся), -аю, -ает(ся)
подкоми́ссия, -и
подкомите́т, -а
подко́мплекс, -а
подконво́йный, -ого
под коне́ц
подконтро́льность, -и
подконтро́льный; *кр. ф.* -лен, -льна
подконю́ший, -его
подко́п, -а
подко́панный; *кр. ф.* -ан, -ана
подкопа́ть(ся), -а́ю(сь), -а́ет(ся)
подкопи́ть(ся), -оплю́, -о́пит(ся)
подко́пка, -и
подко́пленный; *кр. ф.* -ен, -ена
подко́пный
подкопти́ть(ся), -пчу́, -пти́т(ся)
подкопчённый; *кр. ф.* -ён, -ена́
подкопы́тник, -а *(птица)*
подкора́чивание, -я
подкора́чивать(ся), -аю, -ает(ся)
подкоренно́й
подко́рка, -и
подко́рковый (*анат.*)
подко́рм, -а
подкорми́ть(ся), -ормлю́(сь), -о́рмит(ся)
подко́рмка, -и
подко́рмленный; *кр. ф.* -ен, -ена
подко́рмочный
подкорна́ть, -а́ю, -а́ет
подко́рник, -а
подко́рный (*биол.*)
подко́ровый (*геол.*)
подкороти́ть, -очу́, -оти́т
подкоро́ченный; *кр. ф.* -ен, -ена
подкорректи́рованный; *кр. ф.* -ан, -ана
подкорректи́ровать(ся), -рую, -рует(ся)
подко́рченный; *кр. ф.* -ен, -ена
подко́рчить, -чу, -чит
подко́рье, -я
подко́с, -а
подко́сина, -ы
подкоси́ть(ся), -ошу́, -о́си́т(ся)
подко́сок, -ска
подко́стный
подко́шенный; *кр. ф.* -ен, -ена
подкра́вшийся
подкра́дываться, -аюсь, -ается
подкра́ивать(ся), -аю, -ает(ся)
подкра́новый
подкра́сить(ся), -а́шу(сь), -а́сит(ся)
подкра́ска, -и
подкра́сться, -аду́сь, -адётся; *прош.* -а́лся, -а́лась
подкрахма́ленный; *кр. ф.* -ен, -ена
подкрахма́ливание, -я
подкрахма́ливать(ся), -аю, -ает(ся)
подкрахма́лить, -лю, -лит
подкра́шенный; *кр. ф.* -ен, -ена
подкра́шивание, -я
подкра́шивать(ся), -аю(сь), -ает(ся)
подкрепи́тельный; *кр. ф.* -лен, -льна
подкрепи́ть(ся), -плю́(сь), -пи́т(ся)
подкрепле́ние, -я
подкреплённый; *кр. ф.* -ён, -ена́
подкрепля́ть(ся), -я́ю(сь), -я́ет(ся)
подкри́кивание, -я
подкри́кивать, -аю, -ает
подкри́кнуть, -ну, -нет
подкрити́ческий
подкро́енный; *кр. ф.* -ен, -ена
подкрои́ть, -ою́, -ои́т
подкруглённый; *кр. ф.* -ён, -ена́
подкругли́ть, -лю́, -ли́т
подкругля́ть(ся), -я́ю, -я́ет(ся)
подкрути́ть(ся), -учу́, -у́тит(ся)
подкру́тка, -и, *р. мн.* -ток
подкру́ченный; *кр. ф.* -ен, -ена
подкру́чивание, -я
подкру́чивать(ся), -аю, -ает(ся)
подкры́лки, -ов, *ед.* -лок, -лка
подкры́льники, -ов, *ед.* -ник, -а
подкры́льный
подкры́лья, -лий, *ед.* -лье, -я
подкря́кивать, -аю, -ает
подкря́кнуть, -ну, -нет
подкузьми́ть, -млю́, -ми́т
подкула́чник, -а
подкула́чница, -ы, *тв.* -ей
Подку́мок, -мка (*река*)
по́дкуп, -а
подкупа́ние, -я
подкупа́ть(ся), -а́ю(сь), -а́ет(ся)
подкупа́юще, *нареч.*
подкупа́ющий(ся)
подкупи́ть, -уплю́, -у́пит
подку́пленный; *кр. ф.* -ен, -ена
подкупно́й и **подку́пный;** *кр. ф.* -пен, -пна
подку́пность, -и
подку́польный
подку́р, -а
подку́ренный; *кр. ф.* -ен, -ена
подку́ривание, -я
подку́ривать(ся), -аю, -ает(ся)
подкури́ть, -урю́, -у́рит
подку́рка, -и
подку́рок, -рка
подку́рщик, -а
подкуси́ть, -ушу́, -у́сит
подку́сывание, -я
подку́сывать(ся), -аю, -ает(ся)
подкути́ть, -кучу́, -ку́тит
подку́шанный; *кр. ф.* -ан, -ана (*от* подку́шать)
подку́шать, -аю, -ает
подку́шенный; *кр. ф.* -ен, -ена (*от* подкуси́ть)
подку́шивать(ся), -аю, -ает(ся)
подла́вливание, -я
подла́вливать(ся), -аю(сь), -ает(ся)
подла́вок, -вка
подла́вочье, -я, *р. мн.* -чий
под ла́д
подла́данник, -а
подла́дить(ся), -а́жу(сь), -а́дит(ся)
подла́женный; *кр. ф.* -ен, -ена
подла́живание, -я
подла́живать(ся), -аю(сь), -ает(ся)
подла́з, -а
подла́ивать, -аю, -ает
подлакиро́ванный; *кр. ф.* -ан, -ана
подлакирова́ть(ся), -ру́ю, -ру́ет(ся)
подлакиро́вывать(ся), -аю, -ает(ся)
подлампа́дник, -а
подла́мывание, -я
подла́мывать(ся), -аю, -ает(ся)
подла́пник, -а
подла́ститься, -а́щусь, -а́стится
подла́танный; *кр. ф.* -ан, -ана
подлата́ть, -а́ю, -а́ет
подла́тывание, -я
подла́тывать(ся), -аю, -ает(ся)
подла́щивание, -я
подла́щиваться, -аюсь, -ается
по́дле, *нареч.* и *предлог*
под ле́во (уда́рить, посла́ть мя́ч)
подлёгочный
подлёгший
подледене́ть, -е́ет
подле́дник, -а (*снасть*)
подлёдник, -а (*рыболов*)
подледнико́вый
подлёдный
подлежа́ть, -жу́, -жи́т
подлежа́щее, -его
подлежа́щий
подлежа́щно-сказу́емостный
подлежа́щный (*от* подлежа́щее)
подлеза́ть, -а́ю, -а́ет
подле́зть, -зу, -зет; *прош.* -ле́з, -ле́зла
подле́йший
подле́карь, -я
по́дленький
подлепе́стный
подлепи́ть(ся), -леплю́, -ле́пит(ся)
подле́пленный; *кр. ф.* -ен, -ена
подлепля́ть(ся), -я́ю, -я́ет(ся)
подле́сок, -ска
подле́сочный
подлести́ться, -лещу́сь, -лести́тся (*прост. к* подольсти́ться)
подле́стничный
подле́сье, -я
подлёт, -а
подлета́ть, -а́ю, -а́ет
подлете́ть, -лечу́, -лети́т
подлётный
подлёток, -тка (*подросток*)
подлёток, -тка (*птенец*)
подлётывать, -аю, -ает

подле́ть, -е́ю, -е́ет
подле́ц, -а́, *тв.* -о́м, *р. мн.* -о́в
подлеца́, -ы́, *тв.* -о́й (с подлецо́й)
подле́ченный; *кр. ф.* -ен, -ена
подле́чивать(ся), -аю(сь), -ает(ся)
подлечи́ть(ся), -ечу́(сь), -е́чит(ся)
подле́чь, -ля́гу, -ля́жет, -ля́гут; *прош.* -лёг, -легла́
подле́щ, -а́, *тв.* -о́м
подлеща́ться, -а́юсь, -а́ется (*от* подлести́ться)
подле́щиваться, -аюсь, -ается (*от* подлести́ться)
подле́щик, -а
подли́в, -а (*действие*; *раствор извести*)
подли́ва, -ы (*соус*)
подлива́ние, -я
подлива́ть(ся), -а́ю, -а́ет(ся)
подли́вка, -и, *р. мн.* -вок
подливно́й
подли́за, -ы, *м.* и *ж.*
подли́занный; *кр. ф.* -ан, -ана
подлиза́ть(ся), -ижу́(сь), -и́жет(ся)
подли́зывание, -я
подли́зывать(ся), -аю(сь), -ает(ся)
подли́нка, -и (с подли́нкой)
подлиннее
подлинне́ть, -е́ю, -е́ет
по́длинник, -а
по́длинно, *нареч.*
по́длинно демократи́ческий
по́длинно наро́дный
по́длинность, -и
по́длинно худо́жественный
по́длинный; *кр. ф.* -инен, -инна
по́длинь, -я и -и
подлипа́ла, -ы, *м.* и *ж.*
подлипа́ть, -а́ю, -а́ет
подли́пнуть, -нет; *прош.* -ли́п, -ли́пла
подли́пший
подли́сок, -ска
подли́стник, -а
по́дли́тый; *кр. ф.* по́дли́т, подлита́, по́дли́то
подли́ть(ся), подолью́, подольёт(ся); *прош.* по́дли́л, подли́лся, -ила́(сь), по́дли́ло, подли́ло́сь
подлицо́, *нареч.*
по́дличанье, -я
по́дличать, -аю, -ает
подлобко́вый
подлова́тость, -и
подлова́тый
подлови́ть(ся), -овлю́(сь), -о́вит(ся)
подло́вленный; *кр. ф.* -ен, -ена
подло́г, -а
подло́дка, -и, *р. мн.* -док
подло́женный; *кр. ф.* -ен, -ена
под ло́жечкой (боли́т)
под ло́жечку (уда́рить)
подло́жечный
подложи́ть, -ожу́, -о́жит
подло́жка, -и, *р. мн.* -жек
подло́жность, -и
подло́жный; *кр. ф.* -жен, -жна (*от* подло́г)
подлоко́тник, -а
подлоко́тный
подло́м, -а
подло́манный; *кр. ф.* -ан, -ана
подлома́ть, -а́ю, -а́ет
подломи́ть(ся), -омлю́, -о́мит(ся)
подло́мленный; *кр. ф.* -ен, -ена
подло́пастный
подлопа́точный
по́длость, -и
подлу́нная, -ой (*земля, вселенная*)
подлу́нный
подлупи́ть(ся), -уплю́, -у́пит(ся)
подлу́пленный; *кр. ф.* -ен, -ена
подлу́пливать(ся), -аю, -ает(ся)
подлущённый; *кр. ф.* -ён, -ена́
подлу́щивать(ся), -аю, -ает(ся)
подлущи́ть, -ущу́, -ущи́т
по́длый; *кр. ф.* подл, подла́, по́дло
подлю́га, -и, *м.* и *ж.*
подлю́ка, -и, *м.* и *ж.*
подлю́щий
подля́нка, -и, *р. мн.* -нок
подма́занный; *кр. ф.* -ан, -ана
подма́зать(ся), -а́жу(сь), -а́жет(ся)
подма́зка, -и, *р. мн.* -зок
подма́зочка, -и, *р. мн.* -чек
подма́зчик, -а
подма́зывание, -я
подма́зывать(ся), -аю(сь), -ает(ся)
подмалёванный; *кр. ф.* -ан, -ана
подмалева́ть(ся), -лю́ю(сь), -лю́ет(ся)
подмалёвка, -и, *р. мн.* -вок (*действие*; *слой красок*)
подмалёвок, -вка (*слой красок*)
подмалёвывание, -я
подмалёвывать(ся), -аю(сь), -ает(ся)
подма́лывать(ся), -аю, -ает(ся)
под ма́льчика (*стрижка*)
подманда́тный
подма́ненный; *кр. ф.* -ен, -ена и **подманённый;** *кр. ф.* -ён, -ена́
подма́нивание, -я
подма́нивать(ся), -аю(сь), -ает(ся)
подмани́ть, -аню́, -а́нит
подма́нка, -и, *р. мн.* -нок
подма́ргивание, -я
подма́ргивать, -аю, -ает
подмаре́нник, -а
подма́сленный; *кр. ф.* -ен, -ена
подма́сливание, -я
подма́сливать(ся), -аю, -ает(ся)
подма́слить, -лю, -лит
подма́стер, -а
подмасте́рье, -я, *р. мн.* -ьев, *м.*
подма́тывание, -я
подма́тывать(ся), -аю, -ает(ся)
подма́хивать(ся), -аю, -ает(ся)
подма́хнутый
подмахну́ть, -ну́, -нёт
подма́чивание, -я
подма́чивать(ся), -аю, -ает(ся)
подма́щивать(ся), -аю(сь), -ает(ся)
подмелённый; *кр. ф.* -ён, -ена́
подмели́ть, -лю́, -ли́т
подме́на, -ы и **подме́н,** -а
подменённый; *кр. ф.* -ён, -ена́
подме́нивание, -я
подме́нивать(ся), -аю(сь), -ает(ся)
подмени́ть(ся), -еню́(сь), -е́нит(ся)
подме́нный
подме́нщик, -а
подме́нщица, -ы, *тв.* -ей
подменю́, *нескл., с.* (*от* меню́, *инф.*)
подменя́ть(ся), -я́ю(сь), -я́ет(ся)
подмерза́ние, -я
подмерза́ть, -а́ет
подмерзло́тный
подмёрзлый
подмёрзнуть, -нет; *прош.* -ёрз, -ёрзла
подмёрзший
подме́с, -а (*к* подмеси́ть)
подмеси́ть, -ешу́, -е́сит
подме́ска, -и
подмести́, -мету́, -метёт; *прош.* -мёл, -мела́
по́дмесь, -и (*к* подмеша́ть)
подмета́ла, -ы, *м.* и *ж.*
подмета́льно-убо́рочный
подмета́льный
подмета́льщик, -а
подмета́льщица, -ы, *тв.* -ей
подмета́ние, -я
подмётанный; *кр. ф.* -ан, -ана
подмета́ть(ся), -а́ю, -а́ет(ся), *несов.* (*к* подмести́)
подмета́ть, -а́ю, -а́ет, *сов.* (*о шитье*)
подметённый; *кр. ф.* -ён, -ена́
подме́тить, -ме́чу, -ме́тит
подмётка, -и, *р. мн.* -ток
подметну́ть, -ну́, -нёт
подмётный
подмёточка, -и, *р. мн.* -чек
подмёточный
подмётший
подмётывание, -я
подмётывать(ся), -аю, -ает(ся)
подмеча́ть(ся), -а́ю, -а́ет(ся)
подме́ченный; *кр. ф.* -ен, -ена
подме́шанный; *кр. ф.* -ан, -ана (*от* подмеша́ть)
подмеша́ть(ся), -а́ю, -а́ет(ся)
подме́шенный; *кр. ф.* -ен, -ена (*от* подмеси́ть)
подме́шивание, -я
подме́шивать(ся), -аю, -ает(ся)
подми́гивание, -я
подми́гивать, -аю, -ает
подмигну́ть, -ну́, -нёт
под мики́тки
подмина́ть(ся), -а́ю(сь), -а́ет(ся)
подмно́жество, -а
подмо́га, -и
подмога́ть, -а́ю, -а́ет
подмогну́ть, -ну́, -нёт (*прост.*)
подмока́ние, -я
подмока́ть, -а́ет
подмо́клый

подмóкнуть, -нет; *прош.* -óк, -óкла
подмóкший
подмолáживать(ся), -аю(сь), -ает(ся)
подмолодúть(ся), -ожу́(сь), -одúт(ся)
подмоложённый; *кр. ф.* -ён, -енá
подмóлотый
подмолóть, -мелю́, -мéлет
подмолóчник, -а
подмонасты́рский
подморáживание, -я
подморáживать(ся), -аю, -ает(ся)
подморгну́ть, -ну́, -нёт
подморóженный; *кр. ф.* -ен, -ена
подморóзить, -óжу, -óзит
подмосkóвный
Подмосkóвье, -я (*к* Москвá)
пóдмости, -ей
подмостúть(ся), -ощу́(сь), -остúт(ся)
подмóстки, -ов
подмóстье, -я, *р. мн.* -тий
подмóтанный; *кр. ф.* -ан, -ана
подмотáть, -áю, -áет
подмóтка, -и
подмóченный; *кр. ф.* -ен, -ена
подмочúть(ся), -очу́, -óчит(ся)
подмóчь, -могу́, -мóжет, -мóгут; *прош.* -мóг, -моглá
подмóшник, -а
подмощённый; *кр. ф.* -ён, -енá
под му́хой
подмы́в, -а
подмывáние, -я
подмывáть(ся), -áю(сь), -áет(ся)
подмы́ленный; *кр. ф.* -ен, -ена
подмы́ливать(ся), -аю(сь), -ает(ся)
подмы́лить(ся), -лю(сь), -лит(ся)
подмы́тый
подмы́ть(ся), -мóю(сь), -мóет(ся)
подмы́шечный
подмы́шки, -шек, *ед.* подмы́шка, -и (подмы́шки намóкли; пиджáк жмёт в подмы́шках)
под мы́шкой, под мы́шками (нестú, держáть)
под мы́шку, под мы́шки (взять)
подмы́шники, -ов, *ед.* -ник, -а
подмякáть, -áет
подмя́кнуть, -нет; *прош.* -мя́к, -мя́кла
подмя́кший
подмя́тый
подмя́ть(ся), подомну́, подомнёт(ся)
поднабирáть(ся), -áю(сь), -áет(ся)
поднáбранный; *кр. ф.* -ан, -ана
поднабрáть(ся), -беру́(сь), -берёт(ся)
поднавáленный; *кр. ф.* -ен, -ена
поднавалúть(ся), -алю́, -áлит(ся)
поднавéс, -а (*место под навесом, обл.*)
поднавéсный
поднавéсье, -я, *р. мн.* -сий
под навúвку
поднадзóрность, -и
поднадзóрный
поднадкóстничный
поднадоéсть, -éм, -éшь, -éст, -едúм, -едúте, -едя́т; *прош.* -éл, -éла
поднаду́ть, -у́ю, -у́ет
поднаём, поднáйма
поднажáть, -жму́, -жмёт
поднажимáть, -áю, -áет
поднакáпливать(ся), -аю, -ает(ся)
поднакопúть(ся), -оплю́, -óпит(ся)
поднакóпленный; *кр. ф.* -ен, -ена
подналáдка, -и
подналáдчик, -а
подналегáть, -áю, -áет
подналéчь, -ля́гу, -ля́жет, -ля́гут; *прош.* -лёг, -леглá
подназимáтель, -я
поднаперéть, -пру́, -прёт; *прош.* -пёр, -пёрла
поднапирáть, -áю, -áет
поднапря́гшийся
поднапря́чь(ся), -ягу́(сь), -яжёт(ся), -ягу́т(ся); *прош.* -я́г(ся), -ягла́(сь)
поднапу́тать, -аю, -ает
поднаркóзный
под наркóзом
поднаря́д, -а
поднастрáивать(ся), -аю, -ает(ся)
поднастрóенный; *кр. ф.* -ен, -ена
поднастрóить(ся), -óю, -óит(ся)
поднатáсканный; *кр. ф.* -ан, -ана
поднатаскáть(ся), -áю(сь), -áет(ся)
поднатáскивание, -я
поднатáскивать(ся), -аю(сь), -ает(ся)
поднаторéлый
поднаторéть, -éю, -éет
поднату́живать(ся), -аю(сь), -ает(ся)
поднату́жить(ся), -жу(сь), -жит(ся)
под начáло (*чьё*)
под начáлом (*чьим*)
поднач́альный
поднáченный; *кр. ф.* -ен, -ена
поднáчивание, -я
поднáчивать, -аю, -ает
поднáчить, -чу, -чит
поднáчка, -и, *р. мн.* -чек
поднáшивать(ся), -аю, -ает(ся)
Поднебéсная импéрия и **Поднебéсная,** -ой (*о старом Китае*)
поднебéсная, -ой (*земля, вселенная*)
поднебéсный
поднебéсье, -я
поднéвный
подневóльность, -и
подневóльный; *кр. ф.* -лен, -льна
Поднепрóвье, -я (*к* Днепр)
поднесéние, -я
поднесённый; *кр. ф.* -ён, -енá
поднестú(сь), -су́(сь), -сёт(ся); *прош.* -ёс(ся), -еслá(сь)
Поднестрóвье, -я (*к* Днестр)
поднёсший(ся)
поднéсь, *нареч.*
поднúзанный; *кр. ф.* -ан, -ана
поднизáть, -ижу́, -úжет
поднúзывание, -я
поднúзывать(ся), -аю, -ает(ся)
пóднизь, -и
поднимáние, -я
поднимáть(ся), -áю(сь), -áет(ся) и (*устар.*) подъéмлю(сь), -лет(ся)
подновúть(ся), -влю́, -вúт(ся)
подновлéние, -я
подновлённый; *кр. ф.* -ён, -енá
подновля́ть(ся), -я́ю, -я́ет(ся)
пóд ноги и **под нóги**
подногóтная, -ой
поднóжие, -я
поднóжка, -и, *р. мн.* -жек
поднóжный
поднормáль, -и
поднóс, -а
подносúть(ся), -ошу́(сь), -óсит(ся)
поднóска, -и
поднóсный
под нóсом и **пóд носом**
поднóсчик, -а
поднóсчица, -ы, *тв.* -ей
подношéние, -я
подны́ривать, -аю, -ает
поднырну́ть, -ну́, -нёт
подня́тие, -я
пóднятый; *кр. ф.* -ят, -ятá, -ято
подня́ть(ся), -ниму́(сь), -нúмет(ся) и (*разг.*) подыму́(сь), поды́мет(ся); *прош.* пóдня́л, подня́лся́, -ялá(сь), пóдня́ло, подня́лóсь
подо и **под,** *предлог*
подобáть, -áет
подобáюще, *нареч.*
подобáющий
подóбен: на подóбен (*о пении*)
под обжúмку
подóбие, -я
подóбласть, -и, *мн.* -и, -éй
подóблачный
подóбно (*кому, чему*), *предлог*
подóбно тому́ как, *союз*
подóбны, -ых, *ед.* подóбен, -бна, *м.* (*церк. песнопения*)
подóбный; *кр. ф.* -бен, -бна
подобострáстие, -я
подобострáстничать, -аю, -ает
подобострáстность, -и
подобострáстный; *кр. ф.* -тен, -тна
подóбранность, -и
подóбранный; *кр. ф. прич.* -ан, -ана; *кр. ф. прил.* (*подтянутый, собранный*) -ан, -анна
подобрáть(ся), подберу́(сь), подберёт(ся); *прош.* -áл(ся), -алá(сь), -áло, -áлóсь
подобрéе
подобрéть, -éю, -éет
по-дóброму, *нареч.*
подобру́-поздорóву
подовúк, -á
подоврáть, -вру́, -врёт
подóвый и **подовóй** (*от* под[1])

подо́г, -а́ (*палка, дубинка, трость, обл.*)
подога́дливее
подо́гнанный; *кр. ф.* -ан, -ана
подогна́ть, подгоню́, подго́нит; *прош.* -а́л, -ала́, -а́ло
подо́гнутый
подогну́ть(ся), -ну́, -нёт(ся)
подогре́в, -а
подогрева́ние, -я
подогрева́тель, -я
подогрева́тельный
подогрева́ть(ся), -а́ю, -а́ет(ся)
подогре́вный
подогре́тый
подогре́ть(ся), -е́ю, -е́ет(ся)
пододвига́ть(ся), -а́ю(сь), -а́ет(ся) (*к* пододви́нуть(ся)
пододви́нутый (*от* пододви́нуть)
пододви́нуть(ся), -ну(сь), -нет(ся) (*придвинуть(ся) поближе*)
пододея́льник, -а
пододея́льничек, -чка
подо́дранный; *кр. ф.* -ан, -ана
пододра́ть, поддеру́, поддерёт; *прош.* -а́л, -ала́, -а́ло
подо́енный; *кр. ф.* -ен, -ена
подожда́ть, -ду́, -дёт; *прош.* -а́л, -ала́, -а́ло
подожжённый; *кр. ф.* -ён, -ена́
подожо́к, -жка́ (*от* подо́г)
подо́званный; *кр. ф.* -ан, -ана
подозва́ть, подзову́, подзовёт; *прош.* -а́л, -ала́, -а́ло
подозрева́емый
подозрева́ть(ся), -а́ю(сь), -а́ет(ся)
подозре́ние, -я
подозри́тельность, -и
подозри́тельный; *кр. ф.* -лен, -льна
подои́ть, -ою́, -о́и́т
подо́йник, -а
подойти́, -йду́, -йдёт; *прош.* подошёл, подошла́
подока́рп, -а
подокла́дница, -ы, *тв.* -ей
подокно́, -а́ (*от* окно́, *инф.*)
подоко́нник, -а
подоко́нный
подо́ко́нье, -я, *р. мн.* -ний
подо́круг, -а, мн. -а́, -о́в
подо́л, -а (*нижний край платья, юбки; низкое место под горой; нижняя часть в старых русских городах*) и **Подо́л**, -а (*район Киева*)
подолби́ть, -блю́, -би́т (*долбить нек-рое время*)
подолблённый; *кр. ф.* -ён, -ена́ (*от* подолби́ть)
подо́лгу, *нареч.*
по до́лгу (слу́жбы, че́сти)
подо́лье, -я, *р. мн.* -лий
подо́льский (*от* Подо́л, Подо́лия, Подо́льск)
подольсти́ть(ся), -льщу́(сь), -льсти́т(ся)
подольча́не, -а́н, *ед.* -а́нин, -а (*от* Подо́льск)
подо́льше
подольща́ться, -а́юсь, -а́ется
подоля́не, -я́н, *ед.* -я́нин, -а (*от* Подо́лия)
по-дома́шнему, *нареч.*
подо́мный
подомовни́чать, -аю, -ает
подомо́вый
по-донжуа́нски
подо́нки, -ов (*остатки жидкости с осадком*)
по-донкихо́тски
подо́нок, -нка
подо́ночный
Подо́нье, -я (*к* Дон)
подопе́чный
подоплёка, -и
подопрева́ние, -я
подопрева́ть, -а́ет
подопре́лый
подопре́ть, -е́ет
подо́пытный
подо́рванный; *кр. ф.* -ан, -ана
подорва́ть(ся), -ву́(сь), -вёт(ся); *прош.* -а́л(ся), -ала́(сь), -а́ло, -а́ло́сь
подоре́шник, -а
подо́рлик, -а
подорожа́ние, -я
подорожа́ть, -а́ет
подоро́же
подорожи́ться, -жу́сь, -жи́тся
подоро́жная, -ой
подоро́жник, -а
подоро́жниковые, -ых
подоро́жничек, -чка
по-доро́жному, *нареч.*
подоро́жный
подоса́довать, -дую, -дует
подо́сина, -ы (*от* ось)
подоси́нник, -а
подоси́новик, -а
подо́ска, -и, *р. мн.* -сок (*от* ось)
подо́сланный; *кр. ф.* -ан, -ана (*от* подосла́ть)
подосла́ть, подошлю́, подошлёт; *прош.* -сла́л, -сла́ла (*к* слать)
подосно́ва, -ы
подоспева́ть, -а́ю, -а́ет
подоспе́ть, -е́ю, -е́ет
подосте́мовые, -ых *(бот.)*
подо́стланный; *кр. ф.* -ан, -ана (*от* подостла́ть)
подостла́ть, подстелю́, подсте́лет; *прош.* -а́л, -а́ла (*к* стлать)
подострённый; *кр. ф.* -ён, -ена́
подостри́ть, -рю́, -ри́т
подо́стрый *(мед.)*
подосты́ть, -ы́ну, -ы́нет
подотде́л, -а
подо́тканный; *кр. ф.* -ан, -ана
подотка́ть, -ку́, -кёт; *прош.* -а́л, -а́ла́, -а́ло
подо́ткнутый
подоткну́ть(ся), -ну́(сь), -нёт(ся)
под отко́с (пусти́ть, полете́ть)
подотраслево́й
подо́трасль, -и, *мн.* -и, -ей и -е́й
подотря́д, -а
подотстава́ть, -стаю́, -стаёт
подотста́ть, -а́ну, -а́нет
подотчёт, -а (*подотчетная сумма*)
под отчёт (взя́ть де́ньги)
подотчётность, -и
подотчётный; *кр. ф.* -тен, -тна
подо́хнуть, -ну, -нет; *прош.* -о́х, -о́хла
подохо́дный
подо́хший
подо́чередь, -и, *мн.* -и, -е́й
подо́шва, -ы
подо́швенный
подоше́дший
подпа́вший
подпада́ть, -а́ю, -а́ет
подпаде́ние, -я
подпа́ивание, -я
подпа́ивать(ся), -аю(сь), -ает(ся)
подпа́йка, -и, *р. мн.* -а́ек
подпа́костить, -ощу, -остит
подпа́л, -а
подпалённый; *кр. ф.* -ён, -ена́
подпа́ливание, -я
подпа́ливать(ся), -аю, -ает(ся)
подпа́лина, -ы
подпа́линка, -и, *р. мн.* -нок
подпа́листый
подпали́ть, -лю́, -ли́т
подпа́лубный
подпа́поротки, -ов, *ед.* -ток, -тка (*в иконописи*)
подпаради́гма, -ы
подпа́рывание, -я
подпа́рывать(ся), -аю, -ает(ся)
подпа́сок, -ска
подпа́сть, -аду́, -адёт; *прош.* -а́л, -а́ла
подпа́ханный; *кр. ф.* -ан, -ана
подпаха́ть, -ашу́, -а́шет
подпа́хивать(ся), -аю, -ает(ся)
подпа́хотный
подпа́янный; *кр. ф.* -ян, -яна
подпая́ть, -я́ю, -я́ет
подпева́ла, -ы, *м.* и *ж.*
подпева́ние, -я
подпева́ть, -а́ю, -а́ет (*к* петь)
подпе́вка, -и, *р. мн.* -вок
подпёк, -а
подпе́карь, -я, *мн.* -и, -ей и -я́, -е́й
подпека́ть(ся), -а́ю, -а́ет(ся)
подпёкший(ся)
подпере́ть(ся), подопру́(сь), подопрёт(ся); *прош.* -пёр(ся), -пёрла(сь)
подпе́рсье, -я, *р. мн.* -сий
подпёртый
подпёрший(ся)
подпе́ть, -пою́, -поёт
подпеча́танный; *кр. ф.* -ан, -ана
подпеча́тать, -аю, -ает
подпеча́тывание, -я
подпеча́тывать(ся), -аю, -ает(ся)

подпе́чек, -чка
подпечённый; *кр. ф.* -ён, -ена́
подпе́чный
подпе́чь, -еку́, -ечёт, -еку́т; *прош.* -ёк, -екла́
подпе́чье, -я, *р. мн.* -чий
подпе́чься, -ечётся, -еку́тся; *прош.* -ёкся, -екла́сь
подпива́ть, -а́ю, -а́ет (*к* пить)
подпи́л, -а
подпи́ленный; *кр. ф.* -ен, -ена
подпи́ливание, -я
подпи́ливать(ся), -аю, -ает(ся)
подпили́ть, -пилю́, -пи́лит
подпи́лка, -и (*действие*)
подпи́лковый
подпи́лок, -лка (*напильник*)
подпи́лочный
подпира́ть(ся), -а́ю(сь), -а́ет(ся)
по́дпис, -а (*устар. к* по́дпись)
подписа́нец, -нца, *тв.* -нцем, *р. мн.* -нцев
подписа́ние, -я
подпи́санный; *кр. ф.* -ан, -ана
подписа́нт, -а
подписа́нтка, -и, *р. мн.* -ток
подписа́ть(ся), -ишу́(сь), -и́шет(ся)
подпи́ска, -и, *р. мн.* -сок
подписно́й
подпи́счик, -а
подпи́счица, -ы, *тв.* -ей
подпи́сывание, -я
подпи́сывать(ся), -аю(сь), -ает(ся)
по́дпись, -и
подпи́танный; *кр. ф.* -ан, -ана
подпита́ть(ся), -а́ю(сь), -а́ет(ся)
подпи́тие, -я
подпи́тка, -и, *р. мн.* -ток
подпи́тывание, -я
подпи́тывать(ся), -аю(сь), -ает(ся)
подпи́ть, подопью́, подопьёт; *прош.* -и́л, -ила́, -и́ло
подпиха́ть, -а́ю, -а́ет
подпи́хивание, -я
подпи́хивать(ся), -аю, -ает(ся)
подпи́хнутый
подпихну́ть, -ну́, -нёт
подпла́в, -а
подпла́вить, -влю, -вит
подпла́вленный; *кр. ф.* -ен, -ена
подплавля́ть(ся), -я́ю, -я́ет(ся)
подпле́сневевший
подпле́сневеть, -еет
подплести́, -лету́, -летёт; *прош.* -лёл, -лела́
подплета́ть(ся), -а́ю, -а́ет(ся)
подплетённый; *кр. ф.* -ён, -ена́
подпле́тина, -ы
подплётший
подплыва́ть, -а́ю, -а́ет
подплы́ть, -ыву́, -ывёт; *прош.* -ы́л, -ыла́, -ы́ло
подпля́сывание, -я
подпля́сывать, -аю, -ает
подпове́рхностный
подпо́енный; *кр. ф.* -ен, -ена
подпои́ть, -ою́, -о́ит
подпокро́вный
по́дпол, -а
подполза́ние, -я
подполза́ть, -а́ю, -а́ет
подползти́, -зу́, -зёт; *прош.* -о́лз, -олзла́
подпо́лзший
подполко́вник, -а
подполко́вник-инжене́р, подполко́вника-инжене́ра
подполко́вничий, -ья, -ье
подпо́лье, -я, *р. мн.* -льев и -лий
подпо́льный
Подпо́льный челове́к (*лит. персонаж*)
подпо́льщик, -а
подпо́льщица, -ы, *тв.* -ей
подпоня́тие, -я
подпо́р, -а (*подъем воды*)
подпо́ра, -ы (*подставка, опора*)
подпо́рка, -и, *р. мн.* -рок
подпо́рный
подпоро́говый
подпоро́жский (*к* Подпоро́жье)
Подпоро́жье, -я (*город*)
подпо́ротый
подпоро́ть(ся), -орю́, -о́рет(ся)
подпо́ртить(ся), -о́рчу, -о́ртит(ся)
подпору́чик, -а
подпо́рченный; *кр. ф.* -ен, -ена
подпосле́довательность, -и
подпотоло́чный
подпо́чва, -ы
подпо́чвенный
подпо́чечный
подпоя́санный; *кр. ф.* -ан, -ана
подпоя́сать(ся), -я́шу(сь), -я́шет(ся)
подпоя́ска, -и, *р. мн.* -сок
подпоя́сывать(ся), -аю(сь), -ает(ся)
подпра́вить(ся), -влю(сь), -вит(ся)
подпра́вка, -и
подпра́вленный; *кр. ф.* -ен, -ена
подправля́ть(ся), -я́ю(сь), -я́ет(ся)
под пра́во (уда́рить, посла́ть мя́ч)
подпра́порщик, -а
подпрева́ние, -я
подпрева́ть, -а́ет
подпрессо́ванный; *кр. ф.* -ан, -ана
подпрессо́вка, -и
подпробле́ма, -ы
подпрогра́мма, -ы
подпростра́нство, -а
подпру́га, -и
подпруди́ть, -ужу́, -у́ди́т
подпру́женный; *кр. ф.* -ен, -ена, *прич.* (*от* подпруди́ть и подпру́жить)
подпру́живание, -я
подпру́живать(ся), -аю, -ает(ся)
подпружи́ненный; *кр. ф.* -ен, -ена
подпружи́нить, -ню, -нит
подпру́жить, -жу, -жит
подпру́жный (*от* подпру́га)
по́дпрыг, -а
подпры́гивание, -я
подпры́гивать, -аю, -ает
подпры́гнуть, -ну, -нет
подпряга́ть(ся), -а́ю(сь), -а́ет(ся)
подпря́гший(ся)
подпряжённый; *кр. ф.* -ён, -ена́
подпря́жка, -и
подпря́чь(ся), -ягу́(сь), -яжёт(ся), -ягу́т(ся); *прош.* -я́г(ся), -ягла́(сь)
подпу́дренный; *кр. ф.* -ен, -ена
подпу́дривание, -я
подпу́дривать(ся), -аю(сь), -ает(ся)
подпу́дрить(ся), -рю(сь), -рит(ся)
подпу́нкт, -а
по́дпуск, -а
подпуска́ние, -я
подпуска́ть(ся), -а́ю(сь), -а́ет(ся)
подпускно́й
подпусти́ть, -ущу́, -у́стит
подпу́танный; *кр. ф.* -ан, -ана
подпу́тать, -аю, -ает
подпу́тывать(ся), -аю, -ает(ся)
подпуха́ть, -а́ет
подпу́хлость, -и
подпу́хлый
подпу́хнуть, -нет; *прош.* -у́х, -у́хла
подпу́хший
подпуша́ть(ся), -а́ю, -а́ет(ся)
подпу́шек, -шка (*мех, пушок*)
подпушённый; *кр. ф.* -ён, -ена́
подпу́шивание, -я
подпу́шивать(ся), -аю(сь), -ает(ся)
подпуши́ть, -шу́, -ши́т
подпу́шка, -и, *р. мн.* -шек (*действие; мех, пушок; мех, подшитый к чему-н.*)
по́дпушь, -и
подпу́щенный; *кр. ф.* -ен, -ена
подпя́тник, -а
под пято́й
подпя́точник, -а
подраба́тывание, -я
подраба́тывать(ся), -аю, -ает(ся)
подрабо́танный; *кр. ф.* -ан, -ана
подрабо́тать(ся), -аю, -ает(ся)
подрабо́тка, -и, *р. мн.* -ток
подра́вненный; *кр. ф.* -ен, -ена
подра́внивание, -я
подра́внивать(ся), -аю(сь), -ает(ся)
подравня́ть(ся), -я́ю(сь), -я́ет(ся) (*к* ра́вный)
подра́гивание, -я
подра́гивать, -аю, -ает
подража́ние, -я
подража́тель, -я
подража́тельница, -ы, *тв.* -ей
подража́тельность, -и
подража́тельный; *кр. ф.* -лен, -льна
подража́тельство, -а
подража́ть, -а́ю, -а́ет (*делать по образцу*)
подразба́лтываться, -аюсь, -ается
подразболта́ться, -а́юсь, -а́ется
подразде́л, -а
подразделе́ние, -я

подразделённый; *кр. ф.* -ён, -ена́
подраздели́ть, -лю́, -ли́т
подразделя́ть(ся), -я́ю, -я́ет(ся)
подразмы́ть(ся), -мо́ю, -мо́ет(ся)
подра́знивать, -аю, -ает (*слегка, время от времени дразнить*)
подразни́ть, -азню́, -а́знит (*дразнить нек-рое время*)
подразря́д, -а
подразумева́ние, -я
подразумева́ть(ся), -а́ю, -а́ет(ся)
подрайо́н, -а
подрайо́нный
подраку́шечный
подра́мник, -а
подра́мок, -мка
подра́ненный; *кр. ф.* -ен, -ена
подра́нивать(ся), -аю, -ает(ся)
подра́нить, -ню, -нит
по́дранный; *кр. ф.* -ан, -ана
подра́нок, -нка
подра́са, -ы (*от* ра́са)
подраспуска́ть(ся), -а́ю(сь), -а́ет(ся)
подраспусти́ть(ся), -пущу́(сь), -пу́стит(ся)
подрассла́биться, -блюсь, -бится
подрассла́бленный; *кр. ф.* -ен, -ена
подрасслабля́ться, -я́юсь, -я́ется
подраста́ние, -я
подраста́ть, -а́ю, -а́ет
подрастеря́ть(ся), -я́ю(сь), -я́ет(ся)
подрасти́, -ту́, -тёт; *прош.* -ро́с, -росла́
подрасти́ть, -ащу́, -асти́т
подрасшата́ться, -а́ется
подра́ть(ся), подеру́(сь), подерёт(ся); *прош.* -а́л(ся), -ала́(сь), -а́ло, -а́ло́сь
подращённый; *кр. ф.* -ён, -ена́
подра́щивание, -я
подра́щивать(ся), -аю, -ает(ся)
подреа́кторный
подребезжа́ть, -зжу́, -зжи́т
подрёберный
подребе́рье, -я, *р. мн.* -рий
по-древнегре́чески
по-древнеевре́йски
подрегули́рованный; *кр. ф.* -ан, -ана
подрегули́ровать(ся), -рую, -рует(ся)
подредакти́рованный; *кр. ф.* -ан, -ана
подредакти́ровать(ся), -рую, -рует(ся)
подреди́ть, -ежу́, -еди́т (*к* ре́дкий)
подрежённый; *кр. ф.* -ён, -ена́ (*от* подреди́ть)
по́дрез, -а, *мн.* -а́, -о́в (*у саней, коньков; надрез шкуры*)
подре́з, -а (*действие; подрезанное место*)
подреза́ние, -я
подре́занный; *кр. ф.* -ан, -ана
подре́зать, -е́жу, -е́жет, *сов.*
подреза́ть(ся), -а́ю, -а́ет(ся), *несов.*
подре́зка, -и, *р. мн.* -зок
по́дрезни, -ей
подрезно́й
подре́зчик, -а
подре́зывание, -я
подре́зывать(ся), -аю, -ает(ся)
по́дрезь, -и (*у саней*)
подрейфова́ть, -фу́ю, -фу́ет
подре́льсовый
подрема́ть, -емлю́, -е́млет
подремонти́рованный; *кр. ф.* -ан, -ана
подремонти́ровать(ся), -рую(сь), -рует(ся)
подрёмывать, -аю, -ает
подрессо́ренный; *кр. ф.* -ен, -ена
подрессо́ривание, -я
подрессо́ривать(ся), -аю, -ает(ся)
подрессо́рить, -рю, -рит
подрессо́рник, -а
подрессо́рный
подретуши́рованный; *кр. ф.* -ан, -ана
подретуши́ровать(ся), -рую, -рует(ся)
подреше́тина, -ы
подреше́тить, -ше́чу, -ше́тит
подрешётка, -и, *р. мн.* -ток
подреше́тник, -а
подреше́ченный; *кр. ф.* -ен, -ена
подреше́чивать(ся), -аю, -ает(ся)
подри́зник, -а
подрисо́ванный; *кр. ф.* -ан, -ана
подрисова́ть(ся), -су́ю, -су́ет(ся)
подрисо́вка, -и, *р. мн.* -вок
подрисо́вывание, -я
подрисо́вывать(ся), -аю, -ает(ся)
подроби́ть, -блю́, -би́т
подро́бнейший
подро́бненько, *нареч.*
подро́бничать, -аю, -ает
подро́бно, *нареч.*
подро́бность, -и
подро́бный; *кр. ф.* -бен, -бна
по дрова́ (пойти́)
подро́вненный; *кр. ф.* -ен, -ена
подровня́ть(ся), -я́ю, -я́ет(ся) (*к* ро́вный)
подро́гнувший
подро́гнуть, -ну, -нет; *прош.* -о́г, -о́гла
подро́гший
подро́д, -а, *мн.* -ы, -о́в
подродово́й
подрожа́ть, -жу́, -жи́т (*от* дрожа́ть)
подрозе́тник, -а
подро́ст, -а
подро́стко́вый
подро́сток, -тка
подро́сточек, -чка
подро́сший
подру́б, -а
подруба́ние, -я
подруба́ть(ся), -а́ю, -а́ет(ся)
подруби́ть, -ублю́, -у́бит
подру́бка, -и
подру́бленный; *кр. ф.* -ен, -ена
подру́бочный
подру́га, -и
по-друго́му, *нареч.*
по дру́жбе
подруже́йный
подру́женька, -и, *р. мн.* -нек
по-дру́жески
подружи́ть(ся), -ужу́(сь), -у́жи́т(ся)
подру́жка, -и, *р. мн.* -жек
подру́жкин, -а, -о
подрука́вный
по́д руки (взять, вести́)
под руко́й
по́д руку (взять, вести́, идти́, сказа́ть)
подрулённый; *кр. ф.* -ён, -ена́
подру́ливание, -я
подру́ливать(ся), -аю, -ает(ся)
подрули́ть, -лю́, -ли́т
подрумя́ненный; *кр. ф.* -ен, -ена
подрумя́нивание, -я
подрумя́нивать(ся), -аю(сь), -ает(ся)
подрумя́нить(ся), -ню(сь), -нит(ся)
подру́словый
под ру́чку (взять, идти́)
подру́чник, -а
подру́чный
подры́в, -а
подрыва́ние, -я
подрыва́тель, -я
подрыва́тельница, -ы, *тв.* -ей
подрыва́ть(ся), -а́ю(сь), -а́ет(ся)
подры́вка, -и, *р. мн.* -вок
подрывни́к, -а́
подрывно́й
подры́гать, -аю, -ает
подры́тый
подры́ть(ся), -ро́ю(сь), -ро́ет(ся)
подрыхлённый; *кр. ф.* -ён, -ена́
подрыхли́ть, -лю́, -ли́т
подрыхля́ть(ся), -я́ю, -я́ет(ся)
подря́д[1], -а (*работа и трудовой договор*)
подря́д[2], *нареч.*
подря́дец, -дца, *тв.* -дцем, *р. мн.* -дцев
подряди́ть(ся), -яжу́(сь), -я́ди́т(ся) (*к* подря́д[1])
подря́дник, -а
подря́дничать, -аю, -ает
подря́дный
подря́дческий
подря́дчик, -а
подря́дчица, -ы, *тв.* -ей
подря́дье, -я, *р. мн.* -дий
подряжа́ть(ся), -а́ю(сь), -а́ет(ся)
подряжённый; *кр. ф.* -ён, -ена́ и **подря́женный**; *кр. ф.* -ен, -ена (*от* подряди́ть)
подря́сник, -а
подря́сничек, -чка
подряхле́ть, -е́ю, -е́ет
подса́д, -а (*действие; то же, что подсада*)
подса́да, -ы (*мелкие поздние побеги; молодые деревья; канат*)
подсади́ть, -ажу́, -а́дит
подса́дка, -и
подсадно́й (*охот.*: подсадна́я у́тка)
подса́дный (подса́дные дере́вья)
подса́док, -дка (*подсаженное растение*)

подса́дочный
подса́женный; *кр. ф.* -ен, -ена
подса́живание, -я
подса́живать(ся), -аю(сь), -ает(ся)
подса́к, -а
подса́ккосник, -а
подса́ленный; *кр. ф.* -ен, -ена
подса́ливание, -я
подса́ливать(ся), -аю, -ает(ся)
подса́лить, -лю, -лит
подса́нки, -нок
подса́сывание, -я
подса́сывать(ся), -аю, -ает(ся)
подса́харенный; *кр. ф.* -ен, -ена
подса́харивать(ся), -аю, -ает(ся)
подса́харить, -рю, -рит
подса́чек, -чка и **подсачо́к,** -чка́
подса́ченный; *кр. ф.* -ен, -ена
подса́чивание, -я
подса́чивать(ся), -аю, -ает(ся)
подса́чить, -чу, -чит
подсачо́к, -чка́ и **подса́чек,** -чка
подсва́ха, -и
подсвеко́льник, -а
подсве́т, -а
подсвети́ть, -вечу́, -ве́тит
подсве́тка, -и, *р. мн.* -ток
подсве́ченный; *кр. ф.* -ен, -ена
подсве́чивание, -я
подсве́чивать(ся), -аю, -ает(ся)
подсве́чник, -а
подсви́нок, -нка
по́дсвист, -а
подсвисте́ть, -ищу́, -и́щет
подсви́стнуть, -ну, -нет
подсви́стывание, -я
подсви́стывать, -аю, -ает
подсе́в, -а
подseва́ние, -я
подсева́ть(ся), -а́ю, -а́ет(ся)
подсе́вка, -и
подсевно́й
подсе́д, -а
подседа́ние, -я
подседа́ть, -а́ет
подседе́льник, -а
подседе́льный
подсе́дина, -ы
подсёдланный; *кр. ф.* -ан, -ана
подседла́ть, -а́ю, -а́ет
подсёдлывать(ся), -аю, -ает(ся)
подсе́ивание, -я
подсе́ивать(ся), -аю, -ает(ся)
подсе́к, -а *(действие; орудие)*
подсе́ка, -и (*подсечная система земледелия; место для пашни*)
подсека́ние, -я
подсека́ть(ся), -а́ю, -а́ет(ся)
подсе́кция, -и
подсе́кший(ся) и **подсёкший(ся)**
подселе́нец, -нца, *тв.* -нцем, *р. мн.* -нцев
подселе́ние, -я
подселе́нка, -и, *р. мн.* -нок
подселённый; *кр. ф.* -ён, -ена́
подсели́ть(ся), -елю́(сь), -е́ли́т(ся)
подселя́ть(ся), -я́ю(сь), -я́ет(ся)
подсеме́йство, -а
подсемядо́льный
подсерде́чный
подсеребрённый; *кр. ф.* -ён, -ена́
подсеребри́ть, -рю́, -ри́т
подсе́рия, -и
подсе́сть, -ся́ду, -ся́дет; *прош.* -се́л, -се́ла
подсечённый; *кр. ф.* -ён, -ена́ и **подсе́ченный**; *кр. ф.* -ен, -ена
подсе́чка, -и, *р. мн.* -чек
подсе́чно-огнево́й
подсе́чный
подсе́чь(ся), -еку́, -ечёт(ся), -еку́т(ся); *прош.* -ёк(ся) и -е́к(ся), -екла́(сь)
подсе́янный; *кр. ф.* -ян, -яна
подсе́ять, -е́ю, -е́ет
подсиде́ть, -ижу́, -иди́т
подси́дка, -и
подси́женный; *кр. ф.* -ен, -ена
подси́живание, -я
подси́живать(ся), -аю(сь), -ает(ся)
подси́лосный
под си́лу
подсинённый; *кр. ф.* -ён, -ена́
подси́нивание, -я
подси́нивать(ся), -аю(сь), -ает(ся)
подсини́ть(ся), -ню́(сь), -ни́т(ся)
подси́нька, -и, *р. мн.* -нек
подсисте́ма, -ы
подска́бливание, -я
подска́бливать(ся), -аю, -ает(ся)
подска́з, -а
подска́занный; *кр. ф.* -ан, -ана
подсказа́ть, -кажу́, -ка́жет
подска́зка, -и, *р. мн.* -зок
подска́зчик, -а
подска́зчица, -ы, *тв.* -ей
подска́зывание, -я
подска́зывать(ся), -аю, -ает(ся)
подскака́ть, -скачу́, -ска́чет
подска́кивание, -я
подска́кивать, -аю, -ает
подскакну́ть, -ну́, -нёт
подско́бленный; *кр. ф.* -ен, -ена
подскобли́ть, -облю́, -о́бли́т
подско́к, -а
подскочи́ть, -очу́, -о́чит
подскреба́ние, -я
подскреба́ть(ся), -а́ю, -а́ет(ся)
подскребённый; *кр. ф.* -ён, -ена́
подскрёбший
подскрёбывание, -я
подскрёбывать(ся), -аю, -ает(ся)
подскрёбыш, -а, *тв.* -ем
подскрести́, -ребу́, -ребёт; *прош.* -рёб, -ребла́
подску́ливать, -аю, -ает
подсла́ивать(ся), -аю, -ает(ся)
подсласти́тель, -я
подсласти́ть, -ащу́, -асти́т
подслащённый; *кр. ф.* -ён, -ена́
подсла́щивание, -я
подсла́щивать(ся), -аю, -ает(ся)
подсле́дники, -ов, *ед.* -ник, -а
подсле́днички, -ов, *ед.* -чек, -чка
подсле́дственность, -и
подсле́дственный
подслепова́тость, -и
подслепова́тый
подсле́пый
подсловáрь, -я́
подслоённый; *кр. ф.* -ён, -ена́
подслои́ть, -ою́, -ои́т
подсло́й, -я
подслу́живание, -я
подслу́живаться, -аюсь, -ается
подслужи́ться, -ужу́сь, -у́жится
подслу́шанный; *кр. ф.* -ан, -ана
подслу́шать, -аю, -ает
подслу́шивание, -я
подслу́шивать(ся), -аю, -ает(ся)
подслу́шивающий(ся)
подслу́шка, -и, *р. мн.* -шек
подсма́ливать(ся), -аю, -ает(ся)
подсма́тривание, -я
подсма́тривать(ся), -аю, -ает(ся)
подсме́ивание, -я
подсме́иваться, -аюсь, -ается
подсме́на, -ы
подсменённый; *кр. ф.* -ён, -ена́
подсмени́ть(ся), -ню́(сь), -сме́нит(ся)
подсме́нный
подсменя́ть(ся), -я́ю(сь), -я́ет(ся)
подсмея́ться, -смею́сь, -смеётся
подсмолённый; *кр. ф.* -ён, -ена́
подсмоли́ть, -лю́, -ли́т
подсмо́тр, -а
подсмо́тренный; *кр. ф.* -ен, -ена
подсмотре́ть, -отрю́, -о́трит
подсне́жник, -а
подсне́жный
подсоби́ть, -блю́, -би́т
подсо́бка, -и, *р. мн.* -бок
подсобля́ть, -я́ю, -я́ет
подсо́бник, -а
подсо́бница, -ы, *тв.* -ей
подсо́бный
подсо́бранный; *кр. ф.* -ан, -ана
подсобра́ть(ся), -беру́, -берёт(ся); *прош.* -а́л(ся), -ала́(сь), -а́ло(сь)
подсо́ванный; *кр. ф.* -ан, -ана
подсова́ть, -сую́, -суёт
подсо́вывание, -я
подсо́вывать(ся), -аю, -ает(ся)
подсоедине́ние, -я
подсоединённый; *кр. ф.* -ён, -ена́
подсоедини́ть(ся), -ню́(сь), -ни́т(ся)
подсоединя́ть(ся), -я́ю(сь), -я́ет(ся)
подсозна́ние, -я
подсозна́тельность, -и
подсозна́тельный; *кр. ф.* -лен, -льна
подсо́ка, -и
подсократи́ть(ся), -ащу́, -ати́т(ся)
подсокращённый; *кр. ф.* -ён, -ена́
подсо́л, -а
подсо́ленный; *кр. ф.* -ен, -ена
подсоли́ть(ся), -олю́, -о́ли́т(ся)

подсо́лка, -и, *р. мн.* -лок
подсо́лнечник, -а
подсо́лнечниковый
подсо́лнечный
подсо́лнух, -а
подсо́лнуховый
подсортиро́ванный; *кр. ф.* -ан, -ана
подсортирова́ть(ся), -иру́ю, -иру́ет(ся)
подсортиро́вка, -и
подсортиро́вочный
подсортиро́вывать(ся), -аю, -ает(ся)
подсо́с, -а
подсо́санный; *кр. ф.* -ан, -ана
подсоса́ть(ся), -осу́, -осёт(ся)
подсосе́дники, -ов, *ед.* -ник, -а и **подусе́дники,** -ов, *ед.* -ник, -а (*ист.*)
подсо́сный
подсо́сок, -ска
подсо́хнуть, -ну, -нет; *прош.* -о́х, -о́хла
подсо́хший
подсо́ченный; *кр. ф.* -ен, -ена, *прич.*
подсочи́ть, -чу́, -чи́т
подсо́чка, -и, *р. мн.* -чек
подсо́чный, *прил.*
подсо́шник, -а (*от* соха́)
подспо́рье, -я, *р. мн.* -рий
под спу́д
подспу́дный
под спу́дом
подспу́тниковый
подста́ва, -ы
подста́вить(ся), -влю(сь), -вит(ся)
подста́вка, -и, *р. мн.* -вок
подставле́ние, -я
подста́вленный; *кр. ф.* -ен, -ена
подставля́ть(ся), -я́ю(сь), -я́ет(ся)
подставно́й
подста́вочка, -и, *р. мн.* -чек
подста́вочный
подстака́нник, -а
подстано́вка, -и, *р. мн.* -вок
подста́нция, -и
подста́рок, -рка
под ста́ть
подстатья́, -и́, *р. мн.* -те́й
подство́льник, -а
подство́льный
подстёганный; *кр. ф.* -ан, -ана
подстега́ть, -а́ю, -а́ет
подстёгивание, -я
подстёгивать(ся), -аю, -ает(ся)
подстёгнутый
подстегну́ть, -ну́, -нёт
подстёжка, -и, *р. мн.* -жек
подстежно́й
подсте́ленный; *кр. ф.* -ен, -ена
подстели́ть, подстелю́, подсте́лет; *прош.* -и́л, -и́ла
подстепно́й
подсте́пье, -я
подстерега́ние, -я
подстерега́ть(ся), -а́ю(сь), -а́ет(ся)
подстерёгший
подстережённый; *кр. ф.* -ён, -ена́
подстере́чь, -регу́, -режёт, -регу́т; *прош.* -рёг, -регла́
подсти́л, -а
подстила́ть(ся), -а́ю, -а́ет(ся)
подстила́ющий(ся)
подсти́лка, -и, *р. мн.* -лок
подсти́лочка, -и, *р. мн.* -чек
подсти́лочный
подсто́жье, -я, *р. мн.* -жий
подсто́й, -я
подсто́йный
подстоли́чный
подсто́лье, -я, *р. мн.* -лий
подстора́живать(ся), -аю, -ает(ся)
подсторожённый; *кр. ф.* -ён, -ена́
подсторожи́ть, -жу́, -жи́т
подстра́гивание, -я и **подстру́гивание,** -я
подстра́гивать(ся), -аю, -ает(ся) и **подстру́гивать(ся),** -аю, -ает(ся)
подстра́ивание, -я
подстра́ивать(ся), -аю(сь), -ает(ся)
подстрахо́ванный; *кр. ф.* -ан, -ана
подстрахова́ть(ся), -страху́ю(сь), -страху́ет(ся)
подстрахо́вка, -и, *р. мн.* -вок
подстрахо́вывать(ся), -аю(сь), -ает(ся)
подстра́чивание, -я
подстра́чивать(ся), -аю, -ает(ся)
подстрека́ние, -я
подстрека́тель, -я
подстрека́тельница, -ы, *тв.* -ей
подстрека́тельский
подстрека́тельство, -а
подстрека́ть(ся), -а́ю, -а́ет(ся)
подстрекну́ть, -ну́, -нёт
подстре́ленный; *кр. ф.* -ен, -ена
подстре́ливание, -я
подстре́ливать(ся), -аю, -ает(ся)
подстрели́ть, -елю́, -е́лит
подстрига́ние, -я
подстрига́ть(ся), -а́ю(сь), -а́ет(ся)
подстри́гший(ся)
подстри́женный; *кр. ф.* -ен, -ена
подстри́жка, -и
подстри́чь(ся), -игу́(сь), -ижёт(ся), -игу́т(ся); *прош.* -и́г(ся), -и́гла(сь)
подстро́ганный; *кр. ф.* -ан, -ана и **подстру́ганный;** *кр. ф.* -ан, -ана
подстрога́ть, -а́ю, -а́ет и **подструга́ть,** -а́ю, -а́ет
подстро́енный; *кр. ф.* -ен, -ена
подстро́ить(ся), -о́ю(сь), -о́ит(ся)
подстро́йка, -и, *р. мн.* -о́ек
подстрока́, -и́, *мн.* -о́ки, -о́к (*инф.*)
подстропи́льный
подстро́ченный; *кр. ф.* -ен, -ена
подстрочи́ть, -очу́, -о́чит
подстро́чка, -и
подстро́чник, -а
подстро́чный
подстру́ганный; *кр. ф.* -ан, -ана и **подстро́ганный;** *кр. ф.* -ан, -ана
подструга́ть, -а́ю, -а́ет и **подстрога́ть,** -а́ю, -а́ет
подстру́гивание, -я и **подстра́гивание,** -я
подстру́гивать(ся), -аю, -ает(ся) и **подстра́гивать(ся),** -аю, -ает(ся)
по́дступ, -а
подступа́ние, -я
подступа́ть(ся), -а́ю(сь), -а́ет(ся)
подступи́ть(ся), -уплю́(сь), -у́пит(ся)
подстыко́ванный; *кр. ф.* -ан, -ана
подстыкова́ть(ся), -ку́ю(сь), -ку́ет(ся)
подстыко́вка, -и, *р. мн.* -вок
подстыко́вывать(ся), -аю(сь), -ает(ся)
под су́д (отда́ть)
подсуди́мая, -ой
подсуди́мый, -ого
подсуди́ть, -ужу́, -у́дит
подсу́дность, -и
подсу́дный; *кр. ф.* -ден, -дна
подсудо́бить, -блю, -бит
подсудо́бливать, -аю, -ает
подсу́док, -дка
подсуети́ться, -ечу́сь, -ети́тся
подсу́живание, -я
подсу́живать, -аю, -ает
подсу́мок, -мка
подсу́мочный
подсу́нутый
подсу́нуть(ся), -ну, -нет(ся)
подсупо́ненный; *кр. ф.* -ен, -ена
подсупо́нивать(ся), -аю, -ает(ся)
подсупо́нить(ся), -ню, -нит(ся)
под surди́нку
подсуро́пить, -плю, -пит
подсуро́пленный; *кр. ф.* -ен, -ена
подсурьми́ть(ся), -млю́(сь), -ми́т(ся)
подсурьмлённый; *кр. ф.* -ён, -ена́
подсу́рьмливать(ся), -аю(сь), -ает(ся)
подсусе́дники, -ов, *ед.* -ник, -а и **подсосе́дники,** -ов, *ед.* -ник, -а (*ист.*)
под суху́ю (проигра́ть, обыгра́ть)
подсу́ченный; *кр. ф.* -ен, -ена
подсу́чивание, -я
подсу́чивать(ся), -аю, -ает(ся)
подсучи́ть(ся), -учу́, -у́чи́т(ся)
подсу́шенный; *кр. ф.* -ен, -ена
подсу́шивание, -я
подсу́шивать(ся), -аю(сь), -ает(ся)
подсуши́ть(ся), -ушу́(сь), -у́шит(ся)
подсу́шка, -и
подсчёт, -а
подсчи́танный; *кр. ф.* -ан, -ана
подсчита́ть, -а́ю, -а́ет
подсчи́тывание, -я
подсчи́тывать(ся), -аю, -ает(ся)
подсы́л, -а
подсыла́ние, -я
подсыла́ть(ся), -а́ю, -а́ет(ся)
подсы́лка, -и, *р. мн.* -лок
подсы́льный
подсыпа́ние, -я
подсы́панный; *кр. ф.* -ан, -ана
подсы́пать(ся), -плю(сь), -плет(ся), -плют(ся) и -пет(ся), -пят(ся), *сов.*

подсыпа́ть(ся), -а́ю(сь), -а́ет(ся), *несов.*
подсы́пка, -и, *р. мн.* -пок, *ж.* (*действие*) и *м.* (*рабочий, подсобный работник, устар.*)
подсыре́ть, -е́ю, -е́ет
подсыха́ние, -я
подсыха́ть, -а́ю, -а́ет
подтаёжный
подта́ивание, -я
подта́ивать, -ает
подта́лина, -ы
подта́лкивание, -я
подта́лкиватель, -я
подта́лкивать(ся), -аю(сь), -ает(ся) (*к* подтолкну́ть)
подта́лый
подтанцева́ть, -цу́ю, -цу́ет
подтанцо́вка, -и, *р. мн.* -вок
подтанцо́вывание, -я
подтанцо́вывать, -аю, -ает
подта́пливание, -я
подта́пливать(ся), -аю(сь), -ает(ся) (*к* подтопи́ть(ся)
подта́скивание, -я
подта́скивать(ся), -аю(сь), -ает(ся) (*к* подтащи́ть)
подтасо́ванный; *кр. ф.* -ан, -ана (*от* подтасова́ть)
подтасова́ть, -су́ю, -су́ет (*тасуя карты, обмануть; намеренно исказить факты*)
подтасо́вка, -и, *р. мн.* -вок (*от* подтасова́ть)
подтасо́вщик, -а
подтасо́вщица, -ы, *тв.* -ей
подтасо́вывание, -я
подтасо́вывать(ся), -аю, -ает(ся) (*к* подтасова́ть)
подта́чанный; *кр. ф.* -ан, -ана (*от* подтача́ть)
подтача́ть, -а́ю, -а́ет (*тачая, подшить*)
подта́чивание, -я (*от* подта́чивать)
подта́чивать(ся), -аю, -ает(ся) (*к* подтача́ть и подточи́ть)
подта́шнивание, -я (*от* подта́шнивать)
подта́шнивать, -ает (*слегка тошнить*)
подта́щенный; *кр. ф.* -ен, -ена (*от* подтащи́ть)
подтащи́ть(ся), -ащу́(сь), -а́щит(ся) (*тащa(сь), приблизить(ся) к кому, чему-н.*)
подта́явший (*от* подта́ять)
подта́ять, -а́ет (*немного, слегка растаять*)
подтверди́тельный
подтверди́ть(ся), -ржу́, -рди́т(ся)
подтвержда́ть(ся), -а́ю, -а́ет(ся)
подтвержде́ние, -я
подтверждённый; *кр. ф.* -ён, -ена́
подтёк, -а (*то же, что потёк и кровоподтёк*)
подтека́ние, -я
подтека́ть, -а́ет
подте́кст, -а
подтексто́ванный; *кр. ф.* -ан, -ана
подтекстова́ть, -ту́ю, -ту́ет
подтексто́вка, -и, *р. мн.* -вок
подтексто́вщик, -а
подтексто́вывать(ся), -аю, -ает(ся)
подтёкший (*от* подте́чь)
подтёлок, -лка
подте́ма, -ы
подтемя́нный
подтере́ть(ся), подотру́(сь), подотрёт(ся); *прош.* -тёр(ся), -тёрла(сь) (*вытереть, удалив с поверхности что-н. жидкое, грязное; стереть написанное*)
подтёртый (*от* подтере́ть)
подтёрший(ся) (*от* подтере́ть(ся)
подтёсанный; *кр. ф.* -ан, -ана (*от* подтеса́ть)
подтеса́ть, -ешу́, -е́шет (*стесать немного или дополнительно*)
подтёска, -и, *р. мн.* -сок
подтёсчик, -а
подтёсывание, -я
подтёсывать(ся), -аю, -ает(ся)
подте́чный
подте́чь, -течёт, -теку́т; *прош.* -тёк, -текла́ (*натечь подо что-н.; слегка протечь*)
подти́бренный; *кр. ф.* -ен, -ена
подти́брить, -рю, -рит
подти́п, -а
подтира́ние, -я (*от* подтира́ть)
подтира́ть(ся), -а́ю(сь), -а́ет(ся) (*к* подтере́ть(ся)
подти́рка, -и, *р. мн.* -рок
подтова́рник, -а
подтова́рный
подто́к, -а (*к* подте́чь (*подо что-н.*)
под то́ком
подтолка́ть, -а́ю, -а́ет
подто́лкнутый
подтолкну́ть, -ну́, -нёт
подтолкова́ние, -я
подтолко́ванный; *кр. ф.* -ан, -ана
подтолкова́ть, -ку́ю, -ку́ет (*дать подтолкование*)
подтолко́вка, -и, *р. мн.* -вок
подтолко́вывать(ся), -аю, -ает(ся)
подтоло́кший (*от* подтоло́чь)
подтоло́чь, -лку́, -лчёт, -лку́т; *прош.* -ло́к, -лкла́ (*натолочь дополнительно*)
подтолчённый; *кр. ф.* -ён, -ена́ (*от* подтоло́чь)
подтона́льный
подтопи́ть(ся), -оплю́, -о́пит(ся) (*протопить(ся), растопить(ся) немного или дополнительно; частично затопить(ся) водой*)
подто́пка, -и, *р. мн.* -пок (*действие; сухой материал для растопки; то же, что подтопок*)
подтопле́ние, -я (*от* подтопи́ть)
подто́пленный; *кр. ф.* -ен, -ена (*от* подтопи́ть)
подтопля́ть(ся), -я́ю(сь), -я́ет(ся)
подто́пок, -пка (*маленькая печка*)
подто́пывать, -аю, -ает
подтора́чивать(ся), -аю, -ает(ся)
подторгова́ть, -гу́ю, -гу́ет (*к* подторго́вывать)
подторго́вывать, -аю, -ает (*торговать немного, подрабатывать торговлей*)
подто́ржье, -я *(ист.)*
подторма́живание, -я
подторма́живать(ся), -аю, -ает(ся)
подторможённый; *кр. ф.* -ён, -ена́
подтормози́ть, -ожу́, -ози́т
подторо́ченный; *кр. ф.* -ен, -ена
подторочи́ть, -чу́, -чи́т
подто́ченный; *кр. ф.* -ен, -ена (*от* подточи́ть)
подточи́ть, -очу́, -о́чит (*наточить дополнительно; источить у основания или в нек-рых местах; подорвать, ослабить*)
подто́чка, -и, *р. мн.* -чек
подтрави́ть, -авлю́, -а́вит (*протравить слегка или дополнительно; отравить немного*)
подтра́вка, -и
подтра́вленный; *кр. ф.* -ен, -ена (*от* подтрави́ть)
подтра́вливание, -я
подтра́вливать(ся), -аю, -ает(ся)
подтрёпанный; *кр. ф.* -ан, -ана (*от* подтрепа́ть)
подтрепа́ть(ся), -еплю́, -е́плет(ся), -е́плют(ся) и -е́пет(ся), -е́пят(ся) (*слегка обтрепать(ся) или растрепать(ся)*)
подтри́ба, -ы (*от* три́ба)
подтрибу́нный
подтро́пики, -ов
подтропи́ческий
подтру́нивание, -я (*от* подтру́нивать)
подтру́нивать, -аю, -ает (*подшучивать, слегка подсмеиваться*)
подтруни́ть, -ню́, -ни́т
подтруси́ть, -ушу́, -уси́т (*подсыпать немного, труся́; подбежать трусцой*)
подтру́ска, -и, *р. мн.* -сок
подтру́шенный; *кр. ф.* -ен, -ена
подтряса́ть(ся), -а́ю, -а́ет(ся) (*к* подтрясти́(сь)
подтрясти́(сь), -су́, -сёт(ся) (*натрясти(сь) немного или дополнительно*)
подтупи́ть(ся), -уплю́, -у́пит(ся) (*слегка затупить(ся)*)
подту́пленный; *кр. ф.* -ен, -ена
подтуха́ть, -а́ет
подту́хнуть, -нет
подту́хший
подтушёванный; *кр. ф.* -ан, -ана
подтушева́ть, -шу́ю, -шу́ет

подтушёвка, -и
подтушёвывание, -я
подтушёвывать(ся), -аю, -ает(ся)
подтыка́ние, -я
подтыка́ть(ся), -а́ю(сь), -а́ет(ся)
подтя́гивание, -я (*от* подтя́гивать(ся)
подтя́гивать(ся), -аю(сь), -ает(ся) (*к* подтяну́ть(ся)
подтя́жечный
подтя́жка, -и, *р. мн.* -жек
подтя́жки, -жек
подтя́нутость, -и
подтя́нутый (*от* подтяну́ть(ся); *внешне и внутренне собранный*)
подтяну́ть(ся), -яну́(сь), -я́нет(ся) (*подтащить*; *натянуть кверху*; *затянуть(ся) потуже*; *втянуть(ся) внутрь*, *подобрать(ся)*; *держась руками, поднять свое тело*; *сосредоточить(ся)*, *приблизиться*; *наверстать упущенное*, *улучшить(ся)*; *подпеть*)
подува́ть, -а́ю, -а́ет (*слегка, время от времени дуть*)
подуга́снуть, -ну, -нет; *прош.* -а́с, -а́сла
подуга́сший
под угро́зой
под угро́зу (ста́вить)
подуда́рный
подуде́ть, -ди́т
подуздова́тый
под уздцы́
поду́здый
под укло́н
поду́личный
поду́мать(ся), -аю, -ает(ся)
поду́мывать, -аю, -ает
Подуна́вье, -я (*к* Дуна́й)
по-дура́цки
подура́чить(ся), -чу(сь), -чит(ся)
подури́ть, -рю́, -ри́т
подурне́ть, -е́ю, -е́ет
по-дурно́му
поду́ровень, -вня (*от* у́ровень)
подуса́дебный
поду́сники, -ов, *ед.* -ник, -а
поду́ст, -а
подустава́ть, -таю́, -таёт
подуста́ть, -а́ну, -а́нет
поду́ськанный; *кр. ф.* -ан, -ана
поду́ськать, -аю, -ает
поду́скивание, -я
поду́скивать(ся), -аю, -ает(ся)
под у́тро
поду́ть(ся), -у́ю(сь), -у́ет(ся) (*начать дуть*; *дуть(ся) нек-рое время*)
подутю́женный; *кр. ф.* -ен, -ена
подутю́живать(ся), -аю, -ает(ся)
подутю́жить, -жу, -жит
подуча́ть(ся), -а́ю(сь), -а́ет(ся)
поду́ченный; *кр. ф.* -ен, -ена
поду́чивание, -я
поду́чивать(ся), -аю(сь), -ает(ся)
подучи́ть(ся), -учу́(сь), -у́чит(ся)

по душа́м (поговори́ть)
по душе́, *в знач. сказ.* (*нравится*)
по-душе́вному, *нареч.*
поду́шенный; *кр. ф.* -ен, -ена
поду́шечка, -и, *р. мн.* -чек
поду́шечный
подуши́ть(ся), -ушу́(сь), -у́шит(ся)
поду́шка, -и, *р. мн.* -шек
подушкови́дный
поду́шный
подфа́к, -а (*сокр.*: подготовительный факультет)
подфа́ковский
подфа́рник, -а
подфарти́ть, -и́т
подфе́рменный
подфутбо́ленный; *кр. ф.* -ен, -ена
подфутбо́ливать(ся), -аю, -ает(ся)
подфутбо́лить, -лю, -лит
подхали́м, -а
подхалима́ж, -а, *тв.* -ем
подхалима́жный
подхали́мистый
подхали́мка, -и, *р. мн.* -мок
подхали́мничать, -аю, -ает
подхали́мски
подхали́мский
подхали́мство, -а
подхали́мствовать, -твую, -твует
подхалту́ривать, -аю, -ает
подхалту́рить, -рю, -рит
подхалю́за, -ы, *м.* и *ж.*
подхалю́зничать, -аю, -ает
подхва́ленный; *кр. ф.* -ен, -ена
подхва́ливать(ся), -аю(сь), -ает(ся)
подхвали́ть, -алю́, -а́лит
подхва́т, -а
подхвати́ть(ся), -ачу́(сь), -а́тит(ся)
подхва́тывание, -я
подхва́тывать(ся), -аю(сь), -ает(ся)
подхва́ченный; *кр. ф.* -ен, -ена
подхво́стник, -а
подхво́стье, -я, *р. мн.* -тий
подхихи́кивание, -я
подхихи́кивать, -аю, -ает
подхихи́кнуть, -ну, -нет
подхлёстка, -и
подхлёстнутый
подхлестну́ть, -ну́, -нёт
подхлёстывание, -я
подхлёстывать(ся), -аю(сь), -ает(ся)
под хмелько́м
подхо́д, -а
подхо́дец, -дца, *тв.* -дцем, *р. мн.* -дцев
подходи́ть, -ожу́, -о́дит
подхо́дка, -и, *р. мн.* -док (*нож*)
подхо́дный
подходя́щий
подхому́тина, -ы
подхому́тник, -а
подхору́нжий, -его
подхра́пывание, -я
подхра́пывать, -аю, -ает
под цве́т (*чему*)
подцвети́ть, -вечу́, -вети́т

подцве́тка, -и, *р. мн.* -ток
подцвето́чник, -а
подцве́ченный; *кр. ф.* -ен, -ена
подцве́чивать(ся), -аю, -ает(ся)
подцеди́ть(ся), -ежу́, -е́дит(ся) (*нацедить(ся) дополнительно*)
подце́женный; *кр. ф.* -ен, -ена (*от* подцеди́ть)
подце́живать(ся), -аю, -ает(ся) (*к* подцеди́ть(ся)
подцензу́рный
подцепи́ть(ся), -цеплю́(сь), -це́пит(ся)
подце́пка, -и, *р. мн.* -пок
подцепле́ние, -я
подце́пленный; *кр. ф.* -ен, -ена
подцепля́ть(ся), -я́ю(сь), -я́ет(ся)
подцепно́й
подча́ленный; *кр. ф.* -ен, -ена
подча́ливание, -я
подча́ливать(ся), -аю(сь), -ает(ся)
подча́лить(ся), -лю(сь), -лит(ся)
подча́лка, -и (*действие*)
подча́лок, -лка (*лодка*)
подча́с, *нареч.* (*иногда*)
подча́сник, -а
подча́сок, -ска
подча́шие, -я
подчека́ненный; *кр. ф.* -ен, -ена
подчека́нивать(ся), -аю, -ает(ся)
подчека́нить, -ню, -нит
подчека́нка, -и
подчелюстно́й
подчерепно́й
по́дчерк, -а (*от* подчеркну́ть)
подчёркивание, -я
подчёркивать(ся), -аю, -ает(ся)
подчёркнуто равноду́шный
подчёркнуто стро́гий
подчёркнутость, -и
подчёркнутый
подчеркну́ть, -ну́, -нёт
подчернённый; *кр. ф.* -ён, -ена́ (*от* подчерни́ть)
подчерни́ть(ся), -ню́(сь), -ни́т(ся) (*подкрасить(ся) черным*)
подчерня́ть(ся), -я́ю(сь), -я́ет(ся)
подче́рпнутый (*от* подчерпну́ть)
подчерпну́ть, -ну́, -нёт (*зачерпнуть немного или дополнительно*)
подче́рпывать(ся), -аю, -ает(ся)
подчерти́ть, -ерчу́, -е́ртит (*начертить дополнительно*)
подче́рченный; *кр. ф.* -ен, -ена (*от* подчерти́ть)
подче́рчивать(ся), -аю, -ает(ся)
подчёсанный; *кр. ф.* -ан, -ана (*от* подчеса́ть)
подчеса́ть(ся), -ешу́(сь), -е́шет(ся) (*начесать, расчесать, причесать(ся) немного или дополнительно*)
подчёска, -и, *р. мн.* -сок
подчёсывать(ся), -аю(сь), -ает(ся) (*к* подчеса́ть(ся)
подчине́ние, -я
подчинённость, -и

подчинённый[1]; *кр. ф. прич.* -ён, -ена́; *кр. ф. прил.* -ён, -ена́ (*с дополн.*: всё подчинено́ рабо́те) и (*без дополн.*: *зависимый, второстепенный*) -ён, -ённа (его́ ро́ль в э́том де́ле подчинённа)
подчинённый[2], -ого
подчини́тельный
подчини́ть(ся), -ню́(сь), -ни́т(ся) (*к* подчине́ние)
подчиня́ть(ся), -я́ю(сь), -я́ет(ся) (*к* подчине́ние)
подчи́стить(ся), -и́щу(сь), -и́стит(ся) (*почистить(ся) немного, в нек-рых местах; осторожно соскоблить, стереть; съесть или забрать всё*)
подчи́стка, -и, *р. мн.* -ток
подчисту́ю, *нареч.*
подчи́танный; *кр. ф.* -ан, -ана
подчита́ть, -а́ю, -а́ет (*прочитать немного или дополнительно*)
подчи́тка, -и, *р. мн.* -ток
подчи́тчик, -а
подчи́тывание, -я
подчи́тывать(ся), -аю, -ает(ся) (*к* подчита́ть)
подчища́ла, -ы, *м.* и *ж.*
подчища́ть(ся), -а́ю(сь), -а́ет(ся)
подчище́ние, -я
подчи́щенный; *кр. ф.* -ен, -ена (*от* подчи́стить)
подша́гивание, -я
подша́гивать, -аю, -ает
подша́лок, -лка
подша́ркивание, -я
подша́ркивать, -аю, -ает
подша́ркнуть, -ну, -нет
подше́ек, -е́йка
подше́йный
подше́льфовый
подшепну́ть, -ну́, -нёт
подшёптывание, -я
подшёптывать(ся), -аю, -ает(ся)
подшёрсток, -тка
подше́сток, -тка
подше́фник, -а
подше́фный
подшиба́ть(ся), -а́ю, -а́ет(ся)
подшиби́вший
подшиби́ть, -бу́, -бёт; *прош.* -ши́б, -ши́бла
подши́бленный; *кр. ф.* -ен, -ена
подшива́ние, -я
подшива́ть(ся), -а́ю(сь), -а́ет(ся)
подши́вка, -и, *р. мн.* -вок
подшивно́й
подши́вочный
подши́пник, -а
подши́пниковый
подши́тый
подши́ть(ся), подошью́(сь), подошьёт(ся)
подшка́нечный
подшки́пер, -а, *мн.* -ы, -ов и -а́, -о́в
подшки́перский
подшле́мник, -а
подшлифо́ванный; *кр. ф.* -ан, -ана
подшлифова́ть(ся), -фу́ю, -фу́ет(ся)
подшлифо́вка, -и
подшлифо́вывать(ся), -аю, -ает(ся)
подшофе́, *в знач. сказ.*
подшпаклёванный; *кр. ф.* -ан, -ана
подшпаклева́ть(ся), -лю́ю, -лю́ет(ся)
подшпаклёвывать(ся), -аю, -ает(ся)
подшпи́ленный; *кр. ф.* -ен, -ена
подшпи́ливание, -я
подшпи́ливать(ся), -аю, -ает(ся)
подшпи́лить(ся), -лю, -лит(ся)
подшпо́ренный; *кр. ф.* -ен, -ена
подшпо́ривание, -я
подшпо́ривать(ся), -аю, -ает(ся)
подшпо́рить, -рю, -рит
подшта́нники, -ов
подшто́панный; *кр. ф.* -ан, -ана
подшто́пать(ся), -аю, -ает(ся)
подшто́пывание, -я
подшто́пывать(ся), -аю, -ает(ся)
подштре́ковый
подштукату́ренный; *кр. ф.* -ен, -ена
подштукату́ривание, -я
подштукату́ривать(ся), -аю, -ает(ся)
подштукату́рить(ся), -рю, -рит(ся)
подшту́рман, -а
подшту́рманский
под шумо́к
подшути́ть, -учу́, -у́тит
подшу́чивание, -я
подшу́чивать, -аю, -ает
подщела́чивание, -я
подщела́чивать(ся), -аю, -ает(ся)
подщёлкивание, -я
подщёлкивать, -аю, -ает
подщелкну́ть, -ну́, -нёт и **подщёлкнуть,** -ну, -нет
подщепа́ть, -еплю́, -е́плет и -а́ю, -а́ет (*к* щепа́ть)
подщёчный
подщи́панный; *кр. ф.* -ан, -ана
подщипа́ть, -иплю́, -и́плет, -и́плют и -и́пет, -и́пят, также -а́ю, -а́ет (*к* щипа́ть)
подщи́пывание, -я
подщи́пывать(ся), -аю, -ает(ся)
подъеда́ние, -я
подъеда́ть(ся), -а́ю, -а́ет(ся)
подъе́денный; *кр. ф.* -ен, -ена
подъе́зд, -а
подъездно́й (пу́ть, доро́га)
подъе́здный (*от* подъе́зд – *вход в здание*)
подъе́здчик, -а
подъезжа́ние, -я
подъезжа́ть, -а́ю, -а́ет
подъелды́киванье, -я
подъелды́кивать, -аю, -ает
подъелды́кнуть, -ну, -нет
подъе́льник, -а
подъём, -а
подъёмистый
подъёмка, -и
подъе́млю(сь), -лет(ся) (*устар. формы наст. вр. от* поднима́ть(ся)
подъёмник, -а
подъёмно-опускно́й
подъёмно-осмо́тровый
подъёмно-пусково́й
подъёмно-тра́нспортный
подъёмный
подъёмщик, -а
подъёршик, -а
подъесау́л, -а
подъесау́льский
подъе́сть, -е́м, -е́шь, -е́ст, -еди́м, -еди́те, -едя́т; *прош.* -е́л, -е́ла
подъе́хать, -е́ду, -е́дет
подъюли́ть, -лю́, -ли́т
подъя́годи́чный
подъя́зок, -зка (*рыба*)
подъязы́к, -а́ (*лингв.*)
подъязы́чный
подъя́корный
подъяре́мный
подъя́рус, -а
подъя́тый (*книжн. устар. к* по́днятый)
подъя́ть(ся), *буд. и пов. не употр.*; *прош.* -я́л(ся), -я́ла(сь) (*книжн. устар. к* подня́ть(ся)
поды́гранный; *кр. ф.* -ан, -ана
подыгра́ть(ся), -а́ю(сь), -а́ет(ся)
поды́грывание, -я
поды́грывать(ся), -аю(сь), -ает(ся)
поды́збица, -ы, *тв.* -ей
подыздержа́ться, -жу́сь, -е́ржится
подыма́ние, -я (*разг. к* поднима́ние)
подыма́ть(ся), -а́ю(сь), -а́ет(ся) (*разг. к* поднима́ть(ся)
подыми́ть(ся), -млю́, -ми́т(ся)
поды́мный
поды́ндекс, -а
подынтегра́льный
поды́сканный; *кр. ф.* -ан, -ана
подыска́ть(ся), -ыщу́, -ы́щет(ся)
поды́скивание, -я
поды́скивать(ся), -аю, -ает(ся)
подыто́женный; *кр. ф.* -ен, -ена
подыто́живание, -я
подыто́живать(ся), -аю, -ает(ся)
подыто́жить(ся), -жу, -жит(ся)
подыха́ть, -а́ю, -а́ет
подыша́ть, -ышу́, -ы́шит
подья́ческий
подья́чество, -а
подья́чий, -его
под эги́дой (*чего*)
подэкра́нный
подэкспе́ртный (*к* эксперти́за)
подэта́ж, -а́, *тв.* -о́м
подэта́п, -а
подюже́ть, -е́ю, -е́ет
подю́жинный
по-ева́нгельски
по-евре́йски
по-европе́йски

по-его́, *нареч.* (привы́к, чтобы всё бы́ло по-его́), но *местоим.* **по его́** (по его́ мне́нию)
поегози́ть, -ожу́, -ози́т
поеда́емость, -и
поеда́ние, -я
поеда́ть(ся), -а́ю, -а́ет(ся)
пое́денный; *кр. ф.* -ен, -ена
поеди́нок, -нка
поеди́нщик, -а
поедо́м е́сть
по-её, *нареч.* (вы́шло не по-мо́ему, а по-её), но *местоим.* **по её** (по её мне́нию)
поёживаться, -аюсь, -ается
поёжиться, -жусь, -жится
по́езд, -а, *мн.* -а́, -о́в
пое́здить, пое́зжу, пое́здит
пое́здка, -и, *р. мн.* -док
поездно́й
поезжа́й(те), *пов.* (*к* (по)е́хать)
поезжа́нин, -а, *мн.* -а́не, -а́н
поезжа́нка, -и, *р. мн.* -нок
поёкивать, -ает
поели́ку, *союз*
поело́зить, -о́жу, -о́зит
поём, -а
поёмистый
поёмный
пое́ние, -я
по́енный; *кр. ф.* -ен, -ена, *прич.*
поёный, *прил.*
поёрзать, -аю, -ает
поёрничать, -аю, -ает
поеро́шить(ся), -шу, -шит(ся)
поерши́ться, -шу́сь, -ши́тся
пое́сть, пое́м, пое́шь, пое́ст, поеди́м, поеди́те, поедя́т; *прош.* пое́л, пое́ла
пое́сть-попи́ть
пое́хать, пое́ду, пое́дет
поехи́дничать, -аю, -ает
по-жа́бьи
пожа́дничать, -аю, -ает
пожале́ть, -е́ю, -е́ет
пожа́лить(ся), -люсь, -лит(ся)
пожа́лобиться, -блюсь, -бится
пожа́лование, -я
пожа́лованный; *кр. ф.* -ан, -ана
пожа́ловать(ся), -лую(сь), -лует(ся)
пожа́луй, *вводн. сл.* и *частица*
пожа́луйста
пожа́р, -а
пожа́ренный; *кр. ф.* -ен, -ена
пожа́рить(ся), -рю(сь), -рит(ся)
пожа́рище[1], -а, *мн.* -а и -и, -ищ, *м.* (*увелич. к* пожа́р)
пожа́рище[2], -а, *с.* (*место, где был пожар*)
пожа́рка, -и, *р. мн.* -рок
пожарнадзо́р, -а
пожа́рник, -а
пожа́рно-прикладно́й
пожа́рно-техни́ческий
пожа́рно-хими́ческий
пожа́рный
пожаробезопа́сность, -и
пожаробезопа́сный; *кр. ф.* -сен, -сна
пожаровзрывоопа́сный; *кр. ф.* -сен, -сна
пожароизоляцио́нный
пожароизоля́ция, -и
пожароопа́сность, -и
пожароопа́сный; *кр. ф.* -сен, -сна
пожаротуше́ние, -я
пожароусто́йчивость, -и
пожароусто́йчивый
пожа́рские котле́ты
пожа́тие, -я
пожа́тый
пожа́ть, пожну́, пожнёт
пожа́ть(ся), пожму́(сь), пожмёт(ся)
пожда́ть, -ду́, -дёт; *прош.* -а́л, -ала́, -а́ло
пожёванный; *кр. ф.* -ан, -ана
пожева́ть, пожую́, пожуёт
пожёвывание, -я
пожёвывать, -аю, -ает
пожёгший
пожела́ние, -я
пожела́ть(ся), -а́ю, -а́ет(ся)
пожелте́лый
пожелте́ние, -я
пожелте́ть, -е́ю, -е́ет
пожелти́ть, -лчу́, -лти́т
пожелчённый; *кр. ф.* -ён, -ена́
пожема́ниться, -нюсь, -нится
поже́ненный; *кр. ф.* -ен, -ена
пожени́ть(ся), -еню́(сь), -е́нит(ся)
по-же́нски
по-жеребя́чьи
поже́ртвование, -я
поже́ртвованный; *кр. ф.* -ан, -ана
поже́ртвовать, -твую, -твует
пожёстче
поже́чь, пожгу́, пожжёт, пожгу́т; *прош.* пожёг, пожгла́
пожжённый; *кр. ф.* -ён, -ена́
пожи́ва, -ы
пожива́ть, -а́ю, -а́ет
поживе́е
поживём – уви́дим
поживи́ться, -влю́сь, -ви́тся
пожи́вка, -и, *р. мн.* -вок
по живо́му (ре́зать)
пожи́вший
пожиди́ться, -и́тся
пожи́же
пожи́зненник, -а
пожи́зненно, *нареч.*
пожи́зненность, -и
пожи́зненный; *кр. ф.* -нен, -ненна
пожило́й
пожима́ние, -я
пожима́ть(ся), -а́ю(сь), -а́ет(ся)
пожина́ть(ся), -а́ю, -а́ет(ся)
пожи́нки, -нок
пожира́ние, -я
пожира́тель, -я
пожира́ть(ся), -а́ю, -а́ет(ся)
пожира́ющий(ся)
пожире́ть, -е́ю, -е́ет
пожирне́ть, -е́ю, -е́ет
пожирова́ть, -ру́ю, -ру́ет
по-жите́йски
пожи́тки, -ов
пожи́ть(ся), -иву́, -ивёт(ся); *прош.* по́жи́л, пожила́, по́жи́ло, пожило́сь
пожмо́тничать, -аю, -ает
по́жнивный
по́жниво, -а
по́жня, -и, *р. мн.* по́жен и по́жней
пожо́г, -а, но *глаг.* **пожёг**
пожо́лклый
пожо́лкнувший
пожо́лкнуть, -нет; *прош.* -о́лкнул и -о́лк, -о́лкла
пожо́лкший
по́жранный; *кр. ф.* -ан, -ана
пожра́ть, -ру́, -рёт; *прош.* -а́л, -ала́, -а́ло
пожужжа́ть, -жжу́, -жжи́т
пожуи́ровать, -рую, -рует
пожурённый; *кр. ф.* -ён, -ена́
пожури́ть(ся), -рю́(сь), -ри́т(ся)
пожу́хлый
пожу́хнувший
пожу́хнуть, -нет; *прош.* -у́хнул и -у́х, -у́хла
пожу́хший
пожу́ченный; *кр. ф.* -ен, -ена
пожу́чить, -чу, -чит
по́за, -ы
по-за, *предлог* (по-за дома́ми)
позаба́вить(ся), -влю(сь), -вит(ся)
позаба́вленный; *кр. ф.* -ен, -ена
позабива́ть, -а́ю, -а́ет
позабира́ть(ся), -а́ю, -а́ет(ся)
позаби́ться, -бьётся
позабо́ристее
позабо́титься, -о́чусь, -о́тится
позабра́ть, -беру́, -берёт; *прош.* -а́л, -ала́, -а́ло
позабро́сить, -о́шу, -о́сит
позабро́шенный; *кр. ф.* -ен, -ена
позабыва́ть(ся), -а́ю(сь), -а́ет(ся)
позабы́тый
позабы́ть(ся), -бу́ду(сь), -бу́дет(ся)
по заверше́нии (*завершив*)
позави́довать, -дую, -дует
позавола́кивать, -ает
поза́втракать, -аю, -ает
позавчера́
позавчера́шний
по-загово́рщицки
позагора́ть, -а́ю, -а́ет
позадержа́ть(ся), -ержу́(сь), -е́ржит(ся)
позади́, *нареч.* и *предлог*
позадолжа́ть, -а́ю, -а́ет
по заду́манному (*как задумано*)
позаду́маться, -аюсь, -ается
поза́дь, *предлог* (*устар. к* позади́)
поза́имствованный; *кр. ф.* -ан, -ана
поза́имствовать(ся), -твую, -твует(ся)

позака́нчивать, -ает
позака́пывать, -аю, -ает
по заключе́нии *(заключив)*
позаковы́ристее
позако́панный; *кр. ф.* -ан, -ана
позакопа́ть, -а́ю, -а́ет
позакрыва́ть(ся), -а́ю, -а́ет(ся)
позакры́тый
позакры́ть(ся), -ро́ю, -ро́ет(ся)
позале́тошний
позама́сленный; *кр. ф.* -ен, -ена
позама́слить, -лю, -лит
позамерза́ть, -а́ет
позамёрзнуть, -нет; *прош.* -мёрз, -мёрзла
позамёрзший
позамести́, -ету́, -етёт; *прош.* -мёл, -мела́
позаметённый; *кр. ф.* -ён, -ена́
позаме́шкаться, -аюсь, -ается
позамо́лкнуть, -ну, -нет; *прош.* -о́лк, -о́лкла
позамо́лкший
позанесённый; *кр. ф.* -ён, -ена́
позанести́, -есёт; *прош.* -нёс, -несла́
позанима́ть(ся), -а́ю(сь), -а́ет(ся)
позаноси́ть, -ошу́, -о́сит
позаня́ться, -айму́сь, -аймётся
по-за́падному
позапере́ть(ся), -пру́, -прёт(ся); *прош.* поза́пер(ся), позаперла́(сь), поза́перли, поза́перли́сь
позапира́ть(ся), -а́ю, -а́ет(ся)
позапрошлого́дний
позапро́шлый
позапу́танный; *кр. ф.* -ан, -ана
позапу́тать, -аю, -ает
позараста́ть, -а́ет
позарасти́, -асту́, -астёт; *прош.* -ро́с, -росла́
позаре́з, *нареч.*
позаржаве́вший
позаржа́веть, -еет и **позаржаве́ть,** -е́ет
поза́риться, -рюсь, -рится
позаро́сший
позарыва́ть, -а́ю, -а́ет
позары́тый
позары́ть, -ро́ю, -ро́ет
позасиде́ться, -ижу́сь, -иди́тся
по заслу́гам
позасы́панный; *кр. ф.* -ан, -ана
позасы́пать(ся), -плю, -плет(ся), -плют(ся) и -пет(ся), -пят(ся)
позатаи́ться, -аю́сь, -аи́тся
позати́хнувший
позати́хнуть, -ну, -нет; *прош.* -и́х, -и́хла
позати́хший
позаткну́ть, -ну́, -нёт
позатыка́ть, -а́ю, -а́ет
по-за́ячьи
позва́нивание, -я
позва́нивать, -аю, -ает
по́званный; *кр. ф.* -ан, -ана
позва́ть, позову́, позовёт; *прош.* -а́л, -ала́, -а́ло
позвене́ть, -ню́, -ни́т
по-звери́ному, *нареч.*
позволе́ние, -я
позво́ленный; *кр. ф.* -ен, -ена
позволи́тельность, -и
позволи́тельный; *кр. ф.* -лен, -льна
позво́лить, -лю, -лит
позволя́ть(ся), -я́ю, -я́ет(ся)
позвони́ть(ся), -ню́(сь), -ни́т(ся)
позвонко́вый
позвоно́к, -нка́
позвоно́чник, -а
позвоно́чный
позвуча́ть, -чи́т
позвя́кать, -аю, -ает
позвя́кивание, -я
позвя́кивать, -аю, -ает
по-зде́шнему, *нареч.*
позднеанти́чный
поздневеди́ческий (*к* Ве́ды)
позднevесе́нний
поздневе́черний
поздневизанти́йский
поздневикториа́нский
позднедревнеру́сский
поздне́е, *сравн. ст.*
По́зднее Возрожде́ние
позднези́мний
поздне́йший
позднеледнико́вый
позднемелово́й
поздне́нько
позднеосе́нний
позднери́мский
позднеспе́лость, -и
позднеспе́лый
позднесредневеко́вый
позднёхонько
позднёшенько
позднею́рский
по́здний
по́здно, *нареч.* и *в знач. сказ.*
поздновáто
поздновáтый
позднота́, -ы́
поздоро́ваться, -аюсь, -ается
поздорове́ть, -е́ю, -е́ет
поздоро́виться: не поздоро́вится, -илось
поздоро́вкаться, -аюсь, -ается (*обл. к* поздоро́ваться)
поздрави́тель, -я
поздрави́тельница, -ы, *тв.* -ей
поздрави́тельный
поздра́вить, -влю, -вит
поздравле́ние, -я
поздра́вленный; *кр. ф.* -ен, -ена
поздравля́ть(ся), -я́ю(сь), -я́ет(ся)
поздра́вствовать(ся), -твую(сь), -твует(ся)
позева́ть, -а́ю, -а́ет
позево́та, -ы
позёвывание, -я
позёвывать, -аю, -ает
позелене́лый
позеленённый; *кр. ф.* -ён, -ена́
позелене́ть, -е́ю, -е́ет
позелени́ть, -ню́, -ни́т
позём, -а
поземе́льный
по́ земи
позёмка, -и, *р. мн.* -мок
по-земно́му
позёмный
позёмок, -мка (*устар. и обл. к* позёмка)
позёр, -а
позёрка, -и, *р. мн.* -рок
позёрский
позёрство, -а
по́зже, *сравн. ст.*
по-зи́мнему, *нареч.*
позимова́ть, -му́ю, -му́ет
пози́рование, -я
пози́ровать, -рую, -рует
позиро́вка, -и, *р. мн.* -вок
позити́в, -а
позитиви́зм, -а
позитиви́ст, -а
позитиви́стка, -и, *р. мн.* -ток
позитиви́стский
позити́вность, -и
позити́вный; *кр. ф.* -вен, -вна
позитро́н, -а
позитро́ний, -я
позитро́нный
позиту́ра, -ы
позицио́нер, -а
позициони́рование, -я
позициони́рованный; *кр. ф.* -ан, -ана
позициони́ровать(ся), -рую(сь), -рует(ся)
позицио́нно-манёвренный
позицио́нно обусло́вленный
позицио́нно-чувстви́тельный
позицио́нный
пози́ция, -и
позлати́ть(ся), -ащу́, -ати́т(ся) (*устар. к* позолоти́ть(ся))
позлаща́ть(ся), -а́ю, -а́ет(ся)
позлащённый; *кр. ф.* -ён, -ена́
позле́е
позлённый; *кр. ф.* -ён, -ена́
позли́ть(ся), -лю́(сь), -ли́т(ся)
по зло́бе и (*прост.*) **по злобе́**
позло́бствовать, -твую, -твует
по-злоде́йски
позлора́дствовать, -твую, -твует
позлосло́вить, -влю, -вит
по-змеи́ному, *нареч.*
позна́бливание, -я
позна́бливать, -ает
познава́емость, -и
познава́емый
познава́ние, -я
познава́тельно-воспита́тельный
познава́тельность, -и
познава́тельный; *кр. ф.* -лен, -льна

познава́ть(ся), -наю́, -наёт(ся)
познако́мить(ся), -млю(сь), -мит(ся)
познако́мленный; *кр. ф.* -ен, -ена
позна́ние, -я
по́знанный; *кр. ф.* -ан, -ана
по́зна́нский (*от* По́знань)
по́зна́нцы, -ев, *ед.* -нец, -нца, *тв.* -нцем
позна́ть, -а́ю, -а́ет
позна́ша: своя́ свои́х не позна́ша
позоло́та, -ы
позолоте́ть, -е́ет
позолоти́ть(ся), -очу́, -оти́т(ся)
позоло́тный
позоло́тчик, -а
позоло́тчица, -ы, *тв.* -ей
позоло́ченный; *кр. ф.* -ен, -ена и **позолочённый;** *кр. ф.* -ён, -ена́
позонди́рованный; *кр. ф.* -ан, -ана
позонди́ровать, -рую, -рует
позо́р, -а
позо́рить(ся), -рю(сь), -рит(ся)
позо́рище, -а
позо́рник, -а
позо́рность, -и
позо́рный; *кр. ф.* -рен, -рна
позо́рящий(ся)
позуба́титься, -а́чусь, -а́тится
позубоска́лить, -лю, -лит
позу́бренный; *кр. ф.* -ен, -ена
позубри́ть, -убрю́, -у́бри́т
позуме́нт, -а
позуме́нтный
позуме́нтовый
позуме́нтщик, -а
позы́в, -а
позыва́ть, -а́ет
позывно́й (*призывающий*)
позывны́е, -ы́х
позы́вный (*от* позы́в)
позы́рить, -рю, -рит (*жарг.*)
позя́бнуть, -ну, -нет; *прош.* -я́б, -я́бла
позя́бший
поигра́ть, -а́ю, -а́ет
пои́грывать, -аю, -ает
по иде́е
по-идио́тски
поизвести́, -веду́, -ведёт
поизводи́ть, -вожу́, -во́дит
поиздева́ться, -а́юсь, -а́ется
поизде́ржанный; *кр. ф.* -ан, -ана
поиздержа́ть(ся), -ержу́(сь), -е́ржит(ся)
поизмо́танный; *кр. ф.* -ан, -ана
поизмота́ть(ся), -а́ю(сь), -а́ет(ся)
поизмыва́ться, -а́юсь, -а́ется
поизмя́тый
поизмя́ть(ся), поизомну́, поизомнёт(ся)
поизноси́ть(ся), -ошу́(сь), -о́сит(ся)
поизно́шенный; *кр. ф.* -ен, -ена
поизо́рванный; *кр. ф.* -ан, -ана
поизорва́ть(ся), -рву́(сь), -рвёт(ся); *прош.* -а́л(ся), -ала́(сь), -а́ло́(сь)
поизуча́ть, -а́ю, -а́ет
поика́ть, -а́ю, -а́ет
пои́лец, -льца, *тв.* -льцем, *р. мн.* -льцев
пои́лец-корми́лец, пои́льца-корми́льца
пои́лица, -ы, *тв.* -ей
пои́лица-корми́лица, пои́лицы-корми́лицы
пои́лка, -и, *р. мн.* -лок
пои́льник, -а
пои́льничек, -чка
пои́льный
по и́мени
по и́мени-о́тчеству
поимённо, *нареч.*
поимённый
поимено́ванный; *кр. ф.* -ан, -ана
поименова́ть, -ну́ю, -ну́ет
пои́меть, -е́ю, -е́ет
пои́мистый
пои́мка, -и, *р. мн.* -мок
поимпровизи́ровать, -рую, -рует
поиму́щественный
пои́мчивый
по-ино́му, *нареч.*
по-иностра́нному, *нареч.*
по-интеллиге́нтски
поинтере́снее
поинтересова́ться, -су́юсь, -су́ется
поинтригова́ть, -гу́ю, -гу́ет
поиронизи́ровать, -рую, -рует
по́иск, -а (*искания*; *воен.*; *охот.*)
поиска́ть(ся), поищу́, пои́щет(ся)
по́иски, -ов (*разыскивание*)
поискови́к, -а́
по́иско́во-вызывно́й
по́иско́во-разве́дочный
по́иско́во-разве́дывательный
по́иско́во-спаса́тельный
по́иско́вый
по-испа́нски
поиспове́довать(ся), -дую(сь), -дует(ся)
по исполне́нии (*чего*) (*исполнив*)
поиспо́ртить(ся), -рчу, -ртит(ся)
поиспо́рченный; *кр. ф.* -ен, -ена
поисся́кнувший
поисся́кнуть, -нет; *прош.* -я́к, -я́кла
поисся́кший
поистаска́ть(ся), -а́ю(сь), -а́ет(ся)
поистере́ть(ся), поизотру́, поизотрёт(ся); *прош.* -тёр(ся), -тёрла(сь)
поистёртый
по истече́нии (*чего*) (*после истечения*)
пои́стине, *нареч.* (*действительно*)
поистра́тить(ся), -а́чу(сь), -а́тит(ся)
поистра́ченный; *кр. ф.* -ен, -ена
поистреби́ть(ся), -блю́, -би́т(ся)
поистреблённый; *кр. ф.* -ён, -ена́
поистрёпанный; *кр. ф.* -ан, -ана
поистрепа́ть(ся), -еплю́(сь), -е́плет(ся), -е́плют(ся) и -е́пет(ся), -е́пят(ся)
по-италья́нски
пои́ть-корми́ть
пои́ть(ся), пою́, по́ит(ся)
по-и́х, *нареч.* (вы́шло по-и́х, а не по-на́шему), но *местоим.* **по и́х** (по и́х мне́нию)
по-и́хнему, *нареч.* (*прост.* к по-и́х)
поиша́чить, -чу, -чит
по́йка, -и
пойкилосмоти́ческий
пойкилоте́рмный
пойкилоцито́з, -а
по́йло, -а
по́йма, -ы
по́йманный; *кр. ф.* -ан, -ана, *прич.*
пойма́ть(ся), -а́ю(сь), -а́ет(ся)
по́йменный (*от* по́йма)
пойнт, -а
по́йнтер, -а, *мн.* -ы, -ов и -а́, -о́в
пойти́, пойду́, пойдёт; *прош.* пошёл, пошла́
пока́
покади́ть, -ажу́, -ади́т
пока́дровый
пока́з, -а
показа́ние, -я
пока́занный; *кр. ф.* -ан, -ана
показа́тель, -я
показа́тельность, -и
показа́тельный; *кр. ф.* -лен, -льна
показа́ть(ся), покажу́(сь), пока́жет(ся)
по-каза́хски
по-каза́цки
по-каза́чьи
показно́й
показу́ха, -и
показу́шник, -а
показу́шничать, -аю, -ает
показу́шничество, -а
показу́шность, -и
показу́шный
пока́зывание, -я
пока́зывать(ся), -аю(сь), -ает(ся)
покайли́ть, -лю́, -ли́т
покайфова́ть, -фу́ю, -фу́ет и **покейфова́ть,** -фу́ю, -фу́ет
пока́кать, -аю, -ает
по-како́вски
покале́ченный; *кр. ф.* -ен, -ена
покале́чить(ся), -чу(сь), -чит(ся)
покали́ть, -лю́, -ли́т
пока́лывание, -я
пока́лывать, -аю, -ает
покаля́кать, -аю, -ает
пока́мест
покана́ть, -а́ю, -а́ет (*жарг.*)
покани́телить(ся), -лю(сь), -лит(ся)
канифо́ленный; *кр. ф.* -ен, -ена
поканифо́лить, -лю, -лит
покантова́ться, -ту́юсь, -ту́ется
поканю́чить, -чу, -чит
пока́панный; *кр. ф.* -ан, -ана
пока́пать, -аю, -ает и -а́плет
покапри́зничать, -аю, -ает
пока́пчивать, -аю, -ает
пока́пывать, -аю, -ает
покара́бкаться, -аюсь, -ается

пока́ранный; *кр. ф.* -ан, -ана
покара́ть, -а́ю, -а́ет
покарау́лить, -лю, -лит
пока́ркать, -ает
пока́рмливать, -аю, -ает
покаска́дный
пока́ су́д да де́ло
пока́т, -а
пока́танный; *кр. ф.* -ан, -ана
похата́ть(ся), -а́ю(сь), -а́ет(ся)
Покатигоро́шек, -шка (*сказочный персонаж*)
пока́тистый
покати́ть(ся), -ачу́(сь), -а́тит(ся)
пока́том, *нареч.*
пока́тость, -и
пока́тывание, -я
пока́тывать(ся), -аю(сь), -ает(ся)
пока́тый
пока́чанный; *кр. ф.* -ан, -ана (*от* покача́ть)
покача́ть(ся), -а́ю(сь), -а́ет(ся)
пока́ченный; *кр. ф.* -ен, -ена (*от* покати́ть)
пока́чивание, -я
пока́чивать(ся), -аю(сь), -ает(ся)
покачну́ть(ся), -ну́(сь), -нёт(ся)
пока́ что
пока́шливание, -я
пока́шливать, -аю, -ает
пока́шлять, -яю, -яет
пока́явшийся
покая́ние, -я
покая́нно, *нареч.*
покая́нный
пока́яться, -а́юсь, -а́ется
покварта́льный
покварти́рный
поквита́ться, -а́юсь, -а́ется
поке́да и **поке́дова** (*обл. и прост. к* пока́, *межд.*)
покейфова́ть, -фу́ю, -фу́ет и **покайфова́ть,** -фу́ю, -фу́ет
покема́рить, -рю, -рит
по́кер, -а
по́керный
по́кетбу́к, -а
покива́ть, -а́ю, -а́ет
поки́данный; *кр. ф.* -ан, -ана
покида́ть(ся), -а́ю(сь), -а́ет(ся)
поки́дывать, -аю, -ает
поки́нутость, -и
поки́нутый
поки́нуть, -ну, -нет
покипе́ть, -плю́, -пи́т
покипяти́ть(ся), -ячу́(сь), -яти́т(ся)
покипячённый; *кр. ф.* -ён, -ена́
по-киргѝзски
по-кита́йски
поклада́ть: не поклада́я ру́к
покла́дистость, -и
покла́дистый
покла́жа, -и, *тв.* -ей
покла́няться, -яюсь, -яется
покла́ссный
покла́сть, -аду́, -адёт; *прош.* -а́л, -а́ла
покла́цывать, -аю, -ает
поклёванный; *кр. ф.* -ан, -ана
поклева́ть(ся), -люю́, -люёт(ся)
поклевета́ть, -ещу́, -е́щет
поклёвка, -и, *р. мн.* -вок
поклёвывать, -аю, -ает
покле́енный; *кр. ф.* -ен, -ена
покле́ить, -е́ю, -е́ит
поклёп, -а
поклёпанный; *кр. ф.* -ан, -ана
поклепа́ть[1], -а́ю, -а́ет (*подвергнуть клёпке*)
поклепа́ть[2], -еплю́, -е́плет (*наклеветать*)
покли́канный; *кр. ф.* -ан, -ана
покли́кать, -и́чу, -и́чет
покло́н, -а
поклоне́ние, -я
поклони́ться, -оню́сь, -о́нится
Покло́нная гора́ (*в Москве*)
покло́нник, -а
покло́нница, -ы, *тв.* -ей
покло́нный
покло́ня́ться, -я́юсь, -я́ется
покля́вшийся
покля́нчить, -чу, -чит
покля́сться, -яну́сь, -янётся; *прош.* -я́лся, -яла́сь
по-кни́жному, *нареч.*
покня́жить, -жу, -жит
покобе́ниться, -нюсь, -нится
поко́ванный; *кр. ф.* -ан, -ана (*от* поковать)
покова́ть, покую́, покуёт (*от* кова́ть)
поковёрканный; *кр. ф.* -ан, -ана
поковёркать(ся), -аю, -ает(ся)
поко́вка, -и, *р. мн.* -вок (*к* кова́ть)
поко́вочный (*от* поко́вка)
поковыля́ть, -я́ю, -я́ет
поковы́ривать, -аю, -ает
поковы́рянный; *кр. ф.* -ян, -яна
поковыря́ть(ся), -я́ю(сь), -я́ет(ся)
поко́ем, *нареч.* (*в виде буквы П*)
по-ко́зьи
поко́и, -ев, *ед.* поко́й, -я (*жилые помещения*)
поко́ить(ся), -о́ю(сь), -о́ит(ся)
поко́й[1], -я и -ю (*неподвижность*; *отдых*)
поко́й[2], -я (*название буквы*)
поко́йник, -а
поко́йница, -ы, *тв.* -ей
поко́йницкая, -ой
поко́йницкий
поко́йничек, -чка
поко́йный[1]; *кр. ф.* -о́ен, -о́йна
поко́йный[2], -ого
поко́йчик, -а
пококе́тничать, -аю, -ает
покола́чивать, -аю, -ает
поколдова́ть, -ду́ю, -ду́ет
поко́ле и **поко́ль,** *союз*
поколеба́ть(ся), -ле́блю(сь), -ле́блет(ся)
поколе́бленный; *кр. ф.* -ен, -ена
поколе́ние, -я
поколе́нный
по коле́но
поколе́нческий
поколеси́ть, -ешу́, -еси́т
поколе́ть, -е́ю, -е́ет
поколи́ку, *союз*
поколобро́дить, -о́жу, -о́дит
поколо́нно
поколоти́ть(ся), -очу́(сь), -о́тит(ся)
поко́лотый
поколо́ть(ся), -олю́(сь), -о́лет(ся)
поколо́ченный; *кр. ф.* -ен, -ена
поколу́панный; *кр. ф.* -ан, -ана
поколупа́ть, -а́ю, -а́ет
поколыха́ть, -ы́шу, -ы́шет и -а́ю, -а́ет
поколы́хивать(ся), -аю, -ает(ся)
поко́ль и **поко́ле,** *союз*
по-команди́рски
покома́ндовать, -дую, -дует
по-ко́ми (говори́ть, писа́ть)
поко́мканный; *кр. ф.* -ан, -ана
поко́мкать, -аю, -ает
по-коммунисти́чески
поко́мнатный
покомпоне́нтный
по-комсомо́льски
поконопа́тить, -а́чу, -а́тит
поконопа́ченный; *кр. ф.* -ен, -ена
поко́нченный; *кр. ф.* -ен, -ена
поко́нчить, -чу, -чит
по ко́ням (*команда*)
поко́панный; *кр. ф.* -ан, -ана
покопа́ть(ся), -а́ю(сь), -а́ет(ся)
поко́пка, -и, *р. мн.* -пок
покопоши́ться, -шу́сь, -ши́тся
покопте́ть, -пчу́, -пти́т (*к* копте́ть)
покопти́ть(ся), -пчу́, -пти́т(ся) (*к* копти́ть(ся))
покопчённый; *кр. ф.* -ён, -ена́
поко́р, -а
покорёженный; *кр. ф.* -ен, -ена
покорёжить(ся), -жу(сь), -жит(ся)
по-коре́йски
покоре́ние, -я
покорённый; *кр. ф.* -ён, -ена́
покори́тель, -я
покори́тельница, -ы, *тв.* -ей
покори́ть(ся), -рю́(сь), -ри́т(ся)
покоричневе́ние, -я
покоричневе́ть, -е́ю, -е́ет
покорми́ть(ся), -ормлю́(сь), -о́рмит(ся)
поко́рмленный; *кр. ф.* -ен, -ена
поко́рнейше (благодарю, прошу́)
поко́рнейший
поко́рно, *нареч.*
поко́рность, -и
поко́рный; *кр. ф.* -рен, -рна
покоро́бить(ся), -блю, -бит(ся)
покоро́бленный; *кр. ф.* -ен, -ена
покоро́че
покорпе́ть, -плю́, -пи́т
поко́рствовать, -твую, -твует

покоры́стоваться, -туюсь, -туется
покоря́ть(ся), -я́ю(сь), -я́ет(ся)
покоря́читься, -чусь, -чится
покоря́ющий(ся)
поко́с, -а
покоси́ть, -ошу́, -о́сит (*к* коси́ть[1])
покоси́ть(ся), -ошу́(сь), -оси́т(ся) (*к* коси́ть[2])
поко́сник, -а
поко́сный
по ко́сточкам (разобра́ть)
покочева́ть, -чу́ю, -чу́ет
покочевря́житься, -жусь, -жится
по-коша́чьи
поко́шенный; *кр. ф.* -ен, -ена (*выкошенный; искривленный*)
покошённый; *кр. ф.* -ён, -ена́ (*искривленный*)
покощу́нствовать, -твую, -твует
поко́ящийся
покра́вший
покра́денный; *кр. ф.* -ен, -ена
покра́жа, -и, *тв.* -ей
по кра́йней ме́ре
по кра́йности
покра́пать, -плю, -плет и -аю, -ает
покра́пывать, -ает
покраси́вевший
покраси́вее
покраси́веть, -ею, -еет
покра́сить(ся), -а́шу(сь), -а́сит(ся)
покра́ска, -и, *р. мн.* -сок
покрасне́ние, -я
покрасне́ть, -е́ю, -е́ет
покрасова́ться, -су́юсь, -су́ется
покра́сочный
покра́сть, -аду́, -адёт; *прош.* -а́л, -а́ла
покрахма́ленный; *кр. ф.* -ен, -ена
покрахма́лить, -лю, -лит
покра́шенный; *кр. ф.* -ен, -ена
покрени́ться, -и́тся
покрепча́ть, -а́ет
покре́пче
покрести́ть(ся), -ещу́(сь), -е́стит(ся)
по-крестья́нски
покрещённый; *кр. ф.* -ён, -ена́
покриви́ть(ся), -влю́(сь), -ви́т(ся)
покривлённый; *кр. ф.* -ён, -ена́
покривля́ться, -я́юсь, -я́ется
по́крик, -а
покри́кивание, -я
покри́кивать, -аю, -ает
покритико́ванный; *кр. ф.* -ан, -ана
покритикова́ть, -ку́ю, -ку́ет
покрича́ть, -чу́, -чи́т
покро́в, -а (*к* покрыва́ть(ся)
Покро́в, -а́ (*праздник*)
покрове́ц, -вца́, *тв.* -вцо́м, *р. мн.* -вцо́в
покрови́тель, -я
покрови́тельница, -ы, *тв.* -ей
покрови́тельственно, *нареч.*
покрови́тельственность, -и
покрови́тельственный; *кр. ф.* -вен и -венен, -венна
покрови́тельство, -а
покрови́тельствовать, -твую, -твует
Покро́вка, -и (*улица*)
покро́вный (*к* покрыва́ть(ся))
Покро́вские Воро́та (*площадь*)
покро́вский (*от* Покро́в)
Покро́вский (собо́р, монасты́рь)
покро́енный; *кр. ф.* -ен, -ена
покрои́ть, -ою́, -ои́т
покро́й, -я
покро́мка, -и, *р. мн.* -мок
покро́мочный
покро́мсанный; *кр. ф.* -ан, -ана
покромса́ть, -а́ю, -а́ет
покропи́ть, -плю́, -пи́т
покроплённый; *кр. ф.* -ён, -ена́
покро́шенный; *кр. ф.* -ен, -ена
покроши́ть(ся), -ошу́, -о́ши́т(ся)
покругле́ть, -е́ю, -е́ет
покружённый; *кр. ф.* -ён, -ена́ и **покру́женный;** *кр. ф.* -ен, -ена
покружи́ть(ся), -ужу́(сь), -у́жи́т(ся)
покрупне́е
покрупне́ть, -е́ю, -е́ет
по кру́пной (игра́ть)
по-кру́пному, *нареч.*
покрути́ть(ся), -учу́(сь), -у́тит(ся)
покру́че
покру́ченный; *кр. ф.* -ен, -ена
покру́чивание, -я
покру́чивать(ся), -аю(сь), -ает(ся)
покручи́ниться, -нюсь, -нится
покрыва́ло, -а
покрыва́льце, -а, *р. мн.* -лец
покрыва́ние, -я
покрыва́тельство, -а
покрыва́ть(ся), -а́ю(сь), -а́ет(ся)
покрывно́й
покры́тие, -я
покрытосеменны́е, -ы́х и **покрытосемя́нные,** -ых
покры́тый
покры́ть(ся), -ро́ю(сь), -ро́ет(ся)
покры́шечный
покры́шка, -и, *р. мн.* -шек
покря́кать, -аю, -ает
покря́кивание, -я
покря́кивать, -аю, -ает
покряхте́ть, -хчу́, -хти́т
покря́хтывание, -я
покря́хтывать, -аю, -ает
поксви́русы, -ов, *ед.* -ви́рус, -а
покувырка́ться, -а́юсь, -а́ется
поку́да
покуда́хтать, -хчу, -хчет
поку́дова
покукова́ть, покуку́ю, покуку́ет
по-культу́рному
покуме́кать, -аю, -ает
покуми́ться, -млю́сь, -ми́тся
поку́панный; *кр. ф.* -ан, -ана
покупа́тель, -я
покупа́тель-импортёр, покупа́теля-импортёра
покупа́тельница, -ы, *тв.* -ей
покупа́тельный
покупа́тельский
покупа́ть(ся), -а́ю(сь), -а́ет(ся)
по-купе́чески
поку́пка, -и, *р. мн.* -пок
поку́пка-прода́жа, поку́пки-прода́жи
покупно́й
поку́почка, -и, *р. мн.* -чек
покупщи́к, -а́
покупщи́ца, -ы, *тв.* -ей
покура́житься, -жусь, -жится
поку́ренный; *кр. ф.* -ен, -ена
поку́ривать, -аю, -ает
покури́ть, -урю́, -у́рит
покурлы́кать, -ы́чу, -ы́чет и -аю, -ает
покуроле́сить, -е́шу, -е́сит
поку́санный; *кр. ф.* -ан, -ана
покуса́ть, -а́ю, -а́ет
покуси́ться, -ушу́сь, -уси́тся
поку́сы, -ов, *ед.* поку́с, -а
поку́сывание, -я
поку́сывать, -аю, -ает
покути́ть, -учу́, -у́тит
поку́чивать, -аю, -ает
поку́шать, -аю, -ает
покуша́ться, -а́юсь, -а́ется
покуше́ние, -я
пол[1], -а, *предл.* на полу́, *мн.* -ы́, -о́в (*настил*)
пол[2], -а, *мн.* по́лы, -о́в (мужско́й и же́нский)
пол... (*половина*) *– с последующим словом пишется через дефис* (*перед гласной, л и перед прописной буквой*) *или слитно* (*в остальных случаях*)*; с последующим сочетанием слов пишется раздельно*
пола́, -ы́, *мн.* по́лы, пол
пола́бский (пола́бские славя́не, пола́бский язы́к)
пола́бы, -ов
пол-а́вгуста
полави́ровать, -рую, -рует
пол-авто́буса
полага́ть(ся), -а́ю(сь), -а́ет(ся)
пола́дить(ся), -а́жу, -а́дит(ся)
пола́зать, -аю, -ает
пол-А́зии
пола́зить, -а́жу, -а́зит
пола́ивать, -аю, -ает
полака́ть, -а́ю, -а́ет
по-лаке́йски
полакиро́ванный; *кр. ф.* -ан, -ана
полакирова́ть(ся), -ру́ю, -ру́ет(ся)
пола́комить(ся), -млю(сь), -мит(ся)
пол-Аме́рики
пола́мывание, -я
пола́мывать, -ает
пол-апельси́на
пол-апре́ля
пол-арбу́за
пол-а́рмии
пол-арши́на, *род.* пол-арши́на (*разг.*) и полуарши́на, *предл.* в пол-арши́не от… (*разг.*) и в полуарши́не от…
пола́сканный; *кр. ф.* -ан, -ана

поласка́ть(ся), -а́ю(сь), -а́ет(ся) (*к* ла́ска)
пола́ститься, -а́щусь, -а́стится
пола́ти, -ей
по-лати́нски
по-латы́ни, *нареч.* (писа́ть по-латы́ни), но *сущ.* **по латы́ни** (получи́ть пятёрку по латы́ни)
по-латы́шски
пол-А́фрики
поля́ть(ся), -а́ю(сь), -а́ет(ся)
по́лба, -ы
полбаза́ра
пол-Байка́ла
полба́йта, *род.* полба́йта (*разг.*) и полуба́йта
полба́ка
полбалко́на
полбана́на
полба́нки
полбара́на
полбатальо́на
полбато́на
полбеды́, *в знач. сказ.*
по́лбенный
полбиблиоте́ки
полблокно́та
полбока́ла
полбуты́лка, -и, *р. мн.* -лок (*разг. к* полубуты́лка, *сосуд*)
полбуты́лки (*мера жидкости*)
полбуха́нки
полбяно́й
полваго́на
по́л ва́фельного то́рта
полведра́
полве́ка, *род.* полве́ка (*разг.*) и полуве́ка
полверсты́, *род.* полверсты́ (*разг.*) и полуверсты́, *предл.* в полверсте́ от… (*разг.*) и в полуверсте́ от…
полвершка́
полве́чера
полвзво́да, *род.* полвзво́да (*разг.*) и полувзво́да
полвинта́ *(спорт.)*
полвосьмо́го
полвторо́го
полгазе́ты
полгекта́ра, *род.* полгекта́ра (*разг.*) и полугекта́ра
пол-Герма́нии
полго́да, *род.* полго́да (*разг.*) и полуго́да; полуго́дом ра́ньше
полго́дика
полголовы́; вы́ше (ни́же) на полголовы́
полго́рода
полго́ря, *в знач. сказ.*
полгости́ницы
полгра́мма, *род.* полгра́мма (*разг.*) и полугра́мма
полгру́ппы
полда́чи
полдвена́дцатого
полдвора́
полдевя́того
полдекабря́
полде́ла
по́лдень, по́лдня и полу́дня, *мн.* по́лдни, по́лдней
полдере́вни
полдеся́того
полдетса́да
полдива́на
полдиви́зии
полдне́вный
по́лдник, -а
по́лдничать, -аю, -ает
полдня́, *род.* полдня́ (*разг.*) и полудня́
полдо́ллара, *род.* полдо́ллара (*разг.*) и полудо́ллара
полдо́ма
полдоро́ги; но: останови́ться, находи́ться на полдоро́ге
полды́ни
полдю́жины, *род.* полдю́жины (*разг.*) и полудю́жины
полдю́йма, *род.* полдю́йма (*разг.*) и полудю́йма
по́ле, -я, *мн.* -я́, -е́й; но: **По́ле,** -я (*степи за южными пределами Руси, ист.*); **Лоде́йное По́ле** (*город*), **Октя́брьское По́ле, Ямско́е По́ле** (*районы в Москве*), **Воронцо́во По́ле** (*улица в Москве*)
по-лебеди́ному, *нареч.*
полебези́ть, -ежу́, -ези́т
полева́ть, полю́ю, полю́ет (*охотиться*)
полеве́ние, -я
полеве́ть, -е́ю, -е́ет
полеви́к, -а́ (*геолог, археолог и т. п.*)
полеви́ца, -ы, *тв.* -ей
полеви́чка, -и, *р. мн.* -чек (*растение*)
полёвка, -и, *р. мн.* -вок
полево́д, -а
полево́дство, -а
полево́дческий
полево́й
полевошпа́тный
полевошпа́товый
пол-е́вро
пол-Евро́пы
полега́емость, -и
полега́емый
полега́ние, -я
полега́ть, -а́ет
полёглый
полего́нечку, *нареч.*
полего́ньку, *нареч.*
полегча́ть, -а́ет
поле́гче
полёгший
полежа́евский (*от* Полежа́ев)
полежа́лое, -ого
полежа́лый
полежа́ть, -жу́, -жи́т
полёживать, -аю, -ает
полеза́й(те), *пов.* (*к* (по)ле́зть)
полезащи́тный
поле́знейший
поле́зность, -и
поле́зный; *кр. ф.* -зен, -зна
поле́зть, -е́зу, -е́зет; *прош.* -е́з, -е́зла
поле́зший
пол-е́льника
полема́рх, -а
полемизи́ровать, -рую, -рует
поле́мика, -и
полеми́ст, -а
полеми́стка, -и, *р. мн.* -ток
полеми́ческий
полеми́чность, -и
полеми́чный; *кр. ф.* -чен, -чна
пол-ёмкости
полемоло́гия, -и
поле́ниваться, -аюсь, -ается
полени́ка, -и
по-ле́нински
полени́ться, -еню́сь, -е́нится
поле́ни́ца, -ы, *тв.* -ей, *м.* и *ж.* (*богатырь*)
поле́нница, -ы, *тв.* -ей (*сложенные дрова*)
поле́но, -а, *мн.* поле́нья, -ьев
поле́новский (*от* Поле́нов и Поле́ново)
полентя́йничать, -аю, -ает
поле́нце, -а, *р. мн.* -нец и -нцев
полепета́ть, -печу́, -пе́чет
полепи́ть, -еплю́, -е́пит
поле́пленный; *кр. ф.* -ен, -ена
поле́сник, -а
полесо́вщик, -а
поле́сский (*к* Поле́сье)
поле́сье, -я, *р. мн.* -сий (*болотистая местность, поросшая мелким лесом*) и **Поле́сье, -**я (*геогр. область в бассейне Припяти и Днепра*)
полёт, -а
полета́ть, -а́ю, -а́ет
полете́ть, полечу́, полети́т
поле́тнее, -его (*годовая дань, ист.*)
по-ле́тнему, *нареч.*
полётность, -и
полётный
поле́тта, -ы
полётчик, -а
поле́ченный; *кр. ф.* -ен, -ена
полечи́ть(ся), -ечу́(сь), -е́чит(ся)
по́лечка, -и, *р. мн.* -чек
поле́чь, поля́гу, поля́жет, поля́гут; *прош.* полёг, полегла́
полеша́не, -а́н, *ед.* -а́нин, -а (*к* Поле́сье)
полеша́нка, -и, *р. мн.* -нок
поле́шко, -а, *мн.* -шки, -шек
полжи́зни
полжурна́ла
ползаво́да
полза́ла (*от* зал)
по́лзание, -я
по́л записно́й кни́жки
ползарпла́ты
по́лзать, -аю, -ает

ползда́ния
полземли́ (*полсвета*) и **пол-Земли́** (*планеты*)
ползко́м, *нареч.*
ползо́к, -зка́
ползти́, -зу́, -зёт; *прош.* полз, ползла́
ползу́н, -а́
ползунки́, -о́в (*детская одежда*)
ползунко́вый
ползу́нный
ползуно́к, -нка́
ползу́нья, -и, *р. мн.* -ний
ползу́честь, -и
ползу́чий
ползу́чка, -и, *р. мн.* -чек
по́лзший
поли... *– первая часть сложных слов, пишется слитно*
полиакриламé́д, -а
полиакриламе́дный
полиакрила́ты, -ов, *ед.* -ла́т, -а
полиакри́ловый
полиакрилонитри́л, -а
полиакрилонитри́льный
полиами́дный
полиами́ды, -ов, *ед.* -ами́д, -а (*к* ами́дный, *хим.*)
полианализа́тор, -а
полиандри́ческий
полиа́ндрия, -и
полианио́н, -а
полиани́т, -а
полиарила́ты, -ов, *ед.* -ла́т, -а
полиартралги́я, -и
полиартри́т, -а
полиатло́н, -а
полиатло́нный
полибензимидазо́лы, -ов, *ед.* -зо́л, -а
полибера́льничать, -аю, -ает
полибла́сты, -ов, *ед.* -бла́ст, -а
полибутадие́н, -а
поли́в, -а (*поливка*)
поли́ва, -ы (*глазурь*)
поливакци́на, -ы
поливакци́нный
поливале́нтность, -и
поливале́нтный; *кр. ф.* -тен, -тна
полива́лка, -и, *р. мн.* -лок
полива́льный
полива́льщик, -а
полива́льщица, -ы, *тв.* -ей
полива́ние, -я
поли́ванный и **поли́венный** (*к* поли́ва)
полива́ть(ся), -а́ю(сь), -а́ет(ся)
поливе́ктор, -а
поли́венный и **поли́ванный** (*к* поли́ва)
поливинилацета́ли, -ей, *ед.* -та́ль, -я
поливинилацета́т, -а
поливинилацета́тный
поливинилбутира́ль, -я
поливинилиденхлори́д, -а
поливини́ловый
поливинилспиртово́й
поливинилформа́ль, -я
поливинилхлори́д, -а
поливинилхлори́дный
поливитами́нный
поливитами́новый
поливитами́ны, -ов
поливитами́ны драже́, поливитами́нов драже́
поли́вка, -и, *р. мн.* -вок
поливно́й (*к* поли́вка)
поли́вный (*к* поли́ва)
поливомо́ечный
поли́вочный
полигали́т, -а
полигами́ческий
полига́мия, -и
полига́мный
полигени́зм, -а
полигени́я, -и (*к* ге́ны)
полиге́нный
полиге́ны, -ов, *ед.* -ге́н, -а
полигибри́д, -а
Полиги́мния, -и
полигини́ческий
полигини́я, -и
полиглобули́я, -и
полигло́т, -а
полигло́тка, -и, *р. мн.* -ток
полигляциали́зм, -а
полиго́н, -а
полигона́льный
полигониза́ция, -и
полиго́нный
полигонометри́ческий
полигономе́трия, -и
полигра́ф, -а
полиграфи́ст, -а
полиграфи́ческий
полигра́фия, -и
полиграфкомбина́т, -а
полигра́фный
пол-игры́
полидактили́я, -и
полиди́псия, -и
полиеле́й, -я
полие́новый
полижа́нровый
по́лиз, -а (*инф.*)
поли́занный; *кр. ф.* -ан, -ана
полиза́ть(ся), -ижу́(сь), -и́жет(ся)
пол-избы́
полиизобутиле́н, -а
полиизопре́н, -а
полиими́ды, -ов, *ед.* -ми́д, -а (*к* ими́дный, *хим.*)
поликанди́ло, -а
поликапроами́д, -а
поликапролакта́м, -а
поликарбона́ты, -ов, *ед.* -на́т, -а
поликарбо́новый
поликардиогра́фия, -и
поликарпи́ческий
поликисло́ты, -о́т, *ед.* -ота́, -ы́
поликли́ника, -и
поликлини́ческий
поликова́ть, -ку́ю, -ку́ет
поликомпоне́нтный
поликонденса́ция, -и
поликони́ческий
поликра́тия, -и
поликриста́лл, -а
поликристалли́ческий
поликро́сс, -а
поликсе́н, -а (*хим.*)
полила́довость, -и
полила́довый
полилецита́льный
полилине́йный
полилове́ть, -е́ю, -е́ет
полило́г, -а
полимара́н, -а
полимара́нный
полимасти́я, -и
полиматериа́л, -а (*полимерный материал*)
пол-име́ния
полиме́нт, -а
полимера́зный
полимера́зы, -а́з, *ед.* -а́за, -ы
полимераналоги́чный (полимераналоги́чные превраще́ния)
полимербензи́н, -а
полимербето́н, -а
полимериза́тор, -а
полимеризацио́нный
полимериза́ция, -и
полимеризо́ванный; *кр. ф.* -ан, -ана
полимеризова́ть(ся), -зу́ю, -зу́ет(ся)
полимери́я, -и
полиме́рный
полимерове́дение, -я
полимерове́дческий
полимерцеме́нтный
полиме́рщик, -а
полиме́ры, -ов, *ед.* -ме́р, -а
полиметалли́ческий
полиметиле́новый
полиметилметакрила́т, -а
полимети́новый
полиметри́я, -и
полимикси́ны, -ов, *ед.* -си́н, -а
полиморфи́зм, -а
полиморфи́ческий
полимо́рфный
полиморфо́з, -а (*геол.*)
полинаркома́н, -а
полинаркома́ния, -и
полиневри́т, -а
полинези́йка, -и, *р. мн.* -и́ек
полинези́йский (*от* Полине́зия)
полинези́йцы, -ев, *ед.* -и́ец, -и́йца, *тв.* -и́йцем
по ли́нии (*чего*)
полинова́ть, -ну́ю, -ну́ет
полино́зный (полино́зные воло́кна)
полино́м, -а
полиномиа́льный (*от* полино́м)
полиномина́льный о́круг
пол-институ́та
полинуклеоти́ды, -ов, *ед.* -ти́д, -а

полиня́лый
полиня́ть, -я́ет
полиови́русы, -ов, *ед.* -ви́рус, -а
полиоксикислота́, -ы́
полиоксиметиле́н, -а
полиолефи́ны, -ов, *ед.* -фи́н, -а
полиомиели́т, -а
полиомиели́тный
полиоэнцефали́т, -а
поли́п, -а
полипепти́ды, -ов, *ед.* -ти́д, -а
полиперсона́льный
полипле́н, -а
полипло́ид, -а
полиплоидиза́ция, -и
полиплоиди́я, -и
полипло́идный
полипно́э, *нескл., с.*
поли́пный
полипо́з, -а
полипо́ид, -а
полиполи́я, -и (*термин рынка*)
полипообра́зный; *кр. ф.* -зен, -зна
полипрагмази́я, -и
полипредикати́вность, -и
полипредикати́вный; *кр. ф.* -вен, -вна
полипропиле́н, -а
полипропиле́новый
поли́пти́х, -а
полирибосо́мы, -о́м, *ед.* -со́ма, -ы
полиритми́я, -и
полирова́льный
полирова́ние, -я
поли́рованный; *кр. ф.* -ан, -ана
полирова́ть(ся), -ру́ю, -ру́ет(ся)
поли́ровка, -и
поли́ровочный
поли́ровщик, -а
поли́ровщица, -ы, *тв.* -ей
поли́роль, -я
по́лис, -а (*город; документ*)
полисахари́ды, -ов, *ед.* -ри́д, -а
полисеманти́ческий
полисеманти́чность, -и
полисемантичный; *кр. ф.* -чен, -чна
полисеми́чность, -и
полисеми́чный; *кр. ф.* -чен, -чна
полисеми́я, -и
полисерози́т, -а
полисиллоги́зм, -а
полиси́ндетон, -а
полисинтети́ческий
полисме́н, -а
по́лисный
полисоедине́ния, -ий, *ед.* -е́ние, -я
полисо́мы, -о́м, *ед.* -со́ма, -ы
полиспа́ст, -а
полиспа́стный
полиспа́стовый
полиспермия́, -и
полиспоро́з, -а
полиста́врий, -я
полистадиа́льный
поли́станный; *кр. ф.* -ан, -ана
полиста́ть, -а́ю, -а́ет
полистили́зм, -а
полистили́стика, -и
полистиро́л, -а
полистиро́ловый
полистиро́льный
поли́стный
полисульфи́дный
полисульфи́ды, -ов, *ед.* -фи́д, -а
по-ли́сьи
полит... – *первая часть сложных слов, пишется слитно*
политаги́тка, -и, *р. мн.* -ток
пол-Ита́лии
политбесе́да, -ы
политбюро́, *нескл., с.*
политбюро́вец, -вца, *тв.* -вцем, *р. мн.* -вцев
политбюро́вский
политгра́мота, -ы
политеи́зм, -а
политеи́ст, -а
политеисти́ческий
политени́я, -и
полите́нный
полите́с, -а
политетрафторэтиле́н, -а
полите́х, -а (*политехнический институт, университет*)
политехниза́ция, -и
политехнизи́рованный; *кр. ф.* -ан, -ана
политехнизи́ровать(ся), -рую, -рует(ся)
политехни́зм, -а
полите́хник, -а
полите́хникум, -а
политехни́ческий
Политехни́ческий музе́й
полите́ховский
политзаключённый, -ого
политзаня́тие, -я
политзэ́к, -а
политиза́ция, -и
политизи́рованность, -и
политизи́рованный; *кр. ф.* -ан, -ана
политизи́ровать(ся), -рую(сь), -рует(ся)
поли́тик, -а
поли́тика, -и
политика́н, -а
политика́нка, -и, *р. мн.* -нок
политика́нский
политика́нство, -а
политика́нствовать, -твую, -твует
политика́нша, -и, *тв.* -ей
поли́тико-администрати́вный
поли́тико-воспита́тельный
поли́тико-правово́й
поли́тико-территориа́льный
поли́тико-технологи́ческий
поли́тико-экономи́ческий
политинформа́тор, -а
политинформа́ция, -и
политипа́ж, -а, *тв.* -ем
политипи́ческий
полити́чески зна́чимый
полити́ческий
полити́чность, -и
полити́чный; *кр. ф.* -чен, -чна
политкаторжа́нин, -а, *мн.* -а́не, -а́н
политкаторжа́нка, -и, *р. мн.* -нок
политкорре́ктность, -и
политкорре́ктный; *кр. ф.* -тен, -тна
политкружо́к, -жка́
политобозрева́тель, -я
по-лито́вски
полито́лог, -а
политологи́ческий
политоло́гия, -и
политона́льность, -и
политона́льный; *кр. ф.* -лен, -льна
политони́ческий
политони́чность, -и
политони́чный; *кр. ф.* -чен, -чна
полито́рганы, -ов, *ед.* -о́рган, -а
политотде́л, -а
политотде́лец, -льца, *тв.* -льцем, *р. мн.* -льцев
политотде́льский
политотде́льческий
политотчёт, -а
политпросве́т, -а
политпросветрабо́та, -ы
политпросвеще́ние, -я
политрабо́та, -ы
политрабо́тник, -а
политразве́дка, -и, *р. мн.* -док
политреда́кция, -и
политрифторхлорэтиле́н, -а
поли́трихум, -а
политро́па, -ы
политропи́ческий
политро́пность, -и
политро́пный
политру́к, -а и -а́
политсе́ть, -и, *предл.* в политсети́, *мн.* -и, -е́й
политсове́т, -а
политсоста́в, -а
политтехно́лог, -а
политтехноло́гия, -и
политтусо́вка, -и, *р. мн.* -вок
политуправле́нец, -нца, *тв.* -нцем, *р. мн.* -нцев
политуправле́ние, -я
политу́ра, -ы
политу́рный
политучёба, -ы
по́ли́тый; *кр. ф.* по́ли́т, полита́, по́ли́то
поли́ть(ся), полью́(сь), польёт(ся); *прош.* по́ли́л, поли́лся, полила́(сь), по́ли́ло, поли́ло́сь
политэконо́м, -а
политэкономи́ст, -а
политэкономи́ческий
политэконо́мия, -и
политэмигра́нт, -а
политэмигра́нтка, -и, *р. мн.* -ток

полиурета́н, -а
полиурета́новый
полиури́я, -и
полифа́г, -а
полифа́ги́я, -и
полифа́зный
полифе́н, -а
полифенолоксида́за, -ы
полифили́я, -и
полифони́зм, -а
полифони́ст, -а
полифони́ческий
полифони́чность, -и
полифони́чный; *кр. ф.* -чен, -чна
полифони́я, -и
полифо́нный
полиформальдеги́д, -а
полифосфа́ты, -ов, *ед.* -фа́т, -а
полифосфонитрилхлори́д, -а
полифо́сфорный
полифто́нг, -а
полифтонги́ческий
полифурка́ция, -и
полихе́ты, -хе́т, *ед.* -хе́та, -ы
полихлорвини́л, -а
полихлорвини́ловый
полихромати́ческий
полихроми́я, -и
полихро́мный
полихро́нион, -а *(церк. песнопение)*
по́лица, -ы, *тв.* -ей
полица́й, -я
полицейме́йстер, -а и **полицме́йстер,** -а
полице́йский
полице́йщина, -ы
полицеме́рить, -рю, -рит
полицентри́зм, -а
полицентри́ческий
полицентри́чность, -и
полицентри́чный; *кр. ф.* -чен, -чна
полицикли́ческий
полицитеми́я, -и
поли́ция, -и
полицме́йстер, -а и **полицейме́йстер,** -а
полицме́йстерский
полицме́йстерство, -а
полицме́йстерша, -и, *тв.* -ей
поли́чное: с поли́чным (взя́ть, пойма́ть)
Полишине́ль, -я (*также*: секре́т Полишине́ля)
полиэ́др, -а
полиэдри́ческий
полиэкра́н, -а
полиэкра́нный
полиэлектроли́ты, -ов, *ед.* -ли́т, -а
полиэмбриони́я, -и
полиэ́стер, -а
полиэ́стеровый
полиэтиле́н, -а
полиэтиленими́н, -а
полиэтиле́новый
полиэтилентерефтала́т, -а
полиэтни́ческий
полиэфиракрила́ты, -ов, *ед.* -ла́т, -а
полиэфи́рный
полиэфи́ры, -ов, *ед.* -эфи́р, -а
пол-ию́ля
пол-ию́ня
полия́дерный
полк, -а́, *предл.* в полку́
по́лка, -и, *р. мн.* по́лок
Полка́н, -а (*кличка*)
полкани́кул
полкани́стры
полкарто́фелины
полкастрю́ли
по́л квадра́тного ме́тра
полкварти́ры
полкило́
полкилогра́мма, *род.* полкилогра́мма (*разг.*) и полукилогра́мма
полкилогра́ммо́вый (*разг. к* полукилогра́ммо́вый)
полкиломе́тра, *род.* полкиломе́тра (*разг.*) и полукиломе́тра, *предл.* в полкиломе́тре от… (*разг.*) и в полукиломе́тре от…
полкилометро́вый (*разг. к* полукилометро́вый)
полкирпича́
полкла́сса
полкни́ги
полко́вник, -а
полко́вник-инжене́р, полко́вника-инжене́ра
полко́вница, -ы, *тв.* -ей
полко́вницкий
полко́вничий, -ья, -ье
полко́вничиха, -и
полково́дец, -дца, *тв.* -дцем, *р. мн.* -дцев
полково́дческий
полково́й
полкодержа́тель, -я
полколле́кции
полкольца́
полкома́нды
полко́мнаты
полкопе́йки
полкоро́бки
полко́рпуса
полкочана́ и **полкочна́**
полкрова́ти
полкру́га
полкру́жки
полку́рса
полкуска́
пол-ла́геря
поллакиури́я, -и
пол-ле́са
пол-ле́та
пол-лимо́на
поллина́рий, -я
пол-ли́нии
полли́ний, -я
поллино́з, -а (*мед.*)
пол-листа́
пол-ли́тра, *род.* пол-ли́тра (*разг.*) и полули́тра (*в знач. половина литра*), пол-ли́тра (*в знач. поллитровка*)
поллитро́вка, -и, *р. мн.* -вок
по́л литро́вой ба́нки
пол-литро́вый (*разг. к* полулитро́вый)
пол-лица́
пол-ло́джии
пол-ло́дки
пол-ло́жки
пол-Ло́ндона
пол-ло́та
пол-лу́ковицы
пол-луны́ *(лунного диска)* и **пол-Луны́** *(небесного тела)*
поллуци́т, -а
поллю́ция, -и
полмагази́на
полмандари́на
полма́рта
полма́тча
полма́я
полме́сяца, *род.* полме́сяца (*разг.*) и полуме́сяца
полме́тра, *род.* полме́тра (*разг.*) и полуме́тра, *предл.* в полме́тре от… (*разг.*) и в полуме́тре от…
полметро́вый (*разг. к* полуметро́вый)
полмешка́
полми́ли, *род.* полми́ли (*разг.*) и полуми́ли, *предл.* в полми́ле от… (*разг.*) и в полуми́ле от…
полмиллиа́рда, *род.* полмиллиа́рда (*разг.*) и полумиллиа́рда и (*при передаче разг. произношения*) **полмилья́рда,** *род.* полмилья́рда и полумилья́рда
полмиллиа́рдный и (*при передаче разг. произношения*) **полмилья́рдный** (*разг. к* полумиллиа́рдный)
полмиллиме́тра, *род.* полмиллиме́тра (*разг.*) и полумиллиме́тра
полмиллио́на, *род.* полмиллио́на (*разг.*) и полумиллио́на и (*при передаче разг. произношения*) **полмильо́на,** *род.* полмильо́на и полумильо́на
полмиллио́нный и (*при передаче разг. произношения*) **полмильо́нный** (*разг. к* полумиллио́нный)
полмину́ты, *род.* полмину́ты (*разг.*) и полумину́ты
полми́ра, *род.* полми́ра (*разг.*) и полуми́ра
пол-Москвы́
по́л Моско́вской о́бласти
полмузе́я
полне́ба
полне́йший
по́лненький
полне́ть, -е́ю, -е́ет
полнёхонький; *кр. ф.* -нек, -нька
полнёшенький; *кр. ф.* -нек, -нька
полни́ть, -и́т (*к* по́лный – *толстый*)

по́лнить(ся), -ит(ся) (*наполнять(ся)*)
по́лно (*довольно, перестань(те)*)
полно́ (*очень много*)
полнова́тость, -и
полнова́тый
полнове́сность, -и
полнове́сный; *кр. ф.* -сен, -сна
полновла́стие, -я
полновла́стный; *кр. ф.* -тен, -тна
полново́дность, -и
полново́дный; *кр. ф.* -ден, -дна
полново́дье, -я
полногабари́тный
полногла́сие, -я
полногла́сный
полногру́дый
полнозву́чность, -и
полнозву́чный; *кр. ф.* -чен, -чна
полнокомпле́ктный
полнокристалли́ческий
полнокро́вие, -я
полнокро́вность, -и
полнокро́вный; *кр. ф.* -вен, -вна
полноли́цый
полнолу́ние, -я
полнолу́нный
полномасшта́бный
полномёдный
полноме́рный
полнометра́жный
полномо́чие, -я
полномо́чный; *кр. ф.* -чен, -чна; но: **Чрезвыча́йный и Полномо́чный Посо́л**
полнонабо́рный
полноповоро́тный
полнопра́вие, -я
полнопра́вность, -и
полнопра́вный; *кр. ф.* -вен, -вна
полноприводно́й и (*в проф. речи*) **полнопри́водный**
полнопро́фильный
полнорацио́нный
полноро́дный
полносбо́рный
полносисте́мный
по́лностью
полнота́, -ы́
по́лноте (*довольно, перестаньте*)
полноте́кстовый
полноте́лый
полно́тный
полноформа́тный; *кр. ф.* -тен, -тна
полноцве́тный
полноце́нно, *нареч.*
полноце́нность, -и
полноце́нный; *кр. ф.* -е́нен, -е́нна
полно́чи, *род.* полно́чи (*разг.*) и полу́но́чи
полно́чный и **полу́но́чный**
по́лночь, по́лночи и полу́ночи
полнощёкий
полно́щный и **полу́но́щный** (*устар. книжн. к* полно́чный и полу́но́чный)

полноября́
по́лный; *кр. ф.* по́лон, полна́, по́лно́
полны́м-полно́ (*очень много*)
полны́м-по́лон, -полна́, -по́лно́
пол-Нью-Йо́рка
полня́щий (*от* полни́ть)
по́лнящий(ся) (*от* по́лнить(ся)
по́ло, *нескл., с.* (*игра; рубашка*) и *неизм.* (*о фасоне рубашки*)
пол-о́бласти
пол-обо́ймы
пол-оборо́та
поло́ва, -ы
полове́цкий
полови́к, -а́
полови́на, -ы
полови́на на полови́ну
полови́нка, -и, *р. мн.* -нок
полови́нный
полови́нчатость, -и
полови́нчатый
полови́нщик, -а
полови́ть, -овлю́, -о́вит
полови́ца, -ы, *тв.* -ей
полови́чка, -и, *р. мн.* -чек
половичо́к, -чка́
поло́вленный; *кр. ф.* -ен, -ена
поло́вник, -а
поло́вничать, -аю, -ает
поло́вничек, -чка
поло́вничество, -а
полово́дный
полово́дье, -я, *р. мн.* -дий
половозрастно́й
половозре́лость, -и
половозре́лый
полово́й[1], *прил.*
полово́й[2], -о́го (*слуга*)
поло́во-пе́гий
половосбо́рник, -а
половосбо́рщик, -а
по́ловцы, -ев, *ед.* -вец, -вца, *тв.* -вцем
половча́нка, -и, *р. мн.* -нок
половщи́к, -а́
поло́вый (*о масти*)
по́лог, -а
поло́гий
пологозалега́ющий*
пологонакло́нный
пологопа́дающий*
пол-огоро́да
поло́гость, -и
пол-огурца́
пол-оди́ннадцатого
поло́дия, -и
поло́дырничать, -аю, -ает
положа́берные, -ых
поло́же, *сравн. ст.* (*от* поло́гий, поло́го)
положе́ние, -я
поло́женный; *кр. ф.* -ен, -ена
поло́жено, *в знач. сказ.*
положе́ньице, -а
положи́тельность, -и
положи́тельный; *кр. ф.* -лен, -льна

положи́ть(ся), -ожу́(сь), -о́жит(ся)
положо́к, -жка́
поло́жь, *пов.* (*прост. к* положи́; вы́нь да поло́жь)
по́лоз, -а, *мн.* -ы, -ов (*змея*)
полозки́, -о́в, *ед.* -зо́к, -зка́
поло́зья, -ьев, *ед.* по́лоз, -а
поло́к, полка́
пол-окна́
пол-о́круга
пол-октября́
поло́льник, -а
поло́льный
поло́льщик, -а
поло́льщица, -ы, *тв.* -ей
поло́м, -а
поло́манный; *кр. ф.* -ан, -ана
полома́ть(ся), -а́ю(сь), -а́ет(ся)
поломи́ть, -о́мит
поло́мка, -и, *р. мн.* -мок
поломо́ечный
поломо́йка, -и, *р. мн.* -о́ек
поломо́йный
поло́н, -а и -у
полоне́з, -а
полонённый; *кр. ф.* -ён, -ена́
поло́ниевый
полониза́ция, -и
полонизи́рованный; *кр. ф.* -ан, -ана
полонизи́ровать(ся), -рую, -рует(ся)
полони́зм, -а
поло́ний, -я (*хим.*)
полони́на, -ы
полони́ст, -а
полони́стика, -и
полони́стка, -и, *р. мн.* -ток
полони́ть, -ню́, -ни́т
полоня́ник, -а
полоня́нин, -а, *мн.* -я́не, -я́н
полоня́ничный (*ист.*)
полоня́нка, -и, *р. мн.* -нок
полоня́ночка, -и, *р. мн.* -чек
поло́панный; *кр. ф.* -ан, -ана
поло́пать(ся), -аю, -ает(ся)
по́ло-по́ни, *нескл., м.*
полоро́гий
полоролево́й
полоро́тый
полоса́, -ы́, *вин.* по́лосу́, *мн.* по́лосы, -о́с, -оса́м
полосну́ть, -ну́, -нёт
полоса́тенький
полоса́тик, -а
полоса́тый
поло́ска, -и, *р. мн.* -сок
полоска́ние, -я
поло́сканный; *кр. ф.* -ан, -ана
полоска́тельница, -ы, *тв.* -ей
полоска́тельный
полоска́ть(ся), -ощу́(сь), -о́щет(ся) и -а́ю(сь), -а́ет(ся) (*промывать; мыться; колебать(ся), развевать(ся)*)
полоска́ющий(ся) и **поло́щущий(ся)**
полоско́вая ли́ния (*тех.*)
полоску́н, -а́

полосно́й и **поло́сный** (*от* полоса́)
поло́снутый
полосну́ть, -ну́, -нёт
поло́сный и **полосно́й** (*от* полоса́)
полосова́льный
полосова́ние, -я
полосо́ванный; *кр. ф.* -ан, -ана
полосова́ть(ся), -су́ю(сь), -су́ет(ся)
полосово́й
поло́сонька, -и, *р. мн.* -нек
поло́сочка, -и, *р. мн.* -чек
полостно́й (*от* по́лость)
пол-о́строва
по́лость, -и, *мн.* -и, -е́й
полосу́шка, -и, *р. мн.* -шек
поло́счатый
пол-осьму́хи
пол-осьму́шки
полоте́нечный
полоте́нце, -а, *р. мн.* -нец
полоте́нчико, -а, *мн.* -и, -ов
полотёр, -а
полотёрничать, -аю, -ает
полотёрный
полотёрский
поло́тнище, -а
полотно́, -а́, *мн.* поло́тна, -тен, -тнам
полотнянозаво́дский (*от* Полотня́ный Заво́д)
полотня́ный
Полотня́ный Заво́д (*населенный пункт*)
полото́к, -тка́
пол-отря́да
по́лотый
поло́ть(ся), полю́, по́лет(ся)
по́лоть, -и и **полть, -и,** *мн.* -и, -е́й (*половина туши*)
полоу́мие, -я
полоу́мный; *кр. ф.* -мен, -мна
по́лоцкий (*от* По́лоцк)
полоча́не, -а́н, *ед.* -а́нин, -а (*от* По́лоцк)
пол-очка́
по́лочка, -и, *р. мн.* -чек
по́лочный
по-лошади́ному, *нареч.*
полоши́ть(ся), -шу́(сь), -ши́т(ся)
по́ло-шо́рт, -а
поло́щущий(ся) и **полоска́ющий(ся)**
полпа́йки
полпаке́та
пол-Пари́жа
полпа́рка
полпа́ртии
полпа́чки
полпе́рвого
пол-Петербу́рга
полпивна́я, -о́й
полпи́во, -а
полпи́нты
полпирога́
полпирожка́
полпиру́эта
полпо́езда
полполе́на
полполка́
полполосы́
полпомидо́ра
полпоросёнка
полпо́рции
полпосёлка
полпо́товец, -вца, *тв.* -вцем, *р. мн.* -вцев
полпо́товский (*от* Пол По́т)
полпре́д, -а
полпре́довский и **полпре́дский**
полпре́дство, -а
полпроце́нта, *род.* полпроце́нта (*разг.*) и полупроце́нта
полпу́да, *род.* полпу́да (*разг.*) и полупу́да
полпути́; на полпути́
полпя́того
по́л рабо́чего дня́
полрайо́на
полрома́на
пол-Росси́и
полро́ты, *род.* полро́ты (*разг.*) и полуро́ты
полрупо́на
полрю́мки
полря́да́, *род.* полря́да́ (*разг.*) и полуря́да
полса́да
полса́же́ни, *род.* полса́же́ни (*разг.*) и полуса́же́ни
полсантиме́тра, *род.* полсантиме́тра (*разг.*) и полусантиме́тра
полсапо́жки, -жек (*прост. к* полусапо́жки)
полсве́та
полседьмо́го
полсезо́на
полсеку́нды, *род.* полсеку́нды (*разг.*) и полусеку́нды
полсеме́стра
полсентября́
полсло́ва; не сказа́ть и полсло́ва (ни полсло́ва), поня́ть с полусло́ва, прерва́ть на полусло́ве
полсловаря́
полсме́ны
полсо́тенный (*разг. к* полусо́тенный)
полсо́тни, *род.* полсо́тни (*разг.*) и полусо́тни, *предл.* в полсо́тне (*разг.*) и в полусо́тне (ме́тров, шаго́в)
полсро́ка
полста́ (*разг. к* полсо́тни), *род.* полста́ и полуста́
полста́вки; но: рабо́тать на полста́вке
полста́вочный
полста́да
полстака́на
полстены́
полстола́
полстоле́тия, *род.* полстоле́тия (*разг.*) и полустоле́тия
по́л столо́вой ло́жки
полсто́лька и **полсто́лько**
полстрани́цы
полстраны́
полсть, -и, *мн.* -и, -е́й (*устар. и обл. к* по́лость – *покрывало на ноги в экипаже*)
полстяно́й и **полстя́ный**
полсу́ток, *род.* полсу́ток (*разг.*) и полусу́ток
полтаблéтки
полта́вка, -и, *р. мн.* -вок
Полта́вская би́тва
полта́вский (*от* Полта́ва)
Полта́вский бо́й
полта́вцы, -ев, *ед.* -вец, -вца, *тв.* -вцем
полтавча́не, -а́н, *ед.* -а́нин, -а
полтавча́нка, -и, *р. мн.* -нок
Полта́вщина, -ы (*к* Полта́ва)
полта́кта
полтаре́лки
полтерге́йст, -а
полтетра́ди
полти́на, -ы
полти́нник, -а
полти́нничек, -чка
полто́ма
полто́на
полто́нны, *род.* полто́нны (*разг.*) и полуто́нны
полтора́, полу́тора, *употр. с сущ. муж. и сред. рода*; *ср.* полторы́
полтора́-два́, полу́тора-двух
полтора́ста, полу́тораста
полто́рта
полторы́, полу́тора, *употр. с сущ. жен. рода*; *ср.* полтора́
полтре́тьего
полтретья́, *числит.*
полтысячеле́тия
полты́сячи, *род.* полты́сячи (*разг.*) и полуты́сячи, *тв.* полты́сячей (*разг.*) и полуты́сячей и (*при передаче разг. произношения, в поэзии*) **полты́щи,** *род.* полты́щи, *тв.* полты́щей
полть, -и и **по́лоть, -и,** *мн.* -и, -е́й (*половина туши*)
полу... – *первая часть сложных слов, пишется слитно*
полуавтома́т, -а
полуавтомати́ческий
полуанекдоти́ческий
полуарши́нный
полуба́к, -а
полубаланси́рный
полуба́рка, -и, *р. мн.* -рок
полубарка́с, -а
полуба́рхат, -а
полубе́г, -а
полубезрабо́тный
полубезу́мный; *кр. ф.* -мен, -мна
полубеллетризо́ванный; *кр. ф.* -ан, -ана
полубеллетристи́ческий
полубеспа́мятство, -а

полубессозна́тельный; *кр. ф.* -лен, -льна
полубесчу́вственный; *кр. ф.* -вен и -венен, -венна
полуби́мс, -а
полубо́г, -а, *мн.* -и, -о́в
полубоги́ня, -и, *р. мн.* -и́нь
полубо́кс, -а
полубольно́й
полубо́рт, -а́
полуботи́нки, -нок, *ед.* -нок, -нка
полубре́д, -а, *предл.* в полубреду́
полубредо́вый
полубуты́лка, -и, *р. мн.* -лок
полуваго́н, -а
полува́л, -а
полува́льный
полува́ттный (*к* ватт)
полуведёрный и **полувёдерный**
полуведро́, -а́, *мн.* -вёдра, -вёдер, -вёдрам (*маленькое ведро*; *сосуд такой емкости*)
полувеково́й
полувёрстный
полувзво́д, -а
полувздо́х, -а
полуви́нт, -а́ (*спорт.*)
полуводяно́й
полувое́нный
полуволна́, -ы́, *мн.* -во́лны, -во́лн *(в гимнастике)*
полуволново́й
полуво́льный
полуво́льт, -а
полувопроси́тельный; *кр. ф.* -лен, -льна
полувы́пад, -а *(спорт.)*
полуга́р, -а
полуга́рный
полугекта́рный
полуги́чка, -и, *р. мн.* -чек
полугла́сность, -и
полугла́сный
полугли́ссер, -а, *мн.* -ы, -ов и -а́, -о́в
полуглисси́рующий
полуглухо́й
полуго́дие, -я
полугоди́чный
полугодова́лый
полугодово́й
полуго́док, -дка
полуголо́дный; *кр. ф.* -го́лоден, -дна́, -го́лодно, -го́лодны́
полуго́лый
полуго́род-полудере́вня, полуго́рода-полудере́вни, *м.*
полугосуда́рственный
полугра́мотный; *кр. ф.* -тен, -тна
полугрузово́й
полугру́ппа, -ы
полугу́сеничный
полу́да, -ы
полуда́ча, -и, *тв.* -ей
полу́денный
полудетекти́вный; *кр. ф.* -вен, -вна
полуде́тский
полудиагона́ль, -и
полудика́рь, -я́
полуди́кий
полуди́ть, -ужу́, -у́ди́т
полудли́нный; *кр. ф.* -и́нен, -инна́, -и́нно
полудокумента́льный; *кр. ф.* -лен, -льна
полудо́хлый
полудрагоце́нный
полудрёма, -ы
полудрема́ть, -емлю́, -е́млет
полудремо́та, -ы
полудремо́тный
полудуга́, -и́, *мн.* -ду́ги, -ду́г
полуду́жье, -я, *р. мн.* -жий
полуду́плекс, -а
полуду́плексный
полуду́рок, -рка
полуду́рье, -я, *р. мн.* -ьев
полудюймо́вый
полу́женный; *кр. ф.* -ен, -ена и **полужённый;** *кр. ф.* -ён, -ена́
полужёсткий
полужесткокры́лые, -ых
полуживо́й; *кр. ф.* -жи́в, -жива́, -жи́во
полужи́дкий
полужи́рный
полузабро́шенный; *кр. ф.* -ен, -ена
полузабы́тый
полузабытьё, -я́, *предл.* в полузабытьи́
полузави́симый
полузаводско́й
полузадви́нутый
полузадви́нуть(ся), -ну, -нет(ся)
полузаду́шенный; *кр. ф.* -ен, -ена
полузако́нный; *кр. ф.* -о́нен, -о́нна
полузакрыва́ть(ся), -а́ю(сь), -а́ет(ся)
полузакры́тый
полузакры́ть(ся), -кро́ю(сь), -кро́ет(ся)
полуза́мкнутый
полузанести́, -сёт, *прош.* -сло́
полузаноси́ть(ся), -о́сит(ся)
полузапрещённый; *кр. ф.* -ён, -ена́
полузапру́да, -ы
полузасо́хнуть, -нет; *прош.* -со́х, -со́хла
полузасо́хший
полузасу́шливый
полузасы́панный; *кр. ф.* -ан, -ана
полузасы́пать, -плю, -плет, -плют и -пет, -пят
полузатво́рнический
полузащи́та, -ы
полузащи́тник, -а
полузвери́ный
полуземля́нка, -и, *р. мн.* -нок
полуземляно́й
полузи́мник, -а
пол-узла́
полузна́йка, -и, *р. мн.* -а́ек, *м.* и *ж.*
полузна́йство, -а
полузнако́мый
полузнамена́тельный; *кр. ф.* -лен, -льна
полузна́ния, -ий
полузре́лый
полуимпериа́л, -а
полуи́мя, -и́мени, *тв.* -и́менем, *мн.* -имена́, -имён, -имена́м
полуинвали́д, -а
полуинтеллиге́нт, -а
полуинтеллиге́нтный; *кр. ф.* -тен, -тна
полуинтеллиге́нтский
полуинтерва́л, -а
полуинтуити́вный; *кр. ф.* -вен, -вна
полуирони́чный; *кр. ф.* -чен, -чна
полуистле́вший
полуистле́ть, -е́ет
полука́менный
полуканто́н, -а (*в Швейцарии*)
полука́рликовый
полукатего́рия, -и
полукафта́н, -а
полукафта́нье, -я, *р. мн.* -ний
полуквалифици́рованный; *кр. ф.* -ан, -анна
полуке́ды, -ов и -ке́д, *ед.* -ке́д, -а
полукилогра́ммо́вый
полукилометро́вый
полуко́кс, -а
полукоксова́ние, -я
полуко́ксовый
полуколло́ид, -а
полуколло́идный
полуколониа́льный
полуколо́ния, -и
полуколо́нна, -ы
полукольцо́, -а́, *мн.* -ко́льца, -коле́ц, -ко́льцам
полукомбинезо́н, -а
полуко́н, -а (*от* кон)
по́лу-конфере́нц-за́л, -а
полуконько́вый хо́д
полукопчёный
полукоче́вник, -а
полукочево́й
пол-Украи́ны
полукре́сло, -а, *р. мн.* -сел
полукристалли́ческий
полукро́вка, -и, *р. мн.* -вок, *м.* и *ж.*
полукро́вный
полукро́вок, -вка
полукру́г, -а
полукру́глый
полукругово́й
полукру́жие, -я
полукру́жный
полукры́тый
полукрю́к, -а́ (*спорт.*)
полукуби́ческий
полукуста́рник, -а
полукуста́рниковый
полукуста́рный
полулега́льный; *кр. ф.* -лен, -льна
полулёгкий

полулегкове́с, -а
полулёжа, *нареч.*
полулежа́ть, -жу́, -жи́т
полуле́чь, -ля́гу, -ля́жет, -ля́гут; *прош.* -лёг, -легла́
полули́ст, -а́
полулитро́вый
полулогарифми́ческий
полульняно́й
полулю́кс, -а и *неизм.*
полума́ска, -и, *р. мн.* -сок
полума́сса, -ы
полума́ссный
полума́товый
полума́х, -а
полумгла́, -ы́
полуме́нтум, -а
полуме́ра, -ы
полумёртвый; *кр. ф.* -мёртв, -мертва́, -мертво́ и -мёртво
полуме́сяц, -а, *тв.* -ем, *р. мн.* -ев
полуме́сячный
полумета́ллы, -ов, *ед.* -а́лл, -а
полуметро́вый
полумиллиа́рдный и (*при передаче разг. произношения*) **полумилья́рдный**
полумиллио́нный и (*при передаче разг. произношения*) **полумильо́нный**
полумину́тка, -и, *р. мн.* -ток
полумину́тный
полумифи́ческий
полумо́ст, -а и -а́
полумра́к, -а
полумя́гкий
полунавесно́й
полунаго́й
полуназе́мный (*зоол.*)
полунамёк, -а
полунасме́шливый
полунасы́щенный; *кр. ф.* -ен, -ена
полунатура́льный; *кр. ф.* -лен, -льна
полу́ндра, *межд.*
полунепреры́вный
полунепроница́емый
пол-университе́та
полуни́ца, -ы, *тв.* -ей
полуни́щий
полуно́чник, -а
полуно́чница, -ы, *тв.* -ей (*к* полуно́чник)
полуно́чничать, -аю, -ает
полу́но́чный и **полно́чный**
полу́нощница, -ы, *тв.* -ей (*церк. служба*)
полу́но́щный и **полно́щный** (*устар. книжн. к* полу́но́чный и полно́чный)
полуобвали́вшийся
полуобвали́ться, -ва́лится
полуобгоре́вший
полуобгоре́ть, -рю́, -ри́т
полуобезья́на, -ы
полуоберну́ться, -ну́сь, -нётся
полуо́бморочный
полуобнажа́ть(ся), -а́ю(сь), -а́ет(ся)
полуобнажённый; *кр. ф.* -ён, -ена́
полуобнажи́ть(ся), -жу́(сь), -жи́т(ся)
полуобнима́ть, -а́ю, -ает
полуобня́ть, -обниму́, -обни́мет; *прош.* -о́бнял, -обняла́, -о́бняло
полуоборо́т, -а
полуобразо́ванность, -и
полуобразо́ванный; *кр. ф.* -ан, -анна
полуова́л, -а
полуова́льный
полуогло́хнуть, -ну, -нет; *прош.* -о́х, -о́хла
полуогло́хший
полуоде́ржка, -и, *р. мн.* -жек
полуоде́тый
полуо́дурь, -и
полуокру́жность, -и
полуопуска́ть(ся), -а́ю, -а́ет(ся)
полуопусти́ть(ся), -ущу́, -у́стит(ся)
полуопу́щенный; *кр. ф.* -ен, -ена
полуосвети́ть(ся), -ещу́, -е́тит(ся)
полуосвеща́ть(ся), -а́ю, -а́ет(ся)
полуосвещённый; *кр. ф.* -ён, -ена́
полуо́стров, -а, *мн.* -а́, -о́в
полуостровно́й
полуо́сь, -и, *предл.* на полуоси́, *мн.* -и, -е́й
полуотверну́ться, -ну́сь, -нётся
полуотво́ренный; *кр. ф.* -ен, -ена и **полуотворённый**; *кр. ф.* -ён, -ена́
полуотвори́ть(ся), -рю́, -о́рит(ся)
полуотворя́ть(ся), -я́ю, -я́ет(ся)
полуоткрыва́ть(ся), -а́ю(сь), -а́ет(ся)
полуоткры́тый
полуоткры́ть(ся), -кро́ю(сь), -кро́ет(ся)
полуото́рванный; *кр. ф.* -ан, -ана
полуофициа́льный; *кр. ф.* -лен, -льна
полупа́лец, -льца, *тв.* -льцем, *р. мн.* -льцев *(тех.)*
полупа́лый гекко́н
полупальто́, *нескл., с.*
полупансио́н, -а
полупа́р, -а
полупарази́т, -а
полупарализо́ванный
полупарово́й
полупеда́ль, -и
полупереворо́т, -а *(спорт.)*
полупири́тный
полупиру́эт, -а
полупи́ть(ся), -уплю́, -у́пит(ся)
полу́пленный; *кр. ф.* -ен, -ена
полупло́скость, -и
полуплоща́дка, -и, *р. мн.* -док
полуплу́гом, *нареч.* (*спорт.*)
полуповоро́т, -а
полупога́снуть, -ну, -нет; *прош.* -а́с, -а́сла
полупога́сший
полупогружённый; *кр. ф.* -ён, -ена́
полупогружно́й
полуподва́л, -а
полуподва́льный
полуподзе́мный
полуподпо́льный
полуподсе́д, -а
полупокло́н, -а
полупо́лба, -ы
полуполти́на, -ы
полупоме́шанный; *кр. ф.* -ан, -ана
полупонто́н, -а
полупра́вда, -ы
полуправди́вый
полупра́вильный
полупредикати́вность, -и
полупредикати́вный
полупрезри́тельный; *кр. ф.* -лен, -льна
полупризна́ние, -я
полуприкрыва́ть(ся), -а́ю(сь), -а́ет(ся)
полуприкры́тый
полуприкры́ть(ся), -кро́ю(сь), -кро́ет(ся)
полуприлега́ющий
полупри́нятый
полуприня́ть, -иму́, -и́мет
полуприсе́д, -а
полуприседа́ние, -я
полуприседа́ть, -а́ю, -а́ет
полуприсе́сть, -ся́ду, -ся́дет
полуприта́ленный; *кр. ф.* -ен, -ена
полуприце́п, -а
полупроводни́к, -а́
полупроводнико́вый
полупроду́кт, -а
полупрозра́чный; *кр. ф.* -чен, -чна
полупролетариа́т, -а
полупролета́рий, -я
полупролета́рский
полупромы́шленный
полупроница́емый
полупростра́нство, -а
полупрофессиона́л, -а
полупрофессиона́льный; *кр. ф.* -лен, -льна
полупро́филь, -я
полупроходно́й
полупроце́нтный
полупряма́я, -о́й
полупудови́к, -а́
полупудо́вый
полупусто́й; *кр. ф.* -пу́ст, -а́, -пу́сто
полупусту́ющий
полупусты́нный
полупусты́ня, -и, *р. мн.* -ы́нь
полупья́ный; *кр. ф.* -я́н, -яна́, -я́но
полуразва́ленный; *кр. ф.* -ен, -ена
полуразвали́вшийся
полуразвали́ться, -а́лится
полуразде́тый
полуразде́ться, -е́нусь, -е́нется
полуразложи́вшийся
полуразложи́ться, -о́жится
полуразо́рванный; *кр. ф.* -ан, -ана
полуразорённый; *кр. ф.* -ён, -ена́
полуразру́шенный; *кр. ф.* -ен, -ена
полуразру́шиться, -шится

полураскрыва́ть(ся), -а́ю, -а́ет(ся)
полураскры́тый
полураскры́ть(ся), -кро́ю, -кро́ет(ся)
полураспа́д, -а
полуребёнок, -нка
полуре́ек, -ре́йка
пол-уро́ка
полуро́та, -ы
полуро́тный
полусамоде́ятельный
полусамостоя́тельный; *кр. ф.* -лен, -льна
полусантиметро́вый
полусапо́жки, -жек
полусве́т, -а
полусвеча́, -и́, *тв.* -о́й, *мн.* -све́чи, -све́ч и -е́й, -а́м (*спорт.*)
полусгни́вший
полусгни́ть, -иёт; *прош.* -и́л, -ила́, -и́ло
полуседо́й
полусекре́тный; *кр. ф.* -тен, -тна
полусерьёзный; *кр. ф.* -зен, -зна
полусиде́ть, -ижу́, -иди́т
полуси́дя, *нареч.*
полусинтети́ческий
полуска́зка-полубы́ль, полуска́зки-полубы́ли
полуска́зочный-полуреа́льный
полусла́дкий
полуслепо́й
полусли́тный
полуслова́, -сло́в, -а́м (*недоконченная, неясная, туманная речь*)
полусло́манный; *кр. ф.* -ан, -ана
полуслуча́йный
полусме́рть: до полусме́рти
полусо́бранный; *кр. ф.* -ан, -ана
полусо́гнутый
полусогну́ть(ся), -ну́(сь), -нёт(ся)
полусозна́тельный; *кр. ф.* -лен, -льна
полусо́лнце, -а (*о фасоне юбки*)
полусо́лнце-клёш, -а, *тв.* -ем и *неизм.*
полусо́н, -сна́
полусо́нно, *нареч.*
полусо́нный
полусо́н-полуя́вь, полусна́-полуя́ви, *м.*
полусо́тенный
полусо́тня, -и, *р. мн.* -тен (*войсковая единица*)
полуспоко́йный (полуспоко́йная ста́ль)
полуспорти́вный
полуспу́щенный; *кр. ф.* -ен, -ена
полусредневе́с, -а
полусре́дний
полуста́нок, -нка
полустациона́р, -а
полустере́ть(ся), -сотру́, -сотрёт(ся); *прош.* -стёр(ся), -стёрла(сь)
полустёртый
полустёрший(ся)
полусти́шие, -я
полусто́йкий
полусто́йловый
полустолбе́ц, -бца́, *тв.* -бцо́м, *р. мн.* -бцо́в
полустоле́тие, -я
полусукно́, -а́
полусуко́нный
полусумасше́дший
полусумма́тор, -а
полусу́мрак, -а
полусу́точный
полусухо́й
полусфе́ра, -ы
полусфери́ческий
полусыро́й
полусырьё, -я́
полута́кт, -а
полутвёрдый
полутёмный; *кр. ф.* -тёмен, -темна́
полутенево́й
полуте́нь, -и, *предл.* в полутени́, *мн.* -и, -ей и -е́й
полутолчо́к, -чка́ (*спорт.*)
полуто́м, -а, *мн.* -а́, -о́в
полутомпа́к, -а́
полуто́н, -а, *мн.* -тона́, -о́в (*цвет*) и -то́ны, -ов и -о́в (*звук*)
полутонкору́нный
полуто́нный (*к* то́нна)
полуто́новый (*к* тон)
полу́тора, *формы род., дат., тв. и предл. п. слова* полтора́ – полторы́
полуторавеково́й
полуторавёрстный
полуторагоди́чный
полуторагодова́лый
полуторагодово́й
полуторакилометро́вка, -и
полуторакилометро́вый
полуторакра́тный
полутораме́сячный
полутораметро́вый
полуторамиллиа́рдный и (*при передаче разг. произношения*) **полуторамилья́рдный**
полуторамиллио́нный и (*при передаче разг. произношения*) **полуторамильо́нный**
полуторапроце́нтный
полуторасаже́нный и **полуторасажённый**
полуторасме́нный
полутораспа́льный
полу́тораста, *формы род., дат., тв., предл. п. слова* полтора́ста
полуторастале́тний (*от* полтора́ста ле́т)
полуторастарублёвый (*от* полтора́ста рубле́й)
полуторастаты́сячный (*от* полтора́ста ты́сяч)
полу́тора су́ток, *род., тв.* полу́тора су́ткам(и), *предл.* о полу́тора су́тках, *им. и вин. нет*
полуторато́нка, -и, *р. мн.* -нок
полуторато́нный
полуторатысячеле́тний
полуторатысячный
полуторачасово́й
полу́торка, -и, *р. мн.* -рок
полу́торный
полутре́звый
полутру́п, -а
полутьма́, -ы́
полутя́ж, -а, *тв.* -ем
полутяжелове́с, -а
полутяжёлый
полуугáснуть, -ну, -нет; *прош.* -а́с, -а́сла
полуугáсший
полуудáча, -и
полуулы́бка, -и, *р. мн.* -бок
полууста́в, -а
полууста́вный
полуутверди́тельный; *кр. ф.* -лен, -льна
полуфабрика́т, -а
полуфабрика́тный
полуфантасти́ческий
полуфеода́льный
полуфина́л, -а
полуфинали́ст, -а
полуфинали́стка, -и, *р. мн.* -ток
полуфина́льный
полуфунто́вый
полухо́рдовые, -ых
полуце́лый
полуци́ркульный
получасо́вка, -и, *р. мн.* -вок
получасово́й
получа́тель, -я
получа́тельница, -ы, *тв.* -ей
получа́тельский
получа́ть(ся), -а́ю, -а́ет(ся)
получелове́к, -а, *мн.* полулю́ди, -е́й
получе́ние, -я
полу́ченный; *кр. ф.* -ен, -ена
получетвертно́й
пол-учи́лища
получи́стый
получи́ть(ся), -учу́, -у́чит(ся)
полу́чка, -и, *р. мн.* -чек
получу́вства, -чу́вств, *ед.* -чу́вство, -а
полу́чше
полу́чшеть, -еет
полуша́г, -а, *мн.* -и́, -о́в
полуша́гом-полубе́гом
полуша́лок, -лка
полуша́рие, -я
полуша́рный
полушарови́дный; *кр. ф.* -ден, -дна
полушёлк, -а
полушёлковый
полушёпот, -а
полушёпотом, *нареч.*
полуше́рсть, -и
полушерстяно́й
полу́шечный
полу́шка, -и, *р. мн.* -шек
полу́шник, -а
полу́шниковые, -ых
полушпага́т, -а

полушто́ф, -а и (*разг.*) **полшто́ф,** -а (*сосуд*)
полушу́бок, -бка
полушутли́вый
полушутя́, *нареч.*
полушутя́-полусерьёзно
полущённый; *кр. ф.* -ён, -ена́
полу́щивать, -аю, -ает
полущи́ть, -щу́, -щи́т
полуэкипа́ж, -а, *тв.* -ем
полуэскадро́н, -а
полуэта́ж, -а́, *тв.* -о́м
полую́т, -а
полуя́вь, -и
полуязы́ческий
полуя́рус, -а
полфакульте́та
полфевраля́
полфлако́на
пол-Фра́нции
полфу́нта, *род.* полфу́нта (*разг.*) и полуфу́нта
полха́ты
полца́рства
полце́нтнера, *род.* полце́нтнера (*разг.*) и полуце́нтнера
полцены́
полцисте́рны
полча́йника
по́л ча́йной ло́жки
полчаса́, *род.* полчаса́ (*разг.*) и получа́са; получа́сом ра́ньше
полча́сика
полча́шки
полчемода́на
полче́тверти
полчетвёртого
по́лчище, -а
полчо́к, -чка́
полшага́, *род.* полшага́ (*разг.*) и полуша́га, *предл.* в полша́ге от… (*разг.*) и в полуша́ге от…
полшажка́
полшажо́чка
полша́ра
полшесто́го
полшка́фа
полшко́лы
полшто́ф, -а (*разг.*) и **полушто́ф,** -а (*сосуд*)
полшто́фа (*мера жидкости*)
полщеки́
по́лый
по́лымя, *тв.* по́лымем, *других форм нет*; из огня́ да в по́лымя
полы́нный
полы́новка, -и
полыно́к, -нка́
полы́нь, -и
полы́нь-трава́, -ы́
полынья́, -и́, *р. мн.* -не́й
полысе́ние, -я
полысе́ть, -е́ю, -е́ет
полыха́ние, -я
полыха́ть, -а́ет
полыхну́ть, -нёт
поль, -я (*ед. измер.*)
по́льдер, -а
по́льдерный
по́льза, -ы
пользи́тельный; *кр. ф.* -лен, -льна
по́льзование, -я
по́льзованный; *кр. ф.* -ан, -ана
по́льзователь, -я
по́льзователь-непрограмми́ст, по́льзователя-непрограмми́ста
по́льзовательница, -ы, *тв.* -ей
по́льзовательский
по́льзовать(ся), -зую(сь), -зует(ся)
по́лька, -и, *р. мн.* по́лек
по́лька-ба́бочка, по́льки-ба́бочки
по́лька-мазу́рка, по́льки-мазу́рки
по́льский (*к* По́льша)
по́льско-лито́вский
по́льско-неме́цкий
по́льско-росси́йский
по́льско-ру́сский
по́льско-сове́тский
польсти́ть(ся), польщу́(сь), польсти́т(ся)
польщённо, *нареч.*
польщённый; *кр. ф.* -ён, -ена́
по́лья, -ев, *ед.* по́лье, -я (*карстовое явление*)
пол-этажа́
полюбе́зничать, -аю, -ает
полюби́ть(ся), полюблю́(сь), полю́бит(ся)
пол-ю́бки
полюбова́ться, -бу́юсь, -бу́ется
полюбо́вник, -а
полюбо́вница, -ы, *тв.* -ей
полюбо́вный
полюбопы́тствовать, -твую, -твует
полудне́ть, -е́ет
по-людски́
полю́дье, -я
пол-ю́рты
по́люс, -а, *мн.* -ы, -ов и -а́, -о́в
по́люсный
по́люшко, -а, *мн.* -шки, -шек
по́лющий(ся)
поля́, -е́й (*у шляпы, книги, рукописи*)
Поля́, -е́й: **Елисе́йские Поля́** (*улица в Париже*)
пол-я́блока
по́л я́блочного пирога́
пол-ягнёнка
пол-я́годы
поля́згивание, -я
поля́згивать, -аю, -ает
поля́ки, -ов, *ед.* поля́к, -а
поля́на, -ы; но (*в названиях населенных пунктов, городских районов*) **Поля́на,** -ы, *напр.*: Я́сная Поля́на (*музей-усадьба*), Сосно́вая Поля́на (*район в Петербурге*), Кра́сная Поля́на (*поселок*)
пол-январа́
поля́не, -я́н
поля́нка, -и, *р. мн.* -нок
Поля́нка, -и (*улица; поселок*)
поля́нный (*от* поля́на)
поля́ночка, -и, *р. мн.* -чек
поля́нский (*от* Поля́нка)
Поля́ны, -я́н, *употр. в названиях населенных пунктов, напр.*: Вя́тские Поля́ны (*город*), Лесны́е Поля́ны (*поселок*)
поля́ра, -ы
пол-я́рда, *род.* пол-я́рда (*разг.*) и полуя́рда, *предл.* в пол-я́рде от… (*разг.*) и в полуя́рде от…
поляриза́тор, -а
поляризацио́нно-опти́ческий
поляризацио́нный
поляриза́ция, -и
поляризо́ванность, -и
поляризо́ванный; *кр. ф.* -ан, -ана
поляризова́ть(ся), -зу́ю, -зу́ет(ся)
поляризу́емость, -и
поляри́метр, -а
поляриметри́ческий
поляриме́трия, -и
поляриско́п, -а
Поля́рная звезда́
поля́рник, -а
поля́рнинский (*от* Поля́рный)
поля́рница, -ы, *тв.* -ей
поля́рность, -и
поля́рный; *кр. ф.* -рен, -рна
Поля́рный, -ого (*город, поселок*)
полярогра́мма, -ы
поляро́граф, -а
полярографи́ческий
полярогра́фия, -и
поляро́ид, -а
поляро́идный
поляро́н, -а
поляро́нный
поля́чишка, -и, *р. мн.* -шек, *м.*
поля́чка, -и, *р. мн.* -чек
пол-я́щика
помава́ние, -я
помава́ть, -а́ю, -а́ет
пома́да, -ы
пома́дить(ся), -а́жу(сь), -а́дит(ся)
пома́дка, -и, *р. мн.* -док
пома́дный
пома́дящий(ся)
пома́женный; *кр. ф.* -ен, -ена (*от* пома́дить)
пома́зание, -я
пома́занник, -а
пома́занница, -ы, *тв.* -ей
пома́занный; *кр. ф.* -ан, -ана
пома́зать(ся), -а́жу(сь), -а́жет(ся)
помазо́к, -зка́
пома́зывать(ся), -аю(сь), -ает(ся)
помака́ть, -а́ю, -а́ет
пома́кивать, -аю, -ает
помакну́ть, -ну́, -нёт
по ма́ксимуму
помалева́ть, -лю́ю, -лю́ет
помале́нечку, *нареч.*

по ма́ленькой (игра́ть, вы́пить)
по-ма́ленькому, *нареч.*
помале́ньку, *нареч.*
пома́лкивать, -аю, -ает
по ма́лости *(понемногу)*
пома́лу, *нареч.*
пома́лчивать, -аю, -ает
по-мальчи́шески
по-мальчи́шечьи
помане́женный; *кр. ф.* -ен, -ена
помане́жить(ся), -жу(сь), -жит(ся)
пома́ненный; *кр. ф.* -ен, -ена и **поманённый;** *кр. ф.* -ён, -ена́
пома́нивать, -аю, -ает
помани́ть, -аню́, -а́ни́т
по ма́нию (руки́, жезла́)
по манове́нию
пома́ранный; *кр. ф.* -ан, -ана
помара́ть(ся), -а́ю(сь), -а́ет(ся)
пома́ргивание, -я
пома́ргивать, -аю, -ает
помаринова́ть(ся), -ну́ю(сь), -ну́ет(ся)
пома́рка, -и, *р. мн.* -рок
по-маркси́стски
пома́рочка, -и, *р. мн.* -чек
помарширова́ть, -ру́ю, -ру́ет
пома́сленный; *кр. ф.* -ен, -ена
пома́слить, -лю, -лит
помасси́ровать(ся), -рую(сь), -рует(ся)
помастери́ть, -рю́, -ри́т
по-ма́тери *(матом)*
по-матери́нски
по-ма́терному, *нареч.*
поматро́сить, -о́шу, -о́сит: **поматро́сит (-сил) и бро́сит (-сил)**
по-матро́сски
по-ма́тушке *(матом)*
пома́тывать(ся), -аю, -ает(ся)
помаха́ть(ся), помашу́(сь), пома́шет(ся) и -а́ю(сь), -а́ет(ся)
пома́хивание, -я
пома́хивать(ся), -аю(сь), -ает(ся)
пома́ять(ся), -а́ю(сь), -а́ет(ся)
помая́чить, -чу, -чит
помбу́х, -а
помдире́ктора, *нескл., м.* и *ж.*
по-медве́жьи
поме́дленнее
поме́длить, -лю, -лит
по-мексика́нски
помеле́ть, -е́ет (*к* мель)
помели́ть, -лю́, -ли́т (*к* мел)
помело́, -а́, *мн.* поме́лья, -ьев
поме́ло, *нескл., м.* и *с.* *(фрукт)*
по мелоча́м (спо́рить, догова́риваться)
помелька́ть, -а́ю, -а́ет
помельча́ть, -а́ю, -а́ет
поме́льче
помельчи́ть, -чу́, -чи́т
поме́ньше
по ме́ньшей ме́ре
поме́нянный; *кр. ф.* -ян, -яна
поменя́ть(ся), -я́ю(сь), -я́ет(ся)
помера́нец, -нца, *тв.* -нцем, *р. мн.* -нцев
помера́нцевый
по ме́ре *(чего)*
помере́кать, -аю, -ает
поме́ренный; *кр. ф.* -ен, -ена
по ме́ре того́ как
помере́ть, помру́, помрёт; *прош.* по́мер, померла́, по́мерло
помере́щиться, -щусь, -щится
помёрзлый
помёрзнуть, -ну, -нет; *прош.* -ёрз, -ёрзла
помёрзший
поме́ривший(ся)
поме́рить(ся), -рю(сь), -рит(ся) и -ряю(сь), -ряет(ся); *прош.* -рил(ся), -рила(сь)
поме́ркнувший
поме́ркнуть, -нет; *прош.* -е́рк, -е́ркла
поме́ркший
помертве́лый
помертве́ние, -я
помертве́ть, -е́ю, -е́ет
померца́ть, -а́ет
по́мерший
помеси́ть, -ешу́, -е́сит
по́месный (*от* по́месь)
помести́, помету́, пометёт; *прош.* помёл, помела́
помести́тельность, -и
помести́тельный; *кр. ф.* -лен, -льна
помести́ть(ся), -ещу́(сь), -е́сти́т(ся)
поме́стный (*от* ме́сто и поме́стье)
Поме́стный собо́р *(церк.)*
поме́стье, -я, *р. мн.* -тий
поме́стьице, -а
по́месь, -и
поме́сячный
помёт, -а
поме́та, -ы
помётанный; *кр. ф.* -ан, -ана
помета́ть(ся), помечу́(сь), поме́чет(ся)
помета́ть, -а́ю, -а́ет (*о шитье*)
поме́тить, поме́чу, поме́тит
поме́тка, -и, *р. мн.* -ток
помётный
поме́точка, -и, *р. мн.* -чек
помётший
поме́ха, -и
поме́ховый
помехозащи́тный
помехозащищённость, -и
помехоусто́йчивость, -и
помехоусто́йчивый
помеча́ть(ся), -а́ю, -а́ет(ся)
поме́ченный; *кр. ф.* -ен, -ена
помечта́ть, -а́ю, -а́ет
поме́шанный; *кр. ф.* -ан, -ана (*от* помеша́ть и помеша́ться)
помеша́тельство, -а
помеша́ть(ся), -а́ю(сь), -а́ет(ся)
поме́шенный; *кр. ф.* -ен, -ена (*от* помеси́ть)
поме́шивание, -я
поме́шивать(ся), -аю, -ает(ся)
поме́шкать, -аю, -ает
по-меща́нски
помеща́ть(ся), -а́ю(сь), -а́ет(ся)
помеще́ние, -я
помещённый; *кр. ф.* -ён, -ена́
помеще́ньице, -а
поме́щик, -а
поме́щица, -ы, *тв.* -ей
поме́щичий, -ья, -ье
помига́ть, -а́ю, -а́ет
поми́гивать, -аю, -ает
помидо́р, -а, *р. мн.* -ов
помидо́рина, -ы
помидо́рка, -и, *р. мн.* -рок
помидо́рный
помидо́ровый
помидо́рчик, -а
поми́лование, -я
поми́лованный; *кр. ф.* -ан, -ана
поми́ловать, -лую, -лует
помилова́ться, -лу́юсь, -лу́ется
помило́вка, -и, *р. мн.* -вок
помилосе́рдовать, -дую, -дует
помилосе́рдствовать, -твую, -твует
по́ милу: не по́ хорошу ми́л, а по́ милу хоро́ш *(посл.)*
поми́луй бо́г, *в знач. межд.* (*выражение несогласия или удивления*)
поми́луй(те) (*выражение несогласия, возражения, желания убедить*)
поми́мо, *предлог*
поми́н, -а и -у (и поми́ну не́т, и в поми́не не́т, лёгок на поми́не, на поми́н души́)
помина́льник, -а
помина́льница, -ы, *тв.* -ей
помина́льный
помина́льщик, -а
помина́льщица, -ы, *тв.* -ей
помина́ние, -я
помина́ть(ся), -а́ю(сь), -а́ет(ся)
по ми́нимуму
поми́нки, -нок
по минова́нии (*чего*) (*после чего-н.*)
поминове́ние, -я
помину́тно, *нареч.*
помину́тный
помира́ть, -а́ю, -а́ет
помирённый; *кр. ф.* -ён, -ена́
помири́ть(ся), -ирю́(сь), -и́ри́т(ся)
по-мирски́
по́ миру (пойти́, пусти́ть)
помитингова́ть, -гу́ю, -гу́ет
помкомба́т, -а
помкомвзво́да, *нескл., м.*
помкоменда́нта, *нескл., м.* и *ж.*
помкомполка́, *нескл., м.*
помкомро́ты, *нескл., м.*
помма́стера, *нескл., м.* и *ж.*
поммашини́ста, *нескл., м.* и *ж.*
помначхо́з, -а
по́мнить(ся), -ню, -нит(ся)
помни́ть(ся), -ню́, -и́т(ся) (*от* мнить)

по мно́го и **по мно́гу** (по мно́го ле́т и по мно́гу ле́т)
помно́гу, *нареч.* (зараба́тывать помно́гу)
помножа́ть(ся), -а́ю, -а́ет(ся)
помноже́ние, -я
помно́женный; *кр. ф.* -ен, -ена
помно́жить, -жу, -жит
по́мнящий(ся)
помо́га, -и
помога́ть, -а́ю, -а́ет
помо́гший
по-мо́ему, *нареч.* и *вводн. сл.*
помо́ечник, -а
помо́ечный
помозгова́ть, -гу́ю, -гу́ет
помо́и, -о́ев
помо́йка, -и, *р. мн.* -о́ек
помо́йный
помо́кнуть, -ну, -нет; *прош.* -о́к, -о́кла
помо́кший
помо́л, -а
помо́лвить(ся), -влю(сь), -вит(ся)
помо́лвка, -и, *р. мн.* -вок
помо́лвленный; *кр. ф.* -ен, -ена
по-молда́вски
помо́лец, -льца, *тв.* -льцем
помоли́ться, -олю́сь, -о́лится
помо́лог, -а
помологи́ческий
помоло́гия, -и
помолоде́ть, -е́ю, -е́ет
по-молоде́цки
помолоди́ть, -ложу́, -лоди́т
помоло́же
помолоти́ть(ся), -очу́, -о́тит(ся)
помо́лотый
помоло́ть, помелю́, поме́лет
помоло́ченный; *кр. ф.* -ен, -ена
помолча́ть, -чу́, -чи́т
помо́льный
помо́льщик, -а
Помо́на, -ы
по-мона́шески
по-мона́шьи
по-монго́льски
поморга́ть, -а́ю, -а́ет
поморённый; *кр. ф.* -ён, -ена́
помори́ть, -рю́, -ри́т
помо́рка, -и, *р. мн.* -рок (*к* помо́ры и помо́рцы)
помо́рник, -а (*птица*)
поморо́женный; *кр. ф.* -ен, -ена
поморо́зить(ся), -о́жу(сь), -о́зит(ся)
помороси́ть, -и́т
поморо́чить, -чу, -чит
помо́рский
Помо́рское Поозе́рье
помо́рцы, -ев, *ед.* -рец, -рца, *тв.* -рцем (*секта*)
помо́рщина, -ы
помо́рщить(ся), -щу(сь), -щит(ся)
помо́ры, -ов, *ед.* помо́р, -а (*жители севернорусского Поморья*)
помо́рье, -я, *р. мн.* -рий (*местность вдоль берега моря*) и **Помо́рье,** -я (*геогр. области: часть побережья Белого моря, прибалтийская часть Польши*)
помо́ря́не, -я́н, *ед.* -я́нин, -а (*западнославянская племенная группа*)
поморя́нка, -и, *р. мн.* -нок
по-моско́вски
по моско́вскому вре́мени
помо́ст, -а
помости́ть, -ощу́, -ости́т
помо́танный; *кр. ф.* -ан, -ана
помота́ть(ся), -а́ю(сь), -а́ет(ся)
помо́ченный; *кр. ф.* -ен, -ена
по́мочи, -е́й (*подтяжки*)
помочи́ть(ся), -очу́(сь), -о́чит(ся)
по́мочь, -и (*устар. и обл. к* по́мощь; Бо́г по́мочь)
помо́чь, помогу́, помо́жет, помо́гут; *прош.* помо́г, помогла́
помо́щник, -а
помо́щник-рефере́нт, помо́щника-рефере́нта
помо́щница, -ы, *тв.* -ей
помо́щничек, -чка
по́мощь, -и
по́мпа, -ы
помпаду́р[1], -а (*администратор-самодур, устар.*; помпаду́ры и помпаду́рши)
помпаду́р[2], -а и *неизм.* (*стиль*)
Помпаду́р, *нескл., ж.*: **мада́м Помпаду́р**
помпаду́рский
помпаду́рство, -а
помпаду́рша, -и, *тв.* -ей
помпа́ж, -а, *тв.* -ем
помпе́зность, -и
помпе́зный; *кр. ф.* -зен, -зна
помпе́йский и **помпея́нский** (*от* Помпе́и)
помпе́льмус, -а
по́мповый
помполи́т, -а
помпо́н, -а
помпо́нчик, -а
помпрокуро́ра, *нескл., м.* и *ж.*
помрача́ть(ся), -а́ю, -а́ет(ся)
помраче́ние, -я
помрачённый; *кр. ф.* -ён, -ена́
помрачи́ть(ся), -чу́, -чи́т(ся)
помрачне́ть, -е́ю, -е́ет
помре́ж, -а, *тв.* -ем
помрежиссёра, *нескл., м.* и *ж.*
помсти́ться, -и́тся
помудре́ть, -е́ю, -е́ет
помудри́ть, -рю́, -ри́т
пому́дрствовать, -твую, -твует
по-мужи́цки
по-мужски́
помузици́ровать, -рую, -рует
помурлы́кать, -ы́чу, -ы́чет и -аю, -ает
помурлы́кивать, -ает
пому́сленный; *кр. ф.* -ен, -ена
пому́слить, -лю, -лит
помусо́ленный; *кр. ф.* -ен, -ена
помусо́лить, -лю, -лит
помути́ть(ся), -учу́, -ути́т(ся)
помутне́ние, -я
помутнённый; *кр. ф.* -ён, -ена́
помутне́ть, -е́ет
помухлева́ть, -лю́ю, -лю́ет
пому́ченный; *кр. ф.* -ен, -ена
пому́чивать, -аю, -ает
пому́чивший(ся)
пому́чить(ся), -чу(сь), -чит(ся) и -чаю(сь), -чает(ся); *прош.* -чил(ся), -чила(сь)
помуштрова́ть, -ру́ю, -ру́ет
помча́ть(ся), -чу́(сь), -чи́т(ся)
помы́вка, -и, *р. мн.* -вок
помыка́ние, -я
помыка́тельство, -а
помыка́ть, -а́ю, -а́ет, *несов.* (*притеснять*)
помы́кать(ся), -аю(сь), -ает(ся), *сов.* (*от* мы́кать(ся)
помы́ленный; *кр. ф.* -ен, -ена
помы́лить(ся), -лю(сь), -лит(ся)
помы́слить, -лю, -лит
по́мыслы, -ов, *ед.* по́мысел, -сла и (*церк.*) по́мысл, -сла
помыта́рить(ся), -рю(сь), -рит(ся)
помы́тый
помы́ть(ся), помо́ю(сь), помо́ет(ся)
помыча́ть, -чу́, -чи́т
помышле́ние, -я
помышля́ть, -я́ю, -я́ет
помя́гче
помягче́ть, -е́ю, -е́ет
помя́нник, -а
помя́нутый
помяну́ть, -яну́, -я́нет
помя́тость, -и
помя́тый
помя́ть(ся), помну́(сь), помнёт(ся)
понабежа́ть, -жи́т
понабива́ть, -а́ю, -а́ет
понаби́ть(ся), -бью́, -бьёт(ся)
понаблюда́ть, -а́ю, -а́ет
пона́бранный; *кр. ф.* -ан, -ана
понабра́ть(ся), -беру́(сь), -берёт(ся); *прош.* -бра́л(ся), -брала́(сь), -бра́ло, -брало́сь
понабро́санный; *кр. ф.* -ан, -ана
понаброса́ть, -а́ю, -а́ет
понава́ленный; *кр. ф.* -ен, -ена
понавали́ть, -валю́, -ва́лит
понаве́даться, -аюсь, -ается
понаведённый; *кр. ф.* -ён, -ена́
понаве́дываться, -аюсь, -ается
понавезённый; *кр. ф.* -ён, -ена́
понавезти́, -зу́, -зёт; *прош.* -вёз, -везла́
понаверте́ть, -ерчу́, -е́ртит
понаве́рченный; *кр. ф.* -ен, -ена
понаве́сить, -е́шу, -е́сит
понавести́, -еду́, -едёт; *прош.* -вёл, -вела́

понаве́шанный; *кр. ф.* -ан, -ана (*от* понаве́шать)
понаве́шать, -аю, -ает
понаве́шенный; *кр. ф.* -ен, -ена (*от* понаве́сить)
понави́снуть, -нет; *прош.* -ви́с, -ви́сла
понави́сший
понаворо́ванный; *кр. ф.* -ан, -ана
понаворова́ть, -ру́ю, -ру́ет
понавыдёргивать, -аю, -ает
понавыду́мывать, -аю, -ает
понагле́ть, -е́ю, -е́ет
понагляде́ться, -яжу́сь, -яди́тся
понагна́ть, -гоню́, -го́нит; *прош.* -а́л, -ала́, -а́ло
по-над, *предлог* (по-над реко́й)
понадава́ть, -даю́, -даёт
понадви́нуть(ся), -ну, -нет(ся)
понадева́ть, -а́ю, -а́ет
понадёжнее
понаде́ланный; *кр. ф.* -ан, -ана
понаде́лать, -аю, -ает
понадёрганный; *кр. ф.* -ан, -ана
понадёргать, -аю, -ает
понаде́яться, -е́юсь, -е́ется
понадку́сывать, -аю, -ает
пона́добиться, -блюсь, -бится
понае́хать, -е́дет
по найтию
по нака́танной (всё пошло́)
понаки́данный; *кр. ф.* -ан, -ана
понакида́ть, -а́ю, -а́ет
понакопи́ть(ся), -оплю́, -о́пит(ся)
понако́пленный; *кр. ф.* -ен, -ена
понакрути́ть, -учу́, -у́тит
понакру́ченный; *кр. ф.* -ен, -ена
понакупи́ть, -плю́, -у́пит
понаку́пленный; *кр. ф.* -ен, -ена
понале́зть, -зет; *прош.* -ле́з, -ле́зла
понале́зший
понанесённый; *кр. ф.* -ён, -ена́
понанести́, -су́, -сёт; *прош.* -нёс, -сла́
понапи́санный; *кр. ф.* -ан, -ана
понаписа́ть, -ишу́, -и́шет
понапи́ханный; *кр. ф.* -ан, -ана
понапиха́ть, -а́ю, -а́ет
понапи́хивать, -аю, -ает
понаползти́, -зёт; *прош.* -о́лз, -олзла́
понапо́лзший
понапра́сну
понапридумать, -аю, -ает
понапридумывать, -аю, -ает
понапу́ганный; *кр. ф.* -ан, -ана
понапуга́ть, -а́ю, -а́ет
понапу́танный; *кр. ф.* -ан, -ана
понапу́тать, -аю, -ает
по нараста́ющей (идти́)
понаро́шку и **понаро́шке**
понары́ть, -ро́ю, -ро́ет
понасажа́ть, -а́ю, -а́ет
понаса́женный; *кр. ф.* -ен, -ена
понаска́занный; *кр. ф.* -ан, -ана
понаказа́ть, -кажу́, -ка́жет
понаску́чить, -чу, -чит
понаслажда́ться, -а́юсь, -а́ется
пона́сланный; *кр. ф.* -ан, -ана
понасла́ть, -ашлю́, -ашлёт
понаслу́шаться, -аюсь, -ается
понаслы́шаться, -шусь, -шится
понаслы́шке
понасмотре́ться, -рю́сь, -о́трится
понаста́вить, -влю, -вит
понаста́вленный; *кр. ф.* -ен, -ена
по настоя́нию (*кого, чего*)
по-настоя́щему, *нареч.*
понастрога́ть, -а́ю, -а́ет и **понаструга́ть,** -а́ю, -а́ет
понастро́енный; *кр. ф.* -ен, -ена
понастро́ить, -о́ю, -о́ит
понасы́панный; *кр. ф.* -ан, -ана
понасы́пать(ся), -плю, -плет(ся), -плют(ся) и -пет(ся), -пят(ся)
понatáсканный; *кр. ф.* -ан, -ана
понатаска́ть, -а́ю, -а́ет
понатащи́ть, -тащу́, -та́щит
понатерпе́ться, -ерплю́сь, -е́рпится
понате́шить(ся), -шу(сь), -шит(ся)
понаторе́ть(ся), -е́ю(сь), -е́ет(ся)
понату́житься, -у́жусь, -у́жится
понаты́канный; *кр. ф.* -ан, -ана
понаты́кать, -аю, -ает
по нау́ке
по-нау́чному
по наущéнию (*кого*)
по наха́лке (*нахально*)
понахва́танный; *кр. ф.* -ан, -ана
понахвата́ть(ся), -а́ю(сь), -а́ет(ся)
понахлы́нуть, -нет
поначá́лу, *нареч.* (*сначала*)
по-нача́льнически
поначáльствовать, -твую, -твует
поначита́ться, -а́юсь, -а́ется
по-на́шему, *нареч.*, но *местоим.* **по на́шему** (по на́шему мне́нию)
по-на́шенски
понаши́тый
понаши́ть, -шью́, -шьёт
понги́ды, -и́д, *ед.* -и́да, -ы (*обезьяны*)
пондеромото́рный
понёва, -ы
понёвница, -ы, *тв.* -ей
понево́ле, *нареч.* (*вопреки желанию*)
понеде́льник, -а
понеде́льничать, -аю, -ает
понеде́льничный (*от* понеде́льник)
понеде́льный (*еженедельный*)
поне́же, *союз*
поне́жить(ся), -жу(сь), -жит(ся)
по-неме́цки
понемно́гу, *нареч.*
понемно́жечку, *нареч.*
понемно́жку, *нареч.*
по необходи́мости
поне́рвничать, -аю, -ает
понесённый; *кр. ф.* -ён, -ена́
по не́скольку и **по не́скольку**
понести́(сь), -су́(сь), -сёт(ся); *прош.* -ёс(ся), -есла́(сь)
по несча́стью
понёсший(ся)
по́ни, *нескл., м.*
понижа́тельный
понижа́ть(ся), -а́ю(сь), -а́ет(ся)
пони́же
пониже́ние, -я
пони́женный; *кр. ф.* -ен, -ена
понизи́тель, -я
понизи́тельный
пони́зить(ся), -и́жу(сь), -и́зит(ся)
понизо́вщина, -ы
понизо́вый
понизо́вье, -я, *р. мн.* -вий
по́низу, *нареч.* (*низко, над самой землей, полом*)
поника́ть, -а́ю, -а́ет
по́ни-клу́б, -а
пони́клый
пони́кнуть, -ну, -нет; *прош.* -и́к, -и́кла
пони́кший
понима́ние, -я
понима́ть(ся), -а́ю, -а́ет(ся)
понима́юще, *нареч.*
понима́ющий(ся)
по нисходя́щей (идти́)
по-ни́щенски
поновée
поновить, -влю́, -ви́т
поновле́ние, -я
поновлённый; *кр. ф.* -ён, -ена́
поновля́ть(ся), -я́ю, -я́ет(ся)
по но́вой (игра́ть, пойти́, вы́пить; *снова, прост.*)
по-но́вому, *нареч.*
по́ножи, -ей
поножо́вщина, -ы
понома́риха, -и
понома́рица, -ы, *тв.* -ей
понома́рский
понома́рь, -я́
по́но́ры, -ов, *ед.* по́но́р, -а
поно́с, -а
поноси́тель, -я
поноси́тельный
поноси́ть(ся), -ошу́(сь), -о́сит(ся)
поно́ска, -и, *р. мн.* -сок
поно́сный
поностальги́ровать, -рую, -рует
поносящий(ся)
по ноча́м
поноше́ние, -я
поно́шенность, -и
поно́шенный; *кр. ф.* -ен, -ена
понра́виться, -влюсь, -вится
понсиро́ванный; *кр. ф.* -ан, -ана
понсирова́ть(ся), -ру́ю, -ру́ет(ся)
понсиро́вка, -и, *р. мн.* -вок
понт, -а: **для по́нта, на по́нт, с по́нтом** (*жарг.*)
понтёр, -а
понтёрский
понтиа́к, -а (*автомобиль*)
По́нтий Пила́т, По́нтия Пила́та
Понти́йские го́ры
понти́йский (*от* Понт)
Понти́йское ца́рство (*ист.*)

понти́рование, -я
понти́рова́ть, -и́рую, -и́рует
понтиро́вка, -и, *р. мн.* -вок
понти́фик, -а и **понти́фекс,** -а
понтифика́т, -а
понто́н, -а
понтонёр, -а
понто́нно-мостово́й
понто́нный
понто́нщик, -а
По́нт Эвкси́нский, По́нта Эвкси́нского
понуди́тельный
пону́дить, -у́жу, -у́дит
понужда́ть(ся), -а́ю(сь), -а́ет(ся)
по нужде́
понужде́ние, -я
понуждённый; *кр. ф.* -ён, -ена́
понука́ние, -я
понука́ть, -а́ю, -а́ет
пону́р, -а
пону́ренный; *кр. ф.* -ен, -ена
пону́ривать(ся), -аю(сь), -ает(ся)
пону́рить(ся), -рю(сь), -рит(ся)
пону́рость, -и
пону́рый
по нутру́
по́нчик, -а
по́нчиковая, -ой
по́нчо, *нескл., с.*
поны́не
по-ны́нешнему, *нареч.*
поныря́ть, -я́ю, -я́ет
поны́ть, поно́ю, поно́ет
поню́х, -а (ни за поню́х табаку́)
поню́ханный; *кр. ф.* -ан, -ана
поню́хать(ся), -аю, -ает(ся)
поню́хивать, -аю, -ает
поню́шка, -и, *р. мн.* -шек
поня́вший
поня́нчить(ся), -чу(сь), -чит(ся)
поня́тие, -я
поняти́йный
поня́тливость, -и
поня́тливый
поня́тненько
поня́тно, *нареч., в знач. сказ.* и *вводн. сл.*
поня́тность, -и
поня́тный; *кр. ф.* -тен, -тна
понято́й, -о́го (*свидетель*)
по́нятый; *кр. ф.* по́нят, понята́, по́нято, *прич.*
поня́ть, пойму́, поймёт; *прош.* по́нял, поняла́, по́няло
пообби́ва́ть(ся), -а́ю, -а́ет(ся)
пообби́тый
пообби́ть(ся), пообобью, пообобьёт(ся)
пообвали́ть(ся), -алю́, -а́лит(ся)
пообви́снуть, -нет; *прош.* -и́с, -и́сла
пообви́сший
пообвы́кнуть(ся) и (*устар.*) **пообы́кнуть(ся),** -ну(сь), -нет(ся); *прош.* -ы́к(ся), -ы́кла(сь)
пообвы́кший(ся) и (*устар.*) **пообы́кший(ся)**
пообгоре́ть, -рю́, -ри́т
пообду́манный; *кр. ф.* -ан, -ана
пообду́мать(ся), -аю(сь), -ает(ся)
пообе́дать, -аю, -ает
по-обезья́ньи
пообе́щанный; *кр. ф.* -ан, -ана
пообеща́ть(ся), -а́ю(сь), -а́ет(ся)
пообжи́тый
пообжи́ть(ся), -иву́(сь), -ивёт(ся); *прош.* -жи́л(ся), -жила́(сь)
пообло́манный; *кр. ф.* -ан, -ана
пооблома́ть(ся), -а́ю, -а́ет(ся)
по-обло́мовски
пообмора́живать, -аю, -ает
пообморо́женный; *кр. ф.* -ен, -ена
пообморо́зить(ся), -ро́жу, -ит(ся)
пообноси́ть(ся), -ошу́(сь), -о́сит(ся)
пообно́шенный; *кр. ф.* -ен, -ена
пообогре́тый
пообогре́ть(ся), -е́ю(сь), -е́ет(ся)
пообожда́ть, -ду́, -дёт; *прош.* -а́л, -ала́, -а́ло
пообо́рванный; *кр. ф.* -ан, -ана
пооборва́ть(ся), -рву́(сь), -рвёт(ся); *прош.* -а́л(ся), -ала́(сь), -а́ло, -а́ло́(сь)
пообре́занный; *кр. ф.* -ан, -ана
пообре́зать, -е́жу, -е́жет
пообреза́ть, -а́ю, -а́ет
пообрыва́ть, -а́ю, -а́ет
пообсле́довать(ся), -дую(сь), -дует(ся)
пообсо́хнуть, -ну, -нет; *прош.* -о́х, -о́хла
пообсо́хший
пообсужда́ть, -а́ю, -а́ет
пообтере́ть(ся), пооботру́(сь), пооботрёт(ся); *прош.* -тёр(ся), -тёрла(сь)
пообтёртый
пообтёсанный; *кр. ф.* -ан, -ана
пообтеса́ть(ся), -ешу́(сь), -е́шет(ся)
пообтрёпанный; *кр. ф.* -ан, -ана
пообтрепа́ть(ся), -еплю́(сь), -е́плет(ся), -е́плют(ся) и -е́пет(ся), -е́пят(ся)
пообтрясённый; *кр. ф.* -ён, -ена́
пообтрясти́(сь), -су́, -сёт(ся); *прош.* -я́с(ся), -ясла́(сь)
пообчи́стить(ся), -и́щу(сь), -и́стит(ся)
пообчи́щенный; *кр. ф.* -ен, -ена
пообща́ться, -а́юсь, -а́ется
пообъеда́ть, -а́ю, -а́ет
пообъе́ктный
пообъясня́ть, -я́ю, -я́ет
пообы́кнуть(ся), -ну(сь), -нет(ся); *прош.* -ы́к(ся), -ы́кла(сь) (*устар. к* пообвы́кнуть(ся)
пообы́кший(ся) (*устар. к* пообвы́кший(ся)
по-обы́чному
по́одаль, *нареч.*
поодино́чке, *нареч.*
по одному́ (*поодиночке, следуя друг за другом*)
по-одному́, *нареч.* (снача́ла по-одному́, а пото́м по-друго́му)
поозе́рье, -я, *р. мн.* -рий (*местность вдоль озера, озер*) и **Поозе́рье,** -я (*часть Балтийской гряды*)
по ознакомле́нии (*ознакомившись*)
поозорнича́ть, -а́ю, -а́ет
поозорова́ть, -ру́ю, -ру́ет
по оконча́нии (*окончив*)
поокре́пнуть, -ну, -нет; *прош.* -е́п, -е́пла
поокре́пший
поокт́ябрьский
пооперацио́нный
поопери́ться, -рю́сь, -ри́тся
поо́пытнее
поора́торствовать, -твую, -твует
поора́ть, -ру́, -рёт
пооригина́льничать, -аю, -ает
пооруди́йно
поосвежи́ть(ся), -жу́(сь), -жи́т(ся)
по о́сени (*осенью*)
по-осе́ннему, *нареч.*
поосла́бнувший
поосла́бнуть, -ну, -нет; *прош.* -а́б, -а́бла
поосла́бший
поосмотре́ться, -отрю́сь, -о́трится
по-осо́бенному, *нареч.*
поостерёгший(ся)
поостережённый; *кр. ф.* -ён, -ена́
поостере́чь(ся), -регу́(сь), -режёт(ся), -регу́т(ся); *прош.* -рёг(ся), -регла́(сь)
поосторо́жнее
поосторо́жничать, -аю, -ает
поостре́е
поостри́ть, -рю́, -ри́т
поостуди́ть, -ужу́, -у́дит
поосты́вший
поосты́нуть и **поосты́ть,** -ы́ну, -ы́нет; *прош.* -сты́л, -сты́ла
поотбива́ть, -а́ю, -а́ет
поотбира́ть, -а́ю, -а́ет
поотби́тый
поотби́ть, поотобью́, поотобьёт
по отбы́тии (*отбыв, после отбытия*)
поотвали́ться, -а́лится
поотверну́ть(ся), -ну́, -нёт(ся)
поотверте́ть, -ерчу́, -е́ртит
поотве́рченный; *кр. ф.* -ен, -ена
поотвора́чивать(ся), -аю, -ает(ся)
поотвы́кнуть, -ну, -нет; *прош.* -ы́к, -ы́кла
поотвы́кший
поотвя́занный; *кр. ф.* -ан, -ана
поотвяза́ть, -яжу́, -я́жет
по отде́льности
поотдохну́ть, -ну́, -нёт
поотдыха́ть, -а́ю, -а́ет
по-оте́чески
поотказа́ть(ся), -кажу́(сь), -ка́жет(ся)
поотка́зывать(ся), -аю(сь), -ает(ся)
поооткрове́нничать, -аю, -ает
поотскрыва́ть(ся), -а́ю, -а́ет(ся)
поотскры́тый

поокры́ть(ся), -ро́ю, -ро́ет(ся)
поотнима́ть, -а́ю, -а́ет
поото́бранный; *кр. ф.* -ан, -ана
поотобра́ть, поотберу́, поотберёт; *прош.* -а́л, -ала́, -а́ло
поото́рванный; *кр. ф.* -ан, -ана
поооторва́ть(ся), -рву́, -рвёт(ся); *прош.* -а́л(ся), -ала́(сь), -а́ло(сь)
поотре́зать, -е́жу, -е́жет
поотреза́ть, -а́ю, -а́ет
поотрыва́ть(ся), -а́ю, -а́ет(ся)
поотря́дно
поотста́ть, -а́ну, -а́нет
поотто́птанный; *кр. ф.* -ан, -ана
пооттопта́ть, -опчу́, -о́пчет
по-отцо́вски
по о́тчеству
поотшиби́ть, -бу́, -бёт; *прош.* -и́б, -и́бла
по-офице́рски
поо́хать, -аю, -ает
поохлади́ть, -ажу́, -ади́т
поохо́титься, -о́чусь, -о́тится
по-охо́тничьи
по о́череди
поочерёдный
поочи́стить(ся), -и́щу(сь), -и́стит(ся)
Поо́чье, -я (*к* Ока́)
поощре́ние, -я
поощрённый; *кр. ф.* -ён, -ена́
поощри́тельный; *кр. ф.* -лен, -льна
поощри́ть, -рю́, -ри́т
поощря́ть(ся), -я́ю(сь), -я́ет(ся)
поощря́юще, *нареч.*
поощря́ющий(ся)
поп[1]**,** -а́
поп[2]**,** -а (*поп-музыка*)
поп-… – *первая часть сложных слов, пишется через дефис*
по́па, -ы
попа́вший
попада́ние, -я
попа́дать, -ает, *сов.* (*упасть*)
попада́ть(ся), -а́ю(сь), -а́ет(ся), *несов.* (*к* попа́сть(ся)
попадья́, -и́, *р. мн.* -де́й
по́падя: чём по́падя, чём ни по́падя
попалённый; *кр. ф.* -ён, -ена́
попа́ливать, -аю, -ает
попали́ть, -лю́, -ли́т
попа́ло – *с предшествующим местоимением или наречием пишется раздельно*: чём попа́ло, куда́ попа́ло
по па́мяти
поп-анса́мбль, -я
попа́ренный; *кр. ф.* -ен, -ена
попари́ть, -рю́, -ри́т (*от* пари́ть)
попа́рить(ся), -рю(сь), -рит(ся) (*от* па́рить(ся)
попа́рно
поп-а́рт, -а
поп-арти́ст, -а
попасённый; *кр. ф.* -ён, -ена́
попасти́(сь), -су́(сь), -сёт(ся); *прош.* -а́с(ся), -асла́(сь)
попа́сть(ся), -аду́(сь), -адёт(ся); *прош.* -а́л(ся), -а́ла(сь)
попа́сший(ся)
попа́ханный; *кр. ф.* -ан, -ана
попаха́ть, -ашу́, -а́шет
попа́хивать, -ает
попа́чканный; *кр. ф.* -ан, -ана
попа́чкать(ся), -аю(сь), -ает(ся)
поп-гру́ппа, -ы
поп-ди́ва, -ы
попева́ть, -а́ю, -а́ет (*к* петь)
попе́вка, -и, *р. мн.* -вок
попёкший(ся)
попённый (*от* пень)
по́пенька, -и, *р. мн.* -нек, *м.* (*попугай*)
попеня́ть, -я́ю, -я́ет
попервонача́лу
по пе́рвости
поперёд, *нареч.* и *предлог* (*обл. к* вперёд)
поперёд ба́тьки (сова́ться *куда*)
попереде́ланный; *кр. ф.* -ан, -ана
попереде́лать, -аю, -ает
попережива́ть, -а́ю, -а́ет
поперёк
попероло́манный; *кр. ф.* -ан, -ана
попереломать, -а́ю, -а́ет
попереме́нке, *нареч.* (*прост. к* попереме́нно)
попереме́нно, *нареч.*
попереме́нный
попереме́шанный; *кр. ф.* -ан, -ана
поперемеша́ть, -а́ю, -а́ет
попере́ть(ся), попру́(сь), попрёт(ся); *прош.* попёр(ся), попёрла(сь)
попере́чина, -ы
попере́чить, -чу, -чит
попере́чник, -а
попере́чно-винтово́й
попере́чно вы́тянутый
поперечновя́заный
попере́чно-ко́нтурный
попере́чно-ободо́чная кишка́
попере́чно-полоса́тый
поперечноро́тые, -ых
попере́чно-строга́льный
попере́чный
попёртый
поперхну́ться, -ну́сь, -нётся
попе́рченный; *кр. ф.* -ен, -ена и **поперчённый;** *кр. ф.* -ён, -ена́
попе́рчить, -чу, -чит и **поперчи́ть,** -чу́, -чи́т
попёрший(ся)
по-петербу́ргски и **по-петербу́ржски**
по-петуши́ному
попетуши́ться, -шу́сь, -ши́тся
попе́ть, попою́, попоёт
попеча́литься, -люсь, -лится
попеча́тать(ся), -аю(сь), -ает(ся)
по печа́тному (чита́ть)
попече́ние, -я
попечённый; *кр. ф.* -ён, -ена́
попечи́тель, -я
попечи́тельница, -ы, *тв.* -ей
попечи́тельный
попечи́тельский
попечи́тельство, -а
попечи́тельствовать, -твую, -твует
попе́чь(ся), -еку́(сь), -ечёт(ся), -еку́т(ся); *прош.* -ёк(ся), -екла́(сь)
поп-звезда́, -ы́, *мн.* -звёзды, -звёзд
попива́ть, -а́ю, -а́ет (*к* пить)
по́пик, -а
попи́ленный; *кр. ф.* -ен, -ена
попили́кать, -аю, -ает
попили́ть, -илю́, -и́лит
поп-инду́стри́я, -и
попира́ть(ся), -а́ю, -а́ет(ся)
попирова́ть, -ру́ю, -ру́ет
по пи́саному (говори́ть (как) по пи́саному)
попи́сать, -аю, -ает
пописа́ть, -ишу́, -и́шет
попи́скивание, -я
попи́скивать, -аю, -ает
поп-иску́сство, -а
поп-исполни́тель, -я
попи́сывать, -аю, -ает
по́пи́тый; *кр. ф.* по́пи́т, попи́та́, по́пи́то
попи́ть, попью́, попьёт; *прош.* по́пи́л, попила́, по́пи́ло
попи́ханный; *кр. ф.* -ан, -ана
попиха́ть(ся), -а́ю(сь), -а́ет(ся)
по́пка[1]**,** -и, *р. мн.* по́пок, *м.* (*попугай*)
по́пка[2]**,** -и, *р. мн.* по́пок, *ж.* (*ягодицы*)
поп-кла́ссика, -и
попко́рн, -а
поп-культу́ра, -ы
поп-куми́р, -а
попла́вать, -аю, -ает
поплавко́вый
поплаво́к, -вка́
поплаво́чек, -чка
поплаво́чный
попла́кать(ся), -а́чу(сь), -а́чет(ся)
по-пласту́нски
поплати́ться, -ачу́сь, -а́тится
поплева́ть, -люю́, -люёт
поплёвывание, -я
поплёвывать, -аю, -ает
поплёсканный; *кр. ф.* -ан, -ана
поплеска́ть(ся), -ещу́(сь), -е́щет(ся) и -а́ю(сь), -а́ет(ся)
поплёскивать, -аю, -ает
поплести́(сь), -лету́(сь), -летёт(ся); *прош.* -лёл(ся), -лела́(сь)
поплетённый; *кр. ф.* -ён, -ена́
поплётший(ся)
по плечо́
по плечу́, *в знач. сказ.*
попли́н, -а и -у
попли́новый
поплотне́ть, -е́ю, -е́ет
поплохе́ть, -е́ю, -е́ет (*шутл.*)
поплута́ть, -а́ю, -а́ет
поплы́ть, -ыву́, -ывёт; *прош.* -ы́л, -ыла́, -ы́ло
поплясать, -яшу́, -я́шет

попля́сывание, -я
попля́сывать, -аю, -ает
поп-ме́йнстрим, -а
поп-моде́рн, -а и *неизм.*
поп-му́зыка, -и
поп-музыка́нт, -а
поп-мю́зикл, -а
попо́в, -а, -о
попо́вич, -а, *тв.* -ем; но: **Алёша Попо́вич**
попо́вка, -и, *р. мн.* -вок
попо́вна, -ы, *р. мн.* -вен
попо́вник, -а
по по́воду (*чего*)
попо́вский (*от* поп и Попо́в)
попо́вцы, -ев, *ед.* -вец, -вца, *тв.* -вцем
попо́вщина, -ы
попо́дличать, -аю, -ает
поподро́бнее
попо́енный; *кр. ф.* -ен, -ена
попо́зже
попози́ровать, -рую, -рует
попои́ть, -ою́, -о́ит
попо́йка, -и, *р. мн.* -о́ек
попола́м
попола́ны, -ов
попо́лдничать, -аю, -ает
попо́лзать, -аю, -ает
по́ползень, -зня
по́ползневый
поползнове́ние, -я
поползти́, -зу́, -зёт; *прош.* -о́лз, -олзла́
попо́лзший
пополне́е
пополне́ние, -я
попо́лненный; *кр. ф.* -ен, -ена
пополне́ть, -е́ю, -е́ет
попо́лнить(ся), -ню, -нит(ся)
по по́лной (*сполна*)
пополня́ть(ся), -я́ю, -я́ет(ся)
пополо́сканный; *кр. ф.* -ан, -ана
пополоска́ть(ся), -ощу́(сь), -о́щет(ся) и -а́ю(сь), -а́ет(ся)
попо́лотый
пополо́ть, -олю́, -о́лет
пополу́дни
пополу́ночи
попо́льзовать(ся), -зую(сь), -зует(ся)
по-по́льски
попо́мнить, -ню, -нит
попо́на, -ы
попо́нка, -и, *р. мн.* -нок
попо́нный
по-порося́чьи
попо́ротый
попоро́ть, -орю́, -о́рет
попо́ртить(ся), -рчу, -ртит(ся)
по поруче́нию (*кого, чего*)
попорха́ть, -а́ю, -а́ет
попо́рченный; *кр. ф.* -ен, -ена
попости́ться, -ощу́сь, -ости́тся
попоте́ть, -е́ю, -е́ет
попо́тчеванный; *кр. ф.* -ан, -ана
попо́тчевать, -чую, -чует
по-похо́дному, *нареч.*
по́почка[1], -и, *р. мн.* -чек, *м.* (*попугай*)
по́почка[2], -и, *р. мн.* -чек, *ж.* (*ягодицы*)
по по́яс
по-пра́вдашнему и **по-пра́вдашному,** *нареч.*
по пра́вде (говоря́; сказа́ть; жи́ть, поступа́ть)
поправе́ние, -я
поправе́ть, -е́ю, -е́ет
поправи́мость, -и
поправи́мый
попра́вить(ся), -влю(сь), -вит(ся)
попра́вка, -и, *р. мн.* -вок
поправле́ние, -я
попра́вленный; *кр. ф.* -ен, -ена
поправля́ть(ся), -я́ю(сь), -я́ет(ся)
по-правосла́вному, *нареч.*
попра́вочка, -и, *р. мн.* -чек
попра́вочный
по пра́ву
попра́вший
по-пра́здничному, *нареч.*
попра́здничный
попра́здновать, -ную, -нует
попра́зднство, -а (*церк.*)
попрактикова́ться, -ку́юсь, -ку́ется
попра́ние, -я
по́пранный; *кр. ф.* -ан, по́прана́, -ано
попра́ть, *буд. вр. не употр.*
попра́шивать, -аю, -ает
по преда́нию
попредме́тный
попредседа́тельствовать, -твую, -твует
по представле́нии (*представив(шись)*)
по предъявле́нии (*предъявив*)
по-пре́жнему, *нареч.*
по преиму́ществу
попрёк, -а
попрека́ть(ся), -а́ю(сь), -а́ет(ся)
попрекну́ть, -ну́, -нёт
попре́ть, -е́ю, -е́ет
поприба́вить(ся), -влю(сь), -вит(ся)
поприбива́ть, -а́ю, -а́ет
поприбира́ть(ся), -а́ю(сь), -а́ет(ся)
поприбра́ть(ся), -беру́(сь), -берёт(ся); *прош.* -а́л(ся), -ала́(сь), -а́ло, -а́ло́сь
по прибы́тии (*прибыв*)
поприве́тствовать, -твую, -твует
поприви́ть, -вью́, -вьёт; *прош.* -ви́л, -вила́, -ви́ло
попривы́кнувший
попривы́кнуть, -ну, -нет; *прош.* -ы́к, -ы́кла
попривы́кший
по привы́чке
по-привы́чному
попригляде́ть(ся), -яжу́(сь), -яди́т(ся)
попригото́вить(ся), -влю(сь), -вит(ся)
попригу́бить, -блю, -бит
поприсдави́ть, -авлю́, -а́вит
поприде́ржанный; *кр. ф.* -ан, -ана
попридержа́ть(ся), -ержу́(сь), -е́ржит(ся)
попри́ду́манный; *кр. ф.* -ан, -ана
попри́ду́мать, -аю, -ает
по прие́зде (*приехав*)
поприжа́тый
поприжа́ть(ся), -жму́(сь), -жмёт(ся)
поприжи́ться, -живу́сь, -живётся; *прош.* -и́лся, -ила́сь, -и́ло́сь
попризаду́маться, -аюсь, -ается
попризаня́ть, -займу́, -займёт
попримо́лкнувший
попримо́лкнуть, -ну, -нет; *прош.* -мо́лк, -мо́лкла
попримо́лкший
попринаряди́ть(ся), -яжу́(сь), -я́ди́т(ся)
попринаря́женный; *кр. ф.* -ен, -ена
попринима́ть, -а́ю, -а́ет
поприободри́ть(ся), -рю́(сь), -ри́т(ся)
поприоде́тый
поприоде́ть(ся), -е́ну(сь), -е́нет(ся)
поприоткрыва́ть, -а́ю, -а́ет
поприпу́хнуть, -ну, -нет; *прош.* -у́х, -у́хла
поприсе́сть, -ся́ду, -ся́дет
поприсмотре́ть(ся), -трю́(сь), -о́трит(ся)
попристава́ть, -таю́, -таёт
попри́ста́ть, -а́нет
попрису́тствовать, -твую, -твует
поприти́хнувший
поприти́хнуть, -ну, -нет; *прош.* -и́х, -и́хла
поприти́хший
попри́тчиться, -ится
поприути́хнувший
поприути́хнуть, -ну, -нет; *прош.* -и́х, -и́хла
поприути́хший
поприходи́ть, -о́дит
по́прище, -а
по-прия́тельски
попро́бованный; *кр. ф.* -ан, -ана
попро́бовать(ся), -бую(сь), -бует(ся)
попрове́дать, -аю, -ает
попрове́триться, -рюсь, -рится
попрово́рнее
попродава́ть, -даю́, -даёт
попро́данный; *кр. ф.* -ан, -ана
попрода́ть, -да́м, -да́шь, -да́ст, -дади́м, -дади́те, -даду́т; *прош.* попро́да́л, попродала́, попро́да́ло
поп-ро́к, -а
попрока́зничать, -аю, -ает
поп-рок-фестива́ль, -я
попроси́ть(ся), -ошу́(сь), -о́сит(ся)
попросо́хнувший
попросо́хнуть, -ну, -нет; *прош.* -о́х, -о́хла
попросо́хший
попросте́ть, -е́ю, -е́ет
по-просте́цки
попросто́рнее
по́просту
попрохла́днее
попрочне́ть, -е́ет
попроша́йка, -и, *р. мн.* -а́ек, *м.* и *ж.*

попроша́йничать, -аю, -ает
попроша́йнический
попроша́йничество, -а
попро́шенный; *кр. ф.* -ен, -ена
по проше́ствии (*чего*) (*спустя какое-н. время*)
попроща́ться, -а́юсь, -а́ется
попро́ще
попры́гать, -аю, -ает
попры́гивать, -аю, -ает
попрыгу́н, -а́
попрыгу́нчик, -а
попрыгу́нья, -и, *р. мн.* -ний и (*лит. персонаж, женский тип*) **Попрыгу́нья,** -и
попрыгу́нья-стрекоза́, попрыгу́ньи-стрекозы́
попрыгу́шка, -и, *р. мн.* -шек, *м.* и *ж.*
попры́сканный; *кр. ф.* -ан, -ана
попры́скать(ся), -аю(сь), -ает(ся)
попры́скивание, -я
попры́скивать, -аю, -ает
попря́танный; *кр. ф.* -ан, -ана
попря́тать(ся), -я́чу, -я́чет(ся)
попса́, -ы́
поп-си́нгер, -а
попсови́к, -а́
попсо́вость, -и
попсо́вый
по-пти́чьи
поп-тусо́вка, -и, *р. мн.* -вок
попуга́ичий, -ья, -ье
попуга́й, -я
попуга́йничанье, -я
попуга́йничать, -аю, -ает
попуга́йничество, -а
попуга́йный
попуга́йский
попуга́йство, -а
попуга́йчик, -а
попу́ганный; *кр. ф.* -ан, -ана
попуга́ть(ся), -а́ю, -а́ет(ся)
попу́гивать, -аю, -ает
попу́дный
попу́дренный; *кр. ф.* -ен, -ена
попу́дрить(ся), -рю(сь), -рит(ся)
попу́кать, -аю, -ает
попули́зм, -а
попули́ст, -а
попули́стский
популяриза́тор, -а
популяриза́торский
популяриза́ция, -и
популяризи́рование, -я
популяризи́рованный; *кр. ф.* -ан, -ана
популяризи́ровать(ся), -рую, -рует(ся)
популяризо́ванный; *кр. ф.* -ан, -ана
популяризова́ть(ся), -зу́ю, -зу́ет(ся)
популя́рность, -и
популя́рный; *кр. ф.* -рен, -рна
популя́ры, -ов, *ед.* -ля́р, -а
популяциони́ст, -а
популяциони́стика, -и
популяцио́нный
популя́ция, -и
попурри́, *нескл., с.*
попуска́ть(ся), -а́ю, -а́ет(ся)
попусти́тель, -я
попусти́тельница, -ы, *тв.* -ей
попусти́тельский
попусти́тельство, -а
попусти́тельствовать, -твую, -твует
попусти́ть(ся), -ущу́, -у́стит(ся)
по-пусто́му, *нареч.*
по́пусту
попу́танный; *кр. ф.* -ан, -ана
попу́тать(ся), -аю(сь), -ает(ся)
попутеше́ствовать, -твую, -твует
по пути́
попу́тка, -и, *р. мн.* -ток
попу́тнический
попу́тность, -и
попу́тный
попу́тчик, -а
попу́тчица, -ы, *тв.* -ей
попуще́ние, -я
попу́щенный; *кр. ф.* -ен, -ена
поп-фестива́ль, -я
поп-шля́гер, -а
попыли́ть, -лю́, -ли́т
попыта́ть(ся), -а́ю(сь), -а́ет(ся)
попы́тка, -и, *р. мн.* -ток
попы́хивание, -я
попы́хивать, -аю, -ает
попыхте́ть, -хчу́, -хти́т
по пья́нке
по пья́ной ла́вочке
по пья́ному де́лу
попья́нствовать, -твую, -твует
попя́тить(ся), -я́чу(сь), -я́тит(ся)
попя́тный: на попя́тную, на попя́тный
попя́ченный; *кр. ф.* -ен, -ена
пора́[1], -ы́, *вин.* по́ру (*время*)
пора́[2], *в знач. сказ.* (*надо*)
порабо́тать(ся), -аю, -ает(ся)
поработи́тель, -я
поработи́тельница, -ы, *тв.* -ей
поработи́тельский
поработи́ть(ся), -ощу́(сь), -оти́т(ся)
порабоща́ть(ся), -а́ю(сь), -а́ет(ся)
порабоще́ние, -я
порабощённый; *кр. ф.* -ён, -ена́
поравня́ть(ся), -я́ю(сь), -я́ет(ся) (*к* ра́вный)
пораде́ть, -е́ю, -е́ет
пора́дованный; *кр. ф.* -ан, -ана
пора́довать(ся), -дую(сь), -дует(ся)
поража́ть(ся), -а́ю(сь), -а́ет(ся)
поража́ющий(ся)
пораже́нец, -нца, *тв.* -нцем, *р. мн.* -нцев
пораже́ние, -я
пораже́нка, -и, *р. мн.* -нок
поражённый; *кр. ф.* -ён, -ена́
пораже́нческий
пораже́нчество, -а
поразбежа́ться, -бежи́тся, -бегу́тся
поразбива́ть(ся), -а́ю, -а́ет(ся)
поразбира́ть, -а́ю, -а́ет
поразби́тый
поразби́ть(ся), -зобью́, -зобьёт(ся)
поразбрести́сь, -едётся; *прош.* -ёлся, -ела́сь
поразбро́санный; *кр. ф.* -ан, -ана
поразброса́ть, -а́ю, -а́ет
поразвали́ть(ся), -лю́, -ва́лит(ся)
поразве́данный; *кр. ф.* -ан, -ана
поразве́дать, -аю, -ает
поразвесели́ть(ся), -лю́(сь), -ли́т(ся)
поразве́сить, -е́шу, -е́сит
поразве́шанный; *кр. ф.* -ан, -ана (*от* поразве́шать)
поразве́шать, -аю, -ает
поразве́шенный; *кр. ф.* -ен, -ена (*от* поразве́сить)
поразвлека́ть(ся), -а́ю(сь), -а́ет(ся)
поразвлёкший(ся)
поразвле́чь(ся), -леку́(сь), -лечёт(ся), -леку́т(ся); *прош.* -лёк(ся), -лекла́(сь)
поразгова́ривать, -аю, -ает
поразговори́ть(ся), -рю́(сь), -ри́т(ся)
поразгоня́ть, -я́ю, -я́ет
поразгуля́ться, -я́юсь, -я́ется
поразддава́ть, -даю, -даёт
поразда́ть, -да́м, -да́шь, -да́ст, -дади́м, -дади́те, -даду́т; *прош.* -да́л, -дала́, -да́ло
пораздви́нутый
пораздви́нуть(ся), -ну, -нет(ся)
поразду́мать(ся), -аю(сь), -ает(ся)
поразжи́ться, -иву́сь, -ивётся
порази́тельность, -и
порази́тельный; *кр. ф.* -лен, -льна
порази́ть(ся), -ажу́(сь), -ази́т(ся)
поразло́женный; *кр. ф.* -ен, -ена
поразложи́ть, -ожу́, -о́жит
поразмота́ть, -а́ю, -а́ет
поразмы́слить, -лю, -лит
поразмышля́ть, -я́ю, -я́ет
поразмя́тый
поразмя́ть(ся), -зомну́(сь), -зомнёт(ся)
по-ра́зному, *нареч.*
поразню́хать, -аю, -ает
поразо́бранный; *кр. ф.* -ан, -ана
поразобра́ть(ся), поразберу́(сь), поразберёт(ся); *прош.* -а́л(ся), -ала́(сь), -а́ло, -ало́сь
поразо́гнанный; *кр. ф.* -ан, -ана
поразогна́ть, поразгоню́, поразго́нит; *прош.* -а́л, -ала́, -а́ло
поразогре́ть(ся), -е́ю(сь), -е́ет(ся)
поразойти́сь, -йдётся; *прош.* -ошёлся, -ошла́сь
поразря́дный
поразузна́ть, -а́ю, -а́ет
поразъе́хаться, -е́дется
порайо́нный
поране́ние, -я
пора́ненный; *кр. ф.* -ен, -ена
пора́нить(ся), -ню(сь), -нит(ся)
пора́ньше
пораски́данный; *кр. ф.* -ан, -ана

пораскида́ть, -а́ю, -а́ет
пораски́нуть(ся), -ну(сь), -нет(ся)
пораскла́дывать, -аю, -ает
пораскрасне́ться, -е́юсь, -е́ется
пораскрыва́ть, -а́ю, -а́ет
пораскры́ть(ся), -ро́ю, -ро́ет(ся)
поraspра́вить(ся), -влю(сь), -вит(ся)
пораспра́вленный; *кр. ф.* -ен, -ена
пораспродава́ть, -даю́, -даёт
пораспро́данный; *кр. ф.* -ан, -ана
пораспрода́ть, -да́м, -да́шь, -да́ст, -дади́м, -дади́те, -даду́т; *прош.* -про́да́л, -продала́, -про́да́ло
пораспрями́ть(ся), -млю́(сь), -ми́т(ся)
пораспусти́ть(ся), -ущу́, -у́стит(ся)
пораспу́тничать, -аю, -ает
порассе́ять(ся), -е́ю(сь), -е́ет(ся)
порасска́занный; *кр. ф.* -ан, -ана
порассказа́ть, -кажу́, -ка́жет
порасслабиться, -блюсь, -бится
порасслабля́ться, -я́юсь, -я́ется
по рассмотре́нии (*рассмотрев*)
порассо́ванный; *кр. ф.* -ан, -ана
порассова́ть, порассую́, порассуёт
порасспра́шивать, -аю, -ает
порасспроси́ть, -ошу́, -о́сит
порасспро́шенный; *кр. ф.* -ен, -ена
порасста́вить, -влю, -вит
порасставля́ть, -я́ю, -я́ет
порасстре́лянный; *кр. ф.* -ян, -яна
порасстреля́ть, -я́ю, -я́ет
порассуди́ть, -ужу́, -у́дит
порассужда́ть, -а́ю, -а́ет
пораста́сканный; *кр. ф.* -ан, -ана
порастаска́ть, -а́ю, -а́ет
пораста́ть, -а́ет
пораста́ять, -а́ет
пораст́ерянный; *кр. ф.* -ян, -яна
порастеря́ть(ся), -я́ю, -я́ет(ся)
порасти́, -ту́, -тёт; *прош.* поро́с, поросла́
порасти́ть, -ащу́, -асти́т
порастолка́ть, -а́ю, -а́ет
порастра́тить(ся), -а́чу(сь), -а́тит(ся)
порастра́ченный; *кр. ф.* -ен, -ена
порастре́сканный; *кр. ф.* -ан, -ана
порастре́скаться, -ается
порастрясённый; *кр. ф.* -ён, -ена́
порастрясти́(сь), -су́(сь), -сёт(ся); *прош.* -я́с(ся), -ясла́(сь)
порасхва́статься, -аюсь, -ается
порасхва́танный; *кр. ф.* -ан, -ана
порасхвата́ть, -а́ет
по-ра́чьи
поращённый; *кр. ф.* -ён, -ена́
по́рванный; *кр. ф.* -ан, -ана
порва́ть(ся), -ву́, -вёт(ся); *прош.* -а́л(ся), -ала́(сь), -а́ло, -а́ло́сь
поре́брик, -а
по-ребя́чески
по-ребя́чьи
пореве́ть, -ву́, -вёт
поревнова́ть, -ну́ю, -ну́ет
по-революцио́нному, *нареч.*
пореволюцио́нный
пореде́ние, -я
пореде́ть, -е́ет
поре́дкостнее
поре́же
поре́з, -а (*к* поре́зать(ся))
поре́занный; *кр. ф.* -ан, -ана
поре́зать(ся), -е́жу(сь), -е́жет(ся)
порезви́ться, -влю́сь, -ви́тся
поре́зка, -и
поре́зник, -а
поре́й, -я
поре́й-лу́к, -а
порекомендо́ванный; *кр. ф.* -ан, -ана
порекомендова́ть, -ду́ю, -ду́ет
порепети́ровать, -рую, -рует
пересу́рсный
порефо́рменный
поре́чье, -я, *р. мн.* -чьев и -чий; но: **Поре́чье,** -я (*поселок*)
пореша́ть, -а́ю, -а́ет
порешённый; *кр. ф.* -ён, -ена́
пореши́ть(ся), -шу́(сь), -ши́т(ся)
поржа́вевший
поржаве́лый
поржа́веть, -еет и **поржаве́ть,** -е́ет
поржа́ть, -жу́, -жёт
по́ридж, -а, *тв.* -ем
порисо́ванный; *кр. ф.* -ан, -ана
порисова́ть(ся), -су́ю(сь), -су́ет(ся)
по́ристость, -и
по́ристый
порица́ние, -я
порица́тель, -я
порица́тельный; *кр. ф.* -лен, -льна
порица́ть(ся), -а́ю, -а́ет(ся)
по́рка, -и, *р. мн.* по́рок
по́рно, *нескл., с.*
порно... – *первая часть сложных слов, пишется слитно*
порноби́знес, -а
порнографи́ческий
порногра́фия, -и
порнозвезда́, -ы́, *мн.* -звёзды, -звёзд
порнокассе́та, -ы
порноле́нта, -ы
порнопроду́кция, -и
порнорекла́ма, -ы
порнорома́н, -а
порноса́йт, -а
порнофи́льм, -а
порношо́у, *нескл., с.*
порну́ха, -и
порну́шка, -и, *р. мн.* -шек
по́ровну
поровня́ть, -я́ю, -я́ет (*к* ро́вный)
поро́г, -а
поро́говый
поро́да, -ы
поро́дистость, -и
поро́дистый
по-роди́тельски
породи́ть, -ожу́, -оди́т
породне́ние, -я
породнённый; *кр. ф.* -ён, -ена́
породни́ть(ся), -ню́(сь), -ни́т(ся)
поро́дность, -и
поро́дно-у́гольный
поро́дный
породня́ть(ся), -я́ю(сь), -я́ет(ся)
породоиспыта́ние, -я
породообразова́ние, -я
породообразу́ющий
породоотбо́рка, -и
породопогру́зочный
породоразруша́ющий
по-ро́дственному, *нареч.*
порожда́ть(ся), -а́ю, -а́ет(ся)
порожда́ющий(ся)
порожде́ние, -я
порождённый; *кр. ф.* -ён, -ена́
поро́жек, -жка
поро́жистость, -и
поро́жистый
порожнём, *нареч.*
поро́жний (*пустой*)
поро́жный (*от* поро́г)
порожня́к, -а́
порожняко́вый
порожняко́м, *нареч.*
по́роз, -а и **по́рос,** -а
поро́зность, -и
по́розну (*устар. к* по́рознь)
поро́зный (*от* по́ра)
по́рознь
порозове́ть, -е́ю, -е́ет
пороизо́л, -а
поро́й и **поро́ю,** *нареч.*
поро́к, -а
пороло́н, -а
пороло́новый
пороня́ть, -я́ю, -я́ет
порообразова́ние, -я
порообразова́тель, -я
пороплa̒сты, -ов, *ед.* -пла́ст, -а
поропта́ть, -опщу́, -о́пщет
по́рос, -а и **по́роз,** -а
поро́сая
поросёнок, -нка, *мн.* -ся́та, -ся́т
поросёночек, -чка, *мн.* -ся́тки, -ток
пороси́ться, -и́тся
пороскопи́ческий
пороскопи́я, -и
пороско́шествовать, -твую, -твует
по́рослевый
по́росль, -и
поро́сная
по-росси́йски
по ро́сту
поро́сший
порося́, *других форм нет* (не́ было у ба́бы хлопо́т, купи́ла порося́)
порося́тина, -ы
порося́тинка, -и
порося́тник, -а
порося́точки, -чек
порося́чий, -ья, -ье
поро́тно, *нареч.*
поро́тный
по́ротый
поро́ть(ся), порю́, по́рет(ся)

по́рох, -а и -у, *мн.* -а́, -о́в
пороховни́ца, -ы, *тв.* -ей
пороховóй
поро́чащий
поро́чение, -я
поро́чить(ся), -чу(сь), -чит(ся)
поро́чность, -и
поро́чный; *кр. ф.* -чен, -чна
поро́ша, -и, *тв.* -ей
порошённый; *кр. ф.* -ён, -ена́
пороши́нка, -и, *р. мн.* -нок
пороши́ть, -и́т
пороши́ца, -ы, *тв.* -ей
порошкова́тый
порошкови́дный; *кр. ф.* -ден, -дна
порошко́вый
порошкообра́зный; *кр. ф.* -зен, -зна
порошо́к, -шка́ и -шку́
порошо́чек, -чка и -чку
порошо́чный
поро́ю и **поро́й,** *нареч.*
порск, -а
по́рсканный; *кр. ф.* -ан, -ана
по́рсканье, -я (*от* по́рскать)
порска́нье, -я (*от* порска́ть)
по́рскать, -аю, -ает (*фыркать от смеха; стремительно бросаться куда-н.*)
порска́ть, -а́ю, -а́ет (*натравливать гончих на зверя*)
по́рскнуть, -ну, -нет (*к* по́рскать)
порскну́ть, -ну́, -нёт (*к* порска́ть)
порт[1], -а, *предл.* в порту́, *мн.* -ы и -ы́, -о́в
порт[2], -а, *предл.* в по́рте, *мн.* -ы, -ов (*в компьютерах*)
По́рта, -ы (*Османская империя*)
порта́л, -а
порта́льный
портаме́нто, *неизм.* и *нескл., с.* (*муз.*)
порт-арту́рский (*от* Порт-Арту́р)
портарту́рцы, -ев, *ед.* -рец, -рца, *тв.* -рцем
портати́в, -а
портати́вка, -и, *р. мн.* -вок
портати́вность, -и
портати́вный; *кр. ф.* -вен, -вна
порта́ч, -а́, *тв.* -о́м
порта́чащий
порта́чить, -чу, -чит
портбуке́т, -а
портве́йн, -а и -у
портве́йнец, -нца и -нцу, *тв.* -нцем
портве́йнчик, -а и -у
по́ртер, -а и -у
по́ртерная, -ой
по́ртерный
по́ртик, -а
по́ртить(ся), по́рчу(сь), по́ртит(ся)
портки́, -о́в и -то́к
портландцеме́нт, -а
по́ртле́ндский (*от* По́ртле́нд)
по́ртле́ндцы, -ев, *ед.* -дец, -дца, *тв.* -дцем
портмоне́, *нескл., с.*
портнадзо́р, -а
портни́ха, -и
портни́шка, -и, *р. мн.* -шек, *м.* (*от* портно́й) и *ж.* (*от* портни́ха)
портно́вский
портно́й, -о́го
портня́жий, -ья, -ье
портня́жить, -жу, -жит
портня́жка, -и, *р. мн.* -жек, *м.*
портня́жничать, -аю, -ает
портня́жничество, -а
портня́жный
по́рто, *нескл., с.*
портови́к, -а́
порто́вый
портола́ны, -ов, *ед.* -ла́н, -а и **портула́ны,** -ов, *ед.* -ла́н, -а
портомо́йня, -и, *р. мн.* -о́ен
портофло́т, -а
по́рто-фра́нко, *нескл., с.*
порто́чина, -ы
порто́чки, -ов и -чек
порто́чный
портпле́д, -а
портпле́дный
портре́т, -а
портре́тец, -тца, *тв.* -тцем, *р. мн.* -тцев
портре́тик, -а
портрети́рование, -я
портрети́рованный; *кр. ф.* -ан, -ана
портрети́ровать(ся), -рую(сь), -рует(ся)
портрети́ст, -а
портрети́стка, -и, *р. мн.* -ток
портре́тный
порт-саи́дский (*от* Порт-Саи́д)
портсаи́дцы, -ев, *ед.* -дец, -дца, *тв.* -дцем
портсига́р, -а
портсига́рный
портсига́рчик, -а
порттаба́к, -а́
португа́лка, -и, *р. мн.* -лок
португалоговоря́щий
португалоязы́чный
португа́льский (*к* Португа́лия и португа́льцы)
португа́льско-испа́нский
португа́льско-ру́сский
португа́льцы, -ев, *ед.* -лец, -льца, *тв.* -льцем
портула́к, -а
портула́ковый
портула́ны, -ов, *ед.* -ла́н, -а и **портола́ны,** -ов, *ед.* -ла́н, -а
портупе́йный
портупе́й-пра́порщик, -а
портупе́й-ю́нкер, -а
портупе́я, -и
портфе́лик, -а
портфе́лишко, -а и -и, *мн.* -шки, -шек, *м.*
портфе́ль, -я
портфе́льный
портфе́льчик, -а
портфо́лио, *нескл., м.* и *с.*
портше́з, -а
порты́, -о́в (*штаны*)
портье́, *нескл., м.*
портье́ра, -ы
портье́рка, -и, *р. мн.* -рок
портье́рный
портя́нки, -нок, *ед.* -нка, -и
портя́ночки, -чек, *ед.* -чка, -и
портя́ночный
по́ртящий(ся)
пору́банный; *кр. ф.* -ан, -ана
поруба́ть, -а́ю, -а́ет
порубе́жный
порубе́жье, -я, *р. мн.* -жий
поруби́ть(ся), -ублю́(сь), -у́бит(ся)
пору́бка, -и, *р. мн.* -бок
пору́бленный; *кр. ф.* -ен, -ена
пору́бливать, -аю, -ает
пору́бочный
пору́бщик, -а
по́рубь, -и
поруга́ние, -я
пору́ганный; *кр. ф.* -ан, -ана
поруга́ть(ся), -а́ю(сь), -а́ет(ся)
пору́гивать(ся), -аю(сь), -ает(ся)
пору́ка, -и
по руке́
поруководи́ть, -ожу́, -оди́т
поpули́ть, -лю́, -ли́т
по-румы́нски
порумя́невший (*от* порумя́неть)
порумя́ненный; *кр. ф.* -ен, -ена
порумя́неть, -ею, -еет (*стать румяным*)
порумя́нивший(ся) (*от* порумя́нить(ся))
порумя́нить, -ню, -нит (*кого, что*)
порумя́ниться, -нюсь, -нится
порусе́ть, -е́ю, -е́ет
по-ру́сски
пору́ха, -и
поруча́тельство, -а
поруча́ть(ся), -а́ю(сь), -а́ет(ся)
поруче́йник, -а
поруче́нец, -нца, *тв.* -нцем, *р. мн.* -нцев
поруче́ние, -я
поруче́ние-наря́д, поруче́ния-наря́да, *с.*
пору́ченный; *кр. ф.* -ен, -ена
поруче́нческий
по́ручень, -чня
поруче́ньице, -а
по́ручи, -ей (*нарукавники*)
пору́чик, -а
поручи́тель, -я
поручи́тельница, -ы, *тв.* -ей
поручи́тельный
поручи́тельский
поручи́тельство, -а
поручи́ть(ся), -учу́(сь), -у́чит(ся)
пору́чица, -ы, *тв.* -ей
пору́чицкий
пору́чичий, -ья, -ье

пору́чка́ться, -у́чка́юсь, -у́чка́ется (*обл.* и *прост.*)
поруше́ние, -я
пору́шенный; *кр. ф.* -ен, -ена
пору́шить(ся), -шу, -шит(ся)
порфи́р, -а (*горная порода*)
порфи́ра, -ы (*одежда*)
порфири́н, -а
порфири́новый
порфири́т, -а
порфири́товый
порфири́я, -и
порфи́рный
порфи́ровый
порфироно́сец, -сца, *тв.* -сцем, *р. мн.* -сцев
порфироно́сный
порфироро́дный
порха́лище, -а
порха́ние, -я
порха́ть, -а́ю, -а́ет
порхну́ть, -ну́, -нёт
порцио́н, -а
порциони́рование, -я
порцио́нно, *нареч.*
порцио́нный
по́рция, -и
по́рча, -и, *тв.* -ей
по́рченный; *кр. ф.* -ен, -ена, *прич.*
по́рченый, *прил.*
по́рше, *нескл., м.* (*автомобиль*)
поршенёк, -нька́
по́ршень, -шня, *мн.* -шни, -шней и -шне́й (*тех.*)
поршнева́ние, -я
поршнево́й и **по́ршневый**
по́ршни, -ей и -е́й, *ед.* по́ршень, -шня (*обувь*)
по́ры, пор, *ед.* по́ра, -ы
по-рыба́цки
порыба́чить, -чу, -чит
по-рыба́чьи
по-ры́бьи
поры́в, -а
порыва́ние, -я
порыва́ть(ся), -а́ю(сь), -а́ет(ся)
поры́вистость, -и
поры́вистый
порыже́лый
порыже́ть, -е́ю, -е́ет
поры́кивание, -я
поры́кивать, -аю, -ает
по-ры́ночному
поры́скать, -ы́щу, -ы́щет и -аю, -ает
поры́тый
поры́ть(ся), поро́ю(сь), поро́ет(ся)
порыхлённый; *кр. ф.* -ён, -ена́
порыхле́ть, -е́ет
порыхли́ть, -лю́, -ли́т
по-ры́царски
порыча́ть, -чу́, -чи́т
по́рющий(ся)
порябе́ть, -е́ет
поряби́ть, -и́т
поряди́ть(ся), -яжу́(сь), -я́ди́т(ся)
поря́дковый
поря́дком, *нареч.*
поря́дливый
поря́дный: поря́дная за́пись, поря́дная гра́мота
поря́довка, -и, *р. мн.* -вок
поря́док, -дка
поря́дочек, -чка
поря́дочно, *нареч.*
поря́дочность, -и
поря́дочный; *кр. ф.* -чен, -чна
поря́дчик, -а
поряжа́ть(ся), -а́ю(сь), -а́ет(ся)
поря́женный; *кр. ф.* -ен, -ена и **поряжённый;** *кр. ф.* -ён, -ена́
поса́д, -а; но: **Гаври́лов Поса́д, Марии́нский Посад, Па́вловский Поса́д, Се́ргиев Поса́д** (*города*)
посади́ть, -ажу́, -а́дит
поса́дка, -и, *р. мн.* -док
поса́дник, -а
поса́дница, -ы, *тв.* -ей
поса́дничество, -а
поса́дничий, -ья, -ье
поса́дочно-деса́нтный
поса́дочный
поса́дский
поса́дчик, -а
посажа́ть, -а́ю, -а́ет
поса́женный; *кр. ф.* -ен, -ена (*от* посади́ть)
посаже́нный (*от* са́жень)
посажёный: посажёный оте́ц, посажёная ма́ть
поса́ленный; *кр. ф.* -ен, -ена
поса́лить, -лю, -лит
по-салье́риевски
посамолётно
поса́пывание, -я
поса́пывать, -аю, -ает
поса́сывание, -я
поса́сывать, -аю, -ает
поса́харенный; *кр. ф.* -ен, -ена
поса́харить, -рю, -рит
посба́вить(ся), -влю, -вит(ся)
посба́вленный; *кр. ф.* -ен, -ена
посбива́ть(ся), -а́ю, -а́ет(ся)
посбира́ть, -а́ю, -а́ет
посби́тый
посби́ть(ся), пособью, пособьёт(ся)
посбои́ть, -и́т
посбра́сывать, -аю, -ает
посбро́санный; *кр. ф.* -ан, -ана
посброса́ть, -а́ю, -а́ет
посбро́сить, -о́шу, -о́сит
посбро́шенный; *кр. ф.* -ен, -ена
по-сва́дебному, *нареч.*
посва́танный; *кр. ф.* -ан, -ана
посва́тать(ся), -аю(сь), -ает(ся)
посвеже́ть, -е́ю, -е́ет
посверка́ть, -а́ю, -а́ет
посве́ркивание, -я
посве́ркивать, -аю, -ает
посвети́ть, -вечу́, -ве́тит
посветле́е
посветле́ние, -я
посветлённый; *кр. ф.* -ён, -ена́
посветле́ть, -е́ю, -е́ет
посветли́ть, -лю́, -ли́т
по-све́тски
посве́чивать, -аю, -ает
по-сви́нски
по-свиня́чьи
по́свист, -а
посвиста́ть, -ищу́, -и́щет
посвисте́ть, -ищу́, -исти́т
посви́стывание, -я
посви́стывать, -аю, -ает
посвобо́днее
по-сво́ему, *нареч.*
по-сво́йски
посвяти́тельный
посвяти́ть(ся), -ящу́(сь), -яти́т(ся)
посвяща́ть(ся), -а́ю(сь), -а́ет(ся)
посвяще́ние, -я
посвящённость, -и
посвящённый; *кр. ф.* -ён, -ена́
посдержа́ть(ся), -жу́(сь), -е́ржит(ся)
посе́в, -а
по-се́верному, *нареч.*
посевно́й
посе́вный щелку́н (*жук*)
посе́вщик, -а
по сего́дня
поседе́лый
поседе́ние, -я
поседе́ть, -е́ю, -е́ет (*от* седе́ть)
посе́дки, -док (*обл. к* посиде́лки)
посёдланный; *кр. ф.* -ан, -ана
поседла́ть, -а́ю, -а́ет
посезо́нный
по се́й де́нь
Посейдо́н, -а
посейча́с
посекре́тничать, -аю, -ает
по секре́ту
посеку́ндный
посе́кший(ся) и **посёкший(ся)**
поселе́нец, -нца, *тв.* -нцем, *р. мн.* -нцев
поселе́ние, -я
поселе́нка, -и, *р. мн.* -нок
поселе́нный (*от* селе́ние)
поселённый; *кр. ф.* -ён, -ена́ (*от* посели́ть)
поселе́нческий
посели́ть(ся), -елю́(сь), -е́ли́т(ся)
поселко́вый
посёлок, -лка; но: **Рабо́чий Посёлок** (*станция в черте Москвы*)
посёлочек, -чка
посёлочный
посе́льник, -а
посе́льница, -ы, *тв.* -ей
по-се́льски
посе́льщик, -а
поселя́нин, -а, *мн.* -я́не, -я́н
поселя́нка, -и, *р. мн.* -нок
поселя́ть(ся), -я́ю(сь), -я́ет(ся)
по-семе́йному, *нареч.*

посеме́йный
посемени́ть, -ню́, -ни́т
посему́, *нареч.* (моя́ вла́сть – посему́ я́ пра́в), но *местоим.* **по сему́** (по сему́ слу́чаю; бы́ть по сему́)
Посе́мье, -я (*к* Сейм)
по-сербохорва́тски и **по-сербскохорва́тски**
по-се́рбски
посерди́ть(ся), -ержу́(сь), -е́рдит(ся)
по́ сердцу и **по се́рдцу,** *в знач. сказ.*
посеребрённый; *кр. ф.* -ён, -ена́
посеребри́ть(ся), -рю́, -ри́т(ся)
посереди́ (*устар. и прост. к* посреди́)
посереди́не и **посреди́не,** *нареч.* и *предлог*
посерёдке (*прост. к* посереди́не)
посере́дь (*устар. к* посереди́не и посреди́)
посере́ть, -е́ю, -е́ет
посери́йный
посерьёзневший
посерьёзнеть, -ею, -еет
посесси́вность, -и
посесси́вный
посессионе́р, -а
посессио́нный
посе́ссия, -и
посе́ссор, -а
посестри́мство, -а
по-се́стрински
посе́стриться, -рюсь, -рится
посети́тель, -я
посети́тельница, -ы, *тв.* -ей
посети́тельский
посети́ть, посещу́, посети́т
посе́товать, -тую, -тует
посечённый; *кр. ф.* -ён, -ена́ и **посе́ченный;** *кр. ф.* -ен, -ена
посе́чь(ся), -еку́, -ечёт(ся), -еку́т(ся); *прош.* -ёк(ся) и -е́к(ся), -екла́(сь)
посеща́емость, -и
посеща́ть(ся), -а́ю(сь), -а́ет(ся)
посеще́ние, -я
посещённый; *кр. ф.* -ён, -ена́
посе́янный; *кр. ф.* -ян, -яна
посе́ять(ся), -е́ю(сь), -е́ет(ся)
посибари́тствовать, -твую, -твует
по-сиби́рски
посиве́ть, -е́ю, -е́ет
посигна́лить, -лю, -лит
посиде́лки, -лок
посиде́ть, -ижу́, -иди́т (*от* сиде́ть)
поси́дки, -док
поси́живать, -аю, -ает
посизе́ть, -е́ю, -е́ет
поси́кать, -аю, -ает
по си́лам
поси́литься, -люсь, -лится
посильне́е
поси́льность, -и
поси́льный; *кр. ф.* -лен, -льна
поси́мвольный
посине́лый
посине́ние, -я
посине́ть, -е́ю, -е́ет
по-сиро́тски
посия́ть, -я́ю, -я́ет
поска́бливание, -я
поска́бливать, -аю, -ает
поскака́ть, поскачу́, поска́чет
поска́лить, -лю, -лит
поска́льзываться, -аюсь, -ается
поскандáлить, -лю, -лит
поска́редничать, -аю, -ает
поска́чка, -и
поски́данный; *кр. ф.* -ан, -ана
поскида́ть, -а́ю, -а́ет
поски́дывать, -аю, -ает
поскита́ться, -а́юсь, -а́ется
по склада́м (чита́ть)
поско́бленный; *кр. ф.* -ен, -ена
поскобли́ть, -облю́, -о́бли́т
поско́к[1], -а (*скачок; бег скачка́ми*)
поско́к[2]**: ско́к-поско́к,** *неизм.*
поскользну́ться, -ну́сь, -нётся
по ско́лько и **по ско́льку** (по ско́лько рубле́й и по ско́льку рубле́й)
по ско́лько-нибу́дь и **по ско́льку-нибу́дь**
по ско́лько-то и **по ско́льку-то**
поско́льку, *союз* (поско́льку ты́ согла́сен, я́ не возража́ю), но *числит.* **по ско́льку** (по ско́льку рубле́й)
поско́нина, -ы
поско́нный
по́ско́нь, -и
поскорбе́ть, -е́ю, -е́ет
поскоре́е
поско́тина, -ы
по-ско́тски
поскребённый; *кр. ф.* -ён, -ена́
поскрёбки, -ов, *ед.* -бок, -бка
поскрёбший(ся)
поскрёбывать(ся), -аю(сь), -ает(ся)
поскрёбыши, -ей, *ед.* -быш, -а, *тв.* -ем
поскрежета́ть, -жещу́, -же́щет
поскрести́(сь), -ребу́(сь), -ребёт(ся); *прош.* -рёб(ся), -ребла́(сь)
поскрипе́ть, -плю́, -пи́т
поскри́пывание, -я
поскри́пывать, -аю, -ает
поскромне́е
поскромне́ть, -е́ю, -е́ет
поскро́мничать, -аю, -ает
поску́ливание, -я
поску́ливать, -аю, -ает
поскули́ть, -лю́, -ли́т
поскупи́ться, -плю́сь, -пи́тся
поскуча́ть, -а́ю, -а́ет
поскучне́ть, -е́ю, -е́ет
послабе́е
послабе́ть, -е́ю, -е́ет
посла́бить, -ит
послабле́ние, -я
послабля́ть, -я́ю, -я́ет
по-славя́нски
посла́нец, -нца, *тв.* -нцем, *р. мн.* -нцев
посла́ние, -я
посла́нник, -а
посла́нница, -ы, *тв.* -ей
посла́ннический
по́сланный; *кр. ф.* -ан, -ана (*от* посла́ть)
послasти́ть, -ащу́, -асти́т
посла́ть(ся), пошлю́(сь), пошлёт(ся); *прош.* посла́л(ся), посла́ла(сь) (*к* слать)
посла́ще
послащённый; *кр. ф.* -ён, -ена́
по́сле, *нареч.* и *предлог*
после... – *приставка, пишется слитно*
послеавари́йный
послеа́вгустовский
послеарме́йский
послебра́чный
послеверса́льский *(ист.)*
послевку́сие, -я
послевое́нный
послевсхо́довый
послеву́зовский
послевы́борный
послегаранти́йный
послегрозово́й
после́д, -а
последе́йствие, -я
последипло́мный
последи́ть, -ежу́, -еди́т
после́дки, -ов
после́дний
после́дование, -я
после́дователь, -я
после́довательница, -ы, *тв.* -ей
после́довательно включённый
после́довательно-возвра́тный
после́довательно материалисти́ческий
после́довательность, -и
после́довательно чередУ́ющийся
после́довательный; *кр. ф.* -лен, -льна
после́довать, -дую, -дует
после́довый
после́дствие, -я
после́дующий
после́дыш, -а, *тв.* -ем
после́живать, -аю, -ает
послеза́втра
послеза́втрашний
послезака́тный
послезаро́дышевый
послезасто́йный
послеинфа́ркктный
послека́нтовский
послеледнико́вый
послело́г, -а
послема́тчевый
посленовогóдний
послеобе́денный
послеоктя́брьский
послеолимпи́йский
послеоперацио́нный
послео́ттепельный
послепасха́льный
послеперестро́ечный

послепетро́вский
послепобе́дный
послепожа́рный
послеполётный
послеполу́денный
послепослеза́втра
послепремье́рный
послеприпа́дочный
послепрода́жный
послепу́тчевый
послерабо́чий
послереволюцио́нный
послеремо́нтный
послеродово́й
послесва́дебный
послесвече́ние, -я
послесло́вие, -я
послеста́линский
послесуде́бный
послесъе́здовский
по́сле того́ как, *союз*
послетрети́чный (*геол.*)
послеубо́рочный
послеуда́рный
послешко́льный
по-слова́цки
по-слове́нски
посло́вица, -ы, *тв.* -ей
посло́вичный
посло́вный
посложне́е
посло́йный
послоня́ться, -я́юсь, -я́ется
послу́га, -и
послужи́ть, -ужу́, -у́жит
послужно́й
по́слух, -а
по слу́хам
по случа́йности
по слу́чаю
послуша́ние, -я
послу́шать(ся), -аю(сь), -ает(ся)
послу́шливый
по́слу́шник, -а
по́слу́шница, -ы, *тв.* -ей
по́слу́шничать, -аю, -ает
по́слу́шнический
по́слу́шничество, -а
послу́шность, -и
послу́шный; *кр. ф.* -шен, -шна
послы́шать(ся), -шу, -шит(ся)
послюнённый; *кр. ф.* -ён, -ена́
послюни́ть, -ню́, -ни́т
послюня́вить, -влю, -вит
послюня́вленный; *кр. ф.* -ен, -ена
посмакова́ть, -ку́ю, -ку́ет
посма́тривать(ся), -аю(сь), -ает(ся)
посме́иваться, -аюсь, -ается
посмека́ть, -а́ю, -а́ет
посмеле́е
посмеле́ть, -е́ю, -е́ет
посме́нный
посме́ртие, -я
посме́ртный
посме́ть, -е́ю, -е́ет
посмеши́ть, -шу́, -ши́т
посме́шище, -а
посмешне́е
посмея́ние, -я
посмея́ться, -ею́сь, -еётся
посмирне́ть, -е́ю, -е́ет
посморка́ться, -а́юсь, -а́ется
посмо́тренный; *кр. ф.* -ен, -ена
посмотре́ть(ся), -отрю́(сь), -о́трит(ся)
посмугле́ть, -е́ю, -е́ет
по-сна́йперски
поснима́ть, -а́ю, -а́ет
поснова́ть, -ную́, -нуёт
посноси́ть, -ношу́, -но́сит
по-соба́чьему, *нареч.*
по-соба́чьи
посо́бие, -я
пособира́ть, -а́ю, -а́ет
пособи́ть, -блю́, -би́т
пособля́ть, -я́ю, -я́ет
посо́бник, -а
посо́бница, -ы, *тв.* -ей
посо́бнический
посо́бничество, -а
пособо́ровать(ся), -рую(сь), -рует(ся)
посо́ванный; *кр. ф.* -ан, -ана
посова́ть(ся), посую́(сь), посуёт(ся) (*от* сова́ть(ся)
по со́вести (говоря́; сказа́ть; жи́ть, поступа́ть)
посо́веститься, -ещусь, -естится
посове́тованный; *кр. ф.* -ан, -ана
посове́товать(ся), -тую(сь), -тует(ся)
по-сове́тски
посовеща́ться, -а́юсь, -а́ется
по-совко́вому
по-совреме́нному, *нареч.*
по согласова́нии (*согласовав*)
посоде́йствовать, -твую, -твует
посозерца́ть, -а́ю, -а́ет
посократи́ть, -ащу́, -ати́т
посо́л[1], посла́; но: **Чрезвыча́йный и Полномо́чный Посо́л**
посо́л[2], посо́ла (*засол*)
по-солда́тски
посо́ленный; *кр. ф.* -ен, -ена
посоли́дневший
посоли́днеть, -ею, -еет
посоли́ть, -олю́, -о́ли́т
посо́лка, -и
посолове́лый
посолове́ть, -е́ю, -е́ет
по-соловьи́ному, *нареч.*
по́солонь, *нареч.*
посо́лочный
посо́льно-свежьево́й
посо́льский
посо́льство, -а
посомнева́ться, -а́юсь, -а́ется
посообража́ть, -а́ю, -а́ет
посопе́ть, -плю́, -пи́т
посопротивля́ться, -я́юсь, -я́ется
посоревнова́ться, -ну́юсь, -ну́ется
посо́санный; *кр. ф.* -ан, -ана
пососа́ть, пососу́, пососёт
по-сосе́дски
по сосе́дству
пососло́вный
посоставля́ть, -я́ю, -я́ет
посостяза́ться, -а́юсь, -а́ется
посо́тенно
по́сох, -а
посо́хнуть, -ну, -нет; *прош.* -о́х, -о́хла
посо́хший
по-социалдемократи́чески
по-социалисти́чески
посочиня́ть, -я́ю, -я́ет
посочу́вствовать, -твую, -твует
посошко́вый
посо́шник, -а
посо́шный
посошо́к, -шка́
по-спарта́нски
поспа́ть, -плю́, -пи́т; *прош.* -а́л, -ала́, -а́ло
поспева́ние, -я
поспева́ть, -а́ю, -а́ет
поспекта́кльный
поспеси́виться, -влюсь, -вится
поспе́ть, -е́ю, -е́ет
поспеша́ть, -а́ю, -а́ет
поспе́шествовать, -твую, -твует
поспеши́ть, -шу́, -ши́т
поспе́шность, -и
поспе́шный; *кр. ф.* -шен, -шна
поспива́ться, -а́ется (*к* спи́ться)
поспле́тничать, -аю, -ает
Посполи́тая: Ре́чь Посполи́тая
поспо́рить, -рю, -рит
по-спорти́вному, *нареч.*
поспосо́бствовать, -твую, -твует
по-справедли́вому, *нареч.*
по справедли́вости
поспра́шивать, -аю, -ает
поспроси́ть, -ошу́, -о́сит
поспроша́ть, -а́ю, -а́ет
поспро́шенный; *кр. ф.* -ен, -ена
посрами́ть(ся), -млю́(сь), -ми́т(ся)
посрамле́ние, -я
посрамлённый; *кр. ф.* -ён, -ена́
посрамля́ть(ся), -я́ю(сь), -я́ет(ся)
посреди́, *нареч.* и *предлог*
посреди́не и **посереди́не,** *нареч.* и *предлог*
посре́дник, -а
посре́дница, -ы, *тв.* -ей
посре́дничать, -аю, -ает
посре́днический
посре́дничество, -а
по сре́дствам
посре́дственно, *нареч.*
посре́дственность, -и
посре́дственный; *кр. ф.* -вен и -венен, -венна
посре́дство, -а
посре́дством, *предлог*
посре́дствующий
посрыва́ть(ся), -а́ю, -а́ет(ся)
поссибили́зм, -а
поссибили́ст, -а

поссибилисти́ческий
поссибили́стский
поссове́т, -а
поссо́ренный; *кр. ф.* -ен, -ена
поссо́рить(ся), -рю(сь), -рит(ся)
пост[1], -а́ (*к* пости́ться)
пост[2], -а́, *предл.* на посту́ (*должность; место и группа наблюдения*)
пост… – *приставка, пишется слитно*
поста́в, -а, *мн.* -а́, -о́в
поставе́ц, -вца́, *тв.* -вцо́м, *р. мн.* -вцо́в
поста́вить(ся), -влю(сь), -вит(ся)
поста́вка, -и, *р. мн.* -вок
поставле́ние, -я
поста́вленный; *кр. ф.* -ен, -ена
поставля́ть(ся), -я́ю(сь), -я́ет(ся)
поста́вный
поста́вочный
поставцо́вый
поставщи́к, -а́
поставщи́к-экспортёр, поставщика́-экспортёра
поставщи́ца, -ы, *тв.* -ей
постадапта́ция, -и
постади́йный
постажирова́ть(ся), -ру́юсь, -ру́ется
поста́ивать, -аю, -ает
по-ста́лински
постаме́нт, -а
постана́вливать(ся), -аю, -ает(ся)
постано́в, -а
постанови́ть, -овлю́, -о́вит
постано́вка, -и, *р. мн.* -вок
постановле́ние, -я
постано́вленный; *кр. ф.* -ен, -ена
постановля́ть(ся), -я́ю, -я́ет(ся)
постано́вочный
постано́вщик, -а
постано́вщица, -ы, *тв.* -ей
поста́нывание, -я
поста́нывать, -аю, -ает
постапокалипти́ческий
постара́ться, -а́юсь, -а́ется
постаре́вший
постаре́е
постаре́лый
постаре́ние, -я
постаре́ть, -е́ю, -е́ет
по-старико́вски
по старине́
по стари́нке
по-стари́нному, *нареч.*
по-старомо́дному
по-ста́рому, *нареч.*
по-старославя́нски
по-стару́шечьи
поста́рше
по старшинству́
постате́йный
по-стаха́новски
поствулкани́ческий
поствы́сший (поствы́сшее образова́ние)
постганглиона́рный
постгаранти́йный
постглосса́тор, -а
постгриппо́зный
постдекреме́нтный
постёганный; *кр. ф.* -ан, -ана
постега́ть, -а́ю, -а́ет (*к* стега́ть)
постёгивать, -аю, -ает
постёленный; *кр. ф.* -ен, -ена
постели́ть(ся), постелю́(сь), посте́лет(ся); *прош.* -и́л(ся), -и́ла(сь)
посте́ль, -и
посте́лька, -и, *р. мн.* -лек
посте́льник, -а
посте́льница, -ы, *тв.* -ей
посте́льничий, -его
посте́льный (*от* посте́ль)
постепе́нно, *нареч.*
постепе́нность, -и
постепе́нный; *кр. ф.* -е́нен, -е́нна
постепе́новец, -вца, *тв.* -вцем, *р. мн.* -вцев
постепе́новский
постепе́новщина, -ы
по́стер, -а
постерёгший(ся)
постережённый; *кр. ф.* -ён, -ена́
постере́ться, посотрётся; *прош.* постёрся, -рлась
постере́чь(ся), -регу́(сь), -режёт(ся), -регу́т(ся); *прош.* -рёг(ся), -регла́(сь)
по́стерный (*от* по́стер)
постесни́ть(ся), -ню́(сь), -ни́т(ся) (*устар. к* потесни́ть(ся) и постесня́ться)
постесня́ться, -я́юсь, -я́ется
постига́ние, -я
постига́ть(ся), -а́ю, -а́ет(ся) (*к* пости́чь)
пости́гнувший
пости́гнутый
пости́гнуть и **пости́чь,** -и́гну, -и́гнет; *прош.* -и́г и -и́гнул, -и́гла
пости́гший
пости́ж, -а, *тв.* -ем (*изделие из волос*)
постиже́ние, -я
постижёр, -а
постижёрный
постижёрский
постижи́мость, -и
постижи́мый
постила́ть(ся), -а́ю(сь), -а́ет(ся)
пости́лка, -и, *р. мн.* -лок (*к* постила́ть)
пости́лочный (*от* пости́лка)
постимпе́рский
постимпрессиони́зм, -а
постимпрессиони́ст, -а
постимпрессионисти́ческий
постимпрессиони́стский
по́стинг, -а
постиндустриали́зм, -а
постиндустриа́льный
постинсу́льтный
постинфа́рктный
постинфекцио́нный
постинъекцио́нный
пости́ранный; *кр. ф.* -ан, -ана
постира́ть(ся), -а́ю(сь), -а́ет(ся)
постиру́шка, -и, *р. мн.* -шек
пости́ться, пощу́сь, пости́тся
пости́чь и **пости́гнуть,** -и́гну, -и́гнет; *прош.* -и́г и -и́гнул, -и́гла
посткапитали́зм, -а
посткапиталисти́ческий
постклимактери́ческий
посткоммунисти́ческий
по́стланный; *кр. ф.* -ан, -ана (*от* постла́ть)
постла́ть(ся), постелю́(сь), посте́лет(ся); *прош.* -а́л(ся), -а́ла(сь) (*к* стлать)
постлю́дия, -и
постмаши́нный
постмилленари́зм, -а
постмоде́рн, -а
постмоде́рни́зм, -а
постмодерни́ст, -а
постмодерни́стский
постната́льный
по́стненький
по́стник, -а
по́стница, -ы, *тв.* -ей
по́стничать, -аю, -ает
по́стнический
по́стничество, -а
по́стность, -и
постнояде́ние, -я
по́стный; *кр. ф.* -тен, -тна́, -тно
постово́й
посто́й, -я
посто́йный
по-столи́чному, *нареч.*
посто́лы, -о́л, *ед.* -о́ла, -ы (*обувь*)
по сто́лько и **по сто́льку** (по сто́лько ле́т и по сто́льку ле́т)
по сто́лько-то и **по сто́льку-то**
посто́льку, *союз* (поско́льку решено́, посто́льку на́до де́йствовать), но *числит.* **по сто́льку** (по сто́льку ле́т)
посто́льку-поско́льку, *нареч.* (*не вполне, в зависимости от обстоятельств*)
постона́ть, -ону́, -о́нет и -а́ю, -а́ет
посторо́ниваться, -аюсь, -ается
посторожи́ть, -жу́, -жи́т
посторони́ться, -оню́сь, -о́ни́тся
посторо́нний
постоя́лец, -льца, *тв.* -льцем, *р. мн.* -льцев
постоя́лица, -ы, *тв.* -ей
постоя́лка, -и, *р. мн.* -лок
постоя́лый дво́р
постоя́нная, -ой
постоя́нно, *нареч.*
постоя́нно де́йствующий
постоя́нность, -и
постоя́нный; *кр. ф.* -я́нен, -я́нна
Постоя́нный совме́стный сове́т Росси́и и НА́ТО
постоя́нство, -а
постоя́ть, -ою́, -ои́т
постпаке́т, -а

постперестро́ечный
постперестро́йка, -и
постперестро́йщик, -а
по́ст-пике́т, поста́-пике́та
постплиоце́н, -а
постплиоце́новый
постпозитиви́зм, -а
постпозитиви́ст, -а
постпозитиви́стский
постпозити́вность, -и *(лингв.)*
постпозити́вный; *кр. ф.* -вен, -вна
постпози́ция, -и
постпре́д, -а
постпре́дство, -а
постпрогра́мма, -ы
постпроце́ссор, -а
постра́гивать, -аю, -ает и **постру́гивать,** -аю, -ает
пострада́вший
пострада́лец, -льца, *тв.* -льцем, *р. мн.* -льцев
пострада́ть, -а́ю, -а́ет
пострадиацио́нный
пострани́чно-печа́тающий
пострани́чный
постра́нствовать, -твую, -твует
пострашне́е
постраща́ть, -а́ю, -а́ет
постреволюцио́нный
постредакти́рование, -я
пострекота́ть, -очу́, -о́чет
постре́л, -а
пострелёнок, -нка, *мн.* -ля́та, -ля́т
постре́ливание, -я
постре́ливать, -аю, -ает
пострели́ть: пострели́ тебя́ (горо́й)
постре́лянный; *кр. ф.* -ян, -яна
постреля́ть(ся), -я́ю(сь), -я́ет(ся)
постренесса́нсный
по́стриг, -а
постригá́ть(ся), -а́ю(сь), -а́ет(ся)
постри́гший(ся)
постри́женец, -нца, *тв.* -нцем, *р. мн.* -нцев
постриже́ние, -я
постри́женка, -и, *р. мн.* -нок
постри́женник, -а
постри́женный; *кр. ф.* -ен, -ена
постри́чь(ся), -игу́(сь), -ижёт(ся), -игу́т(ся); *прош.* -и́г(ся), -и́гла(сь)
постро́ганный; *кр. ф.* -ан, -ана и **постру́ганный;** *кр. ф.* -ан, -ана
построга́ть, -а́ю, -а́ет и **поструга́ть,** -а́ю, -а́ет
по-строево́му, *нареч.*
построе́ние, -я
постро́енный; *кр. ф.* -ен, -ена
постро́ечка, -и, *р. мн.* -чек
постро́ечный
постро́же
построже́ть, -е́ю, -е́ет
построи́тель, -я
постро́ить(ся), -о́ю(сь), -о́ит(ся)
постро́йка, -и, *р. мн.* -о́ек
постройко́м, -а
постройне́е
постро́мки, -мок, *ед.* -мка, -и
постро́мочный
постро́ченный; *кр. ф.* -ен, -ена
построчи́ть, -очу́, -о́чи́т
постро́чно-печа́тающий
постро́чный
постру́ганный; *кр. ф.* -ан, -ана и **постро́ганный;** *кр. ф.* -ан, -ана
поструга́ть, -а́ю, -а́ет и **построга́ть,** -а́ю, -а́ет
постру́гивать, -аю, -ает и **постра́гивать,** -аю, -ает
ПО-структу́ра [пэо́-], -ы
по стру́нке (ходи́ть)
постря́пать, -аю, -ает
постряпу́шка, -и, *р. мн.* -шек
постсимволи́зм, -а
постсимволи́ст, -а
постсимволи́стский
постсинапти́ческий *(биол.)*
постскри́птум, -а
постсове́тский
постсомни́ческий
постсоциалисти́ческий
постсталини́зм, -а
постсталини́стский
постста́линский
постструктурали́зм, -а
постструктурали́ст, -а
постструктурали́стский
посттоталитари́зм, -а
посттоталита́рный
посттравмати́ческий
постуди́ть, -ужу́, -у́дит
посту́женный; *кр. ф.* -ен, -ена
по́стук, -а
посту́кать(ся), -аю(сь), -ает(ся)
посту́кивание, -я
посту́кивать, -аю, -ает
постула́т, -а
постули́рование, -я
постули́рованный; *кр. ф.* -ан, -ана
постули́ровать(ся), -рую, -рует(ся)
поступа́тельно-прогресси́вный
поступа́тельность, -и
поступа́тельный; *кр. ф.* -лен, -льна
поступа́ть(ся), -а́ю(сь), -а́ет(ся)
поступи́ть(ся), -уплю́(сь), -у́пит(ся)
поступле́ние, -я
посту́пок, -пка
по́ступь, -и
постусло́вие, -я *(инф.)*
постуча́ть(ся), -чу́(сь), -чи́т(ся)
постфа́ктум, *нареч.*
по́стфикс, -а
постфикса́льный
постфикса́ция, -и
по́стфиксный
постхрущёвский
постъе́льцинский
постъюбиле́йный
постъюгосла́вский
постъюнгиа́нец, -нца, *тв.* -нцем, *р. мн.* -нцев
постъюнгиа́нский
постъюнгиа́нство, -а
постъя́дерный
постъякоби́нский
посты́вший
постыди́ть(ся), -ыжу́(сь), -ыди́т(ся)
посты́дность, -и
посты́дный; *кр. ф.* -ден, -дна
посты́левший
посты́леть, -ею, -еет
посты́лость, -и
посты́лый
посты́ть и **посты́нуть,** -ы́ну, -ы́нет; *прош.* -ы́л, -ы́ла
постэкономи́ческий
постэмбриона́льный
по-суво́ровски
посу́да, -ы
посуда́чить, -чу, -чит
посу́дина, -ы
посу́динка, -и, *р. мн.* -нок
посуди́ть(ся), -ужу́(сь), -у́дит(ся)
посу́дный
посудомо́ечный
посудомо́йка, -и, *р. мн.* -о́ек
посудомо́йщик, -а
посудомо́йщица, -ы, *тв.* -ей
посу́до-хозя́йственный
посуети́ться, -ечу́сь, -ети́тся
посу́л, -а
посулённый; *кр. ф.* -ён, -ена́
посули́ть(ся), -лю́(сь), -ли́т(ся)
посумасше́ствовать, -твую, -твует
посу́мерничать, -аю, -ает
посу́нуться, -нусь, -нется
посуро́вевший
посуро́веть, -ею, -еет
посурьми́ть(ся), -млю́(сь), -ми́т(ся)
посурьмлённый; *кр. ф.* -ён, -ена́
по су́ти
по су́ти де́ла
посу́точный
посуфли́ровать, -рую, -рует
по́суху
посучи́ть, -чу́, -чи́т
посу́шенный; *кр. ф.* -ен, -ена
посуши́ть(ся), -ушу́(сь), -у́шит(ся)
по существу́
посхи́мить(ся), -млю(сь), -мит(ся)
посхи́мленный; *кр. ф.* -ен, -ена
посходи́ть, -о́дит
посчастли́вевший
посчастли́веть, -ею, -еет
посчастли́виться, -ится
по сча́стью
посчи́танный; *кр. ф.* -ан, -ана
посчита́ть(ся), -а́ю(сь), -а́ет(ся)
посчи́тывать, -аю, -ает
посшиба́ть, -а́ю, -а́ет
посы́л, -а
посыла́ние, -я
посыла́ть(ся), -а́ю(сь), -а́ет(ся)
посы́лка, -и, *р. мн.* -лок
посы́лочка, -и, *р. мн.* -чек
посы́лочный

посы́льный
по-сыно́внему, *нареч.*
по-сыно́вьи
посыпа́ние, -я
посы́панный; *кр. ф.* -ан, -ана
посы́пать(ся), -плю(сь), -плет(ся), -плют(ся) и -пет(ся), -пят(ся), *сов.*
посыпа́ть(ся), -а́ю(сь), -а́ет(ся), *несов.*
посы́пка, -и, *р. мн.* -пок
посыпно́й
посюсторо́нний
посюсторо́нность, -и
посяга́тель, -я
посяга́тельница, -ы, *тв.* -ей
посяга́тельство, -а
посяга́ть, -а́ю, -а́ет
посягнове́ние, -я
посягну́ть, -ну́, -нёт
пот, -а, *предл.* в поту́, *мн.* -ы́, -о́в
по-таджи́кски
потаённость, -и
потаённый; *кр. ф. прич.* -ён, -ена́; *кр. ф. прил.* (*тайный, секретный*) -ён, -ённа
потаи́ть(ся), -аю́(сь), -аи́т(ся)
потайно́й
потака́ние, -я
потака́тель, -я
потака́тельница, -ы, *тв.* -ей
потака́тельство, -а
потака́ть, -а́ю, -а́ет
пота́лкивать, -аю, -ает *(время от времени слегка толкать)*
пота́ль, -и
пота́льный
потамобио́нты, -ов, *ед.* -о́нт, -а
потамоло́гия, -и
потамопланкто́н, -а
по-та́мошнему, *нареч.*
потанцева́ть, -цу́ю, -цу́ет
пота́пливать, -аю, -ает (*топить понемногу*)
потарато́рить, -рю, -рит
пота́сканность, -и
пота́сканный; *кр. ф. прич.* -ан, -ана; *кр. ф. прил.* (*поношенный; со следами беспорядочной жизни*) -ан, -анна
потаска́ть(ся), -а́ю(сь), -а́ет(ся)
пота́скивать, -аю, -ает (*таскать время от времени*)
потаску́н, -а́
потаску́нья, -и, *р. мн.* -ний
потаску́ха, -и
потаску́шка, -и, *р. мн.* -шек
потасо́ванный; *кр. ф.* -ан, -ана (*от* потасова́ть)
потасова́ть, -су́ю, -су́ет (*тасовать нек-рое время*)
потасо́вка, -и, *р. мн.* -вок (*драка*)
по-тата́рски
пота́тчик, -а
пота́тчица, -ы, *тв.* -ей
потача́ть, -а́ю, -а́ет (*тачать нек-рое время*)
пота́чивать(ся), -аю, -ает(ся) (*точить(ся) время от времени*)
пота́чка, -и, *р. мн.* -чек
пота́ш, -а́, *тв.* -о́м
пота́шнивание, -я (*от* пота́шнивать)
пота́шнивать, -ает (*время от времени слегка тошнить*)
пота́шник, -а
пота́шный
пота́щенный; *кр. ф.* -ен, -ена (*от* потащи́ть)
потащи́ть(ся), -ащу́(сь), -а́щит(ся) (*начать тащить(ся)*)
потá́явший (*от* потá́ять)
потá́ять, -а́ет (*растаять – о всем, многом*)
потверде́ть, -е́ет
потвёрже
по-тво́ему, *нареч.* и *вводн. сл.*
потво́рство, -а
потво́рствование, -я
потво́рствовать, -твую, -твует
потво́рщик, -а
потво́рщица, -ы, *тв.* -ей
потебниа́нский (*от* Потебня́)
потёк, -а (*след от жидкости*)
потёкший (*от* поте́чь)
по-теля́чьи
потёмки, -мок
потёмкинский (*от* Потёмкин; потёмкинская дере́вня)
Потёмкин-Таври́ческий, Потёмкина-Таври́ческого
потемне́е
потемне́ние, -я
потемнённый; *кр. ф.* -ён, -ена́
потемне́ть, -е́ю, -е́ет
потемни́ть(ся), -ню́, -ни́т(ся)
по́темну
потёмочки, -чек
поте́ние, -я
потента́т, -а
потенциа́л, -а
потенциало́метр, -а
потенциалоско́п, -а
потенциа́льность, -и
потенциа́льный; *кр. ф.* -лен, -льна
потенцио́метр, -а
потенциометри́ческий
потенциоме́трия, -и
потенци́рование, -я
потенци́рованный; *кр. ф.* -ан, -ана
потенци́ровать(ся), -рую, -рует(ся)
поте́нция, -и
по-тепе́решнему, *нареч.*
потепле́е
потепле́ние, -я
потепле́ть, -е́ет
потереби́ть, -блю́, -би́т
потере́ть(ся), потру́(сь), потрёт(ся); *прош.* потёр(ся), потёрла(сь) (*натереть, растереть немного, нек-рое количество; испортить(ся) от трения, носки; тереться нек-рое время*)
поте́рна, -ы
потерпе́вший
потерпе́ть, -ерплю́, -е́рпит
потёртость, -и
потёртый (*к* потере́ть(ся); *потрепанный*)
потёрший(ся) (*от* потере́ть(ся)
поте́ря, -и
поте́рянно, *нареч.*
поте́рянность, -и
поте́рянный; *кр. ф.* -ян, -яна
потеря́ть(ся), -я́ю(сь), -я́ет(ся)
потеря́шка, -и, *р. мн.* -шек, *м.* и *ж.*
потёсанный; *кр. ф.* -ан, -ана (*от* потеса́ть)
потеса́ть, -ешу́, -е́шет (*тесать нек-рое время*)
потеснённый; *кр. ф.* -ён, -ена́
потесни́ть(ся), -ню́(сь), -ни́т(ся)
по́тесь, -и
потетёшкать(ся), -аю(сь), -ает(ся)
поте́ть, -е́ю, -е́ет
поте́ха, -и
поте́чь, -ечёт, -еку́т; *прош.* -ёк, -екла́ (*начать течь*)
потеша́ть(ся), -а́ю(сь), -а́ет(ся)
поте́шенный; *кр. ф.* -ен, -ена
поте́шить(ся), -шу(сь), -шит(ся)
поте́шка, -и, *р. мн.* -шек
поте́шник, -а
поте́шность, -и
поте́шный; *кр. ф.* -шен, -шна
поти́йский (*от* По́ти)
поти́йцы, -ев, *ед.* -и́ец, -и́йца, *тв.* -и́йцем
поти́р, -а
потира́ние, -я (*от* потира́ть)
потира́ть, -а́ю, -а́ет (*к* потере́ть)
поти́скать, -аю, -ает
по-ти́хому, *нареч.*
потихо́нечку
потихо́нечку-полего́нечку
потихо́нечку-помале́нечку
потихо́ньку
потихо́ньку-полего́ньку
потихо́ньку-помале́ньку
поти́ше
по́тканный; *кр. ф.* -ан, -ана
потка́ть, потку́, поткёт; *прош.* -а́л, -ала́, -а́ло
по́тлач, -а, *тв.* -ем
потли́вость, -и
потли́вый
потни́к, -а́
потнико́вый
потни́ца, -ы, *тв.* -ей
потни́чка, -и
по́тный; *кр. ф.* по́тен, потна́, по́тно
по-това́рищески
потово́й
по-тогда́шнему
потого́нный
пото́к, -а
пото́ковый
потокосцепле́ние, -я

потолка́ть(ся), -а́ю(сь), -а́ет(ся)
потолкова́ть, -ку́ю, -ку́ет (*толковать нек-рое время*)
потоло́к, -лка́
потоло́кший(ся) (*от* потоло́чь(ся)
потоло́чина, -ы
потоло́чник, -а
потоло́чный
потоло́чь(ся), -лку́(сь), -лчёт(ся), -лку́т(ся); *прош.* -ло́к(ся), -лкла́(сь) (*растолочь(ся) немного; толочь(ся) нек-рое время*)
потолсте́ть, -е́ю, -е́ет
потолчённый; *кр. ф.* -ён, -ена́ (*от* потоло́чь)
пото́лще
пото́м, *нареч.*
пото́ма́кский (*от* Пото́ма́к)
потоми́ть(ся), -млю́(сь), -ми́т(ся)
потомлённый; *кр. ф.* -ён, -ена́
пото́мный (*от* том)
пото́мок, -мка
пото́мственный
пото́мство, -а
потому́, *нареч.* (*по этой причине*), но *местоим.* **по тому́** (по тому́ бе́регу удо́бнее идти́)
потому́ как, *союз*
по тому́ са́мому
потому́-то
потому́ что, *союз*
потону́ть, -ону́, -о́нет
потонча́ть, -а́ет
пото́ньше
потоотделе́ние, -я
потоотдели́тельный
пото́п, -а
пото́пать, -аю, -ает
потопи́ть(ся), -оплю́, -о́пит(ся) (*нагреть топкой; залить водой; пустить ко дну; погубить*)
потопле́ние, -я (*от* потопи́ть)
пото́пленный; *кр. ф.* -ен, -ена (*от* потопи́ть)
потопля́ть(ся), -я́ю, -я́ет(ся)
пото́пнуть, -ну, -нет; *прош.* -о́п, -о́пла (*прост. к* потону́ть)
пото́птанный; *кр. ф.* -ан, -ана
потопта́ть(ся), -опчу́(сь), -о́пчет(ся)
пото́пывать, -аю, -ает
потора́пливание, -я
потора́пливать(ся), -аю(сь), -ает(ся)
поторгова́ть(ся), -гу́ю(сь), -гу́ет(ся) (*торговать(ся) нек-рое время*)
поторго́вывать, -аю, -ает (*торговать понемногу*)
потормошённый; *кр. ф.* -ён, -ена́
потормоши́ть, -шу́, -ши́т
поторопи́ть(ся), -оплю́(сь), -о́пит(ся)
поторо́пленный; *кр. ф.* -ен, -ена
поторча́ть, -чу́, -чи́т
потоскова́ть, -ку́ю, -ку́ет
пото́ченный; *кр. ф.* -ен, -ена (*от* поточи́ть)
пото́чечный
поточи́ть, -очу́, -о́чит (*наточить немного; точить нек-рое время*)
поточне́е
пото́чно-автоматизи́рованный
пото́чно-группово́й
пото́чно-конве́йерный
пото́чно-механизи́рованный
пото́чно-перева́лочный
пото́чно-скоростно́й
пото́чность, -и
пото́чный
потоща́ть, -а́ю, -а́ет
потра́ва, -ы
потрави́ть(ся), -авлю́, -а́вит(ся) (*отравить всех, многих; отравиться (о всех, многих); постепенно стравить(ся); травить(ся) нек-рое время*)
потра́вленный; *кр. ф.* -ен, -ена (*от* потрави́ть)
потра́вливание, -я (па́руса)
потра́вливать(ся), -аю, -ает(ся)
потра́вный
потра́вщик, -а
потра́гивать, -аю, -ает
потра́тить(ся), -а́чу(сь), -а́тит(ся)
потра́фить, -флю, -фит
потрафле́ние, -я
потрафля́ть, -я́ю, -я́ет
потра́ченный; *кр. ф.* -ен, -ена
потре́ба, -ы (на потре́бу)
потреби́тель, -я
потреби́тельница, -ы, *тв.* -ей
потреби́тельный
потреби́тельски
потреби́тельский
потреби́тельство, -а
потреби́ть(ся), -блю́, -би́т(ся)
потребкоопера́ция, -и
потребкреди́т, -а
потребкредитова́ние, -я
потребле́ние, -я
потреблённый; *кр. ф.* -ён, -ена́
потребля́ть(ся), -я́ю, -я́ет(ся)
потре́бность, -и
потре́бный; *кр. ф.* -бен, -бна
потре́бованный; *кр. ф.* -ан, -ана
потре́бовать(ся), -бую(сь), -бует(ся)
потребсою́з, -а
потрево́женный; *кр. ф.* -ен, -ена
потрево́жить(ся), -жу(сь), -жит(ся)
потрениро́ванный; *кр. ф.* -ан, -ана
потренирова́ть(ся), -ру́ю(сь), -ру́ет(ся)
потре́нькать, -аю, -ает
потре́нькивание, -я
потре́нькивать, -аю, -ает
потрёпанность, -и
потрёпанный; *кр. ф. прич.* (*от* потрепа́ть) -ан, -ана; *кр. ф. прил.* (*утративший свежесть, изнуренный*) -ан, -анна
потрепа́ть(ся), -еплю́(сь), -е́плет(ся), -е́плют(ся) и -е́пет(ся), -е́пят(ся) (*несколько истрепать(ся); нанести урон; трепать(ся) нек-рое время*)
потрепыха́ться, -а́юсь, -а́ется
потре́сканный; *кр. ф.* -ан, -ана
потре́скаться, -ается
потре́скивание, -я
потре́скивать, -аю, -ает
потреща́ть, -щу́, -щи́т
потро́ганный; *кр. ф.* -ан, -ана
потро́гать, -аю, -ает
по́ трое и **по тро́е**
потроха́, -о́в
потроше́ние, -я
потрошённый; *кр. ф.* -ён, -ена́, *прич.*
потрошёный, *прил.*
потроши́тель, -я
потроши́ть(ся), -шу́, -ши́т(ся)
потрошки́, -о́в
потруби́ть, -блю́, -би́т
потруди́ться, -ужу́сь, -у́дится
потрудне́е
потру́нивание, -я (*от* потру́нивать)
потру́нивать, -аю, -ает (*подшучивать время от времени*)
потруси́ть, -ушу́, -уси́т (*натрусить немного; трясти нек-рое время; начать бежать трусцой*)
потру́шенный; *кр. ф.* -ен, -ена
потряса́ть(ся), -а́ю(сь), -а́ет(ся) (*к* потрясти́(сь)
потряса́юще, *нареч.*
потряса́ющий(ся)
потрясе́ние, -я
потрясённо, *нареч.*
потрясённый; *кр. ф.* -ён, -ена́
потря́сный
потрясти́(сь), -су́(сь), -сёт(ся); *прош.* -я́с(ся), -ясла́(сь) (*трясти(сь) нек-рое время; сотрясти(сь), поколебать(ся); сильно взволновать(ся)*)
потрясу́чий
потря́сший(ся)
потря́хивание, -я
потря́хивать(ся), -аю(сь), -ает(ся)
Потсда́мская конфере́нция (*1945*)
потсда́мский (*от* По́тсда́м)
поту́ги, -у́г, *ед.* поту́га, -и
поту́же
потужи́ть, -ужу́, -у́жит
потузи́ть, -ужу́, -узи́т
поту́пить(ся), -у́плю(сь), -у́пит(ся) (поту́пить взгля́д)
потупи́ть(ся), -уплю́, -у́пит(ся) (*иступить(ся)*)
поту́пленный; *кр. ф.* -ен, -ена
потупля́ть(ся), -я́ю(сь), -я́ет(ся)
потурённый; *кр. ф.* -ён, -ена́
по-туре́цки
потури́ть, -рю́, -ри́т
по-туркме́нски
потускне́вший
потускне́лый
потускне́ние, -я
потускне́ть, -е́ет; *прош.* -е́л, -е́ла
поту́скнувший

потýскнуть, -нет; *прош.* -ýскнул и -ýск, -ýскла
потýскший
потусовáться, -сýюсь, -сýется
потусторóнний
потусторóнность, -и
потухáние, -я
потухáть, -áю, -áет
потýхнуть, -ну, -нет; *прош.* -ýх, -ýхла
потýхший
потучнéть, -éю, -éет
потýшенный; *кр. ф.* -ен, -ена
потушúть(ся), -ушý, -ýшит(ся)
пóтчевание, -я
пóтчевать, -чую, -чует
потщúться, -щýсь, -щúтся
потыкáнный; *кр. ф.* -ан, -ана
потыкáть(ся), -ы́чу(сь), -ы́чет(ся) и -аю(сь), -ает(ся)
поты́лица, -ы, *тв.* -ей
поты́ркать(ся), -аю(сь), -ает(ся)
потю́канный; *кр. ф.* -ан, -ана
потю́кать, -аю, -ает
потя́вкать, -аю, -ает
потя́вкивать, -аю, -ает
пóтяг, -а
потягáться, -áюсь, -áется
потя́гивание, -я (*от* потя́гивать(ся)
потя́гивать(ся), -аю(сь), -ает(ся) (*время от времени, слегка тянуть(ся)*
потягóта, -ы
потягýнюшки, -шек
потягýшеньки, -нек
потягýшечки, -чек
потягýшки, -шек
потяжелéе
потяжелéть, -éю, -éет
потя́жка, -и, *р. мн.* -жек (*к* потя́гивать)
потя́нутый (*от* потянýть)
потянýть(ся), -янý(сь), -я́нет(ся) (*начать тянуть(ся); тянуть(ся) в течение нек-рого времени; расправить руки, ноги; оказаться в состоянии справиться с чем-н.; оказаться определенного веса; получить растяжение связок*)
поубáвить(ся), -влю, -вит(ся)
поубáвленный; *кр. ф.* -ен, -ена
поубивáть, -áю, -áет
поубúть, -бью́, -бьёт
по убывáющей (болéзнь идёт по убывáющей)
поубы́ть, -бýдет; *прош.* -поýбыл, -лá, -ло
поугáснуть, -ну, -нет; *прош.* -áс, -áсла
поугáсший
поуговáривать, -аю, -ает
поугомонúться, -ню́сь, -нúтся
по-ударнóму, *нареч.*
поудúть, поужý, поýдит
поуезжáть, -áет
поýже
поýжинать, -аю, -ает
по-узбéкски
поузловóй
по укáзке
поукóсный
по-украúнски
поулéчься, -ля́жется, -ля́гутся; *прош.* -лёгся, -леглáсь
поýличный
пóул-позúшн, *нескл., ж. (спорт.)*
поумéньшить(ся), -шу, -шит(ся)
поумéрить, -рю, -рит
поумирáть, -áет
поумнéе
поумнéть, -éю, -éет
поýмничать, -аю, -ает
по-ýмному, *нареч.*
поýмствовать, -твую, -твует
поунижáть(ся), -áю(сь), -áет(ся)
поуня́ть(ся), поуймý(сь), поуймёт(ся); *прош.* -ня́л(ся), -нялá(сь), -ня́ло́(сь)
по уполномóчию (*когó, чегó*)
поупóрствовать, -твую, -твует
поупрáвиться, -влюсь, -вится
поуправля́ть, -я́ю, -я́ет
поупражня́ть(ся), -я́ю(сь), -я́ет(ся)
поупрáшивать, -аю, -ает
поупря́миться, -млюсь, -мится
поурéзанный; *кр. ф.* -ан, -ана
поурéзать, -éжу, -éжет
поурóчный
поусéрдствовать, -твую, -твует
поусомнúться, -ню́сь, -нúтся
поуспокóенный; *кр. ф.* -ен, -ена
поуспокóить(ся), -óю(сь), -óит(ся)
поутéшенный; *кр. ф.* -ен, -ена
поутéшить(ся), -шу(сь), -шит(ся)
по-утúному, *нареч.*
поутúхнуть, -ну, -нет; *прош.* -úх, -úхла
поутúхший
поутомúться, -млю́сь, -мúтся
по утрáм
по-ýтреннему, *нареч.*
поутрý, *нареч.*
поутю́женный; *кр. ф.* -ен, -ена
поутю́жить, -жу, -жит
поухáживать, -аю, -ает
поуходúть, -óдит
поучáствовать, -твую, -твует
поучáть(ся), -áю(сь), -áет(ся)
поучáющий(ся)
поучéние, -я
по-ученúчески
поýченный; *кр. ф.* -ен, -ена
по-учёному, *нареч.*
поýчивать, -аю, -ает
поучúтельность, -и
поучúтельный; *кр. ф.* -лен, -льна
поучúтельство, -а
поучúть(ся), поучý(сь), поýчит(ся)
пó уши (влюбúться; погрузúться; быть в долгáх)
поую́тнее
по фамúлии
пофамúльный
пофантазúровать, -рую, -рует
пофартúть, -úт
пофасóнить, -ню, -нит
пофигúзм, -а
пофигúст, -а
пофигúстка, -и, *р. мн.* -ток
пофигúстский
пó фигу
пофигуря́ть, -я́ю, -я́ет
пофилóнить, -ню, -нит
пофилосóфствовать, -твую, -твует
пофланúровать, -рую, -рует
пофлиртовáть, -тýю, -тýет
по-флóтски
пофорсúть, -ршý, -рсúт
пофотографúровать, -úрую, -úрует
пофрантúть, -нчý, -нтúт
по-францýзски
по-фронтовóму, *нареч.*
пофы́ркать, -аю, -ает
пофы́ркивание, -я
пофы́ркивать, -аю, -ает
похабéль, -и *(жарг.)*
похáбить, -блю, -бит
похáбник, -а
похáбница, -ы, *тв.* -ей
похáбничать, -аю, -ает
похáбность, -и
похáбный; *кр. ф.* -бен, -бна
похáбство, -а
похáбщина, -ы
похáживать, -аю, -ает
похалтýрить, -рю, -рит
по-хáмски
похандрúть, -рю́, -рúт
похáркать, -аю, -ает
похáять, -áю, -áет
похвалá, -ы́
похвáленный; *кр. ф.* -ен, -ена
похвáливание, -я
похвáливать, -аю, -ает
похвалúть(ся), -алю́(сь), -áлит(ся)
похвальбá, -ы́
похвальбýшка, -и, *р. мн.* -шек, *ж.* и (*о человеке*) *м.* и *ж.*
похвáльно, *нареч.* и *в знач. сказ.*
похвáльность, -и
похвáльный; *кр. ф.* -лен, -льна
похваля́ться, -я́юсь, -я́ется
похвáрывать, -аю, -ает
похвáстать(ся), -аю(сь), -ает(ся)
похвáтанный; *кр. ф.* -ан, -ана
похватáть(ся), -áю, -áет(ся)
похворáть, -áю, -áет
похéренный; *кр. ф.* -ен, -ена
похéрить(ся), -рю, -рит(ся)
похилéть, -éю, -éет
похилúться, -úтся
похимúчить, -чу, -чит
похитúтель, -я
похитúтельница, -ы, *тв.* -ей
похúтить, -úщу, -úтит
похитрéе
похитрéть, -éю, -éет
похитрúть, -рю́, -рúт
по-хúтрому, *нареч.*

похихи́кать, -аю, -ает
похихи́кивать, -аю, -ает
похища́ть(ся), -а́ю(сь), -а́ет(ся)
похище́ние, -я
похи́щенный; *кр. ф.* -ен, -ена
похлёбанный; *кр. ф.* -ан, -ана
похлеба́ть, -а́ю, -а́ет
похлёбка, -и, *р. мн.* -бок
похлёбывать, -аю, -ает
похлёстанный; *кр. ф.* -ан, -ана
похлеста́ть(ся), -ещу́(сь), -е́щет(ся)
похлёстче
похлёстывать, -аю, -ает
похле́ще
похло́панный; *кр. ф.* -ан, -ана
похло́пать, -аю, -ает
похлопота́ть, -очу́, -о́чет
похло́пывание, -я
похло́пывать, -аю, -ает
похлю́пать, -аю, -ает
похлю́пывать, -аю, -ает
похмели́ться, -лю́сь, -ли́тся
похме́лка, -и, *р. мн.* -лок
похме́лье, -я
похме́льный; *кр. ф.* -лен, -льна
похмеля́ться, -я́юсь, -я́ется
похмы́кать, -аю, -ает
похмы́кивание, -я
похмы́кивать, -аю, -ает
похны́кать, -ы́чу, -ы́чет и -аю, -ает
похны́кивание, -я
похны́кивать, -аю, -ает
похо́д, -а
ходата́йствовать, -твую, -твует
похо́дец, -дца, *тв.* -дцем
походи́ть, -ожу́, -о́дит
похо́дка, -и, *р. мн.* -док
похо́дный
похо́дочка, -и, *р. мн.* -чек
по хо́ду
по́ходя, *нареч.*
похожде́ние, -я
похо́же, *нареч., в знач. сказ.* и *вводн. сл.*
похо́жесть, -и
похо́жий
похозя́йничать, -аю, -ает
по-хозя́йски
похозя́йственный
похолода́ние, -я
похолода́ть, -а́ет
похолоде́ть, -е́ю, -е́ет
похолодне́е
похолодне́ть, -е́ет
по-холостя́цки
похоро́ненный; *кр. ф.* -ен, -ена
похорони́ть, -оню́, -о́нит
похоро́нка, -и, *р. мн.* -нок
похоро́нный
похоро́нщик, -а
по́хороны, -о́н, -она́м
по-хоро́шему, *нареч.*
похороше́ть, -е́ю, -е́ет
по́ хорошу: не по́ хорошу ми́л, а по́ милу хоро́ш *(посл.)*

похотли́вость, -и
похотли́вый
похотни́к, -а́
по́хотный
по́хоть, -и
похоха́тывать, -аю, -ает
похохми́ть, -млю́, -ми́т
похохота́ть, похохочу́, похохо́чет
похрабре́ть, -е́ю, -е́ет
похрабри́ться, -рю́сь, -ри́тся
похра́мывать, -аю, -ает
похрапе́ть, -плю́, -пи́т
похра́пывание, -я
похра́пывать, -аю, -ает
похрипе́ть, -плю́, -пи́т
похри́пывание, -я
похри́пывать, -аю, -ает
по-христиа́нски
похристо́соваться, -суюсь, -суется
похрома́ть, -а́ю, -а́ет
похру́мкать, -аю, -ает
похру́мкивание, -я
похру́мкивать, -аю, -ает
похрусте́ть, -ущу́, -усти́т
похру́стывание, -я
похру́стывать, -аю, -ает
похрю́кать, -аю, -ает
похрю́кивание, -я
похрю́кивать, -аю, -ает
похуда́ние, -я
похуда́ть, -а́ю, -а́ет
похуде́лый
похуде́ние, -я
похуде́ть, -е́ю, -е́ет
поху́же
похулённый; *кр. ф.* -ён, -ена́
похули́ть, -лю́, -ли́т
поца́паться, -аюсь, -ается
поцара́панный; *кр. ф.* -ан, -ана
поцара́пать(ся), -аю(сь), -ает(ся)
по-ца́рски
поца́рствовать, -твую, -твует
поцеди́ть, -ежу́, -е́дит (*цедить нек-рое время*)
поце́женный; *кр. ф.* -ен, -ена (*от* поцеди́ть)
поце́живать, -аю, -ает (*цедить понемногу*)
поцело́ванный; *кр. ф.* -ан, -ана
поцелова́ть(ся), -лу́ю(сь), -лу́ет(ся)
поцелу́й, -я
поцелу́йный
поцелу́йчик, -а
поцеремо́ниться, -нюсь, -нится
по-церковнославя́нски
поцо́кать, -аю, -ает
поцо́кивать, -аю, -ает
по-цыга́нски
поцы́кивать, -аю, -ает
поча́вкать, -аю, -ает
поча́вкивание, -я
поча́вкивать, -аю, -ает
почаева́ть, почаю́ю, почаю́ет
почаёвничать, -аю, -ает
Поча́евская Бо́жия Ма́терь (*икона*)

Поча́евская Успе́нская ла́вра (*от* Поча́ев, *город*)
поча́ипить, -ию, -иет
поча́пать, -аю, -ает (*жарг.*)
по часа́м
поча́сный
почасови́к, -а́
почасово́й
по ча́сти (*чего*)
поча́сту, *нареч.* (*устар. к* ча́сто)
початкоцве́тные, -ых
поча́ток, -тка
поча́точный
по́ча́тый; *кр. ф.* по́ча́т, поча́та́, по́ча́то
поча́ть(ся), почну́, почнёт(ся); *прош.* поча́л, почала́, поча́ло, поча́ло́(сь)
поча́хнуть, -ну, -нет; *прош.* -а́х, -а́хла
поча́хший
поча́ще
по́чва, -ы
почва́ниться, -нюсь, -нится
по́чвенник, -а
по́чвеннический
по́чвенничество, -а
по́чвенно-географи́ческий
по́чвенно-климати́ческий
по́чвенно-мелиорати́вный
по́чвенность, -и
по́чвенный
почвове́д, -а
почвове́дение, -я
почвове́дческий
почвовосстановле́ние, -я
почвогру́нт, -а
почвозащи́та, -ы
почвозащи́тный
почвообраба́тывающий
почвообразова́ние, -я
почвообразова́тельный
почвообразу́ющий
почвоохра́нный
почвоуглуби́тель, -я
почвоуглубле́ние, -я
почвоулучша́ющий
почвоутомле́ние, -я
почвоухудша́ющий
по-челове́чески
по-челове́честву (*из человеколюбия*)
по-челове́чьи
почело́мкаться, -аюсь, -ается
почём, *нареч.* (*по какой цене*; почём я́ зна́ю, почём мне́ зна́ть), но *местоим.* **по чём** (по чём ты́ та́к тоску́ешь?)
почём зна́ть, *вводн. сл.*
почём зря́
по-чемпио́нски
почему́, *нареч.* (*по какой причине, вследствие чего*), но *местоим.* **по чему́** (по чему́ ты́ сдаёшь экза́мен, по како́му предме́ту)
почему́ ж(е)
почему́-либо, *нареч.*
почему́-нибудь, *нареч.*
почему́-то, *нареч.*

почему́чка, -и, *р. мн.* -чек, *м.* и *ж.*
по-черепа́шьи
по́черк, -а, *мн.* -и, -ов и -а́, -о́в
почёрканный; *кр. ф.* -ан, -ана
почерка́ть, -а́ю, -а́ет и **почёркать,** -аю, -ает
почерކове́д, -а
почерковéдение, -я
почерковéдческий
почерку́шка, -и, *р. мн.* -шек
почерне́е
почерне́лый
почерне́ние, -я
почернённый; *кр. ф.* -ён, -ена́ (*от* почерни́ть)
почерне́ть, -е́ю, -е́ет
почерни́ть(ся), -ню́(сь), -ни́т(ся) (*слегка начернить(ся)*)
по-чёрному, *нареч.*
поче́рпать, -аю, -ает, *сов.* (*от* че́рпать)
почерпа́ть(ся), -а́ю, -а́ет(ся), *несов.* (*к* почерпну́ть)
поче́рпнутый (*от* почерпну́ть)
почерпну́ть, -ну́, -нёт (*взять, заимствовать откуда-н.*)
почерстве́лый
почерстве́ть, -е́ю, -е́ет
почерти́ть, -ерчу́, -е́ртит (*чертить нек-рое время*)
поче́рченный; *кр. ф.* -ен, -ена (*от* почерти́ть)
почёсанный; *кр. ф.* -ан, -ана (*от* почеса́ть)
почеса́ть(ся), почешу́(сь), поче́шет(ся) (*чесать(ся) нек-рое время; побеспокоиться, потрудиться*)
по́чести, -ей, *ед.* по́честь, -и
по-че́стному, *нареч.*
поче́сть[1], почту́, почтёт; *прош.* почёл, почла́ (*счесть кем, чем-н., за что-н.*)
поче́сть[2], *нареч.* (*почти, устар.*)
почесу́ха, -и
почёсывание, -я
почёсывать(ся), -аю(сь), -ает(ся) (*чесать(ся) слегка, время от времени*)
почёт, -а; но: **о́рден Почёта**
почётность, -и
почётный; *кр. ф.* -тен, -тна; но: **о́рден Почётного легио́на**
по́чечник, -а
почечнока́менный
по́чечный
почечу́й, -я
почечу́йник, -а
почечу́йный
по-че́шски
почива́ть, -а́ю, -а́ет
почи́вший
почи́н, -а
почина́ть(ся), -а́ю, -а́ет(ся)
почи́ненный; *кр. ф.* -ен, -ена
почини́ть(ся), -иню́, -и́нит(ся) (*исправить(ся)*)
почини́ться, -иню́сь, -ини́тся (*поупрямиться*)
почи́нка, -и, *р. мн.* -нок
почи́нковский (*от* Почи́нок)
почи́нковый (*от* почи́нок)
почи́нный
по-чино́вничьи
почи́нок, -нка (*расчищенное под пашню место; выселок, село*) и **Почи́нок,** -нка (*название населённого пункта*)
почи́ночный
по чи́ну
починя́ть(ся), -я́ю, -я́ет(ся) (*к* почини́ть(ся))
почири́кать, -аю, -ает
почи́стить(ся), -и́щу(сь), -и́стит(ся) (*сов. к* чи́стить(ся))
почита́й, *нареч.* (*почти*) и *вводн. сл.* (*вероятно*)
почита́ние, -я
почи́танный; *кр. ф.* -ан, -ана (*от* почита́ть)
почита́тель, -я
почита́тельница, -ы, *тв.* -ей
почита́ть, -а́ю, -а́ет, *сов.* (*читать нек-рое время*)
почита́ть(ся), -а́ю(сь), -а́ет(ся), *несов.* (*к* чтить, почте́ние; *к* поче́сть[1])
почи́тывать, -аю, -ает (*читать понемногу*)
почи́ть, -и́ю, -и́ет
почиха́ть, -а́ю, -а́ет
почи́ще
почи́щенный; *кр. ф.* -ен, -ена (*от* почи́стить)
почи́ющий
по́чки, по́чек, *ед.* по́чка, -и
почкова́ние, -я
почкова́ться, -ку́ется
почкови́дный; *кр. ф.* -ден, -дна
по́чковый
почкое́д, -а
почкосложе́ние, -я
почкосмыка́ние, -я
почку́ющийся
почмо́кать(ся), -аю(сь), -ает(ся)
почмо́кивать, -аю, -ает
по́чта, -ы
почтальо́н, -а
почтальо́нка, -и, *р. мн.* -нок
почтальо́нский
почтальо́нша, -и, *тв.* -ей
почта́мт, -а
почта́мтский
почта́рить, -рю, -рит
почта́риха, -и
почта́рство, -а
почта́рь, -я́
почт-дире́ктор, -а
почте́ние, -я
почте́ннейший
почте́нно, *нареч.*
почте́нность, -и
почте́нный; *кр. ф.* -е́нен, -е́нна, *прил.* (*достойный почтения; значительный*)
почтённый; *кр. ф.* -ён, -ена́, *прич.* (*от* поче́сть[1] и почти́ть)
почти́, *нареч.*
почти́ как
почти́тельно-ве́жливый
почти́тельность, -и
почти́тельный; *кр. ф.* -лен, -льна
почти́ть, почту́, почти́т, почту́т и почтя́т
почти́ что
почтме́йстер, -а
почтме́йстерский
почтме́йстерша, -и, *тв.* -ей
почто́, *нареч.* (*зачем, почему*)
почтови́к, -а́
почто́во-грузово́й
почто́во-пассажи́рский
почто́во-телегра́фный
почто́вый
почтообраба́тывающий
почу́вствовать(ся), -твую, -твует(ся)
почуди́ть, -и́т
почу́диться, -ится
почудне́е
по-чудно́му, *нареч.*
почуже́ть, -е́ю, -е́ет
по-чуко́тски
по чуть-чу́ть
почу́янный; *кр. ф.* -ян, -яна
почу́ять(ся), -у́ю, -у́ет(ся)
пошаба́шить, -шу, -шит
пошага́ть, -а́ю, -а́ет
поша́говый
по-шака́льи
поша́ливать, -аю, -ает
пошали́ть, -лю́, -ли́т
пошама́нить, -ню, -нит
по-шама́нски
поша́мать, -аю, -ает
поша́мкать, -аю, -ает
поша́рить, -рю, -рит
поша́ркать, -аю, -ает
поша́ркивание, -я
поша́ркивать, -аю, -ает
поша́стать, -аю, -ает
пошата́ть(ся), -а́ю(сь), -а́ет(ся)
пошатну́ть(ся), -ну́(сь), -нёт(ся)
поша́тывание, -я
поша́тывать(ся), -аю(сь), -ает(ся)
по-шве́дски
пошвы́ривать(ся), -аю(сь), -ает(ся)
пошвы́рянный; *кр. ф.* -ян, -яна
пошвыря́ть(ся), -я́ю(сь), -я́ет(ся)
пошевелённый; *кр. ф.* -ён, -ена́
пошеве́ливание, -я
пошеве́ливать(ся), -аю(сь), -ает(ся)
пошевели́ть(ся), -елю́(сь), -е́ли́т(ся)
пошевельну́ть(ся), -ну́(сь), -нёт(ся)
по́шевни, -ей
поше́дший
по ше́йку
пошелохну́ться, -ну́сь, -нётся
пошелуши́ть(ся), -шу́, -ши́т(ся)
по́шепт, -а (*устар. к* шёпот)

пошепта́ть(ся), -епчу́(сь), -е́пчет(ся)
по́шепту, *нареч.* (*устар. к* шёпотом)
пошёптывать, -аю, -ает
поше́тта, -ы
пошехо́нский (*от* Пошехо́нье)
пошехо́нцы, -ев, *ед.* -нец, -нца, *тв.* -нцем
по ше́ю
по шея́м (да́ть, получи́ть)
поши́б, -а
поши́в, -а
поши́вка, -и
поши́вочный
пошинкова́ть, -ку́ю, -ку́ет
пошипе́ть, -плю́, -пи́т
поши́ре
пошире́ть, -е́ю, -е́ет
поши́тый
поши́ть, пошью́, пошьёт
пошле́йший
по́шленький
пошлёпанный; *кр. ф.* -ан, -ана
пошлёпать, -аю, -ает
пошлёпывание, -я
пошлёпывать, -аю, -ает
пошле́ть, -е́ю, -е́ет
пошле́ц, -а́, *тв.* -о́м, *р. мн.* -о́в
по́шлина, -ы
пошли́нка, -и
по́шлинный
пошлифо́ванный; *кр. ф.* -ан, -ана
пошлифова́ть(ся), -фу́ю, -фу́ет(ся)
пошлова́тость, -и
пошлова́тый
пошло́-пое́хало
по́шлость, -и
по́шлый; *кр. ф.* пошл, пошла́, по́шло
пошля́к, -а́
пошля́тина, -ы
пошля́тинка, -и
пошля́ться, -я́юсь, -я́ется
пошля́чка, -и, *р. мн.* -чек
пошмона́ть, -а́ю, -а́ет (*жарг.*)
пошмы́гать, -аю, -ает
пошмы́гивание, -я
пошмы́гивать, -аю, -ает
пошныря́ть, -я́ю, -я́ет
по-шотла́ндски
пошпио́нить, -ню, -нит
пошпыня́ть, -я́ю, -я́ет
по-шта́тски
пошто́панный; *кр. ф.* -ан, -ана
пошто́пать, -аю, -ает
поштукату́ренный; *кр. ф.* -ен, -ена
поштукату́рить, -рю, -рит
пошту́чный
пошуме́ть, -млю́, -ми́т
пошу́мливать, -аю, -ает
пошурова́ть, -ру́ю, -ру́ет
пошуру́пить, -плю, -пит (*жарг.*)
пошурша́ть, -шу́, -ши́т
пошустри́ть, -рю́, -ри́т
пошути́ть, -учу́, -у́тит
пошу́чивание, -я
пошу́чивать, -аю, -ает
пошушу́каться, -аюсь, -ается
поща́да, -ы
пощади́ть, -ажу́, -ади́т
пощажённый; *кр. ф.* -ён, -ена́
пощебета́ть, -ечу́, -е́чет
пощеголя́ть, -я́ю, -я́ет
пощекота́ть, -очу́, -о́чет
пощёлканный; *кр. ф.* -ан, -ана
пощёлкать, -аю, -ает
пощёлкивание, -я
пощёлкивать, -аю, -ает
поще́ние, -я
по-щеня́чьи
поще́панный; *кр. ф.* -ан, -ана
пощепа́ть, -еплю́, -е́плет и -а́ю, -а́ет (*к* щепа́ть)
пощёчина, -ы
по щи́колотку
пощи́панный; *кр. ф.* -ан, -ана
пощипа́ть, -иплю́, -и́плет, -и́плют и -и́пет, -и́пят; также -а́ю, -а́ет (*к* щипа́ть)
пощи́пывание, -я
пощи́пывать, -аю, -ает
пощу́панный; *кр. ф.* -ан, -ана
пощу́пать, -аю, -ает
пощу́пывать, -аю, -ает
пощу́рить(ся), -рю(сь), -рит(ся)
поэ́за, -ы
поэ́зия, -и
поэзоконце́рт, -а
поэкзаменова́ть(ся), -ну́ю(сь), -ну́ет(ся)
поэконо́мить(ся), -млю, -мит(ся)
поэконо́мленный; *кр. ф.* -ен, -ена
поэксперименти́ровать, -и́рую, -и́рует
поэксплуати́рованный; *кр. ф.* -ан, -ана
поэксплуати́ровать(ся), -рую, -рует(ся)
поэлеме́нтный
по-э́ллински
поэ́ма, -ы
поэнерги́чнее
поэскадри́льно
поэскадро́нно
по-эскимо́сски
по-эсто́нски
поэ́т, -а
поэта́жный
поэта́пность, -и
поэта́пный
поэте́сса, -ы
поэтиза́ция, -и
поэтизи́рование, -я
поэтизи́рованный; *кр. ф.* -ан, -ана
поэтизи́ровать(ся), -рую, -рует(ся)
поэти́зм, -а
поэ́тика, -и
поэти́ческий
поэти́чность, -и
поэти́чный; *кр. ф.* -чен, -чна
поэ́тов, -а, -о
поэ́тому, *нареч.* (*по этой причине*), но *местоим.* **по э́тому** (по э́тому по́воду, вопро́су)
поэ́т-пе́сенник, поэ́та-пе́сенника
поэшело́нно
по-южноамерика́нски
по-ю́жному, *нареч.*
поюли́ть, -лю́, -ли́т
по-ю́ношески
поюро́дствовать, -твую, -твует
пою́щий(ся)
поя́бедничать, -аю, -ает
появи́ться, появлю́сь, поя́вится
появле́ние, -я
появля́ться, -я́юсь, -я́ется
по я́годы (пойти́)
по-яку́тски
по-янва́рски
по-япо́нски
поя́рковый
поя́рок, -рка
поя́русный
поя́рче
по́яс, -а, *мн.* -а́, -о́в
поясне́е
поясне́ние, -я
пояснённый; *кр. ф.* -ён, -ена́
поя́снеть, -еет (*слегка прояснеть*)
поясне́ть, -е́ет (*слегка проясне́ть*)
поясни́тельный
поясни́ть, -ню́, -ни́т
поясни́ца, -ы, *тв.* -ей
поясни́чно-крестцо́вый
поясни́чный
поясно́й
по́ясность, -и
поясня́ть(ся), -я́ю, -я́ет(ся)
поясо́к, -ска́
поясохво́ст, -а
поясо́чек, -чка
поя́щий(ся)
ППЗ [пэпэзэ́], *нескл., м.* (*сокр.*: прибор с переносом заряда)
ППЗУ[пэпэзэу́], *нескл., с.* (*сокр.*: программируемое постоянное запоминающее устройство)
ППС [пэпээ́с], *нескл., жс.* (*сокр.*: патрульно-постовая служба)
праба́бка, -и, *р. мн.* -бок
праба́бкин, -а, -о
праба́бушка, -и, *р. мн.* -шек
праба́бушкин, -а, -о
прав, права́, пра́во, пра́вы
пра́вда[1], -ы
пра́вда[2], *нареч., вводн. сл.* и *союз*
Пра́вда, -ы: **Ру́сская Пра́вда, Пра́вда Яросла́ва** (*свод древнерусского права*)
пра́вда-и́стина, пра́вды-и́стины
пра́вда-ма́тка, пра́вды-ма́тки
пра́вдашний и **пра́вдашный**
правди́вость, -и
правди́вый
пра́вдинский (*от* "Пра́вда")
правди́ст, -а (*от* "Пра́вда")

правди́стка, -и, *р. мн.* -ток
правди́стский
правдоиска́тель, -я
правдоиска́тельский
правдоиска́тельство, -а
правдолю́б, -а
правдолю́бец, -бца, *тв.* -бцем, *р. мн.* -бцев
правдолюби́вость, -и
правдолюби́вый
правдолю́бие, -я
правдолю́бка, -и, *р. мн.* -бок
правдоподо́бие, -я
правдоподо́бность, -и
правдоподо́бный; *кр. ф.* -бен, -бна
пра́ведник, -а
пра́ведница, -ы, *тв.* -ей
пра́ведность, -и
пра́ведный; *кр. ф.* -ден, -дна
праве́е, *сравн. ст.* и *нареч.*
правёж, -ежа́, *тв.* -о́м
правёжный
праве́ть, -е́ю, -е́ет
пра́вило, -а
прави́ло, -а (*то, чем правят, расправляют, распрямляют; хвост*)
пра́вильник, -а (*церк.*)
пра́вильно, *нареч.*
пра́вильность, -и
пра́вильный; *кр. ф.* -лен, -льна
прави́льный (*к* пра́вить и прави́ло)
прави́льщик, -а
прави́тель, -я
прави́тельница, -ы, *тв.* -ей
прави́тельственный
прави́тельство, -а
Прави́тельство Росси́йской Федера́ции
прави́тельствующий
пра́вить(ся), -влю, -вит(ся)
пра́вка, -и, *р. мн.* -вок
правле́нец, -нца, *тв.* -нцем, *р. мн.* -нцев
правле́ние, -я
пра́вленный; *кр. ф.* -ен, -ена, *прич.*
правле́нский
правле́нческий
пра́вленый, *прил.*
пра́внук, -а
пра́внуков, -а, -о
правнуча́та, -а́т
правнуча́тный
правнуча́тый
пра́внучек, -чка
пра́внучка, -и, *р. мн.* -чек
пра́внучкин, -а, -о
пра́во[1], -а, *мн.* права́, прав, -а́м
пра́во[2], *вводн. сл.*
пра́во[3]**: (не знает,) где пра́во, где ле́во; пра́во руля́, пра́во на бо́рт** (*команды*); **под пра́во** (уда́рить, посла́ть мя́ч)
Правобере́жная Украи́на
правобере́жный
правобере́жье, -я, *р. мн.* -жий
правове́д, -а
правове́дение, -я
правове́дческий
правове́рие, -я
правове́рность, -и
правове́рный; *кр. ф.* -рен, -рна
правови́к, -а́
правово́й
правовоспита́тельный
правогегелья́нский
правогегелья́нство, -а
правогегелья́нцы, -ев, *ед.* -нец, -нца, *тв.* -нцем
правожелу́дочковый
правозасту́пник, -а
правозасту́пничество, -а
правозащи́та, -ы
правозащи́тник, -а
правозащи́тница, -ы, *тв.* -ей
правозащи́тный
правозащищённость, -и
правоконсервати́вный
правоконсерва́тор, -а
праволибера́льный
правоме́рность, -и
правоме́рный; *кр. ф.* -рен, -рна
правомо́чие, -я
правомо́чность, -и
правомо́чный; *кр. ф.* -чен, -чна
правонаруше́ние, -я
правонаруши́тель, -я
правонаруши́тельница, -ы, *тв.* -ей
правонасле́дник, -а
правонасле́дница, -ы, *тв.* -ей
правонационалисти́ческий
правооблада́тель, -я
правообразова́тельный
правообразу́ющий
правооппортунисти́ческий
правоотноше́ние, -я
правоохрани́тель, -я
правоохрани́тельный
правоохра́нный
правописа́ние, -я
правопи́сный
правополуша́рный
правопонима́ние, -я
правопораже́ние, -я
правопоря́док, -дка
правопрее́мник, -а
правопрее́мница, -ы, *тв.* -ей
правопрее́мственность, -и
правопрее́мственный
правопрее́мство, -а
правоприменéние, -я
правопримени́тельный
праворадика́л, -а
праворадикали́зм, -а
праворадикали́стский
праворадика́льный
правореформи́стский
правору́кий
правору́кость, -и
правору́льный
правосла́вие, -я
правосла́вность, -и
правосла́вный
Правосла́вный Свя́то-Ти́хоновский богосло́вский институ́т
пра́во сло́во, *вводн. сл.*
правосозна́ние, -я
правоспосо́бность, -и
правоспосо́бный; *кр. ф.* -бен, -бна
правосторо́нний
правосубъе́ктность, -и
правосу́дие, -я
правосу́дность, -и
правосу́дный; *кр. ф.* -ден, -дна
правота́, -ы́
правотво́рческий
правотво́рчество, -а
правотроцки́стский
правоуклони́стский
правофланго́вый
правоцентри́зм, -а
правоцентри́ст, -а
правоцентри́стский
пра́вочный
правошовинисти́ческий
правоэкстреми́стский
правша́, -и́, *тв.* -о́й, *р. мн.* -е́й, *м.* и *ж.*
пра́вщик, -а
пра́вщица, -ы, *тв.* -ей
пра́вый[1] (*противоп.* ле́вый)
пра́вый[2]; *кр. ф.* прав, права́, пра́во (*противоп.* винова́тый)
пра́вящий(ся)
прагерма́нский
прагмати́зм, -а
прагма́тик, -а
прагма́тика, -и
прагмати́ст, -а
прагмати́ческий
прагмати́чность, -и
прагмати́чный; *кр. ф.* -чен, -чна
пра́дед, -а
пра́дедов, -а, -о
праде́довский
праде́душка, -и, *р. мн.* -шек, *м.*
праде́душкин, -а, -о
пража́не, -а́н, *ед.* -а́нин, -а
пража́нка, -и, *р. мн.* -нок
Пра́жская весна́ (*1968*)
пра́жский (*от* Пра́га)
Пра́жский Гра́д
пра́жцы, -ев, *ед.* -жец, -жца, *тв.* -жцем
пра́зднество, -а
пра́здник, -а
пра́здничать, -аю, -ает
пра́здничек, -чка
пра́зднично-обря́довый
пра́здничность, -и
пра́зднично укра́шенный
пра́здничный; *кр. ф.* -чен, -чна
пра́зднование, -я
пра́зднованный; *кр. ф.* -ан, -ана
пра́здновать(ся), -ную, -нует(ся)
празднолю́бец, -бца, *тв.* -бцем, *р. мн.* -бцев
празднолюби́вый

празднолю́бие, -я
празднолюбопы́тствующий
праздномы́слие, -я
празднosло́в, -а
празднoсло́вие, -я
празднoсло́вить, -влю, -вит
празднoсло́вный; *кр. ф.* -вен, -вна
пра́здность, -и
праздношата́йка, -и, *р. мн.* -а́ек, *м.* и *ж.*
праздношата́ние, -я
праздношата́тельство, -а
праздношата́ющийся
пра́здный; *кр. ф.* пра́зден, пра́здна
пра́зелень, -и
пра́зем, -а
празеоди́м, -а
праиндоевропе́йский
праистори́ческий
праисто́рия, -и
пра́йвеси, *нескл., с.*
прайд, -а
пра́ймериз, *нескл., мн.*
прайм-ре́йт, -а
прайм-та́йм, -а
прайм-та́ймовый
прайс-ка́рент, -а
прайс-ли́ст, -а́
пра́йсовый
пракри́ти, *нескл., с.* (*филос.*)
пракри́тский
пракри́ты, -ов, *ед.* -ри́т, -а (*языки и диалекты*)
праксиологи́ческий
праксиоло́гия, -и
пра́ктик, -а
пра́ктика, -и
практика́нт, -а
практика́нтка, -и, *р. мн.* -ток
практика́нтский
практика́нтство, -а
практико́ванный; *кр. ф.* -ан, -ана
практикова́ть(ся), -ку́ю(сь), -ку́ет(ся)
пра́ктико-ориенти́рованный
пра́ктикум, -а
практици́зм, -а
практи́чески
практи́ческий
практи́чески необходи́мый
практи́чность, -и
практи́чный; *кр. ф.* -чен, -чна
пралине́, *нескл., с.*
пралино́вый
прама́терь, -и
прамонотеи́зм, -а
пра́на, -ы
праная́ма, -ы (*в йоге*)
пра́отец, -тца, *тв.* -тцем, *мн.* -тцы, -тцев
праоте́ческий
праотцо́вский
прапа́мять, -и
пра́пор, -а
пра́порщик, -а
пра́порщицкий
пра́порщичий, -ья, -ье
прапраба́бка, -и, *р. мн.* -бок
прапраба́бушка, -и, *р. мн.* -шек
праправ́нук, -а
прапра́внучка, -и, *р. мн.* -чек
прапра́дед, -а
прапра́дедовский
прапраде́душка, -и, *р. мн.* -шек, *м.*
прапра́щур, -а
прапре́дки, -ов, *ед.* -док, -дка
праро́дина, -ы
прароди́тель, -я
прароди́тельница, -ы, *тв.* -ей
прароди́тельский
праславя́не, -я́н
праславя́нский
пра́сол, -а
пра́сольский
пра́сольство, -а
прафо́рма, -ы (*лингв.*)
прах, -а
пра́чечная, -ой
пра́чечный
пра́чка, -и, *р. мн.* -чек
пра́чкин, -а, -о
пра́шивать, *наст. вр. не употр.*
праща́, -и́, *тв.* -о́й, *р. мн.* -е́й
пращево́й
пра́щник, -а
пра́щный
пра́щур, -а
праязы́к, -а́
праязыково́й
пре... – *приставка, пишется слитно; прилагательные с ней в сочетаниях с предшествующим прилагательным пишутся через дефис, напр.*: вку́сный-превку́сный, зло́й-презло́й
преадапта́ция, -и
преа́мбула, -ы
преаними́зм, -а
пребе́дный
пребезобра́зный; *кр. ф.* -зен, -зна
пребе́лый
пребе́нда, -ы
пребио́тики, -ов, *ед.* -тик, -а
преблаго́й
преблагослове́нный
пребле́дный
пребога́тый
пребо́льно
пребольшо́й
пребольшу́щий
пребыва́ние, -я (*от* пребыва́ть)
пребыва́ть, -а́ю, -а́ет (*быть, находиться где-н.*)
пребы́ть, -бу́ду, -бу́дет (*к* пребыва́ть)
превали́рование, -я
превали́ровать, -рую, -рует
превели́кий
превенти́вность, -и
превенти́вный; *кр. ф.* -вен, -вна
преве́нтор, -а
преве́нция, -и
превесёлый
превзойдённый; *кр. ф.* -ён, -ена́
превзойти́, -йду́, -йдёт; *прош.* -ошёл, -ошла́
превзоше́дший
превку́сный
прево́, *нескл., м.* (*чиновник, ист.*)
превозвы́сить(ся), -ы́шу(сь), -ы́сит(ся)
превозвыша́ть(ся), -а́ю(сь), -а́ет(ся)
превозвыше́ние, -я
превозвы́шенный; *кр. ф.* -ен, -ена
превозмога́ние, -я
превозмога́ть, -а́ю, -а́ет
превозмо́гший
превозмо́чь, -огу́, -о́жет, -о́гут; *прош.* -о́г, -огла́
превознесе́ние, -я
превознесённый; *кр. ф.* -ён, -ена́
превознести́(сь), -су́(сь), -сёт(ся); *прош.* -ёс(ся), -есла́(сь)
превознёсший(ся)
превозноси́ть(ся), -ошу́(сь), -о́сит(ся)
превозноше́ние, -я
превосходи́тельный
превосходи́тельство, -а
превосходи́ть, -ожу́, -о́дит
превосхо́днейший
превосхо́дный; *кр. ф.* -ден, -дна
превосхо́дство, -а
превосхо́дствовать, -твую, -твует
превосходя́щий
преврати́ть(ся), -ащу́(сь), -ати́т(ся)
превра́тность, -и
превра́тный; *кр. ф.* -тен, -тна (*непостоянный; ложный, искаженный*)
превраща́емость, -и
превраща́ть(ся), -а́ю(сь), -а́ет(ся)
превраще́ние, -я
превращённый; *кр. ф.* -ён, -ена́
превре́дный
превы́сить, -ы́шу, -ы́сит
превысо́кий
превы́спренний; *кр. ф.* -ен, -енння
превыша́ть(ся), -а́ю, -а́ет(ся)
превы́ше (*чего*)
превыше́ние, -я
превы́шенный; *кр. ф.* -ен, -ена
прега́дкий
преглубо́кий
преглу́пый
прегни́н, -а
прегну́сный
прего́рдый
прегра́да, -ы
прегради́ть, -ажу́, -ади́т
преграждáть(ся), -а́ю, -а́ет(ся)
прегражде́ние, -я
преграждённый; *кр. ф.* -ён, -ена́
прегреша́ть, -а́ю, -а́ет
прегреше́ние, -я
прегреши́ть, -шу́, -ши́т
прегру́бый
прегру́стный
прегря́зный
пред и **предо,** *предлог*

предавари́йный
предава́ть(ся), -даю́(сь), -даёт(ся) (*к* преда́ть(ся))
предалта́рный
предальпи́йский
Предáльпы, -а́льп
предана́лиз, -а
преда́ние, -я (*от* преда́ть; *рассказ о былом*); но: **Свяще́нное Преда́ние** (*богосл.*)
пре́данно, *нареч.*
пре́данность, -и
пре́данный; *кр. ф. прич.* -ан, пре́дана́, -ано; *кр. ф. прил.* -ан, -ана (*с дополн.*: она́ пре́дана семье́) и -ан, -анна (*без дополн.*: она́ добра́ и пре́данна; её любо́вь пре́данна)
преда́тель, -я
преда́тельница, -ы, *тв.* -ей
преда́тельски
преда́тельский
преда́тельство, -а
преда́ть(ся), -да́м(ся), -да́шь(ся), -да́ст(ся), -дади́м(ся), -дади́те(сь), -даду́т(ся); *прош.* пре́да́л, -да́лся, -дала́(сь), -да́ло́(сь) (*нарушив верность, выдать; отдать(ся) в чье-н. распоряжение; подвергнуть действию или привести (прийти) в какое-н. состояние*)
предаукцио́нный
Предбайка́лье, -я (*к* Байка́л)
предбайка́льский
предбалка́нский
Предбалка́ны, -а́н
предба́нник, -а
предба́нничек, -чка
предбоево́й
предболе́знь, -и
предбу́дущий
предваре́ние, -я
предварённый; *кр. ф.* -ён, -ена́
предвари́лка, -и, *р. мн.* -лок
предвари́ловка, -и, *р. мн.* -вок
предвари́тельно напряжённый
предвари́тельно обрабо́танный
предвари́тельность, -и
предвари́тельный; *кр. ф.* -лен, -льна
предвари́ть(ся), -рю́, -ри́т(ся)
предваря́ть(ся), -я́ю, -я́ет(ся)
предверши́нный
предвесе́нний
предвесе́нье, -я
предве́стие, -я
предвести́ть, -ещу́, -ести́т
предве́стник, -а
предве́стница, -ы, *тв.* -ей
предвече́рний
предвече́рье, -я, *р. мн.* -рий
Предве́чный, -ого (*о Боге*)
предвеща́ние, -я
предвеща́ть(ся), -а́ю, -а́ет(ся)
предвзя́то, *нареч.*
предвзя́тость, -и
предвзя́тый
предви́дение, -я
предви́денный; *кр. ф.* -ен, -ена
предви́деть(ся), -и́жу, -и́дит(ся)
предви́димый
предвкуси́ть, -ушу́, -у́си́т
предвкуша́ть(ся), -а́ю, -а́ет(ся)
предвкуше́ние, -я
предвкушённый; *кр. ф.* -ён, -ена́
предводи́тель, -я
предводи́тельница, -ы, *тв.* -ей
предводи́тельский
предводи́тельство, -а
предводи́тельствовать, -твую, -твует
предводи́тельша, -и, *тв.* -ей
предводи́ть, -ожу́, -о́дит (*устар.*)
предвое́нный
предвозве́стие, -я
предвозвести́ть(ся), -ещу́, -ести́т(ся)
предвозве́стник, -а
предвозве́стница, -ы, *тв.* -ей
предвозвеща́ть(ся), -а́ю, -а́ет(ся)
предвозвеще́ние, -я
предвозвещённый; *кр. ф.* -ён, -ена́
предвосхи́тить, -и́щу, -и́тит
предвосхища́ть(ся), -а́ю, -а́ет(ся)
предвосхище́ние, -я
предвосхи́щенный; *кр. ф.* -ен, -ена
предвра́тный
предвы́борный
предвыходно́й
Предгимала́йский проги́б (*геол.*)
предго́рный
предго́рье, -я, *р. мн.* -рий
предгрозово́й
предгро́зье, -я
предда́мочный (*в шашках*)
предве́рие, -я
преддиабе́т, -а
преддипло́мный
преддогово́рный
преддождево́й
предунáйский
преддуэ́льный
предекреме́нтный
преде́л, -а (*граница*)
преде́льно высо́кий
преде́льно допусти́мый
преде́льно ни́зкий
преде́льно сла́бый
преде́льность, -и
преде́льный; *кр. ф.* -лен, -льна (*от* преде́л)
преде́льческий
преде́льчество, -а
преде́льщик, -а
предержа́щий: вла́сть предержа́щая, вла́сти предержа́щие
предéрзкий
предéрзостный; *кр. ф.* -тен, -тна
предестина́ция, -и
преджи́знь, -и
предзабасто́вочный
предзавко́ма, *нескл., м.* и *ж.*
предзака́тный
предзарево́й
предзаро́дыш, -а, *тв.* -ем
предзаро́дышевый
предзачётный
предзащи́та, -ы
предзи́мний
предзи́мье, -я
предзнаменова́ние, -я
предзнамено́ванный; *кр. ф.* -ан, -ана
предзнаменова́ть, -ну́ю, -ну́ет
предзна́ние, -я
преди́вный
предика́т, -а
предикати́в, -а
предикати́вность, -и
предикати́вный; *кр. ф.* -вен, -вна
предика́тный
предика́ция, -и
предисло́вие, -я
предисполко́ма, *нескл., м.* и *ж.*
предкавка́зский
Предкавка́зье, -я (*к* Кавка́з)
предка́мера, -ы
предка́мерный
предкарпа́тский
Предкарпа́тье, -я (*к* Карпа́ты)
предквалификацио́нный
предквалифика́ция, -и
предкембри́йский
предклимактери́ческий
пре́дковый (*спец.*)
предкри́зисный
предкры́лок, -лка
предкульминацио́нный
предкульту́ра, -ы (*с.-х.*)
предлага́ть(ся), -а́ю(сь), -а́ет(ся)
предла́герный
предлежа́ние, -я
предлежа́ть, -жи́т
предлежа́щий
предле́тье, -я
предли́нный
предлицензио́нный
предличи́ночный
предло́г, -а
предложе́ние, -я
предло́женный; *кр. ф.* -ен, -ена, *прич.*
предложе́нческий
предложи́ть, -ожу́, -о́жит
предло́жно-паде́жный
предло́жный (*от* предло́г, *в грамматике*)
предма́йский
предма́тчевый
предменструа́льный
предместко́ма, *нескл., м.* и *ж.*
предме́стник, -а
предме́стница, -ы, *тв.* -ей
предме́стье, -я, *р. мн.* -тий
предме́т, -а
предметиза́ция, -и
предме́тник, -а
предме́тно-алфави́тный
предме́тно-курсово́й
предме́тность, -и
предме́тно-темати́ческий

предме́тный; *кр. ф.* -тен, -тна
предмобилизацио́нный
предмо́стный
предмо́стье, -я, *р. мн.* -тий
преднавигацио́нный
предназнача́ть(ся), -а́ю(сь), -а́ет(ся)
предназначе́ние, -я
предназна́ченность, -и
предназна́ченный; *кр. ф.* -ен, -ена
предназна́чить, -чу, -чит
преднаме́рение, -я
преднаме́ренно, *нареч.*
преднаме́ренность, -и
преднаме́ренный; *кр. ф.* -рен, -ренна
предначерта́ние, -я
предначе́ртанный; *кр. ф.* -ан, -ана
предначерта́ть, -а́ю, -а́ет
предначина́тельный (*церк.*)
предне́рестовый
преднизоло́н, -а
преднизоло́новый
преднового́дний
преднового́дье, -я
предночно́й
предо и **пред**, *предлог*
предобе́денный
предо́бморочный
предобразо́ванный; *кр. ф.* -ан, -ана
предо́брый
пре́док, -дка
предоктя́брьский
предо́лгий
предолимпи́йский
предоперацио́нный
предописа́ние, -я
предопла́та, -ы
предопла́тный
предопределе́ние, -я
предопределённость, -и
предопределённый; *кр. ф.* -ён, -ена́
предопредели́ть(ся), -лю́, -ли́т(ся)
предопределя́ть(ся), -я́ю, -я́ет(ся)
предо́пухолевый
предорого́й
предосе́нний
предосе́нье, -я
предоста́вить(ся), -влю, -вит(ся)
предоставле́ние, -я
предоста́вленный; *кр. ф.* -ен, -ена
предоставля́ть(ся), -я́ю, -я́ет(ся)
предоста́точно
предостерега́тельный
предостерега́ть(ся), -а́ю(сь), -а́ет(ся)
предостерега́ющий(ся)
предостерёгший
предостереже́ние, -я
предостережённый; *кр. ф.* -ён, -ена́
предостере́чь, -регу́, -режёт, -регу́т; *прош.* -рёг, -регла́
предосторо́жность, -и
предосуди́тельность, -и
предосуди́тельный; *кр. ф.* -лен, -льна
предотврати́ть, -ащу́, -ати́т
предотвраща́ть(ся), -а́ю, -а́ет(ся)
предотвраще́ние, -я
предотвращённый; *кр. ф.* -ён, -ена́
предотлётный
предотъе́здный
предохране́ние, -я
предохранённый; *кр. ф.* -ён, -ена́
предохрани́тель, -я
предохрани́тельный
предохрани́ть(ся), -ню́(сь), -ни́т(ся)
предохраня́ть(ся), -я́ю(сь), -я́ет(ся)
предощути́ть, -ущу́, -ути́т
предощуща́ть(ся), -а́ю, -а́ет(ся)
предощуще́ние, -я
предощущённый; *кр. ф.* -ён, -ена́
Предпарла́мент, -а (*в России в 1917*)
предпасха́льный
предпа́хотный
предпенсио́нный
предписа́ние, -я
предпи́санный; *кр. ф.* -ан, -ана
предписа́ть, -ишу́, -и́шет
предпи́сывать(ся), -аю, -ает(ся)
предплечево́й
предпле́чье, -я, *р. мн.* -чий
предплу́жник, -а
предплюсна́, -ы́, *мн.* -плю́сны, -сен, -снам
предплюснево́й
предпогреба́льный
предподъёмный
предполага́емый
предполага́ть(ся), -а́ю, -а́ет(ся)
предполётный
предположе́ние, -я
предполо́женный; *кр. ф.* -ен, -ена
предположи́тельность, -и
предположи́тельный; *кр. ф.* -лен, -льна
предположи́ть, -ожу́, -о́жит
предпо́лье, -я, *р. мн.* -лий
предполя́рный
предпоро́жный (*от* поро́г)
предпоса́дочный
предпосевно́й
предпо́сланный; *кр. ф.* -ан, -ана
предпосла́ть, -ошлю́, -ошлёт; *прош.* -сла́л, -сла́ла
предпосле́дний
предпосыла́ть(ся), -а́ю, -а́ет(ся)
предпосы́лка, -и, *р. мн.* -лок
предпохо́дный
предпохоро́нный
предпоче́сть, -чту́, -чтёт; *прош.* -чёл, -чла́
предпочита́ть(ся), -а́ю, -а́ет(ся)
предпо́чка, -и, *р. мн.* -чек
предпочте́ние, -я
предпочтённый; *кр. ф.* -ён, -ена́
предпочти́тельно, *нареч.* и *в знач. сказ.*
предпочти́тельность, -и
предпочти́тельный; *кр. ф.* -лен, -льна
предпра́здничный
предпра́здновать, -ную, -нует
предпра́зднство, -а (*церк.*)
предпремье́рный
предприи́мчивость, -и
предприи́мчивый
предпринима́тель, -я
предпринима́тельница, -ы, *тв.* -ей
предпринима́тельский
предпринима́тельство, -а
предпринима́ть(ся), -а́ю, -а́ет(ся)
предпри́нятый; *кр. ф.* -ят, -ята́, -ято
предприня́ть, -приму́, -при́мет; *прош.* -при́нял, -приняла́, -при́няло
предприя́тие, -я
предприя́тие-зака́зчик, предприя́тия-зака́зчика, *с.*
предприя́тие-изготови́тель, предприя́тия-изготови́теля, *с.*
предприя́тие-поставщи́к, предприя́тия-поставщика́, *с.*
предприя́тие-сме́жник, предприя́тия-сме́жника, *с.*
предпрода́жный
предпрое́ктный
предпрофко́ма, *нескл.*, *м.* и *ж.*
предпуберта́тный
предпусково́й
предрабочко́ма, *нескл.*, *м.* и *ж.*
предра́к, -а
предра́ковый
предрасполага́ть(ся), -а́ю(сь), -а́ет(ся)
предрасположе́ние, -я
предрасполо́женность, -и
предрасполо́женный; *кр. ф.* -ен, -ена
предрасположи́ть, -ожу́, -о́жит
предрассве́тный
предрассве́тье, -я, *р. мн.* -тий
предрассу́док, -дка
предрассужде́ние, -я
предреволюцио́нный
предре́йсовый
предрека́ние, -я
предрека́ть(ся), -а́ю, -а́ет(ся)
предре́кший
предремо́нтный
предренесса́нсный
предрефо́рменный
предрече́ние, -я
предречённый; *кр. ф.* -ён, -ена́
предре́чь, -еку́, -ечёт, -еку́т; *прош.* -ёк, -екла́
предреша́ть(ся), -а́ю, -а́ет(ся)
предреше́ние, -я
предрешённость, -и
предрешённый; *кр. ф.* -ён, -ена́
предреши́ть, -шу́, -ши́т
предродово́й
предрожде́ственский
предромантизм, -а
предро́сток, -тка
предсва́дебный
председа́тель, -я
председа́тельница, -ы, *тв.* -ей
Председа́тель Прави́тельства РФ
председа́тельский
председа́тельство, -а
председа́тельствовать, -твую, -твует
председа́тельствующий

председа́тельша, -и, *тв.* -ей
предсезо́нный
предсенoко́сный
предсе́рдие, -я
предсессио́нный
предсказа́ние, -я
предска́занный; *кр. ф.* -ан, -ана
предсказа́тель, -я
предсказа́тельница, -ы, *тв.* -ей
предсказа́тельный
предсказа́ть, -кажу́, -ка́жет
предсказу́емость, -и
предсказу́емый
предска́зывание, -я
предска́зывать(ся), -аю, -ает(ся)
предсме́ртный
предсобо́рник, -а
предсовми́на, *нескл., м.*
предсовнарко́ма, *нескл., м.*
предсозна́ние, -я
предсо́нье, -я
предсоревнова́тельный
представа́ть, -таю́, -таёт
представи́тель, -я
представи́тельница, -ы, *тв.* -ей
представи́тельность, -и
представи́тельный; *кр. ф.* -лен, -льна
представи́тельский
представи́тельство, -а
представи́тельствовать, -твую, -твует
предста́вить(ся), -влю(сь), -вит(ся)
представле́ние, -я
предста́вленность, -и
предста́вленный; *кр. ф.* -ен, -ена
представля́ть(ся), -я́ю(сь), -я́ет(ся)
предста́ртовый
предста́рческий
предста́тель, -я
предста́тельная железа́
предста́тельница, -ы, *тв.* -ей
предста́тельство, -а
предста́тельствовать, -твую, -твует
предста́ть, -а́ну, -а́нет
предста́чечный
предстаю́щий
предсте́пье, -я, *р. мн.* -пий
предстоя́тель, -я
предстоя́ть, -ою́, -ои́т
предстоя́щий
предсу́меречный
предсуществова́ние, -я
предсуществу́ющий
предсъе́здовский
предте́ча, -и, *тв.* -ей, *р. мн.* -ей и -те́ч, *м.* и *ж.*; но: **Иоа́нн Предте́ча**
Предте́ченский (хра́м, монасты́рь, ски́т; переу́лок)
предторго́вый
предубеди́ть, -и́т
предубежда́ть(ся), -а́ю(сь), -а́ет(ся)
предубежде́ние, -я
предубеждённо, *нареч.*
предубеждённость, -и
предубеждённый; *кр. ф.* -ён, -ена́ и (*свидетельствующий о предубеждении*) -ён, -ённа (его́ отноше́ние к на́м предубеждённо)
предубо́рочный
предуве́домить, -млю, -мит
предуведомле́ние, -я
предуве́домленный; *кр. ф.* -ен, -ена
предуведомля́ть(ся), -я́ю(сь), -я́ет(ся)
предуга́данный; *кр. ф.* -ан, -ана
предугада́ть, -а́ю, -а́ет
предуга́дывание, -я
предуга́дывать(ся), -аю, -ает(ся)
предугото́ванный; *кр. ф.* -ан, -ана
предугото́вить, -влю, -вит
предуготовле́ние, -я
предугото́вленный; *кр. ф.* -ен, -ена
предуготовля́ть(ся), -я́ю, -я́ет(ся)
предуда́рный
предузнава́ть(ся), -наю́, -наёт(ся)
преду́знанный; *кр. ф.* -ан, -ана
предузна́ть, -а́ю, -а́ет
предуказа́ние, -я
предука́занный; *кр. ф.* -ан, -ана
предуказа́ть, -кажу́, -ка́жет
предука́зывать(ся), -аю, -ает(ся)
предукта́л, -а
предумышле́ние, -я
предумы́шленно, *нареч.*
предумы́шленность, -и
предумы́шленный; *кр. ф.* -ен, -енна
предупреди́тельность, -и
предупреди́тельный; *кр. ф.* -лен, -льна
предупреди́ть, -ежу́, -еди́т
предупрежда́ть(ся), -а́ю(сь), -а́ет(ся)
предупрежда́ющий(ся)
предупрежде́ние, -я
предупреждённый; *кр. ф.* -ён, -ена́
Предура́лье, -я (*к* Ура́л)
предура́льский
предусло́вие, -я (*инф.*)
предусма́тривание, -я
предусма́тривать(ся), -аю, -ает(ся)
предусмо́тренный; *кр. ф.* -ен, -ена
предусмотре́ть, -отрю́, -о́трит
предусмотри́тельность, -и
предусмотри́тельный; *кр. ф.* -лен, -льна
предустано́вленный; *кр. ф.* -ен, -ена
преду́стье, -я, *р. мн.* -ьев
предустьево́й и **преду́стьевый**
преду́тренний
предфина́льный
предфо́рма, -ы
предхра́мие, -я
предцентра́льный (*анат.*)
предцехко́ма, *нескл., м.* и *ж.*
предчу́вствие, -я
предчу́вствованный; *кр. ф.* -ан, -ана
предчу́вствовать(ся), -твую, -твует(ся)
предше́ственник, -а
предше́ственница, -ы, *тв.* -ей
предше́ствие: в предше́ствии (*кого, чего*)
предше́ствование, -я
предше́ствовать, -твую, -твует
предше́ствующий
предъём, -а
предъюбиле́йный
предъяви́тель, -я
предъяви́тельница, -ы, *тв.* -ей
предъяви́тельский
предъяви́ть, -явлю́, -я́вит
предъявле́ние, -я
предъя́вленный; *кр. ф.* -ен, -ена
предъявля́ть(ся), -я́ю, -я́ет(ся)
предъя́звенный
предъя́рмарочный
предыгрово́й
предыду́щий
предызбира́ть(ся), -а́ю(сь), -а́ет(ся)
предызбра́ние, -я
преды́збранный; *кр. ф.* -ан, -ана
предызбра́ть, -беру́, -берёт; *прош.* -а́л, -ала́, -а́ло
предызобража́ть(ся), -а́ю, -а́ет(ся)
предызображе́ние, -я
предызображённый; *кр. ф.* -ён, -ена́
предызобрази́ть, -ажу́, -ази́т
предыко́нный
предымпрессионисти́ческий
предынсу́льтный
предынфа́рктный
предынформацио́нный
Предырты́шье, -я (*к* Ирты́ш)
предысла́мский
предысто́ки, -ов
предыстори́ческий
предысто́рия, -и
предыю́льский
предыю́ньский
предэкзаменацио́нный
прее́мник, -а (*наследник, продолжатель*)
прее́мница, -ы, *тв.* -ей
прее́мничество, -а
прее́мственность, -и
прее́мственный; *кр. ф.* -вен и -венен, -венна
прее́мство, -а
пре́жде, *нареч.* и *предлог*
преждебу́дущее вре́мя
преждевре́менно, *нареч.*
преждевре́менность, -и
преждевре́менный; *кр. ф.* -менен и -мен, -менна
прежденáзванный
преждеосвящённый (*церк.*)
преждепо́льзование, -я
пре́жде чем, *союз*
прежесто́кий
прежи́рный
пре́жний
презаба́вный; *кр. ф.* -вен, -вна
презаня́тный; *кр. ф.* -тен, -тна
пре́зенс, -а
презе́нт, -а
презента́бельность, -и

презента́бельный; *кр. ф.* -лен, -льна

презента́нт, -а

презентацио́нный

презента́ция, -и

презенти́зм, -а

презенто́ванный; *кр. ф.* -ан, -ана

презентова́ть(ся), -ту́ю, -ту́ет(ся)

презервати́в, -а

презервати́вный

презерва́ция, -и

презе́рвный

презе́рвы, -ов и **пресе́рвы**, -ов

президе́нт, -а

президе́нт – генера́льный дире́ктор, президе́нта – генера́льного дире́ктора

Президе́нт-оте́ль, -я

Президе́нт Росси́йской Федера́ции

президе́нтский

Президе́нтский сове́т

президе́нтство, -а

президе́нтствовать, -твую, -твует

президе́нтша, -и, *тв.* -ей

прези́диум, -а

презинджа́нтроп, -а

презира́ть(ся), -а́ю(сь), -а́ет(ся) (*к* презре́ние)

презло́й

презлю́щий

презна́тный

презре́ние, -я (*полное пренебрежение, неуважение*)

презре́нность, -и

презре́нный; *кр. ф. прич.* -е́н, -ена́; *кр. ф. прил.* (*достойный презрения*) -е́н, -е́нна

презре́ть, -рю́, -ри́т (*к* презре́ние)

презри́тельность, -и

презри́тельный; *кр. ф.* -лен, -льна

презумпти́вный

презу́мпция, -и

преизбы́ток, -тка

преизбы́точествовать, -твует

преизбы́точный; *кр. ф.* -чен, -чна

преиму́щественно, *нареч.*

преиму́щественность, -и

преиму́щественный

преиму́щество, -а

преинкреме́нтный

преинтере́сный; *кр. ф.* -сен, -сна

преиску́сный; *кр. ф.* -сен, -сна

преиспо́дняя, -ей

преиспо́лненный; *кр. ф.* -ен, -ена

преиспо́лнить(ся), -ню(сь), -нит(ся)

преисполня́ть(ся), -я́ю(сь), -я́ет(ся)

прейскура́нт, -а

прейскура́нтный

прейти́, -йду́, -йдёт; *прош.* прешёл, прешла́ (*пройти, миновать*)

прекапри́зный

прека́рий, -я

преклоне́ние, -я (*от* преклони́ть; *глубокое почтение, благоговение*)

преклонённый; *кр. ф.* -ён, -ена́ (*от* преклони́ть)

преклони́ть(ся), -ню́(сь), -ни́т(ся) (*наклонить(ся), нагнуть(ся)*; *покорить(ся)*); преклони́ть го́лову, преклони́ть коле́ни)

прекло́нность, -и

прекло́нный

преклоня́ть(ся), -я́ю(сь), -я́ет(ся) (*к* преклони́ть(ся) и преклоне́ние)

преко́ма, -ы

прекомато́зный

прекоми́чный; *кр. ф.* -чен, -чна

преко́с, -а

прекосло́вие, -я

прекосло́вить, -влю, -вит

прекосло́вящий

Прекра́сная Да́ма (*лит. персонаж*)

прекра́снейший

прекра́сненько, *нареч.*

прекра́сно, *нареч.* и *в знач. сказ.*

прекраснду́шествовать, -твую, -твует

прекраснду́шие, -я

прекраснду́шный; *кр. ф.* -шен, -шна

прекра́сный; *кр. ф.* -сен, -сна; но: **Ио́сиф Прекра́сный, Еле́на Прекра́сная**

прекрати́ть(ся), -ащу́, -ати́т(ся)

прекраща́ть(ся), -а́ю, -а́ет(ся)

прекраще́ние, -я

прекращённый; *кр. ф.* -ён, -ена́

прекурьёзный

прелага́ть, -а́ю, -а́ет (*к* преложи́ть)

прела́т, -а

прела́тский

прела́тство, -а

прелёгкий

преле́стник, -а

преле́стница, -ы, *тв.* -ей

преле́стный; *кр. ф.* -тен, -тна

пре́лесть, -и

прелимина́рии, -иев

прелимина́рный

пре́лина, -ы

преложе́ние, -я (*от* преложи́ть)

прело́женный; *кр. ф.* -ен, -ена (*от* преложи́ть)

преложи́ть, -ожу́, -о́жит (*устар. к* переложи́ть – *передать другим способом, перевести*)

преломи́ть(ся), -омлю́, -о́мит(ся)

преломле́ние, -я

преломлённый; *кр. ф.* -ён, -ена́

преломля́емость, -и

преломля́ть(ся), -я́ю, -я́ет(ся)

пре́лость, -и

пре́лый

прель, -и

прельсти́тель, -я

прельсти́тельница, -ы, *тв.* -ей

прельсти́тельность, -и

прельсти́тельный; *кр. ф.* -лен, -льна

прельсти́ть(ся), -льщу́(сь), -льсти́т(ся)

прельща́ть(ся), -а́ю(сь), -а́ет(ся)

прельще́ние, -я

прельщённый; *кр. ф.* -ён, -ена́

прелюбе́зный

прелюбоде́й, -я

прелюбоде́йка, -и, *р. мн.* -е́ек

прелюбоде́йничать, -аю, -ает

прелюбоде́йный

прелюбоде́йство, -а

прелюбоде́йствовать, -твую, -твует

прелюбодея́ние, -я

прелюбопы́тнейший

прелюбопы́тный; *кр. ф.* -тен, -тна

прелю́д, -а

прелюди́йный

прелю́дия, -и

премедика́ция, -и

преме́рзкий

премиа́льно-прогресси́вный

премиа́льный

пре́мийка, -и, *р. мн.* -иек

пре́миксы, -ов

преми́ленький

премилленари́зм, -а

преми́лый

преми́нуть, -ну, -нет: **не преми́нуть**

премирова́ние, -я

премиро́ванный; *кр. ф.* -ан, -ана

премирова́ть(ся), -ру́ю(сь), -ру́ет(ся)

премиро́вочный

пре́мия, -и

премно́го, *нареч.*

премногоуважа́емый

премно́жество, -а

премоля́ры, -ов, *ед.* -я́р, -а (*зоол.*)

преморби́дный

прему́дрость, -и

прему́дрый; но: **Епифа́ний Прему́дрый** (*писатель*), **Васили́са Прему́драя** (*сказочный персонаж*), **Прему́дрый паска́рь** (*лит. персонаж*)

премье́р, -а

премье́ра, -ы

Премье́р-ли́га, **-и** (*спорт.*)

премье́р-майо́р, -а

премье́р-мини́стр, -а

премье́рный

премье́рский

премье́рство, -а

премье́рша, -и, *тв.* -ей

прената́льный

пренебрега́ть(ся), -а́ю, -а́ет(ся)

пренебре́гший и **пренебрёгший**

пренебреже́ние, -я

пренебрежённый; *кр. ф.* -ён, -ена́

пренебрежи́мо ма́лый, пренебрежи́мо ма́л, -а́, -о́

пренебрежи́тельность, -и

пренебрежи́тельный; *кр. ф.* -лен, -льна

пренебре́чь, -регу́, -режёт, -регу́т; *прош.* -рёг, -регла́

пренеприя́тный; *кр. ф.* -тен, -тна

пре́ние, -я (*от* преть)

прени́зкий

пре́ния, -ий (*обсуждение*)

преоблада́ние, -я

преоблада́ть, -а́ет

преоблада́ющий
преобража́ть(ся), -а́ю(сь), -а́ет(ся)
преображе́ние, -я (*действие к* преобрази́ть(ся)) и **Преображе́ние,** -я (*праздник; евангельский и иконографический сюжет*)
преображённый; *кр. ф.* -ён, -ена́
преображе́нский (*к* Преображе́ние)
Преображе́нский (собо́р, монасты́рь; по́лк)
преображе́нцы, -ев, *ед.* -нец, -нца, *тв.* -нцем (к Преображе́нский по́лк)
преобрази́ть(ся), -ажу́(сь), -ази́т(ся)
преобразова́ние, -я
преобразо́ванный; *кр. ф.* -ан, -ана
преобразова́тель, -я
преобразова́тельница, -ы, *тв.* -ей
преобразова́тельный
преобразова́тельский
преобразова́ть(ся), -зу́ю, -зу́ет(ся)
преобразо́вывать(ся), -аю, -ает(ся)
преобрати́ть(ся), -ащу́(сь), -ати́т(ся)
преобраща́ть(ся), -а́ю(сь), -а́ет(ся)
преобраще́ние, -я
преобращённый; *кр. ф.* -ён, -ена́
преогро́мный; *кр. ф.* -мен, -мна
преодолева́ть(ся), -а́ю, -а́ет(ся)
преодоле́ние, -я
преодолённый; *кр. ф.* -ён, -ена́
преодоле́ть, -е́ю, -е́ет
преодоли́мость, -и
преодоли́мый
преосвяще́ннейший
преосвяще́нный
преосвяще́нство, -а
прео́стрый
преотли́чный
преп, -а (*преподаватель, жарг.*)
препара́т, -а
препарати́вный
препара́тный
препара́тор, -а
препара́торский
препара́торша, -и, *тв.* -ей
препара́тчик, -а
препарирова́льный
препари́рование, -я
препари́рованный; *кр. ф.* -ан, -ана
препари́ровать(ся), -и́рую, -и́рует(ся)
препариро́вка, -и
препариро́вочный
препаро́вка, -и
препаро́вочный
препарши́вый
препаску́дный
препина́ние: зна́ки препина́ния
препира́ние, -я
препира́тельство, -а
препира́ться, -а́юсь, -а́ется (*спорить*)
препо́д, -а (*жарг.*)
преподава́ние, -я
преподава́тель, -я
преподава́тельница, -ы, *тв.* -ей
преподава́тельский
преподава́тельство, -а
преподава́ть(ся), -даю, -даёт(ся)
препо́данный; *кр. ф.* -ан, -по́дана́, -ано
препода́ть, -а́м, -а́шь, -а́ст, -ади́м, -ади́те, -аду́т; *прош.* -по́да́л, -подала́, -по́дало
препо́длый
преподнесе́ние, -я
преподнесённый; *кр. ф.* -ён, -ена́
преподнести́, -су́, -сёт; *прош.* -ёс, -есла́
преподнёсший
преподноси́ть(ся), -ошу́, -о́сит(ся)
преподноше́ние, -я
преподо́бие, -я
преподо́бничество, -а
преподобному́ченик, -а
преподобному́ченица, -ы, *тв.* -ей
преподо́бный
препожа́ловать, -лую, -лует (*устар.*)
препозити́вность, -и (*лингв.*)
препозити́вный; *кр. ф.* -вен, -вна
препози́ция, -и
Преполове́ние, -я (*церк.*)
препо́ны, -о́н, *ед.* -о́на, -ы
препоруча́ть(ся), -а́ю, -а́ет(ся)
препоруче́ние, -я
препору́ченный; *кр. ф.* -ен, -ена
препоручи́ть, -учу́, -у́чит
препоте́шный
препоя́санный; *кр. ф.* -ан, -ана
препоя́сать(ся), -я́шу(сь), -я́шет(ся)
препоя́сывать(ся), -аю(сь), -ает(ся)
препри́нт, -а
препри́нтный
препроводи́лка, -и, *р. мн.* -лок
препроводи́ловка, -и, *р. мн.* -вок
препроводи́тельный
препроводи́ть, -ожу́, -о́ди́т
препровожда́ть(ся), -а́ю(сь), -а́ет(ся)
препровожде́ние, -я
препровождённый; *кр. ф.* -ён, -ена́
препроти́вно, *нареч.* и *в знач. сказ.*
препроти́вный; *кр. ф.* -вен, -вна
препроце́ссор, -а
препя́тствие, -я
препя́тствование, -я
препя́тствовать, -твую, -твует
прерафаэли́ты, -ов, *ед.* -ли́т, -а
пре́рванный; *кр. ф.* -ан, -ана
прерва́ть(ся), -ву́(сь), -вёт(ся); *прош.* -а́л(ся), -ала́(сь), -а́ло, -а́ло́сь
пререка́ния, -ий
пререка́ться, -а́юсь, -а́ется
прериа́ль, -я
прериа́льский
пре́рии, -ий и **пре́рия,** -и
прерогати́ва, -ы
прерыва́ние, -я
прерыва́тель, -я
прерыва́тель-распредели́тель, прерыва́теля-распредели́теля
прерыва́ть(ся), -а́ю(сь), -а́ет(ся)
прерыва́ющий(ся)
преры́вистость, -и
преры́вистый
преры́вность, -и
преры́вный; *кр. ф.* -вен, -вна
преры́вчатый
пресбио́пи́я, -и
пресбите́рий, -я
пресве́тлый
пресви́тер, -а
пресвитериа́не, -а́н, *ед.* -а́нин, -а
пресвитериа́нка, -и, *р. мн.* -нок
пресвитериа́нский
пресвитериа́нство, -а
пресвитериа́нцы, -ев, *ед.* -нец, -нца, *тв.* -нцем
пресви́терский
пресви́терство, -а
Пресвята́я Богоро́дица
Пресвята́я Де́ва
Пресвята́я Тро́ица
Пресвято́й (и Пресвяты́й) Бо́же
пресека́ть(ся), -а́ю, -а́ет(ся)
пресе́кший(ся)
пресeléктор, -а
пресени́льный
пресе́рвы, -ов и **презе́рвы,** -ов
пресече́ние, -я
пресечённый; *кр. ф.* -ён, -ена́
пресе́чь(ся), -еку́, -ечёт(ся), -еку́т(ся); *прош.* -е́к(ся) и -ёк(ся), -екла́(сь)
прескве́рный
прескрипти́вный
прескри́пция, -и
преску́чно, *в знач. сказ.*
преску́чный
пресла́вный
пресла́дкий
пресле́дование, -я
пресле́дованный; *кр. ф.* -ан, -ана
пресле́дователь, -я
пресле́довательница, -ы, *тв.* -ей
пресле́довать(ся), -дую(сь), -дует(ся)
преслову́тый
пресмешно́, *нареч.* и *в знач. сказ.*
пресмешно́й
пресмыка́ние, -я
пресмыка́тельство, -а
пресмыка́ться, -а́юсь, -а́ется
пресмыка́ющиеся, -ихся, *ед.* -щееся, -щегося
пре́сненский (*от* Пре́сня)
преснова́тость, -и
пресно́ватый
пресново́дность, -и
пресново́дный
пре́сность, -и
преснота́, -ы́
пре́сный; *кр. ф.* пре́сен, пресна́, пре́сно
пресня́тина, -ы
пресомни́ческий
преспоко́йненько, *нареч.*
преспоко́йно, *нареч.*
преспоко́йный; *кр. ф.* -ко́ен, -ко́йна
пресс, -а
пресс-... – *первая часть сложных слов, пишется через дефис,* но: прессшпа́н

пре́сса, -ы
пресс-автома́т, -а
пресс-аге́нт, -а
пресс-атташе́, *нескл., м.*
пресс-ба́р, -а
пресс-бри́финг, -а
пресс-бюллете́нь, -я
пресс-бюро́, *нескл., с.*
пресс-вы́пуск, -а
пресс-галере́я, -и
пресс-гру́ппа, -ы
пресс-да́йджест, -а
пресс-досье́, *нескл., с.*
пре́ссинг, -а
прессинго́ванный; *кр. ф.* -ан, -ана
прессингова́ть, -гу́ю, -гу́ет
пре́ссинговый
пресс-информа́ция, -и
пресс-ка́рта, -ы
пресс-ка́рточка, -и, *р. мн.* -чек
пресс-кли́пинг, -а
пресс-клише́, *нескл., с.*
пресс-клу́б, -а
пресс-конве́йер, -а
пресс-конфере́нция, -и
пресс-маслёнка, -и, *р. мн.* -нок
пресс-но́жницы, -ниц
прессова́льный
прессова́льня, -и, *р. мн.* -лен
прессова́ние, -я
прессо́ванный; *кр. ф.* -ан, -ана
прессова́ть(ся), -ссу́ю, -ссу́ет(ся)
прессо́вка, -и
пре́ссово-ра́мный
пре́ссово-сва́рочно-сбо́рочный
пре́ссово-сва́рочный
прессо́вочный
прессо́вщик, -а
прессо́вщица, -ы, *тв.* -ей
пре́ссовый
прессорецепторы, -ов, *ед.* -тор, -а и **прессоце́пторы**, -ов, *ед.* -тор, -а
пресс-отде́л, -а
прессотерапи́я, -и
пресс-о́фис, -а
пресс-папье́, *нескл., с.*
пресс-па́рти, *нескл., м.* и *с.*
пресс-подбо́рщик, -а
пресс-подде́ржка, -и
пресс-пока́з, -а
пресс-порошо́к, -шка́
пресс-прокла́дка, -и, *р. мн.* -док
пресс-просмо́тр, -а
пресс-ре́йтинг, -а
пресс-рели́з, -а
пресс-рефере́нт, -а
пресс-секретариа́т, -а
пресс-секрета́рь, -я́
пресс-слу́жба, -ы
пресс-стано́к, -нка́
пресс-структу́ра, -ы
пресс-та́йм, -а
пресс-трибу́на, -ы
пресс-фи́льтр, -а
пресс-фо́рма, -ы
пресс-це́нтр, -а
прессшпа́н, -а
пресс-эффе́кт, -а
преста́виться, -влюсь, -вится (*умереть*)
преставле́ние, -я (*смерть*)
престаре́лость, -и
престаре́лый
преста́рый
прести́чия, -и (*насекомое*)
престидижита́тор, -а
престидижита́ция, -и
прести́ж, -а, *тв.* -ем
прести́ж-кюве́, *нескл., с.* (*шампанское*)
прести́жность, -и
прести́жный; *кр. ф.* -жен, -жна
прести́ссимо, *неизм.* и *нескл., с.*
пре́сто, *неизм.* и *нескл., с.*
престо́л, -а
престолонасле́дие, -я
престолонасле́дник, -а
престолонасле́дование, -я
престо́льный
престо́льный пра́здник
престра́нно, *нареч.*
престра́нный; *кр. ф.* -а́нен, -а́нна
престро́гий
преступа́ть(ся), -а́ю, -а́ет(ся) (*нарушать(ся)*)
преступи́ть, -уплю́, -у́пит (*нарушить*)
преступле́ние, -я
престу́пленный; *кр. ф.* -ен, -ена
престу́пник, -а
престу́пница, -ы, *тв.* -ей
престу́пно-небре́жный
престу́пность, -и
престу́пно-хала́тный
престу́пный; *кр. ф.* -пен, -пна
пресуппози́ция, -и
пресуществи́ть(ся), -влю́, -ви́т(ся)
пресуществле́ние, -я
пресуществлённый; *кр. ф.* -ён, -ена́
пресуществля́ть(ся), -я́ю, -я́ет(ся)
пресы́тить(ся), -ы́щу(сь), -ы́тит(ся)
пресыща́ть(ся), -а́ю(сь), -а́ет(ся)
пресыще́ние, -я
пресы́щенно, *нареч.*
пресы́щенность, -и
пресы́щенный; *кр. ф.* -ен, -ена
прет-а-порте́, *нескл., с.* и *неизм.*
претворе́ние, -я
претворённый; *кр. ф.* -ён, -ена́ (*от* претвори́ть)
претвори́ть(ся), -рю́, -ри́т(ся) (*воплотить(ся)*; претвори́ть(ся) в жи́знь)
претворя́ть(ся), -я́ю, -я́ет(ся) (*к* претвори́ть(ся))
претенде́нт, -а
претенде́нтка, -и, *р. мн.* -ток
претенде́нтский
претендова́ть, -ду́ю, -ду́ет
претензио́нно-исково́й
претензио́нный
прете́нзия, -и
претенцио́зность, -и
претенцио́зный; *кр. ф.* -зен, -зна
прете́рит, -а
прете́ритный
претерпева́ть, -а́ю, -а́ет
прете́рпенный; *кр. ф.* -ен, -ена
претерпе́ть, -ерплю́, -е́рпит
прети́ть, -и́т
преткнове́ние: ка́мень преткнове́ния
преткну́ться, -ну́сь, -нётся (*споткнуться*)
претолко́вый
прето́лстый
пре́тор, -а
преториа́нский (*к* преториа́нцы)
преториа́нцы, -ев, *ед.* -нец, -нца, *тв.* -нцем
прето́рий, -я и **прето́риум**, -а
прето́ри́йский (*от* Прето́рия)
прето́ри́йцы, -ев, *ед.* -и́ец, -и́йца, *тв.* -и́йцем (*от* Прето́рия)
прето́риум, -а и **прето́рий**, -я
пре́торский (*от* пре́тор)
претру́дный
преть, пре́ю, пре́ет
преувеличе́ние, -я
преувели́ченно, *нареч.*
преувели́ченность, -и
преувели́ченный; *кр. ф. прич.* -ен, -ена; *кр. ф. прил.* (*содержащий преувеличение*) -ен, -енна (похвалы́ преувели́ченны)
преувели́чивание, -я
преувели́чивать(ся), -аю, -ает(ся)
преувели́чить, -чу, -чит
преужа́сный
преуменьша́ть(ся), -а́ю, -а́ет(ся) (*к* преуме́ньши́ть)
преуменьше́ние, -я (*от* преуме́ньши́ть)
преуме́ньшенный; *кр. ф.* -ен, -ена (*от* преуме́ньшить) и (*устар.*) **преуменьшённый**; *кр. ф.* -ён, -ена́ (*от* преуменьши́ть)
преуме́ньшить, -шу, -шит и (*устар.*) **преуменьши́ть**, -шу́, -ши́т (*представить в меньших размерах, чем на самом деле*)
преу́мный
преупря́мый
преуспева́ние, -я
преуспева́ть, -а́ю, -а́ет
преуспева́ющий
преуспе́ть, -е́ю, -е́ет
преуспея́ние, -я
префе́кт, -а
префекту́ра, -ы
префекту́рный
префера́нс, -а
преференси́ст, -а
преференси́стка, -и, *р. мн.* -ток
префера́нсный
преференциа́льный
префере́нции, -ий, *ед.* -ция, -и

преференцио́нный
префи́кс, -а (*досрочный платеж*)
пре́фикс, -а (*лингв.*)
префикса́льно-суффикса́льный
префикса́льный
префикса́ция, -и
пре́фиксный
префиксо́ид, -а
префиксо́идный
преформа́ция, -и
преформи́зм, -а
преформи́ст, -а
преформи́стский
прехи́трый
преходи́мость, -и
преходи́ть, -ожу́, -о́дит (*к* прейти́)
преходя́щий (*временный*)
преходя́щность, -и
прехоло́дный
прехорда́льный
прехоро́шенький
прецеде́нт, -а
прецеде́нтный
прецессио́нный
прецессия, -и
прецизио́нность, -и
прецизио́нный
прецио́зный
преципита́т, -а
преципита́тный
преципита́ция, -и
преципити́ны, -ов, *ед.* -ти́н, -а
пречёрный
пречестный
Пречи́стая Богоро́дица
Пречи́стая Де́ва и **Пречи́стая,** -ой (*о Богородице*)
Пречи́стенка, -и (*улица*)
пречи́стенский (*к* Пречи́стенка)
Пречи́стенский (хра́м, собо́р)
пречи́стый и (*эпитет Богородицы*) **Пречи́стый**
пречуде́сный
пречудно́й
пречу́дный
преше́дший (*к* прейти́)
преширо́кий
преэклампси́я, -и
преюдициа́льный
преюди́ция, -и
пре́ющий
Пржева́льский, -ого: **ло́шадь Пржева́льского**
при, *предлог*
приазо́вский
Приазо́вье, -я (*к* Азо́вское мо́ре)
приальпи́йский (*к* А́льпы)
приамударьи́нский (*к* Амударья́)
приаму́рский
Приаму́рье, -я (*к* Аму́р)
приана́льный
приангáрский (*к* Ангара́)
Приангáрье, -я (*к* Ангара́)
Приа́п, -а (*мифол.*) и **приа́п,** -а (*фаллос*)

приапи́ческий
приапули́ды, -и́д, *ед.* -и́да, -ы
Приара́лье, -я (*к* Ара́льское мо́ре, Ара́л)
приара́льский
приарендо́ванный; *кр. ф.* -ан, -ана
приарендова́ть, -ду́ю, -ду́ет
приарендо́вывать, -аю, -ает
Приатланти́ческая ни́зменность
приатланти́ческий
прибаба́х: с прибаба́хом
прибаба́хнутый
приба́вить(ся), -влю(сь), -вит(ся)
приба́вка, -и, *р. мн.* -вок
прибавле́ние, -я
приба́вленный; *кр. ф.* -ен, -ена
прибавля́ть(ся), -я́ю(сь), -я́ет(ся)
приба́вочный
Прибайка́лье, -я (*к* Байка́л)
прибайка́льский
приба́ливать, -аю, -ает
приба́лочный
прибалти́йка, -и, *р. мн.* -и́ек
прибалти́йский (*к* Приба́лтика)
прибалти́йско-фи́нский
прибалти́йцы, -ев, *ед.* -и́ец, -и́йца, *тв.* -и́йцем
Приба́лтика, -и
приба́лтка, -и, *р. мн.* -ток
приба́лты, -ов, *ед.* приба́лт, -а
Прибалха́шье, -я (*к* Балха́ш)
прибамба́сы, -ов, *ед.* -ба́с, -а
прибарахли́ться, -лю́сь, -ли́тся
прибасёнка, -и, *р. мн.* -нок
приба́ска, -и, *р. мн.* -сок
прибау́тка, -и, *р. мн.* -ток
прибау́точник, -а
прибау́точный
прибега́ть, -а́ю, -а́ет
прибе́гнувший
прибе́гнуть, -ну, -нет; *прош.* -е́г и -е́гнул, -е́гла
прибе́гший
прибедни́ться, -ню́сь, -ни́тся
прибедня́ться, -я́юсь, -я́ется
прибежа́ть, -бегу́, -бежи́т, -бегу́т
прибе́жище, -а
приберега́ть(ся), -а́ю, -а́ет(ся)
приберёгший
прибережённый; *кр. ф.* -ён, -ена́
прибере́жный
прибере́жье, -я, *р. мн.* -жий
прибере́чь, -регу́, -режёт, -регу́т; *прош.* -рёг, -регла́
прибери́ха, -и: **ле́то – припаси́ха, зима́ – прибери́ха**
прибива́ние, -я
прибива́ть(ся), -а́ю(сь), -а́ет(ся)
прибивка, -и
прибивно́й
прибинто́ванный; *кр. ф.* -ан, -ана
прибинтова́ть, -ту́ю, -ту́ет
прибинто́вывать(ся), -аю, -ает(ся)
прибира́ние, -я
прибира́ть(ся), -а́ю(сь), -а́ет(ся)

приби́ть(ся), -бью́(сь), -бьёт(ся)
приблатнённость, -и
приблатнённый: *кр. ф.* -ён, -ена́
приблатни́ться, -ню́сь, -ни́тся
приблатня́ться, -я́юсь, -я́ется
приближа́ть(ся), -а́ю(сь), -а́ет(ся)
приближе́ние, -я
приближённо, *нареч.*
приближённость, -и
прибли́женный; *кр. ф.* -ен, -ена, *прич.*
приближённый; *кр. ф.* -ён, -ённа, *прил.* (*приблизительный; доверенный*)
приблизи́тельно, *нареч.*
приблизи́тельность, -и
приблизи́тельный; *кр. ф.* -лен, -льна
прибли́зить(ся), -и́жу(сь), -и́зит(ся)
приблуди́ть(ся), -ужу́(сь), -у́ди́т(ся)
приблу́дный
приблу́дыш, -а, *тв.* -ем
прибодри́ть(ся), -рю́(сь), -ри́т(ся)
прибодря́ть(ся), -я́ю(сь), -я́ет(ся)
прибо́й, -я
прибо́йный
приболе́ть, -е́ю, -е́ет
приболо́тица, -ы, *тв.* -ей
приболо́тный
прибо́р, -а
прибори́ст, -а
прибори́стка, -и, *р. мн.* -ток
прибо́рка, -и, *р. мн.* -рок
прибо́рно-агрега́тный
прибо́рный
приборострое́ние, -я
приборострои́тель, -я
приборострои́тельный
прибо́рчик, -а
при́бранность, -и
при́бранный; *кр. ф.* -ан, -ана
прибра́сывать(ся), -аю, -ает(ся)
прибра́ть(ся), -беру́(сь), -берёт(ся); *прош.* -а́л(ся), -ала́(сь), -а́ло, -а́ло́сь
прибреда́ть, -а́ю, -а́ет
прибре́дший
прибре́жница, -ы, *тв.* -ей
прибре́жный
прибре́жье, -я, *р. мн.* -жий
прибрести́, -еду́, -едёт; *прош.* -ёл, -ела́
прибро́санный; *кр. ф.* -ан, -ана
прибpоса́ть, -а́ю, -а́ет
прибро́сить, -о́шу, -о́сит
прибро́шенный; *кр. ф.* -ен, -ена
прибукси́рованный; *кр. ф.* -ан, -ана
прибукси́ровать(ся), -рую, -рует(ся)
прибыва́ние, -я (*от* прибыва́ть)
прибыва́ть, -а́ю, -а́ет (*к* прибы́ть)
прибыло́й
при́быль, -и
при́быль бру́тто, при́были бру́тто
при́быльность, -и
при́быльный; *кр. ф.* -лен, -льна
прибы́тие, -я
прибы́ток, -тка и -тку
прибы́точный; *кр. ф.* -чен, -чна

прибы́ть, -бу́ду, -бу́дет; *прош.* при́был, прибыла́, при́было (*приехать, явиться; увеличиться*)
прива́да, -ы
прива́дить(ся), -а́жу, -а́дит(ся)
прива́женность, -и
прива́женный; *кр. ф.* -ен, -ена
прива́живание, -я
прива́живать(ся), -аю, -ает(ся)
прива́л, -а
прива́ленный; *кр. ф.* -ен, -ена (*от* привали́ть)
прива́ливание, -я
прива́ливать(ся), -аю(сь), -ает(ся)
привали́ть(ся), -алю́(сь), -а́лит(ся) (*придвинуть(ся) вплотную; причалить*) и -а́ли́т(ся) (*появиться, прибавиться во множестве*)
прива́льный (*от* прива́л)
прива́р, -а
прива́ренный; *кр. ф.* -ен, -ена
прива́ривание, -я
прива́ривать(ся), -аю, -ает(ся)
привари́ть(ся), -арю́, -а́рит(ся)
прива́рка, -и, *р. мн.* -рок (*тех.*)
приварно́й
прива́рок, -рка (*горячая пища; съестные припасы*)
прива́рочный
прива́т-доце́нт, -а
прива́т-доце́нтский
прива́т-доценту́ра, -ы
привати́вный (*лингв.*)
приватиза́тор, -а
приватизацио́нный
приватиза́ция, -и
приватизи́рование, -я
приватизи́рованный; *кр. ф.* -ан, -ана
приватизи́ровать(ся), -рую, -рует(ся)
прива́тность, -и
прива́тный; *кр. ф.* -тен, -тна
приведе́ние, -я (*от* привести́)
приведённый; *кр. ф.* -ён, -ена́
приве́дший(ся)
привезённый; *кр. ф.* -ён, -ена́
привезти́, -зу́, -зёт; *прош.* -ёз, -езла́
привёзший
привере́да, -ы, *м.* и *ж.*
привере́дливость, -и
привере́дливый
привере́дник, -а
привере́дница, -ы, *тв.* -ей
привере́дничанье, -я
привере́дничать, -аю, -ает
привере́дничество, -а
приве́рженец, -нца, *тв.* -нцем, *р. мн.* -нцев
приве́рженка, -и, *р. мн.* -нок
приве́рженность, -и
приве́рженный; *кр. ф.* -ен, -ена
привёрнутый
приверну́ть(ся), -ну́, -нёт(ся)
привёрстанный; *кр. ф.* -ан, -ана
приверста́ть, -а́ю, -а́ет
привёрстывать(ся), -аю, -ает(ся)
приверте́ть(ся), -ерчу́, -е́ртит(ся)
привёртка, -и
привёртывание, -я
привёртывать(ся), -аю, -ает(ся) (*к* приверну́ть)
приве́рченный; *кр. ф.* -ен, -ена
приве́рчивать(ся), -аю, -ает(ся) (*к* приверте́ть)
приверши́нный
приве́с, -а
приве́сить(ся), -е́шу(сь), -е́сит(ся)
приве́ска, -и, *р. мн.* -сок (*действие; то, что привешено; довесок*)
привесно́й
приве́сок, -ска (*довесок*)
приве́сочный
привести́(сь), -еду́, -едёт(ся); *прош.* -ёл(ся), -ела́(сь)
приве́т, -а
приве́тик, -а
приве́тить, -е́чу, -е́тит
приве́тливость, -и
приве́тливый
приве́тный; *кр. ф.* -тен, -тна
приве́тственно, *нареч.*
приве́тственный
приве́тствие, -я
приве́тствованный; *кр. ф.* -ан, -ана
приве́тствовать(ся), -твую(сь), -твует(ся)
приве́тствуемый
привеча́ть, -а́ю, -а́ет
приве́ченный; *кр. ф.* -ен, -ена
приве́шенный; *кр. ф.* -ен, -ена
приве́шивание, -я
приве́шивать(ся), -аю(сь), -ает(ся)
привива́емость, -и
привива́льщик, -а
привива́льщица, -ы, *тв.* -ей
привива́ние, -я
привива́ть(ся), -а́ю, -а́ет(ся)
приви́вка, -и, *р. мн.* -вок
прививно́й
приви́вок, -вка (*привой*)
приви́вочный
при ви́де *(кого, чего)*
привиде́ние, -я (*призрак*)
привиде́ньевые, -ых
приви́деться, -и́жусь, -и́дится
привилегиро́ванность, -и
привилегиро́ванный; *кр. ф.* -ан, -анна
привиле́гия, -и
привиле́й, -я (*ист.*)
привинти́ть(ся), -инчу́, -и́нти́т(ся)
приви́нченный; *кр. ф.* -ен, -ена
приви́нчивание, -я
приви́нчивать(ся), -аю, -ает(ся)
привира́ние, -я
привира́ть, -а́ю, -а́ет
приви́слинский (*от* Ви́сла)
приви́тие, -я
приви́тый и **привито́й;** *кр. ф.* -и́т, -ита́, -и́то
приви́ть(ся), -вью, -вьёт(ся); *прош.* -и́л(ся), -ила́(сь), -и́ло, -и́ло́сь
при́вкус, -а
привлека́тельность, -и
привлека́тельный; *кр. ф.* -лен, -льна
привлека́ть(ся), -а́ю(сь), -а́ет(ся)
привлёкший
привлече́ние, -я
привлечённый; *кр. ф.* -ён, -ена́
привле́чь, -еку́, -ечёт, -еку́т; *прош.* -ёк, -екла́
привнесе́ние, -я
привнесённый; *кр. ф.* -ён, -ена́
привнести́, -су́, -сёт; *прош.* -ёс, -есла́
привнёсший
привноси́ть(ся), -ошу́, -о́сит(ся)
привносно́й
приво́д[1], -а (*действие*)
приво́д[2], -а, *мн.* -ы, -ов и (*в проф. речи*) **при́вод,** -а, *мн.* -а́, -о́в (*тех. приспособление*)
приводи́мость, -и
приводи́мый
приводи́ть(ся), -ожу́(сь), -о́дит(ся)
приво́дка, -и
приводне́ние, -я
приводнённый; *кр. ф.* -ён, -ена́
приводни́ть(ся), -ню́(сь), -ни́т(ся)
приводно́й
приво́дный (*к* вода́)
приводня́ть(ся), -я́ю(сь), -я́ет(ся)
приводя́щий(ся)
приво́з, -а
привози́ть(ся), -ожу́, -о́зит(ся)
приво́зка, -и
привозно́й и **приво́зный**
приво́й, -я
приво́йный
привокза́льный
привола́кивание, -я
привола́кивать(ся), -аю(сь), -ает(ся)
приво́лжский
Приво́лжский вое́нный о́круг
Приво́лжский федера́льный о́круг
приволокну́ться, -ну́сь, -нётся
приволо́кший(ся)
приволо́ченный; *кр. ф.* -ен, -ена (*от* приволочи́ть)
приволочённый; *кр. ф.* -ён, -ена́ (*от* приволо́чь и приволочи́ть)
приволочи́ть(ся), -очу́(сь), -о́чи́т(ся)
приволо́чь(ся), -оку́(сь), -очёт(ся), -оку́т(ся); *прош.* -о́к(ся), -окла́(сь)
приво́лье, -я
приво́льность, -и
приво́льный; *кр. ф.* -лен, -льна
привора́живание, -я
привора́живать(ся), -аю(сь), -ает(ся)
привора́чивать(ся), -аю, -ает(ся)
приворо́вывать, -аю, -ает
приворожённый; *кр. ф.* -ён, -ена́
приворожи́ть, -жу́, -жи́т
приворо́т, -а
привороти́ть, -очу́, -о́тит
приворо́тный

привороченный; *кр. ф.* -ен, -ена
привранный; *кр. ф.* -ан, -ана
привратник, -а
привратница, -ы, *тв.* -ей
привратный (*от* врата́)
приврать, -ру́, -рёт; *прош.* -а́л, -ала́, -а́ло
при всём при том
привскакивать, -аю, -ает
привскочить, -очу́, -о́чит
привставать, -таю, -таёт
привстать, -а́ну, -а́нет
привстающий
привходить, -о́дит
привходящий
привыкание, -я
привыкать, -а́ю, -а́ет
привыкнуть, -ну, -нет; *прош.* -ы́к, -ы́кла
привыкший
привычка, -и, *р. мн.* -чек
привычно, *нареч.* и *в знач. сказ.*
привычность, -и
привычный; *кр. ф.* -чен, -чна
привядать, -а́ю, -а́ет
привядший
привязанность, -и
привязанный; *кр. ф.* -ан, -ана
привязать(ся), -яжу́(сь), -я́жет(ся)
привязка, -и, *р. мн.* -зок
привязной
привязчивость, -и
привязчивый
привязывание, -я
привязывать(ся), -аю(сь), -ает(ся)
привязь, -и
привяленный; *кр. ф.* -ен, -ена
привяливать(ся), -аю, -ает(ся)
привялить, -лю, -лит
привянувший
привянуть, -нет; *прош.* -я́л, -я́ла
пригадать, -а́ю, -а́ет
пригадывать, -аю, -ает
пригар, -а
пригарина, -ы
пригарь, -и
пригасать, -а́ет
пригасить, -ашу́, -а́сит
пригашать(ся), -а́ю, -а́ет(ся)
пригашенный; *кр. ф.* -ен, -ена
пригвождать(ся), -а́ю, -а́ет(ся)
пригвождённый; *кр. ф.* -ён, -ена́
пригвоздить, -зжу́, -зди́т
пригибание, -я
пригибать(ся), -а́ю(сь), -а́ет(ся)
пригибной
приглагольный
пригладить(ся), -а́жу(сь), -а́дит(ся)
приглаженно, *нареч.*
приглаженность, -и
приглаженный; *кр. ф. прич.* -ен, -ена; *кр. ф. прил.* (*слишком правильный, гладкий*) -ен, -енна (его́ ре́чь пригла́женна)
приглаживание, -я
приглаживать(ся), -аю(сь), -ает(ся)
пригласительный
пригласить, -ашу́, -аси́т
приглашать(ся), -а́ю(сь), -а́ет(ся)
приглашение, -я
приглашённый; *кр. ф.* -ён, -ена́
приглубить, -блю, -бит
приглубленный; *кр. ф.* -ен, -ена
приглублять(ся), -я́ю, -я́ет(ся)
приглубость, -и
приглубый
приглушать(ся), -а́ю, -а́ет(ся)
приглушение, -я
приглушённо, *нареч.*
приглушённость, -и
приглушённый; *кр. ф. прич.* -ён, -ена́; *кр. ф. прил.* -ён, -ённа (голоса́ приглушённы)
приглушить(ся), -шу́, -ши́т(ся)
пригляд, -а
приглядеть(ся), -яжу́(сь), -яди́т(ся)
пригляди́стый
приглядка, -и
приглядность, -и
приглядный; *кр. ф.* -ден, -дна
приглядчивость, -и
приглядчивый
приглядывание, -я
приглядывать(ся), -аю(сь), -ает(ся)
приглянуть(ся), -яну́(сь), -я́нет(ся)
пригнанный; *кр. ф.* -ан, -ана
пригнать, -гоню́, -го́нит; *прош.* -а́л, -ала́, -а́ло
пригнести, -гнету́, -гнетёт
пригнетать(ся), -а́ю, -а́ет(ся)
пригнетённый; *кр. ф.* -ён, -ена́
пригнётший
пригнутый
пригнуть(ся), -ну́(сь), -нёт(ся)
приговаривание, -я
приговаривать(ся), -аю(сь), -ает(ся)
приговор, -а
приговорённый; *кр. ф.* -ён, -ена́
приговорить, -рю́, -ри́т
приговорка, -и, *р. мн.* -рок
пригодиться, -ожу́сь, -оди́тся
пригодность, -и
пригодный; *кр. ф.* -ден, -дна
пригожее, *сравн. ст.*
пригожество, -а
пригожесть, -и
пригожий
приголубить(ся), -блю(сь), -бит(ся)
приголубленный; *кр. ф.* -ен, -ена
приголубливать(ся), -аю(сь), -ает(ся)
пригон, -а
пригонка, -и
пригонный
пригоночный
пригонять(ся), -я́ю, -я́ет(ся)
пригораживание, -я
пригораживать(ся), -аю, -ает(ся)
пригорание, -я
пригорать, -а́ет
пригорелый
пригореть, -ри́т
пригород, -а
пригородить, -ожу́, -о́ди́т
пригородный
Пригородный район (*в Северной Осетии, Свердловской области*)
пригороженный; *кр. ф.* -ен, -ена
пригорок, -рка
пригоршня, -и, *р. мн.* -шней и -шен
пригорье, -я, *р. мн.* -рий
пригорюниваться, -аюсь, -ается
пригорюниться, -нюсь, -нится
приготавливание, -я
приготавливать(ся), -аю(сь), -ает(ся)
приготовительно-ткацкий
приготовительный
приготовить(ся), -влю(сь), -вит(ся)
приготовишка, -и, *р. мн.* -шек, *м.* и *ж.*
приготовление, -я
приготовленный; *кр. ф.* -ен, -ена
приготовлять(ся), -я́ю(сь), -я́ет(ся)
приграничный
приграничье, -я
пригребать(ся), -а́ю(сь), -а́ет(ся)
пригребённый; *кр. ф.* -ён, -ена́
пригрёбший(ся)
пригрев, -а
пригревание, -я
пригревать(ся), -а́ю(сь), -а́ет(ся)
пригрезиться, -е́жусь, -е́зится
пригрести(сь), -ребу́(сь), -ребёт(ся); *прош.* -рёб(ся), -ребла́(сь)
пригретый
пригреть(ся), -е́ю(сь), -е́ет(ся)
пригрозить, -ожу́, -ози́т
пригубить, -блю, -бит
пригубленный; *кр. ф.* -ен, -ена
пригубливать(ся), -аю, -ает(ся)
пригул, -а
пригуливать, -аю, -ает
пригульный
пригулянный; *кр. ф.* -ян, -яна
пригулять, -я́ю, -я́ет
пригумённый
придавать(ся), -даю́(сь), -даёт(ся) (*к* прида́ть)
придавить, -авлю́, -а́вит
придавленность, -и
придавленный; *кр. ф.* -ен, -ена
придавливать(ся), -аю, -ает(ся)
придание, -я (*от* прида́ть)
приданница, -ы, *тв.* -ей
приданный; *кр. ф.* -ан, при́дана́, -ано
приданое, -ого
придатковый
придаток, -тка
придаточный
придать, -а́м, -а́шь, -а́ст, -ади́м, -ади́те, -аду́т; *прош.* при́да́л, придала́, при́да́ло (*прибавить; сообщить какое-н. качество, свойство, вложить какой-н. смысл*)
придача, -и, *тв.* -ей
придвигание, -я

придвига́ть(ся), -а́ю(сь), -а́ет(ся)
придвижно́й
придви́нутый
придви́нуть(ся), -ну(сь), -нет(ся)
Придви́нье, -я (*к* Се́верная Двина́)
придво́рный
придво́рок, -рка
приде́л, -а (*пристройка*)
приде́ланный; *кр. ф.* -ан, -ана
приде́лать(ся), -аю, -ает(ся)
приде́лка, -и, *р. мн.* -лок
приде́лывание, -я
приде́лывать(ся), -аю, -ает(ся)
приде́льный (*от* приде́л)
при деньга́х (быть)
приде́ржанный; *кр. ф.* -ан, -ана
придержа́ть(ся), -ержу́(сь), -е́ржит(ся)
приде́рживание, -я
приде́рживать(ся), -аю(сь), -ает(ся)
придёрнутый
придёрнуть, -ну, -нет
Придесе́нье, -я (*к* Десна́)
придесня́нский (*к* Десна́)
приди́ра, -ы, *м.* и *ж.*
придира́ться, -а́юсь, -а́ется
приди́рка, -и, *р. мн.* -рок
приди́рчивость, -и
приди́рчивый
приднепро́вский
Приднепро́вье, -я (*к* Днепр)
приднестро́вский
приднестро́вцы, -ев, *ед.* -вец, -вца, *тв.* -вцем
Приднестро́вье, -я (*к* Днестр)
придоли́нный
придомо́вый
придо́нный
придо́нский (*к* Дон)
придоро́жный
придоро́жье, -я
придра́ться, -деру́сь, -дерётся; *прош.* -а́лся, -ала́сь, -а́ло́сь
придрема́ть, -емлю́, -е́млет
придремну́ть, -ну́, -нёт
придрёмывать, -аю, -ает
придува́ть(ся), -а́ет(ся)
приду́манный; *кр. ф.* -ан, -ана
приду́мать(ся), -аю, -ает(ся)
приду́мка, -и, *р. мн.* -мок
приду́мщик, -а
приду́мщица, -ы, *тв.* -ей
приду́мывание, -я
приду́мывать(ся), -аю, -ает(ся)
Придуна́вье, -я (*к* Дуна́й)
придуна́йский
приду́ривать(ся), -аю(сь), -ает(ся)
придуркова́тость, -и
придуркова́тый
приду́рок, -рка
приду́рочный
при́дурь, -и
приду́ть, -у́ет
приду́шенность, -и
приду́шенный; *кр. ф.* -ен, -ена
придуши́ть, -ушу́, -у́шит
приды́х, -а
придыха́ние, -я
придыха́тельный
придыша́ться, -ышу́сь, -ы́шится
придя́, *деепр.* (*от* прийти́)
прие́вшийся
прieда́ть(ся), -а́ю(сь), -а́ет(ся)
прие́денный; *кр. ф.* -ен, -ена
прие́зд, -а
приезжа́ть, -а́ю, -а́ет
приезжа́ющий
прие́зжий
приём, -а
приёмистость, -и
приёмистый
приёмка, -и, *р. мн.* -мок
прие́млемость, -и
прие́млемый
прие́млю, -лет (*книжн. формы наст. вр. от* принима́ть)
прие́млющий
приёмная, -ой
приёмник, -а
приёмник-распредели́тель, приёмника-распредели́теля
приёмничек, -чка
приёмно-отправи́тельный
приёмно-передаю́щий
приёмно-сортиро́вочный
приёмно-техни́ческий
приёмно-усили́тельный
приёмный
приёмозаготови́тельный
приёмозапи́сывающий
приёмоотве́тчик, -а
приёмо-переда́точный
приёмопереда́тчик, -а
приёмо-передаю́щий
приёмо-разда́точный
приёмо-сда́точный
приёмосда́тчик, -а
приёмосда́тчица, -ы, *тв.* -ей
приёмочный
приём-переда́ча, приёма-переда́чи, *м.*
приёмчик, -а
приёмщик, -а
приёмщица, -ы, *тв.* -ей
приёмыш, -а, *тв.* -ем
приенисе́йский (*к* Енисе́й)
прие́сть(ся), -е́м(ся), -е́шь(ся), -е́ст(ся), -еди́м(ся), -еди́те(сь), -едя́т(ся); *прош.* -е́л(ся), -е́ла(сь)
прие́хать, -е́ду, -е́дет
прижа́ренный; *кр. ф.* -ен, -ена
прижа́ривание, -я
прижа́ривать(ся), -аю, -ает(ся)
прижа́рить(ся), -рю, -рит(ся)
прижа́тие, -я
прижа́тый
прижа́ть(ся), -жму́(сь), -жмёт(ся)
прижёгший
прижелезнодоро́жный
приже́чь, -жгу́, -жжёт, -жгу́т; *прош.* -жёг, -жгла́
прижжённый; *кр. ф.* -ён, -ена́
прижива́емость, -и
прижива́л, -а
прижива́лка, -и, *р. мн.* -лок
прижива́льческий
прижива́льщик, -а
прижива́льщица, -ы, *тв.* -ей
прижива́ть(ся), -а́ю(сь), -а́ет(ся)
приживи́ть(ся), -влю́, -ви́т(ся)
прижи́вка, -и
приживле́ние, -я
приживлённый; *кр. ф.* -ён, -ена́
приживля́ть(ся), -я́ю, -я́ет(ся)
прижи́вчивый
прижига́ние, -я
прижига́ть(ся), -а́ю, -а́ет(ся)
прижи́зненный
прижи́м, -а
прижима́ние, -я
прижима́ть(ся), -а́ю(сь), -а́ет(ся)
прижи́мистость, -и
прижи́мистый
прижи́мка, -и
прижимно́й и **прижи́мный**
при́жи́тый; *кр. ф.* при́жи́т, прижита́, при́жи́то
прижи́ть(ся), -живу́(сь), -живёт(ся); *прош.* при́жи́л, прижи́лся, прижи-ла́(сь), при́жи́ло, прижи́ло́сь
прижму́ривание, -я
прижму́ривать(ся), -аю(сь), -ает(ся)
прижму́рить(ся), -рю(сь), -рит(ся)
прижо́г, -а, но *глаг.* **прижёг**
прижу́чить, -чу, -чит
приз, -а, *мн.* -ы́, -о́в
призабо́йный
призаводско́й
приза́думаться, -аюсь, -ается
приза́думываться, -аюсь, -ается
призанима́ть, -а́ю, -а́ет
приза́нятый; *кр. ф.* -ят, -ята́, -ято
призаня́ть, -займу́, -займёт; *прош.* -за́нял, -заняла́, -за́няло
призва́ние, -я
при́званный; *кр. ф.* -ан, -ана
призва́ть(ся), -зову́(сь), -зовёт(ся); *прош.* -а́л(ся), -ала́(сь), -а́ло(сь)
при́звук, -а
призе́мистость, -и
призе́мистый
приземле́ние, -я
приземлённо, *нареч.*
приземлённость, -и
приземлённый; *кр. ф. прич.* -ён, -ена́; *кр. ф. прил.* (*чуждый возвышенных стремлений*) -ён, -ённа (его́ мечты́ приземлённы)
приземли́ть(ся), -лю́(сь), -ли́т(ся)
приземля́ть(ся), -я́ю(сь), -я́ет(ся)
приземно́й и **призе́мный**
призёр, -а
призёрка, -и, *р. мн.* -рок
призёрский
призёрша, -и, *тв.* -ей
призира́ть(ся), -а́ю(сь), -а́ет(ся) (*к* призре́ть)

при́зма, -ы
призмати́ческий
призмато́ид, -а
при́зменный
при́змочка, -и, *р. мн.* -чек
признава́ть(ся), -наю́(сь), -наёт(ся)
при́знак, -а
призна́ние, -я
при́знанность, -и
при́знанный; *кр. ф.* -ан, -ана
призна́тельность, -и
призна́тельный; *кр. ф.* -лен, -льна
призна́ть(ся), -а́ю(сь), -а́ет(ся)
призна́ться сказа́ть, *вводн. сл.*
призово́й
призо́р, -а и -у (без призо́ра)
при́зрак, -а
при́зрачность, -и
при́зрачный; *кр. ф.* -чен, -чна
призрева́ть(ся), -а́ю(сь), -а́ет(ся)
призре́ние, -я (*попечение*)
при́зренный; *кр. ф.* -ен, -ена (*от* призре́ть)
призре́ть, призрю́, при́зри́т (*приютить*)
призы́в, -а
призыва́ние, -я
призыва́ть(ся), -а́ю(сь), -а́ет(ся)
призывни́к, -а́
призывно́й (*воен.*)
призы́вный; *кр. ф.* -вен, -вна (*зовущий*)
прии́льменский
Прии́льменье, -я (*к* И́льмень)
прии́мец, -мца, *тв.* -мцем, *р. мн.* -мцев
приирты́шский
Приирты́шье, -я (*к* Ирты́ш)
при́иск, -а, *мн.* -и, -ов и -а́, -о́в
прииска́ние, -я
прии́сканный; *кр. ф.* -ан, -ана
прииска́тель, -я
прииска́тельский
прииска́ть(ся), приищу́, прии́щет(ся)
прии́скивание, -я
прии́скивать(ся), -аю, -ает(ся)
прииско́вый
Прииссыкку́лье, -я (*к* Иссы́к-Ку́ль)
прииссыкку́льский
прииши́мский
Прииши́мье, -я (*к* Иши́м)
прийти́(сь), приду́(сь), придёт(ся); *прош.* пришёл(ся), пришла́(сь)
прика́з, -а
приказа́ние, -я
прика́зано, *в знач. сказ.*
приказа́тельный; *кр. ф.* -лен, -льна
приказа́ть, -кажу́, -ка́жет
приказно́й (*к* прика́з – *распоряжение*)
прика́зный[1] (*к* прика́з – *распоряжение* и (*ист.*) *учреждение*)
прика́зный[2], -ого (*ист.*)
прика́зчик, -а
прика́зчица, -ы, *тв.* -ей
прика́зчицкий
прика́зчичий, -ья, -ье
прика́зывать(ся), -аю, -ает(ся)
прика́лывание, -я
прика́лывать(ся), -аю(сь), -ает(ся)
прика́мский
Прика́мье, -я (*к* Ка́ма)
прикана́льный
прика́нчивать(ся), -аю, -ает(ся)
прика́пливание, -я
прика́пливать(ся), -аю, -ает(ся)
прика́пывание, -я
прика́пывать(ся), -аю, -ает(ся)
прикарма́ненный; *кр. ф.* -ен, -ена
прикарма́нивание, -я
прикарма́нивать(ся), -аю, -ает(ся)
прикарма́нить, -ню, -нит
прика́рмливание, -я
прика́рмливать(ся), -аю(сь), -ает(ся)
прикарпа́тский
Прикарпа́тье, -я (*к* Карпа́ты)
прикаса́ние, -я
прикаса́ться, -а́юсь, -а́ется
Прика́спий, -я (*к* Каспи́йское мо́ре, Ка́спий)
Прикаспи́йская ни́зменность
прикаспи́йский
прика́т, -а
прика́танный; *кр. ф.* -ан, -ана
приката́ть(ся), -а́ю, -а́ет(ся)
прикати́ть(ся), -ачу́(сь), -а́тит(ся)
прика́тывание, -я
прика́тывать(ся), -аю(сь), -ает(ся)
прика́чанный; *кр. ф.* -ан, -ана (*от* прикача́ть)
прикача́ть, -а́ю, -а́ет
прика́ченный; *кр. ф.* -ен, -ена (*от* прикати́ть)
прика́чивать(ся), -аю, -ает(ся)
прикачну́ть(ся), -ну́(сь), -нёт(ся)
прикеттлёванный; *кр. ф.* -ан, -ана
прикеттлева́ть, -лю́ю, -лю́ет
прики́д, -а
прики́данный; *кр. ф.* -ан, -ана
прикида́ть, -а́ю, -а́ет
прики́дка, -и, *р. мн.* -док
прикидно́й
прики́дочный
прики́дывание, -я
прики́дывать(ся), -аю(сь), -ает(ся)
прики́нутый
прики́нуть(ся), -ну(сь), -нет(ся)
прикипа́ние, -я
прикипа́ть, -а́ю, -а́ет
прикипе́ть, -плю́, -пи́т
прикла́д, -а
прикла́дистый
прикла́дка, -и, *р. мн.* -док
прикладни́к, -а́
прикладни́ца, -ы, *тв.* -ей
прикладно́й
прикла́дный (*от* прикла́д)
прикла́дочный
прикла́дывание, -я
прикла́дывать(ся), -аю(сь), -ает(ся)
прикле́енный; *кр. ф.* -ен, -ена
прикле́ивание, -я
прикле́ивать(ся), -аю(сь), -ает(ся)
прикле́ить(ся), -е́ю(сь), -е́ит(ся)
прикле́йка, -и, *р. мн.* -е́ек
приклёп, -а
приклёпанный; *кр. ф.* -ан, -ана
приклепа́ть(ся), -а́ю, -а́ет(ся)
приклёпка, -и, *р. мн.* -пок
приклёпывание, -я
приклёпывать(ся), -аю, -ает(ся)
прикле́точный
приклоне́ние, -я (*от* приклони́ть(ся))
приклонённый; *кр. ф.* -ён, -ена́ (*от* приклони́ть)
приклони́ть(ся), -оню́(сь), -о́нит(ся) (*пригнуть(ся), прислонить(ся)*)
приклоня́ть(ся), -я́ю(сь), -я́ет(ся) (*к* приклони́ть(ся)
приключа́ть(ся), -а́ю, -а́ет(ся)
приключе́нец, -нца, *тв.* -нцем, *р. мн.* -нцев
приключе́ние, -я
приключённый; *кр. ф.* -ён, -ена́
приключе́нческий
приключи́ть(ся), -чу́, -чи́т(ся)
прикни́жный
прикно́пить, -плю, -пит
прикно́пленный; *кр. ф.* -ен, -ена
прико́ванный; *кр. ф.* -ан, -ана
прикова́ть(ся), -кую́(сь), -куёт(ся)
прико́вывание, -я
прико́вывать(ся), -аю(сь), -ает(ся)
приковыля́ть, -я́ю, -я́ет
прико́кнуть, -ну, -нет
прикоко́шить, -шу, -шит
прико́л, -а
прикола́чивание, -я
прикола́чивать(ся), -аю, -ает(ся)
приколдо́ванный; *кр. ф.* -ан, -ана
приколдова́ть, -ду́ю, -ду́ет
приколдо́вывание, -я
приколдо́вывать(ся), -аю(сь), -ает(ся)
прико́лка, -и, *р. мн.* -лок
приколоти́ть(ся), -очу́, -о́тит(ся)
прико́лотый
приколо́ть(ся), -олю́(сь), -о́лет(ся)
приколо́ченный; *кр. ф.* -ен, -ена
прико́лочка, -и, *р. мн.* -чек
прико́льно, *нареч.* и *в знач. сказ.* (*жарг.*)
прико́льность, -и (*жарг.*)
прико́льный
прико́льщик, -а (*жарг.*)
прико́льщица, -ы, *тв.* -ей
прикомандирова́ние, -я
прикомандиро́ванный; *кр. ф.* -ан, -ана
прикомандирова́ть(ся), -ру́ю(сь), -ру́ет(ся)
прикомандиро́вывать(ся), -аю(сь), -ает(ся)
прико́нченный; *кр. ф.* -ен, -ена
прико́нчить(ся), -чу, -чит(ся)
прико́панный; *кр. ф.* -ан, -ана
прикопа́ть, -а́ю, -а́ет
прикопи́ть(ся), -оплю́, -о́пит(ся)

прико́пка, -и
прикопле́ние, -я
прико́пленный; *кр. ф.* -ен, -ена
прико́рм, -а
прикорми́ть(ся), -ормлю́(сь), -о́рмит(ся)
прико́рмка, -и
прико́рмленный; *кр. ф.* -ен, -ена
прикорнево́й
прикорну́ть, -ну́, -нёт
прикоснове́ние, -я
прикоснове́нность, -и
прикоснове́нный; *кр. ф.* -е́н и -е́нен, -е́нна
прикосну́ться, -ну́сь, -нётся
прикочева́ть, -чу́ю, -чу́ет
прикочёвывать, -аю, -ает
прикра́ивание, -я
прикра́ивать(ся), -аю, -ает(ся)
прикра́сить(ся), -а́шу(сь), -а́сит(ся)
прикра́сы, -а́с
прикра́шенность, -и
прикра́шенный; *кр. ф.* -ен, -ена
прикра́шивание, -я
прикра́шивать(ся), -аю(сь), -ает(ся)
прикрепи́тельный
прикрепи́ть(ся), -плю́(сь), -пи́т(ся)
прикрепле́ние, -я
прикреплённость, -и
прикреплённый; *кр. ф.* -ён, -ена́
прикрепля́ть(ся), -я́ю(сь), -я́ет(ся)
прикри́кивать, -аю, -ает
прикри́кнуть, -ну, -нет
прикрова́тный
прикрове́нность, -и
прикрове́нный; *кр. ф.* -е́н и -е́нен, -е́нна
прикро́енный; *кр. ф.* -ен, -ена
прикрои́ть, -ою́, -ои́т
прикро́йка, -и
прикрути́ть(ся), -учу́(сь), -у́тит(ся)
прикру́ченный; *кр. ф.* -ен, -ена
прикру́чивание, -я
прикру́чивать(ся), -аю(сь), -ает(ся)
прикрыва́ние, -я
прикрыва́ть(ся), -а́ю(сь), -а́ет(ся)
прикры́тие, -я
прикры́тый
прикры́ть(ся), -кро́ю(сь), -кро́ет(ся)
прикря́кивать, -аю, -ает
прикря́кнуть, -ну, -нет
прикуба́нский
Прикуба́нье, -я (*к* Куба́нь)
при́куп, -а
прикупа́ть(ся), -а́ю, -а́ет(ся)
прикупи́ть, -уплю́, -у́пит
прику́пка, -и
прику́пленный; *кр. ф.* -ен, -ена
прикупно́й
прику́р, -а
прику́ренный; *кр. ф.* -ен, -ена
прику́ривание, -я
прику́риватель, -я
прику́ривать(ся), -аю, -ает(ся)
прикури́ть, -урю́, -у́рит
прику́рка, -и, *р. мн.* -рок
при́кус, -а
прикуси́ть, -ушу́, -у́сит
прику́ска, -и
прику́сывать(ся), -аю, -ает(ся)
прику́шенный; *кр. ф.* -ен, -ена
прила́вок, -вка
прила́вочный
прилага́тельное, -ого
прилага́ть(ся), -а́ю, -а́ет(ся) (*к* приложи́ть)
прила́дить(ся), -а́жу(сь), -а́дит(ся)
прила́дка, -и
прила́женный; *кр. ф.* -ен, -ена
прила́живание, -я
прила́живать(ся), -аю(сь), -ает(ся)
прила́сканный; *кр. ф.* -ан, -ана
приласка́ть(ся), -а́ю(сь), -а́ет(ся)
прила́ститься, -а́щусь, -а́стится
прила́щиваться, -аюсь, -ается
прилга́ть, -лгу́, -лжёт, -лгу́т; *прош.* -а́л, -ала́, -а́ло
прилгну́ть, -ну́, -нёт
прилега́ть, -а́ет
прилега́ющий
прилёгший
приледне́ние, -я
приледни́ть(ся), -ню́(сь), -ни́т(ся)
приледня́ть(ся), -я́ю(сь), -я́ет(ся)
прилежа́ние, -я
прилежа́ть, -жу́, -жи́т
прилежа́щий
приле́жность, -и
приле́жный; *кр. ф.* -жен, -жна
прилеза́ть, -а́ю, -а́ет
приле́зть, -зу, -зет; *прош.* -е́з, -е́зла
приле́зший
прилепи́ть(ся), -леплю́(сь), -ле́пит(ся)
приле́пленный; *кр. ф.* -ен, -ена
приле́пливать(ся), -аю(сь), -ает(ся)
прилепля́ть(ся), -я́ю(сь), -я́ет(ся)
прилёт, -а
прилета́ть, -а́ю, -а́ет
прилете́ть, -лечу́, -лети́т
прилётный
приле́чь, -ля́гу, -ля́жет, -ля́гут; *прош.* -лёг, -легла́
прили́в, -а
прилива́ть(ся), -а́ю, -а́ет(ся)
прили́вно-отли́вный
прили́вный
приливообразу́ющий
прили́во-отли́вный
прили́занность, -и
прили́занный; *кр. ф.* -ан, -ана
прилиза́ть(ся), -лижу́(сь), -ли́жет(ся)
прили́зывать(ся), -аю(сь), -ает(ся)
прили́к, -а и -у и **прили́ка,** -и (для прили́ку, для прили́ки)
прилипа́ла, -ы, *м.* и *ж.* (*навязчивый человек*), *ж.* (*рыба*)
прилипа́ло, -а, *м.* и *с.* (*рыба*)
прилипа́ние, -я
прилипа́ть, -а́ю, -а́ет
прили́пнуть, -ну, -нет; *прош.* -и́п, -и́пла
прили́пчивость, -и
прили́пчивый
прили́пший
прили́стник, -а
прили́тие, -я
прили́тый; *кр. ф.* -и́т, -ита́, -и́то
прили́ть(ся), -лью́, -льёт(ся); *прош.* -и́л(ся), -ила́(сь), -и́ло, -и́ло́сь
прили́чествовать, -твует
прили́чествующий
прили́чие, -я
прили́чно, *нареч.* и *в знач. сказ.*
прили́чность, -и
прили́чный; *кр. ф.* -чен, -чна
прило́в, -а
приловчи́ться, -чу́сь, -чи́тся
приложе́ние, -я (*от* приложи́ть)
прило́женный; *кр. ф.* -ен, -ена (*от* приложи́ть)
приложи́мость, -и
приложи́мый
приложи́ть(ся), -ожу́(сь), -о́жит(ся) (*приблизить(ся) вплотную, присоединить(ся)*)
прилуне́ние, -я
прилунённый; *кр. ф.* -ён, -ена́
прилуни́ть(ся), -ню́(сь), -ни́т(ся)
прилуня́ть(ся), -я́ю(сь), -я́ет(ся)
прилуча́ть(ся), -а́ю(сь), -а́ет(ся)
прилучённый; *кр. ф.* -ён, -ена́
прилучи́ть(ся), -чу́(сь), -чи́т(ся)
прилыга́ть, -а́ю, -а́ет
прильну́ть, -ну́, -нёт
прилю́дный
приля́панный; *кр. ф.* -ан, -ана
приля́пать, -аю, -ает
приля́пывать(ся), -аю, -ает(ся)
прим, *неизм.*
при́ма, -ы
при́ма-балери́на, -ы и при́мы-балери́ны
примагни́тить, -ни́чу, -ни́тит
примагни́ченный; *кр. ф.* -ен, -ена
примагни́чивание, -я
примагни́чивать(ся), -аю, -ает(ся)
примадо́нна, -ы
примадо́ннский
прима́ж, -а, *тв.* -ем
прима́занный; *кр. ф.* -ан, -ана
прима́зать(ся), -а́жу(сь), -а́жет(ся)
прима́зка, -и
прима́зывать(ся), -аю(сь), -ает(ся)
прима́к, -а́
прима́ненный; *кр. ф.* -ен, -ена и **приманённый;** *кр. ф.* -ён, -ена́
прима́нивание, -я
прима́нивать(ся), -аю(сь), -ает(ся)
примани́ть, -аню́, -а́ни́т
прима́нка, -и, *р. мн.* -нок
прима́нный
прима́ночный
прима́нчивый
прима́риус, -а

прима́рка, -и
прима́рность, -и
прима́рный; *кр. ф.* -рен, -рна
при́ма́с, -а
прима́сленный; *кр. ф.* -ен, -ена
прима́сливать(ся), -аю, -ает(ся)
прима́слить, -лю, -лит
примастерённый; *кр. ф.* -ён, -ена́
примастери́ть, -рю́, -ри́т
прима́т, -а (*главенство, преобладание*)
примато́лог, -а
приматологи́ческий
приматоло́гия, -и
прима́тор, -а
прима́ты, -ов, *ед.* прима́т, -а (*отряд млекопитающих*)
прима́тывание, -я
прима́тывать(ся), -аю(сь), -ает(ся)
прима́чивание, -я
прима́чивать(ся), -аю, -ает(ся)
прима́щивать(ся), -аю(сь), -ает(ся)
примежёванный; *кр. ф.* -ан, -ана
примежева́ть, -жу́ю, -жу́ет
примежёвывать(ся), -аю, -ает(ся)
Примексика́нская ни́зменность
примелька́ться, -а́юсь, -а́ется
примене́ние, -я
применённый; *кр. ф.* -ён, -ена́
примени́мость, -и
примени́мый
примени́тельно (*к кому, чему*)
примени́ть(ся), -еню́(сь), -е́нит(ся)
применя́емость, -и
применя́ть(ся), -я́ю(сь), -я́ет(ся)
приме́р, -а
приме́ренный; *кр. ф.* -ен, -ена
примере́ть, -мрёт; *прош.* при́мер, примерла́, при́мерло
примере́щиться, -щусь, -щится
примерза́ть, -а́ю, -а́ет
примёрзлый
примёрзнуть, -ну, -нет; *прош.* -ёрз, -ёрзла
примёрзший
приме́ривание, -я
приме́ривать(ся), -аю(сь), -ает(ся)
приме́ривший(ся)
приме́рить(ся), -рю(сь), -рит(ся) и -ряю(сь), -ряет(ся); *прош.* -рил(ся), -рила(сь)
приме́рка, -и, *р. мн.* -рок
приме́рно, *нареч.*
приме́рность, -и
приме́рный; *кр. ф.* -рен, -рна
приме́рочный
приме́рчик, -а
примеря́ть(ся), -я́ю(сь), -я́ет(ся) (*к* ме́рить)
примеси́ть, -ешу́, -е́сит
при́месный
примести́, -мету́, -метёт; *прош.* -мёл, -мела́
при́месь, -и
приме́та, -ы
примётанный; *кр. ф.* -ан, -ана (*от* примета́ть)
примета́ть, -а́ю, -а́ет, *сов.* (*о шитье*)
примета́ть(ся), -а́ю, -а́ет(ся), *несов.* (*к* примести́)
приметённый; *кр. ф.* -ён, -ена́ (*от* примести́)
приме́тить(ся), -е́чу, -е́тит(ся)
приме́тка, -и, *р. мн.* -ток (*заметка*)
примётка, -и, *р. мн.* -ток (*к* примета́ть)
приме́тливость, -и
приме́тливый
приме́тность, -и
приметну́ть(ся), -ну́, -нёт(ся)
приме́тный; *кр. ф.* -тен, -тна
примётший
примётывание, -я
примётывать(ся), -аю, -ает(ся)
примеча́ние, -я
примеча́тельность, -и
примеча́тельный; *кр. ф.* -лен, -льна
примеча́ть(ся), -а́ю, -а́ет(ся)
приме́ченный; *кр. ф.* -ен, -ена
приме́шанный; *кр. ф.* -ан, -ана (*от* примеша́ть)
примеша́ть(ся), -а́ю, -а́ет(ся)
приме́шенный; *кр. ф.* -ен, -ена (*от* примеси́ть)
приме́шивание, -я
приме́шивать(ся), -аю, -ает(ся)
примина́ние, -я
примина́ть(ся), -а́ю, -а́ет(ся)
примире́нец, -нца, *тв.* -нцем, *р. мн.* -нцев
примире́ние, -я
примирённость, -и
примирённый; *кр. ф.* -ён, -ена́
примире́нческий
примире́нчество, -а
примири́тель, -я
примири́тельница, -ы, *тв.* -ей
примири́тельность, -и
примири́тельный; *кр. ф.* -лен, -льна
примири́ть(ся), -рю́(сь), -ри́т(ся)
примиря́ть(ся), -я́ю(сь), -я́ет(ся) (*к* мири́ть)
примиря́ющий(ся)
примити́в, -а
примитивиза́ция, -и
примитивизи́рованный; *кр. ф.* -ан, -ана
примитивизи́ровать(ся), -рую, -рует(ся)
примитиви́зм, -а
примитиви́ст, -а
примитиви́стский
примити́вность, -и
примити́вный; *кр. ф.* -вен, -вна
примити́вщина, -ы
примкну́вший
при́мкнутый
примкну́ть(ся), -ну́, -нёт(ся)
примни́ться, -и́тся
примола́чивать(ся), -аю, -ает(ся)
примо́лвить, -влю, -вит
примо́лвленный; *кр. ф.* -ен, -ена
примолка́ть, -а́ю, -а́ет
примо́лкнуть, -ну, -нет; *прош.* -мо́лк, -мо́лкла
примо́лкший
примолоти́ть, -лочу́, -ло́тит
примоло́ченный; *кр. ф.* -ен, -ена
примора́живание, -я
примора́живать(ся), -аю, -ает(ся)
приморо́женный; *кр. ф.* -ен, -ена
приморо́зить, -о́жу, -о́зит
приморо́зок, -зка
примо́рский (*к* примо́рье, Примо́рье, Примо́рск)
Примо́рский кра́й
примо́рцы, -ев, *ед.* -рец, -рца, *тв.* -рцем
примо́рье, -я, *р. мн.* -рий (*местность вблизи моря*) и **Примо́рье,** -я (*российский Дальний Восток*)
примости́ть(ся), -ощу́(сь), -ости́т(ся)
примо́сток, -тка
примо́танный; *кр. ф.* -ан, -ана
примота́ть(ся), -а́ю(сь), -а́ет(ся)
примо́тка, -и
примо́ченный; *кр. ф.* -ен, -ена
примочи́ть, -очу́, -о́чит
примо́чка, -и, *р. мн.* -чек
примощённый; *кр. ф.* -ён, -ена́
при́мула, -ы
примунди́риваться, -аюсь, -ается
примунди́риться, -рюсь, -рится
при́мус, -а, *мн.* -ы, -ов и -а́, -о́в
при́мусный
примча́ть(ся), -чу́(сь), -чи́т(ся)
примыва́ть(ся), -а́ю, -а́ет(ся)
примыка́ние, -я
примыка́ть(ся), -а́ю, -а́ет(ся)
примы́сливать(ся), -аю, -ает(ся)
примы́слить, -лю, -лит
примы́тый
примы́ть, -мо́ю, -мо́ет
примышле́ние, -я
примы́шленный; *кр. ф.* -ен, -ена
примышля́ть(ся), -я́ю, -я́ет(ся)
примя́тость, -и
примя́тый
примя́ть(ся), -мну́, -мнёт(ся)
принадлежа́ть, -жу́, -жи́т
принадле́жность, -и
принажа́ть, -жму́, -жмёт
принайто́вить, -влю, -вит
принайто́вленный; *кр. ф.* -ен, -ена
принайто́вливать(ся), -аю, -ает(ся)
принакопи́ть(ся), -оплю́, -о́пит(ся)
принако́пленный; *кр. ф.* -ен, -ена
принакры́ть(ся), -кро́ю(сь), -кро́ет(ся)
приналега́ть, -а́ю, -а́ет
приналёгший
принале́чь, -ля́гу, -ля́жет, -ля́гут; *прош.* -лёг, -легла́
принанима́ть, -а́ю, -а́ет
прина́нятый; *кр. ф.* -ят, -на́нята́, -ято

принаня́ть, -найму́, -наймёт; *прош.* -на́нял, -наняла́, -на́няло
принаро́дный
принаряди́ть(ся), -яжу́(сь), -яди́т(ся)
принаряжа́ть(ся), -а́ю(сь), -а́ет(ся)
принаря́женный; *кр. ф.* -ен, -ена
принахму́ренный; *кр. ф.* -ен, -ена
принахму́рить(ся), -рю(сь), -рит(ся)
принево́ленный; *кр. ф.* -ен, -ена
принево́ливать(ся), -аю(сь), -ает(ся)
принево́лить(ся), -лю(сь), -лит(ся)
Приме́манье, -я (*к* Не́ман)
принесе́ние, -я
принесённый; *кр. ф.* -ён, -ена́
принести́(сь), -су́(сь), -сёт(ся); *прош.* -нёс(ся), -несла́(сь)
принёсший(ся)
принижа́ть(ся), -а́ю(сь), -а́ет(ся)
приниже́ние, -я
прини́женно, *нареч.*
прини́женность, -и
прини́женный; *кр. ф. прич.* -ен, -ена; *кр. ф. прил.* -ен, -енна (её положе́ние в до́ме прини́женно)
прини́занный; *кр. ф.* -ан, -ана
прониза́ть, -ижу́, -и́жет
прини́зить(ся), -и́жу(сь), -и́зит(ся)
прини́зка, -и
прини́зывать(ся), -аю, -ает(ся)
приника́ть, -а́ю, -а́ет
прини́кнуть, -ну, -нет; *прош.* -и́к, -и́кла
прини́кший
принима́ние, -я
принима́ть, -а́ю, -а́ет и (*книжн.*) прие́млю, -лет
принима́ться, -а́юсь, -а́ется
принора́вливание, -я
принора́вливать(ся), -аю(сь), -ает(ся)
принорови́ть(ся), -влю́(сь), -ви́т(ся)
приноро́вленный; *кр. ф.* -ен, -ена
приноровля́ть(ся), -я́ю(сь), -я́ет(ся)
прино́с, -а
приноси́ть(ся), -ошу́(сь), -о́сит(ся)
прино́сный и **приносно́й**
приноше́ние, -я
при́нстонский (*от* При́нстон)
при́нтер, -а
при́нтерный
прину́да, -ы (*принуждение, прост.*)
принуди́ловка, -и
принуди́тельность, -и
принуди́тельный; *кр. ф.* -лен, -льна
прину́дить, -у́жу, -у́дит
принудлече́ние, -я
принудрабо́ты, -о́т
принужда́ть(ся), -а́ю(сь), -а́ет(ся)
принужде́ние, -я
принуждённо, *нареч.*
принуждённость, -и
принуждённый; *кр. ф.* -ён, -ена́ и (*неестественный, нарочитый*) -ён, -ённа (его́ отве́ты принуждённы)
принц, -а, *тв.* -ем, *р. мн.* -ев
при́нцепс, -а
принце́сса, -ы
при́нцип, -а
принципа́л, -а
принципа́т, -а
принципиа́льничать, -аю, -ает
принципиа́льно, *нареч.*
принципиа́льно ва́жный
принципиа́льно но́вый
принципиа́льность, -и
принципиа́льный; *кр. ф.* -лен, -льна
при́нц-консо́рт, при́нца-консо́рта
при́нц-ре́гент, при́нца-ре́гента
принюхаться, -аюсь, -ается
принюхиваться, -аюсь, -ается
приня́тие, -я
при́нятый; *кр. ф.* -ят, -ята́, -ято
приня́ть(ся), приму́(сь), при́мет(ся); *прош.* при́нял, приня́лся́, приняла́(сь), при́няло, приняло́сь
приобвы́кнуть(ся) и **приобы́кнуть(ся)**, -ну(сь), -нет(ся); *прош.* -ы́к(ся), -ы́кла(сь)
приобвы́кший(ся) и **приобы́кший(ся)**
приобня́ть, -ниму́, -ни́мет; *прош.* -о́бнял, -яла́, -о́бняло
приободрённый; *кр. ф.* -ён, -ена́
приободри́ть(ся), -рю́(сь), -ри́т(ся)
приободря́ть(ся), -я́ю(сь), -я́ет(ся)
приобрести́, -ету́, -етёт; *прош.* -ёл, -ела́
приобрета́тель, -я
приобрета́тельница, -ы, *тв.* -ей
приобрета́тельный
приобрета́тельский
приобрета́тельство, -а
приобрета́ть(ся), -а́ю, -а́ет(ся)
приобрете́ние, -я
приобретённый; *кр. ф.* -ён, -ена́
приобре́тший
прио́бский (*к* Обь)
приобу́тый
приобу́ть, -у́ю, -у́ет
приобща́ть(ся), -а́ю(сь), -а́ет(ся)
приобще́ние, -я
приобщённый; *кр. ф.* -ён, -ена́
приобщи́ть(ся), -щу́(сь), -щи́т(ся)
приобъе́ктный
приобы́кнуть(ся) и **приобвы́кнуть(ся)**, -ну(сь), -нет(ся); *прош.* -ы́к(ся), -ы́кла(сь)
приобы́кший(ся) и **приобвы́кший(ся)**
Прио́бье, -я (*к* Обь)
приовра́жный
приовра́жье, -я, *р. мн.* -жий
приоде́тый
приоде́ть(ся), -е́ну(сь), -е́нет(ся)
приозёрный
приозёрский (*от* Приозёрск)
приозёрцы, -ев, *ед.* -рец, -рца, *тв.* -рцем
приозе́рье, -я, *р. мн.* -рий
приокеани́ческий
прио́кский (*к* Ока́)
Прио́кско-терра́сный запове́дник
прионе́жский
Прионе́жский райо́н (*в Карелии*)
Прионе́жье, -я (*к* Оне́жское о́зеро, Оне́га)
прио́ны, -ов, *ед.* прио́н, -а
приопуска́ть(ся), -а́ю, -а́ет(ся)
приопусти́ть(ся), -ущу́, -у́стит(ся)
приопу́щенный; *кр. ф.* -ен, -ена
прио́р, -а
приора́т, -а
приорите́т, -а
приорите́тный
прио́рия, -и
прио́рский
прио́рство, -а
приоса́ниваться, -аюсь, -ается
приоса́ниться, -нюсь, -нится
приосево́й
приостана́вливание, -я
приостана́вливать(ся), -аю(сь), -ает(ся)
приостанови́ть(ся), -овлю́(сь), -о́вит(ся)
приостано́вка, -и, *р. мн.* -вок
приостановле́ние, -я
приостано́вленный; *кр. ф.* -ен, -ена
приотво́ренный; *кр. ф.* -ен, -ена и **приотворённый**; *кр. ф.* -ён, -ена́
приотвори́ть(ся), -орю́, -о́рит(ся)
приотворя́ть(ся), -я́ю, -я́ет(ся)
приоткрыва́ть(ся), -а́ю(сь), -а́ет(ся)
приоткры́тый
приоткры́ть(ся), -кро́ю(сь), -кро́ет(ся)
приотстава́ть, -стаю́, -стаёт
приотста́ть, -а́ну, -а́нет
приохо́тить(ся), -о́чу(сь), -о́тит(ся)
приохо́тский (*к* Охо́тское мо́ре)
Приохо́тье, -я (*к* Охо́тское мо́ре)
приохо́ченный; *кр. ф.* -ен, -ена
приохо́чивать(ся), -аю(сь), -ает(ся)
припа́вший
припада́ть, -а́ю, -а́ет
припа́док, -дка
припа́дочный
припа́дшие, -их (*в иконописи*)
припа́здывать, -аю, -ает
припа́зушный
припа́ивание, -я
припа́ивать(ся), -аю, -ает(ся)
припа́й, -я
припа́йка, -и, *р. мн.* -а́ек
припа́йный
припалённый; *кр. ф.* -ён, -ена́
припа́лзывать, -аю, -ает
припа́ливание, -я
припа́ливать(ся), -аю(сь), -ает(ся)
припали́ть(ся), -лю́(сь), -ли́т(ся)
припами́рский
Припами́рье, -я (*к* Пами́р)
припа́ренный; *кр. ф.* -ен, -ена
припа́ривать(ся), -аю, -ает(ся)
припа́рить, -рю, -рит
припа́рка, -и, *р. мн.* -рок
припарко́ванный; *кр. ф.* -ан, -ана

припаркова́ть(ся), -ку́ю(сь), -ку́ет(ся)
припарко́вка, -и
припарко́вывать(ся), -аю(сь), -ает(ся)
припа́рочный
припа́рхивать, -аю, -ает
припаса́ть(ся), -а́ю(сь), -а́ет(ся)
припасённый; *кр. ф.* -ён, -ена́
припа́сечный
припаси́ха, -и: **ле́то – припаси́ха, зима́ – прибери́ха**
припа́сливый
припасо́ванный; *кр. ф.* -ан, -ана
припасова́ть, -су́ю, -су́ет
припасо́вка, -и
припасо́вывать(ся), -аю, -ает(ся)
припасти́(сь), -су́(сь), -сёт(ся); *прош.* -а́с(ся), -асла́(сь)
припа́сть, -аду́, -адёт; *прош.* -па́л, -па́ла
припа́сший(ся)
припа́сы, -ов
припа́ханный; *кр. ф.* -ан, -ана
припаха́ть, -ашу́, -а́шет
припа́хивание, -я
припа́хивать(ся), -аю, -ает(ся)
припа́шка, -и
припа́янный; *кр. ф.* -ян, -яна
припая́ть(ся), -я́ю, -я́ет(ся)
припе́в, -а
припева́ть, -а́ю, -а́ет
припева́ючи: жи́ть припева́ючи
припе́вки, -вок, *ед.* -вка, -и
припёк[1], -а и -у и **припёка,** -и (*о тесте, хлебе*)
припёк[2], -а (*солнечный жар, припекаемое солнцем место*)
припека́ние, -я
припека́ть(ся), -а́ю(сь), -а́ет(ся)
припёкший(ся)
припере́ть(ся), -пру́(сь), -прёт(ся); *прош.* -пёр(ся), -пёрла(сь)
припёртый
припе́рченный; *кр. ф.* -ен, -ена и **приперчённый;** *кр. ф.* -ён, -ена́
припе́рчивать(ся), -аю, -ает(ся)
припе́рчить, -чу, -чит и **приперчи́ть,** -чу́, -чи́т
припёрший(ся)
припёхать, -аю, -ает *(жарг.)*
припеча́танный; *кр. ф.* -ан, -ана
припеча́тать, -аю, -ает
припеча́тка, -и
припеча́тывание, -я
припеча́тывать(ся), -аю, -ает(ся)
припе́чек, -чка
припечённый; *кр. ф.* -ён, -ена́
припе́чка, -и, *р. мн.* -чек
припе́чь(ся), -пеку́, -печёт(ся), -пеку́т(ся); *прош.* -пёк(ся), -пекла́(сь)
припи́ливать, -аю, -ает
припили́ть, -лю́, -пи́лит *(жарг.)*
припира́ть(ся), -а́ю(сь), -а́ет(ся) (*к* припере́ть(ся)
припи́санный; *кр. ф.* -ан, -ана
приписа́ть(ся), -ишу́(сь), -и́шет(ся)
припи́ска, -и, *р. мн.* -сок
приписни́к, -а́
приписно́й
припи́счик, -а
припи́сывание, -я
припи́сывать(ся), -аю(сь), -ает(ся)
припла́вить(ся), -влю, -вит(ся)
приплавле́ние, -я
припла́вленный; *кр. ф.* -ен, -ена
припла́вливать(ся), -аю, -ает(ся)
приплавля́ть(ся), -я́ю, -я́ет(ся)
приплане́тный
припла́та, -ы
приплати́ть, -ачу́, -а́тит
припла́ченный; *кр. ф.* -ен, -ена
припла́чивание, -я
припла́чивать(ся), -аю, -ает(ся)
при́плеск, -а
приплёскивать(ся), -аю, -ает(ся)
приплёснутый
приплесну́ть(ся), -ну́, -нёт(ся)
приплести́(сь), -лету́(сь), -летёт(ся); *прош.* -ёл(ся), -ела́(сь)
приплета́ть(ся), -а́ю, -а́ет(ся)
приплетённый; *кр. ф.* -ён, -ена́
приплётший(ся)
припло́д, -а
приплоти́нный
приплы́в, -а
приплыва́ние, -я
приплыва́ть, -а́ю, -а́ет
приплы́тие, -я
приплы́ть, -ыву́, -ывёт; *прош.* -ы́л, -ыла́, -ы́ло
приплю́снутость, -и
приплю́снутый
приплю́снуть(ся), -ну, -нет(ся)
приплюсо́ванный; *кр. ф.* -ан, -ана
приплюсова́ть(ся), -су́ю, -су́ет(ся)
приплюсо́вывание, -я
приплюсо́вывать(ся), -аю, -ает(ся)
приплю́щенный; *кр. ф.* -ен, -ена
приплю́щивать(ся), -аю, -ает(ся)
приплю́щить, -щу, -щит
припля́с, -а
припля́сывание, -я
припля́сывать, -аю, -ает
припове́рхностный
приподнима́ние, -я
приподнима́ть(ся), -а́ю(сь), -а́ет(ся)
припо́днятость, -и
припо́днятый; *кр. ф.* -ят, -ята́, -ято
приподня́ть(ся), -ниму́(сь), -ни́мет(ся) и (*разг.*) -дыму́(сь), -ды́мет(ся); *прош.* -по́днял, -подня́лся́, -няла́(сь), -по́дняло, -ня́ло́сь
приподыма́ние, -я (*разг. к* приподнима́ние)
приподыма́ть(ся), -а́ю(сь), -а́ет(ся) (*разг. к* приподнима́ть(ся)
припожа́ловать, -лую, -лует
припозда́ть, -а́ю, -а́ет
припозд́ниться, -ню́сь, -ни́тся
припо́й, -я
припо́йка, -и, *р. мн.* -о́ек
припо́йменный
приполза́ние, -я
приполза́ть, -а́ю, -а́ет
приползти́, -зу́, -зёт; *прош.* -о́лз, -олзла́
припо́лзший
припо́лок, -лка
припо́люсный
приполя́рный
Приполя́рный Ура́л
Приполя́рье, -я
припома́дить(ся), -а́жу(сь), -а́дит(ся)
припома́женный; *кр. ф.* -ен, -ена
припома́живание, -я
припома́живать(ся), -аю(сь), -ает(ся)
припомина́ние, -я
припомина́ть(ся), -а́ю, -а́ет(ся)
припо́мнить(ся), -ню, -нит(ся)
припора́шивание, -я
припора́шивать(ся), -аю, -ает(ся)
при́порох, -а
припоро́шенный; *кр. ф.* -ен, -ена и **припорошённый;** *кр. ф.* -ён, -ена́
припороши́ть(ся), -шу́, -ши́т(ся)
припоро́шка, -и
припорто́вый
припорхну́ть, -ну́, -нёт
припосевно́й
припра́ва, -ы
припра́вить, -влю, -вит
припра́вка, -и, *р. мн.* -вок
припра́вленный; *кр. ф.* -ен, -ена
приправля́ть(ся), -я́ю, -я́ет(ся)
припра́вочный
припрессо́ванный; *кр. ф.* -ан, -ана
припрессова́ть, -ессу́ю, -ессу́ет
припрессо́вка, -и
припрессо́вывание, -я
припрессо́вывать(ся), -аю, -ает(ся)
припру́тский (*от* Прут)
припры́гать, -аю, -ает
припры́гивание, -я
припры́гивать, -аю, -ает
припры́гнуть, -ну, -нет
припры́жечка, -и, *р. мн.* -чек
припры́жка, -и, *р. мн.* -жек
припряга́ть(ся), -а́ю, -а́ет(ся)
припря́гший(ся)
припряда́ть(ся), -а́ю, -а́ет(ся)
припря́денный; *кр. ф.* -ен, -ена и **припрядённый;** *кр. ф.* -ён, -ена́
припряжённый; *кр. ф.* -ён, -ена́
припря́жка, -и, *р. мн.* -жек
припряжно́й
припря́сть, -яду́, -ядёт; *прош.* -пря́л, -пряла́, -пря́ло
припря́танный; *кр. ф.* -ан, -ана
припря́тать, -я́чу, -я́чет
припря́тывание, -я
припря́тывать(ся), -аю, -ает(ся)
припря́чь(ся), -ягу́, -яжёт(ся), -ягу́т(ся); *прош.* -я́г(ся), -ягла́(сь)
припу́гивание, -я
припу́гивать, -аю, -ает

припу́гнутый
припугну́ть, -ну́, -нёт
припу́дренность, -и
припу́дренный; *кр. ф.* -ен, -ена
припу́дривание, -я
припу́дривать(ся), -аю(сь), -ает(ся)
припу́дрить(ся), -рю(сь), -рит(ся)
при́пуск, -а
припуска́ть(ся), -а́ю(сь), -а́ет(ся)
припусти́ть(ся), -ущу́(сь), -у́стит(ся)
припу́танный; *кр. ф.* -ан, -ана
припу́тать(ся), -аю(сь), -ает(ся)
припу́тывание, -я
припу́тывать(ся), -аю(сь), -ает(ся)
припуха́ть, -а́ю, -а́ет
припу́хлость, -и
припу́хлый
припу́хнуть, -ну, -нет; *прош.* -у́х, -у́хла
припу́хший
припушённый; *кр. ф.* -ён, -ена́
припуши́ть, -шу́, -ши́т
припу́щенный; *кр. ф.* -ен, -ена
припылённый; *кр. ф.* -ён, -ена́ (*о цвете*)
при́пятский (*от* При́пять)
прираба́тывать(ся), -аю, -ает(ся)
прирабо́танный; *кр. ф.* -ан, -ана
прирабо́тать(ся), -аю, -ает(ся)
прирабо́тка, -и, *р. мн.* -ток
при́работок, -тка
прира́вненный; *кр. ф.* -ен, -ена
прира́внивание, -я
прира́внивать(ся), -аю(сь), -ает(ся)
приравня́ть(ся), -я́ю(сь), -я́ет(ся) (*к* ра́вный)
прираста́ние, -я
прираста́ть, -а́ю, -а́ет
прирасти́, -ту́, -тёт; *прош.* -ро́с, -росла́
прирасти́ть(ся), -ащу́, -асти́т(ся)
прираща́ть(ся), -а́ю, -а́ет(ся)
приращи́ние, -я
приращённый; *кр. ф.* -ён, -ена́
прира́щивание, -я
прира́щивать(ся), -аю, -ает(ся)
приревнова́ть, -ну́ю, -ну́ет
прире́з, -а
прирез́ание, -я
прире́занный; *кр. ф.* -ан, -ана
прире́зать, -е́жу, -е́жет, *сов.*
прирез́ать(ся), -а́ю, -а́ет(ся), *несов.*
прире́зка, -и, *р. мн.* -зок (*действие; то же, что прирезок*)
прирезно́й
прире́зок, -зка (*прирезная земля*)
прире́зывание, -я
прире́зывать(ся), -аю, -ает(ся)
при́резь, -и
прире́льсовый
прире́чный
прире́чье, -я, *р. мн.* -чий
пририсо́ванный; *кр. ф.* -ан, -ана
пририсова́ть, -су́ю, -су́ет
пририсо́вывать(ся), -аю, -ает(ся)
приро́вненный; *кр. ф.* -ен, -ена
прировня́ть, -я́ю, -я́ет (*к* ро́вный)
приро́да, -ы
приро́да-ма́ть, приро́ды-ма́тери
приро́дно-биологи́ческий
приро́дно-заповéдный
приро́дно-климати́ческий
приро́дно-очаго́вый
приро́дно-ресу́рсный
приро́дно-чи́стый
приро́дно-экономи́ческий
приро́дный
природове́д, -а
природове́дение, -я
природове́дческий
природозащи́тный
природоохрани́тельный
природоохра́нный
природопо́льзование, -я
природопо́льзовательный
природопреобразу́ющий
природосберега́ющий
прирождённый; *кр. ф.* -ён, -ённа
приро́ст, -а
приростно́й
приро́сток, -тка
приро́сший
прирýб, -а
прируба́ть(ся), -а́ю, -а́ет(ся)
прирубе́жный
прируби́ть, -ублю́, -у́бит
приру́бка, -и
приру́бленный; *кр. ф.* -ен, -ена
прирулённый; *кр. ф.* -ён, -ена́
приру́ливание, -я
приру́ливать(ся), -аю, -ает(ся)
прируди́ть, -лю́, -ли́т
приру́словый
прируча́ть(ся), -а́ю(сь), -а́ет(ся)
прируче́ние, -я
приручённость, -и
приручённый; *кр. ф.* -ён, -ена́
приручи́ть(ся), -чу́(сь), -чи́т(ся)
приры́ночный
priса́дистый
присади́ть, -ажу́, -а́дит
приса́дка, -и, *р. мн.* -док (*действие; вещество*)
приса́док, -дка (*саженец*)
приса́дочный
приса́женный; *кр. ф.* -ен, -ена
приса́живать(ся), -аю(сь), -ает(ся)
приса́ливание, -я
приса́ливать(ся), -аю, -ает(ся)
приса́сывание, -я
приса́сывательный
приса́сывать(ся), -аю(сь), -ает(ся)
приса́харенный; *кр. ф.* -ен, -ена
приса́харивание, -я
приса́харивать(ся), -аю, -ает(ся)
приса́харить, -рю, -рит
присбо́ренный; *кр. ф.* -ен, -ена
присбо́ривание, -я
присбо́ривать(ся), -аю, -ает(ся)
присбо́рить, -рю, -рит
присва́ивание, -я
присва́ивать(ся), -аю, -ает(ся)
присва́танный; *кр. ф.* -ан, -ана
присва́тать(ся), -аю(сь), -ает(ся)
присва́тывать(ся), -аю(сь), -ает(ся)
при́свист, -а
присви́стнуть, -ну, -нет
присви́стывание, -я
присви́стывать, -аю, -ает
присвое́ние, -я
присво́енный; *кр. ф.* -ен, -ена
присво́ить, -о́ю, -о́ит
присвоя́ть(ся), -я́ю, -я́ет(ся)
присе́в, -а
присева́ть(ся), -а́ю, -а́ет(ся)
присе́д, -а
приседа́ние, -я
приседа́ть, -а́ю, -а́ет
приселе́ние, -я
приселённый; *кр. ф.* -ён, -ена́
присели́ть(ся), -елю́(сь), -е́ли́т(ся)
присёлок, -лка
приселя́ть(ся), -я́ю(сь), -я́ет(ся)
присемени́ть, -ню́, -ни́т
присеменни́к, -а́ и **присемя́нник,** -а
присе́ст, -а (в (за) оди́н присе́ст)
присе́сть, -ся́ду, -ся́дет; *прош.* -се́л, -се́ла
присе́янный; *кр. ф.* -ян, -яна
присе́ять, -е́ю, -е́ет
Присива́шье, -я (*к* Сива́ш)
при́сказка, -и, *р. мн.* -зок
прискака́ть, -скачу́, -ска́чет
приска́кивать, -аю, -ает
прискладско́й
приско́к, -а
приско́рбие, -я
приско́рбный; *кр. ф.* -бен, -бна
прискочи́ть, -очу́, -о́чит
приско́чка, -и, *р. мн.* -чек
приску́чивать, -аю, -ает
приску́чить, -чу, -чит
при́сланный; *кр. ф.* -ан, -ана
присла́ть, пришлю́, пришлёт; *прош.* -сла́л, -сла́ла
присло́вье, -я, *р. мн.* -вий
прислонённый; *кр. ф.* -ён, -ена́
прислони́ть(ся), -оню́(сь), -о́ни́т(ся)
прислопя́ть(ся), -я́ю(сь), -я́ет(ся)
прислу́га, -и
прислу́живание, -я
прислу́живать(ся), -аю(сь), -ает(ся)
прислужи́ть(ся), -ужу́(сь), -у́жит(ся)
прислу́жливый
прислу́жник, -а
прислу́жница, -ы, *тв.* -ей
прислу́жничать, -аю, -ает
прислу́жнический
прислу́жничество, -а
прислу́шаться, -аюсь, -ается
прислу́шиваться, -аюсь, -ается
присма́тривание, -я
присма́тривать(ся), -аю(сь), -ает(ся)
при́ смерти
присмире́лый
присмирённый; *кр. ф.* -ён, -ена́

присмире́ть, -е́ю, -е́ет
присмири́ть, -рю́, -ри́т
присмиря́ть(ся), -я́ю(сь), -я́ет(ся)
присмолённый; *кр. ф.* -ён, -ена́
присмоли́ть(ся), -лю́, -ли́т(ся)
присмо́тр, -а
присмо́тренный; *кр. ф.* -ен, -ена
присмотре́ть(ся), -отрю́(сь), -о́трит(ся)
присне́жный
присни́ться, -ню́сь, -ни́тся
при́сно, *нареч.*
приснoблагода́тный
присноблаже́нный
Приснodéва, -ы (*Богородица*)
приснопа́мятный
присносве́тлый
при́сные, -ых
при́сный
прискоба́ченный; *кр. ф.* -ен, -ена
присоба́чивать(ся), -аю, -ает(ся)
присоба́чить(ся), -чу, -чит(ся)
присо́бранный; *кр. ф.* -ан, -ана
присобра́ть, -беру́, -берёт; *прош.* -а́л, -ала́, -а́ло
присове́тованный; *кр. ф.* -ан, -ана
присове́товать, -тую, -тует
присовокупи́ть(ся), -плю́, -пи́т(ся)
присовокупле́ние, -я
присовокуплённый; *кр. ф.* -ён, -ена́
присовокупля́ть(ся), -я́ю, -я́ет(ся)
присоедине́ние, -я
присоединённый; *кр. ф.* -ён, -ена́
присоедини́тельный
присоедини́ть(ся), -ню́(сь), -ни́т(ся)
присоединя́ть(ся), -я́ю(сь), -я́ет(ся)
присо́ленный; *кр. ф.* -ен, -ена
присоли́ть, -олю́, -о́ли́т
присо́с, -а
присо́санный; *кр. ф.* -ан, -ана
присоса́ть(ся), -осу́(сь), -осёт(ся)
присосе́диться, -е́жусь, -е́дится
присосе́живаться, -аюсь, -ается
присо́ска, -и, *р. мн.* -сок и **присо́сок,** -ска
присо́хнуть, -нет; *прош.* -о́х, -о́хла
присо́хший
присочинённый; *кр. ф.* -ён, -ена́
присочини́ть, -ню́, -ни́т
присочиня́ть(ся), -я́ю, -я́ет(ся)
приспева́ть, -а́ю, -а́ет
приспе́ть, -е́ю, -е́ет
приспе́шник, -а
приспе́шница, -ы, *тв.* -ей
приспе́шничать, -аю, -ает
приспе́шнический
приспи́чивать, -ает
приспи́чить, -ит
приспоса́бливание, -я
приспоса́бливать(ся), -аю(сь), -ает(ся)
приспособи́тельный
приспосо́бить(ся), -блю(сь), -бит(ся)
приспособле́нец, -нца, *тв.* -нцем, *р. мн.* -нцев
приспособле́ние, -я
приспособле́нка, -и, *р. мн.* -нок
приспосо́бленность, -и
приспосо́бленный; *кр. ф.* -ен, -ена
приспособле́нческий
приспособле́нчество, -а
приспособля́емость, -и
приспособля́ть(ся), -я́ю(сь), -я́ет(ся)
приспуска́ть(ся), -а́ю(сь), -а́ет(ся)
приспусти́ть(ся), -ущу́(сь), -у́стит(ся)
приспу́щенный; *кр. ф.* -ен, -ена
присредиземномо́рский
при́став, -а, *мн.* -ы, -ов и -а́, -о́в
пристава́ла, -ы, *м.* и *ж.*
пристава́ние, -я
пристава́ть, -таю́, -таёт
приста́вить, -влю, -вит
приста́вка, -и, *р. мн.* -вок
приставле́ние, -я (*от* приста́вить)
приста́вленный; *кр. ф.* -ен, -ена
приставля́ть(ся), -я́ю, -я́ет(ся)
приставно́й
приста́вочно-суффикса́льный
приста́вочный
приставу́чий
приставу́чка, -и, *р. мн.* -чек, *м.* и *ж.*
пристадио́нный
при́стальность, -и
при́стальный; *кр. ф.* -лен, -льна
приста́нище, -а
при́станный
пристано́вка, -и, *р. мн.* -вок *(в конном спорте)*
пристанодержа́тель, -я
пристанодержа́тельница, -ы, *тв.* -ей
пристанодержа́тельство, -а
при́станский
пристанцио́нный
при́стань, -и, *мн.* -и, -е́й и -ей; но (*в названиях населенных пунктов*) **При́стань,** -и, *напр.*: Но́вая При́стань, Ру́сская При́стань (*поселки*)
приста́ть, -а́ну, -а́нет
пристаю́щий
приство́льный
пристёганный; *кр. ф.* -ан, -ана
пристега́ть, -а́ю, -а́ет (*от* стега́ть)
пристёгивание, -я
пристёгивать(ся), -аю(сь), -ает(ся)
пристёгнутый
пристегну́ть(ся), -ну́(сь), -нёт(ся)
пристёжка, -и, *р. мн.* -жек
пристежно́й (*пристегивающийся*)
присте́нный
присте́нок, -нка (*игра*)
присте́ночный
пристига́ть, -а́ю, -а́ет (*к* присти́гнуть)
присти́гнуть, -ну, -нет; *прош.* -и́г, -и́гла
присто́йность, -и
присто́йный; *кр. ф.* -о́ен, -о́йна
пристра́гивать(ся), -аю, -ает(ся) и **пристру́гивать(ся),** -аю, -ает(ся)
пристра́ивание, -я
пристра́ивать(ся), -аю(сь), -ает(ся)
пристра́стие, -я
пристрасти́ть(ся), -ащу́(сь), -асти́т(ся)
пристра́стка, -и
пристра́стность, -и
пристра́стный; *кр. ф.* -тен, -тна
пристра́чивание, -я
пристра́чивать(ся), -аю, -ает(ся)
пристраща́ть(ся), -а́ю(сь), -а́ет(ся)
пристращённый; *кр. ф.* -ён, -ена́
пристра́щивать(ся), -аю(сь), -ает(ся)
пристре́л, -а
пристре́ленный; *кр. ф.* -ен, -ена (*от* пристрели́ть)
пристре́ливание, -я
пристре́ливать(ся), -аю(сь), -ает(ся)
пристрели́ть, -елю́, -е́лит
пристре́лка, -и, *р. мн.* -лок
пристре́лочный
пристре́льный
пристре́лянный; *кр. ф.* -ян, -яна (*от* пристреля́ть)
пристреля́ть(ся), -я́ю(сь), -я́ет(ся)
пристро́ганный; *кр. ф.* -ан, -ана и **пристру́ганный;** *кр. ф.* -ан, -ана
пристрога́ть, -а́ю, -а́ет и **приструга́ть,** -а́ю, -а́ет
пристро́енный; *кр. ф.* -ен, -ена
пристро́ить(ся), -о́ю(сь), -о́ит(ся)
пристро́йка, -и, *р. мн.* -о́ек
пристро́ченный; *кр. ф.* -ен, -ена
пристрочи́ть, -очу́, -о́чи́т
пристро́чка, -и, *р. мн.* -чек
пристру́га, -и
пристру́ганный; *кр. ф.* -ан, -ана и **пристро́ганный;** *кр. ф.* -ан, -ана
приструга́ть, -а́ю, -а́ет и **пристрога́ть,** -а́ю, -а́ет
пристру́гивать(ся), -аю, -ает(ся) и **пристра́гивать(ся),** -аю, -ает(ся)
приструнённый; *кр. ф.* -ён, -ена́
пристру́нивание, -я
пристру́нивать(ся), -аю(сь), -ает(ся)
приструни́ть, -уню́, -уни́т
при́стук, -а
присту́кивать(ся), -аю, -ает(ся)
присту́кнутый
присту́кнуть, -ну, -нет
при́ступ, -а
приступа́ть(ся), -а́ю(сь), -а́ет(ся) (*к* приступи́ть(ся)
приступи́ть(ся), -уплю́(сь), -у́пит(ся) (*начать*; *подступить*(*ся*)
присту́пка, -и, *р. мн.* -пок и **присту́пок,** -пка
приступообра́зный; *кр. ф.* -зен, -зна
присту́почка, -и, *р. мн.* -чек и **присту́почек,** -чка
пристыва́ть, -а́ю, -а́ет
присты́вший
пристыди́ть, -ыжу́, -ыди́т
пристыжа́ть(ся), -а́ю(сь), -а́ет(ся)
присты́женно, *нареч.*
присты́женность, -и
присты́женный; *кр. ф.* -ен, -ена и **пристыжённый;** *кр. ф.* -ён, -ена́

пристыко́ванный; *кр. ф.* -ан, -ана
пристыкова́ть(ся), -ку́ю(сь), -ку́ет(ся)
пристыко́вка, -и, *р. мн.* -вок
пристыко́вочный
пристыко́вывать(ся), -аю(сь), -ает(ся)
присты́ть и **присты́нуть,** -ы́ну, -ы́нет; *прош.* -сты́л, -сты́ла
пристя́жка, -и, *р. мн.* -жек
пристяжно́й (*о лошади*)
при́стяжь, -и
присуди́ть, -ужу́, -у́дит
присужда́ть(ся), -а́ю, -а́ет(ся)
присужде́ние, -я
присуждённый; *кр. ф.* -ён, -ена́
прису́женный; *кр. ф.* -ен, -ена
присупо́ненный; *кр. ф.* -ен, -ена
присупо́нивать(ся), -аю, -ает(ся)
присупо́нить, -ню, -нит
Прису́тственные места́ (*архит. комплекс в нек-рых старых русских городах*)
прису́тственный
прису́тствие, -я
прису́тствовать, -твую, -твует
прису́тствующий
прису́ха, -и
присуча́льщик, -а
присуча́льщица, -ы, *тв.* -ей
присуча́ть(ся), -а́ю, -а́ет(ся)
прису́ченный; *кр. ф.* -ен, -ена
прису́чивание, -я
прису́чивать(ся), -аю, -ает(ся)
присучи́ть, -учу́, -у́чи́т
прису́чка, -и
прису́шенный; *кр. ф.* -ен, -ена
прису́шивать(ся), -аю, -ает(ся)
присуши́ть, -ушу́, -у́шит
прису́шка, -и
прису́щий
прису́щность, -и
присчёт, -а
присчи́танный; *кр. ф.* -ан, -ана
присчита́ть, -а́ю, -а́ет
присчи́тывание, -я
присчи́тывать(ся), -аю, -ает(ся)
присыла́ть(ся), -а́ю, -а́ет(ся)
присы́лка, -и
присыпа́ние, -я
присы́панный; *кр. ф.* -ан, -ана
присы́пать(ся), -плю, -плет(ся), -плют(ся) и -пет(ся), -пят(ся), *сов.*
присыпа́ть(ся), -а́ю, -а́ет(ся), *несов.*
присы́пка, -и, *р. мн.* -пок
присыпно́й
присыха́ние, -я
присыха́ть, -а́ет
присюсю́кивать, -аю, -ает
прися́га, -и
присяга́ние, -я
присяга́ть, -а́ю, -а́ет
присягну́ть, -ну́, -нёт
прися́дка, -и
прися́жный
притаёжный
притаённый; *кр. ф.* -ён, -ена́
прита́ивание, -я
прита́ивать(ся), -аю(сь), -ает(ся)
притаи́ть(ся), -аю́(сь), -аи́т(ся)
прита́ленный; *кр. ф.* -ен, -ена
прита́ливать(ся), -аю, -ает(ся)
прита́лить, -лю, -лит
прита́лкивать(ся), -аю, -ает(ся)
пританцо́вывание, -я
пританцо́вывать, -аю, -ает
прита́пливание, -я
прита́пливать(ся), -аю, -ает(ся)
прита́птывание, -я
прита́птывать(ся), -аю, -ает(ся)
притара́нить, -ню, -нит (*притащить, принести, жарг.*)
прита́скивание, -я
прита́скивать(ся), -аю(сь), -ает(ся)
прита́чанный; *кр. ф.* -ан, -ана
притача́ть, -а́ю, -а́ет
прита́чивание, -я
прита́чивать(ся), -аю, -ает(ся)
прита́чка, -и, *р. мн.* -чек
притачно́й
прита́щенный; *кр. ф.* -ен, -ена
притащи́ть(ся), -ащу́(сь), -а́щит(ся)
притво́р, -а (*к* притвори́ть; *пристройка*)
притво́ра, -ы, *м.* и *ж.* (*к* притворя́ться – *прикидываться*)
притво́ренный; *кр. ф.* -ен, -ена и **притворённый;** *кр. ф.* -ён, -ена́ (*от* притвори́ть)
притвори́ть(ся), -орю́, -о́рит(ся) (*прикрыть(ся)*)
притвори́ться, -рю́сь, -ри́тся (*прикинуться*)
притво́рность, -и
притво́рный; *кр. ф.* -рен, -рна
притво́рство, -а
притво́рствовать, -твую, -твует
притво́рщик, -а
притво́рщица, -ы, *тв.* -ей
притворя́ла, -ы, *м.* и *ж.*
притворя́ть(ся), -я́ю(сь), -я́ет(ся) (к притвори́ть, притвори́ться)
притворя́шка, -и, *р. мн.* -шек, *м.* и *ж.* (*лицо*), *м.* (*жук*)
притворя́шка-во́р, притворя́шки-во́ра, *м.* (*жук*)
притеатра́льный
притека́ть, -а́ет
притёкший
притемнённый; *кр. ф.* -ён, -ена́
притемни́ть, -ню́, -ни́т
притемня́ть(ся), -я́ю, -я́ет(ся)
притенённый; *кр. ф.* -ён, -ена́
притени́ть, -ню́, -ни́т
притеня́ть(ся), -я́ю, -я́ет(ся)
притере́ть(ся), -тру́(сь), -трёт(ся); *прош.* -тёр(ся), -тёрла(сь)
притерпе́лость, -и
притерпе́лый
притерпе́ться, -ерплю́сь, -е́рпится
притерра́сный
притёртый
притёрший(ся)
притёсанный; *кр. ф.* -ан, -ана
притеса́ть, -ешу́, -е́шет
притёска, -и
притесне́ние, -я
притеснённый; *кр. ф.* -ён, -ена́
притесни́тель, -я
притесни́тельница, -ы, *тв.* -ей
притесни́тельный; *кр. ф.* -лен, -льна
притесни́ть, -ню́, -ни́т
притесня́ть(ся), -я́ю(сь), -я́ет(ся)
притёсывать(ся), -аю, -ает(ся)
прите́чь, -течёт, -теку́т; *прош.* -тёк, -текла́
прити́н, -а
прити́р, -а
притира́емость, -и
притира́ние, -я
притира́ть(ся), -а́ю(сь), -а́ет(ся)
прити́рка, -и, *р. мн.* -рок
прити́рочный
при́тиск, -а
прити́скивать(ся), -аю(сь), -ает(ся)
прити́снутый
прити́снуть(ся), -ну(сь), -нет(ся)
притиха́ть, -а́ю, -а́ет
прити́хнуть, -ну, -нет; *прош.* -и́х, -и́хла
притихоокеа́нский
прити́хший
при́тканный; *кр. ф.* -ан, -ана
приткáть, -ку́, -кёт; *прош.* -а́л, -ала́, -а́ло
при́ткнутый
приткну́ть(ся), -ну́(сь), -нёт(ся) (*поместить(ся)*)
Притобо́лье, -я (*к* Тобо́л)
притобо́льский
прито́к, -а
притолка́ть, -а́ю, -а́ет
притолкну́ть, -ну́, -нёт
при́толока, -и
прито́м, *союз* (о́н рабо́тает и прито́м у́чится), но *местоим.* **при то́м** (при всём при то́м)
прито́м ещё, *союз*
притоми́ть(ся), -млю́(сь), -ми́т(ся)
притомлённый; *кр. ф.* -ён, -ена́
притомля́ть(ся), -я́ю(сь), -я́ет(ся)
прито́мский (*к* Томь)
прито́м что, *союз*
прито́н, -а
притоносодержа́ние, -я
притоносодержа́тель, -я
притоносодержа́тельница, -ы, *тв.* -ей
прито́п, -а
прито́пать, -аю, -ает
притопи́ть, -оплю́, -о́пит
прито́пленный; *кр. ф.* -ен, -ена
прито́пнуть, -ну, -нет
прито́птанный; *кр. ф.* -ан, -ана
притопта́ть(ся), -опчу́, -о́пчет(ся)
прито́пывание, -я
прито́пывать, -аю, -ает

притора́чивать(ся), -аю, -ает(ся)
приторго́ванный; *кр. ф.* -ан, -ана
приторгова́ть(ся), -гу́ю(сь), -гу́ет(ся)
приторго́вывать(ся), -аю(сь), -ает(ся)
приторма́живание, -я
приторма́живать(ся), -аю(сь), -ает(ся)
приторможённый; *кр. ф.* -ён, -ена́
притормози́ть, -ожу́, -ози́т
при́торно-сла́дкий
при́торность, -и
при́торный; *кр. ф.* -рен, -рна
притoро́ченный; *кр. ф.* -ен, -ена
приторочи́ть, -чу́, -чи́т
приторцева́ть, -цу́ю, -цу́ет
приторцо́ванный; *кр. ф.* -ан, -ана
приторцо́вывать(ся), -аю, -ает(ся)
прито́ченный; *кр. ф.* -ен, -ена
приточи́ть, -очу́, -о́чит
прито́чка, -и
прито́чно-вытяжно́й
прито́чный
притра́ва, -ы
притрави́ть, -авлю́, -а́вит
притра́вленный; *кр. ф.* -ен, -ена
притра́вливание, -я
притра́вливать(ся), -аю, -ает(ся)
притра́гиваться, -аюсь, -ается
притра́ссовый
притро́нуться, -нусь, -нется
притротуа́рный
притруси́ть, -ушу́, -уси́т
притру́ска, -и
притру́шенный; *кр. ф.* -ен, -ена
притулённый; *кр. ф.* -ён, -ена́
притули́ть(ся), -лю́(сь), -ли́т(ся)
притуля́ть(ся), -я́ю(сь), -я́ет(ся)
притума́ниться, -нюсь, -нится
приту́ндровый
притупи́ть(ся), -уплю́, -у́пи́т(ся)
притупле́ние, -я
приту́пленный; *кр. ф.* -ен, -ена и **притуплённый;** *кр. ф.* -ён, -ена́
притупля́ть(ся), -я́ю, -я́ет(ся)
притуха́ть, -а́ет
приту́хнувший
приту́хнуть, -нет; *прош.* -у́х, -у́хла
приту́хший
приту́шенный; *кр. ф.* -ен, -ена
притуши́ть, -ушу́, -у́шит
при́тча, -и, *тв.* -ей
при́тча во язы́цех, при́тчи во язы́цех
притча́рдия, -и
при́тчевость, -и
при́тчевый
притчеобра́зность, -и
притчеобра́зный; *кр. ф.* -зен, -зна
притыка́ть(ся), -а́ю(сь), -а́ет(ся)
притыры́ть, -рю, -рит
приты́чка, -и, *р. мн.* -чек
притяга́тельность, -и
притяга́тельный; *кр. ф.* -лен, -льна
притя́гивание, -я
притя́гивать(ся), -аю(сь), -ает(ся)
притяжа́тельность, -и
притяжа́тельный
притяже́ние, -я
притяза́ние, -я
притяза́тельность, -и
притяза́тельный; *кр. ф.* -лен, -льна
притяза́ть, -а́ю, -а́ет
притя́нутый
притяну́ть(ся), -яну́(сь), -я́нет(ся)
Притяньша́нье, -я (*к* Тянь-Ша́нь)
притяньша́ньский
приуба́вить, -влю, -вит
приуба́вленный; *кр. ф.* -ен, -ена
приубавля́ть(ся), -я́ю, -я́ет(ся)
приу́бранный; *кр. ф.* -ан, -ана
приубра́ть(ся), -беру́(сь), -берёт(ся); *прош.* -а́л(ся), -ала́(сь), -а́ло, -а́ло́сь
приугаса́ть, -а́ет
приуга́снувший
приуга́снуть, -нет; *прош.* -га́с, -га́сла
приуга́сший
приугота́вливать(ся), -аю, -ает(ся)
приугото́вить(ся), -влю, -вит(ся)
приуготовле́ние, -я
приугото́вленный; *кр. ф.* -ен, -ена
приуготовля́ть(ся), -я́ю, -я́ет(ся)
приуда́рить, -рю, -рит
приударя́ть(ся), -я́ю, -я́ет(ся)
приуде́ржанный; *кр. ф.* -ан, -ана
приудержа́ть, -ержу́, -е́ржит
приуде́рживать(ся), -аю, -ает(ся)
при́уз, -а
приукра́сить(ся), -а́шу(сь), -а́сит(ся)
приукраша́ть(ся), -а́ю(сь), -а́ет(ся)
приукра́шенный; *кр. ф.* -ен, -ена
приукра́шивание, -я
приукра́шивать(ся), -аю(сь), -ает(ся)
приукрыва́ть(ся), -а́ю(сь), -а́ет(ся)
приукры́тый
приукры́ть(ся), -кро́ю(сь), -кро́ет(ся)
приуле́чься, -ля́гусь, -ля́жется, -ля́гутся; *прош.* -лёгся, -легла́сь
приуменьша́ть(ся), -а́ю, -а́ет(ся) (*к* приуме́ньши́ть)
приуменьше́ние, -я (*от* приуме́ньши́ть)
приуме́ньшенный; *кр. ф.* -ен, -ена (*от* приуме́ньшить) и (*устар.*) **приуменьшённый;** *кр. ф.* -ён, -ена́ (*от* приуменьши́ть)
приуме́ньшить, -шу, -шит и (*устар.*) **приуменьши́ть,** -шу́, -ши́т (*несколько уменьшить*)
приумножа́ть(ся), -а́ю, -а́ет(ся)
приумноже́ние, -я
приумно́женный; *кр. ф.* -ен, -ена
приумно́жить(ся), -жу, -жит(ся)
приумолка́ть, -а́ю, -а́ет
приумо́лкнувший
приумо́лкнуть, -ну, -нет; *прош.* -о́лк, -о́лкла
приумо́лкший
приумы́тый
приумы́ть(ся), -мо́ю(сь), -мо́ет(ся)
приуны́ть, *буд. вр. не употр.*
Приура́лье, -я (*к* Ура́л)
приура́льский
приуро́чение, -я
приуро́ченность, -и
приуро́ченный; *кр. ф.* -ен, -ена
приуро́чивание, -я
приуро́чивать(ся), -аю, -ает(ся)
приуро́чить(ся), -чу, -чит(ся)
приуса́дебный
приуста́ть, -а́ну, -а́нет
приустьево́й и **приу́стьевый**
приутиха́ть, -а́ю, -а́ет
приути́хнувший
приути́хнуть, -ну, -нет; *прош.* -и́х, -и́хла
приути́хший
приутю́женный; *кр. ф.* -ен, -ена
приутю́живать(ся), -аю, -ает(ся)
приутю́жить, -жу, -жит
приуча́ть(ся), -а́ю(сь), -а́ет(ся)
приуче́ние, -я
приу́ченный; *кр. ф.* -ен, -ена
приучи́ть(ся), -учу́(сь), -у́чит(ся)
прифабри́чный
прифальцева́ть, -цу́ю, -цу́ет
прифальцо́ванный; *кр. ф.* -ан, -ана
прифальцо́вка, -и
прифальцо́вывать(ся), -аю, -ает(ся)
прифасо́ниваться, -аюсь, -ается
прифасо́ниться, -нюсь, -нится
прифе́рмский
прифи́кс, -а (*твердая цена*)
прифранти́ться, -нчу́сь, -нти́тся
прифронтово́й
прифуго́ванный; *кр. ф.* -ан, -ана
прифугова́ть, -гу́ю, -гу́ет
прифуго́вка, -и
прифуго́вывать(ся), -аю, -ает(ся)
прихва́ливать, -аю, -ает
прихва́рывать, -аю, -ает
прихвастну́ть, -ну́, -нёт
прихва́стывание, -я
прихва́стывать, -аю, -ает
прихватиза́тор, -а (*ирон.*)
прихватиза́ция, -и (*ирон.*)
прихватизи́ровать(ся), -и́рую, -и́рует(ся) (*ирон.*)
прихвати́ть, -ачу́, -а́тит
прихва́тка, -и, *р. мн.* -ток
прихва́тывание, -я
прихва́тывать(ся), -аю, -ает(ся)
прихва́ченный; *кр. ф.* -ен, -ена
прихворну́ть, -ну́, -нёт
при́хвостень, -тня
прихиля́ть, -я́ю, -я́ет (*жарг.*)
прихлеба́ла, -ы, *м.* и *ж.*
прихлеба́тель, -я
прихлеба́тельница, -ы, *тв.* -ей
прихлеба́тельский
прихлеба́тельство, -а
прихлебну́ть, -ну́, -нёт
прихлёбывание, -я
прихлёбывать(ся), -аю, -ает(ся)
прихлёстнутый
прихлестну́ть, -ну́, -нёт
прихлёстывание, -я

прихлёстывать(ся), -аю, -ает(ся)
прихлóп, -а
прихлóпнутый
прихлóпнуть, -ну, -нет
прихлóпывание, -я
прихлóпывать(ся), -аю, -ает(ся)
прихлы́нуть, -нет
прихóд, -а
приходи́ть(ся), -ожу́(сь), -óдит(ся) (*к* прийти́)
прихóдно-расхóдный
прихóдный
прихóдованный; *кр. ф.* -ан, -ана
прихóдовать(ся), -дую, -дует(ся)
прихóдо-расхóдный
прихóдский и **приходскóй**
приходя́щий(ся) (*от* приходи́ть(ся)
прихожáнин, -а, *мн.* -áне, -áн
прихожáнка, -и, *р. мн.* -нок
прихóжая, -ей
прихорáшивание, -я
прихорáшивать(ся), -аю(сь), -ает(ся)
прихороши́ться, -шу́сь, -ши́тся
прихотли́вость, -и
прихотли́вый
при́хоть, -и
прихрабри́ться, -рю́сь, -ри́тся
прихрáмывание, -я
прихрáмывать, -аю, -ает
прицвéтник, -а
прицвéтный
прицéл, -а
прицéленный; *кр. ф.* -ен, -ена, *прич.*
прицéливание, -я
прицéливать(ся), -аю(сь), -ает(ся)
прицéлить(ся), -éлю(сь), -éлит(ся)
прицéльный, *прил.*
прицéниваться, -аюсь, -ается
прицени́ться, -енюсь, -éнится
приценя́ться, -я́юсь, -я́ется
прицéп, -а
прицепи́ть(ся), -еплю́(сь), -éпит(ся)
прицéпка, -и, *р. мн.* -пок
прицеплéние, -я
прицéпленный; *кр. ф.* -ен, -ена
прицепля́ть(ся), -я́ю(сь), -я́ет(ся)
прицепнóй
прицéп-рефрижерáтор, прицéпа-рефрижерáтора
прицéп-цистéрна, прицéпа-цистéрны, *м.*
прицéпщик, -а
прицéпщица, -ы, *тв.* -ей
прицы́кивать, -аю, -ает
прицы́кнуть, -ну, -нет
причáл, -а
причáленный; *кр. ф.* -ен, -ена, *прич.*
причáливание, -я
причáливать(ся), -аю, -ает(ся)
причáлить, -лю, -лит
причáльный, *прил.*
причарóванный; *кр. ф.* -ан, -ана
причаровáть, -ру́ю, -ру́ет
причарóвывать, -аю, -ает
причáстие, -я
причасти́ть(ся), -ащу́(сь), -асти́т(ся)
причáстник, -а
причáстница, -ы, *тв.* -ей
причáстность, -и
причáстны, -ых, *ед.* причáстен, -тна, *м.* (*церк. песнопения*)
причáстный; *кр. ф.* -тен, -тна
причащáть(ся), -áю(сь), -áет(ся)
причащéние, -я
причащённый; *кр. ф.* -ён, -енá
причéлина, -ы
причём, *союз* (оби́делся, причём справедли́во), но *местоим.* **при чём** (при чём ту́т я́?)
причерномóрский
Причерномóрье, -я (*к* Чёрное мóре)
причерти́ть, -ерчу́, -éртит
причéрченный; *кр. ф.* -ен, -ена
причéрчивать(ся), -аю, -ает(ся)
причёсанность, -и
причёсанный; *кр. ф.* -ан, -ана
причесáть(ся), -ешу́(сь), -éшет(ся)
причёска, -и, *р. мн.* -сок
причеснóчный лу́к
причéсть(ся), -чту́, -чтёт(ся); *прош.* -чёл(ся), -члá(сь)
причёсывание, -я
причёсывать(ся), -аю(сь), -ает(ся)
при́чет, -а (*причитание; то же, что причт*)
причéтник, -а
причéтнический
причи́на, -ы
причиндáлы, -ов
причинéние, -я
причинённый; *кр. ф.* -ён, -енá
причини́ть(ся), -ню́, -ни́т(ся)
причи́нно-временнóй
причи́нно-слéдственный
причи́нность, -и
причи́нный
причиня́ть(ся), -я́ю, -я́ет(ся)
причислéние, -я
причи́сленный; *кр. ф.* -ен, -ена
причи́слить(ся), -лю(сь), -лит(ся)
причисля́ть(ся), -я́ю(сь), -я́ет(ся)
причитáльщица, -ы, *тв.* -ей
причитáние, -я
причитáть(ся), -áю, -áет(ся)
причитáющий(ся)
причи́тывать(ся), -аю, -ает(ся)
причмóкивание, -я
причмóкивать, -аю, -ает
причмóкнуть, -ну, -нет
причт, -а и **при́чет,** -а (*клир*)
причтéние, -я
причтённый; *кр. ф.* -ён, -енá
при́чтовый
причу́да, -ы
причу́диться, -ится
причу́дливость, -и
причу́дливый
причу́дник, -а
причу́дница, -ы, *тв.* -ей
причу́дничать, -аю, -ает
Причу́дье, -я (*к* Чудскóе óзеро)
пришáбренный; *кр. ф.* -ен, -ена
пришáбривать(ся), -аю, -ает(ся)
пришáбрить(ся), -рю, -рит(ся)
пришабрóвка, -и
пришагáть, -áю, -áет
пришáркивание, -я
пришáркивать, -аю, -ает
пришáркнуть, -ну, -нет
пришвартóванный; *кр. ф.* -ан, -ана
пришвартовáть(ся), -ту́ю(сь), -ту́ет(ся)
пришвартóвывание, -я
пришвартóвывать(ся), -аю(сь), -ает(ся)
при́швинский (*от* При́швин)
пришéдший(ся) (*от* прийти́(сь)
пришéлец, -льца, *тв.* -льцем, *р. мн.* -льцев
пришéлица, -ы, *тв.* -ей
пришепётывание, -я
пришепётывать, -аю, -ает (*слегка шепелявить*)
пришёптывание, -я
пришёптывать, -аю, -ает (*сопровождать действие шепотом*)
пришéствие, -я
пришибáть, -áю, -áет
Пришибéев, -а, *тв.* -ым и **у́нтер Пришибéев,** у́нтера Пришибéева
пришиби́вший
пришиби́ть, -бу́, -бёт; *прош.* -ши́б, -ши́бла
пришиб́ленность, -и
пришиб́ленный; *кр. ф.* -ен, -ена
пришивáние, -я
пришивáть(ся), -áю, -áет(ся)
приши́вка, -и
пришивнóй
приши́тый
приши́ть(ся), -шью́, -шьёт(ся)
пришкóльный
пришлёпать, -аю, -ает
пришлёпнутый
пришлёпнуть(ся), -ну, -нет(ся)
пришлёпывать(ся), -аю, -ает(ся)
пришлéц, -á, *тв.* -óм, *р. мн.* -óв (*устар. к* пришéлец)
пришлифóванный; *кр. ф.* -ан, -ана
пришлифовáть(ся), -фу́ю, -фу́ет(ся)
пришлифóвывать(ся), -аю, -ает(ся)
при́шлый
пришнурóванный; *кр. ф.* -ан, -ана
пришнуровáть(ся), -ру́ю, -ру́ет(ся)
пришнурóвывание, -я
пришнурóвывать(ся), -аю, -ает(ся)
пришоссéйный
пришпандóренный; *кр. ф.* -ен, -ена
пришпандóривать(ся), -аю, -ает(ся)
пришпандóрить(ся), -рю, -рит(ся)
пришпи́ленный; *кр. ф.* -ен, -ена
пришпи́ливание, -я
пришпи́ливать(ся), -аю, -ает(ся)
пришпи́лить(ся), -лю, -лит(ся)

пришпо́ренный; *кр. ф.* -ен, -ена
пришпо́ривание, -я
пришпо́ривать(ся), -аю, -ает(ся)
пришпо́рить, -рю, -рит
приштуко́ванный; *кр. ф.* -ан, -ана
приштукова́ть(ся), -ку́ю, -ку́ет(ся)
приштуко́вывать(ся), -аю, -ает(ся)
прищёлкивание, -я
прищёлкивать(ся), -аю, -ает(ся)
прищёлкнутый
прищёлкнуть, -ну, -нет
прищеми́ть(ся), -млю́, -ми́т(ся)
прищемлённый; *кр. ф.* -ён, -ена́
прищемля́ть(ся), -я́ю, -я́ет(ся)
прище́п, -а
прищепи́ть, -плю́, -пи́т
прище́пка, -и, *р. мн.* -пок (*зажим*)
прищеплённый; *кр. ф.* -ён, -ена́
прищепля́ть(ся), -я́ю, -я́ет(ся)
прищепно́й
прище́пок, -пка (*черенок*)
прищи́пка, -и, *р. мн.* -пок
прищи́пнутый
прищипну́ть, -ну́, -нёт
прищи́пывание, -я
прищи́пывать(ся), -аю, -ает(ся)
прищу́р, -а
прищу́ренный; *кр. ф.* -ен, -ена
прищу́ривание, -я
прищу́ривать(ся), -аю(сь), -ает(ся)
прищу́ринка, -и
прищу́рить(ся), -рю(сь), -рит(ся)
прищу́рка, -и
прищу́ченный; *кр. ф.* -ен, -ена
прищу́чивать(ся), -аю, -ает(ся)
прищу́чить, -чу, -чит
приэкваториа́льный
приэкра́нный
приэльбру́сский
Приэльбру́сье, -я (*к* Эльбру́с)
при э́том
прию́т, -а
приюти́ть(ся), -ючу́(сь), -юти́т(ся)
прию́тный; *кр. ф.* -тен, -тна
прию́тский
прия́зненно, *нареч.*
прия́зненный; *кр. ф.* -ен, -енна
прия́знь, -и
прия́мок, -мка
прия́тель, -я
прия́тельница, -ы, *тв.* -ей
прия́тельски
прия́тельский
прия́тельство, -а
прия́тельствовать, -твую, -твует
прия́тие, -я
прия́тно, *нареч.* и *в знач. сказ.*
прия́тность, -и
прия́тный; *кр. ф.* -тен, -тна
прия́тый
прия́ть, *буд. вр. не употр.* (*устар. к* приня́ть)
про[1], *предлог*
про[2]: **про́ и ко́нтра**

ПРО [пэрэо́] и [про], *нескл., ж.* (*сокр.*: противоракетная оборона)
проамерикани́зм, -а
проамерика́нский
проанализи́рованный; *кр. ф.* -ан, -ана
проанализи́ровать, -рую, -рует
проанкети́рованный; *кр. ф.* -ан, -ана
проанкети́ровать, -рую, -рует
проанноти́рованный; *кр. ф.* -ан, -ана
проанноти́ровать, -рую, -рует
проанонси́рованный; *кр. ф.* -ан, -ана
проанонси́ровать, -рую, -рует
проара́бский
проартикули́рованный; *кр. ф.* -ан, -ана
проартикули́ровать, -и́рую, -и́рует
проатланти́ческий
проа́тлас, -а
проа́хать, -аю, -ает
про́ба, -ы
пробавля́ться, -я́юсь, -я́ется
пробалагу́рить, -рю, -рит
проба́лтывать(ся), -аю(сь), -ает(ся)
проба́нд, -а
пробараба́ненный; *кр. ф.* -ен, -ена
пробараба́нить, -ню, -нит
пробаси́ть, -ашу́, -аси́т
пробастова́ть, -ту́ю, -ту́ет
пробатра́чить, -чу, -чит
проба́ция, -и
пробе́г, -а
пробега́ние, -я
пробе́ганный; *кр. ф.* -ан, -ана
пробе́гать(ся), -аю(сь), -ает(ся), *сов.* (*от* бе́гать)
пробега́ть(ся), -а́ю, -а́ет(ся), *несов.* (*к* пробежа́ть)
пробежа́ть(ся), -егу́(сь), -ежи́т(ся), -егу́т(ся)
пробе́жка, -и, *р. мн.* -жек
пробезде́льничать, -аю, -ает
про́бел, -а (*в иконописи*)
пробе́л, -а
пробелённый; *кр. ф.* -ён, -ена́
пробе́ливание, -я
пробе́ливать(ся), -аю, -ает(ся)
пробели́ть(ся), -елю́, -е́ли́т(ся)
пробе́лка, -и
про́бель, -и
пробе́льный
пробе́льщик, -а
пробензи́ненный; *кр. ф.* -ен, -ена
пробесе́довать, -дую, -дует
пробеси́ться, -ешу́сь, -е́сится
пробиби́кать, -аю, -ает
пробива́емость, -и
пробива́ние, -я
пробива́ть(ся), -а́ю(сь), -а́ет(ся)
проби́вка, -и
пробивно́й
проби́вочный
пробио́тики, -ов, *ед.* -тик, -а
пробира́ние, -я
пробира́ть(ся), -а́ю(сь), -а́ет(ся)

проби́рер, -а
проби́рка, -и, *р. мн.* -рок
проби́рный
проби́рование, -я
проби́рованный; *кр. ф.* -ан, -ана
проби́ровать(ся), -рую, -рует(ся)
проби́рочка, -и, *р. мн.* -чек
проби́рочный
проби́рщик, -а
проби́тый
проби́ть(ся), -бью́(сь), -бьёт(ся); *прош.* -и́л(ся), -и́ла(сь), -и́ло(сь) и (*о часах, сигнальном устройстве*) про́би́л, -и́ла, про́би́ло
про́бка, -и, *р. мн.* -бок
про́бковый
пробле́ма, -ы
проблема́тика, -и
проблемати́ческий
проблемати́чность, -и
проблемати́чный; *кр. ф.* -чен, -чна
пробле́мник, -а
пробле́мно ориенти́рованный
пробле́мность, -и
пробле́мно-темати́ческий
пробле́мно-теорети́ческий
пробле́мный
про́блеск, -а
пробле́скивать, -ает и **проблёскивать,** -ает
про́блесковый и (*в проф. речи*) **проблеско́вый**
проблесну́ть, -нёт
пробле́ять, -е́ю, -е́ет
проблиста́ть, -а́ю, -а́ет
проблуди́ть, -ужу́, -у́ди́т
проблужда́ть, -а́ю, -а́ет
про́бник, -а
про́бный
про́бование, -я
про́бованный; *кр. ф.* -ан, -ана
про́бовать(ся), -бую(сь), -бует(ся)
пробо́данный; *кр. ф.* -ан, -ана
пробода́ть(ся), -а́ю, -а́ет(ся)
пробodéние, -я
прободённый; *кр. ф.* -ён, -ена́
прободно́й
пробо́дрствовать, -твую, -твует
пробо́ина, -ы
пробо́й, -я
пробо́йник, -а
пробо́йный; *кр. ф.* -о́ен, -о́йна
проболе́ть[1], -е́ю, -е́ет (*к* боле́ть[1])
проболе́ть[2], -ли́т (*к* боле́ть[2])
пробо́лтанный; *кр. ф.* -ан, -ана
проболта́ть(ся), -а́ю(сь), -а́ет(ся)
пробомби́ть, -блю́, -би́т
пробоотбо́рник, -а
пробопеча́тный
пробо́р, -а
пробора́нивать(ся), -аю, -ает(ся)
пробо́рка, -и, *р. мн.* -рок
пробормо́танный; *кр. ф.* -ан, -ана
пробормота́ть, -мочу́, -мо́чет
пробороождённый; *кр. ф.* -ён, -ена́

проборозди́ть, -зжу́, -зди́т
проборонённый; *кр. ф.* -ён, -ена́
пробoрони́ть, -ню́, -ни́т
пробороно́ванный; *кр. ф.* -ан, -ана
пробороновáть(ся), -ну́ю, -ну́ет(ся)
пробо́рчик, -а
про́бочник, -а
про́бочный
про́бранный; *кр. ф.* -ан, -ана
пробра́сывать(ся), -аю(сь), -ает(ся)
пробра́ть(ся), -беру́(сь), -берёт(ся); *прош.* -а́л(ся), -ала́(сь), -а́ло, -а́ло́сь
пробре́дить, -е́жу, -е́дит
пробре́дший
пробренча́ть, -чу́, -чи́т
пробрести́, -еду́, -едёт; *прош.* -ёл, -ела́
пробрива́ть(ся), -а́ю(сь), -а́ет(ся)
пробри́тый
пробри́ть(ся), -ре́ю(сь), -ре́ет(ся)
пробpоди́ть, -ожу́, -о́дит
пробродя́жничать, -аю, -ает
пробро́с, -а
пробро́санный; *кр. ф.* -ан, -ана
проброса́ть(ся), -а́ю(сь), -а́ет(ся)
пробро́сить(ся), -о́шу(сь), -о́сит(ся)
пробро́шенный; *кр. ф.* -ен, -ена
пробры́згивать, -аю, -ает
пробры́знуть, -ну, -нет
пробрюзжа́ть, -зжу́, -зжи́т
пробряца́ть, -а́ю, -а́ет
пробст, -а
пробубнённый; *кр. ф.* -ён, -ена́
пробубни́ть, -ню́, -ни́т
пробуди́ть(ся), -бужу́(сь), -бу́ди́т(ся)
пробужда́ть(ся), -а́ю(сь), -а́ет(ся)
пробужде́ние, -я
пробуждённый; *кр. ф.* -ён, -ена́
пробукси́рованный; *кр. ф.* -ан, -ана
пробукси́ровать, -рую, -рует
пробуксова́ть, -су́ю, -су́ет
пробуксо́вка, -и, *р. мн.* -вок
пробуксо́вывание, -я
пробуксо́вывать, -аю, -ает
пробу́лькивать, -ает
пробура́вить, -влю, -вит
пробура́вленный; *кр. ф.* -ен, -ена
пробура́вливание, -я
пробура́вливать(ся), -аю, -ает(ся)
пробурённый; *кр. ф.* -ён, -ена́
пробу́ривание, -я
пробу́ривать(ся), -аю, -ает(ся)
пробури́ть, -рю́, -ри́т
пробурча́ть, -чу́, -чи́т
пробча́тка, -и
про́бчатый
пробы́ть, -бу́ду, -бу́дет; *прош.* про́был, пробыла́, про́было
пробюллете́нить, -ню, -нит
прова́живать, -аю, -ает
прова́йдер, -а
прова́йдерский
прова́л, -а
провала́ндаться, -аюсь, -ается
прова́ленный; *кр. ф.* -ен, -ена, *прич.* (*от* провали́ть)
прова́ливание, -я
прова́ливать(ся), -аю(сь), -ает(ся)
провали́ть(ся), -алю́(сь), -а́лит(ся)
прова́льный, *прил.*
провальси́ровать, -рую, -рует
прова́лянный; *кр. ф.* -ян, -яна, *прич.* (*от* проваля́ть)
проваля́ть(ся), -я́ю(сь), -я́ет(ся)
провансáль[1], -я (*соус*)
провансáль[2], -и и *неизм.* (*капуста*)
провансáльский (*от* Прованс)
провансáльцы, -ев, *ед.* -лец, -льца, *тв.* -льцем
прова́нский (*от* Прованс; прова́нское ма́сло)
прова́р, -а
прова́ренный; *кр. ф.* -ен, -ена
прова́ривание, -я
прова́ривать(ся), -аю, -ает(ся)
провари́ть(ся), -арю́, -а́рит(ся)
прова́рка, -и
прова́щивать(ся), -аю, -ает(ся)
провдо́вствовать, -твую, -твует
провева́ть(ся), -а́ю, -а́ет(ся) (*к* ве́ять)
прове́данный; *кр. ф.* -ан, -ана
прове́дать, -аю, -ает
проведе́ние, -я (*к* провести́)
проведённый; *кр. ф.* -ён, -ена́
прове́дший
прове́дывание, -я
прове́дывать(ся), -аю(сь), -ает(ся)
провезённый; *кр. ф.* -ён, -ена́
провезти́, -зу́, -зёт; *прош.* -ёз, -езла́
провёзший
прове́ивание, -я
прове́ивать(ся), -аю, -ает(ся)
провентили́рованный; *кр. ф.* -ан, -ана
провентили́ровать(ся), -рую, -рует(ся)
провербиа́льный
прове́ренный; *кр. ф.* -ен, -ена
проверещáть, -щу́, -щи́т
прове́рить(ся), -рю(сь), -рит(ся)
прове́рка, -и, *р. мн.* -рок
провёрнутый
проверну́ть(ся), -ну́, -нёт(ся)
прове́рочный
проверте́ть(ся), -ерчу́(сь), -е́ртит(ся)
провёртывание, -я
провёртывать(ся), -аю, -ает(ся) (*к* проверну́ть)
прове́рченный; *кр. ф.* -ен, -ена
прове́рчивание, -я
прове́рчивать(ся), -аю, -ает(ся) (*к* проверте́ть)
прове́рщик, -а
прове́рщица, -ы, *тв.* -ей
проверя́льщик, -а
проверя́льщица, -ы, *тв.* -ей
проверя́ть(ся), -я́ю(сь), -я́ет(ся)
проверя́ющий(ся)
прове́с, -а
прове́сить(ся), -е́шу(сь), -е́сит(ся)
провесно́й
провести́, -еду́, -едёт; *прош.* -ёл, -ела́
прове́тренный; *кр. ф.* -ен, -ена
прове́тривание, -я
прове́тривать(ся), -аю(сь), -ает(ся)
прове́трить(ся), -рю(сь), -рит(ся)
прове́шенный; *кр. ф.* -ен, -ена (*от* прове́сить)
провешённый; *кр. ф.* -ён, -ена́ (*от* провеши́ть)
прове́шивать(ся), -аю(сь), -ает(ся)
провеши́ть, -шу́, -ши́т
прове́щанный; *кр. ф.* -ан, -ана
провеща́ть, -а́ю, -а́ет
прове́янный; *кр. ф.* -ян, -яна
прове́ять(ся), -е́ю, -е́ет(ся)
провиа́нт, -а
провиантме́йстер, -а
провиа́нтский
прови́дение, -я (*предвидение*)
Провиде́ние, -я (*о Боге*); но: **Боже́ственное провиде́ние**
прови́денный; *кр. ф.* -ен, -ена
провиденциали́зм, -а
провиденциали́стский
провиденциа́льный
прови́деть(ся), -и́жу, -и́дит(ся)
прови́дец, -дца, *тв.* -дцем, *р. мн.* -дцев
прови́дица, -ы, *тв.* -ей
прови́дчески
прови́дческий
прови́дчество, -а
провизжа́ть, -зжу́, -зжи́т
провизио́нный
прови́зия, -и
прови́зор, -а
провизо́рный; *кр. ф.* -рен, -рна
прови́зорский
прови́зорша, -и, *тв.* -ей
провини́ться, -ню́сь, -ни́тся
прови́нность, -и
провинти́ть(ся), -инчу́, -и́нти́т(ся)
провинциа́л, -а
провинциали́зм, -а
провинциа́лка, -и, *р. мн.* -лок
провинциа́лочка, -и, *р. мн.* -чек
провинциа́льность, -и
провинциа́льный; *кр. ф.* -лен, -льна
прови́нция, -и
прови́нченный; *кр. ф.* -ен, -ена
прови́нчивать(ся), -аю, -ает(ся)
провира́ться, -а́юсь, -а́ется
прови́рус, -а
прови́с, -а
провиса́ние, -я
провиса́ть, -а́ю, -а́ет
провисе́ть, -ишу́, -иси́т
прови́снуть, -нет; *прош.* -и́с, -и́сла
прови́сший
провитами́ны, -ов, *ед.* -ми́н, -а
про́вод, -а, *мн.* -а́, -о́в (*проволока*)
прово́д, -а (*действие*)
проводи́мость, -и
проводи́мый
проводи́ть(ся), -ожу́, -о́дит(ся)
прово́дка, -и, *р. мн.* -док

проводни́к, -а́
проводнико́вый
проводни́ца, -ы, *тв.* -ей
проводно́й
проводо́к, -дка́
проводо́чек, -чка
прово́дчик, -а
про́воды, -ов
проводя́щий(ся)
провоёванный; *кр. ф.* -ан, -ана
провоева́ть, -вою́ю, -вою́ет
провожа́ние, -я
провожа́тый, -ого
провожа́ть(ся), -а́ю(сь), -а́ет(ся)
провожде́ние, -я
прово́з, -а
провозве́стие, -я
провозвести́ть, -ещу́, -ести́т
провозве́стник, -а
провозве́стница, -ы, *тв.* -ей
провозвеща́ть(ся), -а́ю, -а́ет(ся)
провозвещённый; *кр. ф.* -ён, -ена́
провозгласи́ть, -ашу́, -аси́т
провозглаша́ть(ся), -а́ю(сь), -а́ет(ся)
провозглаше́ние, -я
провозглашённый; *кр. ф.* -ён, -ена́
провози́ть(ся), -ожу́(сь), -о́зит(ся)
прово́зка, -и
провозно́й
провозоспосо́бность, -и
провокати́вность, -и
провокати́вный *кр. ф.* -вен, -вна
провока́тор, -а
провока́торский
провока́торство, -а
провока́торша, -и, *тв.* -ей
провокацио́нность, -и
провокацио́нный; *кр. ф.* -о́нен, -о́нна
провока́ция, -и
провола́кивать(ся), -аю(сь), -ает(ся)
про́волока, -и
проволоки́тить(ся), -и́чу(сь), -и́тит(ся)
проволоки́ченный; *кр. ф.* -ен, -ена
проволокобето́н, -а
проволокобето́нный
проволокошве́йный
проволо́кший(ся)
проволо́ченный; *кр. ф.* -ен, -ена (*от* проволочи́ть)
проволочённый; *кр. ф.* -ён, -ена́ (*от* проволо́чь и проволочи́ть)
проволочи́ть(ся), -очу́(сь), -о́чи́т(ся)
про́волочка, -и, *р. мн.* -чек (*от* про́волока)
проволо́чка, -и, *р. мн.* -чек (*задержка*)
про́волочник, -а
про́волочно-гвозди́льный
про́волочный
проволо́чь(ся), -локу́(сь), -лочёт(ся), -локу́т(ся); *прош.* -ло́к(ся), -локла́(сь)
проволы́ненный; *кр. ф.* -ен, -ена
проволы́нить(ся), -ню(сь), -нит(ся)
провоня́лый
провоня́ть, -я́ю, -я́ет
провопи́ть, -плю́, -пи́т
провора́чивание, -я
провора́чивать(ся), -аю, -ает(ся)
проворкова́ть, -ку́ю, -ку́ет
прово́рность, -и
прово́рный; *кр. ф.* -рен, -рна
проворова́ться, -ру́юсь, -ру́ется
проворо́вываться, -аюсь, -ается
проворожи́ть, -жу́, -жи́т
проворо́ненный; *кр. ф.* -ен, -ена
проворо́нивать, -аю, -ает
проворо́нить, -ню, -нит
провороти́ть, -очу́, -о́тит
проворо́чать(ся), -аю(сь), -ает(ся)
проворо́ченный; *кр. ф.* -ен, -ена
прово́рство, -а
проворча́ть, -чу́, -чи́т
провоци́рование, -я
провоци́рованный; *кр. ф.* -ан, -ана
провоци́ровать(ся), -рую(сь), -рует(ся)
провощённый; *кр. ф.* -ён, -ена́
провощи́ть, -щу́, -щи́т
провра́ть(ся), -ру́(сь), -рёт(ся); *прош.* -а́л(ся), -ала́(сь), -а́ло, -а́ло́сь
провы́ть, -во́ю, -во́ет
провя́занный; *кр. ф.* -ан, -ана
провяза́ть, -яжу́, -я́жет
провя́зывание, -я
провя́зывать(ся), -аю, -ает(ся)
провя́ленный; *кр. ф.* -ен, -ена
провя́ливание, -я
провя́ливать(ся), -аю, -ает(ся)
провя́лить(ся), -лю, -лит(ся)
прога́данный; *кр. ф.* -ан, -ана
прогада́ть, -а́ю, -а́ет
прога́дывать, -аю, -ает
прогазо́вка, -и, *р. мн.* -вок
прога́л, -а
прога́лина, -ы
прога́линка, -и, *р. мн.* -нок
прогалопи́ровать, -рую, -рует
прога́р, -а
прогарцева́ть, -цу́ю, -цу́ет
прогени́я, -и
прогестеро́н, -а
прогести́ны, -ов, *ед.* -и́н, -а
проги́б, -а
прогиба́ние, -я
прогиба́ть(ся), -а́ю(сь), -а́ет(ся)
прогибициони́зм, -а
прогибициони́ст, -а
прогимна́зия, -и
прогимноспе́рмы, -спе́рм
прогла́дить(ся), -а́жу, -а́дит(ся)
прогла́женный; *кр. ф.* -ен, -ена
прогла́живание, -я
прогла́живать(ся), -аю, -ает(ся)
прогла́тывание, -я
прогла́тывать(ся), -аю, -ает(ся)
прогло́данный; *кр. ф.* -ан, -ана
проглода́ть, -ожу́, -о́жет
проглоти́ть, -очу́, -о́тит
прогло́ченный; *кр. ф.* -ен, -ена
прогляде́ть, -яжу́, -яди́т
прогля́дывание, -я
прогля́дывать(ся), -аю, -ает(ся)
прогляну́ть, -яну́, -я́нет
про́гнанный; *кр. ф.* -ан, -ана
прогнати́зм, -а
прогнати́ческий
прогнати́я, -и
прогна́ть(ся), -гоню́(сь), -го́нит(ся); *прош.* -а́л(ся), -ала́(сь), -а́ло(сь)
прогне́ванный; *кр. ф.* -ан, -ана
прогне́вать(ся), -аю(сь), -ает(ся)
прогневи́ть(ся), -влю́(сь), -ви́т(ся)
прогневлённый; *кр. ф.* -ён, -ена́
прогнива́ть, -а́ет
прогни́ть, -иёт; *прош.* -и́л, -ила́, -и́ло
прогноённый; *кр. ф.* -ён, -ена́
прогно́з, -а
прогнози́рование, -я
прогнози́рованный; *кр. ф.* -ан, -ана
прогнози́ровать(ся), -рую, -рует(ся)
прогнози́руемость, -и
прогнози́руемый
прогнози́ст, -а
прогнози́стка, -и, *р. мн.* -ток
прогно́зный
прогнои́ть, -ою́, -ои́т
прогно́стика, -и
прогности́ческий
прогнуса́вить, -влю, -вит
прогнуса́вленный; *кр. ф.* -ен, -ена
прогнуси́ть, -ушу́, -уси́т
про́гнутый
прогну́ть(ся), -ну́(сь), -нёт(ся)
проговáривание, -я
прогова́ривать(ся), -аю(сь), -ает(ся)
догово́р
прогово́р, -а
проговорённый; *кр. ф.* -ён, -ена́
проговори́ть(ся), -рю́(сь), -ри́т(ся)
прогово́рка, -и, *р. мн.* -рок
прогогота́ть, -гогочу́, -гого́чет
проголода́ть(ся), -а́ю(сь), -а́ет(ся)
проголоси́ть, -ошу́, -оси́т
проголо́сная пе́сня
проголосо́ванный; *кр. ф.* -ан, -ана
проголосова́ть, -су́ю, -су́ет
прого́н, -а
прого́нка, -и, *р. мн.* -нок
прого́нный
прого́нщик, -а
прого́ны, -ов (*плата за проезд*)
прогоня́ть(ся), -я́ю(сь), -я́ет(ся)
прогора́ние, -я
прогора́ть, -а́ю, -а́ет
прогорева́ть, -рю́ю, -рю́ет
прогоре́лый
прогоре́ть, -рю́, -ри́т
прогорка́ние, -я
прогорка́ть, -а́ет
прого́рклость, -и
прого́ркнуть, -нет; *прош.* -го́рк, -го́ркла
прого́ркший
прогорла́ненный; *кр. ф.* -ен, -ена

прогорла́нить, -ню, -нит
прогости́ть, -ощу́, -ости́т
програ́мма, -ы
програ́мма-диспе́тчер, програ́ммы-диспе́тчера, *ж.*
програ́мма-дра́йвер, програ́ммы-дра́йвера, *ж.*
програ́мма-консульта́нт, програ́ммы-консульта́нта, *ж.*
програ́мма-ма́ксимум, програ́ммы-ма́ксимум
програ́мма-ми́нимум, програ́ммы-ми́нимум
програ́мма-отла́дчик, програ́ммы-отла́дчика, *ж.*
програ́мма-русифика́тор, програ́ммы-русифика́тора, *ж.*
программа́тор, -а
программи́рование, -я
программи́рованный; *кр. ф.* -ан, -ана
программи́ровать(ся), -рую(сь), -рует(ся)
программи́руемый
программи́ст, -а
программи́стка, -и, *р. мн.* -ток
программи́стский
програ́ммка, -и, *р. мн.* -ммок
програ́ммник, -а
програ́ммно-временно́й
програ́ммно-досту́пный
програ́ммно-исто́чниковый
програ́ммно-математи́ческий
програ́ммно-методи́ческий
програ́ммно необеспе́ченный
програ́ммно несовмести́мый
програ́ммно-нормати́вный
програ́ммно обеспе́ченный
програ́ммно ориенти́рованный
програ́ммно совмести́мый
програ́ммно-техни́ческий
програ́ммно-целево́й
програ́ммный
программоноси́тель, -я
програсси́ровать, -рую, -рует
прографи́ть, -флю́, -фи́т
прографлённый; *кр. ф.* -ён, -ена́
прографля́ть(ся), -я́ю, -я́ет(ся)
прогреба́ть(ся), -а́ю, -а́ет(ся)
прогребённый; *кр. ф.* -ён, -ена́
прогрёбший
прогре́в, -а
прогрева́емость, -и
прогрева́ние, -я
прогрева́ть(ся), -а́ю(сь), -а́ет(ся)
прогре́вочный
прогреме́ть, -млю́, -ми́т
прогре́сс, -а
прогресси́вка, -и, *р. мн.* -вок
прогресси́вно-нараста́ющий
прогресси́вно-сде́льный
прогресси́вность, -и
прогресси́вный; *кр. ф.* -вен, -вна
прогресси́зм, -а
прогресси́рование, -я
прогресси́ровать, -рую, -рует
прогресси́рующий
прогресси́ст, -а
прогресси́стка, -и, *р. мн.* -ток
прогресси́стский
прогре́ссия, -и
прогрести́, -ребу́, -ребёт; *прош.* -рёб, -ребла́
прогре́тый
прогре́ть(ся), -е́ю(сь), -е́ет(ся)
прогромыха́ть, -а́ю, -а́ет
прогрохота́ть, -хочу́, -хо́чет
прогрузи́ть(ся), -ужу́(сь), -у́зи́т(ся)
прогрыза́ние, -я
прогрыза́ть(ся), -а́ю, -а́ет(ся)
прогры́зенный; *кр. ф.* -ен, -ена
прогры́зть(ся), -зу́, -зёт(ся); *прош.* -ы́з(ся), -ы́зла(сь)
прогры́зший(ся)
прогуде́ть, -ужу́, -уди́т
прогу́л, -а
прогу́ливание, -я
прогу́ливать(ся), -аю(сь), -ает(ся)
прогу́лка, -и, *р. мн.* -лок
прогу́лочка, -и, *р. мн.* -чек
прогу́лочный
прогу́льный
прогу́льщик, -а
прогу́льщица, -ы, *тв.* -ей
прогу́лянный; *кр. ф.* -ян, -яна
прогуля́ть(ся), -я́ю(сь), -я́ет(ся)
прогундо́сить, -о́шу, -о́сит
продава́ть(ся), -даю́(сь), -даёт(ся)
продава́ть-покупа́ть, продаю-покупа́ю
продава́ться-покупа́ться, продаёт-ся-покупа́ется
продаве́ц, -вца́, *тв.* -вцо́м, *р. мн.* -вцо́в
продаве́ц-касси́р, продавца́-касси́ра
продаве́ц-консульта́нт, продавца́-консульта́нта
продави́ть(ся), -авлю́, -а́вит(ся)
прода́вленный; *кр. ф.* -ен, -ена
прода́вливание, -я
прода́вливать(ся), -аю, -ает(ся)
продавщи́ца, -ы, *тв.* -ей
прода́жа, -и, *тв.* -ей
прода́жность, -и
прода́жный; *кр. ф.* -жен, -жна
прода́лбливание, -я
прода́лбливать(ся), -аю, -ает(ся)
про́данный; *кр. ф.* про́дан, про́дана́, про́дано
прода́ть(ся), -а́м(ся), -а́шь(ся), -а́ст(ся), -ади́м(ся), -ади́те(сь), -аду́т(ся); *прош.* про́да́л, -а́лся́, -ала́(сь), про́да́ло, -а́ло́сь
продви́гать(ся), -аю(сь), -ает(ся), *сов.* (*от* дви́гать(ся)
продвига́ть(ся), -а́ю(сь), -а́ет(ся), *несов.* (*к* продви́нуть(ся)
продвиже́ние, -я
продви́нутый
продви́нуть(ся), -ну(сь), -нет(ся)
продебати́рованный; *кр. ф.* -ан, -ана
продебати́ровать(ся), -рую, -рует(ся)
проде́в, -а *(в гимнастике)*
продева́ние, -я
продева́ть(ся), -а́ю, -а́ет(ся)
продегусти́рованный; *кр. ф.* -ан, -ана
продегусти́ровать(ся), -рую, -рует(ся)
продежу́ренный; *кр. ф.* -ен, -ена
продежу́рить, -рю, -рит
продезинфици́рованный; *кр. ф.* -ан, -ана
продезинфици́ровать(ся), -рую(сь), -рует(ся)
продеклами́рованный; *кр. ф.* -ан, -ана
продеклами́ровать, -рую, -рует
продеклари́рованный; *кр. ф.* -ан, -ана
продеклари́ровать(ся), -и́рую, -и́рует(ся)
проде́л, -а
проде́ланный; *кр. ф.* -ан, -ана
проде́лать, -аю, -ает
проде́лка, -и, *р. мн.* -лок
проде́лывание, -я
проде́лывать(ся), -аю, -ает(ся)
проде́льный
продельфи́н, -а
продемонстри́рованный; *кр. ф.* -ан, -ана
продемонстри́ровать, -рую, -рует
продёрганный; *кр. ф.* -ан, -ана
продёргать(ся), -аю, -ает(ся)
продёргивание, -я
продёргивать(ся), -аю, -ает(ся)
продéржанный; *кр. ф.* -ан, -ана
продержа́ть(ся), -ержу́(сь), -е́ржит(ся)
продёржечный
продёржка, -и, *р. мн.* -жек
продёрнутый
продёрнуть(ся), -ну, -нет(ся)
проде́тый
проде́ть(ся), -е́ну, -е́нет(ся)
продефили́ровать, -рую, -рует
продешеви́ть, -влю́, -ви́т
продешевлённый; *кр. ф.* -ён, -ена́
продешевля́ть, -я́ю, -я́ет
продикто́ванный; *кр. ф.* -ан, -ана
продиктова́ть, -ту́ю, -ту́ет
проди́мпорт, -а
продина́мить, -млю, -мит (*жарг.*)
продира́ть(ся), -а́ю(сь), -а́ет(ся)
продирижи́рованный; *кр. ф.* -ан, -ана
продирижи́ровать, -рую, -рует
продиско́ванный; *кр. ф.* -ан, -ана
продискова́ть(ся), -ку́ю, -ку́ет(ся)
продискути́рованный; *кр. ф.* -ан, -ана
продискути́ровать(ся), -рую, -рует(ся)
продифференци́рованный; *кр. ф.* -ан, -ана
продифференци́ровать(ся), -рую, -рует(ся)
продлева́ть(ся), -а́ю, -а́ет(ся)
продле́ние, -я
продлёнка, -и, *р. мн.* -нок

продлённый; *кр. ф.* -ён, -ена́
продли́ть(ся), -лю́, -ли́т(ся)
продма́г, -а
проднало́г, -а
проднало́говый
продово́льственный
продово́льствие, -я
продово́льствовать(ся), -твую(сь), -твует(ся)
продолби́ть(ся), -блю́, -би́т(ся)
продолблённый; *кр. ф.* -ён, -ена́
продолгова́то-ова́льный
продолгова́тость, -и
продолгова́тый
продолжа́тель, -я
продолжа́тельница, -ы, *тв.* -ей
продолжа́ть(ся), -а́ю, -а́ет(ся)
продолжа́ющий(ся)
продолже́ние, -я
продо́лженный; *кр. ф.* -ен, -ена
продолжи́тельность, -и
продолжи́тельный; *кр. ф.* -лен, -льна
продо́лжить(ся), -жу, -жит(ся)
продо́льно вы́тянутый
продольновя́заный
продо́льно-полоса́тый
продо́льно-попере́чный
продо́льно-распило́вочный
продо́льно-ре́зательный
продо́льно-строга́льный
продо́льно-фре́зерный
продо́льный
продорожи́ться, -жу́сь, -жи́тся
продоти́рованный; *кр. ф.* -ан, -ана
продоти́ровать(ся), -рую, -рует(ся)
продотря́д, -а
продотря́дник, -а
продохну́ть, -ну́, -нёт
продпу́нкт, -а
продра́енный; *кр. ф.* -ен, -ена
продразвёрстка, -и
продра́ить, -а́ю, -а́ит
про́дранный; *кр. ф.* -ан, -ана
продра́ть(ся), -деру́(сь), -дерёт(ся); *прош.* -а́л(ся), -ала́(сь), -а́ло, -а́ло́сь
продребезжа́ть, -зжу́, -зжи́т
продрейфова́ть, -фу́ю, -фу́ет
продрема́ть, -емлю́, -е́млет
продро́гнуть, -ну, -нет; *прош.* -о́г, -о́гла
продро́гший
продрожа́ть, -жу́, -жи́т
продро́м, -а
продрома́льный
продры́хнуть, -ну, -нет; *прош.* -ы́х, -ы́хла
продры́хший
продтова́ры, -ов
продуби́ть(ся), -блю́, -би́т(ся)
продублённый; *кр. ф.* -ён, -ена́
проду́бливание, -я
проду́бливать(ся), -аю, -ает(ся)
продубли́рованный; *кр. ф.* -ан, -ана
продубли́ровать(ся), -рую, -рует(ся)
проду́в, -а
продува́льщик, -а
продува́ние, -я
продува́тельный
продува́ть(ся), -а́ю(сь), -а́ет(ся)
проду́вка, -и, *р. мн.* -вок
продувно́й
проду́вочный
продуде́ть, -ужу́, -уди́т
проду́кт, -а
продукти́вность, -и
продукти́вный; *кр. ф.* -вен, -вна
продукто́вый
продуктообме́н, -а
продуктопрово́д, -а
продукцио́нный
проду́кция, -и
проду́манно, *нареч.*
проду́манность, -и
проду́манный; *кр. ф. прич.* -ан, -ана; *кр. ф. прил.* -ан, -анна (отве́ты убеди́тельны, проду́манны)
проду́мать, -аю, -ает
проду́мывание, -я
проду́мывать(ся), -аю, -ает(ся)
продура́чить(ся), -чу(сь), -чит(ся)
проду́тый
проду́ть(ся), -ду́ю(сь), -ду́ет(ся)
про́дух, -а
продуце́нт, -а
продуци́рование, -я
продуци́рованный; *кр. ф.* -ан, -ана
продуци́ровать(ся), -рую, -рует(ся)
проду́шенный; *кр. ф.* -ен, -ена и **продушённый**; *кр. ф.* -ён, -ена́
проду́шина, -ы
продуши́ть(ся), -ушу́(сь), -у́шит(ся)
продыми́ть(ся), -млю́(сь), -ми́т(ся)
продымлённый; *кр. ф.* -ён, -ена́ и **проды́мленный**; *кр. ф.* -ен, -ена
продыря́вить(ся), -влю, -вит(ся)
продыря́вленный; *кр. ф.* -ен, -ена
продыря́вливать(ся), -аю, -ает(ся)
про́дых: без про́дыху
продыхну́ть, -ну́, -нёт (*прост. к* продохну́ть)
продыша́ть(ся), -ышу́(сь), -ы́шит(ся)
продю́сер, -а
продю́серский
продю́серство, -а
продюси́рование, -я
продюси́рованный; *кр. ф.* -ан, -ана
продюси́ровать(ся), -рую, -рует(ся)
продя́рмарка [дъя́], -и
прое́вший(ся)
проеда́ние, -я
проеда́ть(ся), -а́ю(сь), -а́ет(ся)
прое́денный; *кр. ф.* -ен, -ена
прое́зд, -а
прое́здить(ся), -е́зжу(сь), -е́здит(ся)
прое́здка, -и
проездно́й
прое́здом, *нареч.*
проезжа́ть(ся), -а́ю(сь), -а́ет(ся)
проезжа́ющий(ся)
прое́зженный; *кр. ф.* -ен, -ена
прое́зживание, -я
прое́зживать(ся), -аю, -ает(ся)
прое́зжий
прое́кт, -а
проекта́нт, -а
проекти́вно-дифференциа́льный
проекти́вный
проекти́рование, -я
проекти́рованный; *кр. ф.* -ан, -ана
проекти́ровать(ся), -рую, -рует(ся)
проектиро́вка, -и
проектиро́вочный
проектиро́вщик, -а
проектиро́вщица, -ы, *тв.* -ей
прое́кт-конце́пция, прое́кта-конце́пции, *м.*
прое́ктно-изыска́тельский
прое́ктно-констру́кторский
прое́ктно-монта́жный
прое́ктно-рекла́мный
прое́ктно-сме́тный
прое́ктно-строи́тельный
прое́ктно-технологи́ческий
прое́ктно-эксперимента́льный
прое́ктный
прое́ктор, -а
прое́кторный
проекцио́нно-ра́зностный
проекцио́нный
прое́кция, -и
проело́зить, -о́жу, -о́зит
проём, -а
проёмный
прое́сть(ся), -е́м(ся), -е́шь(ся), -е́ст(ся), -еди́м(ся), -еди́те(сь), -едя́т(ся); *прош.* -е́л(ся), -е́ла(сь)
прое́хать(ся), -е́ду(сь), -е́дет(ся)
проеци́рование, -я
проеци́рованный; *кр. ф.* -ан, -ана
проеци́ровать(ся), -рую, -рует(ся)
прожа́ренный; *кр. ф.* -ен, -ена
прожа́ривание, -я
прожа́ривать(ся), -аю(сь), -ает(ся)
прожа́рить(ся), -рю(сь), -рит(ся)
прожа́рка, -и
прожа́рочный
прожа́тый
прожа́ть(ся)[1], -жму́(сь), -жмёт(ся)
прожа́ть(ся)[2], -жну́, -жнёт(ся)
про́жданный; *кр. ф.* -ан, -ана
прожда́ть, -ду́, -дёт; *прош.* -а́л, -ала́, -а́ло
прожёванный; *кр. ф.* -ан, -ана
прожева́ть(ся), -жую́, -жуёт(ся)
прожёвывание, -я
прожёвывать(ся), -аю, -ает(ся)
прожёгший(ся)
проже́кт, -а
прожектёр, -а
прожектёрский
прожектёрство, -а
прожектёрствовать, -твую, -твует
проже́ктор, -а, *мн.* -ы, -ов и -а́, -о́в
прожектори́ст, -а
прожектори́стка, -и, *р. мн.* -ток

проже́кторный
про́желть, -и
проже́чь(ся), -жгу́, -жжёт(ся), -жгу́т(ся); *прош.* -жёг(ся), -жгла́(сь)
прожжённость, -и
прожжённый; *кр. ф. прич.* -ён, -ена́
прожива́ние, -я
прожива́ть(ся), -а́ю(сь), -а́ет(ся)
прожига́ние, -я
прожига́тель, -я: **прожига́тель жи́зни**
прожига́тельница, -ы, *тв.* -ей: **прожига́тельница жи́зни**
прожига́тельный
прожига́ть(ся), -а́ю, -а́ет(ся)
прожи́лина, -ы
прожи́лка, -и, *р. мн.* -лок
прожи́лок, -лка (*горн.*)
прожи́лочка, -и, *р. мн.* -чек
прожима́ть(ся), -а́ю(сь), -а́ет(ся)
прожина́ть(ся), -а́ю, -а́ет(ся)
прожира́ть(ся), -а́ю(сь), -а́ет(ся)
прожи́ренный; *кр. ф.* -ен, -ена
прожи́ривать(ся), -аю, -ает(ся)
прожи́рить(ся), -рю, -рит(ся)
прожи́тие, -я
про́житое, -ого
прожи́ток, -тка
прожи́точный
про́жи́тый; *кр. ф.* про́жи́т, прожита́, про́жи́то
прожи́ть(ся), -иву́(сь), -ивёт(ся); *прош.* про́жи́л, -и́лся, -ила́(сь), про́жи́ло, -и́ло́сь
прожо́г, -а, но *глаг.* **прожёг**
прожо́рливость, -и
прожо́рливый
про́жранный; *кр. ф.* -ан, -ана́, -ано
прожра́ть(ся), -ру́(сь), -рёт(ся); *прош.* -а́л(ся), -ала́(сь), -а́ло(сь)
прожужжа́ть, -жжу́, -жжи́т
прожурча́ть, -чи́т
про́за, -ы
прозаиза́ция, -и
прозаизи́рованный; *кр. ф.* -ан, -ана
прозаизи́ровать(ся), -рую, -рует(ся)
прозаи́зм, -а
проза́ик, -а
прозаи́ческий
прозаи́чность, -и
прозаи́чный; *кр. ф.* -чен, -чна
прозакла́дывать, -аю, -ает
прозакла́сть, -ладу́, -ладёт; *прош.* -ла́л, -а
прозанима́ться, -а́юсь, -а́ется
проза́падный
про запа́с
прозаседа́ть(ся), -а́ю(сь), -а́ет(ся)
прозва́нивать(ся), -аю(сь), -ает(ся)
прозва́ние, -я
про́званный; *кр. ф.* -ан, -ана
прозва́ть(ся), -зову́(сь), -зовёт(ся); *прош.* -а́л(ся), -ала́(сь), -а́ло, -а́ло́сь
прозвене́ть, -ни́т
про́звище, -а
прозвони́ть(ся), -ню́(сь), -ни́т(ся)
прозвуча́ть, -чи́т
прозёванный; *кр. ф.* -ан, -ана
прозева́ть, -а́ю, -а́ет
прозёвывать, -аю, -ает
прозе́ктор, -а
прозе́кторская, -ой
прозе́кторский
прозе́кторство, -а
прозекту́ра, -ы
прозелене́ть, -е́ет
про́зелень, -и
прозели́т, -а
прозелити́зм, -а
прозели́тка, -и, *р. мн.* -ток
прозели́тский
прозели́тство, -а
прозенхи́ма, -ы
Прозерпи́на, -ы
прозимова́ть, -му́ю, -му́ет
про́зит, *неизм.*
прознава́ть, -наю, -наёт
прозна́ть, -а́ю, -а́ет
прозоде́жда, -ы
про́золоть, -и
прозонди́рованный; *кр. ф.* -ан, -ана
прозонди́ровать, -рую, -рует
прозопопе́я, -и и **просопопе́я,** -и
прозорли́вец, -вца, *тв.* -вцем, *р. мн.* -вцев
прозорли́вица, -ы, *тв.* -ей
прозорли́вость, -и
прозорли́вый
прозра́чно-голубо́й
прозра́чно-си́ний
прозра́чность, -и
прозра́чно-чи́стый
прозра́чный; *кр. ф.* -чен, -чна
прозрева́ть(ся), -а́ю, -а́ет(ся)
прозре́ние, -я
прозре́ть, -рю́, -ри́т и -е́ю, -е́ет
прозу́бренный; *кр. ф.* -ен, -ена
прозу́бривание, -я
прозу́бривать(ся), -аю, -ает(ся)
прозубри́ть, -убрю́, -у́бри́т
прозыва́ть(ся), -а́ю(сь), -а́ет(ся)
прозяба́ние, -я
прозяба́ть, -а́ю, -а́ет
прозя́бнуть, -ну, -нет; *прош.* -зя́б, -зя́бла
прозя́бший
проигнори́рованный; *кр. ф.* -ан, -ана
проигнори́ровать, -рую, -рует
прои́гранный; *кр. ф.* -ан, -ана
проигра́ть(ся), -а́ю(сь), -а́ет(ся)
прои́грывание, -я
прои́грыватель, -я
прои́грывать(ся), -аю(сь), -ает(ся)
про́игрыш, -а, *тв.* -ем
про́игрышный
произведе́ние, -я
произведённый; *кр. ф.* -ён, -ена́
произве́дший(ся)
произвести́(сь), -еду́, -едёт(ся); *прош.* -ёл(ся), -ела́(сь)
произвестко́ванный; *кр. ф.* -ан, -ана
произвесткова́ть(ся), -ку́ю, -ку́ет(ся)
производи́тель, -я
производи́тельница, -ы, *тв.* -ей
производи́тельность, -и
производи́тельный; *кр. ф.* -лен, -льна
производи́ть(ся), -ожу́, -о́дит(ся)
произво́дность, -и
произво́дный; *кр. ф.* -ден, -дна
произво́дственник, -а
произво́дственница, -ы, *тв.* -ей
произво́дственно-комме́рческий
произво́дственно-прое́ктный
произво́дственно-территориа́льный
произво́дственно-технологи́ческий
произво́дственный
произво́дство, -а
производя́щий(ся)
произво́л, -а
произволе́ние, -я
произво́льность, -и
произво́льный; *кр. ф.* -лен, -льна
произнесе́ние, -я
произнесённый; *кр. ф.* -ён, -ена́
произнести́, -су́, -сёт; *прош.* -ёс, -есла́
произнёсший
произноси́тельный
произноси́ть(ся), -ошу́, -о́сит(ся)
произноше́ние, -я
произойти́, -йдёт; *прош.* -изошёл, -изошла́
произоше́дший и **происше́дший**
произра́ильский
произраста́ние, -я
произраста́ть, -а́ет
произрасти́, -тёт; *прош.* -ро́с, -росла́
произрасти́ть, -ащу́, -асти́т
произраще́ние, -я
произращённый; *кр. ф.* -ён, -ена́
произро́сший
про́ и ко́нтра, *нескл., мн.* (взве́сить все́ про́ и ко́нтра)
проиллюстри́рованный; *кр. ф.* -ан, -ана
проиллюстри́ровать, -рую, -рует
проимпериалисти́ческий
проимпе́рский
проинвентаризи́рованный; *кр. ф.* -ан, -ана
проинвентаризи́ровать(ся), -и́рую, -и́рует(ся)
проинвентаризо́ванный; *кр. ф.* -ан, -ана
проинвентаризова́ть(ся), -зу́ю, -зу́ет(ся)
проиндекси́рованный; *кр. ф.* -ан, -ана
проиндекси́ровать, -рую, -рует
проинкуби́рованный; *кр. ф.* -ан, -ана
проинкуби́ровать, -рую, -рует
проинспекти́рованный; *кр. ф.* -ан, -ана
проинспекти́ровать, -рую, -рует
проинструкти́рованный; *кр. ф.* -ан, -ана

проинструкти́ровать(ся), -рую(сь), -рует(ся)
проинтегри́рованный; *кр. ф.* -ан, -ана
проинтегри́ровать(ся), -рую(сь), -рует(ся)
проинтервьюи́рованный; *кр. ф.* -ан, -ана
проинтервьюи́ровать, -рую, -рует
проинтони́рованный; *кр. ф.* -ан, -ана
проинтони́ровать(ся), -рую, -рует(ся)
проинформи́рованный; *кр. ф.* -ан, -ана
проинформи́ровать, -рую, -рует
проира́кский
проира́нский
прои́сканный; *кр. ф.* -ан, -ана
происка́ть, -ищу́, -и́щет
про́иски, -ов
проистека́ть, -а́ет
происте́кший
происте́чь, -ечёт, -еку́т; *прош.* -ёк, -екла́
происходи́ть, -ожу́, -о́дит
происходя́щий
происхожде́ние, -я
происше́дший и **произоше́дший**
происше́ствие, -я
про́йда, -ы, *м.* и *ж.*
про́йденный; *кр. ф.* -ен, -ена
пройдисве́т, -а (*пройдоха, обл. и прост.*)
пройдо́ха, -и, *м.* и *ж.*
пройдо́шество, -а
пройдо́шистый
пройдо́шливость, -и
пройдо́шливый
пройдо́шный; *кр. ф.* -шен, -шна
про́йма, -ы
про́йменный
про́ймочка, -и, *р. мн.* -чек
пройти́(сь), -йду́(сь), -йдёт(ся); *прош.* прошёл(ся), прошла́(сь)
прок, -а и -у
прокажённая, -ой
прокажённый, -ого
прока́за, -ы
прока́зить, -а́жу, -а́зит
прока́зливость, -и
прока́зливый
прока́зник, -а
прока́зница, -ы, *тв.* -ей
прока́зничать, -аю, -ает
прока́зящий
прокалённый; *кр. ф.* -ён, -ена́
прокалибро́ванный; *кр. ф.* -ан, -ана
прокалиброва́ть, -ру́ю, -ру́ет
прока́ливаемость, -и
прока́ливание, -я
прока́ливать(ся), -аю, -ает(ся)
прокали́ть(ся), -лю́, -ли́т(ся)
прока́лка, -и
прока́лывание, -я
прока́лывать(ся), -аю(сь), -ает(ся)
прокаля́кать, -аю, -ает
прока́мбий, -я
прокани́телить(ся), -лю(сь), -лит(ся)
прокантова́ться, -ту́юсь, -ту́ется
прока́панный; *кр. ф.* -ан, -ана
прока́пать(ся), -аю, -ает(ся)
прока́пчивание, -я
прока́пчивать(ся), -аю, -ает(ся)
прока́пывание, -я
прока́пывать(ся), -аю(сь), -ает(ся)
прокарау́ленный; *кр. ф.* -ен, -ена
прокарау́лить, -лю, -лит
прокарио́ты, -ио́т, *ед.* -ио́та, -ы
прока́ркать, -аю, -ает
прока́рмливание, -я
прока́рмливать(ся), -аю(сь), -ает(ся)
прока́т, -а
прока́танный; *кр. ф.* -ан, -ана
проката́ть(ся), -а́ю(сь), -а́ет(ся)
прокати́ть(ся), -ачу́(сь), -а́тит(ся)
прока́тка, -и
прока́тно-вальцо́вочный
прока́тно-штампо́вочный
прока́тный
прокатоли́ческий
прока́тчик, -а
прока́тывание, -я
прока́тывать(ся), -аю(сь), -ает(ся)
прока́чанный; *кр. ф.* -ан, -ана (*от* прокача́ть)
прокача́ть(ся), -а́ю(сь), -а́ет(ся)
прока́ченный; *кр. ф.* -ен, -ена (*от* прокати́ть)
прока́чивание, -я
прока́чивать(ся), -аю, -ает(ся)
прока́чка, -и
прока́шивание, -я
прока́шивать(ся), -аю, -ает(ся)
прока́шливание, -я
прока́шливать(ся), -аю(сь), -ает(ся)
прока́шлянуть, -ну, -нет
прока́шлять(ся), -яю(сь), -яет(ся)
прокварцева́ть(ся), -цу́ю(сь), -цу́ет(ся)
прокварцо́ванный; *кр. ф.* -ан, -ана
прокваа́сить(ся), -а́шу, -а́сит(ся)
проква́шенный; *кр. ф.* -ен, -ена
проква́шивание, -я
проква́шивать(ся), -аю, -ает(ся)
прокема́рить, -рю, -рит
проки́данный; *кр. ф.* -ан, -ана
прокида́ть(ся), -а́ю(сь), -а́ет(ся)
проки́дывать(ся), -аю(сь), -ает(ся)
проки́мен, -мна
проки́нутый
проки́нуть(ся), -ну(сь), -нет(ся)
прокипа́ть, -а́ет
прокипе́ть, -пи́т
прокипяти́ть(ся), -ячу́, -яти́т(ся)
прокипячённый; *кр. ф.* -ён, -ена́
прокиса́ние, -я
прокиса́ть, -а́ет
проки́слый
проки́снуть, -нет; *прош.* -ки́с, -ки́сла
проки́сший
прокита́йский
прокла́дка, -и, *р. мн.* -док
прокладно́й
прокла́дочный
прокла́дчик, -а
прокла́дывание, -я
прокла́дывать(ся), -аю, -ает(ся)
прокламацио́нный
проклама́ция, -и
проклами́рование, -я
проклами́рованный; *кр. ф.* -ан, -ана
проклами́ровать(ся), -рую, -рует(ся)
проклёванный; *кр. ф.* -ан, -ана
проклева́ть(ся), -люёт(ся)
проклёвывание, -я
проклёвывать(ся), -ает(ся)
прокле́енный; *кр. ф.* -ен, -ена
прокле́ивание, -я
прокле́ивать(ся), -аю, -ает(ся)
прокле́ить(ся), -е́ю, -е́ит(ся)
прокле́йка, -и, *р. мн.* -е́ек
прокле́йщик, -а
прокле́йщица, -ы, *тв.* -ей
проклёпанный; *кр. ф.* -ан, -ана
проклепа́ть, -а́ю, -а́ет
проклёпывать(ся), -аю, -ает(ся)
проклина́ть(ся), -а́ю(сь), -а́ет(ся)
прокли́тика, -и
проклити́ческий
проклю́нуть(ся), -нет(ся)
прокля́вший
прокля́сть, -яну́, -янёт; *прош.* про́клял, -яла́, про́кляло
прокля́тие, -я
прокляту́щий
про́клятый; *кр. ф.* -ят, -ята́, -ято, *прич.*
прокля́тый, *прил.*
проко́ванный; *кр. ф.* -ан, -ана
прокова́ть(ся), -кую, -куёт(ся)
проко́вка, -и
проко́вочный
проко́вывание, -я
проко́вывать(ся), -аю, -ает(ся)
проковыля́ть, -я́ю, -я́ет
проковы́ривание, -я
проковы́ривать(ся), -аю, -ает(ся)
проковы́рнутый
проковырну́ть, -ну́, -нёт
проковы́рянный; *кр. ф.* -ян, -яна
проковыря́ть(ся), -я́ю(сь), -я́ет(ся)
проко́л, -а
прокола́чивать(ся), -аю, -ает(ся)
проколеси́ть, -ешу́, -еси́т
проко́лка, -и, *р. мн.* -лок
проколониали́стский
проколоти́ть(ся), -очу́(сь), -о́тит(ся)
проко́лотый
проколо́ть(ся), -олю́(сь), -о́лет(ся)
проколо́ченный; *кр. ф.* -ен, -ена
проколу́панный; *кр. ф.* -ан, -ана
проколупа́ть(ся), -а́ю, -а́ет(ся)
проколу́пывать(ся), -аю, -ает(ся)
прокома́ндовать, -дую, -дует
прокомменти́рованный; *кр. ф.* -ан, -ана
прокомменти́ровать, -рую, -рует

прокоммуни́ст, -а
прокоммунисти́ческий
прокомпости́рованный; *кр. ф.* -ан, -ана
прокомпости́ровать, -рую, -рует
проконопа́тить(ся), -а́чу, -а́тит(ся)
проконопа́ченный; *кр. ф.* -ен, -ена
проконопа́чивание, -я
проконопа́чивать(ся), -аю, -ает(ся)
проконспекти́рованный; *кр. ф.* -ан, -ана
проконспекти́ровать, -рую, -рует
проко́нсул, -а
проко́нсульский
проко́нсульство, -а
проконсульти́рованный; *кр. ф.* -ан, -ана
проконсульти́ровать(ся), -рую(сь), -рует(ся)
проконтроли́рованный; *кр. ф.* -ан, -ана
проконтроли́ровать(ся), -рую(сь), -рует(ся)
проко́п, -а
проко́панный; *кр. ф.* -ан, -ана
прокопа́ть(ся), -а́ю(сь), -а́ет(ся)
Проко́пий Кесари́йский
проко́пка, -и
прокопте́лый
прокопте́ть, -пчу́, -пти́т (*к* копте́ть)
прокопти́ть(ся), -пчу́(сь), -пти́т(ся) (*к* копти́ть(ся)
прокопча́не, -а́н, *ед.* -а́нин, -а (*к* Проко́пьевск)
прокопчённый; *кр. ф.* -ён, -ена́
проко́пьевский (*от* Проко́пьевск)
проко́рм, -а
прокорми́ть(ся), -ормлю́(сь), -о́рмит(ся)
прокормле́ние, -я
проко́рмленный; *кр. ф.* -ен, -ена
прокорота́ть, -а́ю, -а́ет
прокорпе́ть, -плю́, -пи́т
прокорректи́рованный; *кр. ф.* -ан, -ана
прокорректи́ровать(ся), -рую(сь), -рует(ся)
проко́с, -а
прокоси́ть(ся), -ошу́, -о́сит(ся)
проко́счик, -а
прокоти́рованный; *кр. ф.* -ан, -ана
прокоти́ровать, -рую, -рует
проко́фьевский (*от* Проко́фьев)
прокочева́ть, -чу́ю, -чу́ет
проко́шенный; *кр. ф.* -ен, -ена
прокра́вшийся
прокра́дываться, -аюсь, -ается
прокра́ивать, -аю, -ает
прокра́с, -а
прокра́сить(ся), -а́шу, -а́сит(ся)
прокра́ска, -и
прокра́сться, -аду́сь, -адётся; *прош.* -а́лся, -а́лась
прокрахма́ленный; *кр. ф.* -ен, -ена
прокрахма́ливать(ся), -аю, -ает(ся)
прокрахма́лить(ся), -лю, -лит(ся)
прокра́шенный; *кр. ф.* -ен, -ена
прокра́шивание, -я
прокра́шивать(ся), -аю, -ает(ся)
прокредито́ванный; *кр. ф.* -ан, -ана
прокредитова́ть, -ту́ю, -ту́ет
прокремлёвский
прокрича́ть, -чу́, -чи́т
прокрои́ть, -ою́, -ои́т
прокру́женный; *кр. ф.* -ен, -ена и **прокружённый;** *кр. ф.* -ён, -ена́
прокружи́ть(ся), -ужу́(сь), -у́жи́т(ся)
прокру́стово ло́же, прокру́стова ло́жа
прокрути́ть(ся), -учу́(сь), -у́тит(ся)
прокру́тка, -и, *р. мн.* -ток
прокру́ченный; *кр. ф.* -ен, -ена
прокру́чивание, -я
прокру́чивать(ся), -аю, -ает(ся)
прокрыва́ть(ся), -а́ю, -а́ет(ся)
прокры́тый
прокры́ть, -кро́ю, -кро́ет
прокря́кать, -аю, -ает
прокряхте́ть, -хчу́, -хти́т
проксе́мика, -и
проксени́я, -и (*ист.*)
Про́ксима Цента́вра, Про́ксимы Цента́вра (*звезда*)
проксима́льность, -и
проксима́льный
прокти́т, -а
прокто́лог, -а
проктологи́ческий
проктоло́гия, -и
проку́да, -ы, *м.* и *ж. (обл.)*
прокуда́хтать, -хчу, -хчет
прокукаре́кать, -аю, -ает
прокукова́ть, -куку́ю, -куку́ет
прокультиви́рованный; *кр. ф.* -ан, -ана
прокультиви́ровать, -рую, -рует
прокупоро́сить(ся), -ро́шу, -ро́сит(ся)
прокупоро́шенный; *кр. ф.* -ен, -ена
прокура́дор, -а (*депутат кортеса в Испании*)
прокура́т, -а (*проказник, плут, прост. устар.*)
прокура́тор, -а (*чиновник в Древнем Риме; должностное лицо в риксдаге Швеции*)
прокура́торский
прокурату́ра, -ы
прокура́ция, -и *(документ)*
проку́ренный; *кр. ф.* -ен, -ена
проку́ривание, -я
проку́ривать(ся), -аю(сь), -ает(ся)
прокури́ст, -а
прокури́ть(ся), -урю́(сь), -у́рит(ся)
прокуро́р, -а
прокуро́рский
прокуро́рство, -а
прокуро́рша, -и, *тв.* -ей
проку́с, -а
проку́санный; *кр. ф.* -ан, -ана
прокуса́ть, -а́ю, -а́ет
прокуси́ть, -ушу́, -у́сит
проку́сывание, -я
проку́сывать(ся), -аю, -ает(ся)
прокути́ть(ся), -учу́(сь), -у́тит(ся)
проку́ченный; *кр. ф.* -ен, -ена
проку́чивание, -я
проку́чивать(ся), -аю(сь), -ает(ся)
проку́шенный; *кр. ф.* -ен, -ена
пролага́ть(ся), -а́ю, -а́ет(ся)
прола́з, -а (*действие; узкий проход*)
прола́за, -ы, *м.* и *ж.* (*пройдоха*)
прола́зать, -аю, -ает
прола́зить, -а́жу, -а́зит
прола́зничать, -аю, -ает
прола́зничество, -а
пролакти́н, -а
пролами́ны, -ов, *ед.* -ми́н, -а
прола́мывание, -я
прола́мывать(ся), -аю(сь), -ает(ся)
прола́н, -а
прола́пс, -а
проля́ять, -а́ет
пролега́ние, -я
пролега́ть, -а́ет
пролего́мены, -мен
пролёгший
пролёжанный; *кр. ф.* -ан, -ана
пролежа́ть(ся), -жу́(сь), -жи́т(ся)
про́лежень, -жня
пролёживать(ся), -аю, -ает(ся)
про́лежневый
пролеза́ть, -а́ю, -а́ет
проле́зть, -ле́зу, -ле́зет; *прош.* -ле́з, -ле́зла
проле́зший
пролентя́йничать, -аю, -ает
пролепета́ть, -печу́, -пе́чет
проле́ска, -и, *р. мн.* -сок (*подснежник*)
проле́сник, -а
проле́сок, -ска (*перелесок*)
пролёт, -а
пролетариа́т, -а
пролетариза́ция, -и
пролетаризи́рованный; *кр. ф.* -ан, -ана
пролетаризи́ровать(ся), -и́рую(сь), -и́рует(ся)
пролетаризо́ванный; *кр. ф.* -ан, -ана
пролетаризова́ть(ся), -зу́ю(сь), -зу́ет(ся)
пролета́рий, -я
пролета́рка, -и, *р. мн.* -рок
пролета́рский
пролета́ть, -а́ю, -а́ет
пролете́ть, -лечу́, -лети́т
пролётка, -и, *р. мн.* -ток
Пролетку́льт, -а
пролетку́льтовец, -вца, *тв.* -вцем, *р. мн.* -вцев
пролетку́льтовский
пролётный
пролётом, *нареч.*
проле́тье, -я (*перволетье*)
проле́ченный; *кр. ф.* -ен, -ена
проле́чивать(ся), -аю, -ает(ся)

пролечи́ть(ся), -ечу́(сь), -е́чит(ся)
проле́чь, -ля́жет, -ля́гут; *прош.* -лёг, -легла́
проли́в, -а
пролива́ть(ся), -а́ю, -а́ет(ся)
про́ливень, -вня
проливно́й (до́ждь)
проли́вный (*от* проли́в)
проли́вчик, -а
пролино́ванный; *кр. ф.* -ан, -ана
пролинова́ть, -ну́ю, -ну́ет
проли́станный; *кр. ф.* -ан, -ана
пролиста́ть, -а́ю, -а́ет
пролистну́ть, -ну́, -нёт
проли́стывание, -я
проли́стывать(ся), -аю, -ает(ся)
проли́тие, -я
про́ли́тый; *кр. ф.* про́ли́т, пролита́, про́ли́то
проли́ть(ся), -лью́, -льёт(ся); *прош.* про́ли́л, -и́лся, -ила́(сь), про́ли́ло, -и́ло́сь
пролифера́ция, -и
пролифика́ция, -и
пролицензи́рованный; *кр. ф.* -ан, -ана
пролицензи́ровать, -рую, -рует
пролобби́рованный; *кр. ф.* -ан, -ана
пролобби́ровать, -рую, -рует
проло́в, -а
пролови́ть(ся), -влю́(сь), -о́вит(ся)
Про́лог, -а (*церк. книга*)
проло́г, -а (*вступление*)
прологарифми́ровать, -рую, -рует
проложе́ние, -я
проло́женный; *кр. ф.* -ен, -ена
проложи́ть, -ожу́, -о́жит
про́ложный (*от* Про́лог)
проло́м, -а
проло́манный; *кр. ф.* -ан, -ана
пролома́ть(ся), -а́ю, -а́ет(ся)
проломи́ть(ся), -омлю́(сь), -о́мит(ся)
проло́мленный; *кр. ф.* -ен, -ена
проло́мник, -а
проло́мный
пролонга́тор, -а
пролонга́ция, -и
пролонги́рование, -я
пролонги́рованный; *кр. ф.* -ан, -ана
пролонги́ровать(ся), -рую, -рует(ся)
пролопота́ть, -почу́, -по́чет
пролопуши́ть, -шу́, -ши́т
пролы́сина, -ы
пролюби́ть, -блю́, -лю́бит
пролювиа́льный
пролю́вий, -я
пром... – *первая часть сложных слов, пишется слитно*
промагистра́т, -а
промагистрату́ра, -ы
прома́занный; *кр. ф.* -ан, -ана
прома́зать, -а́жу, -а́жет
прома́зка, -и
промазу́ченный; *кр. ф.* -ен, -ена
прома́зывание, -я
прома́зывать(ся), -аю, -ает(ся)
прома́лывание, -я
прома́лывать(ся), -аю, -ает(ся)
проманéженный; *кр. ф.* -ен, -ена
проманéжить(ся), -жу(сь), -жит(ся)
проманки́рованный; *кр. ф.* -ан, -ана
проманки́ровать, -рую, -рует
прома́ргивать, -аю, -ает
промарино́ванный; *кр. ф.* -ан, -ана
промаринова́ть(ся), -ну́ю(сь), -ну́ет(ся)
промаркиро́ванный; *кр. ф.* -ан, -ана
промаркирова́ть, -ру́ю, -ру́ет
промарте́ль, -и
промарширова́ть, -ру́ю, -ру́ет
прома́сленный; *кр. ф.* -ен, -ена
прома́сливание, -я
прома́сливать(ся), -аю, -ает(ся)
прома́слить(ся), -лю, -лит(ся)
прома́тывание, -я
прома́тывать(ся), -аю(сь), -ает(ся)
про́мах, -а
промаха́ть, -машу́, -ма́шет и -а́ю, -а́ет
прома́хивать(ся), -аю(сь), -ает(ся)
промахну́ть(ся), -ну́(сь), -нёт(ся)
прома́чивать(ся), -аю, -ает(ся)
прома́шистый
прома́шка, -и, *р. мн.* -шек
прома́янный; *кр. ф.* -ян, -яна
прома́ять(ся), -а́ю(сь), -а́ет(ся)
прома́ячить, -чу, -чит
промба́за, -ы
промба́нк, -а
промедле́ние, -я
проме́длить, -лю, -лит
промедо́л, -а
проме́ж и **проме́жду,** *предлог* (*устар. и прост.* *к* ме́жду)
проме́жность, -и
промежу́ток, -тка
промежу́точность, -и
промежу́точный
про́мельк, -а
промелька́ть, -а́ю, -а́ет
проме́лькивать, -аю, -ает
промелькну́ть, -ну́, -нёт
проме́н, -а
промена́д, -а
промена́д-конце́рт, -а
промена́ж, -а, *тв.* -ем
проме́нивать(ся), -аю(сь), -ает(ся)
проме́нный
проме́нянный; *кр. ф.* -ян, -яна
променя́ть(ся), -я́ю(сь), -я́ет(ся)
проме́р, -а
проме́ренный; *кр. ф.* -ен, -ена
промерза́емость, -и
промерза́ние, -я
промерза́ть, -а́ю, -а́ет
промёрзлый
промёрзнуть, -ну, -нет; *прош.* -ёрз, -ёрзла
промёрзший
проме́ривать(ся), -аю, -ает(ся)
проме́ривший(ся)
проме́рить(ся), -рю, -рит(ся) и -ряю, -ряет(ся); *прош.* -рил(ся), -рила(сь)
проме́рник, -а
проме́рный
промеря́ть(ся), -я́ю, -я́ет(ся)
проме́с, -а
промеси́ть(ся), -ешу́, -е́сит(ся)
проме́сса, -ы
промести́, -мету́, -метёт; *прош.* -мёл, -мела́
промётанный; *кр. ф.* -ан, -ана
промета́ть(ся)[1]**,** -а́ю, -а́ет(ся), *сов.* (*о шитье*) и *несов.* (*к* промести́)
промета́ть(ся)[2]**,** -ечу́(сь), -е́чет(ся), *сов.* (*к* мета́ть[2] и мета́ться)
промете́ев ого́нь, промете́ева огня́
Промете́й, -я
прометённый; *кр. ф.* -ён, -ена́
проме́тий, -я
промётка, -и
прометну́ть(ся), -ну́(сь), -нёт(ся)
прометри́н, -а
промётший
промётывание, -я
промётывать(ся), -аю(сь), -ает(ся)
промечта́ть, -а́ю, -а́ет
проме́шанный; *кр. ф.* -ан, -ана (*от* промеша́ть)
промеша́ть, -а́ю, -а́ет
проме́шенный; *кр. ф.* -ен, -ена (*от* промеси́ть)
проме́шивание, -я
проме́шивать(ся), -аю, -ает(ся)
проме́шкать(ся), -аю(сь), -ает(ся)
промзо́на, -ы
промига́ть(ся), -а́ю(сь), -а́ет(ся)
промилитари́стский
проми́лле, *нескл., ж.* и *с.*
проми́н, -а
промина́ть(ся), -а́ю(сь), -а́ет(ся)
проми́нка, -и, *р. мн.* -нок
проми́ск, -а
промискуите́т, -а
промкомбина́т, -а
промко́мплекс, -а
промкомпью́тер, -а
промкоопера́ция, -и
промоа́кция, -и (*промоутерская*)
промобъедине́ние, -я
промодели́рованный; *кр. ф.* -ан, -ана
промодели́ровать, -рую, -рует
промо́згло, *в знач. сказ.*
промо́зглость, -и
промо́зглый
промо́згнуть, -ну, -нет; *прош.* -мо́згнул и -мо́зг, -мо́згла
промо́згший
промо́ина, -ы
промока́емость, -и
промока́емый
промока́ние, -я
промока́тельный
промока́ть(ся), -а́ю, -а́ет(ся)
промока́шка, -и, *р. мн.* -шек
промо́кнутый

промо́кнуть, -ну, -нет; *прош.* -о́к, -о́кла (*стать мокрым*)
промокну́ть, -ну́, -нёт; *прош.* -ну́л, -ну́ла (*осушить чем-н. впитывающим влагу*)
промо́кший
промола́чивать(ся), -аю, -ает(ся)
промо́лвить(ся), -влю(сь), -вит(ся)
промо́лвленный; *кр. ф.* -ен, -ена
промолоти́ть(ся), -очу́, -о́тит(ся)
промо́лотый
промоло́ть(ся), -мелю́, -ме́лет(ся)
промоло́ченный; *кр. ф.* -ен, -ена
промолча́ть, -чу́, -чи́т
промонархи́ческий
промонополисти́ческий
проморáживание, -я
проморáживать(ся), -аю, -ает(ся)
проморга́ть(ся), -а́ю(сь), -а́ет(ся)
проморённый; *кр. ф.* -ён, -ена́
проморйть, -рю́, -ри́т
проморо́женный; *кр. ф.* -ен, -ена
проморо́зить(ся), -о́жу, -о́зит(ся)
проморо́ченный; *кр. ф.* -ен, -ена
проморо́чить, -чу, -чит
промости́ть, -ощу́, -ости́т
промо́танный; *кр. ф.* -ан, -ана
промота́ть(ся), -а́ю(сь), -а́ет(ся)
промо́тор, -а (*вещество*)
промотхо́ды, -ов
промоты́женный; *кр. ф.* -ен, -ена
промоты́живать(ся), -аю, -ает(ся)
промоты́жить, -жу, -жит
промо́утер, -а (*лицо*)
промо́утерский
промо́ушен, -а
промо́ция, -и
промо́ченный; *кр. ф.* -ен, -ена
промочи́ть(ся), -очу́, -о́чит(ся)
промощённый; *кр. ф.* -ён, -ена́
промпа́ртия, -и
промперерабо́тка, -и
промпт, -а
промразве́дка, -и, *р. мн.* -док
промсанитари́я, -и
промсто́ки, -ов
промтова́рный
промтова́ры, -ов
прому́зел, -узла́
промульга́ция, -и
промурлы́канный; *кр. ф.* -ан, -ана
промурлы́кать, -ы́чу, -ы́чет и -аю, -ает
промуры́женный; *кр. ф.* -ен, -ена
промуры́жить(ся), -жу(сь), -жит(ся)
прому́ченный; *кр. ф.* -ен, -ена
прому́чивший(ся)
прому́чить(ся), -чу(сь), -чит(ся) и -чаю(сь), -чает(ся); *прош.* -чил(ся), -чила(сь)
промфинпла́н, -а
промча́ть(ся), -чу́(сь), -чи́т(ся)
промы́в, -а
промыва́льщик, -а
промыва́льщица, -ы, *тв.* -ей
промыва́ние, -я
промыва́тельный
промыва́ть(ся), -а́ю, -а́ет(ся)
промы́вка, -и, *р. мн.* -вок
промывно́й
промы́вочно-пропа́рочный
промы́вочный
промы́ленный; *кр. ф.* -ен, -ена
промы́ливать(ся), -аю(сь), -ает(ся)
промы́лить, -лю, -лит
про́мысел, -сла (*к* промышля́ть)
Про́мысел, -сла и **Про́мысл**, -а (*о Боге*); но: **Бо́жьим про́мыслом**
промы́сленный; *кр. ф.* -ен, -ена
Промысли́тель, -я (*о Боге*)
промысли́тельный
промы́слить, -лю, -лит
промыслови́к, -а́
промысло́во-кооперати́вный
промысло́вый
про́мыслы, -ов, *ед.* про́мысел, -сла (*промышленное предприятие*)
промыта́ренный; *кр. ф.* -ен, -ена
промыта́рить(ся), -рю(сь), -рит(ся)
промы́тый
промы́ть(ся), -мо́ю(сь), -мо́ет(ся)
промыча́ть, -чу́, -чи́т
промышле́ние, -я
промы́шленник, -а
промы́шленно-произво́дственный
промы́шленно ра́звитый
промы́шленность, -и
промы́шленно-сырьево́й
промы́шленно-тра́нспортный
промы́шленно-фина́нсовый
промы́шленно-экономи́ческий
промы́шленный
промышля́ть(ся), -я́ю, -я́ет(ся)
промя́кнувший
промя́кнуть, -нет; *прош.* -мя́к, -мя́кла
промя́кший
промя́мленный; *кр. ф.* -ен, -ена
промя́млить, -лю, -лит
промя́тый
промя́ть(ся), -мну́(сь), -мнёт(ся)
промяу́кать, -аю, -ает
пронаблюда́ть, -а́ю, -а́ет
про́наос, -а
прона́товский (*к* НА́ТО)
прона́тор, -а
пронафтали́ненный; *кр. ф.* -ен, -ена
пронафтали́нивать(ся), -аю(сь), -ает(ся)
пронафтали́нить(ся), -ню(сь), -нит(ся)
пронаци́стский
прона́ция, -и
прона́шивание, -я
прона́шивать(ся), -аю, -ает(ся)
проне́житься, -жусь, -жится
пронесённый; *кр. ф.* -ён, -ена́
пронести́(сь), -су́(сь), -сёт(ся); *прош.* -ёс(ся), -есла́(сь)
пронёсший(ся)
проне́фрос, -а
пронза́ть(ся), -а́ю, -а́ет(ся)
пронзённый; *кр. ф.* -ён, -ена́
пронзи́тельно-кра́сный
пронзи́тельность, -и
пронзи́тельно-холо́дный
пронзи́тельно-я́ркий
пронзи́тельный; *кр. ф.* -лен, -льна
пронзи́ть(ся), -нжу́, -нзи́т(ся)
прони́занный; *кр. ф.* -ан, -ана
пронизáть(ся), -ижу́, -и́жет(ся)
прони́зка, -и
прони́зывание, -я
прони́зывать(ся), -аю, -ает(ся)
прони́зывающий(ся)
про́низь, -и
проника́ние, -я
проника́ть(ся), -а́ю(сь), -а́ет(ся)
проника́ющий(ся)
проникнове́ние, -я
проникнове́нно, *нареч.*
проникнове́нность, -и
проникнове́нный; *кр. ф.* -е́нен, -е́нна
прони́кнутый
прони́кнуть(ся), -ну(сь), -нет(ся); *прош.* -и́к(ся), -и́кла(сь)
прони́кший(ся)
пронима́ть(ся), -а́ю(сь), -а́ет(ся)
проница́емость, -и
проница́емый
проница́тельность, -и
проница́тельный; *кр. ф.* -лен, -льна
проница́ть, -а́ю, -а́ет
проница́ющий
про́ния, -и
проно́жка, -и, *р. мн.* -жек
прономинализа́ция, -и (*лингв.*)
прономинализи́рованный; *кр. ф.* -ан, -ана
прономинализи́роваться, -руется
пронomина́ция, -и (*лит.*)
проно́нс, -а
пронорми́ро́ванный; *кр. ф.* -ан, -ана
пронорми́ровать(ся), -рую, -рует(ся) и **пронормирова́ть(ся)**, -ру́ю, -ру́ет(ся)
проно́с, -а
проноси́ть(ся), -ошу́(сь), -о́сит(ся)
проночева́ть, -чу́ю, -чу́ет
проно́шенный; *кр. ф.* -ен, -ена
пронумеро́ванный; *кр. ф.* -ан, -ана
пронумерова́ть, -ру́ю, -ру́ет
пронумеро́вывать(ся), -аю, -ает(ся)
пронунсиаме́нто, *нескл., с.*
проны́ра, -ы, *м.* и *ж.*
проны́ривание, -я
проны́ривать, -аю, -ает
проны́рливость, -и
проны́рливый
пронырну́ть, -ну́, -нёт
проны́рство, -а
проны́ть, -но́ю, -но́ет
проню́ханный; *кр. ф.* -ан, -ана
проню́хать, -аю, -ает
проню́хивание, -я
проню́хивать(ся), -аю, -ает(ся)

проя́нчить(ся), -чу(сь), -чит(ся)
про́нятый; *кр. ф.* -ят, -ята́, -ято
проня́ть(ся), пройму́(сь), проймёт(ся); *прош.* про́нял, -я́лся́, -яла́(сь), про́няло, -яло́сь
прообе́дать, -аю, -ает
прообра́з, -а
прообразова́тельный; *кр. ф.* -лен, -льна
прообразова́ть, -зу́ю, -зу́ет
прообразо́вывать(ся), -аю, -ает(ся)
прообща́ться, -а́юсь, -а́ется
прооли́фить(ся), -флю, -фит(ся)
прооли́фленный; *кр. ф.* -ен, -ена
прооли́фливание, -я
прооли́фливать(ся), -аю, -ает(ся)
проопери́рованный; *кр. ф.* -ан, -ана
проопери́ровать(ся), -и́рую(сь), -и́рует(ся)
прооппони́рованный; *кр. ф.* -ан, -ана
прооппони́ровать, -рую, -рует
проора́ть, -ру́, -рёт
про́охать, -аю, -ает
проохо́титься, -о́чусь, -о́тится
пропа́вший
пропага́нда, -ы
пропаганди́рование, -я
пропаганди́рованный; *кр. ф.* -ан, -ана
пропаганди́ровать(ся), -рую, -рует(ся)
пропаганди́ст, -а
пропаганди́стка, -и, *р. мн.* -ток
пропаганди́стский
пропада́ть, -а́ю, -а́ет
про́падом: пропади́ про́падом
пропа́жа, -и, *тв.* -ей
пропази́н, -а
пропа́ивание, -я
пропа́ивать(ся), -аю(сь), -ает(ся)
пропалённый; *кр. ф.* -ён, -ена́
пропа́лзывать, -аю, -ает
пропа́ливать(ся), -аю, -ает(ся)
пропали́ть, -лю́, -ли́т
пропа́лывание, -я
пропа́лывать(ся), -аю, -ает(ся)
пропа́н, -а
пропани́д, -а
пропа́новый
пропано́л, -а
пропа́ренный; *кр. ф.* -ен, -ена
пропа́ривание, -я
пропа́ривать(ся), -аю(сь), -ает(ся)
пропа́рить(ся), -рю(сь), -рит(ся)
пропа́рка, -и, *р. мн.* -рок
пропа́рочный
пропа́рхивать, -аю, -ает
пропа́рывание, -я
пропа́рывать(ся), -аю, -ает(ся)
пропасённый; *кр. ф.* -ён, -ена́
пропасти́(сь), -су́, -сёт(ся); *прош.* -а́с(ся), -асла́(сь)
про́пасть, -и, *мн.* -и, -е́й и -ей
пропа́сть, -аду́, -адёт; *прош.* -а́л, -а́ла
пропа́сший(ся)
пропа́ханный; *кр. ф.* -ан, -ана
пропаха́ть(ся), -ашу́, -а́шет(ся)
пропа́хивание, -я
пропа́хивать(ся), -аю, -ает(ся)
пропа́хнуть, -ну, -нет; *прош.* -а́х, -а́хла
пропа́хший
пропа́шка, -и, *р. мн.* -шек
пропа́шник, -а
пропашно́й
пропа́щий
пропа́янный; *кр. ф.* -ян, -яна
пропая́ть, -я́ю, -я́ет
пропеде́втика, -и
пропедевти́ческий
пропека́ть(ся), -а́ю(сь), -а́ет(ся)
пропёкший(ся)
пропе́ллер, -а
пропе́ллерный
проперди́н, -а
пропере́ть(ся), -пру́(сь), -прёт(ся); *прош.* -пёр(ся), -пёрла(сь)
пропёртый
пропе́рченный; *кр. ф.* -ен, -ена и **проперчённый;** *кр. ф.* -ён, -ена́
пропе́рчивание, -я
пропе́рчивать(ся), -аю, -ает(ся)
пропе́рчить(ся), -чу, -чит(ся) и **проперчи́ть(ся),** -чу́, -чи́т(ся)
пропёрший(ся)
пропесо́ченный; *кр. ф.* -ен, -ена
пропесо́чивание, -я
пропесо́чивать(ся), -аю(сь), -ает(ся)
пропесо́чить, -о́чу, -о́чит
пропетля́ть, -я́ю, -я́ет
пропе́тый
пропе́ть, -пою́, -поёт
пропеча́танный; *кр. ф.* -ан, -ана
пропеча́тать(ся), -аю(сь), -ает(ся)
пропеча́тывание, -я
пропеча́тывать(ся), -аю(сь), -ает(ся)
пропечённый; *кр. ф.* -ён, -ена́
пропе́чь(ся), -еку́(сь), -ечёт(ся), -еку́т(ся); *прош.* -ёк(ся), -екла́(сь)
пропиа́ренный; *кр. ф.* -ен, -ена
пропиа́рить, -рю, -рит
пропива́ние, -я
пропива́ть(ся), -а́ю(сь), -а́ет(ся)
пропи́л, -а (*от* пропили́ть)
пропиле́и, -е́й
пропиле́н, -а
пропи́ленный; *кр. ф.* -ен, -ена
пропиле́новый
пропи́ливание, -я
пропи́ливать(ся), -аю, -ает(ся)
пропили́канный; *кр. ф.* -ан, -ана
пропили́кать, -аю, -ает
пропилитиза́ция, -и
пропили́ть, -илю́, -и́лит
пропи́лка, -и
пропира́ть(ся), -а́ю(сь), -а́ет(ся)
пропи́санный; *кр. ф.* -ан, -ана
прописа́ть(ся), -ишу́(сь), -и́шет(ся)
пропи́ска, -и, *р. мн.* -сок
прописно́й
пропи́сочный
пропи́сывание, -я
пропи́сывать(ся), -аю(сь), -ает(ся)
про́пись, -и
про́писью, *нареч.*
пропита́ние, -я
пропи́танность, -и
пропи́танный; *кр. ф.* -ан, -ана
пропита́ть(ся), -а́ю(сь), -а́ет(ся)
пропи́тие, -я
пропи́тка, -и, *р. мн.* -ток
пропито́й, *прил.*
пропи́точно-отде́лочный
пропи́точный
пропи́тчик, -а
пропи́тывание, -я
пропи́тывать(ся), -аю(сь), -ает(ся)
про́пи́тый; *кр. ф.* про́пи́т, пропи́та́, про́пи́то, *прич.*
пропи́ть(ся), -пью(сь), -пьёт(ся); *прош.* про́пи́л, -и́лся, -ила́(сь), про́пи́ло, -и́ло́сь
пропи́ханный; *кр. ф.* -ан, -ана
пропиха́ть(ся), -а́ю(сь), -а́ет(ся)
пропи́хивание, -я
пропи́хивать(ся), -аю(сь), -ает(ся)
пропи́хнутый
пропихну́ть(ся), -ну́(сь), -нёт(ся)
пропища́ть, -щу́, -щи́т
пропла́в, -а
пропла́вать, -аю, -ает
пропла́вить, -влю, -вит
пропла́вка, -и, *р. мн.* -вок
пропла́вленный; *кр. ф.* -ен, -ена
проплавля́ть(ся), -я́ю, -я́ет(ся)
пропла́канный; *кр. ф.* -ан, -ана
пропла́кать(ся), -а́чу(сь), -а́чет(ся)
пропла́сток, -тка
пропла́та, -ы
проплати́ть, -ачу́, -а́тит
пропла́ченный; *кр. ф.* -ен, -ена
пропла́чивать(ся), -аю, -ает(ся)
проплёванный; *кр. ф.* -ан, -ана
проплева́ть, -плюю́, -плюёт
пропле́сневевший
пропле́сневеть, -еет
проплести́(сь), -лету́(сь), -летёт(ся); *прош.* -ёл(ся), -ела́(сь)
проплета́ть(ся), -а́ю, -а́ет(ся)
проплетённый; *кр. ф.* -ён, -ена́
проплётший(ся)
пропле́шина, -ы
пропле́шинка, -и, *р. мн.* -нок
пропле́шистый
проплиопите́к, -а
проплута́ть, -а́ю, -а́ет
пропльі́в, -а
проплыва́ние, -я
проплыва́ть, -а́ю, -а́ет
проплы́ть, -ыву́, -ывёт; *прош.* -ы́л, -ыла́, -ы́ло
пропля́санный; *кр. ф.* -ан, -ана
проплса́ть, -яшу́, -я́шет
пропля́сывать, -аю, -ает
пропове́данный; *кр. ф.* -ан, -ана
пропове́дать, -аю, -ает

пропове́дник, -а
пропове́дница, -ы, *тв.* -ей
пропове́днический
пропове́дничество, -а
пропове́дование, -я
пропове́дованный; *кр. ф.* -ан, -ана
пропове́довать(ся), -дую, -дует(ся)
пропове́дующий(ся)
про́поведь, -и
пропо́енный; *кр. ф.* -ен, -ена
пропо́ец, -о́йца (*устар. к* пропо́йца)
пропозити́вный
пропозициона́льный
пропози́ция, -и
пропои́ть, -ою́, -о́ит
пропо́й, -я (на пропо́й)
пропо́йный
пропо́йца, -ы, *тв.* -ей, *м.* и *ж.*
пропола́скивание, -я
пропола́скивать(ся), -аю, -ает(ся)
прополза́ть, -а́ю, -а́ет, *несов.* (*к* проползти́)
пропо́лзать, -аю, -ает, *сов.* (*от* по́лзать)
проползти́, -зу́, -зёт; *прош.* -о́лз, -олзла́
пропо́лзший
пропо́лис, -а
пропо́лка, -и
прополо́сканный; *кр. ф.* -ан, -ана
прополоска́ть(ся), -ощу́, -о́щет(ся) и -а́ю, -а́ет(ся)
прополосну́ть, -ну́, -нёт
пропо́лотый
прополо́ть, -олю́, -о́лет
пропо́лочный
пропо́ротый
пропоро́ть, -орю́, -о́рет
пропорха́ть, -а́ю, -а́ет
пропорхну́ть, -ну́, -нёт
пропорциона́льно-интегра́льный
пропорциона́льно-мажорита́рный
пропорциона́льно-прогресси́вный (нало́г)
пропорциона́льно сложённый
пропорциона́льность, -и
пропорциона́льный; *кр. ф.* -лен, -льна
пропорциони́рование, -я
пропорциони́рованный; *кр. ф.* -ан, -ана
пропо́рция, -и
пропости́ться, -ощу́сь, -ости́тся
пропотева́ть, -а́ю, -а́ет
пропоте́лый
пропотенци́рованный; *кр. ф.* -ан, -ана
пропотенци́ровать(ся), -рую, -рует(ся)
пропоте́ть, -е́ю, -е́ет
проправи́тельственный
пропрева́ть, -а́ю, -а́ет
пропрезиде́нтский
пропре́тор, -а
пропре́торский
пропре́ть, -е́ю, -е́ет
проприореце́пторы, -ов, *ед.* -тор, -а и **проприоце́пторы**, -ов, *ед.* -тор, -а
проприоцепти́вный
проприоце́пция, -и
пропря́сть, -яду́, -ядёт; *прош.* -я́л, -яла́, -я́ло
пропс, -а
пропуделя́ть, -я́ю, -я́ет
пропульси́вный
про́пуск, -а, *мн.* -и, -ов (*что-н. пропущенное*) и -а́, -о́в (*документ*)
пропуска́емость, -и
пропуска́ние, -я
пропуска́ть(ся), -а́ю(сь), -а́ет(ся)
пропускни́к, -а́
пропускно́й
пропусти́ть, -ущу́, -у́стит
пропутеше́ствовать, -твую, -твует
пропу́щенный; *кр. ф.* -ен, -ена
пропылённый; *кр. ф.* -ён, -ена́
пропылесо́сенный; *кр. ф.* -ен, -ена
пропылесо́сить(ся), -о́шу, -о́сит(ся)
пропыли́ть(ся), -лю́(сь), -ли́т(ся)
пропыхте́ть, -хчу́, -хти́т
пропья́нствовать, -твую, -твует
пропя́титься, -я́чусь, -я́тится
прора́б, -а
прораба́тывание, -я
прораба́тывать(ся), -аю, -ает(ся)
прора́бка, -и, *р. мн.* -бок
прорабо́танность, -и
прорабо́танный; *кр. ф.* -ан, -ана
прорабо́тать(ся), -аю, -ает(ся)
прорабо́тка, -и, *р. мн.* -ток
прорабо́точный
прорабо́тчик, -а
прора́бский
прора́бство, -а
прора́н, -а
прораси́стский
прораста́емость, -и
прораста́ние, -я
прораста́ть, -а́ет
прорасти́, -тёт; *прош.* -ро́с, -росла́
прорасти́ть, -ащу́, -асти́т
проращéние, -я
проращённый; *кр. ф.* -ён, -ена́ и (*в проф. речи*) **проро́щенный**; *кр. ф.* -ен, -ена
прора́щиваемость, -и
прора́щивание, -я
прора́щивать(ся), -аю, -ает(ся)
про́рва, -ы
про́рванный; *кр. ф.* -ан, -ана
прорва́ть(ся), -ву́(сь), -вёт(ся); *прош.* -а́л(ся), -ала́(сь), -а́ло, -а́ло́сь
прореаги́ровать, -рую, -рует
прореве́ть(ся), -ву́(сь), -вёт(ся)
проредакти́рованный; *кр. ф.* -ан, -ана
проредакти́ровать(ся), -рую, -рует(ся)
пророди́ть(ся), -ежу́, -еди́т(ся)
про́редь, -и
проре́женный; *кр. ф.* -ен, -ена и **прорежённый**; *кр. ф.* -ён, -ена́
проре́живание, -я
проре́живатель, -я
проре́живать(ся), -аю, -ает(ся)
проре́з, -а
прореза́ние, -я
проре́занный; *кр. ф.* -ан, -ана
проре́зать(ся), -е́жу, -е́жет(ся), *сов.*
прореза́ть(ся), -а́ю, -а́ет(ся), *несов.*
прорези́ненный; *кр. ф.* -ен, -ена
прорези́нивание, -я
прорези́нивать(ся), -аю, -ает(ся)
прорези́нить(ся), -ню, -нит(ся)
прорези́нка, -и
проре́зка, -и, *р. мн.* -зок
прорезно́й
проре́зчик, -а
проре́зывание, -я
проре́зывать(ся), -аю, -ает(ся)
про́резь, -и
пророка́ть, -а́ю, -а́ет
прорекламиро́ванный; *кр. ф.* -ан, -ана
прорекла́ми́ровать, -рую, -рует
проре́ктор, -а
проре́кторский
прорепети́рованный; *кр. ф.* -ан, -ана
прорепети́ровать, -рую, -рует
проре́ха, -и
прорецензи́рованный; *кр. ф.* -ан, -ана
прорецензи́ровать(ся), -рую(сь), -рует(ся)
проречённый; *кр. ф.* -ён, -ена́
проре́чь, -реку́, -речёт, -реку́т
прореша́ть, -а́ю, -а́ет
проре́шка, -и, *р. мн.* -шек
проржа́ве́вший (*от* проржа́ве́ть)
проржаве́лый
проржа́веть, -еет и **проржаве́ть**, -е́ет (*покрыться ржавчиной*)
проржа́вивший (*от* проржа́вить)
проржа́вить, -влю, -вит (*что*)
проржа́вленный; *кр. ф.* -ен, -ена
проржа́ть, -жу́, -жёт
прорисо́ванный; *кр. ф.* -ан, -ана
прорисова́ть(ся), -су́ю, -су́ет(ся)
прорисо́вка, -и, *р. мн.* -вок
прорисо́вщик, -а
прорисо́вывание, -я
прорисо́вывать(ся), -аю, -ает(ся)
про́рись, -и
прорица́лище, -а
прорица́ние, -я
прорица́тель, -я
прорица́тельница, -ы, *тв.* -ей
прорица́ть, -а́ю, -а́ет
пророгацио́нный
пророга́ция, -и
проро́к, -а
пророкота́ть, -кочу́, -ко́чет
проро́ненный; *кр. ф.* -ен, -ена и **проронённый**; *кр. ф.* -ён, -ена́
пророни́ть, -оню́, -о́нит
пророссийский
проро́ст, -а
проро́сток, -тка

про́рость, -и
проро́сший
проро́чащий
проро́ченный; *кр. ф.* -ен, -ена
проро́ческий
проро́чество, -а
проро́чествовать, -твую, -твует
проро́чить(ся), -чу, -чит(ся)
проро́чица, -ы, *тв.* -ей
проро́щенный; *кр. ф.* -ен, -ена (*в проф. речи*) и **проращённый**; *кр. ф.* -ён, -ена́
прору́б, -а
проруба́ние, -я
проруба́ть(ся), -а́ю(сь), -а́ет(ся)
прорубить(ся), -ублю́(сь), -у́бит(ся)
прору́бка, -и
прору́бленный; *кр. ф.* -ен, -ена
прорубно́й
про́рубь, -и
прору́сский
прору́ха, -и
прору́шка, -и, *р. мн.* -шек
проры́в, -а
прорыва́ние, -я
прорыва́ть(ся), -а́ю(сь), -а́ет(ся)
проры́вка, -и
прорывно́й
проры́вщик, -а
прорыда́ть, -а́ю, -а́ет
проры́ночный
прорыси́ть, -си́т
проры́скать, -ы́щу, -ы́щет и -аю, -ает
проры́тие, -я
проры́тый
проры́ть(ся), -ро́ю(сь), -ро́ет(ся)
прорыхлённый; *кр. ф.* -ён, -ена́
прорыхли́ть, -лю́, -ли́т
прорыхля́ть(ся), -я́ю, -я́ет(ся)
прорыча́ть, -чу́, -чи́т
просади́ть, -ажу́, -а́дит
проса́дка, -и, *р. мн.* -док
проса́дочный
просажа́ть, -а́ю, -а́ет
проса́женный; *кр. ф.* -ен, -ена
проса́живание, -я
проса́живать(ся), -аю, -ает(ся)
проса́ленный; *кр. ф.* -ен, -ена
проса́ливание, -я
проса́ливать(ся), -аю, -ает(ся)
проса́лить(ся), -лю, -лит(ся)
проса́сывание, -я
проса́сывать(ся), -аю, -ает(ся)
проса́чивание, -я
проса́чиваться, -ается
просва́танный; *кр. ф.* -ан, -ана
просва́тать, -аю, -ает
просва́тывание, -я
просва́тывать(ся), -аю, -ает(ся)
просвежённый; *кр. ф.* -ён, -ена́
просвежи́ть(ся), -жу́(сь), -жи́т(ся)
просверка́ть, -а́ет
просве́ркивать, -ает
просверкну́ть, -нёт
просверлённый; *кр. ф.* -ён, -ена́
просве́рливание, -я
просве́рливать(ся), -аю, -ает(ся)
просверли́ть, -лю́, -ли́т
просве́т, -а
просвети́тель, -я
просвети́тельница, -ы, *тв.* -ей
просвети́тельный
просвети́тельский
просвети́тельство, -а
просвети́ть(ся)[1], -вещу́(сь), -вети́т(ся) (*к* просвеща́ть(ся)
просвети́ть(ся)[2], -вечу́(сь), -ве́тит(ся) (*к* просве́чивать(ся)
просветле́ние, -я
просветлённо, *нареч.*
просветлённость, -и
просветлённый; *кр. ф. прич.* -ён, -ена́; *кр. ф. прил.* (*ясный, светлый, радостный*) -ён, -ённа (му́зыка просветлённа)
просветле́ть, -е́ю, -е́ет
просветли́ть(ся), -лю́, -ли́т(ся)
просветля́ть(ся), -я́ю, -я́ет(ся)
просве́ченный; *кр. ф.* -ен, -ена
просве́чиваемость, -и
просве́чивание, -я
просве́чивать(ся), -аю(сь), -ает(ся)
просвеща́ть(ся), -а́ю(сь), -а́ет(ся)
просвеще́ние, -я (*распространение знаний, образования*) и **Просвеще́ние**, -я (*ист. эпоха, идейное течение*)
просвещённость, -и
просвещённый; *кр. ф. прич.* -ён, -ена́; *кр. ф. прил.* (*образованный, культурный*) -ён, -ённа
просвира́, -ы́, *мн.* про́свиры, про́свир, про́свира́м и **просфора́**, -ы́, *мн.* про́сфоры, просфо́р, просфора́м
просви́рка, -и, *р. мн.* -рок и **просфо́рка**, -и, *р. мн.* -рок
просви́рник, -а и **просвирня́к**, -а́
просви́рниковые, -ых
просви́рниковый и **просвирняко́вый**
просви́рный и **просфо́рный**
просви́рня, -и, *р. мн.* -рен
просвирня́к, -а́ и **просви́рник**, -а
просвирняко́вый и **просви́рниковый**
просви́станный; *кр. ф.* -ан, -ана
просвиста́ть, -ищу́, -и́щет
просвисте́ть, -ищу́, -исти́т
просви́стывать, -аю, -ает
про себя́
просе́в, -а
просева́ние, -я
просева́ть(ся), -а́ю, -а́ет(ся)
просе́вка, -и, *р. мн.* -вок
просевно́й
просе́вший
проседа́ние, -я
проседа́ть, -а́ет
про́седь, -и
просе́ивание, -я
просе́ивать(ся), -аю, -ает(ся)
про́сек, -а (*горная выработка*; *устар. к* про́сека)
про́сека, -и (*очищенная от деревьев полоса в лесу*)
просека́ние, -я
просека́ть(ся), -а́ю, -а́ет(ся)
просе́кший(ся) и **просёкший(ся)**
просёлок, -лка
просёлочный
просемафо́рить, -рю, -рит
просемени́ть, -ню́, -ни́т
просемина́р, -а и **просемина́рий**, -я
просемина́рский
просе́сть, -ся́дет; *прош.* -се́л, -се́ла
просечённый; *кр. ф.* -ён, -ена́ и **просе́ченный**; *кр. ф.* -ен, -ена
просе́чка, -и, *р. мн.* -чек
просе́чный
просе́чь(ся), -еку́, -ечёт(ся), -еку́т(ся); *прош.* -ёк(ся) и -е́к(ся), -екла́(сь)
просе́янный; *кр. ф.* -ян, -яна
просе́ять(ся), -е́ю, -е́ет(ся)
просигна́ленный; *кр. ф.* -ен, -ена
просигнализи́рованный; *кр. ф.* -ан, -ана
просигнализи́ровать, -рую, -рует
просигна́лить, -лю, -лит
просиде́ть, -ижу́, -иди́т
проси́женный; *кр. ф.* -ен, -ена
проси́живание, -я
проси́живать(ся), -аю, -ает(ся)
просинённый; *кр. ф.* -ён, -ена́
проси́нивать(ся), -аю, -ает(ся)
просини́ть, -ню́, -ни́т
про́синь, -и
просиони́стский
просипе́ть, -иплю́, -ипи́т
проси́тель, -я
проси́тельница, -ы, *тв.* -ей
проси́тельный
проси́тельский
проси́ть(ся), прошу́(сь), про́сит(ся)
просифо́нить, -ит
просия́ть, -я́ю, -я́ет
проска́бливание, -я
проска́бливать(ся), -аю, -ает(ся)
проскака́ть, -скачу́, -ска́чет
проска́кивание, -я
проска́кивать, -аю, -ает
проска́льзывание, -я
проска́льзывать, -аю, -ает
проскандиро́ванный; *кр. ф.* -ан, -ана
проскандиро́вать, -рую, -рует
просканиро́ванный; *кр. ф.* -ан, -ана
просканиро́вать(ся), -рую, -рует(ся)
проска́чка, -и, *р. мн.* -чек
просквожённый; *кр. ф.* -ён, -ена́
просквози́ть, -и́т
проске́ний, -я
проскита́ться, -а́юсь, -а́ется
проскло́ня́ть, -я́ю, -я́ет
проско́бленный; *кр. ф.* -ен, -ена
проскобли́ть(ся), -облю́, -о́бли́т(ся)
проско́к, -а
проскользну́ть, -ну́, -нёт

проскоми́дия, -и
проскопи́я, -и
проскочи́ть, -очу́, -о́чит
проскрёб, -а
проскреба́ние, -я
проскреба́ть(ся), -а́ю(сь), -а́ет(ся)
проскребённый; *кр. ф.* -ён, -ена́
проскрёбка, -и, *р. мн.* -бок
проскрёбший(ся)
проскрёбывание, -я
проскрёбывать(ся), -аю(сь), -ает(ся)
проскрежета́ть, -жещу́, -же́щет
проскрести́(сь), -ребу́(сь), -ребёт(ся); *прош.* -рёб(ся), -ребла́(сь)
проскрипе́ть, -плю́, -пи́т
проскрипти́вный; *кр. ф.* -вен, -вна
проскрипцио́нный
проскри́пция, -и
проскули́ть, -улю́, -ули́т
проскурня́к, -а́
проскурняко́вый
проскуча́ть, -а́ю, -а́ет
просла́бить, -ит
просла́вить(ся), -влю(сь), -вит(ся)
прославле́ние, -я
просла́вленность, -и
просла́вленный; *кр. ф.* -ен, -ена
прославля́ть(ся), -я́ю(сь), -я́ет(ся)
просла́ивание, -я
просла́ивать(ся), -аю, -ает(ся)
проследи́ть, -ежу́, -еди́т
просле́довать, -дую, -дует
просле́женный; *кр. ф.* -ен, -ена
просле́живание, -я
просле́живать(ся), -аю, -ает(ся)
прослези́ться, -ежу́сь, -ези́тся
прослоённый; *кр. ф.* -ён, -ена́
прослои́ть(ся), -ою́, -ои́т(ся)
просло́й, -я (*геол.*)
просло́йка, -и, *р. мн.* -о́ек
прослоня́ться, -я́юсь, -я́ется
прослу́женный; *кр. ф.* -ен, -ена
прослужи́ть, -ужу́, -у́жит
прослу́шанный; *кр. ф.* -ан, -ана
прослу́шать, -аю, -ает
прослу́шивание, -я
прослу́шивать(ся), -аю, -ает(ся)
прослу́шка, -и, *р. мн.* -шек
прослыва́ть, -а́ю, -а́ет
прослы́ть, -ыву́, -ывёт; *прош.* -ы́л, -ыла́, -ы́ло
прослы́шанный; *кр. ф.* -ан, -ана
прослы́шать, -шу, -шит
просма́ливание, -я
просма́ливать(ся), -аю, -ает(ся)
просма́тривание, -я
просма́тривать(ся), -аю(сь), -ает(ся)
просме́ивать, -аю, -ает
просме́янный; *кр. ф.* -ян, -яна
просмея́ть(ся), -ею́(сь), -еёт(ся)
просмолённый; *кр. ф.* -ён, -ена́
просмоли́ть(ся), -лю́, -ли́т(ся)
просморка́ться, -а́юсь, -а́ется
просмо́тр, -а
просмо́тренный; *кр. ф.* -ен, -ена
просмотре́ть, -отрю́, -о́трит
просмо́тровый и **просмотро́вый**
просну́ться, -ну́сь, -нётся
про́со, -а
прособира́ть(ся), -а́ю(сь), -а́ет(ся)
просове́тский
просово́д, -а
просово́дство, -а
просо́вывание, -я
просо́вывать(ся), -аю(сь), -ает(ся)
про́совый
просоде́ма, -ы
просо́дика, -и
просоди́ческий
просо́дия, -и
просо́л, -а
просо́ленный; *кр. ф.* -ен, -ена и **просолённый;** *кр. ф.* -ён, -ена́
просоли́ть(ся), -олю́, -о́ли́т(ся)
просо́лка, -и, *р. мн.* -лок
просопе́ть, -оплю́, -опи́т
просопопе́я, -и и **прозопопе́я,** -и
просортиро́ванный; *кр. ф.* -ан, -ана
просортирова́ть, -ру́ю, -ру́ет
просортиро́вывать(ся), -аю, -ает(ся)
просору́шка, -и, *р. мн.* -шек
просо́с, -а
просо́санный; *кр. ф.* -ан, -ана
прососа́ть(ся), -сосу́, -сосёт(ся)
просо́хнуть, -ну, -нет; *прош.* -о́х, -о́хла
просо́хший
просочи́ться, -и́тся
про́спанный; *кр. ф.* -ан, -ана
проспа́ть(ся), -плю́(сь), -пи́т(ся); *прош.* -а́л(ся), -ала́(сь), -а́ло́(сь)
проспе́кт, -а
проспекти́вный; *кр. ф.* -вен, -вна (*направленный в будущее*)
проспе́ктный
проспе́ктовый
проспе́рити, *нескл., с.*
проспирто́ванный; *кр. ф.* -ан, -ана
проспиртова́ть(ся), -ту́ю(сь), -ту́ет(ся)
проспирто́вывать(ся), -аю(сь), -ает(ся)
проспонси́рованный; *кр. ф.* -ан, -ана
проспонси́ровать(ся), -рую(сь), -рует(ся)
проспо́ренный; *кр. ф.* -ен, -ена
проспо́ривать(ся), -аю, -ает(ся)
проспо́рить, -рю, -рит
проспряга́ть, -а́ю, -а́ет
просро́ченный; *кр. ф.* -ен, -ена
просро́чивать(ся), -аю, -ает(ся)
просро́чить, -чу, -чит
просро́чка, -и, *р. мн.* -чек
проста́вить, -влю, -вит
проста́вленный; *кр. ф.* -ен, -ена
проставля́ть(ся), -я́ю, -я́ет(ся)
простагланди́ны, -ов, *ед.* -и́н, -а
проста́ивание, -я
проста́ивать, -аю, -ает
проста́к, -а́
проста́та, -ы
простати́т, -а
простати́ческий
проста́чка, -и, *р. мн.* -чек (*от* проста́к)
простачо́к, -чка́ (*от* проста́к)
простёганный; *кр. ф.* -ан, -ана
простега́ть(ся), -а́ю, -а́ет(ся)
простёгивание, -я
простёгивать(ся), -аю, -ает(ся)
простёжка, -и
просте́йшие, -их
просте́йший
просте́ленный; *кр. ф.* -ен, -ена
простели́ть, -стелю́, -сте́лет; *прош.* -и́л, -и́ла
просте́нек, -нька
просте́нок, -нка
просте́ночный
про́стенький
простерёгший
простережённый; *кр. ф.* -ён, -ена́
простере́ть(ся), -стру́, -стрёт(ся); *прош.* -тёр(ся), -тёрла(сь)
простере́чь, -регу́, -режёт, -регу́т; *прош.* -рёг, -регла́
простёртый
простёрший(ся)
простети́ческий
просте́ть, -е́ю, -е́ет
просте́ц, -а́, *тв.* -о́м, *р. мн.* -о́в
просте́цкий
прости́ го́споди, *межд.*
простила́ние, -я
простила́ть(ся), -а́ю, -а́ет(ся)
про́стиль, -я
простимули́рованный; *кр. ф.* -ан, -ана
простимули́ровать(ся), -рую(сь), -рует(ся)
прости́-проща́й
простира́ние, -я
прости́ранный; *кр. ф.* -ан, -ана
простира́ть(ся), -а́ю, -а́ет(ся)
прости́рнутый
простирну́ть, -ну́, -нёт
прости́рывание, -я
прости́рывать(ся), -аю, -ает(ся)
прости́тельность, -и
прости́тельный; *кр. ф.* -лен, -льна
проституи́рование, -я
проституи́рованный; *кр. ф.* -ан, -ана
проституи́ровать(ся), -рую, -рует(ся)
проститу́тка, -и, *р. мн.* -ток
проститу́ция, -и
прости́ть(ся), прощу́(сь), прости́т(ся)
про́стланный; *кр. ф.* -ан, -ана
простла́ть, -стелю́, -сте́лет; *прош.* -а́л, -а́ла
про́сто, *нареч.* и *частица*
простова́тость, -и
простова́тый
простоволо́сый
простоду́шие, -я
простоду́шничать, -аю, -ает
простоду́шность, -и
простоду́шный; *кр. ф.* -шен, -шна

про́сто-за́просто
просто́й[1]; *кр. ф.* прост, проста́, про́сто, просты́
просто́й[2], -я
просто́йный
простокваша, -и, *тв.* -ей
простоква́шка, -и
простоква́шный
простолюди́н, -а
простолюди́нка, -и, *р. мн.* -нок
про́сто-на́просто
простонаро́дность, -и
простонаро́дный
простонаро́дье, -я
простона́ть, -ону́, -о́нет и -а́ю, -а́ет
просто́р, -а
простопре́чие, -я
просторе́чный; *кр. ф.* -чен, -чна
просто́рнее, *сравн. ст.*
просто́рно, *нареч.* и *в знач. сказ.*
просто́рность, -и
просто́рный; *кр. ф.* -рен, -рна
простороже́нный; *кр. ф.* -ён, -ена́
простороже́ть, -жу́, -жи́т
простосерде́чие, -я
простосерде́чность, -и
простосерде́чный; *кр. ф.* -чен, -чна
простота́, -ы́
про́сто та́к
простотца́, -ы́, *тв.* -о́й
простофи́ля, -и, *м.* и *ж.*
простоя́ть, -ою́, -ои́т
простра́гивание, -я и **простру́гивание**, -я
простра́гивать(ся), -аю, -ает(ся) и **простру́гивать(ся)**, -аю, -ает(ся)
прострада́ть, -а́ю, -а́ет
простра́нно, *нареч.*
простра́нность, -и
простра́нный; *кр. ф.* -а́нен, -а́нна
простра́нственно-временно́й
простра́нственность, -и
простра́нственный
простра́нство, -а
простра́нствовать, -твую, -твует
простра́нство-вре́мя, простра́нства-вре́мени
простра́нщик, -а
простра́нщица, -ы, *тв.* -ей
простра́ция, -и
простра́чивание, -я
простра́чивать(ся), -аю, -ает(ся)
прострекота́ть, -очу́, -о́чет
простре́л, -а
простре́ленный; *кр. ф.* -ен, -ена, *прич.* (*от* прострели́ть)
простре́ливаемый
простре́ливать(ся), -аю, -ает(ся)
простреля́ть, -елю́, -е́лит
простре́л-трава́, -ы́
простре́льный, *прил.* (*от* простре́л)
простре́лянный; *кр. ф.* -ян, -яна, *прич.* (*от* простреля́ть)
простреля́ть, -я́ю, -я́ет
прострига́ть(ся), -а́ю, -а́ет(ся)
простри́гший
простри́женный; *кр. ф.* -ен, -ена
простри́чь, -игу́, -ижёт, -игу́т; *прош.* -и́г, -и́гла
простро́ганный; *кр. ф.* -ан, -ана и **простру́ганный**; *кр. ф.* -ан, -ана
прострога́ть, -а́ю, -а́ет и **проструга́ть**, -а́ю, -а́ет
простро́ить, -о́ю, -о́ит
простро́ченный; *кр. ф.* -ен, -ена
прострочи́ть, -очу́, -о́чи́т
простру́ганный; *кр. ф.* -ан, -ана и **простро́ганный**; *кр. ф.* -ан, -ана
проструга́ть, -а́ю, -а́ет и **прострога́ть**, -а́ю, -а́ет
простру́гивание, -я и **простра́гивание**, -я
простру́гивать(ся), -аю, -ает(ся) и **простра́гивать(ся)**, -аю, -ает(ся)
просту́да, -ы
простуди́ть(ся), -ужу́(сь), -у́дит(ся)
просту́дный
простужа́ть(ся), -а́ю(сь), -а́ет(ся)
просту́женно, *нареч.*
просту́женный; *кр. ф.* -ен, -ена
просту́живание, -я
просту́живать(ся), -аю(сь), -ает(ся)
просту́канный; *кр. ф.* -ан, -ана
просту́кать, -аю, -ает
просту́кивание, -я
просту́кивать(ся), -аю(сь), -ает(ся)
проступа́ть, -а́ет
проступи́ть, -у́пит
просту́пок, -пка
простуча́ть, -чу́, -чи́т
просту́шка, -и, *р. мн.* -шек
простыва́ть, -а́ю, -а́ет
просты́вший
просты́лый
просты́нка, -и, *р. мн.* -нок
просты́нный
просты́нуть и **просты́ть**, -ы́ну, -ы́нет; *прош.* -сты́л, -сты́ла
простыня́, -и́, *мн.* про́стыни, просты́нь и -не́й, -ня́м
просты́ня, -и, *р. мн.* -ы́нь, *м.* и *ж.* (*простак, устар.*)
просты́ть и **просты́нуть**, -ы́ну, -ы́нет; *прош.* -сты́л, -сты́ла
простя́га, -и, *м.* и *ж.*
простя́к, -а́ (*устар. к* проста́к)
простя́чка, -и, *р. мн.* -чек (*от* простя́к)
простячо́к, -чка́ (*от* простя́к)
просуди́ть(ся), -ужу́(сь), -у́дит(ся)
просу́женный; *кр. ф.* -ен, -ена
просу́живать(ся), -аю(сь), -ает(ся)
просумми́рованный; *кр. ф.* -ан, -ана
просумми́ровать(ся), -рую, -рует(ся)
просу́нутый
просу́нуть(ся), -ну(сь), -нет(ся)
просу́шенный; *кр. ф.* -ен, -ена
просу́шивание, -я
просу́шивать(ся), -аю(сь), -ает(ся)
просуши́ть(ся), -ушу́(сь), -у́шит(ся)
просу́шка, -и
просуществова́ть, -тву́ю, -тву́ет
просфора́, -ы́, *мн.* про́сфоры, просфо́р, просфора́м и **просвира́**, -ы́, *мн.* про́свиры, про́свир, про́свира́м
просфо́рка, -и, *р. мн.* -рок и **просви́рка**, -и, *р. мн.* -рок
просфо́рный и **просви́рный**
просце́ниум, -а
просчёт, -а
просчи́танный; *кр. ф.* -ан, -ана
просчита́ть(ся), -а́ю(сь), -а́ет(ся)
просчи́тывание, -я
просчи́тывать(ся), -аю(сь), -ает(ся)
про́сып: без про́сыпа и **без про́сыпу**
просыпа́ние, -я
просы́панный; *кр. ф.* -ан, -ана
просы́пать(ся), -плю, -плет(ся), -плют(ся) и -пет(ся), -пят(ся), *сов.*
просыпа́ть(ся), -а́ю(сь), -а́ет(ся), *несов.*
про́сыпь, -и
просыха́ние, -я
просыха́ть, -а́ю, -а́ет
про́сьба, -ы
про́сьбица, -ы, *тв.* -ей
про́сьбишка, -и, *р. мн.* -шек
просюсю́кать, -аю, -ает
прося́нка, -и, *р. мн.* -нок
просяно́й
прося́щий(ся)
протагони́ст, -а
протагони́стка, -и, *р. мн.* -ток
протаза́н, -а
прота́ивать, -ает
протакти́ний, -я
прота́лина, -ы
прота́линка, -и, *р. мн.* -нок
прота́лкивание, -я
прота́лкивать(ся), -аю(сь), -ает(ся)
прота́ллий, -я (*бот.*)
про́таль, -и
протами́ны, -ов, *ед.* -ми́н, -а
прота́ндрия, -и и **протера́ндрия**, -и
протанцева́ть, -цу́ю, -цу́ет
протанцо́ванный; *кр. ф.* -ан, -ана
прота́пливание, -я
прота́пливать(ся), -аю, -ает(ся)
прота́птывание, -я
прота́птывать(ся), -аю, -ает(ся)
протара́ненный; *кр. ф.* -ен, -ена
протара́нивать(ся), -аю, -ает(ся)
протара́нить, -ню, -нит
протарато́ренный; *кр. ф.* -ен, -ена
протарато́рить, -рю, -рит
протарахте́ть, -хчу́, -хти́т
протарго́л, -а
прота́сканный; *кр. ф.* -ан, -ана
протаска́ть(ся), -а́ю(сь), -а́ет(ся)
прота́скивание, -я
прота́скивать(ся), -аю, -ает(ся)
прота́чанный; *кр. ф.* -ан, -ана
протача́ть, -а́ю, -а́ет
прота́чивание, -я
прота́чивать(ся), -аю, -ает(ся)
прота́щенный; *кр. ф.* -ен, -ена

протащи́ть(ся), -ащу́(сь), -а́щит(ся)
прота́ять, -а́ет
протеа́зы, -а́з, *ед.* -а́за, -ы
протеже́, *нескл., м.* и *ж.*
протежи́рование, -я
протежи́рованный; *кр. ф.* -ан, -ана
протежи́ровать(ся), -рую(сь), -рует(ся)
проте́з, -а
проте́за, -ы (*лингв.*)
протези́рование, -я
протези́ровать(ся), -рую(сь), -рует(ся)
протези́ст, -а
проте́зно-ортопеди́ческий
проте́зный
проте́и, -ев, *ед.* -те́й, -я (*бактерии*)
протеи́ды, -ов, *ед.* -еи́д, -а (*сложные белки*)
протеи́зм, -а (*от* Проте́й)
протеи́новый
протеино́иды, -ов, *ед.* -о́ид, -а
протеиноси́нтез, -а
протеинотерапи́я, -и
протеинури́я, -и
протеи́ны, -ов, *ед.* -еи́н, -а (*простые белки*)
протеи́ческий (*от* Проте́й)
Проте́й, -я (*мифол.*)
проте́й, -я (*земноводное*; *жук*)
проте́йные, -ых
протёк, -а (*отверстие в сосуде, крыше и т. п.*)
протека́ние, -я
протека́ть, -а́ет
проте́ктор, -а
протектора́т, -а
проте́кторный
протекциони́зм, -а
протекциони́рование, -я
протекциони́ст, -а
протекциони́стский
протекцио́нный
проте́кция, -и
протёкший
протелеграфи́ровать, -рую, -рует
протелефони́ровать, -рую, -рует
протеогене́з, -а
протео́лиз, -а
протеолити́ческий
протера́ндрия, -и и **прота́ндрия,** -и
протере́ть(ся), -тру́(сь), -трёт(ся); *прош.* -тёр(ся), -тёрла(сь)
протерогене́з, -а
протероги́ни́я, -и и **протоги́ни́я,** -и
протерозо́й, -я
протерозо́йский
протерпе́ть, -ерплю́, -е́рпит
протёртый
протёрший(ся)
протёс, -а
протёсанный; *кр. ф.* -ан, -ана
протеса́ть, -ешу́, -е́шет
протёска, -и
протесни́ться, -ню́сь, -ни́тся
проте́ст, -а
протеста́нт, -а
протестанти́зм, -а
протеста́нтка, -и, *р. мн.* -ток
протеста́нтский
протеста́нтство, -а
протести́рованный; *кр. ф.* -ан, -ана
протести́ровать(ся), -рую(сь), -рует(ся) (*к* тест)
проте́стный
протесто́ванный; *кр. ф.* -ан, -ана
протестова́ть(ся), -ту́ю, -ту́ет(ся)
протесту́ющий(ся)
протёсывание, -я
протёсывать(ся), -аю, -ает(ся)
проте́чка, -и, *р. мн.* -чек
проте́чный
проте́чь, -ечёт, -еку́т; *прош.* -ёк, -екла́
про́тив, *предлог* и *в знач. сказ.*
про́тивень, -вня
противи́тельный
проти́виться, -влюсь, -вится
противле́ние, -я
проти́вненький
проти́вник, -а
проти́вница, -ы, *тв.* -ей
проти́вно, *нареч., в знач. сказ., предлог*
проти́вность, -и
проти́вный; *кр. ф.* -вен, -вна
противо... – *приставка, пишется слитно*
противоавари́йный
противоалкого́льный
противоаллерги́ческий
противоа́томный
противобактери́йный
противобактериологи́ческий
противоболево́й
противобо́рство, -а
противобо́рствовать, -твую, -твует
противованда́льный
противове́с, -а
противови́русный
противовозду́шный
противовоспали́тельный
противога́з, -а
противога́зный
противога́зовый
противогангрено́зный
противогли́стный
противогни́лостный
противогололёдный
противогосуда́рственный
противогра́довый
противогрибко́вый
противогриппо́зный
противодавле́ние, -я
противодвиже́ние, -я
противоде́йствие, -я
противоде́йствовать, -твую, -твует
противодеса́нтный
противодифтери́йный
противоды́мный
противоесте́ственно, *нареч.*
противоесте́ственность, -и
противоесте́ственный; *кр. ф.* -вен и -венен, -венна
противозага́рный
противозако́нно, *нареч.*
противозако́нность, -и
противозако́нный; *кр. ф.* -о́нен, -о́нна
противозатра́тный
противозача́точный
противозени́тный
противоизлуче́ние, -я
противоизно́сный
противоио́ны, -ов, *ед.* -ио́н, -а
противоипри́тный
противока́риесный
противока́рстовый
противока́шлевый
противокорабе́льный
противокоррози́йный
противокоррозио́нный
противолави́нный
противолежа́щий
противоле́звие, -я
противолихора́дочный
противоло́дочник, -а
противоло́дочный
противолучево́й
противомаляри́йный
противометеори́тный
противомикро́бный
противоми́нный
противомоски́тный
противонапра́вленный; *кр. ф.* -ен, -ена
противообва́льный
противообледени́тель, -я
противообледени́тельный
противообще́ственный
противоожо́говый
противоо́ползневый
противоо́пухолевый
противоотёчный
противооткáтный
противопа́водковый
противопаразита́рный
противоперегру́зочный
противопехо́тный
противопожа́рный
противопоказа́ние, -я
противопока́занность, -и
противопока́занный; *кр. ф.* -ан, -ана
противополага́ть(ся), -а́ю, -а́ет(ся)
противополиомиели́тный
противоположе́ние, -я
противополо́женный; *кр. ф.* -ен, -ена, *прич.*
противоположи́ть, -ожу́, -о́жит
противополо́жность, -и
противополо́жный; *кр. ф.* -жен, -жна, *прил.*
противопостави́тельный
противопоста́вить, -влю, -вит
противопоставле́ние, -я
противопоста́вленность, -и
противопоста́вленный; *кр. ф.* -ен, -ена

противопоставля́ть(ся), -я́ю(сь), -я́ет(ся)
противоправи́тельственный
противопра́вность, -и
противопра́вный; *кр. ф.* -вен, -вна
противоприга́рный
противопро́лежневый
противопросту́дный
противорадиацио́нный
противорадиолокацио́нный
противораке́та, -ы
противораке́тный
противора́ковый
противорво́тный
противоре́чащий
противоречи́вость, -и
противоречи́вый
противоре́чие, -я
противоре́чить, -чу, -чит
противосамолётный
противоселево́й и **противосе́левый**
противосифилити́ческий
противосия́ние, -я
противоскольже́ние, -я
противоскользя́щий
противосложе́ние, -я
противосо́лнечный
противосорняко́вый
противоспу́тниковый
противостари́тель, -я
противостери́льный
противостолбня́чный
противостоя́ние, -я
противостоя́ть, -ою́, -ои́т
противосу́дорожный
противотанки́ст, -а
противота́нковый
противотарака́нный
противотела́, -те́л, *ед.* -те́ло, -а
противотеплово́й
противотече́ние, -я
противотифо́зный
противото́к, -а
противотокси́чный; *кр. ф.* -чен, чна
противоторпе́дный
противотуберкулёзный
противотума́нный
противоуга́рный
противоуго́н, -а
противоуго́нный
противоуда́рный
противоутоми́тель, -я
противофа́за, -ы
противофильтрацио́нный
противохими́ческий
противохо́д, -а
противохоле́рный
противоцеллюли́тный
противоцинго́тный
противочле́н, -а
противочу́мный
противошо́ковый
противошу́мный
противошумово́й
противошу́мы, -ов
противоэнцефали́тный
противоэпидеми́ческий
противоэрози́йный
противоэрозио́нный
противоя́дерный
противоя́дие, -я
противоя́звенный
проти́ву, *предлог* (*устар. к* про́тив)
проти́вящийся
про́тий, -я
протира́ние, -я
протира́ть(ся), -а́ю(сь), -а́ет(ся)
проти́рка, -и, *р. мн.* -рок
проти́рочный
проти́рщик, -а
проти́рщица, -ы, *тв.* -ей
проти́сканный; *кр. ф.* -ан, -ана
проти́скать(ся), -аю(сь), -ает(ся)
проти́скивание, -я
проти́скивать(ся), -аю(сь), -ает(ся)
проти́снутый
проти́снуть(ся), -ну(сь), -нет(ся)
протистоло́гия, -и
проти́сты, -ов, *ед.* -и́ст, -а
про́тканный; *кр. ф.* -ан, -ана
протка́ть, -ку́, -кёт; *прош.* -а́л, -а́ла́, -а́ло
про́ткнутый
проткну́ть, -ну́, -нёт
протле́ть, -е́ю, -е́ет
прото... – *приставка, пишется слитно*
протобе́стия, -и
протоги́ни́я, -и и **протероги́ни́я,** -и
протоги́ппус, -а
протого́род, -а, *мн.* -а́, -о́в (*археол.*)
протогосуда́рство, -а
прото́граф, -а
протоде́рма, -ы
протодья́кон, -а и **протодиа́кон,** -а
протодья́конский и **протодиа́конский**
протодья́конство, -а и **протодиа́конство,** -а
протозвезда́, -ы́, *мн.* звёзды, -звёзд
протозвёздный
протозо́а, *нескл., мн.*
протозоологи́ческий
протозооло́гия, -и
протоиере́й, -я
протоиере́йский
протоиере́йство, -а
протоинди́йский
протоистори́ческий
протоисто́рия, -и
прото́к, -а и **прото́ка,** -и
протокана́лья, -и, *р. мн.* -лий
протокита́йский
протоко́кки, -ов, *ед.* -ко́кк, -а
протоко́кковый
протоко́л, -а
протоколи́зм, -а
протоколи́рование, -я
протоколи́рованный; *кр. ф.* -ан, -ана
протоколи́ровать(ся), -рую, -рует(ся)
протоколи́ст, -а
протоко́льность, -и
протоко́льный
протоко́льщик, -а
протоксиле́ма, -ы
прото́лканный; *кр. ф.* -ан, -ана
протолка́ть(ся), -а́ю(сь), -а́ет(ся)
прото́лкнутый
протолкну́ть(ся), -ну́(сь), -нёт(ся)
протолкова́ть, -ку́ю, -ку́ет
протоло́кший
протоло́чь, -лку́, -лчёт, -лку́т; *прош.* -ло́к, -лкла́
протолчённый; *кр. ф.* -ён, -ена́
прото́ма, -ы
протоми́ть(ся), -млю́(сь), -ми́т(ся)
протомлённый; *кр. ф.* -ён, -ена́
прото́н, -а
протоне́ма, -ы
протонеоли́т, -а
протонефри́дии, -ев, *ед.* -дий, -я
прото́нный
прото́н-прото́нный
протопати́ческий
прото́пать, -аю, -ает
протопекти́н, -а
протопи́ть(ся), -оплю́, -о́пит(ся)
протопла́зма, -ы
протоплазмати́ческий
протопла́зменный
протоплане́та, -ы
протоплане́тный
протопла́ст, -а
протоплатфо́рма, -ы
прото́пленный; *кр. ф.* -ен, -ена
протопо́п, -а
протопо́пица, -ы, *тв.* -ей
протопо́пский
протопресви́тер, -а
про то́ про сё
прото́птанный; *кр. ф.* -ан, -ана
протопта́ть(ся), -опчу́(сь), -о́пчет(ся)
прото́пте́р, -а
проторго́ванный; *кр. ф.* -ан, -ана
проторгова́ть(ся), -гу́ю(сь), -гу́ет(ся)
проторго́вывать(ся), -аю(сь), -ает(ся)
Проторенесса́нс, -а
проторе́ние, -я
проторённость, -и
проторённый; *кр. ф.* -ён, -ена́
прото́ржка, -и
про́тори, -ей
протори́ть(ся), -рю́(сь), -ри́т(ся)
проторча́ть, -чу́, -чи́т
проторя́ть(ся), -я́ю, -я́ет(ся)
протоскова́ть, -ку́ю, -ку́ет
протосо́лнечный
протосте́ла, -ы
прототалита́рный
прототи́п, -а
прототипи́ческий
прототро́фный
прототро́фы, -ов, *ед.* -тро́ф, -а
протофибри́ллы, -и́лл, *ед.* -и́лла, -ы
протофлоэ́ма, -ы

протохлорофи́лл, -а
протоцера́топс, -а
прото́ченный; *кр. ф.* -ен, -ена, *прич.*
прото́чина, -ы
проточи́ть, -очу́, -о́чит
прото́чка, -и
прото́чность, -и
прото́чный; *кр. ф.* -чен, -чна, *прил.*
протра́ва, -ы
протрави́тель, -я
протрави́ть, -авлю́, -а́вит
протра́вка, -и
протравле́ние, -я
протра́вленный; *кр. ф.* -ен, -ена
протра́вливание, -я
протра́вливатель, -я
протра́вливать(ся), -аю, -ает(ся)
протравля́ть(ся), -я́ю, -я́ет(ся)
протравно́й
протра́вочный
протра́ктор, -а (*тех.*)
протра́ленный; *кр. ф.* -ен, -ена
протра́ливать(ся), -аю, -ает(ся)
протра́лить, -лю, -лит
протранжи́ренный; *кр. ф.* -ен, -ена
протранжи́ривать(ся), -аю(сь), -ает(ся)
протранжи́рить(ся), -рю(сь), -рит(ся)
протранскриби́рованный; *кр. ф.* -ан, -ана
протранскриби́ровать, -рую, -рует
протра́тить(ся), -а́чу(сь), -а́тит(ся)
протра́ченный; *кр. ф.* -ен, -ена
протра́чивать(ся), -аю(сь), -ает(ся)
протрезве́ть, -е́ю, -е́ет
протрезви́ть(ся), -влю́(сь), -ви́т(ся)
протрезвле́ние, -я
протрезвлённый; *кр. ф.* -ён, -ена́
протрезвля́ть(ся), -я́ю(сь), -я́ет(ся)
протрепа́ть(ся), -еплю́(сь), -е́плет(ся), -е́плют(ся) и -е́пет(ся), -е́пят(ся)
протреща́ть, -щу́, -щи́т
протриеро́ванный; *кр. ф.* -ан, -ана
протриерова́ть, -ру́ю, -ру́ет
протромби́н, -а
протромби́новый
протруби́ть, -блю́, -би́т
протру́бленный; *кр. ф.* -ен, -ена
протруди́ться, -ужу́сь, -у́дится
протруси́ть(ся), -ушу́, -уси́т(ся)
протру́шенный; *кр. ф.* -ен, -ена
протряса́ть(ся), -а́ю, -а́ет(ся)
протрясённый; *кр. ф.* -ён, -ена́
протрясти́(сь), -су́(сь), -сёт(ся); *прош.* -я́с(ся), -ясла́(сь)
протря́сший(ся)
протря́хивание, -я
протря́хивать(ся), -аю, -ает(ся)
протря́хнутый
протряхну́ть, -ну́, -нёт
протубера́нец, -нца, *тв.* -нцем, *р. мн.* -нцев
протубера́нцевый
протубера́нц-спектроско́п, -а
протурённый; *кр. ф.* -ён, -ена́
протури́ть, -рю́, -ри́т
протуха́ние, -я
протуха́ть, -а́ет
проту́хлый
проту́хнуть, -нет; *прош.* -у́х, -у́хла
проту́хший
проту́шенный; *кр. ф.* -ен, -ена
протуши́ть(ся), -ушу́, -у́шит(ся)
протыка́ние, -я
проты́кать, -аю, -ает, *сов.* (*от* ты́кать)
протыка́ть(ся), -а́ю, -а́ет(ся), *несов.* (*к* проткну́ть)
проты́риваться, -аюсь, -ается
проты́риться, -рюсь, -рится
протя́вкать, -ает
протя́гивание, -я
протя́гивать(ся), -аю(сь), -ает(ся)
протяже́ние, -я
протяжённость, -и
протяжённый; *кр. ф.* -ён, -ённа
протя́жка, -и, *р. мн.* -жек
протяжно́й (*к* протя́жка)
протя́жность, -и
протя́жный; *кр. ф.* -жен, -жна (*тягучий*)
протя́жчик, -а
протя́нутый
протяну́ть(ся), -яну́(сь), -я́нет(ся)
проу́жинать, -аю, -ает
проу́лок, -лка
проу́лочный
проурча́ть, -чу́, -чи́т
проутю́женный; *кр. ф.* -ен, -ена
проутю́живание, -я
проутю́живать(ся), -аю, -ает(ся)
проутю́жить, -жу, -жит
проу́ченный; *кр. ф.* -ен, -ена
проу́чивать(ся), -аю(сь), -ает(ся)
проучи́ть(ся), -учу́(сь), -у́чит(ся)
проу́шина, -ы
проф... – *первая часть сложных слов, пишется слитно*
профа́г, -а
профа́за, -ы
профакти́в, -а
профактиви́ст, -а
профактиви́стка, -и, *р. мн.* -ток
профа́н, -а
профана́ция, -и
профани́рование, -я
профани́рованный; *кр. ф.* -ан, -ана
профани́ровать(ся), -рую, -рует(ся)
профани́ческий
профа́нность, -и
профа́нный
профаши́ст, -а
профаши́стский
профбиле́т, -а
профбо́сс, -а
профбюро́, *нескл., с.*
профверху́шка, -и, *р. мн.* -шек
профвзно́сы, -ов
профвре́дность, -и
профгрупо́рг, -а
профгру́ппа, -ы
профдвиже́ние, -я
профферме́нты, -ов, *ед.* -е́нт, -а
профершпи́ленный; *кр. ф.* -ен, -ена
профершпи́лить(ся), -лю(сь), -лит(ся)
профессиогра́мма, -ы
профессиографи́рование, -я
профессиографи́рованный; *кр. ф.* -ан, -ана
профессиографи́ческий
профессиогра́фия, -и
профессиона́л, -а
профессионализа́ция, -и
профессионализи́ровать(ся), -рую, -рует(ся)
профессионали́зм, -а
профессиона́лка, -и, *р. мн.* -лок
Профессиона́льная футбо́льная ли́га (ПФЛ)
профессиона́льно-медици́нский
профессиона́льно неприго́дный
профессиона́льно ориенти́рованный
профессиона́льно-прикладно́й
профессиона́льно-спорти́вный
профессиона́льность, -и
профессиона́льно-техни́ческий
профессиона́льно-трудово́й
профессиона́льный; *кр. ф.* -лен, -льна
профе́ссия, -и
профе́ссор, -а, *мн.* -а́, -о́в
профе́ссор-консульта́нт, профе́ссора-консульта́нта
профе́ссорская, -ой
профе́ссорский
профе́ссорско-преподава́тельский
профе́ссорство, -а
профе́ссорствовать, -твую, -твует
профе́ссорша, -и, *тв.* -ей
профессу́ра, -ы
профети́ческий
профзаболева́ние, -я
про́фи, *нескл., м.*
про́фи-клу́б, -а
профи́кс, -а *(фин.)*
профила́ктик, -а
профила́ктика, -и
профилакти́рованный; *кр. ф.* -ан, -ана
профилакти́ровать(ся), -рую(сь), -рует(ся)
профилакти́ческий
профилакто́рий, -я
профилеги́бочный
профилеразме́р, -а
профилешлифова́льный
профилиза́ция, -и
профили́рование, -я
профили́рованный; *кр. ф.* -ан, -ана
профили́ровать(ся), -рую, -рует(ся)
профиро́вка, -и
профилиро́вочный
профилиро́вщик, -а
профили́рующий(ся)
профило́граф, -а
профило́метр, -а
профило́нить, -ню, -нит

про́филь, -я
про́фильный
профильтро́ванный; *кр. ф.* -ан, -ана
профильтрова́ть(ся), -ру́ю, -ру́ет(ся)
профильтро́вывать(ся), -аю, -ает(ся)
профинанси́рованный; *кр. ф.* -ан, -ана
профинанси́ровать(ся), -рую, -рует(ся)
профинти́ть(ся), -нчу́(сь), -нти́т(ся)
про́фи-спо́рт, -а
профи́т, -а
профитро́ль, -я
профици́т, -а (*фин.*)
профици́тный
профко́м, -а
профко́мовец, -вца, *тв.* -вцем, *р. мн.* -вцев
профко́мовка, -и, *р. мн.* -вок
профко́мовский
профли́дер, -а
профмастерство́, -а́
профнасти́л, -а
профнепригóдность, -и
профнепригóдный; *кр. ф.* -ден, -дна
профобсле́дование, -я
профобъедине́ние, -я
профо́рг, -а
профо́рган, -а
профорганиза́тор, -а
профорганиза́ция, -и
профориентацио́нный
профориента́ция, -и
профо́рма, -ы (*внешняя формальность, видимость*)
профо́рма-счёт, -а, *мн.* -а́, -о́в
профо́с, -а
профосмо́тр, -а
профотбо́р, -а
профпато́лог, -а
профпатоло́гия, -и
профподгото́вка, -и
профпригóдность, -и
профрабо́та, -ы
профрабо́тник, -а
профремо́нт, -а (*профилактический ремонт*)
профсобра́ние, -я
профсою́з, -а
профсою́зник, -а
профсою́зный
профтехни́ческий
профтехобразова́ние, -я
профтехучи́лище, -а
профу́канный; *кр. ф.* -ан, -ана
профу́кать(ся), -аю(сь), -ает(ся)
профунда́ль, -и
профуполномо́ченный, -ого
профуча́стник, -а
профце́нтр, -а
профшко́ла, -ы
проха́живание, -я
проха́живать(ся), -аю(сь), -ает(ся)
прохарчи́ть(ся), -чу́(сь), -чи́т(ся)
прохвати́ть, -ачу́, -а́тит
прохва́тывать(ся), -аю(сь), -ает(ся)
прохва́ченный; *кр. ф.* -ен, -ена
прохвора́ть, -а́ю, -а́ет
прохво́ст, -а
прохинде́й, -я
прохинде́йка, -и, *р. мн.* -е́ек
прохинде́йский
прохинде́йство, -а
Прохиро́н, -а (*памятник византийского права*)
прохихи́кать, -аю, -ает
прохла́да, -ы
прохла́дец: с прохла́дцем
прохлади́тельный; *кр. ф.* -лен, -льна
прохлади́ть(ся), -ажу́(сь), -ади́т(ся)
прохла́дненский (*от* Прохла́дный)
прохла́дненцы, -ев, *ед.* -ненец, -ненца, *тв.* -ненцем
прохла́дненький
прохла́дно, *нареч.* и *в знач. сказ.*
прохла́дно-ве́жливый
прохла́дность, -и
прохла́дный; *кр. ф.* -ден, -дна
Прохла́дный, -ого (*город*)
прохла́дца, -ы, *тв.* -ей
прохлажда́ть(ся), -а́ю(сь), -а́ет(ся)
прохлажде́ние, -я
прохлаждённый; *кр. ф.* -ён, -ена́
прохло́панный; *кр. ф.* -ан, -ана
прохло́пать, -аю, -ает
прохлопота́ть, -очу́, -о́чет
прохло́пывать(ся), -аю, -ает(ся)
прохо́д, -а
проходи́мец, -мца, *тв.* -мцем, *р. мн.* -мцев
проходи́мка, -и, *р. мн.* -мок
проходи́мость, -и
проходи́мый
проходи́ть(ся), -ожу́, -о́дит(ся)
прохо́дка, -и
проходна́я, -о́й
проходно́й
прохо́дом, *нареч.*
прохо́дческий
прохо́дчик, -а
проходя́щий
прохожде́ние, -я
прохо́жий
прохола́живать(ся), -аю, -ает(ся)
прохолоди́ть, -ложу́, -лоди́т (*с.-х.*)
прохоло́женный; *кр. ф.* -ен, -ена
прохоря́, -е́й
прохрапе́ть, -плю́, -пи́т
прохрипе́ть, -плю́, -пи́т
прохронометри́рованный; *кр. ф.* -ан, -ана
прохронометри́ровать(ся), -рую, -рует(ся)
прохрусте́ть, -ущу́, -усти́т
прохрю́кать, -аю, -ает
прохуди́ться, -и́тся
прохý́нтовский
процара́панный; *кр. ф.* -ан, -ана
процара́пать(ся), -аю(сь), -ает(ся)
процара́пывание, -я
процара́пывать(ся), -аю(сь), -ает(ся)
процвести́, -вету́, -ветёт; *прош.* -вёл, -вела́
процвета́ние, -я
процвета́ть, -а́ю, -а́ет
процве́тший
процеди́ть(ся), -ежу́, -е́дит(ся)
процеду́ра, -ы
процеду́рный
проце́женный; *кр. ф.* -ен, -ена
проце́живание, -я
проце́живать(ся), -аю, -ает(ся)
проце́льный (*зоол.*)
проце́нт, -а
проце́нтный
процентó́вка, -и, *р. мн.* -вок
процентома́ния, -и
проце́нтщик, -а
проце́нтщица, -ы, *тв.* -ей
процерко́ид, -а
проце́сс, -а
проце́ссия, -и
проце́ссор, -а
проце́ссорный
процессуали́ст, -а
процессуа́льный
процити́рованный; *кр. ф.* -ан, -ана
процити́ровать, -рую, -рует
процо́кать, -аю, -ает
про́чащий(ся)
прочека́ненный; *кр. ф.* -ен, -ена
прочека́нивание, -я
прочека́нивать(ся), -аю, -ает(ся)
прочека́нить, -ню, -нит
про́ченный; *кр. ф.* -ен, -ена
про́черк, -а
прочёркивание, -я
прочёркивать(ся), -аю, -ает(ся)
прочёркнутый
прочеркну́ть, -ну́, -нёт
про́чернь, -и
прочерти́ть, -ерчу́, -е́ртит
проче́рченный; *кр. ф.* -ен, -ена
проче́рчивание, -я
проче́рчивать(ся), -аю, -ает(ся)
прочёс, -а
прочёсанный; *кр. ф.* -ан, -ана
прочеса́ть, -ешу́, -е́шет
прочёска, -и
проче́сть(ся), -чту́, -чтёт(ся); *прош.* -чёл(ся), -чла́(сь)
прочёсывание, -я
прочёсывать(ся), -аю, -ает(ся)
прочёт, -а
про́чий
прочини́ть, -иню́, -и́нит
прочири́кать, -аю, -ает
прочи́стить(ся), -и́щу, -и́стит(ся)
прочи́стка, -и, *р. мн.* -ток
прочистно́й
прочи́танный; *кр. ф.* -ан, -ана
прочита́ть(ся), -а́ю, -а́ет(ся)
прочи́тывание, -я
прочи́тывать(ся), -аю, -ает(ся)
про́чить(ся), -чу(сь), -чит(ся)

прочиха́ть(ся), -а́ю(сь), -а́ет(ся)
прочихну́ть, -ну́, -нёт
прочища́лка, -и, *р. мн.* -лок
прочища́ть(ся), -а́ю, -а́ет(ся)
прочище́ние, -я
прочи́щенный; *кр. ф.* -ен, -ена
прочне́йший
прочне́ть, -е́ет
прочни́ст, -а
прочностно́й и **про́чностный**
про́чность, -и
про́чный; *кр. ф.* -чен, -чна́, -чно, про́чны́
прочте́ние, -я
прочтённый; *кр. ф.* -ён, -ена́
прочу́вственно, *нареч.*
прочу́вственный; *кр. ф.* -ен и -енен, -енна
прочу́вствование, -я
прочу́вствованно, *нареч.*
прочу́вствованность, -и
прочу́вствованный; *кр. ф.* -ан, -ана
прочу́вствовать(ся), -твую, -твует(ся)
прочу́хаться, -аюсь, -ается
прочь, *нареч.*
прошага́ть, -а́ю, -а́ет
проша́мкать, -аю, -ает
проша́ркать, -аю, -ает
прошата́ться, -а́юсь, -а́ется
про́шва, -ы
прошвырну́ться, -ну́сь, -нётся
проше́дшее, -его
проше́дший(ся)
прошелесте́ть, -ти́т
проше́ние, -я
про́шенный; *кр. ф.* -ен, -ена, *прич.*
про́шеный, *прил.*
прошепеля́вить, -влю, -вит
прошёптанный; *кр. ф.* -ан, -ана
прошепта́ть(ся), -шепчу́(сь), -ше́пчет(ся)
прошерсти́ть, -и́т
проше́ствие: по проше́ствии (*чего*)
проше́ствовать, -твую, -твует
прошиба́ть(ся), -а́ю(сь), -а́ет(ся)
прошиби́вший(ся)
прошиби́ть(ся), -бу́(сь), -бёт(ся); *прош.* -ши́б(ся), -ши́бла(сь)
проши́бленный; *кр. ф.* -ен, -ена
прошива́ние, -я
прошива́ть(ся), -а́ю, -а́ет(ся)
про́шивень, -вня
проши́вка, -и, *р. мн.* -вок
прошивно́й
проши́вочный
прошипе́ть, -плю́, -пи́т
проши́тый
проши́ть(ся), -шью́, -шьёт(ся)
прошку́ренный; *кр. ф.* -ен, -ена
прошку́ривание, -я
прошку́ривать(ся), -аю, -ает(ся)
прошку́рить(ся), -рю, -рит(ся)
прошлёпать, -аю, -ает
прошлого́дний
про́шлое, -ого
про́шлый
прошля́пить, -плю, -пит
прошля́ться, -я́юсь, -я́ется
прошмы́гивать, -аю, -ает
прошмыгну́ть, -ну́, -нёт
прошнуро́ванный; *кр. ф.* -ан, -ана
прошнурова́ть, -ру́ю, -ру́ет
прошнуро́вка, -и
прошнуро́вывание, -я
прошнуро́вывать(ся), -аю, -ает(ся)
прошпаклёванный; *кр. ф.* -ан, -ана
прошпаклева́ть(ся), -лю́ю, -лю́ет(ся)
прошпаклёвывать(ся), -аю, -ает(ся)
прошпиго́ванный; *кр. ф.* -ан, -ана
прошпигова́ть, -гу́ю, -гу́ет
прошпиго́вывать(ся), -аю, -ает(ся)
прошприцева́ть, -цу́ю, -цу́ет
прошприцо́ванный; *кр. ф.* -ан, -ана
проштампо́ванный; *кр. ф.* -ан, -ана
проштампова́ть, -пу́ю, -пу́ет
проштампо́вывать(ся), -аю, -ает(ся)
проштемпелёванный; *кр. ф.* -ан, -ана
проштемпелева́ть, -лю́ю, -лю́ет
проштемпелёвывать(ся), -аю, -ает(ся)
прошто́панный; *кр. ф.* -ан, -ана
прошто́пать, -аю, -ает
прошто́пывание, -я
прошто́пывать(ся), -аю, -ает(ся)
проштра́фиться, -флюсь, -фится
проштуди́рованный; *кр. ф.* -ан, -ана
проштуди́ровать, -рую, -рует
проштукату́ренный; *кр. ф.* -ен, -ена
проштукату́ривать(ся), -аю, -ает(ся)
проштукату́рить, -рю, -рит
прошуме́ть, -млю́, -ми́т
прошурша́ть, -шу́, -ши́т
прошушу́кать(ся), -аю(сь), -ает(ся)
проща́й мо́лодость, *неизм.* и *нескл., мн.* (*об обуви*)
проща́й(те)
проща́льный; *кр. ф.* -лен, -льна
проща́ние, -я
проща́ньице, -а
проща́ть(ся), -а́ю(сь), -а́ет(ся)
про́ще, *сравн. ст.*
прощебета́ть, -бечу́, -бе́чет
проще́лина, -ы
прощёлкать, -аю, -ает
прощелы́га, -и, *м.* и *ж.*
проще́ние, -я
прощённый; *кр. ф.* -ён, -ена́, *прич.*
Прощёное воскресе́нье
Прощёный де́нь
прощу́панный; *кр. ф.* -ан, -ана
прощу́пать(ся), -аю, -ает(ся)
прощу́пывание, -я
прощу́пывать(ся), -аю, -ает(ся)
проэкзамено́ванный; *кр. ф.* -ан, -ана
проэкзаменова́ть(ся), -ну́ю(сь), -ну́ет(ся)
проэкзамено́вывать(ся), -аю, -ает(ся)
проэксперименти́ровать, -и́рую, -и́рует
прояви́тель, -я
прояви́ть(ся), -явлю́, -я́вит(ся)
проя́вка, -и
проявле́ние, -я
проя́вленный; *кр. ф.* -ен, -ена
проявля́ть(ся), -я́ю, -я́ет(ся)
проявля́ющий(ся)
проя́вочный
проясне́ние, -я
прояснённый; *кр. ф.* -ён, -ена́
проя́снеть, -еет (*о погоде*)
проясне́ть, -е́ет (*стать ясным, четким, понятным*)
проя́снивать(ся), -ает(ся) (*о погоде*)
проя́снить(ся), -ит(ся) (*о погоде*)
проясни́ть(ся), -ню́, -ни́т(ся) (*сделать(ся) ясным, четким, понятным*)
проясня́ть(ся), -я́ю, -я́ет(ся)
пруд, -а́ и -а, *предл.* в (на) пруду́, *мн.* -ы́, -о́в
пруденциа́льный; *кр. ф.* -лен, -льна (*фин.*)
пру́дик, -а
пруди́ть(ся), -ужу́, -у́ди́т(ся)
пруди́шко, -а и -и, *мн.* -шки, -шек, *м.*
прудови́к, -а́
прудово́й
прудони́зм, -а (*от* Прудо́н)
прудони́ст, -а
прудони́стский
пру́д пруди́ (*очень много*)
Пруды́, -о́в: **Сере́бряные Пруды́** (*город*), **Воронцо́вские Пруды́** (*улица в Москве*)
пруда́щий(ся)
пру́женный; *кр. ф.* -ен, -ена и **пружённый;** *кр. ф.* -ён, -ена́, *прич.*
пружи́на, -ы
пружи́нистость, -и
пружи́нистый
пружи́нить(ся), -ню(сь), -нит(ся)
пружи́нка, -и, *р. мн.* -нок
пружи́нно-рессо́рный
пружи́нный
пружинонави́вочный
пружи́нящий(ся)
пружо́к, -жка́
прус, -а (*саранча*)
руса́к, -а́ (*таракан*)
руса́чий, -ья, -ье
пру́сик, -а (*к* прус)
пруссаки́, -о́в и **прусса́ки,** -ов, *ед.* прусса́к, -а́ и -а (*к* Пру́ссия)
прусса́чество, -а
пру́сский (*к* пру́ссы и Пру́ссия)
пру́сско-австри́йский
пру́ссы, -ов, *ед.* прусс, -а (*племя*)
прусти́т, -а
пру́стовский (*от* Пруст)
прут, -а́, *мн.* пру́тья, -ьев и (*тех.*) -ы́, -о́в
пру́тик, -а
прутко́вый
прутня́к, -а́
прутово́й
пруто́к, -тка́

прутьеви́дный; *кр. ф.* -ден, -дна
прутяно́й
прыг, *неизм.*
пры́галки, -лок и **пры́галка,** -и
пры́ганье, -я
пры́гательный
пры́гать(ся), -аю, -ает(ся)
пры́гающий
пры́гнуть, -ну, -нет
пры́г-ско́к, *неизм.*
прыгу́н, -а́
прыгу́н-высо́тник, прыгуна́-высо́тника
прыгунки́, -о́в
прыгу́нчик, -а
прыгу́нья, -и, *р. мн.* -ний
прыгу́честь, -и
прыгу́чий
прыжко́вый
прыжо́к, -жка́
пры́скалка, -и, *р. мн.* -лок
пры́сканье, -я
пры́скать(ся), -аю(сь), -ает(ся)
пры́снуть, -ну, -нет
пры́ткий; *кр. ф.* -ток, -тка, -тко
пры́ткость, -и
пры́тче, *сравн. ст.*
пры́ть, -и
прыщ, -а́, *тв.* -о́м
прыща́вевший
прыща́веть, -ею, -еет
прыща́вость, -и
прыща́вый
прыщева́тость, -и
прыщева́тый
пры́щик, -а
пры́щичек, -чка
прюне́левый
прюне́ль, -и
пря́вший(ся)
пря́дать, -аю, -ает
пря́дево, -а
прядевьющий
пряде́ние, -я
пря́денный; *кр. ф.* -ен, -ена, *прич.*
пря́деный, *прил.*
пряди́льно-крути́льный
пряди́льно-тка́цкий
пряди́льный
пряди́льня, -и, *р. мн.* -лен
пряди́льщик, -а
пряди́льщица, -ы, *тв.* -ей
пря́дка, -и, *р. мн.* -док
пря́дочка, -и, *р. мн.* -чек
пряду́щий(ся)
прядь, -и
пря́жа, -и, *тв.* -ей
пряжекрути́льщица, -ы, *тв.* -ей
пря́женец, -нца, *тв.* -нцем, *р. мн.* -нцев
пря́жение, -я
пря́женик, -а
пря́женный; *кр. ф.* -ен, -ена и **пряжённый;** *кр. ф.* -ён, -ена́, *прич.*
пря́женый, *прил.*
пря́жечка, -и, *р. мн.* -чек
пря́жечный
пря́жи́ть(ся), пря́жу́, пря́жи́т(ся)
пря́жка, -и, *р. мн.* -жек
пря́лка, -и, *р. мн.* -лок
пря́лочка, -и, *р. мн.* -чек
пряма́я, -о́й
прямёхонький; *кр. ф.* -нек, -нька
прямёшенький; *кр. ф.* -нек, -нька
прямизна́, -ы́
прями́к, -а́
прямико́м, *нареч.*
прями́ть(ся), -млю́(сь), -ми́т(ся)
прямлённый; *кр. ф.* -ён, -ена́, *прич.*
прямлёный, *прил.*
пря́мо, *нареч.* и *частица*
прямоду́шие, -я
прямоду́шный; *кр. ф.* -шен, -шна
прямое́зжий
прямоиду́щий*
прямо́й; *кр. ф.* прям, пряма́, пря́мо, пря́мы́
прямокише́чный
прямокры́лые, -ых
прямолине́йно-направля́ющий
прямолине́йность, -и
прямолине́йный; *кр. ф.* -е́ен, -е́йна
пря́мо-на́прямо
пря́мо пропорциона́льный
пря́мо противополо́жный
прямосло́йный
прямоство́льный
прямостоя́чий *(бот.)*
прямостоя́щий*
прямота́, -ы́
пря́мо-таки
прямото́к, -а
прямото́чный
прямоуго́льник, -а
прямоуго́льный; *кр. ф.* -лен, -льна
прямоходя́щий*
прямохожде́ние, -я
прямоште́вник, -а *(яхта)*
пря́ник, -а
пря́ничек, -чка
пря́ничник, -а
пря́ничный
пряноарома́тный
пря́ность, -и
пря́нуть, -ну, -нет
пря́ный
пря́сельник, -а
пря́слице, -а
пря́сло, -а, *р. мн.* -сел
пря́сть(ся), пряду́, прядёт(ся); *прош.* пря́л(ся), пряла́(сь), пря́ло(сь)
пря́талки, -лок
пря́танный; *кр. ф.* -ан, -ана
пря́танье, -я
пря́тать(ся), пря́чу(сь), пря́чет(ся)
пря́тки, -ток
пря́тушки, -шек
пря́ха, -и
пря́чущий(ся)
пса́лии, -ев, *ед.* пса́лий, -я
псалми́ческий
псалмо́граф, -а
псалмоди́рование, -я
псалмоди́ческий
псалмо́дия, -и
псалмопе́вец, -вца, *тв.* -вцем, *р. мн.* -вцев (*от* псало́м)
псалмопе́ние, -я
псало́м, -лма́
псало́мный
псало́мский
псало́мщик, -а
псало́мщицкий
псалтерио́н, -а
псалте́риум, -а (*муз. инструмент*)
псалты́рный
псалты́рщик, -а
Псалты́рь, -и и -я́ (*часть Библии, книга псалмов*) и **псалты́рь,** -и и -я́ (*сборник псалмов для чтения вслух*)
пса́льма, -ы и **псальм,** -а (*род канта, муз.*)
псальмопе́вец, -вца, *тв.* -вцем, *р. мн.* -вцев (*от* пса́льма)
пса́мма, -ы
псамми́товый
псамми́ты, -ов, *ед.* -мми́т, -а
псаммобио́нты, -ов, *ед.* -о́нт, -а
псаммоле́пис, -а
псаммо́н, -а
псаммофи́лы, -ов, *ед.* -фи́л, -а
псаммофи́ты, -ов, *ед.* -фи́т, -а
пса́рный
пса́рня, -и, *р. мн.* -рен
пса́рский
псарь, -я́
псевдо... – *первая часть сложных слов, пишется слитно (перед прописной буквой – через дефис)*
псевдоакадеми́ческий
Псе́вдо-Ареопаги́т, -а
псевдоартро́з, -а
псевдобибле́йский
псевдове́ктор, -а
псевдогаллюцинато́рный
псевдогаллюцина́ция, -и
псевдога́мия, -и
псевдогема́льный
псевдогерои́ческий
псевдогеро́й, -я
псевдого́лос, -а
псевдого́тика, -и
псевдготи́ческий
псевдогра́фика, -и
псевдодемокра́т, -а
псевдодемократи́ческий
псевдодемокра́тия, -и
псевдодемокра́тка, -и, *р. мн.* -ток
Псе́вдо-Диони́сий, -я
псевдоди́птер, -а
псевдоди́ск, -а
псевдодокумента́льный
псевдоинтеллектуа́л, -а
псевдоинтеллектуа́льный; *кр. ф.* -лен, -льна

псевдоинтеллиге́нт, -а
псевдоинтеллиге́нтность, -и
псевдоинтеллиге́нтный; *кр. ф.* -тен, -тна
псевдоиску́сство, -а
псевдоистори́зм, -а
псевдоистори́ческий
псевдока́рст, -а
псевдока́рстовый
псевдокислота́, -ы́, *мн.* -о́ты, -о́т
псевдоклассици́зм, -а
псевдокласси́ческий
псевдоко́д, -а
псевдокома́нда, -ы
псевдокоммента́рий, -я
псевдокони́ческий
псевдокриста́лл, -а
псевдокульту́ра, -ы
псевдокульту́рный
псевдолитерату́ра, -ы
псевдоло́гия, -и
Псе́вдо-Маври́кий, -я
псевдомаркси́стский
псевдоми́ксис, -а
псевдомнези́я, -и
псевдоморфи́зм, -а
псевдоморфо́з, -а (*геол.*)
псевдому́зыка, -и
псевдонаро́дность, -и
псевдонаро́дный; *кр. ф.* -ден, -дна
псевдонау́ка, -и
псевдонау́чность, -и
псевдонау́чный; *кр. ф.* -чен, -чна
псевдони́м, -а
псевдони́мный
псевдонова́торство, -а
псевдоожиже́ние, -я
псевдожи́женный
псевдоснова́ние, -я
псевдопаренхи́ма, -ы
псевдопатрио́т, -а
псевдопатриоти́зм, -а
псевдопатриоти́ческий
псевдопери́птер, -а
псевдопо́дии, -дий, *ед.* -дия, -и
псевдоподо́бие, -я
псевдопо́эзия, -и
псевдорадиоколло́иды, -ов, *ед.* -о́ид, -а
псевдореали́зм, -а
псевдореалисти́ческий
псевдореволюцио́нный; *кр. ф.* -о́нен, -о́нна
псевдорелигио́зный; *кр. ф.* -зен, -зна
псевдореминисце́нция, -и
псевдорефо́рма, -ы
псевдореформа́тор, -а
псевдореформа́торский
псевдореформа́торство, -а
псевдороманти́зм, -а
псевдорома́нтик, -а
псевдорома́нтика, -и
псевдороманти́ческий
псевдору́сский
псевдослуча́йный
псевдосоциали́зм, -а
псевдоспорти́вный
псевдосуверените́т, -а
псевдосфе́ра, -ы
псевдотво́рческий
псевдотво́рчество, -а
псевдотуберкулёз, -а
псевдотуберкулёзный
псевдоучёность, -и
псевдоучёный, -ого
псевдофилосо́фия, -и
псевдофилосо́фский
псевдофольклóрный
псевдохристиа́нский
псе́вдо-Христо́с, псе́вдо-Христа́
псевдоцилиндри́ческий
псевдоэкзо́тика, -и
псевдоэпиграфи́ческий
псевдоэпи́графы, -ов, *ед.* -граф, -а
псёльский (*от* Псёл)
пси, *нескл., с.* (*название буквы*)
пси-ква́нтовый
псиломела́н, -а
псилофи́ты, -ов, *ед.* -фи́т, -а
пси́на, -ы, *м.* и *ж.* (*пес*), *ж.* (*собачье мясо*; *запах собаки*)
пси́ный
пситтако́з, -а
пситтакоза́вр, -а
псих, -а
психану́тый
психану́ть, -ну́, -нёт
психасте́ник, -а
психастени́ческий
психастени́чка, -и, *р. мн.* -чек
психастени́чный; *кр. ф.* -чен, -чна
психастени́я, -и
психбольни́ца, -ы, *тв.* -ей
психбольно́й, -о́го
психдиспансе́р, -а
Психе́я, -и (*мифол.*)
психе́я, -и (*бабочка*)
психиа́тр, -а
психиатри́ческий
психиатри́чка, -и, *р. мн.* -чек
психиатри́я, -и
психи́зм, -а
пси́хика, -и
психи́чески
психи́чески больно́й
психи́ческий
психи́чески неуравнове́шенный
психи́чески уравнове́шенный
психлече́бница, -ы, *тв.* -ей
психо... – *первая часть сложных слов, пишется слитно*
психоакти́вный
психоанале́птики, -ов, *ед.* -тик, -а
психоаналепти́ческий
психоана́лиз, -а
психоанали́тик, -а
психоаналити́ческий
психо́ванный
психова́ть, психу́ю, психу́ет
психогене́з, -а и **психоге́незис, -а**
психогени́ческий
психогени́я, -и
психоге́нный
психогигие́на, -ы
психогигиени́ст, -а
психогигиени́ческий
психогимна́стика, -и
психогра́мма, -ы
психоде́лики, -ов, *ед.* -ик, -а (*мед.*)
психодели́ческий
психоде́лия, -и
психодиагно́стика, -и
психодиагности́ческий
психодислепти́ческий
психодра́ма, -ы
психо́з, -а
психоидеологи́ческий
психоидеоло́гия, -и
психоимпоте́нция, -и
психокине́з, -а
психокинети́ческий
психокоррекцио́нный
психокорре́кция, -и
психоламарки́зм, -а
психоле́птики, -ов, *ед.* -тик, -а
психолепти́ческий
психолингви́ст, -а
психолингви́стика, -и
психолингвисти́ческий
психо́лог, -а
психологиза́ция, -и
психологизи́рование, -я
психологизи́рованный; *кр. ф.* -ан, -ана
психологизи́ровать(ся), -рую, -рует(ся)
психологи́зм, -а
психологи́ст, -а
психологисти́ческий
психологи́чески
психологи́чески достове́рный
психологи́ческий
психологи́чный; *кр. ф.* -чен, -чна
психоло́гия, -и
психо́лого-криминалисти́ческий
психо́лого-педагоги́ческий
психо́лого-познава́тельный
психо́лого-психиатри́ческий
психометри́ческий
психометри́я, -и
психомиме́тики, -ов, *ед.* -тик, -а
психомимети́ческий
психомони́зм, -а
психомонисти́ческий
психомото́рика, -и
психомото́рный
психонастро́й, -я
психоневро́з, -а
психоневро́лог, -а
психоневрологи́ческий
психоневроло́гия, -и
психоневропа́т, -а
психоневропа́тия, -и
психоневро́тик, -а
психопа́т, -а

психопати́ческий
психопати́чный; *кр. ф.* -чен, -чна
психопа́тия, -и
психопа́тка, -и, *р. мн.* -ток
психопато́лог, -а
психопатологи́ческий
психопатоло́гия, -и
психопрофила́ктика, -и
психопрофилакти́ческий
психореабилита́ция, -и
психорегули́рующий
психорегуля́ция, -и
психосексуа́льность, -и
психосексуа́льный
психосома́тика, -и
психосомати́ческий
психосоциа́льный
психосоциологи́ческий
психоспортогра́мма, -ы
психостимули́рующий
психостимуля́тор, -а
психостимуля́ция, -и
психотерапе́вт, -а
психотерапевти́ческий
психотерапи́я, -и
психоте́хника, -и
психотехни́ческий
психотехноло́гия, -и
психоти́ческий
психотра́вма, -ы
психотравмати́ческий
психотре́нинг, -а
психотро́н, -а
психотро́ника, -и
психотро́нный
психотро́пный
психотро́пы, -ов, *ед.* -тро́п, -а
психофармако́лог, -а
психофармакологи́ческий
психофармаколо́гия, -и
психофи́зика, -и
психофизио́лог, -а
психофизиологи́ческий
психофизиоло́гия, -и
психофизи́ческий
психохими́ческий
психохирурги́ческий
психохирурги́я, -и
психоэмоциона́льный
психоэнерге́тика, -и
психоэнергети́ческий
психро́граф, -а
психро́метр, -а
психрометри́ческий
психроме́три́я, -и
психрофи́лы, -ов, *ед.* -фи́л, -а
психрофи́льный
психрофи́ты, -ов, *ед.* -фи́т, -а
психу́шка, -и, *р. мн.* -шек
психэксперти́за, -ы
психе́, *нескл., с. (зеркало)*
пси́шка, -и, *р. мн.* -шек, *м.* и *ж.* (*от* пёс)
псковитя́не, -я́н, *ед.* -я́нин, -а
псковитя́нка, -и, *р. мн.* -нок
псковичи́, -е́й, *ед.* пскови́ч, -а́, *тв.* -о́м
пскови́чка, -и, *р. мн.* -чек
Пско́во-Печо́рский монасты́рь
Пско́вская о́бласть
пско́вский и **псковско́й** (*от* Псков)
Пско́вщина, -ы (*к* Псков)
псо́вевший
псо́веть, -еет
псо́вина, -ы
псо́вый
псориа́з, -а
псориати́ческий
псоропто́з, -а
псо́у, *нескл., с.* (*вино*)
Псы, Псов: **Го́нчие Псы́** (*созвездие*)
псы́-ры́цари, псо́в-ры́царей
пта́ха, -и
пта́шечка, -и, *р. мн.* -чек
пта́шка, -и, *р. мн.* -шек
птене́ц, -нца́, *тв.* -нцо́м, *р. мн.* -нцо́в
птенцо́вый
пте́нчик, -а
птеранодо́н, -а
птери́гиум, -а
птериго́ты, -го́т, *ед.* -го́та, -ы
птеридоспе́рмы, -ов, *ед.* -спе́рм, -а
птери́лии, -ий, *ед.* -лия, -и
птери́ны, -ов, *ед.* -ри́н, -а
птерода́ктиль, -я
птерозáвр, -а
птеропо́довый
птеропо́ды, -о́д, *ед.* -по́да, -ы
птиали́н, -а
птилагро́стис, -а
птифу́р, -а
пти́ца, -ы, *тв.* -ей
пти́ца-ли́ра, пти́цы-ли́ры
пти́ца-мы́шь, пти́цы-мы́ши
пти́ца-носоро́г, пти́цы-носоро́га, *ж.*
пти́ца-секрета́рь, пти́цы-секретаря́, *ж.*
пти́ца си́рин, пти́цы си́рин (*мифол.*)
пти́ца-тро́йка, пти́цы-тро́йки
пти́ца фе́никс, пти́цы фе́никс (*мифол.*)
птицево́д, -а
птицево́дный
птицево́дство, -а
птицево́дческий
птицее́д, -а
птицезве́ри, -е́й
птицекомбина́т, -а
птицеко́мплекс, -а
птицекры́лка, -и, *р. мн.* -лок (*бабочка*)
птицело́в, -а, но: **Ге́нрих Птицело́в**
птицело́вный
птицело́вство, -а
пти́це-ме́сто, -а, *мн.* -а́, -ме́ст, -а́м
птицемле́чник, -а
птиценóжка, -и, *р. мн.* -жек
птицеобра́зный; *кр. ф.* -зен, -зна
птицеотко́рмочный
птицеперераба́тывающий
птицеподо́бный; *кр. ф.* -бен, -бна
птицесовхо́з, -а
птицета́зовый
птицефа́брика, -и
птицефе́рма, -ы
пти́чий, -ья, -ье
пти́чка, -и, *р. мн.* -чек
пти́чка-невели́чка, пти́чки-невели́чки
пти́чник, -а
пти́чница, -ы, *тв.* -ей
птоз, -а
птолеме́ев, -а, -о (*от* Птолеме́й): **птолеме́ева систе́ма ми́ра**
птолеме́евский (*от* Птолеме́й и Птолеме́и)
Птолеме́и, -ев (*династия*)
птомаи́ны, -ов, *ед.* -аи́н, -а
ПТР, *нескл., с.* и **пэтэ́э́р**, -а (*сокр.*: противотанковое ружье)
ПТС [пэтэ́эс], *нескл., ж.* (*сокр.*: передвижная телефонная станция) и *м.* (*сокр.*: полный телевизионный сигнал)
ПТУ [пэтэу́], *нескл., с.* (*сокр.*: профессионально-техническое училище)
пуа́з, -а, *р. мн.* -ов, *счетн. ф.* пуа́з
пуансо́вка, -и
пуансо́н, -а и **пунсо́н**, -а
пуансо́нный и **пунсо́нный**
пуантили́зм, -а
пуантили́ст, -а
пуантили́ческий
пуантилье́, *нескл., с.* и *неизм. (живописный стиль)*
пуанти́ровать, -рую, -рует
пуантиро́вка, -и
пуа́нты, -ов, *ед.* пуа́нт, -а
Пуассо́н, -а: **интегра́л Пуассо́на, коэффицие́нт Пуассо́на, распределе́ние Пуассо́на, теоре́ма Пуассо́на**
пуассо́новский (*от* Пуассо́н)
пуберта́т, -а *(мед.)*
пуберта́тный
пу́блика, -и
публика́бельный; *кр. ф.* -лен, -льна
публика́ны, -ов
публика́тор, -а
публика́торский
публикацио́нный
публика́ция, -и
публикова́ние, -я
публико́ванный; *кр. ф.* -ан, -ана
публикова́ть(ся), -ку́ю(сь), -ку́ет(ся)
публици́ст, -а
публици́стика, -и
публицисти́ческий
публицисти́чность, -и
публицисти́чный; *кр. ф.* -чен, -чна
публици́стка, -и, *р. мн.* -ток
публици́стский
Публи́чка, -и (*библиотека в Петербурге, разг.*)
публи́чно-правово́й
публи́чность, -и
публи́чный; *кр. ф.* -чен, -чна
пу́гало, -а

пу́ганный; *кр. ф.* -ан, -ана, *прич.*
пугану́ть, -ну́, -нёт
пу́ганый, *прил.*
пу́ганый-перепу́ганый
пуга́ть(ся), -а́ю(сь), -а́ет(ся)
пуга́ч, -а́, *тв.* -о́м
пугачёвец, -вца, *тв.* -вцем, *р. мн.* -вцев
пугачёвский (*от* Пугачёв)
пугачёвщина, -ы
пуга́ющий(ся)
пу́гивать, *наст. вр. не употр.*
пугли́вость, -и
пугли́вый
пугну́ть, -ну́, -нёт
пу́говица, -ы, *тв.* -ей
пу́говичка, -и, *р. мн.* -чек
пу́говичник, -а
пу́говичница, -ы, *тв.* -ей
пу́говичный
пу́говка, -и, *р. мн.* -вок
пу́головка, -и, *р. мн.* -вок *(рыба)*
пуд, -а, *мн.* -ы́, -о́в
пуделёк, -лька́
пу́дель, -я, *мн.* -и, -ей и -я́, -е́й
пу́дель-клу́б, -а
пуделя́ть, -я́ю, -я́ет
пу́дик, -а
пу́динг, -а
пудлингова́ние, -я
пудлинго́ванный; *кр. ф.* -ан, -ана
пудлингова́ть(ся), -гу́ю, -гу́ет(ся)
пу́длинговый
пудови́к, -а́
пудо́вка, -и, *р. мн.* -вок
пудово́й и **пудо́вый**
пудожа́не, -а́н, *ед.* -а́нин, -а
пу́дожский (*от* Пу́дож)
пу́дра, -ы
пу́древица, -ы, *тв.* -ей
пу́дренный; *кр. ф.* -ен, -ена, *прич.*
пу́дреный, *прил.*
пу́дренье, -я
пудре́т, -а
пудри́льщик, -а
пудри́льщица, -ы, *тв.* -ей
пу́дрить(ся), -рю(сь), -рит(ся)
пудро́вка, -и
пудрома́нтель, -я
пу́дрящий(ся)
пужа́ть(ся), -а́ю(сь), -а́ет(ся) (*обл. и прост. к* пуга́ть(ся)
пужли́вый (*обл. и прост. к* пугли́вый)
пуза́н, -а́
пузано́к, -нка́
пуза́нчик, -а
пуза́стый
пуза́тенький
пузатоскро́енный (па́рус)
пуза́тый
пу́зечко, -а, *мн.* -чки, -чек
пу́зо, -а
пузыреви́дный; *кр. ф.* -ден, -дна
пузырёк, -рька́
пузырено́гие, -их
пузырено́жка, -и, *р. мн.* -жек
пузырёчек, -чка
пузы́ристость, -и
пузы́ристый
пузыри́ть(ся), -рю́(сь), -ри́т(ся) и **пузы́рить(ся),** -рю(сь), -рит(ся)
пузы́рник, -а
пузы́рница, -ы, *тв.* -ей
пузы́рный
пузырча́тка, -и, *р. мн.* -ток
пузырча́тковый
пузы́рчатость, -и
пузы́рчатый
пузы́рь, -я́
пузырькови́дный; *кр. ф.* -ден, -дна
пузырько́вый
пузы́рящий(ся)
пук[1], -а, *мн.* -и́, -о́в
пук[2], *неизм.*
пу́калка, -и, *р. мн.* -лок
пу́канье, -я
пу́кать, -аю, -ает
пу́кли, -ей, *ед.* пу́кля, -и (*устар. к* бу́кли)
пу́кнуть, -ну, -нет
пукци́ния, -и и **пуччи́ния,** -и
пул, -а, *р. мн.* -ов (*форма монополии; то же, что пуло; афганская монета*)
пулево́й
пулемёт, -а
пулемётик, -а
пулемётный
пулемётчик, -а
пулемётчица, -ы, *тв.* -ей
пуленепробива́емый
пулесто́йкий; *кр. ф.* -о́ек, -о́йка
пулесто́йкость, -и
пу́ли, *нескл., м.* и *ж.* (*порода собак*)
Пу́лицеровская пре́мия
Пу́лковские высо́ты
пу́лковский (*от* Пу́лково)
Пу́лковский меридиа́н
пуллоро́з, -а
пу́ло, -а, *р. мн.* пул (*мелкая монета на Руси XV–XVI вв.*)
пуло́вер, -а
пуло́верный
пульвериза́тор, -а
пульвериза́торный
пульвериза́торщик, -а
пульверизацио́нный
пульвериза́ция, -и
пульверизи́рованный; *кр. ф.* -ан, -ана
пульверизи́ровать(ся), -рую, -рует(ся)
пульга́да, -ы
пу́лька, -и, *р. мн.* пу́лек
пу́льман, -а
пу́льман-лимузи́н, -а
пу́льмановский (ваго́н)
пульмоно́лог, -а
пульмонологи́ческий
пульмоноло́гия, -и
пульну́ть, -ну́, -нёт
пу́льпа, -ы
пульпа́рный
пульпа́ция, -и
пульпи́рованный; *кр. ф.* -ан, -ана
пульпи́ровать(ся), -рую, -рует(ся)
пульпи́т, -а
пульпово́д, -а
пульпово́дный
пу́льповый
пульпоме́р, -а
пульпопрово́д, -а
пульс, -а
пульса́р, -а
пульса́тор, -а
пульса́ция, -и
пульси́ровать, -рует
пульси́рующий
пу́льсовый
пульсо́метр, -а
пульс-терапи́я, -и
пульт, -а
пультова́я, -о́й
пультово́й[1] и **пу́льтовый,** *прил.*
пультово́й[2], -о́го (*пультовщик*)
пультовщи́к, -а́
пультовщи́ца, -ы, *тв.* -ей
Пульчине́лла, -ы, *м.*
пу́ля, -и
пуля́рка, -и, *р. мн.* -рок
пуля́ть, -я́ю, -я́ет
пу́ма, -ы
пу́ми, *нескл., м.* и *ж.* (*порода собак*)
Пу́на, -ы (*природная зона в Южной Америке*)
пуни́йцы, -ев, *ед.* -и́ец, -и́йца, *тв.* -и́йцем
Пуни́ческие во́йны
пуни́ческий (*к* пуни́йцы; пуни́ческий во́ск)
пункт, -а
пу́нктик, -а
пункти́р, -а
пункти́рность, -и
пункти́рный
пунктирова́льный
пункти́рование, -я
пункти́рованный; *кр. ф.* -ан, -ана
пункти́ровать(ся), -рую, -рует(ся)
пунктиро́вка, -и
пунктиро́вщик, -а
пунктуа́льность, -и
пунктуа́льный; *кр. ф.* -лен, -льна
пунктуацио́нный
пунктуа́ция, -и
пункцио́нный
пу́нкция, -и
пу́ночка, -и, *р. мн.* -чек
пунсо́н, -а и **пуансо́н,** -а
пунсо́нный и **пуансо́нный**
пунцеве́вший и **пунцо́вевший**
пунцеве́ть, -е́ю, -е́ет и **пунцо́веть,** -ею, -еет
пунцо́виться, -влюсь, -вится
пунцо́во-кра́сный
пунцо́вость, -и

пунцóвый
пунш, -а и -у, *тв.* -ем
пýншевый
пýншик, -а и -у
пуншóвка, -и
пýнька, -и, *р. мн.* пýнек
пýня, -и
пуп, -á
пупáвка, -и, *р. мн.* -вок
пупáвковый
пупáвник, -а
пупáртовый
пупинизáция, -и
пупкóвый
пуповúдный; *кр. ф.* -ден, -дна
пуповúна, -ы
пуповúнный
пупóк, пупкá
пупóчек, -чка
пýпочка, -и, *р. мн.* -чек
пупóчный
пупс, -а
пýпсик, -а
пýпсовый
пупы́ристый
пупы́риться, -ится
пупы́рчатость, -и
пупы́рчатый
пупы́рышек, -шка
пупы́рь, -я́
пурáны, -áн, *ед.* -áна, -ы
пургá, -ú
пургéн, -а
пуржúстый
пуржúть, -úт
пурúзм, -а
Пурúм, -а
пурúновый
пурúны, -ов, *ед.* пурúн, -а
пурúст, -а
пуристúческий
пурúстка, -и, *р. мн.* -ток
пурúстский
пуритáне, -áн, *ед.* -áнин, -а
пуританúзм, -а
пуритáнка, -и, *р. мн.* -нок
пуритáнский
пуритáнство, -а
пýрка, -и, *р. мн.* пýрок
пýрпур, -а (*краска*)
пýрпура, -ы (*заболевание*)
пурпурúн, -а
пýрпýрно-крáсный
пýрпýрный
пурпýровый
пýруша, -и, *тв.* -ей (*филос.*)
пуск, -а
пускáй, *частица* и *союз*
пускáние, -я
пускáтель, -я
пускáть(ся), -áю(сь), -áет(ся)
пускáч, -á, *тв.* -óм
пусковóй
пусконалáдка, -и
пусконалáдочный
пусконалáдчик, -а
пускопереключáющий
пускорегулúрующий
пýссер, -а
пустéе, *сравн. ст.*
пустéйший
пустельгá, -ú
пýстенький
пустéть, -éет
пустёхонько
пустёшенько
пустúть(ся), пущý(сь), пýстит(ся)
пýсто, *нареч.* и *в знач. сказ.*
пустобóлт, -а
пустобрёх, -а
пустобрёшка, -и, *р. мн.* -шек, *м.* и *ж.*
пустовáтость, -и
пустовáтый
пустовáть, -тýет
пустоголóвый
пустодóм, -а
пустодóмка, -и, *р. мн.* -мок
пустодóмство, -а
пустозвóн, -а
пустозвóнить, -ню, -нит
пустозвóнка, -и, *р. мн.* -нок
пустозвóнный
пустозвóнство, -а
пустозвóнящий
пустозёрница, -ы, *тв.* -ей
пустозёрность, -и
пустóй; *кр. ф.* пуст, пустá, пýсто, пýсты́
пустоколóсица, -ы, *тв.* -ей
пустоколóсный
пустоколóсый
пустолáйка, -и, *р. мн.* -áек
пустомéля, -и, *р. мн.* -мéль и -мéлей, *м.* и *ж.*
пустомы́слие, -я
пустоплёт, -а
пустопля́с, -а
пустопорóжний; *кр. ф.* -жен, -жня
пустопорóжность, -и
пýсторосль, -и
пустосвя́т, -а
пустослóв, -а
пустослóвие, -я
пустослóвить, -влю, -вит
пустослóвица, -ы, *тв.* -ей
пустослóвка, -и, *р. мн.* -вок
пустослóвный; *кр. ф.* -вен, -вна
пустослóвящий
пустотá, -ы́, *мн.* -óты, -óт
пустотéлость, -и
пустотéлый
пустóтность, -и
пустóтный
пустоцвéт, -а
пустоцвéтный
пустошúть, -шý, -шúт
пустóшка, -и, *р. мн.* -шек (*птица*; *устар. к* пýстошка)
пýстошка, -и, *р. мн.* -шек (*уменьш. к* пýстошь)
пýстошный (*к* пýстошь)
пустóшный (*пустой, маловажный*; *нелепый*)
пустошóвка, -и, *р. мн.* -вок
пýстошь, -и
пýстула, -ы
пустулёзный
пустýющий
пустыневéд, -а
пустыневéдение, -я
пусты́нник, -а
пусты́нница, -ы, *тв.* -ей
пусты́ннический
пусты́нничество, -а
пусты́нно, *нареч.* и *в знач. сказ.*
пустынножúтель, -я
пустынножúтельство, -а
пусты́нно-песчáный
пусты́нность, -и
пýстынный (*от* пýстынь)
пусты́нный; *кр. ф.* -ы́нен, -ы́нна (*от* пусты́ня)
пýстынский (*от* пýстынь)
пýстынь, -и, *р. мн.* -ей (*монастырь*); но (*в названиях населенных пунктов*) **Пýстынь,** -и, *напр.*: Зосúмова Пýстынь, Соколóва Пýстынь (*поселки*)
пýстынька, -и, *р. мн.* -нек
пусты́ня, -и, *р. мн.* -ы́нь
пусты́рник, -а
пусты́рный
пусты́рь, -я́
пусты́шка, -и, *р. мн.* -шек
пусть, *частица* и *союз*
пустя́к, -á
пустякóвенький
пустякóвина, -ы
пустякóвость, -и
пустякóвый
пустя́чность, -и
пустя́чный; *кр. ф.* -чен, -чна
пустячóк, -чкá
пусьéра, -ы
путáна, -ы
пýтание, -я
пýтаник, -а
путáнить, -ню, -нит
пýтаница, -ы, *тв.* -ей
пýтанка, -и
путáнка, -и, *р. мн.* -нок (*от* путáна)
пýтанный; *кр. ф.* -ан, -ана, *прич.*
пýтано, *нареч.*
пýтаность, -и
пýтаный, *прил.*
пýтаный-перепýтаный
путассý, *нескл., ж.*
пýтать(ся), -аю(сь), -ает(ся)
путёвка, -и, *р. мн.* -вок
путеводúтель, -я
Путеводúтельница, -ы, *тв.* -ей (*то же, что Одигитрия*)
путевóдный
путевóй (*к* путь)
путёвочка, -и, *р. мн.* -чек

путёвочный
путёвый (*сто́ящий*)
путе́ец, -е́йца, *тв.* -е́йцем, *р. мн.* -е́йцев
путеизмери́тель, -я
путеизмери́тельный
путе́йский
путём, *нареч.* и *предлог*
путеобхо́дчик, -а
путеобхо́дчица, -ы, *тв.* -ей
путеочисти́тель, -я
путепередвига́тель, -я
путепогру́зчик, -а
путеподъёмник, -а
путепрово́д, -а
путепрово́дный
путеубо́рочный
путеукла́дка, -и
путеукла́дочный
путеукла́дчик, -а
путеше́ственник, -а
путеше́ственница, -ы, *тв.* -ей
путеше́ствие, -я
путеше́ствовать, -твую, -твует
путеше́ствующий
пути́вльский (*от* Пути́вль)
путивля́не, -я́н, *ед.* -я́нин, -а
пути́ловец, -вца, *тв.* -вцем, *р. мн.* -вцев
Пути́ловский (Ки́ровский) заво́д
пути́на, -ы
пу́тинец, -нца, *тв.* -нцем, *р. мн.* -нцев
пути́нный
пу́тинский (*от* Пу́тин)
пу́тлище, -а
путло́, -а́, *мн.* пу́тла, путл
путля́ть, -я́ю, -я́ет
пу́тник, -а
пу́тница, -ы, *тв.* -ей
пу́тный
путово́й (*к* пу́ты)
путора́к, -а
пу́тти, *нескл.*, *с.*
путч, -а, *тв.* -ем
пу́тчевый
путчи́зм, -а
путчи́ст, -а
путчи́стский
пу́ты, пут, *ед.* пу́то, -а
путь, -и́, *дат.* -и́, *тв.* -ём, *предл.* о пути́; но: **Мле́чный Пу́ть**
пу́ть-доро́га, пути́-доро́ги, *м.* и *ж.*
пуф, -а
пу́фик, -а
пуффи́н, -а
пух, -а и -у, *предл.* в пуху́
пу́хленький
пухлова́тый
пухлогу́бый
пухloли́цый
пу́хлость, -и
пухлощёкий
пу́хлый; *кр. ф.* пухл, пухла́, пу́хло, пу́хлы
пухля́вый
пухля́к, -а́
пу́хнувший
пу́хнуть, -ну, -нет; *прош.* пу́хнул и пух, пу́хла
пухови́к, -а́
пуховичо́к, -чка́
пухо́вка, -и, *р. мн.* -вок
пуховщи́ца, -ы, *тв.* -ей
пухо́вый и (*устар.*) **пухово́й**
пуховяза́льный
пуховяза́льщица, -ы, *тв.* -ей
пуходёрка, -и, *р. мн.* -рок
пухое́д, -а
пухокры́лая со́вка (*бабочка*)
пухоно́с, -а
пухоотдели́тель, -я
пухоотдели́тельный
пухоочисти́тельный
пу́хо-перово́й
пухоспи́нка, -и, *р. мн.* -нок (*бабочка*)
пухоцве́т, -а
пуццола́новый
пуццола́ны, -ов, *ед.* -ла́н, -а
пу́чащий(ся)
пучегла́зие, -я
пучегла́зый
пу́чение, -я
пучи́на, -ы
пучи́нный
пу́чить(ся), пу́чу(сь), пу́чит(ся)
пучкова́тый
пучко́вый
пучкожа́берные, -ых
пучкоу́сый уса́ч (*жук*)
пу́чность, -и
пучо́к, -чка́
пучо́чек, -чка
пучо́чный
пуччи́ниевский (*от* Пуччи́ни)
пуччи́ния, -и и **пукци́ния**, -и
пушбо́л, -а
пушбо́льный
пуше́ние, -я
пушённый; *кр. ф.* -ён, -ена́, *прич.*
пушёный, *прил.*
пу́шер, -а *(жарг.)*
пу́шечка, -и, *р. мн.* -чек
пу́шечный
пуши́нка, -и, *р. мн.* -нок
пуши́ночка, -и, *р. мн.* -чек
пуши́стенький
пуши́стик, -а
пуши́стость, -и
пушистохво́стый
пуши́стый
пуши́ть(ся), пушу́, пуши́т(ся)
пуши́ца, -ы, *тв.* -ей
пуши́цевый
пу́шка, -и, *р. мн.* пу́шек
пу́шка-га́убица, пу́шки-га́убицы
пушка́рский
пушка́рь, -я́
пушкиниа́на, -ы
пушкини́зм, -а
пушкини́ст, -а
пушкини́стика, -и
пушкини́стка, -и, *р. мн.* -ток
пушкини́стский
пушкинове́д, -а
пушкинове́дение, -я
пушкинове́дческий
пушкиного́рский (*к* Пу́шкинские Го́ры)
пушкиного́рцы, -ев, *ед.* -рец, -рца, *тв.* -рцем
Пушкиного́рье, -я
Пу́шкинская пре́мия
Пу́шкинские Го́ры (*город*)
пу́шкинский (*от* Пу́шкин и Пу́шкино)
Пу́шкинский де́нь (*праздник*)
Пу́шкинский До́м (*институт*)
Пу́шкинский запове́дник
Пу́шкинский пра́здник поэ́зии
пу́шкинцы, -ев, *ед.* -нец, -нца, *тв.* -нцем (*от* Пу́шкин и Пу́шкино, *города*)
пушни́на, -ы
пу́шно-заготови́тельный
пушно́й
пу́шно-мехово́й
пушо́к, пушка́, *предл.* в пушку́ и (*кличка*) **Пушо́к**, Пушка́
пушо́нка, -и
пу́шта, -ы (*геогр.*)
пушту́, *неизм.* и *нескл.*, *м.* (*язык*)
пушту́нский
пушту́ны, -ов, *ед.* пушту́н, -а
пушчо́нка, -и, *р. мн.* -нок
пу́ща, -и, *тв.* -ей
пуща́й, *частица* и *союз* (*прост. к* пуска́й)
пуща́нский (*от* пу́ща; *к* Белове́жская Пу́ща)
пуща́ть, -а́ю, -а́ет (*прост. к* пуска́ть)
пу́ще, *нареч.*
пу́щенный; *кр. ф.* -ен, -ена
пу́щий: для пу́щей ва́жности
пу́щинский (*от* Пу́щин и Пу́щино)
пуэ́бло, *нескл.*, *с.* (*жилище*) и *нескл.*, *мн.*, *ед. м.* и *ж.* (*народ*)
пуэра́рия, -и
пуэрпера́льный
пуэрторика́нка, -и, *р. мн.* -нок
пуэ́рто-рика́нский (*от* Пуэ́рто-Ри́ко)
пуэрторика́нцы, -ев, *ед.* -нец, -нца, *тв.* -нцем
пфальцгра́ф, -а
пфальцгра́фский
пфальцгра́фство, -а
пфа́льцский (*от* Пфальц)
пфе́нниг, -а
пфе́фер и **фе́фер: зада́ть пфе́феру** и **зада́ть фе́феру**
пха́ть(ся), пха́ю(сь), пха́ет(ся) (*прост. к* пиха́ть(ся)
пхенья́нский (*от* Пхенья́н)
пхенья́нцы, -ев, *ед.* -нец, -нца, *тв.* -нцем
пхнуть, пхну, пхнёт (*прост. к* пихну́ть)

ПХО [пэхао́], *нескл., м.* (*сокр.*: переходной отсек)
пчела́, -ы́, *мн.* пчёлы, пчёл
пчела́-листоре́з, пчелы́-листоре́за, *ж.*
пчели́ный
пчёлка, -и, *р. мн.* -лок
пчелови́дка, -и, *р. мн.* -док (*муха*)
пчелово́д, -а
пчелово́дный
пчелово́дство, -а
пчелово́дческий
пчелое́д, -а
пчеложу́к, -а́
пчелолече́ние, -я
пчелоопыле́ние, -я
пчелопито́мник, -а
пчелопроду́кты, -ов, *ед.* -у́кт, -а
пчелосемья́, -и́, *мн.* -се́мьи, -семе́й, -се́мьям
пчелотерапи́я, -и
пчелоужа́ливание, -я
пчелофе́рма, -ы
пче́льник, -а
пче́льный
пче́льня, -и, *р. мн.* -лен
пшени́ца, -ы, *тв.* -ей
пшени́чка, -и
пшени́чно-кукуру́зный
пшени́чно-пыре́йный
пшени́чно-ржано́й
пшени́чный
пшёнка, -и
пшённик, -а
пшённый
пшено́, -а́
пшенцо́, -а́
пшик, -а и *межд.*
пши́кать, -аю, -ает
пши́кнуть, -ну, -нет
пшют, -а
пшюти́зм, -а
пшютова́тый
пыж, -а́, *тв.* -о́м
пы́жащийся
пы́жик, -а
пы́жиковый
пы́житься, -жусь, -жится
пыжо́вый
пыжья́н, -а
пыжья́новый
пыл, -а и -у, *предл.* в пылу́
пыла́ть, -а́ю, -а́ет
пылева́то-сугли́нистый
пылевзрывозащи́та, -ы
пылеви́дный; *кр. ф.* -ден, -дна
пылевлагозащи́тный
пылевлагонепроница́емый
пылеводонепроница́емый
пылево́й
пылевса́сывающий
пылегазоочи́стный
пылегазоула́вливающий
пылезащи́тный
пы́ле- и грязеотта́лкивающий
пылеме́р, -а
пыленепроница́емость, -и
пыленепроница́емый
пылеобра́зный; *кр. ф.* -зен, -зна
пылеоса́дочный
пылеотта́лкивающий
пылеочисти́тель, -я
пылепесча́ный
пылеподавле́ние, -я
пылепрово́д, -а
пылесбо́рник, -а
пылесо́с, -а
пылесо́сить, -о́шу, -о́сит
пылесо́сный
пылеу́гольный
пылеудале́ние, -я
пылеула́вливание, -я
пылеула́вливающий
пылеуловитель, -я
пыли́нка, -и, *р. мн.* -нок
пыли́ночка, -и, *р. мн.* -чек
пыли́ть(ся), пылю́(сь), пыли́т(ся)
пыли́ща, -и, *тв.* -ей
пы́лкий; *кр. ф.* пы́лок, пылка́, пы́лко
пы́лкость, -и
пыль, -и, *предл.* в пыли́
пы́льник, -а
пы́льно, *в знач. сказ.*
пы́льный; *кр. ф.* пы́лен, пыльна́, пы́льно
пыльца́, -ы́, *тв.* -о́й
пыльцево́й
пыльцевхо́д, -а
пыльцее́д, -а
пыльцели́стик, -а
пыльцесме́сь, -и
пы́льче, *сравн. ст.* (*от* пы́лкий, пы́лко)
пылю́га, -и
пыре́й, -я
пыре́йный
пырну́ть, -ну́, -нёт
пы́ром, нареч.
пы́рсканье, -я
пы́рскать, -аю, -ает
пы́рснуть, -ну, -нет
пырь, *неизм.*
пыря́ть, -я́ю, -я́ет
пы́танный; *кр. ф.* -ан, -ана, *прич.*
пы́таный, *прил.*
пыта́ть(ся), -а́ю(сь), -а́ет(ся)
пы́тка, -и, *р. мн.* пы́ток
пытли́вость, -и
пытли́вый
пы́точный
пых, *неизм.*
пы́хать, пы́шу, пы́шет
пыхну́ть, -ну́, -нёт
пых-пы́х, *неизм.*
пыхте́ние, -я
пыхте́ть, пыхчу́, пыхти́т
пыхту́н, -а́
пы́шечка, -и, *р. мн.* -чек
пы́шечная, -ой
пы́шечный
пы́шка, -и, *р. мн.* пы́шек
пышне́йший
пышне́ть, -е́ю, -е́ет
пышнобoро́дый
пышноволо́сый
пышногри́вый
пышногру́дый
пышносло́вие, -я
пы́шность, -и
пышноте́лый
пышноу́сый
пышнохво́стый
пышноцвету́щий*
пы́шный; *кр. ф.* пы́шен, пышна́, пы́шно, пы́шны́
пы́шущий
пье, *нескл., с.*
пьедеста́л, -а
пьедеста́льный
пье́дра, -ы
пье́за, -ы
пьезо... – *первая часть сложных слов, пишется слитно*
пьезогеофо́н, -а
пьезо́граф, -а
пьезоизоги́пса, -ы
пьезоква́рц, -а, *тв.* -ем
пьезокера́мика, -и
пьезокерами́ческий
пьезокриста́лл, -а
пьезомагнети́зм, -а
пьезомагни́тный
пьезоматериа́лы, -ов
пьезо́метр, -а
пьезометри́ческий
пьезометри́я, -и
пьезоо́птика, -и
пьезоопти́ческий
пьезоска́нер, -а
пьезоте́хника, -и
пьезотехни́ческий
пьезоэле́ктрик, -а
пьезоэлектри́ческий
пьезоэлектри́чество, -а
пьезоэлеме́нт, -а
пьезоэффе́кт, -а
пье́ксы, пьекс, *ед.* пье́кса, -ы
пьемо́нтский (*от* Пьемо́нт)
пьемо́нтцы, -ев, *ед.* -тец, -тца, *тв.* -тцем
Пьеро́, *нескл., м.*
пье́са, -ы
пье́ска, -и, *р. мн.* -сок
Пьета́, -ы́ (*сюжет оплакивания Христа в изобразительном искусстве*)
пьетре́н, -а
пью́щий
пья́вица, -ы, *тв.* -ей (*жук*)
пьяне́нек, -нька
пья́ненький
пьяне́ть, -е́ю, -е́ет
пьянёхонький; *кр. ф.* -нек, -нька
пьянёшенький; *кр. ф.* -нек, -нька
пьяни́ка, -и
пьяни́ть, -и́т

пья́ница, -ы, *тв.* -ей, *м.* и *ж.*
пья́нка, -и, *р. мн.* -нок
пья́нство, -а
пья́нствовать, -твую, -твует
пьяну́щий и **пьяню́щий**
пьянчу́га, -и, *м.* и *ж.*
пьянчу́жка, -и, *р. мн.* -жек, *м.* и *ж.*
пья́ный; *кр. ф.* пьян, пьяна́, пья́но, пья́ны́
пья́ный-распья́ный
пьяны́м-пьянёхонький; *кр. ф.* -нек, -нька
пьяны́м-пьяно́
пьянь, -и
пьяню́га, -и, *м.* и *ж.*
пьяню́щий и **пьяну́щий**
пьяня́щий
пэ, *нескл., с.* (*название буквы*)
ПЭВМ [пэвэ́м], *нескл., ж.* (*сокр.*: персональная электронно-вычислительная машина)
пэвэ́шник, -а
пэвэ́шный (*от* ПВО)
пэр, -а
пэ́рский
пэ́рство, -а
пэтэу́шник, -а
пэтэу́шница, -ы, *тв.* -ей
пэтэу́шный (*от* ПТУ)
пэтэ́эр, -а и **ПТР,** *нескл., с.* (*сокр.*: противотанковое ружье)
пэ́эм, -а и **ПМ,** *нескл., м.* (*сокр.*: пистолет Макарова)
пюпи́тр, -а
пюре́, *нескл., с.*
пю́совый
пяде́ница, -ы, *тв.* -ей
пяде́нь, -и, *мн.* -и, пяде́нь и -не́й
пядь, -и, *мн.* -и, -ей и -е́й
пя́лить(ся), пя́лю(сь), пя́лит(ся)
пя́лка, -и, *р. мн.* пя́лок
пя́ло, -а
пя́льцы, -ев и пя́лец
пя́лящий(ся)
пя́нджский (*от* Пяндж)
пя́нджцы, -ев, *ед.* -жец, -жца, *тв.* -жцем
пя́рнуский (*от* Пя́рну)
пя́рнусцы, -ев, *ед.* -сец, -сца, *тв.* -сцем
пя́ртнерс, -а (*мор.*)
пя́стка, -и, *р. мн.* -ток
пя́стный
пя́сточка, -и, *р. мн.* -чек
пясть, -и
пята́, -ы́, *мн.* пя́ты, пят, пята́м
пята́к, -а́
пятако́вый
пятачко́вый
пятачо́к, -чка́
Пя́тая респу́блика (*во Франции*)
пятери́к, -а́ (*ед. измер.*; *упряжка*)
пятерико́вый
пятери́ца, -ы, *тв.* -ей (*лит.*)
пятери́чный
пятёрка, -и, *р. мн.* -рок
пятерно́й
пятерня́, -и́, *р. мн.* -е́й
пя́теро, -ых
пятёрочка, -и, *р. мн.* -чек
пятёрочник, -а
пятёрочница, -ы, *тв.* -ей
пятёрочный
пятерча́тка, -и, *р. мн.* -ток
пятиа́ктный
пятиалты́нный, -ого
пятиарши́нный
пятиба́лльный (5-ба́лльный)
пятибо́рец, -рца, *тв.* -рцем, *р. мн.* -рцев
пятибо́рка, -и, *р. мн.* -рок
пятибо́рье, -я
пятиведёрный и **пятивёдерный**
пятивеково́й
пятивёрстка, -и, *р. мн.* -ток
пятивёрстный
пятивершко́вый
пятигла́вие, -я
пятигла́вый
пятигодова́лый
пятиго́рский (*от* Пятиго́рск)
пятиго́рцы, -ев, *ед.* -рец, -рца, *тв.* -рцем
пятигорча́не, -а́н, *ед.* -а́нин, -а
пятигорча́нка, -и, *р. мн.* -нок
пятигра́нник, -а
пятигра́нный
пятидве́рный
пятидесятикилова́ттный (50-килова́ттный)
пятидесятиле́тие (50-ле́тие), -я
пятидесятиле́тний (50-ле́тний)
пятидесятипроце́нтный (50-проце́нтный)
пятидесятирублёвый (50-рублёвый)
пятидесятиты́сячный (50-ты́сячный)
пятидеся́тка, -и, *р. мн.* -ток
пятидеся́тники, -ов, *ед.* -ник, -а (*секта*)
пятидеся́тница, -ы, *тв.* -ей (*к* пятидеся́тники)
Пятидеся́тница, -ы, *тв.* -ей (*праздник*)
пятидеся́тнический
пятидеся́тый
пятидне́вка, -и, *р. мн.* -вок
пятидне́вный (5-дне́вный)
пятидо́льник, -а (*лит.*)
пятидюймо́вый (5-дюймо́вый)
пятизаря́дный
пятизвёздный
пятизвёздочный
пятизна́чность, -и
пятизна́чный (5-зна́чный)
пятикана́льный
пятикилогра́ммо́вый (5-килогра́ммо́вый)
пятикилометро́вка, -и, *р. мн.* -вок
пятикилометро́вый (5-километро́вый)
пятикла́ссник, -а
пятикла́ссница, -ы, *тв.* -ей
пятикла́ссный
Пятикни́жие, -я
пятиконе́чный
пятикопе́ечный (5-копе́ечный)
пятикра́тный
пятику́рсник, -а
пятику́рсница, -ы, *тв.* -ей
пятила́мповый
пятиле́тие (5-ле́тие), -я
пятиле́тка, -и, *р. мн.* -ток, *ж.* (*период в 5 лет*), *м.* и *ж.* (*ребенок пяти лет*)
пятиле́тний (5-ле́тний)
пятиле́ток, -тка
пятилине́йный
пятилитро́вый (5-литро́вый)
пятиме́стный
пятиме́сячный (5-ме́сячный)
пятиметро́вый (5-метро́вый)
пятимиллио́нный (5-миллио́нный)
пятимину́тка, -и, *р. мн.* -ток
пятимину́тный (5-минутный)
пяти́на, -ы
пятине́фный
пяти́нный
пятипа́лый
пятипроце́нтный (5-проце́нтный)
пятипудо́вый (5-пудо́вый)
пятиразря́дный
пятирублёвка, -и, *р. мн.* -вок
пятирублёвый (5-рублёвый)
пятисери́йный (5-сери́йный)
пятисло́жник, -а
пятисло́жный
пятисло́йный
пятисо́тенник, -а
пятисо́тенный
пятисо́тка, -и, *р. мн.* -ток
пятисоткилометро́вый (500-километро́вый)
пятисоткубо́вый (500-кубо́вый)
пятисотле́тие (500-ле́тие), -я
пятисотле́тний (500-ле́тний)
пятисотметро́вка, -и, *р. мн.* -вок
пятисотметро́вый (500-метро́вый)
пятисотпудо́вый (500-пудо́вый)
пятисотрублёвка, -и, *р. мн.* -вок
пятисотрублёвый (500-рублёвый)
пятисотси́льный
пятисотто́нный (500-то́нный)
пятисотты́сячный (500-ты́сячный)
пятисо́тый
пятиполови́нный
пяти́ с полови́ной миллио́нный
пяти́ с полови́ной ты́сячный
пятисте́нка, -и, *р. мн.* -нок и **пятисте́нок,** -нка, *р. мн.* -нков
пятисте́нный
пятисти́шие, -я
пятисто́пный
пятиступе́нный
пятиступе́нчатый
пятито́мник, -а
пятито́мный (5-то́мный)

пятито́нка, -и, *р. мн.* -нок
пятито́нный (5-то́нный)
пятиты́сячник, -а
пятиты́сячный (5-ты́сячный)
пя́тить(ся), пя́чу(сь), пя́тит(ся)
пятиуго́льник, -а
пятиуго́льный
пятиу́стка, -и, *р. мн.* -ток
пятичасово́й (5-часово́й)
пятичле́нный
пяти́-шестиле́тний (5-6-ле́тний)
пяти́-шестиме́сячный (5-6-ме́сячный)
пяти́шница, -ы, *тв.* -ей
пятиэта́жка, -и, *р. мн.* -жек
пятиэта́жный (5-эта́жный)
пятию́родный
пятия́русный (5-я́русный)
пя́тка, -и, *р. мн.* пя́ток
пяткохо́д, -а
пятнадцатикопе́ечный (15-копе́ечный)
пятнадцатиле́тие (15-ле́тие), -я
пятнадцатиле́тний (15-ле́тний)
пятнадцатимину́тный (15-минутный)
пятнадцатирублёвый (15-рублёвый)
пятнадцатису́точный (15-су́точный)
пятнадцатиты́сячный (15-ты́сячный)
пятна́дцатый
пятна́дцать, -и
пятна́дцать-два́дцать, пятна́дцати-двадцати́
пятна́стый
пятна́ть(ся), -а́ю, -а́ет(ся)
пятна́шка, -и, *р. мн.* -шек (*монета*)
пятна́шки, -шек (*игра*)
пятни́к, -а́
пятни́стость, -и
пятнистохво́стая куни́ца
пятни́стый
пятни́ть(ся), -ню́, -ни́т(ся)
пя́тница, -ы, *тв.* -ей; но: **Пя́тница,** -ы, *м.* (*лит. персонаж*), **Параске́ва Пя́тница**
Пя́тницкая, -ой (*улица*)
Пя́тницкий (хра́м, монасты́рь)
пя́тничный
пятно́, -а́, *мн.* пя́тна, пя́тен, пя́тнам; но: **Большо́е Кра́сное Пятно́** (*на Юпитере*), **Большо́е Тёмное Пятно́** (*на Нептуне*)
пятновыводи́тель, -я
пятновыводно́й
пя́тнышко, -а, *мн.* -шки, -шек
пя́тое-деся́тое, пя́того-деся́того
пято́к, пятка́
пято́чек, -чка
пяточи́сленные моли́твы
пя́точка, -и, *р. мн.* -чек
пя́точный (*от* пя́тка)
пя́тый
пять, пяти́, *тв.* пятью́
пятьдеся́т, пяти́десяти, пятью́десятью
пя́ть-де́сять, пяти́-десяти́ (*приблизительно*)
пятьсо́т, пятисо́т, пятиста́м, пятьюста́ми, о пятиста́х
пя́ть-ше́сть, пяти́-шести́
пя́тью (*при умножении*)
пя́тью пя́ть
пя́тящий(ся)

Р

Ра, *нескл., м.* (*мифол.*)
раб, -а́
раба́, -ы́
раба́т, -а (*фин.*)
раба́тка, -и, *р. мн.* -ток
раба́тский (*от* Раба́т, *город*)
раба́тцы, -ев, *ед.* -тец, -тца, *тв.* -тцем
ра́бби, *нескл., м.* и **ра́вви,** *нескл., м.*
рабдови́русы, -ов, *ед.* -ви́рус, -а
ра́бий, -ья, -ье
ра́бица, -ы, *тв.* -ей
рабко́р, -а
рабко́ровский
Рабкри́н, -а (*ист.*)
раблезиа́нский (*от* Рабле́)
раблезиа́нство, -а
рабовладе́лец, -льца, *тв.* -льцем, *р. мн.* -льцев
рабовладе́лица, -ы, *тв.* -ей
рабовладе́льческий
рабовладе́ние, -я
раболе́пие, -я
раболе́пность, -и
раболе́пный; *кр. ф.* -пен, -пна
раболе́пство, -а
раболе́пствование, -я
раболе́пствовать, -твую, -твует
рабо́та, -ы
рабо́тать(ся), -аю, -ает(ся)
работёнка, -и, *р. мн.* -нок
работёшка, -и, *р. мн* -шек
рабо́тишка, -и, *р. мн.* -шек
рабо́тища, -и, *тв.* -ей
рабо́тка, -и, *р. мн.* -ток
рабо́тник, -а
рабо́тница, -ы, *тв.* -ей
рабо́тничек, -чка
рабо́тный (до́м)
работода́тель, -я
работода́тельница, -ы, *тв.* -ей
работорго́вец, -вца, *тв.* -вцем, *р. мн.* -вцев
работорго́вля, -и
работоспосо́бность, -и
работоспосо́бный; *кр. ф.* -бен, -бна
работя́га, -и, *м.* и *ж.*
работя́щий
рабо́чая, -ей
рабочеде́лец, -льца, *тв.* -льцем, *р. мн.* -льцев
рабочеде́льский (*от* "Рабо́чее де́ло")
рабо́че-крестья́нский
рабо́чий[1], *прил.*
рабо́чий[2], -его
рабо́чий-специали́ст, рабо́чего-специали́ста
рабочко́м, -а
рабселько́р, -а
рабселько́ровский
рабси́ла, -ы
ра́бски
ра́бски поко́рный
ра́бский
ра́бство, -а
рабфа́к, -а
рабфа́ковец, -вца, *тв.* -вцем, *р. мн.* -вцев
рабфа́ковка, -и, *р. мн.* -вок
рабфа́ковский
рабы́ня, -и, *р. мн.* -ы́нь
ра́вви, *нескл., м.* и **ра́бби,** *нескл., м.*
равви́н, -а
равввина́т, -а
равви́нский
равели́н, -а
равели́нский
равенду́к, -а
раве́ннский (*от* Раве́нна)
раве́ннцы, -ев, *ед.* -ннец, -ннца, *тв.* -ннцем
ра́венство, -а
равио́ли, -ей (*кулин.*)
равне́ние, -я (*от* равня́ть(ся))
равнёхонько (*от* равно́)
равни́на, -ы
равни́нность, -и
равни́нно-холми́стый
равни́нный
Равни́ны, -и́н: **Вели́кие Равни́ны** (*плато*)
равно́, *нареч.* и *в знач. сказ.*
равноапо́стольный
равнобе́дренность, -и
равнобе́дренный
равнобо́чный
равновели́кий; *кр. ф.* -и́к, -и́ка
равновели́кость, -и
равновероя́тностный
равновероя́тность, -и
равновероя́тный; *кр. ф.* -тен, -тна
равнове́сие, -я
равнове́сность, -и
равнове́сный
равновесо́мый
равновозрастно́й и **равново́зрастный**
равновы́годность, -и
равновы́годный; *кр. ф.* -ден, -дна
равноде́йствующий
равноде́нственный
равноде́нствие, -я

равноду́шие, -я
равноду́шный; *кр. ф.* -шен, -шна
равнозна́чащий
равнозна́чимый
равнозна́чность, -и
равнозна́чный; *кр. ф.* -чен, -чна
равноимённость, -и
равноимённый
равно́ как (и), *союз*
равноконе́чный
равнокры́лые, -ых
равноме́рно заме́дленный
равноме́рно распределённый
равноме́рность, -и
равноме́рно темпери́рованный (*муз.*)
равноме́рно уско́ренный
равноме́рный; *кр. ф.* -рен, -рна
равноно́гие, -их
равнообяза́тельный; *кр. ф.* -лен, -льна
равноотве́тственный; *кр. ф.* -вен и -венен, -венна
равнопереме́нность, -и
равнопереме́нный
равнопле́чий
равнопо́лочный
равнопоря́дковый
равнопра́вие, -я
равнопра́вность, -и
равнопра́вный; *кр. ф.* -вен, -вна
равнопромежу́точный
равнопроце́нтный
равнопро́чность, -и
равнопро́чный; *кр. ф.* -чен, -чна
равнораспределе́ние, -я (*физ.*)
равноресни́чные, -ых
равноро́дность, -и
равноро́дный; *кр. ф.* -ден, -дна (равноро́дный бра́к)
равносигна́льный
равноси́льность, -и
равноси́льный; *кр. ф.* -лен, -льна
равносло́жность, -и
равносло́жный; *кр. ф.* -жен, -жна
равноспо́ровость, -и
равноспо́ровый
равностепе́нный
равносто́лбчатость, -и
равносто́лбчатый
равносторо́нний
равноуго́льный
равноудалённость, -и
равноудалённый; *кр. ф.* -ён, -ена́
равноуско́ренный
равноце́нность, -и
равноце́нный; *кр. ф.* -е́нен, -е́нна
равночи́сленность, -и
равночи́сленный; *кр. ф.* -ен, -енна
ра́вный; *кр. ф.* ра́вен, равна́, равно́
равня́ть(ся), -я́ю(сь), -я́ет(ся) (*к ра́вный*)
ра́га, -и
рагу́, *нескл., с.*
рад[1], ра́да, ра́до, ра́ды
рад[2], -а, *р. мн.* -ов, *счетн. ф.* рад (*ед. измер.*)
ра́да, -ы
радаме́, *нескл., с.*
рада́р, -а
рада́рный
раде́ние, -я
раде́тель, -я
раде́тельница, -ы, *тв.* -ей
раде́тельный; *кр. ф.* -лен, -льна
раде́тельский
раде́ть, -е́ю, -е́ет
радёхонек, -нька
радёшенек, -нька
ра́джа, -и, *тв.* -ей, *р. мн.* -ей и **раджа́,** -и́, *тв.* -о́й, *р. мн.* -е́й
Радзиви́лловская ле́топись
радзиви́лловский (*от* Радзиви́ллы, *княжеский род*)
ра́ди, *предлог*
радиа́льно-кольцево́й
радиа́льно-осево́й
радиа́льно-поршнево́й
радиа́льно расходя́щийся
радиа́льно-сверли́льный
радиа́льность, -и
радиа́льный
радиа́н, -а, *р. мн.* -ов, *счетн. ф.* -иа́н (*ед. измер.*)
радиа́нный
радиа́нт, -а (*астр.*)
радиа́тор, -а
радиа́торный
радиа́тор-охлади́тель, радиа́тора-охлади́теля
радиацио́нно-авари́йный
радиацио́нно безопа́сный
радиацио́нно-защи́тный
радиацио́нно-медици́нский
радиацио́нно опа́сный
радиацио́нно сто́йкий
радиацио́нно-терми́ческий
радиацио́нно усто́йчивый
радиацио́нно-физи́ческий
радиацио́нно-хими́ческий
радиацио́нный
радиа́ция, -и
ра́ди бо́га, *в знач. частицы* (*пожалуйста, очень прошу; делай как хочешь, я нисколько не возражаю*)
ради́вый
ра́диевый
радиестези́я, -и
ра́дий, -я
ради́йный
радика́л, -а
радика́л-демокра́т, -а
радикализа́ция, -и
радикализи́рованный; *кр. ф.* -ан, -ана
радикализи́ровать(ся), -рую(сь), -рует(ся)
радикали́зм, -а
радикализо́ванный; *кр. ф.* -ан, -ана
радикализова́ть(ся), -зу́ю(сь), -зу́ет(ся)
радикали́стский
радика́л-социали́ст, -а
радика́л-социали́стский
радика́льничать, -аю, -ает
радика́льно-демократи́ческий
радика́льность, -и
радика́льный; *кр. ф.* -лен, -льна
радикули́т, -а
радикули́тный
радикули́тчик, -а
ради́мичи, -ей, *ед.* -мич, -а
ра́дио, *нескл., с.*
радио... – *первая часть сложных слов, пишется слитно*
радиоавто́граф, -а
радиоавтогра́фия, -и
радиоактивацио́нный
радиоакти́вность, -и
радиоакти́вный; *кр. ф.* -вен, -вна
радиоальтиме́тр, -а
радиоанте́нна, -ы
радиоаппарату́ра, -ы
радиоастроно́м, -а
радиоастрономи́ческий
радиоастроно́мия, -и
радиоастрофи́зик, -а
радиоастрофи́зика, -и
радиоастрофизи́ческий
радиоателье́, *нескл., с.*
радиоаудито́рия, -и
радиоаэронавига́ция, -и
радиоба́шня, -и, *р. мн.* -шен
радиобесе́да, -ы
радиобио́лог, -а
радиобиологи́ческий
радиобиоло́гия, -и
радиобу́й, -я, *мн.* -и́, -ёв
радиобу́ря, -и
радиобюро́, *нескл., с.*
радиоветроме́р, -а
радиове́чер, -а, *мн.* -а́, -о́в
радиовеща́ние, -я
радиовеща́тель, -я
радиовеща́тельный
радиовзрыва́тель, -я
радиови́дение, -я
радиови́димость, -и
радиови́зор, -а
радиоволна́, -ы́, *мн.* -во́лны, -во́лн, -во́лна́м
радиоволново́д, -а
радиовспы́шка, -и, *р. мн.* -шек
радиовысоторме́р, -а
радиогала́ктика, -и
радиоге́нный
радиогеодези́ческий
радиогеоде́зия, -и
радиогеологи́ческий
радиогеоло́гия, -и
радиогеохими́ческий
радиогеохи́мия, -и
радиогидроакусти́ческий
радиогидрогеоло́гия, -и

радиогидрометеорологи́ческий
радиоглуше́ние, -я
радиоголоса́, -о́в, *ед.* -го́лос, -а
радиогонио́метр, -а
радиогра́мма, -ы
радиогра́ммный
радиографи́ческий
радиогра́фия, -и
радиода́йджест, -а
радиодальноме́р, -а
радиода́нные, -ых
радиоде́ло, -а
радиодета́ль, -и
радиодефектоскопи́я, -и
радиодиало́г, -а
радиодиапазо́н, -а
радиодиверсио́нный
радиодиве́рсия, -и
радиодидже́й, -я
радиоди́ктор, -а
радиодина́мик, -а
радиодиспе́тчер, -а
радиодиспе́тчерский
радиодонесе́ние, -я
радиожурна́л, -а
радиожурнали́ст, -а
радиожурнали́стика, -и
радиожурнали́стка, -и, *р. мн.* -ток
радиозаво́д, -а
радиоза́пись, -и
радиозапро́с, -а
радиозатме́ние, -я
радиозахва́т, -а
радиозащи́та, -ы
радиозащи́тный
радиозвезда́, -ы́, *мн.* -звёзды, -звёзд
радиозо́на, -ы
радиозо́нд, -а
радиозонди́рование, -я
радиозо́ндовый
радиоигра́, -ы́, *мн.* -и́гры, -и́гр
радиоизлуча́тельный
радиоизлуча́ющий
радиоизлуче́ние, -я
радиоизмере́ние, -я
радиоизмери́тельный
радиоизото́пный
радиоизото́пы, -ов, *ед.* -то́п, -а
радиоиммунологи́ческий
радиои́мпульс, -а
радиоинжене́р, -а
радиоинтервью́, *нескл., с.*
радиоинтерферо́метр, -а
радиоинтерферометри́я, -и
радиоинтроско́п, -а
радиоинформа́ция, -и
радиоиску́сство, -а
радиоисто́чник, -а
радиокана́л, -а
радиока́псула, -ы
радиокарбо́нный
радиоклиматологи́ческий
радиоклиматоло́гия, -и
радиоклу́б, -а
радиоколло́идный
радиоколло́иды, -ов, *ед.* -о́ид, -а
радиокома́нда, -ы
радиокома́ндный
радиокомба́йн, -а
радиокоммента́рий, -я
радиокоммента́тор, -а
радиокомпа́ния, -и
радиокомпара́тор, -а
радиоко́мпас, -а
радиоко́мпасный
радиоко́мплекс, -а
радиокомпози́ция, -и
радиоконта́кт, -а
радиоконтро́ль, -я
радиоконце́рт, -а
радиокорпора́ция, -и
радио́ла, -ы
радиолаборато́рия, -и
радиола́мпа, -ы
радиолече́бный
радиолече́ние, -я
радио́лиз, -а
радио́лизный
радиоли́ния, -и
радио́лог, -а
радиологи́ческий
радиоло́гия, -и
радиолока́тор, -а
радиолока́торный
радиолока́торщик, -а
радиолокацио́нный
радиолока́ция, -и
радиоло́т, -а
радиолу́ч, -а́, *тв.* -о́м
радиолюби́тель, -я
радиолюби́тельский
радиолюби́тельство, -а
радиолюминесце́нтный
радиолюминесце́нция, -и
радиоля́риевый
радиоля́рии, -ий, *ед.* -ля́рия, -и
радиоляри́т, -а
радиомаркёр, -а
радиомаскиро́вка, -и, *р. мн.* -вок
радиома́чта, -ы
радиомая́к, -а́
радиомаячо́к, -чка́
радиомедици́на, -ы
радиометеоро́граф, -а
радиометеоро́лог, -а
радиометеорологи́ческий
радиометеороло́гия, -и
радиометеоста́нция, -и
радиометеоце́нтр, -а
радио́метр, -а
радиометри́ст, -а
радиометри́ческий
радиоме́трия, -и
радиометце́нтр, -а
радиомеха́ник, -а
радиомикрофо́н, -а
радиомимети́ческий
радиомолча́ние, -я
радиомонта́ж, -а́, *тв.* -о́м
радиомонта́жник, -а
радиомонта́жница, -ы, *тв.* -ей
радиомо́ст, -а и -а́, *предл.* в (на) радиомо́сте́, *мн.* -ы́, -о́в
радионаведе́ние, -я
радионавига́тор, -а
радионавигацио́нный
радионавига́ция, -и
радионаво́дка, -и, *р. мн.* -вок
радионо́вости, -е́й
радионукли́дный
радионукли́ды, -ов, *ед.* -и́д, -а
радиообме́н, -а
радиообнаруже́ние, -я
радиообозрева́тель, -я
радиообору́дование, -я
радиообраще́ние, -я
радиоокеанографи́ческий
радиоокеаногра́фия, -и
радиоопера́тор, -а
радиоориенти́рование, -я
радиоо́черк, -а
радиопанора́ма, -ы
радиопе́ленг, -а
радиопеленга́тор, -а
радиопеленга́торный
радиопеленгацио́нный
радиопеленга́ция, -и
радиопеленгова́ние, -я
радиопереговóрный
радиоперегово́ры, -ов
радиопереда́тчик, -а
радиопереда́ча, -и, *тв.* -ей
радиопередаю́щий
радиопереклю́чка, -и, *р. мн.* -чек
радиоперехва́т, -а
радиоперехва́тчик, -а
радиопило́т, -а
радиопилю́ля, -и
радиопира́т, -а
радиопира́тский
радиопира́тство, -а
радиопоглоща́ющий
радиопозывны́е, -ы́х
радиопо́иск, -а
радиополуко́мпас, -а
радиополяри́метр, -а
радиопоме́хи, -е́х
радиопостано́вка, -и, *р. мн.* -вок
радиоприбо́р, -а
радиоприём, -а
радиоприёмник, -а
радиоприёмный
радиопрогно́з, -а
радиопроже́ктор, -а, *мн.* -ы, -ов и -а́, -о́в
радиопрозра́чный
радиопромы́шленность, -и
радиопропага́нда, -ы
радиопросве́чивание, -я
радиопрослу́шивание, -я
радиопроте́ктор, -а
радиопульса́р, -а
радиопье́са, -ы
радиоразве́дка, -и
радиорасска́з, -а

радиорежиссёр, -а
радиорезисте́нтность, -и
радиорезисте́нтный; *кр. ф.* -нтен, -нтна
радиорекла́ма, -ы
радиореле́, *нескл., с.*
радиореле́йный
радиореле́йщик, -а
радиорепорта́ж, -а, *тв.* -ем
радиорепортёр, -а
радиорепроду́ктор, -а
радиорозе́тка, -и, *р. мн.* -ток
радиору́бка, -и, *р. мн.* -бок
радиору́пор, -а, *мн.* -ы, -ов и -а́, -о́в
радиоры́нок, -нка
радиосвя́зь, -и
радиосеа́нс, -а
радиосекста́нт, -а
радиосенсибилиза́ция, -и
радиосе́ть, -и, *мн.* -и, -е́й
радиосигна́л, -а
радиосигнализа́ция, -и
радиосисте́ма, -ы
радиослу́жба, -ы
радиослу́шатель, -я
радиослу́шательница, -ы, *тв.* -ей
радиосообще́ние, -я
радиоспекта́кль, -я
радиоспе́ктр, -а
радиоспектро́граф, -а
радиоспектро́метр, -а
радиоспектроскопи́я, -и
радиоспо́рт, -а
радиоспорти́вный
радиоста́нция, -и
радиосто́рож, -а, *тв.* -ем, *мн.* -а́, -е́й
радиосту́дия, -и
радиосхе́ма, -ы
радиотаре́лка, -и, *р. мн.* -лок
радиотеа́тр, -а
радиотелеаппарату́ра, -ы
радиотелевизио́нный
радиотелегра́мма, -ы
радиотелегра́ф, -а
радиотелеграфи́ст, -а
радиотелеграфи́я, -и
радиотелегра́фный
радиотелеизмере́ние, -я
радиотелеизмери́тельный
радиотелекорпора́ция, -и
радиотелеметри́ст, -а
радиотелеметри́ческий
радиотелеметри́я, -и
радиотелемеха́ника, -и
радиотелемехани́ческий
радиотелеско́п, -а
радиотелескопи́я, -и
радиотелескопострое́ние, -я
радиотелеста́нция, -и
радиотелеуправле́ние, -я
радиотелеуправля́емый
радиотелефо́н, -а
радиотелефони́я, -и
радиотелефо́нный
радиотеплово́й
радиотеплолокацио́нный
радиотеплолока́ция, -и
радиотерапевти́ческий
радиотерапи́я, -и
радиоте́хник, -а
радиоте́хника, -и
радиотехни́ческий
радиотова́ры, -ов
радиотокси́ны, -ов, *ед.* -си́н, -а
радиото́чка, -и, *р. мн.* -чек
радиотраекто́рный
радиотрансляцио́нный
радиотрансля́ция, -и
радиотума́нность, -и
радиоуглеро́дный
радиоу́зел, -узла́
радиоуниверсите́т, -а
радиоуправле́ние, -я
радиоуправля́емый
радиоуровнеме́р, -а
радиоустано́вка, -и, *р. мн.* -вок
радиоусто́йчивость, -и
радиоусто́йчивый
радиоустро́йство, -а
радиофестива́ль, -я
радиофи́зик, -а
радиофи́зика, -и
радиофизи́ческий
радиофика́ция, -и
радиофици́рованный; *кр. ф.* -ан, -ана
радиофици́ровать(ся), -рую, -рует(ся)
радиофо́б, -а
радиофо́бия, -и
радиофо́бский
радиофони́я, -и
радиофотогра́фия, -и
радиофототелегра́ф, -а
радиохи́мик, -а
радиохими́ческий
радиохи́мия, -и
радиоце́нтр, -а
радиоци́кл, -а
радиоча́с, -а, *мн.* -ы́, -о́в
радиочасто́тный
радиочасто́ты, -о́т, *ед.* -ота́, -ы́
радиочувстви́тельность, -и
радиочувстви́тельный; *кр. ф.* -лен, -льна
радиошко́ла, -ы
радиошо́у, *нескл., с.*
радиошу́м, -а, *мн.* -ы, -ов и -ы́, -о́в
радиоэко́лог, -а
радиоэкологи́ческий
радиоэколо́гия, -и
радиоэлектро́ника, -и
радиоэлектро́нный
радиоэлектро́нщик, -а
радиоэлеме́нт, -а
радиоэфи́р, -а
радиоэ́хо, -а
радиоя́ркость, -и
ради́рование, -я
ради́рованный; *кр. ф.* -ан, -ана
ради́ровать, -рую, -рует
ради́ст, -а
ради́стка, -и, *р. мн.* -ток
ра́диус, -а
ра́диус-ве́ктор, -а
ра́диусный
ради́щевец, -вца, *тв.* -вцем, *р. мн.* -вцев
ради́щевский (*от* Ради́щев)
радлю́кс, -а, *р. мн.* -ов, *счетн. ф.* -люкс
ра́д не ра́д
ра́довать(ся), ра́дую(сь), ра́дует(ся)
радо́н, -а
ра́доне́жский (*от* Ра́доне́ж); но: **Се́ргий Ра́донежский**
Ра́доница, -ы, *тв.* -ей и **Ра́дуница,** -ы, *тв.* -ей
радо́новый
радонопрово́д, -а
ра́достно, *нареч.* и *в знач. сказ.*
ра́достность, -и
ра́достный; *кр. ф.* -тен, -тна
ра́дость, -и
рад-радёхонек, ра́да-радёхонька
рад-радёшенек, ра́да-радёшенька
ра́дуга, -и
ра́дужина, -ы
ра́дужка, -и, *р. мн.* -жек
ра́дужник, -а
ра́дужница, -ы, *тв.* -ей
ра́дужность, -и
ра́дужно-фиоле́товый
ра́дужный; *кр. ф.* -жен, -жна
ра́дула, -ы
Ра́дуница, -ы, *тв.* -ей и **Ра́доница,** -ы, *тв.* -ей
раду́шие, -я
раду́шный; *кр. ф.* -шен, -шна
радфо́т, -а, *р. мн.* -ов, *счетн. ф.* -фо́т
раёк, райка́
раёшник, -а
раёшный
раж, -а, *тв.* -ем
ра́жий
раз[1], -а и -у, *мн.* разы́, раз, -а́м
раз[2], *нареч.* и *союз*
разагити́рованный; *кр. ф.* -ан, -ана
разагити́ровать, -рую, -рует
разале́ться, -е́юсь, -е́ется
разархиви́рование, -я
разархиви́рованный; *кр. ф.* -ан, -ана
разархиви́ровать(ся), -рую, -рует(ся)
разафиши́рованный; *кр. ф.* -ан, -ана
разафиши́ровать, -рую, -рует
раза́хаться, -аюсь, -ается
разбави́тель, -я
разба́вить(ся), -влю, -вит(ся)
разба́вка, -и
разбавле́ние, -я
разба́вленный; *кр. ф.* -ен, -ена
разбавля́ть(ся), -я́ю, -я́ет(ся)
разбаза́ренный; *кр. ф.* -ен, -ена
разбаза́ривание, -я
разбаза́ривать(ся), -аю, -ает(ся)
разбаза́рить(ся), -рю, -рит(ся)
разбаланси́рование, -я

разбалансированность, -и
разбалансированный; *кр. ф.* -ан, -ана
разбалансировать(ся), -рую, -рует(ся)
разбалансировка, -и
разбаливаться, -аюсь, -ается
разбалованный; *кр. ф.* -ан, -ана
разбаловать(ся), -лую(сь), -лует(ся)
разбалтывание, -я
разбалтывать(ся), -аю(сь), -ает(ся)
разбахвалиться, -люсь, -лится
разбег, -а
разбегаться, -аюсь, -ается, *сов.* (*от* бегать)
разбегаться, -аюсь, -ается, *несов.* (*к* разбежаться)
разбег-наскок, разбега-наскока
разбежаться, -бегусь, -бежится, -бегутся
разбежка, -и
разбел, -а
разбелённый; *кр. ф.* -ён, -ена
разбеливать(ся), -аю, -ает(ся)
разбелить, -елю, -елит
разбелять(ся), -яю, -яет(ся)
разбередить(ся), -ежу, -едит(ся)
разбережённый; *кр. ф.* -ён, -ена
разбеситься, -ешу(сь), -есит(ся)
разбивание, -я
разбиватель, -я (сердец)
разбивательница, -ы, *тв.* -ей (сердец)
разбивать(ся), -аю(сь), -ает(ся)
разбивка, -и
разбиение, -я
разбинтованный; *кр. ф.* -ан, -ана
разбинтовать(ся), -тую(сь), -тует(ся)
разбинтовывать(ся), -аю(сь), -ает(ся)
разбирательство, -а
разбирать(ся), -аю(сь), -ает(ся)
разбитие, -я
разбитной
разбитость, -и
разбитый
разбить(ся), разобью(сь), разобьёт(ся)
разблаговестить, -ещу, -естит
разблаговещенный; *кр. ф.* -ен, -ена
разблокирование, -я
разблокированный; *кр. ф.* -ан, -ана
разблокировать(ся), -рую, -рует(ся)
разблокировка, -и
разблюдовка, -и
разбогатеть, -ею, -еет
разбой, -я
разбойник, -а
разбойница, -ы, *тв.* -ей
разбойничать, -аю, -ает
разбойничек, -чка
разбойнический
разбойничество, -а
разбойничий, -ья, -ье
разбойный
разболеться [1], -еюсь, -еется (к болеть [1])
разболеться [2], -лится (к болеть [2])
разболокаться, -аюсь, -ается
разболтанно, *нареч.*

разболтанность, -и
разболтанный; *кр. ф. прич.* -ан, -ана; *кр. ф. прил.* (*беспорядочный, расхлябанный*) -ан, -анна (*от* разболтать(ся)
разболтать(ся), -аю(сь), -ает(ся)
разболтить, -лчу, -лтит
разболтка, -и
разболтованный; *кр. ф.* -ан, -ана
разболтовать, -тую, -тует
разболтовывать(ся), -аю, -ает(ся)
разболченный; *кр. ф.* -ен, -ена (*от* разболтить)
разбомбить, -блю, -бит
разбомблённый; *кр. ф.* -ён, -ена
разбор, -а
разборка, -и, *р. мн.* -рок
разборно-металлический
разборный
разборонённый; *кр. ф.* -ён, -ена
разборонить, -ню, -нит
разборонованный; *кр. ф.* -ан, -ана
разбороновать, -ную, -нует
разборонoвывать(ся), -аю, -ает(ся)
разборочно-сборочный
разборочный
разбортованный; *кр. ф.* -ан, -ана
разбортовать, -тую, -тует
разбортовка, -и
разбортовывание, -я
разбортовывать(ся), -аю, -ает(ся)
разборчивость, -и
разборчивый
разбракованный; *кр. ф.* -ан, -ана
разбраковать, -кую, -кует
разбраковка, -и
разбраковочный
разбраковщик, -а
разбраковщица, -ы, *тв.* -ей
разбраковывать(ся), -аю, -ает(ся)
разбранённый; *кр. ф.* -ён, -ена
разбранить(ся), -ню(сь), -нит(ся)
разбрасывание, -я
разбрасыватель, -я
разбрасывать(ся), -аю(сь), -ает(ся)
разбредаться, -ается
разбредшийся
разбрестись, -едётся; *прош.* -ёлся, -елась
разброд, -а
разбронированный; *кр. ф.* -ан, -ана
разбронировать(ся), -рую(сь), -рует(ся)
разброс, -а
разбросанность, -и
разбросанный; *кр. ф. прич.* -ан, -ана; *кр. ф. прил.* (*беспорядочный, хаотичный*) -ан, -анна
разбросать(ся), -аю(сь), -ает(ся)
разбросить, -ошу, -осит
разброска, -и
разбросной
разброшенный; *кр. ф.* -ен, -ена
разброшюрованный; *кр. ф.* -ан, -ана
разброшюровка, -и

разбрызганный; *кр. ф.* -ан, -ана
разбрызгать(ся), -аю(сь), -ает(ся)
разбрызгивание, -я
разбрызгиватель, -я
разбрызгивать(ся), -аю(сь), -ает(ся)
разбрызнуть, -ну, -нет
разбрюзжаться, -жусь, -жится
разбудить, -ужу, -удит
разбуженный; *кр. ф.* -ен, -ена
разбуравить, -влю, -вит
разбуравленный; *кр. ф.* -ен, -ена
разбуравливание, -я
разбуравливать(ся), -аю, -ает(ся)
разбурённый; *кр. ф.* -ён, -ена
разбуривание, -я
разбуривать(ся), -аю, -ает(ся)
разбурить, -рю, -рит
разбухание, -я
разбухать, -аю, -ает
разбухнуть, -ну, -нет; *прош.* -ух, -ухла
разбухший
разбушеваться, -шуюсь, -шуется
разбуяниться, -нюсь, -нится
разбюрокраченный; *кр. ф.* -ен, -ена
разбюрокрачивание, -я
разважживать(ся), -аю, -ает(ся)
разважничаться, -аюсь, -ается
развал, -а
разваленный; *кр. ф.* -ен, -ена (*от* развалить), *прич.*
развалец и **развальца: с развальцем и с развальцей**
разваливание, -я
разваливать(ся), -аю(сь), -ает(ся)
развалина, -ы
развалины, -ин
развалистый
развалить(ся), -алю(сь), -алит(ся)
развалка, -и
развальный, *прил.*
развальца и **развалец: с развальцей и с развальцем**
развальцевать, -цую, -цует
развальцованный; *кр. ф.* -ан, -ана
развальцовка, -и
развальцовывать(ся), -аю, -ает(ся)
развалюха, -и
развалюшка, -и, *р. мн.* -шек
развалянный; *кр. ф.* -ян, -яна (*от* развалять)
развалять(ся), -яю(сь), -яет(ся)
разваренный; *кр. ф.* -ен, -ена
разваривание, -я
разваривать(ся), -аю, -ает(ся)
разваристый
разварить(ся), -арю, -арит(ся)
разварной
разве
развевание, -я (*от* развевать(ся)
развевать(ся), -аю, -ает(ся) (*к* веять)
разведанный; *кр. ф.* -ан, -ана
разведать, -аю, -ает
разведбат, -а
разведбатальон, -а
разведвзвод, -а

разведгру́ппа, -ы
разведда́нные, -ых
развeдде́ятельность, -и
разведе́нец, -нца, *тв.* -нцем, *р. мн.* -нцев
разведе́ние, -я
разведёнка, -и, *р. мн.* -нок
разведённый; *кр. ф.* -ён, -ена́
развединформа́ция, -и
разве́дка, -и, *р. мн.* -док
разведо́рганы, -ов
разведотде́л, -а
разве́дочный
разведпо́иск, -а
разве́дривать(ся), -ает(ся)
разве́дрить(ся), -ит(ся)
разведро́та, -ы
разведсво́дка, -и, *р. мн.* -док
разведслу́жба, -ы
разведце́нтр, -а
разве́дчик, -а
разве́дчица, -ы, *тв.* -ей
разве́дший(ся)
разведшко́ла, -ы
разве́дывание, -я
разве́дывательно-диверсио́нный
разве́дывательно-информацио́нный
разве́дывательный
разве́дывать(ся), -аю, -ает(ся)
развезённый; *кр. ф.* -ён, -ена́
развезти́, -зу́, -зёт; *прош.* -ёз, -езла́
развёзший
разве́ивание, -я
разве́ивать(ся), -аю(сь), -ает(ся)
ра́зве как, *союз*
развенча́ние, -я
разве́нчанный; *кр. ф.* -ан, -ана
развенча́ть(ся), -а́ю(сь), -а́ет(ся)
разве́нчивание, -я
разве́нчивать(ся), -аю(сь), -ает(ся)
развереди́ть, -ежу́, -еди́т
развережённый; *кр. ф.* -ён, -ена́
разверза́ть(ся), -а́ю, -а́ет(ся)
разве́рзнувший(ся)
разве́рзнуть(ся), -ну, -нет(ся); *прош.* -е́рз(ся) и -е́рзнул(ся), -е́рзла(сь)
разве́рзший(ся)
развёрнутость, -и
развёрнутый
разверну́ть(ся), -ну́(сь), -нёт(ся)
разверста́ние, -я
развёрстанный; *кр. ф.* -ан, -ана
разверста́ть(ся), -а́ю, -а́ет(ся)
развёрстка, -и, *р. мн.* -ток
развёрсточный
развёрстывание, -я
развёрстывать(ся), -аю, -ает(ся)
разве́рстый
развerте́ть(ся), -ерчу́, -е́ртит(ся)
развёртка, -и, *р. мн.* -ток
развёрточный
развёртывание, -я
развёртывать(ся), -аю(сь), -ает(ся)
разве́рченный; *кр. ф.* -ен, -ена
разве́рчивание, -я
разве́рчивать(ся), -аю, -ает(ся)
разве́с, -а
развеселённый; *кр. ф.* -ён, -ена́
развесели́ть(ся), -лю́(сь), -ли́т(ся)
развесёлый
развеселя́ть(ся), -я́ю(сь), -я́ет(ся)
разве́систый
разве́сить(ся), -е́шу, -е́сит(ся)
разве́ска, -и
развесно́й
разве́сочный
развести́(сь), -еду́(сь), -едёт(ся); *прош.* -ёл(ся), -ела́(сь)
разве́счик, -а
разве́счица, -ы, *тв.* -ей
разветви́тель, -я
разветви́ть(ся), -влю́, -ви́т(ся)
разветвле́ние, -я
разветвлённость, -и
разветвлённый; *кр. ф.* -ён, -ена́
разветвля́ть(ся), -я́ю, -я́ет(ся)
ра́зве что, *союз*
разве́шанный; *кр. ф.* -ан, -ана (*от* разве́шать)
разве́шать, -аю, -ает
разве́шенный; *кр. ф.* -ен, -ена (*от* разве́сить)
разве́шивание, -я
разве́шивать(ся), -аю, -ает(ся)
разве́янный; *кр. ф.* -ян, -яна
разве́ять(ся), -е́ю(сь), -е́ет(ся)
развива́ние, -я (*от* развива́ть(ся)
развива́ть(ся), -а́ю(сь), -а́ет(ся) (*к* разви́ть)
развидне́ть(ся), -е́ет(ся)
развидня́ть(ся), -я́ет(ся)
развизжа́ться, -жу́сь, -жи́тся
разви́лина, -ы
разви́линка, -и, *р. мн.* -нок
разви́листый
разви́лка, -и, *р. мн.* -лок
разви́лок, -лка
разви́лочка, -и, *р. мн.* -чек
развинти́ть(ся), -инчу́(сь), -и́нти́т(ся)
разви́нченность, -и
разви́нченный; *кр. ф. прич.* -ен, -ена; *кр. ф. прил.* (*невыдержанный*, *разболтанный*; *о походке*, *движениях*: *нетвердый*) -ен, -енна
разви́нчивание, -я
разви́нчивать(ся), -аю(сь), -ает(ся)
разви́тие, -я
развито́й; *кр. ф.* ра́звит, -ита́, ра́звито, *прил.*
ра́звитость, -и
разви́тый; *кр. ф.* -и́т, -ита́, -и́то, *прич.* (*расправленный*, *раскрученный*)
ра́зви́тый; *кр. ф.* ра́зви́т, -ита́, ра́зви́то, *прич.* (*получивший развитие*)
разви́ть(ся), разовью́(сь), разовьёт(ся); *прош.* -и́л(ся), -ила́(сь), -и́ло, -и́ло́сь
развихля́ться, -я́юсь, -я́ется
развлека́ловка, -и, *р. мн.* -вок
развлека́тельность, -и
развлека́тельный; *кр. ф.* -лен, -льна
развлека́тельство, -а
развлека́ть(ся), -а́ю(сь), -а́ет(ся)
развлеку́ха, -и
развлёкший(ся)
развлече́ние, -я
развлечённый; *кр. ф.* -ён, -ена́
развле́чь(ся), -еку́(сь), -ечёт(ся), -еку́т(ся); *прош.* -ёк(ся), -екла́(сь)
разво́д, -а
разводи́мость, -и
разводи́ть(ся), -ожу́(сь), -о́дит(ся)
разво́дка, -и, *р. мн.* -док
разводно́й (*к* разводи́ть: разводно́й мо́ст, разводно́й клю́ч)
разво́дный (*к* разво́д – *расторжение брака*)
разво́дочный
разво́дчатый
разво́ды, -ов (*узоры*, *пятна*)
разво́дье, -я, *р. мн.* -ьев и -дий
разводя́щий, -его
разводя́щий(ся)
развоева́ться, -вою́юсь, -вою́ется
развожжа́ть(ся), -а́ю, -а́ет(ся)
разво́з, -а
развози́ть(ся), -ожу́(сь), -о́зит(ся)
разво́зка, -и, *р. мн.* -зок
развозно́й
разво́зчик, -а
разво́зчица, -ы, *тв.* -ей
разво́й, -я
развола́кивать(ся), -аю, -ает(ся)
разволно́ванный; *кр. ф.* -ан, -ана
разволнова́ть(ся), -ну́ю(сь), -ну́ет(ся)
разволо́кший
разволочённый; *кр. ф.* -ён, -ена́
разволо́чь, -локу́, -лочёт, -локу́т; *прош.* -ло́к, -локла́
развопи́ться, -плю́сь, -пи́тся
развоплоти́ть(ся), -ощу́(сь), -оти́т(ся)
развоплоще́ние, -я
развоплощённый; *кр. ф.* -ён, -ена́
развора́чивание, -я
развора́чивать(ся), -аю(сь), -ает(ся)
развора́шивать(ся), -аю, -ает(ся)
разворкова́ться, -ку́юсь, -ку́ется
разворо́ванный; *кр. ф.* -ан, -ана
разворова́ть, -ру́ю, -ру́ет
разворо́вывание, -я
разворо́вывать(ся), -аю, -ает(ся)
разворо́т, -а
развороти́ть, -очу́, -о́тит
разворо́тливость, -и
разворо́тливый
разворо́тный
разворо́чанный; *кр. ф.* -ан, -ана (*от* разворо́чать)
разворо́чать(ся), -аю(сь), -ает(ся)
разворо́ченный; *кр. ф.* -ен, -ена (*от* развороти́ть)
разворошённый; *кр. ф.* -ён, -ена́
развороши́ть, -шу́, -ши́т
разворча́ться, -чу́сь, -чи́тся
развра́т, -а

развратитель, -я
развратительница, -ы, *тв.* -ей
развратить(ся), -ащу́(сь), -ати́т(ся)
развра́тник, -а
развра́тница, -ы, *тв.* -ей
развра́тничать, -аю, -ает
развра́тность, -и
развра́тный; *кр. ф.* -тен, -тна
развраща́ть(ся), -а́ю(сь), -а́ет(ся)
развраща́ющий(ся)
развраще́ние, -я
развращённость, -и
развращённый; *кр. ф.* -ён, -ена́
развыпе́ндриваться, -аюсь, -ается
разви́ться, -во́юсь, -во́ется
развью́ченный; *кр. ф.* -ен, -ена
развью́чивание, -я
развью́чивать(ся), -аю(сь), -ает(ся)
развью́чить(ся), -чу(сь), -чит(ся)
развя́занный; *кр. ф.* -ан, -ана
развяза́ть(ся), -яжу́(сь), -я́жет(ся)
развя́зка, -и, *р. мн.* -зок
развя́зность, -и
развя́зный; *кр. ф.* -зен, -зна
развя́зывание, -я
развя́зывать(ся), -аю(сь), -ает(ся)
разга́данный; *кр. ф.* -ан, -ана
разгада́ть(ся), -а́ю, -а́ет(ся)
разга́дка, -и, *р. мн.* -док
разга́дчик, -а
разга́дчица, -ы, *тв.* -ей
разга́дывание, -я
разга́дывать(ся), -аю, -ает(ся)
разгази́рова́ние, -я
разгази́ро́ванный; *кр. ф.* -ан, -ана
разгазирова́ть(ся), -ру́ю, -ру́ет(ся) и **разгази́ровать(ся)**, -рую, -рует(ся)
разга́р, -а
разгерметиза́ция, -и
разгерметизи́рованный; *кр. ф.* -ан, -ана
разгерметизи́ровать(ся), -рую(сь), -рует(ся)
разги́б, -а
разгиба́ние, -я
разгиба́тель, -я
разгиба́ть(ся), -а́ю(сь), -а́ет(ся)
разгильдя́й, -я
разгильдя́йка, -и, *р. мн.* -я́ек
разгильдя́йничать, -аю, -ает
разгильдя́йский
разгильдя́йство, -а
разглаго́льствование, -я
разглаго́льствовать, -твую, -твует
разгла́дить(ся), -а́жу, -а́дит(ся)
разгла́женный; *кр. ф.* -ен, -ена
разгла́живание, -я
разгла́живать(ся), -аю, -ает(ся)
разгласи́ть(ся), -ашу́, -аси́т(ся)
разглаша́ть(ся), -а́ю, -а́ет(ся)
разглаше́ние, -я
разглашённый; *кр. ф.* -ён, -ена́
разгляде́ть, -яжу́, -яди́т
разгля́дывание, -я
разгля́дывать(ся), -аю, -ает(ся)
разгне́ванно, *нареч.*
разгне́ванность, -и
разгне́ванный; *кр. ф.* -ан, -ана и (*выражающий гнев*) -ан, -анна (ли́ца и́х разгне́ванны)
разгне́вать(ся), -аю(сь), -ает(ся)
разгова́ривать, -аю, -ает
разгове́ние, -я и **ро́зговенье**, -я, *р. мн.* -ний
разгове́ться, -е́юсь, -е́ется
разговле́ние, -я
разговля́ться, -я́юсь, -я́ется
разгово́р, -а
разговорённый; *кр. ф.* -ён, -ена́
разгово́рец, -рца, *тв.* -рцем, *р. мн.* -рцев
разговори́ть(ся), -рю́(сь), -ри́т(ся)
разгово́рник, -а
разгово́рность, -и
разгово́рный
разгово́рчивость, -и
разгово́рчивый
разгово́рчик, -а
разго́н, -а
разго́нистость, -и
разго́нистый
разго́нка, -и
разго́нный
разго́ночный
разгоня́ть(ся), -я́ю(сь), -я́ет(ся)
разгора́живание, -я
разгора́живать(ся), -аю(сь), -ает(ся)
разгора́ние, -я
разгора́ться, -а́юсь, -а́ется
разгоре́ться, -рю́сь, -ри́тся
разгороди́ть(ся), -ожу́(сь), -о́ди́т(ся)
разгоро́женный; *кр. ф.* -ен, -ена
разгорача́ть(ся), -а́ю(сь), -а́ет(ся)
разгорячённый; *кр. ф.* -ён, -ена́
разгорячи́ть(ся), -чу́(сь), -чи́т(ся)
разгосуда́рствить(ся), -влю, -вит(ся)
разгосуда́рствление, -я
разгосуда́рствленный; *кр. ф.* -ен, -ена
разгосударствля́ть(ся), -я́ю, -я́ет(ся)
разгра́бить, -блю, -бит
разграбле́ние, -я
разгра́бленный; *кр. ф.* -ен, -ена
разграбля́ть(ся), -я́ю, -я́ет(ся)
разгражде́ние, -я
разграниче́ние, -я
разграни́ченный; *кр. ф.* -ен, -ена
разграни́чивание, -я
разграни́чивать(ся), -аю, -ает(ся)
разграничи́тель, -я
разграничи́тельный
разграни́чить(ся), -чу, -чит(ся)
разграфи́ть, -флю́, -фи́т
разграфле́ние, -я
разграфлённый; *кр. ф.* -ён, -ена́
разграфля́ть(ся), -я́ю, -я́ет(ся)
разгреба́ние, -я
разгреба́ть(ся), -а́ю, -а́ет(ся)
разгребённый; *кр. ф.* -ён, -ена́
разгрёбший
разгрести́, -гребу́, -гребёт; *прош.* -грёб, -гребла́
разгримирова́ние, -я
разгримиро́ванный; *кр. ф.* -ан, -ана
разгримирова́ть(ся), -ру́ю(сь), -ру́ет(ся)
разгримиро́вка, -и, *р. мн.* -вок
разгримиро́вывать(ся), -аю(сь), -ает(ся)
разгро́м, -а
разгроми́ть, -млю́, -ми́т
разгромле́ние, -я
разгро́мленный; *кр. ф.* -ен, -ена и **разгромлённый**; *кр. ф.* -ён, -ена́
разгро́мный
разгружа́ть(ся), -а́ю(сь), -а́ет(ся)
разгру́женный; *кр. ф.* -ен, -ена и **разгружённый**; *кр. ф.* -ён, -ена́
разгрузи́тель, -я
разгрузи́ть(ся), -ужу́(сь), -у́зи́т(ся)
разгру́зка, -и
разгрузно́й
разгру́зочный
разгру́зчик, -а
разгруппиро́ванный; *кр. ф.* -ан, -ана
разгруппирова́ть(ся), -ру́ю, -ру́ет(ся)
разгрусти́ться, -ущу́сь, -усти́тся
разгрыза́ние, -я
разгрыза́ть(ся), -а́ю, -а́ет(ся)
разгры́зенный; *кр. ф.* -ен, -ена
разгры́зть(ся), -зу́, -зёт(ся); *прош.* -ы́з(ся), -ы́зла(сь)
разгры́зший(ся)
разгу́л, -а
разгу́ливание, -я
разгу́ливать(ся), -аю(сь), -ает(ся)
разгу́лье, -я
разгу́льный; *кр. ф.* -лен, -льна
Разгуля́й, -я (*площадь в Москве*)
разгу́лянный; *кр. ф.* -ян, -яна
разгуля́ть(ся), -я́ю(сь), -я́ет(ся)
разгунде́ться, -ди́тся
разда́бривать(ся), -аю(сь), -ает(ся)
раздава́ть(ся), -даю́(сь), -даёт(ся)
раздави́ть(ся), -авлю́, -а́вит(ся)
разда́вленный; *кр. ф.* -ен, -ена
разда́вливать(ся), -аю, -ает(ся)
разда́ивание, -я
разда́ивать(ся), -аю, -ает(ся)
разда́лбливание, -я
разда́лбливать(ся), -аю, -ает(ся)
разда́ренный; *кр. ф.* -ен, -ена
разда́ривание, -я
разда́ривать(ся), -аю, -ает(ся)
раздари́ть, -арю́, -а́рит
разда́точный
разда́тчик, -а
разда́тчица, -ы, *тв.* -ей
разда́ть(ся), -а́м(ся), -а́шь(ся), -а́ст(ся), -ади́м(ся), -ади́те(сь), -аду́т(ся); *прош.* ро́здал и разда́л, -а́лся́, -ала́(сь), ро́здало и разда́ло, -а́ло́сь
разда́ча, -и, *тв.* -ей
ра́з-два́
раздва́ивание, -я

раздва́ивать(ся), -аю(сь), -ает(ся)
ра́з-два́-три́
раздви́г, -а
раздвига́ние, -я
раздвига́ть(ся), -а́ю, -а́ет(ся)
раздви́жка, -и
раздвижно́й
раздви́нутый
раздви́нуть(ся), -ну, -нет(ся)
раздвое́ние, -я
раздво́енность, -и
раздво́енный; *кр. ф.* -ен, -ена и **раздвоённый;** *кр. ф.* -ён, -ена́
раздвои́ть(ся), -ою́(сь), -ои́т(ся)
раздева́лка, -и, *р. мн.* -лок
раздева́льный
раздева́льня, -и, *р. мн.* -лен
раздева́ние, -я
раздева́ть(ся), -а́ю(сь), -а́ет(ся)
разде́л, -а
разде́ланный; *кр. ф.* -ан, -ана
разде́лать(ся), -аю(сь), -ает(ся)
разделе́ние, -я
разделённость, -и
разделённый; *кр. ф.* -ён, -ена́
раздели́тель, -я
раздели́тельный
раздели́ть(ся), -елю́(сь), -е́лит(ся)
разде́лка, -и, *р. мн.* -лок
разде́лочный
разде́лывание, -я
разде́лывательный
разде́лывать(ся), -аю(сь), -ает(ся)
раздельнолепе́стные, -ых
раздельнооформленность, -и
раздельнооформленный*; *кр. ф.* -ен, -ена
раздельнопо́лость, -и
раздельнопо́лый
разде́льность, -и
разде́льный
разде́льщик, -а
разде́льщица, -ы, *тв.* -ей
разделя́ть(ся), -я́ю(сь), -я́ет(ся)
раздёрганность, -и
раздёрганный; *кр. ф.* -ан, -ана
раздёргать(ся), -аю(сь), -ает(ся)
раздёргивание, -я
раздёргивать(ся), -аю(сь), -ает(ся)
раздёрнутый
раздёрнуть(ся), -ну, -нет(ся)
разде́тый
разде́ть(ся), -е́ну(сь), -е́нет(ся)
раздира́ние, -я
раздира́тельный
раздира́ть(ся), -а́ю(сь), -а́ет(ся)
раздира́ющий(ся)
разди́рка, -и
разди́рочный
раздо́бренный; *кр. ф.* -ен, -ена
раздобре́ть, -е́ю, -е́ет
раздо́брить(ся), -рю(сь), -рит(ся)
раздобыва́ние, -я
раздобыва́ть(ся), -а́ю(сь), -а́ет(ся)
раздобы́тый
раздобы́ть(ся), -бу́ду(сь), -бу́дет(ся)
раздо́енный; *кр. ф.* -ен, -ена
раздои́ть(ся), -ою́, -о́и́т(ся)
раздо́й, -я
раздо́йный
раздолба́й, -я *(жарг.)*
раздолба́йский
раздолба́йство, -а
раздо́лбанный; *кр. ф.* -ан, -ана (*от* раздолба́ть)
раздолба́ть, -а́ю, -а́ет
раздолби́ть, -блю́, -би́т
раздолблённый; *кр. ф.* -ён, -ена́ (*от* раздолби́ть)
раздо́лье, -я, *р. мн.* -лий
раздо́льице, -а
раздо́льный; *кр. ф.* -лен, -льна
раздо́р, -а
раздоро́жье, -я, *р. мн.* -жий
раздоса́дованно, *нареч.*
раздоса́дованность, -и
раздоса́дованный; *кр. ф.* -ан, -ана
раздоса́довать(ся), -дую(сь), -дует(ся)
раздража́ть(ся), -а́ю(сь), -а́ет(ся)
раздража́ющий(ся)
раздраже́ние, -я
раздражённо, *нареч.*
раздражённость, -и
раздражённый; *кр. ф.* -ён, -ена́ и (*выражающий раздражение*) -ён, -ённа (голоса́ раздражённы)
раздражи́мость, -и
раздражи́мый
раздражи́тель, -я
раздражи́тельность, -и
раздражи́тельный; *кр. ф.* -лен, -льна
раздражи́ть(ся), -жу́(сь), -жи́т(ся)
раздразнённый; *кр. ф.* -ён, -ена́
раздра́знивать(ся), -аю(сь), -ает(ся)
раздразни́ть(ся), -азню́(сь), -а́знит(ся)
раздра́й, -я
раздрако́ненный; *кр. ф.* -ен, -ена
раздрако́нивать(ся), -аю, -ает(ся)
раздрако́нить, -ню, -нит
раздревесне́ние, -я
раздревеснённый; *кр. ф.* -ён, -ена́
раздроби́ть(ся), -блю́, -би́т(ся)
раздробле́ние, -я
раздро́бленность, -и и **раздроблённость,** -и
раздро́бленный; *кр. ф.* -ен, -ена и **раздроблённый;** *кр. ф.* -ён, -ена́
раздробля́ть(ся), -я́ю, -я́ет(ся)
ра́з-друго́й
раздружа́ть(ся), -а́ю(сь), -а́ет(ся)
раздружённый; *кр. ф.* -ён, -ена́
раздружи́ть(ся), -ужу́(сь), -у́жи́т(ся)
раздры́зг, -а
раздры́зганный; *кр. ф.* -ан, -ана
раздры́згать(ся), -аю(сь), -ает(ся)
разду́в, -а
раздува́льный
раздува́ние, -я
раздува́ть(ся), -а́ю(сь), -а́ет(ся)
разду́мать(ся), -аю(сь), -ает(ся)
разду́мчивость, -и
разду́мчивый
разду́мывать(ся), -аю(сь), -ает(ся)
разду́мье, -я, *р. мн.* -мий
разду́тие, -я
разду́тость, -и
разду́тый
разду́ть(ся), -ду́ю(сь), -ду́ет(ся)
раздухари́ться, -рю́сь, -ри́тся
разду́шенный; *кр. ф.* -ен, -ена и **раздушённый;** *кр. ф.* -ён, -ена́
раздуши́ть(ся), -ушу́(сь), -у́шит(ся)
раздыми́ться, -и́тся
раздыша́ться, -ышу́сь, -ы́шится
разева́ть(ся), -а́ю, -а́ет(ся) (*раскрывать(ся)*)
разжа́лобить(ся), -блю(сь), -бит(ся)
разжа́лобленный; *кр. ф.* -ен, -ена
разжа́лобливать(ся), -аю(сь), -ает(ся)
разжа́лование, -я
разжа́лованный; *кр. ф.* -ан, -ана
разжа́ловать(ся), -лую(сь), -лует(ся)
разжа́тие, -я
разжа́тый
разжа́ть(ся), разожму́, разожмёт(ся)
разжёванный; *кр. ф.* -ан, -ана
разжева́ть(ся), -жую́, -жуёт(ся)
разжёвывание, -я
разжёвывать(ся), -аю, -ает(ся)
разжёгший(ся)
разжело́бок, -бка
разже́ненный; *кр. ф.* -ен, -ена
разже́нивать(ся), -аю(сь), -ает(ся)
разжени́ть(ся), -еню́(сь), -е́нит(ся)
разже́чь(ся), разожгу́, разожжёт(ся), разожгу́т(ся); *прош.* разжёг(ся), разожгла́(сь)
разжи́ва, -ы
разжива́ться, -а́юсь, -а́ется
разжи́г, -а и **ро́зжиг,** -а
разжига́ние, -я
разжига́ть(ся), -а́ю, -а́ет(ся)
разжиди́ть(ся), -ижу́, -иди́т(ся)
разжижа́ть(ся), -а́ю, -а́ет(ся)
разжиже́ние, -я
разжи́женный; *кр. ф.* -ен, -ена и **разжижённый;** *кр. ф.* -ён, -ена́
разжи́м, -а
разжима́ние, -я
разжима́ть(ся), -а́ю, -а́ет(ся)
разжимно́й и **разжи́мный**
разжире́ть, -е́ю, -е́ет
разжи́ться, -иву́сь, -ивётся; *прош.* -и́лся, -ила́сь, -и́ло́сь
разжо́г, -а, но *глаг.* разжёг
разжужжа́ться, -жжи́тся
раззаво́д: на раззаво́д
раззадо́ренный; *кр. ф.* -ен, -ена
раззадо́ривание, -я
раззадо́ривать(ся), -аю(сь), -ает(ся)
раззадо́рить(ся), -рю(сь), -рит(ся)
ра́з за ра́зом
раззва́нивать(ся), -аю(сь), -ает(ся)
раззвонённый; *кр. ф.* -ён, -ена́
раззвони́ть(ся), -ню́(сь), -ни́т(ся)

раззева́ться, -а́юсь, -а́ется (*к* зева́ть)
раззелене́ться, -е́ется
раззенко́ванный; *кр. ф.* -ан, -ана
раззенкова́ть(ся), -ку́ю, -ку́ет(ся)
раззенко́вка, -и
раззнако́мить(ся), -млю(сь), -мит(ся)
раззнако́мленный; *кр. ф.* -ен, -ена
раззнако́мливать(ся), -аю(сь), -ает(ся)
раззола́чивание, -я
раззола́чивать(ся), -аю, -ает(ся)
раззоло́ти́ть, -очу́, -оти́т
раззоло́ченный; *кр. ф.* -ен, -ена и **раззолочённый;** *кр. ф.* -ён, -ена́
раззуде́ться, -уди́тся
раззуди́ть, -ужу́, -уди́т
раззу́женный; *кр. ф.* -ен, -ена
раззя́ва, -ы, *м.* и *ж.*
ра́зик, -а
ра́зинец, -нца, *тв.* -нцем, *р. мн.* -нцев
ра́зинский (*от* Ра́зин)
рази́нутый
рази́нуть(ся), -ну, -нет(ся)
ра́зинщина, -ы
рази́ня, -и, *р. мн.* -и́нь, *м.* и *ж.*
рази́ня рази́ней
рази́тельность, -и
рази́тельный; *кр. ф.* -лен, -льна
рази́ть, ражу́, рази́т
разлага́ть(ся), -а́ю(сь), -а́ет(ся)
разлага́ющий(ся)
разла́д, -а
разла́дить(ся), -а́жу, -а́дит(ся)
разла́дица, -ы, *тв.* -ей
разла́женность, -и
разла́женный; *кр. ф.* -ен, -ена
разла́живание, -я
разла́живать(ся), -аю, -ает(ся)
разла́комить(ся), -млю(сь), -мит(ся)
разла́комленный; *кр. ф.* -ен, -ена
разла́мывание, -я
разла́мывать(ся), -аю, -ает(ся)
разла́пистый
разла́пушка, -и, *р. мн.* -шек, *м.* и *ж.*
разла́пый
разла́яться, -а́юсь, -а́ется
разлёгшийся
разлежа́ться, -жу́сь, -жи́тся
разлёживаться, -аюсь, -ается
разлеза́ться, -а́ется
разле́зться, -е́зется; *прош.* -е́зся, -е́злась
разле́зшийся
разле́ниваться, -аюсь, -ается
разлени́ться, -енюсь, -е́нится
разлепи́ть(ся), -леплю́, -ле́пит(ся)
разле́пленный; *кр. ф.* -ен, -ена
разлепля́ть(ся), -я́ю, -я́ет(ся)
разлёт, -а
разлета́йка, -и, *р. мн.* -а́ек
разлета́ться, -а́юсь, -а́ется
разлете́ться, -лечу́сь, -лети́тся
разле́чься, -ля́гусь, -ля́жется, -ля́гутся; *прош.* -лёгся, -легла́сь
разли́в, -а
разлива́льщик, -а
разлива́льщица, -ы, *тв.* -ей
разлива́ние, -я
разлива́нное мо́ре
разлива́тельный
разлива́ть(ся), -а́ю(сь), -а́ет(ся)
разли́вистый
разли́вка, -и
разливно́й (*к* разлива́ть)
разли́вный (*полноводный*)
разли́вочный
разли́вчатый
разли́вщик, -а
разли́вщица, -ы, *тв.* -ей
разлино́ванный; *кр. ф.* -ан, -ана
разлинова́ть, -ну́ю, -ну́ет
разлино́вка, -и
разлино́вывание, -я
разлино́вывать(ся), -аю, -ает(ся)
разлипа́ться, -а́ется
разли́пнуться, -нется; *прош.* -ли́пся, -ли́плась
разли́пшийся
разли́тие, -я
разлито́й, *прил.*
разли́тый; *кр. ф.* -и́т, -ита́, -и́то, *прич.*
разли́ть(ся), разолью́, разольёт(ся); *прош.* -и́л(ся), -ила́(сь), -и́ло, -и́ло́сь
разлихо́й
различа́ть(ся), -а́ю(сь), -а́ет(ся)
различе́ние, -я
различённый; *кр. ф.* -ён, -ена́
разли́чествовать, -твую, -твует
разли́чие, -я
различи́мость, -и
различи́мый
различи́тельный
различи́ть, -чу́, -чи́т
разли́чный; *кр. ф.* -чен, -чна
разло́г, -а
разложе́нец, -нца, *тв.* -нцем, *р. мн.* -нцев
разложе́ние, -я
разло́женный; *кр. ф.* -ен, -ена
разложи́мость, -и
разложи́мый
разложи́ть(ся), -ожу́(сь), -о́жит(ся)
разло́м, -а
разло́манный; *кр. ф.* -ан, -ана
разлома́ть(ся), -а́ю, -а́ет(ся)
разломи́ть(ся), -омлю́, -о́мит(ся)
разло́мка, -и
разло́мленный; *кр. ф.* -ен, -ена
разлохма́тить(ся), -а́чу(сь), -а́тит(ся)
разлохма́ченный; *кр. ф.* -ен, -ена
разлохма́чивать(ся), -аю(сь), -ает(ся)
разлу́ка, -и
разлуча́ть(ся), -а́ю(сь), -а́ет(ся)
разлуче́ние, -я
разлучённый; *кр. ф.* -ён, -ена́
разлучи́ть(ся), -чу́(сь), -чи́т(ся)
разлу́чник, -а
разлу́чница, -ы, *тв.* -ей
разлюбе́зничаться, -аюсь, -ается
разлюбе́зный
разлюби́ть(ся), -люблю́, -лю́бит(ся)
разлю́бленный; *кр. ф.* -ен, -ена
разлюбля́ть(ся), -я́ю, -я́ет(ся)
разлюли́ мали́на
разлютова́ться, -ту́юсь, -ту́ется
разля́панный; *кр. ф.* -ан, -ана
разля́пать(ся), -аю, -ает(ся)
разля́пывать(ся), -аю, -ает(ся)
размагни́тить(ся), -и́чу(сь), -и́тит(ся)
размагни́ченность, -и
размагни́ченный; *кр. ф.* -ен, -ена
размагни́чивание, -я
размагни́чивать(ся), -аю(сь), -ает(ся)
разма́занный; *кр. ф.* -ан, -ана
разма́зать(ся), -а́жу, -а́жет(ся)
размазня́, -и́, *р. мн.* -е́й, *ж.* и (*о человеке*) *м.* и *ж.*
разма́зывание, -я
разма́зывать(ся), -аю, -ает(ся)
разма́ивать(ся), -аю(сь), -ает(ся)
размалёванный; *кр. ф.* -ан, -ана
размалева́ть(ся), -лю́ю(сь), -лю́ет(ся)
размалёвка, -и
размалёвывание, -я
размалёвывать(ся), -аю(сь), -ает(ся)
разма́лывание, -я
разма́лывать(ся), -аю, -ает(ся)
разма́ривать(ся), -аю(сь), -ает(ся)
разма́тывание, -я
разма́тывать(ся), -аю(сь), -ает(ся)
разма́х, -а и -у
размаха́йка, -и, *р. мн.* -а́ек
размаха́ться, -машу́сь, -ма́шется и -а́юсь, -а́ется
разма́хивание, -я
разма́хивать(ся), -аю(сь), -ает(ся)
размахну́ть(ся), -ну́(сь), -нёт(ся)
разма́чивание, -я
разма́чивать(ся), -аю, -ает(ся)
размачто́ванный; *кр. ф.* -ан, -ана
размачтова́ть, -ту́ю, -ту́ет
размачто́вывать(ся), -аю, -ает(ся)
разма́шистость, -и
разма́шистый
разма́янный; *кр. ф.* -ян, -яна
разма́ять(ся), -а́ю(сь), -а́ет(ся)
размежева́ние, -я
размежёванный; *кр. ф.* -ан, -ана
размежева́ть(ся), -жу́ю(сь), -жу́ет(ся)
размежёвка, -и
размежёвывание, -я
размежёвывать(ся), -аю(сь), -ает(ся)
размельча́ть(ся), -а́ю, -а́ет(ся)
размельче́ние, -я
размельчённый; *кр. ф.* -ён, -ена́
размельчи́ть(ся), -чу́, -чи́т(ся)
разме́н, -а
разме́нивание, -я
разме́нивать(ся), -аю(сь), -ает(ся)
разме́нник, -а
разме́нный
разме́нянный; *кр. ф.* -ян, -яна
разменя́ть(ся), -я́ю(сь), -я́ет(ся)
разме́р, -а
разме́ренно, *нареч.*

разме́ренность, -и
разме́ренный; *кр. ф. прич.* -ен, -ена; *кр. ф. прил.* (*плавный, неторопливый; упорядоченный*) -ен, -енна
разме́ривание, -я
разме́ривать(ся), -аю, -ает(ся)
разме́ривший
разме́рить, -рю, -рит и -ряю, -ряет; *прош.* -рил, -рила
разме́рность, -и
разме́рный, *прил.* (*от* разме́р)
размеря́ть(ся), -я́ю, -я́ет(ся)
размеси́ть(ся), -ешу́, -е́сит(ся)
размести́, -мету́, -метёт; *прош.* -мёл, -мела́
размести́ть(ся), -ещу́(сь), -ести́т(ся)
размёт, -а
разметáние, -я
размётанность, -и
размётанный; *кр. ф.* -ан, -ана (*от* разметáть[2])
разметáть(ся)[1], -áю, -áет(ся), *несов.* (*к* размести́)
разметáть(ся)[2], -мечу́(сь), -ме́чет(ся), *сов.* (*раскидать(ся)*)
разметённый; *кр. ф.* -ён, -ена́ (*от* размести́)
разме́тить, -ме́чу, -ме́тит
разме́тка, -и, *р. мн.* -ток (*от* разме́тить)
размётка, -и (*от* разметáть)
разметну́ться, -нётся
разме́точный
разме́тчик, -а
разме́тчица, -ы, *тв.* -ей
размётший
размётывание, -я
размётывать(ся), -аю(сь), -ает(ся)
размечáть(ся), -áю, -áет(ся)
разме́ченный; *кр. ф.* -ен, -ена (*от* разме́тить)
разме́чивание, -я
разме́чивать(ся), -аю, -ает(ся)
размечтáться, -áюсь, -áется
разме́шанный; *кр. ф.* -ан, -ана (*от* размешáть)
размешáть(ся), -áю, -áет(ся)
разме́шенный; *кр. ф.* -ен, -ена (*от* размеси́ть)
разме́шивание, -я
разме́шивать(ся), -аю, -ает(ся)
размещáть(ся), -áю(сь), -áет(ся)
размеще́ние, -я
размещённый; *кр. ф.* -ён, -ена́
размина́ние, -я
размина́ть(ся), -áю(сь), -áет(ся)
разминёр, -а
размини́рование, -я
размини́рованный; *кр. ф.* -ан, -ана
размини́ровать(ся), -рую, -рует(ся)
рази́нка, -и, *р. мн.* -нок
рази́ночный
разминýться, -ну́сь, -нётся
размножáть(ся), -áю, -áет(ся)
размноже́ние, -я
размно́женный; *кр. ф.* -ен, -ена
размножи́тель, -я
размно́жить(ся), -жу, -жит(ся)
размозжáть(ся), -áю, -áет(ся)
размозжённый; *кр. ф.* -ён, -ена́
размозжи́ть(ся), -зжу́, -зжи́т(ся)
размо́ина, -ы
размокáние, -я
размокáть, -áет
размо́кнуть, -ну, -нет; *прош.* -о́к, -о́кла
размокропого́дить(ся), -ит(ся)
размо́кший
размо́л, -а
размолáчивать(ся), -аю, -ает(ся)
размо́лвка, -и, *р. мн.* -вок
размо́лка, -и (*к* размоло́ть)
размолоти́ть(ся), -очу́, -о́тит(ся)
размо́лотый
размоло́ть(ся), -мелю́, -ме́лет(ся)
размоло́ченный; *кр. ф.* -ен, -ена
размо́лочный
размо́льный
размо́льщик, -а
размо́льщица, -ы, *тв.* -ей
размонти́рование, -я
размонти́рованный; *кр. ф.* -ан, -ана
размонти́ровать(ся), -рую, -рует(ся)
размонтиро́вка, -и
размора́живание, -я
размора́живать(ся), -аю, -ает(ся)
размордéть, -е́ю, -е́ет
разморённость, -и
разморённый; *кр. ф.* -ён, -ена́
размори́ть(ся), -рю́(сь), -ри́т(ся)
разморо́женный; *кр. ф.* -ен, -ена
разморо́зить(ся), -о́жу, -о́зит(ся)
разморо́зка, -и
размо́танный; *кр. ф.* -ан, -ана
размотáть(ся), -áю(сь), -áет(ся)
размо́тка, -и
размо́тчик, -а
размо́тчица, -ы, *тв.* -ей
размохнáтить(ся), -áчу, -áтит(ся)
размохнáченный; *кр. ф.* -ен, -ена
размохнáчивать(ся), -аю, -ает(ся)
размочáленный; *кр. ф.* -ен, -ена
размочáливание, -я
размочáливать(ся), -аю(сь), -ает(ся)
размочáлить(ся), -лю(сь), -лит(ся)
размо́ченный; *кр. ф.* -ен, -ена
размочи́ть(ся), -очу́, -о́чит(ся)
размо́чка, -и
размунди́ренный; *кр. ф.* -ен, -ена
размунди́ривать(ся), -аю(сь), -ает(ся)
размунди́рить(ся), -рю(сь), -рит(ся)
размундшту́ченный; *кр. ф.* -ен, -ена
размундшту́чивать(ся), -аю, -ает(ся)
размундшту́чить, -чу, -чит
размуро́ванный; *кр. ф.* -ан, -ана
размуровáть, -ру́ю, -ру́ет
размуро́вывать(ся), -аю, -ает(ся)
размусо́ленный; *кр. ф.* -ен, -ена
размусо́ливать(ся), -аю, -ает(ся)
размусо́лить(ся), -лю, -лит(ся)
размы́в, -а
размывáемость, -и
размывáние, -я
размывáтель, -я
размывáть(ся), -áю(сь), -áет(ся)
размы́вка, -и, *р. мн.* -вок
размывно́й
размы́вчатый
размыкáние, -я
размы́канный; *кр. ф.* -ан, -ана
размыкáтель, -я
размы́кать(ся), -аю, -ает(ся), *сов.* (размы́кать го́ре)
размыкáть(ся), -áю, -áет(ся), *несов.* (*к* разомкну́ть(ся)
размы́кивать(ся), -аю, -ает(ся)
размы́слить, -лю, -лит
размы́тость, -и
размы́тый
размы́ть(ся), -мо́ю(сь), -мо́ет(ся)
размы́чка, -и
размышле́ние, -я
размышли́змы, -ов (*шутл.*)
размышля́ть, -я́ю, -я́ет
размягчáть(ся), -áю(сь), -áет(ся)
размягче́ние, -я
размягчённость, -и
размягчённый; *кр. ф.* -ён, -ена́
размягчи́тельный
размягчи́ть(ся), -чу́(сь), -чи́т(ся)
размякáть, -áю, -áет
размя́клый
размя́кнуть, -ну, -нет; *прош.* -мя́к, -мя́кла
размя́кший
размя́тый
размя́ть(ся), разомну́(сь), разомнёт(ся)
рáз навсегдá
разнайто́вить, -влю, -вит
разнайто́вленный; *кр. ф.* -ен, -ена
разнайто́вливать, -аю, -ает
рáз на рáз (не прихо́дится)
разнаря́дка, -и, *р. мн.* -док
разнаря́женный; *кр. ф.* -ен, -ена
разнáшивание, -я
разнáшивать(ся), -аю, -ает(ся)
разнеду́житься, -жусь, -жится
разне́женность, -и
разне́женный; *кр. ф.* -ен, -ена
разне́живать(ся), -аю(сь), -ает(ся)
разне́жить(ся), -жу(сь), -жит(ся)
разне́жничаться, -аюсь, -ается
разнемогáться, -áюсь, -áется
разнемо́гшийся
разнемо́чься, -огу́сь, -о́жется, -о́гутся; *прош.* -о́гся, -оглáсь
разненáститься, -ится
разнепого́диться, -ится
разне́рвничаться, -аюсь, -ается
разнесе́ние, -я
разнесённый; *кр. ф.* -ён, -ена́
разнести́(сь), -су́, -сёт(ся); *прош.* -ёс(ся), -еслá(сь)
разнесчáстный
разнёсший(ся)
разни́занный; *кр. ф.* -ан, -ана

разниза́ть(ся), -ижу́, -и́жет(ся)
разни́зывать(ся), -аю, -ает(ся)
разнима́ние, -я
разнима́ть(ся), -а́ю, -а́ет(ся) и (*устар.*) разъе́млю, разъе́млет(ся)
ра́знить(ся), -ню(сь), -нит(ся)
ра́зница, -ы, *тв.* -ей
разноаспе́ктность, -и
разноаспе́ктный; *кр. ф.* -тен, -тна
разнобо́й, -я
разнобо́йный
разнове́домственность, -и
разнове́домственный
разнове́кторность, -и
разнове́кторный
разновели́кий
разновели́кость, -и
разнове́рие, -я
разнове́рный
разнове́рцы, -ев
разнове́с, -а
разнове́ска, -и, *р. мн.* -сок
разнове́сность, -и
разнове́сный
разнове́сок, -ска
разнови́дность, -и
разнови́дный
разновозрастно́й и **разново́зрастный**
разновреме́нно, *нареч.*
разновреме́нность, -и
разновреме́нный; *кр. ф.* -ме́нен, -ме́нна
разновы́годность, -и
разновы́годный; *кр. ф.* -ден, -дна
разновысо́кий
разно́га, -и
разногла́зие, -я
разногла́зый
разногла́сие, -я
разноглуби́нный
разноголо́сие, -я
разноголо́сица, -ы, *тв.* -ей
разноголо́сный
разноголо́сый
разноде́ревье, -я
разножа́нровость, -и
разножа́нровый
разножгу́тиковый
разно́жка, -и, *р. мн.* -жек
разнозна́чащий
разнозна́чный; *кр. ф.* -чен, -чна
разноимённо, *нареч.*
разноимённость, -и
разноимённый
разнокали́берность, -и
разнокали́берный; *кр. ф.* -рен, -рна
разнока́чественность, -и
разнока́чественный; *кр. ф.* -вен и -венен, -венна
разнокры́лые, -ых
разнокульту́рный
разнолепе́стный
разноле́сье, -я
разноли́кий
разноли́кость, -и
разноли́стность, -и
разноли́стный и **разноли́стый**
разнома́рочность, -и
разнома́рочный
разнома́стность, -и
разнома́стный; *кр. ф.* -тен, -тна
разномасшта́бность, -и
разномасшта́бный; *кр. ф.* -бен, -бна
разноме́стный
разномы́слие, -я
разномы́слящий
разнонаписа́ние, -я
разнонапра́вленность, -и
разнонапра́вленный; *кр. ф.* -ен, -ена
разнонациона́льный
разнообра́женный; *кр. ф.* -ен, -ена
разнообра́зие, -я
разнообра́зить(ся), -а́жу, -а́зит(ся)
разнообра́зность, -и
разнообра́зный; *кр. ф.* -зен, -зна
разнообра́зящий(ся)
разноотраслево́й
разноотте́ночность, -и
разноотте́ночный
разнопёрый
разнопла́новость, -и
разнопла́новый
разноплемённость, -и
разноплемённый
разнопого́дица, -ы, *тв.* -ей
разнопо́лость, -и
разнопо́лый
разнопо́люсность, -и
разнопо́люсный; *кр. ф.* -сен, -сна
разнополя́рность, -и
разнополя́рный; *кр. ф.* -рен, -рна
разнопоро́дность, -и
разнопоро́дный
разнопоря́дковость, -и
разнопоря́дковый
разноприро́дность, -и
разноприро́дный; *кр. ф.* -ден, -дна
разнопро́фильность, -и
разнопро́фильный; *кр. ф.* -лен, -льна
разнорабо́чая, -ей
разнорабо́чий, -его
разнорегули́рование, -я
разнорента́бельность, -и
разнорента́бельный; *кр. ф.* -лен, -льна
разноречи́вость, -и
разноречи́вый
разноре́чие, -я
разноре́чить, -чу, -чит
разноро́дность, -и
разноро́дный; *кр. ф.* -ден, -дна
разно́с, -а
разносери́йность, -и
разносери́йный
разносисте́мный
разноси́ть(ся), -ошу́, -о́сит(ся)
разно́ска, -и
разносклоня́емость, -и
разносклоня́емый
разносло́жный
разно́сный
разносо́лы, -ов
разносо́ртный; *кр. ф.* -тен, -тна
разносoсло́вный
разнососта́вный; *кр. ф.* -вен, -вна
разноспо́ровый
разноспряга́емость, -и
разноспряга́емый
разности́лье, -я
разности́льность, -и
разности́льный; *кр. ф.* -лен, -льна
ра́зностно-вариацио́нный
ра́зностно-дальноме́рный
ра́зностно-дифференциа́льный
ра́зностный
разносто́лбчатость, -и
разносто́лбчатый
разносто́пный; *кр. ф.* -пен, -пна
разносторо́нне, *нареч.*
разносторо́нний; *кр. ф.* -о́нен, -о́ння
разносторо́нность, -и
ра́зность, -и
разно́счик, -а
разно́счица, -ы, *тв.* -ей
разноте́мпный
разноти́пность, -и
разноти́пный; *кр. ф.* -пен, -пна
разното́лки, -ов
разното́н, -а: **в разното́н, с разното́ном**
разното́нно, *нареч.*
разното́нность, -и
разното́нный; *кр. ф.* -о́нен, -о́нна
разнотра́вный
разнотра́вье, -я
разноу́ровневость, -и
разноу́ровневый
разноуса́дочный
разнофасо́нность, -и
разнофасо́нный; *кр. ф.* -о́нен, -о́нна
разнофигу́рный
разноформа́тность, -и
разноформа́тный; *кр. ф.* -тен, -тна
разнохара́ктерность, -и
разнохара́ктерный; *кр. ф.* -рен, -рна
разноцве́т, -а
разноцве́тица, -ы, *тв.* -ей
разноцве́тность, -и
разноцве́тный; *кр. ф.* -тен, -тна
разноцве́тье, -я
разночи́нец, -нца, *тв.* -нцем, *р. мн.* -нцев
разночи́нный
разночи́нский
разночи́нство, -а
разночте́ние, -я
разно́шенный; *кр. ф.* -ен, -ена
разношёрстность, -и
разношёрстный; *кр. ф.* -тен, -тна и **разношёрстый**
разношири́нный
разноэта́жность, -и
разноэта́жный
разноязы́кий
разноязы́чие, -я

разноязы́чный; *кр. ф.* -чен, -чна
разнояйцо́вый и **разнояйцево́й** (разнояйцо́вые и разнояйцевы́е близнецы́)
ра́знствовать, -твую, -твует
разну́зданно, *нареч.*
разну́зданность, -и
разну́зданный; *кр. ф. прич.* -ан, -ана; *кр. ф. прил.* (*крайне распущенный*) -ан, -анна
разнузда́ть(ся), -а́ю(сь), -а́ет(ся)
разну́здывание, -я
разну́здывать(ся), -аю(сь), -ает(ся)
ра́зный
разны́ться, -но́юсь, -но́ется
разню́ниваться, -аюсь, -ается
разню́ниться, -ню́нюсь, -ню́нится
разню́ханный; *кр. ф.* -ан, -ана
разню́хать, -аю, -ает
разню́хивать(ся), -аю, -ает(ся)
разня́тый; *кр. ф.* разня́т и ро́знят, разнята́, разня́то и ро́знято
разня́ть(ся), -ниму́, -ни́мет(ся), (*устар.*) разойму́, разоймёт(ся) и (*устар. прост.*) разыму́, разы́мет(ся); *прош.* разня́л и ро́знял, разня́лся, разняла́(сь), разня́ло и ро́зняло, разняло́сь
ра́знящий(ся)
разоби́деть(ся), -и́жу(сь), -и́дит(ся)
разоби́женный; *кр. ф.* -ен, -ена
разоблача́ть(ся), -а́ю(сь), -а́ет(ся)
разоблаче́ние, -я
разоблачённый; *кр. ф.* -ён, -ена́
разоблачи́тель, -я
разоблачи́тельница, -ы, *тв.* -ей
разоблачи́тельный; *кр. ф.* -лен, -льна
разоблачи́тельский
разоблачи́тельство, -а
разоблачи́ть(ся), -чу́(сь), -чи́т(ся)
разо́бранный; *кр. ф.* -ан, -ана
разобра́ть(ся), разберу́(сь), разберёт(ся); *прош.* -а́л(ся), -ала́(сь), -а́ло, -а́ло́сь
разобща́ть(ся), -а́ю(сь), -а́ет(ся)
разобще́ние, -я
разобщённость, -и
разобщённый; *кр. ф.* -ён, -ена́
разобществи́ть(ся), -влю́, -ви́т(ся)
разобществле́ние, -я
разобществлённый; *кр. ф.* -ён, -ена́
разобществля́ть(ся), -я́ю, -я́ет(ся)
разобщи́ть(ся), -щу́(сь), -щи́т(ся)
разобъясни́ть, -ню́, -ни́т
разобъясня́ть, -я́ю, -я́ет
разовра́ться, -ру́сь, -рётся; *прош.* -а́лся, -ала́сь, -а́ло́сь
ра́зовый
разо́гнанный; *кр. ф.* -ан, -ана
разогна́ть(ся), разгоню́(сь), разго́нит(ся); *прош.* -а́л(ся), -ала́(сь), -а́ло, -а́ло́сь
разо́гнутый
разогну́ть(ся), -ну́(сь), -нёт(ся)
разогорча́ть(ся), -а́ю(сь), -а́ет(ся)
разогорчённый; *кр. ф.* -ён, -ена́
разогорчи́ть(ся), -чу́(сь), -чи́т(ся)
разогре́в, -а
разогрева́ние, -я
разогрева́ть(ся), -а́ю(сь), -а́ет(ся)
разогре́тый
разогре́ть(ся), -е́ю(сь), -е́ет(ся)
разоде́тый
разоде́ть(ся), -е́ну(сь), -е́нет(ся)
разодолжа́ть, -а́ю, -а́ет
разодолжённый; *кр. ф.* -ён, -ена́
разодолжи́ть, -жу́, -жи́т
разо́дранный; *кр. ф.* -ан, -ана
разодра́ть(ся), раздеру́(сь), раздерёт(ся); *прош.* -а́л(ся), -ала́(сь), -а́ло, -а́ло́сь
разожжённый; *кр. ф.* -ён, -ена́
разозлённый; *кр. ф.* -ён, -ена́
разозли́ть(ся), -лю́(сь), -ли́т(ся)
разойти́сь, -йду́сь, -йдётся; *прош.* -ошёлся, -ошла́сь
разо́к, *другие формы не употр.*
разо́к-друго́й
разолга́ться, -лгу́сь, -лжётся, -лгу́тся; *прош.* -а́лся, -ала́сь, -а́лось
ра́зом, *нареч.*
разо́мкнутый
разомкну́ть(ся), -ну́, -нёт(ся)
разомлева́ть, -а́ю, -а́ет
разомле́ть, -е́ю, -е́ет
разонра́виться, -влюсь, -вится
разопрева́ние, -я
разопрева́ть, -а́ю, -а́ет
разопре́лый
разопре́ть, -е́ю, -е́ет
разо́р, -а
разора́ться, -ру́сь, -рётся
разо́рванно, *нареч.*
разо́рванно-дождево́й
разо́рванно-кучево́й
разо́рванность, -и
разо́рванный; *кр. ф.* -ан, -ана
разорва́ть(ся), -рву́(сь), -рвёт(ся); *прош.* -а́л(ся), -ала́(сь), -а́ло, -а́ло́сь
разоде́ться, -е́юсь, -е́ется
разоре́ние, -я
разорённый; *кр. ф.* -ён, -ена́
разори́тель, -я
разори́тельница, -ы, *тв.* -ей
разори́тельность, -и
разори́тельный; *кр. ф.* -лен, -льна
разори́ть(ся), -рю́(сь), -ри́т(ся)
разоружа́ть(ся), -а́ю(сь), -а́ет(ся)
разоруже́ние, -я
разоружённый; *кр. ф.* -ён, -ена́
разоруже́нческий
разоружи́ть(ся), -жу́(сь), -жи́т(ся)
разоря́ть(ся), -я́ю(сь), -я́ет(ся)
разо́сланный; *кр. ф.* -ан, -ана (*от* разосла́ть)
разосла́ть, -ошлю́, -ошлёт; *прош.* -сла́л, -сла́ла (*к* слать)
разоспа́ться, -плю́сь, -пи́тся; *прош.* -а́лся, -ала́сь, -а́ло́сь
разо́стланный; *кр. ф.* -ан, -ана (*от* разостла́ть)
разостла́ть(ся), расстелю́, расстéлет(ся); *прош.* -а́л(ся), -а́ла(сь) (*к* стлать)
разо́тканный; *кр. ф.* -ан, -ана
разотка́ть, -тку́, -ткёт; *прош.* -а́л, -а́ла́, -а́ло
разоткрове́нничаться, -аюсь, -ается
ра́з от ра́зу
разо́хаться, -аюсь, -ается
разохо́тить(ся), -о́чу(сь), -о́тит(ся)
разохо́ченный; *кр. ф.* -ен, -ена
разохо́чивать(ся), -аю(сь), -ает(ся)
разочарова́ние, -я
разочаро́ванно, *нареч.*
разочаро́ванность, -и
разочаро́ванный; *кр. ф.* -ан, -ана и (*обнаруживающий, выражающий разочарование*) -ан, -анна (она́ грустна́ и разочаро́ванна)
разочарова́ть(ся), -ру́ю(сь), -ру́ет(ся)
разочаро́вывание, -я
разочаро́вывать(ся), -аю(сь), -ает(ся)
разо́чек, -чка
разочтённый; *кр. ф.* -ён, -ена́
разоше́дшийся
разраба́тывание, -я
разраба́тывать(ся), -аю(сь), -ает(ся)
разрабо́танность, -и
разрабо́танный; *кр. ф.* -ан, -ана
разрабо́тать(ся), -аю(сь), -ает(ся)
разрабо́тка, -и, *р. мн.* -ток
разрабо́точный
разрабо́тчик, -а
разрабо́тчица, -ы, *тв.* -ей
разра́внивание, -я
разра́внивать(ся), -аю, -ает(ся)
разража́ться, -а́юсь, -а́ется
разрази́ть(ся), -ажу́сь, -ази́т(ся)
разраста́ние, -я
разраста́ться, -а́ется
разрасти́сь, -тётся; *прош.* -ро́сся, -росла́сь
разрасти́ть, -ащу́, -асти́т
разраще́ние, -я
разращённый; *кр. ф.* -ён, -ена́
разреве́ться, -ву́сь, -вётся
разрегули́рование, -я
разрегули́рованность, -и
разрегули́рованный; *кр. ф.* -ан, -ана
разрегули́ровать(ся), -рую, -рует(ся)
разреди́ть(ся), -ежу́, -еди́т(ся) (*сделать(ся) редким*)
разрежа́ть(ся), -а́ю, -а́ет(ся) (*к* разреди́ть(ся)
разреже́ние, -я (*от* разреди́ть)
разрежённость, -и и **разре́женность**, -и
разрежённый; *кр. ф.* -ён, -ена́ и **разре́женный**; *кр. ф.* -ен, -ена (*от* разреди́ть)
разре́живание, -я
разре́живать(ся), -аю, -ает(ся)
разре́з, -а

разреза́льный
разреза́ние, -я
разре́занный; *кр. ф.* -ан, -ана
разре́зать(ся), -е́жу, -е́жет(ся), *сов.*
разреза́ть(ся), -а́ю, -а́ет(ся), *несов.*
разрезви́ться, -влю́сь, -ви́тся
разре́зик, -а
разре́зка, -и
разрезно́й
разре́зывать(ся), -аю, -ает(ся)
разрекламиро́ванный; *кр. ф.* -ан, -ана
разреклами́ровать(ся), -рую(сь), -рует(ся)
разреша́ть(ся), -а́ю(сь), -а́ет(ся)
разреша́ющий(ся)
разреше́ние, -я
разрешённый; *кр. ф.* -ён, -ена́
разреши́мость, -и
разреши́мый
разреши́тельный
разреши́ть(ся), -шу́(сь), -ши́т(ся)
разрисо́ванный; *кр. ф.* -ан, -ана
разрисова́ть(ся), -су́ю(сь), -су́ет(ся)
разрисо́вка, -и
разрисо́вщик, -а
разрисо́вщица, -ы, *тв.* -ей
разрисо́вывание, -я
разрисо́вывать(ся), -аю(сь), -ает(ся)
разро́вненный; *кр. ф.* -ен, -ена
разровня́ть(ся), -я́ю, -я́ет(ся)
разроди́ться, -ожу́сь, -оди́тся
разрожда́ться, -а́юсь, -а́ется
разро́зненно, *нареч.*
разро́зненность, -и
разро́зненный; *кр. ф. прич.* -ен, -ена; *кр. ф. прил.* (*разъединенный, разобщенный, лишенный цельности*) -ен, -енна
разро́знивание, -я
разро́знивать(ся), -аю, -ает(ся)
разро́знить(ся), -ню, -нит(ся)
разроня́ть, -я́ю, -я́ет
разро́сшийся
разру́б, -а
разруба́ние, -я
разруба́ть(ся), -а́ю, -а́ет(ся)
разруби́ть, -ублю́, -у́бит
разру́бка, -и
разру́бленный; *кр. ф.* -ен, -ена
разру́бочный
разру́бщик, -а
разру́ганный; *кр. ф.* -ан, -ана
разруга́ть(ся), -а́ю(сь), -а́ет(ся)
разру́ливать(ся), -аю(сь), -ает(ся)
разрули́ть(ся), -лю́(сь), -ли́т(ся)
разрумя́ненный; *кр. ф.* -ен, -ена
разрумя́нивать(ся), -аю(сь), -ает(ся)
разрумя́нить(ся), -ню(сь), -нит(ся)
разрусто́ванный; *кр. ф.* -ан, -ана
разрустова́ть(ся), -ту́ю, -ту́ет(ся)
разру́ха, -и
разруша́ть(ся), -а́ю(сь), -а́ет(ся)
разруше́ние, -я
разру́шенность, -и
разру́шенный; *кр. ф.* -ен, -ена
разруши́тель, -я
разруши́тельница, -ы, *тв.* -ей
разруши́тельность, -и
разруши́тельный; *кр. ф.* -лен, -льна
разру́шить(ся), -шу, -шит(ся)
разры́в, -а
разрыва́ние, -я
разрыва́ть(ся), -а́ю(сь), -а́ет(ся)
разрывно́й
разры́вный (разры́вные фу́нкции, *матем.*)
разры́в-трава́, -ы́
разрыда́ться, -а́юсь, -а́ется
разры́тие, -я
разры́тый
разры́ть, -ро́ю, -ро́ет
разрыхле́ние, -я
разрыхлённый; *кр. ф.* -ён, -ена́
разрыхле́ть, -е́ет
разрыхли́тель, -я
разрыхли́тельный
разрыхли́ть(ся), -лю́, -ли́т(ся)
разрыхля́ть(ся), -я́ю, -я́ет(ся)
разрю́миться, -млюсь, -мится
разря́д, -а
разряди́ть(ся)[1], -яжу́(сь), -я́дит(ся) (*разодеть(ся)*)
разряди́ть(ся)[2], -яжу́(сь), -я́ди́т(ся) (*лишить(ся) заряда*)
разря́дка, -и, *р. мн.* -док
разря́дник, -а
разря́дница, -ы, *тв.* -ей
разря́дность, -и
разря́дный
разряжа́ние, -я (*от* разряжа́ть)
разряжа́ть(ся), -а́ю(сь), -а́ет(ся) (*к* разряди́ть(ся)[1] и[2])
разряже́ние, -я (*от* разряди́ть)
разряжённость, -и
разря́женный; *кр. ф.* -ен, -ена (*от* разряди́ть[1] и[2])
разряжённый; *кр. ф.* -ён, -ена́ (*от* разряди́ть[2])
разубеди́ть(ся), -ежу́(сь), -еди́т(ся)
разубежда́ть(ся), -а́ю(сь), -а́ет(ся)
разубежде́ние, -я
разубеждённый; *кр. ф.* -ён, -ена́
разубира́ть(ся), -а́ю(сь), -а́ет(ся)
разубо́живание, -я
разу́бранный; *кр. ф.* -ан, -ана
разубра́ть(ся), -беру́(сь), -берёт(ся); *прош.* -а́л(ся), -ала́(сь), -а́ло, -а́ло́сь
Разува́евы, -ых: **Колупа́евы и Разува́евы**
разуважа́ть, -а́ю, -а́ет
разува́жить, -а́жу, -а́жит
разува́ние, -я
разува́ть(ся), -а́ю(сь), -а́ет(ся)
разувере́ние, -я
разуве́ренный; *кр. ф.* -ен, -ена
разуве́рить(ся), -рю(сь), -рит(ся)
разуверя́ть(ся), -я́ю(сь), -я́ет(ся)
разуда́лый
разузнава́ть(ся), -наю́, -наёт(ся)
разу́знанный; *кр. ф.* -ан, -ана
разузна́ть, -а́ю, -а́ет
разукомплектова́ние, -я
разукомплекто́ванный; *кр. ф.* -ан, -ана
разукомплектова́ть, -ту́ю, -ту́ет
разукомплекто́вка, -и
разукомплекто́вывать(ся), -аю, -ает(ся)
разукра́сить(ся), -а́шу(сь), -а́сит(ся)
разукра́шенный; *кр. ф.* -ен, -ена
разукра́шивание, -я
разукра́шивать(ся), -аю(сь), -ает(ся)
разукрупне́ние, -я
разукрупнённый; *кр. ф.* -ён, -ена́
разукрупни́ть(ся), -ню́, -ни́т(ся)
разукрупня́ть(ся), -я́ю, -я́ет(ся)
ра́зум, -а
разуме́ние, -я
разуме́ть(ся), -е́ю, -е́ет(ся)
разу́мник, -а
разу́мница, -ы, *тв.* -ей
разу́мность, -и
разу́мный; *кр. ф.* -мен, -мна
разуплотне́ние, -я
разуплотнённый; *кр. ф.* -ён, -ена́
разуплотни́ть(ся), -ню́, -ни́т(ся)
разуплотня́ть(ся), -я́ю, -я́ет(ся)
разуте́шенный; *кр. ф.* -ен, -ена
разуте́шить(ся), -шу(сь), -шит(ся)
разу́тый
разу́ть(ся), -у́ю(сь), -у́ет(ся)
разутю́женный; *кр. ф.* -ен, -ена
разутю́живание, -я
разутю́живать(ся), -аю, -ает(ся)
разутю́жить(ся), -жу, -жит(ся)
разуха́бистость, -и
разуха́бистый
разу́ченный; *кр. ф.* -ен, -ена
разу́чивание, -я
разу́чивать(ся), -аю(сь), -ает(ся)
разучи́ть(ся), -учу́(сь), -у́чит(ся)
разъе́вший(ся)
разъеда́ние, -я
разъеда́ть(ся), -а́ю(сь), -а́ет(ся)
разъе́денный; *кр. ф.* -ен, -ена
разъедине́ние, -я
разъединённость, -и
разъединённый; *кр. ф.* -ён, -ена́
разъедини́тель, -я
разъедини́тельный
разъедини́ть(ся), -ню́(сь), -ни́т(ся)
разъеди́нственный
разъеди́ный: оди́н-разъеди́ный
разъединя́ть(ся), -я́ю(сь), -я́ет(ся)
разъе́зд, -а
разъе́здить(ся), -е́зжу(сь), -е́здит(ся)
разъездно́й
разъезжа́ть(ся), -а́ю(сь), -а́ет(ся)
разъе́зженный; *кр. ф.* -ен, -ена
разъе́зживать(ся), -аю(сь), -ает(ся)
разъе́зжий
разъём, -а
разъе́млю, -лет(ся) (*устар. формы наст. вр. от* разнима́ть(ся))

разъёмный
разъерепе́ниться, -нюсь, -нится
разъе́сть(ся), -е́м(ся), -е́шь(ся), -е́ст(ся), -еди́м(ся), -еди́те(сь), -едя́т(ся); *прош.* -е́л(ся), -е́ла(сь)
разъе́хаться, -е́дусь, -е́дется
разъюли́ться, -лю́сь, -ли́тся
разъярённо, *нареч.*
разъярённость, -и
разъярённый; *кр. ф.* -ён, -ена́ и (*выражающий ярость*) -ён, -ённа (лицо́ его́ разъярённо)
разъяри́ть(ся), -рю́(сь), -ри́т(ся)
разъяря́ть(ся), -я́ю(сь), -я́ет(ся)
разъясне́ние, -я
разъяснённый; *кр. ф.* -ён, -ена́
разъя́снеть, -еет (*о погоде*)
разъя́снивать(ся), -ает(ся)
разъясни́тельный
разъя́снить(ся), -ит(ся) (*о погоде*)
разъясни́ть(ся), -ню́, -ни́т(ся) (*объяснить(ся)*)
разъясня́ть(ся), -я́ю, -я́ет(ся)
разъя́тие, -я
разъя́тый
разъя́ть(ся), *буд. и пов. не употр.*, *прош.* -я́л(ся), -я́ла(сь)
разы́гранный; *кр. ф.* -ан, -ана
разыгра́ть(ся), -а́ю(сь), -а́ет(ся)
разы́грывание, -я
разы́грывать(ся), -аю(сь), -ает(ся)
разыздева́ться, -а́юсь, -а́ется
разыма́ть(ся), -а́ю, -а́ет(ся) (*устар. прост. к* разнима́ть(ся)
разыменова́ние, -я
разымено́ванный; *кр. ф.* -ан, -ана
разыменова́ть, -ну́ю, -ну́ет
разымено́вывать(ся), -аю, -ает(ся)
разы́мчивый
разыска́ние, -я
разы́сканный; *кр. ф.* -ан, -ана
разыска́ть(ся), -ыщу́(сь), -ы́щет(ся)
разы́скивание, -я
разы́скивать(ся), -аю(сь), -ает(ся)
разыскни́к, -а́
разыскно́й
разэ́дакий
разэ́такий
разя́щий
раи́на, -ы
раи́новый
раи́т, -а
рай, ра́я, *предл.* в раю́
райвоенко́м, -а
райвоенкома́т, -а
ра́йгра́с, -а
рай-де́рево, -а
райжилотде́л, -а
райжилуправле́ние, -я
райздра́в, -а
райисполко́м, -а
райисполко́мовский
райко́вый
райко́м, -а
райко́мовский
райо́н, -а
райони́рование, -я
райони́рованный; *кр. ф.* -ан, -ана
райони́ровать(ся), -рую, -рует(ся)
райо́нка, -и, *р. мн.* -нок
райо́нный
районо́, *нескл., м.*
райо́нщик, -а
райотде́л, -а
райпотребсою́з, -а
райпотребсою́зовский
райпромкомбина́т, -а
райсельхозуправле́ние, -я
ра́йский
райсобе́с, -а
райсове́т, -а
райсове́тский и **райсове́товский**
райсу́д, -а́
райтс, *нескл., мн.* (*фин.*)
райце́нтр, -а
райце́нтровский
ра́йя, *нескл., с.*
райятва́ри, *нескл., ж.*
райя́ты, -ов, *ед.* -я́т, -а
рак, -а (*животное*; *болезнь*) и **Рак,** -а (*созвездие и знак зодиака*; *о том, кто родился под этим знаком*)
ра́ка, -и (*гробница*)
рака́, -и́ (*термин виноделия*)
рака́лия, -и
ра́кель, -я
ра́кельный
раке́та, -ы
раке́та-зо́нд, раке́ты-зо́нда, *ж.*
раке́та-носи́тель, раке́ты-носи́теля, *ж.* (*многоступенчатая космическая ракета*)
раке́та-перехва́тчик, раке́ты-перехва́тчика, *ж.*
раке́тка, -и, *р. мн.* -ток
раке́тница, -ы, *тв.* -ей
раке́тно-авиацио́нный
раке́тно-бо́мбовый
раке́тно-косми́ческий
раке́тно-техни́ческий
раке́тно-я́дерный
Раке́тные войска́ стратеги́ческого назначе́ния РФ
раке́тный
ракетово́з, -а
ракетодина́мика, -и
ракетодро́м, -а
ракетодро́мный
ракетомодели́зм, -а
ракетомодели́ст, -а
ракетомоде́льный
ракетоно́сец, -сца, *тв.* -сцем, *р. мн.* -сцев
ракетоноси́тель, -я (*самолет*)
ракетоно́сный
ракетообра́зный; *кр. ф.* -зен, -зна
ракетопла́н, -а
ракетопланёр, -а
ракетострое́ние, -я
ракетострои́тель, -я
ракетострои́тельный
ракетоторпе́да, -ы
ракетоторпе́дный
раке́точка, -и, *р. мн.* -чек
раке́точный
раке́тчик, -а
раки́та, -ы
раки́тник, -а
раки́тный
раки́товый
ра́кия, -и
ракле́т, -а (*кулин.*)
ракли́ст, -а
ра́кля, -и
ра́ковина, -ы
ра́ковинка, -и, *р. мн.* -нок
ра́ковинный
ра́ковистый
ра́ковый
ракое́д, -а
раколо́в, -а
ра́ком, *нареч.*
ракообра́зные, -ых
ракóрд, -а
ракóрдный
ракоскорпио́н, -а
ра́к-отше́льник, ра́ка-отше́льника
ракохо́дный
ракс-бу́гель, -я
ра́ксы, -ов, *ед.* ракс, -а (*мор.*)
ра́ку, *нескл., мн.* и *с.* (*сервиз для японской чайной церемонии*)
ра́курс, -а
ра́курсный
раку́шечка, -и, *р. мн.* -чек
раку́шечник, -а
раку́шечниковый
раку́шечный
ра́ку́шка, -и, *р. мн.* -шек
ра́ку́шковый
раку́шник, -а
ра́кша, -и, *тв.* -ей
ракшеобра́зные, -ых
ра́лли, *нескл., с.*
ралли́йный
ралли́ст, -а
ра́ло, -а
ра́ма, -ы
Ра́ма, -ы, *м.* (*мифол.*)
Рамада́н, -а и **Рамаза́н,** -а
рамапите́к, -а
рамбулье́, *неизм.* и *нескл., м.* и *ж.* (*порода овец*)
рамбу́рс, -а
рамбурси́ровать, -рую, -рует
рамбу́рсный
рамбута́н, -а
рамена́, раме́н, рамена́м (*плечи*)
ра́менский (*к* Ра́менское, *город*)
раменча́не, -а́н, *ед.* -а́нин, -а
раменча́нка, -и, *р. мн.* -нок
ра́мень, -и и **ра́менье,** -я (*еловый лес*)
ра́ми, *нескл., с.* (*растение*; *ткань*)
ра́мка, -и, *р. мн.* ра́мок
ра́мковый

ра́мно-консо́льный
ра́мно-кузовно́й
ра́мный
рамоли́, *нескл., м.*
рамо́лик, -а
рамооборо́т, -а
рамотёс, -а
ра́мочка, -и, *р. мн.* -чек
ра́мочный
ра́мпа, -ы
ра́мповый
рамс, -а
рамфори́нх, -а
рамфоте́ка, -и
ра́на, -ы
рана́тра, -ы
ра́нверс, -а
ранверсма́н, -а
ранг, -а
ранг-ли́ст, -а́
ра́нговый
ранго́ут, -а
ранго́утный
рангу́нский (*от* Рангу́н)
рангу́нцы, -ев, *ед.* -нец, -нца, *тв.* -нцем
ранд, -а (*ден. ед.*)
рандеву́, *нескл., с.*
ранево́й
ра́нее, *сравн. ст.*
ране́ние, -я
ра́ненный; *кр. ф.* -ен, -ена, *прич.*
ра́неный[1], *прил.*
ра́неный[2], -ого
ра́не́нько
ране́т, -а и **ренет**, -а
ране́тка, -и, *р. мн.* -ток
ранёхонько
ра́нец, ра́нца, *тв.* ра́нцем, *р. мн.* ра́нцев
ранёшенько
ранжи́р, -а
ранжи́рование, -я
ранжи́рованный; *кр. ф.* -ан, -ана
ранжи́ровать(ся), -рую, -рует(ся)
ра́ни, *нескл., ж.*
рани́мость, -и
рани́мый
ра́нить, -ню, -нит
ра́нка, -и, *р. мн.* ра́нок
ранневесе́нний
ранневизанти́йский
раннедревнеру́сский
раннези́мний
раннекаменноу́гольный
раннекембри́йский
раннеле́тний
раннемелово́й
раннеосе́нний
раннески́фский
раннеславя́нский
раннеспе́лость, -и
раннеспе́лый
раннесредневеко́вый
раннесреднетриа́совый (*геол.*)
раннесреднеюрский (*геол.*)
ра́нне-сре́дний
раннефеода́льный
раннехристиа́нский
раннецвету́щий
раннеюрский
ра́нний
ра́но
ранова́то
ранозаживля́ющий
ра́но-ра́но
ранорасшири́тель, -я
рант, -а, *предл.* на ра́нте и на ранту́
рантклю́фт, -а (*трещина в леднике*)
рантово́й и **ра́нтовый**
рантовшивно́й
рантье́, *нескл., м.*
рантье́рский
ра́нцевый
ранче́ро, *нескл., м.*
ра́нчо, *нескл., с.*
раны́м-ране́нько
раны́м-ранёхонько
раны́м-ранёшенько
ра́ным-ра́но
рань, -и
ра́нье, -я (с са́мого ра́нья)
ра́ньше, *сравн. ст.*
ра́ньшина, -ы (*судно*)
РА́О, *нескл., с.* (*сокр.*: Российское акционерное общество), *напр.*: РАО "ЕЭС России", РАО "Газпром"
рапа́, -ы́
рапаки́ви, *нескл., с.*
рапа́на, -ы
рапи́д, -а
рапи́дный
рапидо́граф, -а
рапи́д-съёмка, -и, *р. мн.* -мок
рапи́ра, -ы
рапири́ст, -а
рапири́стка, -и, *р. мн.* -ток
рапно́й
ра́порт, -а, *мн.* -ы, -ов и -а́, -о́в (*донесение*)
рапорти́чка, -и, *р. мн.* -чек
рапортова́ть, -ту́ю, -ту́ет
рапп, -а (*монета*)
ра́пповец, -вца, *тв.* -вцем, *р. мн.* -вцев
ра́пповский (*от* РАПП)
ра́пповщина, -ы
раппо́рт, -а (*узор*)
рапс, -а
ра́псовый
рапсо́д, -а
рапсоди́ческий
рапсо́дия, -и
рарите́т, -а
рарите́тный
ра́са, -ы
расе́йский (*от* Расе́я – *нарочито сниженное и прост. к* Росси́я)
раси́зм, -а
Раси́нов, -а, -о и **раси́новский** (*от* Раси́н)
раси́ст, -а
раси́стка, -и, *р. мн.* -ток
раси́стский
раскабале́ние, -я
раскабалённый; *кр. ф.* -ён, -ена́
раскабали́ть(ся), -лю́(сь), -ли́т(ся)
раскабаля́ть(ся), -я́ю(сь), -я́ет(ся)
раскавы́ченный; *кр. ф.* -ен, -ена
раскавы́чивание, -я
раскавы́чивать(ся), -аю, -ает(ся)
раскавы́чить, -чу, -чит
раскадро́ванный; *кр. ф.* -ан, -ана
раскадрова́ть, -ру́ю, -ру́ет
раскадро́вка, -и
раскадро́вывать(ся), -аю, -ает(ся)
расказа́ченный; *кр. ф.* -ен, -ена
расказа́чивание, -я
расказа́чивать(ся), -аю(сь), -ает(ся)
расказа́чить, -чу, -чит
расказнённый; *кр. ф.* -ён, -ена́
расказни́ть, -ню́, -ни́т
раска́иваться, -аюсь, -ается
раскалённость, -и
раскалённый; *кр. ф.* -ён, -ена́
раска́ливание, -я
раскали́ть(ся), -лю́(сь), -ли́т(ся)
раска́лывание, -я
раска́лывать(ся), -аю(сь), -ает(ся)
раскаля́каться, -аюсь, -ается
раскаля́ть(ся), -я́ю(сь), -я́ет(ся)
расканто́ванный; *кр. ф.* -ан, -ана
раскантова́ть, -ту́ю, -ту́ет
раскантовка, -и
раскантовочный
раскантовывать(ся), -аю, -ает(ся)
раскапри́зничаться, -аюсь, -ается
раска́пывание, -я
раска́пывать(ся), -аю, -ает(ся)
раскарда́ш, -а, *тв.* -ем
раска́ркаться, -аюсь, -ается
раска́рмливание, -я
раска́рмливать(ся), -аю(сь), -ает(ся)
раскасси́рованный; *кр. ф.* -ан, -ана
раскасси́ровать, -рую, -рует
раска́т, -а
раска́танный; *кр. ф.* -ан, -ана
раската́ть(ся), -а́ю(сь), -а́ет(ся)
раска́тисто-гро́мкий
раска́тисто-до́лгий
раска́тистость, -и
раска́тистый
раскати́ть(ся), -ачу́(сь), -а́тит(ся)
раска́тка, -и
раскатно́й ста́н (*тех.*)
раска́тный
раска́тывание, -я
раска́тывать(ся), -аю(сь), -ает(ся)
раска́чанный; *кр. ф.* -ан, -ана (*от* раскача́ть)
раскача́ть(ся), -а́ю(сь), -а́ет(ся)
раска́ченный; *кр. ф.* -ен, -ена (*от* раскати́ть)
раска́чивание, -я
раска́чивать(ся), -аю(сь), -ает(ся)
раска́чка, -и, *р. мн.* -чек

раска́шивание, -я
раска́шивать(ся), -аю, -ает(ся)
раска́шливаться, -аюсь, -ается
раска́шляться, -яюсь, -яется
раска́явшийся
раска́яние, -я
раска́янный (гре́шник)
раска́яться, -а́юсь, -а́ется
раскв́акаться, -ается
расквартирова́ние, -я
расквартиро́ванный; *кр. ф.* -ан, -ана
расквартирова́ть(ся), -ру́ю, -ру́ет(ся)
расквартиро́вка, -и, *р. мн.* -вок
расквартиро́вывание, -я
расквартиро́вывать(ся), -аю, -ает(ся)
раскв́асить(ся), -а́шу(сь), -а́сит(ся)
раскв́ашенный; *кр. ф.* -ен, -ена
раскв́ашивать(ся), -аю(сь), -ает(ся)
расквита́ться, -а́юсь, -а́ется
раски́данный; *кр. ф.* -ан, -ана
раскида́ть(ся), -а́ю(сь), -а́ет(ся)
раски́дистость, -и
раски́дистый
раски́дка, -и
раскидно́й
раски́дывание, -я
раски́дывать(ся), -аю(сь), -ает(ся)
раски́нутый
раски́нуть(ся), -ну(сь), -нет(ся)
раскипа́ться, -а́юсь, -а́ется
раскипе́ться, -плю́сь, -пи́тся
раскипяти́ться, -ячу́сь, -яти́тся
раскиса́ние, -я
раскиса́ть, -а́ю, -а́ет
раскисе́литься, -люсь, -лится
раскисле́ние, -я
раскисли́тель, -я
раскисли́ть, -лю́, -ли́т
раскисля́ть(ся), -я́ю, -я́ет(ся)
раски́снуть, -ну, -нет; *прош.* -и́с, -и́сла
раски́сший
раскла́д, -а
раскла́дка, -и, *р. мн.* -док
раскладно́й
раскла́дочка, -и, *р. мн.* -чек
раскла́дочный
раскладу́шечный
раскладу́шка, -и, *р. мн.* -шек
раскла́дчик, -а
раскла́дчица, -ы, *тв.* -ей
раскла́дывание, -я
раскла́дывать(ся), -аю(сь), -ает(ся)
раскла́ниваться, -аюсь, -ается
раскла́няться, -яюсь, -яется
расклассифици́рование, -я
расклассифици́рованный; *кр. ф.* -ан, -ана
расклассифици́ровать, -рую, -рует
расклёванный; *кр. ф.* -ан, -ана
расклева́ть, -люю, -люёт
расклёвывать(ся), -аю, -ает(ся)
раскле́енный; *кр. ф.* -ен, -ена
раскле́ивание, -я
раскле́ивать(ся), -аю(сь), -ает(ся)
раскле́ить(ся), -е́ю(сь), -е́ит(ся)
раскле́йка, -и, *р. мн.* -е́ек
раскле́йщик, -а
раскле́йщица, -ы, *тв.* -ей
расклёпанный; *кр. ф.* -ан, -ана
расклепа́ть(ся), -а́ю, -а́ет(ся)
расклёпка, -и
расклёпывание, -я
расклёпывать(ся), -аю, -ает(ся)
расклёшенный; *кр. ф.* -ен, -ена
расклёшивание, -я
расклёшивать(ся), -аю, -ает(ся)
расклёшить, -шу, -шит
расклинённый; *кр. ф.* -ён, -ена́ и **раскли́ненный;** *кр. ф.* -ен, -ена
раскли́нивать(ся), -аю, -ает(ся)
расклини́ть(ся), -ню́, -ни́т(ся) и **раскли́нить(ся),** -ню, -нит(ся)
раско́ванно, *нареч.*
раско́ванность, -и
раско́ванный; *кр. ф. прич.* -ан, -ана; *кр. ф. прил.* (*непринужденный*) -ан, -анна
раскова́ть(ся), -кую́(сь), -куёт(ся)
раско́вка, -и
раско́вывание, -я
раско́вывать(ся), -аю(сь), -ает(ся)
расковы́ривание, -я
расковы́ривать(ся), -аю, -ает(ся)
расковы́рянный; *кр. ф.* -ян, -яна
расковыря́ть, -я́ю, -я́ет
раскоди́рование, -я
раскоди́рованный; *кр. ф.* -ан, -ана
раскоди́ровать(ся), -рую(сь), -рует(ся)
раскодиро́вка, -и, *р. мн.* -вок
раско́канный; *кр. ф.* -ан, -ана
раско́кать(ся), -аю, -ает(ся)
раскоке́тничаться, -аюсь, -ается
раско́л, -а
раскола́чивать(ся), -аю, -ает(ся)
расколдо́ванный; *кр. ф.* -ан, -ана
расколдова́ть, -ду́ю, -ду́ет
расколдо́вывание, -я
расколдо́вывать(ся), -аю, -ает(ся)
расколеро́ванный; *кр. ф.* -ан, -ана
расколеро́вка, -и
раско́лка, -и
расколоти́ть(ся), -лочу́, -ло́тит(ся)
раско́лотый
расколо́ть(ся), -олю́(сь), -о́лет(ся)
расколоучи́тель, -я, *мн.* -и, -ей
расколо́ченный; *кр. ф.* -ен, -ена
расколошма́тить, -а́чу, -а́тит
расколошма́ченный; *кр. ф.* -ен, -ена
расколу́панный; *кр. ф.* -ан, -ана
расколупа́ть, -а́ю, -а́ет
расколу́пывание, -я
расколу́пывать(ся), -аю, -ает(ся)
расколы́ханный; *кр. ф.* -ан, -ана и **расколы́шенный;** *кр. ф.* -ен, -ена
расколыха́ть(ся), -ы́шу, -ы́шет(ся) и -а́ю, -а́ет(ся)
раско́льник, -а
раско́льниковский (*от* Раско́льников)
раско́льница, -ы, *тв.* -ей
раско́льнический
раско́льничество, -а
раско́льничий, -ья, -ье
раскомандиро́ванный; *кр. ф.* -ан, -ана
раскомандирова́ть, -ру́ю, -ру́ет
раскомандиро́вка, -и, *р. мн.* -вок
раскомандиро́вочный
раскома́ндоваться, -дуюсь, -дуется
раскомплексо́ванно, *нареч.*
раскомплексо́ванность, -и
раскомплексо́ванный; *кр. ф.* -ана, -ана
раскомплексова́ть(ся), -су́ю(сь), -су́ет(ся)
раскомплектова́ние, -я
раскомплекто́ванный; *кр. ф.* -ан, -ана
раскомплектова́ть, -ту́ю, -ту́ет
расконвои́рование, -я
расконвои́рованный; *кр. ф.* -ан, -ана
расконвои́ровать, -рую, -рует
расконопа́тить, -а́чу, -а́тит
расконопа́ченный; *кр. ф.* -ен, -ена
расконопа́чивание, -я
расконопа́чивать(ся), -аю, -ает(ся)
расконсерва́ция, -и
расконсерви́рование, -я
расконсерви́рованный; *кр. ф.* -ан, -ана
расконсерви́ровать(ся), -рую, -рует(ся)
расконспири́рование, -я
расконспири́рованный; *кр. ф.* -ан, -ана
расконспири́ровать(ся), -и́рую(сь), -и́рует(ся)
раскоордина́ция, -и
раскоордини́рованность, -и
раскоордини́рованный; *кр. ф.* -ан, -ана
раскоордини́ровать(ся), -рую, -рует(ся)
раско́п, -а
раско́панный; *кр. ф.* -ан, -ана
раскопа́ть, -а́ю, -а́ет
раско́пки, -пок
раско́почный
раско́пщик, -а
раско́рм, -а
раскорми́ть, -ормлю́, -о́рмит
раско́рмка, -и
раско́рмленный; *кр. ф.* -ен, -ена
раскорчёванный; *кр. ф.* -ан, -ана
раскорчева́ть, -чу́ю, -чу́ет
раскорчёвка, -и, *р. мн.* -вок
раскорчёвывание, -я
раскорчёвывать(ся), -аю, -ает(ся)
раскоря́ка, -и, *м.* и *ж.*
раскоря́кой, *нареч.*
раскоря́ченный; *кр. ф.* -ен, -ена
раскоря́чивать(ся), -аю(сь), -ает(ся)
раскоря́чить(ся), -чу(сь), -чит(ся)
раскоря́чка, -и, *р. мн.* -чек, *м.* и *ж.*

раско́с, -а
раскоси́ть[1], -ошу́, -о́сит (*скосить косой*)
раскоси́ть[2], -ошу́, -оси́т (*сделать косым; укрепить раскосами*)
раско́ска, -и, *р. мн.* -сок
раскосма́тить(ся), -а́чу(сь), -а́тит(ся)
раскосма́ченный; *кр. ф.* -ен, -ена
раскосма́чивание, -я
раскосма́чивать(ся), -аю(сь), -ает(ся)
раско́сный
раско́сость, -и
раско́сый
раскочевря́житься, -жусь, -жится
раскочега́ренный; *кр. ф.* -ен, -ена
раскочега́ривание, -я
раскочега́ривать(ся), -аю(сь), -ает(ся)
раскочега́рить(ся), -рю(сь), -рит(ся)
раскоше́ливаться, -аюсь, -ается
раскоше́литься, -люсь, -лится
раско́шенный; *кр. ф.* -ен, -ена (*от* раскоси́ть[1, 2])
раскошённый; *кр. ф.* -ён, -ена́ (*от* раскоси́ть[2])
раскра́вший
раскра́денный; *кр. ф.* -ен, -ена
раскра́дывание, -я
раскра́дывать(ся), -аю, -ает(ся)
раскра́ивание, -я
раскра́ивать(ся), -аю, -ает(ся)
раскра́мсывание, -я
раскра́мсывать(ся), -аю(сь), -ает(ся)
раскраса́вец, -вца, *тв.* -вцем, *р. мн.* -вцев
раскраса́вица, -ы, *тв.* -ей
раскра́сить(ся), -а́шу(сь), -а́сит(ся)
раскра́ска, -и, *р. мн.* -сок
раскра́ска-выреза́лка, раскра́ски-выреза́лки
раскрасне́ться, -е́юсь, -е́ется
раскра́сть, -аду́, -адёт; *прош.* -а́л, -а́ла
раскра́счик, -а
раскра́счица, -ы, *тв.* -ей
раскра́шенный; *кр. ф.* -ен, -ена
раскра́шивание, -я
раскра́шивать(ся), -аю(сь), -ает(ся)
раскрепи́ть(ся), -плю́(сь), -пи́т(ся)
раскрепле́ние, -я
раскреплённый; *кр. ф.* -ён, -ена́
раскрепля́ть(ся), -я́ю(сь), -я́ет(ся)
раскрепо́ванный; *кр. ф.* -ан, -ана
раскрепова́ть, -пу́ю, -пу́ет
раскрепо́вка, -и, *р. мн.* -вок
раскрепо́вывать(ся), -аю, -ает(ся)
раскрепости́ть(ся), -ощу́(сь), -ости́т(ся)
раскрепоща́ть(ся), -а́ю(сь), -а́ет(ся)
раскрепоще́ние, -я
раскрепощённо, *нареч.*
раскрепощённость, -и
раскрепощённый; *кр. ф.* -ён, -ена́
раскрестья́ненный; *кр. ф.* -ен, -ена
раскрестья́нивание, -я
раскрестья́нивать(ся), -аю(сь), -ает(ся)
раскрестья́нить, -ню, -нит
раскритико́ванный; *кр. ф.* -ан, -ана
раскритикова́ть(ся), -ку́ю(сь), -ку́ет(ся)
раскритико́вывать(ся), -аю(сь), -ает(ся)
раскрича́ть(ся), -чу́(сь), -чи́т(ся)
раскровенённый; *кр. ф.* -ён, -ена́
раскровени́ть(ся), -ню́, -ни́т(ся)
раскро́енный; *кр. ф.* -ен, -ена
раскро́ечный
раскрои́ть(ся), -ою́, -ои́т(ся)
раскро́й, -я
раскро́йка, -и
раскро́йный
раскро́йщик, -а
раскро́йщица, -ы, *тв.* -ей
раскро́мсанный; *кр. ф.* -ан, -ана
раскромса́ть, -а́ю, -а́ет
раскро́шенный; *кр. ф.* -ен, -ена
раскроши́ть(ся), -ошу́, -о́ши́т(ся)
раскружа́ленный; *кр. ф.* -ен, -ена
раскружа́ливание, -я
раскружа́ливать(ся), -аю, -ает(ся)
раскружа́лить, -лю, -лит
раскрути́ть(ся), -учу́(сь), -у́тит(ся)
раскру́тка, -и
раскру́ченность, -и
раскру́ченный; *кр. ф.* -ен, -ена
раскру́чивание, -я
раскру́чивать(ся), -аю(сь), -ает(ся)
раскручи́ниться, -нюсь, -нится
раскрыва́емость, -и
раскрыва́ние, -я
раскрыва́ть(ся), -а́ю(сь), -а́ет(ся)
раскры́тие, -я
раскры́тость, -и
раскры́тый
раскры́ть(ся), -ро́ю(сь), -ро́ет(ся)
раскряжёванный; *кр. ф.* -ан, -ана
раскряжева́ть, -жу́ю, -жу́ет
раскряжёвка, -и
раскряжёвочный
раскряжёвщик, -а
раскряжёвывание, -я
раскряжёвывать(ся), -аю, -ает(ся)
раскуда́хтаться, -хчусь, -хчется
раскула́ченный; *кр. ф.* -ен, -ена
раскула́чивание, -я
раскула́чивать(ся), -аю(сь), -ает(ся)
раскула́чить, -чу, -чит
раскуме́кать, -аю, -ает
раскупа́ние, -я
раскупа́ть(ся), -а́ю, -а́ет(ся)
раскупи́ть, -уплю́, -у́пит
раску́пленный; *кр. ф.* -ен, -ена
раску́поренный; *кр. ф.* -ен, -ена
раску́поривание, -я
раску́поривать(ся), -аю, -ает(ся)
раску́порить(ся), -рю, -рит(ся)
раску́порка, -и
раскура́житься, -жусь, -жится
раску́ренный; *кр. ф.* -ен, -ена
раску́ривание, -я
раску́ривать(ся), -аю, -ает(ся)
раскури́ть(ся), -урю́, -у́рит(ся)
раску́рка, -и, *р. мн.* -рок
раскуро́ченный; *кр. ф.* -ен, -ена
раскуро́чивание, -я
раскуро́чивать(ся), -аю, -ает(ся)
раскуро́чить, -чу, -чит
раскуси́ть, -ушу́, -у́сит
раскусти́ться, -и́тся
раску́сывание, -я
раску́сывать(ся), -аю, -ает(ся)
раску́танный; *кр. ф.* -ан, -ана
раску́тать(ся), -аю(сь), -ает(ся)
раскути́ться, -учу́сь, -у́тится
раску́тывание, -я
раску́тывать(ся), -аю(сь), -ает(ся)
раску́чиваться, -аюсь, -ается
раску́шанный; *кр. ф.* -ан, -ана (*от* раску́шать)
раску́шать, -аю, -ает
раску́шенный; *кр. ф.* -ен, -ена (*от* раскуси́ть)
расове́дение, -я
расове́дческий
ра́сово-антропологи́ческий
ра́сово неполноце́нный
ра́совый
расогене́з, -а
расогенети́ческий
распа́д, -а
распада́ться, -а́ется
распаде́ние, -я
распа́док, -дка
распа́ивание, -я
распа́ивать(ся), -аю, -ает(ся)
распа́йка, -и
распако́ванный; *кр. ф.* -ан, -ана
распакова́ть(ся), -ку́ю(сь), -ку́ет(ся)
распако́вка, -и
распако́вывание, -я
распако́вывать(ся), -аю(сь), -ает(ся)
распалённый; *кр. ф.* -ён, -ена́
распали́ть(ся), -лю́(сь), -ли́т(ся)
распа́лубить, -блю, -бит
распа́лубка, -и
распа́лубленный; *кр. ф.* -ен, -ена
распальцо́вка, -и, *р. мн.* -вок
распаля́ть(ся), -я́ю(сь), -я́ет(ся)
распа́р, -а
распа́ренный; *кр. ф.* -ен, -ена
распа́ривание, -я
распа́ривать(ся), -аю(сь), -ает(ся)
распа́рить(ся), -рю(сь), -рит(ся)
распа́рка, -и
распа́рывание, -я
распа́рывать(ся), -аю, -ает(ся)
распасова́ть, -су́ю, -су́ет
распасо́вка, -и, *р. мн.* -вок
распасо́вщик, -а
распасо́вывать(ся), -аю, -ает(ся)
распа́сться, -адётся; *прош.* -а́лся, -а́лась
распатро́ненный; *кр. ф.* -ен, -ена
распатро́нивать(ся), -аю, -ает(ся)
распатро́нить, -ню, -нит
распа́ханный; *кр. ф.* -ан, -ана

распаха́ть, -пашу́, -па́шет
распа́хивание, -я
распа́хивать(ся), -аю(сь), -ает(ся)
распа́хнутость, -и
распа́хнутый
распахну́ть(ся), -ну́(сь), -нёт(ся)
распа́шка, -и
распа́шник, -а
распашно́й
распашо́нка, -и, *р. мн.* -нок
распашо́ночка, -и, *р. мн.* -чек
распашо́ночный
распа́янный; *кр. ф.* -ян, -яна
распая́ть(ся), -я́ю, -я́ет(ся)
распе́в, -а
распева́ние, -я (*к* петь)
распева́ть(ся), -а́ю(сь), -а́ет(ся) (*к* петь)
распе́вец, -вца, *тв.* -вцем
распе́вка, -и, *р. мн.* -вок
распе́вность, -и
распе́вный
распе́вщик, -а
распека́ние, -я
распека́тельный
распека́тельский
распека́тельство, -а
распека́ть(ся), -а́ю(сь), -а́ет(ся)
распёкший
распелёнатый и **распелёнутый**
распелена́ть(ся), -а́ю(сь), -а́ет(ся)
распелёнывать(ся), -аю(сь), -ает(ся)
распере́ть, разопру́, разопрёт; *прош.* распёр, распёрла
распёртый
распёрший
распестрённый; *кр. ф.* -ён, -ена́
распестри́ть(ся), -рю́, -ри́т(ся)
распетуши́ться, -шу́сь, -ши́тся
распе́тый
распе́ть(ся), -пою́(сь), -поёт(ся)
распеча́танный; *кр. ф.* -ан, -ана
распеча́тать(ся), -аю, -ает(ся)
распеча́тка, -и, *р. мн.* -ток
распеча́тывание, -я
распеча́тывать(ся), -аю, -ает(ся)
распечённый; *кр. ф.* -ён, -ена́
распе́чь, -еку́, -ечёт, -еку́т; *прош.* -ёк, -екла́
распива́ние, -я (*к* пить)
распива́ть(ся), -а́ю, -а́ет(ся) (*к* пить)
распи́вочный
распикиро́ванный; *кр. ф.* -ан, -ана
распикирова́ть, -ру́ю, -ру́ет (*от* пикирова́ть)
распикиро́вывать(ся), -аю, -ает(ся)
распи́л, -а
распи́ленный; *кр. ф.* -ен, -ена
распи́ливание, -я
распи́ливать(ся), -аю, -ает(ся)
распили́ть(ся), -илю́, -и́лит(ся)
распи́лка, -и
распило́вка, -и
распило́вочный
распило́вщик, -а
распина́ть(ся), -а́ю(сь), -а́ет(ся)
распира́ть(ся), -а́ю, -а́ет(ся)
расписа́ние, -я
распи́санный; *кр. ф.* -ан, -ана
расписа́ть(ся), -ишу́(сь), -и́шет(ся)
распи́ска, -и, *р. мн.* -сок
расписно́й
распи́сочка, -и, *р. мн.* -чек
распи́счик, -а
распи́счица, -ы, *тв.* -ей
распи́сывание, -я
распи́сывать(ся), -аю(сь), -ает(ся)
распи́тие, -я
распи́тый; *кр. ф.* распи́т, распита́, распи́то
распи́ть, разопью́, разопьёт; *прош.* -и́л, -ила́, -и́ло
распи́ханный; *кр. ф.* -ан, -ана
распиха́ть(ся), -а́ю, -а́ет(ся)
распи́хивание, -я
распи́хивать(ся), -аю, -ает(ся)
распи́хнутый
распихну́ть, -ну́, -нёт
распища́ться, -щу́сь, -щи́тся
распла́в, -а
распла́вить(ся), -влю, -вит(ся)
распла́вка, -и
расплавле́ние, -я
распла́вленный; *кр. ф.* -ен, -ена
расплавля́ть(ся), -я́ю, -я́ет(ся)
распла́каться, -а́чусь, -а́чется
распланиро́ванный; *кр. ф.* -ан, -ана (*от* распланиро́вать) и **распланиро́ванный;** *кр. ф.* -ан, -ана (*от* распланиро́ва́ть)
распланиро́вать, -рую, -рует (*от* плани́ровать) и **распланиро́ва́ть,** -иру́ю, -иру́ет (*от* плани́рова́ть)
распланиро́вка, -и
распланиро́вывать(ся), -аю, -ает(ся)
распла́станный; *кр. ф.* -ан, -ана
распласта́ть(ся), -а́ю(сь), -а́ет(ся)
распласто́ванный; *кр. ф.* -ан, -ана
распластова́ть, -ту́ю, -ту́ет
распласто́вывание, -я
распласто́вывать(ся), -аю, -ает(ся)
распла́стывание, -я
распла́стывать(ся), -аю(сь), -ает(ся)
распла́та, -ы
расплати́ться, -ачу́сь, -а́тится
распла́чиваться, -аюсь, -ается
расплева́ться, -люю́сь, -люётся
расплёвываться, -аюсь, -ается
расплёсканный; *кр. ф.* -ан, -ана
расплеска́ть(ся), -ещу́(сь), -е́щет(ся) и -а́ю(сь), -а́ет(ся)
расплёскивание, -я
расплёскивать(ся), -аю, -ает(ся)
расплёснутый
расплесну́ть(ся), -ну́, -нёт(ся)
расплести́(сь), -лету́, -летёт(ся); *прош.* -лёл(ся), -лела́(сь)
расплета́ние, -я
расплета́ть(ся), -а́ю, -а́ет(ся)
расплетённый; *кр. ф.* -ён, -ена́
расплётший(ся)
распло́д, -а
расплоди́ть(ся), -ожу́, -оди́т(ся)
расплюжа́ть(ся), -а́ю, -а́ет(ся)
расплюжённый; *кр. ф.* -ён, -ена́
распломбиро́ванный; *кр. ф.* -ан, -ана
распломбирова́ть, -ру́ю, -ру́ет
распломбиро́вывание, -я
распломбиро́вывать(ся), -аю, -ает(ся)
расплыва́ться, -а́юсь, -а́ется
расплы́вчатость, -и
расплы́вчатый
расплы́вшийся
расплы́ться, -ыву́сь, -ывётся; *прош.* -ы́лся, -ыла́сь, -ы́ло́сь
расплю́снутый
расплю́снуть(ся), -ну, -нет(ся)
расплю́щенный; *кр. ф.* -ен, -ена
расплю́щивание, -я
расплю́щивать(ся), -аю, -ает(ся)
расплю́щить(ся), -щу, -щит(ся)
распляса́ться, -яшу́сь, -я́шется
распого́диться, -ится
распого́живаться, -ается
расподобле́ние, -я
расподобля́ться, -я́ется
распознава́емость, -и
распознава́емый
распознава́ние, -я
распознава́ть(ся), -наю́, -наёт(ся)
распозна́ние, -я
распо́знанный; *кр. ф.* -ан, -ана
распозна́ть, -а́ю, -а́ет
располага́ть(ся), -а́ю(сь), -а́ет(ся)
располага́ющий(ся)
располза́ние, -я
располза́ться, -а́юсь, -а́ется
расползти́сь, -зу́сь, -зётся; *прош.* -о́лзся, -олзла́сь
распо́лзшийся
располне́ть, -е́ю, -е́ет
расположе́ние, -я
располо́женность, -и
располо́женный; *кр. ф.* -ен, -ена
расположи́ть(ся), -ожу́(сь), -о́жит(ся)
располосо́ванный; *кр. ф.* -ан, -ана
располосова́ть, -су́ю, -су́ет
располосо́вывание, -я
располосо́вывать(ся), -аю, -ает(ся)
распома́дить(ся), -а́жу(сь), -а́дит(ся)
распома́женный; *кр. ф.* -ен, -ена
распо́п, -а
распо́р, -а
распо́рка, -и, *р. мн.* -рок
распо́рный
распо́ротый
распоро́ть(ся), -орю́, -о́рет(ся)
распо́рочка, -и, *р. мн.* -чек
распо́рочный
распорошённый; *кр. ф.* -ён, -ена́
распороши́ть, -шу́, -ши́т
распоряди́тель, -я
распоряди́тельница, -ы, *тв.* -ей
распоряди́тельность, -и

распоряди́тельный; *кр. ф.* -лен, -льна
распоряди́тельский
распоряди́ться, -яжу́сь, -яди́тся
распоря́док, -дка
распоряжа́ться, -а́юсь, -а́ется
распоряже́ние, -я
распосле́дний
распосты́лый
распоте́шить(ся), -шу(сь), -шит(ся)
распотрошённый; *кр. ф.* -ён, -ена́
распотроши́ть, -шу́, -ши́т
распоя́савшийся
распоя́санность, -и
распоя́санный; *кр. ф.* -ан, -ана
распоя́сать(ся), -я́шу(сь), -я́шет(ся)
распоя́ской, *нареч.*
распоя́сывание, -я
распоя́сывать(ся), -аю(сь), -ает(ся)
распра́ва, -ы
распра́вить(ся), -влю(сь), -вит(ся)
распра́вка, -и, *р. мн.* -вок
расправле́ние, -я
распра́вленный; *кр. ф.* -ен, -ена
расправля́ть(ся), -я́ю(сь), -я́ет(ся)
распре́д, -а
распредва́л, -а, *мн.* -ы́, -о́в
распределе́ние, -я
распределённый; *кр. ф.* -ён, -ена́
распредели́тель, -я
распредели́тельный
распредели́ть(ся), -лю́(сь), -ли́т(ся)
распределя́ть(ся), -я́ю(сь), -я́ет(ся)
распредме́тить(ся), -ме́чу, -ме́тит(ся)
распредме́ченный; *кр. ф.* -ен, -ена
распредме́чивание, -я
распредме́чивать(ся), -аю, -ает(ся)
распредотде́л, -а
распредустро́йство, -а
распрекра́сный; *кр. ф.* -сен, -сна
ра́спри, -ей, *ед.* ра́спря, -и
распро́бованный; *кр. ф.* -ан, -ана
распро́бовать, -бую, -бует
распродава́ть(ся), -даю́, -даёт(ся)
распрода́жа, -и, *тв.* -ей
распрода́жный
распро́данный; *кр. ф.* -ан, -ана
распрода́ть, -а́м, -а́шь, -а́ст, -ади́м, -ади́те, -аду́т; *прош.* -о́да́л, -одала́, -о́да́ло
распрокля́тый
распропаганди́рованный; *кр. ф.* -ан, -ана
распропаганди́ровать, -рую, -рует
распростере́ть(ся), -тру́(сь), -трёт(ся); *прош.* -тёр(ся), -тёрла(сь)
распростёртый
распростёрший(ся)
распростира́ть(ся), -а́ю(сь), -а́ет(ся)
распрости́ться, -ощу́сь, -ости́тся
распростране́ние, -я
распространённость, -и
распространённый; *кр. ф.* -ён, -ена́
распространи́тель, -я
распространи́тельница, -ы, *тв.* -ей
распространи́тельность, -и

распространи́тельный
распространи́тельский
распространи́ть(ся), -ню́(сь), -ни́т(ся)
распространя́ть(ся), -я́ю(сь), -я́ет(ся)
распроща́ться, -а́юсь, -а́ется
распры́гаться, -аюсь, -ается
распры́сканный; *кр. ф.* -ан, -ана
распры́скать, -аю, -ает
распры́скивание, -я
распры́скивать(ся), -аю, -ает(ся)
распряга́ние, -я
распряга́ть(ся), -а́ю, -а́ет(ся)
распря́гший(ся)
распряжённый; *кр. ф.* -ён, -ена́
распря́жка, -и
распрями́ть(ся), -млю́(сь), -ми́т(ся)
распрямле́ние, -я
распрямлённый; *кр. ф.* -ён, -ена́
распрямля́ть(ся), -я́ю(сь), -я́ет(ся)
распря́чь(ся), -ягу́, -яжёт(ся), -ягу́т(ся); *прош.* -я́г(ся), -ягла́(сь)
распсихова́ться, -ихую́сь, -иху́ется
распубликова́ние, -я
распублико́ванный; *кр. ф.* -ан, -ана
распубликова́ть, -ку́ю, -ку́ет
распублико́вывать(ся), -аю, -ает(ся)
распу́ганный; *кр. ф.* -ан, -ана
распуга́ть, -а́ю, -а́ет
распу́гивание, -я
распу́гивать(ся), -аю, -ает(ся)
распу́гнутый
распугну́ть, -ну́, -нёт
распуска́ние, -я
распуска́ть(ся), -а́ю(сь), -а́ет(ся)
распустёха, -и, *м.* и *ж.*
распусти́ть(ся), -ущу́(сь), -у́стит(ся)
распу́танный; *кр. ф.* -ан, -ана
распу́тать(ся), -аю(сь), -ает(ся)
распу́тинский (*от* Распу́тин)
распу́тинщина, -ы
распу́тица, -ы, *тв.* -ей
распу́тник, -а
распу́тница, -ы, *тв.* -ей
распу́тничать, -аю, -ает
распу́тность, -и
распу́тный; *кр. ф.* -тен, -тна
распу́тство, -а
распу́тствовать, -твую, -твует
распу́тывание, -я
распу́тывать(ся), -аю(сь), -ает(ся)
распу́тье, -я, *р. мн.* -тий
распуха́ние, -я
распуха́ть, -а́ю, -а́ет
распу́хнуть, -ну, -нет; *прош.* -у́х, -у́хла
распу́хший
распу́ченный; *кр. ф.* -ен, -ена
распу́чить, -чу, -чит
распуша́ть(ся), -а́ю, -а́ет(ся)
распушённый; *кр. ф.* -ён, -ена́
распуши́ть(ся), -шу́, -ши́т(ся)
распу́щенно, *нареч.*
распу́щенность, -и
распу́щенный; *кр. ф. прич.* -ен, -ена; *кр. ф. прил.* (*недисциплинированный; безнравственный*) -ен, -енна

распы́л, -а
распыла́ться, -а́юсь, -а́ется
распыле́ние, -я
распылённость, -и
распылённый; *кр. ф.* -ён, -ена́
распы́ливание, -я
распыли́тель, -я
распыли́тельный
распыли́ть(ся), -лю́, -ли́т(ся)
распыля́ть(ся), -я́ю(сь), -я́ет(ся)
распы́танный; *кр. ф.* -ан, -ана
распыта́ть, -а́ю, -а́ет
распы́тывать, -аю, -ает
распья́нствоваться, -твуюсь, -твуется
распья́ный: пья́ный-распья́ный
распя́ленный; *кр. ф.* -ен, -ена
распя́ливание, -я
распя́ливать(ся), -аю, -ает(ся)
распя́лить(ся), -лю, -лит(ся)
распя́лка, -и, *р. мн.* -лок
распя́лочка, -и, *р. мн.* -чек
распя́лочный
распя́тие, -я (*действие; крест с изображением распятого Христа*) и **Распя́тие,** -я (*иконографический сюжет*)
распя́тый
распя́ть, -пну́, -пнёт
расса́да, -ы
рассади́ть, -ажу́, -а́дит
расса́дка, -и
расса́дник, -а
расса́дный
рассадопоса́дочный
рассадосажа́лка, -и, *р. мн.* -лок
расса́женный; *кр. ф.* -ен, -ена
расса́живание, -я
расса́живать(ся), -аю(сь), -ает(ся)
расса́сывание, -я
расса́сывать(ся), -аю, -ает(ся)
рассверлённый; *кр. ф.* -ён, -ена́
рассве́рливание, -я
рассве́рливать(ся), -аю, -ает(ся)
рассверли́ть(ся), -лю́, -ли́т(ся)
рассверло́вка, -и, *р. мн.* -вок
рассвести́, -ветёт; *прош.* -вело́
рассве́т, -а
рассвета́ть, -а́ет
рассве́тный
рассвирепе́лый
рассвирепе́ть, -е́ю, -е́ет
рассвисте́ться, -ищу́сь, -исти́тся
рассе́в, -а
рассева́ние, -я
рассева́ть(ся), -а́ю, -а́ет(ся)
расседа́ться, -а́ется
рассе́дина, -ы
рассёдланный; *кр. ф.* -ан, -ана
расседла́ть(ся), -а́ю, -а́ет(ся)
рассёдлывание, -я
рассёдлывать(ся), -аю, -ает(ся)
рассе́ивание, -я
рассе́ивать(ся), -аю(сь), -ает(ся)
рассека́ние, -я
рассека́ть(ся), -а́ю, -а́ет(ся)

рассекре́тить(ся), -ре́чу(сь), -ре́тит(ся)
рассекре́ченный; *кр. ф.* -ен, -ена
рассекре́чивание, -я
рассекре́чивать(ся), -аю(сь), -ает(ся)
рассе́кший(ся) и **рассёкший(ся)**
расселе́ние, -я
расселённый; *кр. ф.* -ён, -ена́
расселе́нцы, -ев, *ед.* -нец, -нца, *тв.* -нцев
рассе́лина, -ы
рассели́ть(ся), -елю́(сь), -е́ли́т(ся)
расселя́ть(ся), -я́ю(сь), -я́ет(ся)
рассентимента́льничаться, -аюсь, -ается
рассерди́ть(ся), -ержу́(сь), -е́рдит(ся)
рассе́рженно, *нареч.*
рассе́рженный; *кр. ф.* -ен, -ена и (*выражающий раздражение, гнев*) -ен, -енна (ли́ца рассе́рженны)
рассерча́ть, -а́ю, -а́ет
рассе́сться, -ся́дусь, -ся́дется; *прош.* -се́лся, -се́лась
рассече́ние, -я
рассечённый; *кр. ф.* -ён, -ена́
рассе́чка, -и, *р. мн.* -чек
рассе́чь(ся), -еку́, -ечёт(ся), -еку́т(ся); *прош.* -ёк(ся) и -е́к(ся), -екла́(сь)
рассе́яние, -я
рассе́янно, *нареч.*
рассе́янность, -и
рассе́янный; *кр. ф. прич.* -ян, -яна; *кр. ф. прил.* (*невнимательный*) -ян, -янна
рассе́ять(ся), -е́ю(сь), -е́ет(ся)
рассиде́ться, -ижу́сь, -иди́тся
расси́живать(ся), -аю(сь), -ает(ся)
рассиро́пить(ся), -плю(сь), -пит(ся)
рассиро́пленный; *кр. ф.* -ен, -ена
рассиро́пливать(ся), -аю(сь), -ает(ся)
рассия́ться, -я́юсь, -я́ется
расска́з, -а
расска́занный; *кр. ф.* -ан, -ана
рассказа́ть, -кажу́, -ка́жет
расска́зец, -зца, *тв.* -зцем, *р. мн.* -зцев
расска́зик, -а
расска́зишко, -а и -и, *мн.* -шки, -шек, *м.*
расска́зчик, -а
расска́зчица, -ы, *тв.* -ей
расска́зывание, -я
расска́зывать(ся), -аю, -ает(ся)
расскака́ться, -скачу́сь, -ска́чется
расскрипе́ться, -плю́сь, -пи́тся
расслабева́ть, -а́ю, -а́ет
расслабе́ть, -е́ю, -е́ет
рассла́бить(ся), -блю(сь), -бит(ся)
расслабле́ние, -я
рассла́бленно, *нареч.*
рассла́бленность, -и
рассла́бленный; *кр. ф.* -ен, -ена
расслабля́ть(ся), -я́ю(сь), -я́ет(ся)
расслабля́ющий(ся)
рассла́бнувший
рассла́бнуть, -ну, -нет; *прош.* -а́б, -а́бла
расслабо́н, -а
расслабу́ха, -и
расслабу́шка, -и, *р. мн.* -шек
рассла́бший
рассла́вить(ся), -влю(сь), -вит(ся)
рассла́вленный; *кр. ф.* -ен, -ена
расславля́ть(ся), -я́ю(сь), -я́ет(ся)
рассла́ивание, -я
рассла́ивать(ся), -аю, -ает(ся)
рассле́дование, -я
рассле́дованный; *кр. ф.* -ан, -ана
рассле́дователь, -я
рассле́довательница, -ы, *тв.* -ей
рассле́довательский
рассле́довать(ся), -дую, -дует(ся)
рассло́ение, -я
расслоённый; *кр. ф.* -ён, -ена́
расслои́ть(ся), -ою́, -ои́т(ся)
рассло́йка, -и
расслу́шанный; *кр. ф.* -ан, -ана
расслу́шать, -аю, -ает
рассlýшанный; *кр. ф.* -ан, -ана
рассlýшать, -шу, -шит
расслюня́виться, -влюсь, -вится
рассма́тривание, -я
рассма́тривать(ся), -аю(сь), -ает(ся)
рассмешённый; *кр. ф.* -ён, -ена́
рассмеши́ть, -шу́, -ши́т
рассмея́ться, -ею́сь, -еётся
рассмотре́ние, -я
рассмо́тренный; *кр. ф.* -ен, -ена
рассмотре́ть, -отрю́, -о́трит
рассласти́ть, -ащу́, -асти́т
рассна́стка, -и
расснащённый; *кр. ф.* -ён, -ена́
рассна́щивать(ся), -аю, -ает(ся)
рассо́ванный; *кр. ф.* -ан, -ана
рассова́ть, рассую́, рассуёт
рассове́товать, -тую, -тует
рассо́вывание, -я
рассо́вывать(ся), -аю, -ает(ся)
рассогласова́ние, -я
рассогласо́ванно, *нареч.*
рассогласо́ванность, -и
рассогласо́ванный; *кр. ф.* -ан, -ана
рассогласова́ть(ся), -су́ю, -су́ет(ся)
рассогласо́вывание, -я
рассогласо́вывать(ся), -аю, -ает(ся)
рассоедине́ние, -я
рассоединённый; *кр. ф.* -ён, -ена́
рассоедини́ть(ся), -ню́, -ни́т(ся)
рассоединя́ть(ся), -я́ю, -я́ет(ся)
рассо́л, -а и -у
рассоле́ние, -я
рассолённый; *кр. ф.* -ён, -ена́
рассо́лец, -льца и -льцу, *тв.* -льцем
рассоли́ть, рассолю́, рассо́ли́т
рассолоде́ть, -е́ет
рассолопрово́д, -а
рассо́льник, -а
рассо́льничек, -чка
рассо́льный
рассоля́ть(ся), -я́ю, -я́ет(ся)
рассопли́виться, -влюсь, -вится
рассо́ренный; *кр. ф.* -ен, -ена (*от* рассо́рить)
рассорённый; *кр. ф.* -ён, -ена́ (*от* рассори́ть)
рассо́ривать(ся), -аю(сь), -ает(ся)
рассо́рить(ся), -о́рю(сь), -о́рит(ся) (*к* ссо́ра)
рассори́ть(ся), -рю́, -ри́т(ся) (*к* сор)
рассортиро́ванный; *кр. ф.* -ан, -ана
рассортирова́ть(ся), -ру́ю, -ру́ет(ся)
рассортиро́вка, -и
рассортиро́вывание, -я
рассортиро́вывать(ся), -аю, -ает(ся)
рассо́санный; *кр. ф.* -ан, -ана
рассоса́ть(ся), -осу́, -осёт(ся)
рассо́ха, -и
рассо́хнуться, -нется; *прош.* -о́хся, -о́хлась
рассо́хшийся
расспра́шивание, -я
расспра́шивать(ся), -аю(сь), -ает(ся)
расспроси́ть, -ошу́, -о́сит
расспро́сный
расспро́сы, -ов
расспро́шенный; *кр. ф.* -ен, -ена
рассредота́чивать(ся), -аю(сь), -ает(ся) и **рассредото́чивать(ся),** -аю(сь), -ает(ся)
рассредото́чение, -я
рассредото́ченно, *нареч.*
рассредото́ченность, -и
рассредото́ченный; *кр. ф.* -ен, -ена
рассредото́чивать(ся), -аю(сь), -ает(ся) и **рассредота́чивать(ся),** -аю(сь), -ает(ся)
рассредото́чить(ся), -чу(сь), -чит(ся)
рассро́ченный; *кр. ф.* -ен, -ена
рассро́чивание, -я
рассро́чивать(ся), -аю, -ает(ся)
рассро́чить, -чу, -чит
рассро́чка, -и, *р. мн.* -чек
расстава́ние, -я
расстава́ться, -таю́сь, -таётся
расста́вить(ся), -влю, -вит(ся)
расста́вка, -и
расста́вленный; *кр. ф.* -ен, -ена
расставля́ть(ся), -я́ю, -я́ет(ся)
расстана́вливать(ся), -аю, -ает(ся)
расстанови́ть(ся), -овлю́, -о́вит(ся)
расстано́вка, -и, *р. мн.* -вок
расстано́вленный; *кр. ф.* -ен, -ена
расстано́вочный
расстара́ться, -а́юсь, -а́ется
расста́ться, -а́нусь, -а́нется
расстаю́щийся
расстега́й, -я
расстега́йчик, -а
расстёганный; *кр. ф.* -ан, -ана
расстега́ть, -а́ю, -а́ет
расстёгивание, -я
расстёгивать(ся), -аю(сь), -ает(ся)
расстёгнутый
расстегну́ть(ся), -ну́(сь), -нёт(ся)

расстежно́й
рассте́ленный; *кр. ф.* -ен, -ена
расстели́ть(ся), расстелю́, рассте́лет(ся); *прош.* -и́л(ся), -и́ла(сь) (*к* стели́ть)
рассти́л, -а
расстила́ние, -я
расстила́ть(ся), -а́ю(сь), -а́ет(ся)
рассти́лка, -и
рассти́лочный
расстоя́ние, -я
расстоя́ньице, -а
расстра́ивание, -я
расстра́ивать(ся), -аю(сь), -ает(ся)
расстре́л, -а
расстре́ливание, -я
расстре́ливать(ся), -аю(сь), -ает(ся)
расстре́льный, *прил.*
расстре́льщик, -а
расстреля́ние, -я
расстре́лянный; *кр. ф.* -ян, -яна, *прич.*
расстреля́ть(ся), -я́ю(сь), -я́ет(ся)
расстри́га, -и, *м.*
расстрига́ть(ся), -а́ю(сь), -а́ет(ся)
расстриже́ние, -я
расстри́женный; *кр. ф.* -ен, -ена
расстри́чь(ся), -игу́(сь), -ижёт(ся), -игу́т(ся); *прош.* -и́г(ся), -и́гла(сь)
расстро́енно, *нареч.*
расстро́енность, -и
расстро́енный; *кр. ф.* -ен, -ена и (*выражающий расстройство, огорчение*) -ен, -енна (её лицо́ расстро́енно)
расстро́ить(ся), -о́ю(сь), -о́ит(ся)
расстро́йка, -и
расстро́йство, -а
расступа́ться, -а́ется
расступи́ться, -у́пится
расстыко́ванный; *кр. ф.* -ан, -ана
расстыкова́ть(ся), -ку́ю(сь), -ку́ет(ся)
расстыко́вка, -и, *р. мн.* -вок
расстыко́вывать(ся), -аю(сь), -ает(ся)
рассуди́тельность, -и
рассуди́тельный; *кр. ф.* -лен, -льна
рассуди́ть, -ужу́, -у́дит
рассу́док, -дка
рассу́дочность, -и
рассу́дочный; *кр. ф.* -чен, -чна
рассужда́ть, -а́ю, -а́ет
рассужде́ние, -я
рассу́женный; *кр. ф.* -ен, -ена
рассу́живать, -аю, -ает
рассупо́ненный; *кр. ф.* -ен, -ена
рассупо́нивать(ся), -аю(сь), -ает(ся)
рассупо́нить(ся), -ню(сь), -нит(ся)
рассусо́ленный; *кр. ф.* -ен, -ена
рассусо́ливание, -я
рассусо́ливать(ся), -аю(сь), -ает(ся)
рассусо́лить(ся), -лю(сь), -лит(ся)
рассу́ченный; *кр. ф.* -ен, -ена
рассу́чивание, -я
рассу́чивать(ся), -аю, -ает(ся)
рассучи́ть(ся), -учу́, -у́чит(ся)
рассчи́танно, *нареч.*
рассчи́танность, -и
рассчи́танный; *кр. ф.* -ан, -ана
рассчита́ть(ся), -а́ю(сь), -а́ет(ся)
рассчи́тывание, -я
рассчи́тывать(ся), -аю(сь), -ает(ся)
рассыла́ние, -я
рассыла́ть(ся), -а́ю, -а́ет(ся)
рассы́лка, -и, *р. мн.* -лок
рассы́лочный
рассы́льный
рассы́льщик, -а
рассы́льщица, -ы, *тв.* -ей
рассыпа́ние, -я
рассы́панный; *кр. ф.* -ан, -ана
рассы́пать(ся), -плю(сь), -плет(ся), -плют(ся) и -пет(ся), -пят(ся), *сов.*
рассыпа́ть(ся), -а́ю(сь), -а́ет(ся), *несов.*
рассы́пка, -и
рассыпно́й
рассы́пчатость, -и
рассы́пчатый
рассыха́ние, -я
рассыха́ться, -а́ется
растаба́ры, -ов
растаба́рывать, -аю, -ает
раста́ивать, -аю, -ает
раста́к (та́к его́ раста́к)
раста́лкивание, -я
раста́лкивать(ся), -аю, -ает(ся)
растамо́жение, -я
растамо́женный; *кр. ф.* -ен, -ена
растамо́живание, -я
растамо́живать(ся), -аю, -ает(ся)
растамо́жить, -жу, -жит
растамо́жка, -и, *р. мн.* -жек
раста́пливание, -я
раста́пливать(ся), -аю, -ает(ся)
раста́птывание, -я
раста́птывать(ся), -аю, -ает(ся)
раста́ренный; *кр. ф.* -ен, -ена
раста́ривание, -я
раста́ривать(ся), -аю(сь), -ает(ся)
раста́рить(ся), -рю(сь), -рит(ся)
раста́рка, -и, *р. мн.* -рок
раста́рочный
раста́сканный; *кр. ф.* -ан, -ана
растаска́ть, -а́ю, -а́ет
раста́скивание, -я
раста́скивать(ся), -аю, -ает(ся)
растасо́ванный; *кр. ф.* -ан, -ана
растасова́ть(ся), -су́ю, -су́ет(ся)
растасо́вка, -и
растасо́вывать(ся), -аю, -ает(ся)
раста́чанный; *кр. ф.* -ан, -ана
растача́ть, -а́ю, -а́ет (*к* тача́ть)
раста́чивание, -я
раста́чивать(ся), -аю, -ает(ся)
раста́щенный; *кр. ф.* -ен, -ена
растащи́ловка, -и
растащи́ть, -ащу́, -а́щит
раста́ять, -а́ю, -а́ет
раство́р, -а
растворе́ние, -я
растворённость, -и
раство́ренный; *кр. ф.* -ен, -ена (*от* раствори́ть[1])
растворённый; *кр. ф.* -ён, -ена́ (*от* раствори́ть[1, 2])
раствори́мость, -и
раствори́мый
раствори́н, -а
раствори́тель, -я
раствори́ть(ся)[1], -орю́, -о́рит(ся) (*раскрыть(ся)*)
раствори́ть(ся)[2], -орю́(сь), -ори́т(ся) (*распустить(ся) в жидкости; хим.; исчезнуть*)
раство́рный
растворобето́нный
растворомеша́лка, -и, *р. мн.* -лок
растворонасо́с, -а
растворосмеси́тель, -я
раство́рчик, -а
растворя́емость, -и
растворя́ть(ся), -я́ю(сь), -я́ет(ся)
растека́ние, -я
растека́ться, -а́юсь, -а́ется
растёкшийся
растелеши́ться, -шу́сь, -ши́тся
расте́ливаться, -ается
растели́ться, -е́лится (*от* тели́ться)
расте́ние, -я
растениево́д, -а
растениево́дство, -а
растениево́дческий
расте́ньице, -а
растепле́ние, -я
растереби́ть(ся), -блю́, -би́т(ся)
растереблённый; *кр. ф.* -ён, -ена́
растере́бливать(ся), -аю(сь), -ает(ся)
растере́ть(ся), разотру́(сь), разотрёт(ся); *прош.* -тёр(ся), -тёрла(сь)
растерёха, -и, *м.* и *ж.*
растерза́ние, -я
растё́рзанность, -и
растё́рзанный; *кр. ф.* -ан, -ана
растерза́ть, -а́ю, -а́ет
растё́рзывать(ся), -аю, -ает(ся)
расте́ривать(ся), -аю(сь), -ает(ся)
растёртый
растёрший(ся)
растеря́, -и, *м.* и *ж.*
Растеря́ева у́лица, Растеря́евой у́лицы
растеря́евщина, -ы
расте́рянно, *нареч.*
расте́рянность, -и
расте́рянный; *кр. ф. прич.* -ян, -яна; *кр. ф. прил.* -ян, -яна (*утративший способность соображать, растерявшийся*) и -ян, -янна (*выражающий растерянность*: и́х ли́ца расте́рянны)
растеря́ть(ся), -я́ю(сь), -я́ет(ся)
растеря́ха, -и, *м.* и *ж.*
растеря́ша, -и, *тв.* -ей, *м.* и *ж.*
растёсанный; *кр. ф.* -ан, -ана
растеса́ть(ся), -тешу́, -те́шет(ся)
растёска, -и

растёсывание, -я
растёсывать(ся), -аю, -ает(ся)
растéчка, -и
растéчься, -екýсь, -ечётся, -екýтся; *прош.* -ёкся, -еклáсь
расти́, -тý, -тёт; *прош.* рос, рослá
растиньякóвский (*от* Растиньяк)
растиражи́рование, -я
растиражи́рованный; *кр. ф.* -ан, -ана
растиражи́ровать(ся), -рую, -рует(ся)
растирáние, -я
растирáть(ся), -áю(сь), -áет(ся)
расти́рка, -и, *р. мн.* -рок
расти́рочный
расти́сканный; *кр. ф.* -ан, -ана
расти́скать, -аю, -ает
расти́скивать(ся), -аю, -ает(ся)
расти́снутый
расти́снуть(ся), -ну, -нет(ся)
расти́тельность, -и
растительноя́дный; *кр. ф.* -ден, -дна
расти́тельный
расти́ть(ся), ращý, расти́т(ся)
растлевáть(ся), -áю(сь), -áет(ся)
растлéние, -я
растлéнность, -и
растлéнный; *кр. ф.* -éн, -éнна, *прил.* (*морально разложившийся*)
растлённый; *кр. ф.* -ён, -енá, *прич.* (*от* растли́ть)
растли́тель, -я
растли́тельница, -ы, *тв.* -ей
растли́ть(ся), -лю́(сь), -ли́т(ся)
растовáренный; *кр. ф.* -ен, -ена
растовáривание, -я
растовáривать(ся), -аю(сь), -ает(ся)
растовáрить(ся), -рю(сь), -рит(ся)
растóлканный; *кр. ф.* -ан, -ана
растолкáть, -áю, -áет
растолкóванный; *кр. ф.* -ан, -ана
растолковáть(ся), -кýю(сь), -кýет(ся)
растолкóвывание, -я
растолкóвывать(ся), -аю, -ает(ся)
растолóкший(ся)
растолóчь(ся), -лкý, -лчёт(ся), -лкýт(ся); *прош.* -лóк(ся), -лклá(сь)
растолстéть, -éю, -éет
растолчённый; *кр. ф.* -ён, -енá
растоми́ть(ся), -млю́(сь), -ми́т(ся)
растомлённый; *кр. ф.* -ён, -енá
растопи́ть(ся), -оплю́, -óпит(ся)
растóпка, -и
растóпленный; *кр. ф.* -ен, -ена
растопля́ть(ся), -я́ю, -я́ет(ся)
растóпочный
растóптанный; *кр. ф.* -ан, -ана
растоптáть(ся), -опчý, -óпчет(ся)
растопы́ренный; *кр. ф.* -ен, -ена
растопы́ривание, -я
растопы́ривать(ся), -аю(сь), -ает(ся)
растопы́рить(ся), -рю(сь), -рит(ся)
растопы́рка, -и
расторгáть(ся), -áю, -áет(ся)
растóргнувший
растóргнутый
растóргнуть, -ну, -нет; *прош.* -óрг и -óргнул, -óргла
расторгóванный; *кр. ф.* -ан, -ана
расторговáть(ся), -гýю(сь), -гýет(ся)
расторгóвывать(ся), -аю(сь), -ает(ся)
растóргший
расторжéние, -я
растóрженный; *кр. ф.* -ен, -ена
расторжи́мость, -и
расторжи́мый
растормáживание, -я
растормáживать(ся), -аю(сь), -ает(ся)
растормóженность, -и и **расторможённость,** -и
растормóженный; *кр. ф.* -ен, -ена и **расторможённый;** *кр. ф.* -ён, -енá
растормози́ть(ся), -ожý(сь), -ози́т(ся)
растормошённый; *кр. ф.* -ён, -енá
растормоши́ть, -шý, -ши́т
растoрóпность, -и
растoрóпный; *кр. ф.* -пен, -пна
растосковáться, -кýюсь, -кýется
расточáть(ся), -áю, -áет(ся) (*растрачивать(ся); неумеренно высказывать похвалы и т. п.*)
расточéние, -я
растóченный; *кр. ф.* -ен, -ена (*от* расточи́ть[1])
расточённый; *кр. ф.* -ён, -енá (*от* расточи́ть[2])
расточи́тель, -я
расточи́тельница, -ы, *тв.* -ей
расточи́тельность, -и
расточи́тельный; *кр. ф.* -лен, -льна
расточи́тельство, -а
расточи́ть(ся)[1], -очý, -óчит(ся) (*к* растáчивать(ся)
расточи́ть(ся)[2], -чý, -чи́т(ся) (*к* расточáть(ся)
растóчка, -и
растóчник, -а
растóчный
растр, -а (*физ., полигр., инф.*)
растрави́ть(ся), -авлю́(сь), -áвит(ся)
растравлéние, -я
растрáвленный; *кр. ф.* -ен, -ена
растрáвливание, -я
растрáвливать(ся), -аю(сь), -ает(ся)
растравля́ть(ся), -я́ю(сь), -я́ет(ся)
растранжи́ренный; *кр. ф.* -ен, -ена
растранжи́ривание, -я
растранжи́ривать(ся), -аю(сь), -ает(ся)
растранжи́рить(ся), -рю(сь), -рит(ся)
растрáта, -ы
растрáтить(ся), -áчу(сь), -áтит(ся)
растрáтчик, -а
растрáтчица, -ы, *тв.* -ей
растрáченность, -и
растрáченный; *кр. ф.* -ен, -ена
растрáчивание, -я
растрáчивать(ся), -аю(сь), -ает(ся)
растревóженный; *кр. ф.* -ен, -ена
растревóживать(ся), -аю(сь), -ает(ся)
растревóжить(ся), -жу(сь), -жит(ся)
растрезвóненный; *кр. ф.* -ен, -ена
растрезвóнивать(ся), -аю, -ает(ся)
растрезвóнить, -ню, -нит
растрéллиевский (*от* Растрéлли)
растренирóванность, -и
растренирóванный; *кр. ф.* -ан, -ана
растренировáть(ся), -рýю(сь), -рýет(ся)
растренирóвывать(ся), -аю(сь), -ает(ся)
растрёпа, -ы, *м.* и *ж.*
растрёпанность, -и
растрёпанный; *кр. ф.* -ан, -ана
растрепáть(ся), -еплю́(сь), -éплет(ся), -éплют(ся) и -éпет(ся), -éпят(ся)
растрёпка, -и, *р. мн.* -пок, *м.* и *ж.*
растрёпывание, -я
растрёпывать(ся), -аю(сь), -ает(ся)
растрéсканный; *кр. ф.* -ан, -ана
растрéскаться, -ается
растрéскивание, -я
растрéскиваться, -ается
растрéснуться, -нется
растрещáться, -щýсь, -щи́тся
рáстровый
растрóганно, *нареч.*
растрóганность, -и
растрóганный; *кр. ф.* -ан, -ана и (*выражающий растроганность*) -ан, -анна (её глазá растрóганны)
растрóгать(ся), -аю(сь), -ает(ся)
растрýб, -а
раструби́ть, -блю́, -би́т
растрýбленный; *кр. ф.* -ен, -ена
растрýбный
раструси́ть(ся), -ушý, -уси́т(ся)
растрýска, -и
растрýшенный; *кр. ф.* -ен, -ена
растрýшивание, -я
растрýшивать(ся), -аю, -ает(ся)
растрясáть(ся), -áю(сь), -áет(ся)
растрясённый; *кр. ф.* -ён, -енá
растрясны́й
растрясти́(сь), -сý(сь), -сёт(ся); *прош.* -я́с(ся), -яслá(сь)
растря́сший(ся)
растря́сывать(ся), -аю(сь), -ает(ся)
растряхáть(ся), -áю, -áет(ся)
растря́хивать(ся), -аю, -ает(ся)
растря́хнутый
растряхнýть, -нý, -нёт
растужи́ться, -ужýсь, -ýжится
растушёванный; *кр. ф.* -ан, -ана
растушевáть(ся), -шýю, -шýет(ся)
растушёвка, -и, *р. мн.* -вок
растушёвывание, -я
растушёвывать(ся), -аю, -ает(ся)
растýшка, -и, *р. мн.* -шек (*растушёвка*)
расты́канный; *кр. ф.* -ан, -ана
расты́кать, -аю, -ает, *сов.*
растыкáть(ся), -áю, -áет(ся), *несов.*
расты́кивание, -я
расты́кивать(ся), -аю, -ает(ся)
растюкóванный; *кр. ф.* -ан, -ана

растюкова́ть, -ку́ю, -ку́ет
растюко́вка, -и
растюко́вывать(ся), -аю, -ает(ся)
растя́гивание, -я
растя́гивать(ся), -аю(сь), -ает(ся)
растяже́ние, -я
растяже́ние-сжа́тие, растяже́ния-сжа́тия
растяжи́мость, -и
растяжи́мый
растя́жка, -и, *р. мн.* -жек
растяжно́й
растя́нутость, -и
растя́нутый
растяну́ть(ся), -яну́(сь), -я́нет(ся)
растя́па, -ы, *м.* и *ж.*
растя́па растя́пой
растя́пать, -аю, -ает
растя́пистый
расфальцева́ть, -цу́ю, -цу́ет
расфальцо́вка, -и, *р. мн.* -вок
расфальцо́вывать(ся), -аю, -ает(ся)
расфантази́роваться, -руюсь, -руется
расфасо́ванный; *кр. ф.* -ан, -ана
расфасова́ть(ся), -су́ю, -су́ет(ся)
расфасо́вка, -и, *р. мн.* -вок
расфасо́вочный
расфасо́вщик, -а
расфасо́вщица, -ы, *тв.* -ей
расфасо́вывание, -я
расфасо́вывать(ся), -аю, -ает(ся)
расфилосо́фствоваться, -твуюсь, -твуется
расфокуси́рование, -я
расфокуси́рованный; *кр. ф.* -ан, -ана
расфокуси́ровать(ся), -рую, -рует(ся)
расфокусиро́вка, -и
расформати́рование, -я
расформати́рованный; *кр. ф.* -ан, -ана
расформати́ровать(ся), -и́рую, -и́рует(ся)
расформирова́ние, -я
расформиро́ванный; *кр. ф.* -ан, -ана
расформирова́ть(ся), -ру́ю, -ру́ет(ся)
расформиро́вка, -и
расформиро́вывать(ся), -аю, -ает(ся)
расфранти́ться, -нчу́сь, -нти́тся
расфранчённый; *кр. ф.* -ён, -ена́
расфуфы́ренный; *кр. ф.* -ен, -ена
расфуфы́риваться, -аюсь, -ается
расфуфы́риться, -рюсь, -рится
расфы́ркаться, -аюсь, -ается
расха́живание, -я
расха́живать(ся), -аю(сь), -ает(ся)
расха́ивание, -я
расха́ивать(ся), -аю, -ает(ся)
расхандри́ться, -рю́сь, -ри́тся
расха́янный; *кр. ф.* -ян, -яна
расха́ять, -а́ю, -а́ет
расхва́ленный; *кр. ф.* -ен, -ена
расхва́ливание, -я
расхва́ливать(ся), -аю(сь), -ает(ся)
расхвали́ть(ся), -алю́(сь), -а́лит(ся)
расхва́рываться, -аюсь, -ается
расхва́стать(ся), -аю(сь), -ает(ся)
расхва́танный; *кр. ф.* -ан, -ана (*от* расхвата́ть)
расхвата́ть, -а́ет
расхвати́ть, -а́тит
расхва́тывание, -я
расхва́тывать(ся), -ает(ся)
расхва́ченный; *кр. ф.* -ен, -ена (*от* расхвати́ть)
расхвора́ться, -а́юсь, -а́ется
расхити́тель, -я
расхити́тельница, -ы, *тв.* -ей
расхи́тить, -и́щу, -и́тит
расхища́ть(ся), -а́ю, -а́ет(ся)
расхище́ние, -я
расхи́щенный; *кр. ф.* -ен, -ена
расхлёбанный; *кр. ф.* -ан, -ана
расхлеба́ть(ся), -а́ю(сь), -а́ет(ся)
расхлёбывание, -я
расхлёбывать(ся), -аю(сь), -ает(ся)
расхлёстанный; *кр. ф.* -ан, -ана
расхлеста́ть(ся), -ещу́, -е́щет(ся)
расхлёстнутый
расхлестну́ть, -ну́, -нёт
расхлёстывать(ся), -аю, -ает(ся)
расхлопота́ться, -почу́сь, -по́чется
расхля́банно, *нареч.*
расхля́банность, -и
расхля́банный; *кр. ф. прич.* -ан, -ана; *кр. ф. прил.* (*невыдержанный, разболтанный*; *о походке, движениях*: *нетвердый*) -ан, -анна
расхля́бать(ся), -аю(сь), -ает(ся)
расхля́бывание, -я
расхля́бывать(ся), -аю(сь), -ает(ся)
расхны́каться, -ы́чусь, -ы́чется и -аюсь, -ается
расхо́д, -а
расходи́мость, -и
расходи́ться, -ожу́сь, -о́дится
расхо́дный
расхо́дование, -я
расхо́довать(ся), -дую(сь), -дует(ся)
расходоме́р, -а
расхо́ды, -ов
расходя́щийся
расхожде́ние, -я
расхо́жий
расхола́живание, -я
расхола́живать(ся), -аю(сь), -ает(ся)
расхолоди́ть(ся), -ожу́(сь), -оди́т(ся)
расхоложённость, -и
расхоложённый; *кр. ф.* -ён, -ена́
расхомута́ть(ся), -а́ю, -а́ет(ся)
расхорохо́риться, -рюсь, -рится
расхоте́ть(ся), -очу́, -о́чешь, -о́чет(ся), -оти́м, -оти́те, -отя́т
расхохота́ться, -хохочу́сь, -хохо́чется
расхрабри́ться, -рю́сь, -ри́тся
расхри́станность, -и
расхри́станный; *кр. ф.* -ан, -ана
расхулённый; *кр. ф.* -ён, -ена́
расхулига́ниться, -нюсь, -нится
расхули́ть, -лю́, -ли́т
расцара́панный; *кр. ф.* -ан, -ана
расцара́пать(ся), -аю(сь), -ает(ся)
расцара́пывать(ся), -аю(сь), -ает(ся)
расцвести́, -вету́, -ветёт; *прош.* -вёл, -вела́
расцве́т, -а
расцвета́ние, -я
расцвета́ть, -а́ю, -а́ет
расцвети́ть(ся), -ечу́, -ети́т(ся)
расцве́тка, -и, *р. мн.* -ток
расцве́тный
расцве́тший
расцве́ченный; *кр. ф.* -ен, -ена
расцве́чивание, -я
расцве́чивать(ся), -аю, -ает(ся)
расцело́ванный; *кр. ф.* -ан, -ана
расцелова́ть(ся), -лу́ю(сь), -лу́ет(ся)
расцело́вывать(ся), -аю(сь), -ает(ся)
расценённый; *кр. ф.* -ён, -ена́
расце́нивание, -я
расце́нивать(ся), -аю(сь), -ает(ся)
расцени́ть, -еню́, -е́нит
расце́нка, -и, *р. мн.* -нок
расце́ночно-конфли́ктный
расце́ночный
расце́нщик, -а
расце́нщица, -ы, *тв.* -ей
расце́п, -а
расцепи́ть(ся), -цеплю́(сь), -це́пит(ся)
расце́пка, -и
расцепле́ние, -я
расце́пленный; *кр. ф.* -ен, -ена
расцепля́ть(ся), -я́ю(сь), -я́ет(ся)
расцехо́ванный; *кр. ф.* -ан, -ана
расцехова́ть, -цеху́ю, -цеху́ет
расцехо́вывать(ся), -аю, -ает(ся)
расча́ленный; *кр. ф.* -ен, -ена
расча́ливание, -я
расча́ливать(ся), -аю, -ает(ся)
расча́лить(ся), -лю, -лит(ся)
расча́лка, -и, *р. мн.* -лок
расчасо́вка, -и
расчека́ненный; *кр. ф.* -ен, -ена
расчека́нивать(ся), -аю, -ает(ся)
расчека́нить, -ню, -нит
расчека́нка, -и
расчелове́чение, -я
расчелове́ченный; *кр. ф.* -ен, -ена
расчёркивание, -я
расчёркивать(ся), -аю(сь), -ает(ся)
расчёркнутый
расчеркну́ть(ся), -ну́(сь), -нёт(ся)
расче́рпать(ся), -аю, -ает(ся)
расче́рпывание, -я
расче́рпывать(ся), -аю, -ает(ся)
расчерти́ть, -ерчу́, -е́ртит
расче́рченный; *кр. ф.* -ен, -ена
расче́рчивание, -я
расче́рчивать(ся), -аю, -ает(ся)
расчёс, -а
расчёсанный; *кр. ф.* -ан, -ана
расчеса́ть(ся), -ешу́(сь), -е́шет(ся)
расчёска, -и, *р. мн.* -сок
расчёсочка, -и, *р. мн.* -чек
расче́стный (че́стное-расче́стное сло́во)

расче́сть(ся), разочту́(сь), разочтёт(ся); *прош.* расчёл(ся), разочла́(сь)
расчёсывание, -я
расчёсывать(ся), -аю(сь), -ает(ся)
расчёт, -а
расчётец, -тца, *тв.* -тцем, *р. мн.* -тцев
расчётливость, -и
расчётливый
расчётно-ка́ссовый
расчётно-кли́ринговый
расчётно-креди́тный
расчётно-платёжный
расчётно-сальдиро́вочный
расчётно-снабже́нческий
расчётно-фина́нсовый
расчётный
расчётчик, -а
расчётчица, -ы, *тв.* -ей
расчехлённый; *кр. ф.* -ён, -ена́
расчехли́ть, -лю́, -ли́т
расчехля́ть(ся), -я́ю, -я́ет(ся)
расчири́каться, -ается
расчисле́ние, -я
расчи́сленный; *кр. ф.* -ен, -ена
расчи́слить, -лю, -лит
расчисля́ть(ся), -я́ю, -я́ет(ся)
расчи́стить(ся), -и́щу, -и́стит(ся)
расчи́стка, -и, *р. мн.* -ток
расчиха́ться, -а́юсь, -а́ется
расчихво́стить, -о́щу, -о́стит
расчихво́щенный; *кр. ф.* -ен, -ена
расчища́ть(ся), -а́ю, -а́ет(ся)
расчи́щенный; *кр. ф.* -ен, -ена
расчлене́ние, -я
расчленёнка, -и
расчленённость, -и
расчленённый; *кр. ф.* -ён, -ена́
расчлени́мость, -и
расчлени́мый
расчлени́ть(ся), -ню́, -ни́т(ся)
расчленя́ть(ся), -я́ю, -я́ет(ся)
расчу́вствованность, -и
расчу́вствоваться, -твуюсь, -твуется
расчуде́сный; *кр. ф.* -сен, -сна
расчу́ханный; *кр. ф.* -ан, -ана
расчу́хать(ся), -аю(сь), -ает(ся)
расшали́ться, -лю́сь, -ли́тся
расша́ркаться, -аюсь, -ается
расша́ркивание, -я
расша́ркиваться, -аюсь, -ается
расша́ркнуться, -нусь, -нется
расша́танность, -и
расша́танный; *кр. ф.* -ан, -ана
расшата́ть(ся), -а́ю, -а́ет(ся)
расша́тывание, -я
расша́тывать(ся), -аю, -ает(ся)
расшви́ривать(ся), -аю(сь), -ает(ся)
расшви́рянный; *кр. ф.* -ян, -яна
расшвыря́ть(ся), -я́ю(сь), -я́ет(ся)
расшевелённый; *кр. ф.* -ён, -ена́
расшеве́ливание, -я
расшеве́ливать(ся), -аю(сь), -ает(ся)
расшевели́ть(ся), -елю́(сь), -е́ли́т(ся)
расшиба́ть(ся), -а́ю(сь), -а́ет(ся)
расшиби́вший(ся)
расшиби́ть(ся), -бу́(сь), -бёт(ся); *прош.* -ши́б(ся), -ши́бла(сь)
расши́бленный; *кр. ф.* -ен, -ена
расши́ва, -ы
расшива́ние, -я
расшива́ть(ся), -а́ю, -а́ет(ся)
расши́вка, -и, *р. мн.* -вок
расшивно́й
расшикова́ться, -ку́юсь, -ку́ется
расшире́ние, -я
расши́ренный; *кр. ф.* -ен, -ена
расшири́тель, -я
расшири́тельность, -и
расшири́тельный; *кр. ф.* -лен, -льна
расши́рить(ся), -рю, -рит(ся)
расширя́емость, -и
расширя́ть(ся), -я́ю, -я́ет(ся)
расши́тый
расши́ть(ся), разошью́, разошьёт(ся)
расшифро́ванный; *кр. ф.* -ан, -ана
расшифрова́ть, -ру́ю, -ру́ет
расшифро́вка, -и, *р. мн.* -вок
расшифро́вочный
расшифро́вщик, -а
расшифро́вщица, -ы, *тв.* -ей
расшифро́вывание, -я
расшифро́вывать(ся), -аю, -ает(ся)
расшлёпанный; *кр. ф.* -ан, -ана
расшлёпать(ся), -аю, -ает(ся)
расшлёпывать(ся), -аю, -ает(ся)
расшлихто́ванный; *кр. ф.* -ан, -ана
расшлихтова́ть, -ту́ю, -ту́ет
расшлихто́вка, -и
расшлихто́вщик, -а
расшлихто́вывать(ся), -аю, -ает(ся)
расшнуро́ванный; *кр. ф.* -ан, -ана
расшнурова́ть(ся), -ру́ю(сь), -ру́ет(ся)
расшнуро́вка, -и
расшнуро́вывание, -я
расшнуро́вывать(ся), -аю(сь), -ает(ся)
расшпи́ленный; *кр. ф.* -ен, -ена
расшпи́ливание, -я
расшпи́ливать(ся), -аю, -ает(ся)
расшпи́лить, -лю, -лит
расшрифто́ванный; *кр. ф.* -ан, -ана
расшрифто́вка, -и, *р. мн.* -вок
расшто́ренный; *кр. ф.* -ен, -ена
расшто́ривание, -я
расшто́ривать(ся), -аю, -ает(ся)
расшто́рить, -рю, -рит(ся)
расштыбо́ванный; *кр. ф.* -ан, -ана
расштыбо́вка, -и, *р. мн.* -вок
расштыбо́вщик, -а
расшуга́ть, -а́ю, -а́ет
расшуме́ться, -млю́сь, -ми́тся
расшути́ться, -учу́сь, -у́тится
расщебенённый; *кр. ф.* -ён, -ена́
расщебе́нивать(ся), -аю, -ает(ся)
расщебени́ть, -ню́, -ни́т
расщебёнка, -и
расщебета́ться, -щебечу́сь, -щебе́чется
расще́дриваться, -аюсь, -ается
расще́дриться, -рюсь, -рится
расще́ливаться, -ается
расще́лина, -ы
расще́литься, -ится
расщёлканный; *кр. ф.* -ан, -ана
расщёлкать(ся), -аю(сь), -ает(ся)
расщёлкивать(ся), -аю, -ает(ся)
расщёлкнутый
расщёлкнуть, -ну, -нет
расщеми́ть, -млю́, -ми́т
расщемлённый; *кр. ф.* -ён, -ена́
расщемля́ть(ся), -я́ю, -я́ет(ся)
расще́п, -а
расщепа́ть, -щеплю́, -ще́плет и -а́ю, -а́ет (*к* щепа́ть)
расщепи́тель, -я
расщепи́ть(ся), -плю́, -пи́т(ся)
расщепле́ние, -я
расщеплённый; *кр. ф.* -ён, -ена́
расщепля́ть(ся), -я́ю, -я́ет(ся)
расщи́панный; *кр. ф.* -ан, -ана
расщипа́ть, -иплю́, -и́плет, -и́плют и -и́пет, -и́пят; также -а́ю, -а́ет (*к* щипа́ть)
расщи́пывать(ся), -аю, -ает(ся)
ра́тай, -я
рата́ния, -и
рати́н, -а
ратинда́н, -а
ратини́рование, -я
ратини́рованный; *кр. ф.* -ан, -ана
ратини́ровать(ся), -рую, -рует(ся)
рати́новый
ратификацио́нный
ратифика́ция, -и
ратифици́рованный; *кр. ф.* -ан, -ана
ратифици́ровать(ся), -рую, -рует(ся)
ратици́д, -а
ра́тман, -а
ра́тник, -а
ра́тницкий
ра́тный
ратобо́рец, -рца, *тв.* -рцем, *р. мн.* -рцев
ратобо́рство, -а
ратобо́рствовать, -твую, -твует
ра́товать, ра́тую, ра́тует
ратра́к, -а (*трактор-снегоход*)
ра́туша, -и, *тв.* -ей (*орган городского самоуправления, ист.*) и **Ра́туша**, -и, *тв.* -ей (*архит. памятник в нек-рых городах*)
ра́тушный
рать, -и
раyво́льфия, -и
раунати́н, -а
ра́унд, -а
ра́ус, -а
ра́ут, -а
раухтопа́з, -а
РАФ, -а (*завод и автомобиль*)
Рафаэ́лев, -а, -о и **рафаэ́левский** (*от* Рафаэ́ль)
рафи́ды, -ов, *ед.* -и́д, -а
ра́фик, -а

рафина́д, -а и -у
рафина́дный
рафина́ция, -и
рафинёр, -а
рафинёрный
рафини́рование, -я
рафини́рованность, -и
рафини́рованный; *кр. ф.* -ан, -ана
рафини́ровать(ся), -рую, -рует(ся)
рафиниро́вочный
ра́фия, -и
ра́фтинг, -а
рафтинги́ст, -а
ра́фтинговый
раффле́зиевые, -ых
раффле́зия, -и
раха́т-луку́м, -а
ра́хис, -а
рахи́т, -а
рахити́зм, -а
рахи́тик, -а
рахити́ческий
рахити́чка, -и, *р. мн.* -чек
рахити́чность, -и
рахити́чный; *кр. ф.* -чен, -чна
рахма́ниновский (*от* Рахма́нинов)
рацема́зы, -а́з, *ед.* -а́за, -ы
рацема́ты, -ов, *ед.* -ма́т, -а
рацемиза́ция, -и
рацеми́ческий
рацемо́зный
раце́я, -и (*наставление*)
ра́цио, *нескл., с.* (*филос.*)
рацио́н, -а
рационализа́тор, -а
рационализа́торский
рационализа́торство, -а
рационализа́ция, -и
рационализи́рованный; *кр. ф.* -ан, -ана
рационализи́ровать(ся), -рую, -рует(ся)
рационали́зм, -а
рационализо́ванный; *кр. ф.* -ан, -ана
рационализова́ть(ся), -зу́ю, -зу́ет(ся)
рационали́ст, -а
рационалисти́ческий
рационалисти́чность, -и
рационалисти́чный; *кр. ф.* -чен, -чна
рационали́стка, -и, *р. мн.* -ток
рационали́стский
рациона́льность, -и
рациона́льный; *кр. ф.* -лен, -льна
рационирование, -я
рациони́рованный; *кр. ф.* -ан, -ана
рациони́ровать(ся), -рую, -рует(ся)
рацио́нный
ра́ция, -и (*радиостанция*)
рацпредложе́ние, -я
раче́ние, -я
ра́чий, -ья, -ье
рачи́тель, -я
рачи́тельница, -ы, *тв.* -ей
рачи́тельность, -и
рачи́тельный; *кр. ф.* -лен, -льна
рачи́шка, -и, *р. мн.* -шек, *м.*
рачи́ще, -а и -и, *мн.* -и, -и́щ, *м.*
рачо́к, рачка́
рачо́нок, -нка, *мн.* рача́та, -а́т
раше́ль-маши́на, -ы
ра́шкуль, -я
ра́шпер, -а
ра́шпиль, -я
раще́ние, -я
ращённый; *кр. ф.* -ён, -ена́
рвани́на, -ы
рвану́ть(ся), -ну́(сь), -нёт(ся)
рва́ный
рвань, -и
рваньё, -я́
рва́ть(ся), рву(сь), рвёт(ся); *прош.* рва́л(ся), рвала́(сь), рва́ло, рва́ло́сь
рвач, -а́, *тв.* -о́м
рва́ческий
рва́чество, -а
рве́ние, -я
рво́та, -ы
рво́тный
рде́ние, -я
рдест, -а
рде́ть(ся), -е́ет(ся)
рде́ющий
рдя́ный
ре, *нескл., с.* (*нота*)
реабилитацио́нный
реабилита́ция, -и
реабилити́рованный; *кр. ф.* -ан, -ана
реабилити́ровать(ся), -рую(сь), -рует(ся)
реабсо́рбция, -и
реага́ж, -а, *тв.* -ем
реаге́нт, -а
реаги́н, -а
реаги́рование, -я
реаги́ровать, -рую, -рует
реадапта́ция, -и
реадапти́рованный; *кр. ф.* -ан, -ана
реадапти́ровать(ся), -рую(сь), -рует(ся)
реадми́ссия, -и
реакклиматиза́ция, -и
реакклиматизи́рованный; *кр. ф.* -ан, -ана
реакклиматизи́ровать(ся), -рую(сь), -рует(ся)
реакти́в, -а
реактиви́рованный; *кр. ф.* -ан, -ана
реактиви́ровать(ся), -рую, -рует(ся)
реакти́вность, -и
реакти́вно-турби́нный
реакти́вный; *кр. ф.* -вен, -вна
реакти́вщик, -а
реактоге́нность, -и
реактоге́нный
реактоло́гия, -и
реактопла́сты, -ов, *ед.* -пла́ст, -а
реа́ктор, -а
реа́ктор-конве́ртер, реа́ктора-конве́ртера
реа́кторный
реа́кторо-го́д, -а, *мн.* -го́ды и -года́, реа́кторо-ле́т
реакторострое́ние, -я
реакторострои́тельный
реа́ктор-размножи́тель, реа́ктора-размножи́теля
реа́кторщик, -а
реакцепта́ция, -и
реакционе́р, -а
реакционе́рка, -и, *р. мн.* -рок
реакцио́нно-спосо́бный
реакцио́нность, -и
реакцио́нный; *кр. ф.* -о́нен, -о́нна
реа́кция, -и
реа́л, -а (*полигр.*; *старинная монета*; *ден. ед. Бразилии*)
реализа́тор, -а
реализа́торский
реализацио́нный
реализа́ция, -и
реали́зм, -а
реализо́ванность, -и
реализо́ванный; *кр. ф.* -ан, -ана
реализова́ть(ся), -зу́ю(сь), -зу́ет(ся)
реализо́вывать(ся), -аю(сь), -ает(ся)
реализу́емость, -и
реали́ст, -а
реалисти́ческий
реалисти́чность, -и
реалисти́чный; *кр. ф.* -чен, -чна
реали́стка, -и, *р. мн.* -ток
реа́лити-шо́у, *нескл., с.*
реа́лия, -и
реальга́р, -а
реа́льно обозри́мый
реа́льность, -и
реа́льный; *кр. ф.* -лен, -льна
реампута́ция, -и
реанимато́лог, -а
реаниматологи́ческий
реаниматоло́гия, -и
реанима́тор, -а
реанимацио́нный
реанима́ция, -и
реаними́рование, -я
реаними́рованный; *кр. ф.* -ан, -ана
реаними́ровать(ся), -рую, -рует(ся)
реанимоби́ль, -я
ре́бе, *нескл., м.*
ребе́к, -а
ре-бемо́ль, ре-бемо́ля
ре-бемо́ль мажо́р, ре-бемо́ль мажо́ра
ре-бемо́ль-мажо́рный
ре-бемо́ль мино́р, ре-бемо́ль мино́ра
ре-бемо́ль-мино́рный
ре-бемо́льный
ребёнок, -нка, *мн.* ребя́та, -я́т
ребёночек, -чка, *мн.* ребя́тки, -ток
рёберность, -и (*спорт.*)
рёберный
ребо́рда, -ы
ребо́рдный
ребри́стость, -и
ребри́стый
ребро́, -а́, *мн.* рёбра, рёбер, рёбрам

ребро́вый
рёбрышко, -а, *мн.* -шки, -шек
ре́бус, -а
ре́бусный
ре́бя *(прост. к* ребя́та, *обращение)*
ребя́та, -я́т
ребятёнок, -нка
ребяти́шки, -шек
ребя́тки, -ток
ребятня́, -и́
ребя́тушки, -шек
ребя́чащийся
ребя́ческий
ребя́чество, -а
ребя́чий, -ья, -ье
ребя́читься, -чусь, -чится
ребя́чливость, -и
ребя́чливый
рёв, -а
рёва, -ы, *м.* и *ж.*
ревакцина́ция, -и
ревакцини́рованный; *кр. ф.* -ан, -ана
ревакцини́ровать(ся), -рую(сь), -рует(ся)
ревалориза́ция, -и
ревалоризо́ванный; *кр. ф.* -ан, -ана
ревалоризова́ть(ся), -зу́ю, -зу́ет(ся)
ревальвацио́нный
ревальва́ция, -и
ревальви́рованный; *кр. ф.* -ан, -ана
ревальви́ровать(ся), -рую, -рует(ся)
рева́нш, -а, *тв.* -ем
реванши́зм, -а
реванши́ровать(ся), -рую(сь), -рует(ся)
реванши́ст, -а
реванши́стский
рева́ншный
Реввоенсове́т, -а (*ист.*)
реве́невый
реве́нный
реве́нь, -я́
ревера́нс, -а
ревера́нсный
реверберА́тор, -а
ревербераци́онный
реверберА́ция, -и
ревербеРо́метр, -а
ре́верс, -а
реверси́, *нескл., с.*
реверси́вный
реверсио́нный
реверси́рование, -я
реверси́рованный; *кр. ф.* -ан, -ана
реверси́ровать(ся), -рую, -рует(ся)
реве́рсия, -и
реве́рсор, -а
реве́рсорный
ревертА́за, -ы
реве́ть, реву́, ревёт
ревизиони́зм, -а
ревизиони́ст, -а
ревизиони́стка, -и, *р. мн.* -ток
ревизиони́стский
ревизио́нный
реви́зия, -и
ревизо́ванный; *кр. ф.* -ан, -ана
ревизова́ть(ся), -зу́ю, -зу́ет(ся)
ревизо́р, -а
ревизо́рский
ревизо́рша, -и, *тв.* -ей
реви́зский
ревко́м, -а
ревко́мовский
ревмати́зм, -а
ревма́тик, -а
ревмати́ческий
ревмати́чка, -и, *р. мн.* -чек
ревмато́идный
ревмато́лог, -а
ревматологи́ческий
ревматоло́гия, -и
ревмокарди́т, -а
ревмя́ реве́ть
ревни́вец, -вца, *тв.* -вцем, *р. мн.* -вцев
ревни́вица, -ы, *тв.* -ей
ревни́вость, -и
ревни́вый
ревни́тель, -я
ревни́тельница, -ы, *тв.* -ей
ревнова́ть, -ну́ю, -ну́ет
ре́вностность, -и
ре́вностный; *кр. ф.* -тен, -тна
ре́вность, -и
ревокацио́нный
ревока́ция, -и
револьве́р, -а
револьве́ришко, -а и -и, *мн.* -шки, -шек, *м.*
револьве́рный (*от* револьве́р)
рево́льверный (*фин.*)
револьве́рчик, -а
револьве́рщик, -а
револьве́рщица, -ы, *тв.* -ей
революционари́зм, -а
революционе́р, -а
революционе́рка, -и, *р. мн.* -рок
революциониза́ция, -и
революционизи́рование, -я
революционизи́рованный; *кр. ф.* -ан, -ана
революционизи́ровать(ся), -рую(сь), -рует(ся)
революциони́зм, -а
революциони́ст, -а
революцио́нно, *нареч.*
революцио́нно-демократи́ческий
революцио́нно настро́енный
революцио́нно-освободи́тельный
революцио́нность, -и
революцио́нный; *кр. ф.* -о́нен, -о́нна
револю́ция, -и; но: **пло́щадь Револю́ции, проспе́кт Револю́ции** (*в нек-рых городах*), **пи́к Револю́ции** (*на Памире*)
ревтрибуна́л, -а
реву́н, -а́
реву́нья, -и, *р. мн.* -ний
реву́чий
рёвушка, -и, *р. мн.* -шек, *м.* и *ж.*
рёвушка-коро́вушка, рёвушки-коро́вушки
ревю́, *нескл., с.*
рег, -а
рега́лии, -ий, *ед.* -а́лия, -и
рега́ль, -я (*муз.*)
рега́та, -ы
ре́гби, *нескл., с.*
регби́йный
ре́гби-клу́б, -а
регби́ст, -а
регби́стский
ре́гги и **ре́ггей**, *нескл., м.* и *неизм.* (*муз.*)
ре́гги-програ́мма, -ы
регенера́т, -а
регенерати́вный
регенера́тный
регенера́тор, -а
регенера́торный
регенерацио́нный
регенера́ция, -и
регенери́рование, -я
регенери́рованный; *кр. ф.* -ан, -ана
регенери́ровать(ся), -рую, -рует(ся)
ре́гент, -а
регентова́ть, -ту́ю, -ту́ет
ре́гентский
ре́гентство, -а
ре́гентствовать, -твую, -твует
ре́гентша, -и, *тв.* -ей
регио́н, -а
регионализа́ция, -и
регионализи́ровать(ся), -рую, -рует(ся)
регионали́зм, -а
регионали́ст, -а
регионали́стский
региона́лы, -ов, *ед.* -на́л, -а
региона́льно-биосфе́рный
региона́льный
региона́льщик, -а
региона́рный
Регистá́н, -а (*парадная площадь в нек-рых городах*)
реги́стр, -а
регистра́тор, -а
регистра́торский
регистра́торша, -и, *тв.* -ей
регистрату́ра, -ы
регистрацио́нный
регистра́ция, -и
регистри́рование, -я
регистри́рованный; *кр. ф.* -ан, -ана
регистри́ровать(ся), -рую(сь), -рует(ся)
реги́стровый
регла́мент, -а
регламента́ция, -и
регламенти́рование, -я
регламенти́рованный; *кр. ф.* -ан, -ана
регламенти́ровать(ся), -рую, -рует(ся)
регла́ментный

регла́н, -а и *неизм.*
регла́нный
регле́т, -а
реголи́т, -а
ре́гот, -а
регота́нье, -я
регота́ть, -очу́, -о́чет
рего́чущий
реградацио́нный
реграда́ция, -и
регредие́нт, -а
регре́сс, -а
регресса́нт, -а
регресса́т, -а
регресси́вность, -и
регресси́вный; *кр. ф.* -вен, -вна
регресси́ровать, -рую, -рует
регре́ссия, -и
регре́ссный
ре́гта́йм, -а
регула́кс, -а
регули́рование, -я
регули́рованный; *кр. ф.* -ан, -ана
регули́ровать(ся), -рую, -рует(ся)
регулиро́вка, -и, *р. мн.* -вок
регулиро́вочный
регулиро́вщик, -а
регулиро́вщица, -ы, *тв.* -ей
регули́руемый
ре́гулы, -ул
регуля́рность, -и
регуля́рный; *кр. ф.* -рен, -рна
регуляти́вность, -и
регуляти́вный; *кр. ф.* -вен, -вна
регуля́тор, -а
регуля́торный (*к* регуля́тор)
регулято́рный (*к* регуля́ция)
регуляцио́нный
регуля́ция, -и
регуманиза́ция, -и
регупо́л, -а
регупо́льный
редакти́рование, -я
редакти́рованный; *кр. ф.* -ан, -ана
редакти́ровать(ся), -рую, -рует(ся)
реда́ктор, -а, *мн.* -ы, -ов и -а́, -о́в
редактора́т, -а
реда́кторский
реда́ктор-состави́тель, реда́ктора-состави́теля
реда́кторство, -а
реда́кторствовать, -твую, -твует
реда́кторша, -и, *тв.* -ей
редакту́ра, -ы
редакцио́нно-изда́тельский
редакцио́нный
реда́кция, -и
реда́н, -а
реда́нный
редгру́ппа, -ы
редемаркацио́нный
редемарка́ция, -и
реденомина́ция, -и
ре́денький
реде́ть, -е́ет
ре́дечка, -и, *р. мн.* -чек
ре́дечный
редзаключе́ние, -я
ре-дие́з, -а
ре-дие́з мажо́р, ре-дие́з мажо́ра
ре-дие́з-мажо́рный
ре-дие́з мино́р, ре-дие́з мино́ра
ре-дие́з-мино́рный
ре-дие́зный
редизна́, -ы́
реди́на, -ы (*редкая ткань*)
редина́, -ы́ (*редизна*)
рединго́т, -а
реди́нный
реди́с, -а
реди́ска, -и, *р. мн.* -сок
реди́сочка, -и, *р. мн.* -чек
реди́сочный
редистрибу́ция, -и
реди́ф, -а
ре́дия, -и
ре́дкий; *кр. ф.* ре́док, редка́, ре́дко, ре́дки́
ре́дко, *нареч.*
редкова́тый
редковоло́сый
редкоземе́льный
редкозу́бый
ре́дко испо́льзуемый
ре́дко кто́ (что́, како́й, где́, куда́, отку́да, когда́)
редколе́сье, -я, *р. мн.* -сий
редколле́гия, -и
редкометалли́ческий
редкомета́лльный
редкосло́йный; *кр. ф.* -о́ен, -о́йна
ре́дкостность, -и
ре́дкостный; *кр. ф.* -тен, -тна
редкосто́йность, -и
редкосто́йный
ре́дкость, -и
редня́к, -а́
редподгото́вка, -и
редрессацио́нный
редресса́ция, -и
редсове́т, -а
ре-дубль-бемо́ль, -я
реду́вий, -я
реду́ктор, -а
реду́кторный
редукциони́зм, -а
редукциони́ст, -а
редукциони́стский
редукцио́нно-охлади́тельный
редукцио́нный
реду́кция, -и
редунда́нтный
редунда́нция, -и
редуплика́ция, -и
редуплици́рованный; *кр. ф.* -ан, -ана
реду́т, -а
редуце́нты, -ов, *ед.* -це́нт, -а
редуци́рование, -я
редуци́рованный; *кр. ф.* -ан, -ана
редуци́ровать(ся), -рую, -рует(ся)
редча́йший
ре́дька, -и, *р. мн.* ре́дек
редюи́т, -а
ре́ек, ре́йка *(деталь крепления паруса)*
рее́стр, -а
рее́стрик, -а
рее́стровый
реестродержа́тель, -я
ре́ечка, -и, *р. мн.* -чек
ре́ечный (*от* ре́йка)
ре́же, *сравн. ст.*
режи́м, -а
режи́мить, -млю, -мит
режи́мность, -и
режи́мный
режи́м онла́йн (рабо́тать в режи́ме онла́йн)
режи́мщик, -а
режиссёр, -а
режиссёр-постано́вщик, режиссёра-постано́вщика
режиссёр-продю́сер, режиссёра-продю́сера
режиссёрски
режиссёрский
режиссёрско-продю́серский
режиссёрство, -а
режиссёрствовать, -твую, -твует
режиссёрша, -и, *тв.* -ей
режисси́рованный; *кр. ф.* -ан, -ана
режисси́ровать(ся), -рую, -рует(ся)
режиссу́ра, -ы
ре́жущий(ся)
рез, -а
реза́к, -а́
ре́залка, -и, *р. мн.* -лок
ре́зальный
ре́зальщик, -а
ре́зальщица, -ы, *тв.* -ей
ре́зана, -ы (*ист.*)
ре́занец, -нца, *тв.* -нцем, *р. мн.* -нцев
ре́зание, -я
ре́занный; *кр. ф.* -ан, -ана, *прич.*
резану́ть, -ну́, -нёт
ре́заный, *прил.*
ре́зательный
ре́зать(ся), ре́жу(сь), ре́жет(ся)
резви́ться, -влю́сь, -ви́тся
резвоно́гий
ре́звость, -и
резву́н, -а́
резву́нчик, -а
резву́нья, -и, *р. мн.* -ний
резву́шка, -и, *р. мн.* -шек
ре́звый; *кр. ф.* резв, резва́, ре́зво, ре́звы́
рездо́р, -а
рездо́ровый
резеда́, -ы́
резедо́вый
резекцио́нный
резе́кция, -и
резе́рв, -а
резерва́ж, -а, *тв.* -ем
резерва́т, -а

резервацио́нный
резерва́ция, -и
резерви́рование, -я
резерви́рованный; *кр. ф.* -ан, -ана
резерви́ровать(ся), -рую, -рует(ся)
резерви́ст, -а
резерви́стский
резе́рвно-бу́ферный *(фин.)*
резе́рвный
резервуа́р, -а
резервуа́рный
резерпи́н, -а
Ре́зерфо́рд, -а: **фо́рмула Ре́зерфо́рда**
ре́зерфо́рд, -а, *р. мн.* -ов, *счетн. ф.* -о́рд (*ед. измер.*)
резерфо́рдовский (*от* Ре́зерфо́рд)
резе́ц, резца́, *тв.* резцо́м, *р. мн.* резцо́в
резеци́рованный; *кр. ф.* -ан, -ана
резеци́ровать(ся), -рую, -рует(ся)
резиде́нт, -а
резиде́нтный (*фин.*; *инф.*)
резиде́нтский
резиденту́ра, -ы
резиде́нция, -и
резили́н, -а
рези́на, -ы
рези́нка, -и, *р. мн.* -нок
рези́нковый
рези́нный
резинобиту́м, -а
рези́новый
рези́но-металли́ческий
резиносмеси́тель, -я
резинотехни́ческий
рези́но-тка́невый
рези́ночка, -и, *р. мн.* -чек
рези́ночный
рези́нщик, -а
рези́нщица, -ы, *тв.* -ей
резиньяти́вный
резинья́ция, -и
резисте́нтность, -и
резисте́нтный; *кр. ф.* -нтен, -нтна
резисти́вный
резистографи́ческий
резистогра́фия, -и
рези́стор, -а
рези́т, -а
ре́зка, -и
ре́зкий; *кр. ф.* ре́зок, резка́, ре́зко, ре́зки́
резкова́тость, -и
резкова́тый
ре́зко континента́льный
ре́зко отрица́тельный
резкопересечённый*
ре́зкость, -и
резкощелочно́й
резнатро́н, -а
резни́к, -а́
резно́й
резну́ть, -ну́, -нёт
резня́, -и́
резо́л, -а
резольве́нта, -ы
резольво́метр, -а
резольвометри́я, -и
резо́льный
резолюти́вный; *кр. ф.* -вен, -вна
резолю́ция, -и
резо́н, -а
резона́нс, -а
резона́нсный
резона́тор, -а
резона́торный
резонёр, -а
резонёрка, -и, *р. мн.* -рок
резонёрский
резонёрство, -а
резонёрствование, -я
резонёрствовать, -твую, -твует
резони́рование, -я
резони́ровать, -рует
резо́нно, *нареч.*
резо́нность, -и
резо́нный; *кр. ф.* -о́нен, -о́нна
резорбцио́нный
резо́рбция, -и
резорци́н, -а
резорци́новый
резофа́н, -а
резофа́новый
резо́чный
результа́нт, -а (*матем.*)
результа́т, -а
результати́вность, -и
результати́вный; *кр. ф.* -вен, -вна
результа́тный
результи́рующий
ре́зус, -а
ре́зус-конфли́кт, -а
ре́зус-несовмести́мость, -и
ре́зусный
ре́зус-отрица́тельность, -и
ре́зус-отрица́тельный (*не содержащий резус-фактора, о крови*)
ре́зус-положи́тельность, -и
ре́зус-положи́тельный (*содержащий резус-фактор, о крови*)
ре́зус-совмести́мость, -и
ре́зус-фа́ктор, -а
резу́ха, -и
резцедержа́тель, -я
резцо́вый
ре́зче, *сравн. ст.*
ре́зчик, -а
ре́зчица, -ы, *тв.* -ей
ре́зчицкий
резь, -и
резьба́, -ы́
резьба́рь, -я́
резьбово́й
резьбовщи́к, -а́
резьбоизмери́тельный
резьбоме́р, -а
резьбонака́тный
резьбонарезно́й
резьботока́рный
резьбофре́зерный
резьбошлифова́льный
резюме́, *нескл., с.*
резюми́рованный; *кр. ф.* -ан, -ана
резюми́ровать(ся), -рую, -рует(ся)
реиммигра́ция, -и
реиммигри́ровать, -и́рую, -и́рует
реи́мпорт, -а
реимпорти́рованный; *кр. ф.* -ан, -ана
реимпорти́ровать(ся), -рую, -рует(ся)
реи́мпортный
реинвести́рование, -я
реинвести́рованный; *кр. ф.* -ан, -ана
реинвести́ровать(ся), -рую, -рует(ся)
реинвестицио́нный
реинвести́ция, -и
реинкарнацио́нный
реинкарна́ция, -и
реинтеграти́вный
реинтеграцио́нный
реинтегра́ция, -и
реинтегри́рованный; *кр. ф.* -ан, -ана
реинтегри́ровать(ся), -рую, -рует(ся)
реинтерпрета́ция, -и
реинтерпрети́рованный; *кр. ф.* -ан, -ана
реинтерпрети́ровать(ся), -и́рую, -и́рует(ся)
реинфекцио́нный
реинфе́кция, -и
реинфици́рованный; *кр. ф.* -ан, -ана
реинфици́ровать(ся), -рую(сь), -рует(ся)
реифика́ция, -и
рей, -я и **ре́я,** -и
ре́йбер, -а
рейв, -а
ре́йвер, -а
ре́йверский
рейв-клу́б, -а
ре́йвовый
рейв-тусо́вка, -и, *р. мн.* -вок
рейд, -а
ре́йдер, -а
ре́йдерский
ре́йдерство, -а
рейди́рование, -я
рейди́ровать, -рую, -рует
рейдови́к, -а́
ре́йдовый
ре́йка, -и, *р. мн.* ре́ек
ре́йковый (*от* ре́ек)
рейконарезно́й
рейкья́викский (*от* Рейкья́вик)
рейкья́викцы, -ев, *ед.* -кец, -кца, *тв.* -кцем
ре́ймсский (*от* Реймс)
рейнве́йн, -а
ре́йнджер, -а
ре́йнский (*от* Рейн)
рейс, -а
рейси́ровать, -рую, -рует
ре́йсмас, -а и **ре́йсмус,** -а
ре́йсмусовый
ре́йснерова перепо́нка (мембра́на), ре́йснеровой перепо́нки (мембра́ны)
рейсови́к, -а́

ре́йсовый
рейсоборо́т, -а
рейсфе́дер, -а
рейсфе́дерный
рейсши́на, -ы
рейсши́нный
ре́йтар, -а (*кавалерист*)
ре́йтарский
ре́йтер, -а (*тех.*)
ре́йтинг, -а
ре́йтинг-ли́ст, -á
рейтингова́ние, -я
ре́йтинговый
рейтинго́лог, -а
рейтингообразу́ющий
рейту́зики, -ов
рейту́зный
рейту́зы, -у́з
рейх, -а
рейхсба́нк, -а
рейхсве́р, -а
рейхсканцеля́рия, -и
рейхска́нцлер, -а
рейхскомисса́р, -а
рейхсма́рка, -и, *р. мн.* -рок
рейхсма́ршал, -а
рейхсминисте́рство, -а
рейхсмини́стр, -а
рейхсра́т, -а
рейхста́г, -а (*парламент в Германии, ист.*) и **Рейхста́г,** -а (*здание в Берлине*)
рейхсфю́рер СС, рейхсфю́рера СС
река́, -и́, *вин.* ре́ку́, *мн.* ре́ки, рек, ре́ка́м
река́мбио, *нескл., с.*
река́ – мо́ре, *неизм.* (*класс теплоходов*)
рекапитули́ровать, -рую, -рует
рекапитуля́ция, -и
рекарбониза́ция, -и
ре́квием, -а
реквизи́рованный; *кр. ф.* -ан, -ана
реквизи́ровать(ся), -рую, -рует(ся)
реквизи́т, -а
реквизи́тный
реквизи́тор, -а
реквизи́торский
реквизи́ты, -ов (*обязательные данные для фин. и др. документов*)
реквизицио́нный
реквизи́ция, -и
реквире́нт, -а
рекетме́йстер, -а (*ист.*)
рекла́ма, -ы
рекламацио́нный
реклама́ция, -и
рекламиза́ция, -и
рекламизи́рованный; *кр. ф.* -ан, -ана
реклами́рование, -я
реклами́рованный; *кр. ф.* -ан, -ана
реклами́ровать(ся), -рую, -рует(ся)
рекламі́ст, -а
реклами́стка, -и, *р. мн.* -ток
рекла́мка, -и, *р. мн.* -мок
рекла́мно-изда́тельский
рекла́мно-информацио́нный
рекла́мно-комме́рческий
рекла́мно-моде́льный
рекла́мность, -и
рекла́мный
рекламода́тель, -я
рекламоноси́тель, -я
рекламопроизводи́тель, -я
рекламораспространи́тель, -я
рекла́мщик, -а
рекла́мщица, -ы, *тв.* -ей
рекогносци́рованный; *кр. ф.* -ан, -ана
рекогносци́ровать(ся), -рую, -рует(ся)
рекогносциро́вка, -и, *р. мн.* -вок
рекогносциро́вочный
рекогносциро́вщик, -а
рекомбина́нт, -а
рекомбина́нтный
рекомбинацио́нный
рекомбина́ция, -и
рекоменда́тель, -я
рекоменда́тельница, -ы, *тв.* -ей
рекоменда́тельный; *кр. ф.* -лен, -льна
рекоменда́ция, -и
рекомендо́ванный; *кр. ф.* -ан, -ана
рекомендова́ть(ся), -ду́ю(сь), -ду́ет(ся)
реконвалесце́нция, -и
реконверсио́нный
реконве́рсия, -и
реконверти́рованный; *кр. ф.* -ан, -ана
реконверти́ровать(ся), -и́рую, -и́рует(ся)
Реконки́ста, -ы (*ист.*)
реконструи́рование, -я
реконструи́рованный; *кр. ф.* -ан, -ана
реконструи́ровать(ся), -рую, -рует(ся)
реконструкти́вный
реконстру́кция, -и; но: **Реконстру́кция (Ю́га)** (*период в истории США*)
реко́рд, -а
реко́рд-... – *первая часть сложных слов в знач.* "*относящийся к электронной записи*", *пишется через дефис*
реко́рд-би́знес, -а
реко́рдер, -а
реко́рдерный
рекорди́зм, -а
реко́рд-инду́стри́я, -и
рекорди́ст, -а
рекорди́стка, -и, *р. мн.* -ток
рекорди́стский
реко́рд-компа́ния, -и
реко́рд-корпора́ция, -и
реко́рд-ле́йбл, -а
реко́рд-магна́т, -а
реко́рдный; *кр. ф.* -ден, -дна
рекордсме́н, -а
рекордсме́нка, -и, *р. мн.* -нок
рекордсме́нский
рекордсме́нство, -а
рекорта́н, -а
рекорта́новый
рекоста́в, -а
рекреати́вный
рекреацио́нно-торго́вый
рекреацио́нный
рекреа́ция, -и
рекредити́в, -а
рекристаллизацио́нный
рекристаллиза́ция, -и
рекристаллизо́ванный; *кр. ф.* -ан, -ана
ре́крут, -а
рекру́тер, -а
рекру́тинг, -а
рекру́тинговый
рекрути́рование, -я
рекрути́рованный; *кр. ф.* -ан, -ана
рекрути́ровать(ся), -рую(сь), -рует(ся)
рекру́тский
рекру́тство, -а
рекру́тчина, -ы
ректа́льный
ректифика́т, -а
ректифика́тор, -а
ректификацио́нный
ректифика́ция, -и
ректифико́ванный; *кр. ф.* -ан, -ана
ректификова́ть(ся), -ку́ю, -ку́ет(ся)
ректифици́рованный; *кр. ф.* -ан, -ана
ректифици́ровать(ся), -рую, -рует(ся)
ре́ктор, -а
ректора́т, -а
ре́кторский
ре́кторство, -а
ре́кторствовать, -твую, -твует
ректоско́п, -а
ректоскопи́ческий
ректоскопи́я, -и
рекультива́тор, -а
рекультивацио́нный
рекультива́ция, -и
рекультиви́рование, -я
рекультиви́рованный; *кр. ф.* -ан, -ана
рекультиви́ровать(ся), -рую, -рует(ся)
рекуперати́вный
рекупера́тор, -а
рекуперацио́нный
рекупера́ция, -и
рекупери́рованный; *кр. ф.* -ан, -ана
рекупери́ровать(ся), -и́рую, -и́рует(ся)
рекурре́нтный
рекурре́нция, -и
рекурси́вный; *кр. ф.* -вен, -вна
реладо́рм, -а
релакса́нт, -а
релакса́тор, -а
релаксацио́нный
релакса́ция, -и
релакси́н, -а
релакси́рованный; *кр. ф.* -ан, -ана

релакси́ровать(ся), -рую(сь), -руется
рела́кс-масса́ж, -а, *тв.* -ем
рела́ниум, -а
реле́, *нескл., с.*
релева́нтность, -и
релева́нтный; *кр. ф.* -тен, -тна
релега́ция, -и
реле́йно-конта́ктный
реле́йный
реле́-ста́нция, -и
религиове́д, -а
религиове́дение, -я
религиове́дческий
религио́зно-догмати́ческий
религио́зно-маги́ческий
религио́зно-мисти́ческий
религио́зно-нра́вственный
религио́зно-обря́довый
религио́зно-общи́нный
религио́зно-правово́й
религио́зно-созерца́тельный
религио́зность, -и
религио́зно-филосо́фский
религио́зно-экстреми́стский
религио́зно-эти́ческий
Религио́зные во́йны (*во Франции, ист.*)
религио́зный; *кр. ф.* -зен, -зна
рели́гия, -и
реликва́рий, -я
рели́квийный
рели́квия, -и
рели́кт, -а
рели́ктовый
рели́н, -а
рели́нги, -ов (*мор.*)
рели́новый
рело́н, -а
релье́ф, -а
релье́фность, -и
релье́фно-то́чечный
релье́фный; *кр. ф.* -фен, -фна
рельефогра́фия, -и
рельсоба́лочный
рельсово́з, -а
ре́льсовый
рельсопрока́тный
рельсопрока́тчик, -а
рельсоукла́дка, -и
рельсоукла́дочный
рельсоукла́дчик, -а
рельсошпа́льный
ре́льсы, -ов и рельс, *ед.* рельс, -а
релятиви́зм, -а
релятиви́ст, -а
релятиви́стский
реляти́вность, -и
реляти́вный; *кр. ф.* -вен, -вна
реляцио́нный
реля́ция, -и
Рем, -а: **Ро́мул и Ре́м**
ре́ма, -ы
ре́ мажо́р, ре́ мажо́ра
ре-мажо́рный
ремантади́н, -а
рема́рка, -и, *р. мн.* -рок
рема́ркетинг, -а
рема́рковский (*от* Рема́рк)
рема́рочка, -и, *р. мн.* -чек
рема́рочный
ремати́ческий
ре́мбрандтовский (*от* Ре́мбрандт)
реме́диум, -а
ре́мез, -а (*птица*)
реме́йк, -а
реме́нный и **ремённый**
реме́нчатый
реме́нь, ремня́
реме́нь-ры́ба, -ы
реме́рия, -и
реме́сленник, -а
реме́сленница, -ы, *тв.* -ей
реме́сленничать, -аю, -ает
реме́сленнический
реме́сленничество, -а
реме́сленно, *нареч.*
реме́сленно-куста́рный
реме́сленный
ремесло́, -а́, *мн.* ремёсла, ремёсел, -слам
ремеслу́ха, -и
ремешко́вый
ремешо́к, -шка́
ремзаво́д, -а
ремзо́на, -ы
реми́з, -а
реми́зить(ся), -и́жу(сь), -и́зит(ся)
реми́зка, -и, *р. мн.* -зок
реми́зящий(ся)
реми́кс, -а
ремилитариза́ция, -и
ремилитаризи́рованный; *кр. ф.* -ан, -ана
ремилитаризи́ровать(ся), -и́рую, -и́рует(ся)
ремилитаризо́ванный; *кр. ф.* -ан, -ана
ремилитаризова́ть(ся), -зу́ю, -зу́ет(ся)
ремингто́н, -а (*пишущая машинка*)
реминисце́нция, -и
ре́ мино́р, ре́ мино́ра
ре-мино́рный
ремиссио́нный
реми́ссия, -и
ремите́нт, -а
ремити́рование, -я
ремити́рованный; *кр. ф.* -ан, -ана
ремити́ровать(ся), -рую, -рует(ся)
ремнезу́б, -а
ремне́ц, -а́, *тв.* -о́м, *р. мн.* -о́в
ремнецве́тник, -а
ремнецве́тные, -ых
ремо́нт, -а
ремонта́нтность, -и (*бот.*)
ремонта́нтный; *кр. ф.* -а́нтен, -а́нтна
ремонтёр, -а
ремонтёрский
ремонти́рование, -я
ремонти́рованный; *кр. ф.* -ан, -ана
ремонти́ровать(ся), -рую, -рует(ся)
ремо́нтник, -а
ремо́нтница, -ы, *тв.* -ей
ремо́нтно-восстанови́тельный
ремо́нтно-обслу́живающий
ремо́нтно-профилакти́ческий
ремо́нтно-реставрацио́нный
ремо́нтно-строи́тельный
ремо́нтно-техни́ческий
ремо́нтно-эксплуатацио́нный
ремо́нтный
ремонтопригóдность, -и
ремонтопригóдный; *кр. ф.* -ден, -дна
ремпредприя́тие, -я
ремюа́ж, -а, *тв.* -ем (*в виноделии*)
рена́та, -ы (*шрифт*)
ренатурализа́ция, -и
ренатурализо́ванный; *кр. ф.* -ан, -ана
ренатурализова́ть(ся), -зу́ю(сь), -зу́ет(ся)
рендж, -а, *тв.* -ем
ренега́т, -а
ренега́тка, -и, *р. мн.* -ток
ренега́тский
ренега́тство, -а
ренега́тствовать, -твую, -твует
Ренесса́нс, -а (*Возрождение*) и **ренесса́нс,** -а (*период расцвета чего-н.; архит. стиль*)
ренесса́нсный
рене́т, -а и **ране́т,** -а
ре́ниевый
ре́ний, -я
рени́н, -а
ре́нкинг, -а
ренкло́д, -а
рено́, *нескл., м.* (*автомобиль*)
реновацио́нный
ренова́ция, -и
реноме́, *нескл., с.*
рено́нс, -а
ре́нский: ре́нское колесо́ (*цирковой снаряд*)
ре́нта, -ы
рента́бельность, -и
рента́бельный; *кр. ф.* -лен, -льна
рентге́н[1], -а (*рентгеноскопия, разг.*)
рентге́н[2], -а, *р. мн.* -ов, *счетн. ф.* рентге́н (*ед. измер.*)
рентгеннегати́вный
рентгено... – *первая часть сложных слов, пишется слитно*
рентге́новский
рентге́новы лучи́, рентге́новых луче́й (*от* Рентге́н)
рентгеногра́мма, -ы
рентгенографи́ческий
рентгеногра́фия, -и
рентгенодефектоскопи́я, -и
рентгенодиагно́стика, -и
рентгенодиагности́ческий
рентгенока́мера, -ы
рентгенокиносъёмка, -и
рентгеноконтра́стный
рентгено́лог, -а

рентгенологи́ческий
рентгеноло́гия, -и
рентгено́метр, -а
рентгенометри́ческий
рентгеноме́три́я, -и
рентгеноплёнка, -и, *р. мн.* -нок
рентгенорадиологи́ческий
рентгенорадиоло́гия, -и
рентгенорадиометри́ческий
рентгенорадиоме́три́я, -и
рентгеноскопи́ческий
рентгеноскопи́я, -и
рентгеноспектра́льный
рентгеноспектроскопи́я, -и
рентгеноструктýрный
рентгенотелеви́дение, -я
рентгенотелевизио́нный
рентгенотерапи́я, -и
рентгеноте́хник, -а
рентгеноте́хника, -и
рентгенотехни́ческий
рентгенпозити́вный
рентге́н-эквивале́нт, -а
ре́нтинг, -а (*вид аренды*)
ре́нтинговый
ре́нтный
рену́аровский (*от* Рену́ар)
реоба́за, -ы
реобио́нты, -ов, *ед.* -о́нт, -а
реови́русы, -ов, *ед.* -ви́рус, -а
рео́граф, -а
реографи́ческий
реогра́фия, -и
реокардиогра́фия, -и
реологи́ческий
реоло́гия, -и
рео́метр, -а
Реомю́р, -а: **шкала́ Реомю́ра; по Реомю́ру** (*о температуре*)
реопири́н, -а
реорганизацио́нный
реорганиза́ция, -и
реорганизо́ванный; *кр. ф.* -ан, -ана
реорганизова́ть(ся), -зу́ю, -зу́ет(ся)
реорганизо́вывать(ся), -аю, -ает(ся)
реоста́т, -а
реоста́тный
реота́ксис, -а
реотакти́ческий
реотропи́зм, -а
реофи́лы, -ов, *ед.* -фи́л, -а
реофи́льный
реохо́рд, -а
реоэнцефалогра́фия, -и
ре́па, -ы
репарацио́нный
репара́ция, -и
репартимье́нто, *нескл., с.*
репатриа́нт, -а
репатриа́нтка, -и, *р. мн.* -ток
репатриа́нтский
репатриацио́нный
репатриа́ция, -и
репатрии́рованный; *кр. ф.* -ан, -ана
репатрии́ровать(ся), -рую(сь), -рует(ся)
репеёк, -ейка́
репе́й, репья́
репе́йник, -а
репе́йница, -ы, *тв.* -ей
репе́йничек, -чка
репе́йный
репелле́нт, -а
ре́пе́р, -а
репертуа́р, -а
репертуа́рность, -и
репертуа́рный
реперфора́тор, -а
репети́ловский (*от* Репети́лов)
репети́р, -а
репети́рование, -я
репети́рованный; *кр. ф.* -ан, -ана
репети́ровать(ся), -рую, -рует(ся)
репети́тор, -а
репети́торский
репети́торство, -а
репети́торствовать, -твую, -твует
репети́торша, -и, *тв.* -ей
репетицио́нный
репети́ция, -и
репети́чный *(мор.)*
репетова́ние, -я
репето́ванный; *кр. ф.* -ан, -ана
репетова́ть(ся), -ту́ю, -ту́ет(ся)
репешо́к, -шка́
ре́пина, -ы (*от* ре́па)
ре́пинский (*от* Ре́пин)
репи́тер, -а
ре́пица, -ы, *тв.* -ей
ре́пища, -и, *тв.* -ей
ре́пка, -и, *р. мн.* ре́пок
реплантацио́нный
репланта́ция, -и
репланти́рование, -я
репланти́рованный; *кр. ф.* -ан, -ана
репланти́ровать(ся), -рую, -рует(ся)
ре́плика, -и
реплика́р, -а
реплика́ция, -и
ре́пник, -а
ре́пница, -ы, *тв.* -ей
ре́пный
репня́к, -а́
ре́повый
репозито́рий, -я
репози́ция, -и
реполо́в, -а
репо́рт, -а
репорта́ж, -а, *тв.* -ем
репорта́жность, -и
репорта́жный; *кр. ф.* -жен, -жна
репорта́ция, -и
репортёр, -а
репортёришка, -и, *р. мн.* -шек, *м.*
репортёрский
репортёрство, -а
репортёрствовать, -твую, -твует
репортёрша, -и, *тв.* -ей
репо́ртный
репрезента́нт, -а
репрезентати́вность, -и
репрезентати́вный; *кр. ф.* -вен, -вна
репрезента́ция, -и
репрезенти́рованный; *кр. ф.* -ан, -ана
репрезенти́ровать(ся), -рую, -рует(ся)
репресса́лии, -ий, *ед.* -а́лия, -и
репресси́вность, -и
репресси́вный; *кр. ф.* -вен, -вна
репресси́рованный; *кр. ф.* -ан, -ана
репресси́ровать(ся), -рую(сь), -рует(ся)
репре́ссия, -и
репре́ссор, -а
реприватиза́ция, -и
реприватизи́рованный; *кр. ф.* -ан, -ана
реприватизи́ровать(ся), -рую, -рует(ся)
репри́за, -ы
репри́зный
реприма́нд, -а
репри́нт, -а
репри́нтный
репрографи́ческий
репрогра́фия, -и
репродукти́вность, -и
репродукти́вный; *кр. ф.* -вен, -вна
репродуктоло́гия, -и
репроду́ктор, -а
репроду́кторный
репродукцио́нный
репроду́кция, -и
репродуци́рование, -я
репродуци́рованный; *кр. ф.* -ан, -ана
репродуци́ровать(ся), -рую, -рует(ся)
репс, -а
ре́псовый
репти́лия, -и
репти́льность, -и
репти́льный; *кр. ф.* -лен, -льна
република́ция, -и
репульсио́нный
репутацио́нный *(фин.)*
репута́ция, -и
ре́пчатый
репшну́р, -а́
репьё, -я́
репья́к, -а́
ре́риховский (*от* Ре́рих)
ресе́йлер, -а
ресекве́нтный
реси́вер, -а
реси́нтез, -а
ресинтези́рованный; *кр. ф.* -ан, -ана
ресинтези́ровать(ся), -рую, -рует(ся)
ресsuccóнтро, *нескл., с.*
рескри́пт, -а
рескрипцио́нный
рескри́пция, -и
ре́слинг, -а и **ре́стлинг,** -а (*спорт.*)
ре́слинговый и **ре́стлинговый**
ресни́тчатый
ресни́цы, -и́ц, *ед.* -и́ца, -ы

рес́нички, -чек, *ед.* -и́чка, -и
ресни́чный
респе́кт, -а
респекта́бельность, -и
респекта́бельный; *кр. ф.* -лен, -льна
респира́тор, -а
респира́торный (*к* респира́тор)
респирато́рный (*к* респира́ция, *мед.*)
респира́торщик, -а
респира́ция, -и
респиро́метр, -а
респонде́нт, -а
респонде́нтка, -и, *р. мн.* -ток
респонде́нтский
респонсо́рий, -я
респонсо́рный
респу́блика, -и; но (*в офиц. названиях государств*) **Респу́блика,** -и, *напр.*: Доминика́нская Респу́блика, Федерати́вная Респу́блика Герма́ния, Ю́жно-Африка́нская Респу́блика, Респу́блика Саха́ (Яку́тия)
республика́нец, -нца, *тв.* -нцем, *р. мн.* -нцев
республикани́зм, -а
республика́нка, -и, *р. мн.* -нок
Республика́нская па́ртия *(в США и др. странах)*
республика́нский
рессо́ра, -ы
рессо́рный
реставра́тор, -а
реставра́торский
реставра́торство, -а
реставрацио́нно-произво́дственный
реставрацио́нный
реставра́ция, -и; но: **Реставра́ция,** -и (*в Англии XVII в., во Франции XIX в.*)
реставри́рование, -я
реставри́рованный; *кр. ф.* -ан, -ана
реставри́ровать(ся), -рую, -рует(ся)
реста́нты, -ов (*фин.*)
реста́рт, -а
реституцио́нный
реститу́ция, -и
ре́стлинг, -а и **ре́слинг,** -а (*борьба, спорт.*)
ре́стлинговый и **ре́слинговый**
ресторáн, -а
рестора́н-ба́р, -а и рестора́на-ба́ра
рестора́нный
рестора́нчик, -а
рестора́нщик, -а
рестора́тор, -а
рестора́ция, -и
рестрикти́вный
рестрикцио́нный
рестри́кция, -и
реструктура́ция, -и
реструктуризацио́нный
реструктуриза́ция, -и
реструктуризо́ванный; *кр. ф.* -ан, -ана
реструктуризова́ть(ся), -зу́ю, -зу́ет(ся)
реструктури́рование, -я
реструктури́рованный; *кр. ф.* -ан, -ана
реструктури́ровать(ся), -рую, -рует(ся)
ресу́рсно необеспе́ченный
ресу́рсно обеспе́ченный
ресу́рсно-технологи́ческий
ресу́рсный
ресурсовооружённость, -и
ресурсодобыва́ющий
ресурсоёмкий; *кр. ф.* -ёмок, -ёмка
ресурсоёмкость, -и
ресурсозатра́ты, -а́т
ресурсообеспе́ченность, -и
ресурсопотребле́ние, -я
ресурсосберега́ющий
ресурсосбереже́ние, -я
ресурсоэконо́мный; *кр. ф.* -мен, -мна
ресу́рсы, -ов, *ед.* -у́рс, -а
рета́бло, *нескл., с.*
рета́рд, *неизм. (мед.)*
ретарда́нт, -а
ретарда́ция, -и
рете́йлер, -а
рете́нция, -и
ретиа́рий, -я (*ист.*)
ретиво́е, -о́го
рети́вость, -и
рети́вый
ретикулёз, -а
ретикули́н, -а
ретикули́новый
ретикулосарко́ма, -ы
ретикулоци́ты, -ов, *ед.* -ци́т, -а
ретикулоэндотелиа́льный
ретикуля́рный
рети́на, -ы
ретина́ль, -я
ретине́н, -а
ретини́т, -а
ретино́л, -а
ретинопа́тия, -и
ретиноспо́ра, -ы
ретира́да, -ы
ретира́дный
ретирова́ться, -ру́юсь, -ру́ется
ретророма́нский
ретороманцы, -ев
реторси́вный
рето́рсии, -ий, *ед.* -сия, -и
рето́рта, -ы
рето́ртный
ретра́ктор, -а
ретрансли́рование, -я
ретрансли́рованный; *кр. ф.* -ан, -ана
ретрансли́ровать(ся), -рую, -рует(ся)
ретрансля́тор, -а
ретрансля́торный
ретрансляцио́нный
ретрансля́ция, -и
ретрансплanта́ция, -и
ретрансплanти́рованный; *кр. ф.* -ан, -ана
ретрансплanти́ровать(ся), -рую, -рует(ся)
ретраншеме́нт, -а
ретра́тта, -ы
ретри́вер, -а
ре́тро, *неизм.* и *нескл., с.*
ретро... *– первая часть сложных слов, пишется слитно*
ретроавтомоби́ль, -я
ретроакти́вность, -и
ретроакти́вный
ретроана́лиз, -а
ретровзгля́д, -а
ретрови́рус, -а
ретрогра́д, -а
ретрогра́дка, -и, *р. мн.* -док
ретрогра́дность, -и
ретрогра́дный; *кр. ф.* -ден, -дна
ретрогра́дский
ретрогра́дство, -а
ретроиску́сство, -а
ретрокино́, *нескл., с.*
ретромело́дия, -и
ретро́метр, -а
ретромо́да, -ы
ретрому́зыка, -и
ретрооткры́тка, -и, *р. мн.* -ток
ретропока́з, -а
ретроразви́тие, -я
ретроро́к, -а
ретроспекти́ва, -ы
ретроспекти́вность, -и
ретроспекти́вный; *кр. ф.* -вен, -вна
ретроспе́кция, -и
ретрости́ль, -я
ретроте́хника, -и
ретрофи́льм, -а
ретрофле́ксия, -и
ретрофле́ксный
ретроце́ссия, -и
ретрошля́гер, -а
ретушева́льный
ретушёванный; *кр. ф.* -ан, -ана
ретушёвка, -и
ретушёр, -а
ретушёрный
ретушёрский
ретуши́рование, -я
ретуши́рованный; *кр. ф.* -ан, -ана
ретуши́ровать(ся), -рую, -рует(ся)
ре́тушь, -и
ре́ты, -ов (*племена*)
реутилизацио́нный
реутилиза́ция, -и
рефакцио́нный
рефа́кция, -и
рефера́т, -а
реферати́вный
рефера́тный
рефере́ндум, -а
рефере́нсный (*фин.*)
рефере́нт, -а
рефере́нтка, -и, *р. мн.* -ток

рефере́нтность, -и
рефере́нтный
рефере́нтский
референту́ра, -ы
рефере́нтша, -и, *тв.* -ей
референциа́льный
референцио́нный
рефере́нция, -и
рефере́нц-эллипсо́ид, -а
ре́фери́, *нескл., м.*
рефери́рование, -я
рефери́рованный; *кр. ф.* -ан, -ана
рефери́ровать(ся), -рую, -рует(ся)
рефинанси́рование, -я
рефинанси́рованный; *кр. ф.* -ан, -ана
рефинанси́ровать(ся), -рую, -рует(ся)
рефле́кс, -а
рефлекса́ция, -и
рефлекси́вность, -и
рефлекси́вный; *кр. ф.* -вен, -вна (*к* рефле́кс)
рефлекси́ровать, -рую, -рует (*к* рефле́кс)
рефле́ксия, -и
рефле́ксный
рефлексоге́нный
рефлексографи́ческий
рефлексогра́фия, -и
рефлексодиагно́стика, -и
рефлексо́лог, -а
рефлексологи́ческий
рефлексоло́гия, -и
рефлексотерапе́вт, -а
рефлексотерапевти́ческий
рефлексотерапи́я, -и
рефлекти́вность, -и
рефлекти́вный; *кр. ф.* -вен, -вна (*к* рефле́кс и рефле́ксия)
рефлекти́рование, -я
рефлекти́ровать, -рую, -рует (*к* рефле́кс и рефле́ксия)
рефлекто́метр, -а
рефле́ктор, -а
рефлекто́рность, -и
рефле́кторный (*от* рефле́ктор)
рефлекто́рный; *кр. ф.* -рен, -рна (*от* рефле́кс)
рефлю́кс, -а
рефляцио́нность, -и
рефляцио́нный
рефля́ция, -и (*фин.*)
рефмеха́ник, -а
рефо́рма, -ы
реформати́рование, -я
реформати́рованный; *кр. ф.* -ан, -ана
реформати́ровать(ся), -рую, -рует(ся)
реформа́тка, -и, *р. мн.* -ток
реформа́тор, -а
реформа́торский
реформа́торство, -а
реформа́тский
реформа́тство, -а
реформа́ты, -ов, *ед.* -ма́т, -а
реформацио́нный
Реформа́ция, -и (*ист.*) (*общественно-политическое и религиозное движение в Европе XVI в.*) и **реформа́ция,** -и (*религиозные преобразования в духе протестантизма*)
рефо́рменный
реформи́зм, -а
реформи́рование, -я
реформи́рованный; *кр. ф.* -ан, -ана
реформи́ровать(ся), -рую, -рует(ся)
реформи́ст, -а
реформи́стка, -и, *р. мн.* -ток
реформи́стский
рефракте́рность, -и
рефракте́рный (*физиол.*)
рефракто́метр, -а
рефрактометри́ческий
рефрактометри́я, -и
рефра́ктор, -а
рефра́кторный (*от* рефра́ктор, *физ.*)
рефракцио́нный
рефра́кция, -и
рефре́н, -а
рефре́нный
рефрижера́тор, -а
рефрижера́торный
рефрижера́торщик, -а
рефулёр, -а
рефулёрный
рефули́рование, -я
рефули́рованный; *кр. ф.* -ан, -ана
рефули́ровать(ся), -рую, -рует(ся)
рехну́ться, -ну́сь, -нётся
рецензе́нт, -а
рецензе́нтка, -и, *р. мн.* -ток
рецензе́нтский
рецензио́нный
рецензи́рование, -я
рецензи́рованный; *кр. ф.* -ан, -ана
рецензи́ровать(ся), -рую, -рует(ся)
реце́нзия, -и
реце́нтный
рецепи́сса, -ы
реце́пт, -а
рецепта́р, -а
реце́птик, -а
реце́птный
реце́птор, -а
реце́пторный (*к* реце́птор)
рецепто́рный (*к* реце́пция, *физиол.*)
рецепту́ра, -ы
рецепту́рный
реце́пция, -и
рецесси́вность, -и
рецесси́вный; *кр. ф.* -вен, -вна
рецессио́нный
реце́ссия, -и
рециди́в, -а
рецидиви́зм, -а
рецидиви́ст, -а
рецидиви́стка, -и, *р. мн.* -ток
рецидиви́стский
рециди́вный
рецикли́рование, -я
рецикли́ровать(ся), -рую, -рует(ся)
реципие́нт, -а
реципие́нтка, -и, *р. мн.* -ток
реципи́рованный; *кр. ф.* -ан, -ана
реципи́ровать(ся), -рую, -рует(ся)
реципро́кный
рециркуля́тор, -а
рециркуляцио́нный
рециркуля́ция, -и
рецита́л, -а
рецита́ция, -и
речево́й
речемысли́тельный
рече́ние, -я
рече́нный; *кр. ф.* -е́н, -ена́ и **речённый;** *кр. ф.* -ён, -ена́
ре́ченька, -и, *р. мн.* -нек
речетво́рец, -рца, *тв.* -рцем, *р. мн.* -рцев
речетво́рческий
речетво́рчество, -а
речи́вость, -и
речи́вый
речи́стость, -и
речи́стый
речитати́в, -а
речитати́вный
ре́чка, -и, *р. мн.* ре́чек; но (*в названиях населенных пунктов*) **Ре́чка,** -и, *напр.*: Бе́лая Ре́чка, Ру́сская Ре́чка (*поселки*)
речни́к, -а́
речно́й
рečо́вка, -и, *р. мн.* -вок
рečо́нка, -и, *р. мн.* -нок
речу́га, -и
ре́чушка, -и, *р. мн.* -шек (*ласкат.*)
речу́шка, -и, *р. мн.* -шек (*маленькая речка*)
речь, -и, *мн.* -и, -е́й
Ре́чь Посполи́тая (*ист.*)
реша́емость, -и
реша́емый
реша́ть(ся), -а́ю(сь), -а́ет(ся)
реша́ющий(ся)
реше́бник, -а
реше́ние, -я
решённость, -и
решённый; *кр. ф.* -ён, -ена́
решённый-перерешённый
реше́тина, -ы
реше́тить, решечу, реше́тит (*к* реше́тник)
решети́ть, решечу́, решети́т (*к* решето́)
решётка, -и, *р. мн.* -ток
реше́тник, -а
решётный
решето́, -а́, *мн.* решёта, решёт
решето́ решето́м
решёточка, -и, *р. мн.* -чек
решёточный
решетцо́, -а́ и **решётце,** -а
реше́тчатый и **решётчатый**
реше́тящий (*от* реше́тить)
решетя́щий (*от* решети́ть)

реше́ченный; *кр. ф.* -ен, -ена (*от* решетить и решети́ть)
решечённый; *кр. ф.* -ён, -ена́ (*от* решети́ть)
реши́мость, -и
реши́тель, -я
реши́тельно, *нареч.* и *частица*
реши́тельность, -и
реши́тельный; *кр. ф.* -лен, -льна
реши́ть(ся), решу́(сь), реши́т(ся)
ре́шка, -и, *р. мн.* ре́шек
реэвакуацио́нный
реэвакуа́ция, -и
реэвакуи́рованный; *кр. ф.* -ан, -ана
реэвакуи́ровать(ся), -рую(сь), -рует(ся)
реэкспози́ция, -и
рее́кспорт, -а
реэкспорти́рованный; *кр. ф.* -ан, -ана
реэкспорти́ровать(ся), -рую, -рует(ся)
рее́кспортный
реэмигра́нт, -а
реэмигра́нтка, -и, *р. мн.* -ток
реэмигра́ция, -и
реэмигри́ровать, -рую, -рует
реюньо́нский (*от* Реюньо́н)
реюньо́нцы, -ев, *ед.* -нец, -нца, *тв.* -нцем
ре́ющий
ре́я, -и и **рей,** -я
ре́яние, -я
ре́ять, ре́ет
ржа, ржи, *тв.* ржой
ржа́ве́вший (*от* ржа́ве́ть)
ржа́ве́ние, -я
ржа́веть, -еет и **ржаве́ть,** -е́ет (*покрываться ржавчиной*)
ржа́вивший (*от* ржа́вить)
ржа́вить, -вит (*что*)
ржа́вление, -я
ржа́во-бу́рый
ржа́во-кра́сный
ржа́вость, -и
ржа́во-тёмно-кори́чневый
ржа́вчина, -ы
ржа́вчинка, -и, *р. мн.* -нок
ржа́вчинник, -а
ржа́вчинный
ржавчиноусто́йчивость, -и
ржавчиноусто́йчивый
ржа́вый
ржавь, -и
ржане́ц, -нца́, *тв.* -нцо́м, *р. мн.* -нцо́в
ржа́ние, -я
ржа́нище, -а
ржа́нка, -и, *р. мн.* -нок
ржа́нковые, -ых
ржанкообра́зные, -ых
ржано́й
ржа́но-пшени́чный
ржать, ржу, ржёт
ржа́чка, -и, *р. мн.* -чек *(жарг.)*
ржевитя́не, -я́н, *ед.* -я́нин, -а (*от* Ржев)
ржевитя́нка, -и, *р. мн.* -нок
ржéвский (*от* Ржев)
ржи́ца, -ы, *тв.* -ей
ржи́ще, -а
риа́л, -а (*ден. ед. Ирана, Йемена*)
риа́л, -а и **рия́л,** -а (*ден. ед. Саудовской Аравии*)
риббони́ты, -ов, *ед.* -ни́т, -а
рибо́за, -ы
рибокси́н, -а
рибонуклеа́зы, -а́з, *ед.* -а́за, -ы
рибонуклеи́новый
рибосо́мы, -о́м, *ед.* -со́ма, -ы
рибофлави́н, -а
ривано́л, -а
Ривье́ра, -ы
ри́га, -и (*сарай для сушки снопов*)
Ригве́да, -ы
ри́гель, -я
ри́гельный
риги́дность, -и
риги́дный
ригори́зм, -а
ригори́ст, -а
ригористи́ческий
ригористи́чность, -и
ригористи́чный; *кр. ф.* -чен, -чна
ригори́стка, -и, *р. мн.* -ток
ригори́стский
ригсда́г, -а (*датский парламент*)
ригсда́лер, -а (*датская монета*)
Ри́дберг, -а: **постоя́нная Ри́дберга**
ри́дберг, -а, *р. мн.* -ов, *счетн. ф.* -берг (*ед. измер.*)
ри́джбек, -а (*порода собак*)
ри́джер, -а
ри́джерный
ридикю́ль, -я
рие́лтор, -а
рие́лторский
рие́ль, -я (*ден. ед.*)
рижа́не, -а́н, *ед.* -а́нин, -а (*от* Ри́га)
рижа́нка, -и, *р. мн.* -нок
ри́жный (*от* ри́га)
ри́жский (*от* Ри́га)
Ри́жский зали́в
Ри́жское взмо́рье
ри́за, -ы
ризали́т, -а
ризеншна́уцер, -а
ри́зка, -и, *р. мн.* ри́зок (*от* ри́за)
ри́зница, -ы, *тв.* -ей
ри́зничий, -его
ри́зничный
ри́зный
ризо́граф, -а
ризографи́ческий
ризогра́фия, -и
ризо́д, -а (*жук*)
ризо́иды, -ов
ризоктонио́з, -а
ризомо́рфы, -морф
ризоположе́ние, -я
Ризополо́женский (хра́м)
ризосфе́ра, -ы
ризо́тто, *нескл., с.* (*кулин.*)
ризофо́ры, -фо́р
ри́зы, риз: **до положе́ния ри́з** (напи́ться)
рикке́тсии, -ий, *ед.* -сия, -и
риккетсио́з, -а
рикоше́т, -а
рикошети́рование, -я
рикошети́ровать, -рует
рикоше́тить, -е́чу, -е́тит
рикоше́тный
рикоше́том, *нареч.*
рикри́ция, -и
риксда́г, -а (*шведский парламент*)
риксда́лер, -а (*шведская монета*)
ри́кша, -и, *тв.* -ей, *р. мн.* рикш, *м.*
рилизинг-гормо́ны, -ов, *ед.* -гормо́н, -а
ри́лли, *нескл., мн.*
Рим, -а (*также*: всé доро́ги веду́т в Ри́м)
Ри́ман, -а: **геоме́трия Ри́мана, интегра́л Ри́мана, сфе́ра Ри́мана**
ри́манов, -а, -о (*от* Ри́ман): **ри́манова геоме́трия, ри́манова пове́рхность, ри́маново простра́нство**
риме́сса, -ы
ри́мляне, -ян, *ед.* -янин, -а
ри́млянка, -и, *р. мн.* -нок
Ри́мская импе́рия
Ри́мская ку́рия (*органы власти в Ватикане*)
ри́мский (*от* Рим)
Ри́мско-католи́ческая це́рковь
ри́мско-католи́ческий
ринг, -а (*площадка для бокса*; *объединение предпринимателей*)
ринггит, -а
ри́нгто́н, -а
риниофи́ты, -ов, *ед.* -фи́т, -а
рини́т, -а
ринк, -а (*площадка для катания на коньках*)
ринкбо́л, -а
ринк-хокке́й, -я
ринови́русы, -ов, *ед.* -ви́рус, -а
риноде́рма, -ы
риноло́гия, -и
ринопла́стика, -и
ринопласти́ческий
риносклеро́ма, -ы
риноско́п, -а
риноскопи́ческий
риноскопи́я, -и
ринофаринги́т, -а
ринофи́ма, -ы
ри́нуться, ри́нусь, ри́нется
ринхоцефа́л, -а
ри́о-де-жане́йрский (*от* Ри́о-де-Жане́йро)
риодежане́йрцы, -ев, *ед.* -рец, -рца, *тв.* -рцем
риоли́т, -а
рипи́да, -ы
рипо́ст, -а *(в фехтовании)*

ри́пус, -а
рирпрое́ктор, -а
рирпрое́кция, -и
рис, -а и -у
рисбе́рма, -ы
ри́синка, -и, *р. мн.* -нок
риск, -а
ри́ска, -и, *р. мн.* ри́сок (*тех.*)
рискну́ть, -ну́, -нёт
риско́ванно, *нареч.*
риско́ванность, -и
риско́ванный; *кр. ф.* -ан, -анна
рискова́ть, -ку́ю, -ку́ет
рисково́й и **ри́сковый** (*предусматривающий риск*: рисково́й и ри́сковый догово́р, би́знес, капита́л, ри́сковое финанси́рование)
риско́вый (*содержащий риск*: риско́вое де́ло; *способный, готовый на риск*: риско́вый па́рень)
риск-те́йкер, -а
риск-фа́ктор, -а
ри́слинг, -а (*вино*)
ри́слинговый
рисова́льный
рисова́льщик, -а
рисова́льщица, -ы, *тв.* -ей
рисова́ние, -я
рисо́ванный; *кр. ф.* -ан, -ана
рисова́ть(ся), рису́ю(сь), рису́ет(ся)
рисови́дка, -и, *р. мн.* -док
рисови́ще, -а
ри́совка, -и, *р. мн.* -вок (*птица*)
рисо́вка, -и
рисово́д, -а
рисово́дство, -а
рисово́дческий
ри́совый
рисозернов́ой
рисообраба́тывающий
рисоочи́стка, -и
рисопоса́дочный
Рисорджиме́нто, *нескл., с.*
рисору́шка, -и, *р. мн.* -шек
рисосе́ющий
рисосе́яние, -я
рисоубо́рочный
ри́сочка, -и, *р. мн.* -чек
рисс, -а (*геол.*)
ри́сса, -ы (*насекомое*)
ри́сский
риста́лище, -а
риста́лищный
риста́ние, -я
рису́нок, -нка
рису́ночек, -чка
рису́ночный
рису́нчатый
ритарда́ндо, *неизм.*
ритену́то, *неизм.* и *нескл., с.*
ритм, -а
ритм-гру́ппа, -ы
ритмизацио́нный
ритмиза́ция, -и
ритмизи́рованный; *кр. ф.* -ан, -ана
ритмизи́ровать(ся), -рую, -рует(ся)
ритмизо́ванный; *кр. ф.* -ан, -ана
ритмизова́ть(ся), -зу́ю, -зу́ет(ся)
ри́тмика, -и
ри́тмико-мелоди́ческий
ритми́ческий
ритми́чность, -и
ритми́чный; *кр. ф.* -чен, -чна
ритмомело́дика, -и
ритмомелоди́ческий
ритмопла́стика, -и
ритмопласти́ческий
ритм-се́кция, -и
ри́тм-энд-блю́з, -а
рито́н, -а
ри́тор, -а
рито́рика, -и
ритори́ческий
ритори́чность, -и
ритори́чный; *кр. ф.* -чен, -чна
рито́рно, *нескл., с. (фин.)*
ри́торский
ри́торство, -а
ри́торствовать, -твую, -твует
ри́ттбергер, -а (*прыжок*)
ритуа́л, -а
ритуализа́ция, -и
ритуализо́ванный; *кр. ф.* -ан, -ана
ритуа́льно-мифологи́ческий
ритуа́льно-похоро́нный
ритуа́льный
ритурне́ль, -я
риф, -а (*мор.*)
риф-ба́нт, -а
Рифе́й, -я (*античное название Урала*) и **рифе́й**, -я (*геол.*)
рифе́йский
ри́фить, ри́флю, ри́фит
риф-кре́нгельс, -а
рифле́ние, -я
ри́фленный; *кр. ф.* -ен, -ена, *прич.*
рифлёный, *прил.*
ри́фли, -ей
ри́фма, -ы
рифма́ч, -а́, *тв.* -о́м
рифма́чество, -а
рифма́чка, -и, *р. мн.* -чек
ри́фменный
рифмова́ние, -я
рифмо́ванный; *кр. ф.* -ан, -ана
рифмова́ть(ся), -му́ю, -му́ет(ся)
рифмо́вка, -и, *р. мн.* -вок
рифмоплёт, -а
рифмоплётство, -а
ри́фовый
рифо́рминг, -а
рифо́рминг-устано́вка, -и, *р. мн.* -вок
риф-се́зень, -и
рифт, -а
ри́фтовый
рифф, -а (*муз.*)
риф-ште́рт, -а
Ри́хтер, -а: **шкала́ Ри́хтера** (по шкале́ Ри́хтера, *о землетрясении*)
ри́хтеровский (*от* Ри́хтер)
рихтова́льный
рихто́ванный; *кр. ф.* -ан, -ана
рихтова́ть(ся), -ту́ю, -ту́ет(ся)
рихто́вка, -и
рихто́вочный
рихто́вщик, -а
рицино́левый
ри́цинский (*от* Ри́ца, *озеро*)
рицинуле́и, -ле́й, *ед.* -ле́я, -и
Ри́чард Льви́ное Се́рдце
рича́рдия, -и
ричерка́р, -а
ри́ччия, -и
ришелье́, *нескл., с.* (*вид рукоделия*)
ришелье́вский (*от* Ришелье́)
рия́л, -а и **риа́л**, -а (*ден. ед. Саудовской Аравии*)
ркаците́ли, *нескл., с.*
РЛС [эрэлэ́с], *нескл., ж.* (*сокр.*: радиолокационная станция)
РН [эрэ́н], *нескл., ж.* (*сокр.*: ракета-носитель)
РНК [эрэнка́], *нескл., ж.* (*сокр.*: рибонуклеиновая кислота)
РНК-полиме́ры, -ов
РНК-содержа́щий
ро, *нескл., с.* (*название буквы*)
ро́ба, -ы
ро́ббер, -а
робеспье́ровский (*от* Робеспье́р)
робе́ть, -е́ю, -е́ет
Ро́бин Гу́д, -а
ро́бин-гу́довский (*от* Ро́бин Гу́д)
Робинзо́н, -а (*лит. персонаж*) и **робинзо́н**, -а (*о человеке, живущем вдали от людей*)
робинзона́да, -ы
робинзо́новский
роби́ния, -и
ро́бкий; *кр. ф.* ро́бок, робка́, ро́бко
робкова́тый
ро́бость, -и
ро́бот, -а
роботиза́ция, -и
роботизи́рованный; *кр. ф.* -ан, -ана
роботизи́ровать(ся), -рую, -рует(ся)
ро́бот-иссле́дователь, ро́бота-иссле́дователя
ро́бот-манипуля́тор, ро́бота-манипуля́тора
роботоко́мплекс, -а
роботообра́зный; *кр. ф.* -зен, -зна
ро́бот-опера́тор, ро́бота-опера́тора
роботоподо́бный; *кр. ф.* -бен, -бна
роботострое́ние, -я
роботострои́тель, -я
роботострои́тельный
робототе́хник, -а
робототе́хника, -и
робототехни́ческий
робототехнологи́ческий
робототехноло́гия, -и
роботро́н, -а
робро́н, -а

робу́ста, -ы
ро́бче, *сравн. ст.*
ров, рва, *предл.* во рву́, *мн.* рвы, рвов
ро́вдуга, -и
ро́венский (*от* Ро́вно)
ро́венцы, -ев, *ед.* -нец, -нца, *тв.* -нцем
Ро́венщина, -ы (*к* Ро́вно)
рове́сник, -а
рове́сница, -ы, *тв.* -ей
ро́вик, -а
рови́ль, -я
ро́вненький
ровнёхонький; *кр. ф.* -нек, -нька
ровнёхонько, *нареч.* и *частица*
ровнёшенький; *кр. ф.* -нек, -нька
ровнёшенько, *нареч.* и *частица*
ровни́тель, -я
ро́вни́ца, -ы, *тв.* -ей
ро́вни́чница, -ы, *тв.* -ей
ро́вни́чный
ро́вно, *нареч., частица* и *союз*
ро́вность, -и
ровнота́, -ы́
ро́вный; *кр. ф.* ро́вен, ровна́, ро́вно, ро́вны́
ро́вня, -и, *р. мн.* -ей, *м.* и *ж.*
ровня́ть(ся), -я́ю, -я́ет(ся) (*к* ро́вный)
рог, -а, *мн.* -а́, -о́в; но (*в геогр. наименованиях*) **Рог,** -а, *напр.*: Африка́нский Ро́г, Золото́й Ро́г (*бухта*), Криво́й Ро́г (*город*)
рога́лик, -а
рога́ль, -я́
рога́стый
рога́тевший (*от* рога́теть)
рога́теть, -ею, -еет (*становиться рогатым*)
рога́тивший (*от* рога́тить)
рога́тик, -а
рога́тина, -ы
рога́тить, -а́чу, -а́тит (*кого*)
рога́тка, -и, *р. мн.* -ток
рога́тый
рога́ч, -а́, *тв.* -о́м
рога́чик, -а (*жук*)
ро́глик, -а
рогове́ть, -е́ет
рогови́дность, -и
рогови́дный; *кр. ф.* -ден, -дна
рогови́к, -а́
роговико́вый
рогови́на, -ы
рогови́ца, -ы, *тв.* -ей
рогово́й
рогогла́вник, -а
рого́жа, -и, *тв.* -ей
рого́жина, -ы
рого́жка, -и, *р. мн.* -жек
рого́жный
Рого́жская Заста́ва (*площадь*)
Рого́жский Ва́л (*улица*)
рого́з, -а и **рогоза́,** -ы́
рого́зный
рого́зовый
рогозу́б, -а
рогоклю́в, -а
рогoли́стник, -а
рогoли́стниковые, -ых
рогоно́сец, -сца, *тв.* -сцем, *р. мн.* -сцев
рогохво́ст, -а
рогу́лина, -ы
рогу́лька, -и, *р. мн.* -лек
рогу́льник, -а
рогу́льниковые, -ых
рогу́ля, -и
род[1], -а и -у, *предл.* в ро́де и в роду́, *мн.* -ы́, -о́в (*первобытная общественная организация; ряд поколений*)
род[2], -а, *мн.* -ы, -о́в (*единица классификации; лингв.*)
род[3], -а, *мн.* -а́, -о́в (ро́д во́йск, ору́жия)
род-а́йланд, -а (*порода кур*)
родами́н, -а
рода́н, -а
родани́ды, -ов, *ед.* -ни́д, -а
рода́нисто-водоро́дный
рода́нистый
рода́новый
родбло́к, -а
роддо́м, -а
родези́йский (*от* Роде́зия)
роде́новский (*от* Роде́н)
родентици́д, -а
родео, *нескл., с.*
ро́диевый
ро́дий, -я
роди́лка, -и, *р. мн.* -лок
роди́льница, -ы, *тв.* -ей
роди́льный
родиме́ния, -и (*водоросль*)
роди́менький
роди́мец, -мца, *тв.* -мцем
роди́мчик, -а
роди́мый
ро́дина, -ы и (*высок.*) **Ро́дина,** -ы
Ро́дина-ма́ть, Ро́дины-ма́тери
ро́динка, -и, *р. мн.* -нок
роди́ны, -и́н
родио́ла, -ы (*растение*)
роди́тели, -ей
роди́тель, -я
роди́тельница, -ы, *тв.* -ей
роди́тельный паде́ж
Роди́тельская суббо́та
роди́тельский
роди́тельство, -а
роди́ть(ся), рожу́(сь), роди́т(ся); *прош. сов.* -и́л, -и́лся́, -ила́, -и́ла́сь, -и́ло, -и́ло́сь и *несов.* -и́л(ся), -и́ла(сь), -и́ло(сь)
ро́дич, -а, *тв.* -ем
ро́дненький
родни́к, -а́
роднико́вый
родни́ть(ся), -ню́(сь), -ни́т(ся)
родничко́вый
роднично́к, -чка́
родно́й
родну́ля, -и, *р. мн.* -у́ль и -у́лей, *м.* и *ж.*
родну́ша, -и, *тв.* -ей, *м.* и *ж.*
родны́е, -ы́х
родня́, -и́
родови́тость, -и
родови́тый
родово́й
родовспомога́тельный
родовспоможе́ние, -я
ро́довый (*от* ро́ды)
рододе́ндровый и **рододе́ндроновый**
рододе́ндрон, -а
родонача́льник, -а
родонача́льница, -ы, *тв.* -ей
родони́т, -а
родони́товый
ро́до-племенно́й
родопси́н, -а
родоразреше́ние, -я
родосло́вец, -вца, *тв.* -вцем, *р. мн.* -вцев
родосло́вие, -я
родосло́вная, -ой
родосло́вный
ро́до́сский (*от* Ро́до́с); но: **Коло́сс Родо́сский**
родофи́льство, -а
родохрози́т, -а
ро́дственник, -а
ро́дственница, -ы, *тв.* -ей
ро́дственничек, -чка
ро́дственно, *нареч.*
ро́дственность, -и
ро́дственный; *кр. ф.* -вен и -венен, -венна
родство́, -а́
ро́дстер, -а (*автомобиль*)
ро́ды, -ов (*процесс рождения*)
рое́вня, -и, *р. мн.* -вен
роево́й
роёк, ройка́ (*от* рой)
рое́ние, -я
роённый; *кр. ф.* роён, роена́ (*от* рои́ть), *прич.*
ро́жа, -и, *тв.* -ей
рожа́ни́цы, -а́ни́ц, *ед.* -а́ни́ца, -ы, *тв.* -ей (*мифол.*)
рожа́ть, -а́ю, -а́ет
рожда́емость, -и
рожда́ть(ся), -а́ю(сь), -а́ет(ся)
рожде́ние, -я
рожде́нник, -а
рожде́нница, -ы, *тв.* -ей
рождённый; *кр. ф.* -ён, -ена́
рожде́ственский
Рожде́ственский (хра́м, монасты́рь)
Рожде́ственский по́ст
Рожде́ственский соче́льник
Рождество́, -а́
роже́ница, -ы, *тв.* -ей
роже́чник, -а
ро́жистый
ро́жица, -ы, *тв.* -ей
рожи́ще, -а, *мн.* -а и -и, -и́щ, *м.* (*от* рог)
рожки́, -о́в (*макаронные изделия*)

рожко́вый
рожне́ц, -еца́, *тв.* -о́м
рожо́к, рожка́, *мн.* рожки́, -о́в и (*у животных*) ро́жки, ро́жек
рожо́н, рожна́
рожо́чек, -чка
рожь, ржи, *тв.* ро́жью
ро́за, -ы
роза́лия, -и (*обезьяна*)
ро́зан, -а
ро́за́нчик, -а
роза́рий, -я и **роза́риум**, -а
ро́зваль, -и
ро́звальни, -ей
ро́звязь, -и
ро́зга, -и, *р. мн.* ро́зог
розга́ч, -а́, *тв.* -о́м
ро́зговенье, -я, *р. мн.* -ний и **разгове́ние**, -я
ро́зговины, -ин
ро́зговый
ро́зданный; *кр. ф.* ро́здан, раздана́ и ро́здана, ро́здано
ро́здых, -а и -у
розе́лла, -ы (*попугай*)
розенкре́йцер, -а
розенкре́йцерский
розенкре́йцерство, -а
розео́ла, -ы
розе́тка, -и, *р. мн.* -ток
розе́точка, -и, *р. мн.* -чек
розе́точность, -и
розе́точный
розе́тта, -ы (*архит.*)
ро́зжиг, -а и **разжи́г**, -а
ро́злив, -а и **разли́в**, -а (*жидкости по сосудам*)
ро́зливень, -вня
розмари́н, -а
розмари́нный
розмари́новый
ро́знить(ся), -ню(сь), -нит(ся)
ро́зница, -ы, *тв.* -ей
ро́знично-мелкоопто́вый
ро́знично-торго́вый
ро́зничный
ро́зно, *нареч.*
рознь, -и
ро́знящий(ся)
розова́тенький
розова́то-жёлтый
розова́то-сире́невый
розова́тость, -и
розова́тый
ро́зовенький
розове́ть, -е́ю, -е́ет
ро́зово-голубо́й
розоволи́цый
ро́зовость, -и
розовощёкий
ро́зовый
розоцве́тные, -ых
ро́зочка, -и, *р. мн.* -чек
ро́зыгрыш, -а, *тв.* -ем
ро́зыгрышный

ро́зыск, -а
рои́стый
рои́ть(ся), рои́т(ся)
рой, ро́я, *мн.* рои́, роёв
ро́йный
рок, -а
рок-... – *первая часть сложных слов, пишется через дефис, но*: ро́кме́н
рока́билли, *неизм.* и *нескл., с. (муз.)*
рока́да, -ы
рока́дный
рока́йль, *неизм.* и *нескл., ж.*
рок-альбо́м, -а
рокамбо́ль, -я (*растение*)
рок-анса́мбль, -я
рока́рий, -я
рок-бале́т, -а
рок-гита́ра, -ы
рок-гитари́ст, -а
рок-гру́ппа, -ы
рок-движе́ние, -я
ро́кер, -а
ро́керский
ро́кер-фокстро́т, -а
ро́керша, -и, *тв.* -ей
рок-звезда́, -ы́, *мн.* -звёзды, -звёзд
ро́кинг, -а (*в парусном спорте*)
рок-инду́стри́я, -и
ро́к- и поп-му́зыка
рокиро́ванный; *кр. ф.* -ан, -ана
рокирова́ть(ся), -ру́ю(сь), -ру́ет(ся)
рокиро́вка, -и, *р. мн.* -вок
рокиро́вочный
рок-иску́сство, -а
рок-исполни́тель, -я
рок-исполни́тельница, -ы, *тв.* -ей
рок-клу́б, -а
рок-клу́бовский
рок-коллекти́в, -а
рок-компози́ция, -и
рок-конце́рт, -а
рок-культу́ра, -ы
рок-марафо́н, -а
ро́кме́н, -а
рок-му́зыка, -и
рок-музыка́нт, -а
рок-мю́зикл, -а
рок-н-ро́лл, -а
рок-н-ро́лльный
рок-н-ро́лльщик, -а
рок-н-ро́лльщица, -ы, *тв.* -ей
роково́й (*к* рок – *судьба*)
ро́ковый (*к* рок-му́зыка)
рококо́, *неизм.* и *нескл., с.*
рокома́н, -а
рокома́ния, -и
рок-о́пера, -ы
ро́кот, -а
рокота́ние, -я
рокота́ть, -очу́, -о́чет
роко́чущий
рок-пе́вец, -вца́, *тв.* -вцо́м, *р. мн.* -вцо́в
рок-певи́ца, -ы, *тв.* -ей

рок-поэ́зия, -и
рок-ри́тм, -а
рок-се́йшен, -а
рок-симфони́ческий (орке́стр)
роксола́нский
роксола́ны, -ов (*племя*)
рок-сти́ль, -я
рок-тусо́вка, -и, *р. мн.* -вок
рок-фана́т, -а
Рокфе́ллер, -а
рокфе́ллеровский
рок-фестива́ль, -я
рок-фи́льм, -а
рокфо́р, -а
рок-хи́т, -а́
рок-энциклопе́дия, -и
рок-эсте́тика, -и
рок-эстра́да, -ы
рол, -а (*вращающийся вал; то же, что роль*[2])
ролево́й
ро́лик, -а
ро́лики, -ов (*коньки*)
роликобе́жец, -жца, *тв.* -жцем, *р. мн.* -жцев
роликобе́жный
роликовту́лочный
ро́ликовый
роликодро́м, -а
роликоле́нточный
роликоподши́пник, -а
роликоподши́пниковый
ро́лкер, -а (*грузовое судно*)
ролл, -а (*машина в бумажном производстве*)
ро́ллер, -а
ро́ллерный
ро́ллер-скейтинг, -а (*спорт.*)
ро́ллерский
ро́ллинг, -а
ро́ллинговый
ролло́вер, -а (*фин.*)
ролло́вер-креди́т, -а
ро́лловый (*от* ролл)
роллс-ро́йс, -а (*автомобиль*)
ролл-тре́йлер, -а
роль[1], -и, *мн.* -и, -е́й (*в пьесе, на сцене и т. п.*)
роль[2], -я и **рол**, -а (*сверток цилиндрической формы*)
рольба́р, -а
рольга́нг, -а
ро́лька, -и, *р. мн.* ро́лек
ро́льный (*к* рол и роль[2])
ро́льня, -и, *р. мн.* ро́лен
рольста́вни, -вен и -вней
рольшто́ры, -што́р
ро́льщик, -а
ро́льщица, -ы, *тв.* -ей
ром, -а и -у
рома́н, -а
рома́н-биогра́фия, рома́на-биогра́фии, *м.*
рома́н-газе́та, -ы
романе́ска, -и, *р. мн.* -сок

романе́я, -и
романиза́ция, -и
романизи́рованный; *кр. ф.* -ан, -ана
романизи́ровать(ся), -рую, -рует(ся)
романи́зм, -а
романизо́ванный; *кр. ф.* -ан, -ана
романизова́ть(ся), -зу́ю, -зу́ет(ся)
рома́н-иссле́дование, рома́на-иссле́дования, *м.*
романи́ст, -а
романи́стика, -и
романисти́ческий
романи́стка, -и, *р. мн.* -ток
романи́стский
романи́ческий
рома́нный
рома́новский (*от* Рома́н и Рома́новы)
Рома́новы, -ых (*династия*)
рома́но-герма́нский
романогерма́нцы, -ев
рома́нс, -а
романсе́ро, *нескл., м.*
рома́нсик, -а
рома́нский
рома́нсный
рома́нсовый
рома́н-стра́нствие, рома́на-стра́нствия, *м.*
романтиза́ция, -и
романтизи́рованный; *кр. ф.* -ан, -ана
романтизи́ровать(ся), -рую, -рует(ся)
романти́зм, -а
рома́нтик, -а
рома́нтика, -и
романти́чески
романти́ческий
романти́чность, -и
романти́чный; *кр. ф.* -чен, -чна
рома́н-уто́пия, рома́на-уто́пии, *м.*
рома́н-хро́ника, рома́на-хро́ники, *м.*
романцеме́нт, -а
рома́нчик, -а
рома́шка, -и, *р. мн.* -шек
рома́шковый
ромб, -а
ром-ба́ба, -ы
ро́мбик, -а
ромби́ческий
ромбова́нты, -ва́нт, *ед.* -ва́нта, -ы (*мор.*)
ромбови́дный; *кр. ф.* -ден, -дна
ромбови́к, -а́
ро́мбовый
ромбододека́эдр, -а
ромбо́ид, -а
ромбоида́льный
ромбо́идный
ромбопирамида́льный
ромбо́эдр, -а
ромбоэдри́ческий
роме́н-ролла́новский (*от* Роме́н Ролла́н)
роме́н-сала́т, -а
Роме́о, *нескл., м.*
ро́мни-ма́рш, -а, *тв.* -ем
ро́мовый
Ро́мул, -а (*также*: от Ро́мула до на́ших дне́й)
ромште́кс, -а
ромште́ксный
ронгали́т, -а
ронгали́товый
ронда́д, -а (*в гимнастике, акробатике*)
ро́ндик, -а
ронди́но, *нескл., с.*
ро́ндо, *нескл., с.* (*муз.*)
рондо́, *нескл., с.* (*в поэзии; полигр.*)
ро́нжа, -и, *тв.* -ей
роно́, *нескл., м.* и *с.* и **руно́**[2], *нескл., с.* (*см.* руно́[2])
ро́нский (*от* Ро́на)
роня́ть(ся), -я́ю, -я́ет(ся)
роп, -а
ропа́к, -а́
ро́пот, -а
ро́потный
ропта́ние, -я
ропта́ть, ропщу́, ро́пщет
ро́пщущий
ро-ро́, *нескл., с.* и *неизм.* (*судно*)
роса́, -ы́, *мн.* ро́сы, рос
Росвооруже́ние, -я (*концерн*)
Росина́нт, -а (*лошадь Дон-Кихота*) и **росина́нт**, -а (*кляча*)
роси́нка, -и, *р. мн.* -нок
роси́ночка, -и, *р. мн.* -чек
роси́стый
роси́ться, -и́тся
роси́чка, -и, *р. мн.* -чек
роско́шество, -а
роско́шествовать, -твую, -твует
роско́шничать, -аю, -ает
роско́шный; *кр. ф.* -шен, -шна
ро́скошь, -и
ро́скрышь, -и
ро́славльский (*от* Ро́славль)
рославча́не, -а́н, *ед.* -а́нин, -а (*от* Ро́славль)
ро́слость, -и
ро́слый
ро́сный
росоли́ст, -а (*растение*)
росома́ха, -и
росома́ший, -ья, -ье
ро́спашь, -и
ро́спись, -и
ро́сплеск, -а
ро́сплывь, -и
ро́спуск, -а (*действие*)
ро́спуски, -ов (*сани*)
росс, -а (*устар. высок. к* россия́нин)
россиеве́дение, -я (*от* Росси́я)
ро́ссиевский (*от* Ро́сси)
Росси́йская акаде́мия медици́нских нау́к (РАМН)
Росси́йская акаде́мия наро́дного хозя́йства
Росси́йская акаде́мия нау́к (РАН)
Росси́йская акаде́мия образова́ния
Росси́йская госуда́рственная библиоте́ка (РГБ)
Росси́йская импе́рия (*ист.*)
Росси́йская национа́льная библиоте́ка (РНБ)
Росси́йская това́рно-сырьева́я би́ржа
Росси́йская Федера́ция
росси́йский (*от* Росси́я)
Росси́йский госуда́рственный гуманита́рный университе́т (РГГУ)
Росси́йский междунаро́дный фо́нд культу́ры
Росси́йский национа́льный орке́стр
Росси́йский откры́тый университе́т
Росси́йский сою́з промы́шленников и предпринима́телей
Росси́йский университе́т дру́жбы наро́дов (РУДН)
Росси́йский фо́нд разви́тия телеви́дения
Росси́йский футбо́льный сою́з (РФС)
Росси́йский це́нтр междунаро́дного нау́чного и культу́рного сотру́дничества
Росси́йско-америка́нская компа́ния (*1799–1868*)
росси́йско-америка́нский
росси́йско-белору́сский
росси́йско-герма́нский
Росси́йское акционе́рное о́бщество (*первые слова офиц. названий*)
Росси́йское госуда́рство
Росси́йское информацио́нное аге́нтство (РИ́А)
Росси́йское косми́ческое аге́нтство
Росси́йское о́бщество Кра́сного Креста́
Росси́йское телегра́фное аге́нтство (РО́СТА, *1918–1925*)
росси́йско-казахста́нский
росси́йско-кита́йский
росси́йско-по́льский
росси́йско-украи́нский
росси́йско-францу́зский
росси́йско-эсто́нский
росси́йско-южноамерика́нский
росси́йско-южноафрика́нский
росси́йско-южнокоре́йский
росси́йско-япо́нский
росси́ниевский (*от* Росси́ни)
ро́ссия, -и (*моллюск*)
Росси́я-ма́тушка, Росси́и-ма́тушки
россия́не, -я́н, *ед.* -я́нин, -а
россия́нка, -и, *р. мн.* -нок
ро́ссказни, -ей
россоша́нка, -и, *р. мн.* -нок
россоша́нский (*от* Ро́ссошь)
россоша́нцы, -ев, *ед.* -нец, -нца, *тв.* -нцем
Ро́сстани-на-Ка́ме (*город*)
ро́сстань, -и, *р. мн.* -ей и -е́й
ро́ссыпный (*от* ро́ссыпь)
ро́ссыпь, -и

ро́ссыпью, *нареч.*
рост[1], -а и -у
рост[2], -а, *мн.* -а́, -о́в (*длина одежды*)
ро́стбиф, -а
ро́стбифный
ро́стверк, -а
ро́стверковый
ро́степель, -и
ро́степельный
ро́стер, -а (*электрожаровня*)
ростери́т, -а
ростко́вый
Росто́в Вели́кий (*ист.*)
росто́вка, -и, *р. мн.* -вок (*от* рост)
Росто́в-на-Дону́, Росто́ва-на-Дону́
ростово́й
Росто́во-Су́здальское кня́жество
росто́вский (*от* Росто́в и Росто́в-на-Дону́)
росто́вцы, -ев, *ед.* -вец, -вца, *тв.* -вцем (*от* Росто́в)
ростовча́не, -а́н, *ед.* -а́нин, -а (*от* Росто́в и Росто́в-на-Дону́)
ростовча́нка, -и, *р. мн.* -нок
ростовщи́к, -а́
Росто́вщина, -ы (*к* Росто́в-на-Дону́)
ростовщи́ца, -ы, *тв.* -ей
ростовщи́ческий
ростовщи́чество, -а
ростовщи́чий, -ья, -ье
ростóк, -тка́
ро́стокский (*от* Ро́сток)
ро́стокцы, -ев, *ед.* -кец, -кца, *тв.* -кцем
ростоме́р, -а
ростоме́рный
росто́чек, -чка и -чку
ростр, -а (*таран корабля*)
ро́стра, -ы (*архит.*)
Ростра́льные коло́нны (в Петербу́рге)
ростра́льный
ро́стры, ростр и ро́стер (*настил на судне*)
ростсельма́шевский (*от* Ростсельма́ш)
ро́счерк, -а
ро́счерковый
ро́счисть, -и
ро́сший
廣ся́нка, -и, *р. мн.* -нок
廣ся́нковый
росяно́й и **廣ся́ный**
рот, рта, *предл.* во рту, *мн.* рты, ртов
ро́та, -ы
ротако́пия, -и
ротакса́новый
ротакса́ны, -ов, *ед.* -са́н, -а
рота́метр, -а
рота́н, -а (*рыба*)
рота́нг, -а (*растение*)
рота́нговый
ротапри́нт, -а
ротапри́нтный
ро́тари-клу́б, -а
ротати́вный
рота́тор, -а
рота́торный
ротаци́зм, -а
ротацио́нка, -и, *р. мн.* -нок
ротацио́нный
рота́ция, -и
ротве́йлер, -а
роте́ль, -я
ротефе́ллы, -е́лл
ро́тик, -а
роти́ровать(ся), -рую, -рует(ся)
роти́шко, -а и -и, *мн.* -шки, -шек, *м.*
роти́ще, -а, *мн.* -а и -и, -и́щ, *м.*
ро́тмистр, -а
ро́тмистрский
ро́тный
ротово́й
ротозе́й, -я
ротозе́йка, -и, *р. мн.* -е́ек
ротозе́йничать, -аю, -ает
ротозе́йство, -а
рото́к, *другие формы не употр.*
рото́н, -а
рото́нда, -ы
рото́ндовый
ротоно́гие, -их
ро́тор, -а
ро́торно-ди́сковый
ро́торно-конве́йерный
ро́торно-поршнево́й
ро́торный
ро́торщик, -а
роттерда́мский (*от* Роттерда́м); но: **Эра́зм Роттерда́мский**
роттерда́мцы, -ев, *ед.* -мец, -мца, *тв.* -мцем
ротфро́нтовец, -вца, *тв.* -вцем, *р. мн.* -вцев
ротфро́нтовский (*от* Ро́т Фро́нт, *ист.*, и “Рот Фронт”, *фабрика*)
Ро́тшильд, -а
ро́уд-шо́у, *нескл., с.*
ро́уминг, -а
ро́уминговый
ро́хля, -и, *р. мн.* -лей, *м.* и *ж.*
рошт́ейн, -а
ро́ща, -и, *тв.* -ей; но (*в названиях населенных пунктов*) **Ро́ща,** -и, *напр.*: Ма́рьина Ро́ща (*район в Москве*), Зелёная Ро́ща (*поселок*)
ро́щица, -ы, *тв.* -ей
РО́Э, *нескл., с.* (*сокр.*: реакция оседания эритроцитов)
ро́ющий(ся) (*от* ры́ть(ся)
рояли́зм, -а
рояли́ст, -а
рояли́стка, -и, *р. мн.* -ток
рояли́стский
роя́лишко, -а и -и, *мн.* -шки, -шек, *м.*
ро́ялти, *нескл., с.* и *мн.*
роя́ль, -я
роя́льный
роя́щий(ся) (*от* рои́ть(ся)
р-р-р (*звукоподражание*)
РСД [эрэсдэ́], *нескл., ж.* (*сокр.*: ракета средней дальности)
РСУ [эрсэу́], *нескл., ж.* (*сокр.*: реактивная система управления) и *с.* (*сокр.*: ремонтно-строительное управление)
рти́ще, -а, *мн.* -а и -и, ртищ, *м.*
рту́тно-ква́рцевый
рту́тно-ци́нковый
рту́тный
ртуть, -и
ртутьоргани́ческий
руа́нда, *неизм.* и *нескл., м.* (*язык*) и *нескл., мн., ед. м.* и *ж.* (*народ*)
руанди́йский (*от* Руа́нда, *государство*)
руанди́йцы, -ев, *ед.* -и́ец, -и́йца, *тв.* -и́йцем
рубаи́, *нескл., с.*
руба́ка, -и, *м.*
руба́нок, -нка
руба́ночек, -чка
руба́ночный
рубану́ть(ся), -ну́(сь), -нёт(ся)
руба́то, *неизм.*
руба́ть(ся), -а́ю(сь), -а́ет(ся)
руба́ха, -и
руба́ха-па́рень, руба́хи-па́рня, *м.*
руба́шечка, -и, *р. мн.* -чек
руба́шечный
руба́шка апа́ш, руба́шки апа́ш
руба́шка по́ло, руба́шки по́ло
руба́шка, -и, *р. мн.* -шек
рубашо́нка, -и, *р. мн.* -нок
рубашо́ночка, -и, *р. мн.* -чек
рубе́ж, -а́, *тв.* -о́м
рубе́жный
рубелли́т, -а
рубелли́товый
рубе́ль, -еля́
ру́бенсовский (*от* Ру́бенс)
рубeróид, -а
руберо́идный
руберо́идовый
рубе́ц, рубца́, *тв.* рубцо́м, *р. мн.* рубцо́в
руби́диевый
руби́дий, -я
Ру́бик, -а: **ку́бик Ру́бика**
Рубико́н, -а (перейти́ Рубико́н)
руби́ло, -а
руби́льник, -а
руби́льный
руби́н, -а
руби́ново-кра́сный
руби́новый
руби́нчик, -а
рубинште́йновский (*от* Рубинште́йн)
руби́ть(ся), рублю́(сь), ру́бит(ся)
ру́бище, -а
ру́бка, -и, *р. мн.* ру́бок
рублёвик, -а
рублёвка, -и, *р. мн.* -вок
рублёвский (*от* Рублёв и Рублёво)
рублёвый

ру́бленный; *кр. ф.* -ен, -ена, *прич.*
ру́бленый, *прил.*
ру́блик, -а
ру́бличек, -чка
рубли́шко, -а и -и, *мн.* -шки, -шек, *м.*
рубль, -я́
рубну́ть, -ну́, -нёт
РУБО́П и **РУО́П, -**а и *нескл., с.* (*сокр.:* региональное управление по борьбе с организованной преступностью)
рубо́повец и **руо́повец, -**вца, *тв.* -вцем, *р. мн.* -вцев
рубо́повский и **руо́повский** (*от* РУБО́П и РУО́П)
ру́бочный
ру́брика, -и
рубрика́тор, -а
рубрикацио́нный
рубрика́ция, -и
рубрици́рованный; *кр. ф.* -ан, -ана
рубрици́ровать(ся), -рую, -рует(ся)
руброфити́я, -и
рубцева́ние, -я
рубцева́тый
рубцева́ться, -цу́ется
рубцо́вский (*от* Рубцо́в и Рубцо́вск)
рубцо́вый
ру́бчатый
ру́бчик, -а
ру́бчиковый
ру́бщик, -а
ру́бщица, -ы, *тв.* -ей
ру́бяще-ко́лющий
ру́бящий(ся)
ру́га, -и
ру́ганный; *кр. ф.* -ан, -ана, *прич.*
ру́ганый, *прил.*
ру́гань, -и
руга́тель, -я
руга́тельница, -ы, *тв.* -ей
руга́тельный
руга́тельский
руга́тельски руга́ть(ся)
руга́тельство, -а
руга́ть(ся), -а́ю(сь), -а́ет(ся)
ругмя́ руга́ть
ругну́ть(ся), -ну́(сь), -нёт(ся)
ругня́, -и́
руго́за, -ы
руготня́, -и́
руд, -а (*ед. измер.*)
руда́, -ы́, *мн.* ру́ды, руд
рудбе́кия, -и
рудера́льный
ру́дерпи́с, -а
ру́дерпо́ст, -а
рудиме́нт, -а
рудимента́рность, -и
рудимента́рный
рудиме́нтный
руди́сты, -ов, *ед.* -и́ст, -а
ру́дненский (*от* Ру́дный)
ру́дненцы, -ев, *ед.* -ненец, -ненца, *тв.* -ненцем (*от* Ру́дный)
рудни́к, -а́
руднико́вый
рудни́чный
Рудни́чный, -ого (*поселок*)
рудничо́к, -чка́
ру́дно-металлурги́ческий
ру́дно-терми́ческий
ру́дный
Ру́дный, -ого (*город, поселок*)
рудня́нский (*от* Ру́дня)
рудня́нцы, -ев, *ед.* -нец, -нца, *тв.* -нцем (*от* Ру́дня)
рудово́з, -а
рудово́зный
рудовосстанови́тельный
ру́до-жёлтый
рудозна́тец, -тца, *тв.* -тцем, *р. мн.* -тцев
рудоиска́тель, -я
рудо́й и **ру́дый** *(красный, обл.)*
рудоко́п, -а
рудоко́пный
рудоно́сность, -и
рудоно́сный; *кр. ф.* -сен, -сна
рудообразова́ние, -я
рудоподъёмный
рудопромы́вочный
рудоразбо́рка, -и
рудоразбо́рщик, -а
рудоразыскно́й
рудоремо́нтный
рудоспу́ск, -а
рудоуправле́ние, -я
ру́дый и **рудо́й** *(красный, обл.)*
рудя́к, -а́
ружа́не, -а́н, *ед.* -а́нин, -а (*от* Ру́за)
руже́йник, -а
руже́йно-пулемётный
руже́йный
ружьё, -я́, *мн.* ру́жья, ру́жей, ру́жьям
ружьецо́, -а́
ружьи́шко, -а, *мн.* -шки, -шек
ружьи́ще, -а
ру́зский (*от* Ру́за)
руина́тор, -а
руини́рованный; *кр. ф.* -ан, -ана
руини́ровать, -рует
руи́нный
руи́ны, руи́н, *ед.* руи́на, -ы
рука́, -и́, *вин.* ру́ку, *мн.* ру́ки, рук, рука́м
рука́в, -а́, *мн.* -а́, -о́в
рукави́цы, -и́ц, *ед.* -и́ца, -ы, *тв.* -ей
рукави́чки, -чек, *ед.* -и́чка, -и
рукави́чник, -а
рукави́чный
рука́вный
рука́ в ру́ку (идти́)
рука́вчик, -а
рука́ о́б руку
рука́стый
ру́ки в бо́ки
ру́ки-крю́ки, *других форм нет*
ру́ки-но́ги, ру́к-но́г
рукоби́тный
рукоби́тчик, -а
рукоби́тье, -я, *р. мн.* -тий
рукоблу́дие, -я
рукоблу́дничать, -аю, -ает
рукоблу́дство, -а
рукаво́д, -а
руководи́тель, -я
руководи́тельница, -ы, *тв.* -ей
руководи́ть(ся), -ожу́(сь), -оди́т(ся)
руково́дство, -а
руково́дствование, -я
руково́дствовать(ся), -твую(сь), -твует(ся)
руководя́щий(ся)
руковозложе́ние, -я
рукоде́лие, -я
рукоде́льница, -ы, *тв.* -ей
рукоде́льничать, -аю, -ает
рукоде́льный
рукокры́лые, -ых
рукомесло́, -а́
рукомо́йник, -а
руконо́жка, -и, *р. мн.* -жек
рукопа́шная, -ой
рукопа́шный
рукопёрые, -ых
рукописа́ние, -я
рукопи́сный
ру́копись, -и
рукоплеска́ния, -ий
рукоплеска́ть, -ещу́, -е́щет
рукопле́щущий
рукопожа́тие, -я
рукополага́ть(ся), -а́ю(сь), -а́ет(ся)
рукоположе́ние, -я
рукоположённый; *кр. ф.* -ён, -ена́
рукоположи́ть(ся), -жу́(сь), -жи́т(ся)
рукоприкла́дство, -а
рукоприкла́дствовать, -твую, -твует
рукосу́й, -я
рукотво́рность, -и
рукотво́рный; *кр. ф.* -рен, -рна
рукоумыва́ло, -а *(церк.)*
рукохо́д, -а
рукоя́тка, -и, *р. мн.* -ток
рукоя́точный
рукоя́тчик, -а
рукоя́тчик-сигнали́ст, рукоя́тчика-сигнали́ста
рукоя́тчица, -ы, *тв.* -ей
рукоя́тчица-сигнали́стка, рукоя́тчицы-сигнали́стки
рукоя́ть, -и
ру́ла, -ы *(спорт.)*
рула́да, -ы
рулево́й
рулёжка, -и, *р. мн.* -жек
рулёжный
руле́ние, -я
руле́т, -а
руле́тка, -и, *р. мн.* -ток
руле́тный
руле́точник, -а
руле́точный
руле́тта, -ы (*матем.*)

рули́ть, рулю́, рули́т
руло́н, -а
рулони́рование, -я
рулони́рованный; *кр. ф.* -ан, -ана
руло́нный
руло́нчик, -а
руль, -я́
ру́лька, -и, *р. мн.* ру́лек
румб, -а (*деление компаса*)
ру́мба, -ы (*танец*)
ру́мбовый
ру́мпель, -я
ру́мпельный
румы́нка, -и, *р. мн.* -нок
румы́но-молда́вский
румы́но-росси́йский
румы́нский (*к* румы́ны и Румы́ния)
румы́нско-ру́сский
румы́ны, -ы́н, *ед.* румы́н, -а
румя́на, -я́н
румя́невший (*от* румя́неть)
румя́ненный; *кр. ф.* -ен, -ена (*от* румя́нить)
румя́ненький
румя́неть, -ею, -еет (*становиться румяным*)
румя́нец, -нца, *тв.* -нцем
румя́нивший(ся) (*от* румя́нить(ся)
румя́нить, -ню, -нит (*кого, что*)
румя́ниться, -нюсь, -нится
румя́нка, -и, *р. мн.* -нок
румя́нный (*от* румя́на)
румя́ность, -и
румянощёкий
Румя́нцев-Задуна́йский, Румя́нцева-Задуна́йского
румя́нцевский (*от* Румя́нцев)
Румя́нцевский музе́й
румя́нчик, -а
румя́ный
румя́нящий(ся)
ру́нди, *неизм.* и *нескл., м.* (*язык*) и *нескл., мн., ед. м.* и *ж.* (*народ*)
рунду́к, -а́
рунду́чный
рундучо́к, -чка́
Руне́т, -а
руне́ц, рунца́, *тв.* рунцо́м, *р. мн.* рунцо́в (*насекомое*)
руни́стый
руни́ческий
ру́нный
руно́[1], -а́, *мн.* ру́на, рун (*шерсть; косяк рыбы*)
руно́[2], *нескл., с.* и **роно́,** *нескл., м.* и *с.* (*сокр.*: районное управление (районный отдел) народного образования)
ру́ны, рун, *ед.* ру́на, -ы (*письмена; песни*)
РУО́П и **РУБО́П,** -а и *нескл., с.* (*сокр.*: региональное управление по борьбе с организованной преступностью)
руо́повец и **рубо́повец,** -вца, *тв.* -вцем, *р. мн.* -вцев
руо́повский и **рубо́повский** (*от* РУО́П и РУБО́П)
ру́пия, -и
ру́пор, -а, *мн.* -ы, -ов и -а́, -о́в
ру́порный
рупь, *других форм нет* (*прост. к* рубль)
рурализа́ция, -и
рурбаниза́ция, -и
ру́рский (*от* Рур)
руса́к, -а́
руса́лии, -ий
руса́лка, -и, *р. мн.* -лок
руса́лочий, -ья, -ье
руса́лочка, -и, *р. мн.* -чек
руса́лочный
руса́льный
руса́чий, -ья, -ье
руса́чка, -и, *р. мн.* -чек
русачо́к, -чка́
русе́ть, -е́ю, -е́ет
руси́зм, -а
руси́нка, -и, *р. мн.* -нок
руси́нский
руси́ны, -ов, *ед.* руси́н, -а
руси́ст, -а
руси́стика, -и
руси́стка, -и, *р. мн.* -ток
руси́стский
русифика́тор, -а
русифика́торский
русифика́торство, -а
русифика́ция, -и
русифици́рованный; *кр. ф.* -ан, -ана
русифици́ровать(ся), -рую(сь), -рует(ся)
ру́сичи, -ей, *ед.* -ич, -а, *тв.* -ем (*ист.*)
ру́слень, -я
ру́сло, -а, *р. мн.* ру́сел и русл
руслово́й и **ру́словый**
руслоочисти́тельный
русоборо́дый
русова́тый
русоволо́сый
русоголо́вый
русоко́сый
русоку́дрый
русопёт, -а и **русопя́т,** -а
русофи́л, -а
русофи́лка, -и, *р. мн.* -лок
русофи́льский
русофи́льство, -а
русофо́б, -а
русофо́бия, -и
русофо́бка, -и, *р. мн.* -бок
русофо́бский
русофо́бство, -а
ру́сская, -ой
Ру́сская Аме́рика (*русские владения в Америке в XVIII–XIX вв.*)
Ру́сская зарубе́жная правосла́вная це́рковь
Ру́сская земля́ (*Россия, Русь*)
Ру́сская плита́ (*геол.*)
Ру́сская Поля́на (*поселок*)
Ру́сская Пра́вда (*свод древнерусского права*)
Ру́сская правосла́вная це́рковь (РПЦ)
Ру́сская равни́на (*геогр.*)
ру́сские, -их, *ед.* ру́сский, -ого
Ру́сские го́ры (*в Антарктиде*)
Ру́сские сезо́ны за грани́цей (*1907–1913*)
ру́сский, *прил.*
Ру́сский, -ого (*остров*)
Ру́сский музе́й (*в Петербурге*)
Ру́сский общево́инский со́юз (РОВС) (*в эмиграции*)
Ру́сский хребе́т (*в Китае*)
ру́сско-англи́йский
ру́сско-а́нгло-фра́нко-италья́нский
ру́сско-белору́сский
русскоговоря́щий
ру́сско-грузи́нско-армя́нский
ру́сско-древнегре́ческий
ру́сское зарубе́жье
Ру́сское У́стье (*село*)
ру́сско-иноязы́чный
ру́сско-испа́нский
ру́сско-кита́йский
ру́сско-лати́нский
ру́сско-национа́льный
ру́сско-неме́цкий
ру́сско-новогре́ческий
ру́сско-по́льский
русскополя́нский (*от* Ру́сская Поля́на); но: **Ру́сско-Поля́нский райо́н**
ру́сско-сербохорва́тский и **ру́сско-сербскохорва́тский**
ру́сскость, -и
ру́сско-суахи́ли, *неизм.*
ру́сско-туре́цкий
ру́сско-укра́инский
ру́сско-урду́, *неизм.*
ру́сско-фарси́, *неизм.*
ру́сско-францу́зский
ру́сско-хи́нди, *неизм.*
Ру́сско-шве́дская война́ (*1700–1721*)
ру́сско-шве́дский
ру́сско-эспера́нтский
русскоязы́чный
Ру́сско-япо́нская война́ (*1904–1905*)
ру́сско-япо́нский
руссои́зм, -а (*от* Руссо́)
руссои́ст, -а
руссои́стский
руст, -а, *мн.* -ы́, -о́в
рустavéлиевский (*от* Рустavéли)
руста́вский (*от* Руста́ви)
руста́вцы, -ев, *ед.* -вец, -вца, *тв.* -вцем
ру́стика, -и
рустика́льный (*стиль одежды*)
русто́ванный; *кр. ф.* -ан, -ана
рустова́ть(ся), -ту́ю, -ту́ет(ся)
русто́вка, -и
ру́сый
Русь, -и́
ру́та, -ы

руте́, *нескл., с.*
руте́ниевый
руте́ний, -я
рутёрка, -и, *р. мн.* -рок
рути́л, -а
рути́н, -а (*хим., мед.*)
рути́на, -ы
рутинёр, -а
рутинёрка, -и, *р. мн.* -рок
рутинёрский
рутинёрство, -а
рути́нность, -и
рути́нный; *кр. ф.* -и́нен, -и́нна
ру́товый
ру́хлядь, -и
рухля́к, -а́
рухляко́вый
ру́хнуть(ся), -ну(сь), -нет(ся)
руча́тельство, -а
руча́ться, -а́юсь, -а́ется
ручеёк, -ейка́
руче́й, ручья́; но (*в названиях населенных пунктов*) **Руче́й,** Ручья́, *напр*: Бе́лый Руче́й, Бочаро́в Руче́й (*поселки*)
руче́йник, -а
руче́йный
ру́ченька, -и, *р. мн.* -нек
ручи́ща, -и, *тв.* -ей
ру́чка, -и, *р. мн.* ру́чек
ручни́к, -а́ (*молоток; ручной тормоз; работник-ручнист*)
ручни́ст, -а
ручни́стка, -и, *р. мн.* -ток
ручни́ца, -ы, *тв.* -ей
ручничо́к, -чка́ (*от* ручни́к)
ручно́й
ручо́нка, -и, *р. мн.* -нок
ручьево́й
ручьи́стый
руша́не, -а́н, *ед.* -а́нин, -а (*к* Ста́рая Ру́сса)
руша́нка, -и, *р. мн.* -нок
ру́шащий(ся)
ру́шение, -я
руши́льный
ру́шить(ся), ру́шу, ру́шит(ся)
рушни́к, -а́ (*полотенце*)
рушничо́к, -чка́ (*от* рушни́к)
рцы, *нескл., с.* (*название буквы*)
ры́ба, -ы
ры́ба-а́нгел, ры́бы-а́нгела, *ж.*
ры́ба-ба́бочка, ры́бы-ба́бочки
рыба́к, -а́
рыба́лить, -лю, -лит
рыба́лка, -и, *р. мн.* -лок
ры́ба-ло́цман, ры́бы-ло́цмана, *ж.*
ры́ба-ползу́н, ры́бы-ползуна́, *ж.*
ры́ба-попуга́й, ры́бы-попуга́я, *ж.*
рыба́рь, -я́ и **ры́барь,** -я
ры́ба-хиру́рг, ры́бы-хиру́рга, *ж.*
рыба́цкий
рыба́чащий
рыба́чество, -а
рыба́чий, -ья, -ье
Рыба́чий, -ьего (*полуостров, поселок*)
рыба́чить, -чу, -чит
рыба́чка, -и, *р. мн.* -чек
рыбе́ц, рыбца́, *тв.* -о́м, *р. мн.* -о́в
рыбёшка, -и, *р. мн.* -шек
ры́бий, -ья, -ье
ры́бина, -ы
ры́бинский (*от* Ры́бинск)
рыбинспе́ктор, -а, *мн.* -а́, -о́в и -ы, -ов
рыбинспе́кторский
рыбинспе́кция, -и
ры́бинцы, -ев, *ед.* -нец, -нца, *тв.* -нцем (*от* Ры́бинск)
ры́бица, -ы, *тв.* -ей
ры́бища, -и, *тв.* -ей
ры́бка, -и, *р. мн.* ры́бок
рыбколхо́з, -а
рыбнадзо́р, -а и **рыбонадзо́р,** -а
рыбнадзо́рный и **рыбонадзо́рный**
рыбнадзо́ровский и **рыбонадзо́ровский**
ры́бник, -а
ры́бница, -ы, *тв.* -ей
ры́бный
рыбоаку́стика, -и
рыбове́дение, -я
рыбове́дческий
рыбово́д, -а
рыбово́дный
рыбово́дство, -а
рыбово́дческий
рыбово́з, -а
рыбово́зный
рыбодобыва́ющий
рыбодобы́тчик, -а
рыбодобы́ча, -и, *тв.* -ей
рыбозаво́д, -а
рыбозаво́дский
рыбозме́й, -я
рыбокомбина́т, -а
рыбоконсе́рвный
рыбокопти́льный
рыбокопти́льня, -и, *р. мн.* -лен
рыбокрабоконсе́рвный
рыболо́в, -а
рыболове́цкий
рыболо́в-люби́тель, рыболо́ва-люби́теля
рыболо́вный
рыболо́в-спортсме́н, рыболо́ва-спортсме́на
рыболо́вство, -а
рыболока́тор, -а
рыболокацио́нный
рыболока́ция, -и
рыбомо́ечный
рыбоморози́льный
рыбомучно́й
рыбонадзо́р, -а и **рыбнадзо́р,** -а
рыбонадзо́рный и **рыбнадзо́рный**
рыбонадзо́ровский и **рыбнадзо́ровский**
рыбонасо́с, -а
ры́бонька, -и, *р. мн.* -нек
рыбообраба́тывающий
рыбообрабо́тка, -и
рыбообрабо́тчик, -а
рыбообрабо́тчица, -ы, *тв.* -ей
рыбообра́зные, -ых
рыбоотхо́ды, -ов
рыбоохра́на, -ы
рыбоохра́нный
рыбоперераба́тывающий
рыбоперерабо́тка, -и, *р. мн.* -ток
рыбопито́мник, -а
рыбоподъём, -а
рыбоподъёмник, -а
рыбоподъёмный
рыбопоиско́вый
рыбопоса́дочный
рыбоприёмник, -а
рыбоприёмный
рыбоприёмщик, -а
рыбоприёмщица, -ы, *тв.* -ей
рыбопродукти́вность, -и
рыбопроду́кты, -ов, *ед.* -у́кт, -а
рыбопромыслови́к, -а́
рыбопромысло́вый
рыбопромы́шленник, -а
рыбопромы́шленность, -и
рыбопромы́шленный
рыбопропускно́й
рыборазведе́ние, -я
рыборазво́дня, -и, *р. мн.* -ден
рыборазде́лочный
рыборазде́льщик, -а
рыборазде́льщица, -ы, *тв.* -ей
рыботова́ры, -ов
рыботорго́вец, -вца, *тв.* -вцем, *р. мн.* -вцев
рыботорго́вля, -и
рыботорго́вый
рыбохо́д, -а
рыбохо́дный
рыбохозя́йственный
рыбохозя́йство, -а
рыбочи́стка, -и, *р. мн.* -ток
рыбоя́дный
рыбхо́з, -а
рыбце́х, -а
рыбчо́нка, -и, *р. мн.* -нок
Ры́бы, Рыб (*созвездие и знак зодиака*); **Ры́ба,** -ы (*о том, кто родился под этим знаком*)
рывко́вый
рыво́к, рывка́
рыга́ние, -я
рыга́ть, -а́ю, -а́ет
рыгну́ть, -ну́, -нёт
рыда́лец, -льца, *тв.* -льцем, *р. мн.* -льцев
рыда́лица, -ы, *тв.* -ей
рыда́льщица, -ы, *тв.* -ей
рыда́ние, -я
рыда́ть, -а́ю, -а́ет
рыда́ющий
рыдва́н, -а
рыжа́к, -а́
рыжеборо́дый
рыжева́тенький

рыжева́то-кори́чневый
рыжева́тость, -и
рыжева́тый
рыжеволо́сый
рыжеголо́вый
рыже́е, *сравн. ст.*
рыже́й, -я (*растение*)
рыже́йший
рыжеку́дрый
ры́женький
рыжепоясни́чная ла́сточка
ры́жесть, -и
рыже́ть, -е́ю, -е́ет
рыжеу́сый
ры́же-ча́лый
рыжешёрстый
ры́жий; *кр. ф.* рыж, рыжа́, ры́же
ры́жик, -а
ры́жиковый
рыжина́, -ы́
рыжи́нка, -и, *р. мн.* -нок
ры́жичек, -чка
рык, -а
рыка́ние, -я и **ры́канье,** -я
рыка́ть, -а́ю, -а́ет и **ры́кать,** -аю, -ает
рыкну́ть, -ну́, -нёт и **ры́кнуть,** -ну, -нет
ры́ло, -а
ры́льский (*от* Рыльск)
ры́льце, -а, *р. мн.* ры́лец и ры́льцев
рыльча́не, -а́н, *ед.* -а́нин, -а и **рыля́не,** -я́н, *ед.* -я́нин, -а (*от* Рыльск)
рым, -а
ры́нда, -ы, *м.* (*оруженосец*) и *ж.* (*судовой колокол*)
рынкове́дение, -я
рынкове́дческий
ры́нок, ры́нка
ры́ночек, -чка
ры́ночник, -а
ры́ночница, -ы, *тв.* -ей
ры́ночно ориенти́рованный
ры́ночный
ры́паться, -аюсь, -ается
ры́пнуться, -нусь, -нется
рыса́к, -а́
риса́чий, -ья, -ье
рысачо́к, -чка́
рысёнок, -нка, *мн.* рыся́та, -ся́т
ры́сий, -ья, -ье
рыси́стость, -и
рыси́стый
рыси́ть, -и́т
рыси́ха, -и
рыск, -а (*от* ры́скать)
ры́скание, -я
ры́скать, ры́щу, ры́щет и -аю, -ает
рыскли́вость, -и
рыскли́вый
ры́скнуть, -ну, -нет
рысково́й
рысца́, -ы́, *тв.* -о́й
рысцо́й, *нареч.*
рысь[1], -и, *предл.* на рыси́ (*быстрый аллюр*)
рысь[2], -и (*животное*)
ры́сью, *нареч.*
ры́твина, -ы
ры́твинка, -и, *р. мн.* -нок
ры́тый
рыть, ро́ю, ро́ет
рытьё, -я́
ры́ться, ро́юсь, ро́ется
рыхле́ние, -я
рыхлённый; *кр. ф.* -ён, -ена́, *прич.*
рыхлёный, *прил.*
рыхле́ть, -е́ю, -е́ет
рыхли́тель, -я
рыхли́ть(ся), -лю́, -ли́т(ся)
рыхлова́тость, -и
рыхлова́тый
рыхлокомкова́тый
ры́хлость, -и
рыхлота́, -ы́
ры́хлый; *кр. ф.* рыхл, рыхла́, ры́хло
рыхля́к, -а́
ры́царски
ры́царский
ры́царственный; *кр. ф.* -вен и -венен, -венна
ры́царство, -а
ры́царствовать, -твую, -твует
ры́царь, -я
Ры́царь печа́льного о́браза (*о Дон-Кихоте*)
рыча́г, -а́
рыча́жный
рычажо́к, -жка́
рыча́ние, -я
рыча́ть, рычу́, рычи́т
ры́щущий
рья́но, *нареч.*
рья́ность, -и
рья́ный
рэ, *нескл., м.* (*рубль, прост.*)
рэ́кет, -а
рэкети́р, -а
рэкети́ровать, -рую, -рует
рэкети́рский
рэкетну́ть, -ну́, -нёт
Рэле́й, -я: **во́лны Рэле́я, зако́н Рэле́я, распределе́ние Рэле́я, теоре́ма Рэле́я, зако́н излуче́ния Рэле́я – Джи́нса**
рэле́й, -я (*ед. измер.*)
рэ́нга, *нескл., с.* (*лит.*)
рэндзи́ст, -а
рэ́ндзю, *нескл., с.*
рэп, -а
рэ́пер, -а
рэп-му́зыка, -и
рэ́тский (*геол.*)
РЭ́У, *нескл., с.* (*сокр.*: ремонтно-эксплуатационное управление)
рюкза́к, -а́
рюкзачи́шко, -а и -и, *мн.* -шки, -шек, *м.*
рюкзачи́ще, -а, *мн.* -а и -и, -и́щ, *м.*
рюкза́чник, -а
рюкза́чный
рюкзачо́к, -чка́
рюкю́ский (*от* Рюкю)
рюкю́сцы, -ев, *ед.* -сец, -сца, *тв.* -сцем
рюма́шка, -и, *р. мн.* -шек
рю́мить(ся), рю́млю(сь), рю́мит(ся)
рю́мка, -и, *р. мн.* рю́мок
рю́мочка, -и, *р. мн.* -чек
рю́мочная, -ой
рю́мочный
Рю́риковичи, -ей (*династия*)
рю́риковский (*от* Рю́рик)
рюсс, *неизм.* (сти́ль рю́сс)
рюха́ть, -а́ю, -а́ет (*жарг.*)
рю́хи, рюх, *ед.* рю́ха, -и
рюхну́ть, -ну́, -нёт
рюш, -а, *тв.* -ем
рю́шечный
рю́шка, -и, *р. мн.* -шек
рю́шный
ря́бенький
рябе́ть, -е́ю, -е́ет
рябизна́, -ы́
ряби́на, -ы
ряби́нка, -и, *р. мн.* -нок
ряби́нник, -а
ряби́нный
ряби́новка, -и
ряби́новый
рябиноли́стный
ряби́нушка, -и, *р. мн.* -шек
ряби́ть(ся), -и́т(ся)
рябова́тость, -и
рябова́тый
рябо́й; *кр. ф.* ряб, ряба́, ря́бо, ря́бы́
рябо́к, рябка́
рябу́ха, -и
ря́бчик, -а
ря́бчиковый
рябчо́нок, -нка, *мн.* -ча́та, -а́т (*от* ря́бчик)
рябь, -и
ря́вканье, -я
ря́вкать, -аю, -ает
ря́вкнуть, -ну, -нет
ряд, -а и (*с колич. числит. 2, 3, 4*) -а́, *предл.* в ряду́, *мн.* -ы́, -о́в; но: **Каре́тный Ря́д, Охо́тный Ря́д** (*улицы в Москве*)
ря́да, -ы (*соглашение*)
ряди́ть(ся)[1], ряжу́(сь), ря́дит(ся) (*одевать(ся)*)
ряди́ть(ся)[2], ряжу́(сь), ря́ди́т(ся) (*управлять; нанимать(ся); торговаться*)
рядко́вый
рядко́м, *нареч.*
рядни́на, -ы (*рядно*)
рядни́нный
рядно́, -а́, *мн.* ря́дна, ря́ден, ря́днам
ря́дность, -и
ря́дный
рядовичи́, -е́й, *ед.* -ви́ч, -а́, *тв.* -о́м (*ист.*)
ря́довка, -и, *р. мн.* -вок
рядово́й

рядо́к, рядка́
ря́дом, *нареч.*
рядополо́жность, -и
рядополо́жный; *кр. ф.* -жен, -жна
рядо́чек, -чка
рядо́чком, *нареч.*
рядско́й
ря́дчик, -а
ря́дышком
рядя́щий(ся)
ряж, -а и -а́, *тв.* -ем и -о́м, *мн.* -и, -ей и -и́, -е́й
ря́жевый
ря́жение, -я
ря́женка, -и
ря́женный; *кр. ф.* -ен, -ена, *прич.*
ря́женые, -ых, *ед.* -еный, -ого и -еная, -ой
ря́женый, *прил.*
ря́женье, -я
ряза́нка, -и, *р. мн.* -нок
ряза́нский (*от* Ряза́нь)
ряза́нцы, -ев, *ед.* -нец, -нца, *тв.* -нцем
Ряза́нщина, -ы (*к* Ряза́нь)
ря́пушка, -и, *р. мн.* -шек
ря́пушковый
ря́са, -ы
ря́ска, -и, *р. мн.* ря́сок
ря́сковый
ря́сно, -а, *мн.* ря́сна и ря́сны, ря́сен
рясофо́р, -а
рясофо́рный
ряст, -а
ря́ха, -и (ря́шка, *жарг.*)
ря́шка, -и, *р. мн.* ря́шек

С

с и **со,** *предлог*
-с, *частица – с предшествующим словом пишется через дефис*: да-с, так-с, слу́шаю-с
СА [эса́], *нескл., м.* (*сокр.*: спускаемый аппарат)
саа́б, -а (*автомобиль*)
саада́к, -а, **сагайда́к,** -а и **сайда́к,** -а
саа́ми, *нескл., мн., ед. м.* и *ж.*
саа́мка, -и, *р. мн.* -мок
саа́мский
саа́мы, -ов, *ед.* саа́м, -а
саа́рский (*от* Саа́р)
саа́рцы, -ев, *ед.* -рец, -рца, *тв.* -рцем
са́ба, -ы *(мешок)*
сабади́лла, -ы
сабайо́н, -а
сабали́на, -ы *(фигура синхронного плавания)*
саба́ль, -я
саба́н, -а
Сабанту́й, -я (*народный праздник у татар и башкир*) и **сабанту́й,** -я (*застолье*)
сабанту́йчик, -а
сабве́й, -я
сабе́и, -ев, *ед.* сабе́й, -я *(племена)*
сабеи́зм, -а
сабеисти́ческий
сабеи́стский
сабе́йский
сабе́ллы, -ов, *ед.* -е́лл, -а
сабе́лльский
са́белька, -и, *р. мн.* -лек
са́бельник, -а
са́бельный
сабза́, -ы́
сабила́рк, -а *(фигура синхронного плавания)*
саблеви́дный; *кр. ф.* -ден, -дна
саблезу́бый ти́гр
саблеобра́зный; *кр. ф.* -зен, -зна
саблеро́гая антило́па
сабли́ст, -а
сабли́стка, -и, *р. мн.* -ток
са́бля, -и, *р. мн.* са́бель
сабляни́ца, -ы, *тв.* -ей
са́бля-ры́ба, са́бли-ры́бы
сабмари́на, -ы *(фигура синхронного плавания)*
сабо́, *нескл., мн., ед. с.* (*обувь*)
са́бор, -а (*орган власти*)
сабота́ж, -а, *тв.* -ем
сабота́жник, -а
сабота́жница, -ы, *тв.* -ей
сабота́жничать, -аю, -ает
сабота́жнический
сабота́жничество, -а
сабота́жный
саботи́рование, -я
саботи́рованный; *кр. ф.* -ан, -ана
саботи́ровать(ся), -рую, -рует(ся)
са́бра, -ы, *м.* и *ж.* (*коренной житель Израиля*), *ж.* (*плод*)
сабу́р, -а
са́ван, -а
сава́нна, -ы
сава́нновый
са́ванный (*от* са́ван)
сава́нный (*саванновый*)
Савао́ф, -а
сава́р, -а, *р. мн.* -ов, *счетн. ф.* -а́р
Са́ввино-Сторожéвский монасты́рь
Савёловский вокза́л (*в Москве*)
са́вка, -и, *р. мн.* са́вок (*птица*)
Саво́йские А́льпы
саво́йский (*от* Саво́йя)
саво́йцы, -ев, *ед.* -о́ец, -о́йца, *тв.* -о́йцем
савоя́р, -а
савра́с, -а
савра́ска, -и, *р. мн.* -сок, *м.* и *ж.* (*о лошади*) и **Савра́ска,** -и, *м.* и *ж.* (*кличка*)
савра́совский (*от* Савра́сов)
савра́сый
са́га, -и (*сказание*)
сагайда́к, -а, **саада́к,** -а и **сайда́к,** -а
сагайда́чный
сага́н, -а (*растение*)
саги́б, -а, **саи́б,** -а и **сахи́б,** -а
сагити́рованный; *кр. ф.* -ан, -ана
сагити́ровать, -рую, -рует
саги́тта, -ы
сагитта́льный
сагитта́рия, -и
са́го, *нескл., с.* (*крупа*)
са́говник, -а
са́говниковый
са́говый
сагрегати́рованный; *кр. ф.* -ан, -ана
сагрегати́ровать, -рую, -рует
сагуи́н, -а
сад, -а, *предл.* в саду́, *мн.* -ы́, -о́в
садану́ть, -ну́, -нёт
саддуке́и, -е́ев, *ед.* -ке́й, -я
саджа́, -и́, *тв.* -о́й
сади́зм, -а
са́дик, -а
са́диковый (*к* детса́дик)
сади́лка, -и, *р. мн.* -лок
сади́ст, -а
сади́стка, -и, *р. мн.* -ток
сади́стски
сади́стский
сади́ть, сажу́, са́дит, *несов.* (*сажать; совершать какое-н. энергичное действие*)
сади́ться, сажу́сь, сади́тся
сади́шко, -а и -и, *мн.* -шки, -шек, *м.*
са́дка, -и, *р. мн.* са́док
са́дкий; *кр. ф.* са́док, садка́, са́дко
Садко́ – Бога́тый го́сть, Садко́ – Бога́того го́стя (*былинный персонаж*)
садко́вый
са́дневший (*от* са́днеть)
са́днеть, -еет (*о болезненном ощущении раздражения, жжения*)
са́днивший (*от* са́днить)
са́днить, -ит и **садни́ть,** -и́т (*то же, что саднеть; вызывать раздражение*)
са́днящий
Садо́вая, -ой (*улица*)
Садо́вая-Карéтная (*улица*)
Садо́вая-Ку́дринская (*улица*)
Садо́вая-Самотёчная (*улица*)
Садо́вая-Спа́сская (*улица*)
Садо́вая-Су́харевская (*улица*)
Садо́вая-Триумфа́льная (*улица*)
Садо́вая-Черногря́зская (*улица*)
садовладе́лец, -льца, *тв.* -льцем, *р. мн.* -льцев
садо́вник, -а
садо́вница, -ы, *тв.* -ей
садо́вничать, -аю, -ает
садо́внический
садо́вничество, -а
садо́вничий, -ья, -ье
садо́во-виногра́дарский

садово́д, -а
садо́во-да́чный
садо́во-декорати́вный
садово́д-люби́тель, садово́да-люби́теля
садово́дство, -а
садово́дческий
Садо́вое кольцо́ (*в Москве*)
садо́во-огоро́дный
садо́во-па́рковый
са́довский (*к* детса́д)
садо́вый
садо́к, садка́
садомазохи́зм, -а
садомазохи́ст, -а
садомазохи́стка, -и, *р. мн.* -ток
садомазохи́стский
садоразведе́ние, -я
садо́чек, -чка
садо́чный
са́дчик, -а
Сады́, -о́в: **Но́вые Сады́** (*район в Москве*)
са́д-я́сли, са́да-я́слей, *м.*
садя́щий(ся)
саёк, сайка́ (*олень*)
са́ечка, -и, *р. мн.* -чек
са́ечный
саж, -а́ и -а, *тв.* -о́м и -ем (*место в хлеву*)
са́жа, -и, *тв.* -ей
сажа́лка, -и, *р. мн.* -лок
сажа́льный
сажа́льщик, -а
сажа́льщица, -ы, *тв.* -ей
сажа́ние, -я
сажа́ть(ся), -а́ю, -а́ет(ся)
са́жевый
са́женец, -нца, *тв.* -нцем, *р. мн.* -нцев
са́женка, -и и **сажёнка,** -и (*от* са́жень)
сажёнки, -нок (*способ плавания*)
са́женный; *кр. ф.* -ен, -ена, *прич.*
саже́нный и **сажённый** (*от* са́же́нь)
са́женцевый
са́женый, *прил.*
са́жень, -и, *мн.* -и, са́жен и саженéй и **саже́нь,** -и, *мн.* -и, -ей
са́живать(ся), *наст. вр. не употр.* (*к* сади́ть и сажа́ть(ся)
са́жистый
са́жный (*от* са́жа)
саз, -а
саза́н, -а
сазанда́р, -а (*музыкант*)
сазанда́ри, *нескл., м.* (*музыкант*), *м.* и *с.* (*муз. ансамбль*)
саза́ний, -ья, -ье
саза́нчик, -а
саи́б, -а, **саги́б,** -а и **сахи́б,** -а
сайга́, -и́ и **сайга́к,** -а
сайга́чий, -ья, -ье
сайгачо́нок, -нка, *мн.* -ча́та, -ча́т
сайго́нский (*от* Сайго́н)
сайго́нцы, -ев, *ед.* -нец, -нца, *тв.* -нцем
са́йда, -ы
сайда́к, -а, **саада́к,** -а и **сагайда́к,** -а
са́йдинг, -а
са́йдинговый
са́йдовый
сайдяно́й
сайенто́лог, -а
сайентологи́ческий
сайентоло́гия, -и
са́йка, -и, *р. мн.* са́ек
сайоди́н, -а
са́йра, -ы
са́йровый
сайт, -а
са́йтовый
сак, -а (*мешок*; *одежда*; *рыболовная снасть*)
сакая́ки, *нескл., с.* и *ж.* (*прическа*)
са́ква, -ы
саквоя́ж, -а, *тв.* -ем
саквоя́жный
саке́, *нескл., ж.* и *с.* (*японская водка*)
са́ки, -ов, *ед.* сак, -а (*группа древнеиранских племен*; *род обезьян*)
саккомпани́ровать, -рую, -рует
са́ккос, -а
саккули́на, -ы
саккумули́рованный; *кр. ф.* -ан, -ана
саккумули́ровать(ся), -рую, -рует(ся)
са́кля, -и, *р. мн.* -ей
са́кма, -ы
сакма́н, -а
сакма́нщик, -а
сакма́нщица, -ы, *тв.* -ей
сакрализа́ция, -и
сакрализо́ванный; *кр. ф.* -ан, -ана
сакрализова́ть(ся), -зу́ю, -зу́ет(ся)
сакра́льность, -и
сакра́льный; *кр. ф.* -лен, -льна
сакраме́нт, -а
сакрамента́льность, -и
сакрамента́льный; *кр. ф.* -лен, -льна
сакрамента́рий, -я
сакри́стия, -и
сакса́ул, -а
сакса́уловый
сакса́ульник, -а
сакса́ульный
саксго́рн, -а
са́кский (*к* са́ки, *племена*, и са́ксы)
саксо́нка, -и, *р. мн.* -нок
саксо́нский (*от* Саксо́ния)
саксо́нцы, -ев, *ед.* -нец, -нца, *тв.* -нцем
саксофо́н, -а
саксофони́ст, -а
саксофо́нный
са́ксы, -ов, *ед.* сакс, -а
са́кта, -ы
такти́рованный
сакти́рованный; *кр. ф.* -ан, -ана
сакти́ровать(ся), -рую, -рует(ся)
са́кура, -ы
салабо́н, -а (*жарг.*)
салава́тский (*от* Салава́т, *город*)
салава́тцы, -ев, *ед.* -тец, -тца, *тв.* -тцем
сала́га, -и, *м.*
салажня́, -и́ (*собир.*)
салажо́нок, -нка, *мн.* -жа́та, -жа́т
сала́зки, -зок
сала́зковый
сала́зочный
сала́ка, -и
сала́кушка, -и, *р. мн.* -шек
салама́ндра, -ы
салама́ндровый
салама́нкский (*от* Салама́нка)
салама́нкцы, -ев, *ед.* -кец, -кца, *тв.* -кцем
салама́та, -ы
саланга́на, -ы
сала́т, -а и -у
сала́тик, -а и -у
сала́тник, -а
сала́тница, -ы, *тв.* -ей
сала́тный
сала́товый
са́леп, -а
салеха́рдский (*от* Салеха́рд)
салеха́рдцы, -ев, *ед.* -дец, -дца, *тв.* -дцем
салива́ция, -и
са́линг, -а
са́линговый
са́листый
са́лить(ся), са́лю(сь), са́лит(ся)
салицила́т, -а
салици́лка, -и
салици́ловый
са́лиши, -ей и **се́лиши,** -ей (*группа племен*)
са́лишский и **се́лишский**
са́лки, са́лок
са́ло, -а
салова́р, -а
саловаре́ние, -я
сало́л, -а
салома́с, -а
сало́н, -а
сало́н-ваго́н, -а
сало́никский (*от* Сало́ники)
сало́никцы, -ев, *ед.* -кец, -кца, *тв.* -кцем
сало́н лю́кс, сало́на лю́кс
сало́н-магази́н, сало́на-магази́на
сало́нность, -и
сало́нный
сало́н-парикма́херская, сало́на-парикма́херской, *м.*
сало́нчик, -а
сало́п, -а
сало́пница, -ы, *тв.* -ей
сало́пный
салото́п, -а
салото́пенный
салото́пка, -и, *р. мн.* -пок
салотопле́ние, -я
салото́пный
салото́пня, -и, *р. мн.* -пен

са́лочки, -чек
салты́к: на сво́й салты́к
Салтычи́ха, -и
салу́н, -а
салфе́тка, -и, *р. мн.* -ток
салфе́точка, -и, *р. мн.* -чек
салфе́точный
салхино́, *нескл., с.*
сальвадо́рка, -и, *р. мн.* -рок
сальвадо́рский (*от* Сальвадо́р, *государство*)
сальвадо́рцы, -ев, *ед.* -рец, -рца, *тв.* -рцем
сальварса́н, -а
сальви́ния, -и
са́львия, -и
сальди́рование, -я
сальди́рованный; *кр. ф.* -ан, -ана
сальди́ровать(ся), -рую, -рует(ся)
сальдиро́вка, -и, *р. мн.* -вок
сальдиро́вочный
са́льдо, *нескл., с.*
са́льдовый
Салье́ри, *нескл., м.*
сальериа́нский
салье́риевский
сальери́зм, -а
са́льза, -ы
сальмоне́лла, -ы
сальмонеллёз, -а
са́льник, -а
са́льниковый
са́льность, -и
са́льный; *кр. ф.* са́лен, са́льна
сальпинги́т, -а
сальпингоофори́т, -а
са́льса, -ы (*танец*)
Са́льские сте́пи
са́льский (*от* Сальск)
сальтациони́зм, -а
сальтацио́нный
сальта́ция, -и
са́льто, *нескл., с.*
са́льто-морта́ле, *нескл., с.*
сальтомортали́ст, -а
са́льхов, -а (*прыжок*)
са́льце, -а
сальча́не, -а́н, *ед.* -а́нин, -а (*от* Сальск)
сальча́нка, -и, *р. мн.* -нок
салю́т, -а и (*в знач. межд.*) *неизм.*
салютацио́нный
салю́тный
салютова́ние, -я
салютова́ть, -ту́ю, -ту́ет
саля́ми, *нескл., ж.*
са́лящий(ся)
сам, само́, самого́, **сама́,** само́й, *вин.* самоё и саму́, *мн.* са́ми, сами́х
сама́н, -а
сама́ не своя́
Самани́ды, -ов (*династия*)
сама́нка, -и, *р. мн.* -нок
сама́нник, -а
сама́нный
сама́нщик, -а
сама́ по себе́
сама́рий, -я (*хим.*)
самаритя́не, -я́н, *ед.* -я́нин, -а
самаритя́нка, -и, *р. мн.* -нок
самаритя́нский (*к* самаритяне и Сама́рия)
сама́рка, -и, *р. мн.* -рок (*к* сама́рцы)
самарка́ндка, -и, *р. мн.* -ндок
самарка́ндский (*от* Самарка́нд)
самарка́ндцы, -ев, *ед.* -дец, -дца, *тв.* -дцем
сама́рский (*от* Сама́ра)
самарски́т, -а
сама́рцы, -ев, *ед.* -рец, -рца, *тв.* -рцем
Сама́рщина, -ы (*к* Сама́ра)
сама́ собо́й
са́мба, -ы (*танец*)
самби́ст, -а
самби́стка, -и, *р. мн.* -ток
са́мбо[1], *нескл., с.* (*борьба*)
са́мбо[2], *нескл., м.* и *ж.* (*потомок от смешанного брака*)
самбу́к, -а (*растение; кушанье*)
самбу́ка, -и (*лестница*)
самбу́ковый
сам-восьмо́й, *неизм.*
самги́нский (*от* Самги́н)
самги́нщина, -ы
сам-два́дцать, *неизм.*
сам-девя́т, *неизм.*
сам-деся́т, *неизм.*
сам-дру́г, *неизм.*
самерса́б, -а *(фигура синхронного плавания)*
саме́ц, самца́, *тв.* самцо́м, *р. мн.* самцо́в
самизда́т, -а
самизда́товский и **самизда́тский**
са́мка, -и, *р. мн.* са́мок
са́ммит, -а
са́м не сво́й
Самни́тские во́йны (*ист.*)
самни́тский
самни́ты, -ов, *ед.* -ни́т, -а
само... – *первая часть сложных слов, пишется слитно*
самоана́лиз, -а
самоа́нский (*от* Самоа́)
самоа́нцы, -ев, *ед.* -нец, -нца, *тв.* -нцем
самобедне́йший
самобеспло́дность, -и *(биол.)*
самобеспло́дный
самобичева́ние, -я
самобичу́ющийся
самоблока́да, -ы *(спорт.)*
самоблокиро́вка, -и
самобра́нка, -и, *р. мн.* -нок
самобра́ный: ска́терть самобра́ная
самобы́тник, -а
самобы́тность, -и
самобы́тный; *кр. ф.* -тен, -тна
самоважне́йший
самова́р, -а
самова́ришко, -а и -и, *мн.* -шки, -шек, *м.*
самова́рище, -а, *мн.* -а и -и, -ищ, *м.*
самова́рничать, -аю, -ает
самова́рный
самова́рчик, -а
самовзорва́ться, -рву́сь, -рвётся
самовзрыва́ние, -я
самовзрыва́ться, -а́ется
самовзыска́тельность, -и
самови́дец, -дца, *тв.* -дцем, *р. мн.* -дцев
самовла́ствовать, -твую, -твует
самовла́стец, -тца, *тв.* -тцем, *р. мн.* -тцев
самовла́стие, -я
самовласти́тель, -я
самовласти́тельный; *кр. ф.* -лен, -льна
самовла́стность, -и
самовла́стный; *кр. ф.* -тен, -тна
самовлюблённо, *нареч.*
самовлюблённость, -и
самовлюблённый; *кр. ф.* -ён, -ённа
самовнуше́ние, -я
самовозбужде́ние, -я
самовозвели́чение, -я
самовозвели́чивание, -я
самовозвра́т, -а
самовозгора́емость, -и
самовозгора́ние, -я
самовозгора́ться, -а́ется
самовозгоре́ться, -ри́тся
самовозобнови́ться, -и́тся
самовозобновле́ние, -я
самовозобновля́ться, -я́ется
самовозраста́ющий
самово́лие, -я
самово́лка, -и, *р. мн.* -лок
самово́льник, -а
самово́льница, -ы, *тв.* -ей
самово́льничанье, -я
самово́льничать, -аю, -ает
самово́льный; *кр. ф.* -лен, -льна
самово́льство, -а
самово́льщик, -а
самово́льщина, -ы
самовоспита́ние, -я
самовоспламене́ние, -я
самовоспламени́ться, -и́тся
самовоспламеня́емость, -и
самовоспламеня́ться, -я́ется
самовоспроизведе́ние, -я
самовоспроизводи́ться, -о́дится
самовоспроизво́дство, -а
самовосстановле́ние, -я
самовосхвале́ние, -я
самовса́сывающий
самовы́воз, -а
самовыдвига́ться, -а́юсь, -а́ется
самовыдвиже́нец, -нца, *тв.* -нцем, *р. мн.* -нцев
самовыдвиже́ние, -я
самовыдвиже́нка, -и, *р. мн.* -нок

самовы́двинуться, -нусь, -нется
самовыжива́ние, -я
самовыключа́ться, -а́ется
самовыключе́ние, -я
самовы́ключиться, -ится
самовыра́внивание, -я
самовыража́ться, -а́юсь, -а́ется
самовыраже́ние, -я
самовы́разиться, -ажусь, -азится
самовыявле́ние, -я
самовя́з, -а
самога́ся́щийся
самогипно́з, -а
самоговоря́щий
самого́н, -а и -у
самого́нка, -и
самого́нный
самогоноваре́ние, -я
самогонокуре́ние, -я
самого́ночка, -и
самого́нчик, -а и -у
самого́нщик, -а
самого́нщица, -ы, *тв.* -ей
самогу́ды, -ов
самодвиже́ние, -я
самодви́жущийся
самоде́йствующий
самоде́лка, -и, *р. мн.* -лок
самоде́лковый
самоде́льничать, -аю, -ает
самоде́льный
самоде́льщина, -ы
самодержа́вие, -я
самодержа́вно-бюрократи́ческий
самодержа́вно-крепостни́ческий
самодержа́вно-сосло́вный
самодержа́вность, -и
самодержа́вный; *кр. ф.* -вен, -вна
самоде́ржец, -жца, *тв.* -жцем, *р. мн.* -жцев
самоде́ржица, -ы, *тв.* -ей
самоде́ятельность, -и
самоде́ятельный
самодиагно́стика, -и
самоди́йский
самоди́йцы, -ев, *ед.* -и́ец, -и́йца, *тв.* -и́йцем
самодискредита́ция, -и
самодисципли́на, -ы
самодиффу́зия, -и
самодовле́ющий
самодово́льный; *кр. ф.* -лен, -льна
самодово́льствие, -я
самодово́льство, -а
самодоста́точность, -и
самодоста́точный; *кр. ф.* -чен, -чна
самоду́р, -а
самоду́рка, -и, *р. мн.* -рок
самоду́рничать, -аю, -ает
самоду́рский
самоду́рство, -а
самоду́рствовать, -твую, -твует
самоё (*форма местоим.* сама́)
самое́дка, -и, *р. мн.* -док
самое́дский
самое́дство, -а
самое́ды, -ов, *ед.* -е́д, -а
самозабве́ние, -я
самозабве́нно, *нареч.*
самозабве́нность, -и
самозабве́нный; *кр. ф.* -ве́нен и -ве́н, -ве́нна
самозаво́д, -а
самозаводя́щийся
самозаготови́тель, -я
самозаготови́тельный
самозаготóвки, -вок и **самозаго-то́вка,** -и
самозагружа́ться, -а́ется
самозагрузи́ться, -у́зится
самозагру́зка, -и
самозадержа́ние, -я (*спорт.*)
самозажига́ние, -я
самозажига́ющийся
самозажи́м, -а (*спорт.*)
самозажимно́й и **самозажи́мный**
самозака́ливание, -я
самозака́ливаться, -ается
самозака́лка, -и
самозакла́ние, -я
самозакрепле́ние, -я
самозапи́сывающий
самозарожде́ние, -я
самозаря́дный
самозастро́йка, -и
самозастро́йщик, -а
самозата́чиваемость, -и
самозата́чиваемый
самозата́чиваться, -ается
самозато́чка, -и
самозахва́т, -а
самозахва́тчик, -а
самозащи́та, -ы
самозащи́тный
самозва́нец, -нца, *тв.* -нцем, *р. мн.* -нцев; но: **Дми́трий Самозва́нец**
самозва́нка, -и, *р. мн.* -нок
самозва́нство, -а
самозва́нческий
самозва́нчество, -а
самозва́нщина, -ы
самозва́ный
самозвуча́щий
самоидентифика́ция, -и
самоизлече́ние, -я
самоизле́чиваться, -аюсь, -ается
самоизлечи́ться, -чу́сь, -чи́тся
самоизлива́ться, -а́ется
самоизлуче́ние, -я
самоизмельче́ние, -я
самоизоли́роваться, -руюсь, -руется
самоизоля́ция, -и
самоинду́кция, -и
самоионизи́рующийся
самоирони́чный; *кр. ф.* -чен, -чна
самоиро́ния, -и
самоиспыта́ние, -я
самоистреби́тельный; *кр. ф.* -лен, -льна
самоистребле́ние, -я
самоистяза́ние, -я
самоистяза́тельный
самока́знь, -и
самока́л, -а (*сталь*)
самока́лка, -и (*сталь*)
самока́т, -а
самока́тный
самока́том, *нареч.*
самока́тчик, -а
самокле́ящийся
самоконтро́ль, -я
самоконцентра́ция, -и
самокопа́ние, -я
самокопа́тельский
самокопа́тельство, -а
самокопи́рующийся
самокорректи́рование, -я
самокорректи́ровать(ся), -и́рует(ся)
самокорректиро́вка, -и
самокорре́кция, -и
самокреще́нцы, -ев, *ед.* -нец, -нца, *тв.* -нцем (*секта*)
самокри́тика, -и
самокрити́ческий
самокрити́чность, -и
самокрити́чный; *кр. ф.* -чен, -чна
самокру́тка, -и, *р. мн.* -ток
самокру́точный
самолёт, -а
самолёт-амфи́бия, самолёта-амфи́бии, *м.*
самолёт-запра́вщик, самолёта-запра́вщика
самолётик, -а
самолёт-лаборато́рия, самолёта-лаборато́рии, *м.*
самолётно-раке́тный
самолётный
самолётовожде́ние, -я
самолёто-вы́лет, -а
самолётострое́ние, -я
самолётострои́тель, -я
самолётострои́тельный
самолёт-перехва́тчик, самолёта-перехва́тчика
самолёт-разве́дчик, самолёта-разве́дчика
самолёт-разго́нщик, самолёта-разго́нщика
самолёт-снаря́д, самолёта-снаря́да
самолёт-цисте́рна, самолёта-цисте́рны, *м.*
самолётчик, -а
самолёт-шпио́н, самолёта-шпио́на
самолече́ние, -я
самоликвида́ция, -и
самоликвиди́роваться, -руюсь, -руется
самоли́чно, *нареч.*
самоли́чность, -и
самоли́чный
самоло́в, -а
самоло́вный
самолу́чший

самолю́бец, -бца, *тв.* -бцем, *р. мн.* -бцев
самолюби́вый
самолю́бие, -я
самолюбова́ние, -я
самомале́йший
самомасса́ж, -а, *тв.* -ем
самомне́ние, -я
самомобилиза́ция, -и
самонаблюде́ние, -я
самонава́лка, -и
самонаведе́ние, -я
самонавести́сь, -ведётся
самонаводи́ться, -о́дится
самонаво́дка, -и
самонагре́в, -а
самонагрева́ние, -я
самонагрева́ться, -а́ется
самонаде́янно, *нареч.*
самонаде́янность, -и
самонаде́янный; *кр. ф.* -ян, -янна
самоназва́ние, -я
самонакла́д, -а
самонакла́дчик, -а
самонапряже́ние, -я
самонапряжённый; *кр. ф.* -ён, -ена́
самонастра́иваться, -ается
самонастро́иться, -ится
самонастро́й, -я
самонастро́йка, -и
самонесу́щий
самонове́йший
самонужне́йший
самообвине́ние, -я
самообеспе́че́ние, -я
самообеспе́ченность, -и
самообеспе́чиваемость, -и
самообеспе́чиваться, -аюсь, -ается
самообеспе́читься, -чусь, -чится
самообкра́дывание, -я
самообладáние, -я
самообличе́ние, -я
самообложе́ние, -я
самообма́н, -а
самообнови́ться, -и́тся
самообновле́ние, -я
самообновля́ться, -я́ется
самообогаще́ние, -я
самообогрева́ние, -я
самообожа́ние, -я
самообольсти́ться, -льщу́сь, -льсти́тся
самообольща́ться, -а́юсь, -а́ется
самообольще́ние, -я
самооборо́на, -ы
самообразова́ние, -я
самообразова́тельный
самообразова́ться, -зу́юсь, -зу́ется
самообразо́вываться, -аюсь, -ается
самообслу́га, -и
самообслу́живание, -я
самообслу́живаться, -аюсь, -ается
самообузда́ние, -я
самообуча́ющийся
самообуче́ние, -я
самооговóр, -а
самоограниче́ние, -я
самоока́пывание, -я
самоокисле́ние, -я
самоокупа́емость, -и
самоокупа́емый
самоокупа́ться, -а́ется
самоокупи́ться, -у́пится
самооплодотворе́ние, -я
самооплодотворя́ться, -я́ется
самооправда́ние, -я
самоопределе́ние, -я
самоопредели́ться, -лю́сь, -ли́тся
самоопределя́ться, -я́юсь, -я́ется
самоопроки́дываться, -ается
самооптимиза́ция, -и
самоопыле́ние, -я
самоопылённый; *кр. ф.* -ён, -ена́
самоопыли́тель, -я
самоопыли́ться, -и́тся
самоопыля́ться, -я́ется
самоорганиза́ция, -и
самоорганизова́ться, -зу́юсь, -зу́ется
самооса́дка, -и
самоосвобожде́ние, -я
самоосозна́ние, -я
самоостано́в, -а
самоосужде́ние, -я
самоосуществи́ться, -влю́сь, -ви́тся
самоосуществле́ние, -я
самоосуществля́ться, -я́юсь, -я́ется
самоотверже́ние, -я
самоотве́рженно, *нареч.*
самоотве́рженность, -и
самоотве́рженный; *кр. ф.* -ен, -енна
самоотво́д, -а
самоотда́ча, -и, *тв.* -ей
самоотдаю́щий
самоотливно́й
самоотравле́ние, -я
самоотрече́ние, -я
самоотреше́ние, -я
самоотрешённость, -и
самоотрешённый
самоотрица́ние, -я
самоотчёт, -а
самоохра́на, -ы
самооце́нка, -и, *р. мн.* -нок
самоочеви́дность, -и
самоочеви́дный; *кр. ф.* -ден, -дна
самоочи́стка, -и
самоочища́ться, -а́юсь, -а́ется
самоочище́ние, -я
самоощуще́ние, -я
самопа́л, -а
самопа́льный
самопаро́дия, -и
самопередвиже́ние, -я
самопересече́ние, -я
самопи́сец, -сца, *тв.* -сцем, *р. мн.* -сцев
самопи́ска, -и, *р. мн.* -сок
самопи́шущий
самопла́вкий
самопла́вом, *нареч.*
самопло́дность, -и *(биол.)*
самопло́дный
самоповторе́ние, -я
самопогру́зчик, -а
самоподава́тель, -я
самоподгото́вка, -и
самоподде́рживающийся
самоподо́бны, -ых, *ед.* -до́бен, -бна (*церк. песнопения*)
самоподъёмный
самопоже́ртвенный
самопоже́ртвование, -я
самопозна́ние, -я
самопоклоне́ние, -я
самопо́мощь, -и
самопонима́ние, -я
само́ по себе́
самопреодоле́ние, -я
самопре́сс, -а
самоприговóр, -а
самоприкоснове́ние, -я
самопринужде́ние, -я
самоприспоса́бливающийся
самоприспособле́ние, -я
самопрове́рка, -и, *р. мн.* -рок
самопрове́рочный
самопровозглашённый; *кр. ф.* -ён, -ена́
самопрограмми́рование, -я
самопрограмми́роваться, -руется
самопроизво́льность, -и
самопроизво́льный; *кр. ф.* -лен, -льна
самопрославле́ние, -я
самопроявле́ние, -я
самопря́лка, -и, *р. мн.* -лок
самопря́лочный
самопу́ск, -а
саморазвива́ющийся
саморазви́тие, -я
саморазгружа́ться, -а́ется
саморазгру́зка, -и
саморазгру́зчик, -а
самораздраже́ние, -я
саморазлага́ться, -а́ется
саморазложе́ние, -я
саморазложи́ться, -о́жится
саморазоблаче́ние, -я
саморазоблачи́тельный; *кр. ф.* -лен, -льна
саморазруша́ться, -а́юсь, -а́ется
саморазруше́ние, -я
саморазруши́тельный; *кр. ф.* -лен, -льна
саморазря́д, -а
саморазряди́ться, -яжу́сь, -я́ди́тся
саморазря́дка, -и
саморазряжа́ться, -а́ется
самораспа́д, -а
самораспада́ться, -а́ется
самораспаде́ние, -я
самораспа́сться, -падётся
самораспростране́ние, -я
самораспуска́ние, -я
самораспуска́ться, -а́юсь, -а́ется
самораспусти́ться, -ущу́сь, -у́стится

саморасчёт, -а
самореализа́ция, -и
самореализо́ванный; *кр. ф.* -ан, -ана
самореализова́ться, -зу́юсь, -зу́ется
саморегистри́рующий
саморегули́рование, -я
саморегули́роваться, -руется
саморегуля́ция, -и
самоp екла́ма, -ы
саморекламиро́вание, -я
самореклáмный
саморекоменда́ция, -и
саморемо́нт, -а
саморефле́ксия, -и
саморо́дный; *кр. ф.* -ден, -дна
саморо́док, -дка
саморо́дочный
саморо́спуск, -а
самортизи́ровать(ся), -рую, -рует(ся)
самоса́д, -а
самоса́дка, -и
самоса́дочный
самосбо́рка, -и, *р. мн.* -рок
самосбо́рщик, -а
самосбро́ска, -и, *р. мн.* -сок
самосва́л, -а
самосва́льный
самосва́льщик, -а
самосветя́щийся
самосвече́ние, -я
самосе́в, -а
самосе́вка, -и, *р. мн.* -вок
самосе́й, -я
самосе́йка, -и, *р. мн.* -е́ек
самосёл, -а
самоси́льный; *кр. ф.* -лен, -льна
самосинхрониза́ция, -и
самосинхронизи́роваться, -руется
самосма́зка, -и
самосма́зывающийся
самоснабже́ние, -я
само́ собо́й
самосоверше́нствование, -я
самосоверше́нствоваться, -твуюсь, -твуется
самосогласова́ние, -я
самосогласо́ванное по́ле
самосогрева́ние, -я
самосожже́нец, -нца, *тв.* -нцем, *р. мн.* -нцев
самосожже́ние, -я
самосозерца́ние, -я
самосозна́ние, -я
самосопряжённый; *кр. ф.* -ён, -ена́
самосохране́ние, -я
самоспаса́тель, -я
самоспла́в, -а
самоста́в, -а
самостери́льность, -и
самостери́льный
самости́йник, -а
самости́йность, -и
самости́йный; *кр. ф.* -и́ен, -и́йна
самости́л, -а
самостоя́ние, -я
самостоя́тельность, -и
самостоя́тельный; *кр. ф.* -лен, -льна
самострахо́вка, -и
самостре́л, -а
самостре́льный
самостро́й, -я
самостро́йщик, -а
самостро́к, -а
са́мость, -и
самостя́гивание, -я
самостя́гивающийся
самосу́д, -а
самосу́дный
самосу́дство, -а
самота́ска, -и, *р. мн.* -сок
самотверде́ющий
самотёк, -а
самотёком, *нареч.*
Самотёчная, -ой (*улица, площадь*)
самотёчный
самотка́нина, -ы
самотка́нка, -и
самотка́ный
самотка́цкий
самотло́рский (*от* Самотло́р)
самоторможе́ние, -я
самотормозя́щий(ся)
самото́чка, -и, *р. мн.* -чек
самотрениро́вка, -и
самоуби́вец, -вца, *тв.* -вцем, *р. мн.* -вцев (*прост. к* самоуби́йца)
самоуби́йственно, *нареч.*
самоуби́йственность, -и
самоуби́йственный; *кр. ф.* -вен и -венен, -венна
самоуби́йство, -а
самоуби́йца, -ы, *тв.* -ей, *м.* и *ж.*
самоуваже́ние, -я
самоуве́ренно, *нареч.*
самоуве́ренность, -и
самоуве́ренный; *кр. ф.* -ен, -енна
самоуглубле́ние, -я
самоуглублённо, *нареч.*
самоуглублённость, -и
самоуглублённый; *кр. ф.* -ён, -ённа
самоудовлетворе́ние, -я
самоудовлетворённость, -и
самоудовлетворённый
самоу́ком, *нареч.*
самоумале́ние, -я
самоуниже́ние, -я
самоуничиже́ние, -я
самоуничижи́тельный; *кр. ф.* -лен, -льна
самоуничтожа́ться, -а́ется
самоуничтоже́ние, -я
самоуничто́житься, -ится
самоуплотне́ние, -я
самоуплотни́ться, -ню́сь, -ни́тся
самоуплотня́ться, -я́юсь, -я́ется
самоупра́вец, -вца, *тв.* -вцем, *р. мн.* -вцев
самоуправле́ние, -я
самоуправля́емость, -и
самоуправля́емый
самоуправля́ющийся
самоупра́вничать, -аю, -ает
самоупра́вный; *кр. ф.* -вен, -вна
самоупра́вство, -а
самоупра́вствовать, -твую, -твует
самоуслажде́ние, -я
самоусоверше́нствование, -я
самоуспока́иваться, -аюсь, -ается
самоуспокое́ние, -я
самоуспоко́енность, -и
самоуспоко́иться, -о́юсь, -о́ится
самоустана́вливаться, -ается
самоустране́ние, -я
самоустрани́ться, -ню́сь, -ни́тся
самоустраня́ться, -я́юсь, -я́ется
самоутверди́ться, -ржу́сь, -рди́тся
самоутвержда́ться, -а́юсь, -а́ется
самоутвержде́ние, -я
самоутеше́ние, -я
самоучи́тель, -я, *мн.* -и, -ей
самоу́чка, -и, *р. мн.* -чек, *м.* и *ж.*
самофинанси́рование, -я
самофинанси́роваться, -руюсь, -руется
самофлюсу́ющийся
самофокуси́рование, -я
самофокуси́роваться, -руется
самофокусиро́вка, -и
самохарактери́стика, -и
самохва́л, -а
самохва́лка, -и, *р. мн.* -лок
самохва́льный; *кр. ф.* -лен, -льна
самохва́льский
самохва́льство, -а
самохо́д, -а
самохо́дка, -и, *р. мн.* -док
самохо́дно-артиллери́йский
самохо́дный
самохо́дом, *нареч.*
самохо́дчик, -а
самоцве́т, -а
самоцве́тный
самоце́ль, -и
самоце́льность, -и
самоце́льный
самоцензу́ра, -ы
самоце́нность, -и
самоце́нный; *кр. ф.* -е́нен, -е́нна
самоцентри́рующийся
самоцити́рование, -я
са́мочий, -ья, -ье
самочи́нно, *нареч.*
самочи́нность, -и
самочи́нный; *кр. ф.* -и́нен, -и́нна
самочи́нство, -а
самочи́нствовать, -твую, -твует
са́мочка, -и, *р. мн.* -чек
самочу́вствие, -я
самоя́дь, -и (*устар. к* самое́ды и самоди́йцы)
сампа́н, -а
са́мплинг, -а
са́м по себе́
сам-пя́т, *неизм.*
самса́, -ы́ (*кулин.*)

сам-сём, *неизм.*
са́м собо́й, сама́ собо́й
сам-трете́й, *неизм.*
саму́м, -а
саму́мный
самура́й, -я
самура́йский
самцо́вый
сам-четвёрт, *неизм.*
сам-шёст, *неизм.*
самши́т, -а
самши́товый
са́мый
са́мый-са́мый
сан, -а
сан... – *первая часть сложных слов* (*сокр.*: санитарный), *пишется слитно*
Сан-... – *первая часть геогр. и др. наименований, пишется через дефис, напр.*: Сан-Мари́но (*государство*), Сан-Ре́мо, Сан-Сальвадо́р, Сан-Себастья́н, Сан-Дие́го, Сан-Хосе́ (*города*), Сан-Па́улу (*город и штат*), Сан-Ка́рло (*собор и театр*)
санавиа́ция, -и
санато́рий, -я
санато́рий-профилакто́рий, санато́рия-профилакто́рия
санато́рно-куро́ртный
санато́рно-лесно́й
санато́рный
санато́рский
санатро́н, -а
санацио́нный
санаци́рованный; *кр. ф.* -ан, -ана (*физ.*)
сана́ция, -и
санба́т, -а
санвра́ч, -а́, *тв.* -о́м
сангви́н, -а и **сангви́на,** -ы (*устар. к* санги́на)
сангви́ник, -а
сангвини́ческий
сангвини́чка, -и, *р. мн.* -чек
сангигие́на, -ы
сангигиени́ст, -а
сангигиени́ческий
санги́на, -ы
санги́нный
са́нгха, -и (будди́йская традицио́нная са́нгха)
санда́л, -а (*то же, что сантал*; *краситель*; *приспособление для обогревания жилища*)
сандале́ты, -е́т, *ед.* -ле́та, -ы
санда́лии, -ий, *ед.* -а́лия, -и
санда́лики, -ов, *ед.* -лик, -а
санда́лить(ся), -лю, -лит(ся)
санда́ловый (от санда́л)
санда́льный (*от* санда́лии)
сандара́к, -а
сандара́ковый
са́ндвич, -а и **сэ́ндвич,** -а, *тв.* -ем
санджа́к, -а
са́ндрик, -а
Сандрильо́на, -ы
сандружи́на, -ы
сандружи́нник, -а
сандружи́нница, -ы, *тв.* -ей
са́ндхи, *нескл., с.*
санжиро́вка, -и, *р. мн.* -вок *(в гимнастике)*
са́ни, -е́й
са́ни-волоку́ша, сане́й-волоку́ши, *мн.*
саниди́н, -а
санидини́товый
санидини́ты, -ов, *ед.* -ни́т, -а
санинспе́ктор, -а, *мн.* -а́, -о́в и -ы, -ов
санинспе́кция, -и
санинстру́ктор, -а, *мн.* -а́, -о́в и -ы, -ов
санинстру́кторский
сани́рование, -я
сани́рованный; *кр. ф.* -ан, -ана
сани́ровать(ся), -рую, -рует(ся)
санита́р, -а
санитари́я, -и
санита́рка, -и, *р. мн.* -рок
санита́рно-бытово́й
санита́рно-ветерина́рный
санита́рно-гигиени́ческий
санита́рно-дезинфекцио́нный
санита́рно-защи́тный
санита́рно-каранти́нный
санита́рно-контро́льный
санита́рно-оздорови́тельный
санита́рно-охра́нный
санита́рно-пропускно́й
санита́рно-просвети́тельный
санита́рно-противоэпидеми́ческий
санита́рно-профилакти́ческий
санита́рно-эпидемиологи́ческий
санита́рный
санита́рский
сани́шки, -шек
сани́щи, -и́щ
санкаби́на, -ы
са́нки, са́нок
санки́рь, -я
санкт-петербу́ргский (*от* Санкт-Петербу́рг)
санктпетербу́ржцы, -ев, *ед.* -жец, -жца, *тв.* -жцем
са́нкхья, -и
санкциони́рование, -я
санкциони́рованность, -и
санкциони́рованный; *кр. ф.* -ан, -ана
санкциони́ровать(ся), -рую, -рует(ся)
санкцио́нный
са́нкция, -и
санкюло́т, -а
сан-мари́нский (*от* Сан-Мари́но)
санмари́нцы, -ев, *ед.* -нец, -нца, *тв.* -нцем
санмонта́ж, -а́, *тв.* -о́м
са́нник, -а
са́нно-бобсле́йный
са́нно-гу́сеничный
санно́рма, -ы
са́нно-тра́кторный
са́нный
санобрабо́тка, -и, *р. мн.* -ток
санови́тость, -и
санови́тый
сано́вник, -а
сано́вница, -ы, *тв.* -ей
сано́внический
сано́вничий, -ья, -ье
сано́вность, -и
сано́вный
саноло́гия, -и
санори́н, -а
са́ночка, -и, *р. мн.* -чек (*инструмент иконописца*)
са́ночки, -чек
са́ночник, -а
са́ночница, -ы, *тв.* -ей
са́ночный
сан-па́улуский (*от* Сан-Па́улу)
санпа́улусцы, -ев, *ед.* -сец, -сца, *тв.* -сцем
санпо́езд, -а, *мн.* -а́, -о́в
санпропускни́к, -а́
санпросве́т, -а
санпросветбюллете́нь, -я
санса́ра, -ы
сансевье́ра, -ы
санскри́т, -а
санскрито́лог, -а
санскритоло́гия, -и
санскри́тский
Сан-Стефа́нский догово́р (*1878*; *от* Сан-Стефа́но)
Са́нта-... – *первая часть геогр. и др. наименований, пишется через дефис, напр.*: Са́нта-Кру́с (*город, остров, река, провинция*), Са́нта-Ба́рбара, Са́нта-Кла́ра, Са́нта-Мари́я (*города*), Са́нта-Лючи́я (*поселок*), Са́нта-Кро́че (*церковь*)
са́нта-гертру́да, -ы (*порода скота*)
Са́нта-Кла́ус, Са́нта-Кла́уса
са́нта-кла́усовский (*от* Са́нта-Кла́ус)
санта́л, -а и **санда́л,** -а (*дерево*)
санта́ли, *нескл., м.* (*язык*)
санта́ловые, -ых (*бот.*)
санта́ловый (*от* санта́л)
санта́лы, -ов, *ед.* -та́л, -а (*народ*)
санте́хник, -а
санте́хника, -и
сантехни́ческий
сантехслу́жба, -ы
санти... – *первая часть сложных слов, пишется слитно*
сантигра́мм, -а, *р. мн.* -ов, *счетн. ф.* -гра́мм
сантили́тр, -а
санти́м, -а
сантиме́нты, -ов
сантиме́тр, -а
сантиме́тр-ке́львин, -а, *р. мн.* -ов, *счетн. ф.* -вин
сантиметро́вый

сантипа́уза, -ы
сантисто́кс, -а, *р. мн.* -ов, *счетн. ф.* -сто́кс
Са́нто-Доми́нго, *нескл., м.* (*город*)
сантоли́на, -ы
сантони́н, -а
сантони́нный
сантони́новый
сантури́нское вино́ и **сантури́нское,** -ого
сантья́гский (*от* Сантья́го)
сантья́гцы, -ев, *ед.* -гец, -гца, *тв.* -гцем
сану́зел, -зла́
санфая́нс, -а
сан-франци́сский (*от* Сан-Франци́ско)
санфранци́сцы, -ев, *ед.* -сец, -сца, *тв.* -сцем
санча́сть, -и, *мн.* -и, -е́й
Са́нчо Па́нса, Са́нчо Па́нсы, *м.*
са́нчо-па́нсовский
санэпидемнадзо́р, -а и **санэпиднадзо́р,** -а
санэпидемслу́жба, -ы и **санэпидслу́жба,** -ы
санэпидемста́нция, -и и **санэпидста́нция,** -и
сап, -а (*болезнь*; *сопение*)
са́па, -ы (*траншея*, *подкоп*; ти́хой са́пой)
сапажу́, *нескл., м.*
сапаи́, *нескл., м.* и **сафаи́ль,** -я
сапа́тый (*от* сап, *болезнь*)
сапёр, -а
сапера́ви, *нескл., с.*
сапёрный
сапёрский
сапе́тка, -и, *р. мн.* -ток
сапие́нтный
са́пка, -и, *р. мн.* са́пок и **ца́пка,** -и, *р. мн.* ца́пок
сапно́й
сапоги́, сапо́г, -а́м, *ед.* сапо́г, -а́
сапоги́-скорохо́ды, сапо́г-скорохо́дов
сапоги́-чулки́, сапо́г-чуло́к, *ед.* сапо́г-чуло́к, сапога́-чулка́
сапоговаля́льный
сапожи́шки, -шек, *ед.* -и́шко, -а и -и, *м.*
сапожи́ща, -и́щ и **сапожи́щи,** -и́щ, *ед.* -и́ще, -а, *м.*
сапо́жки, -жек и **сапожки́,** -о́в, *ед.* -жо́к, -жка́
сапо́жки-чулки́, сапо́жек-чуло́к, *ед.* сапожо́к-чуло́к, сапожка́-чулка́
сапо́жник, -а
сапо́жницкий
сапо́жничать, -аю, -ает
сапо́жнический
сапо́жничество, -а
сапо́жничий, -ья, -ье
сапо́жный
сапожо́нки, -нок
сапони́новый
сапони́ны, -ов, *ед.* -ни́н, -а
сапони́т, -а
сапоте́ки, -ов, *ед.* -те́к, -а
САПР, *нескл., ж.* (*сокр.*: система автоматизированного проектирования)
сапробио́нты, -ов, *ед.* -о́нт, -а
сапро́бы, -ов, *ед.* -ро́б, -а
сапроге́нный
сапроле́гниевый
сапролегнио́з, -а
сапропе́левый
сапропели́товый
сапропели́ты, -ов, *ед.* -ли́т, -а
сапропе́ль, -я
сапрофа́ги, -ов, *ед.* -фа́г, -а
сапрофити́зм, -а
сапрофи́тный
сапрофи́ты, -ов, *ед.* -фи́т, -а
сапса́н, -а
сапу́н, -а́ (*тех.*)
сапуны́, -о́в, *ед.* сапу́н, -а́ (*секта*)
сапфи́зм, -а (*от* Сапфо́)
сапфи́р, -а
сапфири́н, -а
сапфи́рный
сапфи́ровый
сапфи́стка, -и, *р. мн.* -ток
сапфи́стский
сапфи́ческий (*к* Сапфо́ и сапфи́зм; сапфи́ческая строфа́)
Сапфо́ и **Сафо́,** *нескл., ж.*
САР, *нескл., ж.* (*сокр.*: система автоматического регулирования)
сараба́нда, -ы
сараго́сский (*от* Сараго́са)
сараго́сцы, -ев, *ед.* -сец, -сца, *тв.* -сцем
сара́евский (*от* Сара́ево)
сара́евцы, -ев, *ед.* -вец, -вца, *тв.* -вцем
сара́ишко, -а и -и, *мн.* -шки, -шек, *м.*
сара́ище, -а, *мн.* -а и -и, -ищ, *м.*
сара́й, -я
сара́йный
сара́йчик, -а
сара́на, -ы (*растение*)
сара́нка, -и, *р. мн.* -нок
сара́нский (*от* Сара́нск)
сара́нцы, -ев, *ед.* -нец, -нца, *тв.* -нцем
саранча́, -и́, *тв.* -о́й
саранчо́вый
саранчу́к, -а́
сара́пульский (*от* Сара́пул)
сара́пульцы, -ев, *ед.* -лец, -льца, *тв.* -льцем
сара́товка, -и, *р. мн.* -вок
сара́товский (*от* Сара́тов)
сара́товцы, -ев, *ед.* -вец, -вца, *тв.* -вцем
Сара́товщина, -ы (*к* Сара́тов)
сарафа́н, -а
сарафа́нишко, -а и -и, *мн.* -шки, -шек, *м.*
сарафа́нница, -ы, *тв.* -ей
сарафа́нный
сарафа́нчик, -а
сараци́нка, -и, *р. мн.* -нок
сараци́нский
сараци́ны, -и́н, *ед.* -ци́н, -а
сараю́шка, -и, *р. мн.* -шек, *ж.*
сарба́з, -а
сарга́н, -а
Сарга́ссово мо́ре, Сарга́ссова мо́ря
сарга́ссовые во́доросли
сарга́ссы, -а́сс
сард, -а (*сердолик*)
сарда́р, -а и **серда́р,** -а (*титул*)
сарде́лечный
сарде́лька, -и, *р. мн.* -лек
са́рдер, -а (*минерал*)
сарди́на, -ы
сардине́лла, -ы
сарди́нка, -и, *р. мн.* -нок (*рыбка*)
сарди́нный
сарди́новый
сарди́ночный
сарди́нский (*от* Сарди́ния)
сарди́нцы, -ев, *ед.* -нец, -нца, *тв.* -нцем
сардиня́нка, -и, *р. мн.* -нок (*к* сарди́нцы)
сардони́кс, -а
сардони́ческий
са́ржа, -и, *тв.* -ей
са́ржевый
са́ри, *нескл., с.*
са́риса, -ы
сарка́зм, -а
саркасти́ческий
саркасти́чность, -и
саркасти́чный; *кр. ф.* -чен, -чна
сарко́довые, -ых
саркоидо́з, -а
сарколе́мма, -ы
сарко́ма, -ы
саркомато́зный
саркопла́зма, -ы
саркоспори́дии, -ий, *ед.* -дия, -и
саркофа́г, -а
саркоцисто́з, -а
сарлы́к, -а (*животное*)
сарма́, -ы́
сарма́тка, -и, *р. мн.* -ток
сарма́тский
сарма́ты, -ма́т и -ов, *ед.* -ма́т, -а
саро́вский (*от* Саро́в); но: **Серафи́м Саро́вский**
саро́нг, -а
са́рос, -а
сарпи́нка, -и, *р. мн.* -нок
сарпи́нковый
сарраце́ниевые, -ых
сарраце́ния, -и
сарсапаре́ль, -я, **сассапаре́ль,** -я и **сассапари́ль,** -я
сарсуэ́ла, -ы
са́рты, -ов, *ед.* сарт, -а
сарци́ны, -и́н, *ед.* -и́на, -ы (*бактерии*)
сары́нь на ки́чку!
сары́-сина́п, -а

сары́ч, -á, *тв.* -óм
сарюсофóн, -а
саса́ки, -ов, *ед.* саса́к, -а (*народ*)
Сасани́дская эпóха
Сасани́ды, -ов (*династия*)
сассапари́ль, -я, **сассапаре́ль,** -я и **сарсапаре́ль,** -я
сассафра́с, -а (*растение*)
са́ссекский (*от* Са́ссекс)
сассоли́н, -а
сассоли́т, -а
сатава́до, *нескл., с.*
Сатана́, -ы́, *м.* (*царь тьмы, глава злых духов*) и **сатана́,** -ы́, *м.* (*бран.*)
сата́нг, -а
сатанёнок, -нка, *мн.* -ня́та, -я́т
сатане́ть, -е́ю, -е́ет
сатани́зм, -а
сатани́нский
сатани́нство, -а
сатани́ст, -а
сатани́стский
сатани́ческий
сатаню́ка, -и, *м.* и *ж.*
сателли́т, -а
сателли́тный
са́тем, *неизм.* (языки́ са́тем, *лингв.*)
са́ти, *нескл., с.*
сати́н, -а и -у
сатинёр, -а
сатине́т, -а
сатине́товый
сатини́рование, -я
сатини́рованный; *кр. ф.* -ан, -ана
сатини́ровать(ся), -рую, -рует(ся)
сати́новый
сати́нчик, -а и -у
сати́р, -а (*мифол.*)
сати́ра, -ы
сатириа́з, -а
сати́рик, -а
сатирикóнец, -нца, *тв.* -нцем, *р. мн.* -нцев
сатирикóнский (*от* “Сатирикóн”)
сатири́чески
сатири́ческий
сатири́чность, -и
сатири́чный; *кр. ф.* -чен, -чна
сатисфа́кция, -и
са́тори, *нескл., с.*
сатра́п, -а
сатра́пия, -и
сату́ра, -ы
сатура́тор, -а
сатура́торный
сатурациóнный
сатура́ция, -и
сатури́рованный; *кр. ф.* -ан, -ана
сатури́ровать(ся), -и́рую, -и́рует(ся)
Сату́рн, -а
сатурна́лии, -ий
сатурниа́нский (*от* Сату́рн, *планета*)
сатурни́зм, -а
сату́рния, -и

сатьягра́ха, -и
СА́У, *нескл., ж.* (*сокр.*: самоходно-артиллерийская установка; система автоматического управления)
сауди́ты, -ов, *ед.* -и́т, -а (*саудовцы*)
Сау́довская Ара́вия
сау́довский (*к* Сау́д и Сау́довская Ара́вия)
сау́довцы, -ев, *ед.* -вец, -вца, *тв.* -вцем
са́уна, -ы
са́унд, -а
саундбла́стер, -а
саундпродю́сер, -а
са́унд-процéсс, -а
са́ундтрéк, -а
саутра́нтика, -и
сафаи́ль, -я и **сапаи́,** *нескл., м.*
сафа́ри, *нескл., с.* и *неизм.*
сафа́ри-па́рк, -а
сафлóр, -а (*растение*)
сафлóрный
сафлóровый
Сафó и **Сапфó,** *нескл., ж.*
са́фра, -ы
сафрани́н, -а
сафрóл, -а (*вещество*)
сафья́н, -а
сафья́нный
сафья́новый
саха́, *неизм.* (нарóд саха́) и *нескл., мн., ед. м.* и *ж.*
Саха́: Респу́блика Саха́ (Яку́тия)
сахали́нка, -и, *р. мн.* -нок
сахали́нский (*от* Сахали́н)
сахали́нцы, -ев, *ед.* -нец, -нца, *тв.* -нцем
са́хар, -а и -у, *мн.* (*хим.*) сахара́, -óв
сахара́за, -ы (*фермент*)
са́харенный; *кр. ф.* -ен, -ена (*от* са́харить)
са́харец, -рца и -рцу, *тв.* -рцем
сахари́ды, -ов
сахариза́ция, -и
сахари́метр, -а
сахариме́три́я, -и
сахари́н, -а и -у
сахарина́т, -а
сахари́нка, -и, *р. мн.* -нок
сахари́новый
са́хари́стость, -и
са́хари́стый
са́харить, -рю, -рит
са́хар-медóвич, са́хара-медóвича
са́харник, -а
са́харница, -ы, *тв.* -ей
са́харно-бéлый
са́харный
сахарова́р, -а
сахарова́ре́ние, -я
сахарова́ренный
сахарова́рный
сахарова́рня, -и, *р. мн.* -рен
са́харовский (*от* Са́харов)
сахарóза, -ы (*растительный сахар*)

сахарозавóд, -а
сахарозавóдский
сахарозавóдчик, -а
сахарозамени́тель, -я
сахарóзный
сахарóк, -рка́ и -рку́
сахаромице́ты, -ов, *ед.* -це́т, -а
сахаронóс, -а
сахаронóсный
сахаропонижа́ющий и **сахарпонижа́ющий**
сахаропроизводя́щий
сахарорафина́дный
сахаросодержа́щий и **сахарсодержа́щий**
сахароубóрочный
сахарофи́льный
са́хар-песóк, са́хара-песка́ и са́хару-песку́
сахарпонижа́ющий и **сахаропонижа́ющий**
са́хар-рафина́д, са́хара-рафина́да и са́хару-рафина́ду
са́хар-сату́рн, -а (*мед.*)
саха́рский (*от* Саха́ра)
сахарсодержа́щий и **сахаросодержа́щий**
са́хар-сыре́ц, са́хара-сырца́
сахи́б, -а, **саги́б,** -а и **саи́б,** -а
сахиóба, -ы
сахн, -а (*архит.*)
саци́ви, *нескл., с.*
са́чи́ть, са́чу́, са́чи́т
сачкану́ть, -ну́, -нёт
сачкова́ть, -ку́ю, -ку́ет
сачóк, сачка́ (*орудие ловли рыб, насекомых; бездельник*)
саше́, *нескл., с.*
саши́ми, *нескл., с.* (*кулин.*)
сая́н, -а (*вид сарафана*)
саяногóрский (*от* Саяногóрск)
саяногóрцы, -ев, *ед.* -рец, -рца, *тв.* -рцем
Сая́но-Шу́шенская ГЭ́С
сая́нский (*от* Сая́ны)
СБ [эсбэ́], *нескл., ж.* (*сокр.:* служба безопасности)
сба́вить(ся), -влю, -вит(ся)
сба́вка, -и, *р. мн.* -вок
сбавле́ние, -я
сба́вленный; *кр. ф.* -ен, -ена
сбавля́ть(ся), -я́ю, -я́ет(ся)
сба́вочный
сба́гренный; *кр. ф.* -ен, -ена
сба́гривать(ся), -аю, -ает(ся)
сба́грить, -рю, -рит
сбалагу́рить, -рю, -рит
сбаланси́рование, -я
сбаланси́рованно, *нареч.*
сбаланси́рованность, -и
сбаланси́рованный; *кр. ф.* -ан, -ана
сбаланси́ровать(ся), -рую, -рует(ся)
сба́лтывание, -я
сба́лтывать(ся), -аю, -ает(ся) (*к* сболта́ть(ся)

сба́лчивать(ся), -аю, -ает(ся) и **сбо́лчивать(ся),** -аю, -ает(ся) (*к* сболти́ть(ся)
сбары́шничать, -аю, -ает
сба́цать, -аю, -ает
сбег, -а
сбега́ние, -я
сбе́гать, -аю, -ает, *сов.* (*от* бе́гать)
сбега́ть(ся), -а́ю, -а́ет(ся), *несов.* (*к* сбежа́ть(ся)
сбежа́ть(ся), сбегу́, сбежи́т(ся), сбегу́т(ся)
сбе́жистый
Сберба́нк, -а (*сокр. название учреждения*) и **сберба́нк,** -а (*обиходное название местного отделения его*)
сберба́нковский
сберега́тельный
Сберега́тельный ба́нк Росси́и
сберега́ть(ся), -а́ю(сь), -а́ет(ся)
сберёгший(ся)
сбереже́ние, -я
сбережённый; *кр. ф.* -ён, -ена́
сбере́чь(ся), -регу́(сь), -режёт(ся), -регу́т(ся); *прош.* -рёг(ся), -регла́(сь)
сберка́сса, -ы
сберкни́жка, -и, *р. мн.* -жек
сбеси́ть(ся), сбешу́(сь), сбе́сит(ся) (*прост. к* взбеси́ть(ся)
сбива́лка, -и, *р. мн.* -лок
сбива́льный
сбива́ние, -я
сбива́тельный
сбива́ть(ся), -а́ю(сь), -а́ет(ся)
сби́вка, -и, *р. мн.* -вок
сбивно́й
сби́вчивость, -и
сби́вчивый
сбир, -а
сбира́ть(ся), -а́ю(сь), -а́ет(ся) (*устар. к* собира́ть(ся)
СБИС, *нескл., ж.* (*сокр.*: сверхбольшая интегральная схема)
сби́тенный
сби́тенщик, -а
сби́тенщица, -ы, *тв.* -ей
сби́тень, -тня
сби́тый
сби́ть(ся), собью́(сь), собьёт(ся)
сближа́ть(ся), -а́ю(сь), -а́ет(ся)
сближе́ние, -я
сбли́женность, -и
сбли́женный; *кр. ф.* -ен, -ена
сбли́зить(ся), -и́жу(сь), -и́зит(ся)
сблоки́рованный; *кр. ф.* -ан, -ана
сблоки́ровать(ся), -рую(сь), -рует(ся)
с Бо́гом (*напутствие, пожелание удачи*)
с бодуна́ (с похмелья, *жарг.*)
сбо́ечно-бури́льный
сбо́ечный
с Бо́жьей по́мощью
сбо́ина, -ы
сбои́ть, сбою́, сбои́т
сбой, сбо́я, *мн.* сбо́и, -ев и сбои́, -ёв
сбо́йка, -и, *р. мн.* сбо́ек
сбо́йный
сбо́ку, *нареч.* и *предлог* (конве́рт сбо́ку разо́рван; о́н стоя́л сбо́ку стола́), но *сущ.* **с бо́ку** и **с бо́ка** (больно́го на́до переверну́ть с бо́ку на́ спину)
с бо́ку на́ бок
сбо́ку припёка и **сбо́ку припёку**
сбо́лтанный; *кр. ф.* -ан, -ана (*от* сболта́ть)
сболта́ть(ся), -а́ю, -а́ет(ся)
сболти́ть(ся), -лчу́, -лти́т(ся)
сбо́лтнутый
сболтну́ть, -ну́, -нёт
сбо́лченный; *кр. ф.* -ен, -ена (*от* сболти́ть)
сбо́лчивать(ся), -аю, -ает(ся) и **сба́лчивать(ся),** -аю, -ает(ся) (*к* сболти́ть(ся)
сбо́ндить, -дю, -дит
сбор, -а
сборённый; *кр. ф.* -ён, -ена́ и **сбо́ренный;** *кр. ф.* -ен, -ена
сбо́ристый
сбори́ть(ся), -рю́, -ри́т(ся) и **сбо́рить(ся),** -рю, -рит(ся)
сбо́рище, -а
сбо́рка, -и, *р. мн.* -рок
сбо́рная, -ой
сбо́рник, -а
сбо́рничек, -чка
сбо́рно-бло́чный
сбо́рно-моноли́тный
сбо́рно-пане́льный
сбо́рно-разбо́рный
сбо́рно-щитово́й
сбо́рный
сбо́рочка, -и, *р. мн.* -чек
сбо́рочно-автомати́ческий
сбо́рочно-конве́йерный
сбо́рочно-кузовно́й
сбо́рочно-нала́дочный
сбо́рочно-сва́рочный
сбо́рочный
с бо́ру: с бо́ру (да) с со́сенки, с бо́ру по со́сенке
сбо́рчатый
сбо́рщик, -а
сбо́рщица, -ы, *тв.* -ей
сбо́ры, -ов (*приготовления к отъезду, отправке куда-н.*)
сбоче́ниться, -нюсь, -нится
сбо́чи́ть(ся), сбо́чу́(сь), сбо́чи́т(ся)
сбочку́, *нареч.*
сбра́живание, -я
сбра́живать(ся), -аю, -ает(ся)
сбра́сывание, -я
сбра́сыватель, -я
сбра́сывать(ся), -аю(сь), -ает(ся)
сбреда́ть(ся), -а́ю, -а́ет(ся)
сбре́дить, сбре́жу, сбре́дит
сбре́дший(ся)
сбре́ндить, -дю, -дит
сбрести́(сь), -еду́, -едёт(ся); *прош.* -ёл(ся), -ела́(сь)
сбреха́ть, -ешу́, -е́шет
сбрехну́ть, -ну́, -нёт
сбрива́ние, -я
сбрива́ть(ся), -а́ю, -а́ет(ся)
сбри́тый
сбрить, сбре́ю, сбре́ет
сброд, -а
сброди́ть(ся), -ожу́, -о́дит(ся)
сбро́дный
сбро́женный; *кр. ф.* -ен, -ена
сброс, -а
сбро́санный; *кр. ф.* -ан, -ана (*от* сброса́ть)
сброса́ть, -а́ю, -а́ет
сбро́сить(ся), -о́шу(сь), -о́сит(ся)
сбро́ска, -и, *р. мн.* -сок
сбросно́й и **сбро́сный**
сбро́совый
сбро́шенный; *кр. ф.* -ен, -ена (*от* сбро́сить)
сброшюро́ванный; *кр. ф.* -ан, -ана
сброшюрова́ть, -ру́ю, -ру́ет
сбру́йница, -ы, *тв.* -ей
сбру́йный
сбру́йщик, -а
сбру́я, -и
сбры́згивание, -я
сбры́згивать(ся), -аю(сь), -ает(ся)
с бры́згу
сбры́знутый
сбры́знуть(ся), -ну(сь), -нет(ся)
с бу́хты-бара́хты
сбыва́ние, -я
сбыва́ть(ся), -а́ю, -а́ет(ся)
сбыт, -а
сбытови́к, -а́
сбытово́й
сбы́точность, -и
сбы́точный (сбыточное ли де́ло?)
сбы́тчик, -а
сбы́тчица, -ы, *тв.* -ей
сбы́тый
сбыть(ся), сбу́ду, сбу́дет(ся); *прош.* сбыл(ся), сбыла́(сь), сбы́ло, сбыло́сь
сбы́читься, -чусь, -чится
СВ [эсвэ́], *нескл., мн.* и *неизм.* (*сокр.*: средние волны, средневолновый)
СВ-, КВ- и УКВ-радиокана́лы, -ов
сва́бить, -блю, -бит *(охот.)*
сва́дебка, -и, *р. мн.* -бок
сва́дебный
сва́дьба, -ы, *р. мн.* -деб
сва́дьбище, -а
сваебо́ец, -о́йца, *тв.* -о́йцем, *р. мн.* -о́йцев
сваебо́йный
сваебо́йщик, -а
сва́ечка, -и, *р. мн.* -чек
сва́ечный
свазиле́ндский (*от* Свазиле́нд)
свазиле́ндцы, -ев, *ед.* -дец, -дца, *тв.* -дцем
сва́йка, -и, *р. мн.* сва́ек
сва́йник, -а
сва́йник-велика́н, сва́йника-велика́на

сва́йно-ря́жевый
сва́йный
сва́йщик, -а
свал, -а
сва́ленный; *кр. ф.* -ен, -ена (*от* свали́ть)
сва́ливание, -я
сва́ливать(ся), -аю(сь), -ает(ся)
свали́ть(ся), свалю́(сь), сва́лит(ся)
сва́лка, -и, *р. мн.* -лок
сва́лочный
сва́льный
свальцева́ть(ся), -цу́ю, -цу́ет(ся)
свальцо́ванный; *кр. ф.* -ан, -ана
сва́льщик, -а
сва́льщица, -ы, *тв.* -ей
сва́лянный; *кр. ф.* -ян, -яна (*от* сваля́ть)
сваля́ть(ся), -я́ю, -я́ет(ся)
сва́нка, -и, *р. мн.* -нок
сва́нский
сва́ны, -ов, *ед.* сван, -а
сва́ра, -ы
свара́дж, -а, *тв.* -ем
свараджи́сты, -ов, *ед.* -и́ст, -а
сварга́ненный; *кр. ф.* -ен, -ена
сварга́нить(ся), -ню, -нит(ся)
сваре́ние, -я
сва́ренный; *кр. ф.* -ен, -ена
сва́риваемость, -и
сва́ривание, -я
сва́ривать(ся), -аю(сь), -ает(ся)
свари́ть(ся), сварю́(сь), сва́рит(ся)
сва́рка, -и, *р. мн.* -рок
сварли́вец, -вца, *тв.* -вцем, *р. мн.* -вцев
сварли́вица, -ы, *тв.* -ей
сварли́вость, -и
сварли́вый
сварно́й
сва́рочно-монта́жный
сва́рочно-сбо́рочный
сва́рочный
сва́рщик, -а
сва́рщица, -ы, *тв.* -ей
сва́стика, -и
сват, -а
сва́танный; *кр. ф.* -ан, -ана
сва́танье, -я
сва́тать(ся), -аю(сь), -ает(ся)
сва́тов, -а, -о
сватовско́й
сватовство́, -а́
свато́к, -тка́
сва́тушка, -и, *р. мн.* -шек, *м.* (*от* сват)
сва́тьин, -а, -о
сва́тьюшка, -и, *р. мн.* -шек, *ж.* (*от* сва́тья)
сва́тья, -и, *р. мн.* сва́тий
сва́тья ба́ба Бабари́ха (*сказочный персонаж*)
сва́ха, -и
сва́хин, -а, -о
сва́хонька, -и, *р. мн.* -нек
сва́шенька, -и, *р. мн.* -нек
сва́я, -и
СВ-диапазо́н, -а
свева́ние, -я (*от* свева́ть(ся)
свева́ть(ся), -а́ю, -а́ет(ся) (*к* све́ять)
све́да, -ы
све́дать(ся), -аю(сь), -ает(ся)
сведе́нец, -нца, *тв.* -нцем, *р. мн.* -нцев
све́дение, -я (*сообщение*)
сведе́ние, -я (*от* свести́)
сведённый; *кр. ф.* -ён, -ена́
с ве́дома
све́дущий
све́дший(ся)
свежа́йший и **свеже́йший**
свежа́к, -а́
свежа́тина, -ы
свежа́тинка, -и
свежачо́к, -чка́
свеже... – *первая часть сложных слов, пишется слитно*
свежеасфальти́рованный
свежебелёный
свежева́льщик, -а
свежева́ние, -я
свежёванный; *кр. ф.* -ан, -ана
свежева́тый
свежева́ть(ся), -жу́ю, -жу́ет(ся)
свежевско́панный
свежевспа́ханный
свежевы́беленный
свежевы́бритый
свежевы́крашенный
свежевы́мытый
свежевы́павший
свежевы́печенный
свежевы́рытый
свежевы́стиранный
свеже́е, *сравн. ст.*
свежежа́реный
свежезава́ренный
свежезаморо́женный
свежезапа́ханный
свежезасе́янный
свежезелёный
свежеиспечённый
свеже́йший и **свежа́йший**
свежекопчёный
свежекра́шеный
свежемо́лотый
свежеморо́женый
свежена́бранный
свеженадо́енный
свежени́на, -ы
свежени́нка, -и
све́женький
свежеобмоло́ченный
свежеобтёсанный
свежеокра́шенный
свежеотжа́тый
свежеотпеча́танный
свежеподстри́женный
свежепо́йманный
свежепокра́шенный
свежепо́ли́тый
свежепригото́вленный
свежепросо́льный
свежеразре́занный
свежеру́бленый
свежеско́шенный
свежесма́занный
свежесо́бранный
свежесре́занный
свежесру́бленный
свежестро́ганый и **свежестру́ганый**
све́жесть, -и
свежеши́тый
свеже́ть, -е́ю, -е́ет
све́жий; *кр. ф.* свеж, свежа́, свежо́, све́жи́
свежина́, -ы́
свежи́нка, -и
свежи́ть, -и́т
свежо́, *нареч.* и *в знач. сказ.*
свежо́хонький; *кр. ф.* -нек, -нька
свежьё, -я́
свежьево́й
свезённый; *кр. ф.* -ён, -ена́
свезти́, -зу́, -зёт; *прош.* свёз, свезла́
свёзший
све́ивать(ся), -аю, -ает(ся)
све́йский (*шведский, ист.*)
свёкла, -ы, *р. мн.* -кол
свёклина, -ы
свёклинка, -и, *р. мн.* -нок
свеклови́ца, -ы, *тв.* -ей
свеклови́чница, -ы, *тв.* -ей
свеклови́чный
свеклови́ще, -а
свеклово́д, -а
свеклово́дство, -а
свеклово́дческий
свеклозаготови́тельный
свеклокомба́йн, -а
свеклокопа́тель, -я
свекломо́йка, -и, *р. мн.* -о́ек
свеклопогру́зчик, -а
свеклоподъёмник, -а
свеклоприёмочный
свеклоре́зка, -и, *р. мн.* -зок
свеклоса́харный
свеклосемена́, -семя́н, -семена́м
свеклосе́ющий
свеклосе́яние, -я
свеклосовхо́з, -а
свеклоубо́рка, -и
свеклоубо́рочный
свеклоутомле́ние, -я
свекова́ть, -ку́ю, -ку́ет
свеко́лка, -и, *р. мн.* -лок
свеко́льник, -а
свеко́льно-кра́сный
свеко́льный
свёкор, -кра
свёкров, -а, -о
свекро́вин, -а, -о
свекро́вка, -и, *р. мн.* -вок
свекро́вушка, -и, *р. мн.* -шек
свекро́вь, -и
свекру́ха, -и
свеликоду́шничать, -аю, -ает

свербёж, -ежа́, *тв.* -о́м
свербе́ть, -би́т
сверга́ть(ся), -а́ю(сь), -а́ет(ся)
све́ргнувший(ся)
све́ргнутый
све́ргнуть(ся), -ну(сь), -нет(ся); *прош.* све́рг(ся) и све́ргнул(ся), све́ргла(сь)
све́ргший(ся)
свердло́вский (*от* Свердло́вск)
свердловча́не, -а́н, *ед.* -а́нин, -а
свердловча́нка, -и, *р. мн.* -нок
све́ренный; *кр. ф.* -ен, -ена
сверже́ние, -я
све́рженный; *кр. ф.* -ен, -ена
све́рзить(ся), -ржу(сь), -рзит(ся)
све́рить(ся), -рю(сь), -рит(ся)
све́рка, -и, *р. мн.* -рок
сверка́ние, -я
сверка́ть, -а́ю, -а́ет
сверка́ющий
сверкну́ть, -ну́, -нёт
сверле́ние, -я
сверлённый; *кр. ф.* -ён, -ена́, *прич.*
сверлёный, *прил.*
сверли́лка, -и, *р. мн.* -лок
сверли́ло, -а, *мн.* -и́ла и -и́лы, -и́л, *м.* (*жук*)
сверли́льно-долбёжный
сверли́льно-нарезно́й
сверли́льно-расто́чный
сверли́льно-фре́зерный
сверли́льный
сверли́льщик, -а
сверли́льщица, -ы, *тв.* -ей
сверли́ть(ся), -лю́, -ли́т(ся)
сверло́, -а́, *мн.* свёрла, свёрл
сверло́вка, -и
сверлово́й
сверло́вочный
сверло́вщик, -а
сверло́вщица, -ы, *тв.* -ей
сверля́щий(ся)
свёрнутый
сверну́ть(ся), -ну́(сь), -нёт(ся)
свёрстанный; *кр. ф.* -ан, -ана
сверста́ть(ся), -а́ю, -а́ет(ся)
свёрстка, -и
све́рстник, -а
све́рстница, -ы, *тв.* -ей
све́рстничек, -чка
све́рстнический
свёрстывание, -я
свёрстывать(ся), -аю, -ает(ся)
сверте́ть(ся), сверчу́, све́ртит(ся)
свёртка, -и
свёрток, -тка
свёрточек, -чка
свёртываемость, -и
свёртывание, -я
свёртывать(ся), -аю(сь), -ает(ся)
сверх, *предлог*
сверх... – *приставка, пишется слитно*
сверхаккура́тный; *кр. ф.* -тен, -тна
сверхбалло́н, -а
сверхбди́тельность, -и
сверхбди́тельный; *кр. ф.* -лен, -льна
сверхбольшо́й
сверхбыстроде́йствующий
сверхбы́стрый
сверхбюдже́тный
сверхва́жность, -и
сверхва́жный; *кр. ф.* -жен, -жна́, -жно, -ва́жны́
сверхвозмо́жный
сверхвре́менный; *кр. ф.* -менен и -мен, -менна
сверхвысо́кий
сверхвысоково́льтный
сверхвысокочасто́тный
сверхвысо́тный
сверхгабари́тный; *кр. ф.* -тен, -тна
сверхгала́ктика, -и
сверхгига́нт, -а
сверхгига́нтский
сверхглуби́нный
сверхглубо́кий
сверхгоря́чий
сверхдавле́ние, -я
сверхда́льний
сверхдальнобо́йность, -и
сверхдальнобо́йный; *кр. ф.* -о́ен, -о́йна
сверхдержа́ва, -ы
сверхдли́нный
сверхдо́лгий
сверхдомина́нтность, -и
сверхдомини́рование, -я
сверхдопусти́мый
сверхдоста́точно, *в знач. сказ.*
сверхдохо́д, -а
сверхжаросто́йкий
сверхжёсткий
сверхзада́ча, -и, *тв.* -ей
сверхза́нятость, -и
сверхзвезда́, -ы́, *мн.* -звёзды, -звёзд
сверхзву́к, -а
сверхзвуково́й
сверхиде́йный
сверхиде́я, -и
сверхизы́сканный; *кр. ф.* -ан, -анна
сверхиндивидуали́зм, -а
сверхиндивидуа́льный; *кр. ф.* -лен, -льна
сверхиндустриа́льный
сверхинтеллектуа́льный
сверхинтеллиге́нтность, -и
сверхинтеллиге́нтный; *кр. ф.* -нтен, -нтна
сверхинтере́сный; *кр. ф.* -сен, -сна
сверхинтуи́ция, -и
сверхко́мплексный
сверхкомпле́кт, -а
сверхкомпле́ктный; *кр. ф.* -тен, -тна
сверхкомпью́тер, -а
сверхконтрста́лия, -и
сверхкоро́на, -ы
сверхкра́ткий; *кр. ф.* -ток, -тка́, -тко
сверхкра́ткость, -и
сверхкрити́ческий
сверхкру́пный
сверхлёгкий
све́рх лими́та
сверхлими́тный
сверхли́чный
сверхма́лый
сверхманёвренность, -и и **сверхмане́вренность,** -и
сверхманёвренный и **сверхмане́вренный;** *кр. ф.* -ен, -енна
сверхмарафо́н, -а
сверхмарафо́нец, -нца, *тв.* -нцем, *р. мн.* -нцев
сверхмарафо́нский
сверхмасси́вный
сверхме́рный
све́рх ме́ры
сверхме́ткий; *кр. ф.* -ток, -тка́, -тко
сверхме́ткость, -и
сверхмиллионе́р, -а
сверхми́ни, *неизм.* и *нескл., с.*
сверхминиатю́рный
сверхмоде́рн, -а
сверхмоде́рный
сверхмо́дный; *кр. ф.* -ден, -дна и -дна́, -дно
сверхмонопо́лия, -и
сверхмо́щный
сверхнагру́зка, -и, *р. мн.* -зок
сверхнадёжность, -и
сверхнадёжный; *кр. ф.* -жен, -жна
сверхнапряже́ние, -я
сверхнапряжённый
сверхнасы́щенный
сверхнеобходи́мый
сверхни́зкий
сверхно́вый
сверхнормати́вность, -и
сверхнормати́вный; *кр. ф.* -вен, -вна
сверхобы́чный
сверходарённость, -и
сверходарённый; *кр. ф.* -ён, -ена́ и -ён, -ённа (*см.* одарённый, *прил.*)
сверхопа́сный; *кр. ф.* -сен, -сна
сверхоперати́вность, -и
сверхоперати́вный; *кр. ф.* -вен, -вна
сверхоптимисти́ческий
сверхоптимисти́чный; *кр. ф.* -чен, -чна
сверхору́жие, -я
сверхосторо́жность, -и
сверхосторо́жный; *кр. ф.* -жен, -жна
сверхо́стрый
све́рх пла́на
сверхпла́новый
сверхпло́тность, -и
сверхпло́тный
сверхпопуля́рность, -и
сверхпопуля́рный; *кр. ф.* -рен, -рна
сверхпотребле́ние, -я
сверхпреде́льный; *кр. ф.* -лен, -льна
сверхпри́быль, -и
сверхпри́быльный; *кр. ф.* -лен, -льна
сверхприро́дный
сверхпроводи́мость, -и

сверхпроводи́мый
сверхпроводни́к, -а́
сверхпроводнико́вый
сверхпроводя́щий
сверхпрогра́мма, -ы
сверхпро́чность, -и
сверхпро́чный; *кр. ф.* -чен, -чна́, -чно, -о́чны́
сверхрадика́льный; *кр. ф.* -лен, -льна
сверхра́зум, -а
сверхразу́мный
сверхра́нний
сверхреа́льность, -и
сверхреа́льный; *кр. ф.* -лен, -льна
сверхрегенерати́вный
сверхре́дкий
сверхреко́рд, -а
сверхремо́нтный
сверхрента́бельность, -и
сверхрента́бельный; *кр. ф.* -лен, -льна
сверхсветово́й
сверхсекре́тность, -и
сверхсекре́тный; *кр. ф.* -тен, -тна
сверхси́ла, -ы
сверхси́льный
сверхскоростно́й
сверхско́рость, -и, *мн.* -и, -е́й
сверхсла́бый
сверхсло́жность, -и
сверхсло́жный; *кр. ф.* -жен, -жна́, -жно, -сло́жны́
сверхсме́тный
сверхсоверше́нный; *кр. ф.* -е́нен, -е́нна
сверхсовреме́нность, -и
сверхсовреме́нный; *кр. ф.* -е́нен, -е́нна
сверхсро́чник, -а
сверхсрочнослу́жащий
сверхсро́чный; *кр. ф.* -чен, -чна
сверхсто́йкий
сверхструкту́ра, -ы
сверхсхе́мный
сверхтвёрдый
сверхтеку́честь, -и
сверхтеку́чий
сверхтермосто́йкий
сверхте́хника, -и
сверхтипово́й
све́рх того́
сверхто́ки, -ов
сверхто́нкий
сверхто́чность, -и
сверхто́чный; *кр. ф.* -чен, -чна́, -чно, -то́чны́
сверхтру́дный; *кр. ф.* -ден, -дна́, -дно, -тру́дны́
сверхтяжёлый
све́рху, *нареч.* и *предлог* (све́рху упа́ла сосу́лька; повяза́ть плато́к све́рху ша́пки)
све́рху вни́з
све́рху до́низу
сверху́мный
сверхуниверса́льность, -и
сверхуниверса́льный; *кр. ф.* -лен, -льна
сверхуро́чность, -и
сверхуро́чный
сверхусто́йчивость, -и
сверхусто́йчивый
сверхфра́зовый
сверххо́лод, -а
сверхце́нность, -и
сверхце́нный; *кр. ф.* -це́нен, -це́нна
сверхцентрали́зм, -а
сверхцивилиза́ция, -и
сверхчелове́к, -а, *мн.* сверхчелове́ки, -ов и сверхлю́ди, -е́й, -лю́дям, -людьми́
сверхчелове́ческий
сверхчелове́чество, -а
сверхчи́стый
сверхчу́вственный; *кр. ф.* -вен и -венен, -венна
сверхчувстви́тельность, -и
сверхчувстви́тельный; *кр. ф.* -лен, -льна
сверхчу́ткий; *кр. ф.* -ток, -тка́, -тко
сверхшта́тный
сверхще́дрый; *кр. ф.* -ще́др, -а́, -о, -ще́дры́
сверхъёмкий; *кр. ф.* -мок, -мка
сверхъесте́ственно, *нареч.*
сверхъесте́ственность, -и
сверхъесте́ственный; *кр. ф.* -вен и -венен, -венна
сверхъя́ркий
сверхэкономи́чность, -и
сверхэкономи́чный; *кр. ф.* -чен, -чна
сверхэ́кстренный; *кр. ф.* -ен, -енна
сверхэмпири́ческий
сверхэнерги́чный; *кр. ф.* -чен, -чна
сверхэне́ргия, -и
сверхэффекти́вность, -и
сверхэффекти́вный; *кр. ф.* -вен, -вна
сверх-я́, *нескл., с.* (*филос.*)
све́рченный; *кр. ф.* -ен, -ена
сверчко́вые, -ых
сверчо́к, -чка́
сверша́ть(ся), -а́ю, -а́ет(ся)
сверше́ние, -я
свершённый; *кр. ф.* -ён, -ена́
сверши́ть(ся), -шу́, -ши́т(ся)
све́рщик, -а
све́рщица, -ы, *тв.* -ей
сверя́ть(ся), -я́ю(сь), -я́ет(ся)
свес, -а
све́сить(ся), све́шу(сь), све́сит(ся)
свести́(сь), сведу́, сведёт(ся); *прош.* свёл(ся), свела́(сь)
свет[1], -а и -у, *предл.* в све́те, на свету́ (*к* свети́ть, освеще́ние)
свет[2], -а (*мир, земля*); но: **Но́вый Све́т** (*об Америке*), **Ста́рый Све́т** (*о Европе*)
свет-... (*нар.-поэт. и разг.*) – *перед собственными именами и (чаще) отчествами пишется через дефис, напр.*: све́т-Ната́ша, све́т-Ива́новна, Ива́н све́т-Андре́евич, Кате́ринушка све́т-Васи́льевна
света́ть, -а́ет
све́т бо́жий (све́ту бо́жьему не ра́д, све́та бо́жьего невзви́деть; появи́ться на све́т бо́жий)
свет-диза́йн, -а
светёлка, -и, *р. мн.* -лок
светёлочка, -и, *р. мн.* -чек
светёлочный
свете́ц, -тца́, *тв.* -тцо́м, *р. мн.* -тцо́в
све́тик, -а
свети́ло, -а
свети́льник, -а
свети́льничек, -чка
свети́льничный
свети́льны, -ых, *ед.* свети́лен, -льна, *м.* (*церк. песнопения*)
свети́льный
свети́льня, -и, *р. мн.* -лен
свети́мость, -и
свети́ть(ся), свечу́(сь), све́тит(ся) (*к* свет)
Све́тлая седми́ца
светле́йший
светлённый; *кр. ф.* -ён, -ена́
све́тленький
светле́ть(ся), -е́ю, -е́ет(ся)
светлина́, -ы́
светли́ть, -лю́, -ли́т
светли́ца, -ы, *тв.* -ей
светли́чный
светло́, *нареч.* и *в знач. сказ.*
све́тло-бе́жевый
светлоборо́дый
светлобрю́хий
све́тло-бу́рый
светло́ванный; *кр. ф.* -ан, -ана
светлова́тый
светлова́ть(ся), -лу́ю, -лу́ет(ся)
светлови́на, -ы
светлово́дный; *кр. ф.* -ден, -дна
светловоло́сый
светлогла́зый
светлоголо́вый
све́тло-голубо́й
светлого́рский (*от* Светлого́рск)
светлого́рцы, -ев, *ед.* -рец, -рца, *тв.* -рцем
светлогру́дый
Све́тлое воскресе́нье (*Пасха*)
све́тло-жёлтый
све́тло-зелёный
све́тло-золоти́стый
све́тло-ка́рий
све́тло-кашта́новый
светлоко́жий
све́тло-кори́чневый
све́тло-кра́сный
светлокры́лый
светлоку́дрый
светлоли́кий
све́тло-лило́вый
светлоли́стый

светлоли́цый
светлоно́гая каза́рка (*жук*)
светлоо́кий
светлоокра́шенный
све́тло-ора́нжевый
све́тло-ро́зовый
све́тло-ру́сый
све́тло-ры́жий
све́тло-се́рый
све́тло-си́ний
све́тло-сире́невый
све́тлость, -и
светлота́, -ы́
светлотка́нный
светло́тный
све́тло-фиоле́товый
све́тло-шокола́дный *(о цвете)*
светлу́ха, -и
све́тлый; *кр. ф.* све́тел, светла́, све́тло́
светлы́м-светло́
светлы́нь, -и
светля́к, -а́
светлячо́к, -чка́
светоаэрацио́нный
светобоя́знь, -и
светово́д, -а
светово́дный
световодолече́бница, -ы, *тв.* -ей
световодолече́бный
световодолече́ние, -я
светово́здушный
светово́й
светогра́мма, -ы
светодальноме́р, -а
светодио́дный
светоза́рность, -и
светоза́рный; *кр. ф.* -рен, -рна
светозатене́ние, -я
светозащи́тный
светозвукопанора́ма, -ы
светозвукоспекта́кль, -я
светоизлуча́ющий
светоизмери́тельный
светоинформацио́нный
светокла́панный
светокопи́р, -а
светокопирова́льный
светокопи́рование, -я
светокопиро́вка, -и
светоко́пия, -и
светокульту́ра, -ы
светолече́бница, -ы, *тв.* -ей
светолече́бный
светолече́ние, -я
светоло́в, -а
светолову́шка, -и, *р. мн.* -шек
светолю́б, -а
светолюби́вость, -и
светолюби́вый
светолю́бие, -я
светомаскиро́вка, -и
светомаскиро́вочный
светометри́ческий
светому́зыка, -и
светомузыка́льный
светонаправля́ющий
светонепроница́емость, -и
светонепроница́емый
светоно́сность, -и
светоно́сный; *кр. ф.* -сен, -сна
све́тоньки: све́тоньки мои́, ба́тюшки-све́тоньки
светооборудование, -я
светоопти́ческий
светоотвержда́емый
светоотвержде́ние, -я
светоотда́ча, -и, *тв.* -ей
светоотража́тель, -я
светоотража́ющий
светопи́сный
све́топись, -и
светопреломле́ние, -я
светопреломля́ющий
светопреставле́ние, -я
светоприёмник, -а
светопрово́д, -а
светопрозра́чный
светопроница́емость, -и
светопроница́емый
светопро́чность, -и
светопро́чный
светорассе́иватель, -я
светорассе́ивающий
светорассе́яние, -я
светорегули́рование, -я
светорегуля́тор, -а
светосигна́л, -а
светосигнализа́ция, -и
светосигна́льный
светосигна́льщик, -а
светоси́ла, -ы
светоси́льный
светособира́ющий
светососта́в, -а
светостабилиза́тор, -а
светосто́йкий; *кр. ф.* -о́ек, -о́йка
светосто́йкость, -и
светотенево́й
светоте́нь, -и, *мн.* -и, -ей
светотеплово́й
светоте́хник, -а
светоте́хника, -и
светотехни́ческий
светофизиоло́гия, -и
светофи́льтр, -а
светофи́льтровый
светофо́р, -а
светофо́рный
светоцветово́й
све́точ, -а, *тв.* -ем
светочувстви́тельность, -и
светочувстви́тельный; *кр. ф.* -лен, -льна
светоэкра́н, -а
све́тски
све́тский
све́тскость, -и
светя́щий(ся) (*от* свети́ть(ся)
свеча́, -и́, *тв.* -о́й, *мн.* све́чи, свеч и свече́й, свеча́м
свече́ние, -я
све́ченька, -и, *р. мн.* -нек
свечере́ть, -е́ет
све́чечка, -и, *р. мн.* све́чечек
све́чка, -и, *р. мн.* -чек
свечни́к, -а́
свечно́й
све́шанный; *кр. ф.* -ан, -ана (*от* све́шать)
све́шать(ся), -аю(сь), -ает(ся)
све́шенный; *кр. ф.* -ен, -ена (*от* све́сить)
све́шивать(ся), -аю(сь), -ает(ся)
све́янный; *кр. ф.* -ян, -яна
све́ять, све́ю, све́ет
свива́льник, -а
свива́льный
свива́ние, -я (*от* свива́ть(ся)
свива́ть(ся), -а́ю, -а́ет(ся) (*к* свить)
сви́вка, -и
свида́ние, -я
свида́нка, -и, *р. мн.* -нок *(прост.)*
свида́ньице, -а
свиде́тель, -я
свиде́тельница, -ы, *тв.* -ей
свиде́тельский
свиде́тельство, -а
свиде́тельствование, -я
свиде́тельствовать(ся), -твую(сь), -твует(ся)
сви́деться, сви́жусь, сви́дится
свиди́на, -ы
с ви́ду
свизи́рованный; *кр. ф.* -ан, -ана
свизи́ровать(ся), -рую, -рует(ся)
свилева́тость, -и
свилева́тый
сви́ливать, -аю, -ает
свиль, -и
свильну́ть, -ну́, -нёт
свина́рка, -и, *р. мн.* -рок
свина́рник, -а
свина́рный
свина́рня, -и, *р. мн.* -рен
свина́рь, -я́
свинг, -а
свинг-гру́ппа, -ы
сви́нгер, -а
сви́нгерский
свинг-кварте́т, -а
свингова́ть, -гу́ю, -гу́ет
сви́нговый
свинёнок, -нка, *мн.* свиня́та, -я́т
свине́ц, -нца́, *тв.* -нцо́м
свинецоргани́ческий
свини́на, -ы
свини́нка, -и
сви́нка, -и, *р. мн.* -нок
свинобо́ец, -о́йца, *тв.* -о́йцем, *р. мн.* -о́йцев
свинобо́й, -я
свиново́д, -а
свиново́дство, -а
свиново́дческий
свино́й

свинокóмплекс, -а
свинокопчёности, -ей, *ед.* -ость, -и
свиномáтка, -и, *р. мн.* -ток
свиномáточный
свинооткóрм, -а
свинооткóрмочный
свинопáс, -а
свиноподóбный; *кр. ф.* -бен, -бна
свинорóй, -я
свиносовхóз, -а
свинотовáрный
свинофáбрика, -и
свиноферма, -ы
свинохвóстый
свинохвóстый макáк
свúнски
свúнский
свúнство, -а
свинтúть(ся), -нчý, -нтúт(ся)
свúнтус, -а
свинýха, -и
свинýшка, -и, *р. мн.* -шек
свинýшник, -а и **свинюшник,** -а
свинцевáние, -я
свинцевáть(ся), -цýю, -цýет(ся)
свинцóванный; *кр. ф.* -ан, -ана
свинцóвистый
свинцóво-изотóпный
свинцóво-мéдный
свинцóво-оловянный
свинцóво-плавúльный
свинцóво-серéбряный
свинцóво-сéрый
свинцóвость, -и
свинцóво-цúнковый
свинцóво-чёрный
свинцóвый
свинчáк, -á
свинчáтка, -и, *р. мн.* -ток
свинчáтковые, -ых
свúнченный; *кр. ф.* -ен, -ена
свúнчивание, -я
свúнчивать(ся), -аю, -ает(ся)
свинья, -ú, *мн.* свúньи, свиней, свúньям; но: **гóд Свиньú** (*по восточному календарю*), **Свинья,** -ú (*о том, кто родился в этот год*)
свинья свиньёй
свинюшник, -а и **свинýшник,** -а
свинячащий
свинячий, -ья, -ье
свинячить, -чу, -чит
свип-генерáтор, -а
свирéль, -и
свирéлька, -и, *р. мн.* -лек
свирéльный
свирéльщик, -а
свирепéть, -éю, -éет
свирéпость, -и
свирéпство, -а
свирéпствовать, -твую, -твует
свирéпый
свúри, *нескл., с.* (*вино*)
свиристéлевые, -ых
свиристéлка, -и, *р. мн.* -лок
свиристéль, -я
свиристéние, -я
свиристéть, -рищý, -ристúт
свúрский (*от* Свирь)
свисáние, -я
свисáть, -áю, -áет
свúслость, -и
свúслый
свúснуть, -ну, -нет; *прош.* свис, свúсла (*к* свисáть)
свист, -а
свистáть, свищý, свúщет
свистéлка, -и, *р. мн.* -лок
свистéть, свищý, свистúт
свúстнуть, -ну, -нет (*к* свистéть)
свистóк, -ткá
свистопляска, -и, *р. мн.* -сок
свистóчек, -чка
свистýлька, -и, *р. мн.* -лек
свистýн, -á
свистýнья, -и, *р. мн.* -ний
свистящий
свúсший
свит, -а и *неизм.* (*муз.*)
свúта, -ы
свúтер, -а, *мн.* -ы, -ов и -á, -óв
свитерóк, -ркá
свитерóчек, -чка
свúтка, -и, *р. мн.* -ток
свúток, -тка
свúтский
свитч, -а, *тв.* -ем
свúтый; *кр. ф.* свúт, свитá, свúто
свúть(ся), совью, совьёт(ся); *прош.* -úл(ся), -илá(сь), -úло, -úлóсь
свих, -а
свúхивать(ся), -аю(сь), -ает(ся)
свúхнутый
свихнýть(ся), -нý(сь), -нёт(ся)
свищ, -á, *тв.* -óм
свищевáтый
свищевóй
свúщущий
свияжский (*от* Свияга и Свияжск)
свя́зь, -и
свобóда, -ы и (*высок.*) **Свобóда,** -ы; стáтуя Свобóды (*в Нью-Йорке*)
свобóдненский (*от* Свобóдный)
свободновисящий*
свободновращáющийся*
свободноживýщий*
свобóдно конвертúруемый
свободнолетáющий*
свободномолекулярный
свободнонесýщий*
свободнопáдающий*
свободноплáвающий*
свободноподвéшенный*
свободнопоршневóй
свободнопотóчный
свобóдно располóженный
свободнорождённый*
свободнострýйный
свобóдный; *кр. ф.* -ден, -дна
Свобóдный, -ого (*город, поселок, космодром*)
свободолюбец, -бца, *тв.* -бцем, *р. мн.* -бцев
свободолюбúвый
свободолюбие, -я
свободомыслие, -я
свободомыслящий
свод, -а
сводúмость, -и
сводúмый
сводúть(ся), свожý, свóдит(ся)
свóдка, -и, *р. мн.* -док
свóдник, -а
свóдница, -ы, *тв.* -ей
свóдничанье, -я
свóдничать, -аю, -ает
свóднический
свóдничество, -а
своднóй (*такой, к-рый можно свести*)
свóдный (*составленный из разных частей, данных*; свóдный брáт, свóдная сестрá)
свóдня, -и, *р. мн.* -ей и свóден
свóдовый
сводообрáзный; *кр. ф.* -зен, -зна
свóдчатый
свóдчик, -а
сводящий(ся)
своевлáстие, -я
своевлáстность, -и
своевлáстный; *кр. ф.* -тен, -тна
своевóлие, -я
своевóльник, -а
своевóльница, -ы, *тв.* -ей
своевóльничанье, -я
своевóльничать, -аю, -ает
своевóльность, -и
своевóльный; *кр. ф.* -лен, -льна
своевóльство, -а
своеврéменно, *нареч.*
своеврéменность, -и
своеврéменный; *кр. ф.* -менен и -мен, -менна
своекорыстие, -я
своекорыстность, -и
своекорыстный; *кр. ф.* -тен, -тна
своекóштный
своенрáвие, -я
своенрáвничать, -аю, -ает
своенрáвность, -и
своенрáвный; *кр. ф.* -вен, -вна
своеобрáзие, -я
своеобрáзность, -и
своеобрáзный; *кр. ф.* -зен, -зна
своеобычие, -я
своеобычность, -и
своеобычный; *кр. ф.* -чен, -чна
своерýчный
свóженный; *кр. ф.* -ен, -ена (*от* свозúть)
своз, -а
свозúть(ся), свожý, свóзит(ся)
свóзка, -и

сво́зчик, -а
своз́ящий(ся)
свой, своё, своего́, **своя́,** своей́, *мн.* свои́, свои́х
свойла́чивание, -я
свойла́чивать(ся), -аю, -ает(ся)
сво́йский
сво́йственник, -а
сво́йственница, -ы, *тв.* -ей
сво́йственно, *в знач. сказ.*
сво́йственность, -и
сво́йственный; *кр. ф.* -вен и -венен, -венна
сво́йство, -а (*качество*)
свойство́, -а́ (*родство*)
свола́кивание, -я
свола́кивать(ся), -аю, -ает(ся)
своло́кший
сволота́, -ы́
своло́ченный; *кр. ф.* -ен, -ена (*от* сволочи́ть)
сволочённый; *кр. ф.* -ён, -ена́ (*от* своло́чь и сволочи́ть)
сволочи́зм, -а
сволочи́ть, -очу́, -о́чи́т, *сов.* (*своло́чь*)
сволочи́ть(ся), -чу́(сь), -чи́т(ся), *несов.* (*ругать(ся)*)
сволочно́й
сво́лочь, -и, *мн.* -и, -е́й
своло́чь, -локу́, -лочёт, -локу́т; *прош.* -ло́к, -локла́
сволочьё, -я́
своп, -а и *неизм.* (*фин.*)
сво́повый
сво́ппинг, -а (*инф.*)
сво́ра, -ы
свора́чивание, -я
свора́чивать(ся), -аю(сь), -ает(ся)
сво́рить, -рю, -рит
сво́рка, -и, *р. мн.* -рок
сво́рный
своро́ванный; *кр. ф.* -ан, -ана
сворова́ть, -ру́ю, -ру́ет
своро́т, -а
своротить(ся), -очу́, -о́тит(ся)
своро́ченный; *кр. ф.* -ен, -ена
своя́к, -а́
своя́ченица, -ы, *тв.* -ей
свояčо́к, -чка́
СВП [эсвэпэ́], *нескл., с.* (*сокр.*: (транспортное) средство на воздушной подушке) и *ж.* (*сокр.*: система выбора программ (в телевидении)
СВ-переда́тчик [эсвэ́-], -а
СВ-радиокана́лы, -ов
СВ-свя́зь [эсвэ́-], -и
СВЧ [эсвэче́], *нескл., ж.* и *неизм.* (*сокр.*: сверхвысокая частота, сверхвысокочастотный)
СВЧ-генера́тор, -а
СВЧ-излуче́ние, -я
СВЧ-колеба́ния, -ий
СВЧ-лучи́, -е́й
СВЧ-нагре́в, -а
СВЧ-пе́чь, -и и -и́, *тв.* -пе́чью, *предл.* в (на) -печи́, *мн.* -и, -е́й
СВЧ-те́хника, -и
СВЧ-устро́йство, -а
СВЧ-фи́льтр, -а
СВЧ-энерге́тика, -и
свыка́ться, -а́юсь, -а́ется
свы́кнуться, -нусь, -нется; *прош.* свы́кся, свы́клась
свы́кшийся
свысока́
свы́чаи и обы́чаи
свы́чаи-обы́чаи, свы́чаев-обы́чаев
свы́чай, -я
свы́чка, -и, *р. мн.* -чек
свы́ше
свя́занно, *нареч.*
свя́занность, -и
свя́занный; *кр. ф. прич.* -ан, -ана; *кр. ф. прил.* -ан, -ана (*с дополн.*: э́то свя́зано с ри́ском) и (*без дополн.*: *затрудненный, несвободный*) -ан, -анна (его́ движе́ния свя́занны)
связа́ть(ся), свяжу́(сь), свя́жет(ся)
связи́ст, -а
связи́стка, -и, *р. мн.* -ток
связи́шка, -и, *р. мн.* -шек
свя́зка, -и, *р. мн.* -зок
связни́к, -а́
связно́й [1] (*служащий для связи, скрепления*)
связно́й [2], -о́го (*посыльный*)
свя́зность, -и
свя́зный; *кр. ф.* -зен, -зна (*хорошо изложенный*)
свя́зочка, -и, *р. мн.* -чек
свя́зочный
связу́ющий
свя́зывание, -я
свя́зывать(ся), -аю(сь), -ает(ся)
связь, -и
Связьинве́ст, -а (*компания*)
свя́нуть, -ну, -нет; *прош.* свял, -а
свя́сло, -а
Свята́я земля́ (*Палестина*)
Свята́я неде́ля
Свята́я Па́сха
свята́я святы́х, *нескл., с.*
Свята́я Тро́ица
святе́йшество, -а; *при офиц. титуловании*: **Ва́ше (Его́) Святе́йшество**
святе́йший
Святе́йший Патриа́рх Моско́вский и всея́ Руси́
Святе́йший сино́д (*ист.*)
святи́лище, -а
святи́тель, -я
святи́тельский
святи́тельство, -а
святи́ть(ся), свячу́, святи́т(ся) (*к свято́й*)
Свя́тки, -ток
Святого́р, -а (*былинный персонаж*)
святого́рский (*от* Святы́е Го́ры)
Святого́рский монасты́рь
Святого́рье, -я (*к* Святы́е Го́ры)
Свя́то-Дани́лов монасты́рь, Свя́то-Дани́лова монастыря́
Свя́то-Ду́хов монасты́рь, Свя́то-Ду́хова монастыря́
Свято́е благовествова́ние (*Евангелие*)
Свято́е прича́стие (*церк.*)
Свято́е семе́йство (*библ.*)
свято́й; *кр. ф.* свят, свята́, свя́то; *в сочетании с последующим собственным именем пишется со строчной буквы, напр.*: свято́й Влади́мир, свято́й Никола́й, святая Екатери́на, свята́я О́льга; но (*с предшествующим собственным именем, в названиях соборов, храмов, орденов, в геогр. наименованиях*) **Свято́й,** *напр.*: Влади́мир Свято́й, собо́р Свято́го Петра́, о́рден Свято́го Алекса́ндра Не́вского, о́рден Свято́го апо́стола Андре́я Первозва́нного, о́стров Свято́й Еле́ны, зали́в (о́стров, река́) Свято́го Лавре́нтия, го́ры Свято́го Ильи́, пло́щадь Свято́го Ма́рка, хра́м Все́х Святы́х, *также*: Неде́ля Все́х Святы́х
Свято́й Ду́х (*о Боге*), но: **святы́м ду́хом** (*неизвестно каким образом*)
Свято́й престо́л (*о Ватикане*)
свя́то ме́сто пу́сто не быва́ет
святоотече́ский (*к* Святы́е Отцы́)
Святопо́лк Окая́нный
святору́сский
свя́тость, -и
святота́тец, -тца, *тв.* -тцем, *р. мн.* -тцев
святота́тственно, *нареч.*
святота́тственный; *кр. ф.* -вен, -венна
святота́тство, -а
святота́тствовать, -твую, -твует
Свя́то-Ти́хоновский: Правосла́вный Свя́то-Ти́хоновский богосло́вский институ́т
Свя́то-Тро́ицкий монасты́рь
Свя́то-Успе́нский монасты́рь
свя́точный
свято́ша, -и, *тв.* -ей, *м.* и *ж.*
свя́т-свя́т-свя́т (*заклинание*)
свя́тцы, -ев
Святы́е воро́та (*в Ярославле, в нек-рых монастырях*)
Святы́е Го́ры (*населенный пункт*)
Святы́е Дары́
Святы́е Отцы́ (*богосл.*); но: **свято́й оте́ц** (*обращение к священнослужителю*)
Святы́е Та́йны (приобщи́ться Святы́х Та́йн, приня́тие Святы́х Та́йн – *о причащении*)
святы́ня, -и, *р. мн.* -ы́нь
святя́щий(ся) (*от* святи́ть(ся)
свячённый; *кр. ф.* -ён, -ена́, *прич.*
свячёный, *прил.*
свяще́ние, -я

Свяще́нная исто́рия
Свяще́нная Ри́мская импе́рия (*ист.*)
свяще́ннейший
свяще́нник, -а
свяще́нник-миссионе́р, свяще́нника-миссионе́ра
свяще́ннический
свяще́нно-библе́йский
священноде́йственный
священноде́йствие, -я
священноде́йствовать, -твую, -твует
Свяще́нное Писа́ние
Свяще́нное Преда́ние
священнои́нок, -а
священному́ченик, -а
священному́ченический
священнонача́лие, -я
священнонача́льник, -а
священнослуже́ние, -я
священнослужи́тель, -я
священнослужи́тельский
свяще́нность, -и
свяще́нный; *кр. ф.* -е́нен, -е́нна
Свяще́нный сино́д РПЦ
Свяще́нный сою́з (*ист.*)
свяще́нство, -а
свяще́нствовать, -твую, -твует
с га́ком
сга́снувший
сга́снуть, -ну, -нет; *прош.* сгас, сга́сла
сга́сший
сгиб, -а
сгиба́ние, -я
сгиба́тель, -я
сгиба́ть(ся), -а́ю(сь), -а́ется
сгиба́ясь-разгиба́ясь (движе́ние, *спорт.*)
сги́бнувший
сги́бнуть, -ну, -нет; *прош.* сгиб, сги́бла
сги́нувший
сги́нуть, -ну, -нет
сгла́дить(ся), сгла́жу, сгла́дит(ся)
сгла́дывать(ся), -аю, -ает(ся)
сгла́женность, -и
сгла́женный; *кр. ф.* -ен, -ена
сгла́живание, -я
сгла́живать(ся), -аю, -ает(ся)
сгла́живающий(ся)
сглаз, -а и -у (*к* сгла́зить)
с глаз (доло́й)
сгла́зить, сгла́жу, сгла́зит
с гла́зу на́ глаз и **с гла́зу на гла́з**
сгла́тывать, -аю, -ает
сгло́данный; *кр. ф.* -ан, -ана
сглода́ть, -ожу́, -о́жет
сглота́ть, -а́ю, -а́ет
сглотну́ть, -ну́, -нёт
сглупа́ и **сглу́пу**
сглупи́ть, -плю́, -пи́т
сгна́ивание, -я
сгна́ивать(ся), -аю, -ает(ся)
сгнести́, сгнету́, сгнетёт; *прош.* -ёл, -ела́
сгнета́ть(ся), -а́ю, -а́ет(ся)
сгнетённый; *кр. ф.* -ён, -ена́
сгнётка, -и
сгнива́ние, -я
сгнива́ть, -а́ю, -а́ет
с гнильцо́й
сгнить, сгнию́, сгниёт; *прош.* -и́л, -ила́, -и́ло
сгноённый; *кр. ф.* -ён, -ена́
сгнои́ть, сгною́, сгнои́т
сгова́ривать(ся), -аю(сь), -ает(ся)
сго́вор, -а
сговорённость, -и
сговорённый; *кр. ф.* -ён, -ена́
сговори́ть(ся), -рю́(сь), -ри́т(ся)
сгово́рчивость, -и
сгово́рчивый
сгоди́ться, сгожу́сь, сгоди́тся
с го́ду на́ год
сголографи́рованный; *кр. ф.* -ан, -ана
сголографи́ровать, -рую, -рует
с го́лоду
с голоду́хи
с го́лоса
сгон, -а
сго́нка, -и
сго́нно-наго́нный
сго́нный
сгоноши́ть, -шу́, -ши́т
сго́нщик, -а
сгоня́ть(ся), -я́ю, -я́ет(ся)
сгора́емость, -и
сгора́емый
сгора́ние, -я
сгора́ть, -а́ю, -а́ет
сго́рбить(ся), -блю(сь), -бит(ся)
сго́рбленность, -и
сго́рбленный; *кр. ф.* -ен, -ена
сгоре́ть, -рю́, -ри́т
с горчи́нкой
с го́ря
сгоряча́
сгото́вить(ся), -влю, -вит(ся)
сгото́вленный; *кр. ф.* -ен, -ена
сграба́станный; *кр. ф.* -ан, -ана
сграба́стать, -аю, -ает
сгра́бить, -блю, -бит
сгра́бленный; *кр. ф.* -ен, -ена
сграффи́то, *нескл., с.*
сгреба́ние, -я
сгреба́ть(ся), -а́ю(сь), -а́ет(ся)
сгребённый; *кр. ф.* -ён, -ена́
сгрёбший(ся)
сгрести́(сь), сгребу́(сь), сгребёт(ся); *прош.* сгрёб(ся), сгребла́(сь)
с грехо́м попола́м
сгруби́ть, -блю́, -би́т
сгру́ди́ть(ся), -у́жу́, -у́ди́т(ся)
сгружа́ть(ся), -а́ю(сь), -а́ет(ся)
сгру́женный; *кр. ф.* -ен, -ена и **сгружённый;** *кр. ф.* -ён, -ена́
сгру́живать(ся), -аю, -ает(ся)
сгрузи́ть(ся), -ужу́(сь), -у́зи́т(ся)
сгру́зка, -и
сгруппиро́ванный; *кр. ф.* -ан, -ана
сгруппирова́ть(ся), -ру́ю(сь), -ру́ет(ся)
сгруппиро́вывать(ся), -аю(сь), -ает(ся)
с грусти́нкой
сгрустну́ть(ся), -ну́, -нёт(ся)
сгрыза́ть(ся), -а́ю, -а́ет(ся)
сгры́зенный; *кр. ф.* -ен, -ена
сгрызть, -зу́, -зёт; *прош.* сгрыз, сгры́зла
сгры́зший
СГС-систе́ма [эсгээ́с-], -ы (*система единиц; сокр.:* сантиметр – грамм – секунда)
сгуби́ть, сгублю́, сгу́бит
сгу́бленный; *кр. ф.* -ен, -ена
с гу́лькин но́с
сгусти́тель, -я
сгусти́ть(ся), сгущу́, сгусти́т(ся)
сгу́сток, -тка
сгуща́емость, -и
сгуща́ть(ся), -а́ю, -а́ет(ся)
сгуще́ние, -я
сгущёнка, -и
сгущённость, -и
сгущённый; *кр. ф.* -ён, -ена́
сда́бривание, -я
сда́бривать(ся), -аю, -ает(ся)
сдава́ть(ся), сдаю́(сь), сдаёт(ся)
сдави́ть(ся), сдавлю́, сда́вит(ся)
сда́вленно, *нареч.*
сда́вленность, -и
сда́вленный; *кр. ф.* -ен, -ена
сда́вливание, -я
сда́вливать(ся), -аю, -ает(ся)
сда́ивать(ся), -аю, -ает(ся)
сдалека́ (*устар. к* издалека́)
сда́нный; *кр. ф.* сдан, сдана́
сда́точный
сда́тчик, -а
сда́тчица, -ы, *тв.* -ей
сда́ть(ся), сда́м(ся), сда́шь(ся), сда́ст(ся), сдади́м(ся), сдади́те(сь), сдаду́т(ся); *прош.* сда́л(ся), сдала́(сь), сда́ло, сдало́сь
сда́ча, -и, *тв.* -ей
сда́ча-приёмка, сда́чи-приёмки
сда́чи (да́ть, получи́ть (*в ответ на удар или на оскорбление*)
сдва́ивание, -я
сдва́ивать(ся), -аю, -ает(ся)
сдвиг, -а
сдвига́ние, -я
сдвига́ть(ся), -а́ю(сь), -а́ет(ся)
сдви́говый
сдвиже́ние, -я
сдви́жка, -и, *р. мн.* -жек
сдвижно́й
сдви́нутый
сдви́нуть(ся), -ну(сь), -нет(ся)
сдво́енность, -и
сдво́енный; *кр. ф.* -ен, -ена
сдвои́ть(ся), -ою́, -ои́т(ся) и **сдво́ить(ся),** -о́ю, -о́ит(ся)
сдво́йка, -и
сдвуру́шничать, -аю, -ает
сде́ланный; *кр. ф.* -ан, -ана

сде́лать(ся), -аю(сь), -ает(ся)
сде́лка, -и, *р. мн.* -лок
сде́лка ка́ф, сде́лки ка́ф
сде́лка ло́ко, сде́лки ло́ко
сде́лка си́ф, сде́лки си́ф
сде́лка спо́т, сде́лки спо́т
сде́лка фа́к, сде́лки фа́к
сде́лка фа́с, сде́лки фа́с
сде́лка фи́о, сде́лки фи́о
сде́лка фо́б, сде́лки фо́б
сде́лка фо́р, сде́лки фо́р
сде́лочный
сде́льно-акко́рдный
сде́льно-премиа́льный
сде́льно-прогресси́вный
сде́льность, -и
сде́льный
сде́льщик, -а
сде́льщина, -ы
сде́льщица, -ы, *тв.* -ей
сдёргать, -аю, -ает
сдёргивание, -я
сдёргивать(ся), -аю, -ает(ся)
сде́ржанно, *нареч.*
сде́ржанность, -и
сде́ржанный; *кр. ф. прич.* -ан, -ана; *кр. ф. прил.* (*умеющий владеть собой; умеренный, спокойный; не проявляемый в полной мере*) -ан, -анна
сдержа́ть(ся), сдержу́(сь), сде́ржит(ся)
сде́рживание, -я
сде́рживать(ся), -аю(сь), -ает(ся)
сде́ржка, -и, *р. мн.* -жек
сдёрнутый
сдёрнуть, -ну, -нет
сдетони́ровать, -рует
сдира́ние, -я
сдира́ть(ся), -а́ю, -а́ет(ся)
сди́рка, -и
сди́рочный
сдо́ба, -ы
сдо́бить, -блю, -бит
сдо́бный; *кр. ф.* -бен, -бна́, -бно
сдо́бренный; *кр. ф.* -ен, -ена
сдо́брить, -рю, -рит
сдо́енный; *кр. ф.* -ен, -ена
сдои́ть, сдою́, сдо́ит
сдо́йный
сдо́хнуть, -ну, -нет; *прош.* сдох, сдо́хла
сдо́хший
с дре́безгом
сдре́йфить, -флю, -фит
сдрейфова́ть, -фу́ю, -фу́ет
сдружа́ть(ся), -а́ю(сь), -а́ет(ся)
сдружённый; *кр. ф.* -ён, -ена́
сдружи́ть(ся), -ужу́(сь), -у́жи́т(ся)
сдубли́рованный; *кр. ф.* -ан, -ана
сдубли́ровать(ся), -рую, -рует(ся)
сдува́ние, -я
сдува́ть(ся), -а́ю, -а́ет(ся)
сду́нутый
сду́нуть, -ну, -нет
сдуре́ть, -е́ю, -е́ет
сдури́ть(ся), -рю́(сь), -ри́т(ся)
сду́ру
сду́тый
сдуть(ся), сду́ю, сду́ет(ся)
с души́ (воро́тит)
с душко́м
с душо́й (пе́ть)
сдыха́ть, -а́ю, -а́ет
сдю́жить, -жу, -жит
се, *частица*
сё, сего́, *местоим.*
сеа́нс, -а
сеансёр, -а
сеа́нсовый
себе́[1], о себе́ (*форма местоим.* себя́)
себе́[2], *частица*
себедовле́ющий
себежа́не, -а́н, *ед.* -а́нин, -а
себежа́нка, -и, *р. мн.* -нок
се́бежский (*от* Се́беж)
себе́ на уме́, *в знач. сказ.*
себесто́имость, -и
себоре́йный
себоре́я, -и
себя́ (*род. и вин.*), себе́, собо́й, о себе́, *им. п. нет*
себялю́б, -а
себялю́бец, -бца, *тв.* -бцем, *р. мн.* -бцев
себялюби́вый
себялю́бие, -я
себялю́бка, -и, *р. мн.* -бок
сев, -а
сева́лка, -и, *р. мн.* -лок
сева́нский (*от* Сева́н)
севасто́польский (*от* Севасто́поль)
севасто́польцы, -ев, *ед.* -лец, -льца, *тв.* -льцем
сева́ть, *наст. вр. не употр.*
се́вер, -а и (*полярные и приполярные территории, Арктика*) **Се́вер,** -а; Кра́йний Се́вер; Европе́йский Се́вер, Ко́льский Се́вер, О́бский Се́вер, Тюме́нский Се́вер; Войны́ Се́вера и Ю́га (*в США, ист.*)
севера́, -о́в (*о территориях за Полярным кругом, прост.*)
Се́верная Аме́рика
Се́верная война́ (*между Россией и Швецией в XVIII в.*)
Се́верная Дако́та
Се́верная Двина́
Се́верная Земля́ (*острова*)
Се́верная Ирла́ндия
Се́верная Ита́лия
Се́верная Кароли́на
Се́верная Коре́я
Се́верная Коро́на (*созвездие*)
Се́верная Осе́тия
Се́верная Пальми́ра (*о Петербурге*)
Се́верная столи́ца (*о Петербурге*)
се́removed
се́removed
северноамерика́нский
североафрика́нский
северновеликору́сский
североевропе́йский
Се́верное мо́ре (*у берегов Западной Европы*)
Се́верное о́бщество (*декабристов*)
Се́верное полуша́рие
Се́верное Причерномо́рье
северноприччерномо́рский
северноруу́сский
северофраки́йский
Се́верные Кури́лы
се́верный
Се́верный Байка́л
Се́верный Кавка́з
Се́верный Казахста́н
Се́верный Ледови́тый океа́н
Се́верный морско́й пу́ть
Се́верный морско́й фло́т
Се́верный о́стров (*в Новой Зеландии*)
Се́верный по́люс
Се́верный поля́рный кру́г
Се́верный тро́пик
Се́верный Ура́л
Се́веро-Америка́нская котлови́на
североамерика́нский
североамерика́нцы, -ев, *ед.* -нец, -нца, *тв.* -нцем
североатланти́ческий
Североатланти́ческий догово́р (бло́к, алья́нс, па́кт)
Се́веро-Атланти́ческий хребе́т
Се́веро-Атланти́ческое тече́ние
Се́веро-Африка́нская котлови́на
североафрика́нский
северобайка́льский (*к* Се́верный Байка́л и Северобайка́льск)
Се́веро-Байка́льское наго́рье
се́веро-восто́к, -а
Се́веро-Восто́чная котлови́на (*часть Тихого океана*)
Се́веро-Восто́чная Ру́сь (*ист.*)
се́веро-восто́чнее, *нареч.*
се́веро-восто́чный
Се́веро-Герма́нская ни́зменность
северодви́нский (*к* Се́верная Двина́ и Северодви́нск)
северодви́нцы, -ев, *ед.* -нец, -нца, *тв.* -нцем
северодоне́цкий (*от* Северодоне́цк)
северодонча́не, -а́н, *ед.* -а́нин, -а (*от* Северодоне́цк)
североевропе́йский
Се́веро-Европе́йский бассе́йн
се́веро-за́пад, -а и (*северо-западные области России*) **Се́веро-За́пад,** -а
Се́веро-За́падная котлови́на (*часть Тихого океана*)
Се́веро-За́падная Ру́сь (*ист.*)
се́веро-за́паднее, *нареч.*
се́веро-за́падный
Се́веро-За́падный регио́н
Се́веро-За́падный федера́льный о́круг
североземе́льский (*от* Се́верная Земля́)
североирла́ндский

североирла́ндцы, -ев, *ед.* -дец, -дца, *тв.* -дцем
североитальа́нский
Се́веро-Кавка́зская желе́зная доро́га
северокавка́зский
Се́веро-Кавка́зский вое́нный о́круг
Се́веро-Кавка́зский регио́н
северокавка́зцы, -ев, *ед.* -зец, -зца, *тв.* -зцем
северокazахста́нский
северокazахста́нцы, -ев, *ед.* -нец, -нца, *тв.* -нцем
северокароли́нский (*от* Се́верная Кароли́на)
северокароли́нцы, -ев, *ед.* -нец, -нца, *тв.* -нцем
Се́веро-Кита́йская равни́на
северокита́йский
Се́веро-Коре́йские го́ры
северокоре́йский
северокоре́йцы, -ев, *ед.* -е́ец, -е́йца, *тв.* -е́йцем
северокури́льский (*к* Се́верные Кури́лы и Се́веро-Кури́льск)
северокури́льцы, -ев, *ед.* -лец, -льца, *тв.* -льцем
североморо́рский (*от* Североморо́рск)
североморо́рцы, -ев, *ед.* -рец, -рца, *тв.* -рцем (*к* Се́верный морско́й фло́т и Североморо́рск)
североосети́нский
Се́веро-Сахали́нская равни́на
северосахали́нский
се́веро-се́веро-восто́к, -а
се́веро-се́веро-восто́чный
се́веро-се́веро-за́пад, -а
се́веро-се́веро-за́падный
Се́веро-Сиби́рская ни́зменность
северотихоокеа́нский
Се́веро-Тихоокеа́нский антицикло́н
Се́веро-Тихоокеа́нское тече́ние
североура́льский (*к* Се́верный Ура́л и Североура́льск)
североура́льцы, -ев, *ед.* -лец, -льца, *тв.* -льцем
северофранцу́зский
Се́веро-Шотла́ндское наго́рье
северояпо́нский
се́верский (се́верские славя́не)
Се́верский Доне́ц, Се́верского Донца́
северя́не, -я́н, *ед.* -я́нин, -а; но: **Северя́нин,** -а, *тв.* -ом (*псевдоним поэта*)
северя́нинский (*к* И́горь Северя́нин)
северя́нинщина, -ы
северя́нка, -и, *р. мн.* -нок
севе́ц, севца́, *тв.* севцо́м
севи́льский (*от* Севи́лья)
севи́льцы, -ев, *ед.* -лец, -льца, *тв.* -льцем
севильа́нка, -и, *р. мн.* -нок
севилья́нцы, -ев, *ед.* -нец, -нца, *тв.* -нцем
севи́н, -а
Севморпу́ть, -и́, *тв.* -ём

сево́к, севка́
севооборо́т, -а
севооборо́тный
севосме́н, -а
Севр, -а (*город*) и **севр,** -а (*фарфор*)
се́врский (*от* Севр)
севрю́га, -и
севрю́жий, -ья, -ье
севрю́жина, -ы
севрю́жка, -и, *р. мн.* -жек
се́гарсы, -ов
сегета́льный
сегиди́лья, -и
сегме́нт, -а
сегмента́рный
сегментацио́нный
сегмента́ция, -и
сегменти́рование, -я
сегменти́рованный; *кр. ф.* -ан, -ана
сегменти́ровать(ся), -рую, -рует(ся)
сегме́нтный
сегментоукла́дчик, -а
сегментоя́дерные, -ых
сегме́нт-смеще́ние, сегме́нта-смеще́ния, *м.*
се́гнерово колесо́, се́гнерова колеса́
сегне́това со́ль, сегне́товой со́ли
сегнетокера́мика, -и
сегнетоконденса́тор, -а
сегнетоэле́ктрики, -ов, *ед.* -рик, -а
сегнетоэлектри́ческий
сегнетоэлектри́чество, -а
сего́дня, *нареч.* и *нескл., с.*
сего́дняшний
сеголе́тка, -и, *р. мн.* -ток и **сеголе́ток,** -тка, *р. мн.* -тков
сегрегациони́зм, -а
сегрегациони́стский
сегрегацио́нный
сегрега́ция, -и
сегреги́рование, -я
сегреги́рованный; *кр. ф.* -ан, -ана
сегреги́ровать(ся), -рую(сь), -рует(ся)
сёгу́н, -а
сёгуна́т, -а
сед, -а (*спорт.*)
седа́лище, -а
седа́лищный
седальги́н, -а
седа́льны, -ых, *ед.* седа́лен, -льна, *м.* (*церк. песнопения*)
Седа́н, -а (*город; разгром армии*)
седа́н, -а (*кузов автомобиля*)
седати́вный
седёлка, -и, *р. мн.* -лок
седёлковый
седёлочный
седе́льник, -а
седе́льницкий
седе́льный
седе́льце, -а, *р. мн.* -лец и -льцев
седе́льчатый
седе́льщик, -а
седе́льщицкий
се́денький

седе́ть, -е́ю, -е́ет (*от* седо́й)
сёдзи, *нескл., с.* (*в японском доме*)
се́ди, *нескл., с.* (*ден. ед.*)
седиментацио́нный
седимента́ция, -и
седиментогене́з, -а
седиментометри́ческий
седиментоме́три́я, -и
седина́, -ы́, *мн.* -и́ны, -и́н
седи́нка, -и, *р. мн.* -нок
седла́ние, -я
сёдланный; *кр. ф.* -ан, -ана
седла́ть(ся), -а́ю, -а́ет(ся)
седли́стый
седло́, -а́, *мн.* сёдла, сёдел, сёдлам
седлова́тый
седлови́дный; *кр. ф.* -ден, -дна
седлови́на, -ы
седло́вка, -и, *р. мн.* -вок
седлообра́зный; *кр. ф.* -зен, -зна
сёдлышко, -а, *мн.* -шки, -шек
седми́на, -ы
седми́ца, -ы, *тв.* -ей
седми́чник, -а
седоборо́дый
седобро́вый
седова́тость, -и
седова́тый
седовла́сый
седоволо́сый
седоголо́вый
седо́й; *кр. ф.* сед, седа́, се́до, се́ды
седо́к, -а́
седоу́сый
седочо́к, -чка́
седуксе́н, -а
седьмо́й
се́ево, -а
сеза́м, -а (*кунжут*)
Сеза́м, откро́йся! (отвори́сь!) (*шутливое заклинание*)
сеза́мовый
сезанни́ст, -а
сеза́нновский (*от* Сеза́нн)
сезо́н, -а
сезо́нник, -а
сезо́нница, -ы, *тв.* -ей
сезо́нно, *нареч.*
сезо́нно-мёрзлый
сезо́нность, -и
сезо́нно-та́лый
сезо́нно-цикли́чный
сезо́нный
сейд, -а
сей, сего́, **сия́,** сей, **сие́,** сего́, *мн.* сии́, сих
се́йба, -ы
сейв, -а (*спорт.*)
сейва́л, -а
се́й же ча́с
сейл, -а
сейлбо́рд, -а
сейлборди́ст, -а
сейм, -а
се́ймовский (*от* сейм)

се́ймовый (*от* сейм)
се́ймский (*от* Сейм, *река*)
сейму́рия, -и
се́йнер, -а, *мн.* -ы, -ов и -а́, -о́в
се́йнерный
се́йсмик, -а
се́йсмика, -и
сейсми́чески
сейсми́ческий
сейсми́чность, -и
сейсми́чный; *кр. ф.* -чен, -чна
сейсмо... – *первая часть сложных слов, пишется слитно*
сейсмоакти́вность, -и
сейсмоакти́вный; *кр. ф.* -вен, -вна
сейсмоакусти́ческий
сейсмови́к, -а́
сейсмово́лны, -во́лн
сейсмоге́нный
сейсмогео́лог, -а
сейсмогеологи́ческий
сейсмогеоло́гия, -и
сейсмоголографи́я, -и
сейсмогра́мма, -ы
сейсмо́граф, -а
сейсмографи́ческий
сейсмогра́фия, -и
сейсмода́тчик, -а
сейсмозо́на, -ы
сейсмозонди́рование, -я
сейсмокардиогра́мма, -ы
сейсмокардиогра́фия, -и
сейсмокарота́ж, -а, *тв.* -ем
сейсмо́лог, -а
сейсмологи́ческий
сейсмоло́гия, -и
сейсмо́метр, -а
сейсмометри́ческий
сейсмоме́трия, -и
сейсмонадёжность, -и
сейсмона́стии, -ий
сейсмоопа́сность, -и
сейсмоопа́сный; *кр. ф.* -сен, -сна
сейсмопа́ртия, -и
сейсмоприёмник, -а
сейсморазве́дка, -и, *р. мн.* -док
сейсморазве́дочный
сейсморазве́дчик, -а
сейсмоста́нция, -и
сейсмостати́чность, -и
сейсмостати́чный; *кр. ф.* -чен, -чна
сейсмосто́йкий; *кр. ф.* -о́ек, -о́йка
сейсмосто́йкость, -и
сейсмотекто́ника, -и
сейсмотектони́ческий
сейсмоусто́йчивость, -и
сейсмоусто́йчивый
сейф, -а
се́йфовый
сейча́с, *нареч.*
сейше́льский (*к* Сейше́льские острова́, Сейше́лы)
сейше́льцы, -ев, *ед.* -лец, -льца, *тв.* -льцем
се́йшен, -а
се́йши, сейш, *ед.* се́йша, -и
СЕКА́М, -а и *неизм.* (*система телевидения*)
се́канс, -а
секану́ть, -ну́, -нёт
сека́рь, -я́
сека́тор, -а
сека́торный
сека́ч, -а́, *тв.* -о́м
секва́ны, -ов
секве́нция, -и
секве́стр, -а
секвестра́ция, -и
секвестри́рование, -я
секвестри́рованный; *кр. ф.* -ан, -ана
секвестри́ровать(ся), -и́рую, -и́рует(ся)
секвестрова́ние, -я
секвестро́ванный; *кр. ф.* -ан, -ана
секвестрова́ть(ся), -ру́ю, -ру́ет(ся)
секво́йный
секво́йя, -и
секвойяде́ндрон, -а
секи́ра, -ы
секи́р-башка́, *неизм.*
се́кко, *неизм.* и *нескл., с.*
се́конд-хе́нд, -а и *неизм.*
се́конд-хе́ндовский
секре́т, -а
секретариа́т, -а
секрета́ри́шка, -и, *р. мн.* -шек, *м.*
секрета́рский
секрета́рство, -а
секрета́рствовать, -твую, -твует
секрета́рша, -и, *тв.* -ей
секрета́рь, -я́
секрета́рь-машини́стка, секретаря́-машини́стки, *ж.*
секрета́рь-рефере́нт, секретаря́-рефере́нта
секрета́рь-стенографи́стка, секретаря́-стенографи́стки, *ж.*
секрете́р, -а
секре́тец, -тца, *тв.* -тцем, *р. мн.* -тцев
секре́тик, -а
секрети́н, -а
секрети́ровать, -рует
секре́тить(ся), -е́чу(сь), -е́тит(ся)
секре́тка, -и, *р. мн.* -ток
секре́тник, -а
секре́тница, -ы, *тв.* -ей
секре́тничанье, -я
секре́тничать, -аю, -ает
секре́тность, -и
секре́тный; *кр. ф.* -тен, -тна
секрето́рный
секре́ция, -и
секс, -а
секс-... – *первая часть сложных слов, пишется через дефис*
сексагона́льный
сексапи́л, -а
сексапи́лка, -и, *р. мн.* -лок
сексапи́льность, -и
сексапи́льный; *кр. ф.* -лен, -льна
секс-би́знес, -а
секс-боеви́к, -а́
секс-бо́мба, -ы
секс-видеофи́льм, -а
секс-журна́л, -а
секси́зм, -а
секс-индустри́я, -и
секси́ст, -а
секси́стский
секс-клу́б, -а
секс-контро́ль, -я
секс-культу́ра, -ы
секс-меньши́нства, -и́нств, *ед.* -и́нство́, -и́нства́
сексо́лог, -а
сексологи́ческий
сексоло́гия, -и
сексопато́лог, -а
сексопатологи́ческий
сексопатоло́гия, -и
секс-ориента́ция, -и
сексо́т, -а
сексотерапе́вт, -а
сексотерапевти́ческий
сексотерапи́я, -и
сексо́тка, -и, *р. мн.* -ток
сексо́тский и **сексо́товский**
сексо́тство, -а
секс-проду́кция, -и
секс-си́мвол, -а
се́кста, -ы
секстакко́рд, -а
секста́нт, -а
сексте́т, -а
сексте́тный
секстиллио́н, -а и **секстильо́н,** -а
сексти́на, -ы
сексти́нный
се́кстовый
сексто́ль, -и
секс-торго́вля, -и
секс-тре́нинг, -а
сексуализа́ция, -и
сексуали́зм, -а
сексуа́льно озабо́ченный
сексуа́льность, -и
сексуа́льный; *кр. ф.* -лен, -льна
секс-услу́ги, -у́г
секс-фи́льм, -а
секс-шо́п, -а
секс-шо́у, *нескл., с.*
се́кта, -ы
секта́нт, -а
секта́нтка, -и, *р. мн.* -ток
секта́нтский
секта́нтство, -а
се́ктовый
се́ктор, -а, *мн.* -а́, -о́в и -ы, -ов
causeкторáльный
се́ктор Га́за, се́ктора Га́за (*в Палестине*)
се́кторный
се́кторский
секуляризацио́нный
секуляриза́ция, -и

секуляризи́рованный; *кр. ф.* -ан, -ана
секуляризи́ровать(ся), -рую, -рует(ся)
секуляризо́ванный; *кр. ф.* -ан, -ана
секуляризова́ть(ся), -зу́ю, -зу́ет(ся)
секуля́рный
секу́нда, -ы
секу́нда в секу́нду
секундакко́рд, -а
секунда́нт, -а
секунда́нтский
секунда́нтствовать, -твую, -твует
секунда́рность, -и
секунда́рный; *кр. ф.* -рен, -рна
секунди́рование, -я *(спорт.)*
секунди́рованный; *кр. ф.* -ан, -ана
секунди́ровать(ся), -рую(сь), -рует(ся)
секу́нд-майо́р, -а
секу́ндный
секундоме́р, -а
секундометри́ст, -а
секу́ндочка, -и, *р. мн.* -чек
секу́нд-ро́тмистр, -а
секурине́га, -и
секурита́те, *нескл., ж. (в Румынии)*
секу́ция, -и
секу́чий
секу́щая, -ей
секу́щий(ся)
секционе́р, -а
секциони́рование, -я
секциони́рованный; *кр. ф.* -ан, -ана
секциони́ровать(ся), -рую, -рует(ся)
секцио́нный
се́кция, -и
се́кший(ся) и **сёкший(ся)**
секью́рити, *нескл., ж.* и *с.* (*служба, охрана*), *м.* (*охранник*)
секьюритиза́ция, -и
селагине́лла, -ы
селадо́н, -а
селеви́ния, -и
Селевки́ды, -ов (*династия*)
селево́й и **се́левый** (*от* сель)
селегрязево́й
селёдка, -и, *р. мн.* -док
селёдочка, -и, *р. мн.* -чек
селёдочница, -ы, *тв.* -ей
селёдочный
селезащи́та, -ы
селезащи́тный
селезе́ний, -ья, -ье
селезёнка, -и, *р. мн.* -нок
селезёночник, -а
селезёночный
се́лезень, -зня
се́лезневый и **селезнёвый**
селекти́вность, -и
селекти́вный; *кр. ф.* -вен, -вна
селе́ктор, -а
селе́кторный
селекционе́р, -а
селекционе́рский
селекциони́рование, -я
селекциони́ровать, -рую, -рует
селекцио́нно-генети́ческий
селекцио́нно-семеново́дческий
селекцио́нный
селе́кция, -и
селе́н, -а (*хим.*)
Селе́на, -ы (*Луна, мифол.*)
селени́ды, -ов, *ед.* -ни́д, -а (*соединения селена с металлами*)
селе́ние, -я
селе́нистый
селени́т, -а (*минерал, разновидность гипса*)
селени́тка, -и, *р. мн.* -ток
селени́товый
селени́ты, -ов, *ед.* -ни́т, -а (*обитатели Луны*; *соли селенистой кислоты*)
селеноводоро́д, -а
селе́новый
селено́граф, -а
селенографи́ческий
селеногра́фия, -и
селеноде́зия, -и
селено́ид, -а
селено́лог, -а
селенологи́ческий
селеноло́гия, -и
селеноргани́ческий
селеноцентри́ческий
селе́ньице, -а
селеопа́сность, -и
селеопа́сный
селепрово́д, -а
селери́фер, -а
селеулови́тель, -я
селехрани́лище, -а
селиге́рский (*от* Селиге́р)
селиге́рцы, -ев, *ед.* -рец, -рца, *тв.* -рцем
сели́н, -а (*растение*)
се́линг, -а
се́линг-компа́ния, -и
се́линговый
се́линг-фи́рма, -ы
сели́тебный
сели́тра, -ы
селитро́ванный; *кр. ф.* -ан, -ана
селитрова́рный
сели́тровый
сели́тряница, -ы, *тв.* -ей
селитря́нка, -и
селитря́нковые, -ых
сели́тряный
сели́ть, селю́, се́лит
сели́тьба, -ы
сели́ться, селю́сь, се́ли́тся
се́лиши, -ей и **са́лиши,** -ей (*группа племен*)
се́лишский и **са́лишский**
се́лище, -а (*место древнего неукрепленного поселения*)
сели́ще, -а (*увелич. к* село́)
село́, -а́, *мн.* сёла, сёл; но: **Ца́рское Село́** (*город*), **Кра́сное Село́** (*район в Петербурге*)
сель, -я
се́льбище, -а
се́льва, -ы
сельва́сы, -ов
се́льга, -и
се́льдевый
сельдеобра́зные, -ых
сельдере́й, -я
сельдере́йный
сельджу́ки, -ов, *ед.* -жу́к, -а
Сельджуки́ды, -ов (*династия*)
сельджу́кский
сельдь, -и, *мн.* -и, -е́й
сельдяно́й
сельисполко́м, -а
сельско́р, -а
сельско́ровский
сельско́рство, -а
сельку́пка, -и, *р. мн.* -пок
сельку́пский
сельку́пы, -ов, *ед.* -ку́п, -а
сельма́г, -а
сельпо́, *нескл., с.*
сельпо́вский
сельси́н, -а
се́льский
сельскохозя́йственно-кооперати́вный
сельскохозя́йственно-машинострои́тельный
сельскохозя́йственный
сельсове́т, -а
сельсове́тский и **сельсове́товский**
сельсове́тчик, -а
се́льтерская вода́ и **се́льтерская,** -ой
сельхоз... – *первая часть сложных слов, пишется слитно*
сельхозавиа́ция, -и
сельхозакаде́мия, -и
сельхозарте́ль, -и
сельхозвреди́тель, -я
сельхоззе́мли, -земе́ль, -зе́млям
сельхозинвента́рь, -я́
сельхозинститу́т, -а
сельхозкооперати́в, -а
сельхозкоопера́ция, -и
сельхозкульту́ра, -ы
сельхозмаши́на, -ы
сельхозмашинострое́ние, -я
сельхознало́г, -а
сельхозна́ука, -и
сельхо́зник, -а
сельхозоборо́т, -а
сельхозобъедине́ние, -я
сельхозпредприя́тие, -я
сельхозпроду́кты, -ов, *ед.* -ду́кт, -а
сельхозпроду́кция, -и
сельхозпроизводи́тель, -я
сельхозпроизво́дство, -а
сельхозрабо́ты, -о́т
сельхозсырьё, -я́
сельхозте́хника, -и
сельхозуго́дья, -дий
сельцо́, -а́, *р. мн.* селе́ц
сельча́нин, -а, *мн.* -а́не, -а́н

сельча́нка, -и, *р. мн.* -нок
селямли́к, -а
селяни́н, -а, *мн.* -я́не, -я́н
селя́нка, -и, *р. мн.* -нок (*к* селяни́н; *устар. к* соля́нка)
селя́ночный
селя́нский
селя́нство, -а
селя́щий(ся)
сём и **сем,** *частица* (*а ну-ка, дай-ка*)
се́ма, -ы
семанте́ма, -ы
сема́нтика, -и
семанти́ческий
сема́нтор, -а
семасио́лог, -а
семасиологи́ческий
семасиоло́гия, -и
семафо́р, -а
семафо́рить, -рю, -рит
семафо́рный
семафо́рщик, -а
сёмга, -и
сёмговый
семе́йка, -и, *р. мн.* -е́ек
семе́йно-бра́чный
семе́йно-бытово́й
семе́йно-иму́щественный
семе́йно-любо́вный
семе́йно-общи́нный
семе́йно-правово́й
семе́йность, -и
семе́йный
Семе́йный ко́декс РФ
семейогра́фия, -и и **семиогра́фия,** -и
семе́йственность, -и
семе́йственный
семе́йство, -а
семе́ма, -ы
Семён Го́рдый (*ист.*)
семени́стый
семени́ть(ся), -ню́, -ни́т(ся)
семенни́к, -а́
семеннико́вый
семенно́й
семенове́дение, -я
семеново́д, -а
семеново́дство, -а
семеново́дческий
семёновский (*от* Семён и Семёнов)
Семёновский по́лк
семёновцы, -ев, *ед.* -вец, -вца, *тв.* -вцем
семёновщина, -ы
семеноме́р, -а
семенору́шка, -и, *р. мн.* -шек
семенохрани́лище, -а
семенoя́дный
семери́к, -а́
семерико́вый
семери́ца, -ы, *тв.* -ей (*лит.*)
семери́чный
семёрка, -и, *р. мн.* -рок
семерно́й
се́меро, -ы́х
семёрочка, -и, *р. мн.* -чек
семе́стр, -а
семе́стро́вый
се́мечки, -чек (*лакомство*; *пустяки*)
се́мечко, -а, *мн.* -чки, -чек
се́мечковый
се́мечный
семе́юшка, -и, *р. мн.* -шек
семиарши́нный
семиба́лльный (7-ба́лльный)
семибо́рка, -и, *р. мн.* -рок
семибо́рье, -я
Семибоя́рщина, -ы (*ист.*)
семивёрстный
семигла́вый
семигра́нник, -а
семигра́нный
семидесятиле́тие (70-ле́тие), -я
семидесятиле́тний (70-ле́тний)
семидесятипятиле́тие (75-ле́тие), -я
семидесятипятиле́тний (75-ле́тний)
семидесятипятимиллиметро́вый (75-миллиметро́вый)
семидеся́тник, -а
семидеся́тнический
семидеся́тничество, -а
семидеся́тый
семидне́вка, -и, *р. мн.* -вок
семидне́вный (7-дне́вный)
семижи́льный
семизаря́дный
семизве́здие, -я
семизна́чный (7-зна́чный)
Семи́к, -а́
семикла́ссник, -а
семикла́ссница, -ы, *тв.* -ей
семикла́ссный (7-кла́ссный)
семико́вый
семикра́тный
семила́мповый (7-ла́мповый)
семиле́тие (7-ле́тие), -я
семиле́тка, -и, *р. мн.* -ток, *ж.* (*период в 7 лет*; *семилетняя школа*), *м.* и *ж.* (*ребенок семи лет*)
семиле́тний (7-ле́тний)
Семиле́тняя война́ (*в Европе 1756–1763*)
семиле́ток, -тка
семило́пастный (7-ло́пастный)
семиме́стный (7-ме́стный)
семиме́сячный (7-ме́сячный)
семиметро́вый (7-метро́вый)
семими́льный
семина́р, -а
семина́рий, -я
семинари́ст, -а
семина́рия, -и
семина́рский
семина́р-совеща́ние, семина́ра-совеща́ния, *м.*
семинеде́льный (7-неде́льный)
семиогра́фия, -и и **семейогра́фия,** -и
семиоло́гия, -и
семио́тик, -а
семио́тика, -и
семиоти́ческий
семипала́тинский (*от* Семипала́тинск)
семипала́тинцы, -ев, *ед.* -нец, -нца, *тв.* -нцем
семипо́лье, -я
семипо́льный
семиполя́рный
семипудо́вый
Семирами́да, -ы (*также*: сады́ Семирами́ды)
семире́ченский (*от* Семире́чье)
Семире́чье, -я (*геогр.*)
семирублёвый (7-рублёвый)
семисаже́нный
семисве́чник, -а
семисло́йный
семисотле́тие (700-ле́тие), -я
семисотле́тний (700-ле́тний)
семисо́тый
семи́ с полови́ной ме́сячный
семистру́нка, -и, *р. мн.* -нок
семистру́нный
семиступе́нный (7-ступе́нный)
семити́зм, -а
семити́ческий
семи́тка, -и, *р. мн.* -ток
семито́лог, -а
семитологи́ческий
семитоло́гия, -и
семито́мник, -а
семито́мный (7-то́мный)
семито́нный (7-то́нный)
семи́то-хами́тский
семито́чечный жу́к
семи́тский (*к* семи́ты)
семи́ты, -ов, *ед.* семи́т, -а
семиты́сячник, -а
семиты́сячный (7-ты́сячный)
семиуго́льник, -а
семиуго́льный
семихво́стка, -и, *р. мн.* -ток
семицве́тный
семи́цкий (*к* Семи́к)
семичасово́й (7-часово́й)
семи́шник, -а
семиэта́жный (7-эта́жный)
сём-ка и **се́м-ка,** *частица* (*а ну-ка, дай-ка*)
семнадцатиле́тний (17-ле́тний)
семна́дцатый
семна́дцать, -и
се́мный (*лингв.*)
се́мо и ова́мо
се́мпель, -я
се́мплинг, -а (*розничная торговля*)
се́мплинговый
семссу́да, -ы
сёмужий, -ья, -ье
сёмужка, -и, *р. мн.* -жек
семфо́нд, -а
семхо́з, -а
семь, -и́, *тв.* -ью́
се́мьдесят, семи́десяти, семью́десятью

семьсо́т, семисо́т, семиста́м, семьюста́ми, о семиста́х
се́мью (*при умножении*)
се́мью се́мь
семья́, -и́, *мн.* се́мьи, семе́й, се́мьям
семьяни́н, -а, *мн.* -ы, -ов
семьяни́нка, -и, *р. мн.* -нок
се́мя, се́мени, *тв.* се́менем, *мн.* семена́, семя́н, семена́м
семявмести́лище, -а
семявхо́д, -а
семявыводя́щий
семявынося́щий
семядо́льный
семядо́ля, -и
семяе́д, -а
семязача́ток, -тка
семяизверже́ние, -я
семяизлия́ние, -я
семя́нка, -и, *р. мн.* -нок
семяно́жка, -и, *р. мн.* -жек
семяно́сец, -сца, *тв.* -сцем, *р. мн.* -сцев
семяно́сный
семяочисти́тельный
семяпо́чка, -и, *р. мн.* -чек
семяприёмник, -а
семяпрово́д, -а
семяшо́в, -шва́
се́мя-ядро́, се́мени-ядра́ (*бот.*)
сен, -а (*монета*)
Сен-... – *первая часть геогр. наименований и фамилий, пишется через дефис, напр.*: Сен-Дени́ (*город*), Сен-Гота́рд (*перевал*), Сен-Жерме́н, Сен-Жю́ст, Сен-Симо́н, Сен-Са́нс (*фамилии*), Сен-Женевье́в-де-Буа́ (*кладбище*)
сенадекси́н, -а
сена́ж, -а́ и -а, *тв.* -о́м и -ем
сенажехрани́лище, -а
сенажи́рование, -я
сенажи́рованный; *кр. ф.* -ан, -ана
сенажи́ровать(ся), -рую, -рует(ся)
сена́жный
сена́т, -а
сена́тор, -а
сена́торский
сена́торство, -а
сена́тский
сенберна́р, -а
сен-гота́рдский (*от* Сен-Гота́рд)
сенда́ст, -а
сенда́стовый
сенега́лка, -и, *р. мн.* -лок
сенега́льский (*от* Сенега́л)
сенега́льцы, -ев, *ед.* -лец, -льца, *тв.* -льцем
се́нечный (*от* се́нцы)
сенеша́ль, -я и **сенеша́л,** -а
сен-жерме́новский (*от* Сен-Жерме́н)
се́ни, -е́й
сеника́ция, -и
сени́льный
сени́нка, -и, *р. мн.* -нок
сени́стый

се́нна, -ы (*лекарственное растение*)
сенни́к, -а́
се́нница, -ы, *тв.* -ей (*бабочка*)
сенно́й
се́но, -а
сенова́л, -а
сеноволоку́ша, -и, *тв.* -ей
сеновороши́лка, -и, *р. мн.* -лок
сеногно́й, -я
сеное́д, -а
сенозаготови́тельный
сенозагото́вки, -вок
сенозагото́вочный
сенокопни́тель, -я
сеноко́с, -а
сеноко́сец, -сца, *тв.* -сцем, *р. мн.* -сцев (*паукообразное*)
сенокоси́лка, -и, *р. мн.* -лок
сеноко́сный
сенокоше́ние, -я
сено́н, -а (*геол.*)
сенонагру́зчик, -а
сено́нский
сено́ны, -ов (*племена*)
сеноподбо́рщик, -а
сеноподъёмник, -а
сенопоста́вки, -вок
сенопре́сс, -а
сеноскла́д, -а
сеноста́в, -а
сеноста́вец, -вца, *тв.* -вцем, *р. мн.* -вцев
сеноста́вка, -и, *р. мн.* -вок
сеносуши́лка, -и, *р. мн.* -лок
сеноубо́рка, -и
сеноубо́рочный
сенофура́ж, -а́, *тв.* -о́м
сенофура́жный
сенохрани́лище, -а
сен-са́нсовский (*от* Сен-Са́нс)
сенсацио́нно, *нареч.*
сенсацио́нность, -и
сенсацио́нный; *кр. ф.* -о́нен, -о́нна
сенса́ция, -и
сенси́бельный
сенсибилиза́тор, -а
сенсибилиза́ция, -и
сенсибилизи́рованный; *кр. ф.* -ан, -ана
сенсибилизи́ровать(ся), -рую, -рует(ся)
сенси́ллы, -и́лл, *ед.* -и́лла, -ы
сенсимони́зм, -а
сенсимони́ст, -а
сенсимони́стский
сен-симо́новский (*от* Сен-Симо́н)
сенсити́в, -а
сенсити́вность, -и
сенсити́вный; *кр. ф.* -вен, -вна
сенситогра́мма, -ы
сенсито́метр, -а
сенситометри́ческий
сенситоме́трия, -и
се́нский (*от* Се́на)
се́нсор, -а

сенсо́рика, -и
се́нсорный (*тех.*)
сенсо́рный (*мед.*)
сенсуали́зм, -а
сенсуали́ст, -а
сенсуалисти́ческий
сенсуалисти́чный; *кр. ф.* -чен, -чна
сенсуали́стка, -и, *р. мн.* -ток
сенсуали́стский
сенсуа́льность, -и
сенсуа́льный; *кр. ф.* -лен, -льна
Сент-... – *первая часть геогр. наименований и фамилий, пишется через дефис, напр.*: Сент-Луи́с, Сент-Этье́нн (*города*), Сент-Ви́нсент (*залив*), Сент-Бёв, Сент-Экзюпери́ (*фамилии*)
сента́во, *нескл., с.*
сентенциа́льный
сентенцио́зность, -и
сентенцио́зный; *кр. ф.* -зен, -зна
сенте́нция, -и
сенте́симо, *нескл., с.*
сентиментали́зм, -а
сентиментали́ст, -а
сентиментали́стский
сентимента́льничанье, -я
сентимента́льничать, -аю, -ает
сентимента́льность, -и
сентимента́льный; *кр. ф.* -лен, -льна
сентимента́льщина, -ы
се́нти́мо, *нескл., с.*
сент-луи́сский (*от* Сент-Луи́с)
сентябри́ть, -и́т
сентя́брь, -я́
сентя́брьский
сенцо́, -а́ (*к* се́но)
се́нцы, -ев (*к* се́ни)
сень, -и, *предл.* в сени́ (*кров, укрытие, приют*; под се́нью *чего*; *архит.*)
Се́нька, -и (*также*: по Се́ньке и ша́пка)
сеньо́р, -а (*феодал*; *обращение в Испании*)
сеньо́ра, -ы (*в Испании*)
сеньора́т, -а
сеньоре́н-конве́нт, -а
сеньориа́льный
сеньори́та, -ы
сеньори́я, -и (*феодальное поместье*)
сепа́ж, -а, *тв.* -ем (*в виноделии*)
сепа́жный
сепарати́вность, -и
сепарати́вный; *кр. ф.* -вен, -вна
сепарати́зм, -а
сепарати́ст, -а
сепарати́стка, -и, *р. мн.* -ток
сепарати́стский
сепара́тность, -и
сепара́тный
сепара́тор, -а
сепара́торный
сепара́торщик, -а
сепара́торщица, -ы, *тв.* -ей
сепарацио́нный

сепара́ция, -и
сепари́рование, -я
сепари́рованный; *кр. ф.* -ан, -ана
сепари́ровать(ся), -рую, -рует(ся)
се́пия, -и
се́псис, -а
септ, -а
септакко́рд, -а
септе́т, -а
септе́тный
се́птик, -а
септикопиеми́я, -и
се́птима, -ы
септицеми́я, -и
септи́ческий
септо́ль, -и
септорио́з, -а
Септуаги́нта, -ы
се́ра, -ы
сераде́лла, -ы
сера́к, -а *(глыба льда)*
сера́ль, -я
сераоргани́ческий
Серапио́новы бра́тья, Серапио́новых бра́тьев *(лит. группа)*
Сера́пис, -а
сераске́р, -а и **сераски́р**, -а
сераске́рский и **сераски́рский**
серафи́м, -а *(ангел)*
Серафи́мо-Диве́евский монасты́рь
Серафи́м Саро́вский
серафи́ческий
Се́рая Ше́йка *(сказочный персонаж)*
сербия́не, -я́н, *ед.* -я́нин, -а
сербия́нка, -и, *р. мн.* -нок
се́рбка, -и, *р. мн.* -бок
серболу́жицкий
се́рбо-хорва́тский (се́рбо-хорва́тские отноше́ния), но: **сербохорва́тский** (сербохорва́тский язы́к)
Се́рбская Кра́ина
се́рбский (*к* се́рбы и Се́рбия)
се́рбско-хорва́тский (се́рбско-хорва́тские отноше́ния), но: **сербскохорва́тский** (сербскохорва́тский язы́к)
сербскохорва́тско-ру́сский
се́рбско-черного́рский
се́рбы, -ов, *ед.* серб, -а
серва́ж, -а, *тв.* -ем
серва́л, -а
серва́нт, -а
сервела́т, -а
сервела́тный
се́рвер, -а
се́рверный
серви́з, -а *(набор посуды)*
сервиза́ция, -и
серви́зный
сервили́зм, -а
серви́льность, -и
серви́льный; *кр. ф.* -лен, -льна
сервиро́ванный; *кр. ф.* -ан, -ана
сервирова́ть(ся), -ру́ю, -ру́ет(ся)
сервиро́вка, -и, *р. мн.* -вок
сервиро́вочный
се́рвис, -а *(обслуживание)*
се́рвис-бюро́, *нескл., с.*
се́рвис-гру́ппа, -ы
се́рвис-ка́рта, -ы
сервисме́н, -а
се́рвисный
се́рвис-це́нтр, -а
сервиту́т, -а
сервиту́тный
серво... — *первая часть сложных слов, пишется слитно*
серводви́гатель, -я
сервокомпенса́тор, -а
сервомото́р, -а
сервоприво́д, -а, *мн.* -ы, -ов и **сервопри́вод**, -а, *мн.* -а́, -о́в
серворегули́рование, -я
серворегулиро́вка, -и, *р. мн.* -вок
сервоэлектри́ческий
се́рвы, -ов, *ед.* серв, -а
серге́евский (*от* Серге́й и Серге́ев)
сергиа́нский (*от* Се́ргий)
сергиа́нство, -а (*церк.*)
Се́ргиев, -а, -о (*от* Се́ргий)
сергиевопоса́дский (*от* Се́ргиев Поса́д); но: **Се́ргиево-Поса́дский райо́н**
сергиевопоса́дцы, -ев, *ед.* -дец, -дца, *тв.* -дцем
Се́ргиев Поса́д, Се́ргиева Поса́да (*город*)
се́ргиевский (*от* Се́ргий)
Се́ргий Ра́донéжский
серда́р, -а и **сарда́р**, -а (*титул*)
серде́чко, -а, *мн.* -чки, -чек
серде́чник, -а
серде́чница, -ы, *тв.* -ей
серде́чно-лёгочный
серде́чно-сосу́дистый
серде́чность, -и
серде́чный; *кр. ф.* -чен, -чна
серде́чушко, -а, *мн.* -шки, -шек
серде́шненький (*от* серде́шный)
серде́шный *(употр. как ласково-сочувственное определение и как обращение, напр.:* уста́л, серде́шный!*)*
серди́тость, -и
серди́тый
серди́ть(ся), сержу́(сь), се́рдит(ся)
сердобо́лие, -я
сердобо́льничать, -аю, -ает
сердобо́льность, -и
сердобо́льный; *кр. ф.* -лен, -льна
сердо́бский (*от* Сердо́бск)
сердобча́не, -а́н, *ед.* -а́нин, -а
сердоли́к, -а
сердоли́ковый
се́рдце, -а, *мн.* -дца́, -де́ц, -дца́м
сердцебие́ние, -я
сердцеве́д, -а
сердцеве́дка, -и, *р. мн.* -док
сердцеви́дка, -и, *р. мн.* -док (*моллюск*)
сердцеви́дный; *кр. ф.* -ден, -дна
сердцеви́на, -ы
сердцеви́нка, -и, *р. мн.* -нок
сердцеви́нный
сердцее́д, -а
сердцее́дка, -и, *р. мн.* -док
сердцее́дство, -а
сердцеобра́зный; *кр. ф.* -зен, -зна
сердцещипа́тельный; *кр. ф.* -лен, -льна
сердчи́шко, -а, *мн.* -шки, -шек
сердю́к, -а́
сердя́га, -и, *м.* и *ж.*
сердя́щий(ся)
серебре́ние, -я
сере́бреник, -а (*монета*; *вассал*; *корыстолюбец*)
серебрённый; *кр. ф.* -ён, -ена́, *прич.*
серебрёный, *прил.*
серебрецо́, -а́
серебри́н, -а
серебри́нка, -и, *р. мн.* -нок
серебри́сто-бе́лый
серебри́сто-се́рый
серебри́сто-си́ний
серебри́стость, -и
серебри́сто-чёрный
серебри́стый
серебри́тель, -я
серебри́ть(ся), -рю́, -ри́т(ся)
серебри́шко, -а
серебро́, -а́
сереброно́сный
сереброплави́льный
серебросвинцо́вый
серебря́к, -а́
сере́бряная сва́дьба
сере́бряник, -а (*мастер*)
серебря́нка, -и, *р. мн.* -нок
серебряноборо́рский (*от* Сере́бряный Бо́р)
серебрянопру́дский (*от* Сере́бряные Пруды́)
Сере́бряные Пруды́ (*город*)
сере́бряный
Сере́бряный Бо́р (*район в Москве*)
сере́бряный ве́к (*эпоха расцвета культуры, сопоставимая с золотым веком*); но: **Сере́бряный ве́к** (*в русской культуре и искусстве начала XX в.*)
среди́ и **сере́дь**, *предлог* (*устар. к* среди́ и средь)
середи́на, -ы и **среди́на**, -ы
середи́на на полови́ну
середи́нка, -и, *р. мн.* -нок
середи́нка на полови́нку
серединноуда́рный (*лингв.*)
середи́нный и **среди́нный**
серёдка, -и, *р. мн.* -док
серёдка на полови́нку
середня́к, -а́
середня́цкий
середня́чество, -а
середня́чка, -и, *р. мн.* -чек
середнячо́к, -чка́

Середокре́стная неде́ля и **Средокре́стная неде́ля**
середокре́стный и **средокре́стный**
Середокре́стье, -я и **Средокре́стье,** -я (*середина Великого поста*)
середопо́стный и **средопо́стный**
середопо́стье, -я и **средопо́стье,** -я
серёдочка, -и, *р. мн.* -чек
сере́дь и **середи́,** *предлог* (*устар. к* среди́ и средь)
серёжечки, -чек, *ед.* -чка, -и
серёжки, -жек, *ед.* -жка, -и
серена́да, -ы
се́ренький
сере́ть(ся), -е́ю, -е́ет(ся)
сержа́нт, -а
сержа́нтский
сериа́л, -а
сериа́льный
серие́ма, -ы
се́риесный (*тех.*)
серизна́, -ы́
сери́йность, -и
сери́йный
сери́н, -а (*хим.*)
серинфосфати́ды, -ов, *ед.* -ти́д, -а
сери́р, -а
се́ристый
серици́н, -а
серици́т, -а
серицитиза́ция, -и
се́рия, -и
се́рка, -и, *р. мн.* се́рок, *м.* и *ж.* (*животное*), *ж.* (*смола*)
серко́, -а́, *мн.* -и́, -о́в, *м.* (*о лошади*) и **Серко́,** -а́, *м.* (*кличка*)
сермя́га, -и
сермя́жина, -ы
сермя́жка, -и, *р. мн.* -жек
сермя́жник, -а
сермя́жный
се́рна, -ы
се́рник, -а
серни́сто-водоро́дный
сернистоки́слый
серни́сто-углеро́дный
серни́стый
сернобы́к, -а́, *мн.* -и́, -о́в
серноватистоки́слый
сернова́тистый
сернова́тый
се́рно-кисло́тный
сернoки́слый
се́рный
серобакте́рии, -ий, *ед.* -е́рия, -и
се́ро-бе́лый
серборо́дый
се́ро-бу́ро-мали́новый
се́ро-бу́рый
серова́то-голубо́й
серова́то-жёлтый
серова́то-зелёный
серова́тость, -и
серова́тый
сероводоро́д, -а
сероводоро́дный
серо́вский (*от* Серо́в)
сероглáзый
се́ро-голубо́й
серодиагно́стика, -и
серодобыва́ющий
се́ро-желе́зный (*о лошади*)
се́ро-жёлтый
се́ро-зелёный
серозём, -а
серозёмный
серо́зный
серока́менный
се́ро-кори́чневый
серокры́лый
серо́лог, -а
серологи́ческий
сероло́гия, -и
се́ро-моро́зный (*о смушке*)
сероо́кись, -и
сероочи́стка, -и
серопесча́ный
серопрофила́ктика, -и
се́ро-ро́зовый
се́ро-си́ний
серосодержа́щий
се́рость, -и
серотерапи́я, -и
серотони́н, -а
сероуглеро́д, -а
сероуглеро́дный
сероула́вливающий
серп, -а́
серпанти́н, -а (*лента*; *извилистая дорога*)
серпанти́нный
серпанти́новый
серпе́нт, -а
серпента́рий, -я
серпенти́н, -а (*минерал*)
серпентиниза́ция, -и
серпентини́т, -а
серпенто́лог, -а
серпентологи́ческий
серпентоло́гия, -и
се́рпик, -а
серпови́дный; *кр. ф.* -ден, -дна
серпови́ще, -а
серпово́й
серпоклю́в, -а
серпокры́лка, -и, *р. мн.* -лок (*бабочка*)
серпообра́зный; *кр. ф.* -зен, -зна
серпу́ха, -и
серпухо́вский и **серпуховско́й** (*от* Се́рпухов)
серпуховча́не, -а́н, *ед.* -а́нин, -а
серпуховча́нка, -и, *р. мн.* -нок
серпя́нка, -и
серпя́нковый
серра́ки, -ов, *ед.* серра́к, -а
серсо́, *нескл., с.*
сертифика́т, -а
сертифика́тный
сертификацио́нный
сертифика́ция, -и
сертифици́рование, -я
сертифици́рованный; *кр. ф.* -ан, -ана
сертифици́ровать(ся), -рую, -рует(ся)
се́рум, -а
сёрфер, -а
сёрфинг, -а
сёрфинги́ст, -а
сёрфинги́стка, -и, *р. мн.* -ток
серча́ть, -а́ю, -а́ет
се́рый[1]; *кр. ф.* сер, сера́, се́ро
се́рый[2], -ого (*о волке*)
Се́рый Во́лк (*сказочный персонаж*)
се́рьги, серёг, се́рьга́м, *ед.* серьга́, -и́
серьёз, -а
серьёзневший
серьёзнейший
серьёзненький
серьёзнеть, -ею, -еет
серьёзничать, -аю, -ает
серьёзно, *нареч.* и *вводн. сл.*
серьёзность, -и
серьёзный; *кр. ф.* -зен, -зна
серя́к, -а́
серя́нка, -и
серя́тина, -ы
серячо́к, -чка́
сесба́ния, -и
сесквитерпе́ны, -ов, *ед.* -пе́н, -а
сесле́рия, -и
сессио́нно, *нареч.*
сессио́нный
се́ссия, -и
сесте́рций, -я
сесто́н, -а
сестра́, -ы́, *мн.* сёстры, сестёр, сёстрам
сестра́-хозя́йка, сестры́-хозя́йки
сестрёнка, -и, *р. мн.* -нок
се́стрин, -а, -о
се́стринский
се́стринство, -а
сестри́ца, -ы, *тв.* -ей
сестри́цын, -а, -о
се́стричество, -а
сестри́чка, -и, *р. мн.* -чек
сестроре́цкий (*от* Сестроре́цк)
сестроreча́не, -а́н, *ед.* -а́нин, -а
сестроуби́йца, -ы, *тв.* -ей, *м.* и *ж.*
сестру́ха, -и
сесть, ся́ду, ся́дет; *прош.* сел, се́ла
сет, -а (*в теннисе*)
сетарио́з, -а
сетбо́л, -а
сетеви́к, -а́
сетево́й
сетевя́з, -а
сетевяза́льный
сетевяза́ние, -я
сетеподъёмник, -а
сетеподъёмный
сетесна́стный
се́тка, -и, *р. мн.* се́ток
се́тка-лову́шка, се́тки-лову́шки
се́тка-наса́дка, се́тки-наса́дки
се́тка-ра́бица, се́тки-ра́бицы

сетно́й и **се́тный** (*от* сеть)
се́тование, -я
се́товать, се́тую, се́тует
сето́р, -а (*среднеазиатский и иранский муз. инструмент*)
се́точка, -и, *р. мн.* -чек
се́точник, -а
се́точный
се́ттер, -а, *мн.* -ы, -ов и -а́, -о́в
се́ттер-гордо́н, -а
се́ттер-лавера́к, -а
сеттеро́к, -рка́
се́ттльмент, -а
се́тунский (*от* Се́тунь)
сетча́тка, -и
сетчатокры́лые, -ых
се́тчатый
сеть, -и, *предл.* в сети́, *мн.* -и, -е́й и (*об Интернете*) **Сеть,** -и, *предл.* в Сети́
сетяно́й
сеу́льский (*от* Сеу́л)
сеу́льцы, -ев, *ед.* -лец, -льца, *тв.* -льцем
сефа́рдский
сефа́рды, -ов, *ед.* -а́рд, -а
сефеви́дский
Сефеви́ды, -ов (*династия*)
с ехи́дцей
сецессио́н, -а
сецессио́нный
сеце́ссия, -и
се́ча, -и, *тв.* -ей
сечеви́к, -а́
сечево́й
сече́ние, -я
се́ченный; *кр. ф.* -ен, -ена и **сечённый;** *кр. ф.* -ён, -ена́, *прич.*
се́ченовский (*от* Се́ченов)
се́ченый, *прил.*
се́чка, -и, *р. мн.* се́чек
сечь(ся), секу́, сечёт(ся), секу́т(ся); *прош.* сёк(ся) и се́к(ся), секла́(сь)
Сечь, -и, *предл.* в Сечи́: **Запоро́жская Се́чь**
се́ющий(ся)
се́ялка, -и, *р. мн.* -лок
се́ялочный
се́яльщик, -а
се́яльщица, -ы, *тв.* -ей
се́янец, -нца, *тв.* -нцем, *р. мн.* -нцев
се́яние, -я
се́янка, -и
се́янный; *кр. ф.* се́ян, се́яна, *прич.*
се́яный, *прил.*
се́ятель, -я
се́ять(ся), се́ю, се́ет(ся)
сжа́литься, -люсь, -лится
сжа́ренный; *кр. ф.* -ен, -ена
сжа́рить(ся), -рю(сь), -рит(ся)
сжа́тие, -я
сжа́тость, -и
сжа́тый
сжа́ть(ся)[1], сожму́(сь), сожмёт(ся)
сжа́ть(ся)[2], сожну́, сожнёт(ся)
сжёванный; *кр. ф.* -ан, -ана
сжева́ть(ся), сжую́, сжуёт(ся)
сжёвывать(ся), -аю, -ает(ся)
сжёгший(ся)
сже́чь(ся), сожгу́(сь), сожжёт(ся), сожгу́т(ся); *прош.* сжёг(ся), сожгла́(сь)
сжива́ние, -я
сжива́ть(ся), -а́ю(сь), -а́ет(ся)
сжига́ние, -я
сжига́тель, -я
сжига́ть(ся), -а́ю(сь), -а́ет(ся)
сжиди́ть(ся), сжижу́, сжиди́т(ся)
сжижа́ть(ся), -а́ю, -а́ет(ся)
сжиже́ние, -я
сжи́женный; *кр. ф.* -ен, -ена
сжим, -а
сжима́емость, -и
сжима́ние, -я
сжима́ть(ся), -а́ю(сь), -а́ет(ся)
сжина́ть(ся), -а́ю, -а́ет(ся)
сжира́ть(ся), -а́ю, -а́ет(ся)
сжи́тый; *кр. ф.* сжит, сжита́, сжи́то
сжи́ть(ся), сживу́(сь), сживёт(ся); *прош.* сжил, сжи́лся́, сжила́(сь), сжи́ло, сжи́ло́сь
сжу́лить, -лю, -лит
сжу́льничать, -аю, -ает
сза́ди, *нареч.* и *предлог*
сза́ди-сбо́ку (*положение в борьбе и др.*)
сза́ду, *нареч.*
сзыва́ть(ся), -а́ю, -а́ет(ся)
си, *нескл., с.* (*нота*), *с.* и *м.* (*язык программирования*)
сиалоадени́т, -а
сиа́ловый
сиа́ль, -я
сиа́м, -а (*сиамская кошка, разг.*)
сиама́нг, -а
сиа́мка, -и, *р. мн.* -мок
сиа́мский (*от* Сиа́м; сиа́мские близнецы́)
сиа́мцы, -ев, *ед.* -мец, -мца, *тв.* -мцем
сибари́т, -а
сибари́тка, -и, *р. мн.* -ток
сибари́тничать, -аю, -ает
сибари́тский
сибари́тство, -а
сибари́тствовать, -твую, -твует
сибба́льдия, -и
си-бемо́ль, -я
си-бемо́ль мажо́р, си-бемо́ль мажо́ра
си-бемо́ль-мажо́рный
си-бемо́ль мино́р, си-бемо́ль мино́ра
си-бемо́ль-мино́рный
си-бемо́льный
сибиля́нт, -а
сибиля́нтный
сибиреязвенный
сиби́рка, -и, *р. мн.* -рок
сиби́рный
Сиби́рская платфо́рма (*геол.*)
Сиби́рские Ува́лы (*возвышенность*)
сиби́рский (*от* Сиби́рь; сиби́рская я́зва)
Сиби́рский федера́льный о́круг
Сиби́рское каза́чье во́йско
Сиби́рское отделе́ние РА́Н
сибиряки́, -о́в, *ед.* -ря́к, -а́
сибиря́чка, -и, *р. мн.* -чек
Си-би-э́с, *нескл., ж.*
сибло́н, -а
си́бсы, -ов
сивапите́к, -а
сивате́рий, -я
сива́шский (*от* Сива́ш)
си́вер, -а (*холодный ветер*)
си́верка, -и (*то же, что сивер*)
си́веркий
си́верко, -а, *м.* (*холодный ветер, сивер*) и *неизм., в знач. сказ.* (*о холодной погоде*)
сиве́рсия, -и
сиве́ть, -е́ю, -е́ет
сиви́лла, -ы
сиви́ллин, -а, -о
си́вка, -и, *р. мн.* си́вок, *м.* и *ж.* (*о лошади*; укатали си́вку круты́е го́рки), *ж.* (*птица*) и **Си́вка,** -и, *м.* и *ж.* (*кличка лошади*)
Си́вка-Бу́рка, Си́вки-Бу́рки, *м.* (*сказочный персонаж*)
си́вко, -а, *мн.* -и, -вок и **сивко́,** -а́, *мн.* -и́, -о́в, *м.* (*о лошади*) и **Си́вко́,** -а и -а́, *м.* (*кличка*)
сивоборо́дый
сивогри́вый
сиводу́шка, -и, *р. мн.* -шек
сиводу́шчатый
сивола́п, -а
сивола́пость, -и
сивола́пый
сиволда́й, -я
сиворо́нка, -и, *р. мн.* -нок
сивоу́сый
си́во-ча́лый
сиву́ха, -и
сиву́ч, -а́, *тв.* -о́м
сиву́чий, -ья, -ье
сивучи́ха, -и
сивучо́нок, -нка, *мн.* -ча́та, -ча́т
сиву́шный
Си́вцев Вра́жек, Си́вцева Вра́жка (*переулок*)
си́вый; *кр. ф.* сив, си́ва́, си́во
сиг, -а и -а́
сигану́ть, -ну́, -нёт
сига́ра, -ы
сигаре́та, -ы
сигаре́тина, -ы
сигаре́тка, -и, *р. мн.* -ток
сигаре́тница, -ы, *тв.* -ей
сигаре́тный
сигари́лла, -ы
сига́рка, -и, *р. мн.* -рок
сига́рница, -ы, *тв.* -ей
сига́рный
сигарообра́зный; *кр. ф.* -зен, -зна
сига́рочница, -ы, *тв.* -ей
сига́рочный
сига́ть, -а́ю, -а́ет

сигиллогра́фия, -и
сигилля́рия, -и
си́гма, -ы (*название буквы*)
сигмати́зм, -а
сигмати́ческий
си́гма-фу́нкция, -и
сигмови́дный; *кр. ф.* -ден, -дна
сигмоиди́т, -а
сигна́л, -а
сигнализа́тор, -а
сигнализацио́нный
сигнализа́ция, -и
сигнализи́ровать(ся), -рую, -рует(ся)
сигнали́ст, -а
сигнали́стка, -и, *р. мн.* -ток
сигна́лить, -лю, -лит
сигналогра́мма, -ы
сигналоноси́тель, -я
сигна́льно-блокиро́вочный
сигна́льный
сигна́льчик, -а
сигна́льщик, -а
сигна́льщица, -ы, *тв.* -ей
сигна́лящий
сигнара́нт, -а
сигнара́нтка, -и, *р. мн.* -ток
сигнату́ра, -ы
сигнату́рка, -и, *р. мн.* -рок
сигнату́рный
сигни́фика, -и
сигнифика́т, -а
сигнификати́вный
сигну́ть, -ну́, -нёт
сиго́вый
сиголо́в, -а
с иго́лочки
сигура́нца, -ы, *тв.* -ей
сида́мо, *нескл., мн.* (*группа народов*)
сиде́лец, -льца, *тв.* -льцем, *р. мн.* -льцев
сиде́лка, -и, *р. мн.* -лок
сиде́льческий
сиде́ние, -я (*действие*)
си́день, си́дня
сиде́нье, -я (*место*)
сидера́льный
сидера́ция, -и
сидери́т, -а
сидери́ческий
сидеро́з, -а
сидероли́т, -а
сидероста́т, -а
сидерофи́льный
сиде́ть(ся), сижу́, сиди́т(ся)
сиджо́, *нескл., с.*
сидиро́м, -а и *неизм. (инф.)*
сидиро́м-ди́ск, -а
сидиро́м-кассе́та, -ы
сидиро́мный
си́дка, -и, *р. мн.* си́док
си́дмя сиде́ть
си́днейский (*от* Си́дне́й)
си́днейцы, -ев, *ед.* си́днеец, си́днейца, *тв.* -ем
си́днем сиде́ть
си́дор, -а (*вещмешок*)
си́дорова коза́: как си́дорову ко́зу (дра́ть, лупи́ть)
сидр, -а (*вино*)
си́дровый
си-дубль-бемо́ль, -я
си́дючи
си́дя
сидячегла́зые моллю́ски
сидя́чий, *прил.*
сидя́щий, *прич.*
сие́ (*форма местоим.* сей)
сие́на, -ы (*краска*)
сиени́т, -а
сиени́товый
сие́нский (*от* Сие́на, *город*; сие́нская земля́, *краска*)
сие́нцы, -ев, *ед.* -нец, -нца, *тв.* -нцем
сие́ста, -ы
си́жено
си́жено-пересп́жено
си́живать, *наст. вр. не употр.*
сижо́к, сижка́ (*от* сиг)
сиза́ль, -я и **сиса́ль,** -я (*волокно*)
сиза́рь, -я́ (*голубь*)
си́зенький
сизе́ть, -е́ю, -е́ет
сизи́гии, -ий, *ед.* -гия, -и
сизиги́йский
сизина́, -ы́
Сизи́ф, -а (*мифол.*)
сизи́ф, -а (*жук*)
сизи́фов тру́д, сизи́фова труда́
с изли́шком
с изна́нки
СИЗО́, *нескл., м.* и *с.* (*сокр.*: следственный изолятор)
сизова́то-кра́сный
сизова́тый
сизоворо́нка, -и, *р. мн.* -нок
си́зо-голубо́й
си́зо-зелёный
сизокры́лый
си́зость, -и
си́зый; *кр. ф.* сиз, сиза́, си́зо
сизя́к, -а́
СИИ́, *нескл., ж.* (*сокр.*: система искусственного интеллекта)
си́калка, -и, *р. мн.* -лок
сика́рии, -ев, *ед.* -рий, -я
си́кать, -аю, -ает
си́квел, -а
си́квенс, -а
сиккати́в, -а
сикки́мский (*от* Сикки́м)
сикки́мцы, -ев, *ед.* -мец, -мца, *тв.* -мцем
сикл, -а, *р. мн.* -ов, *счетн. ф.* сикл (ед. измер., ден. ед.) и -ов (*монета*)
сико́з, -а
сикомо́р, -а
си́кось-на́кось
сикофа́нт, -а
Сиксти́нская капе́лла
Сиксти́нская Мадо́нна
си́кулы, -ов (*племя*)
сику́рс, -а
си́кхи, -ов, *ед.* сикх, -а
сикхи́зм, -а
сикхи́стский
си́кхский
си́ла, -ы
силакпо́р, -а
сила́л, -а
сила́ны, -ов, *ед.* сила́н, -а
сила́ч, -а́, *тв.* -о́м
сила́чка, -и, *р. мн.* -чек
силе́зский (*от* Силе́зия)
силе́зцы, -ев, *ед.* -зец, -зца, *тв.* -зцем
силе́н, -а (*обезьяна*)
силёнка, -и, *р. мн.* -нок
силе́ны, -ов, *ед.* силе́н, -а (*мифол.*)
силикаге́ль, -я
силикальци́т, -а
силикальци́тный
силикатиза́ция, -и
силикатизи́рованный; *кр. ф.* -ан, -ана
силикатизи́ровать(ся), -рую, -рует(ся)
силикати́рование, -я
силикати́рованный; *кр. ф.* -ан, -ана
силикати́ровать(ся), -рую, -рует(ся)
silика́тный
силикатобето́н, -а
силикатобето́нный
силикато́з, -а
силика́тчик, -а
силика́ты, -ов, *ед.* -ка́т, -а
силико́з, -а
силико́зник, -а
силико́зный
силикока́льций, -я
силикома́рганец, -нца, *тв.* -нцем
силико́новый
силико́ны, -ов, *ед.* -ко́н, -а
силикотерми́ческий
силикотерми́я, -и
силикотуберкулёз, -а
силикохро́м, -а
силикоцирко́ний, -я
си́литься, си́люсь, си́лится
силици́ды, -ов, *ед.* -ци́д, -а (*соединения кремния с металлами*)
сили́ций, -я
силици́рование, -я
силици́рованный; *кр. ф.* -ан, -ана
силици́ты, -ов, *ед.* -ци́т, -а (*группа горных пород*)
си́лишка, -и, *р. мн.* -шек
си́лища, -и, *тв.* -ей
си́лка, -и, *р. мн.* си́лок (*в иконописи*)
силко́вый
силко́м, *нареч.*
силл, -а
силлабе́ма, -ы
силла́бика, -и
силлаби́ческий
силлабогра́мма, -ы
силлабото́ника, -и
сила́бо-тони́ческий
си́ллепс, -а (*лит.*)

силлиманит, -а
силлогизм, -а
силлогистика, -и
силлогистический
силлогический
сило́, -а́, *мн.* си́ла, сил и си́лья, си́льев (*устар. и обл. к* сило́к)
силови́к, -а́
силово́й
си́лой, *нареч.*
сило́к, силка́
силокса́новый
силокса́ны, -ов, *ед.* -са́н, -а
силокси́д, -а
сило́м, *нареч.* (*прост. к* си́лой и силко́м)
силоме́р, -а
сило́н, -а
сило́новый
си́лос, -а
си́лосный
силосова́ние, -я
силосо́ванный; *кр. ф.* -ан, -ана
силосова́ть(ся), -су́ю, -су́ет(ся)
силосопогру́зчик, -а
силосоре́зка, -и, *р. мн.* -зок
силосоре́зный
силосотрамбо́вщик, -а
силосоубо́рочный
силосохрани́лище, -а
сило́чек, -чка
силуми́н, -а
силу́р, -а
силури́йский
си́лушка, -и, *р. мн.* -шек
силуэ́т, -а
силуэти́ст, -а
силуэ́тность, -и
силуэ́тный; *кр. ф.* -тен, -тна
си́лы небе́сные
сильва́нер, -а
сильви́н, -а
сильвини́т, -а
сильне́е, *сравн. ст.*
сильне́йший
сильне́ть, -е́ю, -е́ет
си́льно, *нареч.*
сильно́, *в знач. сказ.*
сильноветви́стый
сильногази́ро́ванный*
сильноде́йствующий
сильнокамени́стый
сильнокисло́тный
сильноки́слый
сильнонапряжённый*
сильнооснóвный
сильнопересечённый*
си́льно ра́звитый
сильносолёный*
сильното́чный
си́льно укреплённый
сильнощелочно́й
си́льный; *кр. ф.* силён и (*устар.*) си́лен, сильна́, си́льно, сильны́ и (*устар.*) си́льны
сильф, -а
сильфи́да, -ы
сильфо́н, -а
сильфо́нный
сильхро́м, -а
си́лящийся
си́ма, -ы (*оболочка Земли*)
сима́, -ы́ (*рыба*)
си́ мажо́р, си́ мажо́ра
си-мажо́рный
симази́н, -а
симару́бовые, -ых
симбиогене́з, -а
симбио́з, -а
симбио́зный
симбио́нт, -а
симбиоти́ческий
симби́рский (*от* Симби́рск)
симби́рцы, -ев, *ед.* -рец, -рца, *тв.* -рцем
си́мвол, -а
Си́мвол ве́ры (*священный текст у христиан*)
си́мвол-заполни́тель, си́мвола-заполни́теля
символиза́ция, -и
символизи́рованный; *кр. ф.* -ан, -ана
символизи́ровать(ся), -рую, -рует(ся)
символи́зм, -а
симво́лика, -и
символи́ст, -а
символи́стика, -и
символисти́ческий
символисти́чный; *кр. ф.* -чен, -чна
символи́стка, -и, *р. мн.* -ток
символи́стский
символи́ческий
символи́чность, -и
символи́чный; *кр. ф.* -чен, -чна
си́мвольный
симеи́зский (*от* Симеи́з)
си́менс, -а, *р. мн.* -ов, *счетн. ф.* си́менс
Симео́н Богоприи́мец
Симео́н Сто́лпник
симии́ды, -ов, *ед.* -ии́д, -а
си́ мино́р, си́ мино́ра
си-мино́рный
симире́нка, -и (*сорт яблок, разг. к* ренéт Симире́нко)
Симире́нко, *нескл., м.*: **ренéт Симире́нко**
симмахи́я, -и
симмента́лка, -и, *р. мн.* -лок
симмента́лы, -ов, *ед.* -та́л, -а (*порода скота*)
симмента́льский
симметри́ческий
симметри́чно-противополо́жный
симметри́чно располо́женный
симметри́чность, -и
симметри́чный; *кр. ф.* -чен, -чна
симме́три́я, -и
симони́я, -и
Си́монов монасты́рь, Си́монова монастыря́
си́моновский (*от* Си́монов)
симпаталги́я, -и
симпатиза́нт, -а
симпатиза́нтка, -и, *р. мн.* -нток
симпатизи́ровать, -рую, -рует
симпати́ны, -ов, *ед.* -ти́н, -а
симпати́ческий
симпати́чность, -и
симпати́чный; *кр. ф.* -чен, -чна
симпа́тия, -и
симпатолити́ческий
симпатомиме́тик, -а
симпатомимети́ческий
симпатри́ческий
симпатри́я, -и
симпатя́га, -и, *м.* и *ж.*
симпла́ст, -а
си́мплекс, -а
си́мплексный
симплифика́ция, -и
си́мплока, -и
симплока́рпус, -а
Симпло́нский туннéль
симпо́дий, -я
симпо́зиум, -а
симпо́зиумный
симпомпо́нчик, -а
симпто́м, -а
симптома́тика, -и
симптомати́ческий
симптомати́чность, -и
симптомати́чный; *кр. ф.* -чен, -чна
симптомато́логия, -и
симули́рование, -я
симули́рованный; *кр. ф.* -ан, -ана
симули́ровать(ся), -рую, -рует(ся)
симультани́зм, -а
симульта́нность, -и
симульта́нный
симуля́нт, -а
симуля́нтка, -и, *р. мн.* -ток
симуля́нтский
симуля́тор, -а (*компьютерная игра*)
симуля́ция, -и
симферо́польский (*от* Симферо́поль)
симферо́польцы, -ев, *ед.* -лец, -льца, *тв.* -льцем
симфи́з, -а
симфили́я, -и
симфи́лы, -и́л, *ед.* -фи́ла, -ы
симфоджа́з, -а
симфоние́тта, -ы
симфониза́ция, -и
симфони́зм, -а
симфони́ст, -а
симфони́ческий
симфо́ния, -и (*муз.*)
Симфо́ния, -и (*словарь-указатель к Священному Писанию*)
симфоро́к, -а
синаго́га, -и
синагога́льный
сина́йский (*от* Сина́й)

синакса́рь, -я́
сина́нгий, -я
сина́нтроп, -а
синантро́пный
сина́п, -а
си́напс, -а
синапти́ческий (*к* си́напс)
синаптоза́вр, -а
синартро́з, -а
сингале́зский
синга́лка, -и, *р. мн.* -лок
синга́лы, -ов, *ед.* -га́л, -а
синга́льский
синга́льцы, -ев, *ед.* -лец, -льца, *тв.* -льцем
сингами́ды, -и́д, *ед.* -и́да, -ы
сингами́я, -и
синга́мы, -ов, *ед.* -га́м, -а
сингапу́рский (*от* Сингапу́р)
сингапу́рцы, -ев, *ед.* -рец, -рца, *тв.* -рцем
сингармони́зм, -а
сингармони́ческий
сингенети́ческий
синги́ль, -я
сингл, -а
сингле́тный
сингле́ты, -ов, *ед.* -ле́т, -а
сингони́я, -и
сингуляри́зм, -а
сингуля́рность, -и
сингуля́рный
синдактили́я, -и
Синдба́д-морехо́д, Синдба́да-морехо́да (*сказочный персонаж*)
синдесмо́з, -а
синдесмологи́ческий
синдесмоло́гия, -и
синдетико́н, -а
си́ндик, -а
синдикали́зм, -а
синдикали́ст, -а
синдикали́стский
синдика́льный
синдика́т, -а
синдика́тный
синдина́ма, -ы
синдици́рованный; *кр. ф.* -ан, -ана
синдици́ровать(ся), -рую, -рует(ся)
синдро́м, -а
синдромоло́гия, -и
си́ндхи[1], *неизм.* и *нескл.*, *м.* (*язык*)
си́ндхи[2], -ов, *ед.* синдх, -а (*народ*)
си́ндхский
синеблу́зник, -а
синева́, -ы́
синева́то-зелёный
синева́то-кра́сный
синева́то-се́рый
синева́тость, -и
синева́тый
синегла́зка, -и, *р. мн.* -зок
синегла́зый
синеголо́вник, -а
синедрио́н, -а
си́не-жёлтый
си́не-зелёный
сине́кдоха, -и
синекдохи́ческий
синекли́за, -ы
си́не-кра́сный
синекры́лая пи́тта
сине́ктика, -и
синекти́ческий
синеку́ра, -ы
сине́левый
си́не-лило́вый
синело́бый попуга́й
синело́мкость, -и
сине́ль, -и
сине́лька, -и, *р. мн.* -лек
сине́льный
синемате́ка, -и
синемато́граф, -а
синематографи́ческий
сине́ние, -я
синённый; *кр. ф.* -ён, -ена́, *прич.*
синёный, *прил.*
си́ненькие, -их (*баклажаны*)
си́ненький
синео́кий
синепла́менный
синера́ма, -ы
синерге́тик, -а
синерге́тика, -и
синергети́ческий
синерги́ды, -и́д
синерги́зм, -а
синерги́ст, -а
синерги́ческий
синерги́я, -и
синере́зис, -а
синеро́д, -а
синеро́дистый
си́не-ро́зовый
си́не-се́рый
синестези́я, -и
сине́ть(ся), -е́ю, -е́ет(ся)
си́не-фиоле́товый
синехво́стка, -и, *р. мн.* -ток
сине́хия, -и (*спайка, мед.*)
сине́ц, синца́, *тв.* синцо́м, *р. мн.* синцо́в
синеязы́чный сци́нк
синзоохо́рия, -и
синигри́н, -а
си́ний; *кр. ф.* синь, синя́, си́не
сини́льный
сини́ть(ся), синю́, сини́т(ся)
сини́ца, -ы, *тв.* -ей
сини́цевые, -ых
сини́чий, -ья, -ье
сини́чка, -и, *р. мн.* -чек
сини́чник, -а
синкарпи́я, -и
синка́рпный
си́нкеллы, -ов, *ед.* -келл, -а
си́нкер, -а (*бросок в бейсболе*)
синклина́ль, -и
синклина́льный
синклино́рий, -я
синкли́т, -а
синко́па, -ы
синкопи́рование, -я
синкопи́рованный; *кр. ф.* -ан, -ана
синкопи́ровать(ся), -рую, -рует(ся)
синкопи́ческий
синкрети́зм, -а
синкрети́ческий
синкрети́чность, -и
синкрети́чный; *кр. ф.* -чен, -чна
синовиа́льный
сино́вия, -и
сино́д, -а; но: (*вместо* Свяще́нный сино́д) **Сино́д**, -а
синода́льный
сино́дик, -а
синоди́ческий
сино́дский
синойки́зм, -а
синойки́я, -и
синокса́ль, -и
сино́лог, -а
синологи́ческий
синоло́гия, -и
сино́ним, -а
синони́мика, -и
синоними́ческий
синоними́чность, -и
синоними́чный; *кр. ф.* -чен, -чна
синоними́я, -и
сино́псис, -а
сино́птик, -а
сино́птика, -и
синопти́ст, -а (*евангелист*)
синопти́ческий
синосто́з, -а
си́но-тибе́тский
синта́гма, -ы
синтагма́тика, -и
синтагмати́ческий
синта́гменный
си́нтаксис, -а
синтакси́ст, -а
синтакси́стка, -и, *р. мн.* -ток
синтакси́чески свя́занный
синтакси́ческий
синтакси́ческо-интонацио́нный
синта́ктика, -и
си́нтез, -а
синтеза́тор, -а
синтеза́торный
си́нтез-га́з, -а
си́нтез-гру́ппа, -ы
синтези́рование, -я
синтези́рованный; *кр. ф.* -ан, -ана
синтези́ровать(ся), -рую, -рует(ся)
синтепо́н, -а
синтепо́новый
синтети́зм, -а
синте́тик, -а
синте́тика, -и
синтети́ческий
синтети́чность, -и
синтети́чный; *кр. ф.* -чен, -чна

синто́, *нескл., с.*
синтои́зм, -а
синтои́ст, -а
синтои́стка, -и, *р. мн.* -ток
синтои́стский
синтомици́н, -а
синтомици́новый
синтро́н, -а (*церк.*)
сину́зия, -и
синуи́т, -а и **синуси́т**, -а
си́нус, -а
си́нус-ве́рзус, -а
синуси́т, -а и **синуи́т**, -а
си́нусный
синусо́ида, -ы
синусоида́льный
синфа́зный
синфо́рма, -ы
синхондро́з, -а
синхрогенера́тор, -а
синхрои́мпульс, -а
синхроконта́кт, -а
синхрома́ркетинг, -а
синхро́н, -а (*синхронность*; *синхронно с чем-н. звучащий текст*)
синхро́на, -ы (*астр.*)
синхрониза́тор, -а
синхронизацио́нный
синхрониза́ция, -и
синхронизи́рованный; *кр. ф.* -ан, -ана
синхронизи́ровать(ся), -рую, -рует(ся)
синхронизи́рующий(ся)
синхрони́зм, -а
синхрони́ст, -а
синхронисти́ческий
синхрони́стка, -и, *р. мн.* -ток
синхрони́ческий
синхрони́чность, -и
синхрони́чный; *кр. ф.* -чен, -чна
синхрони́я, -и
синхро́нно, *нареч.*
синхро́нно-и́мпульсный
синхро́нность, -и
синхро́нный; *кр. ф.* -о́нен, -о́нна
синхроноско́п, -а
синхротро́н, -а
синхротро́нный
синхрофазотро́н, -а
синхрофазотро́нный
синхрофазоциклотро́н, -а
синхрофазоциклотро́нный
синхроциклотро́н, -а
синхроциклотро́нный
синци́тий, -я
синъицюа́нь, *нескл., с.* (*восточное единоборство, воинское искусство*)
синь, -и
синьга́, -и́
си́нька, -и, *р. мн.* си́нек
синьо́р, -а (*в Италии*)
синьо́ра, -ы (*в Италии*)
синьори́на, -ы
синьори́я, -и (*в средневековых итальянских городах*)
синь-по́рох: ни синь-по́роха, синь-по́роха не́т (не оста́лось)
синь-тума́н, -а (*нар.-поэт.*)
синьцзя́нский (*от* Синьцзя́н)
Синьцзя́н-Уйгу́рский автоно́мный райо́н (*в Китае*)
синэколо́гия, -и
синэстро́л, -а
синю́ха, -и
синю́шка, -и, *р. мн.* -шек
синю́шник, -а
синю́шно-кра́сный
синю́шность, -и
синю́шный; *кр. ф.* -шен, -шна
синя́к, -а́
синячи́ще, -а, *мн.* -а и -и, -и́щ, *м.*
синячо́к, -чка́
Си́няя Борода́ (*сказочный персонаж*)
Си́няя пти́ца (*сказочный персонаж, символ счастья*)
Сио́н, -а (*гора*)
сио́н, -а (*сосуд*)
сиони́зм, -а
сиони́ст, -а
сиони́стка, -и, *р. мн.* -ток
сиони́стский
сио́нский (*от* Сио́н)
сип, -а
сипа́й, -я
сипа́йский
сипе́лка, -и, *р. мн.* -лок
сипе́ние, -я
сипе́ть, сиплю́, сипи́т
сиплова́тость, -и
сиплова́тый
си́плость, -и
си́плый; *кр. ф.* сипл, -а
си́пнувший
си́пнуть, -ну, -нет; *прош.* си́пнул и сип, си́пла
сипова́тость, -и
сипова́тый
сипо́вка, -и, *р. мн.* -вок
сипота́, -ы́
сипотца́, -ы́, *тв.* -о́й
сипункули́ды, -и́д, *ед.* -и́да, -ы
сипу́ха, -и
сир, -а
си́ра, -ы (*лит.*)
Сирано́ де Бержера́к, -а
сирва́ли, *нескл., мн. (брюки)*
сирда́р, -а *(проводник в гималайских экспедициях)*
си́рен, -а (*земноводное*)
сире́на, -ы
сиренева́тый
сиреново́д, -а
сире́нево-ро́зовый
сире́нево-си́ний
сире́невость, -и
сире́невый
сире́нный (*к* сире́на)
си́реновые, -ых (*к* си́рен)
сире́новые, -ых (*к* сире́ны)
сире́ны, -е́н (*отряд водных млекопитающих*)
сире́нь, -и
сире́нька, -и
си́речь, *союз*
сири́йка, -и, *р. мн.* -и́ек
сири́йский (*от* Си́рия)
сири́йцы, -ев, *ед.* -и́ец, -и́йца, *тв.* -и́йцем
си́рин, -а (*мифол.*); пти́ца си́рин
Си́рин, -а, *тв.* -ом: **Ефре́м Си́рин, Исаа́к Си́рин**
сиринга́рий, -я
сирингомиели́я, -и
си́ринкс, -а
сириоме́тр, -а
Си́риус, -а
сиро́кко, *нескл., м.*
сиро́п, -а и -у
сиро́пный
сиро́повый
сиропообра́зный; *кр. ф.* -зен, -зна
сиро́пчик, -а и -у
си́рость, -и
сирота́, -ы́, *мн.* -о́ты, -о́т, *м.* и *ж.*
сироте́ть, -е́ю, -е́ет
сироти́на, -ы, *м.* и *ж.*
сироти́нка, -и, *р. мн.* -нок, *м.* и *ж.*
сироти́ночка, -и, *р. мн.* -чек, *м.* и *ж.*
сироти́нушка, -и, *р. мн.* -шек, *м.* и *ж.*
сироти́ть, -очу́, -оти́т
сиро́тка, -и, *р. мн.* -ток, *м.* и *ж.*
сиротли́вость, -и
сиротли́вый
сиро́точка, -и, *р. мн.* -чек, *м.* и *ж.*
сиро́тский
сиро́тство, -а
сиро́тствовать, -твую, -твует
сирта́ки, *нескл., м.* и *с.*
си́рый; *кр. ф.* сир, си́ра́, си́ро
сиса́ль, -я и **сиза́ль**, -я
си́сла, -ы
с испо́да и **с испо́ду**
с испу́га и **с испу́гу**
сисси́тия, -и (*ист.*)
систе́ма, -ы
систематиза́тор, -а
систематиза́ция, -и
систематизи́рование, -я
систематизи́рованность, -и
систематизи́рованный; *кр. ф.* -ан, -ана
систематизи́ровать(ся), -рую, -рует(ся)
системáтик, -а
система́тика, -и
системати́чески
системати́ческий
системати́чность, -и
системати́чный; *кр. ф.* -чен, -чна
систе́мка, -и, *р. мн.* -мок
систе́мно обусло́вленный
систе́мно-структу́рный
систе́мность, -и
систе́мно-типологи́ческий

систе́мно-функциона́льный

систе́мно-языково́й

систе́мный; *кр. ф.* -мен, -мна

системо́лог, -а

системоло́гия, -и

системообразу́ющий

системоте́хник, -а

системоте́хника, -и

системотехни́ческий

систе́мщик, -а

си́стола, -ы

систоли́ческий

систр, -а (*муз. инструмент*)

си́ська, -и, *р. мн.* си́сек

си́ся, -и

сита́лл, -а

сита́лловый

ситаллурги́ческий

ситаллу́ргия, -и

сита́р, -а (*индийский муз. инструмент*)

си́тец, си́тца и си́тцу, *тв.* си́тцем, *р. мн.* си́тцев

си́течко, -а, *мн.* -чки, -чек

Си́ти, *нескл., м.* и *с.*

си́тник, -а

си́тниковые, -ых

си́тничек, -чка

си́тный

ситня́г, -а

си́то, -а

ситове́йка, -и, *р. мн.* -е́ек

ситови́дный (ситови́дные кле́тки, тру́бки)

сито́вина, -ы

сито́вник, -а

ситово́й и **си́товый**

си́точный

ситро́, *нескл., с.*

ситрое́н, -а (*автомобиль*)

ситуалоги́ческий *(юр.)*

ситуати́вность, -и

ситуати́вный; *кр. ф.* -вен, -вна

ситуацио́нный

ситуа́ция, -и

си́тула, -ы

си́тце, -а, *р. мн.* си́тец и си́тцев

си́тцевый

ситцекраси́льный

ситценабивно́й

ситцепеча́тание, -я

ситцепеча́тный

си́тчик, -а и -у

сиф, *неизм.* и *нескл., с.* (*вид сделки, фин.*)

сифилидо́лог, -а

сифилидологи́ческий

сифилидоло́гия, -и

сифили́ды, -и́д, *ед.* -и́да, -ы

си́филис, -а

сифили́тик, -а

сифилити́ческий

сифилити́чка, -и, *р. мн.* -чек

сифило́ма, -ы

сифо́н, -а

сифо́нить, -ит

сифо́нный

сифо́новый

сифонофо́ры, -о́р, *ед.* -фо́ра, -ы

сихотэ́-али́ньский (*от* Сихо-тэ́-Али́нь)

сицилиа́на, -ы (*муз.*)

сицилиа́нка, -и

сицилиа́нская защи́та *(в шахматах)*

сицили́йка, -и, *р. мн.* -и́ек

сицили́йский (*от* Сици́лия)

сицили́йцы, -ев, *ед.* -и́ец, -и́йца, *тв.* -и́йцем

Си-эн-э́н, *нескл., ж.*

сиэ́тлский (*от* Сиэ́тл)

сиэ́тльцы, -ев, *ед.* -лец, -льца, *тв.* -льцем

сиюмину́тность, -и

сиюмину́тный; *кр. ф.* -тен, -тна

сию́ мину́ту

сиюсеку́ндный

сию́ секу́нду

сия́ (*форма местоим.* сей)

сия́ние, -я

сия́тельнейший

сия́тельный

сия́тельство, -а

сия́ть, сия́ю, сия́ет

сия́ющий

ска, *нескл., с.* (*муз.*)

скабио́за, -ы

скабрёзничать, -аю, -ает

скабрёзность, -и

скабрёзный; *кр. ф.* -зен, -зна

скадри́рованный; *кр. ф.* -ан, -ана

скадри́ровать, -и́рую, -и́рует

скаже́нный

сказ, -а

сказа́ние, -я

ска́занный; *кр. ф.* -ан, -ана

ска́зано – сде́лано

сказану́ть, -ну́, -нёт

сказа́ть(ся), скажу́(сь), ска́жет(ся)

сказа́тель, -я

сказа́тельница, -ы, *тв.* -ей

сказа́тельский

ска́зка, -и, *р. мн.* -зок

ска́зовость, -и

ска́зовый

ска́зочка, -и, *р. мн.* -чек

ска́зочник, -а

ска́зочница, -ы, *тв.* -ей

ска́зочность, -и

ска́зочный; *кр. ф.* -чен, -чна

сказу́емое, -ого

сказу́емостный

сказу́емость, -и

сказу́емый: неудо́бь сказу́емый

ска́зывать(ся), -аю(сь), -ает(ся)

скайсёрфер, -а

скайсёрфинг, -а

скайтерье́р, -а

скак: на скаку́, на всём (на по́лном) скаку́

скака́лка, -и, *р. мн.* -лок

скака́лочка, -и, *р. мн.* -чек

скака́ние, -я

скакану́ть, -ну́, -нёт

скака́тельный

скака́ть, скачу́, ска́чет

скакну́ть, -ну́, -нёт

скаково́й

с како́й ста́ти

скаку́н, -а́

скакуно́к, -нка́

скаку́нчик, -а

скаку́нья, -и, *р. мн.* -ний

скала́, -ы́, *мн.* ска́лы, скал

скаламбу́рить, -рю, -рит

скалды́рник, -а

скалды́рница, -ы, *тв.* -ей

скалды́рничать, -аю, -ает

скалды́рнический

скалды́рничество, -а

скали́стость, -и

Скали́стые го́ры (*в Канаде*)

скали́стый

ска́лить(ся), -лю(сь), -лит(ся)

ска́лка, -и, *р. мн.* -лок

скалодро́м, -а

скалозу́б, -а (*зубоскал*); но: **Скалозу́б**, -а (*лит. персонаж*)

скалозу́бовский (*от* Скалозу́б)

скалозу́бство, -а

скалола́з, -а

скалола́зание, -я

скалола́з-монта́жник, скалола́за-монта́жника

ска́лочка, -и, *р. мн.* -чек

ска́лывание, -я

ска́лывать(ся), -аю, -ает(ся)

скальд, -а

скальди́ческий

скальки́рованный; *кр. ф.* -ан, -ана

скальки́ровать, -рую, -рует

скалькули́рованный; *кр. ф.* -ан, -ана

скалькули́ровать, -рую, -рует

ска́льный

скальп, -а

ска́льпель, -я

ска́льпельный

скальпи́рование, -я

скальпи́рованный; *кр. ф.* -ан, -ана

скальпи́ровать, -рую, -рует

ска́льповый

скаля́р, -а

скаля́рия, -и

скаля́рный

ска́лящий(ся)

скаме́ечка, -и, *р. мн.* -чек

скаме́ечный

скаме́йка, -и, *р. мн.* -е́ек

скамья́, -и́, *мн.* ска́мьи, скаме́й, ска́мьям

сканво́рд, -а

сканда́л, -а

сканда́лец, -льца, *тв.* -льцем, *р. мн.* -льцев

скандализи́рованный; *кр. ф.* -ан, -ана

скандализи́ровать(ся), -рую(сь), -рует(ся)

скандализо́ванный; *кр. ф.* -ан, -ана
скандализова́ть(ся), -зу́ю(сь), -зу́ет(ся)
скандали́ст, -а
скандали́стка, -и, *р. мн.* -ток
сканда́лить(ся), -лю(сь), -лит(ся)
сканда́лище, -а, *мн.* -а и -и, -ищ, *м.*
сканда́льничать, -аю, -ает
сканда́льно изве́стный
сканда́льность, -и
сканда́льный; *кр. ф.* -лен, -льна
сканда́льчик, -а
сканда́лящий(ся)
с кандибо́бером
ска́ндиевый
ска́ндий, -я
скандинави́зм, -а
скандинави́ст, -а
скандинави́стика, -и
скандинави́стский
Скандина́вия, -и
скандина́вка, -и, *р. мн.* -вок
Скандина́вские стра́ны
скандина́вский
Скандина́вский полуо́стров
скандина́вы, -ов, *ед.* -на́в, -а
сканди́рование, -я
сканди́рованный; *кр. ф.* -ан, -ана
сканди́ровать(ся), -рую, -рует(ся)
скандиро́вка, -и
ска́нер, -а
ска́нерный
ска́нец, -нца, *тв.* -нцем, *р. мн.* -нцев
скани́рование, -я
скани́рованный; *кр. ф.* -ан, -ана
скани́ровать(ся), -рую, -рует(ся)
скани́рующий(ся)
сканогра́мма, -ы
ска́нсен, -а (*музей под открытым небом*)
ска́нщик, -а (*от* скань)
ска́ный
скань, -и
ска́нье, -я и **сканьё,** -я́
ска́пливание, -я
ска́пливать(ся), -аю, -ает(ся)
скаполи́т, -а
скаполи́товый
скапоти́ровать, -рую, -рует
скапу́ститься, -у́щусь, -у́стится
скапу́титься, -у́чусь, -у́тится
ска́пывание, -я
ска́пывать(ся), -аю, -ает(ся)
скарабе́й, -я
скарб, -а
скарби́шко, -а и -и
ска́рбник, -а
ска́рбница, -ы, *тв.* -ей
ска́рбничий, -его
ска́рбовый
ска́ред, -а, *м.* и **ска́реда,** -ы, *м.* и *ж.*
ска́редник, -а
ска́редница, -ы, *тв.* -ей
ска́редничать, -аю, -ает
ска́редность, -и
ска́редный; *кр. ф.* -ден, -дна
скарифика́тор, -а
скарифика́ция, -и
скарифици́рованный; *кр. ф.* -ан, -ана
скарифици́ровать(ся), -рую, -рует(ся)
скарлати́на, -ы
скарлати́нный
скарлатино́зный
ска́рмливание, -я
ска́рмливать(ся), -аю, -ает(ся)
скарн, -а
ска́рновый
скарпе́ль, -я
скат, -а
ска́танность, -и
ска́танный; *кр. ф.* -ан, -ана
скатапульти́ровать(ся), -рую(сь), -рует(ся)
ската́ть(ся), -а́ю(сь), -а́ет(ся)
скатёрка, -и, *р. мн.* -рок
скатёрочка, -и, *р. мн.* -чек
ска́тертный
ска́терть, -и, *мн.* -и, -е́й
ска́терть-самобра́нка, ска́терти-самобра́нки
скати́ть(ся), скачу́(сь), ска́тит(ся)
ска́тка, -и, *р. мн.* -ток
ска́тный
скато́л, -а
с кату́шек
ска́тывание, -я
ска́тывать(ся), -аю(сь), -ает(ся)
ска́тыш, -а, *тв.* -ем
скать, ску, скёт (*крутить, свивать, устар.*)
ска́ут, -а
скаути́зм, -а
ска́утинг, -а
ска́утинг-аге́нтство, -а
ска́ут-ма́стер, -а
ска́утский
скафа́ндр, -а
скафа́ндровый
скафандростро́ение, -я
скафокефа́лия, -и и **скафоцефа́лия,** -и
ска́чанный; *кр. ф.* -ан, -ана (*от* скача́ть)
скача́ть, -а́ю, -а́ет
ска́ченный; *кр. ф.* -ен, -ена (*от* скати́ть)
ска́чивать(ся), -аю, -ает(ся) (*к* скача́ть)
ска́чка, -и
ска́чки, -чек (*состязание*)
скачко́вый
скачкообра́зность, -и
скачкообра́зный; *кр. ф.* -зен, -зна
скачо́к, -чка́
ска́чущий
ска́шивание, -я
ска́шивать(ся), -аю, -ает(ся)
ска́щивать(ся), -аю, -ает(ся)
СКБ [эскабэ́], *нескл., с.* (*сокр.*: специальное конструкторское бюро)
СКВ [эскавэ́], *нескл., ж.* (*сокр.*: свободно конвертируемая валюта)
сквадри́ст, -а
сква́жина, -ы
сква́жинка, -и, *р. мн.* -нок
сква́жинный
сква́жистость, -и
сква́жистый
сква́жность, -и
сква́жный
сквайр, -а и **эсква́йр,** -а
сквалы́га, -и, *м.* и *ж.*
сквалы́жник, -а
сквалы́жница, -ы, *тв.* -ей
сквалы́жничать, -аю, -ает
сквалы́жнический
сквалы́жничество, -а
сквалы́жный
сква́сить(ся), -а́шу, -а́сит(ся)
сква́ттер, -а (*фермер, захвативший свободный участок земли, ист.*)
сква́ттерский (*от* сква́ттер)
сква́ттерство, -а
сква́шенный; *кр. ф.* -ен, -ена
сква́шиваемость, -и
сква́шивание, -я
сква́шивать(ся), -аю, -ает(ся)
сквер, -а
скве́рик, -а
скве́рна, -ы
скверна́вец, -вца, *тв.* -вцем, *р. мн.* -вцев
скверна́вка, -и, *р. мн.* -вок
скверне́йший
скве́рненький
скверни́ть, -ню́, -ни́т
скве́рно, *нареч.* и *в знач. сказ.*
скверносло́в, -а
скверносло́вие, -я
скверносло́вить, -влю, -вит
скверносло́вка, -и, *р. мн.* -вок
скверносло́вящий
скве́рность, -и
скве́рный; *кр. ф.* -рен, -рна́, -рно, скве́рны́
скви́танный; *кр. ф.* -ан, -ана
сквита́ть(ся), -а́ю(сь), -а́ет(ся)
скви́тывать(ся), -аю(сь), -ает(ся)
сквози́стый
сквози́ть, -и́т
сквозно́й
сквозня́к, -а́
сквознячо́к, -чка́
сквозь, *предлог*
скворе́ц, -рца́, *тв.* -рцо́м, *р. мн.* -рцо́в
скворе́чий, -ья, -ье
скворе́чник, -а
скворе́чница, -ы, *тв.* -ей
скворе́чный
скворе́чня, -и, *р. мн.* -чен
скво́рушка, -и, *р. мн.* -шек, *м.*
скворцо́вый
скворча́нье, -я
скворча́ть, -чи́т
скворчи́ный

скворчи́ха, -и
скворчо́нок, -нка, *мн.* -ча́та, -ча́т
сквот, -а
скво́ттер, -а (*бездомный, самовольно вселившийся в пустующий дом, квартиру; то же, что скваттер*)
скво́ттерский (*от* скво́ттер)
сквош, -а, *тв.* -ем
скеб, -а
скег, -а
скейт, -а
ске́йтбо́рд, -а
скейтбо́рдинг, -а
скейтборди́ст, -а
скейтборди́стка, -и, *р. мн.* -ток
ске́йтер, -а
ске́йтерский
скейти́ст, -а
скейт-клу́б, -а
скейтодро́м, -а
скейт-па́рк, -а
скеле́т, -а
скеле́тина, -ы
скеле́тный
ске́лето́н, -а (*спорт.*)
скелетони́ст, -а
скелетони́стка, -и, *р. мн.* -ток
скелетообра́зный; *кр. ф.* -зен, -зна
скелетообразу́ющий
скелетоподо́бный; *кр. ф.* -бен, -бна
с ке́м ни по́падя
с ке́м попа́ло
с ке́м с ке́м (уж с ке́м с ке́м, а с ни́м мы́ пола́дим; *также при переспросе*)
ске́на, -ы (*в древнегреческом театре*)
ске́псис, -а
ске́птик, -а
скептици́зм, -а
скепти́чески
скепти́ческий
скепти́чность, -и
скепти́чный; *кр. ф.* -чен, -чна
скептро́н, -а и **сцептро́н,** -а
ске́рда, -ы (*растение*)
скерци́но, *нескл., с.*
скерцио́зный и **скерцо́зный**
ске́рцо, *нескл., с.*
скет, -а
ске́тинг-ри́нк, -а
скетч, -а, *тв.* -ем
скиало́гия, -и (*раздел рентгенологии*)
скиаско́п, -а
скиаскопи́ческий
скиаскопи́я, -и
скиатро́н, -а
скибо́б, -а
скибо́рд, -а (*спорт.*)
скид, -а (*тара*)
ски́данный; *кр. ф.* -ан, -ана
скида́ть(ся), -а́ю, -а́ет(ся)
ски́дка, -и, *р. мн.* -док
скидно́й
ски́дочка, -и, *р. мн.* -чек
ски́дывание, -я
ски́дывать(ся), -аю(сь), -ает(ся)
скиксо́ванный; *кр. ф.* -ан, -ана
скиксова́ть, -су́ю, -су́ет
ски́ммия, -и
скин, -а и -а́ (*скинхед*)
ски́ния, -и
ски́нутый
ски́нуть(ся), -ну(сь), -нет(ся)
скинхе́д, -а
скин-эффе́кт, -а
скип, -а
скипа́ться, -а́ется
ски́петр, -а
скипе́ться, -пи́тся
скипида́р, -а и -у
скипида́рить(ся), -рю(сь), -рит(ся)
скипида́рно-канифо́льный
скипида́рный
скипово́й и **ски́повый**
скирд, -а́, *мн.* -ы́, -о́в и **скирда́,** -ы́, *мн.* ски́рды́, скирд, ски́рда́м
ски́рдный
скирдова́льный
скирдова́льщик, -а
скирдова́льщица, -ы, *тв.* -ей
скирдова́ние, -я
скирдо́ванный; *кр. ф.* -ан, -ана
скирдова́ть(ся), -ду́ю, -ду́ет(ся)
скирдо́вка, -и
скирдопра́в, -а
скирдоре́з, -а
скирдоукла́дчик, -а
скирр, -а
скиса́ние, -я
скиса́ть(ся), -а́ю, -а́ет(ся)
с кислецо́й
ски́снуть(ся), -ну, -нет(ся); *прош.* ски́с(ся), ски́сла(сь)
ски-сто́п, -а (*спорт.*)
ски́сший(ся)
скит, -а́, *предл.* в скиту́ (*монастырь*)
скита́лец, -льца, *тв.* -льцем, *р. мн.* -льцев
скита́лица, -ы, *тв.* -ей
скита́льческий
скита́льчество, -а
скита́ние, -я
скита́ться, -а́юсь, -а́ется
ски́тник, -а
ски́тница, -ы, *тв.* -ей
ски́тнический
скитонача́льник, -а
ски́тский
ски-ту́р, -а (*спорт.*)
скиф, -а (*лодка*)
ски́фка, -и, *р. мн.* -фок
ски́фовый (*лодочный*)
ски́фос, -а (*сосуд*)
ски́фо-сарма́тский
ски́фский
ски́фство, -а
ски́фы, -ов, *ед.* скиф, -а (*древние племена*)
скици́рование, -я
скици́рованный; *кр. ф.* -ан, -ана
скици́ровать(ся), -рую, -рует(ся)
скла́биться, -блюсь, -бится
склава́ж, -а, *тв.* -ем
склад[1], -а (*хранилище; образ мыслей и привычек*)
склад[2], -а и -у (*слаженность, толк*)
склад[3]: **чита́ть по склада́м**
скла́д-ба́за, скла́да-ба́зы, *м.*
складене́ц, -нца́, *тв.* -нцо́м, *р. мн.* -нцо́в
скла́день, -дня
склади́рование, -я
склади́рованный; *кр. ф.* -ан, -ана
склади́ровать(ся), -рую, -рует(ся)
скла́дка, -и, *р. мн.* -док
складкообразова́ние, -я
скла́д-магази́н, скла́да-магази́на
скла́дненький
скла́дник, -а (*ист.*)
скла́дничество, -а
складно́й (*складывающийся*)
скла́дность, -и
скла́дный; *кр. ф.* -а́ден, -а́дна́, -а́дно (*ладный*)
скла́дочка, -и, *р. мн.* -чек
скла́дочный
скла́д-распредели́тель, скла́да-распредели́теля
складско́й
скла́дчато-глы́бовый
складчатокры́лые, -ых
скла́дчатость, -и
скла́дчатый
скла́дчик, -а
скла́дчина, -ы
скла́дчинный
скла́дывание, -я
скла́дывать(ся), -аю(сь), -ает(ся)
склёванный; *кр. ф.* -ан, -ана
склева́ть(ся), склюю́, склюёт(ся)
склёвывание, -я
склёвывать(ся), -аю, -ает(ся)
скле́енный; *кр. ф.* -ен, -ена
скле́ивание, -я
скле́ивать(ся), -аю, -ает(ся)
скле́ить(ся), -е́ю, -е́ит(ся)
скле́йка, -и, *р. мн.* -е́ек
склеп, -а
склёпанный; *кр. ф.* -ан, -ана
склепа́ть(ся), -а́ю, -а́ет(ся)
склёпка, -и, *р. мн.* -пок
скле́пный
склёпывание, -я
склёпывать(ся), -аю, -ает(ся)
скле́ра, -ы
склера́льный
склерейды, -и́д, *ед.* -и́да, -ы
склеренхи́ма, -ы
склери́т, -а
склерифика́ция, -и
склерифици́рованный; *кр. ф.* -ан, -ана
склероде́рма, -ы
склеродерми́я, -и
склеро́з, -а
склеро́зный

склерокриотерапевти́ческий
склерокриотерапи́я, -и
склеро́ма, -ы
склеро́метр, -а
склерометри́ческий
склерометри́я, -и
склеро́н, -а
склерообразова́ние, -я
склеропротеи́ны, -ов, *ед.* -и́н, -а
склероско́п, -а
склеротерапевти́ческий
склеротерапи́я, -и
склеро́тик, -а
склеротинио́з, -а
склероти́ния, -и
склероти́ческий
склероти́чка, -и, *р. мн.* -чек
склероти́чность, -и
склероти́чный; *кр. ф.* -чен, -чна
склерото́м, -а
склеротоми́я, -и
склерофи́ты, -ов, *ед.* -фи́т, -а
склеро́ций, -я
склиз, -а
скли́зкий; *кр. ф.* -зок, -зка́, -зко (*прост. к* ско́льзкий и осли́злый)
скли́зок, -зка (*шкура*)
склизь, -и
склика́ние, -я
скли́канный; *кр. ф.* -ан, -ана
склика́ть(ся), -а́ю, -а́ет(ся), *несов.*
скли́кать, -и́чу, -и́чет, *сов.*
скло́ка, -и
склон, -а
склоне́ние, -я
склонённый; *кр. ф.* -ён, -ена́
склони́ть(ся), -оню́(сь), -о́ни́т(ся)
скло́нность, -и
скло́нный; *кр. ф.* скло́нен, склонна́, скло́нно
склономе́р, -а
склонохо́д, -а
склоня́емость, -и
склоня́емый
склоня́ть(ся), -я́ю(сь), -я́ет(ся)
скло́ченный; *кр. ф.* -ен, -ена
скло́чивать(ся), -аю, -ает(ся)
скло́чить(ся), -чу, -чит(ся)
скло́чник, -а
скло́чница, -ы, *тв.* -ей
скло́чничать, -аю, -ает
скло́чнический
скло́чничество, -а
скло́чность, -и
скло́чный; *кр. ф.* -чен, -чна
склю́нуть, -ну, -нет
скля́ница, -ы, *тв.* -ей
скля́нка, -и, *р. мн.* -нок
скля́ночка, -и, *р. мн.* -чек
скля́ночный
скоба́, -ы́, *мн.* ско́бы, скоб, ско́ба́м
скоба́рский
скоба́рь, -я́
ско́бель, -я, *мн.* -и, -ей и -я́, -е́й
ско́бельный
скоби́ть, -блю́, -би́т (*от* скоба́)
ско́бка, -и, *р. мн.* -бок (*к* скоба́; *способ стрижки*)
ско́бки, -бок, *ед.* ско́бка, -и (*пунктуационный и матем. знак*)
скобле́ние, -я
скоблёнка, -и
ско́бленный; *кр. ф.* -ен, -ена, *прич.*
скоблёный, *прил.*
скобли́льный
скобли́льщик, -а
скобли́льщица, -ы, *тв.* -ей
скобли́ть(ся), скоблю́(сь), ско́бли́т(ся)
скоблю́шка, -и, *р. мн.* -шек
скобля́щий(ся)
скобовщи́к, -а́
ско́бочка, -и, *р. мн.* -чек (*к* ско́бка)
ско́бочки, -чек, *ед.* -чка, -и (*к* ско́бки)
ско́бочный
ско́бчатый
скобя́нка, -и, *р. мн.* -нок
скобяно́й
сков, -а (*тех.*)
ско́ванно, *нареч.*
ско́ванность, -и
ско́ванный; *кр. ф. прич.* -ан, -ана; *кр. ф. прил.* (*лишенный легкости, непринужденности*) -ан, -анна
скова́ть(ся), скую́, скуёт(ся)
ско́вка, -и, *р. мн.* -вок
сковно́й
сковорода́, -ы́, *вин.* ско́вороду́, *мн.* ско́вороды, сковоро́д, сковорода́м
ско́вородень, -дня
сковороди́ть, -ожу́, -оди́т
сковоро́дка, -и, *р. мн.* -док
сковоро́дник, -а
сковоро́дный
сковоро́дня, -и, *р. мн.* -ден
сковоро́дочка, -и, *р. мн.* -чек
ско́вочный
ско́вывание, -я
ско́вывать(ся), -аю, -ает(ся)
сковы́ривание, -я
сковы́ривать(ся), -аю, -ает(ся)
сковы́рнутый
сковырну́ть(ся), -ну́(сь), -нёт(ся) (*к* ковыря́ть; *свалить(ся)*)
сковы́рянный; *кр. ф.* -ян, -яна
сковыря́ть, -я́ю, -я́ет
скок[1], -а (*действие и звуки его*)
скок[2], *неизм.*
скока́рь, -я́ *(жарг.)*
ско́ком, *нареч.*
ско́к-поско́к, *неизм.*
скол[1], -а (*к* сколо́ть)
скол[2], *межд.*
скола́чивание, -я
скола́чивать(ся), -аю(сь), -ает(ся)
с колёс
ско́лечко (*от* ско́лько)
сколио́з, -а
сколио́зный
ско́лия, -и (*насекомое*)
ско́лия-гига́нт, ско́лии-гига́нта, *ж.* (*насекомое*)
ско́лка, -и (*действие*)
ско́лок, -лка (*сколотый или отколовшийся кусок*; *точное подобие*; *узор*)
сколопе́ндра, -ы
сколопендре́ллы, -е́лл, *ед.* -е́лла, -ы
сколопе́ндриум, -а
сколопе́ндровые, -ых
сколоти́ть(ся), -очу́(сь), -о́тит(ся)
сколо́ты, -ов
ско́лотый
сколо́ть(ся), сколю́, ско́лет(ся)
сколо́ченный; *кр. ф.* -ен, -ена
сколу́панный; *кр. ф.* -ан, -ана
сколупа́ть, -а́ю, -а́ет
сколу́пнутый
сколупну́ть, -ну́, -нёт
сколу́пывание, -я
сколу́пывать(ся), -аю, -ает(ся)
сколь, *нареч.*
ско́ль бы ни... (ско́ль бы ни велика́ была́ потеря...)
скольже́ние, -я
скользи́ть, -льжу́, -льзи́т
ско́льзкий; *кр. ф.* -зок, ско́льзка́, -зко
ско́льзко, *в знач. сказ.*
ско́льзкость, -и
скользну́ть, -ну́, -нёт
скользота́, -ы́
ско́льзче, *сравн. ст.*
скользь, -и
скользя́щий
ско́лько[1], ско́льких; по ско́льку и по ско́лько
ско́лько[2], *нареч.* (ско́лько о́н зна́ет)
ско́лько бы ни (ско́лько бы ни сто́ило – покупа́й)
ско́лько ни (ско́лько ни спро́сит, всё полу́чит)
ско́лько-нибудь, ско́льких-нибудь; по ско́льку-нибудь и по ско́лько-нибудь; но: ско́лько ни бу́дь у него́ де́нег, о́н всё истра́тит
ско́лько-то, ско́льких-то; по ско́льку-то и по ско́лько-то
ско́лько уго́дно
ско́ль-либо
ско́ль ни (ско́ль ни горька́ потеря...)
ско́ль-нибудь
ско́ль уго́дно
скома́ндовать, -дую, -дует
скомбини́рованный; *кр. ф.* -ан, -ана
скомбини́ровать(ся), -рую, -рует(ся)
ско́мканность, -и
ско́мканный; *кр. ф.* -ан, -ана
ско́мкать(ся), -аю, -ает(ся)
ско́мкивать(ся), -аю, -ает(ся)
скоморо́х, -а
скоморо́шеский
скоморо́шество, -а
скоморо́шествовать, -твую, -твует
скоморо́ший, -ья, -ье
скоморо́шина, -ы
скоморо́шничать, -аю, -ает

скоморо́шнический
скоморо́шничество, -а
скоморо́шный
скомпенси́рованный; *кр. ф.* -ан, -ана
скомпенси́ровать(ся), -рую, -рует(ся)
скомпили́рованный; *кр. ф.* -ан, -ана
скомпили́ровать(ся), -рую, -рует(ся)
скомплекто́ванный; *кр. ф.* -ан, -ана
скомплектова́ть(ся), -ту́ю, -ту́ет(ся)
скомпоно́ванный; *кр. ф.* -ан, -ана
скомпонова́ть(ся), -ну́ю, -ну́ет(ся)
скомпромети́рованный; *кр. ф.* -ан, -ана
скомпромети́ровать(ся), -рую(сь), -рует(ся)
с кондачка́
сконденси́рованный; *кр. ф.* -ан, -ана
сконденси́ровать(ся), -рую, -рует(ся)
сконсолиди́рованный; *кр. ф.* -ан, -ана
сконсолиди́ровать(ся), -рую(сь), -рует(ся)
сконструи́рованный; *кр. ф.* -ан, -ана
сконструи́ровать(ся), -рую, -рует(ся)
сконтакти́ровать(ся), -рую(сь), -рует(ся)
ско́нто, *нескл., с.* и *неизм.*
сконтра́ция, -и
сконфу́женно, *нареч.*
сконфу́женность, -и
сконфу́женный; *кр. ф.* -ен, -ена
сконфу́зить(ся), -у́жу(сь), -у́зит(ся)
с конца́ми, *в знач. сказ.* (*жарг.*)
сконцентри́рованный; *кр. ф.* -ан, -ана
сконцентри́ровать(ся), -и́рую(сь), -и́рует(ся)
сконча́ние, -я: **до сконча́ния ве́ка**
сконча́ться, -а́юсь, -а́ется
скоопери́рованный; *кр. ф.* -ан, -ана
скоопери́ровать(ся), -рую(сь), -рует(ся)
скоордини́рованно, *нареч.*
скоордини́рованность, -и
скоордини́рованный; *кр. ф.* -ан, -ана
скоордини́ровать(ся), -рую(сь), -рует(ся)
скоп, -а (*скопление*)
скопа́, -ы́ (*птица*)
ско́панный; *кр. ф.* -ан, -ана
скопа́ть, -а́ю, -а́ет
скопе́ц, -пца́, *тв.* -пцо́м, *р. мн.* -пцо́в
скопидо́м, -а
скопидо́мка, -и, *р. мн.* -мок
скопидо́мничать, -аю, -ает
скопидо́мнический
скопидо́мный
скопидо́мский
скопидо́мство, -а
скопидо́мствовать, -твую, -твует
скопи́рованный; *кр. ф.* -ан, -ана
скопи́ровать(ся), -рую, -рует(ся)
скопи́ть, -плю́, -пи́т (*кастрировать*)
скопи́ть(ся), скоплю́, ско́пит(ся) (*накопить(ся)*)
ско́пище, -а
скопле́ние, -я
ско́пленный; *кр. ф.* -ен, -ена (*накопленный*)
скоплённый; *кр. ф.* -ён, -ена́, *прич.* (*кастрированный*)
ско́пленский (*от* Ско́пле)
ско́пленцы, -ев, *ед.* -нец, -нца, *тв.* -нцем
скопля́ть(ся), -я́ю, -я́ет(ся)
скопнённый; *кр. ф.* -ён, -ена́
скопни́ть, -ню́, -ни́т
скополами́н, -а
скопо́лия, -и
ско́пом, *нареч.*
скопофили́я, -и
ско́пческий
ско́пчество, -а
скопчи́ха, -и
с копы́т (*жарг.*)
скопы́тить(ся), -ы́чу(сь), -ы́тит(ся)
скопы́ченный; *кр. ф.* -ен, -ена
скора́, -ы́ (*шкуры, собир. устар.*)
скорбе́ть, -блю́, -би́т
ско́рбность, -и
ско́рбный; *кр. ф.* -бен, -бна
скорбу́т, -а
скорбу́тный
скорбь, -и, *мн.* -и, -е́й
скордату́ра, -ы
скоре́е, *сравн. ст.* и *нареч.*
скорёженный; *кр. ф.* -ен, -ена
скорёжить(ся), -жу(сь), -жит(ся)
скоре́йший
ско́ренько
скорёхонько
скорёшенько
скори́нинский (*от* Скори́на)
скорлупа́, -ы́, *мн.* -у́пы, -у́п
скорлу́пка, -и, *р. мн.* -пок
скорлу́пчатый
скорми́ть(ся), скормлю́, ско́рмит(ся)
ско́рмленный; *кр. ф.* -ен, -ена
скорня́жий, -ья, -ье
скорня́жить, -жу, -жит
скорня́жничать, -аю, -ает
скорня́жничество, -а
скорня́жный
скорня́к, -а́
скорня́чество, -а
скорня́чить, -чу, -чит
ско́ро, *нареч.*
скоро́бить(ся), -блю, -бит(ся)
скоро́бленный; *кр. ф.* -ен, -ена
скорова́рка, -и, *р. мн.* -рок
скороговó́рка, -и, *р. мн.* -рок
скороговó́рочка, -и, *р. мн.* -чек
скорода́, -ы́, *р. мн.* скоро́д (*борона; растение*)
скороди́т, -а (*минерал*)
скоро́ди́ть(ся), -о́жу́, -о́ди́т(ся) (*боронова́ть(ся), обл.*)
скороду́м, -а
скоро́женный; *кр. ф.* -ен, -ена
скоролётка, -и, *р. мн.* -ток
скоро́мить(ся), -млю(сь), -мит(ся)
скоро́мник, -а
скоро́мница, -ы, *тв.* -ей
скоро́мничать, -аю, -ает
скоро́мный; *кр. ф.* -мен, -мна
скороморози́льный
скоро́мь, -и
скоро́мящий(ся)
скоропали́тельность, -и
скоропали́тельный; *кр. ф.* -лен, -льна
скоропа́шка, -и, *р. мн.* -шек
скоропеча́тание, -я
скоропеча́тный
скоропеча́тня, -и, *р. мн.* -тен
скоропи́сец, -сца, *тв.* -сцем, *р. мн.* -сцев
скоропи́сный
ско́ропись, -и
скоропло́дный
скороподъёмник, -а
скороподъёмность, -и
скороподъёмный
скоропо́ртящийся
скоропости́жность, -и
скоропости́жный; *кр. ф.* -жен, -жна
скоропреходя́щий
скоропрохо́дчик, -а
скоротасту́щий
скороспе́лка, -и, *р. мн.* -лок
скороспе́лость, -и
скороспе́лый
скоростеме́р, -а
скоростеме́рный
скоростни́к, -а́
скоростни́ца, -ы, *тв.* -ей
скоростно́й
ско́ростно-силово́й
скоростре́лка, -и, *р. мн.* -лок
скоростре́льность, -и
скоростре́льный
ско́рость, -и, *мн.* -и, -е́й
скоросшива́тель, -я
скорота́ть, -а́ю, -а́ет
скороте́льный
скороте́чность, -и
скороте́чный; *кр. ф.* -чен, -чна
скорохва́т, -а
скорохо́д, -а
скорохо́дный
ско́роходь, -и
скорочте́ние, -я
скорпе́на, -ы (*рыба*)
скорпио́н, -а (*животное*) и **Скорпио́н,** -а (*созвездие и знак зодиака; о том, кто родился под этим знаком*)
скорпио́ний, -ья, -ье
скорпио́нница, -ы, *тв.* -ей (*насекомое*)
скорпио́нова му́ха, скорпио́новой му́хи
скорпионопау́к, -а́
скорректи́рованный; *кр. ф.* -ан, -ана
скорректи́ровать(ся), -рую, -рует(ся)
с ко́рточек (подня́ться)
скорцоне́ра, -ы

ско́рченный; *кр. ф.* -ен, -ена
ско́рчинг, -а
ско́рчинговый
ско́рчить(ся), -чу(сь), -чит(ся)
ско́рый; *кр. ф.* скор, скора́, ско́ро
скорьё, -я́
скос, -а
скоса́рь, -я́ (*жук*)
с коси́нкой
скоси́ть(ся), скошу́(сь), скоси́т(ся) (*сделать(ся) косым; отвести глаза в сторону*)
скоси́ть, скошу́, ско́сит (*срéзать*)
скособо́ченный; *кр. ф.* -ен, -ена
скособо́чить(ся), -чу(сь), -чит(ся)
ско́сок, -ска
скосоро́титься, -ро́чусь, -ро́тится
скосоры́литься, -люсь, -лится
скости́ть, скощу́, скости́т
скот, -а́
ско́тий, -ья, -ье
скоти́на, -ы
скоти́ний, -ья, -ье
скоти́нка, -и, *р. мн.* -нок
скоти́нный
скоти́нушка, -и, *р. мн.* -шек
Ско́тленд-Я́рд, -а
ско́тник, -а
ско́тница, -ы, *тв.* -ей
ско́тный
скотобо́ец, -о́йца, *тв.* -о́йцем, *р. мн.* -о́йцев
скотобо́йный
скотобо́йня, -и, *р. мн.* -о́ен
скотово́д, -а
скотово́дный
скотово́дство, -а
скотово́дческий
скотово́з, -а
скотокра́дство, -а
скотоло́жец, -жца, *тв.* -жцем, *р. мн.* -жцев
скотоло́жство, -а и **скотоло́жество,** -а
ското́ма, -ы
ско́то-ме́сто, -а, *мн.* -а́, -ме́ст, -а́м
скотомоги́льник, -а
скотооткóрмочный
скотоподо́бие, -я
скотоподо́бный; *кр. ф.* -бен, -бна
скотопригóнный
скотоприёмный
скотопрогóн, -а
скотопрогóнный
скотопромы́шленник, -а
скотопромы́шленность, -и
скотопромы́шленный
скототорго́вец, -вца, *тв.* -вцем, *р. мн.* -вцев
ско́тский
ско́тство, -а
ско́тты, -ов (*древние племена*)
скотч, -а, *тв.* -ем
скотчтерье́р, -а
ско́ция, -и
скошёвка, -и, *р. мн.* -вок
ско́шенный; *кр. ф.* -ен, -ена и (*от* скосить *– сделать косым – также*)
скошённый; *кр. ф.* -ён, -ена́
скощённый; *кр. ф.* -ён, -ена́
скраб, -а (*косметическое средство*)
скра́вший(ся)
скра́денный; *кр. ф.* -ен, -ена
скра́док, -дка
скра́дом (охо́титься)
скра́дывать(ся), -аю, -ает(ся)
скрап, -а
скрап-проце́сс, -а
скрап-ру́дный
скра́сить(ся), скра́шу, скра́сит(ся)
скра́сть(ся), -аду́, -адёт(ся); *прош.* скра́л(ся), скра́ла(сь)
скра́шенный; *кр. ф.* -ен, -ена
скра́шивание, -я
скра́шивать(ся), -аю, -ает(ся)
скребённый; *кр. ф.* -ён, -ена́, *прич.*
скре́бень, -бня
скрёбка, -и, *р. мн.* -бок
скребко́во-ковшо́вый
скребко́вый
скребл, -а (*игра*)
скребло́, -а́, *мн.* скрёбла, -бел, -блам
скребмаши́на, -ы
скребни́ца, -ы, *тв.* -ей
скребну́ть, -ну́, -нёт
скребо́к, -бка́
скрёбший(ся)
скре́жет, -а
скрежета́ние, -я
скрежета́ть, -жещу́, -же́щет
скрежетну́ть, -ну́, -нёт
скреже́щущий
скре́йпи, *нескл., ж.* и *с.* (*болезнь овец*)
скре́мблер, -а
скреп, -а и -у (*действие*)
скре́па, -ы (*действие; то, что скрепляет*)
скре́пер, -а
скрепери́ст, -а
скре́перный
скрепи́ть(ся), -плю́(сь), -пи́т(ся)
скре́пка, -и, *р. мн.* -пок
скрепле́ние, -я
скреплённый; *кр. ф.* -ён, -ена́
скрепля́ть(ся), -я́ю(сь), -я́ет(ся)
скре́почка, -и, *р. мн.* -чек
скре́почный
скрепя́ се́рдце
скрести́(сь), скребу́(сь), скребёт(ся); *прош.* скрёб(ся), скребла́(сь)
скрести́ть(ся), -ещу́, -е́сти́т(ся)
скрестно́й и **скре́стный**
скретч, -а, *тв.* -ем (*спорт.*)
скреще́ние, -я
скрещённый; *кр. ф.* -ён, -ена́
скре́щиваемость, -и
скре́щивание, -я
скре́щивать(ся), -аю, -ает(ся)
скре́щивающий(ся)
с-крива́я [эс-], -о́й (*тех.*)
скриви́ть(ся), -влю́(сь), -ви́т(ся)
скривлённый; *кр. ф.* -ён, -ена́
скрижа́ли, -ей, *ед.* -жа́ль, -и
скрижа́пель, -я
скри́нинг, -а
скринсе́йвер, -а
скри́ншо́т, -а (*инф.*)
скрип, -а
скрипа́ч, -а́, *тв.* -о́м
скрипа́чка, -и, *р. мн.* -чек
скрипе́ние, -я
скрипе́ть, -плю́, -пи́т
скрипи́ца, -ы, *тв.* -ей
скрипи́чный
скри́пка, -и, *р. мн.* -пок
скри́пка со́ло, скри́пки со́ло
скри́пнуть, -ну, -нет
скри́почка, -и, *р. мн.* -чек
скрипт, -а
скрипто́рий, -я
скрипу́н, -а́
скрипу́чий
скрипу́чка, -и, *р. мн.* -чек
скристаллизова́ться, -зу́ется
скро́енный; *кр. ф.* -ен, -ена
скрои́ть(ся), скрою, скрои́т(ся)
скро́ллинг, -а
скромне́йший
скромне́нек, -е́нька
скро́мненький
скромне́ть, -е́ю, -е́ет
скромнёхонький; *кр. ф.* -нек, -нька
скромнёшенький; *кр. ф.* -нек, -нька
скро́мник, -а
скро́мница, -ы, *тв.* -ей
скро́мничанье, -я
скро́мничать, -аю, -ает
скро́мность, -и
скро́мный; *кр. ф.* -мен, -мна́, -мно, скро́мны́
скромны́м-скромнёхонько
скромня́га, -и, *м.* и *ж.*
скро́панный; *кр. ф.* -ан, -ана
скропа́ть, -а́ю, -а́ет
скрофулёз, -а
скрофулоде́рма, -ы
скру́ббер, -а
скрубо́л, -а (*бросок в бейсболе*)
с кру́га и **с кру́гу** (спи́ться)
скругле́ние, -я
скруглённость, -и
скруглённый; *кр. ф.* -ён, -ена́
скругли́ть(ся), -лю́, -ли́т(ся)
скругля́ть(ся), -я́ю, -я́ет(ся)
скру́пул, -а
скрупулёзность, -и
скрупулёзный; *кр. ф.* -зен, -зна
скрути́ть(ся), -учу́(сь), -у́тит(ся)
скру́тка, -и, *р. мн.* -ток
скру́ченность, -и
скру́ченный; *кр. ф.* -ен, -ена
скру́чивание, -я
скру́чивать(ся), -аю, -ает(ся)
скрыва́ть(ся), -а́ю(сь), -а́ет(ся)
скры́ня, -и, *р. мн.* -ы́нь

скры́тие, -я
скры́тник, -а
скры́тница, -ы, *тв.* -ей
скры́тничанье, -я
скры́тничать, -аю, -ает
скрытное́д, -а
скры́тность, -и
скрытноу́сые, -ых
скрытнохо́ботник, -а
скры́тный; *кр. ф.* -тен, -тна
скрытогла́в, -а
скрытожа́берник, -а
скрытожа́берные, -ых
скрытозерни́стый
скрытокристалли́ческий
скрытохво́ст, -а
скрытоше́йный
скры́тый
скры́ть(ся), скро́ю(сь), скро́ет(ся)
скрэб, -а (*заросли*)
скрю́ченно, *нареч.*
скрю́ченность, -и
скрю́ченный; *кр. ф.* -ен, -ена
скрю́чивать(ся), -аю(сь), -ает(ся)
скрю́чить(ся), -чу(сь), -чит(ся)
скря́бинский (*от* Скря́бин)
скря́га, -и, *м.* и *ж.*
скря́жничать, -аю, -ает
скря́жнический
скря́жничество, -а
скувырну́ться, -ну́сь, -нётся (*упасть, свалиться*)
скуде́ль, -и
скуде́льница, -ы, *тв.* -ей
скуде́льный
скуде́тто, *нескл., с. (спорт.)*
скуде́ть, -е́ю, -е́ет
скудне́йший
скудне́ть, -е́ю, -е́ет
скуднова́тость, -и
скуднова́тый
ску́дность, -и
ску́дный; *кр. ф.* -ден, -дна́, -дно, ску́дны́
ску́до, *нескл., с.*
скудомы́слие, -я
ску́дость, -и
скудоу́мие, -я
скудоу́мный; *кр. ф.* -мен, -мна
ску́ка, -и
ску́ки ра́ди
скуко́живание, -я
скуко́живаться, -аюсь, -ается
скуко́житься, -жусь, -жится
скукота́, -ы́
скукоти́ща, -и, *тв.* -ей
ску́кситься, -кшусь, -ксится
скула́, -ы́, *мн.* ску́лы, скул
скула́стенький
скула́стость, -и
скула́стый
скулёж, -ежа́, *тв.* -о́м
скули́стый
скули́ть, -лю́, -ли́т
скулова́тый
скулово́й
скуловоро́т, -а
ску́льптор, -а
ску́льпторский
ску́льпторша, -и, *тв.* -ей
скульпту́ра, -ы
скульпту́рка, -и, *р. мн.* -рок
скульпту́рность, -и
скульпту́рный; *кр. ф.* -рен, -рна
ску́мбриевый
ску́мбрия, -и
скуме́кать, -аю, -ает
ску́мпия, -и
скунс, -а
ску́нсовый
скупа́ть(ся), -а́ю, -а́ет(ся)
скупе́нек, -нька
ску́пенький
скупердя́й, -я
скупердя́йка, -и, *р. мн.* -я́ек
скупердя́йничать, -аю, -ает
скупердя́йский
скупердя́йство, -а
скупёхонький; *кр. ф.* -нек, -нька
скупе́ц, -пца́, *тв.* -пцо́м, *р. мн.* -пцо́в
скупи́ть, скуплю́, ску́пит (*к* купи́ть)
скупи́ться, -плю́сь, -пи́тся (*к* скупо́й)
ску́пка, -и, *р. мн.* -пок
ску́пленный; *кр. ф.* -ен, -ена
скупно́й
скупова́тость, -и
скупова́тый
скупо́й; *кр. ф.* скуп, скупа́, ску́по, ску́пы́
Скупо́й, -о́го (*лит. персонаж*)
Скупо́й ры́царь (*лит. персонаж*)
ску́пость, -и
ску́почный
ску́пщик, -а
ску́пщина, -ы
ску́пщица, -ы, *тв.* -ей
ску́рвиться, -влюсь, -вится
ску́ренный; *кр. ф.* -ен, -ена
ску́ривать(ся), -аю, -ает(ся)
скури́ть(ся), скурю́, ску́рит(ся)
скуси́ть, скушу́, ску́сит
ску́сывать(ся), -аю, -ает(ся)
ску́тер, -а, *мн.* -ы, -ов и -а́, -о́в
скутери́ст, -а
скутоза́вр, -а
скуфе́йка, -и, *р. мн.* -е́ек
скуфе́йный
скуфья́, -и́, *р. мн.* -фе́й
скуча́ть, -а́ю, -а́ет
скуча́ющий
ску́ченно, *нареч.*
ску́ченность, -и
ску́ченный; *кр. ф.* -ен, -ена, *прич.* (се́но ску́чено)
ску́чивать(ся), -аю, -ает(ся)
ску́чить(ся), -чу, -чит(ся)
скучи́ща, -и, *тв.* -ей
скучли́вый
скучне́йший
ску́чненький
скучне́нько
скучне́ть, -е́ю, -е́ет
ску́чно, *нареч.* и *в знач. сказ.*
скучнова́тый
ску́чный; *кр. ф.* -чен, -чна́, -чно, ску́чны́
ску́шанный; *кр. ф.* -ан, -ана (*от* ску́шать)
ску́шать, -аю, -ает
ску́шенный; *кр. ф.* -ен, -ена (*от* скуси́ть)
скьёринг, -а *(спорт.)*
слаба́к, -а́
слаба́чка, -и, *р. мн.* -чек
слабачо́к, -чка́
слабе́е, *сравн. ст.*
слабе́йший
слабе́нек, -нька
сла́бенький
слабе́ть, -е́ю, -е́ет
слабина́, -ы́
слаби́нка, -и, *р. мн.* -нок
слаби́тельное, -ого
слаби́тельный
сла́бить, -ит
сла́блинь, -я
сла́бнувший
сла́бнуть, -ну, -нет; *прош.* сла́бнул и слаб, сла́бла
сла́бо, *нареч.*
слабо́, *в знач. сказ.*
слабоакти́вный; *кр. ф.* -вен, -вна
слабоалкого́льный
слабова́тый
слабоветви́стый
слабове́треный
слабови́дение, -я
слабови́дящий*
слабови́дящий, -его
слабово́лие, -я
слабоволокни́стый
слабово́льный; *кр. ф.* -лен, -льна
слабовы́раженный*
слаболо́вый
слабоголо́сый
слабогру́дость, -и
слабогру́дый
слабоду́шие, -я
слабоду́шный; *кр. ф.* -шен, -шна
сла́бо-жёлтый
слабозатуха́ющий*
слабозимосто́йкий
слабоизви́листый
слабоизменённый*
слабоинтенси́вный
слабоионизи́рующий*
слабокисло́тный
слабоки́слый
слаболеги́рованный*
слабоминерализо́ванный*
слабомы́слие, -я
слабонапра́вленный*
слабонатя́нутый*
слабоне́рвность, -и
слабоне́рвный; *кр. ф.* -вен, -вна

слабообогащённый*
слабоока́танный*
слабоокра́шенный*
слабоокульту́ренный*
слабоосно́вный
слабопереме́нный
слабопересечённый*
слабоподзо́листый
слабопроница́емый*
слабопрофили́рованный*
слаборадиоакти́вный
слабора́звитость, -и
слабора́звитый*
слабораствори́мый
слабосвя́занный*
слабоси́лие, -я
слабоси́льный; *кр. ф.* -лен, -льна
сла́бо-сире́невый
слабослы́шащий*
слабослы́шащий, -его
слабосолёный*
сла́бость, -и
слабосцементи́рованный*
слаботокси́чный; *кр. ф.* -чен, -чна
слабото́чник, -а
слабото́чный
слаботурбуле́нтный
слабоу́здость, -и
слабоу́здый
слабоу́мие, -я
слабоу́мный; *кр. ф.* -мен, -мна
слабоуспева́ющий
слабохара́ктерность, -и
слабохара́ктерный; *кр. ф.* -рен, -рна
слабочернозёмный
слабощелочно́й
сла́бый; *кр. ф.* слаб, слаба́, сла́бо, сла́бы́
сла́ва, -ы; но: **о́рден Сла́вы; Алле́я Сла́вы, Доли́на Сла́вы, Курга́н Сла́вы** (*мемориальные сооружения*)
сла́ва бо́гу (*хорошо; к счастью*)
сла́ва тебе (те) го́споди, *межд.*
сла́вильщик, -а
слави́ровать, -рую, -рует
слави́ст, -а
слави́стика, -и
слависти́ческий
слави́стка, -и, *р. мн.* -ток
слави́стский
сла́вить(ся), -влю(сь), -вит(ся)
сла́вка, -и, *р. мн.* -вок (*птица*)
сла́вковые, -ых
сла́вление, -я
сла́вленный; *кр. ф.* -ен, -ена, *прич.*
славне́йший
сла́вненький
сла́вно, *нареч.* и *в знач. сказ.*
сла́вный; *кр. ф.* -вен, -вна́, -вно
славолю́бец, -бца, *тв.* -бцем, *р. мн.* -бцев
славолюби́вый
славолю́бие, -я
славо́нский (*к* Славо́ния и славо́нцы)
славо́нцы, -ев, *ед.* -нец, -нца, *тв.* -нцем
славосло́вие, -я
славосло́вить(ся), -влю(сь), -вит(ся)
славосло́вленный; *кр. ф.* -ен, -ена
славосло́вящий(ся)
славя́не, -я́н, *ед.* -яни́н, -а
славяниза́ция, -и
славянизи́рованный; *кр. ф.* -ан, -ана
славянизи́ровать(ся), -рую(сь), -рует(ся)
славяни́зм, -а
славя́нка, -и, *р. мн.* -нок
славянове́д, -а
славянове́дение, -я
славянове́дческий
славя́новский (славя́новская минера́льная вода́)
Славя́но-гре́ко-лати́нская акаде́мия
славя́но-ру́сский
славянофи́л, -а
славянофи́лка, -и, *р. мн.* -лок
славянофи́льский
славянофи́льство, -а
славянофи́льствовать, -твую, -твует
славянофо́б, -а
славянофо́бский
славянофо́бство, -а
славя́нский (*от* славя́не и Славя́нск)
Славя́нск-на-Куба́ни (*город*)
славя́нство, -а
славя́нцы, -ев, *ед.* -нец, -нца, *тв.* -нцем (*к* Славя́нск)
славя́нщина, -ы
сла́вящий(ся)
слаг, -а
слага́емое, -ого
слага́тель, -я
слага́тельница, -ы, *тв.* -ей
слага́ть(ся), -а́ю, -а́ет(ся)
сла́д: сла́ду нет
сладе́нек, -нька
сла́денький
сладимый
сла́дить(ся), сла́жу(сь), сла́дит(ся)
сла́дкий; *кр. ф.* -док, -дка́, -дко
сла́дко, *нареч.* и *в знач. сказ.*
сладкова́то-го́рький
сладкова́то-пря́ный
сладкова́тость, -и
сладкова́тый
сладкогла́сие, -я
сладкогла́сный; *кр. ф.* -сен, -сна
сладкоголо́сый
сладкое́жка, -и, *р. мн.* -жек, *м.* и *ж.*
сладкозву́чие, -я
сладкозву́чность, -и
сладкозву́чный; *кр. ф.* -чен, -чна
сладкопе́вец, -вца, *тв.* -вцем, *р. мн.* -вцев
сладкопло́дный
сладкоречи́вый
сладкоре́чие, -я
сла́достность, -и
сла́достный; *кр. ф.* -тен, -тна
сладостра́стие, -я
сладостра́стник, -а
сладостра́стница, -ы, *тв.* -ей
сладостра́стность, -и
сладостра́стный; *кр. ф.* -тен, -тна
сла́дость, -и
сладча́йший
сла́женно, *нареч.*
сла́женность, -и
сла́женный; *кр. ф. прич.* -ен, -ена (сва́дьба сла́жена); *кр. ф. прил.* (*согласованный, упорядоченный*) -ен, -енна (пе́ние сла́женно)
сла́живать(ся), -аю(сь), -ает(ся)
сла́зать, -аю, -ает
сла́зить, сла́жу, сла́зит
слайд, -а
слайд-... — *первая часть сложных слов, пишется через дефис*
слайд-витра́ж, -а́, *тв.* -о́м
сла́йдер, -а (*тех., спорт.*)
слайд-клу́б, -а
сла́йдовый
слайд-оригина́л, -а
слайдоте́ка, -и
слайд-програ́мма, -ы
слайд-прое́ктор, -а
слайд-сюже́т, -а
слайд-фи́льм, -а
сла́ксы, -ов
сла́лом, -а
сла́лом-гига́нт, сла́лома-гига́нта
слалом́ист, -а
слалом́истка, -и, *р. мн.* -ток
сла́ломный
сла́лом-супергига́нт, сла́лома-супергига́нта
сла́мывание, -я
сла́мывать(ся), -аю(сь), -ает(ся)
сла́нец, -нца, *тв.* -нцем, *р. мн.* -нцев (*полезное ископаемое*)
сланцева́тость, -и
сланцева́тый
сла́нцевский (*от* Сла́нцы)
сланцевча́не, -а́н, *ед.* -а́нин, -а
сла́нцевый (*от* сла́нец)
сланцезо́льный
сланцеперего́нный
сланцеперераба́тывающий
Сла́нцы, -ев (*город*)
слап-ске́йты, -ов и (*разг.*) **сла́пы,** -ов (*коньки*)
сластёна, -ы, *м.* и *ж.*
сла́сти, -е́й, *ед.* сласть, -и (*сладкие изделия*)
сласти́ть(ся), слащу́, сласти́т(ся)
сластое́жка, -и, *р. мн.* -жек, *м.* и *ж.*
сластолю́бец, -бца, *тв.* -бцем, *р. мн.* -бцев
сластолюби́вый
сластолю́бие, -я
сласть, -и (*приятный вкус; удовольствие*)
сла́ть(ся), шлю(сь), шлёт(ся); *прош.* сла́л(ся), сла́ла(сь)

слаща́вость, -и
слаща́вый
сла́ще, *сравн. ст.*
слащённый; *кр. ф.* -ён, -ена́, *прич.*
слащёный, *прил.*
сле́ва
слева́чить, -чу, -чит
слега́, -и́, *мн.* сле́ги, слег, сле́га́м
слегка́
слёгший
след, -а, -а́ и -у, *предл.* на сле́де и на следу́, *мн.* -ы́, -о́в
сле́д в сле́д (идти́, ступа́ть)
сле́динг, -а
следи́ть, слежу́, следи́т
сле́дование, -я
сле́дованная псалты́рь
сле́дователь, -я
сле́довательно, *вводн. сл.* и *союз*
сле́довательский
сле́довать, -дую, -дует
следово́й
следо́к, -дка́
сле́дом, *нареч.*
следопы́т, -а
следопы́тский
следопы́тство, -а
следоуказа́тель, -я
следо́чек, -чка
сле́дственно (*прост. к* сле́довательно)
сле́дственно-операти́вный
сле́дственно-разыскно́й
сле́дственный
сле́дствие, -я
сле́дуемый
сле́дующий
следя́щий
слежа́лый
слежа́ться, -жи́тся
слеже́ние, -я
слёживаемость, -и
слёживание, -я
слёживаться, -ается
сле́жка, -и
слеза́ть, -а́ю, -а́ет (*к* слезть)
слези́нка, -и, *р. мн.* -нок
слези́ться, -и́тся
слёзки, -зок, *ед.* слёзка, -и
слезли́вость, -и
слезли́вый
слезни́к, -а́
слезнико́вый
слезни́ца, -ы, *тв.* -ей
слёзный
слёзоньки, -нек
слезоотделе́ние, -я
слезоотделительный
слезотече́ние, -я
слезоточи́вость, -и
слезоточи́вый
слезоточи́ть, -и́т
слезть, -зу, -зет; *прош.* слез, сле́зла
сле́зший
слёзы, слёз, слеза́м, *ед.* слеза́, -ы́
сленг, -а
сле́нговый
с ленцо́й
слепе́нь, -пня́
сле́пенький
слепе́ц, -пца́, *тв.* -пцо́м, *р. мн.* -пцо́в
слепи́тельный; *кр. ф.* -лен, -льна
слепи́ть, слеплю́, слепи́т, *несов.* (*ослеплять*)
слепи́ть(ся), слеплю́, сле́пит(ся), *сов.* (*к* лепи́ть)
сле́пленный; *кр. ф.* -ен, -ена
сле́пливать(ся), -аю, -ает(ся)
слепля́ть(ся), -я́ю, -я́ет(ся)
сле́пнувший
сле́пнуть, -ну, -нет; *прош.* сле́пнул и слеп, сле́пла
слепня́к, -а́
слепова́тость, -и
слепова́тый
слепоглухо́й
слепоглухонемо́й
слепоглухонемота́, -ы́
слепоглухота́, -ы́
слепозме́йка, -и, *р. мн.* -е́ек
слепо́й; *кр. ф.* слеп, слепа́, сле́по
сле́пок, -пка
слепонемо́й
слепорождённый
слепота́, -ы́
слепу́н, -а́
слепушо́нка, -и, *р. мн.* -нок (*грызун*)
слепы́ш, -а́, *тв.* -о́м
слепя́щий
слеса́рить, -рю, -рит
слесари́шка, -и, *р. мн.* -шек, *м.*
слеса́рка, -и, *р. мн.* -рок
слеса́рничать, -аю, -ает
слеса́рно-механи́ческий
слеса́рно-сбо́рочный
слеса́рно-штампо́вочный
слеса́рный
слеса́рня, -и, *р. мн.* -рен
сле́сарский
сле́сарство, -а
сле́сарь, -я, *мн.* -и, -ей и -я́, -е́й
сле́сарь-инструмента́льщик, сле́саря-инструмента́льщика
сле́сарь-сantéхник, сле́саря-санте́хника
сле́сарь-сбо́рщик, сле́саря-сбо́рщика
сле́сарь-трубоукла́дчик, сле́саря-трубоукла́дчика
слёт, -а
с лёта и **с лёту**
слётанность, -и
слета́ть(ся), -а́ю(сь), -а́ет(ся)
слете́ть(ся), слечу́, слети́т(ся)
слёток, -тка
слечь, сля́гу, сля́жет, сля́гут; *прош.* слёг, слегла́
слеш, -а, *тв.* -ем
слибера́льничать, -аю, -ает
слив, -а (*к* слива́ть)
сли́ва, -ы
слива́ние, -я
слива́ть(ся), -а́ю(сь), -а́ет(ся)
сли́вка, -и, *р. мн.* -вок (*от* сли́ва; *сливание*)
сли́вки, -вок
сливкоотдели́тель, -я
сливкоотдели́тельный
сливно́й
сливня́к, -а́
сли́вовица, -ы, *тв.* -ей
сли́вовый
сли́вочки, -чек
сли́вочник, -а
сли́вочный
сли́вщик, -а
сли́вщица, -ы, *тв.* -ей
сливя́нка, -и
сли́занный; *кр. ф.* -ан, -ана
слиза́ть, слижу́, сли́жет (*к* лиза́ть)
слизеви́к, -а́
слизево́й
сли́зень, -зня
слизеотдели́тельный
слизетече́ние, -я
сли́зистый
сли́зкий (*обл. к* ско́льзкий и осли́злый)
сли́знутый
сли́знуть, -нет; *прош.* сли́знул, сли́зла, *несов.* (*покрываться слизью*)
слизну́ть, -ну́, -нёт; *прош.* -ну́л, -ну́ла, *сов.* (*к* лиза́ть)
слизня́к, -а́
сли́зывание, -я
сли́зывать(ся), -аю, -ает(ся)
слизь, -и
слимо́нить, -ню, -нит
слиня́лый
слиня́ть, -я́ет
слип, -а (*тех.*, *фин.*)
слипа́ние, -я
слипа́ть(ся), -а́ет(ся)
сли́пер, -а
сли́пнуться, -нется; *прош.* сли́пся, сли́плась
сли́пшийся
сли́пы, -ов
с листа́ (пе́ть, игра́ть, чита́ть)
сли́тие, -я
сли́тковый
сли́тность, -и
слитночерепны́е, -ы́х
сли́тный; *кр. ф.* -тен, -тна
сли́ток, -тка
сли́точный
сли́тый; *кр. ф.* слит, слита́, сли́то
сли́ть(ся), солью́(сь), сольёт(ся); *прош.* сли́л(ся), слила́(сь), сли́ло, сли́ло́сь
с лихво́й
слицеме́рить, -рю, -рит
слича́ть(ся), -а́ю, -а́ет(ся)
сличе́ние, -я
сличённый; *кр. ф.* -ён, -ена́
сличи́тельный
сличи́ть, -чу́, -чи́т

сли́шком, *нареч.* (*сверх меры, чересчур*: сли́шком по́здно, это́ у́ж сли́шком); но *сущ.* **с ли́шком** (*с лишним*: пя́ть киломе́тров с ли́шком)
с ли́шним (*больше какого-н. количества*: сто́ рубле́й с ли́шним)
слия́ние, -я
слия́нность, -и
слия́нный; *кр. ф.* -я́нен, -я́нна
слобода́, -ы́, *мн.* сло́боды, слобо́д, слобода́м
слобо́дка, -и, *р. мн.* -док
Слободска́я Украи́на *(ист.)*
слободско́й
слободча́нин, -а, *мн.* -а́не, -а́н
слободча́нка, -и, *р. мн.* -нок
слобожа́нин, -а, *мн.* -а́не, -а́н
слобожа́нка, -и, *р. мн.* -нок
слова́ки, -ов, *ед.* -ва́к, -а
слова́рик, -а
слова́рник, -а
слова́рница, -ы, *тв.* -ей
слова́рно-спра́вочный
слова́рный
слова́рь, -я́
слова́рь-спра́вочник, словаря́-спра́вочника
слова́рь-указа́тель, словаря́-указа́теля
слова́цкий (*к* Слова́кия и слова́ки)
слова́цко-венге́рский
слова́цко-росси́йский
слова́цко-ру́сский
слова́чка, -и, *р. мн.* -чек
слове́не, -е́н (*древнерусское племя; устар. название всех славян*)
слове́нка, -и, *р. мн.* -нок
слове́нский (*к* Слове́ния и слове́нцы; *славянский, устар. и церк.*)
слове́нцы, -ев, *ед.* -нец, -нца, *тв.* -нцем
словеса́, -е́с, -еса́м
слове́сник, -а
слове́сница, -ы, *тв.* -ей
слове́сность, -и
слове́сный
слове́чко, -а, *мн.* -чки, -чек
слове́чушко, -а, *мн.* -шки, -шек
слови́нка, -и, *р. мн.* -нок
слови́нский (*к* слови́нцы)
слови́нцы, -ев, *ед.* -нец, -нца, *тв.* -нцем (*западнославянская этническая группа*)
слови́ть, словлю́, сло́вит
сло́вленный; *кр. ф.* -ен, -ена
сло́вник, -а
сло́вно, *союз* и *частица*
сло́вно бы
сло́вно как
сло́вный (*спец.*)
сло́во, -а, *мн.* слова́, слов, -а́м и (*религ.-филос.*: *Логос*) **Сло́во,** -а (в нача́ле бы́ло Сло́во)
словоблу́дие, -я
словоблу́дство, -а
словоблу́дствовать, -твую, -твует
сло́во в сло́во
слово́ер, -а и **слово́ерс,** -а
сло́во за́ слово
словоизверже́ние, -я
словоизлия́ние, -я
словоизмене́ние, -я
словоизмени́тельный
словоли́тный
словоли́тня, -и, *р. мн.* -тен
словоли́тчик, -а
сло́вом, *вводн. сл.*
словообразова́ние, -я
словообразова́тель, -я
словообразова́тельный
словообразу́ющий
Сло́во о полку́ И́гореве
словоохо́тливость, -и
словоохо́тливый
словопре́ние, -я
словопроизво́дный
словопроизво́дственный
словопроизво́дство, -а
словоразде́л, -а
словоразличи́тельный
словосложе́ние, -я
словосочета́ние, -я
словотво́рческий
словотво́рчество, -а
словоуказа́тель, -я
словоупотребле́ние, -я
словофо́рма, -ы
Слову́щее воскресе́нье
словцо́, -а́, *р. мн.* -ве́ц
словчи́ть(ся), -чу́(сь), -чи́т(ся)
слог, -а, *мн.* -и, -о́в
сло́ган, -а
слогово́й
слого́вость, -и
слогоделе́ние, -я
слогообразу́ющий
слогоразде́л, -а
слоеви́ще, -а
слоевищеподо́бный
слоеви́щный
слоево́й
слоевцо́вый
слоёк, слойка́
слое́ние, -я
слоённый; *кр. ф.* -ён, -ена́, *прич.*
слоёный, *прил.*
сло́ечка, -и, *р. мн.* -чек
сложа́ ру́ки (сиде́ть)
сложе́ние, -я
сло́женный; *кр. ф.* -ен, -ена, *прич.*
сложённый; *кр. ф.* -ён, -ена́, *прил.* (*о человеке*)
сложи́ть(ся), сложу́(сь), сло́жит(ся)
сложне́йший
сло́жно, *нареч.* и *в знач. сказ.*
сложнова́то, *нареч.* и *в знач. сказ.*
сложнова́тый
сложнокоординацио́нный
сложноорганизо́ванный
сложноподчинённый
сложнопостано́вочный
сложнопро́фильный
сложносокращённый
сложносоставно́й
сложносочинённый
сло́жность, -и
сложноцве́тные, -ых
сложноэфи́рный
сло́жный; *кр. ф.* -жен, -жна́, -жно, сло́жны́
слои́сто-дождево́й
слои́сто-кучево́й
слои́сто-пе́ристый
слои́стость, -и
слои́стый
слои́ть(ся), слою́, слои́т(ся)
слой, сло́я, *предл.* в сло́е и в слою́, *мн.* слои́, слоёв
сло́йка, -и, *р. мн.* сло́ек
сло́йчатый
слом, -а
сло́манный; *кр. ф.* -ан, -ана (*от* слома́ть)
слома́ть(ся), -а́ю(сь), -а́ет(ся)
сломи́ть(ся), сломлю́(сь), сло́мит(ся)
сло́мка, -и
сло́мленный; *кр. ф.* -ен, -ена (*от* сломи́ть)
сломя́ го́лову
слон, -а́
слонёнок, -нка, *мн.* слоня́та, -я́т
сло́ник, -а
сло́ник-зелену́шка, сло́ника-зелену́шки, *м.* (*жук*)
слони́ха, -и
слоно́вий, -ья, -ье
слоно́вник, -а
слоно́вость, -и
слоно́вый
слонообра́зный; *кр. ф.* -зен, -зна
слоноподо́бный; *кр. ф.* -бен, -бна
слоны́ слоня́ть
слоня́ть(ся), -я́ю(сь), -я́ет(ся)
сло́панный; *кр. ф.* -ан, -ана
сло́пать, -аю, -ает
слот, -а
слот-грамма́тика, -и
слоуфо́кс, -а
слуга́, -и́, *мн.* слу́ги, слуг, *м.*
служа́ка, -и, *м.*
служа́нка, -и, *р. мн.* -нок
слу́жащий
слу́жба, -ы
Слу́жба безопа́сности Президе́нта РФ
Слу́жба вне́шней разве́дки РФ
слу́жба слу́жбой (дру́жба дру́жбой, а слу́жба слу́жбой)
служби́зм, -а
служби́ст, -а
служби́стика, -и
служби́стский
слу́жбишка, -и, *р. мн.* -шек
служе́бка, -и, *р. мн.* -бок
служе́бник, -а

служе́бно-боево́й
служе́бно-должностно́й
служе́бно-разыскно́й
служе́бный
служе́ние, -я
слу́женный; *кр. ф.* -ен, -ена, *прич.* (*от* служи́ть, *церк.*)
слу́живать, *наст. вр. не употр.*
служи́вый, -ого
служи́лый
служи́тель, -я
служи́тельница, -ы, *тв.* -ей
служи́тельский
служи́ть(ся), служу́, слу́жит(ся)
слу́жка, -и, *р. мн.* -жек, *м.*
слу́зганный; *кр. ф.* -ан, -ана
слу́згать, -аю, -ает
слука́вить, -влю, -вит
слупи́ть(ся), слуплю́, слу́пит(ся)
слу́пленный; *кр. ф.* -ен, -ена
слу́пливать(ся), -аю, -ает(ся)
слух, -а
слуха́ч, -а́, *тв.* -о́м
слухови́к, -а́
слухово́й
слухопроизноси́тельный
слухопротези́рование, -я
слухоречедви́гательный
слу́чаем, *нареч.* и *вводн. сл.*
слу́чай, -я
случа́йно, *нареч.* и *вводн. сл.*
случа́йность, -и
случа́йный; *кр. ф.* -а́ен, -а́йна
случа́ть(ся), -а́ю(сь), -а́ет(ся)
случённый; *кр. ф.* -ён, -ена́
случи́вшийся
случи́ть(ся), -чу́(сь), -чи́т(ся)
слу́чка, -и, *р. мн.* -чек
случно́й
слу́шание, -я
слу́шанный; *кр. ф.* -ан, -ана
слу́шатель, -я
слу́шательница, -ы, *тв.* -ей
слу́шательский
слу́шать(ся), -аю(сь), -ает(ся)
слу́шивать, *наст. вр. не употр.*
слушо́к, -шка́
слыть, слыву́, слывёт; *прош.* слыл, слыла́, слы́ло
слы́ханный; *кр. ф.* -ан, -ана, *прич.* (*от* слыха́ть; слы́ханное ли де́ло?; где́ э́то слы́хано?; слы́хано ли э́то?)
слыха́ть, *наст. вр. не употр.*
слы́хивать, *наст. вр. не употр.*
слы́хом не слыха́ть
слы́шанный; *кр. ф.* -ан, -ана, *прич.*
слы́шать(ся), -шу, -шит(ся)
слы́шащий(ся)
слы́шимость, -и
слы́шимый
слы́шный; *кр. ф.* -шен, -шна́, -шно, слы́шны́, *прил.*
слышь, *вводн. сл.*
слы́шь ты
слюбе́зничать, -аю, -ает
слюби́ться, слюблю́сь, слю́бится
слюбля́ться, -я́юсь, -я́ется
слюда́, -ы́, *мн.* слю́ды, слюд
слюдини́т, -а
слюдини́товый
слю́дистый
слю́довый
слюдоно́сный
слюдопла́ст, -а
слюдопла́стовый
слюдоподо́бный
слюдяни́стый
слюдяно́й
слюна́, -ы́
слюнённый; *кр. ф.* -ён, -ена́, *прич.*
слю́ни, слюне́й
слюни́ть(ся), -ню́, -ни́т(ся)
слю́нки, -нок
слю́нно-ка́менный
слю́нный
слюного́н, -а
слюного́нный
слюноотделе́ние, -я
слюноотдели́тельный
слюноотсо́с, -а
слюнотече́ние, -я
слюнтя́й, -я
слюнтя́йка, -и, *р. мн.* -я́ек
слюнтя́йский
слюнтя́йство, -а
слюня́вить(ся), -влю(сь), -вит(ся)
слюня́вка, -и, *р. мн.* -вок
слюня́вленный; *кр. ф.* -ен, -ена
слюня́вчик, -а
слюня́вый
слюня́вящий(ся)
слюня́й, -я
сляб, -а
сля́бинг, -а
сля́бинговый
сля́котный
сля́коть, -и
сля́мзенный; *кр. ф.* -ен, -ена
сля́мзить, -зю, -зит
сля́панный; *кр. ф.* -ан, -ана
сля́пать, -аю, -ает
сма́занный; *кр. ф.* -ан, -ана
сма́зать(ся), сма́жу(сь), сма́жет(ся)
сма́зка, -и, *р. мн.* -зок
смазли́вость, -и
смазли́вый
смазно́й
сма́зочно-охлажда́ющий
сма́зочный
сма́зчик, -а
сма́зчица, -ы, *тв.* -ей
сма́зывание, -я
сма́зывать(ся), -аю(сь), -ает(ся)
смазь, -и
сма́ивать(ся), -аю(сь), -ает(ся)
смайл, -а
сма́йлик, -а
смак, -а и -у
смакети́рованный; *кр. ф.* -ан, -ана
смакети́ровать(ся), -рую, -рует(ся)
смакла́ченный; *кр. ф.* -ен, -ена
смакла́чить, -чу, -чит
смакова́ние, -я
смако́ванный; *кр. ф.* -ан, -ана
смакова́ть(ся), -ку́ю, -ку́ет(ся)
сма́лец, -льца, *тв.* -льцем
смалоду́шествовать, -твую, -твует
смалоду́шничать, -аю, -ает
сма́лу, *нареч.*
сма́лчивать, -аю, -ает
сма́лывать(ся), -аю, -ает(ся)
сма́льта, -ы
смальти́н, -а
сма́льтовый
сма́льцевый
сманеври́ровать, -рую, -рует
сма́ненный; *кр. ф.* -ен, -ена и **сманённый;** *кр. ф.* -ён, -ена́
сма́нивать(ся), -аю(сь), -ает(ся)
смани́ть, сманю́, сма́ни́т
смара́гд, -а
смара́гдовый
сма́ранный; *кр. ф.* -ан, -ана
смара́ть, -а́ю, -а́ет
сма́ргивать(ся), -аю, -ает(ся)
сма́ривать(ся), -аю(сь), -ает(ся)
смари́да, -ы
смарт-ка́рта, -ы
сма́рывать(ся), -аю, -ает(ся)
смаста́ченный; *кр. ф.* -ен, -ена
смаста́чить, -чу, -чит
смастерённый; *кр. ф.* -ён, -ена́
смастери́ть, -рю́, -ри́т
сма́тривать, *наст. вр. не употр.*
сма́тывание, -я
сма́тыватель, -я
сма́тывать(ся), -аю(сь), -ает(ся)
смаха́ть, -а́ю, -а́ет
сма́хивание, -я
сма́хивать(ся), -аю, -ает(ся)
сма́хнутый
смахну́ть, -ну́, -нёт
с ма́ху
сма́чиваемость, -и
сма́чивание, -я
сма́чиватель, -я
сма́чивать(ся), -аю(сь), -ает(ся)
сма́чность, -и
сма́чный; *кр. ф.* -чен, сма́чна́, -чно
сма́янный; *кр. ф.* -ян, -яна
сма́ять(ся), сма́ю(сь), сма́ет(ся)
смежа́ть(ся), -а́ю, -а́ет(ся)
смежённый; *кр. ф.* -ён, -ена́
смежи́ть(ся), -жу́, -жи́т(ся)
сме́жник, -а
сме́жно-изоли́рованный
сме́жность, -и
сме́жный; *кр. ф.* -жен, -жна
смека́листость, -и
смека́листый
смека́лка, -и
смека́ть, -а́ю, -а́ет (*соображать*)
смекну́ть, -ну́, -нёт
смеле́ть, -е́ю, -е́ет
сме́лость, -и

смéлый; *кр. ф.* смел, смелá, смéло, смéлы́; но: **Кáрл Смéлый**
смельчáк, -á
смéна, -ы
сменённый; *кр. ф.* -ён, -енá (*от* сменúть)
сменúть(ся), сменю́(сь), смéнит(ся)
смéнно-встрéчный
смéнность, -и
смéнно-сýточный
смéнный
сменовéховец, -вца, *тв.* -вцем, *р. мн.* -вцев
сменовéховский (*от* "Смéна вéх")
сменовéховство, -а
смéнщик, -а
смéнщица, -ы, *тв.* -ей
сменя́емость, -и
сменя́емый
смéнянный; *кр. ф.* -ян, -яна (*от* сменя́ть)
сменя́ть(ся), -я́ю(сь), -я́ет(ся)
смерд, -а
смердéть, -ржý, -рдúт
смердякóвский (*от* Смердякóв)
смердякóвщина, -ы
смердя́щий
смéренный; *кр. ф.* -ен, -ена
смерзáние, -я
смерзáть(ся), -áю, -áет(ся)
смёрзнуть(ся), -ну, -нет(ся); *прош.* смёрз(ся), смёрзла(сь)
смёрзший(ся)
смéривший(ся)
смéрить(ся), -рю(сь), -рит(ся) и -ряю(сь), -ряет(ся); *прош.* -рил(ся), -рила(сь)
смеркáться, -áется
смéркнуться, -нется; *прош.* смéрклось
смéрок, -рка
смертéльно больнóй
смертéльно рáненный
смертéльность, -и
смертéльный; *кр. ф.* -лен, -льна
смéртник, -а
смéртница, -ы, *тв.* -ей
смéртнический
смéртничество, -а
смéртность, -и
смéртный; *кр. ф.* -тен, -тна
смертонóсность, -и
смертонóсный; *кр. ф.* -сен, -сна
смéртонька, -и
смертоубúйственность, -и
смертоубúйственный; *кр. ф.* -вен и -венен, -венна
смертоубúйство, -а
смéртушка, -и
смерть, -и, *мн.* -и, -éй
смерч, -а, *тв.* -ем
смерчевóй
смéршевский (*от* Смерш, *сокр.*)
смесеобразовáние, -я
смесúтель, -я
смесúтельный
смесúть(ся), смешý, смéсит(ся)
смéска, -и, *р. мн.* -сок
смéсный
смесóвка, -и, *р. мн.* -вок
смéсовый
с мéста в карьéр
с мéста на мéсто
сместú(сь), сметý, сметёт(ся); *прош.* смёл(ся), смелá(сь)
сместúть(ся), смещý(сь), сместúт(ся)
смесь, -и
смéта, -ы
сметáна, -ы
сметáние, -я
сметáнка, -и
сметáнник, -а
сметáнница, -ы, *тв.* -ей
сметáнный (*от* сметáна)
смётанный; *кр. ф.* -ан, -ана (*от* сметáть)
сметáть[1], -áю, -áет, *сов.* (*о шитье*)
сметáть[2], смечý, смéчет, *сов.* (стóг)
сметáть(ся), -áю, -áет(ся), *несов.* (*к* сместú(сь)
сметённый; *кр. ф.* -ён, -енá (*от* сместú)
смётка, -и, *р. мн.* -ток
смéтлúвость, -и
смéтлúвый
смéтно-договóрный и **смéтно-договорнóй**
смéтно-финáнсовый
сметнýть(ся), -нёт(ся) (*охот.*)
смéтный
смёточный
смéтчик, -а
смéтчица, -ы, *тв.* -ей
смётший
смётывание, -я
смётывать(ся), -аю, -ает(ся)
сметь, смéю, смéет
смех, -а и -у
смехáч, -á, *тв.* -óм
смехáчество, -а
смеховóй
смехотá, -ы́
смехотвóрно, *нареч.*
смехотвóрность, -и
смехотвóрный; *кр. ф.* -рен, -рна
смехотúща, -и, *тв.* -ей
смéх смéхом, а...
смехýн, -á
смехýнья, -и, *р. мн.* -ний
смехýшка, -и, *р. мн.* -шек
смеш, -а, *тв.* -ем
смéшанность, -и
смéшанный; *кр. ф.* -ан, -ана (*от* смешáть)
смешáть(ся), -áю(сь), -áет(ся)
смешéние, -я
смéшенный; *кр. ф.* -ен, -ена (*от* смесúть)
смéшиваемость, -и
смéшивание, -я
смéшивать(ся), -аю(сь), -ает(ся)
смешúнка, -и, *р. мн.* -нок
смешúть, -шý, -шúт
смешлúвость, -и
смешлúвый
смешнó, *нареч.* и *в знач. сказ.*
смешновáтый
смешнóй; *кр. ф.* -шóн, -шнá
смешóк, -шкá
смещáемость, -и
смещáть(ся), -áю(сь), -áет(ся)
смещéние, -я
смещённость, -и
смещённый; *кр. ф.* -ён, -енá
смéющий (*от* сметь)
смею́щийся
смея́ться, смеюсь, смеётся
СМИ, *нескл., мн.* (*сокр.*: средства массовой информации)
смúгивать(ся), -аю(сь), -ает(ся)
смигнýть(ся), -нý(сь), -нёт(ся)
смикширóванный; *кр. ф.* -ан, -ана
смикширóвать(ся), -рую, -рует(ся)
смúлакс, -а
смúловаться, -луюсь, -луется
смúлостивиться, -влюсь, -вится
смимикрúровать, -рую, -рует
сминáемость, -и
сминáние, -я
сминáть(ся), -áю, -áет(ся)
с минýты на минýту
смирёна, -ы, *м.* и *ж.*
смирéние, -я
смирéнник, -а
смирéнница, -ы, *тв.* -ей
смирéнничать, -аю, -ает
смирéнно, *нареч.*
смиренномýдренный; *кр. ф.* -рен, -ренна
смиренномýдрие, -я
смиренномýдрый
смирéнность, -и
смирéнный; *кр. ф.* -рéн и -рéнен, -рéнна, *прил.*
смирённый; *кр. ф.* -ён, -енá, *прич.* (*от* смирúть)
смирéнство, -а
смирúтель, -я
смирúтельный
смирúть(ся), -рю́(сь), -рúт(ся)
смúрна, -ы
смирнéнек, -нька
смúрненький
смирнéть, -éю, -éет
смирнёхонький; *кр. ф.* -нек, -нька
смирнёшенький; *кр. ф.* -нек, -нька
смúрно, *нареч.*
смирнóвка, -и (*водка*)
смирнóвский (*от* Смирнóв)
смúрный; *кр. ф.* -рен и (*разг.*) -рён, -рнá, -рно, смúрны́
смиря́ть(ся), -я́ю(сь), -я́ет(ся)
смит-вессóн, -а
смитсонúт, -а
смлáда и **смлáду**
смог, -а (*туман*)

смо́говый
смо́гший (*от* смочь)
смодели́рованный; *кр. ф.* -ан, -ана
смодели́ровать, -рую, -рует
смодули́рованный; *кр. ф.* -ан, -ана
смодули́ровать, -рую, -рует
смозгова́ть, -гу́ю, -гу́ет
смока́ние, -я
смока́ть, -а́ю, -а́ет
смо́ква, -ы
смо́квичный
смо́кед-ши́т, -а
смо́кинг, -а
смо́кинговый
смо́кнуть, -ну, -нет; *прош.* смок, смо́кла
смоко́вница, -ы, *тв.* -ей
смоко́вничный
смоко́вный
смо́кший (*от* смо́кнуть)
смола́, -ы́, *мн.* смо́лы, смол
смола́чивание, -я
смола́чивать(ся), -аю, -ает(ся)
смолёвка, -и, *р. мн.* -вок
смолево́й
смоле́ние, -я
смолённый; *кр. ф.* -ён, -ена́, *прич.*
Смоле́нская АЭ́С
Смоле́нская Бо́жия Ма́терь (*икона*)
Смоле́нская доро́га
смоле́нский (*от* Смоле́нск)
смоле́нцы, -ев, *ед.* -нец, -нца, *тв.* -нцем
Смоле́нщина, -ы (*к* Смоле́нск)
смолёный, *прил.*
смоли́льный
смоли́льщик, -а
смоли́стость, -и
смоли́стый
смоли́ть(ся), -лю́, -ли́т(ся)
смо́лка, -и, *р. мн.* -лок
смолка́ть, -а́ю, -а́ет
смо́лкнувший
смо́лкнуть, -ну, -нет; *прош.* смолк и смо́лкнул, смо́лкла
смо́лкший
смолова́р, -а
смолова́ренный
смолова́рня, -и, *р. мн.* -рен
смолого́н, -а
смолого́нный
смолодоломи́т, -а
смолодоломи́товый
смо́лоду
смолоку́р, -а
смолокуре́ние, -я
смолоку́ренный
смолоку́рня, -и, *р. мн.* -рен
смоломагнези́т, -а
смоломагнези́товый
смолоно́сный
смолообразова́ние, -я
смолоперего́нный
смолоподо́бный; *кр. ф.* -бен, -бна
смолосемя́нник, -а
смолотече́ние, -я
смолоти́ть, -очу́, -о́тит
с молотка́ (пойти́, прода́ть)
смо́лотый
смоло́ть(ся), смелю, сме́лет(ся)
смоло́ченный; *кр. ф.* -ен, -ена
смолча́ть, -чу́, -чи́т
смоль: чёрный как смо́ль
смольё, -я́
смо́льнинский (*от* Смо́льный)
смо́льный; *кр. ф.* -лен, -льна
Смо́льный институ́т и **Смо́льный,** -ого
Смо́льный монасты́рь
смоля́не, -я́н, *ед.* -я́нин, -а (*к* Смоле́нск)
смоляни́стый
смоля́нка, -и, *р. мн.* -нок (*к* Смоле́нск и Смо́льный институ́т)
смоляно́й
смоля́щий(ся)
смонти́рованный; *кр. ф.* -ан, -ана
смонти́ровать(ся), -рую, -рует(ся)
смора́живать(ся), -аю, -ает(ся)
сморгну́ть, -ну́, -нёт
сморённый; *кр. ф.* -ён, -ена́
смори́ть(ся), -рю́(сь), -ри́т(ся)
сморка́ние, -я
сморка́ть(ся), -а́ю(сь), -а́ет(ся)
сморка́ч, -а́, *тв.* -о́м
сморкну́ть(ся), -ну́(сь), -нёт(ся)
сморку́н, -а́
сморо́да, -ы (*прост. к* сморо́дина)
сморо́дина, -ы
сморо́динка, -и, *р. мн.* -нок
сморо́динник, -а
сморо́динный
сморо́диновка, -и
сморо́диновый
сморо́дник, -а
сморо́женный; *кр. ф.* -ен, -ена
сморо́зить, -ро́жу, -ро́зит
сморчко́вый
сморчо́к, -чка́
смо́рщенный; *кр. ф.* -ен, -ена
смо́рщивание, -я
смо́рщивать(ся), -аю(сь), -ает(ся)
смо́рщить(ся), -щу(сь), -щит(ся)
смо́танный; *кр. ф.* -ан, -ана
смота́ть(ся), -а́ю(сь), -а́ет(ся)
смо́тка, -и
смотр, -а, *предл.* на смо́тре, *мн.* -ы, -ов (*общественная проверка*) и *предл.* на смотру́, *мн.* -ы́, -о́в (*парад*)
смотре́ние, -я
смо́тренный; *кр. ф.* -ен, -ена
смотре́ть(ся), смотрю́(сь), смо́трит(ся)
смотри́бельность, -и
смотри́бельный; *кр. ф.* -лен, -льна
смотри́нный
смотри́ны, -и́н
смотри́тель, -я
смотри́тельница, -ы, *тв.* -ей
смотри́тельский
смо́трит не насмо́трится
смо́тр-ко́нкурс, смо́тра-ко́нкурса
смотрово́й
смотря́щий(ся)
смо́тчик, -а
смо́тчица, -ы, *тв.* -ей
смо́ченный; *кр. ф.* -ен, -ена
смочи́ть(ся), смочу́(сь), смо́чит(ся)
смочь, смогу́, смо́жет, смо́гут; *прош.* смог, смогла́
смоше́нничать, -аю, -ает
смрад, -а
смра́дность, -и
смра́дный; *кр. ф.* -ден, -дна
СМУ, *нескл., с.* (*сокр.*: строительно-монтажное управление)
сму́гленький
смугле́ть, -е́ю, -е́ет
смуглина́, -ы́
смуглова́тый
смуглоко́жий
смугло́ли́цый
сму́глость, -и
смуглота́, -ы́
сму́глый; *кр. ф.* смугл, смугла́, сму́гло, сму́глы́
смугля́вый
смугля́к, -а́
смугля́нка, -и, *р. мн.* -нок
смудри́ть, -рю́, -ри́т
смудрова́ть, -ру́ю, -ру́ет
смурно́й
сму́рость, -и
сму́рый; *кр. ф.* смур, смура́, сму́ро
сму́та, -ы
Сму́та, -ы (*Смутное время*)
смути́тель, -я
смути́тельница, -ы, *тв.* -ей
смути́ть(ся), смущу́(сь), смути́т(ся)
смутнова́тый
Сму́тное вре́мя (*в России в начале XVII в.*)
сму́тность, -и
сму́тный; *кр. ф.* -тен, сму́тна́, -тно
смутья́н, -а
смутья́нить, -ню, -нит
смутья́нка, -и, *р. мн.* -нок
смутья́нничать, -аю, -ает
смутья́нский
смутья́нство, -а
смухлева́ть, -лю́ю, -лю́ет
сму́шка, -и, *р. мн.* -шек
сму́шковый
смуща́ть(ся), -а́ю(сь), -а́ет(ся)
смуще́ние, -я
смущённо, *нареч.*
смущённость, -и
смущённый; *кр. ф.* -ён, -ена́ и (*выражающий смущение*) -ён, -ённа (её улы́бка смущённа)
смыв, -а
смыва́ние, -я
смыва́ть(ся), -а́ю(сь), -а́ет(ся)
смы́вка, -и
смывно́й
смы́вочный

смы́вщик, -а
смы́вщица, -ы, *тв.* -ей
смык, -а
смыка́ние, -я
смыка́ть(ся), -а́ю(сь), -а́ет(ся)
смы́ленный; *кр. ф.* -ен, -ена
смы́ливание, -я
смы́ливать(ся), -аю, -ает(ся)
смы́лить(ся), -лю, -лит(ся)
смы́лки, -ов
смысл, -а
смы́слить, -лю, -лит
смыслово́й
смыслообразу́ющий
смыслопорожда́ющий
смыслоразличе́ние, -я
смыслоразличи́тельный
смы́слящий
смы́тый
смы́ть(ся), смо́ю(сь), смо́ет(ся)
смы́чка, -и, *р. мн.* -чек
смычко́вый
смы́чно-горта́нный
смы́чный
смычо́к, -чка́
смышлёно, *нареч.*
смышлёность, -и
смышлёный; *кр. ф.* -ён, -ёна
смышля́ть, -я́ю, -я́ет
смягча́ть(ся), -а́ю(сь), -а́ет(ся)
смягча́ющий(ся)
смягче́ние, -я
смягчённость, -и
смягчённый; *кр. ф.* -ён, -ена́
смягчи́тель, -я
смягчи́тельный
смягчи́ть(ся), -чу́(сь), -чи́т(ся)
смяка́ть, -а́ю, -а́ет (*к* смя́кнуть)
смя́кнуть, -ну, -нет; *прош.* смяк, смя́кла
смя́кший
смяте́ние, -я
смяте́нно, *нареч.*
смяте́нность, -и
смяте́нный; *кр. ф.* -е́н, -е́нна
смя́тие, -я
смя́тый
смя́ть(ся), сомну́, сомнёт(ся)
снабди́ть(ся), снабжу́(сь), снабди́т(ся)
снабжа́ть(ся), -а́ю(сь), -а́ет(ся)
снабжа́ющий(ся)
снабже́нец, -нца, *тв.* -нцем, *р. мн.* -нцев
снабже́ние, -я
снабжённый; *кр. ф.* -ён, -ена́
снабже́нческий
снабже́нческо-сбытово́й
с наве́тра *(мор.)*
с наглецо́й
сна́добье, -я, *р. мн.* -бий
сна́йпер, -а
сна́йперский
снайперско́п, -а
сна́йперство, -а
снайто́вить, -о́влю, -о́вит
снайто́вка, -и
снайто́вленный; *кр. ф.* -ен, -ена
с налёта и **с налёту**
с напря́гом
снару́жи
снаря́д, -а
снаряди́ть(ся), -яжу́(сь), -яди́т(ся)
снаря́дный
снаря́довый
снаряжа́ть(ся), -а́ю(сь), -а́ет(ся)
снаряже́ние, -я
снаряжённый; *кр. ф.* -ён, -ена́
с наско́ка и **с наско́ку**
с насме́шкой
снасти́ть(ся), снащу́, снасти́т(ся)
сна́сточка, -и, *р. мн.* -чек
снасть, -и, *мн.* -и, -е́й
снаха́льничать, -аю, -ает
снача́ла, *нареч.* (*вначале*; *снова*); но *сущ.* **с нача́ла** (*от начала*: с нача́ла го́да)
с нача́ла до конца́
сна́шивание, -я
сна́шивать(ся), -аю, -ает(ся)
снащённый; *кр. ф.* -ён, -ена́, *прич.* (*от* снасти́ть)
СНВ [эсэнвэ́], *нескл., мн.* (*сокр.*: стратегические наступательные вооружения)
с небольши́м (*с лишком*: три́ киломе́тра с небольши́м)
снебре́жничать, -аю, -ает
снег, -а и -у, *предл.* в (на) снегу́, *мн.* -а́, -о́в
снегирёк, -рька́
снегири́ный
снегири́ха, -и
снеги́рь, -я́
снегоболотохо́д, -а
снегова́л, -а
снегова́ние, -я
снегове́й, -я
снегови́к, -а́
снеговичо́к, -чка́
снеговозду́шный
снегово́й
снегоде́лательный
снегозадержа́ние, -я
снегозаде́рживающий
снегозащи́та, -ы
снегозащи́тный
снегока́т, -а
снеголави́нный
снеголо́м, -а
снегоме́р, -а
снегоме́рный
снегомоби́ль, -я
снегонакопи́тельный
снегонакопле́ние, -я
снегообра́зный; *кр. ф.* -зен, -зна
снегоочисти́тель, -я
снегоочисти́тельный
снегоочи́стка, -и
снегопа́д, -а
снегопа́х, -а
снегопаха́ние, -я
снегопа́х-валкова́тель, снегопа́ха-валкова́теля
снегоплави́льный
снегопогру́зчик, -а
снегоподо́бный; *кр. ф.* -бен, -бна
снегосту́пы, -ов, *ед.* -сту́п, -а
снегосъёмка, -и
снегота́ялка, -и, *р. мн.* -лок
снегота́яние, -я
снеготранспортёр, -а
снегоубо́рка, -и
снегоубо́рочный
снегоубо́рщик, -а
снегохо́д, -а
снегохо́дный
снегохо́дчик, -а
Снегу́рка, -и, *р. мн.* -рок (*Снегурочка*) и **снегу́рка,** -и, *р. мн.* -рок (*снегурочка*)
снегу́рки, -рок (*коньки*)
Снегу́рочка, -и, *р. мн.* -чек (*сказочный персонаж*; *человек, одетый как этот персонаж*) и **снегу́рочка,** -и, *р. мн.* -чек (*игрушка, фигура из снега*)
снегу́рочки, -чек (*коньки*)
снеда́емый
снеда́ть(ся), -а́ю(сь), -а́ет(ся)
снедь, -и
снежи́на, -ы
снежи́нка, -и, *р. мн.* -нок
сне́жинский (*от* Сне́жинск)
снежи́ть, -и́т
снежи́ще, -а, *м.*
снежки́, -о́в (*игра*)
Сне́жная короле́ва (*сказочный персонаж*)
снежни́к, -а́
сне́жнинский (*от* Сне́жное, *город*)
снежни́ца, -ы, *тв.* -ей
сне́жно-бе́лый
снежного́рский (*от* Снежного́рск)
сне́жно-лави́нный
сне́жно-ледо́вый
снежноя́годник, -а
сне́жный; *кр. ф.* -жен, -жна
снежня́нский (*от* Сне́жное, *город*)
снежо́к[1], -жка́ и -жку́ (*уменьш.-ласкат. к* снег)
снежо́к[2], -жка́ (*комок снега*)
снежо́чек, -чка и -чку
снежура́, -ы́
снек-ба́р, -а
снёнка, -и, *р. мн.* -нок (*снулая рыба*)
с неохо́той
с непривы́чки
снесе́ние, -я
снесённый; *кр. ф.* -ён, -ена́
снести́(сь), -су́(сь), -сёт(ся); *прош.* снёс(ся), снесла́(сь)
снёсший(ся)
снетко́вый
снето́к, -тка́
снетосуши́льный

снето́чек, -чка
снето́чный
снивели́рованный; *кр. ф.* -ан, -ана
снивели́ровать(ся), -рую, -рует(ся)
снижа́ть(ся), -а́ю(сь), -а́ет(ся)
сниже́ние, -я
сни́женный; *кр. ф.* -ен, -ена (*от* сни́зить)
сни́занный; *кр. ф.* -ан, -ана (*от* снизать)
сниза́ть(ся), снижу́, сни́жет(ся)
сни́зить(ся), сни́жу(сь), сни́зит(ся)
снизойти́, -йду́, -йдёт; *прош.* -ошёл, -ошла́
снизоше́дший и **снисше́дший**
сни́зу, *нареч.* и *предлог*
сни́зу вве́рх
сни́зу до́верху
сни́зывание, -я
сни́зывать(ся), -аю, -ает(ся)
сника́ть, -а́ю, -а́ет
сни́керс, -а
сни́кнувший
сни́кнуть, -ну, -нет; *прош.* сник, сни́кла
сни́кший
снима́ние, -я
снима́ть(ся), -а́ю(сь), -а́ет(ся)
сни́мок, -мка
сни́мочный
СНиП, -а и *нескл., мн.* (*сокр.*: строительные нормы и правила; санитарные нормы и правила)
сниска́ние, -я
сни́сканный; *кр. ф.* -ан, -ана
сниска́ть, снищу́, сни́щет
сни́скивать(ся), -аю, -ает(ся)
снисходи́тельность, -и
снисходи́тельный; *кр. ф.* -лен, -льна
снисходи́ть, -ожу́, -о́дит
снисходя́щий
снисхожде́ние, -я
снисше́дший и **снизоше́дший**
сни́ться, снюсь, сни́тся
СНО [эснэо́], *нескл., с.* (*сокр.*: студенческое научное общество)
сноб, -а
сноби́зм, -а
снобистский
сно́бка, -и, *р. мн.* -бок
сно́ва, *нареч.* (*вновь, опять*)
сно́ва-здоро́во
снова́лка, -и, *р. мн.* -лок
снова́льный
снова́льщик, -а
снова́льщица, -ы, *тв.* -ей
снова́ние, -я
снова́ть(ся), сную́, снуёт(ся)
сновиде́ние, -я
сновиде́нческий
снови́дец, -дца, *тв.* -дцем, *р. мн.* -дцев
снови́дица, -ы, *тв.* -ей
снови́дный
снови́дческий
сно́вка, -и
сно́ву, *нареч.* (*когда вещь еще новая*)
сноговоре́ние, -я
сногсшиба́тельность, -и
сногсшиба́тельный; *кр. ф.* -лен, -льна
сноп, -а́
сно́пик, -а
снопи́ще, -а, *мн.* -а и -и, -и́щ, *м.*
снопови́дный; *кр. ф.* -ден, -дна
снопо́вка, -и
снопо́вый
снопо́вя́з, -а
сноповяза́лка, -и, *р. мн.* -лок
сноповяза́льный
сноповяза́льщик, -а
сноповяза́льщица, -ы, *тв.* -ей
снопо́к, -пка́
снопообра́зный; *кр. ф.* -зен, -зна
снопоподава́тель, -я
снопоподъёмник, -а
снопосуши́лка, -и, *р. мн.* -лок
снопо́чек, -чка
снора́вливать, -аю, -ает
сноро́ви́стость, -и
сноро́ви́стый
снорови́ть, -влю́, -ви́т
сноро́вка, -и
снос[1], -а (*действие*)
снос[2]**: сно́су не́т**
с но́са (по сто́ рубле́й с но́са)
сно́си: на сно́сях
сноси́ть(ся), сношу́(сь), сно́сит(ся)
сно́ска, -и, *р. мн.* -сок
сно́сность, -и
сно́сный; *кр. ф.* -сен, -сна
с но́сом (оста́ться)
снотво́рное, -ого
снотво́рный
снотолкова́ние, -я
снотолкова́тель, -я
снотолкова́тельница, -ы, *тв.* -ей
снотолко́вник, -а
сно́убо́рд, -а
сноубо́рдинг, -а
сноуборди́ст, -а
сноуборди́стка, -и, *р. мн.* -ток
снοха́, -и́, *мн.* сно́хи, снох
снοха́ч, -а́, *тв.* -о́м
снοха́ческий
снοха́чество, -а
снохожде́ние, -я
сноша́ть(ся), -а́ю(сь), -а́ет(ся) *(жарг.)*
сноше́ние, -я
сно́шенный; *кр. ф.* -ен, -ена
сно́шенька, -и, *р. мн.* -нек
СНП [эсэнпэ́], *нескл., м.* (*сокр.*: стратегический наступательный потенциал)
сну́кер, -а (*род бильярда*)
сну́лый
снутри́ (*прост. к* изнутри́)
сныть, -и (*растение*)
сныч, -а́, *тв.* -о́м
сню́хаться, -аюсь, -ается
сню́хиваться, -аюсь, -ается
сня́тие, -я
снято́й, *прил.* (снято́е молоко́)
сня́тый; *кр. ф.* снят, снята́, сня́то, *прич.*
сня́ть(ся), сниму́(сь), сни́мет(ся) и (*устар. прост.*) сыму́(сь), сы́мет(ся); *прош.* сня́л(ся), сняла́(сь), сня́ло, сняло́сь
со и **с,** *предлог*
соа́втор, -а
соа́вторский
соа́вторство, -а
соа́вторствовать, -твую, -твует
соа́вторша, -и, *тв.* -ей
соаре́нда, -ы
соаренда́тор, -а
соаренда́торский
соаренда́торство, -а
соба́ка, -и; но: **го́д Соба́ки** (*по восточному календарю*), **Соба́ка,** -и (*о том, кто родился в этот год*)
соба́ка-детéктор, соба́ки-детéктора, *ж.*
соба́ка-поводы́рь, соба́ки-поводыря́, *ж.*
Собаке́вич, -а
собакове́д, -а
собакове́дение, -я
собаковладе́лец, -льца, *тв.* -льцем, *р. мн.* -льцев
собаково́д, -а
собаково́дство, -а
собаково́дческий
собакоголо́вые, -ых
собакообра́зный; *кр. ф.* -зен, -зна
собача́та, -а́т, *ед.* -чо́нок, -нка
собача́тина, -ы
соба́чащий(ся)
собаче́й, -я
собаче́нция, -и
соба́ченька, -и, *р. мн.* -нек
соба́чий, -ья, -ье
соба́чина, -ы
соба́чить(ся), -чу(сь), -чит(ся)
соба́чища, -и, *тв.* -ей
соба́чка, -и, *р. мн.* -чек
соба́чник, -а
соба́чница, -ы, *тв.* -ей
собачо́нка, -и, *р. мн.* -нок
Соба́чья площа́дка (*в Москве, ист.*)
собезья́нничать, -аю, -ает
собе́с, -а
собесе́дник, -а
собесе́дница, -ы, *тв.* -ей
собесе́дование, -я
собесе́довать, -дую, -дует
собе́совец, -вца, *тв.* -вцем, *р. мн.* -вцев
собе́совский
со́биновский (*от* Со́бинов)
собира́емость, -и
собира́ние, -я
собира́тель, -я
собира́тельница, -ы, *тв.* -ей
собира́тельность, -и
собира́тельный; *кр. ф.* -лен, -льна
собира́тельский
собира́тельство, -а
собира́ть(ся), -а́ю(сь), -а́ет(ся)

собко́р, -а
собко́ровский
соблаговоле́ние, -я
соблаговоли́ть, -лю́, -ли́т
соблаговоля́ть, -я́ю, -я́ет
собла́зн, -а
соблазнённый; *кр. ф.* -ён, -ена́
соблазни́тель, -я
соблазни́тельница, -ы, *тв.* -ей
соблазни́тельность, -и
соблазни́тельный; *кр. ф.* -лен, -льна
соблазни́ть(ся), -ню́(сь), -ни́т(ся)
соблазня́ть(ся), -я́ю(сь), -я́ет(ся)
соблюда́ть(ся), -а́ю, -а́ет(ся)
соблюде́ние, -я
соблюдённый; *кр. ф.* -ён, -ена́
соблю́дший
соблюсти́, -юду́, -юдёт; *прош.* -ю́л, -юла́
собо́й (*форма местоим.* себя́)
соболева́ние, -я
соболева́ть, -лю́ю, -лю́ет
соболево́д, -а
соболево́дство, -а
соболево́дческий
со́болевый и **соболёвый**
соболе́знование, -я
соболе́зновать, -ную, -нует
соболе́знующе, *нареч.*
соболе́знующий
соболёк, -лька́
соболёнок, -нка, *мн.* -ля́та, -ля́т
собо́лий, -ья, -ье
соболи́ный
со́боль, -я, *мн.* -и и -я́, -е́й (*животное*), -я́, -е́й (*мех*)
соболю́шка, -и, *р. мн.* -шек
соболя́тник, -а
собо́р, -а (*высшее собрание должностных или выборных лиц*; *собрание высшего христианского духовенства*; *храм*)
Собо́р, -а (*церк., в названиях дней, посвящаемых чьей-н. памяти*), *напр.*: Собор Пресвятой Богородицы, Собор Иоанна Предтечи, Собор Двенадцати апостолов, Собор архистратига Михаила, Собор Оптинских старцев, Собор новомучеников и исповедников Российских
собо́р Васи́лия Блаже́нного (*храм*)
Собо́рная гора́ (*в Смоленске*)
Собо́рная пло́щадь (*в Московском Кремле*)
собо́рне и **собо́рно**, *нареч.* (*церк.*)
Собо́рное уложе́ние (*1649*)
собо́рность, -и
собо́рный
собо́рование, -я
собо́рованный; *кр. ф.* -ан, -ана
собо́ровать(ся), -рую(сь), -рует(ся)
собо́р Пари́жской Богома́тери
собо́р Свято́го Петра́
соборя́нин, -а, *мн.* -я́не, -я́н
СОБР, -а (*сокр.*: специальный отряд быстрого реагирования)
с-обра́зный [эс-]; *кр. ф.* -зен, -зна
собра́ние, -я
со́бранно, *нареч.*
со́бранность, -и
со́бранный; *кр. ф. прич.* -ан, -ана; *кр. ф. прил.* (*умеющий сосредоточиться*; *подтянутый*) -ан, -анна
собра́ньице, -а
собра́т, -а, *мн.* собра́тья, -ьев и (*устар.*) -тий
собра́ть(ся), соберу́(сь), соберёт(ся); *прош.* -а́л(ся), -ала́(сь), -а́ло, -а́ло́сь
со́бровец, -вца, *тв.* -вцем, *р. мн.* -вцев
со́бровский (*от* СОБР)
со́бственник, -а
со́бственница, -ы, *тв.* -ей
со́бственнический
со́бственно, *вводн. сл.* и *частица*
со́бственно-возвра́тный
со́бственно говоря́, *вводн. сл.*
собственноли́чный
со́бственно нау́чный
со́бственно ру́сский
собственнору́чный
со́бственность, -и
со́бственно языково́й
со́бственный
собуты́льник, -а
собуты́льница, -ы, *тв.* -ей
собуты́льничать, -аю, -ает
собы́тие, -я
событи́йность, -и
событи́йный
СОВ, *нескл., с.* (*сокр.*: стойкое отравляющее вещество)
сова́, -ы́, *мн.* со́вы, сов
сова́ние, -я
со́ванный; *кр. ф.* -ан, -ана
сова́ть(ся), сую(сь), суёт(ся)
Совбе́з, -а (*сокр.*: Совет безопасности)
совде́п, -а
Совде́пия, -и
совде́повский
соведу́щий, -его
совёнок, -нка, *мн.* совя́та, совя́т
соверéн, -а
соверша́ть(ся), -а́ю, -а́ет(ся)
соверше́ние, -я
соверше́ннейший
соверше́нно, *нареч.*
соверше́нно ве́рно
совершеннолéтие, -я
совершеннолéтний
соверше́нно него́дный
соверше́нно несво́йственный
соверше́нно секре́тно
соверше́нный; *кр. ф.* -е́нен, -е́нна; соверше́нный ви́д
совершённый; *кр. ф.* -ён, -ена́, *прич.*
соверше́нство, -а
соверше́нствование, -я
соверше́нствованный; *кр. ф.* -ан, -ана
соверше́нствовать(ся), -твую(сь), -твует(ся)
соверши́тель, -я
соверши́ть(ся), -шу́, -ши́т(ся)
со́вестить(ся), -ещу(сь), -естит(ся)
со́вестливость, -и
со́вестливый
со́вестно, *в знач. сказ.*
со́вестный; *кр. ф.* -тен, -тна
со́весть, -и
со́вестящий(ся)
сове́т, -а; но: **вла́сть Сове́тов, съе́зд Сове́тов, Верхо́вный Сове́т** (*в СССР*)
Сове́т безопа́сности (*правительственное учреждение в ряде стран*), но: **Сове́т Безопа́сности ОО́Н**
Сове́т гла́в госуда́рств – уча́стников СНГ
Сове́т Евро́пы
советиза́ция, -и
советизи́рованный; *кр. ф.* -ан, -ана
советизи́ровать(ся), -рую, -рует(ся)
советѝзм, -а
Сове́т мини́стров
Сове́т наро́дных комисса́ров (*в СССР до 1946*)
сове́тник, -а
сове́тник-посла́нник, сове́тника-посла́нника
сове́тница, -ы, *тв.* -ей
сове́тничий, -ья, -ье
Сове́т оборо́ны
сове́товать(ся), -тую(сь), -тует(ся)
советода́тель, -я
советóлог, -а
советологи́ческий
советоло́гия, -и
Сове́тская а́рмия
Сове́тская Га́вань (*город и залив*)
сове́тский (*к* Сове́ты, Сове́тский Сою́з, Сове́тск; сове́тская вла́сть, сове́тское прави́тельство)
Сове́тский Сою́з
сове́тско-америка́нский
Сове́тское госуда́рство (*об СССР*)
сове́тско-кита́йский
сове́тско-францу́зский
Сове́т Федера́ции
советча́не, -а́н, *ед.* -а́нин, -а (*от* Сове́тск)
сове́тчик, -а
сове́тчица, -ы, *тв.* -ей
Сове́ты, -ов (*о Советском Союзе, о советской власти*)
сове́ть, -е́ю, -е́ет
совеща́ние, -я
Совеща́ние по безопа́сности и сотру́дничеству в Евро́пе (*1973–1975*)
совеща́тельный
совеща́ться, -а́юсь, -а́ется
совзна́ки, -ов, *ед.* -зна́к, -а
сови́к, -а́
совино́вность, -и
совино́вный; *кр. ф.* -вен, -вна

Совинформбюро́, *нескл., с.*
сови́ный
совиньо́н, -а
со́вка, -и, *р. мн.* со́вок (*птица*; *бабочка*)
со́вка-лиша́йница, со́вки-лиша́йницы (*бабочка*)
со́вкий; *кр. ф.* со́вок, совка́, со́вко
совко́вость, -и
совко́вский
совко́вый
совлада́ть, -а́ю, -а́ет
совладе́лец, -льца, *тв.* -льцем, *р. мн.* -льцев
совладе́лица, -ы, *тв.* -ей
совладе́ние, -я
совладе́ть, -е́ю, -е́ет
совлека́ть(ся), -а́ю, -а́ет(ся)
совлёкший(ся)
совлече́ние, -я
совлечённый; *кр. ф.* -ён, -ена́
совле́чь(ся), -еку́, -ечёт(ся), -еку́т(ся); *прош.* -ёк(ся), -екла́(сь)
совмести́мость, -и
совмести́мый
совмести́тель, -я
совмести́тельница, -ы, *тв.* -ей
совмести́тельский
совмести́тельство, -а
совмести́тельствовать, -твую, -твует
совмести́ть(ся), -ещу́, -ести́т(ся)
совме́стник, -а
совме́стница, -ы, *тв.* -ей
совме́стность, -и
совме́стный
Совме́стный постоя́нный сове́т Росси́и и НА́ТО
совмеща́ть(ся), -а́ю, -а́ет(ся)
совмеще́ние, -я
совмещённость, -и
совмещённый; *кр. ф.* -ён, -ена́
Совми́н, -а
совми́новский
Совнарко́м, -а
совнарко́мовский
совнархо́з, -а
совнархо́зовский
сово́к, совка́
совокупи́ть(ся), -плю́(сь), -пи́т(ся)
совокупле́ние, -я
совокуплённый; *кр. ф.* -ён, -ена́
совокупля́ть(ся), -я́ю(сь), -я́ет(ся)
совоку́пность, -и
совоку́пный
совоспи́танник, -а
сово́чек, -чка
совпа́вший
совпада́ть, -а́ет
совпаде́ние, -я
совпартноменклату́ра, -ы
совпартшко́ла, -ы
совпа́сть, -адёт; *прош.* -а́л, -а́ла
совврати́тель, -я
соврати́тельница, -ы, *тв.* -ей
соврати́ть(ся), -ащу́(сь), -ати́т(ся)
совра́ть, -ру́, -рёт; *прош.* -а́л, -ала́, -а́ло
совраща́ть(ся), -а́ю(сь), -а́ет(ся)
совраще́ние, -я
совращённый; *кр. ф.* -ён, -ена́
со вре́менем
совреме́нник, -а
совреме́нница, -ы, *тв.* -ей
совреме́нно, *нареч.*
совреме́нность, -и
совреме́нный; *кр. ф.* -е́нен, -е́нна
совсекре́тность, -и
совсекре́тный
совсе́м, *нареч.* (совсе́м здоро́в; совсе́м не по́нял); но *местоим.* **со все́м** (со все́м свои́м иму́ществом)
совслу́жащий, -его
со вся́чинкой
со вся́чиной
со́вушка, -и, *р. мн.* -шек
со́вушка-сова́, со́вушки-совы́
совхо́з, -а
совхо́зно-колхо́зный
совхо́зный
сгорбе́нность, -и
согбе́нный; *кр. ф.* -е́н, -е́нна
согди́йка, -и, *р. мн.* -и́ек
согди́йский
согди́йцы, -ев, *ед.* -и́ец, -и́йца, *тв.* -и́йцем
со́гды, -ов, *ед.* согд, -а
согла́сие, -я; но: **пло́щадь Согла́сия** (*в Париже*)
согласи́тельный
согласи́ть(ся), -ашу́(сь), -аси́т(ся)
согла́сная, -ой (*буква*)
согла́сно, *нареч.* и *предлог*
согла́сность, -и
согла́сный[1]; *кр. ф.* -сен, -сна, *прил.*
согла́сный[2], -ого (*звук*)
согласова́ние, -я
согласо́ванно, *нареч.*
согласо́ванность, -и
согласо́ванный; *кр. ф. прич.* -ан, -ана; *кр. ф. прил.* (*обнаруживающий взаимное согласие, единство*) -ан, -анна (и́х де́йствия согласо́ванны)
согласова́ть(ся), -су́ю, -су́ет(ся)
согласо́вывание, -я
согласо́вывать(ся), -аю, -ает(ся)
согласу́ющий(ся)
соглаша́тель, -я
соглаша́тельница, -ы, *тв.* -ей
соглаша́тельский
соглаша́тельство, -а
соглаша́ть(ся), -а́ю(сь), -а́ет(ся)
соглаше́ние, -я
соглашённый; *кр. ф.* -ён, -ена́
соглядáтай, -я
соглядáтайство, -а
соглядáтайствовать, -твую, -твует
с огля́дкой
со́гнанный; *кр. ф.* -ан, -ана
согна́ть, сгоню́, сго́нит; *прош.* -а́л, -ала́, -а́ло
со́гнутость, -и
со́гнутый
согну́ть(ся), -ну́(сь), -нёт(ся)
со́гра, -ы
согра́ждане, -ан, *ед.* сограждани́н, -а
согра́жданка, -и, *р. мн.* -нок
согре́в, -а
согрева́ние, -я
согрева́тельный
согрева́ть(ся), -а́ю(сь), -а́ет(ся)
согрева́ющий(ся)
согре́тый
согре́ть(ся), -е́ю(сь), -е́ет(ся)
согреша́ть, -а́ю, -а́ет
согреше́ние, -я
согреши́ть, -шу́, -ши́т
со́да, -ы
содали́на, -ы *(фигура синхронного плавания)*
содали́т, -а
содвига́ть(ся), -а́ю, -а́ет(ся) (*устар. к* сдвига́ть(ся)
содви́нуть(ся), -ну, -нет(ся) (*устар. к* сдви́нуть(ся)
соде́йствие, -я
соде́йствовать, -твую, -твует
содержа́ние, -я
содержа́нка, -и, *р. мн.* -нок
содéржанный; *кр. ф.* -ан, -ана
содержа́тель, -я
содержа́тельница, -ы, *тв.* -ей
содержа́тельность, -и
содержа́тельно упоря́доченный
содержа́тельный; *кр. ф.* -лен, -льна
содержа́ть(ся), -ержу́(сь), -е́ржит(ся)
содержа́щий(ся)
содержи́мое, -ого
соде́янное, -ого
соде́янный; *кр. ф.* -ян, -яна
соде́ять(ся), -е́ю, -е́ет(ся)
содире́ктор, -а, *мн.* -а́, -о́в
со дня́ на́ день
со́довый
содокла́д, -а
содокла́дчик, -а
содокла́дчица, -ы, *тв.* -ей
Содо́м, -а (*библ.*) и **содо́м,** -а (*крайний беспорядок*; *распущенность, разврат*)
Содо́м и Гомо́рра (*библ.*) и **содо́м и гомо́рра** (*то же, что содом*)
содоми́т, -а
содоми́я, -и
содо́мский
со́дранный; *кр. ф.* -ан, -ана
содра́ть(ся), сдеру́, сдерёт(ся); *прош.* -а́л(ся), -ала́(сь), -а́ло, -а́ло́сь
содрога́ние, -я
содрога́ться, -а́юсь, -а́ется
содрогну́ться, -ну́сь, -нётся
содру́жество, -а; но: **Брита́нское Содру́жество, стра́ны Содру́жества; мо́ре Содру́жества** (*геогр.*)
Содру́жество Незави́симых Госуда́рств (СНГ)
соево́д, -а

соево́дство, -а
со́евый
соедине́ние, -я
Соединённое Короле́вство (*о Великобритании*)
Соединённые Шта́ты Аме́рики (США)
соединённый; *кр. ф.* -ён, -ена́
соедини́мость, -и
соедини́мый
соедини́тель, -я
соединительноткáнный
соедини́тельный
соедини́ть(ся), -ню́(сь), -ни́т(ся)
соединя́ть(ся), -я́ю(сь), -я́ет(ся)
сожале́ние, -я
сожале́ть, -е́ю, -е́ет
сожале́юще, *нареч.*
сожале́ющий
сожже́ние, -я
сожжённый; *кр. ф.* -ён, -ена́
сожи́тель, -я
сожи́тельница, -ы, *тв.* -ей
сожи́тельство, -а
сожи́тельствовать, -твую, -твует
сожи́тие, -я
сожму́ренный; *кр. ф.* -ен, -ена
сожму́рить(ся), -рю(сь), -рит(ся)
со́жранный; *кр. ф.* -ан, -ана
сожра́ть, -ру́, -рёт; *прош.* -а́л, -ала́, -а́ло
со́жский (*от* Сож)
созастро́йщик, -а
созва́ниваться, -аюсь, -ается
со́званный; *кр. ф.* -ан, -ана
созва́ть, созову́, созовёт; *прош.* -а́л, -ала́, -а́ло
созве́здие, -я
созвони́ться, -ню́сь, -ни́тся
созву́чие, -я
созву́чность, -и
созву́чный; *кр. ф.* -чен, -чна
создава́ть(ся), -даю́, -даёт(ся)
созда́ние, -я
со́зданный; *кр. ф.* -ан, со́здана́, -ано
созда́ньице, -а
созда́тель, -я и (*о Боге*) **Созда́тель,** -я
созда́тельница, -ы, *тв.* -ей
созда́ть(ся), -а́м, -а́шь, -а́ст(ся), -ади́м, -ади́те, -аду́т(ся); *прош.* со́зда́л, созда́лся, создала́(сь), со́зда́ло, созда́ло́сь
созерца́ние, -я
созерца́тель, -я
созерца́тельница, -ы, *тв.* -ей
созерца́тельность, -и
созерца́тельный; *кр. ф.* -лен, -льна
созерца́тельство, -а
созерца́ть(ся), -а́ю, -а́ет(ся)
созида́ние, -я
созида́тель, -я
созида́тельность, -и
созида́тельный; *кр. ф.* -лен, -льна
созида́ть(ся), -а́ю, -а́ет(ся)
со зла́
сознава́ть(ся), -наю́(сь), -наёт(ся)
созна́ние, -я
со́знанный; *кр. ф.* -ан, -ана
созна́тельность, -и
созна́тельный; *кр. ф.* -лен, -льна
созна́ть(ся), -а́ю(сь), -а́ет(ся)
созорнича́ть, -а́ю, -а́ет
созорова́ть, -ру́ю, -ру́ет
созрева́ние, -я
созрева́ть, -а́ю, -а́ет
созре́ть, -е́ю, -е́ет
созы́в, -а
созыва́ть(ся), -а́ю, -а́ет(ся)
соизволе́ние, -я
соизво́лить, -лю, -лит
соизволя́ть, -я́ю, -я́ет
соизда́тель, -я
соизда́тельский
соизмере́ние, -я
соизмери́мость, -и
соизмери́мый
соизме́рить, -рю, -рит
соизмеря́ть(ся), -я́ю, -я́ет(ся)
соиме́нник, -а
соиме́нница, -ы, *тв.* -ей
соиме́нный
соинве́стор, -а
соиска́ние, -я
соиска́тель, -я
соиска́тельница, -ы, *тв.* -ей
соиска́тельство, -а
соисполни́тель, -я
соисполни́тельница, -ы, *тв.* -ей
соисполни́тельский
соисте́ц, -тца́, *тв.* -тцо́м, *р. мн.* -тцо́в
сойти́е, -я
со́йка, -и, *р. мн.* со́ек
со́йма, -ы
сойо́тский
сойо́ты, -ов, *ед.* сойо́т, -а
сойти́(сь), сойду́(сь), сойдёт(ся); *прош.* сошёл(ся), сошла́(сь)
сок, -а и -у, *предл.* в со́ке и в соку́
сока́мерник, -а
сока́мерница, -ы, *тв.* -ей
сокатализа́тор, -а
со́кер, -а
сокла́ссник, -а
сокла́ссница, -ы, *тв.* -ей
сокова́рка, -и, *р. мн.* -рок
сокова́рочный
соковыжима́лка, -и, *р. мн.* -лок
соковыжима́тель, -я
соковыжимно́й
со́ковый и **соково́й**
сокодвиже́ние, -я
со́кол, -а (*птица; инструмент штукатура; то же, что соко́л*)
соко́л, -а́ (*тяжелый лом*)
соколёнок, -нка, *мн.* -ля́та, -ля́т
соколе́ц, -льца́, *тв.* -льцо́м, *р. мн.* -льцо́в
соко́лий, -ья, -ье
соко́лик, -а
соколи́ный
соколи́ха, -и
соколи́ца, -ы, *тв.* -ей
соколо́к, -лка́
со́кол-сапса́н, со́кола-сапса́на
соко́льник, -а
Соко́льники, -ов (*район в Москве*)
соко́льницкий (*от* соко́льник)
соко́льнический (*от* Соко́льники)
соко́льничий, -его
со́кольский (*от* Со́кол, *город* и *поселок*)
сокольча́не, -а́н, *ед.* -а́нин, -а (*от* Со́кол)
соколя́тник, -а
соко́мнатник, -а
соко́мнатница, -ы, *тв.* -ей
сокоордина́тор, -а
сокоотжима́лка, -и, *р. мн.* -лок
сокра́тики, -ов, *ед.* -тик, -а (*филос.*)
сократи́мость, -и
сократи́мый
сократи́тельность, -и
сократи́тельный
сократи́ть(ся), -ащу́(сь), -ати́т(ся)
сократи́ческий (*от* Сокра́т)
сокра́товский (*от* Сокра́т)
сокраща́ть(ся), -а́ю(сь), -а́ет(ся)
сокраще́ние, -я
сокращённо, *нареч.*
сокращённый; *кр. ф.* -ён, -ена́
сокредито́р, -а
сокрове́нность, -и
сокрове́нный; *кр. ф.* -ве́н и -ве́нен, -ве́нна
сокро́вище, -а
сокро́вищница, -ы, *тв.* -ей
сокруша́ть(ся), -а́ю(сь), -а́ет(ся)
сокруша́ющий(ся)
сокруше́ние, -я
сокрушённо, *нареч.*
сокрушённость, -и
сокрушённый; *кр. ф.* -ён, -ена́
сокруши́тель, -я
сокруши́тельность, -и
сокруши́тельный; *кр. ф.* -лен, -льна
сокруши́ть(ся), -шу́, -ши́т(ся)
сокрыва́ть(ся), -а́ю(сь), -а́ет(ся)
сокры́тие, -я
сокры́тый
сокры́ть(ся), сокро́ю(сь), сокро́ет(ся)
соку́рсник, -а
соку́рсница, -ы, *тв.* -ей
сола́герник, -а
сола́герница, -ы, *тв.* -ей
солани́н, -а
сола́но, *нескл., м.*
соланоло́гия, -и
солга́ть, солгу́, солжёт, солгу́т; *прош.* -а́л, -ала́, -а́ло
солда́т, -а, *р. мн.* солда́т
солда́тик, -а
солда́тиком, *нареч.*
солда́тка, -и, *р. мн.* -ток
солдатня́, -и́
солда́тский

солда́тство, -а
солда́тушки, -шек
солда́тчина, -ы
солдатьё, -я́
солдафо́н, -а
солдафо́нский
солдафо́нство, -а
солева́р, -а
солеваре́ние, -я
солева́ренный
солева́рница, -ы, *тв.* -ей
солева́рный
солева́рня, -и, *р. мн.* -рен
солево́з, -а
солево́й
солевы́варочный
солевыно́сливость, -и
солевыно́сливый
соледобыва́ние, -я
соледобыва́ющий
соледобы́тчик, -а
солело́мня, -и, *р. мн.* -мен
солелюби́вый
солеме́р, -а
солёненький
соле́ние, -я (*действие*)
со́ленный; *кр. ф.* -ен, -ена, *прич.*
солено́ид, -а
солено́идный
солёно-ки́слый
солёно-копчёный
солёно-марино́ванный
со́лено-пересо́лено
солёно-сла́дкий
солёность, -и
солёный; *кр. ф.* со́лон, солона́, со́лоно, со́лоны́, *прил.*
соле́нье, -я, *р. мн.* -ний (*продукт*)
солеобразова́ние, -я
солепро́мысел, -сла
солепромы́шленник, -а
солепромы́шленность, -и
солепромы́шленный
солеразрабо́тки, -ток
солераствори́тель, -я
солеро́с, -а
солесодержа́ние, -я
солесо́с, -а
солесто́йкий; *кр. ф.* -о́ек, -о́йка
солесто́йкость, -и
солеусто́йчивость, -и
солеусто́йчивый
солеци́зм, -а
соле́цкий (*от* Сольцы́, *город*)
солея́, -и́
солжени́цынский (*от* Солжени́цын)
солигалича́не, -а́н, *ед.* -а́нин, -а
солига́личский (*от* Солига́лич)
солиго́рский (*от* Солиго́рск)
солиго́рцы, -ев, *ед.* -рец, -рца, *тв.* -рцем
со́лид, -а
солида́го, *нескл., с.*
солидариза́ция, -и
солидаризи́роваться, -руюсь, -руется
солидари́зм, -а
солидаризова́ться, -зу́юсь, -зу́ется
солидари́ст, -а
солидари́стский
солида́рность, -и
солида́рный; *кр. ф.* -рен, -рна
соли́дничать, -аю, -ает
соли́дно, *нареч.*
соли́дность, -и
соли́дный; *кр. ф.* -ден, -дна
солидо́л, -а
солидо́ловый
солидолонагнета́тель, -я
со́лидус, -а
солика́мский (*от* Солика́мск)
солика́мцы, -ев, *ед.* -мец, -мца, *тв.* -мцем
соли́льный
соли́льня, -и, *р. мн.* -лен
соли́льщик, -а
соли́льщица, -ы, *тв.* -ей
солипси́зм, -а
солипси́ст, -а
солипси́ческий
соли́рование, -я
соли́ровать, -рую, -рует
соли́ситор, -а
соли́ст, -а
соли́стка, -и, *р. мн.* -ток
солите́р, -а (*бриллиант*)
солитёр, -а (*червь*)
солито́н, -а (*физ.*)
соли́ть(ся), солю́, со́ли́т(ся)
солифлю́кция, -и
со́лка, -и
со́лкий; *кр. ф.* со́лок, со́лка
соллогу́бовский (*от* Соллогу́б)
со́ллюкс, -а
Со́лнечная систе́ма (*астр.*)
со́лнечник, -а
солнечного́рский (*от* Солнечного́рск)
солнечного́рцы, -ев, *ед.* -рец, -рца, *тв.* -рцем
со́лнечно-земно́й
со́лнечно-синхро́нная орби́та
со́лнечность, -и
со́лнечно-су́точный
со́лнечный; *кр. ф.* -чен, -чна
Со́лнечный Бе́рег (*курорт в Болгарии*)
солноворо́т, -а
солнопёк, -а
со́лнце, -а и (*центр Солнечной системы, астр.*) **Со́лнце,** -а; и на Со́лнце е́сть пя́тна
солнцеворо́т, -а
со́лнцевский (*от* Со́лнцево)
солнцеда́р, -а (*вино*)
солнцезащи́та, -ы
солнцезащи́тный
со́лнце-клёш, -а, *тв.* -ем и *неизм.*
солнцелече́ние, -я
солнцелюби́вый
солнцеобра́зный; *кр. ф.* -зен, -зна
солнцепёк, -а
солнцеподо́бный; *кр. ф.* -бен, -бна
солнцепокло́нник, -а
солнцепокло́нничество, -а
солнцестоя́ние, -я
солнцецве́т, -а
со́лнышко, -а
со́ло, *неизм.* и *нескл., с.*
солове́й, -вья́
солове́йка, -и, *р. мн.* -е́ек, *м.* (*ласкат. к* солове́й)
солове́йко *(обращение к соловью, соловейке)*
Солове́й-разбо́йник, Соловья́-разбо́йника
солове́йчик, -а
со́ло-ве́ксель, -я
солове́ть, -е́ю, -е́ет
солове́цкий (*к* Солове́цкие острова́, Соловки́)
солове́юшка, -и, *р. мн.* -шек, *м.*
соло́вка, -и, *р. мн.* -вок
соло́вушка, -и, *р. мн.* -шек, *м.* и **соло́вушек,** -шка
соловча́не, -а́н, *ед.* -а́нин, -а (*от* Соловки́)
соло́вый
соловьёвский (*от* Соловьёв)
соловьёнок, -нка, *мн.* -вья́та, -вья́т
соловьи́ный
соловьи́ха, -и
со́ло-гита́ра, -ы
со́ло-гитари́ст, -а
сологу́бовский (*от* Сологу́б)
со́лод, -а
солоде́лый
солоде́ть, -е́ет
со́лоди, -ей (*почвы*)
солоди́льный
солоди́льня, -и, *р. мн.* -лен
солоди́льщик, -а
солоди́льщица, -ы, *тв.* -ей
солоди́ть(ся), -ожу́, -оди́т(ся)
соло́дка, -и, *р. мн.* -док
соло́дко́вый
солодо́венный
солодо́вня, -и, *р. мн.* -вен
солодо́вый
солододроби́лка, -и, *р. мн.* -лок
солодяно́й
соложе́ние, -я
соложённый; *кр. ф.* -ён, -ена́, *прич.*
соложёный, *прил.*
соло́ма, -ы
соло́менник, -а
соло́менно-жёлтый
соло́менно-фура́жный
соло́менный
соло́мина, -ы
соло́минка, -и, *р. мн.* -нок
соло́мисто-мяки́нный
соло́мистый
соломи́т, -а
соломи́товый
соло́мка, -и, *р. мн.* -мок

соломокопни́тель, -я
соломокру́тка, -и, *р. мн.* -ток
Соломо́н, -а (*царь, библ.*; *о мудреце*)
соломо́ново реше́ние, соломо́нова решения
Соломо́новы острова́, Соломо́новых острово́в
соломоподава́тель, -я
соломоподъёмник, -а
соломопре́сс, -а
соломоре́зка, -и, *р. мн.* -зок
соломосбо́рочный
соломосилосоре́зка, -и, *р. мн.* -зок
соломотранспортёр, -а
соломотря́с, -а
со́лон, солона́, со́лоно, со́лоны́ (*кр. ф. к* солёный)
солонго́й, -я
солоне́е, *сравн. ст.*
солоне́нек, -нька
солоне́ть, -е́ет
солоне́ц, -нца́, *тв.* -нцо́м, *р. мн.* -нцо́в
солони́на, -ы
солони́нный
солони́ть, -и́т
солони́ца, -ы, *тв.* -ей
соло́нка, -и, *р. мн.* -нок
со́лоно, *нареч.* и *в знач. сказ.*
солоноватово́дная фа́уна
солонова́тость, -и
солонова́тый
солонцева́тость, -и
солонцева́тый
солонцо́во-степно́й
солонцо́вый
солонча́к, -а́
солончако́вый
соло́тчинский (*от* Соло́тча, *поселок*)
соло́щий
со́лтерсовский (со́лтерсовская хи́мия)
солу́нский (*от* Солу́нь); но: **Дими́трий Солу́нский, Солу́нские бра́тья** (*о Кирилле и Мефодии*)
солута́н, -а
соль[1], -и, *мн.* -и, -е́й (*вещество*)
соль[2], -я (*ден. ед.*)
соль[3], *нескл., с.* (*нота*)
соль-бемо́ль, -я
соль-бемо́ль мажо́р, соль-бемо́ль мажо́ра
соль-бемо́ль-мажо́рный
соль-бемо́ль мино́р, соль-бемо́ль мино́ра
соль-бемо́ль-мино́рный
соль-бемо́льный
сольвата́ция, -и
сольва́тный
сольва́ты, -ов, *ед.* -ва́т, -а
сольве́нт, -а
сольве́нт-на́фта, -ы
сольво́лиз, -а
сольвычего́дский (*от* Сольвычего́дск)
сольвычего́дцы, -ев, *ед.* -дец, -дца, *тв.* -дцем
сольдане́лла, -ы
соль-дие́з, -а
соль-дие́з мажо́р, соль-дие́з мажо́ра
соль-дие́з-мажо́рный
соль-дие́з мино́р, соль-дие́з мино́ра
соль-дие́з-мино́рный
соль-дие́зный
со́льдо, *нескл., с.*
соль-дубль-бемо́ль, -я
соль-дубль-дие́з, -а
Соль-Иле́цк, -а (*город*)
соль-иле́цкий
со́ль мажо́р, со́ль мажо́ра
соль-мажо́рный
сольмиза́ция, -и
со́ль мино́р, со́ль мино́ра
соль-мино́рный
со́льник, -а *(концерт; диск)*
со́льный
сольпу́ги, -у́г, *ед.* -у́га, -и
сольфата́ры, -та́р, *ед.* -та́ра, -ы
сольфе́джио и **сольфе́джо,** *нескл., с.*
сольфери́но, *неизм. (цвет)*
сольца́, -ы́, *тв.* -о́й
сольча́не, -а́н, *ед.* -а́нин, -а (*от* Сольцы́)
солюбилиза́ция, -и
соля́ная кислота́
соля́нка, -и, *р. мн.* -нок
Соля́нка, -и (*улица*)
соля́нковый
соляно́й
Соляно́й бу́нт (*1648*)
солянокислый
соля́нум, -а
соля́р, -а и **соля́ра,** -ы (*соляровое масло*)
соляриза́ция, -и
соля́рий, -я
соляри́метр, -а
соля́рка, -и
соля́рный
соля́ровый
соля́рочный
соля́щий(ся)
сом[1], -а́ (*рыба*)
сом[2], -а (*ден. ед.*)
СОМ, *нескл., ж.* (*сокр.*: система орбитального маневрирования)
со́ма, -ы (*тело организма*; *напиток*)
сома́ли, *неизм.* и *нескл., м.* (*язык*) и *нескл., мн., ед. м.* и *ж.* (*народ*)
сомали́йка, -и, *р. мн.* -и́ек
сомали́йский (*от* сома́ли́ и Сомали́, *государство*)
сомали́йцы, -ев, *ед.* -и́ец, -и́йца, *тв.* -и́йцем
сомасшта́бность, -и
сомасшта́бный; *кр. ф.* -бен, -бна
сома́тика, -и
сомати́ческий
соматовегетати́вный
соматога́мия, -и
соматоге́нный
соматологи́ческий
соматоло́гия, -и
соматометри́ческий
соматоме́трия, -и
соматопле́вра, -ы
соматоскопи́ческий
соматоскопи́я, -и
соматоти́п, -а
соматотропи́н, -а
соматотро́пный
сомбре́ро, *нескл., с.*
сомелье́, *нескл., м.*
сомёнок, -нка, *мн.* сомя́та, -я́т
со́мик, -а
соми́на, -ы, *м.* (*увелич. к* сом) и *ж.* (*мясо сома*; *лодка*)
соми́ный
соми́т, -а
со́мкнутость, -и
со́мкнутый
сомкну́ть(ся), -ну́, -нёт(ся)
сомле́ть, -е́ю, -е́ет
со́мма, -ы (*двойной вулкан*)
сомна́мбула, -ы и (*устар.*) **сомна́мбул,** -а
сомнамбули́зм, -а
сомнамбули́ческий
сомнева́ться, -а́юсь, -а́ется
сомне́ние, -я
Со́мнер, -а: **спо́соб Со́мнера** (*астр.*)
со́мнерова ли́ния, со́мнеровой ли́нии
сомни́тельность, -и
сомни́тельный; *кр. ф.* -лен, -льна
сомно́житель, -я
сомнологи́ческий
сомноло́гия, -и
сомо́вий, -ья, -ье
сомо́вина, -ы
сомо́вый
сомо́н[1], *неизм.* (*цвет*)
сомо́н[2], -а (*адм.-терр. единица в Монголии*)
сомча́ть, -чу́, -чи́т
сомы́слие, -я
сомы́слить, -лю, -лит
сон[1], сна, *мн.* сны, снов
сон[2], со́на (*танец, песня*)
со́на, -ы (*муз. инструмент*)
сонанима́тель, -я
сонанима́тельница, -ы, *тв.* -ей
сонанима́тельский
сона́нт, -а
сона́нтный
сонапра́вленность, -и
сонапра́вленный; *кр. ф.* -ен, -ена
сона́р, -а
сонасле́дник, -а
сонасле́дница, -ы, *тв.* -ей
сонасле́дование, -я
сонасле́довать, -дую, -дует
сона́та, -ы
сонати́на, -ы
сона́тный
со́н в ру́ку
сонг, -а
соне́т, -а

соне́тка, -и, *р. мн.* -ток
соне́тный
"со́ни", *нескл., м.* (*телевизор, видеомагнитофон и т. п.*)
со́ника, *нареч.*
сони́нке, *нескл., мн., ед. м.* и *ж.*
сонли́вец, -вца, *тв.* -вцем, *р. мн.* -вцев
сонли́вица, -ы, *тв.* -ей
сонли́вость, -и
сонли́вый
сонм, -а
со́нмище, -а
со́нник, -а
со́нно, *нареч.*
со́нный
соно́рика, -и
соно́рность, -и
соно́рный
сон-трава́, -ы́
сону́ля, -и, *м.* и *ж.*
сонь, -и
со́ня, -и, *р. мн.* со́ней и сонь, *м.* и *ж.*
сообража́ть(ся), -а́ю(сь), -а́ет(ся)
соображе́ние, -я
соображённый; *кр. ф.* -ён, -ена́
сообрази́тельность, -и
сообрази́тельный; *кр. ф.* -лен, -льна
сообрази́ть(ся), -ажу́(сь), -ази́т(ся)
сообра́зно, *нареч.* и *предлог*
сообра́зность, -и
сообра́зный; *кр. ф.* -зен, -зна
сообразова́ние, -я
сообразо́ванный; *кр. ф.* -ан, -ана
сообразова́ть(ся), -зу́ю(сь), -зу́ет(ся)
сообразо́вывать(ся), -аю(сь), -ает(ся)
сообща́, *нареч.*
сообща́ть(ся), -а́ю(сь), -а́ет(ся)
сообща́ющий(ся)
сообще́ние, -я
сообщённый; *кр. ф.* -ён, -ена́
соо́бщество, -а; но: **Францу́зское Соо́бщество, стра́ны Соо́бщества**
сообщи́тельный; *кр. ф.* -лен, -льна
сообщи́ть(ся), -щу́, -щи́т(ся)
соо́бщник, -а
соо́бщница, -ы, *тв.* -ей
соо́бщнический
соо́бщничество, -а
соопеку́н, -а́
сооруди́ть(ся), -ужу́, -уди́т(ся)
сооружа́ть(ся), -а́ю, -а́ет(ся)
сооруже́ние, -я
сооружённый; *кр. ф.* -ён, -ена́
соосажде́ние, -я
соо́сный
соотве́тственно, *нареч.* и *предлог*
соотве́тственность, -и
соотве́тственный; *кр. ф.* -вен и -венен, -венна
соотве́тствие, -я
соотве́тствовать, -твую, -твует
соотве́тствующий
соотве́тчик, -а
соотве́тчица, -ы, *тв.* -ей
соотéчественник, -а
соотéчественница, -ы, *тв.* -ей
соотнесе́ние, -я
соотнесённость, -и
соотнесённый; *кр. ф.* -ён, -ена́
соотнести́(сь), -су́, -сёт(ся); *прош.* -ёс(ся), -есла́(сь)
соотнёсший(ся)
соотноси́тельность, -и
соотноси́тельный; *кр. ф.* -лен, -льна
соотноси́ть(ся), -ошу́, -о́сит(ся)
соотнося́щий(ся)
соотноше́ние, -я
соо́тчич, -а, *тв.* -ем
сопала́тник, -а
сопала́тница, -ы, *тв.* -ей
сопа́тка, -и, *р. мн.* -ток
сопа́тый (*к* сопе́ть)
сопе́лка, -и, *р. мн.* -лок (*то же, что сопель*)
сопе́лочка, -и, *р. мн.* -чек
сопе́ль, -и (*русский народный муз. инструмент*)
со́пельки, -лек, *ед.* -лька, -и
сопе́льник, -а
сопе́льный
сопе́льщик, -а
сопе́ние, -я
сопережива́ние, -я
сопережива́тель, -я
сопережива́ть, -а́ю, -а́ет
сопе́рник, -а
сопе́рница, -ы, *тв.* -ей
сопе́рничать, -аю, -ает
сопе́рнический
сопе́рничество, -а
сопе́ть, соплю́, сопи́т
сопи́лка, -и, *р. мн.* -лок (*украинский муз. инструмент*)
со́пка, -и, *р. мн.* со́пок
соплеме́нник, -а
соплеме́нница, -ы, *тв.* -ей
соплеме́нный
со́пли, -е́й, *ед.* сопля́, -и́
сопли́венький
сопли́веть, -ею, -еет
сопли́вец, -вца, -вцем, *р. мн.* -вцев
сопли́виться, -ится
сопли́вица, -ы, *тв.* -ей
сопли́вка, -и, *р. мн.* -вок
сопли́вость, -и
сопли́вый
сопло́, -а́, *мн.* со́пла, сопл и со́пел, со́плам
соплово́й и **со́пловый**
сопло́дие, -я
соплю́шка, -и, *р. мн.* -шек, *м.* и *ж.* (*о ребёнке*)
соплю́шки, -шек, *ед.* -шка, -и *(сопли)*
сопля́, -и́ (*о ребенке, о никчемном человеке*)
сопля́к, -а́
сопля́чка, -и, *р. мн.* -чек
соподчине́ние, -я
соподчинённость, -и
соподчинённый; *кр. ф.*-ён, -ена́
соподчини́тельный
соподчини́ть, -ню́, -ни́т
соподчиня́ть(ся), -я́ю, -я́ет(ся)
сополимериза́ция, -и
сополимеризо́ванный; *кр. ф.* -ан, -ана
сополимеризова́ть(ся), -зу́ю, -зу́ет(ся)
сополиме́ры, -ов, *ед.* -ме́р, -а
со́пор, -а
сопоро́зный
сопоручи́тель, -я
сопостави́мость, -и
сопостави́мый
сопостави́тельный
сопоста́вить(ся), -влю, -вит(ся)
сопоставле́ние, -я
сопоста́вленный; *кр. ф.* -ен, -ена
сопоставля́ть(ся), -я́ю, -я́ет(ся)
сопостано́вщик, -а
со́почный
соправи́тель, -я
соправи́тельница, -ы, *тв.* -ей
сопрани́ст, -а
сопра́нный
сопра́но, *нескл., с.* (*голос*) и *ж.* (*певица*)
сопра́новый
сопрева́ние, -я
сопрева́ть, -а́ю, -а́ет
сопреде́льность, -и
сопреде́льный; *кр. ф.* -лен, -льна
сопредседа́тель, -я
сопредседа́тельство, -а
сопрезиде́нт, -а
сопре́лый
сопресто́льный
сопре́ть, -е́ю, -е́ет
соприкаса́ние, -я
соприкаса́ться, -а́юсь, -а́ется
соприкаса́ющийся
соприкоснове́ние, -я
соприкоснове́нный; *кр. ф.* -ве́н и -ве́нен, -ве́нна
соприкосну́ться, -ну́сь, -нётся
соприро́дность, -и
соприро́дный; *кр. ф.* -ден, -дна
сопрису́тствие, -я
сопрису́тствовать, -твую, -твует
сопрића́стник, -а
сопрића́стность, -и
сопрића́стный; *кр. ф.* -тен, -тна
сопричéсть, -чту́, -чтёт; *прош.* -чёл, -чла́
сопричи́сленный; *кр. ф.* -ен, -ена
сопричи́слить, -лю, -лит
сопричисля́ть(ся), -я́ю(сь), -я́ет(ся)
сопричтённый; *кр. ф.* -ён, -ена́
сопроводи́ловка, -и, *р. мн.* -вок
сопроводи́тель, -я
сопроводи́тельница, -ы, *тв.* -ей
сопроводи́тельный
сопроводи́ть, -ожу́, -оди́т
сопровожда́ть(ся), -а́ю(сь), -а́ет(ся)
сопровожда́ющий(ся)
сопровожде́ние, -я

сопровождённый; *кр. ф.* -ён, -ена́
сопрогра́мма, -ы
сопроду́сер, -а
сопроду́серский
сопроду́серство, -а
сопрома́т, -а
сопрома́тский и **сопрома́товский**
сопрома́тчик, -а
сопротивле́нец, -нца, *тв.* -нцем, *р. мн.* -нцев
сопротивле́ние, -я (*противодействие*) и **Сопротивле́ние**, -я (*антифашистское движение в годы Второй мировой войны*; движе́ние Сопротивле́ния)
сопротивля́емость, -и
сопротивля́ться, -я́юсь, -я́ется
сопроце́ссник, -а
сопроце́ссница, -ы, *тв.* -ей
сопроце́ссор, -а
сопряга́ть(ся), -а́ю(сь), -а́ет(ся)
сопря́гший(ся)
сопряже́ние, -я
сопряжённо, *нареч.*
сопряжённость, -и
сопряжённый; *кр. ф.* -ён, -ена́
сопря́чь(ся), -ягу́(сь), -яжёт(ся), -ягу́т(ся); *прош.* -я́г(ся), -ягла́(сь)
сопу́н, -а́ (*к* сопе́ть)
сопу́нья, -и, *р. мн.* -ний
спу́тник, -а
сопу́тный
сопу́тствие, -я
сопу́тствовать, -твую, -твует
сопу́тствующий
сор, -а и -у
соразви́тие, -я
соразмере́ние, -я
соразме́ренный; *кр. ф.* -ен, -ена
соразме́рить, -рю, -рит
соразме́рно, *нареч.* и *предлог*
соразме́рность, -и
соразме́рный; *кр. ф.* -рен, -рна
соразмеря́ть(ся), -я́ю, -я́ет(ся)
сора́тник, -а
сора́тница, -ы, *тв.* -ей
сорба́рия, -и
сорбе́нтный
сорбе́нты, -ов, *ед.* -е́нт, -а
сорби́новая кислота́
сорби́ровать(ся), -рует(ся)
сорби́т, -а
сорбитиза́ция, -и
сорби́тный
сорби́товый
сорбо́за, -ы
сорбо́ннский (*от* Сорбо́нна)
сорбо́ннцы, -ев, *ед.* -ннец, -ннца, *тв.* -ннцем
сорбцио́нный
со́рбция, -и
сорване́ц, -нца́, *тв.* -нцо́м, *р. мн.* -нцо́в
со́рванный; *кр. ф.* -ан, -ана
сорва́ть(ся), -ву́(сь), -вёт(ся); *прош.* -а́л(ся), -ала́(сь), -а́ло, -а́ло́сь
сорвиголова́, -ы́, *вин.* -у́, *мн.* -го́ловы, -голо́в, -ва́м, *м.* и *ж.*
сорганизо́ванный; *кр. ф.* -ан, -ана
сорганизова́ть(ся), -зу́ю, -зу́ет(ся)
сорганизо́вывать(ся), -аю, -ает(ся)
со́рго, *нескл.*, *с.*
со́рговый
сорго́уборочный
соревнова́ние, -я
соревнова́тель, -я
соревнова́тельность, -и
соревнова́тельный
соревнова́ть(ся), -ну́ю(сь), -ну́ет(ся)
соревну́ющий(ся)
соредáктор, -а
соре́дии, -ий, *ед.* -дия, -и
сорежиссёр, -а
соригина́льничать, -аю, -ает
сориенти́рованный; *кр. ф.* -ан, -ана
сориенти́ровать(ся), -рую(сь), -рует(ся)
сори́нка, -и, *р. мн.* -нок
сори́т, -а (*филос.*)
сори́ть, сорю́, сори́т
сорли́нь, -я (*мор.*)
сорма́йт, -а
сормовичи́, -е́й, *ед.* -ви́ч, -а́, *тв.* -о́м
со́рмовский (*от* Со́рмово)
со́рность, -и
со́рный; *кр. ф.* со́рен, со́рна
сорня́к, -а́
сорнико́вый
сорнячо́к, -чка́
соро́га, -и
соро́дич, -а, *тв.* -ем
со́рок, сорока́
соро́ка, -и
соро́ка-белобо́ка, соро́ки-белобо́ки
сорокава́ттка, -и, *р. мн.* -тток
сорокава́ттный (40-ваттный)
сорокаведёрный (40-ведёрный) и **сорокавёдерный (40-вёдерный)**
сорокавёрстный (40-вёрстный)
сорокагра́дусный (40-гра́дусный)
сорокадне́вный (40-дне́вный)
сорококопе́ечный (40-копе́ечный)
сорококубо́вый (40-кубо́вый)
сорокале́тие (40-ле́тие), -я
сорокале́тний (40-ле́тний)
сорокалитро́вый (40-литро́вый)
сорокаме́стный (40-ме́стный)
сорокаметро́вый (40-метро́вый)
сорокаминýтный (40-минýтный)
сорокапятиле́тний (45-ле́тний)
сорокапятимиллиметро́вый (45-миллиметро́вый)
сорокапятиминýтка (45-минýтка), -и
сорокапятиминýтный (45-минýтный)
сорокапя́тка, -и, *р. мн.* -ток (*пушка*; *грампластинка*)
сорокарублёвый (40-рублёвый)
сорокато́мный (40-то́мный)
сорокато́нный (40-то́нный)
сорокаты́сячник, -а
сорокаты́сячный (40-ты́сячный)
сорокачасово́й (40-часово́й)
со́роки, -ов (*церк.*)
сорокови́ны, -и́н
сороко́вка, -и, *р. мн.* -вок
сороково́й
сорокозу́бка, -и, *р. мн.* -бок (*сорт лука*)
сороконо́жка, -и, *р. мн.* -жек
сорокопу́т, -а
сорокопу́товые, -ых
сорокоу́ст, -а
сорокоу́стный
со́рок сороко́в
соро́м, -а и -у
сорора́т, -а
со́росовский (*от* Со́рос); но: **Со́росовский фо́нд**
соро́чечный
соро́чий, -ья, -ье
Соро́чинская я́рмарка
соро́чинский (*от* Соро́чинск и Соро́чинцы)
сорочи́ны, -и́н
соро́чка, -и, *р. мн.* -чек
сорренти́йка, -и, *р. мн.* -и́ек
сорренти́йский и **сорре́нтский** (*от* Сорре́нто)
сорренти́йцы, -ев, *ед.* -и́ец, -и́йца, *тв.* -и́йцем
сорт, -а, *мн.* -а́, -о́в
сортава́льский (*от* Сортава́ла)
сортава́льцы, -ев, *ед.* -лец, -льца, *тв.* -льцем
сорта́мент, -а (*преимущ. в металлургии*)
сорта́ментный
со́ртер, -а
сортиме́нт, -а (*преимущ. в производстве лесоматериалов и растениеводстве*)
сортиме́нтный
сорти́р, -а
сорти́рный
сортирова́льный
сортирова́ние, -я
сортиро́ванный; *кр. ф.* -ан, -ана
сортирова́ть(ся), -ру́ю, -ру́ет(ся)
сортиро́вка, -и, *р. мн.* -вок
сортиро́вочный
сортиро́вщик, -а
сортиро́вщица, -ы, *тв.* -ей
со́ртность, -и
со́ртный
сортове́дение, -я
сортово́й
сортоиспыта́ние, -я
сортоиспыта́тель, -я
сортоиспыта́тельный
сортообновле́ние, -я
сортопрока́т, -а
сортопрока́тка, -и
сортопрока́тный
сортоpазведе́ние, -я

сортосеменово́дческий
сортосме́на, -ы
сортоуча́сток, -тка
со́рус, -а
со́ры, -ов, *ед.* сор, -а и **шо́ры,** -ов, *ед.* шор, -а (*солончаки*)
соса́льце, -а, *р. мн.* -лец и -льцев
соса́льщик, -а
соса́ние, -я
со́санный; *кр. ф.* -ан, -ана
соса́тельный
соса́ть(ся), сосу́, сосёт(ся)
сосборённый; *кр. ф.* -ён, -ена́ и **сосбо́ренный;** *кр. ф.* -ен, ена
сосбори́ть, -рю́, -ри́т и **сосбо́рить,** -рю, -рит
сосва́танный; *кр. ф.* -ан, -ана
сосва́тать(ся), -аю(сь), -ает(ся)
со́ свету, со све́ту и **со све́та** (сжить)
сосво́дничать, -аю, -ает
сосе́д, -а, *мн.* -и, -ей
сосе́дить, -е́жу, -е́дит
сосе́дка, -и, *р. мн.* -док
сосе́дний
сосе́дский
сосе́дственный
сосе́дство, -а
сосе́дствовать, -твую, -твует
сосе́душка, -и, *р. мн.* -шек, *м.* и *ж.*
сосе́дящий
со́сенка, -и, *р. мн.* -нок и **сосёнка,** -и, *р. мн.* -нок
соси́ска, -и, *р. мн.* -сок
соси́сочка, -и, *р. мн.* -чек
соси́сочная, -ой
соси́сочный
со́ска, -и, *р. мн.* со́сок
соска́бливание, -я
соска́бливать(ся), -аю, -ает(ся)
соска́кивание, -я
соска́кивать, -аю, -ает
соска́льзывание, -я
соска́льзывать, -аю, -ает
соскани́рованный; *кр. ф.* -ан, -ана
соскани́ровать(ся), -рую, -рует(ся)
соско́б, -а
соско́бленный; *кр. ф.* -ен, -ена
соскобли́ть(ся), -облю́, -о́бли́т(ся)
соскови́дный; *кр. ф.* -ден, -дна
соско́вый
соско́к, -а
соско́к-кувыро́к, соско́ка-кувырка́
соско́к-переворо́т, соско́ка-переворо́та
соско́к-полёт, соско́ка-полёта
соско́к-са́льто, соско́ка-са́льто, *м.*
соскользну́ть, -ну́, -нёт
соскочи́ть, -очу́, -о́чит
соскреба́ние, -я
соскреба́ть(ся), -а́ю, -а́ет(ся)
соскребённый; *кр. ф.* -ён, -ена́
соскрёбший(ся)
соскрёбывание, -я
соскрёбывать(ся), -аю, -ает(ся)
соскрести́(сь), -ребу́, -ребёт(ся); *прош.* -рёб(ся), -ребла́(сь)
соску́читься, -чусь, -чится
сослага́тельное наклоне́ние
сослага́тельность, -и
со́сланный; *кр. ф.* -ан, -ана
сосла́ть(ся), сошлю́(сь), сошлёт(ся); *прош.* сосла́л(ся), сосла́ла(сь)
со́слепа и **со́слепу**
сосло́вие, -я
сосло́вно-ка́стовый
сосло́вно ограни́ченный
сосло́вно-представи́тельный
сосло́вность, -и
сосло́вный; *кр. ф.* -вен, -вна
сослужа́щие, -их (*церк.*)
сослуже́ние, -я
сослу́женный; *кр. ф.* -ен, -ена
сослужи́вец, -вца, *тв.* -вцем, *р. мн.* -вцев
сослужи́вица, -ы, *тв.* -ей
сослужи́ть, -ужу́, -у́жит
сосна́, -ы́, *мн.* со́сны, со́сен, со́снам
со сна́ (*только что проснувшись*)
Сосно́вая Поля́на (*район в Петербурге*)
сосновобо́рский (*от* Сосно́вый Бо́р и Сосновобо́рск)
сосно́вый
Сосно́вый Бо́р (*город*)
сосну́ть, -ну́, -нёт
сосня́к, -а́
соснячо́к, -чка́
сосо́бственник, -а
сосо́к, соска́
сосо́чек, -чка
со́сочка, -и, *р. мн.* -чек
сосо́чковый
со́сочный (*от* со́ска)
сосо́чный (*от* сосо́к)
сосредота́чивать(ся), -аю(сь), -ает(ся) и **сосредото́чивать(ся),** -аю(сь), -ает(ся)
сосредото́чение, -я
сосредото́ченно, *нареч.*
сосредото́ченность, -и
сосредото́ченный; *кр. ф. прич.* -ен, -ена; *кр. ф. прил.* -ен, -ена (*с дополн.*: она́ сосредото́чена на свое́й рабо́те) и -ен, -енна (*без дополн.*: она́ молчали́ва и сосредото́ченна)
сосредото́чивание, -я
сосредото́чивать(ся), -аю(сь), -ает(ся) и **сосредота́чивать(ся),** -аю(сь), -ает(ся)
сосредото́чие, -я
сосредото́чить(ся), -чу(сь), -чит(ся)
соссюре́я, -и (*растение*)
соссюриа́нский
соссюриа́нство, -а
соссю́ровский (*от* Соссю́р)
соста́в, -а
состави́тель, -я
состави́тельница, -ы, *тв.* -ей
состави́тельский
соста́вить(ся), -влю, -вит(ся)
составле́ние, -я
соста́вленный; *кр. ф.* -ен, -ена
составля́ть(ся), -я́ю, -я́ет(ся)
составля́ющая, -ей
составно́й
соста́рить(ся), -рю(сь), -рит(ся)
состёганный; *кр. ф.* -ан, -ана
состега́ть, -а́ю, -а́ет
состёгивать(ся), -аю, -ает(ся)
состену́то, *неизм.* и *нескл., с.*
сости́ранный; *кр. ф.* -ан, -ана
состира́ть(ся), -а́ю, -а́ет(ся)
сости́рывание, -я
сости́рывать(ся), -аю, -ает(ся)
состоя́ние, -я
состоя́ньице, -а
состоя́тельность, -и
состоя́тельный; *кр. ф.* -лен, -льна
состоя́ть(ся), -ою́(сь), -ои́т(ся)
состра́гивание, -я и **состру́гивание,** -я
состра́гивать(ся), -аю, -ает(ся) и **состру́гивать(ся),** -аю, -ает(ся)
сострада́ние, -я
сострада́тель, -я
сострада́тельность, -и
сострада́тельный; *кр. ф.* -лен, -льна
сострада́ть, -а́ю, -а́ет
со стра́ха и **со стра́ху**
сострахова́ние, -я
сострахо́вщик, -а
состра́чивание, -я
состра́чивать(ся), -аю, -ает(ся)
сострига́ние, -я
сострига́ть(ся), -а́ю, -а́ет(ся)
состри́гший(ся)
состри́женный; *кр. ф.* -ен, -ена
состри́ть, -рю́, -ри́т
состри́чь(ся), -игу́, -ижёт(ся), -игу́т(ся); *прош.* -и́г(ся), -и́гла(сь)
состро́ганный; *кр. ф.* -ан, -ана и **состру́ганный;** *кр. ф.* -ан, -ана
сострога́ть(ся), -а́ю, -а́ет(ся) и **соструга́ть(ся),** -а́ю, -а́ет(ся)
состро́енный; *кр. ф.* -ен, -ена
состро́ить, -о́ю, -о́ит
состро́ченный; *кр. ф.* -ен, -ена
сострочи́ть, -чу́, -чи́т
состру́ганный; *кр. ф.* -ан, -ана и **состро́ганный;** *кр. ф.* -ан, -ана
соструга́ть(ся), -а́ю, -а́ет(ся) и **сострога́ть(ся),** -а́ю, -а́ет(ся)
состру́гивание, -я и **состра́гивание,** -я
состру́гивать(ся), -аю, -ает(ся) и **состра́гивать(ся),** -аю, -ает(ся)
состру́ненный; *кр. ф.* -ен, -ена
состру́нивание, -я
состру́нивать(ся), -аю, -ает(ся)
состру́нить, -ню, -нит (*охот.*)
состря́панный; *кр. ф.* -ан, -ана
состря́пать, -аю, -ает
состыко́ванный; *кр. ф.* -ан, -ана
состыкова́ть(ся), -ку́ю(сь), -ку́ет(ся)

состыко́вка, -и, *р. мн.* -вок
состыко́вочный
состыко́вывать(ся), -аю(сь), -ает(ся)
состяза́ние, -я
состяза́тельность, -и
состяза́тельный
состяза́ться, -а́юсь, -а́ется
сосу́д, -а
сосу́дик, -а
сосу́дисто-вегетати́вный
сосу́дисто-волокни́стый
сосу́дистый
сосудодви́гательный
сосудорасширя́ющий
сосудосу́живающий
сосудосшива́ющий
сосудохрани́льница, -ы, *тв.* -ей
сосудохрани́тель, -я
сосу́лечка, -и, *р. мн.* -чек
сосу́лька, -и, *р. мн.* -лек
сосу́ля, -и, *р. мн.* -у́ль и -у́лей
сосу́н, -а́
сосуно́к, -нка́
сосу́чий
сосуществова́ние, -я
сосуществова́ть, -тву́ю, -тву́ет
сосу́щий(ся)
сосциви́дный; *кр. ф.* -ден, -дна
сосцо́вый
сосцы́, -о́в, *ед.* сосе́ц, сосца́, *тв.* сосцо́м
сосчи́танный; *кр. ф.* -ан, -ана
сосчита́ть(ся), -а́ю(сь), -а́ет(ся)
сосчи́тывать(ся), -аю(сь), -ает(ся)
со́сьвинский (*от* Со́сьва)
сотворе́ние, -я
Сотворе́ние ми́ра (*библ.*; летосчисле́ние от Сотворе́ния ми́ра)
сотворённый; *кр. ф.* -ён, -ена́
сотвори́ть(ся), -рю́, -ри́т(ся)
сотво́рчество, -а
соте́, *нескл., с.* (*кушанье*)
соте́йник, -а
со́тенка, -и, *р. мн.* -нок
со́тенный
сотериологи́ческий
сотериоло́гия, -и
соте́рн, -а
соти́, *нескл., с.* (*театральный жанр*)
со́тка, -и, *р. мн.* со́ток
со́тканный; *кр. ф.* -ан, -ана
сотка́ть(ся), -ку́, -кёт(ся); *прош.* -а́л(ся), -ала́(сь), -а́ло(сь)
со́ткнутый
соткну́ть(ся), -ну́, -нёт(ся)
сотле́ть, -е́ю, -е́ет
со́тник, -а
со́тницкий
со́тничий, -ья, -ье
со́тня, -и, *р. мн.* со́тен
сотня́га, -и
со́тня-друга́я, со́тни-друго́й
сотня́жка, -и, *р. мн.* -жек
сотова́рищ, -а, *тв.* -ем
со това́рищи (*с товарищами, сообщниками*)
сотови́дный; *кр. ф.* -ден, -дна
сотови́к, -а́ (*к* со́товая свя́зь)
со́товый
сотопла́ст, -а
сотохрани́лище, -а
сотрапе́зник, -а
сотрапе́зница, -ы, *тв.* -ей
сотрапе́зничать, -аю, -ает
сотрапе́зничество, -а
сотру́дник, -а
сотру́дница, -ы, *тв.* -ей
сотру́дничать, -аю, -ает
сотру́дничество, -а
сотряса́тельный
сотряса́ть(ся), -а́ю(сь), -а́ет(ся)
сотрясе́ние, -я
сотрясённый; *кр. ф.* -ён, -ена́
сотрясти́(сь), -су́(сь), -сёт(ся); *прош.* -я́с(ся), -ясла́(сь)
сотря́сший(ся)
со́тский, -ого
с отско́ка
с оття́жкой
со́ты, сот и со́тов
со́тый
соударе́ние, -я
соударя́ться, -я́ется
соу́зник, -а (*от* у́зы и у́зник)
соу́зница, -ы, *тв.* -ей
со́ул, -а и *неизм.* (*муз.*)
соумышле́ние, -я
соумы́шленник, -а
соумы́шленница, -ы, *тв.* -ей
со́ус, -а и -у, *мн.* -ы, -ов и -а́, -о́в
со́усник, -а
со́усница, -ы, *тв.* -ей
со́усный
соуча́ствовать, -твую, -твует
соуча́стие, -я
соуча́стник, -а
соуча́стница, -ы, *тв.* -ей
соучени́к, -а́
соучени́ца, -ы, *тв.* -ей
соучреди́тель, -я
соучреди́тельница, -ы, *тв.* -ей
соучреди́тельский
соучреди́тельство, -а
софа́, -ы́, *мн.* со́фы, соф, со́фа́м
софи́зм, -а
софи́йность, -и
софи́йный; *кр. ф.* -и́ен, -и́йна (*филос.*)
Софи́йская на́бережная (*в Москве*)
Софи́йская сторона́ (*в Новгороде*)
софи́йский (*от* Софи́я, *город и собор*)
Софи́йский собо́р
софи́йцы, -ев, *ед.* -и́ец, -и́йца, *тв.* -и́йцем (*от* Софи́я, *город*)
софиологи́ческий
софиоло́гия, -и
софи́ст, -а
софи́стика, -и
софисти́ческий
софи́стка, -и, *р. мн.* -ток
софи́стский
софи́т, -а
софи́тный
Софи́я, -и (*имя*; *город*; *Софийский собор*; *Божественная премудрость, религ.-филос.*)
Софо́клов, -а, -о и **софо́кловский** (*от* Софо́кл)
софо́кусный
софо́ра, -ы
софт, -а (*инф.*)
со́фтбо́л, -а
со́фтве́р, -а
софтве́рный
софтиза́ция, -и
соха́, -и́, *мн.* со́хи, сох
соха́тина, -ы
соха́тый[1], *прил.*
соха́тый[2], -ого (*лось*)
соха́ч, -а́, *тв.* -о́м
со́хлый
со́хнувший
со́хнуть, -ну, -нет; *прош.* сох и со́хнул, со́хла
сохозя́ин, -а, *мн.* -я́ева, -я́ев
с охо́той
сохране́ние, -я
сохранённый; *кр. ф.* -ён, -ена́
сохрани́ть(ся), -ню́(сь), -ни́т(ся)
сохра́нность, -и
сохра́нный; *кр. ф.* -а́нен, -а́нна
сохраня́емость, -и
сохраня́ть(ся), -я́ю(сь), -я́ет(ся)
со́хший
соц... – *первая часть сложных слов, пишется слитно, но*: соц-а́рт
соц-а́рт, -а
соцбы́т, -а
соцбытово́й
соцбытсе́ктор, -а
соцве́тие, -я
соцзащи́та, -ы
социал-... – *первая часть сложных слов, пишется через дефис*
социа́л-дарвини́зм, -а
социа́л-дарвини́стский
социа́л-демокра́т, -а
социа́л-демократи́зм, -а
социа́л-демократи́ческий
социа́л-демокра́тия, -и
социа́л-демокра́тка, -и, *р. мн.* -ток
социализа́ция, -и
социализи́рованный; *кр. ф.* -ан, -ана
социализи́ровать(ся), -рую(сь), -рует(ся)
социали́зм, -а
социали́ст, -а
социалисти́ческий
Социалисти́ческий интернациона́л
социали́стка, -и, *р. мн.* -ток
социали́ст-революционе́р, социали́ста-революционе́ра
социали́ст-утопи́ст, социали́ста-утопи́ста
социа́лка, -и

социа́л-патрио́т, -а
социа́л-патриоти́зм, -а
социа́л-патриоти́ческий
социа́л-революцио́нный
социа́л-реформи́зм, -а
социа́л-реформи́ст, -а
социа́л-реформи́стский
социа́л-шовини́зм, -а
социа́л-шовини́ст, -а
социа́л-шовинисти́ческий
социа́льно акти́вный
социа́льно-антагонисти́ческий
социа́льно-бытово́й
социа́льно-гуманита́рный
социа́льно-демографи́ческий
социа́льно защищённый
социа́льно зна́чимый
социа́льно-истори́ческий
социа́льно-культу́рный
социа́льно-лингвисти́ческий
социа́льно напра́вленный
социа́льно незащищённый
социа́льно обусло́вленный
социа́льно опа́сный
социа́льно ориенти́рованный
социа́льно-полити́ческий
социа́льно-правово́й
социа́льно-произво́дственный
социа́льно-психологи́ческий
социа́льно-структу́рный
социа́льно-трудово́й
социа́льно-филосо́фский
социа́льно-экономи́ческий
социа́льно-эти́ческий
социа́льный
Социнте́рн, -а
социнте́рновский
социо... – *первая часть сложных слов, пишется слитно*
социобиологи́ческий
социобиоло́гия, -и
социогуманита́рный
социодина́мика, -и
социокульту́рный
социоле́кт, -а
социолингви́ст, -а
социолингви́стика, -и
социолингвисти́ческий
социо́лог, -а
социологи́зм, -а
социологи́ческий
социологи́чность, -и
социологи́чный; *кр. ф.* -чен, -чна
социоло́гия, -и
социо́лого-статисти́ческий
социометри́ческий
социоме́трия, -и
социо́ника, -и
социополити́ческий
социоприро́дный
социопсихолингви́стика, -и
социопсихо́лог, -а
социопсихологи́ческий
социопсихоло́гия, -и
социострукту́ра, -ы
социосфе́ра, -ы
социоте́хника, -и
социофо́бия, -и
со́циум, -а
со́циумный
соцкультбы́т, -а
соцла́герь, -я
соцобеспе́че́ние, -я
соцобяза́тельство, -а
соцопро́с, -а
соцпа́ртия, -и
соцпроисхожде́ние, -я
соцрабо́тник, -а
соцрабо́тница, -ы, *тв.* -ей
соцреали́зм, -а
соцреали́ст, -а
соцреалисти́ческий
соцсоревнова́ние, -я
соцстрана́, -ы́, *мн.* -стра́ны, -стра́н
соцстра́х, -а
соцстра́ховский
сочеви́чник, -а
соче́льник, -а
соче́льниковский
со́чень, со́чня
сочета́емостный
сочета́емость, -и
сочета́ние, -я
сочета́нность, -и
сочета́нный
сочета́тельный
сочета́ть(ся), -а́ю(сь), -а́ет(ся)
со́чиво, -а
сочине́ние, -я
сочинённый; *кр. ф.* -ён, -ена́
сочини́тель, -я
сочини́тельница, -ы, *тв.* -ей
сочини́тельный
сочини́тельский
сочини́тельство, -а
сочини́ть(ся), -ню́, -ни́т(ся)
со́чинский (*от* Со́чи)
со́чинцы, -ев, *ед.* -нец, -нца, *тв.* -нцем
сочиня́ть(ся), -я́ю, -я́ет(ся)
сочи́ть(ся), -и́т(ся)
сочле́н, -а
сочлене́ние, -я
сочленённый; *кр. ф.* -ён, -ена́
сочлени́ть(ся), -ню́, -ни́т(ся)
сочлено́вный
сочленя́ть(ся), -я́ю, -я́ет(ся)
со́чник, -а
со́чно-зелёный
со́чно-ро́зовый
со́чность, -и
со́чный; *кр. ф.* со́чен, сочна́, со́чно, со́чны́
сочо́к, сочка́ и сочку́ (*от* сок)
сочтённый; *кр. ф.* -ён, -ена́
сочу́вственно, *нареч.*
сочу́вственный; *кр. ф.* -вен и -венен, -венна
сочу́вствие, -я
сочу́вствовать, -твую, -твует
сочу́вствующий
сошвы́ривать, -аю, -ает
сошвырну́ть, -ну́, -нёт
соше́дший(ся)
соше́ствие, -я
Соше́ствие во а́д (*иконографический сюжет*)
со́шка, -и, *р. мн.* со́шек
сошни́к, -а́
сошнико́вый
сошничо́к, -чка́
со́шный
сощи́панный; *кр. ф.* -ан, -ана
сощипа́ть, -иплю́, -и́плет, -и́плют и -и́пет, -и́пят; также -а́ю, -а́ет
сощи́пнутый
сощипну́ть, -ну́, -нёт
сощи́пывание, -я
сощи́пывать(ся), -аю, -ает(ся)
сощу́ренный; *кр. ф.* -ен, -ена
сощу́ривать(ся), -аю(сь), -ает(ся)
сощу́рить(ся), -рю(сь), -рит(ся)
СО́Э, *нескл., с.* (*сокр.*: скорость оседания эритроцитов)
сою́з, -а
Сою́з, -а (*Советский Союз*)
Сою́з благоде́нствия (*общество декабристов*)
Сою́з журнали́стов Росси́и
сою́зить, сою́жу, сою́зит
сою́зка, -и, *р. мн.* -зок
Сою́з каза́чьих во́йск Росси́и и зарубе́жья
Сою́з кинематографи́стов Росси́и
сою́зник, -а
сою́зница, -ы, *тв.* -ей
сою́знический
сою́зничество, -а
Сою́зное госуда́рство Росси́и и Белору́ссии
сою́зно-республика́нский
сою́зный
Сою́з пра́вых си́л (СПС) (*политический блок*)
Сою́з ру́сского наро́да (*организация*)
Сою́з Сове́тских Социалисти́ческих Респу́блик (СССР)
Сою́з спасе́ния (*общество декабристов*)
Сою́з театра́льных де́ятелей Росси́и
Сою́з худо́жников Росси́и
союрга́ль, -я
со́я, со́и
СП [эспэ́], *нескл., с.* (*сокр.*: совместное предприятие)
спаге́тти, *нескл., с.* и *мн.*
спаги́, *нескл., м.*
спад, -а
спада́ние, -я
спада́ть, -а́ет
спаде́ние, -я
спадфля́ция, -и
спа́зм, -а, *р. мн.* -ов и **спа́зма,** -ы, *р. мн.* спазм
спазма́тик, -а

спазмати́ческий
спазмоли́тик, -а
спазмолити́н, -а
спазмолити́ческий
спазмофили́я, -и
спа́ивание, -я
спа́ивать(ся), -аю(сь), -ает(ся)
спай, -я
спа́йдер, -а
спа́йк, -а (*резкое колебание мышечного или нервного потенциала*)
спа́йка, -и, *р. мн.* спа́ек (*к* спая́ть; *соединение и место его*)
спа́йковый
спа́йник, -а
спайнолепе́стные, -ых
спа́йность, -и
спайноцве́тник, -а
спа́йный
спа́йщик, -а
спа́йщица, -ы, *тв.* -ей
спакети́рованный; *кр. ф.* -ан, -ана
спакети́ровать, -рую, -рует
спа́ленка, -и, *р. мн.* -нок
спа́ленный (*от* спа́льня)
спалённый; *кр. ф.* -ён, -ена́
спа́лзывание, -я
спа́лзывать, -аю, -ает
спа́ливать(ся), -аю(сь), -ает(ся)
спали́ть(ся), -лю́(сь), -ли́т(ся)
спа́льник, -а
спа́льный (*от* спать)
спа́льня, -и, *р. мн.* -лен
спам, -а
спа́мер, -а
спам-информа́ция, -и
спа́ндекс, -а
спание́ль, -я
спанорами́ровать, -и́рую, -и́рует
с панталы́ку (сбить(ся))
спаньё, -я́
спарашюти́ровать, -рую, -рует
спарде́к, -а
спарде́чный
спа́ренный; *кр. ф.* -ен, -ена
спа́ржа, -и, *тв.* -ей
спа́ржевый
спа́ривание, -я
спа́ривать(ся), -аю(сь), -ает(ся)
спа́рить(ся), -рю(сь), -рит(ся)
спа́рка, -и, *р. мн.* -рок
спаро́ванный; *кр. ф.* -ан, -ана
спарова́ть(ся), -ру́ю(сь), -ру́ет(ся)
спароди́рованный; *кр. ф.* -ан, -ана
спароди́ровать, -и́рую, -и́рует
спа́рринг, -а
спа́рринг-бо́й, -я
спа́рринг-ма́тч, -а, *тв.* -ем
спа́рринговый
спа́рринг-партнёр, -а
спа́рринг-те́ст, -а
Спарта́к, -а (*ист.*)
спартакиа́да, -ы
Спартакиа́да трудя́щихся Росси́и
спартакиа́дный
спарта́ковец, -вца, *тв.* -вцем, *р. мн.* -вцев
спарта́ковка, -и, *р. мн.* -вок
спарта́ковский (*от* Спарта́к и “Спарта́к”)
спарта́нец, -нца, *тв.* -нцем, *р. мн.* -нцев
спарта́нка, -и, *р. мн.* -нок
спарта́нски
спарта́нский
спартиа́ты, -ов, *ед.* -иа́т, -а (*от* Спа́рта)
спа́рхивать, -аю, -ает
спа́рывание, -я
спа́рывать(ся), -аю, -ает(ся)
Спас, -а (*о Христе*; *праздник*)
спас: спа́су не́т
спаса́ние, -я
спаса́тель, -я
спаса́тельно-разыскно́й
спаса́тельный
спаса́тельский
спаса́ть(ся), -а́ю(сь), -а́ет(ся)
Спа́с Благо́е молча́ние, Спа́са Благо́е молча́ние (*иконографический тип Христа*)
Спа́с в Си́лах, Спа́са в Си́лах (*иконографический тип Христа*)
Спа́с Вседержи́тель, Спа́са Вседержи́теля (*иконографический тип Христа*)
спасе́ние, -я
спасённый; *кр. ф.* -ён, -ена́
спасжиле́т, -а
Спа́с Златы́е власы́, Спа́са Златы́е власы́ (*иконографический тип Христа*)
спаси́бо[1], *неизм.*
спаси́бо[2], -а и *нескл., с.* (рабо́тать за спаси́бо; спаси́бом сыт не бу́дешь)
спаси́бочки и **спаси́бочко**
спаси́тель, -я и (*о Христе*) **Спаси́тель**, -я
спаси́тельница, -ы, *тв.* -ей
спаси́тельность, -и
спаси́тельный; *кр. ф.* -лен, -льна
Спас-Кле́пики, -ов (*город*)
Спа́с на Бору́ (*храм*)
Спа́с на Крови́ (*храм*)
Спа́с-Нере́дица, -ы и Спа́са-Нере́дицы (*церковь*)
Спа́с Нерукотво́рный (*образ, иконографический тип Христа*)
спасова́ть, -су́ю, -су́ет
Спа́сов де́нь, Спа́сова дня́
спа́совка, -и, *р. мн.* -вок (*сорт яблок*)
Спа́сово согла́сие, Спа́сова согла́сия (*старообрядческое течение*)
Спа́со-Преображе́нский (хра́м, монасты́рь)
спассеро́ванный; *кр. ф.* -ан, -ана
спассерова́ть, -ру́ю, -ру́ет
Спа́сская ба́шня (*в Московском Кремле*)
Спа́сск-Да́льний, Спа́сска-Да́льнего (*город*)
Спа́сские воро́та (*в Московском Кремле*)
спа́сский (*от* Спас, Спасск, Спа́сское)
Спа́сский монасты́рь
Спа́сское-Лутови́ново, Спа́сского-Лутови́нова
спа́сско-лутови́новский
Спа́сск-Ряза́нский, Спа́сска-Ряза́нского (*город*)
спасслу́жба, -ы
спасста́нция, -и
спасти́(сь), -су́(сь), -сёт(ся); *прош.* спа́с(ся), спасла́(сь)
спа́стика, -и
спасти́ческий
спасть, спадёт; *прош.* спал, спа́ла
Спас-У́гол, Спас-Угла́ (*село*)
спа́сцы, -ев, *ед.* -сец, -сца, *тв.* -сцем (*к* Спа́сск-Ряза́нский)
спасча́не, -а́н, *ед.* -а́нин, -а (*к* Спа́сск-Да́льний)
спа́сший(ся)
Спа́с Я́рое о́ко, Спа́са Я́рое о́ко (*иконографический тип Христа*)
спа́теньки, *неизм.*
спа́ть-почива́ть
спа́ть(ся), сплю, спи́т(ся); *прош.* спал, спала́, спа́ло, спало́сь
спа́ханный; *кр. ф.* -ан, -ана
спаха́ть, спашу́, спа́шет
спа́хивать(ся), -аю, -ает(ся)
спаяннолепе́стные, -ых
спа́янность, -и
спа́янный; *кр. ф. прич.* -ян, -яна; *кр. ф. прил.* (*единый, дружный*) -ян, -янна
спая́ть(ся), -я́ю(сь), -я́ет(ся)
спева́ться, -а́юсь, -а́ется (*к* спе́ться)
спе́вка, -и, *р. мн.* -вок
спека́емость, -и
спека́льщик, -а
спека́ние, -я
спека́ть(ся), -а́ю, -а́ет(ся)
спекта́кль, -я
спектр, -а
спектра́льно-аналити́ческий
спектра́льно-двойно́й
спектра́льный
спе́ктровый
спектрогелиогра́мма, -ы
спектрогелио́граф, -а
спектрогелиоско́п, -а
спектрогра́мма, -ы
спектро́граф, -а
спектрографи́рованный; *кр. ф.* -ан, -ана
спектрографи́ровать(ся), -и́рую, -и́рует(ся)
спектрографи́ческий
спектрогра́фия, -и
спектрозона́льный
спектрокомпара́тор, -а
спектро́метр, -а

спектрометри́рование, -я
спектрометри́рованный; *кр. ф.* -ан, -ана
спектрометри́ровать(ся), -и́рую, -и́рует(ся)
спектрометри́ческий
спектроме́три́я, -и
спектрополяри́метр, -а
спектропрое́ктор, -а
спектросенситогра́мма, -ы
спектросенсито́метр, -а
спектросенситометри́ческий
спектросенситоме́три́я, -и
спектроско́п, -а
спектроскопи́ческий
спектроскопи́я, -и
спектрофото́метр, -а
спектрофотометри́ческий
спектрофотоме́три́я, -и
спекули́рование, -я
спекули́ровать, -рую, -рует
спекульну́ть, -ну́, -нёт
спекуля́нт, -а
спекуля́нтка, -и, *р. мн.* -ток
спекуля́нтский
спекуляти́вность, -и
спекуляти́вный; *кр. ф.* -вен, -вна
спекуля́ция, -и
спёкший(ся)
спелёнатый и **спелёнутый**
спелена́ть, -а́ю, -а́ет
спелёнывать(ся), -аю, -ает(ся)
спелео... – *первая часть сложных слов, пишется слитно*
спелеоакванáвт, -а
спелеолаборато́рия, -и
спелеолече́бный
спелеолече́ние, -я
спелео́лог, -а
спелеологи́ческий
спелеоло́гия, -и
спелео́лог-подво́дник, спелео́лога-подво́дника
спелеоподво́дный
спелеоснаряже́ние, -я
спелеотерапи́я, -и
спелеотури́зм, -а
спелеотури́ст, -а
спелеотуристи́ческий
спелеофа́уна, -ы
спелеоце́нтр, -а
спелеоэкску́рсия, -и
спелеоэкспеди́ция, -и
спе́ллер, -а (*инф.*)
спелл-че́кер, -а
спе́лость, -и
спе́лый; *кр. ф.* спел, спела́, спе́ло, спе́лы́
спе́льта, -ы
спе́нсер, -а (*жилет*)
спе́нсерова строфа́, спе́нсеровой строфы́
сперва́
спервачка́ (нача́ть)
спервонача́ла и **спервонача́лу**
с перева́льцем
спе́реди
с перепо́ю и **с перепо́я**
с перепу́гу и **с перепу́га**
спере́ть(ся), сопру́, сопрёт(ся); *прош.* спёр(ся), спёрла(сь)
спе́рма, -ы
сперматиды, -и́д, *ед.* -и́да, -ы
сперматиче́ский
сперматогене́з, -а
сперматоге́нный
сперматого́нии, -ев, *ед.* -ний, -я
сперматозо́ид, -а
сперматозо́идный
сперматоре́я, -и
сперматофо́ры, -ов, *ед.* -фо́р, -а
сперматоци́ты, -ов, *ед.* -ци́т, -а
спермаце́т, -а
спермаце́товый
сперма́ции, -ев, *ед.* -а́ций, -я
спе́рмии, -ев, *ед.* -мий, -я
сперми́н, -а
спермиогене́з, -а
спермого́ний, -я
спермоце́йгма, -ы
спёртость, -и
спёртый
спёрший(ся)
спеси́вевший (*от* спеси́веть)
спеси́веть, -ею, -еет
спеси́вец, -вца, *тв.* -вцем, *р. мн.* -вцев
спеси́вившийся (*от* спеси́виться)
спеси́виться, -влюсь, -вится
спеси́вица, -ы, *тв.* -ей
спеси́вость, -и
спеси́вый
спеси́вящийся
спессарти́н, -а
спессарти́т, -а
спесь, -и
спе́тость, -и
спе́тый
спеть, спе́ет (*созревать*)
спе́ть(ся), спою́(сь), споёт(ся) (*к* петь)
спех, -а и -у; не к спе́ху
спец, -а́, *тв.* -о́м, *р. мн.* -о́в
спец... – *первая часть сложных слов, пишется слитно*
спецавиаотря́д, -а
спецавиаре́йс, -а
спецавтомаши́на, -ы
спецавтотра́нспорт, -а
спецавтохозя́йство, -а
спецаге́нт, -а
спецаппарату́ра, -ы
спецбольни́ца, -ы, *тв.* -ей
спецбо́рт, -а, *мн.* -а́, -о́в
спецбрига́да, -ы
спецваго́н, -а
спецвойска́, -во́йск, -а́м
спецвы́пуск, -а
спецгаше́ние, -я
спецго́спиталь, -я
спецгру́ппа, -ы
спецда́ча, -и
спецдепози́т, -а
спецдепозита́рий, -я
спецдисципли́на, -ы
спецдогово́р, -а, *мн.* -ы, -ов и -а́, -о́в
спецеда́ [цъе], -ы́
спецёмкость [цъё], -и
спецзада́ние, -я
спецзака́з, -а
специализа́ция, -и
специализи́рованный; *кр. ф.* -ан, -ана
специализи́ровать(ся), -рую(сь), -рует(ся)
специали́ст, -а
специали́стка, -и, *р. мн.* -ток
специали́ст-универса́л, специали́ста-универса́ла
специа́льно обору́дованный
специа́льно-подготови́тельный
специа́льность, -и
специа́льный; *кр. ф.* -лен, -льна
специнтерна́т, -а
специ́фика, -и
специфика́тор, -а
спецификацио́нный
специфика́ция, -и
специфици́рованный; *кр. ф.* -ан, -ана
специфици́ровать(ся), -рую, -рует(ся)
специфи́ческий
специфи́чность, -и
специфи́чный; *кр. ф.* -чен, -чна
спе́ция, -и
спецкоми́ссия, -и
спецконво́й, -я
спецконте́йнер, -а
спецконтинге́нт, -а
спецконтро́ль, -я
спецко́р, -а
спецко́ровский
спецкостю́м, -а
спецку́рс, -а
спецкурье́р, -а
спецла́герь, -я, *мн.* -я́, -е́й
спецлитерату́ра, -ы
спецмагази́н, -а
спецмедобслу́живание, -я
спецмедслу́жба, -ы
спецмеропри́ятие, -я
спецметаллу́ргия, -и
спецмили́ция, -и
спецмолоко́, -а́
спецморпрово́дка, -и
спецнабо́р, -а
спецна́з, -а
спецна́зовец, -вца, *тв.* -вцем, *р. мн.* -вцев
спецна́зовский
спецнаря́д, -а (*милицейский*)
спецно́мер, -а, *мн.* -а́, -о́в
спецобору́дование, -я
спецобрабо́тка, -и, *р. мн.* -ток
спецобслу́живание, -я
спецо́бувь, -и
спецобуче́ние, -я
спецобъе́кт, -а

спецо́вка, -и, *р. мн.* -вок
спецо́вочка, -и, *р. мн.* -чек
спецоде́жда, -ы
спецопера́ция, -и
спецосна́стка, -и
спецотде́л, -а
спецотделе́ние, -я
спецотря́д, -а
спецотчисле́ния, -ий
спецоформле́ние, -я
спецпаёк, -пайка́
спецпереселе́нец, -нца, *тв.* -нцем, *р. мн.* -нцев
спецпита́ние, -я
спецподгото́вка, -и
спецподразделе́ние, -я
спецпо́езд, -а, *мн.* -а́, -о́в
спецпока́з, -а
спецполикли́ника, -и
спецпоселе́ние, -я
спецпра́ктикум, -а
спецпредложе́ние, -я
спецпредстави́тель, -я
спецприёмник, -а
спецпри́з, -а, *мн.* -ы́, -о́в
спецпрогра́мма, -ы
спецпрое́кт, -а
спецпро́пуск, -а
спецпроце́ссор, -а
спецПТУ [-пэтэу́], *нескл., с.*
спецраспредели́тель, -я
спецреда́ктор, -а
спецрежи́м, -а
спецре́йс, -а
спецре́йсовый
спецрепорта́ж, -а, *тв.* -ем
спецсамолёт, -а
спецсанато́рий, -я
спецсвя́зь, -и
спецсемина́р, -а
спецсе́рвис, -а
спецсигна́л, -а
спецси́мвол, -а
спецслу́жбы, -слу́жб, *ед.* -слу́жба, -ы
спецсре́дства, -сре́дств, *ед.* -сре́дство, -а
спецста́ль, -и
спецстоя́нка, -и, *р. мн.* -нок
спецстрои́тельство, -а
спецсчёт, -а, *мн.* -счета́, -о́в
спецсчёт-депози́т, спецсчёта-депози́та
спецтало́н, -а
спецте́хника, -и
спецтехноло́гия, -и
спецтира́ж, -а́, *тв.* -о́м
спецтра́нспорт, -а
спецтюрьма́, -ы́, *мн.* -тю́рьмы, -рем, -рьмам
спецуправле́ние, -я
спецуслу́ги, -у́г
спецустро́йство, -а
спецучёт, -а
спецфо́нд, -а
спецхра́н, -а
спецхране́ние, -я
спецхрани́лище, -а
спецхра́нный
спецце́нтр, -а
спецце́х, -а, *мн.* -а́, -о́в и -и, -ов
спецча́сть, -и, *мн.* -и, -е́й
спецшко́ла, -ы
спецэкспортёр, -а
спецэлектро́д, -а
спецэлектрометаллурги́я, -и
спецэми́ссия, -и
спецэффе́кт, -а
спечённый; *кр. ф.* -ён, -ена́
спе́чь(ся), спеку́(сь), спечёт(ся), спеку́т(ся); *прош.* спёк(ся), спекла́(сь)
спе́шенный; *кр. ф.* -ен, -ена
спе́шивание, -я
спе́шивать(ся), -аю(сь), -ает(ся)
спеши́ть, -шу́, -ши́т (*торопиться*)
спе́шить(ся), -шу(сь), -шит(ся) (*слезть, заставить слезть с лошади*)
спе́шка, -и
спе́шность, -и
спе́шный; *кр. ф.* -шен, -шна
спе́ющий
спива́ть(ся), -а́ю(сь), -а́ет(ся) (*к* спи́ть(ся)
СПИД, -а (*сокр.*: синдром приобретенного иммунодефицита)
спидве́й, -я
спидве́йный
спи́довый
спидогра́мма, -ы
спидо́граф, -а
спидографи́ческий
спидогра́фия, -и
спидо́ла, -ы
спидо́лог, -а
спидо́метр, -а
спидоноси́тель, -я
спидоноси́тельница, -ы, *тв.* -ей
спидоподо́бный
спидофо́б, -а
спидофо́бия, -и
спидофо́бский
спидске́йтинг, -а (*спорт.*)
спидски́инг, -а (*спорт.*)
спи́кер, -а
спи́керский
спи́керство, -а
спикерфо́н, -а
спики́ровать, -рую, -рует
спикка́то, *неизм.* и *нескл., с.*
спи́кулы, -ул, *ед.* -ула, -ы
спил, -а
спи́ленный; *кр. ф.* -ен, -ена
спи́ливание, -я
спи́ливать(ся), -аю, -ает(ся)
спили́т, -а
спили́т-кератофи́ровый
спили́товый
спили́ть, спилю́, спи́лит
спи́лка, -и (*действие*)
спи́лок, -лка (*слой кожи*)
спин, -а (*физ.*)
спина́, -ы́, *вин.* спи́ну, *мн.* спи́ны, спин
спи́накер, -а (*мор.*)
спи́накер-бра́с, -а
спи́накер-ги́к, -а
спи́накер-фа́л, -а
спи́накер-шко́т, -а
спина́льник, -а
спина́льница, -ы, *тв.* -ей
спина́льный
спин-ве́ктор, -а
спине́т, -а
спини́ст, -а (*пловец*)
спини́стка, -и, *р. мн.* -ток
спини́ща, -и
спи́нка, -и, *р. мн.* -нок
спи́ннинг, -а
спиннинги́ст, -а
спи́ннинговый
спи́нно-брюшно́й
спинно́й
спинномозгово́й
спи́новый (*от* спин)
спино́за, -ы (*спина, шутл.*)
спинози́зм, -а
спинози́стский
спино́зовский (*от* Спино́за)
спи́нор, -а
спин-орбита́льный
спино́рный
спиноро́г, -а
спин-спи́новый
спинтариско́п, -а
спи́нушка, -и, *р. мн.* -шек
спиралеви́дный; *кр. ф.* -ден, -дна
спиралеобра́зность, -и
спиралеобра́зный; *кр. ф.* -зен, -зна
спирализа́ция, -и
спирализо́ванный; *кр. ф.* -ан, -ана
спирализова́ться, -зу́ется
спира́ль, -и
спира́лька, -и, *р. мн.* -лек
спира́льно-кони́ческий
спира́льность, -и
спира́льный
спира́нт, -а
спира́нтный
спира́ть(ся), -а́ю, -а́ет(ся)
спире́я, -и
спири́ллы, -и́лл, *ед.* -и́лла, -ы
спири́т, -а
спирити́зм, -а
спирити́ческий
спири́тка, -и, *р. мн.* -ток
спири́тский
спиритуали́зм, -а
спиритуали́ст, -а
спиритуалисти́ческий
спи́ри́чуэл, -а и **спи́ри́чуэлс**, *нескл., мн.*
спироги́ра, -ы
спирогра́мма, -ы
спиро́граф, -а
спирографи́ческий

спирогра́фия, -и
спиро́метр, -а
спирометри́ческий
спироме́три́я, -и
спирохето́з, -а
спирохе́ты, -е́т, *ед.* -хе́та, -ы
спирт, -а и -у, *предл.* в (на) спи́рте и в (на) спирту́, *мн.* -ы́, -о́в
спиртзаво́д, -а
спиртно́е, -о́го
спиртно́й
спиртобензо́л, -а
спиртобензо́льный
спиртова́ние, -я
спирто́ванный; *кр. ф.* -ан, -ана
спиртова́ть(ся), -ту́ю, -ту́ет(ся)
спирто́вка, -и, *р. мн.* -вок
спиртово́дный
спиртово́дочный
спиртово́з, -а
спиртово́й
спиртоглицери́новый
спиртоме́р, -а
спирто́метр, -а
спиртоочисти́тельный
спиртосодержа́щий и **спиртсодержа́щий**
спи́рт-ректифика́т, спи́рта-ректифика́та
спи́рт-сыре́ц, спи́рта-сырца́
спирули́на, -ы
списа́ние, -я
спи́санный; *кр. ф.* -ан, -ана
списа́ть(ся), спишу́(сь), спи́шет(ся)
спи́сок, -ска
спи́сочек, -чка
спи́сочный
спи́сывание, -я
спи́сывать(ся), -аю(сь), -ает(ся)
спита́кский (*от* Спита́к)
спита́кцы, -ев, *ед.* -кец, -кца, *тв.* -кцем
спито́й, *прил.* (спито́й ча́й)
спи́тый, *прич.*
спи́ть(ся), сопью́(сь), сопьёт(ся); *прош.* спи́л(ся), спила́(сь), спи́ло, спи́ло́сь
спи́хивание, -я
спи́хивать(ся), -аю, -ает(ся)
спи́хнутый
спихну́ть, -ну́, -нёт
спихоте́хника, -и
спи́ца, -ы, *тв.* -ей
спи́цевый и **спицево́й**
спич, -а, *тв.* -ем
спи́чечница, -ы, *тв.* -ей
спи́чечный
спи́чка, -и, *р. мн.* -чек
спичра́йтер, -а
СПК [эспэка́], *нескл., с.* (*сокр.*: судно на подводных крыльях) и *м.* (*сокр.*: стартовый и посадочный комплекс)
сплав, -а
спла́вать, -аю, -ает
спла́вина, -ы
спла́вить(ся), -влю, -вит(ся)
спла́вка, -и
сплавле́ние, -я
спла́вленный; *кр. ф.* -ен, -ена
сплавля́ть(ся), -я́ю, -я́ет(ся)
сплавно́й
спла́вочный
спла́вщик, -а
сплани́рованность, -и
сплани́рованный; *кр. ф.* -ан, -ана (*от* сплани́ровать) и **сплани́ро́ванный;** *кр. ф.* -ан, -ана (*от* спланиро́ва́ть)
сплани́ровать, -рую, -рует (*от* плани́ровать) и **сплани́рова́ть,** -ни́ру́ю, -ни́ру́ет (*от* плани́рова́ть)
спланхнологи́ческий
спланхноло́гия, -и
спланхнопле́вра, -ы
спланхнопто́з, -а
спласиро́ванный; *кр. ф.* -ан, -ана
спласирова́ть, -ру́ю, -ру́ет
сплат, -а
спла́чивание, -я
спла́чивать(ся), -аю(сь), -ает(ся)
сплёвывание, -я
сплёвывать(ся), -аю, -ает(ся)
спленомега́лия, -и
спленопа́тия, -и
спле́сень, -я *(мор.)*
сплёскивать(ся), -аю, -ает(ся)
сплёснутый
сплесну́ть, -ну́, -нёт
сплести́(сь), сплету́(сь), сплетёт(ся); *прош.* сплёл(ся), сплела́(сь)
сплета́ние, -я
сплета́ть(ся), -а́ю(сь), -а́ет(ся)
сплете́ние, -я
сплетённый; *кр. ф.* -ён, -ена́
сплётка, -и, *р. мн.* -ток
спле́тник, -а
спле́тница, -ы, *тв.* -ей
спле́тничанье, -я
спле́тничать, -аю, -ает
спле́тнический
спле́тничество, -а
спле́тня, -и, *р. мн.* -тен
сплётший(ся)
сплеча́, *нареч.*
сплин, -а
сплит, -а *(фин.)*
сплит-систе́ма, -ы
спли́тский (*от* Сплит, *город*)
спли́ттер, -а
спли́тцы, -ев, *ед.* -тец, -тца, *тв.* -тцем
сплоённый; *кр. ф.* -ён, -ена́
сплои́ть, -ою́, -ои́т
сплоти́ть(ся), -очу́(сь), -оти́т(ся)
спло́тка, -и, *р. мн.* -ток (*действие*; *то же, что сплóток*)
сплóток, -тка
сплóточно-сортирóвочный
сплóточный
сплохова́ть, сплоху́ю, сплоху́ет
сплоче́ние, -я
сплочённо, *нареч.*
сплочённость, -и
сплочённый; *кр. ф. прич.* -ён, -ена́; *кр. ф. прил.* (*единый, дружный*) -ён, -ённа
сплоша́ть, -а́ю, -а́ет
сплошно́й
сплó шность, -и *(спец.)*
сплошня́к, -а́
сплошняко́м, *нареч.*
сплошь
сплóшь да ря́дом
сплутова́ть, -ту́ю, -ту́ет
сплыва́ние, -я
сплыва́ть(ся), -а́ю(сь), -а́ет(ся)
сплы́ть(ся), -ыву́(сь), -ывёт(ся); *прош.* -ы́л(ся), -ыла́(сь), -ы́ло, -ы́ло́сь
сплю́нутый
сплю́нуть, -ну, -нет
сплю́снутый
сплю́снуть(ся), -ну, -нет(ся)
сплю́шка, -и, *р. мн.* -шек
сплю́щенный; *кр. ф.* -ен, -ена
сплю́щивание, -я
сплю́щивать(ся), -аю, -ает(ся)
сплю́щить(ся), -щу, -щит(ся)
спля́санный; *кр. ф.* -ан, -ана
спляса́ть, -яшу́, -я́шет
СПО [эспэо́], *нескл., м.* (*сокр.*: союз потребительских обществ) и *с.* (*сокр.*: специальное программное обеспечение)
с пови́нной
с поворо́та
с подве́тра *(мор.)*
сподви́жник, -а
сподви́жница, -ы, *тв.* -ей
сподви́жнический
сподви́жничество, -а
спо́дличать, -аю, -ает
сподо́бить(ся), -блю(сь), -бит(ся)
сподо́бленный; *кр. ф.* -ен, -ена
сподобля́ть(ся), -я́ю(сь), -я́ет(ся)
сподогра́мма, -ы
сподографи́ческий
сподогра́фия, -и
сподру́чник, -а
сподру́чница, -ы, *тв.* -ей
сподру́чничать, -аю, -ает
сподру́чный; *кр. ф.* -чен, -чна
сподря́д, *нареч.* (*прост. к* подря́д[2])
сподуме́н, -а
спо́енный; *кр. ф.* -ен, -ена
спозара́нку
спозара́нок
спознава́ть(ся), -наю́(сь), -наёт(ся)
спозна́ть(ся), -а́ю(сь), -а́ет(ся)
спои́ть, спою́, спо́ит
спо́йлер, -а
спок: бу́дь спо́к *(жарг.)*
спока́яться, -а́юсь, -а́ется (*устар. к* пока́яться)
споко́й, -я и -ю (*прост. к* поко́й)
споко́йненько

споко́йно, *нареч.* и *в знач. сказ.*
споко́йно-зелёный
споко́йный; *кр. ф.* -о́ен, -о́йна
споко́йствие, -я
споко́н ве́ку (веко́в)
споку́ха, -и, *также в знач. сказ.* (*жарг.*)
спола́горя
спола́скивание, -я
спола́скивать(ся), -аю(сь), -ает(ся)
с полдоро́ги (пройти́, прое́хать; верну́ться)
сполза́ние, -я
сполза́ть(ся), -а́ю, -а́ет(ся)
сползти́(сь), -зу́, -зёт(ся); *прош.* спо́лз(ся), сползла́(сь)
спо́лзший(ся)
с поли́чным (взять, пойма́ть)
сполна́, *нареч.*
с полоборо́та и **с полуоборо́та**
сполови́ненный; *кр. ф.* -ен, -ена
сполови́нить, -ню, -нит
споло́сканный; *кр. ф.* -ан, -ана
сполоска́ть, -лощу́, -ло́щет и -а́ю, -а́ет
споло́снутый
сполосну́ть(ся), -ну́(сь), -нёт(ся)
спо́лотый
споло́ть, сполю́, спо́лет
спо́лох, -а (*набат*; *тревога*, *переполох*)
спо́ло́хи, -ов, *ед.* спо́ло́х, -а (*северное сияние*; *зарницы*)
с полувзгля́да (поня́ть)
с полулёта (уда́рить)
с полунамёка (поня́ть)
с полуоборо́та и **с полоборо́та**
с полусло́ва (поня́ть)
спо́лье, -я, *р. мн.* -льев (*место, где сходятся смежные поля*)
спо́льный (*к* спо́лье)
с по́мощью (*чего*)
спонги́н, -а
спонги́т, -а
спондеи́ческий
сponде́й, -я
спондилёз, -а
спондили́т, -а
спондилоартри́т, -а
спондилоартро́з, -а
спондилолисте́з, -а
спонси́рование, -я
спонси́рованный; *кр. ф.* -ан, -ана
спонси́ровать(ся), -рую(сь), -рует(ся)
спо́нсор, -а
спо́нсорный
спо́нсор-рекламода́тель, спо́нсора-рекламода́теля
спо́нсорский
спо́нсорство, -а
спо́нсорствовать, -твую, -твует
спо́нсорша, -и, *тв.* -ей
спонтане́йный
спонта́нно, *нареч.*
спонта́нность, -и
спонта́нный; *кр. ф.* -а́нен, -а́нна
сponти́рова́ть, -и́ру́ю, -и́ру́ет
с по́нтом (*жарг.*)
спор, -а и -у
споради́чески
споради́ческий
споради́чность, -и
споради́чный; *кр. ф.* -чен, -чна
спора́нгий, -я
Спори́тельница, -ы, *тв.* -ей: **Спори́тельница хлебо́в** (*икона Божией Матери*)
спо́рить, -рю, -рит (*к* спор)
спо́ри́ться, спо́ри́тся (*идти успешно*)
спо́рненский (*от* Спо́рное, *поселок*)
спо́рность, -и
спо́рный; *кр. ф.* -рен, -рна
спорови́к, -а́
спо́рово-пыльцево́й
спо́ровый
с поро́га (отве́ргнуть, отказа́ть)
спороге́нез, -а
спорого́ний, -я
споро́дерма, -ы
спо́рок, -рка
спорока́рпий, -я
споро́листик, -а
споро́носный; *кр. ф.* -сен, -сна
спорообразова́ние, -я
споропо́чки, -чек, *ед.* -по́чка, -и
спо́рость, -и
споротрихо́з, -а
спо́ротый
споро́ть(ся), спорю́, спо́рет(ся)
спорофи́лл, -а
спорофи́т, -а
спороци́ста, -ы
спорт, -а
спорт... – *первая часть сложных слов, пишется слитно*
сporта́н, -а
спорта́новый
спортба́за, -ы
спортба́р, -а
спортгородо́к, -дка́
спортза́л, -а
спорти́вки, -вок, *ед.* -и́вка, -и
спорти́вно-гимнасти́ческий
спорти́вно-зре́лищный
спорти́вно-конце́ртный
спорти́вно-ма́ссовый
спорти́вно-медици́нский
спорти́вно-нау́чный
спорти́вно-оздорови́тельный
спорти́вно-охо́тничий, -ья, -ье
спорти́вно-показа́тельный
спорти́вно-прикладно́й
спорти́вность, -и
спорти́вно-танцева́льный
спорти́вно-техни́ческий
спорти́вно-туристи́ческий
спорти́вно-худо́жественный
спорти́вный; *кр. ф.* -вен, -вна
спортизде́лие, -я
спортинвента́рь, -я́
спо́ртинг, -а (*вид стрельбы*)
спортинстру́ктор, -а
спортка́рта, -ы
спортклу́б, -а
спортклу́бовский
спорткомите́т, -а
спортко́мплекс, -а
спортла́герь, -я, *мн.* -я́, -е́й
спортлото́, *нескл.*, *с.*
спорто́бщество, -а
спорторганиза́тор, -а
спортплоща́дка, -и, *р. мн.* -док
спортро́ллер, -а
спортсе́кция, -и
спортсме́н, -а
спортсме́н-инвали́д, спортсме́на-инвали́да
спортсме́нка, -и, *р. мн.* -нок
спортсме́н-олимпи́ец, спортсме́на-олимпи́йца
спортсме́н-разря́дник, спортсме́на-разря́дника
спортсме́нский
спортсооруже́ние, -я
спорттова́ры, -ов
спортуголо́к, -лка́
Спору́чница, -ы, *тв.* -ей: **Спору́чница гре́шных** (*икона Божией Матери*)
спорхну́ть, -ну́, -нёт
спо́рщик, -а
спо́рщица, -ы, *тв.* -ей
спо́рщицкий
спо́ры, спор, *ед.* спо́ра, -ы (*бот.*)
спо́рый; *кр. ф.* спор, спора́, спо́ро
спорынья́, -и́
споры́ш, -а́, *тв.* -о́м
спо́рящий
спо́ря́щийся
спо́соб, -а
спосо́бность, -и
спосо́бный; *кр. ф.* -бен, -бна
спосо́бствование, -я
спосо́бствовать, -твую, -твует
споспе́шествовать, -твую, -твует
спосыла́ть, -а́ю, -а́ет (*устар. к* посыла́ть)
спот, *неизм.* и *нескл.*, *с.* (*вид сделки*, *фин.*)
споткну́ться, -ну́сь, -нётся
спо́товый
с потолка́ (взять – *ни на чем не основываясь*)
спот-про́мпт, -а
спот-тра́мповый (*о судне*)
спотыка́ние, -я
спотыка́ться, -а́юсь, -а́ется
спотыка́ч, -а́, *тв.* -о́м
спотыкли́вый
спотыкну́ться, -ну́сь, -нётся (*устар.* и *прост. к* споткну́ться)
споты́чка, -и, *р. мн.* -чек
спо́уксмен, -а
споха́бничать, -аю, -ает
спохвати́ться, -ачу́сь, -а́тится
спохва́тываться, -аюсь, -ается

с похме́лья
с похо́дцем (*с некоторым излишком*)
спра́ва[1], -ы (*дело*; *снаряжение*)
спра́ва[2], *нареч.*
справедли́вость, -и
справедли́вый
спра́вить(ся), -влю(сь), -вит(ся)
спра́вка, -и, *р. мн.* -вок
спра́вка-счёт, спра́вки-счёта, *ж.*
спра́вленный; *кр. ф.* -ен, -ена
справля́ть(ся), -я́ю(сь), -я́ет(ся)
спра́вность, -и
спра́вный; *кр. ф.* -вен, -вна
спра́вочка, -и, *р. мн.* -чек
спра́вочная, -ой
спра́вочник, -а
спра́вочно-библиографи́ческий
спра́вочно-информацио́нный
спра́вочный
спра́вщик, -а
спрайт, -а
спра́йтовый
спра́шивание, -я
спра́шивать(ся), -аю(сь), -ает(ся)
спред, -а (*фин.*)
спре́дер, -а
спре́динг, -а
спрей, -я
прессо́ванный; *кр. ф.* -ан, -ана
спрессова́ть(ся), -ссу́ю, -ссу́ет(ся)
спрессо́вывание, -я
спрессо́вывать(ся), -аю, -ает(ся)
с приве́том
с при́дурью
спри́нгер, -а
спри́нклер, -а
спринт, -а
спри́нтер, -а
спри́нтерский
принцева́льный
принцева́ние, -я
спринцева́ть(ся), -цу́ю(сь), -цу́ет(ся)
спринцо́ванный; *кр. ф.* -ан, -ана
спринцо́вка, -и, *р. мн.* -вок
спрова́дить, -а́жу, -а́дит
спрова́женный; *кр. ф.* -ен, -ена
спрова́живание, -я
спрова́живать(ся), -аю(сь), -ает(ся)
спрово́ренный; *кр. ф.* -ен, -ена
спрово́рить, -рю, -рит
спровоци́рованность, -и
спровоци́рованный; *кр. ф.* -ан, -ана
спровоци́ровать(ся), -рую, -рует(ся)
спрогнози́рованный; *кр. ф.* -ан, -ана
спрогнози́ровать, -рую, -рует
спродюси́ровать, -и́рую, -и́рует
спроекти́рованный; *кр. ф.* -ан, -ана
спроекти́ровать(ся), -рую, -рует(ся)
спроеци́рованность, -и
спроеци́рованный; *кр. ф.* -ан, -ана
спроеци́ровать(ся), -рую, -рует(ся)
спрока́зить, -а́жу, -а́зит
спрос, -а и -у
спроси́ть(ся), -ошу́(сь), -о́сит(ся)
спро́совый
спросо́нку
спросо́нок
спросо́нья
спроста́
спрофили́рованный; *кр. ф.* -ан, -ана
спрофили́ровать(ся), -рую, -рует(ся)
спрохвала́
с прохла́дцей и **с прохла́дцем**
спро́шенный; *кр. ф.* -ен, -ена
спру, *нескл.*, *м.* и *с.*
спружи́нивать, -аю, -ает
спружи́нить, -ню, -нит
спрут, -а
спры́гивание, -я
спры́гивать, -аю, -ает
спры́гнуть, -ну, -нет
спры́ски, -ов
спры́скивание, -я
спры́скивать(ся), -аю(сь), -ает(ся)
спры́снутый
спры́снуть(ся), -ну(сь), -нет(ся)
спря́вший
спряга́емость, -и
спряга́емый
спряга́ть(ся), -а́ю, -а́ет(ся)
спря́гший(ся)
спрядённый; *кр. ф.* -ён, -ена́ и **спря́денный**; *кр. ф.* -ен, -ена (*от* спрясть)
спряже́ние, -я
спряжённый; *кр. ф.* -ён, -ена́ (*от* спрячь)
спря́жка, -и
спряжно́й
спрями́ть, -млю́, -ми́т
спрямле́ние, -я
спрямлённый; *кр. ф.* -ён, -ена́
спрямля́ть(ся), -я́ю, -я́ет(ся)
спрямля́ющий(ся)
спрясть, спряду́, спрядёт; *прош.* -ял, -яла́, -яло
спря́танный; *кр. ф.* -ан, -ана
спря́тать(ся), -я́чу(сь), -я́чет(ся)
спря́чь(ся), -ягу́(сь), -яжёт(ся), -ягу́т(ся); *прош.* -я́г(ся), -ягла́(сь)
спу́гивать(ся), -аю, -ает(ся)
спу́гнутый
спугну́ть, -ну́, -нёт
спуд, -а: **из-под спу́да, под спу́д, под спу́дом**
спу́линг, -а
спурт, -а
спуртова́ть, -ту́ю, -ту́ет
спуск[1], -а
спуск[2]: **не дава́ть спу́ску**
спуска́емый
спуска́ние, -я
спуска́ть(ся), -а́ю(сь), -а́ет(ся)
спускно́й
спусково́й
спу́ско-подъёмный
спу́ста́, *нареч.*
спусти́ть(ся), спущу́(сь), спу́стит(ся)
спустя́, *предлог* (спустя́ два́ ме́сяца, де́сять ле́т спустя́)
спустя́ рукава́
спу́танность, -и
спу́танный; *кр. ф.* -ан, -ана
спу́тать(ся), -аю(сь), -ает(ся)
спу́тник, -а
спу́тниковый
спу́тник-ретрансля́тор, спу́тника-ретрансля́тора
спу́тник-спаса́тель, спу́тника-спаса́теля
спу́тник-шпио́н, спу́тника-шпио́на
спу́тница, -ы, *тв.* -ей
спу́тывание, -я
спу́тывать(ся), -аю(сь), -ает(ся)
спу́щенный; *кр. ф.* -ен, -ена
с пы́лу с жа́ру
спья́на и **спья́ну**
спюрк, -а
спя́тить, спя́чу, спя́тит
с пя́того на деся́тое
спя́чка, -и
Спя́щая краса́вица (*сказочный персонаж*)
спя́щий
сраба́тывание, -я
сраба́тывать(ся), -аю(сь), -ает(ся)
срабо́танность, -и
срабо́танный; *кр. ф.* -ан, -ана
срабо́тать(ся), -аю(сь), -ает(ся)
срабо́тка, -и
сравне́ние, -я
сра́вненный; *кр. ф.* -ен, -ена (*от* сравня́ть)
сравнённый; *кр. ф.* -ён, -ена́ (*от* сравни́ть)
сра́внивание, -я
сра́внивать(ся), -аю(сь), -ает(ся)
сра́внивающий(ся)
сравни́мость, -и
сравни́мый
сравни́тельно, *нареч.*
сравни́тельно-анатоми́ческий
сравни́тельно-биохими́ческий
сравни́тельно бы́стро
сравни́тельно-истори́ческий
сравни́тельно-литературове́дческий
сравни́тельно недорого́й
сравни́тельно-палеонтологи́ческий
сравни́тельно-физиологи́ческий
сравни́тельный
сравни́ть(ся), -ню́(сь), -ни́т(ся)
сравня́ть(ся), -я́ю(сь), -я́ет(ся) (*к* ра́вный; *исполниться, о каком-н. количестве лет, месяцев*)
сража́ть(ся), -а́ю(сь), -а́ет(ся)
сраже́ние, -я
сражённый; *кр. ф.* -ён, -ена́
с разбе́гу и **с разбе́га**
с разва́льцей и **с разва́льцем**
с разворо́та
с разго́ну и **с разго́на**
срази́ть(ся), сражу́(сь), срази́т(ся)
с разлёту и **с разлёта**
с разма́ху и **с разма́ха**
сра́зу, *нареч.*
срам, -а и -у

срами́ть(ся), -млю́(сь), -ми́т(ся)
срамни́к, -а́
срамни́ца, -ы, *тв.* -ей
срамно́й
срамосло́вие, -я
срамота́, -ы́
срамоти́ща, -и, *тв.* -ей
среста́ние, -я
сраста́ться, -а́юсь, -а́ется
срасти́сь, -ту́сь, -тётся; *прош.* сро́сся, сросла́сь
срасти́ть, сращу́, срасти́т
срачи́ца, -ы, *тв.* -ей (*церк.*)
сраще́ние, -я
сращённый; *кр. ф.* -ён, -ена́
сра́щивание, -я
сра́щивать(ся), -аю, -ает(ся)
среаги́ровать, -рую, -рует
сре́бреник, -а (*монета*)
сребри́стый
сребри́ть(ся), -рю́, -ри́т(ся)
сребро́, -а́
сребровла́сый
среброко́ваный
сребреку́дрый
среброли́стный и **среброли́стый**
сребролю́бец, -бца, -бцем, *р. мн.* -бцев
сребролюби́вый
сребролю́бие, -я
сребронo̓сность, -и
сребронo̓сный; *кр. ф.* -сен, -сна
сребротка́ный
среда́ [1], -ы́, *вин.* среду́, *мн.* сре́ды, сред, сре́дам (*окружение*)
среда́ [2], -ы́, *вин.* сре́ду, *мн.* сре́ды, сред, сре́да́м (*день недели*)
среди́ и **средь,** *предлог*
среди́ дня́
Средизе́мное мо́ре (*межматериковое море Атлантического океана*) и **средизе́мное мо́ре** (*внутреннее море, сильно замкнутое сушей*)
средиземномо́рский (*от* Средизе́мное мо́ре)
Средиземномо́рский бассе́йн
средиземномо́рцы, -ев, *ед.* -рец, -рца, *тв.* -рцем
Средиземномо́рье, -я
среди́на, -ы и **середи́на,** -ы
среди́нно-ключи́чный
среди́нно-океани́ческий
среди́нный и **середи́нный**
Среди́нный хребе́т (*на Камчатке*)
сре́дне, *нареч.*
средне... – *первая часть сложных слов, пишется слитно*
среднеазиа́тский
среднеазиа́ты, -ов, *ед.* -иа́т, -а
Среднеаму́рская ни́зменность
среднеарифмети́ческий
Среднеафга́нские го́ры
средневеко́вый
Средневеко́вье, -я (*ист. эпоха*) и **средневеко́вье,** -я (*устарелые обычаи, отсталый уровень*)
средневеликору́сский
средневерхненеме́цкий
средневе́с, -а
средневзве́шенный
средневи́к, -а́
средневозрастно́й
среднево́лжский
среднево́лно́вый
средневосприи́мчивый
средневысо́тный
среднегекта́рный
Среднегерма́нский кана́л
среднегодово́й
среднего́рный
среднегородско́й
среднего́рье, -я, *р. мн.* -рий
среднегра́мотный
среднегру́дь, -и́ и -и, *предл.* в (на) среднегруди́
среднедево́нский (*геол.*)
среднеде́тный
среднедистанцио́нный
среднедневно́й
среднеднепро́вский
Среднедуна́йская равни́на
среднедушево́й
среднеевропе́йский
Сре́днее Поднепро́вье
Сре́днее ца́рство (*в истории Египта*)
среднежи́рный
среднезерни́стый
среднезимосто́йкий
сре́дне- и долгосро́чный
среднекали́берный
среднеквадрати́чный
среднеквалифици́рованный
среднеклимати́ческий
среднелати́нский
среднелеги́рованный
среднемагистра́льный
сре́дне-ма́лый (сре́дне-ма́лые высо́ты, *в авиации*)
среднеме́сячный
среднемирово́й
среднемноголе́тний
средненапо́рный
средненёбный
сре́дненький
среднеобеспе́ченный
среднеобластно́й
среднеоборо́тный
среднеопла́чиваемый
среднеотраслево́й
среднепалеолити́ческий
среднепересечённый
среднепо́здний
среднепроце́нтный
среднепро́чный
среднера́звитый
среднерайо́нный
среднера́нний
среднере́йсовый
среднереспублика́нский
среднеросси́йский
Среднеру́сская возвы́шенность
среднеру́сский
среднеры́ночный
среднесда́точный
среднесде́льный
Среднесиби́рское плоского́рье
среднесме́нный
среднесолёный
среднесо́ртный
среднесостоя́тельный
среднеспе́лый
среднеспи́сочный
среднесро́чный
среднестатисти́ческий
среднесу́точный
среднетехни́ческий
среднетонна́жный
среднетриа́совый (*геол.*)
среднеура́льский (*от* Сре́дний Ура́л и Среднеура́льск)
среднеусто́йчивый
среднеформа́тный; *кр. ф.* -тен, -тна
среднеценово́й
среднечасово́й
среднечетверти́чный
Среднешотла́ндская ни́зменность
среднею́рский (*геол.*)
среднеязы́чный
Сре́дние века́ (*ист. эпоха*)
сре́дний
Сре́дний Восто́к (*часть Азии*)
Сре́дний Егорлы́к (*река*)
Сре́дний За́пад (*в США*)
Сре́дний Ура́л
сре́дник, -а
Сре́дняя А́зия
средово́й
Средокре́стная неде́ля и **Середокре́стная неде́ля**
средокре́стный и **середокре́стный**
Средокре́стье, -я и **Середокре́стье,** -я (*середина Великого поста*)
средокре́стье, -я, *р. мн.* -тий (*архит.*)
средопо́стный и **середопо́стный**
средопо́стье, -я и **середопо́стье,** -я
средосте́ние, -я
средосте́нный
средото́чие, -я
сре́дство, -а
средь и **среди́,** *предлог*
средь бе́ла дня́
срежисси́рованность, -и
срежисси́рованный; *кр. ф.* -ан, -ана
срежисси́ровать, -рую, -рует
срез, -а
среза́ние, -я
сре́занный; *кр. ф.* -ан, -ана
сре́зать(ся), сре́жу(сь), сре́жет(ся), *сов.*
среза́ть(ся), -а́ю(сь), -а́ет(ся), *несов.*
сре́зка, -и, *р. мн.* -зок (*действие*)
срезно́й
сре́зок, -зка (*срезанная часть чего-н.*)
сре́зчик, -а
сре́зчица, -ы, *тв.* -ей
сре́зывание, -я

сре́зывать(ся), -аю, -ает(ся)
срепети́рованность, -и
срепети́рованный; *кр. ф.* -ан, -ана
срепети́ровать, -рую, -рует
срепето́ванный; *кр. ф.* -ан, -ана
срепетова́ть, -ту́ю, -ту́ет
сре́тение, -я (*встреча, устар. книжн.*) и **Сре́тение,** -я (*праздник, евангельский и иконографический сюжет*)
Сре́тенка, -и (*улица*)
сре́тенский (*к* Сре́тение)
Сре́тенский (хра́м, монасты́рь)
срикошети́ровать, -рует
срикоше́тить, -ит
сриСо́ванный; *кр. ф.* -ан, -ана
срисова́ть, -су́ю, -су́ет
срисо́вка, -и, *р. мн.* -вок
срисо́вывание, -я
срисо́вывать(ся), -аю, -ает(ся)
срифмо́ванный; *кр. ф.* -ан, -ана
срифмова́ть(ся), -му́ю, -му́ет(ся)
сробе́ть, -е́ю, -е́ет
сро́вненный; *кр. ф.* -ен, -ена
сровня́ть(ся), -я́ю(сь), -я́ет(ся) (*к* ро́вный; сровня́ть с землёй)
сро́дич, -а, *тв.* -ем
сродне́ние, -я
сроднённый; *кр. ф.* -ён, -ена́
сродни́, *в знач. сказ.*
сро́дник, -а
сродни́ть(ся), -ню́(сь), -ни́т(ся)
сро́дница, -ы, *тв.* -ей
сро́дность, -и
сро́дный; *кр. ф.* -ден, -дна
сро́дственник, -а (*прост. к* ро́дственник)
сро́дственница, -ы, *тв.* -ей (*прост. к* ро́дственница)
сро́дственный; *кр. ф.* -вен, -венна (*прост. к* ро́дственный)
сродство́, -а́
сро́ду, *нареч.*
сроённый; *кр. ф.* -ён, -ена́
срои́ть(ся), срою́, срои́т(ся)
срок, -а и -у
сро́ковый
сро́ненный; *кр. ф.* -ен, -ена
срони́ть, сроню́, сро́нит
срост, -а
сростнолепе́стный
сростноли́стный
сростночелюстны́е, -ы́х
сро́сток, -тка
сро́сшийся
сро́чник, -а
срочнослу́жащий
сро́чность, -и
сро́чный; *кр. ф.* -чен, -чна
сруб, -а
сруба́ние, -я
сруба́ть(ся), -а́ю, -а́ет(ся)
сруби́ть, срублю́, сру́бит
сру́бка, -и
сру́бленный; *кр. ф.* -ен, -ена
сру́бный
сру́бовый
с рук (сбы́ть, купи́ть)
с руки́
с ру́к на́ руки
срули́ть, -лю́, -ли́т
срыв, -а
срыва́ние, -я
срыва́ть(ся), -а́ю(сь), -а́ет(ся)
срыва́ющий(ся)
срывка́, *нареч.*
сры́ву, *нареч.*
сры́вщик, -а
сры́вщица, -ы, *тв.* -ей
сры́гивание, -я
сры́гивать(ся), -аю, -ает(ся)
сры́гнутый
срыгну́ть, -ну́, -нёт
сры́тие, -я
сры́тый
срыть, сро́ю, сро́ет
сряди́ть(ся), сряжу́(сь), сря́ди́т(ся)
сря́ду, *нареч.*
сряжа́ть(ся), -а́ю(сь), -а́ет(ся)
сря́женный; *кр. ф.* -ен, -ена и **сряжённый;** *кр. ф.* -ён, -ена́
сса́дина, -ы
ссади́ть, ссажу́, сса́дит, *сов.* (*помочь сойти, заставить выйти; содрать, поцарапать кожу*)
сса́женный; *кр. ф.* -ен, -ена (*от* ссади́ть)
сса́живание, -я
сса́живать(ся), -аю(сь), -ает(ся) (*к* ссади́ть)
сса́сывать(ся), -аю, -ает(ся)
сседа́ться, -а́ется
ссек, -а
ссека́ние, -я
ссека́ть(ся), -а́ю, -а́ет(ся)
с секу́нды на секу́нду
ссе́кший и **ссёкший** (*от* ссечь)
сселе́ние, -я (*от* ссели́ть(ся)
ссёленный; *кр. ф.* -ён, -ена́
ссели́ть(ся), ссело́(сь), ссе́ли́т(ся) (*поселить(ся) вместе*)
сселя́ть(ся), -я́ю(сь), -я́ет(ся)
с се́рдцем (*в гневе, раздражении*)
с сердцо́в (*устар. прост. к* в сердца́х и с се́рдцем)
ссе́сться, сся́дется; *прош.* ссе́лся, ссе́лась
ссе́ченный; *кр. ф.* -ен, -ена и **ссечённый;** *кр. ф.* -ён, -ена́ (*от* ссечь)
ссе́чки, -чек
ссе́чь, ссеку́, ссечёт, ссеку́т; *прош.* ссёк и ссек, ссекла́ (*срубить*)
ссова́ть, ссую́, ссуёт (*толкая, сдвинуть*)
ссо́вывать(ся), -аю(сь), -ает(ся)
с согла́сия
ссо́ра, -ы
ссо́рить(ся), -рю(сь), -рит(ся)
ссо́рящий(ся)
ссо́санный; *кр. ф.* -ан, -ана (*от* ссоса́ть)
ссоса́ть, ссосу́, ссосёт (*отсосать; соса, съесть*)
ссо́хнуться, -нусь, -нется; *прош.* ссо́хся, ссо́хлась
ссо́хшийся
ссу́да, -ы
ссуди́ть, ссужу́, ссу́дит (*к* ссу́да)
ссу́дно-креди́тный
ссу́дно-сберега́тельный
ссу́дный (*к* ссу́да)
ссудода́тель, -я
ссу́до-де́нь, -дня́
ссудополуча́тель, -я
ссу́до-сберега́тельный
ссудосбереже́ние, -я
ссужа́ть(ся), -а́ю, -а́ет(ся) (*к* ссуди́ть)
ссу́женный; *кр. ф.* -ен, -ена (*от* ссуди́ть)
ссуз, -а (*сокр.:* среднее специальное учебное заведение)
ссу́нутый (*от* ссу́нуть)
ссу́нуть(ся), -ну(сь), -нет(ся) (*столкнуть, спихнуть; сдвинуться, сползти*)
ссуту́ленный; *кр. ф.* -ен, -ена
ссуту́лить(ся), -лю(сь), -лит(ся), *сов.* (*к* суту́лить(ся)
ссу́ченный; *кр. ф.* -ен, -ена (*от* ссучи́ть)
ссу́чивание, -я
ссу́чивать(ся), -аю, -ает(ся)
ссучи́ть(ся), ссучу́, ссу́чи́т(ся), *сов.* (*к* сучи́ть(ся)
ссыла́ть(ся), -а́ю(сь), -а́ет(ся)
ссы́лка, -и, *р. мн.* -лок
ссы́лочный
ссыльнока́торжный, -ого
ссыльнополити́ческий, -ого
ссыльнопоселе́нец, -нца, *тв.* -нцем, *р. мн.* -нцев
ссыльнопоселе́нка, -и, *р. мн.* -нок
ссы́льный
ссыпа́ние, -я
ссы́панный; *кр. ф.* -ан, -ана (*от* ссы́пать)
ссы́пать(ся), -плю(сь), -плет(ся), -плют(ся) и -пет(ся), -пят(ся), *сов.* (*к* ссы́пка; *упасть откуда-н.*)
ссыпа́ть(ся), -а́ю(сь), -а́ет(ся), *несов.*
ссы́пка, -и, *р. мн.* -пок
ссыпно́й (*к* ссы́пка)
с сырцо́й
ссыха́ться, -а́юсь, -а́ется
стабилиза́тор, -а
стабилизацио́нный
стабилиза́ция, -и
стабилизи́рованный; *кр. ф.* -ан, -ана
стабилизи́ровать(ся), -рую, -рует(ся)
стабилизи́рующий(ся)
стабилизо́ванный; *кр. ф.* -ан, -ана
стабилизова́ть(ся), -зу́ю, -зу́ет(ся)
стабилитро́н, -а (*электроприбор для стабилизации напряжения*)
стабилово́льт, -а
стабилогра́фия, -и

стабилотро́н, -а (*СВЧ-генератор*)
стаби́льность, -и
стаби́льный; *кр. ф.* -лен, -льна
стабу́ненный; *кр. ф.* -ен, -ена
стабу́нивание, -я
стабу́нивать(ся), -аю, -ает(ся)
стабу́нить(ся), -ню, -нит(ся)
став, -а (*устройство для крепления; пруд, запруда*)
става́ть, стаёт (*устар. и обл. к* станови́ться (*каким*) и достава́ть (*быть в достаточном количестве, хватать*)
ста́венка, -и, *р. мн.* -нок
ста́венный
ста́вень, -вня, *р. мн.* -вней и **ста́вня,** -и, *р. мн.* -вен
ставе́ц, -вца́, *тв.* -вцо́м, *р. мн.* -вцо́в и **ста́вец,** -вца, *тв.* -вцем, *р. мн.* -вцев
ста́вешек, -шка, *р. мн.* -шков и **ста́вешка,** -и, *р. мн.* -шек
стави́льщица, -ы, *тв.* -ей
ста́вить(ся), -влю, -вит(ся)
ста́вка, -и, *р. мн.* -вок и (*высший орган руководства вооруженными силами во время войны*) **Ста́вка,** -и
ста́вка фло́р, ста́вки фло́р
ста́вленая гра́мота
ста́вленник, -а
ста́вленница, -ы, *тв.* -ей
ста́вленный; *кр. ф.* -ен, -ена, *прич.*
ставни́к, -а́
ставно́й
ста́вня, -и, *р. мн.* -вен и **ста́вень,** -вня, *р. мн.* -вней
ставо́к, -вка́
ставри́да, -ы
ставри́дка, -и, *р. мн.* -док
ставро́гинский (*от* Ставро́гин)
ставро́гинщина, -ы
ставроли́т, -а
ставромеду́за, -ы
ставропигиа́льный
ставропи́гия, -и
Ставропо́лье, -я (*к* Ста́врополь)
ставропо́льский (*от* Ста́врополь)
Ставропо́льский кра́й
ставропо́льцы, -ев, *ед.* -лец, -льца, *тв.* -льцем
ставропольча́не, -а́н, *ед.* -а́нин, -а
ставропольча́нка, -и, *р. мн.* -нок
ста́вший
ста́вящий(ся)
стагнацио́нный
стагна́ция, -и
стагни́ровать, -рует
стагфляцио́нный
стагфля́ция, -и
стадиа́л, -а (*геол.*)
стадиа́льность, -и
стадиа́льный
ста́дий, -я (*мера длины*)
стади́йность, -и
стади́йный
стадио́н, -а
стадио́нный
стади́ться, -и́тся
ста́дия, -и
ста́дность, -и
ста́дный
ста́до, -а, *мн.* стада́, стад, -а́м
стаж, -а, *тв.* -ем
стажёр, -а
стажёрка, -и, *р. мн.* -рок
стажёрский
стажи́рова́ть(ся), -иру́ю(сь), -иру́ет(ся)
стажиро́вка, -и, *р. мн.* -вок
стажиро́вочный
ста́жник, -а
стаз, -а (*мед.*)
ста́за, -ы (*биол.*)
ста́зовый
ста́ивание, -я
ста́ивать[1], -ает (*к* та́ять)
ста́ивать[2], *наст. вр. не употр.* (*к* стоя́ть)
ста́иться, -ится (*от* ста́я)
ста́йер, -а
ста́йерский
ста́йка, -и, *р. мн.* ста́ек
ста́йлер, -а
ста́йлинг, -а
ста́йность, -и
ста́йный
стака́н, -а
стака́нный
стака́нчик, -а
стака́шек, -шка
ста́кер, -а (*тех.*)
ста́киваться, -аюсь, -ается
стакка́то, *неизм.* и *нескл., с.*
стакну́ться, -ну́сь, -нётся
ста́ксель, -я
ста́ксель-шко́т, -а
сталагми́т, -а
сталагми́товый
сталагмо́метр, -а
сталагна́т, -а
сталакти́т, -а
сталакти́товый
сталакто́н, -а
сталеалюми́ниевый
сталебето́н, -а
сталебето́нный
сталева́р, -а
сталеваре́ние, -я
сталевыпускно́й
сталелите́йный
сталелите́йщик, -а
сталеплави́льный
сталеплави́льщик, -а
сталепро́волочно-кана́тный
сталепро́волочно-ко́рдовый
сталепро́волочный
сталепрока́т, -а
сталепрока́тный
сталепрока́тчик, -а
сталеразли́вочный
сталефасо́нный
сталефибробето́н, -а
стали́йный (*от* ста́лия)
Сталингра́д, -а (*город; битва и разгром агрессора*)
Сталингра́дская би́тва
сталингра́дский (*от* Сталингра́д)
сталингра́дцы, -ев, *ед.* -дец, -дца, *тв.* -дцем
ста́линец, -нца, *тв.* -нцем, *р. мн.* -нцев
сталини́зм, -а
сталини́ст, -а
сталини́стка, -и, *р. мн.* -ток
сталини́стский
сталини́т, -а
ста́линский (*от* Ста́лин)
ста́линщина, -ы
стали́рованный; *кр. ф.* -ан, -ана
стали́ровать(ся), -рую, -рует(ся)
ста́ли́стый
ста́лия, -и (*время погрузки-разгрузки судна*)
ста́лкер, -а
ста́лкивание, -я
ста́лкивать(ся), -аю(сь), -ает(ся)
ста́ло быть, *вводн. сл.*
ста́лпливаться, -ается
сталь, -и
ста́льник, -а
стально́й
стальце́х, -а, *мн.* -це́хи, -ов и -цеха́, -о́в
стамбу́льский (*от* Стамбу́л)
стамбу́льцы, -ев, *ед.* -лец, -льца, *тв.* -льцем
ста́мбха, -и
стаме́ска, -и, *р. мн.* -сок
стаме́сочный
стамино́дий, -я
ста́мнос, -а
стаму́ха, -и
стан, -а, *предл.* на стану́; но: **Тёплый Ста́н** (*район в Москве*)
станда́рт, -а
стандартиза́тор, -а
стандартиза́ция, -и
стандартизи́рованный; *кр. ф.* -ан, -ана
стандартизи́ровать(ся), -рую, -рует(ся)
стандартизо́ванный; *кр. ф.* -ан, -ана
стандартизова́ть(ся), -зу́ю, -зу́ет(ся)
станда́ртка, -и, *р. мн.* -ток
станда́ртность, -и
станда́ртный; *кр. ф.* -тен, -тна
стани́на, -ы
стани́нный
станио́левый
станио́ль, -я
Станисла́в, -а (*имя; орден*)
Станисла́вский, -ого: **систе́ма Станисла́вского**
стани́ца, -ы, *тв.* -ей
стани́чник, -а
стани́чница, -ы, *тв.* -ей
стани́чный
станкови́ст, -а

станко́вый
ста́нко-де́нь, -дня́
станкозаво́д, -а
станкоинструмента́льный
станкосбо́рочный
станкострое́ние, -я
станкострои́тель, -я
станкострои́тельный
ста́нко-ча́с, -а, *мн.* -ы́, -о́в
станни́д, -а (*металл*)
станни́н, -а (*минерал*)
станни́т, -а (*соль*)
станови́ть(ся), -овлю́(сь), -о́вит(ся)
стано́вище, -а
становле́ние, -я
Станово́е наго́рье (*в Сибири*)
станово́й
Станово́й хребе́т (*горная система в Сибири*)
становщи́к, -а́
стано́вье, -я, *р. мн.* -вий
становя́щий(ся)
стано́к, -нка́
стано́к-автома́т, станка́-автома́та
стано́к-кача́лка, станка́-кача́лки, *м.*
стано́чек, -чка
стано́чник, -а
стано́чница, -ы, *тв.* -ей
стано́чный
станс, -а (*строфа*)
ста́нсы, -ов (*стихотворение*)
ста́нца, -ы, *тв.* -ей ("ста́нцы Рафаэ́ля" – *в Ватиканском дворце*)
станцева́ть(ся), -цу́ю(сь), -цу́ет(ся)
ста́нцийка, -и, *р. мн.* -иек
станцио́нник, -а
станцио́нный
ста́нция, -и
станцо́ванность, -и
станцо́ванный; *кр. ф.* -ан, -ана
ста́пель, -я, *мн.* -я́, -е́й и -и, -ей
ста́пельный
ста́пливание, -я
ста́пливать(ся), -аю, -ает(ся)
ста́птывание, -я
ста́птывать(ся), -аю, -ает(ся)
стара́ние, -я
стара́тель, -я
стара́тельница, -ы, *тв.* -ей
стара́тельность, -и
стара́тельный; *кр. ф.* -лен, -льна
стара́тельский
стара́тельство, -а
стара́ться, -а́юсь, -а́ется
Ста́рая Басма́нная (*улица*)
Ста́рая Ла́дога (*населенный пункт*)
Ста́рая пло́щадь (*в Москве*)
Ста́рая Ру́сса (*город*)
Ста́рая Ряза́нь (*город, ист.*)
старе́е, *сравн. ст.*
старе́йший
старе́йшина, -ы, *м.*
старе́нек, -нька
старе́ние, -я
ста́ренький
старе́ть, -е́ю, -е́ет
старёхонький; *кр. ф.* -нек, -нька
ста́рец, -рца, *тв.* -рцем, *р. мн.* -рцев
старёшенький; *кр. ф.* -нек, -нька
ста́рик, -а (*птица*)
стари́к, -а́
старика́н, -а
старика́шка, -и, *р. мн.* -шек, *м.*
старико́в, -а, -о
старико́вский
ста́рина, -ы (*былина*)
старина́, -ы́, *ж.* (*древность*) и *м.* (*старик*)
стари́нка, -и (по стари́нке)
стари́нность, -и
стари́нный
стари́нушка, -и, *р. мн.* -шек, *ж.* (*древность*) и *м.* (*старик*)
ста́рить(ся), -рю(сь), -рит(ся)
ста́рица, -ы, *тв.* -ей
ста́рицкий (*от* Ста́рица, *город*)
старича́не, -а́н, *ед.* -а́нин, -а (*от* Ста́рица)
старичи́на, -ы, *м.*
старичи́шка, -и, *р. мн.* -шек, *м.*
старичи́ще, -а и -и, *мн.* -и, -и́щ, *м.*
старичо́к, -чка́
старичо́нка, -и, *р. мн.* -нок, *м.*
старичьё, -я́
ста́рка, -и
старле́й, -я
старле́тка, -и, *р. мн.* -ток
старо́, *в знач. сказ.*
старобы́тность, -и
старобы́тный
старова́тость, -и
старова́тый
старове́р, -а
старове́рец, -рца, *тв.* -рцем, *р. мн.* -рцев
старове́рка, -и, *р. мн.* -рок
старове́рский
старове́рство, -а
старове́рческий
старове́рчество, -а
староdáвний
староdáвность, -и
староде́довский
староду́бка, -и, *р. мн.* -бок
старожи́л, -а
старожи́лец, -льца, *тв.* -льцем, *р. мн.* -льцев
старожи́лка, -и, *р. мн.* -лок
старожи́льский
старожи́льческий
старожи́тный
старозаве́тность, -и
старозаве́тный; *кр. ф.* -тен, -тна
староза́лежный
староза́па́шный
староинди́йский
старокато́лики, -ов, *ед.* -лик, -а
старокатолици́зм, -а
старокатоли́ческий
старокупе́ческий
старола́дожский (*от* Ста́рая Ла́дога)
старoléсье, -я, *р. мн.* -сий
старомо́дность, -и
старомо́дный; *кр. ф.* -ден, -дна
старомоско́вский
старообра́зность, -и
старообра́зный; *кр. ф.* -зен, -зна
старообря́дец, -дца, *тв.* -дцем, *р. мн.* -дцев
старообря́дка, -и, *р. мн.* -док
старообря́дский
старообря́дство, -а
старообря́дческий
старообря́дчество, -а
старооско́льский (*от* Ста́рый Оско́л)
старооско́льцы, -ев, *ед.* -лец, -льца, *тв.* -льцем
старопа́хотный
старопа́шня, -и, *р. мн.* -шен
старопеча́тный
старопи́сьменный
старорежи́мник, -а
старорежи́мность, -и
старорежи́мный; *кр. ф.* -мен, -мна
старoréчье, -я, *р. мн.* -чий
староrúска, -и, *р. мн.* -сок (*от* Ста́рая Ру́сса)
староrúсский (*от* ста́рая Ру́сь и Ста́рая Ру́сса)
староrúсцы, -ев, *ед.* -сец, -сца, *тв.* -сцем (*от* Ста́рая Ру́сса)
старосве́тский
старосе́лье, -я, *р. мн.* -лий
старославяни́зм, -а
старославя́нский
старослу́жащий
ста́роста, -ы, *м.* и *ж.*
староста́т, -а
старо́ство, -а (*в Польше*)
ста́ростиха, -и
ста́рость, -и
ста́рость не ра́дость
староти́пный
староцерко́вный
старпо́м, -а
старпо́мовский
старт, -а
ста́ртер, -а и **стартёр**, -а
стартёрный
стартёрский
стартова́ть, -ту́ю, -ту́ет
стартови́к, -а́
ста́ртово-фи́нишный
ста́ртовый
стартсто́пный
стару́ха, -и
стару́хин, -а, -о
старуше́нция, -и
стару́шечий, -ья, -ье
стару́шечка, -и, *р. мн.* -чек
стару́ший, -ья, -ье
стару́шка, -и, *р. мн.* -шек
старушо́нка, -и, *р. мн.* -нок
старушо́ночка, -и, *р. мн.* -чек
ста́рческий

ста́рческо-маразмати́ческий
ста́рчество, -а
ста́рчище, -а и -и, *мн.* -и, -ищ, *м.*
ста́рше, *сравн. ст.*
старшекла́ссник, -а
старшекла́ссница, -ы, *тв.* -ей
старшекла́ссный
старшеку́рсник, -а
старшеку́рсница, -ы, *тв.* -ей
старшеку́рсный
ста́ршенький
ста́рший; *после собственных имен пишется через дефис, напр.*: Рокфе́ллер-ста́рший, Рони́-ста́рший, но *в нек-рых ист. прозвищах – раздельно, напр.*: Като́н Ста́рший, Пли́ний Ста́рший
старши́на, -ы (*верхушка казачества*)
старшина́, -ы́, *мн.* -и́ны, -и́н, *м.* (*воинское звание*)
старши́нский
старши́нство, -а (*звание, должность старшины*)
старшинство́, -а́ (*первенство*)
старши́нствовать, -твую, -твует
старшо́й
Ста́рые Доро́ги (*город*)
ста́рый; *кр. ф.* стар, стара́, ста́ро́
Ста́рый го́род (*историческая часть в нек-рых городах*)
ста́рый Но́вый го́д (*14 января*)
Ста́рый Оско́л (*город*)
ста́рый-преста́рый
Ста́рый Све́т (*о Европе*)
старьё, -я́
старьёвщик, -а
старьёвщица, -ы, *тв.* -ей
ста́рящий(ся)
ста́сканный; *кр. ф.* -ан, -ана
стаска́ть(ся), -а́ю, -а́ет(ся)
ста́скивание, -я
ста́скивать(ся), -аю, -ает(ся)
стасо́ванный; *кр. ф.* -ан, -ана
стасова́ть(ся), -су́ю, -су́ет(ся)
стасо́вывание, -я
стасо́вывать(ся), -аю, -ает(ся)
стата́льный
стата́рный
статда́нные, -ых
стате́ечка, -и, *р. мн.* -чек
стате́йка, -и, *р. мн.* -е́ек
стате́йный
стати́в, -а (*лингв.*)
стати́вность, -и
стати́вный
ста́тика, -и
статинформа́ция, -и
стати́ст, -а
стати́стик, -а
стати́стика, -и
стати́стико-вероя́тностный
стати́стико-комбинато́рный
статисти́ческий
стати́стка, -и, *р. мн.* -сток
стати́стый
стати́чески
стати́ческий
стати́чность, -и
стати́чный; *кр. ф.* -чен, -чна
статматериа́л, -а
статмологи́ческий
статмоло́гия, -и
ста́тность, -и
ста́тный; *кр. ф.* -тен, ста́тна́, -тно
статобла́сты, -ов, *ед.* -а́ст, -а
статобрабо́тка, -и, *р. мн.* -ток
статодинами́ческий
статоли́ты, -ов, *ед.* -ли́т, -а
ста́тор, -а
статореце́пторы, -ов, *ед.* -тор, -а
ста́торный
статоско́п, -а
статотде́л, -а
статотчёт, -а
статотчётность, -и
статоци́сты, -ци́ст, *ед.* -ци́ста, -ы
ста́точный (ста́точное ли де́ло?)
статс-да́ма, -ы
ста́тский (*устар. к* шта́тский; ста́тский сове́тник)
статс-секрета́рь, -я́
статуа́рность, -и
статуа́рный; *кр. ф.* -рен, -рна
статуеобра́зный; *кр. ф.* -зен, -зна
статуеподо́бный; *кр. ф.* -бен, -бна
ста́туйка, -и, *р. мн.* -уек
статуправле́ние, -я
ста́тус, -а
ста́тус-кво́, *нескл., м.* и *с.*
ста́тусный
стату́т, -а
стату́тный
статуэ́тка, -и, *р. мн.* -ток
статуэ́точный
ста́туя, -и
ста́туя Свобо́ды (*в Нью-Йорке*)
стать[1], ста́ну, ста́нет
стать[2], -и, *р. мн.* -те́й
статьи́шка, -и, *р. мн.* -шек
ста́ться, ста́нется
статья́, -и́, *р. мн.* -те́й
статья́-обзо́р, статьи́-обзо́ра, *ж.*
стафилоко́кки, -ов, *ед.* -ко́кк, -а
стафилоко́кковый
стафилококко́з, -а
стафило́ма, -ы
стаффа́ж, -а, *тв.* -ем
стаффа́жный
ста́ффордский (*от* Ста́ффорд)
стаффордши́рский (*от* Ста́ффордшир)
ста́ффордши́р-терье́р, -а и **ста́ффордши́р,** -а
стаха́новец, -вца, *тв.* -вцем, *р. мн.* -вцев
стаха́новка, -и, *р. мн.* -вок
стаха́новский (*от* Стаха́нов)
стациона́р, -а
стациона́рный
стационе́р, -а (*судно*)
ста́ция, -и (*биол., геогр.*)
ста́чанный; *кр. ф.* -ан, -ана
стача́ть, -а́ю, -а́ет
ста́чечник, -а
ста́чечница, -ы, *тв.* -ей
ста́чечный
ста́чивание, -я
ста́чивать(ся), -аю, -ает(ся)
ста́чка, -и, *р. мн.* -чек
стачко́м, -а
стачко́мовец, -вца, *тв.* -вцем, *р. мн.* -вцев
стачко́мовский
стачно́й
ста́щенный; *кр. ф.* -ен, -ена
стащи́ть(ся), стащу́, ста́щит(ся)
ста́я, -и
ста́ять, ста́ет
стви́ри, *нескл., м.*
ствол, -а́
ство́лик, -а
ствoли́на, -ы
ствoли́стость, -и
ствoли́стый
ствoли́ться, -и́тся
стволова́тый
стволово́й[1] и **стволо́вый,** *прил.*
стволово́й[2], -о́го (*рабочий в шахте*)
ство́льный
створ, -а
створа́живание, -я
створа́живать(ся), -аю, -ает(ся)
ство́ренный; *кр. ф.* -ен, -ена и **створённый;** *кр. ф.* -ён, -ена́
створи́ть(ся), -орю́, -о́ри́т(ся)
ство́рка, -и, *р. мн.* -рок
ство́рный
створо́женный; *кр. ф.* -ен, -ена
створо́жить(ся), -жу, -жит(ся)
ство́рчатый
створя́ть(ся), -я́ю, -я́ет(ся)
стеари́н, -а и -у
стеари́нный
стеари́новый
стеати́т, -а
стеати́товый
стеатопиги́я, -и
стёб, -а (*жарг.*)
стебану́тый (*жарг.*)
стебану́ть(ся), -ну́(сь), -нёт(ся) (*жарг.*)
стеба́ть(ся), -а́ю(сь), -а́ет(ся) (*жарг.*)
стебелёк, -лька́
сте́бель, -бля, *мн.* -бли, стебле́й
стебелько́вый
сте́бельный
стебельчатогла́зые, -ых
стебе́льчатый
стеблева́ние, -я
стеблево́й и **стеблёвый**
стеблее́д, -а
стеблепло́д, -а
стеблеподъёмник, -а
стеблесто́й, -я
стебли́стый

стебло́, -а́, *мн.* стёбла, -бел, -блам
стёбный (*жарг.*)
стёбовый и **стебо́вый** (*жарг.*)
стега́, -и́
стега́льный
стега́льщик, -а
стега́льщица, -ы, *тв.* -ей
стега́ние, -я
стёганка, -и, *р. мн.* -нок
стёганный; *кр. ф.* -ан, -ана, *прич.*
стегану́ть, -ну́, -нёт
стёганый, *прил.*
стега́ть(ся), -а́ю(сь), -а́ет(ся)
стегно́, -а́, *мн.* стёгна, -гон, -гнам
стёгнутый
стегну́ть, -ну́, -нёт
стегоза́вр, -а
стегоцефа́л, -а
стёжка, -и, *р. мн.* -жек (*действие*; *дорожка*)
стёжки-доро́жки, стёжек-доро́жек
стежко́вый
стежо́к, -жка́ (*шов*)
стезя́, -и́
стейк, -а (*мясо*)
стек, -а (*хлыст*; *инф.*)
сте́ка, -ы (*инструмент скульптора*)
стека́ние, -я
стека́ть(ся), -а́ет(ся)
стеклене́ть, -е́ет
стеклённый; *кр. ф.* -ён, -ена́
стекли́льщик, -а
стекли́ть(ся), -лю́, -ли́т(ся)
стекло́, -а́, *мн.* стёкла, -кол, -клам
стеклобето́нный
стеклобло́к, -а
стеклобо́й, -я
стеклова́льный
стеклова́ние, -я
стекло́ванный; *кр. ф.* -ан, -ана
стеклова́р, -а
стеклоаре́ние, -я
стеклова́ренный
стеклова́рный
стеклова́рочный
стеклова́та, -ы
стеклова́тость, -и
стеклова́тый
стеклова́ть(ся), -лу́ю, -лу́ет(ся)
стеклови́дный; *кр. ф.* -ден, -дна
стекловолокни́стый
стекловолокни́т, -а
стекловолокно́, -а́
стекловолоко́нный
стекловыдува́льщик, -а
стекловыдувно́й
стекло́граф, -а
стеклографи́рованный; *кр. ф.* -ан, -ана
стеклографи́ровать(ся), -рую, -рует(ся)
стеклографи́ст, -а
стеклографи́стка, -и, *р. мн.* -ток
стеклографи́ческий
стеклогра́фия, -и
стеклоде́л, -а
стеклоде́лательный
стеклоде́лие, -я
стеклоде́льный
стеклоду́в, -а
стеклоду́вный
стекложелезобето́н, -а
стекложелезобето́нный
стеклозаво́д, -а
стеклоизде́лие, -я
стеклокера́мика, -и
стеклокерами́т, -а
стеклокерами́ческий
стеклокремнези́т, -а
стёклокристалли́т, -а
стеклокристалли́ческий
стеклолакотка́нь, -и
стеклома́сса, -ы
стекломоза́ика, -и
стеклони́ть, -и
стеклообо́и, -обо́ев
стеклообра́зный; *кр. ф.* -зен, -зна
стеклоочисти́тель, -я
стеклопаке́т, -а
стеклопла́в, -а
стеклоплави́льный
стеклопла́ст, -а
стеклопла́стик, -а
стеклопла́стиковый
стеклоплёнка, -и, *р. мн.* -нок
стеклоподъёмник, -а
стеклопосу́да, -ы
стеклопроти́рочный
стеклопрофили́т, -а
стеклоре́жущий
стеклоре́з, -а
стеклоре́зный
стеклорубберо́ид, -а
стеклосма́зка, -и, *р. мн.* -зок
стеклота́ра, -ы
стеклотекстоли́т, -а
стеклотка́нь, -и
стеклоформо́вочный
стеклоформу́ющий
стеклохо́лст, -а́
стеклоцеме́нт, -а
стеклошлифова́льный
стеклоэма́левый
стеклоэма́ль, -и
стеклу́емость, -и
стёклышко, -а, *мн.* -шки, -шек
стеклянни́стый
стекля́нница, -ы, *тв.* -ей
стекля́нно, *нареч.*
стекля́нно-керами́ческий
стекля́нность, -и
стекля́нный; *кр. ф.* (*перен.*) -я́нен, -я́нна
стекля́рус, -а
стекля́русный
стекля́шка, -и, *р. мн.* -шек
сте́ковый
стеко́лышко, -а, *мн.* -шки, -шек
стеко́льно-фарфо́ровый
стеко́льный
стеко́льце, -а, *р. мн.* -льцев и -лец
стеко́льчатый
стеко́льщик, -а
стёкший(ся)
сте́ла, -ы (*плита*; *то же, что стель*)
сте́ленный; *кр. ф.* -ен, -ена, *прич.*
сте́лечка, -и, *р. мн.* -чек
сте́лечный
стели́ть(ся), стелю́(сь), сте́лет(ся); *прош.* -и́л(ся), -и́ла(сь)
стелла́ж, -а́, *тв.* -о́м
стелла́жный
стеллара́тор, -а
сте́ллера, -ы (*растение*)
сте́ллерова коро́ва, сте́ллеровой коро́вы
стелли́т, -а
стелли́товый
стелля́рия, -и
стель, -и (*бот.*)
сте́лька, -и, *р. мн.* -лек
сте́льность, -и
сте́льный
стелю́га, -и
сте́лющий(ся)
стеля́рный
стем, -а (*мор.*)
стемали́т, -а
сте́мма, -ы
стемна́, *нареч.*, но: **с темна́ до темна́**
стемне́ть(ся), -е́ет(ся)
с те́м чтобы, *союз*
стен, -а, *р. мн.* -ов, *счетн. ф.* стен (*ед. измер.*)
стена́, -ы́, *вин.* сте́ну, *мн.* сте́ны, стен, сте́на́м
Стена́ коммуна́ров (*в Париже*)
стена́ние, -я
Стена́ Пла́ча (*в Иерусалиме*)
стена́ть, -а́ю, -а́ет
стенгазе́та, -ы
стенгазе́тный
стенд, -а
стенда́левский (*от* Стенда́ль)
сте́ндер, -а
стенди́ст, -а
стенди́стка, -и, *р. мн.* -ток
стендови́к, -а́
сте́ндовый
стени́ческий
сте́нка, -и, *р. мн.* -нок
стенно́вка, -и, *р. мн.* -вок
стенно́й
стеноба́тный
стенобио́нтный
стенобио́нты, -ов, *ед.* -о́нт, -а
стенобитный
стенобо́йный
стеново́й
стеногали́нный
стеногра́мма, -ы
стеногра́ммный
стено́граф, -а
стенографи́рование, -я
стенографи́рованный; *кр. ф.* -ан, -ана

стенографи́ровать(ся), -рую, -рует(ся)
стенографи́ст, -а
стенографи́стка, -и, *р. мн.* -ток
стенографи́ческий
стенографи́чный; *кр. ф.* -чен, -чна
стеногра́фия, -и
стено́з, -а
стено́зный
стенокарди́ческий
стенокарди́я, -и
стенола́з, -а
стено́п, -а
стенопи́сец, -сца, *тв.* -сцем, *р. мн.* -сцев
стенопи́сный
сте́нопись, -и
стено́п-ка́мера, -ы
стенотерми́ческий
стеноте́рмный
стенотипи́ст, -а
стенотипи́стка, -и, *р. мн.* -ток
стенотипи́ческий
стеноти́пия, -и
стеното́пный
стенофа́г, -а
стенофа́гия, -и
сте́ночка, -и, *р. мн.* -чек
стеноэдафи́ческий
сте́нсиль, -я
сте́нтор, -а
стень-ва́нты, -ва́нт, *ед.* -ва́нта, -ы
сте́ньга, -и
сте́ньговый
Сте́нька Ра́зин, Сте́ньки Ра́зина
стеня́щий
степ, -а (*танец*)
степанаке́ртский (*от* Степанаке́рт)
степанаке́ртцы, -ев, *ед.* -тец, -тца, *тв.* -тцем
степ-аэро́бика, -и
Степе́нная кни́га (*лит. памятник*)
степе́нно, *нареч.*
степенно́й (*матем.*)
степе́нность, -и
степе́нны, -ых, *ед.* степе́нен, -е́нна (*церк. песнопения*)
степе́нный; *кр. ф.* -е́нен, -е́нна (*рассудительный, серьезный*)
степе́нство, -а
сте́пень, -и, *мн.* -и, -е́й
степи́ст, -а
Стёпка-растрёпка, Стёпки-растрёпки
сте́плер, -а
степно́й
степня́к, -а́
степня́чка, -и, *р. мн.* -чек
степнячо́к, -чка́
степова́ть, -пу́ю, -пу́ет
степс, -а (*мор.*)
степ-те́ст, -а (*спорт.*)
степь, -и́ и -и, *тв.* сте́пью, *предл.* в степи́, *мн.* -и, -е́й
стерадиа́н, -а, *р. мн.* -ов, *счетн. ф.* -иа́н
стерадиа́н-джо́уль, -я
сте́рва, -ы
стервене́ть, -е́ю, -е́ет
стервени́ть(ся), -ню́(сь), -ни́т(ся)
стерве́ц, -а́, *тв.* -о́м, *р. мн.* -о́в
стерво́за, -ы
стерво́зность, -и
стерво́зный; *кр. ф.* -зен, -зна
сте́рвочка, -и, *р. мн.* -чек
стервоя́дные, -ых
стервя́тина, -ы
стервя́тник, -а
стерёгший(ся)
стережённый; *кр. ф.* -ён, -ена́
сте́рео, *неизм.* и *нескл., с.*
стерео... – *первая часть сложных слов, пишется слитно*
стереоавто́граф, -а
стереоаппарату́ра, -ы
стереоба́зис, -а
стереоба́т, -а
стереоблоксополиме́ры, -ов
стереови́зор, -а
стерео́граф, -а
стереографи́ческий
стереогра́фия, -и
стереодиапозити́в, -а
стереозапи́сывающий
стереоза́пись, -и
стереозву́к, -а
стереозвуково́й
стереозвуча́ние, -я
стереоизображе́ние, -я
стереоизомери́я, -и
стереокана́л, -а
стереокассе́та, -ы
стереокино́, *нескл., с.*
стереокинока́мера, -ы
стереокомпара́тор, -а
стереоко́мплекс, -а
стереомагнито́ла, -ы
стереомагнитофо́н, -а
стерео́метр, -а
стереометри́ческий
стереоме́трия, -и
стереомикроско́п, -а
стереомоде́ль, -и
стереому́зыка, -и
стереонау́шники, -ов, *ед.* -ник, -а
стереооткры́тка, -и, *р. мн.* -ток
стереопанора́ма, -ы
стереопа́ра, -ы
стереопа́рный
стереоплани́граф, -а
стереопласти́нка, -и, *р. мн.* -нок
стереопле́ер, -а
стереоприста́вка, -и, *р. мн.* -вок
стереопрое́ктор, -а
стереопро́игрыватель, -я
стереорадио́ла, -ы
стереора́ма, -ы
стереорегуля́рный
стереорежи́м, -а
стереорентгеногра́фия, -и
стереосисте́ма, -ы
стереоска́н, -а
стереоско́п, -а
стереоскопи́ческий
стереоскопи́чность, -и
стереоскопи́чный; *кр. ф.* -чен, -чна
стереоскопи́я, -и
стереоспецифи́ческий
стереосъёмка, -и, *р. мн.* -мок
стереотакси́ческий
стереота́ксия, -и
стереотелеви́дение, -я
стереотелевизио́нный
стереотелеви́зор, -а
стереоти́п, -а
стереотипёр, -а
стереотипиза́ция, -и
стереотипизи́рованный; *кр. ф.* -ан, -ана
стереотипизи́ровать(ся), -руется
стереотипи́рование, -я
стереотипи́рованный; *кр. ф.* -ан, -ана
стереотипи́ровать(ся), -рую, -рует(ся)
стереотипи́ческий
стереоти́пия, -и
стереоти́пность, -и
стереоти́пный; *кр. ф.* -пен, -пна
стереотопографи́ческий
стереотруба́, -ы́, *мн.* -тру́бы, -тру́б
стереотю́нер, -а
стереоустано́вка, -и, *р. мн.* -вок
стереофи́льм, -а
стереофо́ника, -и
стереофони́ческий
стереофони́я, -и
стереофотограмметри́ческий
стереофотограмме́три́я, -и
стереофотографи́ческий
стереофотогра́фия, -и
стереофотока́рта, -ы
стереохими́ческий
стереохи́мия, -и
стереохро́мия, -и
стереоце́нтр, -а
стереоэкра́н, -а
стереоэффе́кт, -а
стере́ть(ся), сотру́(сь), сотрёт(ся); *прош.* стёр(ся), стёрла(сь)
стере́чь(ся), -регу́(сь), -режёт(ся), -регу́т(ся); *прош.* -рёг(ся), -регла́(сь)
стерженёк, -нька́
стерженщи́к, -а́
стерженщи́ца, -ы, *тв.* -ей
сте́ржень, -жня, *мн.* -жни, -жней и -жне́й
стержнево́й
стери́ды, -ов, *ед.* -ри́д, -а
стерилиза́тор, -а
стерилиза́торный
стерилизацио́нный
стерилиза́ция, -и
стерилизо́ванный; *кр. ф.* -ан, -ана
стерилизова́ть(ся), -зу́ю, -зу́ет(ся)
стери́льность, -и
стери́льный; *кр. ф.* -лен, -льна
стери́ны, -ов, *ед.* -ри́н, -а

стёрка, -и, *р. мн.* -рок
стеркýлиевые, -ых
стеркýлия, -и
стéрлинг, -а *(ист.)*; фýнт стéрлингов
стéрлинговый
стерлитамáкский (*от* Стерлитамáк)
стерлитамáкцы, -ев, *ед.* -кец, -кца, *тв.* -кцем
стерля́дка, -и, *р. мн.* -док
стéрлядь, -и, *мн.* -и, -éй и -ей
стерля́жий, -ья, -ье
стерля́жина, -ы
стерневóй
стерни́т, -а
стерня́, -и́ и (*устар.*) **стернь,** -и
стерóидный
стерóиды, -ов, *ед.* -óид, -а
стёрочка, -и, *р. мн.* -чек
стерпéть(ся), стерплю́(сь), стéрпит(ся)
стéрпится – слю́бится
стёртость, -и
стёртый
стерх, -а
стёрший(ся)
стёсанный; *кр. ф.* -ан, -ана
стесáть(ся), стешý, стéшет(ся)
стеснéние, -я
стеснённо, *нареч.*
стеснённость, -и
стеснённый; *кр. ф.* -ён, -енá
стесни́тельность, -и
стесни́тельный; *кр. ф.* -лен, -льна
стесни́ть(ся), -ню́(сь), -ни́т(ся)
стесня́ть(ся), -я́ю(сь), -я́ет(ся)
стёсывание, -я
стёсывать(ся), -аю, -ает(ся)
стетокли́п, -а
стетоскóп, -а
стетоскопи́ческий
стетофонендоскóп, -а
стетофонóграф, -а
Стéфан Батóрий
Стефáн Пéрмский
стехиометри́ческий
стехиомéтрия, -и
с тéх пóр
стечéние, -я
Стéчкин, -а: **пистолéт Стéчкина**
стéчь(ся), стечёт(ся), стекýт(ся); *прош.* стёк(ся), стеклá(сь)
СТЗ [эстэзэ́], *нескл., ж.* (*сокр.*: система технического зрения)
стибни́т, -а
сти́бренный; *кр. ф.* -ен, -ена
сти́брить, -рю, -рит
стивидóр, -а
стивидóрный
стиги́йский (*от* Стикс)
сти́гма, -ы
стигмáрии, -ий, *ед.* -рия, -и
стигмáт, -а
стигматизáция, -и
стигмати́зм, -а
стигмáтик, -а
стигмати́ческий
сти́з, -а (*насекомое*)
стик, -а
сти́кер, -а
сти́кер-пакéт, -а
Стикс, -а (*мифол.*)
сти́лбула, -ы (*насекомое*)
стилевóй
стилеобразýющий
стилéт, -а
стилизáтор, -а
стилизáторский
стилизáторство, -а
стилизáция, -и
стилизóванность, -и
стилизóванный; *кр. ф.* -ан, -ана
стилизовáть(ся), -зýю, -зýет(ся)
стили́ст, -а
стили́стика, -и
стилисти́ческий
стили́стка, -и, *р. мн.* -ток
сти́лка, -и
стилó, *им. и вин.* (*другие формы не употр.*), *с.*
стилобáт, -а
стилобáтный
стилográф, -а
стилоли́т, -а
стилóметр, -а
стилоскóп, -а
сти́лочный
стиль, -я
стильб, -а, *р. мн.* -ов, *счетн. ф.* стильб
сти́льбен, -а
сти́ль ди́ско, сти́ля ди́ско
сти́ль кáнтри, сти́ля кáнтри
сти́ль ми́литари, сти́ля ми́литари
сти́ль модéрн, сти́ля модéрн
сти́льность, -и
сти́льный; *кр. ф.* -лен, -льна
сти́ль рéтро, сти́ля рéтро
сти́ль тéхно, сти́ля тéхно
стиля́га, -и, *м.* и *ж.*
стиля́жий, -ья, -ье
стиля́жка, -и, *р. мн.* -жек, *м.* и *ж.*
стиля́жничать, -аю, -ает
стиля́жничество, -а
стиля́жный
сти́мер, -а
сти́мул, -а
стимули́рование, -я
стимули́рованный; *кр. ф.* -ан, -ана
стимули́ровать(ся), -рую(сь), -рует(ся)
стимуля́тор, -а
стимуляциóнный
стимуля́ция, -и
сти́нгер, -а
стипендиáльный
стипендиáт, -а
стипендиáтка, -и, *р. мн.* -ток
стипéндия, -и
сти́плер, -а
стипль, -я
стипль-чéз, -а
стипль-чéзный
стиптици́н, -а
стипýха, -и
сти́ракс, -а
сти́раксовый
стирáлка, -и, *р. мн.* -лок
стирáльный
стирáние, -я
сти́ранный; *кр. ф.* -ан, -ана, *прич.*
сти́рано-перести́рано
сти́раный, *прил.*
сти́раный-перести́раный
стирáтор, -а
стирáть(ся), -áю(сь), -áет(ся)
сти́рка, -и, *р. мн.* -рок
Сти́рлинг, -а: **дви́гатель Сти́рлинга, фóрмула Сти́рлинга**
стирóл, -а
стирóловый
стирóльный
сти́рочный
сти́рывать, *наст. вр. не употр.*
сти́скивание, -я
сти́скивать(ся), -аю(сь), -ает(ся)
сти́снутый
сти́снуть(ся), -ну(сь), -нет(ся)
стих, -á
стихáрь, -я́
стихáть, -áю, -áет
стихéевые, -ых
стихéй, -я (*рыба*)
стихи́, -óв
стихи́йно-бунтáрский
стихи́йность, -и
стихи́йный; *кр. ф.* -и́ен, -и́йна
стихи́-пéсни, стихóв-пéсен
стихи́ра, -ы
стихирáрь, -я
стихи́я, -и
сти́хнувший
сти́хнуть, -ну, -нет; *прош.* стих, сти́хла
стиховéд, -а
стиховéдение, -я
стиховéдческий
стихóвны, -ых, *ед.* -вен, -вна, *м.* *(церк. песнопения)*
стиховóй
стихокропáтель, -я
стихокропáтельство, -а
стихологи́ческий
стихолóгия, -и
стихомáния, -и
стихоплёт, -а
стихоплётство, -а
стихопрóза, -ы
стихослагáтель, -я
стихослагáтельство, -а
стихослóвие, -я
стихосложéние, -я
стихотворéние, -я
стихотворéньице, -а
стихотвóрец, -рца, *тв.* -рцем, *р. мн.* -рцев
стихотвóрный
стихотвóрство, -а

стихотво́рческий
стихотво́рчество, -а
сти́хший
стиша́та, -а́т
стишки́, -о́в
стишно́й (*церк.*)
стишо́к, -шка́
стишо́нки, -ов
СТК [эстэка́], *нескл., м.* (*сокр.*: совет трудового коллектива) и *ж.* (*сокр.*: служба технического контроля)
стла́нец, -нца, *тв.* -нцем, *р. мн.* -нцев (*стелющееся дерево*)
стла́ник, -а
стла́нцевый (*от* стла́нец)
стлань, -и
стланьё, -я́
стла́ть(ся), стелю́(сь), сте́лет(ся); *прош.* -а́л(ся), -а́ла(сь) (*то же, что стелить*(*ся*)
стли́ще, -а
сто, ста
СТО [эстэо́], *нескл., ж.* (*сокр.*: станция технического обслуживания)
СТО́А, *нескл., ж.* (*сокр.*: станция технического обслуживания автомобилей)
стова́ттка, -и, *р. мн.* -тток
стова́ттный (100-ва́ттный)
стовёрстный (100-вёрстный)
стовосьмидесятимиллио́нный (180-миллио́нный)
стог, -а, *предл.* в (на) сто́ге и в (на) стогу́, *мн.* -а́, -о́в
стогекта́рный (100-гекта́рный)
стогерцевый
Стогла́в, -а (*книга*)
стогла́вый
Стогла́вый собо́р (*1551*)
сто́гны, стогн, *ед.* сто́гна, -ы
стогова́льщик, -а
стогова́ние, -я
стого́ванный; *кр. ф.* -ан, -ана
стогова́ть(ся), -гу́ю, -гу́ет(ся)
стогови́ще, -а
стогово́з, -а
стогово́й
стоголо́сый
стогомёт, -а
стогомета́ние, -я
стогомета́тель, -я
стогообразова́тель, -я
стогра́дусный (100-гра́дусный)
стограммо́вый (100-граммо́вый)
стодвадцатиметро́вый (120-метро́вый)
стодвадцатимиллиметро́вый (120-миллиметро́вый)
стодвадцатипятиле́тие (125-ле́тие), -я
стодевяностомиллио́нный (190-миллио́нный)
стодне́вный (100-дне́вный)
Сто́ дне́й (*при Наполеоне I*)
стодо́л, -а и **стодо́ла,** -ы
стодо́лларовый (100-до́лларовый)
стоє́вровый (*от* е́вро)
стоеро́совый
сто́ечка, -и, *р. мн.* -чек
сто́ечный
стожа́р, -а (*шест*)
Стожа́ры, -ов (*звездное скопление*)
стожи́льный
сто́жить, -жу, -жит
стожи́ще, -а, *мн.* -а и -и, -и́щ, *м.*
стожо́к, -жка́
стозву́чный
сто́ик, -а
сто́имостный
сто́имость, -и
сто́ить, сто́ю, сто́ит, сто́ят
стоици́зм, -а
стои́ческий
сто́йбище, -а
сто́йбищный
сто́йка, -и, *р. мн.* сто́ек
сто́йкий; *кр. ф.* сто́ек, сто́йка́, сто́йко
стойко́м, *нареч.*
сто́йкость, -и
сто́йлице, -а
сто́йлище, -а
сто́йло, -а
сто́йлово-па́стбищный
сто́йловый
стоймя́
сто́йче, *сравн. ст.*
сток, -а
стокварти́рный (100-кварти́рный)
стокго́льмский (*от* Стокго́льм)
стокго́льмцы, -ев, *ед.* -мец, -мца, *тв.* -мцем
сто́кер, -а
стокилометро́вый (100-километро́вый)
стокле́точник, -а
стокле́точный
сток-ли́ст, -а́
сток-но́та, -ы (*фин.*)
сто́ковый
стокра́т, *нареч.*, но: **во́ сто кра́т, в сто́ кра́т**
стокра́тный
Стокс, -а: **зако́н Сто́кса, пра́вило Сто́кса, фо́рмула Сто́кса, уравне́ние Навье́ – Сто́кса**
стокс, -а, *р. мн.* -ов, *счетн. ф.* стокс (*ед. измер.*)
стол, -а́
сто́ла, -ы (*одеяние*)
столб, -а́
столбене́ть, -е́ю, -е́ет
столбе́ц, -бца́, *тв.* -бцо́м, *р. мн.* -бцо́в
сто́лбик, -а
сто́лбиковый
сто́лбиком, *нареч.*
столби́ть, -блю́, -би́т
сто́лбичек, -чка
столби́ще, -а, *мн.* -а и -и, -и́щ, *м.*
столблённый; *кр. ф.* -ён, -ена́
столбня́к, -а́
столбняко́вый
столбня́чный
столбово́й
столбо́м, *нареч.*
столбообра́зный; *кр. ф.* -зен, -зна
столбоста́в, -а
сто́лбур, -а
столбу́ха, -и
столбу́шка, -и, *р. мн.* -шек
столбцо́вый
столбцы́, -о́в (*старинный документ в виде свитка*)
сто́лбча́тый
Столбы́, -о́в, *употр. в геогр. наименованиях, напр.*: Столбы́ (*заповедник*), Бе́лые Столбы́ (*поселок*)
столе́тие (100-ле́тие), -я
столе́тний (100-ле́тний)
столе́тник, -а
Столе́тняя война́ (*ист.*)
сто́лечко (*от* сто́лько)
столе́шник, -а
Столе́шников переу́лок, Столе́шникова переу́лка (*в Москве*)
столе́шница, -ы, *тв.* -ей
сто́лик, -а
столи́кий
столитро́вый (100-литро́вый)
столи́ца, -ы, *тв.* -ей
столи́чный
столи́шко, -а и -и, *мн.* -шки, -шек, *м.*
столи́ще, -а, *мн.* -а и -и, -и́щ, *м.*
сто́лканный; *кр. ф.* -ан, -ана
столка́ть, -а́ю, -а́ет
столкнове́ние, -я
сто́лкнутый
столкну́ть(ся), -ну́(сь), -нёт(ся)
столкова́ться, -ку́юсь, -ку́ется
столко́вываться, -аюсь, -ается
с то́лку (сби́ть(ся)
столова́нье, -я
столова́ться, -лу́юсь, -лу́ется
столо́вая, -ой
столоверче́ние, -я
столо́вка, -и, *р. мн.* -вок
столовни́к, -а́
столо́вский
столо́вый
столо́кший(ся)
столо́н, -а
столонача́льник, -а
столообра́зный; *кр. ф.* -зен, -зна
столо́чь(ся), -лку́, -лчёт(ся), -лку́т(ся); *прош.* -ло́к(ся), -лкла́(сь)
столп, -а́ (*устар. к* столб; *башня или колонна*; *крупный, видный деятель*; *нотный знак*)
столпи́ться, -и́тся
сто́лпник, -а; но: **Симео́н Сто́лпник**
сто́лпнический
сто́лпничество, -а
столпово́й
столпообра́зный; *кр. ф.* -зен, -зна
столпотворе́ние, -я
столчённый; *кр. ф.* -ён, -ена́

столы́пин, -а («*столыпинский вагон*»)
столы́пинский (*от* Столы́пин)
столь
сто́ль же
сто́лько[1], сто́льких; по сто́лько и по сто́льку
сто́лько[2], *нареч.* (о́н сто́лько зна́ет)
сто́лько же
сто́лько-то, сто́льких-то; по сто́лько-то и по сто́льку-то
сто́льник, -а
сто́льничать, -аю, -ает
сто́льничий, -ья, -ье
сто́льный
столя́р, -а́
столя́рить, -рю, -рит
столяри́шка, -и, *р. мн.* -шек, *м.*
столя́рка, -и, *р. мн.* -рок
столя́рничанье, -я
столя́рничать, -аю, -ает
столя́рничество, -а
столя́рно-механи́ческий
столя́рно-пло́тничный
столя́рный
столя́рня, -и, *р. мн.* -рен
столя́рский
сто́ма, -ы
стомати́т, -а
стомати́тный
стомато́лог, -а
стоматологи́ческий
стоматоло́гия, -и
стомато́лог-ортопе́д, стомато́лога-ортопе́да
стоматоско́п, -а
стоматоскопи́ческий
стома́х, -а
стометро́вка, -и, *р. мн.* -вок
стометро́вый (100-метро́вый)
стомиллио́нный (100-миллио́нный) и (*при передаче разг. произношения*) **стомильо́нный**
стоми́рованный; *кр. ф.* -ан, -ана
стон, -а
стона́ть, стону́, сто́нет и -а́ю, -а́ет
сто́нущий
стоо́кий
стоп, *неизм.*
стопа́, -ы́, *мн.* сто́пы, стоп, -ам (*бумаги, газет, книг и т. п.*; *единица стиха*; *сосуд*) и стопы́, стоп, -а́м (*часть ноги*; *шаги, поступь*)
стопа́рик, -а
стопа́рь, -я́
стопи́н, -а
стопи́ть(ся), стоплю́, сто́пит(ся)
сто́пка, -и, *р. мн.* -пок
стоп-ка́др, -а
стоп-ка́дровый
стоп-кра́н, -а
стоп-кра́новый
сто́пленный; *кр. ф.* -ен, -ена
стоп-лими́т, -а
сто́п маши́на (*команда*)
стопово́й
стоп-ого́нь, -огня́
сто́пор, -а
стопоре́зка, -и, *р. мн.* -зок
сто́порить(ся), -рю, -рит(ся)
сто́порный
сто́порящий(ся)
стопосложе́ние, -я
стопоходя́щие, -их
сто́почка, -и, *р. мн.* -чек
сто́почный
сто́ппер, -а
стоп-прика́з, -а
стопроце́нтность, -и
стопроце́нтный
стоп-сигна́л, -а
сто́птанный; *кр. ф.* -ан, -ана
стопта́ть(ся), стопчу́, сто́пчет(ся)
стопудо́вый (100-пудо́вый)
стоп-цили́ндр, -а
стопятидесятикилометро́вый (150-километро́вый)
стопятидесятиле́тие (150-ле́тие), -я
стопятидесятиле́тний (150-ле́тний)
стопятидесятимиллио́нный (150-миллио́нный)
сторго́ванный; *кр. ф.* -ан, -ана
сторгова́ть(ся), -гу́ю(сь), -гу́ет(ся)
сторго́вывать(ся), -аю(сь), -ает(ся)
стори́цей (возда́ть, получи́ть, окупи́ться)
сто́рмонт, -а
сторни́рование, -я
сторни́рованный; *кр. ф.* -ан, -ана
сторни́ровать(ся), -рую, -рует(ся)
сто́рно, *нескл.*, *с.*
сторно́ванный; *кр. ф.* -ан, -ана
сторнова́ть(ся), -ну́ю, -ну́ет(ся)
сторно́вка, -и
сто́рож, -а, *тв.* -ем, *мн.* -а́, -е́й
сторо́жа, -и, *тв.* -ей
сторожеви́к, -а́
сторожево́й
Сторожево́й, -о́го (*остров*)
сторожи́ть(ся), -жу́(сь), -жи́т(ся)
сторожи́ха, -и
сторо́жка, -и, *р. мн.* -жек
сторо́жкий; *кр. ф.* -жек, -жка
сторо́жкость, -и
сторожо́к, -жка́
сторона́, -ы́, *вин.* сто́рону, *мн.* сто́роны, сторо́н, сторона́м
сторони́ться, -оню́сь, -о́нится
сторо́нка, -и, *р. мн.* -нок
сторо́нний
сторо́нник, -а
сторо́нница, -ы, *тв.* -ей
стороно́й, *нареч.*
сторо́нушка, -и, *р. мн.* -шек
сто́ртинг, -а
сторублёвка, -и, *р. мн.* -вок
сторублёвый (100-рублёвый)
стору́кий
сторцева́ть, -цу́ю, -цу́ет
сторцо́ванный; *кр. ф.* -ан, -ана
стосвечо́вка, -и, *р. мн.* -вок
стосвечо́вый (100-свечо́вый)
стосемидесятисери́йный (170-сери́йный)
стоси́льный (100-си́льный)
стоскова́ться, -ку́юсь, -ку́ется
стострани́чный (100-страни́чный)
стоти́нка, -и, *р. мн.* -нок
стото́нный (100-то́нный)
стоты́сячник, -а
стоты́сячный (100-ты́сячный)
стоу́стый
стофунто́вый (100-фунто́вый)
стохасти́ческий
стохасти́чность, -и
стохасти́чный; *кр. ф.* -чен, -чна
стоце́нтнеровый (100-це́нтнеровый)
сто́ченность, -и
сто́ченный; *кр. ф.* -ен, -ена
стачи́ть(ся), сточу́, сто́чит(ся)
сто́чка, -и
сто́чный
стошестидесятимиллио́нный (160-миллио́нный)
стошни́ть, -и́т
стоэта́жный (100-эта́жный)
сто́я[1], -и (*архит.*) и **Сто́я**, -и (*портик в Афинах*; *филос. школа*)
сто́я[2], *деепр.* и *нареч.*
стоя́к, -а́
стояко́вый
стоя́лец, -льца, *тв.* -льцем, *р. мн.* -льцев
стоя́лки, -лок (*спорт.*)
стоя́лый
стоя́ние, -я
Стоя́ние на Угре́ (*1480*)
стоя́нка, -и, *р. мн.* -нок
стоя́ночный
стоя́ть(ся), стою́, стои́т(ся)
стоя́чий
стоя́чка, -и, *р. мн.* -чек
стоячо́к, -чка́
сто́ящий (*от* сто́ить)
стоя́щий (*от* стоя́ть)
страби́зм, -а
страви́ть(ся), стравлю́, стра́вит(ся)
стра́вленный; *кр. ф.* -ен, -ена
стра́вливание, -я
стра́вливать(ся), -аю, -ает(ся)
стравля́ть(ся), -я́ю, -я́ет(ся)
стра́гивать(ся), -аю(сь), -ает(ся)
страда́, -ы́, *мн.* стра́ды, страд
страда́лец, -льца, *тв.* -льцем, *р. мн.* -льцев
страда́лица, -ы, *тв.* -ей
страда́льческий
страда́ние, -я
страда́тельность, -и
страда́тельный
страда́ть, -а́ю, -а́ет и (*устар. книжн.*) стра́жду, стра́ждет
страда́ющий
Страдива́ри, *нескл.*, *м.*, **Страдива́риус**, -а и **Страдива́рий**, -я (*скрипичный мастер*)

страдива́ри, *нескл., м.,* **страдива́риус,** -а и **страдива́рий,** -я (*скрипка*)
страдива́риевский
стра́дник, -а
стра́дный
страж, -а, *тв.* -ем
стра́жа, -и, *тв.* -ей
стра́ждущий
стра́жник, -а
страз, -а и **стра́за,** -ы
стра́зовый
стра́ивание, -я
стра́ивать(ся)[1], -аю, -ает(ся) (*к* строи́ть)
стра́ивать(ся)[2], *наст. вр. не употр.* (*многокр. к* стро́ить(ся)
страйк, -а (*удар в бейсболе*)
стра́йкер, -а
страна́, -ы́, *мн.* стра́ны, стран
страна́-агре́ссор, страны́-агре́ссора, *ж.*
Страна́ Ба́сков (*в Испании*)
Страна́ восходя́щего со́лнца (*о Японии*)
страна́-должни́к, страны́-должника́, *ж.*
страна́-импортёр, страны́-импортёра, *ж.*
Страна́ клено́вого листа́ (*о Канаде*)
страна́-кредито́р, страны́-кредито́ра, *ж.*
страна́-организа́тор, страны́-организа́тора, *ж.*
страна́-сателли́т, страны́-сателли́та, *ж.*
Страна́ Сове́тов (*об СССР*)
Страна́ тюльпа́нов (*о Голландии*)
Страна́ у́тренней све́жести (*о Корее*)
страна́-уча́стница, страны́-уча́стницы
страна́-хозя́йка, страны́-хозя́йки
страна́-экспортёр, страны́-экспортёра, *ж.*
странгуляцио́нный
странгуля́ция, -и
страни́ца, -ы, *тв.* -ей
страни́чка, -и, *р. мн.* -чек
страни́чный
стра́нник, -а
стра́нница, -ы, *тв.* -ей
стра́нничать, -аю, -ает
стра́нничек, -чка
стра́ннический
стра́нничество, -а
стра́нничий; -чья, -чье
стра́нно, *нареч.* и *в знач. сказ.*
страннова́тость, -и
страннова́тый
страннопри́имный
страннопри́имство, -а
стра́нность, -и
стра́нный; *кр. ф.* -а́нен, -анна́, -а́нно
странове́дение, -я
странове́дческий
стра́нствие, -я
стра́нствование, -я
стра́нствователь, -я
стра́нствовать, -твую, -твует
стра́нствующий
Стра́ны согла́сия (*Антанта*)
стра́сбургский (*от* Стра́сбург)
стра́сбуржцы, -ев, *ед.* -жец, -жца, *тв.* -жцем
стра́сти-морда́сти, *другие формы не употр.*
страсти́шка, -и, *р. мн.* -шек
Страстна́я неде́ля
Страстна́я пя́тница
Страстна́я седми́ца
Страстно́й бульва́р (*в Москве*)
Страстно́й монасты́рь
Страстно́й четве́рг
стра́стность, -и
страстны́е ико́ны
стра́стный; *кр. ф.* -тен, -а́стна́, -тно
страстоте́рпец, -пца, *тв.* -пцем, *р. мн.* -пцев
страстоте́рпица, -ы, *тв.* -ей
страстоте́рпческий
страстоте́рпчество, -а
страстоцве́т, -а
страсть, -и, *мн.* -и, -е́й
стра́сть как...
стра́сть како́й...
стра́та, -ы
стратаге́ма, -ы
страте́г, -а
стратеги́ческий
страте́гия, -и
страти́г, -а (*военачальник, ист.*)
стратиграфи́ческий
стратигра́фия, -и
стратила́т, -а (*стратиг, ист.*); но: **Фео́дор Стратила́т**
стратисфе́ра, -ы
стратификацио́нный
стратифика́ция, -и
стратифици́рованный; *кр. ф.* -ан, -ана
стратифици́ровать(ся), -рую, -рует(ся)
стратифо́рмный
стратовулка́н, -а
стратона́вт, -а
стратопа́уза, -ы
стратопла́н, -а
стратоста́т, -а
стратосфе́ра, -ы
стратосфе́рный
стратоти́п, -а (*геол.*)
стра́тфордский (*к* Стра́тфорд-он-Э́йвон)
стра́ус, -а
страусёнок, -нка, *мн.* -ся́та, -ся́т
страуси́ный
страуси́ха, -и
стра́усовый
страуся́тник, -а
страх[1], -а и -у
страх[2], *нареч.*
страхделега́т, -а
страхка́сса, -ы
страхка́ссовый
страхова́ние, -я
страхо́ванный; *кр. ф.* -ан, -ана
страхова́тель, -я
страхова́ть(ся), страху́ю(сь), страху́ет(ся)
страхови́дный; *кр. ф.* -ден, -дна
страхови́к, -а́
страхови́тый
страхо́вка, -и, *р. мн.* -вок
страхово́й
страхо́вочный
страхо́вщик, -а
страхо́вщица, -ы, *тв.* -ей
страхолю́д, -а
страхолю́дина, -ы, *м.* и *ж.*
страхолю́дность, -и
страхолю́дный; *кр. ф.* -ден, -дна
страше́нный
страши́ла, -ы, *м.* и *ж.*
страши́лище, -а
страши́лка, -и, *р. мн.* -лок
страши́ть(ся), -шу́(сь), -ши́т(ся)
страшне́йший
стра́шненький
страшнёхонький; *кр. ф.* -нек, -нька
стра́шно, *нареч.* и *в знач. сказ.*
страшнова́то, *нареч.* и *в знач. сказ.*
страшнова́тость, -и
страшнова́тый
стра́шный; *кр. ф.* -шен и (*прост.*) -шо́н, -шна́, -шно, -а́шны́
Стра́шный су́д (*библ.*)
страща́ть, -а́ю, -а́ет
стре́бованный; *кр. ф.* -ан, -ана
стре́бовать, -бую, -бует
стре́жень, -жня
стрежнево́й
стрека́ло, -а
стрекану́ть(ся), -ну́(сь), -нёт(ся)
стрека́тельный
стрека́ть(ся), -а́ю(сь), -а́ет(ся)
стрека́ч: да́ть (зада́ть) стрекача́
стрекну́ть(ся), -ну́(сь), -нёт(ся)
стрекоза́, -ы́, *мн.* -о́зы, -о́з
стрекоза́-коромы́сло, стрекозы́-коромы́сла, *ж.*
стрекозёл, -зла́ *(ирон.)*
стреко́зий, -ья, -ье
стрекози́ный
стрекози́ть, -и́т
стреко́зка, -и, *р. мн.* -зок
стре́кот, -а
стрекота́ние, -я
стрекота́ть, -очу́, -о́чет
стрекотня́, -и́
стрекоту́н, -а́
стрекоту́нья, -и, *р. мн.* -ний
стрекоту́ха, -и
стреко́чущий
стрекули́ст, -а и **строкули́ст,** -а
стреку́чий
стрела́, -ы́, *мн.* стре́лы, стрел
стрела́-змея́, стрелы́-змей

стреле́ц, -льца́, *тв.* -льцо́м, *р. мн.* -льцо́в (*стрелок*) и **Стреле́ц,** -льца́ (*созвездие и знак зодиака; о том, кто родился под этим знаком*)
стреле́цкий
Стреле́цкий бу́нт (*1698*)
стре́ливать, *наст. вр. не употр.*
стре́лка, -и, *р. мн.* -лок
стрелкова́ние, -я
стрелкова́ться, -ку́ется
стрелко́во-охо́тничий
стрелко́во-спорти́вный
стрелко́вый
стрелови́дность, -и
стрелови́дный; *кр. ф.* -ден, -дна
стрелово́й
стрело́к, -лка́
стрелоли́ст, -а
стрелообра́зность, -и
стрелообра́зный; *кр. ф.* -зен, -зна
стрелоподо́бный; *кр. ф.* -бен, -бна
стрелоу́х, -а
стрело́чек, -чка
стре́лочка, -и, *р. мн.* -чек
стре́лочник, -а
стре́лочница, -ы, *тв.* -ей
стре́лочный
стрельба́, -ы́, *мн.* стре́льбы, стрельб
стре́льбище, -а
стре́льбищный
стре́льни́ца, -ы, *тв.* -ей
стрельну́ть, -ну́, -нёт
стрельча́тка, -и, *р. мн.* -ток (*бабочка*)
стрельчатосво́дный
стре́льчатость, -и
стре́льчатый
стрельчи́ха, -и
стреля́лка, -и, *р. мн.* -лок (*прост.*)
стреля́ние, -я
стре́лянный; *кр. ф.* -ян, -яна, *прич.*
стре́ляный, *прил.*
стреля́ть(ся), -я́ю(сь), -я́ет(ся)
стрёма: на стрёме, на стрёму
стремгла́в
стременно́й и **стремя́нный**
стре́мечко, -а, *мн.* -чки, -чек
стремёшка, -и, *р. мн.* -шек
стреми́тельность, -и
стреми́тельный; *кр. ф.* -лен, -льна
стреми́ть(ся), -млю́(сь), -ми́т(ся)
стремле́ние, -я
стремни́на, -ы
стремни́нный
стремни́стый
стрёмность, -и
стрёмный *(жарг.)*
стре́мя, -мени, *тв.* -менем, *мн.* -мена́, -мя́н, -мена́м
стремя́нка, -и, *р. мн.* -нок
стремя́нный и **стременно́й**
стре́нга, -и и **стрендь,** -и
стре́нер, -а
стрено́женный; *кр. ф.* -ен, -ена
стрено́живать(ся), -аю, -ает(ся)
стрено́жить, -жу, -жит
стре́пет, -а
стрепетёнок, -нка, *мн.* -тя́та, -тя́т
стрепети́ный
стрептодерми́я, -и
стрептока́рпус, -а
стрептоко́кки, -ов, *ед.* -ко́кк, -а
стрептоко́кковый
стрептококко́з, -а
стрептомици́н, -а
стрептоци́д, -а
стре́скать, -аю, -ает
стресс, -а
стресслимити́рующий
стре́ссовый
стрессоге́нный
стрессопсихотерапи́я, -и
стре́ссор, -а
стре́ссорный
стрессотерапи́я, -и
стрессоусто́йчивость, -и
стрессоусто́йчивый
стресс-реа́кция, -и
стресс-фа́ктор, -а
стре́тта, -ы
стре́тто, *неизм.*
стретч, -а, *тв.* -ем и *неизм. (мор.; одежда)*
стре́тчинг, -а *(спорт.)*
стре́тчинг-аэро́бика, -и
стреха́, -и́, *мн.* стре́хи, стрех
стречо́к, -чка́: **да́ть (зада́ть) стречка́**
Стрибо́г, -а
стрига́ла, -ы, *м.* и *ж.*
стрига́ль, -я́
стрига́льный
стрига́льщик, -а
стрига́льщица, -ы, *тв.* -ей
стриго́льник, -а
стриго́льнический
стриго́льничество, -а
стригу́н, -а́
стригуно́к, -нка́
стригу́нчик, -а
стригу́щий(ся)
стри́гший(ся)
стриж, -а́, *тв.* -о́м
стри́женный; *кр. ф.* -ен, -ена, *прич.*
стри́женый, *прил.*
стрижи́ный
стри́жка, -и, *р. мн.* -жек
стрижо́нок, -нка, *мн.* -жа́та, -жа́т
стрик, -а
с три́ ко́роба (навра́ть, наговори́ть)
стрикту́ра, -ы
стри́мер, -а
стри́мерный
стринг, -а
стри́нгер, -а
стри́нгерный
стри́нгерский
стрип-... – *первая часть сложных слов, пишется через дефис*
стрип-бале́т, -а
стрип-ба́р, -а
стрип-заведе́ние, -я
стрип-клу́б, -а
стри́ппер, -а
стри́пперный
стрипперова́ние, -я
стрип-танцо́вщица, -ы, *тв.* -ей
стрипти́з, -а
стрипти́з-би́знес, -а
стриптизёр, -а
стриптизёрка, -и, *р. мн.* -рок
стриптизёрша, -и, *тв.* -ей
стрипти́з-клу́б, -а
стрипти́зный
стрипти́з-шо́у и **стрип-шо́у,** *нескл., с.*
стритбо́л, -а
стритста́йл, -а
стрихни́н, -а
стри́чь(ся), -игу́(сь), -ижёт(ся), -игу́т(ся); *прош.* -и́г(ся), -и́гла(сь)
стро́бил, -а (*бот.*)
стро́била, -ы (*зоол.*)
стробиля́ция, -и
строби́рование, -я
стробоско́п, -а
стробоскопи́ческий
стробоскопи́я, -и
строга́ль, -я́
строга́льно-фугова́льный
строга́льный
строга́льщик, -а
строга́ние, -я и **струга́ние,** -я
строгани́на, -ы и **стругани́на,** -ы
стро́ганный; *кр. ф.* -ан, -ана и **стру́ганный;** *кр. ф.* -ан, -ана, *прич.*
стро́гановский (*от* Стро́ганов; стро́гановская шко́ла и́конописи)
Стро́гановское учи́лище
стро́гано-шпунто́ванный
стро́ганый и **стру́ганый,** *прил.*
строга́ть(ся), -а́ю, -а́ет(ся) и **струга́ть(ся),** -а́ю, -а́ет(ся)
строга́ч, -а́, *тв.* -о́м
стро́гий; *кр. ф.* строг, строга́, стро́го, стро́ги́
стро́гий-престро́гий
стро́го дози́рованный
стро́го-на́строго
стро́го нау́чный
строго́нек, -нька
строгорежи́мный
стро́гость, -и
строеви́к, -а́
строево́й
строе́ние, -я
стро́енный; *кр. ф.* -ен, -ена (*от* стро́ить), *прич.*
строённый; *кр. ф.* -ён, -ена́ (*от* строи́ть)
строе́ньице, -а
строжа́йше, *нареч.*
строжа́йший
стро́же, *сравн. ст.*
строжи́ть, -жу́, -жи́т (*от* стро́гий)
стро́жка, -и
строи́тель, -я; но: **Дави́д Строи́тель; у́лица Строи́телей**

строи́тельно-архитекту́рный
строи́тельно-доро́жный
строи́тельно-монта́жный
строи́тельно-прое́ктный
строи́тельный
строи́тельский
строи́тельство, -а
строи́ть, строю́, строи́т (*соединить по три*)
стро́ить(ся), стро́ю(сь), стро́ит(ся)
строй[1], -я, *предл.* в стро́е, *мн.* стро́и, -о́ев (*система, устройство*)
строй[2], -я, *предл.* в строю́, *мн.* строи́, -оёв (*шеренга*)
строй... – *первая часть сложных слов, пишется слитно*
стройба́т, -а
стройба́товец, -вца, *тв.* -вцем, *р. мн.* -вцев
стройба́товский
стройбрига́да, -ы
стройгородо́к, -дка́
стройдета́ли, -ей, *ед.* -а́ль, -и
стройиндустри́я, -и
стро́йка, -и, *р. мн.* -о́ек
стройко́мплекс, -а
стройконстру́кция, -и
стройконто́ра, -ы
стройматериа́лы, -ов, *ед.* -иа́л, -а
строймеханиза́ция, -и
строймонта́ж, -а́, *тв.* -о́м
строймонта́жный
стро́йненький
стро́йность, -и
стро́йный; *кр. ф.* -о́ен, -ойна́, -о́йно, -о́йны́
стройобъе́кт, -а
стройотря́д, -а
стройотря́довец, -вца, *тв.* -вцем, *р. мн.* -вцев
стройотря́довка, -и, *р. мн.* -вок
стройотря́довский
стройплоща́дка, -и, *р. мн.* -док
стройпо́езд, -а, *мн.* -поезда́, -о́в
стройрабо́ты, -о́т
стройтре́ст, -а
стройуправле́ние, -я
стройфи́рма, -ы
стройце́х, -а, *мн.* -це́хи, -ов и -цеха́, -о́в
строка́, -и́, *мн.* стро́ки, строк, стро́ка́м
стро́ковый
строкоме́р, -а
строкоотливно́й
строкопеча́тающий
строкоре́з, -а
строкоре́зный
строкули́ст, -а и **стрекули́ст,** -а
стро́ма, -ы
строматоли́ты, -ов, *ед.* -ли́т, -а
строматопороиде́и, -е́й, *ед.* -де́я, -и
стронгилоидо́з, -а
стро́нутый
стро́нуть(ся), -ну(сь), -нет(ся)
стронциани́т, -а
стро́нциевый
стро́нций, -я
строп, -а (*грузозахватное приспособление*)
стро́паль, -я
стро́пальщик, -а
стро́пальщица, -ы, *р. мн.* -ей
стропи́лина, -ы
стропи́лить, -лю, -лит
стропи́ло, -а, *мн.* -а, -и́л
стропи́льный
стро́пить, -плю, -пит
стропо́вка, -и
стропо́вщик, -а
стропо́вщица, -ы, *тв.* -ей
стро́повый
стропти́вец, -вца, *тв.* -вцем, *р. мн.* -вцев
стропти́вица, -ы, *тв.* -ей
стропти́вость, -и
стропти́вый
стро́пы, -ов и строп, *ед.* строп, -а, стропа́, -ы́ и стро́па, -ы (*канаты, тросы парашюта, аэростата*)
стрости́ть, -ощу́, -ости́т
строфа́, -ы́, *мн.* стро́фы, строф, стро́фа́м
строфа́нт, -а
строфанти́н, -а
стро́фика, -и
строфи́ческий
строфои́да, -ы
строфоками́л, -а
строчево́й
строчевышива́льный
строчевы́шивка, -и
строчевы́шитый
строче́ние, -я
стро́ченный; *кр. ф.* -ен, -ена, *прич.*
строчёный, *прил.*
стро́чечка, -и, *р. мн.* -чечек
стро́чечный
строчи́ла, -ы, *м.* и *ж.*
строчи́ть(ся), -очу́, -о́чи́т(ся)
стро́чка, -и, *р. мн.* -чек
строчко́вый (*от* строчо́к)
строчкого́н, -а
строчкого́нство, -а
строчно́й (строчно́е шитьё, строчны́е бу́квы, строчно́е пе́ние)
стро́чный (стро́чная развёртка телеизображе́ния, стро́чные объявле́ния)
строчо́к, -чка́ (*гриб*)
строщённый; *кр. ф.* -ён, -ена́
стро́ящий(ся)
струбци́на, -ы
струбци́нка, -и, *р. мн.* -нок
струг, -а, *мн.* -и, -ов и -и́, -о́в
струга́ние, -я и **строга́ние,** -я
стругани́на, -ы и **строгани́на,** -ы
стру́ганный; *кр. ф.* -ан, -ана и **стро́ганный;** *кр. ф.* -ан, -ана, *прич.*
стру́ганый и **стро́ганый,** *прил.*
струга́ть(ся), -а́ю, -а́ет(ся) и **строга́ть(ся),** -а́ю, -а́ет(ся)
Стру́ги-Кра́сные, Стру́гов-Кра́сных (*поселок*)
стругово́й и **стру́говый** (*от* струг)
струговщи́к, -а́
струготара́нный
струенаправля́ющий
струе́ние, -я
стру́жечка, -и, *р. мн.* -чек
стру́жечный
стружи́ть(ся), -жу́, -жи́т(ся)
стру́жка, -и, *р. мн.* -жек
стру́жковый
стружколо́м, -а
стружкоудале́ние, -я
стружо́к, -жка́ (*от* струг)
струи́стый
струи́ть(ся), -уи́т(ся)
стру́йка, -и, *р. мн.* -у́ек
стру́йный
стру́йчатый
структу́ра, -ы
структурализа́ция, -и
структурали́зм, -а
структурализо́ванный; *кр. ф.* -ан, -ана
структурализова́ть(ся), -зу́ю, -зу́ет(ся)
структурали́ст, -а
структуралисти́ческий
структурали́стский
структура́льный
структуриза́ция, -и
структури́рование, -я
структури́рованность, -и
структури́рованный; *кр. ф.* -ан, -ана
структури́ровать(ся), -рую, -рует(ся)
структу́рно-аналити́ческий
структу́рно-геологи́ческий
структу́рно-инвестицио́нный
структу́рно-лингвисти́ческий
структу́рно-организацио́нный
структу́рно-полити́ческий
структу́рно-семанти́ческий
структу́рность, -и
структу́рно-типологи́ческий
структу́рно-функциона́льный
структу́рный
структуроме́трия, -и
структурообразова́ние, -я
структурообразу́ющий
структуроопределя́ющий
стру́ма, -ы
струна́, -ы́, *мн.* стру́ны, струн
струне́ц, -нца́, *тв.* -нцо́м, *р. мн.* -нцо́в
стру́нить, -ню, -нит и **струни́ть,** -ню́, -ни́т
стру́нка, -и, *р. мн.* -нок
стру́нник, -а
стру́нный
струнобето́н, -а
струнобето́нный
струнодержа́тель, -я
стру́ночка, -и, *р. мн.* -чек
струп, -а, *мн.* стру́пья, -ьев
стру́пный

стру́сить, -у́шу, -у́сит (*проявить трусость*)
струси́ть, -ушу́, -уси́т (*стряхнуть*)
струхну́ть, -ну́, -нёт
стручкова́тый
стручко́вый
стручкообра́зный; *кр. ф.* -зен, -зна
стручо́к, -чка́, *мн.* стручки́, -о́в и стру́чья, -ев (*двустворчатый плод нек-рых растений*)
стручо́чек, -чка
стру́шенный; *кр. ф.* -ен, -ена
стру́шивать(ся), -аю, -ает(ся)
струя́, -и́, *мн.* стру́и, струй, стру́ям
струя́щий(ся)
стрю́цкий, -ого
стря́панный; *кр. ф.* -ан, -ана
стря́панье, -я
стря́пать(ся), -аю(сь), -ает(ся)
стря́пка, -и, *р. мн.* -пок
стряпня́, -и́
стряпу́ха, -и
стря́пческий
стря́пчество, -а
стря́пчий, -его
стряса́ть(ся), -а́ю, -а́ет(ся)
стрясённый; *кр. ф.* -ён, -ена́
стрясти́(сь), -су́, -сёт(ся); *прош.* -я́с(ся), -ясла́(сь)
стря́сший(ся)
стряха́ть(ся), -а́ю, -а́ет(ся)
стря́хивание, -я
стря́хивать(ся), -аю, -ает(ся)
стря́хнутый
стряхну́ть(ся), -ну́, -нёт(ся)
стугеро́н, -а
студбиле́т, -а
студгородо́к, -дка́
студебе́кер, -а (*автомобиль*)
студене́ть, -е́ет
студени́стость, -и
студени́стый
студёно, *нареч.* и *в знач. сказ.*
студе́нт, -а
студе́нтик, -а
студе́нтка, -и, *р. мн.* -ток
студе́нточка, -и, *р. мн.* -чек
студе́нт-первоку́рсник, студе́нта-первоку́рсника
студе́нческий
студе́нчество, -а
студёный
сту́день, -дня
студи́ец, -и́йца, *тв.* -и́йцем, *р. мн.* -и́йцев
сту́дийка, -и, *р. мн.* -иек (*уменьш. к* сту́дия)
студи́йка, -и, *р. мн.* -и́ек (*к* студи́ец)
студи́йность, -и
студи́йный
студио́зус, -а и **студио́з**, -а
студи́ть(ся), стужу́(сь), сту́дит(ся)
сту́дия, -и
студнеобра́зный; *кр. ф.* -зен, -зна
студотря́д, -а
студсове́т, -а
студь, -и
студя́щий(ся)
сту́жа, -и, *тв.* -ей
сту́женный; *кр. ф.* -ен, -ена, *прич.*
сту́женый, *прил.*
стук[1], -а
стук[2], *неизм.*
сту́калка, -и (*игра*)
сту́кание, -я
сту́кать(ся), -аю(сь), -ает(ся)
стука́ч, -а́, *тв.* -о́м
стука́ческий
стука́чество, -а
стука́чка, -и, *р. мн.* -чек
сту́кко, *нескл.*, *м.* (*искусственный мрамор*)
сту́кнутый
сту́кнуть(ся), -ну(сь), -нет(ся)
стукотня́, -и́
сту́к-посту́к, *неизм.*
стук-сту́к, *неизм.*
стул, -а, *мн.* сту́лья, -ьев
сту́лик, -а
стулово́й (*тех.*)
стулья́к, -а́
сту́льчик, -а
сту́па, -ы
ступа́ть, -а́ю, -а́ет
ступенеобра́зный; *кр. ф.* -зен, -зна
ступе́нчато-симметри́чный
ступе́нчатость, -и
ступе́нчатый
ступе́нь, -и, *мн.* -и, -ей (*ступенька*) и -и, -е́й (*степень*)
ступе́нька, -и, *р. мн.* -нек
ступи́ть, ступлю́, сту́пит
сту́пица, -ы, *тв.* -ей
ступи́чный
сту́пка, -и, *р. мн.* -пок
ступня́, -и́, *р. мн.* -е́й
сту́пор, -а
сту́хнуть, -нет; *прош.* стух, сту́хла
сту́хший
стуча́ние, -я
стуча́ть(ся), -чу́(сь), -чи́т(ся)
стушёванный; *кр. ф.* -ан, -ана
стушева́ть(ся), -шу́ю(сь), -шу́ет(ся)
стушёвка, -и
стушёвывать(ся), -аю(сь), -ает(ся)
сту́шенный; *кр. ф.* -ен, -ена
стуши́ть, стушу́, сту́шит
стыд, -а́
стыди́ть(ся), стыжу́(сь), стыди́т(ся)
стыдли́вость, -и
стыдли́вый
сты́дно, *в знач. сказ.*
стыднова́то, *в знач. сказ.*
стыднова́тый
сты́дный; *кр. ф.* -ден, -дна́, -дно
стыдо́ба, -ы
стыдо́бища, -и, *тв.* -ей
стыдо́бушка, -и
стыду́ха, -и
стык, -а
стыка́ть(ся), -а́ю, -а́ет(ся)
стыкова́ние, -я
стыко́ванный; *кр. ф.* -ан, -ана
стыкова́ть(ся), -ку́ю(сь), -ку́ет(ся)
стыко́вка, -и, *р. мн.* -вок
стыково́й
стыко́вочный
стыкосва́рочный
с ты́ла и **с ты́лу**
сты́лость, -и
сты́лый
сты́нувший
сты́нуть и **стыть**, сты́ну, сты́нет; *прош.* стыл и сты́нул, сты́ла
стынь, -и
сты́ренный; *кр. ф.* -ен, -ена
сты́рить, -рю, -рит
стыть и **сты́нуть**, сты́ну, сты́нет; *прош.* стыл и сты́нул, сты́ла
сты́чка, -и, *р. мн.* -чек
сты́чный
Стэ́нли, *нескл.*, *м.*: **Ку́бок Стэ́нли**
стю́ард, -а
стюарде́сса, -ы
Стю́арты, -ов (*династия*)
стяг, -а
стя́гивание, -я
стя́гивать(ся), -аю(сь), -ает(ся)
стяжа́ние, -я
стяжа́нный; *кр. ф.* -а́н, -а́на (*устар. от* стяжа́ть)
стяжа́тель, -я
стяжа́тельница, -ы, *тв.* -ей
стяжа́тельный; *кр. ф.* -лен, -льна
стяжа́тельский
стяжа́тельство, -а
стяжа́ть(ся), -а́ю, -а́ет(ся)
стяже́ние, -я
стяжённый (*к* стяже́ние)
стя́жка, -и, *р. мн.* -жек
стяжно́й
стяжо́к, -жка́ (*палка*)
стя́нутый
стяну́ть(ся), стяну́(сь), стя́нет(ся)
су, *нескл.*, *с.*
суаре́, *нескл.*, *с.*
суахи́ли, *неизм.* и *нескл.*, *м.* (*язык*) и *нескл.*, *мн.*, *ед. м.* и *ж.* (*народ*)
суахили́йский
суахи́ли-ру́сский
суб... – *приставка, пишется слитно*
субаква́льный
субалте́рн-офице́р, -а
субальпи́йский
Субанта́рктика, -и
субантаркти́ческий
субаре́нда, -ы
субарендá́тор, -а
субаренда́торский
субаре́ндный
Суба́рктика, -и
субаркти́ческий
суба́томный
субатрофи́я, -и
суббо́та, -ы

суббо́тне-воскре́сный
суббо́тний
суббо́тник, -а
субвенцио́нный
субве́нция, -и
субгаранти́йный
субгармо́ника, -и
субгармони́ческий
субгига́нт, -а (*астр.*)
субгра́нт, -а
субди́лер, -а
субди́лерский
субди́лерство, -а
субди́ск, -а
субдогово́р, -а
субдогово́рный и **субдоговорно́й**
субдомина́нта, -ы
субдомина́нтный
субдомина́нтовый
субду́кция, -и
субери́н, -а
субери́новый
субзо́на, -ы
субинспе́ктор, -а
су́бито, *неизм.*
субка́рлик, -а (*астр.*)
субкле́точный
субкомите́нт, -а
субконтине́нт, -а
субконтинента́льный
субконтра́кт, -а
субконтра́ктный
субконтра́ктор, -а
субконтрокта́ва, -ы
субкортика́льный
субкоста́льный (*зоол.*)
субкраниа́льный
субкульту́ра, -ы
субкульту́рный
сублима́т, -а
сублима́тор, -а
сублимацио́нный
сублима́ция, -и
сублими́рование, -я
сублими́рованный; *кр. ф.* -ан, -ана
сублими́ровать(ся), -рую(сь), -рует(ся)
сублингва́льный (*мед.*)
сублитора́ль, -и
сублитора́льный
сублицензиа́т, -а
сублице́нзия, -и
субмаксима́льный (ве́с)
субмари́на, -ы
субмикро́нный
субмикроскопи́ческий
субмиллиметро́вый
субмолекуля́рный
субно́утбук, -а
суборбита́льный
субординату́ра, -ы
субординацио́нный
субордина́ция, -и
су́борь, -и
субпассиона́рий, -я
субподря́д, -а
субподря́дный
субподря́дчик, -а
субполя́рный
субпоставщи́к, -а́
субпрессце́нтр, -а
субпроду́кты, -ов, *ед.* -у́кт, -а
субрегио́н, -а
субрегиона́льный
субре́тка, -и, *р. мн.* -ток
суброга́ция, -и
субсветово́й
субсекве́нтный
субсиде́нт, -а
субсидиа́рный
субсиди́рование, -я
субсиди́рованный; *кр. ф.* -ан, -ана
субсиди́ровать(ся), -рую(сь), -рует(ся)
субси́дия, -и
субспу́тник, -а
субстантива́ция, -и
субстантиви́рованный; *кр. ф.* -ан, -ана
субстантиви́роваться, -руется
субстанти́вность, -и
субстанти́вный
субстанциализа́ция, -и
субстанциализи́рованный; *кр. ф.* -ан, -ана
субстанциализи́ровать(ся), -рую, -рует(ся)
субстанциа́льность, -и
субстанциа́льный; *кр. ф.* -лен, -льна
субстанциона́льность, -и
субстанциона́льный; *кр. ф.* -лен, -льна
субста́нция, -и
субститу́т, -а
субститути́вный
субститу́ция, -и
субстра́т, -а
субстра́тный
субстратоста́т, -а
субстратосфе́ра, -ы
субструкту́ра, -ы
субсчёт, -а, *мн.* -счета́, -о́в
субти́льность, -и
субти́льный; *кр. ф.* -лен, -льна
субтитри́рование, -я
субтитри́рованный; *кр. ф.* -ан, -ана
субти́тровый
субти́тры, -ов, *ед.* -ти́тр, -а
субтро́пики, -ов
субтропи́ческий
субурбаниза́ция, -и
субурга́н, -а
субфосси́льный
су́бчик, -а (*субъект, личность, прост.*)
субъедини́ца, -ы, *тв.* -ей
субъе́кт, -а
субъективи́зм, -а
субъективи́рованный; *кр. ф.* -ан, -ана
субъективи́ровать(ся), -рую, -рует(ся)
субъективи́ст, -а
субъективи́стский
субъекти́вно, *нареч.*
субъекти́вно-идеалисти́ческий
субъекти́вно-психологи́ческий
субъекти́вность, -и
субъекти́вный; *кр. ф.* -вен, -вна
субъекти́вщина, -ы
субъе́ктно-объе́ктный
субъе́ктность, -и
субъе́ктный
субъе́кт-объе́ктный
субъе́кт-субъе́ктный
субъе́кт Федера́ции
субъя́дерный
субъядро́, -а́
субэкваториа́льный
субэтни́ческий
субэ́тнос, -а
сувени́р, -а
сувени́рный
сувени́рчик, -а
сувере́н, -а
суверениза́ция, -и
суверените́т, -а
сувере́нность, -и
сувере́нный; *кр. ф.* -е́нен, -е́нна
су́водь, -и
суво́й, -я
су́волока, -и
суво́ринский (*от* Суво́рин)
суво́ровец, -вца, *тв.* -вцем, *р. мн.* -вцев
суво́ровский (*от* Суво́ров)
Суво́ровское учи́лище
суггести́вность, -и
суггести́вный; *кр. ф.* -вен, -вна
сугге́стия, -и
суггесто́лог, -а
суггестологи́ческий
суггестоло́гия, -и
суггестопеди́ческий
суггестопе́дия, -и
сугла́н, -а
сугли́нистый
сугли́нок, -нка
сугoло́вный
суголо́вье, -я, *р. мн.* -вий
сугре́в, -а и -у
сугро́б, -а
сугро́бик, -а
сугро́бина, -ы
сугро́бистый
сугро́бище, -а, *мн.* -а и -и, -ищ, *м.*
сугу́бо, *нареч.*
сугу́бо гражда́нский
сугу́бо ли́чный
сугу́бо нау́чный
сугу́бо прагмати́ческий
сугу́бо прикладно́й
сугу́бо теорети́ческий
сугу́бо ча́стный
сугу́бый
суд, -а́
суда́к, -а́

судако́вый
суда́кский (*от* Суда́к, *поселок*)
судакча́не, -а́н, *ед.* -а́нин, -а
суда́нка, -и, *р. мн.* -нок
суда́нский (*от* Суда́н)
суда́нцы, -ев, *ед.* -нец, -нца, *тв.* -нцем
суда́рик, -а
суда́рка, -и, *р. мн.* -рок
суда́рушка, -и, *р. мн.* -шек
суда́рынька, -и, *р. мн.* -нек
суда́рыня, -и, *р. мн.* -ынь
су́дарь, -я
суда́рь, -я (*покровец, церк.*)
суда́чащий
суда́чий, -ья, -ье
судачи́на, -ы
суда́чить, -чу, -чит
судачо́к, -чка́
су́дбище, -а
су́д да де́ло: пока́ су́д да де́ло
Суде́бник, -а (*название нескольких ист. памятников законодательного характера*)
суде́бно-автотехни́ческий
суде́бно-администрати́вный
суде́бно-арбитра́жный
суде́бно-баллисти́ческий
суде́бно-медици́нский
суде́бно-правово́й
суде́бно-прокуро́рский
суде́бно-процессуа́льный
суде́бно-психиатри́ческий
суде́бно-сле́дственный
суде́бный
суде́ец, -е́йца, *тв.* -е́йцем, *р. мн.* -е́йцев
суде́йский
суде́йско-информацио́нный
суде́йство, -а
судёнышко, -а, *мн.* -шки, -шек
суде́тский (*от* Суде́ты)
суди́лище, -а
суди́мость, -и
судисполни́тель, -я
суди́ть-ряди́ть
суди́ть(ся), сужу́(сь), су́дит(ся) (*к* суд)
судия́, -и́, *дат.* -и́, *предл.* о судии́, *мн.* судии́, су́дий, судия́м, *м.* (*устар. и высок. к* судья́)
судко́вый
судмедэкспе́рт, -а
судмедэксперти́за, -ы
судмедэкспе́ртный
су́дно¹, -а, *мн.* суда́, -о́в (*корабль*)
су́дно², -а, *мн.* су́дна, су́ден, су́днам (*сосуд*)
су́дновый (*к* су́дно²)
су́дно-го́спиталь, су́дна-го́спиталя, *с.*
су́дно-лову́шка, су́дна-лову́шки, *с.*
су́дно-ма́тка, су́дна-ма́тки, *с.*
су́дно-мише́нь, су́дна-мише́ни, *с.*
су́дно-носи́тель, су́дна-носи́теля, *с.*
су́дно-паро́м, су́дна-паро́ма, *с.*
су́дный (*к* суд)
судове́рфь, -и
судовладе́лец, -льца, *тв.* -льцем, *р. мн.* -льцев
судовладе́льческий
судоводи́тель, -я
судоводи́тельский
судовожде́ние, -я
судово́зный
судово́й
судоговоре́ние, -я
су́до-го́д, -а, *мн.* -го́ды и -года́, су́до-ле́т
судозахо́д, -а
судо́к, судка́
судоко́рпусный
судомеха́ник, -а
судомодели́зм, -а
судомодели́ст, -а
судомоде́ль, -и
судомоде́льный
судомо́йка, -и, *р. мн.* -о́ек
судомо́йня, -и, *р. мн.* -о́ен
судооборо́т, -а
судоподъём, -а
судоподъёмник, -а
судоподъёмный
судопроизво́дственный
судопроизво́дство, -а
судопромы́шленник, -а
судопропускно́й
судорабо́чий, -его
судоразде́лка, -и, *р. мн.* -лок
су́до-ре́йс, -а
судоремо́нт, -а
судоремо́нтник, -а
судоремо́нтный
су́дорога, -и
су́дорожность, -и
су́дорожный; *кр. ф.* -жен, -жна
судосбо́рщик, -а
судосбо́рщица, -ы, *тв.* -ей
судосбо́рщицкий
судострое́ние, -я
судострои́тель, -я
судострои́тельно-судоремо́нтный
судострои́тельный
су́до-су́тки, -ток
судоустро́йство, -а
судохо́дец, -дца, *тв.* -дцем, *р. мн.* -дцев
судохо́дность, -и
судохо́дный; *кр. ф.* -ден, -дна
судохо́дство, -а
судохозя́ин, -а, *мн.* -я́ева, -я́ев
судо́чек, -чка
судьба́, -ы́, *мн.* су́дьбы, су́деб, су́дьбам
судьба́-злоде́йка, судьбы́-злоде́йки
судьба́-инде́йка, судьбы́-инде́йки (*шутл.*)
судьби́на, -ы
судьбоно́сность, -и
судьбоно́сный; *кр. ф.* -сен, -сна
судьбоопределя́ющий
судья́, -и́, *мн.* су́дьи, суде́й, су́дьям, *м.* и *ж.*
судья́-информа́тор, судьи́-инфор-ма́тора, *м.* и *ж.*
судья́-контролёр, судьи́-контролёра, *м.* и *ж.*
судья́ – руководи́тель бо́я, судьи́ – руководи́теля бо́я (*спорт.*)
судья́-стартёр, судьи́-стартёра, *м.* и *ж.*
судя́, *деепр.*
су́дя по (*кому, чему*)
судя́щий
судя́щийся
суеве́р, -а
суеве́рие, -я
суеве́рка, -и, *р. мн.* -рок
суеве́рность, -и
суеве́рный; *кр. ф.* -рен, -рна
суему́дрие, -я
суему́дрствовать, -твую, -твует
суему́дрый
суесло́вие, -я
суесло́вить, -влю, -вит
суесло́вность, -и
суесло́вный
суета́, -ы́
суета́ сує́т
суети́ться, суечу́сь, суети́тся
суетли́вость, -и
суетли́вый
су́етность, -и
су́етный; *кр. ф.* -тен, -тна
суетня́, -и́
сужа́ть(ся), -а́ю, -а́ет(ся) (*к* су́зить(ся)
сужде́ние, -я
суждённый; *кр. ф.* -ён, -ена́
суждено́, *в знач. сказ.*
су́женая, -ой (*о невесте*)
су́женая-ря́женая, су́женой-ря́женой
суже́ние, -я
су́женный; *кр. ф.* -ен, -ена (*от* су́зить)
су́женый, -ого (*о женихе*)
су́женый-ря́женый, су́женого-ря́же-ного
сужерёбая
су́живание, -я
су́живать(ся), -аю, -ает(ся)
су́здальский (*от* Су́здаль)
су́здальцы, -ев, *ед.* -лец, -льца, *тв.* -льцем
су́зить(ся), су́жу, су́зит(ся)
суици́д, -а
суицида́льный
суициде́нт, -а
суици́дный
суицидо́лог, -а
суицидологи́ческий
суицидоло́гия, -и
суйбоку́га, -и
сук, -а́, *предл.* на суку́, *мн.* су́чья, -ьев и суки́, -о́в
су́ка, -и
су́кин, -а, -о
Су́ккот, -а
су́ккуб, -а (*мифол.*)
суккуле́нты, -ов, *ед.* -е́нт, -а

сукнецо́, -а́
сукни́шко, -а
сукно́, -а́, *мн.* су́кна, су́кон, су́кнам
суккова́л, -а
сукнова́льный
сукнова́льня, -и, *р. мн.* -лен
сукноде́л, -а
сукноде́лие, -я
сукномо́йка, -и, *р. мн.* -о́ек
сукова́тость, -и
сукова́тый
суко́нка, -и, *р. мн.* -нок
суко́нный
суко́нце, -а
суко́нщик, -а
суко́тая и **суко́тная**
су́кре, *нескл., с.* (*ден. ед.*)
су́кровица, -ы, *тв.* -ей
су́кровичный
сукро́й, -я
сукцесси́вный
сукцессио́нный
сукце́ссия, -и
сулаве́сский (*от* Сулаве́си)
сулаве́сцы, -ев, *ед.* -сец, -сца, *тв.* -сцем
суле́йка, -и, *р. мн.* -е́ек
сулема́, -ы́
сулемо́вый
сулённый; *кр. ф.* -ён, -ена́, *прич.*
сулёный, *прил.*
суле́тошний (*охот.*)
суле́я, -и́
сули́ть(ся), сулю́(сь), сули́т(ся)
су́лица, -ы, *тв.* -ей
суло́й, -я
султа́н, -а
султана́т, -а
султа́нка, -и, *р. мн.* -нок (*зоол.*)
султа́нов, -а, -о
султа́нский
султа́нство, -а
султа́нчик, -а
султа́нша, -и, *тв.* -ей
сулугу́ни, *нескл., м.*
сульги́н, -а
сульсе́н, -а
сульсе́новый
сульфадимези́н, -а
сульфадиметокси́н, -а
сульфазо́л, -а
сульфале́н, -а
сульфами́дный
сульфами́ды, -ов, *ед.* -ми́д, -а
сульфаниламидный
сульфаниламиды, -ов, *ед.* -ми́д, -а
сульфани́ловый
сульфано́л, -а
сульфата́зы, -а́з, *ед.* -а́за, -ы
сульфата́ция, -и
сульфати́рование, -я
сульфа́тный
сульфатосто́йкий; *кр. ф.* -о́ек, -о́йка
сульфа́ты, -ов, *ед.* -фа́т, -а (*соли серной кислоты*)
сульфгидри́льный
сульфиди́н, -а
сульфиди́рование, -я
сульфиди́рованный; *кр. ф.* -ан, -ана
сульфиди́ровать(ся), -рую, -рует(ся) (*в цветной металлургии*)
сульфи́дный
сульфи́ды, -ов, *ед.* -фи́д, -а (*соединения серы с другими элементами*)
сульфи́рование, -я
сульфи́рованный; *кр. ф.* -ан, -ана
сульфи́ровать(ся), -рую, -рует(ся)
сульфита́ция, -и
сульфити́рованный; *кр. ф.* -ан, -ана
сульфити́ровать(ся), -рую, -рует(ся) (*в пищевой промышленности*)
сульфи́тный
сульфито́метр, -а
сульфи́ты, -ов, *ед.* -фи́т, -а (*соли сернистой кислоты*)
сульфогру́ппа, -ы
сульфокисло́ты, -о́т, *ед.* -ота́, -ы́
сульфокси́ды, -ов, *ед.* -кси́д, -а
сульфокси́л, -а
сульфонами́д, -а
сульфона́ты, -ов, *ед.* -на́т, -а
сульфо́новый
сульфо́ны, -ов, *ед.* -фо́н, -а
сульфосо́ли, -е́й, *ед.* -со́ль, -и
сульфури́л, -а
сум, -а (*ден. ед.*)
сума́, -ы́
с ума́ (сойти́)
сумасбро́д, -а
сумасбро́дить, -о́жу, -о́дит
сумасбро́дка, -и, *р. мн.* -док
сумасбро́дничать, -аю, -ает
сумасбро́дность, -и
сумасбро́дный; *кр. ф.* -ден, -дна
сумасбро́дство, -а
сумасбро́дствовать, -твую, -твует
сумасбро́дящий
сумасше́дший
сумасше́дшинка, -и
сумасше́ствие, -я
сумасше́ствовать, -твую, -твует
сумато́ха, -и
сумато́шащийся
сумато́шиться, -шусь, -шится
сумато́шливость, -и
сумато́шливый
сумато́шность, -и
сумато́шный; *кр. ф.* -шен, -шна
суматра́нка, -и, *р. мн.* -нок
суматра́нский (*от* Сума́тра)
суматра́нцы, -ев, *ед.* -нец, -нца, *тв.* -нцем
сума́х, -а
сума́ховые, -ых
сумбу́р, -а
сумбу́рность, -и
сумбу́рный; *кр. ф.* -рен, -рна
сумгаи́тский (*от* Сумгаи́т)
сумгаи́тцы, -ев, *ед.* -тец, -тца, *тв.* -тцем
су́меречность, -и
су́меречный; *кр. ф.* -чен, -чна
су́мерки, -рек и -рок
суме́рничать, -аю, -ает
суме́ть, -е́ю, -е́ет
су́мка, -и, *р. мн.* су́мок
су́мка-коля́ска, су́мки-коля́ски
су́мка-паке́т, су́мки-паке́та, *ж.*
су́мма, -ы
су́мма бру́тто, су́ммы бру́тто
су́мма не́тто, су́ммы не́тто
сумма́рность, -и
сумма́рный; *кр. ф.* -рен, -рна
сумма́тивный
сумма́тор, -а
сумма́ция, -и
сумми́рование, -я
сумми́рованный; *кр. ф.* -ан, -ана
сумми́ровать(ся), -рую, -рует(ся)
суммово́й
су́ммочка, -и, *р. мн.* -чек (*от* су́мма)
су́мничать, -аю, -ает
сумня́ся: ничто́же сумня́ся
сумня́шеся: ничто́же сумня́шеся
сумо́, *нескл., с.*
сумо́ист, -а
су́мочка, -и, *р. мн.* -чек (*от* су́мка)
су́мочник, -а
су́мочный
су́мрак, -а
су́мрачность, -и
су́мрачный; *кр. ф.* -чен, -чна
сумско́й (*от* Су́мы)
сумча́не, -а́н, *ед.* -а́нин, -а (*от* Су́мы)
су́мчатый
с у́мыслом
сумя́тица, -ы, *тв.* -ей
сунда́нский
сунда́нцы, -ев, *ед.* -нец, -нца, *тв.* -нцем
сунду́к, -а́
сундучи́шко, -а и -и, *мн.* -шки, -шек, *м.*
сунду́чный
сундучо́к, -чка́
су́нды, -ов, *ед.* сунд, -а
су́нна, -ы
сунни́зм, -а
сунни́тка, -и, *р. мн.* -ток
сунни́тский
сунни́ты, -ов, *ед.* сунни́т, -а
сунoréф, -а
су́нутый (*от* су́нуть)
су́нуть(ся), су́ну(сь), су́нет(ся) (*к* сова́ть(ся)
суо́ми, *нескл., мн., ед. м.* и *ж.* (*финны*) и **Суо́ми**, *нескл., ж.* (*Финляндия*)
суп, -а и -у, *предл.* в су́пе и в супу́, *мн.* -ы́, -о́в
супа́т, -а
супа́тный
супер... – *приставка, пишется слитно*; *но*: су́пер-э́го, су́пер-ми́ни-компью́тер
су́пер[1], -а, *мн.* -ы, -ов и -а́, -о́в (*суперобложка*)

су́пер[2], *неизм.* (*высшая оценка чего-н., жарг.*)
суперавтостра́да, -ы
супераге́нт, -а
суперарби́тр, -а
суперба́ржа, -и, *тв.* -ей
супербестсе́ллер, -а
суперблиц, -а, *тв.* -ем, *р. мн.* -ев
суперблицтурни́р, -а
супербло́к, -а
супербога́тый
супербоеви́к, -а́
суперва́йзер, -а (*организатор работ*)
супервидико́н, -а
суперви́зор, -а (*управляющая программа, инф.*)
супервойна́, -ы́, *мн.* -во́йны, -во́йн
суперв́ыигрыш, -а, *тв.* -ем
супергармони́ческий
суперге́рой, -я
суперге́ройский
супергетероди́н, -а
супергетероди́нный
суперги́гант, -а
суперги́гантский
суперго́род, -а, *мн.* -а́, -о́в
супергравита́ция, -и
супердержа́ва, -ы
супердиза́йн, -а
супердиспле́й, -я
суперзащи́тный
суперзвезда́, -ы́, *мн.* -звёзды, -звёзд
су́пер- и гиперма́ркеты, -ов
суперигра́, -ы́, *мн.* -и́гры, -и́гр
супериконоско́п, -а
суперинва́р, -а
суперинтенде́нт, -а
суперинфекцио́нный
суперинфе́кция, -и
суперинфля́ция, -и
суперкала́ндр, -а
суперка́рго, *нескл., м.*
суперка́ссовый
суперка́чество, -а
суперкиноте́атр, -а
суперкиноэкра́н, -а
суперкла́сс, -а
суперкле́й, -я
суперклу́б, -а
суперкома́нда, -ы
суперкомпенса́ция, -и
суперко́мплекс, -а
суперкомпью́тер, -а
суперкомпью́терный
суперконце́рн, -а
суперку́бковый
суперку́бок, -бка
Суперку́бок УЕФА́
суперла́йнер, -а
суперлати́в, -а и **суперляти́в**, -а
суперлёгкий
суперли́га, -и (*спорт.*)
суперлимузи́н, -а
суперлю́кс, -а и *неизм.*
суперлю́ксовый
супермалло́й, -я
супермарафо́н, -а
супермарафо́нский
суперма́ркет, -а
суперма́ркетный
суперма́тч, -а, *тв.* -ем
супермаши́на, -ы
суперме́н, -а
суперме́нский
суперме́нство, -а
супермикроЭВМ [-эвэ́м], *нескл., ж.*
суперми́ни, *неизм.* и *нескл., с.*
су́пер-ми́ни-компью́тер, -а
су́пер-ми́ни-ЭВМ, *нескл., ж.*
супермо́да, -ы
супермоде́ль, -и
супермоде́м, -а
супермоде́рн, -а
супермодерни́зм, -а
супермодерни́ст, -а
супермодерни́стка, -и, *р. мн.* -ток
супермодерни́стский
супермоде́рно́вый
супермо́дность, -и
супермо́дный; *кр. ф.* -ден, -дна
супермонополиза́ция, -и
супермонопо́лия, -и
супермультивитами́ны, -ов
супермультипле́тный
супермультипле́ты, -ов, *ед.* -пле́т, -а
супернагру́зка, -и, *р. мн.* -зок
супернадёжность, -и
супернадёжный; *кр. ф.* -жен, -жна
суперно́вый
суперобло́жка, -и, *р. мн.* -жек
суперортико́н, -а
суперору́жие, -я
суперотбе́ливатель, -я
суперпарамагнети́зм, -а
суперпо́езд,-а
суперпозицио́нный
суперпози́ция, -и
суперпопуля́рный; *кр. ф.* -рен, -рна
суперпредложе́ние, -я
суперпрести́жность, -и
суперпрести́жный; *кр. ф.* -жен, -жна
суперпрефе́кт, -а
суперпри́быль, -и
суперприёмник, -а
суперпри́з, -а, *мн.* -ы́, -о́в
суперпрогра́мма, -ы
суперпростра́нство, -а
суперпроце́сс, -а
суперрадика́льный; *кр. ф.* -лен, -льна
суперрегенерати́вный
суперрегенера́тор, -а
суперса́м, -а
суперсегме́нтный
суперсекре́тность, -и
суперсекре́тный; *кр. ф.* -тен, -тна
суперсенсацио́нность, -и
суперсенсацио́нный; *кр. ф.* -о́нен, -о́нна
суперсенса́ция, -и
суперсериа́л, -а
суперсе́рия, -и
суперси́ла, -ы
суперски́дка, -и, *р. мн.* -док
суперсовреме́нность, -и
суперсовреме́нный; *кр. ф.* -е́нен, -е́нна
суперспла́в, -а
суперсре́дний (*спорт.*)
суперста́р, *нескл., м.* и *ж.*
суперстра́т, -а
суперстра́тный
суперсу́дно, -а
суперта́нкер, -а
супертра́сса, -ы
супертра́улер, -а
супертурни́р, -а
супертяжелове́с, -а
супертяжелове́сный
супертяжёлый
суперфина́л, -а
суперфина́льный
суперфи́ниш, -а, *тв.* -ем
суперфосфа́т, -а
суперфосфа́тный
суперхайве́й, -я
суперхи́т, -а́
суперхито́вый
суперцена́, -ы́
суперцивилиза́ция, -и
супершля́гер, -а
супершо́у, *нескл., с.*
супершпио́н, -а
суперъёлка, -и, *р. мн.* -лок
суперъядро́, -а́, *мн.* -я́дра, -я́дер
суперъя́стреб, -а
суперъя́хта, -ы
суперЭВМ [-эвэ́м], *нескл., ж.*
су́пер-э́го, *нескл., с.* (*филос.*)
суперэкспре́сс, -а
суперэли́та, -ы
суперэли́тный
суперэтни́ческий
супер́этнос, -а
су́песный
су́песок, -ска
супесча́ный
су́песь, -и
су́пец, су́пца и су́пцу, *тв.* су́пцем, *р. мн.* су́пцев и **супе́ц**, супца́ и супцу́, *тв.* супцо́м, *р. мн.* супцо́в
супе́шник, -а и -у
супи́н, -а
супина́тор, -а
супина́торный
супина́ция, -и
супи́нный
су́пить(ся), су́плю(сь), су́пит(ся)
суплемента́рный; *кр. ф.* -рен, -рна
су́пник, -а
су́пница, -ы, *тв.* -ей
супово́й
супо́нить(ся), -ню, -нит(ся)
супо́нь, -и
супо́нящий(ся)
супоро́сая и **супоро́сная**

супоро́сность, -и и **супоро́сость,** -и
супоста́т, -а
супоста́тка, -и, *р. мн.* -ток
су́ппер, -а *(деталь велосипеда)*
супплети́в, -а
супплетиви́зм, -а
супплети́вность, -и
супплети́вный; *кр. ф.* -вен, -вна
суппозито́рий, -я
су́ппорт, -а
су́ппортный
су́п-пюре́, су́па-пюре́, *м.*
супралинеа́рный
супралитора́ль, -и
супранатурали́зм, -а
супранатура́льный
супрасегме́нтный
супрасти́н, -а
супремати́зм, -а
супремати́ст, -а
супремати́стский
супремати́ческий
супре́мум, -а
супресси́вный
супре́ссия, -и
супрефе́кт, -а
супрефекту́ра, -ы
супри́м, -а
супроти́в, *нареч.* и *предлог* (*устар. и прост. к* про́тив и напро́тив)
супроти́вник, -а
супроти́вница, -ы, *тв.* -ей
супроти́вничать, -аю, -ает
супротивноли́стный
супроти́вный
супру́г, -а
супру́га, -и
супру́жеский
супру́жество, -а
супру́жник, -а
супру́жница, -ы, *тв.* -ей
супря́га, -и
су́прядки, -док
супря́жник, -а
су́пчик, -а и -у (*от* суп)
су́пящий(ся)
сур, -а и *неизм.* (*цвет каракуля*)
су́ра, -ы (*глава Корана*)
сургу́тский (*от* Сургу́т)
сургу́тцы, -ев, *ед.* -тец, -тца, *тв.* -тцем
сургутя́не, -я́н, *ед.* -я́нин, -а
сургу́ч, -а́, *тв.* -о́м
сургу́чик, -а
сургу́чный
сургучо́вый
сурди́на, -ы
сурди́нка, -и, *р. мн.* -нок
сурдока́мера, -ы
сурдока́мерный
сурдологи́ческий
сурдоло́гия, -и
Сурдоолимпи́йские и́гры
сурдопедаго́г, -а
сурдопедаго́гика, -и
сурдоперево́д, -а
сурдоперево́дчик, -а
сурдоперево́дчица, -ы, *тв.* -ей
сурдоте́хника, -и
сурдотехни́ческий
суре́па, -ы
суре́пица, -ы, *тв.* -ей
суре́пка, -и, *р. мн.* -пок
суре́пный
су́ржа, -и, *тв.* -ей
су́ржик, -а
су́рик, -а
су́риковский (*от* Су́риков)
су́риковый (*от* су́рик)
сурина́мский (*от* Сурина́м)
сурина́мцы, -ев, *ед.* -мец, -мца, *тв.* -мцем
сурко́вый
сурма́, -ы́ *(украинский муз. инструмент)*
сурна́, -ы́ (*старинный русский муз. инструмент*)
сурна́й, -я *(среднеазиатский муз. инструмент)*
суро́вевший
суро́веть, -ею, -еет
суро́вость, -и
суро́вый
суровьё, -я́
су́рожский (*от* Су́рож)
суро́к, сурка́
суро́чий, -ья, -ье
су́рра, -ы (*болезнь животных*)
суррога́т, -а
суррога́тный
сурчи́на, -ы
сурчи́ный
сурчо́нок, -нка, *мн.* -ча́та, -а́т
сурьёзный; *кр. ф.* -зен, -зна (*прост. шутл. к* серьёзный)
сурьма́, -ы́
сурьмаоргани́ческий
сурьми́ло, -а
сурьми́ть(ся), -млю́(сь), -ми́т(ся)
сурьмлённый; *кр. ф.* -ён, -ена́, *прич.*
сурьмлёный, *прил.*
сурьмя́ни́стый
сурьмяно́й и **сурьмя́ный**
сурьмя́но-це́зиевый
суса́к, -а́
суса́ленный; *кр. ф.* -ен, -ена, *прич.*
суса́лить(ся), -лю, -лит(ся)
суса́ль, -и
суса́льность, -и
суса́льный; *кр. ф.* -лен, -льна
сусе́к, -а
су́си и **су́ши,** *нескл., с.* (*кулин.*)
суси́ми, *нескл., с.* (*кулин.*)
суслёнок, -нка, *мн.* -ля́та, -ля́т
су́слик, -а
су́сликовый
су́слить(ся), -лю(сь), -лит(ся)
су́сличий, -ья, -ье
су́сло, -а
суслова́рочный
су́словый
сусло́н, -а
су́сляный (*от* су́сло)
су́слящий(ся)
сусо́лить(ся), -лю(сь), -лит(ся)
сусо́лящий(ся)
суспенди́рование, -я и **суспензи́рование,** -я
суспенди́рованный; *кр. ф.* -ан, -ана и **суспензи́рованный;** *кр. ф.* -ан, -ана
суспенди́ровать(ся), -рую, -рует(ся) и **суспензи́ровать(ся),** -рую, -рует(ся)
суспензи́вный
суспензио́нный
суспе́нзия, -и
суспензо́рий, -я
су́ссекс, -а (*порода кур*)
суста́в, -а
суставно́й
суста́вно-мы́шечный
суста́вчатый
суста́вчик, -а
с уста́тка и **с уста́тку**
сута́ж, -а́, *тв.* -о́м
сута́жный
сута́на, -ы
сутарти́не, *нескл., ж.*
су́темь, -и
сутенёр, -а
сутенёрский
сутенёрство, -а
су́тки, су́ток
су́толока, -и
су́толочный; *кр. ф.* -чен, -чна
су́толочь, -и
суто́ра, -ы
су́точный
су́тра, -ы
с утра́
с утра́ до́ ночи
суту́лина, -ы
суту́листый
суту́лить(ся), -лю(сь), -лит(ся)
сутулова́тость, -и
сутулова́тый
суту́лость, -и
суту́лый
суту́лящий(ся)
суту́нка, -и, *р. мн.* -нок
суть[1], -и
суть[2], *3 л. мн. ч. от глаг.* быть
сутю́живать, -аю, -ает
сутю́жить, -жу, -жит
сутя́га, -и, *м.* и *ж.*
сутя́жник, -а
сутя́жница, -ы, *тв.* -ей
сутя́жничать, -аю, -ает
сутя́жнический
сутя́жничество, -а
сутя́жный
суфи́зм, -а
су́фий, -я
суфи́йный
суфи́йский
суфи́стский
суфле́, *нескл., с.*

суфлёр, -а
суфлёрский
суфли́рование, -я
суфли́рованный; *кр. ф.* -ан, -ана
суфли́ровать, -рую, -рует
суфля́р, -а (*выделение газа из горных пород*)
суфражи́зм, -а
суфражи́стка, -и, *р. мн.* -ток
суфражи́стский
су́ффикс, -а
суффикса́льно-префикса́льный
суффикса́льный
суффикса́ция, -и
суффиксо́ид, -а
суффиксо́идный
суффозио́нно-ка́рстовый
суффозио́нный
суффо́зия, -и
суффо́лк, -а (*порода лошадей*)
су́ффо́лкский (*от* Су́ффолк; суффо́лкская поро́да лошаде́й, ове́ц)
Су́харева ба́шня, Су́харевой ба́шни (*в Москве*)
суха́рик, -а
суха́рница, -ы, *тв.* -ей
суха́рный
суха́рня, -и, *р. мн.* -рен
суха́рь, -я́
су́хенький и **су́хонький**
сухи́ничский (*от* Сухи́ничи, *город*)
сухме́нный
сухме́нь, -и
су́хо, *нареч.* и *в знач. сказ.*
сухова́тость, -и
сухова́тый
сухове́й, -я
сухове́йный
сухове́рхий
суховерши́нность, -и
суховерши́нный
суховозду́шный
сухово́-кобы́линский (*от* Сухово́-Кобы́лин)
сухогру́з, -а
сухогру́зный
сухо́дол, -а
суходо́льный
сухожаровó́й
сухожи́лие, -я
сухожи́льно-мы́шечный
сухожи́льный
сухоза́дый
сухо́й; *кр. ф.* сух, суха́, су́хо, су́хи́
Сухо́й Ло́г (*город*)
сухоло́м, -а
сухолю́б, -а
сухолюби́вость, -и
сухолюби́вый
сухомя́тка, -и
су́хо-на́сухо
сухоно́гий
сухоно́с, -а
су́хо́нский (*от* Су́хо́на)
су́хонький и **су́хенький**
сухопа́рник, -а
сухопа́рость, -и
сухопа́рый
сухоподсто́йный
сухопрессо́ванный
сухопу́тный
сухопу́тчик, -а
сухопу́тье, -я
сухорёбрый
сухору́кий
сухосто́ина, -ы
сухосто́й, -я
сухосто́йный
су́хость, -и
сухота́, -ы́
сухоте́лый
сухо́тка, -и
сухотра́вный
сухофру́кты, -ов
сухоцве́т, -а
сухоща́вость, -и
сухоща́вый
сухояде́ние, -я
сухоя́дец, -дца, *тв.* -дцем, *р. мн.* -дцев
сухпаёк, -пайка́
суху́мский (*от* Суху́ми, Суху́м)
суху́мцы, -ев, *ед.* -мец, -мца, *тв.* -мцем
суче́ние, -я
су́ченный; *кр. ф.* -ен, -ена, *прич.* (*от* сучи́ть)
сучёный, *прил.*
су́чий, -ья, -ье
сучи́льный
сучи́льщик, -а
сучи́льщица, -ы, *тв.* -ей
сучи́ть(ся), сучу́, су́чи́т(ся)
су́чка, -и, *р. мн.* су́чек
сучка́стый
сучкова́тость, -и
сучкова́тый
сучкови́дная ба́бочка
сучко́вый
сучколови́тель, -я
сучкоре́з, -а
сучкоре́зка, -и, *р. мн.* -зок
сучкоре́зный
сучкору́б, -а
сучо́к, сучка́
сучо́нок, -нка, *мн.* суча́та, -а́т
сучо́чек, -о́чка
сучьё, -я́
су́ша, -и, *тв.* -ей
су́шащий(ся)
су́ше, *сравн. ст.*
суше́ние, -я
сушени́на, -ы
сушени́ца, -ы, *тв.* -ей
су́шенный; *кр. ф.* -ен, -ена, *прич.*
сушёный, *прил.*
су́ши и **су́си,** *нескл., с.* (*кулин.*)
су́ши-ба́р, -а
суши́лка, -и, *р. мн.* -лок
суши́ло, -а
суши́льно-глади́льный
суши́льный
суши́льня, -и, *р. мн.* -лен
суши́льщик, -а
суши́льщица, -ы, *тв.* -ей
суши́на, -ы
суши́ть(ся), сушу́(сь), су́шит(ся)
су́шка, -и, *р. мн.* су́шек
сушня́к, -а́ и -у́
сушь, -и
Сущёвский Ва́л (*улица*)
су́щее, -его
суще́ственно, *нареч.*
суще́ственность, -и
суще́ственный; *кр. ф.* -вен и -венен, -венна
существи́тельное, -ого
существо́, -а́, *мн.* -а́, суще́ств, -а́м
существова́ние, -я
существова́тель, -я
существова́ть, -тву́ю, -тву́ет
су́щий
су́щностный; *кр. ф.* -тен, -тна
су́щность, -и
суэ́цкий (*от* Суэ́ц)
Суэ́цкий кана́л
Суэ́цкий переше́ек
суя́гная
суя́гность, -и
сфабрико́ванный; *кр. ф.* -ан, -ана
сфабрикова́ть, -ку́ю, -ку́ет
сфа́гновый
сфа́гнум, -а
сфалери́т, -а
сфальсифици́рованный; *кр. ф.* -ан, -ана
сфальсифици́ровать, -рую, -рует
сфальцева́ть, -цу́ю, -цу́ет
сфальцо́ванный; *кр. ф.* -ан, -ана
сфальши́вить, -влю, -вит
сфальши́вленный; *кр. ф.* -ен, -ена
сфантази́рованный; *кр. ф.* -ан, -ана
сфантази́ровать, -рую, -рует
сфен, -а
сфеноиди́т, -а
сфенокефа́лия, -и и **сфеноцефа́лия,** -и
сфе́ра, -ы
сфери́ты, -ов, *ед.* -ри́т, -а
сфери́ческий
сфери́чный; *кр. ф.* -чен, -чна
сферо́ид, -а
сфероида́льный
сфероко́нус, -а
сферокору́нд, -а
сферокриста́лл, -а
сфероли́ты, -ов, *ед.* -ли́т, -а
сферо́метр, -а
сферосидери́т, -а
сферосо́мы, -о́м, *ед.* -со́ма, -ы
сфигля́рничать, -аю, -ает
сфигмогра́мма, -ы
сфигмо́граф, -а
сфигмогра́фия, -и
сфигмомано́метр, -а
сфингози́н, -а

сфинголипи́ды, -ов, *ед.* -пи́д, -а
Сфинкс, -а (*мифол.*) и **сфинкс,** -а (*скульптурное изображение мифол. существа; нечто загадочное, непонятное*)
сфи́нксовый
сфи́нктер, -а
сфиска́лить, -лю, -лит
сфокуси́рованный; *кр. ф.* -ан, -ана
сфокуси́ровать(ся), -рую, -рует(ся)
сфоли́ть, -лю́, -ли́т
сформирова́ние, -я
сформиро́ванный; *кр. ф.* -ан, -ана
сформирова́ть(ся), -ру́ю(сь), -ру́ет(ся)
сформиро́вывать(ся), -аю(сь), -ает(ся)
сформо́ванный; *кр. ф.* -ан, -ана
сформова́ть(ся), -му́ю, -му́ет(ся)
сформо́вывать(ся), -аю, -ает(ся)
сформули́рованный; *кр. ф.* -ан, -ана
сформули́ровать(ся), -рую, -рует(ся)
сфорца́ндо и **сфорца́то,** *неизм.*
сфотографи́рованный; *кр. ф.* -ан, -ана
сфотографи́ровать(ся), -рую(сь), -рует(ся)
сфраги́стика, -и
сфуго́ванный; *кр. ф.* -ан, -ана
сфугова́ть, -гу́ю, -гу́ет
сфуго́вывать(ся), -аю, -ает(ся)
сфума́то, *нескл., с.*
сха́вать, -аю, -ает (*жарг.*)
схалту́рить, -рю, -рит
схами́ть, -млю́, -ми́т
сха́панный; *кр. ф.* -ан, -ана
сха́пать, -аю, -ает
схарчи́ть, -чу́, -чи́т (*прост.*)
схвастну́ть, -ну́, -нёт
схват, -а
схвати́ть(ся), -ачу́(сь), -а́тит(ся)
схва́тка, -и, *р. мн.* -ток (*столкновение в борьбе*)
схва́тки, -ток, *ед.* -тка, -и (*мед.*)
схва́тцы, -ев (*орудие*)
схва́тывание, -я
схва́тывать(ся), -аю(сь), -ает(ся)
схва́ченный; *кр. ф.* -ен, -ена
схе́ма, -ы
схематиза́тор, -а
схематиза́торский
схематиза́ция, -и
схематизи́рование, -я
схематизи́рованный; *кр. ф.* -ан, -ана
схематизи́ровать(ся), -рую, -рует(ся)
схемати́зм, -а
схемати́ческий
схемати́чность, -и
схемати́чный; *кр. ф.* -чен, -чна
схе́мка, -и, *р. мн.* -мок
схе́мный
схемоте́хник, -а
схемоте́хника, -и
схиархимандри́т, -а
схи́зма, -ы
схизма́тик, -а
схизмати́ческий
схизмати́чка, -и, *р. мн.* -чек
схиигу́мен, -а
схииеромона́х, -а
схи́ма, -ы
схи́мить(ся), -млю(сь), -мит(ся)
схими́чить, -чу, -чит
схи́мник, -а
схи́мница, -ы, *тв.* -ей
схи́мнический
схи́мничество, -а
схимона́х, -а
схимона́хиня, -и, *р. мн.* -инь
схимона́шеский
схи́мящий(ся)
с хитреци́й
схитри́ть, -рю́, -ри́т
с хле́ба на во́ду (на ква́с) (перебива́ться)
схлёбанный; *кр. ф.* -ан, -ана
схлеба́ть, -а́ю, -а́ет
схлёбнутый
схлебну́ть, -ну́, -нёт
схлёбывание, -я
схлёбывать(ся), -аю, -ает(ся)
схлёст, -а
схлёстанный; *кр. ф.* -ан, -ана
схлеста́ть, -ещу́, -е́щет
схлёстнутый
схлестну́ть(ся), -ну́(сь), -нёт(ся)
схлёстывать(ся), -аю(сь), -ает(ся)
схлопа́тывать, -аю, -ает
схлопо́танный; *кр. ф.* -ан, -ана
схлопота́ть, -почу́, -по́чет
схлы́нуть, -нет
схова́ть(ся), -а́ю(сь), -а́ет(ся)
сход, -а
схо́дбище, -а
сходи́мость, -и
сходи́ть(ся), схожу́(сь), схо́дит(ся)
схо́дка, -и, *р. мн.* -док
схо́дненский (*от* Схо́дня)
схо́дни, -ей и **схо́дня,** -и
схо́дность, -и
схо́дный; *кр. ф.* -ден, сходна́, -дно
схо́дственный; *кр. ф.* -вен, -венна
схо́дство, -а
схо́дствовать, -твую, -твует
с хо́ду
сходя́щий(ся)
схожде́ние, -я
схо́женность, -и
схо́жесть, -и
схо́жий
схола́ст, -а
схола́стик, -а
схола́стика, -и
схоласти́ческий
схоласти́чность, -и
схоласти́чный; *кр. ф.* -чен, -чна
схола́стка, -и, *р. мн.* -ток
схолиа́ст, -а (*от* схо́лия)
схо́лия, -и
схоро́ненный; *кр. ф.* -ен, -ена
схорони́ть(ся), -оню́(сь), -о́нит(ся)
с хрипотцо́й
схрон, -а
схру́мкать, -аю, -ает
схря́пать, -аю, -ает
схулига́нить, -ню, -нит
схулига́нничать, -аю, -ает
сца́панный; *кр. ф.* -ан, -ана
сца́пать, -аю, -ает
сцара́панный; *кр. ф.* -ан, -ана
сцара́пать, -аю, -ает
сцара́пнутый
сцара́пнуть, -ну, -нет
сцара́пывать(ся), -аю, -ает(ся)
сцеди́ть(ся), сцежу́, сце́дит(ся)
сце́женный; *кр. ф.* -ен, -ена
сце́живание, -я
сце́живать(ся), -аю, -ает(ся)
сцементи́рованный; *кр. ф.* -ан, -ана
сцементи́ровать(ся), -рую, -рует(ся)
сце́на, -ы
сцена́рий, -я
сценари́ст, -а
сценари́стка, -и, *р. мн.* -ток
сцена́риус, -а
сцена́рно-кинове́дческий
сцена́рный
сценеде́смус, -а
сцени́ческий
сцени́чность, -и
сцени́чный; *кр. ф.* -чен, -чна
сце́нка, -и, *р. мн.* -нок
сцено́граф, -а
сценографи́ческий
сценогра́фия, -и
сцентри́рованный; *кр. ф.* -ан, -ана
сцентри́ровать(ся), -и́рую, -и́рует(ся)
сцентро́ванный; *кр. ф.* -ан, -ана
сцентрова́ть(ся), -ру́ю, -ру́ет(ся)
сцеп, -а
сцепи́ть(ся), сцеплю́(сь), сце́пит(ся)
сце́пка, -и, *р. мн.* -пок
сцепле́ние, -я
сце́пленный; *кр. ф.* -ен, -ена
сцепля́нки, -нок, *ед.* -я́нка, -и (*водоросли*)
сцепля́ть(ся), -я́ю(сь), -я́ет(ся)
сцепно́й
сцептро́н, -а и **скептро́н,** -а
сце́пщик, -а
сце́пщица, -ы, *тв.* -ей
сциенти́зм, -а
сциенти́ст, -а
сциенти́стский
сци́лла, -ы (*растение*)
Сци́лла, -ы: **между Сци́ллой и Хари́бдой**
сцинк, -а (*ящерица*)
сцинтилли́ровать, -рует
сцинтилля́торы, -ов, *ед.* -тор, -а
сцинтилляцио́нный
сцинтилля́ция, -и
сциофи́ты, -ов, *ед.* -фи́т, -а
Сципио́н Африка́нский
сцифисто́мы, -о́м, *ед.* -о́ма, -ы
сцифо́идные, -ых

сцифомеду́за, -ы
сча́вкать, -аю, -ает
счал, -а
сча́ленный; *кр. ф.* -ен, -ена
сча́ливание, -я
сча́ливать(ся), -аю, -ает(ся)
сча́лить(ся), -лю, -лит(ся)
сча́лка, -и, *р. мн.* -лок
счастли́вее, *сравн. ст.*
счастли́вец, -вца, *тв.* -вцем, *р. мн.* -вцев
счастли́вить(ся), -влю, -вит(ся)
счастли́вица, -ы, *тв.* -ей
сча́стли́во, *нареч.*
счастли́во, *межд.*; счастли́во остава́ться!
счастли́вчик, -а
счастли́вый; *кр. ф.* сча́стлив, сча́стли́ва
сча́стье, -я
сча́стьице, -а
с ча́су на ча́с
счека́ненный; *кр. ф.* -ен, -ена
счека́нивать(ся), -аю, -ает(ся)
счека́нить, -ню, -нит
с че́м с че́м (уж с че́м с че́м, а с э́тим де́лом я́ спра́влюсь; *также при переспросе*)
сче́рпанный; *кр. ф.* -ан, -ана
сче́рпать, -аю, -ает
сче́рпнутый
счерпну́ть, -ну́, -нёт
сче́рпывание, -я
сче́рпывать(ся), -аю, -ает(ся)
счерти́ть, счерчу́, сче́ртит
сче́рченный; *кр. ф.* -ен, -ена
сче́рчивание, -я
сче́рчивать(ся), -аю, -ает(ся)
счёс, -а
счёсанный; *кр. ф.* -ан, -ана
счеса́ть(ся), счешу́, счёшет(ся)
счёска, -и
счёсть(ся), сочту́(сь), сочтёт(ся); *прош.* счёл(ся), сочла́(сь)
счёсывание, -я
счёсывать(ся), -аю, -ает(ся)
счёт[1], -а и -у, *предл.* на счету́ (*действие*)
счёт[2], -а, *предл.* на счёте и на счету́, *мн.* счета́, -о́в (*денежный документ*; *разряд финансовых операций*)
с четвере́нек
счетверённый; *кр. ф.* -ён, -ена́
счетвери́ть, -рю́, -ри́т
счётец, -тца, *тв.* -тцем, *р. мн.* -тцев
счёт ло́ро, счёта ло́ро
Счётная пала́та РФ
счётно-аналити́ческий
счётно-вычисли́тельный
счётно-де́нежный
счётно-кла́вишный
счётно-маши́нный
счётно-перфорацио́нный
счётно-пи́шущий
счётно-реша́ющий
счёт но́стро, счёта но́стро
счётный
счетово́д, -а
счетово́дный
счетово́дство, -а
счетово́дческий
счётом, *нареч.*
счёт-специфика́ция, счёта-специфика́ции, *м.*
счёт-факту́ра, счёта-факту́ры, *мн.* счета́-факту́ры, счето́в-факту́р, *м.*
счётчик, -а
счётчик-та́ймер, счётчика-та́ймера
счётчица, -ы, *тв.* -ей
счёты, счётов (*расчеты*; *взаимоотношения*; *счетный прибор*)
счисле́ние, -я
счи́сленный; *кр. ф.* -ен, -ена
счи́слить, -лю, -лит
счисля́ть(ся), -я́ю, -я́ет(ся)
счи́стить(ся), счи́щу, счи́стит(ся)
счи́стка, -и
счита́лка, -и, *р. мн.* -лок
счита́лочка, -и, *р. мн.* -чек
счи́танный; *кр. ф.* -ан, -ана, *прич.*
счи́тано-пересчи́тано
счи́таный, *прил.* (*также*: счи́таное коли́чество, счи́таные – “*очень немногие*”)
счи́таный-пересчи́таный (счи́таные-пересчи́таные де́ньги)
счита́ть(ся), -а́ю(сь), -а́ет(ся)
счи́тка, -и, *р. мн.* -ток
счи́тчик, -а
счи́тчица, -ы, *тв.* -ей
счи́тывание, -я
счи́тыватель, -я
счи́тывать(ся), -аю, -ает(ся)
счища́лка, -и, *р. мн.* -лок
счища́ть(ся), -а́ю, -а́ет(ся)
счи́щенный; *кр. ф.* -ен, -ена
СЧС [эсчеэ́с], *нескл., м.* (*сокр.*: светочувствительный слой, *фото*)
с чуди́нкой
сше́дший(ся) (*устар. к* соше́дший(ся))
сшельмова́ть, -му́ю, -му́ет
сше́ствие, -я
сшиба́ние, -я
сшиба́ть(ся), -а́ю(сь), -а́ет(ся)
сшиби́вший(ся)
сшиби́ть(ся), -бу́(сь), -бёт(ся); *прош.* сши́б(ся), сши́бла(сь)
сши́бка, -и, *р. мн.* -бок
сши́бленный; *кр. ф.* -ен, -ена
сшив, -а
сшива́льный
сшива́льщик, -а
сшива́льщица, -ы, *тв.* -ей
сшива́ние, -я
сшива́ть(ся), -а́ю, -а́ет(ся)
сшива́ющий(ся)
сши́вка, -и, *р. мн.* -вок
сшивно́й
сшинко́ванный; *кр. ф.* -ан, -ана
сшинкова́ть, -ку́ю, -ку́ет
сши́тый
сшить, сошью́, сошьёт
сшути́ть, сшучу́, сшу́тит
съеда́ние, -я
съеда́ть(ся), -а́ю, -а́ет(ся)
съеде́ние: на съеде́ние (*кому*)
съе́денный; *кр. ф.* -ен, -ена
съедо́бность, -и
съедо́бный; *кр. ф.* -бен, -бна
съёженный; *кр. ф.* -ен, -ена
съёживание, -я
съёживать(ся), -аю(сь), -ает(ся)
съёжить(ся), -жу(сь), -жит(ся)
съезд, -а
съе́здить, съе́зжу, съе́здит
съе́здовский
съезжа́ние, -я
съезжа́ть(ся), -а́ю(сь), -а́ет(ся)
съе́зжий
съём, -а
съёмка, -и, *р. мн.* -мок
съёмник, -а
съёмный
съёмочный
съёмцы, -ев
съёмщик, -а
съёмщица, -ы, *тв.* -ей
съёрзнуть, -ну, -нет
съёрзывать, -аю, -ает
съестно́й
съесть, съем, съешь, съест, съеди́м, съеди́те, съедя́т; *прош.* съел, съе́ла
съе́хать(ся), съе́ду(сь), съе́дет(ся)
съехи́дничать, -аю, -ает
съюти́ть(ся), -и́т(ся)
съя́бедничать, -аю, -ает
съязви́ть, -влю́, -ви́т
съякша́ться, -а́юсь, -а́ется
сы́воротка, -и, *р. мн.* -ток
сы́вороточный
сы́гранность, -и
сы́гранный; *кр. ф. прич.* -ан, -ана; *кр. ф. прил.* (*согласованный, слаженный в игре*) -ан, -анна (кома́нда сы́гранна)
сыграну́ть, -ну́, -нёт
сыгра́ть(ся), -а́ю(сь), -а́ет(ся)
сыгро́вка, -и, *р. мн.* -вок
сы́грываться, -аюсь, -ается
сы́збоку (*устар. к* сбо́ку)
сызве́ка и **сызве́ку** (*прост. к* изве́ка)
сы́здавна (*прост. к* и́здавна)
сызде́тства
сы́змала и **сы́змалу**
сызма́льства
сы́знова
сы́зранский (*от* Сы́зрань)
сы́зранцы, -ев, *ед.* -нец, -нца, *тв.* -нцем
сыктывка́рка, -и, *р. мн.* -рок
сыктывка́рский (*от* Сыктывка́р)
сыктывка́рцы, -ев, *ед.* -рец, -рца, *тв.* -рцем
сыма́ть(ся), -а́ю(сь), -а́ет(ся) (*прост. к* снима́ть(ся))

сымити́рованный; *кр. ф.* -ан, -ана
сымити́ровать, -рую, -рует
сымпровизи́рованный; *кр. ф.* -ан, -ана
сымпровизи́ровать, -рую, -рует
сын, -а, *мн.* сыновья́, сынове́й и (*устар. и высок.*) сыны́, сыно́в; *после собственных имен пишется через дефис, напр.*: Дюма́-сы́н
Сын, -а (*о Христе*): **Бо́г Сы́н, Сы́н Челове́ческий**
сы́н-без-отца́, сы́на-без-отца́ (*растение*)
сынициии́рованный; *кр. ф.* -ан, -ана
сынициии́ровать, -рую, -рует
сыни́шка, -и, *р. мн.* -шек, *м.*
сыни́ще, -а и -и, *мн.* -и, -и́щ, *м.*
сы́нов, -а, -о
сыно́вий, -ья, -ье
сыно́вний
сыно́вство, -а
сыно́к, сынка́
сыноуби́йство, -а
сыноуби́йца, -ы, *тв.* -ей, *м.* и *ж.*
сыно́чек, -чка
сы́ночка, -и, *м.*
сыну́ля, -и, *м.*
сы́панный; *кр. ф.* -ан, -ана, *прич.* (*от* сы́пать)
сыпану́ть(ся), -ну́(сь), -нёт(ся)
сы́пать(ся), сы́плю(сь), сы́плет(ся), сы́плют(ся) и сы́пет(ся), сы́пят(ся), *пов.* сы́пь(ся)
сыпе́ц, сыпца́, *тв.* сыпцо́м
сы́пкий; *кр. ф.* сы́пок, сыпка́, сы́пко
сы́плющий(ся) и **сы́пящий(ся)**
сыпно́й ти́ф
сыпнотифо́зный
сыпну́ть, -ну́, -нёт
сыпня́к, -а́
сыпу́ха, -и
сыпу́честь, -и
сыпу́чий
сыпь, -и
сы́пящий(ся) и **сы́плющий(ся)**
сыр, -а и -у, *предл.* в сы́ре и в сыру́, *мн.* -ы́, -о́в
сыр-бо́р (загоре́лся, разгоре́лся)
сырдарьи́нский (*от* Сырдарья́)
сы́р-дрему́чий бо́р
сыре́ть, -е́ю, -е́ет
сыре́ц, сырца́, *тв.* сырцо́м
сырзаво́д, -а
сырко́вый (сырко́вая ма́сса)
сырма́к, -а
Сы́рная неде́ля
сы́рники, -ов, *ед.* -ник, -а
сы́рница, -ы, *тв.* -ей
сы́рный
сырова́р, -а
сыроваре́ние, -я
сырова́ренный
сырова́рный
сырова́рня, -и, *р. мн.* -рен
сырова́тость, -и
сырова́тый
сырове́ц, -вца́ и -вцу́, *тв.* -вцо́м
сыроде́л, -а
сыроде́лие, -я
сыроде́льный
сыроду́тный
сырое́д, -а
сыроеде́ние, -я
сырое́жечный
сырое́жка, -и, *р. мн.* -жек
сыро́й; *кр. ф.* сыр, сыра́, сы́ро
сыро́к, сырка́ (*фасованный плавленый сыр или творожная масса; рыба*), сырка́ и сырку́ (*уменьш.-ласкат. к* сыр)
сырокопчёности, -ей, *ед.* -ость, -и
сырокопчёный
сыромо́лка, -и
сыромоло́т, -а
сыромоло́тка, -и
сыромоло́тный
сыромя́тина, -ы
сыромя́тник, -а
Сыромя́тники, -ов (*ист. район в Москве*)
сыромя́тнический
сыромя́тный
сы́ромять, -и
сыронизи́ровать, -рую, -рует
сыропу́ст, -а
сыропу́стный
сыропу́стье, -я
сыроре́зка, -и, *р. мн.* -зок
сы́рость, -и
сыро́чек, -чка
сырт, -а (*возвышенность*)
сырто́вый
сырть, -и (*рыба*)
сырца́, -ы́, *тв.* -о́й
сырцо́вый
сырь, -и
сырьё, -я́
сырьево́й
сырьём, *нареч.*
сысе́ртский (*от* Сысе́рть)
сысертски́т, -а (*минерал*)
сыск, -а
сы́сканный; *кр. ф.* -ан, -ана
сыска́рь, -я́
сыска́ть(ся), сыщу́(сь), сы́щет(ся)
сы́скивать(ся), -аю, -ает(ся)
сыскно́й
сы́скоса и **сы́скосу** (*прост. к* и́скоса)
сыспоко́н ве́ку (веко́в) (*прост. к* испоко́н ве́ку (веко́в)
сы́сстари (*прост. к* и́сстари)
сыта́, -ы́ (*вода с медом*)
сыте́пек, -нька
сы́тенький
сыте́нько, *в знач. сказ.*
сыте́ть, -е́ю, -е́ет
сытёхонький; *кр. ф.* -нек, -нька
сыти́ть, сычу́, сыти́т (*к* сыта́)
сы́тник, -а
сы́тно, *нареч.* и *в знач. сказ.*
сы́тность, -и
сы́тный; *кр. ф.* сы́тен, сытна́, сы́тно
сы́то, *нареч.*
сы́тость, -и
сы́тый; *кр. ф.* сыт, сыта́, сы́то
сыть, -и
сыч, -а́, *тв.* -о́м
сычённый; *кр. ф.* -ён, -ена́, *прич.*
сычёный, *прил.*
сычи́ный
сычо́нок, -нка, *мн.* сыча́та, -а́т
сычуа́ньский (*от* Сычуа́нь)
сычуа́ньцы, -ев, *ед.* -нец, -ньца, *тв.* -ньцем
сычу́г, -а́
сычу́жина, -ы
сычу́жный
сычужо́к, -жка́
сы́щик, -а
сы́щица, -ы, *тв.* -ей
сы́щицкий
сье́рра, -ы
сье́рра-лео́нский (*от* Сье́рра-Лео́не)
сьерралео́нцы, -ев, *ед.* -нец, -нца, *тв.* -нцем
сэ́бин, -а, *р. мн.* -ов, *счетн. ф.* сэ́бин (*ед. измер.*)
СЭЗ, *нескл., ж.* (*сокр.*: специальная (свободная) экономическая зона)
сэконо́мить, -млю, -мит
сэконо́мленный; *кр. ф.* -ен, -ена
сэ́ндвич, -а и **са́ндвич**, -а, *тв.* -ем
сэ́ндвичевый (сэ́ндвичевые соедине́ния, *хим.*)
сэнсэ́й, -я
сэ́нто, *нескл., с.*
сэр, -а
СЭС, *нескл., ж.* (*сокр.*: санитарно-эпидемиологическая станция)
СЭС-лаборато́рия, -и
сэ́ссон, -а (*стрижка*)
сэсэ́н, -а (*поэт и певец у башкир*)
сюда́
сюже́т, -а
сюже́тец, -тца, *тв.* -тцем, *р. мн.* -тцев
сюже́тик, -а
сюже́тность, -и
сюже́тный; *кр. ф.* -тен, -тна
сюжетообразу́ющий
сюжетосложе́ние, -я
сюжетострое́ние, -я
сюзане́, *нескл., с.*
сюзере́н, -а
сюзерените́т, -а
сюзере́нный
сюи́та, -ы
сюи́тный
сюр, -а (*сюрреализм*)
сюрве́йер, -а
сюрку́п, -а
сю́ровский
сюрпля́с, -а
сюрпри́з, -а
сюрпри́зец, -зца, *тв.* -зцем, *р. мн.* -зцев

сюрпри́зный
сюрреали́зм, -а
сюрреали́ст, -а
сюрреалисти́ческий
сюрреалисти́чность, -и
сюрреалисти́чный; *кр. ф.* -чен, -чна
сюрреа́льность, -и
сюрреа́льный; *кр. ф.* -лен, -льна
сюрту́к, -а́
сюртучи́шко, -а и -и, *мн.* -шки, -шек, *м.*
сюрту́чный
сюртучо́к, -чка́
сю-сю́, *неизм.*
сюсю́канье, -я
сюсю́кать(ся), -аю(сь), -ает(ся)
ся, *нескл., с.* и *мн.* (*протокитайское племя*)
ся́бры, -ов (*ист.*)
сяжки́, -о́в и **ся́жки,** -ов, *ед.* сяжо́к, сяжка́ (*усики – органы осязания*)
сяк: та́к-ся́к; (и) та́к и ся́к; то та́к, то ся́к
ся́кнувший
ся́кнуть, -нет; *прош.* ся́кнул, ся́кла
сяко́й: тако́й-сяко́й; (и) тако́й и сяко́й
сям: та́м-ся́м; (и) та́м и ся́м; то та́м, то ся́м
сямисэ́н, -а
сянга́нский (*от* Сянга́н)
сянга́нцы, -ев, *ед.* -нец, -нца, *тв.* -нцем
ся́сский (*от* Сясь, *река*)

Т

таба́к, -а́ и -у́
табака́, *неизм.*: **цыплёнок (цыпля́та) табака́**
табаке́рка, -и, *р. мн.* -рок
табаке́рочка, -и, *р. мн.* -чек
табаке́рочный
табаково́д, -а
табаково́дство, -а
табаково́дческий
табаковяза́льный
табакокуре́ние, -я
табаконю́хание, -я
табакоре́зальный
табакосуши́лка, -и, *р. мн.* -лок
табаку́р, -а
таба́нить, -ню, -нит
таба́нка, -и
таба́нящий
табасара́нка, -и, *р. мн.* -нок
табасара́нский
табасара́нцы, -ев, *ед.* -нец, -нца, *тв.* -нцем
табасара́ны, -а́н, *ед.* -ра́н, -а
таба́ско, *нескл.. с. (соус)*
табачи́нка, -и, *р. мн.* -нок
табачи́шко, -а и -и, *м.*
табачи́ще, -а, *м.*
таба́чник, -а
таба́чница, -ы, *тв.* -ей
таба́чно-махо́рочный
таба́чно-ферментацио́нный
таба́чный
табачо́к, -чка́ и -чку́
табелёк, -лька́
та́бель, -я, *мн.* -и, -ей и -я́, -е́й (*таблица учета*; *жетон*)
та́бель-календа́рь, -я́
та́бельный
Та́бель о ра́нгах, Та́бели о ра́нгах (*законодательный акт и система чинов в России XVIII – нач. XX в.*) и **та́бель о ра́нгах,** та́бели о ра́нгах (*перен.*: *иерархия должностных лиц*)
та́бель-пу́нкт, -а
та́бельщик, -а
та́бельщица, -ы, *тв.* -ей
таберна́кль, -я
та́бес, -а
та́бия, -и *(в шахматах)*
таблети́рование, -я
таблети́рованный; *кр. ф.* -ан, -ана
таблетиро́вочный
табле́тка, -и, *р. мн.* -ток
табле́точка, -и, *р. мн.* -чек
табле́точный
табли́нум, -а
табли́тчатый
табли́ца, -ы, *тв.* -ей
табли́чка, -и, *р. мн.* -чек
табли́чный
табло́, *нескл., с.*
табло́ид, -а
табло́идный
табльдо́т, -а
та́бор, -а
табори́тский
табори́ты, -ов, *ед.* -ри́т, -а
та́борный
табу́, *нескл., с.*
табуизи́рование, -я
табуизи́рованный; *кр. ф.* -ан, -ана
табуизи́ровать(ся), -рую, -рует(ся)
табуи́рование, -я
табуи́рованность, -и
табуи́рованный; *кр. ф.* -ан, -ана
табуи́ровать(ся), -рую, -рует(ся)
табулату́ра, -ы и **табулятура,** -ы
табули́рование, -я
табули́рованный; *кр. ф.* -ан, -ана
табули́ровать(ся), -рую, -рует(ся)
табулягра́мма, -ы
табуля́тор, -а
табуля́торный
табуляту́ра, -ы и **табулату́ра,** -ы
табуля́ты, -я́т, *ед.* -ля́та, -ы
табуля́ция, -и
табу́н[1], -а́
табу́н[2], -а (*хим.*)
табуни́ться, -и́тся
табу́нный
табуно́к, -нка́
табу́нчик, -а
табу́нщик, -а
табу́нщица, -ы, *тв.* -ей
табу́нщицкий
табу́нщичий, -ья, -ье
табуре́т, -а
табуре́тка, -и, *р. мн.* -ток
табуре́тный
табуре́точка, -и, *р. мн.* -чек
табуре́точный
тавди́нский (*от* Тавда́)
тавеги́л, -а
таве́рна, -ы
тавлея́, -и́, *мн.* -е́и, -е́й
тавли́нка, -и, *р. мн.* -нок
тавля́к, -а
та́волга, -и
та́волговый
таволжа́нка, -и, *р. мн.* -нок
таволжа́ный
та́воложка, -и, *р. мн.* -жек
таволо́жник, -а
таво́т, -а
таво́тить, -о́чу, -о́тит
таво́тник, -а
таво́тница, -ы, *тв.* -ей
таво́тный
тавре́ние, -я
таврённый; *кр. ф.* -ён, -ена́, *прич.*
таврёный, *прил.*
таври́ть(ся), -рю́, -ри́т(ся)
таврича́не, -а́н, *ед.* -а́нин, -а
таврича́нка, -и, *р. мн.* -нок
таври́ческий (*к* Та́врия, Таври́да)
Таври́ческий дворе́ц (*в Петербурге*)
Таври́ческий са́д (*в Петербурге*)
Та́врия, -и (*геогр.*; *автомобиль*)
тавро́, -а́, *мн.* та́вра, тавр, та́вра́м
тавро́вый
та́вры, -ов, *ед.* тавр, -а (*племя*)
тавтогра́мма, -ы
тавтологи́ческий
тавтологи́чность, -и
тавтологи́чный; *кр. ф.* -чен, -чна
тавтоло́гия, -и
тага́лы, -ов, *ед.* тага́л, -а
тага́льский
тага́н, -а́
тагане́ц, -нца́, *тв.* -нцо́м, *р. мн.* -нцо́в
Тага́нка, -и (*улица*, *театр*)
тага́нный
тагано́к, -нка́
таганро́гский и **таганро́жский** (*от* Таганро́г)
таганро́жка, -и, *р. мн.* -жек
таганро́жцы, -ев, *ед.* -жец, -жца, *тв.* -жцем
Тага́нская пло́щадь (*в Москве*)
тага́нский (*к* Тага́нка)
тага́нчик, -а
таге́тес, -а

таги́льский (*к* Ни́жний Таги́л)
тагильча́не, -а́н, *ед.* -а́нин, -а (*к* Ни́жний Таги́л)
тагильча́нка, -и, *р. мн.* -нок
таджи́ки, -ов, *ед.* -жи́к, -а
таджикиста́нский (*от* Таджикиста́н)
таджи́кский (*к* таджи́ки и Таджикиста́н)
таджи́кско-афга́нский
таджи́кско-росси́йский
таджи́чка, -и, *р. мн.* -чек
Тадж-Маха́л, -а
тае́, *частица* (*обл.*)
таёжник, -а
таёжница, -ы, *тв.* -ей
таёжнический
таёжный
таз, -а, *предл.* в та́зе и в тазу́, *мн.* -ы́, -о́в
тазепа́м, -а
та́зи и **та́зы,** *нескл., м.* и *ж.* (*порода собак*)
та́зик, -а
тазкире́, *нескл., с.* (*лит.*)
тазобе́дренный
та́зовый
та́зы[1], -ов, *ед.* таз, -а (*народность*)
та́зы[2] и **та́зи,** *нескл., м.* и *ж.* (*порода собак*)
таи́, *нескл., мн., ед. м.* и *ж.* (*группа народов*)
таила́ндка, -и, *р. мн.* -док
таила́ндский (*от* Таила́нд)
таила́ндцы, -ев, *ед.* -дец, -дца, *тв.* -дцем
таи́нственно, *нареч.*
таи́нственность, -и
та́инственный (*от* та́инство)
таи́нственный; *кр. ф.* -вен и -венен, -венна
та́инство, -а
таи́ть(ся), таю́(сь), таи́т(ся)
таитя́не, -я́н, *ед.* -я́нин, -а
таитя́нка, -и, *р. мн.* -нок
таитя́нский (*к* таитя́не и Таи́ти)
тай, *нескл., мн., ед. м.* и *ж.* (*народность в Китае*)
тай-бо́, *нескл., с.* и *неизм.* (*вид аэробики*)
тайбо́ксер, -а
тайбо́ксинг, -а
та́йбола, -ы
тай-бре́йк, -а
тайбэ́йский (*от* Тайбэ́й)
тайбэ́йцы, -ев, *ед.* -э́ец, -э́йца, *тв.* -э́йцем
тайва́ньский (*от* Тайва́нь)
тайва́ньцы, -ев, *ед.* -нец, -ньца, *тв.* -ньцем
тайга́, -и́
тайджи́, *нескл., с.*
тайджи́тсу, *нескл., с.* (*спорт.*)
та́йка, -и, *р. мн.* та́ек (*к* та́йцы)
тайко́м, *нареч.*
та́йлинг, -а (*черепичное покрытие*)
тайм, -а
тайм-а́ут, -а
тайме́невый
тайме́нь, -я
та́ймер, -а
та́ймерный
та́ймер-счётчик, та́ймера-счётчика
та́йминг, -а
таймо́граф, -а
таймта́ктор, -а
тайму́н, -а и -а́
тайм-ча́ртер, -а
тайм-ча́ртерный
та́ймше́р, -а
та́ймшит, -а
таймы́рский (*от* Таймы́р)
Таймы́рский (Долга́но-Не́нецкий) автоно́мный о́круг
Таймы́рское Заполя́рье
таймы́рцы, -ев, *ед.* -рец, -рца, *тв.* -рцем
та́йна, -ы
Та́йная ве́черя
Та́йная канцеля́рия (*в России XVIII в.*)
та́йная та́йных, *нескл., ж.* и *с.*
тайни́к, -а́
тайнико́вый
Тайни́цкая ба́шня (*в Московском Кремле*)
тайничо́к, -чка́
тайнобра́чие, -я
тайнобра́чный
тайнови́дение, -я
тайнови́дец, -дца, *тв.* -дцем, *р. мн.* -дцев
тайнови́дица, -ы, *тв.* -ей
тайнови́дческий
тайново́дственный (*церк.*)
тайноде́йствие, -я
тайнопи́сный
та́йнопись, -и
та́йность, -и
та́йный
тайпи́нский
тайпи́ны, -ов, *ед.* -пи́н, -а
тайпотро́н, -а
та́йский
тайфи́, *нескл., м.*
тайфу́н, -а
тайфу́нный
тайцзицюа́нь, *нескл., ж.* (*гимнастика*)
тай-ци́, *нескл., с.* (*понятие китайской философии*)
та́йцы, -ев, *ед.* та́ец, та́йца, *тв.* та́йцем
так[1], *нареч.*
так[2], -а (*торговое сооружение в городах Средней Азии, ист.*)
та́ка, *нескл., м.* (*ден. ед.*)
такадиаста́за, -ы
та́канье, -я
та́кать, -аю, -ает
такби́р, -а (*понятие ислама*)
та́к бы
такела́ж, -а, *тв.* -ем
такела́жить, -жу, -жит
такела́жник, -а
такела́жный
та́кже, *нареч.* и *союз* (о́н та́кже согла́сен), но *нареч. с частицей* **та́к же** (о́н та́к же ду́мает, как ты́; о́н всё та́к же ве́сел)
та́к же как (и)
таки – *частица, пишется через дефис с предшествующим глаголом* (верну́лся-таки), *наречием* (дово́льно-таки, пря́мо-таки) *и в словах* всё-таки, та́к-таки; *в остальных случаях – раздельно* (о́н таки прие́дет)
та́к и бы́ть
та́к или и́на́че
таки́м мане́ром
та́к и ся́к
та́к и та́к
та́к и э́так
та́кка, -и
та́к как, *союз*
та́к ли
та́к называ́емый
та́к на та́к
та́кнуть, -ну, -нет
тако́в, -а́, -о́
таково́й
тако́вский
тако́й
тако́й же
тако́й-сяко́й
тако́й-то
так-с, *частица*
та́кса, -ы
такса́тор, -а
таксацио́нный
такса́ция, -и
та́к себе
таксёр, -а
такси́, *нескл., с.*
таксидерми́ст, -а
таксидерми́ческий
таксидерми́я, -и
такси́рование, -я
такси́рованный; *кр. ф.* -ан, -ана
такси́ровать(ся), -рую, -рует(ся)
таксиро́вка, -и
таксиро́вщик, -а
та́ксис, -а
та́ксисный
такси́ст, -а
та́к сказа́ть, *вводн. сл.*
та́ксовый
таксо́диевые, -ых
таксо́дий, -я и **таксо́диум,** -а
таксоло́гия, -и
таксо́метр, -а
таксомото́р, -а
таксомото́рный
таксо́н, -а
таксо́нный
таксономи́ческий

таксоно́мия, -и
таксопа́рк, -а
таксофо́н, -а
таксофо́нный
такс-фри́, *неизм.*
так-ся́к
такт, -а
так-та́к; но: **во́т так та́к!**
та́к-таки
та́ктик, -а
та́ктика, -и
та́ктико-строево́й
та́ктико-техни́ческий
такти́льность, -и
такти́льный
такти́рование, -я
такти́ровать, -рую, -рует
такти́чески
такти́ческий
такти́чность, -и
такти́чный; *кр. ф.* -чен, -чна
та́к-то
тактови́к, -а́
та́ктовый
та́к-то оно́ та́к, но...
та́к то́чно
таку́сенький
та́к что, *союз*
такы́р, -а
такы́рный
тал, -а
тала́к, -а (*понятие ислама*)
тала́мус, -а
тала́н, -а (*судьба*)
тала́нить(ся), -ит(ся)
тала́нливый (*счастливый, удачливый*)
тала́нт, -а
тала́нтик, -а
тала́нтишко, -а и -и, *мн.* -шки, -шек, *м.*
тала́нтище, -а, *мн.* -а и -и, -ищ, *м.*
тала́нтливость, -и
тала́нтливый (*одаренный*)
талассеми́я, -и
Тала́сская доли́на
талассо́ид, -а
талассократи́ческий
талассократо́н, -а
талассотерапи́я, -и
тала́шкинский (*от* Тала́шкино)
талды́-курга́нский (*от* Талды́-Курга́н)
талдыкурга́нцы, -ев, *ед.* -нец, -нца, *тв.* -нцем
талды́чащий
талды́ченный; *кр. ф.* -ен, -ена
талды́чить, -чу, -чит
та́левый (*от* та́ли и таль)
Талейра́н, -а
талейра́новский
та́лер, -а
та́лес, -а
та́ли, -ей (*мор.*)
талиба́н, -а
тали́бский
тали́бы, -ов, *ед.* тали́б, -а
та́лийка, -и, *р. мн.* -иек
та́лик, -а
тали́на, -ы
тали́нка, -и, *р. мн.* -нок
талио́н, -а
талисма́н, -а
талисма́нный
та́лия, -и (*часть туловища; термин карточной игры*)
Та́лия, -и (*мифол.*)
та́ллиевый (*от* та́ллий)
та́ллий, -я
та́ллинский (*от* Та́ллин)
та́ллинцы, -ев, *ед.* -нец, -нца, *тв.* -нцем
та́лловое ма́сло
талло́м, -а
талло́мный
таллофи́ты, -ов, *ед.* -фи́т, -а
Талму́д, -а (*священная книга иудеев*) и **талму́д,** -а (*собрание догматических положений; толстая скучная книга*)
талмуди́зм, -а
талмуди́ст, -а
талмуди́стский
талмуди́ческий
та́ловый (*от* тал)
таломёрзлый
тало́н, -а
тало́нный
тало́нчик, -а
та́лреп, -а
та́лус, -а (*архит.*)
та́лый
талыши́, -е́й, *ед.* талы́ш, -а́, *тв.* -о́м
талы́шка, -и, *р. мн.* -шек
талы́шский
таль, -и (*тех.*)
та́львег, -а
тальк, -а (*минерал, порошок*)
та́лька, -и, *р. мн.* та́лек (*моток*)
та́льковый
тальќоз, -а
та́льма, -ы
та́льмочка, -и, *р. мн.* -чек
тальни́к, -а́
тальнико́вый
та́лья, -и (*налог, ист.*)
талья́нка, -и, *р. мн.* -нок (*гармонь*)
талья́ночка, -и, *р. мн.* -чек
там
та́ма (*прост. к* там)
тамаго́чи, *нескл., м.*
тамада́, -ы́, *м.*
Тама́нская диви́зия
тама́нский (*от* Тама́нь)
Тама́нский полуо́стров
тама́нцы, -ев, *ед.* -нец, -нца, *тв.* -нцем
тамари́кс, -а и **тамари́ск,** -а
тамари́ксовый и **тамари́сковый**
тамари́нд, -а
тамари́ндовый
тамари́ск, -а и **тамари́кс,** -а
тамари́сковый и **тамари́ксовый**
тамбо́вский (*от* Тамбо́в)
тамбо́вцы, -ев, *ед.* -вец, -вца, *тв.* -вцем
тамбовча́не, -а́н, *ед.* -а́нин, -а
тамбовча́нка, -и, *р. мн.* -нок
Тамбо́вщина, -ы (*к* Тамбо́в)
та́мбур, -а (*проход; вышивка*)
тамбу́р, -а и **танбу́р,** -а (*муз. инструмент*)
тамбури́н, -а
тамбури́нный
тамбурмажо́р, -а
тамбурмажо́рский
та́мбурный
тамга́, -и́
Тамерла́н, -а
тамерла́новский (*от* Тамерла́н)
та́м же
тамизда́т, -а
тамизда́товский и **тамизда́тский**
тами́лка, -и, *р. мн.* -лок
тами́лы, тами́л и -ов, *ед.* тами́л, -а
тами́льский
та́м и ся́м
тамо́женник, -а
тамо́женница, -ы, *тв.* -ей
тамо́женно-погранич́ный
тамо́женно-тари́фный
тамо́женный
Тамо́женный ко́декс РФ
тамо́жня, -и, *р. мн.* -жен
та́мошний
та́мпакс, -а и *неизм.*
та́мперевский (*от* Та́мпере)
та́мперевцы, -ев, *ед.* -вец, -вца, *тв.* -вцем
тамплие́рский
тамплие́ры, -ов, *ед.* -ие́р, -а
тампо́н, -а
тампона́да, -ы
тампона́ж, -а, *тв.* -ем
тампона́жный
тампона́ция, -и
тампони́рование, -я
тампони́рованный; *кр. ф.* -ан, -ана
тампони́ровать(ся), -рую, -рует(ся)
тампо́нный
тампо́нчик, -а
там-ся́м
тамта́м, -а (*муз. инструмент*)
та́м-то
тана́гра, -ы (*птица*)
тана́грский (тана́грские погребе́ния, тана́грские статуэ́тки)
тана́гры, -а́гр (*статуэтки*)
танальби́н, -а
танатогене́з, -а
танато́лог, -а
танатологи́ческий
танатоло́гия, -и
танатофо́бия, -и
танатоцено́з, -а
танбу́р, -а и **тамбу́р,** -а (*муз. инструмент*)

танга́ж, -а, *тв.* -ем
танганьи́кский (*от* Танганьи́ка)
та́нгенс, -а
та́нгенс-буссо́ль, -и
тангенсо́ида, -ы
тангенциа́льный
танги́р, -а
танги́рный
та́нго, *нескл., с.*
та́нде́м, -а
та́нде́м-маши́на, -ы
та́нде́мный
танды́р, -а
та́нец, та́нца, *тв.* та́нцем, *р. мн.* та́нцев
та́нец моде́рн, та́нца моде́рн
танзани́йка, -и, *р. мн.* -и́ек
танзани́йский (*от* Танза́ния)
танзани́йцы, -ев, *ед.* -и́ец, -и́йца, *тв.* -и́йцем
тани́н, -а
тани́нный
тани́новый
та́нистри, *нескл., с.*
танистрофе́й, -я
танк, -а
та́нка, -и и *нескл., ж.* (*жанр поэзии*)
танк-амфи́бия, та́нка-амфи́бии
та́нкер, -а
та́нкерный
танке́тка, -и, *р. мн.* -ток
танке́тки, -ток, *ед.* -е́тка, -и (*обувь*)
танке́точный
танки́ст, -а
танки́стский
танковожде́ние, -я
та́нковый
танкодеса́нт, -а
танкодеса́нтный
танкодосту́пный
танкодро́м, -а
танкодро́мный
танкозащи́тный
танкоопа́сный
танкопроходи́мый
танкоремо́нтный
танкострое́ние, -я
танкострои́тель, -я
танкострои́тельный
танкошле́м, -а
танни́ды, -ов, *ед.* -и́д, -а
танта́л, -а (*металл*)
Танта́л, -а: **му́ки Танта́ла**
тантала́т, -а
танвали́т, -а
танвали́товый
танта́ловы му́ки, танта́ловых му́к
танта́ловый (*от* танта́л)
тантри́зм, -а
тантри́йский
тантри́ст, -а
тантри́стка, -и, *р. мн.* -ток
тантри́стский
тантри́ческий
та́нтры, тантр, *ед.* та́нтра, -ы

тантье́ма, -ы
тантье́мный
танхо́, *нескл., с.*
танходи́р, -а
танцвера́нда, -ы
танцева́льность, -и
танцева́льный
танцева́ть(ся), -цу́ю, -цу́ет(ся)
танцза́л, -а
танцкла́сс, -а
танцклу́б, -а
танцме́йстер, -а
танцме́йстерский
танцо́ванный; *кр. ф.* -ан, -ана
танцо́вщик, -а
танцо́вщица, -ы, *тв.* -ей
танцо́р, -а
танцо́рка, -и, *р. мн.* -рок
танцплоща́дка, -и, *р. мн.* -док
танцу́лька, -и, *р. мн.* -лек
танцу́ющий
та́нцы-шма́нцы, та́нцев-шма́нцев
та́па, -ы
тапёр, -а
тапёрский
тапёрша, -и, *тв.* -ей
тапио́ка, -и
тапи́р, -а
та́пки, та́пок, *ед.* та́пка, -и
та́пливать, *наст. вр. не употр.*
та́почки, -чек, *ед.* -чка, -и
тар, -а (*животное; муз. инструмент*)
та́ра, -ы
тараба́нить, -ню, -нит
тараба́рить, -рю, -рит
тараба́рский
тараба́рщина, -ы
арака́н, -а
тарака́ний, -ья, -ье
тарака́нище, -а и -и, *мн.* -и, -ищ, *м.*
тарака́новые, -ых
тарака́нчик, -а
тарака́шка, -и, *р. мн.* -шек, *м.* и *ж.*
тара́н, -а
тара́ненный; *кр. ф.* -ен, -ена
тара́ний, -ья, -ье (*от* тара́нь)
тара́нить(ся), -ню, -нит(ся)
тара́нка, -и, *р. мн.* -нок
тара́нный (*от* тара́н)
таранта́, -ы́, *м.* и *ж.*
таранта́с, -а
таранта́сец, -сца, *тв.* -сцем, *р. мн.* -сцев
таранта́сик, -а
таранта́сный
таранте́лла, -ы
таранти́ть, -нчу́, -нти́т
тара́нтул, -а
тара́нь, -и
тара́нька, -и, *р. мн.* -нек
тара́нящий(ся)
та-ра-ра́, *неизм.*
тарара́м, -а
тарара́х, *неизм.*
тарара́хать(ся), -аю(сь), -ает(ся)

тарара́хнуть(ся), -ну(сь), -нет(ся)
Тара́с Бу́льба, Тара́са Бу́льбы
тара́ски, *нескл., мн., ед. м.* и *ж.* (*народность*)
таратае́чка, -и, *р. мн.* -чек
таратае́чный
тарата́йка, -и, *р. мн.* -а́ек
та́ра-тари́ф, -а
тарато́ра, -ы, *м.* и *ж.*
тарато́ренье, -я
тарато́рить, -рю, -рит
тарато́рка, -и, *р. мн.* -рок, *м.* и *ж.*
тарато́рящий
тара́ф, -а
тарафле́кс, -а
тарафле́ксный
тарахте́лка, -и, *р. мн.* -лок
тарахте́ние, -я
тарахте́ть, -хчу́, -хти́т
тара́щащий(ся)
тара́щенье, -я
тара́щить(ся), -щу(сь), -щит(ся)
тарбага́н, -а
тарбага́ний, -ья, -ье
тарбага́нчик, -а
тарбоза́вр, -а
тарджиба́нд, -а
таре́лка, -и, *р. мн.* -лок
тарелкообра́зный; *кр. ф.* -зен, -зна
таре́лочка, -и, *р. мн.* -чек
таре́лочник, -а
таре́лочный
таре́льчатый
Тарза́н, -а
тарика́-бра́тство, -а
тарика́т, -а
тарикати́сты, -ов, *ед.* -и́ст, -а
тари́рование, -я (*проверка правильности показания измерительных приборов*)
тари́рованный; *кр. ф.* -ан, -ана (*к* тари́рование; *тех.*)
тари́ровать(ся), -и́рую, -и́рует(ся)
тариро́вка, -и
тари́ф, -а
тарифика́тор, -а
тарификацио́нный
тарифика́ция, -и
тарифици́рованный; *кр. ф.* -ан, -ана
тарифици́ровать(ся), -рую, -рует(ся)
тари́фно-квалификацио́нный
тари́фный
тарифообразова́ние, -я
Тарквиний Го́рдый
тарлата́н, -а
тарлата́новый
тармалама́, -ы́ (*ткань*)
тарнами́д, -а
тарнами́дный
та́рный
та́ро, *нескл., с.* (*растение*)
тарооборудование, -я
тароремо́нтный
тароупако́вочный
тарпа́н, -а (*дикая лошадь*)

тарпо́н, -а (*рыба*)
тартале́тка, -и, *р. мн.* -ток
търта́льщик, -а
тарта́н, -а
тарта́ние, -я
тарта́новый
Та́ртар, -а (*мифол.*)
тартарары́: провали́ться в тартарары́
тартари́ды, -и́д, *ед.* -и́да, -ы
тарти́нка, -и, *р. мн.* -нок
тарти́ночный
та́ртуский (*от* Та́рту)
та́ртусцы, -ев, *ед.* -сец, -сца, *тв.* -сцем
Тартю́ф, -а
тартю́фовский
тартю́фство, -а
тару́сский (*от* Тару́са)
тарусяне, -я́н, *ед.* -я́нин, -а
тарусянка, -и, *р. мн.* -нок
тару́тинский (*от* Тару́тино)
тарха́н, -а
тарха́нный
тарха́нский (*от* Тарха́ны)
тарху́н, -а
тарху́нчик, -а и -у
та́рщик, -а
та́ры-ба́ры, *других форм нет*
та́ры-ба́ры-растаба́ры, *других форм нет*
таситро́н, -а
та́ска, -и
таска́льный
таска́льщик, -а
таска́ние, -я
та́сканный; *кр. ф.* -ан, -ана, *прич.*
та́сканый, *прил.*
таска́ть(ся), -а́ю(сь), -а́ет(ся)
та́скивать, *наст. вр. не употр.*
та́ском, *нареч.*
таскотня́, -и́
таску́н, -а́
таску́нья, -и, *р. мн.* -ний
тасмани́йка, -и, *р. мн.* -и́ек
тасмани́йский (*от* Тасма́ния)
тасмани́йцы, -ев, *ед.* -и́ец, -и́йца, *тв.* -и́йцем
тасова́ние, -я
тасо́ванный; *кр. ф.* -ан, -ана
тасова́ть(ся), тасу́ю, тасу́ет(ся)
тасо́вка, -и (*к* тасова́ть)
та́ссовец, -вца, *тв.* -вцем, *р. мн.* -вцев
тассо́вка, -и, *р. мн.* -вок (*к* ТАСС)
та́ссовский (*от* ТАСС)
тастату́ра, -ы
тастату́рный
тата́канье, -я
тата́кать, -аю, -ает
тата́ми, *нескл., м.* и *с.*
татарва́, -ы́
тата́рка, -и, *р. мн.* -рок
тата́рник, -а
тата́ро-монго́лы, -ов
тата́ро-монго́льский
тата́рский (*к* тата́ры и Тата́рия)
Тата́рский проли́в
татарста́нский (*от* Татарста́н)
татарста́нцы, -ев, *ед.* -нец, -нца, *тв.* -нцем
татарчо́нок, -нка, *мн.* -ча́та, -ча́т
тата́рщина, -ы
тата́ры, -а́р, *ед.* тата́рин, -а
тата́ры-кряше́ны, тата́р-кряше́н, *ед.* тата́рин-кряше́н, тата́рина-кряше́на
та-та-та́, *неизм.*
та́тка, -и, *р. мн.* та́ток (*к* та́ты)
та́тра, -ы (*автомобиль*)
татра́нский (*от* Та́тры, *горы*)
та́тский
тату́, *нескл., с.* (*татуировка*)
татуа́ж, -а, *тв.* -ем
тату́-а́рт, -а
татуиро́ванный; *кр. ф.* -ан, -ана
татуи́ровать(ся), -рую(сь), -рует(ся) и **татуирова́ть(ся)**, -ру́ю(сь), -ру́ет(ся)
татуиро́вка, -и, *р. мн.* -вок
татуиро́вщик, -а
тату́-макия́ж, -а, *тв.* -ем
татуме́йкер, -а
тату́-рису́нок, -нка
тату́-сало́н, -а
та́ты, -ов, *ед.* тат, -а
тать, -я
татьба́, -ы́
Татья́нин де́нь, Татья́нина дня́
татья́нка, -и, *р. мн.* -нок (*платье*)
та́у, *нескл., с.* (*название буквы*)
та́унха́ус, -а
та́уншип, -а
таури́н, -а
таурохо́левая кислота́
та́у-сагы́з, -а
тауси́нный
таутомери́я, -и
тауширо́вка, -и
Та́уэр, -а
тафоно́мия, -и
тафоцено́з, -а
тафрогене́з, -а
тафта́, -ы́
тафтяно́й
тафья́, -и́, *р. мн.* тафе́й
тахео́метр, -а (*геодезический инструмент*)
тахеометри́ческий
тахеоме́три́я, -и
тахикарди́я, -и
тахи́метр, -а (*прибор для измерения скорости течения*)
тахи́на, -ы (*насекомое*)
тахи́нно-вани́льный
тахи́нный
тахио́нный
тахио́ны, -ов, *ед.* -ио́н, -а
тахипно́э, *нескл., с.*
тахители́я, -и
тахогенера́тор, -а
тахо́граф, -а
тахографи́ческий
тахо́метр, -а (*прибор для измерения скорости вращения*)
тахометри́ческий
тахта́, -ы́
тахта́-матра́с, тахты́-матра́са
таце́т, -а
та́цитовский (*от* Та́цит)
тача́лка, -и, *р. мн.* -лок
тача́льный
тача́льщик, -а
тача́ние, -я
тача́нка, -и, *р. мн.* -нок
та́чанный; *кр. ф.* -ан, -ана, *прич.*
та́чаный, *прил.*
тача́ть(ся), -а́ю, -а́ет(ся)
та́чечка, -и, *р. мн.* та́чечек
та́чечник, -а
та́чечный
та́чка, -и, *р. мн.* та́чек
тачно́й
тач-пане́ль, -и
таши́зм, -а
таши́ст, -а
таши́стский
ташке́нтка, -и, *р. мн.* -ток
ташке́нтский (*от* Ташке́нт)
ташке́нтцы, -ев, *ед.* -тец, -тца, *тв.* -тцем
та́щащий
та́ща́щийся
та́щенный; *кр. ф.* -ен, -ена, *прич.*
тащи́ловка, -и
тащи́ть(ся), тащу́(сь), та́щит(ся)
таэ́ль, -я
та́ющий (*от* та́ять)
та́ялка, -и, *р. мн.* -лок
та́яние, -я
та́ять, та́ю, та́ет
тая́щий(ся) (*от* таи́ть(ся)
тбили́сский (*от* Тбили́си)
тбили́сцы, -ев, *ед.* -сец, -сца, *тв.* -сцем
ТВ [тэвэ́], *нескл., с.* и *неизм.* (*сокр.*: телевидение, телевизионный)
ТВ-аппарату́ра, -ы
твари́на, -ы
тва́рный
тварь, -и
тварю́га, -и и **тварю́ка**, -и, *м.* и *ж.*
тварю́шка, -и, *р. мн.* -шек
ТВ-веща́ние, -я
тве́йджер, -а (*двусторонний пейджер*)
тверде́ние, -я
твёрденький
тверде́ть, -е́ю, -е́ет
тверди́ть(ся), -ржу́, -рди́т(ся)
тве́рдо, -а и *нескл., с.* (*название буквы*)
твёрдо, *нареч.*
твердова́тый
твердозём, -а
твердока́менность, -и
твердока́менный
твердока́таный
твердоко́жий
твердокопчёный
твердоко́рый

твердоли́ственный
твердоло́бость, -и
твердоло́бый
твердоме́р, -а
твёрдо-на́твердо
твердонёбный
твердосемя́нный
твердоспла́вный
твёрдость, -и
твёрдость-мя́гкость, твёрдости-мя́гкости
твердоте́льный
твердоте́льщик, -а
твердото́пливный
твердофа́зный
твёрдый; *кр. ф.* твёрд, тверда́, твёрдо, тверды́ и твёрды
тверды́ня, -и, *р. мн.* -ы́нь
твердь, -и
тверёзый (*прост. к* тре́звый)
твёрже, *сравн. ст.*
тверже́ние, -я
твёрженный; *кр. ф.* -ен, -ена и **твержённый;** *кр. ф.* -ён, -ена́
тверичи́, -е́й, *ед.* твери́ч, -а́, *тв.* -о́м
Тверска́я, -о́й (*улица*)
Тверска́я-Ямска́я, Тверско́й-Ямско́й (*улица*)
тверско́й (*от* Тверь); но: **Михаи́л Тверско́й**
Тверско́й бульва́р (*в Москве*)
тверяки́, -о́в, *ед.* тверя́к, -а́
тверя́чка, -и, *р. мн.* -чек
твид, -а
тви́довый
твин, -а
твинде́к, -а
тви́новый
твист, -а
твистова́ть, -ту́ю, -ту́ет
тви́стовый
тви́стор, -а
тви́сторный
твистро́н, -а
тви́ши, *нескл., с.*
ТВ-кана́л [тэвэ́], -а
твой, твоё, твоего́, **твоя́,** твое́й, *мн.* твои́, твои́х
творе́ние, -я
творённый; *кр. ф.* -ён, -ена́, *прич.*
творёный, *прил.*
творе́ц, -рца́, *тв.* -рцо́м, *р. мн.* -рцо́в и (*о Боге*) **Творе́ц,** -рца́, *тв.* -рцо́м
твори́ло, -а
твори́тельный паде́ж
твори́ть(ся), -рю́, -ри́т(ся)
тво́рог, -а и -у и **творо́г,** -а́ и -у́
творо́жащий(ся)
творо́жистый
творо́жить(ся), -о́жу, -о́жит(ся)
творо́жник, -а
творо́жный
творожо́к, -жка́ и -жку́
тво́рчески
тво́рчески акти́вный
тво́рческий
тво́рчество, -а
творя́щий(ся)
ТВ-свя́зь, -и
ТВ-сту́дия [тэвэ́-], -и
ТВ-устро́йство [тэвэ́], -а
твэл, -а (*сокр.:* тепловыделяющий элемент)
ТД [тэдэ́], *нескл., м.* (*сокр.:* торговый дом)
те (*вместо* тебе́, *разг.*), *пишется раздельно, напр.:* да́й те Бо́г, да́й те Христо́с, сла́ва те го́споди; во́т те бо́г, а во́т поро́г; во́т те кре́ст, во́т те Христо́с; во́т те клю́ква, во́т те ра́з, во́т те на́; я́ те да́м!; я́ те покажу́!; но: чёрт-те (что́, куда́ и т. п.)
теа́тр, -а
театра́л, -а
театрализа́ция, -и
театрализо́ванный; *кр. ф.* -ан, -ана
театрализова́ть(ся), -зу́ю, -зу́ет(ся)
театра́лка, -и, *р. мн.* -лок
театра́льно-декорацио́нный
театра́льно-конце́ртный
театра́льность, -и
театра́льный; *кр. ф.* -лен, -льна
театра́льщина, -ы
теа́тр-бу́фф, теа́тра-бу́фф
теа́тр-варьете́, теа́тра-варьете́, *м.*
теа́тр-клу́б, теа́тра-клу́ба
театрове́д, -а
театрове́дение, -я
театрове́дческий
театрома́ния, -и
театро́н, -а (*в античном театре*)
теа́тр-сту́дия, теа́тра-сту́дии, *м.*
те́бби, *нескл., с.* и *неизм. (полосатый или пестрый окрас)*
тебе́, о тебе́ (*формы местоим.* ты)
тебенева́ть, -нюет
тебенёвка, -и, *р. мн.* -вок
тебенёвочный
тебенёк, -нька́
тебенько́вый
теберди́нский (*от* Теберда́)
теберди́нцы, -ев, *ед.* -нец, -нца, *тв.* -нцем
тебри́зский (*от* Тебри́з)
тебя́ (*форма местоим.* ты)
тевиро́н, -а
тевто́нка, -и, *р. мн.* -нок
тевто́нский
Тевто́нский о́рден
тевто́нцы, -ев, *ед.* -нец, -нца, *тв.* -нцем
тевто́ны, -ов, *ед.* -то́н, -а
тевя́к, -а́
тег, -а
те́га-те́га, *неизм.*
Тегера́нская конфере́нция (*1943*)
тегера́нский (*от* Тегера́н)
тегера́нцы, -ев, *ед.* -нец, -нца, *тв.* -нцем
тегиля́й, -я
те́говый
те́гу, *нескл., ж.* (*ящерица*)
Те́ Де́ум, *нескл., с.* (*католическое песнопение*)
тедио́н, -а
те́за, -ы
тезавра́тор, -а
тезавра́ция, -и
тезаври́рование, -я
тезаври́рованный; *кр. ф.* -ан, -ана
тезаври́ровать(ся), -рую, -рует(ся)
теза́урус, -а
теза́урусный
Тезе́й, -я и **Тесе́й,** -я
тези́рованный; *кр. ф.* -ан, -ана
тези́ровать(ся), -рую, -рует(ся)
те́зис, -а
те́зисный
тёзка, -и, *р. мн.* тёзок, *м.* и *ж.*
тезоимени́тство, -а
тезоимени́тый
теи́зм, -а
теи́н, -а
теи́новый
теи́ст, -а
теисти́ческий
тейкворди́ст, -а, **тэквонди́ст,** -а и **тхэквонди́ст,** -а
тейквондо́, тэквондо́ и **тхэквондо́,** *нескл., с.*
тейле́рии, -ий, *ед.* -рия, -и
тейлерио́з, -а
Те́йлор, -а: **ря́д Те́йлора, фо́рмула Те́йлора**
тейлори́зм, -а
тейп, -а
те́йповый
тейсинта́й, -я
те́йю, *нескл., ж. (ящерица)*
тёк: да́ть тёку
текеме́т, -а
теки́ла, -ы
теки́нка, -и, *р. мн.* -нок
теки́нский
теки́нцы, -ев, *ед.* -нец, -нца, *тв.* -нцем
текке́, *нескл., с.* (*мусульманский монастырь*)
текодо́нт, -а
теко́ма, -ы
текс, -а
тексопри́нт, -а
тексопри́нтный
тексохро́м, -а
тексохро́мный
текст, -а
тексти́ль, -я
тексти́льный
тексти́льщик, -а
Тексти́льщики, -ов (*район в Москве*)
тексти́льщица, -ы, *тв.* -ей
текстови́к, -а́
текстовини́т, -а
тексто́вка, -и, *р. мн.* -вок
текстово́й и **те́кстовый**
текстоли́товый

текстоли́ты, -ов, *ед.* -ли́т, -а
текстóлог, -а
текстологи́ческий
текстолóгия, -и
текст-процéссор, -а
тексту́альность, -и
тексту́альный; *кр. ф.* -лен, -льна
тексту́ра, -ы
текстури́рование, -я
текстури́рованный; *кр. ф.* -ан, -ана
тексту́рный
текстурóванный; *кр. ф.* -ан, -ана
тектиты, -ов, *ед.* -ти́т, -а
тектóник, -а
тектóника, -и
тектони́ст, -а
тектони́т, -а
тектони́ческий
тектоносфéра, -ы
тектонофи́зика, -и
теку́честь, -и
теку́чий
теку́чка, -и
теку́щий
тёкший
тела́ви, *нескл., с.* (*вино*)
тела́вский (*от* Тела́ви, *город*)
тела́вцы, -ев, *ед.* -вец, -вца, *тв.* -вцем
тела́нтроп, -а
тела́рии, -ев, *ед.* -а́рий, -я
теле... – *первая часть сложных слов, пишется слитно*
телеавтома́тика, -и
телеавтомати́ческий
телеанали́тик, -а
телеангиэктази́я, -и
телеантéнна, -ы
телеаппарату́ра, -ы
телеательé, *нескл., с.*
телеаудитóрия, -и
телеаукциóн, -а
телеба́р, -а
телеба́шня, -и, *р. мн.* -шен
телебесéда, -ы
телеби́знес, -а
телеби́ржа, -и, *тв.* -ей
телеболéльщик, -а
телебукмéкер, -а
телеведу́щая, -ей
телеведу́щий, -его
телевéрсия, -и
телевéчер, -а, *мн.* -а́, -óв
телевеща́ние, -я
телевеща́тель, -я
телевеща́тельный
телеви́дение, -я
телевидеоаудиотéхника, -и
телевидеокафé, *нескл., с.*
телевидеоклу́б, -а
телевидеорóлик, -а
телевидеотéхника, -и
телевизиóнный
телевизиóнщик, -а
телеви́зор, -а
телеви́зорный
телеви́к, -а́
телеврéмя, -мени
телевы́шка, -и, *р. мн.* -шек
телéга, -и
телегаммааппара́т, -а
телегамматерапи́я, -и
телегени́чность, -и
телегени́чный; *кр. ф.* -чен, -чна
телегерóй, -я
телегла́з, -а
телегра́мма, -ы
телегра́мма-мóлния, телегра́ммы-мóлнии
телегра́ммка, -и, *р. мн.* -ммок
телегра́ммный
телегра́ф, -а
телеграфи́рование, -я
телеграфи́рованный; *кр. ф.* -ан, -ана
телеграфи́ровать(ся), -рую, -рует(ся)
телеграфи́ст, -а
телеграфи́стка, -и, *р. мн.* -ток
телегра́фить, -флю, -фит
телеграфи́я, -и
телегра́фно-ка́бельный
телегра́фно-телефóнный
телегра́фный
теледеба́ты, -ов
теледиалóг, -а
теледи́ва, -ы
теледи́ктор, -а
теледи́кторша, -и, *тв.* -ей
теледиску́ссия, -и
теледокументали́ст, -а
теледокументали́стика, -и
теледраматурги́я, -и
тележа́нр, -а
телéжечка, -и, *р. мн.* -чек
телéжечный
телéжка, -и, *р. мн.* -жек
телéжный
тележóнка, -и, *р. мн.* -нок
тележурна́л, -а
тележурнали́ст, -а
тележурнали́стика, -и
тележурнали́стка, -и, *р. мн.* -ток
тележурнали́стский
телеза́пись, -и
телезвезда́, -ы́, *мн.* -звёзды, -звёзд
телезри́тель, -я
телезри́тельница, -ы, *тв.* -ей
телезри́тельский
телеигра́, -ы́, *мн.* -и́гры, -и́гр
телеизмерéние, -я
телеизмери́тельный
телеизображéние, -я
телеизóграф, -а
телеинтервью́, *нескл., с.*
телеинформациóнный
телеинформа́ция, -и
тéле- и радиосвя́зь, -и
телеиску́сство, -а
тéле- и фотоаппарату́ра, -ы
телейтоспóры, -óр, *ед.* -óра, -ы
телека́мера, -ы
телекана́л, -а
телекарти́нка, -и, *р. мн.* -нок
телекинéз, -а
телекинематóграф, -а
телекинематографи́ст, -а
телекинéтик, -а
телекинети́ческий
телекинó, *нескл., с.*
телекиноиску́сство, -а
телекинопереда́тчик, -а
телекинопроéктор, -а
телекинопроéкция, -и
телекиносъёмка, -и, *р. мн.* -мок
телекинотéхника, -и
телеклу́б, -а
телекоммента́рий, -я
телекомментáтор, -а
телекоммуникациóнный
телекоммуника́ция, -и
телекомпа́ния, -и
телекóмплекс, -а
телекóнкурс, -а
телеконтрóль, -я
телеконферéнция, -и
телекопи́р, -а
телекорпора́ция, -и
телекосми́ческий
телекри́тик, -а
телекри́тика, -и
тéле кру́глый стóл, тéле кру́глого стола́
тéлекс, -а
тéлексный
тéлекс-свя́зь, -и
тéлекс-сéрвер, -а
телелéкция, -и
телелюби́тель, -я
телемагази́н, -а
телемагна́т, -а
телемагнитóла, -ы
телема́н, -а
телема́ния, -и
телема́нка, -и, *р. мн.* -нок
телемарафóн, -а
телема́рк, -а *(спорт.)*
телема́ркéтинг, -а
телемастерска́я, -óй
телематериа́лы, -ов и **телематериа́л**, -а
телема́тика, -и
телемати́ческий
телемéнеджер, -а
телеметри́ст, -а
телеметри́стка, -и, *р. мн.* -ток
телеметри́ческий
телеметри́я, -и
телемеханиза́ция, -и
телемеханизи́рованный; *кр. ф.* -ан, -ана
телемеханизи́ровать(ся), -рую, -рует(ся)
телемеха́ника, -и
телемехани́ческий
телемонитóр, -а
телемóст, -а и -а́, *предл.* в (на) телемóсте́, *мн.* -ы́, -óв

теленабо́рный
теленаре́зка, -и, *р. мн.* -зок
теленеде́ля, -и
теленове́лла, -ы
телено́вости, -е́й
телёнок, -нка, *мн.* теля́та, -я́т
телено́мус, -а
телёночек, -чка, *мн.* теля́тки, -ток
телеобозрева́тель, -я
телеобрабо́тка, -и
телеобраще́ние, -я
телеобъедине́ние, -я
телеобъекти́в, -а
телеоза́вр, -а
телео́лог, -а
телеологи́ческий
телеологи́чный; *кр. ф.* -чен, -чна
телеоло́гия, -и
телеопера́тор, -а
телеопера́торный
телео́черк, -а
телепанора́ма, -ы
телепа́т, -а
телепати́ровать(ся), -рую(сь), -рует(ся)
телепати́ческий
телепа́тия, -и
телепа́тка, -и, *р. мн.* -ток
телепа́ть, -а́ю, -а́ет
телепа́ться, -а́юсь, -а́ется (*обл.* и *прост.*)
те́лепень, -пня
телепереда́тчик, -а
телепереда́ча, -и, *тв.* -ей
телеперекли́чка, -и, *р. мн.* -чек
телеповествова́ние, -я
телепо́весть, -и, *мн.* -и, -е́й
телепока́з, -а
телепо́рт, -а
телепорта́ция, -и
телепортре́т, -а
телепостано́вка, -и, *р. мн.* -вок
телепремье́ра, -ы
те́ле-пресс-конфере́нция, -и
телеприёмник, -а
телеприста́вка, -и, *р. мн.* -вок
телепрогра́мма, -ы
телепроду́кция, -и
телепроизво́дство, -а
телепро́мптер, -а
телепропага́нда, -ы
телепублици́ст, -а
телепублици́стика, -и
телепье́са, -ы
телерадиоаппарату́ра, -ы
телерадиовеща́ние, -я
телерадиовеща́тели, -ей, *ед.* -тель, -я
телерадиовеща́тельный
телерадиовидеоаппарату́ра, -ы
телерадиокомите́т, -а
телерадиокомпа́ния, -и
телерадиоко́мплекс, -а
телерадиопереда́тчик, -а
телерадиотрансля́тор, -а
телерадиофо́нд, -а
телерадиоце́нтр, -а
телерасска́з, -а
телерго́ны, -ов, *ед.* -го́н, -а
телерегули́рование, -я
телережиссёр, -а
телерекла́ма, -ы
телерепорта́ж, -а, *тв.* -ем
телерепортёр, -а
телеретрансля́тор, -а
телерома́н, -а
телеса́, теле́с, -а́м
телесвя́зь, -и
телесеа́нс, -а
телесе́рвис, -а
телесериа́л, -а
телесе́ть, -и, *мн.* -и, -е́й
телесигна́л, -а
телесигнализа́ция, -и
телесисте́ма, -ы
телеско́п, -а
телескопи́ческий
телескопи́я, -и
телеско́пный
телескопострое́ние, -я
телеско́п-спектро́метр, телеско́па-спектро́метра
теле́сность, -и
теле́сный
телеспекта́кль, -я
телеспу́тник, -а
телеста́нция, -и
телестереоско́п, -а
теле́сти́х, -а
телесто́рож, -а, *тв.* -ем
телесту́дия, -и
телесуфлёр, -а
телесцена́рий, -я
телесценари́ст, -а
телесъёмка, -и, *р. мн.* -мок
телесъёмочный
телесюже́т, -а
телета́йп, -а
телетайпи́рованный; *кр. ф.* -ан, -ана
телетайпи́ровать(ся), -рую, -рует(ся)
телетайпи́ст, -а
телетайпи́стка, -и, *р. мн.* -ток
телета́йпный
телетайпогра́мма, -ы
телетайпсе́ттер, -а
телетеа́тр, -а
телете́кст, -а
телeтерма́льный
телете́хника, -и
те́ле-ток-шо́у, *нескл., с.*
телетрансля́тор, -а
телетрансля́ция, -и
телетренажёр, -а
телеуправле́ние, -я
телеуправля́емый
телеуро́к, -а
телеустано́вка, -и, *р. мн.* -вок
телеу́тка, -и, *р. мн.* -ток (*белка*)
телефа́кс, -а
телефа́ксный
телефа́ксовый
телефика́ция, -и
телефи́льм, -а
телефи́ниш, -а, *тв.* -ем
телефици́рованный; *кр. ф.* -ан, -ана
телефици́ровать(ся), -рую, -рует(ся)
телефо́н, -а
телефо́н-автома́т, телефо́на-автома́та
телефониза́ция, -и
телефонизи́рованный; *кр. ф.* -ан, -ана
телефонизи́ровать(ся), -рую, -рует(ся)
телефони́рование, -я
телефони́ровать, -рую, -рует
телефони́ст, -а
телефони́стка, -и, *р. мн.* -ток
телефони́я, -и
телефо́н-ка́рта, -ы
телефо́нно-телегра́фный
телефо́нный
телефоногра́мма, -ы
телефо́н-секрета́рь, телефо́на-секретаря́
телефо́н-тру́бка, телефо́на-тру́бки, *м.*
телефо́нчик, -а
телефото́метр, -а
телефотометри́ческий
телефотометри́я, -и
телефотопанора́ма, -ы
телехро́ника, -и
телехроникёр, -а
теле́ц, тельца́, *тв.* тельцо́м, *р. мн.* тельцо́в (*теленок, бычок*) и **Теле́ц,** Тельца́, *тв.* Тельцо́м (*созвездие и знак зодиака; о том, кто родился под этим знаком*)
телеце́нтр, -а
телеци́кл, -а
телешо́м, *нареч.*
телешо́п, -а
телешо́пинг, -а
телешо́у, *нескл., с.*
те́ле-шо́у-би́знес, -а
телеэкра́н, -а
телеэкраниза́ция, -и
телеэфи́р, -а
телиа́ни, *нескл., с.*
те́лик, -а (*телевизор*)
телитоки́я, -и
тели́ться, те́лится
телифо́н, -а (*паукообразное*)
тёлка, -и, *р. мн.* тёлок
теллу́р, -а (*хим.*)
теллури́ды, -ов, *ед.* -ри́д, -а
теллу́рий, -я (*астр.*)
теллу́ристый
теллури́ческий (*к* теллу́рий)
теллу́рный (*к* теллу́р)
теллу́ровый (*к* теллу́р)
теллуроргани́ческий
те́ло, -а, *мн.* тела́, тел, -а́м
телогре́йка, -и, *р. мн.* -е́ек
телогре́я, -и
телодвиже́ние, -я
тело́к, телка́
тело́м, -а

теломера́за, -ы
теломера́зный
теломериза́ция, -и
теломе́ры, -ме́р, *ед.* -ме́ра, -ы
тело́мный
теломорфо́з, -а
телоре́з, -а
те́лос, -а
телосложе́ние, -я
телофа́за, -ы
телохрани́тель, -я
тёлочка, -и, *р. мн.* -чек
те́лугу, *неизм.* и *нескл.*, *м.* (*язык*), *нескл.*, *мн.*, *ед. м.* и *ж.* (*народ*)
телу́шка, -и, *р. мн.* -шек
тель, -я (*холм*)
тель-ави́вский (*от* Тель-Ави́в)
тельави́вцы, -ев, *ед.* -вец, -вца, *тв.* -вцем
те́льманка, -и, *р. мн.* -нок (*головной убор*)
те́льник, -а
те́льное, -ого
те́льность, -и
те́льный
тельня́шечка, -и, *р. мн.* -чек
тельня́шка, -и, *р. мн.* -шек
те́льфер, -а
те́льферный
тельца́, теле́ц, тельца́м (*образования в составе живой ткани*: кровяны́е тельца́)
те́льце, -а, *мн.* те́льца, те́лец и те́льцев, те́льцам (*уменьш. к* те́ло)
теля́, теля́ти, *других форм нет* (ла́сковое теля́ дву́х ма́ток сосёт; на́шему бы теля́ти да во́лка пойма́ти)
телязио́з, -а
теля́тина, -ы
теля́тинка, -и
теля́тник, -а
теля́тница, -ы, *тв.* -ей
теля́чий, -ья, -ье
теля́щаяся
тем (*с формой сравн. ст.*), *частица*
те́ма, -ы
темати́зм, -а
тема́тика, -и
темати́ческий
те́м бо́лее
тем бо́лее что, *союз*
тембр, -а
тембра́льный
те́мбровый
те́менно-висо́чный
те́менно-заты́лочный
теменно́й
те́мень, -и
те́мечко, -а, *мн.* -чки, -чек
те́мзинский (*от* Те́мза)
теми́р-кому́з, -а
темирта́уский (*от* Темирта́у)
темирта́усцы, -ев, *ед.* -сец, -сца, *тв.* -сцем
темиса́л, -а
те́м лу́чше
темля́к, -а́
темля́чный
те́м не ме́нее
тёмненький
темне́нько, *в знач. сказ.*
темне́ть(ся), -е́ю, -е́ет(ся)
темнёхонький; *кр. ф.* -нек, -нька
темнёшенький; *кр. ф.* -нек, -нька
те́мник, -а
темни́тель, -я
темни́ть(ся), -ню́, -ни́т(ся)
темни́ца, -ы, *тв.* -ей
темни́чный
темно́[1], *нареч.* и *в знач. сказ.*
темно́[2], -а́: **с темна́ до темна́** (рабо́тать)
тёмно-бордо́вый
темноборо́дый
темнобро́вый
тёмно-бу́рый
темнова́тый
тёмно-вишнёвый
темново́дный
темново́й
темноволо́сый
темногла́зый
тёмно-голубо́й
тёмно-жёлтый
тёмно-зелёный
тёмно-золоти́стый
тёмно-ка́рий
тёмно-кашта́новый
темноко́жий
тёмно-кори́чневый
тёмно-кра́сный
темноли́кий
темноли́ственный
темноли́стый
темноли́цый
тёмноокра́шенный
тёмно-оли́вковый
тёмно-ру́сый
тёмно-ры́жий
тёмно-се́рый
тёмно-си́ний
темноспи́нный альбатро́с
темнота́, -ы́
темноти́ща, -и, *тв.* -ей
тёмно-фиоле́товый
темнохво́йный
темноцве́тный
тёмно-шокола́дный
тёмный; *кр. ф.* тёмен, темна́, темно́; но: **Васи́лий Тёмный**
темны́м-темно́
те́мо-ремати́ческий
темп, -а
те́м па́че
те́мпера, -ы
темпера́мент, -а
темпера́ментность, -и
темпера́ментный; *кр. ф.* -тен, -тна
температу́ра, -ы
температу́рить, -рю, -рит
температу́рка, -и
температу́рно-вла́жностный
температу́рный
температуропрово́дность, -и
температуропрово́дный
температу́рящий
темпера́ция, -и
темпери́рованный; *кр. ф.* -ан, -ана
темпери́ровать(ся), -рую, -рует(ся)
те́мперный
темпла́н, -а
те́мплет, -а
темпови́к, -а́
те́мповый и (*в проф. речи*) **темпово́й**
темпоме́р, -а
темпора́льность, -и
темпора́льный
темпори́тм, -а
темпу́ра, -ы (*кулин.*)
те́м ху́же
темь, -и
те́мя, те́мени, *тв.* те́менем
тена́кль, -я
тенарди́т, -а
тенге́, *нескл.*, *м.* (*ден. ед.*)
тенденцио́зность, -и
тенденцио́зный; *кр. ф.* -зен, -зна
тенде́нция, -и
те́ндер, -а
те́ндер-конденса́тор, те́ндера-конденса́тора
те́ндерный
тендовагини́т, -а
теневи́к, -а́
тенево́й
теневыно́сливость, -и
теневыно́сливый
тене́зм, -а
тенёк, тенька́
тенелю́б, -а
тенелюби́вый
тенере́с, -а
тенери́ф, -а
тенёта, тенёт
тенётник, -а
тенётный
тенёчек, -чка
тензи́метр, -а
тензио́метр, -а
тензода́тчик, -а
тензо́метр, -а
тензометри́рование, -я
тензометри́рованный; *кр. ф.* -ан, -ана
тензометри́ческий
тензометри́я, -и
тензопреобразова́тель, -я
те́нзор, -а
тензорезисти́вный
те́нзорный
тензочувстви́тельность, -и
те́ни, -е́й и -ей (*косметика*)
тениидо́з, -а
тении́ды, -и́д, *ед.* -и́да, -ы
тенио́з, -а
тени́стость, -и

тени́стый
теннанти́т, -а
теннесси́йский (*от* Теннесси́)
теннесси́йцы, -ев, *ед.* -и́ец, -и́йца, *тв.* -и́йцем
те́ннис, -а
теннуси́ст, -а
теннуси́стка, -и, *р. мн.* -ток
те́нниска, -и, *р. мн.* -сок (*рубашка*)
те́нниски, -сок, *ед.* -ска, -и *(обувь)*
те́ннисный
те́нор, -а, *мн.* -а́, -о́в и -ы, -ов
тенори́стый
тенори́т, -а
тенори́шка, -и, *р. мн.* -шек, *м.* (*певец*)
тенори́шко, -а и -и, *мн.* -шки, -шек, *м.* (*голос*)
тенора́вый
теноро́к, -рка́
тенре́к, -а (*животное*)
тент, -а
тенто́ванный; *кр. ф.* -ан, -ана
те́нтовый
те́нт-укры́тие, те́нта-укры́тия, *м.*
тень, -и, *предл.* в тени́, *мн.* -и, -е́й
те́нькать, -аю, -ает
те́ленькнуть, -ну, -нет
теньков́ка, -и, *р. мн.* -вок
теобро́ма, -ы
теоброми́н, -а
теого́ния, -и
теодице́я, -и
теодоли́т, -а
теодоли́тный
теодоли́тчик, -а
теократи́ческий
теокра́тия, -и
тео́лог, -а
теологе́ма, -ы
теологи́ческий
теоло́гия, -и
тео́рба, -ы
теоре́ма, -ы
теоре́мный
теоретизи́рование, -я
теоретизи́ровать, -рую, -рует
теоре́тик, -а
теоре́тико-методи́ческий
теоре́тико-методологи́ческий
теоре́тико-познава́тельный
теоре́тико-числово́й
теорети́чески
теорети́чески возмо́жный
теорети́ческий
теорети́чески обосно́ванный
теорети́чность, -и
теорети́чный; *кр. ф.* -чен, -чна
тео́рийка, -и, *р. мн.* -иек
тео́рия, -и
теосо́ф, -а
теософи́ческий
теосо́фия, -и
теосо́фка, -и, *р. мн.* -фок
теосо́фский
теофедри́н, -а
теофилли́н, -а
тепе́, *нескл., м.*
тепе́решний
тепе́рича (*прост. к* тепе́рь)
тепе́рь
тёпленький
тепле́нько, *в знач. сказ.*
тепле́ть, -е́ю, -е́ет
теплёхонький; *кр. ф.* -нек, -нька
теплецо́, -а́
теплёшенький; *кр. ф.* -нек, -нька
те́пли́на, -ы
те́пли́нка, -и, *р. мн.* -нок
те́плить, -лю, -лит (*жечь свечу, лампаду*)
тепли́ть, -лю́, -ли́т (*делать мягче, теплее, приятнее*)
те́плиться, -ится
тепли́ца, -ы, *тв.* -ей
тепли́чка, -и, *р. мн.* -чек
тепли́чник, -а
тепли́чница, -ы, *тв.* -ей
тепли́чно-парнико́вый
тепли́чность, -и
тепли́чный
тепло́[1], -а́
тепло́[2], *нареч.* и *в знач. сказ.*
тепло... *– первая часть сложных слов, пишется слитно*
теплова́тый
тепловентиля́тор, -а
тепловентиля́ция, -и
теплови́дение, -я
тепловизио́нный
теплови́зор, -а
теплови́к, -а́
тепловла́жностный
теплово́дный
тепловодоснабже́ние, -я
тепловодоэлектроизоля́ция, -и
теплово́з, -а
теплово́зник, -а
теплово́зный
тепловозострое́ние, -я
тепловозострои́тель, -я
тепловозострои́тельный
теплово́й
тепловыделе́ние, -я
тепловыделя́ющий
теплогазоснабже́ние, -я
теплогенера́тор, -а
теплоёмкий; *кр. ф.* -мок, -мка
теплоёмкость, -и
теплозащи́та, -ы
теплозащи́тный
теплозвукоизоляцио́нный
теплозвукоизоля́ция, -и
теплоизлуча́ющий
теплоизоли́рующий
теплоизоляцио́нный
теплоизоля́ция, -и
теплока́р, -а
теплокоммуникацио́нный
теплокоммуника́ция, -и
теплокро́вные, -ых
теплолече́ние, -я
теплолю́б, -а
теплолюби́вость, -и
теплолюби́вый
тепломагистра́ль, -и
тепломассообме́н, -а
тепломассообме́нный
тепломе́р, -а
теплонта́жник, -а
теплонапряжённость, -и
теплонапряжённый
теплонепроница́емый
теплоноси́тель, -я
теплообеспе́ченность, -и
теплообеспе́ченный
теплообме́н, -а
теплообме́нник, -а
теплообме́нный
теплообразова́ние, -я
теплоотво́д, -а
теплоотда́ча, -и, *тв.* -ей
теплоотража́тельный
теплоотража́ющий
теплоотраже́ние, -я
теплоощуще́ние, -я
теплопеленга́тор, -а
теплопеленга́ция, -и
теплопереда́ча, -и, *тв.* -ей
теплопередающий
теплопоглоща́ющий
теплопоглоще́ние, -я
теплоподста́нция, -и
теплопоте́ря, -и
теплоприёмник, -а
теплопрово́д, -а
теплопрово́дность, -и
теплопрово́дный
теплопроду́кция, -и
теплопрозра́чность, -и
теплопрозра́чный
теплопроизводи́тельность, -и
теплопу́нкт, -а
теплорегуля́ция, -и
теплоресу́рсы, -ов
теплоро́д, -а
теплосберега́ющий
теплосе́ть, -и, *мн.* -и, -е́й
теплосилово́й
теплоснабжа́ющий
теплоснабже́ние, -я
теплосодержа́ние, -я
теплосто́йкий; *кр. ф.* -о́ек, -о́йка
теплосто́йкость, -и
теплосчётчик, -а
теплота́, -ы́
теплотво́рность, -и
теплотво́рный
теплоте́хник, -а
теплоте́хника, -и
теплотехни́ческий
теплотра́сса, -ы
теплоусто́йчивость, -и
теплоусто́йчивый
теплоутилизацио́нный
теплоутилиза́ция, -и

теплофи́зик, -а
теплофи́зика, -и
теплофизи́ческий
теплофикацио́нный
теплофика́ция, -и
теплофи́льтр, -а
теплофици́рованный; *кр. ф.* -ан, -ана
теплофици́ровать(ся), -рую, -рует(ся)
теплохо́д, -а
теплохо́дик, -а
теплохо́дный
теплоходострое́ние, -я
теплоходострои́тельный
тепло́-хо́лодно (игра́ть в тепло́-хо́лодно)
теплоцентра́ль, -и
теплочувстви́тельность, -и
теплочувстви́тельный; *кр. ф.* -лен, -льна
теплошумозащи́та, -ы
теплошумозащи́тный
теплоэлектри́ческий
теплоэлектровентиля́тор, -а
теплоэлектроста́нция, -и
теплоэлектроцентра́ль, -и
теплоэнерге́тик, -а
теплоэнерге́тика, -и
теплоэнергети́ческий
теплоэнергоснабже́ние, -я
теплу́шка, -и, *р. мн.* -шек
тёплый; *кр. ф.* тёпел, тепла́, тепло́
Тёплый Ста́н (*район в Москве*)
теплы́м-тепло́
теплы́нь, -и
тепля́к, -а́
те́плящий(ся)
Тер-... – *первая часть фамилий, пишется через дефис, напр.*: Тер-Арутюня́нц, Тер-Габриэля́н
тера... – *первая часть сложных слов, пишется слитно*
тера́кт, -а
тера́кция, -и
тераньюто́н, -а, *р. мн.* -ов, *счетн. ф.* -ньюто́н
терао́м, -а, *р. мн.* -о́мов, *счетн. ф.* -о́м и -о́мов
терапе́вт, -а
терапевти́ческий
терапи́я, -и
тератогене́з, -а
тератоге́нный
тератологи́ческий
тератоло́гия, -и
терато́ма, -ы
те́рбий, -я
терги́т, -а (*зоол.*)
теребі́лка, -и, *р. мн.* -лок
теребі́льный
теребі́льщик, -а
теребі́льщица, -ы, *тв.* -ей
теребі́ть(ся), -блю́, -би́т(ся)
тербле́ние, -я
тереблённый; *кр. ф.* -ён, -ена́, *прич.*
тереблёный, *прил.*
те́рем, -а, *мн.* -а́, -о́в
теремно́й
Теремно́й дворе́ц (*в Московском Кремле*)
теремо́к, -мка́
те́рем-теремо́к, *другие формы не употр.*
тереске́н, -а
тере́ть(ся), тру(сь), трёт(ся); *прош.* тёр(ся), тёрла(сь)
терза́ние, -я
терза́ть(ся), -а́ю(сь), -а́ет(ся)
терилен, -а
терилено́вый
терини́т, -а
териодо́нт, -а
терио́лог, -а
териологи́ческий
териоло́гия, -и
тёрка, -и, *р. мн.* тёрок
те́рли́к, -а (*одежда, ист.*)
терм, -а (*физ.*)
термализа́ция, -и
терма́льный
терманестези́я, -и
терменво́кс, -а
термидо́р, -а (*месяц; о контрреволюционном перевороте*) и **Термидо́р,** -а (*переворот во Франции 1793*)
термидориа́нец, -нца, *тв.* -нцем, *р. мн.* -нцев
термидориа́нский
те́рмика, -и
те́рмин, -а
термина́л, -а
термина́льный
Термина́тор, -а (*киногерой*) и **термина́тор,** -а (*супермен*)
термини́зм, -а
термини́рование, -я
термини́рованный; *кр. ф.* -ан, -ана
термини́ровать(ся), -рую, -рует(ся)
терминове́дческий
термино́лог, -а
терминологиза́ция, -и
терминологизи́рованный; *кр. ф.* -ан, -ана
терминологизи́ровать(ся), -рую, -рует(ся)
терминологизо́ванный; *кр. ф.* -ан, -ана
терминологизова́ть(ся), -зу́ю, -зу́ет(ся)
терминологи́ческий
терминологи́чность, -и
терминологи́чный; *кр. ф.* -чен, -чна
терминоло́гия, -и
терминообразова́ние, -я
терминосисте́ма, -ы
терминоэлеме́нт, -а
терми́ст, -а
терми́стор, -а
терми́сторный
терми́т, -а (*воспламеняющаяся смесь*)
терми́тник, -а
терми́тный
терми́товый (*от* терми́т)
терми́ты, -ов, *ед.* -ми́т, -а (*насекомые*)
терми́ческий
те́рмия, -и
термо... – *первая часть сложных слов, пишется слитно*
термоабрази́вный
термоабра́зия, -и
термоавтоэлектро́нный
термоаккумули́рующий
термоанемо́метр, -а
термоантраци́т, -а
термобарока́мера, -ы
термобаро́метр, -а
термобатаре́я, -и
термобатигра́ф, -а
термобельё, -я́
термобигуди́, *нескл., мн.* и -е́й
термоборсе́тка, -и, *р. мн.* -ток
термобума́га, -и
термобу́р, -а
термобурово́й
термовентиля́тор, -а
термови́дение, -я
термовизио́н, -а
термовкла́дыш, -а, *тв.* -ем
термовыно́сливость, -и
термовыно́сливый
термогальваномагни́тный
термогенера́тор, -а
термогенера́торный
термоге́нный
термогигро́граф, -а
термоглубоме́р, -а
термогра́мма, -ы
термо́граф, -а
термографи́ческий
термогра́фия, -и
термодина́мика, -и
термодинами́ческий
термодиффу́зия, -и
термозащи́та, -ы
термозащи́тный
термози́т, -а
термозитобето́н, -а
термоизлуча́тель, -я
термоизоли́рующий
термоизоляцио́нный
термоизоля́ция, -и
термоиндика́торный
термоио́нный
термока́мера, -ы
термокарота́ж, -а, *тв.* -ем
термока́рст, -а
термока́рстовый
термока́устика, -и
термокомпрессио́нный
термокомпре́ссия, -и
термоконста́нтный
термоконте́йнер, -а
термокопи́р, -а
термокопирова́льный
термокопи́рование, -я

термокра́ска, -и, *р. мн.* -сок
термоле́нта, -ы
термоли́т, -а
термоли́товый
термолюминесце́нция, -и
термомагни́тный
термомаслосто́йкий
термо́метр, -а
термометри́ческий
термоме́три́я, -и
термо́метровый
термомехани́ческий
термона́стии, -ий
термони́тка, -и, *р. мн.* -ток
термони́ть, -и
термообрабо́танный
термообрабо́тка, -и, *р. мн.* -ток
термообши́вка, -и, *р. мн.* -вок
термоограничи́тель, -я
термоочи́стка, -и
термопа́ра, -ы
термопеча́ть, -и
термопла́н, -а
термопла́ст, -а
термопластавтома́т, -а
термопласти́ческий
термопласти́чность, -и
термопласти́чный; *кр. ф.* -чен, -чна
термопла́сты, -ов, *ед.* -а́ст, -а
термопле́н, -а
термопреобразова́тель, -я
термопрессо́вка, -и
термопрого́н, -а
термо́псис, -а
термореакти́вный
терморегули́рование, -я
терморегуля́тор, -а
терморегуля́ция, -и
терморези́стор, -а
терморецéпторы, -ов и **термоце́пторы,** -ов, *ед.* -тор, -а
терморо́бот, -а
те́рмос, -а
термосифо́н, -а
термосифо́нный
термоско́п, -а
термосмеси́тель, -я
те́рмосный
термосопротивле́ние, -я
термостабилизи́рованный
термоста́т, -а
термоста́тика, -и
термостати́рование, -я
термостати́ровать, -рую, -рует
термостати́ческий
термоста́тный
термостекло́, -а́
термосто́йкий; *кр. ф.* -о́ек, -о́йка
термосто́йкость, -и
термосфе́ра, -ы
термота́ксис, -а
термотерапи́я, -и
термотропи́зм, -а
термоупако́вка, -и, *р. мн.* -вок
термоупако́вочный
термоупако́вщик, -а
термоупрочнённый; *кр. ф.* -ён, -ена́
термоупру́гий
термоуса́дка, -и
термоуса́дочный
термоусто́йчивость, -и
термоусто́йчивый
термофикса́ция, -и
термофи́лы, -ов, *ед.* -фи́л, -а
термофи́льный
термофо́бный
термофо́бы, -ов, *ед.* -фо́б, -а
термофо́н, -а
термофосфа́т, -а
термохи́мик, -а
термохими́ческий
термохи́мия, -и
термоце́пторы, -ов и **терморецéпторы,** -ов, *ед.* -тор, -а
термочувстви́тельность, -и
термочувстви́тельный; *кр. ф.* -лен, -льна
термочувстви́тельный; *кр. ф.* -лен, -льна
термошка́ф, -а, *предл.* в, на -шкафу́, *мн.* -ы́, -о́в
термошо́к, -а
термоЭДС [-эдэ́с], *нескл., ж.*
термоэластопла́сты, -ов, *ед.* -пла́ст, -а
термоэлектри́ческий
термоэлектри́чество, -а
термоэлектро́нный
термоэлектро́ны, -ов, *ед.* -тро́н, -а
термоэлеме́нт, -а
термоэмиссио́нный
термоэро́зия, -и
термоя́д, -а
термоя́дерный
термоя́дерщик, -а
те́рмы, терм (*бани*; *термальные воды*; *физ.*)
тёрн, -а
терна́рный
те́рние, -я
терни́стость, -и
терни́стый
терно́, *нескл., с.* (*ткань*)
терно́вка, -и, *р. мн.* -вок
терно́вник, -а
терно́вый
терно́польский (*от* Терно́поль)
терно́польцы, -ев, *ед.* -лец, -льца, *тв.* -льцем
тернопольча́не, -а́н, *ед.* -а́нин, -а
тернosли́в, -а и **тернosли́ва,** -ы
теромо́рфы, -ов
терopо́д, -а
терофи́ты, -ов, *ед.* -фи́т, -а
тероцефа́л, -а
тёрочка, -и, *р. мн.* -чек
тёрочный
терпёж, -ежа́ и -ежу́, *тв.* -о́м
терпели́вец, -вца, *тв.* -вцем, *р. мн.* -вцев
терпели́вица, -ы, *тв.* -ей
терпели́вость, -и
терпели́вый
терпе́ние, -я; но: **зали́в Терпе́ния, мы́с Терпе́ния** (*геогр.*)
терпе́новый
терпенти́н, -а
терпенти́нный
терпенти́новый
терпе́ны, -ов, *ед.* -пе́н, -а
терпе́ть(ся), терплю́, те́рпит(ся)
терпи́мость, -и
терпи́мый
терпингидра́т, -а
терпинео́л, -а
те́рпкий; *кр. ф.* те́рпок, терпка́, те́рпко
терпкова́тый
те́рпко-сла́дкий
те́рпкость, -и
те́рпнувший
те́рпнуть, -нет; *прош.* те́рпнул, те́рпла
Терпсихо́ра, -ы
терпу́г[1], -а́ (*брус*)
терпу́г[2], -а (*рыба*)
терпу́жный
терпужо́к, -жка́
те́рпче, *сравн. ст.*
те́рпящий
террази́т, -а
те́рра инко́гнита, *других форм нет*
террако́т, *неизм.* (*цвет*)
террако́та, -ы
террако́товый
террама́ры, -ма́р, *ед.* -ма́ра, -ы
террамици́н, -а
терра́рий, -я и **терра́риум,** -а
терра́риумный
терра́са, -ы
террасёр, -а
терраси́рование, -я
терраси́рованный; *кр. ф.* -ан, -ана
терраси́ровать(ся), -рую, -рует(ся)
террасиро́вка, -и, *р. мн.* -вок
терра́ска, -и, *р. мн.* -сок
терра́сность, -и
терра́сный
терра́совый
террасообра́зный; *кр. ф.* -зен, -зна
терренку́р, -а
терриге́нный
терриге́нно-минералоги́ческий
террико́н, -а и **террико́ник,** -а
территориа́льно-отраслево́й
территориа́льно-полити́ческий
территориа́льно-произво́дственный
территориа́льно-промы́шленный
территориа́льный
террито́рия, -и
терро́р, -а
терроризи́рование, -я
терроризи́рованный; *кр. ф.* -ан, -ана
терроризи́ровать(ся), -рую(сь), -рует(ся)

террори́зм, -а
терроризо́ванный; *кр. ф.* -ан, -ана
терроризова́ть(ся), -зу́ю, -зу́ет(ся)
террори́ст, -а
террористи́ческий
террори́стка, -и, *р. мн.* -ток
террори́стский
террори́ст-сме́ртник, террори́ста-сме́ртника
терруа́р, -а (*термин виноделия*)
те́рский (*от* Те́рек)
Те́рское каза́чье во́йско
Те́рско-Ку́мская ни́зменность
терско́льский (*от* Терско́л)
тёртый
тёртый-перетёртый
терце́т, -а
терце́тный
те́рциевый
терци́на, -ы
терци́нный
те́рция, -и
терцквартакко́рд, -а
терц-мажо́р, -а
терцо́вый *(муз.)*
те́рцы, -ев, *ед.* те́рец, те́рца, *тв.* те́рцем (*терские казаки*)
тёрший(ся)
терье́р, -а
терья́к, -а *(наркотик)*
теря́ть(ся), -я́ю(сь), -я́ет(ся)
тёс, -а и -у
теса́к, -а́
теса́льный
теса́льщик, -а
теса́ние, -я
тёсанный; *кр. ф.* -ан, -ана, *прич.*
тёсаный, *прил.*
теса́ть(ся), тешу́, те́шет(ся)
теса́чный
тесачо́к, -чка́
Тесе́й, -я и **Тезе́й,** -я
тесёмка, -и, *р. мн.* -мок
тесёмочка, -и, *р. мн.* -чек
тесёмочный
тесёмчатый
теси́на, -ы
тёска, -и (*от* теса́ть)
Те́сла, *нескл., м.*: **трансформа́тор Те́сла**
те́сла, *нескл., м.* (*ед. измер.*)
тесла́метр, -а
тесле́ние, -я
теслённый; *кр. ф.* -ён, -ена́, *прич.*
тесли́ть(ся), -лю́, -ли́т(ся)
тесло́, -а́, *мн.* тёсла, тёсел, тёслам
тесне́йший
тесне́ние, -я (*от* тесни́ть)
теснённый; *кр. ф.* -ён, -ена́, *прич.* (*от* тесни́ть)
тесни́на, -ы
тесни́ть(ся), -ню́(сь), -ни́т(ся) (*к* те́сный)
те́сно, *нареч.* и *в знач. сказ.*
теснова́тый
те́сно располо́женный
теснота́, -ы́
теснота́ища, -и, *тв.* -ей
те́сный; *кр. ф.* те́сен, тесна́, те́сно, те́сны́
тесо́вый
тесситу́ра, -ы
тесситу́рный
тест, -а
테стаме́нт, -а
тест-ана́лиз, -а
тест-анке́та, -ы
теста́тор, -а
тест-дра́йв, -а
те́стев, -а, -о
те́стер, -а (*прибор*)
те́стерный
тест-зае́зд, -а
те́стинг, -а
тести́рование, -я
тести́рованный; *кр. ф.* -ан, -ана
тести́ровать(ся), -рую(сь), -рует(ся)
те́сто, -а
тестови́дный; *кр. ф.* -ден, -дна
тестово́д, -а
те́стовый
тестоде́л, -а
тестоде́лательный
тесто́лог, -а (*от* тест)
тестологи́ческий
тестоло́гия, -и
тестоме́с, -а
тестомеси́лка, -и, *р. мн.* -лок
тестомеси́льный
тестообра́зный; *кр. ф.* -зен, -зна
те́стор, -а (*составитель тестов*)
тестостеро́н, -а
тест-програ́мма, -ы
тест-систе́ма, -ы
тест-табли́ца, -ы, *тв.* -ей
тест-тренажёр, -а
тесть, -я
те́стюшка, -и, *р. мн.* -шек, *м.*
тестяно́й
тесьма́, -ы́
тесьмо́вый
те́та, -ы (*название буквы*)
тетани́ческий (*от* тетани́я)
тетани́я, -и
те́танус, -а
те́та-ри́тм, -а
тет-а-те́т, -а и *нареч.*
те́та-фу́нкция, -и
тет-де-по́н, -а
тётенька, -и, *р. мн.* -нек
тётенькин, -а, -о
тетёра, -ы
те́терев, -а, *мн.* -а́, -о́в
те́терев-берёзовик, те́терева-берёзовика
тетеревёнок, -нка, *мн.* -вя́та, -вя́т
тетереви́ный
те́терев-коса́ч, те́терева-косача́
тетеревя́тник, -а
тетёрка, -и, *р. мн.* -рок
тетеро́н, -а
тете́ря, -и, *р. мн.* тете́рь и -е́рей, *м.* и *ж.*
те-те-те́, *неизм.*
тетёха, -и
тётечка, -и, *р. мн.* -чек
тетёшкать(ся), -аю(сь), -ает(ся)
тетива́, -ы́
тёти-Ва́лин, -а, -о (*от* тётя Ва́ля)
тёти-Ма́шин, -а, -о (*от* тётя Ма́ша)
тётин, -а, -о
тётка, -и, *р. мн.* тёток
тёткин, -а, -о
тетра... – *первая часть сложных слов, пишется слитно*
тетравакци́на, -ы
тетрагидрофура́н, -а
тетрагона́льный
тетра́дища, -и, *тв.* -ей
тетра́дка, -и, *р. мн.* -док
тетра́дный
тетра́дочка, -и, *р. мн.* -чек
тетра́дочный
тетрадра́хма, -ы
тетра́дь, -и
Тетраева́нгелие, -я
тетразамещённый
тетрако́кки, -ов, *ед.* -ко́кк, -а
тетрако́нх, -а
тетрали́н, -а
тетралоги́ческий
тетрало́гия, -и
тетра́метр, -а
тетраметри́ческий
тетрапа́к, -а
тетрапило́н, -а
тетраплеги́я, -и
тетрапо́ды, -по́д, *ед.* -по́да, -ы
тетра́рх, -а
тетра́рхия, -и
тетраспо́ры, -о́р, *ед.* -спо́ра, -ы
тетрафторэтиле́н, -а
тетрахлорэта́н, -а
тетрахлорэтиле́н, -а
тетрахо́рд, -а
тетрацикли́н, -а
тетрацикли́новый
тетра́эдр, -а
тетраэдри́т, -а
тетраэтилсвине́ц, -нца́, *тв.* -нцо́м
тетри́л, -а
те́трис, -а (*компьютерная игра*)
тетро́д, -а
тетро́дный
тетура́м, -а
тётушка, -и, *р. мн.* -шек
тётушкин, -а, -о
тетюша́не, -а́н, *ед.* -а́нин, -а
тетю́шский (*от* Тетю́ши)
тётя, -и, *р. мн.* тётЬ и тётей
теу́рг, -а
теурги́ческий
теурги́я, -и
тефло́н, -а
тефло́новый

те́фра, -ы
тефри́т, -а
те́фтели, -ей и **тефте́ли,** -ей
тефте́льки, -лек, *ед.* -лька, -и
тефф, -а
тех, -а (*программ.*)
тех... – *первая часть сложных слов, пишется слитно*
теха́сский (*от* Теха́с)
теха́сцы, -ев, *ед.* -сец, -сца, *тв.* -сцем
теха́сы, -ов (*брюки*)
техдокумента́ция, -и
техзада́ние, -я
техинвентариза́ция, -и
техконтро́ль, -я
техми́нимум, -а
технадзо́р, -а
техна́рь, -я́
техне́циевый
техне́ций, -я
техниза́ция, -и
технизи́рованный; *кр. ф.* -ан, -ана
технизи́ровать(ся), -рую, -рует(ся)
те́хник, -а
те́хника, -и
те́хник-инжене́р-констру́ктор, те́хника-инжене́ра-констру́ктора
те́хник-испыта́тель, те́хника-испыта́теля
те́хник-компью́терщик, те́хника-компью́терщика
те́хник-лейтена́нт, те́хника-лейтена́нта
те́хник-меха́ник, те́хника-меха́ника
те́хник-меха́ник-констру́ктор, те́хника-меха́ника-констру́ктора
техникове́дение, -я
техникоёмкий; *кр. ф.* -ёмок, -ёмка
техникоёмкость, -и
те́хнико-произво́дственный
те́хник-осемена́тор, те́хника-осемена́тора
те́хнико-такти́ческий
те́хнико-экономи́ческий
те́хнико-эксплуатацио́нный
те́хнико-эстети́ческий
те́хник-смотри́тель, те́хника-смотри́теля
те́хникум, -а
те́хникумовский
техници́зм, -а
техници́ст, -а
техници́стский
техни́чески
техни́чески допусти́мый
техни́ческий
техни́чески несоверше́нный
техни́чески оснащённый
техни́чка, -и, *р. мн.* -чек
техни́чность, -и
техни́чный; *кр. ф.* -чен, -чна
те́хно, *неизм.* и *нескл., с.* (*стиль музыки*)
техноге́нный
те́хно-гру́ппа, -ы
технода́нс, -а
технокра́т, -а
технократи́зм, -а
технократи́ческий
технократи́чность, -и
технократи́чный; *кр. ф.* -чен, -чна
технокра́тия, -и
техно́лог, -а
технологи́чески
технологи́чески безупре́чный
технологи́ческий
технологи́чески обосно́ванный
технологи́чески разноро́дный
технологи́чески совмести́мый
технологи́чность, -и
технологи́чный; *кр. ф.* -чен, -чна
техноло́гия, -и
те́хно-му́зыка, -и
технопа́рк, -а
технопо́лис, -а
те́хно-по́п, -а и *неизм.* (*муз.*)
те́хно-ро́к, -а
технору́к, -а и -а́
техносфе́ра, -ы
техноторго́вый
технотро́ника, -и
технотро́нный
технофо́б, -а
технофо́бия, -и
технохими́ческий
техобрабо́тка, -и, *р. мн.* -ток
техобслу́живание, -я
техосмо́тр, -а
техотде́л, -а
техпа́спорт, -а
техперсона́л, -а
техпо́мощь, -и
техпромфинпла́н, -а
техпроце́сс, -а
техре́д, -а
техсе́рвис, -а
техслу́жба, -ы
техсове́т, -а
техтало́н, -а
техусло́вия, -ий
техухо́д, -а
техучёба, -ы
техучи́лище, -а
техце́нтр, -а
течеиска́тель, -я
тече́ние, -я
те́чка, -и, *р. мн.* те́чек
те́чная (*о самках животных*)
течь[1], -и
течь[2], течёт, теку́т; *прош.* тёк, текла́
тёша, -и, *тв.* -ей
те́шащий(ся) (*от* те́шить(ся)
тешени́т, -а
те́шить(ся), те́шу(сь), те́шит(ся)
тёшка, -и, *р. мн.* тёшек
те́шущий(ся) (*от* теса́ть(ся)
тёща, -и, *тв.* -ей
тёщенька, -и, *р. мн.* -нек
тёщин, -а, -о
тиази́н, -а
тиази́новый
тиазо́л, -а
тиами́н, -а
тиа́ра, -ы
тибаа́ни, *нескл., с.*
тибе́тка, -и, *р. мн.* -ток
тибе́то-бирма́нский
тибетологи́ческий
тибетоло́гия, -и
тибе́то-монго́льский
тибе́тский (*от* Тибе́т; тибе́тская медици́на)
тибе́тцы, -ев, *ед.* -тец, -тца, *тв.* -тцем
ти́брить, -рю, -рит
ти́брский (*от* Тибр)
Тивериа́дское о́зеро
ти́верцы, -ев, *ед.* -рец, -рца, *тв.* -рцем
ти́гель, ти́гля
ти́гельный
тигмотропи́зм, -а
тигр, -а; но: **го́д Ти́гра** (*по восточному календарю*), **Тигр,** -а (*о том, кто родился в этот год*)
тигрёнок, -нка, *мн.* -ря́та, -ря́т
тигрёночек, -чка, *мн.* тигря́тки, -ток
тигри́дия, -и
тигри́ный
тигри́ца, -ы, *тв.* -ей
ти́гр-людое́д, ти́гра-людое́да
тигро́вый
тигроло́в, -а
тизаниезио́з, -а
тик, -а
тика́ль, -я (*ден. ед.*)
ти́канье, -я
ти́кать, -ает (*о часах*)
тика́ть, -а́ю, -а́ет (*удирать*)
ти́кер, -а
ти́ки-та́к, *неизм.*
ти́ковый
ти́ксинский (*от* Ти́кси)
ти́ксинцы, -ев, *ед.* -нец, -нца, *тв.* -нцем
тиксотропи́я, -и
тик-та́к, *неизм.*
тилили́кать, -аю, -ает
тилли́ты, -ов, *ед.* -ли́т, -а
ти́ллы, -ов, *ед.* тилл, -а
тильбюри́, *нескл., с.*
ти́льда, -ы
тильзи́тский (*от* Тильзи́т)
Тильзи́тский ми́р (*1807*)
тиля́пия, -и
тима́р, -а
ти́мберс, -а
тиме́лия, -и (*птица*)
тимиди́ловая кислота́
тимиди́н, -а
тими́н, -а
тимиря́зевский (*от* Тимиря́зев)
тимо́л, -а
тимо́ловый
тимофе́евка, -и, *р. мн.* -вок
тимофе́ечный
тимпа́н, -а

тимпана́льный
тимпани́я, -и
тимпа́нный
Тиму́р, -а (*имя, лит. персонаж*)
Тимури́ды, -ов (*династия*)
тиму́ровец, -вца, *тв.* -вцем, *р. мн.* -вцев
тиму́ровский (*от* Тиму́р)
ти́мус, -а
тимья́н, -а
ти́на, -ы
тинаму́, *нескл., м.*
тинг, -а
тиндализа́ция, -и (*от* Ти́ндаль)
тиндализо́ванный; *кр. ф.* -ан, -ана
тинда́лка, -и, *р. мн.* -лок
тинда́лы, -ов, *ед.* -а́л, -а
Ти́ндаль, -я: **эффе́кт Ти́ндаля, рассе́яние Ти́ндаля, ко́нус Ти́ндаля**
тине́йджер, -а
тине́йджерный
тине́йджерский
ти́нистый
тинкту́ра, -ы
ти́нник, -а
ти́нный
тиобакте́рии, -ий, *ед.* -рия, -и
тиоиндиго́идный
тиоиндиго́иды, -ов, *ед.* -о́ид, -а
тиокисло́ты, -о́т, *ед.* -ота́, -ы́
тиоко́л, -а
тиомочеви́на, -ы
тиони́л, -а
тиони́льный
тио́новый
тиосе́рная кислота́
тиосоедине́ния, -ний, *ед.* -ние, -я
тиосо́ли, -е́й, *ед.* -со́ль, -и
тиоспирты́, -о́в, *ед.* -и́рт, -а
тиосульфа́ты, -ов, *ед.* -фа́т, -а
тиофе́н, -а
тиофено́л, -а
тиофо́с, -а
тиохро́м, -а
тиоциана́ты, -ов, *ед.* -на́т, -а
тиоциа́новый
тиоэфи́ры, -ов, *ед.* -эфи́р, -а
тип, -а
типа́ж, -а́, *тв.* -о́м
типа́жность, -и
типа́жный; *кр. ф.* -жен, -жна
типе́ц, типца́, *тв.* типцо́м, *р. мн.* типцо́в (*растение*)
ти́пи, *нескл., с.* (*жилище*)
типиза́ция, -и
типизи́рование, -я
типизи́рованный; *кр. ф.* -ан, -ана
типизи́ровать(ся), -рую, -рует(ся)
типи́зм, -а
типизо́ванный; *кр. ф.* -ан, -ана
ти́пик, -а
Типико́н, -а (*церк. книга*)
типи́рование, -я
типи́рованный; *кр. ф.* -ан, -ана
типи́ровать(ся), -рую, -рует(ся)
типи́ческий
типи́чность, -и
типи́чный; *кр. ф.* -чен, -чна
типово́й
типо́граф, -а
типогра́фика, -и
типографи́ческий
типогра́фия, -и
типогра́фский
типогра́фщик, -а
типолитографи́ческий
типолитогра́фия, -и
типолитогра́фский
типологи́чески
типологи́чески бли́зкий
типологи́ческий
типоло́гия, -и
типо́метр, -а
типометри́ческий
типоме́трия, -и
типоморфи́зм, -а (*геол.*)
типомо́рфный
типоофсе́т, -а
типоофсе́тный
типоразме́р, -а
ти́псы, -ов, *ед.* типс, -а
тип-то́п, *нареч.* и *в знач. сказ.*
типу́н, -а́
типу́неть, -еет
типча́к, -а́
типчако́вый
ти́пчик, -а
тир, -а
тира́да, -ы
тира́ж, -а́, *тв.* -о́м
тиражи́рование, -я
тиражи́рованный; *кр. ф.* -ан, -ана
тиражи́ровать(ся), -и́рую(сь), -и́рует(ся)
тира́жный
тира́н, -а
тира́нить, -ню, -нит
тирани́ческий
тирани́я, -и
тира́нка, -и, *р. мн.* -нок
тиранноза́вр, -а
тиранобо́рец, -рца, *тв.* -рцем, *р. мн.* -рцев
тиранобо́рческий
тиранобо́рчество, -а
тираноуби́йство, -а
тира́нский (*от* тира́н и Тира́на)
тира́нство, -а
тира́нствовать, -твую, -твует
тира́нцы, -ев, *ед.* -нец, -нца, *тв.* -нцем (*от* Тира́на)
тира́нящий
тира́спольский (*от* Тира́споль)
тира́спольцы, -ев, *ед.* -лец, -льца, *тв.* -льцем
тираспольча́не, -а́н, *ед.* -а́нин, -а
тиратро́н, -а
тиратро́нный
тире́, *нескл., с.*
тиреоглобули́н, -а
тиреоиди́н, -а
тиреоиди́т, -а
тирео́идный
тиреокальцитони́н, -а
тиреотоксико́з, -а
тиреотро́пный
тири́стор, -а
тири́сторный
тирку́шка, -и, *р. мн.* -шек
тирли́ч, -а́, *тв.* -о́м
тиро́ванный; *кр. ф.* -ан, -ана
тирова́ть(ся), тиру́ю, тиру́ет(ся)
тиро́вка, -и
тирози́н, -а
тирозина́за, -ы
тирокси́н, -а
тиро́лька, -и, *р. мн.* -лек (*шляпа*)
тиро́льки, -лек (*брюки*)
тиро́льский (*от* Тиро́ль)
тиро́льцы, -ев, *ед.* -лец, -льца, *тв.* -льцем
тирре́нский (*к* Тирре́нское мо́ре)
тирс, -а
тис, -а
ти́скальный
ти́скальщик, -а
ти́сканный; *кр. ф.* -ан, -ана, *прич.*
ти́сканье, -я
ти́скать(ся), -аю(сь), -ает(ся)
тиски́, -о́в
тиско́вый
тисне́ние, -я (*от* тисни́ть)
тиснённый; *кр. ф.* -ён, -ена́, *прич.* (*от* тисни́ть)
тиснёный, *прил.*
тисни́льный
тисни́ть, -ню́, -ни́т (*выдавливать*)
ти́снуть, -ну, -нет
ти́совый (*от* тис)
тисо́чки, -чек и -чков
тисо́чный
ти́сский (*от* Ти́са, Ти́сса)
тита́н, -а
титана́ты, -ов, *ед.* -на́т, -а (*хим.*)
титани́ды, -и́д, *ед.* -и́да, -ы (*мифол.*)
титани́рование, -я
тита́нистый
титани́т, -а (*минерал*)
титани́ческий (*от* тита́н)
тита́новый
титанозу́х, -а
титаномагнети́т, -а
титанома́гниевый
титанома́хия, -и (*мифол.*)
титаносилика́ты, -ов, *ед.* -ка́т, -а
титаноте́рий, -я
титанофо́неус, -а
тита́нщик, -а
тите́стер, -а
ти-ти-ти́, *неизм.*
ти́тло, -а, *р. мн.* титл
ти́тловый
тито́вка, -и, *р. мн.* -вок
ти́товский (*от* Ти́то)
тито́вский (*от* Тито́в)

титр, -а
титриметри́ческий
титриме́три́я, -и
титри́рование, -я
титри́рованный; *кр. ф.* -ан, -ана
титри́ровать(ся), -рую, -рует(ся)
титрова́льный
титрова́ние, -я
титро́ванный; *кр. ф.* -ан, -ана
титрова́ть(ся), -ру́ю, -ру́ет(ся)
ти́тровый
ти́тул, -а
титулату́ра, -ы
титулова́ние, -я
титуло́ванный; *кр. ф.* -ан, -ана
титулова́ть(ся), -лу́ю(сь), -лу́ет(ся)
ти́тульный
титуля́рник, -а
титуля́рный сове́тник
ти́тька, -и, *р. мн.* ти́тек
тиу́н, -а
тиу́нский
тиф, -а, *предл.* в тифу́
ти́фдрук, -а
тифли́сский (*от* Тифли́с)
тифли́сцы, -ев, *ед.* -сец, -сца, *тв.* -сцем
тифли́т, -а
тифлоло́гия, -и
тифлопедаго́г, -а
тифлопедаго́гика, -и
тифлопедагоги́ческий
тифлосурдопедаго́гика, -и
тифлоте́хник, -а
тифлоте́хника, -и
тифлотехни́ческий
тифлотипогра́фия, -и
тифо́зи, *нескл., м.*
тифо́зный
тифо́ид, -а
тифо́идный
Тифо́н, -а (*мифол.*)
тифо́н, -а (*тех.*)
тифулёз, -а
тихари́ть(ся), -рю́(сь), -ри́т(ся) *(жарг.)*
ти́хвинка, -и, *р. мн.* -нок
Ти́хвинская Бо́жия Ма́терь (*икона*)
Ти́хвинская во́дная систе́ма
Ти́хвинская гряда́
ти́хвинский (*от* Ти́хвин)
ти́хвинцы, -ев, *ед.* -нец, -нца, *тв.* -нцем
ти́хенький и **ти́хонький**
ти́хий; *кр. ф.* тих, тиха́, ти́хо, ти́хи́
Ти́хий океа́н
ти́хнувший
ти́хнуть, -ну, -нет; *прош.* ти́хнул и тих, ти́хла
ти́хо, *нареч.* и *в знач. сказ.*
тихове́йный
тихово́дный; *кр. ф.* -ден, -дна
тихово́дье, -я
тиходо́л, -а
ти́хо-ми́рно
тихомо́лком, *нареч.*
тихо́нечко
Ти́хон Задо́нский
ти́хоновский (*от* Ти́хон и Ти́хонов)
ти́хонький и **ти́хенький**
тихо́нько
тихо́ня, -и, *р. мн.* тихо́нь и -ней, *м.* и *ж.*
тихоокеа́нский (*от* Ти́хий океа́н)
Тихоокеа́нский геосинклина́льный по́яс
Тихоокеа́нский фло́т
Тихоокеа́нско-Североинди́йская о́бласть (*зоогеографическая*)
тихоокеа́нцы, -ев, *ед.* -нец, -нца, *тв.* -нцем
ти́хо-прети́хо
тихоре́цкий (*от* Тихоре́цк)
тихореча́не, -а́н, *ед.* -а́нин, -а (*к* Тихоре́цк)
ти́хо-сми́рно
тихостру́йный
ти́хость, -и
тихохо́д, -а
тихохо́дка, -и, *р. мн.* -док
тихохо́дность, -и
тихохо́дный; *кр. ф.* -ден, -дна
тихо́хонько
тициа́новский (*от* Тициа́н)
тич-и́н, -а (*собрание, дискуссия*)
тиша́йший; но: **Тиша́йший** (*о царе Алексее Михайловиче*)
тиша́ть, -а́ю, -а́ет
ти́ше, *сравн. ст.*
ти́ше воды́ ни́же травы́
тишина́, -ы́
тишко́м, *нареч.*
тишь, -и и -и́, *тв.* ти́шью, *предл.* в тиши́
ти́шь да гла́дь (да бо́жья благода́ть)
-тка и **-тко,** *частица – с предшествующим словом пишется через дефис*: гляди́-тка и гляди́-тко, ну́-тка и ну́-тко, на́-тка; но: ужо́тка и ужо́тко
тка́невый (*от* ткань)
ткани́на, -ы
тка́нный[1]; *кр. ф.* ткан, ткана́, тка́но, *прич.*
тка́нный[2], *прил.* (*от* ткань: тка́нная инжене́рия)
тка́ный, *прил.* (*от* ткать)
ткань, -и
тканьё, -я́
тканьёвый (*тканый*)
-ткась, *частица – с предшествующим словом пишется через дефис:* на́-ткась
тка́ть(ся), тку, ткёт(ся); *прош.* тка́л(ся), ткала́(сь), тка́ло, ткало́сь
тка́цкий
тка́цко-отде́лочный
тка́цко-пряди́льный
ткач, -а́, *тв.* -о́м
тка́чество, -а
тка́чик, -а (*птица*)
тка́чиковые, -ых
ткачи́ха, -и
ткема́ли, *нескл., ж.* (*слива*) и *с.* (*соус*)
ткну́ть(ся), ткну(сь), ткнёт(ся)
-тко и **-тка,** *частица – с предшествующим словом пишется через дефис:* гляди́-тко и гляди́-тка, ну́-тко и ну́-тка
тлен, -а
тле́ние, -я
тле́нность, -и
тле́нный; *кр. ф.* тле́нен, тле́нна
тletво́рность, -и
тлетво́рный; *кр. ф.* -рен, -рна
тле́ть(ся), тле́ю, тле́ет(ся)
тле́ющий(ся)
тлинки́ты, -ов, *ед.* -ки́т, -а
тли́ться, тли́тся
тля, тли, *мн.* тли, тлей
тмин, -а и -у
тми́нный
тминоно́жка, -и, *р. мн.* -жек
тми́ть(ся), тми́т(ся)
тмутарака́нский и **тьмутарака́нский**
Тмутарака́нский ка́мень *(памятник письменности)*
Тмутарака́нское кня́жество *(ист.)*
Тмутарака́нь, -и (*ист.*)
тмутарака́нь, -и и **тьмутарака́нь,** -и (*глухое отдаленное место*)
ТНК [тээнка́], *нескл., ж.* (*сокр.:* транснациональная корпорация)
то, *союз*
-то, *частица – с предшествующим словом пишется через дефис*: почему́-то, куда́-то, его́-то мне́ и на́до
ТО [тэо́], *нескл., м.* (*сокр.*: технический осмотр) и *с.* (*сокр.*: техническое обслуживание)
то́ бишь
тобога́н, -а
тобо́й (*форма местоим.* ты)
Тобо́ло-Ирты́шье, -я
тобо́льский (*от* Тобо́л и Тобо́льск)
тобо́льцы, -ев, *ед.* -лец, -льца, *тв.* -льцем
тобольча́не, -а́н, *ед.* -а́нин, -а (*от* Тобо́льск)
тобольча́нка, -и, *р. мн.* -нок
тоболяки́, -о́в, *ед.* -ля́к, -а́ (*от* Тобо́льск)
тоболя́чка, -и, *р. мн.* -чек
т-обра́зный [тэ-]; *кр. ф.* -зен, -зна
това́р, -а
това́рищ, -а, *тв.* -ем; *как обращение или офиц. упоминание пишется с последующим словом раздельно, напр.*: това́рищ полко́вник, това́рищ милиционе́р
това́рищ-вкла́дчик, това́рища-вкла́дчика
това́рищеский
това́рищество, -а
това́рищ-одноку́рсник, това́рища-одноку́рсника

това́рка, -и, *р. мн.* -рок
това́рник, -а
това́рно-де́нежный
това́рно-материа́льный
това́рно-пассажи́рский
това́рно-ры́ночный
това́рно-сто́имостный
това́рность, -и
това́рно-сырьево́й
това́рно-тра́нспортный
това́рно-фо́ндовый
това́рно-фью́черсный
това́рно-хозя́йственный
това́рный
товарня́к, -а́
товарове́д, -а
товарове́дение, -я
товарове́дный
товарове́дческий
товаровладе́лец, -льца, *тв.* -льцем, *р. мн.* -льцев
товародвиже́ние, -я
товарообме́н, -а
товарообме́нный
товарообора́чиваемость, -и
товарооборо́т, -а
товарообраще́ние, -я
товароотправи́тель, -я
това́ро-пассажи́рский
товарополуча́тель, -я
товаропото́к, -а
товаропроводя́щий
товаропроизводи́тель, -я
товаропроизводя́щий
товарораспоряди́тельный
товарораспредели́тельный
товароснабже́ние, -я
товаросопроводи́тельный
товаросопровожда́ющий
товаротра́нспортный
товстоно́говец, -вца, *тв.* -вцем, *р. мн.* -вцев
товстоно́говский (*от* Товстоно́гов)
то́га, -и
тогда́
тогда́ же
тогда́ как, *союз*
тогда́-то
тогда́шний
того́, *в знач. сказ.* (*не вполне нормальный*); *частица*
того́ (и) гляди́
тоголе́зка, -и, *р. мн.* -зок
тоголе́зский (*от* То́го)
тоголе́зцы, -ев, *ед.* -зец, -зца, *тв.* -зцем
то́дес, -а
то́ есть (т. е.)
тоё, *частица* (*обл.*)
тож, *союз* (*или, иначе говоря, устар.*), но *местоим. с частицей* **то ж**
тожде́ственность, -и
тожде́ственный; *кр. ф.* -вен и -венен, -венна
то́ждество, -а
то́же, *нареч.* и *союз* (я́ то́же приду́), но *местоим. с частицей* **то́ же** (я́ сде́лал то́ же)
то́ же са́мое
тоже́ственность, -и (*устар. к* тожде́ственность)
тоже́ственный; *кр. ф.* -вен и -венен, -венна (*устар. к* тожде́ственный)
то́жество, -а (*устар. к* то́ждество)
ТОЗ, -а (*сокр.*: товарищество по совместной обработке земли)
то́ и де́ло
то́ и зна́й (*то и дело*)
той, то́я
тойо́н, -а
тойо́та, -ы (*автомобиль*)
тойпу́дель, -я
тойтерье́р, -а
ток[1], -а и -у, *мн.* -и, -ов (*движение, перемещение*)
ток[2], -а, *предл.* на току́, *мн.* -а́, -о́в (*место, где молотят или где токуют птицы*)
ток[3], -а, *мн.* -и, -ов (*головной убор*)
тока́й, -я (*вино*)
тока́йское, -ого
токама́к, -а
тока́рить, -рю, -рит
тока́рничанье, -я
тока́рничать, -аю, -ает
тока́рно-винторе́зный
тока́рно-карусе́льный
тока́рно-копирова́льный
тока́рно-револьве́рный
тока́рный
тока́рня, -и, *р. мн.* -рен
то́карь, -я, *мн.* -и, -ей и -я́, -е́й
токи́йка, -и, *р. мн.* -и́ек
токи́йский (*от* То́кио)
токи́йцы, -ев, *ед.* -и́ец, -и́йца, *тв.* -и́йцем
токка́та, -ы
то́кмо (*устар. к* то́лько)
токова́ние, -я
токова́ть, току́ет
токовихрево́й
токови́ще, -а
токово́д, -а
то́ковый
токома́к, -а (*ядерная установка*)
токонесу́щий
токонома́, *нескл., ж.* (*ниша в японском доме*)
токоограничи́тель, -я
токоподводя́щий
токоприёмник, -а
токопрово́д, -а
токопроводя́щий
токораспредели́тель, -я
токосъёмник, -а
токосъёмный
токоферо́л, -а
токсаскаридо́з, -а
токсеми́я, -и
токсидерми́я, -и
токсика́нт, -а
токсикоге́нный
токсико́з, -а
токсико́зный
токсикоинфе́кция, -и
токсико́лог, -а
токсикологи́ческий
токсиколо́гия, -и
токсикома́н, -а
токсикома́ния, -и
токсикома́нка, -и, *р. мн.* -нок
токсикома́нский
токсикометри́ческий
токсикоме́три́я, -и
токси́нный
токси́ны, -ов, *ед.* -си́н, -а
токси́ческий
токси́чность, -и
токси́чный; *кр. ф.* -чен, -чна
токсокаро́з, -а
токсопла́зма, -ы
токсоплазмо́з, -а
ток-шо́у, *нескл., с.*
тол, -а
тола́й, -я
То́лгский: То́лгский монасты́рь, То́лгская Бо́жия Ма́терь (*икона*)
то́левый (*от* толь)
толеда́нка, -и, *р. мн.* -нок
толеда́нский (*от* Толе́до)
толеда́нцы, -ев, *ед.* -нец, -нца, *тв.* -нцем
толера́нтность, -и
толера́нтный; *кр. ф.* -тен, -тна
то́ ли де́ло
то́ ли ещё бу́дет!
толи́ка, -и (ма́лая толи́ка)
толи́кий
толи́ко, *нареч.*
то́ ли..., то́ ли..., *союз*
толк[1], -а (*мнение, суждение; течение, секта*), -а и -у (*разум, смекалка; прок, польза*)
толк[2], *неизм.* (*к* толка́ть)
толка́ние, -я
толкану́ть(ся), -ну́(сь), -нёт(ся)
толка́тель, -я
толка́тельница, -ы, *тв.* -ей
толка́тельный
толка́ть(ся), -а́ю(сь), -а́ет(ся)
толка́ч, -а́, *тв.* -о́м
то́лки, -ов (*пересуды*)
толкиени́ст, -а и **толкини́ст,** -а
то́лкиеновский и **то́лкиновский** (*от* То́лкиен, То́лкин)
толкну́ть(ся), -ну́(сь), -нёт(ся)
толкова́ние, -я
толко́ванный; *кр. ф.* -ан, -ана
толкова́тель, -я
толкова́тельница, -ы, *тв.* -ей
толкова́ть(ся), -ку́ю, -ку́ет(ся)
толкови́ще, -а
толко́вник, -а
толко́во-гнездово́й (слова́рь)

толко́во-словообразова́тельный (слова́рь)
толко́вость, -и
толко́вый
то́лком, *нареч.*
толкотня́, -и́
толку́н, -а́
толку́нчик, -а
толку́чий
толку́чка, -и, *р. мн.* -чек
то́ллер, -а
то́ллинг, -а
то́ллингер, -а
то́ллинговый
толма́ч, -а́, *тв.* -о́м
толма́чить, -чу, -чит
то́ловый (*от* тол)
толо́ка, -и
толокно́, -а́
толокня́нка, -и, *р. мн.* -нок
толокня́ный
толоко́нный
толоко́нце, -а
толо́кший(ся)
то́лос, -а
толо́чь(ся), толку́(сь), толчёт(ся), толку́т(ся); *прош.* толо́к(ся), толкла́(сь)
толпа́, -ы́, *мн.* то́лпы, толп
толпи́ться, -пи́тся
толпи́ща, -и, *тв.* -ей (*увелич. к* толпа́)
то́лпище, -а (*место, где толпятся, толкучка*)
толпо́й, *нареч.*
толсте́нек, -нька
толсте́нный
то́лстенький
толсте́ть, -е́ю, -е́ет
толсти́на, -ы
толсти́ть, -и́т
толстобо́кий
толстобрю́хий
толстобрю́шка, -и, *р. мн.* -шек
толстова́тый
толстове́д, -а (*от* Толсто́й)
толстове́дение, -я
толсто́вец, -вца, *тв.* -вцем, *р. мн.* -вцев
толсто́вка, -и, *р. мн.* -вок
толстоволокни́стый
толсто́вский (*от* Толсто́й)
толсто́вство, -а
толсто́вщина, -ы
толстоголо́вка, -и, *р. мн.* -вок (*бабочка*)
толстоголо́вый
толстогу́бый
толстодо́нный
толстоза́дый
толстозо́бый
толстокише́чный
толстоклю́вый
толстоко́жесть, -и
толстоко́жий
толстоко́рый
толстоли́стник, -а
толстоли́стный и **толстоли́стый**
толстолистово́й
толстоло́бик, -а
толстоме́р, -а
толстоме́рный
толстомо́рдый
толстомя́сый
толстоно́гий
толстоно́жка, -и, *р. мн.* -жек
толстоно́сый
толстопокры́тый*
толстопу́зик, -а
толстопу́зый
толстопя́тый
толсторо́г, -а
толсторо́жий
толсторы́лый
толстосте́нный
толстосу́м, -а
толстота́, -ы́
толстоте́л, -а
толстоте́лость, -и
толстоте́лый
толсто́тный
толстохво́стый
толстоше́ий, -ше́яя, -ше́ее
толстощёкий
толсту́н, -а́
толсту́нья, -и, *р. мн.* -ний
толсту́ха, -и
толсту́шка, -и, *р. мн.* -шек
толсту́щий и **толстю́щий**
то́лстый; *кр. ф.* толст, толста́, то́лсто, то́лсты́
то́лстый-прето́лстый
толстю́щий и **толсту́щий**
толстя́к, -а́
толстя́нка, -и, *р. мн.* -нок
толстя́нковые, -ых
толстя́чка, -и, *р. мн.* -чек
толстячо́к, -чка́
толуо́л, -а
толуо́ловый
толче́йный
толче́ние, -я
толчёнка, -и, *р. мн.* -нок
толчённый; *кр. ф.* -ён, -ена́, *прич.*
толчёный, *прил.*
толчея́, -и́
толчко́вый
толчкообра́зный; *кр. ф.* -зен, -зна
толчо́к, -чка́
то́лща, -и, *тв.* -ей
то́лще, *сравн. ст.*
толщина́, -ы́
толщи́нка, -и, *р. мн.* -нок
толщиноме́р, -а
то́лщь, -и, *тв.* -ью
толь, -я
то́лько
то́лько-то
то́лько-то́лько
то́лько что
толья́ттинский (*от* Толья́тти, *город*)
толья́ттинцы, -ев, *ед.* -нец, -нца, *тв.* -нцем
том, -а, *мн.* -а́, -о́в
томага́вк, -а
тома́н, -а и **тума́н, -а** (*монета*)
томаси́рование, -я
то́мас-ма́нновский (*от* То́мас Ма́нн)
тома́совский (*от* То́мас): **тома́совский проце́сс, тома́совский конве́ртер, тома́совский чугу́н, тома́совская ста́ль**
томасшла́к, -а и **тома́сов шла́к,** тома́сова шла́ка
тома́т, -а (*помидор*), -а и -у (*паста, пюре*)
тома́тный
томатопроду́кты, -ов, *ед.* -у́кт, -а
томатоубо́рочный
тома́т-па́ста, -ы
тома́т-пюре́, *нескл., с.*
томбу́й, -я
томи́зм, -а
то́мик, -а
томилля́ры, -ов, *ед.* -лля́р, -а
томи́льный
томи́льщик, -а
томи́ст, -а
томи́стский
томи́тельно-однообра́зный
томи́тельность, -и
томи́тельный; *кр. ф.* -лен, -льна
томи́ть(ся), томлю́(сь), томи́т(ся)
томичи́, -е́й, *ед.* томи́ч, -а́, *тв.* -о́м (*от* Томск)
томи́чка, -и, *р. мн.* -чек
томи́шко, -а и **-и,** *мн.* -шки, -шек, *м.*
томи́ще, -а, *мн.* -а и -и, -и́щ, *м.*
томле́ние, -я
томлённый; *кр. ф.* -ён, -ена́, *прич.*
томлёный, *прил.*
томли́вость, -и
томли́вый
то́мми, *нескл., м.* (*прозвище британского солдата*)
томноо́кий
то́мность, -и
то́мный; *кр. ф.* то́мен, томна́, то́мно
томогра́мма, -ы
томо́граф, -а
томографи́ческий
томогра́фия, -и
томофлюорогра́фия, -и
томоша́, -и́, *тв.* -о́й
томоши́ться, -шу́сь, -ши́тся
томпа́к, -а́
томпа́ковый
то́мский (*от* Томь и Томск)
том-со́йеровский (*от* То́м Со́йер)
То́мсон, -а: эффе́кт То́мсона, фо́рмула То́мсона
тому́ наза́д
тон, -а, *мн.* тона́, -о́в (*цвет*) и то́ны, -ов и -о́в (*звук*)
тонади́лья, -и
тона́льность, -и
тона́льный
тона́рм, -а

тон-ателье́, *нескл., с.*
тонва́ген, -а
то́нга, *нескл., мн., ед. м.* и *ж.* (*народ*)
тонга́нский (*от* то́нга, *народ*, и То́нга, *острова и государство*)
тонга́нцы, -ев, *ед.* -нец, -нца, *тв.* -нцем
то́ндо, *нескл., с.*
тонево́й и **то́невый** (*от* то́ня)
тоне́ма, -ы
то́ненький
то́нер, -а
то́нер-ка́ртридж, -а, *тв.* -ем
то́нер-порошо́к, -шка́
тонёхонький; *кр. ф.* -нек, -нька
тонёшенький; *кр. ф.* -нек, -нька
тон-за́л, -а
тонзилли́т, -а
тонзи́лло-кардиа́льный
тонзиллэктоми́я, -и
тонзу́ра, -ы
тониза́ция, -и
тонизи́рованный; *кр. ф.* -ан, -ана
тонизи́ровать(ся), -рую, -рует(ся)
тонизи́рующий(ся)
то́ник, -а (*напиток; косметическое средство*)
то́ника, -и (*муз., лит.*)
тонина́, -ы́
тони́рование, -я
тони́рованный; *кр. ф.* -ан, -ана
тони́ровать(ся), -рую, -рует(ся)
тониро́вка, -и
тони́ческий
то́нкий; *кр. ф.* то́нок, тонка́, то́нко, то́нки́
то́нкий-прето́нкий
тонкобро́вый
тонкова́тый
тонкове́тка, -и, *р. мн.* -ток
тонковолокни́стый
тонково́рсовый
тонкоголо́сый
тонкого́рлый
тонкогу́бый
тонкозерни́стый
тонкокише́чный
тонкоклю́вый
тонкоко́жесть, -и
тонкоко́жий
тонкоко́рый
тонкоко́стный
тонкокристалли́ческий
тонколи́стный и **тонколи́стый**
тонколистово́й
тонкоматериа́льный
тонкоме́р, -а
тонкоме́рный
тонкомо́лотый*
тонконо́г, -а
тонконо́гий
тонкопа́лый
тонкопа́нцирный
тонкоплёночный
тонкопокры́тый*
тонкопо́ристый
тонкопря́д, -а (*бабочка*)
тонкопряде́ние, -я
тонкопряди́льный
тонкопря́ха, -и
то́нко размо́лотый
тонкораспылённый*
тонкору́кий
тонкору́нный
тонкосло́йный; *кр. ф.* -о́ен, -о́йна
тонкоство́льный
тонкосте́бельный
тонкосте́нный
тонкостру́нный
то́нкость, -и
тонкосуко́нный
тонкоте́л, -а
тонкоте́лый
тонкохво́стый
тонкоше́ий, -ше́яя, -ше́ее
тонкошёрстный и **тонкошёрстый**
тонме́йстер, -а
то́нна, -ы
тонна́ж, -а, *тв.* -ем
тоннажесу́тки, -ток
тонна́жность, -и
тонна́жный
то́нна-си́ла, -ы
то́нна-си́ла-ме́тр, -а
тоннелеобра́зный и **туннелеобра́зный;** *кр. ф.* -зен, -зна
тоннелестрое́ние, -я и **туннелестрое́ние,** -я
тоннелестрои́тель, -я и **туннелестрои́тель,** -я
тоннелестрои́тельный и **туннелестрои́тельный**
тонне́ль, -я и **тунне́ль,** -я
тонне́льный и **тунне́льный**
то́нно-киломе́тр, -а
тоннокилометра́ж, -а, *тв.* -ем
то́нно-километро́вый
то́нно-ми́ля, -и
то́нный
тоново́й (*полигр.*)
тоновоспроизведе́ние, -я
то́новый (*муз.*)
тоно́граф, -а
тонографи́ческий
тонográфия, -и
тоно́метр, -а
тонометри́ческий
тономе́три́я, -и
тонопла́ст, -а
тонофибри́ллы, -и́лл, *ед.* -и́лла, -ы
то́нус, -а
то́нусный
тону́ть, тону́, то́нет
тонфи́льм, -а
тонча́йший
тонча́ть, -а́ю, -а́ет
тончи́ть, -чу́, -чи́т
то́ньше, *сравн. ст.*
тоню́сенький
то́ня, -и, *р. мн.* -ей (*место, где ловят неводом рыбу; улов*)
ТОО́, *нескл., с.* (*сокр.:* товарищество с ограниченной ответственностью)
топ[1], -а (*топот; род одежды; список призеров; мор.*)
топ[2], *неизм.*
топ-... *– первая часть сложных слов, пишется через дефис*
топа́з, -а
топа́зовый
то́панье, -я
то́пать, -аю, -ает
топ-ва́нты, -ва́нт, *ед.* -ва́нта, -ы
топ-деся́тка, -и, *р. мн.* -ток
топена́нт, -а
топена́нтный
то́пик, -а (*тема, предмет обсуждения*)
то́пика, -и (*филос., лог., лит.*)
топи́льщик, -а
топина́мбу́р, -а
топи́ть(ся), топлю́(сь), то́пит(ся)
топи́ческий
то́пка, -и, *р. мн.* то́пок
топ-ка́др, -а
то́пкий; *кр. ф.* то́пок, то́пка́, то́пко
топ-кла́сс, -а
то́пкость, -и
то́пкро́сс, -а
топле́ние, -я
то́пленный; *кр. ф.* -ен, -ена, *прич.*
то́пленый, *прил.* (то́пленая ко́мната)
топлёный, *прил.* (топлёное молоко́)
то́плес, -а и *неизм.*
то́пливник, -а
то́пливно-сырьево́й
то́пливно-энергети́ческий
то́пливный
то́пливо, -а
топливовозду́шный
топливодобыва́ющий
топливодози́рующий
топливозапра́вка, -и
топливозапра́вочный
топливозапра́вщик, -а
топливомаслозапра́вщик, -а
топливоме́р, -а
топливопита́ющий
топливопода́ча, -и, *тв.* -ей
топливоразда́точный
топливоснабжа́ющий
топливоснабже́ние, -я
топливохрани́лище, -а
топ-ли́ст, -а́
топля́к, -а́
топ-ме́бель, -и
топ-ме́неджер, -а
топ-ме́неджмент, -а
топ-моде́ль, -и
топ-моде́льный
то́пнуть, -ну, -нет
то́повый
топо́граф, -а
топографи́ческий

топогра́фия, -и
топоизопле́та, -ы
тополеви́дный; *кр. ф.* -ден, -дна
тополевoли́стный коконопря́д
то́полевый и **тополёвый**
тополёк, -лька́
тополи́ный
топо́лог, -а
топологи́ческий
тополо́гия, -и
то́поль, -я, *мн.* -я́, -е́й
топоморфо́з, -а
топо́ним, -а
топони́мика, -и
топоними́ст, -а
топоними́ческий
топони́мия, -и
топо́р, -а́
топо́рик, -а
топори́шко, -а и -и, *мн.* -шки, -шек, *м.*
топори́ще[1], -а, *мн.* -а и -и, -и́щ, *м.* (*увелич. к* топо́р)
топори́ще[2], -а, *с.* (*рукоятка топора*)
топо́рник, -а
топо́рность, -и
топо́рный; *кр. ф.* -рен, -рна
топо́рщащий(ся)
топо́рщить(ся), -щу(сь), -щит(ся)
то́пос, -а (*термин риторики*)
топоско́п, -а
то́пот, -а
топота́ксис, -а
топота́ть(ся), топочу́(сь), топо́чет(ся)
топотня́, -и́
топото́к, -тка́
топоту́н, -а́
топоту́шка, -и, *р. мн.* -шек
топохими́ческий
топоцентри́ческий
то́почный
топо́чущий(ся)
топ-пози́ция, -и
топ-сало́н, -а
то́псель, -я
топ-спи́н, -а (*спорт.*)
топс-уда́р, -а (*спорт.*)
топта́ние, -я
то́птанный; *кр. ф.* -ан, -ана, *прич.*
то́птаный, *прил.*
топта́ть(ся), топчу́(сь), то́пчет(ся)
топ-ти́мберс, -а
топ-то́п, *неизм.*
топту́н, -а́
топты́гин, -а, *тв.* -ым, *мн.* -ы, -ых (*о медведе*), но: **генера́л Топты́гин** (*персонаж стихотворения*)
Топты́жка, -и (*сказочный персонаж*)
топ-фигу́ра, -ы
топ-хи́т, -а́
топча́н, -а́
топча́нный
топча́нчик, -а
то́пче, *сравн. ст.* (*от* то́пкий, то́пко)
топчи́ло, -а
то́пчущий(ся)
топшу́р, -а
топшури́ст, -а
топы́рить(ся), -рю(сь), -рит(ся)
топы́рящий(ся)
топь, -и
топяно́й
то́пя́щий
топя́щийся
тор, -а (*матем.*; *архит.*)
Тор, -а (*мифол.*)
То́ра, -ы (*Пятикнижие*)
тора́джи, -ей
тора́кальный
торакока́устика, -и
торакопла́стика, -и
торакоскопи́я, -и
торакотоми́я, -и
то́ракс, -а
то́рба, -ы
торба́н, -а
торбани́ст, -а
торбаса́, -о́в, *ед.* то́рбас, -а
торберни́т, -а
то́рбочка, -и, *р. мн.* -чек
торг[1], -а, *предл.* на торгу́, *мн.* -и́, -о́в (*действие*; *базар*)
торг[2], -а, *мн.* -и, -ов (*торговая организация*)
торга́ш, -а́, *тв.* -о́м
торга́шеский
торга́шество, -а
торги́, -о́в (*аукцион*)
торгинспе́кция, -и
торгова́ть(ся), -гу́ю(сь), -гу́ет(ся)
Торго́вая сторона́ (*в Новгороде*)
торго́вец, -вца, *тв.* -вцем, *р. мн.* -вцев
торго́вка, -и, *р. мн.* -вок
торго́влишка, -и
торго́вля, -и
торго́во-досу́говый (це́нтр)
торго́во-заготови́тельный
торго́во-комиссио́нный
торго́во-культу́рный
торго́во-о́фисный
торго́во-посре́днический
торго́во-правово́й
Торго́во-промы́шленная пала́та РФ
торго́во-промы́шленный
торго́во-развлека́тельный
торго́во-реме́сленный
торго́во-се́рвисный
торго́во-универса́льный (ко́мплекс)
торго́во-экономи́ческий
торго́во-я́рмарочный
то́рговский (*от* торг[2])
Торго́вые ряды́ (*архит. комплекс в нек-рых старых русских городах*)
торго́вый
торгпре́д, -а
торгпре́довский и **торгпре́дский**
торгпре́дство, -а
торгси́н, -а
торгси́новский
торгу́ющий(ся)
тореадо́р, -а
тореадо́рский
торе́втика, -и
торённый; *кр. ф.* -ён, -ена́, *прич.*
торёный, *прил.*
торе́ро, *нескл., м.*
торе́ц, торца́, *тв.* торцо́м, *р. мн.* торцо́в
торе́ц в торе́ц
торже́ственник, -а
торже́ственно, *нареч.*
торже́ственно-ра́достный
торже́ственность, -и
торже́ственный; *кр. ф.* -вен и -венен, -венна
торжество́, -а́
торжествова́ть, -тву́ю, -тву́ет
торжеству́ющий
то́ржище, -а
торжо́к, -жка́ (*небольшой торг*)
торжо́кский (*от* Торжо́к, *город*)
торжо́кцы, -ев, *ед.* -кец, -кца, *тв.* -кцем
то́ри, *нескл., м.*
то́риевый (*от* то́рий)
то́рий, -я (*хим.*)
тори́йский (тори́йская поро́да лошаде́й)
торийсодержа́щий
тори́рование, -я (*от* то́рий)
тори́рованный; *кр. ф.* -ан, -ана (*от* то́рий)
то́ристый
тори́т, -а
тори́ть(ся), торю́, тори́т(ся)
тори́ца, -ы, *тв.* -ей
ториче́ллиева пустота́, ториче́ллиевой пустоты́
тори́чник, -а
то́рканье, -я
то́ркать(ся), -аю(сь), -ает(ся)
то́ркнуть(ся), -ну(сь), -нет(ся)
торкре́т, -а
торкре́т-бето́н, -а
торкрети́рование, -я
торкрети́рованный; *кр. ф.* -ан, -ана
торкрети́ровать(ся), -рую, -рует(ся)
торкре́тный
торма́шки: вве́рх торма́шками
торможе́ние, -я
торможённый; *кр. ф.* -ён, -ена́
то́рмоз, -а, *мн.* -а́, -о́в и (*помеха, препятствие*) -ы, -ов
тормози́ть(ся), -ожу́, -ози́т(ся)
тормозно́й
тормозну́ть, -ну́, -нёт
тормозо́к, -зка́
тормоше́ние, -я
тормоши́ть(ся), -шу́(сь), -ши́т(ся)
торна́до, *нескл., м.*
торна́рия, -и
то́рный; *кр. ф.* то́рен, то́рна
торова́тость, -и
торова́тый
тороида́льный
торока́, -о́в (*часть конской упряжи*)

то́роки, -ов (*в иконописи*)
тороко́вый
торо́нтский (*от* Торо́нто)
торо́нтцы, -ев, *ед.* -тец, -тца, *тв.* -тцем
торопёжка, -и
торопе́цкий (*от* Торопе́ц)
торопи́ть(ся), -оплю́(сь), -о́пит(ся)
торо́пкий; *кр. ф.* -пок, -пка и **то́ропкий;** *кр. ф.* -пок, -пка́, -пко
торопли́вость, -и
торопли́вый
торопча́не, -а́н, *ед.* -а́нин, -а (*от* Торопе́ц)
торопча́нка, -и, *р. мн.* -нок
торопы́га, -и, *м.* и *ж.*
торопы́жка, -и, *р. мн.* -жек, *м.* и *ж.*
торопя́щий(ся)
торо́с, -а и **то́рос,** -а
торо́систость, -и
торо́систый
тороси́ть(ся), -и́т(ся)
торо́совый
торо́ченный; *кр. ф.* -ен, -ена
торочи́ть(ся), -чу́, -чи́т(ся)
тороше́ние, -я
торо́шенный; *кр. ф.* -ен, -ена
торпе́да, -ы
торпеди́рование, -я
торпеди́рованный; *кр. ф.* -ан, -ана
торпеди́ровать(ся), -рую, -рует(ся)
торпеди́ст, -а
торпе́дник, -а
торпе́дно-артиллери́йский
торпе́дный
торпе́довец, -вца, *тв.* -вцем, *р. мн.* -вцев
торпе́довский (*от* "Торпе́до")
торпедоло́в, -а (*корабль*)
торпедоно́сец, -сца, *тв.* -сцем, *р. мн.* -сцев
торпедоно́сный
торпедообра́зный; *кр. ф.* -зен, -зна
торпи́дный
торр, -а (*единица давления*)
торриче́ллиева пустота́, торриче́ллиевой пустоты́
торс, -а
торсатро́н, -а
торси́да, -ы
торсио́н, -а
торсио́нный
то́рсовый
торт, -а, *мн.* -ы, -ов и -о́в
то́рт-моро́женое, то́рта-моро́женого, *м.*
то́ртовый
то́ру́ньский (*от* То́рунь)
то́ру́ньцы, -ев, *ед.* -нец, -ньца, *тв.* -ньцем
торф, -а и -у
торфене́ть, -е́ет
торфоболо́тный
торфобрике́т, -а
торфова́ние, -я
торфо́ванный; *кр. ф.* -ан, -ана
торфова́ть(ся), -фу́ю, -фу́ет(ся)
торфодобыва́ние, -я
торфодобыва́ющий
торфодобы́тчик, -а
торфодобы́ча, -и, *тв.* -ей
торфозаготови́тельный
торфозаготóвки, -вок
торфокомпо́ст, -а
торфолече́ние, -я
торфома́сса, -ы
торфоминера́льный
торфонаво́зный
торфообразова́ние, -я
торфоперегно́йный
торфоперегружа́тель, -я
торфоплита́, -ы́, *мн.* -пли́ты, -и́т
торфопредприя́тие, -я
торфоразрабо́тки, -ток
торфоре́з, -а
торфосо́с, -а
торфотерапи́я, -и
торфоубо́рочный
торфоукла́дчик, -а
торфя́ник, -а и **торфяни́к,** -а́
торфяни́стость, -и
торфяни́стый
торфяни́ца, -ы, *тв.* -ей
торфя́но-боло́тный
торфяно́й
торфя́но-расти́тельный
торцева́ние, -я
торцева́ть(ся), -цу́ю, -цу́ет(ся)
торцево́й и **торцо́вый**
торцо́ванный; *кр. ф.* -ан, -ана
торцо́вка, -и, *р. мн.* -вок
торцо́вочный
торцо́вый и **торцево́й**
торча́ть, -чу́, -чи́т
торчко́м, *нареч.*
торчмя́, *нареч.*
торчо́к, -чка́
торше́р, -а
торше́рный
торше́рчик, -а
торшо́н, -а
торшони́рование, -я
торшони́рованный; *кр. ф.* -ан, -ана
торшони́ровать(ся), -рую, -рует(ся)
то́-сё, того́-сего́
тоска́, -и́
тоска́-кручи́на, тоски́-кручи́ны
тоска́нка, -и, *р. мн.* -нок
тоска́нский (*от* Тоска́на)
тоска́нцы, -ев, *ед.* -нец, -нца, *тв.* -нцем
тоскли́вость, -и
тоскли́вый
тоскова́ть, -ку́ю, -ку́ет
тоску́ющий
то́сненский (*от* То́сно)
то́сненцы, -ев, *ед.* -ненец, -ненца, *тв.* -ненцем
тост, -а
то́стер, -а
то́стерный
то́стик, -а
тостова́ть, -ту́ю, -ту́ет
то́стовый
тот, то, того́, **та,** той, *мн.* те, тех
то та́к, то ся́к
то та́к, то э́так
тотализа́тор, -а
тотализа́торный
тоталитари́зм, -а
тоталитари́ст, -а
тоталитари́стский
тоталита́рно-администрати́вный
тоталита́рность, -и
тоталита́рный
тота́льность, -и
тота́льный; *кр. ф.* -лен, -льна
то та́м, то ся́м
тоте́м, -а
тотеми́зм, -а
тотемисти́ческий
тотеми́ческий (*от* тоте́м)
тоте́мный (*от* тоте́м)
то́темский (*от* То́тьма)
то́т ещё, та́ ещё, то́ ещё (*выражение многозначительной оценки кого-, чего-н.*)
то́т же
то́-то
то..., то..., *союз*
то́-то же
то́-то и оно́
тотона́ки, -ов, *ед.* -на́к, -а
тотона́кский
то́т-то, того́-то
то́тчас, *нареч.*
тотьмичи́, -е́й, *ед.* тотьми́ч, -а́, *тв.* -о́м (*от* То́тьма)
тотьми́чка, -и, *р. мн.* -чек
тофала́рский
тофала́ры, -ов, *ед.* -ла́р, -а
то́фу, *нескл., с.* (*кулин.*)
тоха́рский
тоха́ры, тоха́р и -ов, *ед.* тоха́р, -а
точа́щий(ся)
точе́ние, -я
то́ченный; *кр. ф.* -ен, -ена, *прич.* (*от* точи́ть[1])
точённый; *кр. ф.* -ён, -ена́, *прич.* (*от* точи́ть[2])
точёный, *прил.*
то́чечка, -и, *р. мн.* то́чечек
то́чечно-конта́ктный
то́чечный
точи́лка, -и, *р. мн.* -лок
точи́ло, -а
точи́льный
точи́льня, -и, *р. мн.* -лен
точи́льщик, -а
точи́ть(ся)[1], точу́, то́чит(ся) (*заострять(ся); вытачивать(ся)*)
точи́ть(ся)[2], точи́т(ся) (*источать(ся)*)
то́чка, -и, *р. мн.* то́чек
то́чка в то́чку
то́чка с запято́й, то́чки с запято́й
то́чки над "и́" (ста́вить)

точне́йший
точнёхонько, *нареч.* (*от* то́чно)
то́чно, *нареч., союз и частица*
то́чностный
то́чность, -и
то́чно та́к же
то́чно то́ же
то́чный; *кр. ф.* то́чен, точна́, то́чно, то́чны́
точня́к, *нареч. (жарг.)*
точо́к, точка́
точь-в-то́чь
тошне́нько
тошнёхонько (*от* то́шно)
тошни́ловка, -и
тошни́ть, -и́т
то́шно, *в знач. сказ.*
тошнота́, -ы́, *мн.* -о́ты, -о́т
тошнотво́рность, -и
тошнотво́рный; *кр. ф.* -рен, -рна
тошно́тный; *кр. ф.* -тен, -тна
то́шный; *кр. ф.* то́шен, тошна́, то́шно
тоща́ть, -а́ю, -а́ет
тощева́тый
тощегру́дый
тоще́е, *сравн. ст.*
тощекло́п, -а́
тоще́нек, -нька
то́щенький
то́щий; *кр. ф.* тощ, тоща́, то́ще
тощи́ща, -и, *тв.* -ей
ТПК [тэпэка́], *нескл., м.* (*сокр.*: территориально-производственный комплекс)
тпру, *неизм.*
тпру́канье, -я
тпру́кать, -аю, -ает
тпру́кнуть, -ну, -нет
траба́нт, -а *(автомобиль)*
трабе́кулы, -ул, *ед.* -ула, -ы
трава́, -ы́, *мн.* тра́вы, трав
трава́-мурава́, травы́-муравы́
травене́ть, -е́ет
тра́верз, -а (*направление*)
тра́верс, -а (*насыпь, дамба*; *переход альпиниста*)
тра́верса, -ы (*балка для крепления*)
траверси́рование, -я
траверси́ровать, -рую, -рует
тра́версный
траверти́н, -а
траверти́новый
травести́, *неизм.* и *нескл., с.* (*амплуа*), *ж.* (*актриса*)
травести́йный
травести́рование, -я
травести́рованный; *кр. ф.* -ан, -ана
травести́ровать(ся), -рую, -рует(ся)
травести́я, -и
траве́я, -и
трави́льный
трави́льщик, -а
трави́на, -ы
трави́нка, -и, *р. мн.* -нок
трави́ть(ся), травлю́(сь), тра́вит(ся)
тра́вка, -и, *р. мн.* -вок
травле́ние, -я
тра́вленный; *кр. ф.* -ен, -ена, *прич.*
тра́вленый и **травлёный,** *прил.*
тра́вливать, *наст. вр. не употр.*
тра́вля, -и
тра́вма, -ы
травмати́зм, -а
травма́тик, -а
травмати́ческий
травмати́чный; *кр. ф.* -чен, -чна
травмато́лог, -а
травматологи́ческий
травматоло́гия, -и
травмато́лого-ортопеди́ческий
травми́рование, -я
травми́рованный; *кр. ф.* -ан, -ана
травми́ровать(ся), -рую(сь), -рует(ся)
травмобезопа́сность, -и
травмобезопа́сный; *кр. ф.* -сен, -сна
травмоопа́сность, -и
травмоопа́сный; *кр. ф.* -сен, -сна
травмоподо́бный
травмопу́нкт, -а и **травмпу́нкт,** -а
травмотропи́зм, -а
тра́вник, -а (*тот, кто знает лекарственные свойства трав*; *то же, что травни́к*)
травни́к, -а́ (*настойка*; *гербарий*; *книга*)
тра́внико́вый
тра́вница, -ы, *тв.* -ей (*к* тра́вник)
тра́вничек, -чка и **травничо́к,** -чка́
тра́вный
траволече́ние, -я
травопо́лье, -я
травопо́льный
травосбо́р, -а
травосбо́рный
травосе́йный
травосе́яние, -я
травосме́сь, -и
травосто́й, -я
травоя́дный; *кр. ф.* -ден, -дна
тра́вушка, -и
тра́вушка-мура́вушка, тра́вушки-мура́вушки
тра́вчатый
травя́ник, -а
травяни́стость, -и
травяни́стый
травя́нка, -и, *р. мн.* -нок
травяно́й
травя́но-кочка́рный
травя́но-куста́рниково-мохово́й
травя́но-куста́рниковый
травя́но-мохово́й
травя́щий(ся)
трагака́нт, -а
трагеди́йность, -и
трагеди́йный; *кр. ф.* -и́ен, -и́йна
траге́дия, -и
траге́дь, *другие формы не употр.* (*разг. шутл. к* траге́дия)
траги́зм, -а
тра́гик, -а
трагикоме́дия, -и
трагикоми́ческий
трагикоми́чность, -и
трагикоми́чный; *кр. ф.* -чен, -чна
трагифа́рс, -а
трагифа́рсовый
траги́ческий
траги́чность, -и
траги́чный; *кр. ф.* -чен, -чна
традеска́нция, -и
традиционали́зм, -а
традиционали́ст, -а
традиционали́стский
традицио́нно, *нареч.*
традицио́нно-календа́рный
традицио́нность, -и
традицио́нный; *кр. ф.* -о́нен, -о́нна
традицио́нщик, -а
тради́ция, -и
траду́кция, -и
траекто́рия, -и
траекто́рный
трайбали́зм, -а
трайбали́ст, -а
трайбали́стский
трайболо́гия, -и
тра́йдент, -а
трак, -а
траке́ненский (траке́ненская поро́да лошаде́й)
тра́ковый
тракт, -а
тракта́т, -а
тракта́тный
тракта́ция, -и
тракти́р, -а
тракти́ришко, -а и -и, *мн.* -шки, -шек, *м.*
тракти́рный
тракти́рчик, -а
тракти́рщик, -а
тракти́рщица, -ы, *тв.* -ей
тракто́вание, -я
тракто́ванный; *кр. ф.* -ан, -ана
трактова́ть(ся), -ту́ю, -ту́ет(ся)
тракто́вка, -и, *р. мн.* -вок
тра́ктовый
тра́ктор, -а, *мн.* -ы, -ов и -а́, -о́в
тракториза́ция, -и
трактори́зо́ванный; *кр. ф.* -ан, -ана
тракторизова́ть(ся), -зу́ю, -зу́ет(ся)
трактори́ст, -а
трактори́стка, -и, *р. мн.* -ток
трактори́шко, -а и -и, *мн.* -шки, -шек, *м.*
тра́кторный
трактороведе́ние, -я
трактородро́м, -а
тракторозаво́дец, -дца, *тв.* -дцем, *р. мн.* -дцев
тракторозаво́дский
трактороремо́нтный
трактoросбо́рочный
тракторострое́ние, -я

тракторострои́тель, -я
тракторострои́тельный
трактреа́л, -а (*спорт.*)
трактри́са, -ы
тракту́ра, -ы
трал, -а
тралбо́т, -а
тра́ле́ние, -я
тра́ленный; *кр. ф.* -ен, -ена
тра́лер, -а (*устар. к* тра́улер)
тра́ли-ва́ли, *неизм.*
тра́лить(ся), -лю, -лит(ся)
тралме́йстер, -а
тралме́йстерский
тра́ловый
тралфло́т, -а
тра́льный
тра́льщик, -а
тра-ля-ля́, *неизм.*
тра́лящий(ся)
трамблёр, -а
трамбова́ние, -я
трамбо́ванный; *кр. ф.* -ан, -ана
трамбова́ть(ся), -бу́ю, -бу́ет(ся)
трамбо́вка, -и, *р. мн.* -вок
трамбо́вочный
трамбо́вщик, -а
трамбо́вщица, -ы, *тв.* -ей
трамбу́ющий(ся)
трамва́й, -я
трамва́йный
трамва́йчик, -а
трамва́йщик, -а
трамва́йщица, -ы, *тв.* -ей
трамонта́на, -ы
трамп, -а
трампли́н, -а
трампли́нный
тра́мповый
трам-там-та́м, *неизм.*
трамтарара́м, -а
трам-тарара́м, *неизм.*
тра́нец, -нца, *тв.* -нцем, *р. мн.* -нцев
транжи́р, -а
транжи́ра, -ы, *м.* и *ж.*
транжи́рить(ся), -рю, -рит(ся)
транжи́рка, -и, *р. мн.* -рок
транжи́рство, -а
транжи́рящий(ся)
транзакцио́нный (*от* транза́кция)
транза́кция, -и (*инф.*; *психол.*)
транзи́стор, -а
транзи́сторный
транзи́т, -а
транзити́вность, -и
транзити́вный; *кр. ф.* -вен, -вна
транзи́тник, -а
транзи́тница, -ы, *тв.* -ей
транзи́тный
транзи́том, *нареч.*
транзи́ция, -и
транк, -а
транквилиза́тор, -а
транквилиза́торный
транквилизи́рующий

тра́нкинговый
тра́нковый
транс, -а
транс... – *приставка, пишется слитно*
трансаванга́рд, -а (*в живописи*)
трансаге́нтство, -а
транса́ктный
трансакцио́нный (*от* транса́кция)
транса́кция, -и (*полит.*, *юр.*, *фин.*)
трансальпи́йский
Трансантаркти́ческие го́ры
трансаркти́ческий
трансатланти́ческий
Транса́эро, *нескл.*, *ж.* (*компания*)
трансбо́рдер, -а
трансве́рсия, -и
трансве́рт, -а (*тот, кто изменил свой пол в результате операции*)
трансвести́зм, -а
трансвести́т, -а
трансвести́тка, -и, *р. мн.* -ток
трансгалакти́ческий
трансге́нный
трансграни́чный
трансгресси́вный
трансгресси́ровать, -и́рует
трансгре́ссия, -и
трансдисциплина́рный
трансдо́рт, -а *(фин.)*
трансду́кция, -и
трансе́пт, -а
транси́вер, -а
трансильва́нский (*от* Трансильва́ния)
трансильва́нцы, -ев, *ед.* -нец, -нца, *тв.* -нцем
трансира́нский
Транскавка́зская автомагистра́ль
транскавка́зский
транско́дер, -а
транскоди́рование, -я
трансконтинента́льный
транскриби́рование, -я
транскриби́рованный; *кр. ф.* -ан, -ана
транскриби́ровать(ся), -рую, -рует(ся)
транскрипта́за, -ы
транскрипцио́нный
транскри́пция, -и
транскристаллиза́ция, -и
транскристалли́тный
транскульту́рный
трансли́рование, -я
трансли́рованный; *кр. ф.* -ан, -ана
трансли́ровать(ся), -рую, -рует(ся)
трансли́т, -а (*транслитерация, в проф. речи*)
транслитера́ция, -и
транслитери́рованный; *кр. ф.* -ан, -ана
транслитери́ровать(ся), -рую, -рует(ся)
транслока́ция, -и
транслюце́нтный *(о цвете)*

трансля́тор, -а
трансля́торный
трансляцио́нный
трансля́ция, -и
трансмисси́вный
трансмиссио́нный
трансми́ссия, -и
трансми́ттер, -а
трансми́ттерный
трансморско́й
трансмута́ция, -и
трансмути́рованный; *кр. ф.* -ан, -ана
транснационализа́ция, -и
транснациона́льный
трансзо́нд, -а
трансокеа́нский
транспара́нт, -а
транспара́нтный
транспаре́нтность, -и
транспаре́нтный
трансперсона́льный
транспирацио́нный
транспира́ция, -и
транспири́ровать, -и́рует
транспланта́т, -а
транспланта́тный
трансплантацио́нный
трансплента́ция, -и
трансплanти́рованный; *кр. ф.* -ан, -ана
трансплaнти́ровать(ся), -рую, -рует(ся)
трансплaнто́лог, -а
трансплaнтологи́ческий
трансплaнтоло́гия, -и
транспозицио́нный
транспози́ция, -и
трансполя́рный
транспони́рование, -я
транспони́рованный; *кр. ф.* -ан, -ана
транспони́ровать(ся), -рую, -рует(ся)
транспониро́вка, -и, *р. мн.* -вок
транспони́рующий(ся)
тра́нспорт, -а
транспо́рт, -а (*в бухгалтерии*)
транспорта́бельность, -и
транспорта́бельный; *кр. ф.* -лен, -льна
транспортёр, -а
транспортёрный
транспорти́р, -а
транспорти́рный
транспорти́рование, -я
транспорти́рованный; *кр. ф.* -ан, -ана
транспорти́ровать(ся), -рую(сь), -рует(ся)
транспортиро́вка, -и
транспортиро́вочный
транспортиро́вщик, -а
тра́нспортник, -а
тра́нспортно-грузово́й
тра́нспортно-отва́льный
тра́нспортно-складско́й

тра́нспортно-экспеди́торский
тра́нспортно-экспедицио́нный
тра́нспортно-энергети́ческий
тра́нспортный (*от* тра́нспорт)
транспо́ртный (*от* транспо́рт)
транспью́тер, -а
транспью́терный
трансрегиона́льный
транссексуа́л, -а
транссексуали́зм, -а
транссексуали́стский
транссексуа́лка, -и, *р. мн.* -лок
транссексуа́льный; *кр. ф.* -лен, -льна
Трансси́б, -а
Транссиби́рская магистра́ль
транссиби́рский
транссуда́т, -а
транссуда́ция, -и
трансура́новый
трансура́ны, -ов
трансфе́р, -а (*переход, перевод, переезд кого-н. по офиц. соглашению в другое место*)
трансфе́р-аге́нт, -а
трансфера́зы, -а́з, *ед.* -а́за, -ы
трансферка́р, -а
трансфе́рный (*от* трансфе́р)
трансфе́рт, -а (*фин.*)
трансфе́ртный (*фин.*)
трансфизио́лог, -а
трансфизиоло́гия, -и
тра́нсфикс, -а
трансфини́тный
трансфлю́ксор, -а
трансфока́тор, -а
трансфока́торный
трансформа́тор, -а
трансформа́торный
трансформаторострое́ние, -я
трансформаторострои́тель, -я
трансформацио́нный
трансформа́ция, -и
трансфо́рмер, -а
трансформи́зм, -а
трансформи́рование, -я
трансформи́рованный; *кр. ф.* -ан, -ана
трансформи́ровать(ся), -рую, -рует(ся)
трансформи́ст, -а
трансформи́стский
трансфо́рмный
трансфузиоло́гия, -и
трансфузио́нный
трансфу́зия, -и
трансцендентали́зм, -а
трансцендента́льность, -и
трансцендента́льный; *кр. ф.* -лен, -льна
трансценде́нтность, -и
трансценде́нтный; *кр. ф.* -тен, -тна
трансце́пт, -а
трансчерномо́рский
трансши́пмент, -а
трансъевропе́йский
трансэкспеди́ция, -и
тра́нцевый
транш, -а, *тв.* -ем
тра́ншевый
траншеекопа́тель, -я
траншееобра́зный; *кр. ф.* -зен, -зна
транше́йка, -и, *р. мн.* -е́ек
транше́йный
транше́я, -и
трап, -а (*лестница*)
тра́пе́за, -ы
трапе́зарь, -я
тра́пе́зная, -ой
трапе́зник, -а
трапе́зница, -ы, *тв.* -ей
трапе́зничать, -аю, -ает
тра́пе́зный
трапе́зование, -я
трапе́зовать, -зую, -зует
трапецеида́льный
трапециеви́дный; *кр. ф.* -ден, -дна
трапе́ция, -и
трапецо́эдр, -а
тра́пный
трапп, -а (*геол.*)
тра́ппер, -а
траппи́стский
траппи́сты, -ов, *ед.* -и́ст, -а
тра́пповый (*от* трапп)
трасо́лог, -а
трасологи́ческий
трасоло́гия, -и (*юр.*)
трасс, -а (*горная порода*)
тра́сса, -ы
трасса́нт, -а (*тот, кто выдал вексель*)
трасса́т, -а (*тот, кто платит по векселю*)
трассёр, -а (*в пиротехнике*)
трасси́рование, -я
трасси́рованный; *кр. ф.* -ан, -ана
трасси́ровать(ся), -рую, -рует(ся) (*к* тра́сса и тра́тта)
трассиро́вка, -и
трассиро́вочный
трасси́рующий(ся)
трассови́к, -а́
трассо́вка, -и, *р. мн.* -вок
трассовщи́к, -а́
трассовщи́ца, -ы, *тв.* -ей
тра́ссовый (*от* трасс и тра́сса)
трассоиска́тель, -я
траст, -а
тра́стовый
тра́стор, -а
тра́та, -ы (*к* тра́тить)
тра-та-та́, *неизм.*
тра́тить(ся), тра́чу(сь), тра́тит(ся)
тра́тта, -ы (*вексель*)
тратто́ри́я, -и
тра́тящий(ся)
тра́улер, -а
тра́улер-морози́льник, тра́улера-морози́льника
тра́улерный
тра́ур, -а
тра́урница, -ы, *тв.* -ей
тра́урность, -и
тра́урный
Трафальга́рское сраже́ние
трафаре́т, -а
трафаре́тить(ся), -ре́чу, -ре́тит(ся)
трафаре́тка, -и, *р. мн.* -ток
трафаре́тность, -и
трафаре́тный; *кр. ф.* -тен, -тна
трафаре́тчик, -а
трафаре́тчица, -ы, *тв.* -ей
трафаре́ченный; *кр. ф.* -ен, -ена
тра́фик, -а
тра́фик-зо́на, -ы
тра́фик-кана́л, -а
тра́фить, -флю, -фит
трах, *неизм.*
тра́ханье, -я
тра́хать(ся), -аю(сь), -ает(ся)
трахе́иды, -и́д, *ед.* -и́да, -ы (*бот.*)
трахеи́т, -а (*мед.*)
трахейноды́шащие, -их
трахе́йный
трахеобактерио́з, -а
трахеобронхиа́льный
трахеобронхи́т, -а
трахеобронхоскопи́я, -и
трахео́лы, -о́л, *ед.* -о́ла, -ы
трахеомико́з, -а
трахеотоми́я, -и
трахе́я, -и (*анат.*)
трахика́рпус, -а
трахили́ды, -и́д, *ед.* -и́да, -ы
трахимеду́за, -ы
трахи́т, -а (*горная порода*)
трахи́товый
тра́хнуть(ся), -ну(сь), -нет(ся)
трахо́ма, -ы
трахомато́зный
трахо́мный
трах-тарара́х, *неизм.*
тра́ченный; *кр. ф.* -ен, -ена, *прич.*
тра́ченый, *прил.*
тра́чивать, *наст. вр. не употр.*
Тра́яновы валы́, Тра́яновых вало́в (*в Поднестровье*)
тре́ба, -ы (*церк.*)
тре́бник, -а
тре́бный
тре́бование, -я
тре́бование-накладна́я, тре́бования-накладно́й, *с.*
тре́бованный; *кр. ф.* -ан, -ана
тре́бовательность, -и
тре́бовательный; *кр. ф.* -лен, -льна
тре́бовать(ся), -бую(сь), -бует(ся)
тре́буемый
требуха́, -и́
требухо́вый
требуши́на, -ы
тре́веллинг, -а
тре́влер-че́к, -а (*фин.*)
трево́га, -и
трево́жащий(ся)
трево́жить(ся), -жу(сь), -жит(ся)

тревóжность, -и
тревóжный; *кр. ф.* -жен, -жна
треволнéния, -ий
треволнéнный
треворúт, -а
трегалóза, -ы
трегýбый
тредбáн, -а
тред-юниóн, -а
тред-юнионúзм, -а
тред-юнионúст, -а
тред-юнионúстский
трезвéние, -я
трéзвенник, -а
трéзвенница, -ы, *тв.* -ей
трéзвеннический
трéзвенничество, -а
трéзвенность, -и
трéзвенный
трезвéть, -éю, -éет
трезвёхонький; *кр. ф.* -нек, -нька
трезвúть, -úт
трезвомы́слие, -я
трезвомы́слящий
трезвóн, -а
трезвóнить, -ню, -нит
трезвóнящий
трéзвость, -и
трезвýчие, -я
трезвýчный
трéзвый; *кр. ф.* трезв, трезвá, трéзво, трéзвы́
трезýбец, -бца, *тв.* -бцем, *р. мн.* -бцев
трезýбый и **трёхзýбый**
трéйдер, -а
трéйдерный
трéйдерский
трéйдинг, -а
трéйлер, -а
трéйлерный
трейлеровóз, -а
трек, -а
трекбóл, -а *(инф.)*
трéкинг, -а
трéкинговый
треклятый
трековúк, -á
трéковый
трелёванный; *кр. ф.* -ан, -ана
трелевáть(ся), -лю́ю, -лю́ет(ся)
трелёвка, -и
трелёвочник, -а
трелёвочный
трелёвщик, -а
трéлить, -лю, -лит
трель, -и
трельяж, -а, *тв.* -ем
трельяжный
тремá, *нескл., с.*
трематодóз, -а
trematóды, -óд, *ед.* -тóда, -ы
трембúта, -ы
тремолúровать, -рую, -рует
тремолúт, -а
трéмоло, *нескл., с.*
трéмор, -а
трен, -а
тренáж, -á и -а, *тв.* -óм и -ем
тренажёр, -а
тренажёрный
тренажёростроéние, -я
тренáжный
тренд, -а *(тенденция, направление в развитии)*
трéндовый
трéнер, -а
трéнер-методúст, трéнера-методúста
трéнерский
трéнерство, -а
трéнерствовать, -твую, -твует
трéнзель, -я, *мн.* -я́, -éй и -и, -ей
трензéлька, -и, *р. мн.* -лек
трéнзельный
трéние, -я
трéники, -ов *(брюки, прост.)*
трéнинг, -а
трéнинги, -ов, *ед.* -инг, -а *(обувь)*
трéнинговый
трéнинг-посóбие, -я
тренирóванность, -и
тренирóванный; *кр. ф. прич.* -ан, -ана; *кр. ф. прил.* (*хорошо развитый систематической тренировкой*) -ан, -анна
тренировáть(ся), -рýю(сь), -рýет(ся)
тренирóвка, -и, *р. мн.* -вок
тренирóвочно-нагрýзочный
тренирóвочный
тренирýемость, -и
тренóга, -и
тренóгий
тренóжащий(ся)
тренóжить(ся), -жу, -жит(ся)
тренóжник, -а
тренóжный
трент, -а *(мор.)*
трентáл, -а
трéнчик, -а
тренчкóт, -а
трень-брéнь, *неизм.*
трéнькание, -я
трéнькать, -аю, -ает
трéнькнуть, -ну, -нет
треонúн, -а
трёп, -а
трепáк, -á
трепáлка, -и, *р. мн.* -лок
трепáло, -а (*орудие*)
трепáльный
трепáльня, -и, *р. мн.* -лен
трепáльщик, -а
трепáльщица, -ы, *тв.* -ей
трепáн, -а (*мед.*)
трепанáция, -и
трепáнг, -а
трепáнговый
трепáние, -я
трепанúрованный; *кр. ф.* -ан, -ана
трепанúровать(ся), -рую, -рует(ся)
трёпанный; *кр. ф.* -ан, -ана, *прич.*
трепанýть(ся), -нý(сь), -нёт(ся)
трёпаный, *прил.*
трепáть(ся), треплю́(сь), трéплет(ся), трéплют(ся) и трéпет(ся), трéпят(ся), *пов.* треплú(сь) и трепú(сь)
трепáч, -á, *тв.* -óм
трепáчка, -и, *р. мн.* -чек
трéпел, -а
трéпельный
трéпет, -а
трепетáние, -я
трепетáть(ся), -пещý(сь), -пéщет(ся)
трéпетность, -и
трéпетный; *кр. ф.* -тен, -тна
трепéщущий
трёпка, -и, *р. мн.* -пок
треплúвость, -и
треплúвый
треплó, -á
трéплющий(ся)
трепня́, -ú
трепологúя, -и *(шутл.)*
трепонéма, -ы
трепотня́, -ú
трепýшка, -и, *р. мн.* -шек
трепыхáние, -я
трепыхáть(ся), -áю(сь), -áет(ся)
трепыхнýть(ся), -нý(сь), -нёт(ся)
треск, -а и -у
трескá, -ú
трéскание, -я
трéскать(ся), -аю(сь), -ает(ся)
трескóвый
трескообрáзные, -ых
трескотня́, -ú
трескýн, -á
трескýнчик, -а
трескýчий
трéснувший
трéснутый
трéснуть(ся), -ну(сь), -нет(ся)
тресóчка, -и, *р. мн.* -чек
трест, -а
трестá, -ы́
трестúрованный; *кр. ф.* -ан, -ана
трестúровать(ся), -рую, -рует(ся)
трéст-компáния, трéста-компáнии, *м.*
трéстовец, -вца, *тв.* -вцем, *р. мн.* -вцев
трéстовский
тресь, *неизм.* (*к* трéснуть)
третéйский
трéтий, -ья, -ье
Трéтий интернационáл
Трéтий рéйх (*о фашистской Германии*)
Трéтий Рúм (*о средневековой Москве*)
Трéтий Спáс (*Хлебный*)
третúна, -ы (*третья часть, доля*)
третúны, -úн (*поминки*)
третúрование, -я
третúрованный; *кр. ф.* -ан, -ана
третúровать(ся), -рую(сь), -рует(ся)
третúчный
третнúк, -á
третнóй

треть, -и, *мн.* -и, -е́й
тре́тье, -его
третьёводни, *нареч.* (*прост. устар. к* тре́тьего дня́)
третьёводнишний и **третьёвошний** (*прост. устар. к* третьего́дняшний)
третьегоди́чный (*позапрошлогодний*)
тре́тьего дня́
третьего́дняшний (*позавчерашний*)
третьекла́ссник, -а
третьекла́ссница, -ы, *тв.* -ей
третьекла́ссный
третьекла́шка, -и, *р. мн.* -шек, *м.* и *ж.*
третьеку́рсник, -а
третьеку́рсница, -ы, *тв.* -ей
третьеочередно́й
третьеразря́дник, -а
третьеразря́дница, -ы, *тв.* -ей
третьеразря́дный; *кр. ф.* -ден, -дна
третьесо́ртный
третьестепе́нный; *кр. ф.* -е́нен, -е́нна
третья́к, -а́
Третьяко́вка, -и
Третьяко́вская галере́я
Тре́тья респу́блика (*во Франции*)
треуго́лка, -и, *р. мн.* -лок
треуго́льник, -а
треуго́льничек, -чка
треуго́льный
треу́х, -а
треф, -а (*у иудаистов – недозволенная пища*)
тре́фа, -ы (*прост. к* тре́фы)
трефно́й (*от* треф)
трефо́вка, -и, *р. мн.* -вок
тре́фо́вый (*от* тре́фы)
трефо́ны, -ов, *ед.* -фо́н, -а
тре́фы, треф
трёха́ктный
трёхарши́нный
трёха́томный
трёхба́лльный (3-ба́лльный)
трёхба́шенный
трёхвале́нтный
трёхвалко́вый
трёхведёрный и **трёхвёдерный**
трёхвеково́й
трёхвёрстка, -и, *р. мн.* -ток
трёхвёрстный (3-вёрстный)
трёхверши́нный
трёхвершко́вый
трёхвинтово́й
трехво́стка, -и, *р. мн.* -ток и **трёххво́стка,** -и, *р. мн.* -ток
трёхгла́вый
трёхгнёздный
трёхгоди́чный
трёхгодова́лый
трёхгодово́й
трёхголо́вочный
трёхголо́вый
трёхголо́сный
Трёхго́рка, -и
Трёхго́рная мануфакту́ра (*хлопчатобумажный комбинат*)
Трёхго́рный Ва́л (*улица в Москве*)
Трёхгра́дье, -я (*городская агломерация в Польше*)
трёхгра́нный
трёхгрошо́вый
трёхдве́рный
трёхде́чный
трёхдиапазо́нный (3-диапазо́нный)
трёхди́сковый
трёхдне́вный
трёхдо́льник, -а (*лит.*)
трёхдо́льный
трёхдушево́й (наде́л, *ист.*)
трёхду́шник, -а
трёхдюймо́вка, -и, *р. мн.* -вок
трёхдюймо́вый
трёхжи́льный
трёхза́льный
трёхзвёздный
трёхзвёздочный
трёхзве́нный
трёхзна́чный (3-зна́чный)
трёхзу́бчатый
трёхзу́бый и **трезу́бый**
трёхи́глая ко́люшка
трёх- или четырёхуго́льный
трёхимённый
трёхи́мпульсный
трёхка́мерный
трёхкана́льный
трёхкарма́нный
трёхкилогра́ммо́вый
трёхкилометро́вка, -и, *р. мн.* -вок
трёхкилометро́вый (3-километро́вый)
трёхкла́ссный
трёхколе́нный
трёхколёсный
трёхколо́нник, -а
трёхколо́нный
трёхколо́ночный
трёхко́мнатный (3-ко́мнатный)
трёхко́нтурный
трёхкопе́ечный
трёхко́рпусный
трёхкра́сочный
трёхкра́тный; *кр. ф.* -тен, -тна
трёхку́бовый
трёхкулачко́вый
трёхла́мповый
трёхле́тие, -я
трёхле́тка, -и, *р. мн.* -ток, *ж.* (*период в три года*), *м.* и *ж.* (*о ком-н. трех лет*)
трёхле́тний
трёхле́ток, -тка
трёхлине́йка, -и, *р. мн.* -е́ек
трёхлине́йный
трёхли́стный
трёхлитро́вый (3-литро́вый)
трёхло́пастный
трёхма́стный
трёхма́чтовик, -а
трёхма́чтовый
трёхме́рность, -и
трёхме́рный; *кр. ф.* -рен, -рна
трёхме́стный (3-ме́стный)
трёхме́сячный (3-ме́сячный)
трёхметро́вый (3-метро́вый)
трёхмиллиа́рдный (3-миллиа́рдный) и (*при передаче разг. произношения*) **трёхмилья́рдный**
трёхмиллио́нный (3-миллио́нный) и (*при передаче разг. произношения*) **трёхмильо́нный**
трёхмину́тный (3-мину́тный)
трёхмото́рный
трёхнеде́льный (3-неде́льный)
трёхне́фный
трёхно́гий
трёхо́кись, -и
трёхоко́нный
трёхопо́рный
трёхо́ска, -и, *р. мн.* -сок
трёхо́сный
трёхочко́вый
трёхпа́лубный
трёхпа́лый
трёхпе́рстка, -и, *р. мн.* -ток (*птица*)
трёхпе́рстный
трёхпла́нный
трёхпо́лозный
трёхпо́лье, -я
трёхпо́льный
трёхпо́льщина, -ы
трёхпрогра́ммный
трёхпроце́нтный (3-проце́нтный)
трёхпудо́вый (3-пудо́вый)
трёхра́зовый
трёхра́ундовый
трёхре́берник, -а
трёхрожко́вый
трёхрублёвка, -и, *р. мн.* -вок
трёхрублёвый (3-рублёвый)
трёхря́дка, -и, *р. мн.* -док
трёхря́дный
трёхсаже́нный
трёхсве́тный
Трёх Святи́телей (хра́м)
трёхсвяти́тельский
трёхсеку́ндный (3-секу́ндный)
трёхсекцио́нный
трёхсери́йный
трёхсе́ялочный
трёхска́тный
трёхскоростно́й
трёхсло́жный; *кр. ф.* -жен, -жна
трёхсло́йный; *кр. ф.* -о́ен, -о́йна
трёхсме́нка, -и, *р. мн.* -нок
трёхсме́нный
трёхсо́тенный
трёхсо́тка, -и, *р. мн.* -ток
трёхсотле́тие (300-ле́тие), -я
трёхсотле́тний (300-ле́тний)
трёхсотпятидесятиты́сячный (350-ты́сячный)
трёхсотрублёвый (300-рублёвый)
трёхсотси́льный
трёхсотты́сячник, -а

трёхсотты́сячный (300-ты́сячный)
трёхсо́тый
трёхсполови́нный
трёх с полови́ной веково́й
трёх с полови́ной метро́вый
трёх с полови́ной миллио́нный
трёхство́лка, -и, *р. мн.* -лок
трёхство́льный
трёхство́рчатый
трёхсте́нный
трёхстепе́нный
трёхсти́шие, -я
трёхсто́пный; *кр. ф.* -пен, -пна
трёхсторо́нний
трёхстру́нный
трёхступе́нчатый
трёхсу́точный (3-су́точный)
трёхта́ктный
трёхто́мник, -а
трёхто́мный (3-то́мный)
трёхто́нка, -и, *р. мн.* -нок
трёхто́нный (3-то́нный)
трёхтру́бный
трёхты́сячный (3-ты́сячный)
трёхуда́рный
трёху́ровневый
трёхфа́зный
трёхфунто́вый (3-фунто́вый)
трёхxво́стка, -и, *р. мн.* -ток и **трехво́стка**, -и, *р. мн.* -ток
трёхходо́вка, -и, *р. мн.* -вок
трёхходово́й и **трёххо́до́вый**
трёхцве́тка, -и, *р. мн.* -ток
трёхцве́тный; *кр. ф.* -тен, -тна
трёхцили́ндровый
трёхчасово́й (3-часово́й)
трёхча́стный; *кр. ф.* -тен, -тна
трёхчетвертно́й
трёх-четырёхдне́вный (3-4-дне́вный)
трёх-четырёхкра́тный (3-4-кра́тный)
трёхчле́н, -а
трёхчле́никовый
трёхчле́нный; *кр. ф.* -е́нен, -е́нна
трёхшёрстный
трёхъя́дерный
трёхъязы́чный; *кр. ф.* -чен, -чна
трёхъя́русный
трёхэлектро́дный
трёхэлеме́нтный; *кр. ф.* -тен, -тна
трёхэта́жный (3-эта́жный)
трёхэта́пный (3-эта́пный)
Тречéнто, *нескл., с.*
тре́шер, -а
трёшка, -и, *р. мн.* -шек
трешко́ут, -а
трёшник, -а
трёшница, -ы, *тв.* -ей
треща́лка, -и, *р. мн.* -лок
треща́ние, -я
треща́ть, -щу́, -щи́т
тре́щина, -ы
тре́щинка, -и, *р. мн.* -нок
тре́щинный
трещинова́тость, -и
трещинова́тый
трещиносто́йкий; *кр. ф.* -о́ек, -о́йка
трещиносто́йкость, -и
трещо́тка, -и, *р. мн.* -ток
трещо́точный
три, трёх, трём, тремя́, о трёх
триа́да, -ы
триа́ж, -а, *тв.* -ем (*ист.*)
триази́ны, -ов, *ед.* -зи́н, -а
триа́л, -а (*спорт.*)
триалла́т, -а
триампу́р, -а
триангуля́тор, -а
триангуляцио́нный
триангуля́ция, -и
триарилмета́новый
триа́с, -а
триа́совый
триатле́т, -а
триатло́н, -а
триатлони́ст, -а
триатлони́стка, -и, *р. мн.* -ток
триатло́нный
триатоми́ды, -и́д, *ед.* -и́да, -ы
триацета́т, -а
триацета́тный
триацетилцеллюло́за, -ы
триб, -а (*зубчатое колесо*)
три́ба, -ы (*подразделение, разряд, округ*)
триболо́гия, -и
триболюминесце́нция, -и
трибометри́ческий
трибоме́три́я, -и
трибо́ника, -и
триботе́хника, -и
триботехни́ческий
трибоэлектри́ческий
трибоэлектри́чество, -а
трибра́хий, -я
трибу́н, -а
трибу́на, -ы
трибуна́л, -а
трибуна́льский
трибуна́т, -а
трибу́нный
тривиа́льность, -и
тривиа́льный; *кр. ф.* -лен, -льна
три́виум, -а
три́га,-и (*колесница*)
тригатро́н, -а
три́ггер, -а
три́ггерный
три́гла, -ы (*рыба*)
три́гли́ф, -а
тригона́льный
триго́ния, -и (*моллюск*)
тригонокефа́лия, -и и **тригоноцефа́лия**, -и
тригонометри́ческий
тригономе́трия, -и
триго́рский (*к* Триго́рское)
Триго́рское, -ого
тридевя́тый: в тридевя́том ца́рстве
три́девять: за три́девять земе́ль
тридеся́тый: в тридеся́том госуда́рстве
тридне́вный (*церк.*)
тридцативедёрный и **тридцативёдерный**
тридцативёрстный (30-вёрстный)
тридцатигра́дусный (30-гра́дусный)
тридцатидне́вный (30-дне́вный)
тридцатиле́тие (30-ле́тие), -я
тридцатиле́тний (30-ле́тний)
Тридцатиле́тняя война́ (*ист.*)
тридцатиметро́вый (30-метро́вый)
тридцатимину́тный (30-мину́тный)
тридцатиодноле́тний (31-ле́тний)
тридцатипятиле́тие (35-ле́тие), -я
тридцатирублёвый (30-рублёвый)
тридцатисеку́ндный (30-секу́ндный)
тридцатиты́сячник, -а
тридцатиты́сячный (30-ты́сячный)
тридца́тка, -и, *р. мн.* -ток
тридца́тник, -а
тридца́тый
три́дцать, -и́, *тв.* -ью
тридцатьчетвёрка, и, *р. мн.* -рок (*танк Т-34*)
три́дцатью (*при умножении*)
тривди́нство, -а
триеди́ный
триенна́ле, *нескл., м.* (*фестиваль*) и *ж.* (*выставка*)
три́ер, -а, *мн.* -ы, -ов и -а́, -о́в (*машина*)
трие́ра, -ы (*военное судно*)
три́ерный (*от* три́ер)
триеро́ванный; *кр. ф.* -ан, -ана
триерова́ть(ся), -ру́ю, -ру́ет(ся)
триеро́вка, -и
трие́стинский (*от* Трие́ст)
трие́стинцы, -ев, *ед.* -нец, -нца, *тв.* -нцем
трие́стский (*от* Трие́ст)
трие́стцы, -ев, *ед.* -тец, -тца, *тв.* -тцем
три́жды
три́жды три́
тризм, -а (*мед.*)
три́зна, -ы
триипоста́сный
трикальцийфосфа́т, -а
трикарбо́новый
трики́рий, -я
трикли́ний, -я
трикли́нный
трико́, *нескл., с.*
трико́вый
триколо́р, -а
три́кони, -ей
триконодо́нт, -а
трико́нх, -а
трикота́ж, -а, *тв.* -ем
трикота́жка, -и, *р. мн.* -жек
трикота́жник, -а
трикота́жница, -ы, *тв.* -ей
трикота́жно-вяза́льный
трикота́жный
трикоти́н, -а

трикра́тный
трикра́ты, *нареч.*
трикрезо́л, -а
триктра́к, -а
трилатера́ция, -и
трили́стник, -а
три́ллер, -а
три́ллерный
триллио́н, -а и (*при передаче разг. произношения*) **трильо́н,** -а
триллио́нный и (*при передаче разг. произношения*) **трильо́нный**
трилоби́т, -а
трило́гия, -и
трило́ка, -и
тримара́н, -а
триме́стр, -а
триме́стро́вый
тримета́лл, -а
триметилами́н, -а
триме́тр, -а
три́ммер, -а
три́мминг, -а
тримминго́ванный; *кр. ф.* -ан, -ана
тримминго́вать, -гу́ю, -гу́ет
тримолекуля́рный
триму́рти, *нескл., с.*
тринадцатиле́тний (13-ле́тний)
трина́дцатый
трина́дцать, -и
тринида́дский (*от* Тринида́д)
тринида́дцы, -ев, *ед.* -да́дец, -да́дца, *тв.* -да́дцем
тринита́рный
тринитроксило́л, -а
тринитротолуо́л, -а
тринитрофено́л, -а
три́о, *нескл., с.*
трио́д, -а (*лампа*)
трио́дный (*от* трио́д)
Трио́дь, -и (*богослужебная книга*: Трио́дь цветна́я и Трио́дь по́стная)
триоксази́н, -а
триоксиметиле́н, -а
триоле́т, -а
трио́ль, -и
трио́льный
трио́никс, -а
трио́стренник, -а
триоша́шки, -шек
трип, -а
трипаносо́ма, -ы
трипаносомо́з, -а
трипафлави́н, -а
трипе́д, -а
трипла́н, -а
трипла́нный
три́плекс, -а
трипле́т, -а
трипле́тный
триплика́т, -а
трипло́ид, -а
трипло́идный
трипльба́р, -а (*спорт.*)
три́повый
триполи́йский (*от* Три́поли)
триполи́йцы, -ев, *ед.* -и́ец, -и́йца, *тв.* -и́йцем
триполита́нский (*от* Триполита́ния)
триполита́нцы, -ев, *ед.* -нец, -нца, *тв.* -нцем
трипо́льский (*к* Трипо́лье; трипо́льская культу́ра, *археол.*)
три́ппер, -а
три́пперный
трипси́н, -а
трипсиноге́н, -а
три́псы, -ов, *ед.* трипс, -а
трипта́н, -а
три́птих, -а
триптофа́н, -а
трире́ма, -ы
Трисвято́е, -о́го (*церк.*: *молитвенный возглас*)
трисвято́й (*триипостасный*)
трисе́кция, -и
три́сель, -я
трисоми́я, -и
трисоста́вный
три́ста, трёхсо́т, трёмста́м, тремяста́ми, о трёхста́х
Триста́н, -а: **Триста́н и Изо́льда**
триста́ния, -и
тристе́ца, -ы, *тв.* -ей
три́стих, -а
тритагони́ст, -а
три́тиевый
три́тий, -я (*физ.*)
тритика́ле, *нескл., ж.*
трито́ма, -ы
Трито́н, -а (*мифол.*; *астр.*)
трито́н, -а (*животное*; *муз.*; *физ.*)
трито́ния, -и
три́ – три́ с полови́ной
триумви́р, -а
триумвира́т, -а
триу́мф, -а
Триумфа́льная а́рка (*мемориальное сооружение*)
триумфа́льный; *кр. ф.* -лен, -льна
триумфа́тор, -а
триумфа́торский
триумфа́торша, -и, *тв.* -ей
трифенилмета́новый
трифо́левый и **трифо́лиевый**
трифолиа́та, -ы
трифо́лий, -я
трифо́ль, -и
три́фоновский (*от* Три́фон и Три́фонов)
трифо́рий, -я
трифто́нг, -а
трифтонги́ческий
трифтору́ксусный
трифторхлорэтиле́н, -а
трихиа́з, -а
трихи́на, -ы
трихине́лла, -ы
трихинеллёз, -а
трихино́з, -а
трихино́зный
трихлорацета́т, -а
трихлормета́н, -а
трихлортриэтилами́н, -а
трихлору́ксусный
трихлорэтиле́н, -а
трихобакте́рии, -ий, *ед.* -е́рия, -и
трихобла́сты, -ов, *ед.* -бла́ст, -а
трихогра́мма, -ы
трихо́лог, -а
трихологи́ческий
трихоло́гия, -и
трихо́м, -а
трихомона́ды, -а́д, *ед.* -а́да, -ы
трихомоно́з, -а
трихопла́кс, -а
трихопо́л, -а
трихо́рд, -а
трихоспори́я, -и
трихостронгилёз, -а
трихотоми́ческий
трихотоми́я, -и
трихофити́я, -и
трихофи́ты, -ов, *ед.* -фи́т, -а
трихоцефалёз, -а
трихоцефа́лы, -ов, *ед.* -фа́л, -а
трихоци́сты, -и́ст, *ед.* -и́ста, -ы
три́цепс, -а
три́цепсный
трицера́топс, -а
трици́кл, -а
трича́стный (*церк.*)
три́-четы́ре, трёх-четырёх
три́шкин кафта́н, три́шкина кафта́на
трищети́нник, -а
триэ́др, -а
триэтанолами́н, -а
триязы́чие, -я
триязы́чный
троака́р, -а
трог, -а
тро́гательность, -и
тро́гательный; *кр. ф.* -лен, -льна
тро́гать(ся), -аю(сь), -ает(ся)
троглобио́нты, -ов, *ед.* -о́нт, -а
троглоди́т, -а
троглоди́тка, -и, *р. мн.* -ток
троглоди́тский
трого́н, -а (*птица*)
трогонте́рий, -я
тро́е[1], трои́х, трои́м, трои́ми, о трои́х, *употр. с одушевленными сущ. муж. и сред. рода*
тро́е[2], трёх, трём, тремя́, о трёх, *употр. с сущ., не имеющими ед. ч., напр.*: тро́е но́жниц, тро́е су́ток
троебо́рец, -рца, *тв.* -рцем, *р. мн.* -рцев
троебо́рье, -я
троебра́чие, -я
троебра́чный
троеже́нец, -нца, *тв.* -нцем, *р. мн.* -нцев
троежёнство, -а
троекра́тный

троему́жие, -я
тро́е на́ трое
трое́ние, -я
троепе́рстие, -я
троепе́рстный
Троеру́чица, -ы, *тв.* -ей (*иконографический тип Божией Матери*)
троетёс, -а
тро́ечка, -и, *р. мн.* -чек
тро́ечник, -а
тро́ечница, -ы, *тв.* -ей
тро́ечный
трожь: не тро́жь (*прост. к* не тро́гай)
троили́т, -а
трои́ть(ся), трою́, трои́т(ся)
тро́ица, -ы, *тв.* -ей (*совокупность трех лиц, предметов*; Бо́г тро́ицу лю́бит) и **Тро́ица,** -ы, *тв.* -ей (*триединый Бог у христиан; праздник*)
Тро́ице-Се́ргиева ла́вра
Тро́ицкая роди́тельская суббо́та
тро́ицкий (*от* Тро́ица и Тро́ицк)
Тро́ицкий (хра́м, монасты́рь)
Тро́ицын де́нь, Тро́ицына дня́
трои́чность, -и
тро́ичны, -ых, *ед.* -чен, -чна, *м.* (*церк. песнопения*)
тро́ичный (*от* Тро́ица)
трои́чный; *кр. ф.* -чен, -чна
тро́йка, -и, *р. мн.* тро́ек
тройни́к, -а́
тройни́чный не́рв
тройничо́к, -чка́
тройно́й
тро́йня, -и, *р. мн.* тро́ен и тро́йней
тройня́шки, -шек, *ед.* -шка, -и, *м.* и *ж.*
тро́йский (тро́йская систе́ма ме́р и весо́в; тро́йский фунт, тро́йская у́нция)
Тро́йственное согла́сие (*ист.*)
тро́йственность, -и
тро́йственный; *кр. ф.* -вен и -венен, -венна
Тро́йственный сою́з (*ист.*)
тройча́тка, -и, *р. мн.* -ток
тройча́тый
трок, -а
троктоли́т, -а
тролле́й, -я
тролле́йбус, -а
тролле́йбусный
троллейво́з, -а
троллейво́зный
троллейка́р, -а
тролле́йный
тро́ллинг, -а
тролль, -я
тромб, -а (*мед.*)
тромбартери́т, -а
тромби́н, -а
тро́мблер, -а
тромбо́з, -а
тромбо́зный
тромбокина́за, -ы
тромбо́н, -а
тромбони́ст, -а
тромбо́нный
тромбообразова́ние, -я
тромбопени́я, -и
тромбофлеби́т, -а
тромбоцитеми́я, -и
тромбоцито́з, -а
тромбоцитопени́я, -и
тромбоци́ты, -ов, *ед.* -ци́т, -а
тромбоэмболи́я, -и
тромп, -а (*архит.*)
трон, -а
тро́на, -ы (*минерал*)
тро́нковый (*тех.*)
тро́нный
тро́нутый
тро́нуть(ся), -ну(сь), -нет(ся)
тронхе́ймский (*от* Тро́нхе́йм)
троости́т, -а и **трости́т,** -а
троп, -а (*лит.*)
тропа́, -ы́, *мн.* тро́пы, троп, тро́па́м
тропа́рь, -я́
тропеи́ческий (*от* троп)
тропе́ум, -а
тропибаза́льный че́реп
тропи́зм, -а
тро́пик, -а
тро́пика, -и (*от* троп)
тропика́льный
тро́пик Козеро́га
тропикосто́йкий; *кр. ф.* -о́ек, -о́йка
тро́пик Ра́ка
тропи́лий, -я
тропи́нка, -и, *р. мн.* -нок
тропи́ночка, -и, *р. мн.* -чек
тропи́ть, -плю́, -пи́т
тропи́ческий
тро́пка, -и, *р. мн.* -пок
тропле́ние, -я
тропо́иды, -ов, *ед.* -о́ид, -а
тропо́лоны, -ов, *ед.* -ло́н, -а
тропомиози́н, -а
тропо́н, -а
тропопа́уза, -ы
тропосфе́ра, -ы
тропосфе́рный
тро́пот, -а
тропота́, -ы́ (*о рыси лошади*)
тропота́ть, -почу́, -по́чет
тропофи́ты, -ов, *ед.* -фи́т, -а
тро́почка, -и, *р. мн.* -чек
трос, -а
тро́сик, -а
тро́совый
тростево́й
трости́льно-крути́льный
трости́льный
трости́льщик, -а
трости́льщица, -ы, *тв.* -ей
трости́на, -ы
трости́нка, -и, *р. мн.* -нок
трости́ночка, -и, *р. мн.* -чек
трости́т, -а и **троости́т,** -а
трости́ть(ся), трощу́, трости́т(ся)
тро́стка, -и, *р. мн.* -ток
тростни́к, -а́
тростникови́дная полеви́чка
тростнико́во-убо́рочный
тростнико́вый
тростничо́к, -чка́
тро́сточка, -и, *р. мн.* -чек
трость, -и, *мн.* -и, -е́й
тростя́нка, -и, *р. мн.* -нок
тростяно́й
трот, -а
троти́л, -а
троти́ловый
тротуа́р, -а
тротуа́рный
тротуароубо́рочный
тротуа́рчик, -а
трофалги́я, -и
трофе́й, -я
трофе́йный
тро́фика, -и
трофи́ческий
трофобио́з, -а
трофобла́ст, -а
трофолла́ксис, -а
трофо́лог, -а
трофологи́ческий
трофоло́гия, -и
трофоневро́з, -а
трофофи́лл, -а
трофоци́т, -а
трохеи́ческий
трохе́й, -я (*хорей*)
трохили́ски, -ов, *ед.* -ли́ск, -а
трохо́ида, -ы
трохотро́н, -а
трохофо́ра, -ы
троцки́зм, -а (*от* Тро́цкий)
троцки́ст, -а
троцки́стка, -и, *р. мн.* -ток
троцки́стский
троцки́стско-зино́вьевский
тро́шки, *нареч.*
троще́ние, -я
трощённый; *кр. ф.* -ён, -ена́, *прич.*
трощёный, *прил.*
троюродный
троя́к, -а́
троя́кий
троя́кость, -и
троя́нка, -и, *р. мн.* -нок
Троя́нская война́
троя́нский (*от* Тро́я; троя́нский ко́нь)
троя́нцы, -ев, *ед.* -нец, нца, *тв.* -нцем
троячо́к, -чка́
троя́шка, -и, *р. мн.* -шек
труба́, -ы́, *мн.* тру́бы, труб
трубаду́р, -а
трубаду́рский
труба́стый
труба́ч, -а́, *тв.* -о́м
труба́ческий
Трубецко́й бастио́н (*в Петропавловской крепости*)
труби́ть(ся), -блю́, -би́т(ся)

тру́бка, -и, *р. мн.* -бок
трубкова́ние, -я
трубковёрт, -а
трубкови́дный; *кр. ф.* -ден, -дна
трубкозу́б, -а
трубкозу́бые, -ых
трубконо́с, -а
трубконо́сые, -ых
трубкообра́зный; *кр. ф.* -зен, -зна
трубкоры́л, -а
Тру́бная пло́щадь (*в Москве*)
тру́бник, -а
тру́бный
трубово́з, -а
трубоволоче́ние, -я
трубоволочи́льный
трубоги́б, -а
трубоги́бочный
трубоги́бщик, -а
трубодержа́тель, -я
трубокла́д, -а
трубоку́р, -а
трубolите́йный
труболите́йщик, -а
трубоме́дник, -а
трубонарезно́й
трубообраба́тывающий
трубопрово́д, -а
трубопрово́дный
трубопроводострое́ние, -я
трубопроводострои́тельный
трубопрово́дчик, -а
трубопрока́тный
трубопрока́тчик, -а
труборе́з, -а
труборе́зный
трубосва́рочный
трубоста́в, -а
трубртра́нспорт, -а
трубоукла́дочный
трубоукла́дчик, -а
трубочи́ст, -а
тру́бочка, -и, *р. мн.* -чек
тру́бочник, -а
тру́бочный
трубоэлектросва́рочный
трубоэлектросва́рщик, -а
трубча́тка, -и, *р. мн.* -ток
тру́бчато-кольцево́й
тру́бчатый
труве́р, -а
труви́ль, -я
труд, -а́
труддисципли́на, -ы
труди́ть(ся), тружу́(сь), тру́дит(ся)
трудне́йший
трудне́нек, -нька
трудне́нько, *в знач. сказ.*
тру́дно, *нареч.* и *в знач. сказ.*
трудновáто, *нареч.* и *в знач. сказ.*
труднова́тый
трудновоспиту́емый
трудновосполни́мый
трудновосприни́ма́емый*
трудновоспроизводи́мый
трудновыполни́мый
труднодеформи́руемый*
труднодоказу́емый
труднодостижи́мый
труднодосту́пность, -и
труднодосту́пный; *кр. ф.* -пен, -пна
труднoизвлека́емый*
трудноизлечи́мый
трудноисполни́мый
труднолечи́мый
труднообраба́тываемый*
труднообъясни́мый
трудноопредели́мый
трудноосуществи́мый
труднопереваṕиваемый*
труднопереводи́мый
труднопла́вкий
труднопла́вкость, -и
труднопонима́емый*
труднопоправи́мый
труднопредсказу́емый*
труднопредстави́мый
труднопреодоли́мый
труднопрогнози́руемый*
труднопроизноси́мый
труднопроходи́мость, -и
труднопроходи́мый
трудноразделим́ый
трудноразреши́мый
труднорастворим́ый
труднореализу́емый*
трудноpегули́руемый*
трудноpеша́емый*
трудносгора́емый*
трудносовмести́мый
тру́дность, -и
трудносыпу́чий
трудноузнава́емый*
трудноулови́мость, -и
трудноулови́мый*
трудноуправля́емость, -и
трудноуправля́емый*
трудноусвоя́емый*
трудноустрани́мый
трудноуязви́мый
трудночита́емый*
тру́дный; *кр. ф.* -ден, -дна́, -дно, тру́дны́
трудови́к, -а́
трудово́й
трудого́лик, -а
трудоде́нь, -дня́
трудоёмкий; *кр. ф.* -мок, -мка
трудоёмкость, -и
трудозатра́ты, -а́т
трудоизбы́точный
трудолю́б, -а
трудолю́бец, -бца, *тв.* -бцем, *р. мн.* -бцев
трудолюби́вый
трудолю́бие, -я
трудообеспе́ченность, -и
трудоотда́ча, -и, *тв.* -ей
трудосберега́ющий
трудосбереже́ние, -я
трудоспосо́бность, -и
трудоспосо́бный; *кр. ф.* -бен, -бна
трудотерапи́я, -и
трудоустра́ивать(ся), -аю(сь), -ает(ся)
трудоустро́енный; *кр. ф.* -ен, -ена
трудоустро́ить(ся), -о́ю(сь), -о́ит(ся)
трудоустро́йство, -а
трудоча́с, -а, *мн.* -ы́, -о́в
трудфро́нт, -а
труд́яга, -и, *м.* и *ж.*
трудя́щиеся, -ихся, *ед.* -ийся, -егося
трудя́щийся, *прич.* и *прил.*
тружа́ющиеся, -ихся
тру́женик, -а
тру́женица, -ы, *тв.* -ей
тру́женический
тру́женичество, -а
труни́ть, -ню́, -ни́т
труп, -а
тру́пик, -а
тру́пный (*от* труп)
труполо́жство, -а и **труполо́жество,** -а
трупоположе́ние, -я
трупосожже́ние, -я
тру́ппа, -ы
тру́ппка, -и, *р. мн.* -ппок
тру́ппный (*от* тру́ппа)
трус, -а
тру́сики, -ов
тру́сить, тру́шу, тру́сит (*бояться*)
труси́ть, трушу́, труси́т (*трясти; бежать, ехать рысцой*)
труси́ться, -и́тся (*сыпаться*)
труси́ха, -и
труси́шка, -и, *р. мн.* -шек, *м.* и *ж.* (*от* трус)
труси́шки, -шек (*от* трусы́)
труско́м, *нареч.*
трусли́вость, -и
трусли́вый
трусова́тость, -и
трусова́тый
тру́сость, -и
трусца́, -ы́, *тв.* -о́й
трусцо́й, *нареч.*
трусы́, -о́в
тру́сящий (*от* тру́сить)
труся́щий(ся) (*от* труси́ть и труси́ться)
трут, -а
тру́тень, -тня
трутнево́й
тру́тник, -а
тру́тный
трутови́к, -а́
трутовико́вые, -ых
трутови́ца, -ы, *тв.* -ей
труто́вка, -и, *р. мн.* -вок
тру́товый (тру́товые грибы́)
трутяно́й
труха́, -и́
трухле́ть, -е́ет
трухля́вевший (*от* трухля́веть)
трухля́веть, -еет

трухля́вившийся (*от* трухля́виться)
трухля́виться, -вится
трухля́вость, -и
трухля́вый
трухля́вящийся
трухля́к, -а́
трухну́ть, -ну́, -нёт
тру́шенный; *кр. ф.* -ен, -ена
трущо́ба, -ы
трущо́бный
тры́нка, -и, *р. мн.* -нок
трын-трава́, *в знач. сказ.*
тры́нтэ, *нескл., с. (молдавская нац. борьба)*
трюи́зм, -а
трюк, -а
трюка́ч, -а́, *тв.* -о́м
трюка́ческий
трюка́чество, -а
трюкмаши́на, -ы
трю́ковый и **трюково́й**
трюм, -а
трю́мный
трюмо́, *нескл., с.*
трю́мсель, -я
трю́фелевый
трю́фель, -я, *мн.* -и, -ей и -я́, -е́й
трю́фельный
трю́хать, -аю, -ает
трюх-трю́х, *неизм.*
тряпи́ца, -ы, *тв.* -ей
тряпи́чка, -и, *р. мн.* -чек
тряпи́чник, -а
тряпи́чница, -ы, *тв.* -ей
тряпи́чничество, -а
тряпи́чность, -и
тряпи́чный
тря́пка, -и, *р. мн.* -пок
тряпкоре́зка, -и, *р. мн.* -зок
тряпно́й
тря́почка, -и, *р. мн.* -чек
тря́почный
тряпьё, -я́
тряпьёвый
тряса́вица, -ы, *тв.* -ей
трясе́ние, -я
трясённый; *кр. ф.* -ён, -ена́, *прич.*
тряси́лка, -и, *р. мн.* -лок
тряси́льный
тряси́льщик, -а
тряси́на, -ы
тряси́нный
тря́ска, -и
тря́ский; *кр. ф.* тря́сок, тря́ска́, тря́ско
тря́скость, -и
трясогу́зка, -и, *р. мн.* -зок
трясти́(сь), трясу́(сь), трясёт(ся); *прош.* тря́с(ся), трясла́(сь)
трясу́н, -а́
трясу́нка, -и, *р. мн.* -нок
трясу́чий
трясу́чка, -и, *р. мн.* -чек
трясца́, -ы́, *тв.* -о́й
тря́сче, *сравн. ст.*
тря́сший(ся)
тряхану́ть(ся), -ну́(сь), -нёт(ся)
тря́хнутый
тряхну́ть(ся), -ну́(сь), -нёт(ся)
ТСЖ [тэсэжэ́], *нескл., с.* (*сокр.:* товарищество собственников жилья)
тсо́нга, *неизм.* и *нескл., м.* (*группа языков*), *нескл., мн., ед. м.* и *ж.* (*народ*)
тсс, *неизм.*
тсу́га, -и
ту, *нескл., мн., ед. м.* и *ж.* (*народ*)
Ту, *нескл., м.* (*самолет*)
туа́з, -а
туале́т, -а
туале́тный
туальдено́р, -а
туальдено́ровый
туапси́нский (*от* Туапсе́)
туапси́нцы, -ев, *ед.* -нец, -нца, *тв.* -нцем
туаре́ги, -ов, *ед.* -ре́г, -а
туаре́гский
туата́ра, -ы
ту́ба, -ы
ту́ба-ба́с, ту́бы-ба́са
тубафо́н, -а
тубдиспансе́р, -а
тубдиспансе́рный
тубе́ркул, -а
туберкулёз, -а
туберкулёзник, -а
туберкулёзница, -ы, *тв.* -ей
туберкулёзный
туберкули́н, -а
туберкули́новый
туберо́за, -ы
туберо́зовый
ту́бик, -а (*туберкулезник, жарг.*)
ту́бный
тубо́, *неизм.* (*команда*)
ту́бовый
тубофо́н, -а
ту́бус, -а
туви́нка, -и, *р. мн.* -нок
туви́нский (*от* Тува́)
туви́нцы, -ев, *ед.* -нец, -нца, *тв.* -нцем
туга́й, -я
туга́йный
туга́рин, -а *(сказочное существо)*
тугендбу́нд, -а *(ист.)*
ту́го, *нареч.* и *в знач. сказ.*
тугова́тый
тугоду́м, -а
тугоду́мка, -и, *р. мн.* -мок
тугоду́мный
туго́й; *кр. ф.* туг, туга́, ту́го, ту́ги́
ту́го-на́туго
ту́гонький
тугопла́вкий; *кр. ф.* -вок, -вка
тугопла́вкость, -и
тугоси́сяя
ту́гость, -и
тугоу́здый
тугоу́хий
тугоу́хость, -и
ту́грик, -а
тугу́н, -а́
туда́
туда́ же
туда́-обра́тно
туда́-сюда́
туда́-то
ту́евый
ту́ер, -а, *мн.* -а́, -о́в и -ы, -ов
ту́ес, -а, *мн.* -а́, -о́в
туесо́к, -ска́
туесо́чек, -чка
ту́жа́щий
ту́жащийся
ту́же, *сравн. ст.*
тужи́ть, тужу́, ту́жит
ту́житься, ту́жусь, ту́жится
тужу́рка, -и, *р. мн.* -рок
тужу́рочка, -и, *р. мн.* -чек
туз, -а́
тузе́мец, -мца, *тв.* -мцем, *р. мн.* -мцев
тузе́мка, -и, *р. мн.* -мок
тузе́мный
ту́зик, -а
тузи́ть, тужу́, тузи́т
тузлу́к, -а́
тузлу́чный
тузо́вый
туи́зл, -а *(элемент фигурного катания)*
тук[1], -а (*сало, жир; минеральное удобрение*)
тук[2], *неизм.*
тука́н, -а
тука́но, *неизм.* и *нескл., м.* (*язык*), *нескл., мн., ед. м.* и *ж.* (*племенная группа*)
ту́канье, -я
ту́кать(ся), -аю(сь), -ает(ся)
тукли́пс, -а *(деталь велосипеда)*
ту́кнутый
ту́кнуть(ся), -ну(сь), -нет(ся)
ту́ковый
туковысева́ющий
тукоразбра́сыватель, -я
тукосмеси́тель, -я
тукосмеси́тельный
тукосме́сь, -и
тукосмеше́ние, -я
тукохрани́лище, -а
тук-ту́к, *неизм.*
туле́йка, -и, *р. мн.* -е́ек
туле́йный
ту́лес, -а
ту́лий, -я
ту́ловище, -а
ту́ловищный
ту́лово, -а
туло́нский (*от* Туло́н)
туло́нцы, -ев, *ед.* -нец, -нца, *тв.* -нцем
тулу́зка, -и, *р. мн.* -зок
тулу́зский (*от* Тулу́за)
тулу́зцы, -ев, *ед.* -зец, -зца, *тв.* -зцем
тулу́мба, -ы
тулумба́с, -а

тулу́п, -а
тулу́пишко, -а и -и, *мн.* -шки, -шек, *м.*
тулу́пище, -а, *мн.* -а и -и, -ищ, *м.*
тулу́пник, -а
тулу́пный
тулу́пчик, -а
тулу́пщик, -а
ту́льский (*от* Ту́ла)
тульчи́нский (*от* Тульчи́н)
Ту́льщина, -ы (*к* Ту́ла)
тулья́, -и́, *р. мн.* туле́й
туляки́, -о́в, *ед.* туля́к, -а́ (*от* Ту́ла)
туляреми́йный
туляреми́я, -и
туля́чка, -и, *р. мн.* -чек
тума́к, -а́
тума́н[1], -а и -у (*атмосферное явление*; напусти́ть тума́ну)
тума́н[2], -а и **тома́н,** -а (*монета*)
тума́нец, -нца и -нцу
тума́нистый
тума́нить(ся), -ню(сь), -нит(ся)
тума́нище, -а, *мн.* -а и -и, -ищ, *м.*
тума́нно, *нареч.* и *в знач. сказ.*
тума́нность, -и
тума́нный; *кр. ф.* -а́нен, -а́нна
тумано́граф, -а
тума́нчик, -а и -у
тума́нящий(ся)
ту́мба, -ы
ту́мблер, -а
ту́мблерный
тумбообра́зный; *кр. ф.* -зен, -зна
ту́мбочка, -и, *р. мн.* -чек
ту́мкать, -аю, -ает
ту́мор, -а
тунг, -а
ту́нговый
тунгу́ска, -и, *р. мн.* -сок
тунгу́со-маньчжу́рский
тунгусоманьчжу́ры, -ов
тунгу́сский (*к* тунгу́сы и Тунгу́ска, *река*)
тунгу́сы, -ов, *ед.* -гу́с, -а
ту́ндра, -ы
ту́ндреный
тундрови́к, -а́
ту́ндровый
ту́ндряная куропа́тка
тундря́нка, -и, *р. мн.* -нок
туне́ц, тунца́, *тв.* тунцо́м, *р. мн.* тунцо́в
тунея́дец, -дца, *тв.* -дцем, *р. мн.* -дцев
тунея́дка, -и, *р. мн.* -док
тунея́дный
тунея́дский
тунея́дство, -а
тунея́дствовать, -твую, -твует
тунея́дческий
туни́ка, -и (*древнеримская короткая одежда*)
туника́ты, -а́т, *ед.* -ка́та, -ы
туни́ска, -и, *р. мн.* -сок
туни́сский (*от* Туни́с)
туни́сцы, -ев, *ед.* -сец, -сца, *тв.* -сцем
туннелестрое́ние, -я и **тоннелестрое́ние,** -я
туннелестрои́тельный и **тоннелестрои́тельный**
тунне́ль, -я и **тонне́ль,** -я
тунне́льный и **тонне́льный**
тунцело́в, -а
тунцело́вный
тунцо́вый
тупа́йя, -и
тупа́к, -а́ *(жарг.)*
тупа́рь, -я́
тупе́й, -я
тупе́йный
тупе́йший
тупе́нек, -нька
ту́пенький
тупе́ть, -е́ю, -е́ет
ту́пик, -а (*птица*)
тупи́к, -а́
ту́пиковый (*от* ту́пик)
тупико́вый (*от* тупи́к)
тупи́ть(ся), туплю́, ту́пит(ся)
тупи́ца, -ы, *тв.* -ей, *м.* и *ж.*
тупичо́к, -чка́
тупова́тость, -и
тупова́тый
тупоголо́вость, -и
тупоголо́вый
тупо́й; *кр. ф.* туп, тупа́, ту́по, ту́пы́
тупоконе́чный
ту́полевский (*от* Ту́полев)
туполи́стный и **туполи́стый**
туполо́бие, -я
туполо́бость, -и
туполо́бый
тупомо́рденький
тупомо́рдый
тупоно́сенький
тупоно́сый
тупоры́лый
ту́пость, -и
тупоуго́льный
тупоу́мие, -я
тупоу́мный; *кр. ф.* -мен, -мна
тупя́щий(ся)
тур, -а
тур... – *первая часть сложных слов, пишется слитно*
тура́, -ы́
тураге́нтство, -а
турако́, *нескл., м.*
тура́нга, -и
тура́нговый
Тура́нская плита́ (*геол.*)
Тура́нская равни́на (ни́зменность)
тура́нский
тура́ч, -а́, *тв.* -о́м
турба́за, -ы
турбелля́рии, -ий, *ед.* -рия, -и
турби́на, -ы
турбини́ст, -а
турби́нный
турбинострое́ние, -я
турбинострои́тель, -я
турбинострои́тельный
турби́нщик, -а
турбо... – *первая часть сложных слов, пишется слитно*
турбоагрега́т, -а
турбобу́р, -а
турбобуре́ние, -я
турбовентиля́тор, -а
турбовентиля́торный
турбовинтово́й
турбово́з, -а
турбовоздуходу́вка, -и, *р. мн.* -вок
турбовозду́шный
турбово́зный
турбогенера́тор, -а
турбогенера́торный
турбодета́ндер, -а
турбокомпре́ссор, -а
турбокомпре́ссорный
турбомаши́на, -ы
турбомото́рный
турбомоторострое́ние, -я
турбомоторострои́тель, -я
турбомоторострои́тельный
турбонадду́в, -а
турбонасо́с, -а
турбонасо́сный
турбопа́рус, -а
турбопа́русный
турбопо́езд, -а, *мн.* -а́, -о́в
турбораке́тный
турбореакти́вный
турбострое́ние, -я
турбострои́тель, -я
турбострои́тельный
турбохо́д, -а
турбоэлектри́ческий
турбоэлектрохо́д, -а
турбуле́нтность, -и
турбуле́нтный
турбулиза́тор, -а
турбюро́, *нескл., с.*
Турга́йская доли́на (ложби́на)
турга́йский (*от* Турга́й)
Турга́йское плато́
тургеневе́д, -а (*от* Турге́нев)
тургеневе́дение, -я
турге́невский (*от* Турге́нев)
ту́ргор, -а
ту́ргорный
тургости́ница, -ы, *тв.* -ей
тургру́ппа, -ы
туре́ль, -и
туре́льный
турёнок, -нка, *мн.* туря́та, -я́т (*от* тур)
Туре́тчина, -ы
туре́цкий (*к* ту́рки и Ту́рция)
туре́цко-азербайджа́нский
туре́цко-армя́нский
туре́цко-ки́прский
туре́цко-месхети́нский
туре́цко-росси́йский
туре́цко-ру́сский
туре́цко-украи́нский
тури́зм, -а

ту́рий, -ья, -ье
туринвента́рь, -я́
Тури́нская плащани́ца
тури́нский (*от* Тури́н; Тура́, Тури́нск)
тури́нцы, -ев, *ед.* -нец, -нца, *тв.* -нцем
тури́ный
тури́ст, -а
туристи́ческий
тури́стка, -и, *р. мн.* -ток
тури́стский
тури́стско-экскурсио́нный
тури́ть, турю́, тури́т
тури́ца, -ы, *тв.* -ей
ту́рка, -и, *р. мн.* ту́рок (*сосуд*)
ту́ркать, -аю, -ает
Туркеста́но-Сиби́рская желе́зная доро́га
туркеста́нский (*от* Туркеста́н)
Туркеста́нский хребе́т
ту́рки, ту́рок, *ед.* ту́рок, ту́рка
ту́рки-месхети́нцы, ту́рок-месхети́нцев, *ед.* ту́рок-месхети́нец, ту́рка-месхети́нца
Туркманча́йский ми́р (*1828*)
туркменста́нский (*от* Туркменистáн)
туркме́нка, -и, *р. мн.* -нок
туркме́нский (*к* туркме́ны, Туркме́ния, Туркменистáн)
туркме́нско-росси́йский
туркме́ны, -ме́н и -ов, *ед.* -ме́н, -а
турко́мплекс, -а
Туркси́б, -а
ту́ркуский (*от* Ту́рку)
ту́ркусцы, -ев, *ед.* -сец, -сца, *тв.* -сцем
турлу́к, -а
турлы́канье, -я
турлы́кать, -ает и -ы́чет
турмали́н, -а
турмали́новый
ту́рман, -а, *мн.* -а́, -о́в и -ы, -ов
турне́, *нескл., с.*
турне́до, *нескл.. с. (кулин.)*
турне́пс, -а
турне́псовый
турни́к, -а́
турнике́т, -а
турнике́тный
турнико́вый
турни́р, -а
турни́рный
турни́ст, -а
турничо́к, -чка́
турно́вер, -а
турнодо́зер, -а
турну́ть, -ну́, -нёт
турню́р, -а
турню́рный
туропера́тор, -а
турпа́н, -а
турпо́езд, -а, *мн.* -а́, -о́в
турпое́здка, -и, *р. мн.* -док
турпохо́д, -а
турпутёвка, -и, *р. мн.* -вок
турсу́к, -а́
туру́нда, -ы *(мед.)*
туру́ндочка, -и, *р. мн.* -чек
туру́сы, -ов (туру́сы на колёсах)
турухáнский (*от* Турухáнск)
Турухáнский кра́й (*ист.*)
турухáнцы, -ев, *ед.* -нец, -нца, *тв.* -нцем
турухтáн, -а
турухтáний, -ья, -ье
турфи́рма, -ы
турце́нтр, -а
турчáнка, -и, *р. мн.* -нок
турчо́нок, -нка, *мн.* -чáта, -чáт
ту́скленький
ту́скло-бе́лый
тускловáтость, -и
тускловáтый
ту́скло-голубо́й
ту́скло-зелёный
ту́скло-кори́чневый
ту́скло-се́рый
ту́склость, -и
ту́склый; *кр. ф.* тускл, тусклá, ту́скло, ту́склы́
тускне́вший
тускне́ть, -е́ет
ту́скнувший
ту́скнуть, -нет; *прош.* ту́скнул, ту́скла
туснáк, -а
тусовáться, тусу́юсь, тусу́ется
тусо́вка, -и, *р. мн.* -вок
тусо́вочка, -и, *р. мн.* -чек
тусо́вочный
тусо́вщик, -а
тусо́вщица, -ы, *тв.* -ей
туcте́п, -а
тут[1], *нареч.*
тут[2], -а и **ту́та**[1], -ы (*тутовник*)
ту́та[2], *нареч.* (*прост. к* тут[1])
тутáк, -а
Тутанхамо́н, -а
ту́т же
ту́т как ту́т
туто́вник, -а
тутово́д, -а
тутово́дство, -а
тутово́дческий
ту́товый
ту́тор, -а, *мн.* -а́, -о́в и -ы, -ов
ту́тотка, *нареч.* (*прост. к* тут[1])
ту́точка и **ту́точки** (*прост. к* тут[1])
ту́тошний
ту́тси, *нескл., мн., ед. м.* и *ж.* (*этническая группа*)
ту́тти, *неизм.* и *нескл., с.* (*муз.*)
ту́тти квáнти, *нескл., мн.*
ту́тти-фру́тти, *нескл., с.* и *мн.*
ту́т-то
туф, -а
ту́фельки, -лек, *ед.* -лька, -и
ту́фельный
ту́фли, ту́фель, *ед.* ту́фля, -и
ту́фли-тáпочки, ту́фель-тáпочек
туфобето́н, -а
ту́фовый
туфолáва, -ы
туфтá, -ы́
туффи́т, -а
тухли́нка, -и
тухловáтый
ту́хлость, -и
ту́хлый; *кр. ф.* тухл, тухлá, ту́хло
тухля́тина, -ы
ту́хнувший
ту́хнуть, -нет; *прош.* тух и ту́хнул, ту́хла
туцзя́, *нескл., мн., ед. м.* и *ж.* (*народ*)
ту́ча, -и, *тв.* -ей
ту́ча ту́чей
тучево́й
ту́чища, -и, *тв.* -ей
ту́чка, -и, *р. мн.* ту́чек
тучне́ть, -е́ю, -е́ет
тучновáтый
ту́чность, -и
ту́чный; *кр. ф.* -чен, -чнá, -чно, ту́чны́
туш, -а, *тв.* -ем (*муз.*)
ту́ша, -и, *тв.* -ей
ту́шащий(ся)
туше́, *нескл., с.*
тушевáльный
тушевáльщик, -а
тушевáльщица, -ы, *тв.* -ей
тушевáние, -я
тушёванный; *кр. ф.* -ан, -ана
тушевáть(ся), тушу́ю(сь), тушу́ет(ся)
тушёвка, -и
ту́шевый
туше́ние, -я
тушёнка, -и
ту́шенный; *кр. ф.* -ен, -ена, *прич.*
тушёночный
тушёный, *прил.*
ту́шечница, -ы, *тв.* -ей
туши́лка, -и, *р. мн.* -лок
туши́льник, -а
туши́льный
туши́нка, -и, *р. мн.* -нок (*к* туши́ны)
ту́шинский (*от* Ту́шино)
туши́нский (*от* туши́ны)
Ту́шинский во́р (*ист.*)
ту́шинцы, -ев, *ед.* -нец, -нца, *тв.* -нцем (*от* Ту́шино)
туши́ны, -и́н, *ед.* туши́н, -а
туши́рование, -я
туши́рованный; *кр. ф.* -ан, -ана
туши́ровать, -рую, -рует
туши́ст, -а
туши́ть(ся), тушу́, ту́шит(ся)
ту́шка, -и, *р. мн.* ту́шек
тушкáнчик, -а
тушкáнчиковые, -ых
тушь, -и (*краска*)
тую́г, -а
ту́я, ту́и
тхеквонди́ст, -а, **тэквонди́ст,** -а и **тейквонди́ст,** -а
тхеквондо́, тэквондо́ и **тейквондо́,** *нескл., с.*

т-ш-ш, *неизм.*
тща́ние, -я
тща́тельность, -и
тща́тельный; *кр. ф.* -лен, -льна
тщеду́шие, -я
тщеду́шность, -и
тщеду́шный; *кр. ф.* -шен, -шна
тщесла́вие, -я
тщесла́виться, -влюсь, -вится
тщесла́вность, -и
тщесла́вный; *кр. ф.* -вен, -вна
тщесла́вящийся
тщета́, -ы́
тщётность, -и
тщётный; *кр. ф.* -тен, -тна
тщи́ться, тщу́сь, тщи́тся
ты[1], тебя́, тебе́, тобо́й, о тебе́
ты[2] *– в составе междометий и частиц пишется раздельно, напр.:* а́х ты, о́х ты, у́х ты, и́шь ты, ви́шь ты; но: фу́-ты, фу́-ты ну́-ты
тык[1], -а (*действие*)
тык[2], *неизм.*
ты́канный; *кр. ф.* -ан, -ана
ты́канье, -я
ты́кать, -аю, -ает (*говорить "ты"*)
ты́кать(ся), ты́чу(сь), ты́чет(ся) и ты́каю(сь), ты́кает(ся) (*к* ткну́ть(ся)
ты́ква, -ы
ты́квенник, -а
ты́квенный
ты́квина, -ы
тыквообра́зный; *кр. ф.* -зен, -зна
тыквоподо́бный; *кр. ф.* -бен, -бна
ты́квочка, -и, *р. мн.* -чек
ты́кнуть, -ну, -нет
ты́ковка, -и, *р. мн.* -вок
тыл, -а, *предл.* в тылу́, *мн.* -ы́, -о́в
тылови́к, -а́
тыловой
ты́льный
тын, -а, *мн.* -ы, -ов и -ы́, -о́в
ты́ндинский (*от* Ты́нда)
ты́ндинцы, -ев, *ед.* -нец, -нца, *тв.* -нцем
ты́нный
ты́новый
ты́рить, ты́рю, ты́рит
тырк, *неизм.*
ты́рканье, -я
ты́ркать(ся), -аю(сь), -ает(ся)
ты́ркнуть(ся), -ну(сь), -нет(ся)
ты́рло, -а
тыр-пы́р, *неизм.*
ты́рса, -ы (*растение*)
тырса́, -ы́ (*смесь песка и опилок*)
тысчо́нка, -и, *р. мн.* -нок
ты́сяцкий, -ого
ты́сяча, -и, *тв.* ты́сячей и ты́сячью, *р. мн.* ты́сяч и (*при передаче разг. произношения, в поэзии*) **ты́ща,** -и, *тв.* ты́щей, *р. мн.* тыщ
ты́сяча деся́тый (1010-й), ты́сяча деся́того (1010-го)
ты́сяча пе́рвый (1001-й), ты́сяча пе́рвого (1001-го)
тысячевёрстный
тысячегла́вый
тысячеголо́в, -а
тысячеголо́вый
тысячеголо́сый
тысячегра́дусный
тысячегра́нный
тысячекилометро́вый (1000-километро́вый)
тысячекра́тный
тысячеле́тие (1000-ле́тие), -я
тысячеле́тний (1000-ле́тний)
тысячели́стник, -а
тысячеметро́вый (1000-метро́вый)
тысячеми́льный
тысячено́жка, -и, *р. мн.* -жек
тысячерублёвка, -и, *р. мн.* -вок
тысячерублёвый (1000-рублёвый)
тысячеси́льный
тысячето́нный (1000-то́нный)
тысячеу́стый
ты́сячка, -и, *р. мн.* -чек
ты́сячник, -а
ты́сячница, -ы, *тв.* -ей
ты́сячный
тычи́на, -ы
тычи́нка, -и, *р. мн.* -нок
тычи́нковый
тычи́нник, -а
тычи́ночный
тычко́вый
тычко́м, *нареч.*
тычо́к, тычка́
ты́чущий(ся) (*от* ты́кать(ся)
ты́ща, -и, *р. мн.* тыщ (*вместо* ты́сяча *– при передаче разг. произношения, в поэзии*)
тьма, -ы
тьма́ те́м
тьма́-тьму́щая, тьмы́-тьму́щей
тьмутарака́нский и **тмутарака́нский**
тьмутарака́нь, -и и **тмутарака́нь,** -и *(глухое отдаленное место)*
тьмы́ те́м
тьфу, *неизм.*
тьфу-тьфу́, *неизм.*
тью́тор, -а
тью́торский
тью́торство, -а
тэ, *нескл., с.* (*название буквы*)
тэк, -а (*животное*)
ТЭК, *нескл., м.* (*сокр.*: топливно-энергетический комплекс)
тэквонди́ст, -а, **тейквонди́ст,** -а и **тхэквонди́ст,** -а
тэквондо́, тейквондо́ и **тхэквондо́,** *нескл., с.*
тэн, -а
тэнда́й, -я и *нескл., м.* (*в буддизме*)
тэнно́, *нескл., м.*
ТЭС, *нескл., ж.* (*сокр.*: теплоэлектростанция)
тэтчери́зм, -а (*от* Тэ́тчер)
ТЭЦ, *нескл., ж.* (*сокр.*: теплоэлектроцентраль)
тю, *неизм.*
тюб, -а *(шлягер)*
тюба́ж, -а, *тв.* -ем *(мед.)*
тюбете́ечка, -и, *р. мн.* -чек
тюбете́ечный
тюбете́й, -я
тюбете́йка, -и, *р. мн.* -е́ек
тю́бик, -а
тю́бинг, -а
тю́бинге́нский (*от* Тю́бинген)
тю́бинговый
тюбингоукла́дчик, -а
тю́бингщик, -а
тю́вик, -а
тюдо́ровский (*от* Тюдо́ры)
Тюдо́ры, -ов (*династия*)
ТЮЗ, -а (*сокр.*: театр юного зрителя)
тю́зовец, -вца, *тв.* -вцем, *р. мн.* -вцев
тю́зовка, -и, *р. мн.* -вок
тю́зовский
тюильри́йский (*от* Тюильри́)
тюк[1], -а́
тюк[2], *неизм.*
тю́канье, -я
тю́кать(ся), -аю(сь), -ает(ся)
тю́кнутый
тю́кнуть(ся), -ну(сь), -нет(ся)
тюкова́ние, -я
тюко́ванный; *кр. ф.* -ан, -ана
тюкова́ть(ся), тюку́ю, тюку́ет(ся)
тюко́вка, -и
тюково́й
тюко́вщик, -а
тюкоподбо́рщик-укла́дчик, тюкоподбо́рщика-укла́дчика
тю́левый
тюлегарди́нный
тюлекружевно́й
тюленебо́ец, -о́йца, *тв.* -о́йцем, *р. мн.* -о́йцев
тюленебо́йный
тюле́невый
тюленёнок, -ёнка, *мн.* тюленя́та, -я́т
тюле́ний, -ья, -ье
тюле́нина, -ы
тюлену́ха, -и
тюле́нь, -я
тюле́нь-крабое́д, тюле́ня-крабое́да
тюль, -я
тю́лька, -и, *р. мн.* тю́лек
тюльпа́н, -а
тюльпа́нный
тюльпанови́дный; *кр. ф.* -ден, -дна
тюльпа́новый
тюльпа́нчик, -а
тюлюлю́канье, -я
тюлюлю́кать, -аю, -ает
тюме́нка, -и, *р. мн.* -нок
тюме́нский (*от* Тюме́нь)
Тюме́нский Се́вер
тюме́нцы, -ев, *ед.* -нец, -нца, *тв.* -нцем

Тюме́нщина, -ы (*к* Тюме́нь)
тю́нер, -а
тю́нер-синтеза́тор, тю́нера-синтеза́тора
тюни́к, -а и **тюни́ка,** -и (*верхняя часть двойной юбки; пачка балерины*)
тю́нинг, -а
тюнингова́ть, -гу́ю, -гу́ет
тю́нинговый
тюрба́н, -а
тюре́мно-блатно́й
тюре́мно-ла́герно-блатно́й
тюре́мно-ла́герный
тюре́мный
тюре́мщик, -а
тюре́мщица, -ы, *тв.* -ей
тюри́нгенский (*от* Тюри́нгия)
тюри́нгенцы, -ев, *ед.* -нец, -нца, *тв.* -нцем
тюри́нги, -ов (*племенная группа*)
тюринги́т, -а
тю́рки, тю́рок и тю́рков, *ед.* тюрк и тю́рок, тю́рка
тюрки́зм, -а
тюрко́лог, -а
тюркологи́ческий
тюркологи́я, -и
тюркомонго́лы, -ов
тю́рко-монго́льский
тю́рко-тата́рский
тюркоязы́чный
тюркри́, *нескл, м.* и *неизм.* (*стиль в искусстве*)
тю́ркский
тюрча́нка, -и, *р. мн.* -нок (*к* тю́рки)
тю́рька, -и, *р. мн.* тю́рек
тюрьма́, -ы́, *мн.* тю́рьмы, тю́рем, тю́рьмам
тю́ря, -и
тюря́га, -и
тю́телька в тю́тельку
тютчеве́д, -а (*от* Тю́тчев)
тю́тчевский (*от* Тю́тчев)
тю́тькаться, -аюсь, -ается
тю-тю́, *неизм.*
тютю́кать, -аю, -ает
тютю́н, -а́
тю́тя, -и, *р. мн.* -ей, *м.* и *ж.*
тюфя́к, -а́
тюфя́чный
тюфячо́к, -чка́
тю́чный
тючо́к, тючка́
тябло́, -а́ и **тя́бло,** -а
тя́бло́вый
тяв, *неизм.*
тя́вканье, -я
тя́вкать, -аю, -ает
тя́вкнуть, -ну, -нет
тявку́ша, -и, *тв.* -ей
тяв-тя́в, *неизм.*
тяг: да́ть (зада́ть) тя́гу
тя́га, -и
тяга́льный
тяга́ть(ся), -а́ю(сь), -а́ет(ся)
тяга́ч, -а́, *тв.* -о́м
тягачо́к, -чка́
тя́гивать, *наст. вр. не употр.*
тягле́ц, -а́, *тв.* -о́м
тя́гло, -а и **тягло́,** -а́, *мн.* тя́гла, тягл и тя́гол, тя́гла́м
тя́гловый
тя́глый
тяговооружённость, -и
тя́гово-сцепно́й
тя́говый
тягодутьево́й
тягоме́р, -а
тягомо́тина, -ы
тягомо́тный; *кр. ф.* -тен, -тна
тя́гостность, -и
тя́гостный; *кр. ф.* -тен, -тна
тя́гость, -и
тягота́, -ы́ (*тяжесть, устар. и прост.*)
тяготе́ние, -я
тяготе́ть, -е́ю, -е́ет
тяготи́ть(ся), -ощу́(сь), -оти́т(ся)
тя́готы, -от, *ед.* тя́гота, -ы (*затруднения, заботы*)
тягу́н, -а́
тягу́честь, -и
тягу́чий
тягча́йший
тягчи́ть, -чу́, -чи́т
тяж, -а́, *тв.* -о́м
тя́жба, -ы
тя́жебный
тя́жебщик, -а
тя́жевый
тяжеле́е и (*устар.*) **тяже́ле,** *сравн. ст.*
тяжеле́йший
тяжеле́нек, -нька
тяжеле́нный
тяжёленький
тяжеле́нько, *нареч.* и *в знач. сказ.*
тяжеле́ть, -е́ю, -е́ет
тяжели́ть, -лю́, -ли́т
тяжело́, *нареч.* и *в знач. сказ.*
тяжелоатле́т, -а
тяжелоатлети́ческий
тяжелобольно́й
тяжелобомбардиро́вочный
тяжелова́то, *нареч.* и *в знач. сказ.*
тяжелова́тый
тяжелове́с, -а
тяжелове́сность, -и
тяжелове́сный; *кр. ф.* -сен, -сна
тяжелово́дный
тяжеловодоро́дный
тяжелово́з, -а
тяжелово́зный
тяжеловооружённый
тяжело́ гру́женный и **тяжело́ гружённый**
тяжелогружёный, *прил.*
тяжелогру́зный
тяжелоду́м, -а
тяжело́ ра́ненный
тяжелора́неный, *прил.*
тяжелоу́мный; *кр. ф.* -мен, -мна
тяжелофигу́рный
тяжёлый; *кр. ф.* -ёл, -ела́
тяжелю́чий и **тяжелю́щий**
тя́жесть, -и
тя́жка, -и, *р. мн.* тя́жек (*прост. к.* затя́жка)
тя́жкий; *кр. ф.* тя́жек, тяжка́, тя́жко
тя́жко, *нареч.* и *в знач. сказ.*
тяжкоду́м, -а
тя́жущийся
тя́жче, *сравн. ст.* (*от* тя́жкий, тя́жко)
тя́нет-потя́нет, тя́нут-потя́нут (вы́тянуть не мо́жет, не мо́гут)
Тянитолка́й, -я (*сказочный персонаж*)
тяну́льный
тяну́льщик, -а
тяну́льщица, -ы, *тв.* -ей
тя́нутый
тяну́ть(ся), тяну́(сь), тя́нет(ся)
тяну́чка, -и, *р. мн.* -чек
тя́нущий(ся)
Тяньаньмэ́нь, *нескл., ж.* (*площадь*)
тяньаньмэ́ньский
тяньцзи́ньский (*от* Тяньцзи́нь)
тяньцзи́ньцы, -ев, *ед.* -нец, -ньца, *тв.* -ньцем
тянь-ша́ньский (*от* Тянь-Ша́нь), но: **Семёнов-Тян-Ша́нский**
тяп, *неизм.*
тя́панье, -я
тя́пать, -аю, -ает
тя́п да ля́п
тя́пка, -и, *р. мн.* тя́пок
тяп-ля́п, *неизм.*
тя́пнутый
тя́пнуть(ся), -ну(сь), -нет(ся)
тя́тенька, -и, *р. мн.* -нек, *м.*
тя́тенькин, -а, -о
тя́тин, -а, -о
тя́тька, -и, *р. мн.* тя́тек, *м.*
тя́тькин, -а, -о
тя́тя, -и, *р. мн.* -ей, *м.*

У

у[1], *нескл., с.* (*название буквы*)
у[2], *предлог, межд.*
УА́З, -а (*завод и автомобиль*)
уа́зик, -а
уа́йт-спи́рит, -а
уака́ри, *нескл., м.* (*обезьяна*)
уансте́п, -а
уа́-уа́, *неизм.*
уба́вить(ся), -влю, -вит(ся)
уба́вка, -и, *р. мн.* -вок

убавле́ние, -я
уба́вленный; *кр. ф.* -ен, -ена
убавля́ть(ся), -я́ю, -я́ет(ся)
убаю́канный; *кр. ф.* -ан, -ана
убаю́кать(ся), -аю(сь), -ает(ся)
убаю́кивание, -я
убаю́кивать(ся), -аю(сь), -ает(ся)
убаю́кивающий(ся)
убега́ние, -я
убега́ть, -а́ю, -а́ет, *несов.*
убе́гать(ся), -аю(сь), -ает(ся), *сов.*
убеди́тельность, -и
убеди́тельный; *кр. ф.* -лен, -льна
убеди́ть(ся), -и́т(ся)
убежа́ть, убегу́, убежи́т, убегу́т
убежда́ть(ся), -а́ю(сь), -а́ет(ся)
убежда́ющий(ся)
убежде́ние, -я
убеждённо, *нареч.*
убеждённость, -и
убеждённый; *кр. ф. прич.* и *прил.* (*в чем*) -ён, -ена́
убе́жище, -а
убе́й меня́ бо́г (*клятвенное уверение*)
убелённый; *кр. ф.* -ён, -ена́
убели́ть(ся), -лю́(сь), -ли́т(ся)
убеля́ть(ся), -я́ю(сь), -я́ет(ся)
уберега́ть(ся), -а́ю(сь), -а́ет(ся)
уберёгший(ся)
убережённый; *кр. ф.* -ён, -ена́
убере́чь(ся), -егу́(сь), -ежёт(ся), -егу́т(ся); *прош.* -ёг(ся), -егла́(сь)
убива́ние, -я
убива́ть(ся), -а́ю(сь), -а́ет(ся)
уби́вец, -вца, *тв.* -вцем, *р. мн.* -вцев (*прост. к* уби́йца)
убие́ние, -я
убие́нный
уби́йственно, *нареч.*
уби́йственность, -и
уби́йственный; *кр. ф.* -вен и -венен, -венна
уби́йство, -а
уби́йца, -ы, *тв.* -ей, *м.* и *ж.*
убикви́сты, -ов, *ед.* -и́ст, -а
убиквите́т, -а
убира́ние, -я
убира́ть(ся), -а́ю(сь), -а́ет(ся)
уби́тость, -и
уби́тый
уби́ть(ся), убью́(сь), убьёт(ся)
ублаготворе́ние, -я
ублаготворённый; *кр. ф.* -ён, -ена́
ублаготвори́ть(ся), -рю́(сь), -ри́т(ся)
ублаготворя́ть(ся), -я́ю(сь), -я́ет(ся)
ублажа́ть(ся), -а́ю(сь), -а́ет(ся)
ублаже́ние, -я
ублажённый; *кр. ф.* -ён, -ена́
ублажи́ть(ся), -жу́(сь), -жи́т(ся)
ублю́док, -дка
ублю́дочность, -и
ублю́дочный; *кр. ф.* -чен, -чна
убо́гий
убо́генький
убо́гость, -и
убо́жество, -а
убо́жеть, -ею, -еет (*от* убо́гий)
убо́ина, -ы
убо́инка, -и
убо́истый
убо́й, -я
убо́йность, -и
убо́йный
убо́р, -а
убо́ристость, -и
убо́ристый
убо́рка, -и, *р. мн.* -рок
убо́рная, -ой
убо́рный (*от* убо́р)
убо́рочно-тра́нспортный
убо́рочный
убо́рщик, -а
убо́рщица, -ы, *тв.* -ей
убоя́ться, убою́сь, убои́тся
у́бранный; *кр. ф.* -ан, -ана и -ана́, -ано
убра́нство, -а
убра́ть(ся), уберу́(сь), уберёт(ся); *прош.* -а́л(ся), -ала́(сь), -а́ло, -а́ло́сь
убреда́ть, -а́ю, -а́ет
убре́дший
убрести́, -еду́, -едёт; *прош.* убрёл, убрела́
уброди́ться, -ожу́сь, -о́дится
убру́с, -а
убу́хать, -аю, -ает
убыва́ние, -я
убыва́ть, -а́ю, -а́ет
убыва́ющий
убы́вший
у́быль, -и
убыстре́ние, -я
убыстрённо, *нареч.*
убыстрённость, -и
убыстрённый; *кр. ф.* -ён, -ена́
убыстри́ть(ся), -рю́(сь), -ри́т(ся)
убыстря́ть(ся), -я́ю(сь), -я́ет(ся)
убы́тие, -я
убы́ток, -тка и -тку
убы́точность, -и
убы́точный; *кр. ф.* -чен, -чна
убы́ть, убу́ду, убу́дет; *прош.* у́был, убыла́, у́было
убы́хи, -ов, *ед.* убы́х, -а
убы́хский
УБЭ́П и **УЭ́П,** -а и *нескл., с.* (*сокр.*: управление по борьбе с экономическими преступлениями)
убэ́повец и **уэ́повец,** -вца, *тв.* -вцем, *р. мн.* -вцев
убэ́повский и **уэ́повский** (*от* УБЭ́П и УЭ́П)
уважа́емый
уважа́ть(ся), -а́ю, -а́ет(ся)
уваже́ние, -я
ува́женный; *кр. ф.* -ен, -ена
уважи́тельность, -и
уважи́тельный; *кр. ф.* -лен, -льна
ува́жить, -жу, -жит
ува́л, -а
ува́ленный; *кр. ф.* -ен, -ена (*от*ували́ть)
у́вален́ь, -льня
ува́ливание, -я
ува́ливать(ся), -аю(сь), -ает(ся)
ува́листый
ували́ть(ся), увалю́(сь), ува́лит(ся)
ува́льность, -и
ува́льный
ува́льчивость, -и
ува́льчивый
ува́лянный; *кр. ф.* -ян, -яна (*от* уваля́ть)
уваля́ть(ся), -я́ю(сь), -я́ет(ся)
ува́р, -а
ува́ренный; *кр. ф.* -ен, -ена
ува́ривание, -я
ува́ривать(ся), -аю, -ает(ся)
увари́ть(ся), уварю́, ува́рит(ся)
ува́рка, -и
уварови́т, -а
ува́ровский (*от* Ува́ров)
ува́рочный
УВД [увэдэ́], *нескл., с.* (*сокр.*: управление внутренних дел)
уведённый; *кр. ф.* -ён, -ена́
уведоми́тель, -я
уведоми́тельница, -ы, *тв.* -ей
уведоми́тельный
уве́домить, -млю, -мит
уведомле́ние, -я
уве́домленный; *кр. ф.* -ен, -ена
уведомля́ть(ся), -я́ю(сь), -я́ет(ся)
уве́дший
увезённый; *кр. ф.* -ён, -ена́
увезти́, -зу́, -зёт; *прош.* увёз, увезла́
увёзший
увекове́чение, -я
увекове́ченный; *кр. ф.* -ен, -ена
увекове́чивание, -я
увекове́чивать(ся), -аю(сь), -ает(ся)
увекове́чить(ся), -чу(сь), -чит(ся)
увеличе́ние, -я
увели́ченный; *кр. ф.* -ен, -ена
увели́чивать(ся), -аю(сь), -ает(ся)
увеличи́тель, -я
увеличи́тельный
увели́чить(ся), -чу(сь), -чит(ся)
увенча́ние, -я
уве́нчанный; *кр. ф.* -ан, -ана
увенча́ть(ся), -а́ю(сь), -а́ет(ся)
уве́нчивать(ся), -аю(сь), -ает(ся)
увере́ние, -я
уве́ренно, *нареч.*
уве́ренность, -и
уве́ренный; *кр. ф. прич.* -ен, -ена; *кр. ф. прил.* -ен, -ена (*с дополн.*: она́ уве́рена в своей правоте́) и -ен, -енна (*без дополн.*: она́ споко́йна и уве́ренна; движе́ния её уве́ренны); бу́дь уве́рена, бу́дьте уве́рены (*не сомневайся, -айтесь*)
увери́тельный; *кр. ф.* -лен, -льна
уве́рить(ся), -рю(сь), -рит(ся)

увёрнутый
уверну́ть(ся), -ну́(сь), -нёт(ся)
уве́ровать, -рую, -рует
увёрстанный; *кр. ф.* -ан, -ана
уверста́ть(ся), -а́ю, -а́ет(ся)
увёрстывание, -я
увёрстывать(ся), -аю, -ает(ся)
увёртка, -и, *р. мн.* -ток
увёртливость, -и
увёртливый
увёртывание, -я
увёртывать(ся), -аю(сь), -ает(ся)
увертю́ра, -ы
уверя́ть(ся), -я́ю(сь), -я́ет(ся)
увеселе́ние, -я
увеселённый; *кр. ф.* -ён, -ена́
увесели́тель, -я
увесели́тельный
увесели́ть, -лю́, -ли́т
увеселя́ть(ся), -я́ю(сь), -я́ет(ся)
уве́систость, -и
уве́систый
уве́сить(ся), уве́шу(сь), уве́сит(ся)
увести́, уведу́, уведёт; *прош.* увёл, увела́
уве́т, -а
уве́тливость, -и
уве́тливый
уве́чащий(ся)
уве́чить(ся), -чу(сь), -чит(ся)
уве́чный; *кр. ф.* -чен, -чна
уве́чье, -я, *р. мн.* -чий
уве́шанный; *кр. ф.* -ан, -ана (*от* уве́шать)
уве́шать(ся), -аю(сь), -ает(ся)
уве́шенный; *кр. ф.* -ен, -ена (*от* уве́сить)
уве́шивание, -я
уве́шивать(ся), -аю(сь), -ает(ся)
увеща́ние, -я
увеща́тельный; *кр. ф.* -лен, -льна
увеща́ть, -а́ю, -а́ет
увещева́ние, -я
увещева́тель, -я
увещева́тельный; *кр. ф.* -лен, -льна
увещева́ть, -а́ю, -а́ет
увива́ть(ся), -а́ю(сь), -а́ет(ся)
увида́ть(ся), *буд. вр. не употр.*
увиденный; *кр. ф.* -ен, -ена
уви́деть(ся), уви́жу(сь), уви́дит(ся)
уви́ливание, -я
уви́ливать, -аю, -ает
увильну́ть, -ну́, -нёт
увио́левый
УВИ́Р, -а (*сокр.*: управление виз и регистрации)
уви́тый; *кр. ф.* уви́т, увита́, уви́то
уви́ть(ся), увью, увьёт(ся); *прош.* уви́л(ся), увила́(сь), уви́ло, уви́ло́сь
увлажа́ть(ся), -а́ю, -а́ет(ся)
увла́женный; *кр. ф.* -ен, -ена (*от* увла́жить)
увла́жить(ся), -жу, -жит(ся)
увлажне́ние, -я
увлажнённость, -и
увлажнённый; *кр. ф.* -ён, -ена́ (*от* увлажни́ть)
увлажни́тель, -я
увлажни́тельный
увлажни́ть(ся), -ню́, -ни́т(ся)
увлажня́ть(ся), -я́ю, -я́ет(ся)
увлека́тельность, -и
увлека́тельный; *кр. ф.* -лен, -льна
увлека́ть(ся), -а́ю(сь), -а́ет(ся)
увлека́ющий(ся)
увлёкший(ся)
увлече́ние, -я
увлечённо, *нареч.*
увлечённость, -и
увлечённый; *кр. ф.* -ён, -ена́
увле́чь(ся), -еку́(сь), -ечёт(ся), -еку́т(ся); *прош.* -ёк(ся), -екла́(сь)
уво́д, -а
уводи́ть(ся), увожу́, уво́дит(ся)
уво́з, -а
увози́ть(ся), увожу́(сь), уво́зит(ся)
увола́кивать(ся), -аю(сь), -ает(ся)
уво́ленный; *кр. ф.* -ен, -ена
уво́лить(ся), -лю(сь), -лит(ся)
урологи́ческий
уроло́гия, -и
уволо́кший(ся)
уволо́ченный; *кр. ф.* -ен, -ена (*от* уволочи́ть)
уволочённый; *кр. ф.* -ён, -ена́ (*от* уволо́чь и уволочи́ть)
уволочи́ть(ся), -чу́(сь), -ло́чи́т(ся)
уволо́чь(ся), -локу́(сь), -лочёт(ся), -локу́т(ся); *прош.* -ло́к(ся), -локла́(сь)
увольне́ние, -я
увольни́тельная, -ой
увольни́тельный
увольня́ть(ся), -я́ю(сь), -я́ет(ся)
увора́чивать(ся), -аю(сь), -ает(ся)
уворо́ванный; *кр. ф.* -ан, -ана
уворова́ть, -ру́ю, -ру́ет
уворо́вывание, -я
уворо́вывать(ся), -аю, -ает(ся)
увра́ж, -а, *тв.* -ем
уврачева́ние, -я
уврачева́ть(ся), -чу́ю(сь), -чу́ет(ся)
увуля́рность, -и
увуля́рный
УВЧ [увэчé], *нескл., ж.* и *неизм.* (*сокр.*: ультравысокая частота, ультравысокочастотный)
УВЧ-терапи́я, -и
увы́, *неизм.*
увы́ и а́х
увяда́ние, -я
увяда́ть, -а́ю, -а́ет
увя́дший
увя́занный; *кр. ф.* -ан, -ана
увяза́ть, -а́ю, -а́ет, *несов.* (*к* увя́знуть)
увяза́ть(ся), увяжу́(сь), увя́жет(ся), *сов.* (*к* увя́зывать(ся)
увязи́ть(ся), -и́т(ся)
увя́зка, -и, *р. мн.* -зок
увя́знувший
увя́знуть, -ну, -нет; *прош.* увя́з, увя́зла
увя́зочка, -и, *р. мн.* -чек
увя́зший
увя́зывание, -я
увя́зывать(ся), -аю(сь), -ает(ся)
увя́лый
увя́нувший
увя́нуть, -ну, -нет; *прош.* увя́л, увя́ла
угада́йка, -и (игра́ть в угада́йку)
уга́данный; *кр. ф.* -ан, -ана
угада́ть, -а́ю, -а́ет
уга́дчик, -а
уга́дчица, -ы, *тв.* -ей
уга́дывание, -я
уга́дывать(ся), -аю, -ает(ся)
уганди́йка, -и, *р. мн.* -и́ек
уганди́йский (*от* Уга́нда)
уганди́йцы, -ев, *ед.* -и́ец, -и́йца, *тв.* -и́йцем
уга́р, -а
угари́тский (*от* Угари́т; угари́тский язы́к)
уга́рный
угароочища́ющий
угаса́ние, -я
угаса́ть, -а́ю, -а́ет
угаси́ть, угашу́, уга́сит
уга́снувший
уга́снуть, -ну, -нет; *прош.* уга́с, уга́сла
уга́сший
угаша́ть(ся), -а́ю, -а́ет(ся)
уга́шенный; *кр. ф.* -ен, -ена
угла́дить, -а́жу, -а́дит
угла́женный; *кр. ф.* -ен, -ена
угла́живание, -я
угла́живать(ся), -аю, -ает(ся)
угле... – *первая часть сложных слов, пишется слитно*
углеаммиака́ты, -ов, *ед.* -а́т, -а
углебрике́т, -а
углеви́дный; *кр. ф.* -ден, -дна
углево́д-белко́вый (угле-во́д-белко́вые соедине́ния)
углево́дистый
углево́дный
углеводоро́дный
углеводоро́ды, -ов, *ед.* -ро́д, -а
углево́ды, -ов, *ед.* -во́д, -а
углево́з, -а
углево́й
углеволокно́, -а́
углевыжига́тельный
углевы́моечный
углего́рский (*от* Углего́рск)
углего́рцы, -ев, *ед.* -рец, -рца, *тв.* -рцем
угледобыва́ющий
угледобы́тчик, -а
угледобы́ча, -и, *тв.* -ей
угледобы́чный
угледроби́лка, -и, *р. мн.* -лок
угледроби́льный
углежже́ние, -я

углежóг, -а
углекислотá, -ы́
углекислóтный
углеки́слый
углекóп, -а
углемóечный
углемóйка, -и, *р. мн.* -óек
угленóсность, -и
угленóсный; *кр. ф.* -сен, -сна
углеобогати́тельный
углеобогащéние, -я
углеобразовáние, -я
углеочисти́тельный
углеочи́стка, -и
углепетрогрáфия, -и
углеплáстик, -а
углеплáстиковый
углеплóтность, -и
углепогру́зка, -и
углепогру́зочный
углепогру́зчик, -а
углеподáтчик, -а
углеподъёмник, -а
углеподъёмный
углепровóд, -а
углепровóдный
углепромы́шленник, -а
углепромы́шленность, -и
углепромы́шленный
углеразвéдчик, -а
углеразрéз, -а
углерóд, -а
углерóдистый
углерóдно-азóтный
углерóдный
углеродоплáсты, -ов, *ед.* -áст, -а
углеродсодержáщий и **углеродосодержáщий**
углеру́б, -а
углерудовóз, -а
углесóс, -а
углетерми́я, -и
углехими́ческий
углехи́мия, -и
углечи́стка, -и, *р. мн.* -ток
у́глистый
угличáне, -áн, *ед.* -áнин, -а
угличáнка, -и, *р. мн.* -нок
у́гличский (*от* У́глич)
угловáтость, -и
угловáтый
угловóй
углозу́бые, -ых
угломéр, -а
угломéрно-дальномéрный
угломéрный
углошлифовáльный
углуби́тель, -я
углуби́тельный
углуби́ть(ся), -блю́(сь), -би́т(ся)
углу́бка, -и
углублéние, -я
углублённость, -и
углублённый; *кр. ф. прич.* -ён, -енá; *кр. ф. прил.* (*основательный, серьезный*) -ён, -ённа (егó знáния общи́рны и углублённы)
углубля́ть(ся), -я́ю(сь), -я́ет(ся)
угль (*устар., книжн. и поэтич., формы им. и вин. п. слова* у́голь)
углядéть, -яжу́, -яди́т
у́гнанный; *кр. ф.* -ан, -ана
угнáть(ся), угоню́(сь), угóнит(ся); *прош.* -áл(ся), -алá(сь), -áло, -áлóсь
угнезди́ть(ся), -и́т(ся)
угнести́, угнету́, угнетёт
угнетáтель, -я
угнетáтельница, -ы, *тв.* -ей
угнетáтельский
угнетáть(ся), -áю, -áет(ся)
угнетáюще, *нареч.*
угнетáющий
угнетéние, -я
угнетённость, -и
угнетённый; *кр. ф.* -ён, -енá
уговáривание, -я
уговáривать(ся), -аю(сь), -ает(ся)
уговóр, -а
уговорённый; *кр. ф.* -ён, -енá
уговори́ть(ся), -рю́(сь), -ри́т(ся)
уговóрный
уговóрчивый
уговóрщик, -а
уговóрщица, -ы, *тв.* -ей
уговóры, -ов
угóда[1], -ы (*угодье*)
угóда[2]**: в угóду** (*кому, чему*)
угоди́ть, угожу́, угоди́т
угóдливость, -и
угóдливый
угóдник, -а
угóдница, -ы, *тв.* -ей
угóдничанье, -я
угóдничать, -аю, -ает
угóднический
угóдничество, -а
угóдно, *в знач. сказ.*; *с предшествующим местоимением или наречием пишется раздельно*: ктó угóдно, какóй угóдно, гдé угóдно
угóдный; *кр. ф.* -ден, -дна
угóдье, -я, *р. мн.* -дий
угождáть, -áю, -áет
угождéние, -я
у́гол, углá, *предл.* в (на) углу́ и (*матем.*) в углé
уголёк, -лькá (*к* у́голь[2]), -лькá и -льку́ (*к* у́голь[1])
уголёчек, -чка (*к* у́голь[2]), -чка и -чку (*к* у́голь[1])
уголкóвый
уголóвка, -и, *р. мн.* -вок
уголóвник, -а
уголóвница, -ы, *тв.* -ей
уголóвно-воровскóй
уголóвно-исполни́тельный
Уголóвно-исполни́тельный кóдекс РФ
уголóвно наказу́емый
уголóвно-правовóй
уголóвно-процессуáльный
Уголóвно-процессуáльный кóдекс РФ
уголóвно-разыскнóй
уголóвный
Уголóвный кóдекс РФ
уголóвщина, -ы
уголóк, -лкá, *предл.* в (на) уголку́ и в (на) уголкé
уголóк-швéллер, уголкá-швéллера
уголóчек, -чка
у́голь [1], у́гля́, *мн.* у́гли, у́глей (*топливо*)
у́голь [2], у́гля, *мн.* у́гли, у́глéй и у́голья, у́гольев (*кусок обгоревшего дерева*)
у́голье, -я (*собир.*)
угóльник, -а
у́гольно-погру́зочный
у́гольно-чёрный
у́гольный (*от* у́голь)
угóльный (*от* у́гол)
у́гольщик, -а
у́гольщица, -ы, *тв.* -ей
угомóн, -а и -у
угомонённый; *кр. ф.* -ён, -енá
угомони́ть(ся), -ню́(сь), -ни́т(ся)
угомоня́ть(ся), -я́ю(сь), -я́ет(ся)
угóн, -а
угóнка, -и, *р. мн.* -нок
угóнный
угóнщик, -а
угóнщица, -ы, *тв.* -ей
угоня́ть(ся), -я́ю(сь), -я́ет(ся)
угóр, -а
угорáздить(ся), -ит(ся)
угорáние, -я
угорáть, -áю, -áет
угорéлый
угорéть, -рю́, -ри́т
Угóрская Ру́сь (*ист.*)
угóрский (*от* у́гры)
у́горь, угря́
угóрье, -я, *р. мн.* -рий
угости́ть(ся), угощу́(сь), угости́т(ся)
уготáвливать(ся), -аю, -ает(ся)
уготóванный; *кр. ф.* -ан, -ана
уготóвить, -влю, -вит
уготóвленный; *кр. ф.* -ен, -ена
уготовля́ть(ся), -я́ю, -я́ет(ся)
угощáть(ся), -áю(сь), -áет(ся)
угощéние, -я
угощённый; *кр. ф.* -ён, -енá
угребáть(ся), -áю, -áет(ся)
угрéв, -а
угревáние, -я
угревáтость, -и
угревáтый
угревáть(ся), -áю(сь), -áет(ся)
угреви́дный; *кр. ф.* -ден, -дна
угревóй (*от* у́горь – *прыщ*)
угрёвый (*от* у́горь – *рыба*)
угрёнок, -нка, *мн.* угря́та, угря́т
угрести́(сь), угребу́, -бёт(ся), *прош.* угрёб(ся), угреблá(сь)
угрéтый

угре́ть(ся), -е́ю(сь), -е́ет(ся)
угро́бить(ся), -блю(сь), -бит(ся)
угро́бленный; *кр. ф.* -ен, -ена
угрожа́емый
угрожа́ть, -а́ю, -а́ет
угрожа́юще, *нареч.*
угрожа́ющий
угро́за, -ы
угро́зыск, -а
угрору́сский (*к* Уго́рская Ру́сь)
угрору́сы, -ов, *ед.* -ру́с, -а
у́гро-фи́нны, -ов, *ед.* -фи́нн, -а
у́гро-фи́нский
угро́ханный; *кр. ф.* -ан, -ана
угро́хать, -аю, -ает
у́гры, -ов, *ед.* угр, -а
угрыза́ть(ся), -а́ю(сь), -а́ет(ся)
угрызе́ние, -я
угры́зенный; *кр. ф.* -ен, -ена и **угрызённый;** *кр. ф.* -ён, -ена́
угры́зть, -зу́, -зёт; *прош.* угры́з, угры́зла
угры́зший
угрю́мевший
угрю́меть, -ею, -еет
угрю́миться, -млюсь, -мится
угрюмова́тый
угрю́мость, -и
угрю́мство, -а
угрю́мый
угряза́ть, -а́ю, -а́ет
угря́знуть, -ну, -нет; *прош.* угря́з, -ла
угря́зший
угря́стый
угу́, *неизм.*
уд, у́да (*член тела, устар.*; *удовлетворительная отметка, жарг.*)
уда́, уды́, *мн.* у́ды, уд (*удочка*)
удабнопите́к, -а
уда́бривание, -я
уда́бривать(ся), -аю, -ает(ся)
уда́в, -а
удава́ться, удаётся
уда́вий, -ья, -ье
удави́ть(ся), удавлю́(сь), уда́вит(ся)
уда́вка, -и, *р. мн.* -вок
удавле́ние, -я
уда́вленник, -а
уда́вленница, -ы, *тв.* -ей
уда́вленный; *кр. ф.* -ен, -ена
уда́вливать(ся), -аю(сь), -ает(ся)
уда́вовый
уда́вчик, -а
удале́ние, -я
удалённость, -и
удалённый; *кр. ф.* -ён, -ена́
уда́ленький
удале́ц, -льца́, *тв.* -льцо́м, *р. мн.* -льцо́в
удале́цкий
удали́ть(ся), -лю́(сь), -ли́т(ся)
удало́й и **уда́лый;** *кр. ф.* уда́л, удала́, уда́ло, уда́лы; но: **Мстисла́в Удало́й**
у́даль, -и
удальски́
удальство́, -а́
удаля́ть(ся), -я́ю(сь), -я́ет(ся)
уда́р, -а
ударе́ние, -я
уда́ренный; *кр. ф.* -ен, -ена
уда́рить(ся), -рю(сь), -рит(ся)
уда́рник, -а
уда́рница, -ы, *тв.* -ей
уда́рничество, -а
уда́рно-кана́тный стано́к
уда́рно-кла́вишный
уда́рно-ма́тричный
уда́рно-сверли́льный
уда́рно-спусково́й
уда́рность, -и
уда́рный
ударовибросто́йкий; *кр. ф.* -о́ек, -о́йка
ударовибросто́йкость, -и
ударопро́чность, -и
ударопро́чный; *кр. ф.* -чен, -чна
ударосто́йкий; *кр. ф.* -о́ек, -о́йка
ударосто́йкость, -и
уда́рчик, -а
ударя́емый
ударя́ть(ся), -я́ю(сь), -я́ет(ся)
уда́ться, уда́стся, удаду́тся; *прош.* уда́лся́, удала́сь, уда́ло́сь
уда́ча, -и, *тв.* -ей
уда́чливость, -и
уда́чливый
уда́чник, -а
уда́чница, -ы, *тв.* -ей
уда́чность, -и
уда́чный; *кр. ф.* -чен, -чна
удва́ивание, -я
удва́ивать(ся), -аю, -ает(ся)
удвое́ние, -я
удво́енный; *кр. ф.* -ен, -ена
удвои́тель, -я
удво́ить(ся), -о́ю, -о́ит(ся)
удвоя́ть(ся), -я́ю, -я́ет(ся) (*устар. к* удва́ивать(ся)
удвоя́ющий(ся)
уде́л, -а
уде́ланный; *кр. ф.* -ан, -ана
уде́лать(ся), -аю(сь), -ает(ся)
уделённый; *кр. ф.* -ён, -ена́
удели́ть, -лю́, -ли́т
уде́лывать(ся), -аю(сь), -ает(ся)
уде́льно-кня́жеский
уде́льный
уделя́ть(ся), -я́ю, -я́ет(ся)
у́держ: без у́держу, у́держу не́т, у́держу не зна́ть
удержа́ние, -я
уде́ржанный; *кр. ф.* -ан, -ана
удержа́ть(ся), удержу́(сь), уде́ржит(ся)
уде́рживание, -я
уде́рживать(ся), -аю(сь), -ает(ся)
удесятере́ние, -я
удесятерённый; *кр. ф.* -ён, -ена́
удесятери́ть(ся), -рю́, -ри́т(ся)
удесятеря́ть(ся), -я́ю, -я́ет(ся)
удешеви́ть(ся), -влю́, -ви́т(ся)
удешевле́ние, -я
удешевлённый; *кр. ф.* -ён, -ена́
удешевля́ть(ся), -я́ю, -я́ет(ся)
удиви́тельно, *нареч.* и *в знач. сказ.*
удиви́тельность, -и
удиви́тельный; *кр. ф.* -лен, -льна
удиви́ть(ся), -влю́(сь), -ви́т(ся)
удивле́ние, -я
удивлённо, *нареч.*
удивлённый; *кр. ф.* -ён, -ена́ и (*выражающий удивление*) -ён, -ённа (лицо́ испу́ганно и удивлённо)
удивля́ть(ся), -я́ю(сь), -я́ет(ся)
удила́, уди́л, удила́м
уди́лище, -а
уди́льный
уди́льщик, -а
удира́ть, -а́ю, -а́ет
уди́ть(ся), ужу́, у́дит(ся)
удлине́ние, -я
удлинённость, -и
удлинённый; *кр. ф.*-ён, -ена́
удлини́тель, -я
удлини́тельный
удлини́ть(ся), -ню́, -ни́т(ся)
удлиня́ть(ся), -я́ю, -я́ет(ся)
удму́ртка, -и, *р. мн.* -ток
удму́ртский (*к* удму́рты и Удму́ртия)
удму́рты, -ов, *ед.* -у́рт, -а
удо́бно, *нареч.* и *в знач. сказ.*
удо́бность, -и
удо́бный; *кр. ф.* -бен, -бна
удобовари́мость, -и
удобовари́мый
удобоисполни́мость, -и
удобоисполни́мый
удобообозри́мый
удобообраба́тываемый
удобообтека́емый
удобопереноси́мый
удобопоня́тность, -и
удобопоня́тный; *кр. ф.* -тен, -тна
удобопроизноси́мость, -и
удобопроизноси́мый
удобопроходи́мый
удобоуправля́емый
удобоусвоя́емый
удобочита́емость, -и
удобочита́емый
удобре́ние, -я
удо́бренный; *кр. ф.* -ен, -ена
удобри́тельный
удо́брить(ся), -рю, -рит(ся)
удобря́ть(ся), -я́ю, -я́ет(ся)
удо́бство, -а
удовлетворе́ние, -я
удовлетворённо, *нареч.*
удовлетворённость, -и
удовлетворённый; *кр. ф.* -ён, -ена́ и (*выражающий удовлетворение*) -ён, -ённа (улы́бка удовлетворённа)
удовлетвори́тельно, *нареч.*
удовлетвори́тельность, -и

удовлетвори́тельный; *кр. ф.* -лен, -льна
удовлетвори́ть(ся), -рю́(сь), -ри́т(ся)
удовлетворя́ть(ся), -я́ю(сь), -я́ет(ся)
удово́льствие, -я
удово́льствовать(ся), -твую(сь), -твует(ся)
удо́д, -а
удо́довый
удо́истость, -и
удо́истый
удо́й, -я
удо́йливость, -и
удо́йливый
удо́йность, -и
удо́йный
удо́лье, -я, *р. мн.* -лий
удо́мельский (*от* Удо́мля)
удонелли́ды, -и́д, *ед.* -и́да, -ы
удорожа́ние, -я
удорожа́ть(ся), -а́ю, -а́ет(ся)
удорожённый; *кр. ф.* -ён, -ена́
удорожи́ть(ся), -жу́, -жи́т(ся)
удоста́ивание, -я
удоста́ивать(ся), -аю(сь), -ает(ся)
удостовере́ние, -я
удостове́ренный; *кр. ф.* -ен, -ена
удостовере́ньице, -а
удостове́рить(ся), -рю(сь), -рит(ся)
удостоверя́ть(ся), -я́ю(сь), -я́ет(ся)
удосто́енный; *кр. ф.* -о́ен, -о́ена
удосто́ить(ся), -о́ю(сь), -о́ит(ся)
удосу́живаться, -аюсь, -ается
удосу́житься, -жусь, -жится
удочере́ние, -я
удочерённый; *кр. ф.* -ён, -ена́
удочери́ть, -рю́, -ри́т
удочеря́ть(ся), -я́ю(сь), -я́ет(ся)
у́дочка, -и, *р. мн.* -чек
удра́ть, удеру́, удерёт; *прош.* -а́л, -ала́, -а́ло
удружа́ть, -а́ю, -а́ет
удружи́ть, -жу́, -жи́т
удруча́ть(ся), -а́ю(сь), -а́ет(ся)
удруча́юще, *нареч.*
удруча́ющий(ся)
удручённо, *нареч.*
удручённость, -и
удручённый; *кр. ф.* -ён, -ена́ и (*выражающий подавленное, угнетенное состояние, выглядящий подавленно*) -ён, -ённа (сего́дня она́ грустна́ и удручённа)
удручи́ть(ся), -чу́(сь), -чи́т(ся)
уду́манный; *кр. ф.* -ан, -ана
уду́мать, -аю, -ает
уду́мывать(ся), -аю, -ает(ся)
удуша́ть(ся), -а́ю(сь), -а́ет(ся)
удуша́ющий(ся)
удуше́ние, -я
уду́шенный; *кр. ф.* -ен, -ена
удуши́ть(ся), удушу́(сь), уду́шит(ся)
уду́шливость, -и
уду́шливый
уду́шье, -я
удэге́ и **удэ́,** *нескл., мн., ед. м.* и *ж.*
удэге́йка, -и, *р. мн.* -е́ек
удэге́йский и **удэ́йский**
удэге́йцы, -ев, *ед.* -е́ец, -е́йца, *тв.* -е́йцем
удя́щий(ся)
уеда́ть, -а́ю, -а́ет
уе́денный; *кр. ф.* -ен, -ена
уедине́ние, -я; но: **о́стров Уедине́ния** (*геогр.*)
уединённо, *нареч.*
уединённость, -и
уединённый; *кр. ф. прич.* -ён, -ена́; *кр. ф. прил.* (*обособленный от людей, от людных мест*) -ён, -ённа
уедини́ть(ся), -ню́(сь), -ни́т(ся)
уединообра́женный; *кр. ф.* -ен, -ена
уединообра́зить, -а́жу, -а́зит
уединя́ть(ся), -я́ю(сь), -я́ет(ся)
уе́дливый
уе́зд, -а
уе́здить(ся), уе́зжу(сь), уе́здит(ся)
уе́здный
уезжа́ть, -а́ю, -а́ет
уе́зженный; *кр. ф.* -ен, -ена
уе́зживать(ся), -аю(сь), -ает(ся)
уём, уёму и у́йму (*от* уня́ть): **уёму (у́йму) нет** (*кому*), **уёму (у́йму) не зна́ть**
уёмистый
уе́сть, уе́м, уе́шь, уе́ст, уеди́м, уеди́те, уедя́т; *прош.* уе́л, уе́ла
уе́хать, уе́ду, уе́дет
уж[1], ужа́, *тв.* ужо́м
уж[2], *нареч.* и *частица*
ужа́к, -а́
ужа́ленный; *кр. ф.* -ен, -ена
ужа́ливать, -аю, -ает
ужа́лить, -лю, -лит
ужа́ренный; *кр. ф.* -ен, -ена
ужа́ривание, -я
ужа́ривать(ся), -аю, -ает(ся)
ужа́рить(ся), -рю, -рит(ся)
у́жас, -а
ужаса́ть(ся), -а́ю(сь), -а́ет(ся)
ужаса́ющий(ся)
ужа́снейший
ужа́сник, -а
ужа́сно, *нареч.*
ужасну́ть(ся), -ну́(сь), -нёт(ся)
ужа́сный; *кр. ф.* -сен, -сна
ужа́стик, -а
у́жасть[1], -и (*прост. к* у́жас)
у́жасть[2] и **у́жасти,** *неизм.* (*прост. к* у́жас, *в знач. сказ. и нареч.*)
ужа́тый
ужа́ть(ся)[1], ужму́(сь), ужмёт(ся)
ужа́ть(ся)[2], ужну́, ужнёт(ся)
у́жгоро́дский (*от* У́жгород)
у́жгоро́дцы, -ев, *ед.* -дец, -дца, *тв.* -дцем
у́же, *сравн. ст.*
уже́, *нареч.* и *частица*
уже́ли и **уже́ль,** *частица*
у́женный; *кр. ф.* -ен, -ена (*от* уди́ть)
уже́нье, -я
ужеобра́зные, -ых
ужесточа́ть(ся), -а́ю, -а́ет(ся)
ужесточе́ние, -я
ужесточённый; *кр. ф.* -ён, -ена́
ужесточи́ть(ся), -чу́, -чи́т(ся)
у́живать, *наст. вр. не употр.*
ужива́ться, -а́юсь, -а́ется
ужи́вчивость, -и
ужи́вчивый
у́жик, -а
ужима́ние, -я
ужима́ть(ся), -а́ю(сь), -а́ет(ся)
ужи́мина, -ы
ужи́мки, -мок, *ед.* -мка, -и
ужи́мочки, -чек, *ед.* -чка, -и
у́жин, -а
ужи́н, -а (*к* ужина́ть)
у́жинать, -аю, -ает (*к* у́жин)
ужина́ть(ся), -а́ю, -а́ет(ся) (*сжинать*(*ся*))
у́жинный (*от* у́жин)
ужи́ный (*от* уж[1])
ужи́ться, уживу́сь, уживётся; *прош.* -и́лся, -ила́сь, -и́ло́сь
ужли́, *частица*
ужо́, *нареч.*
ужо́вка, -и, *р. мн.* -вок
ужо́вник, -а
ужо́вниковые, -ых
ужо́вый
ужо́нок, -нка, *мн.* ужа́та, ужа́т
ужо́ныш, -а, *тв.* -ем
ужо́тка и **ужо́тко** (*ужо*)
УЗ [узэ́], *нескл., м.* и *неизм.* (*сокр.*: ультразвук, ультразвуковой)
у́за, у́зы и **уза́,** узы́ (*прополис*)
узаконе́ние, -я
узако́ненный; *кр. ф.* -ен, -ена
узако́нивание, -я
узако́нивать(ся), -аю, -ает(ся)
узако́нить(ся), -ню, -нит(ся)
узаконя́ть(ся), -я́ю, -я́ет(ся)
уза́нс, -а
уза́нция, -и
узбе́ки, -ов, *ед.* узбе́к, -а
узбекиста́нский (*от* Узбекиста́н)
узбе́кский (*к* узбе́ки и Узбекиста́н)
узбе́кско-росси́йский
узбе́кско-ру́сский
узбе́кско-таджи́кский
узбе́чка, -и, *р. мн.* -чек
узбо́й, -я
узва́р, -а
УЗ-генера́тор, -а
узда́, -ы́, *мн.* у́зды, узд
узде́нь, -я́
узде́чка, -и, *р. мн.* -чек
узде́чный
УЗ-диагно́стика, -и
уздцы́: за уздцы́, под уздцы́
уздяно́й
у́зел, узла́
узело́к, -лка́
узело́чек, -чка

у́зенький
у́зерк, -а и **у́зерка,** -и
УЗИ́, *нескл., с.* (*сокр.*: ультразвуковое исследование)
УЗ-излуче́ние, -я
у́зик, -а
узи́лище, -а
узина́, -ы́
у́зить(ся), у́жу, у́зит(ся)
у́зкий; *кр. ф.* у́зок, узка́, у́зко, у́зки́
узкобёдрый
узкобо́ртный
узкобытово́й
узкова́тый
узкове́домственный; *кр. ф.* -вен и -венен, -венна
узкогабари́тный
узкогла́зие, -я
узкогла́зый
узкого́рлый
узкогру́дость, -и
узкогру́дый
узкогруппово́й
узкоза́дый
узкозахва́тный
узкозла́тка, -и, *р. мн.* -ток (*жук*)
узко- и широкоплёночный
узкокла́ссовый
узкоколе́йка, -и, *р. мн.* -е́ек
узкоколе́йный
узкокоры́стный; *кр. ф.* -тен, -тна
УЗ-колеба́ния, -ий
узколи́стный и **узколи́стый**
узколи́цый
узколи́чный
узколо́бие, -я
узколо́бость, -и
узколо́бый
узколока́льный; *кр. ф.* -лен, -льна
узкомо́рдый
узконадкры́лка, -и, *р. мн.* -лок (*жук*)
узконапра́вленный
узконациона́льный; *кр. ф.* -лен, -льна
узконо́сый
узкоотраслево́й
узкопирамида́льный
узкоплёночный
узкопле́чий
узкополо́сица, -ы, *тв.* -ей
узкопрагмати́ческий
узкопракти́ческий
узкопрофессиона́льный; *кр. ф.* -лен, -льна
узкопро́фильный; *кр. ф.* -лен, -льна
узкоро́т, -а (*земноводное*)
узкоро́тый
узкоря́дный
узкосеме́йный
узкососло́вный
узкоспе́кторный
узкоспециализи́рованный
узкоспециа́льный; *кр. ф.* -лен, -льна
у́зкость, -и
узкоте́лка, -и, *р. мн.* -лок
узкоэгоисти́ческий
узла́стый
узли́стый
узли́ще, -а, *мн.* -а и -и, -и́щ, *м.*
узлова́тость, -и
узлова́тый
узлово́й
узловяза́льный
узловяза́тель, -я
узнава́емость, -и
узнава́емый
узнава́ние, -я
узнава́ть(ся), узнаю́, узнаёт(ся)
у́знанный; *кр. ф.* -ан, -ана
узна́ть(ся), -а́ю, -а́ет(ся)
у́зник, -а
у́зница, -ы, *тв.* -ей
у́знический
узо́р, -а
узо́ристый
узори́т, -а
узо́рный
узо́рочный
узо́рочье, -я, *р. мн.* -чий
узо́рчатость, -и
узо́рчатый
узо́рчик, -а
у́зость, -и
у́зо-та́ра, -ы
узрева́ть, -а́ю, -а́ет
у́зренный; *кр. ф.* -ен, -ена
узре́ть, узрю́, у́зри́т
узуа́льность, -и
узуа́льный; *кр. ф.* -лен, -льна
узурпа́тор, -а
узурпа́торский
узурпа́торство, -а
узурпа́торша, -и, *тв.* -ей
узурпа́ция, -и
узурпи́рованный; *кр. ф.* -ан, -ана
узурпи́ровать(ся), -рую, -рует(ся)
у́зус, -а
узуфру́кт, -а
у́зы, уз (*оковы, путы; тесные связи*)
уи́к-э́нд, -а
Уимблдо́нский турни́р
уи́пет, -а *(порода собак)*
уи́пс, -а *(кулин.)*
уитле́ндер, -а и **ойтла́ндер,** -а
уй, *неизм.*
уйгу́рка, -и, *р. мн.* -рок
уйгу́рский
уйгу́ры, уйгу́р и -ов, *ед.* уйгу́р, -а
у́йма, -ы
у́ймища, -и, *тв.* -ей
уйти́, уйду́, уйдёт; *прош.* ушёл, ушла́
ук, -а (*название буквы*)
ука́з, -а
указа́ние, -я
ука́занный; *кр. ф.* -ан, -ана
указа́тель, -я
указа́тельный
указа́ть, укажу́, ука́жет
ука́зка, -и, *р. мн.* -зок
ука́зный
ука́зовый
указу́ющий
ука́зчик, -а
ука́зчица, -ы, *тв.* -ей
ука́зывание, -я
ука́зывать(ся), -аю, -ает(ся) и (*устар.*) -зу́ю, -зу́ет(ся)
ука́лывание, -я
ука́лывать(ся), -аю(сь), -ает(ся)
укана́ть, -а́ю, -а́ет *(жарг.)*
ука́нывать, -аю, -ает
у́канье, -я
укарау́ленный; *кр. ф.* -ен, -ена
укарау́ливать, -аю, -ает
укарау́лить, -лю, -лит
ука́танный; *кр. ф.* -ан, -ана
episode
ука́тка, -и
ука́тывание, -я
ука́тывать(ся), -аю(сь), -ает(ся)
у́кать, -аю, -ает
ука́чанный; *кр. ф.* -ан, -ана (*от* укача́ть)
укача́ть(ся), -а́ю(сь), -а́ет(ся)
ука́ченный; *кр. ф.* -ен, -ена (*от* укати́ть)
ука́чивание, -я
ука́чивать(ся), -аю(сь), -ает(ся)
ука́шивать(ся), -аю, -ает(ся)
УКВ [укаве́], *нескл., мн.* и *неизм.* (*сокр.*: ультракороткие волны, ультракоротковолновый)
ukva
ukvash
ukvashiv
УКВ-диапазо́н, -а
УКВ-переда́тчик, -а
УКВ-приёмо-передаю́щий
УКВ-радиокана́лы, -ов
УКВ-свя́зь, -и
укипа́ние, -я
укипа́ть, -а́ет
укипе́ть, -пи́т
укиса́ние, -я
укиса́ть, -а́ет
уки́снуть, -нет; *прош.* уки́с, уки́сла
уки́сший
укла́д, -а
укла́дистый
укла́дка, -и, *р. мн.* -док
укла́дочный
укла́дчик, -а
укла́дчица, -ы, *тв.* -ей
укла́дывание, -я
укла́дывать(ся), -аю(сь), -ает(ся)
укле́енный; *кр. ф.* -ен, -ена
укле́ечный
укле́ивание, -я
укле́ивать(ся), -аю, -ает(ся)
укле́ить(ся), -е́ю, -е́ет(ся)
укле́йка, -и, *р. мн.* -е́ек
укло́н, -а
уклоне́ние, -я
уклонённый; *кр. ф.* -ён, -ена́
уклони́зм, -а

уклони́ст, -а
уклони́стка, -и, *р. мн.* -ток
уклони́стский
уклони́ть(ся), -оню́(сь), -о́ни́т(ся)
укло́нный
уклономе́р, -а
уклоноуказа́тель, -я
укло́нчивость, -и
укло́нчивый
уклоня́ть(ся), -я́ю(сь), -я́ет(ся)
уклю́чина, -ы
уклю́чинный
уко́вка, -и
уковыля́ть, -я́ю, -я́ет
уко́кать, -аю, -ает
укоко́шенный; *кр. ф.* -ен, -ена
укоко́шивать, -аю, -ает
укоко́шить, -шу, -шит
уко́л, -а
укола́чивание, -я
укола́чивать(ся), -аю, -ает(ся)
уколоти́ть(ся), -очу́, -о́тит(ся)
уко́лотый
уколо́ть(ся), -олю́(сь), -о́лет(ся)
уколофо́бия, -и
уколо́ченный; *кр. ф.* -ен, -ена
уколу́пнутый
уколупну́ть(ся), -ну́, -нёт(ся)
уко́льчик, -а
укомплектова́ние, -я
укомплекто́ванность, -и
укомплекто́ванный; *кр. ф.* -ан, -ана
укомплектова́ть(ся), -ту́ю(сь), -ту́ет(ся)
укомплекто́вка, -и
укомплекто́вывание, -я
укомплекто́вывать(ся), -аю(сь), -ает(ся)
уконопа́тить(ся), -а́чу, -а́тит(ся)
уконопа́ченный; *кр. ф.* -ен, -ена
уконопа́чивать(ся), -ваю, -вает(ся)
уко́р, -а
укора́чивание, -я
укора́чивать(ся), -аю(сь), -ает(ся)
укорене́ние, -я
укоренённость, -и
укоренённый; *кр. ф.* -ён, -ена́
укорени́ть(ся), -ню́(сь), -ни́т(ся)
укорённый; *кр. ф.* -ён, -ена́
укореня́ть(ся), -я́ю, -я́ет(ся)
укори́зна, -ы
укори́зненно, *нареч.*
укори́зненность, -и
укори́зненный; *кр. ф.* -ен, -енна
укори́тельный; *кр. ф.* -лен, -льна
укори́ть, -рю́, -ри́т
укоро́т, -а
укороти́ть(ся), -очу́(сь), -оти́т(ся)
укоро́тка, -и, *р. мн.* -ток
укоро́чение, -я
укоро́ченный; *кр. ф.* -ен, -ена
укоря́ть(ся), -я́ю, -я́ет(ся)
укоря́ющий(ся)
уко́с, -а
уко́сина, -ы
укоси́ть(ся), укошу́, уко́сит(ся)
уко́сный
уко́шенный; *кр. ф.* -ен, -ена
укра́вший
укра́денный; *кр. ф.* -ен, -ена
укра́дкой, *нареч.*
укра́дочкой, *нареч.*
укра́дчивый
укра́ина, -ы (*устар. к* окра́ина)
украиниза́ция, -и
украинизи́рованный; *кр. ф.* -ан, -ана
украинизи́ровать(ся), -рую, -рует(ся)
украини́зм, -а
украи́нка, -и, *р. мн.* -нок
укра́инный (*устар. к* окра́инный)
украинофи́льский
украинофи́льство, -а
украиноязы́чный
украи́нский (*к* Украи́на и украи́нцы)
украи́нско-белору́сский
украи́нско-венге́рский
Украи́нское Поле́сье
украи́нско-по́льский
украи́нско-росси́йский
украи́нско-ру́сский
украи́нцы, -ев, *ед.* -нец, -нца, *тв.* -нцем
укра́сить(ся), -а́шу(сь), -а́сит(ся)
укра́сть, украду́, украдёт; *прош.* укра́л, укра́ла
украша́тельский
украша́тельство, -а
украша́ть(ся), -а́ю(сь), -а́ет(ся)
украше́ние, -я
укра́шенный; *кр. ф.* -ен, -ена
украше́ньице, -а
укре́па, -ы
укрепи́тельный
укрепи́ть(ся), -плю́(сь), -пи́т(ся)
укрепле́ние, -я
укреплённый; *кр. ф.* -ён, -ена́
укрепля́ть(ся), -я́ю(сь), -я́ет(ся)
укрепрайо́н, -а
укро́мность, -и
укро́мный; *кр. ф.* -мен, -мна
укро́п, -а и -у
укро́пец, -пца и -пцу, *тв.* -пцем
укро́пный
укро́пчик, -а и -у
укроти́тель, -я
укроти́тельница, -ы, *тв.* -ей
укроти́ть(ся), -ощу́(сь), -оти́т(ся)
укроща́ть(ся), -а́ю(сь), -а́ет(ся)
укроще́ние, -я
укрощённый; *кр. ф.* -ён, -ена́
укрупне́ние, -я
укрупнённо, *нареч.*
укрупнённость, -и
укрупнённый; *кр. ф.* -ён, -ена́
укрупни́ть(ся), -ню́, -ни́т(ся)
укрупня́ть(ся), -я́ю, -я́ет(ся)
укру́т, -а и **укру́та,** -ы
укрути́ть(ся), -учу́(сь), -у́тит(ся)
укру́тка, -и, *р. мн.* -ток
укру́ченный; *кр. ф.* -ен, -ена
укру́чивать(ся), -аю(сь), -ает(ся)
укрыва́ние, -я
укрыва́тель, -я
укрыва́тельница, -ы, *тв.* -ей
укрыва́тельство, -а
укрыва́ть(ся), -а́ю(сь), -а́ет(ся)
укрывно́й
укры́тие, -я
укры́тый
укры́ть(ся), укро́ю(сь), укро́ет(ся)
у́ксус, -а и -у
у́ксусник, -а
у́ксусница, -ы, *тв.* -ей
уксуснoки́слый
у́ксусно-эти́ловый
у́ксусный
укупи́ть, укуплю́, уку́пит
уку́пленный; *кр. ф.* -ен, -ена
уку́поренный; *кр. ф.* -ен, -ена
уку́поривание, -я
уку́поривать(ся), -аю, -ает(ся)
уку́порить, -рю, -рит
уку́порка, -и, *р. мн.* -рок
уку́порочный
уку́порщик, -а
уку́порщица, -ы, *тв.* -ей
уку́с, -а
укуси́ть, укушу́, уку́сит
уку́танный; *кр. ф.* -ан, -ана
уку́тать(ся), -аю(сь), -ает(ся)
уку́тывание, -я
уку́тывать(ся), -аю(сь), -ает(ся)
уку́шенный; *кр. ф.* -ен, -ена
ула́вливание, -я
ула́вливатель, -я
ула́вливать(ся), -аю, -ает(ся)
ула́дить(ся), -а́жу, -а́дит(ся)
ула́женный; *кр. ф.* -ен, -ена
ула́живание, -я
ула́живать(ся), -аю, -ает(ся)
ула́мывание, -я
ула́мывать(ся), -аю(сь), -ает(ся)
ула́н, -а, *р. мн.* ула́н и -ов
ула́н-ба́торский (*от* Ула́н-Ба́тор)
уланба́торцы, -ев, *ед.* -рец, -рца, *тв.* -рцем
ула́новский (*от* Ула́нова)
ула́нский
ула́н-уди́нский и **ула́н-удэ́нский** (*от* Ула́н-Удэ́)
улануди́нцы, -ев и **улануда́нцы,** -ев, *ед.* -нец, -нца, *тв.* -нцем
ула́р, -а
ула́стить, -а́щу, -а́стит
ула́щенный; *кр. ф.* -ен, -ена
ула́щивание, -я
ула́щивать(ся), -аю(сь), -ает(ся)
улёгшийся
улежа́ть(ся), -жу́, -жи́т(ся)
улёживаться, -аю, -ается
улеза́ть, -а́ю, -а́ет
уле́зть, уле́зу, уле́зет
уле́зший
у́лей, у́лья
уле́йный

улекси́т, -а
уле́м, -а
улепетну́ть, -ну́, -нёт
улепётывание, -я
улепётывать, -аю, -ает
улепи́ть, улеплю́, уле́пит
уле́пленный; *кр. ф.* -ен, -ена
улепля́ть(ся), -я́ю, -я́ет(ся)
улести́ть, улещу́, улести́т
улёт, -а
улета́ть, -а́ю, -а́ет
улете́ть, улечу́, улети́т
улётный *(жарг.)*
улету́ченный; *кр. ф.* -ен, -ена
улету́чивание, -я
улету́чивать(ся), -аю(сь), -ает(ся)
улету́чить(ся), -чу(сь), -чит(ся)
уле́чься, уля́гусь, уля́жется, уля́гутся; *прош.* улёгся, улегла́сь
улеща́ние, -я
улеща́ть(ся), -а́ю(сь), -а́ет(ся)
улещённый; *кр. ф.* -ён, -ена́
уле́щивать(ся), -аю(сь), -ает(ся)
улива́ть(ся), -а́ю, -а́ет(ся)
улизну́ть, -ну́, -нёт
ули́ка, -и
Ули́сс, -а
ули́т, -а *(птица)*
ули́та, -ы (*улитка*; ули́та е́дет, когда́-то бу́дет)
ули́тка, -и, *р. мн.* -ток
ули́тковый
улиткообра́зный; *кр. ф.* -зен, -зна
ули́точный
ули́тый; *кр. ф.* ули́т, -а́, -о
ули́ть, улью́, ульёт; *прош.* ули́л, -а́, -о
у́лица, -ы, *тв.* -ей
улицезре́ть, -рю́, -ри́т
улича́нка, -и, *р. мн.* -нок (*от* у́личи)
улича́ть(ся), -а́ю(сь), -а́ет(ся)
уличе́ние, -я
уличённый; *кр. ф.* -ён, -ена́
у́личи, -ей, *ед.* у́лич, -а, *тв.* -ем (*племенная группа восточных славян*)
уличи́тель, -я
уличи́тельный
уличи́ть, -чу́, -чи́т
у́личка, -и, *р. мн.* -чек
у́личный
у́личский (*от* у́личи)
уло́в, -а
улови́мый
уло́вистый
улови́тель, -я
улови́ть, уловлю́, уло́вит
уло́вка, -и, *р. мн.* -вок
уловле́ние, -я
уло́вленный; *кр. ф.* -ен, -ена
уловля́ть(ся), -я́ю, -я́ет(ся)
уло́вный
уловчи́ться, -чу́сь, -чи́тся
уложе́ние, -я
уло́женный; *кр. ф.* -ен, -ена
уложённый (*от* уложе́ние, *ист.*)
уложи́ть(ся), уложу́(сь), уло́жит(ся)
уло́манный; *кр. ф.* -ан, -ана (*от* улома́ть)
улома́ть, -а́ю, -а́ет
уломи́ть, -омлю́, -о́мит
уло́мленный; *кр. ф.* -ен, -ена (*от* уломи́ть)
уло́трикс, -а
уло́триксовый
у́лочка, -и, *р. мн.* -чек
улу́с, -а
улу́сный
улуча́ть(ся), -а́ю, -а́ет(ся)
улучённый; *кр. ф.* -ён, -ена́
улучи́ть(ся), -чу́, -чи́т(ся)
улучша́ть(ся), -а́ю(сь), -а́ет(ся)
улучше́ние, -я
улу́чшенный; *кр. ф.* -ен, -ена
улу́чшить(ся), -шу(сь), -шит(ся)
улыба́ться, -а́юсь, -а́ется
улы́бка, -и, *р. мн.* -бок
улыбну́ться, -ну́сь, -нётся
улы́бочка, -и, *р. мн.* -чек
улы́бчивость, -и
улы́бчивый
у́льва, -ы
у́львовый
ульи́шко, -а и -и, *мн.* -шки, -шек, *м.*
ультимати́вность, -и
ультимати́вный; *кр. ф.* -вен, -вна
ультимати́зм, -а
ультимати́ст, -а
ультимати́стский
ультима́тум, -а
у́льтимо, *нескл., с.*
ультра... – *приставка, пишется слитно,* но: у́льтра-си́
у́льтра, *нескл., м.* и *ж.* (*экстремист*)
ультраабисса́ль, -и
ультраабисса́льный
ультраавангарди́стский
ультрааку́стика, -и
ультрабази́т, -а
ультрабази́ты, -ов, *ед.* -зи́т, -а
ультрабаро́кко, *неизм.* и *нескл., с.*
ультрави́русы, -ов, *ед.* -ви́рус, -а
ультравысо́кий
ультравысокочасто́тный
ультразву́к, -а
ультразвуково́й
ультраи́зм, -а *(лит.)*
ультраконсервати́вность, -и
ультраконсервати́вный; *кр. ф.* -вен, -вна
ультраконсервати́зм, -а
ультраконсерва́тор, -а
ультракоро́ткий
ультракоротково́лно́вый
ультралева́цкий
ультрале́вый
ультралёгкий
ультралибера́льный
ультрама́лый
ультрамари́н, -а
ультрамари́новый
ультраметаморфи́зм, -а
ультрамикроана́лиз, -а
ультрамикро́бы, -ов, *ед.* -ро́б, -а
ультрамикроско́п, -а
ультрамикроскопи́ческий
ультрамикроскопи́я, -и
ультрамикрото́м, -а
ультрамикрохими́ческий
ультрамоде́рн, -а
ультрамодерни́зм, -а
ультрамодерни́стский
ультрамоderно́вый
ультрамоде́рный
ультрамо́дный; *кр. ф.* -ден, -дна
ультрамонта́нский
ультрамонта́нство, -а
ультрамонта́ны, -ов, *ед.* -та́н, -а
ультранационали́зм, -а
ультранационали́ст, -а
ультранационалисти́ческий
ультраосновно́й
ультрапатрио́т, -а
ультрапатриоти́зм, -а
ультрапатриоти́ческий
ультрапо́ристый
ультрапра́вый
ультрадика́л, -а
ультрадикали́зм, -а
ультрадикали́стский
ультрадика́льность, -и
ультрадика́льный; *кр. ф.* -лен, -льна
ультрара́ннинг, -а *(спорт.)*
ультрареакционе́р, -а
ультрареакцио́нный; *кр. ф.* -о́нен, -о́нна
ультрареволюционе́р, -а
ультрареволюцио́нность, -и
ультрареволюцио́нный; *кр. ф.* -о́нен, -о́нна
ультрареформа́тор, -а
ультрареформа́торский
ультрароялли́ст, -а
ультрароялли́стский
ультрасве́тский
у́льтра-си́, *неизм.* и *нескл., м.* и *с.*
ультрасовреме́нность, -и
ультрасовреме́нный; *кр. ф.* -е́нен, -е́нна
ультраструкту́ра, -ы
ультрасфери́ческий
ультрато́м, -а
ультрафи́льтр, -а
ультрафильтра́ция, -и
ультрафиоле́т, -а
ультрафиоле́товый
ультрафосфа́ты, -ов, *ед.* -фа́т, -а
ультрахоло́дный
ультрацентрифу́га, -и
ультрацентрифуги́рование, -я
ультрачи́стый
ультраэкстреми́зм, -а
ультраэкстреми́ст, -а
ультраэкстреми́стский
ульча́нка, -и, *р. мн.* -нок

у́льчи, -ей, *ед.* ульч, -а, *тв.* -ем (*народность на Дальнем Востоке*)
у́льчский
улья́новский (*от* Улья́нов и Улья́новск)
улья́новцы, -ев, *ед.* -вец, -вца, *тв.* -вцем
у-лю-лю́, *неизм.*
улюлю́канье, -я
улюлю́кать, -аю, -ает
улягну́ть, -ну́, -нёт
ум, ума́, *мн.* умы́, умо́в
ума́занный; *кр. ф.* -ан, -ана
ума́зать(ся), -а́жу(сь), -а́жет(ся)
ума́зывать(ся), -аю(сь), -ает(ся)
ума́ивать(ся), -аю(сь), -ает(ся)
умале́ние, -я
умалённый; *кр. ф.* -ён, -ена́ (*от* умали́ть)
ума́ливать(ся), -аю(сь), -ает(ся)
умали́ть(ся), -лю́(сь), -ли́т(ся) (*к* ма́лый)
умалишённый
ума́лчивание, -я
ума́лчивать(ся), -аю, -ает(ся)
умаля́ть(ся), -я́ю(сь), -я́ет(ся) (*к* умали́ть(ся)
уманённый; *кр. ф.* -ён, -ена́
ума́нивать(ся), -аю, -ает(ся)
умани́ть, уманю́, ума́нит
у́манский (*от* У́мань)
у́манцы, -ев, *ед.* -нец, -нца, *тв.* -нцем
ума́сленный; *кр. ф.* -ен, -ена
ума́сливание, -я
ума́сливать(ся), -аю(сь), -ает(ся)
ума́слить(ся), -лю(сь), -лит(ся)
умасти́ть(ся), умащу́(сь), умасти́т(ся) (*намазать(ся)*)
ума́тывание, -я
ума́тывать(ся), -аю(сь), -ает(ся)
умаща́ть(ся), -а́ю(сь), -а́ет(ся)
умаще́ние, -я
умащённый; *кр. ф.* -ён, -ена́ (*от* умасти́ть)
ума́щивание, -я
ума́щивать(ся), -аю(сь), -ает(ся)
ума́янный; *кр. ф.* -ян, -яна
ума́ять(ся), ума́ю(сь), ума́ет(ся)
умбо́н, -а *(ист.)*
у́мбра, -ы (*краска; рыба*)
умбри́йский (*от* У́мбрия)
умбри́йцы, -ев, *ед.* -и́ец, -и́йца, *тв.* -и́йцем
у́мбристый
у́мбрский (*от* у́мбры)
у́мбры, -ов (*племя*)
уме́дленный; *кр. ф.* -ен, -ена
уме́длить(ся), -лю(сь), -лит(ся)
умедля́ть(ся), -я́ю(сь), -я́ет(ся)
уме́лец, -льца, *тв.* -льцем, *р. мн.* -льцев
уме́лица, -ы, *тв.* -ей
уме́лость, -и
уме́лый
умельча́ть(ся), -а́ю(сь), -а́ет(ся)
умельче́ние, -я
умельчённый; *кр. ф.* -ён, -ена́
умельчи́ть(ся), -чу́(сь), -чи́т(ся)
уме́ние, -я
уменьша́емое, -ого
уменьша́ть(ся), -а́ю(сь), -а́ет(ся)
уменьше́ние, -я
уменьше́ние-увеличе́ние, уменьше́ния-увеличе́ния
уме́ньшенный; *кр. ф.* -ен, -ена и (*устар.*) **уменьшённый;** *кр. ф.* -ён, -ена́
уменьши́тельность, -и
уменьши́тельный
уме́ньшить(ся), -шу(сь), -шит(ся) и (*устар.*) **уменьши́ть(ся),** -шу́(сь), -ши́т(ся)
уме́ренно, *нареч.*
уме́ренно вла́жный
уме́ренно динами́ческий
уме́ренно жа́ркий
уме́ренно консервати́вный
уме́ренно континента́льный
уме́ренно ле́вый
уме́ренно либера́льный
уме́ренно ма́лый
уме́ренно националисти́ческий
уме́ренно пра́вый
уме́ренно радика́льный
уме́ренно реформи́стский
уме́ренность, -и
уме́ренный; *кр. ф. прич.* -ен, -ена; *кр. ф. прил.* (*среднего уровня; скромный, без излишеств*) -ен, -енна
умере́ть, умру́, умрёт; *прош.* у́мер, умерла́, у́мерло
уме́ривание, -я
уме́ривать(ся), -аю, -ает(ся)
уме́рить(ся), -рю, -рит(ся)
умертви́ть, умерщвлю́, умертви́т
уме́рший
умерщвле́ние, -я
умерщвлённый; *кр. ф.* -ён, -ена́
умерщвля́ть(ся), -я́ю, -я́ет(ся)
умеря́ть(ся), -я́ю, -я́ет(ся)
умеси́ть, умешу́, уме́сит
умести́, умету́, уметёт; *прош.* умёл, умела́
умести́ть(ся), умещу́(сь), уме́сти́т(ся)
уме́стно, *нареч.* и *в знач. сказ.*
уме́стность, -и
уме́стный; *кр. ф.* -тен, -тна
умёт, -а
умётанный; *кр. ф.* -ан, -ана (*от* умета́ть)
умета́ть, умечу́, уме́чет, *сов.* (*к* мета́ть[2])
умета́ть(ся), -а́ю, -а́ет(ся), *несов.* (*к* умести́)
уметённый; *кр. ф.* -ён, -ена́ (*от* умести́)
умётший
уме́ть, -е́ю, -е́ет
уме́шанный; *кр. ф.* -ан, -ана (*от* умеша́ть)
умеша́ть, -а́ю, -а́ет
уме́шенный; *кр. ф.* -ен, -ена (*от* умеси́ть)
уме́шивать(ся), -аю, -ает(ся)
умеща́ть(ся), -а́ю(сь), -а́ет(ся)
умеще́ние, -я
умещённый; *кр. ф.* -ён, -ена́
уме́ючи, *нареч.*
уме́ющий
у́м за ра́зум (захо́дит)
умиле́ние, -я (*чувство*) и **Умиле́ние,** -я (*иконографический тип Божией Матери*)
умилённо, *нареч.*
умилённость, -и
умилённый; *кр. ф.* -ён, -ена́
умили́тельность, -и
умили́тельный; *кр. ф.* -лен, -льна
умили́ть(ся), -лю́(сь), -ли́т(ся)
умилосе́рдить(ся), -ит(ся)
умилостиви́тельный
уми́лостивить(ся), -влю(сь), -вит(ся)
умилостивле́ние, -я
уми́лостивленный; *кр. ф.* -ен, -ена
умилостивля́ть(ся), -я́ю(сь), -я́ет(ся)
уми́льность, -и
уми́льный; *кр. ф.* -лен, -льна
умиля́ть(ся), -я́ю(сь), -я́ет(ся)
умина́ние, -я
умина́ть(ся), -а́ю, -а́ет(ся)
умира́ние, -я
умира́ть, -а́ю, -а́ет
умира́ющий
умире́ние, -я
умирённый; *кр. ф.* -ён, -ена́
умири́ть(ся), -рю́(сь), -ри́т(ся)
умиротворе́ние, -я
умиротворённо, *нареч.*
умиротворённость, -и
умиротворённый; *кр. ф. прич.* -ён, -ена́; *кр. ф. прил.* -ён, -ённа (сего́дня она́ споко́йна и умиротворённа)
умиротвори́тель, -я
умиротвори́тельница, -ы, *тв.* -ей
умиротвори́ть(ся), -рю́(сь), -ри́т(ся)
умиротворя́ть(ся), -я́ю(сь), -я́ет(ся)
умиротворя́ющий(ся)
умиря́ть(ся), -я́ю(сь), -я́ет(ся)
уми́шко, -а и -и, *мн.* -шки, -шек, *м.*
уми́ще, -а, *мн.* -а и -и, уми́щ, *м.*
у́мка, -и, *р. мн.* у́мок, *м.* (*медведь*)
умла́ут, -а и **умля́ут,** -а
умне́йший
умне́нек, -нька
у́мненький
умне́ть, -е́ю, -е́ет
у́мник, -а
у́мник-разу́мник, у́мника-разу́мника
у́мница, -ы, *тв.* -ей, *м.* и *ж.*
у́мница-разу́мница, у́мницы-разу́мницы, *ж.*
у́мничанье, -я
у́мничать, -аю, -ает
у́мничка, -и, *р. мн.* -чек, *м.* и *ж.*
умно́, *нареч.*
умножа́ть(ся), -а́ю, -а́ет(ся)

умноже́ние, -я
умно́женный; *кр. ф.* -ен, -ена
умножи́тель, -я
умно́жить(ся), -жу, -жит(ся)
у́мный; *кр. ф.* умён, умна́, у́мно́
умню́щий
умове́ние, -я
умозаключа́ть, -а́ю, -а́ет
умозаключе́ние, -я
умозаключи́ть, -чу́, -чи́т
умозре́ние, -я
умозри́тельность, -и
умозри́тельный; *кр. ф.* -лен, -льна
умоисступле́ние, -я
умоисступлённый
умока́ть, -а́ет
умо́кнуть, -нет; *прош.* умо́к, умо́кла
умо́кший
умола́чивать(ся), -аю, -ает(ся)
умолённый; *кр. ф.* -ён, -ена́ (*от* умоли́ть)
умоли́ть, умолю́, умо́ли́т (*к* моли́ть)
у́молк: без у́молку
умолка́ние, -я
умолка́ть, -а́ю, -а́ет
умо́лкнувший
умо́лкнуть, -ну, -нет; *прош.* умо́лк, умо́лкла
умо́лкший
умоло́т, -а
умолоти́ть(ся), -очу́, -о́тит(ся)
умоло́тный
умоло́ченный; *кр. ф.* -ен, -ена
умолча́ние, -я
умолча́ть, -чу́, -чи́т
умоля́ть, -я́ю, -я́ет (*к* моли́ть)
умоля́юще, *нареч.*
умоля́ющий
умонастрое́ние, -я
умонепостига́емый
умоповрежде́ние, -я
умоповреждённый
умопомеша́тельство, -а
умопомрача́ющий
умопомраче́ние, -я
умопомрачи́тельность, -и
умопомрачи́тельный; *кр. ф.* -лен, -льна
умопостига́емый
умо́ра, -ы
уморе́ние, -я
уморённый; *кр. ф.* -ён, -ена́
умори́тельность, -и
умори́тельный; *кр. ф.* -лен, -льна
умори́ть(ся), -рю́(сь), -ри́т(ся)
умости́ть(ся), умощу́(сь), умости́т(ся) (*вымостить*; *уместить*(*ся*), *примостить*(*ся*))
умо́танный; *кр. ф.* -ан, -ана
умота́ть(ся), -а́ю(сь), -а́ет(ся)
умощённый; *кр. ф.* -ён, -ена́ (*от* умости́ть)
у́м-ра́зум, ума́-ра́зума (учи́ть, наставля́ть уму́-ра́зуму; набра́ться ума́-ра́зума)

у́мственно, *нареч.*
у́мственно ограни́ченный
у́мственно отста́лый
у́мственность, -и
у́мственный
у́мствование, -я
у́мствовать, -твую, -твует
умудрённость, -и
умудрённый; *кр. ф.* -ён, -ена́
умудри́ть(ся), -рю́(сь), -ри́т(ся)
умудря́ть(ся), -я́ю(сь), -я́ет(ся)
уму́ченный; *кр. ф.* -ен, -ена
уму́чивать(ся), -аю(сь), -ает(ся)
уму́чивший(ся)
уму́чить(ся), -чу(сь), -чит(ся) и -чаю(сь), -чает(ся); *прош.* -чил(ся), -чила(сь)
умфо́рмер, -а
умча́ть(ся), умчу́(сь), умчи́т(ся)
умыва́лка, -и, *р. мн.* -лок
умыва́льник, -а
умыва́льный
умыва́льня, -и, *р. мн.* -лен
умыва́ние, -я
умыва́ть(ся), -а́ю(сь), -а́ет(ся)
умыка́ние, -я
умы́канный; *кр. ф.* -ан, -ана
умы́кать(ся), -аю(сь), -ает(ся), *сов.* (*от* мыкать(ся)
умыка́ть(ся), -а́ю, -а́ет(ся), *несов.* (*к* умыкну́ть)
умыкну́ть, -ну́, -нёт
у́мысел, -сла
умы́слить, -лю, -лит
умы́тый
умы́ть(ся), умо́ю(сь), умо́ет(ся)
умышле́ние, -я
умы́шленно, *нареч.*
умы́шленность, -и
умы́шленный; *кр. ф. прич.* -ен, -ена; *кр. ф. прил.* (*преднамеренный*) -ен, -енна (убийство умы́шленно)
умышля́ть(ся), -я́ю, -я́ет(ся)
умягча́ть(ся), -а́ю(сь), -а́ет(ся)
умягче́ние, -я
умягчённый; *кр. ф.* -ён, -ена́
умягчи́ть(ся), -чу́(сь), -чи́т(ся)
умяка́ние, -я
умяка́ть, -а́ет
умя́кнуть, -нет; *прош.* умя́к, умя́кла
умя́кший
умя́тый
умя́ть(ся), умну́, умнёт(ся)
унаво́женный; *кр. ф.* -ен, -ена
унаво́живание, -я и **унава́живание**, -я
унаво́живать(ся), -аю, -ает(ся) и **унава́живать(ся)**, -аю, -ает(ся)
унаво́зить, -о́жу, -о́зит
унаними́зм, -а
унаними́ст, -а
унаними́стский
уна́рный
унасле́дование, -я
унасле́дованный; *кр. ф.* -ан, -ана

унасле́довать(ся), -дую, -дует(ся)
ундеви́т, -а
ундерву́д, -а (*пишущая машинка*)
унде́цима, -ы
ундецимаккО́рд, -а
унди́на, -ы (*русалка*) и **Унди́на**, -ы (*лит. персонаж*)
унесённый; *кр. ф.* -ён, -ена́
унести́(сь), -су́(сь), -сёт(ся); *прош.* -ёс(ся), -есла́(сь)
унёсший(ся)
униа́льный (*от* у́ния)
униа́тка, -и, *р. мн.* -ток
униа́тский
униа́тство, -а
униа́ты, -ов, *ед.* униа́т, -а
унивале́нты, -ов, *ед.* -е́нт, -а
униве́рб, -а
универба́ция, -и
универбиза́ция, -и
универма́г, -а
универма́говский
универса́л, -а
универсализа́ция, -и
универсализи́рованный; *кр. ф.* -ан, -ана
универсализи́ровать(ся), -рую, -рует(ся)
универсали́зм, -а
универса́лия, -и
универса́льно-ги́бочный
универса́льно-пропашно́й
универса́льно ра́звитый
универса́льно-сбо́рный
универса́льность, -и
универса́льно-фре́зерный
универса́льный; *кр. ф.* -лен, -льна
универса́м, -а
универса́мовский
универса́нт, -а
универса́нтка, -и, *р. мн.* -ток
универса́нтский
универсиа́да, -ы
универсиа́дный
университе́т, -а
университе́тский
униве́рсум, -а
унижа́ть(ся), -а́ю(сь), -а́ет(ся)
униже́ние, -я
уни́женно, *нареч.*
уни́женность, -и и (*устар.*) **унижённость**, -и
уни́женный; *кр. ф. прич.* -ен, -ена; *кр. ф. прил.* (*терпящий унижения, оскорбления*; *выражающий унижение, свидетельствующий об унижении*) -ен, -енна (они́ бедны́ и уни́женны, но горды́; его́ покло́ны и про́сьбы уни́женны)
унижённый; *кр. ф.* -ён, -ённа, *прил.* (*устар. к* уни́женный)
уни́занный; *кр. ф.* -ан, -ана
униза́ть(ся), унижу́(сь), уни́жет(ся)
унизи́тельность, -и
унизи́тельный; *кр. ф.* -лен, -льна

уни́зить(ся), уни́жу(сь), уни́зит(ся)
уни́зывание, -я
уни́зывать(ся), -аю(сь), -ает(ся)
у́ник, -а (*устар. к* у́никум)
уника́льность, -и
уника́льный; *кр. ф.* -лен, -льна
у́никум, -а
уникурса́льный
унилатера́льный
унима́ть(ся), -а́ю(сь), -а́ет(ся)
унимодуля́рный
униномина́льный о́круг
унио́н, -а
унио́ни́зм, -а
унио́ни́ст, -а
униони́стский
унипо́ля́рный
унисе́кс, -а и *неизм.*
унисо́н, -а
унисо́нный
унита́з, -а
унита́зный
унитариа́нский
унитариа́нство, -а
унитари́зм, -а
унита́рии, -ев, *ед.* -а́рий, -я
унитари́ст, -а
унитари́стский
унита́рность, -и
унита́рный
унифика́тор, -а
унифика́торский
унификацио́нный
унифика́ция, -и
унифиля́рный
унифици́рованный; *кр. ф.* -ан, -ана
унифици́ровать(ся), -рую, -рует(ся)
унифо́рма, -ы
униформиза́ция, -и
униформи́зм, -а
униформи́ст, -а
уничижа́ть(ся), -а́ю(сь), -а́ет(ся)
уничиже́ние, -я
уничижённость, -и
уничижённый; *кр. ф. прич.* -ён, -ена́; *кр. ф. прил.* -ён, -ённа (*устар. к* уни́женный)
уничижи́тельность, -и
уничижи́тельный; *кр. ф.* -лен, -льна
уничижи́ть(ся), -жу́(сь), -жи́т(ся) (*устар. к* уни́зить(ся)
уничтожа́ть(ся), -а́ю(сь), -а́ет(ся)
уничтожа́ющий(ся)
уничтоже́ние, -я
уничто́женный; *кр. ф.* -ен, -ена
уничтожи́тель, -я
уничто́жить(ся), -жу(сь), -жит(ся)
у́ния, -и
уно́с, -а
уноси́ть(ся), уношу́(сь), уно́сит(ся)
уносно́й и **уно́сный**
УНРС [уэнэрэ́с], *нескл., ж.* (*сокр.*: установка непрерывной разливки стали)
унта́йки, -а́ек, *ед.* -а́йка, -и
у́нтер, -а
У́нтер-ден-Ли́нден, *нескл., ж.* (*улица*)
у́нтер-офице́р, -а
у́нтер-офице́рский
у́нтер-офице́рство, -а
у́нтер-офице́рша, -и, *тв.* -ей
у́нтер Пришибе́ев, у́нтера Пришибе́ева
у́нтерский
унтерто́н, -а
унты́, -о́в, *ед.* унт, -а́ и **у́нты,** унт, *ед.* у́нта, -ы
унциа́л, -а (*унциальное письмо*)
унциа́льный
у́нция, -и
унывáть, -а́ю, -а́ет
уны́вный; *кр. ф.* -вен, -вна
уны́лость, -и
уны́лый
уны́ние, -я
уны́ривать, -аю, -ает
унырну́ть, -ну́, -нёт
уню́хать, -аю, -ает
уня́тый; *кр. ф.* уня́т, унята́, уня́то
уня́ть(ся), уйму́(сь), уймёт(ся); *прош.* уня́л(ся), уняла́(сь), уня́ло, уня́ло́сь
у-обра́зный; *кр. ф.* -зен, -зна
уоднообра́женный; *кр. ф.* -ен, -ена
уоднообра́зить, -а́жу, -а́зит
уо́ки-то́ки и **во́ки-то́ки,** *нескл., с.* и *мн.*
уо́кмен, -а и **во́кмен,** -а
Уо́лл-стри́т, *нескл., ж.*
Уо́тергейт, -а (*Уотергейтское дело в США, 1972*) и **уо́терге́йт,** -а (*политический скандал, вызванный неблаговидными действиями правящей верхушки*)
уотерге́йтский
уо́ш, -а, *тв.* -ем (*фин.*)
УП [упэ́], *нескл., ж.* (*сокр.*: управляющая программа)
упа́вший
упа́д: до упа́ду
упада́ть, -а́ю, -а́ет
упа́днический
упа́дничество, -а
упа́док, -дка
упа́дочник, -а
упа́дочнический
упа́дочничество, -а
упа́дочность, -и
упа́дочный; *кр. ф.* -чен, -чна
упа́ивать(ся), -аю, -ает(ся)
упако́ванный; *кр. ф.* -ан, -ана
упакова́ть(ся), -ку́ю(сь), -ку́ет(ся)
упако́вка, -и, *р. мн.* -вок
упако́вочный
упако́вщик, -а
упако́вщица, -ы, *тв.* -ей
упако́вывание, -я
упако́вывать(ся), -аю(сь), -ает(ся)
упа́лый и **упало́й**
Упаниша́ды, -ша́д
упа́ренный; *кр. ф.* -ен, -ена
упа́ривание, -я
упа́ривать(ся), -аю(сь), -ает(ся)
упа́рить(ся), -рю(сь), -рит(ся)
упа́рка, -и
упа́рхивать, -аю, -ает
упасённый; *кр. ф.* -ён, -ена́
упаси́ бо́г (бо́же), *в знач. межд.*
упаси́ госпо́дь (го́споди), *в знач. межд.*
упасти́(сь), упасу́(сь), упасёт(ся); *прош.* упа́с(ся), упасла́(сь)
упа́сть, упаду́, упадёт; *прош.* упа́л, упа́ла
упа́сший(ся)
упёк, -а
упека́ть(ся), -а́ю, -а́ет(ся)
упёкший(ся)
упелёнатый и **упелёнутый**
упелена́ть, -а́ю, -а́ет
упелёнывание, -я
упелёнывать(ся), -аю, -ает(ся)
упереди́ть(ся), -ежу́(сь), -еди́т(ся)
упережа́ть(ся), -а́ю(сь), -а́ет(ся)
упережённый; *кр. ф.* -ён, -ена́
упере́ть(ся), упру́(сь), упрёт(ся); *прош.* упёр(ся), упёрла(сь)
упёртость, -и
упёртый
упёрший(ся)
упестрённый; *кр. ф.* -ён, -ена́
упестри́ть(ся), -рю́, -ри́т(ся)
упестря́ть(ся), -я́ю, -я́ет(ся)
упёхать, -аю, -ает (*жарг.*)
упеча́танный; *кр. ф.* -ан, -ана
упеча́тать(ся), -аю, -ает(ся)
упеча́тывать(ся), -аю, -ает(ся)
упечённый; *кр. ф.* -ён, -ена́
упе́чь(ся), упеку́, упечёт(ся), упеку́т(ся); *прош.* упёк(ся), упекла́(сь)
упива́ться, -а́юсь, -а́ется
упира́ть(ся), -а́ю(сь), -а́ет(ся)
упи́санный; *кр. ф.* -ан, -ана
уписа́ть(ся), упишу́, упи́шет(ся)
упи́сывать(ся), -аю, -ает(ся)
упи́танность, -и
упи́танный; *кр. ф. прич.* (*откормленный, устар.*) -ан, -ана; *кр. ф. прил.* (*довольно полный*) -ан, -анна
упита́ть(ся), -а́ю, -а́ет(ся)
упи́тывать(ся), -аю, -ает(ся)
упи́ться, упью́сь, упьётся; *прош.* упи́лся, упила́сь, упи́ло́сь
упи́ханный; *кр. ф.* -ан, -ана
упиха́ть(ся), -а́ю, -а́ет(ся)
упи́хивание, -я
упи́хивать(ся), -аю(сь), -ает(ся)
упи́хнутый
упихну́ть(ся), -ну́, -нёт(ся)
УПК [упэка́], *нескл., ж.* (*сокр.*: установка для передвижения космонавтов) и *м.* (*сокр.*: учебно-производственный комбинат)
упла́нд, -а
упла́та, -ы
уплати́ть, -ачу́, -а́тит

упла́тный
упла́ченный; *кр. ф.* -ен, -ена
упла́чивание, -я
упла́чивать(ся), -аю, -ает(ся)
уплести́(сь), уплету́(сь), уплетёт(ся); *прош.* уплёл(ся), уплела́(сь)
уплета́ть(ся), -а́ю(сь), -а́ет(ся)
уплетённый; *кр. ф.* -ён, -ена́
уплётший(ся)
уплотне́ние, -я
уплотнённость, -и
уплотнённый; *кр. ф.* -ён, -ена́
уплотни́тель, -я
уплотни́тельный
уплотни́ть(ся), -ню́(сь), -ни́т(ся)
уплотня́ть(ся), -я́ю(сь), -я́ет(ся)
уплоща́ть(ся), -а́ю, -а́ет(ся)
уплоще́ние, -я
уплощённость, -и
уплощённый; *кр. ф.* -ён, -ена́
уплощи́ть(ся), -щу́, -щи́т(ся)
уплыва́ть, -а́ю, -а́ет
уплы́ть, -ыву́, -ывёт; *прош.* -ы́л, -ыла́, -ы́ло
упова́ние, -я
упова́тельный; *кр. ф.* -лен, -льна
упова́ть, -а́ю, -а́ет
уподо́бить(ся), -блю(сь), -бит(ся)
уподобле́ние, -я
уподо́бленный; *кр. ф.* -ен, -ена
уподобля́ть(ся), -я́ю(сь), -я́ет(ся)
упое́ние, -я
упоённо, *нареч.*
упоённость, -и
упо́енный; *кр. ф.* -ен, -ена, *прич.* (*от* упои́ть)
упоённый; *кр. ф.* -ён, -ена́, *прил.* (*испытывающий упоение*)
упои́тельность, -и
упои́тельный; *кр. ф.* -лен, -льна
упои́ть, упою, упои́т (*напоить допьяна*)
упокоева́ть(ся), -а́ю(сь), -а́ет(ся)
упокое́ние, -я
упоко́енный; *кр. ф.* -ен, -ена
упоко́ить(ся), -о́ю(сь), -о́ит(ся)
упоко́й: за упоко́й
упоко́йник, -а (*прост. устар. к* поко́йник)
упоко́йница, -ы, *тв.* -ей (*прост. устар. к* поко́йница)
уполза́ние, -я
уполза́ть, -а́ю, -а́ет
уползти́, -зу́, -зёт; *прош.* упо́лз, уползла́
упо́лзший
уполномо́ченный; *кр. ф.* -ен, -ена
уполномо́чивание, -я
уполномо́чивать(ся), -аю(сь), -ает(ся)
уполномо́чие: по уполномо́чию
уполномо́чить, -чу, -чит
уполови́ненный; *кр. ф.* -ен, -ена
уполови́нивать(ся), -аю, -ает(ся)
уполови́нить(ся), -ню, -нит(ся)
уполо́вник, -а
упомина́ние, -я
упомина́ть(ся), -а́ю, -а́ет(ся)
упомнове́ние, -я
упо́мненный; *кр. ф.* -ен, -ена
упо́мнить, -ню, -нит
упомя́нутый
упомяну́ть, -яну́, -я́нет
упо́р, -а
упо́ристый
упо́рность, -и
упо́рный; *кр. ф.* -рен, -рна
упо́р-присе́д, упо́ра-присе́да
упо́рство, -а
упо́рствование, -я
упо́рствовать, -твую, -твует
упорхну́ть, -ну́, -нёт
упоря́дочение, -я
упоря́доченно, *нареч.*
упоря́доченность, -и
упоря́доченный; *кр. ф. прич.* -ен, -ена; *кр. ф. прил.* -ен, -енна (жи́знь его́ разме́ренна и упоря́доченна)
упоря́дочивать(ся), -аю, -ает(ся)
упоря́дочить(ся), -чу, -чит(ся)
употе́лый
употе́ть, -е́ю, -е́ет
употреби́тельность, -и
употреби́тельный; *кр. ф.* -лен, -льна
употреби́ть(ся), -блю́, -би́т(ся)
употребле́ние, -я
употреблённый; *кр. ф.* -ён, -ена́
употребля́ть(ся), -я́ю, -я́ет(ся)
упо́тчеванный; *кр. ф.* -ан, -ана
упо́тчевать, -чую, -чует
упра́ва, -ы
управдела́ми, *нескл., м.* и *ж.*
управдо́м, -а
управи́тель, -я
управи́тельница, -ы, *тв.* -ей
управи́тельский
управи́тельство, -а
упра́вить(ся), -влю(сь), -вит(ся)
управле́нец, -нца, *тв.* -нцем, *р. мн.* -нцев
управле́ние, -я
управле́нский
управле́нческий
управле́нческо-исполни́тельский
управле́нчество, -а
управля́емость, -и
управля́емый
управля́ть(ся), -я́ю(сь), -я́ет(ся)
управля́ющий(ся)
управля́ющий, -его
упра́вский
упражне́ние, -я
упражня́ть(ся), -я́ю(сь), -я́ет(ся)
упраздне́ние, -я
упразднённый; *кр. ф.* -ён, -ена́
упраздни́ть(ся), -ню́, -ни́т(ся)
упраздня́ть(ся), -я́ю, -я́ет(ся)
упра́шивание, -я
упра́шивать(ся), -аю(сь), -ает(ся)
упрева́ние, -я
упрева́ть, -а́ю, -а́ет
упреди́ть, -ежу́, -еди́т
упрежда́ть(ся), -а́ю, -а́ет(ся)
упрежда́ющий(ся)
упрежде́ние, -я
упреждённый; *кр. ф.* -ён, -ена́
упрёк, -а
упрека́ть, -а́ю, -а́ет
упрекну́ть, -ну́, -нёт
упре́лый
упре́ть, -е́ю, -е́ет
упроси́ть, -ошу́, -о́сит
упрости́тель, -я
упрости́тельский
упрости́тельство, -а
упрости́ть(ся), -ощу́, -ости́т(ся)
упро́чение, -я
упро́ченный; *кр. ф.* -ен, -ена
упро́чивать(ся), -аю(сь), -ает(ся)
упро́чить(ся), -чу(сь), -чит(ся)
упрочне́ние, -я
упрочнённый; *кр. ф.* -ён, -ена́
упрочни́тель, -я
упрочни́ть(ся), -ню́, -ни́т(ся)
упрочня́ть(ся), -я́ю, -я́ет(ся)
упро́шенный; *кр. ф.* -ен, -ена
упроща́ть(ся), -а́ю, -а́ет(ся)
упроще́нец, -нца, *тв.* -нцем, *р. мн.* -нцев
упроще́ние, -я
упрощённо, *нареч.*
упрощённость, -и
упрощённый; *кр. ф. прич.* -ён, -ена́; *кр. ф. прил.* (*примитивный*) -ён, -ённа (приёмы а́втора упрощённы)
упроще́нство, -а
упроще́нческий
упроще́нчество, -а
упру́гий
упру́го-вя́зкий
упругоопти́ческий
упругопласти́ческий
упру́гость, -и
упру́же, *сравн. ст.*
упру́жить, -ит
упры́гать(ся), -аю(сь), -ает(ся)
упры́гивать, -аю, -ает
упры́гнуть, -ну, -нет
упряга́ть(ся), -а́ю(сь), -а́ет(ся)
упряжённый; *кр. ф.* -ён, -ена́
упря́жечный
упря́жка, -и, *р. мн.* -жек
упряжно́й
у́пряжь, -и
упря́мец, -мца, *тв.* -мцем, *р. мн.* -мцев
упря́миться, -млюсь, -мится
упря́мица, -ы, *тв.* -ей
упря́мство, -а
упря́мствовать, -твую, -твует
упря́мый
упря́мящийся
упря́танный; *кр. ф.* -ан, -ана
упря́тать(ся), -я́чу(сь), -я́чет(ся)
упря́тывать(ся), -аю(сь), -ает(ся)
упря́чь(ся), -ягу́(сь), -яжёт(ся), -ягу́т(ся); *прош.* -я́г(ся), -ягла́(сь)

у́псальский (*от* У́псала)
у́псальцы, -ев, *ед.* -лец, -льца, *тв.* -льцем
упуска́ть(ся), -а́ю, -а́ет(ся)
упусти́ть, упущу́, упу́стит
упуще́ние, -я
упу́щенный; *кр. ф.* -ен, -ена
упы́рь, -я́
упы́хаться, -аюсь, -ается
упятерённый; *кр. ф.* -ён, -ена́
упятери́ть(ся), -рю́, -ри́т(ся)
упятеря́ть(ся), -я́ю, -я́ет(ся)
ура́, *межд.*
урабо́таться, -аюсь, -ается
уравне́ние, -я
ура́вненный; *кр. ф.* -ен, -ена и **уравнённый;** *кр. ф.* -ён, -ена́ (*от* уравня́ть)
ура́внивание, -я
ура́вниватель, -я
ура́внивать(ся), -аю(сь), -ает(ся)
уравни́ловка, -и
уравни́ловский
уравни́тель, -я
уравни́тельность, -и
уравни́тельный
уравнове́сить(ся), -е́шу(сь), -е́сит(ся)
уравнове́шение, -я
уравнове́шенность, -и
уравнове́шенный; *кр. ф. прич.* -ен, -ена; *кр. ф. прил.* (*обладающий ровным, спокойным характером*) -ен, -енна
уравнове́шивание, -я
уравнове́шивать(ся), -аю(сь), -ает(ся)
уравня́ть(ся), -я́ю(сь), -я́ет(ся) (*к* ра́вный)
урага́н, -а
урага́нный
ураганоме́р, -а
ураза́, -ы́
Ураза́-байра́м, -а (*праздник*)
уразнообра́зить, -а́жу, -а́зит
уразумева́ть(ся), -а́ю, -а́ет(ся)
уразуме́ние, -я
уразуме́ть, -е́ю, -е́ет
урали́т, -а
урали́товый
ура́лка, -и, *р. мн.* -лок
уралма́шевец, -вца, *тв.* -вцем, *р. мн.* -вцев
уралма́шевский (*от* Уралма́ш)
Ура́ло-Монго́льский скла́дчатый по́яс
ура́ло-пово́лжский
Ура́ло-Пово́лжье, -я
ура́ло-сиби́рский
Ура́ло-Тянь-Ша́ньская скла́дчатая о́бласть
ура́лочка, -и, *р. мн.* -чек
ура́льский (*от* Ура́л и Ура́льск)
Ура́льский регио́н
Ура́льский федера́льный о́круг
Ура́льское каза́чье во́йско
ура́льцы, -ев, *ед.* -лец, -льца, *тв.* -льцем
Ура́н, -а (*мифол.*; *планета*)
ура́н, -а (*хим.*)
уранвана́диевый
уранграфи́товый
урандобыва́ющий и **уранодобыва́ющий**
урани́зм, -а (*мед.*)
уранини́т, -а
Ура́ния, -и (*мифол.*)
ура́ния, -и (*бабочка*)
уранмолибде́новый
ура́новый
ураногра́фия, -и
уранодобыва́ющий и **урандобыва́ющий**
ураноско́п, -а
уранплуто́ниевый
урансодержа́щий и **ураносодержа́щий**
ура́-патрио́т, -а
ура́-патриоти́зм, -а
ура́-патриоти́ческий
ура́ртский (*от* Ура́рту)
Ура́рту, *нескл., с.* (*государство*) и **ура́рту,** *нескл., мн.* (*племена*)
ура́ртцы, -ев, *ед.* -тец, -тца, *тв.* -тцем
ура́рты, -ов
урваста́ть
ураста́ть, -а́ю, -а́ет
урасти́, -ту́, -тёт; *прош.* уро́с, уросла́
урбаниза́ция, -и
урбанизи́рованный; *кр. ф.* -ан, -ана
урбанизи́ровать(ся), -рую, -рует(ся)
урбани́зм, -а
урбани́ст, -а
урбанисти́ческий
урбани́стский
урбо́ним, -а
урбони́мика, -и
урбоними́ческий
урбоэкологи́ческий
урбоэколо́гия, -и
у́рванный; *кр. ф.* -ан, -ана
урва́ть(ся), урву́(сь), урвёт(ся); *прош.* -а́л(ся), -ала́(сь), -а́ло, -а́ло́сь
урге́нчский (*от* Урге́нч)
урге́нчцы, -ев, *ед.* -чец, -чца, *тв.* -чцем
урду́, *неизм.* и *нескл., м.*
урду́-ру́сский
уреа́за, -ы
урегули́рование, -я
урегули́рованность, -и
урегули́рованный; *кр. ф.* -ан, -ана
урегули́ровать(ся), -рую, -рует(ся)
уреди́ть(ся), урежу́, -ди́т(ся) (*от* ре́дкий)
уредоспо́ры, -о́р, *ед.* -спо́ра, -ы
урежа́ть(ся), -а́ю, -а́ет(ся) (*к* ре́дкий)
уреже́ние, -я
урежённый; *кр. ф.* -ён, -ена́ (*к* ре́дкий)
уре́з, -а
уреза́ние, -я
уре́занный; *кр. ф.* -ан, -ана
уре́зать, уре́жу, уре́жет, *сов.*
уреза́ть(ся), -а́ю, -а́ет(ся), *несов.*
уре́зка, -и
урезо́ненный; *кр. ф.* -ен, -ена
урезо́нивать(ся), -аю(сь), -ает(ся)
урезо́нить(ся), -ню(сь), -нит(ся)
уре́зывание, -я
уре́зывать(ся), -аю, -ает(ся)
уреи́ды, -ов, *ед.* -и́д, -а
урема́, -ы́ и **урёма,** -ы
уреми́ческий
уреми́я, -и
урёмный
уренго́йский (*от* Уренго́й)
урета́новый
урета́ны, -ов, *ед.* -та́н, -а
уре́тра, -ы
уретри́т, -а
уретроско́п, -а
уретроскопи́ческий
уретроскопи́я, -и
уржу́мский (*от* Уржу́м)
уржу́мцы, -ев, *ед.* -мец, -мца, *тв.* -мцем
урзи́ния, -и
уриди́ловая кислота́
уриди́н, -а
урика́за, -ы
ури́льник, -а
ури́на, -ы
уринотерапевти́ческий
уринотерапи́я, -и
у́рка, -и, *р. мн.* у́рок, *м.*
уркага́н, -а
урма́н, -а
у́рна, -ы
уроантисе́птик, -а
уроантисепти́ческий
уробакте́рии, -ий, *ед.* -е́рия, -и
уробили́н, -а
уробили́новый
уробилинури́я, -и
у́ровенный
у́ровень, -вня
у́ровневый
уровнеме́р, -а
уро́вненный; *кр. ф.* -ен, -ена (*от* уровня́ть)
уровня́ть(ся), -я́ю, -я́ет(ся) (*к* ро́вный)
урогенита́льный
урогинекологи́ческий
урогинеколо́гия, -и
урографи́ческий
урогра́фия, -и
уро́д, -а
урода́н, -а
уро́дец, -дца, *тв.* -дцем, *р. мн.* -дцев
уро́дина, -ы, *м.* и *ж.*
уроди́ть(ся), -ожу́(сь), -оди́т(ся)
уро́дище, -а и -и, *мн.* -и, -ищ, *м.*
уро́дка, -и, *р. мн.* -док
уро́дливость, -и
уро́дливый
уро́дование, -я
уро́дованный; *кр. ф.* -ан, -ана

уро́довать(ся), -дую(сь), -дует(ся)
уро́дский
уро́дство, -а
урожа́й, -я
урожа́йность, -и
урожа́йный; *кр. ф.* -а́ен, -а́йна
урожда́ть(ся), -а́ю(сь), -а́ет(ся)
урождённый; *кр. ф.* -ён, -ена́
уроже́нец, -нца, *тв.* -нцем, *р. мн.* -нцев
уроже́нка, -и, *р. мн.* -нок
уроинфе́кция, -и
уро́к, -а
уро́лог, -а
урологи́ческий
уроло́гия, -и
уро́метр, -а
уро́н, -а
уро́ненный; *кр. ф.* -ен, -ена
урони́ть, уроню́, уро́нит
уро́новый (*хим.*)
уrости́ль, -я
уро́сший
уротропи́н, -а
урохро́м, -а
уро́чище, -а
уро́чный
урсо́ловая кислота́
урсули́нки, -нок, *ед.* -нка, -и
урсули́нский
уртти́т, -а
уругва́йка, -и, *р. мн.* -а́ек
уругва́йский (*от* Уругва́й)
уругва́йцы, -ев, *ед.* -а́ец, -а́йца, *тв.* -а́йцем
урча́ние, -я
урча́ть, урчу́, урчи́т
урыва́ть(ся), -а́ю(сь), -а́ет(ся)
уры́вками, *нареч.*
уры́вочный
урю́к, -а и -у
урю́ковый
урю́пинский (*от* Урю́пинск)
урю́пинцы, -ев, *ед.* -нец, -нца, *тв.* -нцем
урю́чный
уря́д, -а
уряди́ть(ся), уряжу́(сь), уря́ди́т(ся) (*к* уря́д, поря́док)
уря́дник, -а
уря́дницкий
уря́дничий, -ья, -ье
уряжа́ть(ся), -а́ю(сь), -а́ет(ся) (*к* уряди́ть(ся)
уря́женный; *кр. ф.* -ен, -ена (*от* уряди́ть)
урянха́йский
урянха́йцы, -ев, *ед.* -а́ец, -а́йца, *тв.* -а́йцем
уса́дебка, -и, *р. мн.* -бок
уса́дебный
усади́ть, усажу́, уса́дит
уса́дка, -и
уса́дочный
уса́дьба, -ы, *р. мн.* уса́деб и уса́дьб
уса́дьбишка, -и, *р. мн.* -шек
усажа́ть, -а́ю, -а́ет
уса́женный; *кр. ф.* -ен, -ена
уса́живание, -я
уса́живать(ся), -аю(сь), -ает(ся)
уса́ленный; *кр. ф.* -ен, -ена
уса́ливать(ся), -аю(сь), -ает(ся)
уса́лить(ся), -лю(сь), -лит(ся)
уса́стый
уса́тевший
уса́тенький
уса́теть, -ею, -еет
уса́тик, -а
уса́тый
уса́харенный; *кр. ф.* -ен, -ена
уса́харивать(ся), -аю(сь), -ает(ся)
уса́харить(ся), -рю(сь), -рит(ся)
уса́ч, -а́, *тв.* -о́м
усачеви́дный жу́к
усва́ивание, -я
усва́ивать(ся), -аю, -ает(ся)
усва́танный; *кр. ф.* -ан, -ана
усва́тать, -аю, -ает
усва́тывать(ся), -аю(сь), -ает(ся)
усвое́ние, -я
усво́енный; *кр. ф.* -ен, -ена
усво́ить(ся), -о́ю, -о́ит(ся)
усвоя́емость, -и
усвоя́емый
усвоя́ть(ся), -я́ю, -я́ет(ся)
усева́ть(ся), -а́ю, -а́ет(ся)
усе́ивать(ся), -аю, -ает(ся)
усека́ние, -я
усека́ть(ся), -а́ю, -а́ет(ся)
усекнове́ние, -я
Усекнове́ние главы́ Иоа́нна Предте́чи
усе́кший (*от* усе́чь[1])
усёкший (*от* усе́чь[1] и[2])
усе́рдие, -я
усе́рдность, -и
усе́рдный; *кр. ф.* -ден, -дна
усе́рдство, -а
усе́рдствование, -я
усе́рдствовать, -твую, -твует
усе́сться, уся́дусь, уся́дется; *прош.* усе́лся, усе́лась
усече́ние, -я
усечённый; *кр. ф.* -ён, -ена́
усе́чь[1], усеку́, усечёт, усеку́т; *прош.* усёк и усе́к, усекла́ (*отсекая, укоротить*)
усе́чь[2], усеку́, усечёт, усеку́т; *прош.* усёк, усекла́ (*понять*)
усе́янный; *кр. ф.* -ян, -яна
усе́ять(ся), усе́ю, усе́ет(ся)
усиде́ть, усижу́, усиди́т
уси́дчивость, -и
уси́дчивый
уси́женный; *кр. ф.* -ен, -ена
уси́живать(ся), -аю, -ает(ся)
у́сики, -ов, *ед.* у́сик, -а
у́сиковый
усиле́ние, -я
уси́ленно, *нареч.*
уси́ленный; *кр. ф.* -ен, -ена
уси́ливать(ся), -аю(сь), -ает(ся)
уси́лие, -я
усили́тель, -я
усили́тельно-акусти́ческий
усили́тельный
уси́лить(ся), -лю(сь), -лит(ся)
уси́льный
уси́нский (*от* Уса́ и Уси́нск)
уси́шки, -шек, *ед.* уси́шко, -а и -и, *м.*
уси́ща, уси́щ и **уси́щи,** уси́щ, *ед.* уси́ще, -а, *м.*
ускака́ть, ускачу́, ускачет
ука́кивать, -аю, -ает
ускакну́ть, -ну́, -нёт
уска́льзывание, -я
уска́льзывать, -аю, -ает
уско́ки, -ов, *ед.* -о́к, -а (*ист.*)
ускользáние, -я
ускольза́ть, -а́ю, -а́ет
ускользну́ть, -ну́, -нёт
ускоре́ние, -я
уско́ренно, *нареч.*
уско́ренность, -и
уско́ренный; *кр. ф.* -ен, -ена
ускори́тель, -я
ускори́тельный
уско́рить(ся), -рю(сь), -рит(ся)
ускоря́ть(ся), -я́ю(сь), -я́ет(ся)
усла́вливаться, -аюсь, -ается и **усло́вливаться,** -аюсь, -ается
усла́да, -ы
услади́тельность, -и
услади́тельный; *кр. ф.* -лен, -льна
услади́ть(ся), -ажу́(сь), -ади́т(ся)
усла́дный; *кр. ф.* -ден, -дна
услажда́ть(ся), -а́ю(сь), -а́ет(ся)
услажде́ние, -я
услаждённый; *кр. ф.* -ён, -ена́
у́сланный; *кр. ф.* -ан, -ана (*от* усла́ть)
усласти́ть(ся), -ащу́, -асти́т(ся)
усла́ть, ушлю́, ушлёт; *прош.* усла́л, усла́ла (*к* слать)
услаща́ть(ся), -а́ю, -а́ет(ся)
услащённый; *кр. ф.* -ён, -ена́
усла́щивание, -я
усла́щивать(ся), -аю, -ает(ся)
уследи́ть, -ежу́, -еди́т
усле́женный; *кр. ф.* -ен, -ена
усле́живание, -я
усле́живать(ся), -аю, -ает(ся)
усло́вие, -я
усло́виться, -влюсь, -вится
усло́вленный; *кр. ф.* -ен, -ена
усло́вливаться, -аюсь, -ается и **усла́вливаться,** -аюсь, -ается
усло́вник, -а
усло́вно, *нареч.*
усло́вно-беспо́шлинный
усло́вно-досро́чный
усло́вно освобождённый
усло́вно осуждённый
усло́вно поражённый
усло́вно-предположи́тельный
усло́вно-рефлекто́рный
усло́вность, -и

усло́вно сходя́щийся
усло́вный; *кр. ф.* -вен, -вна
усложне́ние, -я
усложнённо, *нареч.*
усложнённость, -и
усложнённый; *кр. ф.* -ён, -ена́
усложни́ть(ся), -ню́, -ни́т(ся)
усложня́ть(ся), -я́ю, -я́ет(ся)
услу́га, -и
услужа́ющий
услуже́ние, -я
услу́живание, -я
услу́живать, -аю, -ает
услужи́ть, -ужу́, -у́жит
услу́жливость, -и
услу́жливый
услу́жник, -а
услу́жница, -ы, *тв.* -ей
услу́жничать, -аю, -ает
услу́жничество, -а
услыха́ть, *буд. вр. не употр.*
услы́шанный; *кр. ф.* -ан, -ана
услы́шать, -шу, -шит
усма́тривание, -я
усма́тривать(ся), -аю, -ает(ся)
усмеха́ться, -а́юсь, -а́ется
усмехну́ться, -ну́сь, -нётся
усме́шечка, -и, *р. мн.* -чек
усме́шка, -и, *р. мн.* -шек
усме́шливый
усмире́ние, -я
усмирённый; *кр. ф.* -ён, -ена́
усмире́ть, -е́ю, -е́ет
усмири́тель, -я
усмири́тельный
усмири́ть(ся), -рю́(сь), -ри́т(ся)
усмиря́ть(ся), -я́ю(сь), -я́ет(ся)
усмотре́ние, -я
усмо́тренный; *кр. ф.* -ен, -ена
усмотре́ть, -отрю́, -о́трит
уснасти́ть, -ащу́, -асти́т
уснаща́ть(ся), -а́ю, -а́ет(ся)
уснаще́ние, -я
уснащённый; *кр. ф.* -ён, -ена́
усна́щивать(ся), -аю, -ает(ся)
усне́я, -и
усну́ть, усну́, уснёт
усо́бица, -ы, *тв.* -ей
усоверше́нствование, -я
усоверше́нствованный; *кр. ф.* -ан, -ана
усоверше́нствовать(ся), -твую(сь), -твует(ся)
усо́вестить(ся), -ещу(сь), -естит(ся)
усо́вещенный; *кр. ф.* -ен, -ена
усо́вещивать(ся), -аю(сь), -ает(ся)
усо́л, -а
усо́ленный; *кр. ф.* -ен, -ена
усоли́ть(ся), усолю́, усо́ли́т(ся)
усо́лье, -я, *р. мн.* -лий (*место добычи соли, устар.*); но: **Усо́лье,** -я (*город*)
Усо́лье-Сиби́рское, Усо́лья-Сиби́рского (*город*)
усо́льский (*к* усо́лье, Усо́лье (*город*) и Усо́лье-Сиби́рское)
усо́льцы, -ев, *ед.* -лец, -льца, *тв.* -льцем (*к* усо́лье, Усо́лье и Усо́лье-Сиби́рское)
усольча́не, -а́н, *ед.* -а́нин, -а (*к* Усо́лье и Усо́лье-Сиби́рское)
усольча́нка, -и, *р. мн.* -нок
усомни́ться, -ню́сь, -ни́тся
усоно́гие, -их
усо́пший
усо́хлый
усо́хнуть, -нет; *прош.* усо́х, усо́хла
усо́хший
успева́емость, -и
успева́ть, -а́ю, -а́ет
успева́ющий
успе́ется, *других форм нет*
успе́ние, -я (*кончина, церк.*) и **Успе́ние,** -я (*праздник; иконографический сюжет*)
успе́нский (*к* Успе́ние)
Успе́нский по́ст
Успе́нский собо́р
Успе́ньев де́нь, Успе́ньева дня́
успе́ть, -е́ю, -е́ет
успе́х, -а
успе́шность, -и
успе́шный; *кр. ф.* -шен, -шна
успока́ивание, -я
успока́ивать(ся), -аю(сь), -ает(ся)
успока́ивающий(ся)
успокое́ние, -я
успоко́енно, *нареч.*
успоко́енность, -и
успоко́енный; *кр. ф.* -ен, -ена
успокои́тель, -я
успокои́тельница, -ы, *тв.* -ей
успокои́тельное, -ого
успокои́тельность, -и
успокои́тельный; *кр. ф.* -лен, -льна
успоко́ить(ся), -о́ю(сь), -о́ит(ся)
усредне́ние, -я
усреднённо, *нареч.*
усреднённость, -и
усреднённый; *кр. ф.* -ён, -ена́
усредни́ть, -ню́, -ни́т
усредня́ть(ся), -я́ю, -я́ет(ся)
уссури́йский (*от* Уссури́ и Уссури́йск)
уссури́йцы, -ев, *ед.* -и́ец, -и́йца, *тв.* -и́йцем
уста́, уст, уста́м
уста́в, -а
устава́ть, устаю́, устаёт
уста́вить(ся), -влю(сь), -вит(ся)
уста́вка, -и, *р. мн.* -вок *(команда автоматическому устройству)*
уста́вленный; *кр. ф.* -ен, -ена
уставля́ть(ся), -я́ю(сь), -я́ет(ся)
уста́вный и **уставно́й**
уста́вший
уста́вщик, -а
уста́ивать(ся), -аю, -ает(ся)
устака́ниваться, -ается
устака́ниться, -ится
уста́лостный
уста́лость, -и
уста́лый
у́сталь, -и: **без у́стали, не зна́ть у́стали**
устана́вливать(ся), -аю, -ает(ся)
установи́ть(ся), -овлю́, -о́вит(ся)
устано́вка, -и, *р. мн.* -вок
установле́ние, -я
устано́вленный; *кр. ф.* -ен, -ена
установля́ть(ся), -я́ю, -я́ет(ся)
устано́вочный
устано́вщик, -а
устарева́ние, -я
устарева́ть, -а́ю, -а́ет
устаре́вший
устаре́лость, -и
устаре́лый
устаре́ть, -е́ю, -е́ет
уста́ток: с уста́тка и **с уста́тку**
уста́ть, -а́ну, -а́нет
усташи́, -е́й, *ед.* уста́ш, -а́, *тв.* -о́м
уста́шский
устаю́щий
усте́ленный; *кр. ф.* -ен, -ена
устелипо́ле, -я (*растение*)
устели́ть(ся), устелю́, усте́лет(ся); *прош.* -и́л(ся), -и́ла(сь)
устерега́ть(ся), -а́ю(сь), -а́ет(ся)
устерёгший(ся)
устережённый; *кр. ф.* -ён, -ена́
устере́чь(ся), -регу́(сь), -режёт(ся), -регу́т(ся); *прош.* -рёг(ся), -регла́(сь)
устила́ть(ся), -а́ю, -а́ет(ся)
усти́лка, -и, *р. мн.* -лок
у́стланный; *кр. ф.* -ан, -ана (*от* устла́ть)
устла́ть(ся), устелю́, усте́лет(ся); *прош.* -а́л(ся), -а́ла(сь) (*к* стлать)
у́стно-разгово́рный
у́стность, -и
у́стный
усто́и[1], -ев (*традиционные нормы жизни*)
усто́и[2], -ев, *ед.* усто́й, -я (*опоры, подпорки* (*моста и др.*)
усто́й, -я (усто́й молока́, *сливки*)
усто́йчивость, -и
усто́йчивый
усторожённый; *кр. ф.* -ён, -ена́
усторожи́ть, -жу́, -жи́т
устоя́ть(ся), -ою́, -ои́т(ся)
устра́ивание, -я
устра́ивать(ся), -аю(сь), -ает(ся)
устране́ние, -я
устранённый; *кр. ф.* -ён, -ена́
устрани́мый
устрани́ть(ся), -ню́(сь), -ни́т(ся)
устраня́ть(ся), -я́ю(сь), -я́ет(ся)
устраша́ть(ся), -а́ю(сь), -а́ет(ся)
устраша́ющий(ся)
устраше́ние, -я
устрашённый; *кр. ф.* -ён, -ена́
устраши́тельный; *кр. ф.* -лен, -льна
устраши́ть(ся), -шу́(сь), -ши́т(ся)

устреми́ть(ся), -млю́(сь), -ми́т(ся)
устремле́ние, -я
устремлённость, -и
устремлённый; *кр. ф.* -ён, -ена́
устремля́ть(ся), -я́ю(сь), -я́ет(ся)
у́стрица, -ы, *тв.* -ей
у́стричный
устрое́ние, -я
устро́енный; *кр. ф.* -ен, -ена
устрожа́ть(ся), -а́ю, -а́ет(ся)
устроже́ние, -я
устро́женный; *кр. ф.* -ен, -ена
устро́жить(ся), -жу, -жит(ся)
устрои́тель, -я
устрои́тельница, -ы, *тв.* -ей
устрои́тельный
устрои́тельство, -а
устро́ить(ся), -о́ю(сь), -о́ит(ся)
устро́йство, -а
устру́г, -а
усту́п, -а
уступа́ть(ся), -а́ю, -а́ет(ся)
усту́пистый
уступи́тельность, -и
уступи́тельный
уступи́ть, уступлю́, усту́пит
усту́пка, -и, *р. мн.* -пок
усту́пленный; *кр. ф.* -ен, -ена
уступно́й и **усту́пный** (*от* усту́п)
уступообра́зный; *кр. ф.* -зен, -зна
усту́пчатый
усту́пчивость, -и
усту́пчивый
устыди́ть(ся), -ыжу́(сь), -ыди́т(ся)
устыжа́ть(ся), -а́ю(сь), -а́ет(ся)
устыже́ние, -я
устыжённый; *кр. ф.* -ён, -ена́
Усть-... – *первая часть названий населенных пунктов, пишется через дефис, напр.*: Усть-Или́мск, Усть-Ката́в, Усть-Каменого́рск, Усть-Ку́т, Усть-Лаби́нск (*города*), Усть-Доне́цкий, Усть-Орды́нский, Усть-Абака́н, Усть-Ижо́ра, Усть-Лу́га, Усть-Камча́тск (*поселки*)
усть-абака́нский (*от* Усть-Абака́н)
устьабака́нцы, -ев, *ед.* -нец, -нца, *тв.* -нцем
у́стье, -я, *р. мн.* -ьев; но: **У́стье**, -я (*река*; *поселок*), **Ка́мское У́стье** (*поселок*), **Ру́сское У́стье** (*село*)
устьево́й и **у́стьевый** (*от* у́стье)
Усть-Или́мская ГЭ́С
усть-или́мский (*от* Усть-Или́мск)
устьили́мцы, -ев, *ед.* -мец, -мца, *тв.* -мцем
у́стьинский (*от* У́стье, *поселок*)
У́стьинский мо́ст (*в Москве*)
у́стьице, -а
у́стьичный
усть-каменого́рский (*от* Усть-Каменого́рск)
устькаменого́рцы, -ев, *ед.* -рец, -рца, *тв.* -рцем
усть-ку́тский (*от* Усть-Ку́т)
устьку́тцы, -ев, *ед.* -тец, -тца, *тв.* -тцем
усть-лаби́нский (*от* Усть-Лаби́нск)
устьлаби́нцы, -ев, *ед.* -нец, -нца, *тв.* -нцем
Усть-Орды́нский Буря́тский автоно́мный о́круг
устьорды́нцы, -ев, *ед.* -нец, -нца, *тв.* -нцем
Усть-Ханта́йская ГЭ́С
устюжа́не, -а́н, *ед.* -а́нин, -а (*к* Вели́кий У́стю́г и Устю́жна)
устюжа́нка, -и, *р. мн.* -нок (*к* устюжа́не)
устю́женка, -и, *р. мн.* -нок (*к* устю́женцы)
устю́женский (*от* Устю́жна)
устю́женцы, -ев, *ед.* -нец, -нца, *тв.* -нцем (*от* Устю́жна)
устю́жский (*к* Вели́кий У́стю́г)
усугуби́ть(ся), -у́блю, -у́би́т(ся)
усугубле́ние, -я
усугу́бленный; *кр. ф.* -ен, -ена и **усугублённый**; *кр. ф.* -ён, -ена́
усугубля́ть(ся), -я́ю, -я́ет(ся)
усуша́ть(ся), -а́ю, -а́ет(ся)
усу́шенный; *кр. ф.* -ен, -ена
усуши́ть(ся), усушу́, усу́шит(ся)
усу́шка, -и
усчи́танный; *кр. ф.* -ан, -ана
усчита́ть, -а́ю, -а́ет
усчи́тывание, -я
усчи́тывать(ся), -аю, -ает(ся)
усы́, усо́в, *ед.* ус, у́са
усыла́ть(ся), -а́ю(сь), -а́ет(ся)
усы́лка, -и
усынови́тель, -я
усынови́тельница, -ы, *тв.* -ей
усынови́ть, -влю́, -ви́т
усыновле́ние, -я
усыновлённый; *кр. ф.* -ён, -ена́
усыновля́ть(ся), -я́ю(сь), -я́ет(ся)
усыпа́льница, -ы, *тв.* -ей
усыпа́ние, -я
усы́панный; *кр. ф.* -ан, -ана
усы́пать(ся), -плю(сь), -плет(ся), -плют(ся) и -пет(ся), -пят(ся), *сов.*
усыпа́ть(ся), -а́ю(сь), -а́ет(ся), *несов.*
усыпи́тельность, -и
усыпи́тельный; *кр. ф.* -лен, -льна
усыпи́ть, -плю́, -пи́т
усы́пка, -и
усыпле́ние, -я
усыплённый; *кр. ф.* -ён, -ена́
усыпля́ть(ся), -я́ю(сь), -я́ет(ся)
усыпля́ющий(ся)
усыха́ние, -я
усыха́ть, -а́ю, -а́ет
у́скать, -аю, -ает
утае́ние, -я
утаённый; *кр. ф.* -ён, -ена́
ута́ивание, -я
ута́ивать(ся), -аю(сь), -ает(ся)
утаи́ть(ся), утаю́(сь), утаи́т(ся)
ута́йка, -и, *р. мн.* ута́ек
ута́йщик, -а
ута́йщица, -ы, *тв.* -ей
ута́пливание, -я
ута́пливать(ся), -аю, -ает(ся)
ута́птывать(ся), -аю, -ает(ся)
ута́скивать(ся), -аю(сь), -ает(ся)
ута́ченный; *кр. ф.* -ан, -ана
утача́ть(ся), -а́ю, -а́ет(ся)
ута́чивание, -я
ута́чивать(ся), -аю, -ает(ся)
ута́чка, -и
ута́щенный; *кр. ф.* -ен, -ена
утащи́ть(ся), утащу́(сь), ута́щит(ся)
у́тварь, -и
утверди́тельность, -и
утверди́тельный; *кр. ф.* -лен, -льна
утверди́ть(ся), -ржу́(сь), -рди́т(ся)
утвержда́ть(ся), -а́ю(сь), -а́ет(ся)
утвержде́ние, -я
утверждённый; *кр. ф.* -ён, -ена́
утека́ть, -а́ю, -а́ет
утёкший
утемне́ние, -я
утемнённый; *кр. ф.* -ён, -ена́
утемни́ть(ся), -ню́, -ни́т(ся)
утемня́ть(ся), -я́ю, -я́ет(ся)
утёнок, -нка, *мн.* утя́та, утя́т
утёночек, -чка, *мн.* утя́тки, -ток
утёныш, -а, *тв.* -ем
утепле́ние, -я
утеплённый; *кр. ф.* -ён, -ена́
утепли́тель, -я
утепли́тельный
утепли́ть(ся), -лю́(сь), -ли́т(ся)
утепля́ть(ся), -я́ю(сь), -я́ет(ся)
утере́ть(ся), утру́(сь), утрёт(ся); *прош.* утёр(ся), утёрла(сь)
уте́ривать(ся), -аю, -ает(ся)
утерпе́ть, утерплю́, утéрпит
утёртый
утёрший(ся)
уте́ря, -и
уте́рянный; *кр. ф.* -ян, -яна
утеря́ть(ся), -я́ю, -я́ет(ся)
утёс, -а
утёсанный; *кр. ф.* -ан, -ана
утеса́ть, утешу́, уте́шет
утёсистость, -и
утёсистый
утесне́ние, -я
утеснённый; *кр. ф.* -ён, -ена́
утёсник, -а
утесни́тель, -я
утесни́тельница, -ы, *тв.* -ей
утесни́тельный; *кр. ф.* -лен, -льна
утесни́ть(ся), -ню́(сь), -ни́т(ся)
утёсный
утесня́ть(ся), -я́ю(сь), -я́ет(ся)
утёсывать(ся), -аю, -ает(ся)
утетёшкать(ся), -аю, -ает(ся)
уте́ха, -и
уте́чка, -и, *р. мн.* -чек
уте́чь, утеку́, утечёт, утеку́т; *прош.* утёк, утекла́

утеша́ть(ся), -а́ю(сь), -а́ет(ся) (*к* уте́шить(ся)
утеше́ние, -я (*от* уте́шить(ся)
уте́шенный; *кр. ф.* -ен, -ена
утеше́ньице, -а
утеши́тель, -я
утеши́тельница, -ы, *тв.* -ей
утеши́тельность, -и
утеши́тельный; *кр. ф.* -лен, -льна
утеши́тельство, -а
уте́шить(ся), -шу(сь), -шит(ся)
уте́шный; *кр. ф.* -шен, -шна
утилиза́тор, -а
утилиза́торский
утилиза́торство, -а
утилизацио́нный
утилиза́ция, -и
утилизи́рованный; *кр. ф.* -ан, -ана
утилизи́ровать(ся), -рую, -рует(ся)
ути́лита, -ы *(инф.)*
утилитари́зм, -а
утилитари́ст, -а
утилитари́стка, -и, *р. мн.* -ток
утилитари́стский
утилита́рность, -и
утилита́рный; *кр. ф.* -рен, -рна
ути́ль, -я
утильба́за, -ы
утильзаво́д, -а
ути́льный
утильприёмка, -и, *р. мн.* -мок
утильсырьё, -я́
утильсырьево́й
утильце́х, -а, *мн.* -и, -ов и -а́, -о́в
ути́льщик, -а
ути́н, -а (*болезнь*)
ути́ный
утира́льник, -а
утира́льный
утира́ние, -я
утира́ть(ся), -а́ю(сь), -а́ет(ся)
ути́рка, -и, *р. мн.* -рок
ути́сканный; *кр. ф.* -ан, -ана
ути́скать(ся), -аю(сь), -ает(ся)
ути́скивать(ся), -аю(сь), -ает(ся)
у́ти-у́ти и **у́тя-у́тя,** *неизм.*
утиха́ть, -а́ю, -а́ет
ути́хнуть, -ну, -нет; *прош.* ути́х, ути́хла
утихоми́ренный; *кр. ф.* -ен, -ена
утихоми́ривать(ся), -аю(сь), -ает(ся)
утихоми́рить(ся), -рю(сь), -рит(ся)
ути́хший
у́тица, -ы, *тв.* -ей
утиша́ть(ся), -а́ю(сь), -а́ет(ся) (*к* утиши́ть(ся)
утише́ние, -я (*от* утиши́ть(ся)
утишённый; *кр. ф.* -ён, -ена́
утиши́ть(ся), -шу́(сь), -ши́т(ся)
у́тища, -и, *тв.* -ей (*от* у́тка)
у́тка, -и, *р. мн.* у́ток
у́тка-мандари́нка, у́тки-мандари́нки
у́тканный; *кр. ф.* -ан, -ана
утка́ть, утку́, уткёт; *прош.* утка́л, утка́ла́, утка́ло
у́ткнутый
уткну́ть(ся), -ну́(сь), -нёт(ся)
утконо́с, -а
утконо́сый
утле́гарь, -я
у́тлость, -и
у́тлый
уто́к, утка́
утола́кивать(ся), -аю, -ает(ся)
утоле́ние, -я
утолённость, -и
утолённый; *кр. ф.* -ён, -ена́
Утоли́ моя́ печа́ли (*иконографический тип Божией Матери*)
утоли́тельный; *кр. ф.* -лен, -льна
утоли́ть(ся), -лю́(сь), -ли́т(ся)
утоло́кший(ся)
утоло́чь(ся), -лку́, -лчёт(ся), -лку́т(ся); *прош.* -ло́к(ся), -лкла́(сь)
утолсти́ть(ся), -лщу́(сь), -лсти́т(ся)
утолчённый; *кр. ф.* -ён, -ена́
утолща́ть(ся), -а́ю(сь), -а́ет(ся)
утолще́ние, -я
утолщённый; *кр. ф.* -ён, -ена́
утоля́ть(ся), -я́ю, -я́ет(ся)
утоми́тельность, -и
утоми́тельный; *кр. ф.* -лен, -льна
утоми́ть(ся), -млю́(сь), -ми́т(ся)
утомле́ние, -я
утомлённо, *нареч.*
утомлённость, -и
утомлённый; *кр. ф. прич.* -ён, -ена́; *кр. ф. прил.* (*выражающий утомление*) -ён, -ённа (лицо́ её утомлённо)
утомля́емость, -и
утомля́ть(ся), -я́ю(сь), -я́ет(ся)
утоне́ние, -я
утонённый; *кр. ф.* -ён, -ена́
утони́ть(ся), -ню́, -ни́т(ся)
утону́тие, -я
утону́ть, утону́, уто́нет
утонча́ть(ся), -а́ю(сь), -а́ет(ся)
утонче́ние, -я
утончённо и (*устар.*) **уто́нченно,** *нареч.*
утончённость, -и и (*устар.*) **уто́нченность,** -и
уто́нченный; *кр. ф.* -ен, -енна, *прил.* (*устар. к* утончённый)
утончённый; *кр. ф. прич.* -ён, -ена́; *кр. ф. прил.* (*изысканный, изощренный*) -ён, -ённа
утончи́ть(ся), -чу́(сь), -чи́т(ся)
утоня́ть(ся), -я́ю, -я́ет(ся)
уто́п, -а (*потеря леса при сплаве*)
уто́пать, -аю, -ает, *сов.* (*утоптать*)
утопа́ть, -а́ю, -а́ет, *несов.* (*к* утону́ть)
утопа́ющий
утопи́зм, -а
утопи́ст, -а
утопи́стка, -и, *р. мн.* -ток
утопи́стский
утопи́ть(ся), утоплю́(сь), уто́пит(ся)
утопи́ческий
утопи́чность, -и
утопи́чный; *кр. ф.* -чен, -чна
Уто́пия, -и (*фантастическая страна*) и **уто́пия,** -и (*неосуществимая мечта; лит. жанр*)
утопле́ние, -я
уто́пленник, -а
уто́пленница, -ы, *тв.* -ей
уто́пленный; *кр. ф.* -ен, -ена
уто́плый
уто́пнуть, -ну, -нет; *прош.* уто́п, уто́пла (*прост. к* утону́ть)
уто́птанный; *кр. ф.* -ан, -ана
утопта́ть(ся), утопчу́, уто́пчет(ся)
уто́пший (*прост. к* утону́вший)
уто́пывать(ся), -аю, -ает(ся) (*к* уто́пать)
уто́р, -а
утора́пливать(ся), -аю, -ает(ся)
уторго́ванный; *кр. ф.* -ан, -ана
уторгова́ть, -гу́ю, -гу́ет
уторго́вывание, -я
уторго́вывать(ся), -аю, -ает(ся)
уто́ренный; *кр. ф.* -ен, -ена (*от* уто́рить)
уторённый; *кр. ф.* -ён, -ена́ (*от* утори́ть)
уто́рить(ся), -рю, -рит(ся) (*от* уто́р)
утори́ть(ся), -рю́, -ри́т(ся) (*утоптать(ся)*)
уто́рка, -и
уторопи́ть, -плю́, -о́пит
уторо́пленный; *кр. ф.* -ен, -ена
уто́рщик, -а
уто́ченный; *кр. ф.* -ен, -ена
уто́чина, -ы
уточи́ть(ся), уточу́, уто́чит(ся)
у́точка, -и, *р. мн.* -чек (*от* у́тка)
уто́чка, -и (*от* уточи́ть)
уточне́ние, -я
уточнённый; *кр. ф.* -ён, -ена́
уточни́ть(ся), -ню́, -ни́т(ся)
уто́чно-мота́льный
уто́чно-шпу́льный
уто́чный
уточня́ть(ся), -я́ю, -я́ет(ся)
утра́ивание, -я
утра́ивать(ся), -аю, -ает(ся)
утракви́стский
утракви́сты, -ов, *ед.* -и́ст, -а
утрамбо́ванный; *кр. ф.* -ан, -ана
утрамбова́ть(ся), -бу́ю, -бу́ет(ся)
утрамбо́вка, -и
утрамбо́вывание, -я
утрамбо́вывать(ся), -аю, -ает(ся)
утра́та, -ы
утра́тить(ся), -а́чу, -а́тит(ся)
утра́фить, -флю, -фит
утрафля́ть, -я́ю, -я́ет
утра́ченный; *кр. ф.* -ен, -ена
утра́чивать(ся), -аю, -ает(ся)
у́тренний
у́тренник, -а
У́тренняя звезда́ (*о планете Венера*)
у́треня, -и, *р. мн.* -ень
утре́хтский (*от* Утре́хт)

у́тречко, -а, *мн.* -чки, -чек
у́тречком, *нареч.*
у́трешний
утри́рование, -я
утри́рованно, *нареч.*
утри́рованный; *кр. ф. прич.* -ан, -ана; *кр. ф. прил.* (*обнаруживающий утрировку*) -ан, -анна (мане́ра игры́ утри́рованна)
утри́ровать(ся), -рую, -рует(ся)
утриро́вка, -и
у́тро, -а и до у́тра́, с утра́, *дат.* у́тру и к у́тру́, *мн.* у́тра, утр, *дат.* у́трам и по утра́м, *тв.* у́тра́ми
утро́ба, -ы
утро́бистый
утро́бища, -и, *тв.* -ей
утро́бный; *кр. ф.* -бен, -бна
утрое́ние, -я
утро́енный; *кр. ф.* -ен, -ена
утро́ить(ся), -о́ю, -о́ит(ся)
у́тром, *нареч.*
утруди́ть(ся), -ужу́(сь), -уди́т(ся)
утруднённый; *кр. ф.* -ён, -ена́
утрудни́ть(ся), -ню́(сь), -ни́т(ся)
утрудня́ть(ся), -я́ю(сь), -я́ет(ся)
утружда́ть(ся), -а́ю(сь), -а́ет(ся)
утружде́ние, -я
утруждённый; *кр. ф.* -ён, -ена́
утруси́ться, -и́тся
утру́ска, -и
утряса́ние, -я
утряса́ть(ся), -а́ю(сь), -а́ет(ся)
утрясённый; *кр. ф.* -ён, -ена́
утря́ска, -и, *р. мн* -сок
утрясти́(сь), -су́(сь), -сёт(ся); *прош.* -я́с(ся), -ясла́(сь)
утря́сший(ся)
утряха́ть, -а́ю, -а́ет
утучне́ние, -я
утучнённый; *кр. ф.* -ён, -ена́
утучни́ть(ся), -ню́, -ни́т(ся)
утучня́ть(ся), -я́ю, -я́ет(ся)
утуша́ть(ся), -а́ю, -а́ет(ся)
уту́шенный; *кр. ф.* -ен, -ена
утуши́ть(ся), утушу́, уту́шит(ся)
уты́канный; *кр. ф.* -ан, -ана
уты́кать(ся), -аю(сь), -ает(ся), *сов.*
утыка́ть(ся), -а́ю(сь), -а́ет(ся), *несов.*
уты́кивание, -я
уты́кивать(ся), -аю(сь), -ает(ся)
уты́ренный; *кр. ф.* -ен, -ена
уты́рить, -рю, -рит
утю́г, -а́
утю́жащий(ся)
утю́жение, -я
утю́женный; *кр. ф.* -ен, -ена, *прич.*
утю́женый, *прил.*
утю́жильный
утю́жильщик, -а
утю́жильщица, -ы, *тв.* -ей
утю́жить(ся), -жу(сь), -жит(ся)
утю́жка, -и, *р. мн* -жек
утю́жный
утюжо́к, -жка́
у́тя, -и
утя́гивание, -я
утя́гивать(ся), -аю(сь), -ает(ся)
утяжеле́ние, -я
утяжелённый; *кр. ф.* -ён, -ена́
утяжели́тель, -я
утяжели́ть(ся), -лю́(сь), -ли́т(ся)
утяжеля́ть(ся), -я́ю(сь), -я́ет(ся)
утя́жка, -и
утя́нутый
утяну́ть(ся), утяну́, утя́нет(ся)
утя́тина, -ы
утя́тинка, -и
утя́тник, -а
утя́тница, -ы, *тв.* -ей
у́тя-у́тя и **у́ти-у́ти,** *неизм.*
у-у-у, *неизм.*
уф, *неизм.*
УФ [уэ́ф], *неизм.* (*сокр.*: ультрафиолетовый)
УФ-излуча́ющий
УФ-излуче́ние, -я
уфи́мский (*от* Уфа́)
уфи́мцы, -ев, *ед.* -мец, -мца, *тв.* -мцем
УФ-лучи́, -е́й
УФ-микроскопи́я, -и
УФ о́бласть спе́ктра
УФ-облуче́ние, -я
уфо́лог, -а
уфологи́ческий
уфоло́гия, -и
уфома́ния, -и
УФ-спектроскопи́я, -и
ух, *неизм.*
уха́, ухи́
уха́б, -а
уха́бина, -ы
уха́бистый
ухажёр, -а
ухажёрка, -и, *р. мн.* -рок
ухажёрский
ухажёрство, -а
уха́живание, -я
уха́живатель, -я
уха́живать, -аю, -ает
ухайда́кать(ся), -аю(сь), -ает(ся)
у́ханье, -я
уха́ньский (*от* Уха́нь)
уха́ньцы, -ев, *ед.* -нец, -ньца, *тв.* -ньцем
у́харский
у́харство, -а
у́харствовать, -твую, -твует
у́харь, -я
у́хать(ся), у́хаю(сь), у́хает(ся)
ухва́т, -а
ухва́тец, -тца, *тв.* -тцем, *р. мн.* -тцев
ухва́тик, -а
ухва́тистый
ухвати́ть(ся), -ачу́(сь), -а́тит(ся)
ухва́тка, -и, *р. мн.* -ток
ухва́тливый
ухва́тный
ухва́тывание, -я
ухва́тывать(ся), -аю(сь), -ает(ся)
ухва́ченный; *кр. ф.* -ен, -ена
ухво́стье, -я, *р. мн.* -тий
ухи́тить(ся), ухи́чу(сь), ухи́тит(ся)
ухитри́ться, -рю́сь, -ри́тся
ухитря́ться, -я́юсь, -я́ется
ухи́ченный; *кр. ф.* -ен, -ена
ухи́чивать(ся), -аю(сь), -ает(ся)
ухищре́ние, -я
ухищрённость, -и
ухищрённый; *кр. ф.* -ён, -ённа
ухищря́ться, -я́юсь, -я́ется
ухлёстанный; *кр. ф.* -ан, -ана
ухлеста́ть(ся), -ещу́(сь), -е́щет(ся)
ухлёстнутый
ухлестну́ть, -ну́, -нёт
ухлёстывать(ся), -аю(сь), -ает(ся)
ухло́панный; *кр. ф.* -ан, -ана
ухло́пать, -аю, -ает
ухло́пывать(ся), -аю, -ает(ся)
ухма́, *неизм.*
ухмы́лка, -и, *р. мн.* -лок
ухмы́лочка, -и, *р. мн.* -чек
ухмыльну́ться, -ну́сь, -нётся
ухмыля́ться, -я́юсь, -я́ется
ухна́ль, -я
у́хнутый
у́хнуть(ся), у́хну(сь), у́хнет(ся)
у́хо, у́ха, *мн.* у́ши, уше́й
ухобо́тье, -я
уховёртка, -и, *р. мн.* -ток
у́хо-го́рло-но́с, *неизм.* (*о враче*)
ухо́д, -а
уходи́ть, ухожу́, ухо́дит, *несов.* (*к* уйти́)
уходи́ть(ся), ухожу́(сь), ухо́дит(ся), *сов.* (*утомить(ся), измучить(ся); уничтожить*)
уходя́щий
ухо́женно, *нареч.*
ухо́женность, -и
ухо́женный[1]**;** *кр. ф.* -ен, -ена, *прич.* (*от* уходи́ть – “*утомить, измучить*”)
ухо́женный[2]**;** *кр. ф.* -ен, -ена (*ставший объектом длительного ухода, забот*: зве́ри вы́ведены и ухо́жены в пито́мнике) и -ен, -енна (*хорошо выглядящий в результате ухода, холеный*: ру́ки у неё ухо́женны; ко́ни сы́ты и ухо́женны)
у́хожь, -и
ухо́жье, -я, *р. мн.* -жий
ухо́ленный; *кр. ф.* -ен, -ена
ухо́ливать(ся), -аю, -ает(ся)
ухо́лить, -лю, -лит
ухора́нивать(ся), -аю(сь), -ает(ся)
ухоре́з, -а
ухоро́ненный; *кр. ф.* -ен, -ена
ухорони́ть(ся), -оню́(сь), -о́нит(ся)
ухоро́нка, -и, *р. мн.* -нок
ухохота́ться, ухохочу́сь, ухохо́чется
ухочи́стка, -и, *р. мн.* -ток
ухти́нский (*от* Ухта́)
ухти́нцы, -ев, *ед.* -нец, -нца, *тв.* -нцем

у́х ты, *межд.* (у́х ты, ка́к здо́рово!)
ухудша́ть(ся), -а́ю, -а́ет(ся)
ухудше́ние, -я
уху́дшенный; *кр. ф.* -ен, -ена
уху́дшить(ся), -шу, -шит(ся)
уцеле́ть, -е́ю, -е́ет
уценёнка, -и, *р. мн.* -нок
уценённый; *кр. ф.* -ён, -ена́
уце́нивать(ся), -аю, -ает(ся)
уцени́ть(ся), уценю́, уце́нит(ся)
уце́нка, -и, *р. мн.* -нок
уцепи́ть(ся), уцеплю́(сь), уце́пит(ся)
уце́пленный; *кр. ф.* -ен, -ена
уцепля́ть(ся), -я́ю(сь), -я́ет(ся)
уча́ленный; *кр. ф.* -ен, -ена
уча́ливать(ся), -аю, -ает(ся)
уча́лить, -лю, -лит
уча́лка, -и, *р. мн.* -лок
уча́ствовать, -твую, -твует
уча́ствующий
уча́стие, -я
участи́ть(ся), учащу́, участи́т(ся)
участко́вый
уча́стливость, -и
уча́стливый
уча́стник, -а
уча́стница, -ы, *тв.* -ей
уча́сток, -тка
уча́сточек, -чка
у́часть, -и
уча́ть, учну́, учнёт; *прош.* уча́л, учала́, уча́ло (*прост. к* нача́ть)
учаща́ть(ся), -а́ю, -а́ет(ся)
уча́щаяся, -ейся
учаще́ние, -я
учащённо, *нареч.*
учащённость, -и
учащённый; *кр. ф. прич.* -ён, -ена́; *кр. ф. прил.* (*более частый, чем обычно*) -ён, -ённа (дыха́ние учащённо)
уча́щиеся, -ихся, *ед.* уча́щийся, -егося
у́ча́щий
уча́щийся, *прич.*
учёба, -ы
учёбка, -и, *р. мн.* -бок
учёбник, -а
учёбничек, -чка
учёбно-боево́й
учёбно-воспита́тельный
учёбно-вспомога́тельный
учёбно-консультацио́нный
учёбно-методи́ческий
учёбно-нау́чно-произво́дственный
учёбно-нау́чный
учёбно-о́пытный
учёбно-познава́тельный
учёбно-програ́ммный
учёбно-произво́дственный
учёбно-спорти́вный
учёбно-спра́вочный
учёбно-трениро́вочный
учёбный
учёбный ко́мплекс – шко́ла
уче́ние, -я
учени́к, -а́
учени́ца, -ы, *тв.* -ей
учени́ческий
учени́чество, -а
ученичо́к, -чка́
у́ченный; *кр. ф.* у́чен, у́чена, *прич.*
учёно, *нареч.*
учёность, -и
учёный[1]**;** *кр. ф.* учён, учёна, *прил.*
учёный[2]**,** -ого
учёный-агроно́м, учёного-агроно́ма
учёный-богосло́в, учёного-богосло́ва
учёный-востокове́д, учёного-востокове́да
учёный-просвети́тель, учёного-просвети́теля
учёный-энциклопеди́ст, учёного-энциклопеди́ста
учёс, -а
учёсанный; *кр. ф.* -ан, -ана
учеса́ть(ся), учешу́, уче́шет(ся)
учёсть(ся), учту́, учтёт(ся); *прош.* учёл(ся), учла́(сь)
учёсывать(ся), -аю, -ает(ся)
учёт, -а
учетвере́ние, -я
учетверённый; *кр. ф.* -ён, -ена́
учетвери́ть(ся), -рю́, -ри́т(ся)
учетверя́ть(ся), -я́ю, -я́ет(ся)
учётно-изда́тельский
учётно-креди́тный
учётно-спра́вочный
учётно-ссу́дный
учётно-статисти́ческий
учётно-экономи́ческий
учётный
учётчик, -а
учётчица, -ы, *тв.* -ей
учи́лище, -а
учи́лищный
учи́лка, -и, *р. мн.* -лок (*жарг. к* учи́тельница)
учина́ть(ся), -а́ю, -а́ет(ся) (*прост. к* начина́ть(ся)
у́чинг, -а (*в парусном спорте*)
учине́ние, -я
учинённый; *кр. ф.* -ён, -ена́
учини́ть(ся), -ню́, -ни́т(ся)
учиня́ть(ся), -я́ю, -я́ет(ся)
учи́телишка, -и, *р. мн.* -шек, *м.*
учи́телка, -и, *р. мн.* -лок (*прост. к* учи́тельница)
учи́тель[1]**,** -я, *мн.* -я́, -е́й (*преподаватель*)
учи́тель[2]**,** -я, *мн.* -и, -ей (*основоположник учения*)
учи́тельница, -ы, *тв.* -ей
учи́тельный
учи́тельская, -ой
учи́тельский
учи́тельство, -а
учи́тельствовать, -твую, -твует
учи́тельша, -и, *тв.* -ей
учи́тывать(ся), -аю, -ает(ся)
учи́ть(ся), учу́(сь), у́чит(ся)
УЧПУ́ [учепэу́], *нескл., с.* (*сокр.*: устройство с числовым программным управлением)
учреди́ловка, -и, *р. мн.* -вок
учреди́тель, -я
учреди́тельница, -ы, *тв.* -ей
Учреди́тельное собра́ние
учреди́тельный
учреди́тельский
учреди́тельство, -а
учреди́ть(ся), -ежу́, -еди́т(ся)
учрежда́ть(ся), -а́ю, -а́ет(ся)
учрежде́ние, -я
учреждённый; *кр. ф.* -ён, -ена́
учрежде́нский
учрежде́нческий
учрежде́ньице, -а
учтённый; *кр. ф.* -ён, -ена́
учти́вость, -и
учти́вый
учу́г, -а
учуди́ть, учужу́, -ди́т
учу́жный
учу́ивать, -аю, -ает
учу́янный; *кр. ф.* -ян, -яна
учу́ять, учу́ю, учу́ет
учхо́з, -а
учхо́зовец, -вца, *тв.* -вцем, *р. мн.* -вцев
учхо́зовский
ушага́ть, -а́ю, -а́ет
ушако́вский (*от* Ушако́в)
уша́н, -а
уша́нка, -и, *р. мн.* -нок
уша́стый
уша́т, -а
уша́тный
уша́тый
ушвы́ривать, -аю, -ает
ушвы́рнутый
ушвырну́ть, -ну́, -нёт
уше́бти, *нескл., с.* и *ж. (ист.)*
уше́дший
ушераздира́ющий
ушестерённый; *кр. ф.* -ён, -ена́
ушестери́ть(ся), -рю́, -ри́т(ся)
ушестеря́ть(ся), -я́ю, -я́ет(ся)
уши́б, -а
ушиба́ть(ся), -а́ю(сь), -а́ет(ся)
ушиби́вший(ся)
ушиби́ть(ся), -бу́(сь), -бёт(ся); *прош.* уши́б(ся), уши́бла(сь)
уши́бленный; *кр. ф.* -ен, -ена
ушива́ние, -я
ушива́ть(ся), -а́ю, -а́ет(ся)
уши́вка, -и, *р. мн.* -вок
уши́вочный
ушире́ние, -я
уши́ренный; *кр. ф.* -ен, -ена
ушири́тельный
уши́рить(ся), -рю, -рит(ся)
ушира́ть(ся), -я́ю, -я́ет(ся)
уши́тый
уши́ть(ся), ушью́, ушьёт(ся)

уши́ца, -ы, *тв.* -ей
ушка́н, -а
ушки́, -о́в (*макаронное изделие*)
у́шко, -а и **ушко́**[1], -а́, *мн.* у́шки, у́шек (*уменьш.-ласкат. к* у́хо)
ушко́[2], -а́, *мн.* ушки́, -о́в (*отверстие*)
ушко́вый
ушку́й, -я
ушку́йник, -а
ушку́йничать, -аю, -ает
у́шлый
ушни́к, -а́
ушно́й
ушр, -а и **аша́р,** -а
ушу́, *нескл., с.*
уще́листый
уще́лье, -я, *р. мн.* -лий
уще́льный
ущеми́ть(ся), -млю́, -ми́т(ся)
ущемле́ние, -я
ущемлённость, -и
ущемлённый; *кр. ф.* -ён, -ена́
ущемля́ть(ся), -я́ю(сь), -я́ет(ся)
уще́рб, -а
ущерби́ть(ся), -блю́, -би́т(ся)
ущерблённый; *кр. ф.* -ён, -ена́
ущербля́ть(ся), -я́ю, -я́ет(ся)
уще́рбность, -и
уще́рбный; *кр. ф.* -бен, -бна
ущи́пнутый
ущипну́ть, -ну́, -нёт
ущи́пывать(ся), -аю, -ает(ся)
ущу́панный; *кр. ф.* -ан, -ана
ущу́пать(ся), -аю, -ает(ся)
ущу́пывать(ся), -аю, -ает(ся)
ущу́ченный; *кр. ф.* -ен, -ена
ущу́чивать, -аю, -ает
ущу́чить, -чу, -чит
уэ́д, -а
уэле́нский (*от* Уэле́н)
уэ́ллсовский (*от* Уэ́ллс)
уэ́льский (*от* Уэ́льс)
уэ́льсцы, -ев, *ед.* -сец, -сца, *тв.* -сцем
УЭ́П и **УБЭ́П,** -а и *нескл., с.* (*сокр., см.* УБЭ́П)
уэ́повец и **убэ́повец,** -вца, *тв.* -вцем, *р. мн.* -вцев
уэ́повский и **убэ́повский** (*от* УЭ́П и УБЭ́П)
ую́т, -а
ую́тненький
ую́тность, -и
ую́тный; *кр. ф.* ую́тен, ую́тна
уязви́мость, -и
уязви́мый
уязви́ть, -влю́, -ви́т
уязвле́ние, -я
уязвлённо, *нареч.*
уязвлённость, -и
уязвлённый; *кр. ф.* -ён, -ена́
уязвля́ть(ся), -я́ю(сь), -я́ет(ся)
уясне́ние, -я
уяснённый; *кр. ф.* -ён, -ена́
уясни́ть(ся), -ню́, -ни́т(ся)
уясня́ть(ся), -я́ю, -я́ет(ся)

Ф

фа, *нескл., с.* (*нота*)
фа-бека́р, -а
Фаберже́, *нескл., м.* (*также об изделиях*)
фабзавко́м, -а
фабзавко́мовский
фабиа́нский
фабиа́нство, -а
фабиа́нцы, -ев, *ед.* -нец, -нца, *тв.* -нцем
фабко́м, -а
фабко́мовский
фаблио́ и **фабльо́,** *нескл., с.*
фа́бренный; *кр. ф.* -ен, -ена, *прич.*
фа́бреный, *прил.*
фа́брика, -и
фа́брика-автома́т, фа́брики-автома́та, *ж.*
фа́брика-ку́хня, фа́брики-ку́хни
фабрика́нт, -а
фабрика́нтский
фа́брика-пра́чечная, фа́брики-пра́чечной
фабрика́т, -а
фабрика́ция, -и
фабрико́ванный; *кр. ф.* -ан, -ана
фабрикова́ть(ся), -ку́ю, -ку́ет(ся)
фа́брить(ся), -рю(сь), -рит(ся)
фабри́циева су́мка, фабри́циевой су́мки (*зоол.*)
фа́бричка, -и, *р. мн.* -чек
фабри́чно-заводско́й
фабри́чный
фабричо́нка, -и, *р. мн.* -нок
фа́брящий(ся)
фа́була, -ы
фа́бульность, -и
фа́бульный
фабуля́рный
фаве́ла, -ы
фаверо́ль, -и
Фавн, -а (*мифол.*)
фавн, -а (*обезьяна*)
фаво́р, -а (*покровительство*)
фаворизи́рованный; *кр. ф.* -ан, -ана
фаворизи́ровать, -рую, -рует
фаворизо́ванный; *кр. ф.* -ан, -ана
фаворизова́ть, -зу́ю, -зу́ет
фавори́т, -а
фаворити́зм, -а
фавори́тка, -и, *р. мн.* -ток
фавори́тский
фаво́рский (*от* Фаво́р, *гора, библ.*)
фа́вус, -а
фа́ги, -ов, *ед.* фаг, -а
фагопрофила́ктика, -и
фаго́т, -а
фаготерапи́я, -и
фаготи́ст, -а
фаго́тный
фаго́товый
фагоцита́рный
фагоцито́з, -а
фагоци́ты, -ов, *ед.* -ци́т, -а
фа-дие́з, -а
фа-дие́з мажо́р, фа-дие́з мажо́ра
фа-дие́з-мажо́рный
фа-дие́з мино́р, фа-дие́з мино́ра
фа-дие́з-мино́рный
фа-дие́зный
фа́до, *нескл., с.* (*муз.*)
фа-дубль-дие́з, -а
фа́евый
фа́за, -ы
фаза́н, -а
фазана́рий, -я
фаза́ний, -ья, -ье
фаза́нина, -ы
фаза́ниха, -и
фаза́нка, -и, *р. мн.* -нок
фаза́новые, -ых
фаза́нчик, -а
фазе́нда, -ы
фази́рованный; *кр. ф.* -ан, -ана
фа́зис, -а
фа́зисный
фа́зный
фазоамплиту́дный
фа́зово-амплиту́дный
фа́зово-и́мпульсный
фа́зово-контра́стный
фазовраща́тель, -я
фа́зовый
фазоинве́ртор, -а
фазокомпенса́тор, -а
фазо́метр, -а
фазопреобразова́тель, -я
фазорегуля́тор, -а
фазосдвига́тель, -я
фазосдвига́ющий
фазотро́н, -а
фазоуказа́тель, -я
фазочасто́тный
фай, фа́я и фа́ю
файдеши́н, -а и -у
файдеши́новый
файл, -а
фа́йлер, -а
фа́йловый
файл-се́рвер, -а
файф-о-кло́к, -а
фак, *неизм.* и *нескл., с. (вид сделки)*
фа́кел, -а
факелоно́сец, -сца, *тв.* -сцем, *р. мн.* -сцев
фа́кельный
фа́кельцу́г, -а
фа́кельщик, -а
факи́р, -а
факи́рский
факи́х, -а
факоли́т, -а
факс, -а
факс-аппара́т, -а

факс-бума́га, -и
факси́миле, *нескл., с.* и *неизм.*
факси́ми́льный
факс-моде́м, -а
факс-моде́мный
фа́ксовый
факсогра́мма, -ы
факс-пла́та, -ы
факс-се́рвер, -а
факт, -а
фа́ктик, -а
факти́сы, -ов, *ед.* -ти́с, -а
факти́чески
факти́ческий
факти́чность, -и
факти́чный; *кр. ф.* -чен, -чна
факто́граф, -а
фактографи́ческий
фактографи́чность, -и
фактографи́чный; *кр. ф.* -чен, -чна
фактогра́фия, -и
факто́ид, -а
фактологи́ческий
фактоло́гия, -и
фа́ктор, -а
факторгру́ппа, -ы
факториа́л, -а
факториза́ция, -и
фа́кто́ринг, -а
фа́кто́ринговый
факто́рия, -и
фа́ктор-компа́ния, -и
фа́кторный
факторподо́бный
фа́кторский
фа́кторство, -а
факто́тум, -а
факту́ра, -ы
факту́ра-спецификация, факту́ры-специфика́ции
факту́рный
факультати́в, -а
факультати́вность, -и
факультати́вный; *кр. ф.* -вен, -вна
факульте́т, -а
факульте́тский
фал, -а
фалале́й, -я (*простак, глуповатый человек*)
фала́нга, -и
фаланги́ст, -а
фаланги́стский
фала́нговый
фаланстер, -а
фалбала́, -ы́
фалди́ть, -и́т
фа́лдовый
фа́лдочки, -чек, *ед.* -чка, -и
фа́лды, фалд, *ед.* фа́лда, -ы
фалери́ст, -а
фалери́стика, -и
фале́рнское, -ого (*вино*)
фа́линь, -я
фалли́ческий
фаллоимита́тор, -а
фалло́пиевы тру́бы, фалло́пиевых тру́б
фа́ллос, -а
фа́ловый
фалре́п, -а
фалре́пный
фальконе́т, -а (*пушка*)
фальконе́товский (*от* Фальконе́)
фальсифика́т, -а
фальсифика́тор, -а
фальсифика́торский
фальсифика́торша, -и, *тв.* -ей
фальсифика́ция, -и
фальсифици́рованность, -и
фальсифици́рованный; *кр. ф.* -ан, -ана
фальсифици́ровать(ся), -рую, -рует(ся)
фальста́рт, -а
Фальста́ф, -а
фальста́фовский
фальц, -а, *тв.* -ем, *р. мн.* -ев
фальцаппара́т, -а
фальцева́льный
фальцева́ние, -я
фальцева́ть(ся), -цу́ю, -цу́ет(ся)
фальце́т, -а
фальце́тный
фальцо́ванный; *кр. ф.* -ан, -ана
фальцо́вка, -и
фальцо́вочный
фальцо́вщик, -а
фальцо́вщица, -ы, *тв.* -ей
фальш... – *первая часть сложных слов, пишется слитно*
фальша́к, -а́ (*жарг.*)
фальшбло́к, -а
фальшбо́рт, -а
фальши́винка, -и
фальши́вить, -влю, -вит
фальши́вка, -и, *р. мн.* -вок
фальшивомоне́тнический
фальшивомоне́тничество, -а
фальшивомоне́тчик, -а
фальши́вость, -и
фальши́вый
фальши́вящий
фальшки́ль, -я
фальшпане́ль, -и
фальшпо́л, -а, *мн.* -ы́, -о́в
фальшпотоло́к, -лка́
фальшфе́йер, -а
фальшь, -и
фа́ мажо́р, фа́ мажо́ра
фа-мажо́рный
фамили́стика, -и
фами́лия, -и
фами́льный
фамилья́рничанье, -я
фамилья́рничать, -аю, -ает
фамилья́рность, -и
фамилья́рный; *кр. ф.* -рен, -рна
фа́ мино́р, фа́ мино́ра
фа-мино́рный
фа́мусовский (*от* Фа́мусов)
фан, -а
фанабе́рия, -и
фанагори́йский (*от* Фанаго́рия)
фанарио́тский
фанарио́ты, -ов, *ед.* -ио́т, -а
фана́т, -а
фанате́ть, -е́ю, -е́ет (*жарг.*)
фанати́зм, -а
фана́тик, -а
фанати́чески
фанати́ческий
фанати́чка, -и, *р. мн.* -чек
фанати́чность, -и
фанати́чный; *кр. ф.* -чен, -чна
фана́тка, -и, *р. мн.* -ток
фана́тский
фана́тство, -а
фана́тствовать, -твую, -твует
фанг, -а
фа́нговый
фангсбо́т, -а
фанда́нго, *нескл., с.*
фандра́йзинг, -а
фане́ра, -ы
фане́рка, -и, *р. мн.* -рок
фане́рный
фанерова́ние, -я
фанеро́ванный; *кр. ф.* -ан, -ана
фанерова́ть(ся), -ру́ю, -ру́ет(ся)
фанеро́вка, -и
фанеро́вочный
фанеро́вщик, -а
фанеро́вщица, -ы, *тв.* -ей
фанерога́мы, -ов, *ед.* -га́м, -а
фанерозо́й, -я
фанеропи́льный
фанерострога́льный
фанерофи́ты, -ов, *ед.* -фи́т, -а
фа́нза, -ы (*дом*)
фанза́, -ы́ (*ткань*)
фа́нзовый (*от* фа́нза)
фанзо́вый (*от* фанза́)
фанк, -а и *неизм.* (*муз.*)
фан-клу́б, -а
фа́новый (*тех.*)
фант, -а
фа́нта, -ы (*напиток*)
фантазёр, -а
фантазёрка, -и, *р. мн.* -рок
фантазёрство, -а
фантази́, *неизм.* (*о стиле одежды*)
фанта́зийка, -и
фантази́йный
фантази́рование, -я
фантази́ровать, -рую, -рует
фанта́зия, -и
фанта́зм, -а
фантасмагори́ческий
фантасмагори́чность, -и
фантасмагори́чный; *кр. ф.* -чен, -чна
фантасмаго́рия, -и
фанта́ст, -а
фанта́стика, -и
фантасти́чески
фантасти́ческий

фантасти́чность, -и
фантасти́чный; *кр. ф.* -чен, -чна
фантастро́н, -а
фа́нтик, -а
фанто́м, -а
Фантома́с, -а (*герой фильма*) и **фантома́с,** -а (*таинственный грабитель*)
фанто́мный; *кр. ф.* -мен, -мна
фанфа́ра, -ы
фанфари́ст, -а
фанфа́рный
фанфаро́н, -а
фанфарона́да, -ы
фанфаро́нить(ся), -ню(сь), -нит(ся)
фанфаро́нишка, -и, *м.*
фанфаро́нский
фанфаро́нство, -а
фанфаро́нящий(ся)
фаоли́т, -а
ФАПСИ́, *нескл., с.* (*сокр.*: Федеральное агентство правительственной связи и информации)
ФАПЧ [фапэче́], *нескл., ж.* (*сокр.*: фазовая автоматическая подстройка частоты)
фа́ра, -ы
фара́д, -а, *р. мн.* -ов, *счетн. ф.* фара́д (*ед. измер.*)
Фараде́й, -я: **зако́ны Фараде́я, постоя́нная Фараде́я, число́ Фараде́я, эффе́кт Фараде́я**
фараде́й, -я (*ед. измер.*)
фарадиза́ция, -и
фарадме́тр, -а
фарандо́ла, -ы
фарао́н, -а
фарао́нов, -а, -о
фарао́новский
фарва́тер, -а
фарва́терный
Фаренге́йт, -а: **шкала́ Фаренге́йта; по Фаренге́йту** (*о температуре*)
фаре́рский (*к* Фаре́рские острова́, Фаре́ры)
фаре́рцы, -ев, *ед.* -рец, -рца, *тв.* -рцем
фарингализа́ция, -и
фарингализо́ванный; *кр. ф.* -ан, -ана
фаринга́льность, -и
фаринга́льный
фаринги́т, -а
фаринги́тный
фарингоскопи́я, -и
фаринготрахеи́т, -а
фа́ринкс, -а
фаринoто́м, -а
фарисе́й, -я
фарисе́йка, -и, *р. мн.* -е́ек
фарисе́йский
фарисе́йство, -а
фарисе́йствовать, -твую, -твует
фарм… – *первая часть сложных слов* (*сокр.:* фармацевтический, фармакологический), *пишется слитно*
фармазо́н, -а
фармазо́нский
фармазо́нство, -а
фармако… — *первая часть сложных слов, пишется слитно*
фармакогене́тика, -и
фармакогно́зия, -и
фармакогности́ческий
фармакокине́тика, -и
фармакокинети́ческий
фармако́лог, -а
фармакологи́чески акти́вный
фармакологи́ческий
фармаколо́гия, -и
фармакопе́йный
фармакопе́я, -и
фармакотерапевти́ческий
фармакотерапи́я, -и
фармакохими́ческий
фармакохи́мия, -и
фармаце́вт, -а
фармаце́втика, -и
фармацевти́ческий
фармаце́втка, -и, *р. мн.* -ток
фармаци́я, -и (*фармацевтика*)
фарминдустри́я, -и
фарм-клу́б, -а
фармлаборато́рия, -и
фармпрепара́т, -а
фармпроизво́дство, -а
фармпромы́шленность, -и
фармры́нок, -нка
фармфи́рма, -ы
фармце́нтр, -а
фа́рный
фарс, -а
фарсёр, -а
фарси́, *неизм.* и *нескл., м.*
фарси́-кабу́ли, *неизм.* и *нескл., м.*
фарси́-ру́сский
фа́рсовый
фарт, -а
фа́ртинг, -а
фарти́ть, -и́т
фартле́к, -а *(спорт.)*
фарто́вость, -и
фарто́вый
фа́ртук, -а
фа́ртучек, -чка
фа́ртучный
фарфо́р, -а
фарфо́ровка, -и, *р. мн.* -вок
фарфо́ровый
фарфо́ро-фая́нсовый
фарца́, -ы́, *тв.* -о́й (*собир. жарг.*)
фарцева́ть, -цу́ю, -цу́ет
фарцо́вка, -и
фарцо́вщик, -а
фарцо́вщица, -ы, *тв.* -ей
фарш, -а, *тв.* -ем
фа́ршевый
фаршемеша́лка, -и, *р. мн.* -лок
фарширова́ние, -я
фарширо́ванный; *кр. ф.* -ан, -ана
фарширова́ть(ся), -ру́ю, -ру́ет(ся)
фарширо́вка, -и
фас[1], -а (*вид лица спереди, передняя часть чего-н.; воен.*)
фас[2], *неизм.* и *нескл., с.* (*вид сделки*)
фас[3], *межд.*
фаса́д, -а
фаса́дный
фасе́т, -а
фасе́тка, -и, *р. мн.* -ток
фасе́тный
фасе́точный
фасе́тчатый
фа́ска, -и
фаскосънима́тель, -я
фасо́ванный; *кр. ф.* -ан, -ана
фасова́ть(ся), фасу́ю, фасу́ет(ся)
фасо́вка, -и, *р. мн.* -вок
фасо́вочный
фасо́вщик, -а
фасо́вщица, -ы, *тв.* -ей
фасо́левый
фасолеубо́рочный
фасо́лина, -ы
фасо́ль, -и
фасо́лька, -и, *р. мн.* -лек
фасо́н, -а
фасо́нистый
фасо́нить, -ню, -нит
фасо́нно-лите́йный
фасо́нно-отрезно́й
фасо́нно-строга́льный
фасо́нный
фасо́нчик, -а
фасо́нщик, -а
фасо́нящий
фа́стбэ́к, -а (*автомашина*)
фастфу́д, -а
фасциа́ция, -и
фасциолёз, -а
фа́сция, -и (*анат.*; *пучок прутьев*)
фат, -а
фата́, -ы́
фатали́зм, -а
фатали́ст, -а
фаталисти́ческий
фаталисти́чность, -и
фаталисти́чный; *кр. ф.* -чен, -чна
фатали́стка, -и, *р. мн.* -ток
фата́льность, -и
фата́льный; *кр. ф.* -лен, -льна
фа́та-морга́на, -ы
фа́терла́нд, -а
фати́ческий
фатова́тость, -и
фатова́тый
фатовско́й
фатовство́, -а́
фа́том, -а (*ед. измер.*)
фа́тум, -а (*судьба*)
фатья́новский (фатья́новская культу́ра, *археол.*)
фа́у, *нескл., с.* (*название буквы; оружие*)
фа́уна, -ы

фауни́ст, -а
фауни́стика, -и
фаунисти́ческий
Фа́уст, -а
фа́устовский (*от* Фа́уст)
фаустпатро́н, -а
фа́хве́рк, -а
фа́хве́рковый
фаце́лия, -и
фаце́т, -а
фаце́тный
фаце́ция, -и
фа́ция, -и (*геол.*)
фашиза́ция, -и
фашизи́рованный; *кр. ф.* -ан, -ана
фашизи́ровать(ся), -рую(сь), -рует(ся)
фаши́зм, -а
фашизо́идный
фаши́на, -ы
фаши́нник, -а
фаши́нно-хворостяно́й
фаши́нный
фаши́ст, -а
фаши́ствующий
фаши́стка, -и, *р. мн.* -ток
фаши́стский
Фаэто́н, -а (*мифол.*)
фаэто́н, -а (*повозка*)
фаэто́нщик, -а
фаю́мский (фаю́мские поселе́ния, фаю́мские портре́ты)
фаяли́т, -а
фая́нс, -а
фая́нсовый
фе, *нескл., с.* (вы́сказать своё фе́)
феа́ки, -ов (*племя*)
Феб, -а
февра́ль, -я́ и (*о Февральской революции 1917*) **Февра́ль, -я́**
февра́ль – кривы́е доро́ги, февраля́ – кривы́е доро́ги
Февра́льская револю́ция (*в России, 1917*)
февра́льский
феге́я, -и (*бабочка*)
федда́н, -а
федерализа́ция, -и
федерали́зм, -а
федерали́ст, -а
федерали́стский
федера́лы, -ов, *ед.* -ра́л, -а
Федера́льная коми́ссия по ры́нку це́нных бума́г
Федера́льная миграцио́нная слу́жба РФ
Федера́льная пограни́чная слу́жба РФ
Федера́льная слу́жба безопа́сности РФ (ФСБ)
Федера́льная слу́жба по телеви́дению и радиовеща́нию РФ
Федера́льное аге́нтство прави́тельственной свя́зи и информа́ции РФ (ФАПСИ́)
Федера́льное бюро́ рассле́дований (ФБР, *в США*)
Федера́льное казначе́йство РФ
Федера́льное собра́ние РФ
федера́льный
Федерати́вная Респу́блика Герма́ния (ФРГ)
федерати́вный
федера́ты, -ов, *ед.* -ра́т, -а
федера́ция, -и; но (*в офиц. названиях государств*) **Федера́ция,** -и, *напр.*: Росси́йская Федера́ция
Федера́ция фо́ндовых би́рж Росси́и
фе́дерис, *неизм.*: **ка́зус фе́дерис**
фе́динг, -а
Федо́ра, -ы (*также*: велика́ Федо́ра, да ду́ра)
фёдоровский (*от* Фёдор и Фёдоров)
федосе́евский (*от* Федосе́й и Федосе́ев; *к* федосе́евцы)
федосе́евцы, -ев, *ед.* -вец, -вца, *тв.* -вцем (*старообрядцы*)
федо́скинский (*от* Федо́скино; федо́скинская миниатю́ра)
федо́скинцы, -ев, *ед.* -нец, -нца, *тв.* -нцем
Федо́сья-колосе́ница, Федо́сьи-колосе́ницы (*день народного календаря*)
Федо́т, -а (*также*: Федо́т, да не то́т)
фееери́ческий
феери́чность, -и
феери́чный; *кр. ф.* -чен, -чна
фее́рия, -и
фейербахиа́нец, -нца, *тв.* -нцем, *р. мн.* -нцев
фейербахиа́нский
фейербахиа́нство, -а
фейерба́ховский (*от* Фе́йерба́х)
фейерве́рк, -а
фейерве́ркер, -а
фейерве́рочный
фе́йкер, -а
Фе́йнман, -а: **диагра́ммы (гра́фики) Фе́йнмана**
фе́йнмановский (*от* Фе́йнман)
фейс, -а (*жарг.*)
фейсби́лдинг, -а
фейсконтро́ль, -я
фейхоа́, *нескл., ж.*
фейхтва́нгеровский (*от* Фейхтва́нгер)
фека́лии, -ий
фека́льный
фелино́лог, -а
фелинологи́ческий
фелиноло́гия, -и
фелла́х, -а
фелла́хский
фелле́ма, -ы
фелли́ниевский (*от* Фелли́ни)
фе́лло, *нескл., м.*
феллоге́н, -а
феллоде́рма, -ы
фелло́ид, -а (*пробковидные клетки растений*)
фело́ни́я, -и
фело́нь, -и
фелу́ка, -и (*устар. к* фелю́га)
фельдма́ршал, -а
фельдма́ршальский
фельдма́ршальство, -а
фельдпо́чта, -ы
фельдсвя́зь, -и
фельдфе́бель, -я
фельдфе́бельский
фельдцейхме́йстер, -а
фельдцейхме́йстерский
фельдша́нец, -нца, *тв.* -нцем, *р. мн.* -нцев
фе́льдшер, -а, *мн.* -а́, -о́в и -ы, -ов
фельдшери́ца, -ы, *тв.* -ей
фе́льдшерский
фе́льдшерско-акуше́рский
фельдшпати́ды, -ов, *ед.* -ти́д, -а
фельдъе́герский
фельдъе́герь, -я, *мн.* -я́, -е́й и -и, -ей
фельето́н, -а
фельетони́ст, -а
фельетони́стка, -и, *р. мн.* -ток
фельето́нность, -и
фельето́нный
фельето́нчик, -а
фельето́нщик, -а
фелья́н, -а
фелю́га, -и
фелю́жный
Феми́да, -ы
феминиза́ция, -и
феминизи́рованный; *кр. ф.* -ан, -ана
феминизи́ровать(ся), -рую(сь), -рует(ся)
фемини́зм, -а
фемини́ст, -а
феминисти́ческий
фемини́стка, -и, *р. мн.* -ток
фемини́стский
феминоло́гия, -и
фемто... – *первая часть сложных слов, пишется слитно*
фемтокуло́н, -а
фен, -а (*сушилка*; *в генетике*)
фён, -а (*ветер*)
фенадо́н, -а
феназепа́м, -а
фенаки́т, -а
фенаки́товый
фенако́д, -а и **фенако́дус,** -а
фенальги́н, -а
фенами́н, -а
фенантре́н, -а
фенати́н, -а
фенацети́н, -а
фе́ндрик, -а
фе́нек, -а
фе́нечка, -и, *р. мн.* -чек (*жарг.*)
фе́ний, -я
фе́никс, -а (*мифол.*); пти́ца фе́никс
Фе́никс, -а (*созвездие*)
фени́л, -а
фенилалани́н, -а

фенилкетонури́я, -и
фенило́н, -а (*вещество*)
фенилсалицила́т, -а
фенилэти́ловый
фенобарбита́л, -а
феногене́тика, -и
феноко́пия, -и
фено́л, -а
фенолоальдеги́дный
фено́ловый
фено́лог, -а
фенологи́ческий
феноло́гия, -и
фенолоформальдеги́дный
фенолфталеи́н, -а
фено́льный
феноля́ты, -ов, *ед.* -ля́т, -а
фено́ме́н, -а
феноменали́зм, -а
феноменали́ст, -а
феноменалисти́ческий
феноменали́стский
феномена́льность, -и
феномена́льный; *кр. ф.* -лен, -льна
феномено́лог, -а
феноменологи́ческий
феноменоло́гия, -и
фенопла́сты, -ов, *ед.* -а́ст, -а
феноти́п, -а
фенотипи́ческий
фентани́л, -а
фе́нхе́ль, -я
фе́нька, -и *(жарг.)*
фе́ня, -и (*блатной жаргон*); до фе́ни
фео́д, -а
феода́л, -а
феодализа́ция, -и
феодали́зм, -а
феода́льно-земледе́льческий
феода́льно-крепостни́ческий
феода́льно-полице́йский
феода́льный
феодата́рий, -я
Феодо́сий Пече́рский
феодоси́йский (*от* Феодо́сия)
феодоси́йцы, -ев, *ед.* -и́ец, -и́йца, *тв.* -и́йцем
Феофа́н Гре́к
Феофа́н Затво́рник
Ферга́нская котлови́на (доли́на)
ферга́нский (*от* Фергана́)
ферга́нцы, -ев, *ед.* -нец, -нца, *тв.* -нцем
фергусони́т, -а
фе́рзевый
ферзь, -я́ (*в шахматах*)
ферлаку́р, -а
ферлаку́рить, -рю, -рит
ферлаку́рничать, -аю, -ает
ферлаку́рство, -а
фе́рма, -ы
Ферма́, *нескл., м.*: **при́нцип Ферма́, теоре́ма Ферма́**
ферма́та, -ы
фе́рменный
ферме́нт, -а
ферментати́вный
ферментацио́нный
фермента́ция, -и
ферментёр, -а
ферменти́ровать(ся), -рую, -рует(ся)
ферме́нтный
ферментоло́гия, -и
ферментопа́тия, -и
фе́рмер, -а
фермериза́ция, -и
фе́рмерский
фе́рмерство, -а
фе́рмерствовать, -твую, -твует
фе́рмерша, -и, *тв.* -ей
Фе́рми, *нескл., м.*: **пове́рхность Фе́рми**
фе́рми, *нескл., м.* (*ед. измер.*)
фе́рми-га́з, -а
фе́рмий, -я
фермио́н, -а
фермио́нный
фе́рми-части́ца, -ы
фермосбо́рочный
фе́рмский
фермуа́р, -а
фернамбу́к, -а
фернамбу́ковый
феромо́н, -а
ферроньéрка, -и, *р. мн.* -рок
ферра́ри, *нескл., м.* (*автомобиль*)
ферра́рский (*от* Ферра́ра)
ферра́ты, -ов, *ед.* -а́т, -а
ферредокси́ны, -ов, *ед.* -си́н, -а
ферри́д, -а (*тех.*)
ферримагнети́зм, -а
ферримагне́тик, -а
ферримагни́тный
ферри́т, -а (*вещество*)
ферри́тный
ферри́товый
ферро... – *первая часть сложных слов, пишется слитно*
феррована́дий, -я
ферровольфра́м, -а
ферродинами́ческий
феррозо́нд, -а
феррозо́ндовый
ферромагнети́зм, -а
ферромагне́тик, -а
ферромагни́тный
феррома́рганец, -нца, *тв.* -нцем
ферро́метр, -а
ферромолибде́н, -а
феррони́т, -а
ферропла́стика, -и
ферросили́ций, -я
ферроспла́в, -а
ферроспла́вный
ферротита́н, -а
феррофо́сфор, -а
феррохро́м, -а
ферроце́н, -а
ферругине́ум, -а
ферт, -а (*название буквы; о человеке*)
фе́ртик, -а
ферти́льность, -и
ферти́льный; *кр. ф.* -лен, -льна
ферто́инг, -а
фе́ртом, *нареч.*
фе́рула, -ы (*растение*)
феру́ла, -ы (*линейка*)
фе́рязь, -и (*одежда*)
фес, -а
фе́ска, -и, *р. мн.* фе́сок
фе́сочка, -и, *р. мн.* -чек
фессалоники́йский (*от* Фессало́ника, *ист.*)
фессалоники́йцы, -ев, *ед.* -и́ец, -и́йца, *тв.* -и́йцем (*ист.* и *библ.*)
феста́л, -а
фестива́ль, -я
фестива́льный
фесто́н, -а
фесто́нный
фесто́нчатый
фесто́нчик, -а
фетализа́ция, -и
фета́льный
фе́тва, -ы и **фетва́,** -ы́
фети́ш, -а и -а́, *тв.* -ем и -о́м
фетишиза́ция, -и
фетишизи́рованный; *кр. ф.* -ан, -ана
фетишизи́ровать(ся), -рую, -рует(ся)
фетиши́зм, -а
фетиши́ст, -а
фетиши́стка, -и, *р. мн.* -ток
фетиши́стский
фе́товский (*от* Фет)
фетр, -а
фе́тровый
фе́тус, -а
фетю́к, -а́
фетя́ска, -и
фефёла, -ы
фе́фер и пфе́фер: зада́ть фе́феру и **зада́ть пфе́феру**
фехтова́льный
фехтова́льщик, -а
фехтова́льщица, -ы, *тв.* -ей
фехтова́ние, -я
фехтова́ть, -ту́ю, -ту́ет
фециа́л, -а
фешене́бельность, -и
фешене́бельный; *кр. ф.* -лен, -льна
фе́я, фе́и
фи[1], *межд.*
фи[2], *нескл., с.* (*название буквы*)
фиа́кр, -а
фиа́л, -а
фиа́лка, -и, *р. мн.* -лок
фиа́лковый
фиа́лочка, -и, *р. мн.* -чек
фиани́т, -а
фиани́товый
фианкетти́рование, -я *(в шахматах)*
фианкетти́ровать(ся), -рую, -рует(ся)
фиа́ско, *нескл., с.*
фиа́т, -а (*автомобиль*)
фибергла́с, -а

фибергла́совый
фи́бра, -ы (*жилка, устар.*; *изоляционный и др. материал*)
фибрилли́ровать, -рует
фибри́ллы, -и́лл, *ед.* -и́лла, -ы
фибрилля́рный
фибрилля́ция, -и
фибри́н, -а
фибриноге́н, -а
фибрино́зный
фибринолизи́н, -а
фиброаденó́ма, -ы
фибробла́сты, -ов, *ед.* -а́ст, -а
фи́бровый
фибро́з, -а
фибро́зный
фиброи́н, -а
фиброли́т, -а
фиброли́товый
фибро́ма, -ы
фибромио́ма, -ы
фиброскóп, -а
фиброцеме́нтный
фиброци́ты, -ов, *ед.* -ци́т, -а
фи́бры: все́ми фи́брами (души́, существа́)
фи́була, -ы
фива́нка, -и, *р. мн.* -нок
фива́нский (*от* Фи́вы)
фива́нцы, -ев, *ед.* -нец, -нца, *тв.* -нцем
фиг: до фига́, на́ фиг, на фига́, ни фига́, по́ фигу, фи́г с ни́м (не́й *и т. д.*), **фи́г тебе́ (ва́м** *и т. д.*), **фи́га (с) два́**
фи́га, -и (*дерево и плод его*; *кукиш*)
Фи́гаро, *нескл., м.* (*оперный персонаж*; Фи́гаро зде́сь, Фи́гаро та́м) и **Фигаро́,** *нескл., м.* (*лит. персонаж*)
фигаро́, *нескл., с.* (*предмет одежды*)
фи́гли-ми́гли, фи́глей-ми́глей
фигля́р, -а
фигля́рничанье, -я
фигля́рничать, -аю, -ает
фигля́рский
фигля́рство, -а
фигня́, -и́
фиго́вина, -ы
фи́говый (*к* фи́га – *дерево*)
фиго́вый (*к* фиг)
фигу́ра, -ы
фигура́льность, -и
фигура́льный; *кр. ф.* -лен, -льна
фигура́нт, -а
фигура́нтка, -и, *р. мн.* -ток
фигурати́вный; *кр. ф.* -вен, -вна
фигурацио́нный
фигура́ция, -и
фигури́ровать, -рую, -рует
фигури́ст, -а
фигури́стка, -и, *р. мн.* -ток
фигу́ристый
фигу́рка, -и, *р. мн.* -рок
фигу́рный
фигуря́ть, -я́ю, -я́ет
фи́гушки, *неизм.*

фиде́изм, -а
фидеикоми́сс, -а
фиде́ист, -а
фидеисти́ческий
фиде́истский
фи́дер, -а
фи́дерный
фиджи́йский (*от* Фи́джи)
фиджи́йцы, -ев, *ед.* -и́ец, -и́йца, *тв.* -и́йцем
фиди́тия, -и (*ист.*)
фидуциа́р, -а и **фидуциа́рий,** -я
фидуциа́рный
фидуцио́нный
фиду́ция, -и
фие́льд, -а и **фьельд,** -а
фие́ста, -ы
фи́жмы, фижм
физа́лис, -а
физвоспита́ние, -я
физзаря́дка, -и
физиа́тр, -а
физиатри́ческий
физиатри́я, -и
фи́зик, -а
фи́зика, -и
физикогео́граф, -а
фи́зико-географи́ческий
фи́зико-математи́ческий
фи́зико-механи́ческий
фи́зико-техни́ческий
физикохи́мик, -а
фи́зико-хими́ческий
физикохи́мия, -и
фи́зик-теоре́тик, фи́зика-теоре́тика
фи́зик-я́дерщик, фи́зика-я́дерщика
физиогно́мика, -и (*устар. к* физионо́мика)
физиогноми́ческий (*устар. к* физиономи́ческий)
физиокра́т, -а
физиократи́ческий
физио́лог, -а
физиологи́чески
физиологи́ческий
физиологи́чность, -и
физиологи́чный; *кр. ф.* -чен, -чна
физиоло́гия, -и
физиомо́рдия, -и
физионо́мика, -и
физиономи́ст, -а
физиономи́стика, -и
физиономи́стка, -и, *р. мн.* -ток
физиономи́ческий
физионо́мия, -и
физиораство́р, -а
физиотерапе́вт, -а
физиотерапевти́ческий
физиотерапи́я, -и
физи́чески
физи́ческий
физи́чка, -и, *р. мн.* -чек
фи́зия, -и
физку́льт-приве́т, -а
физкультразми́нка, -и, *р. мн.* -нок

физкульту́ра, -ы
физку́льт-ура́, *межд.*
физкульту́рник, -а
физкульту́рница, -ы, *тв.* -ей
физкульту́рно-ма́ссовый
физкульту́рно-оздорови́тельный
физкульту́рно-спорти́вный
физкульту́рный
физма́т, -а
физматнау́ки, -нау́к
физматшко́ла, -ы
физо́рг, -а
физости́гма, -ы
физостигми́н, -а
физподгото́вка, -и
физраство́р, -а
физру́к, -а и -а́
физте́х, -а
физте́ховский
физфа́к, -а
физфа́ковский
фикологи́ческий
фиколо́гия, -и
фикомико́з, -а
фикомице́ты, -ов, *ед.* -це́т, -а
фикс[1], -а (*сумма вознаграждения*)
фикс[2], *неизм.*: **иде́я фи́кс**
фикса́, -ы́ (*коронка, вставной зуб*)
фикса́ж, -а, *тв.* -ем
фикса́жный
фиксати́в, -а
фикса́тор, -а
фикса́торный
фиксатуа́р, -а
фиксатуа́рить(ся), -рю(сь), -рит(ся)
фиксацио́нный
фикса́ция, -и
фи́ксинг, -а
фи́ксинговый
фикси́рование, -я
фикси́рованный; *кр. ф.* -ан, -ана
фикси́ровать(ся), -рую, -рует(ся)
фи́ксовый
фиксо́левый
фикс-пу́нкт, -а
фикти́вность, -и
фикти́вный; *кр. ф.* -вен, -вна
фи́кус, -а
фи́кусный
фикх, -а
фикх-пра́во, -а
фикх-юриспруде́нция, -и
фикционали́зм, -а
фи́кция, -и
фи́ла, -ы
филадельфи́йский (*от* Филаде́льфия)
филадельфи́йцы, -ев, *ед.* -и́ец, -и́йца, *тв.* -и́йцем
фила́нт, -а
филантро́п, -а
филантропи́зм, -а
филантропи́ческий
филантро́пия, -и
филантро́пка, -и, *р. мн.* -пок
филаре́тский (*к* филаре́ты)

филаре́ты, -ов, *ед.* -рет, -а (*общество*)
филармони́ческий
филармо́ния, -и
филатели́зм, -а
филатели́ст, -а
филателисти́ческий
филатели́стский
филатели́я, -и
фи́лдер, -а *(бейсболист)*
филе́, *нескл., с.*
филёвский (*от* Фили́)
филе́й, -я
филе́йный
филёнка, -и, *р. мн.* -нок
филёночный
филёнчатый
филёр, -а (*сыщик*)
филёрский
филиа́л, -а
филиа́льный
филиа́ция, -и
филигра́нно, *нареч.*
филигра́нность, -и
филигра́нный; *кр. ф.* -а́нен, -а́нна
филиграногра́фия, -и
филиграноло́гия, -и
филигра́нщик, -а
филигра́нь, -и
фи́лин, -а
филио́кве, *неизм.* (*богосл.*)
фили́ппика, -и
филиппи́нка, -и, *р. мн.* -нок
филиппи́нский (*от* Филиппи́ны)
филиппи́нцы, -ев, *ед.* -нец, -нца, *тв.* -нцем
Фили́пповки, -вок (*Рождественский пост*)
фили́пповский (*от* Фили́пп и Фили́ппов; *к* фили́пповцы)
фили́пповцы, -ев, *ед.* -вец, -вца, *тв.* -вцем (*старообрядцы*)
фили́пповщина, -ы
фили́рование, -я
фили́рованный; *кр. ф.* -ан, -ана
фили́ровать(ся), -рую, -рует(ся)
филиро́вка, -и
фили́стер, -а
фили́стерский
фили́стерство, -а
филисти́мляне, -ян, *ед.* -янин, -а
филисти́млянка, -и, *р. мн.* -нок
филисти́мский *(библ.)*
фи́ллер, -а (*ден. ед.*)
филлире́я, -и
филли́т, -а
филло́дий, -я
филло́ид, -а (*у водорослей*)
филлока́ктус, -а
филлокла́дий, -я
филлоксе́ра, -ы
филлоксероусто́йчивый
филло́м, -а
филломеду́за, -ы
филлопо́д, -а
филлота́ксис, -а
филлофо́ра, -ы
филлохино́н, -а
филогене́з, -а
филогене́тика, -и
филогенети́ческий
филогени́я, -и
филоде́ндрон, -а
филокарти́ст, -а
филокарти́ческий
филокарти́я, -и
фило́лог, -а
филологи́ня, -и, *р. мн.* -и́нь
филологи́ческий
филологи́чка, -и, *р. мн.* -чек
филоло́гия, -и
фило́лог-руси́ст, фило́лога-руси́ста
филома́тский
филома́ты, -ов, *ед.* -ма́т, -а
Филоме́ла, -ы (*мифол.*; *о соловье*)
фило́н, -а
фило́нить, -ню, -нит
фило́нщик, -а
фило́нщица, -ы, *тв.* -ей
филосеми́т, -а
фило́соф, -а
философе́ма, -ы
философи́ческий
философи́чность, -и
философи́чный; *кр. ф.* -чен, -чна
филосо́фия, -и
филосо́фски
филосо́фский
филосо́фско-богосло́вский
филосо́фско-поэти́ческий
филосо́фско-психологи́ческий
филосо́фствование, -я
филосо́фствовать, -твую, -твует
филотайми́ст, -а
филотайми́я, -и
филофони́ст, -а
филофони́ческий
филофони́я, -и
фи́лум, -а
филумени́ст, -а
филумени́ческий
филумени́я, -и
филфа́к, -а
филфа́ковский
фильдеко́с, -а
фильдеко́совый
фильдепе́рс, -а
фильдепе́рсовый
филье́ра, -ы
фи́лькина гра́мота, фи́лькиной гра́моты
фильм, -а
фи́льм-бале́т, фи́льма-бале́та
фи́льм-дебю́т, фи́льма-дебю́та
фи́льм-катастро́фа, фи́льма-катастро́фы, *м.*
фи́льм-мю́зикл, фи́льма-мю́зикла
фильмографи́ческий
фильмогра́фия, -и
фильмоко́пия, -и
фи́льм-о́пера, фи́льма-о́перы, *м.*
фильмопроизво́дство, -а
фильмопроизводя́щий
фильмоско́п, -а
фильмоста́т, -а
фильмоте́ка, -и
фильмохрани́лище, -а
фильмпа́к, -а
фи́льм-при́тча, фи́льма-при́тчи, *м.*
фи́льм-размышле́ние, фи́льма-размышле́ния, *м.*
фи́льм-рассле́дование, фи́льма-рассле́дования, *м.*
фи́льм-спекта́кль, фи́льма-спекта́кля
фильтр, -а
фильтра́т, -а
фильтрацио́нный
фильтра́ция, -и
фи́льтр-конве́ртер, фи́льтра-конве́ртера
фильтрова́льный
фильтрова́ние, -я
фильтро́ванный; *кр. ф.* -ан, -ана
фильтрова́ть(ся), -ру́ю, -ру́ет(ся)
фильтровентиляцио́нный
фильтро́вка, -и, *р. мн.* -вок
фи́льтровый
фи́льтр-отсто́йник, фи́льтра-отсто́йника
фи́льтр-паке́т, -а и фи́льтра-паке́та
фи́льтр-поглоти́тель, фи́льтра-поглоти́теля
фи́льтр-пре́сс, фи́льтра-пре́сса
фи́льтр-про́бка, фи́льтра-про́бки, *м.*
фильтру́ющий(ся)
фильц, -а, *тв.* -ем
филэ́ллинский
филэ́ллины, -ов, *ед.* -ллин, -а
филэмбриогене́з, -а
филяриато́з, -а
филя́рии, -ий, *ед.* -рия, -и
фимиа́м, -а
фимо́з, -а
фин... – *первая часть сложных слов, пишется слитно*
фина́л, -а
фанали́зм, -а
финали́ст, -а
финали́стка, -и, *р. мн.* -ток
фина́ль, -и (*лингв.*)
фина́льный
финанси́рование, -я
финанси́рованный; *кр. ф.* -ан, -ана
финанси́ровать(ся), -рую(сь), -рует(ся)
финанси́ст, -а
финанси́стка, -и, *р. мн.* -ток
финанси́стский
фина́нсово-ба́нковский
фина́нсово зави́симый
фина́нсово-инвестицио́нный
фина́нсово-комме́рческий
фина́нсово-креди́тный
фина́нсово-монополисти́ческий
фина́нсово незави́симый
фина́нсово-произво́дственный

фина́нсово-промы́шленный
фина́нсово-расчётный
фина́нсово-сме́тный
фина́нсово-хозя́йственный
фина́нсово-экономи́ческий
фина́нсово-юриди́ческий
фина́нсовый
фина́нсы, -ов
финва́л, -а
финга́л, -а (*синяк*)
финдепарта́мент, -а
финдире́ктор, -а, *мн.* -а́, -о́в
фи́ник, -а
финики́йка, -и, *р. мн.* -и́ек
финики́йский (*от* Финики́я)
финики́йцы, -ев, *ед.* -и́ец, -и́йца, *тв.* -и́йцем
финики́яне, -ян, *ед.* -янин, -а
финики́янка, -и, *р. мн.* -нок
фи́никовый
фини́метр, -а
фининспе́ктор, -а, *мн.* -а́, -о́в и -ы, -ов
Фини́ст – Я́сный со́кол, Фини́ста – Я́сного со́кола (*сказочный персонаж*)
финити́зм, -а
фини́тный
фини́фтевый
фини́фть, -и
фини́фтяный
фи́ниш, -а, *тв.* -ем
финишёр, -а
финиши́рование, -я
финиши́ровать, -рую, -рует
фи́нишный
фи́нка, -и, *р. мн.* фи́нок
финля́ндский (*от* Финля́ндия)
Финля́ндский вокза́л (*в Петербурге*)
финн, -а (*класс яхты*)
фи́нна, -ы (*личинка*)
финново́лжский (финново́лжские языки́)
финно́з, -а
финно́зный
финнопе́рмский (финнопе́рмские языки́)
фи́нно-уго́рский
фи́нно-угрове́д, -а
фи́нно-угрове́дение, -я
фи́нно-угрове́дческий
фи́нно-у́гры, -ов
финноязы́чный
фи́нны, -ов, *ед.* финн, -а
финотде́л, -а
финпла́н, -а
фи́нский
финт, -а́
финти́ть, финчу́, финти́т
финтифлю́шка, -и, *р. мн.* -шек
финьшампа́нь, -и
фи́о, *неизм. и нескл., с.* (*вид сделки*)
фиоле́тово-зелёный
фиоле́тово-кра́сный
фиоле́тово-си́ний
фиоле́товый
фио́рд, -а и **фьорд**, -а
фио́рдовый и **фьо́рдовый**
фиориту́ра, -ы
фиориту́рный
фи́рма, -ы
фирма́, -ы́ (*фирменные иностранные вещи, жарг.*)
фи́рма-должни́к, фи́рмы-должника́, *ж.*
фи́рма-изготови́тель, фи́рмы-изготови́теля, *ж.*
фи́рма-монополи́ст, фи́рмы-монополи́ста, *ж.*
фирма́н, -а
фи́рма-покупа́тель, фи́рмы-покупа́теля, *ж.*
фи́рма-посре́дник, фи́рмы-посре́дника, *ж.*
фи́рма-поставщи́к, фи́рмы-поставщика́, *ж.*
фи́рма-производи́тель, фи́рмы-производи́теля, *ж.*
фи́рма-рие́лтор, фи́рмы-рие́лтора, *ж.*
фи́рма-спо́нсор, фи́рмы-спо́нсора, *ж.*
фирма́ч, -а́, *тв.* -о́м
фи́рменный
фирмо́вый
фирн, -а
фи́рновый
фисгармо́ния, -и
фисинджа́н, -а
фиск, -а
фиска́л, -а
фиска́лить, -лю, -лит
фиска́льничанье, -я
фиска́льничать, -аю, -ает
фиска́льный
фиска́льство, -а
фиска́льщик, -а
фиска́лящий
фиста́шка, -и, *р. мн.* -шек
фиста́шковый
фиста́шник, -а
фи́стула, -ы (*мед.*)
фистула́, -ы́ (*муз.*)
фистулогра́фия, -и
фи́стульный
фита́, -ы́ (*название буквы*)
фитбо́л, -а
фитилёк, -лька́
фити́ль, -я́
фити́льный
фити́н, -а
фи́тинг, -а
фи́тинговый
фи́тнес, -а
фи́тнес-ба́р, -а
фи́тнес-за́л, -а
фи́тнес-клу́б, -а
фи́тнес-програ́мма, -ы
фи́тнес-технологи́я, -и
фи́тнес-це́нтр, -а
фито... – *первая часть сложных слов, пишется слитно*
фитоба́р, -а
фитобе́нтос, -а
фитобласто́ма, -ы
фитогельминто́лог, -а
фитогельминтологи́ческий
фитогельминтоло́гия, -и
фитогельми́нты, -ов, *ед.* -ми́нт, -а
фитоге́нный
фитогеогра́фия, -и
фитогормо́ны, -ов, *ед.* -мо́н, -а
фитодиза́йн, -а
фитодиза́йнер, -а
фитоза́вр, -а
фитоза́л, -а
фитокли́мат, -а
фитокосме́тика, -и
фитокосмети́ческий
фитокосмето́лог, -а
фитокосметоло́гия, -и
фито́л, -а
фитола́кка, -и
фитоле́ймы, -ле́йм
фитоло́гия, -и
фитолосьо́н, -а
фитома́сса, -ы
фитоморфо́зы, -о́з, *ед.* -о́за, -ы
фито́н, -а
фитонематодоло́гия, -и
фитонемато́ды, -о́д, *ед.* -о́да, -ы
фитони́зм, -а
фитоно́мус, -а
фитонци́дный
фитонци́ды, -ов, *ед.* -ци́д, -а
фитоонколо́гия, -и
фитопалеонтоло́гия, -и
фитопато́лог, -а
фитопатологи́ческий
фитопатоло́гия, -и
фитопланкто́н, -а
фитосанитари́я, -и
фитосанита́рный
фитосреда́, -ы́
фитостери́ны, -ов, *ед.* -ри́н, -а
фитотерапе́вт, -а
фитотерапевти́ческий
фитотерапи́я, -и
фитотопографи́ческий
фитотопогра́фия, -и
фитотро́н, -а
фитотро́нно-тепли́чный
фитотро́нный
фитофа́ги, -ов, *ед.* -фа́г, -а
фитофеноло́гия, -и
фитофто́ра, -ы
фитофторо́з, -а
фитохро́м, -а
фитохро́мный
фитоцено́з, -а
фитоценоло́гия, -и
фитоценоти́п, -а
фитоциди́ии, -ий, *ед.* -дия, -и
фитошампу́нь, -я
фитю́лька, -и, *р. мн.* -лек
фиума́ра, -ы
фи́фа, -ы (*фифочка*)
фифи́, *нескл., м.* (*птица*)

фи́фо, *нескл., с.* и *неизм.* (*фин.*)

фи́фочка, -и, *р. мн.* -чек

фи́фти-фи́фти, *неизм.*

фихтеа́нец, -нца, *тв.* -нцем, *р. мн.* -нцев

фихтеа́нский

фихтеа́нство, -а

фи́хтевский (*от* Фи́хте)

фи́че, *нескл.. с. (жанр СМИ)*

фишба́лка, -и, *р. мн.* -лок

фи́шбургер, -а

фи́шечка, -и, *р. мн.* -чек

фи́шечный

фи́шка, -и, *р. мн.* фи́шек

фишю́, *нескл., с.*

флавоно́иды, -ов, *ед.* -о́ид, -а

флаво́ны, -ов, *ед.* -во́н, -а

флаг, -а

флагелланти́зм, -а

флагелла́нтский

флагелла́нтство, -а

флагелла́нты, -ов, *ед.* -а́нт, -а (*секта*)

флагелла́ты, -ов, *ед.* -а́т, -а (*зоол.*)

флаг-капита́н, -а

фла́гман, -а

фла́гманский

фла́г-ограничи́тель, фла́га-ограничи́теля *(спорт.)*

флаг-офице́р, -а

флагшто́к, -а

флаг-шту́рман, -а

фла́ерсы, -ов, *ед.* фла́ерс, -а *(род рекламы, билеты-приглашения)*

флажко́вый

фла́жный

флажо́к, -жка́

флажоле́т, -а

флажо́чек, -чка

фла́йер, -а *(быстроходная лошадь)*

флако́н, -а

флако́нный

флако́нчик, -а

флама́ндка, -и, *р. мн.* -док

флама́ндский

флама́ндцы, -ев, *ед.* -дец, -дца, *тв.* -дцем

фламбирова́ние, -я (*кулин.*)

фламби́рованный; *кр. ф.* -ан, -ана

фламбирова́ть(ся), -рую, -рует(ся)

фламе́нко, *нескл., с.*

флами́н, -а

флами́нго, *нескл., м.*

флами́нговый

фланг, -а

фла́нго́вый

фландр, -а

фла́ндрский (*от* Фла́ндрия)

флане́левый

флане́ль, -и

флане́лька, -и

флане́льный

фланёр, -а

фланёрский

фланёрство, -а

фланёрствовать, -твую, -твует

фла́нец, -нца, *тв.* -нцем, *р. мн.* -нцев

флани́рование, -я

флани́ровать, -рую, -рует

фланк, -а (*воен.*: *часть укрепления*)

фланкёр, -а

фланки́рование, -я

фланки́рованный; *кр. ф.* -ан, -ана

фланки́ровать(ся), -рую, -рует(ся)

фланкиро́вка, -и

фланцева́ть(ся), -цу́ю, -цу́ет(ся)

фла́нцевый

фланцо́ванный; *кр. ф.* -ан, -ана

флат, -а

фла́товый

фла́ттер, -а

флаш-эффе́кт, -а

флеби́т, -а

флебогра́мма, -ы

флебографи́ческий

флебогра́фия, -и

флебо́лог, -а

флебологи́ческий

флеболо́гия, -и

флебото́мусы, -ов, *ед.* -мус, -а

флеботономе́трия, -и

фле́гма, -ы

флегматиза́тор, -а

флегмати́зм, -а

флегма́тик, -а

флегмати́ческий

флегмати́чность, -и

флегмати́чный; *кр. ф.* -чен, -чна

флегмо́на, -ы

флегмоно́зный

фле́йта, -ы

фле́йта-пи́кколо, фле́йты-пи́кколо, *ж.*

флейти́ст, -а

флейти́стка, -и, *р. мн.* -ток

фле́йтный

фле́йтовый

фле́йтщик, -а

флейц, -а, *тв.* -ем, *р. мн.* -ев

флейцева́ть(ся), -цу́ю, -цу́ет(ся)

фле́йцевый

флейцо́ванный; *кр. ф.* -ан, -ана

флейцо́вка, -и

флексато́н, -а

флекси́йный

фле́ксия, -и

флексографи́ческий

флексогра́фия, -и

фле́ксор, -а

флексу́ра, -ы

флекти́вность, -и

флекти́вный; *кр. ф.* -вен, -вна

флекти́ровать, -рует

флекти́рующий

флёр, -а

флёрдора́нж, -а, *тв.* -ем

флёрдора́нжевый

флёровый

флеро́н, -а (*архит.*)

флеш, -а, *тв.* -ем (*бот.*; *срочная информация о событии*)

фле́шбэ́к, -а

флешь, -и (*воен.*; *спорт.*)

флиа́ки, -ов, *ед.* флиа́к, -а, *м. (ист.)*

флибустье́р, -а

флибустье́рский

флигелёк, -лька́

фли́гель, -я, *мн.* -я́, -е́й и -и, -ей

фли́гель-адъюта́нт, -а

фли́гель-адъюта́нтский

фли́гель-адъюта́нтство, -а

флигельма́н, -а

фли́гельный

флигельшла́г, -а

флизели́н, -а

флик, -а

фли́кер-эффе́кт, -а

флик-фля́к, -а

флинт, -а

флинтгла́с, -а

флинтгла́совый

флип, -а (*прыжок*)

фли́ппер, -а (*фин.*)

флирт, -а

флиртова́ть, -ту́ю, -ту́ет

флобе́ровский (*от* Флобе́р)

фловерла́к, -а

флогисто́н, -а

флогисто́нный

флогопи́т, -а

фло́кен, -а

флоки́рование, -я (*отделка тканей, одежды*)

флоки́рованный; *кр. ф.* -ан, -ана

флоки́ровать(ся), -рую, -рует(ся)

фло́ккулы, -ов, *ед.* -ул, -а (*астр.*)

флокс, -а

фло́ксовый

фло́кула, -ы (*хим.*)

флокуля́ция, -и

флома́стер, -а

флома́стерный

фломби́рование, -я (*кулин.*)

флоп, -а (*прост. к* фло́ппи-ди́ск)

фло́ппи-ди́ск, -а

фло́ппи-дисково́д, -а

флор[1], -а (*мор.*)

флор[2], -а и *неизм.* (ста́вка фло́р, *фин.*)

Фло́ра, -ы (*мифол.*)

фло́ра, -ы (*растительность*)

флорали́зм, -а

флореа́ль, -я

флоренти́йка, -и, *р. мн.* -и́ек и **флоренти́нка,** -и, *р. мн.* -нок

флоренти́йский и **флоренти́нский** (*от* Флоре́нция)

флоренти́йцы, -ев, *ед.* -и́ец, -и́йца, *тв.* -и́йцем и **флоренти́нцы,** -ев, *ед.* -нец, -нца, *тв.* -нцем

флориге́н, -а

флоридзи́н, -а

флориди́н, -а

флориди́новый

флори́дский (*от* Фло́рида)

флори́дцы, -ев, *ед.* -дец, -дца, *тв.* -дцем

флори́зм, -а
флори́н, -а
флори́ст, -а
флори́стика, -и
флористи́ческий
флороглюци́н, -а
флорти́мберс, -а
флот, -а, *мн.* -ы́, -о́в и -ы, -ов
флота́рий, -я
флота́тор, -а
флотацио́нный
флота́ция, -и
флоти́лия, -и
флоти́рование, -я
флоти́рованный; *кр. ф.* -ан, -ана
флоти́ровать(ся), -рую, -рует(ся)
флоти́руемость, -и
флотово́дец, -дца, *тв.* -дцем, *р. мн.* -дцев
флотово́дческий
флотоконцентра́т, -а
фло́тский
фло́ут, -а (*фин.*)
флоэ́ма, -ы
флу́ер, -а
флуктуа́ция, -и и **флюктуа́ция**, -и
флуктуи́ровать, -рует и **флюктуи́ровать**, -рует
флуоресце́нтный и **флюоресце́нтный**
флуоресце́нция, -и и **флюоресце́нция**, -и
флуоресци́ровать, -рует и **флюоресци́ровать**, -рует
флюа́ты, -ов, *ед.* -а́т, -а
флювиогляциа́льный
флюга́рка, -и, *р. мн.* -рок
флюга́рочный
флюгельго́рн, -а
флю́гер, -а, *мн.* -а́, -о́в и -ы, -ов
флю́герный
флюги́рование, -я
флюги́рованный; *кр. ф.* -ан, -ана
флюида́льный
флюи́дный
флюи́ды, -ов, *ед.* -и́д, -а
флю́ксии, -ий
флюксме́тр, -а
флю́ксус, -а (*направление в искусстве*)
флюктуа́ция, -и и **флуктуа́ция**, -и
флюктуи́ровать, -рует и **флуктуи́ровать**, -рует
флюоресце́нтный и **флуоресце́нтный**
флюоресце́нция, -и и **флуоресце́нция**, -и
флюоресци́ровать, -рует и **флуоресци́ровать**, -рует
флюориза́ция, -и
флюори́т, -а
флюоро́граф, -а
флюорографи́ческий
флюорогра́фия, -и
флюоро́з, -а
флюс, -а, *мн.* -ы, -ов (*мед.*) и -ы́, -о́в (*тех.*)
флю́сный
флюсо́ванный; *кр. ф.* -ан, -ана
флюсова́ть(ся), -су́ю, -су́ет(ся)
флюсо́вка, -и
флюсово́й (*тех.*)
флю́совый (*мед., тех.*)
флю́тбет, -а
фля́га, -и
флягомо́ечный
флягомо́йка, -и, *р. мн.* -о́ек
фля́жечка, -и, *р. мн.* -чек
фля́жечный
фля́жка, -и, *р. мн.* -жек
фля́жный
фляк, -а (*спорт.*)
фля́ки, -ов (*кулин.*)
ФМ [эфэ́м], *нескл., ж.* (*сокр.*: фазовая модуляция)
ФМ-диапазо́н, -а
фоб, *неизм.* и *нескл., с.* (*вид сделки*)
фо́бия, -и
фобота́ксис, -а
фови́зм, -а
фови́ст, -а
фови́стский
фогт, -а
фо́гтство, -а
фойе́, *нескл., с.*
фок, -а (*мор.*)
ФОК, -а (*сокр.*: физкультурно-оздоровительный комплекс)
фо́ка-га́лс, -а
фо́ка-ги́к, -а (*мор.*)
фо́ка-ги́ка-шко́т, -а
фока́льный
фока́тор, -а
фок-ва́нты, -ва́нт
фок-ма́чта, -ы
фок-ре́й, -я
фокс, -а
фокстерье́р, -а
фокстро́т, -а
фокстро́тный
фо́ксха́унд, -а
фо́кус, -а
фо́кус-гру́ппа, -ы
фокуси́рование, -я
фокуси́рованный; *кр. ф.* -ан, -ана
фокуси́ровать(ся), -рую, -рует(ся)
фокусиро́вка, -и
фо́кусник, -а
фо́кусница, -ы, *тв.* -ей
фо́кусничанье, -я
фо́кусничать, -аю, -ает
фо́куснический
фо́кусничество, -а
фо́кусный
фо́кус-по́кус, -а
фол, -а и -а́, *мн.* -ы́, -о́в
фо́лдер, -а
фолиа́нт, -а
фо́лиевая кислота́
фо́лио, *нескл., с.*
фоли́ть, фолю́, фоли́т
фо́лия, -и (*танец*)
фолк, -а и *неизм.* (*фолк-рок*)
фолк-гру́ппа, -ы
фолкле́ндский (*к* Фолкле́ндские острова́, Фолкле́нды)
фолкле́ндцы, -ев, *ед.* -дец, -дца, *тв.* -дцем
фо́лкнеровский (*от* Фо́лкнер)
фолк-ро́к, -а
фолк-ро́ковый
фолли́кул, -а
фолликули́н, -а
фолликули́т, -а
фолликуля́рный
фо́льва́рк, -а
фольга́, -и́ и (*устар.*) **фо́льга**, -и
фольги́рованный; *кр. ф.* -ан, -ана
фольги́ровать(ся), -рую, -рует(ся)
фольго́вый и (*устар.*) **фо́льговый**
фольгопрока́тный
фо́льке́тинг, -а
фо́лькланд, -а
фолькло́р, -а
фольклори́зм, -а
фольклори́ст, -а
фольклори́стика, -и
фольклористи́ческий
фольклори́стка, -и, *р. мн.* -ток
фолькло́рно-мифологи́ческий
фолькло́рность, -и
фолькло́рно-этнографи́ческий
фолькло́рный
фольксва́ген, -а
фольксдо́йче, *нескл., м.* и *ж.*
фо́льксшту́рм, -а
фольксштурми́ст, -а
фольксшту́рмовец, -вца, *тв.* -вцем, *р. мн.* -вцев
фольксшту́рмовский
Фома́ Аквина́т
Фома́ Акви́нский
Фома́ Кемпи́йский
Фома́ неве́рный (неве́рующий)
Фомина́ неде́ля, Фомино́й неде́ли
фо́мка, -и, *р. мн.* фо́мок (*инструмент взломщика*)
фон[1], -а
фон[2], -а, *р. мн.* -ов, *счетн. ф.* фон (*ед. измер.*)
фон[3], *частица – с последующей фамилией пишется раздельно, напр.*: фон Би́смарк, фон Бю́лов, фон Карая́н
фона́рик, -а
фона́рный
фона́рщик, -а
фона́рь, -я́
фонастени́я, -и
фонацио́нный
фона́ция, -и
фон-баро́н, -а
фонд, -а
фонда́н, -а (*в кондитерском производстве*)

Фо́нд защи́ты гла́сности РФ
фонди́рование, -я (*к* фонд)
фонди́рованный; *кр. ф.* -ан, -ана
фонди́ровать(ся), -рую, -рует(ся) (*к* фонд)
фондовооружённость, -и
фо́ндовский
фо́ндовый
фондодержа́тель, -я
фондоёмкость, -и
фондообеспе́ченность, -и
фондообразова́ние, -я
фондообразу́ющий
фондооснащённость, -и
фондоотда́ча, -и, *тв.* -ей
фондохрани́лище, -а
фондю́, *нескл., с.*
фоне́ма, -ы
фонемати́ческий
фоне́мный
фонендоско́п, -а
фонендоско́пный
фоне́тика, -и
фонети́ст, -а
фонети́стка, -и, *р. мн.* -ток
фонети́ческий
фониа́тр, -а
фониатри́ческий
фониатри́я, -и
фо́ника, -и
фони́ть, -и́т
фони́ческий
фоннеймановский (*от* фон Не́йман)
фоно... – *первая часть сложных слов, пишется слитно*
фонова́лик, -а
фо́новый
фонogра́мма, -ы
фоногра́ммный
фоно́граф, -а
фонографи́ческий
фоногра́фия, -и
фонокардиогра́мма, -ы
фонокардио́граф, -а
фонокардиографи́ческий
фонокардиогра́фия, -и
фоно́лог, -а
фонологи́ческий
фоноло́гия, -и
фоно́метр, -а
фонометри́ческий
фономорфологи́ческий
фоно́н, -а
фоно́нный
фоноско́п, -а
фоноте́ка, -и
фоноте́чный
фонохрестома́тия, -и
фонта́н, -а
фонтане́ль, -и
фонтани́рование, -я
фонтани́ровать, -рую, -рует
Фонта́нка, -и (*река*)
фонта́нный
Фонта́нный до́м (*в Петербурге*)
фонта́нский (*от* Фонта́нка)
фонта́нчик, -а
фонта́нщик, -а
фонту́ра, -ы
фор, *неизм.* и *нескл., с.* (*вид сделки*)
фо́ра[1], -ы (*преимущество*; да́ть фо́ру)
фо́ра[2] и **фо́ро,** *неизм.* (*возглас*)
фораминифе́ровый
фораминифе́ры, -е́р, *ед.* -фе́ра, -ы
форва́куум, -а
форва́куумный
фо́рвард, -а
фо́рвардный (*фин.*)
фо́рвард-ры́нок, -нка
фо́рвардский
форд, -а (*автомобиль*)
фордеви́нд, -а
фо́рдек, -а (*верх экипажа*)
фордзо́н, -а
форди́зм, -а
фо́рдик, -а (*уменьш. к* форд)
фордыба́ка, -и, *м.* и *ж.*
фордыба́чащий(ся)
фордыба́чить(ся), -чу(сь), -чит(ся)
форе́йтор, -а
форе́йторский
форелево́д, -а
форелево́дство, -а
форелево́дческий
форе́левый
форе́ль, -и
форе́льный
фо́рза́ц, -а, *тв.* -ем, *р. мн.* -ев
форинже́ктор, -а
фо́ринт, -а
форка́мера, -ы
форка́мерный
фо́рма, -ы
формализа́ция, -и
формали́зм, -а
формализо́ванный; *кр. ф.* -ан, -ана
формализова́ть(ся), -зу́ю, -зу́ет(ся)
формали́н, -а
формали́новый
формали́ст, -а
формали́стика, -и
формалисти́ческий
формалисти́чность, -и
формалисти́чный; *кр. ф.* -чен, -чна
формали́стка, -и, *р. мн.* -ток
формали́стский
формальдеги́д, -а
формальдеги́дный
форма́льно вы́раженный
форма́льно-логи́ческий
форма́льно-правово́й
форма́льность, -и
форма́льный; *кр. ф.* -лен, -льна
форма́льщина, -ы
форма́нт, -а (*лингв.*)
форма́нта, -ы (*в акустике*)
форма́нтный
фор-ма́рс, -а
фор-ма́рсель, -я, *мн.* -и, -ей и -я́, -е́й
форма́т, -а
форма́тер, -а (*инф.*)
формати́в, -а
формати́рование, -я
формати́рованный; *кр. ф.* -ан, -ана
формати́ровать(ся), -рую, -рует(ся)
форма́тный
форма́тор, -а (*формовщик по отливке статуй*)
формацио́нный
форма́ция, -и
фо́рменка, -и, *р. мн.* -нок
фо́рменный
формиа́ты, -ов, *ед.* -иа́т, -а
формирова́ние, -я
формиро́ванный; *кр. ф.* -ан, -ана
формирова́ть(ся), -ру́ю(сь), -ру́ет(ся)
формиро́вка, -и
формиро́вочный
фо́рмный
формова́льный
формова́ние, -я
формо́ванный; *кр. ф.* -ан, -ана
формова́ть(ся), -му́ю, -му́ет(ся)
формо́вка, -и
формово́й и **фо́рмовый**
формо́вочный
формо́вщик, -а
формо́вщица, -ы, *тв.* -ей
формоизмене́ние, -я
формообразова́ние, -я
формообразова́тельный
формообразу́ющий
формотво́рчество, -а
фо́рмочка, -и, *р. мн.* -чек
фо́рмула, -ы
формули́рование, -я
формули́рованный; *кр. ф.* -ан, -ана
формули́ровать(ся), -рую, -рует(ся)
формулиро́вка, -и, *р. мн.* -вок
формулиро́вочка, -и, *р. мн.* -чек
формулиро́вочный
фо́рмульный
формуля́р, -а
формуля́рный
формфа́ктор, -а
фо́ро и **фо́ра**[2], *неизм.* (*возглас*)
фórони́ды, -и́д, *ед.* -и́да, -ы
форо́сский (*от* Форо́с)
фо́рпи́к, -а
форпо́ст, -а
форпо́стный
форс, -а
форса́ж, -а, *тв.* -ем
форса́жный
фо́рсинг, -а (*спорт.*)
форси́рование, -я
форси́рованный; *кр. ф.* -ан, -ана
форси́ровать(ся), -рую, -рует(ся)
форсиро́вка, -и, *р. мн.* -вок
форси́стость, -и
форси́стый
форси́ть, форшу́, форси́т
форс-мажо́р, -а
форс-мажо́рный
форсну́ть, -ну́, -нёт

фор-сте́ньга, -и
форстери́т, -а
форсу́н, -а́
форсу́нка, -и, *р. мн.* -нок
форсу́ночный
форсу́нья, -и, *р. мн.* -ний
форт, -а, *предл.* о фо́рте, в форту́, *мн.* -ы́, -о́в
фо́рте, *неизм.* и *нескл., с.*
фо́ртель, -я
фортепиа́нный и **фортепья́нный**
фортепиа́но и **фортепья́но,** *нескл., с.*
форте́ция, -и
фортинсте́п, -а *(танец)*
форти́ссимо, *неизм.* и *нескл., с.*
форти́тул, -а
фортифика́тор, -а
фортификацио́нный
фортифика́ция, -и
фо́ртка, -и, *р. мн.* -ток
фо́рточка, -и, *р. мн.* -чек
фо́рточник, -а
фо́рточный
фортра́н, -а
Форту́на, -ы (*мифол.*; колесо́ Форту́ны) и **форту́на,** -ы (*судьба*; *счастье, удача*)
фортуна́товский (*от* Фортуна́тов)
форту́нить, -ит
фо́рум, -а
фо́румный
форфе́йтинг, -а
форфе́йтинговый
форфейти́рование, -я
форфейти́рованный; *кр. ф.* -ан, -ана
форфейти́ровать(ся), -рую, -рует(ся)
форхе́нд, -а *(спорт.)*
форче́кинг, -а (*спорт.*)
форшла́г, -а
форшма́к, -а́
форшта́г, -а *(мор.)*
форшта́дт, -а
форшта́дтский
форште́вень, -вня
фо́сбюри-фло́п, -а и *неизм.* (*спорт.*)
фосге́н, -а
фосге́нный
фосге́новый
фо́ска, -и, *р. мн.* фо́сок
фо́сса, -ы
фоссилиза́ция, -и (*геол.*)
фосси́лии, -ий, *ед.* -лия, -и
фосси́льный
фо́стерный
фосфами́д, -а
фосфа́т, -а
фосфа́т-анио́ны, -ов, *ед.* -анио́н, -а
фосфати́ды, -ов, *ед.* -ти́д, -а
фосфати́рование, -я
фосфати́рованный; *кр. ф.* -ан, -ана
фосфати́ровать(ся), -рую, -рует(ся)
фосфа́тный
фосфа́товый
фосфатури́я, -и
фосфатшла́ки, -ов
фосфе́н, -а
фосфи́ды, -ов, *ед.* -фи́д, -а
фосфи́н, -а
фосфи́ты, -ов, *ед.* -фи́т, -а
фосфобактери́н, -а
фосфоглюкомута́за, -ы
фосфокреати́н, -а
фосфолипи́ды, -ов, *ед.* -пи́д, -а
фосфопротеи́ды, -ов, *ед.* -и́д, -а
фо́сфор, -а
фосфоресце́нция, -и
фосфоресци́рование, -я
фосфоресци́ровать, -рует
фосфоресци́рующий
фосфорила́зы, -а́з, *ед.* -а́за, -ы
фосфорили́рование, -я
фосфорили́рованный; *кр. ф.* -ан, -ана
фосфорили́ровать(ся), -и́рую, -и́рует(ся)
фосфори́льный
фо́сфористый
фосфори́т, -а
фосфори́тный
фосфори́то-апати́товый
фосфори́товый
фосфоритоно́сный; *кр. ф.* -сен, -сна
фосфори́тчик, -а
фосфори́ться, -и́тся
фосфори́ческий
фосфорнова́тистый
фосфорнова́тый
фосфорноки́слый
фо́сфорный
фосфоро́лиз, -а
фосфороргани́ческий
фосфороско́п, -а
фосфорсодержа́щий и **фосфоросодержа́щий**
фосфотрансфера́зы, -а́з, *ед.* -а́за, -ы
фот, -а, *р. мн.* -ов, *счетн. ф.* фот (*ед. измер.*)
фота́рий, -я
фоти́ния, -и
фо́тка, -и, *р. мн.* фо́ток (*прост.*)
фо́то, *нескл., с.*
фото... – *первая часть сложных слов, пишется слитно*
фотоавтома́т, -а
фотоавтотро́фный
фотоавтотро́фы, -ов, *ед.* -тро́ф, -а
фотоальбо́м, -а
фотоаппара́т, -а
фо́то-а́рт, -а
фотоархи́в, -а
фотоателье́, *нескл., с.*
фотобакте́рии, -ий, *ед.* -е́рия, -и
фотобиологи́ческий
фотобиоло́гия, -и
фотобума́га, -и
фотовизуа́льный
фотовитри́на, -ы
фотовольтаи́ческий
фотовспы́шка, -и, *р. мн.* -шек
фотовы́ставка, -и, *р. мн.* -вок
фотогалере́я, -и
фотогальваномагни́тный
фотогальванометри́ческий
фотогелио́граф, -а
фотогени́чность, -и
фотогени́чный; *кр. ф.* -чен, -чна
фотогетеротро́фный
фотогетеротро́фы, -ов, *ед.* -тро́ф, -а
фотоги́д, -а *(астр.)*
фотогла́з, -а
фотогравирова́льный
фотогравю́ра, -ы
фотограмметри́ческий
фотограмме́три́я, -и
фото́граф, -а
фотогра́фика, -и
фотографи́рование, -я
фотографи́рованный; *кр. ф.* -ан, -ана
фотографи́ровать(ся), -рую(сь), -рует(ся)
фотографи́ческий
фотографи́чность, -и
фотографи́чный; *кр. ф.* -чен, -чна
фотогра́фия, -и
фотода́тчик, -а
фотодиза́йн, -а
фотодинами́ческий
фотодио́д, -а
фотодио́дный
фотодиэлектри́ческий
фотодокуме́нт, -а
фотодокумента́льный
фотодосье́, *нескл., с.*
фотодыха́ние, -я
фотожурнали́ст, -а
фотожурнали́стика, -и
фотозатво́р, -а
фотозащи́тный
фотоизображе́ние, -я
фото- и киносъёмка, -и
фотоиллюстрати́вный
фотоиллюстра́ция, -и
фотоиндуци́рованный; *кр. ф.* -ан, -ана
фотоинклино́метр, -а
фотоинформа́ция, -и
фотоиониза́ция, -и
фотоионизо́ванный; *кр. ф.* -ан, -ана
фотоиску́сство, -а
фотока́др, -а
фотока́мера, -ы
фотока́рта, -ы
фотока́рточка, -и, *р. мн.* -чек
фотокато́д, -а
фотокера́мика, -и
фотокине́зис, -а
фотокинопулемёт, -а
фотокиносъёмочный
фотокоагуля́ция, -и
фотоко́нкурс, -а
фотокопирова́льный
фотокопи́рование, -я
фотоко́пия, -и
фотоко́р, -а
фотокорреспонде́нт, -а
фотокорреспонде́нция, -и

фотокружо́к, -жка́
фотоксилогра́фия, -и
фотолаборато́рия, -и
фото́лиз, -а
фотолитографи́ческий
фотолитогра́фия, -и
фотолюби́тель, -я
фотолюби́тельский
фотолюби́тельство, -а
фотолюминесце́нция, -и
фотомагази́н, -а
фотомагни́тный
фотомагнитоэлектри́ческий
фотома́стер, -а, *мн.* -а́, -о́в
фотоматериа́л, -а
фотома́трица, -ы, *тв.* -ей
фото́метр, -а
фотометри́рование, -я
фотометри́ческий
фотоме́три́я, -и
фотомеха́ника, -и
фотомехани́ческий
фотомоде́ль, -и
фотомонта́ж, -а́, *тв.* -о́м
фото́н, -а
фотонабо́р, -а
фотонабо́рный
фотона́стия, -и
фотонейтро́нный
фото́ника, -и
фото́нный
фотоноси́тель, -я
фотообо́и, -ев
фотообъекти́в, -а
фотоофсе́тный
фотоохо́та, -ы
фотоо́черк, -а
фотопереда́тчик, -а
фотопериоди́зм, -а
фотопериоди́ческий
фотопеча́ть, -и
фотопла́н, -а
фотопласти́нка, -и, *р. мн.* -нок
фотоплёнка, -и, *р. мн.* -нок
фотопло́ттер, -а
фотополиме́рный
фотопортре́т, -а
фотопреобразова́тель, -я
фотоприёмник, -а
фотопро́ба, -ы
фотопроводи́мость, -и
фотопроекцио́нный
фотопулемёт, -а
фотопьезоэлектри́ческий
фотореактива́ция, -и
фоторегистра́тор, -а
фоторегистри́рующий
фоторези́ст, -а
фоторезисти́вный
фоторези́стор, -а
фоторези́сторный
фотореклáма, -ы
фотореле́, *нескл., с.*
фоторепорта́ж, -а, *тв.* -ем
фоторепортёр, -а
фоторепортёрский
фоторепроду́кция, -и
фоторесу́рс, -а
фоторецéптор, -а
фоторецéпторный
фоторецéпция, -и
фотоpо́бот, -а
фоторожде́ние, -я
фоторужьё, -я́, *мн.* -ру́жья, -жей
фотоpя́д, -а, *мн.* -ы́, -о́в
фотоси́нтез, -а
фотосинтези́рующий
фотосинтети́ческий
фотосло́й, -я, *мн.* -и́, -ёв
фотосни́мок, -мка
фотоспо́соб, -а
фотоста́т, -а
фотосфе́ра, -ы
фотосфе́рно-хромосфе́рный
фотосфе́рный
фотосхе́ма, -ы
фотосчи́тыватель, -я
фотосъёмка, -и, *р. мн.* -мок
фототáймер, -а
фототáксис, -а
фототе́ка, -и
фототелегра́мма, -ы
фототелегра́ф, -а
фототелеграфи́я, -и
фототелегра́фный
фототеодоли́т, -а
фототеодоли́тный
фототерапи́я, -и
фототермомагни́тный
фототетра́дь, -и
фототе́хника, -и
фототехни́ческий
фототипи́ческий
фототи́пия, -и
фототири́стор, -а
фототова́ры, -ов
фотото́ки, -ов, *ед.* -то́к, -а
фототранзи́стор, -а
фототрансформа́тор, -а
фототриангуля́ция, -и
фототропи́зм, -а
фототро́пный
фототро́фный
фототро́фы, -ов, *ед.* -тро́ф, -а
фотоувеличи́тель, -я
фотоумножи́тель, -я
фотоупру́гость, -и
фотоуслу́ги, -у́г
фотофа́кт, -а
фотофикса́ция, -и
фотофи́льм, -а
фотофильмопеча́ть, -и
фотофи́ниш, -а, *тв.* -ем
фотофо́бия, -и
фотофо́бы, -ов, *ед.* -фо́б, -а
фотофо́рма, -ы
фотохимиотерапи́я, -и
фотохими́ческий
фотохи́мия, -и
фотохроми́зм, -а
фотохро́мия, -и
фотохро́мный
фотохро́ника, -и
фотохроно́граф, -а
фотохронометра́ж, -а, *тв.* -ем
фотохроноско́п, -а
фотохудо́жник, -а
фотоцинкогра́фия, -и
фотошабло́н, -а
фотоЭДС [-эдээ́с], *нескл., ж.*
фотоэласти́ческий
фотоэлектри́ческий
фотоэлектрогенера́тор, -а
фотоэлектро́нный
фотоэлектро́ны, -ов, *ед.* -ро́н, -а
фотоэлеме́нт, -а
фотоэмульсио́нный
фотоэму́льсия, -и
фотоэпиля́ция, -и
фотоэтю́д, -а
фотоэффе́кт, -а
фотоя́дерный
фот-секу́нда, -ы
фот-ча́с, -а, *мн.* -ы́, -о́в
фо́фан, -а
ФПГ [эфпэгэ́], *нескл., ж.* (*сокр.*: финансово-промышленная группа)
фра, *неизм. – употр. перед именем католического монаха, пишется раздельно*
фрагме́нт, -а
фрагмента́рность, -и
фрагмента́рный; *кр. ф.* -рен, -рна
фрагмента́ция, -и
фра́ер, -а, *мн.* -а́, -о́в и -ы, -ов
фра́за, -ы
фразео́лог, -а
фразеологи́зм, -а
фразеологи́ческий
фразеоло́гия, -и
фразёр, -а
фразёрка, -и, *р. мн.* -рок
фразёрский
фразёрство, -а
фразёрствовать, -твую, -твует
фрази́рованный; *кр. ф.* -ан, -ана
фрази́ровать(ся), -рую, -рует(ся)
фразиро́вка, -и, *р. мн.* -вок
фрази́стый
фразови́к, -а́ *(лит.)*
фра́зовый
фра́зочка, -и, *р. мн.* -чек
фра́йбургский (*от* Фра́йбург)
фрак, -а
фраки́йский (*от* Фра́кия)
фраки́йцы, -ев, *ед.* -и́ец, -и́йца, *тв.* -и́йцем
фрактогра́фия, -и
фракту́ра, -ы
фракту́рный
фракционе́р, -а
фракциони́зм, -а
фракциони́рование, -я
фракциони́рованный; *кр. ф.* -ан, -ана

фракциони́ровать(ся), -рую, -рует(ся)
фракцио́нность, -и
фракцио́нный
фра́кция, -и
фрамбе́зия, -и
фраму́га, -и
фраму́жный
франк, -а (*ден. ед.*)
фра́нки, -ов, *ед.* франк, -а (*группа племен*)
франки́зм, -а (*от* Фра́нко)
франкирова́льный
франки́рование, -я
франки́рованный; *кр. ф.* -ан, -ана
франки́ровать(ся), -рую, -рует(ся)
франкиро́вка, -и, *р. мн.* -вок
франки́ст, -а
франки́стский
фра́нклин, -а, *р. мн.* -ов, *счетн. ф.* -лин (*ед. измер.*)
франклиниза́ция, -и
фра́нклиновский (*от* Фра́нклин)
франкмасо́н, -а
франкмасо́нский
франкмасо́нство, -а
фра́нко, *неизм.* и *нескл., с.* (*вид сделки*)
фра́нко-бо́рт, *неизм.* и *нескл., с.*
фра́нко-ваго́н, *неизм.* и *нескл., с.*
фра́нковский (*от* Фра́нко)
франко́вский (*от* Франко́)
фра́нковый (*от* франк)
фра́нко-герма́но-росси́йский
фра́нко-герма́нский
франкоговоря́щий
фра́нко-заво́д, *неизм.* и *нескл., с.*
фра́нко-италья́нский
франкокана́дский (*к* франкокана́дцы), но: **фра́нко–кана́дский** (*относящийся к связям между Францией и Канадой*)
франкокана́дцы, -ев, *ед.* -дец, -дца, *тв.* -дцем
фра́нко-коми́ссия, -и
фра́нко-перево́зка, -и, *р. мн.* -зок
фра́нко-перево́зчик, -а и (*вид сделки*) *неизм.* и *нескл., с.*
фра́нко-получа́тель, -я и (*вид сделки*) *неизм.* и *нескл., с.*
фра́нко-по́рт, -а
фра́нко-при́стань, *неизм.* и *нескл., с.*
Фра́нко-пру́сская война́ (*1870–1871*)
фра́нко-пру́сский
фра́нко-росси́йский
фра́нко-ру́сский
фра́нко-скла́д, *неизм.* и *нескл., с.*
фра́нко-ста́нция, *неизм.* и *нескл., с.*
франкофи́л, -а
франкофо́б, -а
франкофо́бский
франкофо́ния, -и
франкофо́нный
франкофо́нский
франкофо́ны, -ов, *ед.* -фо́н, -а
фра́нко-цена́, -ы́
франкоязы́чный
фра́нкский (*от* фра́нки)
Фра́нкфурт-на-Ма́йне, Фра́нкфурта-на-Ма́йне
фра́нкфуртский (*от* Фра́нкфурт)
фра́нкфуртцы, -ев, *ед.* -тец, -тца, *тв.* -тцем
Франс Пре́сс, *нескл., с.* (*агентство*)
франт, -а
франтирёр, -а
франти́ть, -нчу́, -нти́т
франти́ха, -и
франтова́тость, -и
франтова́тый
франтовско́й
франтовство́, -а́
фра́нций, -я
Франци́ск Асси́зский
францискáнский
францискáнцы, -ев, *ед.* -нец, -нца, *тв.* -нцем
францу́женка, -и, *р. мн.* -нок
францу́зик, -а
францу́зишка, -и, *р. мн.* -шек, *м.*
францзома́н, -а
францзома́ния, -и
францу́зский (*к* францу́зы и Фра́нция)
Францу́зское сообщество (*объединение государств*)
францу́зско-росси́йский
францу́зско-ру́сский
францу́зы, -ов, *ед.* -цу́з, -а
франча́йзер, -а
франчайзиа́т, -а
франча́йзинг, -а
франча́йзинговый
Франче́ска да Ри́мини, Франче́ски да Ри́мини
франши́за, -ы
фраппи́рование, -я
фраппи́рованный; *кр. ф.* -ан, -ана
фраппи́ровать, -рую, -рует
фраска́ти, *нескл., с.* (*вино*)
фратриа́льный
фра́трия, -и
фра́у, *нескл., ж.*
Фраунго́фер, -а: **дифра́кция Фраунго́фера**
фраунго́феровы ли́нии, фраунго́феровых ли́ний
фрахт, -а
фрахтова́ние, -я
фрахто́ванный; *кр. ф.* -ан, -ана
фрахтова́тель, -я
фрахтова́ть(ся), -ту́ю, -ту́ет(ся)
фрахто́вка, -и
фрахто́вщик, -а
фрахто́вый
фрачи́шко, -а и -и, *мн.* -шки, -шек, *м.*
фра́чник, -а
фра́чный
фрачо́к, -чка́
фра́шка, -и, *р. мн.* -шек (*лит.*)
фреатофи́ты, -ов, *ед.* -фи́т, -а
фре́белевский (*от* Фре́бель)
фребели́чка, -и, *р. мн.* -чек
фрега́т, -а
фрега́тный
фрез[1], *неизм.* (*цвет*)
фрез[2], -а и **фре́за,** -ы (*воротник*)
фреза́, -ы́, *мн.* фре́зы, фрез (*инструмент; машина*)
фре́зер, -а
фре́зерно-обто́чный
фре́зерно-центрова́льный
фре́зерный
фрезерова́льный
фрезерова́ние, -я
фрезеро́ванный; *кр. ф.* -ан, -ана
фрезерова́ть(ся), -ру́ю, -ру́ет(ся)
фрезеро́вка, -и
фрезеро́вочный
фрезеро́вщик, -а
фрезеро́вщица, -ы, *тв.* -ей
фре́зия, -и
фрезо́ванный; *кр. ф.* -ан, -ана
фре́йбургский (*от* Фре́йбург)
фрейди́зм, -а
фрейди́ст, -а
фрейди́стский
фре́йдовский (*от* Фрейд)
фре́йлейн, *нескл., ж.*
фре́йлина, -ы
фре́йлинский
фрейм, -а
фре́ймовый
фре́кен, *нескл., ж.*
Френе́ль, -я: **дифра́кция Френе́ля, зеркала́ Френе́ля, зо́ны Френе́ля**
френо́лог, -а
френологи́ческий
френоло́гия, -и
френч, -а, *тв.* -ем
фрео́новый
фрео́ны, -ов, *ед.* фрео́н, -а
фре́ска, -и, *р. мн.* -сок
фрески́ст, -а
фре́сковый
фре́сочный
фре́ттинг-корро́зия, -и
фри, *неизм.* (карто́фель фри́)
фрибу́рский (*от* Фрибу́р)
фриве́й, -я
фриволите́, *неизм.* и *нескл., с.* (*вышивка*)
фриво́льничать, -аю, -ает
фриво́льность, -и
фриво́льный; *кр. ф.* -лен, -льна
фрига́на, -ы
фриги́дность, -и
фриги́дный; *кр. ф.* -ден, -дна
фриги́йка, -и, *р. мн.* -и́ек
фриги́йский (*от* Фри́гия)
фриги́йцы, -ев, *ед.* -и́ец, -и́йца, *тв.* -и́йцем
фри́гольд, -а
фриго́льдер, -а
фри-джа́з, -а
Фри́дрих Барбаро́сса

Фри́дрих Вели́кий
фридрихсдо́р, -а
фриз, -а (*архит.*; *сорт сукна*)
фри́зер, -а
фри́зовый
фри́зский
фри́зы, -ов, *ед.* фриз, -а (*народ*)
фрикаде́льки, -лек, *ед.* -лька, -и
фрикандо́, *нескл., с.* (*кулин.*)
фрикасе́, *нескл., с.*
фрикати́вный
фри́кер, -а
фри́кции, -ий, *ед.* -ция, -и
фрикцио́нный
фрила́нсер, -а
фриме́р, -а
фринозо́ма, -ы
фриста́йл, -а
фристайли́ст, -а
фристайли́стка, -и, *р. мн.* -ток
фриста́йловый
фриста́йл-стадио́н, -а
фритре́дерский
фритре́дерство, -а
фритре́деры, -ов, *ед.* -дер, -а
фритю́р, -а
фритю́рница, -ы, *тв.* -ей
фритю́рный
Фриц, -а, *тв.* -ем (*имя*) и **фриц,** -а, *тв.* -ем, *р. мн.* -ев (*в Великую Отечественную войну*: *немец*)
фрицца́нте, *нескл., с.* (*в виноделии*)
фришёванный; *кр. ф.* -ан, -ана
фришева́ть(ся), -шу́ю, -шу́ет(ся)
фри́штик, -а и **фри́штык,** -а
фри́штикать, -аю, -ает и **фри́штыкать,** -аю, -ает
Фро́нда, -ы (*движение против абсолютизма во Франции, XVII в.*) и **фро́нда,** -ы (*перен.*: *непринципиальная оппозиция*)
фрондёр, -а
фрондёрка, -и, *р. мн.* -рок
фрондёрский
фрондёрство, -а
фрондёрствовать, -твую, -твует
фрондибо́ла, -ы
фронди́рование, -я
фронди́ровать, -рую, -рует
фронт, -а, *мн.* -ы́, -о́в
фронта́льность, -и
фронта́льный; *кр. ф.* -лен, -льна
фронти́спи́с, -а
фронти́спи́сный
фронти́т, -а
фро́нтмен, -а
фронтови́к, -а́
фронтови́чка, -и, *р. мн.* -чек
фронтово́й
фронтогене́з, -а
фронто́лиз, -а
фронто́н, -а
фронто́нный
фронт-о́фис, -а
фронтпрое́кция, -и
фро́ттола, -ы (*муз.*)
фру, *нескл., ж.*
фрукт, -а
фруктово́з, -а
фрукто́во-овощно́й
фрукто́во-я́годный
фрукто́вый
фрукто́за, -ы
фрукто́зовый
фруктоперераба́тывающий
фруктохрани́лище, -а
фру́нзенский (*от* Фру́нзе)
фру́нзенцы, -ев, *ед.* -нец, -нца, *тв.* -нцем
фрунт, -а
фрунтови́к, -а́
фрунтово́й
фрустра́ция, -и
фру-фру́, *нескл., ж.* и *с.* (*оборка*)
фрюктидо́р, -а
фря, фри
фря́жский
фталазо́л, -а
фта́левый
фтивази́д, -а
фтизиа́тр, -а
фтизиатри́ческий
фтизиатри́я, -и
фтириа́з, -а
фтор, -а
фтораромати́ческий
фторзамещённый и **фторозамещённый**
фтори́ды, -ов, *ед.* -и́д, -а
фтори́рование, -я
фтори́рованный; *кр. ф.* -ан, -ана
фтори́ровать(ся), -рую, -рует(ся)
фто́ристо-водоро́дный
фто́ристый
фторкаучу́к, -а
фторозамещённый и **фторзамещённый**
фтоолефи́ны, -ов, *ед.* -фи́н, -а
фторопла́стовый
фторопла́сты, -ов, *ед.* -а́ст, -а
фтороргани́ческий
фторосодержа́щий и **фторсодержа́щий**
фторота́н, -а
фторофо́рм, -а
фторпроизво́дный
фторсилика́ты, -ов, *ед.* -ка́т, -а
фторсодержа́щий и **фторосодержа́щий**
фторхло́ристый
фу[1], *нескл., м.* и *с.* и *неизм.* (*лит.*)
фу[2], *межд.*
фуа́, *нескл., ж.* (*ист.*)
фуа́-гра́, *нескл., с.* (*кулин.*)
фу́га, -и
фуга́нок, -нка
фуга́ночный
фуга́с, -а
фуга́ска, -и, *р. мн.* -сок
фуга́сный
фуга́то, *нескл., с.*
фуге́тта, -ы
фуги́рованный; *кр. ф.* -ан, -ана
фуги́ровать(ся), -рую, -рует(ся)
фугити́вность, -и
фугити́вный; *кр. ф.* -вен, -вна
фугова́льный
фугова́ние, -я
фуго́ванный; *кр. ф.* -ан, -ана
фугова́ть(ся), фугу́ю, фугу́ет(ся)
фуго́вка, -и, *р. мн.* -вок
фуго́вочный
фу́говый
фуд-це́нтр, -а
фуже́р, -а
фуже́рный
фузарио́з, -а
фуза́риум, -а
фузе́йный
фузе́я, -и
фузилёр, -а
фузилёрный
фузио́нность, -и
фузио́нный
фу́зия, -и
фузулини́ды, -и́д, *ед.* -и́да, -ы
фуй, *неизм.*
фук[1], *неизм.*
фук[2], -а (*в шашках*)
фу́канье, -я
фу́кать, -аю, -ает
фу́кнутый
фу́кнуть, -ну, -нет
Фуко́, *нескл., м.*: **ма́ятник Фуко́**
фукс, -а
фукси́н, -а
фукси́ново-кра́сный
фукси́новый
фу́ксия, -и
фу́ксом, *нареч.*
фу́кус, -а
фу́кусовый
фуле́, *нескл., с.*
фулеро́ванный; *кр. ф.* -ан, -ана
фулеро́вка, -и
фуллере́н, -а
фульгури́ты, -ов, *ед.* -ри́т, -а
фуля́р, -а
фуля́ровый
фумаро́лы, -о́л, *ед.* -о́ла, -ы
фумаро́льный
фумига́нты, -ов, *ед.* -а́нт, -а
фумига́тор, -а
фумига́торный
фумига́ция, -и
фунгици́дный
фунгици́ды, -ов, *ед.* -ци́д, -а
фунда́мент, -а
фундаментали́зм, -а
фундаментали́ст, -а
фундаментали́стский
фундамента́льность, -и
фундамента́льный; *кр. ф.* -лен, -льна
фунда́ментный
фундаментострое́ние, -я

фунда́ментщик, -а
фунди́рование, -я (*к* фунди́рованный)
фунди́рованный; *кр. ф.* -ан, -ана (*фин.*: *твердый*, *устойчивый*)
фунди́ровать(ся), -рую, -рует(ся) (*к* фунди́рованный)
фунду́к, -а́
фуникулёр, -а
фуникулёрный
фу́нкия, -и
функционали́зм, -а
функционали́ст, -а
функционали́стский
функциона́льно бли́зкий
функциона́льно-граммати́ческий
функциона́льно зави́симый
функциона́льно-морфологи́ческий
функциона́льно незави́симый
функциона́льно обусло́вленный
функциона́льно ориенти́рованный
функциона́льно-семанти́ческий
функциона́льно-стилисти́ческий
функциона́льность, -и
функциона́льно-типологи́ческий
функциона́льно-целево́й
функциона́льно це́лостный
функциона́льный; *кр. ф.* -лен, -льна
функционе́р, -а
функционе́рка, -и, *р. мн.* -рок
функционе́рский
функциони́рование, -я
функциони́ровать, -рую, -рует
фу́нкция, -и
фунт, -а
фу́нтик, -а
фу́нтовый (*к* фунт, *ден. ед.*)
фунто́вый (*к* фунт, *мера веса*)
фу́ра, -ы
фура́ж, -а́, *тв.* -о́м
фура́жечка, -и, *р. мн.* -чек
фура́жечный
фуражи́р, -а
фуражи́ровать, -рую, -рует
фуражиро́вка, -и
фуражи́рский
фура́жка, -и, *р. мн.* -жек
фура́жный
фура́н, -а
фура́новый
фурано́з, -а
фурацили́н, -а
фурго́н, -а
фурго́нный
фурго́нчик, -а
фурго́нщик, -а
фурио́зный
фурио́зо, *неизм.*
фу́рия, -и
фурка́ция, -и
фу́рки, фу́рок, *ед.* фу́рка, -и (*передвижные площадки для декораций*)
фуркро́йя, -и
фурло́нг, -а
фу́рма, -ы
фу́рман, -а
фурма́нка, -и, *р. мн.* -нок
фу́рманский
фу́рменный
фурниту́ра, -ы
фурниту́рный
фуро́р, -а
фуросеми́д, -а
фуру́нкул, -а
фурункулёз, -а
фурункулёзный
фурфуро́л, -а
фурча́ть, -чу́, -чи́т
фурше́т, -а
фурше́тный
фуршта́т, -а
фуршта́тский
Фурье́, *нескл., м.*: **интегра́л Фурье́, коэффицие́нты Фурье́, ме́тод Фурье́, преобразова́ние Фурье́, ря́д Фурье́, число́ Фурье́**
фурье́р, -а
фурьери́зм, -а (*от* Фурье́)
фурьери́ст, -а
фурьери́стский
фурье́рский
фурье́-спектроскопи́я, -и
фуст, -а
фут, -а
футбо́л, -а
футболи́ст, -а
футболи́стка, -и, *р. мн.* -ток
футбо́лить, -лю, -лит
футбо́лка, -и, *р. мн.* -лок
футбо́льно-легкоатлети́ческий
футбо́льный
футволе́й, -я (*спорт.*)
футерова́ние, -я
футеро́ванный; *кр. ф.* -ан, -ана
футерова́ть(ся), -ру́ю, -ру́ет(ся)
футеро́вка, -и, *р. мн.* -вок
футза́л, -а
футзали́ст, -а
фу́тинг, -а (*спорт.*)
футля́р, -а
футля́рный
футля́рчик, -а
фу́товый
фу́токс, -а
фу́тор, -а
фу́торный
футури́зм, -а
футури́ст, -а
футуристи́ческий
футури́стский
футуро́лог, -а
футурологи́ческий
футуроло́гия, -и
футу́рум, -а
футшто́к, -а
фу́-ты
фу́-ты ну́-ты
фуфа́ечка, -и, *р. мн.* -чек
фуфа́ечный
фуфа́йка, -и, *р. мн.* -а́ек
фуфло́, -а́
фуфу́: на фуфу́
фуфы́ра, -ы и **фуфы́ря,** -и, *м.* и *ж.*
фуфы́риться, -рюсь, -рится
фуфы́рящийся
фу́хтель, -я
фу́хтельный
фуэте́, *нескл., с.*
ФШМ [фэшеэ́м], *нескл., ж.* (*сокр.*: футбольная школа молодежи)
фынь, -я (*монета*)
фырк, *неизм.*
фы́рканье, -я
фы́ркать, -аю, -ает
фы́ркнуть, -ну, -нет
фыро́к, фырка́
фырча́нье, -я
фырча́ть, -чу́, -чи́т
фьельд, -а и **фие́льд,** -а
фьеф, -а
фьорд, -а и **фио́рд,** -а; *как вторая часть геогр. названий пишется через дефис, напр.*: Вара́нгер-фьо́рд, Со́гне-фьо́рд
фьо́рдовый и **фио́рдовый**
фьюжн, *нескл., ж.* и *с.*
фьюмингова́ние, -я
фьюминго́ванный; *кр. ф.* -ан, -ана
фьюмингова́ть(ся), -гу́ю, -гу́ет(ся)
фьють и **фьюйть,** *неизм.*
фью́черсный
фью́черсы, -ов и **фью́черс,** -а
фэбээ́ровец, -вца, *тв.* -вцем, *р. мн.* -вцев
фэбээ́ровский (*от* ФБР)
фэ́нтези, *нескл., с.* и *неизм.* (*лит.*)
фэн-шу́й, *нескл., м.* и *с.*
фэр, -а, *р. мн.* -ов, *счетн. ф.* фэр (*ед. измер., сокр.*: физический эквивалент рентгена)
ФЭУ [фэу́], *нескл., м.* (*сокр.*: фотоэлектронный умножитель)
фээргэ́вский (*от* ФРГ)
фээсбэ́шник, -а
фээсбэ́шный (*от* ФСБ)
фюзеля́ж, -а, *тв.* -ем
фюзеля́жный
фюйть и **фьють,** *неизм.*
фю́льке, *нескл., ж.*
фюме́, *неизм.* (*кулин.*)
фю́рер, -а
фю́рерский

Х

ха, *нескл., с.* (*название буквы*)
хаба́лка, -и, *р. мн.* -лок (*жарг.*)
хаба́льничать, -аю, -ает
хабане́ра, -ы

хаба́р, -а и -у и **хаба́ра,** -ы (*жарг.*)
хаба́рик, -а (*жарг.*)
хаба́рник, -а
хаба́рный
хаба́ровский (*от* Хаба́ровск)
Хаба́ровский кра́й
хаба́ровцы, -ев, *ед.* -вец, -вца, *тв.* -вцем
хабаровча́не, -а́н, *ед.* -а́нин, -а
хабаровча́нка, -и, *р. мн.* -нок
Ха́ббл, -а: **зако́н Ха́ббла**
ха́бббловский (*от* Хаббл): **ха́ббловская классифика́ция**
Ха́беас ко́рпус а́кт, -а
хабертио́з, -а
хабилита́ция, -и
ха́битус, -а и **га́битус,** -а
хабэ́ и **хэбэ́,** *нескл., с.* и *ж.*, и *неизм.* (*сокр.*: хлопчатобумажный; *ткань и одежда из нее*)
хав, -а (*хавбек*)
ха́вать, -аю, -ает (*жарг.*)
хавбе́к, -а
ха́вка, -и (*жарг.*)
хавко́рт, -а
хавпа́йп, -а (*спорт.*)
хавро́нья, -и, *р. мн.* -ний
хавта́йм, -а
хада́сса, -ы
хадж, -а, *тв.* -ем
хаджи́, *нескл., м.*
хаджи́-има́м, -а
хади́с, -а
ха́живать, *наст. вр. не употр.*
хаз, -а
ха́за, -ы (*жарг.*)
хаза́н, -а
хазаре́йский
хазаре́йцы, -ев, *ед.* -е́ец, -е́йца, *тв.* -е́йцем
хаза́рский
Хаза́рский кагана́т
хаза́ры, -а́р, *ед.* хаза́р, -а и хаза́рин, -а
хазмога́мный (*бот.*)
ха́зо́вый (*от* хаз)
хай, ха́я
хайве́й, -я
хайдараба́дский (*от* Хайдараба́д)
хайдараба́дцы, -ев, *ед.* -дец, -дца, *тв.* -дцем
хайдже́кер, -а (*угонщик самолета*)
хайдже́кинг, -а
ха́йе-пёчес, *нескл., с.*(*фин.*)
ха́йку и **хо́кку,** *нескл., с.* (*лит.*)
хайло́, -а́, *мн.* ха́йла, хайл
хайль, *неизм.* (*фашистское приветствие*)
ха́йринг, -а
ха́йринговый
хай-ску́л, *нескл., ж.*
хай-те́к, *нескл., ж.* и *неизм.*
хай-фи́, *нескл., с.* и *неизм.*
хай-э́нд, -а, *нескл., ж.* и *неизм.*
хака́ма, *нескл., с.* (*одежда самурая*)
хака́ска, -и, *р. мн.* -сок
хака́сский (*к* хака́сы и Хака́сия)
хака́сы, -ов, *ед.* хака́с, -а
ха́кер, -а
ха́керский
ха́керство, -а
ха́керша, -и, *тв.* -ей
ха́ки[1], *неизм.* и *нескл., с.* (*цвет*)
ха́ки[2], *нескл., с.* (*геогр.*)
ха́ки-ке́мбелл, -а и *неизм.* (*порода уток*)
ха́ла, -ы
хала́т, -а
хала́тик, -а
хала́тишко, -а и -и, *мн.* -шки, -шек, *м.*
хала́тник, -а
хала́тность, -и
хала́тный[1] (*к* хала́т)
хала́тный[2]; *кр. ф.* -тен, -тна (*небрежный, недобросовестный*)
халва́, -ы́
халви́чница, -ы, *тв.* -ей
халви́чный
халво́вый
ха́лда, -ы (*грубиянка*)
халде́и, -е́ев, *ед.* -де́й, -я
халде́йский
ха́лдский
ха́лды, -ов, *ед.* халд, -а (*племенная группа*)
ха́ли-га́ли, *нескл., с.*
халикоте́рий, -я
халиста́нцы, -ев, *ед.* -нец, -нца, *тв.* -нцем
хали́ф, -а
халифа́т, -а
хали́фский
халколи́т, -а
халту́ра, -ы
халту́рить, -рю, -рит
халту́рка, -и, *р. мн.* -рок
халту́рность, -и
халту́рный; *кр. ф.* -рен, -рна
халту́рщик, -а
халту́рщина, -ы
халту́рщица, -ы, *тв.* -ей
халту́рящий
халу́па, -ы
халу́пка, -и, *р. мн.* -пок
ха́лха, *нескл., мн., ед. м.* и *ж.*
халха́сцы, -ев, *ед.* -сец, -сца, *тв.* -сцем
халхи́н-го́лский и **халхи́н-го́льский** (*от* Халхи́н-Го́л)
халцедо́н, -а
халцедо́новый
халци́д, -а (*ящерица*)
халькоге́ны, -ов, *ед.* -ге́н, -а
халько́граф, -а
халькози́н, -а
халькопири́т, -а
халькопири́товый
халькофи́льный
хальци́ды, -и́д, *ед.* -и́да, -ы (*насекомые*)
халя́ва, -ы (*удовлетворение потребностей за чужой счет*; *что-н. легкодоступное*; на халя́ву)
халя́вный (*от* халя́ва)
халя́вщик, -а
халя́вщица, -ы, *тв.* -ей
Хам, -а (*библ.*)
хам, -а (*грубиян, невежа*)
хама́да, -ы и **гама́да,** -ы
хамбо́-ла́ма, -ы, *м.*
хамелео́н, -а
хамелео́новый
хамелео́нский
хамелео́нство, -а
хаме́ть, -е́ю, -е́ет
хами́тский
хами́ты, -ов, *ед.* хами́т, -а
хами́ть, хамлю́, хами́т
ха́мка, -и, *р. мн.* ха́мок
хамло́, -а́
хамма́м, -а (*баня*)
ха́мов, -а, -о: **ха́мово отро́дье, ха́мово пле́мя**
хамова́тость, -и
хамова́тый
хамо́вник, -а
Хамо́вники, -ов (*ист. район в Москве*)
хамо́внический (*от* Хамо́вники)
хамо́вный
хамса́, -ы́ и **камса́,** -ы́
хамсе́, *нескл., с.*
хамси́н, -а
ха́мски
ха́мский
хамсо́вый
ха́мство, -а
хамьё, -я́
хан, -а; *после собственных имен пишется через дефис, напр.*: Мирза́-ха́н, Дая́н-ха́н, но: Чингисха́н
хана́, *в знач. сказ.*
ханаа́нский (*от* Ханаа́н)
ха́нака, -и (*странноприимный дом*)
ханане́и, -ев, *ед.* -не́й, -я
ханане́йский
ханане́янка, -и, *р. мн.* -нок
хан-атла́с, -а
хандра́, -ы́
хандри́ть, -рю́, -ри́т
ханжа́, -и́, *тв.* -о́й, *р. мн.* -е́й, *м.* и *ж.*
ха́нжески
ха́нжеский
ха́нжество, -а
ханжи́ть, -жу́, -жи́т
ха́нка, -и
ханму́н, -а
хано́йский (*от* Хано́й)
хано́йцы, -ев, *ед.* -о́ец, -о́йца, *тв.* -о́йцем
ха́нский (*от* хан)
ха́нство, -а
ха́нтинг, -а
ха́нты, -ов и *нескл., мн., ед. м.* и *ж.*
ханты́йка, -и, *р. мн.* -ы́ек

хантыйский
хантыйцы, -ев, *ед.* -ыец, -ыйца, *тв.* -ыйцем
ханты-мансийский
Ханты-Мансийский автономный округ
хантымансийцы, -ев, *ед.* -иец, -ийца, *тв.* -ийцем (*от* Ханты-Мансийск)
Ханука, -и
ханум, *нескл., ж.*
ханурик, -а (*жарг.*)
ханша, -и, *тв.* -ей, *р. мн.* ханш
ханшин, -а
ханыга, -и, *м.* и *ж.* (*жарг.*)
ханыжничать, -аю, -ает
ханьский (*от* Хань, *царство и династия*)
хао, *нескл., с.* (*монета*)
хаос, -а (*мифол.*) и **хаос**, -а (*беспорядок*)
хаотический
хаотичность, -и
хаотичный; *кр. ф.* -чен, -чна
хап, *неизм.*
хапанный; *кр. ф.* -ан, -ана, *прич.*
хапнуть, -ну, -нёт
хапанцы, -ев
хапаный, *прил.*
хапанье, -я
хапать, -аю, -ает
хапнутый
хапнуть, -ну, -нет
хапок, хапка
хапсагай, -я (*якутская нац. борьба*)
хапуга, -и, *м.* и *ж.*
хапужник, -а
хапужничество, -а
хапун, -а
хапунья, -и, *р. мн.* -ний
харадж, -а, *тв.* -ем
харакири, *нескл., с.*
характер, -а
характерец, -рца, *тв.* -рцем
характеризованный; *кр. ф.* -ан, -ана
характеризовать(ся), -зую(сь), -зует(ся)
характеристика, -и
характеристический
характеристичность, -и
характеристичный; *кр. ф.* -чен, -чна
характерность, -и (*к* характерный)
характерность, -и (*к* характерный)
характерный; *кр. ф.* -рен, -рна (*упрямый*; *у деятелей театра*: *о роли, актере, танце и т. п.*)
характерный; *кр. ф.* -рен, -рна (*типичный*; *свойственный кому, чему-н.*)
характерологический
характерология, -и
характрон, -а
характронный
харам, -а (*в исламе*)
харамлик, -а (*часть дома*)
харассмент, -а
харатейный
харатья, -и, *р. мн.* -тей
харациновидные, -ых
харбинский (*от* Харбин)
харбинцы, -ев, *ед.* -нец, -нца, *тв.* -нцем
харвестер, -а
хард, -а и (*муз.*) *неизм.*
хард-боп, -а и *неизм.* (*муз.*)
хардвер, -а
хардингфеле, *нескл., с.*
хард-кор, -а
хардовый
хард-рок, -а
хард-рок-группа, -ы
хард-рокер, -а
хард-рокерский
хард-роковый
хардтоп, -а
харза, -ы
Харибда, -ы: **между Сциллой и Харибдой**
хариджаны, -ан
хариджизм, -а
хариджитский
хариджиты, -ов, *ед.* -жит, -а
харизма, -ы
харизматик, -а
харизматический
харизматичность, -и
харизматичный; *кр. ф.* -чен, -чна
харитативный; *кр. ф.* -вен, -вна
хариты, -ит
хариус, -а
хариусный
хариусовые, -ых
харканье, -я
харкать, -аю, -ает
харкнуть, -ну, -нет
харкота, -ы
харкотина, -ы
харлей, -я (*мотоцикл*)
харман, -а
хармсовский (*от* Хармс)
харовый
Харон, -а
хартал, -а
хартия, -и
хартумский (*от* Хартум)
хартумцы, -ев, *ед.* -мец, -мца, *тв.* -мцем
харч, -а, *тв.* -ем и **харчи**, -ей
харчеваться, -чуюсь, -чуется
харчевенный
харчевник, -а
харчевня, -и, *р. мн.* -вен
харчевой
харчи, -ей и **харч**, -а, *тв.* -ем
харчиться, -чусь, -чится
харчишки, -шек
харчо, *нескл., с.*
хары, хар, *ед.* хара, -ы (*водоросли*)
харьковский (*от* Харьков)
харьковчане, -ан, *ед.* -анин, -а
харьковчанка, -и, *р. мн.* -нок
Харьковщина, -ы (*к* Харьков)
харя, -и
хаси, *нескл., мн.* (*палочки для приема пищи*)
хасидизм, -а
хасидский
хасиды, -ов, *ед.* хасид, -а
хастелой, -я
хата, -ы
хата-лаборатория, хаты-лаборатории
хатангский (*от* Хатанга)
хатёнка, -и, *р. мн.* -нок
хатка, -и, *р. мн.* хаток
хаттский
хатты, -ов
хатха-йога, -и
хатыб, -а
хатынский (*от* Хатынь)
хауз, -а (*бассейн*)
хаус, -а (*животное*)
хауса, *неизм.* и *нескл., м.* (*язык*) и *нескл., мн., ед. м.* и *ж.* (*народ*)
хаус-музыка, -и
хафиз, -а (*певец-сказитель*)
ха-ха, *неизм.*
хахалишка, -и, *р. мн.* -шек, *м.*
хахаль, -я
хахальница, -ы, *тв.* -ей
ха-ха-ха, *неизм.*
хахоньки, -нек (хихоньки да хахоньки)
хачапури, *нескл., с.*
хачбот, -а
хачкар, -а
хаш, -а, *тв.* -ем (*армянское кушанье*)
хаши, *нескл., с.* (*грузинское кушанье*)
Хашимитский: Иорданское Хашимитское Королевство
Хашимиты, -ов (*династия*)
хающий
хаянный; *кр. ф.* хаян, хаяна, *прич.*
хаянье, -я
хаять, хаю, хает
хвала, -ы
хвалебный; *кр. ф.* -бен, -бна
хваление, -я
хваленный; *кр. ф.* -ен, -ена, *прич.*
хвалёный, *прил.*
хваливать, *наст. вр. не употр.*
хвалитель, -я
хвалительница, -ы, *тв.* -ей
хвалительный
хвалитны, -ых, *ед.* -тен, -тна, *м.* (*церк. песнопения*)
хвалитный (хвалитные стихиры, псалмы)
хвалить(ся), хвалю(сь), хвалит(ся)
хвалынский (*от* Хвалынск)
хвалынцы, -ев, *ед.* -нец, -нца, *тв.* -нцем
хвальба, -ы
хвалящий
хвалящийся
хван, -а (*ден. ед.*)
хванчкара, -ы
хварывать, *наст. вр. не употр.*

хва́ста, -ы, *м.* и *ж.*
хвастану́ть, -ну́, -нёт
хва́станье, -я
хва́стать(ся), -аю(сь), -ает(ся)
хвастли́вость, -и
хвастли́вый
хвастну́ть, -ну́, -нёт
хвастня́, -и́
хвастовско́й
хвастовство́, -а́
хвасту́н, -а́
хвастуни́шка, -и, *р. мн.* -шек, *м.* и *ж.*
хвасту́нья, -и, *р. мн.* -ний
хват, -а
хвата́лка, -и, *р. мн.* -лок
хвата́ние, -я
хва́танный; *кр. ф.* -ан, -ана (*от* хвата́ть)
хватану́ть, -ну́, -нёт
хвата́тельный
хвата́ть(ся), -а́ю(сь), -а́ет(ся)
хвати́ть(ся), хвачу́(сь), хва́тит(ся)
хва́тка, -и
хва́ткий; *кр. ф.* хва́ток, хва́тка́, хва́тко
хва́ткость, -и
хватну́ть, -ну́, -нёт
хва́тский
хвать, *неизм.*
хва́ть-похва́ть (– и не́т ничего́)
хва́ченный; *кр. ф.* -ен, -ена (*от* хвати́ть)
хвои́нка, -и, *р. мн.* -нок
хво́йник, -а
хво́йниковые, -ых
хво́йный
хвора́ние, -я
хвора́ть(ся), -а́ю, -а́ет(ся)
хворо́ба, -ы
хво́рост, -а
хворости́на, -ы
хворости́нка, -и, *р. мн.* -нок
хворости́нник, -а
хворости́нный
хворостня́к, -а́
хво́рость, -и
хворостяно́й
хво́рый
хворь, -и
хвост, -а́
хвоста́стый
хвоста́тка, -и, *р. мн.* -ток (*бабочка*)
хвоста́тый
хвоста́ть(ся), хвощу́(сь), хво́щет(ся)
хвосте́ц, -тца́, *тв.* -тцо́м, *р. мн.* -тцо́в
хвости́зм, -а
хво́стик, -а
хвости́ст, -а
хвости́стка, -и, *р. мн.* -ток
хвости́стский
хвости́шко, -а и -и, *мн.* -шки, -шек, *м.*
хвости́ще, -а, *мн.* -а и -и, -и́щ, *м.*
хво́стник, -а
хвостови́к, -а́
хвосто́вка, -и, *р. мн.* -вок
хвостово́й
хвостцо́вый
хвощ, -а́, *тв.* -о́м
хвощеви́дные, -ых
хвощеобра́зные, -ых
хвощо́вый
хво́я, -и
хе́ви-ме́тал, -а и *неизм.*
хевсу́рка, -и, *р. мн.* -рок
хевсу́рский
хевсу́ры, -ов, *ед.* -су́р, -а
хе́дер, -а
хе́дерный
хедж, -а, *тв.* -ем и *неизм.* (сде́лка хе́дж, *фин.*)
хе́джер, -а
хе́джерский
хеджи́рование, -я
хеджи́рованный; *кр. ф.* -ан, -ана
хеджи́ровать, -рую, -рует
хеди́в, -а
хедла́йнер, -а
хейерда́ловский (*от* Хейерда́л)
хейли́т, -а
хеймве́р, -а
хейроте́рий, -я и **хироте́рий,** -я
хек, -а
хе́кер, -а
хе́ковый
хела́тный
хела́ты, -ов
хеликобакте́рии, -ий, *ед.* -рия, -и
хелице́ровые, -ых
хелице́ры, -це́р, *ед.* -це́ра, -ы
Хе́ллоуин, -а (*праздник*)
Хе́льсинкские договорённости (соглаше́ния)
хе́льсинкский (*от* Хе́льсинки)
хе́льсинкцы, -ев, *ед.* -кец, -кца, *тв.* -кцем
хемилюминесце́нтный
хемилюминесце́нция, -и
хемингуэ́вский (*от* Хемингуэ́й)
хемоге́нный
хемона́стии, -ий
хемореа́кция, -и
хеморецеп́торы, -ов, *ед.* -тор, -а
хеморецеп́ция, -и
хемоси́нтез, -а
хемосинтези́рующий
хемосо́рбция, -и
хемостерилян́ты, -ов, *ед.* -я́нт, -а
хемота́ксис, -а
хемотро́н, -а
хемотро́ника, -и
хемотропи́зм, -а
хемотро́пный
хемотро́фный
хемотро́фы, -ов, *ед.* -тро́ф, -а
хемофосси́лии, -ий, *ед.* -лия, -и
хемоя́дерный
хенда́ут, -а
хе́ндлер, -а
хе́ндлинг, -а
хе́некен, -а (*растение*)
Хео́пс, -а: **пирами́да Хео́пса**
хе́ппенинг, -а
хе́ппи-э́нд, -а
хер, -а (*название буквы*)
хе́рдель, -я (*спорт.*)
хе́рем, -а
хе́рес, -а
хе́ресный
хе́рить, хе́рю, хе́рит
херсо́нский (*от* Херсо́н)
херсо́нцы, -ев, *ед.* -нец, -нца, *тв.* -нцем
херуви́м, -а
Херуви́мская пе́снь (*церк.*)
херуви́мский
херуви́мчик, -а
хе́скер-пи́ккер, -а (*с.-х. машина*)
хе́скер-шре́дер, -а (*с.-х. машина*)
хетогна́ты, -ов, *ед.* -гна́т, -а
хеттея́нка, -и, *р. мн.* -нок
хетто́лог, -а
хеттоло́гия, -и
хе́тто-луви́йский
хет-три́к, -а
хе́ттский
хе́тты, -ов, *ед.* хетт, -а (*народ*)
хе́тчбэ́к, -а
хе́ты, хет (*щетинки*)
хе-хе́, *неизм.*
хе-хе-хе́, *неизм.*
хеш, -а, *тв.* -ем (*наркотик, жарг.*)
хеш-адреса́ция, -и
хеши́рование, -я
хеш-табли́ца, -ы
хеш-фу́нкция, -и
хи, *нескл., с.* (*название буквы*)
хиа́зм, -а (*в филологии и изобр. искусстве*)
хиа́зма, -ы (*в генетике*)
хиазмо́дон, -а
хиа́тус, -а
хибаку́си, *нескл., м.* и *ж.*
хиба́ра, -ы
хиба́рка, -и, *р. мн.* -рок
хибини́т, -а
хиби́нский (*от* Хиби́ны)
хиви́нский (*от* Хива́)
Хиви́нское ха́нство (*ист.*)
хиви́нцы, -ев, *ед.* -нец, -нца, *тв.* -нцем
хиджа́б, -а (*платок*)
хи́джра, -ы
хи́жина, -ы
хи́жинка, -и, *р. мн.* -нок
хикая́т, -а
хи́ленький
хи́лер, -а
хи́лерский
хи́лерство, -а
хиле́ть, -е́ю, -е́ет
хилиа́зм, -а
хилиа́ст, -а
хилиасти́ческий
хилодонеллёз, -а
хиломикронеми́я, -и

хи́лость, -и
хи́лус, -а
хи́лый; *кр. ф.* хил, хи́ла́, хи́ло
хиля́к, -а́
хиля́ть, -я́ю, -я́ет (*жарг.*)
химводоочи́стка, -и
химвойска́, -во́йск, -а́м
химволокно́, -а́
Химе́ра, -ы (*мифол.*) и **химе́ра,** -ы (*скульптурное изображение чудовища; неосуществимая мечта, фантазия; рыба; биол.*)
химери́ческий
химери́чность, -и
химери́чный; *кр. ф.* -чен, -чна
химе́рность, -и
химе́рный; *кр. ф.* -рен, -рна
химзаво́д, -а
химзащи́та, -ы
химиза́тор, -а
химиза́ция, -и
химизи́рованный; *кр. ф.* -ан, -ана
химизи́ровать(ся), -рую, -рует(ся)
хими́зм, -а
хи́мик, -а
химика́лии, -ий
химика́ты, -ов, *ед.* -ка́т, -а
хи́мико-лаборато́рный
хи́мико-механи́ческий
хи́мико-минера́льный
хи́мик-орга́ник, хи́мика-орга́ника
хи́мико-терми́ческий
хи́мико-технологи́ческий
хи́мико-фармацевти́ческий
химиолучево́й
химиопрепара́т, -а
химиопрофила́ктика, -и
химиотерапе́вт, -а
химиотерапевти́ческий
химиотерапи́я, -и
хими́чески безопа́сный
хими́ческий
хими́чески опа́сный
хими́чески чи́стый
хими́чить, -чу, -чит
хими́чка, -и, *р. мн.* -чек
хи́мия, -и
хи́мка, -и, *р. мн.* хи́мок (*жарг.*)
хи́мкинский (*от* Хи́мки)
химкомбина́т, -а
химмотоло́гия, -и
химобрабо́тка, -и
химобрабо́тчик, -а
химогнетуши́тель, -я
химози́н, -а
химору́жие, -я
химотрипси́н, -а
химреаге́нт, -а
химреакти́в, -а
химслу́жба, -ы
хи́мус, -а
химфа́к, -а
химфа́ковский
химфармзаво́д, -а
химча́не, -а́н, *ед.* -а́нин, -а (*от* Хи́мки)
химча́нка, -и, *р. мн.* -нок
химчи́стка, -и, *р. мн.* -ток
химчи́стка-пра́чечная, химчи́стки-пра́чечной
хин, -а (*порода собак*)
хи́на, -ы
хиналу́гский
хиналу́гцы, -ев, *ед.* -гец, -гца, *тв.* -гцем
хиная́на, -ы
хинаяни́стский
хинга́нский (*от* Хинга́н)
хи́нди, *неизм.* и *нескл., м.*
хи́нди-ру́сский
хиндиязы́чный
хиндуста́ни, *неизм.* и *нескл., м.* (*язык*)
хиндуста́нский (*от* Хиндуста́н)
хиндуста́нцы, -ев, *ед.* -нец, -нца, *тв.* -нцем
хини́н, -а
хинка́ли, *нескл., мн.* и *с.* и **хинка́л,** -а
хинка́льная, -ой
хинка́льный
хи́нный
хинозо́л, -а
хино́идный
хиноли́н, -а
хино́ны, -ов, *ед.* хино́н, -а
хи́нтерла́нд, -а
хинь: хи́нью идёт (пошло́)
хиоли́ты, -ов, *ед.* -ли́т, -а
хионосфе́ра, -ы
хионофи́лы, -ов, *ед.* -фи́л, -а
хионофо́бы, -ов, *ед.* -фо́б, -а
хип, -а́
хи́пеж, -а, *тв.* -ем (*жарг.*)
хиппа́рка, -и, *р. мн.* -рок
хиппа́рь, -я́
хи́ппи, *нескл., м.* и *ж.*
хиппи́зм, -а
хиппова́тый
хиппова́ть, хиппу́ю, хиппу́ет
хиппо́вский
хиппо́вый
хип-хо́п, -а и *неизм.*
хира́льность, -и
хира́льный
хирани́ва, -ы (*сад*)
хире́ние, -я
хире́ть, -е́ю, -е́ет
хиро́лог, -а
хирологи́ческий
хироло́гия, -и
хирома́нт, -а
хирома́нтия, -и
хирома́нтка, -и, *р. мн.* -ток
хирономи́ды, -и́д, *ед.* -и́да, -ы
хироно́мус, -а
хиропра́ктика, -и (*мед.*)
Хироси́ма, -ы (*также о ядерном взрыве*)
хироси́мский (*от* Хироси́ма)
хироси́мцы, -ев, *ед.* -мец, -мца, *тв.* -мцем
хиро́т, -а
хироте́рий, -я и **хейроте́рий,** -я
хироте́сия, -и
хироте́хника, -и
хиротониса́ние, -я
хиротони́са́нный; *кр. ф.* -и́са́н
хиротониса́ть(ся), -а́ю(сь), -а́ет(ся) и -су́ю(сь), -су́ет(ся)
хирото́ния, -и
хиру́рг, -а
хирурги́ческий
хирурги́я, -и
хиру́рг-ла́зерщик, хиру́рга-ла́зерщика
хит, -а́
хити́н, -а
хити́нный
хити́новый
хит-ли́ст, -а́
хито́вый
хито́н, -а
хито́нный
хит-пара́д, -а
хитре́йший
хитре́нек, -нька
хи́тренький
хитре́ть, -е́ю, -е́ет
хитре́ц, -а́, *тв.* -о́м, *р. мн.* -о́в
хитреца́, -ы́, *тв.* -о́й
хитре́цкий
хитри́нка, -и
хитри́ть, -рю́, -ри́т
хи́тро́, *нареч.*
хитрова́н, -а
хитрова́нцы, -ев, *ед.* -нец, -нца, *тв.* -нцем (*к* Хи́тро́в ры́нок)
хитрова́тый
Хи́тро́в ры́нок, Хи́тро́ва ры́нка (*в старой Москве*)
хитро́вский (*к* Хи́тро́в ры́нок)
хитрогла́зый
хитросплете́ние, -я
хитросплетённый
хи́тростный; *кр. ф.* -тен, -тна
хи́трость, -и
хитроу́мие, -я
хитроу́мность, -и
хитроу́мный; *кр. ф.* -мен, -мна
хитру́щий и **хитрю́щий**
хи́трый; *кр. ф.* хитёр, хитра́, хи́тро́
хитрю́га, -и, *м.* и *ж.*
хитрю́шка, -и, *р. мн.* -шек, *м.* и *ж.*
хитрю́щий и **хитру́щий**
хитря́га, -и, *м.* и *ж.*
хи-хи́, *неизм.*
хихи́канье, -я
хихи́кать, -аю, -ает
хихи́кнуть, -ну, -нет
хи-хи-хи́, *неизм.*
хи́хоньки, -нек (хи́хоньки да ха́ханьки)
хище́ние, -я
хищне́ц, -а́, *тв.* -о́м, *р. мн.* -о́в
хи́щник, -а
хи́щница, -ы, *тв.* -ей
хи́щничать, -аю, -ает

хи́щнически
хи́щнический
хи́щничество, -а
хи́щность, -и
хи́щный; *кр. ф.* -щен, -щна
хлад, -а
хладаге́нт, -а
хладе́ть, -е́ю, -е́ет
хладнокро́вие, -я
хладнокро́вность, -и
хладнокро́вный; *кр. ф.* -вен, -вна
хладноло́мкий
хладноло́мкость, -и
хла́дный; *кр. ф.* -ден, -дна
хладобо́йня, -и, *р. мн.* -о́ен
хладокомбина́т, -а
хладо́ны, -ов, *ед.* -до́н, -а
хладосто́йкий; *кр. ф.* -о́ек, -о́йка
хладосто́йкость, -и
хладотерапи́я, -и
хладоте́хника, -и
хладотра́нспорт, -а
хладотра́нспортный
хладоустано́вка, -и, *р. мн.* -вок
хладоусто́йчивый
хладоце́нтр, -а
хлам, -а
хлами́да, -ы
хлами́дии, -ий
хламидио́з, -а
хламидио́зный
хламидобакте́рии, -ий, *ед.* -е́рия, -и
хламидомона́да, -ы
хламидоспо́ры, -спо́р, *ед.* -спо́ра, -ы
хламьё, -я́
хлеб, -а, *мн.* хле́бы, -ов (*печёные*) и хлеба́, -о́в (*злаки*)
хлеба́ла, -ы, *м.* и *ж.* (*тот, кто хлебает, любит поесть*)
хлеба́ло, -а (*рот*)
хлёбанный; *кр. ф.* -ан, -ана
хлебану́ть, -ну́, -нёт
хлеба́нье, -я
хлеба́ть(ся), -а́ю, -а́ет(ся)
хле́бец, -бца, *тв.* -бцем, *р. мн.* -бцев
хле́бина, -ы
хле́бник, -а
хлебникове́д, -а (*от* Хле́бников)
хле́бниковский (*от* Хле́бников)
хле́бница, -ы, *тв.* -ей
хлебну́ть, -ну́, -нёт
хле́бный
Хле́бный Спа́с (*праздник*)
хлебобу́лочный
хлёбово, -а
хлебово́з, -а
хлебово́зка, -и, *р. мн.* -зок
хлебода́р, -а
хлебозаво́д, -а
хлебозаготови́тель, -я
хлебозаготови́тельный
хлебозагото́вки, -вок
хлебозаку́пки, -пок
хлебозаку́почный
хлебо́к, -бка́
хлебокомбина́т, -а
хлебокопни́тель, -я
хлебопа́хотный
хлебопа́шенный
хлебопа́шеский
хлебопа́шество, -а
хлебопа́шествовать, -твую, -твует
хлебопа́шец, -шца, *тв.* -шцем, *р. мн.* -шцев
хлебопа́шный
хлебопёк, -а
хлебопека́рный
хлебопека́рня, -и, *р. мн.* -рен
хлебопече́ние, -я
хлебопе́чка, -и, *р. мн.* -чек
хлебопоста́вки, -вок
хлебоприёмный
хлебопроду́кты, -ов, *ед.* -у́кт, -а
хлебопроизводя́щий
хлебопромы́шленник, -а
хлеборе́з, -а
хлеборе́зка, -и, *р. мн.* -зок
хлеборе́зный
хлеборо́б, -а
хлеборо́бский
хлеборо́бство, -а
хлеборо́дный; *кр. ф.* -ден, -дна
хлебосда́точный
хлебосда́тчик, -а
хлебосда́ча, -и, *тв.* -ей
хлебосо́л, -а
хлебосо́лка, -и, *р. мн.* -лок
хлебосо́льный; *кр. ф.* -лен, -льна
хлебосо́льство, -а
хлебосто́й, -я
хлеботорго́вец, -вца, *тв.* -вцем, *р. мн.* -вцев
хлеботорго́вля, -и
хлеботорго́вый
хлеботоргу́ющий
хлебоубо́рка, -и
хлебоубо́рочный
хлебофура́ж, -а́, *тв.* -о́м
хлебофура́жный
хлебохрани́лище, -а
хле́б-со́ль, хле́ба-со́ли, *м.*
хле́бушек, -шка
хле́бушко, -а, *м.*
хлев, -а, *предл.* в хле́ве и в хлеву́, *мн.* -а́, -о́в
хлево́к, -вка́
хлеву́шка, -и, *р. мн.* -шек
хлевушо́к, -шка́
хлёст, -а
Хлестако́в, -а
хлестако́вский
хлестако́вщина, -ы
хлеста́ние, -я
хлёстанный; *кр. ф.* -ан, -ана
хлестану́ть(ся), -ну́(сь), -нёт(ся)
хлеста́ть(ся), хлещу́(сь), хле́щет(ся)
хлёсткий; *кр. ф.* -ток, -тка́ и хлёстка, -тко
хлёсткость, -и
хлёстнутый
хлестну́ть(ся), -ну́(сь), -нёт(ся)
хлёстче, *сравн. ст.* (*от* хлёсткий, хлёстко)
хлёстывать, *наст. вр. не употр.*
хлесть, *неизм.*
хле́ще, *сравн. ст.* (*от* хлёсткий, хлёстко)
хле́щущий(ся)
хлип[1], -а (*хлипанье*)
хлип[2], *неизм.*
хли́панье, -я
хли́пать, -аю, -ает
хли́пкий; *кр. ф.* -пок, хли́пка́, -пко
хли́пкость, -и
хли́пче, *сравн. ст.*
хлоа́зма, -ы
хлобыста́нье, -я
хлобыста́ть(ся), -ыщу́(сь), -ы́щет(ся)
хлобыстну́ть(ся), -ну́(сь), -нёт(ся)
хлобы́сть и **хлобы́сь,** *неизм.*
хло́дник, -а
хлоп[1], -а (*хлопо́к, хлопанье*)
хлоп[2], *неизм.*
хло́пальщик, -а
хло́панье, -я
хло́пать(ся), -аю(сь), -ает(ся)
хло́пец, -пца, *тв.* -пцем, *р. мн.* -пцев
хлопково́д, -а
хлопково́дство, -а
хлопково́дческий
хлопково́з, -а
хло́пковый
хлопкозаво́д, -а
хлопкозаготови́тельный
хлопкозагото́вки, -вок
хлопкокомба́йн, -а
хлопкоочисти́тель, -я
хлопкоочисти́тельный
хлопкоочи́стка, -и
хлопкопряде́ние, -я
хлопкопряди́льный
хлопкопу́нкт, -а
хлопкоро́б, -а
хлопкосе́ющий
хлопкосе́яние, -я
хлопкотка́чество, -а
хлопкоубо́рка, -и
хлопкоубо́рочный
хло́пнутый
хло́пнуть(ся), -ну(сь), -нет(ся)
хло́пок, -пка (*хлопчатник*)
хлопо́к, -пка́ (*удар*)
хло́пок-сыре́ц, хло́пка-сырца́
хлопота́ть, -почу́, -по́чет
хлопоти́шки, -шек
хлопотли́вость, -и
хлопотли́вый
хло́потность, -и
хло́потный; *кр. ф.* -тен, -тна
хлопотня́, -и́
хлопоту́н, -а́
хлопоту́нья, -и, *р. мн.* -ний
хло́поты, хлопо́т, хло́потам
хлопо́чущий
хлопуне́ц, -нца́, *тв.* -нцо́м, *р. мн.* -нцо́в

хлопу́шечный
хлопу́шка, -и, *р. мн.* -шек
хлопча́тка, -и
хлопча́тник, -а
хлопча́тниковый
хлопчатобума́жный
хлопча́тый
хло́пчик, -а
хло́пы, -ов, *ед.* хлоп, -а (*зависимые крестьяне в Польше, ист.*)
хлопьеви́дный; *кр. ф.* -ден, -дна
хло́пья, -ьев
хлопяно́й
хлор, -а
хлорази́д, -а
хлора́ль, -я
хлоральгидра́т, -а и **хлоралгидра́т,** -а
хлорами́новый
хлораминоме́трия, -и
хлорами́ны, -ов, *ед.* -ми́н, -а
хлорангидри́ды, -ов, *ед.* -и́д, -а
хлора́тор, -а
хлора́торная, -ой
хлора́т-хлори́д, -а
хлора́ты, -ов, *ед.* -а́т, -а
хлораценто́н, -а
хлорацетофено́н, -а
хлора́ция, -и
хлорбензо́л, -а
хлорбутилкаучу́к, -а
хлорвини́л, -а
хлорвини́ловый
хлоре́лла, -ы
хлоре́лловый
хлореми́я, -и
хлоренхи́ма, -ы
хлорзамещённый и **хлорозамещённый**
хлоридовозго́нка, -и
хлори́ды, -ов, *ед.* -и́д, -а
хлори́н, -а
хлори́рование, -я
хлори́рованный; *кр. ф.* -ан, -ана
хлори́ровать(ся), -рую, -рует(ся)
хло́ристо-водоро́дный
хло́ристый
хлоритиза́ция, -и
хлори́товый
хлорито́ид, -а
хлори́ты, -ов, *ед.* -и́т, -а
хло́рка, -и
хлорка́льциевый
хлорнова́тистый
хлорноватоки́слый
хлорнова́тый
хло́рный
хлоробакте́рии, -ий, *ед.* -е́рия, -и
хлоробензи́д, -а
хлоробензила́т, -а
хлоробутанолгидра́т, -а
хлороге́новый
хлоро́з, -а
хлорозамещённый и **хлорзамещённый**
хлоро́кись, -и
хлорокоо́кковый
хлоропла́сты, -ов, *ед.* -а́ст, -а
хлоропре́н, -а
хлоропре́новый
хлорооргани́ческий
хлоросере́бряный
хлоросодержа́щий и **хлорсодержа́щий**
хлорофи́лл, -а
хлорофи́лловый
хлорофи́лльный
хлорофи́тум, -а
хлорофо́рм, -а
хлороформи́рование, -я
хлороформи́рованный; *кр. ф.* -ан, -ана
хлороформи́ровать(ся), -рую, -рует(ся)
хлорофо́рмный
хлорофо́с, -а
хлорофо́сный
хлорпикри́н, -а
хлорпикри́новый
хлорпроизво́дный
хлорсодержа́щий и **хлоросодержа́щий**
хлорсульфи́рованный
хлорсульфо́новый
хлору́ксусный
хлорхолинхлори́д, -а
хлорэти́л, -а
хлуп, -а и **хлупь,** -и
хлы́нуть, хлы́нет
хлыст, -а́
хлы́станный; *кр. ф.* -ан, -ана
хлыстану́ть(ся), -ну́(сь), -нёт(ся)
хлыста́ть(ся), хлыщу́(сь), хлы́щет(ся)
хлы́стик, -а
хлы́стнутый
хлыстну́ть(ся), -ну́(сь), -нёт(ся)
хлыстови́к, -а́
хлысто́вка, -и, *р. мн.* -вок
хлыстово́з, -а
хлысто́вский
хлысто́вство, -а
хлысто́вщина, -ы
хлысто́вый
хлысты́, -о́в, *ед.* хлыст, -а́ (*секта*)
хлысть, *неизм.*
хлыщ, -а́, *тв.* -о́м
хлыщева́тость, -и
хлыщева́тый
хлы́щущий(ся)
хлюп[1], -а (*хлюпанье*)
хлюп[2], *неизм.*
хлю́панье, -я
хлю́пать(ся), -аю(сь), -ает(ся)
хлю́пающий(ся)
хлю́пик, -а
хлю́пкий; *кр. ф.* -пок, хлюпка́, -пко
хлю́пнуть(ся), -ну(сь), -нет(ся)
хлюп-хлю́п, *неизм.*
хлюст, -а́
хлю́стать, -аю, -ает
хлюстово́й и **хлюсто́вый**
хля́бать, -ает
хля́бистый
хля́бкий; *кр. ф.* -бок, -бка
хлябь, -и
хля́сканье, -я
хля́скать, -аю, -ает
хля́снутый (*от* хля́снуть)
хля́снуть, -ну, -нет (*к* хля́скать)
хля́станье, -я
хля́стать, -аю, -ает
хля́стик, -а
хля́стнутый (*от* хля́стнуть)
хля́стнуть, -ну, -нет (*к* хля́стать)
хлясть и **хлясь,** *неизм.*
хм, *неизм.*
хма́ра, -ы
хмарь, -и
хмелево́д, -а
хмелево́дство, -а
хмелево́дческий
хмелево́й и **хме́левый** (*к* хмель[1])
хмелегра́б, -а
хмелёк, -лька́ и -льку́
хме́ле́ть, -е́ю, -е́ет
хмелеубо́рочный
хмели́на, -ы
хмели́нка, -и, *р. мн.* -нок
хме́ли-суне́ли, *нескл., с.*
хмели́ть, -лю́, -ли́т
хмель[1], -я (*растение*)
хмель[2], -я, *предл.* во хмелю́ (*состояние опьянения*)
хмельне́нек, -е́нька
хме́льник, -а
хмельно́й; *кр. ф.* -лён и -лен, -льна́ (*к* хмель[2])
хме́льный (*к* хмель[1])
хму́рить(ся), -рю(сь), -рит(ся)
хмурова́тый
хму́рость, -и
хму́рый
хмурь, -и
хму́рящий(ся)
хмы́канье, -я
хмы́кать, -аю, -ает
хмы́кнуть, -ну, -нет
хмырь, -я́
хна, хны
хны: хо́ть бы хны́
хны́кала, -ы, *м.* и *ж.*
хны́канье, -я
хны́кать, хны́чу, хны́чет и -аю, -ает
хны́кающий и **хны́чущий**
хны́кнуть, -ну, -нет
хоа́ны, хоа́н, *ед.* хоа́на, -ы
хо́бби, *нескл., с.*
хо́ббиты, -ов, *ед.* -ит, -а (*сказочный народ*)
хо́бот, -а
хо́ботец, -тца, *тв.* -тцем, *р. мн.* -тцев
хоботно́й и **хо́ботный**
хоботны́е, -ы́х
хо́ботовый (*тех.*)
хобото́к, -тка́

хобо́тье, -я
хова́нщина, -ы (*от* Хова́нский)
хова́ть(ся), -а́ю(сь), -а́ет(ся)
ход[1], -а и -у, *предл.* в (на) хо́де и в (на) ходу́, *мн.* -ы́, -о́в и -ы, -ов (*действие; место, через которое ходят*)
ход[2], -а, *мн.* -а́, -о́в (*расстояние между осями повозки*)
хода́, -ы́ (*конская побежка*)
хода́тай, -я
хода́тайственный
хода́тайство, -а
хода́тайствовать, -твую, -твует
ходе́бщик, -а
хо́день и **ходе́нь: хо́днем ходи́ть** и **ходенём ходи́ть**
ходжа́, -и́, *р. мн.* -е́й, *м.*
ходже́нтский (*от* Ходже́нт)
ходже́нтцы, -ев, *ед.* -тец, -тца, *тв.* -тцем
хо́дики, -ов
ходи́лки, -лок
ходи́льный
ходи́мость, -и
ходи́ть, хожу́, хо́дит
ходи́ть-броди́ть
хо́дка, -и, *р. мн.* хо́док
хо́дкий; *кр. ф.* хо́док, ходка́, хо́дко
хо́дкость, -и
ходови́к, -а́
ходово́й
ходо́к, -а́
хо́дом, *нареч.*
ходоме́р, -а
хо́дор: хо́дором ходи́ть
ходулехо́дец, -дца, *тв.* -дцем, *р. мн.* -дцев
ходу́ли, -ей и -у́ль, *ед.* -у́ля, -и
ходу́льность, -и
ходу́льный; *кр. ф.* -лен, -льна
ходу́н: ходуно́м ходи́ть
ходунки́, -о́в
хо́дче, *сравн. ст.* (*от* хо́дкий, хо́дко)
ходы-вы́ходы (зна́ть всё ходы́-вы́ходы)
Ходы́нка, -и (*Ходынское поле в Москве*) и **ходы́нка,** -и (*катастрофическая давка в толпе*)
ходы́нский (*к* Ходы́нское по́ле, Ходы́нка)
ходьба́, -ы́
хо́дя, -и, *м.*
ходя́чий, *прил.*
ходя́щий, *прич.*
хожа́лый
хожде́ние, -я
хо́жено
хо́жено-перехо́жено
хо́женый
хо́женый-перехо́женый
хозаппара́т, -а
хозбло́к, -а
хозвзво́д, -а
хоздво́р, -а́
хоздогово́р, -а, *мн.* -ы, -ов и -а́, -о́в
хоздогово́рный и **хоздоговорно́й**
хоздини́ца [зъе], -ы, *тв.* -ей
хозма́г, -а
хозобслу́га, -и
хозпостро́йка, -и, *р. мн.* -о́ек
хозрабо́та, -ы
хозрасчёт, -а
хозрасчётный
хозспо́соб, -а
хозу́, *нескл., с.* (*сокр.*: хозяйственное управление)
хозуправле́ние, -я
хозучёт, -а
хозча́сть, -и, *мн.* -и, -е́й
хозя́ин, -а, *мн.* -я́ева, -я́ев
хозя́ин – ба́рин (*погов.*)
хозя́инов, -а, -о
хозя́йка, -и, *р. мн.* -я́ек
Хозя́йка Ме́дной горы́ (*сказочный персонаж*)
хозя́йкин, -а, -о
хозя́йничанье, -я
хозя́йничать, -аю, -ает
хозя́йски
хозя́йский
хозя́йственник, -а
хозя́йственно, *нареч.*
хозя́йственно-культу́рный
хозя́йственно-организа́торский
хозя́йственность, -и
хозя́йственно-управле́нческий
хозя́йственно-фина́нсовый
хозя́йственный; *кр. ф.* -вен и -венен, -венна
хозя́йство, -а
хозя́йствование, -я
хозя́йствовать, -твую, -твует
хозя́йчик, -а
хозя́юшка, -и, *р. мн.* -шек
хозя́юшкин, -а, -о
хокка́йдский (*от* Хокка́йдо)
хокка́йдцы, -ев, *ед.* -дец, -дца, *тв.* -дцем
хоккеи́ст, -а
хоккеи́стка, -и, *р. мн.* -ток
хокке́й, -я
хокке́йный
хо́кку и **ха́йку,** *нескл., с.* (*лит.*)
холанги́т, -а
холангодуодени́т, -а
хо́лдинг, -а
хо́лдинг-компа́ния, -и
хо́лдинговый
хо́левая кислота́
холе́дох, -а
холеми́я, -и
холензи́м, -а
хо́ленный; *кр. ф.* -ен, -ена, *прич.*
хо́леный и **холёный,** *прил.*
холе́ра, -ы
холе́рик, -а
холери́на, -ы
холери́ческий
холе́рный
холероподо́бный
холестери́н, -а
холестеринеми́я, -и
холестери́новый
холестеринопонижа́ющий и **холестеринпонижа́ющий**
холестериносодержа́щий и **холестеринсодержа́щий**
холестирами́н, -а
холецисти́т, -а
холецисти́тный
холецистографи́ческий
холецистогра́фия, -и
холецистэктоми́я, -и
холи́зм, -а
холи́н, -а
холинерги́ческий
холинолити́ческий
холиномимети́ческий
холинэстера́за, -ы
холинэстера́зный
холи́ст, -а
холисти́ческий
хо́лить(ся), хо́лю, хо́лит(ся)
холия́мб, -а
хо́лка, -и, *р. мн.* хо́лок
холл, -а
хо́лльный (*от* холл)
холм, -а́
хо́лмик, -а
холми́стость, -и
холми́стый
холми́ться, -и́тся
холмого́рка, -и, *р. мн.* -рок
холмого́рский (*от* Холмого́ры; холмого́рская поро́да скота́)
холмого́рцы, -ев, *ед.* -рец, -рца, *тв.* -рцем (*от* Холмого́ры)
холмого́рье, -я (*холмистая местность*)
холмо́к, *другие формы не употр., м.*
холмообра́зный; *кр. ф.* -зен, -зна
холмообразова́ние, -я
холмсиа́на, -ы (*к* Ше́рлок Хо́лмс)
хо́лмский (*от* Холм и Холмск, *города*)
Холмы́, -о́в (*поселок*); **Крыла́тские Холмы́** (*улица*)
хо́лод, -а, *мн.* -а́, -о́в
холода́ть, -а́ю, -а́ет
холоде́ть, -е́ю, -е́ет
холоде́ц, -дца́, *тв.* -дцо́м
холоди́льник, -а
холоди́льный
холоди́льщик, -а
холоди́на, -ы, *м.* и *ж.*
холоди́ть(ся), -ожу́, -оди́т(ся)
холоди́ще, -а, *мн.* -а и -и, -и́щ, *м.*
Холо́дная Ба́лка (*курорт*)
холо́дненький
холодне́нько, *в знач. сказ.*
холодне́ть, -е́ет
холоднёхонький; *кр. ф.* -нек, -нька
холоднёшенький; *кр. ф.* -нек, -нька
холодни́к, -а́

хо́лодно, *нареч.* и *в знач. сказ.*
холо́дно-бе́лый
холоднова́тый
холодногну́тый
холоднодеформи́рованный
холоднока́таный
холоднокро́вные, -ых
хо́лодность, -и
холоднотверде́ющий
холодното́янутый
холо́дный; *кр. ф.* хо́лоден, холодна́, хо́лодно, хо́лодны́
холодо́вый
холодо́к, -дка́
холодолюби́вый
холодосто́йкий; *кр. ф.* -о́ек, -о́йка
холодосто́йкость, -и
холодоусто́йчивость, -и
холодоусто́йчивый
холодо́чек, -чка
холодры́га, -и
холодю́га, -и и **холодю́ка,** -и, *м.*
холоже́ние, -я
холожённый; *кр. ф.* -ён, -ена́, *прич.*
холожёный, *прил.*
холоко́ст, -а
холо́п, -а
холо́пий, -ья, -ье
холо́пка, -и, *р. мн.* -пок
холо́пский
холо́пство, -а
холо́пствовать, -твую, -твует
холостёжь, -и
холости́ть(ся), -ощу́, -ости́т(ся)
холосто́й; *кр. ф.* хо́лост, холоста́, хо́лосто
холостя́к, -а́
холостякова́ть, -ку́ю, -ку́ет
холостя́цкий
холостя́чество, -а
холостя́чка, -и, *р. мн.* -чек
холоще́ние, -я
холощённый; *кр. ф.* -ён, -ена́, *прич.*
холощёный, *прил.*
холст, -а́
хо́лстик, -а
холсти́на, -ы
холсти́нка, -и, *р. мн.* -нок
холсти́нковый
холсти́нный
холсти́ночка, -и, *р. мн.* -чек
холсти́нчатый
холстяно́й
холу́й, -я́
холу́йка, -и, *р. мн.* -у́ек
холу́йски
хо́луйский (*от* Хо́луй, *поселок;* хо́луйская миниатю́ра)
холу́йский (*от* холу́й)
холу́йство, -а
холу́йствовать, -твую, -твует
холуя́ж, -а, *тв.* -ем
холуя́не, -я́н, *ед.* -я́нин, -а (*от* Хо́луй)
холщо́вый
хольд, -а
хо́ля, -и
холя́ва, -ы (*заготовки стекольного производства; голенище*)
холя́вный (*от* холя́ва)
хо́лящий(ся)
хо́минг, -а
хомово́й (хомово́е пе́ние)
хому́т, -а́
хомута́ть(ся), -а́ю, -а́ет(ся)
хому́тик, -а
хомути́на, -ы
хому́тный
хомуто́вый
хомуто́к, -тка́
хомя́к, -а́
хомя́чий, -ья, -ье
хомячо́к, -чка́
хон, -а
хо́нда, -ы (*автомобиль*)
хо́ндо и **ко́ндо,** *нескл., м.* и *с.* (*японский храм*)
хо́ндра, -ы
хондри́лла, -ы
хондрио́м, -а
хондриосо́мы, -о́м, *ед.* -со́ма, -ы
хондри́т, -а
хондродистрофи́я, -и
хондроди́т, -а
хондроитинсе́рные кисло́ты
хондро́ма, -ы
хондропротеи́ды, -ов, *ед.* -еи́д, -а
хондросарко́ма, -ы
хонингова́льный
хонингова́ние, -я
хонинго́ванный; *кр. ф.* -ан, -ана
хонингова́ть(ся), -гу́ю, -гу́ет(ся)
хо́нки-то́нк, -а (*пивная*), -а и *неизм.* (*муз.*)
хоно́рик, -а (*животное*)
хоп, *неизм.*
хопёрский (*от* Хопёр)
хо́ппель-по́ппель, -я
хо́ппер, -а
хо́ппер-доза́тор, -а
хопро́вский (*от* Хопёр)
хор, -а, *мн.* -ы́, -о́в и -ы, -ов
хо́ра, -ы (*румынский и молдавский танец*)
хора́л, -а
хора́льный
хораса́нский (*от* Хораса́н)
хорва́тка, -и, *р. мн.* -ток
хорва́тский (*к* хорва́ты и Хорва́тия)
хорва́ты, -ов, *ед.* хорва́т, -а
хо́рда, -ы
хо́рдовые, -ых
хо́рдовый
хордо́метр, -а
хордоугломе́р, -а
хорёвый
хорезми́йский (*от* Хоре́зм)
хорезми́йцы, -ев, *ед.* -и́ец, -и́йца, *тв.* -и́йцем
хоре́змский (*от* Хоре́зм)
хоре́змцы, -ев, *ед.* -мец, -мца, *тв.* -мцем
хорезмша́х, -а
хоре́ический
хоре́й, -я (*стихотворный размер; шест*)
хорёк, хорька́
хорео́граф, -а
хореографи́ческий
хореогра́фия, -и
хоре́я, -и (*болезнь*)
хори́ный
хориоиди́т, -а
хо́рион, -а
хориони́ческий
хориопто́з, -а
хори́ст, -а
хори́стка, -и, *р. мн.* -ток
хория́мб, -а
хо́рканье, -я
хо́ркать, -ает
хоркружо́к, -жка́
хорме́йстер, -а
хорме́йстерский
хо́рный (*от* хо́ры)
хо́ро, *нескл., м.* (*болгарский танец*)
хорови́к, -а́
хорово́д, -а
хорово́дить(ся), -о́жу(сь), -о́дит(ся)
хорово́дник, -а
хорово́дница, -ы, *тв.* -ей
хорово́дный
хорово́дящий(ся)
хорово́й
хоро́гский (*от* Хоро́г)
хоро́гцы, -ев, *ед.* -гец, -гца, *тв.* -гцем
хороло́гия, -и
хо́ром, *нареч.*
хоро́мина, -ы
хоро́мный
хоро́мы, -о́м
хоро́ненный; *кр. ф.* -нен, -нена
хорони́ть(ся), -оню́(сь), -о́нит(ся)
хороня́щий(ся)
хо́рос, -а (*церк.*)
хоротерапи́я, -и
хорохо́риться, -рюсь, -рится
хорохо́рящийся
Хорошёвское шоссе́ (*в Москве*)
хороше́нечко
хоро́шенький
хороше́нько
хороше́ть, -е́ю, -е́ет
хоро́ший; *кр. ф.* -о́ш, -оша́
хороши́ст, -а
хороши́стка, -и, *р. мн.* -ток
хороши́ться, -шу́сь, -ши́тся
хорошо́, *нареч.* и *в знач. сказ.*
хорошо́ изве́стный
хорошо́ изу́ченный
хорошо́ темпери́рованный (*муз.*)
хорошо́хонько
хорт, -а
хо́ртый

хоругвено́сец, -сца, *тв.* -сцем, *р. мн.* -сцев
хору́гвь, -и
хору́нжий, -его
хо́ры, -ов (*балкон*)
хорь, -я́
хорько́вый
хорьчо́нок, -нка, *мн.* -ча́та, -ча́т
хо́спис, -а
хо́списный
хост, -а (*инф.*)
хо́стинг, -а
хо́стинговый
хост-проце́ссор, -а
хот, -а и *неизм.* (*муз.*)
хо́та, -ы
хот-до́г, -а и *нескл., м.*
хоте́ние, -я
хоте́ть(ся), хочу́, хо́чешь, хо́чет(ся), хоти́м, хоти́те, хотя́т
хоти́нский (*от* Хоти́н)
хот-ла́йн, -а и *неизм.* (*телефонная связь*)
хот-ро́д, -а
хоть и хотя́
хо́ть бы
хо́ть бы хны́
хо́ть бы что́
хотько́вский (*от* Хотько́во)
хо́ть куда́
хотя́ и хоть
хотя́ бы
хотя́щий
хохла́стый
хохла́тевший (*от* хохла́теть)
хохла́теть, -ею, -еет (*становиться хохлатым*)
хохла́тивший(ся) (*от* хохла́тить(ся)
хохла́тить, -а́чу, -а́тит (*кого, что*)
хохла́титься, -ится
хохла́тка, -и, *р. мн.* -ток
хохла́тый
хохла́тящий(ся)
хохла́цкий
хохла́ч, -а́, *тв.* -о́м
хо́хлить(ся), -лю(сь), -лит(ся)
Хохлома́, -ы́ (*село*) и **хохлома́,** -ы́ (*изделие; также собир.*)
хохломско́й (*от* Хохлома́; хохломска́я ро́спись)
хохлу́шка, -и, *р. мн.* -шек
хо́хлящий(ся)
хо́хма, -ы
хохма́ч, -а́, *тв.* -о́м
хохма́ческий
хохма́чество, -а
хохма́чка, -и, *р. мн.* -чек
хохми́ть, -млю́, -ми́т
хо́хмочка, -и, *р. мн.* -чек
хо-хо́, *неизм.*
хохо́л, хохла́
хохоло́к, -лка́
хо́хот, -а
хохота́нье, -я
хохота́ть, хохочу́, хохо́чет
хохотли́вый
хохотну́ть, -ну́, -нёт
хохотня́, -и́
хохото́к, -тка́
хохоту́н, -а́
хохоту́нья, -и, *р. мн.* -ний
хохоту́шка, -и, *р. мн.* -шек
хо-хо-хо́, *неизм.*
хохо́чущий
хо́чешь не хо́чешь
хошими́новский (*от* Хо Ши Ми́н)
хошими́нский (*от* Хошими́н, *город*)
хошими́нцы, -ев, *ед.* -нец, -нца, *тв.* -нцем
хошу́н, -а
хошь (*прост. к* хо́чешь)
храбре́йший
храбре́ть, -е́ю, -е́ет
храбре́ц, -а́, *тв.* -о́м, *р. мн.* -о́в
храбри́ть(ся), -рю́(сь), -ри́т(ся)
хра́брость, -и
хра́брый; *кр. ф.* храбр, храбра́, хра́бро, хра́бры́; но: **Болесла́в Хра́брый**
храм, -а
хра́мина, -ы
хра́мный
храмо́вники, -ов, *ед.* -ник, -а
храмово́й и хра́мовый
храмозда́ние, -я
храмозда́тель, -я
храмозда́тельство, -а
храмострои́тельство, -а
хра́м Покрова́ на Нерли́
храму́ля, -и (*рыба*)
хра́м Христа́ Спаси́теля
хране́ние, -я
хранённый; *кр. ф.* -ён, -ена́
храни́лище, -а
храни́тель, -я
храни́тельница, -ы, *тв.* -ей
храни́тельный; *кр. ф.* -лен, -льна
храни́ть(ся), -ню́, -ни́т(ся)
храп, -а
храпа́к: задава́ть храпака́
храпе́ние, -я
храпе́ть, -плю́, -пи́т
храпли́вый
храпну́ть, -ну́, -нёт
храпови́к, -а́
храпови́цкий: задава́ть храпови́цкого
храпово́й
храпо́к, -пка́
храпу́н, -а́
храпу́нья, -и, *р. мн.* -ний
хребе́т, -бта́
хребе́тный
хребти́на, -ы
хребто́вый
хребту́г, -а́
хрен[1], -а и -у
хрен[2], *частица* и *межд.*
хрени́на, -ы
хрено́вина, -ы
хрено́винка, -и, *р. мн.* -нок
хрено́вка, -и, *р. мн.* -вок
хрено́вник, -а
хрено́вый
хрено́к, -нка́ и -нку́
хреноте́нь, -и (*жарг.*)
хрестомати́йность, -и
хрестомати́йный; *кр. ф.* -и́ен, -и́йна
хрестома́тия, -и
хризали́да, -ы
хризанте́ма, -ы
хризанте́мный
хризобери́лл, -а
хризобери́лловый
хризоко́лла, -ы
хризоли́т, -а
хризоли́товый
хризомона́ды, -а́д, *ед.* -а́да, -ы
хризопра́з, -а
хризопра́зовый
хризоти́л, -а
хризоти́л-асбе́ст, -а
хрип, -а
хрипа́тость, -и
хрипа́тый
хрипе́ние, -я
хрипе́ть, -плю́, -пи́т
хрипова́тость, -и
хриплова́тый
хриплоголо́сый
хри́плость, -и
хри́плый; *кр. ф.* хрипл, хри́пла́, хри́пло
хри́пнувший
хри́пнуть, -ну, -нет; *прош.* хри́пнул и хрип, хри́пла
хрипова́тость, -и
хрипова́тый
хрипота́, -ы́
хрипотца́, -ы́, *тв.* -о́й
хрипу́н, -а́
хрипу́нья, -и, *р. мн.* -ний
хрипу́чий
хрисову́л, -а
хрисоэлефанти́нный
Христа́ ра́ди
христара́дник, -а
христара́дница, -ы, *тв.* -ей
христара́дничать, -аю, -ает
христианиза́ция, -и
христианизи́рованный; *кр. ф.* -ан, -ана
христианизи́ровать(ся), -рую, -рует(ся)
христиани́н, -а, *мн.* -а́не, -а́н
христиа́ния, -и (*способ поворота горнолыжника*)
христиа́нка, -и, *р. мн.* -нок
христиа́ннейший
христиа́нский
христиа́нско-демократи́ческий
христиа́нство, -а
Христо́в, -а, -о (*от* Христо́с)
христовове́ры, -ов, *ед.* -ве́р, -а
христологи́ческий
христоло́гия, -и

христолю́бец, -бца, *тв.* -бцем, *р. мн.* -бцев
христолюби́вый
Христо́м Бо́гом (проси́ть)
христопрода́вец, -вца, *тв.* -вцем, *р. мн.* -вцев
Христо́с, Христа́; Христе́ (*звательная форма*; Го́споди Иису́се (Ису́се) Христе́)
христо́с, христа́, *мн.* христы́, -о́в (*у хлыстов*)
христо́сик, -а
христо́сование, -я
христо́соваться, -суюсь, -суется
христоцентри́чный; *кр. ф.* -чен, -чна
хри́я, -и, *дат.* хри́е, *предл.* о хри́е (*термин риторики*)
хром, -а
хрома́левый
хрома́ль, -я
хромански́ль, -я
хромати́ды, -и́д, *ед.* -и́да, -ы
хромати́зм, -а
хромати́н, -а
хромати́ческий
хромато́граф, -а
хроматографи́ст, -а
хроматографи́ческий
хроматогра́фия, -и
хроматоме́три́я, -и
хроматофо́ры, -ов, *ед.* -фо́р, -а
хрома́ты, -ов, *ед.* -а́т, -а
хрома́ть, -а́ю, -а́ет
хромаффи́нный
хроме́ль, -я
хро́менький
хроме́ть, -е́ю, -е́ет
хроме́ц, -мца́, *тв.* -мцо́м, *р. мн.* -мцо́в
хроми́рование, -я
хроми́рованный; *кр. ф.* -ан, -ана
хроми́ровать(ся), -рую, -рует(ся)
хромиро́вка, -и
хромиро́вочный
хро́мистый
хроми́т, -а
хро́мка, -и, *р. мн.* -мок
хромо... – *первая часть сложных слов, пишется слитно*
хромоалити́рование, -я
хромоалити́рованный; *кр. ф.* -ан, -ана
хромоалити́ровать(ся), -рую, -рует(ся)
хромоальбуми́н, -а
хромовоки́слый
хро́мовый
хромоге́нный
хромоге́ны, -ов, *ед.* -ге́н, -а
хромо́й; *кр. ф.* хром, хрома́, хро́мо
хромолито́граф, -а
хромолитографи́ческий
хромолитогра́фия, -и
хромолитогра́фский
хромомагнези́т, -а
хромомагнези́товый
хромоме́ры, -ме́р, *ед.* -ме́ра, -ы
хромометри́ческий
хромоме́три́я, -и
хромомико́з, -а
хромомолибде́новый
хромоне́мы, -е́м, *ед.* -не́ма, -ы
хромони́келевый
хромоно́гий
хромоно́гость, -и
хромоно́жка, -и, *р. мн.* -жек
хромопла́сты, -ов, *ед.* -а́ст, -а
хромопротеи́ды, -ов, *ед.* -и́д, -а
хромоско́п, -а
хромосодержа́щий и **хромсодержа́щий**
хромосо́мный
хромосо́мы, -о́м, *ед.* -о́ма, -ы
хромосфе́ра, -ы
хромосфе́рный
хромота́, -ы́
хромотипи́ческий
хромоти́пия, -и
хромофо́рный
хромофо́ры, -ов, *ед.* -фо́р, -а
хромофотогра́фия, -и
хромофототи́пия, -и
хромоце́нтр, -а
хромоцистоскопи́я, -и
хро́мпик, -а
хромсодержа́щий и **хромосодержа́щий**
хрому́ша, -и, *м.* и *ж.*
хромшпинели́ды, -ов, *ед.* -и́д, -а
хронаксиме́трия, -и
хронакси́я, -и
хрониза́тор, -а
хро́ник, -а
хро́ника, -и
хроника́льно-документа́льный
хроника́льность, -и
хроника́льный; *кр. ф.* -лен, -льна
хроникёр, -а
хроникёрский
хроникёрство, -а
хрони́ст, -а
хрони́ческий
хроно... – *первая часть сложных слов, пишется слитно*
хронобио́лог, -а
хронобиологи́ческий
хронобиоло́гия, -и
хронogра́мма, -ы
хроно́граф, -а
хронографи́ческий
хроногра́фия, -и
хронозо́на, -ы
хроноизопле́та, -ы
хроно́лог, -а
хронологиза́ция, -и
хронологи́ческий
хроноло́гия, -и
хрономедици́на, -ы
хроно́метр, -а
хронометра́ж, -а, *тв.* -ем
хронометражи́ст, -а
хронометражи́стка, -и, *р. мн.* -ток
хронометра́жный
хронометри́рование, -я
хронометри́рованный; *кр. ф.* -ан, -ана
хронометри́ровать(ся), -рую, -рует(ся)
хронометри́ст, -а
хронометри́стка, -и, *р. мн.* -ток
хронометри́ческий
хронопатоло́гия, -и
Хро́нос, -а
хроноско́п, -а
хроноскопи́ческий
хронотерапи́я, -и
хроното́п, -а
хроното́пный
хронофизиоло́гия, -и
хронофотогра́мма, -ы
хрооко́кковые, -ых
хру́мканье, -я
хру́мкать, -аю, -ает
хру́мкнуть, -ну, -нет
хрум-хру́м, *неизм.*
хруп[1], -а (*треск, хруст*)
хруп[2], *неизм.*
хру́панье, -я
хру́пать, -аю, -ает
хру́пкий; *кр. ф.* -пок, -пка́, -пко
хру́пкость, -и
хру́пнуть, -ну, -нет
хруп-хру́п, *неизм.*
хру́пче, *сравн. ст.*
хруст, -а
хруста́лик, -а
хруста́линка, -и, *р. мн.* -нок
хруста́ль, -я́
хруста́льный
хруста́льщик, -а
хруста́льщица, -ы, *тв.* -ей
хру́стать, -аю, -ает
хрусте́ние, -я
хрусте́ть, хрущу́, хрусти́т
хру́стики, -ов
хру́сткий; *кр. ф.* -ток, хру́стка́, -тко
хру́стнуть, -ну, -нет
хру́стче, *сравн. ст.*
хрусть и **хрусь,** *неизм.*
хрущ, -а́, *тв.* -о́м
хруща́к, -а́
хрущёвка, -и, *р. мн.* -вок
хрущёвский (*от* Хрущёв)
хрущее́дка, -и, *р. мн.* -док
хрущо́ба, -ы
хрущо́бный
хрыч, -а́, *тв.* -о́м
хрычо́вка, -и, *р. мн.* -вок
хрю́кало, -а
хрю́канье, -я
хрю́кать, -аю, -ает
хрю́кнуть, -ну, -нет
хрю-хрю́, *неизм.*
хрю́шка, -и, *р. мн.* -шек
хряк, -а́
хряп[1], -а (*хряпанье*)
хряп[2], *неизм.*

хря́па, -ы
хря́панье, -я
хря́пать, -аю, -ает
хря́пка, -и, *р. мн.* -пок
хря́пнуть(ся), -ну(сь), -нет(ся)
хряск, -а
хря́сканье, -я
хря́скать, -аю, -ает
хря́ский; *кр. ф.* -сок, -ска́, -ско
хря́снувший(ся) (*от* хря́снуть)
хря́снуть(ся), -ну(сь), -нет(ся) (*к* хря́скать)
хряст, -а
хря́featанье, -я
хря́стать, -аю, -ает
хря́стнувший(ся) (*от* хря́стнуть)
хря́стнуть(ся), -ну(сь), -нет(ся) (*к* хря́стать)
хрясть и **хрясь,** *неизм.*
хрячо́к, -чка́
хрящ, -а́, *тв.* -о́м
хрящева́тый
хрящеви́на, -ы
хрящеви́нный
хрящево́й
хря́щик, -а
хтони́зм, -а
хто́ника, -и
хтони́ческий
хуанхэ́йский (*от* Хуанхэ́)
хуа́-ня́о, *неизм.* и *нескл., м.* (*жанр китайской живописи*)
хуаця́о, *нескл., м.* и *ж.*
хубилга́н, -а
худа́ть, -а́ю, -а́ет
худе́е, *сравн. ст.* (*к* худо́й – *тощий*)
худе́нек, -нька
ху́денький
худе́ть, -е́ю, -е́ет
худёшенький; *кр. ф.* -нек, -нька
худи́ть, -и́т
худи́щий
худло́к, -а
ху́до[1], -а (*зло, беда*)
ху́до[2], *нареч.* и *в знач. сказ.* (*плохо, скверно*)
худо́ба, -ы (*имущество, обл.*)
худоба́, -ы́ (*худощавость*)
ху́до-бе́дно
худо́жественно, *нареч.*
худо́жественно-документа́льный
худо́жественно-констру́кторский
худо́жественно-произво́дственный
худо́жественно-промы́шленный
худо́жественно-публицисти́ческий
худо́жественность, -и
худо́жественно-экспе́ртный
худо́жественно-эстети́ческий
худо́жественный; *кр. ф.* -вен и -венен, -венна
Худо́жественный теа́тр (*в Москве*)
худо́жество, -а
худо́жник, -а
худо́жник-диза́йнер, худо́жника-диза́йнера
худо́жник-иллюстра́тор, худо́жника-иллюстра́тора
худо́жник-керами́ст, худо́жника-керами́ста
худо́жник-люби́тель, худо́жника-люби́теля
худо́жник-мультиплика́тор, худо́жника-мультиплика́тора
худо́жник-постано́вщик, худо́жника-постано́вщика
худо́жник-прикладни́к, худо́жника-прикладника́
худо́жник-прорисо́вщик, худо́жника-прорисо́вщика
худо́жник-реставра́тор, худо́жника-реставра́тора
худо́жница, -ы, *тв.* -ей
худо́жнический
худо́жничество, -а
худо́й; *кр. ф.* худ, худа́, ху́до, ху́ды́
худоко́нный
худоро́дный; *кр. ф.* -ден, -дна
худоро́дство, -а
худосо́чие, -я
худосо́чный; *кр. ф.* -чен, -чна
худоте́лый
худошёрстный и **худошёрстый**
худоща́вость, -и
худоща́вый
худру́к, -а и -а́
худсове́т, -а
худу́щий и **худю́щий**
худфи́льм, -а
ху́дший
худы́м-худёшенек, -нька
худы́шка, -и, *р. мн.* -шек, *м.* и *ж.*
худю́щий и **худу́щий**
ху́же, *сравн. ст.* (*к* худо́й – *плохой,* ху́до и *к* плохо́й, пло́хо)
хуже́ть, -е́ю, -е́ет
хук, -а
хула́, -ы́
хулаху́п, -а
хуле́ние, -я
хулённый; *кр. ф.* -ён, -ена́, *прич.*
хулёный, *прил.*
хулига́н, -а
хулига́нистый
хулига́нить, -ню, -нит
хулига́нка, -и, *р. мн.* -нок
хулига́нничать, -аю, -ает
хулига́нски
хулига́нский
хулига́нство, -а
хулига́нствующий
хулиганьё, -я́
хулига́нящий
хули́тель, -я
хули́тельница, -ы, *тв.* -ей
хули́тельный
хули́ть, хулю́, хули́т
хунвейби́ны, -ов, *ед.* -би́н, -а
ху́нну́, *нескл., мн., ед. м.* и *ж.*
ху́нта, -ы
ху́нтовский
хунху́зский
хунху́зы, -ов, *ед.* хунху́з, -а
хура́л, -а
хурма́, -ы́
хуррами́зм, -а
хуррами́тский
хуррами́ты, -ов, *ед.* -ми́т, -а
хурри́тский
хурри́ты, -ов, *ед.* -и́т, -а
Хусейни́ды, -ов (*династия*)
ху́тба, -ы
ху́тор, -а, *мн.* -а́, -о́в
хуторно́й и **ху́торный**
хуторо́к, -рка́
хуторско́й
хутори́нин, -а, *мн.* -я́не, -я́н
хуторя́нка, -и, *р. мн.* -нок
ху́ту, *нескл., мн., ед. м.* и *ж.* (*этническая группа*)
хухры́-мухры́: не хухры́-мухры́, *неизм.*
ху́чь бы (*прост. к* хо́ть бы)
хуэ́й, *нескл., мн., ед. м.* и *ж.*
хью́стонский (*от* Хью́стон)
хью́стонцы, -ев, *ед.* -нец, -нца, *тв.* -нцем
хэбэ́ и **хабэ́,** *нескл., с.* и *ж.,* и *неизм.* (*см.* хабэ́)
хэйлунцзя́нский (*от* Хэйлунцзя́н)
хэйлунцзя́нцы, -ев, *ед.* -нец, -нца, *тв.* -нцем
хэнд, -а, *р. мн.* -ов, *счетн. ф.* хэнд
хя́нга, *нескл., мн.*

Ц

ца́дик, -а
цам, -а
ца́нга, -и
ца́нговый
цап, *неизм.*
ца́пать(ся), -аю(сь), -ает(ся)
ца́пелька, -и, *р. мн.* -лек
ца́пка, -и, *р. мн.* ца́пок и **са́пка,** -и, *р. мн.* са́пок
цапкова́ние, -я
цапко́ванный; *кр. ф.* -ан, -ана
цапкова́ть, -ку́ю, -ку́ет
ца́пля, -и, *р. мн.* ца́пель
ца́пнуть, -ну, -нет
цапонла́к, -а
цапу́н, -а́
цапу́нья, -и, *р. мн.* -ний
ца́пфа, -ы
ца́пфенный
цап-цара́п, *неизм.*
цара́не, -а́н, *ед.* -а́нин, -а
цара́п, *неизм.*

цара́панный; *кр. ф.* -ан, -ана, *прич.*
цара́паный, *прил.*
цара́панье, -я
цара́пать(ся), -аю(сь), -ает(ся)
цара́пина, -ы
цара́пинка, -и, *р. мн.* -нок
цара́пка, -и, *р. мн.* -пок, *м.* и *ж.*
цара́пнутый
цара́пнуть, -ну, -нет
царёв, -а, -о
царе́вич, -а, *тв.* -ем
царе́вичев, -а, -о
царе́вна, -ы, *р. мн.* -вен
Царе́вна Ле́бедь, Царе́вны Ле́беди (*сказочный персонаж*)
Царе́вна-лягу́шка, Царе́вны-лягу́шки (*сказочный персонаж*)
царе́внин, -а, -о
царегра́дский и **царьгра́дский** (*от* Царьгра́д)
царедво́рец, -рца, *тв.* -рцем, *р. мн.* -рцев
царедво́рство, -а
царедво́рческий
царёк, царька́
царе́ние, -я
цареуби́йственный
цареуби́йство, -а
цареуби́йца, -ы, *м.* и *ж.*
цари́зм, -а
цари́стский
цари́ть, царю́, цари́т
цари́ца, -ы, *тв.* -ей
Цари́ца Небе́сная (*Богородица*)
цари́цын, -а, -о
цари́цынский (*от* Цари́цын и Цари́цыно)
Ца́рские врата́ *(церк.)*
ца́рский
Ца́рское Село́ (*город*)
царскосёлка, -и, *р. мн.* -лок
царскосёлы, -ов, *ед.* -сёл, -а
царскосе́льский (*от* Ца́рское Село́)
Царскосе́льский лице́й
Царскосе́льский музе́й-запове́дник
царскосе́льцы, -ев, *ед.* -лец, -льца, *тв.* -льцем
ца́рственно, *нареч.*
ца́рственность, -и
ца́рственный; *кр. ф.* -вен и -венен, -венна
ца́рствие, -я
ца́рство, -а
ца́рствование, -я
ца́рствовать, -твую, -твует
ца́рство-госуда́рство, ца́рства-госуда́рства
Ца́рство (Ца́рствие) Бо́жие
Ца́рство (Ца́рствие) Небе́сное (*богосл.*) и **ца́рство (ца́рствие) небе́сное** (*кому*; *об умершем*)
ца́рствующий
царь, -я́
царь-... – *первая часть сложных слов, пишется через дефис, напр.*: царь-ры́ба, Царь-деви́ца
ца́рь-ба́тюшка, царя́-ба́тюшки
ца́рь-госуда́рь, царя́-госуда́ря
царьгра́дский и **царегра́дский** (*от* Царьгра́д)
Царь-деви́ца, -ы (*сказочный персонаж*)
царь-де́рево, -а
Царь-ко́локол, -а
Ца́рь Небе́сный (*Бог*); но: **о́лух царя́ небе́сного**
Ца́рь-освободи́тель, Царя́-освободи́теля (*об Александре II*)
Царь-пу́шка, -и
царь-ры́ба, -ы
Ца́рь Сла́вы (*иконографический тип Христа*)
ца́рь царём (живёт ца́рь царём, *благополучно, богато*)
Ца́рь Царём (*иконографический тип Христа*)
царь-я́блоко, -а
ца́та, -ы
цаху́рский
цаху́ры, -ов, *ед.* цаху́р, -а
ца́ца, -ы, *тв.* -ей
ца́цка, -и, *р. мн.* ца́цек
ца́цкаться, -аюсь, -ается
цвёлый
цвель, -и
цверкшна́уцер, -а
цвести́, цвету́, цветёт; *прош.* цвёл, цвела́
цвет[1]**,** -а, *мн.* -а́, -о́в (*окраска*)
цвет[2]**,** -а, *предл.* в цве́те и в цвету́ (*к* цвести́)
цветаеве́д, -а (*от* Цвета́ева)
цвета́евский (*от* Цвета́ев, Цвета́ева)
цвета́стенький
цвета́стый
цвете́ние, -я
цве́тень, -тня
цве́тик, -а
цве́тик-семицве́тик, цве́тика-семицве́тика
цвети́стость, -и
цвети́стый
цвети́ть(ся), цвечу́, цвети́т(ся)
цветко́вый
цве́т маре́нго, цве́та маре́нго
цветнево́й
цветни́к, -а́
цветнико́вый
цветничо́к, -чка́
цветно́й
Цветно́й бульва́р (*в Москве*)
цветноко́жий
цве́тность, -и
цветове́дение, -я
цветово́д, -а
цветово́дство, -а
цветово́дческий
цветово́й
цветовосприя́тие, -я
цветовоспроизведе́ние, -я
цветогра́фия, -и
цветоделе́ние, -я
цветоделённый
цветодели́тель, -я
цветодели́тельный
цветодина́мика, -и
цветое́д, -а
цветозвуково́й
цвето́к, -тка́, *мн.* цветки́, -о́в (*цветущие части растений*) и цветы́, -о́в (*цветущие растения*)
цветоконтра́стный
цветокорре́ктор, -а
цветокорре́кторный
цветокорре́кция, -и
цветоли́стик, -а
цветоло́же, -а
цветоме́р, -а
цветому́зыка, -и
цветомузыка́льный
цветонаименова́ние, -я
цветоно́жка, -и, *р. мн.* -жек
цветоно́с, -а
цветоно́сный
цветопереда́ча, -и, *тв.* -ей
цве́топись, -и
цветоразличе́ние, -я
цветоразличи́тельный
цветори́тмика, -и
цветосочета́ние, -я
цветоустано́вка, -и, *р. мн.* -вок
цветоустано́вщик, -а
цветоусто́йчивый
цветофотографи́ческий
цвето́чек, -чка
цвето́чница, -ы, *тв.* -ей
цвето́чный
цветочувстви́тельность, -и
цветочувстви́тельный; *кр. ф.* -лен, -льна
цвету́ха, -и
цвету́щий
цве́т ха́ки, цве́та ха́ки
цве́тший
цве́т электри́к, цве́та электри́к
цвинглиа́нский (*от* Цви́нгли)
цвинглиа́нство, -а
цвири́канье, -я
цвири́кать, -ает
цвири́кнуть, -нет
цви́рканье, -я
цви́ркать, -ает
цви́ркнуть, -нет
ЦВМ [цевэ́м], *нескл., ж.* (*сокр.:* цифровая вычислительная машина)
це, *нескл., с.* (*название буквы*)
цеано́тус, -а
цеба́рка, -и, *р. мн.* -рок
цеби́ды, -и́д, *ед.* -и́да, -ы (*обезьяны*)
це́бусовые, -ых
це́вка, -и, *р. мн.* це́вок
цевни́ца, -ы, *тв.* -ей
це́вочный
цевьё, -я́

цеде́нт, -а
цеди́лка, -и, *р. мн.* -лок
цеди́льный
цеди́ть(ся), цежу́, це́дит(ся)
це́дра, -ы
цедре́ла, -ы
це́дровый
це́дя́щий(ся)
цеж, -а, *тв.* -ем
цеже́ние, -я
це́женный; *кр. ф.* -ен, -ена, *прич.*
цежёный, *прил.*
це́живать, *наст. вр. не употр.*
цезальпи́ниевые, -ых
цезальпи́ния, -и
цезари́зм, -а
цезари́стский
Це́зарь, -я (*родовое имя первых римских императоров*: дина́стия Це́зарей; жена́ Це́заря вне́ подозре́ний) и **це́зарь,** -я (*титул римских и византийских императоров*)
це́зиевый
це́зий, -я
це́зиум, -а
це́зский
цезу́ра, -ы (*пауза*)
цезу́рный
це́зы, -ов, *ед.* цез, -а
цейло́нский (*от* Цейло́н)
цейло́нцы, -ев, *ед.* -нец, -нца, *тв.* -нцем
цейнери́т, -а
цейс, -а *(бинокль)*
це́йссовский (*от* Цейсс)
цейтно́т, -а
цейтно́тный
цейтно́тчик, -а
цейтра́ферный (цейтра́ферная киносъёмка)
цейхга́уз, -а
цейхга́узный
цеки́ст, -а
цеки́стский
цекова́ние, -я
цеко́ванный; *кр. ф.* -ан, -ана
цеко́вец, -вца, *тв.* -вцем, *р. мн.* -вцев
цеко́вка, -и, *р. мн.* -вок
цеко́вский (*от* ЦК)
цекро́пия, -и
целака́нт, -а
целанла́к, -а и **целаноло́к,** -а
цела́струс, -а
це́лая, -ой (одна́ це́лая три́ деся́тых, две́ це́лых три́ со́тых, но́ль це́лых пя́ть деся́тых и т. п.)
целе́бность, -и
целе́бный; *кр. ф.* -бен, -бна
целеви́к, -а́
целево́й
целенапра́вленно, *нареч.*
целенапра́вленность, -и
целенапра́вленный; *кр. ф.* -ен, -енна
це́ление, -я (*от* це́лить)
целе́ние, -я (*от* цели́ть)
це́ленький
целеориента́ция, -и
целеориенти́рованный; *кр. ф.* -ан, -ана
целеполага́ние, -я
целеполо́жность, -и
целесообра́зность, -и
целесообра́зный; *кр. ф.* -зен, -зна
целести́н, -а
целести́нский
целести́нцы, -ев, *ед.* -нец, -нца, *тв.* -нцем
целеуказа́ние, -я
целеуказа́тель, -я
целеустано́вка, -и, *р. мн.* -вок
целеустано́вочный
целеустремле́ние, -я
целеустремлённо, *нареч.*
целеустремлённость, -и
целеустремлённый; *кр. ф.* -ён, -ённа
целёхонький; *кр. ф.* -нек, -нька
целёшенький; *кр. ф.* -нек, -нька
целиба́т, -а
це́лик, -а (*прицельное приспособление*)
цели́к, -а́ (*целина*; *горн.*; *то же, что це́лик*)
целико́вый
целико́м, *нареч.*
целина́, -ы́
цели́нник, -а
цели́нница, -ы, *тв.* -ей
цели́нный
цели́тель, -я
цели́тельница, -ы, *тв.* -ей
цели́тельность, -и
цели́тельный; *кр. ф.* -лен, -льна
цели́тельский
цели́тельство, -а
це́лить(ся), це́лю(сь), це́лит(ся) (*от* цель)
цели́ть(ся), целю́(сь), цели́т(ся) (*исцелять(ся)*)
целка́ч, -а́, *тв.* -о́м и **целка́ш,** -а́, *тв.* -о́м
целко́вик, -а
целко́вый, -ого
це́лла, -ы
целли́т, -а
целлобио́за, -ы
целлозо́львы, -ов, *ед.* -зо́льв, -а
целло́н, -а
целло́новый
целлофа́н, -а
целлофани́рование, -я
целлофани́рованный; *кр. ф.* -ан, -ана
целлофани́ровать(ся), -рую, -рует(ся)
целлофа́новый
целлуло́ид, -а
целлуло́идный
целлуло́идовый
целлюла́за, -ы (*фермент*)
целлюли́т, -а
целлюли́тный
целлюло́за, -ы (*клетчатка*)
целлюло́зно-бума́жный
целлюло́зно-карто́нный
целлюло́зный
целлюля́рный
целобла́стула, -ы
целова́льник, -а
целова́льный
целова́ние, -я
цело́ванный; *кр. ф.* -ан, -ана
целова́ть(ся), целу́ю(сь), целу́ет(ся)
целова́ться-милова́ться
целоги́не, *нескл., с.*
целодне́вный
цело́зия, -и
целоку́пность, -и
целоку́пный; *кр. ф.* -пен, -пна
цело́м, -а (*полость, зоол.*)
целоми́ческий
целомоду́кты, -ов, *ед.* -ду́кт, -а
целому́дренно, *нареч.*
целому́дренность, -и
целому́дренный; *кр. ф.* -ен, -енна
целому́дрие, -я
целопла́на, -ы
целоста́т, -а
це́лостность, -и
це́лостный; *кр. ф.* -тен, -тна
це́лость, -и
це́лость-сохра́нность: в це́лости-сохра́нности
целото́нный
целочи́сленный; *кр. ф.* -ен, -енна
целурозаа́вр, -а
це́лый; *кр. ф.* цел, цела́, це́ло
цель, -и
цельзиа́н, -а
цельнобето́нный
цельногну́тый
цельноголо́вые, -ых
цельнозернов́ой
цельнока́таный
цельноко́ваный
цельноко́рпусный
цельнокра́йный (*бот.*)
цельнокро́еный
цельнокро́йный
цельнолито́й
цельнометалли́ческий
цельномоло́чный
цельноофо́рмленность, -и
цельноофо́рмленный; *кр. ф.* -ен, -ена
цельнорези́новый
цельносварно́й и **цельносва́рный**
цельностально́й
це́льность, -и
цельнотя́нутый
цельноштампо́ванный
це́льный; *кр. ф.* це́лен, це́льна́, це́льно
Це́льсий, -я: **шкала́ Це́льсия; по Це́льсию, Це́льсия** (*о температуре*)
це́лящий(ся) (*от* це́лить(ся)
целя́щий(ся) (*от* цели́ть(ся)
цеме́нт, -а и -у

цементацио́нный
цемента́ция, -и
цементи́рование, -я
цементи́рованный; *кр. ф.* -ан, -ана
цементи́ровать(ся), -рую, -рует(ся)
цементиро́вка, -и
цементиро́вочный
цементи́т, -а
цеме́нтно-грунтово́й
цеме́нтно-стру́жечный
цеме́нтно-ши́ферный
цеме́нтный
цементобето́н, -а
цементобето́нный
цементо́ванный; *кр. ф.* -ан, -ана
цементова́ть(ся), -ту́ю, -ту́ет(ся)
цементо́вка, -и
цементово́з, -а
цементопрово́д, -а
цеме́нт-пу́шка, -и, *р. мн.* -шек
цементу́емый
Цеме́сская бу́хта
цемзаво́д, -а
цемя́нка, -и
цена́, -ы́, *вин.* це́ну, *мн.* це́ны, цен
цена́ бру́тто, цены́ бру́тто
цена́ ло́ко, цены́ ло́ко
цена́ не́тто, цены́ не́тто
цена́ си́ф, цены́ си́ф
цена́ спо́т, цены́ спо́т
цена́ фо́б, цены́ фо́б
ценённый; *кр. ф.* -ён, -ена́, *прич.*
цене́рия, -и
ценз, -а
цензи́ва, -ы
цензита́рий, -я
це́нзовый
це́нзор, -а
це́нзорский
це́нзорство, -а
цензу́ра, -ы
цензу́рность, -и
цензу́рный; *кр. ф.* -рен, -рна
цензуро́ванный; *кр. ф.* -ан, -ана
цензурова́ть(ся), -ру́ю(сь), -ру́ет(ся)
цени́тель, -я
цени́тельница, -ы, *тв.* -ей
цени́ть(ся), ценю́(сь), це́нит(ся)
ценне́йший
це́нник, -а
це́нностность, -и
це́нностный
це́нность, -и
це́нный; *кр. ф.* це́нен, це́нна́, це́нно
ценово́й (*от* цена́)
це́новый (*хим.*)
ценогене́з, -а
ценоёмкий; *кр. ф.* -ёмок, -ёмка
ceно́з, -а
ценокарпи́я, -и
ценока́рпный
ценоле́ст, -а (*животное*)
ценоле́стовые, -ых
ценообразова́ние, -я
цент, -а
цента́вр, -а (*устар. к* кента́вр) и **Цента́вр,** -а (*созвездие*)
цента́л, -а
центауре́я, -и
центифо́лия, -и
це́нтнер, -а
енто́н, -а
центр, -а
центраде́ния, -и
центра́л, -а (*тюрьма*)
централиза́ция, -и
централи́зм, -а
централизо́ванно, *нареч.*
централизо́ванность, -и
централизо́ванный; *кр. ф.* -ан, -ана
централизова́ть(ся), -зу́ю, -зу́ет(ся)
централи́стский
централи́ты, -ов, *ед.* -ли́т, -а
центра́лка, -и, *р. мн.* -лок
центра́ль, -и (*магистраль*)
Центра́льная А́зия
Центра́льная Аме́рика
Центра́льная А́фрика
Центра́льная Евро́па
Центра́льная избира́тельная ко-ми́ссия (ЦИК)
Центра́льная котлови́на *(в Тихом и Индийском океанах)*
Центра́льная ра́да (*на Украине, 1917–1918*)
центральноазиа́тский
Центра́льно-Азиа́тский регио́н
центральноамерика́нский
Центра́льно-Америка́нский жёлоб (*в Тихом океане*)
центральноамерика́нцы, -ев, *ед.* -нец, -нца, *тв.* -нцем
Центра́льно-Анди́йское наго́рье
Центра́льно-Африка́нская Респу́б-лика
центральноафрика́нский
центральноафрика́нцы, -ев, *ед.* -нец, -нца, *тв.* -нцем
центральноевропе́йский
Центра́льно-Европе́йский регио́н
Центра́льное разве́дывательное управле́ние (ЦРУ, *в США*)
центральнозакавка́зский
Центра́льно-Инди́йский хребе́т (*в Индийском океане*)
Центра́льно-Камча́тская ни́змен-ность
Центра́льно-Лесно́й запове́дник
центральносиби́рский
центра́льно-чернозёмный
Центра́льно-Чернозёмный регио́н
Центра́льно-Яку́тская ни́змен-ность
Центра́льные равни́ны *(в Северной Америке)*
центра́льный
Центра́льный администрати́вный о́круг (*в Москве и др.*)
Центра́льный ба́нк РФ
Центра́льный до́м литера́торов
Центра́льный исполни́тельный комите́т (ЦИК)
Центра́льный комите́т (ЦК)
Центра́льный спорти́вный клу́б а́рмии (ЦСКА)
Центра́льный телегра́ф
Центра́льный федера́льный о́круг
Центра́льный ша́хматный клу́б
центра́тор, -а
Центризбирко́м, -а
центри́зм, -а
центриклина́ль, -и
центриклина́льный
центрио́ль, -и
центри́рование, -я
центри́рованный; *кр. ф.* -ан, -ана
центри́ровать(ся), -рую, -рует(ся)
центриро́вка, -и
центри́ст, -а
центри́стский
центрифу́га, -и
центрифуга́льный
центрифуги́рование, -я
центрифуги́рованный; *кр. ф.* -ан, -ана
центрифуги́ровать(ся), -рую, -рует(ся)
центрифу́жный
центри́ческий
центри́чность, -и
центри́чный; *кр. ф.* -чен, -чна
Це́нтр междунаро́дной торго́вли (*в Нью-Йорке, Москве и др.*)
центроацина́рный
центроацино́зный
Центроба́нк, -а
центробе́жно-вихрево́й
центробе́жный; *кр. ф.* -жен, -жна
Це́нтр обще́ственных свя́зей (*в нек-рых ведомствах*)
центрова́льный
центрова́ние, -я
центро́ванный; *кр. ф.* -ан, -ана
центрова́ть(ся), -ру́ю, -ру́ет(ся)
центрови́к, -а́
центро́вка, -и
центрово́й
центро́вочный
центролецита́льный
центроме́ра, -ы
центропла́зма, -ы
центропла́н, -а
центросо́ма, -ы
центростреми́тельный; *кр. ф.* -лен, -льна
центросфе́ра, -ы
Це́нтр подгото́вки космона́втов
Це́нтр управле́ния полётами (ЦУП)
центрфо́рвард, -а
центумви́ры, -ов, *ед.* -ви́р, -а
центуриа́тный
центурио́н, -а
центу́рия, -и
цену́р, -а
ценуро́з, -а

це́нящий(ся)
цеолитиза́ция, -и
цеолитизо́ванный; *кр. ф.* -ан, -ана
цеоли́товый
цеоли́ты, -ов, *ед.* -ли́т, -а
цеп, -а́
цепеде́лательный
цепене́ние, -я
цепене́ть, -е́ю, -е́ет
цепени́ть, -ню́, -ни́т
це́пень, це́пня
це́пка, -и, *р. мн.* це́пок
це́пкий; *кр. ф.* це́пок, це́пка́, це́пко
цепкопа́лые, -ых
це́пкость, -и
цепкохво́стые, -ых
цепля́ние, -я
цепля́ть(ся), -я́ю(сь), -я́ет(ся)
цепно́й
цепово́й
цепо́чечный
цепо́чка, -и, *р. мн.* -чек
цепо́чкой, *нареч.*
цеппели́н, -а (*дирижабль*)
це́пче, *сравн. ст.*
цепь, -и, *предл.* в (на) цепи́, *мн.* це́пи, -е́й
церапа́дус, -а
цера́стиум, -а
церати́ты, -ов, *ед.* -ти́т, -а
церато́ды, -о́д, *ед.* -о́да, -ы
цератоза́вр, -а
церато́ния, -и
цера́топс, -а
Це́рбер, -а (*мифол.*) и **це́рбер,** -а (*бдительный и свирепый страж*; *змея*)
цервика́льный
цервици́т, -а
церебрализи́н, -а
церебра́льный
церебрози́ды, -ов, *ед.* -зи́д, -а
цереброспина́льный
церези́н, -а
церемониа́л, -а
церемониа́льность, -и
церемониа́льный
церемонийме́йстер, -а
церемонийме́йстерский
церемо́ниться, -нюсь, -нится
церемо́ния, -и
церемо́нничанье, -я
церемо́нничать, -аю, -ает
церемо́нно, *нареч.*
церемо́нность, -и
церемо́нный; *кр. ф.* -о́нен, -о́нна
церемо́нящийся
Царе́ра, -ы
це́ре́ус, -а
цериантá́рия, -и
це́риевый
це́рий, -я
цериметри́ческий
цериме́три́я, -и
церка́рий, -я и **церка́рия,** -и
церкарио́з, -а
церкву́шка, -и, *р. мн.* -шек
це́рки, -ов, *ед.* церк, -а
це́рко́вка, -и, *р. мн.* -вок
церко́вник, -а
церко́вница, -ы, *тв.* -ей
церко́вно-администрати́вный
церко́вно-кни́жный
церко́вно-обря́довый
церко́вно-прихо́дский
церковнославяни́зм, -а
церковнославя́нский
церковнослуже́ние, -я
церковнослужи́тель, -я
церковнослужи́тельский
церко́вность, -и
церко́вно-учи́тельный
церко́вно-учи́тельский
церко́вный
це́рковь, -кви, *тв.* -ковью, *мн.* -кви, -кве́й, -ква́м и -квя́м (*религиозная организация*; *храм*) и **Це́рковь,** -кви, *тв.* -ковью (*Божественное учреждение*, *богосл.*; *вместо* Русская православная церковь); **Бе́лая Це́рковь** (*город*)
церкоспоро́з, -а
церопла́стика, -и
церулоплазми́н, -а
церусси́т, -а
церэ́ушник, -а
церэ́ушный (*от* ЦРУ)
цесаре́вич, -а, *тв.* -ем
цесаре́вна, -ы, *р. мн.* -вен
цеса́рка, -и, *р. мн.* -рок
цеса́рская ку́рица
це́сарский (*от* це́сарь)
це́сарь, -я
цессиона́рий, -я
це́ссия, -и
цестодо́з, -а
цесто́ды, -о́д, *ед.* -о́да, -ы
цет, -а и *нескл.*, *с.* (*название буквы*)
цета́н, -а
цета́новый
цети́ловый
цетра́рия, -и
цеу́, *нескл.*, *с.* (*сокр.*: ценное указание)
цефала́спиды, -ов, *ед.* -пид, -а
цефализа́ция, -и
цефалокари́да, -ы
цефалопо́ды, -по́д, *ед.* -по́да, -ы
цефалоспори́ны, -ов, *ед.* -ри́н, -а
цефеи́ды, -и́д, *ед.* -и́да, -ы (*астр.*)
Цефе́й, -я (*созвездие*)
цех[1], -а, *предл.* в це́хе и в цеху́, *мн.* -а́, -о́в и -и, -ов (*подразделение завода и т. п.*)
цех[2], -а, *предл.* в це́хе, *мн.* -и, -ов (*объединение ремесленников*)
це́х-автома́т, це́ха-автома́та
цехи́н, -а
цехко́м, -а
цехко́мовский
цехови́к, -а́
цехово́й
це́ховость, -и
цеховщи́на, -ы
Це́х поэ́тов (*лит. объединение*)
цехште́йн, -а
цехяче́йка [хъя], -и, *р. мн.* -е́ек
цеце́, *нескл.*, *ж.* (*муха*)
цеци́дии, -ий, *ед.* -дия, -и
цэско́вец, -вца, *тв.* -вцем, *р. мн.* -вцев
цэско́вский (*от* ЦСКА)
цзаофа́нь, -я
цзинь, -я (*ед. измер.*)
цзя́о, *нескл.*, *с.* (*монета*)
ци, *нескл.*, *с.* и *неизм.* (*энергия в фэн-шуй*)
циакри́н, -а
циамо́псис, -а
циа́н, -а
цианами́д, -а
циана́ты, -ов, *ед.* -на́т, -а
циангидри́ны, -ов, *ед.* -ри́н, -а
циане́и, -е́й, *ед.* -не́я, -и (*водоросли*)
циане́я, -и (*медуза*)
циани́ды, -ов, *ед.* -ни́д, -а
цианиза́ция, -и
циани́ны, -ов, *ед.* -ни́н, -а
циани́рование, -я
циани́рованный; *кр. ф.* -ан, -ана
циа́нисто-водоро́дный
циа́нистый
цианкобалами́н, -а
цианобакте́рии, -ий, *ед.* -е́рия, -и
циа́новый
циано́з, -а
цианокобалами́н, -а
циано́метр, -а
цианосодержа́щий и **циансодержа́щий**
цианоти́пия, -и
цианоти́ческий
цианпла́в, -а
циану́ровая кислота́
цианурхлори́д, -а
циа́тий, -я
цибети́н, -а
цибето́н, -а
ци́бик, -а
цибу́ля, -и
циве́тта, -ы (*животное*)
цивилиза́тор, -а
цивилиза́торский
цивилизацио́нный
цивилиза́ция, -и
цивилизо́ванно, *нареч.*
цивилизо́ванность, -и
цивилизо́ванный; *кр. ф. прич.* -ан, -ана; *кр. ф. прил.* (*культурный*; *такой, как принято у цивилизованных людей*) -ан, -анна
цивилизова́ть(ся), -зу́ю(сь), -зу́ет(ся)
цивили́ст, -а
цивили́стика, -и
циви́льный
цига́йский
цига́рка, -и, *р. мн.* -рок
цига́рочный

цигéйка, -и
цигéйковый
цигу́н, -а
цигунотерапи́я, -и
циду́ла, -ы и **циду́ля,** -и
циду́лка, -и, *р. мн.* -лок и **циду́лька,** -и, *р. мн.* -лек
цизальпи́нский
цикáда, -ы
цикáдий, -ья, -ье
цикáдный
цикáдовые, -ых
цикадофи́ты, -ов, *ед.* -фи́т, -а
ци́кас, -а
цикл, -а
цикламáты, -ов, *ед.* -áт, -а
цикламéн, -а
цикламéновый
циклантéра, -ы
циклахéна, -ы
циклевáльный
циклевáние, -я
циклёванный; *кр. ф.* -ан, -ана
циклевáть(ся), -лю́ю, -лю́ет(ся) (*к* ци́кля)
циклёвка, -и, *р. мн.* -вок
циклёвочный
циклёвщик, -а
циклизáция, -и
циклизóванный; *кр. ф.* -ан, -ана
циклизовáть(ся), -зу́ю, -зу́ет(ся) (*к* цикл)
цикли́ческий
цикли́чно-потóчный
цикли́чность, -и
цикли́чный; *кр. ф.* -чен, -чна
циклоалкáны, -ов, *ед.* -кáн, -а
циклобутáн, -а
цикловóй
циклогексáн, -а
циклогексанóл, -а
циклогексанóн, -а
циклогенéз, -а
циклогрáмма, -ы
циклографи́ческий
циклогрáфия, -и
циклодóл, -а
циклодрóм, -а
циклóида, -ы
циклоидáльный
циклóидный
цикломорфóз, -а
циклóн, -а
циклонáльный
циклони́ческий
циклóнный
циклообразу́ющий
циклóп, -а
циклопарафи́ны, -ов, *ед.* -фи́н, -а
циклопентáн, -а
циклопи́ческий
циклопи́я, -и
циклопропáн, -а
циклоспори́н, -а
циклоспóровые, -ых
циклотими́я, -и
циклотрóн, -а
циклотрóнный
циклофрени́я, -и
ци́кля, -и, *р. мн.* -ей
ци́ковский (*от* ЦИК)
цикóриевый
цикóрий, -я
цикóрный
ци́кута, -ы
цику́товый
цилиáрный
цили́ндр, -а
цили́ндрик, -а
цилиндри́ческий
цили́ндровый
цимбали́ст, -а
цимбáлы, -áл
цимбáльный
ци́мбекс, -а (*насекомое*)
ци́мис, *в знач. сказ. (жарг.)*
цимля́нский (*от* Цимлá, *река,* и Цимля́нск)
цимля́нское, -ого (*вино*)
Цимля́нское водохрани́лище (мóре)
цимля́нцы, -ев, *ед.* -нец, -нца, *тв.* -нцем
циммервáльдский (*от* Ци́ммервáльд)
цимóзное соцвéтие
цимóл, -а
цимофáн, -а
цимшиáны, -ов, *ед.* -áн, -а
цинандáли, *нескл., с.* (*вино*)
цинáнхум, -а
цингá, -и́
Ци́нгер, -а: **спóсоб Ци́нгера** *(астр.)*
цингóтный
цинéб, -а
цинеóл, -а
цинерáрия, -и
цини́зм, -а
ци́ник, -а
цини́кс, -а (*животное*)
цини́ческий
цини́чность, -и
цини́чный; *кр. ф.* -чен, -чна
цинк, -а
цинкáты, -ов, *ед.* -кáт, -а
цинкени́т, -а
цинки́т, -а
цинковáние, -я
цинкóванный; *кр. ф.* -ан, -ана
цинковáть(ся), -ку́ю, -ку́ет(ся)
ци́нковый
цинкóграф, -а
цинкографи́ческий
цинкогрáфия, -и
цинкогрáфский
цинкоргани́ческий
цинксодержáщий и **цинкосодержáщий**
ци́нна, -ы (*растение*)
циннаризи́н, -а
циннвальди́т, -а
ци́нниевый (*от* ци́нния)
ци́нния, -и
ци́ннова свя́зка, ци́нновой свя́зки
цинóвка, -и, *р. мн.* -вок
цинóвочка, -и, *р. мн.* -чек
цинóвочный
циноглóссум, -а
циногнáт, -а
циномóриевые, -ых
циномóрий, -я
циностéрна, -ы
цину́бель, -я
цинхóна, -ы
цинхони́н, -а
цинхофéн, -а
цинь, -я (*муз. инструмент*)
Циолкóвский, -ого: **фóрмула Циолкóвского**
ци́перус, -а
ципрéи, -éй, *ед.* -рéя, -и
ципринодóнт, -а
циприпéдиум, -а
циприсови́дный
ци́рик, -а
цирк, -а
циркадиáнный
циркáдный
циркáч, -á, *тв.* -óм
циркáческий
циркáчество, -а
циркáчка, -и, *р. мн.* -чек
цирковóй
циркóн, -а
циркóниевый
циркóний, -я
циркóнистый
цирконосиликáты, -ов, *ед.* -кáт, -а
циркорáма, -ы
циркорáмный
циркули́ровать, -рую, -рует
ци́ркуль, -я
ци́ркульный
циркуля́р, -а
циркуля́рка, -и, *р. мн.* -рок *(пила)*
циркуля́рный
циркуля́тор, -а
циркулятóрный
циркуляциóнный
циркуля́ция, -и
циркумантаркти́ческий
циркумаркти́ческий
Циркумбореáльная подóбласть *(зоогеографическая)*
циркумвалациóнный
циркумнутáция, -и
циркумполя́рный
циркумтропи́ческий
циркумфлéкс, -а
циркумфлéксный
ци́рк шапитó, ци́рка шапитó
ци́рлих-мани́рлих, *неизм.*
цирóвка, -и, *р. мн.* -вок
циррóз, -а
циррóзный
Цирцéя, -и (*мифол.*)
цирцéя, -и (*растение*)

цирю́льник, -а
цирю́льня, -и, *р. мн.* -лен
цис-изоме́ры, -ов, *ед.* -ме́р, -а
циссо́ида, -ы
ци́ссус, -а
ци́ста, -ы
цисталги́я, -и
цистатиони́н, -а
цисте́ин, -а
цистеи́новый
цисте́рна, -ы
цисте́рновый
цистерциа́нский
цистерциа́нцы, -ев, *ед.* -нец, -нца, *тв.* -нцем
цисти́н, -а
цисти́новый
цисти́т, -а
цисти́тный
цистице́рк, -а
цистицерко́з, -а
цистицерко́ид, -а
цистографи́ческий
цистогра́фия, -и
цистозе́йра, -ы и **цистози́ра,** -ы
цистоиде́я, -и
цистолитотри́б, -а
цисто́птерис, -а
цистоско́п, -а
цистоскопи́ческий
цистоскопи́я, -и
цистосто́ма, -ы
цистостоми́я, -и
ци́стра, -ы
цис-транс-изомери́я, -и
цис-транс-те́ст, -а
цистро́н, -а
цитаде́ль, -и
цита́та, -ы
цита́тник, -а
цита́тнический
цита́тничество, -а
цита́тность, -и
цита́тный
цита́ция, -и
цитва́рный
Ците́ра, -ы
цитиди́ловая кислота́
цитиди́н, -а
цитизи́н, -а
ци́тизус, -а
цити́рование, -я
цити́рованный; *кр. ф.* -ан, -ана
цити́ровать(ся), -рую(сь), -рует(ся)
цитито́н, -а
цитогене́тика, -и
цитогенети́ческий
цитогеронтоло́гия, -и
цитодиагно́стика, -и
цитози́н, -а
цитокине́з, -а
цитокини́ны, -ов, *ед.* -ни́н, -а
цито́лиз, -а
цитолизи́ны, -ов, *ед.* -зи́н, -а
цито́лог, -а
цитологи́ческий
цитоло́гия, -и
цитопла́зма, -ы
цитоплазмати́ческий
цитопла́зменный
цитоплазмо́н, -а
цито́рриз, -а
цитоспоро́з, -а
цитоста́тики, -ов, *ед.* -ик, -а
цитостати́ческий
цитотокси́ны, -ов, *ед.* -си́н, -а
цитотоми́я, -и
цитофотоме́три́я, -и
цитохалази́ны, -ов, *ед.* -зи́н, -а
цитохи́мик, -а
цитохими́ческий
цитохи́мия, -и
цитохромоксида́за, -ы
цитохромредукта́зы, -а́з, *ед.* -а́за, -ы
цитохро́мы, -ов, *ед.* -хро́м, -а
цитоэко́лог, -а
цитоэкологи́ческий
цитоэколо́гия, -и
ци́тра, -ы
цитра́ль, -и
цитрамо́н, -а
цитра́ты, -ов, *ед.* -ра́т, -а
цитри́н, -а
цитро́н, -а
цитронелло́л, -а
цитроннела́ль, -я
цитро́новый
цитрулли́н, -а
цитрусово́д, -а
цитрусово́дство, -а
цитрусово́дческий
ци́трусовые, -ых
ци́трусовый
ци́трусы, -ов, *ед.* -рус, -а
цифербла́т, -а
цифербла́тный
ци́ферка, -и, *р. мн.* -рок
цифи́рный
цифи́рь, -и
цифи́рька: игра́ в цифи́рьки
ци́фра, -ы
цифра́ция, -и
цифроана́логовый
ци́фро-бу́квенный
цифро́ванный; *кр. ф.* -ан, -ана
цифрова́ть(ся), -ру́ю, -ру́ет(ся)
цифрово́й
цифрома́ния, -и
цифропеча́тающий
ци́фро-цифрово́й
цица́ния, -и
ци́церо, *нескл., м.* и *с.*
Цицеро́н, -а
Цицеро́нов, -а, -о и **цицеро́новский** (*от* Цицеро́н)
ЦК [цека́], *нескл., м.* (*сокр.*: Центральный комитет)
ЦМД [цеэмдэ́], *нескл., м.* (*сокр.*: цилиндрический магнитный домен)
цмин, -а
цоб-цобе́, *неизм.*
ЦОД, -а и *нескл., м.* (*сокр.*: центр обработки данных)
цоизи́т, -а
цок, *неизм.*
цо́канье, -я
цо́кать, -аю, -ает
цо́кнуть, -ну, -нет
цо́коль, -я
цо́кольный
цо́коры, -ов, *ед.* цо́кор, -а
цо́кот, -а
цокота́нье, -я
цокота́ть, цокочу́, цоко́чет
цокоту́ха, -и
цок-цо́к, *неизм.*
цоликау́ри, *нескл., с.*
цоп, *неизм.*
цо́пать, -аю, -ает
цо́пнуть, -ну, -нет
ЦТП [цетэпэ́], *нескл., ж.* (*сокр.*: центральная тепловая подстанция)
цу́ба, -ы
цуг, -а (*упряжка*)
цуг-маши́на, -ы
цугово́й
цу́гом, *нареч.*
цугтромбо́н, -а
цугу́ндер: на цугу́ндер
цу́гцва́нг, -а
цук, -а (*в конном спорте*)
цука́нье, -я
цука́тный
цука́ты, -ов, *ед.* цука́т, -а
цука́ть, -а́ю, -а́ет
цукаха́ра, -ы *(прыжок, спорт.)*
цуки́ни, *нескл., м.* и *мн.*
цуна́ми, *нескл., с.*
цунамиопа́сный; *кр. ф.* -сен, -сна
цуна́ми-ста́нция, -и
цунь, -я *(ед. измер.)*
ЦУП, -а и *нескл., м.* (*сокр.*: Центр управления полётами)
Цуси́ма, -ы
Цуси́мское сраже́ние
цу́цик, -а
цуцугаму́ши, *нескл., ж.*
цхалту́бский (*от* Цхалту́бо)
цхинва́льский (*от* Цхинва́ли, Цхинва́л)
цхинва́льцы, -ев, *ед.* -лец, -льца, *тв.* -льцем
цы, *нескл., м.* и *с.* (*жанр китайской поэзии*)
цыга́не, -а́н, *ед.* цыга́н, -а
цыганёнок, -ёнка, *мн.* цыганя́та, -я́т
цыга́нистость, -и
цыга́нистый
цыга́нить, -ню, -нит
цыга́нка, -и, *р. мн.* -нок
цыганова́тость, -и
цыганова́тый
цыгано́лог, -а
цыганоло́гия, -и
цыга́ночка, -и, *р. мн.* -чек

цыга́нский
цыга́нствовать, -твую, -твует
цыга́нщина, -ы
цы́канье, -я
цы́кать, -аю, -ает
цы́кнуть, -ну, -нет
цы́па, -ы
цы́пка, -и, *р. мн.* цы́пок
цы́пки, цы́пок
цыплёнок, -нка, *мн.* -ля́та, -ля́т
цыплёнок (цыпля́та) гри́ль, цыплёнка (цыпля́т) гри́ль
цыплёнок (цыпля́та) табака́, цыплёнка (цыпля́т) табака́
цыплёночек, -чка, *мн.* цыпля́тки, -ток
цыпля́тина, -ы
цыпля́тник, -а
цыпля́тница, -ы, *тв.* -ей
цыпля́чий, -ья, -ье
цы́понька, -и, *р. мн.* -нек
цы́почка, -и, *р. мн.* -чек
цы́почки: на цы́почках, на цы́почки
цы́пушка, -и, *р. мн.* -шек
цып-цы́п, *неизм.*
цы́рканье, -я
цы́ркать, -аю, -ает
цы́ркнуть, -ну, -нет
цыц, *неизм.*
цю́рихский (*от* Цю́рих)
цю́рихцы, -ев, *ед.* -хец, -хца, *тв.* -хцем
цян, *нескл., мн., ед. м.* и *ж.* (*народность*)

Ч

чаада́евский (*от* Чаада́ев)
чаба́н, -а́
чаба́ний, -ья, -ье
чаба́нить, -ню, -нит
чаба́нский
чаба́нство, -а
чаба́нствовать, -твую, -твует
чаба́рня, -и, *р. мн.* -рен
ча́бер, ча́бра и ча́бера и **чабёр,** чабра́
чабре́ц, -а́, *тв.* -о́м
ча́вканье, -я
ча́вкать, -аю, -ает
ча́вкнуть, -ну, -нет
чавы́ча, -и, *тв.* -ей и **чавыча́,** -и́, *тв.* -о́й
ча́га, -и
чагата́йский
ча́говый
чад, -а и -у, *предл.* в чаду́
чади́ть, чажу́, чади́т
ча́дный; *кр. ф.* ча́ден, ча́дна
ча́до, -а
чадолюби́вый
чадолю́бие, -я
чадоро́дие, -я
чадра́, -ы́
ча́дский (*от* Чад, *озеро и государство*)
ча́душко, -а, *мн.* -шки, -шек
ча́дцы, -ев, *ед.* ча́дец, ча́дца, *тв.* ча́дцем (*от* Чад)
чаева́ть, чаю́ю, чаю́ет
чаёвник, -а
чаёвница, -ы, *тв.* -ей
чаёвничанье, -я
чаёвничать, -аю, -ает
чаево́д, -а
чаево́дство, -а
чаево́дческий
чаево́й
чаевы́е, -ы́х
чаедроби́лка, -и, *р. мн.* -лок
чаезавя́лочный
чаёк, чайка́ и чайку́
ча́емый
чаеобрабо́тка, -и
чаепи́тие, -я
чаеподре́зочный
чаепрессо́вочный
чаепроизводя́щий
чаеразве́сочный
чаесбо́рочный
чаесбо́рщик, -а
чаесбо́рщица, -ы, *тв.* -ей
чаесуши́льный
чаеторго́вля, -и
чаеторго́вый
чаеубо́рочный
чаеупако́вочный
чаеформо́вочный
ча́ечка, -и, *р. мн.* -чек (*от* ча́йка)
чаи́нка, -и, *р. мн.* -нок
чаи́шко, -а и -и, *м.*
чай[1], ча́я и ча́ю, *предл.* в ча́е и в чаю́, *мн.* чаи́, чаёв
чай[2], *вводн. сл.*
ча́йка, -и, *р. мн.* ча́ек
чайко́вцы, -ев, *ед.* -вец, -вца, *тв.* -вцем (*от* Чайко́вский)
ча́йковые, -ых
Ча́йльд Гаро́льд, -а
чайльд-гаро́льдовский
Ча́йна-та́ун, -а (*район в нек-рых городах*)
ча́йная, -ой
чайнво́рд, -а
ча́йник, -а
ча́йниковый ко́вш
ча́йница, -ы, *тв.* -ей
ча́йничанье, -я
ча́йничать, -аю, -ает
ча́йничек, -чка
ча́йный
чайо́т, -а
ча́йтья, -и (*в буддизме*)
чайхана́, -ы́
чайха́нный
чайха́нщик, -а
чака́н, -а
чака́новый
чако́на, -ы
ча́кра, -ы
чал, -а
чалда́р, -а
чалдо́н, -а
чалдо́нка, -и, *р. мн.* -нок
чалдо́нский
ча́лить(ся), ча́лю(сь), ча́лит(ся)
ча́лка, -и, *р. мн.* ча́лок
чалма́, -ы́
чалмоно́сец, -сца, *тв.* -сцем, *р. мн.* -сцев
чалмоно́сный
ча́ло-пе́гий
ча́лый
чамали́нский
чан, -а, *предл.* в ча́не и в чану́, *мн.* -ы́, -о́в и -ы, -ов
чана́х, -а (*сыр*)
чана́хи, -а́х (*мясное блюдо*)
чанг, -а (*узбекско-таджикский муз. инструмент*)
ча́нги, *нескл., м.* (*грузинский муз. инструмент*)
чанкайши́ст, -а
чанкайши́стский (*от* Чан Кайши́)
чаново́й
чанчу́ньский (*от* Чанчу́нь)
чанчу́ньцы, -ев, *ед.* -нец, -ньца, *тв.* -ньцем
чань, *нескл., м.* и *с.* (*китайский буддизм*)
ча́о, *неизм.*
чапа́евский (*от* Чапа́ев, Чапа́ево, Чапа́евск)
чапа́евцы, -ев, *ед.* -вец, -вца, *тв.* -вцем
ча́пать, -аю, -ает (*жарг.*)
ча́пельник, -а
ча́плиновский и **ча́плинский** (*от* Ча́плин)
чапы́га, -и (*частый кустарник*)
чапы́ги, -ы́г, *ед.* -ы́га, -и (*ручки плуга*)
чапы́жник, -а
ча́ра, -ы (*сосуд*)
чарва́ка, -и
ча́рда́ш, -а, *тв.* -ем
ча́рка, -и, *р. мн.* ча́рок
ча́рли-ча́плиновский и **ча́рли-ча́плинский** (*от* Ча́рли Ча́плин)
чарльсто́н, -а
чарльсто́нить, -ню, -нит
чарноки́т, -а
чарова́ние, -я
чарова́ть(ся), чару́ю(сь), чару́ет(ся)
чаровни́к, -а́
чаровни́ца, -ы, *тв.* -ей
чароде́й, -я
чароде́йка, -и, *р. мн.* -е́ек
чароде́йный
чароде́йский

чаро́действенный; *кр. ф.* -вен и -венен, -венна
чаро́действо, -а
чаро́действовать, -твую, -твует
чаро́ит, -а
чаро́итовый
ча́рочка, -и, *р. мн.* -чек
ча́рочный
чарт, -а *(список)*
ча́ртер, -а
ча́ртерный
ча́ртер-па́ртия, -и
чарти́зм, -а
ча́ртинг, -а
чарти́ст, -а
чарти́стский
чару́са, -у́с, -уса́м
чару́юще, *нареч.*
чару́ющий
ча́ры, чар
час, -а и (*с колич. числит. 2, 3, 4*) -а́, *предл.* в ча́се и в часу́, *мн.* -ы́, -о́в
часа́ми, *нареч.*
ча́с в ча́с
ча́с-друго́й
ча́с за ча́сом
ча́сик, -а
ча́сики, -ов
ча́с и́кс, ча́са и́кс
часифика́ция, -и и **часофика́ция,** -и
часи́шки, -шек
часо́венка, -и, *р. мн.* -нок
часо́венный
часо́вня, -и, *р. мн.* -вен
часово́й[1], *прил.*
часово́й[2], -о́го
часовщи́к, -а́
Ча́сов Я́р, Ча́сова Я́ра *(город)*
часо́к, *другие формы не употр.*
часо́к-друго́й
ча́сом, *нареч.* и *вводн. сл.*
часосло́в, -а
ча́с от часу (*с каждым часом*)
ча́с о́т часу не ле́гче
часофика́ция, -и и **часифика́ция,** -и
часо́чек, -чка
ча́с пи́к, ча́са пи́к, *мн.* часы́ пи́к, часо́в пи́к
ча́с-полтора́
часте́нько
частере́чный
частёхонько
части́к, -а́
частико́вый
части́ть, чащу́, части́т
части́ца, -ы, *тв.* -ей
части́чка, -и, *р. мн.* -чек
части́чно безрабо́тный
части́чно-ды́рочный
части́чно конверти́руемый
части́чно самопло́дный
части́чно совпада́ющий
части́чность, -и
части́чно упоря́доченный
части́чный; *кр. ф.* -чен, -чна
ча́стник, -а
ча́стница, -ы, *тв.* -ей
ча́стнический
частноба́нковский
частновладе́льческий
ча́стное, -ого
частноземлевладе́льческий
частнокапиталисти́ческий
частномонополисти́ческий
частноправово́й
частнопрактику́ющий
частнопредпринима́тельский
частносо́бственнический
ча́стность, -и
частнохозя́йственный
ча́стный
ча́сто, *нареч.*
частоко́л, -а
частопе́тельный
часторебри́стый
частоступе́нчатый
частота́, -ы́, *мн.* -о́ты, -о́т
часто́тно-амплиту́дный
часто́тно-временно́й
часто́тно-модули́рованный
часто́тность, -и
часто́тно-фа́зовый
часто́тный; *кр. ф.* -тен, -тна
частотоизмери́тельный
частотоме́р, -а
частотопреобразова́тельный
ча́сто-ча́сто
часту́ха, -и
часту́шечник, -а
часту́шечница, -ы, *тв.* -ей
часту́шечный
часту́шка, -и, *р. мн.* -шек
ча́стый; *кр. ф.* част, част́а, ча́сто
часть, -и, *мн.* -и, -е́й
ча́стью, *нареч.* (*отчасти*)
часы́, часо́в
часы́-буди́льник, часо́в-буди́льника, *мн.*
часы́-куло́н, часо́в-куло́на, *мн.*
часы́-лу́ковица, часо́в-лу́ковицы, *мн.*
чат, -а *(общение в Интернете)*
чата́л, -а и **чата́ло,** -а
чату́ра́нга, -и
чать, *вводн. сл.*
ча́ус, -а
ча́у-ча́у, *нескл., м.* и *ж.*
ча́уш, -а, *тв.* -ем
ча́хлость, -и
ча́хлый
ча́хнувший
ча́хнуть, -ну, -нет; *прош.* чах и ча́хнул, ча́хла
чахо́тка, -и
чахо́точный; *кр. ф.* -чен, -чна
чахохби́ли, *нескл., с.*
ча́ча, -и, *тв.* -ей
ча-ча-ча́, *нескл., с.*
чачва́н, -а
ча́ша, -и, *тв.* -ей
чашеви́дный; *кр. ф.* -ден, -дна
чашели́стик, -а
чашеобра́зный; *кр. ф.* -зен, -зна
ча́шечка, -и, *р. мн.* -чек
чашечкови́дный; *кр. ф.* -ден, -дна
ча́шечный
ча́шка, -и, *р. мн.* ча́шек
ча́шки-ло́жки, ча́шек-ло́жек
ча́шник, -а
ча́шничий, -его
ча́ща, -и, *тв.* -ей
ча́ще, *сравн. ст.*
чащо́ба, -ы (*чаща*)
чащо́бный
ча́ющий
ча́яние, -я
ча́янный (*от* ча́ять)
ча́ятельно, *вводн. сл.*
ча́ять, ча́ю, ча́ет
ча́ячий, -ья, -ье (*от* чайка)
чва́канье, -я
чва́кать, -аю, -ает
чва́ниться, -нюсь, -нится
чванли́вость, -и
чванли́вый
чва́нно, *нареч.*
чва́нный; *кр. ф.* чва́нен, чва́нна
чва́нство, -а
чва́нящийся
че, *нескл., с.* (*название буквы*)
чё (*вместо* чего́, *при передаче прост. произношения*)
чеба́к, -а́
чебачо́к, -чка́ *(рыба)*
чебокса́рка, -и, *р. мн.* -рок
чебокса́рский (*от* Чебокса́ры)
чебокса́рцы, -ев, *ед.* -рец, -рца, *тв.* -рцем
чебота́рить, -рю, -рит
чебота́рный
чебота́рский
чебота́рь, -я́
чёботы, -ов, *ед.* чёбот, -а
чебура́х, *неизм.*
чебура́хать(ся), -аю(сь), -ает(ся)
чебура́хнуть(ся), -ну(сь), -нет(ся)
Чебура́шка, -и, *м.* (*сказочный персонаж*) и **чебура́шка,** -и, *р. мн.* -шек, *м.* (*игрушка*)
чебуре́к, -а
чебуре́чная, -ой
чебуре́чный
Чебышёв, -а: **многочле́ны Чебышёва, фо́рмула Чебышёва**
чебышёвский (*от* Чебышёв)
чеге́мский (*от* Чеге́м)
чеге́мцы, -ев, *ед.* -мец, -мца, *тв.* -мцем
чеге́тский (*от* Чеге́т)
чегло́к, -а́
чего́ (*форма местоим.* что; *прост. к* что)
чего́ до́брого, *вводн. сл.*
чего́й-то и **что́й-то,** *нареч. (прост.)*
чего́ ра́ди
чего́-то (*форма местоим.* что́-то; *прост. к* что́-то)

чего́-чего́ (чего́-чего́ та́м то́лько не́т!; уж чего́-чего́, а э́того у на́с доста́точно; *также при переспросе*)
чего́ это... (*почему, зачем*)
че́ддер, -а
чей, чьё, чьего́, **чья,** чьей, *мн.* чьи, чьих
че́й бы (то) ни́ был(о)
че́й-либо, чья́-либо, чьё-либо
чейн, -а
че́йнджер, -а
че́й-нибудь, чья́-нибудь, чьё-нибудь
че́й-то, чья́-то, чьё-то
чёй-то (*вместо* чего́ это, *при передаче прост. произношения*)
че́й уго́дно
чек, -а
чека́, -и́ (*стержень*)
Чека́, *нескл., ж.* (*учреждение*)
чекалды́кнуть, -ну, -нет
чека́лка, -и, *р. мн.* -лок
чека́н, -а
чека́ненный; *кр. ф.* -ен, -ена
чека́нить(ся), -ню, -нит(ся)
чека́нка, -и, *р. мн.* -нок
чека́нно, *нареч.*
чека́нность, -и
чека́нный; *кр. ф.* -а́нен, -а́нна
чека́ночный
чека́нщик, -а
чека́нящий(ся)
чеки́ст, -а (*от* ЧК, Чека́)
чеки́стка, -и, *р. мн.* -ток
чеки́стский
чек-ли́ст, -а́
чекма́рь, -я́
чекме́нь, -я́
че́ковый
чекода́тель, -я
чекодержа́тель, -я
чекопеча́тающий
чекры́жить, -жу, -жит
че́к такс-фри́, че́ка такс-фри́
чеку́ша, -и, *тв.* -ей
чеку́шка, -и, *р. мн.* -шек
челе́ста, -ы
чёлка, -и, *р. мн.* чёлок
чёлн, челна́
челни́нский (*к* На́бережные Челны́)
челни́нцы, -ев, *ед.* -нец, -нца, *тв.* -нцем (*к* На́бережные Челны́)
челно́к, -а́
челно́чить, -чу, -чит
челно́чник, -а
челно́чница, -ы, *тв.* -ей
челно́чный
челночо́к, -чка́
Челны́, -о́в: **На́бережные Челны́** (*город*)
чело́, -а́, *мн.* чёла, чёл
челоби́тная, -ой
челоби́тчик, -а
челоби́тчица, -ы, *тв.* -ей
челоби́тье, -я, *р. мн.* -тий
челове́к, -а
челове́к-амфи́бия, челове́ка-амфи́бии, *м.*
челове́к-леге́нда, челове́ка-леге́нды, *м.*
Челове́к-невиди́мка, Челове́ка-невиди́мки, *м.* (*лит. персонаж*)
человекобо́г, -а
человекове́д, -а
человекове́дение, -я
челове́ко-вы́ход, -а
челове́ко-де́нь, -дня́
человеколю́б, -а
человеколю́бец, -бца, *тв.* -бцем, *р. мн.* -бцев
человеколюби́вый
человеколю́бие, -я
человекомаши́нный
человеконенави́стник, -а
человеконенави́стнический
человеконенави́стничество, -а
человекообра́зный; *кр. ф.* -зен, -зна
человекоподо́бный; *кр. ф.* -бен, -бна
челове́ко-сме́на, -ы
человекоуби́йство, -а
человекоуби́йца, -ы, *м.* и *ж.*
челове́ко-ча́с, -а, *мн.* -ы́, -о́в
Челове́к с большо́й бу́квы
челове́цех: на земле́ ми́р, во челове́цех благоволе́ние
челове́чек, -чка
челове́чески
челове́ческий
челове́чественный; *кр. ф.* -вен, -венна
челове́чество, -а
челове́чий, -ья, -ье
челове́чина, -ы, *м.* (*увелич. к* челове́к) и *ж.* (*человечье мясо*)
челове́чишка, -и, *р. мн.* -шек, *м.*
челове́чище, -а и -и, *мн.* -и, -ищ, *м.*
челове́чность, -и
челове́чный; *кр. ф.* -чен, -чна
чёлочка, -и, *р. мн.* -чек
челю́скинец, -нца, *тв.* -нцем, *р. мн.* -нцев
челю́скинский (*от* "Челю́скин")
челюстно́й
че́люстно-лицево́й
челюстноро́тые, -ых
че́люсть, -и, *мн.* -и, -е́й и -ей
челя́бинка, -и, *р. мн.* -нок
челя́бинский (*от* Челя́бинск)
челя́бинцы, -ев, *ед.* -нец, -нца, *тв.* -нцем
челяди́н, -а
челяди́нец, -нца, *тв.* -нцем, *р. мн.* -нцев
челяди́нка, -и, *р. мн.* -нок
че́лядь, -и
чем, *союз*
чема́рка, -и, *р. мн.* -рок
че́мбало, *нескл., с.*
чембу́р, -а
че́мер, -а
чемери́ца, -ы, *тв.* -ей
чемери́чный
че́м ни по́падя
чемода́н, -а
чемода́нишко, -а и -и, *мн.* -шки, -шек, *м.*
чемода́нище, -а, *мн.* -а и -и, -ищ, *м.*
чемода́нный
чемода́нчик, -а
чемпио́н, -а
чемпиона́т, -а
чемпио́нка, -и, *р. мн.* -нок
чемпио́нский
чемпио́нство, -а
че́м по́падя
че́м попа́ло
чем све́т
чему́-чему́ (уж чему́-чему́, а э́тому не быва́ть; *также при переспросе*)
че́м-че́м (уж че́м-че́м, а э́тим на́с не удиви́шь; *также при переспросе*)
ченте́зимо, *нескл., с.*
чепа́н, -а
чепе́ц, чепца́, *тв.* чепцо́м, *р. мн.* чепцо́в
чепе́чный
чепра́к, -а́
чепра́чный
чепуха́, -и́
чепухе́нция, -и
чепухо́вина, -ы
чепухо́вый
чепуши́стый
че́пчик, -а
чепэ́ и ЧП, *нескл., с.* (*сокр.*: чрезвычайное происшествие)
че́рва, -ы (*прост. к* че́рви и че́рвы)
черва́, -ы и -ы́ (*личинки пчел*)
червеобра́зный; *кр. ф.* -зен, -зна
черве́ц, -а́, *тв.* -о́м, *р. мн.* -о́в
че́рви, -е́й, -я́м и **че́рвы,** черв, -ам (*карточная масть*)
черви́вевший (*от* черви́веть)
черви́веть, -еет (*становиться червивым*)
черви́вивший(ся) (*от* черви́вить(ся)
черви́вить, -влю, -вит (*что*)
черви́виться, -ится
черви́вость, -и
черви́вый
черви́ть, -и́т
червле́ние, -я
червлёный
червобо́ина, -ы
червобо́й, -я
червобо́йный
червови́дный; *кр. ф.* -ден, -дна
червово́д, -а
червово́дня, -и, *р. мн.* -ден
черво́вый
черво́неть, -еет (*краснеть*)
черво́нец, -нца, *тв.* -нцем, *р. мн.* -нцев
черво́нка, -и, *р. мн.* -нок
Черво́нная Ру́сь (*ист.*)
черво́нный
черво́нчик, -а

червото́чина, -ы
червото́чинка, -и, *р. мн.* -нок
червото́чный
че́рвы, черв, -ам и **че́рви,** -е́й, -я́м (*карточная масть*)
червь, -я́, *мн.* -и, -е́й
червя́га, -и
червя́к, -а́
червяко́вый
червяно́й
червя́чный
червячо́к, -чка́
черда́к, -а́
черда́чный
чердачо́к, -чка́
черды́нский (*от* Черды́нь)
черды́нцы, -ев, *ед.* -нец, -нца, *тв.* -нцем
череви́ки, -ов, *ед.* -ви́к, -а
череви́чки, -чек и -ов, *ед.* -чек, -чка
че́рево, че́рева и **черёво,** -а (*устар. к* чре́во)
черёд, -еда́, *предл.* в череду́
череда́, -ы́
чередова́ние, -я
чередова́ть(ся), -ду́ю(сь), -ду́ет(ся)
чередо́й, *нареч.*
чередо́м, *нареч.*
че́рез[1], *предлог*
че́рез[2], -а (*кошелек*)
череззе́рница, -ы, *тв.* -ей
через ме́ру
через не могу́
через пе́нь-коло́ду
череми́ска, -и, *р. мн.* -сок
череми́сский
череми́сы, -ов, *ед.* -ми́с, -а
черёмуха, -и
черёмуховый
черёмушка, -и, *р. мн.* -шек
Черёмушки, -шек
черёмушкинский (*от* Черёмушки)
черёмушник, -а
черёмушный
черемхо́вский (*от* Черемхо́во)
черемша́, -и́, *тв.* -о́й
черемшо́вый
Черенко́в, -а: **излуче́ние Черенко́ва – Вави́лова**
черенкова́ние, -я
черенко́ванный; *кр. ф.* -ан, -ана
черенкова́ть(ся), -ку́ю, -ку́ет(ся)
черенко́вский счётчик
черенко́вый
черено́к, -нка́
черено́чный
че́реп, -а, *мн.* -а́, -о́в
черепа́ха, -и
черепа́ховый
черепа́ший, -ья, -ье
черепа́шина, -ы
черепа́шка, -и, *р. мн.* -шек
черепашо́нок, -нка, *мн.* -ша́та, -а́т
черепе́нник, -а
черепи́тчатый
черепи́ца, -ы, *тв.* -ей
черепицеде́лательный
черепи́чина, -ы
черепи́чный
черепно́й
че́репно-мозгово́й
череповецкий (*от* Череповец)
череповча́не, -а́н, *ед.* -а́нин, -а
черепо́к, -пка́
черепо́чек, -чка
черепу́шечка, -и, *р. мн.* -чек
черепу́шка, -и, *р. мн.* -шек
черепяно́й и **черепя́ный**
череспери́одный
чересполо́сица, -ы, *тв.* -ей
чересполо́сность, -и
чересполо́сный
чересседе́льник, -а
чересседе́льный
чересстро́чный
чересступе́нчатый
чересчу́р
чере́шенка, -и, *р. мн.* -нок
черешко́вый
чере́шневый
чере́шня, -и, *р. мн.* -шен
черешо́к, -шка́
чере́шчатый
черимо́йя, -и
черк, *неизм.*
черка́н, -а
черка́ние, -я и **чёрканье,** -я
чёрканный; *кр. ф.* -ан, -ана, *прич.*
черкану́ть, -ну́, -нёт
чёрканье, -я и **черка́ние,** -я
черка́сский (*от* черка́сы и Черка́ссы, *город*)
черка́сцы, -ев, *ед.* -сец, -сца, *тв.* -сцем (*от* Черка́ссы)
Черка́счина, -ы (*к* Черка́ссы)
черка́сы, -ов, *ед.* -ка́с, -а (*в старину: украинцы, украинские казаки*)
черка́ть(ся), -а́ю, -а́ет(ся) и **чёркать(ся),** -аю, -ает(ся) (*зачеркивать(ся), вычеркивать(ся)*)
черка́ться, -а́юсь, -а́ется (*устар. к* чертыха́ться)
черке́з, -а (*растение*)
черке́ска, -и, *р. мн.* -сок (*одежда*)
черке́сский (*от* черке́сы и Черке́сск)
черке́сцы, -ев, *ед.* -сец, -сца, *тв.* -сцем (*от* Черке́сск)
черке́сы, -ов, *ед.* черке́с, -а
черке́шенка, -и, *р. мн.* -нок
черкну́ть, -ну́, -нёт
че́рмный; *кр. ф.* -мен, -мна́
черна́вка, -и, *р. мн.* -вок
Чёрная А́фрика
Чёрная Гря́зь (*населенный пункт*)
Чёрная ре́чка (*в Петербурге*)
черново́й и **че́рневый**
черне́ние, -я
чернённый; *кр. ф.* -ён, -ена́, *прич.*
чернёный, *прил.*
чёрненький
черне́ть(ся), -е́ю, -е́ет(ся)
че́рнеть, -и (*вид утки*)
чернёхонький; *кр. ф.* -нек, -нька
черне́ц, -а́, *тв.* -о́м, *р. мн.* -о́в
черне́ческий
чернёшенький; *кр. ф.* -нек, -нька
черни́говский (*от* Черни́гов)
черни́говцы, -ев, *ед.* -вец, -вца, *тв.* -вцем
Черни́говщина, -ы (*к* Черни́гов)
черни́ка, -и
черни́ла, -и́л
черни́льница, -ы, *тв.* -ей
черни́льный
черни́ть(ся), -ню́(сь), -ни́т(ся)
черни́ца, -ы, *тв.* -ей
черни́ческий
черни́чество, -а
черни́чина, -ы
черни́чка, -и, *р. мн.* -чек
черни́чник, -а
черни́чный
чёрно-бе́лый
чернобо́родый
чернобро́вка, -и, *р. мн.* -вок
чернобро́вый
чернобрю́хий
чернобу́рая лиси́ца
чернобу́рка, -и, *р. мн.* -рок
чёрно-бу́рый
чернобы́л, -а и **чернобы́ль,** -я (*растение*)
Черно́быль, -я (*город; катастрофа 1986; вообще ядерная катастрофа*)
чернобы́лье, -я
чернобы́льник, -а
чернобы́льный
Черно́быльская АЭ́С
черно́быльский (*от* Черно́быль)
черно́быльцы, -ев, *ед.* -лец, -льца, *тв.* -льцем
чернова́тый
черневи́к, -а́
черновицкий (*к* Черновцы́)
черновичо́к, -чка́
черново́й
черноволо́сый
черновча́не, -а́н, *ед.* -а́нин, -а (*от* Черновцы́)
черногла́зка, -и, *р. мн.* -зок
черногла́зый
черноголо́вка, -и, *р. мн.* -вок
черноголо́вник, -а
черноголо́вский (*от* Черноголо́вка)
черноголо́вый
черного́рка, -и, *р. мн.* -рок
черного́рский (*к* Черного́рия и черного́рцы)
черного́рцы, -ев, *ед.* -рец, -рца, *тв.* -рцем
черногри́вый
черногру́дка, -и, *р. мн.* -док
черногру́дый
Чёрное мо́ре
чёрно-зелёный

чернозём, -а
чернозёмный
чернозе́мье, -я (*чернозем*) и **Чернозе́мье,** -я (*геогр.*)
чернозла́тка, -и, *р. мн.* -ток (*жук*)
чернозо́бик, -а
чернозо́бый
черноклён, -а
чернокни́жие, -я
чернокни́жник, -а
чернокни́жный
черноко́жий
черноколо́ска, -и
черноко́рень, -рня
чернокры́лый
черноку́дрый
чернолéсский (чернолéсская культу́ра, *археол.*)
черноле́сье, -я
черноли́цый
черноло́з, -а
черномáзый
Черномо́р, -а (*сказочный персонаж*)
черномо́рдый
черномо́рский (*от* Чёрное мо́ре)
Черномо́рский фло́т
Черномо́рское побере́жье Кавкáза
черномо́рцы, -ев, *ед.* -рец, -рца, *тв.* -рцем
Черномо́рье, -я (*от* Чёрное мо́ре)
черноо́кий
чёрно-пе́гий
чёрно-пёстрый
черноплóдка, -и, *р. мн.* -док
черноплóдный
чернопо́льный
чернопятни́стая э́тмия
чернорабо́чая, -ей
чернорабо́чий, -его
черномо́рец
чернори́зец, -зца, *тв.* -зцем, *р. мн.* -зцев
чернори́зческий
чернорубáшечник, -а
чернорубáшечный
чёрно-ры́жий
черноры́ночный
чёрно-се́рый
чёрно-си́ний
чернosли́в, -а
черносли́вина, -ы
черносли́вный
черносли́вовый
черносморо́динка, -и, *р. мн.* -нок
черносморо́динный
черносморо́диновый
черносо́тенец, -нца, *тв.* -нцем, *р. мн.* -нцев
черносо́тенный
черносо́тенский
черносо́тенство, -а
черносо́шный
черноспи́нка, -и, *р. мн.* -нок
черноспи́нный
черносто́п, -а
чернотá, -ы́

чернотáл, -а
чернотáловый
чернотéлка, -и, *р. мн.* -лок
чернотро́п, -а
черноу́сый
чернофигу́рный
черношáпочный суро́к
черноше́ий ле́бедь
черноше́йная паламеде́я
черношёрстный и **черношёрстый**
че́рнский (*от* Чернь, *город*)
черну́ха, -и
черну́шка, -и, *р. мн.* -шек
черну́шный
чёрный; *кр. ф.* чёрен, чернá, черно́ и чёрно
Чёрный контине́нт (*об Африке*)
Чёрный Я́р (*поселок*)
чёрным по бе́лому (напи́сано)
черны́м-черно́
черны́ш, -á, *тв.* -о́м
чернь, -и
черня́венький
черня́вый
че́рнядь, -и
черня́к, -á
черня́не, -я́н, *ед.* -я́нин, -а (*от* Чернь)
черняхо́вский (черняхо́вская культу́ра, *археол.*; *к* Черняхо́вск)
черняхо́вцы, -ев, *ед.* -вец, -вца, *тв.* -вцем
черня́шка, -и
черпáк, -á
черпако́вый
черпáлка, -и, *р. мн.* -лок
черпáло, -а
черпáльный
черпáльщик, -а
че́рпание, -я
че́рпанный; *кр. ф.* -ан, -ана
черпану́ть, -ну́, -нёт
че́рпать(ся), -аю, -ает(ся)
черпачо́к, -чкá
черпну́ть, -ну́, -нёт
черпу́шка, -и, *р. мн.* -шек
черстве́ние, -я
черстве́ть, -е́ю, -е́ет
черстви́ть, -и́т
чёрствость, -и
чёрствый; *кр. ф.* чёрств, черствá, чёрство
черствя́к, -á
чёрт, чёрта, *мн.* че́рти, -е́й
чертá, -ы́
чёрта с двá
чертёж, -ежá, *тв.* -о́м
чертёжик, -а
чертёжник, -а
чертёжница, -ы, *тв.* -ей
чертёжно-графи́ческий
чертёжно-констру́кторский
чертёжно-копировáльный
чертёжный
чертёнок, -нка, *мн.* чертеня́та, -еня́т

чёрт знáет что́ (кто́, како́й, где́, кудá и т. п.)
чёртик, -а
черти́лка, -и, *р. мн.* -лок
черти́ть, черчу́, черти́т (*куролесить*)
черти́ть(ся), черчу́, че́ртит(ся) (*к* чертёж)
черти́ха, -и
чёртов, -а, -о
черто́вка, -и, *р. мн.* -вок
Чёртов мо́ст (*в Швейцарских Альпах*)
чертовня́, -и́
черто́вски
черто́вский
чертовщи́на, -ы
чертовщи́нка, -и, *р. мн.* -нок
черто́г, -а
чертого́н, -а
чертоло́м, -а
Чертомлы́кский кургáн (*археол.*)
чертополо́х, -а
чертополо́ховый
чёрточка, -и, *р. мн.* -чек
чёрт-те что́ (кто́, како́й, где́, кудá и т. п.)
чёртушка, -и, *р. мн.* -шек, *м.* и *ж.*
чертыхáнье, -я
чертыхáться, -áюсь, -áется
чертыхну́ться, -ну́сь, -нётся
чертя́ка, -и, *м.* и *ж.*
чертя́чий, -ья, -ье
чертя́щий (*от* черти́ть)
че́ртящий(ся) (*от* черти́ть(ся)
че́ру́стинский (*от* Че́ру́сти)
че́ру́стинцы, -ев, *ед.* -нец, -нца, *тв.* -нцем
черче́ние, -я
че́рченный; *кр. ф.* -ен, -ена, *прич.*
че́рченый, *прил.*
чёс, -а
чесáлка, -и, *р. мн.* -лок
чесáльный
чесáльня, -и, *р. мн.* -лен
чесáльщик, -а
чесáльщица, -ы, *тв.* -ей
чёсанец, -нца, *тв.* -нцем
чесáние, -я
чёсанки, -нок, *ед.* -нок, -нка
чёсанный; *кр. ф.* -ан, -ана, *прич.*
чёсаночки, -ов, *ед.* -чек, -чка
чесану́ть, -ну́, -нёт
чёсаный, *прил.*
чесáть(ся), чешу́(сь), че́шет(ся)
чёска, -и
Че́сме́нский бо́й (*1770*; *от* Че́сма)
чесно́к, -á и -у́
чеснoко́вый
чеснокодави́лка, -и, *р. мн.* -лок
чесно́чина, -ы
чесночи́нка, -и, *р. мн.* -нок
чесно́чник, -а
чесно́чница, -ы, *тв.* -ей
чесночницеобрáзные, -ых
чесно́чный
чесночо́к, -чкá и -чку́

чесну́ть, -ну́, -нёт
чесо́тка, -и
чесо́точный
че́ствование, -я
че́ствованный; *кр. ф.* -ан, -ана
че́ствовать(ся), -твую(сь), -твует(ся)
честерто́новский (*от* Че́стерто́н)
чести́ть, чещу́, чести́т
честне́йший
честно́й
че́стность, -и
че́стный; *кр. ф.* -тен, -тна́, -тно, че́стны́
честолю́бец, -бца, *тв.* -бцем, *р. мн.* -бцев
честолюби́вый
честолю́бие, -я
честь[1], -и
честь[2], чту, чтёт, чтут (*устар.*: *признавать, считать, полагать; читать*)
че́сть по че́сти
че́сть че́стью
чесуча́, -и́, *тв.* -о́й
чесучо́вый
чёт, -а (чёт и не́чет)
чета́, -ы́
четве́рг, -а́
четверго́вый
четвере́ньки: на четвере́ньках, на четвере́ньки, с четвере́нек
четвери́к, -а́
четверико́вый
четвери́ть(ся), -рю́, -ри́т(ся)
четвери́чный
четвёрка, -и, *р. мн.* -рок (*цифра; четыре предмета*)
четверно́й (*в четыре раза больший; состоящий из четырех частей, элементов*)
четверня́, -и́, *р. мн.* -е́й
че́тверо[1], четверы́х, четверы́м, четверы́ми, о четверы́х, *употр. с одушевленными сущ. муж. и сред. рода*
че́тверо[2], четырёх, четырём, четырьмя́, о четырёх, *употр. с сущ., не имеющими ед. ч., напр.*: че́тверо воро́т, че́тверо су́ток
четвероднéвный (*устар. к* четырёхдне́вный; Ла́зарь четвероднéвный, *библ.*)
Четвероева́нгелие, -я
четверокла́ссник, -а
четверокла́ссница, -ы, *тв.* -ей
четвероку́рсник, -а
четвероку́рсница, -ы, *тв.* -ей
четвероме́стный
четверено́гий
четверору́кий
четверости́шие, -я
четверохо́лмие, -я
четвёрочка, -и, *р. мн.* -чек
четвёрочник, -а
четвёрочница, -ы, *тв.* -ей
четвёрочный
четвероюродный
четверо́який
четверта́к, -а́
четвертако́вый
четвертачо́к, -чка́
четверти́на, -ы
четверти́нка, -и, *р. мн.* -нок
четверти́нный
четверти́ночка, -и, *р. мн.* -чек
четвертито́новый
четверти́чный
четвёртка, -и, *р. мн.* -ток (*четвертая часть*)
четвертно́й (*от* че́тверть)
четвертова́ние, -я
четверто́ванный; *кр. ф.* -ан, -ана
четвертова́ть(ся), -ту́ю, -ту́ет(ся)
четверто́к, -тка́
четверту́шка, -и, *р. мн.* -шек
четвёртый
че́тверть, -и, *мн.* -и, -е́й
четвертьвеково́й
четвертьво́лно́вый
четвертьсто́лька и **четвертьсто́лько**
четвертьфина́л, -а
четвертьфинали́ст, -а
четвертьфинали́стка, -и, *р. мн.* -ток
четвертьфина́льный
че́тверть часа́
четверчёный (тёс)
че́тий, -ья, -ье (*церк.*)
чётки, чёток
чёткий; *кр. ф.* чёток, четка́ и чётка, чётко
чётко ориенти́рованный
чёткость, -и
чёт-не́чет (*играть в чёт-нечет*)
че́тники, -ов, *ед.* -ник, -а
чётность, -и
чётный
чётче, *сравн. ст.*
четы́ре, четырёх, четырём, четырьмя́, о четырёх
Четыредеся́тница, -ы
четы́режды
четы́режды четы́ре
четы́реста, четырёхсо́т, четырёмста́м, четырьмяста́ми, о четырёхста́х
четырёха́дресный
четырёха́ктный
четырёхба́лльный (4-ба́лльный)
четырёхби́тный
четырёхбо́рье, -я
четырёхвалко́вый
четырёхведёрный и **четырёхвёдерный**
четырёхвесе́льный и **четырёхвёсельный**
четырёхгла́вый
четырёхгла́зка, -и, *р. мн.* -зок
четырёхгоди́чный (4-годи́чный)
четырёхгодова́лый
четырёхголо́вочный
четырёхголо́сие, -я
четырёхголо́сный
четырёхгра́нник, -а
четырёхгра́нный
четырёхдне́вный (4-дне́вный)
четырёхдо́льник, -а (*лит.*)
четырёхдо́льный
четырёхдоро́жечный
четырёхжа́берные, -ых
четырёхзвёздный
четырёхзве́нный
четырёхзна́чный (4-зна́чный)
четырёхзу́бы, -ов, *ед.* -зу́б, -а
четырёхкана́льный
четырёхкварти́рный
четырёхкилометро́вый (4-километро́вый)
четырёхкла́ссный
четырёхкли́нка, -и, *р. мн.* -нок
четырёхколёсный
четырёхко́мнатный
четырёхконе́чный
четырёхкра́сочный
четырёхкра́тный
четырёхкругово́й
четырёхла́мповый
четырёхле́тие (4-ле́тие), -я
четырёхле́тка, -и, *р. мн.* -ток, *ж.* (*четырехлетняя школа*), *м.* и *ж.* (*ребенок четырех лет*)
четырёхле́тний
четырёхле́ток, -тка
четырёхли́стный
четырёхлитро́вый (4-литро́вый)
четырёхлучево́й
четырёхме́рный
четырёхме́стный
четырёхме́сячный (4-ме́сячный)
четырёхметро́вый (4-метро́вый)
четырёхмиллио́нный (4-миллио́нный) и (*при передаче разг. произношения*) **четырёхмильо́нный**
четырёхмото́рный
четырёхно́гий
четырёхоруди́йный
четырёхо́сный
четырёхпа́лубный
четырёхпа́лый
четырёхполо́сный
четырёхпо́лье, -я
четырёхпо́льный
четырёхпо́люсник, -а
четырёхпрогра́ммный (4-програ́ммный)
четырёхпроце́нтный (4-проце́нтный)
четырёхпятни́стая коро́вка (*жук*)
четырёхро́гий кузово́к (*рыба*)
четырёхрублёвый (4-рублёвый)
четырёхру́чный
четырёхря́дный
четырёхсери́йный
четырёхска́тный
четырёхскоростно́й
четырёхсло́жный
четырёхсло́йный

четырёхсо́тенный
четырёхсоткилометро́вый (400-километро́вый)
четырёхсотле́тие (400-ле́тие), -я
четырёхсотле́тний (400-ле́тний)
четырёхсо́тый
четырёхполови́нный
четырёх с полови́ной проце́нтный
четырёхсте́нный
четырёхсто́пный
четырёхсторо́нний
четырёхстру́нный
четырёхта́ктный
четырёхта́ктовый
четырёхто́мник, -а
четырёхто́мный (4-то́мный)
четырёхто́нный
четырёхто́чечный жу́к
четырёхты́сячный
четырёхуго́льник, -а
четырёхуго́льный
четырёххло́ристый
четырёхцве́тный
четырёхцили́ндровый (4-цили́ндровый)
четырёхчасово́й (4-часово́й)
четырёхча́стный
четырёхчле́нный
четырёхша́жный
четырёхъя́русный
четырёхэлеме́нтный
четырёхэта́жный (4-эта́жный)
четырнадцатиле́тие (14-ле́тие), -я
четырнадцатиле́тний (14-ле́тний)
четырнадцатипятни́стая бо́жья коро́вка
четырнадцатисти́шие (14-сти́шие), -я
четырнадцатистро́чный (14-стро́чный)
четырнадцатиша́жный (та́нец, ма́рш)
четырнадцатиэта́жный (14-эта́жный)
четы́рнадцатый
четы́рнадцать, -и
четь, -и
Че́тьи мине́и, Че́тьих мине́й (*сборник житий святых*); но: **че́тья мине́я,** че́тьей мине́и (*отдельный рассказ из этого сборника*)
четьимине́йный
чехарда́, -ы́
че́хи, -ов, *ед.* чех, -а
че́хлик, -а
чехли́ть(ся), -лю́, -ли́т(ся)
чехлови́дный
чехлоно́ска, -и, *р. мн.* -сок
чехове́д, -а (*от* Че́хов)
чеховиа́на, -ы
че́ховский (*от* Че́хов)
че́ховцы, -ев, *ед.* -вец, -вца, *тв.* -вцем (*от* Че́хов, *город*)
чехо́л, чехла́
чехо́льный
чехо́льчик, -а
чехо́нь, -и
чехослова́ки, -ов
чехослова́цкий (*к* Чехослова́кия)
чехослова́цко-сове́тский
чечеви́ца, -ы, *тв.* -ей
чечевицеобра́зный; *кр. ф.* -зен, -зна
чечеви́чка, -и, *р. мн.* -чек
чечеви́чный
чече́нка, -и, *р. мн.* -нок
чече́но-дагеста́нский
чече́но-ингу́шский
чече́нский (*к* Чечня́ и чече́нцы)
чече́нцы, -ев, *ед.* -нец, -нца, *тв.* -нцем
чече́нцы-аки́нцы, чече́нцев-аки́нцев, *ед.* чече́нец-аки́нец, чече́нца-аки́нца
чече́ны, -ов, *ед.* чече́н, -а (*устар. и прост. к* чече́нцы)
че́чет, -а
чечётка, -и, *р. мн.* -ток
чечёточник, -а
чечёточный
че́шка, -и, *р. мн.* че́шек (*к* чехи)
че́шки, че́шек, *ед.* че́шка, -и (*обувь*)
че́шский (*к* че́хи и Че́хия)
Че́шский Ле́с (*горы*)
че́шско-росси́йский
че́шско-ру́сский
че́шско-слова́цкий
чешуеви́дный; *кр. ф.* -ден, -дна
чешуедре́в, -а
чешуекры́лые, -ых
чешуеобра́зный; *кр. ф.* -зен, -зна
чешуехво́стник, -а
чешуецве́тные, -ых
чешу́йка, -и, *р. мн.* -у́ек
чешу́йница, -ы, *тв.* -ей
чешу́йчатость, -и
чешу́йчатый
че́шущий(ся)
чешуя́, -и́
чещённый; *кр. ф.* -ён, -ена́ (*от* чести́ть), *прич.*
чжурчжэ́ни, -ей (*племена*)
чжурчжэ́ньский
чжэцзя́нский (*от* Чжэцзя́н)
чжэцзя́нцы, -ев, *ед.* -нец, -нца, *тв.* -нцем
чиану́ри, *нескл., с.*
чи́бис, -а
чибисёнок, -нка, *мн.* -ся́та, -ся́т
чи́бисовый
чиви́канье, -я
чиви́кать, -ает
чиви́кнуть, -нет
чив-чи́в, *неизм.*
чиги́рный
чиги́рь, -я́ (*механизм*)
чиго́ринский (*от* Чиго́рин)
чидао́ба, -ы (*грузинская нац. борьба*)
чиж, -а́, *тв.* -о́м
Чиже́вский, -ого: **лю́стра Чиже́вского**
чи́жик, -а
чи́жик-пы́жик, чи́жика- пы́жика
чижи́ный
чижо́вка, -и, *р. мн.* -вок
чижо́вый
чи́збургер, -а
чи́зель, -я
чий, чи́я, *предл.* о чи́е (*растение*)
чик, *неизм.*
чика́гский (*от* Чика́го)
чика́гцы, -ев, *ед.* -гец, -гца, *тв.* -гцем
чика́но, *нескл., м.*
чика́нос, *нескл., мн.*
чи́канье, -я
чи́кать(ся), -аю(сь), -ает(ся)
чик-в-чи́к, *неизм.*
чи́ки-чи́ки, *неизм.*
чи́кнуть, -ну, -нет
чи́ксы, -ов
чик-чи́к, *неизм.*
чик-чири́к, *неизм.*
чикчи́ры, -и́р
чилибу́ха, -и
чили́га, -и (*кустарник*)
чили́говый
чили́жник, -а
чили́йка, -и, *р. мн.* -и́ек
чили́йский (*от* Чи́ли)
чили́йцы, -ев, *ед.* -и́ец, -и́йца, *тв.* -и́йцем
чили́канье, -я
чили́кать, -аю, -ает
чили́кнуть, -ну, -нет
чили́м, -а
чиля́га, -и (*сорт винограда*)
чимке́нтский (*от* Чимке́нт)
чимке́нтцы, -ев, *ед.* -тец, -тца, *тв.* -тцем
чин, -а, *мн.* -ы́, -о́в
чи́на, -ы (*растение*)
чина́ра, -ы и **чина́р,** -а
чина́ровый
чина́рь, -я́ (*об обэриутах*); чи́н чинарём
Чингиси́ды, -ов (*династия*)
Чингисха́н, -а
чи́ненный; *кр. ф.* -ен, -ена, *прич.* (*от* чини́ть[1])
чинённый; *кр. ф.* -ён, -ена́, *прич.* (*от* чини́ть[2])
чи́нено-перечи́нено
чинёный и **чи́неный,** *прил.* (*от* чини́ть[1])
чи́неный-перечи́неный
чини́ть(ся)[1], чиню́(сь), чи́нит(ся) (*исправлять(ся)*)
чини́ть(ся)[2], чиню́(сь), чини́т(ся) (*устраивать; церемониться*)
чинк, -а (*обрыв, уступ плато*)
чи́нка, -и
Чинквече́нто, *нескл., с.*
чи́нно, *нареч.*
чи́нность, -и
чи́нный; *кр. ф.* чи́нен, чи́нна́, чи́нно
чино́вник, -а
чино́вница, -ы, *тв.* -ей
чино́вничать, -аю, -ает

чино́вничек, -чка
чино́внический
чино́вничество, -а
чино́вничий, -ья, -ье
чино́вничишка, -и, *р. мн.* -шек, *м.*
чино́вно-мафио́зный
чино́вность, -и
чино́вный
чинодра́л, -а
чиноименова́ние, -я
чинолю́бие, -я
чинонача́лие, -я
чинопёр, -а
чиноположе́ние, -я
чинопосле́дование, -я
чинопочита́ние, -я
чинопроизво́дство, -а
чиносоверше́ние, -я
чи́н по чи́ну
чину́к, -а (*ветер*)
чину́ша, -и, *тв.* -ей, *м.* и *ж.*
чину́шеский
чин-чи́н, *неизм.* (*пожелание, тост*)
чи́н чинарём
чи́н чи́ном
чинш, -а, *тв.* -ем
чиншеви́к, -а́
чиншево́й
чи́нящий(ся) (*от* чини́ть(ся)[1])
чиня́щий(ся) (*от* чини́ть(ся)[2])
чип, -а
чип-ка́рта, -ы
чи́повый
Чиполли́но, *нескл., м.*
чипсе́т, -а
чи́псы, -ов
чир, -а (*рыба*)
чи́рей, чи́рья
чирёнок, -нка, *мн.* чиря́та, -я́т
чири́к, *неизм.*
чири́канье, -я
чири́кать, -аю, -ает
чи́рики, -ов, *ед.* чи́рик, -а и **чирики́,** -о́в, *ед.* чири́к, -а́ (*обувь*)
чири́кнуть, -ну, -нет
чирк, *неизм.*
чи́рканный; *кр. ф.* -ан, -ана
чи́рканье, -я
чи́ркать, -аю, -ает
чирки́, -о́в, *ед.* чиро́к, чирка́ (*обувь*)
чи́ркнуть, -ну, -нет
чирко́вый
чиро́к, чирка́
чиро́ки, *нескл., мн., ед. м.* и *ж.*
чи́рус, -а (*рыба*)
чиру́ха, -и
чирчи́кский (*от* Чирчи́к)
чирчи́кцы, -ев, *ед.* -кец, -кца, *тв.* -кцем
чи́рышек, -шка
чиря́к, -а́
чиря́тина, -ы
чи́сление, -я
чи́сленник, -а
чи́сленно, *нареч.*
чи́сленность, -и
чи́сленный
числи́тель, -я
числи́тельное, -ого
чи́слить(ся), -лю(сь), -лит(ся)
число́, -а́, *мн.* чи́сла, чи́сел
числово́й
чи́слящий(ся)
чисте́йший
чи́стенький
чистёха, -и, *м.* и *ж.*
чистёхонький; *кр. ф.* -нек, -нька
чисте́ц, -а́, *тв.* -о́м, *р. мн.* -о́в
чистёшенький; *кр. ф.* -нек, -нька
чи́стик, -а
чи́стиковый
чисти́лище, -а
чисти́лищный
чи́стилка, -и, *р. мн.* -лок
чисти́льный
чи́стильщик, -а
чи́стильщица, -ы, *тв.* -ей
чисти́на, -ы
чисти́тель, -я
чисти́тельный
чи́стить(ся), чи́щу(сь), чи́стит(ся)
чи́стка, -и, *р. мн.* -ток
чи́сто, *нареч.*
чи́сто англи́йский
чи́сто-бе́лый
чистовидово́й
чистови́к, -а́
чи́сто вне́шний
чистово́й
чи́сто вспомога́тельный
чистога́н, -а
чистогово́рка, -и, *р. мн.* -рок
чи́сто-голубо́й
чи́сто декорати́вный
чистокро́вка, -и, *р. мн.* -вок, *м.* и *ж.*
чистокро́вность, -и
чистокро́вный; *кр. ф.* -вен, -вна
чисто́ль, -я
чистольняно́й
чистомажорита́рный
чи́сто-на́чисто
чистописа́ние, -я
чистоплемённый
чистопло́тность, -и
чистопло́тный; *кр. ф.* -тен, -тна
чистоплю́й, -я
чистоплю́йка, -и, *р. мн.* -ю́ек
чистоплю́йский
чистоплю́йство, -а
чистопо́лье, -я
чистопо́льный
чи́стопольский (*от* Чи́стополь)
чи́стопольцы, -ев, *ед.* -лец, -льца, *тв.* -льцем
чистопоро́дность, -и
чистопоро́дный; *кр. ф.* -ден, -дна
чи́сто практи́ческий
чи́сто прикладно́й
чистопро́бный
чи́сто профессиона́льный
Чистопру́дный бульва́р (*в Москве*)
чистопсо́вость, -и
чистопсо́вый
чи́сто рекла́мный
чисторжано́й
чи́сто-ро́зовый
чи́сто росси́йский
чи́сто ру́сский
чистосерде́чие, -я
чистосерде́чность, -и
чистосерде́чный; *кр. ф.* -чен, -чна
чи́сто случа́йный
чистосо́ртность, -и
чистосо́ртный
чистота́, -ы́
чистоте́л, -а
чи́сто теорети́ческий
чи́сто техни́ческий
чи́сто физиологи́ческий
чи́сто форма́льный
чистошерстяно́й
чи́сто юриди́ческий
Чи́стые пруды́ (*в Москве*)
чи́стый; *кр. ф.* чист, чиста́, чи́сто, чи́сты́
Чи́стый понеде́льник
чи́стый-пречи́стый
Чи́стый четве́рг
чистю́лька, -и, *р. мн.* -лек, *м.* и *ж.*
чистю́ля, -и, *м.* и *ж.*
чистя́к, -а́
чи́стящий(ся)
чита́бельность, -и
чита́бельный; *кр. ф.* -лен, -льна
чита́емость, -и
чита́емый
чита́ка, -и, *м.* и *ж.*
чита́лка, -и, *р. мн.* -лок
чита́льный
чита́льня, -и, *р. мн.* -лен
чита́льщик, -а
чита́льщица, -ы, *тв.* -ей
чи́танный; *кр. ф.* -ан, -ана, *прич.*
чи́тано-перечи́тано
чи́таный, *прил.*
чи́таный-перечи́таный
чита́тель, -я
чита́тельница, -ы, *тв.* -ей
чита́тельский
чита́ть-писа́ть
чита́ть(ся), -а́ю, -а́ет(ся)
читинка, -и, *р. мн.* -нок
читинский (*от* Чита́)
читинцы, -ев, *ед.* -нец, -нца, *тв.* -нцем
чи́тка, -и, *р. мн.* чи́ток
чи́тчик, -а
чи́тчица, -ы, *тв.* -ей
чи́тывать, *наст. вр. не употр.*
ЧИФ, -а и *нескл., м.* (*сокр.:* чековый инвестиционный фонд)
чифири́ть, -рю́, -ри́т
чифи́рный
чифи́рщик, -а
чифи́рь, -я́ (*чай*)

чих[1], -а
чих[2], *неизм.*
чиха́нье, -я
чиха́тельный
чиха́ть(ся), -а́ю, -а́ет(ся)
чихво́стить, -о́щу, -о́стит
чихиртма́, -ы́
чихи́рь, -я́ (*вино*)
чихну́ть, -ну́, -нёт
чихо́та, -ы
чихуа́-хуа́, *нескл., м.* и *ж.*
чи́чер, -а
чичеро́не, *нескл., м.*
Чи́чиков, -а
чи́чиковский
чи́чиковщина, -ы
чичисбе́й, -я
чи́ще, *сравн. ст.*
чи́щение, -я
чи́щенный; *кр. ф.* -ен, -ена, *прич.*
чи́щено-перечи́щено
чи́щеный, *прил.*
чи́щеный-перечи́щеный
чищо́ба, -ы (*очищенное от леса место*)
член, -а
члене́ние, -я
членённый; *кр. ф.* -ён, -ена́
чле́ник, -а
члени́мость, -и
члени́мый
членистобрю́хий
членистоно́гие, -их
членистосте́бельный
членистохо́ботные, -ых
чле́нистый
члени́ть(ся), -ню́, -ни́т(ся)
членко́р, -а
чле́н-корреспонде́нт, -а и чле́на-корреспонде́нта
членко́рский и **членко́ровский**
членко́рство, -а
чле́нный
членово́з, -а (*шутл.*)
членовреди́тель, -я
членовреди́тельский
членовреди́тельство, -а
членоразде́льность, -и
членоразде́льный; *кр. ф.* -лен, -льна
чле́нский
чле́нство, -а
чле́нствовать, -твую, -твует
чле́н-учреди́тель, чле́на-учреди́теля
ЧМ [чеэ́м], *нескл., ж.* и *неизм.* (*сокр.*: частотная модуляция, частотно-модулированный)
ЧМД [чеэмдэ́], *нескл., м.* (*сокр.*: частотно-модулированный домен)
ЧМ-колеба́ния, -ий
чмок, *неизм.*
чмо́канье, -я
чмо́кать(ся), -аю(сь), -ает(ся)
чмо́кнутый
чмо́кнуть(ся), -ну(сь), -нет(ся)
ЧМ-сигна́л, -а
чок[1], -а (*сужение канала ствола ружья*)
чок[2], *неизм.*
чо́канье, -я
чо́кать(ся), -аю(сь), -ает(ся)
чо́кер, -а
чокеро́ванный; *кр. ф.* -ан, -ана
чокерова́ть(ся), -ру́ю, -ру́ет(ся)
чокеро́вка, -и
чокеро́вщик, -а
чо́кнутый
чо́кнуть(ся), -ну(сь), -нет(ся)
чокта́у, *нескл., с.* (*элемент фигурного катания*)
чо́мга, -и
чо́мпи, *нескл., м.*
чон, -а (*ден. ед.*)
ЧОН, -а и *нескл., мн.* (*сокр.*: части особого назначения)
чонгу́ри, *нескл., с.*
чо́новец, -вца, *тв.* -вцем, *р. мн.* -вцев
чо́новский (*от* ЧОН)
чо́порность, -и
чо́порный; *кр. ф.* -рен, -рна
чо́ппер, -а
чох, -а
чоха́, -и́ и **чуха́,** -и́
чо́хом, *нареч.*
ЧП [чепэ́] *нескл., с.* (*сокр.*: частное предприятие)
ЧП и **чепэ́,** *нескл., с.* (*сокр.*: чрезвычайное происшествие)
чпок, *неизм.*
чпо́кнуть, -ну, -нет (*жарг.*)
ЧПУ [чепэу́] *нескл., с.* (*сокр.*: числовое программное управление)
чрева́тость, -и
чрева́тый
чре́вный
чре́во, -а
чревовеща́ние, -я
чревовеща́тель, -я
чревовеща́тельница, -ы, *тв.* -ей
чревосече́ние, -я
чревоуго́дие, -я
чревоуго́дник, -а
чревоуго́дница, -ы, *тв.* -ей
чревоуго́дничать, -аю, -ает
чревоуго́днический
чревоуго́дничество, -а
чреда́, -ы́
чрез, *предлог*
чрезбрюши́нный
чрезвыча́йка, -и, *р. мн.* -а́ек (*чрезвычайное положение и соответствующее властное учреждение*) и **Чрезвыча́йка,** -и (*Чека*)
Чрезвыча́йная коми́ссия по борьбе́ с контрреволю́цией и саботá́жем (ЧК или **Чека́;** *1918–1922*)
чрезвыча́йно, *нареч.*
чрезвыча́йность, -и
чрезвыча́йный; *кр. ф.* -а́ен, -а́йна
Чрезвыча́йный и Полномо́чный Посо́л (*офиц.*)
чрезвыча́йщина, -ы
чрезме́рность, -и
чрезме́рный; *кр. ф.* -рен, -рна
чреско́жный
чре́сла, чресл
ЧС [чеэ́с], *нескл., ж.* (*сокр.*: чрезвычайная ситуация)
чте́ние, -я
чте́ние-за́пись, чте́ния-за́писи
чтец, -а́, *тв.* -о́м, *р. мн.* -о́в
чте́ц-деклама́тор, чтеца́-деклама́тора
чте́цкий
чти́во, -а
чти́мый
чти́ть(ся), чту, чти́т(ся), чтя́т(ся) и чту́т(ся)
чти́ца, -ы, *тв.* -ей
что[1], чего́, чему́, чем, о чём
что[2], *союз*
что́ бишь
что́бы и **чтоб,** *союз* (говори́ гро́мче, что́бы все́ слы́шали; хочу́, что́бы все́ э́то по́няли) и *частица* (что́бы я́ тебя́ зде́сь бо́льше не ви́дел!); но *местоим.* **что́ бы** (что́ бы предприня́ть?)
что́ бы, *частица* (что́ бы тебе́ отдохну́ть!)
что́бы не сказа́ть, *в знач. союза* (о́н смешо́н, что́бы не сказа́ть бо́льше)
что́ бы ни (что́ бы ни случи́лось, да́й зна́ть)
что́ бы (то) ни́ было
что́ до... (*кого, чего*) (*что касается...*)
что́ есть ду́ху
что́ есть мо́чи
что́ есть си́лы
что́ ж(е), чего́ ж(е)
что́ за (что́ за пре́лесть!; что́ за ерунда́?)
что́й-то и **чего́й-то,** *нареч.* (*прост.*)
что́-либо, чего́-либо
что́ ли (ль), *вводн. сл.*
что́мый (*читаемый, церк.*)
что на́до, *в знач. сказ.*
что́-нибудь, чего́-нибудь
что́ ни говори́
что́ ни де́нь (*каждый день*)
что́ ни (на) е́сть
что́ ни у́тро (*каждое утро*)
что́ попа́ло
что́ почём (зна́ть, понима́ть)
что́-то[1], чего́-то
что́-то[2], *нареч.*
что́ уго́дно
что́-что́ (уж что́-что́, а э́то я́ запо́мнил; *также при переспросе*)
чту́щий и **чтя́щий**
чу, *неизм.*
чуб, -а, *мн.* -ы́, -о́в
чуба́рый
чуба́стый
чуба́тый
чу́бик, -а
чуби́на, -ы, *м.*

чубу́к, -á
чубу́чный
чубучо́к, -чкá
чубу́шник, -а
чу́бчик, -а
чува́к, -á (*жарг.*)
чува́л, -а
чувачо́к, -чкá (*жарг.*)
чуваши́, -éй и **чува́ши,** -ей, *ед.* чувáш, -á и -а
чува́шка, -и, *р. мн.* -шек
чува́шский (*к* чувáши́ и Чувáшия)
чуви́ха, -и (*жарг.*)
чу́вственник, -а
чу́вственно, *нареч.*
чу́вственность, -и
чу́вственный; *кр. ф.* -вен и -венен, -венна
чу́вствие, -я (*устар. к* чу́вство)
чувстви́лище, -а
чувстви́тельность, -и
чувстви́тельный; *кр. ф.* -лен, -льна
чу́вство, -а
чу́вствование, -я
чу́вствовать(ся), -твую, -твует(ся)
чувя́ки, -ов и -я́к, *ед.* -я́к, -а
чувя́чный
чугу́н, -á
чугуни́ще, -а, *мн.* -а и -и, -и́щ, *м.*
чугу́нка, -и, *р. мн.* -нок
чугу́нный
чугуново́з, -а
чугуново́зный
чугуно́к, -нкá
чугунолите́йный
чугунолите́йщик, -а
чугуноплави́льный
чугу́нчик, -а
чугу́нщик, -а
чуда́к, -á
чудакова́тость, -и
чудакова́тый
чуда́к-челове́к, *другие формы не употр.*
чуда́к чудако́м
чуда́сия, -и (*обл.*)
чуда́чащий
чуда́ческий
чуда́чество, -а
чуда́чествовать, -твую, -твует
чудачи́на, -ы, *м.* и *ж.*
чуда́чить, -чу, -чит
чуда́чка, -и, *р. мн.* -чек
чудачо́к, -чкá
чуде́сить, -ит
чуде́сник, -а
чуде́сница, -ы, *тв.* -ей
чуде́сно, *нареч.* и *в знач. сказ.*
чуде́сный; *кр. ф.* -сен, -сна
чу́дик, -а
чуди́ла, -ы, *м.* и *ж.*
чуди́нка, -и
чуди́ть, -и́т
чу́диться, -ится
чуди́ха, -и
чу́дище, -а
чу́дно, *нареч.* (*к* чу́дный)
чудно́, *нареч.* и *в знач. сказ.* (*к* чудно́й)
чуднова́тый
чудно́й; *кр. ф.* чу́ден и чудён, чуднá (*странный*)
чу́дный; *кр. ф.* чу́ден, чу́дна (*прекрасный*)
чу́до, -а, *мн.* чудесá, чуде́с, -áм
чу́до-... – *первая часть сложных слов, пишется через дефис, напр.*: чу́до-пе́чка, чу́до-де́рево; но: чу́до чу́дное
чу́до-богаты́рь, -я́
Чу́дов монасты́рь, Чу́дова монастыря́
чудо́вище, -а
чудо́вищно, *нареч.*
чудо́вищность, -и
чудо́вищный; *кр. ф.* -щен, -щна
чу́довский (*к* Чу́дов монасты́рь и Чу́дово, *город*)
чу́до-го́род, -а
чудоде́й, -я
чудоде́йка, -и, *р. мн.* -е́ек
чудоде́йный
чудоде́йственно, *нареч.*
чудоде́йственность, -и
чудоде́йственный; *кр. ф.* -вен и -венен, -венна
чудоде́йствие, -я
чудоде́йство, -а
чудоде́йствовать, -ствую, -ствует
чу́до-де́рево, -а
чу́до из чуде́с
чу́до-ко́нь, -я́, *мн.* -и, -е́й
чу́дом, *нареч.*
чу́до-маши́на, -ы
чу́до-пе́чка, -и, *р. мн.* -чек
чу́до-препара́т, -а
чу́до-прибо́р, -а
чу́до-самолёт, -а
Чу́до свято́го Гео́ргия о змие́ (*иконографический сюжет*)
чудотворе́ние, -я
чудотво́рец, -рца, *тв.* -рцем, *р. мн.* -рцев; но: **Никола́й Чудотво́рец**
чудотвори́ть, -рю́, -ри́т
чудотво́рность, -и
чудотво́рный; *кр. ф.* -рен, -рна
чудотво́рство, -а
чудотворя́щий
чу́до-те́хника, -и
чу́до чу́дное
Чу́до-ю́до, Чу́да-ю́да (*сказочный персонаж*) и **чу́до-ю́до,** чу́да-ю́да (*о чем-н. удивительном*)
чу́до-я́года, -ы
Чудско́е о́зеро
чудско́й (*от* чудь)
чудь, -и
чудя́щий
чу́дящийся
чу́ечка, -и, *р. мн.* -чек
чужа́к, -á
чужани́н, -а, *мн.* -áне, -áн
чужа́чка, -и, *р. мн.* -чек
чужби́на, -ы
чужби́нный
чужда́ться, -áюсь, -áется
чу́ждость, -и
чу́ждый; *кр. ф.* чужд, чуждá, чу́ждо, чу́жды́
чужеда́льний и чужеда́льный
чужезе́мец, -мца, *тв.* -мцем, *р. мн.* -мцев
чужезе́мка, -и, *р. мн.* -мок
чужезе́мность, -и
чужезе́мный
чужезе́мщина, -ы
чужепле́менник, -а
чужепле́менный
чужеро́дность, -и
чужеро́дный; *кр. ф.* -ден, -дна
чужеспи́нник, -а
чужестра́нец, -нца, *тв.* -нцем, *р. мн.* -нцев
чужестра́нка, -и, *р. мн.* -нок
чужестра́нный
чужея́дный
чужо́й
чуинга́м, -а
чу́йка, -и, *р. мн.* чу́ек
Чу́йская доли́на
чу́йский (*от* Чу и Чу́я, *реки*)
чуко́тский (*к* чу́кчи и Чуко́тка)
Чуко́тский автоно́мный о́круг
чуко́тско-эскимо́сский
чукча́нка, -и, *р. мн.* -нок
чу́кчи, -ей, *ед.* чу́кча, -и, *м.*
чула́н, -а
чула́нец, -нца, *тв.* -нцем, *р. мн.* -нцев
чула́нный
чула́нчик, -а
чулки́, чуло́к, *ед.* чуло́к, чулкá
чулки́ го́льф, чуло́к го́льф
чуло́чки, -чек, *ед.* чуло́чек, -чка
чуло́чник, -а
чуло́чница, -ы, *тв.* -ей
чуло́чно-носо́чный
чуло́чно-трикота́жный
чуло́чный
чулы́мский (*от* Чулы́м)
чум, -а (*жилище*)
чума́, -ы́
чума́зый
чума́к, -á
чумакова́ть, -ку́ю, -ку́ет
чума́цкий
чума́чество, -а
чуме́ть, -е́ю, -е́ет
чуми́за, -ы
чуми́зный
чуми́чка, -и, *р. мн.* -чек
чу́мка, -и
чумно́й (*от* чумá)
чу́мный (*от* чум)
чумово́й
чумо́лог, -а
чу́ни, -ей, *ед.* чу́ня, -и (*лапти*)

чу́нский (*от* Чу́ня, *река*)
чу́ньки, -нек, *ед.* чу́нька, -и
чу́па-чу́пс, -а и *нескл., м.*
чупла́н, -а *(сорт ржи)*
чупри́на, -ы
чупру́н, -а́
чупру́нный
чур, *неизм.*
чура́ться, -а́юсь, -а́ется
чурба́к, -а́
чурба́н, -а
чурба́нчик, -а
чурбачо́к, -чка́
чурба́шек, -шка
чуре́к, -а
чури́нга, -и
чу́рка, -и, *р. мн.* чу́рок
чу́рочка, -и, *р. мн.* -чек
чу́рочный
чур-чура́, *неизм.*
чурчхе́ла, -ы
чусовля́не, -я́н, *ед.* -я́нин, -а (*от* Чусова́я, *река*, и Чусово́й, *город*)
чусовско́й (*от* Чусова́я и Чусово́й)
чу́ткий; *кр. ф.* чу́ток, чутка́, чу́тко
чу́ткость, -и
чуто́к, *нареч.*
чуто́чек, *нареч.*
чу́точку, *нареч.*
чу́точный
чу́тче, *сравн. ст.*
чуть, *нареч.*
чу́ть было не...
чутьё, -я́
чуть живо́й, чуть жи́в
чутьи́стый
чу́ть ли не...
чу́ть не...
чуть тёплый
чуть что́
чуть-чу́ть
чуфа́, -ы́
чуф-чу́ф, *неизм.*
чуфы́канье, -я
чуфы́кать, -ает
чуфы́кнуть, -нет
чуха́, -и́ и **чоха́,** -и́
чу́хаться, -аюсь, -ается
чухломичи́, -е́й, *ед.* -ми́ч, -а́, *тв.* -о́м
чухломско́й (*от* Чухлома́)
чухна́, -ы́ (*чухонцы*)
чухо́нка, -и, *р. мн.* -нок
чухо́нский
чухо́нцы, -ев, *ед.* -нец, -нца, *тв.* -нцем
чух-чу́х, *неизм.*
чу́челко, -а, *мн.* -и, -лок
чу́чело, -а
чу́чельник, -а
чу́чельный
чучме́к, -а
чучхе́, *неизм.* и *нескл., с.*
чу́шка, -и, *р. мн.* чу́шек
чу́шки, чу́шек (*игра*)
чу́шковый
чушь, -и
чу́ющий(ся)
чу́янный; *кр. ф.* чу́ян, -а, *прич.*
чу́ять(ся), чу́ю, чу́ет(ся)
чхать, чха́ю, чха́ет (*прост. к* чиха́ть)
чхнуть, чхну, чхнёт (*прост. к* чихну́ть)
ч-ш и **ч-ш-ш,** *неизм.*
чьё, чьего́
чья, чьей
ЧЭЗ, *нескл., с.* (*сокр.*: частотное электромагнитное зондирование)

Ш

ша[1], *нескл., с.* (*название буквы*)
ша[2], *межд.*
шабала́, -ы́
ша́баш, -а, *тв.* -ем (*субботний отдых; сборище ведьм*)
шаба́ш, *неизм.* (*кончено, довольно*)
шаба́шить, -шу, -шит
шаба́шка, -и, *р. мн.* -шек
шаба́шник, -а
шаба́шничать, -аю, -ает
шаба́шнический
шаба́шничество, -а
шаба́шный
Ша́ббат, -а
ша́бер, -а (*инструмент*)
шабёр, шабра́ (*сосед*)
шабли́, *нескл., с.*
шабло́н, -а
шаблониза́ция, -и
шаблонизи́рованный; *кр. ф.* -ан, -ана
шаблонизи́ровать(ся), -рую, -рует(ся)
шабло́нно, *нареч.*
шабло́нность, -и
шабло́нный; *кр. ф.* -о́нен, -о́нна
шабло́нчик, -а
шабло́нщик, -а
шабо́т, -а
ша́бре́ние, -я
шабрёнка, -и, *р. мн.* -нок
ша́бренный; *кр. ф.* -ен, -ена, *прич.*
ша́бреный, *прил.*
ша́брить(ся), -рю, -рит(ся)
шаброва́ние, -я
шабро́ванный; *кр. ф.* -ан, -ана
шаброва́ть(ся), -ру́ю, -ру́ет(ся)
шабро́вка, -и
шабро́вочный
шабро́вщик, -а
шабу́р, -а (*одежда*)
ша́вка, -и, *р. мн.* ша́вок
шаг, -а и -у и (*с колич. числит. 2, 3, 4*) -а́, *предл.* в ша́ге и в шагу́, *мн.* -и́, -о́в
шага́ловский (*от* Шага́л)
шага́ние, -я
шага́ть(ся), -а́ю, -а́ет(ся)
шага́ющий
ша́г в ша́г
ша́г за ша́гом
шаги́стика, -и
ша́г-наско́к, ша́га-наско́ка
шагну́ть, -ну́, -нёт
шагово́й (*о породе лошадей*)
ша́говый (*тех.*)
ша́гом, *нареч.*
шагоме́р, -а
шагоме́рный
ша́гом ма́рш!
шагре́невый
шагренирова́льный
шагрени́рование, -я
шагрени́рованный; *кр. ф.* -ан, -ана
шагрени́ровать(ся), -рую, -рует(ся)
шагре́нь, -и
ша́дрик, -а (*поташ*)
ша́дринский (*от* Ша́дринск; ша́дринские гу́си)
ша́дринцы, -ев, *ед.* -нец, -нца, *тв.* -нцем
шадрови́тый (*рябой*)
шаду́ф, -а
ша́ечка, -и, *р. мн.* -чек
ша́ечный
шажи́ще, -а, *мн.* -а и -и, -и́щ, *м.*
шажко́м, *нареч.*
шажо́к, шажка́
шажо́чек, -чка
шазю́бль, -я (*одежда*)
шаи́р, -а (*поэт у народов Востока*)
шаи́ри, *нескл., м.* (*размер грузинской поэзии*)
ша́йба, -ы
ша́йбовый
ша́йбочка, -и, *р. мн.* -чек
ша́йка, -и, *р. мн.* ша́ек
ша́йка-ле́йка, ша́йки-ле́йки
ша́йрский
ша́йры, -ов, *ед.* шайр, -а (*порода лошадей*)
шайта́н, -а
шака́л, -а
шака́лий, -ья, -ье
шака́лить, -лю, -лит
ша́кти, *нескл., ж.*
шакти́зм, -а
ша́кья, *нескл., мн., ед. м.* и *ж.* (*древнее племя*), *м.* (*буддийский монах*)
Ша́кья-Му́ни, *нескл., м.*
шала́, -и́
шала́ва, -ы
шала́вый
шала́нда, -ы
шала́ндный
шала́ндовый
шала́ндщик, -а
шала́ш, -а́, *тв.* -о́м
шала́шик, -а
шала́шник, -а
шала́шный

шалбе́р, -а
шалбе́рник, -а
шалбе́рничать, -аю, -ает
шале́, *нескл., с.*
шалёванный; *кр. ф.* -ан, -ана
шалева́ть(ся), шалю́ю, шалю́ет(ся)
шалёвка, -и, *р. мн.* -вок
ша́левый
шале́ть, -е́ю, -е́ет
шали́ть, шалю́, шали́т
шалма́н, -а
шаловли́вость, -и
шаловли́вый
шало́м, *неизм.*
шалопа́истый
шалопа́й, -я
шалопа́йничать, -аю, -ает
шалопа́йство, -а
шалопу́т, -а
шалопу́тный
ша́лость, -и
шало́т, -а
шало́т-лу́к, -а
шалта́й-болта́й, -я (*пустяки, вздор; бездельник*), *неизм.* (*попусту; без дела, занятия*) и **Шалта́й-Болта́й,** Шалта́я-Болта́я (*персонаж прибаутки*)
шалу́н, -а́
шалуни́шка, -и, *р. мн.* -шек, *м.* и *ж.*
шалу́нья, -и, *р. мн.* -ний
шалфе́й, -я
шалфе́йный
шалыга́н, -а
шалыга́нить, -ню, -нит
ша́лый
шаль, -и
шальва́ры, -а́р
ша́лька, -и, *р. мн.* ша́лек
шально́й
шаля́й-валя́й, *неизм.*
шаля́пинский (*от* Шаля́пин)
шама́н, -а
шамани́зм, -а
шама́ний, -ья, -ье
шама́нить, -ню, -нит
шама́нка, -и, *р. мн.* -нок
шама́нский
шама́нство, -а
шама́нящий
шамато́н, -а
ша́мать, -аю, -ает
Ша́мбала, -ы (*у буддистов: священная страна*)
шамберье́р, -а
шамилёвский (*от* Шами́ль)
ша́мканье, -я
ша́мкать, -аю, -ает
ша́мкнуть, -ну, -нет
шамо́вка, -и
шамози́т, -а
шамо́т, -а
шамо́тный
шамо́товый
шампаниза́ция, -и
шампанизи́рованный; *кр. ф.* -ан, -ана
шампанизи́ровать(ся), -рую, -рует(ся)
шампани́ст, -а
шампа́нский (*от* Шампа́нь; шампа́нские ви́на)
шампа́нское, -ого
шампа́нцы, -ев, *ед.* -нец, -нца, *тв.* -нцем (*от* Шампа́нь)
шампа́нь, -и (*порода кроликов*)
шампиньо́н, -а
шампиньо́нник, -а
шампиньо́нница, -ы, *тв.* -ей
шампиньо́нный
шампу́невый
шампу́нь, -я
шампу́р, -а
шампу́рный
шанда́л, -а
шанда́льный
шандара́хнуть, -ну, -нет
ша́нежка, -и, *р. мн.* -жек
шане́ль, -и *(духи́)*
ша́нец, ша́нца, *тв.* ша́нцем, *р. мн.* ша́нцев
ша́нкерный
шанкр, -а
шанс, -а
шансо́н, -а
шансоне́тка, -и, *р. мн.* -ток
шансоне́тный
шансоне́точный
шансо́нный
шансонье́, *нескл., м.*
шанта́ж, -а́, *тв.* -о́м
шантажи́рование, -я
шантажи́рованный; *кр. ф.* -ан, -ана
шантажи́ровать(ся), -рую(сь), -рует(ся)
шантажи́ст, -а
шантажи́стка, -и, *р. мн.* -ток
шантажи́стский
шанта́жный
шанта́н, -а
шанта́нный
шантрапа́, -ы́, *м.* и *ж.*
Шанха́йская организа́ция сотру́дничества и **"Шанха́йская пятёрка"**
шанха́йский (*от* Шанха́й)
шанха́йцы, -ев, *ед.* -а́ец, -а́йца, *тв.* -а́йцем
ша́нцевый
ша́ньга, -и, *р. мн.* ша́нег
шань-шу́й, *неизм.* и *нескл., м. (жанр китайской живописи)*
шапиро́граф, -а
шапито́, *нескл., с.* и *неизм.*
ша́пка, -и, *р. мн.* ша́пок
ша́пка-боя́рка, ша́пки-боя́рки
ша́пка-невиди́мка, ша́пки-невиди́мки
ша́пка-уша́нка, ша́пки-уша́нки
шапкозакида́тельский
шапкозакида́тельство, -а
шапова́л, -а
шапова́льный
шапокля́к, -а
ша́понька, -и, *р. мн.* -нек
ша́почка, -и, *р. мн.* -чек
ша́почник, -а
ша́почница, -ы, *тв.* -ей
ша́почный (*также*: к ша́почному разбо́ру (прийти́), ша́почное знако́мство)
шапсу́ги, -ов, *ед.* -су́г, -а
шапсу́гский
шаптализа́ция, -и (*в виноделии*)
шапчо́нка, -и, *р. мн.* -нок
шар, -а и (*в бильярдной игре*) -а́, *мн.* -ы́, -о́в
Шар, -а: **Ма́точкин Ша́р, Ю́го́рский Ша́р** (*проливы*)
шараба́н, -а
шараба́нный
шараба́нчик, -а
шара́га, -и
шара́да, -ы
шара́дный
шара́п: на шара́п
шара́х, *неизм.*
шара́ханье, -я, *р. мн.* -ний
шара́хать(ся), -аю(сь), -ает(ся)
шара́хнуть(ся), -ну(сь), -нет(ся)
шара́шить, -шу, -шит
шара́шка, -и, *р. мн.* -шек
шара́шкина конто́ра, шара́шкиной конто́ры
шара́ш-монта́ж, *другие формы не употр.*
шар-ба́ба, -ы
шарж, -а, *тв.* -ем
ша́ржевый
шаржи́рование, -я
шаржи́рованный; *кр. ф.* -ан, -ана
шаржи́ровать(ся), -рую(сь), -рует(ся)
шаржиро́вка, -и
шаржи́ст, -а
ша́р-зо́нд, ша́ра-зо́нда
шариа́т, -а
шариа́тский
шарива́ри, *нескл., с.*
ша́рик, -а (*уменьш. к* шар) и **Ша́рик,** -а (*кличка собаки*)
Ша́риков, -а
ша́риковский (*от* Ша́риков)
ша́риковщина, -ы
ша́риковый
шарикоподши́пник, -а
шарикоподши́пниковый
ша́рить, ша́рю, ша́рит
шарк, *неизм.*
ша́рканье, -я
ша́ркать(ся), -аю(сь), -ает(ся)
ша́ркнуть(ся), -ну(сь), -нет(ся)
Шарко́, *нескл., м.*: **ду́ш Шарко́**
шарку́н, -а́
шарк-ша́рк, *неизм.*
шарлата́н, -а
шарлата́нить, -ню, -нит
шарлата́нка, -и, *р. мн.* -нок

шарлата́нский
шарлата́нство, -а
шарла́х, -а
шарла́ховый
шарло́т, -а
шарло́тка, -и, *р. мн.* -ток
шарм, -а
шарма́нка, -и, *р. мн.* -нок
шарма́ночка, -и, *р. мн.* -чек
шарма́ночный
шарма́нщик, -а
шарни́р, -а
шарни́рно крепя́щийся
шарни́рно-подвижно́й
шарни́рно-решётчатый и **шарни́рно-решётчатый**
шарни́рно-ро́ликовый
шарни́рно-рыча́жный
шарни́рно-сочленённый
шарни́рный
шаро́ванный; *кр. ф.* -ан, -ана
шарова́рный
шарова́рчики, -ов
шарова́ры, -а́р
шарова́ть(ся), шару́ю, шару́ет(ся)
шарови́дность, -и
шарови́дный; *кр. ф.* -ден, -дна
шаро́вка, -и, *р. мн.* -вок
шарово́й (*к* шар)
ша́ровый (*серый*)
шароле́, *нескл., мн.* и *неизм.* (*порода скота*)
шаромы́га, -и, *м.* и *ж.*
шаромы́жка, -и, *р. мн.* -жек, *м.* и *ж.*
шаромы́жник, -а
шаромы́жница, -ы, *тв.* -ей
шаромы́жничать, -аю, -ает
шаромы́жничество, -а
шаромы́жный
шарообра́зность, -и
шарообра́зный; *кр. ф.* -зен, -зна
шаропило́т, -а и **ша́р-пило́т,** ша́ра-пило́та
шароско́п, -а
шаро́шечный
шаро́шка, -и, *р. мн.* -шек
ша́рпать, -аю, -ает
шарпе́евы воло́кна, шарпе́евых воло́кон
шарпе́й, -я
ша́рпи, *нескл., ж.* и *с.* (*яхта*)
ша́р-пило́т, ша́ра-пило́та и **шаропило́т,** -а
шартре́з, -а
ша́ртрский (*от* Шартр)
шарф, -а
ша́рфик, -а
шарфяно́й
шарья́ж, -а, *тв.* -ем
ша́рящий
шасла́, -ы́
шассе́, *неизм.* (па́ шассе́) и *нескл., с.* (*движение в танце*)
шасси́[1], *нескл., с.* (*у автомобиля, самолета*)
шасси́[2] и (*в проф. речи*) **ша́сси,** *нескл., с.* (*электротех., радиотех.*)
ша́сталка, -и, *р. мн.* -лок
ша́станье, -я
ша́стать, -аю, -ает
шасть, *неизм.*
шата́ние, -я
шата́ть(ся), -а́ю(сь), -а́ет(ся)
шате́н, -а
шате́нка, -и, *р. мн.* -нок
шатёр, шатра́
шатёрный
шати́рованный; *кр. ф.* -ан, -ана
шати́ровать(ся), -рую, -рует(ся)
шатиро́вка, -и
ша́тия, -и
ша́тия-бра́тия, ша́тии-бра́тии
ша́ткий; *кр. ф.* ша́ток, ша́тка́, ша́тко
ша́ткость, -и
шатну́ть(ся), -ну́(сь), -нёт(ся)
шато́, *нескл., с.*
шато́-ике́м, -а и -у
шатро́вый
шаттл, -а
шату́н, -а́
шату́нный
шату́нья, -и, *р. мн.* -ний
шату́рский (*от* Шату́ра)
шату́рцы, -ев, *ед.* -рец, -рца, *тв.* -рцем
шатуря́не, -я́н, *ед.* -я́нин, -а
шату́чий
шату́щий
шаурма́, -ы́ (*кулин.*)
ша́фер, -а, *мн.* -а́, -о́в (*в свадебной церемонии*)
ша́ферский
шафра́н, -а
шафра́нный
шафра́новый
шах[1], -а (*в шахматах*)
шах[2], -а (*титул*); *после собственных имен пишется через дефис, напр.*: Нади́р-ша́х, Реза́-ша́х
Шахереза́да, -ы и **Шахраза́да,** -ы
ша́хер-ма́хер, -а
ша́хер-ма́херский
шахерма́херство, -а
шахи́д, -а
шахиди́зм, -а
шахи́дка, -и, *р. мн.* -док
шахи́дский
шахинша́х, -а
шахинша́хский
шахи́ня, -и, *р. мн.* -и́нь
шахмати́ст, -а
шахмати́стка, -и, *р. мн.* -ток
шахмати́стский
шахмати́шки, -шек
ша́хматный
ша́хматовский (*от* Ша́хматов и Ша́хматово)
ша́хматы, -ат
шахо́ванный; *кр. ф.* -ан, -ана
шахова́ть, шаху́ю, шаху́ет
ша́ховый
Шахраза́да, -ы и **Шахереза́да,** -ы
шахреста́н, -а
шахсе́й-вахсе́й, -я
ша́хский
ша́хта, -ы
ша́хтенный
шахтёр, -а
шахтёрка, -и, *р. мн.* -рок
шахтёрский
ша́хтинский (*от* Ша́хты, *город*)
ша́хтинцы, -ев, *ед.* -нец, -нца, *тв.* -нцем (*от* Ша́хты)
шахтко́м, -а
ша́хтный
шахтовладе́лец, -льца, *тв.* -льцем, *р. мн.* -льцев
ша́хтовый
шахтоподъёмник, -а
шахтопрохо́дческий
шахтопрохо́дчик, -а
шахтострои́тель, -я
шахтоуправле́ние, -я
шахтофо́н, -а
ша́хточка, -и, *р. мн.* -чек
Ша́хты, Шахт (*город*)
ша́шечка, -и, *р. мн.* -чек
ша́шечница, -ы, *тв.* -ей
ша́шечный
шаши́ст, -а
шаши́стка, -и, *р. мн.* -ток
ша́шка, -и, *р. мн.* ша́шек
ша́шки, ша́шек (*игра*)
шашлы́к, -а́ и -у́
шашлы́чная, -ой
шашлы́чник, -а
шашлы́чница, -ы, *тв.* -ей
шашлы́чный
шашлычо́к, -чка́ и -чку́
ша́шни, -ей
шва́бка, -и, *р. мн.* -бок
шва́бра, -ы
шва́бровый
шва́бский
шва́бы, -ов, *ед.* шваб, -а
шваль, -и
шва́льня, -и, *р. мн.* -лен
шванк, -а
шва́нновский (*от* Шванн): **шва́нновские кле́тки**
шварк, *неизм.*
шва́рканье, -я
шва́ркать(ся), -аю(сь), -ает(ся)
шва́ркнутый
шва́ркнуть(ся), -ну(сь), -нет(ся)
шва́рта, -ы (*спайка, мед.*)
шварто́в, -а
швартова́ние, -я
шварто́ванный; *кр. ф.* -ан, -ана (*от* швартова́ть)
швартова́ть(ся), -ту́ю(сь), -ту́ет(ся)
шварто́вить(ся), -влю(сь), -вит(ся)
шварто́вка, -и, *р. мн.* -вок
шварто́вленный; *кр. ф.* -ен, -ена (*от* шварто́вить)
шварто́вный

швартóвщик, -а
швартóвый (*к* швартóв)
швáрцевский (*от* Шварц)
швах, *в знач. сказ.*
швéдка, -и, *р. мн.* -док
швéдский (*к* швéды и Швéция)
швéдско-норвéжский
швéдско-российский
швéдско-рýсский
швéды, -ов, *ед.* швед, -а
швéйка, -и, *р. мн.* швéек
швéйник, -а
швéйница, -ы, *тв.* -ей
швéйно-галантерéйный
швéйный
швейцáр, -а
швейцáриха, -и (*к* швейцáр)
Швейцáрия, -и (*также перен.*)
швейцáрка, -и, *р. мн.* -рок (*к* швейцáрцы)
Швейцáрская Конфедерáция (*государство, офиц.*)
Швейцáрские Áльпы
швейцáрский (*к* Швейцáрия, швейцáрцы, швейцáр)
швейцáрцы, -ев, *ед.* -рец, -рца, *тв.* -рцем (*к* Швейцáрия)
швéллер, -а
швéллерный
швепс, -а (*вода*)
швéрмер, -а
шверт, -а и -á
швертбóт, -а
швертбóт-двóйка, швертбóта-двóйки, *м.*
швертбóт-одинóчка, швертбóта-одинóчки, *м.*
швертóвый (*к* шверт)
шверт-тáль, -и *(мор.)*
швец, -á, *тв.* -óм, *р. мн.* -óв
швея́, -и́
швея́-ручни́ца, швеи́-ручни́цы
шви́цкий
шви́цы, -ев, *ед.* швиц, -а, *тв.* -ем (*порода скота*)
швóрень, -рня и **шквóрень,** -рня
шворневóй и **шкворневóй**
швунг, -а *(спорт.)*
швыркóвый
швырнýть(ся), -нý(сь), -нёт(ся)
швырóк, -ркá
швыря́лка, -и, *р. мн.* -лок
швыря́ние, -я
швы́рянный; *кр. ф.* -ян, -яна
швыря́ть(ся), -я́ю(сь), -я́ет(ся)
шебаршéние, -я и **шебуршéние,** -я
шебарши́ть(ся), -шý(сь), -ши́т(ся) и **шебурши́ть(ся),** -шý(сь), -ши́т(ся)
шебути́ться, -учýсь, -ути́тся
шебутнóй
шевáж, -а, *тв.* -ем
шевалье́, *нескл., м.*
шевелéние, -я
шевелённый; *кр. ф.* -ён, -енá, *прич.*
шевелёный, *прил.*

шевели́ть(ся), -елю́(сь), -éли́т(ся)
шевельнýть(ся), -нý(сь), -нёт(ся)
шевелю́ра, -ы
шевелю́ристый
шевеля́щий(ся)
шéвер, -а
шевинговáние, -я
шевингóванный; *кр.ф.* -ан, -ана
шевинговáть(ся), -гýю, -гýет(ся)
шéвинг-процéсс, -а
шевиóт, -а
шевиóтовый
шеврéт, -а
шеврéтовый
шеврó, *нескл., с.*
шеврóвый
шевролé, *нескл., м.* (*автомобиль*)
шеврóн, -а
шеврóнный
шевчéнковский (*от* Шевчéнко)
шевыря́ть(ся), -я́ю(сь), -я́ет(ся) (*обл.* и *прост.*)
шед, -а (*постройка*; *рыба*)
шедéвр, -а
шедеврáльный; *кр. ф.* -лен, -льна
шéдовый
шéдула, -ы
шéдший
шеели́т, -а
шéечный
шезлóнг, -а
шезлóнговый
шéища, -и
шейк, -а (*танец*)
шéйка, -и, *р. мн.* шéек
шéйкер, -а
шéйно-воротникóвый
шéйный
шейп-áрт, -а
шéйпинг, -а (*физические упражнения*)
шéйпинг-модéль, -и
шéйпинговый (*от* шéйпинг)
шейх, -а (*титул*)
шéйха, -и (*титул женщины*)
шéйх-уль-ислáм, -а
шéкель, -я (*ден. ед.*)
шеклтóны, -ов, *ед.* -тóн, -а (*обувь*)
шексни́нский (*от* Шекснá)
шекспириáна, -ы
шекспири́ст, -а
Шекспи́ров, -а, -о (*от* Шекспи́р)
шекспировéд, -а
шекспировéдение, -я
шекспировéдческий
шекспи́ровский (*от* Шекспи́р)
шекспирológия, -и
шёл, шла (*прош. к* идти́)
шеламáйник, -а
шéлеп, -а, *мн.* -á, -óв
шéлест, -а
шелестéние, -я
шелестéть, -ти́т
шелестнýть, -нý, -нёт
шёлк, -а и -у, *предл.* в (на) шёлке и в (на) шелкý, *мн.* шелкá, -óв

шелкови́дный; *кр. ф.* -ден, -дна
шелкови́к, -á
шелкови́на, -ы
шелкови́нка, -и, *р. мн.* -нок
шелкови́стость, -и
шелкови́стый
шелкови́ца, -ы, *тв.* -ей
шелкови́чный
шелкóвка, -и
шелковóд, -а
шелковóдный
шелковóдство, -а
шелковóдческий
шёлковый и (*нар.-поэт.*) **шелкóвый**
шелкогрáмма, -ы
шелкогрáфия, -и
шёлкокомбинáт, -а
шёлкокраси́льный
шёлкокрути́льный
шёлкокручéние, -я
шёлкомотáльный
шёлкомотáльня, -и, *р. мн.* -лен
шёлкомотáльщик, -а
шёлкомотáльщица, -ы, *тв.* -ей
шёлкомотáние, -я
шёлкообрабáтывающий
шёлкоотдéлочный
шёлкопечáтный
шелкопря́д, -а
шёлкопрядéние, -я
шёлкопряди́льный
шёлкопряди́льня, -и, *р. мн.* -лен
шёлкопряди́льщик, -а
шёлкопряди́льщица, -ы, *тв.* -ей
шёлкоткáный
шёлкоткáцкий
шелкоткáч, -á, *тв.* -óм
шёлкоткáчество, -а
шёлк-сырéц, шёлка-сырцá
шеллáк, -а
шеллáковый
шеллаконóс, -а
шеллáчный
шеллингиáнец, -нца, *тв.* -нцем, *р. мн.* -нцев
шеллингиáнский
шеллингиáнство, -а
шéллинговский (*от* Шéллинг)
шéлльский (*от* Шелль; шéлльская культýра, *археол.*)
шелóм, -а
шелóн, -а
шелóновый
шелохнýть(ся), -нý(сь), -нёт(ся)
шелуди́вевший
шелуди́веть, -ею, -еет
шелуди́вость, -и
шелуди́вый
шелупéнь, -и и **шелупóнь,** -и, *собир.* (*жарг.*)
шелухá, -и́
шелушéние, -я
шелушённый; *кр. ф.* -ён, -енá, *прич.*
шелушёный, *прил.*
шелуши́льный

шелуши́ть(ся), -шу́, -ши́т(ся)
шелы́га, -и
ше́льма, -ы, *м.* и *ж.*
шельме́ц, -а́, *тв.* -о́м, *р. мн.* -о́в
шельмова́ние, -я
шельмо́ванный; *кр. ф.* -ан, -ана
шельмова́тость, -и
шельмова́тый
шельмова́ть(ся), -му́ю(сь), -му́ет(ся)
шельмовско́й
шельмовство́, -а́
ше́льмочка, -и, *р. мн.* -чек
ше́льтерде́к, -а
шельф, -а
ше́льфовый
шелю́га, -и
шелюгова́ние, -я
шелюго́ванный; *кр ф.* -ан, -ана
шелюгова́ть(ся), -гу́ю, -гу́ет(ся)
ше́ма, -ы
шемахи́нский (*от* Шемаха́)
шемая́, -и́
шемизе́тка, -и, *р. мн.* -ток
шемя́кин су́д, шемя́кина суда́
шенапа́н, -а
Шенге́н, -а *(также о Шенгенской конвенции);* **стра́ны Шенге́на**
шенге́нский (*от* Шенге́н; шенге́нские соглаше́ния, шенге́нская ви́за), но: **Шенге́нская конве́нция, Шенге́нская зо́на, стра́ны Шенге́нской гру́ппы**
шенкеля́, -е́й, *ед.* ше́нкель, -я
ше́ннонский (*от* Ше́ннон)
шепелева́тость, -и
шепелева́тый
шепеля́вевший (*от* шепеля́веть)
шепеля́венье, -я
шепеля́веть, -ею, -еет (*становиться шепелявым*)
шепеля́вивший (*от* шепеля́вить)
шепеля́вить, -влю, -вит (*говорить шепеляво*)
шепеля́вость, -и
шепеля́вый
шепеля́вящий
ше́пинг, -а (*тех.*)
ше́пинговый (*от* ше́пинг)
шепну́ть, -ну́, -нёт
шёпот, -а
шепотко́м, *нареч.*
шёпотный
шепотня́, -и́
шепото́к, -тка́
шёпотом, *нареч.*
шепото́чек, -чка
шепото́чком, *нареч.*
шептала́, -ы́ (*сушеные абрикосы или персики, собир.*)
шепта́ло, -а *(часть спускового механизма стрелкового оружия)*
шепта́ние, -я
шёптанный
шепта́ть(ся), шепчу́(сь), ше́пчет(ся)
шепту́н, -а́
шепту́нья, -и, *р. мн.* -ний
ше́пчущий(ся)
шербе́т, -а
шербе́тный
шербу́рский (*от* Шербу́р)
шереме́тевский (*от* Шереме́тев)
шереме́тьевский (*от* Шереме́тьево)
шере́нга, -и
шере́нговый
шере́ножный
шереспёр, -а
шери́ф, -а
шери́фский
шерл, -а
шерлокиа́на, -ы (*к* Ше́рлок Хо́лмс)
Ше́рлок Хо́лмс
ше́рлок-хо́лмсовский (*от* Ше́рлок Хо́лмс)
шерохова́тость, -и
шерохова́тый
ше́рочка с маше́рочкой, *другие формы не употр.*
ше́рпа, -ы, *ж.* и **ше́рпы,** -ов, *ед.* шерп, -а (*народ*)
Ше́ррер, -а: **метод Деба́я — Ше́ррера**
ше́рри, *нескл., м.* и *с.*
ше́рри-бре́нди, *нескл., м.* и *с.*
шерстезаготови́тельный
шерстезаготó́вки, -вок
шерстеобраба́тывающий
шерсти́на, -ы
шерсти́нка, -и, *р. мн.* -нок
шерсти́стый
шерсти́ть, -и́т
шёрстка, -и
шёрстно-мясно́й
шёрстность, -и
шёрстный
шерстоби́т, -а
шерстоби́тный
шерстоби́тня, -и, *р. мн.* -тен
шерстобо́й, -я
шерстобо́йный
шерстобо́йня, -и, *р. мн.* -о́ен
шерстова́л, -а
шерстокры́л, -а
шерстомо́ечный
шерстомо́й, -я
шерстомо́йка, -и, *р. мн.* -о́ек
шерстомо́йный
шерстомо́йня, -и, *р. мн.* -о́ен
шерстоно́сный
шерстопряде́ние, -я
шерстопряди́льный
шерстопряди́льня, -и, *р. мн.* -лен
шерстотка́цкий
шерстотка́чество, -а
шерстотрепа́льный
шерсточеса́лка, -и, *р. мн.* -лок
шерсточеса́льный
шерсть, -и, *предл.* в шерсти́, *мн.* -и, -е́й
шерстя́ник, -а
шерстя́нка, -и
шерстяно́й
шерхе́бель, -я
шерхе́бельный
шерша́вевший (*от* шерша́веть)
шерша́веть, -еет (*становиться шершавым*)
шерша́вивший(ся) (*от* шерша́вить(ся)
шерша́вить, -влю, -вит (*что*)
шерша́виться, -ится
шерша́вость, -и
шерша́вый
шерша́вящий(ся)
ше́ршень, -шня
шершневи́дная стекля́нница (*бабочка*)
шершнево́й
шест, -а́
ше́ствие, -я
ше́ствование, -я
ше́ствовать, -твую, -твует
шестерёнка, -и, *р. мн.* -нок
шестерённый
шестерёночный
шестерёнчатый
шестери́к, -а́
шестерико́вый
шестери́ть, -рю́, -ри́т
шестери́чный
шестёрка, -и, *р. мн.* -рок, *ж.* (*цифра 6*; *группа из шести единиц*), *м.* и *ж.* (*слуга в трактире*; *подхалим*)
шестерно́й
шестерня́, -и́, *р. мн.* -рён (*колесо*) и -не́й (*шестерка*)
ше́стеро, -ы́х
шестёрочка, -и, *р. мн.* -чек
шестёрочный
шестиба́лльный (6-ба́ллньный)
шестибо́рье, -я
шестивесе́льный и **шестивёсельный**
шестигла́вый
шестигра́нник, -а
шестигра́нный
шестидесятиле́тие (60-ле́тие), -я
шестидесятиле́тний (60-ле́тний)
шести́десяти-семидесятиле́тний (60–70-ле́тний)
шестидеся́тник, -а
шестидеся́тница, -ы, *тв.* -ей
шестидеся́тнический
шестидеся́тничество, -а
шестидеся́тый
шестидне́вка, -и, *р. мн.* -вок
шестидне́вный (6-дне́вный)
шестидо́льник, -а *(лит.)*
шестидюймо́вка, -и, *р. мн.* -вок
шестидюймо́вый (6-дюймо́вый)
шестизаря́дный
шестизна́чный (6-зна́чный)
шестизу́бый (шестизу́бая а́тта)
ше́стик, -а

шестикилометро́вый (6-километро́вый)
шестикла́ссник, -а
шестикла́ссница, -ы, *тв.* -ей
шестикла́ссный
шестикли́нка, -и, *р. мн.* -нок
Шестикни́жие, -я (*памятник византийского права*)
шестиколо́нный
шестиконе́чный
шестикра́тный
шестикры́лый
шестиле́тие (6-ле́тие), -я
шестиле́тка, -и, *р. мн.* -ток, *ж.* (*период в 6 лет*), *м.* и *ж.* (*ребенок шести лет*)
шестиле́тний (6-ле́тний)
шестиле́ток, -тка
шестилине́йный
шестилучево́й
шестиме́стный
шестиме́сячный (6-ме́сячный)
шестиметро́вый (6-метро́вый)
шестимото́рный
шестинеде́льный (6-неде́льный)
шестипа́лость, -и
шестипа́лый
шестиполо́сный
шестипо́лье, -я
шестипо́льный
шестипудо́вый (6-пудо́вый)
шестиразря́дник, -а
шестисери́йный
шестисло́жный
шестисотле́тие (600-ле́тие), -я
шестисотле́тний (600-ле́тний)
шестисотто́нник, -а
шестисотто́нный (600-то́нный)
шестисо́тый
шести́ с полови́ной миллио́нный
шестиство́льный
шестисте́нок, -нка
шестисти́шие, -я
шестисто́пный
шестистру́нный
шестито́мник, -а
шестито́мный (6-то́мный)
шестито́чечный жу́к
шеститы́сячник, -а
шеститы́сячный (6-ты́сячный)
шестиуго́льник, -а
шестиуго́льный
шестиуда́рный
шестичасово́й (6-часово́й)
шестиэта́жный (6-эта́жный)
шестия́русный
шестнадцатери́чный
шестнадцатикилогра́ммо́вый (16-килогра́ммо́вый)
шестнадцатиле́тие (16-ле́тие), -я
шестнадцатиле́тний (16-ле́тний)
шестнадцатиполо́сный (16-поло́сный)
шестнадцатицили́ндровый (16-цили́ндровый)
шестнадцатиэта́жный (16-эта́жный)
шестна́дцатый
шестна́дцать, -и
шестови́к, -а́
шестово́й
шестодне́в, -а
шесто́й
шесто́к, -тка́
шестопёр, -а
Шестопса́лмие, -я
шесть, -и́, *тв.* -ью
шестьдеся́т, шести́десяти, *тв.* шестью́десятью
шестьсо́т, шестисо́т, шестиста́м, шестьюста́ми, о шестиста́х
ше́стью (*при умножении*)
ше́стью ше́сть
шеф, -а
шеф-инжене́р, -а
шефи́ня, -и
шефмонта́ж, -а́, *тв.* -о́м
шефмонта́жный
шеф-пило́т, -а
шеф-по́вар, -а, *мн.* -а́, -о́в
шеф-реда́ктор, -а
ше́фский
ше́фство, -а
ше́фствовать, -твую, -твует
ше́ффен, -а
ше́фша, -и, *тв.* -ей
ше́я, ше́и
ши, *нескл., с.* (*форма китайского стиха*)
шиа́цу, *нескл., с.*
шибану́ть, -ну́, -нёт
шиба́ть, -а́ю, -а́ет
ши́бер, -а
ши́берный
ши́бздик, -а
ши́бкий; *кр. ф.* ши́бок, шибка́, ши́бко
ши́бко, *нареч.*
шибля́к, -а́
ши́бче, *сравн. ст.*
Ши́ва, -ы, *м.*
шиваи́зм, -а
шиваи́тский
шиваи́ты, -ов, *ед.* -и́т, -а
шива́ть, *наст. вр. не употр.*
ши́вера, -ы
ши́ворот: за ши́ворот
ши́ворот-навы́ворот
шигалёвщина, -ы (*от* Шигалёв)
шиз, -а (*жарг.*)
шиза́, -ы́ (*жарг.*)
шизану́тый (*жарг.*)
шизану́ться, -ну́сь, -нётся (*жарг.*)
шизе́ть, -е́ю, -е́ет (*жарг.*)
ши́зик, -а
ШИЗО́, *нескл., м.* (*сокр.*: штрафной изолятор)
шизогони́я, -и
шизо́ид, -а
шизо́идный
шизофре́ник, -а
шизофрени́ровать, -и́рую, -и́рует
шизофрени́ческий
шизофрени́чка, -и, *р. мн.* -чек
шизофрени́я, -и
ши́изм, -а
ши́тка, -и, *р. мн.* -ток
ши́тский
ши́ты, -ов, *ед.* шии́т, -а
шик, -а и -у
шиканёр, -а (*недобросовестный торговец, в проф. речи*)
шикану́ть, -ну́, -нёт
ши́канье, -я
шика́рничать, -аю, -ает
шика́рность, -и
шика́рный; *кр. ф.* -рен, -рна
ши́кать, -аю, -ает
шик-моде́рн, -а и *неизм.*
ши́кнуть, -ну, -нет (*к* ши́кать)
шикну́ть, -ну́, -нёт (*к* шикова́ть)
шикова́ть, шику́ю, шику́ет
шикота́нский (*от* Шикота́н)
ши́лица, -ы, *тв.* -ей (*растение*)
ши́лицевые, -ых
ши́лкинский (*от* Ши́лка)
Ши́ллеров, -а, -о и **ши́ллеровский** (*от* Ши́ллер)
ши́ллинг, -а
ши́ло, -а, *мн.* ши́лья, -ьев
шилови́дный; *кр. ф.* -ден, -дна
шилоклю́вка, -и, *р. мн.* -вок
ши́ло на мы́ло (меня́ть)
шилохво́стка, -и, *р. мн.* -ток
шилохво́стый
шилохво́сть, -и
ши́льник, -а
ши́льничать, -аю, -ает
ши́льный
ши́льце, -а, *р. мн.* ши́льцев и ши́лец
ши́мми, *нескл., м.*
шимо́за, -ы
шимпанзе́, *нескл., м.* и *ж.*
ши́на, -ы
шинга́рд, -а
шине́лишка, -и, *р. мн.* -шек
шине́ль, -и
шине́лька, -и, *р. мн.* -лек
шине́льный
шинка́рить, -рю, -рит
шинка́рка, -и, *р. мн.* -рок
шинка́рский
шинка́рство, -а
шинка́рь, -я́
шинкова́льный
шинкова́ние, -я
шинко́ванный; *кр. ф.* -ан, -ана
шинкова́ть(ся), -ку́ю, -ку́ет(ся)
шинко́вка, -и, *р. мн.* -вок
ши́нник, -а
ши́нный
шино́к, шинка́
шиномонта́ж, -а́, *тв.* -о́м
шиномонта́жник, -а
шиномонта́жный

шинопрово́д, -а
шиноремо́нтный
шинфе́йнер, -а
шинши́лла, -ы
шинши́лловый
шиньо́н, -а
шиньо́нный
шип[1], -а (*к* шипе́ть)
шип[2], -а́ (*выступ; рыба*)
шипа́стый
шипде́рево, -а
шипе́ние, -я
шипе́ть, шиплю́, шипи́т
ши́пинг, -а
ши́пинговый
ши́пкинский (*от* Ши́пка)
шипо́ванный; *кр. ф.* -ан, -ана
шипо́вка, -и, *р. мн.* -вок (*рыба*)
шипо́вки, -вок, *ед.* -вка, -и (*обувь*)
шипо́вник, -а и -у
шипо́вниковый
шипо́вничек, -чка и -чку
шипово́й и **шипо́вый**
шипоно́ска, -и, *р. мн.* -сок (*жук*)
шипоре́з, -а
шипоре́зный
шипохво́ст, -а
шипу́н, -а́
шипу́нья, -и, *р. мн.* -ний
шипу́честь, -и
шипу́чий
шипу́чка, -и, *р. мн.* -чек
шипча́ндлер, -а
шипя́щий
ширванша́х, -а
ши́ре, *сравн. ст.*
ширина́, -ы́
шири́нка, -и, *р. мн.* -нок
шири́нковый
шири́ночка, -и, *р. мн.* -чек
шири́ночный
ши́рить(ся), ши́рю, ши́рит(ся)
ши́рканье, -я
ши́ркать, -аю, -ает
ши́ркнуть, -ну, -нет
ши́рма, -ы
ши́рменный
ши́рмочка, -и, *р. мн.* -чек
ширну́ть(ся), -ну́(сь), -нёт(ся) (*жарг.*)
широ́кий; *кр. ф.* -о́к, -ока́, -о́ко́
широ́ко́, *нареч.*
широкобёдрый
широкобо́ртный
широкова́тый
широковетви́стый
широковеща́ние, -я
широковеща́тельность, -и
широковеща́тельный; *кр. ф.* -лен, -льна
широкого́рлый
широкогру́дый
широкодиапазо́нный
широкодосту́пный
широкоза́дый
широкозахва́тный
широко́ изве́стный
ширококлю́в, -а
ширококоле́йка, -и, *р. мн.* -е́ек
ширококоле́йный
ширококо́стный и **ширококо́стый**
ширококры́лый
широколанцетови́дный
широколи́ственно-хво́йный
широколи́ственный; *кр. ф.* -вен и -венен, -венна
широколи́стный и **широколи́стый**
широколи́цый
широколо́бый
широкомасшта́бность, -и
широкомасшта́бный; *кр. ф.* -бен, -бна
широко́нек, -нька
широконо́ска, -и, *р. мн.* -сок
широконо́сый
широ́конький
широкообразо́ванный*
широкоохва́тность, -и
широкоохва́тный; *кр. ф.* -тен, -тна
широкоплёночный
широкопле́чий
широкополо́сный
широкопо́лый
широко́ предста́вленный
широкорайони́рованный*
широко́ распространённый
широкоро́т, -а
широкоро́тый
широкоря́дный
широкоску́лый
широкоспе́кторный
широ́кость, -и
широкоуго́льник, -а
широкоуго́льный
широко́ употреби́тельный
широкоформа́тный; *кр. ф.* -тен, -тна
широкофюзеля́жный
широкохво́стка, -и, *р. мн.* -ток
широкоэкра́нный
широта́, -ы́, *мн.* -о́ты, -о́т
широ́тный
широча́йший
широче́нный
ширпотре́б, -а
ширпотре́бный
ширпотре́бовский
ширстре́к, -а
ширь, -и
ширя́ть(ся), -я́ю(сь), -я́ет(ся)
ши́рящий(ся)
шистосомато́з, -а
шитво́, -а́
ши́тик, -а
ши́тиковый
ши́то-кры́то
ши-тцу́, *нескл., м.* и *ж.*
ши́тый
шить, шью, шьёт
шитьё, -я́
шитьево́й
ши́ться, шьюсь, шьётся
ши́фер, -а
ши́ферный
шифо́н, -а и -у
шифо́новый
шифонье́р, -а
шифонье́рка, -и, *р. мн.* -рок
шифонье́рный
шифонье́рочка, -и, *р. мн.* -чек
шифр, -а
шифра́тор, -а
шифра́торный
шифр-замо́к, -мка́
шифрова́льный
шифрова́льщик, -а
шифрова́льщица, -ы, *тв.* -ей
шифрова́ние, -я
шифро́ванный; *кр. ф.* -ан, -ана
шифрова́ть(ся), -ру́ю, -ру́ет(ся)
шифро́вка, -и, *р. мн.* -вок
шифрово́й
шифро́вщик, -а
шифро́вщица, -ы, *тв.* -ей
шифрогра́мма, -ы
шифрозамо́к, -мка́
шифроперепи́ска, -и
шифросвя́зь, -и
шифротелегра́мма, -ы
шиха́н, -а
ши́хта, -ы
шихтова́льный
шихтова́ние, -я
шихто́ванный; *кр. ф.* -ан, -ана
шихтова́ть(ся), -ту́ю, -ту́ет(ся)
шихто́вка, -и
шихтово́й и **ши́хтовый**
шиш, -а́, *тв.* -о́м
шиша́к, -а́
шишако́вый
шиша́чный
ши́шечка, -и, *р. мн.* -чек
ши́шечный
шиши́га, -и
ши́шка, -и, *р. мн.* ши́шек
шишка́рь, -я́
ши́шкинский (*от* Ши́шкин)
шишкова́тость, -и
шишкова́тый
шишкова́ть, -ку́ю, -ку́ет
шишкови́дный; *кр. ф.* -ден, -дна
шишкови́ст, -а
шишко́вский (*от* Шишко́в)
шишконо́сный
шишкоя́года, -ы (*плод можжевельника*)
шишо́к, шишка́
шкала́, -ы́, *мн.* шка́лы, шкал
шка́лик, -а
шкали́рование, -я
шкали́рованный; *кр. ф.* -ан, -ана
шкали́ровать(ся), -рую, -рует(ся)
шка́льный
шкандыба́ть, -а́ю, -а́ет

шка́нечный
шкант, -а
шка́нцевый
шка́нцы, -ев
шкато́рина, -ы *(мор.)*
шкату́лка, -и, *р. мн.* -лок
шкату́лочка, -и, *р. мн.* -чек
шкату́лочный
шкаф, -а, *предл.* в (на) шкафу́, *мн.* -ы́, -о́в
шка́фик, -а
шка́ф-купе́, шка́фа-купе́
шкафно́й и **шка́фный**
шкафу́т, -а
шка́фчик, -а
шквал, -а
шква́листый
шква́льный
шква́ра, -ы *(тех.)*
шква́рки, -рок, *ед.* -рка, -и
шкварча́ть, -чи́т
шкво́рень, -рня и **шво́рень,** -рня
шкворнево́й и **шворнево́й**
шке́нтель, -я, *мн.* -и, -ей и -я́, -е́й
шкерт, -а
шкет, -а
шкив, -а и -а́, *мн.* -ы́, -о́в
шки́вный
шки́мушка, -и, *р. мн.* -шек *(мор.)*
шки́пер, -а, *мн.* -ы, -ов и -а́, -о́в
шки́перский
шки́рка: за шки́рку (бра́ть)
шко́да, -ы, *ж.* (*порча*; *проделка*; *автомобиль*), *м.* и *ж.* (*тот, кто шкодит*)
шко́дистый
шко́дить, -ит
шкодли́вость, -и
шкодли́вый
шко́дник, -а
шко́дница, -ы, *тв.* -ей
шко́дничанье, -я
шко́дничать, -аю, -ает
шко́дящий
шко́ла, -ы
шко́ла-восьмиле́тка, шко́лы-восьмиле́тки
шко́ла – де́тский са́д, шко́лы – де́тского са́да, *ж.*
шко́ла-интерна́т, шко́лы-интерна́та, *ж.*
шко́ла-ко́лледж, шко́лы-ко́лледжа, *ж.*
шко́ла-лаборато́рия, шко́лы-лаборато́рии
шко́ла-лице́й, шко́лы-лице́я, *ж.*
шко́ла-лице́й-ко́лледж, шко́лы-лице́я-ко́лледжа, *ж.*
шко́ла-одиннадцатиле́тка, шко́лы-одиннадцатиле́тки
шко́ла-семина́р, шко́лы-семина́ра, *ж.*
шко́ла-сту́дия, шко́лы-сту́дии
шко́ленный; *кр. ф.* -ен, -ена
шко́лить, -лю, -лит
шко́лка, -и, *р. мн.* -лок
школове́дение, -я
шко́льник, -а
шко́льница, -ы, *тв.* -ей
шко́льничанье, -я
шко́льничать, -аю, -ает
шко́льнический
шко́льничество, -а
шко́льно-пи́сьменный
шко́льный
школя́р, -а́
школя́рский
школя́рство, -а
шкот, -а
шко́товый
шкраб, -а *(устар.)*
шку́ра, -ы
шку́ренный; *кр. ф.* -ен, -ена, *прич.*
шку́реный, *прил.*
шку́рить(ся), -рю, -рит(ся)
шку́рка, -и, *р. мн.* -рок
шку́рник, -а
шку́рница, -ы, *тв.* -ей
шку́рничать, -аю, -ает
шку́рнический
шку́рничество, -а
шку́рный
шкуродёр, -а
шку́рочка, -и, *р. мн.* -чек
шлаг, -а *(мор.)*
шлагба́ум, -а
шлагба́умный
шлагто́в, -а
шлак, -а *(тех.)*
шла́ки, -ов *(мед.)*
шлакобето́н, -а
шлакобето́нный
шлакобло́к, -а
шлакобло́чный
шлакова́ние, -я
шлакова́та, -ы
шлакова́ть(ся), -ку́ю, -ку́ет(ся)
шлакови́к, -а́
шла́ковый
шлакодроби́лка, -и, *р. мн.* -лок
шлакомо́льный
шлакообразова́ние, -я
шлакоотва́л, -а
шлакопе́мза, -ы
шлакопортландцеме́нт, -а
шлакосита́лл, -а
шлакоудале́ние, -я
шлам, -а
шла́мовый
шламохрани́лище, -а
шланг, -а
шла́нговый
шлангока́бель, -я
шлангока́бельный
шла́фор, -а
шлафро́к, -а
шлёвка, -и, *р. мн.* -вок
шле́ечный
шле́звиг-гольште́йнский (*от* Шле́звиг-Гольште́йн)
шле́звигский (*от* Шле́звиг)
шле́йка, -и, *р. мн.* шле́ек
шле́йный
шлейф, -а
шле́йфик, -а
шле́йфный
шлейфова́ние, -я
шлейфо́ванный; *кр. ф.* -ан, -ана
шлейфова́ть, -фу́ю, -фу́ет
шле́йфовый
шлем, -а
шле́мик, -а
шле́мник, -а
шлемообра́зный; *кр. ф.* -зен, -зна
шлемофо́н, -а
шлемофо́нный
шлёнда, -ы, *м.* и *ж.*
шлёндать, -аю, -ает
шлёндра, -ы, *м.* и *ж.*
шлёндрать, -аю, -ает
шлёнка, -и, *р. мн.* -нок *(овца)*
шлёнский (шлёнская поро́да ове́ц)
шлёп [1], -а *(шлепанье)*
шлёп [2], *неизм.*
шлёпанцы, -ев, *ед.* -нец, -нца, *тв.* -нцем
шлёпанье, -я
шлёпать(ся), -аю(сь), -ает(ся)
шлёпка, -и
шлёпнутый
шлёпнуть(ся), -ну(сь), -нет(ся)
шлепо́к, -пка́
шле́ппер, -а
шлея́, -и́
шли́кер, -а
шлир, -а
шли́рен-ме́тод, -а
шлиссельбу́ргский (*от* Шлиссельбу́рг)
шлиссельбу́ржка, -и, *р. мн.* -жек
шлиссельбу́ржцы, -ев, *ед.* -жец, -жца, *тв.* -жцем
шлиф, -а
шлифова́льно-полирова́льный
шлифова́льно-прити́рочный
шлифова́льный
шлифова́льщик, -а
шлифова́льщица, -ы, *тв.* -ей
шлифова́ние, -я
шлифо́ванный; *кр. ф.* -ан, -ана
шлифова́ть(ся), -фу́ю, -фу́ет(ся)
шлифо́вка, -и
шлифо́вочный
шлифо́вщик, -а
шлифо́вщица, -ы, *тв.* -ей
шлих, -а
шлихово́й
шли́хта, -ы
шли́хтик, -а
шлихтова́льный
шлихтова́ние, -я
шлихто́ванный; *кр. ф.* -ан, -ана
шлихтова́ть(ся), -ту́ю, -ту́ет(ся)
шлихто́вка, -и
шлихту́бель, -я

шлиц, -а и -а́, *тв.* -ем и -о́м, *р. мн.* -ев и -о́в (*тех.*)
шли́ца, -ы, *тв.* -ей (*разрез в пиджаке, юбке*)
шлицева́ние, -я
шлицева́ть(ся), -цу́ю, -цу́ет(ся)
шли́цевый и **шлицево́й**
шлицефре́зерный
шлицешлифова́льный
шлицо́ванный; *кр. ф.* -ан, -ана
шлык, -а́
шлы́чка, -и, *р. мн.* -чек
шлычо́к, -чка́
шлюз, -а
шлю́зный
шлюзова́ние, -я
шлюзо́ванный; *кр. ф.* -ан, -ана
шлюзова́ть(ся), -зу́ю, -зу́ет(ся)
шлюзови́к, -а́
шлюзово́й
шлюп, -а
шлюпба́лка, -и, *р. мн.* -лок
шлюпба́лочный
шлю́пка, -и, *р. мн.* -пок
шлю́почка, -и, *р. мн.* -чек
шлю́почный
шлюпя́к, -а́ *(гриб)*
шлюсс, -а *(в конном спорте)*
шлю́ха, -и
шлю́шка, -и, *р. мн.* -шек
шлю́щий(ся)
шля́гер, -а
шля́герный
шля́мбур, -а
шля́мбурный
шля́ние, -я
шля́па, -ы
шляпёнка, -и, *р. мн.* -нок
шля́пища, -и
шля́пка, -и, *р. мн.* -пок
шля́пник, -а
шля́пница, -ы, *тв.* -ей
шля́пный
шля́почка, -и, *р. мн.* -чек
шля́почный
шляпчо́нка, -и, *р. мн.* -нок
шля́ться, шля́юсь, шля́ется
шлях, -а, *предл.* на шляху́ и на шля́хе, *мн.* -и, -ов и -и́, -о́в
шляхе́тский
шляхе́тство, -а
шля́хта, -ы
шля́хтич, -а, *тв.* -ем
шляхтя́нка, -и, *р. мн.* -нок
шмакодя́вка, -и, *р. мн.* -вок (*прост.*)
шмалева́ть, -лю́ю, -лю́ет *(жарг.)*
шмаль, -и *(жарг.)*
шмальну́ть, -ну́, -нёт *(жарг.)*
шмальти́н, -а
шмаля́ть, -я́ю, -я́ет (*жарг.*)
шма́ра, -ы (*жарг.*)
шмат, -а
шмато́к, -тка́
шмелеви́дка, -и, *р. мн.* -док (*муха*)
шмели́ный
шмель, -я́
шме́ль-куку́шка, шмеля́-куку́шки, *м.*
Шмидт, -а: **гипо́теза Шми́дта, телеско́п Шми́дта; число́ Шми́дта; сы́н лейтена́нта Шми́дта**
шми́дтовский (*от* Шмидт)
шмон, -а (*жарг.*)
шмона́ть, -а́ю, -а́ет (*жарг.*)
шмо́нный
шмо́тки, -ток
шмо́точник, -а
шмо́точница, -ы, *тв.* -ей
шмотьё, -я́
шмуры́гать, -аю, -ает
шмуры́гнуть, -ну, -нет
шмуцро́ль, -и
шмуцти́тул, -а
шмуцти́тульный
шмыг, *неизм.*
шмы́ганье, -я
шмы́гать, -аю, -ает
шмыгну́ть, -ну́, -нёт
шмяк, *неизм.*
шмя́канье, -я
шмя́кать(ся), -аю(сь), -ает(ся)
шмя́кнутый
шмя́кнуть(ся), -ну(сь), -нет(ся)
шнапс, -а
шна́уцер, -а
шнек, -а (*транспортер*)
шне́ка, -и (*судно*)
шне́ковый
шне́ллер, -а
шнип, -а (*деталь одежды*)
шнитт, -а
шнитт-лу́к, -а
шни́цель, -я, *мн.* -и, -ей и -я́, -е́й
шни́цельный
шно́ркель, -я и **шно́рхель,** -я
шнур, -а́
шнурова́льный
шнурова́ние, -я
шнуро́ванный; *кр. ф.* -ан, -ана
шнурова́ть(ся), -ру́ю(сь), -ру́ет(ся)
шнурови́дный; *кр. ф.* -ден, -дна
шнуро́вка, -и, *р. мн.* -вок
шнурово́й
шнуро́к, -рка́
шнуро́чек, -чка
шнуро́чный
шны́рить, -рю, -рит
шнырну́ть, -ну́, -нёт
шныря́нье, -я
шныря́ть, -я́ю, -я́ет
шо́бла, -ы (*жарг.*)
шов, шва
шовини́зм, -а
шовини́ст, -а
шовинисти́ческий
шовини́стка, -и, *р. мн.* -ток
шовини́стский
шо́вно-стыково́й
шо́вный
шо́вчик, -а
шок, -а
шо́кер, -а
шо́кинг, -а
шоки́рованный; *кр. ф.* -ан, -ана
шоки́ровать(ся), -рую(сь), -рует(ся)
шо́ковый
шокоге́нный
шокола́д, -а
шокола́дка, -и, *р. мн.* -док
шокола́дник, -а
шокола́дница, -ы, *тв.* -ей
шокола́дный
шокотерапи́я, -и
шолохове́д, -а (*от* Шо́лохов)
шолохове́дение, -я
шо́лоховский (*от* Шо́лохов)
шома́ж, -а, *тв.* -ем
шо́мпол, -а, *мн.* шомпола́, -о́в
шо́мпольный
шоопи́рование, -я
шоопи́рованный; *кр. ф.* -ан, -ана
шоопи́ровать(ся), -рую, -рует(ся)
шоп, -а
шопенга́уэровский (*от* Шопенга́уэр)
шопениа́на, -ы
шопе́новский (*от* Шопе́н)
шо́пинг, -а
шо́пинговый
шо́пинг-ту́р, -а
шо́пинг-це́нтр, -а
шопома́ния, -и
шоп-стю́ард, -а
шоп-ту́р, -а
шо́рка, -и, *р. мн.* шо́рок
шо́рканье, -я
шо́ркать, -аю, -ает
шо́ркнуть, -ну, -нет
шо́рник, -а
шо́рницкий
шо́рничать, -аю, -ает
шо́рничество, -а
шо́рно-седе́льный
шо́рный
шо́рня, -и, *р. мн.* шо́рен
шо́рох, -а и -у
шо́рский
шортго́рн, -а
шо́ртики, -ов
шорт-ли́ст, -а́
шорт-сто́п, -а *(бейсболист)*
шорт-тре́к, -а
шорт-тре́кинг, -а
шо́рты, шорт и -ов
шо́рцы, -ев, *ед.* шо́рец, шо́рца, *тв.* шо́рцем
шо́ры[1], шор, *ед.* шо́ра, -ы (*часть конской упряжи*)
шо́ры[2], -ов, *ед.* шор, -а и **со́ры,** -ов, *ед.* сор, -а (*солончаки*)
шоссе́, *нескл., с.* (*дорога*)
шоссе́йка, -и, *р. мн.* -е́ек
шоссе́йник, -а
шоссе́йно-кольцево́й

шоссе́йно-лине́йный
шоссе́йный
шосси́рованный; *кр. ф.* -ан, -ана
шосси́ровать(ся), -рую, -рует(ся)
шостако́вичский (*от* Шостако́вич)
шо́сткинский (*от* Шо́стка)
шо́сткинцы, -ев, *ед.* -нец, -нца, *тв.* -нцем
шотла́ндка, -и, *р. мн.* -док
шотла́ндский (*к* Шотла́ндия и шотла́ндцы)
шотла́ндцы, -ев, *ед.* -дец, -дца, *тв.* -дцем
шотт, -а
шо́у, *нескл., с.*
шо́у-... – *первая часть сложных слов, пишется через дефис*, но: шо́уме́н, шоуву́мен, шоума́н, шоума́ния
шо́у-бале́т, -а
шо́у-би́знес, -а
шо́у-бизнесме́н, -а
шоуву́мен, *нескл., ж.*
шо́у-гру́ппа, -ы
шо́у-инду́стри́я, -и
шо́у-кла́сс, -а
шоума́н, -а
шоума́ния, -и
шо́уме́н, -а
шо́у-обозре́ние, -я
шо́у-площа́дка, -и, *р. мн.* -док
шо́у-представле́ние, -я
шо́у-програ́мма, -ы
шо́у-продю́сер, -а
шо́у-ру́м, *нескл., ж.*
шо́у-се́рвис, -а
шо́у-теа́тр, -а
шо́у-турне́, *нескл., с.*
шофёр, -а
шофёрить, -рю, -рит
шофёришка, -и, *р. мн.* -шек, *м.*
шофёр-междугоро́дник, шофёра-междугоро́дника
шоферня́, -и́
шофёрский
шофёрство, -а
шофёрша, -и, *тв.* -ей
шоферюга, -и, *м.* и *ж.*
шпа́га, -и
шпага́т, -а
шпага́тик, -а
шпага́тный
шпагоглота́тель, -я
шпажи́ст, -а
шпажи́стка, -и, *р. мн.* -ток
шпа́жка, -и, *р. мн.* -жек
шпа́жник, -а
шпа́жный
шпажо́нка, -и, *р. мн.* -нок
шпак, -а
шпаклева́ние, -я
шпаклёванный; *кр. ф.* -ан, -ана
шпаклева́ть(ся), -лю́ю, -лю́ет(ся)
шпаклёвка, -и, *р. мн.* -вок
шпаклёвочка, -и
шпаклёвочный
шпаклёвщик, -а
шпаклёвщица, -ы, *тв.* -ей
шпале́рник, -а
шпале́рный
шпале́ры, -е́р, *ед.* -е́ра, -ы
шпалозаво́д, -а
шпалоподби́вочный
шпалоподбо́йка, -и
шпалопропи́тка, -и
шпалопропи́точный
шпалоре́зка, -и, *р. мн.* -зок
шпалоре́зный
шпалосверли́лка, -и, *р. мн.* -лок
шпалосверли́льный
шпалоукла́дка, -и
шпалоукла́дочный
шпалоукла́дчик, -а
шпа́лы, шпал, *ед.* шпа́ла, -ы
шпа́льный
шпана́, -ы́
шпанго́ут, -а
шпанго́утный
шпа́ндырь, -я
шпани́стый
шпа́нка, -и, *р. мн.* -нок
шпа́нская му́ха (му́шка)
шпа́нский (*устар. к* испа́нский)
шпарга́лить, -лю, -лит
шпарга́лка, -и, *р. мн.* -лок
шпарга́лочник, -а
шпарга́лочный
шпа́ренный; *кр. ф.* -ен, -ена, *прич.*
шпа́реный, *прил.*
шпа́ренье, -я
шпа́рить(ся), -рю(сь), -рит(ся)
шпа́рящий(ся)
шпат, -а
шпа́тель, -я, *мн.* -и, -ей и (*в разг. проф. речи*) -я́, -е́й (*то же, что* шпахтель; *мед. инструмент*)
шпатлева́ние, -я (*спец. к* шпаклева́ние)
шпатлёванный; *кр. ф.* -ан, -ана (*спец. к* шпаклёванный)
шпатлева́ть(ся), -лю́ю, -лю́ет(ся) (*спец. к* шпаклева́ть(ся))
шпатлёвка, -и, *р. мн.* -вок (*спец. к* шпаклёвка)
шпатлёвочный (*спец. к* шпаклёвочный)
шпатлёвщик, -а (*спец. к* шпаклёвщик)
шпа́товый
шпа́хтель, -я (*лопатка*)
шпа́ция, -и
шпека́чки, -чек, *ед.* -чек, -чка и -чка, -и
шпе́ндрик, -а
шпенёк, -нька́
шпига́т, -а
шпиго́ванный; *кр. ф.* -ан, -ана
шпигова́ть(ся), -гу́ю, -гу́ет(ся)
шпиго́вка, -и
шпик [1], -а и -у (*сало*)
шпик [2], -а́ (*сыщик*)
шпилево́й
шпи́лечка, -и, *р. мн.* -чек
шпи́лечный
шпиль, -я
шпи́лька, -и, *р. мн.* -лек
шпи́льман, -а
шпина́т, -а
шпина́тный
шпингале́т, -а
шпингале́тный
шпи́ндель, -я
шпи́ндельный
шпине́ли, -ей, *ед.* -е́ль, -и
шпио́н, -а
шпиона́ж, -а, *тв.* -ем
шпио́нить, -ню, -нит
шпио́нишка, -и, *р. мн.* -шек, *м.*
шпио́нка, -и, *р. мн.* -нок
шпионома́н, -а
шпионома́ния, -и
шпио́нский
шпио́нско-диверсио́нный
шпио́нство, -а
шпио́нящий
шпиц, -а, *тв.* -ем, *р. мн.* -ев
шпицбе́ргенский (*от* Шпицбе́рген)
шпицбе́ргенцы, -ев, *ед.* -нец, -нца, *тв.* -нцем
шпицру́тены, -ов, *ед.* -тен, -а
шплинт, -а и -а́
шплинто́ванный; *кр. ф.* -ан, -ана
шплинтова́ть(ся), -ту́ю, -ту́ет(ся)
шплинто́вка, -и
шплинтово́й
шпо́кнуть, -ну, -нет
шпон, -а и **шпо́на**, -ы
шпо́нка, -и, *р. мн.* -нок
шпо́ночно-долбёжный
шпо́ночно-фре́зерный
шпо́ночный
шпор, -а (*мор.*)
шпо́рец, -рца, *тв.* -рцем и **шпо́рца**, -ы, *тв.* -ей
шпо́рить, -рю, -рит
шпо́рник, -а
шпо́рный
шпо́рца, -ы, *тв.* -ей и **шпо́рец**, -рца, *тв.* -рцем
шпо́рцевый (*зоол.*)
шпо́ры, шпор, *ед.* шпо́ра, -ы
шпо́рящий
шпре́нгель, -я
шпрехшталме́йстер, -а
шпринг, -а
шпринга́ртен, -а *(в конном спорте)*
шпри́нговый
шпринто́в, -а (*мор.*)
шпринто́вый
шприц, -а, *тв.* -ем, *мн.* -ы, -ев и (*в проф. речи*) -ы́, -о́в
шприц-автома́т, -а
шприцева́ние, -я
шприцева́ть(ся), -цу́ю, -цу́ет(ся)
шпри́цевый
шприц-маслёнка, -и, *р. мн.* -нок

шприц-маши́на, -ы
шприцо́ванный; *кр. ф.* -ан, -ана
шприцо́вка, -и
шприц-пистоле́т, -а
шприц-тю́бик, -а
шпро́тина, -ы
шпро́тный
шпро́ты, -от и -о́тов, *ед.* шпро́та, -ы и шпрот, -а
шпрунт, -а *(деталь конского снаряжения)*
шпу́лечка, -и, *р. мн.* -чек
шпу́лечный
шпу́лька, -и, *р. мн.* -лек
шпу́льный
шпу́ля, -и
шпунт, -а́
шпу́нтик, -а: **ви́нтик-шпу́нтик**
шпунти́на, -ы
шпунтова́льный
шпунтова́ние, -я
шпунто́ванный; *кр. ф.* -ан, -ана
шпунтова́ть(ся), -ту́ю, -ту́ет(ся)
шпунто́вка, -и
шпунтово́й
шпунту́бель, -я
шпур, -а и -а́
шпурово́й
шпыня́нье, -я
шпыня́ть, -я́ю, -я́ет
шрам, -а
шра́мик, -а
шрапне́ль, -и
шрапне́льный
шре́дер, -а
шредеро́ванный; *кр. ф.* -ан, -ана
шредерова́ть(ся), -ру́ю, -ру́ет(ся)
Шрёдингер, -а: уравне́ние Шрёдингера
шри-ланки́йский (*от* Шри-Ланка́)
шриланки́йцы, -ев, *ед.* -и́ец, -и́йца, *тв.* -и́йцем
шрифт, -а, *мн.* -ы́, -о́в и -ы, -ов
шрифт-ка́сса, -ы
шрифтови́к, -а́
шрифто́вка, -и, *р. мн.* -вок
шрифтово́й
шрифтолите́йный
шрифтоноси́тель, -я
шропши́рский (*от* Шро́пши́р; шропши́рская поро́да ове́ц)
шропши́ры, -ов, *ед.* -ши́р, -а (*порода овец*)
шрот, -а
шро́тный
шро́товый
шрот-эффе́кт, -а
штаб, -а, *мн.* -ы́, -о́в и -ы, -ов
штаб-... – *первая часть сложных слов, пишется через дефис*
штабелева́ние, -я
штабелёванный; *кр. ф.* -ан, -ана
штабелева́ть(ся), -лю́ю, -лю́ет(ся)
штабелёвка, -и, *р. мн.* -вок
штабелёвочный
штабелёк, -лька́
штабелёр, -а
штабелеукла́дчик, -а
штабели́рование, -я
штабели́рованный; *кр. ф.* -ан, -ана
штабели́ровать(ся), -рую, -рует(ся)
штабелиро́вка, -и
шта́бель, -я, *мн.* -я́, -е́й и -и, -ей
шта́бельный
штаби́ст, -а
штаб-кварти́ра, -ы
штаб-ле́карский
штаб-ле́карь, -я
штабни́к, -а́
штабно́й
штаб-офице́р, -а
штаб-офице́рский
штаб-ро́тмистр, -а и **штабс-ро́тмистр,** -а
штаб-ро́тмистрский и **штабс-ро́тмистрский**
штабс-капита́н, -а
штабс-капита́нский
штаг, -а
шта́говый
штади́в, -а
Шта́зи, *нескл., мн.* (*в бывшей ГДР*)
штаке́тина, -ы
штаке́тник, -а
штаке́тница, -ы, *тв.* -ей
штаке́тный
шталеке́рия, -и
шталме́йстер, -а
шталме́йстерский
штамб, -а (*ствол дерева*)
шта́мбовый
штамм, -а
штамп, -а (*печать*)
шта́мпик, -а
штампова́льный
штампова́ние, -я
штампо́ванность, -и
штампо́ванный; *кр. ф.* -ан, -ана
штампова́ть(ся), -пу́ю, -пу́ет(ся)
штампо́вка, -и, *р. мн.* -вок
штампо́вочный
штампо́вщик, -а
штампо́вщица, -ы, *тв.* -ей
шта́мповый
шта́нга, -и
штангенглубиноме́р, -а
штангензубоме́р, -а
штангенинструме́нт, -а
штангенре́йсмас, -а
штангенци́ркуль, -я
штанги́ст, -а
штанги́стка, -и, *р. мн.* -ток
штанги́стский
шта́нговый
штанда́рт, -а
штандартенфю́рер, -а
штанда́ртный
шта́ники, -ов
штани́на, -ы
штани́шки, -шек
штанно́й
штанцы́, -о́в
штаны́, -о́в
штапели́рование, -я
штапели́рованный; *кр. ф.* -ан, -ана
штапели́ровать(ся), -рую, -рует(ся)
штапели́рующий
шта́пель, -я
шта́пельный
Штарк, -а: **эффе́кт Шта́рка**
штат, -а
штатга́льтер, -а
штати́в, -а
штати́вный
шта́тник, -а
шта́тность, -и
шта́тно-фина́нсовый
шта́тный
шта́товский (*к* США)
шта́тский
Шта́ты, -ов (*США*)
штафи́рка, -и, *р. мн.* -рок, *ж.* (*подкладка*) и *м.* (*о человеке*)
ште́вень, -вня
ште́йгер, -а
ште́йгерский
штейн, -а (*тех.*)
штейнгу́т, -а
штейнериа́нец, -нца, *тв.* -нцем, *р. мн.* -нцев
штейнериа́нский
штейнериа́нство, -а
ште́йнеровский (*от* Ште́йнер)
ште́кер, -а
ште́керный
штемпелева́льный
штемпелева́ние, -я
штемпелёванный; *кр. ф.* -ан, -ана
штемпелева́ть(ся), -лю́ю, -лю́ет(ся)
штемпелёк, -лька́
ште́мпель, -я, *мн.* -я́, -е́й и -и, -ей
ште́мпельно-гравёрный
ште́мпельный
ште́псель, -я, *мн.* -я́, -е́й и -и, -ей
ште́псельный
штерт, -а *(мор.)*
штибле́тный
штибле́ты, -е́т, *ед.* -е́та, -ы
шти́вка, -и, *р. мн.* -вок *(мор.)*
штилева́ть, -лю́ю, -лю́ет
штилево́й
штиль, -я
шти́рборт, -а
штифт, -а́, *предл.* на штифту́, *мн.* -ы́, -о́в
шти́фтик, -а
штифтово́й
штих, -а
шти́хель, -я
шти́хельный
шти́хмас, -а
шток, -а

што́кверк, -а
што́ковый
штокро́за, -ы
што́ленка, -и, *р. мн.* -нок
што́льневый
што́льня, -и, *р. мн.* -лен
Што́льц, -а, *тв.* -ем (*лит. персонаж; делец*)
што́льцевский
што́пальный
што́пальщик, -а
што́пальщица, -ы, *тв.* -ей
што́панный; *кр. ф.* -ан, -ана, *прич.*
што́пано-перешто́пано
што́паный, *прил.*
што́паный-перешто́паный
што́панье, -я
што́пать(ся), -аю, -ает(ся)
што́пка, -и, *р. мн.* -пок
што́пор, -а
што́порить, -рю, -рит
што́порный
штопорообра́зный; *кр. ф.* -зен, -зна
што́ра, -ы
што́рка, -и, *р. мн.* -рок
шторм, -а, *мн.* -ы, -ов и -а́, -о́в
што́рмик, -а
штορми́ть, -и́т
штορми́ще, -а, *мн.* -а и -и, -и́щ
штормова́ть, -му́ю, -му́ет
штормо́вка, -и, *р. мн.* -вок (*куртка*)
штормово́й
штормтра́п, -а
штормя́га, -и, *м.*
што́рный
што́ры-жалюзи́, што́р-жалюзи́
штос, -а
штоф, -а
што́фец, -фца, *тв.* -фцем, *р. мн.* -фцев
што́фик, -а
што́фный
штраба́, -ы́
штраусиа́на, -ы
штра́усовский (*от* Штра́ус)
штраф, -а
штрафану́ть, -ну́, -нёт
штрафба́т, -а
штрафба́тный
штрафни́к, -а́
штрафно́й
штрафова́ние, -я
штрафо́ванный; *кр. ф.* -ан, -ана
штрафова́ть(ся), -фу́ю(сь), -фу́ет(ся)
штрафо́вка, -и, *р. мн.* -вок
штрафстоя́нка, -и, *р. мн.* -нок
штрейкбре́хер, -а
штрейкбре́херский
штрейкбре́херство, -а
штре́йфлинг, -а
штрек, -а
штре́ковый
штри́пка, -и, *р. мн.* -пок
штри́почный
штри́фель, -я
штрих, -а́
штрихко́д, -а
штрихко́довый
штрихова́ние, -я
штрихо́ванный; *кр. ф.* -ан, -ана
штрихова́тый
штрихова́ть(ся), штриху́ю, штриху́ет(ся)
штрихо́вка, -и, *р. мн.* -вок
штрихово́й
штрихпункти́р, -а
штрихпункти́рный
штришо́к, -шка́
штру́дель, -я
шту́дии, -ий
штуди́рование, -я
штуди́рованный; *кр. ф.* -ан, -ана
штуди́ровать(ся), -рую, -рует(ся)
штук, -а (*то же, что стукко*)
шту́ка, -и
штука́рить, -рю, -рит
штука́рский
штука́рство, -а
штука́рь, -я́
штукату́р, -а
штукату́рение, -я
штукату́ренный; *кр. ф.* -ен, -ена, *прич.*
штукату́реный, *прил.*
штукату́рить(ся), -рю(сь), -рит(ся)
штукату́рка, -и
штукату́рный
штукату́рский
штукату́рящий(ся)
штуке́нция, -и
штукова́ние, -я
штуко́ванный; *кр. ф.* -ан, -ана
штукова́ть(ся), -ку́ю, -ку́ет(ся)
штуко́вина, -ы
штуко́вка, -и
шту́нда, -ы
штунди́зм, -а
штунди́ст, -а
штунди́стка, -и, *р. мн.* -ток
штунди́стский
штурва́л, -а
штурва́льный
штурм, -а
шту́рман, -а
шту́рманский
шту́рманство, -а
штурмбаннфю́рер, -а
штурмо́ванный; *кр. ф.* -ан, -ана
штурмова́ть(ся), -му́ю, -му́ет(ся)
штурмови́к, -а́
штурмо́вка, -и, *р. мн.* -вок (*атака; лестница*)
штурмово́й
штурмовщи́на, -ы
штуртро́с, -а
шту́тга́ртский (*от* Шту́тгарт)
шту́тга́ртцы, -ев, *ед.* -тец, -тца, *тв.* -тцем
штуф, -а
шту́цер, -а, *мн.* -ы, -ов и -а́, -о́в
шту́церный
шту́чка, -и, *р. мн.* -чек
шту́чки-дрю́чки, шту́чек- дрю́чек
шту́чность, -и
шту́чный
штыб, -а
штык, -а́
штык-бо́лт, -а́
штык-но́ж, -а́, *тв.* -о́м
штыкова́ние, -я
штыко́ванный; *кр. ф.* -ан, -ана
штыкова́ть(ся), -ку́ю, -ку́ет(ся)
штыко́вка, -и
штыково́й
штык-ю́нкер, -а, *мн.* -а́, -о́в
штылёк, -лька́ (*палочка у иконописцев*)
штырево́й
штырёк, -рька́
штырь, -я́
шуа́нский
шуа́ны, -ов, *ед.* шуа́н, -а
шу́ба, -ы
шуба́т, -а
шубе́йка, -и, *р. мн.* -е́ек
шубёнка, -и, *р. мн.* -нок
шу́бертовский (*от* Шу́берт)
шу́бка, -и, *р. мн.* шу́бок
шу́бно-мехово́й
шу́бный
шуга́, -и́
шуга́й, -я
шуга́ние, -я
шугану́ть, -ну́, -нёт
шуга́ть, -а́ю, -а́ет
шугну́ть, -ну́, -нёт
шугосбро́с, -а
шугохо́д, -а
шу́дры, шудр, *ед.* шу́дра, -ы, *м.*
шузы́, -о́в (*обувь, жарг.*)
шу́йский (*от* Шу́я)
шу́йца, -ы, *тв.* -ей
шука́ть, -а́ю, -а́ет (*обл.*)
шукши́нский (*от* Шукши́н)
шу́лер, -а, *мн.* -ы, -ов и -а́, -о́в
шу́лерский
шу́лерство, -а
шум, -а и -у, *мн.* -ы, -ов и -ы́, -о́в
шу́мановский (*от* Шу́ман)
шуме́ро-акка́дский
шуме́рский
шуме́ры, -ов, *ед.* шуме́р, -а
шуме́ть, шумлю́, шуми́т
шумиголова́, -ы́, *вин.* -у́, *мн.* -го́ловы, -голо́в, -ва́м, *м.* и *ж.*
шуми́ха, -и
шумли́вость, -и
шумли́вый
шу́мно, *нареч.* и *в знач. сказ.*
шумнова́тый
шу́мность, -и

шу́мный; *кр. ф.* шу́мен, шумна́, шу́мно, шу́мны́
шумови́к, -а́
шумо́вка, -и, *р. мн.* -вок
шумово́й
шумоглуше́ние, -я
шумозащи́та, -ы
шумозащи́тный
шумоизмери́тельный
шумоизоли́рующий
шумоизоляцио́нный
шумоизоля́ция, -и
шумо́к, шумка́
шумоме́р, -а
шумометри́ческий
шумопеленга́тор, -а
шумопеленга́торный
шумопоглоща́ющий
шумопоглоще́ние, -я
шум-фа́ктор, -а
шунги́т, -а
шунт, -а́
шунти́рование, -я
шунти́рованный; *кр. ф.* -ан, -ана
шунти́ровать(ся), -рую, -рует(ся)
шунтово́й
шу́нья, -и
шура́, -ы́
шу́рин, -а, *мн.* -ы, -ов и шурья́, -ьёв
шу́ринов, -а, -о
шуро́ванный; *кр. ф.* -ан, -ана
шурова́ть(ся), шуру́ю, шуру́ет(ся)
шуро́вка, -и, *р. мн.* -вок
шуро́вочный
шурпа́, -ы́
шуру́м-буру́м, -а
шуру́п, -а
шуру́пить, -плю, -пит *(жарг.)*
шуру́пный
шуруповёрт, -а
шуру́пчик, -а
шурф, -а, *мн.* -ы́, -о́в
шурфова́ние, -я
шурфо́ванный; *кр. ф.* -ан, -ана
шурфова́ть(ся), -фу́ю, -фу́ет(ся)
шурфо́вка, -и, *р. мн.* -вок
шурфо́вщик, -а
шурша́ние, -я
шурша́ть, -шу́, -ши́т
шу́ры-му́ры, *другие формы не употр.*
шуст, -а
шусто́ванный; *кр. ф.* -ан, -ана
шустова́ть(ся), -ту́ю, -ту́ет(ся)
шусто́вка, -и
шу́стренький
шу́стрик, -а
шустри́ть, -рю́, -ри́т
шустрогла́зый
шу́стрость, -и
шу́стрый; *кр. ф.* шустёр и шустр, шустра́, шу́стро, шу́стры́
шустря́к, -а́
шут, -а́
шуте́йный; *кр. ф.* -е́ен, -е́йна

шу́тер, -а (*электронная игра*)
шути́ть(ся), шучу́, шу́тит(ся)
шути́ха, -и
шу́тка, -и, *р. мн.* шу́ток
шутка ли
шуткану́ть, -ну́, -нёт (*жарг.*)
шу́тка шу́ткой, а...
шу́тки-прибау́тки, шу́ток-прибау́ток
шу́тки шу́тками, а...
шуткова́ть, -ку́ю, -ку́ет (*жарг.*)
шутли́вость, -и
шутли́вый
шутни́к, -а́
шутни́ца, -ы, *тв.* -ей
шуто́вка, -и, *р. мн.* -вок
шутовско́й
шутовство́, -а́
шу́точка, -и, *р. мн.* -чек
шу́точки-прибау́точки, шу́точек-прибау́точек
шу́точно-пароди́йный
шу́точность, -и
шу́точный
шутя́
шу́тя́щий
шухари́ть, -рю́, -ри́т (*жарг.*)
шухарно́й (*жарг.*)
шу́хер, -а
шу́цбунд, -а (*ист.*)
шу́цман, -а
шу́цманский
шу́чивать, *наст. вр. не употр.*
шу́шваль, -и
шу́шера, -ы
шуши́нский (*от* Шуша́)
шуши́нцы, -ев, *ед.* -нец, -нца, *тв.* -нцем
шушпа́н, -а
шушу́канье, -я
шушу́кать(ся), -аю(сь), -ает(ся)
шушу́н, -а́
шу-шу-шу́, *неизм.*
шуя́не, шуя́н, *ед.* шуя́нин, -а (*от* Шу́я)
шхе́рный
шхе́ры, шхер
шху́на, -ы
ш-ш и **ш-ш-ш,** *неизм.*
шэ, *нескл., мн., ед. м.* и *ж.* (*народность*)
шэн, -а (*муз. инструмент*)
шэньши́, *нескл., мн., ед. м.* (*сословие*)
шэнья́нский (*от* Шэнья́н)
шэнья́нцы, -ев, *ед.* -нец, -нца, *тв.* -нцем
шю́тте, *нескл., с.*
шюцко́р, -а
шюцко́ровец, -вца, *тв.* -вцем, *р. мн.* -вцев
шюцко́ровский
шяуля́йский (*от* Шяуля́й)
шяуля́йцы, -ев, *ед.* -я́ец, -я́йца, *тв.* -я́йцем

Щ

ща, *нескл., с.* (*название буквы*)
щавелевоки́слый
щаве́левый
щавелёк, -лька́ и -льку́
щаве́ль, -я́ и -ю́, *тв.* -ём
щаве́льный
щади́ть(ся), щажу́(сь), щади́т(ся)
щадя́щий(ся)
щажённый; *кр. ф.* -ён, -ена́
щано́й (*от* щи)
щебени́ть(ся), -ню́, -ни́т(ся)
щебёнка, -и
щебёночный
щебёнчатый
ще́бень, ще́бня
ще́бет, -а
щебета́ние, -я
щебета́ть, щебечу́, щебе́чет
щебету́н, -а́
щебету́нья, -и, *р. мн.* -ний
щебе́чущий
ще́бневый и **щебнево́й**
щебнеочисти́тельный
щебни́стый
щеври́ца, -ы, *тв.* -ей
щеглёнок, -нка, *мн.* -ля́та, -ля́т
щегли́ха, -и
щегло́вка, -и, *р. мн.* -вок
щегло́вый
щегля́чий, -ья, -ье
щего́л, щегла́
щеголева́тость, -и
щеголева́тый
щеголи́ха, -и
щёголь, -я
щегольну́ть, -ну́, -нёт
щегольски́
щегольско́й
щегольство́, -а́
щеголя́ние, -я
щеголя́ть, -я́ю, -я́ет
щедринове́д, -а (*от* Щедри́н)
щедринове́дческий
щедри́нский (*от* Щедри́н)
ще́дрость, -и
щедрота́, -ы́ (*щедрость*)
щедро́ты, -о́т (*милости; богатства*)
ще́дрый; *кр. ф.* щедр, щедра́, ще́дро, ще́дры́
щека́, -и́, *вин.* щёку и щеку́, *мн.* щёки, щёк, щека́м
щека́стость, -и
щека́стый
щёкинский (*от* Щёкино)
щёкинцы, -ев, *ед.* -нец, -нца, *тв.* -нцем
щеко́лда, -ы
щёкот, -а
щекота́ние, -я

щекота́ть(ся), -очу́(сь), -о́чет(ся)
щеко́тка, -и
щекотли́вость, -и
щекотли́вый
щеко́тно
щеко́тный
щеко́чущий(ся)
щелба́н, -а́ и **щелоба́н**, -а *(жарг.)*
щелева́ние, -я
щелева́тый
щелево́й
щелезу́б, -а
щелеобра́зный; *кр. ф.* -зен, -зна
щелере́з, -а
щели́на, -ы
щели́нный
щели́стость, -и
щели́стый
щёлк[1], -а (*щелканье, щелчок*)
щёлк[2], *неизм.*
щёлка, -и, *р. мн.* щёлок
щелкану́ть, -ну́, -нёт
щёлканье, -я
щёлкать(ся), -аю(сь), -ает(ся)
щёлкнуть(ся), -ну(сь), -нет(ся)
щёлковский (*от* Щёлково)
щёлковцы, -ев, *ед.* -вец, -вца, *тв.* -вцем
щелкопёр, -а
щелкопёрство, -а
щелкотня́, -и́
щелку́н, -а́
щелку́н-крестоно́сец, щелкуна́-крестоно́сца (*жук*)
щелку́нчик, -а и (*сказочный персонаж*) **Щелку́нчик**, -а
щелоба́н, -а и **щелба́н**, -а́ *(жарг.)*
щёлок, -а и -у
щелоче́ние, -я
щелочённый; *кр. ф.* -ён, -ена́
щёлочесто́йкий; *кр. ф.* -о́ек, -о́йка
щёлочеупо́рный; *кр. ф.* -рен, -рна
щёлочеусто́йчивый
щелочи́ть(ся), -чу́, -чи́т(ся)
щёлочка, -и, *р. мн.* -чек
щёлочно-земе́льный
щелочно́й
щёлочно-кисло́тный
щёлочность, -и
щёлочь, -и, *мн.* -и, -е́й
щелчо́к, -чка́
щель, -и, *предл.* в щели́, *мн.* -и, -е́й
щеля́стый
щеми́ть, -и́т
щемле́ние, -я
щемя́щий
щени́ться, -и́тся
щённая
щено́к, щенка́, *мн.* щенки́, -о́в и щеня́та, -я́т
щено́чек, -чка, *мн.* щено́чки, -ов и щеня́тки, -ток
щеня́чий, -ья, -ье
щепа́, -ы́, *мн.* ще́пы, щеп, щепа́м
щепа́льный (*к* щепа́ть)

щепа́ние, -я (*к* щепа́ть)
ще́панный; *кр. ф.* -ан, -ана, *прич.*
ще́паный, *прил.*
щепа́ть(ся), щеплю́, ще́плет(ся) и -а́ю, -а́ет(ся) (*откалывать лучину*)
щепа́ющий(ся) и **ще́плющий(ся)** (*от* щепа́ть(ся)
щепети́льность, -и
щепети́льный; *кр. ф.* -лен, -льна
ще́пка, -и, *р. мн.* ще́пок
ще́пкинец, -нца, *тв.* -нцем, *р. мн.* -нцев
ще́пкинский (*от* Ще́пкин)
ще́плющий(ся) и **щепа́ющий(ся)** (*от* щепа́ть(ся)
щепно́й
щепово́з, -а
щепо́тка, -и, *р. мн.* -ток
щепо́точка, -и, *р. мн.* -чек
ще́по́ть, -и
ще́почка, -и, *р. мн.* -чек
щепьё, -я́
щепяно́й
щерба́тенький
щерба́тость, -и
щерба́тый
щерби́на, -ы
щерби́нка, -и, *р. мн.* -нок
щерби́ть(ся), -блю́, -би́т(ся)
щерблённый; *кр. ф.* -ён, -ена́, *прич.*
щерблёный, *прил.*
ще́рить(ся), ще́рю(сь), ще́рит(ся)
ще́рящий(ся)
щети́на, -ы
щети́нистость, -и
щети́нистый
щети́нить(ся), -ню(сь), -нит(ся)
щети́нки, -нок, *ед.* -нка, -и
щети́нковый
щетинкочелюстны́е, -ы́х
щети́нник, -а
щети́нно-щёточный
щети́нный
щетинови́дный; *кр. ф.* -ден, -дна
щетинозу́бые, -ых
щетиноли́стный
щетинообра́зный; *кр. ф.* -зен, -зна
щетинохво́стка, -и, *р. мн.* -ток
щети́нщик, -а
щети́нящий(ся)
щётка, -и, *р. мн.* щёток
щёткодержа́тель, -я
щёточка, -и, *р. мн.* -чек
щёточный
щец, *р. мн., других форм нет*
щеци́нский (*от* Ще́цин)
щеци́нцы, -ев, *ед.* -нец, -нца, *тв.* -нцем
щёчка, -и, *р. мн.* щёчек
щёчный
щи, щей
щигро́вский (*от* Щигры́)
щигро́вцы, -ев, *ед.* -вец, -вца, *тв.* -вцем

щи́колка, -и, *р. мн.* -лок (*прост. к* щи́колотка)
щи́колотка, -и, *р. мн.* -ток
щип[1], -а (*щипок*)
щип[2], *неизм.*
щипа́льный (*к* щипа́ть)
щипа́льщик, -а
щипа́ние, -я (*к* щипа́ть)
щи́панный; *кр. ф.* -ан, -ана, *прич.*
щипану́ть, -ну́, -нёт
щи́паный, *прил.*
щипа́ть(ся), щиплю́(сь), щи́плет(ся), щи́плют(ся) и щи́пет(ся), щи́пят(ся); *также* -а́ю(сь), -а́ет(ся) (*защемлять*; *рвать*)
щипа́ч, -а́, *тв.* -о́м (*жарг.*)
щипа́ющий(ся) и **щи́плющий(ся)** (*от* щипа́ть(ся)
щипе́ц, щипца́, *тв.* щипцо́м, *р. мн.* щипцо́в
щи́пка, -и
щипко́вый
щипко́м, *нареч.*
щи́плющий(ся) и **щипа́ющий(ся)** (*от* щипа́ть(ся)
щипну́ть, -ну́, -нёт
щипо́вка, -и, *р. мн.* -вок
щипо́к, щипка́
щипцево́й (*от* щипцы́)
щипцо́вый (*от* щипе́ц и щипцы́)
щипцы́, -о́в
щи́пчики, -ов
щипчо́нки, -нок
щири́ца, -ы, *тв.* -ей
щири́цевые, -ых
щит, -а́
щи́тень, щи́тня
щитко́вый
щиткопалая лягу́шка
щи́тник, -а
щи́тник-черепа́шка, щи́тника-черепа́шки, *м.*
щитови́дка, -и, *р. мн.* -док
щитови́дный
щито́вка, -и, *р. мн.* -вок
щито́вник, -а
щитово́й
щито́к, щитка́
щитомо́рдник, -а
щитонабо́рный
щитоно́ска, -и, *р. мн.* -сок
щитообра́зный; *кр. ф.* -зен, -зна
щитохво́стый
щи́шки, щи́шек (*от* щи)
щу́ка, -и
щу́кинец, -нца, *тв.* -нцем, *р. мн.* -нцев
щу́кинский (*от* Щу́кин и Щу́кино)
щукови́дные, -ых
щу́ковые, -ых
щуня́ть, -я́ю, -я́ет
щуп, -а
щу́пальца, -льцев и -лец, *ед.* -льце, -а
щу́пальцевый

щу́панный; *кр. ф.* -ан, -ана, *прич.*
щу́паный, *прил.*
щу́панье, -я
щу́пать(ся), -аю(сь), -ает(ся)
щу́пик, -а
щу́пленький
щуплова́тый
щу́плость, -и
щу́плый; *кр. ф.* щупл, щу́пла́, щу́пло
щур, -а́ (*птица*)
щурёнок, -нка, *мн.* щуря́та, щуря́т
щу́рить(ся), щу́рю(сь), щу́рит(ся)
щу́рка, -и, *р. мн.* щу́рок
щу́рящий(ся)
щу́севский (*от* Щу́сев)
щуча́нский (*от* Щу́чье, *город*)
щу́чий, -ья, -ье
щу́чина, -ы
щу́чить, щу́чу, щу́чит
щу́чка, -и, *р. мн.* щу́чек

Ы

ы, *нескл., с.* (*название буквы*)
ы́канье, -я
ы́кать, -аю, -ает (*произносить звук ы*)
ыр, -а (*песня у нек-рых тюркских народов*)
ых, *межд.*

Э

э[1], *нескл., с.* (*название буквы*)
э[2], *межд.*
эбе́новый
эберти́стский
эберти́сты, -ов, *ед.* -и́ст, -а
эбони́т, -а
эбони́товый
эбулиоско́п, -а
эбулиоскопи́я, -и
э́ва, *неизм.*
эвако... – *первая часть сложных слов, пишется слитно*
эвакоба́за, -ы
эвакого́спиталь, -я
эвакоиму́щество, -а
эвакоприёмник, -а
эвакопу́нкт, -а
эвакуа́тор, -а
эвакуацио́нно-тра́нспортный
эвакуацио́нный
эвакуа́ция, -и
эвакуи́рованный; *кр. ф.* -ан, -ана
эвакуи́ровать(ся), -рую(сь), -рует(ся)
эвальвацио́нный
эвальва́ция, -и
эва́ния, -и (*насекомое*)
эвапора́тор, -а
эвапора́ция, -и
эвапоро́граф, -а
эвапорогра́фия, -и
эвапоро́метр, -а
эвгено́л, -а
эвгле́на, -ы
эвгло́сса, -ы (*насекомое*)
эвдемони́зм, -а
эвдемони́ст, -а
эвдемонисти́ческий
эвдемони́стский
эвдиали́т, -а
эвдио́метр, -а
эве́кция, -и
эве́нка, -и, *р. мн.* -нок (*к* эве́ны)
эве́нки, -ов, *ед.* эве́нк, -а
эвенки́йка, -и, *р. мн.* -и́ек (*к* эве́нки)
эвенки́йский (*от* эве́нки)
Эвенки́йский автоно́мный о́круг
эве́нский (*от* эве́ны)
эвентуа́льность, -и
эвентуа́льный; *кр. ф.* -лен, -льна
эве́ны, -ов, *ед.* эве́н, -а
Эвере́ст, -а
эвере́стский (*от* Эвере́ст)
эви́кция, -и
эвкали́пт, -а
эвкали́птовый
эвкарио́ты, -о́т, *ед.* -о́та, -ы и **эукарио́ты,** -о́т, *ед.* -о́та, -ы
эвкла́з, -а
эвко́ммиевые, -ых
эвко́ммия, -и и **эуко́ммия,** -и (*растение*)
Эвкси́нский: По́нт Эвкси́нский
ЭВМ [эвээ́м], *нескл., ж.* (*сокр.*: электронно-вычислительная машина)
эвмени́ды, -и́д
эвольве́нта, -ы
эвольве́нтный
эволю́та, -ы
эволю́тный
эволюциони́зм, -а
эволюциони́рование, -я
эволюциони́ровать, -рую, -рует
эволюциони́ст, -а
эволюциони́стский
эволюцио́нно, *нареч.*
эволюцио́нность, -и
эволюцио́нный; *кр. ф.* -о́нен, -о́нна
эволю́ция, -и
э́вон и **э́вона,** *неизм.*
эво́рзия, -и
э́вось и **э́вося,** *неизм.*
э́вот, *неизм.*
эво́э́, *неизм.*
эвпатри́ды, -ов и **евпатри́ды,** -ов, *ед.* -ри́д, -а
эвриба́тный
эврибио́нтный
эврибио́нты, -ов, *ед.* -о́нт, -а
эвригали́нный
Эвриди́ка, -и
э́врика, *неизм.*
эврипонти́ды, -и́д, *ед.* -и́да, -ы
эвриптери́ды, -и́д, *ед.* -и́да, -ы
эври́стика, -и
эвристи́ческий
эвристи́чность, -и
эвристи́чный; *кр. ф.* -чен, -чна
эврите́рмный
эвритми́ческий
эвритми́я, -и
эврито́пный
эврифа́г, -а
эврифаги́я, -и
эврихо́рный
эвриэдафи́ческий
эвстати́ческий
эвсте́ль, -и и **эусте́ла,** -ы (*бот.*)
эвстре́сс, -а
эвтанази́я, -и
эвте́ктика, -и
эвтекти́ческий
эвтекто́ид, -а
Эвте́рпа, -ы
эвтрофика́ция, -и
эвтрофи́рование, -я
эвтро́фный
эвтро́фы, -ов, *ед.* -ро́ф, -а
эвфа́узиевые, -ых
эвфеми́зм, -а
эвфемисти́ческий
эвфемисти́чность, -и
эвфемисти́чный; *кр. ф.* -чен, -чна
эвфони́ческий
эвфони́я, -и
эвфуи́зм, -а
эвфуисти́ческий
эвхле́на, -ы
эгалитари́зм, -а
эгалитари́ст, -а
эгалитари́стский
эгалита́рность, -и
эгалита́рный; *кр. ф.* -рен, -рна
эге́, *неизм.*
э-ге-ге́, *неизм.*
эге́й, *неизм.*
эге́йский (*к* Эге́йское мо́ре; эге́йская культу́ра, *археол.*)
Эге́йское мо́ре
эги́да, -ы
эгило́пс, -а
э́го, *нескл., с.*
эгои́зм, -а
эгои́ст, -а
эгоисти́ческий

эгоисти́чность, -и
эгоисти́чный; *кр. ф.* -чен, -чна
эгои́стка, -и, *р. мн.* -ток
эготи́зм, -а
эготи́ческий
эгофутури́зм, -а
эгофутури́ст, -а
эгофутури́стский
эгоцентри́зм, -а
эгоце́нтрик, -а
эгоцентри́ст, -а
эгоцентри́стка, -и, *р. мн.* -ток
эгоцентри́стский
эгоцентри́ческий
эгоцентри́чность, -и
эгоцентри́чный; *кр. ф.* -чен, -чна
эгре́т, -а
эгре́тка, -и, *р. мн.* -ток
эгутёр, -а
э́дак
э́дакий
Э́дда, -ы
эддингто́новский (от Э́ддингто́н): **эддингто́новский преде́л свети́мости**
эдельве́йс, -а
Эде́м, -а (*библ.*) и **эде́м,** -а (*благодатный уголок земли*)
эде́мский
эди́кт, -а
эди́кула, -ы
эди́л, -а
эдинбу́ргский (*от* Э́динбу́рг)
эдинбу́ргцы, -ев, *ед.* -гец, -гца, *тв.* -гцем и **эдинбу́ржцы,** -ев, *ед.* -жец, -жца, *тв.* -жцем
Эди́п, -а
эди́пов ко́мплекс, эди́пова ко́мплекса
эдифика́тор, -а (*бот.*)
эдицио́нный
эди́ция, -и
ЭДС [эдээ́с], *нескл., ж.* (*сокр.*: электродвижущая сила)
эже́ктор, -а
эже́кторный
эжекцио́нный
эже́кция, -и
эзери́н, -а
эзерфо́лий, -я и **эзерфо́ль,** -я
Эзо́п, -а
Эзо́пов, -а, -о (Эзо́повы ба́сни); но: **эзо́пов язы́к**
эзо́повский (*от* Эзо́п; эзо́повский язы́к)
эзоте́рик, -а
эзоте́рика, -и (*тайные мистические знания, учения*)
эзотери́ческий
эзотери́чность, -и
эзотери́чный; *кр. ф.* -чен, -чна
эзофаги́т, -а
эзофагоско́п, -а
эзофагоскопи́ческий
эзофагоскопи́я, -и
эзофаготоми́я, -и
эй, *неизм.*
эйблефа́р, -а и **эублефа́р,** -а
эйдети́зм, -а
эйде́тик, -а
эйде́тика, -и
эйдети́ческий
эйджеи́зм, -а и **эйджи́зм,** -а
эйдологи́ческий
эйдоло́гия, -и
э́йдос, -а
эйдофо́р, -а
эйзенште́йновский (*от* Эйзенште́йн)
Э́йлер, -а: **ме́тод Э́йлера, пери́од Э́йлера, постоя́нная Э́йлера, уравне́ния Э́йлера, фу́нкция Э́йлера, чи́сла Э́йлера**
э́йлеров, -а, -о (*от* Э́йлер): **э́йлеровы интегра́лы, э́йлеровы углы́, э́йлерова характери́стика многогра́нника**
э́йлеровский (*от* Э́йлер)
Эйнште́йн, -а: **зако́н Эйнште́йна, коэффицие́нты Эйнште́йна, стати́стика Бо́зе – Эйнште́йна, эффе́кт Эйнште́йна – де Ха́аза**
эйнште́йн, -а, *р. мн.* -ов, *счетн. ф.* эйнште́йн (*ед. измер.*)
эйнште́йний, -я (*хим.*)
эйнште́йновский (*от* Эйнште́йн)
э́йре, *нескл., с.* (*монета*)
эйс, -а
Э́йфелева ба́шня, Э́йфелевой ба́шни
э́йфель, -я (*фигура синхронного плавания*)
эйфори́ческий
эйфори́я, -и
эк и **э́ка,** *неизм.*
экарте́, *нескл., с.*
экбите́, *нескл., с.* (*спорт.*)
эквадо́рка, -и, *р. мн.* -рок
эквадо́рский (*от* Эквадо́р)
эквадо́рцы, -ев, *ед.* -рец, -рца, *тв.* -рцем
эква́йринг, -а
эквала́йзер, -а
эква́тор, -а
экваториа́л, -а
Экваториа́льная А́фрика
экваториа́льный
эквивале́нт, -а
эквивале́нтность, -и
эквивале́нтный; *кр. ф.* -тен, -тна
эквивока́ция, -и
эквидиста́нта, -ы
эквиинициа́льный
эквили́бр, -а
эквилибри́ровать, -рую, -рует
эквилибри́ст, -а
эквилибри́стика, -и
эквилибристи́ческий
эквилибри́стка, -и, *р. мн.* -ток
эквилинеа́рность, -и
эквилинеа́рный; *кр. ф.* -рен, -рна
эквимолекуля́рный; *кр. ф.* -рен, -рна
эквипле́н, -а
эквиполе́нтный (*лингв.*)
эквипотенциа́льность, -и
эквипотенциа́льный; *кр. ф.* -лен, -льна
эквиритми́ческий
эквиритми́чность, -и
эквиритми́чный; *кр. ф.* -чен, -чна
эквиритми́я, -и
эквифина́льность, -и
эквифина́льный; *кр. ф.* -лен, -льна
ЭКГ [экагэ́], *нескл., ж.* и *неизм.* (*сокр.*: электрокардиограмма, -графия, -графический)
ЭКГ-диагно́стика, -и
экдизо́н, -а
э́кер, -а
э́керный
экзальтацио́нный
экзальта́ция, -и
экзальти́рованно, *нареч.*
экзальти́рованность, -и
экзальти́рованный; *кр. ф.* -ан, -анна
экза́мен, -а
экзамена́тор, -а
экзамена́торский
экзамена́торша, -и, *тв.* -ей
экзаменацио́нный
экзамено́ванный; *кр. ф.* -ан, -ана
экзаменова́ть(ся), -ну́ю(сь), -ну́ет(ся)
экзанте́ма, -ы
экзарацио́нный
экзара́ция, -и
экзартикуля́ция, -и
экза́рх, -а
экзарха́т, -а
экзеге́за, -ы
экзеге́т, -а
экзеге́тика, -и
экзегети́ческий
экзеквату́ра, -ы
экзеку́тор, -а
экзеку́торский
экзекуцио́нный
экзеку́ция, -и
экзе́ма, -ы
экземато́зный
экземплифика́ция, -и
экземпля́р, -а
экземпля́рец, -рца, *тв.* -рцем, *р. мн.* -рцев
экземпля́рчик, -а
экзергони́ческий
экзерси́сы, -ов, *ед.* -си́с, -а
экзерци́ргауз, -а
экзерци́ции, -ий, *ед.* -ци́ция, -и
экзи́на, -ы
экзистенциали́зм, -а
экзистенциали́ст, -а
экзистенциали́стка, -и, *р. мн.* -ток
экзистенциали́стский

экзистенциа́льный; *кр. ф.* -лен, -льна
экзисте́нция, -и
экзо… *– первая часть сложных слов, пишется слитно*
экзобио́лог, -а
экзобиологи́ческий
экзобиоло́гия, -и
экзога́мия, -и
экзога́мный
экзогаструля́ция, -и
экзоге́нный
экзогено́та, -ы
экзоде́рма, -ы
экзока́рпий, -я
экзокри́нный
экзо́ним, -а
экзопептида́зы, -а́з, *ед.* -а́за, -ы
экзоплане́та, -ы
экзопроте́з, -а
экзопротези́рование, -я
экзорци́зм, -а
экзорци́ст, -а
экзо́смос, -а
экзосомати́ческий
экзоспо́рий, -я
экзосто́з, -а
экзосфе́ра, -ы
экзоте́рика, -и *(мистические знания, не скрываемые от других людей)*
экзотери́ческий
экзотери́чность, -и
экзотери́чный; *кр. ф.* -чен, -чна
экзотерми́ческий
экзоти́зм, -а
экзо́тика, -и
экзоти́ческий
экзоти́чность, -и
экзоти́чный; *кр. ф.* -чен, -чна
экзотокси́ны, -ов, *ед.* -си́н, -а
экзотро́фный
экзотро́фы, -ов, *ед.* -тро́ф, -а
экзо́ты, -ов, *ед.* экзо́т, -а
экзоферме́нт, -а
экзофта́льм, -а
экиво́ки, -ов, *ед.* экиво́к, -а
экиде́н, -а *(спорт.)*
э́кий и **э́кой,** э́кая и э́ка, э́кое и э́ко (э́ка беда́, э́ко де́ло)
экипа́ж, -а, *тв.* -ем
экипа́жик, -а
экипа́жный
экипирова́ние, -я
экипиро́ванный; *кр. ф.* -ан, -ана
экипирова́ть(ся), -ру́ю(сь), -ру́ет(ся)
экипиро́вка, -и, *р. мн.* -вок
экипиро́вочный
эки́стика, -и
экка́унтинг, -а
экклесиа́рх, -а
экклесиологи́ческий
экклесиоло́гия, -и
экккле́сия, -и (*ист.*)
эклампси́ческий
эклампси́я, -и
эклекти́зм, -а
экле́ктик, -а
экле́ктика, -и
эклектици́зм, -а
эклекти́ческий
эклекти́чность, -и
эклекти́чный; *кр. ф.* -чен, -чна
экле́ктор, -а
экле́р, -а
экле́рчик, -а
экли́метр, -а
эклип́тика, -и
эклипти́ческий
эклóга, -и
эклоги́т, -а
эклоги́товый
экмоли́н, -а
эко… *– первая часть сложных слов, пишется слитно*
экогене́з, -а
э́кой и **э́кий** (*см.* э́кий)
экокатастро́фа, -ы
эко́лог, -а
экологиза́ция, -и
экологизи́рованный; *кр. ф.* -ан, -ана
экологизи́ровать(ся), -рую, -рует(ся)
экологи́ст, -а
экологи́чески
экологи́ческий
экологи́чески чи́стый
экологи́чность, -и
экологи́чный; *кр. ф.* -чен, -чна
эколо́гия, -и
эко́лого-биологи́ческий
эко́лого-культу́рный
эко́лого-ноосфе́рный
эко́лого-экономи́ческий
эко́лог-экспе́рт, эко́лога-экспе́рта
эконо́м, -а
эконома́йзер, -а
экономгеогра́фия, -и
эконо́метр, -а
эконо́ме́трика, -и
эконометри́ческий
экономе́трия, -и
экономиза́ция, -и (*от* эконо́мный)
экономизи́рованный; *кр. ф.* -ан, -ана
экономизи́ровать(ся), -и́рую, -и́рует(ся)
экономи́зм, -а
эконо́мика, -и
экономикогео́граф, -а
эконо́мико-географи́ческий
эконо́мико-математи́ческий
эконо́мико-правово́й
эконо́мико-статисти́ческий
экономи́ст, -а
экономи́стка, -и, *р. мн.* -ток
эконо́мить(ся), -млю, -мит(ся)
экономи́чески
экономи́чески акти́вный
экономи́ческий
экономи́чность, -и
экономи́чный; *кр. ф.* -чен, -чна
эконо́мия, -и
эконо́мка, -и, *р. мн.* -мок
экономкла́сс, -а
эконо́мленный; *кр. ф.* -ен, -ена
эконо́мничать, -аю, -ает
экономнолеги́рованный
эконо́мность, -и
эконо́мный; *кр. ф.* -мен, -мна
эконо́мящий(ся)
экопо́лис, -а
экополи́тика, -и
экорегио́н, -а
экосво́дка, -и, *р. мн.* -док
экосе́з, -а
экосисте́ма, -ы
экослу́жба, -ы
экосфе́ра, -ы
экосфе́рный
э́кось и **э́кося,** *неизм.*
экоте́хника, -и
экоти́п, -а
экотоксиколо́гия, -и
экоци́д, -а
экоэнерге́тика, -и
экра́н, -а
экраниза́тор, -а
экраниза́ция, -и
экранизи́рование, -я
экранизи́рованный; *кр. ф.* -ан, -ана
экранизи́ровать(ся), -рую, -рует(ся)
экрани́рование, -я
экрани́рованный; *кр. ф.* -ан, -ана
экрани́ровать(ся), -рую, -рует(ся)
экраниро́вка, -и
экра́нно-ва́куумный
экра́нный
экранопла́н, -а
экра́нчик, -а
экрю́, *неизм.* (*цвет*)
экс-... *– приставка в знач.* "*бывший*", *пишется через дефис*
экс-аге́нт, -а
эксапостила́рий, -я
экс-ви́це-мэ́р, -а
экс-ви́це-президе́нт, -а
экс-ви́це-премье́р, -а
эксга́устер, -а
экс-ГДР [-гэдэ́р], *нескл., ж.*
эксгибициони́зм, -а
эксгибициони́ст, -а
эксгибициони́стка, -и, *р. мн.* -ток
эксгибициони́стский
экс-губерна́тор, -а
эксгума́тор, -а
эксгумацио́нный
эксгума́ция, -и
эксгуми́рованный; *кр. ф.* -ан, -ана
эксгуми́ровать(ся), -рую, -рует(ся)
экс-депута́т, -а

экс-дире́ктор, -а
экс-диссиде́нт, -а
эксе́дра, -ы
эксе́ргия, -и
экс-жени́х, -а́
экс-замминистра, *нескл., м.* и *ж.*
эксика́тор, -а
эксито́н, -а
эксито́нный
экскава́тор, -а
экскава́торный
экскаваторострое́ние, -я
экскава́торщик, -а
экскава́торщица, -ы, *тв.* -ей
экскава́ция, -и
экс-ка́нцлер, -а
экскла́в, -а
эксклюзи́в, -а
эксклюзи́вность, -и
эксклюзи́вный; *кр. ф.* -вен, -вна
эксклюзи́в-ту́р, -а
экскориа́ция, -и
экс-коро́ль, -я́
экскреме́нты, -ов
экскрето́рный
экскре́ты, -ов
экскре́ция, -и
э́кскурс, -а
экскурса́нт, -а
экскурса́нтка, -и, *р. мн.* -ток
экскурса́нтский
экскурсбюро́, *нескл., с.*
экскурсио́нно-туристи́ческий
экскурсио́нный
экску́рсия, -и
экскурсово́д, -а
экскурсово́дка, -и, *р. мн.* -док
экскурсово́дческий
экскурсово́дша, -и, *тв.* -ей
экслибрис, -а
экслибриси́ст, -а
эксли́брисный
экс-мини́стр, -а
экс-ми́сс, *нескл., ж.*
экс-мэ́р, -а
эксо́д, -а
экспа́ндер, -а (*радиотех.*)
экспанди́рование, -я (*инф.*)
экспанди́рованный; *кр. ф.* -ан, -ана
экспанди́ровать(ся), -рую, -рует(ся)
экспанси́вность, -и
экспанси́вный; *кр. ф.* -вен, -вна
экспансиони́зм, -а
экспансиони́ст, -а
экспансиони́стский
экспа́нсия, -и
экс-парламента́рий, -я
экспатриа́нт, -а
экспатриа́нтка, -и, *р. мн.* -ток
экспатриа́ция, -и
экспатрии́рованный; *кр. ф.* -ан, -ана
экспатрии́ровать(ся), -рую(сь), -рует(ся)
экспеди́рование, -я
экспеди́рованный; *кр. ф.* -ан, -ана
экспеди́ровать(ся), -рую, -рует(ся)
экспеди́тор, -а
экспеди́торский
экспеди́торша, -и, *тв.* -ей
экспедицио́нно-тра́нспортный
экспедицио́нный
экспеди́ция, -и
экспекта́ция, -и (*психол.*)
экспериме́нт, -а
эксперимента́льно дока́занный
эксперимента́льно-иссле́довательский
эксперимента́льно-констру́кторский
эксперимента́льно-психологи́ческий
эксперимента́льно-фонети́ческий
эксперимента́льно-хирурги́ческий
эксперимента́льный; *кр. ф.* -лен, -льна
эксперимента́тор, -а
эксперимента́торский
эксперимента́торство, -а
эксперимента́торша, -и, *тв.* -ей
эксперименти́рование, -я
эксперименти́ровать, -рую, -рует
экспе́рт, -а
эксперти́за, -ы
экспе́ртно-аналити́ческий
экспе́ртный
экспертологи́ческий
экспертоло́гия, -и
экспе́рт-эко́лог, экспе́рта- эко́лога
экспирато́рный
экспира́ция, -и
эксплanта́ция, -и
эксплaнти́рованный; *кр. ф.* -ан, -ана
эксплaнти́ровать(ся), -рую, -рует(ся)
экспликáция, -и
эксплици́рование, -я
эксплици́рованность, -и
эксплици́рованный; *кр. ф.* -ан, -ана
эксплици́ровать(ся), -рую, -рует(ся)
эксплици́тность, -и
эксплици́тный; *кр. ф.* -тен, -тна
эксплози́вность, -и
эксплози́вный
экспло́зия, -и
эксплуата́нт, -а
эксплуата́тор, -а
эксплуата́торский
эксплуата́торша, -и, *тв.* -ей
эксплуатацио́нник, -а
эксплуатацио́нно-техни́ческий
эксплуатацио́нно-тра́нспортный
эксплуатацио́нный
эксплуата́ция, -и
эксплуати́рование, -я
эксплуати́рованный; *кр. ф.* -ан, -ана
эксплуати́ровать(ся), -рую(сь), -рует(ся)
эксплуатну́ть, -ну́, -нёт
Экспо́, *нескл., с.*
экспозе́, *нескл., с.*
экспози́метр, -а
экспозиционе́р, -а
экспозицио́нный
экспози́ция, -и
экспона́т, -а
экспона́тный
экспоне́нт, -а (*участник выставки; показатель*)
экспоне́нта, -ы (*матем.*)
экспоненциа́льный
экспони́рование, -я
экспони́рованный; *кр. ф.* -ан, -ана
экспони́ровать(ся), -рую, -рует(ся)
экспоно́метр, -а
экспонометри́ческий
э́кспорт, -а
экспортёр, -а
экспортёрский
экспорти́рование, -я
экспорти́рованный; *кр. ф.* -ан, -ана
экспорти́ровать(ся), -рую, -рует(ся)
э́кспортно-и́мпортный
э́кспортно-креди́тный
э́кспортно ориенти́рованный
э́кспортный
Экспоце́нтр, -а
экс-председа́тель, -я
экс-президе́нт, -а
экс-премье́р, -а
экс-премье́р-мини́стр, -а
экспре́сс, -а
экспресс-... – *первая часть сложных слов, пишется через дефис*
экспре́сс-ана́лиз, -а
экспре́сс-диагно́стика, -и
экспре́сс-доста́вка, -и, *р. мн.* -вок
экспре́сс-запра́вка, -и, *р. мн.* -вок
экспресси́вно-оце́ночный
экспресси́вность, -и
экспресси́вно-эмоциона́льный
экспресси́вный; *кр. ф.* -вен, -вна
экспре́сс-изда́ние, -я
экспре́сс-интервью́, *нескл., с.*
экспре́сс-информа́ция, -и
экспрессиони́зм, -а
экспрессиони́ст, -а
экспрессионисти́ческий
экспрессионисти́чность, -и
экспрессионисти́чный; *кр. ф.* -чен, -чна
экспрессиони́стка, -и, *р. мн.* -ток
экспрессиони́стский
экспре́сс-иссле́дование, -я
экспре́ссия, -и
экспре́сс-кафе́, *нескл., с.*
экспре́сс-коммента́рий, -я
экспре́сс-кофева́рка, -и, *р. мн.* -рок
экспре́сс-ку́рс, -а
экспре́сс-лаборато́рия, -и

экспре́сс-лотере́я, -и
экспре́сс-ме́тод, -а
экспре́ссный
экспре́сс-обзо́р, -а
экспре́сс-обслу́живание, -я
экспре́сс-опро́с, -а
экспре́сс-оце́нка, -и, *р. мн.* -нок
экспре́сс-поста́вки, -вок
экспре́сс-по́чта, -ы
экспре́сс-прове́рка, -и, *р. мн.* -рок
экспре́сс-прогно́з, -а
экспре́сс-рассы́лка, -и, *р. мн.* -лок
экспре́сс-рекла́ма, -ы
экспре́сс-рестора́н, -а
экспре́сс-сбо́рка, -и, *р. мн.* -рок
экспре́сс-слу́жба, -ы
экспре́сс-сти́рка, -и, *р. мн.* -рок
экспре́сс-те́ст, -а
экспре́сс-услу́ги, -у́г
экспре́сс-химчи́стка, -и, *р. мн.* -ток
экспро́мт, -а
экспро́мтный
экспро́мтом, *нареч.*
экспроприа́тор, -а
экспроприа́торский
экспроприа́ция, -и
экспроприи́рованный; *кр. ф.* -ан, -ана
экспроприи́ровать(ся), -рую, -рует(ся)
экс-рекордсме́н, -а
экс-рекордсме́нка, -и, *р. мн.* -нок
экс-секрета́рь, -я́
экс-сове́тский
э́кс Сове́тский Сою́з
экс-спи́кер, -а
экс-СССР [-эсэсэсэ́р], *нескл., м.*
экссуда́т, -а
экссудати́вный
экссуда́ция, -и
экста́з, -а
экста́зный; *кр. ф.* -зен, -зна
экстати́ческий
экстати́чность, -и
экстати́чный; *кр. ф.* -чен, -чна
э́кстези, *нескл., м.* и *с.* (*наркотик*)
экстемпора́ле, *нескл., с.*
экстé́нзия, -и
экстé́нзор, -а
экстенси́вность, -и
экстенси́вный; *кр. ф.* -вен, -вна
экстé́нт, -а
экстериориза́ция, -и
экстериоризо́ванный; *кр. ф.* -ан, -ана
экстé́рн, -а
экстернали́зм, -а
экстерна́т, -а
экстé́рном, *нареч.*
экстé́рн-посо́бие, -я
экстé́рный
экстерорецепти́вный и **экстероцепти́вный**
экстерорецé́пторы, -ов, *ед.* -тор, -а и **экстероцé́пторы,** -ов, *ед.* -тор, -а
экстерорецé́пция, -и и **экстероцé́пция,** -и
экстерриториа́льность, -и
экстерриториа́льный; *кр. ф.* -лен, -льна
экстерье́р, -а
экстерье́рный
эксти́нкция, -и
экстирпацио́нный
экстирпа́ция, -и
э́кстра, *неизм.* (ча́й э́кстра) и -ы (*товар высшего сорта, разг.*)
экстра... – *приставка, пишется слитно, но*: экстра-класс, экстра-тайм
экстравага́нтность, -и
экстравага́нтный; *кр. ф.* -тен, -тна
экстраваза́т, -а
экстраве́рсия, -и
экстраве́рт, -а
экстраверти́вный
экстраверти́рованность, -и
экстраверти́рованный; *кр. ф.* -ан, -ана
экстраве́ртность, -и
экстраве́ртный
экстраге́нт, -а
экстраги́рование, -я
экстраги́рованный; *кр. ф.* -ан, -ана
экстраги́ровать(ся), -рую, -рует(ся)
экстради́рованный; *кр. ф.* -ан, -ана
экстради́ровать(ся), -рую(сь), -рует(ся)
экстради́ция, -и
экстразона́льный
экстракапсуля́рный
экстракардиа́льный
э́кстра-кла́сс, -а
экстракорпора́льный
экстра́кт, -а
экстракти́вный
экстра́ктный
экстра́ктовый
экстра́ктор, -а
экстракцио́нный
экстра́кция, -и
экстралингвисти́ческий
экстрамо́дный
экстранорма́льный
экстраордина́рность, -и
экстраордина́рный; *кр. ф.* -рен, -рна
экстрапирами́дный
экстраплевра́льный
экстраполи́рование, -я
экстраполи́рованный; *кр. ф.* -ан, -ана
экстраполи́ровать(ся), -рую, -рует(ся)
экстраполя́тор, -а
экстраполя́ция, -и
экстрасе́нс, -а
экстрасе́нсный
экстрасенсо́рика, -и
экстрасенсо́рный
экстраси́стола, -ы
экстрасистоли́ческий
экстрасистоли́я, -и
э́кстра-та́йм, -а (*спорт.*)
экстре́ма, -ы
экстрема́л, -а *(о человеке)*
экстрема́ль, -и (*матем.*)
экстрема́льность, -и
экстрема́льный; *кр. ф.* -лен, -льна
экстреми́зм, -а
экстреми́ст, -а
экстреми́стка, -и, *р. мн.* -ток
экстреми́стский
экстре́мум, -а
э́кстренно, *нареч.*
э́кстренность, -и
э́кстренный; *кр. ф.* -рен, -ренна
экстри́м, -а
экстру́дер, -а
экструзио́нный
экстру́зия, -и
эксфолиати́вный
эксфолиа́ция, -и
эксцентриа́да, -ы
эксцентри́зм, -а
эксце́нтрик, -а
эксце́нтрика, -и
эксце́нтриковый
эксцентрисите́т, -а
эксцентри́ческий
эксцентри́чность, -и
эксцентри́чный; *кр. ф.* -чен, -чна
эксце́рпция, -и
эксце́сс, -а
эксцесси́вный; *кр. ф.* -вен, -вна
эксци́зия, -и
эксцитати́вность, -и
эксцитати́вный; *кр. ф.* -вен, -вна
экс-чемпио́н, -а
экс-чемпио́нка, -и, *р. мн.* -нок
экс-чемпио́нский
экс-ше́ф, -а
э́ксы, -ов, *ед.* экс, -а (*"экспроприация" денег в партийную кассу, ист.)*
эксэ́ргия, -и
эктази́я, -и
эктерици́д, -а
э́ктима, -ы
эктипографи́ческий
эктипогра́фия, -и
эктогене́з, -а
эктогна́тный
эктоде́рма, -ы
эктoдерма́льный
эктока́рповые, -ых
эктомезенхи́ма, -ы
эктопарази́ты, -ов, *ед.* -зи́т, -а
эктопи́ческий
эктопи́я, -и
эктопла́зма, -ы
эктотро́фный
эктотро́фы, -ов, *ед.* -тро́ф, -а
экуме́на, -ы и **ойкуме́на,** -ы
экумени́зм, -а

экумени́ст, -а
экумени́стка, -и, *р. мн.* -ток
экумени́стский
экумени́ческий
экфра́сис, -а
э́кшен, -а и *неизм.*
экю́, *нескл., с.* (*старинная французская монета*)
ЭКЮ́, *нескл., м.* и *с.* (*региональная европейская валютная единица до 1998*)
элайопла́сты, -ов, *ед.* -а́ст, -а
элами́ты, -ов, *ед.* -ми́т, -а
эла́мский
эла́н, -а
эла́новый
эласмоте́рий, -я
эласта́н, -а
эласта́новый
эла́стик, -а
эласти́н, -а
эласти́ческий
эласти́чность, -и
эласти́чный; *кр. ф.* -чен, -чна
эластоме́ры, -ов, *ед.* -ме́р, -а
эластопла́сты, -ов, *ед.* -а́ст, -а
элати́в, -а и **эляти́в**, -а
элдэпээ́ровец, -вца, *тв.* -вцем, *р. мн.* -вцев
элдэпээ́ровский (*от* ЛДПР)
элеа́т, -а
элева́тор, -а
элева́торно-складско́й
элева́торный
элеваторострое́ние, -я
элева́ция, -и
элево́ны, -ов, *ед.* -во́н, -а
элевси́нский (элевси́нские пра́зднества, мисте́рии)
элега́нтность, -и
элега́нтный; *кр. ф.* -тен, -тна
эле́гик, -а
элеги́ст, -а
элеги́ческий
элеги́чность, -и
элеги́чный; *кр. ф.* -чен, -чна
эле́гия, -и
эле́кт, -а
электи́вный
электора́льный
электора́т, -а
эле́ктр, -а (*янтарь*)
Эле́ктра, -ы (*мифол., астр.*)
электре́ты, -ов, *ед.* -ре́т, -а
электриза́ция, -и
электризо́ванный; *кр. ф.* -ан, -ана
электризова́ть(ся), -зу́ю(сь), -зу́ет(ся)
электризу́емость, -и
эле́ктрик, -а (*электротехник*)
электри́к, *неизм.* (*цвет*)
эле́ктрика, -и (*электротехника, электроприборы, в проф. речи*)
электри́но, *нескл., с.*
электрифика́ция, -и
электрифици́рованный; *кр. ф.* -ан, -ана
электрифици́ровать(ся), -рую, -рует(ся)
электри́ческий
электри́чество, -а
электри́чка, -и, *р. мн.* -чек
электро... – *первая часть сложных слов, пишется слитно*
электроабрази́вный
электроагрега́т, -а
электроагрега́тный
электроаку́стика, -и
электроакусти́ческий
электроана́лиз, -а
электроанальгези́я, -и
электроанестези́я, -и
электроаппара́т, -а
электроаппара́тный
электроаппарату́ра, -ы
электроармату́ра, -ы
электроаэрозольтерапи́я, -и
электробала́нс, -а
электробалла́стер, -а
электробатаре́я, -и
электробезопа́сность, -и
электробри́тва, -ы
электробу́р, -а
электро́бус, -а
электро́бусный
электробытово́й
электровагоне́тка, -и, *р. мн.* -ток
электрова́куумный
электровале́нтный
электрова́фельница, -ы, *тв.* -ей
электровентиля́тор, -а
электровибра́тор, -а
электрово́з, -а
электровоздухораспредели́тель, -я
электрово́зный
электровозоремо́нтный
электровозострое́ние, -я
электровозострои́тельный
электровооружённость, -и
электровосстановле́ние, -я
электровы́садочный
электрогазоочи́стка, -и
электрогальванотермолити́ческий
электрогастрогра́фи́я, -и
электрогенера́тор, -а
электрогидравли́ческий
электрогирля́нда, -ы
электрогита́ра, -ы
электроглянцева́тель, -я
электрогравиметри́ческий
электрогравиме́три́я, -и
электрогравирова́льный
электро́граф, -а
электрографи́ческий
электрогра́фия, -и
электрогре́лка, -и, *р. мн.* -лок
электрогри́ль, -я
электро́д, -а
электродви́гатель, -я
электродвижо́к, -жка́
электродви́жущий
электродетона́тор, -а
электродиагно́стика, -и
электродиагности́ческий
электродиа́лиз, -а
электродина́мика, -и
электродинами́ческий
электродинамо́метр, -а
электродиффу́зия, -и
электро́дный
электродое́ние, -я
электродои́льный
электродо́йка, -и, *р. мн.* -о́ек
электродо́менный
электродре́ль, -и
электродрена́ж, -а и -а́, *тв.* -ем и -о́м
электродуби́нка, -и, *р. мн.* -нок
электродугово́й
электроёмкий
электроёмкость, -и
электрожаро́вня, -и, *р. мн.* -вен
электроже́зловый
электрозаво́д, -а
электрозаво́дский и **электрозаводско́й**
эле́ктро- и газосва́рка, -и
электрои́згородь, -и
электроизмери́тельный
электроизоли́рующий
электроизоляцио́нный
электрои́мпульсный
электроиндукти́вный
электроиндукцио́нный
электроинерцио́нный
электроинсектофумига́тор, -а
электроинструме́нт, -а
электроинтегра́тор, -а
эле́ктро- и радиоте́хника, -и
электроискрово́й
электрока́бель, -я
электрокалори́фер, -а
электроками́н, -а
электрокапилля́рный
электрока́р, -а
электрокардиогра́мма, -ы
электрокардио́граф, -а
электрокардиографи́ческий
электрокардиогра́фия, -и
электрокардиомонито́р, -а
электрокардиоско́п, -а
электрокардиостимуля́тор, -а
электрокардиостимуля́ция, -и
электрокардиотерапи́я, -и
электрока́рный
электроката́лиз, -а
электрокаталити́ческий
электрока́устика, -и
электрокимо́граф, -а
электрокимографи́ческий
электрокимогра́фия, -и
электрокинети́ческий
электрокипяти́льник, -а
электроклино́к, -нка́
электрокоагуля́тор, -а

электрокоагуля́ция, -и
электроконта́ктный
электрокопти́льный
электрокопче́ние, -я
электрокору́нд, -а
электрокору́ндовый
электрокоса́, -ы́, *мн.* -ко́сы, -ко́с
электрокотёл, -тла́
электрокофева́рка, -и, *р. мн.* -рок
электрокофемо́лка, -и, *р. мн.* -лок
электрокра́н, -а
электрокраскораспыли́тель, -я
электрокристаллиза́ция, -и
электрокристаллизо́ванный; *кр. ф.* -ан, -ана
электроку́ртка, -и, *р. мн.* -ток *(в фехтовании)*
электрола́мпа, -ы
электрола́мповый
электролебёдка, -и, *р. мн.* -док
электролече́бный
электролече́ние, -я
электро́лиз, -а
электролизёр, -а
электро́лизник, -а
электро́лизный
электроли́ния, -и
электролити́ческий
электроли́тный
электроли́ты, -ов, *ед.* -ли́т, -а
электролюминесце́нтный
электролюминесце́нция, -и
электромагистра́ль, -и
электромагнети́зм, -а
электромагнети́ческий
электромагни́т, -а
электромагни́тный
электромасса́ж, -а, *тв.* -ем
электромассажёр, -а
электромаши́на, -ы
электромаши́нный
электромашинострое́ние, -я
электромашинострои́тельный
электромегафо́н, -а
электромедици́нский
электрометаллиза́ция, -и
электрометаллурги́ческий
электрометаллу́рги́я, -и
электро́метр, -а
электрометри́ческий
электроме́три́я, -и
электромеха́ник, -а
электромеха́ника, -и
электромехани́ческий
электроми́ксер, -а
электромиогра́мма, -ы
электромио́граф, -а
электромиографи́ческий
электромиогра́фия, -и
электромоби́ль, -я
электромоби́льный
электромолоти́лка, -и, *р. мн.* -лок
электромолото́к, -тка́
электромолотьба́, -ы́
электромонта́ж, -а́, *тв.* -о́м
электромонта́жник, -а
электромонта́жница, -ы, *тв.* -ей
электромонта́жный
электромонтёр, -а
электромото́р, -а
электромото́рный
электромузыка́льный
электромясору́бка, -и, *р. мн.* -бок
электро́н, -а
электронагрева́тель, -я
электронагрева́тельный
электронарко́з, -а
электронасо́с, -а
электронво́льт, -а, *р. мн.* -ов, *счетн. ф.* -во́льт
электронво́льт-сантиме́тр, -а
электро́ник, -а
электро́ника, -и
электро́нно-акусти́ческий
электро́нно-ва́куумный
электро́нно-волново́й
электро́нно-вычисли́тельный
электро́нно-ды́рочный
электро́нно-измери́тельный
электро́нно-и́мпульсный
электро́нно-ио́нный
электро́нно-ла́мповый
электро́нно-лучево́й
электро́нно-микроскопи́ческий
электро́нно-музыка́льный
электро́нно-опти́ческий
электро́нно оснащённый
электро́нно-светово́й
электро́нно-спу́тниковый
электро́нно-счётный
электро́нно-телевизио́нный
электро́нно-управля́емый
электро́нно-фотографи́ческий
электро́нный
электроногра́мма, -ы
электроно́граф, -а
электронографи́ческий
электроногра́фия, -и
электроно́ж, -а́, *тв.* -о́м
электро́н-позитро́нный
электро́н-секу́нда, -ы
электро́нщик, -а
электро́н-электро́нный
электрообмо́тка, -и
электрообогре́в, -а
электрообогрева́тель, -я
электрообору́дование, -я
электроопры́скиватель, -я
электроо́птика, -и
электроопти́ческий
электроорга́н, -а
электроосажде́ние, -я
электроосвети́тельный
электроосвеще́ние, -я
электроо́смос, -а
электроотрица́тельность, -и
электроофтальми́я, -и
электропасту́х, -а́
электропая́льник, -а
электропереда́ча, -и, *тв.* -ей
электропе́чь, -и, *предл.* в электропе́чи́, *мн.* -и, -е́й
электропиа́но, *нескл., с.*
электропиано́ла, -ы
электропила́, -ы́, *мн.* -пи́лы, -пи́л
электропирекси́я, -и
электропита́ние, -я
электроплави́льный
электропла́вка, -и
электроплита́, -ы́, *мн.* -пли́ты, -пли́т
электропли́тка, -и, *р. мн.* -ток
электропневмати́ческий
электропогру́зчик, -а
электроподогре́в, -а
электроподста́нция, -и
электропо́езд, -а, *мн.* -а́, -о́в
электрополиро́вщик, -а
электроположи́тельность, -и
электрополоте́нце, -а, *р. мн.* -нец
электрополотёр, -а
электропо́п, -а и *неизм.* *(муз.)*
электропотребле́ние, -я
электропредохрани́тель, -я
электропрессшпа́н, -а
электроприбо́р, -а
электроприво́д, -а, *мн.* -ы, -ов и *(в проф. речи)* **электропри́вод,** -а, *мн.* -а́, -о́в
электропро́вод, -а, *мн.* -а́, -о́в
электропроводи́мость, -и
электропрово́дка, -и
электропрово́дность, -и
электропрово́дный; *кр. ф.* -ден, -дна
электропроводя́щий
электропрогре́в, -а
электропрои́грыватель, -я
электропромы́шленность, -и
электропункту́ра, -ы
электропункту́рный
электропылесо́с, -а
электрорадиообору́дование, -я
электроразве́дка, -и
электроразве́дочный
электроразря́дный
электроразъём, -а
электрорапи́ра, -ы
электрораспредели́тельный
электрореакти́вный
электроре́зка, -и, *р. мн.* -зок
электрорентгеногра́мма, -ы
электрорентгено́граф, -а
электрорентгенографи́ческий
электрорентгеногра́фия, -и
электроретиногра́мма, -ы
электроретиногра́фия, -и
электроро́зжиг, -а
электросамова́р, -а
электросва́рка, -и
электросва́рочный
электросва́рщик, -а
электросва́рщица, -ы, *тв.* -ей
электросверло́, -а́, *мн.* -свёрла, -свёрл
электросвети́льник, -а

электросветоводолече́ние, -я
электросветово́й
электросветолече́ние, -я
электросвя́зь, -и
электросекундоме́р, -а
электросе́ть, -и, *мн.* -и, -е́й
электросигнализацио́нный
электросигнализа́ция, -и
электросилово́й
электроси́нтез, -а
электросисте́ма, -ы
электроско́п, -а
электросмо́г, -а
электроснабже́ние, -я
электросоковыжима́лка, -и, *р. мн.* -лок
электросо́н, -сна́
электросо́нный (электросо́нная терапи́я)
электросталеплави́льный
электросталеплави́льщик, -а
электроста́ль, -и (*род стали*)
электроста́льский (*от* Электроста́ль, *город*)
электроста́льцы, -ев, *ед.* -лец, -льца, *тв.* -льцем
электроста́нция, -и
электроста́тика, -и
электростати́ческий
электростимуля́тор, -а
электростимуля́ция, -и
электростре́сс, -а
электростре́ссовый
электростри́жка, -и
электростри́кция, -и
электросу́дорожный
электросуши́лка, -и, *р. мн.* -лок
электросчётчик, -а
электротабло́, *нескл., с.*
электрота́ксис, -а
электроте́льфер, -а
электротерапевти́ческий
электротерапи́я, -и
электротерми́ческий
электротерми́я, -и
электротермо́метр, -а
электротермообрабо́тка, -и, *р. мн.* -ток
электроте́хник, -а
электроте́хника, -и
электротехни́ческий
электроти́пия, -и
электротова́ры, -ов
электрото́к, -а
электрото́н, -а
электротра́вма, -ы
электротра́нспорт, -а
электротра́нспортный
электротя́га, -и
электротя́говый
электроувлажни́тель, -я
электроустано́вка, -и, *р. мн.* -вок
электроутю́г, -а́
электрофарфо́р, -а
электрофизио́лог, -а
электрофизиологи́ческий
электрофизиоло́гия, -и
электрофизи́ческий
электрофикса́тор, -а
электрофикса́ция, -и
электрофи́льность, -и
электрофи́льный
электрофи́льтр, -а
электрофо́н, -а
электрофо́нный
электрофо́р, -а
электрофоре́з, -а
электрофорети́ческий
электрофотографи́ческий
электрофотогра́фия, -и
электрофотоо́метр, -а
электрофотополупроводнико́вый
электрофреза́, -ы́, *мн.* -фре́зы, -фре́з
электрофри́зер, -а
электрохемилюминесце́нция, -и
электрохими́ческий
электрохи́мия, -и
электрохирурги́я, -и
электрохо́д, -а
электроце́пь, -и, *предл.* в электроцепи́, *мн.* -и, -е́й
электроча́йник, -а
электрочасы́, -о́в
электрошашлы́чница, -ы, *тв.* -ей
электрошка́ф, -а
электрошла́ковый
электрошну́р, -а́
электрошо́к, -а
электрошо́кер, -а
электрошо́ковый
электрошпа́га, -и
электроштабелёр, -а
электрощи́т, -а́
электрощитово́й
электрощу́п, -а
электроэндоо́смос, -а
электроэнерге́тика, -и
электроэнергети́ческий
электроэне́ргия, -и
электроэнцефалогра́мма, -ы
электроэнцефало́граф, -а
электроэнцефалографи́ческий
электроэнцефалогра́фия, -и
электроэпиля́тор, -а
электроэпиля́ция, -и
электроэрозио́нный
элеме́нт, -а
элемента́рность, -и
элемента́рный; *кр. ф.* -рен, -рна
элемента́рщина, -ы
элеме́нтный
элементоорга́ника, -и
элементооргани́ческий
эле́ниум, -а
элеоли́т, -а
элеро́нный
элеро́ны, -ов, *ед.* -ро́н, -а
элеутероко́кк, -а
элефантиа́з, -а
эли́зий, -я и **эли́зиум,** -а
элизи́йский
эли́зия, -и
элекси́р, -а
элекси́рный
элимина́ция, -и
элимини́рование, -я
элимини́рованный; *кр. ф.* -ан, -ана
элимини́ровать(ся), -рую, -рует(ся)
элинва́р, -а
эли́сти́нка, -и, *р. мн.* -нок
эли́сти́нский (*от* Эли́ста́)
эли́сти́нцы, -ев, *ед.* -нец, -нца, *тв.* -нцем
эли́та, -ы
элитари́зм, -а
элита́рность, -и
элита́рный; *кр. ф.* -рен, -рна
эли́тный
Элла́да, -ы
элла́дский (от Элла́да; элла́дская культу́ра, *археол.*)
э́ллинг, -а
э́ллинговый
эллини́зм, -а
эллини́ст, -а
эллинисти́ческий
э́ллинка, -и, *р. мн.* -нок
э́ллинский
э́ллинство, -а
э́ллины, -ов, *ед.* э́ллин, -а
э́ллипс, -а
э́ллипсис, -а
э́ллипсный
эллипсови́дный; *кр. ф.* -ден, -дна
эллипсо́граф, -а
эллипсо́ид, -а
эллипсоида́льный
эллипсо́идный
эллипти́ческий
эллипти́чность, -и
эллипти́чный; *кр. ф.* -чен, -чна
Э́ллочка-людое́дка, Э́ллочки-людое́дки
элоде́я, -и
элокве́нтный
элокве́нция, -и
элонга́ция, -и
ЭЛТ [эелтэ́], *нескл., ж.* (*сокр.*: электронно-лучевая трубка)
эль[1], э́ля (*пиво*; *единица длины*)
эль[2], *нескл., с.* (*название буквы*)
э́льбинский (*от* Э́льба)
эльбру́сский (*от* Эльбру́с)
Эльдора́до, *нескл., с.* (*мифическая золотая страна*) и **эльдора́до,** *нескл., с.* (*страна богатств и чудес*; *место сосредоточения природных богатств*)
эльза́ска, -и, *р. мн.* -сок
эльза́сский (*от* Эльза́с)
эльза́сцы, -ев, *ед.* -сец, -сца, *тв.* -сцем
эльзеви́р, -а
эль-ни́ньо, *нескл., с.*
эльф, -а

эльфи́ческий
элювиа́льный
элю́вий, -я
элюе́нт, -а
элюи́рование, -я
элюи́рованный; *кр. ф.* -ан, -ана
элюи́ровать(ся), -рую, -рует(ся)
элятив, -а и **элати́в,** -а
эм, *нескл., с.* (*название буквы*)
эмалеви́дный; *кр. ф.* -ден, -дна
эма́левый
эмалирова́ние, -я
эмалиро́ванный; *кр. ф.* -ан, -ана
эмалирова́ть(ся), -ру́ю, -ру́ет(ся)
эмалиро́вка, -и
эмалиро́вочный
эмалиро́вщик, -а
эмалиро́вщица, -ы, *тв.* -ей
эма́ль, -и
эмалье́р, -а
эмалье́рный
эма́ль-про́вод, -а, *мн.* -а́, -о́в
эма́н, -а
эманацио́нный
эмана́ция, -и
эмано́метр, -а
эмансипа́нтка, -и, *р. мн.* -ток
эмансипа́тор, -а
эмансипацио́нный
эмансипа́ция, -и
эмансипе́, *неизм.* и *нескл., ж.*
эмансипи́рованный; *кр. ф.* -ан, -ана
эмансипи́ровать(ся), -рую(сь), -рует(ся)
эмба́рго, *нескл., с.*
эмба́рговый
э́мбинский (*от* Э́мба)
эмбле́ма, -ы
эмблема́тика, -и
эмблемати́ческий
эмболи́ческий
эмболи́я, -и
эмболоте́рий, -я
эмбриоадапта́ция, -и
эмбриогене́з, -а
эмбрио́лог, -а
эмбриологи́ческий
эмбриоло́гия, -и
эмбрио́н, -а
эмбриона́льный
эмбриотоми́я, -и
эмбриотро́пный
эмвэдэ́шник, -а
эмвэдэ́шный (*от* МВД)
эмгэу́шный (*от* МГУ)
эмерге́нцы, -е́нц
эмердже́нтность, -и
эмердже́нтный
эмерита́льный
эмериту́ра, -ы
эмети́н, -а
эмигра́нт, -а (*к* эмигра́ция)
эмигра́нтка, -и, *р. мн.* -ток
эмигра́нтский
эмигра́нтщина, -ы
эмиграцио́нный
эмигра́ция, -и (*выезд*)
эмигри́ровать, -рую, -рует (*к* эмигра́ция)
эмине́нция, -и
эми́р, -а
эмира́т, -а
эмира́тский
Эмира́ты, -ов (*государство ОАЭ*)
эмирито́н, -а
эми́рский
эмисса́р, -а
эмисса́рский
эмиссио́нно-радиометри́ческий
эмиссио́нный
эми́ссия, -и
эмите́нт, -а
эмити́рованный; *кр. ф.* -ан, -ана (*от* эмити́ровать)
эмити́ровать(ся), -рую, -рует(ся) (*выпускать бумажные деньги; испускать элементарные частицы*)
эми́ттер, -а
эми́ттерный
э́мка, -и, *р. мн.* э́мок (*автомобиль марки "М"*)
эммента́ль, -я (*сорт сыра*)
эммента́льский
э́ммер, -а
эмметропи́я, -и
эмотиви́зм, -а
эмотиви́ст, -а
эмотиви́стский
эмоти́вный
эмо́тикон, -а (*инф.*)
эмоциоге́нный
эмоциона́льно-волево́й
эмоциона́льно окра́шенный
эмоциона́льно-оце́ночный
эмоциона́льно-психологи́ческий
эмоциона́льность, -и
эмоциона́льный; *кр. ф.* -лен, -льна
эмо́ция, -и
эмпати́ческий
эмпа́тия, -и
эмпие́ма, -ы
эмпире́и, -ев (вита́ть в эмпире́ях)
Эмпире́й, -я (*мифол.*)
эмпири́зм, -а
эмпи́рик, -а
эмпи́рика, -и
эмпириокри́тик, -а
эмпириокритици́зм, -а
эмпириокрити́ческий
эмпириомони́зм, -а
эмпириомони́ст, -а
эмпириосимволи́зм, -а
эмпириосимволи́ст, -а
эмпири́ческий
эмпири́чность, -и
эмпири́чный; *кр. ф.* -чен, -чна
эмпири́я, -и (*опыт, наблюдение*)
эмпо́рий, -я (*торговая гавань города, ист.*)
эмпо́риум, -а (*торговый центр*)
эмпо́ры, -о́р (*архит.*)
эмпэ́эсовский (*от* МПС)
эмтэ́эсовский (*от* МТС)
э́му, *нескл., м.*
эмульга́тор, -а
эмульги́рование, -я
эмульги́ровать(ся), -рует(ся)
эмульси́н, -а
эмульсио́нный
эмульси́рование, -я
эмульси́ровать(ся), -рует(ся)
эмульсифика́ция, -и
эму́льсия, -и
эмульсо́ид, -а
эму́льсор, -а
эмуля́тор, -а
эмуля́ция, -и
эмфа́за, -ы
эмфати́ческий
эмфизе́ма, -ы
эмфиземато́зный
эмфите́взис, -а
эмчеэ́совец, -вца, *тв.* -вцем, *р. мн.* -вцев
эмчеэ́совский (*от* МЧС)
э́мчи, *нескл., м.*
э́мчи-ла́ма, -ы, *м.*
эн, *нескл., с.* (*название буквы*)
энали́ды, -ов
энанте́ма, -ы
энантиосеми́я, -и
энантиотропи́зм, -а
энантиотро́пный
энгармони́зм, -а
энгармони́ческий
э́нгельсовский (*от* Э́нгельс, *фамилия*)
э́нгельсский (*от* Э́нгельс, *город*)
энгра́мма, -ы
энд, -а (*спорт.*)
эндартерии́т, -а
эндеми́зм, -а
энде́мики, -ов, *ед.* -мик, -а
эндеми́ческий
эндеми́чность, -и
эндеми́чный; *кр. ф.* -чен, -чна
эндеми́я, -и
эндергони́ческий
эндермологи́ческий
эндермоло́гия, -и
энджоме́н, -а (*в Иране*)
эндо... – *первая часть сложных слов, пишется слитно*
эндога́мия, -и
эндога́мный
эндоге́нный
эндогено́та, -ы
эндоде́рма, -ы
эндозоохо́рия, -и
эндока́рд, -а
эндокарди́т, -а
эндока́рпий, -я
эндокри́нный
эндокри́новый
эндокрино́лог, -а

эндокринологи́ческий
эндокриноло́гия, -и
эндокринопа́тия, -и
эндоме́трий, -я
эндометрио́з, -а
эндометри́т, -а
эндоми́ксис, -а
эндомито́з, -а
эндоморфи́зм, -а
эндопарази́ты, -ов, *ед.* -зи́т, -а
эндопептида́зы, -а́з, *ед.* -а́за, -ы
эндопла́зма, -ы
эндоплазмати́ческий
эндопроте́з, -а
эндопротези́рование, -я
эндорадиозо́нд, -а
эндорадиозонди́рование, -я
эндоско́п, -а
эндоскопи́ст, -а
эндоскопи́ческий
эндоскопи́я, -и
эндоско́пный
эндо́смос, -а
эндоспе́рм, -а
эндоспо́рий, -я
эндоте́лий, -я
эндотерми́ческий
эндотерми́я, -и
эндотокси́ны, -ов, *ед.* -си́н, -а
эндотро́фный
эндотро́фы, -ов, *ед.* -тро́ф, -а
эндоферме́нты, -ов, *ед.* -ме́нт, -а
эндохирурги́ческий
эндохирурги́я, -и
эндоэко́лог, -а
эндоэкологи́ческий
эндоэколо́гия, -и
э́ндсы, -ов
э́ндшпиль, -я
э́ндшпильный
эне́ева мы́шь, эне́евой мы́ши
энеоли́т, -а
энеолити́ческий
энергетиза́ция, -и
энергетизи́ровать(ся), -рую(сь), -рует(ся)
энергети́зм, -а
энерге́тик, -а
энерге́тика, -и
энергети́чески
энергети́ческий
энерги́ческий
энерги́чность, -и
энерги́чный; *кр. ф.* -чен, -чна
эне́ргия, -и
энерго... – *первая часть сложных слов, пишется слитно*
энергоагрега́т, -а
энергоакти́вный
энергоба́за, -ы
энергобала́нс, -а
энергобло́к, -а
энерговооружённость, -и
энергоёмкий
энергоёмкость, -и
энергозави́симость, -и
энергозави́симый
энергозатра́ты, -а́т
энергоинформацио́нный
энергокоми́ссия, -и
энергокомпа́ния, -и
энергоко́мплекс, -а
энергокри́зис, -а
энергомашинострое́ние, -я
энергомашинострои́тель, -я
энергонадзо́р, -а
энергонасы́щенность, -и
энергонасы́щенный
энергонезави́симость, -и
энергонезави́симый
энергоноси́тель, -я
энергообеспе́че́ние, -я
энергообеспе́ченность, -и
энергооборудование, -я
энергообъедине́ние, -я
энергоотда́ча, -и, *тв.* -ей
энергопо́езд, -а, *мн.* -а́, -о́в
энергопоста́вки, -вок
энергопотреби́тель, -я
энергопотребле́ние, -я
энергоресу́рсы, -ов
энергосберега́ющий
энергосбереже́ние, -я
энергосе́ть, -и, *мн.* -и, -е́й
энергосилово́й
энергосисте́ма, -ы
энергоснабже́ние, -я
энергострои́тель, -я
энергострои́тельный
энерготари́ф, -а
энерготехнологи́ческий
энерготехноло́гия, -и
энерготра́сса, -ы
энерготра́та, -ы
энергоустано́вка, -и, *р. мн.* -вок
энергохозя́йство, -а
энергохо́лдинг, -а
энергоце́х, -а, *мн.* -а́, -о́в и -и, -ов
энерджа́йзер, -а
эне́сы, -ов, *ед.* эне́с, -а (*сокр.*: народные социалисты, *партия в нач. XX в.*)
э́нецкий (*к* э́нцы)
энзи́мный
энзимоло́гия, -и
энзи́мы, -ов, *ед.* энзи́м, -а
энзоо́тия, -и
энзэ́ и **НЗ**, *нескл., м.* (*сокр.:* неприкосновенный запас)
эни́гма, -ы
энигмати́ческий
энигмати́чность, -и
энигмати́чный; *кр. ф.* -чен, -чна
энкавэдэ́шник, -а
энкавэдэ́шный (*от* НКВД)
энка́устика, -и
энкаусти́ческий
энкли́тика, -и
энклити́ческий
энко́миум, -а
энкомье́нда, -ы
энкрини́т, -а
эннеа́да, -ы (*мифол.*)
э́нный
эноте́ра, -ы
энофта́льм, -а
э́нский
энстати́т, -а
энта́да, -ы
энта́зис, -а
энтальпи́йный
энтальпи́ческий
энтальпи́я, -и
энтеле́хия, -и
энтело́дон, -а
энтери́т, -а
энтеробио́з, -а
энтерови́рус, -а
энтерогене́з, -а
энтерокина́за, -ы
энтероко́кки, -ов, *ед.* -ко́кк, -а
энтероколи́т, -а
энтеропто́з, -а
энтеросепто́л, -а
энтеросо́рбция, -и
энтерпо́рт, -а
энтиме́ма, -ы
энтогна́тный
энтоде́рма, -ы
энтойки́я, -и
энтомо́з, -а
энтомо́лог, -а
энтомологи́ческий
энтомоло́гия, -и
энтомофа́г, -а
энтомофа́уна, -ы
энтомофили́я, -и
энтомофи́льный
энтропи́йный
энтро́пион, -а
энтропи́ческий
энтропи́я, -и
энтузиа́зм, -а
энтузиа́ст, -а
энтузиасти́ческий
энтузиа́стка, -и, *р. мн.* -ток
энтэвэ́шник, -а
энтэвэ́шный (*от* НТВ)
энтээ́ровский (*от* НТР)
энуклеа́ция, -и
энуре́з, -а и **энуре́зис**, -а
энуре́тики, -ов, *ед.* -тик, -а
энурети́ческий
энхаэ́ловец, -вца, *тв.* -вцем, *р. мн.* -вцев
энхаэ́ловский (*от* НХЛ)
энцефали́т, -а
энцефали́тка, -и, *р. мн.* -ток
энцефали́тный
энцефалогра́мма, -ы
энцефало́граф, -а
энцефалографи́ческий
энцефалогра́фи́я, -и
энцефаломиели́т, -а
энцефалопа́ти́я, -и

энци́клика, -и
энциклопеди́зм, -а
энциклопеди́ст, -а
энциклопеди́стский
энциклопеди́ческий
энциклопеди́чески образо́ванный
энциклопеди́чность, -и
энциклопеди́чный; *кр. ф.* -чен, -чна
энциклопе́дия, -и
э́нцы, -ев, *ед.* э́нец, э́нца, *тв.* э́нцем (*народность*)
энэ́с, -а (*сокр.*: научный сотрудник, *разг.*)
э́ оборо́тное, э́ оборо́тного (*название буквы*)
эози́н, -а
эозинофили́я, -и
эозинофи́лы, -ов, *ед.* -фи́л, -а
эозо́йский
эозо́он, -а
Эо́л, -а
эоли́йский
эоли́т, -а
эоли́товый
эо́лова а́рфа, эо́ловой а́рфы
эо́ловый (*связанный с деятельностью ветра*)
эо́н, -а
эоноте́ма, -ы
эоплейстоце́н, -а
Э́ос, *нескл., ж.*
эоце́н, -а
эоце́новый
Эпанаго́га, -и (*памятник права*)
эпа́рх, -а
эпата́ж, -а, *тв.* -ем
эпата́жность, -и
эпата́жный
эпати́рование, -я
эпати́рованный; *кр. ф.* -ан, -ана
эпати́ровать(ся), -рую(сь), -рует(ся)
эпати́рующий(ся)
эпейрогене́з, -а
эпейрогени́ческий
эпейрофоре́з, -а
эпе́ндима, -ы
эпенте́за, -ы
эпентети́ческий
эпибла́ст, -а
эпибле́ма, -ы
эпигене́з, -а
эпигенети́ческий
эпигеосинклина́льный
эпиго́н, -а
эпиго́нский
эпиго́нство, -а
эпиго́нствовать, -твую, -твует
эпигра́мма, -ы
эпиграммати́ст, -а
эпиграммати́ческий
эпигра́ммщик, -а
эпи́граф, -а
эпигра́фика, -и
эпиграфи́ческий
эпидемио́лог, -а
эпидемиологи́ческий
эпидемиоло́гия, -и
эпидеми́ческий
эпиде́мия, -и
эпиде́рма, -ы
эпидерма́льный
эпиде́рмис, -а
эпидермофити́я, -и
эпидиапрое́ктор, -а
эпидиаско́п, -а
эпидидими́т, -а
эпидо́т, -а
эпизо́д, -а
эпизо́дик, -а
эпизоди́чески
эпизоди́ческий
эпизоди́чность, -и
эпизоди́чный; *кр. ф.* -чен, -чна
эпизоо́тик, -а
эпизооти́ческий
эпизоо́тия, -и
эпизоото́лог, -а
эпизоотоло́гия, -и
эпизоохори́я, -и
э́пик, -а
э́пика, -и
эпика́рд, -а
эпиканди́т, -а
э́пико-драмати́ческий
эпико́тиль, -я
эпикри́з, -а
эпикрити́ческий
Эпику́р, -а
эпикуре́ец, -е́йца, *тв.* -е́йцем, *р. мн.* -е́йцев
эпикуреи́зм, -а
эпикуре́йский
эпикуре́йство, -а
эпиле́псия, -и
эпиле́птик, -а
эпилепти́ческий
эпилепти́чка, -и, *р. мн.* -чек
эпилепто́идный
эпилепто́лог, -а
эпилептологи́ческий
эпилептоло́гия, -и
эпилептоподо́бный
эпили́новый
эпили́рование, -я
эпило́г, -а
эпило́говый
эпиля́тор, -а
эпиляцио́нный
эпиля́ция, -и
эпина́стия, -и
эпиойки́я, -и
эпио́рнис, -а
эпипалеоли́т, -а
эпиплатфо́рменный
эпи́рский (*от* Эпи́р)
эписиллоги́зм, -а
эписклери́т, -а
эписко́п, -а (*прибор*)
эписо́мы, -о́м, *ед.* -о́ма, -ы
эпистемо́лог, -а
эпистемологи́ческий
эпистемоло́гия, -и
эпи́стиль, -я
эпи́стола, -ы
эписто́лия, -и
эпистоля́рий, -я
эпистоля́рный
эпи́строфа, -ы
эпитаксиа́льный
эпита́ксия, -и
эпитала́ма, -ы
эпиталами́ческий
эпита́фия, -и
эпителиа́льный
эпителиза́ция, -и
эпителизи́рованный; *кр. ф.* -ан, -ана
эпителизи́ровать(ся), -рует(ся)
эпителизо́ванный; *кр. ф.* -ан, -ана
эпите́лий, -я
эпителио́ма, -ы
эпи́тет, -а
эпито́н, -а
эпитрохо́ида, -ы
эпифа́уна, -ы
эпифено́мен, -а
эпифи́з, -а
эпифи́тный
эпифито́тия, -и
эпифи́ты, -ов, *ед.* -фи́т, -а
эпи́фора, -ы
эпице́нтр, -а
эпицентри́ческий
эпици́кл, -а
эпицикло́ида, -ы
эпи́ческий
эпи́чность, -и
эпи́чный; *кр. ф.* -чен, -чна
эпо́д, -а
эпокси́дка, -и
эпокси́дный
эполе́тный
эполе́ты, -ле́т и -ов, *ед.* -ле́та, -ы и -ле́т, -а
эпо́нж, -а, *тв.* -ем
эпо́нжевый
эпони́м, -а
эпони́мный
эпопе́йный
эпопе́я, -и
э́пос, -а
эпо́ха, -и
эпоха́льность, -и
эпоха́льный; *кр. ф.* -лен, -льна (*чрезвычайно важный, грандиозный*)
эпохиа́льный (*относящийся к определенной эпохе*)
эпро́уч, -а, *тв.* -ем *(спорт.)*
э́псилон, -а (*название буквы*)
эпсоми́т, -а
эпули́с, -а
эпуни́т, -а
эпю́р, -а

эпю́рный
эр, *нескл., с.* (*название буквы*)
э́ра, э́ры
Эра́зм Роттерда́мский
эра́нтис, -а
эрате́ма, -ы
Эра́то, *нескл., ж.*
Эратосфе́н, -а: **решето́ Эратосфе́на**
э́рбиевый
э́рбий, -я
эрг[1]**,** -а, *р. мн.* -ов, *счетн. ф.* эрг (*ед. измер.*)
эрг[2]**,** -а (*пустыня*)
эргасте́рий, -я
эргастопла́зма, -ы
эрга́стул, -а
эргати́в, -а
эргати́вный
эргати́ческий
эргогра́мма, -ы
эрго́граф, -а
эргогра́фия, -и
эргоди́ческий
эргоди́чность, -и
эрго́метр, -а
эргометри́ческий
эргоме́три́я, -и
эргоно́мика, -и
эргономи́ст, -а
эргономи́ческий
эргономи́чность, -и
эргономи́чный; *кр. ф.* -чен, -чна
эргоно́мия, -и
эргостери́н, -а
эрготи́зм, -а (*болезнь животных*)
эрготи́н, -а
эрготокси́н, -а
эргоцентри́ческий
эрдельтерье́р, -а
э́ре, *нескл., с.*
Эре́б, -а
эреги́рованный; *кр. ф.* -ан, -ана
эреги́ровать, -рует
эректи́льный
эре́ктор, -а
эре́кция, -и
эремопо́а, *нескл., ж.*
эремоспарто́н, -а
эре́му́рус, -а
эре́ти, *нескл., с.*
эрети́зм, -а
эрза́ц, -а, *тв.* -ем, *р. мн.* -ев
эрза́ц-... – *первая часть сложных слов, пишется через дефис*
эрза́ц-валю́та, -ы
эрза́ц-ко́жа, -и, *тв.* -ей
эрза́ц-культу́ра, -ы
эрза́ц-проду́кт, -а
эрза́ц-това́р, -а
э́рзя, -и
эрзя́не, -я́н, *ед.* -я́нин, -а
эрзя́нка, -и, *р. мн.* -нок
эрзя́нский
эрива́нский (*от* Эрива́нь, *устар.*)
э́рика, -и и **е́рика,** -и (*растение*)
эри́нии, -ий
эриокра́ния, -и (*бабочка*)
эри́стика, -и
эрите́ма, -ы
эритре́йский (*от* Эритре́я)
эритреми́я, -и
эритри́т, -а
эритродерми́я, -и
эритромици́н, -а
эритроспе́рмум, -а
эритроцита́рный
эритроци́тный
эритроцито́з, -а
эритроци́ты, -ов, *ед.* -ци́т, -а
э́ркер, -а
э́ркерный
эрл, -а
э́рлифт, -а
Эрмита́ж, -а, *тв.* -ем
эрмита́жник, -а
эрмита́жный
эрми́товский
эроге́нность, -и
эроге́нный
эроди́рованный; *кр. ф.* -ан, -ана
эроди́ровать(ся), -рую, -рует(ся)
эроди́рующий(ся)
эрози́йный
эрозио́нный
эро́зия, -и
Э́рос, -а (*мифол.*) и **э́рос,** -а (*филос.; чувственное влечение*)
Эро́т, -а
эротиза́ция, -и
эротизи́рованный; *кр. ф.* -ан, -ана
эротизи́ровать(ся), -рую, -рует(ся)
эроти́зм, -а
эро́тика, -и
эроти́ческий
эроти́чность, -и
эроти́чный; *кр. ф.* -чен, -чна
эротологи́ческий
эротоло́гия, -и
эротома́н, -а
эротома́ния, -и
эротома́нка, -и, *р. мн.* -нок
эротома́нский
эррати́ческий (*геол.*)
эр-рия́дский (*от* Эр-Рия́д)
эрсте́д, -а, *р. мн.* -ов, *счетн. ф.* эрсте́д
эруди́рованность, -и
эруди́рованный; *кр. ф.* -ан, -анна
эруди́т, -а
эруди́тка, -и, *р. мн.* -ток
эруди́ция, -и
эрупти́вный
эру́пция, -и
э́рфуртский (*от* Э́рфурт)
э́рфуртцы, -ев, *ед.* -тец, -тца, *тв.* -тцем
эрцге́рцог, -а
эрцгерцоги́ня, -и, *р. мн.* -и́нь
эрцге́рцогский
эрцге́рцогство, -а
эрэ́с, -а (*сокр.*: реактивный снаряд)
эрэсэфэсэ́ровский (*от* РСФСР)
эс, *нескл., с.* (*название буквы*)
эсде́к, -а
эсде́ковский
эсе́р, -а
эсе́рка, -и, *р. мн.* -рок
эсе́ровский
эсе́ро-меньшеви́стский
эсе́рство, -а
эска́дра, -ы
эска́дренный
эскадри́льный
эскадри́лья, -и, *р. мн.* -лий
эскадро́н, -а
эскадро́нный
эскала́да, -ы
эскала́тор, -а
эскала́торный
эскалацио́нный
эскала́ция, -и
эскало́п, -а
эскало́пный
эскамота́ж, -а, *тв.* -ем
эскамоти́рование, -я
эскамоти́рованный; *кр. ф.* -ан, -ана
эскамоти́ровать(ся), -рую, -рует(ся)
эскапа́да, -ы
эскапи́зм, -а
эскапи́ст, -а
эскапи́стский
эскарготье́рка, -и, *р. мн.* -рок (*сковорода*)
эска́рп, -а
эскарпи́рование, -я
эскарпи́рованный; *кр. ф.* -ан, -ана
эскарпи́ровать(ся), -рую, -рует(ся)
эска́рпный
эска́рповый
эсква́йр, -а и **сква́йр,** -а
э́скер, -а
эски́з, -а
эски́з-иде́я, -и
эски́зность, -и
эски́зный; *кр. ф.* -зен, -зна
эскимо́, *нескл., с.*
эскимо́ска, -и, *р. мн.* -сок
эскимо́сский
эскимо́сско-алеу́тский
эскимо́сы, -ов, *ед.* -мо́с, -а
эско́рт, -а
эскорти́рование, -я
эскорти́рованный; *кр. ф.* -ан, -ана
эскорти́ровать(ся), -рую(сь), -рует(ся)
эско́ртный
эско́ртом, *нареч.*
эскро́у, *нескл., с.*
эску́до, *нескл., м.*
эскуза́н, -а
Эскула́п, -а (*мифол.*) и **эскула́п,** -а (*врач, ирон. и шутл.*)
эсми́нец, -нца, *тв.* -нцем, *р. мн.* -нцев

эспа́да, -ы, *м.*
эспадо́н, -а
эспадро́н, -а
эспадрони́ст, -а
эспадро́нный
эспа́ндер, -а (*спорт. снаряд*)
эспаньо́лка, -и, *р. мн.* -лок
эспа́рто, *нескл., с.*
эспарце́т, -а
эсперанти́ст, -а
эсперанти́стка, -и, *р. мн.* -ток
эспера́нто, *нескл., м.* и *с.*
эспера́нто-ассоциа́ция, -и
эспера́нто-движе́ние, -я
эспера́нто-ру́сский
эспера́нтский
эспира́ль, -и
эсплана́да, -ы
эспре́ссо, *нескл., м. (кофе)*
эспри́, *нескл., м.* и *с.*
эссе́, *нескл., с.*
эссеи́ст, -а
эссеи́стика, -и
эссеи́стка, -и, *р. мн.* -ток
эссеи́стский
э́ссекский (*от* Э́ссекс)
э́ссексцы, -ев, *ед.* -сец, -сца, *тв.* -сцем
э́ссенский (*от* Э́ссен)
эссенциа́ле, *нескл., с.*
эссе́нция, -и
э́ссенцы, -ев, *ед.* -нец, -нца, *тв.* -нцем (*от* Э́ссен)
эссе́ны, -ов, *ед.* эссе́н, -а (*ессеи*)
эстака́да, -ы (*мост*)
эстака́дный
эста́мп, -а (*оттиск*)
эстампа́ж, -а, *тв.* -ем
эста́мпный
эста́мповый
эста́нсия, -и
эстафе́та, -ы
эстафе́тный
эстафе́тчик, -а
эстафе́тчица, -ы, *тв.* -ей
эстезиологи́ческий
эстезиоло́гия, -и
эстезио́метр, -а
эстемменозу́х, -а
эсте́т, -а
эстетиза́ция, -и
эстетизи́рованный; *кр. ф.* -ан, -ана
эстетизи́ровать(ся), -рую, -рует(ся)
эстети́зм, -а
эсте́тик, -а
эсте́тика, -и
эстети́чески
эстети́ческий
эстети́чность, -и
эстети́чный; *кр. ф.* -чен, -чна
эсте́тка, -и, *р. мн.* -ток
эсте́тность, -и
эсте́тный; *кр. ф.* -тен, -тна
эсте́тский
эсте́тство, -а
эсте́тствовать, -твую, -твует
эстока́да, -ы (*в фехтовании*)
эсто́мп, -а (*растушевка кожи*)
эсто́нка, -и, *р. мн.* -нок
эсто́нский (*к* Эсто́ния и эсто́нцы)
эсто́нско-росси́йский
эсто́нско-ру́сский
эсто́нцы, -ев, *ед.* -нец, -нца, *тв.* -нцем
эсто́ппель, -я (*юр.*)
эстраго́н, -а (*растение*)
эстраго́нный
эстра́да, -ы
эстра́дник, -а
эстра́дница, -ы, *тв.* -ей
эстра́дно-конце́ртный
эстра́дность, -и
эстра́дно-танцева́льный
эстра́дно-цирково́й
эстра́дный; *кр. ф.* -ден, -дна
эстроге́н, -а (*гормон*)
эстро́н, -а
э́струс, -а
эстуа́рий, -я
э́сты, -ов, *ед.* эст, -а
эсхатологи́ческий
эсхатоло́гия, -и
Эсхи́лов, -а, -о и **эсхи́ловский** (*от* Эсхи́л)
эс-це́т, *нескл., с.* (*название буквы*)
эсэнго́вский, эсэнгэ́вский и **эсэнгэ́шный** (*от* СНГ)
эсэ́совец, -вца, *тв.* -вцем, *р. мн.* -вцев
эсэ́совский (*от* СС)
э́та, -ы (*название буквы*)
эта́ж, -а́, *тв.* -о́м
этаже́рка, -и, *р. мн.* -рок
этаже́рочка, -и, *р. мн.* -чек
этаже́рочный
эта́жность, -и
эта́жный
этазо́л, -а
э́так
э́такий
этакрати́зм, -а
этакрати́ческий
этало́н, -а
эталони́рование, -я
эталони́ровать(ся), -рую, -рует(ся)
этало́нный; *кр. ф.* -о́нен, -о́нна
эта́н, -а
эта́новый
этано́л, -а
этано́ловый
эта́п, -а
этапи́рование, -я
этапи́рованный; *кр. ф.* -ан, -ана
этапи́ровать(ся), -рую(сь), -рует(ся)
эта́пник, -а
эта́пность, -и
эта́пный; *кр. ф.* -пен, -пна
эта́пом, *нареч.*
этатиза́ция, -и
этатизи́рованный; *кр. ф.* -ан, -ана
этатизи́ровать(ся), -рую, -рует(ся)
этати́зм, -а
этати́ст, -а
этати́стский
этати́ческий
э́твеш, -а, *тв.* -ем
этерифика́ция, -и
этиза́ция, -и
этизи́рованный; *кр. ф.* -ан, -ана
этизи́ровать(ся), -рую, -рует(ся)
э́тика, -и
этике́т, -а
этикета́ж, -а, *тв.* -ем
этикетиро́вка, -и
этикетиро́вочный
этике́тка, -и, *р. мн.* -ток
этике́тный
этике́точный
этике́т-пистоле́т, -а
этике́тчик, -а
этике́тчица, -ы, *тв.* -ей
э́тико-психологи́ческий
эти́л, -а
этилацета́т, -а
этилбензо́л, -а
этиле́н, -а
этиленглико́ль, -я
этиле́новый
этиленокси́д, -а
этили́рование, -я
этили́рованный; *кр. ф.* -ан, -ана
эти́ловый
этилхлори́д, -а
этилцеллюло́за, -ы
этимо́лог, -а
этимологиза́ция, -и
этимологизи́рованный; *кр. ф.* -ан, -ана
этимологизи́ровать(ся), -рую, -рует(ся)
этимологи́ческий
этимоло́гия, -и
этимо́н, -а
этиоли́рование, -я
этиоли́рованный; *кр. ф.* -ан, -ана
этио́лог, -а
этиологи́ческий
этиоло́гия, -и
этиоля́ция, -и
этиотро́пный
эти́чески
эти́ческий
эти́чность, -и
эти́чный; *кр. ф.* -чен, -чна
этишке́т, -а
э́тмия, -и (*бабочка*)
этмоиди́т, -а
этни́ческий
этно... – *первая часть сложных слов, пишется слитно*
этнобота́ника, -и
этноботани́ческий
этногене́з, -а
этногенети́ческий
этноге́нный

этногеографи́ческий
этногеогра́фия, -и
этногеополи́тика, -и
этногеополити́ческий
этно́граф, -а
этнографи́зм, -а
этнографи́ческий
этнографи́чность, -и
этнографи́чный; *кр. ф.* -чен, -чна
этногра́фия, -и
этно́графо-археологи́ческий
этногру́ппа, -ы
этноистори́ческий
этноконфессиона́льный
этнокульту́рный
этнолингви́стика, -и
этнолингвисти́ческий
этно́лог, -а
этнологи́ческий
этноло́гия, -и
этно́ним, -а
этнони́мика, -и
этноними́ческий
этнони́мия, -и
этнополи́тика, -и
этнополити́ческий
этнопсихо́лог, -а
этнопсихологи́ческий
этнопсихоло́гия, -и
э́тнос, -а
этносоциа́льный
этноцентри́зм, -а
этноцентри́ст, -а
этноцентри́стский
этноцентри́ческий
этноязыково́й
э́то, *частица* и *связка*
этогра́мма, -ы
э́то же
это́лог, -а
этологи́ческий
этоло́гия, -и
э́тос, -а
э́тот, э́то, э́того, *тв.* э́тим, **э́та,** э́той, *мн.* э́ти, э́тих
э́тот же
этро́л, -а
этру́ска, -и, *р. мн.* -сок
этру́ски, -ов, *ед.* этру́ск, -а
этру́сский
этуа́ль, -и
этю́д, -а
этю́дник, -а
этю́дность, -и
этю́дный
эубио́тики, -ов, *ед.* -ик, -а
эублефа́р, -а и **эйблефа́р,** -а
эукарио́ты, -о́т, *ед.* -о́та, -ы и **эвкарио́ты,** -о́т, *ед.* -о́та, -ы
эуко́ммия, -и и **эвко́ммия,** -и (*растение*)
эунокти́н, -а
эусте́ла, -ы и **эвсте́ль,** -и (*бот.*)
эуфилли́н, -а
эф, *нескл., с.* (*название буквы*)
э́фа, -ы (*змея*)
эфе́б, -а
эфе́бия, -и
эфеболи́я, -и (*мед.*)
эфебофили́я, -и
эфе́дра, -ы
эфедри́н, -а
эфе́дровый
эфеме́р, -а
эфемери́дный
эфемери́ды, -и́д, *ед.* -и́да, -ы
эфеме́рность, -и
эфеме́рный; *кр. ф.* -рен, -рна
эфемеро́идный
эфемеро́иды, -ов, *ед.* -о́ид, -а
эфе́нди, *нескл., м.*
эфе́с, -а
эфе́сный (*от* эфе́с)
эфе́сский (*от* Эфе́с, *город, ист.*); но: **Артеми́да Эфе́сская**
эфио́пка, -и, *р. мн.* -пок
эфио́пский (*к* эфио́пы и Эфио́пия)
эфио́пы, -ов, *ед.* эфио́п, -а
эфи́р, -а
эфи́рно-ма́сличный
эфи́рно-ма́сляный
эфи́рность, -и
эфи́рный; *кр. ф.* -рен, -рна
эфирома́сличный
эфироно́с, -а
эфироно́сный; *кр. ф.* -сен, -сна
эфироцеллюло́зный
эфирсульфона́т, -а
эфо́ры, -ов, *ед.* эфо́р, -а
эффе́кт, -а
эффекти́в, -а и *неизм.* (*фин.*)
эффекти́вность, -и
эффекти́вный; *кр. ф.* -вен, -вна
эффе́ктность, -и
эффе́ктный; *кр. ф.* -тен, -тна
эффе́ктор, -а
эффералга́н, -а
эффере́нтный
эффузи́вный
эффузио́метр, -а
эффу́зия, -и
эх, *неизм.*
э-хе-хе́, *неизм.*
эхи́н, -а
эхина́цея, -и
эхинока́ктус, -а
эхиноко́кк, -а
эхиноко́кковый
эхинококко́з, -а
эхиноплу́теус, -а
эхино́пс, -а
эхино́псило́н, -а
эхиури́ды, -и́д, *ед.* -и́да, -ы
эхма́, *неизм.*
Э́хо, *нескл., ж.* (*мифол.*)
э́хо, э́ха (*отзвук*)
э́хо-волна́, -ы́, *мн.* -во́лны, -во́лн
э́хо-волно́вый и **э́хо-волново́й**
эхогра́мма, -ы
эхо́граф, -а
эхографи́ческий
эхогра́фия, -и
э́хо-и́мпульс, -а
э́хо-ка́мера, -ы
эхокардиогра́мма, -ы
эхокардио́граф, -а
эхокардиографи́ческий
эхокардиогра́фия, -и
эхолока́тор, -а
эхолока́торный
эхолокацио́нный
эхолока́ция, -и
эхоло́т, -а
эхоло́тный
э́хо-ме́тод, -а
эхометри́рование, -я
эхометри́рованный; *кр. ф.* -ан, -ана
э́хо-резона́тор, -а
э́хо-сигна́л, -а
эхоэнцефалогра́мма, -ы
эхоэнцефалогра́фия, -и
эхоэнцефалоско́п, -а
эхоэнцефалоскопи́ческий
эхоэнцефалоскопи́я, -и
эшафо́т, -а
эшафо́тный
эшеле́тт, -а
эшело́н, -а
эшелони́рование, -я
эшелони́рованный; *кр. ф.* -ан, -ана
эшелони́ровать(ся), -рую, -рует(ся)
эшело́нный
эше́ль, -и
эше́льный
э-э-э, *неизм.*
эякули́ровать, -рую, -рует
эякуля́т, -а
эякулято́рный
эякуля́ция, -и

Ю

ю, *нескл., с.* (*название буквы*)
юа́нь, -я
юа́ровский (*от* ЮА́Р)
юа́ровцы, -ев, *ед.* -вец, -вца, *тв.* -вцем
юбе́я, -и
юбиле́й, -я
юбиле́йный
юбиля́р, -а
юбиля́рша, -и, *тв.* -ей
юбиля́ция, -и (*муз.*)
ю́бка, -и, *р. мн.* ю́бок
ю́бка-брю́ки, ю́бки-брю́к
ю́бка-варё́нка, ю́бки-варё́нки
ю́бка-восьмикли́нка, ю́бки-восьмикли́нки

ю́бка годе́, ю́бки годе́
ю́бка гофре́, ю́бки гофре́
ю́бка дже́рси́, ю́бки дже́рси́
ю́бка клёш, ю́бки клёш
ю́бка-кли́нка, ю́бки-кли́нки
ю́бка ма́кси, ю́бки ма́кси
ю́бка ми́ди, ю́бки ми́ди
ю́бка ми́ни, ю́бки ми́ни
ю́бка плиссе́, ю́бки плиссе́
ю́бка полусо́лнце-клёш, ю́бки полусо́лнце-клёш и **ю́бка "полусо́лнце",** ю́бки "полусо́лнце"
ю́бка со́лнце-гофре́, ю́бки со́лнце-гофре́
ю́бка со́лнце-клёш, ю́бки со́лнце-клёш и **ю́бка "со́лнце",** ю́бки "со́лнце"
ю́бка стре́тч, ю́бки стре́тч
ю́бка-четырёхкли́нка, ю́бки-четырёхкли́нки
ю́бка-шестикли́нка, ю́бки-шестикли́нки
ю́бочка, -и, *р. мн.* -чек
ю́бочник, -а
ю́бочница, -ы, *тв.* -ей
ю́бочный
юбчо́нка, -и, *р. мн.* -нок
ювели́р, -а
ювели́р-гравёр, ювели́ра-гравёра
ювели́рность, -и
ювели́рно-часово́й
ювели́рный; *кр. ф.* -рен, -рна
Ювена́л, -а
ювена́лии, -ий
Ювена́лов, -а, -о и **ювена́ловский** (*от* Ювена́л)
ювена́льный (*неполовозрелый;* ювена́льная юриспруде́нция)
ювени́льный (ювени́льные во́ды; ювени́льный гормо́н)
ювенологи́ческий
ювеноло́гия, -и
Юве́нта, -ы (*мифол.*)
юг, ю́га; но: **Война́ Се́вера и Ю́га** (*в США, ист.*), **Вооружённые си́лы Ю́га Росси́и** (*белая армия*)
ю́га, -и (*понятие индийской космологии*)
югендсти́ль, -я
ю́гер, -а
ю́го-восто́к, -а
Ю́го-Восто́чная А́зия
ю́го-восто́чнее, *нареч.*
ю́го-восто́чный
ю́го-за́пад, -а; но: **Ю́го-За́пад,** -а (*район Москвы*)
Ю́го-За́падная А́зия
Ю́го-За́падная Ру́сь (*ист.*)
ю́го-за́паднее, *нареч.*
югоза́падно-африка́нский
ю́го-за́падный
югоосети́нский (*к* Ю́жная Осе́тия)
юго́рский (*от* югра́)
Юго́рский Ша́р (*пролив*)
югосла́вка, -и, *р. мн.* -вок
югосла́вский (*к* югосла́вы и Югосла́вия)
югосла́вы, -ов, *ед.* -сла́в, -а
ю́го-ю́го-восто́к, -а
ю́го-ю́го-восто́чный
ю́го-ю́го-за́пад, -а
ю́го-ю́го-за́падный
югра́, -ы и -ы́ (*племена, ист.*)
юдо́ль, -и
юдо́льный
юдофи́л, -а
юдофи́лия, -и
юдофи́льский
юдофи́льство, -а
юдофо́б, -а
юдофо́бия, -и
юдофо́бка, -и, *р. мн.* -бок
юдофо́бский
юдофо́бство, -а
южа́не, южа́н, *ед.* южа́нин, -а
южа́нка, -и, *р. мн.* -нок
Ю́жная Аме́рика
Ю́жная Дако́та
Ю́жная желе́зная доро́га
Ю́жная Кароли́на
Ю́жная Коре́я
Ю́жная Коро́на (*созвездие*)
Ю́жная котлови́на
Ю́жная Осе́тия
южне́е, *нареч.*
Ю́жно-Австрали́йская котлови́на
южноавстрали́йский
южноазиа́тский
южноамерика́нка, -и, *р. мн.* -нок
Ю́жно-Америка́нская платфо́рма
южноамерика́нский
южноамерика́нцы, -ев, *ед.* -нец, -нца, *тв.* -нцем
южноатланти́ческий
Ю́жно-Атланти́ческий антицикло́н
южноафрика́нка, -и, *р. мн.* -нок
Ю́жно-Африка́нская Респу́блика (ЮА́Р)
южноафрика́нский
южноафрика́нцы, -ев, *ед.* -нец, -нца, *тв.* -нцем
южнобере́жный
южновеликору́сский
южновьетна́мский
Ю́жное о́бщество (*декабристов*)
Ю́жное полуша́рие
южноинди́йский
южнойе́менский
южнокавка́зский
Ю́жно-Кавка́зское наго́рье
южнокароли́нский (*от* Ю́жная Кароли́на)
южнокароли́нцы, -ев, *ед.* -нец, -нца, *тв.* -нцем
Ю́жно-Каспи́йская ни́зменность
Ю́жно-Кита́йские го́ры
южнокита́йский
Ю́жно-Кита́йское мо́ре
южнокоре́йский
южнокоре́йцы, -ев, *ед.* -е́ец, -е́йца, *тв.* -е́йцем
южнокури́льский (*от* Ю́жные Кури́лы и Ю́жно-Кури́льск)
южнокури́льцы, -ев, *ед.* -лец, -льца, *тв.* -льцем
южнору́сский
Ю́жно-Сахали́нская желе́зная доро́га
южносахали́нский (*от* Ю́жный Сахали́н и Ю́жно-Сахали́нск)
южносахали́нцы, -ев, *ед.* -нец, -нца, *тв.* -нцем
южнославя́нский
южнотихоокеа́нский
Ю́жно-Тихоокеа́нский антицикло́н
южноура́льский (*от* Ю́жный Ура́л и Южноура́льск)
Ю́жно-Ура́льский (у́гольный) бассе́йн
Ю́жно-Францу́зские А́льпы
южнофранцу́зский
Ю́жно-Шотла́ндская возвы́шенность
Ю́жно-Яку́тский (у́гольный) бассе́йн
Ю́жные Кури́лы
ю́жный
Ю́жный бе́рег Кры́ма
Ю́жный Бу́г
Ю́жный Вьетна́м
Ю́жный Йе́мен
Ю́жный Кре́ст (*созвездие*)
Ю́жный океа́н
Ю́жный по́люс
Ю́жный поля́рный кру́г
Ю́жный Сахали́н
Ю́жный тро́пик
Ю́жный Ура́л
Ю́жный федера́льный о́круг
юз, ю́за (*аппарат; невращение колес*)
ю́зер, -а
юзи́ст, -а
юзи́стка, -и, *р. мн.* -ток
юзи́ть, юзи́т
ю́зом, *нареч.*
юкаги́рка, -и, *р. мн.* -рок
юкаги́рский
юкаги́ры, -ов, *ед.* -ги́р, -а
юката́нский (*от* Юката́н)
юката́нцы, -ев, *ед.* -нец, -нца, *тв.* -нцем
ю́кка, -и
ю́ко, *нескл., с.* и *неизм.* (*оценка приема в дзюдо*)
ю́кола, -ы
ю́конский (*от* Ю́кон)
юла́, юлы́
Юлиа́н Отсту́пник
юлиа́нский (календа́рь; пери́од)
Ю́лий Це́зарь
юли́ть, юлю́, юли́т
юми́зм, -а
ю́мовский (*от* Юм)

ю́мор, -а
юморе́ска, -и, *р. мн.* -сок
юмори́на, -ы
юмори́ст, -а
юмори́стика, -и
юмористи́чески
юмористи́ческий
юмористи́чность, -и
юмористи́чный; *кр. ф.* -чен, -чна
юмори́стка, -и, *р. мн.* -ток
юмори́ть, -рю́, -ри́т
юморно́й
юморо́к, -рка́
юна́к, -а́ и -а
юна́цкий
Юнг, -а: **мо́дуль Ю́нга**
ю́нга, -и, *м.*
юнгиа́нец, -нца, *тв.* -нцем, *р. мн.* -нцев
юнгиа́нский
юнгиа́нство, -а
ю́нговский (*от* Юнг)
юнгштурмо́вка, -и, *р. мн.* -вок
ЮНЕ́СКО, *нескл., с.*
юне́ть, юне́ю, юне́ет
юне́ц, юнца́, *тв.* юнцо́м, *р. мн.* юнцо́в
юниони́стский
юниони́сты, -ов, *ед.* -и́ст, -а
юнио́р, -а
юнио́рка, -и, *р. мн.* -рок
юнио́рский
юни́ца, -ы, *тв.* -ей
ю́нкер[1], -а, *мн.* -ы, -ов (*помещик*)
ю́нкер[2], -а, *мн.* -а́, -о́в (*воен.*)
ю́нкерс, -а (*самолет*)
ю́нкерский
ю́нкерство, -а
юнкерьё, -я́
юнко́р, -а
юнко́рка, -и, *р. мн.* -рок
юнко́ровский
юнна́т, -а
юнна́тка, -и, *р. мн.* -ток
юнна́товский
юнна́тский
ю́но, *нареч.*
Юно́на, -ы
ю́ность, -и
ю́ноша, -и, *тв.* -ей, *м.*
ю́ношески
ю́ношеский
ю́ношество, -а
ю́ный; *кр. ф.* юн, юна́, ю́но
юньна́ньский (*от* Юньна́нь)
юньна́ньцы, -ев, *ед.* -а́нец, -а́ньца, *тв.* -а́ньцем
Юпи́тер, -а (*мифол.*; *планета*)
юпи́тер, -а (*осветительный прибор*)
юпитериа́нский (*от* Юпи́тер, *планета*)
юр: на (са́мом) юру́
юра́, юры́ (*геол.*)
юрбюро́, *нескл., с.*
юрги́нский (*от* Юрга́)
юрги́нцы, -ев, *ед.* -нец, -нца, *тв.* -нцем
юридиза́ция, -и
юриди́чески
юриди́ческий
Ю́рий Долгору́кий
юрисдикцио́нный
юрисди́кция, -и
юриско́нсульт, -а
юриско́нсультский
юриско́нсультство, -а
юриспруде́нция, -и
юри́ст, -а
юри́стка, -и, *р. мн.* -ток
юри́ст-цивили́ст, юри́ста-цивили́ста
юрк, *неизм.*
ю́ркать, -аю, -ает
ю́ркий; *кр. ф.* ю́рок, юрка́, ю́рко
ю́ркнуть, -ну, -нет и **юркну́ть**, -ну́, -нёт
ю́ркость, -и
юрлицо́, -а́, *мн.* юрли́ца, юрли́ц
ю́рмальский (*от* Ю́рмала)
ю́рмальцы, -ев, *ед.* -лец, -льца, *тв.* -льцем
юро́д, -а
юро́дивая, -ой
юро́дивость, -и
юро́дивый[1], *прил.*
юро́дивый[2], -ого
юро́дливый
юро́дский
юро́дство, -а
юро́дствование, -я
юро́дствовать, -твую, -твует
юро́к, юрка́ (*вьюрок*)
юротде́л, -а
ю́рский (*геол.*)
юрт, -а́ и -а (*земельный надел*)
ю́рта, -ы (*жилище*)
ю́ртовый
юрфа́к, -а
юрфа́ковский
юрча́сть, -и
ю́рче, *сравн. ст.* (*от* ю́ркий, ю́рко)
Ю́рьев де́нь, Ю́рьева дня́
юрьеве́цкий (*от* Ю́рьевец)
Ю́рьев-По́льский и **Ю́рьев-Польско́й** (*город*)
юрьев-по́льский (*прил. к* Ю́рьев-По́льский, Ю́рьев-Польско́й)
ю́рьевский (*к* Ю́рьев и Ю́рьев-По́льский, Ю́рьев-Польско́й)
юрьевча́не, -а́н, *ед.* -а́нин, -а (*к* Ю́рьевец и Ю́рьев-По́льский, Ю́рьев-Польско́й)
юрюза́нский (*от* Юрюза́нь)
юс[1], ю́са, *мн.* юсы́, юсо́в (*название буквы*)
юс[2], ю́са, *мн.* ю́сы, ю́сов (*законник, крючкотвор*)
ю́совый
юсти́рный
юстирова́льный
юстирова́ние, -я
юстиро́ванный; *кр. ф.* -ан, -ана
юстирова́ть(ся), -ру́ю, -ру́ет(ся)
юстиро́вка, -и, *р. мн.* -вок
юстиро́вщик, -а
юсти́ция, -и
Юсти́ц-колле́гия, -и (*ист.*)
ют, ю́та
юти́ться, ючу́сь, юти́тся
ютла́ндский (*от* Ютла́ндия)
ютла́ндцы, -ев, *ед.* -дец, -дца, *тв.* -дцем
ютоацте́кский
ю́товый
ю́тский (*от* Ю́та)
ю́ферс, -а
ю́фтевый
юфть, -и
юфтяно́й
ю́хновский (*от* Ю́хнов; ю́хновская культу́ра, *археол.*)
ю́шка, -и
ю́юба, -ы

Я

я[1], меня́, мне, мной, обо мне́, *местоим.*
я[2], *нескл., с.* (*осознаваемая человеком собственная личность, индивидуальность, также филос.*; *название буквы*)
я́беда, -ы, *м.* и *ж.*
я́бедник, -а
я́бедница, -ы, *тв.* -ей
я́бедничанье, -я
я́бедничать, -аю, -ает
я́беднический
я́бедничество, -а
я́блоко, -а, *мн.* -оки, -ок
яблокоре́зка, -и, *р. мн.* -зок
я́блоневый
я́блонный
я́блонь, -и (*устар. и обл. к* я́блоня)
я́блонька, -и, *р. мн.* -нек
я́блоня, -и, *р. мн.* -онь
я́блочко, -а, *мн.* -чки, -чек
я́блочник, -а
я́блочница, -ы, *тв.* -ей
я́блочный
Я́блочный Спа́с (*праздник*)
ява́нка, -и, *р. мн.* -нок
ява́нский (*от* Я́ва)
ява́нтроп, -а
ява́нцы, -ев, *ед.* -нец, -нца, *тв.* -нцем
яви́ть(ся), явлю́(сь), я́вит(ся)
я́вка, -и, *р. мн.* я́вок
явле́ние, -я

я́вленный; *кр. ф.* -ен, -ена (*от* яви́ть, *прич.*)
явле́нный (о́браз, ико́на)
явля́ть(ся), -я́ю(сь), -я́ет(ся)
я́вно, *нареч.*
я́вно больно́й
явнобра́чный
я́вно вы́раженный
я́вно зани́женный
явнозерни́стый
явнокристалли́ческий
явнопо́люсный
я́вность, -и
я́вный; *кр. ф.* я́вен, я́вна
я́вор, -а
я́воровый
яво́рчатый
я́вочный
я́вственно, *нареч.*
я́вственность, -и
я́вственный; *кр. ф.* -вен и -венен, -венна
я́вствовать, -твует
явь, я́ви
яга́, яги́
ягдта́ш, -а, *тв.* -ем
ягдтерье́р, -а
я́гелевый
Ягелло́ны, -ов (*династия*)
я́гель, -я
я́гельник, -а
я́гельный
ягне́ние, -я
ягнёнок, -нка, *мн.* ягня́та, -я́т
ягнёночек, -чка, *мн.* ягня́тки, -ток
ягни́ться, -и́тся
ягно́бский
ягно́бцы, -ев, *ед.* -бец, -бца, *тв.* -бцем
ягня́тина, -ы
ягня́тник, -а
ягня́чий, -ья, -ье
я́года, -ы
я́година, -ы
я́годи́цы, ягоди́ц, *ед.* я́годи́ца, -ы, *тв.* -ей
я́годи́чный
я́годка, -и, *р. мн.* -док
я́годковые, -ых
я́годник, -а
я́годница, -ы, *тв.* -ей
я́годный
ягодови́дный
ягодообра́зный; *кр. ф.* -зен, -зна
ягодоубо́рочный
ягуа́р, -а
ягуарёнок, -нка, *мн.* -ря́та, -ря́т
ягуа́ровый
яд, я́да и я́ду
я́дерник, -а
я́дерно безопа́сный
я́дерно-косми́ческий
я́дерно опа́сный
я́дерно-пла́зменный
я́дерно-реакти́вный
я́дерно-энергети́ческий
я́дерный
я́дерщик, -а
ядови́тик, -а
ядовитоды́мный
ядови́то-зелёный
ядови́то-лило́вый
ядови́тость, -и
ядови́тый
ядозу́б, -а
ядоно́сный; *кр. ф.* -сен, -сна
ядохимика́тный
ядохимика́ты, -ов, *ед.* -ка́т, -а
ядрене́ть, -е́ю, -е́ет
ядрёность, -и
ядрёный
я́дрица, -ы, *тв.* -ей
ядри́ще, -а
ядро́, -а́, *мн.* я́дра, я́дер
ядро́вый
я́дрышко, -а, *мн.* -шки, -шек
я́зва, -ы
я́звенник, -а
я́звенница, -ы, *тв.* -ей
я́звенный
я́звина, -ы
я́звинка, -и, *р. мн.* -нок
язви́тельность, -и
язви́тельный; *кр. ф.* -лен, -льна
язви́ть, язвлю́, язви́т
язвообразу́ющий
я́звочка, -и, *р. мн.* -чек
язёвый
Язо́н, -а и **Ясо́н,** -а
язы́к, -а́
языка́стый
языка́тый
язы́к-исто́чник, языка́-исто́чника
языкове́д, -а
языкове́дение, -я
языкове́дный
языкове́дческий
языково́й (*к* язы́к – *средство общения*)
языко́вый (*к* язы́к – *орган во рту*)
языкоглото́чный
языкозна́ние, -я
язы́к-осно́ва, языка́-осно́вы, *м.*
языкотво́рец, -рца, *тв.* -рцем, *р. мн.* -рцев
языкотво́рческий
языкотво́рчество, -а
язы́к-посре́дник, языка́-посре́дника
язы́цех: при́тча во язы́цех
язы́ческий
язы́чество, -а
язычи́на, -ы, *м.*
язычи́шко, -а и -и, *мн.* -шки, -шек, *м.*
язычи́ще, -а, *мн.* -а и -и, -и́щ, *м.*
язычко́вый
язы́чник, -а
язы́чница, -ы, *тв.* -ей
язы́чно-нёбный
язы́чный
язычо́к, -чка́
язь, язя́
яи́цкий (*от* Я́ик)
Яи́цкий городо́к (*ист.*)
яи́чко, -а, *мн.* -чки, -чек
яи́чники, -ов, *ед.* -ник, -а
яи́чниковый
яи́чница, -ы, *тв.* -ей
яи́чный
яи́шенка, -и, *р. мн.* -нок
яйла́, -ы́
я́йца-бо́й, яи́ц-бо́я
яйцева́рка, -и, *р. мн.* -рок
яйцеви́дность, -и
яйцеви́дный; *кр. ф.* -ден, -дна
яйцево́д, -а
яйцево́дный
яйцево́й
яйцеголо́вый
яйцее́д, -а
яйцеживородя́щий
яйцеживорожде́ние, -я
яйцезаготови́тельный
яйцезагото́вки, -вок
яйцекла́д, -а
яйцекла́дка, -и, *р. мн.* -док
яйцекладу́щие, -их
яйцекле́тка, -и, *р. мн.* -ток
яйцекле́точный
я́йце-мясно́й
яйцено́ский
яйцено́скость, -и
яйцеобра́зный; *кр. ф.* -зен, -зна
яйцеобразова́ние, -я
яйцере́зка, -и, *р. мн.* -зок
яйцеро́дный
яйцерожде́ние, -я
яйцесортиро́вка, -и
яйцесортиро́вочный
яйцо́, -а́, *мн.* я́йца, яи́ц, я́йцам
як, я́ка (*бык*)
Як, Я́ка и *нескл., м.* (*самолет*)
якама́ра, -ы
яка́на, -ы
я́канье, -я
якара́нда, -ы
я́кать, я́каю, я́кает
я́ко, *союз*
Я́коб, -а: **боле́знь Кре́йцфельда-Я́коба**
Яко́би, *нескл., м.*: **многочле́ны Яко́би, си́мвол Яко́би**
якобиа́н, -а
якоби́нец, -нца, *тв.* -нцем, *р. мн.* -нцев
якоби́нский
якоби́нство, -а
якоби́тский
якоби́ты, -ов, *ед.* -би́т, -а (*ист.*)
якобсо́новский (*от* Якобсо́н)
я́кобы
Я́ков, -а (*также*: зала́дила соро́ка Я́кова (одно́ про вся́кого)
я́ковлевский (*от* Я́ковлев)
яково́д, -а
яково́дство, -а

якову́дческий
якорёк, -рька́
я́корец, -рца, *тв.* -рцем, *р. мн.* -рцев (*растение*)
я́корный
я́корь, -я, *мн.* -я́, -е́й
яку́дза, *нескл., ж.* (*японская мафия*) и *м.* (*мафиозо*)
яку́тка, -и, *р. мн.* -ток (*к* яку́ты)
яку́тский (*к* яку́ты, Яку́тия, Яку́тск)
яку́ты, -ов, *ед.* яку́т, -а
якутя́не, -я́н, *ед.* -я́нин, -а (*от* Яку́тск)
якутя́нка, -и, *р. мн.* -нок (*к* якутя́не)
якша́нье, -я
якша́ться, -а́юсь, -а́ется
ял, я́ла
ялбо́т, -а
я́лик, -а
я́личник, -а
я́личный
я́ловевший
я́ловеть, -еет
я́ловица, -ы, *тв.* -ей
я́ловичный
я́ловка, -и, *р. мн.* -вок
я́ловость, -и
я́ловочный
я́ловый
Я́лтинская конфере́нция (*1945*)
я́лтинский (*от* Я́лта)
я́лтинцы, -ев, *ед.* -нец, -нца, *тв.* -нцем
ялуто́ровский (*от* Ялуто́ровск)
ялуто́ровцы, -ев, *ед.* -вец, -вца, *тв.* -вцем
ям, я́ма (*почтовая станция*)
я́ма, я́мы
яма́йка, -и, *р. мн.* яма́ек (*к* яма́йцы)
яма́йский (*от* Яма́йка)
яма́йцы, -ев, *ед.* яма́ец, яма́йца, *тв.* яма́йцем
Яма́ло-Не́нецкий автоно́мный о́круг
яма́лский и **яма́льский** (*от* Яма́л)
яма́льцы, -ев, *ед.* -лец, -льца, *тв.* -льцем
ямб, -а
ямби́ческий
ямбохоре́й, -я
я́мбургский (*от* Я́мбург)
я́мина, -ы
я́мистый
я́мища, -и
я́мка, -и, *р. мн.* я́мок
ямкоголо́вые, -ых
я́мный
ямокопа́тель, -я
я́мочка, -и, *р. мн.* -чек
я́мочно-гребе́нчатый
я́мочный
ямс, -а
Ямско́е По́ле (*район в Москве*)
ямско́й
ямщи́к, -а́
ямщи́на, -ы
ямщи́цкий
ямщи́чий, -ья, -ье
ямщи́чить, -чу, -чит
ямщичо́к, -чка́
ян, *нескл., с.* (*понятие китайской философии*)
янва́рский
янва́рь, -я́
я́нки, *нескл., м.*
янкифо́бия, -и
янсени́зм, -а
янсени́ст, -а
янсени́стский
я́нский [1] (*от* Я́на, *река*)
я́нский [2], -я (*ед. измер.*)
янта́рка, -и, *р. мн.* -рок
Янта́рная ко́мната (*в Царском Селе*)
янта́рный
янтароно́сный; *кр. ф.* -сен, -сна
янта́рь, -я́
я́нтра, -ы (*понятие буддизма и индуизма*)
Я́нус, -а: **двули́кий Я́нус**
янцзы́йский (*от* Янцзы́)
яныча́р, -а, *р. мн.* яныча́р и -ов
яныча́рский
я́о, *нескл. мн., ед. м.* и *ж.* (*народность*)
Япе́т, -а (*астр.*)
япони́ст, -а
япони́стика, -и
япони́стка, -и, *р. мн.* -ток
япо́нка, -и, *р. мн.* -нок
японове́д, -а
японове́дение, -я
япо́но-кита́йский
япо́но-росси́йский
япо́ночка, -и, *р. мн.* -чек
япо́нский (*к* Япо́ния и япо́нцы)
Япо́нское мо́ре
япо́нско-кита́йский
япо́нско-ру́сский
япо́нцы, -ев, *ед.* -нец, -нца, *тв.* -нцем
япо́шка, -и, *р. мн.* -шек, *м.*
я́ппи, *нескл., м.* и *ж.*
яр, я́ра, *предл.* в (на) яру́, *мн.* я́ры́, я́ро́в; но (*в названиях населенных пунктов*) **Яр,** Я́ра, *предл.* в (на) ... Яру́, *напр.*: Ча́сов Я́р (*город*), Бе́лый Я́р, Све́тлый Я́р (*поселки*), Капу́стин Я́р, *также в* Ба́бий Я́р
яра́нга, -и
яра́нговый
ярд, -а
я́рдовый
яре́м, -а
яре́мный
Яри́ло, -а (*мифол.*)
яри́ть(ся), ярю́(сь), яри́т(ся)
я́рица, -ы, *тв.* -ей
я́рка, -и, *р. мн.* я́рок
я́ркий; *кр. ф.* я́рок, ярка́, я́рко, я́рки́
я́ркий-прея́ркий
я́рко, *нареч.*
я́рко-а́лый
я́рко-бе́лый
яркова́тый
я́рко вы́раженный
я́рко-голубо́й
я́рко-жёлтый
я́рко-зелёный
я́рко-кра́сный
я́рко-лило́вый
я́рко-мали́новый
яркоме́р, -а
яркоокра́шенный*
я́рко-ора́нжевый
я́рко-ро́зовый
я́рко-си́ний
я́ркостный
я́ркость, -и
ярл, -а
ярлы́к, -а́
ярлы́чный
ярлычо́к, -чка́
я́рманка, -и, *р. мн.* -нок (*устар. и прост. к* я́рмарка)
я́рмарка, -и, *р. мн.* -рок
я́рмарочник, -а
я́рмарочный
ярмо́, -а́, *мн.* я́рма, ярм, я́рма́м
яровиза́ция, -и
яровизи́рованный; *кр. ф.* -ан, -ана
яровизи́ровать(ся), -рую, -рует(ся)
ярови́ще, -а
ярово́й
яро́вчатые гу́сли (*нар.-поэт.*)
яровы́е, -ы́х
ярози́т, -а
яросла́вка, -и, *р. мн.* -вок
Яросла́в Му́дрый
Яросла́вово дво́рище, Яросла́вова дво́рища (*в Новгороде*)
Яросла́в Осмомы́сл
яросла́вский (*от* Яросла́вль)
яросла́вцы, -ев, *ед.* -вец, -вца, *тв.* -вцем
я́ростность, -и
я́ростный; *кр. ф.* -тен, -тна
я́рость, -и
я́рочка, -и, *р. мн.* -чек
яру́га, -и
яруно́к, -нка́
я́рус, -а
я́русность, -и
я́русный
яру́тка, -и, *р. мн.* -ток
ярча́йший
я́рче, *сравн. ст.*
** яры́га,** -и, *м.*
яры́жка, -и, *р. мн.* -жек, *м.*
ярыжник, -а
яры́жный
я́рый
ярь, я́ри
я́рь-медя́нка, я́ри-медя́нки
яса́к, -а́
яса́чный

я́сельки, -лек
я́сельник, -а
я́сельница, -ы, *тв.* -ей
я́сельничий, -его
я́сельный
я́сеневый
ясене́ц, -нца́, *тв.* -нцо́м, *р. мн.* -нцо́в
я́сень, -я
ясько́лка, -и, *р. мн.* -лок
я́сли, -ей
я́сли-са́д, я́слей-са́да, *мн.*
ясме́нник, -а
ясми́н, -а
ясми́нный
Я́сная Поля́на (*музей-усадьба*)
ясне́йший
я́сненько
ясне́ть, -е́ю, -е́ет
яснёхонький; *кр. ф.* -нек, -нька
я́сниться, -ится
я́сно, *нареч.* и *в знач. сказ.*
ясновельмо́жный
ясновиде́ние, -я
ясновидец, -дца, *тв.* -дцем, *р. мн.* -дцев
ясновидица, -ы, *тв.* -ей
ясновидческий
ясновидящий (*к* ясновидение)
ясногла́зый
ясного́рский (*от* Ясного́рск)
ясноо́кий
яснополя́нский (*от* Я́сная Поля́на)
яснослы́шание, -я
яснослы́шащий (*к* яснослы́шание)
я́сность, -и
ясно́тка, -и, *р. мн.* -ток
ясно́точный
я́сный; *кр. ф.* я́сен, ясна́, я́сно, я́сны́
Ясо́н, -а и **Язо́н,** -а
я́сочка, -и, *р. мн.* -чек
я́спис, -а
я́списовый
я́сский (*от* Я́ссы)
я́ссцы, -ев, *ед.* я́ссец, я́ссца, *тв.* я́ссцем
я́ства, яств, *ед.* я́ство, -а
я́ствие, -я
я́стреб, -а, *мн.* -а́, -о́в и -ы, -ов
ястребёнок, -нка, *мн.* -бя́та, -бя́т
ястреби́нка, -и, *р. мн.* -нок
ястреби́ный
ястребо́к, -бка́
я́стреб-перепеля́тник, я́стреба-перепеля́тника
я́стреб-тетеревя́тник, я́стреба-тетеревя́тника
ясты́к, -а́
ясты́чный
ясы́рь, -я́
ятага́н, -а
ятвя́ги, -ов
ятвя́жский
я́ те (тебе́) да́м (покажу́)!
я́тевый (*от* ять)
ято́вь, -и
ято́вье, -я
ятрогени́я, -и
ятроге́нный
ятромеха́ника, -и
ятрофи́зика, -и
ятрохи́мия, -и
ятры́шник, -а
ятры́шниковые, -ых
ять, я́тя (*название буквы*)
я́узский (*от* Я́уза)
Яфе́т, -а (*библ.*)
яфетидо́лог, -а
яфетидоло́гия, -и
яфети́ды, -ов
яфети́ческий
Я́хве, *нескл., м.*
я́хонт, -а
я́хонтовый
я́хромский (*от* Я́хрома)
яхромча́не, -а́н, *ед.* -а́нин, -а
яхромча́нка, -и, *р. мн.* -нок
я́хта, -ы
я́хта-дво́йка, я́хты-дво́йки
я́хта-тро́йка, я́хты-тро́йки
яхт-га́вань, -и
я́хтенный
я́хтинг, -а
яхт-клу́б, -а
яхтклу́бовец, -вца, *тв.* -вцем, *р. мн.* -вцев
яхт-клу́бовский и **яхт-клу́бский**
я́хтный
я́хтовый
я́хточка, -и, *р. мн.* -чек
яхтсме́н, -а
яхтсме́нка, -и, *р. мн.* -нок
яхтсме́нский
я ча́й, *вводн. сл.*
яча́нье, -я
яча́ть, ячи́т
ячее́чка, -и, *р. мн.* -чек
ячее́чный
яче́исто-ле́нточный
яче́истый
яче́йка, -и, *р. мн.* ячее́к
яче́йковый
я́чество, -а
ячея́, -и́
я́чий, я́чья, я́чье (*от* як)
ячменёк, -нька́ и -ньку́
ячме́нка, -и
ячме́нник, -а
ячме́нный
ячме́нь, -я́
я́чневик, -а
я́чневый
я́чный
ячо́нок, -нка, *мн.* яча́та, яча́т (*от* як)
я́шма, -ы
яшмови́дный
я́шмовый
ящерёнок, -нка, *мн.* -ря́та, -ря́т
я́щерица, -ы, *тв.* -ей
ящерицеобра́зный; *кр. ф.* -зен, -зна
я́щеричный
я́щерка, -и, *р. мн.* -рок (*уменьш. к* я́щерица)
я́щерный (*от* я́щеры)
ящеропти́ца, -ы, *тв.* -ей
ящерота́зовые, -ых
я́щеры, -ов, *ед.* я́щер, -а (*отряд млекопитающих*)
я́щик, -а
я́щичек, -чка
я́щичный
я́щур, -а (*болезнь*)
я́щурка, -и, *р. мн.* -рок (*род ящериц*)
я́щурный (*от* я́щур)

Приложение 1

ОСНОВНЫЕ ОБЩЕПРИНЯТЫЕ ГРАФИЧЕСКИЕ СОКРАЩЕНИЯ

А ампер
а ар; атто…
абл. аблатив
абс. абсолютный
абх. абхазский
авар. аварский
а • в ампер-виток
авг. август, августовский
а-во агентство
австр. австрийский
австрал. австралийский
авт. автономный
авт. л. и **а. л.** авторский лист
агр. агроном, агрономический; аграрный
адж. аджарский
адм. адмирал; административный
адм.-терр. административно-территориальный
адыг. адыгейский, адыгский
а. е. астрономическая единица
а. е. д. астрономическая единица длины
а. е. м. атомная единица массы
азерб. азербайджанский
азиат. азиатский
акад. академик, академия
акк. аккузатив
акц. акционерный
а/л атомный ледокол
а. л. и **авт. л.** авторский лист
алб. албанский
алг. алгебра
алг. и **алгебр.** алгебраический
алж. алжирский
алт. алтайский
алф. алфавитный
альм. альманах
альп. альпийский
ам аттометр
а/м автомашина
амер. американский
анат. анатомический
англ. английский
ангол. ангольский
аннот. аннотация, аннотированный
антич. античный
а/о акционерное общество; автономный округ, автономная область
ап. апостол; **апп.** апостолы
а/п аэропорт
апр. апрель, апрельский
ар. и **араб.** арабский
арам. арамейский
аргент. аргентинский
арифм. арифметика, арифметический
арм. армянский
арт. артиллерия, артиллерийский; артист
арх. архив, архивный
арх. и **археол.** археология, археологический
арх. и **архип.** архипелаг
арх. и **архит.** архитектор, архитектурный
архиеп. архиепископ
архим. архимандрит
а/с административная служба
асб апостильб
а • сек ампер-секунда
асс. ассистент
ассир. ассирийский
астр. астрономический
ат. атомный
ат атмосфера техническая
а/т автотранспорт
ата атмосфера абсолютная
ати атмосфера избыточная
атм. атмосферный
атм атмосфера физическая
ат. м. атомная масса
афг. афганский
афр. африканский
ацет. ч. ацетильное число
а • ч ампер-час
а/я абонементный ящик
Б бел
Б. Большой
б байт
б. и **бал.** балка
б. и **больн.** больной
б. и **бух.** бухта
б. и **быв.** бывший
бал. балет
бал. и **б.** балка
балк. балкарский
балт. балтийский
бар. барак
басс. бассейн
бат-н и **б-н** батальон
башк. башкирский
б. г. без указания года
безв. безводный
безл. безличный

белорус. и **блр.** белорусский
бельг. бельгийский
бер. берег
бзн бензин
б. и. без указания издательства
библ. библейский; библиографический, библиография; библиотечный
б. или м. более или менее
биогр. биографический
биол. биологический
бирм. бирманский
Бк беккерель
б-ка библиотека
Бл. В. и **Бл. Восток** Ближний Восток
блгв. благоверный; **блгвв.** благоверные
блж. блаженный
блр. и **белорус.** белорусский
б. м. без указания места
б. м. и г. без указания места и года
б-н и **бат-н** батальон
бол. болото
болг. болгарский
болив. боливийский
больн. и **б.** больной
больн. и **б-ца** больница
бот. ботаника, ботанический
б/п без переплета; беспартийный
бр. братья (*при фамилии*); брутто
браз. бразильский
брет. бретонский
брит. британский
б/у бывший в употреблении
буд. будущее время
букв. буквально, буквальный
бул. бульвар
бум. бумажный
бум. л. бумажный лист
бурж. буржуазный
бурят. бурятский
бут. бутылка
бух. и **б.** бухта
б. ц. без указания цены
б-ца и **больн.** больница
б. ч. бóльшая часть, большей частью
б-чка библиотечка
быв. и **б.** бывший
бюдж. бюджетный
бюлл. бюллетень
В вольт
В. Верхний
В. и **в.** восток
в. верста; вид (*глагола*)
в. век; **вв.** века
в. (В.) и **вел. (Вел.)** великий (Великий)
в. и **веч.** вечер
В., в., вин. винительный падеж
в. и **вост.** восточный
в. и **вып.** выпуск
В • А вольт-ампер
вал. валентность
Вб вебер
Вб • м вебер-метр
вв. века; **в.** век
в-во вещество
в. д. восточная долгота
вдп. водопад
вдхр. водохранилище
вед. ведомственный; ведущий
вел. (Вел.) и **в. (В.)** великий (Великий)
венг. венгерский
венесуэл. венесуэльский
верх. верхний
вес. ч. и **в. ч.** весовая часть
вет. ветеринарный
веч. вечерний; вечерня
веч. и **в.** вечер
визант. византийский
вин., В., в. винительный падеж
вкз. вокзал
вкл. вкладка; вклейка; включение
вкл. и **включ.** включая, включительно
вкл. л. вкладной лист
включ. и **вкл.** включая, включительно
в. к. т. верхняя критическая температура
влк. вулкан
в.-луж. верхнелужицкий
вм. вместо
вмц. великомученица; **вмцц.** великомученицы
вмч. великомученик; **вмчч.** великомученики
внеш. внешний
в. н. с. ведущий научный сотрудник
внутр. внутренний
в/о вечернее отделение
вод. ст. водяной столб
воен. военный
возв. возвышенность
возд. воздушный
вок. вокальный
вол. волость
воскр. и **вс.** воскресенье
в осн. в основном
вост. и **в.** восточный
вост.-европ. восточноевропейский
восх. восход
вп. впадина
в/п в переплете
вр. врач; время
В • с вольт-секунда
в/с высший сорт
вс. и **воскр.** воскресенье
в ср. в среднем
вступ. вступительный
Вт ватт
вт. вторник
Вт • с ватт-секунда
Вт • ч ватт-час
в т. ч. в том числе
в. ч. и **вес. ч.** весовая часть
в. ч. и **в/ч** войсковая часть
выкл. выключение
вып. и **в.** выпуск
вып. дан. выпускные данные
выс. выселки; высота
вых. дан. выходные данные
вьетн. вьетнамский
Г грамм-сила; генри
г. год; гора; **гг.** годы; горы
г грамм
г. и **г-жа** госпожа
г. и **г-н** господин; **гг.** и **г-да** господа

г. и **гор.** город; **гг.** города
га гектар
гав. гавань
газ. газета, газетный; газовый
гал. галантерейный
гар. гараж
Гб гильберт; гигабайт
ГВ гировертикаль; горизонт воды
гв. гвардия, гвардейский
гватем. гватемальский
гвин. гвинейский
гВт гектоватт
гВт • ч гектоватт-час
гг. годы; горы; **г.** год; гора
гг. города; **г.** и **гор.** город
гг. и **г-да** господа; **г.** и **г-н** господин
гг гектограмм
ГГц генри-герц
г-да и **гг.** господа; **г.** и **г-н** господин
ген. генерал; генеральный; генитив
ген. л. и **ген.-лейт.** генерал-лейтенант
ген. м. генерал-майор
ген. п. и **ген.-полк.** генерал-полковник
геогр. география, географический
геод. геодезия, геодезический
геол. геология, геологический
геом. геометрия, геометрический
герм. германский
г-жа и **г.** госпожа
г • К грамм-кельвин
гл гектолитр
гл. глава; главный; глагол; глубина
гл. обр. главным образом
гм гектометр
г • моль грамм-моль
г-н и **г.** господин; **гг.** и **г-да** господа
г. н. с. главный научный сотрудник
г/о городское отделение
год. годовой, годичный
голл. голландский
гор. городской; горячий
гор. и **г.** город; **гг.** города
гос. государственный
гос-во государство
госп. и **гсп.** госпиталь
ГПа генри-паскаль
гпз гектопьеза
г. прох. горный проход
г • Р грамм-рентген
г-р генератор
гр. граф; графа; группа
гр. и **град.** градус
гр. и **греч.** греческий
гр. и **гр-ка** гражданка
гр. и **гр-н** гражданин; **гр-не** граждане
грав. гравюра
град. и **гр.** градус
гражд. гражданский
грамм. граммофонный; грамматика, грамматический
греч. и **гр.** греческий
гр-ка и **гр.** гражданка
гр-н и **гр.** гражданин; **гр-не** граждане
гр-не граждане; **гр.** и **гр-н** гражданин
груз. грузинский
Гс гаусс
гс грамм-сила
г • см грамм-сантиметр
гс • см грамм-сила-сантиметр
гсп. и **госп.** госпиталь
Гс • Э гаусс-эрстед
губ. губерния, губернский
г/х газоход
Гц герц
г-ца гостиница
ГэВ гигаэлектронвольт
г • экв грамм-эквивалент
д деци…
Д., д., дат. дательный падеж
Д и **дптр.** диоптрия
д. действие (*при цифре*); день; долгота; доля; дом
д. и **дер.** деревня
д и **дм** дюйм
даг. дагестанский
дат. датский
дат., Д., д. дательный падеж
дБ децибел
д. б. н. доктор биологических наук
Д. В. и **Д. Восток** Дальний Восток
дв. ч. двойственное число
дг дециграмм
д. г.-м. н. доктор геолого-минералогических наук
д. г. н. доктор географических наук
деепр. деепричастие
деж. дежурный
действ. действительный
дек. декабрь, декабрьский; декада
ден. денежный
деп. департамент; депутат
дер. и **д.** деревня
дес. десант; десятина; десяток; десятичный
дес. л. десертная ложка
дет. деталь
Дж джоуль
Дж • с джоуль-секунда
д-з диагноз
диак. диакон
диал. диалектный
диам. диаметр
див. дивизия
див-н и **дн** дивизион
диз. дизель
дин и **дн** дина
д. и. н. доктор исторических наук
дин • см дин-сантиметр
дир. и **д-р** директор; дирижер
д. иск. доктор искусствоведения
дисс. диссертация
дист. дистанция; дистиллированный
дифф. дифференциал, дифференциальный
Д/к Дворец культуры, Дом культуры
дкг декаграмм
дкл декалитр
дкм декаметр
дл децилитр
дл. длина
дм дециметр
дм и **д** дюйм
д. м. н. доктор медицинских наук
дн и **див-н** дивизион

дн и **дин** дина
д. н. доктор наук
д. о. и **д/о** дом отдыха
д/о дневное отделение
доб. добавление, добавочный
док. документальный
док. и **док-т** документ
докт. и **д-р** доктор
дол. долина
долл. доллар
доп. дополнение, дополненный, дополнительный; допустимый
доц. доцент
д. п. дачный поселок
дптр и **Д** диоптрия
д-р дебаркадер
д-р и **дир.** директор; дирижер
д-р и **докт.** доктор
др. древний; другой; дробь
драм. драматический
др.-англ. древнеанглийский
др.-в.-н. и **др.-в.-нем.** древневерхненемецкий
др.-герм. древнегерманский
др.-гр. и **др.-греч.** древнегреческий
др.-евр. древнееврейский
др.-инд. древнеиндийский
др.-н.-нем. древненижненемецкий
др.-рус. древнерусский
д/с детский сад
д. т. н. доктор технических наук
дубл. дубликат, дублированный
д. ф.-м. н. доктор физико-математических наук
д. ф. н. доктор филологических наук, доктор философских наук
д. х. н. доктор химических наук
д. ч. действительный член
д/э и **дэ/х** дизель-электроход
д/я детские ясли; для ясности
евр. еврейский
евр. и **европ.** европейский
егип. египетский
ед. единица
ед. и **ед. ч.** единственное число
ед. изм. и **ед. измер.** единица измерения
ед. хр. единица хранения
ед. ч. и **ед.** единственное число
ежедн. ежедневный
ежемес. ежемесячный
еженед. еженедельный
Е. И. В. Его (Ее) Императорское Величество (*в старых текстах*)
емк. емкость
еп. епископ; **епп.** епископы
ефр. ефрейтор
ж. жидкость, жидкий
ж. и **жен.** женский
ж. и **жит.** жители
ж. д. и **ж/д** железная дорога
ж.-д. и **ж/д** железнодорожный
жен. и **ж.** женский
жит. и **ж.** жители
журн. журнал
З. и **з.** запад
з. и **зап.** западный
з. и **зол.** золотник
з. а. и **засл. арт.** заслуженный артист
зав. заведующий
загл. заглавие
заимств. заимствованный
зак. заказ
зал. залив
зам. заместитель
зап. и **з.** западный
зап. записки
зап.-европ. западноевропейский
заруб. зарубежный
засл. заслуженный
засл. арт. и **з. а.** заслуженный артист
заст. застава
зат. затон
зах. заход
зач. зачет, зачтено (оценка)
зв. и **зват.** звательный падеж, звательная форма
зв. звезда, звездный; звонок
з-д завод
з. д. западная долгота
з. д. и. заслуженный деятель искусств
з. д. н. заслуженный деятель науки
зем. земельный
зен. зенитный
з. к. и **з/к** заключенный (*первоначально*: заключенный каналоармеец)
з. м. с. заслуженный мастер спорта
зн. знак
зн. и **знач.** значение
з/о заочное отделение
зол. золото, золотой
зол. и **з.** золотник
з/п здравпункт
зпт запятая (*в телеграммах*)
и инерта
И., и., им. именительный падеж
игум. игумен
и др. и другие
и.-е. индоевропейский
иером. иеромонах
изб. избыточный
избр. избранное, избранные
Изв. Известия
изв. известен
изд. издание, издатель, изданный, издавать(ся)
изд-во издательство
изм. изменение, измененный
изр. израильский
икс-ед. икс-единица
илл. иллюстрация, иллюстратор
и. л. с. индикаторная лошадиная сила
им. имени
им., И., и. именительный падеж
имп. император, императрица, императорский; импульс, импульсный
ин. и **иностр.** иностранный
инв. инвентарный
ингуш. ингушский
инд. индийский
индонез. индонезийский
инж. инженер, инженерный
иностр. и **ин.** иностранный
инст. и **ин-т** институт
инстр. инструмент, инструментальный

инсц. инсценировка
инт. интеграл, интегральный; интендант, интендантский
ин-т и **инст.** институт
инф. инфекционный; инфинитив
ин. ч. иностранный член
и. о. исполняющий обязанности; имя и отчество
и пр., и проч. и прочие, и прочее
ирак. иракский
иран. иранский
ирл. ирландский
ирон. иронический
иск-во искусство
исл. исландский
исп. испанский; исповедник
испр. исправление, исправленный
иссл. исследование, исследовал
ист. источник
ист. и **истор.** исторический
исх. исходный
ит. и **итал.** итальянский
и т. д. и так далее
и т. д. и т. п. и так далее и тому подобное
и т. п. и тому подобное, и тому подобные
к кило…
К кельвин
к. колодец; кишлак
к. и **канд.** кандидат
к. и **комн.** комната
к. и **коп.** копейка
к. и **корп.** корпус
к. и **к-та** кислота
каб. и **кабард.** кабардинский
каб.-балк. кабардино-балкарский
кав. кавалерия, кавалерийский
кавк. кавказский
каз. казарма; казахский; казачий
кал калория
калм. калмыцкий
кан. канал
кан. и **канад.** канадский
канд. и **к.** кандидат
кап. капитан
кар карат
кар. и **карел.** карельский
каракалп. каракалпакский
карел. и **кар.** карельский
кат. катализатор, каталитический
кат. и **катол.** католический
кб. и **куб.** кубический
кб кабельтов
к. б. н. кандидат биологических наук
кВ киловольт
кв. квадрат, квадратный; квартал; квартира
кВА киловольт-ампер
кВт киловатт
кВт • ч киловатт-час
кг килограмм
кг. кегль
кг • К килограмм-кельвин
кг • м килограмм-метр
к. г.-м. н. кандидат геолого-минералогических наук
кг • моль килограмм-моль
кг • м/с килограмм-метр в секунду
к. г. н. кандидат географических наук
кгс килограмм-сила
кгс • м килограмм-сила-метр
кгс • с килограмм-сила-секунда
кГц килогерц
кд кандела
кДж килоджоуль
кд/лк кандела на люкс
кд • с кандела-секунда
к.-ж. и **к/ж** киножурнал
к-з и **клх** колхоз
Ки кюри
к. и. н. кандидат исторических наук
кирг. киргизский
к. иск. кандидат искусствоведения
кит. китайский
ккал килокалория
клк килолюкс
Кл кулон
кл килолитр
кл. класс; ключ
к.-л. какой-либо
клк • с килолюкс-секунда
Кл • м кулон-метр
клм килолюмен
клм • ч килолюмен-час
клх и **к-з** колхоз
км километр
к/м короткометражный
к. м. н. кандидат медицинских наук
кмоль киломоль
км/с километр в секунду
км/ч километр в час
кН килоньютон
кн. книга; князь
к. н. кандидат наук
к.-н. какой-нибудь
кн-во княжество
книжн. книжное
кол колебание
кол-во количество
колич. количественный
колон. колониальный
ком. и **к-р** командир
кОм килоом
комм. коммутатор
комн. и **к.** комната
комп. композитор, композиция
кон. конец (*при дате*)
конгр. конгресс
конф. конференция
конц. концентрированный
кооп. кооператив, кооперативный
коп. и **к.** копейка
кор. корейский
кор-во королевство
корп. и **к.** корпус
корр. корреспондент, корреспондентский
корр/сч и **к/сч** корреспондентский счет
котл. котловина
коэфф. коэффициент
кПа килопаскаль
к-р и **ком.** командир
кр. край; критический; краткий; крупный
к-ра контора

креп. крепость
крест. крестьянский
крест-во крестьянство
крист. кристаллический
кр. ф. краткая форма
к-рый который
к/ст киностудия
к/сч и **корр/сч** корреспондентский счет
кт килотонна
к/т кинотеатр
к-т комбинат; комитет; концерт
к. т. комнатная температура, критическая температура
к-та и **к.** кислота; **к-ты** кислоты
к. т. н. кандидат технических наук
куб. и **кб.** кубический
культ. культура
кур. курорт
кург. курган(ы)
курс. курсив
к/ф кинофильм
к. ф.-м. н. кандидат физико-математических наук
к. ф. н. кандидат филологических наук, кандидат философских наук
к. х. н. кандидат химических наук
к-ция концентрация
кэВ килоэлектронвольт
л литр
л. лицо
л. лист; **лл.** листы
лаб. лаборатория, лабораторный
лаг. лагуна; лагерь
лат. латинский
лат., лтш. и **латыш.** латышский
лат.-амер. латиноамериканский
латв. латвийский
л • атм. литр-атмосфера
латыш., лат. и **лтш.** латышский
Лб ламберт
л.-гв. лейб-гвардия
л. д. лист(ы) дела
лев. левый
ледн. ледник(и)
лейт. и **л-т** лейтенант
лек. лекарственный
ленингр. ленинградский
леч. лечебный
либер. либерийский
либр. либретто
лингв. лингвистический
лит. литературный; литовский; литургия
лит-ведение литературоведение
лит-ра литература
лк люкс
л/к ледокол
лк • с люкс-секунда
лл. листы; **л.** лист
лм люмен
лм • с люмен-секунда
лм • ч люмен-час
лок. локатив
л. р. левая рука
л/с личный состав
л. с. лошадиная сила
л. с. ч. лошадиная сила – час
л-т и **лейт.** лейтенант
Лтд. (*англ.* Limited) общество с ограниченной ответственностью
лтш., лат. и **латыш.** латышский
луж. лужицкий
м милли…
М. Малый; Москва
м. местечко; метро; море; мост; мыс
м. и **м-б** масштаб
м. и **мин.** минута
м. и **муж.** мужской
м. и **м-р** майор
м метр
ма миллиампер
маг. магазин; магистр
магн. магнитный
макед. македонский
макс. и **максим.** максимальный
маньч. маньчжурский
мар. марийский
марок. марокканский
мат. и **матем.** математика, математический
мат. и **матер.** материальный
маш. машинный, машиностроительный
Мб мегабайт
мб миллибар
м-б и **м.** масштаб
м. б. может быть
м/б мясной бульон
МВ милливольт
м. в. молекулярный вес
м-во и **мин-во** министерство
МВт мегаватт
мВт милливатт
МВт • ч мегаватт-час
Мг мегаграмм
мГ метр-генри; миллигенри
м. г. милостивый государь; **мм. гг.** милостивые государи (*в старых текстах*)
мгс миллиграмм-сила
МГц мегагерц
МДж мегаджоуль
Мдс магнитодвижущая сила
МЕ международная единица
МЕ и **ме** массовая единица
мед. медицинский
мед. ч. медное число; медицинская часть
межд. и **междом.** междометие
междунар. международный
мекс. мексиканский
мес. и **м-ц** месяц
мест. и **местоим.** местоимение
мет. металл, металлический
мех. механический
мин. министр
мин. и **м.** минута
мин. и **миним.** минимальный
мин-во и **мин.** министерство
минер. минеральный
миним. и **мин.** минимальный
мир. мировой
митр. митрополит
миф. и **мифол.** мифология, мифологический
м • К метр-кельвин
мк микрон

мкА микроампер
Мкал мегакалория
мкВ микровольт
мкВт микроватт
мкГ микрогенри
мкг микрограмм
мккюри микрокюри
мкл микролитр
мкм микрометр
мкмк микромикрон
мкОм микроом
мкОм • м микроом-метр
мкПа микропаскаль
м • Па метр-паскаль
мкР микрорентген
мкр-н микрорайон
Мкс максвелл
мкс микросекунда
мкФ микрофарад
мкюри милликюри
мл миллилитр
мл. младший
млб миллиламберт
Млк мегалюкс
Млк • с мегалюкс-секунда
млн миллион
млрд миллиард
м-ль мадемуазель
Мм мегаметр
мм миллиметр
м-м мадам
мм вод. ст. миллиметр водяного столба
мм. гг. милостивые государи; **м. г.** милостивый государь (*в старых текстах*)
м. миля морская миля
ммк миллимикрон
м • мм метр-миллиметр
мм рт. ст. миллиметр ртутного столба
м. н. с. младший научный сотрудник
мн. много, многие
мн. и **мн. ч.** множественное число
мН миллиньютон
мн-к многоугольник
многокр. многократный глагол
моб. мобилизационный
мокт миллиоктава
мол. молекулярный
мол. в. молекулярный вес
молд. молдавский
мол. м. молекулярная масса
моль • К моль-кельвин
Мом мегом
мон. монастырь
монг. монгольский
мор. морской
морд. мордовский
моск. московский
м. п. место печати
МПа мегапаскаль
мПа миллипаскаль
мпз миллипьеза
мР миллирентген
м. р. малорастворимый
м-р мистер
м-р и **м.** майор
м • рад метр-радиан
мрг мириаграмм
мрм мириаметр
м. с. мастер спорта
мс и **мсек** миллисекунда
м/с медицинская сестра, медицинская служба; метр в секунду
м-с миссис
мсб миллистильб
мсек и **мс** миллисекунда
м. сп. метиловый спирт
м • ср метр-стерадиан
мТВ морской тропический воздух
муж. и **м.** мужской
муз. музей; музыка, музыкальный
муниц. муниципальный
мусульм. мусульманский
мф миллифот; микрофильм
м/ф мультфильм
мц. мученица; **мцц.** мученицы
м-ц и **мес.** месяц
мч. мученик; **мчч.** мученики
МэВ мегаэлектронвольт
н нано…
Н ньютон
Н. Нижний, Новый
н. а. и **нар. арт.** народный артист
наб. набережная
наг. нагорье
наз. называемый
назв. название
наиб. наибольший, наиболее
наим. наименьший, наименее; наименование
накл. накладная; наклонение
напр. например
нар. народный
нар. арт. и **н. а.** народный артист
нас. население
наст. настоящий; настоящее время
науч. научный
нац. национальный
нач. начало, начато (*при дате*); начальник; начальный
нб и **н/б** не был (*в списках*)
н. в. э. нормальный водородный эквивалент
н/Д (Ростов) на-Дону
негр. негритянский
нед. неделя
неизв. неизвестный
неизм. неизменяемое (слово)
нек-рый некоторый
нем. немецкий
неодуш. неодушевленный
неопр. неопределенная форма
непал. непальский
неперех. непереходный (глагол)
нер-во неравенство
неск. несколько
нескл. несклоняемое (слово)
несов. несовершенный вид
не сохр. не сохранился
неуд. неудовлетворительно (*оценка*)
нидерл. нидерландский
ниж. нижний
низм. низменность

н.-и. научно-исследовательский
н. к. т. нижняя критическая температура
н. к. э. нормальный каломельный электрод
н.-луж. нижнелужицкий
Н • м ньютон-метр
нм нанометр
н/о и **н/об** на обороте
н. о. национальный округ
нов. новый
новогреч. новогреческий
новозел. новозеландский
норв. норвежский
норм. нормальный
нояб. ноябрь, ноябрьский
Нп непер
Н • с ньютон-секунда
н. с. научный сотрудник
н. с. и **н. ст.** новый стиль
н/с несоленый
н. с. г. нижняя строительная горизонталь
нт нит
н.-т. научно-технический
н. э. наша (новая) эра
NB и **№** нотабене
о. отец (*церк.*)
о. и **о-в** остров; **о-ва** острова
о. и **оз.** озеро
об. оборот
об. в. объемный вес
об-во и **о-во** общество
обл. область, областной; обложка
обл. ц. областной центр
об/мин оборот в минуту
обр. образца; обработка
обстоят. обстоятельство
о-в и **о.** остров; **о-ва** острова
о-во и **об-во** общество
овр. овраг
огл. оглавление
одновр. одновременный
одноим. одноименный
однокр. однократный глагол
одуш. одушевленный
оз. и **о.** озеро
ок. около; океан
оконч. окончено (*при дате*)
окр. округ, окружной
окр. ц. окружной центр
окт октава
окт. октябрь, октябрьский
о/м и **о. м.** отделение милиции
Ом • м ом-метр
оп. опись; опера; опус
оп-та оперетта
оптим. оптимальный
опубл. опубликован
ор. орудие
орг. организационный; органический
орг-ция организация
ориг. оригинал, оригинальный
орк. оркестр
осет. осетинский
осн. основанный; основа, основной
отв. и **ответ.** ответственный
отд. отдел; отделение; отдельный
отеч. отечественный
отл. отлично (*оценка*)
отм. отметка
отр. отряд
отт. оттиск
офиц. официальный
офс. офсетный
оч. очень
П. пуаз
п. параграф; пункт; **пп.** параграфы; пункты
п. пешка; пико…; полк; пуд
п. и **пад.** падеж
п. и **пер.** переулок
п и **пз** пьеза
п. и **пос.** поселок
П., п., предл. предложный падеж
Па паскаль
п. а. почтовый адрес
пад. и **п.** падеж
пакист. пакистанский
пал. палата
пам. памятник
парагв. парагвайский
парт. партийный
партиз. партизанский
Па • с паскаль-секунда
пас. пасека
пасс. пассажирский
пат. патент
пат. и **патол.** патологический
патр. патриарх
пгт и **п. г. т.** поселок городского типа
пед. педагогический
пенджаб. пенджабский
пер. перевал; перевел, перевод, переводчик; перевоз; переплет; период
пер. и **п.** переулок
первонач. первоначальный
переим. переименован
перем. переменный
перен. переносное (значение)
перех. переходный (глагол)
пер. зв. переменная звезда
перс. персидский
пес. песок, песчаный
петерб. петербургский
петрогр. петроградский
пех. пехотный
печ. л. и **п. л.** печатный лист
пещ. пещера
п/ж полужирный (шрифт)
п/з пограничная застава
пз и **п** пьеза
пищ. пищевой
пк и **пс** парсек
п. л. и **печ. л.** печатный лист
пл. платформа (*ж.-д.*); площадь
плат. платиновый
плем. племенной
плод. плодовый
плоск. плоскогорье
плотн. плотность
пн. понедельник
п/о почтовое отделение; производственное объединение

п/о и **п/отд** подотдел
пов. повелительное наклонение; повесть
п-ов полуостров
пог. м погонный метр
погов. поговорка
под. подобный; подъезд
подп. подполковник
пол. половина
полигр. полиграфия, полиграфический
полинез. полинезийский
полит. политика, политический
полк. полковник
полн. полный
пол. ст. полевой стан
польск. польский
пом. помещение; помощник
попер. поперечный
пор. порог, пороги; порошок (*лекарство*)
португ. португальский
пос. и **п.** поселок
посв. посвященный, посвящается
посл. пословица
посм. посмертно
пост. постановление; постановка, постановщик; постоянный
п/отд и **п/о** подотдел
поч. чл. почетный член
пп. параграфы; пункты; **п.** параграф; пункт
п/п подлинник подписан; полевая почта; по порядку; почтовый перевод; полупроводниковый
п/р под руководством
п. р. правая рука
пр. премия; проезд; пруд
пр. и **прав.** правый
пр. и **прол.** пролив
пр. и **просп.** проспект
прав. праведный
прав. и **пр.** правый
правосл. православный
пр-во правительство
пред. и **предс.** председатель
предисл. предисловие
предл., П., п. предложный падеж
предс. и **пред.** председатель
предст. представитель
преим. и **преимущ.** преимущественно
преп. преподаватель
преп. и **прп.** преподобный; **прпп.** преподобные
пресв. пресвитер
прибл. приблизительно
прил. прилагательное
прил. и **прилож.** приложение
прим. и **примеч.** примечание
прист. приставка; пристань
прич. причастие
прмц. преподобномученица; **прмцц.** преподобномученицы
прмч. преподобномученик; **прмчч.** преподобномученики
пров. провинция
praванс. провансальский
прогр. программный
прод. продовольственный; продольный
произв. произведение
произв-во производство
происх. происхождение, происходит
прол. и **пр.** пролив
пром. промышленный
пром-сть промышленность
прор. пророк
просп. и **пр.** проспект
прост. просторечный
прот. протоиерей; протока
прот. и **протопресв.** протопресвитер
противоп. противоположный
проф. профессиональный; профессор; профсоюзный
проч. и **пр.** прочий
прош. прошедшее время
прп. и **преп.** преподобный; **прпп.** преподобные
пр-тие предприятие
прям. прямой (шрифт)
пс и **пк** парсек
пс. и **псевд.** псевдоним
психол. психологический
пт. пятница
п/у под управлением
публ. публикация, публичный
пФ пикофарад
п/х пароход
п/ш полушерстяной
п/я почтовый ящик
P. S. постскриптум
Р рентген
р. род (*грамматический*); рота
р. река; **рр.** реки
р. и **руб.** рубль
Р., р., род. родительный падеж
р. и **род.** родился
равн. равнина
равноап. равноапостольный; **равноапп.** равноапостольные
рад радиан
рад/с радиан в секунду
раз. разъезд (*ж.-д.*)
разв. разведка; развалины
разг. разговорный
разд. раздел
разл. различный
разр. разряд
распр. и **распростр.** распространен
раст. растительный
рац. рационализаторский
р-во равенство
рд резерфорд
рев. и **революц.** революционный
рег. регистр, регистровый
рег. т регистровая тонна
ред. редактор, редакция, редакционный
реж. режиссер
рез. резюме
религ. религиозный
реликт. реликтовый
рем. ремонтный
респ. республика, республиканский
реф. реферат
рец. рецензия
рим. римский
рис. рисунок
рлк радлюкс

р/л русский и латинский (шрифт)
р-н район
р-ние растение
р/о районное отделение
род. родник
род. и **р.** родился
род., Р., р. родительный падеж
рожд. рожденная (урожденная); рождение
ром. роман; романский
росс. российский
р-р раствор; **р-ры** растворы
рр. реки; **р.** река
р/с радиостанция
р/с и **р/сч** расчетный счет
рт. ст. ртутный столб
руб. и **р.** рубль
руд. рудник
руж. ружейный
рук. рукав; руководитель, руководство
рукоп. рукопись, рукописный
рум. румынский
рус. русский
руч. ручей
рф радфот
Р. Х. Рождество Христово
р. ц. районный центр
р-ция реакция
с санти…
С. и **с.** север
с. сажень; село; сорт; сын
с. и **сев.** северный
с. и **сек.** секунда
с. и **ср.** средний род
с. и **стр.** страница
сад-во садоводство
сальвад. сальвадорский
сан. санаторий; санитарный
санскр. санскритский
сауд. саудовский
сб стильб
сб. суббота
сб. сборник; **сб-ки** сборники
с/б с барьерами (бег)
св. свыше
св. святой; **свв.** святые
св свеча
св-во свойство
св. год световой год
С.-В. и **с.-в.** северо-восток
с.-в., с.-вост., сев.-вост. северо-восточный
своб. свободный
свт. святитель; **свтт.** святители
свх. совхоз
свящ. священник
сг сантиграмм
с. г. сего года
с/д сеанс для детей
с.-д. социал-демократ, социал-демократический
сев. и **с.** северный
сев.-вост., с.-в., с.-вост. северо-восточный
сев.-зап., с.-з., с.-зап. северо-западный
сек. и **с.** секунда
секр. секретарь; секретно
сект. сектантский
сел. селение, сельский
сем. семейство
сент. сентябрь, сентябрьский
сер. серебро, серебряный; середина; серия
серб. сербский
серж. сержант, сержантский
сеч. сечение
С.-З. и **с.-з.** северо-запад
с.-з., с.-зап., сев.-зап. северо-западный
сиб. сибирский
симм. симметричный
симф. симфония, симфонический
синд. синдикат
синт. синтетический
сист. система
сир. сирийский
ск. скала, скалы; скорость
сказ. сказуемое
сканд. скандинавский
скв. скважина
скл. склад, склады; склонение
сконч. скончался
скр. скрипка, скрипичный
сл сантилитр
сл. слабо; слово, слова́
слав. славянский
след. следующий; следовательно
словац. словацкий
словен. словенский
СМ счетная машина
См сименс
см сантиметр
см. смотри
с. м. сего месяца
см • К сантиметр-кельвин
сн стен
соб. корр. собственный корреспондент
собр. собрание
собр. соч. и **с/с** собрание сочинений
собств. собственно, собственный
сов. совершенный вид; советский
совм. совместно, совместный
совр. современный
сов. секр. совершенно секретно
согл. соглашение; согласен
соед. соединение
сокр. сокращение, сокращенный
соотв. соответственно, соответствующий
соп. сопка
сопр. сопровождение
сост. составитель, составленный
сотр. сотрудник
соц. социалистический; социальный
соч. сочинение, сочинения
СП сантипауза
сп. спирт
СПб. Санкт-Петербург
спец. специальный
спорт. спортивный
спр. спряжение
с/пр с препятствиями (бег)
с.-р. социалист-революционер, эсер
ср стерадиан
ср. сравни; среда; средний
ср. и **с.** средний род
ср.-азиат. среднеазиатский

Ср. В. и **Ср. Восток** Средний Восток
ср.-век. средневековый
ср-во средство
ср. вр. среднее время
ср.-год. среднегодовой
средиз. средиземноморский
ср.-стат. среднестатистический
сс. и **стр.** страницы
с/с и **собр. соч.** собрание сочинений
Ст стокс
Ст. Старый
ст. стакан; станция; старший; старшина; старый; статья; степень; столетие; ступень
ст. и **стб.** столбец
стад. стадион
стан. становище
стат. статистика, статистический
стб. и **ст.** столбец
стих. стихотворение
стихотв. стихотворный
ст. л. и **стол. л.** столовая ложка
ст. н. с. старший научный сотрудник
стр. строка; строение; строящийся
стр. и **с.** страница
страд. страдательный
стр-во строительство
ст. с. и **ст. ст.** старый стиль
ст.-сл. и **ст.-слав.** старославянский
ст.-фр. старофранцузский
ст-ца станица
сут. сутки
суфф. суффикс
сущ. существительное
сх. схема
с. х. сельское хозяйство
с.-х. сербско-хорватский
с.-х. и **с/х** сельскохозяйственный
сч. счет
с. ч. сего числа
с/ч санитарная часть, строевая часть
с. ш. северная широта
сщмч. священномученик; **сщмчч.** священномученики
Т тесла
Т., т., тв. и **твор.** творительный падеж
т тонна
т. том; **тт.** тома
т. и **тел.** телефон
т. и **тир.** тираж
т. и **тов.** товарищ; **тт.** товарищи
т. и **тчк** точка (*в телеграммах*)
т. и **тыс.** тысяча
таб. табачный
табл. таблица, табличный; таблетка
тадж. таджикский
тамил. тамильский
танц. танцевальный
тар. тариф
тат. татарский
тб/х турбоход
тв. твердость, твердый
тв., твор., Т., т. творительный падеж
т-во товарищество
т. г. текущего года
т. е. то есть
театр. театральный
текст. текстильный
тел. и **т.** телефон
телегр. телеграфный
телеф. телефонный
т. е. м. и **ТЕМ** техническая единица массы
теор. теоретический
терр. террикон; территория, территориальный
тетр. тетрадь
техн. технический, техник; техникум
теч. течение
тж. также; то же
т. ж. тысяч жителей
т. зр. точка зрения
тибет. тибетский
тип. типография, типографский
тир. и **т.** тираж
тит. л. титульный лист
т. к. так как
т/к телеканал
т. кип. температура кипения, точка кипения
ткм тонна-километр
тлгр. телеграф
т. н., т. наз. и **так наз.** так называемый
т. о. и **т. обр.** таким образом
т/о телевизионное объединение; телеграфное отделение
тов. и **т.** товарищ; **тт.** товарищи
толщ. толщина
торг. торговый
т. пл. температура плавления
тр. труды
т-р театр
т-ра температура
трансп. транспортный
триг. тригонометрия, тригонометрический
трил. трилогия
тр-к треугольник
трлн триллион
тс тонна-сила
тс • м тонна-сила-метр
т/сч и **т/счет** текущий счет
тт. товарищи; **т.** и **тов.** товарищ
тт. тома; **т.** том
тув. тувинский
тум. туманность
тунн. туннель
туп. тупик
тур. турецкий
туркм. туркменский
т/ф телефильм
т/х теплоход
т. ч. тысяча человек
тчк и **т.** точка (*в телеграммах*)
тыс. и **т.** тысяча
тыс. тысячелетие
тюрк. тюркский
у. уезд, уездный; утро
ув. увеличение, увеличенный
уг. угол
уд. и **удовл.** удовлетворительно (*оценка*)
уд. в. удельный вес
удм. удмуртский
у. е. условная единица
уз. узел

узб. узбекский
указ. указанный
укр. украинский
ул. улица
ум. умер; уменьшение, уменьшенный
ун-т университет
упак. упаковка
употр. употребляется, употребляющийся
упр. управляющий
ур. уровень; урочище
ур. и **ур-ние** уравнение
ур. м. уровень моря
урожд. урожденная
ур-ние и **ур.** уравнение
уругв. уругвайский
усл. условный
устар. устарелый, устаревший
устр-во устройство
у. т. условное топливо
утр. утренний; утреня
уч. учебный, ученый (*прил.*)
уч.-изд. л. учетно-издательский лист
уч-к участок
уч-ся учащийся
уч-ще училище
ущ. ущелье
ф фемто…
Ф фарад
ф. фильм; фонд; форма; фунт; фут
ф фот
фак., фак-т, ф-т факультет
факс. факсимиле, факсимильный
фам. фамилия
фарм. фармакология, фармакологический, фармацевтический
фаш. фашистский
февр. февраль, февральский
фельдм. фельдмаршал
феод. феодальный
ферм. ферментативный
фиг. фигура
физ. физика, физический
физ. п. л. физический печатный лист
физ-ра физкультура
физ.-хим. физико-химический
фил. филиал
филол. филологический
филос. философский
фин. финансовый; финский
финл. финляндский
Ф. И. О. и **ф. и. о.** фамилия, имя, отчество
фК фемтокулон
ф-ка фабрика
ф-ла формула
флам. фламандский
Ф/м фарад на метр
ф-но и **фп.** фортепиано
фон. фонетика, фонетический
фот. и **фотогр.** фотография, фотографический
фот • с и **ф • сек** фот-секунда
фот • ч и **ф • ч** фот-час
фп. фортепианный
фп. и **ф-но** фортепиано
фр. франк; фруктовый
фр. и **франц.** французский
ф • сек и **фот • с** фот-секунда
ф. ст. фунт стерлингов
ф-т, фак., фак-т факультет
ф-ция функция
ф-ч и **фот-ч** фот-час
х. и **хут.** хутор
хар-ка характеристика
х/б и **хл.-бум.** хлопчатобумажный
Х. в. Христос воскресе (*как надпись на предметах*)
х-во и **хоз-во** хозяйство
х. е. м. химическая единица массы
хим. химия, химический
хир. хирургия, хирургический
хл.-бум. и **х/б** хлопчатобумажный
хлф хлороформ
хоз-во и **х-во** хозяйство
хоз. хозяйственный
хол. холодный
холод. холодильник
хор. хорошо (*оценка*)
хорв. хорватский
хр. хребет
христ. христианский
хрон. хронический
х. с. ход сообщения
худ. художник
худ. и **худож.** художественный
хут. и **х.** хутор
х. ч. химически чистый
х. ч. и **х/ч** хозяйственная часть
ц центнер
ц. цена; центр; церковь; цифра, цифровой
цв. цвет, цветной
ц/га центнер на га
целл. целлюлозный
цем. цементный
центр. центральный
церк. церковный
ц. н. с. центральная нервная система
ц.-сл., церк.-сл., церк.-слав. церковнославянский
ч. час
ч. через; число; чистый
ч. часть; **чч.** части
ч. и **чел.** человек
чайн. л. и **ч. л.** чайная ложка
час. часов (*род. п. мн. ч.*)
ч/б черно-белый
чел. и **ч.** человек
черк. черкесский
черногор. черногорский
четв. четверть
чеч. чеченский
чеш. чешский
чил. чилийский
числ. численность
числ. и **числит.** числительное
ч.-к. и **чл.-корр.** член-корреспондент
чл. член
ч. л. и **чайн. л.** чайная ложка
чтв. и **чт.** четверг
чув. чувашский
чч. части; **ч.** часть
ч/ш чистая шерсть, чистошерстяной
ш. широта; шоссе
шах. шахта

шв. и **швед.** шведский
швейц. швейцарский
шилл. шиллинг
шир. ширина
шк. школа
шл. шлюз
шосс. шоссейный
шотл. шотландский
шт. штат; штольня; штука
щел. щелочной
Э эрстед
ЭВ экваториальный воздух
эВ электронвольт
эВ • см электронвольт-сантиметр
э. д. с. электродвижущая сила
экв. экваториальный
эквив. эквивалентный
экз. экземпляр
экон. экономический
эксп. экспедиция
элев. элеватор
элект. электроника, электронный; электротехника, электротехнический
элем. элемент
эл. подст. электрическая подстанция
э. л. с. эффективная лошадиная сила
эл. ст. электростанция
эск. эскадра, эскадренный; эскадрон
эским. эскимосский
эсп. и **эспер.** эсперанто
эст. эстонский
эф.-масл. эфирно-масличный
эш. эшелон
Ю. и **ю.** юг
ю. и **юж.** южный
Ю.-В. и **ю.-в.** юго-восток
ю.-в., ю.-вост., юго-вост. юго-восточный
югосл. югославский
юж. и **ю.** южный
Ю.-З. и **ю.-з.** юго-запад
ю.-з., ю.-зап., юго-зап. юго-западный
юр. и **юридич.** юридический
ю. ш. южная широта
яз. язык
яз-ние языкознание
языч. языческий
як. якутский
янв. январь, январский
яп. и **япон.** японский
ящ. ящик

ТРАДИЦИОННЫЕ СОКРАЩЕНИЯ НАЗВАНИЙ КАНОНИЧЕСКИХ КНИГ БИБЛИИ

Авв. Книга пророка Аввакума
Авд. Книга пророка Авдия
Агг. Книга пророка Аггея
Ам. Книга пророка Амоса
Апок. Апокалипсис
Быт. Бытие
Втор. Второзаконие
Гал. Послание к галатам
Дан. Книга пророка Даниила
Деян. Деяния святых апостолов
Евр. Послание к евреям
Езд. Книга Ездры
Екк. Книга Екклесиаста
Есф. Книга Есфирь
Еф. Послание к ефесянам
Зах. Книга пророка Захарии
Иак. Послание Иакова
Иез. Книга пророка Иезекииля
Иер. Книга пророка Иеремии
Иис. Нав. Книга Иисуса Навина
Ин. Евангелие от Иоанна
1 Ин. Первое послание Иоанна
2 Ин. Второе послание Иоанна
3 Ин. Третье послание Иоанна
Иов. Книга Иова
Иоил. Книга пророка Иоиля
Ион. Книга пророка Ионы
Ис. Книга пророка Исаии
Исх. Исход
Иуд. Послание Иуды
Кол. Послание к колоссянам
1 Кор. Первое послание к коринфянам
2 Кор. Второе послание к коринфянам
Лев. Левит
Лк. Евангелие от Луки
Мал. Книга пророка Малахии
Мих. Книга пророка Михея
Мк. Евангелие от Марка
Мф. Евангелие от Матфея
Наум. Книга пророка Наума
Неем. Книга Неемии
Ос. Книга пророка Осии
Откр. Откровение Иоанна Богослова
1 Пар. Первая книга Паралипоменон
2 Пар. Вторая книга Паралипоменон
Песн. Песнь песней
1 Петр. Первое послание Петра
2 Петр. Второе послание Петра
Плач Книга Плач Иеремии
Притч. Книга притчей Соломоновых
Пс. Псалтирь
Рим. Послание к римлянам
Руф. Книга Руфь
Соф. Книга пророка Софонии
Суд. Книга Судей
1 Тим. Первое послание к Тимофею
2 Тим. Второе послание к Тимофею
Тит. Послание к Титу
1 Фес. Первое послание к фессалоникийцам
2 Фес. Второе послание к фессалоникийцам
Флм. Послание к Филимону
Флп. Послание к филиппийцам
1 Цар. Первая книга Царств
2 Цар. Вторая книга Царств
3 Цар. Третья книга Царств
4 Цар. Четвертая книга Царств
Числ. Числа

Приложение 2

СПИСОК ЛИЧНЫХ ИМЕН*

МУЖСКИЕ ИМЕНА

Абаку́м (Абаку́мович, Абаку́мовна)
Абра́м (Абра́мович, Абра́мовна)
Абро́сим (Абро́симович, Абро́симовна)
Аввaку́м (Аввaку́мович, Аввaку́мовна)
А́вгуст (А́вгустович, А́вгустовна)
Авде́й (Авде́евич, Авде́евна)
А́вдий (А́вдиевич, А́вдиевна)
А́вель (А́велевич, А́велевна)
Авени́р (Авени́рович, Авени́ровна)
Аве́рий (Аве́риевич, Аве́риевна)
Аве́ркий (Аве́ркиевич, Аве́ркиевна)
Аверья́н (Аверья́нович, Аверья́новна)
Авксе́нтий (Авксе́нтиевич, Авксе́нтиевна и Авксе́нтьевич, Авксе́нтьевна)
Авраа́м (Авраа́мович, Авраа́мовна)
Авраа́мий (Авраа́миевич, Авраа́миевна и Авраа́мьевич, Авраа́мьевна)
Авра́м (Авра́мович, Авра́мовна)
Авра́мий (Авра́миевич, Авра́миевна и Авра́мьевич, Авра́мьевна)
Аврелиа́н (Аврелиа́нович, Аврелиа́новна)
Автоно́м (Автоно́мович, Автоно́мовна)
Ага́п (Ага́пович, Ага́повна)
Ага́пий (Ага́пиевич, Ага́пиевна и Ага́пьевич, Ага́пьевна)
Агапи́т (Агапи́тович, Агапи́товна)
Агафо́н (Агафо́нович, Агафо́новна)
Агге́й (Агге́евич, Агге́евна)
Ада́м (Ада́мович, Ада́мовна)
Адо́льф (Адо́льфович, Адо́льфовна)
Адриа́н (Адриа́нович, Адриа́новна)
Аза́р (Аза́рович, Аза́ровна)
Аза́рий (Аза́риевич, Аза́риевна и Аза́рьевич, Аза́рьевна)
Ака́кий (Ака́киевич, Ака́киевна)
Аки́м (Аки́мович, Аки́мовна)
Акинди́н (Акинди́нович, Акинди́новна)
Аки́нф (Аки́нфович, Аки́нфовна)
Аки́нфий (Аки́нфиевич, Аки́нфиевна и Аки́нфьевич, Аки́нфьевна)
Аксён (Аксёнович, Аксёновна)
Аксе́нтий (Аксе́нтиевич, Аксе́нтиевна и Аксе́нтьевич, Аксе́нтьевна)
Алекса́ндр (Алекса́ндрович, Алекса́ндровна)
Алексе́й (Алексе́евич, Алексе́евна)
Алекси́й (Алекси́евич, Алекси́евна)
Альбе́рт (Альбе́ртович, Альбе́ртовна)
Альфре́д (Альфре́дович, Альфре́довна)
Амвро́сий (Амвро́сиевич, Амвро́сиевна и Амвро́сьевич, Амвро́сьевна)
Амо́с (Амо́сович, Амо́совна)
Амфило́хий (Амфило́хиевич, Амфило́хиевна и Амфило́хьевич, Амфило́хьевна)
Ана́ний (Ана́ниевич, Ана́ниевна и Ана́ньевич, Ана́ньевна)
Анаста́сий (Анаста́сиевич, Анаста́сиевна и Анаста́сьевич, Анаста́сьевна)
Анато́лий (Анато́лиевич, Анато́лиевна и Анато́льевич, Анато́льевна)
Андре́й (Андре́евич, Андре́евна)
Андриа́н (Андриа́нович, Андриа́новна)
Андро́н (Андро́нович, Андро́новна)
Андро́ний (Андро́ниевич, Андро́ниевна и Андро́ньевич, Андро́ньевна)
Андро́ник (Андро́никович, Андро́никовна)
Анике́й (Анике́евич, Анике́евна)
Ани́кий (Ани́киевич, Ани́киевна)
Аники́та (Аники́тич, Аники́тична)
Ани́сий (Ани́сиевич, Ани́сиевна и Ани́сьевич, Ани́сьевна)
Ани́сим (Ани́симович, Ани́симовна)
Антио́х (Антио́хович, Антио́ховна)
Анти́п (Анти́пович, Анти́повна)
Анти́па (Анти́пич, Анти́пична)
Анти́пий (Анти́пиевич, Анти́пиевна и Анти́пьевич, Анти́пьевна)
Анто́н (Анто́нович, Анто́новна)
Антони́н (Антони́нович, Антони́новна)
Антро́п (Антро́пович, Антро́повна)
Антро́пий (Антро́пиевич, Антро́пиевна и Антро́пьевич, Антро́пьевна)
Ану́фрий (Ану́фриевич, Ану́фриевна)
Аполлина́рий (Аполлина́риевич, Аполлина́риевна и Аполлина́рьевич, Аполлина́рьевна)
Аполло́н (Аполло́нович, Аполло́новна)
Аполло́с (Аполло́сович, Аполло́совна)

---

* В список включены в основном русские имена, наиболее распространенные в быту и встречающиеся в художественной литературе или имеющие орфографические трудности. При мужских именах в скобках приводятся образуемые от них отчества.

Ардалио́н (Ардалио́нович, Ардалио́новна), **Ардалььо́н** (Ардальо́нович, Ардальо́новна)
Аре́ф (Аре́фович, Аре́фовна)
Аре́фий (Аре́фиевич, Аре́фиевна и Аре́фьевич, Аре́фьевна)
А́рий (А́риевич, А́риевна и А́рьевич, А́рьевна)
Ариста́рх (Ариста́рхович, Ариста́рховна)
Аристи́д (Аристи́дович, Аристи́довна)
Арка́дий (Арка́диевич, Арка́диевна и Арка́дьевич, Арка́дьевна)
Арно́льд (Арно́льдович, Арно́льдовна)
Аро́н (Аро́нович, Аро́новна)
Арсе́н (Арсе́нович, Арсе́новна)
Арсе́ний (Арсе́ниевич, Арсе́ниевна и Арсе́ньевич, Арсе́ньевна)
Арсе́нтий (Арсе́нтиевич, Арсе́нтиевна и Арсе́нтьевич, Арсе́нтьевна)
Артамо́н (Артамо́нович, Артамо́новна)
Артём (Артёмович, Артёмовна)
Арте́мий (Арте́миевич, Арте́миевна и Арте́мьевич, Арте́мьевна)
Арту́р (Арту́рович, Арту́ровна)
Архи́п (Архи́пович, Архи́повна)
Аса́ф (Аса́фович, Аса́фовна)
Аса́фий (Аса́фиевич, Аса́фиевна и Аса́фьевич, Аса́фьевна)
Аско́льд (Аско́льдович, Аско́льдовна)
Афана́сий (Афана́сиевич, Афана́сиевна и Афана́сьевич, Афана́сьевна)
Афиноге́н (Афиноге́нович, Афиноге́новна)
Африка́н (Африка́нович, Африка́новна)

Бенеди́кт (Бенеди́ктович, Бенеди́ктовна)
Богда́н (Богда́нович, Богда́новна)
Болесла́в (Болесла́вович, Болесла́вовна и Болесла́вич, Болесла́вна)
Бонифа́т (Бонифа́тович, Бонифа́товна)
Бонифа́тий (Бонифа́тиевич, Бонифа́тиевна и Бонифа́тьевич, Бонифа́тьевна)
Бори́с (Бори́сович, Бори́совна)
Борисла́в (Борисла́вович, Борисла́вовна и Борисла́вич, Борисла́вна)
Бронисла́в (Бронисла́вович, Бронисла́вовна и Бронисла́вич, Бронисла́вна)

Вави́ла (Вави́лич, Вави́лична и Вави́лович, Вави́ловна)
Вади́м (Вади́мович, Вади́мовна)
Валенти́н (Валенти́нович, Валенти́новна)
Валериа́н (Валериа́нович, Валериа́новна), **Валерья́н** (Валерья́нович, Валерья́новна)
Вале́рий (Вале́риевич, Вале́риевна и Вале́рьевич, Вале́рьевна)
Варла́м (Варла́мович, Варла́мовна)
Варла́мий (Варла́миевич, Варла́миевна и Варла́мьевич, Варла́мьевна)
Варна́ва (Варна́вич, Варна́вична)
Варсоно́ф (Варсоно́фович, Варсоно́фовна)
Варсоно́фий (Варсоно́фиевич, Варсоно́фиевна и Варсоно́фьевич, Варсоно́фьевна)
Варфоломе́й (Варфоломе́евич, Варфоломе́евна)
Васи́лий (Васи́льевич, Васи́льевна)
Вассиа́н (Вассиа́нович, Вассиа́новна)
Велиза́р (Велиза́рович, Велиза́ровна)
Велими́р (Велими́рович, Велими́ровна)
Венеди́кт (Венеди́ктович, Венеди́ктовна)
Вениами́н (Вениами́нович, Вениами́новна), **Веньями́н** (Веньями́нович, Веньями́новна)
Венцесла́в (Венцесла́вович, Венцесла́вовна и Венцесла́вич, Венцесла́вна)
Вике́нтий (Вике́нтиевич, Вике́нтиевна и Вике́нтьевич, Вике́нтьевна)
Ви́ктор (Ви́кторович, Ви́кторовна)
Викто́рий (Викто́риевич, Викто́риевна)
Вику́л (Вику́лович, Вику́ловна)
Вику́ла (Вику́лич, Вику́лична)
Виле́н (Виле́нович, Виле́новна)
Виль (Ви́левич, Ви́левна)
Вильге́льм (Вильге́льмович, Вильге́льмовна)
Виссарио́н (Виссарио́нович, Виссарио́новна)
Вита́лий (Вита́лиевич, Вита́лиевна и Вита́льевич, Вита́льевна)
Вито́льд (Вито́льдович, Вито́льдовна)
Владиле́н (Владиле́нович, Владиле́новна)
Влади́мир (Влади́мирович, Влади́мировна)
Владисла́в (Владисла́вович, Владисла́вовна и Владисла́вич, Владисла́вна)
Владле́н (Владле́нович, Владле́новна)
Влас (Вла́сович, Вла́совна)
Вла́сий (Вла́сиевич, Вла́сиевна и Вла́сьевич, Вла́сьевна)
Вонифа́т (Вонифа́тович, Вонифа́товна)
Вонифа́тий (Вонифа́тиевич, Вонифа́тиевна и Вонифа́тьевич, Вонифа́тьевна)
Все́волод (Все́володович, Все́володовна)
Всесла́в (Всесла́вович, Всесла́вовна и Всесла́вич, Всесла́вна)
Вуко́л (Вуко́лович, Вуко́ловна)
Вышесла́в (Вышесла́вович, Вышесла́вовна и Вышесла́вич, Вышесла́вна)
Вячесла́в (Вячесла́вович, Вячесла́вовна и Вячесла́вич, Вячесла́вна)

Гаврии́л (Гаврии́лович, Гаврии́ловна)
Гаври́л, Гаври́ла (Гаври́лович, Гаври́ловна)
Галактио́н (Галактио́нович, Галактио́новна)
Гедео́н (Гедео́нович, Гедео́новна)
Гела́сий (Гела́сиевич, Гела́сиевна и Гела́сьевич, Гела́сьевна)
Ге́лий (Ге́лиевич, Ге́лиевна)
Генна́дий (Генна́диевич, Генна́диевна и Генна́дьевич, Генна́дьевна)
Ге́нрих (Ге́нрихович, Ге́нриховна)
Гео́ргий (Гео́ргиевич, Гео́ргиевна)
Гера́сим (Гера́симович, Гера́симовна)
Ге́рман (Ге́рманович, Ге́рмановна)
Гермоге́н (Гермоге́нович, Гермоге́новна)
Геро́нтий (Геро́нтиевич, Геро́нтиевна и Геро́нтьевич, Геро́нтьевна)
Гиаци́нт (Гиаци́нтович, Гиаци́нтовна)
Глеб (Гле́бович, Гле́бовна)
Гора́ций (Гора́циевич, Гора́циевна)
Горго́ний (Горго́ниевич, Горго́ниевна и Горго́ньевич, Горго́ньевна)
Горде́й (Горде́евич, Горде́евна)
Григо́рий (Григо́рьевич, Григо́рьевна)
Гу́рий (Гу́риевич, Гу́риевна и Гу́рьевич, Гу́рьевна)
Гурья́н (Гурья́нович, Гурья́новна)

Дави́д (Дави́дович, Дави́довна)
Давы́д (Давы́дович, Давы́довна)

Далма́т (Далма́тович, Далма́товна)
Дании́л (Дании́лович, Дании́ловна)
Дани́л, Дани́ла (Дани́лович, Дани́ловна)
Деме́нтий (Деме́нтиевич, Деме́нтиевна и Деме́нтьевич, Деме́нтьевна)
Деми́д (Деми́дович, Деми́довна)
Демья́н (Демья́нович, Демья́новна)
Дени́с (Дени́сович, Дени́совна)
Дени́сий (Дени́сиевич, Дени́сиевна и Дени́сьевич, Дени́сьевна)
Дими́трий (Дими́триевич, Дими́триевна)
Диоми́д (Диоми́дович, Диоми́довна)
Диони́сий (Диони́сиевич, Диони́сиевна и Диони́сьевич, Диони́сьевна)
Дми́трий (Дми́триевич, Дми́триевна)
Доброму́сл (Доброму́слович, Доброму́словна)
Добры́ня (Добры́нич, Добры́нична)
Домини́к (Домини́кович, Домини́ковна)
Дона́т (Дона́тович, Дона́товна)
Доримедо́нт (Доримедо́нтович, Доримедо́нтовна)
Дормедо́нт (Дормедо́нтович, Дормедо́нтовна)
Дормидо́нт (Дормидо́нтович, Дормидо́нтовна)
Дорофе́й (Дорофе́евич, Дорофе́евна)
Досифе́й (Досифе́евич, Досифе́евна)

Евге́ний (Евге́ниевич, Евге́ниевна и Евге́ньевич, Евге́ньевна)
Евгра́ф (Евгра́фович, Евгра́фовна)
Евгра́фий (Евгра́фиевич, Евгра́фиевна и Евгра́фьевич, Евгра́фьевна)
Евдоки́м (Евдоки́мович, Евдоки́мовна)
Евла́мпий (Евла́мпиевич, Евла́мпиевна и Евла́мпьевич, Евла́мпьевна)
Евло́гий (Евло́гиевич, Евло́гиевна)
Евме́н (Евме́нович, Евме́новна)
Евме́ний (Евме́ниевич, Евме́ниевна и Евме́ньевич, Евме́ньевна)
Евсе́й (Евсе́евич, Евсе́евна)
Евста́фий (Евста́фиевич, Евста́фиевна и Евста́фьевич, Евста́фьевна)
Евста́хий (Евста́хиевич, Евста́хиевна и Евста́хьевич, Евста́хьевна)
Евстигне́й (Евстигне́евич, Евстигне́евна)
Евстра́т (Евстра́тович, Евстра́товна)
Евстра́тий (Евстра́тиевич, Евстра́тиевна и Евстра́тьевич, Евстра́тьевна)
Евти́хий (Евти́хиевич, Евти́хиевна и Евти́хьевич, Евти́хьевна)
Евфи́мий (Евфи́миевич, Евфи́миевна и Евфи́мьевич, Евфи́мьевна)
Его́р (Его́рович, Его́ровна)
Его́рий (Его́риевич, Его́риевна и Его́рьевич, Его́рьевна)
Елиза́р (Елиза́рович, Елиза́ровна)
Елисе́й (Елисе́евич, Елисе́евна)
Елистра́т (Елистра́тович, Елистра́товна)
Елпидифо́р (Елпидифо́рович, Елпидифо́ровна)
Емелья́н (Емелья́нович, Емелья́новна)
Епифа́н (Епифа́нович, Епифа́новна)
Епифа́ний (Епифа́ниевич, Епифа́ниевна и Епифа́ньевич, Епифа́ньевна)
Ереме́й (Ереме́евич, Ереме́евна)
Е́рмий (Е́рмиевич, Е́рмиевна)
Ерми́л (Ерми́лович, Ерми́ловна)
Ерми́ла (Ерми́лич, Ерми́лична)
Ерми́лий (Ерми́лиевич, Ерми́лиевна и Ерми́льевич, Ерми́льевна)
Ермола́й (Ермола́евич, Ермола́евна)
Ерофе́й (Ерофе́евич, Ерофе́евна)
Ефи́м (Ефи́мович, Ефи́мовна)
Ефи́мий (Ефи́миевич, Ефи́миевна и Ефи́мьевич, Ефи́мьевна)
Ефре́м (Ефре́мович, Ефре́мовна)
Ефре́мий (Ефре́миевич, Ефре́миевна и Ефре́мьевич, Ефре́мьевна)

Заха́р (Заха́рович, Заха́ровна)
Заха́рий (Заха́риевич, Заха́риевна и Заха́рьевич, Заха́рьевна)
Зено́н (Зено́нович, Зено́новна)
Зино́вий (Зино́виевич, Зино́виевна и Зино́вьевич, Зино́вьевна)
Зо́сим (Зо́симович, Зо́симовна)
Зоси́ма (Зоси́мич, Зоси́мична)

Иаки́м (Иаки́мович, Иаки́мовна)
Иаки́нф (Иаки́нфович, Иаки́нфовна)
Ива́н (Ива́нович, Ива́новна)
Игна́т (Игна́тович, Игна́товна)
Игна́тий (Игна́тиевич, Игна́тиевна и Игна́тьевич, Игна́тьевна)
И́горь (И́горевич, И́горевна)
Иерони́м (Иерони́мович, Иерони́мовна)
Измаи́л (Измаи́лович, Измаи́ловна и Изма́йлович, Изма́йловна)
Изо́сим (Изо́симович, Изо́симовна)
Изо́т (Изо́тович, Изо́товна)
Изясла́в (Изясла́вович, Изясла́вовна и Изясла́вич, Изясла́вна)
Илиодо́р (Илиодо́рович, Илиодо́ровна)
Илларио́н (Илларио́нович, Илларио́новна), **Иларио́н** (Иларио́нович, Иларио́новна)
Илья́ (Ильи́ч, Ильи́нична)
Иннoке́нтий (Инноке́нтиевич, Инноке́нтиевна и Инноке́нтьевич, Инноке́нтьевна)
Иоа́нн (Иоа́ннович, Иоа́нновна)
И́ов (И́ович, И́овна)
Ио́на (Ио́нич, Ио́нична)
Иосафа́т (Иосафа́тович, Иосафа́товна)
Ио́сиф (Ио́сифович, Ио́сифовна)
Ипа́т (Ипа́тович, Ипа́товна)
Ипа́тий (Ипа́тиевич, Ипа́тиевна и Ипа́тьевич, Ипа́тьевна)
Ипполи́т (Ипполи́тович, Ипполи́товна)
Ира́клий (Ира́клиевич, Ира́клиевна)
Ирина́рх (Ирина́рхович, Ирина́рховна)
Ирине́й (Ирине́евич, Ирине́евна)
Исаа́к (Исаа́кович, Исаа́ковна)
Исаа́кий (Исаа́киевич, Исаа́киевна)
Иса́й (Иса́евич, Иса́евна)
Иса́к (Иса́кович, Иса́ковна)
Иса́кий (Иса́киевич, Иса́киевна)
Иси́дор (Иси́дорович, Иси́доровна)
Иусти́н (Иусти́нович, Иусти́новна)

Казими́р (Казими́рович, Казими́ровна)
Калли́ник (Калли́никович, Калли́никовна)
Ка́ллист (Ка́ллистович, Ка́ллистовна)
Каллистра́т (Каллистра́тович, Каллистра́товна)
Капито́н (Капито́нович, Капито́новна)

Карио́н (Карио́нович, Карио́новна)
Карл (Ка́рлович, Ка́рловна)
Карп (Ка́рпович, Ка́рповна)
Касья́н (Касья́нович, Касья́новна)
Ким (Ки́мович, Ки́мовна)
Киприа́н (Киприа́нович, Киприа́новна)
Кир (Ки́рович, Ки́ровна)
Кириа́к (Кириа́кович, Кириа́ковна), **Кирья́к** (Кирья́кович, Кирья́ковна)
Ки́рик (Ки́рикович, Ки́риковна)
Кири́лл (Кири́ллович, Кири́лловна)
Кирса́н (Кирса́нович, Кирса́новна)
Кла́вдий (Кла́вдиевич, Кла́вдиевна)
Клим (Кли́мович, Кли́мовна)
Кли́ме́нт (Кли́ме́нтович, Кли́ме́нтовна)
Климе́нтий (Климе́нтиевич, Климе́нтиевна и Климе́нтьевич, Климе́нтьевна)
Козьма́ (Козьми́ч, Козьми́нична)
Кондра́т (Кондра́тович, Кондра́товна)
Кондра́тий (Кондра́тиевич, Кондра́тиевна и Кондра́тьевич, Кондра́тьевна)
Ко́нон (Ко́нонович, Ко́ноновна)
Ко́нрад (Ко́нрадович, Ко́нрадовна)
Константи́н (Константи́нович, Константи́новна)
Корне́й (Корне́евич, Корне́евна)
Корне́лий (Корне́лиевич, Корне́лиевна и Корне́льевич, Корне́льевна)
Корни́л (Корни́лович, Корни́ловна)
Корни́лий (Корни́лиевич, Корни́лиевна и Корни́льевич, Корни́льевна)
Ксенофо́нт (Ксенофо́нтович, Ксенофо́нтовна)
Кузьма́ (Кузьми́ч, Кузьми́нична)
Куприя́н (Куприя́нович, Куприя́новна)

Лавр (Ла́врович, Ла́вровна)
Лавре́нтий (Лавре́нтиевич, Лавре́нтиевна и Лавре́нтьевич, Лавре́нтьевна)
Ла́зарь (Ла́заревич, Ла́заревна)
Ларио́н (Ларио́нович, Ларио́новна)
Лев (Льво́вич, Льво́вна)
Лео́н (Лео́нович, Лео́новна)
Леона́рд (Леона́рдович, Леона́рдовна)
Леони́д (Леони́дович, Леони́довна)
Лео́нтий (Лео́нтиевич, Лео́нтиевна и Лео́нтьевич, Лео́нтьевна)
Леопо́льд (Леопо́льдович, Леопо́льдовна)
Ло́гвин (Ло́гвинович, Ло́гвиновна)
Ло́ггин (Ло́ггинович, Ло́ггиновна)
Ло́нгин (Ло́нгинович, Ло́нгиновна)
Луарса́б (Луарса́бович, Луарса́бовна)
Лука́ (Луки́ч, Луки́нична)
Лукиа́н (Лукиа́нович, Лукиа́новна)
Лукья́н (Лукья́нович, Лукья́новна)
Люби́м (Люби́мович, Люби́мовна)
Любоми́р (Любоми́рович, Любоми́ровна)
Люциа́н (Люциа́нович, Люциа́новна)

Мавр (Ма́врович, Ма́вровна)
Маври́кий (Маври́киевич, Маври́киевна и Маври́кьевич, Маври́кьевна)
Мавро́дий (Мавро́диевич, Мавро́диевна и Мавро́дьевич, Мавро́дьевна)
Мака́р (Мака́рович, Мака́ровна)
Мака́рий (Мака́риевич, Мака́риевна и Мака́рьевич, Мака́рьевна)
Макси́м (Макси́мович, Макси́мовна)
Максимиа́н (Максимиа́нович, Максимиа́новна)
Максимилиа́н (Максимилиа́нович, Максимилиа́новна), **Максимилья́н** (Максимилья́нович, Максимилья́новна)
Мануи́л (Мануи́лович, Мануи́ловна)
Мара́т (Мара́тович, Мара́товна)
Марда́рий (Марда́риевич, Марда́риевна и Марда́рьевич, Марда́рьевна)
Мариа́н (Мариа́нович, Мариа́новна)
Мари́н (Мари́нович, Мари́новна)
Марк (Ма́ркович, Ма́рковна)
Марке́л (Марке́лович, Марке́ловна)
Маркиа́н (Маркиа́нович, Маркиа́новна)
Марле́н (Марле́нович, Марле́новна)
Мартимья́н (Мартимья́нович, Мартимья́новна)
Марти́н (Марти́нович, Марти́новна)
Мартиниа́н (Мартиниа́нович, Мартиниа́новна)
Марти́рий (Марти́риевич, Марти́риевна и Марти́рьевич, Марти́рьевна)
Марты́н (Марты́нович, Марты́новна)
Мартья́н (Мартья́нович, Мартья́новна)
Матве́й (Матве́евич, Матве́евна)
Меле́нтий (Меле́нтиевич, Меле́нтиевна и Меле́нтьевич, Меле́нтьевна)
Меле́тий (Меле́тиевич, Меле́тиевна и Меле́тьевич, Меле́тьевна)
Мерку́л (Мерку́лович, Мерку́ловна)
Мерку́рий (Мерку́риевич, Мерку́риевна и Мерку́рьевич, Мерку́рьевна)
Мефо́дий (Мефо́диевич, Мефо́диевна и Мефо́дьевич, Мефо́дьевна)
Мечисла́в (Мечисла́вович, Мечисла́вовна и Мечисла́вич, Мечисла́вна)
Ми́лий (Ми́лиевич, Ми́лиевна)
Ми́на (Ми́нич, Ми́нична)
Мина́й (Мина́евич, Мина́евна)
Миро́н (Миро́нович, Миро́новна)
Мирosла́в (Миросла́вович, Миросла́вовна и Миросла́вич, Миросла́вна)
Мисаи́л (Мисаи́лович, Мисаи́ловна)
Митрофа́н (Митрофа́нович, Митрофа́новна)
Митрофа́ний (Митрофа́ниевич, Митрофа́ниевна и Митрофа́ньевич, Митрофа́ньевна)
Миха́ил (Миха́йлович, Миха́йловна)
Михе́й (Михе́евич, Михе́евна)
Моде́ст (Моде́стович, Моде́стовна)
Моисе́й (Моисе́евич, Моисе́евна)
Моке́й (Моке́евич, Моке́евна)
Мо́кий (Мо́киевич, Мо́киевна)
Мстисла́в (Мстисла́вович, Мстисла́вовна и Мстисла́вич, Мстисла́вна)
Мэло́р (Мэло́рович, Мэло́ровна)

Наза́р (Наза́рович, Наза́ровна)
Наза́рий (Наза́риевич, Наза́риевна и Наза́рьевич, Наза́рьевна)
Нарки́с (Нарки́сович, Нарки́совна)
Ната́н (Ната́нович, Ната́новна)
Нау́м (Нау́мович, Нау́мовна)
Не́стер (Не́стерович, Не́стеровна)
Не́стор (Не́сторович, Не́сторовна)
Нефёд (Нефёдович, Нефёдовна)
Ника́ндр (Ника́ндрович, Ника́ндровна)
Ликано́р (Никано́рович, Никано́ровна)

Ники́та (Ники́тич, Ники́тична)
Ники́фор (Ники́форович, Ники́форовна)
Никоди́м (Никоди́мович, Никоди́мовна)
Никола́й (Никола́евич, Никола́евна)
Ни́кон (Ни́конович, Ни́коновна)
Нил (Ни́лович, Ни́ловна)
Ни́фонт (Ни́фонтович, Ни́фонтовна)

Оле́г (Оле́гович, Оле́говна)
Оли́мпий (Оли́мпиевич, Оли́мпиевна)
Они́сим (Они́симович, Они́симовна)
Ону́фрий (Ону́фриевич, Ону́фриевна)
Оре́ст (Оре́стович, Оре́стовна)
О́сип (О́сипович, О́сиповна)
Оска́р (Оска́рович, Оска́ровна)
Оста́п (Оста́пович, Оста́повна)

Па́вел (Па́влович, Па́вловна)
Павли́н (Павли́нович, Павли́новна)
Пайси́й (Пайсиевич, Пайсиевна и Пайсьевич, Пайсьевна)
Палла́дий (Палла́диевич, Палла́диевна и Палла́дьевич, Палла́дьевна)
Памфи́л (Памфи́лович, Памфи́ловна)
Памфи́лий (Памфи́лиевич, Памфи́лиевна и Памфи́льевич, Памфи́льевна)
Панкра́т (Панкра́тович, Панкра́товна)
Панкра́тий (Панкра́тиевич, Панкра́тиевна и Панкра́тьевич, Панкра́тьевна)
Пантеле́й (Пантеле́евич, Пантеле́евна)
Пантелеймо́н (Пантелеймо́нович, Пантелеймо́новна)
Панфи́л (Панфи́лович, Панфи́ловна)
Парамо́н (Парамо́нович, Парамо́новна)
Парме́н (Парме́нович, Парме́новна), **Пармён** (Пармёнович, Пармёновна)
Парфён (Парфёнович, Парфёновна)
Парфе́ний (Парфе́ниевич, Парфе́ниевна и Парфе́ньевич, Парфе́ньевна)
Парфе́нтий (Парфе́нтиевич, Парфе́нтиевна и Парфе́нтьевич, Парфе́нтьевна)
Патрике́й (Патрике́евич, Патрике́евна)
Патри́кий (Патри́киевич, Патри́киевна)
Пафну́тий (Пафну́тиевич, Пафну́тиевна и Пафну́тьевич, Пафну́тьевна)
Пахо́м (Пахо́мович, Пахо́мовна)
Пахо́мий (Пахо́миевич, Пахо́миевна и Пахо́мьевич, Пахо́мьевна)
Перфи́лий (Перфи́лиевич, Перфи́лиевна и Перфи́льевич, Перфи́льевна)
Пётр (Петро́вич, Петро́вна)
Пи́мен (Пи́менович, Пи́меновна)
Питири́м (Питири́мович, Питири́мовна)
Плато́н (Плато́нович, Плато́новна)
Полика́рп (Полика́рпович, Полика́рповна)
Полика́рпий (Полика́рпиевич, Полика́рпиевна и Полика́рпьевич, Полика́рпьевна)
Порфи́р (Порфи́рович, Порфи́ровна)
Порфи́рий (Порфи́риевич, Порфи́риевна и Порфи́рьевич, Порфи́рьевна)
Пота́п (Пота́пович, Пота́повна)
Пота́пий (Пота́пиевич, Пота́пиевна и Пота́пьевич, Пота́пьевна)
Пров (Про́вич, Про́вна)
Прокл (Про́клович, Про́кловна)
Проко́п (Проко́пович, Проко́повна)
Проко́пий (Проко́пиевич, Проко́пиевна и Проко́пьевич, Проко́пьевна)
Проко́фий (Проко́фиевич, Проко́фиевна и Проко́фьевич, Проко́фьевна)
Прота́с (Прота́сович, Прота́совна)
Прота́сий (Прота́сиевич, Прота́сиевна и Прота́сьевич, Прота́сьевна)
Про́хор (Про́хорович, Про́хоровна)

Ра́дий (Ра́диевич, Ра́диевна)
Ратми́р (Ратми́рович, Ратми́ровна)
Рафаи́л (Рафаи́лович, Рафаи́ловна)
Рем (Ре́мович, Ре́мовна)
Рена́т (Рена́тович, Рена́товна)
Ро́берт (Ро́бертович, Ро́бертовна)
Родио́н (Родио́нович, Родио́новна)
Рола́н (Рола́нович, Рола́новна)
Рома́н (Рома́нович, Рома́новна)
Ромуа́льд (Ромуа́льдович, Ромуа́льдовна)
Ростисла́в (Ростисла́вович, Ростисла́вовна и Ростисла́вич, Ростисла́вна)
Рубе́н (Рубе́нович, Рубе́новна)
Руви́м (Руви́мович, Руви́мовна)
Рудо́льф (Рудо́льфович, Рудо́льфовна)
Русла́н (Русла́нович, Русла́новна)
Рю́рик (Рю́рикович, Рю́риковна)
Са́вва (Са́ввич, Са́ввична)
Саввате́й (Саввате́евич, Саввате́евна)
Савва́тий (Савва́тиевич, Савва́тиевна и Савва́тьевич, Савва́тьевна)
Савёл (Савёлович, Савёловна)
Саве́лий (Саве́лиевич, Саве́лиевна и Саве́льевич, Саве́льевна)
Само́йла (Само́йлович, Само́йловна)
Самсо́н (Самсо́нович, Самсо́новна)
Самсо́ний (Самсо́ниевич, Самсо́ниевна и Самсо́ньевич, Самсо́ньевна)
Самуи́л (Самуи́лович, Самуи́ловна)
Свири́д (Свири́дович, Свири́довна)
Святопо́лк (Святопо́лкович, Святопо́лковна)
Святосла́в (Святосла́вович, Святосла́вовна и Святосла́вич, Святосла́вна)
Себастья́н (Себастья́нович, Себастья́новна)
Севастья́н (Севастья́нович, Севастья́новна)
Севери́н (Севери́нович, Севери́новна)
Северья́н (Северья́нович, Северья́новна)
Celива́н (Селива́нович, Селива́новна)
Селивёрст (Селивёрстович, Селивёрстовна)
Селифа́н (Селифа́нович, Селифа́новна)
Семён (Семёнович, Семёновна)
Серапио́н (Серапио́нович, Серапио́новна)
Серафи́м (Серафи́мович, Серафи́мовна)
Серге́й (Серге́евич, Серге́евна)
Сигизму́нд (Сигизму́ндович, Сигизму́ндовна)
Си́дор (Си́дорович, Си́доровна)
Си́ла (Си́лич, Си́лична)
Сила́н (Сила́нович, Сила́новна)
Сила́нтий (Сила́нтиевич, Сила́нтиевна и Сила́нтьевич, Сила́нтьевна)
Силуя́н (Силуя́нович, Силуя́новна)
Сильва́н (Сильва́нович, Сильва́новна)
Сильве́стр (Сильве́стрович, Сильве́стровна)
Симео́н (Симео́нович, Симео́новна)
Си́мон (Си́монович, Си́моновна)

Созо́н (Созо́нович, Созо́новна)
Созо́нт (Созо́нтович, Созо́нтовна)
Созо́нтий (Созо́нтиевич, Созо́нтиевна и Созо́нтьевич, Созо́нтьевна)
Сокра́т (Сокра́тович, Сокра́товна)
Соломо́н (Соломо́нович, Соломо́новна)
Сосипа́тр (Сосипа́трович, Сосипа́тровна)
Софо́н (Софо́нович, Софо́новна)
Софо́ний (Софо́ниевич, Софо́ниевна и Софо́ньевич, Софо́ньевна)
Софро́н (Софро́нович, Софро́новна)
Софро́ний (Софро́ниевич, Софро́ниевна и Софро́ньевич, Софро́ньевна)
Спарта́к (Спарта́кович, Спарта́ковна)
Спиридо́н (Спиридо́нович, Спиридо́новна)
Спиридо́ний (Спиридо́ниевич, Спиридо́ниевна и Спиридо́ньевич, Спиридо́ньевна)
Станисла́в (Станисла́вович, Станисла́вовна и Станисла́вич, Станисла́вна)
Ста́хий (Ста́хиевич, Ста́хиевна)
Степа́н (Степа́нович, Степа́новна)
Страто́ник (Страто́никович, Страто́никовна)
Сысо́й (Сысо́евич, Сысо́евна)

Тара́с (Тара́сович, Тара́совна)
Тере́нтий (Тере́нтиевич, Тере́нтиевна и Тере́нтьевич, Тере́нтьевна)
Те́ртий (Те́ртиевич, Те́ртиевна)
Тимофе́й (Тимофе́евич, Тимофе́евна)
Тиму́р (Тиму́рович, Тиму́ровна)
Тит (Ти́тович, Ти́товна)
Ти́хон (Ти́хонович, Ти́хоновна)
Три́фон (Три́фонович, Три́фоновна)
Трофи́м (Трофи́мович, Трофи́мовна)

Ува́р (Ува́рович, Ува́ровна), **Уа́р** (Уа́рович, Уа́ровна)
Улья́н (Улья́нович, Улья́новна)
Усти́н (Усти́нович, Усти́новна)

Фабиа́н (Фабиа́нович, Фабиа́новна)
Фаде́й (Фаде́евич, Фаде́евна), **Фадде́й** (Фадде́евич, Фадде́евна)
Фалале́й (Фалале́евич, Фалале́евна)
Фатья́н (Фатья́нович, Фатья́новна)
Фёдор (Фёдорович, Фёдоровна)
Федо́с (Федо́сович, Федо́совна)
Федосе́й (Федосе́евич, Федосе́евна)
Федо́сий (Федо́сиевич, Федо́сиевна и Федо́сьевич, Федо́сьевна)
Федо́т (Федо́тович, Федо́товна)
Федо́тий (Федо́тиевич, Федо́тиевна и Федо́тьевич, Федо́тьевна)
Феду́л (Феду́лович, Феду́ловна)
Фе́ликс (Фе́ликсович, Фе́ликсовна)
Феогно́ст (Феогно́стович, Феогно́стовна)
Феокти́ст (Феокти́стович, Феокти́стовна)
Феофа́н (Феофа́нович, Феофа́новна)
Феофи́л (Феофи́лович, Феофи́ловна)
Феофила́кт (Феофила́ктович, Феофила́ктовна)
Ферапо́нт (Ферапо́нтович, Ферапо́нтовна)
Филаре́т (Филаре́тович, Филаре́товна)
Фила́т (Фила́тович, Фила́товна)
Филимо́н (Филимо́нович, Филимо́новна)
Фили́пий (Фили́пиевич, Фили́пиевна и Фили́пьевич, Фили́пьевна)
Фили́пп (Фили́ппович, Фили́пповна)
Филофе́й (Филофе́евич, Филофе́евна)
Фирс (Фи́рсович, Фи́рсовна)
Флего́нт (Флего́нтович, Флего́нтовна)
Флоре́нтий (Флоре́нтиевич, Флоре́нтиевна и Флоре́нтьевич, Флоре́нтьевна)
Флоренти́н (Флоренти́нович, Флоренти́новна)
Флориа́н (Флориа́нович, Флориа́новна)
Фо́ка (Фо́кич, Фо́кична)
Фома́ (Фоми́ч, Фоми́нична)
Фортуна́т (Фортуна́тович, Фортуна́товна)
Фо́тий (Фо́тиевич, Фо́тиевна и Фо́тьевич, Фо́тьевна)
Фри́дрих (Фри́дрихович, Фри́дриховна)
Фрол (Фро́лович, Фро́ловна)

Харито́н (Харито́нович, Харито́новна)
Харито́ний (Харито́ниевич, Харито́ниевна и Харито́ньевич, Харито́ньевна)
Харла́м (Харла́мович, Харла́мовна)
Харла́мп (Харла́мпович, Харла́мповна)
Харла́мпий (Харла́мпиевич, Харла́мпиевна и Харла́мпьевич, Харла́мпьевна)
Хриса́нф (Хриса́нфович, Хриса́нфовна)
Христофо́р (Христофо́рович, Христофо́ровна)

Эдуа́рд (Эдуа́рдович, Эдуа́рдовна)
Эми́лий (Эми́лиевич, Эми́лиевна и Эми́льевич, Эми́льевна)
Эми́ль (Эми́льевич, Эми́льевна)
Эммануи́л (Эммануи́лович, Эммануи́ловна)
Эра́зм (Эра́змович, Эра́змовна)
Эра́ст (Эра́стович, Эра́стовна)
Э́рик (Э́рикович, Э́риковна)
Эрне́ст (Эрне́стович, Эрне́стовна)
Эрнст (Э́рнстович, Э́рнстовна)

Ювена́лий (Ювена́лиевич, Ювена́лиевна и Ювена́льевич, Ювена́льевна)
Юлиа́н (Юлиа́нович, Юлиа́новна)
Ю́лий (Ю́лиевич, Ю́лиевна и Ю́льевич, Ю́льевна)
Ю́рий (Ю́рьевич, Ю́рьевна)
Юсти́н (Юсти́нович, Юсти́новна)

Яки́м (Яки́мович, Яки́мовна)
Я́ков (Я́ковлевич, Я́ковлевна)
Яку́б (Яку́бович, Яку́бовна)
Ян (Я́нович, Я́новна)
Януа́рий (Януа́риевич, Януа́риевна и Януа́рьевич, Януа́рьевна)
Яросла́в (Яросла́вович, Яросла́вовна и Яросла́вич, Яросла́вна)

ЖЕНСКИЕ ИМЕНА

А́вгу́ста
Августи́на
Авдо́тья
Авро́ра
Ага́та
Ага́фья
Агла́я
Агне́сса
А́гния
Аграфе́на
Агриппи́на
А́да
Аделаи́да
Адели́на
Аде́ль
Адриа́на
А́за
Аза́лия
Аи́да
Акили́на
Акси́нья
Акули́на
Алевти́на
Алекса́ндра
Александри́на
Алёна
Али́на
Али́са
А́лла
Альберти́на
Альби́на
Ама́лия
Анастаси́я
Ангели́на
Анже́ла
Анжели́ка
Ани́сья
А́нна
Антони́да
Антони́на
Анфи́са
Аполлина́рия
Апра́ксия
Ариа́дна
Ари́на
Аэли́та

Беа́та
Беатри́са
Бе́лла
Бе́рта
Богда́на
Боже́на
Болесла́ва
Борисла́ва
Бронисла́ва

Валенти́на
Вале́рия
Ва́нда
Варва́ра
Васили́на
Васили́са
Ва́сса
Велими́ра
Велисла́ва
Вене́ра
Ве́ра
Верени́ка
Верони́ка
Вивиа́на
Виктори́на
Викто́рия
Виле́на
Вильгельми́на
Вио́ла
Виоле́тта
Вирги́ния
Виринe´я
Ви́та
Витали́на
Вита́лия
Вла́да
Владиле́на
Владими́ра
Владисла́ва
Владле́на
Вла́ста
Всесла́ва

Гали́на
Генрие́тта
Георги́на
Гертру́да
Глафи́ра
Глике́рия
Горисла́ва
Горте́нзия
Гре́та

Да́рья
Дебо́ра
Дени́сия
Диа́на
Ди́на
Домини́ка
До́мна
Дона́ра
До́ра
Дорофе́я
Досифе́я
Дроси́да

Е́ва
Евангели́на
Евге́ния
Евдоки́я
Евдо́ксия
Евла́лия
Евла́мпия
Евпра́ксия
Евсто́лия
Евфи́мия
Евфроси́ния
Екатери́на
Еле́на
Елизаве́та
Еликони́да
Еписти́мия
Ефи́мия
Ефроси́ния, Ефроси́нья

Жа́нна
Жозефи́на

За́ра
Зари́на
Зинаи́да
Зино́вия
Зла́та
Зо́я

Иве́тта
Иво́нна
И́да
Изабе́лла
Изо́льда
Ила́рия
Ило́на
И́нга
Ине́сса
И́нна
Иоа́нна
Ио́ла
Иола́нта
Ираи́да
Ири́на
И́рма
Исидо́ра
И́я

Кале́рия
Ками́лла
Капитоли́на
Кари́на
Кароли́на
Ки́ра
Кла́вдия
Кла́ра
Клари́са
Клементи́на
Клеопа́тра
Конко́рдия
Конста́нция
Корне́лия
Кристи́на
Ксе́ния

Ла́да
Лари́са
Лау́ра
Лени́на
Леока́дия
Леони́да
Леони́ла
Лиа́на
Ли́дия
Лилиа́на
Ли́лия
Ли́на
Ли́я
Ло́ра
Луи́за
Луке́рья
Лукре́ция
Люба́ва
Любо́вь
Любоми́ра
Людми́ла

Ма́вра
Ма́гда
Магдали́на
Маи́на
Ма́йя
Мала́ния, Мала́нья
Мальви́на
Мане́фа
Маргари́та
Мариа́мна
Мариа́нна
Марие́тта
Мари́на
Мари́я, Ма́рья
Марле́на
Ма́рта
Марти́на
Ма́рфа
Марья́на
Мати́льда
Матрёна
Матро́на
Меде́я
Мела́ния
Мелити́на
Миле́на
Мили́ца
Милосла́ва
Ми́на
Миро́пия
Миросла́ва
Ми́рра
Митро́дора
Мо́ника
Мстисла́ва
Му́за

Наде́жда
Наи́на
На́на
Наста́сия, Наста́сья
Ната́лия, Ната́лья
Не́лли
Нени́ла
Неони́ла
Ни́ка
Ни́на
Нине́ль
Нове́лла
Но́нна
Ноябри́на

Окса́на
Октябри́на
Оле́ся
Оли́вия
Олимпиа́да
Оли́мпия
О́льга

Па́вла
Павли́на
Параске́ва
Пелаге́я
Платони́да
Поликсе́на
Поликсе́ния
Поли́на
Праско́вья
Пульхе́рия

Ра́да
Радми́ла
Раи́са
Рахи́ль
Реве́кка
Реги́на
Рена́та
Ри́мма
Ро́за
Розали́на
Роза́лия
Рокса́на
Ростисла́ва
Русла́на
Руфи́на
Руфь

Саби́на
Саломе́я
Са́рра
Светла́на
Секлете́я
Серафи́ма
Си́львия
Симо́на

Снежа́на
Соломони́да
Соломо́ния
Со́фья, Софи́я
Станисла́ва
Сте́лла
Степани́да
Стефани́да
Стефа́ния
Суса́нна
Сюза́нна

Таи́сия, Таи́сья
Тама́ра
Татья́на
Тере́за
Ули́та
Улья́на
Усти́на
Усти́ния, Усти́нья

Фаи́на
Февро́ния, Февро́нья
Федо́ра
Федо́сия, Федо́сья
Федо́тия, Федо́тья
Феду́ла
Фёкла
Фели́ца
Фелица́та
Фели́ция
Феодо́ра
Феодо́сия
Феодо́тия
Феоду́ла
Феокти́ста
Фео́на
Феофа́ния
Феофи́ла
Фети́ния, Фети́нья
Флёна
Фло́ра
Флоре́нция
Фри́да
Фридери́ка

Хавро́ния
Хари́та
Хио́ния
Христи́на

Цвета́на
Цеци́лия

Шарло́тта

Эвели́на
Эди́т
Эди́та
Элеоно́ра
Эли́на
Э́лла
Эльви́ра
Э́льза
Эльми́ра
Эми́лия
Э́мма
Э́ра
Э́рна
Эрнести́на
Эсфи́рь

Юди́фь
Юлиа́на
Юлиа́ния
Ю́лия
Юсти́на

Ядви́га
Я́на
Яни́на
Яросла́ва

СОДЕРЖАНИЕ

Серия «Настольные словари русского языка»

Справочное издание

РУССКИЙ ОРФОГРАФИЧЕСКИЙ СЛОВАРЬ

Главный редактор *Т. М. Деревянко*
Редакторы *О. Е. Иванова, И. В. Нечаева*
Изготовление оригинал-макета *О. Г. Климова*
Компьютерная верстка *Е. Н. Морозовой*

Подписано в печать 25.11.09. Формат 70×100 1/16.
Печать офсетная. Бумага офсетная. Гарнитура «Таймс».
Печ. л. 60,0. Тираж 5000 экз. Заказ № 299. С-165.

Общероссийский классификатор продукции
ОК-005-93, том 2-953000.

ООО «АСТ-ПРЕСС КНИГА».
105082, Москва, Переведеновский пер., д. 13, стр. 4.

Отпечатано в ОАО
«Тверской ордена Трудового Красного Знамени
полиграфкомбинат детской литературы им. 50-летия СССР».
170040, Тверь, просп. 50 лет Октября, 46.